GERMAN
DICTIONARY
Plus GRAMMAR

Collins
An Imprint of HarperCollinsPublishers

second edition 1999

© HarperCollins Publishers 1997, 1999

HarperCollins Publishers
P.O. Box, Glasgow G4 0NB, Great Britain

The HarperCollins website address is
www.**fire**and**water**.com

Collins® is a registered trademark of
HarperCollins Publishers Ltd

ISBN 0 00 472358-9

HarperCollins Publishers, Inc.
10 East 53rd Street, New York, NY 10022

ISBN 0-06-273684-1

Library of Congress Catalog Card Number: 99-71674*
*Published in the U.S. as *HarperCollins German Concise Dictionary*

The HarperCollins USA website address is
www.harpercollins.com

First HarperCollins edition published 1998

99 00 01 02 03 CIBM 10 9 8 7 6 5 4 3 2 1

Dictionary text typeset by Morton Word Processing Ltd, Scarborough
Grammar text typeset by Carol MacLeod

A catalogue record for this book is available from the British Library

Printed and bound in Great Britain by
Caledonian International Book Manufacturing Ltd, Glasgow, G64

INHALT

CONTENTS

Dagmar Förtsch, Hildegard Pesch, Veronika Schnorr, Gisela Moohan
Ulrike Seeberger, Elspeth Anderson, Val McNulty
Eva Vennebusch, Horst Kopleck, Robin Sawers, Ilse MacLean, Beate Wengel

editorial staff
Vivian Marr, Nicola Cooke, Joyce Littlejohn, Christine Bahr, Maree Airlie,
Carol MacLeod, Anne Lindsay, Megan Thomson, Caitlin McMahon

computing staff
Stewart Russell, André Gautier, Raymund Carrick

series editor
Lorna Sinclair

INTRODUCTION

You may be starting to learn German, or you may wish to extend your knowledge of the language. Perhaps you want to read and study German books, newspapers and magazines, or perhaps simply have a conversation with German speakers. Whatever the reason, whether you're a student, a tourist or want to use German for business, this is the ideal book to help you understand and communicate. This modern, user-friendly dictionary gives priority to everyday vocabulary and the language of current affairs, business and tourism. As in all Collins dictionaries, the emphasis is firmly placed on contemporary language and expressions.

HOW TO USE THE DICTIONARY

You will find below an outline of the way in which information is presented in your dictionary. Our aim is to give you the maximum amount of information whilst still providing a text which is clear and user-friendly.

Entries

A typical entry in your dictionary will be made up of the following elements:

Phonetic transcription

Phonetics appear in square brackets immediately after the headword. They are shown using the International Phonetic Alphabet (IPA), and a complete list of the symbols used in this system can be found on pages x and xi.

Grammatical information

All words belong to one of the following parts of speech: noun, verb, adjective, adverb, pronoun, article, conjunction, preposition, exclamation, abbreviation. Nouns can be singular or plural and, in German, masculine, feminine or neuter. Verbs can be transitive, intransitive, reflexive or impersonal. Parts of speech appear in *italics* immediately after the phonetic spelling of the headword. The gender of the translation appears in *italics* immediately following the key element of the translation.

Often a word can have more than one part of speech. Just as the English word **next** can be an adjective or an adverb, the German word **gut** can be an adjective ("good") or an adverb ("well"). In the same way the verb **to walk** is sometimes transitive, i.e. it takes an object ("to walk the dog") and sometimes intransitive, i.e. it doesn't take an object ("to walk to school"). To help you find the meaning you are looking for quickly and for clarity of presentation, the different part of speech categories are separated by a black lozenge ♦.

Meaning divisions

Most words have more than one meaning. Take, for example, **punch** which can be, amongst other things, a blow with the fist or an object used for making holes. Other words are translated differently depending on the context in which they are used. The intransitive verb **to recede**, for example, can be translated by "zurückgehen" or "verschwinden" depending on *what* is receding. To help you select the most appropriate translation in every context, entries are divided according to meaning. Each different meaning is introduced by an "indicator" in *italics* and in brackets. Thus, the examples given above will be shown as follows:

> **punch** n (*blow*) Schlag m; (*tool*) Locher m
> **recede** vi (*tide*) zurückgehen; (*lights etc*) verschwinden

iv

Likewise, some words can have a different meaning when used to talk about a specific subject area or field. For example, **bishop**, which in a religious context means a high-ranking clergyman, is also the name of a chess piece. To show English speakers which translation to use, we have added "subject field labels" in capitals and in brackets, in this case (*REL*) and (*CHESS*):

    bishop *n* (*REL*) Bischof *m*; (*CHESS*) Läufer *m*

Field labels are often shortened to save space. You will find a complete list of abbreviations used in the dictionary on pages vi to viii.

Translations

Most English words have a direct translation in German and vice versa, as shown in the examples given above. Sometimes, however, no exact equivalent exists in the target language. In such cases we have given an approximate equivalent, indicated by the sign ≈. Such is the case of **high school**, the German equivalent of which is "Oberschule *f*". This is not an exact translation since the systems of the two countries in question are quite different:

    high school *n* ≈ Oberschule *f*

On occasion it is impossible to find even an approximate equivalent. This may be the case, for example, with the names of culinary specialities like this German cake:

    Streuselkuchen *m cake with crumble topping*

Here the translation (which doesn't exist) is replaced by an explanation. For increased clarity the explanation, or "gloss", is shown in *italics*.

Register

In English you instinctively know when to say **I'm broke** or **I'm a bit short of cash** and when to say **I don't have any money**. When you are trying to understand someone who is speaking German, however, or when you yourself try to speak German, it is especially important to know what is polite and what is less so. To help you with this, we have added the register labels (*umg*) and (*inf*) to colloquial or offensive expressions. Those expressions which are particularly vulgar are also given an exclamation mark (*umg!*) or (*inf!*), warning you to use them with extreme care. Please note that the register labels (*umg*) and (*inf*) are not repeated in the target language when the register of the translation matches that of the word or phrase being translated.

Keywords

Words labelled in the text as *KEYWORDS*, such as **be** and **do** or their German equivalents **sein** and **machen**, have been given special treatment because they form the basic elements of the language. This extra help will ensure that you know how to use these complex words with confidence.

Cultural information

Entries which appear separated from the main text by a line above and below them explain aspects of culture in German- and English-speaking countries. Subject areas covered include politics, education, media and national festivals, for example **Bundestag**, **Abitur**, **BBC** and **Hallowe'en**.

German Spelling Reform

The German spelling reform has been fully implemented in this dictionary. All headwords on the German-English side which are affected by the spelling changes are marked with ▲, but old spellings which are markedly different from the new ones and have a different alphabetical position are still listed and are cross-referenced to the new spellings. The old spellings are marked with △.

ABKÜRZUNGEN

ABBREVIATIONS

Abkürzung	**abk, abbr**	abbreviation
Adjektiv	**adj**	adjective
Verwaltung	**ADMIN**	administration
Adverb	**adv**	adverb
Agrarwirtschaft	**AGR**	agriculture
Akkusativ	**akk, acc**	accusative
Anatomie	**ANAT**	anatomy
Architektur	**ARCHIT**	architecture
Artikel	**art**	article
Kunst	**ART**	
Astrologie	**ASTROL**	astrology
Astronomie	**ASTRON**	astronomy
attributiv	**attrib**	attributive
Kraftfahrzeugwesen	**AUT**	automobiles
Hilfsverb	**aux**	auxiliary
Luftfahrt	**AVIAT**	aviation
Bergbau	**BERGB**	mining
besonders	**bes**	especially
Biologie	**BIOL**	biology
Botanik	**BOT**	botany
britisch	**BRIT**	British
Kartenspiel	**CARDS**	
Chemie	**CHEM**	chemistry
Film	**CINE**	cinema
Handel	**COMM**	commerce
Komparativ	**comp**	comparative
Computerwesen	**COMPUT**	computers
Konjunktion	**conj**	conjunction
Bauwesen	**CONSTR**	building
zusammengesetztes Wort	**cpd**	compound
Kochen und Backen	**CULIN**	cooking
Dativ	**dat**	dative
bestimmt	**def**	definite
diminutiv	**dimin**	diminutive
dekliniert	**dekl**	declined
kirchlich	**ECCL**	ecclesiastical
Volkswirtschaft	**ECON**	economics
Eisenbahnwesen	**EISENB**	railways
Elektrizität	**ELEK, ELEC**	electricity
besonders	**esp**	especially
und so weiter	**etc**	et cetera
etwas	**etw**	something
Euphemismus	**euph**	euphemism
Ausruf	**excl**	exclamation
Femininum	**f**	feminine
übertragen	**fig**	figurative
Film	**FILM**	cinema
Finanzwesen	**FIN**	finance
formell	**form**	formal
'phrasal verb', bei dem	**fus**	fused: phrasal verb where
Partikel und Verb nicht		the particle cannot be
getrennt werden können		separated from the verb
gehoben	**geh**	elevated
Genitiv	**gen**	genitive
Geografie	**GEOG**	geography

vi

ABKÜRZUNGEN

ABBREVIATIONS

Geologie	**GEOL**	geology
Geometrie	**GEOM**	geometry
Grammatik	**GRAM**	grammar
Geschichte	**HIST**	history
scherzhaft	**hum**	humorous
Imperfekt	**imperf**	imperfect
unpersönlich	**impers**	impersonal
unbestimmt	**indef**	indefinite
umgangssprachlich	**inf**	informal
untrennbares Verb	**insep**	inseparable
Interjektion	**interj**	interjection
interrogativ	**interrog**	interrogative
unveränderlich	**inv**	invariable
unregelmäßig	**irreg**	irregular
jemand	**jd**	somebody
jemandem	**jdm**	(to) somebody
jemanden	**jdn**	somebody
jemandes	**jds**	somebody's
Rechtswesen	**JUR**	law
Kartenspiel	**KARTEN**	cards
Kochen und Backen	**KOCH**	cooking
Komparativ	**komp**	comparative
Konjunktion	**konj**	conjunction
Rechtswesen	**LAW**	
Sprachwissenschaft	**LING**	linguistics
wörtlich	**lit**	literal
literarisch	**liter**	literary
Literatur	**LITER**	literature
Maskulinum	**m**	masculine
Mathematik	**MATH**	mathematics
Medizin	**MED**	medicine
Meteorologie	**MET**	meteorology
Militärwesen	**MIL**	military
Bergbau	**MIN**	mining
Musik	**MUS**	music
Substantiv	**n**	noun
nautisch	**NAUT**	nautical
Nominativ	**nom**	nominative
Norddeutschland	**NORDD**	North German
Neutrum	**nt**	neuter
Zahlwort	**num**	numeral
Objekt	**obj**	object
oder	**od**	or
veraltet	**old**	
sich	**o.s.**	oneself
Österreich	**ÖSTERR**	Austria
Parlament	**PARL**	parliament
pejorativ	**pej**	pejorative
Person/persönlich	**pers**	person/personal
Pharmazie	**PHARM**	pharmacy
Fotografie	**PHOT**	photography
Physik	**PHYS**	physics
Physiologie	**PHYSIOL**	physiology
Plural	**pl**	plural
Politik	**POL**	politics

ABKÜRZUNGEN

ABBREVIATIONS

possessiv	**poss**	possessive
Partizip Perfekt	**pp**	past participle
Präfix	**präf, pref**	prefix
Präposition	**präp, prep**	preposition
Präsens	**präs, pres**	present
Pronomen	**pron**	pronoun
Psychologie	**PSYCH**	psychology
Imperfekt	**pt**	past tense
Radio	**RADIO**	radio
Eisenbahnwesen	**RAIL**	railways
Relativ-	**rel**	relative
Religion	**REL**	religion
Rundfunk	**RUNDF**	broadcasting
jemand (-en, -em)	**sb**	somebody
Schulwesen	**SCH**	school
Naturwissenschaft	**SCI**	science
Schulwesen	**SCOL**	school
schottisch	**SCOT**	Scottish
Singular	**sing**	singular
Skisport	**SKI**	skiing
etwas	**sth**	something
Süddeutschland	**SÜDD**	South German
Suffix	**suff**	suffix
Superlativ	**superl**	superlative
Technik	**TECH**	technology
Nachrichtentechnik	**TEL**	telecommunications
Theater	**THEAT**	theatre
Fernsehen	**TV**	television
Typografie	**TYP**	typography
umgangssprachlich	**umg**	colloquial
Universität	**UNIV**	university
unpersönlich	**unpers**	impersonal
unregelmäßig	**unreg**	irregular
untrennbar	**untr**	inseparable
unveränderlich	**unver**	invariable
(nord)amerikanisch	**US**	(North) American
gewöhnlich	**usu**	usually
und so weiter	**usw**	et cetera
Verb	**vb**	verb
intransitives Verb	**vi**	intransitive verb
reflexives Verb	**vr**	reflexive verb
transitives Verb	**vt**	transitive verb
Wirtschaft	**WIRTS**	economy
Zoologie	**ZOOL**	zoology
zusammengesetztes Wort	**zW**	compound
zwischen zwei Sprechern	**-**	change of speaker
ungefähre Entsprechung	≈	cultural equivalent
eingetragenes Warenzeichen	®	registered trademark

GERMAN NOUN ENDINGS

After many noun entries on the German-English side of the dictionary, you will find two pieces of grammatical information, separated by commas, to help you with the declension of the noun, e.g. -, -n or -(e)s, -e.

The first item shows you the genitive singular form, and the second gives the plural form. The hyphen stands for the word itself and the other letters are endings. Sometimes an umlaut is shown over the hyphen, which means an umlaut must be placed on the vowel of the word, e.g.:

dictionary entry	*genitive singular*	*plural*
Mann *m* -(e)s, ⸚er	**Mannes** *or* **Manns**	**Männer**
Jacht *f* -, -en	**Jacht**	**Jachten**

This information is not given when the noun has one of the regular German noun endings below, and you should refer to this table in such cases.

Similarly, genitive and plural endings are not shown when the German entry is a compound consisting of two or more words which are to be found elsewhere in the dictionary, since the compound form takes the endings of the LAST word of which it is formed, e.g.:

for **Nebenstraße**   *see* **Straße**
for **Schneeball**   *see* **Ball**

Regular German Noun Endings

nom		gen	pl
-ant	*m*	-anten	-anten
-anz	*f*	-anz	-anzen
-ar	*m*	-ar(e)s	-are
-chen	*nt*	-chens	-chen
-ei	*f*	-ei	-eien
-elle	*f*	-elle	-ellen
-ent	*m*	-enten	-enten
-enz	*f*	-enz	-enzen
-ette	*f*	-ette	-etten
-eur	*m*	-eurs	-eure
-euse	*f*	-euse	-eusen
-heit	*f*	-heit	-heiten
-ie	*f*	-ie	-ien
-ik	*f*	-ik	-iken
-in	*f*	-in	-innen
-ine	*f*	-ine	-inen
-ion	*f*	-ion	-ionen
-ist	*m*	-isten	-isten
-ium	*nt*	-iums	-ien
-ius	*m*	-ius	-iusse
-ive	*f*	-ive	-iven
-keit	*f*	-keit	-keiten
-lein	*nt*	-leins	-lein
-ling	*m*	-lings	-linge
-ment	*nt*	-ments	-mente
-mus	*m*	-mus	-men
-schaft	*f*	-schaft	-schaften
-tät	*f*	-tät	-täten
-tor	*m*	-tors	-toren
-ung	*f*	-ung	-ungen
-ur	*f*	-ur	-uren

PHONETIC SYMBOLS LAUTSCHRIFT

Vowels   Vokale

m**a**tt	[a]	
F**ah**ne	[aː]	
Vat**er**	[ər]	
	[ɑː]	c**al**m, p**ar**t
	[æ]	s**a**t
R**en**dezvous	[ã]	
Ch**an**ce	[ãː]	
	[ãː]	cl**ie**ntele
Etage	[e]	
S**ee**le, M**eh**l	[eː]	
W**ä**sche, B**e**tt	[ɛ]	**e**gg
z**äh**len	[ɛː]	
T**ein**t	[ɛ̃ː]	
mach**e**	[ə]	**a**bove
	[əː]	b**ur**n, **ear**n
K**i**ste	[ɪ]	p**i**t, awfull**y**
V**i**tamin	[i]	
Z**ie**l	[iː]	p**ea**t
Oase	[o]	
oben	[oː]	
Champign**on**	[õ]	
Sal**on**	[õː]	
M**o**st	[ɔ]	c**o**t
	[ɔː]	b**or**n, j**aw**
ökonomisch	[ø]	
bl**ö**d	[øː]	
G**ö**ttin	[œ]	
	[ʌ]	h**u**t
z**u**letzt	[u]	p**u**t
M**u**t	[uː]	p**oo**l
M**u**tter	[ʊ]	
Ph**y**sik	[y]	
K**ü**bel	[yː]	
S**ü**nde	[ʏ]	

x

Diphthongs   ## Diphthonge

Styling	[ai]		
w<u>ei</u>t	[aɪ]	b<u>uy</u>, d<u>ie</u>, m<u>y</u>	
umb<u>au</u>en	[au]	h<u>ou</u>se, n<u>ow</u>	
H<u>au</u>s	[aʊ]		
	[eɪ]	p<u>ay</u>, m<u>a</u>te	
	[ɛə]	p<u>ai</u>r, m<u>a</u>re	
	[əu]	n<u>o</u>, b<u>oa</u>t	
	[ɪə]	m<u>e</u>re, sh<u>ea</u>r	
H<u>eu</u>, H<u>äu</u>ser	[ɔy]		
	[ɔɪ]	b<u>oy</u>, c<u>oi</u>n	
	[ʊə]	t<u>ou</u>r, p<u>oo</u>r	

Consonants   ## Konsonanten

<u>B</u>all	[b]	<u>b</u>all	
mi<u>ch</u>	[ç]		
	[tʃ]	<u>ch</u>ild	
<u>f</u>ern	[f]	<u>f</u>ield	
<u>g</u>ern	[g]	<u>g</u>ood	
<u>H</u>and	[h]	<u>h</u>and	
<u>j</u>a	[j]	<u>y</u>et, milli<u>o</u>n	
	[dʒ]	<u>j</u>ust	
<u>K</u>ind	[k]	<u>k</u>ind, <u>c</u>atch	
<u>l</u>inks, Pu<u>l</u>t	[l]	<u>l</u>eft, litt<u>l</u>e	
<u>m</u>att	[m]	<u>m</u>at	
<u>N</u>est	[n]	<u>n</u>est	
la<u>ng</u>	[ŋ]	lo<u>ng</u>	
<u>P</u>aar	[p]	<u>p</u>ut	
<u>r</u>ennen	[r]	<u>r</u>un	
fa<u>s</u>t, fa<u>ss</u>en	[s]	<u>s</u>it	
<u>Ch</u>ef, <u>S</u>tein, <u>Sch</u>lag	[ʃ]	<u>sh</u>all	
<u>T</u>afel	[t]	<u>t</u>ab	
	[θ]	<u>th</u>ing	
	[ð]	<u>th</u>is	
<u>w</u>er	[v]	<u>v</u>ery	
	[w]	<u>w</u>et	
Lo<u>ch</u>	[x]	lo<u>ch</u>	
fi<u>x</u>	[ks]	bo<u>x</u>	
<u>s</u>ingen	[z]	pod<u>s</u>, <u>z</u>ip	
<u>Z</u>ahn	[ts]		
<u>g</u>enieren	[ʒ]	mea<u>s</u>ure	

Other signs   ## Andere Zeichen

glottal stop	|	Knacklaut
main stress	[']	Hauptton
long vowel	[ː]	Längezeichen

GERMAN IRREGULAR VERBS

* with 'sein'

Infinitive	Present Indicative 2nd pers sing ♦ 3rd pers sing	Imperfect Indicative	Past Participle
aufschrecken*	schrickst auf ♦ schrickt auf	schrak od schreckte auf	aufgeschreckt
ausbedingen	bedingst aus ♦ bedingt aus	bedang od bedingte aus	ausbedungen
backen	bäckst ♦ bäckt	backte od buk	gebacken
befehlen	befiehlst ♦ befiehlt	befahl	befohlen
beginnen	beginnst ♦ beginnt	begann	begonnen
beißen	beißt ♦ beißt	biß	gebissen
bergen	birgst ♦ birgt	barg	geborgen
bersten*	birst ♦ birst	barst	geborsten
bescheißen	bescheißt ♦ bescheißt	beschiss	beschissen
bewegen	bewegst ♦ bewegt	bewog	bewogen
biegen	biegst ♦ biegt	bog	gebogen
bieten	bietest ♦ bietet	bot	geboten
binden	bindest ♦ bindet	band	gebunden
bitten	bittest ♦ bittet	bat	gebeten
blasen	bläst ♦ bläst	blies	geblasen
bleiben*	bleibst ♦ bleibt	blieb	geblieben
braten	brätst ♦ brät	briet	gebraten
brechen*	brichst ♦ bricht	brach	gebrochen
brennen	brennst ♦ brennt	brannte	gebrannt
bringen	bringst ♦ bringt	brachte	gebracht
denken	denkst ♦ denkt	dachte	gedacht
dreschen	drisch(e)st ♦ drischt	drosch	gedroschen
dringen*	dringst ♦ dringt	drang	gedrungen
dürfen	darfst ♦ darf	durfte	gedurft
empfangen	empfängst ♦ empfängt	empfing	empfangen
empfehlen	empfiehlst ♦ empfiehlt	empfahl	empfohlen
erbleichen*	erbleichst ♦ erbleicht	erbleichte	erblichen
erlöschen*	erlischst ♦ erlischt	erlosch	erloschen
erschrecken*	erschrickst ♦ erschrickt	erschrak	erschrocken
essen	isst ♦ isst	aß	gegessen
fahren*	fährst ♦ fährt	fuhr	gefahren
fallen*	fällst ♦ fällt	fiel	gefallen
fangen	fängst ♦ fängt	fing	gefangen
fechten	fichtst ♦ ficht	focht	gefochten
finden	findest ♦ findet	fand	gefunden
flechten	flichtst ♦ flicht	flocht	geflochten
fliegen*	fliegst ♦ fliegt	flog	geflogen
fliehen*	fliehst ♦ flieht	floh	geflohen
fließen*	fließt ♦ fließt	floss	geflossen
fressen	frisst ♦ frisst	fraß	gefressen
frieren	frierst ♦ friert	fror	gefroren
gären*	gärst ♦ gärt	gor	gegoren
gebären	gebierst ♦ gebiert	gebar	geboren
geben	gibst ♦ gibt	gab	gegeben
gedeihen*	gedeihst ♦ gedeiht	gedieh	gediehen
gehen*	gehst ♦ geht	ging	gegangen
gelingen*	- ♦ gelingt	gelang	gelungen
gelten	giltst ♦ gilt	galt	gegolten
genesen*	gene(se)st ♦ genest	genas	genesen
genießen	genießt ♦ genießt	genoss	genossen
geraten*	gerätst ♦ gerät	geriet	geraten
geschehen*	- ♦ geschieht	geschah	geschehen
gewinnen	gewinnst ♦ gewinnt	gewann	gewonnen
gießen	gießt ♦ gießt	goss	gegossen
gleichen	gleichst ♦ gleicht	glich	geglichen
gleiten*	gleitest ♦ gleitet	glitt	geglitten
glimmen	glimmst ♦ glimmt	glomm	geglommen

Infinitive	Present Indicative 2nd pers sing ♦ 3rd pers sing	Imperfect Indicative	Past Participle
graben	gräbst ♦ gräbt	grub	gegraben
greifen	greifst ♦ greift	griff	gegriffen
haben	hast ♦ hat	hatte	gehabt
halten	hältst ♦ hält	hielt	gehalten
hängen	hängst ♦ hängt	hing	gehangen
hauen	haust ♦ haut	hieb	gehauen
heben	hebst ♦ hebt	hob	gehoben
heißen	heißt ♦ heißt	hieß	geheißen
helfen	hilfst ♦ hilft	half	geholfen
kennen	kennst ♦ kennt	kannte	gekannt
klimmen*	klimmst ♦ klimmt	klomm	geklommen
klingen	klingst ♦ klingt	klang	geklungen
kneifen	kneifst ♦ kneift	kniff	gekniffen
kommen*	kommst ♦ kommt	kam	gekommen
können	kannst ♦ kann	konnte	gekonnt
kriechen*	kriechst ♦ kriecht	kroch	gekrochen
laden	lädst ♦ lädt	lud	geladen
lassen	lässt ♦ lässt	ließ	gelassen
laufen*	läufst ♦ läuft	lief	gelaufen
leiden	leidest ♦ leidet	litt	gelitten
leihen	leihst ♦ leiht	lieh	geliehen
lesen	liest ♦ liest	las	gelesen
liegen*	liegst ♦ liegt	lag	gelegen
lügen	lügst ♦ lügt	log	gelogen
mahlen	mahlst ♦ mahlt	mahlte	gemahlen
meiden	meidest ♦ meidet	mied	gemieden
melken	milkst ♦ milkt	molk	gemolken
messen	misst ♦ misst	maß	gemessen
misslingen*	- ♦ misslingt	misslang	misslungen
mögen	magst ♦ mag	mochte	gemocht
müssen	musst ♦ muss	musste	gemusst
nehmen	nimmst ♦ nimmt	nahm	genommen
nennen	nennst ♦ nennt	nannte	genannt
pfeifen	pfeifst ♦ pfeift	pfiff	gepfiffen
preisen	preist ♦ preist	pries	gepriesen
quellen*	quillst ♦ quillt	quoll	gequollen
raten	rätst ♦ rät	riet	geraten
reiben	reibst ♦ reibt	rieb	gerieben
reißen*	reißt ♦ reißt	riss	gerissen
reiten*	reitest ♦ reitet	ritt	geritten
rennen*	rennst ♦ rennt	rannte	gerannt
riechen	riechst ♦ riecht	roch	gerochen
ringen	ringst ♦ ringt	rang	gerungen
rinnen*	rinnst ♦ rinnt	rann	geronnen
rufen	rufst ♦ ruft	rief	gerufen
salzen	salzt ♦ salzt	salzte	gesalzen
saufen	säufst ♦ säuft	soff	gesoffen
saugen	saugst ♦ saugt	sog	gesogen od gesaugt
schaffen	schaffst ♦ schafft	schuf	geschaffen
schallen	schallst ♦ schallt	scholl	geschollen
scheiden*	scheidest ♦ scheidet	schied	geschieden
scheinen	scheinst ♦ scheint	schien	geschienen
scheißen	scheißt ♦ scheißt	schiss	geschissen
schelten	schiltst ♦ schilt	schalt	gescholten
scheren	scherst ♦ schert	schor	geschoren
schieben	schiebst ♦ schiebt	schob	geschoben
schießen	schießt ♦ schießt	schoss	geschossen
schinden	schindest ♦ schindet	schindete	geschunden
schlafen	schläfst ♦ schläft	schlief	geschlafen
schlagen	schlägst ♦ schlägt	schlug	geschlagen
schleichen*	schleichst ♦ schleicht	schlich	geschlichen
schleifen	schleifst ♦ schleift	schliff	geschliffen
schließen	schließt ♦ schließt	schloss	geschlossen
schlingen	schlingst ♦ schlingt	schlang	geschlungen
schmeißen	schmeißt ♦ schmeißt	schmiss	geschmissen
schmelzen*	schmilzt ♦ schmilzt	schmolz	geschmolzen

Infinitive	Present Indicative 2nd pers sing ♦ 3rd pers sing	Imperfect Indicative	Past Participle
schneiden	schneidest ♦ schneidet	schnitt	geschnitten
schreiben	schreibst ♦ schreibt	schrieb	geschrieben
schreien	schreist ♦ schreit	schrie	geschrie(e)n
schreiten	schreitest ♦ schreitet	schritt	geschritten
schweigen	schweigst ♦ schweigt	schwieg	geschwiegen
schwellen*	schwillst ♦ schwillt	schwoll	geschwollen
schwimmen*	schwimmst ♦ schwimmt	schwamm	geschwommen
schwinden*	schwindest ♦ schwindet	schwand	geschwunden
schwingen	schwingst ♦ schwingt	schwang	geschwungen
schwören	schwörst ♦ schwört	schwor	geschworen
sehen	siehst ♦ sieht	sah	gesehen
sein*	bist ♦ ist	war	gewesen
senden	sendest ♦ sendet	sandte	gesandt
singen	singst ♦ singt	sang	gesungen
sinken*	sinkst ♦ sinkt	sank	gesunken
sinnen	sinnst ♦ sinnt	sann	gesonnen
sitzen*	sitzt ♦ sitzt	saß	gesessen
sollen	sollst ♦ soll	sollte	gesollt
speien	speist ♦ speit	spie	gespie(e)n
spinnen	spinnst ♦ spinnt	spann	gesponnen
sprechen	sprichst ♦ spricht	sprach	gesprochen
sprießen*	sprießt ♦ sprießt	spross	gesprossen
springen*	springst ♦ springt	sprang	gesprungen
stechen	stichst ♦ sticht	stach	gestochen
stecken	steckst ♦ steckt	steckte od stak	gesteckt
stehen	stehst ♦ steht	stand	gestanden
stehlen	stiehlst ♦ stiehlt	stahl	gestohlen
steigen*	steigst ♦ steigt	stieg	gestiegen
sterben*	stirbst ♦ stirbt	starb	gestorben
stinken	stinkst ♦ stinkt	stank	gestunken
stoßen	stößt ♦ stößt	stieß	gestoßen
streichen	streichst ♦ streicht	strich	gestrichen
streiten	streitest ♦ streitet	stritt	gestritten
tragen	trägst ♦ trägt	trug	getragen
treffen	triffst ♦ trifft	traf	getroffen
treiben*	treibst ♦ treibt	trieb	getrieben
treten*	trittst ♦ tritt	trat	getreten
trinken	trinkst ♦ trinkt	trank	getrunken
trügen	trügst ♦ trügt	trog	getrogen
tun	tust ♦ tut	tat	getan
verderben	verdirbst ♦ verdirbt	verdarb	verdorben
verdrießen	verdrießt ♦ verdrießt	verdross	verdrossen
vergessen	vergisst ♦ vergisst	vergaß	vergessen
verlieren	verlierst ♦ verliert	verlor	verloren
verschleißen	verschleißt ♦ verschleisst	verschliss	verschlissen
wachsen*	wächst ♦ wächst	wuchs	gewachsen
wägen	wägst ♦ wägt	wog	gewogen
waschen	wäschst ♦ wäscht	wusch	gewaschen
weben	webst ♦ webt	webte od wob	gewoben
weichen*	weichst ♦ weicht	wich	gewichen
weisen	weist ♦ weist	wies	gewiesen
wenden	wendest ♦ wendet	wendete	gewendet
werben	wirbst ♦ wirbt	warb	geworben
werden*	wirst ♦ wird	wurde	geworden
werfen	wirfst ♦ wirft	warf	geworfen
wiegen	wiegst ♦ wiegt	wog	gewogen
winden	windest ♦ windet	wand	gewunden
wissen	weißt ♦ weiß	wusste	gewusst
wollen	willst ♦ will	wollte	gewollt
wringen	wringst ♦ wringt	wrang	gewrungen
zeihen	zeihst ♦ zeiht	zieh	geziehen
ziehen*	ziehst ♦ zieht	zog	gezogen
zwingen	zwingst ♦ zwingt	zwang	gezwungen

For additional information on German verb formation, see pp 6-97 of Grammar section.

A, a

A¹, a [a:] *nt* A, a; ~ **wie Anton** ≈ A for Andrew, A for Able (*US*); **das ~ und O** the be-all and end-all; (*eines Wissensgebietes*) the basics *pl*; **wer ~ sagt, muss auch B sagen** in for a penny, in for a pound.

A² *f abk* (= *Autobahn*) ≈ M (*BRIT*).

a. *abk* = **am.**

à [a:] *präp* (*bes COMM*) at.

AA *nt abk* (= *Auswärtiges Amt*) F.O. (*BRIT*).

Aachen ['a:xən] (**-s**) *nt* Aachen.

Aal [a:l] (**-(e)s, -e**) *m* eel.

aalen ['a:lən] (*umg*) *vr*: **sich in der Sonne ~** to bask in the sun.

a. a. O. *abk* (= *am angegebenen od angeführten Ort*) loc. cit.

Aas [a:s] (**-es, -e** *od* **Äser**) *nt* carrion; **~geier** *m* vulture.

━━━━━━━━━━━━ SCHLÜSSELWORT

ab [ap] *präp +dat* from; ~ **Werk** (*COMM*) ex works; **Kinder ~ 12 Jahren** children from the age of 12; ~ **morgen** from tomorrow; ~ **sofort** as of now.

♦ *adv* **1** off; **links** ~ to the left; **der Knopf ist** ~ the button has come off; ~ **nach Hause!** off home with you!; ~ **durch die Mitte!** (*umg*) beat it!

2 (*zeitlich*): **von da** ~ from then on; **von heute** ~ from today, as of today.

3 (*auf Fahrplänen*): **München** ~ **12.20** leaving Munich 12.20.

4: ~ **und zu** *od* **an** now and then *od* again.

abändern ['apˌɛndərn] *vt*: ~ (**in** +*akk*) to alter (to); (*Gesetzentwurf*) to amend (to); (*Strafe, Urteil*) to revise (to).

Abänderung *f* alteration; amendment; revision.

Abänderungsantrag *m* (*PARL*) proposed amendment.

abarbeiten ['apˌarbaɪtən] *vr* to slave away.

Abart ['apˌaːrt] *f* (*BIOL*) variety.

abartig *adj* abnormal.

Abb. *abk* (= *Abbildung*) illus.

Abbau ['apbaʊ] (**-(e)s**) *m* (+*gen*) dismantling; (*Verminderung*) reduction (in); (*Verfall*) decline (in); (*MIN*) mining; (*über Tage*) quarrying; (*CHEM*) decomposition.

abbaubar *adj*: **biologisch ~** biodegradable.

abbauen *vt* to dismantle; (*verringern*) to reduce; (*MIN*) to mine; to quarry; (*CHEM*) to break down; **Arbeitsplätze ~** to make job cuts.

Abbaurechte *pl* mineral rights *pl*.

abbeißen ['apbaɪsən] *unreg vt* to bite off.

abbekommen ['apbəkɔmən] *unreg vt*: **etwas ~** to get some (of it); (*beschädigt werden*) to get damaged; (*verletzt werden*) to get hurt.

abberufen ['apbəru:fən] *unreg vt* to recall.

Abberufung *f* recall.

abbestellen ['apbəʃtɛlən] *vt* to cancel.

abbezahlen ['apbətsa:lən] *vt* to pay off.

abbiegen ['apbi:gən] *unreg vt* to turn off; (*Straße*) to bend ♦ *vt* to bend; (*verhindern*) to ward off.

Abbiegespur *f* turning lane.

Abbild ['apbɪlt] *nt* portrayal; (*einer Person*) image, likeness; **a~en** ['apbɪldən] *vt* to portray; **~ung** *f* illustration; (*Schaubild*) diagram.

abbinden ['apbɪndən] *unreg vt* (*MED*: *Arm, Bein etc*) to ligature.

Abbitte ['apbɪtə] *f*: ~ **leisten** *od* **tun (bei)** to make one's apologies (to).

abblasen ['apbla:zən] *unreg vt* to blow off; (*fig: umg*) to call off.

abblättern ['apblɛtərn] *vi* (*Putz, Farbe*) to flake (off).

abblenden ['apblɛndən] *vt* (*AUT*) to dip (*BRIT*), dim (*US*) ♦ *vi* to dip (*BRIT*) *od* dim (*US*) one's headlights.

Abblendlicht ['apblɛntlɪçt] *nt* dipped (*BRIT*) *od* dimmed (*US*) headlights *pl*.

abblitzen ['apblɪtsən] (*umg*) *vi*: **jdn ~ lassen** to send sb packing.

abbrechen ['apbrɛçən] *unreg vt* to break off; (*Gebäude*) to pull down; (*Zelt*) to take down; (*aufhören*) to stop; (*COMPUT*) to abort ♦ *vi* to

---

break off; to stop; **sich** *dat* **einen** ~ (*umg: sich sehr anstrengen*) to bust a gut.

abbrennen ['apbrɛnən] *unreg vt* to burn off; (*Feuerwerk*) to let off ♦ *vi* (*Hilfsverb sein*) to burn down; **abgebrannt sein** (*umg*) to be broke.

abbringen ['apbrɪŋən] *unreg vt*: **jdn von etw** ~ to dissuade sb from sth; **jdn vom Weg** ~ to divert sb; **ich bringe den Verschluss nicht ab** (*umg*) I can't get the top off.

abbröckeln ['apbrœkəln] *vi* to crumble off *od* away; (*BÖRSE: Preise*) to ease.

Abbruch ['apbrʊx] *m* (*von Verhandlungen etc*) breaking off; (*von Haus*) demolition; (*COMPUT*) abort; **jdm/etw** ~ **tun** to harm sb/sth; ~**arbeiten** *pl* demolition work *sing*; **a**~**reif** *adj* only fit for demolition.

abbrühen ['apbry:ən] *vt* to scald.

abbuchen ['apbu:xən] *vt* to debit; (*durch Dauerauftrag*): ~ **(von)** to pay by standing order (from).

abbürsten ['apbʏrstən] *vt* to brush off.

abbüßen ['apby:sən] *vt* (*Strafe*) to serve.

ABC-Waffen *pl abk* (= *atomare, biologische und chemische Waffen*) ABC weapons (= atomic, biological and chemical weapons).

abdampfen ['apdampfən] *vi* (*fig: umg: losgehen/-fahren*) to hit the road.

abdanken ['apdaŋkən] *vi* to resign; (*König*) to abdicate.

Abdankung *f* resignation; abdication.

abdecken ['apdɛkən] *vt* to uncover; (*Tisch*) to clear; (*Loch*) to cover.

abdichten ['apdɪçtən] *vt* to seal; (*NAUT*) to caulk.

abdrängen ['apdrɛŋən] *vt* to push off.

abdrehen ['apdre:ən] *vt* (*Gas*) to turn off; (*Licht*) to switch off; (*Film*) to shoot ♦ *vi* (*Schiff*) to change course; **jdm den Hals** ~ to wring sb's neck.

abdriften ['apdrɪftən] *vi* to drift (away).

abdrosseln ['apdrɔsəln] *vt* to throttle; (*AUT*) to stall; (*Produktion*) to cut back.

Abdruck ['apdrʊk] *m* (*Nachdrucken*) reprinting; (*Gedrucktes*) reprint; (*Gips*~, *Wachs*~) impression; (*Finger*~) print; **a**~**en** *vt* to print.

abdrücken ['apdrʏkən] *vt* to make an impression of; (*Waffe*) to fire; (*umg: Person*) to hug, squeeze ♦ *vr* to leave imprints; (*abstoßen*) to push o.s. away; **jdm die Luft** ~ to squeeze all the breath out of sb.

abebben ['apɛbən] *vi* to ebb away.

Abend ['a:bənt] (**-s, -e**) *m* evening; **gegen** ~ towards (the) evening; **den ganzen** ~ **(über)** the whole evening; **zu** ~ **essen** to have dinner *od* supper; **heute** ~ this evening; ~**anzug** *m* dinner jacket (*BRIT*), tuxedo (*US*); ~**brot** *nt* supper; ~**essen** *nt* supper; **a**~**füllend** *adj* taking up the whole evening;

~**gymnasium** *nt* night school; ~**kasse** *f* (*THEAT*) box office; ~**kleid** *nt* evening gown; ~**kurs** *m* evening classes *pl*; ~**land** *nt* West; **a**~**lich** *adj* evening; ~**mahl** *nt* Holy Communion; ~**rot** *nt* sunset.

abends *adv* in the evening.

Abend- *zW*: ~**vorstellung** *f* evening performance; ~**zeitung** *f* evening paper.

Abenteuer ['a:bəntɔyər] (**-s, -**) *nt* adventure; (*Liebes*~) affair; **a**~**lich** *adj* adventurous; ~**spielplatz** *m* adventure playground.

Abenteurer (**-s, -**) *m* adventurer; ~**in** *f* adventuress.

aber ['a:bər] *konj* but; (*jedoch*) however ♦ *adv*: **oder** ~ or else; **bist du** ~ **braun!** aren't you brown!; **das ist** ~ **schön** that's really nice; **nun ist** ~ **Schluss!** now that's enough!; **A**~ *nt* but.

Aberglaube ['a:bərglaubə] *m* superstition.

abergläubisch ['a:bərglɔybɪʃ] *adj* superstitious.

aberkennen ['ap|ɛrkɛnən] *unreg vt*: **jdm etw** ~ to deprive sb of sth, take sth (away) from sb.

Aberkennung *f* taking away.

abermalig *adj* repeated.

abermals *adv* once again.

Abertausend▲, abertausend▲ ['a:bərtauznt] *indef pron*: **Tausend und** ~, **tausend und a**~ thousands upon thousands.

Abf. *abk* (= *Abfahrt*) dep.

abfahren ['apfa:rən] *unreg vi* to leave, depart ♦ *vt* to take *od* cart away; (*Film*) to start; (*FILM, TV: Kamera*) to roll; (*Strecke*) to drive; (*Reifen*) to wear; (*Fahrkarte*) to use; **der Zug ist abgefahren** (*lit*) the train has left; (*fig*) we've/you've *etc* missed the boat; **der Zug fährt um 8.00 von Bremen ab** the train leaves Bremen at 8 o'clock; **jdn** ~ **lassen** (*umg: abweisen*) to tell sb to get lost; **auf jdn** ~ (*umg*) to really go for sb.

Abfahrt ['apfa:rt] *f* departure; (*Autobahn*~) exit; (*SKI*) descent; (*Piste*) run; **Vorsicht bei der** ~ **des Zuges!** stand clear, the train is about to leave!

Abfahrts- *zW*: ~**lauf** *m* (*SKI*) downhill; ~**tag** *m* day of departure; ~**zeit** *f* departure time.

Abfall ['apfal] *m* waste; (*von Speisen etc*) rubbish (*BRIT*), garbage (*US*); (*Neigung*) slope; (*Verschlechterung*) decline; ~**eimer** *m* rubbish bin (*BRIT*), garbage can (*US*).

abfallen *unreg vi* (*lit, fig*) to fall *od* drop off; (*POL, vom Glauben*) to break away; (*sich neigen*) to fall *od* drop away; **wie viel fällt bei dem Geschäft für mich ab?** (*umg*) how much do I get out of the deal?

abfällig ['apfɛlɪç] *adj* disparaging, deprecatory.

Abfallprodukt *nt* (*lit, fig*) waste product.

abfangen ['apfaŋən] *unreg vt* to intercept;

(*Person*) to catch; (*unter Kontrolle bringen*) to check; (*Aufprall*) to absorb; (*Kunden*) to lure away.

Abfangjäger m (*MIL*) interceptor.

abfärben ['apfɛrbən] vi (*lit*) to lose its colour; (*Wäsche*) to run; (*fig*) to rub off.

abfassen ['apfasən] vt to write, draft.

abfeiern ['apfaiərn] (*umg*) vt: **Überstunden** ~ to take time off in lieu of overtime pay.

abfertigen ['apfɛrtɪgən] vt to prepare for dispatch, process; (*an der Grenze*) to clear; (*Kundschaft*) to attend to; **jdn kurz** ~ to give sb short shrift.

Abfertigung f preparing for dispatch, processing; clearance; (*Bedienung: von Kunden*) service; (: *von Antragstellern*): ~ **von** dealing with.

abfeuern ['apfɔʏərn] vt to fire.

abfinden ['apfɪndən] unreg vt to pay off ♦ vr to come to terms; **sich mit jdm** ~/**nicht** ~ to put up with/not to get on with sb; **er konnte sich nie damit** ~, **dass** ... he could never accept the fact that ...

Abfindung f (*von Gläubigern*) payment; (*Geld*) sum in settlement.

abflachen ['apflaxən] vt to level (off), flatten (out) ♦ vi (*fig: sinken*) to decline.

abflauen ['apflauən] vi (*Wind, Erregung*) to die away, subside; (*Nachfrage, Geschäft*) to fall od drop off.

abfliegen ['apfli:gən] unreg vi to take off ♦ vt (*Gebiet*) to fly over.

abfließen ['apfli:sən] unreg vi to drain away; **ins Ausland** ~ (*Geld*) to flow out of the country.

Abflug ['apflu:k] m departure; (*Start*) take-off; ~**zeit** f departure time.

Abfluss▲ ['apflʊs] m draining away; (*Öffnung*) outlet; ~**rohr** nt drainpipe; (*von sanitären Anlagen*) wastepipe.

abfragen ['apfra:gən] vt to test; (*COMPUT*) to call up; **jdn etw** ~ to question sb on sth.

abfrieren ['apfri:rən] unreg vi: **ihm sind die Füße abgefroren** his feet got frostbitten, he got frostbite in his feet.

Abfuhr ['apfu:r] (-, **-en**) f removal; (*fig*) snub, rebuff; **sich** dat **eine** ~ **holen** to meet with a rebuff.

abführen ['apfy:rən] vt to lead away; (*Gelder, Steuern*) to pay ♦ vi (*MED*) to have a laxative effect.

Abführmittel nt laxative, purgative.

Abfüllanlage f bottling plant.

abfüllen ['apfʏlən] vt to draw off; (*in Flaschen*) to bottle.

Abgabe ['apga:bə] f handing in; (*von Ball*) pass; (*Steuer*) tax; (*einer Erklärung*) giving.

abgabenfrei adj tax-free.

abgabenpflichtig adj liable to tax.

Abgabetermin m closing date; (*für*

Dissertation etc) submission date.

Abgang ['apgaŋ] m (*von Schule*) leaving; (*THEAT*) exit; (*MED: Ausscheiden*) passing; (: *Fehlgeburt*) miscarriage; (*Abfahrt*) departure; (*der Post, von Waren*) dispatch.

Abgangszeugnis nt leaving certificate.

Abgas ['apga:s] nt waste gas; (*AUT*) exhaust.

ABGB nt abk (*ÖSTERR*: = *Allgemeines Bürgerliches Gesetzbuch*) Civil Code in Austria.

abgeben ['apge:bən] unreg vt (*Gegenstand*) to hand od give in; (*Ball*) to pass; (*Wärme*) to give off; (*Amt*) to hand over; (*Schuss*) to fire; (*Erklärung, Urteil*) to give; (*darstellen*) to make ♦ vr: **sich mit jdm/etw** ~ to associate with sb/bother with sth; „**Kinderwagen abzugeben**" "pram for sale"; **jdm etw** ~ (*überlassen*) to let sb have sth.

abgebrannt ['apgəbrant] (*umg*) adj broke.

abgebrüht ['apgəbry:t] (*umg*) adj (*skrupellos*) hard-boiled, hardened.

abgedroschen ['apgədrɔʃən] adj trite; (*Witz*) corny.

abgefahren ['apgəfa:rən] pp von **abfahren**.

abgefeimt ['apgəfaimt] adj cunning.

abgegeben ['apge:bən] pp von **abgeben**.

abgegriffen ['apgəgrɪfən] adj (*Buch*) well-thumbed; (*Redensart*) trite.

abgehackt ['apgəhakt] adj clipped.

abgehalftert ['apgəhalftərt] adj (*fig: umg*) run-down, dead beat.

abgehangen ['apgəhaŋən] pp von **abhängen** ♦ adj: (**gut**) ~ (*Fleisch*) well-hung.

abgehärtet ['apgəhɛrtət] adj tough, hardy; (*fig*) hardened.

abgehen ['apge:ən] unreg vi to go away, leave; (*THEAT*) to exit; (*POST*) to go; (*MED*) to be passed; (*sterben*) to die; (*Knopf etc*) to come off; (*abgezogen werden*) to be taken off; (*Straße*) to branch off; (*abweichen*): **von einer Forderung** ~ to give up a demand ♦ vt (*Strecke*) to go od walk along; (*MIL: Gelände*) to patrol; **von seiner Meinung** ~ to change one's opinion; **davon gehen 5% ab** 5% is taken off that; **etw geht jdm ab** (*fehlt*) sb lacks sth.

abgekämpft ['apgəkɛmpft] adj exhausted.

abgekartet ['apgəkartət] adj: **ein** ~**es Spiel** a rigged job.

abgeklärt ['apgəklɛːrt] adj serene, tranquil.

abgelegen ['apgəle:gən] adj remote.

abgelten ['apgɛltən] unreg vt (*Ansprüche*) to satisfy.

abgemacht ['apgəmaxt] adj fixed; ~**!** done!

abgemagert ['apgəma:gərt] adj (*sehr dünn*) thin; (*ausgemergelt*) emaciated.

abgeneigt ['apgənaikt] adj averse.

abgenutzt ['apgənʊtst] adj worn, shabby; (*Reifen*) worn; (*fig: Klischees*) well-worn.

Abgeordnete(r) ['apgə|ɔrdnətə(r)] f(m) elected

representative; (*von Parlament*) member of parliament.

Abgesandte(r) ['apgəzantə(r)] *f(m)* delegate; (*POL*) envoy.

abgeschieden ['apgəʃiːdən] *adv* (*einsam*): ~ **leben/wohnen** to live in seclusion.

abgeschlagen ['apgəʃlaːgən] *adj* (*besiegt*) defeated; (*erschöpft*) exhausted, worn-out.

abgeschlossen ['apgəʃlɔsən] *pp von* **abschließen ♦** *adj attrib* (*Wohnung*) self-contained.

abgeschmackt ['apgəʃmakt] *adj* tasteless; **A~heit** *f* lack of taste; (*Bemerkung*) tasteless remark.

abgesehen ['apgəzeːən] *adj*: **es auf jdn/etw** ~ **haben** to be after sb/sth; ~ **von ...** apart from ...

abgespannt ['apgəʃpant] *adj* tired out.

abgestanden ['apgəʃtandən] *adj* stale; (*Bier*) flat.

abgestorben ['apgəʃtɔrbən] *adj* numb; (*BIOL, MED*) dead.

abgestumpft ['apgəʃtumpft] *adj* (*gefühllos: Person*) insensitive; (*Gefühle, Gewissen*) dulled.

abgetakelt ['apgətaːkəlt] *adj* (*fig*) decrepit, past it.

abgetan ['apgətaːn] *adj*: **damit ist die Sache** ~ that settles the matter.

abgetragen ['apgətraːgən] *adj* worn.

abgewinnen ['apgəvɪnən] *unreg vt*: **jdm Geld** ~ to win money from sb; **einer Sache etw/ Geschmack** ~ to get sth/pleasure from sth.

abgewogen ['apgəvoːgən] *adj* (*Urteil, Worte*) balanced.

abgewöhnen ['apgəvøːnən] *vt*: **jdm/sich etw** ~ to cure sb of sth/give sth up.

abgießen ['apgiːsən] *unreg vt* (*Flüssigkeit*) to pour off.

Abglanz ['apglants] *m* (*auch fig*) reflection.

abgleiten ['apglaɪtən] *unreg vi* to slip, slide.

Abgott ['apgɔt] *m* idol.

abgöttisch ['apgœtɪʃ] *adj*: ~ **lieben** to idolize.

abgrasen ['apgraːzən] *vt* (*Feld*) to graze; (*umg: Thema*) to do to death.

abgrenzen ['apgrɛntsən] *vt* (*lit, fig*) to mark off; (*Gelände*) to fence off ♦ *vr*: **sich** ~ (**gegen**) to dis(as)sociate o.s. (from).

Abgrund ['apgrʊnt] *m* (*lit, fig*) abyss.

abgründig ['apgrʏndɪç] *adj* unfathomable; (*Lächeln*) cryptic.

abgrundtief *adj* (*Hass, Verachtung*) profound.

abgucken ['apgʊkən] *vt, vi* to copy.

Abguss▲ ['apgʊs] *m* (*KUNST, METALLURGIE: Vorgang*) casting; (: *Form*) cast.

abhaben ['aphaːbən] *unreg* (*umg*) *vt* (*abbekommen*): **willst du ein Stück ~?** do you want a bit?

abhacken ['aphakən] *vt* to chop off.

abhaken ['aphaːkən] *vt* to tick off (*BRIT*),

check off (*US*).

abhalten ['aphaltən] *unreg vt* (*Versammlung*) to hold; **jdn von etw** ~ (*fern halten*) to keep sb away from sth; (*hindern*) to keep sb from sth.

abhandeln ['aphandəln] *vt* (*Thema*) to deal with; **jdm die Waren/8 Mark** ~ to do a deal with sb for the goods/beat sb down 8 marks.

abhanden [ap'handən] *adj*: ~ **kommen** to get lost.

Abhandlung ['aphandlʊŋ] *f* treatise, discourse.

Abhang ['aphaŋ] *m* slope.

abhängen ['aphɛŋən] *unreg vt* (*Bild*) to take down; (*Anhänger*) to uncouple; (*Verfolger*) to shake off ♦ *vi* (*Fleisch*) to hang; **von jdm/etw** ~ to depend on sb/sth; **das hängt ganz davon ab** it all depends; **er hat abgehängt** (*TEL: umg*) he hung up (*on me etc*).

abhängig ['aphɛŋɪç] *adj*: ~ (**von**) dependent (on); **A~keit** *f*: **A~keit** (**von**) dependence (on).

abhärten ['aphɛrtən] *vt* to toughen up ♦ *vr* to toughen (o.s.) up; **sich gegen etw** ~ to harden o.s. to sth.

abhauen ['aphauən] *unreg vt* to cut off; (*Baum*) to cut down ♦ *vi* (*umg*) to clear off *od* out; **hau ab!** beat it!

abheben ['apheːbən] *unreg vt* to lift (up); (*Karten*) to cut; (*Masche*) to slip; (*Geld*) to withdraw, take out ♦ *vi* (*Flugzeug*) to take off; (*Rakete*) to lift off; (*KARTEN*) to cut ♦ *vr*: **sich** ~ **von** to stand out from, contrast with.

abheften ['aphɛftən] *vt* (*Rechnungen etc*) to file away; (*NÄHEN*) to tack, baste.

abhelfen ['aphɛlfən] *unreg vi +dat* to remedy.

abhetzen ['aphɛtsən] *vr* to wear *od* tire o.s. out.

Abhilfe ['aphɪlfə] *f* remedy; ~ **schaffen** to put things right.

Abholmarkt *m* cash and carry.

abholen ['aphoːlən] *vt* (*Gegenstand*) to fetch, collect; (*Person*) to call for; (*am Bahnhof etc*) to pick up, meet.

abholzen ['aphɔltsən] *vt* (*Wald*) to clear, deforest.

abhorchen ['aphɔrçən] *vt* (*MED*) to listen to, sound.

abhören ['aphøːrən] *vt* (*Vokabeln*) to test; (*Telefongespräch*) to tap; (*Tonband etc*) to listen to; **abgehört werden** (*umg*) to be bugged.

Abhörgerät *nt* bug.

abhungern ['aphʊŋərn] *vr*: **sich** *dat* **10 Kilo** ~ to lose 10 kilos by going on a starvation diet.

Abi ['abi] (**-s, -s**) *nt* (*SCH: umg*) = **Abitur**.

Abitur [abi'tuːr] (**-s, -e**) *nt* German school-leaving examination, ≈ A-levels *pl* (*BRIT*); (**das**) ~ **machen** to take one's school-leaving exam *od* A-levels.

ABITUR

The **Abitur** is the German school-leaving examination which is taken at the age of 18 or 19 by pupils at a **Gymnasium**. It is taken in four subjects and is necessary for entry to a university education.

Abiturient(in) [abitʊri'ɛnt(ɪn)] m(f) candidate for school-leaving certificate.

abkämmen ['apkɛmən] vt (Gegend) to comb, scour.

abkanzeln ['apkantsəln] (umg) vt: **jdn** ~ to give sb a dressing-down.

abkapseln ['apkapsəln] vr to shut od cut o.s. off.

abkarten ['apkartən] (umg) vt: **die Sache war von vornherein abgekartet** the whole thing was a put-up job.

abkaufen ['apkaʊfən] vt: **jdm etw** ~ to buy sth from sb.

abkehren ['apkeːrən] vt (Blick) to avert, turn away ♦ vr to turn away.

abklappern ['apklapərn] (umg) vt (Kunden) to call on; (: Läden, Straße): ~ **(nach)** to scour (for), comb (for).

abklären ['apklɛːrən] vt (klarstellen) to clear up, clarify ♦ vr (sich setzen) to clarify.

Abklatsch ['apklatʃ] (-es, -e) m (fig) (poor) copy.

abklemmen ['apklɛmən] vt (Leitung) to clamp.

abklingen ['apklɪŋən] unreg vi to die away; (RUNDF) to fade out.

abknallen ['apknalən] (umg) vt to shoot down.

abknöpfen ['apknœpfən] vt to unbutton; **jdm etw** ~ (umg) to get sth off sb.

abkochen ['apkɔxən] vt to boil; (keimfrei machen) to sterilize (by boiling).

abkommandieren ['apkɔmandiːrən] vt (MIL: zu Einheit) to post; (zu bestimmtem Dienst): ~ **zu** to detail for.

abkommen ['apkɔmən] unreg vi to get away; **(vom Thema)** ~ to get off the subject, digress; **von der Straße/einem Plan** ~ to leave the road/give up a plan.

Abkommen (-s, -) nt agreement.

abkömmlich ['apkœmlɪç] adj available, free.

Abkömmling m (Nachkomme) descendant; (fig) adherent.

abkönnen ['apkœnən] unreg (umg) vt (mögen): **das kann ich nicht ab** I can't stand it.

abkratzen ['apkratsən] vt to scrape off ♦ vi (umg) to kick the bucket.

abkriegen ['apkriːgən] (umg) vt = abbekommen.

abkühlen ['apkyːlən] vt to cool down ♦ vr (Mensch) to cool down od off; (Wetter) to get cool; (Zuneigung) to cool.

Abkunft ['apkʊnft] (-) f origin, birth.

abkürzen ['apkʏrtsən] vt to shorten; (Wort) to

abbreviate; **den Weg** ~ to take a short cut.

Abkürzung f abbreviation; short cut.

abladen ['aplaːdən] unreg vi to unload ♦ vt to unload; (fig: umg): **seinen Ärger (bei jdm)** ~ to vent one's anger (on sb).

Ablage ['aplaːgə] f place to keep/put sth; (Aktenordnung) filing; (für Akten) tray.

ablagern ['aplaːgərn] vt to deposit ♦ vr to be deposited ♦ vi to mature.

Ablagerung f (abgelagerter Stoff) deposit.

ablassen ['aplasən] unreg vt (Wasser, Dampf) to let out od off; (vom Preis) to knock off ♦ vi: **von etw** ~ to give sth up, abandon sth.

Ablauf m (Abfluss) drain; (von Ereignissen) course; (einer Frist, Zeit) expiry (BRIT), expiration (US); **nach** ~ **des Jahres/dieser Zeit** at the end of the year/this time.

ablaufen ['aplaʊfən] unreg vi (abfließen) to drain away; (Ereignisse) to happen; (Frist, Zeit, Pass) to expire ♦ vt (Sohlen) to wear (down od out); ~ **lassen** (abspulen, abspielen: Platte, Tonband) to play; (Film) to run; **sich** dat **die Beine** od **Hacken nach etw** ~ (umg) to walk one's legs off looking for sth; **jdm den Rang** ~ to steal a march on sb.

Ableben ['apleːbən] nt (form) demise (form).

ablegen ['apleːgən] vt to put od lay down; (Kleider) to take off; (Gewohnheit) to get rid of; (Prüfung) to take, sit (BRIT); (Zeugnis) to give; (Schriftwechsel) to file (away); (nicht mehr tragen: Kleidung) to discard, cast off; (Schwur, Eid) to swear ♦ vi (Schiff) to cast off.

Ableger (-s, -) m layer; (fig) branch, offshoot.

ablehnen ['apleːnən] vt to reject; (missbilligen) to disapprove of; (Einladung) to decline, refuse ♦ vi to decline, refuse.

Ablehnung f rejection; refusal; **auf** ~ **stoßen** to meet with disapproval.

ableisten ['aplaɪstən] vt (form: Zeit) to serve.

ableiten ['aplaɪtən] vt (Wasser) to divert; (deduzieren) to deduce; (Wort) to derive.

Ableitung f diversion; deduction; derivation; (Wort) derivative.

ablenken ['aplɛŋkən] vt to turn away, deflect; (zerstreuen) to distract ♦ vi to change the subject; **das lenkt ab** (zerstreut) it takes your mind off things; (stört) it's distracting.

Ablenkung f deflection; distraction.

Ablenkungsmanöver nt diversionary tactic; (um vom Thema abzulenken) red herring.

ablesen ['apleːzən] unreg vt to read; **jdm jeden Wunsch von den Augen** ~ to anticipate sb's every wish.

ableugnen ['aplɔʏgnən] vt to deny.

ablichten ['aplɪçtən] vt to photocopy; (fotografieren) to photograph.

abliefern ['apliːfərn] vt to deliver; **etw bei jdm/einer Dienststelle** ~ to hand sth over to sb/in at an office.

Ablieferung f delivery.

abliegen ['apli:gən] *unreg vi* to be some distance away; *(fig)* to be far removed.

ablisten ['aplıstən] *vt*: **jdm etw ~** to trick *od* con sb out of sth.

ablösen ['aplø:zən] *vt (abtrennen)* to take off, remove; *(in Amt)* to take over from; *(FIN: Schuld, Hypothek)* to pay off, redeem; *(Methode, System)* to supersede ♦ *vr (auch:* **einander ~)** to take turns; *(Fahrer, Kollegen, Wachen)* to relieve each other.

Ablösung *f* removal; relieving.

abluchsen ['apluksən] *(umg) vt*: **jdm etw ~** to get *od* wangle sth out of sb.

Abluft *f (TECH)* used air.

ABM *pl abk* (= *Arbeitsbeschaffungsmaßnahmen*) *job-creation scheme.*

abmachen ['apmaxən] *vt* to take off; *(vereinbaren)* to agree; **etw mit sich allein ~** to sort sth out for o.s.

Abmachung *f* agreement.

abmagern ['apma:gərn] *vi* to get thinner, become emaciated.

Abmagerungskur *f* diet; **eine ~ machen** to go on a diet.

Abmarsch ['apmarʃ] *m* departure; **a~bereit** *adj* ready to start.

abmarschieren ['apmarʃi:rən] *vi* to march off.

abmelden ['apmɛldən] *vt (Auto)* to take off the road; *(Telefon)* to have disconnected; *(COMPUT)* to log off ♦ *vr* to give notice of one's departure; *(im Hotel)* to check out; **ein Kind von einer Schule ~** to take a child away from a school; **er/sie ist bei mir abgemeldet** *(umg)* I don't want anything to do with him/her; **jdn bei der Polizei ~** to register sb's departure with the police.

abmessen ['apmɛsən] *unreg vt* to measure.

Abmessung *f* measurement; *(Ausmaß)* dimension.

abmontieren ['apmɔnti:rən] *vt* to take off; *(Maschine)* to dismantle.

ABM-Stelle *f temporary post created as part of a job creation scheme.*

abmühen ['apmy:ən] *vr* to wear o.s. out.

abnabeln ['apna:bəln] *vt*: **jdn ~** *(auch fig)* to cut sb's umbilical cord.

abnagen ['apna:gən] *vt* to gnaw off; *(Knochen)* to gnaw.

Abnäher ['apnɛ:ər] **(-s, -)** *m* dart.

Abnahme ['apna:mə] *f* (+*gen*) removal; *(COMM)* buying; *(Verringerung)* decrease (in).

abnehmen ['apne:mən] *unreg vt* to take off, remove; *(Führerschein)* to take away; *(Prüfung)* to hold; *(Maschen)* to decrease; *(Hörer)* to lift, pick up; *(begutachten: Gebäude, Auto)* to inspect ♦ *vi* to decrease; *(schlanker werden)* to lose weight; **jdm etw ~** *(Geld)* to get sth out of sb; *(kaufen: auch umg: glauben)* to buy sth from sb; **kann ich dir etwas ~?** *(tragen)* can I take something for you?; **jdm Arbeit ~** to take work off sb's shoulders; **jdm ein Versprechen ~** to make sb promise sth.

Abnehmer (-s, -) *m* purchaser, customer; **viele/wenige ~ finden** *(COMM)* to sell well/ badly.

Abneigung ['apnaıgʊŋ] *f* aversion, dislike.

abnorm [ap'nɔrm] *adj* abnormal.

abnötigen ['apnø:tıgən] *vt*: **jdm etw/Respekt ~** to force sth from sb/gain sb's respect.

abnutzen ['apnʊtsən] *vt* to wear out.

Abnutzung *f* wear (and tear).

Abo ['abo] **(-s, -s)** *(umg) nt* = **Abonnement**.

Abonnement [abɔn(ə)'mãː] **(-s, -s** *od* **-e)** *nt* subscription; *(Theater~)* season ticket.

Abonnent(in) [abɔ'nɛnt(ın)] *m(f)* subscriber.

abonnieren [abɔ'ni:rən] *vt* to subscribe to.

abordnen ['ap|ɔrdnən] *vt* to delegate.

Abordnung *f* delegation.

Abort [a'bɔrt] **(-(e)s, -e)** *m (veraltet)* lavatory.

abpacken ['appakən] *vt* to pack.

abpassen ['appasən] *vt (Person, Gelegenheit)* to wait for; *(warten auf)* to catch; *(jdm auflauern)* to waylay; **etw gut ~** to time sth well.

abpausen ['appauzən] *vt* to make a tracing of.

abpfeifen ['appfaıfən] *unreg vt, vi (SPORT)*: **(das Spiel) ~** to blow the whistle (for the end of the game).

Abpfiff ['appfıf] *m* final whistle.

abplagen ['appla:gən] *vr* to struggle (away).

Abprall ['appral] *m* rebound; *(von Kugel)* ricochet.

abprallen ['appralən] *vi* to bounce off; to ricochet; **an jdm ~** *(fig)* to make no impression on sb.

abputzen ['apputsən] *vt* to clean; *(Nase etc)* to wipe.

abquälen ['apkvɛ:lən] *vr* to struggle (away).

abrackern ['aprakərn] *(umg) vr* to slave away.

abraten ['apra:tən] *unreg vi*: **jdm von etw ~** to advise sb against sth, warn sb against sth.

abräumen ['aprɔymən] *vt* to clear up *od* away; *(Tisch)* to clear ♦ *vi* to clear up *od* away.

abreagieren ['apreagi:rən] *vt*: **seinen Zorn (an jdm/etw) ~** to work one's anger off (on sb/ sth) ♦ *vr* to calm down; **seinen Ärger an anderen ~** to take it out on others.

abrechnen ['aprɛçnən] *vt* to deduct, take off ♦ *vi (lit)* to settle up; *(fig)* to get even; **darf ich ~?** would you like your bill *(BRIT) od* check *(US)* now?

Abrechnung *f* settlement; *(Rechnung)* bill; *(Aufstellung)* statement; *(Bilanz)* balancing; *(fig: Rache)* revenge; **in ~ stellen** *(form: Abzug)* to deduct; **~ über** +*akk* bill/statement for.

Abrechnungszeitraum *m* accounting period.

Abrede ['apre:də] *f*: **etw in ~ stellen** to deny

od dispute sth.

abregen ['apreːgən] (*umg*) *vr* to calm *od* cool down.

abreiben ['apraɪbən] *unreg vt* to rub off; (*säubern*) to wipe; **jdn mit einem Handtuch** ~ to towel sb down.

Abreibung (*umg*) *f* (*Prügel*) hiding, thrashing.

Abreise ['apraɪzə] *f* departure.

abreisen *vi* to leave, set off.

abreißen ['apraɪsən] *unreg vt* (*Haus*) to tear down; (*Blatt*) to tear off ♦ *vi*: **den Kontakt nicht** ~ **lassen** to stay in touch.

abrichten ['aprɪçtən] *vt* to train.

abriegeln ['apriːgəln] *vt* (*Tür*) to bolt; (*Straße, Gebiet*) to seal off.

abringen ['aprɪŋən] *unreg vt*: **sich** *dat* **ein Lächeln** ~ to force a smile.

Abriss▲ ['aprɪs] (**-es, -e**) *m* (*Übersicht*) outline; (*Abbruch*) demolition.

abrollen ['aprɔlən] *vt* (*abwickeln*) to unwind ♦ *vi* (*vonstatten gehen: Programm*) to run; (: *Veranstaltung*) to go off; (: *Ereignisse*) to unfold.

Abruf ['apruːf] *m*: **auf** ~ on call.

abrufen *unreg vt* (*Mensch*) to call away; (*COMM: Ware*) to request delivery of; (*COMPUT*) to recall, retrieve.

abrunden ['aprʊndən] *vt* to round off.

abrüsten ['aprʏstən] *vi* to disarm.

Abrüstung *f* disarmament.

abrutschen ['aprʊtʃən] *vi* to slip; (*AVIAT*) to sideslip.

Abs. *abk* = **Absender**; (= *Absatz*) par., para.

absacken ['apzakən] *vi* (*sinken*) to sink; (*Boden, Gebäude*) to subside.

Absage ['apzaːgə] (**-, -n**) *f* refusal; (*auf Einladung*) negative reply.

absagen *vt* to cancel, call off; (*Einladung*) to turn down ♦ *vi* to cry off; (*ablehnen*) to decline; **jdm** ~ to tell sb that one can't come.

absägen ['apzɛːgən] *vt* to saw off.

absahnen ['apzaːnən] *vt* (*lit*) to skim; **das beste für sich** ~ (*fig*) to take the cream.

Absatz ['apzats] *m* (*COMM*) sales *pl*; (*JUR*) section; (*Bodensatz*) deposit; (*neuer Abschnitt*) paragraph; (*Treppen*~) landing; (*Schuh*~) heel; ~**flaute** *f* slump in the market; ~**förderung** *f* sales promotion; ~**gebiet** *nt* (*COMM*) market; sales territory; ~**prognose** *f* sales forecast; ~**schwierigkeiten** *pl* sales problems *pl*; ~**ziffern** *pl* sales figures *pl*.

absaufen ['apzaʊfən] *unreg* (*umg*) *vi* (*ertrinken*) to drown; (: *Motor*) to flood; (: *Schiff etc*) to go down.

absaugen ['apzaʊgən] *vt* (*Flüssigkeit*) to suck out *od* off; (*Teppich, Sofa*) to hoover ®, vacuum.

abschaben ['apʃaːbən] *vt* to scrape off;

(*Möhren*) to scrape.

abschaffen ['apʃafən] *vt* to abolish, do away with.

Abschaffung *f* abolition.

abschalten ['apʃaltən] *vt, vi* (*lit*: *umg*) to switch off.

abschattieren ['apʃatiːrən] *vt* to shade.

abschätzen ['apʃɛtsən] *vt* to estimate; (*Lage*) to assess; (*Person*) to size up.

abschätzig ['apʃɛtsɪç] *adj* disparaging, derogatory.

Abschaum ['apʃaʊm] (**-(e)s**) *m* scum.

Abscheu ['apʃɔʏ] (**-(e)s**) *m* loathing, repugnance; ~ **erregend** repulsive, loathsome; **a~lich** *adj* abominable.

abschicken ['apʃɪkən] *vt* to send off.

abschieben ['apʃiːbən] *unreg vt* to push away; (*Person*) to pack off; (*ausweisen: Ausländer*) to deport; (*fig: Verantwortung, Schuld*): ~ (**auf** +*akk*) to shift (onto).

Abschied ['apʃiːt] (**-(e)s, -e**) *m* parting; (*von Armee*) discharge; (**von jdm**) ~ **nehmen** to say goodbye (to sb), take one's leave (of sb); **seinen** ~ **nehmen** (*MIL*) to apply for discharge; **zum** ~ on parting.

Abschiedsbrief *m* farewell letter.

Abschiedsfeier *f* farewell party.

abschießen ['apʃiːsən] *unreg vt* (*Flugzeug*) to shoot down; (*Geschoss*) to fire; (*umg: Minister*) to get rid of.

abschirmen ['apʃɪrmən] *vt* to screen; (*schützen*) to protect ♦ *vr* (*sich isolieren*): **sich** ~ (**gegen**) to cut o.s. off (from).

abschlaffen ['apʃlafən] (*umg*) *vi* to flag.

abschlagen ['apʃlaːgən] *unreg vt* (*abhacken, COMM*) to knock off; (*ablehnen*) to refuse; (*MIL*) to repel.

abschlägig ['apʃlɛːgɪç] *adj* negative; **jdn/etw** ~ **bescheiden** (*form*) to turn sb/sth down.

Abschlagszahlung *f* interim payment.

abschleifen ['apʃlaɪfən] *unreg vt* to grind down; (*Holzboden*) to sand (down) ♦ *vr* to wear off.

Abschleppdienst *m* (*AUT*) breakdown service (*BRIT*), towing company (*US*).

abschleppen ['apʃlɛpən] *vt* to (take in) tow.

Abschleppseil *nt* towrope.

abschließen ['apʃliːsən] *unreg vt* (*Tür*) to lock; (*beenden*) to conclude, finish; (*Vertrag, Handel*) to conclude; (*Versicherung*) to take out; (*Wette*) to place ♦ *vr* (*sich isolieren*) to cut o.s. off; **mit abgeschlossenem Studium** with a degree; **mit der Vergangenheit** ~ to break with the past.

abschließend *adj* concluding ♦ *adv* in conclusion, finally.

Abschluss▲ ['apʃlʊs] *m* (*Beendigung*) close, conclusion; (*COMM: Bilanz*) balancing; (*von Vertrag, Handel*) conclusion; **zum** ~ in conclusion; ~**feier** *f* (*SCH*) school-leavers' ceremony; ~**prüfer** *m* accountant; ~**prüfung**

f (*SCH*) final examination; (*UNIV*) finals *pl*; ~**rechnung** *f* final account; ~**zeugnis** *nt* (*SCH*) leaving certificate, diploma (*US*).

abschmecken ['apʃmɛkən] *vt* (*kosten*) to taste; (*würzen*) to season.

abschmieren ['apʃmiːrən] *vt* (*AUT*) to grease, lubricate.

abschminken ['apʃmɪŋkən] *vt*: **sich** ~ to remove one's make-up.

abschmirgeln ['apʃmɪrgəln] *vt* to sand down.

abschnallen ['apʃnalən] *vr* to unfasten one's seat belt ♦ *vi* (*umg: nicht mehr folgen können*) to give up; (: *fassungslos sein*) to be staggered.

abschneiden ['apʃnaɪdən] *unreg vt* to cut off ♦ *vi* to do, come off; **bei etw gut/schlecht** ~ (*umg*) to come off well/badly in sth.

Abschnitt ['apʃnɪt] *m* section; (*MIL*) sector; (*Kontroll*~) counterfoil (*BRIT*), stub (*US*); (*MATH*) segment; (*Zeit*~) period.

abschnüren ['apʃnyːrən] *vt* to constrict.

abschöpfen ['apʃœpfən] *vt* to skim off.

abschrauben ['apʃraubən] *vt* to unscrew.

abschrecken ['apʃrɛkən] *vt* to deter, put off; (*mit kaltem Wasser*) to plunge into cold water.

abschreckend *adj* deterrent; ~**es Beispiel** warning; **eine** ~**e Wirkung haben**, ~ **wirken** to act as a deterrent.

abschreiben ['apʃraibən] *unreg vt* to copy; (*verloren geben*) to write off; (*COMM*) to deduct; **er ist bei mir abgeschrieben** I'm finished with him.

Abschreibung *f* (*COMM*) deduction; (*Wertverminderung*) depreciation.

Abschrift ['apʃrɪft] *f* copy.

abschuften ['apʃuftən] (*umg*) *vr* to slog one's guts out (*umg*).

abschürfen ['apʃyrfən] *vt* to graze.

Abschuss▲ ['apʃus] *m* (*eines Geschützes*) firing; (*Herunterschießen*) shooting down; (*Tötung*) shooting.

abschüssig ['apʃʏsɪç] *adj* steep.

Abschussliste▲ *f*: **er steht auf der** ~ (*umg*) his days are numbered.

Abschussrampe▲ *f* launch(ing) pad.

abschütteln ['apʃʏtəln] *vt* to shake off.

abschütten ['apʃʏtən] *vt* (*Flüssigkeit etc*) to pour off.

abschwächen ['apʃvɛçən] *vt* to lessen; (*Behauptung, Kritik*) to tone down ♦ *vr* to lessen.

abschweifen ['apʃvaɪfən] *vi* to wander; (*Redner*) to digress.

Abschweifung *f* digression.

abschwellen ['apʃvɛlən] *unreg vi* (*Geschwulst*) to go down; (*Lärm*) to die down.

abschwenken ['apʃvɛŋkən] *vi* to turn away.

abschwören ['apʃvøːrən] *unreg vi* +*dat* to renounce.

absehbar ['apzeːbaːr] *adj* foreseeable; **in** ~**er Zeit** in the foreseeable future; **das Ende ist** ~ the end is in sight.

absehen *unreg vt* (*Ende, Folgen*) to foresee ♦ *vi*: **von etw** ~ to refrain from sth; (*nicht berücksichtigen*) to leave sth out of consideration; **jdm etw** ~ (*erlernen*) to copy sth from sb.

abseilen ['apzailən] *vt* to lower down on a rope ♦ *vr* (*Bergsteiger*) to abseil (down).

Abseits ['apzaits] *nt* (*SPORT*) offside; **im** ~ **stehen** to be offside; **im** ~ **leben** (*fig*) to live in the shadows.

abseits *adv* out of the way ♦ *präp* +*gen* away from.

absenden ['apzɛndən] *unreg vt* to send off, dispatch.

Absender *m* sender.

Absendung *f* dispatch.

absetzbar ['apzɛtsbaːr] *adj* (*Beamter*) dismissible; (*Waren*) saleable; (*von Steuer*) deductible.

absetzen ['apzɛtsən] *vt* (*niederstellen, aussteigen lassen*) to put down; (*abnehmen; auch Theaterstück*) to take off; (*COMM: verkaufen*) to sell; (*FIN: abziehen*) to deduct; (*entlassen*) to dismiss; (*König*) to depose; (*streichen*) to drop; (*Fußballspiel, Termin*) to cancel; (*hervorheben*) to pick out ♦ *vi*: **er trank das Glas aus, ohne abzusetzen** he emptied his glass in one ♦ *vr* (*sich entfernen*) to clear off; (*sich ablagern*) to be deposited; **das kann man** ~ that is tax-deductible.

Absetzung *f* (*FIN: Abzug*) deduction; (*Entlassung*) dismissal; (*von König*) deposing; (*Streichung*) dropping.

absichern ['apzɪçərn] *vt* to make safe; (*schützen*) to safeguard ♦ *vr* to protect o.s.

Absicht ['apzɪçt] *f* intention; **mit** ~ on purpose; **a**~**lich** *adj* intentional, deliberate.

absichtslos *adj* unintentional.

absinken ['apzɪŋkən] *unreg vi* to sink; (*Temperatur, Geschwindigkeit*) to decrease.

absitzen ['apzɪtsən] *unreg vi* to dismount ♦ *vt* (*Strafe*) to serve.

absolut [apzo'luːt] *adj* absolute.

Absolutheitsanspruch *m* claim to absolute right.

Absolutismus [apzolu'tɪsmʊs] *m* absolutism.

Absolvent(in) *m(f)*: **die** ~**en eines Lehrgangs** the students who have completed a course.

absolvieren [apzɔl'viːrən] *vt* (*SCH*) to complete.

absonderlich [ap'zɔndərlɪç] *adj* odd, strange.

absondern *vt* to separate; (*ausscheiden*) to give off, secrete ♦ *vr* to cut o.s. off.

Absonderung *f* separation; (*MED*) secretion.

absorbieren [apzɔr'biːrən] *vt* (*lit, fig*) to absorb.

abspalten ['apʃpaltən] *vt* to split off.

Abspannung ['apʃpanʊŋ] f (Ermüdung) exhaustion.

absparen ['apʃpaːrən] vt: **sich** dat **etw** ~ **to** scrimp and save for sth.

abspecken ['apʃpɛkən] (umg) vt to shed ♦ vi to lose weight.

abspeisen ['apʃpaɪzən] vt (fig) to fob off.

abspenstig ['apʃpɛnstɪç] adj: (jdm) ~ **machen** to lure away (from sb).

absperren ['apʃpɛrən] vt to block od close off; (Tür) to lock.

Absperrung f (Vorgang) blocking od closing off; (Sperre) barricade.

abspielen ['apʃpiːlən] vt (Platte, Tonband) to play; (SPORT: Ball) to pass ♦ vr to happen; **vom Blatt** ~ (MUS) to sight-read.

absplittern ['apʃplɪtərn] vt, vi to chip off.

Absprache ['apʃpraːxə] f arrangement; **ohne vorherige** ~ without prior consultation.

absprechen ['apʃprɛçən] unreg vt (vereinbaren) to arrange ♦ vr: **die beiden hatten sich vorher abgesprochen** they had agreed on what to do/say etc in advance; **jdm etw** ~ **to** deny sb sth; (in Abrede stellen: Begabung) to dispute sb's sth.

abspringen ['apʃprɪŋən] unreg vi to jump down/off; (Farbe, Lack) to flake off; (AVIAT) to bale out; (sich distanzieren) to back out.

Absprung ['apʃprʊŋ] m jump; **den** ~ **schaffen** (fig) to make the break (umg).

abspulen ['apʃpuːlən] vt (Kabel, Garn) to unwind.

abspülen ['apʃpyːlən] vt to rinse; **Geschirr** ~ to wash up (BRIT), do the dishes.

abstammen ['apʃtamən] vi to be descended; (Wort) to be derived.

Abstammung f descent; derivation; **französischer** ~ of French extraction od descent.

Abstand ['apʃtant] m distance; (zeitlich) interval; **davon** ~ **nehmen, etw zu tun** to refrain from doing sth; ~ **halten** (AUT) to keep one's distance; ~ **von etw gewinnen** (fig) to distance o.s. from sth; **mit großem** ~ **führen** to lead by a wide margin; **mit** ~ **der Beste** by far the best.

Abstandssumme f compensation.

abstatten ['apʃtatən] vt (form: Dank) to give; (: Besuch) to pay.

abstauben ['apʃtaʊbən] vt, vi to dust; (umg: mitgehen lassen) to help oneself to, pinch; **(den Ball)** ~ (SPORT) to tuck the ball away.

Abstauber(in) ['apʃtaʊbər(ɪn)] (-s, -) (umg) m(f) (Person) somebody on the make.

abstechen ['apʃtɛçən] unreg vt to cut; (Tier) to cut the throat of ♦ vi: ~ **gegen** od **von** to contrast with.

Abstecher (-s, -) m detour.

abstecken ['apʃtɛkən] vt (Fläche) to mark out; (Saum) to pin.

abstehen ['apʃteːən] unreg vi (Ohren, Haare) to stick out; (entfernt sein) to stand away.

Absteige f cheap hotel.

absteigen ['apʃtaɪgən] unreg vi (vom Rad etc) to get off, dismount; **in einem Gasthof** ~ to put up at an inn; **(in die zweite Liga)** ~ to be relegated (to the second division); **auf dem** ~**den Ast sein** (umg) to be going downhill, be on the decline.

abstellen ['apʃtɛlən] vt (niederstellen) to put down; (entfernt stellen) to pull out; (hinstellen: Auto) to park; (ausschalten) to turn od switch off; (Missstand, Unsitte) to stop; (abkommandieren) to order off; (ausrichten): ~ **auf** +akk to gear to; **das lässt sich nicht/ lässt sich** ~ nothing/something can be done about that.

Abstellgleis nt siding; **jdn aufs** ~ **schieben** (fig) to cast sb aside.

Abstellraum m storeroom.

abstempeln ['apʃtɛmpəln] vt to stamp; (fig): ~ **zu** od **als** to brand as.

absterben ['apʃtɛrbən] unreg vi to die; (Körperteil) to go numb.

Abstieg ['apʃtiːk] (-(e)s, -e) m descent; (SPORT) relegation; (fig) decline.

abstimmen ['apʃtɪmən] vi to vote ♦ vt: ~ **(auf** +akk) (Instrument) to tune (to); (Interessen) to match (with); (Termine, Ziele) to fit in (with) ♦ vr to agree.

Abstimmung f vote; (geheime ~) ballot.

abstinent [apstiˈnɛnt] adj (von Alkohol) teetotal.

Abstinenz [apstiˈnɛnts] f teetotalism.

Abstinenzler(in) (-s, -) m(f) teetotaller.

abstoßen ['apʃtoːsən] unreg vt to push off od away; (anekeln) to repel; (COMM: Ware, Aktien) to sell off.

abstoßend adj repulsive.

abstottern ['apʃtɔtərn] (umg) vt to pay off in instalments.

abstrahieren [apstraˈhiːrən] vt, vi to abstract.

abstrakt [apˈstrakt] adj abstract ♦ adv abstractly, in the abstract.

Abstraktion [apstraktsiˈoːn] f abstraction.

Abstraktum [apˈstraktʊm] (-s, **Abstrakta**) nt abstract concept; (GRAM) abstract noun.

abstrampeln ['apʃtrampəln] vr (fig: umg) to sweat (away).

abstreifen ['apʃtraɪfən] vt (abtreten: Schuhe, Füße) to wipe; (abziehen: Schmuck) to take off, slip off.

abstreiten ['apʃtraɪtən] unreg vt to deny.

Abstrich ['apʃtrɪç] m (Abzug) cut; (MED) smear; ~**e machen** to lower one's sight's.

abstufen ['apʃtuːfən] vt (Hang) to terrace; (Farben) to shade; (Gehälter) to grade.

abstumpfen ['apʃtʊmpfən] vt (lit, fig) to dull, blunt ♦ vi to become dulled.

Absturz ['apʃtʊrts] m fall; (AVIAT) crash.

abstürzen ['apʃtʏrtsən] *vi* to fall; (*AVIAT*) to crash.

absuchen ['apzu:xən] *vt* to scour, search.

absurd [ap'zʊrt] *adj* absurd.

Abszess▲ [aps'tsɛs] (**-es, -e**) *m* abscess.

Abt [apt] (**-(e)s, -̈e**) *m* abbot.

Abt. *abk* (= *Abteilung*) dept.

abtasten ['aptastən] *vt* to feel, probe; (*ELEK*) to scan; (*bei Durchsuchung*): ~ (**auf** +*akk*) to frisk (for).

abtauen ['aptaʊən] *vt, vi* to thaw; (*Kühlschrank*) to defrost.

Abtei [ap'taɪ] (**-, -en**) *f* abbey.

Abteil [ap'taɪl] (**-(e)s, -e**) *nt* compartment.

abteilen ['aptaɪlən] *vt* to divide up; (*abtrennen*) to divide off.

Abteilung *f* (*in Firma, Kaufhaus*) department; (*MIL*) unit; (*in Krankenhaus, JUR*) section.

Abteilungsleiter(in) *m(f)* head of department; (*in Kaufhaus*) department manager(ess).

abtelefonieren ['aptelefoni:rən] (*umg*) *vi* to telephone to say one can't make it.

Äbtissin [ɛp'tɪsɪn] *f* abbess.

abtönen ['aptø:nən] *vt* (*PHOT*) to tone down.

abtöten ['aptøtən] *vt* (*lit, fig*) to destroy, kill (off); (*Nerv*) to deaden.

abtragen ['aptra:gən] *unreg vt* (*Hügel, Erde*) to level down; (*Essen*) to clear away; (*Kleider*) to wear out; (*Schulden*) to pay off.

abträglich ['aptrɛ:klɪç] *adj* (+*dat*) harmful (to).

Abtragung *f* (*GEOL*) erosion.

Abtransport (**-(e)s, -e**) *m* transportation; (*aus Katastrophengebiet*) evacuation.

abtransportieren ['aptransporti:rən] *vt* to transport; to evacuate.

abtreiben ['aptraɪbən] *unreg vt* (*Boot, Flugzeug*) to drive off course; (*Kind*) to abort ♦ *vi* to be driven off course; (*Frau*) to have an abortion.

Abtreibung *f* abortion.

Abtreibungsparagraf▲ *m* abortion law.

Abtreibungsversuch *m* attempted abortion.

abtrennen ['aptrɛnən] *vt* (*lostrennen*) to detach; (*entfernen*) to take off; (*abteilen*) to separate off.

abtreten ['aptre:tən] *unreg vt* to wear out; (*überlassen*) to hand over, cede; (*Rechte, Ansprüche*) to transfer ♦ *vi* to go off; (*zurücktreten*) to step down; **sich** *dat* **die Füße** ~ to wipe one's feet; ~! (*MIL*) dismiss!

Abtritt ['aptrɪt] *m* (*Rücktritt*) resignation.

abtrocknen ['aptrɔknən] *vt* to dry ♦ *vi* to do the drying-up.

abtropfen ['aptrɔpfən] *vi*: **etw** ~ **lassen** to let sth drain.

abtrünnig ['aptrʏnɪç] *adj* renegade.

abtun ['aptu:n] *unreg vt* to take off; (*fig*) to dismiss; **etw kurz** ~ to brush sth aside.

aburteilen ['ap|ʊrtaɪlən] *vt* to condemn.

abverlangen ['apfɛrlaŋən] *vt*: **jdm etw** ~ to demand sth from sb.

abwägen ['apvɛ:gən] *unreg vt* to weigh up.

abwählen ['apvɛ:lən] *vt* to vote out (of office); (*SCH: Fach*) to give up.

abwälzen ['apvɛltsən] *vt*: ~ (**auf** +*akk*) (*Schuld, Verantwortung*) to shift (onto); (*Arbeit*) to unload (onto); (*Kosten*) to pass on (to).

abwandeln ['apvandəln] *vt* to adapt.

abwandern ['apvandərn] *vi* to move away.

Abwärme ['apvɛrmə] *f* waste heat.

abwarten ['apvartən] *vt* to wait for ♦ *vi* to wait; **das Gewitter** ~ to wait till the storm is over; ~ **und Tee trinken** (*umg*) to wait and see; **eine** ~**de Haltung einnehmen** to play a waiting game.

abwärts ['apvɛrts] *adv* down; **mit ihm/dem Land geht es** ~ he/the country is going downhill.

Abwasch ['apvaʃ] (**-(e)s**) *m* washing-up; **du kannst das auch machen, das ist (dann) ein** ~ (*umg*) you could do that as well and kill two birds with one stone.

abwaschen *unreg vt* (*Schmutz*) to wash off; (*Geschirr*) to wash (up).

Abwasser ['apvasər] (**-s, -wässer**) *nt* sewage; ~**aufbereitung** *f* sewage treatment; ~**kanal** *m* sewer.

abwechseln ['apvɛksəln] *vi, vr* to alternate; (*Personen*) to take turns.

abwechselnd *adj* alternate.

Abwechslung *f* change; (*Zerstreuung*) diversion; **für** ~ **sorgen** to provide entertainment.

abwechslungsreich *adj* varied.

Abweg ['apve:k] *m*: **auf** ~**e geraten/führen** to go/lead astray.

abwegig ['apve:gɪç] *adj* wrong; (*Verdacht*) groundless.

Abwehr ['apve:r] (**-**) *f* defence; (*Schutz*) protection; (~*dienst*) counter-intelligence (service); **auf** ~ **stoßen** to be repulsed; **a**~**en** *vt* to ward off; (*Ball*) to stop; **a**~**ende Geste** dismissive gesture; ~**reaktion** *f* (*PSYCH*) defence (*BRIT*) *od* defense (*US*) reaction; ~**stoff** *m* antibody.

abweichen ['apvaɪçən] *unreg vi* to deviate; (*Meinung*) to differ; **vom rechten Weg** ~ (*fig*) to wander off the straight and narrow.

abweichend *adj* deviant; differing.

Abweichler (**-s, -**) *m* (*POL*) maverick.

Abweichung *f* (*zeitlich, zahlenmäßig*) allowance; (~*lässige* ~ (*TECH*) tolerance.

abweisen ['apvaɪzən] *unreg vt* to turn away; (*Antrag*) to turn down; **er lässt sich nicht** ~ he won't take no for an answer.

abweisend *adj* (*Haltung*) cold.

abwenden ['apvɛndən] *unreg vt* to avert ♦ *vr* to turn away.

abwerben ['apvɛrbən] *unreg vt*: (**jdm**) ~ to woo

away (from sb).

abwerfen ['apvɛrfən] *unreg vt* to throw off; (*Profit*) to yield; (*aus Flugzeug*) to drop; (*Spielkarte*) to discard.

abwerten ['apvɛrtən] *vt* (*FIN*) to devalue.

abwertend *adj* pejorative.

Abwertung *f* devaluation.

abwesend ['apvɛːzənt] *adj* absent; (*zerstreut*) far away.

Abwesenheit ['apvɛːzənhaɪt] *f* absence; **durch ~ glänzen** (*ironisch*) to be conspicuous by one's absence.

abwickeln ['apvɪkəln] *vt* to unwind; (*Geschäft*) to transact, conclude; (*fig: erledigen*) to deal with.

Abwicklungskosten ['apvɪklʊŋskɔstən] *pl* transaction costs *pl*.

abwiegen ['apviːgən] *unreg vt* to weigh out.

abwimmeln ['apvɪməln] (*umg*) *vt* (*Person*) to get rid of; (: *Auftrag*) to get out of.

abwinken ['apvɪŋkən] *vi* to wave it/him *etc* aside; (*fig: ablehnen*) to say no.

abwirtschaften ['apvɪrtʃaftən] *vi* to go downhill.

abwischen ['apvɪʃən] *vt* to wipe off *od* away; (*putzen*) to wipe.

abwracken ['apvrakən] *vt* (*Schiff*) to break (up); **ein abgewrackter Mensch** a wreck (of a person).

Abwurf ['apvʊrf] *m* throwing off; (*von Bomben etc*) dropping; (*von Reiter, SPORT*) throw.

abwürgen ['apvʏrgən] (*umg*) *vt* to scotch; (*Motor*) to stall; **etw von vornherein ~** to nip sth in the bud.

abzahlen ['aptsaːlən] *vt* to pay off.

abzählen ['aptsɛːlən] *vt* to count (up); **abgezähltes Fahrgeld** exact fare.

Abzählreim ['aptsɛːlraɪm] *m* counting rhyme (*e.g. eeny meeny miney mo*).

Abzahlung *f* repayment; **auf ~ kaufen** to buy on hire purchase (*BRIT*) *od* the installment plan (*US*).

abzapfen ['aptsapfən] *vt* to draw off; **jdm Blut ~** to take blood from sb.

abzäunen ['aptsɔʏnən] *vt* to fence off.

Abzeichen ['aptsaɪçən] *nt* badge; (*Orden*) decoration.

abzeichnen ['aptsaɪçnən] *vt* to draw, copy; (*unterschreiben*) to initial ♦ *vr* to stand out; (*fig: bevorstehen*) to loom.

Abziehbild *nt* transfer.

abziehen ['aptsiːən] *unreg vt* to take off; (*Tier*) to skin; (*Bett*) to strip; (*Truppen*) to withdraw; (*subtrahieren*) to take away, subtract; (*kopieren*) to run off; (*Schlüssel*) to take out, remove ♦ *vi* to go away; (*Truppen*) to withdraw; (*abdrücken*) to pull the trigger, fire.

abzielen ['aptsiːlən] *vi*: **~ auf** +*akk* to be aimed at.

Abzug ['aptsuːk] *m* departure; (*von Truppen*) withdrawal; (*Kopie*) copy; (*Subtraktion*) subtraction; (*Betrag*) deduction; (*Rauch~*) flue; (*von Waffen*) trigger; (*Rabatt*) discount; (*Korrekturfahne*) proof; (*PHOT*) print; **jdm freien ~ gewähren** to grant sb safe passage.

abzüglich ['aptsyːklɪç] *präp* +*gen* less.

abzweigen ['aptsvaɪgən] *vi* to branch off ♦ *vt* to set aside.

Abzweigung *f* junction.

Accessoires [aksɛsoˈaːrs] *pl* accessories *pl*.

ach [ax] *interj* oh; **~ so!** I see!; **mit A~ und Krach** by the skin of one's teeth; **~ was** *od* **wo, das ist doch nicht so schlimm!** come on now, it's not that bad!

Achillesferse [aˈxɪlɛsfɛrzə] *f* Achilles heel.

Achse ['aksə] (-, -n) *f* axis; (*AUT*) axle; **auf ~ sein** (*umg*) to be on the move.

Achsel ['aksəl] (-, -n) *f* shoulder; **~höhle** *f* armpit; **~zucken** *nt* shrug (of one's shoulders).

Achsenbruch *m* (*AUT*) broken axle.

Achsenkreuz *nt* coordinate system.

Acht¹ [axt] (-, -en) *f* eight; (*beim Eislaufen etc*) figure (of) eight.

Acht² (-) *f* attention; **hab ~** (*MIL*) attention!; **~ geben (auf** +*akk*) to take care (of); (*aufmerksam sein*) to pay attention (to); **sich in ~ nehmen (vor** +*dat*) to be careful (of), watch out (for); **etw außer ~ lassen** to disregard sth.

acht *num* eight; **~ Tage** a week.

achtbar *adj* worthy.

achte(r, s) *adj* eighth.

Achteck *nt* octagon.

Achtel *nt* eighth; **~note** *f* quaver, eighth note (*US*).

achten *vt* to respect ♦ *vi*: **~ (auf** +*akk*) to pay attention (to); **darauf ~, dass ...** to be careful that ...

ächten ['ɛçtən] *vt* to outlaw, ban.

Achterbahn *f* roller coaster.

Achterdeck *nt* (*NAUT*) afterdeck.

achtfach *adj* eightfold.

achtlos *adj* careless; **viele gehen ~ daran vorbei** many people just pass by without noticing.

achtmal *adv* eight times.

achtsam *adj* attentive.

Achtstundentag *m* eight-hour day.

Achtung ['axtʊŋ] *f* attention; (*Ehrfurcht*) respect ♦ *interj* look out!; (*MIL*) attention!; **alle ~!** good for you/him *etc*!; **~, fertig, los!** ready, steady, go!; „**~ Hochspannung!**" "danger, high voltage"; „**~ Lebensgefahr/ Stufe!**" "danger/mind the step!".

Achtungserfolg *m* reasonable success.

achtzehn *num* eighteen.

achtzig *num* eighty; **A~er(in)** (-s, -) *m(f)* octogenarian.

ächzen ['ɛçtsən] *vi:* ~ **(vor** +*dat*) to groan (with).

Acker ['akər] **(-s, ⸚)** *m* field; ~**bau** *m* agriculture; ~**bau und Viehzucht** farming.

ackern *vi* to plough; (*umg*) to slog away.

a conto [a 'kɔnto] *adv* (*COMM*) on account.

A. D. *abk* (= *Anno Domini*) A.D.

a. D. *abk* = **außer Dienst.**

a. d. *abk* = **an der** (*bei Ortsnamen*).

ad absurdum [at ap'zʊrdʊm] *adv:* ~ **führen** (*Argument etc*) to reduce to absurdity.

ADAC (-) *m abk* (= *Allgemeiner Deutscher Automobilclub*) *German motoring organization,* ≈ AA (*BRIT*), AAA (*US*).

ad acta [at 'akta] *adv:* **etw** ~ **legen** (*fig*) to consider sth finished; (*Frage, Problem*) to consider sth closed.

Adam ['a:dam] *m:* **bei** ~ **und Eva anfangen** (*umg*) to start right from scratch *od* from square one.

adaptieren [adap'ti:rən] *vt* to adapt.

adäquat [adɛ'kva:t] *adj* (*Belohnung, Übersetzung*) adequate; (*Stellung, Verhalten*) suitable.

addieren [a'di:rən] *vt* to add (up).

Addis Abeba ['adıs'a:beba] **(-, -s)** *nt* Addis Ababa.

Addition [adItsi'o:n] *f* addition.

ade *interj* bye!

Adel ['a:dəl] **(-s)** *m* nobility; ~ **verpflichtet** noblesse oblige.

adelig *adj* noble.

Adelsstand *m* nobility.

Ader ['a:dər] **(-, -n)** *f* vein; (*fig: Veranlagung*) bent.

Adhäsionsverschluss▲ [athɛzi'o:nsfɛrʃlʊs] *m* adhesive seal.

Adjektiv ['atjɛkti:f] **(-s, -e)** *nt* adjective.

Adler ['a:dlər] **(-s, -)** *m* eagle.

adlig *adj* = **adelig.**

Admiral [atmi'ra:l] **(-s, -e)** *m* admiral.

Admiralität *f* admiralty.

adoptieren [adɔp'ti:rən] *vt* to adopt.

Adoption [adɔptsi'o:n] *f* adoption.

Adoptiveltern *pl* adoptive parents *pl.*

Adoptivkind *nt* adopted child.

Adr. *abk* (= *Adresse*) add.

Adressant [adrɛ'sant] *m* sender.

Adressat [adrɛ'sa:t] **(-en, -en)** *m* addressee.

Adressbuch▲ *nt* directory; (*privat*) address book.

Adresse [a'drɛsə] **(-, -n)** *f* (*auch COMPUT*) address; **an der falschen** ~ **sein** (*umg*) to have gone/come to the wrong person; **absolute** ~ absolute address; **relative** ~ relative address.

adressieren [adrɛ'si:rən] *vt:* ~ **(an** +*akk*) to address (to).

Adria ['a:dria] (-) *f* Adriatic Sea.

Adriatisches Meer [adri'a:tıʃəs me:r] *nt* (*form*) Adriatic Sea.

Advent [at'vɛnt] **(-(e)s, -e)** *m* Advent; **der erste/zweite** ~ the first/second Sunday in Advent.

Advents- *zW:* ~**kalender** *m* Advent calendar; ~**kranz** *m* Advent wreath.

Adverb [at'vɛrp] *nt* adverb.

adverbial [atvɛrbi'a:l] *adj* adverbial.

aero- [aero] *präf* aero-.

Aerobic [ae'ro:bik] **(-s)** *nt* aerobics *sing.*

Affäre [a'fɛ:rə] **(-, -n)** *f* affair; **sich aus der** ~ **ziehen** (*umg*) to get (o.s.) out of it.

Affe ['afə] **(-n, -n)** *m* monkey; (*umg: Kerl*) berk (*BRIT*).

Affekt **(-(e)s, -e)** *m:* **im** ~ **handeln** to act in the heat of the moment.

affektiert [afɛk'ti:rt] *adj* affected.

Affen- *zW:* **a**~**artig** *adj* like a monkey; **mit a**~**artiger Geschwindigkeit** (*umg*) like a flash; **a**~**geil** (*umg*) *adj* magic, fantastic; ~**hitze** (*umg*) *f* incredible heat; ~**liebe** *f:* ~**liebe (zu)** blind adoration (of); ~**schande** (*umg*) *f* crying shame; ~**tempo** (*umg*) *nt:* **in** *od* **mit einem** ~**tempo** at breakneck speed; ~**theater** (*umg*) *nt:* **ein** ~**theater aufführen** to make a fuss.

affig ['afıç] *adj* affected.

Afghane [af'ga:nə] **(-n, -n)** *m* Afghan.

Afghanin [af'ga:nın] *f* Afghan.

afghanisch *adj* Afghan.

Afghanistan [af'ga:nısta:n] **(-s)** *nt* Afghanistan.

Afrika ['a:frika] **(-s)** *nt* Africa.

Afrikaans [afri'ka:ns] (-) *nt* Afrikaans.

Afrikaner(in) [afri'ka:nər(ın)] **(-s, -)** *m(f)* African.

afrikanisch *adj* African.

afroamerikanisch ['a:fro|ameri'ka:nıʃ] *adj* Afro-American.

After ['aftər] **(-s, -)** *m* anus.

AG (-) *f abk* (= *Aktiengesellschaft*) ≈ plc (*BRIT*), corp., inc. (*US*).

Ägäis [ɛ'gɛ:ıs] (-) *f* Aegean (Sea).

Ägäisches Meer *nt* Aegean Sea.

Agent(in) [a'gɛnt(ın)] *m(f)* agent.

Agententätigkeit *f* espionage.

Agentur [agɛn'tu:r] *f* agency; ~**bericht** *m* (news) agency report.

Aggregat [agre'ga:t] **(-(e)s, -e)** *nt* aggregate; (*TECH*) unit; ~**zustand** *m* (*PHYS*) state.

Aggression [agrɛsi'o:n] *f* aggression.

aggressiv [agrɛ'si:f] *adj* aggressive.

Aggressivität [agrɛsivi'tɛ:t] *f* aggressiveness.

Aggressor [a'grɛsɔr] **(-s, -en)** *m* aggressor.

Agitation [agitatsi'o:n] *f* agitation.

Agrarpolitik *f* agricultural policy.

Agrarstaat *m* agrarian state.

AGV *f abk* (= *Arbeitsgemeinschaft der Verbraucherverbände*) *consumer groups' association.*

Ägypten [ɛ'gyptən] (-s) *nt* Egypt.
Ägypter(in) (-s, -) *m(f)* Egyptian.
ägyptisch *adj* Egyptian.
aha [a'ha:] *interj* aha!
Aha-Erlebnis *nt* sudden insight.
ahd. *abk* (= *althochdeutsch*) OHG.
Ahn [a:n] (-en, -en) *m* forebear.
ahnden ['a:ndən] *vt* (*geh: Freveltat, Verbrechen*)
to avenge; (*Übertretung, Verstoß*) to punish.
ähneln ['ɛ:nəln] *vi* +*dat* to be like, resemble
♦ *vr* to be alike *od* similar.
ahnen ['a:nən] *vt* to suspect; (*Tod, Gefahr*) to
have a presentiment of; **nichts Böses** ~ to
be unsuspecting; **du ahnst es nicht!** you
have no idea!; **davon habe ich nichts geahnt**
I didn't have the slightest inkling of it.
Ahnenforschung *f* genealogy.
ähnlich ['ɛ:nlıç] *adj* (+*dat*) similar (to); **das sieht
ihm (ganz)** ~! (*umg*) that's just like him!,
that's him all over!; **Ä~keit** *f* similarity.
Ahnung ['a:nʊŋ] *f* idea, suspicion; (*Vorgefühl*)
presentiment.
ahnungslos *adj* unsuspecting.
Ahorn ['a:hɔrn] (-s, -e) *m* maple.
Ähre ['ɛ:rə] (-, -n) *f* ear.
Aids [e:dz] (-) *nt* Aids.
Airbag ['ɛ:bɛ:g] (-s, -s) *m* (*AUT*) airbag.
Akademie [akade'mi:] *f* academy.
Akademiker(in) [aka'de:mikər(ın)] (-s, -) *m(f)*
university graduate.
akademisch *adj* academic.
Akazie [a'ka:tsiə] (-, -n) *f* acacia.
Akk. *abk* = **Akkusativ.**
akklimatisieren [aklimati'zi:rən] *vr* to become
acclimatized.
Akkord [a'kɔrt] (-(e)s, -e) *m* (*MUS*) chord; **im**
~ **arbeiten** to do piecework; **~arbeit** *f*
piecework.
Akkordeon [a'kɔrdeɔn] (-s, -s) *nt* accordion.
Akkordlohn *m* piece wages *pl*, piece rate.
Akkreditiv [akredi'ti:f] (-s, -e) *nt* (*COMM*)
letter of credit.
Akku ['aku] (-s, -s) (*umg*) *m* (*Akkumulator*)
battery.
akkurat [aku'ra:t] *adj* precise; (*sorgfältig*)
meticulous.
Akkusativ ['akuzati:f] (-s, -e) *m* accusative
(case); **~objekt** *nt* accusative *od* direct
object.
Akne ['aknə] (-, -n) *f* acne.
Akribie [akri'bi:] *f* (*geh*) meticulousness.
Akrobat(in) [akro'ba:t(ın)] (-en, -en) *m(f)*
acrobat.
Akt [akt] (-(e)s, -e) *m* act; (*KUNST*) nude.
Akte ['aktə] (-, -n) *f* file; **etw zu den** ~**n legen**
(*lit, fig*) to file sth away.
Akten- *zW:* ~**deckel** *m* folder; ~**koffer** *m*
attaché case; **a~kundig** *adj* on record;
~**notiz** *f* memo(randum); ~**ordner** *m* file;
~**schrank** *m* filing cabinet; ~**tasche** *f*

briefcase; ~**zeichen** *nt* reference.
Aktie ['aktsiə] (-, -n) *f* share; **wie stehen die**
~**n?** (*hum: umg*) how are things?
Aktien- *zW:* ~**bank** *f* joint-stock bank;
~**emission** *f* share issue; ~**gesellschaft** *f*
joint-stock company; ~**index** *m* share index;
~**kapital** *nt* share capital; ~**kurs** *m* share
price.
Aktion [aktsi'o:n] *f* campaign; (*Polizei~,*
Such~) action.
Aktionär(in) [aktsio'nɛ:r(ın)] (-s, -e) *m(f)*
shareholder.
Aktionismus [aktsio'nısmʊs] *m* (*POL*)
actionism.
Aktionsradius [aktsi'o:nzra:diʊs] (-, -ien) *m*
(*AVIAT, NAUT*) range; (*fig: Wirkungsbereich*)
scope.
aktiv [ak'ti:f] *adj* active; (*MIL*) regular; **A~** (-s)
nt (*GRAM*) active (voice).
Aktiva [ak'ti:va] *pl* assets *pl*.
aktivieren [akti'vi:rən] *vt* to activate; (*fig:*
Arbeit, Kampagne) to step up; (*Mitarbeiter*) to
get moving.
Aktivität [aktivi'tɛ:t] *f* activity.
Aktivposten *m* (*lit, fig*) asset.
Aktivsaldo *m* (*COMM*) credit balance.
Aktivurlaub *m* activity holiday.
aktualisieren [aktuali'zi:rən] *vt* (*COMPUT*) to
update.
Aktualität [aktuali'tɛ:t] *f* topicality; (*einer*
Mode) up-to-dateness.
aktuell [aktu'ɛl] *adj* topical; up-to-date; **eine**
~**e Sendung** (*RUNDF, TV*) a current affairs
programme.
Akupunktur [akupʊŋk'tu:ər] *f* acupuncture.
Akustik [a'kʊstık] *f* acoustics *pl*.
akustisch [a'kʊstıʃ] *adj* acoustic; **ich habe dich
rein** ~ **nicht verstanden** I simply didn't
catch what you said (properly).
akut [a'ku:t] *adj* acute; (*Frage*) pressing,
urgent.
AKW *nt abk* = **Atomkraftwerk.**
Akzent [ak'tsɛnt] (-(e)s, -e) *m* accent;
(*Betonung*) stress; ~**e setzen** (*fig*) to bring
out *od* emphasize the main points;
~**verschiebung** *f* (*fig*) shift of emphasis.
Akzept (-(e)s, -e) *nt* (*COMM: Wechsel*)
acceptance.
akzeptabel [aktsɛp'ta:bl] *adj* acceptable.
akzeptieren [aktsɛp'ti:rən] *vt* to accept.
AL *f abk* (= *Alternative Liste*) *siehe* **alternativ.**
Alarm [a'larm] (-(e)s, -e) *m* alarm; (*Zustand*)
alert; ~ **schlagen** to give *od* raise the alarm;
~**anlage** *f* alarm system; **a~bereit** *adj*
standing by; ~**bereitschaft** *f* stand-by.
alarmieren [alar'mi:rən] *vt* to alarm.
Alaska [a'laska] (-s) *nt* Alaska.
Albaner(in) [al'ba:nər(ın)] (-s, -) *m(f)* Albanian.
Albanien [al'ba:niən] (-s) *nt* Albania.
albanisch *adj* Albanian.

albern ['albərn] *adj* silly.
Albtraum▲ ['alptraʊm] *m* nightmare.
Album ['albʊm] **(-s, Alben)** *nt* album.
Aleuten [ale'uːtən] *pl* Aleutian Islands *pl*.
Alge ['algə] **(-, -n)** *f* alga.
Algebra ['algebra] **(-)** *f* algebra.
Algerien [al'geːriən] **(-s)** *nt* Algeria.
Algerier(in) **(-s, -)** *m(f)* Algerian.
algerisch [al'geːrɪʃ] *adj* Algerian.
Algier ['alʒiːər] **(-s)** *nt* Algiers.
ALGOL ['algɔl] **(-(s))** *nt* (*COMPUT*) ALGOL.
Algorithmus [algo'rɪtmʊs] *m* algorithm.
alias ['aːlias] *adv* alias.
Alibi ['aːlibi] **(-s, -s)** *nt* alibi.
Alimente [ali'mɛntə] *pl* alimony *sing*.
Alkohol ['alkohɔl] **(-s, -e)** *m* alcohol; **unter** ~ **stehen** to be under the influence (of alcohol); **a~arm** *adj* low alcohol; **a~frei** *adj* non-alcoholic; **~gehalt** *m* proof.
Alkoholika [alko'hoːlika] *pl* alcoholic drinks *pl*, liquor (*US*).
Alkoholiker(in) [alko'hoːlikər(ɪn)] **(-s, -)** *m(f)* alcoholic.
alkoholisch *adj* alcoholic.
Alkoholverbot *nt* ban on alcohol.
All [al] **(-s)** *nt* universe; (*RAUMFAHRT*) space; (*außerhalb unseres Sternsystems*) outer space.
allabendlich *adj* every evening.
allbekannt *adj* universally known.
alle *adj siehe* **alle(r, s)**.
alledem ['alədeːm] *pron:* **bei/trotz** *etc* ~ with/in spite of *etc* all that; **zu** ~ moreover.
Allee [a'leː] **(-, -n)** *f* avenue.
allein [a'laɪn] *adj, adv* alone; (*ohne Hilfe*) on one's own, by oneself ♦ *konj* (*geh*) but, only; **von** ~ by oneself/itself; **nicht** ~ (*nicht nur*) not only; ~ **schon der Gedanke** the very *od* mere thought ..., the thought alone ...; ~ **erziehend** single-parent; ~ **stehend** single; **A~erziehende(r)** *f(m)* single parent; **A~gang** *m:* **im A~gang** on one's own; **A~herrscher(in)** *m(f)* autocrat; **A~hersteller(in)** *m(f)* sole manufacturer.
alleinig [a'laɪnɪç] *adj* sole.
allein- *zW:* **A~sein** *nt* being on one's own; (*Einsamkeit*) loneliness; **A~unterhalter(in)** *m(f)* solo entertainer; **A~vertretung** *f* (*COMM*) sole agency; **A~vertretungsvertrag** *m* (*COMM*) exclusive agency agreement.
allemal ['aləˈmaːl] *adv* (*jedes Mal*) always; (*ohne weiteres*) with no bother; *siehe auch* **Mal**.
allenfalls ['alənˈfals] *adv* at all events; (*höchstens*) at most.

=================== *SCHLÜSSELWORT*

alle(r, s) *adj* **1** (*sämtliche*) all; **wir** ~ all of us; ~ **Kinder waren da** all the children were there; ~ **Kinder mögen ...** all children like ...; ~ **beide** both of us/them; **sie kamen** ~ they all came; **~s Gute** all the best; **~s in**

~**m** all in all; **vor** ~**m** above all; **das ist** ~**s andere als ...** that's anything but ...; **es hat** ~**s keinen Sinn mehr** nothing makes sense any more; **was habt ihr** ~**s gemacht?** what did you get up to?

2 (*mit Zeit- oder Maßangaben*) every; ~ **vier Jahre** every four years; ~ **fünf Meter** every five metres.

♦ *pron* everything; **~s was er sagt** everything he says, all that he says; **trotz** ~**m** in spite of everything.

♦ *adv* (*zu Ende, aufgebraucht*) finished; **die Milch ist** ~ the milk's all gone, there's no milk left; **etw** ~ **machen** to finish sth up.

allerbeste(r, s) ['alər'bɛstə(r, s)] *adj* very best.
allerdings ['alərˈdɪŋs] *adv* (*zwar*) admittedly; (*gewiss*) certainly.
Allergie [alɛr'giː] *f* allergy.
allergisch [a'lɛrgɪʃ] *adj* allergic; **auf etw** *akk* ~ **reagieren** to be allergic to sth.
allerhand (*umg*) *adj inv* all sorts of; **das ist doch** ~! that's a bit much!; ~! (*lobend*) good show!
Allerheiligen *nt* All Saints' Day.

ALLERHEILIGEN

Allerheiligen (*All Saints' Day*) *is a public holiday in Germany and in Austria. It is a day in honour of all the saints.* **Allerseelen** (*All Souls' Day*) *is celebrated on November 2nd in the Roman Catholic Church. It is customary to visit cemeteries and place lighted candles on the graves of deceased relatives and friends.*

---

aller- *zW:* **~höchste(r, s)** *adj* very highest; **es wird ~höchste Zeit, dass ...** it's really high time that ...; **~höchstens** *adv* at the very most; **~lei** *adj inv* all sorts of; **~letzte(r, s)** *adj* very last; **der/das ist das A~letzte** (*umg*) he's/it's the absolute end!; **~neu(e)ste(r, s)** *adj* very latest; **~seits** *adv* on all sides; **prost ~seits!** cheers everyone!
Allerseelen **(-s)** *nt* All Soul's Day; *siehe auch* **Allerheiligen**.
Allerwelts- *in zW* (*Durchschnitts-*) common; (*nichts sagend*) commonplace.
allerwenigste(r, s) *adj* very least; **die ~n Menschen wissen das** very few people know that.
Allerwerteste(r) *m* (*hum*) posterior (*hum*).
alles *pron* everything; *siehe auch* **alle(r, s)**.
allesamt *adv* all (of them/us *etc*).
Alleskleber **(-s, -)** *m* all-purpose adhesive.
Allgäu ['algɔy] *nt part of the alpine region of Bavaria.*
allgegenwärtig *adj* omnipresent, ubiquitous.
allgemein ['algəmaɪn] *adj* general ♦ *adv:* **es ist** ~ **üblich** it's the general rule; ~ **gültig**

generally accepted; ~ **verständlich** generally intelligible; **im A~** in general; **im ~en Interesse** in the common interest; **auf ~en Wunsch** by popular request; **A~bildung** *f* general *od* all-round education; **A~heit** *f* (*Menschen*) general public; **Allgemeinheiten** *pl* (*Redensarten*) general remarks *pl*; **A~wissen** *nt* general knowledge.

Allheilmittel [al'haɪlmɪtəl] *nt* cure-all, panacea (*bes fig*).

Alliierte(r) [ali'iːrtə(r)] *f(m)* ally.

all- *zW*: ~**jährlich** *adj* annual; ~**mächtig** *adj* all-powerful, omnipotent; ~**mählich** *adv* gradually; **es wird ~mählich Zeit** (*umg*) it's about time; **A~radantrieb** *m* all-wheel drive; ~**seitig** *adj* (*allgemein*) general; (*ausnahmslos*) universal; **A~tag** *m* everyday life; ~**täglich** *adj* daily; (*gewöhnlich*) commonplace; ~**tags** *adv* on weekdays.

Allüren [a'lyːrən] *pl* odd behaviour (*BRIT*) *od* behavior (*US*) *sing*; (*eines Stars etc*) airs and graces *pl*.

all- *zW*: ~**wissend** *adj* omniscient; ~**zu** *adv* all too; ~**zu gern** (*mögen*) only too much; (*bereitwillig*) only too willingly; ~**zu oft** all too often; ~**zu viel** too much.

Allzweck- ['altsvɛk-] *in zW* all-purpose.

Alm [alm] (*-, -en*) *f* alpine pasture.

Almosen ['almoːzən] (*-s, -*) *nt* alms *pl*.

Alpen ['alpən] *pl* Alps *pl*; ~**blume** *f* alpine flower; ~**veilchen** *nt* cyclamen; ~**vorland** *nt* foothills *pl* of the Alps.

Alphabet [alfa'beːt] (*-(e)s, -e*) *nt* alphabet.

alphabetisch *adj* alphabetical.

alphanumerisch [alfanu'meːrɪʃ] *adj* (*COMPUT*) alphanumeric.

Alptraum ['alptraʊm] *m* = **Albtraum.**

====================== *SCHLÜSSELWORT*

als [als] *konj* **1** (*zeitlich*) when; (*gleichzeitig*) as; **damals ~** ... (in the days) when ...; **gerade ~** ... just as ...

2 (*in der Eigenschaft*) than; ~ **Antwort** as an answer; ~ **Kind** as a child.

3 (*bei Vergleichen*) than; **ich kam später ~ er** I came later than he (did) *od* later than him; **lieber ...** ~ ... rather ... than ...; **alles andere ~** anything but; **nichts ~ Ärger** nothing but trouble; **so viel/so weit ~ möglich** (*bei Vergleichen*) as much/far as possible.

4: ~ **ob/wenn** as if.

alsbaldig [als'baldɪç] *konj*: „**zum ~en Verbrauch bestimmt**" "for immediate use only".

also ['alzoː] *konj* so; (*folglich*) therefore; ~ **wie ich schon sagte** well (then), as I said before; **ich komme ~ morgen** so I'll come tomorrow; ~ **gut** *od* **schön!** okay then; ~, **so was!** well really!; **na ~!** there you are then!

Alt [alt] (*-s, -e*) *m* (*MUS*) alto.

alt *adj* old; **ich bin nicht mehr der A~e** I am not the man I was; **alles beim A~en lassen** to leave everything as it was; **ich werde heute nicht ~ (werden)** (*umg*) I won't last long today/tonight *etc*; ~ **aussehen** (*fig: umg*) to be in a pickle.

Altar [al'taːr] (*-(e)s, -äre*) *m* altar.

alt- *zW*: **A~bau** *m* old building; **A~bauwohnung** *f* flat (*BRIT*) *od* apartment (*US*) in an old building; ~**bekannt** *adj* well-known; ~**bewährt** *adj* (*Methode etc*) well-tried; (*Tradition etc*) long-standing; **A~bier** *nt* top-fermented German dark beer; ~**eingesessen** *adj* old-established; **A~eisen** *nt* scrap iron.

Altenheim *nt* old people's home.

Altenteil ['altəntaɪl] *nt*: **sich aufs ~ setzen** *od* **zurückziehen** (*fig*) to retire from public life.

Alter ['altər] (*-s, -*) *nt* age; (*hohes*) old age; **er ist in deinem ~** he's your age; **im ~ von** at the age of.

älter ['ɛltər] *adj* (*comp*) older; (*Bruder, Schwester*) elder; (*nicht mehr jung*) elderly.

altern ['altərn] *vi* to grow old, age.

Alternativ- [altɛrna'tiːf] *in zW* alternative.

alternativ *adj*: **A~e Liste** electoral pact between the Greens and alternative parties; ~ **leben** to live an alternative way of life.

Alternative [altɛrna'tiːvə] *f* alternative.

Alternativ- *zW*: ~**medizin** *f* alternative medicine; ~**szene** *f* alternative scene; ~**technologie** *f* alternative technology.

alters ['altərs] *adv* (*geh*): **von** *od* **seit ~ (her)** from time immemorial.

Alters- *zW*: **a~bedingt** *adj* related to a particular age; caused by old age; ~**grenze** *f* age limit; **flexible ~grenze** flexible retirement age; ~**heim** *nt* old people's home; ~**rente** *f* old age pension; ~**ruhegeld** *nt* retirement benefit; **a~schwach** *adj* (*Mensch*) old and infirm; (*Auto, Möbel*) decrepit; ~**versorgung** *f* provision for old age.

Altertum ['altərtuːm] *nt* antiquity.

altertümlich *adj* (*aus dem Altertum*) ancient; (*veraltet*) antiquated.

alt- *zW*: ~**gedient** *adj* long-serving; **A~glas** *nt* used glass (*for recycling*), scrap glass; **A~glascontainer** *m* bottle bank; ~**hergebracht** *adj* traditional; **A~herrenmannschaft** *f* (*SPORT*) team of players over thirty; ~**klug** *adj* precocious; **A~lasten** *pl* legacy *sing* of dangerous waste; **A~material** *nt* scrap; **A~metall** *nt* scrap metal; ~**modisch** *adj* old-fashioned; **A~papier** *nt* waste paper; **A~stadt** *f* old town.

Altstimme *f* alto.

Altwarenhändler *m* second-hand dealer.

Altweibersommer *m* Indian summer.

Spelling Reform: ▲ *new spelling* △ *old spelling (to be phased out)*

Alu ['a:lu] (*umg*) *abk* = **Arbeitslosen- unterstützung; Aluminium.**
Alufolie ['a:lufo:liə] *f* tinfoil.
Aluminium [alu'mi:niʊm] (**-s**) *nt* aluminium, aluminum (*US*); **~folie** *f* tinfoil.
Alzheimerkrankheit ['altshaɪmər'kraŋkhaɪt] *f* Alzheimer's disease.
am [am] = **an dem**; ~ **Sterben** on the point of dying; ~ **15. März** on March 15th; ~ **letzten Sonntag** last Sunday; ~ **Morgen/Abend** in the morning/evening; ~ **besten/schönsten** best/most beautiful.
Amalgam [amal'ga:m] (**-s, -e**) *nt* amalgam.
Amateur [ama'tøːr] *m* amateur.
Amazonas [ama'tso:nas] (**-**) *m* Amazon (river).
Ambiente [ambi'ɛntə] (**-**) *nt* ambience.
Ambition [ambitsi'o:n] *f*: ~**en auf etw** *akk* **haben** to have ambitions of getting sth.
Amboss▲ ['ambɔs] (**-es, -e**) *m* anvil.
ambulant [ambu'lant] *adj* outpatient.
Ameise ['a:maɪzə] (**-, -n**) *f* ant.
Ameisenhaufen *m* anthill.
Amerika [a'me:rika] (**-s**) *nt* America.
Amerikaner [ameri'ka:nər] (**-s, -**) *m* American; (*Gebäck*) *flat iced cake*; **~in** *f* American.
amerikanisch *adj* American.
Ami ['ami] (**-s, -s**) (*umg*) *m* Yank; (*Soldat*) GI.
Amme ['amə] (**-, -n**) *f* (*veraltet*) foster mother; (*Nährmutter*) wet nurse.
Ammenmärchen ['amənmɛːrçən] *nt* fairy tale *od* story.
Amok ['a:mɔk] *m*: ~ **laufen** to run amok *od* amuck.
Amortisation [amɔrtizatsi'o:n] *f* amortization.
amortisieren [amɔrti'zi:rən] *vr* to pay for itself.
Ampel ['ampəl] (**-, -n**) *f* traffic lights *pl*.
amphibisch [am'fi:bɪʃ] *adj* amphibious.
Ampulle [am'pʊlə] (**-, -n**) *f* (*Behälter*) ampoule.
amputieren [ampu'ti:rən] *vt* to amputate.
Amsel ['amzəl] (**-, -n**) *f* blackbird.
Amsterdam [amstər'dam] *nt* (**-s**) Amsterdam.
Amt [amt] (**-(e)s, ¨er**) *nt* office; (*Pflicht*) duty; (*TEL*) exchange; **zum zuständigen ~ gehen** to go to the relevant authority; **von ~s wegen** (*auf behördliche Anordnung hin*) officially.
amtieren [am'ti:rən] *vi* to hold office; (*fungieren*): **als ... ~** to act as ...
amtierend *adj* incumbent.
amtlich *adj* official; **~es Kennzeichen** registration (number), license number (*US*).
Amtmann (**-(e)s**, *pl* **-männer** *od* **-leute**) *m* senior civil servant.
Amtmännin *f* senior civil servant.
Amts- *zW*: **~arzt** *m* medical officer; **a~ärztlich** *adj*: **a~ärztlich untersucht werden** to have an official medical examination; **~deutsch(e)** *nt* officialese; **~eid** *m*: **den ~eid ablegen** to be sworn in, take the oath of office; **~geheimnis** *nt* (*geheime Sache*) official secret; (*Schweigepflicht*) official secrecy; **~gericht** *nt* county (*BRIT*) *od* district (*US*) court; **~missbrauch▲** *m* abuse of one's position; **~periode** *f* term of office; **~person** *f* official; **~richter** *m* district judge; **~schimmel** *m* (*hum*) officialdom; **~sprache** *f* official language; **~stunden** *pl* office hours *pl*; **~träger** *m* office bearer; **~weg** *m*: **auf dem ~weg** through official channels; **~zeit** *f* period of office.
amüsant [amy'zant] *adj* amusing.
Amüsement [amyzə'mãː] *nt* amusement.
amüsieren [amy'zi:rən] *vt* to amuse ♦ *vr* to enjoy o.s.; **sich über etw** *akk* ~ to find sth funny; (*unfreundlich*) to make fun of sth.

═══════════════ *SCHLÜSSELWORT*

an [an] *präp +dat* **1** (*räumlich: wo?*) at; (*auf, bei*) on; (*nahe bei*) near; ~ **diesem Ort** at this place; ~ **der Wand** on the wall; **zu nahe ~ etw** too near to sth; **unten am Fluss** down by the river; **Köln liegt am Rhein** Cologne is on the Rhine; ~ **der gleichen Stelle** at *od* on the same spot; **jdn ~ der Hand nehmen** to take sb by the hand; **sie wohnen Tür ~ Tür** they live next door to one another; **es ~ der Leber** *etc* **haben** (*umg*) to have liver *etc* trouble.
2 (*zeitlich: wann?*) on; ~ **diesem Tag** on this day; ~ **Ostern** at Easter.
3: **arm ~ Fett** low in fat; **jung ~ Jahren sein** to be young in years; ~ **der ganzen Sache ist nichts** there is nothing in it; ~ **etw sterben** to die of sth; ~ **(und für) sich** actually.
♦ *präp +akk* **1** (*räumlich: wohin?*) to; **er ging ~s Fenster** he went (over) to the window; **etw ~ die Wand hängen/schreiben** to hang/write sth on the wall; ~ **die Arbeit gehen** to get down to work.
2 (*zeitlich: woran?*): ~ **etw denken** to think of sth.
3 (*gerichtet an*) to; **ein Gruß/eine Frage ~ dich** greetings/a question to you.
♦ *adv* **1** (*ungefähr*) about; ~ **die hundert** *od* **Hundert** about a hundred; ~ **die 5 DM** around 5 marks.
2 (*auf Fahrplänen*): **Frankfurt ~ 18.30** arriving Frankfurt 18.30.
3 (*ab*): **von dort/heute** ~ from there/today onwards.
4 (*angeschaltet, angezogen*) on; ~ **sein** (*umg*) to be on; **das Licht ist** ~ the light is on; **ohne etwas** ~ with nothing on; *siehe auch* **am**.

analog [ana'lo:k] *adj* analogous.
Analogie [analo'gi:] *f* analogy.
Analogrechner [ana'lo:krɛçnər] *m* analog

computer.

Analphabet(in) [an|alfa'be:t(ɪn)] (**-en, -en**) *m(f)* illiterate (person).

Analyse [ana'ly:zə] (**-, -n**) *f* analysis.

analysieren [analy'zi:rən] *vt* to analyse (*BRIT*), analyze (*US*).

Anämie [anɛ'mi:] (**-, -n**) *f* anaemia (*BRIT*), anemia (*US*).

Ananas ['ananas] (**-, - *od* -se**) *f* pineapple.

Anarchie [anar'çi:] *f* anarchy.

anarchisch [a'narçɪʃ] *adj* anarchic.

Anarchist(in) [anar'çɪst(ɪn)] *m(f)* (**-en, -en**) anarchist.

Anästhesist(in) [an|ɛste'zɪst(ɪn)] (**-en, -en**) *m(f)* anaesthetist (*BRIT*), anesthesiologist (*US*).

Anatomie [anato'mi:] *f* anatomy.

anbahnen ['anba:nən] *vr* to open up; (*sich andeuten*) to be in the offing; (*Unangenehmes*) to be looming ♦ *vt* to initiate.

Anbahnung *f* initiation.

anbändeln ['anbɛndəln] (*umg*) *vi* to flirt.

Anbau ['anbaʊ] *m* (*AGR*) cultivation; (*Gebäude*) extension.

anbauen *vt* (*AGR*) to cultivate; (*Gebäudeteil*) to build on.

Anbaugebiet *nt*: **ein gutes ~ für etw** a good area for growing sth.

Anbaumöbel *pl* unit furniture *sing*.

anbehalten ['anbəhaltən] *unreg vt* to keep on.

anbei [an'baɪ] *adv* enclosed (*form*); **~ schicken wir Ihnen ...** please find enclosed ...

anbeißen ['anbaɪsən] *unreg vt* to bite into ♦ *vi* (*lit*) to bite; (*fig*) to swallow the bait; **zum A~ aussehen** (*umg*) to look good enough to eat.

anbelangen ['anbəlaŋən] *vt* to concern; **was mich anbelangt** as far as I am concerned.

anberaumen ['anbəraʊmən] *vt* (*form*) to fix, arrange.

anbeten ['anbe:tən] *vt* to worship.

Anbetracht ['anbətraxt] *m*: **in ~** +*gen* in view of.

Anbetung *f* worship.

anbiedern ['anbi:dərn] (*pej*) *vr*: **sich ~ (bei)** to curry favour (with).

anbieten ['anbi:tən] *unreg vt* to offer ♦ *vr* to volunteer; **das bietet sich als Lösung an** that would provide a solution.

anbinden ['anbɪndən] *unreg vt* to tie up; (*verbinden*) to connect.

Anblick ['anblɪk] *m* sight.

anblicken *vt* to look at.

anbraten ['anbra:tən] *unreg vt* (*Fleisch*) to brown.

anbrechen ['anbrɛçən] *unreg vt* to start; (*Vorräte*) to break into ♦ *vi* to start; (*Tag*) to break; (*Nacht*) to fall.

anbrennen ['anbrɛnən] *unreg vi* to catch fire; (*KOCH*) to burn.

anbringen ['anbrɪŋən] *unreg vt* to bring; (*Ware*) to sell; (*festmachen*) to fasten; (*Telefon etc*) to install.

Anbruch ['anbrʊx] *m* beginning; **~ des Tages** dawn; **~ der Nacht** nightfall.

anbrüllen ['anbrylən] *vt* to roar at.

Andacht ['andaxt] (**-, -en**) *f* devotion; (*Versenkung*) rapt interest; (*Gottesdienst*) prayers *pl*; (*Ehrfurcht*) reverence.

andächtig ['andɛçtɪç] *adj* devout.

andauern ['andaʊərn] *vi* to last, go on.

andauernd *adj* continual.

Anden ['andən] *pl*: **die ~** the Andes *pl*.

Andenken ['andɛŋkən] (**-s, -**) *nt* memory; (*Reise~*) souvenir; (*Erinnerungsstück*): **ein ~ (an +akk)** a memento (of), a keepsake (from).

andere(r, s) *adj* other; (*verschieden*) different; **am ~n Tage** the next day; **ein ~s Mal** another time; **kein ~r** nobody else; **alles ~ als zufrieden** anything but pleased, far from pleased; **von etwas ~m sprechen** to talk about something else; **es blieb mir nichts ~s übrig als selbst hinzugehen** I had no alternative but to go myself; **unter ~m** among other things; **von einem Tag zum ~n** overnight; **sie hat einen ~n** she has someone else.

andererseits *adv* on the other hand.

andermal *adv*: **ein ~** some other time.

ändern ['ɛndərn] *vt* to alter, change ♦ *vr* to change.

andernfalls *adv* otherwise.

andernorts ['andərn'ɔrts] *adv* elsewhere.

anders *adv*: **~ (als)** differently (from); **wer ~?** who else?; **niemand ~** no-one else; **wie nicht ~ zu erwarten** as was to be expected; **wie könnte es ~ sein?** how could it be otherwise?; **ich kann nicht ~** (*kann es nicht lassen*) I can't help it; (*muss leider*) I have no choice; **~ ausgedrückt** to put it another way; **~ Denkende(r)** dissident, dissenter; **~ lautende Berichte** reports to the contrary; **jemand/irgendwo ~** somebody/somewhere else; **~ aussehen/klingen** to look/sound different.

andersartig *adj* different.

Andersdenkende(r) *f(m)* dissident, dissenter.

anderseits ['andər'zaɪts] *adv* = **andererseits**.

anders- *zW*: **~farbig** *adj* of a different colour; **~gläubig** *adj* of a different faith; **~herum** *adv* the other way round; **~wo** *adv* elsewhere; **~woher** *adv* from elsewhere; **~wohin** *adv* elsewhere.

anderthalb ['andərt'halp] *adj* one and a half.

Änderung ['ɛndəruŋ] *f* alteration, change.

Änderungsantrag ['ɛndəruŋs|antra:k] *m* (*PARL*) amendment.

Spelling Reform: ▲ *new spelling* △ *old spelling (to be phased out)*

anderweitig ['andər'vaɪtɪç] *adj* other ♦ *adv* otherwise; (*anderswo*) elsewhere.
andeuten ['andɔʏtən] *vt* to indicate; (*Wink geben*) to hint at.
Andeutung *f* indication; hint.
andeutungsweise *adv* (*als Anspielung, Anzeichen*) by way of a hint; (*als flüchtiger Hinweis*) in passing.
andichten ['andɪçtən] *vt*: **jdm etw ~** (*umg*: *Fähigkeiten*) to credit sb with sth.
Andorra [an'dɔra] (**-s**) *nt* Andorra.
Andorraner(in) [andɔ'raːnər(ɪn)] *m(f)* Andorran.
Andrang ['andraŋ] *m* crush.
andrehen ['andreːən] *vt* to turn *od* switch on; **jdm etw ~** (*umg*) to unload sth onto sb.
androhen ['androːən] *vt*: **jdm etw ~ to** threaten sb with sth.
Androhung *f*: **unter ~ von Gewalt** with the threat of violence.
anecken ['anɛkən] (*umg*) *vi*: (**bei jdm/allen**) **~** to rub (sb/everyone) up the wrong way.
aneignen ['anaɪɡnən] *vt*: **sich** *dat* **etw ~** to acquire sth; (*widerrechtlich*) to appropriate sth; (*sich mit etw vertraut machen*) to learn sth.
aneinander [anaɪ'nandər] *adv* at/on/to *etc* one another *od* each other; **~ fügen** to put together; **~ geraten** to clash; **~ legen** to put together.
anekeln ['anɛːkəln] *vt* to disgust.
Anemone [ane'moːnə] (**-**, **-n**) *f* anemone.
anerkannt ['anɛrkant] *adj* recognized, acknowledged.
anerkennen ['anɛrkɛnən] *unreg vt* to recognize, acknowledge; (*würdigen*) to appreciate; **das muss man ~** (*zugeben*) you can't argue with that; (*würdigen*) one has to appreciate that.
anerkennend *adj* appreciative.
anerkennenswert *adj* praiseworthy.
Anerkennung *f* recognition, acknowledgement; appreciation.
anerzogen ['anɛrtsoːɡən] *adj* acquired.
anfachen ['anfaxən] *vt* (*lit*) to fan into flame; (*fig*) to kindle.
anfahren ['anfaːrən] *unreg vt* to deliver; (*fahren gegen*) to hit; (*Hafen*) to put into; (*umg*) to bawl at ♦ *vi* to drive up; (*losfahren*) to drive off.
Anfahrt ['anfaːrt] *f* (*~sweg*, *~szeit*) journey; (*Zufahrt*) approach.
Anfall ['anfal] *m* (*MED*) attack; **in einem ~ von** (*fig*) in a fit of.
anfallen *unreg vt* to attack ♦ *vi* (*Arbeit*) to come up; (*Produkt, Nebenprodukte*) to be obtained; (*Zinsen*) to accrue; (*sich anhäufen*) to accumulate; **die ~den Kosten/Reparaturen** the costs/repairs incurred.
anfällig ['anfɛlɪç] *adj* delicate; **~ für etw** prone

to sth.
Anfang ['anfaŋ] (**-(e)s**, **-fänge**) *m* beginning, start; **von ~ an** right from the beginning; **zu ~** at the beginning; **~ fünfzig** in one's early fifties; **~ Mai/1994** at the beginning of May/1994.
anfangen ['anfaŋən] *unreg vt* to begin, start; (*machen*) to do ♦ *vi* to begin, start; **damit kann ich nichts ~** (*nützt mir nichts*) that's no good to me; (*verstehe ich nicht*) it doesn't mean a thing to me; **mit dir ist heute (aber) gar nichts anzufangen!** you're no fun at all today!; **bei einer Firma ~** to start working for a firm.
Anfänger(in) ['anfɛŋər(ɪn)] (**-s**, **-**) *m(f)* beginner.
anfänglich ['anfɛŋlɪç] *adj* initial.
anfangs *adv* at first; **wie ich schon ~ erwähnte** as I mentioned at the beginning; **A~buchstabe** *m* initial *od* first letter; **A~gehalt** *nt* starting salary; **A~stadium** *nt* initial stages *pl*.
anfassen ['anfasən] *vt* to handle; (*berühren*) to touch ♦ *vi* to lend a hand ♦ *vr* to feel.
anfechtbar ['anfɛçtbaːr] *adj* contestable.
anfechten ['anfɛçtən] *unreg vt* to dispute; (*Meinung, Aussage*) to challenge; (*Urteil*) to appeal against; (*beunruhigen*) to trouble.
anfeinden ['anfaɪndən] *vt* to treat with hostility.
anfertigen ['anfɛrtɪɡən] *vt* to make.
anfeuchten ['anfɔʏçtən] *vt* to moisten.
anfeuern ['anfɔʏərn] *vt* (*fig*) to spur on.
anflehen ['anfleːən] *vt* to implore.
anfliegen ['anfliːɡən] *unreg vt* to fly to ♦ *vi* to fly up.
Anflug ['anfluːk] *m* (*AVIAT*) approach; (*Spur*) trace.
anfordern ['anfɔrdərn] *vt* to demand; (*COMM*) to requisition.
Anforderung *f* (*+gen*) demand (for); (*COMM*) requisition.
Anfrage ['anfraːɡə] *f* inquiry; (*PARL*) question.
anfragen ['anfraːɡən] *vi* to inquire.
anfreunden ['anfrɔʏndən] *vr* to make friends; **sich mit etw ~** (*fig*) to get to like sth.
anfügen ['anfyːɡən] *vt* to add; (*beifügen*) to enclose.
anfühlen ['anfyːlən] *vt*, *vr* to feel.
anführen ['anfyːrən] *vt* to lead; (*zitieren*) to quote; (*umg*: *betrügen*) to lead up the garden path.
Anführer(in) (**-s**, **-**) *m(f)* leader.
Anführung *f* leadership; (*Zitat*) quotation.
Anführungszeichen *pl* quotation marks *pl*, inverted commas *pl* (*BRIT*).
Angabe ['anɡaːbə] *f* statement; (*TECH*) specification; (*umg*: *Prahlerei*) boasting; (*SPORT*) service; **Angaben** *pl* (*Auskunft*) particulars *pl*; **ohne ~ von Gründen** without

giving any reasons; ~**n zur Person** (*form*) personal details *od* particulars.

angeben ['angeːbən] *unreg vt* to give; (*anzeigen*) to inform on; (*bestimmen*) to set ♦ *vi* (*umg*) to boast; (*SPORT*) to serve.

Angeber(in) (-s, -) (*umg*) *m(f)* show-off.

Angeberei [angeːbəˈraɪ] (*umg*) *f* showing off.

angeblich ['angeːplɪç] *adj* alleged.

angeboren ['angəboːrən] *adj* (*+dat*) inborn, innate (in); (*MED, fig*): ~ **(bei)** congenital (to).

Angebot ['angəboːt] *nt* offer; (*COMM*): ~ **(an** +*dat*) supply (of); **im** ~ (*umg*) on special offer.

angeboten ['angəboːtən] *pp von* **anbieten**.

Angebotspreis *m* offer price.

angebracht ['angəbraxt] *adj* appropriate.

angebrannt ['angəbrant] *adv*: **es riecht hier so** ~ there's a smell of burning here.

angebrochen ['angəbrɔxən] *adj* (*Packung, Flasche*) open(ed); **was machen wir mit dem** ~**en Abend?** (*umg*) what shall we do with the rest of the evening?

angebunden ['angəbʊndən] *adj*: **kurz** ~ **sein** (*umg*) to be abrupt *od* curt.

angefangen *pp von* **anfangen**.

angegeben *pp von* **angeben**.

angegossen ['angəgɔsən] *adj*: **wie** ~ **sitzen** to fit like a glove.

angegriffen ['angəgrɪfən] *adj*: **er wirkt** ~ **he** looks as if he's under a lot of strain.

angehalten ['angəhaltən] *pp von* **anhalten** ♦ *adj*: ~ **sein, etw zu tun** to be required *od* obliged to do sth.

angehaucht ['angəhauxt] *adj*: **links/rechts** ~ **sein** to have left-/right-wing tendencies *od* leanings.

angeheiratet ['angəhaɪraːtət] *adj* related by marriage.

angeheitert ['angəhaɪtərt] *adj* tipsy.

angehen ['angeːən] *unreg vt* to concern; (*angreifen*) to attack; (*bitten*): **jdn** ~ **(um)** to approach sb (for) ♦ *vi* (*Feuer*) to light; (*umg*: *beginnen*) to begin; **das geht ihn gar nichts an** that's none of his business; **gegen jdn** ~ (*entgegentreten*) to fight sb; **gegen etw** ~ (*entgegentreten*) to fight sth; (*Missstände, Zustände*) to take measures against sth.

angehend *adj* prospective; (*Musiker, Künstler*) budding.

angehören ['angəhøːrən] *vi* +*dat* to belong to.

Angehörige(r) *f(m)* relative.

Angeklagte(r) ['angəklaːktə(r)] *f(m)* accused, defendant.

angeknackst ['angəknakst] (*umg*) *adj* (*Mensch*) uptight; (: *Selbstbewusstsein*) weakened.

angekommen ['angəkɔmən] *pp von* **ankommen**.

Angel ['aŋəl] (-, -n) *f* fishing rod; (*Tür*~) hinge; **die Welt aus den** ~**n heben** (*fig*) to turn the

world upside down.

Angelegenheit ['angəleːgənhaɪt] *f* affair, matter.

angelernt ['angəlɛrnt] *adj* (*Arbeiter*) semi-skilled.

Angelhaken *m* fish hook.

angeln ['aŋəln] *vt* to catch ♦ *vi* to fish; **A**~ (-s) *nt* angling, fishing.

Angelpunkt *m* crucial *od* central point; (*Frage*) key *od* central issue.

Angelrute *f* fishing rod.

Angelsachse ['aŋəlzaksə] (-n, -n) *m* Anglo-Saxon.

Angelsächsin ['aŋəlzɛksɪn] *f* Anglo-Saxon.

angelsächsisch ['aŋəlzɛksɪʃ] *adj* Anglo-Saxon.

Angelschein *m* fishing permit.

angemessen ['angəmɛsən] *adj* appropriate, suitable; **eine der Leistung** ~**e Bezahlung** payment commensurate with the input.

angenehm ['angəneːm] *adj* pleasant; ~! (*bei Vorstellung*) pleased to meet you; **das A**~**e mit dem Nützlichen verbinden** to combine business with pleasure.

angenommen ['angənɔmən] *pp von* **annehmen** ♦ *adj* assumed; (*Kind*) adopted; ~, **wir ...** assuming we ...

angepasst▲ ['angəpast] *adj* conformist.

angerufen ['angəruːfən] *pp von* **anrufen**.

angesäuselt ['angəzɔyzəlt] *adj* tipsy, merry.

angeschlagen ['angəʃlaːgən] (*umg*) *adj* (*Mensch, Aussehen, Nerven*) shattered; (: *Gesundheit*) poor.

angeschlossen ['angəʃlɔsən] *adj* (*+dat*) affiliated (to *od* with), associated (with).

angeschmiert ['angəʃmiːrt] (*umg*) *adj* in trouble; **der/die A**~**e sein** to have been had.

angeschrieben ['angəʃriːbən] (*umg*) *adj*: **bei jdm gut/schlecht** ~ **sein** to be in sb's good/bad books.

angesehen ['angəzeːən] *pp von* **ansehen** ♦ *adj* respected.

Angesicht ['angəzɪçt] *nt* (*geh*) face.

angesichts ['angəzɪçts] *präp* +*gen* in view of, considering.

angespannt ['angəʃpant] *adj* (*Aufmerksamkeit*) close; (*Nerven, Lage*) tense, strained; (*COMM: Markt*) tight, overstretched; (*Arbeit*) hard.

Angest. *abk* = **Angestellte(r)**.

angestammt ['angəʃtamt] *adj* (*überkommen*) traditional; (*ererbt: Rechte*) hereditary; (: *Besitz*) inherited.

Angestellte(r) ['angəʃtɛltə(r)] *f(m)* employee; (*Büro*~) white-collar worker.

angestrengt ['angəʃtrɛŋt] *adv* as hard as one can.

angetan ['angətaːn] *adj*: **von jdm/etw** ~ **sein** to be taken with sb/sth; **es jdm** ~ **haben** to appeal to sb.

angetrunken ['angətrʊŋkən] *adj* inebriated.

angewiesen ['angəviːzən] *adj*: **auf jdn/etw ~ sein** to be dependent on sb/sth; **auf sich selbst ~ sein** to be left to one's own devices.

angewöhnen ['angəvøːnən] *vt*: **jdm/sich etw ~** to accustom sb/become accustomed to sth.

Angewohnheit ['angəvoːnhaɪt] *f* habit.

angewurzelt ['angəvʊrtsəlt] *adj*: **wie ~ dastehen** to be rooted to the spot.

angiften ['angɪftən] *(pej: umg) vt* to snap at.

angleichen ['anglaɪçən] *unreg vt, vr* to adjust.

Angler ['aŋlər] (**-s, -**) *m* angler.

angliedern ['angliːdərn] *vt*: **~ (an** +*akk*) (*Verein, Partei*) to affiliate (to *od* with); (*Land*) to annex (to).

Anglist(in) [aŋ'glɪst(ɪn)] (**-en, -en**) *m(f)* English specialist; (*Student*) English student; (*Professor etc*) English lecturer/professor.

Angola [aŋ'goːla] (**-s**) *nt* Angola.

angolanisch [aŋgo'laːnɪʃ] *adj* Angolan.

angreifen ['angraɪfən] *unreg vt* to attack; (*anfassen*) to touch; (*Arbeit*) to tackle; (*beschädigen*) to damage.

Angreifer(in) (**-s, -**) *m(f)* attacker.

angrenzen ['angrɛntsən] *vi*: **an etw** *akk* **~** to border on sth, adjoin sth.

Angriff ['angrɪf] *m* attack; **etw in ~ nehmen** to make a start on sth.

Angriffsfläche *f*: **jdm/etw eine ~ bieten** (*lit, fig*) to provide sb/sth with a target.

angriffslustig *adj* aggressive.

Angst [aŋst] (**-, ̈-e**) *f* fear; **~ haben (vor** +*dat*) to be afraid *od* scared (of); **~ um jdn/etw haben** to be worried about sb/sth; **jdm ~ einflößen** *od* **einjagen** to frighten sb; **jdm ~ machen** to scare sb; **nur keine ~!** don't be scared; **a~** *adj*: **jdm ist a~** sb is afraid *od* scared; **a~frei** *adj* free of fear; **~hase** (*umg*) *m* chicken, scaredy-cat.

ängstigen ['ɛŋstɪgən] *vt* to frighten ♦ *vr*: **sich ~ (vor** +*dat od* **um)** to worry (o.s.) (about).

ängstlich *adj* nervous; (*besorgt*) worried; (*schüchtern*) timid; **Ä~keit** *f* nervousness.

Angstschweiß *m*: **mir brach der ~ aus** I broke out in a cold sweat.

angurten ['angʊrtən] *vt, vr* = **anschnallen**.

Anh. *abk* (= **Anhang**) app.

anhaben ['anhaːbən] *unreg vt* to have on; **er kann mir nichts ~** he can't hurt me.

anhaften ['anhaftən] *vi* (*lit*): **~ (an** +*dat*) to stick (to); (*fig*): **~** +*dat* to stick to, stay with.

anhalten ['anhaltən] *unreg vt* to stop ♦ *vi* to stop; (*andauern*) to persist; (*werben*): **um die Hand eines Mädchens ~** to ask for a girl's hand in marriage; (**jdm**) **etw ~** to hold sth up (against sb); **jdn zur Arbeit/Höflichkeit ~** to get sb to work/teach sb to be polite.

anhaltend *adj* persistent.

Anhalter(in) (**-s, -**) *m(f)* hitch-hiker; **per ~ fahren** to hitch-hike.

Anhaltspunkt *m* clue.

anhand [an'hant] *präp* +*gen* with; **~ eines Beispiels** by means of an example.

Anhang ['anhaŋ] *m* appendix; (*Leute*) family; (*Anhängerschaft*) supporters *pl*.

anhängen ['anhɛŋən] *unreg vt* to hang up; (*Wagen*) to couple up; (*Zusatz*) to add (on); (*COMPUT*) to append; **sich an jdn ~** to attach o.s. to sb; **jdm etw ~** (*umg: nachsagen, anlasten*) to blame sb for sth, blame sth on sb; (: *Verdacht, Schuld*) to pin sth on sb.

Anhänger (**-s, -**) *m* supporter; (*AUT*) trailer; (*am Koffer*) tag; (*Schmuck*) pendant; **~schaft** *f* supporters *pl*.

Anhängeschloss▲ *nt* padlock.

anhängig *adj* (*JUR*) sub judice; **etw ~ machen** to start legal proceedings over sth.

anhänglich *adj* devoted; **A~keit** *f* devotion.

Anhängsel (**-s, -**) *nt* appendage.

anhauen ['anhauən] (*umg*) *vt* (*ansprechen*): **jdn ~ (um)** to accost sb (for).

anhäufen ['anhɔyfən] *vt* to accumulate, amass ♦ *vr* to accrue.

Anhäufung ['anhɔyfʊŋ] *f* accumulation.

anheben ['anheːbən] *unreg vt* to lift up; (*Preise*) to raise.

anheim [an'haɪm] *adv*: **jdm etw ~ stellen** to leave sth up to sb.

anheimelnd ['anhaɪməlnt] *adj* comfortable, cosy.

anheizen ['anhaɪtsən] *vt* (*Ofen*) to light; (*fig: umg: Wirtschaft*) to stimulate; (*verschlimmern: Krise*) to aggravate.

anheuern ['anhɔyərn] *vt, vi* (*NAUT, fig*) to sign on *od* up.

Anhieb ['anhiːb] *m*: **auf ~** straight off, first go; **es klappte auf ~** it was an immediate success.

anhimmeln ['anhɪməln] (*umg*) *vt* to idolize, worship.

Anhöhe ['anhøːə] *f* hill.

anhören ['anhøːrən] *vt* to listen to; (*anmerken*) to hear ♦ *vr* to sound.

Anhörung *f* hearing.

Animierdame [ani'miːrdaːmə] *f* nightclub/bar hostess.

animieren [ani'miːrən] *vt* to encourage, urge on.

Anis [a'niːs] (**-es, -e**) *m* aniseed.

Ank. *abk* (= **Ankunft**) arr.

ankämpfen ['ankɛmpfən] *vi*: **gegen etw ~** to fight (against) sth; (*gegen Wind, Strömung*) to battle against sth.

Ankara ['aŋkara] (**-s**) *nt* Ankara.

Ankauf ['ankauf] *m*: **~ und Verkauf von ... we** buy and sell ...; **a~en** *vt* to purchase, buy.

Anker ['aŋkər] (**-s, -**) *m* anchor; **vor ~ gehen** to drop anchor.

ankern *vt, vi* to anchor.

Ankerplatz *m* anchorage.

Anklage ['ankla:gə] *f* accusation; (*JUR*) charge; **gegen jdn** ~ **erheben** (*JUR*) to bring *od* prefer charges against sb; **~bank** *f* dock.

anklagen ['ankla:gən] *vt* to accuse; **jdn (eines Verbrechens)** ~ (*JUR*) to charge sb (with a crime).

Anklagepunkt *m* charge.

Ankläger(in) ['anklɛ:gər(ın)] (**-s, -**) *m(f)* accuser.

Anklageschrift *f* indictment.

anklammern ['anklamərn] *vt* to clip, staple
♦ *vr*: **sich an etw** *akk od dat* ~ to cling to sth.

Anklang ['anklaŋ] *m*: **bei jdm** ~ **finden** to meet with sb's approval.

ankleben ['anklɛ:bən] *vt*: „**Plakate** ~ **verboten!**" "stick no bills".

Ankleidekabine *f* changing cubicle.

ankleiden ['anklaɪdən] *vt, vr* to dress.

anklingen ['anklıŋən] *vi* (*angeschnitten werden*) to be touched (up)on; (*erinnern*): ~ **an** +*akk* to be reminiscent of.

anklopfen ['anklɔpfən] *vi* to knock.

anknipsen ['anknıpsən] *vt* to switch on; (*Schalter*) to flick.

anknüpfen ['anknypfən] *vt* to fasten *od* tie on; (*Beziehungen*) to establish; (*Gespräch*) to start up ♦ *vi* (*anschließen*): ~ **an** +*akk* to refer to.

Anknüpfungspunkt *m* link.

ankommen ['ankɔmən] *unreg vi* to arrive; (*näher kommen*) to approach; (*Anklang finden*): **bei jdm (gut)** ~ to go down well with sb ♦ *vi unpers*: **er ließ es auf einen Streit/einen Versuch** ~ he was prepared to argue about it/to give it a try; **es kommt darauf an** it depends; (*wichtig sein*) that is what matters; **es kommt auf ihn an** it depends on him; **es darauf** ~ **lassen** to let things take their course; **gegen jdn/etw** ~ to cope with sb/ sth; **damit kommst du bei ihm nicht an!** you won't get anywhere with him like that.

ankreiden ['ankraɪdən] *vt* (*fig*): **jdm etw (dick** *od* **übel)** ~ to hold sth against sb.

ankreuzen ['ankrɔytsən] *vt* to mark with a cross.

ankündigen ['ankʏndıgən] *vt* to announce.

Ankündigung *f* announcement.

Ankunft ['ankʊnft] (**-, -künfte**) *f* arrival.

Ankunftszeit *f* time of arrival.

ankurbeln ['ankʊrbəln] *vt* (*AUT*) to crank; (*fig*) to boost.

Anl. *abk* (= *Anlage*) enc(l).

anlachen ['anlaxən] *vt* to smile at; **sich** *dat* **jdn** ~ (*umg*) to pick sb up.

Anlage ['anla:gə] *f* disposition; (*Begabung*) talent; (*Park*) gardens *pl*; (*Beilage*) enclosure; (*TECH*) plant; (*Einrichtung: MIL, ELEK*) installation(s *pl*); (*Sport~ etc*) facilities *pl*; (*umg: Stereo~*) (stereo) system; (*FIN*)

investment; (*Entwurf*) layout; **als** ~ *od* **in der** ~ **erhalten Sie ...** please find enclosed ...; **~berater(in)** *m(f)* investment consultant; **~kapital** *nt* fixed capital.

Anlagenabschreibung *f* capital allowance.

Anlagevermögen *nt* capital assets *pl*, fixed assets *pl*.

anlangen ['anlaŋən] *vi* (*ankommen*) to arrive.

Anlass▲ ['anlas] (**-es, -lässe**) *m*: ~ (**zu**) cause (for); (*Ereignis*) occasion; **aus** ~ +*gen* on the occasion of; ~ **zu etw geben** to give rise to sth; **beim geringsten/bei jedem** ~ for the slightest reason/at every opportunity; **etw zum** ~ **nehmen** to take the opportunity of sth.

anlassen *unreg vt* to leave on; (*Motor*) to start ♦ *vr* (*umg*) to start off.

Anlasser (**-s, -**) *m* (*AUT*) starter.

anlässlich▲ ['anlɛslıç] *präp* +*gen* on the occasion of.

anlasten ['anlastən] *vt*: **jdm etw** ~ to blame sb for sth.

Anlauf ['anlaʊf] *m* run-up; (*fig: Versuch*) attempt, try.

anlaufen *unreg vi* to begin; (*Film*) to be showing; (*SPORT*) to run up; (*Fenster*) to mist up; (*Metall*) to tarnish ♦ *vt* to call at; **rot** ~ to turn *od* go red; **gegen etw** ~ to run into *od* up against sth; **angelaufen kommen** to come running up.

Anlauf- *zW*: **~stelle** *f* place to go (with one's problems); **~zeit** *f* (*fig*) time to get going *od* started.

anläuten ['anlɔytən] *vi* to ring.

anlegen ['anle:gən] *vt* to put; (*anziehen*) to put on; (*gestalten*) to lay out; (*Kartei, Akte*) to start; (*COMPUT: Datei*) to create; (*Geld*) to invest ♦ *vi* to dock; (*NAUT*) to berth; **etw an etw** *akk* ~ to put sth against *od* on sth; **ein Gewehr** ~ (**auf** +*akk*) to aim a weapon (at); **es auf etw** *akk* ~ to be out for sth/to do sth; **strengere Maßstäbe** ~ (**bei**) to lay down *od* impose stricter standards (in); **sich mit jdm** ~ (*umg*) to quarrel with sb.

Anlegeplatz *m* landing place.

Anleger(in) (**-s, -**) *m(f)* (*FIN*) investor.

Anlegestelle *f* landing place.

anlehnen ['anle:nən] *vt* to lean; (*Tür*) to leave ajar; (**sich**) **an etw** *akk* ~ to lean on *od* against sth.

Anlehnung *f* (*Imitation*): **in** ~ **an jdn/etw** following sb/sth.

Anlehnungsbedürfnis *nt* need of loving care.

anleiern ['anlaɪərn] (*umg*) *vt* to get going.

Anleihe ['anlaɪə] (**-, -n**) *f* (*FIN*) loan; (*Wertpapier*) bond.

anleiten ['anlaɪtən] *vt* to instruct.

Anleitung *f* instructions *pl*.

anlernen ['anlɛrnən] *vt* to teach, instruct.

anlesen ['anleːzən] *unreg vt (aneignen)*: **sich** *dat* **etw** ~ to learn sth by reading.

Anliegen ['anliːgən] (**-s,** -) *nt* matter; *(Wunsch)* wish.

anliegen *unreg vi (Kleidung)* to cling.

anliegend *adj* adjacent; *(beigefügt)* enclosed.

Anlieger (**-s,** -) *m* resident; ~ **frei** no thoroughfare - residents only.

anlocken ['anlɔkən] *vt* to attract; *(Tiere)* to lure.

anlügen ['anlyːgən] *unreg vt* to lie to.

Anm. *abk* (= *Anmerkung*) n.

anmachen ['anmaxən] *vt* to attach; *(Elektrisches)* to put on; *(Salat)* to dress; **jdn** ~ *(umg)* to try and pick sb up.

anmalen ['anmaːlən] *vt* to paint ♦ *vr (pej: schminken)* to paint one's face *od* o.s.

Anmarsch ['anmarʃ] *m*: **im** ~ **sein** to be advancing; *(hum)* to be on the way; **im** ~ **sein auf** +*akk* to be advancing on.

anmaßen ['anmaːsən] *vt*: **sich** *dat* **etw** ~ to lay claim to sth.

anmaßend *adj* arrogant.

Anmaßung *f* presumption.

Anmeldeformular ['anmɛldəfɔrmulaːr] *nt* registration form.

anmelden *vt* to announce; *(geltend machen: Recht, Ansprüche, zu Steuerzwecken)* to declare; *(COMPUT)* to log on ♦ *vr (sich ankündigen)* to make an appointment; *(polizeilich, für Kurs etc)* to register; **ein Gespräch nach Deutschland** ~ *(TEL)* to book a call to Germany.

Anmeldung *f* announcement; appointment; registration; **nur nach vorheriger** ~ by appointment only.

anmerken ['anmɛrkən] *vt* to observe; *(anstreichen)* to mark; **jdm seine Verlegenheit** *etc* ~ to notice sb's embarrassment *etc*; **sich** *dat* **nichts** ~ **lassen** not to give anything away.

Anmerkung *f* note.

Anmut ['anmuːt] (-) *f* grace.

anmuten *vt (geh)*: **jdn** ~ to appear *od* seem to sb.

anmutig *adj* charming.

annähen ['annɛːən] *vt* to sew on.

annähern ['annɛːərn] *vr* to get closer.

annähernd *adj* approximate; **nicht** ~ **so viel** not nearly as much.

Annäherung *f* approach.

Annäherungsversuch *m* advances *pl*.

Annahme ['annaːmə] (**-, -n**) *f* acceptance; *(Vermutung)* assumption; ~**stelle** *f* counter; *(für Reparaturen)* reception; ~**verweigerung** *f* refusal.

annehmbar ['anneːmbaːr] *adj* acceptable.

annehmen *unreg vt* to accept; *(Namen)* to take; *(Kind)* to adopt; *(vermuten)* to suppose, assume ♦ *vr* (+*gen*) to take care (of); **jdn an**

Kindes statt ~ to adopt sb; **angenommen, das ist so** assuming that is so.

Annehmlichkeit *f* comfort.

annektieren [anɛk'tiːrən] *vt* to annex.

anno ['ano] *adj*: **von** ~ **dazumal** *(umg)* from the year dot.

Annonce [a'nõːsə] (**-, -n**) *f* advertisement.

annoncieren [anõ'siːrən] *vt*, *vi* to advertise.

annullieren [anʊ'liːrən] *vt* to annul.

Anode [a'noːdə] (**-, -n**) *f* anode.

anöden ['anøːdən] *(umg)* *vt* to bore stiff.

anomal [ano'maːl] *adj (regelwidrig)* unusual, abnormal; *(nicht normal)* strange, odd.

anonym [ano'nyːm] *adj* anonymous.

Anorak ['anorak] (**-s, -s**) *m* anorak.

anordnen ['anǀɔrdnən] *vt* to arrange; *(befehlen)* to order.

Anordnung *f* arrangement; order; ~**en treffen** to give orders.

anorganisch ['anǀɔrgaːnɪʃ] *adj (CHEM)* inorganic.

anpacken ['anpakən] *vt* to grasp; *(fig)* to tackle; **mit** ~ to lend a hand.

anpassen ['anpasən] *vt (Kleidung)* to fit; *(fig)* to adapt ♦ *vr* to adapt.

Anpassung *f* fitting; adaptation.

Anpassungsdruck *m* pressure to conform *(to society)*.

anpassungsfähig *adj* adaptable.

anpeilen ['anpaɪlən] *vt (mit Radar, Funk etc)* to take a bearing on; **etw** ~ *(fig: umg)* to have one's sights on sth.

Anpfiff ['anpfɪf] *m (SPORT)* (starting) whistle; *(Spielbeginn: Fußball etc)* kick-off; **einen** ~ **bekommen** *(umg)* to get a rocket *(BRIT)*.

anpöbeln ['anpøːbəln] *vt* to abuse; *(umg)* to pester.

Anprall ['anpral] *m*: ~ **gegen** *od* **an** +*akk* impact on *od* against.

anprangern ['anpraŋərn] *vt* to denounce.

anpreisen ['anpraɪzən] *unreg vt* to extol; **sich** ~ **(als)** to sell o.s. (as); **etw** ~ to extol (the virtues of) sth; **seine Waren** ~ to cry one's wares.

Anprobe ['anproːbə] *f* trying on.

anprobieren ['anprobiːrən] *vt* to try on.

anpumpen ['anpʊmpən] *(umg)* *vt* to borrow from.

anquatschen ['ankvatʃən] *(umg)* *vt* to speak to; (: *Mädchen*) to try to pick up.

Anrainer ['anraɪnər] (**-s, -**) *m* neighbour *(BRIT)*, neighbor *(US)*.

anranzen ['anrantsən] *(umg)* *vt*: **jdn** ~ to tick sb off.

anraten ['anraːtən] *unreg vt* to recommend; **auf A**~ **des Arztes** *etc* on the doctor's *etc* advice *od* recommendation.

anrechnen ['anrɛçnən] *vt* to charge; *(fig)* to count; **jdm etw hoch** ~ to think highly of sb for sth.

Anrecht ['anrɛçt] nt: ~ **auf** +akk right (to); **ein** ~ **auf etw haben** to be entitled to sth, have a right to sth.

Anrede ['anreːdə] f form of address.

anreden vt to address.

anregen ['anreːgən] vt to stimulate; **angeregte Unterhaltung** lively discussion.

anregend adj stimulating.

Anregung f stimulation; (Vorschlag) suggestion.

anreichern ['anraɪçərn] vt to enrich.

Anreise ['anraɪzə] f journey there/here.

anreisen vi to arrive.

anreißen ['anraɪsən] unreg vt (kurz zur Sprache bringen) to touch on.

Anreiz ['anraɪts] m incentive.

anrempeln ['anrɛmpəln] vt (anstoßen) to bump into; (absichtlich) to jostle.

anrennen ['anrɛnən] unreg vi: **gegen etw** ~ (gegen Wind etc) to run against sth; (MIL) to storm sth.

Anrichte ['anrɪçtə] (-, -n) f sideboard.

anrichten vt to serve up; **Unheil** ~ to make mischief; **da hast du aber etwas angerichtet!** (umg: verursacht) you've started something there all right!; (: angestellt) you've really made a mess there!

anrüchig ['anrʏçɪç] adj dubious.

anrücken ['anrʏkən] vi to approach; (MIL) to advance.

Anruf ['anruːf] m call; ~**beantworter** m (telephone) answering machine, answerphone.

anrufen unreg vt to call out to; (bitten) to call on; (TEL) to ring up, phone, call.

anrühren ['anryːrən] vt to touch; (mischen) to mix.

ans [ans] = **an das**.

Ansage ['anzaːgə] f announcement.

ansagen vt to announce ♦ vr to say one will come.

Ansager(in) (-s, -) m(f) announcer.

ansammeln ['anzaməln] vt to collect ♦ vr to accumulate; (fig: Wut, Druck) to build up.

Ansammlung f collection; (Leute) crowd.

ansässig ['anzɛsɪç] adj resident.

Ansatz ['anzats] m start; (Haar~) hairline; (Hals~) base; (Verlängerungsstück) extension; (Veranschlagung) estimate; **die ersten Ansätze zu etw** the beginnings of sth; ~**punkt** m starting point; ~**stück** nt (TECH) attachment.

anschaffen ['anʃafən] vt to buy, purchase ♦ vi: ~ **gehen** (umg: durch Prostitution) to be on the game; **sich** dat **Kinder** ~ (umg) to have children.

Anschaffung f purchase.

anschalten ['anʃaltən] vt to switch on.

anschauen ['anʃauən] vt to look at.

anschaulich adj illustrative.

Anschauung f (Meinung) view; **aus eigener** ~ from one's own experience.

Anschauungsmaterial nt illustrative material.

Anschein ['anʃaɪn] m appearance; **allem** ~ **nach** to all appearances; **den** ~ **haben** to seem, appear.

anscheinend adj apparent.

anschieben ['anʃiːbən] unreg vt (Fahrzeug) to push.

Anschiss▲ ['anʃɪs] (umg) m: **einen** ~ **bekommen** to get a telling-off od ticking-off (bes BRIT).

Anschlag ['anʃlaːk] m notice; (Attentat) attack; (COMM) estimate; (auf Klavier) touch; (auf Schreibmaschine) keystroke; **einem** ~ **zum Opfer fallen** to be assassinated; **ein Gewehr im** ~ **haben** (MIL) to have a rifle at the ready; ~**brett** nt notice board (BRIT), bulletin board (US).

anschlagen ['anʃlaːgən] unreg vt to put up; (beschädigen) to chip; (Akkord) to strike; (Kosten) to estimate ♦ vi to hit; (wirken) to have an effect; (Glocke) to ring; (Hund) to bark; **einen anderen Ton** ~ (fig) to change one's tune; **an etw** akk ~ to hit against sth.

anschlagfrei adj: ~**er Drucker** non-impact printer.

Anschlagzettel m notice.

anschleppen ['anʃlɛpən] (umg) vt (unerwünscht mitbringen) to bring along.

anschließen ['anʃliːsən] unreg vt to connect up; (Sender) to link up; (in Steckdose) to plug in; (fig: hinzufügen) to add ♦ vi: **an etw** akk ~ (zeitlich) to follow sth ♦ vr: **sich jdm/etw** ~ to join sb/sth; (beipflichten) to agree with sb/sth; **sich an etw** akk ~ (angrenzen) to adjoin sth.

anschließend adj adjacent; (zeitlich) subsequent ♦ adv afterwards; ~ **an** +akk following.

Anschluss▲ ['anʃlus] m (ELEK, EISENB, TEL) connection; (weiterer Apparat) extension; (von Wasser etc) supply; (COMPUT) port; **im** ~ **an** +akk following; ~ **finden** to make friends; ~ **bekommen** to get through; **kein** ~ **unter dieser Nummer** number unobtainable; **den** ~ **verpassen** (EISENB etc) to miss one's connection; (fig) to miss the boat.

anschmiegen ['anʃmiːgən] vr: **sich an jdn/etw** ~ (Kind, Hund) to snuggle od nestle up to od against sb/sth.

anschmiegsam ['anʃmiːkzaːm] adj affectionate.

anschmieren ['anʃmiːrən] vt to smear; (umg) to take in.

anschnallen ['anʃnalən] vt to buckle on ♦ vr to fasten one's seat belt.

Anschnallpflicht f: **für Kinder besteht** ~

children must wear seat belts.

anschnauzen ['anʃnautsən] *(umg) vt* to yell at.

anschneiden ['anʃnaɪdən] *unreg vt* to cut into; (*Thema*) to introduce.

Anschnitt ['anʃnɪt] *m* first slice.

anschreiben ['anʃraɪbən] *unreg vt* to write (up); (*COMM*) to charge up; (*benachrichtigen*) to write to; **bei jdm gut/schlecht angeschrieben sein** to be well/badly thought of by sb, be in sb's good/bad books.

anschreien ['anʃraɪən] *unreg vt* to shout at.

Anschrift ['anʃrɪft] *f* address.

Anschriftenliste *f* mailing list.

Anschuldigung ['anʃʊldɪgʊŋ] *f* accusation.

anschwärzen ['anʃvɛrtsən] *vt (fig: umg):* **jdn ~ (bei)** to blacken sb's name (with).

anschwellen ['anʃvɛlən] *unreg vi* to swell (up).

anschwemmen ['anʃvɛmən] *vt* to wash ashore.

anschwindeln ['anʃvɪndəln] *(umg) vt* to lie to.

ansehen ['anzeːən] *unreg vt* to look at; **jdm etw ~** to see sth (from sb's face); **jdn/etw als etw ~** to look on sb/sth as sth; **~ für** to consider; **(sich** *dat*) **etw ~** to (have a) look at sth; (*Fernsehsendung*) to watch sth; (*Film, Stück, Sportveranstaltung*) to see sth; **etw (mit) ~** to watch sth, see sth happening.

Ansehen **(-s)** *nt* respect; (*Ruf*) reputation; **ohne ~ der Person** (*JUR*) without respect of person.

ansehnlich ['anzeːnlɪç] *adj* fine-looking; (*beträchtlich*) considerable.

anseilen ['anzaɪlən] *vt:* **jdn/sich ~** to rope sb/ o.s. up.

an sein ▲ ['anzaɪn] *siehe* **an.**

ansetzen ['anzɛtsən] *vt (festlegen)* to fix; (*entwickeln*) to develop; (*Fett*) to put on; (*Blätter*) to grow; (*zubereiten*) to prepare ♦ *vi* (*anfangen*) to start, begin; (*Entwicklung*) to set in; (*dick werden*) to put on weight ♦ *vr* (*Rost etc*) to start to develop; **~ an** +akk (*anfügen*) to fit on to; (*anlegen, an Mund etc*) to put to; **zu etw ~** to prepare to do sth; **jdn/etw auf jdn/etw ~** to set sb/sth on sb/ sth.

Ansicht ['anzɪçt] *f (Anblick)* sight; (*Meinung*) view, opinion; **zur ~** on approval; **meiner ~ nach** in my opinion.

Ansichtskarte *f* picture postcard.

Ansichtssache *f* matter of opinion.

ansiedeln ['anziːdəln] *vt* to settle; (*Tierart*) to introduce ♦ *vr* to settle; (*Industrie etc*) to get established.

ansonsten [an'zɔnstən] *adv* otherwise.

anspannen ['anʃpanən] *vt* to harness; (*Muskel*) to strain.

Anspannung *f* strain.

Anspiel ['anʃpiːl] *nt* (*SPORT*) start of play.

anspielen *vt* (*SPORT*) to play the ball *etc* to ♦ *vi:* **auf etw** *akk* **~** to refer *od* allude to sth.

Anspielung *f:* **~ (auf** +akk) reference (to), allusion (to).

Ansporn ['anʃpɔrn] **(-(e)s)** *m* incentive.

Ansprache ['anʃpraːxə] *f (Rede)* address.

ansprechen ['anʃprɛçən] *unreg vt* to speak to; (*bitten, gefallen*) to appeal to; (*Eindruck machen auf*) to make an impression on ♦ *vi:* **~ auf** +akk (*Patient*) to respond (to); (*Messgerät*) to react (to); **jdn auf etw** *akk* **(hin) ~** to ask sb about sth.

ansprechend *adj* attractive.

Ansprechpartner *m* contact.

anspringen ['anʃprɪŋən] *unreg vi* (*AUT*) to start ♦ *vt* (*anfallen*) to jump; (*Raubtier*) to pounce (up)on; (*Hund: hochspringen*) to jump up at.

Anspruch ['anʃprʊx] **(-s, -sprüche)** *m* (*Recht*): **~ (auf** +akk) claim (to); **den Ansprüchen gerecht werden** to meet the requirements; **hohe Ansprüche stellen/haben** to demand/ expect a lot; **jdn/etw in ~ nehmen** to occupy sb/take up sth.

anspruchslos *adj* undemanding.

anspruchsvoll *adj* demanding; (*COMM*) upmarket.

anspucken ['anʃpʊkən] *vt* to spit at.

anstacheln ['anʃtaxəln] *vt* to spur on.

Anstalt ['anʃtalt] **(-, -en)** *f* institution; **~en machen, etw zu tun** to prepare to do sth.

Anstand ['anʃtant] *m* decency; (*Manieren*) (good) manners *pl.*

anständig ['anʃtɛndɪç] *adj* decent; (*umg*) proper; (*groß*) considerable; **A~keit** *f* propriety, decency.

anstandshalber ['anʃtantshalbər] *adv* out of politeness.

anstandslos *adv* without any ado.

anstarren ['anʃtarən] *vt* to stare at.

anstatt [an'ʃtat] *präp* +gen instead of ♦ *konj:* **~ etw zu tun** instead of doing sth.

anstauen ['anʃtauən] *vr* to accumulate; (*Blut in Adern etc*) to congest; (*fig: Gefühle*) to build up.

anstechen ['anʃtɛçən] *unreg vt* to prick; (*Fass*) to tap.

anstecken ['anʃtɛkən] *vt* to pin on; (*Ring*) to put *od* slip on; (*MED*) to infect; (*Pfeife*) to light; (*Haus*) to set fire to ♦ *vr:* **ich habe mich bei ihm angesteckt** I caught it from him ♦ *vi* (*fig*) to be infectious.

ansteckend *adj* infectious.

Ansteckung *f* infection.

anstehen ['anʃteːən] *unreg vi* to queue (up) (*BRIT*), line up (*US*); (*Verhandlungspunkt*) to be on the agenda.

ansteigen ['anʃtaɪgən] *unreg vi* to rise; (*Straße*) to climb.

anstelle, an Stelle [an'ʃtɛlə] *präp* +gen in place of.

anstellen ['anʃtɛlən] *vt* (*einschalten*) to turn on; (*Arbeit geben*) to employ; (*umg: Unfug* *treiben*) to get up to; (: *machen*) to do ♦ *vr* to queue (up) (*BRIT*), line up (*US*); (*umg*) to act; (: *sich zieren*) to make a fuss, act up.

Anstellung *f* employment; (*Posten*) post, position; ~ **auf Lebenszeit** tenure.

ansteuern ['anʃtɔʏərn] *vt* to make *od* steer *od* head for.

Anstich ['anʃtɪç] *m* (*von Fass*) tapping, broaching.

Anstieg ['anʃtiːk] (-(e)s, -e) *m* climb; (*fig*: *von Preisen etc*) increase.

anstiften ['anʃtɪftən] *vt* (*Unglück*) to cause; **jdn zu etw** ~ to put sb up to sth.

Anstifter (-s, -) *m* instigator.

Anstiftung *f* (*von Tat*) instigation; (*von Mensch*): ~ (**zu**) incitement (to).

anstimmen ['anʃtɪmən] *vt* (*Lied*) to strike up (with); (*Geschrei*) to set up ♦ *vi* to strike up.

Anstoß ['anʃtoːs] *m* impetus; (*Ärgernis*) offence (*BRIT*), offense (*US*); (*SPORT*) kick-off; **der erste** ~ the initiative; **ein Stein des ~es** (*umstrittene Sache*) a bone of contention; ~ **nehmen an** +*dat* to take offence at.

anstoßen *unreg vt* to push; (*mit Fuß*) to kick ♦ *vi* to knock, bump; (*mit der Zunge*) to lisp; (*mit Gläsern*) to drink a toast; **an etw** *akk* ~ (*angrenzen*) to adjoin sth; ~ **auf** +*akk* to drink (a toast) to.

anstößig ['anʃtøːsɪç] *adj* offensive, indecent; **A~keit** *f* indecency, offensiveness.

anstrahlen ['anʃtraːlən] *vt* to floodlight; (*strahlend ansehen*) to beam at.

anstreben ['anʃtreːbən] *vt* to strive for.

anstreichen ['anʃtraɪçən] *unreg vt* to paint; (**jdm**) **etw als Fehler** ~ to mark sth wrong.

Anstreicher(in) (-s, -) *m(f)* painter.

anstrengen ['anʃtrɛŋən] *vt* to strain; (*strapazieren*: *jdn*) to tire out; (: *Patienten*) to fatigue; (*JUR*) to bring ♦ *vr* to make an effort; **eine Klage** ~ (**gegen**) (*JUR*) to initiate *od* institute proceedings (against).

anstrengend *adj* tiring.

Anstrengung *f* effort.

Anstrich ['anʃtrɪç] *m* coat of paint.

Ansturm ['anʃturm] *m* rush; (*MIL*) attack.

Ansuchen ['anzuːxən] (-s, -) *nt* request.

ansuchen ['anzuːxən] *vi*: **um etw** ~ to apply for sth.

Antagonismus [antago'nɪsmʊs] *m* antagonism.

antanzen ['antantsən] (*umg*) *vi* to turn *od* show up.

Antarktis [ant'|arktɪs] (-) *f* Antarctic.

antarktisch *adj* Antarctic.

antasten ['antastən] *vt* to touch; (*Recht*) to infringe upon; (*Ehre*) to question.

Anteil ['antaɪl] (-s, -e) *m* share; (*Mitgefühl*) sympathy; ~ **nehmen an** +*dat* to share in; (*sich interessieren*) to take an interest in; ~ **an etw** *dat* **haben** (*beitragen*) to contribute

to sth; (*teilnehmen*) to take part in sth.

anteilig *adj* proportionate, proportional.

anteilmäßig *adj* pro rata.

Anteilnahme (-) *f* sympathy.

Antenne [an'tɛnə] (-, -n) *f* aerial; (*ZOOL*) antenna; **eine ~/keine ~ für etw haben** (*fig*: *umg*) to have a/no feeling for sth.

Anthrazit [antra'tsiːt] (-s, -e) *m* anthracite.

Anthropologie [antropolo'giː] (-) *f* anthropology.

Anti- ['anti] *in zW* anti; ~**alkoholiker** *m* teetotaller; **a~autoritär** *adj* anti-authoritarian; ~**babypille** *f* (contraceptive) pill; ~**biotikum** (-s, -ka) *nt* antibiotic; ~**held** *m* antihero.

antik [an'tiːk] *adj* antique.

Antike (-, -n) *f* (*Zeitalter*) ancient world; (*Kunstgegenstand*) antique.

Antikörper *m* antibody.

Antillen [an'tɪlən] *pl* Antilles *pl*.

Antilope [anti'loːpə] (-, -n) *f* antelope.

Antipathie [antipa'tiː] *f* antipathy.

antippen ['antɪpən] *vt* to tap; (*Pedal, Bremse*) to touch; (*fig*: *Thema*) to touch on.

Antiquariat [antikvari'aːt] (-(e)s, -e) *nt* secondhand bookshop; **modernes** ~ remainder bookshop/department.

antiquiert [anti'kviːrt] (*pej*) *adj* antiquated.

Antiquitäten [antikvi'tɛːtən] *pl* antiques *pl*; ~**handel** *m* antique business; ~**händler(in)** *m(f)* antique dealer.

Antisemitismus [antizemi'tɪsmʊs] *m* anti-semitism.

antiseptisch [anti'zɛptɪʃ] *adj* antiseptic.

Antlitz ['antlɪts] (-es, -e) *nt* (*liter*) countenance (*liter*), face.

antörnen ['antœrnən] (*umg*) *vt* (*Drogen, Musik*) to turn on ♦ *vi*: ... **törnt an** ... turns you on.

Antrag ['antraːk] (-(e)s, -träge) *m* proposal; (*PARL*) motion; (*Gesuch*) application; **einen** ~ **auf etw** *akk* **stellen** to make an application for sth; (*JUR etc*) to file a petition/claim for sth.

Antragsformular *nt* application form.

Antragsgegner(in) *m(f)* (*JUR*) respondent.

Antragsteller(in) (-s, -) *m(f)* claimant; (*für Kredit etc*) applicant.

antreffen ['antrɛfən] *unreg vt* to meet.

antreiben ['antraɪbən] *unreg vt* to drive on; (*Motor*) to drive; (*anschwemmen*) to wash up ♦ *vi* to be washed up; **jdn zur Eile/Arbeit** ~ to urge sb to hurry up/to work.

Antreiber (-s, -) (*pej*) *m* slave-driver (*pej*).

antreten ['antreːtən] *unreg vt* (*Amt*) to take up; (*Erbschaft*) to come into; (*Beweis*) to offer; (*Reise*) to start, begin ♦ *vi* (*MIL*) to fall in; (*SPORT*) to line up; (*zum Dienst*) to report; **gegen jdn** ~ to play/fight against sb.

Antrieb ['antriːp] *m* (*lit, fig*) drive; **aus eigenem** ~ of one's own accord.

Antriebskraft *f* (*TECH*) power.

antrinken ['antrɪŋkən] *unreg vt* (*Flasche, Glas*) to start to drink from; **sich** *dat* **Mut/einen Rausch** ~ to give o.s. Dutch courage/get drunk; **angetrunken sein** to be tipsy.

Antritt ['antrɪt] *m* beginning, commencement; (*eines Amts*) taking up.

antun ['antuːn] *unreg vt*: **jdm etw** ~ to do sth to sb; **sich** *dat* **Zwang** ~ to force o.s.

anturnen ['antœrnən] (*umg*) *vt* = **antörnen**.

Antwerpen [ant'vɛrpən] (**-s**) *nt* Antwerp.

Antwort ['antvɔrt] (**-**, **-en**) *f* answer, reply; **um** ~ **wird gebeten** RSVP.

antworten *vi* to answer, reply.

anvertrauen ['anfertrauən] *vt*: **jdm etw** ~ to entrust sb with sth; **sich jdm** ~ to confide in sb.

anvisieren ['anviziːrən] *vt* (*fig*) to set one's sights on.

anwachsen ['anvaksən] *unreg vi* to grow; (*Pflanze*) to take root.

Anwalt ['anvalt] (**-(e)s**, **-wälte**) *m* solicitor; lawyer; (*fig: Fürsprecher*) advocate; (: *der Armen etc*) champion.

Anwältin ['anvɛltɪn] *f siehe* **Anwalt**.

Anwalts- *zW*: **~honorar** *nt* retainer, retaining fee; **~kammer** *f professional association of lawyers*, ≈ Law Society (*BRIT*); **~kosten** *pl* legal expenses *pl*.

Anwandlung ['anvandluŋ] *f* caprice; **eine** ~ **von etw** a fit of sth.

anwärmen ['anvɛrmən] *vt* to warm up.

Anwärter(in) ['anvɛrtər(ɪn)] *m(f)* candidate.

anweisen ['anvaɪzən] *unreg vt* to instruct; (*zuteilen*) to assign.

Anweisung *f* instruction; (*COMM*) remittance; (*Post~*, *Zahlungs~*) money order.

anwendbar ['anvɛntbaːr] *adj* practicable, applicable.

anwenden ['anvɛndən] *unreg vt* to use, employ; (*Gesetz, Regel*) to apply.

Anwenderprogramm *nt* (*COMPUT*) application program.

Anwendersoftware *f* application package.

Anwendung *f* use; application.

anwerfen ['anvɛrfən] *unreg vt* (*TECH*) to start up.

anwesend ['anveːzənt] *adj* present; **die A~en** those present.

Anwesenheit *f* presence.

Anwesenheitsliste *f* attendance register.

anwidern ['anviːdərn] *vt* to disgust.

Anwohner(in) ['anvoːnər(ɪn)] (**-s**, **-**) *m(f)* resident.

Anwuchs ['anvuːks] *m* growth.

Anzahl ['antsaːl] *f*: ~ (**an** +*dat*) number (of).

anzahlen *vt* to pay on account.

Anzahlung *f* deposit, payment on account.

anzapfen ['antsapfən] *vt* to tap.

Anzeichen ['antsaɪçən] *nt* sign, indication; **alle**

~ **deuten darauf hin, dass ...** all the signs are that ...

Anzeige ['antsaɪɡə] (**-**, **-n**) *f* (*Zeitungs~*) announcement; (*Werbung*) advertisement; (*COMPUT*) display; (*bei Polizei*) report; **gegen jdn** ~ **erstatten** to report sb (to the police).

anzeigen *vt* (*zu erkennen geben*) to show; (*bekannt geben*) to announce; (*bei Polizei*) to report.

Anzeigenteil *m* advertisements *pl*.

anzeigepflichtig *adj* notifiable.

Anzeiger *m* indicator.

anzetteln ['antsɛtəln] (*umg*) *vt* to instigate.

anziehen ['antsiːən] *unreg vt* to attract; (*Kleidung*) to put on; (*Mensch*) to dress; (*Schraube, Seil*) to pull tight; (*Knie*) to draw up; (*Feuchtigkeit*) to absorb ♦ *vr* to get dressed.

anziehend *adj* attractive.

Anziehung *f* (*Reiz*) attraction.

Anziehungskraft *f* power of attraction; (*PHYS*) force of gravitation.

Anzug ['antsuːk] *m* suit; **im** ~ **sein** to be approaching.

anzüglich ['antsyːklɪç] *adj* personal; (*anstößig*) offensive; **A~keit** *f* offensiveness; (*Bemerkung*) personal remark.

anzünden ['antsyndən] *vt* to light.

Anzünder *m* lighter.

anzweifeln ['antsvaɪfəln] *vt* to doubt.

AOK (**-**) *f abk* (= *Allgemeine Ortskrankenkasse*) *siehe* **Ortskrankenkasse**.

> **AOK**
>
> The **AOK** *(Allgemeine Ortskrankenkasse)* forms part of a compulsory medical insurance scheme for people who are not members of a private scheme. In every large town there is an independently run **AOK** office. Foreign nationals may also receive help from these offices if they fall ill while in Germany.

APA *f abk* (= *Austria Presse-Agentur*) *Austrian news agency*.

apart [a'part] *adj* distinctive.

Apartheid [a'paːrthaɪt] *f* apartheid.

Apartment [a'partmənt] (**-s**, **-s**) *nt* flat (*BRIT*), apartment (*bes US*).

Apathie [apa'tiː] *f* apathy.

apathisch [a'paːtɪʃ] *adj* apathetic.

Apenninen [apɛ'niːnən] *pl* Apennines *pl*.

Apfel ['apfəl] (**-s**, **⁻**) *m* apple; **in den sauren** ~ **beißen** (*fig: umg*) to swallow the bitter pill; **etw für einen** ~ **und ein Ei kaufen** (*umg*) to buy sth dirt cheap *od* for a song; **~mus** *nt* apple purée; (*als Beilage*) apple sauce; **~saft** *m* apple juice.

Apfelsine [apfəl'ziːnə] (**-**, **-n**) *f* orange.

Apfeltasche *f* apple turnover.

Apfelwein – Arbeits-

Apfelwein *m* strong cider.
apl. *abk* = **außerplanmäßig**.
APO, Apo ['a:po] (-) *f abk*
(= *außerparlamentarische Opposition*)
extraparliamentary opposition.

> **APO**
>
> The **APO** was an extraparliamentary opposition
> group formed in West Germany in the late 1960s
> by those who felt that their interests were not
> being sufficiently represented in parliament. It was
> disbanded in the 1970s. Some of its members then
> formed the RAF, a terrorist organisation. Some
> formed the Green Party (**die Grünen**).

---

apolitisch ['apoli:tɪʃ] *adj* non-political,
apolitical.
Apostel [a'pɔstəl] (-s, -) *m* apostle.
Apostroph [apo'stro:f] (-s, -e) *m* apostrophe.
Apotheke [apo'te:kə] (-, -n) *f* chemist's (shop)
(*BRIT*), drugstore (*US*).

> **APOTHEKE**
>
> The **Apotheke** is a pharmacy where prescribed
> drugs and other medicines only available on
> prescription are sold. It also sells toiletries. The
> pharmacist is qualified to give advice on
> medicines and treatment.

Apotheker(in) (-s, -) *m(f)* pharmacist,
(dispensing) chemist (*BRIT*), druggist (*US*).
Appalachen [apa'laxən] *pl* Appalachian
Mountains *pl*.
Apparat [apa'ra:t] (-(e)s, -e) *m* piece of
apparatus; (*Foto~*) camera; (*Telefon*)
telephone; (*RUNDF, TV*) set; (*Verwaltungs~*,
Partei~) machinery, apparatus; **am ~** on the
phone; (*als Antwort*) speaking; **am ~ bleiben**
to hold the line.
Apparatur [apara'tu:r] *f* apparatus.
Appartement [apart(ə)'mã:] (-s, -s) *nt* flat
(*BRIT*), apartment (*bes US*).
Appell [a'pɛl] (-s, -e) *m* (*MIL*) muster, parade;
(*fig*) appeal; **zum ~ antreten** to line up for
roll call.
appellieren [apɛ'li:rən] *vi*: **~ (an** +*akk*) to
appeal (to).
Appetit [ape'ti:t] (-(e)s, -e) *m* appetite; **guten
~!** enjoy your meal; **a~lich** *adj* appetizing;
~losigkeit *f* lack of appetite.
Applaus [ap'laus] (-es, -e) *m* applause.
Appretur [apre'tu:r] *f* finish;
(*Wasserundurchlässigkeit*) waterproofing.
approbiert [apro'bi:rt] *adj* (*Arzt*) registered,
certified.
Apr. *abk* (= *April*) Apr.
Aprikose [apri'ko:zə] (-, -n) *f* apricot.
April [a'prɪl] (-(s), -e) (*pl selten*) *m* April; **jdn in**

den ~ schicken to make an April fool of sb;
siehe auch **September**; **~wetter** *nt* April
showers *pl*.
apropos [apro'po:] *adv* by the way, that
reminds me.
Aquaplaning [akva'pla:nɪŋ] (-(s)) *nt*
aquaplaning.
Aquarell [akva'rɛl] (-s, -e) *nt* watercolour
(*BRIT*), watercolor (*US*).
Aquarium [a'kva:rium] *nt* aquarium.
Äquator [ɛ'kva:tɔr] (-s) *m* equator.
Äquivalent [ɛkviva'lɛnt] (-(e)s, -e) *nt*
equivalent.
Ar [a:r] (-s, -e) *nt od m* (*Maß*) are (100 m²).
Ära ['ɛːra] (-, **Ären**) *f* era.
Araber(in) ['a:rabər(ɪn)] (-s, -) *m(f)* Arab.
Arabien [a'ra:biən] (-s) *nt* Arabia.
arabisch *adj* Arab; (*Arabien betreffend*)
Arabian; (*Sprache*) Arabic; **A~er Golf**
Arabian Gulf; **A~es Meer** Arabian Sea; **A~e
Wüste** Arabian Desert.
Arbeit ['arbaɪt] (-, -en) *f* work *no art*; (*Stelle*)
job; (*Erzeugnis*) piece of work;
(*wissenschaftliche*) dissertation; (*Klassen~*)
test; **Tag der ~** Labour (*BRIT*) *od* Labor (*US*)
Day; **sich an die ~ machen, an die ~ gehen**
to get down to work, start working; **jdm
~ machen** (*Mühe*) to put sb to trouble; **das
war eine ~** that was a hard job.
arbeiten *vi* to work ♦ *vt* to make ♦ *vr*: **sich
nach oben/an die Spitze ~** (*fig*) to work
one's way up/to the top.
Arbeiter(in) (-s, -) *m(f)* worker; (*ungelernt*)
labourer (*BRIT*), laborer (*US*).
Arbeiter- *zW*: **~familie** *f* working-class family;
~kind *nt* child from a working-class family;
~mitbestimmung *f* employee participation;
~schaft *f* workers *pl*, labour (*BRIT*) *od* labor
(*US*) force; **~selbstkontrolle** *f* workers'
control; **~-und-Bauern-Staat** *m* (*DDR*)
workers' and peasants' state; **~wohlfahrt** *f*
workers' welfare association.
Arbeit- *zW*: **~geber** (-s, -) *m* employer;
~nehmer (-s, -) *m* employee; **a~sam** *adj*
industrious.
Arbeits- *in zW* labour (*BRIT*), labor (*US*); **~amt**
nt employment exchange, Job Centre (*BRIT*);
~aufwand *m* expenditure of energy;
(*INDUSTRIE*) use of labour (*BRIT*) *od* labor
(*US*); **~bedingungen** *pl* working conditions
pl; **~beschaffung** *f* (*~platzbeschaffung*) job
creation; **~erlaubnis** *f* work permit; **a~fähig**
adj fit for work, able-bodied; **~gang** *m*
operation; **~gemeinschaft** *f* study group;
~gericht *nt* industrial tribunal; **a~intensiv**
adj labour-intensive (*BRIT*), labor-intensive
(*US*); **~konflikt** *m* industrial dispute; **~kraft** *f*
worker; **~kräfte** *pl* workers *pl*, labour (*BRIT*),
labor (*US*); **a~los** *adj* unemployed, out-of-
work; **~losengeld** *nt* unemployment benefit;

~**losenhilfe** *f* supplementary benefit;
~**losenunterstützung** *f* unemployment
benefit; ~**losenversicherung** *f compulsory
insurance against unemployment*;
~**losigkeit** *f* unemployment; ~**markt** *m* job
market; ~**moral** *f* attitude to work; (*in
Betrieb*) work climate; ~**niederlegung** *f*
walkout; ~**platte** *f* (*Küche*) work-top, work
surface; ~**platz** *m* place of work; (*Stelle*) job;
~**platzrechner** *m* (*COMPUT*) work station;
~**recht** *nt* industrial law; **a**~**scheu** *adj*
workshy; ~**schutz** *m maintenance of health
and safety standards at work*; ~**tag** *m*
work(ing) day; ~**teilung** *f* division of labour
(*BRIT*) *od* labor (*US*); ~**tier** *nt* (*fig: umg*)
glutton for work, workaholic; **a**~**unfähig** *adj*
unfit for work; ~**unfall** *m* industrial
accident; ~**verhältnis** *nt* employee-employer
relationship; ~**vermittlung** *f* (*Amt*)
employment exchange; (*privat*) employment
agency; ~**vertrag** *m* contract of
employment; ~**zeit** *f* working hours *pl*;
~**zeitkonto** *nt* record of hours worked;
~**zeitverkürzung** *f* reduction in working
hours; ~**zimmer** *nt* study.
Archäologe [arçɛo'lo:gə] (**-n, -n**) *m*
arch(a)eologist.
Archäologin [arçɛo'lo:gɪn] *f* arch(a)eologist.
Arche ['arçə] (**-, -n**) *f*: **die** ~ **Noah** Noah's Ark.
Architekt(in) [arçi'tɛkt(ɪn)] (**-en, -en**) *m(f)*
architect.
architektonisch [arçitɛk'to:nɪʃ] *adj*
architectural.
Architektur [arçitɛk'tu:r] *f* architecture.
Archiv [ar'çi:f] (**-s, -e**) *nt* archive.

> **ARD**
>
> The **ARD** (*Arbeitsgemeinschaft der öffentlich-
> rechtlichen Rundfunkanstalten der Bundesrepublik
> Deutschland*) is the name of the German
> broadcasting corporation founded as a result of
> several mergers after 1945. It is financed by
> licence fees and advertising and transmits the First
> Programme nationwide as well as the Third and
> other regional programmes. News and
> educational programmes make up about a third of
> its transmissions.

Arena [a're:na] (**-, Arenen**) *f* (*lit, fig*) arena;
(*Zirkus*~, *Stierkampf*~) ring.
arg [ark] *adj* bad, awful ♦ *adv* awfully, very; **es
zu** ~ **treiben** to go too far.
Argentinien [argɛn'ti:niən] (**-s**) *nt* Argentina,
the Argentine.
Argentinier(in) (**-s, -**) *m(f)* Argentine,
Argentinian (*BRIT*), Argentinean (*US*).
argentinisch [argɛn'ti:nɪʃ] *adj* Argentine,
Argentinian (*BRIT*), Argentinean (*US*).
Ärger ['ɛrgər] (**-s**) *m* (*Wut*) anger;

(*Unannehmlichkeit*) trouble; **jdm** ~ **machen**
od bereiten to cause sb a lot of trouble *od*
bother; **ä**~**lich** *adj* (*zornig*) angry; (*lästig*)
annoying, aggravating.
ärgern *vt* to annoy ♦ *vr* to get annoyed.
Ärgernis (**-ses, -se**) *nt* annoyance; (*Anstoß*)
offence (*BRIT*), offense (*US*), outrage;
öffentliches ~ **erregen** to be a public
nuisance.
arg- *zW*: ~**listig** *adj* cunning, insidious; ~**listige
Täuschung** fraud; ~**los** *adj* guileless,
innocent; **A**~**losigkeit** *f* guilelessness,
innocence.
Argument [argu'mɛnt] *nt* argument.
argumentieren [argumɛn'ti:rən] *vi* to argue.
Argusauge ['argʊs|aʊgə] *nt* (*geh*): **mit** ~**n**
eagle-eyed.
Argwohn *m* suspicion.
argwöhnisch *adj* suspicious.
Arie ['a:riə] *f* aria.
Aristokrat(in) [arɪsto'kra:t(ɪn)] (**-en, -en**) *m(f)*
aristocrat.
Aristokratie [arɪstokra:'ti:] *f* aristocracy.
aristokratisch *adj* aristocratic.
arithmetisch [arɪt'me:tɪʃ] *adj* arithmetical;
~**es Mittel** arithmetic mean.
Arkaden [ar'ka:dən] *pl* (*Bogengang*) arcade
sing.
Arktis ['arktɪs] (**-**) *f* Arctic.
arktisch *adj* Arctic.
arm [arm] *adj* poor; ~ **dran sein** (*umg*) to have
a hard time of it.
Arm (**-(e)s, -e**) *m* arm; (*Fluss*~) branch; **jdn auf
den** ~ **nehmen** (*fig: umg*) to pull sb's leg;
jdm unter die ~**e greifen** (*fig*) to help sb out;
einen langen/den längeren ~ **haben** (*fig*) to
have a lot of/more pull (*umg*) *od* influence.
Armatur [arma'tu:r] *f* (*ELEK*) armature.
Armaturenbrett *nt* instrument panel; (*AUT*)
dashboard.
Armband *nt* bracelet; ~**uhr** *f* (wrist) watch.
Arme(r) *f(m)* poor man/woman; **die** ~**n** the
poor.
Armee [ar'me:] (**-, -n**) *f* army; ~**korps** *nt* army
corps.
Ärmel ['ɛrməl] (**-s, -**) *m* sleeve; **etw aus dem**
~ **schütteln** (*fig*) to produce sth just like
that.
Ärmelkanal *m* (English) Channel.
Armenien [ar'me:niən] (**-s**) *nt* Armenia.
Armenier(in) [ar'me:niər(ɪn)] (**-s, -**) *m(f)*
Armenian.
armenisch [ar'me:nɪʃ] *adj* Armenian.
Armenrecht *nt* (*JUR*) legal aid.
Armer *m siehe* **Arme(r)**.
Armlehne *f* armrest.
Armleuchter (*pej: umg*) *m* (*Dummkopf*) twit
(*BRIT*), fool.
ärmlich ['ɛrmlɪç] *adj* poor; **aus** ~**en
Verhältnissen** from a poor family.

armselig *adj* wretched, miserable; (*Mitleid erregend*) pathetic, pitiful.

Armut ['armuːt] (-) *f* poverty.

Armutsgrenze *f* poverty line.

Armutszeugnis *nt* (*fig*): **jdm/sich ein ~ ausstellen** to show sb's/one's shortcomings.

Aroma [a'roːma] (-s, Aromen) *nt* aroma; **~therapie** *f* aromatherapy.

aromatisch [aro'maːtɪʃ] *adj* aromatic.

arrangieren [arãː'ʒiːrən] *vt* to arrange ♦ *vr* to come to an arrangement.

Arrest [a'rɛst] (-(e)s, -e) *m* detention.

arretieren [are'tiːrən] *vt* (*TECH*) to lock (in place).

arrogant [aro'gant] *adj* arrogant.

Arroganz *f* arrogance.

Arsch [arʃ] (-es, ⸚e) (*umg!*) *m* arse (*!*); **leck mich am ~!** (*lass mich in Ruhe*) get stuffed! (*!*), fuck off! (*!*); **am ~ der Welt** (*umg*) in the back of beyond; **~kriecher** (*umg!*) *m* arse licker (*!*), crawler; **~loch** (*umg!*) *nt* (*Mensch*) bastard (*!*).

Arsen [ar'zeːn] (-s) *nt* arsenic.

Art [aːrt] (-, -en) *f* (*Weise*) way; (*Sorte*) kind, sort; (*BIOL*) species; **eine ~ (von) Frucht** a kind of fruit; **Häuser aller ~** houses of all kinds; **einzig in seiner ~ sein** to be the only one of its kind, be unique; **auf diese ~ und Weise** in this way; **das ist doch keine ~!** that's no way to behave!; **es ist nicht seine ~, das zu tun** it's not like him to do that; **ich mache das auf meine ~** I do that my (own) way; **Schnitzel nach ~ des Hauses** chef's special escalope.

arten *vi*: **nach jdm ~** to take after sb; **der Mensch ist so geartet, dass ...** human nature is such that ...

Artenschutz *m* protection of endangered species.

Arterie [ar'teːriə] *f* artery.

Arterienverkalkung *f* arteriosclerosis.

Artgenosse ['aːrtgənɔsə] *m* animal/plant of the same species; (*Mensch*) person of the same type.

Arthritis [ar'triːtɪs] (-, -ritiden) *f* arthritis.

artig ['aːrtɪç] *adj* good, well-behaved.

Artikel [ar'tiːkəl] (-s, -) *m* article.

Artillerie [artɪlə'riː] *f* artillery.

Artischocke [arti'ʃɔkə] (-, -n) *f* artichoke.

Artistik [ar'tɪstɪk] (-) *f* artistry; (*Zirkus-/Varieteekunst*) circus/variety performing.

Arznei [aːrts'naɪ] *f* medicine; **~mittel** *nt* medicine, medicament.

Arzt [aːrtst] (-es, ⸚e) *m* doctor; **praktischer ~** general practitioner, GP.

Ärztekammer *f* ≈ General Medical Council (*BRIT*), State Medical Board of Registration (*US*).

Arzthelferin *f* doctor's assistant.

Ärztin ['ɛːrtstɪn] *f* woman doctor; *siehe auch* **Arzt**.

ärztlich ['ɛːrtstlɪç] *adj* medical.

Arztpraxis *f* doctor's practice; (*Räume*) doctor's surgery (*BRIT*) *od* office (*US*).

As [as] (-ses, -se) *nt* (*MUS*) A flat; *siehe auch* **Ass**.

Asbest [as'bɛst] (-(e)s, -e) *m* asbestos.

Asche ['aʃə] (-, -n) *f* ash.

Aschen- *zW*: **~bahn** *f* cinder track; **~becher** *m* ashtray; **~brödel** *nt* (*LITER*, *fig*) Cinderella; **~puttel** *nt* (*LITER*, *fig*) Cinderella.

Aschermittwoch *m* Ash Wednesday.

Aserbaidschan [azɛrbaɪ'dʒaːn] (-s) *nt* Azerbaijan.

aserbaidschanisch *adj* Azerbaijani.

Asiat(in) [azi'aːt(ɪn)] (-en, -en) *m(f)* Asian.

asiatisch *adj* Asian, Asiatic.

Asien ['aːziən] (-s) *nt* Asia.

asozial ['azotsiaːl] *adj* antisocial; (*Familie*) asocial.

Asoziale(r) (*pej*) *dekl wie adj f(m)* antisocial person; **Asoziale** *pl* antisocial elements.

Aspekt [as'pɛkt] (-(e)s, -e) *m* aspect.

Asphalt [as'falt] (-(e)s, -e) *m* asphalt.

asphaltieren [asfal'tiːrən] *vt* to asphalt.

Asphaltstraße *f* asphalt road.

Ass ▲ [as] (-es, -e) *nt* ace.

aß *etc* [aːs] *vb siehe* **essen**.

Ass. *abk* = **Assessor**.

Assekurant(in) [aseku'rant(ɪn)] (-en, -en) *m(f)* underwriter.

Assemblersprache [ə'sɛmblərʃpraːxə] *f* (*COMPUT*) assembly language.

Assessor(in) [a'sɛsɔr, -'soːrɪn] (-s, -en) *m(f)* graduate civil servant who has completed his/her traineeship.

Assistent(in) [asɪs'tɛnt(ɪn)] *m(f)* assistant.

Assistenzarzt [asɪs'tɛntsaːrtst] *m* houseman (*BRIT*), intern (*US*).

Assoziation [asotsiatsi'oːn] *f* association.

assoziieren [asotsi'iːrən] *vt* (*geh*) to associate.

Ast [ast] (-(e)s, ⸚e) *m* branch; **sich** *dat* **einen ~ lachen** (*umg*) to double up (with laughter).

AStA ['asta] (-(s), -(s)) *m abk* (= *Allgemeiner Studentenausschuss*) *students' association*.

Aster ['astər] (-, -n) *f* aster.

ästhetisch [ɛs'teːtɪʃ] *adj* aesthetic (*BRIT*), esthetic (*US*).

Asthma ['astma] (-s) *nt* asthma.

Asthmatiker(in) [ast'maːtikər(ɪn)] (-s, -) *m(f)* asthmatic.

astrein ['astraɪn] *adj* (*fig*: *umg*: *moralisch einwandfrei*) straight, on the level; (: *echt*) genuine; (*prima*) fantastic.

Astrologe [astro'loːgə] (-n, -n) *m* astrologer.

Astrologie [astrolo'giː] *f* astrology.

Astrologin *f* astrologer.

Astronaut(in) [astro'naʊt(ɪn)] (-en, -en) *m(f)* astronaut.

Spelling Reform: ▲ *new spelling* △ *old spelling (to be phased out)*

Astronautik *f* astronautics.
Astronom(in) [astro'no:m(ɪn)] (-en, -en) *m(f)*
astronomer.
Astronomie [astrono'mi:] *f* astronomy.
ASU *f abk* (= *Arbeitsgemeinschaft selbstständiger
Unternehmer*) association of private traders;
(= *Abgassonderuntersuchung*) exhaust
emission test.
ASW *f abk* (= *außersinnliche Wahrnehmung*)
ESP.
Asyl [a'zy:l] (-s, -e) *nt* asylum; (*Heim*) home;
(*Obdachlosen~*) shelter.
Asylant(in) [azy'lant(ɪn)] (-en, -en) *m(f)* person
seeking (political) asylum.
Asylrecht *nt* (*POL*) right of (political) asylum.
A.T. *abk* (= *Altes Testament*) O.T.
Atelier [atəli'e:] (-s, -s) *nt* studio.
Atem ['a:təm] (-s) *m* breath; **den ~ anhalten** to
hold one's breath; **außer ~** out of breath;
jdn in ~ halten to keep sb in suspense *od* on
tenterhooks; **das verschlug mir den ~** it took
my breath away; **einen langen/den längeren
~ haben** to have a lot of staying power;
a~beraubend *adj* breathtaking; **a~los** *adj*
breathless; **~pause** *f* breather; **~wege** *pl*
(*ANAT*) respiratory tract; **~zug** *m* breath.
Atheismus [ate'ɪsmʊs] *m* atheism.
Atheist(in) *m(f)* atheist; **a~isch** *adj* atheistic.
Athen [a'te:n] (-s) *nt* Athens.
Athener(in) (-s, -) *m(f)* Athenian.
Äther ['ɛ:tər] (-s, -) *m* ether.
Äthiopien [ɛti'o:piən] (-s) *nt* Ethiopia.
Äthiopier(in) (-s, -) *m(f)* Ethiopian.
äthiopisch *adj* Ethiopian.
Athlet(in) [at'le:t(ɪn)] (-en, -en) *m(f)* athlete.
Athletik *f* athletics *sing*.
Atlanten *pl von* Atlas.
Atlantik [at'lantɪk] (-s) *m* Atlantic.
atlantisch *adj* Atlantic; **der A~e Ozean** the
Atlantic Ocean.
Atlas ['atlas] (- *od* -ses, -se *od* Atlanten) *m*
atlas; **~gebirge** *nt* Atlas Mountains *pl*.
atmen ['a:tmən] *vt, vi* to breathe.
Atmosphäre [atmo'sfɛ:rə] (-, -n) *f*
atmosphere.
atmosphärisch *adj* atmospheric.
Atmung ['a:tmʊŋ] *f* respiration.
Ätna ['ɛ:tna] (-(s)) *m* Etna.
Atom [a'to:m] (-s, -e) *nt* atom.
atomar [ato'ma:r] *adj* atomic, nuclear;
(*Drohung*) nuclear.
Atom- *zW:* **~bombe** *f* atom bomb; **~energie** *f*
nuclear *od* atomic energy; **~gegner** *m:*
~gegner sein to be antinuclear; **~kern** *m*
atomic nucleus; **~kraft** *f* nuclear power;
~kraftwerk *nt* nuclear power station; **~krieg**
m nuclear *od* atomic war; **~lobby** *f* nuclear
lobby; **~macht** *f* nuclear *od* atomic power;
~meiler *m* nuclear reactor; **~müll** *m* nuclear
waste; **~physik** *f* nuclear physics *sing*; **~pilz**

m mushroom cloud; **~sperrvertrag** *m* (*POL*)
nuclear non-proliferation treaty;
~sprengkopf *m* nuclear *od* atomic warhead;
~strom *m* electricity generated by nuclear
power; **~test** *m* nuclear test; **~testgelände** *nt*
nuclear testing range; **~waffen** *pl* nuclear
od atomic weapons *pl*; **a~waffenfrei** *adj*
(*Zone*) nuclear-free; **~wirtschaft** *f* nuclear
industry; **~zeitalter** *nt* atomic age.
Attacke [a'takə] (-, -n) *f* (*Angriff*) attack.
Attentat [atɛn'ta:t] (-(e)s, -e) *nt:* **~ (auf** +*akk*)
(attempted) assassination (of).
Attentäter(in) [atɛn'tɛ:tər(ɪn)] (-s, -) *m(f)*
(would-be) assassin.
Attest [a'tɛst] (-(e)s, -e) *nt* certificate.
Attraktion [atraktsi'o:n] *f* attraction.
attraktiv [atrak'ti:f] *adj* attractive.
Attrappe [a'trapə] (-, -n) *f* dummy; **bei ihr ist
alles ~** everything about her is false.
Attribut [atri'bu:t] (-(e)s, -e) *nt* (*GRAM*)
attribute.
ätzen ['ɛtsən] *vi* to be caustic.
ätzend *adj* (*lit: Säure*) corrosive; (*Geruch*)
pungent; (*fig: umg: furchtbar*) dreadful,
horrible; (: *toll*) magic.

auch [aux] *adv* **1** (*ebenfalls*) also, too, as well;
das ist ~ schön that's nice too *od* as well; **er
kommt - ich ~** he's coming - so am I, me
too; **~ nicht** not ... either; **ich ~ nicht** nor I,
me neither; **oder ~** or; **~ das noch!** not that
as well!; **nicht nur ..., sondern ~ ...** not only
... but also ...
2 (*selbst, sogar*) even; **~ wenn das Wetter
schlecht ist** even if the weather is bad; **ohne
~ nur zu fragen** without even asking.
3 (*wirklich*) really; **du siehst müde aus - bin
ich ~** you look tired - (so) I am; **so sieht es
~ aus** (and) that's what it looks like.
4 (**~ immer**): **wer ~** whoever; **was ~**
whatever; **wozu ~?** (*emphatisch*) whatever
for?; **wie dem ~ sei** be that as it may; **wie
sehr er sich ~ bemühte** however much he
tried.

Audienz [aʊdi'ɛnts] (-, -en) *f* (*bei Papst, König
etc*) audience.
Audimax [aʊdi'maks] *nt* (*UNIV: umg*) main
lecture hall.
audiovisuell [aʊdiovizu'ɛl] *adj* audiovisual.
Auditorium [aʊdi'to:riʊm] *nt* (*Hörsaal*) lecture
hall; (*geh: Zuhörerschaft*) audience.

auf [aʊf] *präp* +*dat* (*wo?*) on; **~ dem Tisch** on the
table; **~ der Reise** on the way; **~ der Post/
dem Fest** at the post office/party; **~ der
Straße** on the road; **~ dem Land/der ganzen
Welt** in the country/the whole world; **was**

hat es damit ~ sich? what does it mean?

♦ *präp +akk* **1** (*wohin?*) on(to); **~ den Tisch** on(to) the table; **~ die Post gehen** to go to the post office; **~ das Land** into the country; **etw ~ einen Zettel schreiben** to write sth on a piece of paper; **~ eine Tasse Kaffee/eine Zigarette(nlänge)** for a cup of coffee/a smoke; **die Nacht (von Montag) ~ Dienstag** Monday night; **~ einen Polizisten kommen 1.000 Bürger** there is one policeman to every 1,000 citizens.

2: **~ Deutsch** in German; **~ Lebenszeit** for my/his lifetime; **bis ~ ihn** except for him; **~ einmal** at once; **~ seinen Vorschlag (hin)** at his suggestion.

♦ *adv* **1** (*offen*) open; **~ sein** to be open; **das Fenster ist ~** the window is open.

2 (*hinauf*) up; **~ und ab** up and down; **~ und davon** up and away; **~!** (*los!*) come on!; **von klein ~** from childhood onwards.

3 (*aufgestanden*) up; **~ sein** (*Person*) to be up; **ist er schon ~?** is he up yet?

♦ *konj*: **~ dass** (so) that.

aufarbeiten ['aʊf|arbaɪtən] *vt* (*erledigen*: *Korrespondenz etc*) to catch up with.

aufatmen ['aʊf|a:tmən] *vi* to heave a sigh of relief.

aufbahren ['aʊfba:rən] *vt* to lay out.

Aufbau ['aʊfbaʊ] *m* (*Bauen*) building, construction; (*Struktur*) structure; (*aufgebautes Teil*) superstructure.

aufbauen ['aʊfbaʊən] *vt* to erect, build (up); (*Existenz*) to make; (*gestalten*) to construct; (*gründen*): **~ (auf** +*dat*) to found (on), base (on) ♦ *vr*: **sich vor jdm ~** to draw o.s. up to one's full height in front of sb.

aufbäumen ['aʊfbɔʏmən] *vr* to rear; (*fig*) to revolt, rebel.

aufbauschen ['aʊfbaʊʃən] *vt* to puff out; (*fig*) to exaggerate.

aufbegehren ['aʊfbəge:rən] *vi* (*geh*) to rebel.

aufbehalten ['aʊfbəhaltən] *unreg vt* to keep on.

aufbekommen ['aʊfbəkɔmən] *unreg* (*umg*) *vt* (*öffnen*) to get open; (: *Hausaufgaben*) to be given.

aufbereiten ['aʊfbəraɪtən] *vt* to process; (*Trinkwasser*) to purify; (*Text etc*) to work up.

Aufbereitungsanlage *f* processing plant.

aufbessern ['aʊfbɛsərn] *vt* (*Gehalt*) to increase.

aufbewahren ['aʊfbəva:rən] *vt* to keep; (*Gepäck*) to put in the left-luggage office.

Aufbewahrung *f* (safe)keeping; (*Gepäck~*) left-luggage office (*BRIT*), baggage check (*US*); **jdm etw zur ~ geben** to give sb sth for safekeeping.

Aufbewahrungsort *m* storage place.

aufbieten ['aʊfbi:tən] *unreg vt* (*Kraft*) to summon (up); (*Armee, Polizei*) to mobilize.

Aufbietung *f*: **unter ~ aller Kräfte** ... summoning (up) all his/her *etc* strength ...

aufbinden ['aʊfbɪndən] *unreg vt*: **lass dir doch so etwas nicht ~** (*fig*) don't fall for that.

aufblähen ['aʊfblɛ:ən] *vr* to blow out; (*Segel*) to billow out; (*MED*) to become swollen; (*fig*: *pej*) to puff o.s. up.

aufblasen ['aʊfbla:zən] *unreg vt* to blow up, inflate ♦ *vr* (*umg*) to become big-headed.

aufbleiben ['aʊfblaɪbən] *unreg vi* (*Laden*) to remain open; (*Person*) to stay up.

aufblenden ['aʊfblɛndən] *vt* (*Scheinwerfer*) to turn on full beam.

aufblicken ['aʊfblɪkən] *vi* to look up; **~ zu** (*lit*) to look up at; (*fig*) to look up to.

aufblühen ['aʊfbly:ən] *vi* to blossom; (*fig*) to blossom, flourish.

aufblühend *adj* (*COMM*) booming.

aufbocken ['aʊfbɔkən] *vt* (*Auto*) to jack up.

aufbrauchen ['aʊfbraʊxən] *vt* to use up.

aufbrausen ['aʊfbraʊzən] *vi* (*fig*) to flare up.

aufbrausend *adj* hot-tempered.

aufbrechen ['aʊfbrɛçən] *unreg vt* to break open, to prise (*BRIT*) *od* pry (*US*) open ♦ *vi* to burst open; (*gehen*) to start, set off.

aufbringen ['aʊfbrɪŋən] *unreg vt* (*öffnen*) to open; (*in Mode*) to bring into fashion; (*beschaffen*) to procure; (*FIN*) to raise; (*ärgern*) to irritate; **Verständnis für etw ~** to be able to understand sth.

Aufbruch ['aʊfbrʊx] *m* departure.

aufbrühen ['aʊfbry:ən] *vt* (*Tee*) to make.

aufbrummen ['aʊfbrʊmən] (*umg*) *vt*: **jdm die Kosten ~** to land sb with the costs.

aufbürden ['aʊfbyrdən] *vt*: **jdm etw ~** to burden sb with sth.

aufdecken ['aʊfdɛkən] *vt* to uncover; (*Spielkarten*) to show.

aufdrängen ['aʊfdrɛŋən] *vt*: **jdm etw ~** to force sth on sb ♦ *vr*: **sich jdm ~** to intrude on sb.

aufdrehen ['aʊfdre:ən] *vt* (*Wasserhahn etc*) to turn on; (*Ventil*) to open; (*Schraubverschluss*) to unscrew; (*Radio etc*) to turn up; (*Haar*) to put in rollers.

aufdringlich ['aʊfdrɪŋlɪç] *adj* pushy; (*Benehmen*) obtrusive; (*Parfüm*) powerful.

aufeinander [aʊf|aɪ'nandər] *adv* on top of one another; (*schießen*) at each other; (*warten*) for one another; (*vertrauen*) each other; **~ folgen** to follow one another; **~ folgend** consecutive; **~ legen** to lay on top of one another; **~ prallen** (*Autos etc*) to collide; (*Truppen, Meinungen*) to clash; **A~folge** *f* succession, series.

Aufenthalt ['aʊf|ɛnthalt] *m* stay; (*Verzögerung*) delay; (*EISENB*: *Halten*) stop; (*Ort*) haunt.

Aufenthalts- *zW*: **~erlaubnis** *f*, **~genehmigung** *f* residence permit; **~raum** *m* day room; (*in Betrieb*) recreation room.

auferlegen ['aʊf|ɛrleːgən] *vt:* **(jdm)** ~ to impose (upon sb).

auferstehen ['aʊf|ɛrʃteːən] *unreg vi untr* to rise from the dead.

Auferstehung *f* resurrection.

aufessen ['aʊf|ɛsən] *unreg vt* to eat up.

auffahren ['aʊffaːrən] *unreg vi* (*herankommen*) to draw up; (*hochfahren*) to jump up; (*wütend werden*) to flare up; (*in den Himmel*) to ascend ♦ *vt* (*Kanonen, Geschütz*) to bring up; ~ **auf** +*akk* (*Auto*) to run *od* crash into.

auffahrend *adj* hot-tempered.

Auffahrt *f* (*Haus*~) drive; (*Autobahn*~) slip road (*BRIT*), entrance ramp (*US*).

Auffahrunfall *m* pile-up.

auffallen ['aʊffalən] *unreg vi* to be noticeable; **angenehm/unangenehm** ~ to make a good/ bad impression; **jdm** ~ (*bemerkt werden*) to strike sb.

auffallend *adj* striking.

auffällig ['aʊffɛlɪç] *adj* conspicuous, striking.

auffangen ['aʊffaŋən] *unreg vt* to catch; (*Funkspruch*) to intercept; (*Preise*) to peg; (*abfangen: Aufprall etc*) to cushion, absorb.

Auffanglager *nt* reception camp.

auffassen ['aʊffasən] *vt* to understand, comprehend; (*auslegen*) to see, view.

Auffassung *f* (*Meinung*) opinion; (*Auslegung*) view, conception; (*auch:* ~**sgabe**) grasp.

auffindbar ['aʊffɪntbaːr] *adj* to be found.

aufflammen ['aʊfflamən] *vi* (*lit, fig: Feuer, Unruhen etc*) to flare up.

auffliegen ['aʊffliːgən] *unreg vi* to fly up; (*umg: Rauschgiftring etc*) to be busted.

auffordern ['aʊffɔrdərn] *vt* to challenge; (*befehlen*) to call upon, order; (*bitten*) to ask.

Aufforderung *f* (*Befehl*) order; (*Einladung*) invitation.

aufforsten ['aʊffɔrstən] *vt* (*Gebiet*) to reafforest; (*Wald*) to restock.

auffrischen ['aʊffrɪʃən] *vt* to freshen up; (*Kenntnisse*) to brush up; (*Erinnerungen*) to reawaken ♦ *vi* (*Wind*) to freshen.

aufführen ['aʊffyːrən] *vt* (*THEAT*) to perform; (*in einem Verzeichnis*) to list, specify ♦ *vr* (*sich benehmen*) to behave; **einzeln** ~ to itemize.

Aufführung *f* (*THEAT*) performance; (*Liste*) specification.

auffüllen ['aʊffʏlən] *vt* to fill up; (*Vorräte*) to replenish; (*Öl*) to top up.

Aufgabe ['aʊfgaːbə] (**-, -n**) *f* task; (*SCH*) exercise; (*Haus*~) homework; (*Verzicht*) giving up; (*von Gepäck*) registration; (*von Post*) posting; (*von Inserat*) insertion; **sich** *dat* **etw zur** ~ **machen** to make sth one's job *od* business.

aufgabeln ['aʊfgaːbəln] *vt* (*fig: umg: jdn*) to pick up; (: *Sache*) to get hold of.

Aufgabenbereich *m* area of responsibility.

Aufgang ['aʊfgaŋ] *m* ascent; (*Sonnen*~) rise;

(*Treppe*) staircase.

aufgeben ['aʊfgeːbən] *unreg vt* (*verzichten auf*) to give up; (*Paket*) to send, post; (*Gepäck*) to register; (*Bestellung*) to give; (*Inserat*) to insert; (*Rätsel, Problem*) to set ♦ *vi* to give up.

aufgeblasen ['aʊfgəblaːzən] *adj* (*fig*) puffed up, self-important.

Aufgebot ['aʊfgəboːt] *nt* supply; (*von Kräften*) utilization; (*Ehe*~) banns *pl*.

aufgedonnert ['aʊfgədɔnərt] (*pej: umg*) *adj* tarted up.

aufgedreht ['aʊfgədreːt] (*umg*) *adj* excited.

aufgedunsen ['aʊfgedʊnzən] *adj* swollen, puffed up.

aufgegeben ['aʊfgəgeːbən] *pp von* **aufgeben**.

aufgehen ['aʊfgeːən] *unreg vi* (*Sonne, Teig*) to rise; (*sich öffnen*) to open; (*THEAT: Vorhang*) to go up; (*Knopf, Knoten etc*) to come undone; (*klar werden*) to become clear; (*MATH*) to come out exactly; ~ **(in** +*dat*) (*sich widmen*) to be absorbed (in); **in Rauch/Flammen** ~ to go up in smoke/flames.

aufgeilen ['aʊfgaɪlən] (*umg*) *vt* to turn on ♦ *vr* to be turned on.

aufgeklärt ['aʊfgəklɛːrt] *adj* enlightened; (*sexuell*) knowing the facts of life.

aufgekratzt ['aʊfgəkratst] (*umg*) *adj* in high spirits, full of beans.

aufgelaufen ['aʊfgəlaʊfən] *adj:* ~**e Zinsen** ♦ *pl* accrued interest *sing*.

Aufgeld *nt* premium.

aufgelegt ['aʊfgəleːkt] *adj:* **gut/schlecht** ~ **sein** to be in a good/bad mood; **zu etw** ~ **sein** to be in the mood for sth.

aufgenommen ['aʊfgənɔmən] *pp von* **aufnehmen**.

aufgeregt ['aʊfgəreːkt] *adj* excited.

aufgeschlossen ['aʊfgəʃlɔsən] *adj* open, open-minded.

aufgeschmissen ['aʊfgəʃmɪsən] (*umg*) *adj* in a fix, stuck.

aufgeschrieben ['aʊfgəʃriːbən] *pp von* **aufschreiben**.

aufgestanden ['aʊfgəʃtandən] *pp von* **aufstehen**.

aufgetakelt ['aʊfgətaːkəlt] *adj* (*fig: umg*) dressed up to the nines.

aufgeweckt ['aʊfgəvɛkt] *adj* bright, intelligent.

aufgießen ['aʊfgiːsən] *unreg vt* (*Wasser*) to pour over; (*Tee*) to infuse.

aufgliedern ['aʊfgliːdərn] *vr:* **sich** ~ **(in** +*akk*) to (sub)divide (into), break down (into).

aufgreifen ['aʊfgraɪfən] *unreg vt* (*Thema*) to take up; (*Verdächtige*) to pick up, seize.

aufgrund, auf Grund [aʊf'grʊnt] *präp* +*gen:* ~ **von** on the basis of; (*wegen*) because of.

Aufgussbeutel▲ ['aʊfgʊsbɔytəl] *m* sachet (containing coffee/herbs *etc*) for brewing; (*Teebeutel*) tea bag.

aufhaben ['aʊfhaːbən] *unreg vt* (*Hut etc*) to have on; (*Arbeit*) to have to do.

aufhalsen ['aʊfhalzən] (*umg*) *vt*: **jdm etw ~ to** saddle *od* lumber sb with sth.

aufhalten ['aʊfhaltən] *unreg vt* (*Person*) to detain; (*Entwicklung*) to check; (*Tür, Hand*) to hold open; (*Augen*) to keep open ♦ *vr* (*wohnen*) to live; (*bleiben*) to stay; **jdn (bei etw)** ~ (*abhalten, stören*) to hold *od* keep sb back (from sth); **sich über etw/jdn** ~ to go on about sth/sb; **sich mit etw** ~ to waste time over sth; **sich bei etw** ~ (*sich befassen*) to dwell on sth.

aufhängen ['aʊfhɛŋən] *unreg vt* (*Wäsche*) to hang up; (*Menschen*) to hang ♦ *vr* to hang o.s.

Aufhänger (**-s, -**) *m* (*am Mantel*) hook; (*fig*) peg.

Aufhängung *f* (*TECH*) suspension.

aufheben ['aʊfheːbən] *unreg vt* (*hochheben*) to raise, lift; (*Sitzung*) to wind up; (*Urteil*) to annul; (*Gesetz*) to repeal, abolish; (*aufbewahren*) to keep; (*ausgleichen*) to offset, make up for ♦ *vr* to cancel itself out; **viel A~(s) machen (von)** to make a fuss (about); **bei jdm gut aufgehoben sein** to be well looked after at sb's.

aufheitern ['aʊfhaɪtərn] *vt, vr* (*Himmel, Miene*) to brighten; (*Mensch*) to cheer up.

Aufheiterungen *pl* (*MET*) bright periods *pl*.

aufheizen ['aʊfhaɪtsən] *vt*: **die Stimmung** ~ to stir up feelings.

aufhelfen ['aʊfhɛlfən] *unreg vi* (*lit: beim Aufstehen*): **jdm** ~ to help sb up.

aufhellen ['aʊfhɛlən] *vt, vr* to clear up; (*Farbe, Haare*) to lighten.

aufhetzen ['aʊfhɛtsən] *vt* to stir up.

aufheulen ['aʊfhɔʏlən] *vi* to howl; (*Sirene*) to (start to) wail; (*Motor*) to (give a) roar.

aufholen ['aʊfhoːlən] *vt* to make up ♦ *vi* to catch up.

aufhorchen ['aʊfhɔrçən] *vi* to prick up one's ears.

aufhören ['aʊfhøːrən] *vi* to stop; **~, etw zu tun** to stop doing sth.

aufkaufen ['aʊfkaʊfən] *vt* to buy up.

aufklappen ['aʊfklapən] *vt* to open; (*Verdeck*) to fold back.

aufklären ['aʊfklɛːrən] *vt* (*Geheimnis etc*) to clear up; (*Person*) to enlighten; (*sexuell*) to tell the facts of life to; (*MIL*) to reconnoitre ♦ *vr* to clear up.

Aufklärung *f* (*von Geheimnis*) clearing up; (*Unterrichtung, Zeitalter*) enlightenment; (*sexuell*) sex education; (*MIL, AVIAT*) reconnaissance.

Aufklärungsarbeit *f* educational work.

aufkleben ['aʊfkleːbən] *vt* to stick on.

Aufkleber (**-s, -**) *m* sticker.

aufknöpfen ['aʊfknœpfən] *vt* to unbutton.

aufkochen ['aʊfkɔxən] *vt* to bring to the boil.

aufkommen ['aʊfkɔmən] *unreg vi* (*Wind*) to come up; (*Zweifel, Gefühl*) to arise; (*Mode*) to start; **für jdn/etw** ~ to be liable *od* responsible for sb/sth; **für den Schaden** ~ to pay for the damage; **endlich kam Stimmung auf** at last things livened up.

aufkreuzen ['aʊfkrɔʏtsən] (*umg*) *vi* (*erscheinen*) to turn *od* show up.

aufkündigen ['aʊfkʏndɪgən] *vt* (*Vertrag etc*) to terminate.

aufladen ['aʊflaːdən] *unreg vt* to load ♦ *vr* (*Batterie etc*) to be charged; (*neu ~*) to be recharged; **jdm/sich etw** ~ (*fig*) to saddle sb/o.s. with sth.

Auflage ['aʊflaːgə] *f* edition; (*Zeitung*) circulation; (*Bedingung*) condition; **jdm etw zur ~ machen** to make sth a condition for sb.

Auflage(n)höhe *f* (*von Buch*) number of copies published; (*von Zeitung*) circulation.

auflassen ['aʊflasən] *unreg* (*umg*) *vt* (*offen*) to leave open; (: *aufgesetzt*) to leave on; **die Kinder länger** ~ to let the children stay up (longer).

auflauern ['aʊflaʊərn] *vi*: **jdn** ~ to lie in wait for sb.

Auflauf ['aʊflaʊf] *m* (*KOCH*) pudding; (*Menschen~*) crowd.

auflaufen *unreg vi* (*auf Grund laufen: Schiff*) to run aground; **jdn** ~ **lassen** (*umg*) to drop sb in it.

Auflaufform *f* (*KOCH*) ovenproof dish.

aufleben ['aʊfleːbən] *vi* to revive.

auflegen ['aʊfleːgən] *vt* to put on; (*Hörer*) to put down; (*TYP*) to print ♦ *vi* (*TEL*) to hang up.

auflehnen ['aʊfleːnən] *vt* to lean on ♦ *vr* to rebel.

Auflehnung *f* rebellion.

auflesen ['aʊfleːzən] *unreg vt* to pick up.

aufleuchten ['aʊflɔʏçtən] *vi* to light up.

aufliegen ['aʊfliːgən] *unreg vi* to lie on; (*COMM*) to be available.

auflisten ['aʊflɪstən] *vt* (*auch COMPUT*) to list.

auflockern ['aʊflɔkərn] *vt* to loosen; (*fig: Eintönigkeit etc*) to liven up; (*entspannen, zwangloser machen*) to make relaxed; (*Atmosphäre*) to make more relaxed, ease.

auflösen ['aʊfløːzən] *vt* to dissolve; (*Missverständnis*) to sort out; (*Konto*) to close; (*Firma*) to wind up; (*Haushalt*) to break up; **in Tränen aufgelöst sein** to be in tears.

Auflösung *f* dissolving; (*fig*) solution; (*Bildschirm*) resolution.

aufmachen ['aʊfmaxən] *vt* to open; (*Kleidung*) to undo; (*zurechtmachen*) to do up ♦ *vr* to set out.

Aufmacher *m* (*PRESSE*) lead.

Aufmachung *f* (*Kleidung*) outfit, get-up; (*Gestaltung*) format.

Spelling Reform: ▲ *new spelling* △ *old spelling (to be phased out)*

aufmerksam ['aʊfmɛrkzaːm] *adj* attentive; **auf etw** *akk* ~ **werden** to become aware of sth; **jdn auf etw** *akk* ~ **machen** to point sth out to sb; **(das ist) sehr** ~ **von Ihnen** (*zuvorkommend*) (that's) most kind of you; **A~keit** *f* attention, attentiveness; (*Geschenk*) token (gift).

aufmöbeln ['aʊfmøːbəln] (*umg*) *vt* (*Gegenstand*) to do up; (: *beleben*) to buck up, pep up.

aufmucken ['aʊfmʊkən] (*umg*) *vi:* ~ **gegen** to protest at *od* against.

aufmuntern ['aʊfmʊntərn] *vt* (*ermutigen*) to encourage; (*erheitern*) to cheer up.

aufmüpfig ['aʊfmʏpfɪç] (*umg*) *adj* rebellious.

Aufnahme ['aʊfnaːmə] (-, -n) *f* reception; (*Beginn*) beginning; (*in Verein etc*) admission; (*in Liste etc*) inclusion; (*Notieren*) taking down; (*PHOT*) shot; (*auf Tonband etc*) recording; ~**antrag** *m* application for membership *od* admission; **a~fähig** *adj* receptive; ~**leiter** *m* (*FILM*) production manager; (*RUNDF, TV*) producer; ~**prüfung** *f* entrance test; ~**stopp** *m* (*für Flüchtlinge etc*) freeze on immigration.

aufnehmen ['aʊfneːmən] *unreg vt* to receive; (*hochheben*) to pick up; (*beginnen*) to take up; (*in Verein etc*) to admit; (*in Liste etc*) to include; (*fassen*) to hold; (*begreifen*) to take in, grasp; (*beim Stricken: Maschen*) to increase, make; (*notieren*) to take down; (*fotografieren*) to photograph; (*auf Tonband, Platte*) to record; (*FIN: leihen*) to take out; **es mit jdm** ~ **können** to be able to compete with sb.

aufnötigen ['aʊfnøːtɪgən] *vt:* **jdm etw** ~ to force sth on sb.

aufoktroyieren ['aʊf|ɔktroajiːrən] *vt:* **jdm etw** ~ (*geh*) to impose *od* force sth on sb.

aufopfern ['aʊf|ɔpfərn] *vt* to sacrifice ♦ *vr* to sacrifice o.s.

aufopfernd *adj* selfless.

aufpassen ['aʊfpasən] *vi* (*aufmerksam sein*) to pay attention; **auf jdn/etw** ~ to look after *od* watch sb/sth; **aufgepasst!** look out!

Aufpasser(in) (-s, -) (*pej*) *m(f)* (*Aufseher, Spitzel*) spy, watchdog; (*Beobachter*) supervisor; (*Wächter*) guard.

aufpflanzen ['aʊfpflantsən] *vr:* **sich vor jdm** ~ to plant o.s. in front of sb.

aufplatzen ['aʊfplatsən] *vi* to burst open.

aufplustern ['aʊfpluːstərn] *vr* (*Vogel*) to ruffle (up) its feathers; (*Mensch*) to puff o.s. up.

aufprägen ['aʊfprɛːgən] *vt:* **jdm/etw seinen Stempel** ~ (*fig*) to leave one's mark on sb/ sth.

Aufprall ['aʊfpral] (-(e)s, -e) *m* impact.

aufprallen ['aʊfpral] *vi* to hit, strike.

Aufpreis ['aʊfpraɪs] *m* extra charge.

aufpumpen ['aʊfpʊmpən] *vt* to pump up.

aufputschen ['aʊfpʊtʃən] *vt* (*aufhetzen*) to inflame; (*erregen*) to stimulate.

Aufputschmittel *nt* stimulant.

aufraffen ['aʊfrafən] *vr* to rouse o.s.

aufräumen ['aʊfrɔʏmən] *vt, vi* (*Dinge*) to clear away; (*Zimmer*) to tidy up.

Aufräumungsarbeiten *pl* clearing-up operations *pl*.

aufrecht ['aʊfrɛçt] *adj* (*lit, fig*) upright.

aufrechterhalten *unreg vt* to maintain.

aufregen ['aʊfreːgən] *vt* to excite; (*ärgerlich machen*) to irritate, annoy; (*nervös machen*) to make nervous; (*beunruhigen*) to disturb ♦ *vr* to get excited.

aufregend *adj* exciting.

Aufregung *f* excitement.

aufreiben ['aʊfraɪbən] *unreg vt* (*Haut*) to rub raw; (*erschöpfen*) to exhaust; (*MIL: völlig vernichten*) to wipe out, annihilate.

aufreibend *adj* strenuous.

aufreihen ['aʊfraɪən] *vt* (*in Linie*) to line up; (*Perlen*) to string.

aufreißen ['aʊfraɪsən] *unreg vt* (*Umschlag*) to tear open; (*Augen*) to open wide; (*Tür*) to throw open; (*Straße*) to take up; (*umg: Mädchen*) to pick up.

Aufreißer (-s, -) *m* (*Person*) smooth operator.

aufreizen ['aʊfraɪtsən] *vt* to incite, stir up.

aufreizend *adj* exciting, stimulating.

aufrichten ['aʊfrɪçtən] *vt* to put up, erect; (*moralisch*) to console ♦ *vr* to rise; (*moralisch*): **sich** ~ **(an** +*dat*) to take heart (from); **sich im Bett** ~ to sit up in bed.

aufrichtig ['aʊfrɪçtɪç] *adj* sincere; honest; **A~keit** *f* sincerity.

aufrollen ['aʊfrɔlən] *vt* (*zusammenrollen*) to roll up; (*Kabel*) to coil *od* wind up; **einen Fall/Prozess wieder** ~ to reopen a case/trial.

aufrücken ['aʊfrʏkən] *vi* to move up; (*beruflich*) to be promoted.

Aufruf ['aʊfruːf] *m* summons; (*zur Hilfe*) call; (*des Namens*) calling out.

aufrufen *unreg vt* (*Namen*) to call out; (*auffordern*): **jdn** ~ **(zu)** to call upon sb (for); **einen Schüler** ~ to ask a pupil (to answer) a question.

Aufruhr ['aʊfruːr] (-(e)s, -e) *m* uprising, revolt; **in** ~ **sein** to be in uproar.

Aufrührer(in) (-s, -) *m(f)* rabble-rouser.

aufrührerisch ['aʊfryːrərɪʃ] *adj* rebellious.

aufrunden ['aʊfrʊndən] *vt* (*Summe*) to round up.

aufrüsten ['aʊfrʏstən] *vt, vi* to arm.

Aufrüstung *f* rearmament.

aufrütteln ['aʊfrʏtəln] *vt* (*lit, fig*) to shake up.

aufs [aʊfs] = **auf das**.

aufsagen ['aʊfzaːgən] *vt* (*Gedicht*) to recite; (*geh: Freundschaft*) to put an end to.

aufsammeln ['aʊfzaməln] *vt* to gather up.

aufsässig ['aʊfzɛsɪç] *adj* rebellious.

Aufsatz ['aʊfzats] m (Geschriebenes) essay, composition; (auf Schrank etc) top.

aufsaugen ['aʊfzaʊgən] unreg vt to soak up.

aufschauen ['aʊfʃaʊən] vi to look up.

aufscheuchen ['aʊfʃɔʏçən] vt to scare, startle.

aufschichten ['aʊfʃɪçtən] vt to stack, pile up.

aufschieben ['aʊfʃiːbən] unreg vt to push open; (verzögern) to put off, postpone.

Aufschlag ['aʊfʃlaːk] m (Ärmel~) cuff; (Jacken~) lapel; (Hosen~) turn-up (BRIT), cuff (US); (Aufprall) impact; (Preis~) surcharge; (TENNIS) service.

aufschlagen ['aʊfʃlaːgən] unreg vt (öffnen) to open; (verwunden) to cut; (hochschlagen) to turn up; (aufbauen: Zelt, Lager) to pitch, erect; (Wohnsitz) to take up ♦ vi (aufprallen) to hit; (teurer werden) to go up; (TENNIS) to serve; **schlagt Seite 111 auf** open your books at page 111.

aufschließen ['aʊfʃliːsən] unreg vt to open up, unlock ♦ vi (aufrücken) to close up.

Aufschluss▲ ['aʊfʃlʊs] m information.

aufschlüsseln ['aʊfʃlʏsəln] vt: ~ (nach) to break down (into); (klassifizieren) to classify (according to).

aufschlussreich▲ adj informative, illuminating.

aufschnappen ['aʊfʃnapən] vt (umg) to pick up ♦ vi to fly open.

aufschneiden ['aʊfʃnaɪdən] unreg vt to cut open; (Brot) to cut up; (MED: Geschwür) to lance ♦ vi (umg) to brag.

Aufschneider (-s, -) m boaster, braggart.

Aufschnitt ['aʊfʃnɪt] m (slices of) cold meat.

aufschnüren ['aʊfʃnyːrən] vt to unlace; (Paket) to untie.

aufschrauben ['aʊfʃraʊbən] vt (fest~) to screw on; (lösen) to unscrew.

aufschrecken ['aʊfʃrɛkən] vt to startle ♦ vi (unreg) to start up.

Aufschrei ['aʊfʃraɪ] m cry.

aufschreiben ['aʊfʃraɪbən] unreg vt to write down.

aufschreien unreg vi to cry out.

Aufschrift ['aʊfʃrɪft] f (Inschrift) inscription; (Etikett) label.

Aufschub ['aʊfʃuːp] (-(e)s, -schübe) m delay, postponement; **jdm ~ gewähren** to grant sb an extension.

aufschürfen ['aʊfʃʏrfən] vt: **sich** dat **die Haut/ das Knie ~** to graze od scrape o.s./one's knee.

aufschütten ['aʊfʃʏtən] vt (Flüssigkeit) to pour on; (Kohle) to put on (the fire); (Damm, Deich) to throw up; **Kaffee ~** to make coffee.

aufschwatzen ['aʊfʃvatsən] (umg) vt: **jdm etw ~** to talk sb into (getting/having etc) sth.

Aufschwung ['aʊfʃvʊŋ] m (Elan) boost; (wirtschaftlich) upturn, boom; (SPORT: an

Gerät) mount.

aufsehen ['aʊfzeːən] unreg vi to look up; ~ **zu** (lit) to look up at; (fig) to look up to; **A~ (-s)** nt sensation, stir; **A~ erregend** sensational.

Aufseher(in) (-s, -) m(f) guard; (im Betrieb) supervisor; (Museums~) attendant; (Park~) keeper.

auf sein▲ ['aʊfzaɪn] siehe **auf**.

aufseiten▲, auf Seiten▲ [aʊf'zaɪtn] präp +gen: ~ **von** on the part of.

aufsetzen ['aʊfzɛtsən] vt to put on; (Flugzeug) to put down; (Dokument) to draw up ♦ vr to sit upright ♦ vi (Flugzeug) to touch down.

Aufsicht ['aʊfzɪçt] f supervision; **die ~ haben** to be in charge; **bei einer Prüfung ~ führen** to invigilate (BRIT) od supervise an exam.

Aufsichtsrat m board (of directors).

aufsitzen ['aʊfzɪtsən] unreg vi (aufgerichtet sitzen) to sit up; (aufs Pferd, Motorrad) to mount, get on; (Schiff) to run aground; **jdn ~ lassen** (umg) to stand sb up; **jdm ~** (umg) to be taken in by sb.

aufspalten ['aʊfʃpaltən] vt to split.

aufspannen ['aʊfʃpanən] vt (Netz, Sprungtuch) to stretch od spread out; (Schirm) to put up, open.

aufsparen ['aʊfʃpaːrən] vt to save (up).

aufsperren ['aʊfʃpɛrən] vt to unlock; (Mund) to open wide; **die Ohren ~** (umg) to prick up one's ears.

aufspielen ['aʊfʃpiːlən] vr to show off; **sich als etw ~** to try to come on as sth.

aufspießen ['aʊfʃpiːsən] vt to spear.

aufspringen ['aʊfʃprɪŋən] unreg vi (hochspringen) to jump up; (sich öffnen) to spring open; (Hände, Lippen) to become chapped; ~ **auf** +akk to jump onto.

aufspüren ['aʊfʃpyːrən] vt to track down, trace.

aufstacheln ['aʊfʃtaxəln] vt to incite.

aufstampfen ['aʊfʃtampfən] vi: **mit dem Fuß ~** to stamp one's foot.

Aufstand ['aʊfʃtant] m insurrection, rebellion.

aufständisch ['aʊfʃtɛndɪʃ] adj rebellious, mutinous.

aufstauen ['aʊfʃtaʊən] vr to collect; (fig: Ärger) to be bottled up.

aufstechen ['aʊfʃtɛçən] unreg vt to prick open, puncture.

aufstecken ['aʊfʃtɛkən] vt to stick on; (mit Nadeln) to pin up; (umg) to give up.

aufstehen ['aʊfʃteːən] unreg vi to get up; (Tür) to be open; **da musst du früher** od **eher ~!** (fig: umg) you'll have to do better than that!

aufsteigen ['aʊfʃtaɪgən] unreg vi (hochsteigen) to climb; (Rauch) to rise; ~ **auf** +akk to get onto; **in jdm ~** (Hass, Verdacht, Erinnerung etc) to well up in sb.

Aufsteiger (-s,) m (SPORT) promoted team;

(sozialer) ~ social climber.

aufstellen ['aʊfʃtɛlən] vt (aufrecht stellen) to put up; (Maschine) to install; (aufreihen) to line up; (Kandidaten) to nominate; (Forderung, Behauptung) to put forward; (formulieren: Programm etc) to draw up; (leisten: Rekord) to set up.

Aufstellung f (SPORT) line-up; (Liste) list.

Aufstieg ['aʊfʃtiːk] (-(e)s, -e) m (auf Berg) ascent; (Fortschritt) rise; (beruflich, SPORT) promotion.

Aufstiegschance f prospect of promotion.

aufstöbern ['aʊfʃtøːbərn] vt (Wild) to start, flush; (umg: entdecken) to run to earth.

aufstocken ['aʊfʃtɔkən] vt (Vorräte) to build up.

aufstoßen ['aʊfʃtoːsən] unreg vt to push open ♦ vi to belch.

aufstrebend ['aʊfʃtreːbənd] adj ambitious; (Land) striving for progress.

Aufstrich ['aʊfʃtrɪç] m spread.

aufstülpen ['aʊfʃtʏlpən] vt (Ärmel) to turn up; (Hut) to put on.

aufstützen ['aʊfʃtʏtsən] vt (Körperteil) to prop, lean; (Person) to prop up ♦ vr: sich ~ auf +akk to lean on.

aufsuchen ['aʊfzuːxən] vt (besuchen) to visit; (konsultieren) to consult.

auftakeln ['aʊftaːkəln] vt (NAUT) to rig (out) ♦ vr (pej: umg) to deck o.s. out.

Auftakt ['aʊftakt] m (MUS) upbeat; (fig) prelude.

auftanken ['aʊftaŋkən] vi to get petrol (BRIT) od gas (US) ♦ vt to refuel.

auftauchen ['aʊftaʊxən] vi to appear; (gefunden werden, kommen) to turn up; (aus Wasser etc) to emerge; (U-Boot) to surface; (Zweifel) to arise.

auftauen ['aʊftaʊən] vt to thaw ♦ vi to thaw; (fig) to relax.

aufteilen ['aʊftaɪlən] vt to divide up; (Raum) to partition.

Aufteilung f division; partition.

auftischen ['aʊftɪʃən] vt to serve (up); (fig) to tell.

Auftr. abk = Auftrag.

Auftrag ['aʊftraːk] (-(e)s, -träge) m order; (Anweisung) commission; (Aufgabe) mission; **etw in ~ geben (bei)** to order/commission sth (from); **im ~ von** on behalf of; **im ~ od i. A. J. Burnett** pp J. Burnett.

auftragen ['aʊftraːɡən] unreg vt (Essen) to serve; (Farbe) to put on; (Kleidung) to wear out ♦ vi (dick machen): **die Jacke trägt auf** the jacket makes one look fat; **jdm etw ~** to tell sb sth; **dick ~** (umg) to exaggerate.

Auftraggeber(in) (-s, -) m(f) client; (COMM) customer.

Auftragsbestätigung f confirmation of order.

auftreiben ['aʊftraɪbən] unreg (umg) vt (beschaffen) to raise.

auftrennen ['aʊftrɛnən] vt to undo.

auftreten ['aʊftreːtən] unreg vt to kick open ♦ vi to appear; (mit Füßen) to tread; (sich verhalten) to behave; (fig: eintreten) to occur; (Schwierigkeiten etc) to arise; **als Vermittler etc ~** to act as intermediary etc; **geschlossen ~** to put up a united front.

Auftreten (-s) nt (Vorkommen) appearance; (Benehmen) behaviour (BRIT), behavior (US).

Auftrieb ['aʊftriːp] m (PHYS) buoyancy, lift; (fig) impetus.

Auftritt ['aʊftrɪt] m (des Schauspielers) entrance; (lit, fig: Szene) scene.

auftrumpfen ['aʊftrʊmpfən] vi to show how good one is; (mit Bemerkung) to crow.

auftun ['aʊftuːn] unreg vt to open ♦ vr to open up.

auftürmen ['aʊftʏrmən] vr (Gebirge etc) to tower up; (Schwierigkeiten) to pile od mount up.

aufwachen ['aʊfvaxən] vi to wake up.

aufwachsen ['aʊfvaksən] unreg vi to grow up.

Aufwand ['aʊfvant] (-(e)s) m expenditure; (Kosten) expense; (Luxus) show; **bitte, keinen ~!** please don't go out of your way.

aufwändig▲ ['aʊfvɛndɪç] adj, adv costly.

Aufwandsentschädigung f expense allowance.

aufwärmen ['aʊfvɛrmən] vt to warm up; (alte Geschichten) to rake up.

aufwarten ['aʊfvartən] vi (zu bieten haben): **mit etw ~** to offer sth.

aufwärts ['aʊfvɛrts] adv upwards; **~ gehen** to look up; **A~entwicklung** f upward trend.

aufwecken ['aʊfvɛkən] vt to wake(n) up.

aufweichen ['aʊfvaɪçən] vt to soften; (Brot) to soak.

aufweisen ['aʊfvaɪzən] unreg vt to show.

aufwenden ['aʊfvɛndən] unreg vt to expend; (Geld) to spend; (Sorgfalt) to devote.

aufwendig adj = aufwändig.

aufwerfen ['aʊfvɛrfən] unreg vt (Fenster etc) to throw open; (Probleme) to throw up, raise ♦ vr: **sich zu etw ~** to make o.s. out to be sth.

aufwerten ['aʊfvɛrtən] vt (FIN) to revalue; (fig) to raise in value.

Aufwertung f revaluation.

aufwickeln ['aʊfvɪkəln] vt (aufrollen) to roll up; (umg: Haar) to put in curlers; (lösen) to untie.

aufwiegeln ['aʊfviːɡəln] vt to stir up, incite.

aufwiegen ['aʊfviːɡən] unreg vt to make up for.

Aufwind ['aʊfvɪnt] m up-current; **neuen ~ bekommen** (fig) to get new impetus.

aufwirbeln ['aʊfvɪrbəln] vt to whirl up; **Staub ~** (fig) to create a stir.

aufwischen ['aʊfvɪʃən] vt to wipe up.

aufwühlen ['aʊfvyːlən] vt (lit: Erde, Meer) to

churn (up); (*Gefühle*) to stir.

aufzählen ['aʊftsɛːlən] *vt* to count out.

aufzeichnen ['aʊftsaɪçnən] *vt* to sketch; (*schriftlich*) to jot down; (*auf Band*) to record.

Aufzeichnung *f* (*schriftlich*) note; (*Tonband~*, *Film~*) recording.

aufzeigen ['aʊftsaɪgən] *vt* to show, demonstrate.

aufziehen ['aʊftsiːən] *unreg vt* (*hochziehen*) to raise, draw up; (*öffnen*) to pull open; (: *Reißverschluss*) to undo; (*Gardinen*) to draw (back); (*Uhr*) to wind; (*großziehen: Kinder*) to raise, bring up; (*Tiere*) to rear; (*umg: necken*) to tease; (: *veranstalten*) to set up; (: *Fest*) to arrange ♦ *vi* (*Gewitter, Wolken*) to gather.

Aufzucht ['aʊftsʊxt] *f* (*das Großziehen*) rearing, raising.

Aufzug ['aʊftsuːk] *m* (*Fahrstuhl*) lift (*BRIT*), elevator (*US*); (*Aufmarsch*) procession, parade; (*Kleidung*) get-up; (*THEAT*) act.

aufzwingen ['aʊftsvɪŋən] *unreg vt*: jdm etw ~ to force sth upon sb.

Aug. *abk* (= *August*) Aug.

Augapfel ['aʊk|apfəl] *m* eyeball; (*fig*) apple of one's eye.

Auge ['aʊgə] (**-s, -n**) *nt* eye; (*Fett~*) globule of fat; **unter vier ~n** in private; **vor aller ~n** in front of everybody, for all to see; **jdn/etw mit anderen ~n (an)sehen** to see sb/sth in a different light; **ich habe kein ~ zugetan** I didn't sleep a wink; **ein ~/beide ~n zudrücken** (*umg*) to turn a blind eye; **jdn/ etw aus den ~n verlieren** to lose sight of sb/ sth; (*fig*) to lose touch with sb/sth; **etw ins ~ fassen** to contemplate sth; **das kann leicht ins ~ gehen** (*fig: umg*) it might easily go wrong.

Augenarzt *m* eye specialist, ophthalmologist.

Augenblick *m* moment; **im ~** at the moment; **im ersten ~** for a moment; **a~lich** *adj* (*sofort*) instantaneous; (*gegenwärtig*) present.

Augen- *zW*: **~braue** *f* eyebrow; **~höhe** *f*: **in ~höhe** at eye level; **~merk** *nt* (*Aufmerksamkeit*) attention; **~schein** *m*: **jdn/ etw in ~schein nehmen** to have a close look at sb/sth; **a~scheinlich** *adj* obvious; **~weide** *f* sight for sore eyes; **~wischerei** *f* (*fig*) eyewash; **~zeuge** *m* eye witness; **~zeugin** *f* eye witness.

August [aʊˈgʊst] (**-(e)s od -, -e**) (*pl selten*) *m* August; *siehe auch* **September**.

Auktion [aʊktsiˈoːn] *f* auction.

Auktionator [aʊktsioˈnaːtɔr] *m* auctioneer.

Aula ['aʊla] (**-, Aulen** *od* **-s**) *f* assembly hall.

Aus [aʊs] (**-**) *nt* (*SPORT*) outfield; **ins ~ gehen** to go out.

aus [aʊs] *präp +dat* **1** (*räumlich*) out of; (*von ... her*) from; **er ist ~ Berlin** he's from Berlin; **~ dem Fenster** out of the window.

2 (*gemacht/hergestellt ~*) made of; **ein Herz ~ Stein** a heart of stone.

3 (*auf Ursache deutend*) out of; **~ Mitleid** out of sympathy; **~ Erfahrung** from experience; **~ Spaß** for fun.

4: ~ ihr wird nie etwas she'll never get anywhere.

♦ *adv* **1** (*zu Ende*) finished, over; **~ sein** to be over; **es ist ~ mit ihm** he is finished, he has had it; **~ und vorbei** over and done with.

2 (*ausgeschaltet, ausgezogen*) off; **~ sein** to be out; **Licht ~!** lights out!

3 (*in Verbindung mit von*): **von Rom ~** from Rome; **vom Fenster ~** out of the window; **von sich ~** (*selbständig*) of one's own accord; **von mir ~** as far as I'm concerned.

4 ~ und ein gehen to come and go; (*bei jdm*) to visit frequently; **weder ~ noch ein wissen** to be at one's wits' end; **auf etw** *akk* **~ sein** to be after sth.

ausarbeiten ['aʊs|arbaɪtən] *vt* to work out.

ausarten ['aʊs|artən] *vi* to degenerate; (*Kind*) to become overexcited.

ausatmen ['aʊs|aːtmən] *vi* to breathe out.

ausbaden ['aʊsbaːdən] (*umg*) *vt*: etw ~ müssen to carry the can for sth.

Ausbau ['aʊsbaʊ] *m* extension, expansion; removal.

ausbauen *vt* to extend, expand; (*herausnehmen*) to take out, remove.

ausbaufähig *adj* (*fig*) worth developing.

ausbedingen ['aʊsbədɪŋən] *unreg vt*: sich *dat* etw ~ to insist on sth.

ausbeißen ['aʊsbaɪsən] *unreg vr*: sich *dat* an etw *dat* die Zähne ~ (*fig*) to have a tough time of it with sth.

ausbessern ['aʊsbɛsərn] *vt* to mend, repair.

Ausbesserungsarbeiten *pl* repair work *sing*.

ausbeulen ['aʊsbɔylən] *vt* to beat out.

Ausbeute ['aʊsbɔytə] *f* yield; (*Gewinn*) profit, gain; (*Fische*) catch.

ausbeuten *vt* to exploit; (*MIN*) to work.

ausbezahlen ['aʊsbətsaːlən] *vt* (*Geld*) to pay out.

ausbilden ['aʊsbɪldən] *vt* to educate; (*Lehrling, Soldat*) to instruct, train; (*Fähigkeiten*) to develop; (*Geschmack*) to cultivate.

Ausbilder(in) (**-s, -**) *m(f)* instructor, instructress.

Ausbildung *f* education; training, instruction; development; cultivation; **er ist noch in der ~** he's still a trainee; he hasn't finished his education.

Ausbildungs- *zW*: **~förderung** *f* (provision of)

grants for students and trainees; (*Stipendium*) grant; ~**platz** *m* (*Stelle*) training vacancy.

ausbitten ['aʊsbɪtən] *unreg vt*: **sich** *dat* **etw** ~ (*geh: erbitten*) to ask for sth; (*verlangen*) to insist on sth.

ausblasen ['aʊsblaːzən] *unreg vt* to blow out; (*Ei*) to blow.

ausbleiben ['aʊsblaɪbən] *unreg vi* (*Personen*) to stay away, not come; (*Ereignisse*) to fail to happen, not happen; **es konnte nicht** ~, **dass** ... it was inevitable that ...

ausblenden ['aʊsblɛndən] *vt, vi* (*TV etc*) to fade out.

Ausblick ['aʊsblɪk] *m* (*lit, fig*) prospect, outlook, view.

ausbomben ['aʊsbɔmbən] *vt* to bomb out.

ausbooten ['aʊsboːtən] (*umg*) *vt* (*jdn*) to kick *od* boot out.

ausbrechen ['aʊsbrɛçən] *unreg vi* to break out ♦ *vt* to break off; **in Tränen/Gelächter** ~ to burst into tears/out laughing.

Ausbrecher(in) (**-s, -**) (*umg*) *m(f)* (*Gefangener*) escaped prisoner, escapee.

ausbreiten ['aʊsbraɪtən] *vt* to spread (out); (*Arme*) to stretch out ♦ *vr* to spread; **sich über ein Thema** ~ to expand *od* enlarge on a topic.

ausbrennen ['aʊsbrɛnən] *unreg vt* to scorch; (*Wunde*) to cauterize ♦ *vi* to burn out.

ausbringen ['aʊsbrɪŋən] *unreg vt* (*ein Hoch*) to propose.

Ausbruch ['aʊsbrʊx] *m* outbreak; (*von Vulkan*) eruption; (*Gefühls*~) outburst; (*von Gefangenen*) escape.

ausbrüten ['aʊsbryːtən] *vt* (*lit, fig*) to hatch.

Ausbuchtung ['aʊsbʊxtʊŋ] *f* bulge; (*Küste*) cove.

ausbügeln ['aʊsbyːgəln] *vt* to iron out; (*umg: Fehler, Verlust*) to make good.

ausbuhen ['aʊsbuːən] *vt* to boo.

Ausbund ['aʊsbʊnt] *m*: **ein** ~ **an** *od* **von Tugend/Sparsamkeit** a paragon of virtue/a model of thrift.

ausbürgern ['aʊsbyrgərn] *vt* to expatriate.

ausbürsten ['aʊsbyrstən] *vt* to brush out.

Ausdauer ['aʊsdaʊər] *f* stamina; (*Beharrlichkeit*) perseverance.

ausdauernd *adj* persevering.

ausdehnen ['aʊsdeːnən] *vt, vr* (*räumlich*) to expand; (*zeitlich, auch Gummi*) to stretch; (*Nebel, fig: Macht*) to extend.

ausdenken ['aʊsdɛŋkən] *unreg vt* (*zu Ende denken*) to think through; **sich** *dat* **etw** ~ to think sth up; **das ist nicht auszudenken** (*unvorstellbar*) it's inconceivable.

ausdiskutieren ['aʊsdɪskutiːrən] *vt* to talk out.

ausdrehen ['aʊsdreːən] *vt* to turn *od* switch off.

Ausdruck ['aʊsdrʊk] (**-s, -drücke**) *m*

expression, phrase; (*Kundgabe, Gesichts*~) expression; (*Fach*~) term; (*COMPUT*) hard copy; **mit dem** ~ **des Bedauerns** (*form*) expressing regret.

ausdrucken *vt* (*Text*) to print out.

ausdrücken ['aʊsdrʏkən] *vt* (*auch vr: formulieren, zeigen*) to express; (*Zigarette*) to put out; (*Zitrone*) to squeeze.

ausdrücklich *adj* express, explicit.

Ausdrucks- *zW*: ~**fähigkeit** *f* expressiveness; (*Gewandtheit*) articulateness; **a**~**los** *adj* expressionless, blank; **a**~**voll** *adj* expressive; ~**weise** *f* mode of expression.

Ausdünstung ['aʊsdʏnstʊŋ] *f* (*Dampf*) vapour (*BRIT*), vapor (*US*); (*Geruch*) smell.

auseinander [aʊs|aɪˈnandər] *adv* (*getrennt*) apart; **weit** ~ far apart; ~ **bringen** to separate; ~ **fallen** to fall apart; ~ **gehen** (*Menschen*) to separate; (*Meinungen*) to differ; (*Gegenstand*) to fall apart; (*umg: dick werden*) to put on weight; ~ **halten** to tell apart; ~ **klaffen** to gape open; (*fig: Meinungen*) to be far apart, diverge (wildly); ~ **laufen** (*umg: sich trennen*) to break up; (*Menge*) to disperse; **sich** ~ **leben** to drift apart; ~ **nehmen** to take to pieces, dismantle; ~ **schreiben** to write as separate words; ~ **setzen** (*erklären*) to set forth, explain; **sich** ~ **setzen** (*sich verständigen*) to come to terms, settle; (*sich befassen*) to concern o.s.; **sich mit jdm** ~ **setzen** to talk with sb; (*sich streiten*) to argue with sb; **A**~**setzung** *f* argument.

auserkoren ['aʊs|ɛrkoːrən] *adj* (*liter*) chosen, selected.

auserlesen ['aʊs|ɛrleːzən] *adj* select, choice.

ausersehen ['aʊs|ɛrzeːən] *unreg vt* (*geh*): **dazu** ~ **sein, etw zu tun** to be chosen to do sth.

ausfahrbar *adj* extendable; (*Antenne, Fahrgestell*) retractable.

ausfahren ['aʊsfaːrən] *unreg vi* to drive out; (*NAUT*) to put out (to sea) ♦ *vt* to take out; (*AUT*) to drive flat out; (*ausliefern: Waren*) to deliver; **ausgefahrene Wege** rutted roads.

Ausfahrt *f* (*des Zuges etc*) leaving, departure; (*Autobahn*~, *Garagen*~) exit, way out; (*Spazierfahrt*) drive, excursion.

Ausfall ['aʊsfal] *m* loss; (*Nichtstattfinden*) cancellation; (*das Versagen: TECH, MED*) failure; (*von Motor*) breakdown; (*Produktionsstörung*) stoppage; (*MIL*) sortie; (*Fechten*) lunge; (*radioaktiv*) fallout.

ausfallen ['aʊsfalən] *unreg vi* (*Zähne, Haare*) to fall *od* come out; (*nicht stattfinden*) to be cancelled; (*wegbleiben*) to be omitted; (*Person*) to drop out; (*Lohn*) to be stopped; (*nicht funktionieren*) to break down; (*Resultat haben*) to turn out; **wie ist das Spiel ausgefallen?** what was the result of the game?; **die Schule fällt morgen aus** there's

no school tomorrow.
ausfallend *adj* impertinent.
Ausfallstraße *f* arterial road.
Ausfallzeit *f (Maschine)* downtime.
ausfegen ['aʊsfeːgən] *vt* to sweep out.
ausfeilen ['aʊsfaɪlən] *vt* to file out; *(Stil)* to
polish up.
ausfertigen ['aʊsfɛrtɪgən] *vt (form)* to draw
up; *(Rechnung)* to make out; **doppelt** ~ to
duplicate.
Ausfertigung *f (form)* drawing up; making
out; *(Exemplar)* copy; **in doppelter/dreifacher**
~ in duplicate/triplicate.
ausfindig ['aʊsfɪndɪç] *adj*: ~ **machen** to
discover.
ausfliegen ['aʊsfliːgən] *unreg vi* to fly away ♦ *vt*
to fly out; **sie sind ausgeflogen** *(umg)* they're
out.
ausfließen ['aʊsfliːsən] *unreg vi*: ~ **(aus)**
(herausfließen) to flow out (of); *(auslaufen: Öl*
etc) to leak (out of); *(Eiter etc)* to be
discharged (from).
ausflippen ['aʊsflɪpən] *(umg) vi* to freak out.
Ausflucht ['aʊsflʊxt] *(-, -flüchte)* *f* excuse.
Ausflug ['aʊsfluːk] *m* excursion, outing.
Ausflügler(in) ['aʊsflyːklər(ɪn)] *(-s, -)* *m(f)*
tripper *(BRIT)*, excursionist *(US)*.
Ausfluss▲ ['aʊsflʊs] *m* outlet; *(MED)*
discharge.
ausfragen ['aʊsfraːgən] *vt* to interrogate,
question.
ausfransen ['aʊsfranzən] *vi* to fray.
ausfressen ['aʊsfrɛsən] *unreg (umg) vt*
(anstellen) to be up to.
Ausfuhr ['aʊsfuːr] *(-, -en)* *f* export,
exportation; *(Ware)* export ♦ *in zW* export.
ausführbar ['aʊsfyːrbaːr] *adj* feasible; *(COMM)*
exportable.
ausführen ['aʊsfyːrən] *vt (verwirklichen)* to
carry out; *(Person)* to take out; *(Hund)* to
take for a walk; *(COMM)* to export; *(erklären)*
to give details of; **die ~de Gewalt** *(POL)* the
executive.
Ausfuhrgenehmigung *f* export licence.
ausführlich *adj* detailed ♦ *adv* in detail;
A~keit *f* detail.
Ausführung *f* execution, performance; *(von*
Waren) design; *(von Thema)* exposition;
(Durchführung) completion; *(Herstellungsart)*
version; *(Erklärung)* explanation.
Ausfuhrzoll *m* export duty.
ausfüllen ['aʊsfʏlən] *vt* to fill up; *(Fragebogen*
etc) to fill in; *(Beruf)* to be fulfilling for; **jdn**
(ganz) ~ *(Zeit in Anspruch nehmen)* to take
(all) sb's time.
Ausg. *abk (= Ausgabe)* ed.
Ausgabe ['aʊsgaːbə] *f (Geld)* expenditure,
outlay; *(Aushändigung)* giving out; *(Schalter)*
counter; *(Ausführung)* version; *(Buch)*
edition; *(Nummer)* issue.

Ausgang ['aʊsgaŋ] *m* way out, exit; *(Ende)*
end; *(~punkt)* starting point; *(Ergebnis)*
result; *(Ausgehtag)* free time, time off; **ein**
Unfall mit tödlichem ~ a fatal accident; **kein**
~ no exit.
Ausgangs- *zW*: **~basis** *f* starting point;
~punkt *m* starting point; **~sperre** *f* curfew.
ausgeben ['aʊsgeːbən] *unreg vt (Geld)* to spend;
(austeilen) to issue, distribute; *(COMPUT)* to
output ♦ *vr*: **sich für etw/jdn** ~ to pass o.s.
off as sth/sb; **ich gebe heute Abend einen**
aus *(umg)* it's my treat this evening.
ausgebeult ['aʊsgəbɔʏlt] *adj (Kleidung)* baggy;
(Hut) battered.
ausgebucht ['aʊsgəbuːxt] *adj* fully booked.
Ausgeburt ['aʊsgəbuːrt] *(pej) f (der Fantasie*
etc) monstrous product *od* invention.
ausgedehnt ['aʊsgədeːnt] *adj (breit, groß, fig:*
weitreichend) extensive; *(Spaziergang)* long;
(zeitlich) lengthy.
ausgedient ['aʊsgədiːnt] *adj (Soldat)*
discharged; *(verbraucht)* no longer in use;
~ **haben** to have come to the end of its
useful life.
ausgefallen ['aʊsgəfalən] *adj (ungewöhnlich)*
exceptional.
ausgefuchst ['aʊsgəfʊkst] *(umg) adj* clever;
(: listig) crafty.
ausgegangen ['aʊsgəgaŋən] *pp von* **ausgehen**.
ausgeglichen ['aʊsgəglɪçən] *adj* (well-)
balanced; **A~heit** *f* balance; *(von Mensch)*
even-temperedness.
Ausgehanzug *m* good suit.
ausgehen ['aʊsgeːən] *unreg vi (auch Feuer, Ofen,*
Licht) to go out; *(zu Ende gehen)* to come to
an end; *(Benzin)* to run out; *(Haare, Zähne)* to
fall *od* come out; *(Strom)* to go off; *(Resultat*
haben) to turn out; *(spazieren gehen)* to go
(out) for a walk; *(abgeschickt werden: Post)* to
be sent off; **mir ging das Benzin aus** I ran
out of petrol *(BRIT)* *od* gas *(US)*; **auf etw** *akk*
~ to aim at sth; **von etw** ~ *(wegführen)* to
lead away from sth; *(herrühren)* to come
from sth; *(zugrunde legen)* to proceed from
sth; **wir können davon** ~, **dass ...** we can
proceed from the assumption that ..., we
can take as our starting point that ...; **leer** ~
to get nothing; **schlecht** ~ to turn out badly.
ausgehungert ['aʊsgəhʊŋərt] *adj* starved;
(abgezehrt: Mensch etc) emaciated.
Ausgehverbot *nt* curfew.
ausgeklügelt ['aʊsgəklyːgəlt] *adj* ingenious.
ausgekocht ['aʊsgəkɔxt] *(pej: umg) adj*
(durchtrieben) cunning; *(fig)* out-and-out.
ausgelassen ['aʊsgəlasən] *adj* boisterous,
high-spirited, exuberant; **A~heit** *f*
boisterousness, high spirits *pl*, exuberance.
ausgelastet ['aʊsgəlastət] *adj* fully occupied.
ausgeleiert ['aʊsgəlaɪərt] *adj* worn;
(Gummiband) stretched.

ausgelernt ['aʊsgəlɛrnt] *adj* trained, qualified.

ausgemacht ['aʊsgəmaxt] *adj* settled; (*umg*: *Dummkopf etc*) out-and-out, downright; **es gilt als ~, dass ...** it is settled that ...; **es war eine ~e Sache, dass ...** it was a foregone conclusion that ...

ausgemergelt ['aʊsgəmɛrgəlt] *adj* (*Gesicht*) emaciated, gaunt.

ausgenommen ['aʊsgənɔmən] *konj* except; **Anwesende sind ~** present company excepted.

ausgepowert ['aʊsgəpoːvərt] *adj*: **~ sein** (*umg*) to be tired, be exhausted.

ausgeprägt ['aʊsgəprɛːkt] *adj* prominent; (*Eigenschaft*) distinct.

ausgerechnet ['aʊsgərɛçnət] *adv* just, precisely; **~ du** you of all people; **~ heute** today of all days.

ausgeschlossen ['aʊsgəʃlɔsən] *pp von* **ausschließen ♦** *adj* (*unmöglich*) impossible, out of the question; **es ist nicht ~, dass ...** it cannot be ruled out that ...

ausgeschnitten ['aʊsgəʃnɪtən] *adj* (*Kleid*) low-necked.

ausgesehen ['aʊsgəzeːən] *pp von* **aussehen.**

ausgesprochen ['aʊsgəʃprɔxən] *adj* (*Faulheit, Lüge etc*) out-and-out; (*unverkennbar*) marked **♦** *adv* decidedly.

ausgestorben ['aʊsgəʃtɔrbən] *adj* (*Tierart*) extinct; (*fig*) deserted.

ausgewogen ['aʊsgəvoːgən] *adj* balanced; (*Maß*) equal.

ausgezeichnet ['aʊsgətsaɪçnət] *adj* excellent.

ausgiebig ['aʊsgiːbɪç] *adj* (*Gebrauch*) full, good; (*Essen*) generous, lavish; **~ schlafen** to have a good sleep.

ausgießen ['aʊsgiːsən] *unreg vt* (*aus einem Behälter*) to pour out; (*Behälter*) to empty; (*weggießen*) to pour away.

Ausgleich ['aʊsglaɪç] (-(e)s, -e) *m* balance; (*von Fehler, Mangel*) compensation; (*SPORT*): **den ~ erzielen** to equalize; **zum ~** +*gen* in order to offset sth; **das ist ein guter ~** (*entspannend*) that's very relaxing.

ausgleichen ['aʊsglaɪçən] *unreg vt* to balance (out); (*Konflikte*) to reconcile; (*Höhe*) to even up **♦** *vi* (*SPORT*) to equalize; **~de Gerechtigkeit** poetic justice.

Ausgleichssport *m* keep-fit activity.

Ausgleichstor *nt* equalizer.

ausgraben ['aʊsgraːbən] *unreg vt* to dig up; (*Leichen*) to exhume; (*fig*) to unearth.

Ausgrabung *f* excavation.

ausgrenzen ['aʊsgrɛntsən] *vt* to shut out, separate.

Ausgrenzung *f* shut-out, separation.

Ausguck ['aʊsgʊk] *m* look-out.

Ausguss▲ ['aʊsgʊs] *m* (*Spüle*) sink; (*Abfluss*) outlet; (*Tülle*) spout.

aushaben ['aʊshaːbən] *unreg* (*umg*) *vt*

(*Kleidung*) to have taken off; (*Buch*) to have finished.

aushalten ['aʊshaltən] *unreg vt* to bear, stand; (*umg*: *Geliebte*) to keep **♦** *vi* to hold out; **das ist nicht zum A~** that is unbearable; **sich von jdm ~ lassen** to be kept by sb.

aushandeln ['aʊshandəln] *vt* to negotiate.

aushändigen ['aʊshɛndɪgən] *vt*: **jdm etw ~** to hand sth over to sb.

Aushang ['aʊshaŋ] *m* notice.

aushängen ['aʊshɛŋən] *unreg vt* (*Meldung*) to put up; (*Fenster*) to take off its hinges **♦** *vi* to be displayed **♦** *vr* to hang out.

Aushängeschild *nt* (shop) sign; (*fig*): **als ~ für etw dienen** to promote sth.

ausharren ['aʊsharən] *vi* to hold out.

aushäusig ['aʊshɔʏzɪç] *adj* gallivanting around, on the tiles.

ausheben ['aʊsheːbən] *unreg vt* (*Erde*) to lift out; (*Grube*) to hollow out; (*Tür*) to take off its hinges; (*Diebesnest*) to clear out; (*MIL*) to enlist.

aushecken ['aʊshɛkən] (*umg*) *vt* to concoct, think up.

aushelfen ['aʊshɛlfən] *unreg vi*: **jdm ~** to help sb out.

Aushilfe ['aʊshɪlfə] *f* help, assistance; (*Person*) (temporary) worker.

Aushilfs- *zW*: **~kraft** *f* temporary worker; **~lehrer(in)** *m(f)* supply teacher; **a~weise** *adv* temporarily, as a stopgap.

aushöhlen ['aʊshøːlən] *vt* to hollow out; (*fig*: *untergraben*) to undermine.

ausholen ['aʊshoːlən] *vi* to swing one's arm back; (*zur Ohrfeige*) to raise one's hand; (*beim Gehen*) to take long strides; **zum Gegenschlag ~** (*lit, fig*) to prepare for a counter-attack.

aushorchen ['aʊshɔrçən] *vt* to sound out, pump.

aushungern ['aʊshʊŋərn] *vt* to starve out.

auskennen ['aʊskɛnən] *unreg vr* to know a lot; (*an einem Ort*) to know one's way about; (*in Fragen etc*) to be knowledgeable; **man kennt sich bei ihm nie aus** you never know where you are with him.

auskippen ['aʊskɪpən] *vt* to empty.

ausklammern ['aʊsklamərn] *vt* (*Thema*) to exclude, leave out.

Ausklang ['aʊsklaŋ] *m* (*geh*) end.

ausklappbar ['aʊsklapbaːr] *adj*: **dieser Tisch ist ~** this table can be opened out.

auskleiden ['aʊsklaɪdən] *vr* (*geh*) to undress **♦** *vt* (*Wand*) to line.

ausklingen ['aʊsklɪŋən] *unreg vi* to end; (*Ton, Lied*) to die away; (*Fest*) to come to an end.

ausklinken ['aʊsklɪŋkən] *vt* (*Bomben*) to release **♦** *vi* (*umg*) to flip one's lid.

ausklopfen ['aʊsklɔpfən] *vt* (*Teppich*) to beat; (*Pfeife*) to knock out.

auskochen ['aʊskɔxən] vt to boil; (MED) to sterilize.

auskommen ['aʊskɔmən] unreg vi: **mit jdm** ~ to get on with sb; **mit etw** ~ to get by with sth; **A**~ **(-s)** nt: **sein A**~ **haben** to get by; **mit ihr ist kein A**~ she's impossible to get on with.

auskosten ['aʊskɔstən] vt to enjoy to the full.

auskramen ['aʊskraːmən] (umg) vt to dig out, unearth; (fig: alte Geschichten etc) to bring up.

auskratzen ['aʊskratsən] vt (auch MED) to scrape out.

auskugeln ['aʊskuːgəln] vr: **sich** dat **den Arm** ~ to dislocate one's arm.

auskundschaften ['aʊskʊntʃaftən] vt to spy out; (Gebiet) to reconnoitre (BRIT), reconnoiter (US).

Auskunft ['aʊskʊnft] **(-, -künfte)** f information; (nähere) details pl, particulars pl; (Stelle) information office; (TEL) inquiries; **jdm** ~ **erteilen** to give sb information.

auskuppeln ['aʊskʊpəln] vi to disengage the clutch.

auskurieren ['aʊskuriːrən] (umg) vt to cure.

auslachen ['aʊslaxən] vt to laugh at, mock.

ausladen ['aʊslaːdən] unreg vt to unload; (umg: Gäste) to cancel an invitation to ♦ vi (Äste) to spread.

ausladend adj (Gebärden, Bewegung) sweeping.

Auslage ['aʊslaːgə] f shop window (display).

Auslagen pl outlay sing, expenditure sing.

Ausland ['aʊslant] nt foreign countries pl; **im** ~ abroad; **ins** ~ abroad.

Ausländer(in) ['aʊslɛndər(ɪn)] **(-s, -)** m(f) foreigner.

Ausländerfeindlichkeit f hostility to foreigners, xenophobia.

ausländisch adj foreign.

Auslands- zW: **~aufenthalt** m stay abroad; **~gespräch** nt international call; **~korrespondent(in)** m(f) foreign correspondent; **~reise** f trip abroad; **~schutzbrief** m international travel cover; **~vertretung** f agency abroad; (von Firma) foreign branch.

auslassen ['aʊslasən] unreg vt to leave out; (Wort etc) to omit; (Fett) to melt; (Kleidungsstück) to let out ♦ vr: **sich über etw** akk ~ to speak one's mind about sth; **seine Wut** etc **an jdm** ~ to vent one's rage etc on sb.

Auslassung f omission.

Auslassungszeichen nt apostrophe.

auslasten ['aʊslastən] vt (Fahrzeug) to make full use of; (Maschine) to use to capacity; (jdn) to occupy fully.

Auslauf ['aʊslaʊf] m (für Tiere) run; (Ausfluss)

outflow, outlet.

auslaufen unreg vi to run out; (Behälter) to leak; (NAUT) to put out (to sea); (langsam aufhören) to run down.

Ausläufer ['aʊslɔyfər] m (von Gebirge) spur; (Pflanze) runner; (MET: von Hoch) ridge; (: von Tief) trough.

ausleeren ['aʊsleːrən] vt to empty.

auslegen ['aʊsleːgən] vt (Waren) to lay out; (Köder) to put down; (Geld) to lend; (bedecken) to cover; (Text etc) to interpret.

Ausleger **(-s, -)** m (von Kran etc) jib, boom.

Auslegung f interpretation.

Ausleihe ['aʊslaɪə] **(-, -n)** f issuing; (Stelle) issue desk.

ausleihen ['aʊslaɪən] unreg vt (verleihen) to lend; **sich** dat **etw** ~ to borrow sth.

auslernen ['aʊslɛrnən] vi (Lehrling) to finish one's apprenticeship; **man lernt nie aus** (Sprichwort) you live and learn.

Auslese ['aʊsleːzə] **(-, -n)** f selection; (Elite) elite; (Wein) choice wine.

auslesen ['aʊsleːzən] unreg vt to select; (umg: zu Ende lesen) to finish.

ausliefern ['aʊsliːfərn] vt to hand over; (COMM) to deliver ♦ vr: **sich jdm** ~ to give o.s. up to sb; ~ **(an** +akk) to deliver (up) (to), hand over (to); (an anderen Staat) to extradite (to); **jdm/etw ausgeliefert sein** to be at the mercy of sb/sth.

Auslieferungsabkommen nt extradition treaty.

ausliegen ['aʊsliːgən] unreg vi (zur Ansicht) to be displayed; (Zeitschriften etc) to be available (to the public); (Liste) to be up.

auslöschen ['aʊslœʃən] vt to extinguish; (fig) to wipe out, obliterate.

auslosen ['aʊsloːzən] vt to draw lots for.

auslösen ['aʊsløːzən] vt (Explosion, Schuss) to set off; (hervorrufen) to cause, produce; (Gefangene) to ransom; (Pfand) to redeem.

Auslöser **(-s, -)** m trigger; (PHOT) release; (Anlass) cause.

ausloten ['aʊsloːtən] vt (NAUT: Tiefe) to sound; (fig geh) to plumb.

ausmachen ['aʊsmaxən] vt (Licht, Radio) to turn off; (Feuer) to put out; (entdecken) to make out; (vereinbaren) to agree; (beilegen) to settle; (Anteil darstellen, betragen) to represent; (bedeuten) to matter; **das macht ihm nichts aus** it doesn't matter to him; **macht es Ihnen etwas aus, wenn ...?** would you mind if ...?

ausmalen ['aʊsmaːlən] vt to paint; (fig) to describe; **sich** dat **etw** ~ to imagine sth.

Ausmaß ['aʊsmaːs] nt dimension; (fig) scale.

ausmerzen ['aʊsmɛrtsən] vt to eliminate.

ausmessen ['aʊsmɛsən] unreg vt to measure.

ausmisten ['aʊsmɪstən] vt (Stall) to muck out; (fig: umg: Schrank etc) to tidy out; (: Zimmer)

ausmustern – ausscheiden

to clean out.

ausmustern ['aʊsmʊstərn] *vt* (*Maschine, Fahrzeug etc*) to take out of service; (*MIL: entlassen*) to invalid out.

Ausnahme ['aʊsnaːmə] (-, -n) *f* exception; **eine ~ machen** to make an exception; **~erscheinung** *f* exception, one-off example; **~fall** *m* exceptional case; **~zustand** *m* state of emergency.

ausnahmslos *adv* without exception.

ausnahmsweise *adv* by way of exception, for once.

ausnehmen ['aʊsneːmən] *unreg vt* to take out, remove; (*Tier*) to gut; (*Nest*) to rob; (*umg: Geld abnehmen*) to clean out; (*ausschließen*) to make an exception of ♦ *vr* to look, appear.

ausnehmend *adj* exceptional.

ausnüchtern ['aʊsnʏçtərn] *vt, vi* to sober up.

Ausnüchterungszelle *f* drying-out cell.

ausnutzen ['aʊsnʊtsən] *vt* (*Zeit, Gelegenheit*) to use, turn to good account; (*Einfluss*) to use; (*Mensch, Gutmütigkeit*) to exploit.

auspacken ['aʊspakən] *vt* to unpack ♦ *vi* (*umg: alles sagen*) to talk.

auspfeifen ['aʊspfaɪfən] *unreg vt* to hiss/boo at.

ausplaudern ['aʊsplaʊdərn] *vt* (*Geheimnis*) to blab.

ausposaunen ['aʊspozaʊnən] (*umg*) *vt* to tell the world about.

ausprägen ['aʊsprɛːgən] *vr* (*Begabung, Charaktereigenschaft*) to reveal *od* show itself.

auspressen ['aʊspresən] *vt* (*Saft, Schwamm etc*) to squeeze out; (*Zitrone etc*) to squeeze.

ausprobieren ['aʊsprobiːrən] *vt* to try (out).

Auspuff ['aʊspʊf] (-(e)s, -e) *m* (*TECH*) exhaust; **~rohr** *nt* exhaust (pipe); **~topf** *m* (*AUT*) silencer (*BRIT*), muffler (*US*).

ausquartieren ['aʊskvartiːrən] *vt* to move out.

ausquetschen ['aʊskvɛtʃən] *vt* (*Zitrone etc*) to squeeze; (*umg: ausfragen*) to grill; (: *aus Neugier*) to pump.

ausradieren ['aʊsradiːrən] *vt* to erase, rub out.

ausrangieren ['aʊsrãʒiːrən] (*umg*) *vt* to chuck out; (*Maschine, Auto*) to scrap.

ausrauben ['aʊsraʊbən] *vt* to rob.

ausräumen ['aʊsrɔymən] *vt* (*Dinge*) to clear away; (*Schrank, Zimmer*) to empty; (*Bedenken*) to put aside.

ausrechnen ['aʊsrɛçnən] *vt* to calculate, reckon.

Ausrechnung *f* calculation, reckoning.

Ausrede ['aʊsreːdə] *f* excuse.

ausreden ['aʊsreːdən] *vi* to have one's say ♦ *vt*: **jdm etw ~** to talk sb out of sth; **er hat mich nicht mal ~ lassen** he didn't even let me finish (speaking).

ausreichen ['aʊsraɪçən] *vi* to suffice, be enough.

ausreichend *adj* sufficient, adequate; (*SCH*)

adequate.

Ausreise ['aʊsraɪzə] *f* departure; **bei der ~** when leaving the country; **~erlaubnis** *f* exit visa.

ausreisen ['aʊsraɪzən] *vi* to leave the country.

ausreißen ['aʊsraɪsən] *unreg vt* to tear *od* pull out ♦ *vi* (*Riss bekommen*) to tear; (*umg*) to make off, scram; **er hat sich** *dat* **kein Bein ausgerissen** (*umg*) he didn't exactly overstrain himself.

ausrenken ['aʊsrɛŋkən] *vt* to dislocate.

ausrichten ['aʊsrɪçtən] *vt* (*Botschaft*) to deliver; (*Gruß*) to pass on; (*Hochzeit etc*) to arrange; (*in gerade Linie bringen*) to get in a straight line; (*angleichen*) to bring into line; (*TYP etc*) to justify; **etwas/nichts bei jdm ~** to get somewhere/nowhere with sb; **jdm etw ~** to take a message for sb; **ich werde es ihm ~** I'll tell him.

ausrotten ['aʊsrɔtən] *vt* to stamp out, exterminate.

ausrücken ['aʊsrʏkən] *vi* (*MIL*) to move off; (*Feuerwehr, Polizei*) to be called out; (*umg: weglaufen*) to run away.

Ausruf ['aʊsruːf] *m* (*Schrei*) cry, exclamation; (*Verkünden*) proclamation.

ausrufen *unreg vt* to cry out, exclaim; to call out; **jdn ~ (lassen)** (*über Lautsprecher etc*) to page sb.

Ausrufezeichen *nt* exclamation mark.

ausruhen ['aʊsruːən] *vt, vi, vr* to rest.

ausrüsten ['aʊsrʏstən] *vt* to equip, fit out.

Ausrüstung *f* equipment.

ausrutschen ['aʊsrʊtʃən] *vi* to slip.

Ausrutscher (-s, -) (*umg*) *m* (*lit, fig*) slip.

Aussage ['aʊszaːgə] (-, -n) *f* (*JUR*) statement; **der Angeklagte/Zeuge verweigerte die ~** the accused/witness refused to give evidence.

aussagekräftig *adj* expressive, full of expression.

aussagen ['aʊszaːgən] *vt* to say, state ♦ *vi* (*JUR*) to give evidence.

Aussatz ['aʊszats] (-es) *m* (*MED*) leprosy.

aussaugen ['aʊszaʊgən] *vt* (*Saft etc*) to suck out; (*Wunde*) to suck the poison out of; (*fig: ausbeuten*) to drain dry.

ausschalten ['aʊsʃaltən] *vt* to switch off; (*fig*) to eliminate.

Ausschank ['aʊsʃaŋk] (-(e)s, -schänke) *m* dispensing, giving out; (*COMM*) selling; (*Theke*) bar.

Ausschankerlaubnis *f* licence (*BRIT*), license (*US*).

Ausschau ['aʊsʃaʊ] *f*: **~ halten (nach)** to look out (for), watch (for).

ausschauen *vi*: **~ (nach)** to look out (for), be on the look-out (for).

ausscheiden ['aʊsʃaɪdən] *unreg vt* (*aussondern*) to take out; (*MED*) to excrete ♦ *vi*: **~ (aus)** to leave; (*aus einem Amt*) to retire (from);

(*SPORT*) to be eliminated (from), be knocked out (of); **er scheidet für den Posten aus** he can't be considered for the job.

Ausscheidung *f* (*Aussondern*) removal; (*MED*) excretion; (*SPORT*) elimination.

ausschenken ['aʊsʃɛŋkən] *vt* to pour out; (*am Ausschank*) to serve.

ausscheren ['aʊsʃeːrən] *vi* (*Fahrzeug*) to leave the line *od* convoy; (*zum Überholen*) to pull out.

ausschildern ['aʊsʃɪldərn] *vt* to signpost.

ausschimpfen ['aʊsʃɪmpfən] *vt* to scold, tell off.

ausschlachten ['aʊsʃlaxtən] *vt* (*Auto*) to cannibalize; (*fig*) to make a meal of.

ausschlafen ['aʊsʃlaːfən] *unreg vi, vr* to sleep late ♦ *vt* to sleep off; **ich bin nicht ausgeschlafen** I didn't have *od* get enough sleep.

Ausschlag ['aʊsʃlaːk] *m* (*MED*) rash; (*Pendel~*) swing; (*von Nadel*) deflection; **den ~ geben** (*fig*) to tip the balance.

ausschlagen ['aʊsʃlaːgən] *unreg vt* to knock out; (*auskleiden*) to deck out; (*verweigern*) to decline ♦ *vi* (*Pferd*) to kick out; (*BOT*) to sprout; (*Zeiger*) to be deflected.

ausschlaggebend *adj* decisive.

ausschließen ['aʊsʃliːsən] *unreg vt* to shut *od* lock out; (*SPORT*) to disqualify; (*Fehler, Möglichkeit etc*) to rule out; (*fig*) to exclude; **ich will mich nicht ~** myself not excepted.

ausschließlich *adj* exclusive ♦ *adv* exclusively ♦ *präp +gen* excluding, exclusive of.

ausschlüpfen ['aʊsʃlʏpfən] *vi* to slip out; (*aus Ei, Puppe*) to hatch out.

Ausschluss▲ ['aʊsʃlʊs] *m* exclusion; **unter ~ der Öffentlichkeit stattfinden** to be closed to the public; (*JUR*) to be held in camera.

ausschmücken ['aʊsʃmʏkən] *vt* to decorate; (*fig*) to embellish.

ausschneiden ['aʊsʃnaɪdən] *unreg vt* to cut out; (*Büsche*) to trim.

Ausschnitt ['aʊsʃnɪt] *m* (*Teil*) section; (*von Kleid*) neckline; (*Zeitungs~*) cutting (*BRIT*), clipping (*US*); (*aus Film etc*) excerpt.

ausschöpfen ['aʊsʃœpfən] *vt* to ladle out; (*fig*) to exhaust; **Wasser** *etc* **aus etw ~** to ladle water *etc* out of sth.

ausschreiben ['aʊsʃraɪbən] *unreg vt* (*ganz schreiben*) to write out (in full); (*Scheck, Rechnung etc*) to write (out); (*Stelle, Wettbewerb etc*) to announce, advertise.

Ausschreibung *f* (*Bekanntmachung: von Wahlen*) calling; (*: von Stelle*) advertising.

Ausschreitung ['aʊsʃraɪtʊŋ] *f* excess.

Ausschuss▲ ['aʊsʃʊs] *m* committee, board; (*Abfall*) waste, scraps *pl*; (*COMM: auch:* ~ware) reject.

ausschütten ['aʊsʃʏtən] *vt* to pour out; (*Eimer*)

to empty; (*Geld*) to pay ♦ *vr* to shake (with laughter).

Ausschüttung *f* (*FIN*) distribution.

ausschwärmen ['aʊsʃvɛrmən] *vi* (*Bienen, Menschen*) to swarm out; (*MIL*) to fan out.

ausschweifend ['aʊsʃvaɪfənt] *adj* (*Leben*) dissipated, debauched; (*Fantasie*) extravagant.

Ausschweifung *f* excess.

ausschweigen ['aʊsʃvaɪgən] *unreg vr* to keep silent.

ausschwitzen ['aʊsʃvɪtsən] *vt* to sweat out.

aussehen ['aʊszeːən] *unreg vi* to look; **gut** ~ to look good/well; **wie siehts aus?** (*umg: wie stehts?*) how's things?; **das sieht nach nichts aus** that doesn't look anything special; **es sieht nach Regen aus** it looks like rain; **es sieht schlecht aus** things look bad; **A~ (-s)** *nt* appearance.

aus sein▲ ['aʊsaɪn] *siehe* **aus.**

außen ['aʊsən] *adv* outside; (*nach* ~) outwards; **~ ist es rot** it's red (on the) outside.

Außen- *zW:* **~antenne** *f* outside aerial; **~arbeiten** *pl* work *sing* on the exterior; **~aufnahme** *f* outdoor shot; **~bezirk** *m* outlying district; **~bordmotor** *m* outboard motor.

aussenden ['aʊszɛndən] *unreg vt* to send out, emit.

Außen- *zW:* **~dienst** *m* outside *od* field service; (*von Diplomat*) foreign service; **~handel** *m* foreign trade; **~minister** *m* foreign minister; **~ministerium** *nt* foreign office; **~politik** *f* foreign policy; **~seite** *f* outside; **~seiter(in)** *m(f, -)* *m(f)* outsider; **~spiegel** *m* (*AUT*) outside mirror; **~stände** *pl* (*bes COMM*) outstanding debts *pl*, arrears *pl*; **~stehende(r)** *f(m)* outsider; **~stelle** *f* branch; **~welt** *f* outside world.

außer ['aʊsər] *präp +dat* (*räumlich*) out of; (*abgesehen von*) except ♦ *konj* (*ausgenommen*) except; **~ Gefahr sein** to be out of danger; **~ Zweifel** beyond any doubt; **~ Betrieb** out of order; **~ sich dat sein/geraten** to be beside o.s.; **~ Dienst** retired; **~ Landes** abroad; **~ wenn** unless; **~ dass** except; **~amtlich** *adj* unofficial, private.

außerdem *konj* besides, in addition ♦ *adv* anyway.

außerdienstlich *adj* private.

äußere(r, s) ['ɔʏsərə(r,s)] *adj* outer, external; **Ä~(s)** *nt* exterior; (*fig: Aussehen*) outward appearance.

außer- *zW:* **~ehelich** *adj* extramarital; **~gewöhnlich** *adj* unusual; **~halb** *präp +gen* outside ♦ *adv* outside; **~irdisch** *adj* extraterrestrial; **A~kraftsetzung** *f* repeal.

äußerlich *adj* external; **rein ~ betrachtet** on the face of it; **Ä~keit** *f* (*fig*) triviality; (*Oberflächlichkeit*) superficiality; (*Formalität*) formality.

äußern _vt_ to utter, express; (_zeigen_) to show ♦ _vr_ to give one's opinion; (_sich zeigen_) to show itself.

außer- _zW:_ ~**ordentlich** _adj_ extraordinary; ~**planmäßig** _adj_ unscheduled; ~**sinnlich** _adj:_ ~**sinnliche Wahrnehmung** extrasensory perception.

äußerst ['ɔʏsərst] _adv_ extremely, most.

außerstande, außer Stande▲ [aʊsər'ʃtandə] _adv_ (_nicht in der Lage_) not in a position; (_nicht fähig_) unable.

Äußerste(s) _nt:_ **bis zum** ~**n gehen** to go to extremes.

äußerste(r, s) _adj_ utmost; (_räumlich_) farthest; (_Termin_) last possible; (_Preis_) highest; **mein** ~**s Angebot** my final offer.

äußerstenfalls _adv_ if the worst comes to the worst.

Äußerung _f_ (_Bemerkung_) remark, comment; (_Behauptung_) statement; (_Zeichen_) expression.

aussetzen ['aʊszɛtsən] _vt_ (_Kind, Tier_) to abandon; (_Boote_) to lower; (_Belohnung_) to offer; (_Urteil, Verfahren_) to postpone ♦ _vi_ (_aufhören_) to stop; (_Pause machen_) to have a break; **jdn/sich einer Sache** _dat_ ~ to lay sb/ o.s. open to sth; **jdm/etw ausgesetzt sein** to be exposed to sb/sth; **was haben Sie daran auszusetzen?** what's your objection to it?; **an jdm/etw etwas** ~ to find fault with sb/sth.

Aussicht ['aʊszɪçt] _f_ view; (_in Zukunft_) prospect; **in** ~ **sein** to be in view; **etw in** ~ **haben** to have sth in view; **jdm etw in** ~ **stellen** to promise sb sth.

Aussichts- _zW:_ **a**~**los** _adj_ hopeless; ~**punkt** _m_ viewpoint; **a**~**reich** _adj_ promising; ~**turm** _m_ observation tower.

Aussiedler(in) ['aʊsziːdlər(ɪn)] (**-s, -**) _m(f)_ (_Auswanderer_) emigrant.

AUSSIEDLER

Aussiedler _are people of German origin from East and South-East Europe who have resettled in Germany. Many come from the former Soviet Union. They are given free German language tuition and receive financial help. The number of_ **Aussiedler** _increased dramatically in the early 1990s._

---

aussöhnen ['aʊszøːnən] _vt_ to reconcile ♦ _vr_ (_einander_) to become reconciled; **sich mit jdm/etw** ~ to reconcile o.s. with sb/to sth.

Aussöhnung _f_ reconciliation.

aussondern ['aʊszɔndərn] _vt_ to separate off, select.

aussorgen ['aʊszɔrgən] _vi:_ **ausgesorgt haben** to have no more money worries.

aussortieren ['aʊszɔrtiːrən] _vt_ to sort out.

ausspannen ['aʊsʃpanən] _vt_ to spread _od_ stretch out; (_Pferd_) to unharness; (_umg: Mädchen_): **jdm jdn** ~ to steal sb from sb ♦ _vi_ to relax.

aussparen ['aʊsʃpaːrən] _vt_ to leave open.

aussperren ['aʊsʃpɛrən] _vt_ to lock out.

Aussperrung _f_ (_INDUSTRIE_) lock-out.

ausspielen ['aʊsʃpiːlən] _vt_ (_Karte_) to lead; (_Geldprämie_) to offer as a prize ♦ _vi_ (_KARTEN_) to lead; **ausgespielt haben** to be finished; **jdn gegen jdn** ~ to play sb off against sb.

Ausspielung _f_ (_im Lotto_) draw.

ausspionieren ['aʊsʃpioniːrən] _vt_ (_Pläne etc_) to spy out; (_Person_) to spy on.

Aussprache ['aʊsʃpraːxə] _f_ pronunciation; (_Unterredung_) (frank) discussion.

aussprechen ['aʊsʃprɛçən] _unreg vt_ to pronounce; (_zu Ende sprechen_) to speak; (_äußern_) to say, express ♦ _vr_ (_sich äußern_): **sich** ~ (**über** +_akk_) to speak (about); (_sich anvertrauen_) to unburden o.s. (about _od_ on); (_diskutieren_) to discuss ♦ _vi_ (_zu Ende sprechen_) to finish speaking; **der Regierung das Vertrauen** ~ to pass a vote of confidence in the government.

Ausspruch ['aʊsʃprʊx] _m_ remark; (_geflügeltes Wort_) saying.

ausspucken ['aʊsʃpʊkən] _vt_ to spit out ♦ _vi_ to spit.

ausspülen ['aʊsʃpyːlən] _vt_ to wash out; (_Mund_) to rinse.

ausstaffieren ['aʊsʃtafiːrən] _vt_ to equip, kit out; (_Zimmer_) to furnish.

Ausstand ['aʊsʃtant] _m_ strike; **in den** ~ **treten** to go on strike; **seinen** ~ **geben** to hold a leaving party.

ausstatten ['aʊsʃtatən] _vt_ (_Zimmer etc_) to furnish; **jdn mit etw** ~ to equip sb _od_ kit sb out with sth.

Ausstattung _f_ (_Ausstatten_) provision; (_Kleidung_) outfit; (_Aussteuer_) dowry; (_Aufmachung_) make-up; (_Einrichtung_) furnishing.

ausstechen ['aʊsʃtɛçən] _unreg vt_ (_Torf, Kekse_) to cut out; (_Augen_) to gouge out; (_übertreffen_) to outshine.

ausstehen ['aʊsʃteːən] _unreg vt_ to stand, endure ♦ _vi_ (_noch nicht da sein_) to be outstanding.

aussteigen ['aʊsʃtaɪgən] _unreg vi_ to get out, alight; **alles** ~! (_von Schaffner_) all change!; **aus der Gesellschaft** ~ to drop out (of society).

Aussteiger(in) (_umg_) _m(f)_ dropout.

ausstellen ['aʊsʃtɛlən] _vt_ to exhibit, display; (_umg: ausschalten_) to switch off; (_Rechnung etc_) to make out; (_Pass, Zeugnis_) to issue.

Aussteller(in) _m(f)_ (_auf Messe_) exhibitor; (_von Scheck_) drawer.

Ausstellung *f* exhibition; (*FIN*) drawing up; (*einer Rechnung*) making out; (*eines Passes etc*) issuing.

Ausstellungsdatum *nt* date of issue.

Ausstellungsstück *nt* (*in Ausstellung*) exhibit; (*in Schaufenster etc*) display item.

aussterben ['aʊsʃtɛrbən] *unreg vi* to die out; **A~** *nt* extinction.

Aussteuer ['aʊsʃtɔyər] *f* dowry.

aussteuern ['aʊsʃtɔyərn] *vt* (*Verstärker*) to adjust.

Ausstieg ['aʊsʃtiːk] (-(e)s, -e) *m* (*Ausgang*) exit; **~ aus der Atomenergie** abandonment of nuclear energy.

ausstopfen ['aʊsʃtɔpfən] *vt* to stuff.

ausstoßen ['aʊsʃtoːsən] *unreg vt* (*Luft, Rauch*) to give off, emit; (*aus Verein etc*) to expel, exclude; (*herstellen: Teile, Stückzahl*) to turn out, produce.

ausstrahlen ['aʊsʃtraːlən] *vt, vi* to radiate; (*RUNDF*) to broadcast.

Ausstrahlung *f* radiation; (*fig*) charisma.

ausstrecken ['aʊsʃtrɛkən] *vt, vr* to stretch out.

ausstreichen ['aʊsʃtraɪçən] *unreg vt* to cross out; (*glätten*) to smooth out.

ausstreuen ['aʊsʃtrɔyən] *vt* to scatter; (*fig: Gerücht*) to spread.

ausströmen ['aʊsʃtrøːmən] *vi* (*Gas*) to pour out, escape ♦ *vt* to give off; (*fig*) to radiate.

aussuchen ['aʊszuːxən] *vt* to select, pick out.

Austausch ['aʊstaʊʃ] *m* exchange; **a~bar** *adj* exchangeable.

austauschen *vt* to exchange, swop.

Austauschmotor *m* replacement engine; (*gebraucht*) factory-reconditioned engine.

Austauschstudent(in) *m(f)* exchange student.

austeilen ['aʊstaɪlən] *vt* to distribute, give out.

Auster ['aʊstər] (-, -n) *f* oyster.

austoben ['aʊstoːbən] *vr* (*Kind*) to run wild; (*Erwachsene*) to let off steam; (*sich müde machen*) to tire o.s. out.

austragen ['aʊstraːgən] *unreg vt* (*Post*) to deliver; (*Streit etc*) to decide; (*Wettkämpfe*) to hold; **ein Kind ~** (*nicht abtreiben*) to have a child.

Austräger ['aʊstrɛːgər] *m* delivery boy; (*Zeitungs~*) newspaper boy.

Austragungsort *m* (*SPORT*) venue.

Australien [aʊs'traːliən] (-s) *nt* Australia.

Australier(in) (-s, -) *m(f)* Australian.

australisch *adj* Australian.

austreiben ['aʊstraɪbən] *unreg vt* to drive out, expel; (*Teufel etc*) to exorcize; **jdm etw ~** to cure sb of sth; (*bes durch Schläge*) to knock sth out of sb.

austreten ['aʊstreːtən] *unreg vi* (*zur Toilette*) to be excused ♦ *vt* (*Feuer*) to tread out, trample; (*Schuhe*) to wear out; (*Treppe*) to

wear down; **aus etw ~** to leave sth.

austricksen ['aʊstrɪksən] (*umg*) *vt* (*SPORT, fig*) to trick.

austrinken ['aʊstrɪŋkən] *unreg vt* (*Glas*) to drain; (*Getränk*) to drink up ♦ *vi* to finish one's drink, drink up.

Austritt ['aʊstrɪt] *m* emission; (*aus Verein, Partei etc*) retirement, withdrawal.

austrocknen ['aʊstrɔknən] *vt, vi* to dry up.

austüfteln ['aʊstʏftəln] (*umg*) *vt* to work out; (*ersinnen*) to think up.

ausüben ['aʊsʔyːbən] *vt* (*Beruf*) to practise (*BRIT*), practice (*US*), carry out; (*innehaben: Amt*) to hold; (*Funktion*) to perform; (*Einfluss*) to exert; **einen Reiz auf jdn ~** to hold an attraction for sb; **eine Wirkung auf jdn ~** to have an effect on sb.

Ausübung *f* practice, exercise; **in ~ seines Dienstes/seiner Pflicht** (*form*) in the execution of his duty.

ausufern ['aʊsʔuːfərn] *vi* (*fig*) to get out of hand; (*Konflikt etc*): **~ (zu)** to escalate (into).

Ausverkauf ['aʊsfɛrkaʊf] *m* sale; (*fig: Verrat*) sell-out.

ausverkaufen *vt* to sell out; (*Geschäft*) to sell up.

ausverkauft *adj* (*Karten, Artikel*) sold out; (*THEAT: Haus*) full.

auswachsen ['aʊsvaksən] *unreg vi*: **das ist (ja) zum A~** (*umg*) it's enough to drive you mad.

Auswahl ['aʊsvaːl] *f*: **eine ~ (an +dat)** a selection (of), a choice (of).

auswählen ['aʊsvɛːlən] *vt* to select, choose.

Auswahlmöglichkeit *f* choice.

Auswanderer ['aʊsvandərər] (-s, -) *m* emigrant.

Auswanderin ['aʊsvandərɪn] *f* emigrant.

auswandern *vi* to emigrate.

Auswanderung *f* emigration.

auswärtig ['aʊsvɛrtɪç] *adj* (*nicht am/vom Ort*) out-of-town; (*ausländisch*) foreign; **das A~e Amt** the Foreign Office (*BRIT*), the State Department (*US*).

auswärts ['aʊsvɛrts] *adv* outside; (*nach außen*) outwards; **~ essen** to eat out; **A~spiel** *nt* away game.

auswaschen ['aʊsvaʃən] *unreg vt* to wash out; (*spülen*) to rinse (out).

auswechseln ['aʊsvɛksəln] *vt* to change, substitute.

Ausweg ['aʊsveːk] *m* way out; **der letzte ~** the last resort; **a~los** *adj* hopeless.

ausweichen ['aʊsvaɪçən] *unreg vi*: **jdm/etw ~** (*lit*) to move aside *od* make way for sb/sth; (*fig*) to sidestep sb/sth; **jdm/einer Begegnung ~** to avoid sb/a meeting.

ausweichend *adj* evasive.

Ausweichmanöver *nt* evasive action.

ausweinen ['aʊsvaɪnən] *vr* to have a (good) cry.

Ausweis ['aʊsvaɪs] **(-es, -e)** *m* identity card; passport; (*Mitglieds~*, *Bibliotheks~ etc*) card; ~, **bitte** your papers, please.

ausweisen ['aʊsvaɪzən] *unreg vt* to expel, banish ♦ *vr* to prove one's identity.

Ausweis- *zW*: ~**karte** *f* identity papers *pl*; ~**kontrolle** *f* identity check; ~**papiere** *pl* identity papers *pl*.

Ausweisung *f* expulsion.

ausweiten ['aʊsvaɪtən] *vt* to stretch.

auswendig ['aʊsvɛndɪç] *adv* by heart; ~ **lernen** to learn by heart.

auswerfen ['aʊsvɛrfən] *unreg vt* (*Anker, Netz*) to cast.

auswerten ['aʊsvɛrtən] *vt* to evaluate.

Auswertung *f* evaluation, analysis; (*Nutzung*) utilization.

auswickeln ['aʊsvɪkəln] *vt* (*Paket, Bonbon etc*) to unwrap.

auswirken ['aʊsvɪrkən] *vr* to have an effect.

Auswirkung *f* effect.

auswischen ['aʊsvɪʃən] *vt* to wipe out; **jdm eins** ~ (*umg*) to put one over on sb.

Auswuchs ['aʊsvuːks] *m* (out)growth; (*fig*) product; (*Missstand, Übersteigerung*) excess.

auswuchten ['aʊsvʊxtən] *vt* (*AUT*) to balance.

auszacken ['aʊstsakən] *vt* (*Stoff etc*) to pink.

auszahlen ['aʊstsaːlən] *vt* (*Lohn, Summe*) to pay out; (*Arbeiter*) to pay off; (*Miterben*) to buy out ♦ *vr* (*sich lohnen*) to pay.

auszählen ['aʊstsɛːlən] *vt* (*Stimmen*) to count; (*BOXEN*) to count out.

auszeichnen ['aʊstsaɪçnən] *vt* to honour (*BRIT*), honor (*US*); (*MIL*) to decorate; (*COMM*) to price ♦ *vr* to distinguish o.s.; **der Wagen zeichnet sich durch ... aus** one of the car's main features is ...

Auszeichnung *f* distinction; (*COMM*) pricing; (*Ehrung*) awarding of decoration; (*Ehre*) honour (*BRIT*), honor (*US*); (*Orden*) decoration; **mit** ~ with distinction.

ausziehen ['aʊstsiːən] *unreg vt* (*Kleidung*) to take off; (*Haare, Zähne, Tisch etc*) to pull out ♦ *vr* to undress ♦ *vi* (*aufbrechen*) to leave; (*aus Wohnung*) to move out.

Auszubildende(r) ['aʊstsʊbɪldəndə(r)] *f(m)* trainee; (*als Handwerker*) apprentice.

Auszug ['aʊstsuːk] *m* (*aus Wohnung*) removal; (*aus Buch etc*) extract; (*Konto~*) statement; (*Ausmarsch*) departure.

autark [aʊ'tark] *adj* self-sufficient (*auch fig*); (*COMM*) autarkical.

Auto ['aʊto] **(-s, -s)** *nt* (motor-)car, automobile (*US*); **mit dem** ~ **fahren** to go by car; ~ **fahren** to drive.

Autoatlas *m* road atlas.

Autobahn *f* motorway (*BRIT*), expressway (*US*).

AUTOBAHN

Autobahn *is the German for a motorway. In the former West Germany there is an widespread network but in the former DDR the motorways are somewhat less extensive. There is no overall speed limit but a limit of 130 km per hour is recommended and there are lower mandatory limits on certain stretches of road. As yet there are no tolls payable on German* **Autobahns***.*

Autobahndreieck *nt* motorway (*BRIT*) *od* expressway (*US*) junction.

Autobahnkreuz *nt* motorway (*BRIT*) *od* expressway (*US*) intersection.

Autobahnzubringer *m* motorway feeder *od* access road.

Autobiografie▲ [aʊtobiogra'fiː] *f* autobiography.

Auto- *zW*: ~**bombe** *f* car bomb; ~**bus** *m* bus; (*Reisebus*) coach (*BRIT*), bus (*US*); ~**fähre** *f* car ferry; ~**fahrer(in)** *m(f)* motorist, driver; ~**fahrt** *f* drive; ~**friedhof** (*umg*) *m* car dump.

autogen [aʊto'geːn] *adj* autogenous; ~**es Training** (*PSYCH*) relaxation through self-hypnosis.

Autogramm [aʊto'gram] *nt* autograph.

Automat **(-en, -en)** *m* machine.

Automatik [aʊto'maːtɪk] *f* automatic mechanism (*auch fig*); (*Gesamtanlage*) automatic system; (*AUT*) automatic transmission.

automatisch *adj* automatic.

Automatisierung [aʊtomati'ziːrʊŋ] *f* automation.

Automobilausstellung [aʊtomo'biːlaʊsʃtɛlʊŋ] *f* motor show.

autonom [aʊto'noːm] *adj* autonomous.

Autopsie [aʊto'psiː] *f* post-mortem, autopsy.

Autor ['aʊtor] **(-s, -en)** *m* author.

Auto- *zW*: ~**radio** *nt* car radio; ~**reifen** *m* car tyre (*BRIT*) *od* tire (*US*); ~**reisezug** *m* motorail train; ~**rennen** *nt* motor race; (*Sportart*) motor racing.

Autorin [aʊ'toːrɪn] *f* authoress.

autoritär [aʊtori'tɛːr] *adj* authoritarian.

Autorität *f* authority.

Auto- *zW*: ~**schalter** *m* drive-in bank (counter); ~**telefon** *nt* car phone; ~**unfall** *m* car *od* motor accident; ~**verleih** *m*, ~**vermietung** *f* car hire (*BRIT*) *od* rental (*US*).

AvD **(-)** *m abk* (= *Automobilclub von Deutschland*) German motoring organization, ≈ AA (*BRIT*), AAA (*US*).

Axt [akst] **(-, ¨e)** *f* axe (*BRIT*), ax (*US*).

AZ, Az. *abk* (= *Aktenzeichen*) ref.

Azoren [a'tsoːrən] *pl* (*GEOG*) Azores *pl*.

Azteke [ats'teːkə] **(-n, -n)** *m* Aztec.

Rechtschreibreform: ▲ *neue Schreibung* △ *alte Schreibung (auslaufend)*

Aztekin f Aztec.
Azubi [a'tsu:bi] (-s, -s) (umg) f(m) abk
= **Auszubildende(r)**.

B, b

B¹, b [be:] nt (letter) B, b; ~ **wie Bertha** ≈ B for
Benjamin, B for Baker (US); **B-Dur/b-Moll**
(the key of) B flat major/minor.
B² [be:] f abk = **Bundesstraße**.
Baby ['be:bi] (-s, -s) nt baby; ~**ausstattung** f
layette; ~**raum** m (Flughafen etc) nursing
room; ~**sitter** ['be:bisitər] (-s, -) m baby-
sitter; ~**speck** (umg) m puppy fat.
Bach [bax] (-(e)s, ⁻e) m stream, brook.
Backblech nt baking tray.
Backbord (-(e)s, -e) nt (NAUT) port.
Backe (-, -n) f cheek.
backen ['bakən] unreg vt, vi to bake; **frisch/
knusprig gebackenes Brot** fresh/crusty
bread.
Backenbart m sideboards pl.
Backenzahn m molar.
Bäcker(in) ['bɛkər(in)] (-s, -) m(f) baker.
Bäckerei [bɛkə'rai] f bakery; (Bäckerladen)
baker's (shop).
Bäckerjunge m (Lehrling) baker's apprentice.
Back- zW: ~**fisch** m fried fish; (veraltet)
teenager; ~**form** f baking tin (BRIT) od pan
(US); ~**hähnchen** nt fried chicken in
breadcrumbs; ~**obst** nt dried fruit; ~**ofen** m
oven; ~**pflaume** f prune; ~**pulver** nt baking
powder; ~**stein** m brick.
bäckt [bekt] vb siehe **backen**.
Bad [ba:t] (-(e)s, ⁻er) nt bath; (Schwimmen)
bathing; (Ort) spa.
Bade- zW: ~**anstalt** f swimming pool; ~**anzug**
m bathing suit; ~**hose** f bathing od
swimming trunks pl; ~**kappe** f bathing cap;
~**mantel** m bath(ing) robe; ~**meister** m
swimming pool attendant.
baden ['ba:dən] vi to bathe, have a bath ♦ vt to
bath; ~ **gehen** (fig: umg) to come a cropper.
Baden-Württemberg ['ba:dən'vyrtəmberk] nt
Baden-Württemberg.
Bade- zW: ~**ort** m spa; ~**sachen** pl swimming
things pl; ~**tuch** nt bath towel; ~**wanne** f
bath(tub); ~**zimmer** nt bathroom.
baff [baf] adj: ~ **sein** (umg) to be
flabbergasted.
BAföG, Bafög [ba:føk] nt abk
(= Bundesausbildungsförderungsgesetz)
German student grants system.

BAG (-) nt abk (= Bundesarbeitsgericht) German
industrial tribunal.
Bagatelle [baga'tɛlə] (-, -n) f trifle.
Bagdad ['bakdat] (-s) nt Baghdad.
Bagger ['bagər] (-s, -) m excavator; (NAUT)
dredger.
baggern vt, vi to excavate; (NAUT) to dredge.
Baggersee m (flooded) gravel pit.
Bahamas [ba'ha:mas] pl: **die** ~ the Bahamas
pl.
Bahn [ba:n] (-, -en) f railway (BRIT), railroad
(US); (Weg) road, way; (Spur) lane; (Renn~)
track; (ASTRON) orbit; (Stoff~) length; **mit
der** ~ by train od rail/tram; **frei** ~ (COMM)
carriage free to station of destination;
jdm/etw die ~ **ebnen** (fig) to clear the way
for sb/sth; **von der rechten** ~ **abkommen** to
stray from the straight and narrow; **jdn aus
der** ~ **werfen** (fig) to shatter sb; ~**beamte(r)**
m railway (BRIT) od railroad (US) official;
b~brechend adj pioneering; ~**brecher(in)** (-s,
-) m(f) pioneer; ~**damm** m railway
embankment.
bahnen vt: **sich einen Weg** ~ to clear a way.
Bahnfahrt f railway (BRIT) od railroad (US)
journey.
Bahnhof m station; **auf dem** ~ at the station;
ich verstehe nur ~ (hum: umg) it's all Greek
to me.
Bahnhofshalle f station concourse.
Bahnhofsmission f charitable organization
for helping rail travellers.

Bahnhofswirtschaft f station restaurant.
Bahn- zW: **b~lagernd** adj (COMM) to be
collected from the station; ~**linie** f (railway
(BRIT) od railroad (US)) line; ~**schranke** f
level (BRIT) od grade (US) crossing barrier;
~**steig** m platform; ~**steigkarte** f platform
ticket; ~**strecke** f railway (BRIT) od railroad
(US) line; ~**übergang** m level (BRIT) od grade
(US) crossing; **beschrankter** ~**übergang**
crossing with gates; **unbeschrankter**

~**übergang** unguarded crossing; ~**wärter** *m* signalman.

Bahrain [ba'raɪn] **(-s)** *nt* Bahrain.

Bahre ['baːrə] **(-, -n)** *f* stretcher.

Baiser [bɛ'zeː] **(-s, -s)** *nt* meringue.

Baisse ['bɛːsə] **(-, -n)** *f* (*Börse*) fall; (*plötzlich*) slump.

Bajonett [bajo'nɛt] **(-(e)s, -e)** *nt* bayonet.

Bakelit ® [bake'liːt] **(-s)** *nt* Bakelite ®.

Bakterien [bak'teːriən] *pl* bacteria *pl*.

Balance [ba'lãːsə] **(-, -n)** *f* balance, equilibrium.

balancieren *vt, vi* to balance.

bald [balt] *adv* (*zeitlich*) soon; (*beinahe*) almost; ~ ... ~ ... now ... now ...; ~ **darauf** soon afterwards; **bis ~!** see you soon.

baldig ['baldɪç] *adj* early, speedy.

baldmöglichst *adv* as soon as possible.

Baldrian ['baldriaːn] **(-s, -e)** *m* valerian.

Balearen [bale'aːrən] *pl*: **die ~** the Balearics *pl*.

Balg [balk] **(-(e)s, ̈-er)** (*pej*: *umg*) *m od nt* (*Kind*) brat.

balgen ['balgən] *vr*: **sich ~ (um)** to scrap (over).

Balkan ['balkaːn] *m*: **der ~** the Balkans *pl*.

Balken ['balkən] **(-s, -)** *m* beam; (*Trag~*) girder; (*Stütz~*) prop.

Balkon [bal'kõː] **(-s, -s** *od* **-e)** *m* balcony; (*THEAT*) (dress) circle.

Ball [bal] **(-(e)s, ̈-e)** *m* ball; (*Tanz*) dance, ball.

Ballade [ba'laːdə] **(-, -n)** *f* ballad.

Ballast ['balast] **(-(e)s, -e)** *m* ballast; (*fig*) weight, burden; ~**stoffe** *pl* (*MED*) roughage *sing*.

Ballen ['balən] **(-s, -)** *m* bale; (*ANAT*) ball.

ballen *vt* (*formen*) to make into a ball; (*Faust*) to clench ♦ *vr* to build up; (*Menschen*) to gather.

ballern ['balərn] (*umg*) *vi* to shoot, fire.

Ballett [ba'lɛt] **(-(e)s, -e)** *nt* ballet; ~**tänzer(in)** ▲ *m(f)* ballet dancer.

Ballistik [ba'lɪstɪk] *f* ballistics *sing*.

Balljunge *m* ball boy.

Ballkleid *nt* evening dress.

Ballon [ba'lõː] **(-s, -s** *od* **-e)** *m* balloon.

Ballspiel *nt* ball game.

Ballung ['baluŋ] *f* concentration; (*von Energie*) build-up.

Ballungs- *zW*: ~**gebiet** *nt*, ~**raum** *m* conurbation; ~**zentrum** *nt* centre (*BRIT*) *od* center (*US*) (*of population, industry etc*).

Balsam ['balzaːm] **(-s, -e)** *m* balsam; (*fig*) balm.

Balte ['baltə] **(-n, -n)** *m* Balt; **er ist ~** he comes from the Baltic.

Baltikum ['baltikum] **(-s)** *nt*: **das ~** the Baltic States *pl*.

Baltin ['baltɪn] *f siehe* **Balte**.

baltisch *adj* Baltic *attrib*.

Balz [balts] **(-, -en)** *f* (*Paarungsspiel*) courtship

display; (*Paarungszeit*) mating season.

Bambus ['bambus] **(-ses, -se)** *m* bamboo; ~**rohr** *nt* bamboo cane.

Bammel ['baməl] **(-s)** (*umg*) *m*: **(einen) ~ vor jdm/etw haben** to be scared of sb/sth.

banal [ba'naːl] *adj* banal.

Banalität [banali'tɛːt] *f* banality.

Banane [ba'naːnə] **(-, -n)** *f* banana.

Bananenschale *f* banana skin.

Bananenstecker *m* jack plug.

Banause [ba'nauzə] **(-n, -n)** *m* philistine.

Band¹ [bant] **(-(e)s, ̈-e)** *m* (*Buchband*) volume; **das spricht Bände** that speaks volumes.

Band² **(-(e)s, ̈-e)** *nt* (*Stoff~*) ribbon, tape; (*Fließ~*) production line; (*Fass~*) hoop; (*Ziel~*, *Ton~*) tape; (*ANAT*) ligament; **etw auf ~ aufnehmen** to tape sth; **am laufenden ~** (*umg*) non-stop.

Band³ **(-(e)s, -e)** *nt* (*Freundschafts~* etc) bond.

Band⁴ [bɛnt] **(-, -s)** *f* band, group.

band etc [bant] *vb siehe* **binden**.

Bandage [ban'daːʒə] **(-, -n)** *f* bandage.

bandagieren *vt* to bandage.

Bandbreite *f* (*von Meinungen etc*) range.

Bande ['bandə] **(-, -n)** *f* band; (*Straßen~*) gang.

bändigen ['bɛndɪgən] *vt* (*Tier*) to tame; (*Trieb, Leidenschaft*) to control, restrain.

Bandit [ban'diːt] **(-en, -en)** *m* bandit.

Band- *zW*: ~**maß** *nt* tape measure; ~**nudeln** *pl* tagliatelle *pl*; ~**säge** *f* band saw; ~**scheibe** *f* (*ANAT*) disc; ~**scheibenschaden** *m* slipped disc; ~**wurm** *m* tapeworm.

bange ['baŋə] *adj* scared; (*besorgt*) anxious; **jdm wird es ~** sb is becoming scared; **jdm B~ machen** to scare sb; **B~macher (-s, -)** *m* scaremonger.

bangen *vi*: **um jdn/etw ~** to be anxious *od* worried about sb/sth.

Bangkok [ˈbaŋkɔk] **(-s)** *nt* Bangkok.

Bangladesch [baŋgla'dɛʃ] **(-s)** *nt* Bangladesh.

Banjo ['banjo, 'bɛndʒo] **(-s, -s)** *nt* banjo.

Bank¹ [baŋk] **(-, ̈-e)** *f* (*Sitz~*) bench; (*Sand~* etc) (sand)bank, (sand)bar; **etw auf die lange ~ schieben** (*umg*) to put sth off.

Bank² **(-, -en)** *f* (*Geld~*) bank; **bei der ~** at the bank; **Geld auf der ~ haben** to have money in the bank; ~**anweisung** *f* banker's order; ~**automat** *m* cash dispenser; ~**beamte(r)** *m* bank clerk; ~**einlage** *f* (bank) deposit.

Bankett [baŋ'kɛt] **(-(e)s, -e)** *nt* (*Essen*) banquet; (*Straßenrand*) verge (*BRIT*), shoulder (*US*).

Bank- *zW*: ~**fach** *nt* (*Schließfach*) safe-deposit box; ~**gebühr** *f* bank charge; ~**geheimnis** *nt* confidentiality in banking.

Bankier [baŋki'eː] **(-s, -s)** *m* banker.

Bank- *zW*: ~**konto** *nt* bank account; ~**leitzahl** *f* bank code number; ~**note** *f* banknote; ~**raub** *m* bank robbery.

bankrott [baŋ'krɔt] *adj* bankrupt; **B~ (-(e)s, -e)**

m bankruptcy; **B~ machen** to go bankrupt; **den B~ anmelden** *od* **erklären** to declare o.s. bankrupt; **B~erklärung** *f* (*lit*) declaration of bankruptcy; (*fig: umg*) declaration of failure.

Banküberfall *m* bank raid.

Bann [ban] **(-(e)s, -e)** *m* (*HIST*) ban; (*Kirchen~*) excommunication; (*fig: Zauber*) spell; **b~en** *vt* (*Geister*) to exorcize; (*Gefahr*) to avert; (*bezaubern*) to enchant; (*HIST*) to banish.

Banner **(-s, -)** *nt* banner, flag.

Bar [baːr] **(-, -s)** *f* bar.

bar *adj* (+*gen*) (*unbedeckt*) bare; (*frei von*) lacking (in); (*offenkundig*) utter, sheer; **~e(s) Geld** cash; **etw (in) ~ bezahlen** to pay sth (in) cash, **etw für ~e Münze nehmen** (*fig*) to take sth at face value; **~ aller Hoffnung** (*liter*) devoid of hope, completely without hope.

Bär [bɛːr] **(-en, -en)** *m* bear; **jdm einen ~en aufbinden** (*umg*) to have sb on.

Baracke [ba'rakə] **(-, -n)** *f* hut.

barbarisch [bar'baːrɪʃ] *adj* barbaric, barbarous.

Barbestand *m* money in hand.

Bardame *f* barmaid.

Bärenhunger (*umg*) *m*: **einen ~ haben** to be famished.

bärenstark (*umg*) *adj* strapping, strong as an ox; (*fig*) terrific.

barfuß *adj* barefoot.

barg *etc* [bark] *vb siehe* **bergen**.

Bargeld *nt* cash, ready money.

bargeldlos *adj* non-cash; **~er Zahlungsverkehr** non-cash *od* credit transactions *pl*.

barhäuptig *adj* bareheaded.

Barhocker *m* bar stool.

Bariton ['baːritɔn] *m* baritone.

Barkauf *m* cash purchase.

Barkeeper ['baːrkiːpər] **(-s, -)** *m* barman, bartender.

Barkredit *m* cash loan.

Barmann **(-(e)s, pl -männer)** *m* barman.

barmherzig [barm'hɛrtsɪç] *adj* merciful, compassionate; **B~keit** *f* mercy, compassion.

Barock [ba'rɔk] **(-s** *od* **-)** *nt od m* baroque.

Barometer [baro'meːtər] **(-s, -)** *nt* barometer; **das ~ steht auf Sturm** (*fig*) there's a storm brewing.

Baron [ba'roːn] **(-s, -e)** *m* baron.

Baronesse [baro'nɛsə] **(-, -n)** *f* baroness.

Baronin *f* baroness.

Barren ['barən] **(-s, -)** *m* parallel bars *pl*; (*Gold~*) ingot.

Barriere [bari'ɛːrə] **(-, -n)** *f* barrier.

Barrikade [bari'kaːdə] **(-, -n)** *f* barricade.

Barsch [barʃ] **(-(e)s, -e)** *m* perch.

barsch [barʃ] *adj* brusque, gruff; **jdn**

~ anfahren to snap at sb.

Barschaft *f* ready money.

Barscheck *m* open *od* uncrossed cheque (*BRIT*), open check (*US*).

barst *etc* [barst] *vb siehe* **bersten**.

Bart [baːrt] **(-(e)s, ¨-e)** *m* beard; (*Schlüssel~*) bit.

bärtig ['bɛːrtɪç] *adj* bearded.

Barvermögen *nt* liquid assets *pl*.

Barzahlung *f* cash payment.

Basar [ba'zaːr] **(-s, -e)** *m* bazaar.

Base ['baːzə] **(-, -n)** *f* (*CHEM*) base; (*Kusine*) cousin.

Basel ['baːzəl] **(-s)** *nt* Basle.

Basen *pl von* **Base, Basis**.

basieren [ba'ziːrən] *vt* to base ♦ *vi* to be based.

Basilikum [ba'ziːlikʊm] **(-s)** *nt* basil.

Basis ['baːzɪs] **(-, *pl* Basen)** *f* basis; (*ARCHIT, MIL, MATH*) base; **~ und Überbau** (*POL, SOZIOLOGIE*) foundation and superstructure; **die ~** (*umg*) the grass roots.

basisch ['baːzɪʃ] *adj* (*CHEM*) alkaline.

Basisgruppe *f* action group.

Baske ['baskə] **(-n, -n)** *m* Basque.

Baskenland *nt* Basque region.

Baskenmütze *f* beret.

Baskin *f* Basque.

Bass▲ [bas] **(-es, ¨-e)** *m* bass.

Bassin [ba'sɛː] **(-s, -s)** *nt* pool.

Bassist [ba'sɪst] *m* bass.

Bassschlüssel▲ *m* bass clef.

Bassstimme▲ *f* bass voice.

Bast [bast] **(-(e)s, -e)** *m* raffia.

basta ['basta] *interj*: **(und damit) ~! (and)** that's that!

basteln ['bastəln] *vt* to make ♦ *vi* to do handicrafts; **an etw** *dat* **~** (*an etw herum~*) to tinker with sth.

Bastler ['bastlər] **(-s, -)** *m* do-it-yourselfer; (*handwerklich*) handicrafts enthusiast.

BAT *m abk* (= *Bundesangestelltentarif*) *German salary scale for employees*.

bat *etc* [baːt] *vb siehe* **bitten**.

Bataillon [batal'joːn] **(-s, -e)** *nt* battalion.

Batist [ba'tɪst] **(-(e)s, -e)** *m* batiste.

Batterie [batə'riː] *f* battery.

Bau [bau] **(-(e)s)** *m* (*~en*) building, construction; (*Auf~*) structure; (*Körper~*) frame; (*~stelle*) building site; (*pl ~e: Tier~*) hole, burrow; (: *MIN*) working(s); (*pl ~ten: Gebäude*) building; **sich im ~ befinden** to be under construction; (*pl*) **~arbeiten** *pl* (*Straßen~*) roadworks *pl* (*BRIT*), roadwork *sing* (*US*); building *od* construction work *sing*; **~arbeiter** *m* building worker.

Bauch [baux] **(-(e)s, Bäuche)** *m* belly; (*ANAT*) stomach, abdomen; **sich** *dat* (**vor Lachen**) **den ~ halten** (*umg*) to split one's sides (laughing); **mit etw auf den ~ fallen** (*umg*) to come a cropper with sth; **~ansatz** *m*

beginning of a paunch; ~**fell** *nt* peritoneum.
bauchig *adj* bulging.
Bauch- *zW*: ~**landung** *f*: **eine** ~**landung machen** (*fig*) to experience a failure, to flop; ~**muskel** *m* abdominal muscle; ~**nabel** *m* navel, belly-button (*umg*); ~**redner** *m* ventriloquist; ~**schmerzen** *pl* stomachache *sing*; ~**speicheldrüse** *f* pancreas; ~**tanz** *m* belly dance; belly dancing; ~**weh** *nt* stomachache.
Baudrate [baʊt'raːtə] *f* (*COMPUT*) baud rate.
bauen ['baʊən] *vt* to build; (*TECH*) to construct; (*umg*: *verursachen*: *Unfall*) to cause ♦ *vi* to build; **auf jdn/etw** ~ to depend *od* count upon sb/sth; **da hast du Mist gebaut** (*umg*) you really messed that up.
Bauer¹ ['baʊər] (**-n** *od* **-s, -n**) *m* farmer; (*SCHACH*) pawn.
Bauer² (**-s, -**) *nt od m* (*Vogel~*) cage.
Bäuerchen ['bɔyərçən] *nt* (*Kindersprache*) burp.
Bäuerin ['bɔyərɪn] *f* farmer; (*Frau des Bauern*) farmer's wife.
bäuerlich *adj* rustic.
Bauern- *zW*: ~**brot** *nt* black bread; ~**fängerei** *f* deception, confidence trick(s); ~**frühstück** *nt* bacon and potato omelette (*BRIT*) *od* omelet (*US*); ~**haus** *nt* farmhouse; ~**hof** *m* farm; ~**schaft** *f* farming community; ~**schläue** *f* native cunning, craftiness, shrewdness.
Bau- *zW*: **b~fällig** *adj* dilapidated; ~**fälligkeit** *f* dilapidation; ~**firma** *f* construction firm; ~**führer** *m* site foreman; ~**gelände** *nt* building site; ~**genehmigung** *f* building permit; ~**gerüst** *nt* scaffolding; ~**herr** *m* client (*of construction firm*); ~**ingenieur** *m* civil engineer.
Bauj. *abk* = **Baujahr.**
Bau- *zW*: ~**jahr** *nt* year of construction; (*von Auto*) year of manufacture; ~**kasten** *m* box of bricks; ~**klötzchen** *nt* (building) block; ~**kosten** *pl* construction costs *pl*; ~**land** *nt* building land; ~**leute** *pl* building workers *pl*; **b~lich** *adj* structural; ~**löwe** *m* building speculator; ~**lücke** *f* undeveloped building plot.
Baum [baʊm] (**-(e)s**, *pl* **Bäume**) *m* tree; **heute könnte ich Bäume ausreißen** I feel full of energy today.
Baumarkt *m* DIY superstore.
baumeln ['baʊməln] *vi* to dangle.
bäumen ['bɔymən] *vr* to rear (up).
Baum- *zW*: ~**grenze** *f* tree line; ~**schule** *f* nursery; ~**stamm** *m* tree trunk; ~**stumpf** *m* tree stump; ~**wolle** *f* cotton.
Bau- *zW*: ~**plan** *m* architect's plan; ~**platz** *m* building site; ~**sachverständige(r)** *f(m)* quantity surveyor; ~**satz** *m* construction kit.
Bausch [baʊʃ] (**-(e)s**, *pl* **Bäusche**) *m* (*Watte~*)

ball, wad; **in** ~ **und Bogen** (*fig*) lock, stock, and barrel.
bauschen *vt, vi, vr* to puff out.
bauschig *adj* baggy, wide.
Bau- *zW*: **b~sparen** *vi untr* to save with a building society (*BRIT*) *od* a building and loan association (*US*); ~**sparkasse** *f* building society (*BRIT*), building and loan association (*US*); ~**sparvertrag** *m* savings contract with a building society (*BRIT*) *od* building and loan association (*US*); ~**stein** *m* building stone, freestone; ~**stelle** *f* building site; ~**stil** *m* architectural style; **b~technisch** *adj* in accordance with building *od* construction methods; ~**teil** *nt* prefabricated part (of building); ~**ten** *pl von* **Bau**; ~**unternehmer** *m* contractor, builder; ~**weise** *f* (method of) construction; ~**werk** *nt* building; ~**zaun** *m* hoarding.
b. a. w. *abk* (= *bis auf weiteres*) until further notice.
Bayer(in) ['baɪər(ɪn)] (**-n, -n**) *m(f)* Bavarian.
bay(e)risch *adj* Bavarian.
Bayern *nt* Bavaria.
Bazillus [ba'tsɪlʊs] (**-**, *pl* **Bazillen**) *m* bacillus.
Bd. *abk* (= *Band*) vol.
Bde. *abk* (= *Bände*) vols.
beabsichtigen [bə'apzɪçtɪgən] *vt* to intend.
beachten [bə'axtən] *vt* to take note of; (*Vorschrift*) to obey; (*Vorfahrt*) to observe.
beachtenswert *adj* noteworthy.
beachtlich *adj* considerable.
Beachtung *f* notice, attention, observation; **jdm keine** ~ **schenken** to take no notice of sb.
Beamte(r) [bə'amtə(r)] (**-n, -n**) *m* official; (*Staats~*) civil servant; (*Bank~ etc*) employee.
Beamtenlaufbahn *f*: **die** ~ **einschlagen** to enter the civil service.
Beamtenverhältnis *nt*: **im** ~ **stehen** to be a civil servant.
beamtet *adj* (*form*) appointed on a permanent basis (*by the state*).
Beamtin *f siehe* **Beamte(r)**.
beängstigend [bə'ɛŋstɪgənt] *adj* alarming.
beanspruchen [bə'anʃprʊxən] *vt* to claim; (*Zeit, Platz*) to take up, occupy; **jdn** ~ to take up sb's time; **etw stark** ~ to put sth under a lot of stress.
beanstanden [bə'anʃtandən] *vt* to complain about, object to; (*Rechnung*) to query.
Beanstandung *f* complaint.
beantragen [bə'antraːgən] *vt* to apply for, ask for.
beantworten [bə'antvɔrtən] *vt* to answer.
Beantwortung *f* reply.
bearbeiten [bə'arbaɪtən] *vt* to work; (*Material*) to process; (*Thema*) to deal with; (*Land*) to cultivate; (*CHEM*) to treat; (*Buch*) to revise;

(*umg*: *beeinflussen wollen*) to work on.

Bearbeitung *f* processing; cultivation; treatment; revision; **die ~ meines Antrags hat lange gedauert** it took a long time to deal with my claim.

Bearbeitungsgebühr *f* handling charge.

beatmen [bə'|aːtmən] *vt*: **jdn künstlich ~** to give sb artificial respiration.

Beatmung [bə'|aːtmʊŋ] *f* respiration.

beaufsichtigen [bə'|aʊfzɪçtɪgən] *vt* to supervise.

Beaufsichtigung *f* supervision.

beauftragen [bə'|aʊftraːgən] *vt* to instruct; **jdn mit etw ~** to entrust sb with sth.

Beauftragte(r) *f(m)* representative.

bebauen [bə'baʊən] *vt* to build on; (*AGR*) to cultivate.

beben ['beːbən] *vi* to tremble, shake; **B~** (**-s -**) *nt* earthquake.

bebildern [bə'bɪldərn] *vt* to illustrate.

Becher ['bɛçər] (**-s, -**) *m* mug; (*ohne Henkel*) tumbler.

bechern ['bɛçərn] (*umg*) *vi* (*trinken*) to have a few (drinks).

Becken ['bɛkən] (**-s, -**) *nt* basin; (*MUS*) cymbal; (*ANAT*) pelvis.

Bedacht [bə'daxt] *m*: **mit ~** (*vorsichtig*) prudently, carefully; (*absichtlich*) deliberately.

bedacht *adj* thoughtful, careful; **auf etw** *akk* **~ sein** to be concerned about sth.

bedächtig [bə'dɛçtɪç] *adj* (*umsichtig*) thoughtful, reflective; (*langsam*) slow, deliberate.

bedanken [bə'daŋkən] *vr*: **sich (bei jdm) ~** to say thank you (to sb); **ich bedanke mich herzlich** thank you very much.

Bedarf [bə'darf] (**-(e)s**) *m* need; (*~smenge*) requirements *pl*; (*COMM*) demand; supply; **alles für den häuslichen ~** all household requirements; **je nach ~** according to demand; **bei ~** if necessary; **~ an etw** *dat* **haben** to be in need of sth.

Bedarfs- *zW*: **~artikel** *m* requisite; **~deckung** *f* satisfaction of sb's needs; **~fall** *m* case of need; **~haltestelle** *f* request stop.

bedauerlich [bə'daʊərlɪç] *adj* regrettable.

bedauern [bə'daʊərn] *vt* to be sorry for; (*bemitleiden*) to pity; **wir ~, Ihnen mitteilen zu müssen, ...** we regret to have to inform you ...; **B~** (**-s**) *nt* regret.

bedauernswert *adj* (*Zustände*) regrettable; (*Mensch*) pitiable, unfortunate.

bedecken [bə'dɛkən] *vt* to cover.

bedeckt *adj* covered; (*Himmel*) overcast.

bedenken [bə'dɛŋkən] *unreg vt* to think over, consider; **ich gebe zu ~, dass ...** (*geh*) I would ask you to consider that ...; **B~** (**-s, -**) *nt* (*Überlegen*) consideration; (*Zweifel*) doubt; (*Skrupel*) scruple; **mir kommen B~** I am

having second thoughts.

bedenklich *adj* doubtful; (*bedrohlich*) dangerous, risky.

Bedenkzeit *f* time to consider; **zwei Tage ~** two days to think about it.

bedeuten [bə'dɔʏtən] *vt* to mean; to signify; (*wichtig sein*) to be of importance; **das bedeutet nichts Gutes** that means trouble.

bedeutend *adj* important; (*beträchtlich*) considerable.

bedeutsam *adj* significant; (*viel sagend*) meaningful.

Bedeutung *f* meaning; significance; (*Wichtigkeit*) importance.

bedeutungslos *adj* insignificant, unimportant.

bedeutungsvoll *adj* momentous, significant.

bedienen [bə'diːnən] *vt* to serve; (*Maschine*) to work, operate ♦ *vr* (*beim Essen*) to help o.s.; (*gebrauchen*): **sich jds/einer Sache ~** to make use of sb/sth; **werden Sie schon bedient?** are you being served?; **damit sind Sie sehr gut bedient** that should serve you very well; **ich bin bedient!** (*umg*) I've had enough.

Bedienung *f* service; (*Kellner etc*) waiter/ waitress; (*Zuschlag*) service (charge); (*von Maschinen*) operation.

Bedienungsanleitung *f* operating instructions *pl*.

bedingen [bə'dɪŋən] *vt* (*voraussetzen*) to demand, involve; (*verursachen*) to cause, occasion.

bedingt *adj* limited; (*Straferlass*) conditional; (*Reflex*) conditioned; **(nur) ~ gelten** to be (only) partially valid; **~ geeignet** suitable up to a point.

Bedingung *f* condition; (*Voraussetzung*) stipulation; **mit** *od* **unter der ~, dass ...** on condition that ...; **zu günstigen ~en** (*COMM*) on favourable (*BRIT*) *od* favorable (*US*) terms.

Bedingungsform *f* (*GRAM*) conditional.

bedingungslos *adj* unconditional.

bedrängen [bə'drɛŋən] *vt* to pester, harass.

Bedrängnis [bə'drɛŋnɪs] *f* (*seelisch*) distress, torment.

Bedrängung *f* trouble.

bedrohen [bə'droːən] *vt* to threaten.

bedrohlich *adj* ominous, threatening.

Bedrohung *f* threat, menace.

bedrucken [bə'drʊkən] *vt* to print on.

bedrücken [bə'drʏkən] *vt* to oppress, trouble.

bedürfen [bə'dʏrfən] *unreg vi* +*gen* (*geh*) to need, require; **ohne dass es eines Hinweises bedurft hätte, ...** without having to be asked ...

Bedürfnis [bə'dʏrfnɪs] (**-ses, -se**) *nt* need; **das ~ nach etw haben** to need sth; **~anstalt** *f* (*form*) public convenience (*BRIT*), comfort station (*US*); **b~los** *adj* frugal, modest.

bedürftig *adj* in need, poor, needy.
Beefsteak ['bi:fste:k] (**-s, -s**) *nt* steak;
  deutsches ~ hamburger.
beehren [bə'|e:rən] *vt (geh)* to honour (*BRIT*),
  honor (*US*); **wir** ~ **uns** ... we have pleasure
  in ...
beeilen [bə'|ailən] *vr* to hurry.
beeindrucken [bə'|aindrukən] *vt* to impress,
  make an impression on.
beeinflussen [bə'|ainflusən] *vt* to influence.
Beeinflussung *f* influence.
beeinträchtigen [bə'|aintreçtigən] *vt* to affect
  adversely; (*Sehvermögen*) to impair;
  (*Freiheit*) to infringe upon.
beend(ig)en [bə'|end(ig)ən] *vt* to end, finish,
  terminate.
Beend(ig)ung *f* end(ing), finish(ing).
beengen [bə'|eŋən] *vt* to cramp; (*fig*) to
  hamper, inhibit; ~**de Kleidung** restricting
  clothing.
beengt *adj* cramped; (*fig*) stifled.
beerben [bə'|erbən] *vt* to inherit from.
beerdigen [bə'|e:rdigən] *vt* to bury.
Beerdigung *f* funeral, burial.
Beerdigungsunternehmer *m* undertaker.
Beere ['be:rə] (**-, -n**) *f* berry; (*Trauben~*) grape.
Beerenauslese *f* wine made from specially
  selected grapes.
Beet [be:t] (**-(e)s, -e**) *nt* (*Blumen~*) bed.
befähigen [bə'fɛ:igən] *vt* to enable.
befähigt *adj* (*begabt*) talented; (*fähig*): ~ (**für**)
  capable (of).
Befähigung *f* capability; (*Begabung*) talent,
  aptitude; **die** ~ **zum Richteramt** the
  qualifications to become a judge.
befahl *etc* [bə'fa:l] *vb siehe* **befehlen**.
befahrbar [bə'fa:rba:r] *adj* passable; (*NAUT*)
  navigable; **nicht** ~ **sein** (*Straße, Weg*) to be
  closed (to traffic); (*wegen Schnee etc*) to be
  impassable.
befahren [bə'fa:rən] *unreg vt* to use, drive over;
  (*NAUT*) to navigate ♦ *adj* used.
befallen [bə'falən] *unreg vt* to come over.
befangen [bə'faŋən] *adj* (*schüchtern*) shy, self-
  conscious; (*voreingenommen*) bias(s)ed;
  B~heit *f* shyness; bias.
befassen [bə'fasən] *vr* to concern o.s.
Befehl [bə'fe:l] (**-(e)s, -e**) *m* command, order;
  (*COMPUT*) command; **auf** ~ **handeln** to act
  under orders; **zu** ~, **Herr Hauptmann!** (*MIL*)
  yes, sir; **den** ~ **haben** *od* **führen** (**über** +*akk*)
  to be in command (of).
befehlen *unreg vt* to order ♦ *vi* to give orders;
  jdm etw ~ to order sb to do sth; **du hast mir
  gar nichts zu** ~ I won't take orders from
  you.
befehligen *vt* to be in command of.
Befehls- *zW*: ~**empfänger** *m* subordinate;
  ~**form** *f* (*GRAM*) imperative; ~**haber** (**-s, -**) *m*
  commanding officer; ~**notstand** *m* (*JUR*)

obligation to obey orders; ~**verweigerung** *f*
  insubordination.
befestigen [bə'fɛstigən] *vt* to fasten; (*stärken*)
  to strengthen; (*MIL*) to fortify; ~ **an** +*dat* to
  fasten to.
Befestigung *f* fastening; strengthening;
  (*MIL*) fortification.
Befestigungsanlage *f* fortification.
befeuchten [bə'fɔyçtən] *vt* to damp(en),
  moisten.
befinden [bə'findən] *unreg vr* to be; (*sich fühlen*)
  to feel ♦ *vt*: **jdn/etw für** *od* **als etw** ~ to deem
  sb/sth to be sth ♦ *vi*: ~ (**über** +*akk*) to decide
  (on), adjudicate (on).
Befinden (**-s**) *nt* health, condition; (*Meinung*)
  view, opinion.
beflecken [bə'flɛkən] *vt* (*lit*) to stain; (*fig geh*:
  Ruf, Ehre) to besmirch.
befliegen [bə'fli:gən] *unreg vt* (*Strecke*) to fly.
beflügeln [bə'fly:gəln] *vt* (*geh*) to inspire.
befohlen [bə'fo:lən] *pp von* **befehlen**.
befolgen [bə'fɔlgən] *vt* to comply with, follow.
befördern [bə'fœrdərn] *vt* (*senden*) to
  transport, send; (*beruflich*) to promote; **etw
  mit der Post/per Bahn** ~ to send sth by
  post/by rail.
Beförderung *f* transport; promotion.
Beförderungskosten *pl* transport costs *pl*.
befragen [bə'fra:gən] *vt* to question; (*um
  Stellungnahme bitten*): ~ (**über** +*akk*) to
  consult (about).
Befragung *f* poll.
befreien [bə'fraiən] *vt* to set free; (*erlassen*) to
  exempt.
Befreier(in) (**-s, -**) *m(f)* liberator.
befreit *adj* (*erleichtert*) relieved.
Befreiung *f* liberation, release; (*Erlassen*)
  exemption.
Befreiungs- *zW*: ~**bewegung** *f* liberation
  movement; ~**kampf** *m* struggle for
  liberation; ~**versuch** *m* escape attempt.
befremden [bə'frɛmdən] *vt* to surprise;
  (*unangenehm*) to disturb; **B~** (**-s**) *nt* surprise,
  astonishment.
befreunden [bə'frɔyndən] *vr* to make friends;
  (*mit Idee etc*) to acquaint o.s.
befreundet *adj* friendly; **wir sind schon lange
  (miteinander)** ~ we have been friends for a
  long time.
befriedigen [bə'fri:digən] *vt* to satisfy.
befriedigend *adj* satisfactory.
Befriedigung *f* satisfaction, gratification.
befristet [bə'fristət] *adj* limited;
  (*Arbeitsverhältnis, Anstellung*) temporary.
befruchten [bə'fruxtən] *vt* to fertilize; (*fig*) to
  stimulate.
Befruchtung *f*: **künstliche** ~ artificial
  insemination.
Befugnis [bə'fu:knɪs] (**-, -se**) *f* authorization,
  powers *pl*.

befugt *adj* authorized, entitled.

befühlen [bə'fy:lən] *vt* to feel, touch.

Befund [bə'fʊnt] (**-(e)s, -e**) *m* findings *pl*; (*MED*) diagnosis; **ohne** ~ (*MED*) (results) negative.

befürchten [bə'fʏrçtən] *vt* to fear.

Befürchtung *f* fear, apprehension.

befürworten [bə'fy:rvɔrtən] *vt* to support, speak in favour (*BRIT*) *od* favor (*US*) of.

Befürworter(in) (**-s, -**) *m(f)* supporter, advocate.

Befürwortung *f* support(ing), favouring (*BRIT*), favoring (*US*).

begabt [bə'ga:pt] *adj* gifted.

Begabung [bə'ga:bʊŋ] *f* talent, gift.

begann *etc* [bə'gan] *vb siehe* **beginnen**.

begatten [bə'gatən] *vr* to mate ♦ *vt* to mate *od* pair (with).

begeben [bə'ge:bən] *unreg vr* (*gehen*) to proceed; (*geschehen*) to occur; **sich ~ nach** *od* **zu** to proceed to(wards); **sich in ärztliche Behandlung ~** to undergo medical treatment; **sich in Gefahr ~** to expose o.s. to danger; **B~heit** *f* occurrence.

begegnen [bə'ge:gnən] *vi*: **jdm ~** to meet sb; (*behandeln*) to treat; **Blicke ~ sich** eyes meet.

Begegnung *f* meeting; (*SPORT*) match.

begehen [bə'ge:ən] *unreg vt* (*Straftat*) to commit; (*Weg etc*) to use, negotiate; (*geh: feiern*) to celebrate.

begehren [bə'ge:rən] *vt* to desire.

begehrenswert *adj* desirable.

begehrt *adj* in demand; (*Junggeselle*) eligible.

begeistern [bə'gaistərn] *vt* to fill with enthusiasm; (*inspirieren*) to inspire ♦ *vr*: **sich für etw ~** to get enthusiastic about sth; **er ist für nichts zu ~** he's not interested in doing anything.

begeistert *adj* enthusiastic.

Begeisterung *f* enthusiasm.

Begierde [bə'gi:rdə] (**-, -n**) *f* desire, passion.

begierig [bə'gi:rɪç] *adj* eager, keen; (*voll Verlangen*) hungry, greedy.

begießen [bə'gi:sən] *unreg vt* to water; (*mit Fett: Braten etc*) to baste; (*mit Alkohol*) to drink to.

Beginn [bə'gɪn] (**-(e)s**) *m* beginning; **zu ~ at** the beginning.

beginnen *unreg vt, vi* to start, begin.

beglaubigen [bə'glaʊbɪgən] *vt* to countersign; (*Abschrift*) to authenticate; (*Echtheit, Übersetzung*) to certify.

Beglaubigung *f* countersignature.

Beglaubigungsschreiben *nt* credentials *pl*.

begleichen [bə'glaiçən] *unreg vt* to settle, pay; **mit Ihnen habe ich noch eine Rechnung zu ~** (*fig*) I've a score to settle with you.

begleiten [bə'glaitən] *vt* to accompany; (*MIL*) to escort.

Begleiter(in) (**-s, -**) *m(f)* companion; (*zum Schutz*) escort; (*MUS*) accompanist.

Begleit- *zW*: **~erscheinung** *f* side effect; **~musik** *f* accompaniment; **~papiere** *pl* (*COMM*) accompanying documents *pl*; **~schiff** *nt* escort vessel; **~schreiben** *nt* covering letter; **~umstände** *pl* attendant circumstances.

Begleitung *f* company; (*MIL*) escort; (*MUS*) accompaniment.

beglücken [bə'glʏkən] *vt* to make happy, delight.

beglückwünschen [bə'glʏkvʏnʃən] *vt*: ~ (**zu**) to congratulate (on).

begnadet [bə'gna:dət] *adj* gifted.

begnadigen [bə'gna:dɪgən] *vt* to pardon.

Begnadigung *f* pardon.

begnügen [bə'gny:gən] *vr*: **sich ~ mit** to be satisfied with, content o.s. with.

Begonie [bə'go:niə] *f* begonia.

begonnen [bə'gɔnən] *pp von* **beginnen**.

begossen [bə'gɔsən] *pp von* **begießen** ♦ *adj*: **er stand da wie ein ~er Pudel** (*umg*) he looked so sheepish.

begraben [bə'gra:bən] *unreg vt* to bury; (*aufgeben: Hoffnung*) to abandon; (*beenden: Streit etc*) to end; **dort möchte ich nicht ~ sein** (*umg*) I wouldn't like to be stuck in that hole.

Begräbnis [bə'grɛ:pnɪs] (**-ses, -se**) *nt* burial, funeral.

begradigen [bə'gra:dɪgən] *vt* to straighten (out).

begreifen [bə'graifən] *unreg vt* to understand, comprehend.

begreiflich [bə'graiflɪç] *adj* understandable; **ich kann mich ihm nicht ~ machen** I can't make myself clear to him.

begrenzen [bə'grɛntsən] *vt* (*beschränken*): ~ (**auf** +*akk*) to restrict (to), limit (to).

Begrenztheit [bə'grɛntsthart] *f* limitation, restriction; (*fig*) narrowness.

Begriff [bə'grɪf] (**-(e)s, -e**) *m* concept, idea; **im ~ sein, etw zu tun** to be about to do sth; **sein Name ist mir ein/kein ~** his name means something/doesn't mean anything to me; **du machst dir keinen ~ (davon)** you've no idea; **für meine ~e** in my opinion; **schwer von ~** (*umg*) slow on the uptake.

Begriffsbestimmung *f* definition.

begriffsstutzig *adj* slow-witted, dense.

begrub *etc* [bə'gru:p] *vb siehe* **begraben**.

begründen [bə'grʏndən] *vt* (*Gründe geben*) to justify; **etw näher ~** to give specific reasons for sth.

Begründer(in) (**-s, -**) *m(f)* founder.

begründet *adj* well-founded, justified; **sachlich ~** founded on fact.

Begründung *f* justification, reason.

begrünen [bə'gry:nən] *vt* to plant with greenery.

begrüßen [bə'gryːsən] *vt* to greet, welcome.
begrüßenswert *adj* welcome.
Begrüßung *f* greeting, welcome.
begünstigen [bə'gʏnstɪgən] *vt* (*Person*) to favour (*BRIT*), favor (*US*); (*Sache*) to further, promote.
Begünstigte(r) *f(m)* beneficiary.
begutachten [bə'guːt|axtən] *vt* to assess; (*umg: ansehen*) to have a look at.
begütert [bə'gyːtərt] *adj* wealthy, well-to-do.
begütigend *adj* (*Worte etc*) soothing; ~ **auf jdn einreden** to calm sb down.
behaart [bə'haːrt] *adj* hairy.
behäbig [bə'hɛːbɪç] *adj* (*dick*) portly, stout; (*geruhsam*) comfortable.
behaftet [bə'haftət] *adj*: **mit etw ~ sein** to be afflicted by sth.
behagen [bə'haːgən] *vi*: **das behagt ihm nicht** he does not like it; **B~ (-s)** *nt* comfort, ease; **mit B~ essen** to eat with relish.
behaglich [bə'haːklɪç] *adj* comfortable, cosy; **B~keit** *f* comfort, cosiness.
behält [bə'hɛlt] *vb siehe* **behalten.**
behalten [bə'haltən] *unreg vt* to keep, retain; (*im Gedächtnis*) to remember; ~ **Sie (doch) Platz!** please don't get up!
Behälter [bə'hɛltər] **(-s, -)** *m* container, receptacle.
behämmert [bə'hɛmərt] (*umg*) *adj* screwy, crazy.
behandeln [bə'handəln] *vt* to treat; (*Thema*) to deal with; (*Maschine*) to handle; **der ~de Arzt** the doctor in attendance.
Behändigkeit▲ [bə'hɛndɪçkaɪt] *f* agility, quickness.
Behandlung *f* treatment; (*von Maschine*) handling.
behängen [bə'hɛŋən] *vt* to decorate.
beharren [bə'harən] *vi*: **auf etw** *dat* ~ to stick *od* keep to sth.
beharrlich [bə'harlɪç] *adj* (*ausdauernd*) steadfast, unwavering; (*hartnäckig*) tenacious, dogged; **B~keit** *f* steadfastness; tenacity.
behaupten [bə'hauptən] *vt* to claim, assert, maintain; (*sein Recht*) to defend ♦ *vr* to assert o.s.; **von jdm ~, dass ...** to say (of sb) that ...; **sich auf dem Markt ~** to establish itself on the market.
Behauptung *f* claim, assertion.
Behausung [bə'hauzʊŋ] *f* dwelling, abode; (*armselig*) hovel.
beheben [bə'heːbən] *unreg vt* (*beseitigen*) to remove; (*Missstände*) to remedy; (*Schaden*) to repair; (*Störung*) to clear.
beheimatet [bə'haɪmaːtət] *adj*: ~ **(in** +*dat*) domiciled (at/in); (*Tier, Pflanze*) native (to).
beheizen [bə'haɪtsən] *vt* to heat.
Behelf [bə'hɛlf] **(-(e)s, -e)** *m* expedient, makeshift; **b~en** *unreg vr*: **sich mit etw b~en**

to make do with sth.
behelfsmäßig *adj* improvised, makeshift; (*vorübergehend*) temporary.
behelligen [bə'hɛlɪgən] *vt* to trouble, bother.
Behendigkeit△ [bə'hɛndɪçkaɪt] *f siehe* **Behändigkeit.**
beherbergen [bə'hɛrbɛrgən] *vt* (*lit, fig*) to house.
beherrschen [bə'hɛrʃən] *vt* (*Volk*) to rule, govern; (*Situation*) to control; (*Sprache, Gefühle*) to master ♦ *vr* to control o.s.
beherrscht *adj* controlled; **B~heit** *f* self-control.
Beherrschung *f* rule; control; mastery; **die ~ verlieren** to lose one's temper.
beherzigen [bə'hɛrtsɪgən] *vt* to take to heart.
beherzt *adj* spirited, brave.
behielt *etc* [bə'hiːlt] *vb siehe* **behalten.**
behilflich [bə'hɪlflɪç] *adj* helpful; **jdm ~ sein (bei)** to help sb (with).
behindern [bə'hɪndərn] *vt* to hinder, impede.
Behinderte(r) *f(m)* disabled person.
Behinderung *f* hindrance; (*Körperbehinderung*) handicap.
Behörde [bə'høːrdə] **(-, -n)** *f* authorities *pl*; (*Amtsgebäude*) office(s *pl*).
behördlich [bə'høːrtlɪç] *adj* official.
behüten [bə'hyːtən] *vt* to guard; **jdn vor etw** *dat* ~ to preserve sb from sth.
behütet *adj* (*Jugend etc*) sheltered.
behutsam [bə'huːtzaːm] *adj* cautious, careful; **man muss es ihr ~ beibringen** it will have to be broken to her gently; **B~keit** *f* caution, carefulness.

═══════════════ *SCHLÜSSELWORT*

bei [baɪ] *präp* +*dat* **1** (*nahe* ~) near; (*zum Aufenthalt*) at, with; (*unter, zwischen*) among; ~ **München** near Munich; ~ **uns** at our place; ~**m Friseur** at the hairdresser's; ~ **seinen Eltern wohnen** to live with one's parents; ~ **einer Firma arbeiten** to work for a firm; **etw ~ sich haben** to have sth on one; **jdn ~ sich haben** to have sb with one; ~ **Goethe** in Goethe; ~**m Militär** in the army.
2 (*zeitlich*) at, on; (*während*) during; (*Zustand, Umstand*) in; ~ **Nacht** at night; ~ **Nebel** in fog; ~ **Regen** if it rains; ~ **solcher Hitze** in such heat; ~ **meiner Ankunft** on my arrival; ~ **der Arbeit** when I'm *etc* working; ~**m Fahren** while driving; ~ **offenem Fenster schlafen** to sleep with the window open; ~ **Feuer Scheibe einschlagen** in case of fire break glass; ~ **seinem Talent** with his talent.

beibehalten ['baɪbəhaltən] *unreg vt* to keep, retain.
Beibehaltung *f* keeping, retaining.

Beiblatt ['baɪblat] *nt* supplement.
beibringen ['baɪbrɪŋən] *unreg vt* (*Beweis, Zeugen*) to bring forward; (*Gründe*) to adduce; **jdm etw** ~ (*zufügen*) to inflict sth on sb; (*zu verstehen geben*) to make sb understand sth; (*lehren*) to teach sb sth.
Beichte ['baɪçtə] *f* confession.
beichten *vt* to confess ♦ *vi* to go to confession.
Beichtgeheimnis *nt* secret of the confessional.
Beichtstuhl *m* confessional.
beide ['baɪdə] *pron, adj* both; **meine ~n Brüder** my two brothers, both my brothers; **die ersten ~n** the first two; **wir ~** we two; **einer von ~n** one of the two; **alles ~s** both (of them); ~ **Mal** both times.
beider- *zW:* ~**lei** *adj inv* of both; ~**seitig** *adj* mutual, reciprocal; ~**seits** *adv* mutually ♦ *präp +gen* on both sides of.
beidhändig ['baɪthɛndɪç] *adj* ambidextrous.
beidrehen ['baɪdreːən] *vi* to heave to.
beidseitig ['baɪtzaɪtɪç] *adj* (*auf beiden Seiten*) on both sides.
beieinander [baɪʔaɪˈnandər] *adv* together; **gut** ~ **sein** (*umg: gesundheitlich*) to be in good shape; (: *geistig*) to be all there.
Beifahrer(in) ['baɪfaːrər(ɪn)] (**-s, -**) *m(f)* passenger; ~**airbag** *m* (*AUT*) passenger airbag; ~**sitz** *m* passenger seat.
Beifall ['baɪfal] (**-(e)s**) *m* applause; (*Zustimmung*) approval; ~ **heischend** fishing for applause/approval.
beifällig ['baɪfɛlɪç] *adj* approving; (*Kommentar*) favourable (*BRIT*), favorable (*US*).
Beifilm ['baɪfɪlm] *m* supporting film.
beifügen ['baɪfyːgən] *vt* to enclose.
Beigabe ['baɪgaːbə] *f* addition.
beige ['beːʒ] *adj* beige.
beigeben ['baɪgeːbən] *unreg vt* (*zufügen*) to add; (*mitgeben*) to give ♦ *vi:* **klein** ~ (*nachgeben*) to climb down.
Beigeschmack ['baɪgəʃmak] *m* aftertaste.
Beihilfe ['baɪhɪlfə] *f* aid, assistance; (*Studienbeihilfe*) grant; (*JUR*) aiding and abetting; **wegen** ~ **zum Mord** (*JUR*) because of being an accessory to the murder.
beikommen ['baɪkɔmən] *unreg vi +dat* to get at; (*einem Problem*) to deal with.
Beil [baɪl] (**-(e)s, -e**) *nt* axe (*BRIT*), ax (*US*), hatchet.
Beilage ['baɪlaːgə] *f* (*Buch~ etc*) supplement; (*KOCH*) accompanying vegetables; (*getrennt serviert*) side dish.
beiläufig ['baɪlɔyfɪç] *adj* casual, incidental ♦ *adv* casually, by the way.
beilegen ['baɪleːgən] *vt* (*hinzufügen*) to enclose, add; (*beimessen*) to attribute, ascribe; (*Streit*) to settle.
beileibe [baɪˈlaɪbə] *adv:* ~ **nicht** by no means.

Beileid ['baɪlaɪt] *nt* condolence, sympathy; **herzliches** ~ deepest sympathy.
beiliegend ['baɪliːgənt] *adj* (*COMM*) enclosed.
beim [baɪm] = **bei dem**.
beimessen ['baɪmɛsən] *unreg vt* to attribute, ascribe.
Bein [baɪn] (**-(e)s, -e**) *nt* leg; **jdm ein** ~ **stellen** (*lit, fig*) to trip sb up; **wir sollten uns auf die ~e machen** (*umg*) we ought to be making tracks; **jdm** ~**e machen** (*umg: antreiben*) to make sb get a move on; **die ~e in die Hand nehmen** (*umg*) to take to one's heels; **sich** *dat* **die ~e in den Bauch stehen** (*umg*) to stand about until one is fit to drop; **etw auf die ~e stellen** (*fig*) to get sth off the ground.
beinah(e) [baɪˈnaː(ə)] *adv* almost, nearly.
Beinbruch *m* fracture of the leg; **das ist kein** ~ (*fig: umg*) it could be worse.
beinhalten [bəˈʔɪnhaltən] *vt* to contain.
beipflichten ['baɪpflɪçtən] *vi:* **jdm/etw** ~ to agree with sb/sth.
Beiprogramm ['baɪprogram] *nt* supporting programme (*BRIT*) *od* program (*US*).
Beirat ['baɪraːt] *m* advisory council; (*Eltern~*) parents' council.
beirren [bəˈʔɪrən] *vt* to confuse, muddle; **sich nicht** ~ **lassen** not to let o.s. be confused.
Beirut [baɪˈruːt] (**-s**) *nt* Beirut.
beisammen [baɪˈzamən] *adv* together; ~**haben** *unreg vt:* **er hat (sie) nicht alle** ~ (*umg*) he's not all there; **B~sein** (**-s**) *nt* get-together.
Beischlaf ['baɪʃlaːf] *m* (*JUR*) sexual intercourse.
Beisein ['baɪzaɪn] (**-s**) *nt* presence.
beiseite [baɪˈzaɪtə] *adv* to one side, aside; (*stehen*) on one side, aside; **Spaß** ~! joking apart!; **etw** ~ **legen** (*sparen*) to put sth by; **jdn/etw** ~ **schaffen** to get rid of sb/sth.
beisetzen ['baɪzɛtsən] *vt* to bury.
Beisetzung *f* funeral.
Beisitzer(in) ['baɪzɪtsər(ɪn)] (**-s, -**) *m(f)* (*JUR*) assessor; (*bei Prüfung*) observer.
Beispiel ['baɪʃpiːl] (**-(e)s, -e**) *nt* example; **mit gutem** ~ **vorangehen** to set a good example; **sich** *dat* **an jdm ein** ~ **nehmen** to take sb as an example; **zum** ~ for example; **b~haft** *adj* exemplary; **b~los** *adj* unprecedented.
beispielsweise *adv* for instance, for example.
beispringen ['baɪʃprɪŋən] *unreg vi +dat* to come to the aid of.
beißen ['baɪsən] *unreg vt, vi* to bite; (*stechen: Rauch, Säure*) to burn ♦ *vr* (*Farben*) to clash.
beißend *adj* biting, caustic; (*Geruch*) pungent, sharp; (*fig*) sarcastic.
Beißzange ['baɪstsaŋə] *f* pliers *pl*.
Beistand ['baɪʃtant] (**-(e)s, ̈-e**) *m* support, help; (*JUR*) adviser; **jdm** ~ **leisten** to give sb assistance/one's support.
beistehen ['baɪʃteːən] *unreg vi:* **jdm** ~ to stand

by sb.

Beistelltisch ['baɪʃtɛltɪʃ] *m* occasional table.

beisteuern ['baɪʃtɔʏərn] *vt* to contribute.

beistimmen ['baɪʃtɪmən] *vi* +*dat* to agree with.

Beistrich ['baɪʃtrɪç] *m* comma.

Beitrag ['baɪtraːk] (-(e)s, ⁻e) *m* contribution; (*Zahlung*) fee, subscription; (*Versicherungs~*) premium; **einen ~ zu etw leisten** to make a contribution to sth.

beitragen ['baɪtraːgən] *unreg vt, vi*: **~ (zu)** to contribute (to); (*mithelfen*) to help (with).

Beitrags- *zW*: **b~frei** *adj* non-contributory; **b~pflichtig** *adj* contributory; **b~pflichtig sein** (*Mensch*) to have to pay contributions; **~zahlende(r)** *f(m)* fee-paying member.

beitreten ['baɪtreːtən] *unreg vi* +*dat* to join.

Beitritt ['baɪtrɪt] *m* joining; membership.

Beitrittserklärung *f* declaration of membership.

Beiwagen ['baɪvaːgən] *m* (*Motorrad~*) sidecar; (*Straßenbahn~*) extra carriage.

beiwohnen ['baɪvoːnən] *vi* (*geh*): **einer Sache** *dat* **~** to attend *od* be present at sth.

Beiwort ['baɪvɔrt] *nt* adjective.

Beize ['baɪtsə] (-, -n) *f* (*Holz~*) stain; (*KOCH*) marinade.

beizeiten [baɪ'tsaɪtən] *adv* in time.

bejahen [bə'jaːən] *vt* to say yes to, answer in the affirmative; (*gutheißen*) to agree with.

bejahrt [bə'jaːrt] *adj* elderly, advanced in years.

bejammern [bə'jamərn] *vt* to lament, bewail.

bejammernswert *adj* lamentable.

bekakeln [bə'kaːkəln] (*umg*) *vt* to discuss.

bekam *etc* [bə'kam] *vb siehe* **bekommen**.

bekämpfen [bə'kɛmpfən] *vt* (*Gegner*) to fight; (*Seuche*) to combat ♦ *vr* to fight.

Bekämpfung *f*: **~ (+gen)** fight (against), struggle (against).

bekannt [bə'kant] *adj* (well-)known; (*nicht fremd*) familiar; **~ geben** to announce publicly; **mit jdm ~ sein** to know sb; **~ machen** to announce; **jdn mit jdm ~ machen** to introduce sb to sb; **sich mit etw ~ machen** to familiarize o.s. with sth; **das ist mir ~** I know that; **es/sie kommt mir ~ vor** it/she seems familiar; **durch etw ~ werden** to become famous because of sth.

Bekannte(r) *f(m)* friend, acquaintance.

Bekanntenkreis *m* circle of friends.

bekanntermaßen *adv* as is known.

bekannt- *zW*: **B~gabe** *f* announcement; **B~heitsgrad** *m* degree of fame; **~lich** *adv* as is well known, as you know; **B~machung** *f* publication; (*Anschlag etc*) announcement; **B~schaft** *f* acquaintance.

bekehren [bə'keːrən] *vt* to convert ♦ *vr* to be *od* become converted.

Bekehrung *f* conversion.

bekennen [bə'kɛnən] *unreg vt* to confess; (*Glauben*) to profess ♦ *vr*: **sich zu jdm/etw ~** to declare one's support for sb/sth; **Farbe ~** (*umg*) to show where one stands.

Bekenntnis [bə'kɛntnɪs] (-ses, -se) *nt* admission, confession; (*Religion*) confession, denomination; **ein ~ zur Demokratie ablegen** to declare one's belief in democracy; **~schule** *f* denominational school.

beklagen [bə'klaːgən] *vt* to deplore, lament ♦ *vr* to complain.

beklagenswert *adj* lamentable, pathetic; (*Mensch*) pitiful; (*Zustand*) deplorable; (*Unfall*) terrible.

beklatschen [bə'klatʃən] *vt* to applaud, clap.

bekleben [bə'kleːbən] *vt*: **etw mit Bildern ~** to stick pictures onto sth.

bekleckern [bə'klɛkərn] (*umg*) *vt* to stain.

bekleiden [bə'klaɪdən] *vt* to clothe; (*Amt*) to occupy, fill.

Bekleidung *f* clothing; (*form: eines Amtes*) tenure.

Bekleidungsindustrie *f* clothing industry, rag trade (*umg*).

beklemmen [bə'klɛmən] *vt* to oppress.

Beklemmung *f* oppressiveness; (*Gefühl der Angst*) feeling of apprehension.

beklommen [bə'klɔmən] *adj* anxious, uneasy; **B~heit** *f* anxiety, uneasiness.

bekloppt [bə'klɔpt] (*umg*) *adj* (*Mensch*) crazy; (: *Sache*) lousy.

beknackt [bə'knakt] (*umg*) *adj* = **bekloppt**.

beknien [bə'kniːən] (*umg*) *vt* (*jdn*) to beg.

bekommen [bə'kɔmən] *unreg vt* to get, receive; (*Kind*) to have; (*Zug*) to catch, get ♦ *vi*: **jdm ~** to agree with sb; **es mit jdm zu tun ~** to get into trouble with sb; **wohl bekomms!** your health!

bekömmlich [bə'kœmlɪç] *adj* easily digestible.

beköstigen [bə'kœstɪgən] *vt* to cater for.

bekräftigen [bə'krɛftɪgən] *vt* to confirm, corroborate.

Bekräftigung *f* corroboration.

bekreuzigen [bə'krɔʏtsɪgən] *vr* to cross o.s.

bekritteln [bə'krɪtəln] *vt* to criticize, pick holes in.

bekümmern [bə'kʏmərn] *vt* to worry, trouble.

bekunden [bə'kʊndən] *vt* (*sagen*) to state; (*zeigen*) to show.

belächeln [bə'lɛçəln] *vt* to laugh at.

beladen [bə'laːdən] *unreg vt* to load.

Belag [bə'laːk] (-(e)s, ⁻e) *m* covering, coating; (*Brot~*) spread; (*auf Pizza, Brot*) topping; (*auf Tortenboden, zwischen Brotscheiben*) filling; (*Zahn~*) tartar; (*auf Zunge*) fur; (*Brems~*) lining.

belagern [bə'laːgərn] *vt* to besiege.

Belagerung *f* siege.

Belagerungszustand *m* state of siege.
belämmert▲ [bəlɛmt] (*umg*) *adj* sheepish.
Belang [bə'laŋ] (-(e)s) *m* importance.
Belange *pl* interests *pl*, concerns *pl*.
belangen *vt* (*JUR*) to take to court.
belanglos *adj* trivial, unimportant.
Belanglosigkeit *f* triviality.
belassen [bə'lasən] *unreg vt* (*in Zustand, Glauben*) to leave; (*in Stellung*) to retain; **es dabei ~** to leave it at that.
Belastbarkeit *f* (*von Brücke, Aufzug*) load-bearing capacity; (*von Menschen, Nerven*) ability to take stress.
belasten [bə'lastən] *vt* (*lit*) to burden; (*fig: bedrücken*) to trouble, worry; (*COMM: Konto*) to debit; (*JUR*) to incriminate ♦ *vr* to weigh o.s. down; (*JUR*) to incriminate o.s.; **etw (mit einer Hypothek) ~** to mortgage sth.
belastend *adj* (*JUR*) incriminating.
belästigen [bə'lɛstɪgən] *vt* to annoy, pester.
Belästigung *f* annoyance, pestering; (*körperlich*) molesting.
Belastung [bə'lastʊŋ] *f* (*lit*) load; (*fig: Sorge etc*) weight; (*COMM*) charge, debit(ing); (*mit Hypothek*): ~ (*+gen*) mortgage (on); (*JUR*) incriminating evidence.
Belastungs- *zW*: **~material** *nt* (*JUR*) incriminating evidence; **~probe** *f* capacity test; (*fig*) test; **~zeuge** *m* witness for the prosecution.
belaubt [bə'laʊpt] *adj*: **dicht ~ sein** to have thick foliage.
belaufen [bə'laʊfən] *unreg vr*: **sich ~ auf** *+akk* to amount to.
belauschen [bə'laʊʃən] *vt* to eavesdrop on.
beleben [bə'le:bən] *vt* (*anregen*) to liven up; (*Konjunktur, jds Hoffnungen*) to stimulate.
belebt [bə'le:pt] *adj* (*Straße*) crowded.
Beleg [bə'le:k] (-(e)s, -e) *m* (*COMM*) receipt; (*Beweis*) documentary evidence, proof; (*Beispiel*) example.
belegen [bə'le:gən] *vt* to cover; (*Kuchen, Brot*) to spread; (*Platz*) to reserve, book; (*Kurs, Vorlesung*) to register for; (*beweisen*) to verify, prove.
Belegschaft *f* personnel, staff.
belegt *adj* (*Zunge*) furred; (*Stimme*) hoarse; (*Zimmer*) occupied; **~e Brote** open sandwiches.
belehren [bə'le:rən] *vt* to instruct, teach; **jdn eines Besseren ~** to teach sb better; **er ist nicht zu ~** he won't be told.
Belehrung *f* instruction.
beleibt [bə'laɪpt] *adj* stout, corpulent.
beleidigen [bə'laɪdɪgən] *vt* to insult; to offend.
beleidigt *adj* insulted; (*gekränkt*) offended; **die ~e Leberwurst spielen** (*umg*) to be in a huff.
Beleidigung *f* insult; (*JUR*) slander; (: *schriftlich*) libel.
beleihen [bə'laɪən] *unreg vt* (*COMM*) to lend

money on.
belemmert△ [bə'lɛmərt] (*umg*) *adj siehe* **belämmert.**
belesen [bə'le:zən] *adj* well-read.
beleuchten [bə'lɔʏçtən] *vt* to light, illuminate; (*fig*) to throw light on.
Beleuchter(in) (-s, -) *m(f)* lighting technician.
Beleuchtung *f* lighting, illumination.
beleumdet [bə'lɔʏmdət] *adj*: **gut/schlecht ~ sein** to have a good/bad reputation.
beleumundet [bə'lɔʏmʊndət] *adj* = **beleumdet.**
Belgien ['bɛlgiən] (-s) *nt* Belgium.
Belgier(in) (-s, -) *m(f)* Belgian.
belgisch *adj* Belgian.
Belgrad ['bɛlgra:t] (-s) *nt* Belgrade.
belichten [bə'lɪçtən] *vt* to expose.
Belichtung *f* exposure.
Belichtungsmesser *m* exposure meter.
Belieben [bə'li:bən] *nt*: **(ganz) nach ~** (just) as you wish.
belieben *vi unpers* (*geh*): **wie es Ihnen beliebt** as you wish.
beliebig [bə'li:bɪç] *adj* any you like, as you like; ~ **viel** as much as you like; **in ~er Reihenfolge** in any order whatever; **ein ~es Thema** any subject you like *od* want.
beliebt [bə'li:pt] *adj* popular; **sich bei jdm ~ machen** to make o.s. popular with sb; **B~heit** *f* popularity.
beliefern [bə'li:fərn] *vt* to supply.
Belize [be'li:z] (-s) *nt* Belize.
bellen ['bɛlən] *vi* to bark.
Belletristik [bɛle'trɪstɪk] *f* fiction and poetry.
belohnen [bə'lo:nən] *vt* to reward.
Belohnung *f* reward.
Belüftung [bə'lʏftʊŋ] *f* ventilation.
belügen [bə'ly:gən] *unreg vt* to lie to, deceive.
belustigen [bə'lʊstɪgən] *vt* to amuse.
Belustigung *f* amusement.
bemächtigen [bə'mɛçtɪgən] *vr*: **sich einer Sache** *gen* ~ to take possession of sth, seize sth.
bemalen [bə'ma:lən] *vt* to paint ♦ *vr* (*pej: schminken*) to put on one's war paint (*umg*).
bemängeln [bə'mɛŋəln] *vt* to criticize.
bemannen [bə'manən] *vt* to man.
Bemannung *f* manning; (*NAUT, AVIAT etc*) crew.
bemänteln [bə'mɛntəln] *vt* to cloak, hide.
bemerkbar *adj* perceptible, noticeable; **sich ~ machen** (*Person*) to make *od* get o.s. noticed; (*Unruhe*) to become noticeable.
bemerken [bə'mɛrkən] *vt* (*wahrnehmen*) to notice, observe; (*sagen*) to say, mention; **nebenbei bemerkt** by the way.
bemerkenswert *adj* remarkable, noteworthy.
Bemerkung *f* remark, comment; (*schriftlich*) comment, note.
bemitleiden [bə'mɪtlaɪdən] *vt* to pity.

Spelling Reform: ▲ *new spelling* △ *old spelling (to be phased out)*

bemittelt [bə'mɪtəlt] *adj* well-to-do, well-off.
bemühen [bə'myːən] *vr* to take trouble *od* pains; **sich um eine Stelle** ~ to try to get a job.
bemüht *adj*: **(darum)** ~ **sein, etw zu tun** to endeavour (*BRIT*) *od* endeavor (*US*) *od* be at pains to do sth.
Bemühung *f* trouble, pains *pl*, effort.
bemüßigt [bə'myːsɪçt] *adj*: **sich** ~ **fühlen/ sehen** (*geh*) to feel called upon.
bemuttern [bə'mʊtərn] *vt* to mother.
benachbart [bə'naxbaːrt] *adj* neighbouring (*BRIT*), neighboring (*US*).
benachrichtigen [bə'naːxrɪçtɪgən] *vt* to inform.
Benachrichtigung *f* notification.
benachteiligen [bə'naːxtaɪlɪgən] *vt* to (put at a) disadvantage, victimize.
benehmen [bə'neːmən] *unreg vr* to behave; **B~** (**-s**) *nt* behaviour (*BRIT*), behavior (*US*); **kein B~ haben** not to know how to behave.
beneiden [bə'naɪdən] *vt* to envy.
beneidenswert *adj* enviable.
Beneluxländer ['beːnelʊkslɛndər] *pl* Benelux (countries *pl*).
Beneluxstaaten *pl* Benelux (countries *pl*).
benennen [bə'nɛnən] *unreg vt* to name.
Bengel ['bɛŋəl] (**-s, -**) *m* (little) rascal *od* rogue.
Benimm [bə'nɪm] (**-s**) (*umg*) *m* manners *pl*.
Benin [be'niːn] (**-s**) *nt* Benin.
benommen [bə'nɔmən] *adj* dazed.
benoten [bə'noːtən] *vt* to mark.
benötigen [bə'nøːtɪgən] *vt* to need.
benutzen [bə'nʊtsən] *vt* to use.
benützen [bə'nʏtsən] *vt* to use.
Benutzer(in) (**-s, -**) *m(f)* user; **b~freundlich** *adj* user-friendly.
Benutzung *f* utilization, use; **jdm etw zur** ~ **überlassen** to put sth at sb's disposal.
Benzin [bɛnt'siːn] (**-s, -e**) *nt* (*AUT*) petrol (*BRIT*), gas(oline) (*US*); ~**einspritzanlage** *f* (*AUT*) fuel injection system; ~**kanister** *m* petrol (*BRIT*) *od* gas (*US*) can; ~**tank** *m* petrol (*BRIT*) *od* gas (*US*) tank; ~**uhr** *f* petrol (*BRIT*) *od* gas (*US*) gauge.
beobachten [bə'|oːbaxtən] *vt* to observe.
Beobachter(in) (**-s, -**) *m(f)* observer; (*eines Unfalls*) witness; (*PRESSE, TV*) correspondent.
Beobachtung *f* observation.
beordern [bə'|ɔrdərn] *vt*: **jdn zu sich** ~ to send for sb.
bepacken [bə'pakən] *vt* to load, pack.
bepflanzen [bə'pflantsən] *vt* to plant.
bequatschen [bə'kvatʃən] (*umg*) *vt* (*überreden*) to persuade; **etw** ~ to talk sth over.
bequem [bə'kveːm] *adj* comfortable; (*Ausrede*) convenient; (*Person*) lazy, indolent.

bequemen [bə'kveːmən] *vr*: **sich** ~, **etw zu tun** to condescend to do sth.
Bequemlichkeit *f* convenience, comfort; (*Faulheit*) laziness, indolence.
Ber. *abk* = **Bericht; Beruf.**
berät [bə'rɛːt] *vb siehe* **beraten.**
beraten [bə'raːtən] *unreg vt* to advise; (*besprechen*) to discuss, debate ♦ *vr* to consult; **gut/schlecht** ~ **sein** to be well/ill advised; **sich** ~ **lassen** to get advice.
beratend *adj* consultative; **jdm** ~ **zur Seite stehen** to act in an advisory capacity to sb.
Berater(in) (**-s, -**) *m(f)* adviser; ~**vertrag** *m* consultancy contract.
beratschlagen [bə'raːtʃlaːgən] *vi* to deliberate, confer ♦ *vt* to deliberate on, confer about.
Beratung *f* advice; (*Besprechung*) consultation.
Beratungsstelle *f* advice centre (*BRIT*) *od* center (*US*).
berauben [bə'raʊbən] *vt* to rob.
berauschen [bə'raʊʃən] *vt* (*lit, fig*) to intoxicate.
berauschend *adj*: **das war nicht sehr** ~ (*ironisch*) that wasn't very exciting.
berechenbar [bə'rɛçənbaːr] *adj* calculable; (*Verhalten*) predictable.
berechnen [bə'rɛçnən] *vt* to calculate; (*COMM: anrechnen*) to charge.
berechnend *adj* (*Mensch*) calculating, scheming.
Berechnung *f* calculation; (*COMM*) charge.
berechtigen [bə'rɛçtɪgən] *vt* to entitle; (*bevollmächtigen*) to authorize; (*fig*) to justify.
berechtigt [bə'rɛçtɪçt] *adj* justifiable, justified.
Berechtigung *f* authorization; (*fig*) justification.
bereden [bə'reːdən] *vt* (*besprechen*) to discuss; (*überreden*) to persuade ♦ *vr* to discuss.
beredt [bə'reːt] *adj* eloquent.
Bereich [bə'raɪç] (**-(e)s, -e**) *m* (*Bezirk*) area; (*Ressort, Gebiet*) sphere; **im** ~ **des Möglichen liegen** to be within the bounds of possibility.
bereichern [bə'raɪçərn] *vt* to enrich ♦ *vr* to get rich; **sich auf Kosten anderer** ~ to feather one's nest at the expense of other people.
Bereifung [bə'raɪfʊŋ] *f* (set of) tyres (*BRIT*) *od* tires (*US*) *pl*; (*Vorgang*) fitting with tyres (*BRIT*) *od* tires (*US*).
bereinigen [bə'raɪnɪgən] *vt* to settle.
bereisen [bə'raɪzən] *vt* to travel through; (*COMM: Gebiet*) to travel, cover.
bereit [bə'raɪt] *adj* ready, prepared; **zu etw** ~ **sein** to be ready for sth; **sich** ~ **erklären** to declare o.s. willing.
bereiten *vt* to prepare, make ready; (*Kummer, Freude*) to cause; **einer Sache** *dat* **ein Ende** ~

to put an end to sth.
bereit- *zW:* **~halten** *unreg vt* to keep in
readiness; **~legen** *vt* to lay out; **~machen** *vt,
vr* to prepare, get ready.
bereits *adv* already.
bereit- *zW:* **B~schaft** *f* readiness; *(Polizei)*
alert; **in B~schaft sein** to be on the alert *od*
on stand-by; **B~schaftsarzt** *m* doctor on call;
(im Krankenhaus) duty doctor;
B~schaftsdienst *m* emergency service;
~stehen *unreg vi (Person)* to be prepared;
(Ding) to be ready; **~stellen** *vt (Kisten, Pakete
etc)* to put ready; *(Geld etc)* to make
available; *(Truppen, Maschinen)* to put at the
ready.
Bereitung *f* preparation.
bereitwillig *adj* willing, ready; **B~keit** *f*
willingness, readiness.
bereuen [bə'rɔʏən] *vt* to regret.
Berg [bɛrk] **(-(e)s, -e)** *m* mountain; *(kleiner)*
hill; **mit etw hinterm ~ halten** *(fig)* to keep
quiet about sth; **über alle ~e sein** to be miles
away; **da stehen einem ja die Haare zu ~e**
it's enough to make your hair stand on end;
b~ab *adv* downhill; **b~an** *adv* uphill;
~arbeiter *m* miner; **b~auf** *adv* uphill; **~bahn** *f*
mountain railway *(BRIT) od* railroad *(US)*;
~bau *m* mining.
bergen ['bɛrgən] *unreg vt (retten)* to rescue;
(Ladung) to salvage; *(enthalten)* to contain.
Bergführer *m* mountain guide.
Berggipfel *m* mountain top, peak, summit.
bergig ['bɛrgɪç] *adj* mountainous, hilly.
Berg- *zW:* **~kamm** *m* crest, ridge; **~kette** *f*
mountain range; **~kristall** *m* rock crystal;
~mann (-(e)s, *pl* **~leute**) *m* miner; **~not** *f:* **in
~not sein/geraten** to be in/get into
difficulties while climbing; **~predigt** *f (REL)*
Sermon on the Mount; **~rettungsdienst** *m*
mountain rescue service; **~rutsch** *m*
landslide; **~schuh** *m* walking boot; **~steigen**
nt mountaineering; **~steiger(in)** *m(f)*
mountaineer, climber; **~-und-Tal-Bahn** *f* big
dipper, roller-coaster.
Bergung ['bɛrgʊŋ] *f (von Menschen)* rescue;
(von Material) recovery; *(NAUT)* salvage.
Bergwacht *f* mountain rescue service.
Bergwerk *nt* mine.
Bericht [bə'rɪçt] **(-(e)s, -e)** *m* report, account;
b~en *vt, vi* to report; **~erstatter** (-s, -) *m*
reporter, (newspaper) correspondent;
~erstattung *f* reporting.
berichtigen [bə'rɪçtɪgən] *vt* to correct.
Berichtigung *f* correction.
berieseln [bə'riːzəln] *vt* to spray with water.
Berieselung *f* watering; **die dauernde ~ mit
Musik ...** *(fig)* the constant stream of music
...
Berieselungsanlage *f* sprinkler (system).
Beringmeer ['beːrɪŋmeːr] *nt* Bering Sea.

beritten [bə'rɪtən] *adj* mounted.
Berlin [bɛr'liːn] **(-s)** *nt* Berlin.
Berliner¹ *adj attrib* Berlin.
Berliner² (-s, -) *m (Person)* Berliner; *(KOCH)*
jam doughnut.
Berlinerin *f* Berliner.
berlinerisch *(umg) adj (Dialekt)* Berlin *attr.*
Bermudas [bɛr'muːdas] *pl:* **auf den ~** in
Bermuda.
Bern [bɛrn] **(-s)** *nt* Berne.
Bernhardiner [bɛrnhar'diːnər] (-s, -) *m* Saint
Bernard (dog).
Bernstein ['bɛrnʃtaɪn] *m* amber.
bersten ['bɛrstən] *unreg vi* to burst, split.
berüchtigt [bə'rʏçtɪçt] *adj* notorious,
infamous.
berücksichtigen [bə'rʏkzɪçtɪgən] *vt* to
consider, bear in mind.
Berücksichtigung *f* consideration; **in** *od*
unter ~ der Tatsache, dass ... in view of the
fact that ...
Beruf [bə'ruːf] **(-(e)s, -e)** *m* occupation,
profession; *(Gewerbe)* trade; **was sind Sie
von ~?** what is your occupation *etc?*, what
do you do for a living?; **seinen ~ verfehlt
haben** to have missed one's vocation.
berufen *unreg vt (in Amt):* **jdn in etw** *akk* **~** to
appoint sb to sth ♦ *vr:* **sich auf jdn/etw ~** to
refer *od* appeal to sb/sth ♦ *adj* competent,
qualified; *(ausersehen):* **zu etw ~ sein** to
have a vocation for sth.
beruflich *adj* professional; **er ist ~ viel
unterwegs** he is away a lot on business.
Berufs- *zW:* **~ausbildung** *f* vocational *od*
professional training; **b~bedingt** *adj*
occupational; **~berater** *m* careers adviser;
~beratung *f* vocational guidance;
~bezeichnung *f* job description; **~erfahrung**
f (professional) experience; **~feuerwehr** *f*
fire service; **~geheimnis** *nt* professional
secret; **~krankheit** *f* occupational disease;
~kriminalität *f* professional crime; **~leben** *nt*
professional life; **im ~leben stehen** to be
working *od* in employment; **b~mäßig** *adj*
professional; **~risiko** *nt* occupational
hazard; **~schule** *f* vocational *od* trade
school; **~soldat** *m* professional soldier,
regular; **~sportler** *m* professional
(sportsman); **b~tätig** *adj* employed;
b~unfähig *adj* unable to work (at one's
profession); **~unfall** *m* occupational
accident; **~verbot** *nt:* **jdm ~verbot erteilen**
to ban sb from his/her profession; *(einem
Arzt, Anwalt)* to strike sb off; **~verkehr** *m*
commuter traffic; **~wahl** *f* choice of a job.
Berufung *f* vocation, calling; *(Ernennung)*
appointment; *(JUR)* appeal; **~ einlegen** to
appeal; **unter ~ auf etw** *akk (form)* with
reference to sth.
Berufungsgericht *nt* appeal court, court of

appeal.

beruhen [bə'ruːən] *vi*: **auf etw** *dat* ~ **to be**
based on sth; **etw auf sich** ~ **lassen** to leave
sth at that; **das beruht auf Gegenseitigkeit**
the feeling is mutual.

beruhigen [bə'ruːɪgən] *vt* to calm, pacify,
soothe ♦ *vr* (*Mensch*) to calm (o.s.) down;
(*Situation*) to calm down.

beruhigend *adj* (*Gefühl, Wissen*) reassuring;
(*Worte*) comforting; (*Mittel*) tranquillizing.

Beruhigung *f* reassurance; (*der Nerven*)
calming; **zu jds** ~ to reassure sb.

Beruhigungsmittel *nt* sedative.

Beruhigungspille *f* tranquillizer.

berühmt [bə'ryːmt] *adj* famous; **das war nicht**
~ (*umg*) it was nothing to write home about;
~**-berüchtigt** *adj* infamous, notorious; **B~heit**
f (*Ruf*) fame; (*Mensch*) celebrity.

berühren [bə'ryːrən] *vt* to touch; (*gefühlsmäßig*
bewegen) to affect; (*flüchtig erwähnen*) to
mention, touch on ♦ *vr* to meet, touch; **von**
etw peinlich berührt sein to be embarrassed
by sth.

Berührung *f* contact.

Berührungspunkt *m* point of contact.

bes. *abk* (= *besonders*) esp.

besagen [bə'zaːgən] *vt* to mean.

besagt *adj* (*form: Tag etc*) in question.

besaiten [bə'zaɪtən] *vt*: **neu** ~ (*Instrument*) to
restring.

besänftigen [bə'zɛnftɪgən] *vt* to soothe, calm.

besänftigend *adj* soothing.

Besänftigung *f* soothing, calming.

besaß *etc* [bə'zaːs] *vb siehe* **besitzen**.

besät [bə'zɛːt] *adj* covered; (*mit Blättern etc*)
strewn.

Besatz [bə'zats] (**-es, ̈-e**) *m* trimming, edging.

Besatzung *f* garrison; (*NAUT, AVIAT*) crew.

Besatzungsmacht *f* occupying power.

Besatzungszone *f* occupied zone.

besaufen [bə'zaufən] *unreg* (*umg*) *vr* to get
drunk *od* stoned.

beschädigen [bə'ʃɛːdɪgən] *vt* to damage.

Beschädigung *f* damage; (*Stelle*) damaged
spot.

beschaffen [bə'ʃafən] *vt* to get, acquire ♦ *adj*
constituted; **so** ~ **sein wie ...** to be the same
as ...; **B~heit** *f* constitution, nature; **je nach**
B~heit der Lage according to the situation.

Beschaffung *f* acquisition.

beschäftigen [bə'ʃɛftɪgən] *vt* to occupy;
(*beruflich*) to employ; (*innerlich*): **jdn** ~ to be
on sb's mind ♦ *vr* to occupy *od* concern o.s.

beschäftigt *adj* busy, occupied; (*angestellt*):
(**bei einer Firma**) ~ employed (by a firm).

Beschäftigung *f* (*Beruf*) employment;
(*Tätigkeit*) occupation; (*geistige* ~)
preoccupation; **einer** ~ **nachgehen** (*form*) to
be employed.

Beschäftigungsprogramm *nt* employment

scheme.

Beschäftigungstherapie *f* occupational
therapy.

beschämen [bə'ʃɛːmən] *vt* to put to shame.

beschämend *adj* shameful; (*Hilfsbereitschaft*)
shaming.

beschämt *adj* ashamed.

beschatten [bə'ʃatən] *vt* to shade;
(*Verdächtige*) to shadow.

beschaulich [bə'ʃaulɪç] *adj* contemplative;
(*Leben, Abend*) quiet, tranquil.

Bescheid [bə'ʃaɪt] (**-(e)s, -e**) *m* information;
(*Weisung*) directions *pl*; ~ **wissen (über** +*akk*)
to be well-informed (about); **ich weiß** ~ I
know; **jdm** ~ **geben** *od* **sagen** to let sb know;
jdm ordentlich ~ **sagen** (*umg*) to tell sb
where to go.

bescheiden [bə'ʃaɪdən] *unreg vr* to content o.s.
♦ *vt*: **etw abschlägig** ~ (*form*) to turn sth
down ♦ *adj* modest; **B~heit** *f* modesty.

bescheinen [bə'ʃaɪnən] *unreg vt* to shine on.

bescheinigen [bə'ʃaɪnɪgən] *vt* to certify;
(*bestätigen*) to acknowledge; **hiermit wird**
bescheinigt, dass ... this is to certify that ...

Bescheinigung *f* certificate; (*Quittung*)
receipt.

bescheißen [bə'ʃaɪsən] *unreg* (*umg!*) *vt* to
cheat.

beschenken [bə'ʃɛŋkən] *vt* to give presents
to.

bescheren [bə'ʃeːrən] *vt*: **jdm etw** ~ to give sb
sth as a present; **jdn** ~ to give presents to
sb.

Bescherung *f* giving of presents; (*umg*)
mess; **da haben wir die** ~! (*umg*) what did I
tell you!

bescheuert [bə'ʃɔʏɐt] (*umg*) *adj* stupid.

beschichten [bə'ʃɪçtən] *vt* (*TECH*) to coat,
cover.

beschießen [bə'ʃiːsən] *unreg vt* to shoot *od* fire
at.

beschildern [bə'ʃɪldɐn] *vt* to signpost.

beschimpfen [bə'ʃɪmpfən] *vt* to abuse.

Beschimpfung *f* abuse, insult.

beschirmen [bə'ʃɪrmən] *vt* (*geh: beschützen*) to
shield.

Beschiss▲ [bə'ʃɪs] (**-es**) (*umg*) *m*: **das ist** ~
that is a cheat.

beschiss *etc*▲ *vb siehe* **bescheißen**.

beschissen *pp von* **bescheißen** ♦ *adj* (*umg!*)
bloody awful, lousy.

Beschlag [bə'ʃlaːk] (**-(e)s, ̈-e**) *m* (*Metallband*)
fitting; (*auf Fenster*) condensation; (*auf*
Metall) tarnish; finish; (*Hufeisen*) horseshoe;
jdn/etw in ~ **nehmen** *od* **mit** ~ **belegen** to
monopolize sb/sth.

beschlagen [bə'ʃlaːgən] *unreg vt* to cover;
(*Pferd*) to shoe; (*Fenster, Metall*) to cover ♦ *vi*,
vr (*Fenster etc*) to mist over; ~ **sein (in** *od* **auf**
+*dat*) to be well versed (in).

beschlagnahmen *vt* to seize, confiscate.
Beschlagnahmung *f* confiscation.
beschleunigen [bə'ʃlɔynɪgən] *vt* to accelerate, speed up ♦ *vi* (*AUT*) to accelerate.
Beschleunigung *f* acceleration.
beschließen [bə'ʃliːsən] *unreg vt* to decide on; (*beenden*) to end, close.
beschlossen [bə'ʃlɔsən] *pp von* **beschließen** ♦ *adj* (*entschieden*) decided, agreed; **das ist ~e Sache** that's been settled.
Beschluss▲ [bə'ʃlʊs] (**-es, ⁻e**) *m* decision, conclusion; (*Ende*) close, end; **einen ~ fassen** to pass a resolution.
beschlussfähig▲ *adj*: **~ sein** to have a quorum.
beschmieren [bə'ʃmiːrən] *vt* (*Wand*) to bedaub.
beschmutzen [bə'ʃmʊtsən] *vt* to dirty, soil.
beschneiden [bə'ʃnaɪdən] *unreg vt* to cut; (*stutzen*) to trim; (: *Strauch*) to prune; (*REL*) to circumcise.
beschnuppern [bə'ʃnʊpərn] *vr* (*Hunde*) to sniff each other; (*fig: umg*) to size each other up.
beschönigen [bə'ʃøːnɪgən] *vt* to gloss over; **~der Ausdruck** euphemism.
beschränken [bə'ʃrɛŋkən] *vt, vr*: (**sich**) **~ (auf +akk**) to limit *od* restrict (o.s.) (to).
beschrankt [bə'ʃraŋkt] *adj* (*Bahnübergang*) with barrier.
beschränkt [bə'ʃrɛŋkt] *adj* confined, narrow; (*Mensch*) limited, narrow-minded; (*pej: geistig*) dim; **Gesellschaft mit ~er Haftung** limited company (*BRIT*), corporation (*US*); **B~heit** *f* narrowness.
Beschränkung *f* limitation.
beschreiben [bə'ʃraɪbən] *unreg vt* to describe; (*Papier*) to write on.
Beschreibung *f* description.
beschrieb *etc* [bə'ʃriːp] *vb siehe* **beschreiben**.
beschrieben [bə'ʃriːbən] *pp von* **beschreiben**.
beschriften [bə'ʃrɪftən] *vt* to mark, label.
Beschriftung *f* lettering.
beschuldigen [bə'ʃʊldɪgən] *vt* to accuse.
Beschuldigung *f* accusation.
beschummeln [bə'ʃʊməln] (*umg*) *vt, vi* to cheat.
Beschuss▲ [bə'ʃʊs] *m*: **jdn/etw unter ~ nehmen** (*MIL*) to (start to) bombard *od* shell sb/sth; (*fig*) to attack sb/sth; **unter ~ geraten** (*lit, fig*) to come into the firing line.
beschützen [bə'ʃʏtsən] *vt*: **~ (vor +dat)** to protect (from).
Beschützer(in) (**-s, -**) *m(f)* protector.
Beschützung *f* protection.
beschwatzen [bə'ʃvatsən] (*umg*) *vt* (*überreden*) to talk over.
Beschwerde [bə'ʃveːrdə] (**-, -n**) *f* complaint; (*Mühe*) hardship; (*INDUSTRIE*) grievance;

Beschwerden *pl* (*Leiden*) trouble; **~ einlegen** (*form*) to lodge a complaint; **b~frei** *adj* fit and healthy; **~frist** *f* (*JUR*) period of time during which an appeal may be lodged.
beschweren [bə'ʃveːrən] *vt* to weight down; (*fig*) to burden ♦ *vr* to complain.
beschwerlich *adj* tiring, exhausting.
beschwichtigen [bə'ʃvɪçtɪgən] *vt* to soothe, pacify.
Beschwichtigung *f* soothing, calming.
beschwindeln [bə'ʃvɪndəln] *vt* (*betrügen*) to cheat; (*belügen*) to fib to.
beschwingt [bə'ʃvɪŋt] *adj* cheery, in high spirits.
beschwipst [bə'ʃvɪpst] *adj* tipsy.
beschwören [bə'ʃvøːrən] *unreg vt* (*Aussage*) to swear to; (*anflehen*) to implore; (*Geister*) to conjure up.
beseelen [bə'zeːlən] *vt* to inspire.
besehen [bə'zeːən] *unreg vt* to look at; **genau ~** to examine closely.
beseitigen [bə'zaɪtɪgən] *vt* to remove.
Beseitigung *f* removal.
Besen ['beːzən] (**-s, -**) *m* broom; (*pej: umg: Frau*) old bag; **ich fresse einen ~, wenn das stimmt** (*umg*) if that's right, I'll eat my hat; **~stiel** *m* broomstick.
besessen [bə'zɛsən] *adj* possessed; (*von einer Idee etc*): **~ (von)** obsessed (with).
besetzen [bə'zɛtsən] *vt* (*Haus, Land*) to occupy; (*Platz*) to take, fill; (*Posten*) to fill; (*Rolle*) to cast; (*mit Edelsteinen*) to set.
besetzt *adj* full; (*TEL*) engaged, busy; (*Platz*) taken; (*WC*) engaged; **B~zeichen** *nt* engaged tone (*BRIT*), busy signal (*US*).
Besetzung *f* occupation; (*von Stelle*) filling; (*von Rolle*) casting; (*die Schauspieler*) cast; **zweite ~** (*THEAT*) understudy.
besichtigen [bə'zɪçtɪgən] *vt* to visit, look at.
Besichtigung *f* visit.
besiedeln *vt*: **dicht/dünn besiedelt** densely/thinly populated.
Besied(e)lung [bə'ziːd(ə)lʊŋ] *f* population.
besiegeln [bə'ziːgəln] *vt* to seal.
besiegen [bə'ziːgən] *vt* to defeat, overcome.
Besiegte(r) [bə'ziːktə(r)] *f(m)* loser.
besinnen [bə'zɪnən] *unreg vr* (*nachdenken*) to think, reflect; (*erinnern*) to remember; **sich anders ~** to change one's mind.
besinnlich *adj* contemplative.
Besinnung *f* consciousness; **bei/ohne ~ sein** to be conscious/unconscious; **zur ~ kommen** to recover consciousness; (*fig*) to come to one's senses.
besinnungslos *adj* unconscious; (*fig*) blind.
Besitz [bə'zɪts] (**-es**) *m* possession; (*Eigentum*) property; **~anspruch** *m* claim of ownership; (*JUR*) title; **b~anzeigend** *adj* (*GRAM*) possessive.
besitzen *unreg vt* to possess, own; (*Eigenschaft*)

to have.

Besitzer(in) (-s, -) *m(f)* owner, proprietor.

Besitz- *zW:* ~**ergreifung** *f* seizure; ~**nahme** *f* seizure; ~**tum** *nt* (*Grundbesitz*) estate(s *pl*), property; ~**urkunde** *f* title deeds *pl.*

besoffen [bə'zɔfən] (*umg*) *adj* sozzled.

besohlen [bə'zoːlən] *vt* to sole.

Besoldung [bə'zɔldʊŋ] *f* salary, pay.

besondere(r, s) [bə'zɔndərə(r, s)] *adj* special; (*eigen*) particular; (*gesondert*) separate; (*eigentümlich*) peculiar.

Besonderheit *f* peculiarity.

besonders *adv* especially, particularly; (*getrennt*) separately; **das Essen/der Film war nicht** ~ the food/film was nothing special *od* out of the ordinary; **wie gehts dir? - nicht** ~ how are you? - not too hot.

besonnen [bə'zɔnən] *adj* sensible, level-headed; **B~heit** *f* level-headedness.

besorgen [bə'zɔrgən] *vt* (*beschaffen*) to acquire; (*kaufen*) to purchase; (*erledigen: Geschäfte*) to deal with; (*sich kümmern um*) to take care of; **es jdm** ~ (*umg*) to sort sb out.

Besorgnis (-, -se) *f* anxiety, concern; ~ **erregend** alarming, worrying.

besorgt [bə'zɔrkt] *adj* anxious, worried; **B~heit** *f* anxiety, worry.

Besorgung *f* acquisition; (*Kauf*) purchase; (*Einkauf*): ~**en machen** to do some shopping.

bespannen [bə'ʃpanən] *vt* (*mit Saiten, Fäden*) to string.

bespielbar *adj* (*Rasen etc*) playable.

bespielen [bə'ʃpiːlən] *vt* (*Tonband, Kassette*) to make a recording on.

bespitzeln [bə'ʃpɪtsəln] *vt* to spy on.

besprechen [bə'ʃprɛçən] *unreg vt* to discuss; (*Tonband etc*) to record, speak onto; (*Buch*) to review ♦ *vr* to discuss, consult.

Besprechung *f* meeting, discussion; (*von Buch*) review.

bespringen [bə'ʃprɪŋən] *unreg vt* (*Tier*) to mount, cover.

bespritzen [bə'ʃprɪtsən] *vt* to spray; (*beschmutzen*) to spatter.

besser ['bɛsər] *adj* better; **nur ein** ~**er** ... just a glorified ...; ~**e Leute** a better class of people; **es geht ihm** ~ he feels better; ~ **stehen** (*umg*) to be better off.

bessern *vt* to make better, improve ♦ *vr* to improve; (*Mensch*) to reform.

Besserung *f* improvement; **auf dem Weg(e) der** ~ **sein** to be getting better, be improving; **gute** ~! get well soon!

Besserwisser(in) (-s, -) *m(f)* know-all (*BRIT*), know-it-all (*US*).

Bestand [bə'ʃtant] (-(e)s, ̈-e) *m* (*Fortbestehen*) duration, continuance; (*Kassenbestand*) amount, balance; (*Vorrat*) stock; **eiserner** ~ iron rations *pl*; ~ **haben, von** ~ **sein** to last long, endure.

bestand *etc vb siehe* **bestehen**.

bestanden *pp von* **bestehen** ♦ *adj:* **nach** ~**er Prüfung** after passing the exam.

beständig [bə'ʃtɛndɪç] *adj* (*ausdauernd*) constant (*auch fig*); (*Wetter*) settled; (*Stoffe*) resistant; (*Klagen etc*) continual.

Bestandsaufnahme *f* stocktaking.

Bestandsüberwachung *f* stock control, inventory control.

Bestandteil *m* part, component; (*Zutat*) ingredient; **sich in seine** ~**e auflösen** to fall to pieces.

bestärken [bə'ʃtɛrkən] *vt:* **jdn in etw** *dat* ~ to strengthen *od* confirm sb in sth.

bestätigen [bə'ʃtɛːtɪgən] *vt* to confirm; (*anerkennen, COMM*) to acknowledge; **jdn (im Amt)** ~ to confirm sb's appointment.

Bestätigung *f* confirmation; acknowledgement.

bestatten [bə'ʃtatən] *vt* to bury.

Bestatter (-s, -) *m* undertaker.

Bestattung *f* funeral.

Bestattungsinstitut *nt* undertaker's (*BRIT*), mortician's (*US*).

bestäuben [bə'ʃtɔʏbən] *vt* to powder, dust; (*Pflanze*) to pollinate.

beste(r, s) ['bɛstə(r, s)] *adj* best; **sie singt am** ~**n** she sings best; **so ist es am** ~**n** it's best that way; **am** ~**n gehst du gleich** you'd better go at once; **jdn zum B~n haben** to pull sb's leg; **einen Witz** *etc* **zum B~n geben** to tell a joke *etc*; **aufs** ~ *od* **B~** in the best possible way; **zu jds B~n** for the benefit of sb; **es steht nicht zum B~n** it does not look too promising.

bestechen [bə'ʃtɛçən] *unreg vt* to bribe ♦ *vi* (*Eindruck machen*): **(durch etw)** ~ to be impressive (because of sth).

bestechend *adj* (*Schönheit, Eindruck*) captivating; (*Angebot*) tempting.

bestechlich *adj* corruptible; **B~keit** *f* corruptibility.

Bestechung *f* bribery, corruption.

Bestechungsgelder *pl* bribe *sing.*

Bestechungsversuch *m* attempted bribery.

Besteck [bə'ʃtɛk] (-(e)s, -e) *nt* knife, fork and spoon, cutlery; (*MED*) set of instruments; ~**kasten** *m* cutlery canteen.

bestehen [bə'ʃteːən] *unreg vi* to exist; (*andauern*) to last ♦ *vt* (*Probe, Prüfung*) to pass; (*Kampf*) to win; ~ **bleiben** to last, endure; (*Frage, Hoffnung*) to remain; **die Schwierigkeit/das Problem besteht darin, dass** ... the difficulty/problem lies in the fact that ..., the difficulty/problem is that ...; ~ **auf** +*dat* to insist on; ~ **aus** to consist of; **B~** *nt:* **seit B~ der Firma** ever since the firm came into existence *od* has existed.

bestehlen [bə'ʃteːlən] *unreg vt* to rob.

besteigen [bə'ʃtaɪgən] *unreg vt* to climb,

ascend; (*Pferd*) to mount; (*Thron*) to ascend.

Bestellbuch *nt* order book.

bestellen [bə'ʃtɛlən] *vt* to order; (*kommen lassen*) to arrange to see; (*nominieren*) to name; (*Acker*) to cultivate; (*Grüße, Auftrag*) to pass on; **wie bestellt und nicht abgeholt** (*hum: umg*) like orphan Annie; **er hat nicht viel/nichts zu** ~ he doesn't have much/any say here; **ich bin für 10 Uhr bestellt** I have an appointment for *od* at 10 o'clock; **es ist schlecht um ihn bestellt** (*fig*) he is in a bad way.

Bestell- *zW*: **~formular** *nt* purchase order; **~nummer** *f* order number; **~schein** *m* order coupon.

Bestellung *f* (*COMM*) order; (*Bestellen*) ordering; (*Ernennung*) nomination, appointment.

bestenfalls ['bestən'fals] *adv* at best.

bestens ['bestəns] *adv* very well.

besteuern [bə'ʃtɔyərn] *vt* to tax.

bestialisch [besti'a:lɪʃ] (*umg*) *adj* awful, beastly.

besticken [bə'ʃtɪkən] *vt* to embroider.

Bestie ['bɛstiə] *f* (*lit, fig*) beast.

bestimmen [bə'ʃtɪmən] *vt* (*Regeln*) to lay down; (*Tag, Ort*) to fix; (*prägen*) to characterize; (*ausersehen*) to mean; (*ernennen*) to appoint; (*definieren*) to define; (*veranlassen*) to induce ♦ *vi*: **du hast hier nicht zu** ~ you don't make the decisions here; **er kann über sein Geld allein** ~ it is up to him what he does with his money.

bestimmend *adj* (*Faktor, Einfluss*) determining, decisive.

bestimmt *adj* (*entschlossen*) firm; (*gewiss*) certain, definite; (*Artikel*) definite ♦ *adv* (*gewiss*) definitely, for sure; **suchen Sie etwas B~es?** are you looking for anything in particular?; **B~heit** *f* certainty; **in** *od* **mit aller B~heit** quite categorically.

Bestimmung *f* (*Verordnung*) regulation; (*Festsetzen*) determining; (*Verwendungszweck*) purpose; (*Schicksal*) fate; (*Definition*) definition.

Bestimmungs- *zW*: **~bahnhof** *m* (*EISENB*) destination; **b~gemäß** *adj* as agreed; **~hafen** *m* (port of) destination; **~ort** *m* destination.

Bestleistung *f* best performance.

bestmöglich *adj* best possible.

Best.-Nr. *abk* = **Bestellnummer**.

bestrafen [bə'ʃtra:fən] *vt* to punish.

Bestrafung *f* punishment.

bestrahlen [bə'ʃtra:lən] *vt* to shine on; (*MED*) to treat with X-rays.

Bestrahlung *f* (*MED*) X-ray treatment, radiotherapy.

Bestreben [bə'ʃtre:bən] (**-s**) *nt* endeavour (*BRIT*), endeavor (*US*), effort.

bestrebt [bə'ʃtre:pt] *adj*: ~ **sein, etw zu tun** to endeavour (*BRIT*) *od* endeavor (*US*) to do sth.

Bestrebung [bə'ʃtre:buŋ] *f* = **Bestreben**.

bestreichen [bə'ʃtraiçən] *unreg vt* (*Brot*) to spread.

bestreiken [bə'ʃtraikən] *vt* (*INDUSTRIE*) to black; **die Fabrik wird zur Zeit bestreikt** there's a strike on in the factory at the moment.

bestreiten [bə'ʃtraitən] *unreg vt* (*abstreiten*) to dispute; (*finanzieren*) to pay for, finance; **er hat das ganze Gespräch allein bestritten** he did all the talking.

bestreuen [bə'ʃtrɔyən] *vt* to sprinkle, dust; (*Straße*) to (spread with) grit.

Bestseller ['bɛstsɛlər] (**-s, -**) *m* best-seller.

bestürmen [bə'ʃtʏrmən] *vt* (*mit Fragen, Bitten etc*) to overwhelm, swamp.

bestürzen [bə'ʃtʏrtsən] *vt* to dismay.

bestürzt *adj* dismayed.

Bestürzung *f* consternation.

Bestzeit *f* (*bes SPORT*) best time.

Besuch [bə'zu:x] (**-(e)s, -e**) *m* visit; (*Person*) visitor; **einen** ~ **bei jdm machen** to pay sb a visit *od* call; ~ **haben** to have visitors; **bei jdm auf** *od* **zu** ~ **sein** to be visiting sb.

besuchen *vt* to visit; (*SCH etc*) to attend; **gut besucht** well-attended.

Besucher(in) (**-s, -**) *m(f)* visitor, guest.

Besuchserlaubnis *f* permission to visit.

Besuchszeit *f* visiting hours *pl*.

besudeln [bə'zu:dəln] *vt* (*Wände*) to smear; (*fig: Namen, Ehre*) to sully.

betagt [bə'ta:kt] *adj* aged.

betasten [bə'tastən] *vt* to touch, feel.

betätigen [bə'tɛ:tɪgən] *vt* (*bedienen*) to work, operate ♦ *vr* to involve o.s.; **sich politisch** ~ to be involved in politics; **sich als etw** ~ to work as sth.

Betätigung *f* activity; (*beruflich*) occupation; (*TECH*) operation.

betäuben [bə'tɔybən] *vt* to stun; (*fig: Gewissen*) to still; (*MED*) to anaesthetize (*BRIT*), anesthetize (*US*); **ein** ~**der Duft** an overpowering smell.

Betäubung *f* (*Narkose*): **örtliche** ~ local anaesthetic (*BRIT*) *od* anesthetic (*US*).

Betäubungsmittel *nt* anaesthetic (*BRIT*), anesthetic (*US*).

Bete ['be:tə] (**-, -n**) *f*: **Rote** ~ beetroot (*BRIT*), beet (*US*).

beteiligen [bə'tailɪgən] *vr*: **sich (an etw** *dat*) ~ to take part (in sth), participate (in sth); (*an Geschäft: finanziell*) to have a share (in sth) ♦ *vt*: **jdn (an etw** *dat*) ~ to give sb a share *od* interest (in sth); **sich an den Unkosten** ~ to contribute to the expenses.

Beteiligung *f* participation; (*Anteil*) share, interest; (*Besucherzahl*) attendance.

Beteiligungsgesellschaft *f* associated

company.

beten ['be:tən] *vi* to pray ◆ *vt* (*Rosenkranz*) to say.

beteuern [bə'tɔyərn] *vt* to assert; (*Unschuld*) to protest; **jdm etw** ~ to assure sb of sth.

Beteuerung *f* assertion; protestation; assurance.

Beton [be'tõ:] (**-s, -s**) *m* concrete.

betonen [bə'to:nən] *vt* to stress.

betonieren [beto'ni:rən] *vt* to concrete.

Betonmischmaschine *f* concrete mixer.

betont [bə'to:nt] *adj* (*Höflichkeit*) emphatic, deliberate; (*Kühle, Sachlichkeit*) pointed.

Betonung *f* stress, emphasis.

betören [bə'tø:rən] *vt* to beguile.

Betr. *abk* = **Betreff**.

betr. *abk* (= *betreffend, betreffs*) re.

Betracht [bə'traxt] *m*: **in** ~ **kommen** to be concerned *od* relevant; **nicht in** ~ **kommen** to be out of the question; **etw in** ~ **ziehen** to consider sth; **außer** ~ **bleiben** not to be considered.

betrachten *vt* to look at; (*fig*) to consider, look at.

Betrachter(in) (**-s, -**) *m(f)* onlooker.

beträchtlich [bə'trɛçtlɪç] *adj* considerable.

Betrachtung *f* (*Ansehen*) examination; (*Erwägung*) consideration; **über etw** *akk* ~**en anstellen** to reflect on *od* contemplate sth.

betraf *etc* [bə'tra:f] *vb siehe* **betreffen**.

Betrag [bə'tra:k] (**-(e)s, ̈-e**) *m* amount, sum; ~ **erhalten** (*COMM*) sum received.

betragen [bə'tra:gən] *unreg vt* to amount to ◆ *vr* to behave.

Betragen (**-s**) *nt* behaviour (*BRIT*), behavior (*US*); (*bes in Zeugnis*) conduct.

beträgt [bə'trɛ:kt] *vb siehe* **betragen**.

betrat *etc* [bə'tra:t] *vb siehe* **betreten**.

betrauen [bə'trauən] *vt*: **jdn mit etw** ~ **to** entrust sb with sth.

betrauern [bə'trauərn] *vt* to mourn.

beträufeln [bə'trɔyfəln] *vt*: **den Fisch mit Zitrone** ~ to sprinkle lemon juice on the fish.

Betreff *m*: ~: **Ihr Schreiben vom ... re** *od* reference your letter of ...

betreffen [bə'trɛfən] *unreg vt* to concern, affect; **was mich betrifft** as for me.

betreffend *adj* relevant, in question.

betreffs [bə'trɛfs] *präp +gen* concerning, regarding.

betreiben [bə'traibən] *unreg vt* (*ausüben*) to practise (*BRIT*), practice (*US*); (*Politik*) to follow; (*Studien*) to pursue; (*vorantreiben*) to push ahead; (*TECH: antreiben*) to drive; **auf jds B**~ *akk* **hin** (*form*) at sb's instigation.

betreten [bə'tre:tən] *unreg vt* to enter; (*Bühne etc*) to step onto ◆ *adj* embarrassed; „**B**~ **verboten**" "keep off/out".

betreuen [bə'trɔyən] *vt* to look after.

Betreuer(in) (**-s, -**) *m(f)* carer; (*Kinderbetreuer*) child-minder.

Betreuung *f*: **er wurde mit der** ~ **der Gruppe beauftragt** he was put in charge of the group.

Betrieb (**-(e)s, -e**) *m* (*Firma*) firm, concern; (*Anlage*) plant; (*Tätigkeit*) operation; (*Treiben*) bustle; (*Verkehr*) traffic; **außer** ~ **sein** to be out of order; **in** ~ **sein** to be in operation; **eine Maschine in/außer** ~ **setzen** to start a machine up/stop a machine; **eine Maschine/ Fabrik in** ~ **nehmen** to put a machine/ factory into operation; **in den Geschäften herrscht großer** ~ the shops are very busy; **er hält den ganzen** ~ **auf** (*umg*) he's holding everything up.

betrieb *etc* [bə'tri:p] *vb siehe* **betreiben**.

betrieben [bə'tri:bən] *pp von* **betreiben**.

betrieblich *adj* company *attr* ◆ *adv* (*regeln*) within the company.

Betriebs- *zW*: ~**anleitung** *f* operating instructions *pl*; ~**ausflug** *m* firm's outing; ~**ausgaben** *pl* revenue expenditure *sing*; **b**~**eigen** *adj* company *attr*; ~**erlaubnis** *f* operating permission/licence (*BRIT*) *od* license (*US*); **b**~**fähig** *adj* in working order; ~**ferien** *pl* company holidays *pl* (*BRIT*) *od* vacation *sing* (*US*); ~**führung** *f* management; ~**geheimnis** *nt* trade secret; ~**kapital** *nt* capital employed; ~**klima** *nt* (working) atmosphere; ~**kosten** *pl* running costs; ~**leitung** *f* management; ~**rat** *m* workers' council; ~**rente** *f* company pension; **b**~**sicher** *adj* safe, reliable; ~**stoff** *m* fuel; ~**störung** *f* breakdown; ~**system** *nt* (*COMPUT*) operating system; ~**unfall** *m* industrial accident; ~**wirt** *m* management expert; ~**wirtschaft** *f* business management.

betrifft [bə'trɪft] *vb siehe* **betreffen**.

betrinken [bə'trɪŋkən] *unreg vr* to get drunk.

betritt [bə'trɪt] *vb siehe* **betreten**.

betroffen [bə'trɔfən] *pp von* **betreffen** ◆ *adj* (*bestürzt*) amazed, perplexed; **von etw** ~ **werden** *od* **sein** to be affected by sth.

betrüben [bə'try:bən] *vt* to grieve.

betrübt [bə'try:pt] *adj* sorrowful, grieved.

Betrug (**-(e)s**) *m* deception; (*JUR*) fraud.

betrug *etc* [bə'tru:k] *vb siehe* **betragen**.

betrügen [bə'try:gən] *unreg vt* to cheat; (*JUR*) to defraud; (*Ehepartner*) to be unfaithful to ◆ *vr* to deceive o.s.

Betrüger(in) (**-s, -**) *m(f)* cheat, deceiver.

betrügerisch *adj* deceitful; (*JUR*) fraudulent; **in** ~**er Absicht** with intent to defraud.

betrunken [bə'trʊŋkən] *adj* drunk.

Betrunkene(r) *f(m)* drunk.

Bett [bɛt] (**-(e)s, -en**) *nt* bed; **im** ~ in bed; **ins** *od* **zu** ~ **gehen** to go to bed; ~**bezug** *m* duvet cover; ~**decke** *f* blanket; (*Daunenbettdecke*) quilt; (*Überwurf*) bedspread.

Rechtschreibreform: ▲ *neue Schreibung* △ *alte Schreibung (auslaufend)*

bettelarm ['bɛtəl|arm] *adj* very poor, destitute.

Bettelei [bɛtə'laɪ] *f* begging.

Bettelmönch *m* mendicant *od* begging monk.

betteln *vi* to beg.

betten *vt* to make a bed for.

Bett- *zW:* ~**hupferl** (*SÜDD*) *nt* bedtime sweet; **b**~**lägerig** *adj* bedridden; ~**laken** *nt* sheet; ~**lektüre** *f* bedtime reading.

Bettler(in) ['bɛtlər(ɪn)] (**-s, -**) *m(f)* beggar.

Bett- *zW:* ~**nässer** (**-s, -**) *m* bedwetter; ~**schwere** (*umg*) *f*: **die nötige** ~**schwere haben/bekommen** to be/get tired enough to sleep; ~**tuch▲** *nt* sheet; ~**vorleger** *m* bedside rug; ~**wäsche** *f* bedclothes *pl*, bedding; ~**zeug** *nt* = **Bettwäsche**.

betucht [bə'tuːxt] (*umg*) *adj* well-to-do.

betulich [bə'tuːlɪç] *adj* (*übertrieben besorgt*) fussing *attr*; (*Redeweise*) twee.

betupfen [bə'tʊpfən] *vt* to dab; (*MED*) to swab.

Beugehaft ['bɔʏɡəhaft] *f* (*JUR*) coercive detention.

beugen ['bɔʏɡən] *vt* to bend; (*GRAM*) to inflect ♦ *vr* (+*dat*) (*sich fügen*) to bow (to).

Beule ['bɔʏlə] (**-, -n**) *f* bump.

beunruhigen [bə'|ʊnruːɪɡən] *vt* to disturb, alarm ♦ *vr* to become worried.

Beunruhigung *f* worry, alarm.

beurkunden [bə'|uːrkʊndən] *vt* to attest, verify.

beurlauben [bə'|uːrlaʊbən] *vt* to give leave *od* holiday to (*BRIT*), grant vacation to (*US*); **beurlaubt sein** to have leave of absence; (*suspendiert sein*) to have been relieved of one's duties.

beurteilen [bə'|ʊrtaɪlən] *vt* to judge; (*Buch etc*) to review.

Beurteilung *f* judgement; (*von Buch etc*) review; (*Note*) mark.

Beute ['bɔʏtə] (**-**) *f* booty, loot; (*von Raubtieren etc*) prey.

Beutel (**-s, -**) *m* bag; (*Geld*~) purse; (*Tabaks*~) pouch.

bevölkern [bə'fœlkərn] *vt* to populate.

Bevölkerung *f* population.

Bevölkerungs- *zW:* ~**explosion** *f* population explosion; ~**schicht** *f* social stratum; ~**statistik** *f* vital statistics *pl*.

bevollmächtigen [bə'fɔlmɛçtɪɡən] *vt* to authorize.

Bevollmächtigte(r) *f(m)* authorized agent.

Bevollmächtigung *f* authorization.

bevor [bə'foːr] *konj* before; ~**munden** *vt untr* to dominate; ~**stehen** *unreg vi*: (*jdm*) ~**stehen** to be in store (for sb); ~**stehend** *adj* imminent, approaching; ~**zugen** *vt untr* to prefer; ~**zugt** [bə'foːrtsuːkt] *adv*: **etw** ~**zugt abfertigen** *etc* to give sth priority; **B**~**zugung** *f* preference.

bewachen [bə'vaxən] *vt* to watch, guard.

bewachsen [bə'vaksən] *adj* overgrown.

Bewachung *f* (*Bewachen*) guarding; (*Leute*) guard, watch.

bewaffnen [bə'vafnən] *vt* to arm.

Bewaffnung *f* (*Vorgang*) arming; (*Ausrüstung*) armament, arms *pl*.

bewahren [bə'vaːrən] *vt* to keep; **jdn vor jdm/ etw** ~ to save sb from sb/sth; **(Gott) bewahre!** (*umg*) heaven *od* God forbid!

bewähren [bə'vɛːrən] *vr* to prove o.s.; (*Maschine*) to prove its worth.

bewahrheiten [bə'vaːrhaɪtən] *vr* to come true.

bewährt *adj* reliable.

Bewährung *f* (*JUR*) probation; **ein Jahr Gefängnis mit** ~ a suspended sentence of one year with probation.

Bewährungs- *zW:* ~**frist** *f* (period of) probation; ~**helfer** *m* probation officer; ~**probe** *f*: **etw einer** ~**probe** *dat* **unterziehen** to put sth to the test.

bewaldet [bə'valdət] *adj* wooded.

bewältigen [bə'vɛltɪɡən] *vt* to overcome; (*Arbeit*) to finish; (*Portion*) to manage; (*Schwierigkeiten*) to cope with.

bewandert [bə'vandərt] *adj* expert, knowledgeable.

Bewandtnis [bə'vantnɪs] *f*: **damit hat es folgende** ~ the fact of the matter is this.

bewarb *etc* [bə'varp] *vb siehe* **bewerben**.

bewässern [bə'vɛsərn] *vt* to irrigate.

Bewässerung *f* irrigation.

bewegen [bə'veːɡən] *vt, vr* to move; **der Preis bewegt sich um die 50 Mark** the price is about 50 marks; **jdn zu etw** ~ to induce sb to do sth.

Beweggrund *m* motive.

beweglich *adj* movable, mobile; (*flink*) quick.

bewegt [bə'veːkt] *adj* (*Leben*) eventful; (*Meer*) rough; (*ergriffen*) touched.

Bewegung *f* movement, motion; (*innere*) emotion; (*körperlich*) exercise; **sich** *dat* ~ **machen** to take exercise.

Bewegungsfreiheit *f* freedom of movement; (*fig*) freedom of action.

bewegungslos *adj* motionless.

Beweis [bə'vaɪs] (**-es, -e**) *m* proof; (*Zeichen*) sign; ~**aufnahme** *f* (*JUR*) taking *od* hearing of evidence; **b**~**bar** *adj* provable.

beweisen *unreg vt* to prove; (*zeigen*) to show; **was zu** ~ **war** QED.

Beweis- *zW:* ~**führung** *f* reasoning; (*JUR*) presentation of one's case; ~**kraft** *f* weight, conclusiveness; **b**~**kräftig** *adj* convincing, conclusive; ~**last** *f* (*JUR*) onus, burden of proof; ~**mittel** *nt* evidence; ~**not** *f* (*JUR*) lack of evidence; ~**stück** *nt* exhibit.

bewenden [bə'vɛndən] *vi*: **etw dabei** ~ **lassen** to leave sth at that.

bewerben [bə'vɛrbən] *unreg vr*: **sich** ~ (**um**) to apply (for).

Bewerber(in) (-s, -) *m(f)* applicant.
Bewerbung *f* application.
Bewerbungsunterlagen *pl* application documents.
bewerkstelligen [bə'vɛrkʃtɛlɪgən] *vt* to manage, accomplish.
bewerten [bə'veːrtən] *vt* to assess.
bewies *etc* [bə'viːs] *vb siehe* **beweisen.**
bewiesen [bə'viːzən] *pp von* **beweisen.**
bewilligen [bə'vɪlɪgən] *vt* to grant, allow.
Bewilligung *f* granting.
bewirbt [bə'vɪrpt] *vb siehe* **bewerben.**
bewirken [bə'vɪrkən] *vt* to cause, bring about.
bewirten [bə'vɪrtən] *vt* to entertain.
bewirtschaften [bə'vɪrtʃaftən] *vt* to manage.
Bewirtung *f* hospitality; **die ~ so vieler Gäste** catering for so many guests.
bewog *etc* [bə'voːk] *vb siehe* **bewegen.**
bewogen [bə'voːgən] *pp von* **bewegen.**
bewohnbar *adj* inhabitable.
bewohnen [bə'voːnən] *vt* to inhabit, live in.
Bewohner(in) (-s, -) *m(f)* inhabitant; (*von Haus*) resident.
bewölkt [bə'vœlkt] *adj* cloudy, overcast.
Bewölkung *f* clouds *pl.*
Bewölkungsauflockerung *f* break-up of the cloud.
beworben [bə'vɔrbən] *pp von* **bewerben.**
Bewunderer(in) (-s, -) *m(f)* admirer.
bewundern [bə'vʊndərn] *vt* to admire.
bewundernswert *adj* admirable, wonderful.
Bewunderung *f* admiration.
bewusst▲ [bə'vʊst] *adj* conscious; (*absichtlich*) deliberate; **jdm etw ~ machen** to make sb conscious of sth; **sich** *dat* **etw ~ machen** to realize sth; **sich** *dat* **einer Sache** *gen* **~ sein** to be aware of sth; **~los** *adj* unconscious; **B~losigkeit** *f* unconsciousness; **bis zur B~losigkeit** (*umg*) ad nauseam; **B~sein** *nt* consciousness; **bei B~sein** conscious; **im B~sein, dass ...** in the knowledge that ...
Bewusstseins-▲ *zW:* **~bildung** *f* (*POL*) shaping of political ideas; **b~erweiternd** *adj:* **b~erweiternde Drogen** mind-expanding drugs; **~erweiterung** *f* consciousness raising.
Bez. *abk* = **Bezirk.**
bez. *abk* (= *bezüglich*) re.
bezahlen [bə'tsaːlən] *vt* to pay (for); **es macht sich bezahlt** it will pay.
Bezahlung *f* payment; **ohne/gegen** *od* **für ~** without/for payment.
bezaubern [bə'tsaubərn] *vt* to enchant, charm.
bezeichnen [bə'tsaɪçnən] *vt* (*kennzeichnen*) to mark; (*nennen*) to call; (*beschreiben*) to describe; (*zeigen*) to show, indicate.
bezeichnend *adj:* **~ (für)** characteristic (of), typical (of).
Bezeichnung *f* (*Zeichen*) mark, sign; (*Beschreibung*) description; (*Ausdruck*)

expression, term.
bezeugen [bə'tsɔʏgən] *vt* to testify to.
bezichtigen [bə'tsɪçtɪgən] *vt* (+*gen*) to accuse (of).
Bezichtigung *f* accusation.
beziehen [bə'tsiːən] *unreg vt* (*mit Überzug*) to cover; (*Haus, Position*) to move into; (*Standpunkt*) to take up; (*erhalten*) to receive; (*Zeitung*) to subscribe to, take ♦ *vr* (*Himmel*) to cloud over; **die Betten frisch ~** to change the beds; **etw auf jdn/etw ~** to relate sth to sb/sth; **sich ~ auf** +*akk* to refer to.
Beziehung *f* (*Verbindung*) connection; (*Zusammenhang*) relation; (*Verhältnis*) relationship; (*Hinsicht*) respect; **diplomatische ~en** diplomatic relations; **seine ~en spielen lassen** to pull strings; **in jeder ~** in every respect; **~en haben** (*vorteilhaft*) to have connections *od* contacts.
Beziehungskiste (*umg*) *f* relationship.
beziehungsweise *adv* or; (*genauer gesagt*) that is, or rather; (*im anderen Fall*) and ... respectively.
beziffern [bə'tsɪfərn] *vt* (*angeben*): **~ auf** +*akk od* **mit** to estimate at.
Bezirk [bə'tsɪrk] (-(e)s, -e) *m* district.
bezirzen [bə'tsɪrtsən] (*umg*) *vt* to bewitch.
bezogen [bə'tsoːgən] *pp von* **beziehen.**
Bezogene(r) [bə'tsoːgənə(r)] *f(m)* (*von Scheck etc*) drawee.
Bezug [bə'tsuːk] (-(e)s, -̈e) *m* (*Hülle*) covering; (*COMM*) ordering; (*Gehalt*) income, salary; (*Beziehung*): **~ (zu)** relationship (to); **in ~ auf** +*akk* with reference to; **mit** *od* **unter ~ auf** +*akk* regarding; (*form*) with reference to; **~ nehmen auf** +*akk* to refer to.
bezüglich [bə'tsyːklɪç] *präp* +*gen* concerning, referring to ♦ *adj* concerning; (*GRAM*) relative.
Bezugnahme *f:* **~ (auf** +*akk*) reference (to).
Bezugs- *zW:* **~person** *f:* **die wichtigste ~person des Kleinkindes** the person to whom the small child relates most closely; **~preis** *m* retail price; **~quelle** *f* source of supply.
bezuschussen [bə'tsuːʃʊsən] *vt* to subsidize.
bezwecken [bə'tsvɛkən] *vt* to aim at.
bezweifeln [bə'tsvaɪfəln] *vt* to doubt.
bezwingen [bə'tsvɪŋən] *unreg vt* to conquer; (*Feind*) to defeat, overcome.
bezwungen [bə'tsvʊŋən] *pp von* **bezwingen.**
Bf. *abk* = **Bahnhof; Brief.**
BfA (-) *f abk* (= *Bundesversicherungsanstalt für Angestellte*) *Federal insurance company for employees.*
BfV (-) *nt abk* (= *Bundesamt für Verfassungsschutz*) *Federal Office for Protection of the Constitution.*
BG (-) *f abk* (= *Berufsgenossenschaft*) *professional association.*

BGB (-) *nt abk* (= *Bürgerliches Gesetzbuch) siehe* **bürgerlich.**

BGH (-) *m abk* (= *Bundesgerichtshof) Federal Supreme Court.*

BGS (-) *m abk* = **Bundesgrenzschutz.**

BH (-s, -(s)) *m abk* (= *Büstenhalter) bra.*

Bhf. *abk* = **Bahnhof.**

BI *f abk* = **Bürgerinitiative.**

Biathlon ['bi:atlɔn] (-s, -s) *nt* biathlon.

bibbern ['bɪbərn] (*umg) vi (vor Kälte)* to shiver.

Bibel ['bi:bəl] (-, -n) *f* Bible.

bibelfest *adj* well versed in the Bible.

Biber ['bi:bər] (-s, -) *m* beaver.

Biberbetttuch▲ *nt* flannelette sheet.

Bibliografie▲ [bibliogra'fi:] *f* bibliography.

Bibliothek [biblio'te:k] (-, -en) *f (auch COMPUT)* library.

Bibliothekar(in) [bibliote'ka:r(ɪn)] (-s, -e) *m(f)* librarian.

biblisch ['bi:blɪʃ] *adj* biblical.

bieder ['bi:dər] *adj* upright, worthy; *(pej)* conventional; *(Kleid etc)* plain.

Biedermann (-(e)s, *pl* -männer) *(pej) m (geh)* petty bourgeois.

biegbar ['bi:kba:r] *adj* flexible.

Biege *f:* **die ~ machen** *(umg)* to buzz off, split.

biegen ['bi:gən] *unreg vt, vr* to bend ♦ *vi* to turn; **sich vor Lachen ~** *(fig)* to double up with laughter; **auf B~ oder Brechen** *(umg)* by hook or by crook.

biegsam ['bi:kza:m] *adj* supple.

Biegung *f* bend, curve.

Biene ['bi:nə] (-, -n) *f* bee; *(veraltet: umg: Mädchen)* bird *(BRIT),* chick *(bes US).*

Bienen- *zW:* **~honig** *m* honey; **~korb** *m* beehive; **~stich** *m (KOCH) sugar-and-almond coated cake filled with custard or cream;* **~stock** *m* beehive; **~wachs** *nt* beeswax.

Bier [bi:r] (-(e)s, -e) *nt* beer; **zwei ~, bitte!** two beers, please.

Bier- *zW:* **~bauch** *(umg) m* beer belly; **~brauer** *m* brewer; **~deckel** *m* beer mat; **~filz** *m* beer mat; **~krug** *m* beer mug; **~schinken** *m* ham sausage; **~seidel** *nt* beer mug; **~wurst** *f* ham sausage.

Biest [bi:st] (-(e)s, -er) *(pej: umg) nt (Mensch)* (little) wretch; *(Frau)* bitch (*!*).

biestig *adj* beastly.

bieten ['bi:tən] *unreg vt* to offer; *(bei Versteigerung)* to bid ♦ *vr (Gelegenheit):* **sich jdm ~** to present itself to sb; **sich** *dat* **etw ~ lassen** to put up with sth.

Bigamie [biga'mi:] *f* bigamy.

Bikini [bi'ki:ni] (-s, -s) *m* bikini.

Bilanz [bi'lants] *f* balance; *(fig)* outcome; **eine ~ aufstellen** to draw up a balance sheet; **~ ziehen (aus)** to take stock (of); **~prüfer** *m* auditor.

bilateral ['bi:latera:l] *adj* bilateral; **~er Handel**

bilateral trade; **~es Abkommen** bilateral agreement.

Bild [bɪlt] (-(e)s, -er) *nt (lit, fig)* picture; photo; *(Spiegel~)* reflection; *(fig: Vorstellung)* image, picture; **ein ~ machen** to take a photo *od* picture; **im ~e sein (über** +*akk)* to be in the picture (about); **~auflösung** *f (TV, COMPUT)* resolution; **~band** *m* illustrated book; **~bericht** *m* pictorial report; **~beschreibung** *f (SCH)* description of a picture.

bilden ['bɪldən] *vt* to form; *(erziehen)* to educate; *(ausmachen)* to constitute ♦ *vr* to arise; *(durch Lesen etc)* to improve one's mind; *(erziehen)* to educate o.s.

bildend *adj:* **die ~e Kunst** art.

Bilderbuch *nt* picture book.

Bilderrahmen *m* picture frame.

Bild- *zW:* **~fläche** *f* screen; *(fig)* scene; **von der ~fläche verschwinden** *(fig: umg)* to disappear (from the scene); **b~haft** *adj (Sprache)* vivid; **~hauer** *m* sculptor; **b~hübsch** *adj* lovely, pretty as a picture; **b~lich** *adj* figurative; pictorial; **sich** *dat* **etw b~lich vorstellen** to picture sth in one's mind's eye.

Bildnis ['bɪltnɪs] *nt (liter)* portrait.

Bild- *zW:* **~platte** *f* videodisc; **~röhre** *f (TV)* cathode ray tube; **~schirm** *m (TV, COMPUT)* screen; **~schirmgerät** *nt (COMPUT)* visual display unit, VDU; **~schirmschoner** (-s, -) *m (COMPUT)* screen saver; **~schirmtext** *m* teletext; ≈ Ceefax ®, Oracle ®; **b~schön** *adj* lovely.

Bildtelefon *nt* videophone.

Bildung ['bɪldʊŋ] *f* formation; *(Wissen, Benehmen)* education.

Bildungs- *zW:* **~gang** *m* school (and university/college) career; **~gut** *nt* cultural heritage; **~lücke** *f* gap in one's education; **~politik** *f* educational policy; **~roman** *m (LITER)* Bildungsroman, *novel relating hero's intellectual/spiritual development;* **~urlaub** *m* educational holiday; **~weg** *m:* **auf dem zweiten ~weg** through night school/ the Open University *etc;* **~wesen** *nt* education system.

Bildweite *f (PHOT)* distance.

Bildzuschrift *f* reply enclosing photograph.

Billard ['bɪljart] (-s, -e) *nt* billiards; **~ball** *m* billiard ball; **~kugel** *f* billiard ball.

billig ['bɪlɪç] *adj* cheap; *(gerecht)* fair, reasonable; **~e Handelsflagge** flag of convenience; **~es Geld** cheap/easy money.

billigen ['bɪlɪgən] *vt* to approve of; **etw stillschweigend ~** to condone sth.

billigerweise *adv (veraltet)* in all fairness, reasonably.

Billigladen *m* discount store.

Billigpreis *m* low price.

Billigung *f* approval.

Billion [bɪli'oːn] *f* billion (*BRIT*), trillion (*US*).

bimmeln ['bɪməln] *vi* to tinkle.

Bimsstein ['bɪmsʃtaɪn] *m* pumice stone.

bin [bɪn] *vb siehe* **sein**.

binär [bi'nɛːr] *adj* binary; **B~zahl** *f* binary number.

Binde ['bɪndə] (-, -n) *f* bandage; (*Armbinde*) band; (*MED*) sanitary towel (*BRIT*) *od* napkin (*US*); **sich** *dat* **einen hinter die ~ gießen** *od* **kippen** (*umg*) to put a few drinks away.

Binde- *zW:* **~glied** *nt* connecting link; **~hautentzündung** *f* conjunctivitis; **~mittel** *nt* binder.

binden *unreg vt* to bind, tie ♦ *vr* (*sich verpflichten*): **sich ~ (an** +*akk*) to commit o.s. (to).

bindend *adj* binding; (*Zusage*) definite; **~ für** binding on.

Bindestrich *m* hyphen.

Bindewort *nt* conjunction.

Bindfaden *m* string; **es regnet Bindfäden** (*umg*) it's sheeting down.

Bindung *f* bond, tie; (*SKI*) binding.

binnen ['bɪnən] *präp* (+*dat od gen*) within; **B~hafen** *m* inland harbour (*BRIT*) *od* harbor (*US*); **B~handel** *m* internal trade; **B~markt** *m* home market; **Europäischer B~markt** single European market.

Binse ['bɪnzə] (-, -n) *f* rush, reed; **in die ~n gehen** (*fig: umg: misslingen*) to be a wash-out.

Binsenwahrheit *f* truism.

Biografie▲ [biogra'fiː] *f* biography.

Bioladen ['biolaːdən] *m* health food shop (*BRIT*) *od* store (*US*).

BIOLADEN

A **Bioladen** *is a shop which specializes in selling environmentally-friendly products such as phosphate-free washing powders, recycled paper and organically-grown vegetables.*

Biologe [bio'loːgə] (-n, -n) *m* biologist.

Biologie [biolo'giː] *f* biology.

Biologin *f* biologist.

biologisch [bio'loːgɪʃ] *adj* biological; **~e Vielfalt** biodiversity; **~e Uhr** biological clock.

Bio- [bio-] *zW:* **~sphäre** *f* biosphere; **~technik** [bio'tɛçnɪk] *f* biotechnology; **~treibstoff** ['biːotraipʃtɔf] *m* biofuel.

birgt [bɪrkt] *vb siehe* **bergen**.

Birke ['bɪrkə] (-, -n) *f* birch.

Birma ['bɪrma] (-s) *nt* Burma.

Birnbaum *m* pear tree.

Birne ['bɪrnə] (-, -n) *f* pear; (*ELEK*) (light) bulb.

birst [bɪrst] *vb siehe* **bersten**.

---

bis [bɪs] *präp* +*akk* ♦ *adv* **1** (*zeitlich*) till, until; (~ **spätestens**) by; **Sie haben ~ Dienstag Zeit** you have until *od* till Tuesday; **~ zum Wochenende** up to *od* until the weekend; (*spätestens*) by the weekend; **~ Dienstag muss es fertig sein** it must be ready by Tuesday; **~ wann ist das fertig?** when will that be finished?; **~ auf weiteres** until further notice; **~ in die Nacht** into the night; **~ bald!/gleich!** see you later/soon.

2 (*räumlich*) (up) to; **ich fahre ~ Köln** I'm going as far as Cologne; **~ an unser Grundstück** (right *od* up) to our plot; **~ hierher** this far; **~ zur Straße kommen** to get as far as the road.

3 (*bei Zahlen, Angaben*) up to; **~ zu** up to; **Gefängnis ~ zu 8 Jahren** a maximum of 8 years' imprisonment.

4 ~ **auf etw** *akk* (*außer*) except sth; (*einschließlich*) including sth.

♦ *konj* **1** (*mit Zahlen*) to; **10 ~ 20** 10 to 20.

2 (*zeitlich*) till, until; ~ **es dunkel wird** till *od* until it gets dark; **von ... ~ ...** from ... to ...

Bisamratte ['biːzamratə] *f* muskrat (beaver).

Bischof ['bɪʃɔf] (-s, -̈e) *m* bishop.

bischöflich ['bɪʃøːflɪç] *adj* episcopal.

bisexuell [bizɛksu'ɛl] *adj* bisexual.

bisher [bɪs'heːr] *adv* till now, hitherto.

bisherig [bɪs'heːrɪç] *adj* till now.

Biskaya [bɪs'kaːya] *f:* **Golf von ~** Bay of Biscay.

Biskuit [bɪs'kviːt] (-(e)s, -s *od* -e) *m od nt* biscuit; **~gebäck** *nt* sponge cake(s); **~teig** *m* sponge mixture.

bislang [bɪs'laŋ] *adv* hitherto.

Biss▲ (-es, -e) *m* bite.

biss *etc*▲ [bɪs] *vb siehe* **beißen**.

bisschen▲ ['bɪsçən] *adj, adv* bit.

Bissen ['bɪsən] (-s, -) *m* bite, morsel; **sich** *dat* **jeden ~ vom** *od* **am Munde absparen** to watch every penny one spends.

bissig ['bɪsɪç] *adj* (*Hund*) snappy; vicious; (*Bemerkung*) cutting, biting; „**Vorsicht, ~er Hund**" "beware of the dog".

bist [bɪst] *vb siehe* **sein**.

Bistum ['bɪstuːm] *nt* bishopric.

bisweilen [bɪs'vaɪlən] *adv* at times, occasionally.

Bit [bɪt] (-(s), -(s)) *nt* (*COMPUT*) bit.

Bittbrief *m* petition.

Bitte ['bɪtə] (-, -n) *f* request; **auf seine ~ hin** at his request; **b~** *interj* please; (*als Antwort auf Dank*) you're welcome; **wie b~?** (I beg your) pardon?; **b~ schön!** it was a pleasure; **b~ schön?** (*in Geschäft*) can I help you?; **na b~!** there you are!

bitten *unreg vt* to ask ♦ *vi* (*einladen*): **ich lasse ~**

---

would you ask him/her *etc* to come in now?; ~ **um** to ask for; **aber ich bitte dich!** not at all; **ich bitte darum** *(form)* if you wouldn't mind; **ich muss doch (sehr)** ~! well I must say!

bittend *adj* pleading, imploring.

bitter ['bɪtər] *adj* bitter; *(Schokolade)* plain; **etw** ~ **nötig haben** to be in dire need of sth; ~**böse** *adj* very angry; ~**ernst** *adj*: **damit ist es mir** ~**ernst** I am deadly serious *od* in deadly earnest; **B**~**keit** *f* bitterness; ~**lich** *adj* bitter ♦ *adv* bitterly.

Bittsteller(in) (-s, -) *m(f)* petitioner.

Biwak ['biːvak] (-s, -s *od* -e) *nt* bivouac.

Bj. *abk* = **Baujahr.**

Blabla [blaˈblaː] (-s) *(umg)* *nt* waffle.

blähen ['blɛːən] *vt, vr* to swell, blow out ♦ *vi* *(Speisen)* to cause flatulence *od* wind.

Blähungen *pl (MED)* wind *sing.*

blamabel [blaˈmaːbəl] *adj* disgraceful.

Blamage [blaˈmaːʒə] (-, -n) *f* disgrace.

blamieren [blaˈmiːrən] *vr* to make a fool of o.s., disgrace o.s. ♦ *vt* to let down, disgrace.

blank [blaŋk] *adj* bright; *(unbedeckt)* bare; *(sauber)* clean, polished; *(umg: ohne Geld)* broke; *(offensichtlich)* blatant.

blanko ['blaŋko] *adv* blank; **B**~**scheck** *m* blank cheque *(BRIT) od* check *(US)*; **B**~**vollmacht** *f* carte blanche.

Bläschen ['blɛːsçən] *nt* bubble; *(MED)* small blister.

Blase ['blaːzə] (-, -n) *f* bubble; *(MED)* blister; *(ANAT)* bladder.

Blasebalg *m* bellows *pl.*

blasen *unreg vt, vi* to blow; **zum Aufbruch** ~ *(fig)* to say it's time to go.

Blasenentzündung *f* cystitis.

Bläser(in) ['blɛːzər(ɪn)] (-s, -) *m(f) (MUS)* wind player; **die** ~ the wind (section).

blasiert [blaˈziːrt] *(pej) adj (geh)* blasé.

Blas- *zW:* ~**instrument** *nt* wind instrument; ~**kapelle** *f* brass band; ~**musik** *f* brass band music.

blass▲ [blas] *adj* pale; *(Ausdruck)* weak, insipid; *(fig: Ahnung, Vorstellung)* faint, vague; ~ **vor Neid werden** to go green with envy.

Blässe ['blɛsə] (-) *f* paleness, pallor.

Blatt [blat] (-(e)s, ⁻er) *nt* leaf; *(von Papier)* sheet; *(Zeitung)* newspaper; *(KARTEN)* hand; **vom** ~ **singen/spielen** to sight-read; **kein** ~ **vor den Mund nehmen** not to mince one's words.

blättern ['blɛtərn] *vi*: **in etw** *dat* ~ to leaf through sth.

Blätterteig *m* flaky *od* puff pastry.

Blattlaus *f* greenfly, aphid.

blau [blau] *adj* blue; *(umg)* drunk, stoned; *(KOCH)* boiled; *(Auge)* black; ~**er Fleck** bruise; **mit einem** ~**en Auge davonkommen**

(fig) to get off lightly; ~**er Brief** *(SCH) letter telling parents a child may have to repeat a year;* **er wird sein** ~**es Wunder erleben** *(umg)* he won't know what's hit him; ~**äugig** *adj* blue-eyed; **B**~**beere** *f* bilberry.

Blaue *nt:* **Fahrt ins** ~ mystery tour; **das** ~ **vom Himmel (herunter) lügen** *(umg)* to tell a pack of lies.

blau- *zW:* **B**~**helm** *(umg) m* UN Soldier; **B**~**kraut** *nt* red cabbage; **B**~**licht** *nt* flashing blue light; ~**machen** *(umg) vi* to skive off work; **B**~**pause** *f* blueprint; **B**~**säure** *f* prussic acid; **B**~**strumpf** *m (fig)* bluestocking.

Blech [blɛç] (-(e)s, -e) *nt* tin, sheet metal; *(Back~)* baking tray; ~ **reden** *(umg)* to talk rubbish *od* nonsense; ~**bläser** *pl* the brass (section); ~**büchse** *f* tin, can; ~**dose** *f* tin, can.

blechen *(umg) vt, vi* to pay.

Blechschaden *m (AUT)* damage to bodywork.

Blechtrommel *f* tin drum.

blecken ['blɛkən] *vt:* **die Zähne** ~ to bare *od* show one's teeth.

Blei [blai] (-(e)s, -e) *nt* lead.

Bleibe (-, -n) *f* roof over one's head.

bleiben *unreg vi* to stay, remain; **bitte,** ~ **Sie doch sitzen** please don't get up; **wo bleibst du so lange?** *(umg)* what's keeping you?; **das bleibt unter uns** *(fig)* that's (just) between ourselves; ~ **lassen** *(aufgeben)* to give up; **etw** ~ **lassen** *(unterlassen)* to give sth a miss.

bleich [blaiç] *adj* faded, pale; ~**en** *vt* to bleach; **B**~**gesicht** *(umg) nt (blasser Mensch)* pasty-face.

bleiern *adj* leaden.

Blei- *zW:* **b**~**frei** *adj* lead-free; ~**gießen** *nt New Year's Eve fortune-telling using lead shapes;* **b**~**haltig** *adj:* **b**~**haltig sein** to contain lead; ~**stift** *m* pencil; ~**stiftabsatz** *m* stiletto heel *(BRIT)*, spike heel *(US)*; ~**stiftspitzer** *m* pencil sharpener; ~**vergiftung** *f* lead poisoning.

Blende ['blɛndə] (-, -n) *f (PHOT)* aperture; *(: Einstellungsposition)* f-stop.

blenden *vt* to blind, dazzle; *(fig)* to hoodwink.

blendend *(umg) adj* grand; ~ **aussehen** to look smashing.

Blender (-s, -) *m* con-man.

blendfrei ['blɛntfrai] *adj (Glas)* non-reflective.

Blick [blɪk] (-(e)s, -e) *m (kurz)* glance, glimpse; *(Anschauen)* look, gaze; *(Aussicht)* view; **Liebe auf den ersten** ~ love at first sight; **den** ~ **senken** to look down; **den bösen** ~ **haben** to have the evil eye; **einen (guten)** ~ **für etw haben** to have an eye for sth; **mit einem** ~ at a glance.

blicken *vi* to look; **das lässt tief** ~ that's very revealing; **sich** ~ **lassen** to put in an

Spelling Reform: ▲ *new spelling* △ *old spelling (to be phased out)*

appearance.
Blick- *zW:* ~**fang** *m* eye-catcher; ~**feld** *nt* range of vision (*auch fig*); ~**kontakt** *m* visual contact; ~**punkt** *m*: **im ~punkt der Öffentlichkeit stehen** to be in the public eye.
blieb *etc* [bliːp] *vb siehe* **bleiben.**
blies *etc* [bliːs] *vb siehe* **blasen.**
blind [blɪnt] *adj* blind; (*Glas etc*) dull; (*Alarm*) false; ~**er Passagier** stowaway; ~ **schreiben** to touch type.
Blinddarm *m* appendix; ~**entzündung** *f* appendicitis.
Blindekuh ['blɪndəkuː] *f:* ~ **spielen** to play blind man's buff.
Blindenhund *m* guide dog.
Blindenschrift *f* braille.
Blind- *zW:* ~**gänger** *m* (*MIL, fig*) dud; ~**heit** *f* blindness; **mit ~heit geschlagen sein** (*fig*) to be blind; **b~lings** *adv* blindly; ~**schleiche** *f* slow worm.
blinken ['blɪŋkən] *vi* to twinkle, sparkle; (*Licht*) to flash, signal; (*AUT*) to indicate ♦ *vt* to flash, signal.
Blinker (-s, -) *m* (*AUT*) indicator.
Blinklicht *nt* (*AUT*) indicator.
blinzeln ['blɪntsəln] *vi* to blink, wink.
Blitz [blɪts] (-es, -e) *m* (flash of) lightning; **wie ein ~ aus heiterem Himmel** (*fig*) like a bolt from the blue; ~**ableiter** *m* lightning conductor; (*fig*) vent od safety valve for feelings; **b~en** *vi* (*aufleuchten*) to glint, shine; **es b~t** (*MET*) there's a flash of lightning; ~**gerät** *nt* (*PHOT*) flash(gun); ~**licht** *nt* flashlight; **b~sauber** *adj* spick and span; **b~schnell** *adj, adv* as quick as a flash; ~**würfel** *m* (*PHOT*) flashcube.
Block [blɔk] (-(e)s, ⁼e) *m* (*lit, fig*) block; (*von Papier*) pad; (*POL: Staaten~*) bloc; (*Fraktion*) faction.
Blockade [blɔˈkaːdə] (-, -n) *f* blockade.
Block- *zW:* ~**buchstabe** *m* block letter od capital; ~**flöte** *f* recorder; **b~frei** *adj* (*POL*) non-aligned; ~**haus** *nt* log cabin; ~**hütte** *f* log cabin.
blockieren [blɔˈkiːrən] *vt* to block ♦ *vi* (*Räder*) to jam.
Block- *zW:* ~**schokolade** *f* cooking chocolate; ~**schrift** *f* block letters *pl*; ~**stunde** *f* double period.
blöd [bløːt] *adj* silly, stupid.
blödeln ['bløːdəln] (*umg*) *vi* to fool around.
Blödheit *f* stupidity.
Blödian ['bløːdian] (-(e)s, -e) (*umg*) *m* idiot.
blöd- *zW:* **B~mann** (-(e)s, *pl* **-männer**) (*umg*) *m* idiot; **B~sinn** *m* nonsense; ~**sinnig** *adj* silly, idiotic.
blöken ['bløːkən] *vi* (*Schaf*) to bleat.
blond [blɔnt] *adj* blond(e), fair-haired.
Blondine [blɔnˈdiːnə] *f* blonde.

bloß [bloːs] *adj* **1** (*unbedeckt*) bare; (*nackt*) naked; **mit der ~en Hand** with one's bare hand; **mit ~em Auge** with the naked eye.
2 (*alleinig: nur*) mere; **der ~e Gedanke** the very thought; ~**er Neid** sheer envy.
♦ *adv* only, merely; **lass das ~!** just don't do that!; **wie ist das ~ passiert?** how on earth did that happen?

Blöße ['bløːsə] (-, -n) *f* bareness; nakedness; (*fig*) weakness; **sich** *dat* **eine ~ geben** (*fig*) to lay o.s. open to attack.
bloßlegen *vt* to expose.
bloßstellen *vt* to show up.
blühen ['blyːən] *vi* (*lit*) to bloom, be in bloom; (*fig*) to flourish; (*umg: bevorstehen*): **(jdm) ~** to be in store (for sb).
blühend *adj*: **wie das ~e Leben aussehen** to look the very picture of health.
Blume ['bluːmə] (-, -n) *f* flower; (*von Wein*) bouquet; **jdm etw durch die ~ sagen** to say sth in a roundabout way to sb.
Blumen- *zW:* ~**geschäft** *nt* flower shop, florist's; ~**kasten** *m* window box; ~**kohl** *m* cauliflower; ~**strauß** *m* bouquet, bunch of flowers; ~**topf** *m* flowerpot; ~**zwiebel** *f* bulb.
Bluse ['bluːzə] (-, -n) *f* blouse.
Blut [bluːt] (-(e)s) *nt* (*lit, fig*) blood; **(nur) ruhig ~** keep your shirt on (*umg*); **jdn/sich bis aufs ~ bekämpfen** to fight sb/fight bitterly; **b~arm** *adj* anaemic (*BRIT*), anemic (*US*); (*fig*) penniless; ~**bahn** *f* bloodstream; ~**bank** *f* blood bank; **b~befleckt** *adj* bloodstained; ~**bild** *nt* blood count; ~**buche** *f* copper beech; ~**druck** *m* blood pressure.
Blüte ['blyːtə] (-, -n) *f* blossom; (*fig*) prime.
Blutegel ['bluːtˌeːgəl] *m* leech.
bluten *vi* to bleed.
Blütenstaub *m* pollen.
Bluter (-s, -) *m* (*MED*) haemophiliac (*BRIT*), hemophiliac (*US*).
Bluterguss▲ *m* haemorrhage (*BRIT*), hemorrhage (*US*); (*auf Haut*) bruise.
Blütezeit *f* flowering period; (*fig*) prime.
Blutgerinnsel *nt* blood clot.
Blutgruppe *f* blood group.
blutig *adj* bloody; (*umg: Anfänger*) absolute; (: *Ernst*) deadly.
Blut- *zW:* **b~jung** *adj* very young; ~**konserve** *f* unit od pint of stored blood; ~**körperchen** *nt* blood corpuscle; ~**probe** *f* blood test; **b~rünstig** *adj* bloodthirsty; ~**schande** *f* incest; ~**senkung** *f* (*MED*): **eine ~senkung machen** to test the sedimentation rate of the blood; ~**spender** *m* blood donor; **b~stillend** *adj* styptic; ~**sturz** *m* haemorrhage (*BRIT*), hemorrhage (*US*).
blutsverwandt *adj* related by blood.

Blutübertragung – Bordstein

Blutübertragung *f* blood transfusion.

Blutung *f* bleeding, haemorrhage (*BRIT*), hemorrhage (*US*).

Blut- *zW*: **b~unterlaufen** *adj* suffused with blood; (*Augen*) bloodshot; **~vergießen** *nt* bloodshed; **~vergiftung** *f* blood poisoning; **~wurst** *f* black pudding; **~zuckerspiegel** *m* blood sugar level.

BLZ *abk* = **Bankleitzahl**.

BMX-Rad *nt* BMX.

BND (**-s, -**) *m abk* = **Bundesnachrichtendienst**.

Bö (**-, -en**) *f* squall.

Boccia ['bɔtʃa] *nt od f* bowls *sing*.

Bock [bɔk] (**-(e)s, ⁻e**) *m* buck, ram; (*Gestell*) trestle, support; (*SPORT*) buck; **alter ~** (*umg*) old goat; **den ~ zum Gärtner machen** (*fig*) to choose the worst possible person for the job; **einen ~ schießen** (*fig: umg*) to (make a) boob; **~ haben, etw zu tun** (*umg*: *Lust*) to fancy doing sth.

Bockbier *nt* bock (beer) (*type of strong beer*).

bocken ['bɔkən] (*umg*) *vi* (*Auto, Mensch*) to play up.

Bocksbeutel *m* wide, rounded (dumpy) bottle containing Franconian wine.

Bockshorn *nt*: **sich von jdm ins ~ jagen lassen** to let sb upset one.

Bocksprung *m* leapfrog; (*SPORT*) vault.

Bockwurst *f* bockwurst (*large frankfurter*).

Boden ['boːdən] (**-s, ⁻**) *m* ground; (*Fuß~*) floor; (*Meeres~, Fass~*) bottom; (*Speicher*) attic; **den ~ unter den Füßen verlieren** (*lit*) to lose one's footing; (*fig: in Diskussion*) to get out of one's depth; **ich hätte (vor Scham) im ~ versinken können** (*fig*) I was so ashamed, I wished the ground would swallow me up; **am ~ zerstört sein** (*umg*) to be shattered; **etw aus dem ~ stampfen** (*fig*) to conjure sth up out of nothing; (*Häuser*) to build overnight; **auf dem ~ der Tatsachen bleiben** (*fig: Grundlage*) to stick to the facts; **zu ~ fallen** to fall to the ground; **festen ~ unter den Füßen haben** to be on firm ground, be on terra firma; **~kontrolle** *f* (*RAUMFAHRT*) ground control; **b~los** *adj* bottomless; (*umg*) incredible; **~personal** *nt* (*AVIAT*) ground personnel *pl*, ground staff; **~satz** *m* dregs *pl*, sediment; **~schätze** *pl* mineral wealth *sing*.

Bodensee ['boːdənzeː] *m*: **der ~** Lake Constance.

Bodenturnen *nt* floor exercises *pl*.

Böe (**-, -n**) *f* squall.

bog *etc* [boːk] *vb siehe* **biegen**.

Bogen ['boːgən] (**-s, -**) *m* (*Biegung*) curve; (*ARCHIT*) arch; (*Waffe, MUS*) bow; (*Papier*) sheet; **den ~ heraushaben** (*umg*) to have got the hang of it; **einen großen ~ um jdn/etw machen** (*meiden*) to give sb/sth a wide berth; **jdn in hohem ~ hinauswerfen** (*umg*) to fling sb out; **~gang** *m* arcade; **~schütze** *m*

archer.

Bohle ['boːlə] (**-, -n**) *f* plank.

Böhme ['bøːmə] (**-n, -n**) *m* Bohemian.

Böhmen (**-s**) *nt* Bohemia.

Böhmin *f* Bohemian woman.

böhmisch ['bøːmɪʃ] *adj* Bohemian; **das sind für mich ~e Dörfer** (*umg*) that's all Greek to me.

Bohne ['boːnə] (**-, -n**) *f* bean; **blaue ~** (*umg*) bullet; **nicht die ~** not one little bit.

Bohnen- *zW*: **~kaffee** *m* real coffee; **~stange** *f* (*fig: umg*) beanpole; **~stroh** *nt*: **dumm wie ~stroh** (*umg*) (as) thick as two (short) planks.

bohnern *vt* to wax, polish.

Bohnerwachs *nt* floor polish.

bohren ['boːrən] *vt* to bore; (*Loch*) to drill ♦ *vi* to drill; (*fig: drängen*) to keep on; (*peinigen*: *Schmerz, Zweifel etc*) to gnaw; **nach Öl/Wasser ~** drill for oil/water; **in der Nase ~** to pick one's nose.

Bohrer (**-s, -**) *m* drill.

Bohr- *zW*: **~insel** *f* oil rig; **~maschine** *f* drill; **~turm** *m* derrick.

Boiler ['bɔylər] (**-s, -**) *m* water heater.

Boje ['boːjə] (**-, -n**) *f* buoy.

Bolivianer(in) [bolivi'aːnər(ɪn)] (**-s, -**) *m(f)* Bolivian.

Bolivien [bo'liːviən] *nt* Bolivia.

bolivisch [bo'liːvɪʃ] *adj* Bolivian.

Bollwerk ['bɔlverk] *nt* (*lit, fig*) bulwark.

Bolschewismus [bɔlʃe'vɪsmʊs] (**-**) *m* Bolshevism.

Bolzen ['bɔltsən] (**-s, -**) *m* bolt.

bombardieren [bɔmbar'diːrən] *vt* to bombard; (*aus der Luft*) to bomb.

Bombe ['bɔmbə] (**-, -n**) *f* bomb; **wie eine ~ einschlagen** to come as a (real) bombshell.

Bomben- *zW*: **~alarm** *m* bomb scare; **~angriff** *m* bombing raid; **~anschlag** *m* bomb attack; **~erfolg** (*umg*) *m* huge success; **~geschäft** (*umg*) *nt*: **ein ~geschäft machen** to do a roaring trade; **b~sicher** (*umg*) *adj* dead certain.

bombig (*umg*) *adj* great, super.

Bon [bɔŋ] (**-s, -s**) *m* voucher; (*Kassenzettel*) receipt.

Bonbon [bõ'bõ] (**-s, -s**) *nt od m* sweet.

Bonn [bɔn] (**-s**) *nt* Bonn.

Bonze ['bɔntsə] (**-n, -n**) *m* big shot (*umg*).

Bonzenviertel (*umg*) *nt* posh quarter (*of town*).

Boot [boːt] (**-(e)s, -e**) *nt* boat.

Bord [bɔrt] (**-(e)s, -e**) *m* (*AVIAT, NAUT*) board ♦ *nt* (*Brett*) shelf; **über ~ gehen** to go overboard; (*fig*) to go by the board; **an ~** on board.

Bordell [bɔr'dɛl] (**-s, -e**) *nt* brothel.

Bordfunkanlage *f* radio.

Bordstein *m* kerb(stone) (*BRIT*), curb(-

stone) (US).

borgen ['bɔrgən] vt to borrow; **jdm etw ~ to lend sb sth.**

Borneo ['bɔrneo] (-s) nt Borneo.

borniert [bɔr'niːrt] adj narrow-minded.

Börse ['bœːrzə] (-, -n) f stock exchange; (Geld~) purse.

Börsen- zW: **~makler** m stockbroker; **b~notiert** adj: **b~notierte Firma** listed company; **~notierung** f quotation (on the stock exchange).

Borste ['bɔrstə] (-, -n) f bristle.

Borte ['bɔrtə] (-, -n) f edging; (Band) trimming.

bös [bøːs] adj = **böse**; **~artig** adj malicious; (MED) malignant.

Böschung ['bœʃʊŋ] f slope; (Ufer~ etc) embankment.

böse ['bøːzə] adj bad, evil; (zornig) angry; **das war nicht ~ gemeint** I/he etc didn't mean it nastily.

Bösewicht (umg) m baddy.

boshaft ['boːshaft] adj malicious, spiteful.

Bosheit f malice, spite.

Bosnien ['bɔsniən] (-s) nt Bosnia.

Bosnien-Herzegowina ['bɔsniənhertsə'goːviːna] (-s) nt Bosnia-Herzegovina.

Bosnier(in) (-s, -) m(f) Bosnian.

bosnisch adj Bosnian.

Boss▲ [bɔs] (-es, -e) (umg) m boss.

böswillig ['bøːsvɪlɪç] adj malicious.

bot etc [boːt] vb siehe **bieten**.

Botanik [bo'taːnɪk] f botany.

botanisch [bo'taːnɪʃ] adj botanical.

Bote ['boːtə] (-n, -n) m messenger.

Botengang m errand.

Botenjunge m errand boy.

Botin ['boːtɪn] f messenger.

Botschaft f message, news; (POL) embassy; **die Frohe ~** the Gospel; **~er** (-s, -) m ambassador.

Botswana [bɔ'tsvaːna] (-s) nt Botswana.

Bottich ['bɔtɪç] (-(e)s, -e) m vat, tub.

Bouillon [bu'ljõː] (-, -s) f consommé.

Boulevard- [bulə'vaːr] zW: **~blatt** (umg) nt tabloid; **~presse** f tabloid press; **~stück** nt light play/comedy.

Boutique [bu'tiːk] (-, -n) f boutique.

Bowle ['boːlə] (-, -n) f punch.

Bowlingbahn ['boːlɪŋbaːn] f bowling alley.

Box [bɔks] f (Lautsprecher~) speaker.

boxen vi to box.

Boxer (-s, -) m boxer.

Boxhandschuh m boxing glove.

Boxkampf m boxing match.

Boykott [bɔy'kɔt] (-(e)s, -s) m boycott.

boykottieren [bɔykɔ'tiːrən] vt to boycott.

BR abk (= Bayerischer Rundfunk) German radio station.

brach etc [braːx] vb siehe **brechen**.

brachial [braxi'aːl] adj: **mit ~er Gewalt** by brute force.

brachliegen ['braːxliːgən] unreg vi (lit, fig) to lie fallow.

brachte etc ['braxtə] vb siehe **bringen**.

Branche ['brãːʃə] (-, -n) f line of business.

Branchenführer(in) m(f) market leader.

Branchenverzeichnis nt trade directory.

Brand [brant] (-(e)s, ⁻e) m fire; (MED) gangrene.

Brandanschlag m arson attack.

branden ['brandən] vi to surge; (Meer) to break.

Brandenburg ['brandənburk] (-s) nt Brandenburg.

Brandherd m source of the fire.

brandmarken vt to brand; (fig) to stigmatize.

brandneu (umg) adj brand-new.

Brand- zW: **~salbe** f ointment for burns; **~satz** m incendiary device; **~stifter** m arsonist, fire-raiser; **~stiftung** f arson.

Brandung f surf.

Brandwunde f burn.

brannte etc ['brantə] vb siehe **brennen**.

Branntwein ['brantvaɪn] m brandy; **~steuer** f tax on spirits.

Brasilianer(in) [brazili'aːnər(ɪn)] (-s, -) m(f) Brazilian.

brasilianisch adj Brazilian.

Brasilien [bra'ziːliən] nt Brazil.

brät [brɛt] vb siehe **braten**.

Bratapfel m baked apple.

braten ['braːtən] unreg vt to roast; (in Pfanne) to fry; **B~** (-s, -) m roast, joint; **den B~ riechen** (umg) to smell a rat, suss something.

Brat- zW: **~hähnchen** nt (SÜDD, ÖSTERR) roast chicken; **~hendl** nt roast chicken; **~huhn** nt roast chicken; **~kartoffeln** pl fried/roast potatoes pl; **~pfanne** f frying pan; **~rost** m grill.

Bratsche ['braːtʃə] (-, -n) f viola.

Bratspieß m spit.

Bratwurst f grilled sausage.

Brauch [braux] (-(e)s, pl Bräuche) m custom.

brauchbar adj usable, serviceable; (Person) capable.

brauchen vt (bedürfen) to need; (müssen) to have to; (verwenden) to use; **wie lange braucht man, um ...?** how long does it take to ...?

Brauchtum nt customs pl, traditions pl.

Braue ['brauə] (-, -n) f brow.

brauen ['brauən] vt to brew.

Brauerei [brauə'raɪ] f brewery.

braun [braun] adj brown; (von Sonne) tanned; **~ gebrannt** tanned; (pej) Nazi.

Bräune ['brɔynə] (-, -n) f brownness; (Sonnen~) tan.

bräunen vt to make brown; (Sonne) to tan.

Braunkohle *f* brown coal.

Braunschweig ['braʊnʃvaɪk] **(-s)** *nt* Brunswick.

Brause ['braʊzə] **(-, -n)** *f* shower; (*von Gießkanne*) rose; (*Getränk*) lemonade.

brausen *vi* to roar; (*auch vr: duschen*) to take a shower.

Brausepulver *nt* lemonade powder.

Brausetablette *f* lemonade tablet.

Braut [braʊt] **(-,** *pl* **Bräute)** *f* bride; (*Verlobte*) fiancée.

Bräutigam ['brɔʏtɪgam] **(-s, -e)** *m* bridegroom; (*Verlobter*) fiancé.

Braut- *zW:* **~jungfer** *f* bridesmaid; **~kleid** *nt* wedding dress; **~paar** *nt* bride and bridegroom, bridal pair.

brav [braːf] *adj* (*artig*) good; (*ehrenhaft*) worthy, honest; (*bieder: Frisur, Kleid*) plain; **sei schön ~!** be a good boy/girl.

BRD **(-)** *f abk* (= *Bundesrepublik Deutschland*) FRG; **die alte ~** former West Germany.

BRD

The **BRD** *(Bundesrepublik Deutschland) is the official name for the Federal Republic of Germany. It comprises 16* **Länder** *(see* **Land***). It was the name given to the former West Germany as opposed to East Germany (the* **DDR***). The two Germanies were reunited on 3rd October 1990.*

Brechbohne *f* French bean.

Brecheisen *nt* crowbar.

brechen *unreg vt, vi* to break; (*Licht*) to refract; (*speien*) to vomit; **die Ehe ~** to commit adultery; **mir bricht das Herz** it breaks my heart; **~d voll sein** to be full to bursting.

Brechmittel *nt:* **er/das ist das reinste ~** (*umg*) he/it makes me feel ill.

Brechreiz *m* nausea.

Brechung *f* (*des Lichts*) refraction.

Brei [braɪ] **(-(e)s, -e)** *m* (*Masse*) pulp; (*KOCH*) gruel; (*Hafer~*) porridge (*BRIT*), oatmeal (*US*); (*für Kinder, Kranke*) mash; **um den heißen ~ herumreden** (*umg*) to beat about the bush.

breit [braɪt] *adj* broad; (*bei Maßangabe*) wide; **die ~e Masse** the masses *pl* ♦ *adv:* **ein ~ gefächertes Angebot** a wide range; **sich ~ machen** to spread o.s. out; **~ treten** (*umg*) to go on about; **~beinig** *adj* with one's legs apart.

Breite **(-, -n)** *f* breadth; (*bei Maßangabe*) width; (*GEOG*) latitude.

breiten *vt:* **etw über etw** *akk* **~** to spread sth over sth.

Breitengrad *m* degree of latitude.

Breitensport *m* popular sport.

breit- *zW:* **~schlagen** *unreg* (*umg*) *vt:* **sich ~schlagen lassen** to let o.s. be talked round;

~schult(e)rig *adj* broad-shouldered; **B~wandfilm** *m* wide-screen film.

Bremen ['breːmən] **(-s)** *nt* Bremen.

Bremsbelag *m* brake lining.

Bremse ['brɛmzə] **(-, -n)** *f* brake; (*ZOOL*) horsefly.

bremsen *vi* to brake, apply the brakes ♦ *vt* (*Auto*) to brake; (*fig*) to slow down ♦ *vr:* **ich kann mich ~** (*umg*) not likely!

Brems- *zW:* **~flüssigkeit** *f* brake fluid; **~licht** *nt* brake light; (*Ziegel, Ton*) **~pedal** *nt* brake pedal; **~schuh** *m* brake shoe; **~spur** *f* tyre (*BRIT*) *od* tire (*US*) marks *pl*; **~weg** *m* braking distance.

brennbar *adj* inflammable; **leicht ~** highly inflammable.

Brennelement *nt* fuel element.

brennen ['brɛnən] *unreg vi* to burn, be on fire; (*Licht, Kerze etc*) to burn ♦ *vt* (*Holz etc*) to burn; (*Ziegel, Ton*) to fire; (*Kaffee*) to roast; (*Branntwein*) to distil; **wo brennts denn?** (*fig: umg*) what's the panic?; **darauf ~, etw zu tun** to be dying to do sth.

Brenn- *zW:* **~material** *nt* fuel; **~nessel▲** *f* nettle; **~ofen** *m* kiln; **~punkt** *m* (*MATH, OPTIK*) focus; **~spiritus** *m* methylated spirits *pl*; **~stoff** *m* liquid fuel.

brenzlig ['brɛntslɪç] *adj* smelling of burning, burnt; (*fig*) precarious.

Bresche ['brɛʃə] **(-, -n)** *f:* **in die ~ springen** (*fig*) to step into the breach.

Bretagne [bre'tanjə] *f:* **die ~** Brittany.

Bretone [bre'toːnə] **(-n, -n)** *m* Breton.

Bretonin [bre'toːnɪn] *f* Breton.

Brett [brɛt] **(-(e)s, -er)** *nt* board, plank; (*Bord*) shelf; (*Spiel~*) board; **Bretter** *pl* (*SKI*) skis *pl*; (*THEAT*) boards *pl*; **~schwarzes ~** notice board; **er hat ein ~ vor dem Kopf** (*umg*) he's really thick.

brettern (*umg*) *vi* to speed.

Bretterzaun *m* wooden fence.

Brezel ['breːtsəl] **(-, -n)** *f* pretzel.

bricht [brɪçt] *vb siehe* **brechen**.

Brief [briːf] **(-(e)s, -e)** *m* letter; **~beschwerer (-s, -)** *m* paperweight; **~drucksache** *f* circular; **~freund(in)** *m(f)* pen friend, pen-pal; **~kasten** *m* letter box; (*COMPUT*) mailbox; **~kopf** *m* letterhead; **b~lich** *adj, adv* by letter; **~marke** *f* postage stamp; **~öffner** *m* letter opener; **~papier** *nt* notepaper; **~qualität** *f* (*COMPUT*) letter quality; **~tasche** *f* wallet; **~taube** *f* carrier pigeon; **~träger** *m* postman; **~umschlag** *m* envelope; **~wahl** *f* postal vote; **~wechsel** *m* correspondence.

briet *etc* [briːt] *vb siehe* **braten**.

Brigade [bri'gaːdə] **(-, -n)** *f* (*MIL*) brigade; (*DDR*) (work) team *od* group.

Brikett [bri'kɛt] **(-s, -s)** *nt* briquette.

brillant [brɪl'jant] *adj* (*fig*) sparkling, brilliant; **B~ (-en, -en)** *m* brilliant, diamond.

Brille ['brɪlə] **(-, -n)** *f* spectacles *pl*; (*Schutz~*)

goggles *pl*; (*Toiletten~*) (toilet) seat.
Brillenschlange *f* (*hum*) four-eyes.
Brillenträger(in) *m(f)*: **er ist** ~ he wears glasses.

bringen ['brɪŋən] *unreg vt* to bring; (*mitnehmen, begleiten*) to take; (*einbringen: Profit*) to bring in; (*veröffentlichen*) to publish; (*THEAT, FILM*) to show; (*RUNDF, TV*) to broadcast; (*in einen Zustand versetzen*) to get; (*umg: tun können*) to manage; **jdn dazu** ~, **etw zu tun** to make sb do sth; **jdn zum Lachen/Weinen** ~ to make sb laugh/cry; **es weit** ~ to do very well, get far; **jdn nach Hause** ~ to take sb home; **jdn um etw** ~ to make sb lose sth; **jdn auf eine Idee** ~ to give sb an idea.
brisant [bri'zant] *adj* (*fig*) controversial.
Brisanz [bri'zants] *f* (*fig*) controversial nature.
Brise ['bri:zə] (-, **-n**) *f* breeze.
Brite ['bri:tə] (-**n**, **-n**) *m* Briton, Britisher (*US*); **die** ~**n** the British.
Britin *f* Briton, Britisher (*US*).
britisch ['bri:tɪʃ] *adj* British; **die B**~**en Inseln** the British Isles.
bröckelig ['brœkəlɪç] *adj* crumbly.
Brocken ['brɔkən] (-**s**, -) *m* piece, bit; (*Felsbrocken*) lump of rock; **ein paar** ~ **Spanisch** a smattering of Spanish; **ein harter** ~ (*umg*) a tough nut to crack.
brodeln ['bro:dəln] *vi* to bubble.
Brokat [bro'ka:t] (-(**e**)**s**, **-e**) *m* brocade.
Brokkoli ['brɔkoli] *pl* broccoli.
Brombeere ['brɔmbe:rə] *f* blackberry, bramble (*BRIT*).
bronchial [brɔnçi'a:l] *adj* bronchial.
Bronchien ['brɔnçiən] *pl* bronchial tubes *pl*.
Bronchitis [brɔn'çi:tɪs] (-, **-tiden**) *f* bronchitis.
Bronze ['brõ:sə] (-, **-n**) *f* bronze.
Brosame ['bro:za:mə] (-, **-n**) *f* crumb.
Brosche ['brɔʃə] (-, **-n**) *f* brooch.
Broschüre ['brɔʃy:rə] (-, **-n**) *f* pamphlet.
Brot [bro:t] (-(**e**)**s**, **-e**) *nt* bread; (~*laib*) loaf; **das ist ein hartes** ~ (*fig*) that's a hard way to earn one's living.
Brötchen ['brø:tçən] *nt* roll; **kleine** ~ **backen** (*fig*) to set one's sights lower; ~**geber** *m* (*hum*) employer, provider (*hum*).
brotlos ['bro:tlo:s] *adj* (*Person*) unemployed; (*Arbeit etc*) unprofitable.
Brotzeit (*SÜDD*) *f* (*Pause*) ≈ tea break.
BRT *abk* (= *Bruttoregistertonne*) GRT.
Bruch [brʊx] (-(**e**)**s**, **-̈e**) *m* breakage; (*zerbrochene Stelle*) break; (*fig*) split, breach; (*MED: Eingeweide~*) rupture, hernia; (*Bein~ etc*) fracture; (*MATH*) fraction; **zu** ~ **gehen** to get broken; **sich einen** ~ **heben** to rupture o.s.; ~**bude** (*umg*) *f* shack.
brüchig ['brʏçɪç] *adj* brittle, fragile.
Bruch- *zW*: ~**landung** *f* crash landing; ~**schaden** *m* breakage; ~**stelle** *f* break; (*von Knochen*) fracture; ~**strich** *m* (*MATH*) line;

~**stück** *nt* fragment; ~**teil** *m* fraction.
Brücke ['brʏkə] (-, **-n**) *f* bridge; (*Teppich*) rug; (*Turnen*) crab.
Bruder ['bru:dər] (-**s**, -̈) *m* brother; **unter Brüdern** (*umg*) between friends.
brüderlich *adj* brotherly; **B**~**keit** *f* fraternity.
Brudermord *m* fratricide.
Brüderschaft *f* brotherhood, fellowship; ~ **trinken** to agree to use the familiar "du" (*over a drink*).
Brühe ['bry:ə] (-, **-n**) *f* broth, stock; (*pej*) muck.
brühwarm ['bry:'varm] (*umg*) *adj*: **er hat das sofort** ~ **weitererzählt** he promptly spread it around.
Brühwürfel *m* stock cube (*BRIT*), bouillon cube (*US*).
brüllen ['brʏlən] *vi* to bellow, roar.
Brummbär *m* grumbler.
brummeln ['brʊməln] *vt, vi* to mumble.
brummen *vi* (*Bär, Mensch etc*) to growl; (*Insekt, Radio*) to buzz; (*Motor*) to roar; (*murren*) to grumble ♦ *vt* to growl; **jdm brummt der Kopf** sb's head is buzzing.
Brummer ['brʊmər] (-**s**, -) (*umg*) *m* (*Lastwagen*) juggernaut.
Brummi ['brʊmi] (*umg*) *m* lorry, juggernaut.
brummig (*umg*) *adj* grumpy.
Brummschädel (*umg*) *m* thick head.
brünett [brʏ'nɛt] *adj* brunette, brown-haired.
Brunnen ['brʊnən] (-**s**, -) *m* fountain; (*tief*) well; (*natürlich*) spring; ~**kresse** *f* watercress.
Brunst [brʊnst] *f* (*von männlichen Tieren*) rut; (*von weiblichen Tieren*) heat; ~**zeit** *f* rutting season.
brüsk [brʏsk] *adj* abrupt, brusque.
brüskieren [brʏs'ki:rən] *vt* to snub.
Brüssel ['brʏsəl] (-**s**) *nt* Brussels.
Brust [brʊst] (-, -̈e) *f* breast; (*Männer~*) chest; **einem Kind die** ~ **geben** to breast-feed (*BRIT*) *od* nurse (*US*) a baby.
brüsten ['brʏstən] *vr* to boast.
Brust- *zW*: ~**fellentzündung** *f* pleurisy; ~**kasten** *m* chest; ~**korb** *m* (*ANAT*) thorax; ~**schwimmen** *nt* breast-stroke; ~**ton** *m*: **im** ~**ton der Überzeugung** in a tone of utter conviction.
Brüstung ['brʏstʊŋ] *f* parapet.
Brustwarze *f* nipple.
Brut [bru:t] (-, **-en**) *f* brood; (*Brüten*) hatching.
brutal [bru'ta:l] *adj* brutal; **B**~**ität** *f* brutality.
Brutapparat *m* incubator.
brüten ['bry:tən] *vi* (*auch fig*) to brood; ~**de Hitze** oppressive *od* stifling heat.
Brüter (-**s**, -) *m* (*TECH*): **schneller** ~ fast-breeder (reactor).
Brutkasten *m* incubator.
Brutstätte *f* (+*gen*) (*lit, fig*) breeding ground (for).
brutto ['brʊto] *adv* gross; **B**~**einkommen** *nt*

brutzeln – Bund

gross salary; **B~gehalt** nt gross salary;
B~gewicht nt gross weight; **B~gewinn** m
gross profit; **B~inlandsprodukt** nt gross
domestic product; **B~lohn** m gross wages pl;
B~sozialprodukt nt gross national product.
brutzeln ['brʊtsəln] (umg) vi to sizzle away
♦ vt to fry (up).
Btx abk = **Bildschirmtext**.
Bub [buːp] (-en, -en) m boy, lad.
Bube ['buːbə] (-n, -n) m (Schurke) rogue;
(KARTEN) jack.
Bubikopf m bobbed hair.
Buch [buːx] (-(e)s, ⁻er) nt book; (COMM)
account book; **er redet wie ein ~** (umg) he
never stops talking; **ein ~ mit sieben
Siegeln** (fig) a closed book; **über etw** akk
~ führen to keep a record of sth; **zu ~(e)
schlagen** to make a significant difference,
tip the balance; **~binder** m bookbinder;
~drucker m printer.
Buche (-, -n) f beech tree.
buchen vt to book; (Betrag) to enter; **etw als
Erfolg ~** to put sth down as a success.
Bücherbord ['byːçər-] nt bookshelf.
Bücherbrett nt bookshelf.
Bücherei [byːçə'raɪ] f library.
Bücherregal nt bookshelves pl, bookcase.
Bücherschrank m bookcase.
Bücherwurm (umg) m bookworm.
Buchfink ['buːxfɪŋk] m chaffinch.
Buch- zW: **~führung** f book-keeping,
accounting; **~halter(in)** (-s, -) m(f) book-
keeper; **~handel** m book trade; **im ~handel
erhältlich** available in bookshops;
~händler(in) m(f) bookseller; **~handlung** f
bookshop; **~prüfung** f audit; **~rücken** m
spine.
Büchse ['byksə] (-, -n) f tin, can; (Holz~) box;
(Gewehr) rifle.
Büchsenfleisch nt tinned meat.
Büchsenöffner m tin od can opener.
Buchstabe (-ns, -n) m letter (of the
alphabet).
buchstabieren [buːxʃta'biːrən] vt to spell.
buchstäblich ['buːxʃtɛːplɪç] adj literal.
Buchstütze f book end.
Bucht ['bʊxt] (-, -en) f bay.
Buchung ['buːxʊŋ] f booking; (COMM) entry.
Buchweizen m buckwheat.
Buchwert m book value.
Buckel ['bʊkəl] (-s, -) m hump; **er kann mir den
~ runterrutschen** (umg) he can (go and) take
a running jump.
buckeln (pej) vi to bow and scrape.
bücken ['bʏkən] vr to bend; **sich nach etw ~** to
bend down od stoop to pick sth up.
Bückling ['bʏklɪŋ] m (Fisch) kipper;
(Verbeugung) bow.
Budapest ['buːdapɛst] (-s) nt Budapest.
buddeln ['bʊdəln] (umg) vi to dig.

Bude ['buːdə] (-, -n) f booth, stall; (umg) digs pl
(BRIT) od place (US); **jdm die ~ einrennen**
(umg) to pester sb.
Budget [by'dʒeː] (-s, -s) nt budget.
Büfett [by'fɛt] (-s, -s) nt (Anrichte) sideboard;
(Geschirrschrank) dresser; **kaltes ~** cold
buffet.
Büffel ['byfəl] (-s, -) m buffalo.
büffeln ['byfəln] (umg) vi to swot, cram ♦ vt
(Lernstoff) to swot up.
Bug [buːk] (-(e)s, -e) m (NAUT) bow; (AVIAT)
nose.
Bügel ['byːgəl] (-s, -) m (Kleider~) hanger;
(Steig~) stirrup; (Brillen~) arm; **~brett** nt
ironing board; **~eisen** nt iron; **~falte** f
crease; **b~frei** adj non-iron; (Hemd) drip-dry.
bügeln vt, vi to iron.
Buhmann ['buːman] (umg) m bogeyman.
Bühne ['byːnə] (-, -n) f stage.
Bühnenbild nt set, scenery.
Buhruf ['buːruːf] m boo.
buk etc [buːk] vb (veraltet) siehe **backen**.
Bukarest ['buːkarɛst] (-s) nt Bucharest.
Bulette [bu'lɛtə] f meatball.
Bulgare [bʊl'gaːrə] (-n, -n) m Bulgarian.
Bulgarien (-s) nt Bulgaria.
Bulgarin f Bulgarian.
bulgarisch adj Bulgarian.
Bulimie [buli'miː] f (MED) bulimia.
Bull- zW: **~auge** nt (NAUT) porthole; **~dogge** f
bulldog; **~dozer** ['bʊldoːzər] (-s, -) m
bulldozer.
Bulle (-n, -n) m bull; **die ~n** (pej: umg) the fuzz
sing, the cops.
Bullenhitze (umg) f sweltering heat.
Bummel ['bʊməl] (-s, -) m stroll;
(Schaufenster~) window-shopping
(expedition).
Bummelant [bʊmə'lant] m slowcoach.
Bummelei [bʊmə'laɪ] f wandering; dawdling;
skiving.
bummeln vi to wander, stroll; (trödeln) to
dawdle; (faulenzen) to skive (BRIT), loaf
around.
Bummelstreik m go-slow (BRIT), slowdown
(US).
Bummelzug m slow train.
Bummler(in) ['bʊmlər(ɪn)] (-s, -) m(f)
(langsamer Mensch) dawdler (BRIT),
slowpoke (US); (Faulenzer) idler, loafer.
bumsen ['bʊmzən] vi (schlagen) to thump;
(prallen, stoßen) to bump, bang; (umg:
koitieren) to bonk, have it off (BRIT).
Bund¹ [bʊnt] (-(e)s, ⁻e) m (Freundschafts~ etc)
bond; (Organisation) union; (POL)
confederacy; (Hosen~, Rock~) waistband;
den ~ fürs Leben schließen to take the
marriage vows.
Bund² [bʊnt] (-(e)s, -e) nt bunch; (Stroh~)
bundle.

Bündchen ['bʏntçən] *nt* ribbing; (*Ärmel~*) cuff.

Bündel (-s, -) *nt* bundle, bale.

bündeln *vt* to bundle.

Bundes- ['bʊndəs] *in zW* Federal; ~**bahn** *f:* **die Deutsche ~bahn** German Federal Railways *pl;* ~**bank** *f* Federal Bank, Bundesbank; ~**bürger** *m* German citizen; (*vor 1990*) West German citizen; ~**gerichtshof** *m* Federal Supreme Court; ~**grenzschutz** *m* Federal Border Guard; ~**hauptstadt** *f* Federal capital; ~**haushalt** *m* (*POL*) National Budget; ~**kanzler** *m* Federal Chancellor.

BUNDESKANZLER

*The **Bundeskanzler**, head of the German government, is elected for 4 years and determines government guidelines. He is formally proposed by the **Bundespräsident** but needs a majority in parliament to be elected to office.*

Bundes- *zW:* ~**land** *nt* state, Land; ~**liga** *f* (*SPORT*) national league; ~**nachrichtendienst** *m* Federal Intelligence Service; ~**post** *f* (*früher*): **die (Deutsche) ~post** the (German) Federal Post (Office).

BUNDESPRÄSIDENT

*The **Bundespräsident** is the head of state of the Federal Republic of Germany who is elected every 5 years by the members of the **Bundestag** and by delegates of the Landtage (regional parliaments). His role is that of a figurehead who represents Germany at home and abroad. He can only be elected twice.*

BUNDESRAT

*The **Bundesrat** is the Upper House of the German Parliament whose 68 members are not elected but determined by the parliaments of the individual **Länder**. Its most important function is the approval of federal laws which concern jurisdiction of the Länder. It can raise objections to all other laws but can be outvoted by the **Bundestag**.*

Bundes- *zw:* ~**regierung** *f* Federal Government; ~**republik** *f* Federal Republic (of Germany); ~**staat** *m* Federal state; ~**straße** *f* Federal Highway, main road.

BUNDESTAG

*The **Bundestag** is the Lower House of the German Parliament, elected by the people. There are 646 MP's, half of them elected directly from*

---

*the first vote (**Erststimme**), and half from the regional list of parliamentary candidates resulting from the second vote (**Zweitstimme**), and giving proportional representation to the parties. The **Bundestag** exercises parliamentary control over the government.*

Bundes- *zW:* ~**tagsabgeordnete(r)** *f(m)* member of the German Parliament; ~**tagswahl** *f* (Federal) parliamentary elections *pl;* ~**verfassungsgericht** *nt* Federal Constitutional Court; ~**wehr** *f* German *od* (*vor 1990*) West German Armed Forces *pl.*

BUNDESWEHR

*The **Bundeswehr** is the name for the German armed forces. It was established in 1955, first of all for volunteers, but since 1956 there has been compulsory military service for all able-bodied young men of 18 (see **Wehrdienst**). In peacetime the Defence Minister is the head of the Bundeswehr, but in wartime, the **Bundeskanzler** takes over. The Bundeswehr comes under the jurisdiction of NATO.*

Bundfaltenhose *f* pleated trousers *pl.*

Bundhose *f* knee breeches *pl.*

bündig ['bʏndıç] *adj* (*kurz*) concise.

Bündnis ['bʏntnɪs] (-ses, -se) *nt* alliance.

Bunker ['bʊŋkər] (-s, -) *m* bunker; (*Luftschutzbunker*) air-raid shelter.

bunt [bʊnt] *adj* coloured (*BRIT*), colored (*US*); (*gemischt*) mixed; **jdm wird es zu ~** it's getting too much for sb; **B~stift** *m* coloured (*BRIT*) *od* colored (*US*) pencil, crayon.

Bürde ['bʏrdə] (-, -n) *f* (*lit, fig*) burden.

Burg [bʊrk] (-, -en) *f* castle, fort.

Bürge ['bʏrgə] (-n, -n) *m* guarantor.

bürgen *vi* to vouch; **für jdn ~** (*fig*) to vouch for sb; (*FIN*) to stand surety for sb.

Bürger(in) (-s, -) *m(f)* citizen; member of the middle class; ~**initiative** *f* citizen's initiative; ~**krieg** *m* civil war; **b~lich** *adj* (*Rechte*) civil; (*Klasse*) middle-class; (*pej*) bourgeois; **b~liches Gesetzbuch** Civil Code; ~**meister** *m* mayor; ~**recht** *nt* civil rights *pl;* ~**rechtler(in)** *m(f)* civil rights campaigner; ~**schaft** *f* population, citizens *pl;* ~**schreck** *m* bogey of the middle classes; ~**steig** *m* pavement (*BRIT*), sidewalk (*US*); ~**tum** *nt* citizens *pl;* ~**wehr** *f* vigilantes *pl.*

Burgfriede(n) *m* (*fig*) truce.

Bürgin *f* guarantor.

Bürgschaft *f* surety; ~ **leisten** to give security.

Burgund [bʊr'gʊnt] (-(s)) *nt* Burgundy.

Burgunder (-s, -) *m* (*Wein*) burgundy.

Büro [by'roː] (-s, -s) *nt* office; ~**angestellte(r)** *f(m)* office worker; ~**klammer** *f* paper clip;

~**kraft** f (office) clerk.
Bürokrat [byro'kraːt] (-en, -en) m bureaucrat.
Bürokratie [byrokra'tiː] f bureaucracy.
bürokratisch adj bureaucratic.
Bürokratismus m red tape.
Büroschluss▲ m office closing time.
Bursch ['burʃ(ə)] (-en, -en) m = **Bursche**.
Bursche (-n, -n) m lad, fellow; (Diener)
   servant.
Burschenschaft f student fraternity.
burschikos [burʃi'koːs] adj (jungenhaft)
   (tom)boyish; (unbekümmert) casual.
Bürste ['byrstə] (-, -n) f brush.
bürsten vt to brush.
Bus [bus] (-ses, -se) m bus.
Busch [buʃ] (-(e)s, ̈-e) m bush, shrub; **bei jdm**
   auf den ~ klopfen (umg) to sound sb out.
Büschel ['byʃəl] (-s, -) nt tuft.
buschig adj bushy.
Busen ['buːzən] (-s, -) m bosom; (Meer~) inlet,
   bay; ~**freund(in)** m(f) bosom friend.
Bushaltestelle f bus stop.
Bussard ['busart] (-s, -e) m buzzard.
Buße ['buːsə] (-, -n) f atonement, penance;
   (Geld) fine.
büßen ['byːsən] vi to do penance, atone ♦ vt to
   atone for.
Bußgeld nt fine.
Buß- und Bettag m day of prayer and
   repentance.
Büste ['bystə] (-, -n) f bust.
Büstenhalter m bra.
Butan [bu'taːn] (-s) nt butane.
Büttenrede ['bytənreːdə] f carnival speech.
Butter ['butər] (-) f butter; **alles (ist) in** ~
   (umg) everything is fine od hunky-dory;
   ~**berg** (umg) m butter mountain; ~**blume** f
   buttercup; ~**brot** nt (piece of) bread and
   butter; ~**brotpapier** nt greaseproof paper;
   ~**cremetorte** f gateau with buttercream
   filling; ~**dose** f butter dish; ~**keks** m ≈ Rich
   Tea ® biscuit; ~**milch** f buttermilk; **b~weich**
   adj soft as butter; (fig: umg) soft.
Butzen ['butsən] (-s, -) m core.
BVG nt abk (= Betriebsverfassungsgesetz) ≈
   Industrial Relations Act;
   = **Bundesverfassungsgericht**.
b. w. abk (= bitte wenden) p.t.o.
Byte [baıt] (-s, -s) nt (COMPUT) byte.
Bz. abk = **Bezirk**.
bzgl. abk (= bezüglich) re.
bzw. abk = **beziehungsweise**.

C, c

C¹, c [tseː] nt C, c; ~ **wie Cäsar** ≈ C for
   Charlie.
C² [tseː] abk (= Celsius) C.
ca. [ka] abk (= circa) approx.
Cabriolet [kabrio'leː] (-s, -s) nt (AUT)
   convertible.
Café [ka'feː] (-s, -s) nt café.
Cafeteria [kafete'riːa] (-, -s) f cafeteria.
cal abk (= Kalorie) cal.
Calais [ka'lɛː] (-') nt: **die Straße von** ~ the
   Straits of Dover.
Camcorder (-s, -) m camcorder.
campen ['kɛmpən] vi to camp.
Camper(in) (-s, -) m(f) camper.
Camping ['kɛmpıŋ] (-s) nt camping; ~**bus** m
   camper; ~**platz** m camp(ing) site.
Caravan ['karavan] (-s, -s) m caravan.
Carnet [kar'nɛ] (-s) nt (COMM) international
   customs pass, carnet.
Cäsium ['tsɛːzıʊm] nt = **Zäsium**.
ccm abk (= Kubikzentimeter) cm³.
CD f abk (= Compact Disc) CD; ~-**ROM** (-, -s) f
   CD-ROM; ~-**Spieler** m CD player.
CDU [tseːdeː'uː] (-) f abk (= Christlich-
   Demokratische Union (Deutschlands))
   Christian Democratic Union.

CDU

The **CDU** (Christlich-Demokratische Union) is a
Christian and conservative political party founded
in 1945. It operates in all the **Länder** apart from
Bavaria where its sister party the **CSU** is active. In
the **Bundestag** the two parties form a coalition. It
is the second largest party in Germany after the
SPD, the Social Democratic Party.

Celli pl von **Cello**.
Cellist(in) [tʃe'lıst(ın)] m(f) cellist.
Cello ['tʃelo] (-s, -s od **Celli**) nt cello.
Celsius ['tsɛlzıʊs] m Celsius.
Cembalo ['tʃembalo] (-s, -s) nt cembalo,
   harpsichord.
Ces [tsɛs] (-, -) nt (MUS) C flat.
ces [tsɛs] (-, -) nt (MUS) C flat.
Ceylon ['tsaılon] (-s) nt Ceylon.
Chamäleon [ka'mɛːleon] (-s, -s) nt chameleon.
Champagner [ʃam'panjər] (-s, -) m
   champagne.
Champignon ['ʃampınjõ] (-s, -s) m button

mushroom.

Chance ['ʃã:s(ə)] (-, -n) f chance, opportunity.

Chancengleichheit f equality of opportunity.

Chaos ['ka:ɔs] (-) nt chaos.

Chaot(in) [ka'o:t(ɪn)] (-en, -en) m(f) (POL: pej) anarchist (pej).

chaotisch [ka'o:tɪʃ] adj chaotic.

Charakter [ka'raktər] (-s, -e) m character; **c~fest** adj of firm character.

charakterisieren [karakteri'zi:rən] vt to characterize.

Charakteristik [karakte'rɪstɪk] f characterization.

charakteristisch [karakte'rɪstɪʃ] adj: ~ **(für)** characteristic (of), typical (of).

Charakter- zW: **c~los** adj unprincipled; **~losigkeit** f lack of principle; **~schwäche** f weakness of character; **~stärke** f strength of character; **~zug** m characteristic, trait.

charmant [ʃar'mant] adj charming.

Charme [ʃarm] (-s) m charm.

Charta ['karta] (-, -s) f charter.

Charterflug ['tʃartərfluːk] m charter flight.

Chartermaschine ['tʃartərmaʃiːnə] f charter plane.

chartern ['tʃartərn] vt to charter.

Chassis [ʃa'siː] (-, -) nt chassis.

Chauffeur [ʃɔ'føːr] m chauffeur.

Chaussee [ʃo'seː] (-, -n) f (veraltet) high road.

Chauvi ['ʃovi] (-s, -s) (umg) m male chauvinist.

Chauvinismus [ʃovi'nɪsmʊs] m chauvinism.

Chauvinist [ʃovi'nɪst] m chauvinist.

checken ['tʃɛkən] vt (überprüfen) to check; (umg: verstehen) to get.

Chef(in) [ʃɛf(ɪn)] (-s, -s) m(f) head; (umg) boss; **~arzt** m senior consultant; **~etage** f executive floor; **~redakteur** m editor-in-chief; **~sekretärin** f personal assistant/secretary; **~visite** f (MED) consultant's round.

Chemie [çe'miː] (-) f chemistry; **~faser** f man-made fibre (BRIT) od fiber (US).

Chemikalie [çemi'kaːliə] f chemical.

Chemiker(in) ['çeːmikər(ɪn)] (-s, -) m(f) (industrial) chemist.

chemisch ['çeːmɪʃ] adj chemical; **~e Reinigung** dry cleaning.

Chemotherapie [çemotera'piː] f chemotherapy.

Chicorée [ʃiko'reː] (-s) f od m chicory.

Chiffre ['ʃɪfrə] (-, -n) f (Geheimzeichen) cipher; (in Zeitung) box number.

Chiffriermaschine [ʃɪ'friːrmaʃiːnə] f cipher machine.

Chile ['tʃiːle] (-s) nt Chile.

Chilene [tʃi'leːnə] (-n, -n) m Chilean.

Chilenin [tʃi'leːnɪn] f Chilean.

chilenisch adj Chilean.

China ['çiːna] (-s) nt China.

Chinakohl m Chinese leaves pl.

Chinese [çi'neːzə] (-n, -n) m Chinaman, Chinese.

Chinesin f Chinese woman.

chinesisch adj Chinese.

Chinin [çi'niːn] (-s) nt quinine.

Chipkarte ['tʃɪpkartə] f smart card.

Chips [tʃɪps] pl crisps pl (BRIT), chips pl (US).

Chirurg(in) [çi'rʊrg(ɪn)] (-en, -en) m(f) surgeon.

Chirurgie [çirʊr'giː] f surgery.

chirurgisch adj surgical; **ein ~er Eingriff** surgery.

Chlor [kloːr] (-s) nt chlorine.

Chloroform [kloro'fɔrm] (-s) nt chloroform.

chloroformieren [klorofor'miːrən] vt to chloroform.

Chlorophyll [kloro'fʏl] (-s) nt chlorophyll.

Cholera ['koːlera] (-) f cholera.

Choleriker(in) [ko'leːrikər(ɪn)] (-s, -) m(f) hot-tempered person.

cholerisch [ko'leːrɪʃ] adj choleric.

Cholesterin [kolɛste'riːn] (-s) nt cholesterol; **~spiegel** [kolɛste'riːnʃpiɡəl] m cholesterol level.

Chor [koːr] (-(e)s, ⁻e) m choir; (Musikstück, THEAT) chorus.

Choral [ko'raːl] (-s, -äle) m chorale.

Choreograf(in)▲ [koreo'graːf(ɪn)] (-en, -en) m(f) choreographer.

Choreografie▲ [koreogra'fiː] f choreography.

Chorgestühl nt choir stalls pl.

Chorknabe m choirboy.

Chose ['ʃoːzə] (-, -n) (umg) f (Angelegenheit) thing.

Chr. abk = **Christus, Chronik.**

Christ [krɪst] (-en, -en) m Christian; **~baum** m Christmas tree.

Christenheit f Christendom.

Christentum (-s) nt Christianity.

Christin f Christian.

Christkind nt ≈ Father Christmas; (Jesus) baby Jesus.

christlich adj Christian; **C~er Verein Junger Männer** Young Men's Christian Association.

Christus (**Christi**) m Christ; **Christi Himmelfahrt** Ascension Day.

Chrom [kroːm] (-s) nt (CHEM) chromium; chrome.

Chromosom [kromo'zoːm] (-s, -en) nt (BIOL) chromosome.

Chronik ['kroːnɪk] f chronicle.

chronisch adj chronic.

Chronologie [kronolo'giː] f chronology.

chronologisch adj chronological.

Chrysantheme [kryzan'teːmə] (-, -n) f chrysanthemum.

CIA ['siːaɪ'eɪ] (-) f od m abk (= Central Intelligence Agency) CIA.

circa ['tsɪrka] adv (round) about.

Cis [tsɪs] (-, -) *nt* (*MUS*) C sharp.

cis [tsɪs] (-, -) *nt* (*MUS*) C sharp.

City ['sɪti] (-, -s) *f* city centre (*BRIT*); **in der** ~ in the city centre (*BRIT*), downtown (*US*); **die** ~ **von Berlin** the (city) centre of Berlin (*BRIT*), downtown Berlin (*US*).

clean [kliːn] *adj* (*DROGEN: umg*) off drugs.

clever ['klevər] *adj* clever; (*gerissen*) crafty.

Clique ['klɪkə] (-, -n) *f* set, crowd.

Clou [kluː] (-s, -s) *m* (*von Geschichte*) (whole) point; (*von Show*) highlight, high spot.

Clown [klaʊn] (-s, -s) *m* clown.

cm *abk* (= *Zentimeter*) cm.

Cockpit ['kɔkpɪt] (-s, -s) *nt* cockpit.

Cocktail ['kɔkteːl] (-s, -s) *m* cocktail.

Cola ['koːla] (-(s), -s) *nt od f* Coke ®.

Comichef ['kɔmɪkhɛft] *nt* comic.

Computer [kɔm'pjuːtər] (-s, -) *m* computer; **c~gesteuert** *adj* computer-controlled; **c~gestützt** *adj* computer-based; **c~gestütztes Design** computer-aided design; **~kriminalität** *f* computer crime; **~spiel** *nt* computer game; **~technik** *f* computer technology.

Conférencier [kõferãsi'eː] (-s, -s) *m* compère.

Container [kɔn'teːnər] (-s, -) *m* container; **~schiff** *nt* container ship.

Contergankind [kɔntɛr'gankɪnt] (*umg*) *nt* thalidomide child.

cool [kuːl] (*umg*) *adj* (*gefasst*) cool.

Cord [kɔrt] (-(e)s, -e *od* -s) *m* = **Kord.**

Cornichon [kɔrni'ʃõ:] (-s, -s) *nt* gherkin.

Costa Rica ['kɔsta 'riːka] (-s) *nt* Costa Rica.

Couch [kaʊtʃ] (-, -es *od* -en) *f* couch; **~garnitur** ['kaʊtʃgarni'tuːr] *f* three-piece suite.

Couleur [ku'løːr] (-s, -s) *f* (*geh*) kind, sort.

Coupé [ku'peː] (-s, -s) *nt* (*AUT*) coupé, sports version.

Coupon [ku'põː] (-s, -s) *m* = **Kupon.**

Courage [ku'raːʒə] (-) *f* courage.

Cousin [ku'zɛː] (-s, -s) *m* cousin.

Cousine [ku'ziːnə] (-, -n) *f* cousin.

Crack [krɛk] (-) *nt* (*Droge*) crack.

Creme [kreːm] (-, -s) *f* (*lit, fig*) cream; (*Schuh~*) polish; (*KOCH*) mousse; **c~farben** *adj* cream(-coloured (*BRIT*) *od* -colored (*US*)).

cremig ['kreːmɪç] *adj* creamy.

Crux [krʊks] (-) *f* (*Schwierigkeit*) trouble, problem.

CSU [tseːʔɛs'uː] (-) *f abk* (= *Christlich-Soziale Union*) Christian Social Union.

CSU

The **CSU** *(Christlich-Soziale Union) is a party founded in 1945 in Bavaria. Like its sister party the* **CDU** *it is a Christian, right-wing party.*

CT-Scanner [tseː'teːskɛnər] *m* CT scanner.

Curriculum [kʊ'riːkulʊm] (-s, -cula) *nt* (*geh*)

curriculum.

Curry ['kari] (-s) *m od nt* curry powder; **~pulver** ['karipʊlfər] *nt* curry powder; **~wurst** *f* curried sausage.

Cursor ['køːrsər] (-s) *m* (*COMPUT*) cursor.

Cutter(in) ['katər(ɪn)] (-s, -) *m(f)* (*FILM*) editor.

CVJM [tseːfaʊjɔt'ɛm] (-) *m abk* (= *Christlicher Verein Junger Männer*) YMCA.

D, d

D, d [deː] *nt* D, d; ~ **wie Dora** ≈ D for David, D for Dog (*US*).

D. *abk* = **Doktor** (*der evangelischen Theologie*).

da [daː] *adv* **1** (*örtlich*) there; (*hier*) here; ~ **draußen** out there; ~ **sein** to be there; **ein Arzt, der immer für seine Patienten** ~ **ist** a doctor who always has time for his patients; ~ **bin ich** here I am; ~ **hast du dein Geld** (there you are,) there's your money; ~, **wo** where; **ist noch Milch** ~? is there any milk left?

2 (*zeitlich*) then; (*folglich*) so; **es war niemand im Zimmer,** ~ **habe ich** ... there was nobody in the room, so I ...

3: ~ **haben wir Glück gehabt** we were lucky there; **was gibts denn** ~ **zu lachen?** what's so funny about that?; ~ **kann man nichts machen** there's nothing one can do (in a case like that).

♦ *konj* (*weil*) as, since.

d. Ä. *abk* (= *der Ältere*) Sen., sen.

DAAD (-) *m abk* (= *Deutscher Akademischer Austauschdienst*) German Academic Exchange Service.

dabehalten *unreg vt* to keep.

dabei [da'baɪ] *adv* (*räumlich*) close to it; (*noch dazu*) besides; (*zusammen mit*) with them/it *etc*; (*zeitlich*) during this; (*obwohl doch*) but, however; ~ **sein** (*anwesend*) to be present; (*beteiligt*) to be involved; **ich bin** ~! count me in!; **was ist schon** ~? what of it?; **es ist doch nichts** ~, **wenn** ... it doesn't matter if ...; **bleiben wir** ~ let's leave it at that; **es soll nicht** ~ **bleiben** this isn't the end of it; **es bleibt** ~ that's settled; **das Dumme/ Schwierige** ~ the stupid/difficult part of it; **er war gerade** ~ **zu gehen** he was just leaving; **hast du** ~ **etwas gelernt?** did you learn anything from it?; ~ **darf man nicht**

vergessen, dass ... it shouldn't be forgotten that ...; die ~ entstehenden Kosten the expenses arising from this; es kommt doch nichts ~ heraus nothing will come of it; ich finde gar nichts ~ I don't see any harm in it; ~stehen *unreg vi* to stand around.

Dach [dax] (-(e)s, ⁻er) *nt* roof; unter ~ und Fach sein (*abgeschlossen*) to be in the bag (*umg*); (*Vertrag, Geschäft*) to be signed and sealed; (*in Sicherheit*) to be safe; jdm eins aufs ~ geben (*umg: ausschimpfen*) to give sb a (good) talking to; ~boden *m* attic, loft; ~decker (-s, -) *m* slater, tiler; ~fenster *nt* skylight; (*ausgestellt*) dormer window; ~first *m* ridge of the roof; ~gepäckträger *m* (*AUT*) roof rack; ~geschoss▲ *nt* attic storey (*BRIT*) *od* story (*US*); (*oberster Stock*) top floor *od* storey (*BRIT*) *od* story (*US*); ~luke *f* skylight; ~pappe *f* roofing felt; ~rinne *f* gutter.

Dachs [daks] (-es, -e) *m* badger.

Dachschaden (*umg*) *m*: einen ~ haben to have a screw loose.

dachte *etc* ['daxtə] *vb siehe* denken.

Dach- *zW*: ~terrasse *f* roof terrace; ~verband *m* umbrella organization; ~ziegel *m* roof tile.

Dackel ['dakəl] (-s, -) *m* dachshund.

dadurch [da'dʊrç] *adv* (*räumlich*) through it; (*durch diesen Umstand*) thereby, in that way; (*deshalb*) because of that, for that reason ♦ *konj*: ~, dass because.

dafür [da'fy:r] *adv* for it; (*anstatt*) instead; (*zum Ausgleich*): in Latein ist er schlecht, ~ kann er gut Fußball spielen he's bad at Latin but he makes up for it at football; er ist bekannt ~ he's well-known for that; was bekomme ich ~? what will I get for it?; ~ ist er immer zu haben he never says no to that; ~ bin ich ja hier that's what I'm here for; er kann nichts ~ (, dass ...) he can't help it (that ...); D~halten (-s) *nt* (*geh*): nach meinem D~halten in my opinion.

DAG *f abk* (= *Deutsche Angestellten-Gewerkschaft*) *Clerical and Administrative Workers' Union*.

dagegen [da'ge:gən] *adv* against it; (*im Vergleich damit*) in comparison with it; (*bei Tausch*) for it ♦ *konj* however; haben Sie etwas ~, wenn ich rauche? do you mind if I smoke?; ich habe nichts ~ I don't mind; ich war ~ I was against it; ich hätte nichts ~ (einzuwenden) that's okay by me; ~ kann man nichts tun one can't do anything about it; ~halten *unreg vt* (*vergleichen*) to compare with it; (*entgegnen*) to put forward as an objection.

daheim [da'haɪm] *adv* at home; bei uns ~ back home; D~ (-s) *nt* home.

daher [da'he:r] *adv* (*räumlich*) from there; (*Ursache*) from that ♦ *konj* (*deshalb*) that's why; das kommt ~, dass ... that is because

...; ~ kommt er auch that's where he comes from too; ~ die Schwierigkeiten that's what is causing the difficulties; ~gelaufen *adj*: jeder ~gelaufene Kerl any Tom, Dick or Harry; ~reden *vi* to talk away ♦ *vt* to say without thinking.

dahin [da'hɪn] *adv* (*räumlich*) there; (*zeitlich*) then; (*vergangen*) gone; ist es noch weit bis ~? is there still far to go?; ~ gehend on this matter; das tendiert ~ it is tending towards that; er bringt es noch ~, dass ich ... he'll make me ...; ~gegen *konj* on the other hand; ~gehen *unreg vi* (*Zeit*) to pass; ~gestellt *adv*: ~gestellt bleiben to remain to be seen; etw ~gestellt sein lassen to leave sth open *od* undecided; ~schleppen *vr* (*lit: sich fortbewegen*) to drag o.s. along; (*fig: Verhandlungen, Zeit*) to drag on; ~schmelzen *vi* to be enthralled.

dahinten [da'hɪntən] *adv* over there.

dahinter [da'hɪntər] *adv* behind it; sich ~ klemmen *od* knien (*umg*) to put one's back into it; ~ kommen (*umg*) to find out.

dahinvegetieren [da'hɪnvege'ti:rən] *vi* to vegetate.

Dahlie ['da:liə] (-, -n) *f* dahlia.

DAK (-) *f abk* (= *Deutsche Angestellten-Krankenkasse*) *health insurance company for employees*.

Dakar ['dakar] (-s) *nt* Dakar.

dalassen [da'lasən] *unreg vt* to leave (behind).

dalli ['dali] (*umg*) *adv*: ~, ~! on (*BRIT*) *od* at (*US*) the double!

damalig ['da:ma:lɪç] *adj* of that time, then.

damals ['da:ma:ls] *adv* at that time, then.

Damaskus [da'maskʊs] *nt* Damascus.

Damast [da'mast] (-(e)s, -e) *m* damask.

Dame ['da:mə] (-, -n) *f* lady; (*SCHACH, KARTEN*) queen; (*Spiel*) draughts (*BRIT*), checkers (*US*).

Damen- *zW*: ~besuch *m* lady visitor *od* visitors; ~binde *f* sanitary towel (*BRIT*) *od* napkin (*US*); d~haft *adj* ladylike; ~sattel *m*: im ~sattel reiten to ride side-saddle; ~wahl *f* ladies' excuse-me.

Damespiel *nt* draughts (*BRIT*), checkers (*US*).

damit [da'mɪt] *adv* with it; (*begründend*) by that ♦ *konj* in order that *od* to; was meint er ~? what does he mean by that?; was soll ich ~? what am I meant to do with that?; muss er denn immer wieder ~ ankommen? must he keep on about it?; was ist ~? what about it?; genug ~! that's enough!; ~ basta! and that's that!; ~ eilt es nicht there's no hurry.

dämlich ['dɛːmlɪç] (*umg*) *adj* silly, stupid.

Damm [dam] (-(e)s, ⁻e) *m* dyke (*BRIT*), dike (*US*); (*Stau-*) dam; (*Hafen-*) mole; (*Bahn-, Straßen-*) embankment.

dämmen ['dɛmən] *vt* (*Wasser*) to dam up; (*Schmerzen*) to keep back.

dämmerig *adj* dim, faint.

Dämmerlicht *nt* twilight; (*abends*) dusk; (*Halbdunkel*) half-light.

dämmern ['dɛmərn] *vi* (*Tag*) to dawn; (*Abend*) to fall; **es dämmerte ihm, dass ...** (*umg*) it dawned on him that ...

Dämmerung *f* twilight; (*Morgen~*) dawn; (*Abend~*) dusk.

Dämmerzustand *m* (*Halbschlaf*) dozy state; (*Bewusstseinstrübung*) semi-conscious state.

Dämmung *f* insulation.

Dämon ['dɛːmɔn] (**-s, -en**) *m* demon.

dämonisch [dɛ'moːnɪʃ] *adj* demonic.

Dampf [dampf] (**-(e)s, ⁼e**) *m* steam; (*Dunst*) vapour (*BRIT*), vapor (*US*); **jdm ~ machen** (*umg*) to make sb get a move on; **~ ablassen** (*lit, fig*) to let off steam; **d~en** *vi* to steam.

dämpfen ['dɛmpfən] *vt* (*KOCH*) to steam; (*bügeln*) to iron with a damp cloth; (*mit Dampfbügeleisen*) to steam iron; (*fig*) to dampen, subdue.

Dampfer ['dampfər] (**-s, -**) *m* steamer; **auf dem falschen ~ sein** (*fig*) to have got the wrong idea.

Dämpfer (**-s, -**) *m* (*MUS: bei Klavier*) damper; (*bei Geige, Trompete*) mute; **er hat einen ~ bekommen** (*fig*) it dampened his spirits.

Dampf- *zW:* **~kochtopf** *m* pressure cooker; **~maschine** *f* steam engine; **~schiff** *nt* steamship; **~walze** *f* steamroller.

Damwild ['damvɪlt] *nt* fallow deer.

danach [da'naːx] *adv* after that; (*zeitlich*) afterwards; (*gemäß*) accordingly; (*laut diesem*) according to which *od* that; **mir war nicht ~** (*zumute od zu Mute*) I didn't feel like it; **er griff schnell ~** he grabbed at it; **~ kann man nicht gehen** you can't go by that; **er sieht ~ aus** he looks it.

Däne ['dɛːnə] (**-n, -n**) *m* Dane, Danish man/boy.

daneben [da'neːbən] *adv* beside it; (*im Vergleich*) in comparison; **~ sein** (*umg: verwirrt sein*) to be completely confused; **~benehmen** *unreg vr* to misbehave; **~gehen** *unreg vi* to miss; (*Plan*) to fail; **~greifen** *unreg vi* to miss; (*fig: mit Schätzung etc*) to be wide of the mark.

Dänemark ['dɛːnəmark] (**-s**) *nt* Denmark.

Dänin ['dɛːnɪn] *f* Dane, Danish woman *od* girl.

dänisch *adj* Danish.

Dank [daŋk] (**-(e)s**) *m* thanks *pl*; **vielen** *od* **schönen ~** many thanks; **jdm ~ sagen** to thank sb; **mit (bestem) ~ zurück!** many thanks for the loan; **d~** *präp* (+*dat od gen*) thanks to; **d~bar** *adj* grateful; (*Aufgabe*) rewarding; (*haltbar*) hard-wearing; **~barkeit** *f* gratitude.

danke *interj* thank you, thanks.

danken *vi* +*dat* to thank; **nichts zu ~!** I don't mention it; **~d erhalten/ablehnen** to

receive/decline with thanks.

dankenswert *adj* (*Arbeit*) worthwhile; (*Bemühung*) kind.

Dank- *zW:* **~gottesdienst** *m* service of thanksgiving; **d~sagen** *vi* to express one's thanks; **~schreiben** *nt* letter of thanks.

dann [dan] *adv* then; **~ und wann** now and then; **~ eben nicht** well, in that case (there's no more to be said); **erst ~, wenn ...** only when ...; **~ erst recht nicht!** in that case no way (*umg*).

dannen ['danən] *adv:* **von ~** (*liter: weg*) away.

daran [da'ran] *adv* on it; (*stoßen*) against it; **es liegt ~, dass ...** the cause of it is that ...; **gut/schlecht ~ sein** to be well/badly off; **das Beste/Dümmste ~** the best/stupidest thing about it; **ich war nahe ~, zu ...** I was on the point of ...; **im Anschluss ~** (*zeitlich: danach anschließend*) following that *od* this; **wir können nichts ~ machen** we can't do anything about it; **es ist nichts ~** (*ist nicht fundiert*) there's nothing in it; (*ist nichts Besonderes*) it's nothing special; **er ist ~ gestorben** he died from *od* of it; **~gehen** *unreg vi* to start; **~machen** (*umg*) *vr:* **sich ~machen, etw zu tun** to set about doing sth; **~setzen** *vt* to stake; **er hat alles ~gesetzt, von Glasgow wegzukommen** he has done his utmost to get away from Glasgow.

darauf [da'rauf] *adv* (*räumlich*) on it; (*zielgerichtet*) towards it; (*danach*) afterwards; **~ legen** to lay *od* put on top; **es kommt ganz ~ an, ob ...** it depends whether ...; **seine Behauptungen stützen sich ~, dass ...** his claims are based on the supposition that ...; **wie kommst du ~?** what makes you think that?; **die Tage ~** the days following *od* thereafter; **am Tag ~** the next day; **~ folgend** (*Tag, Jahr*) next, following; **~hin** *adv* (*im Hinblick ~*) in this respect; (*aus diesem Grund*) as a result; **wir müssen es ~hin prüfen, ob ...** we must test it to see whether ...

daraus [da'raus] *adv* from it; **was ist ~ geworden?** what became of it?; **~ geht hervor, dass ...** this means that ...

darbieten ['daːrbiːtən] *vt* (*vortragen: Lehrstoff*) to present ♦ *vr* to present itself.

Darbietung *f* performance.

Dardanellen [darda'nɛlən] *pl* Dardanelles *pl*.

darein- *präf* = **drein-**.

Daressalam [darɛsa'laːm] *nt* Dar-es-Salaam.

darf [darf] *vb siehe* **dürfen.**

darin [da'rɪn] *adv* in (there), in it; **der Unterschied liegt ~, dass ...** the difference is that ...

darlegen ['daːrleːgən] *vt* to explain, expound, set forth.

Darlegung *f* explanation.

Darleh(e)n (**-s, -**) *nt* loan.

Darm [darm] (-(e)s, ⁼e) *m* intestine; (*Wurst~*) skin; ~ausgang *m* anus; ~grippe *f* gastric influenza; ~saite *f* gut string; ~trägheit *f* under-activity of the intestines.

darstellen ['daːrʃtɛlən] *vt* (*abbilden, bedeuten*) to represent; (*THEAT*) to act; (*beschreiben*) to describe ♦ *vr* to appear to be.

Darsteller(in) (-s, -) *m(f)* actor, actress.

darstellerisch *adj*: eine ~e Höchstleistung a magnificent piece of acting.

Darstellung *f* portrayal, depiction.

darüber [da'ryːbər] *adv* (*räumlich*) over/above it; (*fahren*) over it; (*mehr*) more; (*währenddessen*) meanwhile; (*sprechen, streiten*) about it; ~ hinweg sein (*fig*) to have got over it; ~ hinaus over and above that; ~ geht nichts there's nothing like it; seine Gedanken ~ his thoughts about *od* on it; ~ liegen (*fig*) to be higher.

darum [da'rʊm] *adv* (*räumlich*) round it ♦ *konj* that's why; ~ herum round about (it); er bittet ~ he is pleading for it; es geht ~, dass ... the thing is that ...; ~ geht es mir/geht es mir nicht that's my point/that's not the point for me; er würde viel ~ geben, wenn ... he would give a lot to ...; *siehe auch* **drum**.

darunter [da'rʊntər] *adv* (*räumlich*) under it; (*dazwischen*) among them; (*weniger*) less; ein Stockwerk ~ one floor below (it); was verstehen Sie ~? what do you understand by that?; ~ kann ich mir nichts vorstellen that doesn't mean anything to me; ~ fallen to be included; ~ mischen (*Mehl*) to mix in; sich ~ mischen to mingle; ~ setzen (*Unterschrift*) to put to it.

das [das] *pron* that ♦ *def art* the; *siehe auch* **der**; ~ heißt that is; ~ und ~ such and such.

Dasein ['daːzaɪn] (-s) *nt* (*Leben*) life; (*Anwesenheit*) presence; (*Bestehen*) existence.

da sein▲ *unreg vi siehe* **da**.

Daseinsberechtigung *f* right to exist.

Daseinskampf *m* struggle for survival.

dass▲ [das] *konj* that.

dasselbe [das'zɛlbə] *nt pron* the same.

dastehen ['daːʃteːən] *unreg vi* to stand there; (*fig*): gut/schlecht ~ to be in a good/bad position; allein ~ to be on one's own.

Dat. *abk* = **Dativ.**

Datei [da'taɪ] *f* (*COMPUT*) file; ~name *m* file name; ~verwaltung *f* file management.

Daten ['daːtən] *pl* (*COMPUT*) data; (*Angaben*) data *pl*, particulars; *siehe auch* **Datum**; ~autobahn *f* information (super)highway; ~bank *f* data base; ~erfassung *f* data capture; ~netz *nt* data network; ~satz *m* record; ~schutz *m* data protection; ~sichtgerät *nt* visual display unit, VDU; ~träger *m* data carrier; ~typist(in) *m(f)* keyboard operator, keyboarder;

~übertragung *f* data transmission; ~verarbeitung *f* data processing; ~verarbeitungsanlage *f* data processing equipment, DP equipment.

datieren [da'tiːrən] *vt* to date.

Dativ ['daːtiːf] (-s, -e) *m* dative; ~objekt *nt* (*GRAM*) indirect object.

dato ['daːto] *adv*: bis ~ (*COMM: umg*) to date.

Dattel ['datəl] (-, -n) *f* date.

Datum ['daːtʊm] (-s, Daten) *nt* date; das heutige ~ today's date.

Datumsgrenze *f* (*GEOG*) (international) date line.

Dauer ['daʊər] (-, -n) *f* duration; (*gewisse Zeitspanne*) length; (*Bestand, Fortbestehen*) permanence; es war nur von kurzer ~ it didn't last long; auf die ~ in the long run; (*auf längere Zeit*) indefinitely; ~auftrag *m* standing order; d~haft *adj* lasting, durable; ~haftigkeit *f* durability; ~karte *f* season ticket; ~lauf *m* long-distance run.

dauern *vi* to last; es hat sehr lang gedauert, bis er ... it took him a long time to ...

dauernd *adj* constant.

Dauer- *zW*: ~obst *nt* fruit suitable for storing; ~redner (*pej*) *m* long-winded speaker; ~regen *m* continuous rain; ~schlaf *m* prolonged sleep; ~stellung *f* permanent position; ~welle *f* perm, permanent wave; ~wurst *f* German salami; ~zustand *m* permanent condition.

Daumen ['daʊmən] (-s, -) *m* thumb; jdm die ~ drücken *od* halten to keep one's fingers crossed for sb; über den ~ peilen to guess roughly; ~lutscher *m* thumb-sucker.

Daune ['daʊnə] (-, -n) *f* down.

Daunendecke *f* down duvet.

davon [da'fɔn] *adv* of it; (*räumlich*) away; (*weg von*) away from it; (*Grund*) because of it; (*mit Passiv*) by it; das kommt ~! that's what you get; ~ abgesehen apart from that; wenn wir einmal ~ absehen, dass ... if for once we overlook the fact that ...; ~ sprechen/wissen to talk/know of *od* about it; was habe ich ~? what's the point?; ~ betroffen werden to be affected by it; ~gehen *unreg vi* to leave, go away; ~kommen *unreg vi* to escape; ~lassen *unreg vt*: die Finger ~lassen (*umg*) to keep one's hands *od* fingers off (it); ~laufen *unreg vi* to run away; ~machen *vr* to make off; ~tragen *unreg vt* to carry off; (*Verletzung*) to receive.

davor [da'foːr] *adv* (*räumlich*) in front of it; (*zeitlich*) before (that); ~ warnen to warn about it.

dazu [da'tsuː] *adv* (*legen, stellen*) by it; (*essen*) with it; und ~ noch and in addition; ein Beispiel/seine Gedanken ~ one example for/his thoughts on this; wie komme ich denn ~? why should I?; ... aber ich bin nicht

~ **gekommen** ... but I didn't get around to it;
das Recht ~ the right to do it; ~ **bereit sein,
etw zu tun** to be prepared to do sth; ~ **fähig
sein** to be capable of it; **sich** ~ **äußern** to say
something on it; ~**gehören** *vi* to belong to it;
das gehört ~ (*versteht sich von selbst*) it's all
part of it; **es gehört schon einiges** ~, **das zu
tun** it takes a lot to do that; ~**gehörig** *adj*
appropriate; ~**kommen** *unreg vi* (*Ereignisse*)
to happen too; (*an einen Ort*) to come along;
kommt noch etwas ~? will there be
anything else?; ~**lernen** *vt*: **schon wieder
was** ~**gelernt!** you learn something (new)
every day!; ~**mal** ['da:tsuma:l] *adv* in those
days; ~**tun** *unreg vt* to add; **er hat es ohne
dein D~tun geschafft** he managed it without
your doing *etc* anything.

dazwischen [da'tsvɪʃən] *adv* in between;
(*zusammen mit*) among them; **der
Unterschied** ~ the difference between
them; ~**fahren** *unreg vi* (*eingreifen*) to
intervene; ~**funken** (*umg*) *vi* (*eingreifen*) to
put one's oar in; ~**kommen** *unreg vi*
(*hineingeraten*) to get caught in it; **es ist
etwas** ~**gekommen** something (has)
cropped up; ~**reden** *vi* (*unterbrechen*) to
interrupt; (*sich einmischen*) to interfere;
~**treten** *unreg vi* to intervene.

DB *f abk* (= *Deutsche Bahn*) *German railways.*

DBP *f abk* (*früher*) = **Deutsche Bundespost.**

DDR (-) *f abk* (*früher*: = *Deutsche Demokratische
Republik*) GDR.

DDR

*The **DDR** (Deutsche Demokratische Republik) was
the name by which the former Communist
German Democratic Republic was known. It was
founded in 1949 from the Soviet-occupied zone.
After the building of the Berlin Wall in 1961 it was
virtually sealed off from the West until mass
demonstrations and demands for reform forced
the opening of the borders in 1989. It then merged
in 1990 with the **BRD**.*

DDT ® *nt abk* DDT.

Dealer(in) ['di:lər(ɪn)] (-s, -) (*umg*) *m(f)* pusher.

Debatte [de'batə] (-, -n) *f* debate; **das steht
hier nicht zur** ~ that's not the issue.

debattieren [deba'ti:rən] *vt* to debate.

Debet ['de:bɛt] (-s, -s) *nt* (*FIN*) debits *pl.*

Debüt [de'by:] (-s, -s) *nt* debut.

dechiffrieren [deʃɪ'fri:rən] *vt* to decode; (*Text*)
to decipher.

Deck [dɛk] (-(e)s, -s *od* -e) *nt* deck; **an** ~ **gehen**
to go on deck.

Deckbett *nt* feather quilt.

Deckblatt *nt* (*Schutzblatt*) cover.

Decke (-, -n) *f* cover; (*Bett~*) blanket; (*Tisch~*)
tablecloth; (*Zimmer~*) ceiling; **unter einer**

~ **stecken** to be hand in glove; **an die**
~ **gehen** to hit the roof; **mir fällt die** ~ **auf
den Kopf** (*fig*) I feel really claustrophobic.

Deckel (-s, -) *m* lid; **du kriegst gleich eins auf
den** ~ (*umg*) you're going to catch it.

decken *vt* to cover ♦ *vr* to coincide ♦ *vi* to lay
the table; **mein Bedarf ist gedeckt** I have all
I need; (*fig*) I've had enough; **sich an einen
gedeckten Tisch setzen** (*fig*) to be handed
everything on a plate.

Deckmantel *m*: **unter dem** ~ **von** under the
guise of.

Deckname *m* assumed name.

Deckung *f* (*das Schützen*) covering; (*Schutz*)
cover; (*SPORT*) defence (*BRIT*), defense (*US*);
(*Übereinstimmen*) agreement; **zur** ~ **seiner
Schulden** to meet his debts.

deckungsgleich *adj* congruent.

Decoder *m* (*TV*) decoder.

de facto [de: 'fakto] *adv* de facto.

Defekt [de'fɛkt] (-(e)s, -e) *m* fault, defect; **d~**
adj faulty.

defensiv [defɛn'si:f] *adj* defensive.

Defensive *f*: **jdn in die** ~ **drängen** to force sb
onto the defensive.

definieren [defi'ni:rən] *vt* to define.

Definition [definitsi'o:n] *f* definition.

definitiv [defini'ti:f] *adj* definite.

Defizit ['de:fitsɪt] (-s, -e) *nt* deficit.

defizitär [defitsi'tɛ:r] *adj*: **eine** ~**e Haushalts-
politik führen** to follow an economic policy
which can only lead to deficit.

Deflation [deflatsi'o:n] *f* (*ECON*) deflation.

deflationär [deflatsio'nɛ:r] *adj* deflationary.

deftig ['dɛftɪç] *adj* (*Essen*) large; (*Witz*) coarse.

Degen ['de:gən] (-s, -) *m* sword.

degenerieren [degene'ri:rən] *vi* to degenerate.

degradieren [degra'di:rən] *vt* to degrade.

dehnbar ['de:nba:r] *adj* elastic; (*fig: Begriff*)
loose; **D~keit** *f* elasticity; looseness.

dehnen *vt, vr* to stretch.

Dehnung *f* stretching.

Deich [daɪç] (-(e)s, -e) *m* dyke (*BRIT*), dike (*US*).

Deichsel ['daɪksəl] (-, -n) *f* shaft.

deichseln *vt* (*fig: umg*) to wangle.

dein [daɪn] *pron* your; (*adjektivisch*): **herzliche
Grüße,** ~**e Elke** with best wishes, yours *od*
(*herzlicher*) love, Elke.

deine(r, s) *poss pron* yours.

deiner *gen von* **du** *pron* of you.

deinerseits *adv* on your part.

deinesgleichen *pron* people like you.

deinetwegen ['daɪnət've:gən] *adv* (*für dich*) for
your sake; (*wegen dir*) on your account.

deinetwillen ['daɪnət'vɪlən] *adv*: **um** ~ =
deinetwegen.

deinige *pron*: **der/die/das** ~ *od* **D~** yours.

dekadent [deka'dɛnt] *adj* decadent.

Dekadenz *f* decadence.

Dekan [de'ka:n] (-s, -e) *m* dean.

Spelling Reform: ▲ *new spelling* △ *old spelling (to be phased out)*

deklassieren [dekla'si:rən] *vt* (*SOZIOLOGIE*: *herabsetzen*) to downgrade; (*SPORT*: *übertreffen*) to outclass.

Deklination [deklinatsi'o:n] *f* declension.

deklinieren [dekli'ni:rən] *vt* to decline.

Dekolletee▲, **Dekolleté** [dekɔl'te:] (**-s, -s**) *nt* low neckline.

dekomprimieren *vt* (*COMPUT*) to decompress.

Dekor [de'ko:r] (**-s, -s** *od* **-e**) *m od nt* decoration.

Dekorateur(in) [dekora'tø:r(ɪn)] *m(f)* window dresser.

Dekoration [dekoratsi'o:n] *f* decoration; (*in Laden*) window dressing.

dekorativ [dekora'ti:f] *adj* decorative.

dekorieren [deko'ri:rən] *vt* to decorate; (*Schaufenster*) to dress.

Dekostoff ['de:kɔʃtɔf] *m* (*TEXTIL*) furnishing fabric.

Dekret [de'kre:t] (**-(e)s, -e**) *nt* decree.

Delegation [delegatsi'o:n] *f* delegation.

delegieren [dele'gi:rən] *vt*: ~ (**an** +*akk*) to delegate (to).

Delegierte(r) *f(m)* delegate.

Delfin▲ [dɛl'fi:n] (**-s, -e**) *m* dolphin.

Delfinschwimmen▲ *nt* butterfly (stroke).

Delhi ['de:lɪ] (**-s**) *nt* Delhi.

delikat [deli'ka:t] *adj* (*zart, heikel*) delicate; (*köstlich*) delicious.

Delikatesse [delika'tɛsə] (**-, -n**) *f* delicacy.

Delikatessengeschäft *nt* delicatessen (shop).

Delikt [de'lɪkt] (**-(e)s, -e**) *nt* (*JUR*) offence (*BRIT*), offense (*US*).

Delinquent [delɪŋ'kvɛnt] *m* (*geh*) offender.

Delirium [de'li:rium] *nt*: **im** ~ **sein** to be delirious; (*umg*: *betrunken*) to be paralytic.

Delle ['dɛlə] (**-, -n**) (*umg*) *f* dent.

Delphin *etc* [dɛl'fi:n] (**-s, -e**) *m* = **Delfin** *etc*.

Delta ['dɛlta] (**-s, -s**) *nt* delta.

dem [de(:)m] *art dat von* **der, das**; **wie ~ auch sei** be that as it may.

Demagoge [dema'go:gə] (**-n, -n**) *m* demagogue.

Demarkationslinie [demarkatsi'o:nzli:niə] *f* demarcation line.

Dementi [de'mɛnti] (**-s, -s**) *nt* denial.

dementieren [demɛn'ti:rən] *vt* to deny.

dem- *zW*: ~**entsprechend** *adj* appropriate ♦ *adv* correspondingly; (*demnach*) accordingly; ~**gemäß** *adv* accordingly; ~**nach** *adv* accordingly; ~**nächst** *adv* shortly.

Demo ['de:mo] (**-s, -s**) (*umg*) *f* demo.

Demografie▲ [demogra'fi:] *f* demography.

Demokrat(in) [demo'kra:t(ɪn)] (**-en, -en**) *m(f)* democrat.

Demokratie [demokra'ti:] *f* democracy; ~**verständnis** *nt* understanding of (the meaning of) democracy.

demokratisch *adj* democratic.

demokratisieren [demokrati'zi:rən] *vt* to democratize.

demolieren [demo'li:rən] *vt* to demolish.

Demonstrant(in) [demɔn'strant(ɪn)] *m(f)* demonstrator.

Demonstration [demɔnstratsi'o:n] *f* demonstration.

demonstrativ [demɔnstra'ti:f] *adj* demonstrative; (*Protest*) pointed.

demonstrieren [demɔn'stri:rən] *vt, vi* to demonstrate.

Demontage [demɔn'ta:ʒə] (**-, -n**) *f* (*lit, fig*) dismantling.

demontieren [demɔn'ti:rən] *vt* (*lit, fig*) to dismantle; (*Räder*) to take off.

demoralisieren [demorali'zi:rən] *vt* to demoralize.

Demoskopie [demosko'pi:] *f* public opinion research.

demselben *dat von* **derselbe, dasselbe**.

Demut ['de:mu:t] (**-**) *f* humility.

demütig ['de:my:tɪç] *adj* humble.

demütigen ['de:my:tɪgən] *vt* to humiliate.

Demütigung *f* humiliation.

demzufolge ['de:mtsu'fɔlgə] *adv* accordingly.

den [de(:)n] *art akk von* **der**.

denen ['de:nən] *pron dat pl von* **der, die, das**.

Denk- *zW*: ~**anstoß** *m*: **jdm ~anstöße geben** to give sb food for thought; ~**art** *f* mentality; **d~bar** *adj* conceivable.

denken ['dɛŋkən] *unreg vi* to think ♦ *vt*: **für jdn/etw gedacht sein** to be intended *od* meant for sb/sth ♦ *vr* (*vorstellen*): **das kann ich mir** ~ I can imagine; (*beabsichtigen*): **sich** *dat* **etw bei etw** ~ to mean sth by sth; **wo ~ Sie hin!** what an idea!; **ich denke schon** I think so; **an jdn/etw** ~ to think of sb/sth; **daran ist gar nicht zu** ~ that's (quite) out of the question; **ich denke nicht daran, das zu tun** there's no way I'm going to do that (*umg*).

Denken (**-s**) *nt* thinking.

Denker(in) (**-s, -**) *m(f)* thinker; **das Volk der Dichter und** ~ the nation of poets and philosophers.

Denk- *zW*: ~**fähigkeit** *f* intelligence; **d~faul** *adj* mentally lazy; ~**fehler** *m* logical error; ~**horizont** *m* mental horizon.

Denkmal (**-s, ̈-er**) *nt* monument; ~**schutz** *m*: **etw unter ~schutz stellen** to classify sth as a historical monument.

Denk- *zW*: ~**pause** *f*: **eine ~pause einlegen** to have a break to think things over; ~**schrift** *f* memorandum; ~**vermögen** *nt* intellectual capacity; **d~würdig** *adj* memorable; ~**zettel** *m*: **jdm einen ~zettel verpassen** to teach sb a lesson.

denn [dɛn] *konj* for; (*konzessiv*): **es sei ~, (dass)** unless ♦ *adv* then; (*nach Komparativ*) than.

dennoch ['dɛnnɔx] *konj* nevertheless ♦ *adv*: **und ~, ...** ... and yet ...

denselben *akk von* **derselbe** ♦ *dat von* **dieselben.**

Denunziant(in) [denʊntsi'ant(ɪn)] *m(f)* informer.

denunzieren [denʊn'tsiːrən] *vt* to inform against.

Deospray ['deːoʃpreɪ] *nt od m* deodorant spray.

Depesche [de'pɛʃə] (-, -n) *f* dispatch.

deplatziert▲ [depla'tsiːrt] *adj* out of place.

Deponent(in) [depo'nɛnt(ɪn)] *m(f)* depositor.

Deponie *f* dump, disposal site.

deponieren [depo'niːrən] *vt* (*COMM*) to deposit.

deportieren [depɔr'tiːrən] *vt* to deport.

Depot [de'poː] (-s, -s) *nt* warehouse; (*Bus~*, *EISENB*) depot; (*Bank~*) strongroom (*BRIT*), safe (*US*).

Depp [dɛp] (-en, -en) *m* (*Dialekt: pej*) twit.

Depression [deprɛsi'oːn] *f* depression.

depressiv *adj* depressive; (*FIN*) depressed.

deprimieren [depri'miːrən] *vt* to depress.

═══════════ *SCHLÜSSELWORT*

der [de(ː)r] (*f* **die**, *nt* **das**) (*gen* **des, der, des,** *dat* **dem, der, dem**) (*akk* **den**) *def art* the; ~ **Rhein** the Rhine; ~ **Klaus** (*umg*) Klaus; **die Frau** (*im allgemeinen*) women; ~ **Tod/das Leben** death/life; ~ **Fuß des Berges** the foot of the hill; **gib es** ~ **Frau** give it to the woman; **er hat sich** *dat* **die Hand verletzt** he has hurt his hand.

♦ *rel pron* (*bei Menschen*) who, that; (*bei Tieren, Sachen*) which, that; ~ **Mann, den ich gesehen habe** the man who *od* whom *od* that I saw.

♦ *demon pron* he/she/it; (*jener, dieser*) that; (*pl*) those; ~/**die war es** it was him/her; ~ **mit** ~ **Brille** the one with the glasses; **ich will den (da)** I want that one.

derart ['deːr'aːrt] *adv* (*Art und Weise*) in such a way; (*Ausmaß: vor adj*) so; (: *vor vb*) so much.

derartig *adj* such, this sort of.

derb [dɛrp] *adj* sturdy; (*Kost*) solid; (*grob*) coarse; **D~heit** *f* sturdiness; solidity; coarseness.

deren ['deːrən] *rel pron* (*gen sing von die*) whose; (*von Sachen*) of which; (*gen pl von der, die, das*) their; whose; of whom.

derentwillen ['deːrənt'vɪlən] *adv:* **um** ~ (*rel*) for whose sake; (*von Sachen*) for the sake of which.

dergestalt *adv* (*geh*): ~, **dass** ... in such a way that ...

der- *zW:* ~**gleichen** *pron* such; (*substantivisch*): **er tat nichts** ~**gleichen** he did nothing of the kind; **und** ~**gleichen (mehr)** and suchlike; ~**jenige** *pron* he; she; it; (*rel*) the one (who); that (which); ~**maßen** *adv* to such an extent, so; ~**selbe** *m pron* the same; ~**weil(en)** *adv* in the meantime; ~**zeit** *adv* (*jetzt*) at present, at the moment; ~**zeitig** *adj* present, current; (*damalig*) then.

des [dɛs] *art gen von* **der.**

Des [dɛs] (-) *nt* (*MUS: auch:* **d~**) D flat.

Deserteur [dezɛr'tøːr] *m* deserter.

desertieren [dezɛr'tiːrən] *vi* to desert.

desgl. *abk* = **desgleichen.**

desgleichen ['dɛsˈglaɪçən] *pron* the same.

deshalb ['dɛsˈhalp] *adv, konj* therefore, that's why.

Design [di'zaɪn] (-s, -s) *nt* design.

designiert [dezi'gniːrt] *adj attrib:* **der** ~**e Vorsitzende/Nachfolger** the chairman designate/prospective successor.

Desinfektion [dezɪnfɛktsi'oːn] *f* disinfection.

Desinfektionsmittel *nt* disinfectant.

desinfizieren [dezɪnfi'tsiːrən] *vt* to disinfect.

Desinteresse [dɛsˈɪntə'rɛsə] (-s) *nt:* ~ (**an** +*dat*) lack of interest (in).

desinteressiert [dɛsˈɪntərɛ'siːrt] *adj* uninterested.

desselben *gen von* **derselbe, dasselbe.**

dessen ['dɛsən] *pron gen von* **der, das;** ~ **ungeachtet** nevertheless, regardless.

Dessert [de'sɛːr] (-s, -s) *nt* dessert.

Dessin [dɛ'sɛ̃ː] (-s, -s) *nt* pattern, design.

Destillation [dɛstilatsi'oːn] *f* distillation.

destillieren [dɛstɪ'liːrən] *vt* to distil.

desto ['dɛsto] *adv* all *od* so much the; ~ **besser** all the better.

destruktiv [destrʊk'tiːf] *adj* destructive.

deswegen ['dɛs've:gən] *konj* therefore, hence.

Detail [de'taɪ] (-s, -s) *nt* detail.

detaillieren [deta'jiːrən] *vt* to specify, give details of.

Detektiv [detɛk'tiːf] (-s, -e) *m* detective.

Detektor [de'tɛktɔr] *m* (*TECH*) detector.

Detonation [detonatsi'oːn] *f* explosion, blast.

Deut *m:* (**um**) **keinen** ~ not one iota *od* jot.

deuten ['dɔytən] *vt* to interpret; (*Zukunft*) to read ♦ *vi:* ~ (**auf** +*akk*) to point (to *od* at).

deutlich *adj* clear; (*Unterschied*) distinct; **jdm etw** ~ **zu verstehen geben** to make sth perfectly clear *od* plain to sb; **D~keit** *f* clarity; distinctness.

deutsch [dɔytʃ] *adj* German; ~**e Schrift** Gothic script; **auf D~** in German; **auf gut D~** (*gesagt*) (*fig: umg*) ≈ in plain English; **D~e Demokratische Republik** (*HIST*) German Democratic Republic.

Deutsche(r) *f(m):* **er ist** ~**r** he is (a) German.

Deutschland *nt* Germany; ~**lied** *nt* German national anthem; ~**politik** *f* home *od* domestic policy; (*von fremdem Staat*) policy towards Germany.

deutschsprachig *adj* (*Bevölkerung, Gebiete*) German-speaking; (*Zeitung, Ausgabe*) German-language; (*Literatur*) German.

deutschstämmig *adj* of German origin.

Deutung *f* interpretation.

Spelling Reform: ▲ *new spelling* △ *old spelling (to be phased out)*

Devise [de'viːzə] (-, -n) *f* motto, device; **Devisen** *pl* (*FIN*) foreign currency *od* exchange.

Devisenausgleich *m* foreign exchange offset.

Devisenkontrolle *f* exchange control.

Dez. *abk* (= *Dezember*) Dec.

Dezember [de'tsɛmbər] (-(s), -) *m* December; *siehe auch* **September**.

dezent [de'tsɛnt] *adj* discreet.

Dezentralisation [detsɛntralizatsi'oːn] *f* decentralization.

Dezernat [detsɛr'naːt] (-(e)s, -e) *nt* (*VERWALTUNG*) department.

Dezibel [detsi'bɛl] (-s, -) *nt* decibel.

dezidiert [detsi'diːrt] *adj* firm, determined.

dezimal [detsi'maːl] *adj* decimal; **D~bruch** *m* decimal (fraction); **D~system** *nt* decimal system.

dezimieren [detsi'miːrən] *vt* (*fig*) to decimate ♦ *vr* to be decimated.

DFB *m abk* (= *Deutscher Fußball-Bund*) German Football Association.

DFG *f abk* (= *Deutsche Forschungsgemeinschaft*) German Research Council.

DGB *m abk* (= *Deutscher Gewerkschaftsbund*) ≈ TUC.

dgl. *abk* = **dergleichen**.

d. h. *abk* (= *das heißt*) i.e.

Dia ['diːa] (-s, -s) *nt* = **Diapositiv**.

Diabetes [dia'beːtɛs] (-, -) *m* (*MED*) diabetes.

Diabetiker(in) [dia'beːtikər(in)] (-s, -) *m(f)* diabetic.

Diagnose [dia'gnoːzə] (-, -n) *f* diagnosis.

diagnostizieren [diagnɔsti'tsiːrən] *vt*, *vi* (*MED*, *fig*) to diagnose.

diagonal [diago'naːl] *adj* diagonal.

Diagonale (-, -n) *f* diagonal.

Diagramm [dia'gram] *nt* diagram.

Diakonie [diako'niː] *f* (*REL*) social welfare work.

Dialekt [dia'lɛkt] (-(e)s, -e) *m* dialect; **~ausdruck** *m* dialect expression *od* word; **d~frei** *adj* without an accent.

dialektisch *adj* dialectal; (*Logik*) dialectical.

Dialog [dia'loːk] (-(e)s, -e) *m* dialogue.

Diamant [dia'mant] *m* diamond.

Diapositiv [diapozi'tiːf] (-s, -e) *nt* (*PHOT*) slide, transparency.

Diaprojektor *m* slide projector.

Diät [di'ɛːt] (-) *f* diet; **Diäten** *pl* (*POL*) allowance *sing*; **~ kochen/essen** to cook/eat according to a diet; **(nach einer) ~ leben** to be on a special diet.

dich [dɪç] *akk von* **du** ♦ *pron* you ♦ *refl pron* yourself.

dicht [dɪçt] *adj* dense; (*Nebel*) thick; (*Gewebe*) close; (*undurchlässig*) (water)tight; (*fig*) concise; (*umg*: *zu*) shut, closed ♦ *adv*: **~ an/bei** close to; **er ist nicht ganz ~** (*umg*) he's

crackers; **~ machen** to make watertight/airtight; **~ hintereinander** right behind one another; **~ bevölkert** densely *od* heavily populated.

Dichte (-, -n) *f* density; thickness; closeness; (water)tightness; (*fig*) conciseness.

dichten *vt* (*dicht machen*) to make watertight; to seal; (*NAUT*) to caulk; (*LITER*) to compose, write ♦ *vi* (*LITER*) to compose, write.

Dichter(in) (-s, -) *m(f)* poet; (*Autor*) writer; **d~isch** *adj* poetical; **d~ische Freiheit** poetic licence (*BRIT*) *od* license (*US*).

dichthalten *unreg* (*umg*) *vi* to keep one's mouth shut.

dichtmachen (*umg*) *vt* (*Geschäft*) to wind up ♦ *vi* (*Person*) to close one's mind.

Dichtung *f* (*TECH*) washer; (*AUT*) gasket; (*Gedichte*) poetry; (*Prosa*) (piece of) writing; **~ und Wahrheit** (*fig*) fact and fantasy.

dick [dɪk] *adj* thick; (*fett*) fat; **durch ~ und dünn** through thick and thin; **D~darm** *m* (*ANAT*) colon.

Dicke (-, -n) *f* thickness; fatness.

dickfellig *adj* thick-skinned.

dickflüssig *adj* viscous.

Dickicht (-s, -e) *nt* thicket.

dick- *zW*: **D~kopf** *m* mule; **D~milch** *f* soured milk; **D~schädel** *m* = **Dickkopf**.

die [diː] *def art* the; *siehe auch* **der**.

Dieb(in) [diːp, 'diːbɪn] (-(e)s, -e) *m(f)* thief; **haltet den ~!** stop thief!; **d~isch** *adj* thieving; (*umg*) immense; **~stahl** *m* theft; **d~stahlsicher** *adj* theft-proof.

diejenige ['diːjeːnɪgə] *pron siehe* **derjenige**.

Diele ['diːlə] (-, -n) *f* (*Brett*) board; (*Flur*) hall, lobby; (*Eis~*) ice-cream parlour (*BRIT*) *od* parlor (*US*).

dienen ['diːnən] *vi*: **(jdm) ~** to serve (sb); **womit kann ich Ihnen ~?** what can I do for you?; (*in Geschäft*) can I help you?

Diener (-s, -) *m* servant; (*umg*: *Verbeugung*) bow; **~in** *f* (maid)servant.

dienern *vi* (*fig*): **~ (vor** +*dat*) to bow and scrape (to).

Dienerschaft *f* servants *pl*.

dienlich *adj* useful, helpful.

Dienst [diːnst] (-(e)s, -e) *m* service; (*Arbeit, Arbeitszeit*) work; **~ am Kunden** customer service; **jdm zu ~en stehen** to be at sb's disposal; **außer ~** retired; **~ haben** to be on duty; **~ habend** (*Arzt, Offizier*) on duty; **~ tuend** on duty; **der öffentliche ~** the civil service.

Dienstag *m* Tuesday; **am ~** on Tuesday; **~ in acht Tagen** *od* **in einer Woche** a week on Tuesday, Tuesday week; **~ vor einer Woche** *od* **acht Tagen** a week (ago) last Tuesday.

dienstags *adv* on Tuesdays.

Dienst- *zW*: **~alter** *nt* length of service; **d~beflissen** *adj* zealous; **~bote** *m* servant;

~**boteneingang** *m* tradesmen's *od* service entrance; **d~eifrig** *adj* zealous; **d~frei** *adj* off duty; ~**gebrauch** *m* (*MIL, VERWALTUNG*): **nur für den** ~**gebrauch** for official use only; ~**geheimnis** *nt* professional secret; ~**gespräch** *nt* business call; ~**grad** *m* rank; ~**leistung** *f* service; ~**leistungsbetrieb** *m* service industry business; ~**leistungsgewerbe** *nt* service industries *pl*; **d~lich** *adj* official; (*Angelegenheiten*) business *attrib*; ~**mädchen** *nt* domestic servant; ~**plan** *m* duty rota; ~**reise** *f* business trip; ~**stelle** *f* office; ~**vorschrift** *f* service regulations *pl*; ~**wagen** *m* (*von Beamten*) official car; ~**weg** *m* official channels *pl*; ~**zeit** *f* office hours *pl*; (*MIL*) period of service.

diesbezüglich *adj* (*Frage*) on this matter.
diese(r, s) *pron* this (one) ♦ *adj* this; ~ **Nacht** tonight.
Diesel ['diːzəl] (**-s**) *m* (*Kraftstoff*) diesel fuel; ~**öl** ['diːzəløːl] *nt* diesel oil.
dieselbe [diːˈzɛlbə] *f pron* the same.
dieselben [diːˈzɛlbən] *pl pron* the same.
diesig *adj* drizzly.
dies- *zW:* ~**jährig** *adj* this year's; ~**mal** *adv* this time; **D~seits** (**-**) *nt* this life; ~**seits** *präp +gen* on this side.
Dietrich ['diːtrɪç] (**-s, -e**) *m* picklock.
Diffamierungskampagne [dɪfaˈmiːrʊŋskampanjə] *f* smear campaign.
differential *etc* [dɪferɛntsiˈaːl] *adj* = **differenzial** *etc*.
Differenz [dɪfeˈrɛnts] *f* difference; ~**betrag** *m* difference, balance.
differenzial▲ [dɪferɛntsiˈaːl] *adj* differential; **D~getriebe** *nt* differential gear; **D~rechnung** *f* differential calculus.
differenzieren [dɪferɛnˈtsiːrən] *vt* to make distinctions in ♦ *vi:* ~ (**bei**) to make distinctions (in).
differenziert *adj* complex.
diffus [dɪˈfuːs] *adj* (*Gedanken etc*) confused.
Digital- [digiˈtaːl-] *zW:* ~**anzeige** *f* digital display; ~**fernsehen** *nt* digital TV; ~**rechner** *m* digital computer; ~**uhr** *f* digital watch.
Diktafon▲, **Diktaphon** [dɪktaˈfoːn] *nt* dictaphone ®.
Diktat [dɪkˈtaːt] (**-(e)s, -e**) *nt* dictation; (*fig: Gebot*) dictate; (*POL*) diktat, dictate.
Diktator [dɪkˈtaːtɔr] *m* dictator; **d~isch** [-aˈtoːrɪʃ] *adj* dictatorial.
Diktatur [dɪktaˈtuːr] *f* dictatorship.
diktieren [dɪkˈtiːrən] *vt* to dictate.
Diktion [dɪktsiˈoːn] *f* style.
Dilemma [diˈlɛma] (**-s, -s** *od* **-ta**) *nt* dilemma.
Dilettant [dɪlɛˈtant] *m* dilettante, amateur; **d~isch** *adj* dilettante.
Dimension [dɪmɛnziˈoːn] *f* dimension.
DIN *f abk* (= *Deutsche Industrie-Norm*) German

Industrial Standard; ~ **A4** A4.
Ding [dɪŋ] (**-(e)s, -e**) *nt* thing; object; **das ist ein ~ der Unmöglichkeit** that is totally impossible; **guter ~e sein** to be in good spirits; **so wie die ~e liegen, nach Lage der ~e** as things are; **es müsste nicht mit rechten ~en zugehen, wenn ...** it would be more than a little strange if ...; **ein krummes ~ drehen** to commit a crime; to do something wrong; **d~fest machen** to arrest sb; **d~lich** *adj* real, concrete.
Dings (**-**) (*umg*) *nt* thingummyjig (*BRIT*).
Dingsbums ['dɪŋsbʊms] (**-**) (*umg*) *nt* thingummybob (*BRIT*).
Dingsda (**-**) (*umg*) *nt* thingummyjig (*BRIT*).
Dinosaurier [dinoˈzaʊriər] *m* dinosaur.
Diözese [diøˈtseːzə] (**-, -n**) *f* diocese.
Diphtherie [dɪfteˈriː] *f* diphtheria.
Dipl.-Ing. *abk* = **Diplomingenieur.**
Diplom [diˈploːm] (**-(e)s, -e**) *nt* diploma; (*Hochschulabschluss*) degree; ~**arbeit** *f* dissertation.
Diplomat [diploˈmaːt] (**-en, -en**) *m* diplomat.
Diplomatie [diplomaˈtiː] *f* diplomacy.
diplomatisch [diploˈmaːtɪʃ] *adj* diplomatic.
Diplomingenieur *m* academically qualified engineer.
dir [diːr] *dat von* **du** ♦ *pron* (to) you.
direkt [diˈrɛkt] *adj* direct; ~ **fragen** to ask outright *od* straight out.
Direktion [dirɛktsiˈoːn] *f* management; (*Büro*) manager's office.
Direktmandat *nt* (*POL*) direct mandate.
Direktor(in) *m(f)* director; (*von Hochschule*) principal; (*von Schule*) principal, head (teacher) (*BRIT*).
Direktorium [direkˈtoːriʊm] *nt* board of directors.
Direktübertragung *f* live broadcast.
Direktverkauf *m* direct selling.
Dirigent(in) [diriˈgɛnt(ɪn)] *m(f)* conductor.
dirigieren [diriˈgiːrən] *vt* to direct; (*MUS*) to conduct.
Dirne ['dɪrnə] (**-, -n**) *f* prostitute.
Dis [dɪs] (**-, -**) *nt* (*MUS*) D sharp.
dis [dɪs] (**-, -**) *nt* (*MUS*) D sharp.
Disharmonie [dɪsharmoˈniː] *f* (*lit, fig*) discord.
Diskette [dɪsˈkɛtə] *f* disk, diskette.
Diskettenlaufwerk *nt* disk drive.
Disko ['dɪsko] (**-, -s**) *f* disco.
Diskont [dɪsˈkɔnt] (**-s, -e**) *m* discount; ~**satz** *m* rate of discount.
Diskothek [dɪskoˈteːk] (**-, -en**) *f* disco(theque).
diskreditieren [dɪskrediˈtiːrən] *vt* (*geh*) to discredit.
Diskrepanz [dɪskreˈpants] *f* discrepancy.
diskret [dɪsˈkreːt] *adj* discreet.
Diskretion [dɪskretsiˈoːn] *f* discretion; **strengste ~ wahren** to preserve the

Spelling Reform: ▲ *new spelling* △ *old spelling (to be phased out)*

strictest confidence.
diskriminieren [dɪskrimiˈniːrən] *vt* to
discriminate against.
Diskriminierung *f:* ~ **(von)** discrimination
(against).
Diskussion [dɪskʊsiˈoːn] *f* discussion; **zur**
~ **stehen** to be under discussion.
Diskussionsbeitrag *m* contribution to the
discussion.
Diskuswerfen [ˈdɪskʊsvɛrfən] *nt* throwing the
discus.
diskutabel [dɪskuˈtaːbəl] *adj* debatable.
diskutieren [dɪskuˈtiːrən] *vt, vi* to discuss;
darüber lässt sich ~ that sounds like
something we could talk about.
disponieren [dɪspoˈniːrən] *vi* (*geh: planen*) to
make arrangements.
Disposition [dɪspozitsiˈoːn] *f* (*geh: Verfügung*):
jdm zur *od* **zu jds** ~ **stehen** to be at sb's
disposal.
disqualifizieren [dɪskvalifiˈtsiːrən] *vt* to
disqualify.
Dissertation [dɪsɛrtatsiˈoːn] *f* dissertation;
doctoral thesis.
Dissident(in) [dɪsiˈdɛnt(ɪn)] *m(f)* dissident.
Distanz [dɪsˈtants] *f* distance; (*fig: Abstand,
Entfernung*) detachment; (*Zurückhaltung*)
reserve.
distanzieren [dɪstanˈtsiːrən] *vr:* **sich von jdm/
etw** ~ to dissociate o.s. from sb/sth.
distanziert *adj* (*Verhalten*) distant.
Distel [ˈdɪstəl] (-, -n) *f* thistle.
Disziplin [dɪstsiˈpliːn] (-, -en) *f* discipline.
Disziplinarverfahren [dɪstsipliˈnarfɛrfaːrən] *nt*
disciplinary proceedings *pl.*
dito [ˈdiːto] *adv* (*COMM, hum*) ditto.
Diva [ˈdiːva] (-, -s) *f* star; (*FILM*) screen
goddess.
divers [diˈvɛrs] *adj* various.
Diverses *pl* sundries *pl*; „~"
"miscellaneous".
Dividende [diviˈdɛndə] (-, -n) *f* dividend.
dividieren [diviˈdiːrən] *vt:* ~ **(durch)** to divide
(by).
d. J. *abk* (= *der Jüngere*) jun.
Djakarta [dʒaˈkarta] *nt* Jakarta.
DJH *nt abk* (= *Deutsches Jugendherbergswerk*)
German Youth Hostel Association.
DKP *f abk* (= *Deutsche Kommunistische Partei*)
German Communist Party.
DLRG *f abk* (= *Deutsche Lebens-Rettungs-
Gesellschaft*) *German lifesaving association.*
DLV *m abk* (= *Deutscher Leichtathletik-Verband*)
German track and field associaton.
DM *f abk* (= *Deutsche Mark*) DM.
d. M. *abk* (= *dieses Monats*) inst.
D-Mark [ˈdeːmark] (-, -) *f* deutschmark,
German mark.
DNS *f abk* (= *Desoxyribo(se)nukleinsäure*)
DNA.

doch [dɔx] *adv* **1** (*dennoch*) after all; (*sowieso*)
anyway; **er kam** ~ **noch** he came after all;
du weißt es ja ~ **besser** you know more
about it (than I do) anyway; **es war** ~ **ganz
interessant** it was actually quite interesting;
und ~, ... and yet ...
2 (*als bejahende Antwort*) yes I do/it does *etc*;
das ist nicht wahr - ~**!** that's not true - yes it
is!
3 (*auffordernd*): **komm** ~ do come; **lass ihn** ~
just leave him; **nicht** ~**!** oh no!
4: sie ist ~ **noch so jung** but she's still so
young; **Sie wissen** ~**, wie das ist** you know
how it is(, don't you?); **wenn** ~ if only.
♦ *konj* (*aber*) but; (*trotzdem*) all the same; **und**
~ **hat er es getan** but still he did it.

Docht [dɔxt] (-(e)s, -e) *m* wick.
Dock [dɔk] (-s, -s *od* -e) *nt* dock; ~**gebühren** *pl*
dock dues *pl.*
Dogge [ˈdɔɡə] (-, -n) *f* bulldog; **Deutsche** ~
Great Dane.
Dogma [ˈdɔɡma] (-s, -men) *nt* dogma.
dogmatisch [dɔˈɡmaːtɪʃ] *adj* dogmatic.
Dohle [ˈdoːlə] (-, -n) *f* jackdaw.
Doktor [ˈdɔktɔr] (-s, -en) *m* doctor; **den**
~ **machen** (*umg*) to do a doctorate *od* Ph.D.
Doktorand(in) [dɔktɔˈrant (-dɪn)] (-en, -en)
m(f) Ph.D. student.
Doktor- *zW:* ~**arbeit** *f* doctoral thesis; ~**titel** *m*
doctorate; ~**vater** *m* supervisor.
doktrinär [dɔktriˈnɛːr] *adj* doctrinal; (*stur*)
doctrinaire.
Dokument [dokuˈmɛnt] *nt* document.
Dokumentar- *zW:* ~**bericht** *m* documentary;
~**film** *m* documentary (film); **d**~**isch** *adj*
documentary; ~**spiel** *nt* docudrama.
dokumentieren [dokumɛnˈtiːrən] *vt* to
document; (*fig: zu erkennen geben*) to reveal,
show.
Dolch [dɔlç] (-(e)s, -e) *m* dagger; ~**stoß** *m* (*bes
fig*) stab.
dolmetschen [ˈdɔlmɛtʃən] *vt, vi* to interpret.
Dolmetscher(in) (-s, -) *m(f)* interpreter.
Dolomiten [doloˈmiːtən] *pl* (*GEOG*): **die** ~ the
Dolomites *pl.*
Dom [doːm] (-(e)s, -e) *m* cathedral.
Domäne [doˈmɛːnə] (-, -n) *f* (*fig*) domain,
province.
dominieren [domiˈniːrən] *vt* to dominate ♦ *vi*
to predominate.
Dominikanische Republik
[dominiˈkaːnɪʃərepuˈbliːk] *f* Dominican
Republic.
Dompfaff [ˈdoːmpfaf] (-en, -en) *m* bullfinch.
Dompteur [dɔmpˈtøːr] *m* (*Zirkus*) trainer.
Dompteuse [dɔmpˈtøːzə] *f* (*Zirkus*) trainer.
Donau [ˈdoːnaʊ] *f:* **die** ~ the Danube.

Rechtschreibreform: ▲ *neue Schreibung* △ *alte Schreibung (auslaufend)*

Donner ['dɔnər] (-s, -) m thunder; **wie vom ~ gerührt** (fig) thunderstruck.

donnern vi unpers to thunder ♦ vt (umg) to slam, crash.

Donnerschlag m thunderclap.

Donnerstag m Thursday; siehe auch **Dienstag**.

Donnerwetter nt thunderstorm; (fig) dressing-down ♦ interj good heavens!; (anerkennend) my word!

doof [doːf] (umg) adj daft, stupid.

Dopingkontrolle ['dɔpɪŋkɔntrɔlə] f (SPORT) dope check.

Doppel ['dɔpəl] (-s, -) nt duplicate; (SPORT) doubles; **~band** m (von doppeltem Umfang) double-sized volume; (zwei Bände) two volumes pl; **~bett** nt double bed; **d~bödig** adj (fig) ambiguous; **d~deutig** adj ambiguous; **~fenster** nt double glazing; **~gänger(in)** (-s, -) m(f) double; **~korn** m type of schnapps; **~punkt** m colon; **d~seitig** adj (auch COMPUT: Diskette) double-sided; (Lungenentzündung) double; **d~seitige Anzeige** double-page advertisement; **d~sinnig** adj ambiguous; **~stecker** m two-way adaptor; **~stunde** f (SCH) double period.

doppelt adj double; (COMM: Buchführung) double-entry; (Staatsbürgerschaft) dual ♦ adv: **die Karte habe ich ~** I have two of these cards; **~ gemoppelt** (umg) saying the same thing twice over; **in ~er Ausführung** in duplicate.

Doppel- zW: **~verdiener** pl two-income family; **~zentner** m 100 kilograms; **~zimmer** nt double room.

Dorf [dɔrf] (-(e)s, ⁻er) nt village; **~bewohner** m villager.

dörflich ['dœrflɪç] adj village attrib.

Dorn[1] [dɔrn] (-(e)s, -en) m (BOT) thorn; **das ist mir ein ~ im Auge** (fig) it's a thorn in my flesh.

Dorn[2] [dɔrn] (-(e)s, -e) m (Schnallen~) tongue, pin.

dornig adj thorny.

Dornröschen nt Sleeping Beauty.

dörren ['dœrən] vt to dry.

Dörrobst ['dœroːpst] nt dried fruit.

Dorsch [dɔrʃ] (-(e)s, -e) m cod.

dort [dɔrt] adv there; **~ drüben** over there; **~her** adv from there; **~hin** adv (to) there; **~hinaus** adv: **frech bis ~hinaus** (umg) really cheeky.

dortig adj of that place; in that town.

Dose ['doːzə] (-, -n) f box; (Blech~) tin, can; **in ~n** (Konserven) canned, tinned (BRIT).

Dosen pl von **Dose, Dosis**.

dösen ['døːzən] (umg) vi to doze.

Dosenmilch f evaporated milk.

Dosenöffner m tin (BRIT) od can opener.

dosieren [do'ziːrən] vt (lit, fig) to measure out.

Dosis ['doːzɪs] (-, **Dosen**) f dose.

Dotierung [do'tiːrʊŋ] f endowment; (von Posten) remuneration.

Dotter ['dɔtər] (-s, -) m egg yolk.

Double ['duːbəl] (-s, -s) nt (FILM etc) stand-in.

Down-Syndrom nt no pl (MED) Down's Syndrome.

Doz. abk = **Dozent(in)**.

Dozent(in) [do'tsɛnt(ɪn)] (-en, -en) m(f): **~ (für)** lecturer (in), professor (of) (US).

dpa (-) f abk (= Deutsche Presse-Agentur) German Press Agency.

Dr. abk = **Doktor.**

Drache ['draxə] (-n, -n) m (Tier) dragon.

Drachen (-s, -) m kite; **einen ~ steigen lassen** to fly a kite; **d~fliegen** vi to hang-glide; **~fliegen** nt (SPORT) hang-gliding.

Dragee, Dragée [dra'ʒeː] (-s, -s) nt (PHARM) dragee, sugar-coated pill.

Draht [draːt] (-(e)s, ⁻e) m wire; **auf ~ sein** to be on the ball; **~esel** m (hum) trusty bicycle; **~gitter** nt wire grating; **d~los** adj cordless; (Telefon) mobile; **~seil** nt cable; **Nerven wie ~seile** (umg) nerves of steel; **~seilbahn** f cable railway; **~zange** f pliers pl; **~zieher(in)** m(f) (fig) wire-puller.

Drall m (fig: Hang) tendency; **einen ~ nach links haben** (AUT) to pull to the left.

drall [dral] adj strapping; (Frau) buxom.

Drama ['draːma] (-s, **Dramen**) nt drama.

Dramatiker(in) [dra'maːtikər(ɪn)] (-s, -) m(f) dramatist.

dramatisch [dra'maːtɪʃ] adj dramatic.

Dramaturg(in) [drama'tʊrk (-gɪn)] (-en, -en) m(f) artistic director; (TV) drama producer.

dran [dran] (umg) adv (an der Reihe): **jetzt bist du ~** it's your turn now; **früh/spät ~ sein** to be early/late; **ich weiß nicht, wie ich (bei ihm) ~ bin** I don't know where I stand (with him); siehe auch **daran**; **~bleiben** unreg (umg) vi to stay close; (am Apparat) to hang on.

Drang (-(e)s, ⁻e) m (Trieb) urge, yearning; (Druck) pressure; **~ nach** urge od yearning for.

drang etc [draŋ] vb siehe **dringen**.

drängeln ['drɛŋəln] vt, vi to push, jostle.

drängen ['drɛŋən] vt (schieben) to push, press; (antreiben) to urge ♦ vi (eilig sein) to be urgent; (Zeit) to press; **auf etw** akk **~** to press for sth.

drangsalieren [draŋza'liːrən] vt to pester, plague.

dranhalten (umg) vr to get a move on.

drankommen (umg) unreg vi (an die Reihe kommen) to have one's turn; (SCH: beim Melden) to be called; (Frage, Aufgabe etc) to come up.

drannehmen (umg), unreg vt (Schüler) to ask.

drastisch ['drastɪʃ] adj drastic.

drauf [drauf] (umg) adv: **~ und dran sein, etw zu tun** to be on the point of doing sth; siehe *auch* **darauf; D~gänger (-s, -)** *m* daredevil; **~gehen** *unreg* *vi* (*verbraucht werden*) to be used up; (*kaputtgehen*) to be smashed up; **~haben** (*umg*) *unreg* *vt*: **etw ~haben** (*können*) to be able to do sth just like that; (*Kenntnisse*) to be well up on sth; **~zahlen** *vi* (*fig*: *Einbußen erleiden*) to pay the price.

draußen ['draʊsən] *adv* outside, out-of-doors.

Drechsler(in) ['drɛkslər(ɪn)] (**-s, -**) *m(f)* (wood) turner.

Dreck [drɛk] (**-(e)s**) *m* mud, dirt; **~ am Stecken haben** (*fig*) to have a skeleton in the cupboard; **das geht ihn einen ~ an** (*umg*) that's none of his business.

dreckig *adj* dirty, filthy; **es geht mir ~** (*umg*) I'm in a bad way.

Dreckskerl (*umg!*) *m* dirty swine (*!*).

Dreh [dreː] *m*: **den ~ raushaben** *od* **weghaben** (*umg*) to have got the hang of it.

Dreh- *zW*: **~achse** *f* axis of rotation; **~arbeiten** *pl* (*FILM*) shooting *sing*; **~bank** *f* lathe; **d~bar** *adj* revolving; **~buch** *nt* (*FILM*) script.

drehen *vt* to turn, rotate; (*Zigaretten*) to roll; (*Film*) to shoot ♦ *vi* to turn, rotate ♦ *vr* to turn; (*handeln von*): **sich um etw ~** to be about sth; **ein Ding ~** (*umg*) to play a prank.

Dreher(in) (**-s, -**) *m(f)* lathe operator.

Dreh- *zW*: **~orgel** *f* barrel organ; **~ort** *m* (*FILM*) location; **~scheibe** *f* (*EISENB*) turntable; **~tür** *f* revolving door.

Drehung *f* (*Rotation*) rotation; (*Um~, Wendung*) turn.

Dreh- *zW*: **~wurm** (*umg*) *m*: **einen ~wurm haben/bekommen** to be/become dizzy; **~zahl** *f* rate of revolution; **~zahlmesser** *m* rev(olution) counter.

drei [draɪ] *num* three; **~ viertel** three quarters; **aller guten Dinge sind ~!** (*Sprichwort*) all good things come in threes!; (*nach zwei missglückten Versuchen*) third time lucky!; **D~eck** *nt* triangle; **~eckig** *adj* triangular; **D~ecksverhältnis** *nt* eternal triangle; **~einhalb** *num* three and a half; **D~einigkeit** [-'aɪnɪçkaɪt] *f* Trinity.

dreierlei *adj inv* of three kinds.

drei- *zW*: **~fach** *adj* triple, treble ♦ *adv* three times; **die ~fache Menge** three times the amount; **D~faltigkeit** *f* trinity; **D~fuß** *m* tripod; (*Schemel*) three-legged stool; **D~gangschaltung** *f* three-speed gear; **~hundert** *num* three hundred; **D~käsehoch** (*umg*) *m* tiny tot; **D~königsfest** *nt* Epiphany; **~mal** *adv* three times, thrice; **~malig** *adj* three times.

dreinblicken ['draɪnblɪkən] *vi*: **traurig** *etc* **~** to look sad *etc*.

dreinreden ['draɪnreːdən] *vi*: **jdm ~** (*dazwischenreden*) to interrupt sb; (*sich einmischen*) to interfere with sb.

Dreirad *nt* tricycle.

Dreisprung *m* triple jump.

dreißig ['draɪsɪç] *num* thirty.

dreist [draɪst] *adj* bold, audacious.

Dreistigkeit *f* boldness, audacity.

drei- *zW*: **~viertelstunde** *f* three-quarters of an hour; **D~vierteltakt** *m*: **im D~vierteltakt** in three-four time; **~zehn** *num* thirteen; **jetzt schlägts ~zehn!** (*umg*) that's a bit much.

dreschen ['drɛʃən] *unreg* *vt* to thresh; **Skat ~** (*umg*) to play skat.

Dresden ['dreːsdən] (**-s**) *nt* Dresden.

dressieren [drɛ'siːrən] *vt* to train.

Dressur [drɛ'suːr] *f* training; (*für ~reiten*) dressage.

Dr. h. c. *abk* (= *Doktor honoris causa*) honorary doctor.

driften ['drɪftən] *vi* (*NAUT, fig*) to drift.

Drillbohrer *m* light drill.

drillen ['drɪlən] *vt* (*bohren*) to drill, bore; (*MIL*) to drill; (*fig*) to train; **auf etw** *akk* **gedrillt sein** (*fig*: *umg*) to be practised (*BRIT*) *od* practiced (*US*) at doing sth.

Drilling *m* triplet.

drin [drɪn] (*umg*) *adv*: **bis jetzt ist noch alles ~** everything is still quite open; *siehe auch* **darin**.

dringen ['drɪŋən] *unreg* *vi* (*Wasser, Licht, Kälte*): **~ (durch/in** +*akk*) to penetrate (through/into); **auf etw** *akk* **~** to insist on sth; **in jdn ~** (*geh*) to entreat sb.

dringend ['drɪŋənt] *adj* urgent; **~ empfehlen** to recommend strongly.

dringlich ['drɪŋlɪç] *adj* = **dringend**.

Dringlichkeit *f* urgency.

Dringlichkeitsstufe *f* priority; **~ 1** top priority.

drinnen ['drɪnən] *adv* inside, indoors.

drinstecken ['drɪnʃtɛkən] (*umg*) *vi*: **da steckt eine Menge Arbeit drin** a lot of work has gone into it.

drischt [drɪʃt] *vb siehe* **dreschen**.

dritt *adv*: **wir kommen zu ~** three of us are coming together.

dritte(r, s) *adj* third; **D~ Welt** Third World; **im Beisein D~r** in the presence of a third party.

Drittel (**-s, -**) *nt* third.

drittens *adv* thirdly.

drittklassig *adj* third-rate, third-class.

Dr. jur. *abk* (= *Doktor der Rechtswissenschaften*) ≈ L.L.D.

DRK (**-**) *nt abk* (= *Deutsches Rotes Kreuz*) ≈ R.C.

Dr. med. *abk* (= *Doktor der Medizin*) ≈ M.D.

droben ['droːbən] *adv* above, up there.

Droge ['droːgə] (**-, -n**) *f* drug.

dröge ['drøːgə] (*NORDD*) *adj* boring.

Drogen- *zW*: **d~abhängig** *adj* addicted to drugs; **~händler(in)** *m(f)* peddler, pusher; **d~süchtig** *adj* addicted to drugs.

Drogerie [drogə'riː] *f* chemist's shop (*BRIT*),

drugstore (US).

DROGERIE

The **Drogerie** as opposed to the **Apotheke** sells medicines not requiring a prescription. It tends to be cheaper and also sells cosmetics, perfume and toiletries.

Drogist(in) [dro'gɪst(ɪn)] m(f) pharmacist, chemist (BRIT).
Drohbrief m threatening letter.
drohen ['droːən] vi: (jdm) ~ to threaten (sb).
Drohgebärde f (lit, fig) threatening gesture.
Drohne ['droːnə] (-, -n) f drone.
dröhnen ['drøːnən] vi (Motor) to roar; (Stimme, Musik) to ring, resound.
Drohung ['droːʊŋ] f threat.
drollig ['drɔlɪç] adj droll.
Drops [drɔps] (-, -) m od nt fruit drop.
drosch etc [drɔʃ] vb siehe **dreschen**.
Droschke ['drɔʃkə] (-, -n) f cab.
Droschkenkutscher m cabman.
Drossel ['drɔsəl] (-, -n) f thrush.
drosseln ['drɔsəln] vt (Motor etc) to throttle; (Heizung) to turn down; (Strom, Tempo, Produktion etc) to cut down.
Dr. phil. abk (= Doktor der Geisteswissenschaften) ≈ Ph.D.
Dr. theol. abk (= Doktor der Theologie) ≈ D.D.
drüben ['dryːbən] adv over there, on the other side.
drüber ['dryːbər] (umg) adv = darüber.
Druck [drʊk] (-(e)s, -e) m (PHYS, Zwang) pressure; (TYP: Vorgang) printing; (: Produkt) print; (fig: Belastung) burden, weight; ~ hinter etw akk machen to put some pressure on sth; ~buchstabe m block letter; in ~buchstaben schreiben to print.
Drückeberger ['drʏkəbɛrgər] (-s, -) m shirker, dodger.
drucken ['drʊkən] vt, vi (TYP, COMPUT) to print.
drücken ['drʏkən] vt (Knopf, Hand) to press; (zu eng sein) to pinch; (fig: Preise) to keep down; (: belasten) to oppress, weigh down ♦ vi to press; to pinch ♦ vr: **sich vor etw** dat ~ to get out of (doing) sth; **jdm etw in die Hand** ~ to press sth into sb's hand.
drückend adj oppressive; (Last, Steuern) heavy; (Armut) grinding; (Wetter, Hitze) oppressive, close.
Drucker (-s, -) m printer.
Drücker (-s, -) m button; (Tür~) handle; (Gewehr~) trigger; **am** ~ **sein** od **sitzen** (fig: umg) to be the key person; **auf den letzten** ~ (fig: umg) at the last minute.
Druckerei [drʊkə'raɪ] f printing works, press.
Druckerschwärze f printer's ink.
Druck- zW: ~**fahne** f galley(-proof); ~**fehler** m

misprint; ~**knopf** m press stud (BRIT), snap fastener; ~**kopf** m printhead; ~**luft** f compressed air; ~**mittel** nt leverage; **d**~**reif** adj ready for printing, passed for press; (fig) polished; ~**sache** f printed matter; ~**schrift** f printing; (gedrucktes Werk) pamphlet; ~**taste** f push button; ~**welle** f shock wave.
drum [drʊm] (umg) adv around; **mit allem D**~ **und Dran** with all the bits and pieces pl; (Mahlzeit) with all the trimmings pl.
Drumherum nt trappings pl.
drunten ['drʊntən] adv below, down there.
Drüse ['dryːzə] (-, -n) f gland.
DSB (-) m abk (= Deutscher Sportbund) German Sports Association.
Dschungel ['dʒʊŋəl] (-s, -) m jungle.
DSD nt abk (= Duales System Deutschland) German waste collection and recycling service.

DSD

The **DSD** (Duales System Deutschland) is a scheme introduced in Germany for separating domestic refuse into two types so as to reduce environmental damage. Normal refuse is disposed of in the usual way by burning or dumping at land-fill sites; packets and containers with a green spot (**grüner Punkt**) imprinted on them are kept separate and are then collected for recycling.

---

dt. abk = **deutsch**.
DTC (-) m abk (= Deutscher Touring-Automobil-Club) German motoring organization.
DTP (-) nt abk (= Desktop publishing) DTP.
Dtzd. abk (= Dutzend) doz.
du [duː] pron you; **mit jdm per** ~ **sein** to be on familiar terms with sb; **D**~ nt: **jdm das D**~ **anbieten** to suggest that sb uses "du", suggest that sb uses the familiar form of address.
Dübel ['dyːbəl] (-s, -) m plug; (Holz~) dowel.
dübeln ['dyːbəln] vt, vi to plug.
Dublin ['dablɪn] nt Dublin.
ducken ['dʊkən] vt (Kopf) to duck; (fig) to take down a peg or two ♦ vr to duck.
Duckmäuser ['dʊkmɔyzər] (-s, -) m yes-man.
Dudelsack ['duːdəlzak] m bagpipes pl.
Duell [du'ɛl] (-s, -e) nt duel.
Duett [du'ɛt] (-(e)s, -e) nt duet.
Duft [dʊft] (-(e)s, ̈-e) m scent, odour (BRIT), odor (US); **d**~**en** vi to smell, be fragrant.
duftig adj (Stoff, Kleid) delicate, diaphanous; (Muster) fine.
Duftnote f (von Parfüm) scent.
dulden ['dʊldən] vt to suffer; (zulassen) to tolerate ♦ vi to suffer.
duldsam adj tolerant.
dumm [dʊm] adj stupid; **das wird mir zu** ~ that's just too much; **der D**~**e sein** to be the

loser; **der ~e August** (*umg*) the clown; **du willst mich wohl für ~ verkaufen** you must think I'm stupid; **sich ~ und dämlich reden** (*umg*) to talk till one is blue in the face; **so etwas D~es** how stupid; what a nuisance; **~dreist** *adj* impudent.

dummerweise *adv* stupidly.

Dummheit *f* stupidity; (*Tat*) blunder, stupid mistake.

Dummkopf *m* blockhead.

dumpf [dʊmpf] *adj* (*Ton*) hollow, dull; (*Luft*) close; (*Erinnerung, Schmerz*) vague; **D~heit** *f* hollowness, dullness; closeness; vagueness.

dumpfig *adj* musty.

Dumpingpreis ['dampɪŋpraɪs] *m* give-away price.

Düne ['dyːnə] (-, -n) *f* dune.

Dung [dʊŋ] (-(e)s) *m* manure.

düngen ['dyŋən] *vt* to fertilize.

Dünger (-s, -) *m* fertilizer; (*Dung*) manure.

dunkel ['dʊŋkəl] *adj* dark; (*Stimme*) deep; (*Ahnung*) vague; (*rätselhaft*) obscure; (*verdächtig*) dubious, shady; **im D~n tappen** (*fig*) to grope in the dark.

Dünkel ['dyŋkəl] (-s) *m* self-conceit; **d~haft** *adj* conceited.

Dunkelheit *f* darkness; (*fig*) obscurity; **bei Einbruch der ~** at nightfall.

Dunkelkammer *f* (*PHOT*) dark room.

dunkeln *vi unpers* to grow dark.

Dunkelziffer *f* estimated number of unnotified cases.

dünn [dyn] *adj* thin ♦ *adv*: **~ gesät** scarce; **D~darm** *m* small intestine; **~flüssig** *adj* watery, thin; **D~heit** *f* thinness; **D~schiss**▲ (*umg*) *m* the runs.

Dunst [dʊnst] (-es, ⁻e) *m* vapour (*BRIT*), vapor (*US*); (*Wetter*) haze; **~abzugshaube** *f* extractor hood.

dünsten ['dʏnstən] *vt* to steam.

Dunstglocke *f* haze; (*Smog*) pall of smog.

dunstig ['dʊnstɪç] *adj* vaporous; (*Wetter*) hazy, misty.

düpieren [dy'piːrən] *vt* to dupe.

Duplikat [dupli'kaːt] (-(e)s, -e) *nt* duplicate.

Dur [duːr] (-, -) *nt* (*MUS*) major.

===================== *SCHLÜSSELWORT*

durch [dʊrç] *präp +akk* **1** (*hindurch*) through; **~ den Urwald** through the jungle; **~ die ganze Welt reisen** to travel all over the world.

2 (*mittels*) through, by (means of); (*aufgrund*) due to, owing to; **Tod ~ Herzschlag/den Strang** death from a heart attack/by hanging; **~ die Post** by post; **~ seine Bemühungen** through his efforts.

♦ *adj* **1** (*hin~*) through; **die ganze Nacht ~** all through the night; **den Sommer ~** during the summer; **8 Uhr ~** past 8 o'clock; **~ und**

~ completely; **das geht mir ~ und ~** that goes right through me.

2 (*KOCH*: *umg*: *durchgebraten*) done; **(gut) ~** well-done.

durcharbeiten *vt, vi* to work through ♦ *vr*: **sich durch etw ~** to work one's way through sth.

durchatmen *vi* to breathe deeply.

durchaus [dʊrç'aʊs] *adv* completely; (*unbedingt*) definitely; **~ nicht** (*in verneinten Sätzen*: *als Verstärkung*) by no means; (: *als Antwort*) not at all; **das lässt sich ~ machen** that sounds feasible; **ich bin ~ Ihrer Meinung** I quite *od* absolutely agree with you.

durchbeißen *unreg vt* to bite through ♦ *vr* (*fig*) to battle on.

durchblättern *vt* to leaf through.

Durchblick ['dʊrçblɪk] *m* view; (*fig*) comprehension; **den ~ haben** (*fig*: *umg*) to know what's what.

durchblicken *vi* to look through; (*umg*: *verstehen*): **(bei etw) ~** to understand (sth); **etw ~ lassen** (*fig*) to hint at sth.

Durchblutung [dʊrç'bluːtʊŋ] *f* circulation (of blood).

durchbohren *vt untr* to bore through, pierce.

durchboxen ['dʊrçbɔksən] *vr* (*fig*: *umg*): **sich (durch etw) ~** to fight one's way through (sth).

durchbrechen¹ ['dʊrçbrɛçən] *unreg vt, vi* to break.

durchbrechen² [dʊrç'brɛçən] *unreg vt untr* (*Schranken*) to break through.

durchbrennen *unreg vi* (*Draht, Sicherung*) to burn through; (*umg*) to run away.

durchbringen *unreg vt* to get through; (*Geld*) to squander ♦ *vr* to make a living.

Durchbruch ['dʊrçbrʊx] *m* (*Öffnung*) opening; (*MIL*) breach; (*von Gefühlen etc*) eruption; (*der Zähne*) cutting; (*fig*) breakthrough; **zum ~ kommen** to break through.

durchdacht [dʊrç'daxt] *adj* well thought-out.

durchdenken *unreg vt untr* to think out.

durch- *zW*: **~diskutieren** *vt* to talk over, discuss; **~drängen** *vr* to force one's way through; **~drehen** *vt* (*Fleisch*) to mince ♦ *vi* (*umg*) to crack up.

durchdringen¹ ['dʊrçdrɪŋən] *unreg vi* to penetrate, get through.

durchdringen² [dʊrç'drɪŋən] *unreg vt untr* to penetrate.

durchdringend *adj* piercing; (*Kälte, Wind*) biting; (*Geruch*) pungent.

durchdrücken ['dʊrçdrʏkən] *vt* (*durch Presse*) to press through; (*Creme, Teig*) to pipe; (*fig*: *Gesetz, Reformen etc*) to push through; (*seinen Willen*) to get; (*Knie, Kreuz etc*) to straighten.

durcheinander [dʊrç|aɪ'nandər] *adv* in a mess, in confusion; (*verwirrt*) confused; ~ **trinken** to mix one's drinks; ~ **bringen** to mess up; (*verwirren*) to confuse; ~ **reden** to talk at the same time; ~ **werfen** to muddle up; **D~** (**-s**) *nt* (*Verwirrung*) confusion; (*Unordnung*) mess.

durch- *zW:* ~**fahren** *unreg vi:* **er ist bei Rot ~gefahren** he jumped the lights ♦ *vt:* **die Nacht ~fahren** to travel through the night; **D~fahrt** *f* transit; (*Verkehr*) thoroughfare; **D~fahrt bitte freihalten!** please keep access free; **D~fahrt verboten!** no through road; **D~fall** *m* (*MED*) diarrhoea (*BRIT*), diarrhea (*US*); ~**fallen** *unreg vi* to fall through; (*in Prüfung*) to fail; ~**finden** *unreg vr* to find one's way through; ~**fliegen** *unreg* (*umg*) *vi* (*in Prüfung*): (**durch etw** *od* **in etw** *dat*) ~**fliegen** to fail (sth); **D~flug** *m:* **Passagiere auf dem D~flug** transit passengers.

durchforschen *vt untr* to explore.

durchforsten [dʊrç'fɔrstən] *vt untr* (*fig: Akten etc*) to go through.

durchfragen *vr* to find one's way by asking.

durchfressen *unreg vr* to eat one's way through.

durchführbar *adj* feasible, practicable.

durchführen [dʊrçfy:rən] *vt* to carry out; (*Gesetz*) to implement; (*Kursus*) to run.

Durchführung *f* execution, performance.

Durchgang [dʊrçgaŋ] *m* passage(way); (*bei Produktion, Versuch*) run; (*SPORT*) round; (*bei Wahl*) ballot; ~ **verboten** no thoroughfare.

durchgängig [dʊrçgɛŋɪç] *adj* universal, general.

Durchgangs- *zW:* ~**handel** *m* transit trade; ~**lager** *nt* transit camp; ~**stadium** *nt* transitory stage; ~**verkehr** *m* through traffic.

durchgeben [dʊrçge:bən] *unreg vt* (*RUNDF, TV: Hinweis, Wetter*) to give; (*Lottozahlen*) to announce.

durchgefroren [dʊrçgəfro:rən] *adj* (*See*) completely frozen; (*Mensch*) frozen stiff.

durchgehen [dʊrçge:ən] *unreg vt* (*behandeln*) to go over *od* through ♦ *vi* to go through; (*ausreißen: Pferd*) to break loose; (*Mensch*) to run away; **mein Temperament ging mit mir durch** my temper got the better of me; **jdm etw** ~ **lassen** to let sb get away with sth.

durchgehend *adj* (*Zug*) through; (*Öffnungszeiten*) continuous.

durchgeschwitzt [dʊrçgəʃvɪtst] *adj* soaked in sweat.

durch- *zW:* ~**greifen** *unreg vi* to take strong action; ~**halten** *unreg vi* to last out ♦ *vt* to keep up; **D~haltevermögen** *nt* staying power; ~**hängen** *unreg vi* (*lit, fig*) to sag; ~**hecheln** (*umg*) *vt* to gossip about; ~**kommen** *unreg vi* to get through; (*überleben*) to pull through.

durchkreuzen *vt untr* to thwart, frustrate.

durchlassen *unreg vt* (*Person*) to let through; (*Wasser*) to let in.

durchlässig *adj* leaky.

Durchlaucht [dʊrçlaʊxt] (**-, -en**) *f:* (**Euer**) ~ Your Highness.

Durchlauf [dʊrçlaʊf] *m* (*COMPUT*) run.

durchlaufen *unreg vt untr* (*Schule, Phase*) to go through.

Durchlauferhitzer (**-s, -**) *m* continuous-flow water heater.

Durchlaufzeit *f* (*COMPUT*) length of the run.

durch- *zW:* ~**leben** *vt untr* (*Zeit*) to live *od* go through; (*Jugend, Gefühl*) to experience; ~**lesen** *unreg vt* to read through; ~**leuchten** *vt untr* to X-ray; ~**löchern** *vt untr* to perforate; (*mit Löchern*) to punch holes in; (*mit Kugeln*) to riddle; ~**machen** *vt* to go through; **die Nacht ~machen** to make a night of it.

Durchmarsch *m* march through.

Durchmesser (**-s, -**) *m* diameter.

durchnässen *vt untr* to soak (through).

durch- *zW:* ~**nehmen** *unreg vt* to go over; ~**nummerieren▲** *vt* to number consecutively; ~**organisieren** *vt* to organize down to the last detail; ~**pausen** *vt* to trace; ~**peitschen** *vt* (*lit*) to whip soundly; (*fig: Gesetzentwurf, Reform*) to force through.

durchqueren [dʊrç'kve:rən] *vt untr* to cross.

durch- *zW:* ~**rechnen** *vt* to calculate; ~**regnen** *vi unpers:* **es regnet durchs Dach** ~ the rain is coming through the roof; **D~reiche** (**-, -n**) *f* (serving) hatch, pass-through (*US*); **D~reise** *f* transit; **auf der D~reise** passing through; (*Güter*) in transit; **D~reisevisum** *nt* transit visa; ~**ringen** *unreg vr* to make up one's mind finally; ~**rosten** *vi* to rust through; ~**rutschen** *vi:* (**durch etw**) ~**rutschen** (*lit*) to slip through (sth); (*bei Prüfung*) to scrape through (sth).

durchs [dʊrçs] = **durch das**.

Durchsage [dʊrçza:gə] *f* intercom *od* radio announcement.

Durchsatz [dʊrçzats] *m* (*COMPUT, Produktion*) throughput.

durchschauen¹ [dʊrçʃaʊən] *vt, vi* (*lit*) to look *od* see through.

durchschauen² [dʊrç'ʃaʊən] *vt untr* (*Person, Lüge*) to see through.

durchscheinen [dʊrçʃaɪnən] *unreg vi* to shine through.

durchscheinend *adj* translucent.

durchschlafen [dʊrçʃla:fən] *unreg vi* to sleep through.

Durchschlag [dʊrçʃla:k] *m* (*Doppel*) carbon copy; (*Sieb*) strainer.

durchschlagen *unreg vt* (*entzweischlagen*) to split (in two); (*sieben*) to sieve ♦ *vi* (*zum Vorschein kommen*) to emerge, come out ♦ *vr* to get by.

durchschlagend *adj* resounding; **(eine)** ~**e Wirkung haben** to be totally effective.
Durchschlagpapier *nt* flimsy; (*Kohlepapier*) carbon paper.
Durchschlagskraft *f* (*von Geschoss*) penetration; (*fig: von Argument*) decisiveness.
durch- *zW:* ~**schlängeln** *vr* (*durch etw: Mensch*) to thread one's way through; ~**schlüpfen** *vi* to slip through; ~**schneiden** *unreg vt* to cut through.
Durchschnitt ['dʊrçʃnɪt] *m* (*Mittelwert*) average; **über/unter dem** ~ above/below average; **im** ~ on average; **d**~**lich** *adj* average ◊ *adv* on average; **d**~**lich begabt/ groß** *etc* of average ability/height *etc*.
Durchschnitts- *zW:* ~**geschwindigkeit** *f* average speed; ~**mensch** *m* average man, man in the street; ~**wert** *m* average.
durch- *zW:* **D**~**schrift** *f* copy; **D**~**schuss**▲ *m* (*Loch*) bullet hole; ~**schwimmen** *unreg vt untr* to swim across; ~**segeln** (*umg*) *vi* (*nicht bestehen*): **durch** *od* **bei etw** ~**segeln** to fail *od* flunk (*umg*) (sth); ~**sehen** *unreg vt* to look through.
durchsetzen[1] ['dʊrçzɛtsən] *vt* to enforce ◊ *vr* (*Erfolg haben*) to succeed; (*sich behaupten*) to get one's way; **seinen Kopf** ~ to get one's own way.
durchsetzen[2] [dʊrç'zɛtsən] *vt untr* to mix.
Durchsicht ['dʊrçzɪçt] *f* looking through, checking.
durchsichtig *adj* transparent; **D**~**keit** *f* transparency.
durch- *zW:* ~**sickern** *vi* to seep through; (*fig*) to leak out; ~**sieben** *vt* to sieve; ~**sitzen** *unreg vt* (*Sessel etc*) to wear out (the seat of); ~**spielen** *vt* to go *od* run through; ~**sprechen** *unreg vt* to talk over; ~**stehen** *unreg vt* to live through; **D**~**stehvermögen** *nt* endurance, staying power; ~**stellen** *vt* (*TEL*) to put through; ~**stöbern** [-'ʃtøːbərn] *vt untr* to ransack, search through; ~**stoßen** *unreg vt, vi* to break through (*auch MIL*); ~**streichen** *unreg vt* to cross out; ~**stylen** *vt* to ponce up (*umg*); ~**suchen** *vt untr* to search; **D**~**suchung** *f* search; **D**~**suchungsbefehl** *m* search warrant; ~**trainieren** *vt* (*Sportler, Körper*): **gut** ~**trainiert** in superb condition; ~**tränken** *vt untr* to soak; ~**treten** *unreg vt* (*Pedal*) to step on; (*Starter*) to kick; ~**trieben** *adj* cunning, wily; ~**wachsen** *adj* (*lit: Speck*) streaky; (*fig: mittelmäßig*) so-so.
Durchwahl ['dʊrçvaːl] *f* (*TEL*) direct dialling; (*bei Firma*) extension.
durch- *zW:* ~**weg** *adv* throughout, completely; ~**wursteln** (*umg*) *vr* to muddle through; ~**zählen** *vt* to count ◊ *vi* to count *od* number off; ~**zechen** *vt untr*: **eine** ~**zechte Nacht** a night of drinking; ~**ziehen** *unreg vt* (*Faden*) to

draw through ◊ *vi* to pass through; **eine Sache** ~**ziehen** to finish off sth; ~**zucken** *vt untr* to shoot *od* flash through; **D**~**zug** *m* (*Luft*) draught (*BRIT*), draft (*US*); (*von Truppen, Vögeln*) passage; ~**zwängen** *vt, vr* to squeeze *od* force through.

━━━━━━━━━━━━━━ *SCHLÜSSELWORT*

dürfen ['dʏrfən] *unreg vi* **1** (*Erlaubnis haben*) to be allowed to; **ich darf das** I'm allowed to (do that); **darf ich?** may I?; **darf ich ins Kino?** can *od* may I go to the cinema?; **es darf geraucht werden** you may smoke.
2 (*in Verneinungen*): **er darf das nicht** he's not allowed to (do that); **das darf nicht geschehen** that must not happen; **da darf sie sich nicht wundern** that shouldn't surprise her; **das darf doch nicht wahr sein!** that can't be true!
3 (*in Höflichkeitsformeln*): **darf ich Sie bitten, das zu tun?** may *od* could I ask you to do that?; **wir freuen uns, Ihnen mitteilen zu** ~ we are pleased to be able to tell you; **was darf es sein?** what can I get for you?
4 (*können*): **das** ~ **Sie mir glauben** you can believe me.
5 (*Möglichkeit*): **das dürfte genug sein** that should be enough; **es dürfte Ihnen bekannte sein, dass ...** as you will probably know ...

durfte *etc* ['dʊrftə] *vb siehe* **dürfen**.
dürftig ['dʏrftɪç] *adj* (*ärmlich*) needy, poor; (*unzulänglich*) inadequate.
dürr [dʏr] *adj* dried-up; (*Land*) arid; (*mager*) skinny.
Dürre (-, -n) *f* aridity; (*Zeit*) drought.
Durst [dʊrst] (-(e)s) *m* thirst; ~ **haben** to be thirsty; **einen über den** ~ **getrunken haben** (*umg*) to have had one too many.
durstig *adj* thirsty.
Durststrecke *f* hard times *pl*.
Dusche ['duʃə] (-, -n) *f* shower; **das war eine kalte** ~ (*fig*) that really brought him/her *etc* down with a bump.
duschen *vi, vr* to have a shower.
Duschgelegenheit *f* shower facilities *pl*.
Düse ['dyːzə] (-, -n) *f* nozzle; (*Flugzeug*~) jet.
Dusel ['duːzəl] (*umg*) *m*: **da hat er (einen)** ~ **gehabt** he was lucky.
Düsen- *zW:* ~**antrieb** *m* jet propulsion; ~**flugzeug** *nt* jet (plane); ~**jäger** *m* jet fighter.
Dussel ['dʊsəl] (-s, -) (*umg*) *m* twit, berk.
Düsseldorf ['dʏsəldɔrf] *nt* Dusseldorf.
dusselig ['dʊsəlɪç], **dusslig**▲ ['dʊslɪç] (*umg*) *adj* stupid.
düster ['dyːstər] *adj* dark; (*Gedanken, Zukunft*) gloomy; **D**~**keit** *f* darkness, gloom; gloominess.
Dutzend ['dʊtsənt] (-s, -e) *nt* dozen; ~**(e)** *od*

d~(e) Mal a dozen times; **~ware** (*pej*) *f*
(cheap) mass-produced item; **d~weise** *adv*
by the dozen.
duzen ['duːtsən] *vt* to address with the
familiar "du" form ♦ *vr* to address each
other with the familiar "du" form; *siehe auch*
siezen

DUZEN/SIEZEN

*There are two different forms of address in
German: du and Sie.* **Duzen** *means addressing
someone as 'du' and* **siezen** *means addressing
someone as 'Sie'. 'Du' is used to address children,
family and close friends. Students almost always
use 'du' to each other. Sie is used for all grown-
ups and older teenagers.*

Duzfreund *m* good friend.
Dynamik [dy'naːmɪk] *f* (*PHYS*) dynamics; (*fig:*
Schwung) momentum; (*von Mensch*)
dynamism.
dynamisch [dy'naːmɪʃ] *adj* (*lit, fig*) dynamic;
(*renten~*) index-linked.
Dynamit [dyna'miːt] (**-s**) *nt* dynamite.
Dynamo [dy'naːmo] (**-s, -s**) *m* dynamo.
dz *abk* = **Doppelzentner**.
D-Zug ['deːtsuːk] *m* through train; **ein alter
Mann ist doch kein ~** (*umg*) I am going as
fast as I can.

E, e

E¹, e [eː] *nt* E, e; **~ wie Emil** ≈ E for Edward,
E for Easy (*US*).
E² [eː] *abk* = **Eilzug; Europastraße**.
Ebbe ['ɛbə] (**-, -n**) *f* low tide; **~ und Flut** ebb
and flow.
eben ['eːbən] *adj* level; (*glatt*) smooth ♦ *adv*
just; (*bestätigend*) exactly; **das ist ~ so**
that's just the way it is; **mein Bleistift war
doch ~ noch da** my pencil was there (just)
a minute ago; **~ deswegen** just because of
that.
Ebenbild *nt*: **das genaue ~ seines Vaters** the
spitting image of his father.
ebenbürtig *adj*: **jdm ~ sein** to be sb's peer.
Ebene (**-, -n**) *f* plain; (*MATH, PHYS*) plane; (*fig*)
level.
eben- *zW*: **~erdig** *adj* at ground level; **~falls**
adv likewise; **E~heit** *f* levelness; (*Glätte*)
smoothness; **E~holz** *nt* ebony; **~so** *adv* just
as; **~so gut** just as well; **~so oft** just as

often; **~so viel** just as much; **~so weit** just
as far; **~so wenig** just as little.
Eber ['eːbər] (**-s, -**) *m* boar.
Eberesche *f* mountain ash, rowan.
ebnen ['eːbnən] *vt* to level; **jdm den Weg ~**
(*fig*) to smooth the way for sb.
Echo ['ɛço] (**-s, -s**) *nt* echo; (**bei jdm**) **ein
lebhaftes ~ finden** (*fig*) to meet with a lively
response (from sb).
Echolot ['ɛçoloːt] *nt* (*NAUT*) echo-sounder,
sonar.
Echse ['ɛksə] (**-, -n**) *f* (*ZOOL*) lizard.
echt [ɛçt] *adj* genuine; (*typisch*) typical; **ich
hab ~ keine Zeit** (*umg*) I really don't have
any time; **E~heit** *f* genuineness.
Eckball ['ɛkbal] *m* corner (kick).
Ecke ['ɛkə] (**-, -n**) *f* corner; (*MATH*) angle;
gleich um die ~ just around the corner; **an
allen ~n und Enden sparen** (*umg*) to pinch
and scrape; **jdn um die ~ bringen** (*umg*) to
bump sb off; **mit jdm um ein paar ~n herum
verwandt sein** (*umg*) to be distantly related
to sb, be sb's second cousin twice removed
(*hum*).
eckig *adj* angular.
Eckzahn *m* eye tooth.
Eckzins *m* (*FIN*) minimum lending rate.
Ecstasy ['ɛkstəsɪ] *nt* (*Droge*) ecstasy.
ECU, Ecu [e'kyː] (**-(s), -(s)**) *m* (*FIN*) ecu.
Ecuador [ekua'doːr] (**-s**) *nt* Ecuador.
edel ['eːdəl] *adj* noble; **E~ganove** *m* gentleman
criminal; **E~gas** *nt* rare gas; **E~metall** *nt*
rare metal; **E~stein** *m* precious stone.
Edinburg(h) ['eːdɪnburk] *nt* Edinburgh.
EDV (**-**) *f* *abk* (= *elektronische Datenverarbeitung*)
EDP.
EEG (**-**) *nt* *abk* (= *Elektroenzephalogramm*)
EEG.
Efeu ['eːfɔy] (**-s**) *m* ivy.
Effeff [ɛf'ɛf] (**-**) (*umg*) *nt*: **etw aus dem
~ können** to be able to do sth standing on
one's head.
Effekt [ɛ'fɛkt] (**-(e)s, -e**) *m* effect.
Effekten [ɛ'fɛktən] *pl* stocks *pl*; **~börse** *f* Stock
Exchange.
Effekthascherei [ɛfɛkthaʃə'raɪ] *f*
sensationalism.
effektiv [ɛfɛk'tiːf] *adj* effective, actual.
Effet [ɛ'feː] (**-s**) *m* spin.
EG (**-**) *f* *abk* (= *Europäische Gemeinschaft*)
EC.
egal [e'gaːl] *adj* all the same; **das ist mir ganz
~** it's all the same to me.
egalitär [egali'tɛːr] *adj* (*geh*) egalitarian.
Egge ['ɛgə] (**-, -n**) *f* (*AGR*) harrow.
Egoismus [ego'ɪsmʊs] *m* selfishness, egoism.
Egoist(in) *m(f)* egoist; **e~isch** *adj* selfish,
egoistic.
egozentrisch [ego'tsɛntrɪʃ] *adj* egocentric,
self-centred (*BRIT*), self-centered (*US*).

eh [e:] *adv*: **seit ~ und je** for ages, since the year dot (*umg*); **ich komme ~ nicht dazu** I won't get around to it anyway.

e. h. *abk* = **ehrenhalber**.

Ehe ['e:ə] (-, -n) *f* marriage; **die ~ eingehen** (*form*) to enter into matrimony; **sie leben in wilder ~** (*veraltet*) they are living in sin.

ehe *konj* before.

Ehe- *zW*: **~brecher** (-s, -) *m* adulterer; **~brecherin** *f* adulteress; **~bruch** *m* adultery; **~frau** *f* wife; **~leute** *pl* married couple *pl*; **e~lich** *adj* matrimonial; (*Kind*) legitimate.

ehemalig *adj* former.

ehemals *adv* formerly.

Ehe- *zW*: **~mann** *m* married man; (*Partner*) husband; **~paar** *nt* married couple; **~partner** *m* husband; **~partnerin** *f* wife.

eher ['e:ər] *adv* (*früher*) sooner; (*lieber*) rather, sooner; (*mehr*) more; **nicht ~ als** not before; **umso ~, als** the more so because.

Ehe- *zW*: **~ring** *m* wedding ring; **~scheidung** *f* divorce; **~schließung** *f* marriage; **~stand** *m*: **in den ~stand treten** (*form*) to enter into matrimony.

eheste(r, s) ['e:əstə(r, s)] *adj* (*früheste*) first, earliest; **am ~n** (*am liebsten*) soonest; (*meist*) most; (*am wahrscheinlichsten*) most probably.

Ehevermittlung *f* (*Büro*) marriage bureau.

Eheversprechen *nt* (*JUR*) promise to marry.

ehrbar ['e:rba:r] *adj* honourable (*BRIT*), honorable (*US*), respectable.

Ehre (-, -n) *f* honour (*BRIT*), honor (*US*); **etw in ~n halten** to treasure *od* cherish sth.

ehren *vt* to honour (*BRIT*), honor (*US*).

Ehren- *zW*: **e~amtlich** *adj* honorary; **~bürgerrecht** *nt*: **die Stadt verlieh ihr das ~bürgerrecht** she was given the freedom of the city; **~gast** *m* guest of honour (*BRIT*) *od* honor (*US*); **e~haft** *adj* honourable (*BRIT*), honorable (*US*); **e~halber** *adv*: **er wurde e~halber zum Vorsitzenden auf Lebenszeit ernannt** he was made honorary president for life; **~mann** *m* man of honour (*BRIT*) *od* honor (*US*); **~mitglied** *nt* honorary member; **~platz** *m* place of honour (*BRIT*) *od* honor (*US*); **~rechte** *pl* civic rights *pl*; **e~rührig** *adj* defamatory; **~runde** *f* lap of honour (*BRIT*) *od* honor (*US*); **~sache** *f* point of honour (*BRIT*) *od* honor (*US*); **~sache!** (*umg*) you can count on me; **~tag** *m* (*Geburtstag*) birthday; (*großer Tag*) big day; **e~voll** *adj* honourable (*BRIT*), honorable (*US*); **~wort** *nt* word of honour (*BRIT*) *od* honor (*US*); **Urlaub auf ~wort** parole.

Ehr- *zW*: **e~erbietig** *adj* respectful; **~furcht** *f* awe, deep respect; **~furcht gebietend** (*Stimme*) authoritative; **~gefühl** *nt* sense of honour (*BRIT*) *od* honor (*US*); **~geiz** *m* ambition; **e~geizig** *adj* ambitious; **e~lich** *adj* honest; **e~lich verdientes Geld** hard-earned money; **e~lich gesagt** ... quite frankly *od* honestly ...; **~lichkeit** *f* honesty; **e~los** *adj* dishonourable (*BRIT*), dishonorable (*US*).

Ehrung *f* honour(ing) (*BRIT*), honor(ing) (*US*).

ehrwürdig *adj* venerable.

Ei [aɪ] (-(e)s, -er) *nt* egg; **Eier** *pl* (*umg!: Hoden*) balls *pl* (*!*); **jdn wie ein rohes ~ behandeln** (*fig*) to handle sb with kid gloves; **wie aus dem ~ gepellt aussehen** (*umg*) to look spruce.

ei *interj* well, well; (*beschwichtigend*) now, now.

Eibe ['aɪbə] (-, -n) *f* (*BOT*) yew.

Eichamt ['aɪçamt] *nt* Office of Weights and Measures.

Eiche (-, -n) *f* oak (tree).

Eichel (-, -n) *f* acorn; (*KARTEN*) club; (*ANAT*) glans.

eichen *vt* to calibrate.

Eichhörnchen *nt* squirrel.

Eichmaß *nt* standard.

Eichung *f* standardization.

Eid [aɪt] (-(e)s, -e) *m* oath; **eine Erklärung an ~es statt abgeben** (*JUR*) to make a solemn declaration.

Eidechse ['aɪdɛksə] (-, -n) *f* lizard.

eidesstattlich *adj*: **~e Erklärung** *f* affidavit.

Eid- *zW*: **~genosse** *m* Swiss; **~genossenschaft** *f*: **Schweizerische ~genossenschaft** Swiss Confederation; **e~lich** *adj* (sworn) upon oath.

Eidotter *nt* egg yolk.

Eier- *zW*: **~becher** *m* egg cup; **~kuchen** *m* pancake; (*Omelett*) omelette (*BRIT*), omelet (*US*); **~likör** *m* advocaat.

eiern ['aɪərn] (*umg*) *vi* to wobble.

Eier- *zW*: **~schale** *f* eggshell; **~stock** *m* ovary; **~uhr** *f* egg timer.

Eifel ['aɪfəl] (-) *f* Eifel (Mountains).

Eifer ['aɪfər] (-s) *m* zeal, enthusiasm; **mit großem ~ bei der Sache sein** to put one's heart into it; **im ~ des Gefechts** (*fig*) in the heat of the moment; **~sucht** *f* jealousy; **e~süchtig** *adj*: **e~süchtig (auf +akk)** jealous (of).

eifrig ['aɪfrɪç] *adj* zealous, enthusiastic.

Eigelb ['aɪgɛlp] (-(e)s, -e *od* -) *nt* egg yolk.

eigen ['aɪgən] *adj* own; (*~artig*) peculiar; (*ordentlich*) particular; (*übergenau*) fussy; **ich möchte kurz in ~er Sache sprechen** I would like to say something on my own account; **mit dem ihm ~en Lächeln** with that smile peculiar to him; **sich** *dat* **etw zu E~ machen** to make sth one's own; **E~art** *f* (*Besonderheit*) peculiarity; (*Eigenschaft*) characteristic; **~artig** *adj* peculiar; **E~bau** *m*: **er fährt ein Fahrrad Marke E~bau** (*hum: umg*) he rides a home-made bike; **E~bedarf** *m* one's own requirements *pl*; **E~brötler(in)** (-s, -) *m(f)* loner, lone wolf; (*komischer Kauz*) oddball (*umg*); **E~gewicht** *nt* dead weight; **~händig**

adj with one's own hand; **E~heim** *nt* owner-occupied house; **E~heit** *f* peculiarity; **E~initiative** *f* initiative of one's own; **E~kapital** *nt* personal capital; (*von Firma*) company capital; **E~lob** *nt* self-praise; **~mächtig** *adj* high-handed; (*~verantwortlich*) taken/done *etc* on one's own authority; (*unbefugt*) unauthorized; **E~name** *m* proper name; **E~nutz** *m* self-interest.

eigens *adv* expressly, on purpose.

eigen- *zW:* **E~schaft** *f* quality, property, attribute; **E~schaftswort** *nt* adjective; **E~sinn** *m* obstinacy; **~sinnig** *adj* obstinate; **~ständig** *adj* independent; **E~ständigkeit** *f* independence.

eigentlich *adj* actual, real ♦ *adv* actually, really; **was willst du ~ hier?** what do you want here anyway?

eigen- *zW:* **E~tor** *nt* own goal; **E~tum** *nt* property; **E~tümer(in)** **(-s, -)** *m(f)* owner, proprietor; **~tümlich** *adj* peculiar; **E~tümlichkeit** *f* peculiarity.

Eigentumsdelikt *nt* (*JUR: Diebstahl*) theft.

Eigentumswohnung *f* freehold flat.

eigenwillig *adj* with a mind of one's own.

eignen ['aɪgnən] *vr* to be suited.

Eignung *f* suitability.

Eignungsprüfung *f* aptitude test.

Eignungstest **(-(e)s, -s** *od* **-e)** *m* aptitude test.

Eilbote *m* courier; **per** *od* **durch ~n** express.

Eilbrief *m* express letter.

Eile **(-)** *f* haste; **es hat keine ~** there's no hurry.

Eileiter ['aɪlaɪtər] *m* (*ANAT*) Fallopian tube.

eilen *vi* (*Mensch*) to hurry; (*dringend sein*) to be urgent.

eilends *adv* hastily.

Eilgut *nt* express goods *pl*, fast freight (*US*).

eilig *adj* hasty, hurried; (*dringlich*) urgent; **es ~ haben** to be in a hurry.

Eil- *zW:* **~tempo** *nt:* **etw im ~tempo machen** to do sth in a rush; **~zug** *m* fast stopping train; **~zustellung** *f* special delivery.

Eimer ['aɪmər] **(-s, -)** *m* bucket, pail; **im ~ sein** (*umg*) to be up the spout.

ein(e) ['aɪn(ə)] *num* one ♦ *indef art* a, an ♦ *adv:* **nicht ~ noch aus wissen** not to know what to do; **E~/Aus** (*an Geräten*) on/off; **er ist ihr E~ und Alles** he means everything to her; **er geht bei uns ~ und aus** he is always round at our place.

einander [aɪ'nandər] *pron* one another, each other.

einarbeiten ['aɪn|arbaɪtən] *vr:* **sich (in etw** *akk*) **~** to familiarize o.s. (with sth).

Einarbeitungszeit *f* training period.

einarmig ['aɪn|armɪç] *adj* one-armed.

einäschern ['aɪn|ɛʃərn] *vt* (*Leichnam*) to cremate; (*Stadt etc*) to reduce to ashes.

einatmen ['aɪn|a:tmən] *vt, vi* to inhale, breathe

in.

einäugig ['aɪn|ɔygɪç] *adj* one-eyed.

Einbahnstraße ['aɪnba:nʃtrasə] *f* one-way street.

Einband ['aɪnbant] *m* binding, cover.

einbändig ['aɪnbɛndɪç] *adj* one-volume.

einbauen ['aɪnbauən] *vt* to build in; (*Motor*) to install, fit.

Einbau- *zW:* **~küche** *f* (fully-)fitted kitchen; **~möbel** *pl* built-in furniture *sing*; **~schrank** *m* fitted cupboard.

einbegriffen ['aɪnbəgrɪfən] *adj* included, inclusive.

einbehalten ['aɪnbəhaltən] *unreg vt* to keep back.

einberufen *unreg vt* to convene; (*MIL*) to call up (*BRIT*), draft (*US*).

Einberufung *f* convocation; call-up (*BRIT*), draft (*US*).

Einberufungsbefehl *m*, **Einberufungsbescheid** *m* (*MIL*) call-up (*BRIT*) *od* draft (*US*) papers *pl*.

einbetten ['aɪnbetən] *vt* to embed.

Einbettzimmer *nt* single room.

einbeziehen ['aɪnbətsi:ən] *unreg vt* to include.

einbiegen ['aɪnbi:gən] *unreg vi* to turn.

einbilden ['aɪnbɪldən] *vr:* **sich** *dat* **etw ~** to imagine sth; **sich** *dat* **viel auf etw** *akk* **~** (*stolz sein*) to be conceited about sth.

Einbildung *f* imagination; (*Dünkel*) conceit.

Einbildungskraft *f* imagination.

einbinden ['aɪnbɪndən] *unreg vt* to bind (up).

einbläuen▲ ['aɪnblɔyən] (*umg*) *vt:* **jdm etw ~** to hammer sth into sb.

einblenden ['aɪnblɛndən] *vt* to fade in.

Einblick ['aɪnblɪk] *m* insight; **~ in die Akten nehmen** to examine the files; **jdm ~ in etw** *akk* **gewähren** to allow sb to look at sth.

einbrechen ['aɪnbrɛçən] *unreg vi* (*einstürzen*) to fall in; (*Einbruch verüben*) to break in; **bei ~der Dunkelheit** at nightfall.

Einbrecher **(-s, -)** *m* burglar.

einbringen ['aɪnbrɪŋən] *unreg vt* to bring in; (*Geld, Vorteil*) to yield; (*mitbringen*) to contribute; **das bringt nichts ein** (*fig*) it's not worth it.

einbrocken ['aɪnbrɔkən] (*umg*) *vt:* **jdm/sich etwas ~** to land sb/o.s. in it.

Einbruch ['aɪnbrux] *m* (*Haus~*) break-in, burglary; (*des Winters*) onset; (*Einsturz, FIN*) collapse; (*MIL: in Front*) breakthrough; **bei ~ der Nacht** at nightfall.

einbruchssicher *adj* burglar-proof.

Einbuchtung ['aɪnbuxtʊŋ] *f* indentation; (*Bucht*) inlet, bay.

einbürgern ['aɪnbyrgərn] *vt* to naturalize ♦ *vr* to become adopted; **das hat sich so eingebürgert** that's become a custom.

Einbürgerung *f* naturalization.

Einbuße ['aɪnbu:sə] *f* loss, forfeiture.

einbüßen ['aɪnbyːsən] *vt* to lose, forfeit.

einchecken ['aɪntʃɛkən] *vt, vi* to check in.

eincremen ['aɪnkreːmən] *vt* to put cream on.

eindämmen ['aɪndɛmən] *vt* (*Fluss*) to dam; (*fig*) to check, contain.

eindecken ['aɪndɛkən] *vr*: **sich ~ (mit)** to lay in stocks (of) ♦ *vt* (*umg: überhäufen*): **mit Arbeit eingedeckt sein** to be inundated with work.

eindeutig ['aɪndɔytɪç] *adj* unequivocal.

eindeutschen ['aɪndɔytʃən] *vt* (*Fremdwort*) to Germanize.

eindösen ['aɪndøːzən] (*umg*) *vi* to doze off.

eindringen ['aɪndrɪŋən] *unreg vi*: ~ **(in** +*akk*) to force one's way in(to); (*in Haus*) to break in(to); (*in Land*) to invade; (*Gas, Wasser*) to penetrate; **auf jdn ~** (*mit Bitten*) to pester sb.

eindringlich *adj* forcible, urgent; **ich habe ihn ~ gebeten ...** I urged him ...

Eindringling *m* intruder.

Eindruck ['aɪndrʊk] *m* impression.

eindrücken ['aɪndrʏkən] *vt* to press in.

eindrucksfähig *adj* impressionable.

eindrucksvoll *adj* impressive.

eine(r, s) *pron* one; (*jemand*) someone; **wie kann ~r nur so dumm sein!** how could anybody be so stupid!; **es kam ~s zum anderen** it was (just) one thing after another; **sich** *dat* **~n genehmigen** (*umg*) to have a quick one.

einebnen ['aɪnǀeːbnən] *vt* (*lit*) to level (off); (*fig*) to level out.

Einehe ['aɪnǀeːə] *f* monogamy.

eineiig ['aɪnǀaɪç] *adj* (*Zwillinge*) identical.

eineinhalb ['aɪnǀaɪnˈhalp] *num* one and a half.

einengen ['aɪnǀɛŋən] *vt* to confine, restrict.

Einer ['aɪnər] (-) *m* (*MATH*) unit; (*Ruderboot*) single scull.

Einerlei ['aɪnərˈlaɪ] (-s) *nt* monotony; **e~** *adj* (*gleichartig*) the same kind of; **es ist mir e~** it is all the same to me.

einerseits *adv* on the one hand.

einfach ['aɪnfax] *adj* simple; (*nicht mehrfach*) single ♦ *adv* simply; **E~heit** *f* simplicity.

einfädeln ['aɪnfɛːdəln] *vt* (*Nadel*) to thread; (*fig*) to contrive.

einfahren ['aɪnfaːrən] *unreg vt* to bring in; (*Barriere*) to knock down; (*Auto*) to run in ♦ *vi* to drive in; (*Zug*) to pull in; (*MIN*) to go down.

Einfahrt *f* (*Vorgang*) driving in; pulling in; (*MIN*) descent; (*Ort*) entrance; (*von Autobahn*) slip road (*BRIT*), entrance ramp (*US*).

Einfall ['aɪnfal] *m* (*Idee*) idea, notion; (*Licht~*) incidence; (*MIL*) raid.

einfallen *unreg vi* (*einstürzen*) to fall in, collapse; (*Licht*) to fall; (*MIL*) to raid; (*einstimmen*): ~ **(in** +*akk*) to join in (with); **etw fällt jdm ein** sth occurs to sb; **das fällt mir gar nicht ein!** I wouldn't dream of it;

sich *dat* **etwas ~ lassen** to have a good idea; **dabei fällt mir mein Onkel ein, der ...** that reminds me of my uncle who ...; **es fällt mir jetzt nicht ein** I can't think of it *od* it won't come to me at the moment.

einfallslos *adj* unimaginative.

einfallsreich *adj* imaginative.

einfältig ['aɪnfɛltɪç] *adj* simple(-minded).

Einfaltspinsel ['aɪnfaltspɪnzəl] (*umg*) *m* simpleton.

Einfamilienhaus [aɪnfaˈmiːliənhaʊs] *nt* detached house.

einfangen ['aɪnfaŋən] *unreg vt* to catch.

einfarbig ['aɪnfarbɪç] *adj* all one colour (*BRIT*) *od* color (*US*); (*Stoff etc*) self-coloured (*BRIT*), self-colored (*US*).

einfassen ['aɪnfasən] *vt* (*Edelstein*) to set; (*Beet, Stoff*) to edge.

Einfassung *f* setting; border.

einfetten ['aɪnfɛtən] *vt* to grease.

einfinden ['aɪnfɪndən] *unreg vr* to come, turn up.

einfliegen ['aɪnfliːgən] *unreg vt* to fly in.

einfließen ['aɪnfliːsən] *unreg vi* to flow in.

einflößen ['aɪnfløːsən] *vt*: **jdm etw ~** (*lit*) to give sb sth; (*fig*) to instil sth into sb.

Einfluss▲ ['aɪnflʊs] *m* influence; ~ **nehmen** to bring an influence to bear; **~bereich** *m* sphere of influence; **e~reich** *adj* influential.

einflüstern ['aɪnflʏstərn] *vt*: **jdm etw ~** to whisper sth to sb; (*fig*) to insinuate sth to sb.

einförmig ['aɪnfœrmɪç] *adj* uniform; (*eintönig*) monotonous; **E~keit** *f* uniformity; monotony.

einfrieren ['aɪnfriːrən] *unreg vi* to freeze (in) ♦ *vt* to freeze; (*POL: Beziehungen*) to suspend.

einfügen ['aɪnfyːgən] *vt* to fit in; (*zusätzlich*) to add; (*COMPUT*) to insert.

einfühlen ['aɪnfyːlən] *vr*: **sich in jdn ~** to empathize with sb.

einfühlsam ['aɪnfyːlzaːm] *adj* sensitive.

Einfühlungsvermögen *nt* empathy; **mit großem ~** with a great deal of sensitivity.

Einfuhr ['aɪnfuːr] (-) *f* import; **~artikel** *m* imported article.

einführen ['aɪnfyːrən] *vt* to bring in; (*Mensch, Sitten*) to introduce; (*Ware*) to import; **jdn in sein Amt ~** to install sb (in office).

Einfuhr- *zW*: **~genehmigung** *f* import permit; **~kontingent** *nt* import quota; **~sperre** *f* ban on imports; **~stopp** *m* ban on imports.

Einführung *f* introduction.

Einführungspreis *m* introductory price.

Einfuhrzoll *m* import duty.

einfüllen ['aɪnfʏlən] *vt* to pour in.

Eingabe ['aɪngaːbə] *f* petition; (*Daten~*) input; **~/Ausgabe** (*COMPUT*) input/output.

Eingang ['aɪngaŋ] *m* entrance; (*COMM: Ankunft*) arrival; (*Sendung*) post; **wir bestätigen den ~ Ihres Schreibens vom ...**

we acknowledge receipt of your letter of the ...

eingängig ['aıngɛnıç] *adj* catchy.

eingangs *adv* at the outset ♦ *präp* +*gen* at the outset of.

Eingangs- *zW*: ~**bestätigung** *f* acknowledgement of receipt; ~**halle** *f* entrance hall; ~**stempel** *m* (*COMM*) receipt stamp.

eingeben ['aınge:bən] *unreg vt* (*Arznei*) to give; (*Daten etc*) to enter; (*Gedanken*) to inspire.

eingebettet ['aıngəbetət] *adj*: **in** *od* **zwischen Hügeln** ~ nestling among the hills.

eingebildet ['aıngəbıldət] *adj* imaginary; (*eitel*) conceited; ~**er Kranker** hypochondriac.

Eingeborene(r) ['aıngəbo:rənə(r)] *f(m)* native.

Eingebung *f* inspiration.

eingedenk ['aıngədɛnk] *präp* +*gen* bearing in mind.

eingefahren ['aıngəfa:rən] *adj* (*Verhaltensweise*) well-worn.

eingefallen ['aıngəfalən] *adj* (*Gesicht*) gaunt.

eingefleischt ['aıngəflaıʃt] *adj* inveterate; ~**er Junggeselle** confirmed bachelor.

eingefroren ['aıngəfro:rən] *adj* frozen.

eingehen ['aınge:ən] *unreg vi* (*Aufnahme finden*) to come in; (*Sendung, Geld*) to be received; (*Tier, Pflanze*) to die; (*Firma*) to fold; (*schrumpfen*) to shrink ♦ *vt* (*abmachen*) to enter into; (*Wette*) to make; **auf etw** *akk* ~ to go into sth; **auf jdn** ~ to respond to sb; **jdm** ~ (*verständlich sein*) to be comprehensible to sb; **auf einen Vorschlag/Plan** ~ (*zustimmen*) to go along with a suggestion/plan; **bei dieser Hitze/Kälte geht man ja ein!** (*umg*) this heat/cold is just too much.

eingehend *adj* in-depth, thorough.

eingekeilt ['aıngəkaılt] *adj* hemmed in; (*fig*) trapped.

eingekesselt ['aıngəkesəlt] *adj*: ~ **sein** to be encircled *od* surrounded.

Eingemachte(s) ['aıngəma:xtə(s)] *nt* preserves *pl*.

eingemeinden ['aıngəmaındən] *vt* to incorporate.

eingenommen ['aıngənɔmən] *adj*: ~ **(von)** fond (of), partial (to); ~ **(gegen)** prejudiced (against).

eingeschnappt ['aıngəʃnapt] (*umg*) *adj* cross; ~ **sein** to be in a huff.

eingeschrieben ['aıngəʃri:bən] *adj* registered.

eingeschworen ['aıngəʃvo:rən] *adj* confirmed; (*Gemeinschaft*) close.

eingesessen ['aıngəzɛsən] *adj* old-established.

eingespannt ['aıngəʃpant] *adj* busy.

eingespielt ['aıngəʃpi:lt] *adj*: **aufeinander** ~ **sein** to be in tune with each other.

Eingeständnis ['aıngəʃtɛntnıs] *nt* admission, confession.

eingestehen ['aıngəʃte:ən] *unreg vt* to confess.

eingestellt ['aıngəʃtɛlt] *adj*: **ich bin im Moment nicht auf Besuch** ~ I'm not prepared for visitors.

eingetragen ['aıngətra:gən] *adj* (*COMM*) registered; ~**er Gesellschaftssitz** registered office; ~**es Warenzeichen** registered trademark.

Eingeweide ['aıngəvaıdə] (-s, -) *nt* innards *pl*, intestines *pl*.

Eingeweihte(r) ['aıngəvaıtə(r)] *f(m)* initiate.

eingewöhnen ['aıngəvø:nən] *vr*: **sich** ~ **(in** +*dat*) to settle down (in).

eingezahlt ['aıngətsa:lt] *adj*: ~**es Kapital** paid-up capital.

eingießen ['aıngi:sən] *unreg vt* to pour (out).

eingleisig ['aınglaızıç] *adj* single-track; **er denkt sehr** ~ (*fig*) he's completely single-minded.

eingliedern ['aıngli:dərn] *vt*: ~ **(in** +*akk*) to integrate (into) ♦ *vr*: **sich** ~ **(in** +*akk*) to integrate o.s. (into).

eingraben ['aıngra:bən] *unreg vt* to dig in ♦ *vr* to dig o.s. in; **dieses Erlebnis hat sich seinem Gedächtnis eingegraben** this experience has engraved itself on his memory.

eingreifen ['aıngraıfən] *unreg vi* to intervene, interfere; (*Zahnrad*) to mesh.

Eingreiftruppe *f* (*MIL*) strike force.

eingrenzen ['aıngrɛntsən] *vt* to enclose; (*fig: Problem*) to delimit.

Eingriff ['aıngrıf] *m* intervention, interference; (*Operation*) operation.

einhaken ['aınha:kən] *vt* to hook in ♦ *vr*: **sich bei jdm** ~ to link arms with sb ♦ *vi* (*sich einmischen*) to intervene.

Einhalt ['aınhalt] *m*: ~ **gebieten** +*dat* to put a stop to.

einhalten *unreg vt* (*Regel*) to keep ♦ *vi* to stop.

einhämmern ['aınhɛmərn] *vt*: **jdm etw** ~ (*fig*) to hammer sth into sb.

einhandeln ['aınhandəln] *vt*: **etw gegen** *od* **für etw** ~ to trade sth for sth.

einhändig ['aınhɛndıç] *adj* one-handed.

einhändigen ['aınhɛndıgən] *vt* to hand in.

einhängen ['aınhɛŋən] *vt* to hang; (*Telefon: auch vi*) to hang up; **sich bei jdm** ~ to link arms with sb.

einheimisch ['aınhaımıʃ] *adj* native.

Einheimische(r) *f(m)* local.

einheimsen (*umg*) *vt* to bring home.

einheiraten ['aınhaıra:tən] *vi*: **in einen Betrieb** ~ to marry into a business.

Einheit ['aınhaıt] *f* unity; (*Maß, MIL*) unit; **eine geschlossene** ~ **bilden** to form an integrated whole; **e**~**lich** *adj* uniform.

Einheits- *zW*: ~**front** *f* (*POL*) united front; ~**liste** *f* (*POL*) single *od* unified list of candidates; ~**preis** *m* uniform price.

einheizen ['aınhaıtsən] *vi*: **jdm (tüchtig)** ~

(*umg*: *die Meinung sagen*) to make things hot for sb.

einhellig ['aɪnhɛlɪç] *adj* unanimous ♦ *adv* unanimously.

einholen ['aɪnhoːlən] *vt* (*Tau*) to haul in; (*Fahne, Segel*) to lower; (*Vorsprung aufholen*) to catch up with; (*Verspätung*) to make up; (*Rat, Erlaubnis*) to ask ♦ *vi* (*einkaufen*) to buy, shop.

Einhorn ['aɪnhɔrn] *nt* unicorn.

einhüllen ['aɪnhʏlən] *vt* to wrap up.

einhundert ['aɪn'hʊndərt] *num* one hundred.

einig ['aɪnɪç] *adj* (*vereint*) united; **sich** *dat* ~ **sein** to be in agreement; ~ **gehen** to agree; ~ **werden** to agree.

einige(r, s) *adj, pron* some ♦ *pl* some; (*mehrere*) several; **mit Ausnahme** ~**r weniger** with a few exceptions; **vor** ~**n Tagen** the other day, a few days ago; **dazu ist noch** ~**s zu sagen** there are still one or two things to say about that; ~ **Mal** a few times.

einigen *vt* to unite ♦ *vr*: **sich (auf etw** *akk*) ~ to agree (on sth).

einigermaßen *adv* somewhat; (*leidlich*) reasonably.

einiges *pron siehe* **einige(r, s)**.

Einigkeit *f* unity; (*Übereinstimmung*) agreement.

Einigung *f* agreement; (*Ver*~) unification.

einimpfen ['aɪn|ɪmpfən] *vt*: **jdm etw** ~ to inoculate sb with sth; (*fig*) to impress sth upon sb.

einjagen ['aɪnjaːgən] *vt*: **jdm Furcht/einen Schrecken** ~ to give sb a fright.

einjährig ['aɪnjɛːrɪç] *adj* of *od* for one year; (*Alter*) one-year-old; (*Pflanze*) annual.

einkalkulieren ['aɪnkalkuliːrən] *vt* to take into account, allow for.

einkassieren ['aɪnkasiːrən] *vt* (*Geld, Schulden*) to collect.

Einkauf ['aɪnkaʊf] *m* purchase; (*COMM*: *Abteilung*) purchasing (department).

einkaufen *vt* to buy ♦ *vi* to shop; ~ **gehen** to go shopping.

Einkäufer(in) ['aɪnkɔʏfər(ɪn)] *m(f)* (*COMM*) buyer.

Einkaufs- *zW*: ~**bummel** *m*: **einen** ~**bummel machen** to go on a shopping spree; ~**korb** *m* shopping basket; ~**leiter(in)** *m(f)* (*COMM*) chief buyer; ~**netz** *nt* string bag; ~**preis** *m* cost price, wholesale price; ~**wagen** *m* trolley (*BRIT*), cart (*US*); ~**zentrum** *nt* shopping centre.

einkehren ['aɪnkeːrən] *vi* (*geh*: *Ruhe, Frühling*) to come; **in einem Gasthof** ~ to (make a) stop at an inn.

einkerben ['aɪnkɛrbən] *vt* to notch.

einklagen ['aɪnklaːgən] *vt* (*Schulden*) to sue for (the recovery of).

einklammern ['aɪnklamərn] *vt* to put in brackets, bracket.

Einklang ['aɪnklaŋ] *m* harmony.

einkleiden ['aɪnklaɪdən] *vt* to clothe; (*fig*) to express.

einklemmen ['aɪnklɛmən] *vt* to jam.

einknicken ['aɪnknɪkən] *vt* to bend in; (*Papier*) to fold ♦ *vi* (*Knie*) to give way.

einkochen ['aɪnkɔxən] *vt* to boil down; (*Obst*) to preserve, bottle.

Einkommen ['aɪnkɔmən] **(-s, -)** *nt* income.

einkommensschwach *adj* low-income *attrib*.

einkommensstark *adj* high-income *attrib*.

Einkommen(s)steuer *f* income tax; ~**erklärung** *f* income tax return.

Einkommensverhältnisse *pl* (level of) income *sing*.

einkreisen ['aɪnkraɪzən] *vt* to encircle.

einkriegen ['aɪnkriːgən] (*umg*) *vr*: **sie konnte sich gar nicht mehr darüber** ~, **dass ...** she couldn't get over the fact that ...

Einkünfte ['aɪnkʏnftə] *pl* income *sing*, revenue *sing*.

einladen ['aɪnlaːdən] *unreg vt* (*Person*) to invite; (*Gegenstände*) to load; **jdn ins Kino** ~ to take sb to the cinema.

Einladung *f* invitation.

Einlage ['aɪnlaːgə] *f* (*Programm*~) interlude; (*Spar*~) deposit; (*FIN*: *Kapital*~) investment; (*Schuh*~) insole; (*Fußstütze*) support; (*Zahn*~) temporary filling; (*KOCH*) noodles, vegetables etc (*in clear soup*).

einlagern ['aɪnlaːgərn] *vt* to store.

Einlass▲ ['aɪnlas] **(-es, ⁼e)** *m* admission; **jdm** ~ **gewähren** to admit sb.

einlassen *unreg vt* to let in; (*einsetzen*) to set in ♦ *vr*: **sich mit jdm/auf etw** *akk* ~ to get involved with sb/sth; **sich auf einen Kompromiss** ~ to agree to a compromise; **ich lasse mich auf keine Diskussion ein** I'm not having any discussion about it.

Einlauf ['aɪnlaʊf] *m* arrival; (*von Pferden*) finish; (*MED*) enema.

einlaufen *unreg vi* to arrive, come in; (*SPORT*) to finish; (*Wasser*) to run in; (*Stoff*) to shrink ♦ *vt* (*Schuhe*) to break in ♦ *vr* (*SPORT*) to warm up; (*Motor, Maschine*) to run in; **jdm das Haus** ~ to invade sb's house; **in den Hafen** ~ to enter the harbour.

einläuten ['aɪnlɔʏtən] *vt* (*neues Jahr*) to ring in; (*SPORT*: *Runde*) to sound the bell for.

einleben ['aɪnleːbən] *vr* to settle down.

Einlegearbeit *f* inlay.

einlegen ['aɪnleːgən] *vt* (*einfügen*: *Blatt, Sohle*) to insert; (*KOCH*) to pickle; (*in Holz etc*) to inlay; (*Geld*) to deposit; (*Pause*) to have; (*Protest*) to make; (*Veto*) to use; (*Berufung*) to lodge; **ein gutes Wort bei jdm** ~ to put in a good word with sb.

Einlegesohle *f* insole.

einleiten ['aɪnlaɪtən] *vt* to introduce, start;

(*Geburt*) to induce.

Einleitung *f* introduction; induction.

einlenken ['aɪnlɛŋkən] *vi* (*fig*) to yield, give way.

einlesen ['aɪnleːzən] *unreg vr*: **sich in ein Gebiet** ~ to get into a subject ♦ *vt*: **etw in etw** +*akk* ~ (*Daten*) to feed sth into sth.

einleuchten ['aɪnlɔʏçtən] *vi*: (**jdm**) ~ **to be** clear *od* evident (to sb).

einleuchtend *adj* clear.

einliefern ['aɪnliːfərn] *vt*: ~ (**in** +*akk*) to take (into); **jdn ins Krankenhaus** ~ to admit sb to hospital.

Einlieferungsschein *m* certificate of posting.

einlochen ['aɪnlɔxən] (*umg*) *vt* (*einsperren*) to lock up.

einlösen ['aɪnløːzən] *vt* (*Scheck*) to cash; (*Schuldschein, Pfand*) to redeem; (*Versprechen*) to keep.

einmachen ['aɪnmaxən] *vt* to preserve.

Einmachglas *nt* bottling jar.

einmal ['aɪnmaːl] *adv* once; (*erstens*) first of all, firstly; (*später*) one day; **nehmen wir** ~ **an** just let's suppose; **noch** ~ once more; **nicht** ~ not even; **auf** ~ all at once; **es war** ~ once upon a time there was/were; ~ **ist keinmal** (*Sprichwort*) once doesn't count; **waren Sie schon** ~ **in Rom?** have you ever been to Rome?

Einmaleins *nt* multiplication tables *pl*; (*fig*) ABC, basics *pl*.

einmalig *adj* unique; (*einmal geschehend*) single; (*prima*) fantastic.

Einmannbetrieb *m* one-man business.

Einmannbus *m* one-man-operated bus.

Einmarsch ['aɪnmarʃ] *m* entry; (*MIL*) invasion.

einmarschieren *vi* to march in.

einmengen ['aɪnmɛŋən] *vr*: **sich (in etw** +*akk*) ~ to interfere (with sth).

einmieten ['aɪnmiːtən] *vr*: **sich bei jdm** ~ **to** take lodgings with sb.

einmischen ['aɪnmɪʃən] *vr*: **sich (in etw** +*akk*) ~ to interfere (with sth).

einmotten ['aɪnmɔtən] *vt* (*Kleider etc*) to put in mothballs.

einmünden ['aɪnmʏndən] *vi*: ~ **in** +*akk* (*subj*: *Fluss*) to flow *od* run into, join; (: *Straße*: *in Platz*) to run into; (: : *in andere Straße*) to run into, join.

einmütig ['aɪnmyːtɪç] *adj* unanimous.

einnähen ['aɪnnɛːən] *vt* (*enger machen*) to take in.

Einnahme ['aɪnnaːmə] (-, **-n**) *f* (*Geld*) takings *pl*, revenue; (*von Medizin*) taking; (*MIL*) capture, taking; ~**n und Ausgaben** income and expenditure; ~**quelle** *f* source of income.

einnehmen ['aɪnneːmən] *unreg vt* to take; (*Stellung, Raum*) to take up; ~ **für/gegen** to persuade in favour of/against.

einnehmend *adj* charming.

einnicken ['aɪnnɪkən] *vi* to nod off.

einnisten ['aɪnnɪstən] *vr* to nest; (*fig*) to settle o.s.

Einöde ['aɪnˌøːdə] (-, **-n**) *f* desert, wilderness.

einordnen ['aɪnˌɔrdnən] *vt* to arrange, fit in ♦ *vr* to adapt; (*AUT*) to get in(to) lane.

einpacken ['aɪnpakən] *vt* to pack (up).

einparken ['aɪnparkən] *vt, vi* to park.

einpauken ['aɪnpaʊkən] (*umg*) *vt*: **jdm etw** ~ to drum sth into sb.

einpendeln ['aɪnpɛndəln] *vr* to even out.

einpennen ['aɪnpɛnən] (*umg*) *vi* to drop off.

einpferchen ['aɪnpfɛrçən] *vt* to pen in; (*fig*) to coop up.

einpflanzen ['aɪnpflantsən] *vt* to plant; (*MED*) to implant.

einplanen ['aɪnplaːnən] *vt* to plan for.

einprägen ['aɪnprɛːɡən] *vt* to impress, imprint; (*beibringen*): **jdm etw** ~ to impress sth on sb; **sich** *dat* **etw** ~ to memorize sth.

einprägsam ['aɪnprɛːkzaːm] *adj* easy to remember; (*Melodie*) catchy.

einprogrammieren ['aɪnprogramiːrən] *vt* (*COMPUT*) to feed in.

einprügeln ['aɪnpryːɡəln] (*umg*) *vt*: **jdm etw** ~ to din sth into sb.

einquartieren ['aɪnkvartiːrən] *vt* (*MIL*) to billet; **Gäste bei Freunden** ~ to put visitors up with friends.

einrahmen ['aɪnraːmən] *vt* to frame.

einrasten ['aɪnrastən] *vi* to engage.

einräumen ['aɪnrɔʏmən] *vt* (*ordnend*) to put away; (*überlassen*: *Platz*) to give up; (*zugestehen*) to admit, concede.

einrechnen ['aɪnrɛçnən] *vt* to include; (*berücksichtigen*) to take into account.

einreden ['aɪnreːdən] *vt*: **jdm/sich etw** ~ to talk sb/o.s. into believing sth ♦ *vi*: **auf jdn** ~ to keep on and on at sb.

Einreibemittel *nt* liniment.

einreiben ['aɪnraɪbən] *unreg vt* to rub in.

einreichen ['aɪnraɪçən] *vt* to hand in; (*Antrag*) to submit.

einreihen ['aɪnraɪən] *vt* (*einordnen, einfügen*) to put in; (*klassifizieren*) to classify ♦ *vr* (*Auto*) to get in lane; **etw in etw** *akk* ~ to put sth into sth.

Einreise ['aɪnraɪzə] *f* entry; ~**bestimmungen** *pl* entry regulations *pl*; ~**erlaubnis** *f* entry permit; ~**genehmigung** *f* entry permit.

einreisen ['aɪnraɪzən] *vi*: **in ein Land** ~ to enter a country.

Einreiseverbot *nt* refusal of entry.

Einreisevisum *nt* entry visa.

einreißen ['aɪnraɪsən] *unreg vt* (*Papier*) to tear; (*Gebäude*) to pull down ♦ *vi* to tear; (*Gewohnheit werden*) to catch on.

einrenken ['aɪnrɛŋkən] *vt* (*Gelenk, Knie*) to put

back in place; (*fig*: *umg*) to sort out ♦ *vr* (*fig*: *umg*) to sort itself out.

einrichten ['aɪnrɪçtən] *vt* (*Haus*) to furnish; (*schaffen*) to establish, set up; (*arrangieren*) to arrange; (*möglich machen*) to manage ♦ *vr* (*in Haus*) to furnish one's house; **sich ~ (auf** *+akk*) (*sich vorbereiten*) to prepare o.s. (for); (*sich anpassen*) to adapt (to).

Einrichtung *f* (*Wohnungs~*) furnishings *pl*; (*öffentliche Anstalt*) organization; (*Dienste*) service; (*Labor~ etc*) equipment; (*Gewohnheit*): **zur ständigen ~ werden** to become an institution.

Einrichtungsgegenstand *m* item of furniture.

einrosten ['aɪnrɔstən] *vi* to get rusty.

einrücken ['aɪnrykən] *vi* (*MIL*: *Soldat*) to join up; (: *in Land*) to move in ♦ *vt* (*Anzeige*) to insert; (*Zeile, Text*) to indent.

Eins [aɪns] (-, -en) *f* one; **e~** *num* one; **es ist mir alles e~** it's all one to me; **e~ zu e~** (*SPORT*) one all; **e~ a** (*umg*) first-rate.

einsalzen ['aɪnzaltsən] *vt* to salt.

einsam ['aɪnzaːm] *adj* lonely, solitary; **~e Klasse/Spitze** (*umg*: *hervorragend*) absolutely fantastic; **E~keit** *f* loneliness, solitude.

einsammeln ['aɪnzaməln] *vt* to collect.

Einsatz ['aɪnzats] *m* (*Teil*) insert; (*an Kleid*) insertion; (*Tisch~*) leaf; (*Verwendung*) use, employment; (*Spiel~*) stake; (*Risiko*) risk; (*MIL*) operation; (*MUS*) entry; **im ~** in action; **etw unter ~ seines Lebens tun** to risk one's life to do sth; **~befehl** *m* order to go into action; **e~bereit** *adj* ready for action; **~kommando** *nt* (*MIL*) task force.

einschalten ['aɪnʃaltən] *vt* (*ELEK*) to switch on; (*einfügen*) to insert; (*Pause*) to make; (*AUT*: *Gang*) to engage; (*Anwalt*) to bring in ♦ *vr* (*dazwischentreten*) to intervene.

Einschaltquote *f* (*TV*) viewing figures *pl*.

einschärfen ['aɪnʃɛrfən] *vt*: **jdm etw ~** to impress sth on sb.

einschätzen ['aɪnʃɛtsən] *vt* to estimate, assess ♦ *vr* to rate o.s.

einschenken ['aɪnʃɛŋkən] *vt* to pour out.

einscheren ['aɪnʃeːrən] *vi* to get back (into lane).

einschicken ['aɪnʃɪkən] *vt* to send in.

einschieben ['aɪnʃiːbən] *unreg vt* to push in; (*zusätzlich*) to insert; **eine Pause ~** to have a break.

einschiffen ['aɪnʃɪfən] *vt* to ship ♦ *vr* to embark, go on board.

einschl. *abk* (= *einschließlich*) inc.

einschlafen ['aɪnʃlaːfən] *unreg vi* to fall asleep, go to sleep; (*fig*: *Freundschaft*) to peter out.

einschläfern ['aɪnʃlɛːfərn] *vt* (*schläfrig machen*) to make sleepy; (*Gewissen*) to soothe; (*narkotisieren*) to give a soporific to; (*töten*: *Tier*) to put to sleep.

einschläfernd *adj* (*MED*) soporific; (*langweilig*) boring; (*Stimme*) lulling.

Einschlag ['aɪnʃlaːk] *m* impact; (*AUT*) lock; (*fig*: *Beimischung*) touch, hint.

einschlagen ['aɪnʃlaːgən] *unreg vt* to knock in; (*Fenster*) to smash, break; (*Zähne, Schädel*) to smash in; (*Steuer*) to turn; (*kürzer machen*) to take up; (*Ware*) to pack, wrap up; (*Weg, Richtung*) to take ♦ *vi* to hit; (*sich einigen*) to agree; (*Anklang finden*) to work, succeed; **es muss irgendwo eingeschlagen haben** something must have been struck by lightning; **gut ~** (*umg*) to go down well, be a big hit; **auf jdn ~** to hit sb.

einschlägig ['aɪnʃlɛːgɪç] *adj* relevant; **er ist ~ vorbestraft** (*JUR*) he has a previous conviction for a similar offence.

einschleichen ['aɪnʃlaɪçən] *unreg vr* (*in Haus, fig*: *Fehler*) to creep in, steal in; (*in Vertrauen*) to worm one's way in.

einschleppen ['aɪnʃlɛpən] *vt* (*fig*: *Krankheit etc*) to bring in.

einschleusen ['aɪnʃlɔyzən] *vt*: **~ (in** *+akk*) to smuggle in(to).

einschließen ['aɪnʃliːsən] *unreg vt* (*Kind*) to lock in; (*Häftling*) to lock up; (*Gegenstand*) to lock away; (*Bergleute*) to cut off; (*umgeben*) to surround; (*MIL*) to encircle; (*fig*) to include, comprise ♦ *vr* to lock o.s. in.

einschließlich *adv* inclusive ♦ *präp* *+gen* inclusive of, including.

einschmeicheln ['aɪnʃmaɪçəln] *vr*: **sich (bei jdm) ~** to ingratiate o.s. (with sb).

einschmuggeln ['aɪnʃmʊgəln] *vt*: **~ (in** *+akk*) to smuggle in(to).

einschnappen ['aɪnʃnapən] *vi* (*Tür*) to click to; (*fig*) to be touchy; **eingeschnappt sein** to be in a huff.

einschneidend ['aɪnʃnaɪdənt] *adj* incisive.

einschneien ['aɪnʃnaɪən] *vi*: **eingeschneit sein** to be snowed in.

Einschnitt ['aɪnʃnɪt] *m* (*MED*) incision; (*im Tal, Gebirge*) cleft; (*im Leben*) decisive point.

einschnüren ['aɪnʃnyːrən] *vt* (*einengen*) to cut into; **dieser Kragen schnürt mir den Hals ein** this collar is strangling me.

einschränken ['aɪnʃrɛŋkən] *vt* to limit, restrict; (*Kosten*) to cut down, reduce ♦ *vr* to cut down (on expenditure); **~d möchte ich sagen, dass ...** I'd like to qualify that by saying ...

einschränkend *adj* restrictive.

Einschränkung *f* restriction, limitation; reduction; (*von Behauptung*) qualification.

Einschreib(e)brief *m* registered (*BRIT*) *od* certified (*US*) letter.

einschreiben ['aɪnʃraɪbən] *unreg vt* to write in; (*POST*) to send by registered (*BRIT*) *od* certified (*US*) mail ♦ *vr* to register; (*UNIV*) to enrol; **E~** *nt* registered (*BRIT*) *od* certified

(*US*) letter.

einschreiten ['aɪnʃraɪtən] *unreg vi* to step in, intervene; ~ **gegen** to take action against.

Einschub ['aɪnʃuːp] (**-(e)s, ⁻e**) *m* insertion.

einschüchtern ['aɪnʃʏçtərn] *vt* to intimidate.

Einschüchterung ['aɪnʃʏçtəruŋ] *f* intimidation.

einschulen ['aɪnʃuːlən] *vt*: **eingeschult werden** (*Kind*) to start school.

einschweißen ['aɪnʃvaɪsən] *vt* (*in Plastik*) to shrink-wrap; (*TECH*): **etw in etw** *akk* ~ to weld sth into sth.

einschwenken ['aɪnʃvɛŋkən] *vi*: ~ (**in** +*akk*) to turn *od* swing in(to).

einsehen ['aɪnzeːən] *unreg vt* (*prüfen*) to inspect; (*Fehler etc*) to recognize; (*verstehen*) to see; **das sehe ich nicht ein** I don't see why; **E~** (**-s**) *nt* understanding; **ein E~ haben** to show understanding.

einseifen ['aɪnzaɪfən] *vt* to soap, lather; (*fig: umg*) to take in, con.

einseitig ['aɪnzaɪtɪç] *adj* one-sided; (*POL*) unilateral; (*Ernährung*) unbalanced; (*Diskette*) single-sided; **E~keit** *f* one-sidedness.

einsenden ['aɪnzɛndən] *unreg vt* to send in.

Einsender(in) (**-s, -**) *m(f)* sender, contributor.

Einsendeschluss▲ *m* closing date (for entries).

Einsendung *f* sending in.

einsetzen ['aɪnzɛtsən] *vt* to put (in); (*in Amt*) to appoint, install; (*Geld*) to stake; (*verwenden*) to use; (*MIL*) to employ ♦ *vi* (*beginnen*) to set in; (*MUS*) to enter, come in ♦ *vr* to work hard; **sich für jdn/etw** ~ to support sb/sth; **ich werde mich dafür** ~, **dass** ... I will do what I can to see that ...

Einsicht ['aɪnzɪçt] *f* insight; (*in Akten*) look, inspection; **zu der** ~ **kommen, dass** ... to come to the conclusion that ...

einsichtig *adj* (*Mensch*) judicious; **jdm etw** ~ **machen** to make sb understand *od* see sth.

Einsichtnahme (**-, -n**) *f* (*form*) perusal; „**zur** ~" "for attention".

einsichtslos *adj* unreasonable.

einsichtsvoll *adj* understanding.

Einsiedler ['aɪnziːdlər] (**-s, -**) *m* hermit.

einsilbig ['aɪnzɪlbɪç] *adj* (*lit, fig*) monosyllabic; **E~keit** *f* (*fig*) taciturnity.

einsinken ['aɪnzɪŋkən] *unreg vi* to sink in.

Einsitzer ['aɪnzɪtsər] (**-s, -**) *m* single-seater.

einspannen ['aɪnʃpanən] *vt* (*Werkstück, Papier*) to put (in), insert; (*Pferde*) to harness; (*umg: Person*) to rope in; **jdn für seine Zwecke** ~ to use sb for one's own ends.

einsparen ['aɪnʃpaːrən] *vt* to save, economize on; (*Kosten*) to cut down on; (*Posten*) to eliminate.

Einsparung *f* saving.

einspeichern ['aɪnʃpaɪçərn] *vt*: **etw (in etw** +*akk*) ~ (*COMPUT*) to feed sth in(to sth).

einsperren ['aɪnʃpɛrən] *vt* to lock up.

einspielen ['aɪnʃpiːlən] *vr* (*SPORT*) to warm up ♦ *vt* (*Film: Geld*) to bring in; (*Instrument*) to play in; **sich aufeinander** ~ to become attuned to each other; **gut eingespielt** running smoothly.

einsprachig ['aɪnʃpraːxɪç] *adj* monolingual.

einspringen ['aɪnʃprɪŋən] *unreg vi* (*aushelfen*) to stand in; (*mit Geld*) to help out.

einspritzen ['aɪnʃprɪtsən] *vt* to inject.

Einspritzmotor *m* (*AUT*) injection engine.

Einspruch ['aɪnʃprux] *m* protest, objection; ~ **einlegen** (*JUR*) to file an objection.

Einspruchsfrist *f* (*JUR*) period for filing an objection.

Einspruchsrecht *nt* veto.

einspurig ['aɪnʃpuːrɪç] *adj* single-lane; (*EISENB*) single-track.

einst [aɪnst] *adv* once; (*zukünftig*) one *od* some day.

Einstand ['aɪnʃtant] *m* (*TENNIS*) deuce; (*Antritt*) entrance (to office); **er hat gestern seinen** ~ **gegeben** yesterday he celebrated starting his new job.

einstechen ['aɪnʃtɛçən] *unreg vt* to pierce.

einstecken ['aɪnʃtɛkən] *vt* to stick in, insert; (*Brief*) to post, mail (*US*); (*ELEK: Stecker*) to plug in; (*Geld*) to pocket; (*mitnehmen*) to take; (*überlegen sein*) to put in the shade; (*hinnehmen*) to swallow.

einstehen ['aɪnʃteːən] *unreg vi*: **für jdn** ~ to vouch for sb; **für etw** ~ to guarantee sth, vouch for sth; (*Ersatz leisten*) to make good sth.

einsteigen ['aɪnʃtaɪgən] *unreg vi* to get in *od* on; (*in Schiff*) to go on board; (*sich beteiligen*) to come in; (*hineinklettern*) to climb in; ~! (*EISENB etc*) all aboard!

Einsteiger (**-s, -**) (*umg*) *m* beginner.

einstellbar *adj* adjustable.

einstellen ['aɪnʃtɛlən] *vt* (*in Firma*) to employ, take on; (*aufhören*) to stop; (*Geräte*) to adjust; (*Kamera etc*) to focus; (*Sender, Radio*) to tune in to; (*unterstellen*) to put ♦ *vi* to take on staff/workers ♦ *vr* (*anfangen*) to set in; (*kommen*) to arrive; **Zahlungen** ~ to suspend payment; **etw auf etw** *akk* ~ to adjust sth to sth; to focus sth on sth; **sich auf jdn/etw** ~ to adapt to sb/prepare o.s. for sth.

einstellig *adj* (*Zahl*) single-digit.

Einstellplatz *m* (*auf Hof*) carport; (*in Großgarage*) (covered) parking space.

Einstellung *f* (*Aufhören*) suspension, cessation; (*von Gerät*) adjustment; (*von Kamera etc*) focusing; (*von Arbeiter etc*) appointment; (*Haltung*) attitude.

Einstellungsgespräch *nt* interview.

Einstellungsstopp *m* halt in recruitment.

Einstieg ['aɪnʃtiːk] (-(e)s, -e) *m* entry; (*fig*) approach; (*von Bus, Bahn*) door; **kein** ~ exit only.

einstig ['aɪnstɪç] *adj* former.

einstimmen ['aɪnʃtɪmən] *vi* to join in ♦ *vt* (*MUS*) to tune; (*in Stimmung bringen*) to put in the mood.

einstimmig *adj* unanimous; (*MUS*) for one voice; **E~keit** *f* unanimity.

einstmalig *adj* former.

einstmals *adv* once, formerly.

einstöckig ['aɪnʃtœkɪç] *adj* two-storeyed (*BRIT*), two-storied (*US*).

einstöpseln ['aɪnʃtœpsəln] *vt*: **etw (in etw** +*akk*) ~ (*ELEK*) to plug sth in(to sth).

einstudieren ['aɪnʃtudiːrən] *vt* to study, rehearse.

einstufen ['aɪnʃtuːfən] *vt* to classify.

Einstufung *f*: **nach seiner ~ in eine höhere Gehaltsklasse** after he was put on a higher salary grade.

einstündig ['aɪnʃtʏndɪç] *adj* one-hour *attrib*.

einstürmen ['aɪnʃtʏrmən] *vi*: **auf jdn ~** to rush at sb; (*Eindrücke*) to overwhelm sb.

Einsturz ['aɪnʃtʊrts] *m* collapse.

einstürzen ['aɪnʃtʏrtsən] *vi* to fall in, collapse; **auf jdn ~** (*fig*) to overwhelm sb.

Einsturzgefahr *f* danger of collapse.

einstweilen *adv* meanwhile; (*vorläufig*) temporarily, for the time being.

einstweilig *adj* temporary; ~**e Verfügung** (*JUR*) temporary *od* interim injunction.

eintägig ['aɪntɛːgɪç] *adj* one-day.

Eintagsfliege ['aɪntaːksfliːgə] *f* (*ZOOL*) mayfly; (*fig*) nine-day wonder.

eintauchen ['aɪntaʊxən] *vt* to immerse, dip in ♦ *vi* to dive.

eintauschen ['aɪntaʊʃən] *vt* to exchange.

eintausend ['aɪn'taʊzənt] *num* one thousand.

einteilen ['aɪntaɪlən] *vt* (*in Teile*) to divide (up); (*Menschen*) to assign.

einteilig *adj* one-piece.

eintönig ['aɪntøːnɪç] *adj* monotonous; **E~keit** *f* monotony.

Eintopf ['aɪntɔpf] *m* stew.

Eintopfgericht ['aɪntɔpfgərɪçt] *nt* stew.

Eintracht ['aɪntraxt] (-) *f* concord, harmony.

einträchtig ['aɪntrɛçtɪç] *adj* harmonious.

Eintrag ['aɪntraːk] (-(e)s, ⁼e) *m* entry; **amtlicher ~** entry in the register.

eintragen ['aɪntraːgən] *unreg vt* (*in Buch*) to enter; (*Profit*) to yield ♦ *vr* to put one's name down; **jdm etw ~** to bring sb sth.

einträglich ['aɪntrɛːklɪç] *adj* profitable.

Eintragung *f*: ~ **(in** +*akk*) entry (in).

eintreffen ['aɪntrɛfən] *unreg vi* to happen; (*ankommen*) to arrive; (*fig: wahr werden*) to come true.

eintreiben ['aɪntraɪbən] *unreg vt* (*Geldbeträge*) to collect.

eintreten ['aɪntreːtən] *unreg vi* (*hineingehen*) to enter; (*sich ereignen*) to occur ♦ *vt* (*Tür*) to kick open; **in etw** *akk* ~ to enter sth; (*in Klub, Partei*) to join sth; **für jdn/etw ~** to stand up for sb/sth.

eintrichtern ['aɪntrɪçtərn] (*umg*) *vt*: **jdm etw ~** to drum sth into sb.

Eintritt ['aɪntrɪt] *m* (*Betreten*) entrance; (*in Klub etc*) joining; ~ **frei** admission free; „~ **verboten"** "no admittance"; **bei ~ der Dunkelheit** at nightfall.

Eintritts- *zW*: ~**geld** *nt* admission charge; ~**karte** *f* (admission) ticket; ~**preis** *m* admission charge.

eintrocknen ['aɪntrɔknən] *vi* to dry up.

eintrudeln ['aɪntruːdəln] (*umg*) *vi* to drift in.

eintunken ['aɪntʊŋkən] *vt* (*Brot*): **etw in etw** *akk* ~ to dunk sth in sth.

einüben ['aɪn|yːbən] *vt* to practise (*BRIT*), practice (*US*), drill.

einverleiben ['aɪnfɛrlaɪbən] *vt* to incorporate; (*Gebiet*) to annex; **sich** *dat* **etw ~** (*fig: geistig*) to assimilate sth.

Einvernehmen ['aɪnfɛrneːmən] (-s, -) *nt* agreement, understanding.

einverstanden ['aɪnfɛrʃtandən] *interj* agreed ♦ *adj*: ~ **sein** to agree, be agreed; **sich mit etw ~ erklären** to give one's agreement to sth.

Einverständnis ['aɪnfɛrʃtɛntnɪs] (-ses) *nt* understanding; (*gleiche Meinung*) agreement; **im ~ mit jdm handeln** to act with sb's consent.

Einwand ['aɪnvant] (-(e)s, ⁼e) *m* objection; **einen ~ erheben** to raise an objection.

Einwanderer ['aɪnvandərər] *m* immigrant.

Einwanderin *f* immigrant.

einwandern *vi* to immigrate.

Einwanderung *f* immigration.

einwandfrei *adj* perfect; **etw ~ beweisen** to prove sth beyond doubt.

einwärts ['aɪnvɛrts] *adv* inwards.

einwecken ['aɪnvɛkən] *vt* to bottle, preserve.

Einwegflasche ['aɪnveːgflaʃə] *f* non-returnable bottle.

Einwegspritze *f* disposable (hypodermic) syringe.

einweichen ['aɪnvaɪçən] *vt* to soak.

einweihen ['aɪnvaɪən] *vt* (*Kirche*) to consecrate; (*Brücke*) to open; (*Gebäude*) to inaugurate; (*Person*): **in etw** *akk* ~ to initiate in sth; **er ist eingeweiht** (*fig*) he knows all about it.

Einweihung *f* consecration; opening; inauguration; initiation.

einweisen ['aɪnvaɪzən] *unreg vt* (*in Amt*) to install; (*in Arbeit*) to introduce; (*in Anstalt*) to send; (*in Krankenhaus*): ~ **(in** +*akk*) to admit (to); (*AUT*): ~ **(in** +*akk*) to guide in(to).

Einweisung *f* installation; introduction;

sending.
einwenden ['aɪnvɛndən] *unreg vt:* **etwas
~ gegen** to object to, oppose.
einwerfen ['aɪnvɛrfən] *unreg vt* to throw in;
(*Brief*) to post; (*Geld*) to put in, insert;
(*Fenster*) to smash; (*äußern*) to interpose.
einwickeln ['aɪnvɪkəln] *vt* to wrap up; (*fig:
umg*) to outsmart.
einwilligen ['aɪnvɪlɪgən] *vi:* (**in etw** *akk*) ~ to
consent (to sth), agree (to sth).
Einwilligung *f* consent.
einwirken ['aɪnvɪrkən] *vi:* **auf jdn/etw** ~ to
influence sb/sth.
Einwirkung *f* influence.
Einwohner(in) ['aɪnvoːnər(ɪn)] (**-s,** -) *m(f)*
inhabitant; ~**meldeamt** *nt* registration
office; **sich beim** ~**meldeamt (an)melden** ≈
to register with the police; ~**schaft** *f*
population, inhabitants *pl*.
Einwurf ['aɪnvʊrf] *m* (*Öffnung*) slot; (*Einwand*)
objection; (*SPORT*) throw-in.
Einzahl ['aɪntsaːl] *f* singular.
einzahlen *vt* to pay in.
Einzahlung *f* payment; (*auf Sparkonto*)
deposit.
einzäunen ['aɪntsɔʏnən] *vt* to fence in.
einzeichnen ['aɪntsaɪçnən] *vt* to draw in.
Einzel ['aɪntsəl] (**-s,** -) *nt* (*TENNIS*) singles *pl*.
Einzel- *zW:* ~**aufstellung** *f* (*COMM*) itemized
list; ~**bett** *nt* single bed; ~**blattzuführung** *f*
sheet feed; ~**fall** *m* single instance,
individual case; ~**gänger(in)** *m(f)* loner;
~**haft** *f* solitary confinement; ~**handel** *m*
retail trade; **im** ~**handel erhältlich** available
retail; ~**handelsgeschäft** *nt* retail outlet;
~**handelspreis** *m* retail price; ~**händler** *m*
retailer; ~**heit** *f* particular, detail; ~**kind** *nt*
only child.
Einzeller ['aɪntsɛlər] (**-s,** -) *m* (*BIOL*) single-
celled organism.
einzeln *adj* single; (*von Paar*) odd ♦ *adv* singly;
~ **angeben** to specify; ~**e** some (people), a
few (people); **der/die E~e** the individual;
das E~e the particular; **ins E~e gehen** to go
into detail(s); **etw im E~en besprechen** to
discuss sth in detail; ~ **aufführen** to list
separately *od* individually; **bitte** ~ **eintreten**
please come in one (person) at a time.
Einzelteil *nt* individual part; (*Ersatzteil*) spare
part; **etw in seine** ~**e zerlegen** to take sth to
pieces, dismantle sth.
Einzelzimmer *nt* single room.
einziehen ['aɪntsiːən] *unreg vt* to draw in, take
in; (*Kopf*) to duck; (*Fühler, Antenne,
Fahrgestell*) to retract; (*Steuern,
Erkundigungen*) to collect; (*MIL*) to call up,
draft (*US*); (*aus dem Verkehr ziehen*) to
withdraw; (*konfiszieren*) to confiscate ♦ *vi* to
move in; (*Friede, Ruhe*) to come; (*Flüssigkeit*):
~ (**in** +*akk*) to soak in(to).

einzig ['aɪntsɪç] *adj* only; (*ohnegleichen*) unique
♦ *adv:* ~ **und allein** solely; **das E~e** the only
thing; **der/die E~e** the only one; **kein** ~**es
Mal** not once, not one single time; **kein E~er**
nobody, not a single person; ~**artig** *adj*
unique.
Einzug ['aɪntsuːk] *m* entry, moving in.
Einzugsauftrag *m* (*FIN*) direct debit.
Einzugsbereich *m* catchment area.
Einzugsverfahren *nt* (*FIN*) direct debit.
Eis [aɪs] (**-es,** -) *nt* ice; (*Speise~*) ice cream;
~ **am Stiel** ice lolly (*BRIT*), popsicle ® (*US*);
~**bahn** *f* ice *od* skating rink; ~**bär** *m* polar
bear; ~**becher** *m* sundae; ~**bein** *nt* pig's
trotters *pl*; ~**berg** *m* iceberg; ~**beutel** *m* ice
pack; ~**café** *nt* = **Eisdiele.**
Eischnee ['aɪʃneː] *m* (*KOCH*) beaten white of
egg.
Eisdecke *f* sheet of ice.
Eisdiele *f* ice-cream parlour (*BRIT*) *od* parlor
(*US*).
Eisen ['aɪzən] (**-s,** -) *nt* iron; **zum alten**
~ **gehören** (*fig*) to be on the scrap heap.
Eisenbahn *f* railway, railroad (*US*); **es ist
(aller)höchste** ~ (*umg*) it's high time; ~**er** (-
s, -) *m* railwayman, railway employee,
railroader (*US*); ~**netz** *nt* rail network;
~**schaffner** *m* railway guard, (railroad)
conductor (*US*); ~**überführung** *f* footbridge;
~**übergang** *m* level crossing, grade crossing
(*US*); ~**wagen** *m* railway *od* railroad (*US*)
carriage; ~**waggon,** ~**wagon▲** *m*
(*Güterwagen*) goods wagon.
Eisen- *zW:* ~**erz** *nt* iron ore; **e~haltig** *adj*
containing iron; ~**mangel** *m* iron deficiency;
~**warenhandlung** *f* ironmonger's (*BRIT*),
hardware store (*US*).
eisern ['aɪzərn] *adj* iron; (*Gesundheit*) robust;
(*Energie*) unrelenting; (*Reserve*) emergency;
der E~e Vorhang the Iron Curtain; **in etw**
dat ~ **sein** to be adamant about sth; **er ist**
~ **bei seinem Entschluss geblieben** he stuck
firmly to his decision.
Eis- *zW:* ~**fach** *nt* freezer compartment,
icebox; **e~frei** *adj* clear of ice; **e~gekühlt** *adj*
chilled; ~**hockey** *nt* ice hockey.
eisig ['aɪzɪç] *adj* icy.
Eis-·*zW:* ~**kaffee** *m* iced coffee; **e~kalt** *adj* icy
cold; ~**kunstlauf** *m* figure skating; ~**laufen** *nt*
ice-skating; ~**läufer** *m* ice-skater; ~**meer** *nt:*
Nördliches/Südliches ~**meer** Arctic/
Antarctic Ocean; ~**pickel** *m* ice-axe (*BRIT*),
ice-ax (*US*).
Eisprung ['aɪʃprʊŋ] *m* ovulation.
Eis- *zW:* ~**schießen** *nt* ≈ curling; ~**scholle** *f* ice
floe; ~**schrank** *m* fridge, icebox (*US*);
~**stadion** *nt* ice *od* skating rink; ~**würfel** *m*
ice cube; ~**zapfen** *m* icicle; ~**zeit** *f* Ice Age.
eitel ['aɪtəl] *adj* vain; **E~keit** *f* vanity.
Eiter ['aɪtər] (**-s**) *m* pus.

eiterig *adj* suppurating.

eitern *vi* to suppurate.

Ei- *zW:* ~**weiß** (**-es, -e**) *nt* white of an egg; (*CHEM*) protein; ~**weißgehalt** *m* protein content; ~**zelle** *f* ovum.

EKD *f abk* (= *Evangelische Kirche in Deutschland*) *German Protestant Church.*

Ekel¹ ['eːkəl] (**-s**) *m* nausea, disgust; **vor jdm/ etw einen ~ haben** to loathe sb/sth; ~ **erregend** nauseating, disgusting.

Ekel² ['eːkəl] (**-s, -**) (*umg*) *nt* (*Mensch*) nauseating person.

ekelhaft *adj*, **ekelig** *adj* nauseating, disgusting.

ekeln *vt* to disgust ♦ *vr:* **sich vor etw** *dat* ~ to loathe *od* be disgusted at sth; **es ekelt ihn** he is disgusted.

EKG (**-**) *nt abk* (= *Elektrokardiogramm*) ECG.

Eklat [e'klaː] (**-s**) *m* (*geh: Aufsehen*) sensation.

eklig *adj* nauseating, disgusting.

Ekstase [ɛk'staːzə] (**-, -n**) *f* ecstasy; **jdn in** ~ **versetzen** to send sb into ecstasies.

Ekzem [ɛk'tseːm] (**-s, -e**) *nt* (*MED*) eczema.

Elan [e'lãː] (**-s**) *m* élan.

elastisch [e'lastɪʃ] *adj* elastic.

Elastizität [elastitsi'tɛːt] *f* elasticity.

Elbe ['ɛlbə] *f* (*Fluss*) Elbe.

Elch [ɛlç] (**-(e)s, -e**) *m* elk.

Elefant [ele'fant] *m* elephant; **wie ein ~ im Porzellanladen** (*umg*) like a bull in a china shop.

elegant [ele'gant] *adj* elegant.

Eleganz [ele'gants] *f* elegance.

Elektrifizierung [elɛktrifi'tsiːrʊŋ] *f* electrification.

Elektriker [e'lɛktrikər] (**-s, -**) *m* electrician.

elektrisch [e'lɛktrɪʃ] *adj* electric.

elektrisieren [elɛktri'ziːrən] *vt* (*lit, fig*) to electrify; (*Mensch*) to give an electric shock to ♦ *vr* to get an electric shock.

Elektrizität [elɛktritsi'tɛːt] *f* electricity.

Elektrizitätswerk *nt* electric power station.

Elektroartikel [e'lɛktro|artɪkəl] *m* electrical appliance.

Elektrode [elɛk'troːdə] (**-, -n**) *f* electrode.

Elektro- *zW:* ~**gerät** *nt* electrical appliance; ~**herd** *m* electric cooker; ~**kardiogramm** *nt* (*MED*) electrocardiogram.

Elektrolyse [elektro'lyːzə] (**-, -n**) *f* electrolysis.

Elektromotor *m* electric motor.

Elektron [e'lɛktrɔn] (**-s, -en**) *nt* electron.

Elektronen(ge)hirn *nt* electronic brain.

Elektronenrechner *m* computer.

Elektronik [elɛk'troːnɪk] *f* electronics *sing*; (*Teile*) electronics *pl*.

elektronisch *adj* electronic; ~**e Post** electronic mail.

Elektro- *zW:* ~**rasierer** (**-s, -**) *m* electric razor; ~**schock** *m* (*MED*) electric shock, electroshock; ~**techniker** *m* electrician.

(*Ingenieur*) electrical engineer.

Element [ele'mɛnt] (**-s, -e**) *nt* element; (*ELEK*) cell, battery.

elementar [elemen'taːr] *adj* elementary; (*naturhaft*) elemental; **E~teilchen** *nt* (*PHYS*) elementary particle.

Elend ['eːlɛnt] (**-(e)s**) *nt* misery; **da kann man das heulende ~ kriegen** (*umg*) it's enough to make you scream; **e~** *adj* miserable; **mir ist ganz e~** I feel really awful.

elendiglich ['eːlɛndɪklɪç] *adv* miserably; ~ **zugrunde** *od* **zu Grunde gehen** to come to a wretched end.

Elendsviertel *nt* slum.

elf [ɛlf] *num* eleven; **E~** (**-, en**) *f* (*SPORT*) eleven.

Elfe (**-, -n**) *f* elf.

Elfenbein *nt* ivory; ~**küste** *f* Ivory Coast.

Elfmeter *m* (*SPORT*) penalty (kick).

Elfmeterschießen *nt* (*SPORT*) penalty shoot-out.

eliminieren [elimi'niːrən] *vt* to eliminate.

elitär [eli'tɛːr] *adj* elitist ♦ *adv* in an elitist fashion.

Elite [e'liːtə] (**-, -n**) *f* elite.

Elixier [eli'ksiːr] (**-s, -e**) *nt* elixir.

Ellbogen *m* = **Ellenbogen.**

Elle ['ɛlə] (**-, -n**) *f* ell; (*Maß*) ≈ yard.

Ellenbogen *m* elbow; **die ~ gebrauchen** (*umg*) to be pushy; ~**freiheit** *f* (*fig*) elbow room; ~**gesellschaft** *f* dog-eat-dog society.

Ellipse [ɛ'lɪpsə] (**-, -n**) *f* ellipse.

E-Lok ['eːlɔk] (**-**) *f abk* (= *elektrische Lokomotive*) electric locomotive *od* engine.

Elsass▲ ['ɛlzas] *nt:* **das ~** Alsace.

Elsässer ['ɛlzɛsər] *adj* Alsatian.

Elsässer(in) (**-s, -**) *m(f)* Alsatian, inhabitant of Alsace.

elsässisch *adj* Alsatian.

Elster ['ɛlstər] (**-, -n**) *f* magpie.

elterlich *adj* parental.

Eltern ['ɛltərn] *pl* parents *pl*; **nicht von schlechten ~ sein** (*umg*) to be quite something; ~**abend** *m* (*SCH*) parents' evening; ~**haus** *nt* home; **e~los** *adj* orphaned; ~**sprechtag** *m* open day (for parents); ~**teil** *m* parent.

Email [e'maːj] (**-s, -s**) *nt* enamel.

E-Mail ['iːmeːl] (**-, -s**) *f* E-mail, e-mail; ~**-Adresse** *f* E-mail address.

emaillieren [ema'jiːrən] *vt* to enamel.

Emanze (**-, -n**) *f* (*meist pej*) *f* women's libber (*umg*).

Emanzipation [emantsipatsi'oːn] *f* emancipation.

emanzipieren [emantsi'piːrən] *vt* to emancipate.

Embargo [ɛm'bargo] (**-s, -s**) *nt* embargo.

Embryo ['ɛmbryo] (**-s, -s** *od* **-nen**) *m* embryo.

Emigrant(in) [emi'grant(ɪn)] *m(f)* emigrant.

Emigration [emigratsi'o:n] ƒ emigration.
emigrieren [emi'gri:rən] vi to emigrate.
Emissionen npl emissions pl.
Emissionskurs [emɪsi'o:nskʊrs] m (Aktien) issued price.
EMNID m abk (= Erforschung, Meinung, Nachrichten, Informationsdienst) opinion poll organization.
emotional [emotsio'na:l] adj emotional; (Ausdrucksweise) emotive.
emotionsgeladen [emotsi'o:nsgəla:dən] adj emotionally-charged.
Empf. abk = Empfänger.
empfahl etc [ɛm'pfa:l] vb siehe empfehlen.
empfand etc [ɛm'pfant] vb siehe empfinden.
Empfang [ɛm'pfaŋ] (-(e)s, ⁻e) m reception; (Erhalten) receipt; in ~ nehmen to receive; (zahlbar) nach od bei ~ +gen (payable) on receipt (of).
empfangen unreg vt to receive ♦ vi (schwanger werden) to conceive.
Empfänger(in) [ɛm'pfɛŋər(ɪn)] (-s, -) m(f) receiver; (COMM) addressee, consignee; ~ unbekannt (auf Briefen) not known at this address.
empfänglich adj receptive, susceptible.
Empfängnis (-, -se) ƒ conception;
e~verhütend adj: e~verhütende Mittel contraceptives pl; ~verhütung ƒ contraception.
Empfangs- zW: ~bestätigung ƒ (acknowledgement of) receipt; ~chef m (von Hotel) head porter; ~dame ƒ receptionist; ~schein m receipt; ~störung ƒ (RUNDF, TV) interference; ~zimmer nt reception room.
empfehlen [ɛm'pfe:lən] unreg vt to recommend ♦ vr to take one's leave.
empfehlenswert adj recommendable.
Empfehlung ƒ recommendation; auf ~ von on the recommendation of.
Empfehlungsschreiben nt letter of recommendation.
empfiehlt [ɛm'pfi:lt] vb siehe empfehlen.
empfinden [ɛm'pfɪndən] unreg vt to feel; etw als Beleidigung ~ to find sth insulting; E~ (-s) nt: meinem E~ nach to my mind.
empfindlich adj sensitive; (Stelle) sore; (reizbar) touchy; deine Kritik hat ihn ~ getroffen your criticism cut him to the quick; E~keit ƒ sensitiveness; (Reizbarkeit) touchiness.
empfindsam adj sentimental; (Mensch) sensitive.
Empfindung ƒ feeling, sentiment.
empfindungslos adj unfeeling, insensitive.
empfing etc [ɛm'pfɪŋ] vb siehe empfangen.
empfohlen [ɛm'pfo:lən] pp von empfehlen ♦ adj: ~er Einzelhandelspreis recommended retail price.
empfunden [ɛm'pfʊndən] pp von empfinden.

empor [ɛm'po:r] adv up, upwards.
emporarbeiten vr (geh) to work one's way up.
Empore [ɛm'po:rə] (-, -n) ƒ (ARCHIT) gallery.
empören [ɛm'pø:rən] vt to make indignant; to shock ♦ vr to become indignant.
empörend adj outrageous.
emporkommen unreg vi to rise; (vorankommen) to succeed.
Emporkömmling m upstart, parvenu.
empört adj: ~ (über +akk) indignant (at), outraged (at).
Empörung ƒ indignation.
emsig ['ɛmzɪç] adj diligent, busy.
End- ['ɛnt] in zW final; ~auswertung ƒ final analysis; ~bahnhof m terminus; ~betrag m final amount.
Ende ['ɛndə] (-s, -n) nt end; am ~ at the end; (schließlich) in the end; am ~ sein to be at the end of one's tether; ~ Dezember at the end of December; zu ~ sein to be finished; zu ~ gehen to come to an end; zu ~ führen to finish (off); letzten ~s in the end, at the end of the day; ein böses ~ nehmen to come to a bad end; ich bin mit meiner Weisheit am ~ I'm at my wits' end; er wohnt am ~ der Welt (umg) he lives at the back of beyond.
Endeffekt m: im ~ (umg) when it comes down to it.
enden vi to end.
Endergebnis nt final result.
endgültig adj final, definite.
Endivie [ɛn'di:viə] ƒ endive.
End- zW: ~lager nt permanent waste disposal site; ~lagerung ƒ permanent disposal; e~lich adj final; (MATH) finite ♦ adv finally; e~lich! at last!; hör e~lich damit auf! will you stop that!; e~los adj endless; ~lospapier nt continuous paper; ~produkt nt end od final product; ~spiel nt final(s); ~spurt m (SPORT) final spurt; ~station ƒ terminus.
Endung ƒ ending.
Endverbraucher m consumer, end-user.
Energie [enɛr'gi:] ƒ energy; ~aufwand m energy expenditure; ~bedarf m energy requirement; ~einsparung ƒ energy saving; ~gewinnung ƒ generation of energy; e~los adj lacking in energy, weak; ~quelle ƒ source of energy; ~versorgung ƒ supply of energy; ~wirtschaft ƒ energy industry.
energisch [e'nɛrgɪʃ] adj energetic; ~ durchgreifen to take vigorous od firm action.
eng [ɛŋ] adj narrow; (Kleidung) tight; (fig: Horizont) narrow, limited; (Freundschaft, Verhältnis) close; ~ an etw dat close to sth; in die ~ere Wahl kommen to be short-listed (BRIT).
Engadin ['ɛŋgadi:n] (-s) nt: das ~ the Engadine.

Engagement [ãgaʒəˈmãː] (-s, -s) *nt* engagement; (*Verpflichtung*) commitment.

engagieren [ãgaˈʒiːrən] *vt* to engage ♦ *vr* to commit o.s.; **ein engagierter Schriftsteller** a committed writer.

Enge [ˈɛŋə] (-, -n) *f* (*lit, fig*) narrowness; (*Land~*) defile; (*Meer~*) straits *pl*; **jdn in die ~ treiben** to drive sb into a corner.

Engel [ˈɛŋəl] (-s, -) *m* angel; **e~haft** *adj* angelic; **~macher(in)** (-s, -) (*umg*) *m(f)* backstreet abortionist.

Engelsgeduld *f*: **sie hat eine ~** she has the patience of a saint.

Engelszungen *pl*: **(wie) mit ~ reden** to use all one's own powers of persuasion.

engherzig *adj* petty.

engl. *abk* = **englisch**.

England [ˈɛŋlant] *nt* England.

Engländer [ˈɛŋlɛndər] (-s, -) *m* Englishman; English boy; **die Engländer** *pl* the English, the Britishers (*US*); **~in** *f* Englishwoman; English girl.

englisch [ˈɛŋlɪʃ] *adj* English.

engmaschig [ˈɛŋmaʃɪç] *adj* close-meshed.

Engpass▲ *m* defile, pass; (*fig: Verkehr*) bottleneck.

en gros [ãˈgro] *adv* wholesale.

engstirnig [ˈɛŋʃtɪrnɪç] *adj* narrow-minded.

Enkel [ˈɛŋkəl] (-s, -) *m* grandson; **~in** *f* granddaughter; **~kind** *nt* grandchild.

en masse [ãˈmas] *adv* en masse.

enorm [eˈnɔrm] *adj* enormous; (*umg: herrlich, kolossal*) tremendous.

en passant [ãpaˈsã] *adv* en passant, in passing.

Ensemble [ãˈsãbəl] (-s, -s) *nt* ensemble.

entarten [ɛntˈ|aːrtən] *vi* to degenerate.

entbehren [ɛntˈbeːrən] *vt* to do without, dispense with.

entbehrlich *adj* superfluous.

Entbehrung *f* privation; **~en auf sich** *akk* **nehmen** to make sacrifices.

entbinden [ɛntˈbɪndən] *unreg vt* (+*gen*) to release (from); (*MED*) to deliver ♦ *vi* (*MED*) to give birth.

Entbindung *f* release; (*MED*) delivery, birth.

Entbindungsheim *nt* maternity hospital.

Entbindungsstation *f* maternity ward.

entblößen [ɛntˈbløːsən] *vt* to denude, uncover; (*berauben*): **einer Sache** *gen* **entblößt** deprived of sth.

entbrennen [ɛntˈbrɛnən] *unreg vi* (*liter: Kampf, Streit*) to flare up; (: *Liebe*) to be aroused.

entdecken [ɛntˈdɛkən] *vt* to discover; **jdm etw ~** to disclose sth to sb.

Entdecker(in) (-s, -) *m(f)* discoverer.

Entdeckung *f* discovery.

Ente [ˈɛntə] (-, -n) *f* duck; (*fig*) canard, false report; (*AUT*) Citroën 2CV, deux-chevaux.

entehren [ɛntˈ|eːrən] *vt* to dishonour (*BRIT*), dishonor (*US*), disgrace.

enteignen [ɛntˈ|aɪɡnən] *vt* to expropriate; (*Besitzer*) to dispossess.

enteisen [ɛntˈ|aɪzən] *vt* to de-ice; (*Kühlschrank*) to defrost.

enterben [ɛntˈ|ɛrbən] *vt* to disinherit.

Enterhaken [ˈɛntərhaːkən] *m* grappling iron *od* hook.

entfachen [ɛntˈfaxən] *vt* to kindle.

entfallen [ɛntˈfalən] *unreg vi* to drop, fall; (*wegfallen*) to be dropped; **jdm ~** (*vergessen*) to slip sb's memory; **auf jdn ~** to be allotted to sb.

entfalten [ɛntˈfaltən] *vt* to unfold; (*Talente*) to develop ♦ *vr* to open; (*Mensch*) to develop one's potential.

Entfaltung *f* unfolding; (*von Talenten*) development.

entfernen [ɛntˈfɛrnən] *vt* to remove; (*hinauswerfen*) to expel ♦ *vr* to go away, retire, withdraw.

entfernt *adj* distant ♦ *adv*: **nicht im E~esten!** not in the slightest!; **weit davon ~ sein, etw zu tun** to be far from doing sth.

Entfernung *f* distance; (*Wegschaffen*) removal; **unerlaubte ~ von der Truppe** absence without leave.

Entfernungsmesser *m* (*PHOT*) rangefinder.

entfesseln [ɛntˈfɛsəln] *vt* (*fig*) to arouse.

entfetten [ɛntˈfɛtən] *vt* to take the fat from.

entflammen [ɛntˈflamən] *vt* (*fig*) to (a)rouse ♦ *vi* to burst into flames; (*fig: Streit*) to flare up; (: *Leidenschaft*) to be (a)roused *od* inflamed.

entfremden [ɛntˈfrɛmdən] *vt* to estrange, alienate.

Entfremdung *f* estrangement, alienation.

entfrosten [ɛntˈfrɔstən] *vt* to defrost.

Entfroster (-s, -) *m* (*AUT*) defroster.

entführen [ɛntˈfyːrən] *vt* to abduct, kidnap; (*Flugzeug*) to hijack.

Entführer (-s, -) *m* kidnapper (*BRIT*), kidnaper (*US*); hijacker.

Entführung *f* abduction, kidnapping (*BRIT*), kidnaping (*US*); hijacking.

entgegen [ɛntˈɡeːɡən] *präp* +*dat* contrary to, against ♦ *adv* towards; **~bringen** *unreg vt* to bring; (*fig*): **jdm etw ~bringen** to show sb sth; **~gehen** *unreg vi* +*dat* to go to meet, go towards; **Schwierigkeiten ~gehen** to be heading for difficulties; **~gesetzt** *adj* opposite; (*widersprechend*) opposed; **~halten** *unreg vt* (*fig*): **einer Sache** *dat* **~halten, dass ...** to object to sth that ...; **E~kommen** *nt* obligingness; **~kommen** *unreg vi* +*dat* to come towards, approach; (*fig*): **jdm ~kommen** to accommodate sb; **das kommt unseren Plänen sehr ~** that fits in very well with our plans; **~kommend** *adj* obliging; **~laufen** *unreg vi* +*dat* to run towards *od* to meet; (*fig*) to run counter to; **E~nahme** *f* (*form: Empfang*) receipt; (*Annahme*) acceptance; **~nehmen** *unreg vt* to receive, accept; **~sehen** *unreg vi* +*dat* to await; **~setzen** *vt* to oppose; **dem habe ich ~zusetzen, dass ...** against that I'd like to say that ...; **jdm/etw Widerstand ~setzen** to put up resistance to sb/sth; **~stehen** *unreg vi:* **dem steht nichts ~** there's no objection to that; **~treten** *unreg vi* +*dat* (*lit*) to step up to; (*fig*) to oppose, counter; **~wirken** *vi* +*dat* to counteract.

entgegnen [ɛnt'geːgnən] *vt* to reply, retort.

Entgegnung *f* reply, retort.

entgehen [ɛnt'geːən] *unreg vi* (*fig*): **jdm ~** to escape sb's notice; **sich** *dat* **etw ~ lassen** to miss sth.

entgeistert [ɛnt'gaɪstərt] *adj* thunderstruck.

Entgelt [ɛnt'gɛlt] **(-(e)s, -e)** *nt* remuneration.

entgelten *unreg vt:* **jdm etw ~** to repay sb for sth.

entgleisen [ɛnt'glaɪzən] *vi* (*EISENB*) to be derailed; (*fig: Person*) to misbehave; **~ lassen** to derail.

Entgleisung *f* derailment; (*fig*) faux pas, gaffe.

entgleiten [ɛnt'glaɪtən] *unreg vi:* **jdm ~** to slip from sb's hand.

entgräten [ɛnt'grɛːtən] *vt* to fillet, bone.

Enthaarungsmittel [ɛnt'haːrʊŋsmɪtəl] *nt* depilatory.

enthält [ɛnt'hɛlt] *vb siehe* **enthalten**.

enthalten [ɛnt'haltən] *unreg vt* to contain ◆ *vr* +*gen* to abstain from, refrain from; **sich (der Stimme) ~** to abstain.

enthaltsam [ɛnt'haltzaːm] *adj* abstinent, abstemious; **E~keit** *f* abstinence.

enthärten [ɛnt'hɛrtən] *vt* (*Wasser*) to soften; (*Metall*) to anneal.

enthaupten [ɛnt'hauptən] *vt* to decapitate; (*als Hinrichtung*) to behead.

enthäuten [ɛnt'hɔytən] *vt* to skin.

entheben [ɛnt'heːbən] *unreg vt:* **jdn einer Sache** *gen* **~** to relieve sb of sth.

enthemmen [ɛnt'hɛmən] *vt:* **jdn ~** to free sb from his/her inhibitions.

enthielt *etc* [ɛnt'hiːlt] *vb siehe* **enthalten**.

enthüllen [ɛnt'hʏlən] *vt* to reveal, unveil.

Enthüllung *f* revelation; (*von Skandal*) exposure.

Enthusiasmus [ɛntuzi'asmʊs] *m* enthusiasm.

entjungfern [ɛnt'jʊŋfərn] *vt* to deflower.

entkalken [ɛnt'kalkən] *vt* to decalcify.

entkernen [ɛnt'kɛrnən] *vt* (*Kernobst*) to core; (*Steinobst*) to stone.

entkleiden [ɛnt'klaɪdən] *vt, vr* (*geh*) to undress.

entkommen [ɛnt'kɔmən] *unreg vi* to get away, escape; **jdm/etw** *od* **aus etw ~** to get away *od* escape from sb/sth.

entkorken [ɛnt'kɔrkən] *vt* to uncork.

entkräften [ɛnt'krɛftən] *vt* to weaken, exhaust; (*Argument*) to refute.

entkrampfen [ɛnt'krampfən] *vt* (*fig*) to relax, ease.

entladen [ɛnt'laːdən] *unreg vt* to unload; (*ELEK*) to discharge ◆ *vr* (*ELEK, Gewehr*) to discharge; (*Ärger etc*) to vent itself.

entlang [ɛnt'laŋ] *präp* (+*akk od dat*) along ◆ *adv* along; **~ dem Fluss, den Fluss ~** along the river; **hier ~** this way; **~gehen** *unreg vi* to walk along.

entlarven [ɛnt'larfən] *vt* to unmask, expose.

entlassen [ɛnt'lasən] *unreg vt* to discharge; (*Arbeiter*) to dismiss; (*nach Stellenabbau*) to make redundant.

entlässt [ɛnt'lɛst] *vb siehe* **entlassen**.

Entlassung *f* discharge; dismissal; **es gab 20 ~en** there were 20 redundancies.

Entlassungszeugnis *nt* (*SCH*) school-leaving certificate.

entlasten [ɛnt'lastən] *vt* to relieve; (*Arbeit abnehmen*) to take some of the load off; (*Angeklagte*) to exonerate; (*Konto*) to clear.

Entlastung *f* relief; (*COMM*) crediting.

Entlastungszeuge *m* defence (*BRIT*) *od* defense (*US*) witness.

Entlastungszug *m* relief train.

entledigen [ɛnt'leːdɪgən] *vr:* **sich jds/einer Sache ~** to rid o.s. of sb/sth.

entleeren [ɛnt'leːrən] *vt* to empty; (*Darm*) to evacuate.

entlegen [ɛnt'leːgən] *adj* remote.

entließ *etc* [ɛnt'liːs] *vb siehe* **entlassen**.

entlocken [ɛnt'lɔkən] *vt:* **jdm etw ~** to elicit sth from sb.

entlohnen *vt* to pay; (*fig*) to reward.

entlüften [ɛnt'lʏftən] *vt* to ventilate.

entmachten [ɛnt'maxtən] *vt* to deprive of power.

entmenscht [ɛnt'mɛnʃt] *adj* inhuman, bestial.

entmilitarisiert [ɛntmilitari'ziːrt] *adj* demilitarized.

entmündigen [ɛnt'mʏndɪgən] *vt* to certify; (*JUR*) to (legally) incapacitate, declare incapable of managing one's own affairs.

entmutigen [ɛnt'muːtɪgən] *vt* to discourage.

Entnahme [ɛnt'naːmə] **(-, -n)** *f* removal, withdrawal.

Entnazifizierung [ɛntnatsifi'tsiːrʊŋ] *f* denazification.

entnehmen [ɛnt'neːmən] *unreg vt* +*dat* to take out of, take from; (*folgern*) to infer from; **wie ich Ihren Worten entnehme, ...** I gather from what you say that ...

entpuppen [ɛnt'pupən] *vr* (*fig*) to reveal o.s., turn out; **sich als etw ~** to turn out to be sth.

entrahmen [ɛnt'raːmən] *vt* to skim.

entreißen [ɛnt'raɪsən] *unreg vt:* **jdm etw ~** to snatch sth (away) from sb.

entrichten [ɛnt'rɪçtən] *vt* (*form*) to pay.

entrosten [ɛnt'rɔstən] *vt* to derust.

entrüsten [ɛntˈrʏstən] *vt* to incense, outrage
♦ *vr* to be filled with indignation.
entrüstet *adj* indignant, outraged.
Entrüstung *f* indignation.
Entsafter [ɛntˈzaftər] (**-s**, **-**) *m* juice extractor.
entsagen [ɛntˈzaːgən] *vi* +*dat* to renounce.
entschädigen [ɛntˈʃɛːdɪgən] *vt* to compensate.
Entschädigung *f* compensation.
entschärfen [ɛntˈʃɛrfən] *vt* to defuse; (*Kritik*) to tone down.
Entscheid [ɛntˈʃaɪt] (**-(e)s**, **-e**) *m* (*form*) decision.
entscheiden *unreg vt, vi, vr* to decide; **darüber habe ich nicht zu** ~ that is not for me to decide; **sich für jdn/etw** ~ to decide in favour of sb/sth; to decide on sb/sth.
entscheidend *adj* decisive; (*Stimme*) casting; **das E**~**e** the decisive *od* deciding factor.
Entscheidung *f* decision; **wie ist die** ~ **ausgefallen?** which way did the decision go?
Entscheidungs- *zW:* ~**befugnis** *f* decision-making powers *pl*; **e**~**fähig** *adj* capable of deciding; ~**spiel** *nt* play-off; ~**träger** *m* decision-maker.
entschied *etc* [ɛntˈʃiːt] *vb siehe* **entscheiden**.
entschieden [ɛntˈʃiːdən] *pp von* **entscheiden**
♦ *adj* decided; (*entschlossen*) resolute; **das geht** ~ **zu weit** that's definitely going too far; **E**~**heit** *f* firmness, determination.
entschlacken [ɛntˈʃlakən] *vt* (*MED: Körper*) to purify.
entschließen [ɛntˈʃliːsən] *unreg vr* to decide; **sich zu nichts** ~ **können** to be unable to make up one's mind; **kurz entschlossen** straight away.
Entschließungsantrag *m* (*POL*) resolution proposal.
entschloss *etc*▲ [ɛntˈʃlɔs] *vb siehe* **entschließen**.
entschlossen [ɛntˈʃlɔsən] *pp von* **entschließen**
♦ *adj* determined, resolute; **E**~**heit** *f* determination.
entschlüpfen [ɛntˈʃlʏpfən] *vi* to escape, slip away; (*fig: Wort etc*) to slip out.
Entschluss▲ [ɛntˈʃlʊs] *m* decision; **aus eigenem** ~ **handeln** to act on one's own initiative; **es ist mein fester** ~ it is my firm intention.
entschlüsseln [ɛntˈʃlʏsəln] *vt* to decipher; (*Funkspruch*) to decode.
entschlussfreudig▲ *adj* decisive.
Entschlusskraft▲ *f* determination, decisiveness.
entschuldbar [ɛntˈʃʊltbaːr] *adj* excusable.
entschuldigen [ɛntˈʃʊldɪgən] *vt* to excuse ♦ *vr* to apologize ♦ *vi:* ~ **Sie (bitte)!** excuse me; (*Verzeihung*) sorry; **jdn bei jdm** ~ to make sb's excuses *od* apologies to sb; **sich**

~ **lassen** to send one's apologies.
entschuldigend *adj* apologetic.
Entschuldigung *f* apology; (*Grund*) excuse; **jdn um** ~ **bitten** to apologize to sb; ~**!** excuse me; (*Verzeihung*) sorry.
entschwefeln [ɛntˈʃvɛːfəln] *vt* to desulphurize.
Entschwefelungsanlage *f* desulphurization plant.
entschwinden [ɛntˈʃvɪndən] *unreg vi* to disappear.
entsetzen [ɛntˈzɛtsən] *vt* to horrify ♦ *vr* to be horrified *od* appalled; **E**~ (**-s**) *nt* horror, dismay.
entsetzlich *adj* dreadful, appalling.
entsetzt *adj* horrified.
entsichern [ɛntˈzɪçərn] *vt* to release the safety catch of.
entsinnen [ɛntˈzɪnən] *unreg vr* +*gen* to remember.
entsorgen [ɛntˈzɔrgən] *vt:* **eine Stadt** ~ to dispose of a town's refuse and sewage.
Entsorgung *f* waste disposal; (*von Chemikalien*) disposal.
entspannen [ɛntˈʃpanən] *vt, vr* (*Körper*) to relax; (*POL: Lage*) to ease.
Entspannung *f* relaxation, rest; (*POL*) détente.
Entspannungspolitik *f* policy of détente.
Entspannungsübungen *pl* relaxation exercises *pl*.
entspr. *abk* = **entsprechend**.
entsprach *etc* [ɛntˈʃprax] *vb siehe* **entsprechen**.
entsprechen [ɛntˈʃprɛçən] *unreg vi* +*dat* to correspond to; (*Anforderungen, Wünschen*) to meet, comply with.
entsprechend *adj* appropriate ♦ *adv* accordingly ♦ *präp* +*dat:* **er wird seiner Leistung** ~ **bezahlt** he is paid according to output.
entspricht [ɛntˈʃprɪçt] *vb siehe* **entsprechen**.
entspringen [ɛntˈʃprɪŋən] *unreg vi* (+*dat*) to spring (from).
entsprochen [ɛntˈʃprɔxən] *pp von* **entsprechen**.
entstaatlichen [ɛntˈʃtaːtlɪçən] *vt* to denationalize.
entstammen [ɛntˈʃtamən] *vi* +*dat* to stem *od* come from.
entstand *etc* [ɛntˈʃtant] *vb siehe* **entstehen**.
entstanden [ɛntˈʃtandən] *pp von* **entstehen**.
entstehen [ɛntˈʃteːən] *unreg vi:* ~ (**aus** *od* **durch**) to arise (from), result (from); **wir wollen nicht den Eindruck** ~ **lassen, …** we don't want to give rise to the impression that …; **für** ~**den** *od* **entstandenen Schaden** for damages incurred.
Entstehung *f* genesis, origin.
entstellen [ɛntˈʃtɛlən] *vt* to disfigure; (*Wahrheit*) to distort.
Entstellung *f* distortion; disfigurement.

entstören [ɛnt'ʃtøːrən] *vt* (*RUNDF*) to eliminate interference from; (*AUT*) to suppress.
enttäuschen [ɛnt'tɔʏʃən] *vt* to disappoint.
Enttäuschung *f* disappointment.
entwachsen [ɛnt'vaksən] *unreg vi +dat* to outgrow, grow out of; (*geh: herauswachsen aus*) to spring from.
entwaffnen [ɛnt'vafnən] *vt* (*lit, fig*) to disarm.
entwaffnend *adj* disarming.
Entwarnung [ɛnt'varnʊŋ] *f* all clear (signal).
entwässern [ɛnt'vɛsərn] *vt* to drain.
Entwässerung *f* drainage.
entweder [ɛnt'veːdər] *konj* either; ~ ... oder ... either ... or ...
entweichen [ɛnt'vaiçən] *unreg vi* to escape.
entweihen [ɛnt'vaiən] *unreg vt* to desecrate.
entwenden [ɛnt'vɛndən] *unreg vt* to purloin, steal.
entwerfen [ɛnt'vɛrfən] *unreg vt* (*Zeichnung*) to sketch; (*Modell*) to design; (*Vortrag, Gesetz etc*) to draft.
entwerten [ɛnt'veːrtən] *vt* to devalue; (*stempeln*) to cancel.
Entwerter (-s, -) *m* (ticket-)cancelling (*BRIT*) *od* canceling (*US*) machine.
entwickeln [ɛnt'vɪkəln] *vt* to develop (*auch PHOT*); (*Mut, Energie*) to show, display ♦ *vr* to develop.
Entwickler (-s, -) *m* developer.
Entwicklung [ɛnt'vɪklʊŋ] *f* development; (*PHOT*) developing; **in der** ~ at the development stage; (*Jugendliche etc*) still developing.
Entwicklungs- *zW:* ~**abschnitt** *m* stage of development; ~**helfer(in)** *m(f)* VSO worker (*BRIT*), Peace Corps worker (*US*); ~**hilfe** *f* aid for developing countries; ~**jahre** *pl* adolescence *sing*; ~**land** *nt* developing country; ~**zeit** *f* period of development; (*PHOT*) developing time.
entwirren [ɛnt'vɪrən] *vt* to disentangle.
entwischen [ɛnt'vɪʃən] *vi* to escape.
entwöhnen [ɛnt'vøːnən] *vt* to wean; (*Süchtige*): (**einer Sache** *dat od* **von etw**) ~ to cure (of sth).
Entwöhnung *f* weaning; cure, curing.
entwürdigend [ɛnt'vʏrdɪɡənt] *adj* degrading.
Entwurf [ɛnt'vʊrf] *m* outline, design; (*Vertrags~, Konzept*) draft.
entwurzeln [ɛnt'vʊrtsəln] *vt* to uproot.
entziehen [ɛnt'tsiːən] *unreg vt* (*+dat*) to withdraw (from), take away (from); (*Flüssigkeit*) to draw (from), extract (from) ♦ *vr* (*+dat*) to escape (from); (*jds Kenntnis*) to be outside *od* beyond; (*der Pflicht*) to shirk (from); **sich jds Blicken** ~ to be hidden from sight.
Entziehung *f* withdrawal.
Entziehungsanstalt *f* drug addiction/

alcoholism treatment centre (*BRIT*) *od* center (*US*).
Entziehungskur *f* treatment for drug addiction/alcoholism.
entziffern [ɛnt'tsɪfərn] *vt* to decipher; (*Funkspruch*) to decode.
entzücken [ɛnt'tsʏkən] *vt* to delight; **E**~ (-s) *nt* delight.
entzückend *adj* delightful, charming.
Entzug [ɛnt'tsuːk] (-(e)s) *m* (*einer Lizenz etc, MED*) withdrawal.
Entzugserscheinung *f* withdrawal symptom.
entzündbar *adj:* **leicht** ~ highly inflammable; (*fig*) easily roused.
entzünden [ɛnt'tsʏndən] *vt* to light, set light to; (*fig, MED*) to inflame; (*Streit*) to spark off ♦ *vr* (*lit, fig*) to catch fire; (*Streit*) to start; (*MED*) to become inflamed.
Entzündung *f* (*MED*) inflammation.
entzwei [ɛnt'tsvai] *adv* in two; broken; ~**brechen** *unreg vt, vi* to break in two.
entzweien *vt* to set at odds ♦ *vr* to fall out.
entzweigehen *unreg vi* to break (in two).
Enzian ['ɛntsiaːn] (-s, -e) *m* gentian.
Enzyklika [ɛn'tsyːklika] (-, -liken) *f* (*REL*) encyclical.
Enzyklopädie [ɛntsyklopɛ'diː] *f* encyclop(a)edia.
Enzym [ɛn'tsyːm] (-s, -e) *nt* enzyme.
Epen *pl von* **Epos.**
Epidemie [epide'miː] *f* epidemic.
Epilepsie [epile'psiː] *f* epilepsy.
episch ['eːpɪʃ] *adj* epic.
Episode [epi'zoːdə] (-, -n) *f* episode.
Epoche [e'pɔxə] (-, -n) *f* epoch; ~ **machend** epoch-making.
Epos ['eːpɔs] (-, **Epen**) *nt* epic (poem).
Equipe [e'kɪp] (-, -n) *f* team.
er [eːr] *pron* he; it.
erachten [ɛr'|axtən] *vt* (*geh*): ~ **für** *od* **als** to consider (to be); **meines E**~**s** in my opinion.
erarbeiten [ɛr'|arbaitən] *vt* to work for, acquire; (*Theorie*) to work out.
Erbanlage ['ɛrp|anlaːgə] *f* hereditary factor(s *pl*).
erbarmen [ɛr'barmən] *vr* (*+gen*) to have pity *od* mercy (on) ♦ *vt:* **er sieht zum E**~ **aus** he's a pitiful sight; **Herr, erbarme dich (unser)!** Lord, have mercy (upon us)!; **E**~ (-s) *nt* pity.
erbärmlich [ɛr'bɛrmlɪç] *adj* wretched, pitiful; **E**~**keit** *f* wretchedness.
Erbarmungs- *zW:* **e**~**los** *adj* pitiless, merciless; **e**~**voll** *adj* compassionate; **e**~**würdig** *adj* pitiable, wretched.
erbauen [ɛr'bauən] *vt* to build, erect; (*fig*) to edify; **er ist von meinem Plan nicht besonders erbaut** (*umg*) he isn't particularly enthusiastic about my plan.
Erbauer (-s, -) *m* builder.

erbaulich *adj* edifying.

Erbauung *f* construction; *(fig)* edification.

erbberechtigt *adj* entitled to inherit.

erbbiologisch *adj*: ~es Gutachten *(JUR)* blood test *(to establish paternity)*.

Erbe[1] ['ɛrbə] **(-n, -n)** *m* heir; **jdn zum** *od* **als** ~**n einsetzen** to make sb one's/sb's heir.

Erbe[2] ['ɛrbə] **(-s)** *nt* inheritance; *(fig)* heritage.

erben *vt* to inherit; *(umg: geschenkt bekommen)* to get, be given.

erbeuten [ɛr'bɔytən] *vt* to carry off; *(MIL)* to capture.

Erb- *zW*: ~**faktor** *m* gene; ~**fehler** *m* hereditary defect; ~**feind** *m* traditional *od* arch enemy; ~**folge** *f* (line of) succession.

Erbin *f* heiress.

erbitten [ɛr'bɪtən] *unreg vt* to ask for, request.

erbittern [ɛr'bɪtərn] *vt* to embitter; *(erzürnen)* to incense.

erbittert [ɛr'bɪtərt] *adj (Kampf)* fierce, bitter.

erblassen [ɛr'blasən] *vi* to (turn) pale.

Erblasser(in) ['ɛrblasər(ɪn)] **(-s, -)** *m(f) (JUR) person who leaves an inheritance*.

erbleichen [ɛr'blaɪçən] *unreg vi* to (turn) pale.

erblich ['ɛrplɪç] *adj* hereditary; **er/sie ist** ~ **(vor)belastet** it runs in the family.

erblichen *pp von* **erbleichen**.

erblicken [ɛr'blɪkən] *vt* to see; *(erspähen)* to catch sight of.

erblinden [ɛr'blɪndən] *vi* to go blind.

Erbmasse ['ɛrpmasə] *f* estate; *(BIOL)* genotype.

erbosen [ɛr'boːzən] *vt (geh)* to anger ♦ *vr* to grow angry.

erbrechen [ɛr'brɛçən] *unreg vt, vr* to vomit.

Erbrecht *nt* hereditary right; *(Gesetze)* law of inheritance.

Erbschaft *f* inheritance, legacy.

Erbschaftssteuer *f* estate *od* death duties *pl*.

Erbschleicher(in) ['ɛrpʃlaɪçər(ɪn)] **(-s, -)** *m(f)* legacy-hunter.

Erbse ['ɛrpsə] **(-, -n)** *f* pea.

Erb- *zW*: ~**stück** *nt* heirloom; ~**sünde** *f (REL)* original sin; ~**teil** *nt* inherited trait; *(JUR)* (portion of) inheritance.

Erd- *zW*: ~**achse** *f* earth's axis; ~**apfel** *(ÖSTERR)* m potato; ~**atmosphäre** *f* earth's atmosphere; ~**bahn** *f* orbit of the earth; ~**beben** *nt* earthquake; ~**beere** *f* strawberry; ~**boden** *m* ground; **etw dem** ~**boden gleichmachen** to level sth, raze sth to the ground.

Erde **(-, -n)** *f* earth; **zu ebener** ~ at ground level; **auf der ganzen** ~ all over the world; **du wirst mich noch unter die** ~ **bringen** *(umg)* you'll be the death of me yet.

erden *vt (ELEK)* to earth.

erdenkbar [ɛr'dɛŋkbaːr] *adj* conceivable; **sich** *dat* **alle** ~**e Mühe geben** to take the greatest

(possible) pains.

erdenklich [ɛr'dɛŋklɪç] *adj* = **erdenkbar**.

Erdg. *abk* = **Erdgeschoss**.

Erd- *zW*: ~**gas** *nt* natural gas; ~**geschoss**▲ *nt* ground floor *(BRIT)*, first floor *(US)*; ~**kunde** *f* geography; ~**nuss**▲ *f* peanut; ~**oberfläche** *f* surface of the earth; ~**öl** *nt* (mineral) oil; ~**ölfeld** *nt* oilfield; ~**ölindustrie** *f* oil industry; ~**reich** *nt* soil, earth.

erdreisten [ɛr'draɪstən] *vr* to dare, have the audacity *(to do sth)*.

erdrosseln [ɛr'drɔsəln] *vt* to strangle, throttle.

erdrücken [ɛr'drykən] *vt* to crush; ~**de Übermacht/**~**des Beweismaterial** overwhelming superiority/evidence.

Erd- *zW*: ~**rutsch** *m* landslide; ~**stoß** *m* (seismic) shock; ~**teil** *m* continent.

erdulden [ɛr'dʊldən] *vt* to endure, suffer.

ereifern [ɛr'|aɪfərn] *vr* to get excited.

ereignen [ɛr'|aɪgnən] *vr* to happen.

Ereignis [ɛr'|aɪgnɪs] **(-ses, -se)** *nt* event; **e**~**los** *adj* uneventful; **e**~**reich** *adj* eventful.

Eremit [ere'miːt] **(-en, -en)** *m* hermit.

erfahren [ɛr'faːrən] *unreg vt* to learn, find out; *(erleben)* to experience ♦ *adj* experienced.

Erfahrung *f* experience; ~**en sammeln** to gain experience; **etw in** ~ **bringen** to learn *od* find out sth.

Erfahrungsaustausch *m* exchange of experiences.

erfahrungsgemäß *adv* according to experience.

erfand *etc* [ɛr'fant] *vb siehe* **erfinden**.

erfassen [ɛr'fasən] *vt* to seize; *(fig: einbeziehen)* to include, register; *(verstehen)* to grasp.

erfinden [ɛr'fɪndən] *unreg vt* to invent; **frei erfunden** completely fictitious.

Erfinder(in) **(-s, -)** *m(f)* inventor; **e**~**isch** *adj* inventive.

Erfindung *f* invention.

Erfindungsgabe *f* inventiveness.

Erfolg [ɛr'fɔlk] **(-(e)s, -e)** *m* success; *(Folge)* result; ~ **versprechend** promising; **viel** ~! good luck!

erfolgen [ɛr'fɔlgən] *vi* to follow; *(sich ergeben)* to result; *(stattfinden)* to take place; *(Zahlung)* to be effected; **nach erfolgter Zahlung** when payment has been made.

Erfolg- *zW*: **e**~**los** *adj* unsuccessful; ~**losigkeit** *f* lack of success; **e**~**reich** *adj* successful.

Erfolgserlebnis *nt* feeling of success, sense of achievement.

erforderlich *adj* requisite, necessary.

erfordern [ɛr'fɔrdərn] *vt* to require, demand.

Erfordernis **(-ses, -se)** *nt* requirement, prerequisite.

erforschen [ɛr'fɔrʃən] *vt (Land)* to explore; *(Problem)* to investigate; *(Gewissen)* to search.

Erforscher(in) **(-s, -)** *m(f)* explorer;

investigator.
Erforschung f exploration; investigation; searching.
erfragen [ɛr'fraːgən] vt to inquire, ascertain.
erfreuen [ɛr'frɔʏən] vr: **sich ~ an** +dat to enjoy ♦ vt to delight; **sich einer Sache** gen ~ (geh) to enjoy sth; **sehr erfreut!** (form: bei Vorstellung) pleased to meet you!
erfreulich [ɛr'frɔʏlɪç] adj pleasing, gratifying.
erfreulicherweise adv happily, luckily.
erfrieren [ɛr'friːrən] unreg vi to freeze (to death); (Glieder) to get frostbitten; (Pflanzen) to be killed by frost.
erfrischen [ɛr'frɪʃən] vt to refresh.
Erfrischung f refreshment.
Erfrischungsraum m snack bar, cafeteria.
erfüllen [ɛr'fʏlən] vt (Raum etc) to fill; (fig: Bitte etc) to fulfil (BRIT), fulfill (US) ♦ vr to come true; **ein erfülltes Leben** a full life.
Erfüllung f: **in ~ gehen** to be fulfilled.
erfunden [ɛr'fʊndən] pp von **erfinden**.
ergab etc [ɛr'gaːp] vb siehe **ergeben**.
ergänzen [ɛr'gɛntsən] vt to supplement, complete ♦ vr to complement one another.
Ergänzung f completion; (Zusatz) supplement.
ergattern [ɛr'gatərn] (umg) vt to get hold of, hunt up.
ergaunern [ɛr'gaʊnərn] (umg) vt: **sich** dat **etw ~** to get hold of sth by underhand methods.
ergeben [ɛr'geːbən] unreg vt to yield, produce ♦ vr to surrender; (folgen) to result ♦ adj devoted; (demütig) humble; **sich einer Sache** dat **~** (sich hingeben) to give o.s. up to sth, yield to sth; **es ergab sich, dass unsere Befürchtungen** ... it turned out that our fears ...; **dem Trunk ~** addicted to drink; **E~heit** f devotion; humility.
Ergebnis [ɛr'geːpnɪs] (-ses, -se) nt result; **zu einem ~ kommen** to come to od reach a conclusion; **e~los** adj without result, fruitless; **e~los bleiben** od **verlaufen** to come to nothing.
ergehen [ɛr'geːən] unreg vi (form) to be issued, go out ♦ vi unpers: **es ergeht ihm gut/schlecht** he's faring od getting on well/badly ♦ vr: **sich in etw** dat **~** to indulge in sth; **etw über sich** akk **~ lassen** to put up with sth; **sich (in langen Reden) über ein Thema ~** (fig) to hold forth at length on sth.
ergiebig [ɛr'giːbɪç] adj productive.
ergo ['ɛrgo] konj therefore, ergo (liter, hum).
Ergonomie [ɛrgono'miː] f ergonomics pl.
ergötzen [ɛr'gœtsən] vt to amuse, delight.
ergrauen [ɛr'graʊən] vi to turn od go grey (BRIT) od gray (US).
ergreifen [ɛr'graɪfən] unreg vt (lit, fig) to seize; (Beruf) to take up; (Maßnahmen) to resort to; (rühren) to move; **er ergriff das Wort** he began to speak.

ergreifend adj moving, affecting.
ergriff etc [ɛr'grɪf] vb siehe **ergreifen**.
ergriffen pp von **ergreifen** ♦ adj deeply moved.
Ergriffenheit f emotion.
ergründen [ɛr'grʏndən] vt (Sinn etc) to fathom; (Ursache, Motive) to discover.
Erguss▲ [ɛr'gʊs] (-es, ̈-e) m discharge; (fig) outpouring, effusion.
erhaben [ɛr'haːbən] adj (lit) raised, embossed; (fig) exalted, lofty; **über etw** akk **~ sein** to be above sth.
Erhalt m: **bei** od **nach ~** on receipt.
erhält [ɛr'hɛlt] vb siehe **erhalten**.
erhalten [ɛr'haltən] unreg vt to receive; (bewahren) to preserve, maintain; **das Wort ~** to receive permission to speak; **jdn am Leben ~** to keep sb alive; **gut ~** in good condition.
erhältlich [ɛr'hɛltlɪç] adj obtainable, available.
Erhaltung f maintenance, preservation.
erhängen [ɛr'hɛŋən] vt, vr to hang.
erhärten [ɛr'hɛrtən] vt to harden; (These) to substantiate, corroborate.
erhaschen [ɛr'haʃən] vt to catch.
erheben [ɛr'heːbən] unreg vt to raise; (Protest, Forderungen) to make; (Fakten) to ascertain ♦ vr to rise (up); **sich über etw** akk **~** to rise above sth.
erheblich [ɛr'heːplɪç] adj considerable.
erheitern [ɛr'haɪtərn] vt to amuse, cheer (up).
Erheiterung f exhilaration; **zur allgemeinen ~** to everybody's amusement.
erhellen [ɛr'hɛlən] vt (lit, fig) to illuminate; (Geheimnis) to shed light on ♦ vr (Fenster) to light up; (Himmel, Miene) to brighten (up); (Gesicht) to brighten up.
erhielt etc [ɛr'hiːlt] vb siehe **erhalten**.
erhitzen [ɛr'hɪtsən] vt to heat ♦ vr to heat up; (fig) to become heated od aroused.
erhoffen [ɛr'hɔfən] vt to hope for; **was erhoffst du dir davon?** what do you hope to gain from it?
erhöhen [ɛr'høːən] vt to raise; (verstärken) to increase; **erhöhte Temperatur haben** to have a temperature.
Erhöhung f (Gehalt) increment.
erholen [ɛr'hoːlən] vr to recover; (entspannen) to have a rest; (fig: Preise, Aktien) to rally, pick up.
erholsam adj restful.
Erholung f recovery; relaxation, rest.
erholungsbedürftig adj in need of a rest, run-down.
Erholungsgebiet nt holiday (BRIT) od vacation (US) area.
Erholungsheim nt convalescent home.
erhören [ɛr'høːrən] vt (Gebet etc) to hear; (Bitte etc) to yield to.
Erika ['eːrika] (-, **Eriken**) f heather.
erinnern [ɛr'ʔɪnərn] vt: **~ (an** +akk) to remind

(of) ♦ *vr*: **sich (an etw** *akk*) ~ to remember (sth).

Erinnerung *f* memory; (*Andenken*) reminder; **Erinnerungen** *pl* (*Lebens*~) reminiscences *pl*; (*LITER*) memoirs *pl*; **jdn/etw in guter** ~ **behalten** to have pleasant memories of sb/sth.

Erinnerungsschreiben *nt* (*COMM*) reminder.

Erinnerungstafel *f* commemorative plaque.

Eritrea [eri'tre:a] (**-s**) *nt* Eritrea.

erkalten [ɛr'kaltən] *vi* to go cold, cool (down).

erkälten [ɛr'kɛltən] *vr* to catch cold; **sich** *dat* **die Blase** ~ to catch a chill in one's bladder.

erkältet *adj* with a cold; ~ **sein** to have a cold.

Erkältung *f* cold.

erkämpfen [ɛr'kɛmpfən] *vt* to win, secure.

erkannt [ɛr'kant] *pp von* **erkennen**.

erkannte *etc vb siehe* **erkennen**.

erkennbar *adj* recognizable.

erkennen [ɛr'kɛnən] *unreg vt* to recognize; (*sehen, verstehen*) to see; **jdm zu** ~ **geben, dass ...** to give sb to understand that ...

erkenntlich *adj*: **sich** ~ **zeigen** to show one's appreciation; **E~keit** *f* gratitude; (*Geschenk*) token of one's gratitude.

Erkenntnis (**-, -se**) *f* knowledge; (*das Erkennen*) recognition; (*Einsicht*) insight; **zur** ~ **kommen** to realize.

Erkennung *f* recognition.

Erkennungsdienst *m* police records department.

Erkennungsmarke *f* identity disc.

Erker ['ɛrkər] (**-s, -**) *m* bay; **~fenster** *nt* bay window.

erklärbar *adj* explicable.

erklären [ɛr'klɛ:rən] *vt* to explain; (*Rücktritt*) to announce; (*Politiker, Pressesprecher etc*) to say; **ich kann mir nicht** ~, **warum ...** I can't understand why ...

erklärlich *adj* explicable; (*verständlich*) understandable.

erklärt *adj attrib* (*Gegner etc*) professed, avowed; (*Favorit, Liebling*) acknowledged.

Erklärung *f* explanation; (*Aussage*) declaration.

erklecklich [ɛr'klɛklɪç] *adj* considerable.

erklimmen [ɛr'klɪmən] *unreg vt* to climb to.

erklingen [ɛr'klɪŋən] *unreg vi* to resound, ring out.

erklomm *etc* [ɛr'klɔm] *vb siehe* **erklimmen**.

erklommen *pp von* **erklimmen**.

erkranken [ɛr'kraŋkən] *vi*: ~ **(an** +*dat*) to be taken ill (with); (*Organ, Pflanze, Tier*) to become diseased (with).

Erkrankung *f* illness.

erkunden [ɛr'kundən] *vt* to find out, ascertain; (*bes MIL*) to reconnoitre (*BRIT*), reconnoiter (*US*).

erkundigen *vr*: **sich** ~ **(nach)** to inquire (about); **ich werde mich** ~ I'll find out.

Erkundigung *f* inquiry; **~en einholen** to make inquiries.

Erkundung *f* (*MIL*) reconnaissance, scouting.

erlahmen [ɛr'la:mən] *vi* to tire; (*nachlassen*) to flag, wane.

erlangen [ɛr'laŋən] *vt* to attain, achieve.

Erlass▲ [ɛr'las] (**-es, -e**) *m* decree; (*Aufhebung*) remission.

erlassen *unreg vt* (*Verfügung*) to issue; (*Gesetz*) to enact; (*Strafe*) to remit; **jdm etw** ~ to release sb from sth.

erlauben [ɛr'laubən] *vt* to allow, permit ♦ *vr*: **sich** *dat* **etw** ~ (*Zigarette, Pause*) to permit o.s. sth; (*Bemerkung, Verschlag*) to venture sth; (*sich leisten*) to afford sth; **jdm etw** ~ to allow *od* permit sb (to do) sth; ~ **Sie?** may I?; ~ **Sie mal!** do you mind!; **was** ~ **Sie sich (eigentlich)!** how dare you!

Erlaubnis [ɛr'laupnɪs] (**-, -se**) *f* permission.

erläutern [ɛr'lɔytərn] *vt* to explain.

Erläuterung *f* explanation; **zur** ~ **in** explanation.

Erle ['ɛrlə] (**-, -n**) *f* alder.

erleben [ɛr'le:bən] *vt* to experience; (*Zeit*) to live through; (*mit*~) to witness; (*noch mit*~) to live to see; **so wütend habe ich ihn noch nie erlebt** I've never seen *od* known him so furious.

Erlebnis [ɛr'le:pnɪs] (**-ses, -se**) *nt* experience.

erledigen [ɛr'le:dɪgən] *vt* to take care of, deal with; (*Antrag etc*) to process; (*umg: erschöpfen*) to wear out; (*ruinieren*) to finish; (*umbringen*) to do in ♦ *vr*: **das hat sich erledigt** that's all settled; **das ist erledigt** that's taken care of, that's been done; **ich habe noch einiges in der Stadt zu** ~ I've still got a few things to do in town.

erledigt (*umg*) *adj* (*erschöpft*) shattered, done in; (: *ruiniert*) finished, ruined.

erlegen [ɛr'le:gən] *vt* to kill.

erleichtern [ɛr'laiçtərn] *vt* to make easier; (*fig: Last*) to lighten; (*lindern, beruhigen*) to relieve.

erleichtert *adj* relieved; ~ **aufatmen** to breathe a sigh of relief.

Erleichterung *f* facilitation; lightening; relief.

erleiden [ɛr'laidən] *unreg vt* to suffer, endure.

erlernbar *adj* learnable.

erlernen [ɛr'lɛrnən] *vt* to learn, acquire.

erlesen [ɛr'le:zən] *adj* select, choice.

erleuchten [ɛr'lɔyçtən] *vt* to illuminate; (*fig*) to inspire.

Erleuchtung *f* (*Einfall*) inspiration.

erliegen [ɛr'li:gən] *unreg vi* +*dat* (*lit, fig*) to succumb to; (*einem Irrtum*) to be the victim of; **zum E~ kommen** to come to a standstill.

erlischt [ɛr'lɪʃt] *vb siehe* **erlöschen**.

erlogen [ɛr'lo:gən] *adj* untrue, made-up.

Erlös [ɛr'lø:s] (**-es, -e**) *m* proceeds *pl*.

---

erlosch *etc* [ɛrˈlɔʃ] *vb siehe* **erlöschen.**

erlöschen [ɛrˈlœʃən] *unreg vi (Feuer)* to go out; *(Interesse)* to cease, die; *(Vertrag, Recht)* to expire; **ein erloschener Vulkan** an extinct volcano.

erlösen [ɛrˈløːzən] *vt* to redeem, save.

Erlöser (-s, -) *m (REL)* Redeemer; *(Befreier)* saviour *(BRIT)*, savior *(US)*.

Erlösung *f* release; *(REL)* redemption.

ermächtigen [ɛrˈmɛçtɪɡən] *vt* to authorize, empower.

Ermächtigung *f* authorization.

ermahnen [ɛrˈmaːnən] *vt* to admonish, exhort.

Ermahnung *f* admonition, exhortation.

Ermang(e)lung [ɛrˈmaŋəlʊŋ] *f*: **in ~** *+gen* because of the lack of.

ermäßigen [ɛrˈmɛsɪɡən] *vt* to reduce.

Ermäßigung *f* reduction.

ermessen [ɛrˈmɛsən] *unreg vt* to estimate, gauge; **E~ (-s)** *nt* estimation; discretion; **in jds E~** *dat* **liegen** to lie within sb's discretion; **nach meinem E~** in my judgement.

Ermessensfrage *f* matter of discretion.

ermitteln [ɛrˈmɪtəln] *vt* to determine; *(Täter)* to trace ♦ *vi*: **gegen jdn ~** to investigate sb.

Ermittlung [ɛrˈmɪtlʊŋ] *f* determination; *(Polizei~)* investigation; **~en anstellen (über** *+akk*) to make inquiries (about).

Ermittlungsverfahren *nt (JUR)* preliminary proceedings *pl*.

ermöglichen [ɛrˈmøːklɪçən] *vt (+dat)* to make possible (for).

ermorden [ɛrˈmɔrdən] *vt* to murder.

Ermordung *f* murder.

ermüden [ɛrˈmyːdən] *vt* to tire; *(TECH)* to fatigue ♦ *vi* to tire.

ermüdend *adj* tiring; *(fig)* wearisome.

Ermüdung *f* fatigue.

Ermüdungserscheinung *f* sign of fatigue.

ermuntern [ɛrˈmʊntərn] *vt* to rouse; *(ermutigen)* to encourage; *(beleben)* to liven up; *(aufmuntern)* to cheer up.

ermutigen [ɛrˈmuːtɪɡən] *vt* to encourage.

ernähren [ɛrˈnɛːrən] *vt* to feed, nourish; *(Familie)* to support ♦ *vr* to support o.s., earn a living; **sich ~ von** to live on.

Ernährer(in) **(-s, -)** *m(f)* breadwinner.

Ernährung *f* nourishment; *(MED)* nutrition; *(Unterhalt)* maintenance.

ernennen [ɛrˈnɛnən] *unreg vt* to appoint.

Ernennung *f* appointment.

erneuern [ɛrˈnɔyərn] *vt* to renew; *(restaurieren)* to restore; *(renovieren)* to renovate.

Erneuerung *f* renewal; restoration; renovation.

erneut *adj* renewed, fresh ♦ *adv* once more.

erniedrigen [ɛrˈniːdrɪɡən] *vt* to humiliate, degrade.

Ernst [ɛrnst] **(-es)** *m* seriousness; **das ist mein**

~ I'm quite serious; **im ~** in earnest; ~ **machen mit etw** to put sth into practice; **e~** *adj* serious ♦ *adv*: **es steht e~ um ihn** things don't look too good for him; **e~ gemeint** meant in earnest, serious; **~fall** *m* emergency; **e~haft** *adj* serious; **~haftigkeit** *f* seriousness; **e~lich** *adj* serious.

Ernte [ˈɛrntə] **(-, -n)** *f* harvest; **~dankfest** *nt* harvest festival.

ernten *vt* to harvest; *(Lob etc)* to earn.

ernüchtern [ɛrˈnʏçtərn] *vt* to sober up; *(fig)* to bring down to earth.

Ernüchterung *f* sobering up; *(fig)* disillusionment.

Eroberer [ɛrˈʔobərər] **(-s, -)** *m* conqueror.

erobern *vt* to conquer.

Eroberung *f* conquest.

eröffnen [ɛrˈʔœfnən] *vt* to open ♦ *vr* to present itself; **jdm etw ~** *(geh)* to disclose sth to sb.

Eröffnung *f* opening.

Eröffnungsansprache *f* inaugural *od* opening address.

Eröffnungsfeier *f* opening ceremony.

erogen [ɛroˈɡeːn] *adj* erogenous.

erörtern [ɛrˈʔœrtərn] *vt* to discuss (in detail).

Erörterung *f* discussion.

Erotik [eˈroːtɪk] *f* eroticism.

erotisch *adj* erotic.

Erpel [ˈɛrpəl] **(-, -)** *m* drake.

erpicht [ɛrˈpɪçt] *adj*: ~ **(auf** *+akk*) keen (on).

erpressen [ɛrˈprɛsən] *vt (Geld etc)* to extort; *(jdn)* to blackmail.

Erpresser **(-s, -)** *m* blackmailer.

Erpressung *f* blackmail; extortion.

erproben [ɛrˈproːbən] *vt* to test; **erprobt** tried and tested.

erraten [ɛrˈraːtən] *unreg vt* to guess.

errechnen [ɛrˈrɛçnən] *vt* to calculate, work out.

erregbar [ɛrˈreːkbaːr] *adj* excitable; *(reizbar)* irritable; **E~keit** *f* excitability; irritability.

erregen [ɛrˈreːɡən] *vt* to excite; *(sexuell)* to arouse; *(ärgern)* to infuriate; *(hervorrufen)* to arouse, provoke ♦ *vr* to get excited *od* worked up.

Erreger **(-s, -)** *m* causative agent.

Erregtheit *f* excitement; *(Beunruhigung)* agitation.

Erregung *f* excitement; *(sexuell)* arousal.

erreichbar *adj* accessible, within reach.

erreichen [ɛrˈraɪçən] *vt* to reach; *(Zweck)* to achieve; *(Zug)* to catch; **wann kann ich Sie morgen ~?** when can I get in touch with you tomorrow?; **vom Bahnhof leicht zu ~** within easy reach of the station.

errichten [ɛrˈrɪçtən] *vt* to erect, put up; *(gründen)* to establish, set up.

erringen [ɛrˈrɪŋən] *unreg vt* to gain, win.

erröten [ɛrˈrøːtən] *vi* to blush, flush.

Errungenschaft [ɛrˈrʊŋənʃaft] *f* achievement;

Spelling Reform: ▲ *new spelling* △ *old spelling (to be phased out)*

(*umg: Anschaffung*) acquisition.
Ersatz [ɛr'zats] (**-es**) *m* substitute;
replacement; (*Schaden~*) compensation;
(*MIL*) reinforcements *pl*; **als ~ für jdn
einspringen** to stand in for sb;
~befriedigung *f* vicarious satisfaction;
~dienst *m* (*MIL*) alternative service; **~kasse**
f private health insurance; **~mann** *m*
replacement; (*SPORT*) substitute; **~mutter** *f*
substitute mother; **e~pflichtig** *adj* liable to
pay compensation; **~reifen** *m* (*AUT*) spare
tyre (*BRIT*) *od* tire (*US*); **~teil** *nt* spare (part);
e~weise *adv* as an alternative.
ersaufen [ɛr'zaufən] *unreg* (*umg*) *vi* to drown.
ersäufen [ɛr'zɔyfən] *vt* to drown.
erschaffen [ɛr'ʃafən] *unreg vt* to create.
erscheinen [ɛr'ʃaɪnən] *unreg vi* to appear.
Erscheinung *f* appearance; (*Geist*)
apparition; (*Gegebenheit*) phenomenon;
(*Gestalt*) figure; **in ~ treten** (*Merkmale*) to
appear; (*Gefühle*) to show themselves.
Erscheinungsform *f* manifestation.
Erscheinungsjahr *nt* (*von Buch*) year of
publication.
erschien *etc* [ɛr'ʃiːn] *vb siehe* **erscheinen**.
erschienen *pp von* **erscheinen**.
erschießen [ɛr'ʃiːsən] *unreg vt* to shoot (dead).
erschlaffen [ɛr'ʃlafən] *vi* to go limp; (*Mensch*)
to become exhausted.
erschlagen [ɛr'ʃlaːgən] *unreg vt* to strike dead
◆ *adj* (*umg: todmüde*) worn out, dead beat
(*umg*).
erschleichen [ɛr'ʃlaɪçən] *unreg vt* to obtain by
stealth *od* dubious methods.
erschließen [ɛr'ʃliːsən] *unreg vt* (*Gebiet,
Absatzmarkt*) to develop, open up;
(*Bodenschätze*) to tap.
erschlossen [ɛr'ʃlɔsən] *adj* (*Gebiet*) developed.
erschöpfen [ɛr'ʃœpfən] *vt* to exhaust.
erschöpfend *adj* exhaustive, thorough.
erschöpft *adj* exhausted.
Erschöpfung *f* exhaustion.
erschossen [ɛr'ʃɔsən] (*umg*) *adj*: (**völlig**)
~ sein to be whacked, be dead (beat).
erschrak *etc* [ɛr'ʃraːk] *vb siehe* **erschrecken²**.
erschrecken¹ [ɛr'ʃrɛkən] *vt* to startle,
frighten.
erschrecken² [ɛr'ʃrɛkən] *unreg vi* to be
frightened *od* startled.
erschreckend *adj* alarming, frightening.
erschrickt [ɛr'ʃrɪkt] *vb siehe* **erschrecken²**.
erschrocken [ɛr'ʃrɔkən] *pp von* **erschrecken²**
◆ *adj* frightened, startled.
erschüttern [ɛr'ʃytərn] *vt* to shake; (*ergreifen*)
to move deeply; **ihn kann nichts ~** he
always keeps his cool (*umg*).
erschütternd *adj* shattering.
Erschütterung *f* (*des Bodens*) tremor; (*tiefe
Ergriffenheit*) shock.
erschweren [ɛr'ʃveːrən] *vt* to complicate; **~de**

Umstände (*JUR*) aggravating
circumstances; **es kommt noch ~d hinzu,
dass ...** to compound matters ...
erschwindeln [ɛr'ʃvɪndəln] *vt* to obtain by
fraud.
erschwinglich *adj* affordable.
ersehen [ɛr'zeːən] *unreg vt*: **aus etw ~, dass ...**
to gather from sth that ...
ersehnt [ɛr'zeːnt] *adj* longed-for.
ersetzbar *adj* replaceable.
ersetzen [ɛr'zɛtsən] *vt* to replace; **jdm
Unkosten** *etc* **~** to pay sb's expenses *etc*.
ersichtlich [ɛr'zɪçtlɪç] *adj* evident, obvious.
ersparen [ɛr'ʃpaːrən] *vt* (*Ärger etc*) to spare;
(*Geld*) to save; **ihr blieb auch nichts erspart**
she was spared nothing.
Ersparnis (**-, -se**) *f* saving.
ersprießlich [ɛr'ʃpriːslɪç] *adj* profitable,
useful; (*angenehm*) pleasant.

―――――――――――――――― *SCHLÜSSELWORT*

erst [eːrst] *adv* **1** first; **mach ~ (ein)mal die
Arbeit fertig** finish your work first; **wenn du
das ~ (ein)mal hinter dir hast** once you've
got that behind you.
2 (*nicht früher als, nur*) only; (*nicht bis*) not
till; **~ gestern** only yesterday; **~ morgen**
not until tomorrow; **~ als** only when, not
until; **wir fahren ~ später** we're not going
until later; **er ist (gerade) ~ angekommen**
he's only just arrived.
3: **wäre er doch ~ zurück!** if only he were
back!; **da fange ich ~ gar nicht an** I simply
won't bother to begin; **jetzt ~ recht!** that
just makes me all the more determined; **da
gings ~ richtig los** then things really got
going.

erstarren [ɛr'ʃtarən] *vi* to stiffen; (*vor Furcht*)
to grow rigid; (*Materie*) to solidify.
erstatten [ɛr'ʃtatən] *vt* (*Unkosten*) to refund;
Anzeige gegen jdn ~ to report sb; **Bericht ~**
to make a report.
Erstattung *f* (*von Unkosten*) reimbursement.
Erstaufführung ['eːrst|aʊffyːrʊŋ] *f* first
performance.
erstaunen [ɛr'ʃtaʊnən] *vt* to astonish ◆ *vi* to be
astonished; **E~** (**-s**) *nt* astonishment.
erstaunlich *adj* astonishing.
Erstausgabe *f* first edition.
erstbeste(r, s) *adj* first that comes along.
erste(r, s) *adj* first; **als E~s** first of all; **in ~r
Linie** first and foremost; **fürs E~** for the
time being; **~ Hilfe** first aid; **das ~ Mal** the
first time.
erstechen [ɛr'ʃtɛçən] *unreg vt* to stab (to
death).
erstehen [ɛr'ʃteːən] *unreg vt* to buy ◆ *vi* to
(a)rise.
ersteigen [ɛr'ʃtaɪgən] *unreg vt* to climb,

ascend.
ersteigern [ɛr'ʃtaigərn] *vt* to buy at an auction.
erstellen [ɛr'ʃtɛlən] *vt* to erect, build.
erstens *adv* firstly, in the first place.
erstere(r, s) *pron* (the) former; **der/die/das E~** the former.
ersticken [ɛr'ʃtɪkən] *vt* (*lit, fig*) to stifle; (*Mensch*) to suffocate; (*Flammen*) to smother ♦ *vi* (*Mensch*) to suffocate; (*Feuer*) to be smothered; **mit erstickter Stimme** in a choked voice; **in Arbeit ~** to be snowed under with work.
Erstickung *f* suffocation.
erst- *zW:* **~klassig** *adj* first-class; **E~kommunion** *f* first communion; **~malig** *adj* first; **~mals** *adv* for the first time; **~rangig** *adj* first-rate.
erstrebenswert [ɛr'ʃtre:bənsveːrt] *adj* desirable, worthwhile.
erstrecken [ɛr'ʃtrɛkən] *vr* to extend, stretch.
Erststimme *f* first vote.

ERSTSTIMME/ZWEITSTIMME

The **Erststimme** *and* **Zweitstimme** *(first and second vote) system is used to elect MPs to the* **Bundestag**. *Each elector is given two votes. The first is to choose a candidate in his constituency; the candidate with the most votes is elected MP. The second is to choose a party. All the second votes in each* **Land** *are counted and a proportionate number of MPs from each party is sent to the* **Bundestag**.

Ersttagsbrief *m* first-day cover.
Ersttagsstempel *m* first-day (date) stamp.
erstunken [ɛr'ʃtʊŋkən] *adj:* **das ist ~ und erlogen** (*umg*) that's a pack of lies.
Erstwähler (**-s, -**) *m* first-time voter.
ersuchen [ɛr'zuːxən] *vt* to request.
ertappen [ɛr'tapən] *vt* to catch, detect.
erteilen [ɛr'tailən] *vt* to give.
ertönen [ɛr'tøːnən] *vi* to sound, ring out.
Ertrag [ɛr'traːk] (**-(e)s, ⁻e**) *m* yield; (*Gewinn*) proceeds *pl.*
ertragen *unreg vt* to bear, stand.
erträglich [ɛr'trɛːklɪç] *adj* tolerable, bearable.
ertragreich *adj* (*Geschäft*) profitable, lucrative.
ertrank *etc* [ɛr'traŋk] *vb siehe* **ertrinken**.
ertränken [ɛr'trɛŋkən] *vt* to drown.
erträumen [ɛr'trɔymən] *vt:* **sich** *dat* **etw ~** to dream of sth, imagine sth.
ertrinken [ɛr'trɪŋkən] *unreg vi* to drown; **E~** (**-s**) *nt* drowning.
ertrunken [ɛr'trʊŋkən] *pp von* **ertrinken**.
erübrigen [ɛr'|yːbrɪgən] *vt* to spare ♦ *vr* to be unnecessary.
erwachen [ɛr'vaxən] *vi* to awake; **ein böses E~** (*fig*) a rude awakening.

---

erwachsen [ɛr'vaksən] *adj* grown-up; *unreg* ♦ *vi:* **daraus erwuchsen ihm Unannehmlichkeiten** that caused him some trouble.
Erwachsene(r) *f(m)* adult.
Erwachsenenbildung *f* adult education.
erwägen [ɛr'vɛːgən] *unreg vt* to consider.
Erwägung *f* consideration; **etw in ~ ziehen** to take sth into consideration.
erwähnen [ɛr'vɛːnən] *vt* to mention.
erwähnenswert *adj* worth mentioning.
Erwähnung *f* mention.
erwarb *etc* [ɛr'varp] *vb siehe* **erwerben**.
erwärmen [ɛr'vɛrmən] *vt* to warm, heat ♦ *vr* to get warm, warm up; **sich ~ für** to warm to.
erwarten [ɛr'vartən] *vt* to expect; (*warten auf*) to wait for; **etw kaum ~ können** to hardly be able to wait for sth.
Erwartung *f* expectation; **in ~ Ihrer baldigen Antwort** (*form*) in anticipation of your early reply.
erwartungsgemäß *adv* as expected.
erwartungsvoll *adj* expectant.
erwecken [ɛr'vɛkən] *vt* to rouse, awake; **den Anschein ~** to give the impression; **etw zu neuem Leben ~** to resurrect sth.
erwehren [ɛr'veːrən] *vr +gen* (*geh*) to fend off, ward off; (*des Lachens etc*) to refrain from.
erweichen [ɛr'vaiçən] *vt* to soften; **sich nicht ~ lassen** to be unmoved.
erweisen [ɛr'vaizən] *unreg vt* to prove ♦ *vr:* **sich ~ als** to prove to be; **jdm einen Gefallen/ Dienst ~** to do sb a favour/service; **sich jdm gegenüber dankbar ~** to show one's gratitude to sb.
erweitern [ɛr'vaitərn] *vt, vr* to widen, enlarge; (*Geschäft*) to expand; (*MED*) to dilate; (*fig: Kenntnisse*) to broaden; (*Macht*) to extend.
Erweiterung *f* expansion.
Erwerb [ɛr'vɛrp] (**-(e)s, -e**) *m* acquisition; (*Beruf*) trade.
erwerben [ɛr'vɛrbən] *unreg vt* to acquire; **er hat sich** *dat* **große Verdienste um die Firma erworben** he has done great service for the firm.
Erwerbs- *zW:* **e~fähig** *adj* (*form*) capable of gainful employment; **~gesellschaft** *f* acquisitive society; **e~los** *adj* unemployed; **~quelle** *f* source of income; **e~tätig** *adj* (gainfully) employed; **e~unfähig** *adj* unable to work.
erwidern [ɛr'viːdərn] *vt* to reply; (*vergelten*) to return.
Erwiderung *f:* **in ~ Ihres Schreibens vom ...** (*form*) in reply to your letter of the ...
erwiesen [ɛr'viːzən] *adj* proven.
erwirbt [ɛr'vɪrpt] *vb siehe* **erwerben**.
erwirtschaften [ɛr'vɪrtʃaftən] *vt* (*Gewinn etc*) to make by good management.
erwischen [ɛr'vɪʃən] (*umg*) *vt* to catch, get;

ihn hats erwischt! (*umg: verliebt*) he's got it bad; (: *krank*) he's got it; **kalt ~** (*umg*) to catch off-balance.

erworben [ɛr'vɔrbən] *pp von* **erwerben**.

erwünscht [ɛr'vʏnʃt] *adj* desired.

erwürgen [ɛr'vʏrgən] *vt* to strangle.

Erz [eːrts] **(-es, -e)** *nt* ore.

erzählen [ɛr'tsɛːlən] *vt, vi* to tell; **dem werd ich was ~!** (*umg*) I'll have something to say to him; **~de Dichtung** narrative fiction.

Erzähler(in) **(-s, -)** *m(f)* narrator.

Erzählung *f* story, tale.

Erzbischof *m* archbishop.

Erzengel *m* archangel.

erzeugen [ɛr'tsɔʏgən] *vt* to produce; (*Strom*) to generate.

Erzeuger **(-s, -)** *m* producer; **~preis** *m* manufacturer's price.

Erzeugnis **(-ses, -se)** *nt* product, produce.

Erzeugung *f* production; generation.

Erzfeind *m* arch enemy.

erziehbar *adj*: **ein Heim für schwer ~e Kinder** a home for difficult children.

erziehen [ɛr'tsiːən] *unreg vt* to bring up; (*bilden*) to educate, train.

Erzieher(in) **(-s, -)** *m(f)* educator; (*in Kindergarten*) nursery school teacher.

Erziehung *f* bringing up; (*Bildung*) education.

Erziehungs- *zW*: **~berechtigte(r)** *f(m)* parent, legal guardian; **~geld** *nt* payment for new parents; **~heim** *nt* community home; **~urlaub** *m* leave for a new parent.

erzielen [ɛr'tsiːlən] *vt* to achieve, obtain; (*Tor*) to score.

erzkonservativ ['ɛrtskɔnzɛrva'tiːf] *adj* ultraconservative.

erzog *etc* [ɛr'tsoːk] *vb siehe* **erziehen**.

erzogen [ɛr'tsoːgən] *pp von* **erziehen**.

erzürnen [ɛr'tsʏrnən] *vt* (*geh*) to anger, incense.

erzwingen [ɛr'tsvɪŋən] *unreg vt* to force, obtain by force.

Es [ɛs] **(-)** *nt* (*MUS: Dur*) E flat.

es [ɛs] *nom, akk pron* it.

Esche ['ɛʃə] **(-, -n)** *f* ash.

Esel ['eːzəl] **(-s, -)** *m* donkey, ass; **ich ~!** (*umg*) silly me!

Eselsbrücke *f* (*Gedächtnishilfe*) mnemonic, aide-mémoire.

Eselsohr *nt* dog-ear.

Eskalation [ɛskalatsi'oːn] *f* escalation.

eskalieren [ɛska'liːrən] *vt, vi* to escalate.

Eskimo ['ɛskimo] **(-s, -s)** *m* eskimo.

Eskorte [ɛs'kɔrtə] **(-, -n)** *f* (*MIL*) escort.

eskortieren [ɛskɔr'tiːrən] *vt* (*geh*) to escort.

Espenlaub ['ɛspənlaʊp] *nt*: **zittern wie ~** to shake like a leaf.

essbar▲ ['ɛsbaːr] *adj* eatable, edible.

Essecke▲ *f* dining area.

essen ['ɛsən] *unreg vt, vi* to eat; **~ gehen** (*auswärts*) to eat out; **~ Sie gern Äpfel?** do you like apples?; **E~ (-s, -)** *nt* (*Mahlzeit*) meal; (*Nahrung*) food; **E~ auf Rädern** meals on wheels.

Essens- *zW*: **~ausgabe** *f* serving of meals; (*Stelle*) serving counter; **~marke** *f* meal voucher; **~zeit** *f* mealtime.

Essgeschirr▲ *nt* dinner service.

Essig ['ɛsɪç] **(-s, -e)** *m* vinegar; **damit ist es ~** (*umg*) it's all off; **~gurke** *f* gherkin.

Esskastanie▲ *f* sweet chestnut.

Essl.▲ *abk* (= *Esslöffel*) tbsp.

Ess-▲ *zW*: **~löffel** *m* tablespoon; **~tisch** *m* dining table; **~waren** *pl* foodstuffs *pl*; **~zimmer** *nt* dining room.

Establishment [ɪs'tæblɪʃmənt] **(-s, -s)** *nt* establishment.

Este ['eːstə] **(-n, -n)** *m*, **Estin** *f* Estonian.

Estland ['eːstlant] *nt* Estonia.

estnisch ['eːstnɪʃ] *adj* Estonian.

Estragon ['ɛstragon] **(-s)** *m* tarragon.

Estrich ['ɛstrɪç] **(-s, -e)** *m* stone/clay *etc* floor.

etablieren [eta'bliːrən] *vr* to establish o.s.; (*COMM*) to set up.

Etage [e'taːʒə] **(-, -n)** *f* floor, storey (*BRIT*), story (*US*).

Etagenbetten *pl* bunk beds *pl*.

Etagenwohnung *f* flat (*BRIT*), apartment (*US*).

Etappe [e'tapə] **(-, -n)** *f* stage.

etappenweise *adv* step by step, stage by stage.

Etat [e'taː] **(-s, -s)** *m* budget; **~jahr** *nt* financial year; **~posten** *m* budget item.

etc *abk* (= *et cetera*) etc.

etepetete [eːtəpe'teːtə] (*umg*) *adj* fussy.

Ethik ['eːtɪk] *f* ethics *sing*.

ethisch ['eːtɪʃ] *adj* ethical.

ethnisch ['ɛtnɪʃ] *adj* ethnic; **~e Säuberung** ethnic cleansing.

Etikett [eti'kɛt] **(-(e)s, -e)** *nt* (*lit, fig*) label.

Etikette *f* etiquette, manners *pl*.

Etikettenschwindel *m* (*POL*): **es ist reinster ~, wenn ...** it is just playing *od* juggling with names if ...

etikettieren [etike'tiːrən] *vt* to label.

etliche(r, s) ['ɛtlɪçə(r, s)] *adj* quite a lot of ♦ *pron pl* some, quite a few; **~s** quite a lot.

Etüde [e'tyːdə] **(-, -n)** *f* (*MUS*) étude.

Etui [ɛt'viː] **(-s, -s)** *nt* case.

etwa ['ɛtva] *adv* (*ungefähr*) about; (*vielleicht*) perhaps; (*beispielsweise*) for instance; (*entrüstet, erstaunt*): **hast du ~ schon wieder kein Geld dabei?** don't tell me you haven't got any money again! ♦ *adv* (*zur Bestätigung*): **Sie kommen doch, oder ~ nicht?** you are coming, aren't you?; **nicht ~** by no means; **willst du ~ schon gehen?** (surely) you don't want to go already?

etwaig ['ɛtvaɪç] *adj* possible.

etwas *pron* something; (*fragend, verneinend*)
anything; (*ein wenig*) a little ♦ *adv* a little; **er**
kann ~ he's good; **E**~ *nt*: **das gewisse E**~
that certain something.

Etymologie [etymolo'giː] *f* etymology.

EU (-) *f abk* (= *Europäische Union*) EU.

euch [ɔʏç] *pron* (*akk von ihr*) you; yourselves;
(*dat von ihr*) (to/for) you ♦ *refl pron*
yourselves.

euer ['ɔʏər] *pron gen von* **ihr** of you ♦ *adj* your.

Eule ['ɔʏlə] (-, -n) *f* owl.

Euphemismus [ɔʏfe'mɪsmʊs] *m* euphemism.

Eurasien [ɔʏ'raːziən] *nt* Eurasia.

Euratom [ɔʏra'toːm] *f abk* (= *Europäische
Atomgemeinschaft*) Euratom.

eure(r, s) ['ɔʏrə(r, s)] *pron* yours.

eurerseits *adv* on your part.

euresgleichen *pron* people like you.

euretwegen ['ɔʏrət'veːgən] *adv* (*für euch*) for
your sakes; (*wegen euch*) on your account.

euretwillen ['ɔʏrət'vɪlən] *adv*: **um** ~ =
euretwegen.

eurige *pron*: **der/die/das** ~ *od* **E**~ (*geh*) yours.

Euro ['ɔʏro] (-, -s) *m* (*FIN*) euro.

Eurokrat [ɔʏro'kraːt] (-en, -en) *m* eurocrat.

Europa [ɔʏ'roːpa] (-s) *nt* Europe.

Europäer(in) [ɔʏro'pɛːər(ɪn)] (-s, -) *m(f)*
European.

europäisch *adj* European; **das E**~**e Parlament**
the European Parliament; **E**~**e Union**
European Union; **E**~**e
(Wirtschafts)gemeinschaft** European
(Economic) Community, Common Market.

Europa- *zW*: ~**meister** *m* European champion;
~**rat** *m* Council of Europe; ~**straße** *f*
Euroroute.

Euroscheck [ɔʏro'ʃɛk] *m* Eurocheque.

Euter ['ɔʏtər] (-s, -) *nt* udder.

Euthanasie [ɔʏtana'ziː] *f* euthanasia.

E. V., e. V. *abk* (= *eingetragener Verein*)
registered association.

ev. *abk* = **evangelisch**.

evakuieren [evaku'iːrən] *vt* to evacuate.

evangelisch [evaŋ'geːlɪʃ] *adj* Protestant.

Evangelium [evaŋ'geːliʊm] *nt* Gospel.

Evaskostüm *nt*: **im** ~ in her birthday suit.

eventuell [evɛntu'ɛl] *adj* possible ♦ *adv*
possibly, perhaps.

Everest ['ɛvərɛst] (-s) *m* (Mount) Everest.

Evolution [evolutsi'oːn] *f* evolution.

Evolutionstheorie *f* theory of evolution.

evtl. *abk* = **eventuell**.

EWG [eːveː'geː] (-) *f abk* (*früher:* = *Europäische
Wirtschaftsgemeinschaft*) EEC.

ewig ['eːvɪç] *adj* eternal ♦ *adv*: **auf** ~ forever;
ich habe Sie ~ **lange nicht gesehen** (*umg*) I
haven't seen you for ages; **E**~**keit** *f* eternity;
bis in alle E~**keit** forever.

EWS (-) *nt abk* (= *Europäisches
Währungssystem*) EMS.

EWU (-) *f abk* (= *Europäische Währungsunion*)
EMU.

ex [ɛks] (*umg*) *adv*: **etw** ~ **trinken** to drink sth
down in one.

exakt [ɛ'ksakt] *adj* exact.

exaltiert [ɛksal'tiːrt] *adj* exaggerated,
effusive.

Examen [ɛ'ksaːmən] (-s, - *od* **Examina**) *nt*
examination.

Examensangst *f* exam nerves *pl*.

Examensarbeit *f* dissertation.

Exekutionskommando
[ɛksekutsi'oːnskɔmando] *nt* firing squad.

Exekutive [ɛkseku'tiːvə] *f* executive.

Exempel [ɛ'ksɛmpəl] (-s, -) *nt* example; **die
Probe aufs** ~ **machen** to put it to the test.

Exemplar [ɛksɛm'plaːr] (-s, -e) *nt* specimen;
(*Buch*~) copy; **e**~**isch** *adj* exemplary.

exerzieren [ɛkser'tsiːrən] *vi* to drill.

Exhibitionist [ɛkshibitsio'nɪst] *m*
exhibitionist.

Exil [ɛ'ksiːl] (-s, -e) *nt* exile.

existentiell [ɛksɪstɛntsi'ɛl] *adj* = **existenziell**.

Existenz [ɛksɪs'tɛnts] *f* existence; (*Unterhalt*)
livelihood, living; (*pej: Mensch*) character;
~**berechtigung** *f* right to exist; ~**grundlage** *f*
basis of one's livelihood.

existenziell▲ [ɛksɪstɛntsi'ɛl] *adj*: **von** ~**er
Bedeutung** of vital significance.

Existenzkampf *m* struggle for existence.

Existenzminimum (-s, -ma) *nt* subsistence
level.

existieren [ɛksɪs'tiːrən] *vi* to exist.

exkl. *abk* = **exklusive**.

exklusiv [ɛksklu'ziːf] *adj* exclusive; **E**~**bericht**
m (*PRESSE*) exclusive report.

exklusive [ɛksklu'ziːvə] *präp +gen* exclusive of,
not including ♦ *adv* exclusive of, excluding.

Exkursion [ɛkskurzi'oːn] *f* (study) trip.

Exmatrikulation [ɛksmatrikulatsi'oːn] *f*
(*UNIV*): **bei seiner** ~ when he left university.

exorzieren [ɛksɔr'tsiːrən] *vt* to exorcize.

exotisch [ɛ'ksoːtɪʃ] *adj* exotic.

expandieren [ɛkspan'diːrən] *vi* (*ECON*) to
expand.

Expansion [ɛkspanzi'oːn] *f* expansion.

expansiv [ɛkspan'ziːf] *adj* expansionist;
(*Wirtschaftszweige*) expanding.

Expedition [ɛkspeditsi'oːn] *f* expedition;
(*COMM*) forwarding department.

Experiment [ɛksperi'mɛnt] *nt* experiment.

experimentell [ɛksperimɛn'tɛl] *adj*
experimental.

experimentieren [ɛksperimɛn'tiːrən] *vi* to
experiment.

Experte [ɛks'pɛrtə] (-n, -n) *m* expert,
specialist.

Expertin [ɛks'pɛrtɪn] *f* expert, specialist.

explodieren [ɛksplo'diːrən] *vi* to explode.

Explosion [ɛksplozi'oːn] *f* explosion.

explosiv [ɛksplo'ziːf] *adj* explosive.
Exponent [ɛkspo'nɛnt] *m* exponent.
exponieren [ɛkspo'niːrən] *vt:* **an exponierter Stelle stehen** to be in an exposed position.
Export [ɛks'pɔrt] (-(e)s, -e) *m* export.
Exportartikel *m* export.
Exporteur [ɛkspɔr'tøːr] *m* exporter.
Exporthandel *m* export trade.
Exporthaus *nt* export house.
exportieren [ɛkspɔr'tiːrən] *vt* to export.
Exportkaufmann *m* exporter.
Exportland *nt* exporting country.
Exportvertreter *m* export agent.
Expressgut▲ [ɛks'prɛsgut] *nt* express goods *pl od* freight.
Expressionismus [ɛksprɛsio'nɪsmʊs] *m* expressionism.
Expresszug▲ *m* express (train).
extra ['ɛkstra] *adj inv* (*umg: gesondert*) separate; (*besondere*) extra ♦ *adv* (*gesondert*) separately; (*speziell*) specially; (*absichtlich*) on purpose; (*vor Adjektiven, zusätzlich*) extra; **E~** (**-s, -s**) *nt* extra; **E~ausgabe** *f* special edition; **E~blatt** *nt* special edition.
Extrakt [ɛks'trakt] (-(e)s, -e) *m* extract.
Extratour *f* (*fig: umg*): **sich** *dat* **~en leisten** to do one's own thing.
extravagant [ɛkstrava'gant] *adj* extravagant; (*Kleidung*) flamboyant.
Extrawurst (*umg*) *f* (*Sonderwunsch*): **er will immer eine ~** (**gebraten haben**) he always wants something different.
Extrem [ɛks'treːm] (-s, -e) *nt* extreme; **e~** *adj* extreme; **~fall** *m* extreme (case).
Extremist(in) *m(f)* extremist.
Extremistenerlass▲ [ɛkstre'mɪstən|ɛrlas] *m* *law(s) governing extremism.*
extremistisch [ɛkstre'mɪstɪʃ] *adj* (*POL*) extremist.
Extremitäten [ɛkstremi'tɛːtən] *pl* extremities *pl.*
extrovertiert [ɛkstrover'tiːrt] *adj* extrovert.
Exzellenz [ɛkstsɛ'lɛnts] *f* excellency.
exzentrisch [ɛks'tsɛntrɪʃ] *adj* eccentric.
Exzess▲ [ɛks'tsɛs] (-es, -e) *m* excess.

$$F, f$$

F, f¹ [ɛf] (-, -) *nt* F, f; **~ wie Friedrich** ≈ F for Frederick, F for Fox (*US*); **nach Schema F** (*umg*) in the usual old way.
f² *abk* (= *feminin*) fem.
Fa. *abk* (= *Firma*) co.
Fabel ['faːbəl] (-, -n) *f* fable; **f~haft** *adj* fabulous, marvellous (*BRIT*), marvelous (*US*).
Fabrik [fa'briːk] *f* factory; **~anlage** *f* plant; (*Gelände*) factory premises *pl.*
Fabrikant [fabri'kant] *m* (*Hersteller*) manufacturer; (*Besitzer*) industrialist.
Fabrikarbeiter(in) *m(f)* factory worker.
Fabrikat [fabri'kaːt] (-(e)s, -e) *nt* product; (*Marke*) make.
Fabrikation [fabriːkatsi'oːn] *f* manufacture, production.
Fabrikbesitzer *m* factory owner.
Fabrikgelände *nt* factory site.
fabrizieren [fabri'tsiːrən] *vt* (*geistiges Produkt*) to produce; (*Geschichte*) to concoct, fabricate.
Fach [fax] (-(e)s, ̈-er) *nt* compartment; (*in Schrank, Regal etc*) shelf; (*Sachgebiet*) subject; **ein Mann/eine Frau vom ~** an expert; **~arbeiter** *m* skilled worker; **~arzt** *m* (medical) specialist; **~ausdruck** *m* technical term; **~bereich** *m* (special) field; (*UNIV*) school, faculty; **~buch** *nt* reference book.
Fächer ['fɛçər] (-s, -) *m* fan.
Fach- *zW:* **~frau** *f* expert; **~gebiet** *nt* (special) field; **~geschäft** *nt* specialist shop (*BRIT*) *od* store (*US*); **~händler** *m* stockist; **~hochschule** *f* college; **~idiot** (*umg*) *m* narrow-minded specialist; **~kraft** *f* qualified employee; **~kreise** *pl*: **in ~kreisen** among experts; **f~kundig** *adj* expert, specialist; **~lehrer** *m* specialist subject teacher; **f~lich** *adj* technical; (*beruflich*) professional; **~mann** (-(e)s, *pl* **~leute**) *m* expert; **f~männisch** *adj* professional; **~richtung** *f* subject area; **~schule** *f* technical college; **f~simpeln** *vi* to talk shop; **f~spezifisch** *adj* technical; **~verband** *m* trade association; **~welt** *f* profession; **~werk** *nt* timber frame; **~werkhaus** *nt* half-timbered house.
Fackel ['fakəl] (-, -n) *f* torch.
fackeln (*umg*) *vi* to dither.
Fackelzug *m* torchlight procession.
fad(e) *adj* insipid; (*langweilig*) dull; (*Essen*)

tasteless.

Faden ['faːdən] (**-s**, ⸚) *m* thread; **der rote ~** (*fig*) the central theme; **alle Fäden laufen hier zusammen** this is the nerve centre (*BRIT*) *od* center (*US*) of the whole thing; **~nudeln** *pl* vermicelli *sing*; **f~scheinig** *adj* (*lit, fig*) threadbare.

Fagott [fa'gɔt] (**-(e)s, -e**) *nt* bassoon.

fähig ['fɛːɪç] *adj*: **~ (zu** *od* +*gen*) capable (of); able (to); **zu allem ~ sein** to be capable of anything; **F~keit** *f* ability.

Fähnchen ['fɛːnçən] *nt* pennon, streamer.

fahnden ['faːndən] *vi*: **~ nach** to search for.

Fahndung *f* search.

Fahndungsliste *f* list of wanted criminals, wanted list.

Fahne ['faːnə] (**-, -n**) *f* flag; standard; **mit fliegenden ~n zu jdm/etw überlaufen** to go over to sb/sth; **eine ~ haben** (*umg*) to smell of drink.

Fahnenflucht *f* desertion.

Fahrausweis *m* (*form*) ticket.

Fahrbahn *f* carriageway (*BRIT*), roadway.

fahrbar *adj*: **~er Untersatz** (*hum*) wheels *pl*.

Fähre ['fɛːrə] (**-, -n**) *f* ferry.

fahren ['faːrən] *unreg vt* to drive; (*Rad*) to ride; (*befördern*) to drive, take; (*Rennen*) to drive in ♦ *vi* (*sich bewegen*) to go; (*Schiff*) to sail; (*ab~*) to leave; **mit dem Auto/Zug ~** to go *od* travel by car/train; **mit dem Aufzug ~** to take the lift, ride the elevator (*US*); **links/ rechts ~** to drive on the left/right; **gegen einen Baum ~** to drive *od* go into a tree; **die U-Bahn fährt alle fünf Minuten** the underground goes *od* runs every five minutes; **mit der Hand ~ über** +*akk* to pass one's hand over; **(bei etw) gut/schlecht ~** (*zurechtkommen*) to do well/badly (with sth); **was ist (denn) in dich gefahren?** what's got (*BRIT*) *od* gotten (*US*) into you?; **einen ~ lassen** (*umg*) to fart (*!*).

fahrend *adj*: **~es Volk** travelling people.

Fahrer(in) ['faːrər(ɪn)] (**-s, -**) *m(f)* driver; **~flucht** *f* hit-and-run driving.

Fahr- *zW*: **~gast** *m* passenger; **~geld** *nt* fare; **~gelegenheit** *f* transport; **~gestell** *nt* chassis; (*AVIAT*) undercarriage.

fahrig ['faːrɪç] *adj* nervous; (*unkonzentriert*) distracted.

Fahr- *zW*: **~karte** *f* ticket; **~kartenausgabe** *f* ticket office; **~kartenautomat** *m* ticket machine; **~kartenschalter** *m* ticket office.

fahrlässig *adj* negligent; **~e Tötung** manslaughter; **F~keit** *f* negligence.

Fahr- *zW*: **~lehrer** *m* driving instructor; **~plan** *m* timetable; **f~planmäßig** *adj* (*EISENB*) scheduled; **~praxis** *f* driving experience; **~preis** *m* fare; **~prüfung** *f* driving test; **~rad** *nt* bicycle; **~radweg** *m* cycle path; **~rinne** *f* (*NAUT*) shipping channel, fairway; **~schein**

m ticket; **~schule** *f* driving school; **~schüler** *m* learner (driver); **~spur** *f* lane; **~stuhl** *m* lift (*BRIT*), elevator (*US*); **~stunde** *f* driving lesson.

Fahrt [faːrt] (**-, -en**) *f* journey; (*kurz*) trip; (*AUT*) drive; (*Geschwindigkeit*) speed; **gute ~!** safe journey!; **volle ~ voraus!** (*NAUT*) full speed ahead!

fährt [fɛːrt] *vb siehe* **fahren.**

fahrtauglich ['faːrtaʊklɪç] *adj* fit to drive.

Fährte ['fɛːrtə] (**-, -n**) *f* track, trail; **jdn auf eine falsche ~ locken** (*fig*) to put sb off the scent.

Fahrtenschreiber *m* tachograph.

Fahrtkosten *pl* travelling expenses *pl*.

Fahrtrichtung *f* course, direction.

Fahr- *zW*: **f~tüchtig** ['faːrtʏçtɪç] *adj* fit to drive; **~verhalten** *nt* (*von Fahrer*) behaviour (*BRIT*) *od* behavior (*US*) behind the wheel; (*von Wagen*) road performance; **~zeug** *nt* vehicle; **~zeughalter** (**-s, -**) *m* owner of a vehicle; **~zeugpapiere** *pl* vehicle documents *pl*.

Faible ['fɛːbl] (**-s, -s**) *nt* (*geh*) liking; (*Schwäche*) weakness; (*Vorliebe*) penchant.

fair [fɛːr] *adj* fair.

Fäkalien [fɛ'kaːliən] *pl* faeces *pl*.

Faksimile [fak'ziːmile] (**-s, -s**) *nt* facsimile.

faktisch ['faktɪʃ] *adj* actual.

Faktor *m* factor.

Faktum (**-s, -ten**) *nt* fact.

fakturieren [faktu'riːrən] *vt* (*COMM*) to invoice.

Fakultät [fakʊl'tɛːt] *f* faculty.

Falke ['falkə] (**-n, -n**) *m* falcon.

Falklandinseln ['falklant'ɪnzəln] *pl* Falkland Islands, Falklands.

Fall [fal] (**-(e)s,** ⸚**e**) *m* (*Sturz*) fall; (*Sachverhalt, JUR, GRAM*) case; **auf jeden ~, auf alle Fälle** in any case; (*bestimmt*) definitely; **gesetzt den ~** assuming (that); **jds ~ sein** (*umg*) to be sb's cup of tea; **klarer ~!** (*umg*) sure thing!, you bet!; **das mache ich auf keinen ~** there's no way I'm going to do that.

Falle (**-, -n**) *f* trap; (*umg: Bett*) bed; **jdm eine ~ stellen** to set a trap for sb.

fallen *unreg vi* to fall; (*im Krieg*) to fall, be killed; **etw ~ lassen** to drop sth; (*Bemerkung*) to make sth; (*Plan*) to abandon sth, to drop sth.

fällen ['fɛlən] *vt* (*Baum*) to fell; (*Urteil*) to pass.

fällig ['fɛlɪç] *adj* due; (*Wechsel*) mature(d); **längst ~** long overdue; **F~keit** *f* (*COMM*) maturity.

Fallobst *nt* fallen fruit, windfall.

falls *adv* in case, if.

Fall- *zW*: **~schirm** *m* parachute; **~schirmjäger** *m* paratrooper; **~schirmspringer(in)** *m(f)* parachutist; **~schirmtruppe** *f* paratroops *pl*; **~strick** *m* (*fig*) trap, snare; **~studie** *f* case study.

fällt [fɛlt] *vb siehe* **fallen.**

Falltür *f* trap door.
fallweise *adj* from case to case.
falsch [falʃ] *adj* false; (*unrichtig*) wrong;
 ~ **liegen (bei** *od* **in** +*dat*) (*umg*) to be wrong
 (about); ~ **liegen mit** to be wrong in; **ein** ~**es**
 Spiel (mit jdm) treiben to play (sb) false;
 etw ~ **verstehen** to misunderstand sth, get
 sth wrong.
fälschen ['fɛlʃən] *vt* to forge.
Fälscher(in) (**-s,** -) *m(f)* forger.
Falschgeld *nt* counterfeit money.
Falschheit *f* falsity, falseness; (*Unrichtigkeit*)
 wrongness.
fälschlich *adj* false.
fälschlicherweise *adv* mistakenly.
Falschmeldung *f* (*PRESSE*) false report.
Fälschung *f* forgery.
fälschungssicher *adj* forgery-proof.
Faltblatt *nt* leaflet; (*in Zeitschrift etc*) insert.
Fältchen ['fɛltʃən] *nt* crease, wrinkle.
Falte ['faltə] (**-,** -n) *f* (*Knick*) fold, crease;
 (*Haut*~) wrinkle; (*Rock*~) pleat.
falten *vt* to fold; (*Stirn*) to wrinkle.
faltenlos *adj* without folds; without wrinkles.
Faltenrock *m* pleated skirt.
Falter ['faltər] (**-s,** -) *m* (*Tag*~) butterfly;
 (*Nacht*~) moth.
faltig ['faltɪç] *adj* (*Haut*) wrinkled; (*Rock usw*)
 creased.
falzen ['faltsən] *vt* (*Papierbogen*) to fold.
Fam. *abk* = **Familie.**
familiär [famili'ɛːr] *adj* familiar.
Familie [fa'miːliə] *f* family; ~ **Otto Francke**
 (*als Anschrift*) Mr. & Mrs. Otto Francke and
 family; **zur** ~ **gehören** to be one of the
 family.
Familien- *zW*: ~**ähnlichkeit** *f* family
 resemblance; ~**anschluss**▲ *m*: **Unterkunft**
 mit ~**anschluss** *accommodation where one*
 is treated as one of the family; ~**kreis** *m*
 family circle; ~**mitglied** *nt* member of the
 family; ~**name** *m* surname; ~**packung** *f*
 family(-size) pack; ~**planung** *f* family
 planning; ~**stand** *m* marital status; ~**vater** *m*
 head of the family; ~**verhältnisse** *pl* family
 circumstances *pl*.
Fanatiker(in) [fa'naːtikər(ɪn)] (**-s,** -) *m(f)*
 fanatic.
fanatisch *adj* fanatical.
Fanatismus [fana'tɪsmʊs] *m* fanaticism.
fand *etc* [fant] *vb siehe* **finden.**
Fang [faŋ] (**-(e)s,** -e) *m* catch; (*Jagen*) hunting;
 (*Kralle*) talon, claw.
fangen *unreg vt* to catch ♦ *vr* to get caught;
 (*Flugzeug*) to level out; (*Mensch: nicht fallen*)
 to steady o.s.; (*fig*) to compose o.s.; (*in*
 Leistung) to get back on form.
Fangfrage *f* catch *od* trick question.
Fanggründe *pl* fishing grounds *pl*.
fängt [fɛŋkt] *vb siehe* **fangen.**

Fantasie▲ [fanta'ziː] *f* imagination; **in seiner**
 ~ in his mind; ~**gebilde** *nt* (*Einbildung*)
 figment of the imagination; **f**~**los** *adj*
 unimaginative.
fantasieren▲ [fanta'ziːrən] *vi* to fantasize;
 (*MED*) to be delirious.
fantasievoll▲ *adj* imaginative.
Fantast▲ [fan'tast] (**-en, -en**) *m* dreamer,
 visionary.
fantastisch▲ *adj* fantastic.
Farb- *zW*: ~**abzug** *m* coloured (*BRIT*) *od*
 colored (*US*) print; ~**aufnahme** *f* colour
 (*BRIT*) *od* color (*US*) photograph; ~**band** *nt*
 typewriter ribbon.
Farbe ['farbə] (**-,** -n) *f* colour (*BRIT*), color
 (*US*); (*zum Malen etc*) paint; (*Stoff*~) dye;
 (*KARTEN*) suit.
farbecht ['farp|ɛçt] *adj* colourfast (*BRIT*),
 colorfast (*US*).
färben ['fɛrbən] *vt* to colour (*BRIT*), color (*US*);
 (*Stoff, Haar*) to dye.
farben- *zW*: ~**blind** *adj* colour-blind (*BRIT*),
 color-blind (*US*); ~**froh** *adj* colourful (*BRIT*),
 colorful (*US*); ~**prächtig** *adj* colourful (*BRIT*),
 colorful (*US*).
Farbfernsehen *nt* colour (*BRIT*) *od* color (*US*)
 television.
Farbfilm *m* colour (*BRIT*) *od* color (*US*) film.
Farbfoto *nt* colour (*BRIT*) *od* color (*US*) photo.
farbig *adj* coloured (*BRIT*), colored (*US*).
Farbige(r) *f(m)* coloured (*BRIT*) *od* colored (*US*)
 person.
Farb- *zW*: ~**kasten** *m* paintbox; **f**~**los** *adj*
 colourless (*BRIT*), colorless (*US*); ~**stift** *m*
 coloured (*BRIT*) *od* colored (*US*) pencil;
 ~**stoff** *m* dye; (*Lebensmittel*~) (*artificial*)
 colouring (*BRIT*) *od* coloring (*US*); ~**ton** *m*
 hue, tone.
Färbung ['fɛrbʊŋ] *f* colouring (*BRIT*), coloring
 (*US*); (*Tendenz*) bias.
Farn [farn] (**-(e)s,** -e) *m* fern; (*Adler*~) bracken.
Farnkraut [farn] *nt* = **Farn.**
Färöer [fɛ'røːər] *pl* Faeroe Islands *pl*.
Fasan [fa'zaːn] (**-(e)s,** -e(n)) *m* pheasant.
Fasching ['faʃɪŋ] (**-s,** -e *od* -s) *m* carnival.
Faschismus [fa'ʃɪsmʊs] *m* fascism.
Faschist(in) *m(f)* fascist.
faschistisch [fa'ʃɪstɪʃ] *adj* fascist.
faseln ['faːzəln] *vi* to talk nonsense, drivel.
Faser ['faːzər] (**-,** -n) *f* fibre.
fasern *vi* to fray.
Fass▲ [fas] (**-es,** ̈er) *nt* vat, barrel; (*für Öl*)
 drum; **Bier vom** ~ draught beer; **ein** ~ **ohne**
 Boden (*fig*) a bottomless pit.
Fassade [fa'saːdə] *f* (*lit, fig*) façade.
fassbar▲ *adj* comprehensible.
Fassbier▲ *nt* draught beer.
fassen ['fasən] *vt* (*ergreifen*) to grasp, take;
 (*inhaltlich*) to hold; (*Entschluss etc*) to take;
 (*verstehen*) to understand; (*Ring etc*) to set;

(*formulieren*) to formulate, phrase ♦ *vr* to calm down; **nicht zu** ~ unbelievable; **sich kurz** ~ to be brief.

fasslich ['faslıç] *adj* comprehensible.

Fasson [fa'sõː] (-, -s) *f* style; (*Art und Weise*) way; **aus der** ~ **geraten** (*lit*) to lose its shape.

Fassung ['fasʊŋ] *f* (*Umrahmung*) mounting; (*Lampen*~) socket; (*Wortlaut*) version; (*Beherrschung*) composure; **jdn aus der** ~ **bringen** to upset sb; **völlig außer** ~ **geraten** to lose all self-control.

fassungslos *adj* speechless.

Fassungsvermögen *nt* capacity; (*Verständnis*) comprehension.

fast [fast] *adv* almost, nearly; ~ **nie** hardly ever.

fasten ['fastən] *vi* to fast; **F**~ (-s) *nt* fasting; **F**~**zeit** *f* Lent.

Fastnacht *f* Shrovetide carnival.

faszinieren [fastsi'niːrən] *vt* to fascinate.

fatal [fa'taːl] *adj* fatal; (*peinlich*) embarrassing.

fauchen ['fauxən] *vt, vi* to hiss.

faul [faul] *adj* rotten; (*Person*) lazy; (*Ausreden*) lame; **daran ist etwas** ~ there's something fishy about it.

faulen *vi* to rot.

faulenzen ['faulentsən] *vi* to idle.

Faulenzer(in) (-s, -) *m(f)* idler, loafer.

Faulheit *f* laziness.

faulig *adj* putrid.

Fäulnis ['fɔylnıs] (-) *f* decay, putrefaction.

Faulpelz (*umg*) *m* lazybones *sing*.

Faust ['faust] (-, **Fäuste**) *f* fist; **das passt wie die** ~ **aufs Auge** (*passt nicht*) it's all wrong; **auf eigene** ~ (*fig*) on one's own initiative.

Fäustchen ['fɔystçən] *nt*: **sich** *dat* **ins** ~ **lachen** to laugh up one's sleeve.

faustdick (*umg*) *adj*: **er hat es** ~ **hinter den Ohren** he's a crafty one.

Fausthandschuh *m* mitten.

Faustregel *f* rule of thumb.

Favorit(in) [favo'riːt(ın)] (-en, -en) *m(f)* favourite (*BRIT*), favorite (*US*).

Fax [faks] (-, -e) *nt* fax; **f**~**en** *vt* to fax.

Faxen ['faksən] *pl*: ~ **machen** to fool around.

Fazit ['faːtsıt] (-s, -s *od* -e) *nt*: **wenn wir aus diesen vier Jahren das** ~ **ziehen** if we take stock of these four years.

FCKW (-s, -s) *m abk* (= *Fluorchlorkohlenwasserstoff*) CFC.

FdH (*umg*) *abk* (= *Friss die Hälfte*) eat less.

FDP, F.D.P. *f abk* (= *Freie Demokratische Partei*) Free Democratic Party.

FDP

The **FDP** (*Freie Demokratische Partei*) was founded in 1948 and is Germany's centre party. It is a liberal party which has formed governing coalitions with both the **SPD** and the **CDU/CSU**

---

at times, both in the regions and in the **Bundestag**.

Feb. *abk* (= *Februar*) Feb.

Februar ['feːbruaːr] (-(s), -e) (*pl selten*) *m* February; *siehe auch* **September**.

fechten ['fɛçtən] *unreg vi* to fence.

Feder ['feːdər] (-, -n) *f* feather; (*Schreib*~) pen nib; (*TECH*) spring; **in den** ~**n liegen** (*umg*) to be/stay in bed; ~**ball** *m* shuttlecock; ~**ballspiel** *nt* badminton; ~**bett** *nt* continental quilt; **f**~**führend** *adj* (*Behörde*): **f**~**führend (für)** in overall charge (of); ~**halter** *m* pen; **f**~**leicht** *adj* light as a feather; ~**lesen** *nt*: **nicht viel** ~**lesens mit jdm/etw machen** to make short work of sb/sth.

federn *vi* (*nachgeben*) to be springy; (*sich bewegen*) to bounce ♦ *vt* to spring.

Federung *f* suspension.

Federvieh *nt* poultry.

Federweiße(r) *m* new wine.

Federzeichnung *f* pen-and-ink drawing.

Fee [feː] (-, -n) *f* fairy.

feenhaft ['feːənhaft] *adj* (*liter*) fairylike.

Fegefeuer ['feːgəfɔyər] *nt* purgatory.

fegen ['feːgən] *vt* to sweep.

fehl [feːl] *adj*: ~ **am Platz** *od* **Ort** out of place; **F**~**anzeige** (*umg*) *f* dead loss.

fehlen *vi* to be wanting *od* missing; (*abwesend sein*) to be absent ♦ *vi unpers*: **es fehlte nicht viel und ich hätte ihn verprügelt** I almost hit him; **etw fehlt jdm** sb lacks sth; **du fehlst mir** I miss you; **was fehlt ihm?** what's wrong with him?; **der/das hat mir gerade noch gefehlt!** (*ironisch*) he/that was all I needed; **weit gefehlt!** (*fig*) you're way out! (*umg*); (*ganz im Gegenteil*) far from it!; **mir** ~ **die Worte** words fail me; **wo fehlt es?** what's the trouble?, what's up? (*umg*).

Fehlentscheidung *f* wrong decision.

Fehler (-s, -) *m* mistake, error; (*Mangel, Schwäche*) fault; **ihr ist ein** ~ **unterlaufen** she's made a mistake; ~**beseitigung** *f* (*COMPUT*) debugging; **f**~**frei** *adj* faultless; without any mistakes; **f**~**haft** *adj* incorrect; faulty; **f**~**los** *adj* = **fehlerfrei**; ~**meldung** *f* (*COMPUT*) error message; ~**suchprogramm** *nt* (*COMPUT*) debugger.

fehl- *zW*: **F**~**geburt** *f* miscarriage; ~**gehen** *unreg vi* to go astray; **F**~**griff** *m* blunder; **F**~**konstruktion** *f*: **eine F**~**konstruktion sein** to be badly designed; **F**~**leistung** *f*: **freudsche F**~**leistung** Freudian slip; **F**~**schlag** *m* failure; ~**schlagen** *unreg vi* to fail; **F**~**schluss**▲ *m* wrong conclusion; **F**~**start** *m* (*SPORT*) false start; **F**~**tritt** *m* false move; (*fig*) blunder, slip; (: *Affäre*) indiscretion; **F**~**urteil** *nt* miscarriage of justice; **F**~**zündung** *f* (*AUT*) misfire, backfire.

Feier ['faıər] (-, -n) *f* celebration; ~**abend** *m*

time to stop work; **~abend machen** to stop, knock off; **was machst du am ~abend?** what are you doing after work?; **jetzt ist ~abend!** that's enough!

feierlich *adj* solemn; **das ist ja nicht mehr ~** (*umg*) that's beyond a joke; **F~keit** *f* solemnity; **Feierlichkeiten** *pl* festivities *pl*.

feiern *vt, vi* to celebrate.

Feiertag *m* holiday.

feig *adj* cowardly.

Feige ['faɪɡə] (-, -n) *f* fig.

feige *adj* cowardly.

Feigheit *f* cowardice.

Feigling *m* coward.

Feile ['faɪlə] (-, -n) *f* file.

feilen *vt, vi* to file.

feilschen ['faɪlʃən] *vi* to haggle.

fein [faɪn] *adj* fine; (*vornehm*) refined; (*Gehör etc*) keen; **~!** great!; **er ist ~ raus** (*umg*) he's sitting pretty; **sich ~ machen** to get all dressed up.

Feind(in) [faɪnt, 'faɪndɪn] (-(e)s, -e) *m(f)* enemy; **~bild** *nt* concept of an/the enemy; **f~lich** *adj* hostile; **~schaft** *f* enmity; **f~selig** *adj* hostile; **~seligkeit** *f* hostility.

Fein- *zW:* **f~fühlend** *adj* sensitive; **f~fühlig** *adj* sensitive; **~gefühl** *nt* delicacy, tact; **~heit** *f* fineness; refinement; keenness; **~kostgeschäft** *nt* delicatessen (shop), deli; **~schmecker** (-s, -) *m* gourmet; **~waschmittel** *nt* mild(-action) detergent.

feist [faɪst] *adj* fat.

feixen ['faɪksən] (*umg*) *vi* to smirk.

Feld [fɛlt] (-(e)s, -er) *nt* field; (*SCHACH*) square; (*SPORT*) pitch; **Argumente ins ~ führen** to bring arguments to bear; **das ~ räumen** (*fig*) to bow out; **~arbeit** *f* (*AGR*) work in the fields; (*GEOG etc*) fieldwork; **~blume** *f* wild flower; **~herr** *m* commander; **~jäger** *pl* (*MIL*) the military police; **~lazarett** *nt* (*MIL*) field hospital; **~salat** *m* lamb's lettuce; **~stecher** *m* (pair of) binoculars *pl od* field glasses *pl*.

Feld-Wald-und-Wiesen- (*umg*) *in zW* common-or-garden.

Feld- *zW:* **~webel** (-s, -) *m* sergeant; **~weg** *m* path; **~zug** *m* (*lit, fig*) campaign.

Felge ['fɛlɡə] (-, -n) *f* (wheel) rim.

Felgenbremse *f* caliper brake.

Fell [fɛl] (-(e)s, -e) *nt* fur; coat; (*von Schaf*) fleece; (*von toten Tieren*) skin; **ein dickes ~ haben** to be thick-skinned; **have a thick skin; ihm sind die ~e weggeschwommen** (*fig*) all his hopes were dashed.

Fels [fɛls] (-en, -en) *m* = **Felsen**.

Felsen ['fɛlzən] (-s, -) *m* rock; (*Klippe*) cliff; **f~fest** *adj* firm.

felsig *adj* rocky.

Felsspalte *f* crevice.

Felsvorsprung *m* ledge.

feminin [femi'niːn] *adj* feminine; (*pej*) effeminate.

Feministin [femi'nɪstɪn] *f* feminist.

Fenchel ['fɛnçəl] (-s) *m* fennel.

Fenster ['fɛnstər] (-s, -) *nt* window; **weg vom ~** (*umg*) out of the game, finished; **~brett** *nt* windowsill; **~laden** *m* shutter; **~leder** *nt* chamois, shammy (leather); **~platz** *m* window seat; **~putzer** (-s, -) *m* window cleaner; **~scheibe** *f* windowpane; **~sims** *m* windowsill.

Ferien ['feːriən] *pl* holidays *pl*, vacation (*US*); **die großen ~** the summer holidays (*BRIT*), the long vacation (*US UNIV*); **~ haben** to be on holiday; **~kurs** *m* holiday course; **~reise** *f* holiday; **~wohnung** *f* holiday flat (*BRIT*), vacation apartment (*US*); **~zeit** *f* holiday period.

Ferkel ['fɛrkəl] (-s, -) *nt* piglet.

fern [fɛrn] *adj, adv* far-off, distant; **~ von hier** a long way (away) from here; **~ halten** to keep away; **jdm ~ liegen** to be far from sb's mind; **F~amt** *nt* (*TEL*) exchange; **F~bedienung** *f* remote control; **~bleiben** *unreg vi:* **~bleiben (von od +dat)** to stay away (from).

Ferne (-, -n) *f* distance.

ferner *adj, adv* further; (*weiterhin*) in future; **unter „~ liefen" rangieren** (*umg*) to be an also-ran.

fern- *zW:* **F~fahrer** *m* long-distance lorry (*BRIT*) *od* truck driver; **F~flug** *m* long-distance flight; **F~gespräch** *nt* long-distance call (*BRIT*), toll call (*US*); **~gesteuert** *adj* remote-controlled; (*Rakete*) guided; **F~glas** *nt* binoculars *pl*; **F~kopie** *f* fax; **F~kopierer** *m* fax machine; **F~kurs(us)** *m* correspondence course; **F~lenkung** *f* remote control; **F~licht** *nt* **mit F~licht fahren** to drive on full beam.

Fernmelde- *in zW* telecommunications; (*MIL*) signals.

fern- *zW:* **F~ost: aus/in F~ost** from/in the Far East; **~östlich** *adj* Far Eastern *attrib*; **F~rohr** *nt* telescope; **F~schreiben** *nt* telex; **F~schreiber** *m* teleprinter; **~schriftlich** *adj* by telex.

Fernsehapparat *m* television (set).

fernsehen ['fɛrnzeːən] *unreg vi* to watch television; **F~ (-s)** *nt* television; **im F~** on television.

Fernseher (-s, -) *m* television (set).

Fernseh- *zW:* **~gebühr** *f* television licence (*BRIT*) *od* license (*US*) fee; **~gerät** *nt* television set; **~programm** *nt* (*Kanal*) channel, station (*US*); (*Sendung*) programme (*BRIT*), program (*US*); (*~zeitschrift*) (television) programme (*BRIT*) *od* program (*US*) guide; **~sendung** *f* television programme (*BRIT*) *od* program (*US*); **~überwachungsanlage** *f* closed-circuit television; **~zuschauer** *m* (television)

viewer.
Fern- *zW:* **~sprecher** *m* telephone;
~sprechzelle *f* telephone box (*BRIT*) *od* booth
(*US*); **~steuerung** *f* remote control.
Fernstudium *nt* multimedia course, ≈ Open
University course (*BRIT*).

FERNSTUDIUM

Fernstudium *is a distance-learning degree
course where students do not go to university but
receive their tuition by letter, television or radio
programmes. There is no personal contact
between student and lecturer. The first
Fernstudium was founded in 1974. Students are
free to practise their career or to bring up a family
at the same time as studying.*

Fernverkehr *m* long-distance traffic.
Fernweh *nt* wanderlust.
Ferse ['fɛrzə] (-, -n) *f* heel.
Fersengeld *nt:* ~ **geben** to take to one's
heels.
fertig ['fɛrtɪç] *adj* (*bereit*) ready; (*beendet*)
finished; (*gebrauchs~*) ready-made;
~ **ausgebildet** fully qualified; **mit jdm/etw**
~ **werden** to cope with sb/sth; **mit den
Nerven** ~ **sein** to be at the end of one's
tether; ~ **bringen** (*fähig sein*) to manage, be
capable of; (*beenden*) to finish; ~ **essen/
lesen** to finish eating/reading; ~ **machen**
(*beenden*) to finish; (*umg: Person*) to finish;
(: *körperlich*) to exhaust; (: *moralisch*) to get
down; **sich** ~ **machen** to get ready; ~ **stellen**
to complete; **F~bau** *m* prefab(ricated
house).
fertigen ['fɛrtɪgən] *vt* to manufacture.
Fertig- *zW:* **~gericht** *nt* ready-to-serve meal;
~haus *nt* prefab(ricated house); **~keit** *f* skill.
Fertigung *f* production.
Fertigungs- *in zW* production; **~straße** *f*
production line.
Fertigware *f* finished product.
fesch [fɛʃ] (*umg*) *adj* (*modisch*) smart;
(: *hübsch*) attractive.
Fessel ['fɛsəl] (-, -n) *f* fetter.
fesseln *vt* to bind; (*mit F~*) to fetter; (*fig*) to
grip; **ans Bett gefesselt** (*fig*) confined to bed.
fesselnd *adj* gripping.
Fest [fɛst] (-(e)s, -e) *nt* (*Feier*) celebration;
(*Party*) party; **man soll die ~e feiern wie sie
fallen** (*Sprichwort*) make hay while the sun
shines.
fest *adj* firm; (*Nahrung*) solid; (*Gehalt*) regular;
(*Gewebe, Schuhe*) strong, sturdy; (*Freund(in)*)
steady ♦ *adv* (*schlafen*) soundly; ~ **angestellt**
employed on a permanent basis;
~ **entschlossen sein** to be absolutely
determined; ~ **umrissen** clearcut; **~e
Kosten** (*COMM*) fixed costs *pl.*

Festbeleuchtung *f* illumination.
festbinden *unreg vt* to tie, fasten.
festbleiben *unreg vi* to stand firm.
Festessen *nt* banquet.
festfahren *unreg vr* to get stuck.
festhalten *unreg vt* to seize, hold fast;
(*Ereignis*) to record ♦ *vr:* **sich** ~ (**an** +*dat*) to
hold on (to).
festigen *vt* to strengthen.
Festigkeit *f* strength.
fest- *zW:* **~klammern** *vr:* **sich ~klammern (an**
+*dat*) to cling on (to); **~klemmen** *vt* to wedge
fast; **F~komma** *nt* (*COMPUT*) fixed point;
F~land *nt* mainland; **~legen** *vt* to fix ♦ *vr* to
commit o.s.; **jdn auf etw** *akk* **~legen**
(~*nageln*) to tie sb (down) to sth;
(*verpflichten*) to commit sb to sth.
festlich *adj* festive.
fest- *zW:* **~liegen** *unreg vi* (*FIN: Geld*) to be tied
up; **~machen** *vt* to fasten; (*Termin etc*) to fix;
~nageln *vt:* **jdn ~nageln (auf** +*akk*) (*fig: umg*)
to pin sb down (to); **F~nahme** (-, -n) *f*
capture; **~nehmen** *unreg vt* to capture,
arrest; **F~platte** *f* (*COMPUT*) hard disk;
F~preis *m* (*COMM*) fixed price.
Festrede *f* speech, address.
festschnallen *vt* to strap down ♦ *vr* to fasten
one's seat belt.
festsetzen *vt* to fix, settle.
Festspiel *nt* festival.
fest- *zW:* **~stehen** *unreg vi* to be certain;
~stellbar *adj* (*herauszufinden*) ascertainable;
~stellen *vt* to establish; (*sagen*) to remark;
(*TECH*) to lock (fast); **F~stellung** *f:* **die
F~stellung machen, dass ...** to realize that
...; (*bemerken*) to remark *od* to observe that ...;
F~tag *m* holiday.
Festung *f* fortress.
festverzinslich *adj* fixed-interest *attrib.*
Festwertspeicher *m* (*COMPUT*) read-only
memory.
Festzelt *nt* marquee.
Fête ['fɛːtə] (-, -n) *f* party.
Fett [fɛt] (-(e)s, -e) *nt* fat, grease; **f~** *adj* fat;
(*Essen etc*) greasy; **f~ gedruckt** bold-type;
f~arm *adj* low fat; **f~en** *vt* to grease; **~fleck** *m*
grease spot *od* stain; **f~frei** *adj* fat-free;
~gehalt *m* fat content; **f~ig** *adj* greasy, fatty;
~näpfchen *nt:* **ins ~näpfchen treten** to put
one's foot in it; **~polster** *nt* (*hum: umg*):
~polster haben to be well-padded.
Fetzen ['fɛtsən] (-s, -) *m* scrap; **..., dass die
~ fliegen** (*umg*) ... like mad.
feucht [fɔyçt] *adj* damp; (*Luft*) humid;
~fröhlich *adj* (*hum*) boozy.
Feuchtigkeit *f* dampness; humidity.
Feuchtigkeitscreme *f* moisturizer.
feudal [fɔy'daːl] *adj* (*POL, HIST*) feudal; (*umg*)
plush.
Feuer ['fɔyər] (-s, -) *nt* fire; (*zum Rauchen*) a

light; (fig: Schwung) spirit; **für jdn durchs ~ gehen** to go through fire and water for sb; **~ und Flamme (für etw) sein** (umg) to be dead keen (on sth); **~ für etw/jdn fangen** (fig) to develop a great interest in sth/sb; **~alarm** m fire alarm; **~eifer** m zeal; **f~fest** adj fireproof; **~gefahr** f danger of fire; **bei ~gefahr** in the event of fire; **f~gefährlich** adj inflammable; **~leiter** f fire escape ladder; **~löscher (-s, -)** m fire extinguisher; **~melder (-s, -)** m fire alarm.

feuern vt, vi (lit, fig) to fire.

Feuer- zW: **f~polizeilich** adj (Bestimmungen) laid down by the fire authorities; **~probe** f acid test; **f~rot** adj fiery red.

Feuersbrunst f (geh) conflagration.

Feuer- zW: **~schlucker** m fire-eater; **~schutz** m (Vorbeugung) fire prevention; (MIL: Deckung) covering fire; **f~sicher** adj fireproof; **~stein** m flint; **~stelle** f fireplace; **~treppe** f fire escape; **~versicherung** f fire insurance; **~waffe** f firearm; **~wehr** f fire brigade; **~wehrauto** nt fire engine; **~werk** nt fireworks pl; **~werkskörper** m firework; **~zangenbowle** f red wine punch containing rum which has been flamed off; **~zeug** nt (cigarette) lighter.

Feuilleton [fœjə'tõː] (-s, -s) nt (PRESSE) feature section; (Artikel) feature (article).

feurig ['fɔʏrɪç] adj fiery.

Fiche [fiːʃ] (-s, -s) m od nt (micro)fiche.

ficht [fɪçt] vb siehe **fechten**.

Fichte ['fɪçtə] (-, -n) f spruce.

ficken ['fɪkən] (umg!) vt, vi to fuck (!).

fick(e)rig ['fɪk(ə)rɪç] (umg) adj fidgety.

fidel [fi'deːl] (umg) adj jolly.

Fidschiinseln ['fɪdʒi|ɪnzəln] pl Fiji Islands.

Fieber ['fiːbər] (-s, -) nt fever, temperature; (Krankheit) fever; **~ haben** to have a temperature; **f~haft** adj feverish; **~messer** m thermometer; **~thermometer** nt thermometer.

fiel etc [fiːl] vb siehe **fallen**.

fies [fiːs] (umg) adj nasty.

Figur [fi'guːr] (-, -en) f figure; (Schach~) chessman, chess piece; **eine gute/ schlechte/traurige ~ abgeben** to cut a good/ poor/sorry figure.

fiktiv [fɪk'tiːf] adj fictitious.

Filet [fi'leː] (-s, -s) nt (KOCH) fillet; (Rinder~) fillet steak; (zum Braten) piece of sirloin od tenderloin (US).

Filiale [fili'aːlə] (-, -n) f (COMM) branch.

Filipino [fili'piːno] (-s, -s) m Filipino.

Film [fɪlm] (-(e)s, -e) m film, movie (bes US); **da ist bei mir der ~ gerissen** (umg) I had a mental blackout; **~aufnahme** f shooting.

Filmemacher(in) m(f) film-maker.

filmen vt, vi to film.

Film- zW: **~festspiele** pl film festival sing;

~kamera f cine-camera; **~riss▲** (umg) m mental blackout; **~schauspieler(in)** m(f) film od movie (bes US) actor, film od movie actress; **~verleih** m film distributors pl; **~vorführgerät** nt cine-projector.

Filter ['fɪltər] (-s, -) m filter; **~kaffee** m filter od drip (US) coffee; **~mundstück** nt filter tip.

filtern vt to filter.

Filterpapier nt filter paper.

Filterzigarette f tipped cigarette.

Filz [fɪlts] (-es, -e) m felt.

filzen vt (umg) to frisk ♦ vi (Wolle) to mat.

Filzstift m felt-tip (pen).

Fimmel ['fɪməl] (-s, -) (umg) m: **du hast wohl einen ~!** you're crazy!

Finale [fi'naːlə] (-s, -(s)) nt finale; (SPORT) final(s pl).

Finanz [fi'nants] f finance; **Finanzen** pl finances pl; **das übersteigt meine ~en** that's beyond my means; **~amt** nt ≈ Inland Revenue Office (BRIT), Internal Revenue Office (US); **~beamte(r)** f(m) revenue officer.

finanziell [finants'jɛl] adj financial.

finanzieren [finan'tsiːrən] vt to finance, to fund.

Finanzierung f financing, funding.

Finanz- zW: **~minister** m ≈ Chancellor of the Exchequer (BRIT), Minister of Finance; **f~schwach** adj financially weak; **~wesen** nt financial system; **~wirtschaft** f public finances pl.

finden ['fɪndən] unreg vt to find; (meinen) to think ♦ vr to be (found); (sich fassen) to compose o.s. ♦ vi: **ich finde schon allein hinaus** I can see myself out; **ich finde nichts dabei, wenn ...** I don't see what's wrong if ...; **das wird sich ~** things will work out.

Finder(in) (-s, -) m(f) finder; **~lohn** m reward (for the finder).

findig adj resourceful.

fing etc [fɪŋ] vb siehe **fangen**.

Finger ['fɪŋər] (-s, -) m finger; **mit ~n auf jdn zeigen** (fig) to look askance at sb; **das kann sich jeder an den (fünf) ~n abzählen** (umg) it sticks out a mile; **sich** dat **etw aus den ~n saugen** to conjure sth up; **lange ~ machen** (umg) to be light-fingered; **~abdruck** m fingerprint; **~handschuh** m glove; **~hut** m thimble; (BOT) foxglove; **~nagel** m fingernail; **~ring** m ring; **~spitze** f fingertip; **~spitzengefühl** nt sensitivity; **~zeig** (-(e)s, -e) m hint, pointer.

fingieren [fɪŋ'giːrən] vt to feign.

fingiert adj made-up, fictitious.

Fink ['fɪŋk] (-en, -en) m finch.

Finne ['fɪnə] (-n, -n) m Finn.

Finnin ['fɪnɪn] f Finn.

finnisch adj Finnish.

Finnland nt Finland.

finster ['fɪnstər] adj dark, gloomy; (verdächtig)

dubious; (*verdrossen*) grim; (*Gedanke*) dark; **jdn ~ ansehen** to give sb a black look; **F~nis** (-) *f* darkness, gloom.

Finte ['fɪntə] (-, -n) *f* feint, trick.

Firlefanz ['fɪrləfants] (*umg*) *m* (*Kram*) frippery; (*Albernheit*): **mach keinen ~** don't clown around.

firm [fɪrm] *adj* well-up.

Firma (-, -men) *f* firm; **die ~ dankt** (*hum*) much obliged (to you).

Firmen- *zW:* **~inhaber** *m* proprietor (*of firm*); **~register** *nt* register of companies; **~schild** *nt* (shop) sign; **~übernahme** *f* takeover; **~wagen** *m* company car; **~zeichen** *nt* trademark.

Firmung *f* (*REL*) confirmation.

Firnis ['fɪrnɪs] (-ses, -se) *m* varnish.

Fis [fɪs] (-, -) *nt* (*MUS*) F sharp.

Fisch [fɪʃ] (-(e)s, -e) *m* fish; **Fische** *pl* (*ASTROL*) Pisces *sing*; **das sind kleine ~e** (*fig: umg*) that's child's play; **~bestand** *m* fish population.

fischen *vt, vi* to fish.

Fischer (-s, -) *m* fisherman.

Fischerei [fɪʃə'raɪ] *f* fishing, fishery.

Fisch- *zW:* **~fang** *m* fishing; **~geschäft** *nt* fishmonger's (shop); **~gräte** *f* fishbone; **~gründe** *pl* fishing grounds *pl*, fisheries *pl*; **~stäbchen** *nt* fish finger (*BRIT*), fish stick (*US*); **~zucht** *f* fish-farming; **~zug** *m* catch of fish.

Fisimatenten [fizima'tɛntən] (*umg*) *pl* (*Ausflüchte*) excuses *pl*; (*Umstände*) fuss *sing*.

Fiskus ['fɪskʊs] *m* (*fig: Staatskasse*) Treasury.

fit [fɪt] *adj* fit.

Fittich ['fɪtɪç] (-(e)s, -e) *m* (*liter*): **jdn unter seine ~e nehmen** (*hum*) to take sb under one's wing.

fix [fɪks] *adj* (*flink*) quick; (*Person*) alert, smart; **~e Idee** obsession, idée fixe; **~ und fertig** finished; (*erschöpft*) done in; **jdn ~ und fertig machen** (*nervös machen*) to drive sb mad.

fixen (*umg*) *vi* (*Drogen spritzen*) to fix.

Fixer(in) ['fɪksər(ɪn)] (*umg*) *m(f)* junkie (*inf*); **~stube** (*umg*) *f* junkies' centre (*inf*).

fixieren [fɪ'ksiːrən] *vt* to fix; (*anstarren*) to stare at; **er ist zu stark auf seine Mutter fixiert** (*PSYCH*) he has a mother fixation.

Fixkosten *pl* (*COMM*) fixed costs *pl*.

FKK *abk* = **Freikörperkultur.**

flach [flax] *adj* flat; (*Gefäß*) shallow; **auf dem ~en Land** in the middle of the country.

Fläche ['flɛçə] (-, -n) *f* area; (*Ober~*) surface.

Flächeninhalt *m* surface area.

Flach- *zW:* **f~fallen** *unreg* (*umg*) *vi* to fall through; **~heit** *f* flatness; shallowness; **~land** *nt* lowland; **f~liegen** *unreg* (*umg*) *vi* to be laid up; **~mann** (-(e)s, *pl* -männer) (*umg*) *m* hip flask.

flachsen ['flaksən] (*umg*) *vi* to kid around.

flackern ['flakərn] *vi* to flare, flicker.

Fladen ['flaːdən] (-s, -) *m* (*KOCH*) round flat dough-cake; (*umg: Kuh~*) cowpat.

Flagge ['flagə] (-, -n) *f* flag; **~ zeigen** (*fig*) to nail one's colours to the mast.

flaggen *vi* to fly flags *od* a flag.

flagrant [fla'grant] *adj* flagrant; **in ~i** red-handed.

Flak [flak] (-s, -) *f* (= *Flug(zeug)abwehrkanone*) anti-aircraft gun; (*Einheit*) anti-aircraft unit.

flambieren [flam'biːrən] *vt* (*KOCH*) to flambé.

Flame ['flaːmə] (-n, -n) *m* Fleming.

Flämin ['flɛːmɪn] *f* Fleming.

flämisch ['flɛːmɪʃ] *adj* Flemish.

Flamme ['flamə] (-, -n) *f* flame; **in ~n stehen/ aufgehen** to be in/go up in flames.

Flandern ['flandərn] *nt* Flanders *sing*.

Flanell [fla'nɛl] (-s, -e) *m* flannel.

Flanke ['flaŋkə] (-, -n) *f* flank; (*SPORT: Seite*) wing.

Flasche ['flaʃə] (-, -n) *f* bottle; (*umg: Versager*) wash-out; **zur ~ greifen** (*fig*) to hit the bottle.

Flaschen- *zW:* **~bier** *nt* bottled beer; **~öffner** *m* bottle opener; **~wein** *m* bottled wine; **~zug** *m* pulley.

flatterhaft *adj* flighty, fickle.

flattern ['flatərn] *vi* to flutter.

flau [flaʊ] *adj* (*Brise, COMM*) slack; **jdm ist ~ (im Magen)** sb feels queasy.

Flaum [flaʊm] (-(e)s) *m* (*Feder*) down.

flauschig ['flaʊʃɪç] *adj* fluffy.

Flausen ['flaʊzən] *pl* silly ideas *pl*; (*Ausflüchte*) weak excuses *pl*.

Flaute ['flaʊtə] (-, -n) *f* calm; (*COMM*) recession.

Flechte ['flɛçtə] (-, -n) *f* (*MED*) dry scab; (*BOT*) lichen.

flechten *unreg vt* to plait; (*Kranz*) to twine.

Fleck [flɛk] (-(e)s, -e) *m* (*Schmutz~*) stain; (*Farb~*) patch; (*Stelle*) spot; **nicht vom ~ kommen** (*lit, fig*) not to get any further; **sich nicht vom ~ rühren** not to budge; **vom ~ weg** straight away.

Fleckchen *nt:* **ein schönes ~ (Erde)** a lovely little spot.

Flecken (-s, -) *m* = **Fleck; f~los** *adj* spotless; **~mittel** *nt* stain remover; **~wasser** *nt* stain remover.

fleckig *adj* marked; (*schmutzig*) stained.

Fledermaus ['fleːdərmaʊs] *f* bat.

Flegel ['fleːgəl] (-s, -) *m* flail; (*Person*) lout; **f~haft** *adj* loutish, unmannerly; **~jahre** *pl* adolescence *sing*.

flegeln *vr* to loll, sprawl.

flehen ['fleːən] *vi* (*geh*) to implore.

flehentlich *adj* imploring.

Fleisch [flaɪʃ] (-(e)s, -e) *nt* flesh; (*Essen*) meat; **sich** *dat od akk* **ins eigene ~ schneiden** to cut off one's nose to spite one's face (*Sprichwort*); **es ist mir in ~ und Blut übergegangen** it has become second nature to me; **~brühe** *f* meat stock.

Fleischer **(-s, -)** *m* butcher.

Fleischerei [flaɪʃəˈraɪ] *f* butcher's (shop).

fleischig *adj* fleshy.

Fleisch- *zW:* **~käse** *m* meat loaf; **f~lich** *adj* carnal; **~pastete** *f* meat pie; **~salat** *m* diced meat salad with mayonnaise; **~vergiftung** *f* food poisoning (*from meat*); **~wolf** *m* mincer; **~wunde** *f* flesh wound; **~wurst** *f* pork sausage.

Fleiß [ˈflaɪs] **(-es)** *m* diligence, industry; **ohne ~ kein Preis** (*Sprichwort*) success never comes easily.

fleißig *adj* diligent, industrious; **~ studieren/ arbeiten** to study/work hard.

flektieren [flɛkˈtiːrən] *vt* to inflect.

flennen [ˈflɛnən] (*umg*) *vi* to cry, blubber.

fletschen [ˈflɛtʃən] *vt* (*Zähne*) to show.

Fleurop ® [ˈflɔyrɔp] *f* ≈ Interflora ®.

flexibel [flɛˈksiːbəl] *adj* flexible.

Flexibilität [flɛksibiliˈtɛːt] *f* flexibility.

flicht [flɪçt] *vb siehe* **flechten**.

Flicken [ˈflɪkən] **(-s, -)** *m* patch.

flicken *vt* to mend.

Flickschusterei [ˈflɪkʃuːstəraɪ] *f*: **das ist ~** that's a patch-up job.

Flieder [ˈfliːdər] **(-s, -)** *m* lilac.

Fliege [ˈfliːgə] **(-, -n)** *f* fly; (*Schlips*) bow tie; **zwei ~n mit einer Klappe schlagen** (*Sprichwort*) to kill two birds with one stone; **ihn stört die ~ an der Wand** every little thing irritates him.

fliegen *unreg vt, vi* to fly; **auf jdn/etw ~** (*umg*) to be mad about sb/sth; **aus der Kurve ~** to skid off the bend; **aus der Firma ~** (*umg*) to get the sack.

fliegend *adj attrib* flying; **~e Hitze** hot flushes *pl*.

Fliegengewicht *nt* (*SPORT, fig*) flyweight.

Fliegenklatsche [ˈfliːgənklatʃə] *f* fly-swat.

Fliegenpilz *m* fly agaric.

Flieger **(-s, -)** *m* flier, airman; **~alarm** *m* air-raid warning.

fliehen [ˈfliːən] *unreg vi* to flee.

Fliehkraft [ˈfliːkraft] *f* centrifugal force.

Fliese [ˈfliːzə] **(-, -n)** *f* tile.

Fließband [ˈfliːsbant] *nt* assembly *od* production line; **am ~ arbeiten** to work on the assembly *od* production line; **~arbeit** *f* production-line work; **~produktion** *f* assembly-line production.

fließen *unreg vi* to flow.

fließend *adj* flowing; (*Rede, Deutsch*) fluent; (*Übergang*) smooth.

Fließ- *zW:* **~heck** *nt* fastback; **~komma** *nt* (*COMPUT*) ≈ floating point; **~papier** *nt* blotting paper (*BRIT*), fleece paper (*US*).

Flimmerkasten (*umg*) *m* (*Fernsehen*) box.

Flimmerkiste (*umg*) *f* (*Fernsehen*) box.

flimmern [ˈflɪmərn] *vi* to glimmer; **es flimmert mir vor den Augen** my head's swimming.

flink [flɪŋk] *adj* nimble, lively; **mit etw ~ bei der Hand sein** to be quick (off the mark) with sth; **F~heit** *f* nimbleness, liveliness.

Flinte [ˈflɪntə] **(-, -n)** *f* shotgun; **die ~ ins Korn werfen** to throw in the sponge.

Flirt [flɶrt] **(-s, -s)** *m* flirtation; **einen ~ (mit jdm) haben** flirt (with sb).

flirten [ˈflɶrtən] *vi* to flirt.

Flittchen (*pej: umg*) *nt* floozy.

Flitter **(-s, -)** *m* (**~schmuck**) sequins *pl*.

Flitterwochen *pl* honeymoon *sing*.

flitzen [ˈflɪtsən] *vi* to flit.

Flitzer **(-s, -)** (*umg*) *m* (*Auto*) sporty car.

floaten [ˈfloːtən] *vt, vi* (*FIN*) to float.

flocht *etc* [flɔxt] *vb siehe* **flechten**.

Flocke [ˈflɔkə] **(-, -n)** *f* flake.

flockig *adj* flaky.

flog *etc* [floːk] *vb siehe* **fliegen**.

Floh [floː] **(-(e)s, ̈-e)** *m* flea; **jdm einen ~ ins Ohr setzen** (*umg*) to put an idea into sb's head.

floh *etc vb siehe* **fliehen**.

Flohmarkt *m* flea market.

Flora [ˈfloːra] **(-, -ren)** *f* flora.

Florenz [floˈrɛnts] *nt* Florence.

florieren [floˈriːrən] *vi* to flourish.

Florist(in) *m(f)* florist.

Floskel [ˈflɔskəl] **(-, -n)** *f* set phrase; **f~haft** *adj* cliché-ridden, stereotyped.

Floß [floːs] **(-es, ̈-e)** *nt* raft.

floss *etc* ▲ [flɔs] *vb siehe* **fließen**.

Flosse [ˈflɔsə] **(-, -n)** *f* fin; (*Taucher~*) flipper; (*umg: Hand*) paw.

Flöte [ˈfløːtə] **(-, -n)** *f* flute; (*Block~*) recorder.

flöten gehen ▲ [ˈfløːtəngeːən] (*umg*) *unreg vi* to go for a burton.

Flötist(in) [fløˈtɪst(ɪn)] *m(f)* flautist, flutist (*bes US*).

flott [flɔt] *adj* lively; (*elegant*) smart; (*NAUT*) afloat.

Flotte **(-, -n)** *f* fleet.

Flottenstützpunkt *m* naval base.

flottmachen *vt* (*Schiff*) to float off; (*Auto, Fahrrad etc*) to put back on the road.

Flöz [fløːts] **(-es, -e)** *nt* layer, seam.

Fluch [fluːx] **(-(e)s, ̈-e)** *m* curse; **f~en** *vi* to curse, swear.

Flucht [flʊxt] **(-, -en)** *f* flight; (*Fenster~*) row; (*Reihe*) range; (*Zimmer~*) suite; (*geglückt*) flight, escape; **jdn/etw in die ~ schlagen** to put sb/sth to flight.

fluchtartig *adj* hasty.

flüchten [ˈflyçtən] *vi* to flee ♦ *vr* to take refuge.

Fluchthilfe *f*: **~ leisten** to aid an escape.

flüchtig *adj* fugitive; (*CHEM*) volatile; (*oberflächlich*) cursory; (*eilig*) fleeting; **~er Speicher** (*COMPUT*) volatile memory; **jdn ~ kennen** to have met sb briefly; **F~keit** *f*

transitoriness; volatility; cursoriness;
F~keitsfehler *m* careless slip.
Flüchtling *m* refugee.
Flüchtlingslager *nt* refugee camp.
Flucht- *zW*: **~versuch** *m* escape attempt;
~weg *m* escape route.
Flug [fluːk] (-(e)s, ⁻e) *m* flight; **im ~** airborne,
in flight; **wie im ~(e)** (*fig*) in a flash;
~abwehr *f* anti-aircraft defence; **~bahn** *f*
flight path; (*Kreisbahn*) orbit; **~begleiter(in)**
m(f) (*AVIAT*) flight attendant; **~blatt** *nt*
pamphlet.
Flügel ['flyːgəl] (-s, -) *m* wing; (*MUS*) grand
piano; **~tür** *f* double door.
flugfähig *adj* able to fly; (*Flugzeug: in Ordnung*)
airworthy.
Fluggast *m* airline passenger.
flügge ['flygə] *adj* (fully-)fledged; **~ werden**
(*lit*) to be able to fly; (*fig*) to leave the nest.
Flug- *zW*: **~geschwindigkeit** *f* flying *od* air
speed; **~gesellschaft** *f* airline (company);
~hafen *m* airport; **~höhe** *f* altitude (of
flight); **~lotse** *m* air traffic *od* flight
controller; **~plan** *m* flight schedule; **~platz**
m airport; (*klein*) airfield; **~reise** *f* flight.
flugs [fluks] *adv* speedily.
Flug- *zW*: **~sand** *m* drifting sand; **~schein** *m*
pilot's licence (*BRIT*) *od* license (*US*);
~schreiber *m* flight recorder; **~schrift** *f*
pamphlet; **~steig** *m* gate; **~strecke** *f* air
route; **~verkehr** *m* air traffic; **~wesen** *nt*
aviation.
Flugzeug (-(e)s, -e) *nt* plane, aeroplane (*BRIT*),
airplane (*US*); **~entführung** *f* hijacking of a
plane; **~halle** *f* hangar; **~träger** *m* aircraft
carrier.
fluktuieren [fluktuˈiːrən] *vi* to fluctuate.
Flunder ['flundər] (-, -n) *f* flounder.
flunkern ['fluŋkərn] *vi* to fib, tell stories.
Fluor ['fluːɔr] (-s) *nt* fluorine.
Flur¹ [fluːr] (-(e)s, -e) *m* hall; (*Treppen~*)
staircase.
Flur² [fluːr] (-, -en) *f* (*geh*) open fields *pl*; **allein
auf weiter ~ stehen** (*fig*) to be out on a limb.
Fluss▲ [flus] (-es, ⁻e) *m* river; (*Fließen*) flow;
im ~ sein (*fig*) to be in a state of flux; **etw in
~ akk bringen** to get sth moving;
f~ab(wärts) *adv* downstream; **f~auf(wärts)**
adv upstream; **~diagramm** *nt* flow chart.
flüssig ['flʏsɪç] *adj* liquid; (*Stil*) flowing; **~es
Vermögen** (*COMM*) liquid assets *pl*;
~ machen (*Geld*) to make available; **F~keit** *f*
liquid; (*Zustand*) liquidity.
Flussmündung▲ *f* estuary.
Flusspferd▲ *nt* hippopotamus.
flüstern ['flʏstərn] *vt, vi* to whisper.
Flüsterpropaganda *f* whispering campaign.
Flut [fluːt] (-, -en) *f* (*lit, fig*) flood; (*Gezeiten*)
high tide; **f~en** *vi* to flood; **~licht** *nt*
floodlight.

flutschen ['flutʃən] (*umg*) *vi* (*rutschen*) to
slide; (: *funktionieren*) to go well.
Flutwelle *f* tidal wave.
fl. W. *abk* (= *fließendes Wasser*) running water.
focht *etc* [fɔxt] *vb siehe* **fechten.**
föderativ [fødəraˈtiːf] *adj* federal.
Fohlen ['foːlən] (-s, -) *nt* foal.
Föhn [føːn] (-(e)s, -e) *m* foehn, *warm dry
alpine wind*; (*Haartrockner*) hairdryer.
föhnen▲ *vt* to blow-dry.
Föhre ['føːrə] (-, -n) *f* Scots pine.
Folge ['fɔlgə] (-, -n) *f* series, sequence;
(*Fortsetzung*) instalment (*BRIT*), installment
(*US*); (*TV, RUNDF*) episode; (*Auswirkung*)
result; **in rascher ~** in quick succession; **etw
zur ~ haben** to result in sth; **~n haben** to
have consequences; **einer Sache** *dat*
~ leisten to comply with sth; **~erscheinung** *f*
result, consequence.
folgen *vi* +*dat* to follow ♦ *vi* (*gehorchen*) to
obey; **jdm ~ können** (*fig*) to follow *od*
understand sb; **daraus folgt, dass …** it
follows from this that …
folgend *adj* following; **im F~en** in the
following; (*schriftlich*) below.
folgendermaßen ['fɔlgəndərˈmaːsən] *adv* as
follows, in the following way.
folgenreich *adj* momentous.
folgenschwer *adj* momentous.
folgerichtig *adj* logical.
folgern *vt*: **~ (aus)** to conclude (from).
Folgerung *f* conclusion.
folgewidrig *adj* illogical.
folglich ['fɔlklɪç] *adv* consequently.
folgsam ['fɔlkzaːm] *adj* obedient.
Folie ['foːliə] (-, -n) *f* foil.
Folienschweißgerät *nt* shrink-wrap
machine.
Folklore ['fɔlkloːɔr] (-) *f* folklore.
Folter ['fɔltər] (-, -n) *f* torture; (*Gerät*) rack;
jdn auf die ~ spannen (*fig*) to keep sb on
tenterhooks.
foltern *vt* to torture.
Fön ® [føːn] (-(e)s, -e) *m* hairdryer.
Fonds [fõː] (-, -) *m* (*lit, fig*) fund; (*FIN:
Schuldverschreibung*) government bond.
fönen△ *vt siehe* **föhnen.**
Fono-△, fono-▲ *in zW* = **Phono-, phono-.**
Fontäne [fɔnˈtɛːnə] (-, -n) *f* fountain.
foppen ['fɔpən] *vt* to tease.
forcieren [fɔrˈsiːrən] *vt* to push; (*Tempo*) to
force; (*Konsum, Produktion*) to push *od* force
up.
Förderband ['fœrdərbant] *nt* conveyor belt.
Förderer (-s, -) *m* patron.
Fördergebiet *nt* development area.
Förderin *f* patroness.
Förderkorb *m* pit cage.
Förderleistung *f* (*MIN*) output.
förderlich *adj* beneficial.

fordern ['fɔrdərn] *vt* to demand; (*fig: kosten: Opfer*) to claim; (: *heraus~*) to challenge.

fördern ['fœrdərn] *vt* to promote; (*unterstützen*) to help; (*Kohle*) to extract; (*finanziell: Projekt*) to sponsor; (*jds Talent, Neigung*) to encourage, foster.

Förderplattform *f* production platform.

Förderstufe *f* (*SCH*) *first stage of secondary school where abilities are judged.*

Förderturm *m* (*MIN*) winding tower; (*auf Bohrstelle*) derrick.

Forderung ['fɔrdərʊŋ] *f* demand.

Förderung ['fœrdərʊŋ] *f* promotion; help; extraction.

Forelle [fo'rɛlə] *f* trout.

Form [fɔrm] (-, -en) *f* shape; (*Gestaltung*) form; (*Guss~*) mould; (*Back~*) baking tin; **in ~ von** in the shape of; **in ~ sein** to be in good form *od* shape; **die ~ wahren** to observe the proprieties; **in aller ~** formally.

formal [fɔr'maːl] *adj* formal; (*Besitzer, Grund*) technical.

formalisieren [fɔrmali'ziːrən] *vt* to formalize.

Formalität [fɔrmali'tɛːt] *f* formality; **alle ~en erledigen** to go through all the formalities.

Format [fɔr'maːt] (-(e)s, -e) *nt* format; (*fig*) quality.

formatieren [fɔrma'tiːrən] *vt* (*Text, Diskette*) to format.

Formation [fɔrmatsi'oːn] *f* formation.

formbar *adj* malleable.

Formblatt *nt* form.

Formel (-, -n) *f* formula; (*von Eid etc*) wording; (*Floskel*) set phrase; **f~haft** *adj* (*Sprache, Stil*) stereotyped.

formell [fɔr'mɛl] *adj* formal.

formen *vt* to form, shape.

Formfehler *m* faux pas, gaffe; (*JUR*) irregularity.

formieren [fɔr'miːrən] *vt* to form ♦ *vr* to form up.

förmlich ['fœrmlıç] *adj* formal; (*umg*) real; **F~keit** *f* formality.

formlos *adj* shapeless; (*Benehmen etc*) informal; (*Antrag*) unaccompanied by a form *od* any forms.

Formsache *f* formality.

Formular [fɔrmu'laːr] (-s, -e) *nt* form.

formulieren [fɔrmu'liːrən] *vt* to formulate.

Formulierung *f* wording.

formvollendet *adj* perfect; (*Vase etc*) perfectly formed.

forsch [fɔrʃ] *adj* energetic, vigorous.

forschen [fɔrʃən] *vi* to search; (*wissenschaftlich*) to (do) research; **~ nach** to search for.

forschend *adj* searching.

Forscher (-s, -) *m* research scientist; (*Natur~*) explorer.

Forschung ['fɔrʃʊŋ] *f* research; **~ und Lehre**

research and teaching; **~ und Entwicklung** research and development.

Forschungsreise *f* scientific expedition.

Forst [fɔrst] (-(e)s, -e) *m* forest; **~arbeiter** *m* forestry worker.

Förster ['fœrstər] (-s, -) *m* forester; (*für Wild*) gamekeeper.

Forstwesen *nt* forestry.

Forstwirtschaft *f* forestry.

fort [fɔrt] *adv* away; (*verschwunden*) gone; (*vorwärts*) on; **und so ~** and so on; **in einem ~** incessantly; **~bestehen** *unreg vi* to continue to exist; **~bewegen** *vt, vr* to move away; **~bilden** *vr* to continue one's education; **F~bildung** *f* further education; **~bleiben** *unreg vi* to stay away; **~bringen** *unreg vt* to take away; **F~dauer** *f* continuance; **~dauernd** *adj* continuing; (*in der Vergangenheit*) continued ♦ *adv* constantly, continuously; **~fahren** *unreg vi* to depart; (*~setzen*) to go on, continue; **~führen** *vt* to continue, carry on; **F~gang** *m* (*Verlauf*) progress; (*Weggang*): **F~gang (aus)** departure (from); **~gehen** *unreg vi* to go away; **~geschritten** *adj* advanced; **~kommen** *unreg vi* to get on; (*wegkommen*) to get away; **~können** *unreg vi* to be able to get away; **~lassen** *vt* (*auslassen*) to leave out, omit; (*weggehen lassen*): **jdn ~lassen** to let sb go; **~laufend** *adj:* **~laufend nummeriert** consecutively numbered; **~müssen** *unreg vi* to have to go; **~pflanzen** *vr* to reproduce; **F~pflanzung** *f* reproduction.

FORTRAN ['fɔrtran] *nt* FORTRAN.

Forts. *abk* = **Fortsetzung**.

fortschaffen *vt* to remove.

fortschreiten *unreg vi* to advance.

Fortschritt ['fɔrtʃrıt] *m* advance; **~e machen** to make progress; **dem ~ dienen** to further progress; **f~lich** *adj* progressive.

fortschrittsgläubig *adj* believing in progress.

fort- *zW:* **~setzen** *vt* to continue; **F~setzung** *f* continuation; (*folgender Teil*) instalment (*BRIT*), installment (*US*); **F~setzung folgt** to be continued; **F~setzungsroman** *m* serialized novel; **~während** *adj* incessant, continual; **~wirken** *vi* to continue to have an effect; **~ziehen** *unreg vt* to pull away ♦ *vi* to move on; (*umziehen*) to move away.

Foto [foːto] (-s, -s) *nt* photo(graph); **ein ~ machen** to take a photo(graph); **~album** *nt* photograph album; **~apparat** *m* camera; **~graf(in)** (-en, -en) *m(f)* photographer; **~grafie** *f* photography; (*Bild*) photograph; **f~grafieren** *vt* to photograph ♦ *vi* to take photographs; **~kopie** *f* photocopy; **f~kopieren** *vt* to photocopy; **~kopierer** *m* photocopier; **~kopiergerät** *nt* photocopier.

Foul [faʊl] (-s, -s) *nt* foul.

Foyer [foa'jeː] (-s, -s) *nt* foyer; (*in Hotel*) lobby, foyer.

FPÖ (-) *f abk* (= *Freiheitliche Partei Österreichs*) Austrian Freedom Party.

Fr. *abk* (= *Frau*) Mrs, Ms.

Fracht [fraxt] (-, -en) *f* freight; (*NAUT*) cargo; (*Preis*) carriage; ~ **zahlt Empfänger** (*COMM*) carriage forward; ~**brief** *m* consignment note, waybill.

Frachter (-s, -) *m* freighter.

Fracht- *zW:* **f~frei** *adj* (*COMM*) carriage paid *od* free; ~**gut** *nt* freight; ~**kosten** *pl* (*COMM*) freight charges *pl*.

Frack [frak] (-(e)s, ⁻e) *m* tails *pl*, tail coat.

Frage ['fraːgə] (-, -n) *f* question; **jdm eine** ~ **stellen** to ask sb a question, put a question to sb; **das ist gar keine** ~, **das steht außer** ~ there's no question about it; *siehe auch* **infrage**; ~**bogen** *m* questionnaire.

fragen *vt, vi* to ask ♦ *vr* to wonder; **nach Arbeit/Post** ~ to ask whether there is/was any work/mail; **da fragst du mich zu viel** (*umg*) I really couldn't say; **nach** *od* **wegen** (*umg*) **jdn** ~ to ask for sb; (*nach jds Befinden*) to ask after sb; **ohne lange zu** ~ without asking a lot of questions.

Fragerei [fraːgə'raɪ] *f* questions *pl*.

Fragestunde *f* (*PARL*) question time.

Fragezeichen *nt* question mark.

fraglich *adj* questionable, doubtful; (*betreffend*) in question.

fraglos *adv* unquestionably.

Fragment [fra'gmɛnt] *nt* fragment.

fragmentarisch [fragmɛn'taːrɪʃ] *adj* fragmentary.

fragwürdig ['fraːkvʏrdɪç] *adj* questionable, dubious.

Fraktion [fraktsi'oːn] *f* parliamentary party.

Fraktionsvorsitzende(r) *f(m)* (*POL*) party whip.

Fraktionszwang *m* requirement to obey the party whip.

frank [fraŋk] *adj* frank, candid.

Franken[1] ['fraŋkən] *nt* Franconia.

Franken[2] ['fraŋkən] (-, -) *m:* **(Schweizer)** ~ (Swiss) Franc.

Frankfurt ['fraŋkfʊrt] (-s) *nt* Frankfurt.

Frankfurter(in) *m(f)* native of Frankfurt ♦ *adj* Frankfurt; ~ **Würstchen** *pl* frankfurters.

frankieren [fraŋ'kiːrən] *vt* to stamp, frank.

Frankiermaschine *f* franking machine.

fränkisch ['fraŋkɪʃ] *adj* Franconian.

franko *adv* carriage paid; (*POST*) post-paid.

Frankreich ['fraŋkraɪç] (-s) *nt* France.

Franse ['franzə] (-, -n) *f* fringe.

fransen *vi* to fray.

franz. *abk* = **französisch**.

Franzbranntwein *m* alcoholic liniment.

Franzose [fran'tsoːzə] (-n, -n) *m* Frenchman; French boy.

Französin [fran'tsøːzɪn] *f* Frenchwoman; French girl.

französisch *adj* French; ~**es Bett** double bed.

Fräse ['frɛːzə] (-, -n) *f* (*Werkzeug*) milling cutter; (*für Holz*) moulding cutter.

Fraß (-es, -e) (*pej: umg*) *m* (*Essen*) muck.

fraß *etc* [fraːs] *vb siehe* **fressen**.

Fratze ['fratsə] (-, -n) *f* grimace; **eine** ~ **schneiden** to pull *od* make a face.

Frau [frau] (-, -en) *f* woman; (*Ehe~*) wife; (*Anrede*) Mrs, Ms; ~ **Doktor** Doctor.

Frauen- *zW:* ~**arzt** *m* gynaecologist (*BRIT*), gynecologist (*US*); ~**bewegung** *f* feminist movement; **f~feindlich** *adj* anti-women, misogynous; ~**haus** *nt* women's refuge; ~**quote** *f* recommended proportion of women (employed); ~**rechtlerin** *f* feminist; ~**zentrum** *nt* women's advice centre; ~**zimmer** (*pej*) *nt* female, broad (*US*).

Fräulein ['frɔylaɪn] *nt* young lady; (*Anrede*) Miss; (*Verkäuferin*) assistant (*BRIT*), sales clerk (*US*); (*Kellnerin*) waitress.

fraulich ['fraulɪç] *adj* womanly.

frech [frɛç] *adj* cheeky, impudent; ~ **wie Oskar sein** (*umg*) to be a little monkey; **F~dachs** *m* cheeky monkey; **F~heit** *f* cheek, impudence; **sich** *dat* **(einige) F~heiten erlauben** to be a bit cheeky (*bes BRIT*) *od* fresh (*bes US*).

Fregatte [fre'gatə] (-, -n) *f* frigate.

frei [fraɪ] *adj* free; (*Stelle*) vacant; (*Mitarbeiter*) freelance; (*Geld*) available; (*unbekleidet*) bare; **aus** ~**en Stücken** *od* ~**em Willen** of one's own free will; ~ **nach** ... based on ...; **für etw** ~**e Fahrt geben** (*fig*) to give sth the go-ahead; **der Film ist** ~ **ab 16 (Jahren)** the film may be seen by people of 16 years (of age) and over; **unter** ~**em Himmel** in the open (air); **morgen/Mittwoch ist** ~ tomorrow/Wednesday is a holiday; **„Zimmer** ~**"** "vacancies"; **auf** ~**er Strecke** (*EISENB*) between stations; (*AUT*) on the road; ~**er Wettbewerb** fair/open competition; ~ **Haus** (*COMM*) carriage paid; ~ **Schiff** (*COMM*) free on board; ~**e Marktwirtschaft** free market economy; **von etw** ~ **sein** to be free of sth; **im F~en** in the open air; ~ **sprechen** to talk without notes; **F~bad** *nt* open-air swimming pool; ~**bekommen** *unreg vt:* **jdn/einen Tag** ~**bekommen** to get sb freed/get a day off; ~**beruflich** *adj* self-employed; **F~betrag** *m* tax allowance.

Freier (-s, -) *m* suitor.

Frei- *zW:* ~**exemplar** *nt* free copy; **f~geben** *unreg vt:* **etw zum Verkauf f~geben** to allow sth to be sold on the open market; **f~gebig** *adj* generous; ~**gebigkeit** *f* generosity; ~**hafen** *m* free port; **f~halten** *unreg vt* to keep free; (*bezahlen*) to pay for; ~**handel** *m* free trade; ~**handelszone** *f* free trade area;

f~händig *adv* (*fahren*) with no hands.
Freiheit *f* freedom; **sich** *dat* **die ~ nehmen, etw zu tun** to take the liberty of doing sth; **f~lich** *adj* liberal; (*Verfassung*) based on the principle of liberty; (*Demokratie*) free.
Freiheits- *zW*: ~**beraubung** *f* (*JUR*) wrongful deprivation of personal liberty; ~**drang** *m* urge/desire for freedom; ~**kampf** *m* fight for freedom; ~**kämpfer(in)** *m(f)* freedom fighter; ~**rechte** *pl* civil liberties *pl*; ~**strafe** *f* prison sentence.
frei- *zW*: ~**heraus** *adv* frankly; **F~karte** *f* free ticket; ~**kaufen** *vt*: **jdn/sich ~kaufen** to buy sb's/one's freedom; ~**kommen** *unreg vi* to get free; **F~körperkultur** *f* nudism; ~**lassen** *unreg vt* to (set) free; **F~lauf** *m* freewheeling; ~**laufend** *adj* (*Hühner*) free-range; ~**legen** *vt* to expose; ~**lich** *adv* certainly, admittedly; **ja ~lich!** yes of course; **F~lichtbühne** *f* open-air theatre; ~**machen** *vt* (*POST*) to frank ♦ *vr* to arrange to be free; **Tage ~machen** to take days off; **sich ~machen** (*beim Arzt*) to take one's clothes off, strip; **F~maurer** *m* Mason, Freemason.
freimütig ['fraɪmyːtɪç] *adj* frank, honest.
Frei- *zW*: **f~nehmen**▲ *vt*: **sich** *dat* **einen Tag f~nehmen** to take a day off; ~**raum** *m*: ~**raum (zu)** (*fig*) freedom (for); **f~schaffend** *adj attrib* freelance; ~**schärler (-s, -)** *m* guerrilla; **f~schwimmen** *vr* (*fig*) to learn to stand on one's own two feet; **f~setzen** *vt* (*Energien*) to release; **f~sinnig** *adj* liberal; **f~sprechen** *unreg vt*: **f~sprechen (von)** to acquit (of); ~**spruch** *m* acquittal; **f~stehen** *unreg vi*: **es steht dir f~, das zu tun** you are free to do so; **das steht Ihnen völlig f~** that is completely up to you; **f~stellen** *vt*: **jdm etw f~stellen** to leave sth (up) to sb; ~**stoß** *m* free kick; ~**stunde** *f* free hour; (*SCH*) free period.
Freitag *m* Friday; *siehe auch* **Dienstag.**
freitags *adv* on Fridays.
Frei- *zW*: ~**tod** *m* suicide; ~**übungen** *pl* (physical) exercises *pl*; ~**umschlag** *m* reply-paid envelope; ~**wild** *nt* (*fig*) fair game; **f~willig** *adj* voluntary; ~**willige(r)** *f(m)* volunteer; ~**zeichen** *nt* (*TEL*) ringing tone; ~**zeit** *f* spare *od* free time; ~**zeitgestaltung** *f* organization of one's leisure time; **f~zügig** *adj* liberal, broad-minded; (*mit Geld*) generous.
fremd [frɛmt] *adj* (*unvertraut*) strange; (*ausländisch*) foreign; (*nicht eigen*) someone else's; **etw ist jdm ~** sth is foreign to sb; **ich bin hier ~** I'm a stranger here; **sich ~ fühlen** to feel like a stranger; ~**artig** *adj* strange.
Fremde (-) *f* (*liter*): **die ~** foreign parts *pl*.
Fremde(r) *f(m)* stranger; (*Ausländer*) foreigner.
Fremden- *zW*: ~**führer** *m* (tourist) guide;

(*Buch*) guide (book); ~**legion** *f* foreign legion; ~**verkehr** *m* tourism; ~**zimmer** *nt* guest room.
fremd- *zW*: ~**gehen** *unreg* (*umg*) *vi* to be unfaithful; **F~kapital** *nt* loan capital; **F~körper** *m* foreign body; ~**ländisch** *adj* foreign; **F~ling** *m* stranger; **F~sprache** *f* foreign language; **F~sprachenkorrespondentin** *f* bilingual secretary; ~**sprachig** *adj attrib* foreign-language; **F~wort** *nt* foreign word.
frenetisch [fre'neːtɪʃ] *adj* frenetic.
Frequenz [fre'kvɛnts] *f* (*RUNDF*) frequency.
Fresse (-, -n) (*umg!*) *f* (*Mund*) gob; (*Gesicht*) mug.
fressen ['frɛsən] *unreg vt, vi* to eat ♦ *vr*: **sich voll** *od* **satt ~** to gorge o.s.; **einen Narren an jdm/etw gefressen haben** to dote on sb/sth.
Freude ['frɔʏdə] (-, -n) *f* joy, delight; **~ an etw** *dat* **haben** to get *od* derive pleasure from sth; **jdm eine ~ machen** *od* **bereiten** to make sb happy.
Freudenhaus *nt* (*veraltet*) house of ill repute.
Freudentanz *m*: **einen ~ aufführen** to dance with joy.
freudestrahlend *adj* beaming with delight.
freudig *adj* joyful, happy.
freudlos *adj* joyless.
freuen ['frɔʏən] *vt unpers* to make happy *od* pleased ♦ *vr* to be glad *od* happy; **sich auf etw** *akk* **~** to look forward to sth; **sich über etw** *akk* **~** to be pleased about sth; **sich zu früh ~** to get one's hopes up too soon.
Freund ['frɔʏnt] (-(e)s, -e) *m* friend; (*Liebhaber*) boyfriend; **ich bin kein ~ von so etwas** I'm not one for that sort of thing; ~**in** *f* friend; (*Liebhaberin*) girlfriend; **f~lich** *adj* kind, friendly; **bitte recht f~lich!** smile please!; **würden Sie bitte so f~lich sein und das tun?** would you be so kind as to do that?; **f~licherweise** *adv* kindly; ~**lichkeit** *f* friendliness, kindness; ~**schaft** *f* friendship; **f~schaftlich** *adj* friendly.
Frevel ['freːfəl] (-s, -) *m*: ~ (**an** +*dat*) crime *od* offence (against); **f~haft** *adj* wicked.
Frhr. *abk* (= *Freiherr*) baron.
Frieden ['friːdən] (-s, -) *m* peace; **im ~** in peacetime; **~ schließen** to make one's peace; (*POL*) to make peace; **um des lieben ~s willen** (*umg*) for the sake of peace and quiet; **ich traue dem ~ nicht** (*umg*) something (fishy) is going on.
Friedens- *zW*: ~**bewegung** *f* peace movement; ~**richter** *m* justice of the peace; ~**schluss**▲ *m* peace agreement; ~**truppe** *f* peace-keeping force; ~**verhandlungen** *pl* peace negotiations *pl*; ~**vertrag** *m* peace treaty; ~**zeit** *f* peacetime.
fried- *zW*: ~**fertig** *adj* peaceable; **F~hof** *m* cemetery; ~**lich** *adj* peaceful; **etw auf**

frieren–FU

~**lichem Wege lösen** to solve sth by peaceful means.

frieren ['friːrən] *unreg vi* to freeze ♦ *vt unpers* to freeze ♦ *vi unpers*: **heute Nacht hat es gefroren** it was below freezing last night; **ich friere, es friert mich** I am freezing, I'm cold; **wie ein Schneider ~** (*umg*) to be *od* get frozen to the marrow.

Fries [friːs] (**-es, -e**) *m* (*ARCHIT*) frieze.

Friese ['friːzə] (**-n, -n**) *m* Fri(e)sian.

Friesin ['friːzɪn] *f* Fri(e)sian.

frigid(e) *adj* frigid.

Frikadelle [frika'dɛlə] *f* meatball.

frisch [frɪʃ] *adj* fresh; (*lebhaft*) lively; ~ **gestrichen!** wet paint!; **sich ~ machen** to freshen (o.s.) up; **jdn auf ~er Tat ertappen** to catch sb red-handed *od* in the act.

Frische (**-**) *f* freshness; liveliness; **in alter ~** (*umg*) as always.

Frischhaltebeutel *m* airtight bag.

Frischhaltefolie *f* clingfilm.

frischweg *adv* (*munter*) straight out.

Friseur [fri'zøːr] *m* hairdresser.

Friseuse [fri'zøːzə] *f* hairdresser.

frisieren [fri'ziːrən] *vt* (*Haar*) to do; (*fig: Abrechnung*) to fiddle, doctor ♦ *vr* to do one's hair; **jdn ~, jdm das Haar ~** to do sb's hair.

Frisiersalon *m* hairdressing salon.

Frisiertisch *m* dressing table.

Frisör [fri'zøːr] (**-s, -e**) *m* hairdresser.

frisst▲ [frɪst] *vb siehe* **fressen**.

Frist [frɪst] (**-, -en**) *f* period; (*Termin*) deadline; **eine ~ einhalten/verstreichen lassen** to meet a deadline/let a deadline pass; (*bei Rechnung*) to pay/not to pay within the period stipulated; **jdm eine ~ von vier Tagen geben** to give sb four days' grace.

fristen *vt* (*Dasein*) to lead; (*kümmerlich*) to eke out.

Fristenlösung *f* abortion law (*permitting abortion in the first three months*).

fristgerecht *adj* within the period stipulated.

fristlos *adj* (*Entlassung*) instant.

Frisur [fri'zuːr] *f* hairdo, hairstyle.

Fritteuse▲ [fri'tøːzə] (**-, -n**) *f* chip pan (*BRIT*), deep fat fryer.

frittieren▲ [fri'tiːrən] *vt* to deep fry.

frivol [fri'voːl] *adj* frivolous.

Frl. *abk* (= *Fräulein*) Miss.

froh [froː] *adj* happy, cheerful; **ich bin ~, dass** ... I'm glad that ...

fröhlich ['frøːlɪç] *adj* merry, happy; **F~keit** *f* merriment, gaiety.

frohlocken *vi* (*geh*) to rejoice; (*pej*) to gloat.

Frohsinn *m* cheerfulness.

fromm [frɔm] *adj* pious, good; (*Wunsch*) idle.

Frömmelei [frœmə'laɪ] *f* false piety.

Frömmigkeit *f* piety.

frönen ['frøːnən] *vi* +*dat* to indulge in.

Fronleichnam [froːn'laɪçnaːm] (**-(e)s**) *m* Corpus Christi.

Front [frɔnt] (**-, -en**) *f* front; **klare ~en schaffen** (*fig*) to clarify the position.

frontal [frɔn'taːl] *adj* frontal; **F~angriff** *m* frontal attack.

fror *etc* [froːr] *vb siehe* **frieren**.

Frosch [frɔʃ] (**-(e)s, ⁻e**) *m* frog; (*Feuerwerk*) squib; **sei kein ~!** (*umg*) be a sport!; ~**mann** *m* frogman; ~**perspektive** *f*: **etw aus der ~perspektive sehen** to get a worm's-eye view of sth; ~**schenkel** *m* frog's leg.

Frost [frɔst] (**-(e)s, ⁻e**) *m* frost; **f~beständig** *adj* frost-resistant; ~**beule** *f* chilblain.

frösteln ['frœstəln] *vi* to shiver.

frostig *adj* frosty.

Frostschutzmittel *nt* anti-freeze.

Frottee [frɔ'teː] (**-(s), -s**) *nt od m* towelling.

frottieren [frɔ'tiːrən] *vt* to rub, towel.

Frottierhandtuch *nt* towel.

Frottiertuch *nt* towel.

frotzeln ['frɔtsəln] (*umg*) *vt, vi* to tease.

Frucht [fruxt] (**-, ⁻e**) *f* (*lit, fig*) fruit; (*Getreide*) corn; (*Embryo*) foetus; **f~bar** *adj* fruitful, fertile; ~**barkeit** *f* fertility; ~**becher** *m* fruit sundae.

Früchtchen ['fryçtçən] (*umg*) *nt* (*Tunichtgut*) good-for-nothing.

fruchten *vi* to be of use.

fruchtlos *adj* fruitless.

Fruchtsaft *m* fruit juice.

früh [fryː] *adj, adv* early; **heute ~** this morning; **von ~ auf** from an early age; **F~aufsteher** (**-s, -**) *m* early riser; **F~dienst** *m*: **F~dienst haben** to be on early shift.

Frühe (**-**) *f* early morning; **in aller ~** at the crack of dawn.

früher *adj* earlier; (*ehemalig*) former ♦ *adv* formerly; ~ **war das anders** that used to be different; ~ **oder später** sooner or later.

frühestens *adv* at the earliest.

Frühgeburt *f* premature birth; (*Kind*) premature baby.

Frühjahr *nt* spring.

Frühjahrsmüdigkeit *f* springtime lethargy.

Frühjahrsputz *m* spring-cleaning.

Frühling *m* spring; **im ~** in spring.

früh- *zW*: ~**reif** *adj* precocious; **F~rentner** *m* person who has retired early; **F~schicht** *f* early shift; **F~schoppen** *m* morning/lunchtime drink; **F~sport** *m* early morning exercise; **F~stück** *nt* breakfast; ~**stücken** *vi* to (have) breakfast; **F~warnsystem** *nt* early warning system; ~**zeitig** *adj* early; (*vorzeitig*) premature.

Frust (**-(e)s**) (*umg*) *m* frustration.

frustrieren [frus'triːrən] *vt* to frustrate.

frz. *abk* = **französisch**.

FSV *abk* (= *Fußball-Sportverein*) F.C.

FU (**-**) *f abk* (= *Freie Universität Berlin*) Berlin University.

Fuchs [fʊks] (**-es**, **ᵚe**) *m* fox.
fuchsen (*umg*) *vt* to rile, annoy ♦ *vr* to be annoyed.
Füchsin ['fʏksɪn] *f* vixen.
fuchsteufelswild *adj* hopping mad.
Fuchtel ['fʊxtl] (**-**, **-n**) *f* (*fig: umg*): **unter jds ~** under sb's control *od* thumb.
fuchteln ['fʊxtəln] *vi* to gesticulate wildly.
Fuge ['fuːgə] (**-**, **-n**) *f* joint; (*MUS*) fugue.
fügen ['fyːgən] *vt* to place, join ♦ *vr unpers* to happen ♦ *vr*: **sich ~** (**in** *+akk*) to be obedient (to); (*anpassen*) to adapt o.s. (to).
fügsam ['fyːkzaːm] *adj* obedient.
fühlbar *adj* perceptible, noticeable.
fühlen ['fyːlən] *vt*, *vi*, *vr* to feel.
Fühler (**-s**, **-**) *m* feeler.
Fühlung *f*: **mit jdm in ~ bleiben/stehen** to stay/be in contact *od* touch with sb.
fuhr *etc* [fuːr] *vb siehe* **fahren**.
Fuhre (**-**, **-n**) *f* (*Ladung*) load.
führen ['fyːrən] *vt* to lead; (*Geschäft*) to run; (*Name*) to bear; (*Buch*) to keep; (*im Angebot haben*) to stock ♦ *vi* to lead ♦ *vr* to behave; **was führt Sie zu mir?** (*form*) what brings you to me?; **Geld/seine Papiere bei sich ~** (*form*) to carry money/one's papers on one's person; **das führt zu nichts** that will come to nothing.
Führer(in) ['fyːrər(ɪn)] (**-s**, **-**) *m(f)* leader; (*Fremden~*) guide; **~haus** *nt* cab; **~schein** *m* driving licence (*BRIT*), driver's license (*US*); **den ~schein machen** (*AUT*) to learn to drive; (*die Prüfung ablegen*) to take one's (driving) test; **~scheinentzug** *m* disqualification from driving.
Fuhrmann ['fuːrman] (**-(e)s**, *pl* **-leute**) *m* carter.
Führung ['fyːrʊŋ] *f* leadership; (*eines Unternehmens*) management; (*MIL*) command; (*Benehmen*) conduct; (*Museums~*) conducted tour.
Führungs- *zW*: **~kraft** *f* executive; **~stab** *m* (*MIL*) command; (*COMM*) top management; **~stil** *m* management style; **~zeugnis** *nt* certificate of good conduct.
Fuhrunternehmen *nt* haulage business.
Fuhrwerk *nt* cart.
Fülle ['fʏlə] (**-**) *f* wealth, abundance.
Füllen (**-s**, **-**) *nt* foal.
füllen *vt* to fill; (*KOCH*) to stuff ♦ *vr* to fill (up).
Füller (**-s**, **-**) *m* fountain pen.
Füllfederhalter *m* fountain pen.
Füllgewicht *nt* (*COMM*) weight at time of packing; (*auf Dosen*) net weight.
füllig ['fʏlɪç] *adj* (*Mensch*) corpulent, portly; (*Figur*) ample.
Füllung *f* filling; (*Holz~*) panel.
fummeln ['fʊməln] (*umg*) *vi* to fumble.
Fund [fʊnt] (**-(e)s**, **-e**) *m* find.
Fundament [fʊndaˈmɛnt] *nt* foundation.

fundamental *adj* fundamental.
Fundamentalismus *m* fundamentalism.
Fundbüro *nt* lost property office, lost and found (*US*).
Fundgrube *f* (*fig*) treasure trove.
fundieren [fʊnˈdiːrən] *vt* to back up.
fundiert *adj* sound.
fündig ['fʏndɪç] *adj* (*MIN*) rich; **~ werden** to make a strike; (*fig*) to strike it lucky.
Fundsachen *pl* lost property *sing*.
fünf [fʏnf] *num* five; **seine ~ Sinne beisammen haben** to have all one's wits about one; **~(e) gerade sein lassen** (*umg*) to turn a blind eye; **~hundert** *num* five hundred; **~jährig** *adj* (*Frist, Plan*) five-year; (*Kind*) five-year-old; **F~kampf** *m* pentathlon.
Fünfprozentklausel *f* (*PARL*) *clause debarring parties with less than 5% of the vote from Parliament.*

FÜNFPROZENTKLAUSEL

The **Fünfprozentklausel** *is a rule in German Federal elections whereby only those parties who collect at least 5% of the second vote* (**Zweitstimme**) *receive a parliamentary seat. This is to avoid the parliament being made up of a large number of very small parties which, in the Weimar Republic, led to political instability.*

Fünftagewoche *f* five-day week.
fünfte(r, s) *adj* fifth.
Fünftel (**-s**, **-**) *nt* fifth.
fünfzehn *num* fifteen.
fünfzig *num* fifty.
fungieren [fʊŋˈgiːrən] *vi* to function; (*Person*) to act.
Funk [fʊŋk] (**-s**) *m* radio, wireless (*BRIT old*); **~ausstellung** *f* radio and television exhibition.
Funke (**-ns**, **-n**) *m* (*lit, fig*) spark.
funkeln *vi* to sparkle.
funkelnagelneu (*umg*) *adj* brand-new.
Funken (**-s**, **-**) *m* = **Funke**.
funken *vt* to radio.
Funker (**-s**, **-**) *m* radio operator.
Funk- *zW*: **~gerät** *nt* radio set; **~haus** *nt* broadcasting centre; **~kolleg** *nt* educational radio broadcasts *pl*; **~rufempfänger** *m* (*TELEC*) pager, paging device; **~spot** *m* advertisement on the radio; **~sprechgerät** *nt* radio telephone; **~spruch** *m* radio signal; **~station** *f* radio station; **~stille** *f* (*fig*) ominous silence; **~streife** *f* police radio patrol; **~taxi** *nt* radio taxi; **~telefon** *nt* cell phone; **~telefonnetz** *nt* radio telephone network.
Funktion [fʊŋktsiˈoːn] *f* function; **in ~ treten/sein** to come into/be in operation.
Funktionär(in) [fʊŋktsioˈnɛːr(ɪn)] (**-s**, **-e**) *m(f)*

functionary, official.

funktionieren [fʊŋktsio'niːrən] vi to work, function.

Funktions- zW: **f~fähig** adj working; **~taste** f (COMPUT) function key; **f~tüchtig** adj in working order.

Funzel [funtsəl] (-, -n) (umg) f dim lamp.

für [fyːr] präp +akk for; **was ~** what kind od sort of; **~s Erste** for the moment; **was Sie da sagen, hat etwas ~ sich** there's something in what you're saying; **Tag ~ Tag** day after day; **Schritt ~ Schritt** step by step; **das F~ und Wider** the pros and cons pl; **F~bitte** f intercession.

Furche ['fʊrçə] (-, -n) f furrow.

furchen vt to furrow.

Furcht [fʊrçt] (-) f fear; **f~bar** adj terrible, awful.

fürchten ['fʏrçtən] vt to be afraid of, fear ♦ vr: **sich ~ (vor** +dat) to be afraid (of).

fürchterlich adj awful.

furchtlos adj fearless.

furchtsam adj timorous.

füreinander [fyːr|aɪ'nandər] adv for each other.

Furie ['fuːriə] (-, -n) f (MYTHOLOGIE) fury; (fig) hellcat.

Furnier [fʊr'niːr] (-s, -e) nt veneer.

Furore [fu'roːrə] f od nt: **~ machen** (umg) to cause a sensation.

fürs [fyːrs] = **für das.**

Fürsorge ['fyːrzɔrgə] f care; (Sozial~) welfare; **von der ~ leben** to live on social security (BRIT) od welfare (US); **~amt** nt welfare office.

Fürsorger(in) (-s, -) m(f) welfare worker.

Fürsorgeunterstützung f social security (BRIT), welfare benefit (US).

fürsorglich adj caring.

Fürsprache f recommendation; (um Gnade) intercession.

Fürsprecher m advocate.

Fürst [fʏrst] (-en, -en) m prince.

Fürstentum nt principality.

Fürstin f princess.

fürstlich adj princely.

Furt [fʊrt] (-, -en) f ford.

Furunkel [fu'rʊŋkəl] (-s, -) nt od m boil.

Fürwort ['fyːrvɔrt] nt pronoun.

furzen ['fʊrtsən] (umg!) vi to fart (!).

Fusion [fuzi'oːn] f amalgamation; (von Unternehmen) merger; (von Atomkernen, Zellen) fusion.

fusionieren [fuzio'niːrən] vt to amalgamate.

Fuß [fuːs] (-es, ̈-e) m foot; (von Glas, Säule etc) base; (von Möbel) leg; **zu ~** on foot; **bei ~!** heel!; **jdm etw vor die Füße werfen** (lit) to throw sth at sb; (fig) to tell sb to keep sth; **(festen) ~ fassen** (lit, fig) to gain a foothold; (sich niederlassen) to settle down; **mit jdm**

auf gutem ~ stehen to be on good terms with sb; **auf großem ~ leben** to live the high life.

Fußball m football; **~platz** m football pitch; **~spiel** nt football match; **~spieler** m footballer (BRIT), football player (US); **~toto** m od nt football pools pl.

Fußboden m floor; **~heizung** f underfloor heating.

Fußbremse f (AUT) foot brake.

fusselig ['fʊsəlɪç] adj: **sich** dat **den Mund ~ reden** (umg) to talk till one is blue in the face.

fusseln ['fʊsəln] vi (Stoff, Kleid etc) to go bobbly (umg).

fußen vi: **~ auf** +dat to rest on, be based on.

Fuß- zW: **~ende** nt foot; **~gänger(in)** (-s, -) m(f) pedestrian; **~gängerüberführung** f pedestrian bridge; **~gängerzone** f pedestrian precinct; **~leiste** f skirting board (BRIT), baseboard (US); **~nagel** m toenail; **~note** f footnote; **~pfleger** m chiropodist; **~pilz** m (MED) athlete's foot; **~spur** f footprint; **~stapfen** (-s, -) m: **in jds ~stapfen treten** (fig) to follow in sb's footsteps; **~tritt** m kick; (Spur) footstep; **~volk** nt (fig): **das ~volk** the rank and file; (umg) m footpath.

futsch [fʊtʃ] (umg) adj (weg) gone, vanished.

Futter ['fʊtər] (-s, -) nt fodder, feed; (Stoff) lining.

Futteral [fʊtə'raːl] (-s, -e) nt case.

futtern ['fʊtərn] vi (hum: umg) to stuff o.s. ♦ vt to scoff.

füttern ['fʏtərn] vt to feed; (Kleidung) to line; „F~ verboten" "do not feed the animals".

Futur [fu'tuːr] (-s, -e) nt future.

G, g

G, g¹ [geː] nt G, g; **~ wie Gustav** ≈ G for George.

g² abk (ÖSTERR) = Groschen; (= Gramm) g.

gab etc [gaːp] vb siehe **geben.**

Gabe ['gaːbə] (-, -n) f gift.

Gabel ['gaːbəl] (-, -n) f fork; (TEL) rest, cradle; **~frühstück** nt mid-morning light lunch; **~stapler** (-s, -) m fork-lift truck.

gabeln vr to fork.

Gabelung f fork.

Gabentisch ['gaːbəntɪʃ] m table for Christmas or birthday presents.

Gabun [ga'buːn] nt Gabon.

gackern ['gakərn] vi to cackle.

gaffen ['gafən] *vi* to gape.

Gag [gɛk] (**-s, -s**) *m* (*Film~*) gag; (*Werbe~*) gimmick.

Gage ['ga:ʒə] (**-, -n**) *f* fee.

gähnen ['gɛːnən] *vi* to yawn; **~de Leere** total emptiness.

GAL (**-**) *f abk* (= *Grün-Alternative Liste*) electoral pact of Greens and alternative parties.

Gala ['gala] (**-**) *f* formal dress.

galant [ga'lant] *adj* gallant, courteous.

Galavorstellung *f* (*THEAT*) gala performance.

Galerie [galə'riː] *f* gallery.

Galgen ['galgən] (**-s, -**) *m* gallows *pl*; **~frist** *f* respite; **~humor** *m* macabre humour (*BRIT*) *od* humor (*US*); **~strick** (*umg*) *m*, **~vogel** (*umg*) *m* gallows bird.

Galionsfigur [gali'oːnsfiguːr] *f* figurehead.

gälisch ['gɛːlɪʃ] *adj* Gaelic.

Galle ['galə] (**-, -n**) *f* gall; (*Organ*) gall bladder; **jdm kommt die ~ hoch** sb's blood begins to boil.

Galopp [ga'lɔp] (**-s, -s** *od* **-e**) *m* gallop; **im ~** (*lit*) at a gallop; (*fig*) at top speed.

galoppieren [galɔ'piːrən] *vi* to gallop.

galt *etc* [galt] *vb siehe* **gelten**.

galvanisieren [galvani'ziːrən] *vt* to galvanize.

Gamasche [ga'maʃə] (**-, -n**) *f* gaiter; (*kurz*) spat.

Gameboy ® ['geːmbɔy] *m* (*COMPUT*) games console.

Gammastrahlen ['gamaʃtraːlən] *pl* gamma rays *pl*.

gamm(e)lig ['gam(ə)lɪç] (*umg*) *adj* (*Kleidung*) tatty.

gammeln ['gaməln] (*umg*) *vi* to loaf about.

Gammler(in) ['gamlər(ɪn)] (**-s, -**) *m(f)* dropout.

Gämse▲ ['gɛmzə] (**-, -n**) *f* chamois.

Gang¹ [gaŋ] (**-(e)s, ⁻e**) *m* walk; (*Boten~*) errand; (*~art*) gait; (*Abschnitt eines Vorgangs*) operation; (*Essens~, Ablauf*) course; (*Flur etc*) corridor; (*Durch~*) passage; (*AUT, TECH*) gear; (*THEAT, AVIAT, in Kirche*) aisle; **den ersten ~ einlegen** to engage first (gear); **einen ~ machen/tun** to go on an errand/for a walk; **den ~ nach Canossa antreten** (*fig*) to eat humble pie; **seinen gewohnten ~ gehen** (*fig*) to run its usual course; **in ~ bringen** to start up; (*fig*) to get off the ground; **in ~ sein** to be in operation; (*fig*) to be under way.

Gang² [gɛŋ] (**-, -s**) *f* gang.

gang *adj*: **~ und gäbe** usual, normal.

Gangart *f* way of walking, walk, gait; (*von Pferd*) gait; **eine härtere ~ einschlagen** (*fig*) to apply harder tactics.

gangbar *adj* passable; (*Methode*) practicable.

Gängelband ['gɛŋəlbant] *nt*: **jdn am ~ halten** (*fig*) to spoon-feed sb.

gängeln *vt* to spoonfeed; **jdn ~** to treat sb

like a child.

gängig ['gɛŋɪç] *adj* common, current; (*Ware*) in demand, selling well.

Gangschaltung *f* gears *pl*.

Gangway ['gɛŋweɪ] *f* (*NAUT*) gangway; (*AVIAT*) steps *pl*.

Ganove [ga'noːvə] (**-n, -n**) (*umg*) *m* crook.

Gans [gans] (**-, ⁻e**) *f* goose.

Gänse- *zW*: **~blümchen** *nt* daisy; **~braten** *m* roast goose; **~füßchen** (*umg*) *pl* inverted commas *pl* (*BRIT*), quotes *pl*; **~haut** *f* goose pimples *pl*; **~marsch** *m*: **im ~marsch** in single file.

Gänserich (**-s, -e**) *m* gander.

ganz [gants] *adj* whole; (*vollständig*) complete ♦ *adv* quite; (*völlig*) completely; (*sehr*) really; (*genau*) exactly; **~ Europa** all Europe; **im (Großen und) G~en genommen** on the whole, all in all; **etw wieder ~ machen** to mend sth; **sein ~es Geld** all his money; **~ gewiss!** absolutely; **ein ~ klein wenig** just a tiny bit; **das mag ich ~ besonders gern(e)** I'm particularly fond of that; **sie ist ~ die Mutter** she's just *od* exactly like her mother; **~ und gar nicht** not at all.

Ganze(s) *nt*: **es geht ums ~** everything's at stake; **aufs ~ gehen** to go for the lot.

Ganzheitsmethode ['gantshaɪtsmetoːdə] *f* (*SCH*) look-and-say method.

gänzlich ['gɛntslɪç] *adj* complete, entire ♦ *adv* completely, entirely.

ganztägig ['gantstɛːgɪç] *adj* all-day *attrib*.

ganztags *adv* (*arbeiten*) full time.

gar [gaːr] *adj* cooked, done ♦ *adv* quite; **~ nicht/nichts/keiner** not/nothing/nobody at all; **~ nicht schlecht** not bad at all; **~ kein Grund** no reason whatsoever *od* at all; **er wäre ~ zu gern noch länger geblieben** he would really have liked to stay longer.

Garage [ga'raːʒə] (**-, -n**) *f* garage.

Garantie [garan'tiː] *f* guarantee; **das fällt noch unter die ~** that's covered by the guarantee.

garantieren *vt* to guarantee.

garantiert *adv* guaranteed; (*umg*) I bet.

Garantieschein *m* guarantee.

Garaus ['gaːraus] (*umg*) *m*: **jdm den ~ machen** to do sb in.

Garbe ['garbə] (**-, -n**) *f* sheaf; (*MIL*) burst of fire.

Garde ['gardə] (**-, -n**) *f* guard(s); **die alte ~** the old guard.

Garderobe [gardə'roːbə] (**-, -n**) *f* wardrobe; (*Abgabe*) cloakroom (*BRIT*), checkroom (*US*); (*Kleiderablage*) hall stand; (*THEAT: Umkleideraum*) dressing room.

Garderobenfrau *f* cloakroom attendant.

Garderobenständer *m* hall stand.

Gardine [gar'diːnə] (**-, -n**) *f* curtain.

Gardinenpredigt (*umg*) *f*: **jdm eine ~ halten** to give sb a talking-to.

Gardinenstange *f* curtain rail; (*zum Ziehen*) curtain rod.

garen ['gɑːrən] *vt, vi* (*KOCH*) to cook.

gären ['gɛːrən] *unreg vi* to ferment.

Garn [garn] (-(e)s, -e) *nt* thread; (*Häkel~, fig*) yarn.

Garnele [gar'neːlə] (-, -n) *f* shrimp, prawn.

garnieren [gar'niːrən] *vt* to decorate; (*Speisen*) to garnish.

Garnison [garni'zoːn] (-, -en) *f* garrison.

Garnitur [garni'tuːr] *f* (*Satz*) set; (*Unterwäsche*) set of (matching) underwear; **erste ~** (*fig*) top rank; **zweite ~** second rate.

garstig ['garstɪç] *adj* nasty, horrid.

Garten ['gartən] (-s, ⁼) *m* garden; **~arbeit** *f* gardening; **~bau** *m* horticulture; **~fest** *nt* garden party; **~gerät** *nt* gardening tool; **~haus** *nt* summerhouse; **~kresse** *f* cress; **~laube** *f* (*~häuschen*) summerhouse; **~lokal** *nt* beer garden; **~schere** *f* pruning shears *pl*; **~tür** *f* garden gate; **~zaun** *m* garden fence; **~zwerg** *m* garden gnome; (*pej: umg*) squirt.

Gärtner(in) ['gɛrtnər(ɪn)] (-s, -) *m(f)* gardener.

Gärtnerei [gɛrtnə'raɪ] *f* nursery; (*Gemüse~*) market garden (*BRIT*), truck farm (*US*).

gärtnern *vi* to garden.

Gärung ['gɛːrʊŋ] *f* fermentation.

Gas [gaːs] (-es, -e) *nt* gas; **~ geben** (*AUT*) to accelerate, step on the gas.

Gascogne [gas'kɔnjə] *f* Gascony.

Gas- *zW:* **~flasche** *f* bottle of gas, gas canister; **g~förmig** *adj* gaseous; **~hahn** *m* gas tap; **~herd** *m* gas cooker; **~kocher** *m* gas cooker; **~leitung** *f* gas pipeline; **~maske** *f* gas mask; **~pedal** *nt* accelerator, gas pedal (*US*); **~pistole** *f* gas pistol.

Gasse ['gasə] (-, -n) *f* lane, alley.

Gassenhauer (-s, -) (*veraltet: umg*) *m* popular melody.

Gassenjunge *m* street urchin.

Gast [gast] (-es, ⁼e) *m* guest; **bei jdm zu ~ sein** to be sb's guest(s); **~arbeiter** *m* foreign worker.

Gäste- *zW:* **~bett** *nt* spare bed; **~buch** *nt* visitors' book; **~zimmer** *nt* guest room.

Gast- *zW:* **g~freundlich** *adj* hospitable; **~freundlichkeit** *f* hospitality; **~freundschaft** *f* hospitality; **g~geber(in)** (-s, -) *m(f)* host(ess); **~haus** *nt* hotel, inn; **~hof** *m* hotel, inn; **~hörer(in)** *m(f)* (*UNIV*) observer, auditor (*US*).

gastieren [gas'tiːrən] *vi* (*THEAT*) to (appear as a) guest.

Gast- *zW:* **~land** *nt* host country; **g~lich** *adj* hospitable; **~lichkeit** *f* hospitality; **~rolle** *f* (*THEAT*) guest role; **eine ~rolle spielen** to make a guest appearance.

Gastronomie [gastrono'miː] *f* (*form: Gaststättengewerbe*) catering trade.

gastronomisch [gastro'noːmɪʃ] *adj*

gastronomic(al).

Gast- *zW:* **~spiel** *nt* (*SPORT*) away game; **ein ~spiel geben** (*THEAT*) to give a guest performance; (*fig*) to put in a brief appearance; **~stätte** *f* restaurant; (*Trinklokal*) pub; **~wirt** *m* innkeeper; **~wirtschaft** *f* hotel, inn; **~zimmer** *nt* guest room.

Gas- *zW:* **~vergiftung** *f* gas poisoning; **~versorgung** *f* (*System*) gas supply; **~werk** *nt* gasworks *sing od pl*; **~zähler** *m* gas meter.

Gatte ['gatə] (-n, -n) *m* (*form*) husband, spouse; **die ~n** husband and wife.

Gatter ['gatər] (-s, -) *nt* grating; (*Tür*) gate.

Gattin *f* (*form*) wife, spouse.

Gattung ['gatʊŋ] *f* (*BIOL*) genus; (*Sorte*) kind.

GAU [gau] *m abk* (= *größter anzunehmender Unfall*) MCA, maximum credible accident.

Gaudi ['gaʊdi] (*SÜDD, ÖSTERR: umg*) *nt od f* fun.

Gaukler ['gaʊklər] (-s, -) *m* (*liter*) travelling entertainer; (*Zauberkünstler*) conjurer, magician.

Gaul [gaʊl] (-(e)s, **Gäule**) (*pej*) *m* nag.

Gaumen ['gaʊmən] (-s, -) *m* palate.

Gauner ['gaʊnər] (-s, -) *m* rogue.

Gaunerei [gaʊnə'raɪ] *f* swindle.

Gaunersprache *f* underworld jargon.

Gaze ['gaːzə] (-, -n) *f* gauze.

Geäst [gə'ɛst] *nt* branches *pl*.

geb. *abk* = **geboren**.

Gebäck [gə'bɛk] (-(e)s, -e) *nt* (*Kekse*) biscuits *pl* (*BRIT*), cookies *pl* (*US*); (*Teilchen*) pastries *pl*.

gebacken [gə'bakən] *pp von* **backen**.

Gebälk [gə'bɛlk] (-(e)s) *nt* timberwork.

gebannt [gə'bant] *adj* spellbound.

gebar *etc* [gə'baːr] *vb siehe* **gebären**.

Gebärde [gə'bɛːrdə] (-, -n) *f* gesture.

gebärden *vr* to behave.

Gebaren [gə'baːrən] (-s) *nt* behaviour (*BRIT*), behavior (*US*); (*Geschäfts~*) conduct.

gebären [gə'bɛːrən] *unreg vt* to give birth to.

Gebärmutter *f* uterus, womb.

Gebäude [gə'bɔydə] (-s, -) *nt* building; **~komplex** *m* (building) complex; **~reinigung** *f* (*das Reinigen*) commercial cleaning; (*Firma*) cleaning contractors *pl*.

Gebein [gə'baɪn] (-(e)s, -e) *nt* bones *pl*.

Gebell [gə'bɛl] (-(e)s) *nt* barking.

geben ['geːbən] *unreg vt, vi* to give; (*Karten*) to deal ♦ *vt unpers:* **es gibt** there is/are; there will be ♦ *vr* (*sich verhalten*) to behave, act; (*aufhören*) to abate; **jdm etw ~** to give sb sth *od* sth to sb; **in die Post ~** to post; **das gibt keinen Sinn** that doesn't make sense; **er gibt Englisch** he teaches English; **viel/nicht viel auf etw** *akk* **~** to set great store/not much store by sth; **etw von sich ~** (*Laute etc*) to utter; **ein Wort gab das andere** one angry word led to another; **ein gutes Beispiel ~** to set a good example; ~ **Sie mir bitte Herrn Braun** (*TEL*) can I speak to Mr Braun please?; **ein Auto in Reparatur** ~ to have a car repaired; **was gibts?** what's the matter?, what's up?; **was gibts zum Mittagessen?** what's for lunch?; **das gibts doch nicht!** that's impossible!; **sich geschlagen** ~ to admit defeat; **das wird sich schon** ~ that'll soon sort itself out.

Gebet [gə'beːt] (-(e)s, -e) *nt* prayer; **jdn ins** ~ **nehmen** (*fig*) to take sb to task.

gebeten [gə'beːtən] *pp von* **bitten.**

gebeugt [gə'bɔykt] *adj* (*Haltung*) stooped; (*Kopf*) bowed; (*Schultern*) sloping.

gebiert [gə'biːrt] *vb siehe* **gebären.**

Gebiet [gə'biːt] (-(e)s, -e) *nt* area; (*Hoheits~*) territory; (*fig*) field.

gebieten *unreg vt* to command, demand.

Gebieter (-s, -) *m* master; (*Herrscher*) ruler; ~**in** *f* mistress; **g~isch** *adj* imperious.

Gebietshoheit *f* territorial sovereignty.

Gebilde [gə'bɪldə] (-s, -) *nt* object, structure.

gebildet *adj* cultured, educated.

Gebimmel [gə'bɪməl] (-s) *nt* (continual) ringing.

Gebirge [gə'bɪrgə] (-s, -) *nt* mountains *pl*.

gebirgig *adj* mountainous.

Gebirgs- *zW:* ~**bahn** *f* railway crossing a *mountain range;* ~**kette** *f,* ~**zug** *m* mountain range.

Gebiss▲ [gə'bɪs] (-es, -e) *nt* teeth *pl;* (*künstlich*) dentures *pl.*

gebissen *pp von* **beißen.**

Gebläse [gə'blɛːzə] (-s, -) *nt* fan, blower.

geblasen [gə'blaːzən] *pp von* **blasen.**

geblichen [gə'blɪçən] *pp von* **bleichen.**

geblieben [gə'bliːbən] *pp von* **bleiben.**

geblümt [gə'blyːmt] *adj* flowered; (*Stil*) flowery.

Geblüt [gə'blyːt] (-(e)s) *nt* blood, race.

gebogen [gə'boːgən] *pp von* **biegen.**

geboren [gə'boːrən] *pp von* **gebären** ♦ *adj* born; (*Frau*) née; **wo sind Sie** ~**?** where were you born?

geborgen [gə'bɔrgən] *pp von* **bergen** ♦ *adj* secure, safe.

geborsten [gə'bɔrstən] *pp von* **bersten.**

Gebot (-(e)s, -e) *nt* (*Gesetz*) law; (*REL*) commandment; (*bei Auktion*) bid; **das** ~ **der Stunde** the needs of the moment.

gebot *etc* [gə'boːt] *vb siehe* **gebieten.**

geboten [gə'boːtən] *pp von* **bieten, gebieten** ♦ *adj* (*geh: ratsam*) advisable; (: *notwendig*) necessary; (: *dringend* ~) imperative.

Gebr. *abk* (= *Gebrüder*) Bros., bros.

gebracht [gə'braxt] *pp von* **bringen.**

gebrannt [gə'brant] *pp von* **brennen** ♦ *adj:* **ein** ~**es Kind scheut das Feuer** (*Sprichwort*) once bitten twice shy (*Sprichwort*).

gebraten [gə'braːtən] *pp von* **braten.**

Gebräu [gə'brɔy] (-(e)s, -e) *nt* brew, concoction.

Gebrauch [gə'braux] (-(e)s, Gebräuche) *m* use; (*Sitte*) custom; **zum äußerlichen/innerlichen** ~ for external use/to be taken internally.

gebrauchen *vt* to use; **er/das ist zu nichts zu** ~ he's/that's (of) no use to anybody.

gebräuchlich [gə'brɔyçlɪç] *adj* usual, customary.

Gebrauchs- *zW:* ~**anweisung** *f* directions *pl* for use; ~**artikel** *m* article of everyday use; **g~fertig** *adj* ready for use; ~**gegenstand** *m* commodity.

gebraucht [gə'brauxt] *adj* used; **G~wagen** *m* second-hand or used car.

gebrechlich [gə'brɛçlɪç] *adj* frail; **G~keit** *f* frailty.

gebrochen [gə'brɔxən] *pp von* **brechen.**

Gebrüder [gə'bryːdər] *pl* brothers *pl.*

Gebrüll [gə'brʏl] (-(e)s) *nt* (*von Mensch*) yelling; (*von Löwe*) roar.

gebückt [gə'bʏkt] *adj:* **eine** ~**e Haltung** a stoop.

Gebühr [gə'byːr] (-, -en) *f* charge; (*Post~*) postage *no pl;* (*Honorar*) fee; **zu ermäßigter** ~ at a reduced rate; ~ **(be)zahlt Empfänger** postage to be paid by addressee; **nach** ~ suitably; **über** ~ excessively.

gebühren *vi* (*geh*): **jdm** ~ to be sb's due *od* due to sb ♦ *vr* to be fitting.

gebührend *adj* (*verdient*) due; (*angemessen*) suitable.

Gebühren- *zW:* ~**einheit** *f* (*TEL*) tariff unit; ~**erlass**▲ *m* remission of fees; ~**ermäßigung** *f* reduction of fees; **g~frei** *adj* free of charge; **g~pflichtig** *adj* subject to charges; **g~pflichtige Verwarnung** (*JUR*) fine.

gebunden [gə'bundən] *pp von* **binden** ♦ *adj:* **vertraglich** ~ **sein** to be bound by contract.

Geburt [gə'buːrt] (-, -en) *f* birth; **das war eine schwere** ~**!** (*fig: umg*) that took some doing.

Geburten- *zW:* ~**kontrolle** *f* birth control; ~**regelung** *f* birth control; ~**rückgang** *m* drop in the birth rate; **g~schwach** *adj* (*Jahrgang*) with a low birth rate; ~**ziffer** *f* birth rate.

gebürtig [gə'bʏrtɪç] *adj* born in, native of; ~**e Schweizerin** native of Switzerland, Swiss-born woman.

Geburts- *zW:* ~**anzeige** *f* birth notice; ~**datum** *nt* date of birth; ~**fehler** *m* congenital defect; ~**helfer** *m* (*Arzt*) obstetrician; ~**helferin** *f* (*Ärztin*) obstetrician; (*Hebamme*) midwife; ~**hilfe** *f* (*als Fach*) obstetrics *sing;* (*von Hebamme*) midwifery; ~**jahr** *nt* year of birth; ~**ort** *m* birthplace; ~**tag** *m* birthday; **herzlichen Glückwunsch zum** ~**tag!** happy birthday!, many happy returns (of the day)!; ~**urkunde** *f* birth certificate.

Gebüsch [gə'bʏʃ] (-(e)s, -e) *nt* bushes *pl.*

gedacht [gə'daxt] *pp von* **denken, gedenken.**

gedachte *etc vb siehe* **gedenken.**

Gedächtnis [gə'dɛçtnɪs] (**-ses, -se**) *nt* memory; **wenn mich mein ~ nicht trügt** if my memory serves me right; **~feier** *f* commemoration; **~hilfe** *f* memory aid, mnemonic; **~schwund** *m* loss of memory; **~verlust** *m* amnesia.

gedämpft [gə'dɛmpft] *adj* (*Geräusch*) muffled; (*Farben, Instrument, Stimmung*) muted; (*Licht, Freude*) subdued.

Gedanke [gə'daŋkə] (**-ns, -n**) *m* thought; (*Idee, Plan, Einfall*) idea; (*Konzept*) concept; **sich über etw** *akk* **~n machen** to think about sth; **jdn auf andere ~n bringen** to make sb think about other things; **etw ganz in ~n** *dat* **tun** to do sth without thinking; **auf einen ~n kommen** to have *od* get an idea.

Gedanken- *zW:* **~austausch** *m* exchange of ideas; **~freiheit** *f* freedom of thought; **g~los** *adj* thoughtless; **~losigkeit** *f* thoughtlessness; **~sprung** *m* mental leap; **~strich** *m* dash; **~übertragung** *f* thought transference, telepathy; **g~verloren** *adj* lost in thought; **g~voll** *adj* thoughtful.

Gedärme [gə'dɛrmə] *pl* intestines *pl.*

Gedeck [gə'dɛk] (**-(e)s, -e**) *nt* cover(ing); (*Menü*) set meal; **ein ~ auflegen** to lay a place.

gedeckt *adj* (*Farbe*) muted.

Gedeih *m:* **auf ~ und Verderb** for better or for worse.

gedeihen [gə'daɪən] *unreg vi* to thrive, prosper; **die Sache ist so weit gediehen, dass …** the matter has reached the point *od* stage where …

gedenken [gə'dɛŋkən] *unreg vi +gen* (*geh: denken an*) to remember; (*beabsichtigen*) to intend; **G~** *nt:* **zum G~ an jdn** in memory *od* remembrance of sb.

Gedenk- *zW:* **~feier** *f* commemoration; **~minute** *f* minute's silence; **~stätte** *f* memorial; **~tag** *m* remembrance day.

Gedicht [gə'dɪçt] (**-(e)s, -e**) *nt* poem.

gediegen [gə'diːgən] *adj* (*good) quality; (*Mensch*) reliable; (*rechtschaffen*) honest; **G~heit** *f* quality; reliability; honesty.

gedieh *etc* [gə'diː] *vb siehe* **gedeihen.**

gediehen *pp von* **gedeihen.**

gedr. *abk* = **gedruckt.**

Gedränge [gə'drɛŋə] (**-s**) *nt* crush, crowd; **ins ~ kommen** (*fig*) to get into difficulties.

gedrängt *adj* compressed; **~ voll** packed.

gedroschen [gə'drɔʃən] *pp von* **dreschen.**

gedruckt [gə'drʊkt] *adj* printed; **lügen wie ~** (*umg*) to lie left, right and centre.

gedrungen [gə'drʊŋən] *pp von* **dringen ♦** *adj* thickset, stocky.

Geduld [gə'dʊlt] (**-**) *f* patience; **mir reißt die ~, ich verliere die ~** my patience is wearing thin, I'm losing my patience.

gedulden [gə'dʊldən] *vr* to be patient.

geduldig *adj* patient.

Geduldsprobe *f* trial of (one's) patience.

gedungen [gə'dʊŋən] (*pej*) *adj* (*geh: Mörder*) hired.

gedunsen [gə'dʊnzən] *adj* bloated.

gedurft [gə'dʊrft] *pp von* **dürfen.**

geehrt [gə'|eːrt] *adj:* **Sehr ~e Damen und Herren!** Ladies and Gentlemen!; (*in Briefen*) Dear Sir or Madam.

geeignet [gə'|aɪgnət] *adj* suitable; **im ~en Augenblick** at the right moment.

Gefahr [gə'faːr] (**-, -en**) *f* danger; **~ laufen, etw zu tun** to run the risk of doing sth; **auf eigene ~** at one's own risk; **außer ~** (*nicht gefährdet*) not in danger; (*nicht mehr gefährdet*) out of danger; (*Patienten*) off the danger list.

gefährden [gə'fɛːrdən] *vt* to endanger.

gefahren [gə'faːrən] *pp von* **fahren.**

Gefahren- *zW:* **~quelle** *f* source of danger; **~schwelle** *f* threshold of danger; **~stelle** *f* danger spot; **~zulage** *f* danger money.

gefährlich [gə'fɛːrlɪç] *adj* dangerous.

Gefährte [gə'fɛːrtə] (**-n, -n**) *m* companion.

Gefährtin [gə'fɛːrtɪn] *f* companion.

Gefälle [gə'fɛlə] (**-s, -**) *nt* (*von Land, Straße*) slope; (*Neigungsgrad*) gradient; **starkes ~!** steep hill.

Gefallen[1] [gə'falən] (**-s, -**) *m* favour; **jdm etw zu ~ tun** to do sth to please sb.

Gefallen[2] [gə'falən] (**-s**) *nt* pleasure; **an etw** *dat* **~ finden** to derive pleasure from sth; **an jdm ~ finden** to take to sb.

gefallen *pp von* **fallen, gefallen ♦** *vi* (*unreg*): **jdm ~** to please sb; **er/es gefällt mir** I like him/it; **das gefällt mir an ihm** that's one thing I like about him; **sich** *dat* **etw ~ lassen** to put up with sth.

Gefallene(r) *m* soldier killed in action.

gefällig [gə'fɛlɪç] *adj* (*hilfsbereit*) obliging; (*erfreulich*) pleasant; **sonst noch etwas ~?** (*veraltet, ironisch*) will there be anything else?; **G~keit** *f* favour (*BRIT*), favour (*US*); helpfulness; **etw aus G~keit tun** to do sth as a favour (*BRIT*) *od* favor (*US*).

gefälligst (*umg*) *adv* kindly; **sei ~ still!** will you kindly keep your mouth shut!

gefällt [gə'fɛlt] *vb siehe* **gefallen.**

gefangen [gə'faŋən] *pp von* **fangen ♦** *adj* captured; (*fig*) captivated; **~ halten** to keep prisoner; **~ nehmen** to capture.

Gefangene(r) *f(m)* prisoner, captive.

Gefangenenlager *nt* prisoner-of-war camp.

Gefangen- *zW:* **~nahme** (**-, -n**) *f* capture; **~schaft** *f* captivity.

Gefängnis [gə'fɛŋnɪs] (**-ses, -se**) *nt* prison; **zwei Jahre ~ bekommen** to get two years' imprisonment; **~strafe** *f* prison sentence; **~wärter** *m* prison warder (*BRIT*) *od* guard.

gefärbt [gə'fɛrpt] *adj (fig: Bericht)* biased; (*Lebensmittel*) coloured (*BRIT*), colored (*US*).
Gefasel [gə'faːzəl] (*-s*) *nt* twaddle, drivel.
Gefäß [gə'fɛːs] (*-es, -e*) *nt* vessel (*auch ANAT*), container.
gefasst▲ [gə'fast] *adj* composed, calm; **auf etw** *akk* ~ **sein** to be prepared *od* ready for sth; **er kann sich auf etwas** ~ **machen** (*umg*) I'll give him something to think about.
Gefecht [gə'fɛçt] (*-(e)s, -e*) *nt* fight; (*MIL*) engagement; **jdn/etw außer** ~ **setzen** (*lit, fig*) to put sb/sth out of action.
gefedert [gə'feːdərt] *adj (Matratze)* sprung.
gefeiert [gə'faɪərt] *adj* celebrated.
gefeit [gə'faɪt] *adj:* **gegen etw** ~ **sein** to be immune to sth.
gefestigt [gə'fɛstɪçt] *adj (Charakter)* steadfast.
Gefieder [gə'fiːdər] (*-s, -*) *nt* plumage, feathers *pl.*
gefiedert *adj* feathered.
gefiel *etc* [gə'fiːl] *vb siehe* **gefallen.**
Geflecht [gə'flɛçt] (*-(e)s, -e*) *nt* (*lit, fig*) network.
gefleckt [gə'flɛkt] *adj* spotted; (*Blume, Vogel*) speckled.
Geflimmer [gə'flɪmər] (*-s*) *nt* shimmering; (*FILM, TV*) flicker(ing).
geflissentlich [gə'flɪsəntlɪç] *adj* intentional ♦ *adv* intentionally.
geflochten [gə'flɔxtən] *pp von* **flechten.**
geflogen [gə'floːgən] *pp von* **fliegen.**
geflohen [gə'floːən] *pp von* **fliehen.**
geflossen [gə'flɔsən] *pp von* **fließen.**
Geflügel [gə'flyːgəl] (*-s*) *nt* poultry.
geflügelt *adj:* ~**e Worte** familiar quotations.
Geflüster [gə'flʏstər] (*-s*) *nt* whispering.
gefochten [gə'fɔxtən] *pp von* **fechten.**
Gefolge [gə'fɔlgə] (*-s, -*) *nt* retinue.
Gefolgschaft [gə'fɔlkʃaft] *f* following.
Gefolgsmann (*-(e)s,* pl *-leute*) *m* follower.
gefragt [gə'fraːkt] *adj* in demand.
gefräßig [gə'frɛːsɪç] *adj* voracious.
Gefreite(r) [gə'fraɪtə(r)] *m (MIL)* lance corporal (*BRIT*), private first class (*US*); (*NAUT*) able seaman (*BRIT*), seaman apprentice (*US*); (*AVIAT*) aircraftman (*BRIT*), airman first class (*US*).
gefressen [gə'frɛsən] *pp von* **fressen** ♦ *adj:* **den hab(e) ich** ~ (*umg*) I'm sick of him.
gefrieren [gə'friːrən] *unreg vi* to freeze.
Gefrier- *zW:* ~**fach** *nt* freezer compartment; ~**fleisch** *nt* frozen meat; **g~getrocknet** *adj* freeze-dried; ~**punkt** *m* freezing point; ~**schutzmittel** *nt* antifreeze; ~**truhe** *f* deep-freeze.
gefror *etc* [gə'froːr] *vb siehe* **gefrieren.**
gefroren *pp von* **frieren, gefrieren.**
Gefüge [gə'fyːgə] (*-s, -*) *nt* structure.
gefügig *adj* submissive; (*gehorsam*) obedient.
Gefühl [gə'fyːl] (*-(e)s, -e*) *nt* feeling; **etw im**

~ **haben** to have a feel for sth; **g~los** *adj* unfeeling; (*Glieder*) numb.
Gefühls- *zW:* **g~betont** *adj* emotional; ~**duselei** [-duːzə'laɪ] (*pej*) *f* mawkishness; ~**leben** *nt* emotional life; **g~mäßig** *adj* instinctive; ~**mensch** *m* emotional person.
gefühlvoll *adj (empfindsam)* sensitive; (*ausdrucksvoll*) expressive; (*liebevoll*) loving.
gefüllt [gə'fʏlt] *adj (KOCH)* stuffed; (*Pralinen*) with soft centres.
gefunden [gə'fʊndən] *pp von* **finden** ♦ *adj:* **das war ein** ~**es Fressen für ihn** that was handing it to him on a plate.
gegangen [gə'gaŋən] *pp von* **gehen.**
gegeben [gə'geːbən] *pp von* **geben** ♦ *adj* given; **zu** ~**er Zeit** in due course.
gegebenenfalls [gə'geːbənənfals] *adv* if need be.

══════════════════════ *SCHLÜSSELWORT*

gegen ['geːgən] *präp +akk* **1** against; **nichts** ~ **jdn haben** to have nothing against sb; **X** ~ **Y** (*SPORT, JUR*) X versus Y; **ein Mittel** ~ **Schnupfen** something for colds.
2 (*in Richtung auf*) towards; ~ **Osten** to(wards) the east; ~ **Abend** towards evening; ~ **einen Baum fahren** to drive into a tree.
3 (*ungefähr*) round about; ~ **3 Uhr** around 3 o'clock.
4 (*gegenüber*) towards; (*ungefähr*) around; **gerecht** ~ **alle** fair to all.
5 (*im Austausch für*) for; ~ **bar** for cash; ~ **Quittung** against a receipt.
6 (*verglichen mit*) compared with.

Gegen- *zW:* ~**angriff** *m* counter-attack; ~**besuch** *m* return visit; ~**beweis** *m* counter-evidence.
Gegend ['geːgənt] (*-, -en*) *f* area, district.
Gegen- *zW:* ~**darstellung** *f (PRESSE)* reply; **g~einander** *adv* against one another; ~**fahrbahn** *f* opposite carriageway; ~**frage** *f* counterquestion; ~**gewicht** *nt* counterbalance; ~**gift** *nt* antidote; ~**kandidat** *m* rival candidate; **g~läufig** *adj* contrary; ~**leistung** *f* service in return; ~**lichtaufnahme** *f* back lit photograph; ~**liebe** *f* requited love; (*fig: Zustimmung*) approval; ~**maßnahme** *f* countermeasure; ~**mittel** *nt:* ~**mittel (gegen)** (*MED*) antidote (to); ~**probe** *f* cross-check.
Gegensatz (*-es, -̈e*) *m* contrast; **Gegensätze überbrücken** to overcome differences.
gegensätzlich *adj* contrary, opposite; (*widersprüchlich*) contradictory.
Gegen- *zW:* ~**schlag** *m* counter-attack; ~**seite** *f* opposite side; (*Rückseite*) reverse; **g~seitig** *adj* mutual, reciprocal; **sich g~seitig helfen** to help each other; **in g~seitigem**

Einverständnis by mutual agreement; ~**seitigkeit** *f* reciprocity; ~**spieler** *m* opponent; ~**sprechanlage** *f* (two-way) intercom; ~**stand** *m* object; **g~ständlich** *adj* objective, concrete; (*KUNST*) representational; **g~standslos** *adj* (*überflüssig*) irrelevant; (*grundlos*) groundless; ~**stimme** *f* vote against; ~**stoß** *m* counterblow; ~**stück** *nt* counterpart; ~**teil** *nt* opposite; **im** ~**teil** on the contrary; **das** ~**teil bewirken** to have the opposite effect; (*Mensch*) to achieve the exact opposite; **ganz im** ~**teil** quite the reverse; **ins** ~**teil umschlagen** to swing to the other extreme; **g~teilig** *adj* opposite, contrary; **ich habe nichts** ~**teiliges gehört** I've heard nothing to the contrary.

gegenüber [ge:gən'|y:bər] *präp +dat* opposite; (*zu*) to(wards); (*in Bezug auf*) with regard to; (*im Vergleich zu*) in comparison with; (*angesichts*) in the face of ♦ *adv* opposite; **mir** ~ **hat er das nicht geäußert** he didn't say that to me; **G~** (**-s, -**) *nt* person opposite; (*bei Kampf*) opponent; (*bei Diskussion*) opposite number; ~**liegen** *unreg vr* to face each other; ~**stehen** *unreg vr* to be opposed (to each other); ~**stellen** *vt* to confront; (*fig*) to contrast; **G~stellung** *f* confrontation; (*fig*) contrast; (: *Vergleich*) comparison; ~**treten** *unreg vi +dat* to face.

Gegen- *zW:* ~**veranstaltung** *f* countermeeting; ~**verkehr** *m* oncoming traffic; ~**vorschlag** *m* counterproposal.

Gegenwart ['ge:gənvart] *f* present; **in** ~ **von** in the presence of.

gegenwärtig *adj* present ♦ *adv* at present; **das ist mir nicht mehr** ~ that has slipped my mind.

gegenwartsbezogen *adj* (*Roman etc*) relevant to present times.

Gegen- *zW:* ~**wert** *m* equivalent; ~**wind** *m* headwind; ~**wirkung** *f* reaction; **g~zeichnen** *vt* to countersign; ~**zug** *m* countermove; (*EISENB*) corresponding train in the other direction.

gegessen [gə'gɛsən] *pp von* **essen**.

geglichen [gə'glıçən] *pp von* **gleichen**.

gegliedert [gə'gli:dərt] *adj* jointed; (*fig*) structured.

geglitten [gə'glıtən] *pp von* **gleiten**.

geglommen [gə'glɔmən] *pp von* **glimmen**.

geglückt [gə'glʏkt] *adj* (*Feier*) successful; (*Überraschung*) real.

Gegner(in) ['ge:gnər(ın)] (**-s, -**) *m(f)* opponent; **g~isch** *adj* opposing; ~**schaft** *f* opposition.

gegolten [gə'gɔltən] *pp von* **gelten**.

gegoren [gə'go:rən] *pp von* **gären**.

gegossen [gə'gɔsən] *pp von* **gießen**.

gegr. *abk* (= *gegründet*) estab.

gegraben [gə'gra:bən] *pp von* **graben**.

gegriffen [gə'grıfən] *pp von* **greifen**.

Gehabe [gə'ha:bə] (**-s**) (*umg*) *nt* affected behaviour (*BRIT*) *od* behavior (*US*).

gehabt [gə'ha:pt] *pp von* **haben**.

Gehackte(s) [ge'haktə(s)] *nt* mince(d meat) (*BRIT*), ground meat (*US*).

Gehalt¹ [gə'halt] (**-(e)s, -e**) *m* content.

Gehalt² [gə'halt] (**-(e)s, ̈er**) *nt* salary.

gehalten [gə'haltən] *pp von* **halten** ♦ *adj:* ~ **sein, etw zu tun** (*form*) to be required to do sth.

Gehalts- *zW:* ~**abrechnung** *f* salary statement; ~**empfänger** *m* salary earner; ~**erhöhung** *f* salary increase; ~**klasse** *f* salary bracket; ~**konto** *nt* current account (*BRIT*), checking account (*US*); ~**zulage** *f* salary increment.

gehaltvoll [gə'haltfɔl] *adj* (*Speise, Buch*) substantial.

gehandikapt [gə'hɛndikɛpt] *adj* handicapped.

gehangen [gə'haŋən] *pp von* **hängen**.

geharnischt [gə'harnıʃt] *adj* (*fig*) forceful, sharp.

gehässig [gə'hɛsıç] *adj* spiteful, nasty; **G~keit** *f* spite(fulness).

gehäuft [gə'hɔʏft] *adj* (*Löffel*) heaped.

Gehäuse [gə'hɔʏzə] (**-s, -**) *nt* case; (*Radio~, Uhr~*) casing; (*von Apfel etc*) core.

gehbehindert ['ge:behındərt] *adj* disabled.

Gehege [gə'he:gə] (**-s, -**) *nt* enclosure, preserve; **jdm ins** ~ **kommen** (*fig*) to poach on sb's preserve.

geheim [gə'haım] *adj* secret; (*Dokumente*) classified; **streng** ~ top secret; ~ **halten** to keep secret; **G~dienst** *m* secret service, intelligence service; **G~fach** *nt* secret compartment.

Geheimnis (**-ses, -se**) *nt* secret; (*rätselhaftes* ~) mystery; ~**krämer** *m* mystery-monger; **g~voll** *adj* mysterious.

Geheim- *zW:* ~**nummer** *f* (*TEL*) secret number; ~**polizei** *f* secret police; ~**rat** *m* privy councillor; ~**ratsecken** *pl:* **er hat** ~**ratsecken** he is going bald at the temples; ~**schrift** *f* code, secret writing; ~**tipp**▲ *m* (personal) tip.

Geheiß [gə'haıs] (**-es**) *nt* (*geh*) command; **auf jds** ~ *akk* at sb's bidding.

geheißen [gə'haısən] *pp von* **heißen**.

gehemmt [gə'hɛmt] *adj* inhibited.

gehen ['ge:ən] *unreg vi* (*auch Auto, Uhr*) to go; (*zu Fuß* ~) to walk; (*funktionieren*) to work; (*Teig*) to rise ♦ *vt* to go; to walk ♦ *vi unpers:* **wie geht es dir?** how are you *od* things?; ~ **nach** (*Fenster*) to face; **in sich** *akk* ~ to think things over; **nach etw** ~ (*urteilen*) to go by sth; **sich** ~ **lassen** to lose one's self-control; (*nachlässig sein*) to let o.s. go; **wie viele Leute** ~ **in deinen Wagen?** how many people can you get in your car?; **nichts geht über** +*akk* ... there's nothing to beat ..., there's nothing better than ...; **schwimmen/ schlafen** ~ to go swimming/to bed; **in die tausende** *od* **Tausende** ~ to run into (the) thousands; **mir/ihm geht es gut** I'm/he's (doing) fine; **geht das?** is that possible?; **gehts noch?** can you manage?; **es geht** not too bad, O.K.; **das geht nicht** that's not on; **es geht um etw** it concerns sth, it's about sth; **lass es dir gut** ~ look after yourself, take care of yourself; **so geht das, das geht so** that/this is how it's done; **darum geht es (mir) nicht** that's not the point; (*spielt keine Rolle*) that's not important to me; **morgen geht es nicht** tomorrow's no good; **wenn es nach mir ginge** ... if it were *od* was up to me ...

gehetzt [gə'hɛtst] *adj* harassed.

geheuer [gə'hɔyər] *adj:* **nicht** ~ eerie; (*fragwürdig*) dubious.

Geheul [gə'hɔyl] (-(e)s) *nt* howling.

Gehilfe [gə'hɪlfə] (-n, -n) *m* assistant.

Gehilfin [gə'hɪlfɪn] *f* assistant.

Gehirn [gə'hɪrn] (-(e)s, -e) *nt* brain; ~**erschütterung** *f* concussion; ~**schlag** *m* stroke; ~**wäsche** *f* brainwashing.

gehoben [gə'ho:bən] *pp von* **heben** ♦ *adj:* ~**er Dienst** *professional and executive levels of the civil service*.

geholfen [gə'hɔlfən] *pp von* **helfen**.

Gehör [gə'hø:r] (-(e)s) *nt* hearing; **musikalisches** ~ ear; **absolutes** ~ perfect pitch; ~ **finden** to gain a hearing; **jdm** ~ **schenken** to give sb a hearing.

gehorchen [gə'hɔrçən] *vi +dat* to obey.

gehören [gə'hø:rən] *vi* to belong ♦ *vr unpers* to be right *od* proper; **das gehört nicht zur Sache** that's irrelevant; **dazu gehört (schon) einiges** *od* **etwas** that takes some doing (*umg*); **er gehört ins Bett** he should be in bed.

gehörig *adj* proper; ~ **zu** *od +dat* (*geh*) belonging to.

gehörlos *adj* (*form*) deaf.

gehorsam [gə'ho:rza:m] *adj* obedient; **G**~ (-s) *m* obedience.

Gehörsinn *m* sense of hearing.

Gehsteig ['ge:ʃtaik] *m,* **Gehweg** ['ge:vɛk] *m* pavement (*BRIT*), sidewalk (*US*).

Geier ['gaiər] (-s, -) *m* vulture; **weiß der** ~**!** (*umg*) God knows.

geifern ['gaifərn] *vi* to slaver; (*fig*) to be bursting with venom.

Geige ['gaigə] (-, -n) *f* violin; **die erste/zweite** ~ **spielen** (*lit*) to play first/second violin; (*fig*) to call the tune/play second fiddle.

Geiger(in) (-s, -) *m(f)* violinist.

Geigerzähler *m* geiger counter.

geil [gail] *adj* randy (*BRIT*), horny (*US*); (*pej: lüstern*) lecherous; (*umg: gut*) fantastic.

Geisel ['gaizəl] (-, -n) *f* hostage; ~**nahme** (-) *f* taking of hostages.

Geißel ['gaisəl] (-, -n) *f* scourge, whip.

geißeln *vt* to scourge.

Geist [gaist] (-(e)s, -er) *m* spirit; (*Gespenst*) ghost; (*Verstand*) mind; **von allen guten** ~**ern verlassen sein** (*umg*) to have taken leave of one's senses; **hier scheiden sich die** ~**er** this is the parting of the ways; **den** *od* **seinen** ~ **aufgeben** to give up the ghost.

Geister- *zW:* ~**fahrer** (*umg*) *m* ghost-driver (*US*), *person driving in the wrong direction*; **g**~**haft** *adj* ghostly; ~**hand** *f:* **wie von** ~**hand** as if by magic.

Geistes- *zW:* **g**~**abwesend** *adj* absent-minded; ~**akrobat** *m* mental acrobat; ~**blitz** *m* brain wave; ~**gegenwart** *f* presence of mind; **g**~**gegenwärtig** *adj* quick-witted; **g**~**gestört** *adj* mentally disturbed; (*stärker*) (mentally) deranged; ~**haltung** *f* mental attitude; **g**~**krank** *adj* mentally ill; ~**kranke(r)** *f(m)* mentally ill person; ~**krankheit** *f* mental illness; ~**störung** *f* mental disturbance; ~**verfassung** *f* frame of mind; ~**wissenschaften** *pl* arts (subjects) *pl*; ~**zustand** *m* state of mind; **jdn auf seinen** ~**zustand untersuchen** to give sb a psychiatric examination.

geistig *adj* intellectual; (*PSYCH*) mental; (*Getränke*) alcoholic; ~ **behindert** mentally handicapped; ~**-seelisch** mental and spiritual.

geistlich *adj* spiritual; (*religiös*) religious; **G**~**e(r)** *m* clergyman; **G**~**keit** *f* clergy.

geist- *zW:* ~**los** *adj* uninspired, dull; ~**reich** *adj* intelligent; (*witzig*) witty; ~**tötend** *adj* soul-destroying; ~**voll** *adj* intellectual; (*weise*) wise.

Geiz [gaits] (-es) *m* miserliness, meanness; **g**~**en** *vi* to be miserly; ~**hals** *m* miser.

geizig *adj* miserly, mean.

Geizkragen *m* miser.

gekannt [gə'kant] *pp von* **kennen**.

Gekicher [gə'kiçər] (-s) *nt* giggling.

Geklapper [gə'klapər] (-s) *nt* rattling.

Geklimper [gə'klɪmpər] (-s) (*umg*) *nt* (*Klavier*~) tinkling; (: *stümperhaft*) plonking; (*von Geld*) jingling.

geklungen [gə'kluŋən] *pp von* **klingen**.

geknickt [gə'knɪkt] *adj* (*fig*) dejected.

gekniffen [gə'knɪfən] *pp von* **kneifen**.

gekommen [gə'kɔmən] *pp von* **kommen**.

gekonnt [gə'kɔnt] *pp von* **können** ♦ *adj* skilful (*BRIT*), skillful (*US*).

Gekritzel [gə'krɪtsəl] (-s) *nt* scrawl, scribble.

gekrochen [gə'krɔxən] *pp von* **kriechen**.

gekünstelt [gə'kynstəlt] *adj* artificial; (*Sprache, Benehmen*) affected.

Gel [ge:l] (-s, -e) *nt* gel.

Gelaber(e) [gə'la:bər(ə)] (-s) (*umg*) *nt* prattle.

Gelächter [gə'lɛçtər] (-s, -) *nt* laughter; **in** ~ **ausbrechen** to burst out laughing.

Rechtschreibreform: ▲ *neue Schreibung* △ *alte Schreibung (auslaufend)*

gelackmeiert [gə'lakmaɪərt] (*umg*) *adj* conned.
geladen [ge'laːdən] *pp von* **laden** ♦ *adj* loaded; (*ELEK*) live; (*fig*) furious.
Gelage [gə'laːgə] (**-s**, -) *nt* feast, banquet.
gelagert [gə'laːgərt] *adj*: **in anders/ähnlich** ~**en Fällen** in different/similar cases.
gelähmt [gə'lɛːmt] *adj* paralysed.
Gelände [gə'lɛndə] (**-s**, -) *nt* land, terrain; (*von Fabrik, Sport*~) grounds *pl*; (*Bau*~) site; ~**fahrzeug** *nt* cross-country vehicle; **g**~**gängig** *adj* able to go cross-country; ~**lauf** *m* cross-country race.
Geländer [gə'lɛndər] (**-s**, -) *nt* railing; (*Treppen*~) banister(s).
gelang *etc vb siehe* **gelingen**.
gelangen [gə'laŋən] *vi*: ~ **an** +*akk od* **zu** to reach; (*erwerben*) to attain; **in jds Besitz** *akk* ~ to come into sb's possession; **in die richtigen/falschen Hände** ~ to fall into the right/wrong hands.
gelangweilt *adj* bored.
gelassen [gə'lasən] *pp von* **lassen** ♦ *adj* calm; (*gefasst*) composed; **G**~**heit** *f* calmness; composure.
Gelatine [ʒela'tiːnə] *f* gelatine.
gelaufen [gə'laʊfən] *pp von* **laufen**.
geläufig [gə'lɔʏfɪç] *adj* (*üblich*) common; **das ist mir nicht** ~ I'm not familiar with that; **G**~**keit** *f* commonness; familiarity.
gelaunt [gə'laʊnt] *adj*: **schlecht/gut** ~ **in a bad/good mood**; **wie ist er** ~? what sort of mood is he in?
Geläut [gə'lɔʏt] (**-(e)s**) *nt* ringing; (*Läutwerk*) chime.
Geläute (**-s**) *nt* ringing.
gelb [gɛlp] *adj* yellow; (*Ampellicht*) amber (*BRIT*), yellow (*US*); **g**~**e Seiten** Yellow Pages; ~**lich** *adj* yellowish.
Gelbsucht *f* jaundice.
Geld [gɛlt] (**-(e)s**, **-er**) *nt* money; **etw zu** ~ **machen** to sell sth off; **er hat** ~ **wie Heu** (*umg*) he's stinking rich; **am** ~ **hängen** *od* **kleben** to be tight with money; **staatliche/ öffentliche** ~**er** state/public funds *pl od* money; ~**adel** *m*: **der** ~**adel** the moneyed aristocracy; (*hum*: **die Reichen**) the rich; ~**anlage** *f* investment; ~**automat** *m* cash dispenser; ~**automatenkarte** *f* cash card; ~**beutel** *m* purse; ~**börse** *f* purse; ~**einwurf** *m* slot; ~**geber** (**-s**, -) *m* financial backer; **g**~**gierig** *adj* avaricious; ~**institut** *nt* financial institution; ~**mittel** *pl* capital *sing*, means *pl*; ~**quelle** *f* source of income; ~**schein** *m* banknote; ~**schrank** *m* safe, strongbox; ~**strafe** *f* fine; ~**stück** *nt* coin; ~**verlegenheit** *f*: **in** ~**verlegenheit sein/kommen** to be/run short of money; ~**verleiher** *m* moneylender; ~**wäsche** *f* money-laundering; ~**wechsel** *m* exchange (of money); „**e**~**wechsel**" "bureau de change"; ~**wert** *m* cash value;

(*FIN*: *Kaufkraft*) currency value.
geleckt [gə'lɛkt] *adj*: **wie** ~ **aussehen** to be neat and tidy.
Gelee [ʒe'leː] (**-s**, **-s**) *nt od m* jelly.
gelegen [gə'leːgən] *pp von* **liegen** ♦ *adj* situated; (*passend*) convenient, opportune; **etw kommt jdm** ~ sth is convenient for sb; **mir ist viel/nichts daran** ~ (*wichtig*) it matters a great deal/doesn't matter to me.
Gelegenheit [gə'leːgənhaɪt] *f* opportunity; (*Anlass*) occasion; **bei** ~ some time (or other); **bei jeder** ~ at every opportunity.
Gelegenheits- *zW*: ~**arbeit** *f* casual work; ~**arbeiter** *m* casual worker; ~**kauf** *m* bargain.
gelegentlich [gə'leːgəntlɪç] *adj* occasional ♦ *adv* occasionally; (*bei Gelegenheit*) some time (or other) ♦ *präp* +*gen* on the occasion of.
gelehrig [gə'leːrɪç] *adj* quick to learn.
gelehrt *adj* learned; **G**~**e(r)** *f(m)* scholar; **G**~**heit** *f* scholarliness.
Geleise [gə'laɪzə] (**-s**, -) *nt* = **Gleis**.
Geleit [gə'laɪt] (**-(e)s**, **-e**) *nt* escort; **freies** *od* **sicheres** ~ safe conduct; **g**~**en** *vt* to escort; ~**schutz** *m* escort.
Gelenk [gə'lɛŋk] (**-(e)s**, **-e**) *nt* joint.
gelenkig *adj* supple.
gelernt [gə'lɛrnt] *adj* skilled.
gelesen [gə'leːzən] *pp von* **lesen**.
Geliebte *f* sweetheart; (*Liebhaberin*) mistress.
Geliebte(r) *m* sweetheart; (*Liebhaber*) lover.
geliefert [gə'liːfərt] *adj*: **ich bin** ~ (*umg*) I've had it.
geliehen [gə'liːən] *pp von* **leihen**.
gelind [gə'lɪnt] *adj* = **gelinde**.
gelinde [gə'lɪndə] *adj* (*geh*) mild; ~ **gesagt** to put it mildly.
gelingen [gə'lɪŋən] *unreg vi* to succeed; **die Arbeit gelingt mir nicht** I'm not doing very well with this work; **es ist mir gelungen, etw zu tun** I succeeded in doing sth; **G**~ *nt* (*geh*: *Glück*) success; (: *erfolgreiches Ergebnis*) successful outcome.
gelitten [gə'lɪtən] *pp von* **leiden**.
gellen ['gɛlən] *vi* to shrill.
gellend *adj* shrill, piercing.
geloben [gə'loːbən] *vt*, *vi* to vow, swear; **das Gelobte Land** (*REL*) the Promised Land.
gelogen [gə'loːgən] *pp von* **lügen**.
gelten ['gɛltən] *unreg vt* (*wert sein*) to be worth ♦ *vi* (*gültig sein*) to be valid; (*erlaubt sein*) to be allowed ♦ *vb unpers* (*geh*): **es gilt, etw zu tun** it is necessary to do sth; **was gilt die Wette?** do you want a bet?; **das gilt nicht!** that doesn't count!; (*nicht erlaubt*) that's not allowed; **etw gilt bei jdm viel/wenig** sb values sth highly/doesn't value sth very highly; **jdm viel/wenig** ~ to mean a lot/not mean much to sb; **jdm** ~ (*gemünzt sein auf*)

to be meant for *od* aimed at sb; **etw ~ lassen** to accept sth; **für diesmal lasse ichs ~** I'll let it go this time; **als** *od* **für etw ~** to be considered to be sth; **jdm** *od* **für jdn ~** (*betreffen*) to apply to sb.

geltend *adj* (*Preise*) current; (*Gesetz*) in force; (*Meinung*) prevailing; **etw ~ machen** to assert sth; **sich ~ machen** to make itself/o.s. felt; **einen Einwand ~ machen** to raise an objection.

Geltung ['gɛltʊŋ] *f*: **~ haben** to have validity; **sich/etw** *dat* **~ verschaffen** to establish o.s./ sth; **etw zur ~ bringen** to show sth to its best advantage; **zur ~ kommen** to be seen/ heard *etc* to its best advantage.

Geltungsbedürfnis *nt* desire for admiration.

geltungssüchtig *adj* craving admiration.

Gelübde [gə'lypdə] (**-s, -**) *nt* vow.

gelungen [gə'lʊŋən] *pp von* **gelingen** ♦ *adj* successful.

Gem. *abk* = **Gemeinde.**

gemächlich [gə'mɛːçlıç] *adj* leisurely.

gemacht [gə'maːxt] *adj* (*gewollt, gekünstelt*) false, contrived; **ein ~er Mann sein** to be made.

Gemahl [gə'maːl] (**-(e)s, -e**) *m* (*geh, form*) spouse, husband.

gemahlen [gə'maːlən] *pp von* **mahlen.**

Gemahlin *f* (*geh, form*) spouse, wife.

Gemälde [gə'mɛːldə] (**-s, -**) *nt* picture, painting.

gemasert [gə'maːzərt] *adj* (*Holz*) grained.

gemäß [gə'mɛːs] *präp +dat* in accordance with ♦ *adj +dat* appropriate to.

gemäßigt *adj* moderate; (*Klima*) temperate.

Gemauschel [gə'maʊʃəl] (**-s**) (*umg*) *nt* scheming.

Gemecker [gə'mɛkər] (**-s**) *nt* (*von Ziegen*) bleating; (*umg*: *Nörgelei*) moaning.

gemein [gə'maın] *adj* common; (*niederträchtig*) mean; **etw ~ haben (mit)** to have sth in common (with).

Gemeinde [gə'maındə] (**-, -n**) *f* district; (*Bewohner*) community; (*Pfarr~*) parish; (*Kirchen~*) congregation; **~abgaben** *pl* rates and local taxes *pl*; **~ordnung** *f* by(e) laws *pl*, ordinances *pl* (*US*); **~rat** *m* district council; (*Mitglied*) district councillor; **~schwester** *f* district nurse (*BRIT*); **~steuer** *f* local rates *pl*; **~verwaltung** *f* local administration; **~vorstand** *m* local council; **~wahl** *f* local election.

Gemein- *zW*: **~eigentum** *nt* common property; **g~gefährlich** *adj* dangerous to the public; **~gut** *nt* public property; **~heit** *f* (*Niedertracht*) meanness; **das war eine ~heit** that was a mean thing to do/to say; **g~hin** *adv* generally; **~kosten** *pl* overheads *pl*; **~nutz** *m* public good; **g~nützig** *adj* of benefit to the public; (*wohltätig*) charitable; **~platz**

m commonplace, platitude; **g~sam** *adj* joint, common (*auch MATH*) ♦ *adv* together; **g~same Sache mit jdm machen** to be in cahoots with sb; **der ~same Markt** the Common Market; **g~sames Konto** joint account; **etw g~sam haben** to have sth in common; **~samkeit** *f* common ground; **~schaft** *f* community; **in ~schaft mit** jointly *od* together with; **eheliche ~schaft** (*JUR*) matrimony; **~schaft Unabhängiger Staaten** Commonwealth of Independent States; **g~schaftlich** *adj* = **gemeinsam**; **~schaftsantenne** *f* party aerial (*BRIT*) *od* antenna (*US*); **~schaftsarbeit** *f* teamwork; **~schaftsbesitz** *m* collective ownership; **~schaftserziehung** *f* coeducation; **~schaftskunde** *f* social studies *pl*; **~schaftsraum** *m* common room; **~sinn** *m* public spirit; **g~verständlich** *adj* generally comprehensible; **~wesen** *nt* community; **~wohl** *nt* common good.

Gemenge [gə'mɛŋə] (**-s, -**) *nt* mixture; (*Hand~*) scuffle.

gemessen [gə'mɛsən] *pp von* **messen** ♦ *adj* measured.

Gemetzel [gə'mɛtsəl] (**-s, -**) *nt* slaughter, carnage.

gemieden [gə'miːdən] *pp von* **meiden.**

Gemisch [gə'mıʃ] (**-es, -e**) *nt* mixture.

gemischt *adj* mixed.

gemocht [gə'mɔxt] *pp von* **mögen.**

gemolken [gə'mɔlkən] *f siehe* **melken.**

Gemse △ ['gɛmzə] (**-, -n**) *f siehe* **Gämse.**

Gemunkel [gə'mʊŋkəl] (**-s**) *nt* gossip.

Gemurmel [gə'mʊrməl] (**-s**) *nt* murmur(ing).

Gemüse [gə'myːzə] (**-s, -**) *nt* vegetables *pl*; **~garten** *m* vegetable garden; **~händler** *m* greengrocer (*BRIT*), vegetable dealer (*US*); **~platte** *f* (*KOCH*): **eine ~platte** assorted vegetables.

gemusst ▲ [gə'mʊst] *pp von* **müssen.**

gemustert [gə'mʊstərt] *adj* patterned.

Gemüt [gə'myːt] (**-(e)s, -er**) *nt* disposition, nature; (*fig: Mensch*) person; **sich** *dat* **etw zu ~e führen** (*umg*) to indulge in sth; **die ~er erregen** to arouse strong feelings; **wir müssen warten, bis sich die ~er beruhigt haben** we must wait until feelings have cooled down.

gemütlich *adj* comfortable, cosy; (*Person*) good-natured; **wir verbrachten einen ~en Abend** we spent a very pleasant evening; **G~keit** *f* comfortableness, cosiness; amiability.

Gemüts- *zW*: **~bewegung** *f* emotion; **g~krank** *adj* emotionally disturbed; **~mensch** *m* sentimental person; **~ruhe** *f* composure; **in aller ~ruhe** (*umg*) (as) cool as a cucumber; (*gemächlich*) at a leisurely pace; **~zustand** *m* state of mind.

gemütvoll *adj* warm, tender.

Gen [geːn] (-s, -e) *nt* gene.
Gen. *abk* = Genossenschaft; (= *Genitiv*) gen.
gen. *abk* (= *genannt*) named, called.
genannt [gə'nant] *pp von* nennen.
genas *etc* [gə'naːs] *vb siehe* genesen.
genau [gə'naʊ] *adj* exact, precise ♦ *adv* exactly, precisely; **etw ~ nehmen** to take sth seriously; **~ genommen** strictly speaking; **G~eres** further details *pl*; **etw ~ wissen** to know sth for certain; **~ auf die Minute, auf die Minute ~** exactly on time.
Genauigkeit *f* exactness, accuracy.
genauso [gə'naʊzoː] *adv* (*vor Adjektiv*) just as; (*allein stehend*) just *od* exactly the same.
Gen.-Dir. *abk* = Generaldirektor.
genehm [gə'neːm] *adj* agreeable, acceptable.
genehmigen *vt* to approve, authorize; **sich** *dat* **etw ~** to indulge in sth.
Genehmigung *f* approval, authorization.
geneigt [gə'naɪkt] *adj* (*geh*) well-disposed, willing; **~ sein, etw zu tun** to be inclined to do sth.
Genera *pl von* Genus.
General [gene'raːl] (-s, -e *od* ⁻e) *m* general; **~direktor** *m* chairman (*BRIT*), president (*US*); **~konsulat** *nt* consulate general; **~probe** *f* dress rehearsal; **~sekretär** *m* secretary-general; **~stabskarte** *f* ordnance survey map; **~streik** *m* general strike; **g~überholen** *vt* to overhaul thoroughly; **~vertretung** *f* sole agency.
Generation [generatsi'oːn] *f* generation.
Generationskonflikt *m* generation gap.
Generator [gene'raːtɔr] *m* generator, dynamo.
generell [genə'rɛl] *adj* general.
genesen [ge'neːzən] *unreg vi* (*geh*) to convalesce, recover.
Genesende(r) *f(m)* convalescent.
Genesung *f* recovery, convalescence.
Genetik [ge'neːtɪk] *f* genetics.
genetisch [ge'neːtɪʃ] *adj* genetic.
Genf ['gɛnf] (-s) *nt* Geneva.
Genfer *adj attrib*: **der ~ See** Lake Geneva; **die ~ Konvention** the Geneva Convention.
genial [geni'aːl] *adj* brilliant.
Genialität [geniali'tɛːt] *f* brilliance, genius.
Genick [gə'nɪk] (-(e)s, -e) *nt* (back of the) neck; **jdm/etw das ~ brechen** (*fig*) to finish sb/sth; **~starre** *f* stiff neck.
Genie [ʒe'niː] (-s, -s) *nt* genius.
genieren [ʒe'niːrən] *vr* to be embarrassed ♦ *vt* to bother; **geniert es Sie, wenn ...?** do you mind if ...?
genießbar *adj* edible; (*trinkbar*) drinkable.
genießen [gə'niːsən] *unreg vt* to enjoy; (*essen*) to eat; (*trinken*) to drink; **er ist heute nicht zu ~** (*umg*) he is unbearable today.
Genießer(in) (-s, -) *m(f)* connoisseur; (*des Lebens*) pleasure-lover; **g~isch** *adj* appreciative ♦ *adv* with relish.

Genitalien [geni'taːliən] *pl* genitals *pl*.
Genitiv ['geːnitiːf] *m* genitive.
genmanipuliert *adj* genetically modified.
genommen [gə'nɔmən] *pp von* nehmen.
genoss *etc*▲ [gə'nɔs] *vb siehe* genießen.
Genosse [gə'nɔsə] (-n, -n) *m* comrade (*bes POL*), companion.
genossen *pp von* genießen.
Genossenschaft *f* cooperative (association).
Genossin [gə'nɔsɪn] *f* comrade (*bes POL*), companion.
genötigt [gə'nøːtɪçt] *adj*: **sich ~ sehen, etw zu tun** to feel obliged to do sth.
Genre [ʒãːrə] (-s, -s) *nt* genre.
Gent [gɛnt] (-s) *nt* Ghent.
Gentechnik *f*, **Gentechnologie** *f* gene technology.
Genua ['geːnua] (-s) *nt* Genoa.
genug [gə'nuːk] *adv* enough; **jetzt ist(s) aber ~!** that's enough!
Genüge [gə'nyːgə] *f*: **jdm/etw ~ tun** *od* **leisten** to satisfy sb/sth; **etw zur ~ kennen** to know sth well enough; (*abwertender*) to know sth only too well.
genügen *vi* to be enough; (*den Anforderungen etc*) to satisfy; **jdm ~** to be enough for sb.
genügend *adj* enough, sufficient; (*befriedigend*) satisfactory.
genügsam [gə'nyːkzaːm] *adj* modest, easily satisfied; **G~keit** *f* moderation.
Genugtuung [gə'nuːktuːʊŋ] *f* satisfaction.
Genus [ge'nus] (-, Genera) *nt* (*GRAM*) gender.
Genuss▲ [gə'nus] (-es, ⁻e) *m* pleasure; (*Zusichnehmen*) consumption; **etw mit ~ essen** to eat sth with relish; **in den ~ von etw kommen** to receive the benefit of sth.
genüsslich▲ [gə'nʏslɪç] *adv* with relish.
Genussmittel▲ *pl* (semi-)luxury items *pl*.
geöffnet [gə'œfnət] *adj* open.
Geograf▲ [geo'graːf] (-en, -en) *m* geographer.
Geografie▲ [geogra'fiː] *f* geography.
Geografin▲ *f* geographer.
geografisch▲ *adj* geographical.
Geologe [geo'loːgə] (-n, -n) *m* geologist.
Geologie [geolo'giː] *f* geology.
Geologin *f* geologist.
Geometrie [geome'triː] *f* geometry.
geordnet [gə'ɔrdnət] *adj*: **in ~en Verhältnissen leben** to live a well-ordered life.
Georgien [ge'ɔrgiən] (-s) *nt* Georgia.
Gepäck [gə'pɛk] (-(e)s) *nt* luggage, baggage; **mit leichtem ~ reisen** to travel light; **~abfertigung** *f* luggage desk/office; **~annahme** *f* (*Bahnhof*) baggage office; (*Flughafen*) baggage check-in; **~aufbewahrung** *f* left-luggage office (*BRIT*), baggage check (*US*); **~ausgabe** *f* (*Bahnhof*) baggage office; (*Flughafen*) baggage reclaim; **~netz** *nt* luggage rack; **~schein** *m* luggage *od* baggage ticket; **~stück** *nt* piece

of baggage; **~träger** *m* porter; (*Fahrrad*) carrier; **~wagen** *m* luggage van (*BRIT*), baggage car (*US*).

Gepard ['geːpart] (-(e)s, -e) *m* cheetah.

gepfeffert [gəˈpfɛfərt] (*umg*) *adj* (*Preise*) steep; (*Fragen, Prüfung*) tough; (*Kritik*) biting.

gepfiffen [gəˈpfɪfən] *pp von* **pfeifen**.

gepflegt [gəˈpfleːkt] *adj* well-groomed; (*Park etc*) well looked after; (*Atmosphäre*) sophisticated; (*Ausdrucksweise, Sprache*) cultured.

Gepflogenheit [gəˈpfloːgənhaɪt] *f* (*geh*) custom.

Geplapper [gəˈplapər] (-s) *nt* chatter.

Geplauder [gəˈplaʊdər] (-s) *nt* chat(ting).

Gepolter [gəˈpɔltər] (-s) *nt* din.

gepr. *abk* (= *geprüft*) tested.

gepriesen [gəˈpriːzən] *pp von* **preisen**.

gequält [gəˈkvɛːlt] *adj* (*Lächeln*) forced; (*Miene, Ausdruck*) pained; (*Gesang, Stimme*) strained.

Gequatsche [gəˈkvatʃə] (-s) (*pej: umg*) *nt* gabbing; (*Blödsinn*) twaddle.

gequollen [gəˈkvɔlən] *pp von* **quellen**.

Gerade [gəˈraːdə] (-n, -n) *f* straight line.

════════════ *SCHLÜSSELWORT* ════════════

gerade [gəˈraːdə] *adj* straight; (*aufrecht*) upright; **eine ~ Zahl** an even number.
♦ *adv* **1** (*genau*) just, exactly; (*speziell*) especially; **~ deshalb** that's just *od* exactly why; **das ist es ja ~**! that's just it; **~ du** you especially; **warum ~ ich?** why me (of all people)?; **jetzt ~ nicht!** not now!; **~ neben** right next to; **nicht ~ schön** not exactly beautiful; **~ biegen** to straighten out; **~ stehen** (*aufrecht*) to stand up straight.
2 (*eben, soeben*) just; **er wollte ~ aufstehen** he was just about to get up; **da wir ~ von Geld sprechen ...** talking of money ...; **~ erst** only just; **~ noch** (only) just.

───────────────────────────────

gerade- *zW*: **~aus** *adv* straight ahead; **~biegen** *unreg vt* (*fig*) to straighten out; **~heraus** *adv* straight out, bluntly.

gerädert [gəˈrɛːdərt] *adj*: **wie ~ sein, sich wie ~ fühlen** to be *od* feel (absolutely) whacked (*umg*).

geradeso *adv* just so; **~ dumm** *etc* just as stupid *etc*; **~ wie** just as.

geradestehen *unreg vi*: **für jdn/etw ~** (*fig*) to answer *od* be answerable for sb/sth.

geradezu *adv* (*beinahe*) virtually, almost.

geradlinig *adj* straight.

gerammelt [gəˈraməlt] *adv*: **~ voll** (*umg*) (jam-)packed.

Geranie [geˈraːniə] *f* geranium.

gerannt [gəˈrant] *pp von* **rennen**.

Gerät [gəˈrɛːt] (-(e)s, -e) *nt* device; (*Apparat*) gadget; (*elektrisches ~*) appliance;

(*Werkzeug*) tool; (*SPORT*) apparatus; (*Zubehör*) equipment *no pl*.

geraten [gəˈraːtən] *unreg pp von* **raten, geraten**
♦ *vi* (*gedeihen*) to thrive; (*gelingen*): (**jdm**) **~** to turn out well (for sb); (*zufällig gelangen*): **~ in** +*akk* to get into; **gut/schlecht ~** to turn out well/badly; **an jdn ~** to come across sb; **an den Richtigen/Falschen ~** to come to the right/wrong person; **in Angst ~** to get frightened; **nach jdm ~** to take after sb.

Geräteturnen *nt* apparatus gymnastics.

Geratewohl [gəraːtəˈvoːl] *nt*: **aufs ~** on the off chance; (*bei Wahl*) at random.

geraum [gəˈraʊm] *adj*: **seit ~er Zeit** for some considerable time.

geräumig [gəˈrɔʏmɪç] *adj* roomy.

Geräusch [gəˈrɔʏʃ] (-(e)s, -e) *nt* sound; (*unangenehm*) noise; **g~arm** *adj* quiet; **~kulisse** *f* background noise; (*FILM, RUNDF, TV*) sound effects *pl*; **g~los** *adj* silent; **~pegel** *m* sound level; **g~voll** *adj* noisy.

gerben ['gɛrbən] *vt* to tan.

Gerber (-s, -) *m* tanner.

Gerberei [gɛrbəˈraɪ] *f* tannery.

gerecht [gəˈrɛçt] *adj* just, fair; **jdm/etw ~ werden** to do justice to sb/sth; **~fertigt** *adj* justified.

Gerechtigkeit *f* justice, fairness.

Gerechtigkeits- *zW*: **~fanatiker** *m* justice fanatic; **~gefühl** *nt* sense of justice; **~sinn** *m* sense of justice.

Gerede [gəˈreːdə] (-s) *nt* talk; (*Klatsch*) gossip.

geregelt [gəˈreːgəlt] *adj* (*Arbeit, Mahlzeiten*) regular; (*Leben*) well-ordered.

gereizt [gəˈraɪtst] *adj* irritable; **G~heit** *f* irritation.

Gericht [gəˈrɪçt] (-(e)s, -e) *nt* court; (*Essen*) dish; **jdn/einen Fall vor ~ bringen** to take sb/a case to court; **mit jdm ins ~ gehen** (*fig*) to judge sb harshly; **über jdn zu ~ sitzen** to sit in judgement on sb; **das Jüngste ~** the Last Judgement; **g~lich** *adj* judicial, legal
♦ *adv* judicially, legally; **ein g~liches Nachspiel haben** to finish up in court; **g~lich gegen jdn vorgehen** to take legal proceedings against sb.

Gerichts- *zW*: **~akten** *pl* court records *pl*; **~barkeit** *f* jurisdiction; **~hof** *m* court (of law); **~kosten** *pl* (legal) costs *pl*; **g~medizinisch** *adj* forensic medical *attrib*; **~saal** *m* courtroom; **~stand** *m* court of jurisdiction; **~verfahren** *nt* legal proceedings *pl*; **~verhandlung** *f* court proceedings *pl*; **~vollzieher** *m* bailiff.

gerieben [gəˈriːbən] *pp von* **reiben** ♦ *adj* grated; (*umg: schlau*) smart, wily.

geriet *etc* [gəˈriːt] *vb siehe* **geraten**.

gering [gəˈrɪŋ] *adj* slight, small; (*niedrig*) low; (*Zeit*) short ♦ *adv*: **~ achten** to think little of;

~**fügig** *adj* slight, trivial; ~**schätzig** *adj* disparaging; **G**~**schätzung** *f* disdain.
geringste(r, s) *adj* slightest, least; **nicht im G**~**n** not in the least *od* slightest.
gerinnen [gə'rɪnən] *unreg vi* to congeal; (*Blut*) to clot; (*Milch*) to curdle.
Gerinnsel [gə'rɪnzəl] (**-s, -**) *nt* clot.
Gerippe [gə'rɪpə] (**-s, -**) *nt* skeleton.
gerissen [gə'rɪsən] *pp von* **reißen ♦** *adj* wily, smart.
geritten [gə'rɪtən] *pp von* **reiten**.
geritzt [gə'rɪtst] (*umg*) *adj*: **die Sache ist** ~ everything's fixed up *od* settled.
Germanist(in) [gɛrma'nɪst(ɪn)] *m(f)* Germanist, German specialist; (*Student*) German student.
Germanistik *f* German (studies *pl*).
gern [gɛrn] *adv* willingly, gladly; (**aber**) ~**!** of course!; ~ **haben,** ~ **mögen** to like; **etw** ~ **tun** to like doing sth; ~ **geschehen!** you're welcome!, not at all!; **ein** ~ **gesehener Gast** a welcome visitor; **ich hätte** *od* **möchte** ~ **...** I would like ...; **du kannst mich mal** ~ **haben!** (*umg*) (you can) go to hell!
gerne ['gɛrnə] *adv* = **gern**.
Gernegroß (**-, -e**) *m* show-off.
gerochen [gə'rɔxən] *pp von* **riechen**.
Geröll [gə'rœl] (**-(e)s, -e**) *nt* scree.
geronnen [gə'rɔnən] *pp von* **rinnen, gerinnen**.
Gerste ['gɛrstə] (**-, -n**) *f* barley.
Gerstenkorn *nt* (*im Auge*) stye.
Gerte ['gɛrtə] (**-, -n**) *f* switch, rod.
gertenschlank *adj* willowy.
Geruch [gə'rʊx] (**-(e)s, ⁻e**) *m* smell, odour (*BRIT*), odor (*US*); **g**~**los** *adj* odourless (*BRIT*), odorless (*US*).
Geruchssinn *m* sense of smell.
Gerücht [gə'rʏçt] (**-(e)s, -e**) *nt* rumour (*BRIT*), rumor (*US*).
geruchtilgend *adj* deodorant.
gerufen [gə'ruːfən] *pp von* **rufen**.
geruhen [gə'ruːən] *vi* to deign.
geruhsam [gə'ruːzaːm] *adj* peaceful; (*Spaziergang etc*) leisurely.
Gerümpel [gə'rʏmpəl] (**-s**) *nt* junk.
gerungen [gə'rʊŋən] *pp von* **ringen**.
Gerüst [gə'rʏst] (**-(e)s, -e**) *nt* (*Bau*~) scaffold(ing); (*fig*) framework.
Ges. *abk* (= *Gesellschaft*) Co., co.
gesalzen [gə'zaltsən] *pp von* **salzen ♦** *adj* (*fig*: *umg*: *Preis, Rechnung*) steep, stiff.
gesamt [gə'zamt] *adj* whole, entire; (*Kosten*) total; (*Werke*) complete; **im G**~**en** all in all; **G**~**auflage** *f* gross circulation; **G**~**ausgabe** *f* complete edition; **G**~**betrag** *m* total (amount); **g**~**deutsch** *adj* all-German; **G**~**eindruck** *m* general impression; **G**~**heit** *f* totality, whole.
Gesamthochschule *f* polytechnic (*BRIT*).

GESAMTHOCHSCHULE

A **Gesamthochschule** *is an institution combining several different kinds of higher education organizations eg. a university, teacher training college and institute of applied science. Students can study for various degrees within the same subject area and it is easier to change course than it is in an individual institution.*

Gesamt- *zW*: ~**masse** *f* (*COMM*) total assets *pl*; ~**nachfrage** *f* (*COMM*) composite demand; ~**schaden** *m* total damage.
Gesamtschule *f* ≈ comprehensive school.

GESAMTSCHULE

The **Gesamtschule** *is a comprehensive school teaching pupils who have different aims. Traditionally pupils would go to one of three different schools, the* **Gymnasium**, **Realschule** *or* **Hauptschule**, *depending on ability. The* **Gesamtschule** *seeks to avoid the elitist element prevalent in many Gymnasien, but in Germany these schools are still very controversial. Many parents still prefer the traditional system.*

Gesamtwertung *f* (*SPORT*) overall placings *pl*.
gesandt *pp von* **senden**.
Gesandte(r) [gə'zantə(r)] *f(m)* envoy.
Gesandtschaft [gə'zantʃaft] *f* legation.
Gesang [gə'zaŋ] (**-(e)s, ⁻e**) *m* song; (*Singen*) singing; ~**buch** *nt* (*REL*) hymn book; ~**verein** *m* choral society.
Gesäß [gə'zɛːs] (**-es, -e**) *nt* seat, bottom.
gesättigt [gə'zɛtɪçt] *adj* (*CHEM*) saturated.
gesch. *abk* (= *geschieden*) div.
Geschädigte(r) [gə'ʃɛːdɪçtə(r)] *f(m)* victim.
geschaffen [gə'ʃafən] *pp von* **schaffen**.
Geschäft [gə'ʃɛft] (**-(e)s, -e**) *nt* business; (*Laden*) shop; (~*sabschluss*) deal; **mit jdm ins** ~ **kommen** to do business with sb; **dabei hat er ein** ~ **gemacht** he made a profit by it; **im** ~ at work; (*im Laden*) in the shop; **sein** ~ **verrichten** to do one's business (*euph*).
Geschäftemacher *m* wheeler-dealer.
geschäftig *adj* active, busy; (*pej*) officious.
geschäftlich *adj* commercial ♦ *adv* on business; ~ **unterwegs** away on business.
Geschäfts- *zW*: ~**abschluss▲** *m* business deal *od* transaction; ~**aufgabe** *f* closure of a/the business; ~**auflösung** *f* closure of a/the business; ~**bedingungen** *pl* terms of business; ~**bereich** *m* (*PARL*) responsibilities *pl*; **Minister ohne** ~**bereich** minister without portfolio; ~**bericht** *m* financial report;

~**computer** *m* business computer; ~**essen** *nt* business lunch; ~**führer** *m* manager; (*Klub*) secretary; ~**geheimnis** *nt* trade secret; ~**inhaber** *m* owner; ~**jahr** *nt* financial year; ~**lage** *f* business conditions *pl*; ~**leitung** *f* management; ~**mann** (-(e)s, *pl* -**leute**) *m* businessman; **g~mäßig** *adj* businesslike; ~**ordnung** *f* standing orders *pl*; **eine Frage zur ~ordnung** a question on a point of order; ~**partner** *m* partner; ~**reise** *f* business trip; ~**schluss**▲ *m* closing time; ~**sinn** *m* business sense; ~**stelle** *f* office(s *pl*), place of business; **g~tüchtig** *adj* business-minded; ~**viertel** *nt* shopping centre (*BRIT*) *od* center (*US*); (*Banken etc*) business quarter, commercial district; ~**wagen** *m* company car; ~**wesen** *nt* business; ~**zeit** *f* business hours *pl*; ~**zweig** *m* branch (of a business).

geschah *etc* [gə'ʃaː] *vb siehe* **geschehen.**

geschehen [gə'ʃeːən] *unreg vi* to happen; **das geschieht ihm (ganz) recht** it serves him (jolly well (*umg*)) right; **was soll mit ihm/ damit ~?** what is to be done with him/it?; **es war um ihn ~** that was the end of him.

gescheit [gə'ʃaɪt] *adj* clever; (*vernünftig*) sensible.

Geschenk [gə'ʃɛŋk] (-(e)s, -e) *nt* present, gift; ~**artikel** *m* gift; ~**gutschein** *m* gift voucher; ~**packung** *f* gift pack; ~**sendung** *f* gift parcel.

Geschichte [gə'ʃɪçtə] (-, -n) *f* story; (*Sache*) affair; (*Historie*) history.

Geschichtenerzähler *m* storyteller.

geschichtlich *adj* historical; (*bedeutungsvoll*) historic.

Geschichtsfälschung *f* falsification of history.

Geschichtsschreiber *m* historian.

Geschick [gə'ʃɪk] (-(e)s, -e) *nt* skill; (*geh: Schicksal*) fate.

Geschicklichkeit *f* skill, dexterity.

Geschicklichkeitsspiel *nt* game of skill.

geschickt *adj* skilful (*BRIT*), skillful (*US*); (*taktisch*) clever; (*beweglich*) agile.

geschieden [gə'ʃiːdən] *pp von* **scheiden** ♦ *adj* divorced.

geschieht [gə'ʃiːt] *vb siehe* **geschehen.**

geschienen [gə'ʃiːnən] *pp von* **scheinen.**

Geschirr [gə'ʃɪr] (-(e)s, -e) *nt* crockery; (*Küchen~*) pots and pans *pl*; (*Pferde~*) harness; ~**spülmaschine** *f* dishwasher; ~**tuch** *nt* tea towel (*BRIT*), dishtowel (*US*).

geschissen [gə'ʃɪsən] *pp von* **scheißen.**

geschlafen [gə'ʃlaːfən] *pp von* **schlafen.**

geschlagen [gə'ʃlaːgən] *pp von* **schlagen.**

geschlaucht [gə'ʃlauxt] *adv:* ~ **sein** (*umg*) to be exhausted *od* knackered.

Geschlecht [gə'ʃlɛçt] (-(e)s, -er) *nt* sex; (*GRAM*) gender; (*Gattung*) race; (*Abstammung*) lineage; **g~lich** *adj* sexual.

Geschlechts- *zW:* ~**krankheit** *f* sexually-transmitted disease; **g~reif** *adj* sexually mature; **g~spezifisch** *adj* (*SOZIOLOGIE*) sex-specific; ~**teil** *nt od m* genitals *pl*; ~**verkehr** *m* sexual intercourse; ~**wort** *nt* (*GRAM*) article.

geschlichen [gə'ʃlɪçən] *pp von* **schleichen.**

geschliffen [gə'ʃlɪfən] *pp von* **schleifen.**

geschlossen [gə'ʃlɔsən] *pp von* **schließen** ♦ *adj:* ~**e Gesellschaft** (*Fest*) private party ♦ *adv:* ~ **hinter jdm stehen** to stand solidly behind sb; ~**e Ortschaft** built-up area.

geschlungen [gə'ʃluŋən] *pp von* **schlingen.**

Geschmack [gə'ʃmak] (-(e)s, ⁻e) *m* taste; **nach jds** ~ to sb's taste; ~ **an etw** *dat* **finden** to (come to) like sth; **je nach** ~ to one's own taste; **er hat einen guten** ~ (*fig*) he has good taste; **g~los** *adj* tasteless; (*fig*) in bad taste.

Geschmacks- *zW:* ~**sache** *f* matter of taste; ~**sinn** *m* sense of taste; ~**verirrung** *f:* **unter** ~**verirrung leiden** (*ironisch*) to have no taste.

geschmackvoll *adj* tasteful.

Geschmeide [gə'ʃmaɪdə] (-s, -) *nt* jewellery (*BRIT*), jewelry (*US*).

geschmeidig *adj* supple; (*formbar*) malleable.

Geschmeiß *nt* vermin *pl*.

Geschmiere [gə'ʃmiːrə] (-s) *nt* scrawl; (*Bild*) daub.

geschmissen [gə'ʃmɪsən] *pp von* **schmeißen.**

geschmolzen [gə'ʃmɔltsən] *pp von* **schmelzen.**

Geschnetzelte(s) [gə'ʃnɛtsəltə(s)] *nt* (*KOCH*) meat cut into strips and stewed to produce a thick sauce.

geschnitten [gə'ʃnɪtən] *pp von* **schneiden.**

geschoben [gə'ʃoːbən] *pp von* **schieben.**

geschollen [gə'ʃɔlən] *pp von* **schallen.**

gescholten [gə'ʃɔltən] *pp von* **schelten.**

Geschöpf [gə'ʃœpf] (-(e)s, -e) *nt* creature.

geschoren [gə'ʃoːrən] *pp von* **scheren.**

Geschoss▲ [gə'ʃɔs] (-es, -e) *nt*, **Geschoß** [gə'ʃoːs] (-sses, -sse) (*ÖSTERR*) *nt* (*MIL*) projectile; (*Rakete*) missile; (*Stockwerk*) floor.

geschossen [gə'ʃɔsən] *pp von* **schießen.**

geschraubt [gə'ʃraupt] *adj* stilted, artificial.

Geschrei [gə'ʃraɪ] (-s) *nt* cries *pl*, shouting; (*fig: Aufheben*) noise, fuss.

geschrieben [gə'ʃriːbən] *pp von* **schreiben.**

geschrie(e)n [gə'ʃriː(ə)n] *pp von* **schreien.**

geschritten [gə'ʃrɪtən] *pp von* **schreiten.**

geschunden [gə'ʃundən] *pp von* **schinden.**

Geschütz [gə'ʃyts] (-es, -e) *nt* gun, piece of artillery; **ein schweres ~ auffahren** (*fig*) to bring out the big guns; ~**feuer** *nt* artillery fire, gunfire.

geschützt *adj* protected; (*Winkel, Ecke*) sheltered.

Geschw. *abk* = **Geschwister.**

Geschwader [gə'ʃvaːdər] (-s, -) *nt* (*NAUT*) squadron; (*AVIAT*) group.

Geschwafel [gə'ʃvaːfəl] **(-s)** *nt* silly talk.
Geschwätz [gə'ʃvɛts] **(-es)** *nt* chatter;
(*Klatsch*) gossip.
geschwätzig *adj* talkative; **G~keit** *f*
talkativeness.
geschweige [gə'ʃvaɪgə] *adv*: ~ **(denn)** let
alone, not to mention.
geschwiegen [gə'ʃviːgən] *pp von* **schweigen.**
geschwind [gə'ʃvɪnt] *adj* quick, swift.
Geschwindigkeit [gə'ʃvɪndɪçkaɪt] *f* speed,
velocity.
Geschwindigkeits- *zW*: ~**begrenzung** *f*,
~**beschränkung** *f* speed limit; ~**messer** *m*
(*AUT*) speedometer; ~**überschreitung** *f*
speeding.
Geschwister [gə'ʃvɪstər] *pl* brothers and
sisters *pl*.
geschwollen [gə'ʃvɔlən] *pp von* **schwellen** ♦ *adj*
pompous.
geschwommen [gə'ʃvɔmən] *pp von*
schwimmen.
geschworen [gə'ʃvoːrən] *pp von* **schwören.**
Geschworene(r) *f(m)* juror; **die**
Geschworenen *pl* the jury.
Geschwulst [gə'ʃvʊlst] **(-, ̈-e)** *f* growth,
tumour.
geschwunden [gə'ʃvʊndən] *pp von* **schwinden.**
geschwungen [gə'ʃvʊŋən] *pp von* **schwingen**
♦ *adj* curved.
Geschwür [gə'ʃvyːr] **(-(e)s, -e)** *nt* ulcer;
(*Furunkel*) boil.
gesehen [gə'zeːən] *pp von* **sehen.**
Geselle [gə'zɛlə] **(-n, -n)** *m* fellow;
(*Handwerks~*) journeyman.
gesellen *vr*: **sich zu jdm** ~ to join sb.
Gesellenbrief *m* articles *pl*.
Gesellenprüfung *f* examination to become a
journeyman.
gesellig *adj* sociable; ~**es Beisammensein**
get-together; **G~keit** *f* sociability.
Gesellschaft *f* society; (*Begleitung, COMM*)
company; (*Abend~ etc*) party; (*pej*) crowd
(*umg*); (*Kreis von Menschen*) group of people;
in schlechte ~ **geraten** to get into bad
company; **geschlossene** ~ private party;
jdm ~ **leisten** to keep sb company.
Gesellschafter(in) **(-s, -)** *m(f)* shareholder;
(*Partner*) partner.
gesellschaftlich *adj* social.
Gesellschafts- *zW*: ~**anzug** *m* evening dress;
g~fähig *adj* socially acceptable; ~**ordnung** *f*
social structure; ~**reise** *f* group tour;
~**schicht** *f* social stratum; ~**system** *nt* social
system.
gesessen [gə'zɛsən] *pp von* **sitzen.**
Gesetz [gə'zɛts] **(-es, -e)** *nt* law; (*PARL*) act;
(*Satzung, Regel*) rule; **vor dem** ~ in (the eyes
of the) law; **nach dem** ~ under the law; **das**
oberste ~ **(der Wirtschaft etc)** the golden
rule (of industry *etc*); ~**blatt** *nt* law gazette;

~**buch** *nt* statute book; ~**entwurf** *m* bill.
Gesetzeshüter *m* (*ironisch*) guardian of the
law.
Gesetzesvorlage *f* bill.
Gesetz- *zW*: **g~gebend** *adj* legislative; ~**geber**
(-s, -) *m* legislator; ~**gebung** *f* legislation;
g~lich *adj* legal, lawful; ~**lichkeit** *f* legality,
lawfulness; **g~los** *adj* lawless; **g~mäßig** *adj*
lawful.
gesetzt *adj* (*Mensch*) sedate ♦ *konj*: ~ **den Fall**
... assuming (that) ...
gesetzwidrig *adj* illegal; (*unrechtmäßig*)
unlawful.
ges. gesch. *abk* (= *gesetzlich geschützt*) reg.
Gesicht [gə'zɪçt] **(-(e)s, -er)** *nt* face; **das zweite**
~ second sight; **das ist mir nie zu**
~ **gekommen** I've never laid eyes on that;
jdn zu ~ **bekommen** to clap eyes on sb; **jdm**
etw ins ~ **sagen** to tell sb sth to his face;
sein wahres ~ **zeigen** to show (o.s. in) one's
true colours; **jdm wie aus dem**
~ **geschnitten sein** to be the spitting image
of sb.
Gesichts- *zW*: ~**ausdruck** *m* (facial)
expression; ~**farbe** *f* complexion; ~**packung**
f face pack; ~**punkt** *m* point of view;
~**wasser** *nt* face lotion; ~**züge** *pl* features *pl*.
Gesindel [gə'zɪndəl] **(-s)** *nt* rabble.
gesinnt [gə'zɪnt] *adj* disposed, minded.
Gesinnung [gə'zɪnʊŋ] *f* disposition; (*Ansicht*)
views *pl*.
Gesinnungs- *zW*: ~**genosse** *m* like-minded
person; ~**losigkeit** *f* lack of conviction;
~**schnüffelei** (*pej*) *f*: ~**schnüffelei betreiben**
to pry into people's political convictions;
~**wandel** *m* change of opinion.
gesittet [gə'zɪtət] *adj* well-mannered.
gesoffen [gə'zɔfən] *pp von* **saufen.**
gesogen [gə'zoːgən] *pp von* **saugen.**
gesollt [gə'zɔlt] *pp von* **sollen.**
gesondert [gə'zɔndərt] *adj* separate.
gesonnen [gə'zɔnən] *pp von* **sinnen.**
gespalten [gə'ʃpaltən] *adj* (*Bewusstsein*) split;
(*Lippe*) cleft.
Gespann [gə'ʃpan] **(-(e)s, -e)** *nt* team; (*umg*)
couple.
gespannt *adj* tense, strained; (*neugierig*)
curious; (*begierig*) eager; **ich bin** ~**, ob** I
wonder if *od* whether; **auf etw/jdn** ~ **sein** to
look forward to sth/to meeting sb; **ich bin**
~ **wie ein Flitzebogen** (*hum: umg*) I'm on
tenterhooks.
Gespenst [gə'ʃpɛnst] **(-(e)s, -er)** *nt* ghost; (*fig:*
Gefahr) spectre (*BRIT*), specter (*US*); ~**er**
sehen (*fig: umg*) to imagine things.
gespensterhaft, **gespenstisch** *adj* ghostly.
gespie(e)n [gəʃpiː(ə)n] *pp von* **speien.**
gespielt [gə'ʃpiːlt] *adj* feigned.
gesponnen [gəʃpɔnən] *pp von* **spinnen.**
Gespött [gə'ʃpœt] **(-(e)s)** *nt* mockery; **zum**

~ **werden** to become a laughing stock.
Gespräch [gəˈʃprɛːç] (**-(e)s, -e**) *nt*
conversation; (*Diskussion*) discussion;
(*Anruf*) call; **zum ~ werden** to become a
topic of conversation; **ein ~ unter vier
Augen** a confidential *od* private talk; **mit
jdm ins ~ kommen** to get into conversation
with sb; (*fig*) to establish a dialogue with sb.
gesprächig *adj* talkative; **G~keit** *f*
talkativeness.
Gesprächs- *zW:* **~einheit** *f* (*TEL*) unit;
~gegenstand *m* topic; **~partner** *m:* **mein
~partner bei den Verhandlungen** my
opposite number at the talks; **~stoff** *m*
topics *pl;* **~thema** *nt* subject *od* topic (of
conversation).
gesprochen [gəˈʃprɔxən] *pp von* **sprechen.**
gesprossen [gəˈʃprɔsən] *pp von* **sprießen.**
gesprungen [gəˈʃprʊŋən] *pp von* **springen.**
Gespür [gəˈʃpyːr] (**-s**) *nt* feeling.
gest. *abk* (*= gestorben*) dec.
Gestalt [gəˈʃtalt] (**-, -en**) *f* form, shape;
(*Person*) figure; (*LITER: pej: Mensch*)
character; **in ~ von** in the form of;
~ annehmen to take shape.
gestalten *vt* (*formen*) to shape, form;
(*organisieren*) to arrange, organize ◆ *vr:* **sich
~ (zu)** to turn out (to be); **etw interessanter
etc ~** to make sth more interesting *etc.*
Gestaltung *f* formation; organization.
gestanden [gəˈʃtandən] *pp von* **stehen,
gestehen.**
geständig [gəˈʃtɛndɪç] *adj:* **~ sein** to have
confessed.
Geständnis [gəˈʃtɛntnɪs] (**-ses, -se**) *nt*
confession.
Gestank [gəˈʃtaŋk] (**-(e)s**) *m* stench.
gestatten [gəˈʃtatən] *vt* to permit, allow;
~ Sie? may I?; **sich** *dat* **~, etw zu tun** to take
the liberty of doing sth.
Geste [ˈɡɛstə] (**-, -n**) *f* gesture.
Gesteck [gəˈʃtɛk] (**-(e)s, -e**) *nt* flower
arrangement.
gestehen [gəˈʃteːən] *unreg vt* to confess; **offen
gestanden** quite frankly.
Gestein [gəˈʃtaɪn] (**-(e)s, -e**) *nt* rock.
Gestell [gəˈʃtɛl] (**-(e)s, -e**) *nt* stand; (*Regal*)
shelf; (*Bett~, Brillen~*) frame.
gestellt *adj* (*unecht*) posed.
gestern [ˈɡɛstərn] *adv* yesterday; **~ Abend/
Morgen** yesterday evening/morning; **er ist
nicht von ~** (*umg*) he wasn't born
yesterday.
gestiefelt [gəˈʃtiːfəlt] *adj:* **der G~e Kater**
Puss-in-Boots.
gestiegen [gəˈʃtiːgən] *pp von* **steigen.**
Gestik (**-**) *f* gestures *pl.*
gestikulieren [ɡɛstikuˈliːrən] *vi* to gesticulate.
Gestirn [gəˈʃtɪrn] (**-(e)s, -e**) *nt* star.
gestoben [gəˈʃtoːbən] *pp von* **stieben.**

Gestöber [gəˈʃtøːbər] (**-s, -**) *nt* flurry; (*länger*)
blizzard.
gestochen [gəˈʃtɔxən] *pp von* **stechen** ◆ *adj*
(*Handschrift*) clear, neat.
gestohlen [gəˈʃtoːlən] *pp von* **stehlen** ◆ *adj:*
der/das kann mir ~ bleiben (*umg*) he/it can
go hang.
gestorben [gəˈʃtɔrbən] *pp von* **sterben.**
gestört [gəˈʃtøːrt] *adj* disturbed;
(*Rundfunkempfang*) poor, with a lot of
interference.
gestoßen [gəˈʃtoːsən] *pp von* **stoßen.**
Gestotter [gəˈʃtɔtər] (**-s**) *nt* stuttering,
stammering.
Gesträuch [gəˈʃtrɔyç] (**-(e)s, -e**) *nt* shrubbery,
bushes *pl.*
gestreift [gəˈʃtraɪft] *adj* striped.
gestrichen [gəˈʃtrɪçən] *pp von* **streichen** ◆ *adj:*
~ voll (*genau voll*) level; (*sehr voll*) full to the
brim; **ein ~er Teelöffel voll** a level
teaspoon(ful).
gestrig [ˈɡɛstrɪç] *adj* yesterday's.
gestritten [gəˈʃtrɪtən] *pp von* **streiten.**
Gestrüpp [gəˈʃtrʏp] (**-(e)s, -e**) *nt* undergrowth.
gestunken [gəˈʃtʊŋkən] *pp von* **stinken.**
Gestüt [gəˈʃtyːt] (**-(e)s, -e**) *nt* stud farm.
Gesuch [gəˈzuːx] (**-(e)s, -e**) *nt* petition; (*Antrag*)
application.
gesucht *adj* (*begehrt*) sought after.
gesund [gəˈzʊnt] *adj* healthy; **wieder
~ werden** to get better; **~ und munter** hale
and hearty; **G~heit** *f* health; (*Sportlichkeit,
fig*) healthiness; **G~heit!** bless you!; **bei
guter G~heit** in good health; **~heitlich** *adj*
health *attrib,* physical ◆ *adv* physically; **wie
geht es Ihnen ~heitlich?** how's your health?
Gesundheits- *zW:* **~amt** *nt* public health
department; **~apostel** *m* (*ironisch*) health
freak (*umg*); **~fürsorge** *f* health care;
~reform *f* health service reforms *pl;* **~risiko**
nt health hazard; **g~schädlich** *adj* unhealthy;
~wesen *nt* health service; **~zeugnis** *nt*
health certificate; **~zustand** *m* state of
health.
gesundschreiben▲ *unreg vt:* **jdn ~** to certify
sb (as) fit.
gesungen [gəˈzʊŋən] *pp von* **singen.**
gesunken [gəˈzʊŋkən] *pp von* **sinken.**
getan [gəˈtaːn] *pp von* **tun** ◆ *adj:* **nach ~er
Arbeit** when the day's work is done.
Getier [gəˈtiːər] (**-(e)s, -e**) *nt* (*Tiere, bes
Insekten*) creatures *pl;* (*einzelnes*) creature.
Getöse [gəˈtøːzə] (**-s**) *nt* din, racket.
getragen [gəˈtraːgən] *pp von* **tragen.**
Getränk [gəˈtrɛŋk] (**-(e)s, -e**) *nt* drink.
Getränkeautomat *m* drinks machine *od*
dispenser.
Getränkekarte *f* (*in Café*) list of beverages;
(*in Restaurant*) wine list.
getrauen [gəˈtraʊən] *vr* to dare.

Getreide [gə'traɪdə] (-s, -) *nt* cereal, grain; ~**speicher** *m* granary.

getrennt [gə'trɛnt] *adj* separate; ~ **leben** to be separated, live apart.

getreten [gə'treːtən] *pp von* **treten**.

getreu [gə'trɔy] *adj* faithful.

Getriebe [gə'triːbə] (-s, -) *nt* (*Leute*) bustle; (*AUT*) gearbox.

getrieben *pp von* **treiben**.

Getriebeöl *nt* transmission oil.

getroffen [gə'trɔfən] *pp von* **treffen**.

getrogen [gə'troːgən] *pp von* **trügen**.

getrost [gə'troːst] *adv* confidently; ~ **sterben** to die in peace; **du kannst dich ~ auf ihn verlassen** you need have no fears about relying on him.

getrunken [gə'trʊŋkən] *pp von* **trinken**.

Getto ['gɛto] (-s, -s) *nt* ghetto.

Getue [gə'tuːə] (-s) *nt* fuss.

Getümmel [gə'tyməl] (-s) *nt* turmoil.

geübt [gə'yːpt] *adj* experienced.

GEW (-) *f abk* (= *Gewerkschaft Erziehung und Wissenschaft*) *union of employees in education and science.*

Gew. *abk* = **Gewerkschaft**.

Gewächs [gə'vɛks] (-es, -e) *nt* growth; (*Pflanze*) plant.

gewachsen [gə'vaksən] *pp von* **wachsen** ♦ *adj*: **jdm/etw ~ sein** to be sb's equal/equal to sth.

Gewächshaus *nt* greenhouse.

gewagt [gə'vaːkt] *adj* daring, risky.

gewählt [gə'vɛːlt] *adj* (*Sprache*) refined, elegant.

gewahr [gə'vaːr] *adj*: **eine** *od* **einer Sache** *gen* ~ **werden** to become aware of sth.

Gewähr [gə'vɛːr] (-) *f* guarantee; **keine ~ übernehmen für** to accept no responsibility for; **die Angabe erfolgt ohne ~** this information is supplied without liability.

gewähren *vt* to grant; (*geben*) to provide; **jdn ~ lassen** not to stop sb.

gewährleisten *vt* to guarantee.

Gewahrsam [gə'vaːrzaːm] (-s, -e) *m* safekeeping; (*Polizei~*) custody.

Gewährsmann *m* informant, source.

Gewährung *f* granting.

Gewalt [gə'valt] (-, -en) *f* power; (*große Kraft*) force; (~*taten*) violence; **mit aller ~** with all one's might; **die ausübende/gesetzgebende/richterliche ~** the executive/legislature/judiciary; **elterliche ~** parental authority; **höhere ~** acts/an act of God; ~**anwendung** *f* use of force.

Gewaltenteilung *f* separation of powers.

Gewaltherrschaft *f* tyranny.

gewaltig *adj* tremendous; (*Irrtum*) huge; **sich ~ irren** to be very much mistaken.

Gewalt- *zW*: **g~los** *adj* non-violent ♦ *adv*

without force/violence; ~**marsch** *m* forced march; ~**monopol** *nt* monopoly on the use of force; **g~sam** *adj* forcible; **g~tätig** *adj* violent; ~**verbrechen** *nt* crime of violence; ~**verzicht** *m* non-aggression.

Gewand [gə'vant] (-(e)s, ⁻er) *nt* garment.

gewandt [gə'vant] *pp von* **wenden** ♦ *adj* deft, skilful (*BRIT*), skillful (*US*); (*erfahren*) experienced; **G~heit** *f* dexterity, skill.

gewann *etc* [gə'van] *vb siehe* **gewinnen**.

gewaschen [gə'vaʃən] *pp von* **waschen**.

Gewässer [gə'vɛsər] (-s, -) *nt* waters *pl*.

Gewebe [gə'veːbə] (-s, -) *nt* (*Stoff*) fabric; (*BIOL*) tissue.

Gewehr [gə'veːr] (-(e)s, -e) *nt* (*Flinte*) rifle; (*Schrotbüchse*) shotgun; ~**lauf** *m* rifle barrel; barrel of a shotgun.

Geweih [gə'vaɪ] (-(e)s, -e) *nt* antlers *pl*.

Gewerbe [gə'vɛrbə] (-s, -) *nt* trade, occupation; **Handel und ~** trade and industry; ~ **treibend** carrying on a trade; **fahrendes ~** mobile trade; ~**aufsichtsamt** *nt* ≈ factory inspectorate; ~**schein** *m* trading licence; ~**schule** *f* technical school.

gewerblich *adj* industrial.

gewerbsmäßig *adj* professional.

Gewerbszweig *m* line of trade.

Gewerkschaft [gə'vɛrkʃaft] *f* trade *od* labor (*US*) union.

Gewerkschaft(l)er(in) *m(f)* trade *od* labor (*US*) unionist.

gewerkschaftlich *adj*: **wir haben uns ~ organisiert** we organized ourselves into a union.

Gewerkschaftsbund *m* federation of trade *od* labor (*US*) unions, ≈ Trades Union Congress (*BRIT*), Federation of Labor (*US*).

gewesen [gə'veːzən] *pp von* **sein**.

gewichen [gə'vɪçən] *pp von* **weichen**.

Gewicht [gə'vɪçt] (-(e)s, -e) *nt* weight; (*fig*) importance.

gewichten *vt* to evaluate.

Gewichtheben (-s) *nt* (*SPORT*) weight-lifting.

gewichtig *adj* weighty.

Gewichtsklasse *f* (*SPORT*) weight (category).

gewieft [gə'viːft] (*umg*) *adj* shrewd, cunning.

gewiesen [gə'viːzən] *pp von* **weisen**.

gewillt [gə'vɪlt] *adj* willing, prepared.

Gewimmel [gə'vɪməl] (-s) *nt* swarm; (*Menge*) crush.

Gewinde [gə'vɪndə] (-s, -) *nt* (*Kranz*) wreath; (*von Schraube*) thread.

Gewinn [gə'vɪn] (-(e)s, -e) *m* profit; (*bei Spiel*) winnings *pl*; ~ **bringend** profitable; **etw mit ~ verkaufen** to sell sth at a profit; **aus etw ~ schlagen** (*umg*) to make a profit out of sth; ~**anteil** *m* (*COMM*) dividend; ~**ausschüttung** *f* prize draw; ~**beteiligung** *f* profit-sharing; **g~bringend** *adj* profitable;

~chancen pl (*beim Wetten*) odds pl.

gewinnen *unreg* vt to win; (*erwerben*) to gain; (*Kohle, Öl*) to extract ♦ vi to win; (*profitieren*) to gain; **jdn (für etw)** ~ to win sb over (to sth); **an etw** *dat* ~ to gain in sth.

gewinnend adj winning, attractive.

Gewinner(in) (-s, -) m(f) winner.

Gewinn- zW: **~nummer▲** f winning number; **~spanne** f profit margin; **~sucht** f love of gain; **~- und Verlustrechnung** f profit and loss account.

Gewinnung f (*von Kohle etc*) mining; (*von Zucker etc*) extraction.

Gewirr [gə'vɪr] (-(e)s, -e) nt tangle; (*von Straßen*) maze.

gewiss▲ [gə'vɪs] adj certain ♦ adv certainly; **in gewissem Maße** to a certain extent.

Gewissen [gə'vɪsən] (-s, -) nt conscience; **jdm ins** ~ **reden** to have a serious talk with sb; **g~haft** adj conscientious; **~haftigkeit** f conscientiousness; **g~los** adj unscrupulous.

Gewissens- zW: **~bisse** pl pangs of conscience pl, qualms pl; **~frage** f matter of conscience; **~freiheit** f freedom of conscience; **~konflikt** m moral conflict.

gewissermaßen [gəvɪsər'ma:sən] adv more or less, in a way.

Gewissheit▲ f certainty; **sich** dat ~ **verschaffen** to find out for certain.

gewisslich▲ adv surely.

Gewitter [gə'vɪtər] (-s, -) nt thunderstorm.

gewittern vi unpers: **es gewittert** there's a thunderstorm.

gewitterschwül adj sultry and thundery.

Gewitterwolke f thundercloud; (*fig: umg*) storm cloud.

gewitzt [gə'vɪtst] adj shrewd, cunning.

gewoben [gə'vo:bən] pp von **weben**.

gewogen [gə'vo:gən] pp von **wiegen** ♦ adj (+dat) well-disposed (towards).

gewöhnen [gə'vø:nən] vt: **jdn an etw** akk ~ to accustom sb to sth; (*erziehen zu*) to teach sb sth ♦ vr: **sich an etw** akk ~ to get used od accustomed to sth.

Gewohnheit [gə'vo:nhaɪt] f habit; (*Brauch*) custom; **aus** ~ from habit; **zur** ~ **werden** to become a habit; **sich** dat **etw zur** ~ **machen** to make a habit of sth.

Gewohnheits- in zW habitual; **~mensch** m creature of habit; **~recht** nt common law; **~tier** (*umg*) nt creature of habit.

gewöhnlich [gə'vø:nlɪç] adj usual; (*durchschnittlich*) ordinary; (*pej*) common; **wie** ~ as usual.

gewohnt [gə'vo:nt] adj usual; **etw** ~ **sein** to be used to sth.

Gewöhnung f: ~ **(an** +akk**)** getting accustomed (to); (*das Angewöhnen*) training (in).

Gewölbe [gə'vœlbə] (-s, -) nt vault.

gewollt [gə'vɔlt] pp von **wollen** ♦ adj forced, artificial.

gewonnen [gə'vɔnən] pp von **gewinnen**.

geworben [gə'vɔrbən] pp von **werben**.

geworden [gə'vɔrdən] pp von **werden**.

geworfen [gə'vɔrfən] pp von **werfen**.

gewrungen [gə'vruŋən] pp von **wringen**.

Gewühl [gə'vy:l] (-(e)s) nt throng.

gewunden [gə'vundən] pp von **winden**.

gewunken [gə'vuŋkən] pp von **winken**.

Gewürz [gə'vyrts] (-es, -e) nt spice; (*Pfeffer, Salz*) seasoning; **~gurke** f pickled gherkin; **~nelke** f clove.

gewusst▲ [gə'vust] pp von **wissen**.

gez. abk (= gezeichnet) signed.

gezackt [gə'tsakt] adj (*Fels*) jagged; (*Blatt*) serrated.

gezähnt [gə'tsɛ:nt] adj serrated, toothed.

gezeichnet [gə'tsaɪçnət] adj marked.

Gezeiten [gə'tsaɪtən] pl tides pl.

Gezeter [gə'tsɛ:tər] (-s) nt nagging.

gezielt [gə'tsi:lt] adj (*Frage, Maßnahme*) specific; (*Hilfe*) well-directed; (*Kritik*) pointed.

geziemen [gə'tsi:mən] vr unpers to be fitting.

geziemend adj proper.

geziert [gə'tsi:rt] adj affected; **G~heit** f affectation.

gezogen [gə'tso:gən] pp von **ziehen**.

Gezwitscher [gə'tsvɪtʃər] (-s) nt twitter(ing), chirping.

gezwungen [gə'tsvuŋən] pp von **zwingen** ♦ adj forced; (*Atmosphäre*) strained.

gezwungenermaßen adv of necessity; **etw** ~ **tun** to be forced to do sth, do sth of necessity.

GG abk = **Grundgesetz**.

ggf. abk = **gegebenenfalls**.

Ghana ['ga:na] (-s) nt Ghana.

Ghetto ['gɛto] (-s, -s) nt ghetto.

Ghettoblaster ['gɛtobla:stər] (-s, -s) m ghettoblaster.

Gibraltar [gi'braltar] (-s) nt Gibraltar.

gibst [gi:pst] vb siehe **geben**.

gibt vb siehe **geben**.

Gicht [gɪçt] (-) f gout; **g~isch** adj gouty.

Giebel ['gi:bəl] (-s, -) m gable; **~dach** nt gable(d) roof; **~fenster** nt gable window.

Gier [gi:r] (-) f greed.

gierig adj greedy.

Gießbach m torrent.

gießen ['gi:sən] unreg vt to pour; (*Blumen*) to water; (*Metall*) to cast; (*Wachs*) to mould ♦ vi unpers: **es gießt in Strömen** it's pouring down.

Gießerei [gi:sə'raɪ] f foundry.

Gießkanne f watering can.

Gift [gɪft] (-(e)s, -e) nt poison; **das ist** ~ **für ihn** (*umg*) that is very bad for him; **darauf kannst du** ~ **nehmen** (*umg*) you can bet

your life on it; **g~grün** adj bilious green.
giftig adj poisonous; (fig: boshaft) venomous.
Gift- zW: **~müll** m toxic waste; **~pilz** m
poisonous toadstool; **~stoff** m toxic
substance; **~wolke** f poisonous cloud; **~zahn**
m fang; **~zwerg** (umg) m spiteful little devil.
Gigabyte ['gɪgabaɪt] nt (COMPUT) gigabyte.
Gilde ['gɪldə] (-, -n) f guild.
gilt [gɪlt] vb siehe **gelten**.
ging etc [gɪŋ] vb siehe **gehen**.
Ginseng ['gɪnzɛŋ] (-s, -s) m ginseng.
Ginster ['gɪnstər] (-s, -) m broom.
Gipfel ['gɪpfəl] (-s, -) m summit, peak; (fig)
height; **das ist der ~!** (umg) that's the limit!;
~konferenz f (POL) summit conference.
gipfeln vi to culminate.
Gipfeltreffen nt summit (meeting).
Gips [gɪps] (-es, -e) m plaster; (MED) plaster
(of Paris); **~abdruck** m plaster cast; **~bein**
(umg) nt leg in plaster; **g~en** vt to plaster;
~figur f plaster figure; **~verband** m plaster
(cast).
Giraffe [gi'rafə] (-, -n) f giraffe.
Girlande [gɪr'landə] (-, -n) f garland.
Giro ['ʒiːro] (-s, -s) nt giro; **~konto** nt current
account (BRIT), checking account (US).
girren ['gɪrən] vi to coo.
Gis [gɪs] (-, -) nt (MUS) G sharp.
Gischt [gɪʃt] (-(e)s, -e) m od f spray, foam.
Gitarre [gi'tarə] (-, -n) f guitar.
Gitter ['gɪtər] (-s, -) nt grating, bars pl; (für
Pflanzen) trellis; (Zaun) railing(s); **~bett** nt
cot (BRIT), crib (US); **~fenster** nt barred
window; **~zaun** m railing(s).
Glacéhandschuh, Glaceehandschuh▲
[gla'seːhantʃuː] m kid glove.
Gladiole [gladi'oːlə] (-, -n) f gladiolus.
Glanz [glants] (-es) m shine, lustre (BRIT),
luster (US); (fig) splendour (BRIT), splendor
(US); **~abzug** m (PHOT) glossy od gloss print.
glänzen ['glɛntsən] vi to shine (also fig), gleam.
glänzend adj shining; (fig) brilliant; **wir
haben uns ~ amüsiert** we had a marvellous
od great time.
Glanz- zW: **~lack** m gloss (paint); **~leistung** f
brilliant achievement; **g~los** adj dull;
~stück nt pièce de résistance; **~zeit** f
heyday.
Glas [glaːs] (-es, ̈-er) nt glass; (Brillen~) lens
sing; **zwei ~ Wein** two glasses of wine;
~bläser m glass blower; **~er** (-s, -) m glazier;
~faser f fibreglass (BRIT), fiberglass (US);
~faserkabel nt optical fibre (BRIT) od fiber
(US) cable.
Glasgow ['glaːsgoʊ] nt Glasgow.
glasieren [gla'ziːrən] vt to glaze.
glasig adj glassy; (Zwiebeln) transparent.
glasklar adj crystal clear.
Glasscheibe f pane.
Glasur [gla'zuːr] f glaze; (KOCH) icing,

frosting (bes US).
glatt [glat] adj smooth; (rutschig) slippery;
(Absage) flat; (Lüge) downright; (Haar)
straight; (MED: Bruch) clean; (pej: allzu
gewandt) smooth, slick ♦ adv: **~ gehen** to go
smoothly; **~ rasiert** (Mann, Kinn) clean-
shaven; **~ streichen** to smooth out.
Glätte ['glɛtə] (-, -n) f smoothness;
slipperiness.
Glatteis nt (black) ice; **„Vorsicht ~!"**
"danger, black ice!"; **jdn aufs ~ führen** (fig)
to take sb for a ride.
glätten vt to smooth out.
Glatze ['glatsə] (-, -n) f bald head; **eine
~ bekommen** to go bald.
glatzköpfig adj bald.
Glaube ['glaʊbə] (-ns, -n) m: **~ (an +akk)** faith
(in); (Überzeugung) belief (in); **den ~n an
jdn/etw verlieren** to lose faith in sb/sth.
glauben vt, vi to believe; (meinen) to think;
jdm ~ to believe sb; **~ an +akk** to believe in;
jdm (etw) aufs Wort ~ to take sb's word (for
sth); **wers glaubt, wird selig** (ironisch) a
likely story.
Glaubens- zW: **~bekenntnis** nt creed;
~freiheit f religious freedom;
~gemeinschaft f religious sect; (christliche)
denomination.
glaubhaft ['glaʊbhaft] adj credible; **jdm etw
~ machen** to satisfy sb of sth.
Glaubhaftigkeit f credibility.
gläubig ['glɔʏbɪç] adj (REL) devout;
(vertrauensvoll) trustful; **G~e(r)** f(m) believer;
die Gläubigen pl the faithful.
Gläubiger(in) (-s, -) m(f) creditor.
glaubwürdig ['glaʊbvʏrdɪç] adj credible;
(Mensch) trustworthy; **G~keit** f credibility;
trustworthiness.
gleich [glaɪç] adj equal; (identisch) (the) same,
identical ♦ adv equally; (sofort) straight
away; (bald) in a minute; (räumlich): **~ hinter
dem Haus** just behind the house; (zeitlich):
~ am Anfang at the very beginning; **es ist
mir ~** it's all the same to me; **zu ~en Teilen**
in equal parts; **das ~e, aber nicht dasselbe
Auto** a similar car, but not the same one;
ganz ~ wer/was etc no matter who/what etc;
2 mal 2 ~ 4 2 times 2 is od equals 4; **bis ~!**
see you soon!; **wie war doch ~ Ihr Name?**
what was your name again?; **es ist ~ drei
Uhr** it's very nearly three o'clock;
~ bleibend constant; **bei ~ bleibendem
Gehalt** when one's salary stays the same;
~ gesinnt like-minded; **~ lautend** identical;
sie sind ~ groß they are the same size;
~ nach/an right after/at; **~altrig** adj of the
same age; **~artig** adj similar; **~bedeutend** adj
synonymous; **~berechtigt** adj with equal
rights; **G~berechtigung** f equal rights pl.
gleichen unreg vi: **jdm/etw ~** to be like sb/sth

♦ *vr* to be alike.
gleichermaßen *adv* equally.
gleich- *zW:* ~**falls** *adv* likewise; **danke** ~**falls!**
the same to you; **G~förmigkeit** *f* uniformity;
~**gestellt** *adj:* **rechtlich** ~**gestellt** equal in
law; **G~gewicht** *nt* equilibrium, balance;
jdm aus dem G~gewicht bringen to throw
sb off balance; ~**gültig** *adj* indifferent;
(*unbedeutend*) unimportant; **G~gültigkeit** *f*
indifference; **G~heit** *f* equality; (*Identität*)
identity; (*INDUSTRIE*) parity; **G~heitsprinzip**
nt principle of equality; **G~heitszeichen** *nt*
(*MATH*) equals sign; ~**kommen** *unreg vi* +*dat* to
be equal to; **G~macherei** *f* egalitarianism,
levelling down (*pej*); ~**mäßig** *adj* even, equal;
G~mut *m* equanimity.
Gleichnis (-ses, -se) *nt* parable.
gleich- *zW:* ~**rangig** *adj* (*Probleme etc*) equally
important; ~**rangig** (**mit**) (*Beamte etc*) equal
in rank (to), at the same level (as); ~**sam**
adv as it were; ~**schalten** (*pej*) *vt* to bring
into line; **G~schritt** *m:* **im G~schritt, marsch!**
forward march!; ~**sehen** *unreg vi:* **jdm**
~**sehen** to be *od* look like sb; ~**stellen** *vt*
(*rechtlich etc*) to treat as equal; **G~strom** *m*
(*ELEK*) direct current; ~**tun** *unreg vi:* **es jdm**
~**tun** to match sb.
Gleichung *f* equation.
gleich- *zW:* ~**viel** *adv* no matter; ~**wertig** *adj* of
the same value; (*Leistung, Qualität*) equal;
(*Gegner*) evenly matched; ~**wohl** *adv* (*geh*)
nevertheless; ~**zeitig** *adj* simultaneous.
Gleis [glaɪs] (-es, -e) *nt* track, rails *pl*; (*am
Bahnhof*) platform (*BRIT*), track (*US*).
gleißend ['glaɪsənt] *adj* glistening, gleaming.
gleiten *unreg vi* to glide; (*rutschen*) to slide.
gleitend ['glaɪtənt] *adj:* ~**e Arbeitszeit** flexible
working hours *pl*, flex(i)time.
Gleit- *zW:* ~**flug** *m* glide; ~**klausel** *f* (*COMM*)
escalator clause; ~**komma** *nt* floating point;
~**zeit** *f* flex(i)time.
Gletscher ['glɛtʃər] (-s, -) *m* glacier; ~**spalte** *f*
crevasse.
glich *etc* [glɪç] *vb siehe* **gleichen**.
Glied [gliːt] (-(e)s, -er) *nt* member; (*Arm, Bein*)
limb; (*Penis*) penis; (*von Kette*) link; (*MIL*)
rank(s); **der Schreck steckt ihr noch in den**
~**ern** she is still shaking with the shock.
gliedern *vt* to organize, structure.
Gliederreißen *nt* rheumatic pains *pl*.
Gliederschmerz *m* rheumatic pains *pl*.
Gliederung *f* structure, organization.
Gliedmaßen *pl* limbs *pl*.
glimmen ['glɪmən] *unreg vi* to glow.
Glimmer (-s, -) *m* (*MINERAL*) mica.
Glimmstengel (*umg*) *m* fag (*BRIT*), butt (*US*).
glimpflich ['glɪmpflɪç] *adj* mild, lenient;
~ **davonkommen** to get off lightly.
glitschig ['glɪtʃɪç] (*umg*) *adj* slippery, slippy.
glitt *etc* [glɪt] *vb siehe* **gleiten**.

glitzern ['glɪtsərn] *vi* to glitter; (*Stern*) to
twinkle.
global [glo'baːl] *adj* (*weltweit*) global,
worldwide; (*ungefähr, pauschal*) general.
Globus ['gloːbʊs] (- *od* -ses, Globen *od* -se) *m*
globe.
Glöckchen ['glœkçən] *nt* (little) bell.
Glocke ['glɔkə] (-, -n) *f* bell; **etw an die große**
~ **hängen** (*fig*) to shout sth from the
rooftops.
Glocken- *zW:* ~**geläut** *nt* peal of bells;
~**schlag** *m* stroke (of the bell); (*von Uhr*)
chime; ~**spiel** *nt* chime(s); (*MUS*)
glockenspiel; ~**turm** *m* belfry, bell-tower.
glomm *etc* [glɔm] *vb siehe* **glimmen**.
Glorie ['gloːriə] *f* glory; (*von Heiligen*) halo.
glorreich ['gloːrraɪç] *adj* glorious.
Glossar [glɔ'saːr] (-s, -e) *nt* glossary.
Glosse ['glɔsə] (-, -n) *f* comment.
Glotze (-, -n) (*umg*) *f* gogglebox (*BRIT*), TV
set.
glotzen ['glɔtsən] (*umg*) *vi* to stare.
Glück [glʏk] (-(e)s) *nt* luck, fortune; (*Freude*)
happiness; ~ **haben** to be lucky; **viel** ~ good
luck; **zum** ~ fortunately; **ein** ~! how lucky!,
what a stroke of luck!; **auf gut** ~ (*aufs
Geratewohl*) on the off-chance;
(*unvorbereitet*) trusting to luck; (*wahllos*) at
random; **sie weiß noch nichts von ihrem** ~
(*ironisch*) she doesn't know anything about
it yet; **er kann von** ~ **sagen, dass** ... he can
count himself lucky that ...; ~**auf** *nt:* „~**auf**"
(*Bergleute*) (cry of) "good luck".
Glucke (-, -n) *f* (*Bruthenne*) broody hen; (*mit
Jungen*) mother hen.
glücken *vi* to succeed; **es glückte ihm, es zu
bekommen** he succeeded in getting it.
gluckern ['glʊkərn] *vi* to glug.
glücklich *adj* fortunate; (*froh*) happy ♦ *adv*
happily; (*umg: endlich, zu guter Letzt*) finally,
eventually.
glücklicherweise *adv* fortunately.
glücklos *adj* luckless.
Glücksbringer (-s, -) *m* lucky charm.
glückselig [glʏk'zeːlɪç] *adj* blissful.
Glücks- *zW:* ~**fall** *m* stroke of luck; ~**kind** *nt*
lucky person; ~**pilz** *m* lucky beggar (*umg*);
~**sache** *f* matter of luck; ~**spiel** *nt* game of
chance; ~**stern** *m* lucky star; ~**strähne** *f*
lucky streak.
glückstrahlend *adj* radiant (with happiness).
Glückszahl *f* lucky number.
Glückwunsch *m:* ~ (**zu**) congratulations *pl*
(on), best wishes *pl* (on).
Glühbirne *f* light bulb.
glühen ['glyːən] *vi* to glow.
glühend *adj* glowing; (*heiß* ~: *Metall*) red-hot;
(*Hitze*) blazing; (*fig: leidenschaftlich*) ardent;
(: *Hass*) burning; (*Wangen*) flushed, burning.
Glüh- *zW:* ~**faden** *m* (*ELEK*) filament; ~**wein** *m*

mulled wine; **~würmchen** *nt* glow-worm.
Glut [gluːt] (-, **-en**) *f* (*Röte*) glow; (*Feuers~*)
fire; (*Hitze*) heat; (*fig*) ardour (*BRIT*), ardor
(*US*).
GmbH (-, **-s**) *f abk* (= *Gesellschaft mit
beschränkter Haftung*) ≈ Ltd. (*BRIT*), plc (*BRIT*),
Inc. (*US*).
Gnade ['gnaːdə] (-, **-n**) *f* (*Gunst*) favour (*BRIT*),
favor (*US*); (*Erbarmen*) mercy; (*Milde*)
clemency; **~ vor Recht ergehen lassen** to
temper justice with mercy.
gnaden *vi*: **(dann) gnade dir Gott!** (then) God
help you *od* heaven have mercy on you!
Gnaden- *zW*: **~brot** *nt*: **jdm/einem Tier das
~brot geben** to keep sb/an animal in his/
her/its old age; **~frist** *f* reprieve; **~gesuch** *nt*
petition for clemency; **g~los** *adj* merciless;
~stoß *m* coup de grâce.
gnädig ['gnɛːdɪç] *adj* gracious; (*voll Erbarmen*)
merciful; **~e Frau** (*form*) madam, ma'am.
Gockel ['gɔkəl] (-s, -) *m* (*bes SÜDD*) cock.
Gold [gɔlt] (-(e)s) *nt* gold; **nicht mit ~ zu
bezahlen** *od* **aufzuwiegen sein** to be worth
one's weight in gold; **g~en** *adj* golden;
g~ene Worte words of wisdom; **der Tanz
ums ~ene Kalb** (*fig*) the worship of
Mammon; **~fisch** *m* goldfish; **~grube** *f* gold
mine; **~hamster** *m* (golden) hamster.
goldig ['gɔldɪç] *adj* (*fig: umg: allerliebst*) sweet,
cute.
Gold- *zW*: **~regen** *m* laburnum; (*fig*) riches *pl*;
g~richtig (*umg*) *adj* dead right; **~schmied** *m*
goldsmith; **~schnitt** *m* gilt edging;
~standard *m* gold standard; **~stück** *nt* piece
of gold; (*fig: umg*) treasure; **~waage** *f*: **jedes
Wort auf die ~waage legen** (*fig*) to weigh
one's words; **~währung** *f* gold standard.
Golf¹ [gɔlf] (-(e)s, **-e**) *m* gulf; **der (Persische) ~**
the Gulf.
Golf² [gɔlf] (-(e)s) *nt* golf; **~platz** *m* golf course;
~schläger *m* golf club; **~spieler** *m* golfer.
Golfstaaten *pl*: **die ~** the Gulf States *pl*.
Golfstrom *m* (*GEOG*) Gulf Stream.
Gondel ['gɔndəl] (-, **-n**) *f* gondola; (*von
Seilbahn*) cable car.
gondeln (*umg*) *vi*: **durch die Welt ~** to go
globetrotting.
Gong [gɔŋ] (-s, **-s**) *m* gong; (*bei Boxkampf etc*)
bell.
gönnen ['gœnən] *vt*: **jdm etw ~** not to
begrudge sb sth; **sich** *dat* **etw ~** to allow o.s.
sth.
Gönner (-s, -) *m* patron; **g~haft** *adj*
patronizing; **~in** *f* patroness; **~miene** *f*
patronizing air.
gor *etc* [goːr] *vb siehe* **gären**.
Gorilla [goˈrɪla] (-s, **-s**) *m* gorilla; (*umg:
Leibwächter*) heavy.
goss *etc*▲ [gɔs] *vb siehe* **gießen**.
Gosse ['gɔsə] (-, **-n**) *f* gutter.

Gote ['goːtə] (-n, **-n**) *m* Goth.
Gotik ['goːtɪk] *f* (*KUNST*) Gothic (style);
(*Epoche*) Gothic period.
Gotin ['goːtɪn] *f* Goth.
Gott [gɔt] (-es, **-̈er**) *m* god; (*als Name*) God; **um
~es Willen!** for heaven's sake!; **~ sei Dank!**
thank God!; **grüß ~!** (*bes SÜDD, ÖSTERR*)
hello, good morning/afternoon/evening; **den
lieben ~ einen guten Mann sein lassen**
(*umg*) to take things as they come; **ein Bild
für die Götter** (*hum: umg*) a sight for sore
eyes; **das wissen die Götter** (*umg*) God
(only) knows; **über ~ und die Welt reden**
(*fig*) to talk about everything under the sun;
wie ~ in Frankreich leben (*umg*) to be in
clover.
Götterspeise *f* (*KOCH*) jelly (*BRIT*), jello (*US*).
Gottes- *zW*: **~dienst** *m* service; **g~fürchtig** *adj*
god-fearing; **~haus** *nt* place of worship;
~lästerung *f* blasphemy.
Gottheit *f* deity.
Göttin ['gœtɪn] *f* goddess.
göttlich *adj* divine.
Gott- *zW*: **g~lob** *interj* thank heavens!; **g~los**
adj godless; **g~verdammt** *adj* goddamn(ed);
g~verlassen *adj* godforsaken; **~vertrauen** *nt*
trust in God.
Götze ['gœtsə] (-n, **-n**) *m* idol.
Grab [graːp] (-(e)s, **-̈er**) *nt* grave.
grabbeln ['grabəln] (*NORDD: umg*) *vt* to
rummage.
Graben ['graːbən] (-s, **-̈**) *m* ditch; (*MIL*) trench.
graben *unreg vt* to dig.
Grabesstille *f* (*liter*) deathly hush.
Grab- *zW*: **~mal** *nt* monument; (*~stein*)
gravestone; **~rede** *f* funeral oration; **~stein**
m gravestone.
gräbt *vb siehe* **graben**.
Gracht [graxt] (-, **-en**) *f* canal.
Grad [graːt] (-(e)s, **-e**) *m* degree; **im höchsten
~(e)** extremely; **Verbrennungen ersten ~es**
(*MED*) first-degree burns; **~einteilung** *f*
graduation; **g~linig** *adj* straight; **g~weise** *adv*
gradually.
Graf [graːf] (-en, **-en**) *m* count, earl (*BRIT*).
Grafik ['graːfɪk] (-, **-en**) *f* (*COMPUT, TECH*)
graphics; (*ART*) graphic arts *pl*.
Grafiker(in) ['graːfɪkər(ɪn)] (-s, -) *m(f)* graphic
artist; (*Illustrator*) illustrator.
Gräfin ['grɛːfɪn] *f* countess.
grafisch *adj* ['graːfɪʃ] ♦ *adj* graphic; **~e
Darstellung** graph.
Grafschaft *f* county.
Grahambrot ['graːhambroːt] *nt* type of
wholemeal (*BRIT*) *od* whole-wheat (*US*)
bread.
Gralshüter ['graːlzhyːtər] (-s, -) *m* (*fig*)
guardian.
Gram [graːm] (-(e)s) *m* (*geh*) grief, sorrow.
grämen ['grɛːmən] *vr* to grieve; **sich zu Tode**

Gramm – Griff

DEUTSCH–ENGLISCH

~ to die of grief *od* sorrow.
Gramm [gram] (**-s, -e**) *nt* gram(me).
Grammatik [gra'matɪk] *f* grammar.
grammatisch *adj* grammatical.
Grammofon▲, Grammophon [gramo'foːn] (**-s, -e**) *nt* gramophone.
Granat [gra'naːt] (**-(e)s, -e**) *m* (*Stein*) garnet; ~**apfel** *m* pomegranate.
Granate (**-, -n**) *f* (*MIL*) shell; (*Hand~*) grenade.
grandios [gran'dioːs] *adj* magnificent, superb.
Granit [gra'niːt] (**-s, -e**) *m* granite; **auf** ~ **beißen (bei ...)** to bang one's head against a brick wall (with ...).
grantig ['grantɪç] (*umg*) *adj* grumpy.
Graphik *etc* ['graːfɪk] = **Grafik** *etc*.
grapschen ['grapʃən] (*umg*) *vt, vi* to grab; (*sich dat*) **etw** ~ to grab sth.
Gras [graːs] (**-es, ⁻er**) *nt* grass; (*auch umg: Marihuana*) grass; **über etw** *akk* ~ **wachsen lassen** (*fig*) to let the dust settle on sth; **g~en** *vi* to graze; ~**halm** *m* blade of grass.
grasig *adj* grassy.
Grasnarbe *f* turf.
grassieren [gra'siːrən] *vi* to be rampant, rage.
grässlich▲ ['grɛslɪç] *adj* horrible.
Grat [graːt] (**-(e)s, -e**) *m* ridge.
Gräte ['grɛːtə] (**-, -n**) *f* fish-bone.
Gratifikation [gratifikatsi'oːn] *f* bonus.
gratis ['graːtɪs] *adj, adv* free (of charge); **G~probe** *f* free sample.
Grätsche ['grɛːtʃə] (**-, -n**) *f* (*SPORT*) straddle.
Gratulant(in) [gratu'lant(ɪn)] *m(f)* well-wisher.
Gratulation [gratulatsi'oːn] *f* congratulation(s).
gratulieren [gratu'liːrən] *vi:* **jdm (zu etw)** ~ to congratulate sb (on sth); **(ich) gratuliere!** congratulations!
Gratwanderung *f* (*fig*) tightrope walk.
grau [grau] *adj* grey (*BRIT*), gray (*US*); **der ~e Alltag** drab reality; ~ **meliert** grey-flecked (*BRIT*), gray-flecked (*US*); **G~brot** *nt* = **Mischbrot**.
Gräuel▲ ['grɔyəl] (**-s, -**) *m* horror; (~*tat*) atrocity; **etw ist jdm ein** ~ sb loathes sth; ~**propaganda** *f* atrocity propaganda; ~**tat** *f* atrocity.
Grauen (**-s**) *nt* horror.
grauen *vi* (*Tag*) to dawn ♦ *vi unpers:* **es graut jdm vor etw** sb dreads sth, sb is afraid of sth ♦ *vr:* **sich** ~ **vor** to dread, have a horror of.
grauenhaft, grauenvoll *adj* horrible.
grauhaarig *adj* grey-haired (*BRIT*), gray-haired (*US*).
gräulich▲ ['grɔylɪç] *adj* horrible.
Graupelregen ['graupəlreːgən] *m* sleet.
Graupelschauer *m* sleet.
Graupen ['graupən] *pl* pearl barley *sing*.
grausam ['grauzaːm] *adj* cruel; **G~keit** *f* cruelty.

Grausen ['grauzən] (**-s**) *nt* horror; **da kann man das kalte** ~ **kriegen** (*umg*) it's enough to give you the creeps.
grausen *vb* = **grauen**.
Grauzone *f* (*fig*) grey (*BRIT*) *od* gray (*US*) area.
gravieren [gra'viːrən] *vt* to engrave.
gravierend *adj* grave.
Grazie ['graːtsiə] *f* grace.
graziös [gratsi'øːs] *adj* graceful.
greifbar *adj* tangible, concrete; **in ~er Nähe** within reach.
greifen ['graɪfən] *unreg vt* (*nehmen*) to grasp; (*grapschen*) to seize, grab ♦ *vi* (*nicht rutschen, einrasten*) to grip; **nach etw** ~ to reach for sth; **um sich** ~ (*fig*) to spread; **zu etw** ~ (*fig*) to turn to sth; **diese Zahl ist zu niedrig gegriffen** (*fig*) this figure is too low; **aus dem Leben gegriffen** taken from life.
Greifer (**-s, -**) *m* (*TECH*) grab.
Greifvogel *m* bird of prey.
Greis [graɪs] (**-es, -e**) *m* old man.
Greisenalter *nt* old age.
greisenhaft *adj* very old.
Greisin ['graɪzɪn] *f* old woman.
grell [grɛl] *adj* harsh.
Gremium ['greːmiʊm] *nt* body; (*Ausschuss*) committee.
Grenadier [grena'diːər] (**-s, -e**) *m* (*MIL: Infanterist*) infantryman.
Grenzbeamte(r) *m* frontier official.
Grenze (**-, -n**) *f* border; (*zwischen Grundstücken, fig*) boundary; (*Staats~*) frontier; (*Schranke*) limit; **über die** ~ **gehen/fahren** to cross the border; **hart an der** ~ **des Erlaubten** bordering on the limits of what is permitted.
grenzen *vi:* ~ **an** +*akk* to border on.
grenzenlos *adj* boundless.
Grenz- *zW:* ~**fall** *m* borderline case; ~**gänger** *m* (*Arbeiter*) international commuter (*across a local border*); ~**gebiet** *nt* (*lit, fig*) border area; ~**kosten** *pl* marginal cost *sing*; ~**linie** *f* boundary; ~**übergang** *m* frontier crossing; ~**wert** *m* limit; ~**zwischenfall** *m* border incident.
Gretchenfrage ['greːtçənfraːgə] *f* (*fig*) crunch question, sixty-four-thousand-dollar question (*umg*).
Greuel *etc* △ ['grɔyəl] *siehe* **Gräuel**.
greulich△ ['grɔylɪç] *siehe* **gräulich**.
Grieche ['griːçə] (**-n, -n**) *m* Greek.
Griechenland *nt* Greece.
Griechin ['griːçɪn] *f* Greek.
griechisch *adj* Greek.
griesgrämig ['griːsgrɛːmɪç] *adj* grumpy.
Grieß [griːs] (**-es, -e**) *m* (*KOCH*) semolina; ~**brei** *m* cooked semolina.
Griff [grɪf] (**-(e)s, -e**) *m* grip; (*Vorrichtung*) handle; (*das Greifen*): **der** ~ **nach etw**

Rechtschreibreform: ▲ *neue Schreibung* △ *alte Schreibung (auslaufend)*

reaching for sth; **jdn/etw in den**
~ bekommen (*fig*) to gain control of sb/sth;
etw in den ~ **bekommen** (*geistig*) to get a
grasp of sth.
griff *etc vb siehe* **greifen.**
griffbereit *adj* handy.
Griffel ['grɪfəl] (**-s, -**) *m* slate pencil; (*BOT*)
style.
griffig ['grɪfɪç] *adj* (*Fahrbahn etc*) that has a
good grip; (*fig: Ausdruck*) useful, handy.
Grill [grɪl] (**-s, -s**) *m* grill; (*AUT*) grille.
Grille ['grɪlə] (**-, -n**) *f* cricket; (*fig*) whim.
grillen *vt* to grill.
Grimasse [grɪ'masə] (**-, -n**) *f* grimace; **~n**
schneiden to make faces.
grimmig *adj* furious; (*heftig*) fierce, severe.
grinsen ['grɪnzən] *vi* to grin; (*höhnisch*) to
smirk.
Grippe ['grɪpə] (**-, -n**) *f* influenza, flu.
Grips [grɪps] (**-es, -e**) (*umg*) *m* sense.
grob [groːp] *adj* coarse, gross; (*Fehler, Verstoß*)
gross; (*brutal, derb*) rough; (*unhöflich*) ill-
mannered; ~ **geschätzt** at a rough estimate;
G~heit *f* coarseness; (*Beschimpfung*) coarse
expression.
Grobian ['groːbiaːn] (**-s, -e**) *m* ruffian.
grobknochig *adj* large-boned.
groggy ['grɔgɪ] *adj* (*BOXEN*) groggy; (*umg:*
erschöpft) bushed.
grölen ['grøːlən] (*pej*) *vt, vi* to bawl.
Groll [grɔl] (**-(e)s**) *m* resentment; **g~en** *vi*
(*Donner*) to rumble; **g~en** (**mit** *od +dat*) to
bear ill will (towards).
Grönland ['grøːnlant] (**-s**) *nt* Greenland.
Grönländer(in) (**-s, -**) *m(f)* Greenlander.
Groschen ['grɔʃən] (**-s, -**) (*umg*) *m* 10-pfennig
piece; (*ÖSTERR*) groschen; (*fig*) penny, cent
(*US*); **~roman** (*pej*) *m* cheap *od* dime (*US*)
novel.
groß [groːs] *adj* big, large; (*hoch*) tall; (*Freude,*
Werk) great ♦ *adv* greatly; **im G~en und**
Ganzen on the whole; **wie ~ bist du?** how
tall are you?; **die G~en** (*Erwachsene*) the
grown-ups; **mit etw ~ geworden sein** to
have grown up with sth; **die G~en Seen** the
Great Lakes *pl*; **~en Hunger haben** to be
very hungry; **~e Mode sein** to be all the
fashion; ~ **angelegt** large-scale, on a large
scale; ~ **und breit** (*fig*: *umg*) at great *od*
enormous length; ~ **geschrieben werden**
(*umg*) to be stressed; **G~abnehmer** *m*
(*COMM*) bulk buyer; **G~alarm** *m* red alert;
~artig *adj* great, splendid; **G~aufnahme** *f*
(*FILM*) close-up; **G~britannien** (**-s**) *nt* (Great)
Britain; **G~buchstabe** *m* capital (letter).
Größe ['grøːsə] (**-, -n**) *f* size; (*Länge*) height;
(*fig*) greatness; **eine unbekannte ~** (*lit, fig*)
an unknown quantity.
Groß- *zW*: **~einkauf** *m* bulk purchase;
~einsatz *m*: **~einsatz der Polizei** *etc* large-

scale operation by the police *etc*; **~eltern** *pl*
grandparents *pl*.
Größenordnung *f* scale; (*Größe*) magnitude;
(*MATH*) order (of magnitude).
großenteils *adv* for the most part.
Größen- *zW*: **~unterschied** *m* difference in
size; **~wahn** *m*, **~wahnsinn** *m* megalomania,
delusions *pl* of grandeur.
Groß- *zW*: **~format** *nt* large size; **~handel** *m*
wholesale trade; **~handelspreisindex** *m*
wholesale-price index; **~händler** *m*
wholesaler; **g~herzig** *adj* generous; **~hirn** *nt*
cerebrum; **~industrielle(r)** *f(m)* major
industrialist; **g~kotzig** (*umg*) *adj* show-
offish, bragging; **~kundgebung** *f* mass rally;
~macht *f* great power; **~maul** *m* braggart;
~mut (**-**) *f* magnanimity; **g~mütig** *adj*
magnanimous; **~mutter** *f* grandmother;
~raum *m*: **der ~raum München** the Munich
area *od* conurbation, Greater Munich;
~raumbüro *nt* open-plan office; **~rechner** *m*
mainframe; **~reinemachen** *nt* thorough
cleaning, ≈ spring cleaning; **g~schreiben**
unreg vt: **ein Wort g~schreiben** to write a
word with a capital; **~schreibung** *f*
capitalization; **g~spurig** *adj* pompous;
~stadt *f* city.
größte(r, s) [grøːstə(r, s)] *adj superl von* **groß.**
größtenteils *adv* for the most part.
Groß- *zW*: **~tuer** (**-s, -**) *m* boaster; **g~tun** *unreg*
vi to boast; **~vater** *m* grandfather;
~verbraucher *m* (*COMM*) heavy user;
~verdiener *m* big earner; **~wild** *nt* big game;
g~ziehen *unreg vt* to raise; **g~zügig** *adj*
generous; (*Planung*) on a large scale.
grotesk [gro'tɛsk] *adj* grotesque.
Grotte ['grɔtə] (**-, -n**) *f* grotto.
grub *etc* [gruːp] *vb siehe* **graben.**
Grübchen ['gryːpçən] *nt* dimple.
Grube ['gruːbə] (**-, -n**) *f* pit; (*Bergwerk*) mine.
grübeln ['gryːbəln] *vi* to brood.
Grubenarbeiter *m* miner.
Grubengas *nt* firedamp.
Grübler ['gryːblər] (**-s, -**) *m* brooder; **g~isch** *adj*
brooding, pensive.
Gruft [gruft] (**-, -̈e**) *f* tomb, vault.
grün [gryːn] *adj* green; (*ökologisch*) green;
(*POL*): **die G~en** the Greens; **~e Minna**
(*umg*) Black Maria (*BRIT*), paddy wagon
(*US*); **~e Welle** phased traffic lights; **~e**
Versicherungskarte (*AUT*) green card; **sich**
~ **und blau** *od* **gelb ärgern** (*umg*) to be
furious; **auf keinen ~en Zweig kommen** (*fig:*
umg) to get nowhere; **jdm ~es Licht geben**
to give sb the green light; **G~anlage** *f* park.
Grund [grunt] (**-(e)s, -̈e**) *m* ground; (*von See,*
Gefäß) bottom; (*fig*) reason; **von ~ auf**
entirely, completely; **aus gesundheitlichen**
etc **Gründen** for health *etc* reasons; **im ~e**
genommen basically; **ich habe ~ zu der**

Annahme, dass ... I have reason to believe that ...; **einer Sache** *dat* **auf den** ~ **gehen** (*fig*) to get to the bottom of sth; **in** ~ **und Boden** (*fig*) utterly, thoroughly; *siehe auch* **aufgrund, zugrunde;** ~**ausbildung** *f* basic training; ~**bedeutung** *f* basic meaning; ~**bedingung** *f* fundamental condition; ~**begriff** *m* basic concept; ~**besitz** *m* land(ed property), real estate; ~**buch** *nt* land register; **g**~**ehrlich** *adj* thoroughly honest.

gründen [grʏndən] *vt* to found ♦ *vr*: **sich** ~ **auf** +*akk* to be based on; ~ **auf** +*akk* to base on.

Gründer(in) (-s, -) *m(f)* founder.

Grund- *zW*: **g**~**falsch** *adj* utterly wrong; ~**gebühr** *f* basic charge; ~**gedanke** *m* basic idea; ~**gesetz** *nt* constitution.

Grundierung [grʊnˈdiːrʊŋ] *f* (*Farbe*) primer.

Grund- [zl]: ~**kapital** *nt* nominal capital; ~**kurs** *m* basic course; ~**lage** *f* foundation; **jeder** ~**lage** *gen* **entbehren** to be completely unfounded; **g**~**legend** *adj* fundamental.

gründlich *adj* thorough; **jdm** ~ **die Meinung sagen** to give sb a piece of one's mind.

Grund- *zW*: **g**~**los** *adj* (*fig*) groundless; ~**mauer** *f* foundation wall; ~**nahrungsmittel** *nt* basic food(stuff).

Gründonnerstag *m* Maundy Thursday.

Grund- *zW*: ~**ordnung** *f*: **die freiheitlich-demokratische** ~**ordnung** (*BRD POL*) *the German constitution based on democratic liberty;* ~**rechenart** *f* basic arithmetical operation; ~**recht** *nt* basic *od* constitutional right; ~**regel** *f* basic *od* ground rule; ~**riss▲** *m* plan; (*fig*) outline; ~**satz** *m* principle; **g**~**sätzlich** *adj* fundamental; (*Frage*) of principle ♦ *adv* fundamentally; (*prinzipiell*) on principle; **das ist g**~**sätzlich verboten** it is absolutely forbidden; ~**satzurteil** *nt judgement that establishes a principle.*

Grundschule *f* primary (*BRIT*) *od* elementary school.

Grund- *zW*: ~**stein** *m* foundation stone; ~**steuer** *f* rates *pl*; ~**stück** *nt* plot (of land); (*Anwesen*) estate; ~**stücksmakler** *m* estate agent (*BRIT*), realtor (*US*); ~**stufe** *f* first stage; (*SCH*) ≈ junior (*BRIT*) *od* grade (*US*) school.

Gründung *f* foundation.

Gründungsurkunde *f* (*COMM*) certificate of incorporation.

Gründungsversammlung *f* (*Aktiengesellschaft*) statutory meeting.

Grund- *zW*: **g**~**verschieden** *adj* utterly different; ~**wasser** *nt* ground water; ~**wasserspiegel** *m* water table, ground-water level; ~**zug** *m* characteristic; **etw in seinen** ~**zügen darstellen** to outline (the essentials of) sth.

Grüne (-n) *nt*: **im** ~**n** in the open air; **ins** ~ **fahren** to go to the country.

Grüne(r) *f(m)* (*POL*) Ecologist, Green; **die Grünen** *pl* (*als Partei*) the Greens.

Grün- *zW*: ~**kohl** *m* kale; ~**schnabel** *m* greenhorn; ~**span** *m* verdigris; ~**streifen** *m* central reservation.

grunzen [ˈɡrʊntsən] *vi* to grunt.

Gruppe [ˈɡrʊpə] **(-, -n)** *f* group.

Gruppen- *zW*: ~**arbeit** *f* teamwork; ~**dynamik** *f* group dynamics *pl*; ~**therapie** *f* group therapy; **g**~**weise** *adv* in groups.

gruppieren [ɡrʊˈpiːrən] *vt, vr* to group.

gruselig *adj* creepy.

gruseln [ˈɡruːzəln] *vi unpers*: **es gruselt jdm vor etw** sth gives sb the creeps ♦ *vr* to have the creeps.

Gruß [ɡruːs] **(-es, ⁻e)** *m* greeting; (*MIL*) salute; **viele Grüße** best wishes; **Grüße an** +*akk* regards to; **einen (schönen)** ~ **an Ihre Frau!** (*geh*) my regards to your wife; **mit freundlichen Grüßen** (*als Briefformel*) Yours sincerely.

grüßen [ˈɡryːsən] *vt* to greet; (*MIL*) to salute; **jdn von jdm** ~ to give sb sb's regards; **jdn** ~ **lassen** to send sb one's regards.

Grütze [ˈɡrʏtsə] **(-, -n)** *f* (*Brei*) gruel; **rote** ~ (type of) red fruit jelly.

Guatemala [ɡuateˈmaːla] **(-s)** *nt* Guatemala.

Guayana [ɡuaˈjaːna] **(-s)** *nt* Guyana.

gucken [ˈɡʊkən] *vi* to look.

Guckloch *nt* peephole.

Guinea [gi'neːa] (**-s**) *nt* Guinea.

Gulasch ['guːlaʃ] (**-(e)s, -e**) *nt* goulash;
~**kanone** *f* (*MIL:* *umg*) field kitchen.

gültig ['gʏltɪç] *adj* valid; ~ **werden** to become
valid; (*Gesetz, Vertrag*) to come into effect;
(*Münze*) to become legal tender; **G~keit** *f*
validity; **G~keitsdauer** *f* period of validity.

Gummi ['gʊmi] (**-s, -s**) *nt od m* rubber; (~*harze*)
gum; (*umg: Kondom*) rubber, Durex ®;
(~*band*) rubber *od* elastic band; (*Hosen~*)
elastic; ~**band** *nt* rubber *od* elastic band;
~**bärchen** *nt* jelly baby; ~**geschoss▲** *nt*
rubber bullet; ~**knüppel** *m* rubber
truncheon; ~**paragraf▲** *m* ambiguous *od*
meaningless law *od* statute; ~**stiefel** *m*
rubber boot, wellington (boot) (*BRIT*);
~**strumpf** *m* elastic stocking; ~**zelle** *f* padded
cell.

Gunst [gʊnst] (**-**) *f* favour (*BRIT*), favor (*US*),
siehe auch **zugunsten**.

günstig ['gʏnstɪç] *adj* favourable (*BRIT*),
favorable (*US*); (*Angebot, Preis etc*)
reasonable, good; **bei** ~**er Witterung**
weather permitting; **im** ~**sten Fall(e)** with
luck.

Gurgel ['gʊrgəl] (**-, -n**) *f* throat.

gurgeln *vi* to gurgle; (*im Rachen*) to gargle.

Gurke ['gʊrkə] (**-, -n**) *f* cucumber; **saure** ~
pickled cucumber, gherkin.

Gurt [gʊrt] (**-(e)s, -e**) *m* belt.

Gurtanlegepflicht *f* (*form*) obligation to
wear a safety belt in vehicles.

Gürtel ['gʏrtəl] (**-s, -**) *m* belt; (*GEOG*) zone;
~**reifen** *m* radial tyre; ~**rose** *f* shingles *sing od*
pl.

GUS [geːʔuːˈʔɛs] *f abk* (= *Gemeinschaft*
Unabhängiger Staaten) CIS.

Guss▲ [gʊs] (**-es, ̈-e**) *m* casting; (*Regen~*)
downpour; (*KOCH*) glazing; ~**eisen** *nt* cast
iron.

Gut [guːt] (**-(e)s, ̈-er**) *nt* (*Besitz*) possession;
(*Landgut*) estate; **Güter** *pl* (*Waren*) goods *pl*.

═══════════════════════════ *SCHLÜSSELWORT*

gut *adj* good; **das ist** ~ **gegen** *od* **für** (*umg*)
Husten it's good for coughs; **sei so** ~ **(und)**
gib mir das would you mind giving me that;
dafür ist er sich zu ~ he wouldn't stoop to
that sort of thing; **das ist ja alles** ~ **und**
schön, aber ... that's all very well but ...; **du**
bist ~**!** (*umg*) you're a fine one!; **alles G~e**
all the best; **also** ~ all right then.

♦ *adv* well; ~ **gehen** to work, come off; **es**
geht jdm ~ sb's doing fine; **das ist noch**
einmal ~ **gegangen** it turned out all right;
~ **gehend** thriving; ~ **gelaunt** cheerful, in a
good mood; ~ **gemeint** well meant; **du hast**
es ~**!** you've got it made!; ~ **situiert** well-
off; **jdm** ~ **tun** to do sb good; ~ **unterrichtet**

well-informed; ~, **aber** ... OK, but ...; **(na)** ~,
ich komme all right, I'll come; ~ **drei**
Stunden a good three hours; **das kann**
~ **sein** that may well be; ~ **und gern** easily;
lass es ~ **sein** that'll do.

Gut- *zW:* ~**achten** (**-s, -**) *nt* report; ~**achter** (**-s,**
-) *m* expert; ~**achterkommission** *f* quango;
g~artig *adj* good-natured; (*MED*) benign;
g~bürgerlich *adj* (*Küche*) (good) plain;
~**dünken** *nt:* **nach** ~**dünken** at one's
discretion.

Güte ['gyːtə] (**-**) *f* goodness, kindness; (*Qualität*)
quality; **ach du liebe** *od* **meine** ~**!** (*umg*)
goodness me!; ~**klasse** *f* (*COMM*) grade;
~**klasseneinteilung** *f* (*COMM*) grading.

Güter- *zW:* ~**abfertigung** *f* (*EISENB*) goods
office; ~**bahnhof** *m* goods station;
~**trennung** *f* (*JUR*) separation of property;
~**verkehr** *m* freight traffic; ~**wagen** *m* goods
waggon (*BRIT*), freight car (*US*); ~**zug** *m*
goods train (*BRIT*), freight train (*US*).

Gütesiegel *nt* (*COMM*) stamp of quality.

gut- *zW:* ~**gläubig** *adj* trusting; **G~haben** (**-s**)
nt credit; ~**haben** *unreg vt:* **20 Mark (bei jdm)**
~**haben** to be in credit (with sb) to the tune
of 20 marks; ~**heißen** *unreg vt* to approve
(of); ~**herzig** *adj* kind(-hearted).

gütig ['gyːtɪç] *adj* kind.

gütlich ['gyːtlɪç] *adj* amicable.

gut- *zW:* ~**machen** *vt* (*in Ordnung bringen:*
Fehler) to put right, correct; (*Schaden*) to
make good; ~**mütig** *adj* good-natured;
G~mütigkeit *f* good nature.

Gutsbesitzer(in) *m(f)* landowner.

Gut- *zW:* ~**schein** *m* voucher; **g~schreiben**
unreg vt to credit; ~**schrift** *f* credit.

Gutsherr *m* squire.

Gutshof *m* estate.

gutwillig *adj* willing.

Gymnasiallehrer(in) [gʏmnaziˈaːlleːrər(ɪn)]
m(f) ≈ grammar school teacher (*BRIT*), high
school teacher (*US*).

Gymnasium [gʏmˈnaːziʊm] *nt* ≈ grammar
school (*BRIT*), high school (*US*).

┌─────────────────────────────────────┐
│ **GYMNASIUM**   │
│   │
│ *The* **Gymnasium** *is a selective secondary school.* │
│ *There are nine years of study at a* **Gymnasium** │
│ *leading to the* **Abitur** *which gives access to* │
│ *higher education. Pupils who successfully* │
│ *complete six years automatically gain the* │
│ **mittlere Reife**. │
└─────────────────────────────────────┘

Gymnastik [gʏmˈnastɪk] *f* exercises *pl*, keep-
fit; ~ **machen** to do keep-fit (exercises)/
gymnastics.

Gynäkologe [gʏnɛkoˈloːgə] (**-n, -n**) *m*
gynaecologist (*BRIT*), gynecologist (*US*).

Gynäkologin [gynɛko'loːgɪn] *f* gynaecologist (*BRIT*), gynecologist (*US*).

H, h

H, h [haː] *nt* H, h; ~ **wie Heinrich** ≈ H for Harry, H for How (*US*); (*MUS*) B.
ha *abk* = **Hektar**.
Haag [haːk] (**-s**) *m*: **Den** ~ The Hague.
Haar [haːr] (**-(e)s, -e**) *nt* hair; **um ein** ~ nearly; ~**e auf den Zähnen haben** to be a tough customer; **sich die** ~**e raufen** (*umg*) to tear one's hair; **sich** *dat* **in die** ~**e kriegen** (*umg*) to quarrel; **das ist an den** ~**en herbeigezogen** that's rather far-fetched; ~**ansatz** *m* hairline; ~**bürste** *f* hairbrush.
haaren *vi, vr* to lose hair.
Haaresbreite *f*: **um** ~ by a hair's-breadth.
Haarfestiger (**-s, -**) *m* setting lotion.
haargenau *adv* precisely.
haarig *adj* hairy; (*fig*) nasty.
Haar- *zW*: ~**klammer** *f*, ~**klemme** *f* hair grip (*BRIT*), barrette (*US*); **h~klein** *adv* in minute detail; **h~los** *adj* hairless; ~**nadel** *f* hairpin; **h~scharf** *adv* (*beobachten*) very sharply; (*verfehlen*) by a hair's breadth; ~**schnitt** *m* haircut; ~**schopf** *m* head of hair; ~**sieb** *nt* fine sieve; ~**spalterei** *f* hair-splitting; ~**spange** *f* hair slide; **h~sträubend** *adj* hair-raising; ~**teil** *nt* hairpiece; ~**waschmittel** *nt* shampoo; ~**wasser** *nt* hair lotion.
Hab [haːp] *nt*: ~ **und Gut** possessions *pl*, belongings *pl*, worldly goods *pl*.
Habe ['haːbə] (**-**) *f* property.
haben ['haːbən] *unreg vt, Hilfsverb* to have ♦ *vr unpers*: **und damit hat es sich** (*umg*) and that's that; **Hunger/Angst** ~ to be hungry/afraid; **da hast du 10 Mark** there's 10 Marks; **die** ~**s (ja)** (*umg*) they can afford it; **Ferien** ~ to be on holiday; **es am Herzen** ~ (*umg*) to have heart trouble; **sie ist noch zu** ~ (*umg*: *nicht verheiratet*) she's still single; **für etw zu** ~ **sein** to be keen on sth; **sie werden schon merken, was sie an ihm** ~ they'll see how valuable he is; **haste was, biste was** (*Sprichwort*) money brings status; **wie gehabt!** some things don't change; **das hast du jetzt davon** now see what's happened; **woher hast du das?** where did you get that from?; **was hast du denn?** what's the matter (with you)?; **ich habe zu tun** I'm busy.
Haben (**-s, -**) *nt* (*COMM*) credit.
Habenseite *f* (*COMM*) credit side.

Habgier *f* avarice.
habgierig *adj* avaricious.
habhaft *adj*: **jds/einer Sache** ~ **werden** (*geh*) to get hold of sb/sth.
Habicht ['haːbɪçt] (**-(e)s, -e**) *m* hawk.
Habilitation [habilitatsi'oːn] *f* (*Lehrberechtigung*) postdoctoral lecturing qualification.
Habseligkeiten ['haːpzeːlɪçkaɪtən] *pl* belongings *pl*.
Habsucht ['haːpzuxt] *f* greed.
Hachse ['haksə] (**-, -n**) *f* (*KOCH*) knuckle.
Hackbraten *m* meat loaf.
Hackbrett *nt* chopping board; (*MUS*) dulcimer.
Hacke ['hakə] (**-, -n**) *f* hoe; (*Ferse*) heel.
hacken *vt* to hack, chop; (*Erde*) to hoe.
Hacker ['hakər] (**-s, -**) *m* (*COMPUT*) hacker.
Hackfleisch *nt* mince, minced meat, ground meat (*US*).
Hackordnung *f* (*lit, fig*) pecking order.
Häcksel ['hɛksəl] (**-s**) *m od nt* chopped straw, chaff.
hadern ['haːdərn] *vi* (*geh*): ~ **mit** to quarrel with; (*unzufrieden sein*) to be at odds with.
Hafen ['haːfən] (**-s, -̈**) *m* harbour, harbor (*US*), port; (*fig*) haven; ~**anlagen** *pl* docks *pl*; ~**arbeiter** *m* docker; ~**damm** *m* jetty, mole; ~**gebühren** *pl* harbo(u)r dues *pl*; ~**stadt** *f* port.
Hafer ['haːfər] (**-s, -**) *m* oats *pl*; **ihn sticht der** ~ (*umg*) he is feeling his oats; ~**brei** *m* porridge (*BRIT*), oatmeal (*US*); ~**flocken** *pl* rolled oats *pl* (*BRIT*), oatmeal (*US*); ~**schleim** *m* gruel.
Haff [haf] (**-s, -s** *od* **-e**) *nt* lagoon.
Haft [haft] (**-**) *f* custody; ~**anstalt** *f* detention centre (*BRIT*) *od* center (*US*); **h~bar** *adj* liable, responsible; ~**befehl** *m* warrant (for arrest); **einen** ~**befehl gegen jdn ausstellen** to issue a warrant for sb's arrest.
haften *vi* to stick, cling; ~ **für** to be liable *od* responsible for; **für Garderobe kann nicht gehaftet werden** all articles are left at owner's risk; ~ **bleiben (an** +*dat*) to stick (to).
Häftling ['hɛftlɪŋ] *m* prisoner.
Haft- *zW*: ~**pflicht** *f* liability; ~**pflichtversicherung** *f* third party insurance; ~**richter** *m* magistrate.
Haftschalen *pl* contact lenses *pl*.
Haftung *f* liability.
Hagebutte ['haːgəbutə] (**-, -n**) *f* rose hip.
Hagedorn *m* hawthorn.
Hagel ['haːgəl] (**-s**) *m* hail; ~**korn** *nt* hailstone; (*MED*) eye cyst.
hageln *vi unpers* to hail.
Hagelschauer *m* (short) hailstorm.
hager ['haːgər] *adj* gaunt.
Häher ['hɛːər] (**-s, -**) *m* jay.

Hahn [haːn] (-(e)s, ⸚e) m cock; (*Wasser~*) tap, faucet (*US*); (*Abzug*) trigger; ~ **im Korb sein** (*umg*) to be cock of the walk; **danach kräht kein ~ mehr** (*umg*) no one cares two hoots about that any more.

Hähnchen ['hɛːnçən] nt cockerel; (*KOCH*) chicken.

Hai(fisch) ['haɪ(fɪʃ)] (-(e)s, -e) m shark.

Haiti [ha'iːti] (-s) nt Haiti.

Häkchen ['hɛːkçən] nt small hook.

Häkelarbeit f crochet work.

häkeln ['hɛːkəln] vt to crochet.

Häkelnadel f crochet hook.

Haken ['haːkən] (-s, -) m hook; (*fig*) catch; **einen ~ schlagen** to dart sideways; **~kreuz** nt swastika; **~nase** f hooked nose.

halb [halp] adj half ♦ adv (*beinahe*) almost; ~ **eins** half past twelve; ~ **offen** half-open; **ein ~es Dutzend** half a dozen; **nichts H~es und nichts Ganzes** neither one thing nor the other; **(noch) ein ~es Kind sein** to be scarcely more than a child; **das ist ~ so schlimm** it's not as bad as all that; **mit jdm ~e-~e machen** (*umg*) to go halves with sb.

halb- zW: **H~blut** nt (*Tier*) crossbreed; **H~bruder** m half-brother; **H~dunkel** nt semi-darkness.

halber ['halbər] präp +gen (*wegen*) on account of; (*für*) for the sake of.

Halb- zW: **h~fett** adj medium fat; **~finale** nt semi-final; **~heit** f half-measure; **h~herzig** adj half-hearted.

halbieren [hal'biːrən] vt to halve.

Halb- zW: **~insel** f peninsula; **h~jährlich** adj half-yearly; **~kreis** m semicircle; **~kugel** f hemisphere; **h~lang** adj: **nun mach mal h~lang!** (*umg*) now wait a minute!; **h~laut** adv in an undertone; **~leiter** m (*PHYS*) semiconductor; **h~mast** adv at half-mast; **~mond** m half-moon; (*fig*) crescent; **~pension** f half-board (*BRIT*), European plan (*US*); **~schuh** m shoe; **~schwester** f half-sister; **h~seiden** adj (*lit*) fifty per cent silk; (*fig: Dame*) fast; (*: homosexuell*) gay; **h~seitig** adj (*Anzeige*) half-page; **~starke(r)** f(m) hooligan, rowdy; **h~tags** adv: **h~tags arbeiten** to work part-time; **~tagsarbeit** f part-time work; **~tagskraft** f part-time worker; **~ton** m half-tone; (*MUS*) semitone; **h~trocken** adj medium-dry; **~waise** f child/person who has lost one parent; **h~wegs** adv half-way; **h~wegs besser** more or less better; **~welt** f demimonde; **~wertzeit** f half-life; **~wüchsige(r)** f(m) adolescent; **~zeit** f (*SPORT*) half; (*Pause*) half-time.

Halde ['haldə] f tip; (*Schlacken~*) slag heap.

half etc [half] vb siehe **helfen**.

Hälfte ['hɛlftə] (-, -n) f half; **um die ~ steigen** to increase by half.

Halfter¹ ['halftər] (-s, -) m od nt (*für Tiere*)

halter.

Halfter² ['halftər] (-, -n od -s, -) f od nt (*Pistolen~*) holster.

Hall [hal] (-(e)s, -e) m sound.

Halle ['halə] (-, -n) f hall; (*AVIAT*) hangar.

hallen vi to echo, resound.

Hallen- in zW indoor; **~bad** nt indoor swimming pool.

hallo [ha'loː] interj hallo.

Halluzination [halutsinatsi'oːn] f hallucination.

Halm ['halm] (-(e)s, -e) m blade, stalk.

Hals [hals] (-es, ⸚e) m neck; (*Kehle*) throat; **sich** dat **nach jdm/etw den ~ verrenken** (*umg*) to crane one's neck to see sb/sth; **jdm um den ~ fallen** to fling one's arms around sb's neck; **aus vollem ~(e)** at the top of one's voice; ~ **über Kopf** in a rush; **jdn auf dem** od **am ~ haben** (*umg*) to be lumbered od saddled with sb; **das hängt mir zum ~ raus** (*umg*) I'm sick and tired of it; **sie hat es in den falschen ~ bekommen** (*falsch verstehen*) she took it wrongly; **~abschneider** (*pej: umg*) m shark; **~band** nt (*Hundehalsband*) collar; **h~brecherisch** adj (*Tempo*) breakneck; (*Fahrt*) hair-raising; **~kette** f necklace; **~krause** f ruff; **~-Nasen-Ohren-Arzt** m ear, nose and throat specialist; **~schlagader** f carotid artery; **~schmerzen** pl sore throat sing; **h~starrig** adj stubborn, obstinate; **~tuch** nt scarf; **~- und Beinbruch** interj good luck; **~weh** nt sore throat; **~wirbel** m cervical vertebra.

Halt [halt] (-(e)s, -e) m stop; (*fester ~*) hold; (*innerer ~*) stability; **~!**, **h~!** stop!, halt!; ~ **machen** to stop.

hält [hɛlt] vb siehe **halten**.

Halt- zW: **h~bar** adj durable; (*Lebensmittel*) non-perishable; (*MIL, fig*) tenable; **h~bar bis 6.11.** use by 6 Nov.; **~barkeit** f durability; (non-)perishability; tenability; (*von Lebensmitteln*) shelf life; **~barkeitsdatum** nt best-before date.

halten ['haltən] unreg vt to keep; (*fest~*) to hold ♦ vi to hold; (*frisch bleiben*) to keep; (*stoppen*) to stop ♦ vr (*frisch bleiben*) to keep; (*sich behaupten*) to hold out; **den Mund ~** (*umg*) to keep one's mouth shut; ~ **für** to regard as; ~ **von** to think of; **das kannst du ~ wie du willst** that's completely up to you; **der Film hält nicht, was er verspricht** the film doesn't live up to expectations; **davon halt(e) ich nichts** I don't think much of it; **zu jdm ~** to stand od stick by sb; **an sich** akk ~ to restrain o.s.; **auf sich** akk ~ (*auf Äußeres achten*) to take a pride in o.s.; **er hat sich gut gehalten** (*umg*) he's well-preserved; **sich an ein Versprechen ~** to keep a promise; **sich rechts/links ~** to keep to the right/left.

Halter ['haltər] (-s, -) m (*Halterung*) holder.

Haltestelle *f* stop.
Halteverbot *nt*: absolutes ~ no stopping; eingeschränktes ~ no waiting; **hier ist** ~ you cannot stop here.
haltlos *adj* unstable.
Haltlosigkeit *f* instability.
Haltung *f* posture; (*fig*) attitude; (*Selbstbeherrschung*) composure; ~ **bewahren** to keep one's composure.
Halunke [ha'lʊŋkə] (-n, -n) *m* rascal.
Hamburg ['hambʊrk] (-s) *nt* Hamburg.
Hamburger (-s, -) *m* (*KOCH*) burger, hamburger.
Hamburger(in) (-s, -) *m(f)* native of Hamburg.
Hameln ['haːməln] *nt* Hamelin.
hämisch ['hɛːmɪʃ] *adj* malicious.
Hammel ['haməl] (-s, ⁻ *od* -) *m* wether; ~**fleisch** *nt* mutton; ~**keule** *f* leg of mutton.
Hammelsprung *m* (*PARL*) division.
Hammer ['hamər] (-s, ⁻) *m* hammer; **das ist ein** ~! (*umg: unerhört*) that's absurd!
hämmern ['hɛmərn] *vt, vi* to hammer.
Hammondorgel ['hæmənd|ɔrgəl] *f* electric organ.
Hämorrhoiden [hɛmɔro'iːdən], **Hämorriden▲** [hɛmɔ'riːdən] *pl* piles *pl*, haemorrhoids *pl* (*BRIT*), hemorrhoids *pl* (*US*).
Hampelmann ['hampəlman] *m* (*lit, fig*) puppet.
Hamster ['hamstər] (-s, -) *m* hamster.
Hamsterei [hamstə'raɪ] *f* hoarding.
Hamsterer (-s, -) *m* hoarder.
hamstern *vi* to hoard.
Hand [hant] (-, ⁻e) *f* hand; **etw zur** ~ **haben** to have sth to hand; (*Ausrede, Erklärung*) to have sth ready; **jdm zur** ~ **gehen** to lend sb a helping hand; **zu Händen von jdm** for the attention of sb; **in festen Händen sein** to be spoken for; **die** ~ **für jdn ins Feuer legen** to vouch for sb; **hinter vorgehaltener** ~ **on the** quiet; ~ **aufs Herz** cross your heart; **jdn auf Händen tragen** to cherish sb; **bei etw die** *od* **seine** ~ **im Spiel haben** to have a hand in sth; **eine** ~ **wäscht die andere** (*Sprichwort*) if you scratch my back I'll scratch yours; **das hat weder** ~ **noch Fuß** that doesn't make sense; **das liegt auf der** ~ (*umg*) that's obvious; **unter der** ~ secretly; (*verkaufen*) privately; *siehe auch* **anhand**; ~**arbeit** *f* manual work; (*Nadelarbeit*) needlework; ~**arbeiter** *m* manual worker; ~**ball** *m* handball; ~**besen** *m* brush; ~**betrieb** *m*: **mit** ~**betrieb** hand-operated; ~**bewegung** *f* gesture; ~**bibliothek** *f* (*in Bibliothek*) reference section; (*auf Schreibtisch*) reference books *pl*; ~**bremse** *f* handbrake; ~**buch** *nt* handbook, manual.
Händedruck *m* handshake.
Händeklatschen *nt* clapping, applause.
Handel¹ ['handəl] (-s) *m* trade; (*Geschäft*) transaction; **im** ~ **sein** to be on the market; (**mit jdm**) ~ **treiben** to trade (with sb); **etw in den** ~ **bringen/aus dem** ~ **ziehen** to put sth on/take sth off the market.
Handel² (-s, ⁻) *m* quarrel.
handeln ['handəln] *vi* to trade; (*tätig werden*) to act ♦ *vr unpers*: **sich** ~ **um** to be a question of, be about; ~ **von** to be about; **ich lasse mit mir** ~ I'm open to persuasion; (*in Bezug auf Preis*) I'm open to offers.
Handeln (-s) *nt* action.
handelnd *adj*: **die** ~**en Personen in einem Drama** the characters in a drama.
Handels- *zW*: ~**bank** *f* merchant bank (*BRIT*), commercial bank; ~**bilanz** *f* balance of trade; **aktive/passive** ~**bilanz** balance of trade surplus/deficit; ~**delegation** *f* trade mission; **h**~**einig** *adj*: **mit jdm h**~**einig werden** to conclude a deal with sb; ~**gesellschaft** *f* commercial company; ~**kammer** *f* chamber of commerce; ~**klasse** *f* grade; ~**marine** *f* merchant navy; ~**marke** *f* trade name; ~**name** *m* trade name; ~**recht** *nt* commercial law; ~**register** *nt* register of companies; ~**reisende(r)** *f(m)* = **Handlungsreisende(r)** commercial traveller; ~**sanktionen** *pl* trade sanctions *pl*; ~**schule** *f* business school; ~**spanne** *f* gross margin, mark-up; ~**sperre** *f* trade embargo; **h**~**üblich** *adj* customary; ~**vertreter** *m* sales representative; ~**vertretung** *f* trade mission; ~**ware** *f* commodity.
händeringend ['hɛndərɪŋənd] *adv* wringing one's hands; (*fig*) imploringly.
Hand- *zW*: ~**feger** (-s, -) *m* brush; ~**fertigkeit** *f* dexterity; **h**~**fest** *adj* hefty; ~**fläche** *f* palm *od* flat (of one's hand); **h**~**gearbeitet** *adj* handmade; ~**gelenk** *nt* wrist; **aus dem** ~**gelenk** (*umg: ohne Mühe*) effortlessly; (: *improvisiert*) off the cuff; ~**gemenge** *nt* scuffle; ~**gepäck** *nt* hand baggage *od* luggage; **h**~**geschrieben** *adj* handwritten; ~**granate** *f* hand grenade; **h**~**greiflich** *adj* palpable; **h**~**greiflich werden** to become violent; ~**griff** *m* flick of the wrist; ~**habe** *f*: **ich habe gegen ihn keine** ~**habe** (*fig*) I have no hold on him; **h**~**haben** *unreg vt untr* to handle; ~**karren** *m* handcart; ~**käse** *m* *strong-smelling, round German cheese*; ~**kuss▲** *m* kiss on the hand; ~**langer** (-s, -) *m* odd-job man, handyman; (*fig: Untergeordneter*) dogsbody.
Händler ['hɛndlər] (-s, -) *m* trader, dealer.
handlich ['hantlɪç] *adj* handy.
Handlung ['handlʊŋ] *f* action; (*Tat*) act; (*in Buch*) plot; (*Geschäft*) shop.
Handlungs- *zW*: ~**ablauf** *m* plot; ~**bevollmächtigte(r)** *f(m)* authorized agent; **h**~**fähig** *adj* (*Regierung*) able to act; (*JUR*) empowered to act; ~**freiheit** *f* freedom of

action; h~**orientiert** adj action-orientated; ~**reisende(r)** f(m) commercial traveller (BRIT), traveling salesman (US); ~**vollmacht** f proxy; ~**weise** f manner of dealing.

Hand- zW: ~**pflege** f manicure; ~**schelle** f handcuff; ~**schlag** m handshake; **keinen** ~**schlag tun** not to do a stroke (of work); ~**schrift** f handwriting; (Text) manuscript; h~**schriftlich** adj handwritten ♦ adv (korrigieren, einfügen) by hand; ~**schuh** m glove; ~**schuhfach** nt (AUT) glove compartment; ~**tasche** f handbag (BRIT), pocket book (US), purse (US); ~**tuch** nt towel; ~**umdrehen** nt: im ~**umdrehen** (fig) in the twinkling of an eye.

Handwerk nt trade, craft; **jdm das** ~ **legen** (fig) to put a stop to sb's game.

Handwerker (-s, -) m craftsman, artisan; **wir haben seit Wochen die** ~ **im Haus** we've had workmen in the house for weeks.

Handwerkskammer f trade corporation.

Handwerkszeug nt tools pl.

Handwörterbuch nt concise dictionary.

Handy ['hɛndi] (-s, -s) nt (TEL) mobile (phone).

Handzeichen nt signal; (Geste) sign; (bei Abstimmung) show of hands.

Handzettel m leaflet, handbill.

Hanf [hanf] (-(e)s) m hemp.

Hang [haŋ] (-(e)s, ⁻e) m inclination; (Ab~) slope.

Hänge- ['hɛŋə] in zW hanging; ~**brücke** f suspension bridge; ~**matte** f hammock.

Hängen ['hɛŋən] nt: **mit** ~ **und Würgen** (umg) by the skin of one's teeth.

hängen unreg vi to hang ♦ vt: ~ **(an** +akk) to hang (on(to)); **an jdm** ~ (fig) to be attached to sb; ~ **bleiben** to be caught; (fig) to remain, stick; ~ **bleiben an** +dat to catch od get caught on; **es bleibt ja doch alles an mir** ~ (fig: umg) in the end it's all down to me anyhow; ~ **lassen** (vergessen) to leave behind; **sich** ~ **lassen** to let o.s. go; **den Kopf** ~ **lassen** (fig) to be downcast; **die ganze Sache hängt an ihm** it all depends on him; **sich** ~ **an** +akk to hang on to, cling to.

hängend adj: **mit** ~**er Zunge kam er angelaufen** (fig) he came running up panting.

Hängeschloss▲ nt padlock.

Hanglage f: **in** ~ situated on a slope.

Hannover [ha'noːfər] (-s) nt Hanover.

Hannoveraner(in) [hanovəˈraːnər(ɪn)] (-s, -) m(f) Hanoverian.

hänseln ['hɛnzəln] vt to tease.

Hansestadt ['hanzəʃtat] f Hanseatic od Hanse town.

Hanswurst [hans'vʊrst] (-(e)s, -e od -würste) m clown.

Hantel ['hantəl] (-, -n) f (SPORT) dumb-bell.

hantieren [han'tiːrən] vi to work, be busy; **mit** etw ~ to handle sth.

hapern ['haːpərn] vi unpers: **es hapert an etw** dat there is a lack of sth.

Happen ['hapən] (-s, -) m mouthful.

happig ['hapɪç] (umg) adj steep.

Hardware ['haːdwɛə] (-, -s) f hardware.

Harfe ['harfə] (-, -n) f harp.

Harke ['harkə] (-, -n) f rake.

harken vt, vi to rake.

harmlos ['harmloːs] adj harmless.

Harmlosigkeit f harmlessness.

Harmonie [harmoˈniː] f harmony.

harmonieren vi to harmonize.

Harmonika [har'moːnika] (-, -s) f (Zieh~) concertina.

harmonisch [har'moːnɪʃ] adj harmonious.

Harmonium [har'moːniʊm] (-s, -nien od -s) nt harmonium.

Harn ['harn] (-(e)s, -e) m urine; ~**blase** f bladder.

Harnisch ['harnɪʃ] (-(e)s, -e) m armour, armor (US); **jdn in** ~ **bringen** to infuriate sb; **in** ~ **geraten** to become angry.

Harpune [har'puːnə] (-, -n) f harpoon.

harren ['harən] vi: ~ **auf** +akk to wait for.

Harsch [harʃ] (-(e)s) m frozen snow.

harschig adj (Schnee) frozen.

hart [hart] adj hard; (fig) harsh ♦ adv: **das ist** ~ **an der Grenze** that's almost going too far; ~**e Währung** hard currency; ~ **bleiben** to stand firm; ~ **gekocht** hard-boiled; ~ **gesotten** (Ei) hard-boiled; **es geht** ~ **auf** ~ it's a tough fight.

Härte ['hɛrtə] (-, -n) f hardness; (fig) harshness; **soziale** ~**n** social hardships; ~**fall** m case of hardship; (umg: Mensch) hardship case; ~**klausel** f hardship clause.

härten vt, vr to harden.

hart- zW: **H~faserplatte** f hardboard, fiberboard (US); ~**gesotten** adj (Kerl) tough, hard-boiled; ~**herzig** adj hard-hearted; ~**näckig** adj stubborn; **H~näckigkeit** f stubbornness.

Harz¹ [haːrts] (-es, -e) nt resin.

Harz² (-es) m (GEOG) Harz Mountains pl.

Haschee [ha'ʃeː] (-s, -s) nt hash.

haschen ['haʃən] vt to catch, snatch ♦ vi (umg) to smoke hash.

Haschisch ['haʃɪʃ] (-) nt hashish.

Hase ['haːzə] (-n, -n) m hare; **falscher** ~ (KOCH) meat loaf; **wissen, wie der** ~ **läuft** (fig: umg) to know which way the wind blows; **mein Name ist** ~(, **ich weiß von nichts**) I don't know anything about anything.

Haselnuss▲ ['haːzəlnʊs] f hazelnut.

Hasenfuß m coward.

Hasenscharte f harelip.

Haspel (-, -n) f reel, bobbin; (Winde) winch.

Hass▲ [has] (-es) m hate, hatred; **einen** ~ **(auf**

jdn) haben (*umg*: *Wut*) to be really mad (with sb).

hassen ['hasən] *vt* to hate; **etw ~ wie die Pest** (*umg*) to detest sth.

hassenswert *adj* hateful.

hässlich▲ ['hɛslɪç] *adj* ugly; (*gemein*) nasty; **H~keit** *f* ugliness; nastiness.

Hassliebe▲ *f* love-hate relationship.

Hast [hast] (-) *f* haste.

hast *vb siehe* **haben**.

hasten *vi*, *vr* to rush.

hastig *adj* hasty.

hat [hat] *vb siehe* **haben**.

hätscheln ['hɛtʃəln] *vt* to pamper; (*zärtlich*) to cuddle.

hatte *etc* ['hatə] *vb siehe* **haben**.

hätte *etc* ['hɛtə] *vb siehe* **haben**.

Haube ['haubə] (-, -n) *f* hood; (*Mütze*) cap; (*AUT*) bonnet (*BRIT*), hood (*US*); **unter der ~ sein/unter die ~ kommen** (*hum*) to be/get married.

Hauch [haux] (-(e)s, -e) *m* breath; (*Luft~*) breeze; (*fig*) trace; **h~dünn** *adj* extremely thin; (*Scheiben*) wafer-thin; (*fig*: *Mehrheit*) extremely narrow; **h~en** *vi* to breathe; **h~fein** *adj* very fine.

Haue ['hauə] (-, -n) *f* hoe; (*Pickel*) pick; (*umg*) hiding.

hauen *unreg vt* to hew, cut; (*umg*) to thrash.

Hauer ['hauər] (-s, -) *m* (*MIN*) face-worker.

Häufchen ['hɔyfçən] *nt*: **ein ~ Unglück** *od* **Elend** a picture of misery.

Haufen ['haufən] (-s, -) *m* heap; (*Leute*) crowd; **ein ~ (Bücher)** (*umg*) loads *od* a lot (of books); **auf einem ~** in one heap; **etw über den ~ werfen** (*umg*: *verwerfen*) to chuck sth out; **jdn über den ~ rennen** *od* **fahren** *etc* (*umg*) to knock sb down.

häufen ['hɔyfən] *vt* to pile up ♦ *vr* to accumulate.

haufenweise *adv* in heaps; in droves; **etw ~ haben** to have piles of sth.

häufig ['hɔyfɪç] *adj* frequent ♦ *adv* frequently; **H~keit** *f* frequency.

Haupt [haupt] (-(e)s, Häupter) *nt* head; (*Ober~*) chief ♦ *in zW* main; **~akteur** *m* (*lit*, *fig*) leading light; (*pej*) main figure; **~aktionär** *m* major shareholder; **~bahnhof** *m* central station; **h~beruflich** *adv* as one's main occupation; **~buch** *nt* (*COMM*) ledger; **~darsteller(in)** *m(f)* leading actor, leading actress; **~eingang** *m* main entrance; **~fach** *nt* (*SCH*, *UNIV*) main subject, major (*US*); **etw im ~fach studieren** to study sth as one's main subject, major in sth (*US*); **~film** *m* main film; **~gericht** *nt* main course; **~geschäftsstelle** *f* head office; **~geschäftszeit** *f* peak (shopping) period; **~gewinn** *m* first prize; **einer der ~gewinne** one of the main prizes; **~leitung** *f* mains *pl*.

Häuptling ['hɔyptlɪŋ] *m* chief(tain).

Haupt- *zW*: **~mahlzeit** *f* main meal; **~mann** (-(e)s, *pl* **-leute**) *m* (*MIL*) captain; **~nahrungsmittel** *nt* staple food; **~person** *f* (*im Roman usw*) main character; (*fig*) central figure; **~postamt** *nt* main post office; **~quartier** *nt* headquarters *pl*; **~rolle** *f* leading part; **~sache** *f* main thing; **in der ~sache** in the main, mainly; **h~sächlich** *adj* chief ♦ *adv* chiefly; **~saison** *f* peak *od* high season; **~satz** *m* main clause; **~schlagader** *f* aorta; **~schlüssel** *m* master key.

Hauptschule *f* ≈ secondary modern (school) (*BRIT*), junior high (school) (*US*).

HAUPTSCHULE

The **Hauptschule** *is a non-selective school which pupils attend after the **Grundschule**. They complete five years of study and most go on to do some training in a practical subject or trade.*

Haupt- *zW*: **~sendezeit** *f* (*TV*) prime time; **~stadt** *f* capital; **~straße** *f* main street; **~verkehrsstraße** *f* (*in Stadt*) main street; (*Durchgangsstraße*) main thoroughfare; (*zwischen Städten*) main highway, trunk road (*BRIT*); **~verkehrszeit** *f* rush hour; **~versammlung** *f* general meeting; **~wohnsitz** *m* main place of residence; **~wort** *nt* noun.

hau ruck ['hau 'rʊk] *interj* heave-ho.

Haus [haus] (-es, Häuser) *nt* house; **nach ~e** home; **zu ~e** at home; **fühl dich wie zu ~e!** make yourself at home!; **ein Freund des ~es** a friend of the family; **~ halten** (*sparen*) to economize; **wir liefern frei ~** (*COMM*) we offer free delivery; **das erste ~ am Platze** (*Hotel*) the best hotel in town; *siehe auch* **nachhause, zuhause**; **~angestellte** *f* domestic servant; **~arbeit** *f* housework; (*SCH*) homework; **~arrest** *m* (*im Internat*) detention; (*JUR*) house arrest; **~arzt** *m* family doctor; **~aufgabe** *f* (*SCH*) homework; **~besetzung** *f* squat; **~besitzer** *m* house-owner; **~besuch** *m* home visit; (*von Arzt*) house call.

Häuschen ['hɔysçən] *nt*: **ganz aus dem ~ sein** (*fig*: *umg*) to be out of one's mind (with excitement/fear *etc*).

Hauseigentümer *m* house-owner.

hausen ['hauzən] *vi* to live (in poverty); (*pej*) to wreak havoc.

Häuser- *zW*: **~block** *m* block (of houses); **~makler** *m* estate agent (*BRIT*), real estate agent (*US*); **~reihe** *f*, **~zeile** *f* row of houses; (*aneinander gebaut*) terrace (*BRIT*).

Haus- *zW*: **~frau** *f* housewife; **~freund** *m* family friend; (*umg*) lover; **~friedensbruch** *m* (*JUR*) trespass (*in sb's house*); **~gebrauch** *m*: **für den ~gebrauch** (*Gerät*) for domestic *od* household use; **h~gemacht** *adj* home-made; **~gemeinschaft** *f* household (community); **~halt** *m* household; (*POL*) budget; **h~halten** *unreg vi* (*old*) to keep house; (*sparen*) to economize; **~hälterin** *f* housekeeper.

Haushalts- *zW*: **~auflösung** *f* dissolution of the household; **~buch** *nt* housekeeping book; **~debatte** *f* (*PARL*) budget debate; **~geld** *nt* housekeeping (money); **~gerät** *nt* domestic appliance; **~hilfe** *f* domestic *od* home help; **~jahr** *nt* (*POL, WIRTS*) financial *od* fiscal year; **~periode** *f* budget period; **~plan** *m* budget.

Haus- *zW*: **~haltung** *f* housekeeping; **~herr** *m* host; (*Vermieter*) landlord; **h~hoch** *adv*: **h~hoch verlieren** to lose by a mile.

hausieren [hau'ziːrən] *vi* to peddle.

Hausierer (**-s, -**) *m* pedlar (*BRIT*), peddler (*US*).

hausintern ['haus|ɪntɛrn] *adj* internal company *attrib*.

häuslich ['hɔʏslɪç] *adj* domestic; **sich irgendwo ~ einrichten** *od* **niederlassen** to settle in somewhere; **H~keit** *f* domesticity.

Hausmacherart ['hausmaxər|aːrt] *f*: **Wurst** *etc* **nach ~** home-made-style sausage *etc*.

Haus- *zW*: **~mann** (**-(e)s,** *pl* **-männer**) *m* (*den Haushalt versorgender Mann*) househusband; **~marke** *f* (*eigene Marke*) own brand; (*bevorzugte Marke*) favourite (*BRIT*) *od* favorite (*US*) brand; **~meister** *m* caretaker, janitor; **~mittel** *nt* household remedy; **~nummer** *f* house number; **~ordnung** *f* house rules *pl*; **~putz** *m* house cleaning; **~ratversicherung** *f* (household) contents insurance; **~schlüssel** *m* front-door key; **~schuh** *m* slipper; **~schwamm** *m* dry rot.

Hausse ['hoːsə] (**-, -n**) *f* (*WIRTS*) boom; (*BÖRSE*) bull market; **~ an** +*dat* boom in.

Haus- *zW*: **~segen** *m*: **bei ihnen hängt der ~segen schief** (*hum*) they're a bit short on domestic bliss; **~stand** *m*: **einen ~stand gründen** to set up house *od* home; **~(durch)suchung** *f* police raid; **~(durch)suchungsbefehl** *m* search warrant; **~tier** *nt* domestic animal; **~tür** *f* front door; **~verbot** *nt*: **jdm ~verbot erteilen** to ban sb from the house; **~verwalter** *m* property manager; **~verwaltung** *f* property management; **~wirt** *m* landlord; **~wirtschaft** *f* domestic science; **~-zu-~-Verkauf** *m* door-to-door selling.

Haut [haut] (**-, Häute**) *f* skin; (*Tier~*) hide; **mit ~ und Haar(en)** (*umg*) completely; **aus der ~ fahren** (*umg*) to go through the roof; **~arzt** *m* skin specialist, dermatologist.

häuten ['hɔʏtən] *vt* to skin ♦ *vr* to shed one's skin.

hauteng *adj* skintight.

Hautfarbe *f* complexion.

Hautkrebs *m* (*MED*) skin cancer.

Havanna [ha'vana] (**-s**) *nt* Havana.

Havel ['haːfəl] (**-**) *f* (*Fluss*) Havel.

Haxe ['haksə] (**-, -n**) *f* = **Hachse.**

Hbf. *abk* = **Hauptbahnhof.**

H-Bombe ['haːbɔmbə] *f abk* H-bomb.

Hebamme ['heːp|amə] *f* midwife.

Hebel ['heːbəl] (**-s, -**) *m* lever; **alle ~ in Bewegung setzen** (*umg*) to move heaven and earth; **am längeren ~ sitzen** (*umg*) to have the whip hand.

heben ['heːbən] *unreg vt* to raise, lift; (*steigern*) to increase; **einen ~ gehen** (*umg*) to go for a drink.

Hebräer(in) [he'brɛːər(ɪn)] (**-s, -**) *m(f)* Hebrew.

hebräisch [he'brɛːɪʃ] *adj* Hebrew.

Hebriden [he'briːdən] *pl*: **die ~** the Hebrides *pl*.

hecheln ['hɛçəln] *vi* (*Hund*) to pant.

Hecht [hɛçt] (**-(e)s, -e**) *m* pike; **~sprung** *m* (*beim Schwimmen*) racing dive; (*beim Turnen*) forward dive; (*FUSSBALL: umg*) dive.

Heck [hɛk] (**-(e)s, -e**) *nt* stern; (*von Auto*) rear.

Hecke ['hɛkə] (**-, -n**) *f* hedge.

Heckenrose *f* dog rose.

Heckenschütze *m* sniper.

Heck- *zW*: **~fenster** *nt* (*AUT*) rear window; **~klappe** *f* tailgate; **~motor** *m* rear engine.

heda ['heːda] *interj* hey there.

Heer [heːr] (**-(e)s, -e**) *nt* army.

Hefe ['heːfə] (**-, -n**) *f* yeast.

Heft ['hɛft] (**-(e)s, -e**) *nt* exercise book; (*Zeitschrift*) number; (*von Messer*) haft; **jdm das ~ aus der Hand nehmen** (*fig*) to seize control *od* power from sb.

Heftchen *nt* (*Fahrkarten~*) book of tickets; (*Briefmarken~*) book of stamps.

heften *vt*: **~ (an** +*akk*) to fasten (to); (*nähen*) to tack (on (to)); (*mit Heftmaschine*) to staple *od* fasten (to) ♦ *vr*: **sich an jds Fersen** *od* **Sohlen ~** (*fig*) to dog sb's heels.

Hefter (**-s, -**) *m* folder.

heftig *adj* fierce, violent; **H~keit** *f* fierceness, violence.

Heft- *zW*: **~klammer** *f* staple; **~maschine** *f* stapling machine; **~pflaster** *nt* sticking plaster; **~zwecke** *f* drawing pin (*BRIT*), thumb tack (*US*).

hegen ['heːgən] *vt* to nurse; (*fig*) to harbour (*BRIT*), harbor (*US*), foster.

Hehl [heːl] *m od nt*: **kein(en) ~ aus etw machen** to make no secret of sth.

Hehler (**-s, -**) *m* receiver (of stolen goods), fence.

Heide[1] ['haɪdə] (**-, -n**) *f* heath, moor; (*~kraut*) heather.

Heide[2] ['haɪdə] (**-n, -n**) *m* heathen, pagan.

Heidekraut *nt* heather.

Heidelbeere *f* bilberry.

Heiden- *zW*: **~angst** (*umg*) *f*: **eine ~angst vor**

etw/jdm haben to be scared stiff of sth/sb;
~**arbeit** (*umg*) *f* real slog; **h~mäßig** (*umg*) *adj*
terrific; ~**tum** *nt* paganism.
Heidin *f* heathen, pagan.
heidnisch ['haɪdnɪʃ] *adj* heathen, pagan.
heikel ['haɪkəl] *adj* awkward, thorny;
(*wählerisch*) fussy.
Heil [haɪl] (-(e)s) *nt* well-being; (*Seelen~*)
salvation ♦ *interj* hail; **Ski/Petri ~!** good
skiing/fishing!
heil *adj* in one piece, intact; **mit ~er Haut**
davonkommen to escape unscathed; **die ~e**
Welt an ideal world (*without problems etc*).
Heiland (-(e)s, -e) *m* saviour (*BRIT*), savior
(*US*).
Heil- *zW*: ~**anstalt** *f* nursing home; (*für Sucht-*
oder Geisteskranke) home; ~**bad** *nt* (*Bad*)
medicinal bath; (*Ort*) spa; **h~bar** *adj* curable.
Heilbutt ['haɪlbʊt] (-s, -e) *m* halibut.
heilen *vt* to cure ♦ *vi* to heal; **als geheilt**
entlassen werden to be discharged with a
clean bill of health.
heilfroh *adj* very relieved.
Heilgymnastin *f* physiotherapist.
heilig ['haɪlɪç] *adj* holy; **jdm ~ sein** (*lit, fig*) to
be sacred to sb; **jdn ~ sprechen** to canonize;
die H~e Schrift the Holy Scriptures *pl*; **es ist**
mein ~er Ernst I am deadly serious;
H~abend *m* Christmas Eve.
Heilige(r) *f(m)* saint.
heiligen *vt* to sanctify, hallow; **der Zweck**
heiligt die Mittel the end justifies the means.
Heiligenschein *m* halo.
Heiligkeit *f* holiness.
Heiligtum *nt* shrine; (*Gegenstand*) relic.
Heilkunde *f* medicine.
heillos *adj* unholy; (*Schreck*) terrible.
Heil- *zW*: ~**mittel** *nt* remedy; ~**praktiker(in)** (-s,
-) *m(f)* non-medical practitioner; **h~sam** *adj*
(*fig*) salutary.
Heilsarmee *f* Salvation Army.
Heilung *f* cure.
heim [haɪm] *adv* home.
Heim (-(e)s, -e) *nt* home; (*Wohn~*) hostel.
Heimarbeit *f* (*INDUSTRIE*) homework,
outwork.
Heimat ['haɪmaːt] (-, -en) *f* home (town/
country *etc*); ~**film** *m* sentimental film in
idealized regional setting; ~**kunde** *f* (*SCH*)
local history; ~**land** *nt* homeland; **h~lich** *adj*
native, home *attrib*; (*Gefühle*) nostalgic;
h~los *adj* homeless; ~**museum** *nt* local
history museum; ~**ort** *m* home town *od* area;
~**vertriebene(r)** *f(m)* displaced person.
heimbegleiten *vt* to accompany home.
Heimchen *nt*: ~ (**am Herd**) (*pej: Frau*)
housewife.
Heimcomputer *m* home computer.
heimelig ['haɪməlɪç] *adj* homely.
Heim- *zW*: **h~fahren** *unreg vi* to drive *od* go

home; ~**fahrt** *f* journey home; ~**gang** *m*
return home; (*Tod*) decease; **h~gehen** *unreg*
vi to go home; (*sterben*) to pass away; **h~isch**
adj (*gebürtig*) native; **sich h~isch fühlen** to
feel at home; ~**kehr** (-, -en) *f* homecoming;
h~kehren *vi* to return home; ~**kind** *nt* child
brought up in a home; **h~kommen** *unreg vi* to
come home; ~**leiter** *m* warden of a home/
hostel.
heimlich *adj* secret ♦ *adv*: ~, **still und leise**
(*umg*) quietly, on the quiet; **H~keit** *f*
secrecy; **H~tuerei** *f* secrecy.
Heim- *zW*: ~**reise** *f* journey home; ~**spiel** *nt*
home game; **h~suchen** *vt* to afflict; (*Geist*) to
haunt; **h~tückisch** *adj* malicious; **h~wärts**
adv homewards; ~**weg** *m* way home; ~**weh** *nt*
homesickness; ~**weh haben** to be homesick;
~**werker** *m* handyman; **h~zahlen** *vt*: **jdm etw**
h~zahlen to pay back sb for sth.
Heini ['haɪni] (-s, -s) *m*: **blöder ~** (*umg*) silly
idiot.
Heirat ['haɪraːt] (-, -en) *f* marriage; **h~en** *vt, vi*
to marry.
Heirats- *zW*: ~**antrag** *m* proposal (of
marriage); ~**anzeige** *f* (*Annonce*)
advertisement for a marriage partner;
~**schwindler** *m* person who makes a
marriage proposal under false pretences;
~**urkunde** *f* marriage certificate.
heiser ['haɪzər] *adj* hoarse; **H~keit** *f*
hoarseness.
heiß [haɪs] *adj* hot; (*Thema*) hotly disputed;
(*Diskussion, Kampf*) heated, fierce; (*Begierde,*
Liebe, Wunsch) burning; **es wird nichts so**
~ gegessen, wie es gekocht wird
(*Sprichwort*) things are never as bad as they
seem; ~**er Draht** hot line; ~**es Eisen** (*fig:*
umg) hot potato; ~**es Geld** hot money;
~ ersehnt longed for; **~ umstritten** hotly
debated; **jdn/etw ~ und innig lieben** to love
sb/sth madly; ~**blütig** *adj* hot-blooded.
heißen ['haɪsən] *unreg vi* to be called;
(*bedeuten*) to mean ♦ *vt* to command;
(*nennen*) to name ♦ *vi unpers*: **es heißt hier ...**
it says here ...; **es heißt, dass ...** they say
that ...; **wie ~ Sie?** what's your name?; ...
und wie sie alle ~ ... and the rest of them;
das will schon etwas ~ that's quite
something; **jdn willkommen ~** to bid sb
welcome; **das heißt** that is; (*mit anderen*
Worten) that is to say.
Heiß- *zW*: ~**hunger** *m* ravenous hunger;
h~laufen *unreg vi, vr* to overheat; ~**luft** *f* hot
air; ~**wasserbereiter** *m* water heater.
heiter ['haɪtər] *adj* cheerful; (*Wetter*) bright;
aus ~em Himmel (*fig*) out of the blue;
H~keit *f* cheerfulness; (*Belustigung*)
amusement.
heizbar *adj* heated; (*Raum*) with heating;
leicht ~ easily heated.

Heizdecke *f* electric blanket.
heizen *vt* to heat.
Heizer (-s, -) *m* stoker.
Heiz- *zW:* ~**gerät** *nt* heater; ~**körper** *m*
radiator; ~**öl** *nt* fuel oil; ~**sonne** *f* electric
fire.
Heizung *f* heating.
Heizungsanlage *f* heating system.
Hektar ['hɛk'taːr] (-s, -e) *nt od m* hectare.
Hektik [['hɛktɪk]] *f* hectic rush; (*von Leben etc*)
hectic pace.
hektisch ['hɛktɪʃ] *adj* hectic.
Hektoliter [hɛkto'liːtər] *m od nt* hectolitre
(*BRIT*), hectoliter (*US*).
Held [hɛlt] (-en, -en) *m* hero; **h**~**enhaft**
['hɛldənhaft] *adj* heroic; ~**in** *f* heroine.
helfen ['hɛlfən] *unreg vi* to help; (*nützen*) to be
of use ♦ *vb unpers:* **es hilft nichts, du musst ...**
it's no use, you'll have to ...; **jdm (bei etw)** ~
to help sb (with sth); **sich** *dat* **zu** ~ **wissen** to
be resourceful; **er weiß sich** *dat* **nicht mehr**
zu ~ he's at his wits' end.
Helfer(in) (-s, -) *m(f)* helper, assistant.
Helfershelfer *m* accomplice.
Helgoland ['hɛlgolant] (-s) *nt* Heligoland.
hell [hɛl] *adj* clear; (*Licht, Himmel*) bright;
(*Farbe*) light; ~**es Bier** ≈ lager; **von etw**
~ **begeistert sein** to be very enthusiastic
about sth; **es wird** ~ it's getting light; ~**blau**
adj light blue; ~**blond** *adj* ash-blond.
Helle (-) *f* clearness; brightness.
Heller (-s, -) *m* farthing; **auf** ~ **und Pfennig**
(down) to the last penny.
hellhörig *adj* keen of hearing; (*Wand*) poorly
soundproofed.
hellicht△ ['hɛlɪçt] *adj siehe* **helllicht**.
Helligkeit *f* clearness; brightness; lightness.
helllicht▲ ['hɛlɪçt] *adj:* **am** ~**en Tage** in broad
daylight.
hell- *zW:* ~**sehen** *vi:* ~**sehen können** to be
clairvoyant; **H**~**seher(in)** *m(f)* clairvoyant;
~**wach** *adj* wide-awake.
Helm ['hɛlm] (-(e)s, -e) *m* helmet.
Helsinki ['hɛlzɪŋki] (-s) *nt* Helsinki.
Hemd [hɛmt] (-(e)s, -en) *nt* shirt; (*Unter~*)
vest; ~**bluse** *f* blouse.
Hemdenknopf *m* shirt button.
hemdsärmelig *adj* shirt-sleeved; (*fig: umg:*
salopp) pally; (*Ausdrucksweise*) casual.
Hemisphäre [hemi'sfɛːrə] *f* hemisphere.
hemmen ['hɛmən] *vt* to check, hold up;
gehemmt sein to be inhibited.
Hemmschuh *m* (*fig*) impediment.
Hemmung *f* check; (*PSYCH*) inhibition;
(*Bedenken*) scruple.
hemmungslos *adj* unrestrained, without
restraint.
Hengst [hɛŋst] (-es, -e) *m* stallion.
Henkel ['hɛŋkəl] (-s, -) *m* handle; ~**krug** *m* jug;
~**mann** (*umg*) *m* (*Gefäß*) canteen.

henken ['hɛŋkən] *vt* to hang.
Henker (-s, -) *m* hangman.
Henne ['hɛnə] (-, -n) *f* hen.
Hepatitis [hepa'tiːtɪs] *f* (-, **Hepatitiden**)
hepatitis.

═══════════════ SCHLÜSSELWORT

her [heːr] *adv* **1** (*Richtung*): **komm** ~ **zu mir**
come here (to me); **von England** ~ from
England; **von weit** ~ from a long way away;
~ **damit!** hand it over!; **wo bist du** ~**?** where
do you come from?; **wo hat er das** ~**?** where
did he get that from?; **hinter jdm/etw** ~ **sein**
to be after sb/sth.
2 (*Blickpunkt*): **von der Form** ~ as far as the
form is concerned.
3 (*zeitlich*): **das ist 5 Jahre** ~ that was 5
years ago; **ich kenne ihn von früher** ~ I
know him from before.

herab [hɛ'rap] *adv* down, downward(s);
~**hängen** *unreg vi* to hang down; ~**lassen** *unreg*
vt to let down ♦ *vr* to condescend; ~**lassend**
adj condescending; **H**~**lassung** *f*
condescension; ~**sehen** *unreg vi:* ~**sehen (auf**
+*akk*) to look down (on); ~**setzen** *vt* to lower,
reduce; (*fig*) to belittle, disparage; **zu stark**
~**gesetzten Preisen** at greatly reduced
prices; **H**~**setzung** *f* reduction;
disparagement; ~**stürzen** *vi* to fall off;
(*Felsbrocken*) to fall down; **von etw** ~**stürzen**
to fall off sth; to fall down from sth;
~**würdigen** *vt* to belittle, disparage.
heran [hɛ'ran] *adv:* **näher** ~**!** come closer!;
~ **zu mir!** come up to me!; ~**bilden** *vt* to
train; ~**bringen** *unreg vt:* ~**bringen (an** +*akk*) to
bring up (to); ~**fahren** *unreg vi:* ~**fahren (an**
+*akk*) to drive up (to); ~**gehen** *unreg vi:* **an etw**
akk ~**gehen** (*an Problem, Aufgabe*) to tackle
sth; ~**kommen** *unreg vi:* (**an jdn/etw**)
~**kommen** to approach (sb/sth), come near
((to) sb/sth); **er lässt alle Probleme an sich**
~**kommen** he always adopts a wait-and-see
attitude; ~**machen** *vr:* **sich an jdn** ~**machen**
to make up to sb; (*umg*) to approach sb;
~**wachsen** *unreg vi* to grow up;
H~**wachsende(r)** *f(m)* adolescent; ~**winken** *vt*
to beckon over; (*Taxi*) to hail; ~**ziehen** *unreg*
vt to pull nearer; (*aufziehen*) to raise;
(*ausbilden*) to train; (*zu Hilfe holen*) to call in;
(*Literatur*) to consult; **etw zum Vergleich**
~**ziehen** to use sth by way of comparison;
jdn zu etw ~**ziehen** to call upon sb to help in
sth.
herauf [hɛ'rauf] *adv* up, upward(s), up here;
~**beschwören** *unreg vt* to conjure up, evoke;
~**bringen** *unreg vt* to bring up; ~**setzen** *vt* to
increase; ~**ziehen** *unreg vt* to draw *od* pull up
♦ *vi* to approach; (*Sturm*) to gather.
heraus [hɛ'raus] *adv* out; **nach vorn** ~ **wohnen**

to live at the front (of the house); **aus dem Gröbsten ~ sein** to be over the worst; **~ mit der Sprache!** out with it!; **~arbeiten** *vt* to work out; **~bekommen** *unreg vt* to get out; (*fig*) to find *od* figure out; (*Wechselgeld*) to get back; **~bringen** *unreg vt* to bring out; (*Geheimnis*) to elicit; **jdn/etw ganz groß ~bringen** (*umg*) to give sb/sth a big build-up; **aus ihm war kein Wort ~zubringen** they couldn't get a single word out of him; **~finden** *unreg vt* to find out; **~fordern** *vt* to challenge; (*provozieren*) to provoke; **H~forderung** *f* challenge; provocation; **~geben** *unreg vt* to give up, surrender; (*Geld*) to give back; (*Buch*) to edit; (*veröffentlichen*) to publish ♦ *vi* (*Wechselgeld geben*): **können Sie (mir) ~geben?** can you give me change?; **H~geber** (**-s, -**) *m* editor; (*Verleger*) publisher; **~gehen** *unreg vi*: **aus sich ~gehen** to come out of one's shell; **~halten** *unreg vr*: **sich aus etw ~halten** to keep out of sth; **~hängen** *unreg vt, vi* to hang out; **~holen** *vt*: **~holen (aus)** to get out (of); **~hören** *vt* (*wahrnehmen*) to hear; (*fühlen*): **~hören (aus)** to detect (in); **~ kehren** *vt* (*fig*): **den Vorgesetzten ~kehren** to act the boss; **~kommen** *unreg vi* to come out; **dabei kommt nichts ~** nothing will come of it; **er kam aus dem Staunen nicht ~** he couldn't get over his astonishment; **es kommt auf dasselbe ~** it comes (down) to the same thing; **~nehmen** *unreg vt* to take out; **sich** *dat* **Freiheiten ~nehmen** to take liberties; **Sie nehmen sich zu viel ~** you're going too far; **~putzen** *vt*: **sich ~putzen** to get dressed up; **~reden** *vr* to talk one's way out of it (*umg*); **~reißen** *unreg vt* to tear out; (*Zahn, Baum*) to pull out; **~rücken** *vt* (*Geld*) to fork out, hand over; **mit etw ~rücken** (*fig*) to come out with sth; **~rutschen** *vi* to slip out; **~schlagen** *unreg vt* to knock out; (*fig*) to obtain; **~stellen** *vr*: **sich ~stellen (als)** to turn out (to be); **das muss sich erst ~stellen** that remains to be seen; **~strecken** *vt* to stick out; **~suchen** *vt*: **sich** *dat* **jdn/etw ~suchen** to pick out sb/sth; **~treten** *unreg vi*: **~treten (aus)** to come out (of); **~wachsen** *unreg vi*: **~wachsen aus** to grow out of; **~winden** *unreg vr* (*fig*): **sich aus etw ~winden** to wriggle out of sth; **~wollen** *vi*: **nicht mit etw ~wollen** (*umg*: *sagen wollen*) to not want to come out with sth; **~ziehen** *unreg vt* to pull out, extract.

herb [hɛrp] *adj* (slightly) bitter, acid; (*Wein*) dry; (*fig*: *schmerzlich*) bitter; (: *streng*) stern, austere.

herbei [hɛr'baɪ] *adv* (over) here; **~führen** *vt* to bring about; **~schaffen** *vt* to procure; **~sehnen** *vt* to long for.

herbemühen ['heːrbəmyːən] *vr* to take the trouble to come.

Herberge ['hɛrbɛrɡə] (**-, -n**) *f* (*Jugend~ etc*) hostel.
Herbergsmutter *f* warden.
Herbergsvater *m* warden.
herbitten *unreg vt* to ask to come (here).
herbringen *unreg vt* to bring here.
Herbst [hɛrpst] (**-(e)s, -e**) *m* autumn, fall (*US*); **im ~** in autumn, in the fall (*US*); **h~lich** *adj* autumnal.
Herd [heːrt] (**-(e)s, -e**) *m* cooker; (*fig, MED*) focus, centre (*BRIT*), center (*US*).
Herde ['heːrdə] (**-, -n**) *f* herd; (*Schaf~*) flock.
Herdentrieb *m* (*lit, fig*: *pej*) herd instinct.
Herdplatte *f* (*von Elektroherd*) hotplate.
herein [hɛ'raɪn] *adv* in (here), here; **~!** come in!; **~bitten** *unreg vt* to ask in; **~brechen** *unreg vi* to set in; **~bringen** *unreg vt* to bring in; **~dürfen** *unreg vi* to have permission to enter; **H~fall** *m* letdown; **~fallen** *unreg vi* to be caught, be taken in; **~fallen auf** *+akk* to fall for; **~kommen** *unreg vi* to come in; **~lassen** *unreg vt* to admit; **~legen** *vt*: **jdn ~legen** to take sb in; **~platzen** *vi* to burst in; **~schneien** (*umg*) *vi* to drop in; **~spazieren** *vi*: **~spaziert!** come right in!
her- *zW*: **H~fahrt** *f* journey here; **~fallen** *unreg vi*: **~fallen über** *+akk* to fall upon; **H~gang** *m* course of events, circumstances *pl*; **~geben** *unreg vt* to give, hand (over); **sich zu etw ~geben** to lend one's name to sth; **das Thema gibt viel/nichts ~** there's a lot/ nothing to this topic; **~gebracht** *adj*: **in ~gebrachter Weise** in the traditional way; **~gehen** *unreg vi*: **hinter jdm ~gehen** to follow sb; **es geht hoch ~** there are a lot of goings-on; **~haben** *unreg* (*umg*) *vt*: **wo hat er das ~?** where did he get that from?; **~halten** *unreg vt* to hold out; **~halten müssen** (*umg*) to have to suffer; **~hören** *vi* to listen; **hör mal ~!** listen here!
Hering ['heːrɪŋ] (**-s, -e**) *m* herring; (*Zeltpflock*) (tent) peg.
herkommen *unreg vi* to come; **komm mal her!** come here!
herkömmlich *adj* traditional.
Herkunft (**-, -künfte**) *f* origin.
Herkunftsland *nt* (*COMM*) country of origin.
her- *zW*: **~laufen** *unreg vi*: **~laufen hinter** *+dat* to run after; **~leiten** *unreg vr* to derive; **~machen** *vr*: **sich ~machen über** *+akk* to set about *od* upon ♦ *vt* (*umg*): **viel ~machen** to look impressive.
Hermelin [hɛrmə'liːn] (**-s, -e**) *m od nt* ermine.
hermetisch [hɛr'meːtɪʃ] *adj* hermetic; **~ abgeriegelt** completely sealed off.
her- *zW*: **~nach** *adv* afterwards; **~nehmen** *unreg vt*: **wo soll ich das ~nehmen?** where am I supposed to get that from?; **~nieder** *adv* down.
Heroin [hero'iːn] (**-s**) *nt* heroin; **h~süchtig** *adj* addicted to heroin; **~süchtige(r)** *f(m)* heroin

addict.
heroisch [he'ro:ɪʃ] *adj* heroic.
Herold ['he:rɔlt] (-(e)s, -e) *m* herald.
Herpes [['hɛrpɛs]] *m* (-) (*MED*) herpes.
Herr [hɛr] (-(e)n, -en) *m* master; (*Mann*) gentleman; (*adliger, REL*) Lord; (*vor Namen*) Mr.; **mein ~!** sir!; **meine ~en!** gentlemen!; **Lieber ~ A, Sehr geehrter ~ A** (*in Brief*) Dear Mr. A; **"~en"** (*Toilette*) "gentlemen" (*BRIT*), "men's room" (*US*); **die ~en der Schöpfung** (*hum: Männer*) the gentlemen.
Herrchen (*umg*) *nt* (*von Hund*) master.
Herren- *zW:* **~bekanntschaft** *f* gentleman friend; **~bekleidung** *f* menswear; **~besuch** *m* gentleman visitor *od* visitors; **~doppel** *nt* men's doubles; **~einzel** *nt* men's singles; **~haus** *nt* mansion; **h~los** *adj* ownerless; **~magazin** *nt* men's magazine.
Herrgott *m:* **~ noch mal!** (*umg*) damn it all!
Herrgottsfrühe *f:* **in aller ~** (*umg*) at the crack of dawn.
herrichten ['he:rrɪçtən] *vt* to prepare.
Herrin *f* mistress.
herrisch *adj* domineering.
herrje [hɛr'je:] *interj* goodness gracious!
herrjemine [hɛr'je:mine] *interj* goodness gracious!
herrlich *adj* marvellous (*BRIT*), marvelous (*US*), splendid; **H~keit** *f* splendour (*BRIT*), splendor (*US*), magnificence.
Herrschaft *f* power, rule; (*Herr und Herrin*) master and mistress; **meine ~en!** ladies and gentlemen!
herrschen ['hɛrʃən] *vi* to rule; (*bestehen*) to prevail, be; **hier ~ ja Zustände!** things are in a pretty state round here!
Herrscher(in) (-s, -) *m(f)* ruler.
Herrschsucht *f* domineeringness.
her- *zW:* **~rühren** *vi* to arise, originate; **~sagen** *vt* to recite; **~sehen** *unreg vi:* **hinter jdm/etw ~sehen** to follow sb/sth with one's eyes. **~ sein▲** *siehe* **her.**
her- *zW:* **~stammen** *vi* to descend *od* come from; **~stellen** *vt* to make, manufacture; (*zustande bringen*) to establish; **H~steller** (-s, -) *m* manufacturer; **H~stellung** *f* manufacture; **H~stellungskosten** *pl* manufacturing costs *pl*; **~tragen** *unreg vt:* **etw hinter jdm ~tragen** to carry sth behind sb.
herüber [hɛ'ry:bər] *adv* over (here), across.
herum [hɛ'rʊm] *adv* about, (a)round; **um etw ~** around sth; **~ärgern** *vr:* **sich ~ärgern (mit)** to get annoyed (with); **~blättern** *vi:* **~blättern in** +*dat* to browse *od* flick through; **~doktern** (*umg*) *vi* to fiddle *od* tinker about; **~drehen** *vt:* **jdm das Wort im Mund ~drehen** to twist sb's words; **~drücken** *vr* (*vermeiden*): **sich um etw ~drücken** to dodge sth; **~fahren** *unreg vi* to travel around; (*mit Auto*) to drive around; (*sich rasch umdrehen*) to spin

(a)round; **~führen** *vt* to show around; **~gammeln** (*umg*) *vi* to bum around; **~gehen** *unreg vi* (*~spazieren*) to walk about; **um etw ~gehen** to walk *od* go round sth; **etw ~gehen lassen** to circulate sth; **~hacken** *vi* (*fig: umg*): **auf jdm ~hacken** to pick on sb; **~irren** *vi* to wander about; **~kommen** *unreg* (*umg*) *vi:* **um etw ~kommen** to get out of sth; **er ist viel ~gekommen** he has been around a lot; **~kriegen** *vt* to bring *od* talk round; **~lungern** *vi* to lounge about; (*umg*) to hang around; **~quälen** *vr:* **sich mit Rheuma ~quälen** to be plagued by rheumatism; **~reißen** *unreg vt* to swing around (hard); **~schlagen** *unreg vr:* **sich mit etw ~schlagen** (*umg*) to tussle with sth; **~schleppen** *vt:* **etw mit sich ~schleppen** (*Sorge, Problem*) to be troubled by sth; (*Krankheit*) to have sth; **~sprechen** *unreg vr* to get around, be spread; **~stochern** (*umg*) *vi:* **im Essen ~stochern** to pick at one's food; **~treiben** *unreg vi, vr* to drift about; **H~treiber(in)** (-s, -) (*pej*) *m(f)* tramp; **~ziehen** *unreg vi, vr* to wander about.
herunter [hɛ'rʊntər] *adv* downward(s), down (there); **mit den Nerven/der Gesundheit ~ sein** (*umg*) to be at the end of one's tether/be run-down; **~gekommen** *adj* run-down; **~handeln** (*umg*) *vt* (*Preis*) to beat down; **~hängen** *unreg vi* to hang down; **~holen** *vt* to bring down; **~kommen** *unreg vi* to come down; (*fig*) to come down in the world; **~leiern** (*umg*) *vt* to reel off; **~machen** *vt* to take down; (*schlecht machen*) to run down, knock; **~putzen** (*umg*) *vt:* **jdn ~putzen** to tear sb off a strip; **~spielen** *vt* to play down; **~wirtschaften** (*umg*) *vt* to bring to the brink of ruin.
hervor [hɛr'fo:r] *adv* out, forth; **~brechen** *unreg vi* to burst forth, break out; **~bringen** *unreg vt* to produce; (*Wort*) to utter; **~gehen** *unreg vi* to emerge, result; **daraus geht ~, dass ...** from this it follows that ...; **~heben** *unreg vt* to stress; (*als Kontrast*) to set off; **~ragend** *adj* excellent; (*lit*) projecting; **~rufen** *unreg vt* to cause, give rise to; **~stechen** *unreg vi* (*lit, fig*) to stand out; **~stoßen** *unreg vt* (*Worte*) to gasp (out); **~treten** *unreg vi* to come out; **~tun** *unreg vr* to distinguish o.s.; (*umg: sich wichtig tun*) to show off; **sich mit etw ~tun** to show off sth.
Herz [hɛrts] (-ens, -en) *nt* heart; (*KARTEN: Farbe*) hearts *pl*; **mit ganzem ~en** wholeheartedly; **etw auf dem ~en haben** to have sth on one's mind; **sich** *dat* **etw zu ~en nehmen** to take sth to heart; **du sprichst mir aus dem ~en** that's just what I feel; **es liegt mir am ~en** I am very concerned about it; **seinem ~en Luft machen** to give vent to one's feelings; **sein ~ an jdn/etw hängen** to commit o.s. heart and soul to sb/sth; **ein**

~ **und eine Seele sein** to be the best of friends; **jdn/etw auf ~ und Nieren prüfen** to examine sb/sth very thoroughly; **~anfall** *m* heart attack; **~beschwerden** *pl* heart trouble *sing*.

herzen *vt* to caress, embrace.

Herzenslust *f*: **nach ~** to one's heart's content.

Herz- *zW*: **h~ergreifend** *adj* heart-rending; **h~erweichend** *adj* heartrending; **~fehler** *m* heart defect; **h~haft** *adj* hearty.

herziehen ['hɛːrtsiːən] *vi*: **über jdn/etw ~** (*umg*) to pull sb/sth to pieces (*fig*).

Herz- *zW*: **~infarkt** *m* heart attack; **~klappe** *f* (heart) valve; **~klopfen** *nt* palpitation; **h~krank** *adj* suffering from a heart condition.

herzlich *adj* cordial ♦ *adv* (*sehr*): **~ gern!** with the greatest of pleasure!; **~en Glückwunsch** congratulations *pl*; **~e Grüße** best wishes; **H~keit** *f* cordiality.

herzlos *adj* heartless; **H~igkeit** *f* heartlessness.

Herzog ['hɛrtsoːk] (-(e)s, -̈e) *m* duke; **~in** *f* duchess; **h~lich** *adj* ducal; **~tum** *nt* duchy.

Herz- *zW*: **~schlag** *m* heartbeat; (*MED*) heart attack; **~schrittmacher** *m* pacemaker; **h~zerreißend** *adj* heartrending.

Hesse ['hɛsə] (-n, -n) *m* Hessian.

Hessen ['hɛsən] (-s) *nt* Hesse.

Hessin *f* Hessian.

hessisch *adj* Hessian.

heterogen [hetero'geːn] *adj* heterogeneous.

heterosexuell [heterozɛksu'ɛl] *adj* heterosexual.

Hetze ['hɛtsə] *f* (*Eile*) rush.

hetzen *vt* to hunt; (*verfolgen*) to chase ♦ *vi* (*eilen*) to rush; **jdn/etw auf jdn/etw ~** to set sb/sth on sb/sth; **~ gegen** to stir up feeling against; **~ zu** to agitate for.

Hetzerei [hɛtsə'raɪ] *f* agitation; (*Eile*) rush.

Hetzkampagne ['hɛtskampanjə] *f* smear campaign.

Heu [hɔy] (-(e)s) *nt* hay; **~boden** *m* hayloft.

Heuchelei [hɔyçə'laɪ] *f* hypocrisy.

heucheln ['hɔyçəln] *vt* to pretend, feign ♦ *vi* to be hypocritical.

Heuchler(in) [hɔyçlər(ɪn)] (-s, -) *m(f)* hypocrite; **h~isch** *adj* hypocritical.

Heuer ['hɔyər] (-, -n) *f* (*NAUT*) pay.

heuer *adv* this year.

heuern ['hɔyərn] *vt* to sign on, hire.

Heugabel *f* pitchfork.

Heuhaufen *m* haystack.

heulen ['hɔylən] *vi* to howl; (*weinen*) to cry; **das ~de Elend bekommen** to get the blues.

heurig ['hɔyrɪç] *adj* this year's.

Heuschnupfen *m* hay fever.

Heuschrecke *f* grasshopper; (*in heißen Ländern*) locust.

heute ['hɔytə] *adv* today; **~ Abend/früh** this evening/morning; **~ Morgen** this morning; **~ in einer Woche** a week today, today week; **von ~ auf morgen** (*fig: plötzlich*) overnight, from one day to the next; **das H~** today.

heutig ['hɔytɪç] *adj* today's; **unser ~es Schreiben** (*COMM*) our letter of today('s date).

heutzutage ['hɔyttsuːtaːgə] *adv* nowadays.

Hexe ['hɛksə] (-, -n) *f* witch.

hexen *vi* to practise witchcraft; **ich kann doch nicht ~** I can't work miracles.

Hexen- *zW*: **~häuschen** *nt* gingerbread house; **~kessel** *m* (*lit, fig*) cauldron; **~meister** *m* wizard; **~schuss▲** *m* lumbago.

Hexerei [hɛksə'raɪ] *f* witchcraft.

HG *f abk* = **Handelsgesellschaft**.

Hg. *abk* (= *Herausgeber*) ed.

hg. *abk* (= *herausgegeben*) ed.

HGB (-) *nt abk* (= *Handelsgesetzbuch*) *statutes of commercial law*.

Hieb (-(e)s, -e) *m* blow; (*Wunde*) cut, gash; (*Stichelei*) cutting remark; **~e bekommen** to get a thrashing.

hieb *etc* [hiːp] *vb* (*veraltet*) *siehe* **hauen**.

hieb- und stichfest *adj* (*fig*) watertight.

hielt *etc* [hiːlt] *vb siehe* **halten**.

hier [hiːr] *adv* here; **~ behalten** to keep here; **~ bleiben** to stay here; **~ lassen** to leave here; **~ spricht Dr. Müller** (*TEL*) this is Dr Müller (speaking); **er ist von ~** he's a local (man).

Hierarchie [hierar'çiː] *f* hierarchy.

hier- *zW*: **~auf** *adv* thereupon; (*danach*) after that; **~aus** *adv*: **~aus folgt, dass** ... from this it follows that ...; **~bei** (*bei dieser Gelegenheit*) on this occasion; **~durch** *adv* by this means; (*örtlich*) through here; **~her** *adv* this way, here; **~her gehören** to belong here; (*fig: relevant sein*) to be relevant; **~mit** *adv* hereby; **~mit erkläre ich** ... (*form*) I hereby declare ...; **~nach** *adv* hereafter; **~von** *adv* about this, hereof; **~von abgesehen** apart from this; **~zu** *adv* (*dafür*) for this; (*dazu*) with this; (*außerdem*) in addition to this, moreover; (*zu diesem Punkt*) about this; **~zulande**, **~ zu Lande** *adv* in this country.

hiesig ['hiːzɪç] *adj* of this place, local.

hieß *etc* [hiːs] *vb siehe* **heißen**.

Hi-Fi-Anlage ['haɪfianlaːgə] *f* hi-fi set *od* system.

Hightechindustrie▲ ['haɪtɛkɪndʊs'triː] *f* high tech *od* hi-tech industry.

Hilfe ['hɪlfə] (-, -n) *f* help; (*für Notleidende*) aid; **erste ~** first aid; **jdm ~ leisten** to help sb; **~!** help!; **~leistung** *f*: **unterlassene ~leistung** (*JUR*) denial of assistance; **~stellung** *f* (*SPORT, fig*) support.

Hilf- *zW*: **h~los** *adj* helpless; **~losigkeit** *f*

helplessness; h~**reich** adj helpful.
Hilfs- zW: ~**aktion** f relief action, relief
measures pl; ~**arbeiter** m labourer (BRIT),
laborer (US); h~**bedürftig** adj needy;
h~**bereit** adj ready to help; ~**kraft** f assistant,
helper; ~**mittel** nt aid; ~**schule** f school for
backward children; ~**zeitwort** nt auxiliary
verb.

hilft [hɪlft] vb siehe **helfen**.
Himalaja [hiˈmaːlaja] (-s) m: der ~ the
Himalayas pl.
Himbeere [ˈhɪmbeːrə] (-, -n) f raspberry.
Himmel [ˈhɪməl] (-s, -) m sky; (REL, liter)
heaven; um ~s willen (umg) for Heaven's
sake; zwischen ~ und Erde in midair;
h~**angst** adj: es ist mir h~**angst** I'm scared
to death; ~**bett** nt four-poster bed; h~**blau**
adj sky-blue.
Himmelfahrt f Ascension.
Himmelfahrtskommando nt (MIL: umg)
suicide squad; (Unternehmen) suicide
mission.
Himmelreich nt (REL) Kingdom of Heaven.
himmelschreiend adj outrageous.
Himmelsrichtung f direction; die vier ~**en**
the four points of the compass.
himmelweit adj: ein ~**er Unterschied** a world
of difference.
himmlisch [ˈhɪmlɪʃ] adj heavenly.

=============== SCHLÜSSELWORT

hin [hɪn] adv **1** (Richtung): ~ und zurück there
and back; einmal London ~ und zurück a
return to London (BRIT), a roundtrip ticket
to London (US); ~ und her to and fro; etw
~ und her überlegen to turn sth over and
over in one's mind; bis zur Mauer ~ up to
the wall; wo ist er ~? where has he gone?;
nichts wie ~! (umg) let's go then!; nach
außen ~ (fig) outwardly; Geld ~, Geld her
money or no money.
2 (auf ... ~): auf meine Bitte ~ at my request;
auf seinen Rat ~ on the basis of his advice;
auf meinen Brief ~ on the strength of my
letter.
3: ~ sein (umg: kaputt sein) to have had it;
(Ruhe) to be gone; mein Glück ist ~ my
happiness has gone; ~ und wieder (every)
now and again.

hinab [hɪˈnap] adv down; ~**gehen** unreg vi to go
down; ~**sehen** unreg vi to look down.
hinarbeiten [ˈhɪnarbaɪtən] vi: auf etw akk ~
(auf Ziel) to work towards sth.
hinauf [hɪˈnauf] adv up; ~**arbeiten** vr to work
one's way up; ~**steigen** unreg vi to climb.
hinaus [hɪˈnaus] adv out; hinten/vorn ~ at the
back/front; darüber ~ over and above this;
auf Jahre ~ for years to come; ~**befördern**
vt to kick od throw out; ~**fliegen** unreg (umg)

vi to be kicked out; ~**führen** vi: über etw akk
~**führen** (lit, fig) to go beyond sth; ~**gehen**
unreg vi to go out; ~**gehen über** +akk to
exceed; ~**laufen** unreg vi to run out; ~**laufen
auf** +akk to come to, amount to; ~**schieben**
unreg vt to put off, postpone; ~**schießen** unreg
vi: über das Ziel ~**schießen** (fig) to overshoot
the mark; ~**wachsen** unreg vi: er wuchs über
sich selbst ~ he surpassed himself;
~**werfen** unreg vt to throw out; ~**wollen** vi to
want to go out; hoch ~**wollen** to aim high;
~**wollen auf** +akk to drive at, get at; ~**ziehen**
unreg vt to draw out ♦ vr to be protracted;
~**zögern** vt to delay, put off ♦ vr to be
delayed, be put off.
hinbekommen unreg (umg) vt: das hast du
gut ~ you've made a good job of it.
hinblättern (umg) vt (Geld) to fork out.
Hinblick [ˈhɪnblɪk] m: in od im ~ auf +akk in
view of.
hinderlich [ˈhɪndərlɪç] adj awkward; jds
Karriere dat ~ sein to be a hindrance to sb's
career.
hindern vt to hinder, hamper; jdn an etw dat
~ to prevent sb from doing sth.
Hindernis (-ses, -se) nt obstacle; ~**lauf** m,
~**rennen** nt steeplechase.
Hinderungsgrund m obstacle.
hindeuten [ˈhɪndɔytən] vi: ~ auf +akk to point
to.
Hinduismus [hɪnduˈɪsmʊs] m Hinduism.
hindurch [hɪnˈdʊrç] adv through; across;
(zeitlich) over.
hindürfen [hɪnˈdʏrfən] unreg vi: ~ (zu) to be
allowed to go (to).
hinein [hɪˈnaɪn] adv in; bis tief in die Nacht ~
well into the night; ~**fallen** unreg vi to fall in;
~**fallen in** +akk to fall into; ~**finden** unreg vr
(fig: sich vertraut machen) to find one's feet;
(sich abfinden) to come to terms with it;
~**gehen** unreg vi to go in; ~**gehen in** +akk to go
into, enter; ~**geraten** unreg vi: ~**geraten in**
+akk to get into; ~**knien** vr (fig: umg): sich in
etw ~**knien** to get into sth; ~**lesen** unreg
vt: etw in etw akk ~**lesen** to read sth into sth;
~**passen** vi to fit in; ~**passen in** +akk to fit
into; ~**prügeln** vt: etw in jdn ~**prügeln** to
cudgel sth into sb; ~**reden** vi: jdm ~**reden** to
interfere in sb's affairs; ~**stecken** vt: Geld/
Arbeit in etw akk ~**stecken** to put money/
some work into sth; ~**steigern** vr to get
worked up; ~**versetzen** vr: sich in jdn
~**versetzen** to put o.s. in sb's position;
~**ziehen** unreg vt: ~**ziehen (in** +akk) to pull in
(to); jdn in etw ~**ziehen** (in Konflikt,
Gespräch) to draw sb into sth.
hin- zW: ~**fahren** unreg vi to go; to drive ♦ vt to
take; to drive; **H~fahrt** f journey there;
~**fallen** unreg vi to fall down; ~**fällig** adj frail,
decrepit; (Regel etc) unnecessary; ~**fliegen**

unreg vi to fly there; (*umg*: ~*fallen*) to fall over; H~**flug** *m* outward flight.

hing *etc* [hɪŋ] *vb siehe* **hängen**.

hin- *zW*: H~**gabe** *f* devotion; **mit H~gabe tanzen/singen** *etc* (*fig*) to dance/sing *etc* with abandon; ~**geben** *unreg vr* +*dat* to give o.s. up to, devote o.s. to; ~**gebungsvoll** ['hɪŋɡeːbuŋsfɔl] *adv* (*begeistert*) with abandon; (*lauschen*) raptly.

hingegen [hɪn'ɡeːɡən] *konj* however.

hin- *zW*: ~**gehen** *unreg vi* to go; (*Zeit*) to pass; **gehst du auch ~?** are you going too?; ~**gerissen** *adj*: ~**gerissen sein** to be enraptured; ~- **und hergerissen sein** (*fig*) to be torn; **ich bin ganz ~- und hergerissen** (*ironisch*) that's absolutely great; ~**halten** *unreg vt* to hold out; (*warten lassen*) to put off, stall; H~**haltetaktik** *f* stalling *od* delaying tactics *pl*.

hinhauen ['hɪnhauən] *unreg* (*umg*) *vi* (*klappen*) to work; (*ausreichen*) to do.

hinhören ['hɪnhøːrən] *vi* to listen.

hinken ['hɪŋkən] *vi* to limp; (*Vergleich*) to be unconvincing.

hin- *zW*: ~**kommen** *unreg* (*umg*) *vi* (*auskommen*) to manage; (: *ausreichen, stimmen*) to be right; ~**länglich** *adj* adequate ♦ *adv* adequately; ~**legen** *vt* to put down ♦ *vr* to lie down; **sich der Länge nach ~legen** (*umg*) to fall flat; ~**nehmen** *unreg vt* (*fig*) to put up with, take; ~**reichen** *vi* to be adequate ♦ *vt*: **jdm etw ~reichen** to hand sb sth; ~**reichend** *adj* adequate; (*genug*) sufficient; H~**reise** *f* journey out; ~**reißen** *unreg vt* to carry away, enrapture; **sich ~reißen lassen, etw zu tun** to get carried away and do sth; ~**reißend** *adj* (*Landschaft, Anblick*) enchanting; (*Schönheit, Mensch*) captivating; ~**richten** *vt* to execute; H~**richtung** *f* execution; ~**sehen** *unreg vi*: **bei genauerem H~sehen** on closer inspection.

hin sein▲ ['hɪnzaɪn] *siehe* **hin**.

hin- *zW*: ~**setzen** *vr* to sit down; H~**sicht** *f*: **in mancher** *od* **gewisser H~sicht** in some respects *od* ways; ~**sichtlich** *präp* +*gen* with regard to; ~**sollen** (*umg*) *vi*: **wo soll ich/das Buch ~?** where do I/does the book go?; H~**spiel** *nt* (*SPORT*) first leg; ~**stellen** *vt* to put (down) ♦ *vr* to place o.s.

hinanstellen ['hɪnt'|anʃtɛlən] *vt* (*fig*) to ignore.

hinten ['hɪntən] *adv* behind; (*rückwärtig*) at the back; ~ **und vorn** (*fig*: *betrügen*) left, right and centre; **das reicht ~ und vorn nicht** that's nowhere near enough; ~**dran** (*umg*) *adv* at the back; ~**herum** *adv* round the back; (*fig*) secretly.

hinter ['hɪntər] *präp* (+*dat od akk*) behind; (: *nach*) after; ~ **jdm her sein** to be after sb; ~ **die Wahrheit kommen** to get to the truth; **sich ~ jdn stellen** (*fig*) to support sb; **etw ~ sich** *dat* **haben** (*zurückgelegt haben*) to have

got through sth; **sie hat viel ~ sich** she has been through a lot; H~**achse** *f* rear axle; H~**bänkler** (-**s**, -) *m* (*POL*: *pej*) backbencher; H~**bein** *nt* hind leg; **sich auf die H~beine stellen** to get tough; H~**bliebene(r)** *f(m)* surviving relative; ~**drein** *adv* afterwards.

hintere(r, s) *adj* rear, back.

hinter- *zW*: ~**einander** *adv* one after the other; **zwei Tage ~einander** two days running; ~**fotzig** (*umg*) *adj* underhanded; ~**fragen** *vt untr* to analyse; H~**gedanke** *m* ulterior motive; ~**gehen** *unreg vt untr* to deceive; H~**grund** *m* background; ~**gründig** *adj* cryptic, enigmatic; H~**grundprogramm** *nt* (*COMPUT*) background program; H~**halt** *m* ambush; **etw im H~halt haben** to have sth in reserve; ~**hältig** *adj* underhand, sneaky; ~**her** *adv* afterwards, after; **er ist ~her, dass ...** (*fig*) he sees to it that ...; H~**hof** *m* back yard; H~**kopf** *m* back of one's head; H~**land** *nt* hinterland; ~**lassen** *unreg vt untr* to leave; H~**lassenschaft** *f* (testator's) estate; ~**legen** *vt untr* to deposit; H~**legungsstelle** *f* depository; H~**list** *f* cunning, trickery; (*Handlung*) trick, dodge; ~**listig** *adj* cunning, crafty; H~**mann** *m* (-(**e**)**s**, *pl* -**männer**) *m* person behind; **die H~männer des Skandals** the men behind the scandal.

Hintern ['hɪntərn] (-**s**, -) (*umg*) *m* bottom, backside; **jdm den ~ versohlen** to smack sb's bottom.

hinter- *zW*: H~**rad** *nt* back wheel; H~**radantrieb** *m* (*AUT*) rear-wheel drive; ~**rücks** *adv* from behind; H~**teil** *nt* behind; H~**treffen** *nt*: **ins H~treffen kommen** to lose ground; ~**treiben** *unreg vt untr* to prevent, frustrate; H~**treppe** *f* back stairs *pl*; H~**tür** *f* back door; (*fig*: *Ausweg*) escape, loophole; H~**wäldler** (-**s**, -) (*umg*) *m* backwoodsman, hillbilly (*bes US*); ~**ziehen** *unreg vt untr* (*Steuern*) to evade (paying).

hintun ['hɪntuːn] *unreg* (*umg*) *vt*: **ich weiß nicht, wo ich ihn ~ soll** (*fig*) I can't (quite) place him.

hinüber [hɪ'nyːbər] *adv* across, over; ~**gehen** *unreg vi* to go over *od* across.

hinunter [hɪ'nʊntər] *adv* down; ~**bringen** *unreg vt* to take down; ~**schlucken** *vt* (*lit, fig*) to swallow; ~**spülen** *vt* to flush away; (*Essen, Tablette*) to wash down; (*fig*: *Ärger*) to soothe; ~**steigen** *unreg vi* to descend.

Hinweg ['hɪnveːk] *m* journey out.

hinweg- [hɪn'vɛk] *zW*: ~**gehen** *unreg vi*: **über etw** *akk* ~**gehen** (*fig*) to pass over sth; ~**helfen** *unreg vi*: **jdm über etw** *akk* ~**helfen** to help sb to get over sth; ~**kommen** *unreg vi* (*fig*): **über etw** *akk* ~**kommen** to get over sth; ~**sehen** *unreg vi*: **darüber ~sehen, dass ...** to overlook the fact that ...; ~**setzen** *vr*: **sich ~setzen über** +*akk* to disregard.

Hinweis ['hɪnvaɪs] (-es, -e) m (Andeutung) hint; (Anweisung) instruction; (Verweis) reference; **sachdienliche ~e** relevant information.

hinweisen unreg vi: **~ auf** +akk to point to; (verweisen) to refer to; **darauf ~, dass …** to point out that …; (anzeigen) to indicate that …

Hinweisschild nt sign.

Hinweistafel f sign.

hinwerfen unreg vt to throw down; **eine hingeworfene Bemerkung** a casual remark.

hinwirken vi: **auf etw** akk **~** to work towards sth.

Hinz [hɪnts] m: **~ und Kunz** (umg) every Tom, Dick and Harry.

hinziehen unreg vr (fig) to drag on.

hinzielen vi: **~ auf** +akk to aim at.

hinzu [hɪn'tsuː] adv in addition; **~fügen** vt to add; **H~fügung** f: **unter H~fügung von etw** (form) by adding sth; **~kommen** unreg vi: **es kommt noch ~, dass …** there is also the fact that …; **~ziehen** unreg vt to consult.

Hiobsbotschaft ['hiːɔpsboːtʃaft] f bad news.

Hirn [hɪrn] (-(e)s, -e) nt brain(s); **~gespinst** (-(e)s, -e) nt fantasy; **~hautentzündung** f (MED) meningitis; **h~tot** adj braindead; **h~verbrannt** adj (umg) harebrained.

Hirsch [hɪrʃ] (-(e)s, -e) m stag.

Hirse ['hɪrzə] (-, -n) f millet.

Hirt ['hɪrt] (-en, -en) m, **Hirte** (-n, -n) m herdsman; (Schaf~, fig) shepherd.

Hirtin f herdswoman; (Schaf~) shepherdess.

hissen ['hɪsən] vt to hoist.

Historiker [hɪs'toːrikər] (-s, -) m historian.

historisch [hɪs'toːrɪʃ] adj historical.

Hit [hɪt] (-s, -s) m (MUS, fig: umg) hit; **~parade** f hit parade.

Hitze ['hɪtsə] (-) f heat; **h~beständig** adj heat-resistant; **h~frei** adj: **h~frei haben** to have time off school/work because of excessive heat; **~welle** f heat wave.

hitzig adj hot-tempered; (Debatte) heated.

Hitz- zW: **~kopf** m hothead; **h~köpfig** adj fiery, hot-headed; **~schlag** m heatstroke.

HIV-negativ adj HIV-negative.

HIV-positiv adj HIV-positive.

hl. abk = **heilig**.

H-Milch ['haːmɪlç] f long-life milk, UHT milk.

HNO-Arzt m ENT specialist.

hob etc [hoːp] vb siehe **heben**.

Hobby ['hɔbi] (-s, -s) nt hobby.

Hobel ['hoːbəl] (-s, -) m plane; **~bank** f carpenter's bench.

hobeln vt, vi to plane.

Hobelspäne pl wood shavings pl.

hoch [hoːx] (attrib **hohe(r, s)**) adj high ♦ adv: **~ achten** to respect; **~ begabt** extremely gifted; **~ dotiert** highly paid; **~ empfindlich** highly sensitive; (Film) high-speed;

~ entwickelt (Kultur, Land) highly developed; (Geräte, Methoden) sophisticated; **~ gestellt** (fig: Persönlichkeit) high-ranking; **wenn es ~ kommt** (umg) at (the) most, at the outside; **das ist mir zu ~** (umg) that's above my head; **ein hohes Tier** (umg) a big fish; **es ging ~ her** (umg) we/they etc had a whale of a time; **~ und heilig versprechen** to promise faithfully.

Hoch (-s, -s) nt (Ruf) cheer; (MET, fig) high.

hoch- zW: **H~achtung** f respect, esteem; **mit vorzüglicher H~achtung** (form: Briefschluss) yours faithfully; **~achtungsvoll** adv yours faithfully; **~aktuell** adj highly topical; **H~amt** nt high mass; **~arbeiten** vr to work one's way up; **~betagt** adj very old, aged; **H~betrieb** m intense activity; (COMM) peak time; **H~betrieb haben** to be at one's od its busiest; **~bringen** unreg vt to bring up; **H~burg** f stronghold; **H~deutsch** nt High German; **H~druck** m high pressure; **H~ebene** f plateau; **~erfreut** adj highly delighted; **~fahren** unreg vi (erschreckt) to jump; **~fliegend** adj ambitious; (fig) high-flown; **H~form** f top form; **H~gebirge** nt high mountains pl; **H~gefühl** nt elation; **~gehen** unreg (umg) vi (explodieren) to blow up; (Bombe) to go off; **H~genuss▲** m great od special treat; (großes Vergnügen) great pleasure; **~geschlossen** adj (Kleid etc) high-necked; **H~glanz** m high polish; (PHOT) gloss; **~gradig** adj intense, extreme; **~halten** unreg vt to hold up; (fig) to uphold, cherish; **H~haus** nt multi-storey building; **~heben** unreg vt to lift (up); **~kant** adv: **jdn ~kant hinauswerfen** (fig: umg) to chuck sb out on his/her ear; **~kommen** unreg vi (nach oben) to come up; (fig: gesund werden) to get back on one's feet; (beruflich, gesellschaftlich) to come up in the world; **H~konjunktur** f boom; **~krempeln** vt to roll up; **H~land** nt highlands pl; **~leben** vi: **jdn ~leben lassen** to give sb three cheers; **H~leistungssport** m competitive sport; **~modern** adj very modern, ultra-modern; **H~mut** m pride; **~mütig** adj proud, haughty; **~näsig** adj stuck-up, snooty; **~nehmen** unreg vt to pick up; **jdn ~nehmen** (umg: verspotten) to pull sb's leg; **H~ofen** m blast furnace; **~prozentig** adj (Alkohol) strong; **H~rechnung** f projected result; **H~saison** f high season; **H~schätzung** f high esteem.

Hochschulabschluss▲ m degree.

Hochschulbildung f higher education.

Hochschule f college; (Universität) university.

Hochschulreife f: **er hat (die) ~** ≈ he's got his A-levels (BRIT), he's graduated from high school (US).

hoch- zW: **~schwanger** adj heavily pregnant,

well advanced in pregnancy; H~**seefischerei** *f* deep-sea fishing; H~**sitz** *m* (*Jagd*) (raised) hide; H~**sommer** *m* middle of summer; H~**spannung** *f* high tension; ~**spielen** *vt* (*fig*) to blow up; H~**sprache** *f* standard language; ~**springen** *unreg vi* to jump up; H~**sprung** *m* high jump.

höchst [høːçst] *adv* highly, extremely.

Hochstapler ['hoːxstaːplər] (-s, -) *m* swindler.

höchste(r, s) *adj* highest; (*äußerste*) extreme; **die ~ Instanz** (*JUR*) the supreme court of appeal.

höchstens *adv* at the most.

Höchstgeschwindigkeit *f* maximum speed.

Höchstgrenze *f* upper limit.

Hochstimmung *f* high spirits *pl*.

Höchst- *zW:* ~**leistung** *f* best performance; (*bei Produktion*) maximum output; **h~persönlich** *adv* personally, in person; ~**preis** *m* maximum price; ~**stand** *m* peak; **h~wahrscheinlich** *adv* most probably.

Hoch- *zW:* ~**technologie** *f* high technology; **h~technologisch** *adj* high-tech; ~**temperaturreaktor** *m* high-temperature reactor; ~**tour** *f:* **auf ~touren laufen** *od* **arbeiten** to be working flat out; **h~trabend** *adj* pompous; ~**- und Tiefbau** *m* structural and civil engineering; ~**verrat** *m* high treason; ~**wasser** *nt* high water; (*Überschwemmung*) floods *pl*; **h~wertig** *adj* high-class, first-rate; ~**würden** *m* Reverend; ~**zahl** *f* (*MATH*) exponent.

Hochzeit ['hɔxtsaɪt] (-, -en) *f* wedding; **man kann nicht auf zwei ~en tanzen** (*Sprichwort*) you can't have your cake and eat it.

Hochzeitsreise *f* honeymoon.

Hochzeitstag *m* wedding day; (*Jahrestag*) wedding anniversary.

hochziehen *unreg vt* (*Rollladen, Hose*) to pull up; (*Brauen*) to raise.

Hocke ['hɔkə] (-, -n) *f* squatting position; (*beim Turnen*) squat vault; (*beim Skilaufen*) crouch.

hocken ['hɔkən] *vi, vr* to squat, crouch.

Hocker (-s, -) *m* stool.

Höcker ['hœkər] (-s, -) *m* hump.

Hockey ['hɔki] (-s) *nt* hockey.

Hoden [['hoːdən]] (-s, -) *m* testicle.

Hodensack *m* scrotum.

Hof [hoːf] (-(e)s, ⁻e) *m* (*Hinter~*) yard; (*Bauern~*) farm; (*Königs~*) court; **einem Mädchen den ~ machen** (*veraltet*) to court a girl.

hoffen ['hɔfən] *vi:* ~ (**auf** +*akk*) to hope (for).

hoffentlich *adv* I hope, hopefully.

Hoffnung ['hɔfnʊŋ] *f* hope; **jdm ~en machen** to raise sb's hopes; **sich** *dat* ~**en machen** to have hopes; **sich** *dat* **keine ~en machen** not to hold out any hope(s).

Hoffnungs- *zW:* **h~los** *adj* hopeless; ~**losigkeit**

f hopelessness; ~**schimmer** *m* glimmer of hope; **h~voll** *adj* hopeful.

höflich ['høːflɪç] *adj* courteous, polite; H~**keit** *f* courtesy, politeness.

hohe(r, s) ['hoːə(r, s)] *adj siehe* **hoch**.

Höhe ['høːə] (-, -n) *f* height; (*An~*) hill; **nicht auf der ~ sein** (*fig: umg*) to feel below par; **ein Scheck in ~ von …** a cheque (*BRIT*) *od* check (*US*) for the amount of …; **das ist doch die ~** (*fig: umg*) that's the limit; **er geht immer gleich in die ~** (*umg*) he always flares up; **auf der ~ der Zeit sein** to be up-to-date.

Hoheit ['hoːhaɪt] *f* (*POL*) sovereignty; (*Titel*) Highness.

Hoheits- *zW:* ~**gebiet** *nt* sovereign territory; ~**gewalt** *f* (national) jurisdiction; ~**gewässer** *nt* territorial waters *pl*; ~**zeichen** *nt* national emblem.

Höhen- *zW:* ~**angabe** *f* altitude reading; (*auf Karte*) height marking; ~**flug** *m:* **geistiger** ~**flug** intellectual flight; ~**lage** *f* altitude; ~**luft** *f* mountain air; ~**messer** *m* altimeter; ~**sonne** *f* sun lamp; ~**unterschied** *m* difference in altitude; ~**zug** *m* mountain chain.

Höhepunkt *m* climax; (*des Lebens*) high point.

höher *adj, adv* higher.

hohl [hoːl] *adj* hollow; (*umg: dumm*) hollow(-headed).

Höhle ['høːlə] (-, -n) *f* cave; hole; (*Mund~*) cavity; (*fig, ZOOL*) den.

Hohl- *zW:* ~**heit** *f* hollowness; ~**kreuz** *nt* (*MED*) hollow back; ~**maß** *nt* measure of volume; ~**raum** *m* hollow space; (*Gebäude*) cavity; ~**saum** *m* hemstitch; ~**spiegel** *m* concave mirror.

Hohn [hoːn] (-(e)s) *m* scorn; **das ist der reinste ~** it's sheer mockery.

höhnen ['høːnən] *vt* to taunt, scoff at.

höhnisch *adj* scornful, taunting.

Hokuspokus [hoːkus'poːkus] (-) *m* (*Zauberformel*) hey presto; (*fig: Täuschung*) hocus-pocus.

hold [hɔlt] *adj* charming, sweet.

holen ['hoːlən] *vt* to get, fetch; (*Atem*) to take; **jdn/etw ~ lassen** to send for sb/sth; **sich** *dat* **eine Erkältung ~** to catch a cold.

Holland ['hɔlant] (-s) *nt* Holland.

Holländer ['hɔlɛndər] (-s, -) *m* Dutchman.

Holländerin *f* Dutchwoman, Dutch girl.

holländisch *adj* Dutch.

Hölle ['hœlə] (-, -n) *f* hell; **ich werde ihm die ~ heiß machen** (*umg*) I'll give him hell.

Höllenangst *f:* **eine ~ haben** to be scared to death.

Höllenlärm *m* infernal noise (*umg*).

höllisch ['hœlɪʃ] *adj* hellish, infernal.

Hologramm [holo'gram] (-s, -e) *nt* hologram.

holperig ['hɔlpərɪç] *adj* rough, bumpy.

holpern ['hɔlpərn] vi to jolt.

Holunder [ho'lundər] (-s, -) m elder.

Holz [hɔlts] (-es, ̈-er) nt wood; **aus** ~ **made of wood, wooden; aus einem anderen/demselben** ~ **geschnitzt sein** (fig) to be cast in a different/the same mould; **gut** ~**!** (Kegeln) have a good game!; ~**bläser** m woodwind player.

hölzern ['hœltsərn] adj (lit, fig) wooden.

Holz- zW: ~**fäller** (-s, -) m lumberjack, woodcutter; ~**faserplatte** f (wood) fibreboard (BRIT) od fiberboard (US); **h~frei** adj (Papier) wood-free.

holzig adj woody.

Holz- zW: ~**klotz** m wooden block; ~**kohle** f charcoal; ~**kopf** m (fig: umg) blockhead, numbskull; ~**scheit** nt log; ~**schuh** m clog; ~**weg** m (fig) wrong track; ~**wolle** f fine wood shavings pl; ~**wurm** m woodworm.

Homecomputer ['hoʊmkɔm'pjuːtər] (-s, -) m home computer.

homogen [homo'geːn] adj homogenous.

Homöopath [homøo'paːt] (-en, -en) m homeopath.

Homöopathie [homøopa'tiː] f homeopathy, homeopathic medicine.

homosexuell [homozɛksu'ɛl] adj homosexual.

Honduras [hɔn'duːras] (-) nt Honduras.

Hongkong [hɔŋ'kɔŋ] (-s) nt Hong Kong.

Honig ['hoːnɪç] (-s, -e) m honey; ~**lecken** nt (fig): **das ist kein** ~**lecken** it's no picnic; ~**melone** f honeydew melon; ~**wabe** f honeycomb.

Honorar [hono'raːr] (-s, -e) nt fee.

Honoratioren [honoratsi'oːrən] pl dignitaries pl.

honorieren [hono'riːrən] vt to remunerate; (Scheck) to honour (BRIT), honor (US).

Hopfen ['hɔpfən] (-s, -) m hops pl; **bei ihm ist** ~ **und Malz verloren** (umg) he's a dead loss.

hoppla ['hɔpla] interj whoops.

hopsen ['hɔpsən] vi to hop.

hörbar adj audible.

horch [hɔrç] interj listen.

horchen vi to listen; (pej) to eavesdrop.

Horcher (-s, -) m listener; eavesdropper.

Horde ['hɔrdə] (-, -n) f horde.

hören ['høːrən] vt, vi to hear; **auf jdn/etw** ~ to listen to sb/sth; **ich lasse von mir** ~ I'll be in touch; **etwas/nichts von sich** ~ **lassen** to get/not to get in touch; **H~** nt: **es verging ihm H~ und Sehen** (umg) he didn't know whether he was coming or going.

Hörensagen nt: **vom** ~ from hearsay.

Hörer (-s, -) m (RUNDF) listener; (UNIV) student; (Telefon~) receiver.

Hörfunk m radio.

Hörgerät nt hearing aid.

hörig ['høːrɪç] adj: **sie ist ihm (sexuell)** ~ he has (sexual) power over her.

Horizont [hori'tsɔnt] (-(e)s, -e) m horizon; **das geht über meinen** ~ (fig) that is beyond me.

horizontal [horitso'taːl] adj horizontal.

Hormon [hɔr'moːn] (-s, -e) nt hormone.

Hörmuschel f (TEL) earpiece.

Horn [hɔrn] (-(e)s, ̈-er) nt horn; **ins gleiche** od **in jds** ~ **blasen** to chime in; **sich** dat **die Hörner abstoßen** (umg) to sow one's wild oats; ~**brille** f horn-rimmed spectacles pl.

Hörnchen ['hœrnçən] nt (Gebäck) croissant.

Hornhaut f horny skin; (des Auges) cornea.

Hornisse [hɔr'nɪsə] (-, -n) f hornet.

Hornochs(e) m (fig: umg) blockhead, idiot.

Horoskop [horo'skoːp] (-s, -e) nt horoscope.

Hör- zW: ~**rohr** nt ear trumpet; (MED) stethoscope; ~**saal** m lecture room; ~**spiel** nt radio play.

Horst [hɔrst] (-(e)s, -e) m (Nest) nest; (Adler~) eyrie.

Hort [hɔrt] (-(e)s, -e) m hoard; (SCH) nursery school; **h~en** vt to hoard.

Hörweite f: **in/außer** ~ within/out of hearing od earshot.

Hose ['hoːze] (-, -n) f trousers pl, pants pl (US); **in die** ~ **gehen** (umg) to be a complete flop.

Hosen- zW: ~**anzug** m trouser suit, pantsuit (US); ~**boden** m: **sich auf den** ~**boden setzen** (umg) to get stuck in; ~**rock** m culottes pl; ~**tasche** f trouser pocket; ~**träger** pl braces pl (BRIT), suspenders pl (US).

Hostie ['hɔstiə] f (REL) host.

Hotel [ho'tɛl] (-s, -s) nt hotel; ~**fach** nt hotel management; ~ **garni** nt bed and breakfast hotel.

Hotelier [hotɛli'eː] (-s, -s) m hotelkeeper, hotelier.

HR abk (= Hessischer Rundfunk) Hessen Radio.

Hr. abk (= Herr) Mr.

Hrsg. abk (= Herausgeber) ed.

hrsg. abk (= herausgegeben) ed.

Hub [huːp] (-(e)s, ̈-e) m lift; (TECH) stroke.

hüben ['hyːbən] adv on this side, over here; ~ **und drüben** on both sides.

Hubraum m (AUT) cubic capacity.

hübsch [hypʃ] adj pretty, nice; **immer** ~ **langsam!** (umg) nice and easy.

Hubschrauber (-s, -) m helicopter.

Hucke ['hukə] (-, -n) f: **jdm die** ~ **voll hauen** (umg) to give sb a good hiding.

huckepack ['hukəpak] adv piggy-back, pick-a-back.

hudeln ['huːdəln] vi to be sloppy.

Huf ['huːf] (-(e)s, -e) m hoof; ~**eisen** nt horseshoe; ~**nagel** m horseshoe nail.

Hüfte ['hyftə] (-, -n) f hip.

Hüftgürtel m girdle.

Hüfthalter m girdle.

Huftier nt hoofed animal, ungulate.

Hügel ['hyːgəl] (-s, -) m hill.

hüg(e)lig adj hilly.

Huhn [huːn] (-(e)s, ⁻er) *nt* hen; (*KOCH*) chicken; **da lachen ja die Hühner** (*umg*) it's enough to make a cat laugh; **er sah aus wie ein gerupftes ~** (*umg*) he looked as if he'd been dragged through a hedge backwards.

Hühnchen ['hyːnçən] *nt* young chicken; **mit jdm ein ~ zu rupfen haben** (*umg*) to have a bone to pick with sb.

Hühner- *zW:* **~auge** *nt* corn; **~brühe** *f* chicken broth; **~klein** *nt* (*KOCH*) chicken trimmings *pl.*

Huld [hʊlt] (-) *f* favour (*BRIT*), favor (*US*).

huldigen ['hʊldɪɡən] *vi:* **jdm ~** to pay homage to sb.

Huldigung *f* homage.

Hülle ['hylə] (-, -n) *f* cover(ing); (*Zellophan~*) wrapping; **in ~ und Fülle** galore; **die ~n fallen lassen** (*fig*) to strip off.

hüllen *vt:* **~ (in** +*akk*) to cover (with); to wrap (in).

Hülse ['hylzə] (-, -n) *f* husk, shell.

Hülsenfrucht *f* pulse.

human [hu'maːn] *adj* humane.

humanistisch [huma'nɪstɪʃ] *adj:* **~es Gymnasium** *secondary school with bias on Latin and Greek.*

humanitär [humani'tɛːr] *adj* humanitarian.

Humanität *f* humanity.

Humanmedizin *f* (human) medicine.

Hummel ['hʊməl] (-, -n) *f* bumblebee.

Hummer ['hʊmər] (-s, -) *m* lobster.

Humor [hu'moːr] (-s, -e) *m* humour (*BRIT*), humor (*US*); **~ haben** to have a sense of humo(u)r; **~ist(in)** *m(f)* humorist; **h~istisch** *adj* humorous; **h~voll** *adj* humorous.

humpeln ['hʊmpəln] *vi* to hobble.

Humpen ['hʊmpən] (-s, -) *m* tankard.

Humus ['huːmʊs] (-) *m* humus.

Hund [hʊnt] (-(e)s, -e) *m* dog; **auf den ~ kommen, vor die ~e gehen** (*fig: umg*) to go to the dogs; **~e, die bellen, beißen nicht** (*Sprichwort*) empty vessels make most noise (*Sprichwort*); **er ist bekannt wie ein bunter ~** (*umg*) everybody knows him.

Hunde- *zW:* **h~elend** (*umg*) *adj:* **mir ist h~elend** I feel lousy; **~hütte** *f* (dog) kennel; **~kuchen** *m* dog biscuit; **~marke** *f* dog licence disc, dog tag (*US*); **h~müde** (*umg*) *adj* dog-tired.

hundert ['hʊndərt] *num* hundred; **H~** (-s, -e) *nt* hundred; **~e** *od* **H~e von Menschen** hundreds of people.

Hunderter (-s, -) *m* hundred; (*umg: Geldschein*) hundred (mark/pound/dollar *etc* note).

hundert- *zW:* **H~jahrfeier** *f* centenary; **H~meterlauf** *m* (*SPORT*): **der/ein H~meterlauf** the/a hundred metres (*BRIT*) *od* meters (*US*) *sing*; **~prozentig** *adj, adv* one hundred per cent.

hundertste(r, s) *adj* hundredth; **von H~n ins Tausendste kommen** (*fig*) to get carried away.

Hundesteuer *f* dog licence (*BRIT*) *od* license (*US*) fee.

Hundewetter (*umg*) *nt* filthy weather.

Hündin ['hyndɪn] *f* bitch.

Hüne ['hyːnə] (-n, -n) *m:* **ein ~ von Mensch** a giant of a man.

Hünengrab *nt* megalithic tomb.

Hunger ['hʊŋər] (-s) *m* hunger; **~ haben** to be hungry; **ich sterbe vor ~** (*umg*) I'm starving; **~lohn** *m* starvation wages *pl.*

hungern *vi* to starve.

Hungersnot *f* famine.

Hungerstreik *m* hunger strike.

Hungertuch *nt:* **am ~ nagen** (*fig*) to be starving.

hungrig ['hʊŋrɪç] *adj* hungry.

Hunsrück ['hʊnsrʏk] *m* Hunsruck (Mountains *pl*).

Hupe ['huːpə] (-, -n) *f* horn.

hupen *vi* to hoot, sound one's horn.

hupfen ['hʊpfən] *vi* to hop, jump; **das ist gehupft wie gesprungen** (*umg*) it's six of one and half a dozen of the other.

hüpfen ['hypfən] *vi* = **hupfen.**

Hupkonzert (*umg*) *nt* hooting (of car horns).

Hürde ['hʏrdə] (-, -n) *f* hurdle; (*für Schafe*) pen.

Hürdenlauf *m* hurdling.

Hure ['huːrə] (-, -n) *f* whore.

Hurensohn (*pej: umg!*) *m* bastard (*!*), son of a bitch (*!*).

hurra [hʊ'raː] *interj* hurray, hurrah.

hurtig ['hʊrtɪç] *adj* brisk, quick ♦ *adv* briskly, quickly.

huschen ['hʊʃən] *vi* to flit, scurry.

Husten ['huːstən] (-s) *m* cough; **h~** *vi* to cough; **auf etw** *akk* **h~** (*umg*) not to give a damn for sth; **~anfall** *m* coughing fit; **~bonbon** *m od nt* cough drop; **~saft** *m* cough mixture.

Hut¹ [huːt] (-(e)s, ⁻e) *m* hat; **unter einen ~ bringen** (*umg*) to reconcile; (*Termine etc*) to fit in.

Hut² [huːt] (-) *f* care; **auf der ~ sein** to be on one's guard.

hüten ['hyːtən] *vt* to guard ♦ *vr* to watch out; **das Bett/Haus ~** to stay in bed/indoors; **sich ~ zu** to take care not to; **sich ~ vor** +*dat* to beware of; **ich werde mich ~!** not likely!

Hutschnur *f:* **das geht mir über die ~** (*umg*) that's going too far.

Hütte ['hʏtə] (-, -n) *f* hut; (*Holz~, Block~*) cabin; (*Eisen~*) forge; (*umg: Wohnung*) pad; (*TECH: Hüttenwerk*) iron and steel works.

Hüttenindustrie *f* iron and steel industry.

Hüttenkäse *m* cottage cheese.

Hüttenwerk *nt* iron and steel works.

hutzelig ['hʊtsəlɪç] *adj* shrivelled.

Hyäne [hy'ɛːnə] (-, -n) *f* hyena.

Hyazinthe [hya'tsɪntə] (-, -n) *f* hyacinth.
Hydrant [hy'drant] *m* hydrant.
hydraulisch [hy'drauʊlɪʃ] *adj* hydraulic.
Hydrierung [hy'driːrʊŋ] *f* hydrogenation.
Hygiene [hygi'eːnə] (-) *f* hygiene.
hygienisch [hygi'eːnɪʃ] *adj* hygienic.
Hymne ['hymnə] (-, -n) *f* hymn, anthem.
hyper- ['hypɐ] *präf* hyper-.
Hypnose [hyp'noːzə] (-, -n) *f* hypnosis.
hypnotisch *adj* hypnotic.
Hypnotiseur [hypnoti'zøːr] *m* hypnotist.
hypnotisieren [hypnoti|ziːrən] *vt* to hypnotize.
Hypotenuse [[hypote'nuːzə]] (-, -n) *f* hypotenuse.
Hypothek [hypo'teːk] (-, -en) *f* mortgage; **eine ~ aufnehmen** to raise a mortgage; **etw mit einer ~ belasten** to mortgage sth.
Hypothese [hypo'teːzə] (-, -n) *f* hypothesis.
hypothetisch [hypo'teːtɪʃ] *adj* hypothetical.
Hysterie [hyste'riː] *f* hysteria.
hysterisch [hys'teːrɪʃ] *adj* hysterical; **einen ~en Anfall bekommen** (*fig*) to have hysterics.

I, i

I, i [iː] *nt* I, i; **~ wie Ida** ≈ I for Isaac, I for Item (*US*); **das Tüpfelchen auf dem i** (*fig*) the final touch.
i. *abk* = **in; im.**
i. A. *abk* (= *im Auftrag*) p.p.
iberisch [i'beːrɪʃ] *adj* Iberian; **die I~e Halbinsel** the Iberian Peninsula.
IC (-) *m abk* = **Intercity-Zug.**
ICE *m abk* (= *Intercity-Expresszug*) inter-city train.
ich [ɪç] *pron* I; **~ bins!** it's me!; **I~ (-(s), -(s))** *nt* self; (*PSYCH*) ego; **I~form** *f* first person; **I~roman▲** *m* novel in the first person.
Ideal [ide'aːl] (-s, -e) *nt* ideal; **i~** *adj* ideal; **~fall** *m*: **im ~fall** ideally.
Idealismus [idea'lɪsmʊs] *m* idealism.
Idealist(in) *m(f)* idealist.
idealistisch *adj* idealistic.
Idealvorstellung *f* ideal.
Idee [i'deː] (-, -n) *f* idea; (*ein wenig*) shade, trifle; **jdn auf die ~ bringen, etw zu tun** to give sb the idea of doing sth.
ideell [ide'ɛl] *adj* ideal.
identifizieren [idɛntifi'tsiːrən] *vt* to identify.
identisch [i'dɛntɪʃ] *adj* identical.
Identität [idɛnti'tɛːt] *f* identity.
Ideologe [ideo'loːgə] (-n, -n) *m* ideologist.

Ideologie [ideolo'giː] *f* ideology.
Ideologin [ideo'loːgɪn] *f* ideologist.
ideologisch [ideo'loːgɪʃ] *adj* ideological.
idiomatisch [idio'maːtɪʃ] *adj* idiomatic.
Idiot [idi'oːt] (-en, -en) *m* idiot.
Idiotenhügel *m* (*hum: umg*) beginners' *od* nursery slope.
idiotensicher (*umg*) *adj* foolproof.
Idiotin *f* idiot.
idiotisch *adj* idiotic.
Idol [i'doːl] *nt* (-s, -e) idol.
idyllisch [i'dylɪʃ] *adj* idyllic.
IG *abk* (= *Industriegewerkschaft*) industrial trade union.
IGB (-) *m abk* (= *Internationaler Gewerkschaftsbund*) International Trades Union Congress.
Igel ['iːgəl] (-s, -) *m* hedgehog.
igitt(igitt) [i'gɪt(i'gɪt)] *interj* ugh!
Iglu ['iːglu] (-s, -s) *m od nt* igloo.
Ignorant [ɪgno'rant] (-en, -en) *m* ignoramus.
ignorieren [ɪgno'riːrən] *vt* to ignore.
IHK *f abk* = **Industrie- und Handelskammer.**
ihm [iːm] *dat von er, es pers pron* (to) him, (to) it; **es ist ~ nicht gut** he doesn't feel well.
ihn [iːn] *akk von er pers pron* him; (*bei Tieren, Dingen*) it.
ihnen ['iːnən] *dat pl von sie pers pron* (to) them; (*nach Präpositionen*) them.
Ihnen *dat von Sie pers pron* (to) you; (*nach Präpositionen*) you.

ihr [iːr] *pron* **1** (*nom pl*) you; **~ seid es** it's you.
2 (*dat von sie*) (to) her; (*bei Tieren, Dingen*) (to) it; **gib es ~** give it to her; **er steht neben ~** he is standing beside her.
♦ *poss pron* **1** (*sing*) her; (: *bei Tieren, Dingen*) its; **~ Mann** her husband.
2 (*pl*) their; **die Bäume und ~e Blätter** the trees and their leaves.

Ihr *poss pron* your.
Ihre(r, s) *poss pron* yours; **tun Sie das ~** (*geh*) you do your bit.
ihre(r, s) *poss pron* hers; (*eines Tieres*) its; (*von mehreren*) theirs; **sie taten das ~** *od* **I~** (*geh*) they did their bit.
ihrer ['iːrər] *gen von sie pers pron* (*sing*) of her; (*pl*) of them.
Ihrer *gen von Sie pers pron* of you.
ihrerseits *adv* for your part.
ihrerseits *adv* for her/their part.
ihresgleichen *pron* people like her/them; (*von Dingen*) others like it; **eine Frechheit, die ~ sucht!** an incredible cheek!
ihretwegen *adv* (*für sie*) for her/its/their sake; (*wegen ihr, ihnen*) on her/its/their account; **sie sagte, ~ könnten wir gehen** she said that, as far as she was concerned, we

could go.

ihretwillen _adv:_ **um ~ for** her/its/their sake.

ihrige ['iːrɪgə] _pron:_ **der/die/das ~** _od_ **I~ hers;** its; theirs.

i. J. _abk_ (= _im Jahre_) in (the year).

Ikone [i'koːnə] (-, -n) _f_ icon.

IKRK _nt abk_ (= _Internationales Komitee vom Roten Kreuz_) ICRC.

illegal ['ɪlegaːl] _adj_ illegal.

illegitim ['ɪlegitiːm] _adj_ illegitimate.

Illusion [ɪluzi'oːn] _f_ illusion; **sich** _dat_ **~en machen** to delude o.s.

illusorisch [ɪlu'zoːrɪʃ] _adj_ illusory.

Illustration [ɪlʊstratsi'oːn] _f_ illustration.

illustrieren [ɪlʊs'triːrən] _vt_ to illustrate.

Illustrierte (-n, -n) _f_ picture magazine.

Iltis ['ɪltɪs] (-ses, -se) _m_ polecat.

im [ɪm] = **in dem** _präp:_ **etw ~ Liegen/Stehen tun** do sth lying down/standing up.

Image ['ɪmɪtʃ] (-(s), -s) _nt_ image; **~pflege** ['ɪmɪtʃpfleːgə] (_umg_) _f_ image-building.

imaginär [imagi'nɛːr] _adj_ imaginary.

Imbiss▲ ['ɪmbɪs] (-es, -e) _m_ snack; **~halle** _f_ snack bar; **~stube** _f_ snack bar.

imitieren [imi'tiːrən] _vt_ to imitate.

Imker ['ɪmkər] (-s, -) _m_ beekeeper.

immanent [ɪma'nɛnt] _adj_ inherent, intrinsic.

Immatrikulation [ɪmatrikulatsi'oːn] _f_ (_UNIV_) registration.

immatrikulieren [ɪmatriku'liːrən] _vi, vr_ to register.

immer ['ɪmər] _adv_ always; **~ wieder** again and again; **etw ~ wieder tun** to keep on doing sth; **~ noch** still; **~ noch nicht** still not; **für ~** forever; **~ wenn ich ...** every time I ...; **~ schöner** more and more beautiful; **~ trauriger** sadder and sadder; **was/wer (auch) ~** whatever/whoever; **~hin** _adv_ all the same; **~zu** _adv_ all the time.

Immigrant(in) [ɪmi'grant(ɪn)] _m(f)_ immigrant.

Immobilien [ɪmo'biːliən] _pl_ real property (_BRIT_), real estate (_US_); (_in Zeitungsannoncen_) property _sing_; **~händler, ~makler** _m_ estate agent (_BRIT_), realtor (_US_).

immun [ɪ'muːn] _adj_ immune.

immunisieren [ɪmuni'ziːrən] _vt_ to immunize.

Immunität [ɪmu:ni'tɛːt] _f_ immunity.

Immunschwäche _f_ immunodeficiency.

Immunsystem _nt_ immune system.

imperativ ['ɪmperatiːf] _adj:_ **~es Mandat** imperative mandate.

Imperativ (-s, -e) _m_ imperative.

Imperfekt ['ɪmpɛrfɛkt] (-s, -e) _nt_ imperfect (tense).

Imperialismus [ɪmperia'lɪsmʊs] _m_ imperialism.

Imperialist [ɪmperia'lɪst] _m_ imperialist; **i~isch** _adj_ imperialistic.

impfen ['ɪmpfən] _vt_ to vaccinate.

Impf- _zW:_ **~pass▲** _m_ vaccination card;

~schutz _m_ protection given by vaccination; **~stoff** _m_ vaccine; **~ung** _f_ vaccination; **~zwang** _m_ compulsory vaccination.

implizieren [ɪmpli'tsiːrən] _vt_ to imply.

imponieren [ɪmpo'niːrən] _vi +dat_ to impress.

Import [ɪm'pɔrt] (-(e)s, -e) _m_ import.

Importeur [ɪmpɔr'tøːr] (-s, -e) _m_ importer.

importieren [ɪmpɔr'tiːrən] _vt_ to import.

imposant [ɪmpo'zant] _adj_ imposing.

impotent ['ɪmpotɛnt] _adj_ impotent.

Impotenz ['ɪmpotɛnts] _f_ impotence.

imprägnieren [ɪmprɛ'gniːrən] _vt_ to (water)proof.

Impressionismus [ɪmprɛsio'nɪsmʊs] _m_ impressionism.

Impressum [ɪm'prɛsʊm] (-s, -ssen) _nt_ imprint; (_von Zeitung_) masthead.

Improvisation [ɪmprovizatsi'oːn] _f_ improvisation.

improvisieren [ɪmprovi'ziːrən] _vt, vi_ to improvise.

Impuls [ɪm'pʊls] (-es, -e) _m_ impulse; **etw aus einem ~ heraus tun** to do sth on impulse.

impulsiv [ɪmpʊl'ziːf] _adj_ impulsive.

imstande, im Stande▲ [ɪm'ʃtandə] _adj:_ **~ sein** to be in a position; (_fähig_) to be able; **er ist zu allem ~** he's capable of anything.

===================== _SCHLÜSSELWORT_

in [ɪn] _präp +akk_ **1** (_räumlich: wohin_) in, into; **~ die Stadt** into town; **~ die Schule gehen** to go to school; **~ die hunderte** _od_ **Hunderte gehen** to run into (the) hundreds.
2 (_zeitlich_): **bis ~s 20. Jahrhundert** into _od_ up to the 20th century.

♦ _präp +dat_ **1** (_räumlich: wo_) in; **~ der Stadt** in town; **~ der Schule sein** to be at school; **es ~ sich haben** (_umg: Text_) to be tough; (: _Drink_) to have quite a kick.
2 (_zeitlich: wann_): **~ diesem Jahr** this year; (_in jenem Jahr_) in that year; **heute ~ zwei Wochen** two weeks today.

inaktiv ['ɪn|aktiːf] _adj_ inactive; (_Mitglied_) non-active.

Inangriffnahme [ɪn'|angrɪfnaːmə] (-, -n) _f_ (_form_) commencement.

Inanspruchnahme [ɪn'|anʃpruxnaːmə] (-, -n) _f_: **~ (+gen)** demands _pl_ (on); **im Falle einer ~ der Arbeitslosenunterstützung** (_form_) where unemployment benefit has been sought.

Inbegriff ['ɪnbəgrɪf] _m_ embodiment, personification.

inbegriffen _adv_ included.

Inbetriebnahme [ɪnbə'triːpnaːmə] (-, -n) _f_ (_form_) commissioning; (_von Gebäude, U-Bahn etc_) inauguration.

inbrünstig ['ɪnbrʏnstɪç] _adj_ ardent.

indem [ɪn'deːm] _konj_ while; **~ man etw macht**

(*dadurch*) by doing sth.
Inder(in) ['ɪndər(ɪn)] (-s, -) *m(f)* Indian.
indes(sen) [ɪn'dɛs(ən)] *adv* meanwhile ♦ *konj* while.
Index ['ɪndɛks] (-(es), -e *od* **Indizes**) *m*: **auf dem ~ stehen** (*fig*) to be banned; **~zahl** *f* index number.
Indianer(in) [ɪndi'aːnər(ɪn)] (-s, -) *m(f)* (Red *od* American) Indian.
indianisch *adj* (Red *od* American) Indian.
Indien ['ɪndiən] (-s) *nt* India.
indigniert [ɪndɪ'gniːrt] *adj* indignant.
Indikation [ɪndikatsi'oːn] *f*: **medizinische/ soziale ~** medical/social grounds *pl* for the termination of pregnancy.
Indikativ ['ɪndikatiːf] (-s, -e) *m* indicative.
indirekt ['ɪndirɛkt] *adj* indirect; **~e Steuer** indirect tax.
indisch ['ɪndɪʃ] *adj* Indian; **I~er Ozean** Indian Ocean.
indiskret ['ɪndɪskreːt] *adj* indiscreet.
Indiskretion [ɪndɪskretsi'oːn] *f* indiscretion.
indiskutabel ['ɪndɪskutaːbəl] *adj* out of the question.
indisponiert ['ɪndɪsponiːrt] *adj* (*geh*) indisposed.
Individualist [ɪndividua'lɪst] *m* individualist.
Individualität [ɪndividuali'tɛt] *f* individuality.
individuell [ɪndividu'ɛl] *adj* individual; **etw ~ gestalten** to give sth a personal note.
Individuum [ɪndi'viːduʊm] (-s, -duen) *nt* individual.
Indiz [ɪn'diːts] (-es, -ien) *nt* (*JUR*) clue; **~ (für)** sign (of).
Indizes ['ɪnditseːz] *pl von* **Index**.
Indizienbeweis *m* circumstantial evidence.
indizieren [ɪndi'tsiːrən] *vt, vi* (*COMPUT*) to index.
Indochina ['ɪndo'çiːna] (-s) *nt* Indochina.
indogermanisch ['ɪndogɛr'maːnɪʃ] *adj* Indo-Germanic, Indo-European.
indoktrinieren [ɪndɔktri'niːrən] *vt* to indoctrinate.
Indonesien [ɪndo'neːziən] (-s) *nt* Indonesia.
Indonesier(in) (-s, -) *m(f)* Indonesian.
indonesisch [ɪndo'neːzɪʃ] *adj* Indonesian.
Indossament [ɪndɔsa'mɛnt] *nt* (*COMM*) endorsement.
Indossant [ɪndɔ'sant] *m* endorser.
Indossat [ɪndɔ'saːt] (-en, -en) *m* endorsee.
indossieren *vt* to endorse.
industrialisieren [ɪndʊstriali'ziːrən] *vt* to industrialize.
Industrialisierung *f* industrialization.
Industrie [ɪndʊs'triː] *f* industry; **in der ~ arbeiten** to be in industry; **~gebiet** *nt* industrial area; **~gelände** *nt* industrial *od* trading estate; **~kaufmann** *m* industrial manager.
industriell [ɪndʊstri'ɛl] *adj* industrial; **~e**

Revolution industrial revolution.
Industrielle(r) *f(m)* industrialist.
Industrie- *zW*: **~staat** *m* industrial nation; **~- und Handelskammer** *f* chamber of industry and commerce; **~zweig** *m* branch of industry.
ineinander [ɪn|aɪ'nandər] *adv* in(to) one another *od* each other; **~ übergehen** to merge (into each other); **~ greifen** (*lit*) to interlock; (*Zahnräder*) to mesh; (*fig*: *Ereignisse etc*) to overlap.
Infanterie [ɪnfantə'riː] *f* infantry.
Infarkt [ɪn'farkt] (-(e)s, -e) *m* coronary (thrombosis).
Infektion [ɪnfɛktsi'oːn] *f* infection.
Infektionsherd *m* focus of infection.
Infektionskrankheit *f* infectious disease.
Infinitiv ['ɪnfinitiːf] (-s, -e) *m* infinitive.
infizieren [ɪnfi'tsiːrən] *vt* to infect ♦ *vr*: **sich (bei jdm) ~** to be infected (by sb).
in flagranti [ɪn fla'granti] *adv* in the act, red-handed.
Inflation [ɪnflatsi'oːn] *f* inflation.
inflationär [ɪnflatsio'nɛːr] *adj* inflationary.
Inflationsrate *f* rate of inflation.
inflatorisch [ɪnfla'toːrɪʃ] *adj* inflationary.
Info ['ɪnfo] (-s, -s) (*umg*) *nt* (information) leaflet.
infolge [ɪn'fɔlgə] *präp* +*gen* as a result of, owing to; **~dessen** *adv* consequently.
Informatik [ɪnfɔr'maːtɪk] *f* information studies *pl*.
Informatiker(in) (-s, -) *m(f)* computer scientist.
Information [ɪnfɔrmatsi'oːn] *f* information *no pl*; **Informationen** *pl* (*COMPUT*) data; **zu Ihrer ~** for your information.
Informationsabruf *m* (*COMPUT*) information retrieval.
Informationstechnik *f* information technology.
informativ [ɪnfɔrma'tiːf] *adj* informative.
informieren [ɪnfɔr'miːrən] *vt*: **~ (über +*akk*)** to inform (about) ♦ *vr*: **sich ~ (über +*akk*)** to find out (about).
Infotelefon *nt* information line.
infrage▲, in Frage [ɪn'fraːgə] *adv*: **etw ~ stellen** to question sth; **~ kommend** possible; (*Bewerber*) worth considering; **nicht ~ kommen** to be out of the question.
Infrastruktur ['ɪnfraʃtrʊktuːr] *f* infrastructure.
Infusion [ɪnfuzi'oːn] *f* infusion.
Ing. *abk* = **Ingenieur**.
Ingenieur [ɪnʒeni'øːr] *m* engineer; **~schule** *f* school of engineering.
Ingwer ['ɪŋvər] (-s) *m* ginger.
Inh. *abk* (= *Inhaber(in)*) prop.; (= *Inhalt*) cont.
Inhaber(in) ['ɪnhaːbər(ɪn)] (-s, -) *m(f)* owner; (*COMM*) proprietor; (*Haus~*) occupier;

(*Lizenz~*) licensee, holder; (*FIN*) bearer.
inhaftieren [ɪnhafˈtiːrən] *vt* to take into custody.
inhalieren [ɪnhaˈliːrən] *vt, vi* to inhale.
Inhalt [ˈɪnhalt] (-(e)s, -e) *m* contents *pl*; (*eines Buchs etc*) content; (*MATH: Flächen*) area; (*: Raum~*) volume; **i~lich** *adj* as regards content.
Inhalts- *zW*: **~angabe** *f* summary; **~los** *adj* empty; **~reich** *adj* full; **~verzeichnis** *nt* table of contents; (*COMPUT*) directory.
inhuman [ˈɪnhumaːn] *adj* inhuman.
initialisieren [initsiaːliˈziːrən] *vt* (*COMPUT*) to initialize.
Initialisierung *f* (*COMPUT*) initialization.
Initiative [initsiaˈtiːvə] *f* initiative; **die ~ ergreifen** to take the initiative.
Initiator(in) [initsiˈaːtɔr, -ˈtoːrɪn] *m(f)* (*geh*) initiator.
Injektion [ɪnjɛktsiˈoːn] *f* injection.
injizieren [ɪnjiˈtsiːrən] *vt* to inject; **jdm etw ~** to inject sb with sth.
Inka [ˈɪŋka] (-(s), -s) *f(m)* Inca.
Inkaufnahme [ɪnˈkaʊfnaːmə] *f* (*form*): **unter ~ finanzieller Verluste** accepting the inevitable financial losses.
inkl. *abk* (= *inklusive*) inc.
inklusive [ɪnkluˈziːvə] *präp +gen* inclusive of; ♦ *adv* inclusive.
Inklusivpreis *m* all-in rate.
inkognito [ɪnˈkɔgnito] *adv* incognito.
inkonsequent [ˈɪnkɔnzekvɛnt] *adj* inconsistent.
inkorrekt [ˈɪnkɔrɛkt] *adj* incorrect.
In-Kraft-Treten▲ [ɪnˈkrafttreːtən] (-s) *nt* coming into force.
Inkubationszeit [ɪnkubatsiˈoːnstsaɪt] *f* (*MED*) incubation period.
Inland [ˈɪnlant] (-(e)s) *nt* (*GEOG*) inland; (*POL, COMM*) home (country); **im ~ und Ausland** at home and abroad; **~flug** *m* domestic flight.
Inlandsporto *nt* inland postage.
inmitten [ɪnˈmɪtən] *präp +gen* in the middle of; **~ von** amongst.
innehaben [ˈɪnəhaːbən] *unreg vt* to hold.
innehalten [ˈɪnəhaltən] *unreg vi* to pause, stop.
innen [ˈɪnən] *adv* inside; **nach ~** inwards; **von ~** from the inside; **I~architekt** *m* interior designer; **I~aufnahme** *f* indoor photograph; **I~bahn** *f* (*SPORT*) inside lane; **I~dienst** *m*: **im I~dienst sein** to work in the office; **I~einrichtung** *f* (interior) furnishings *pl*; **I~leben** *nt* (*seelisch*) emotional life; (*umg: körperlich*) insides *pl*; **I~minister** *m* minister of the interior, Home Secretary (*BRIT*); **I~politik** *f* domestic policy; **~politisch** *adj* relating to domestic policy, domestic; **I~stadt** *f* town *od* city centre (*BRIT*) *od* center (*US*).

innerbetrieblich *adj* in-house; **etw ~ regeln** to settle sth within the company.
innerdeutsch *adj*: **~e(r) Handel** domestic trade in Germany.
Innere(s) *nt* inside; (*Mitte*) centre (*BRIT*), center (*US*); (*fig*) heart.
innere(r, s) *adj* inner; (*im Körper, inländisch*) internal.
Innereien [ɪnəˈraɪən] *pl* innards *pl*.
inner- *zW*: **~halb** *adv* within; (*räumlich*) inside ♦ *prep +dat* within; inside; **~lich** *adj* internal; (*geistig*) inward; **I~lichkeit** *f* (*LITER*) inwardness; **~parteilich** *adj*: **~parteiliche Demokratie** democracy (with)in the party structure.
Innerste(s) *nt* heart; **bis ins ~ getroffen** hurt to the quick.
innerste(r, s) *adj* innermost.
innewohnen [ˈɪnəvoːnən] *vi +dat* (*geh*) to be inherent in.
innig [ˈɪnɪç] *adj* profound; (*Freundschaft*) intimate; **mein ~ster Wunsch** my dearest wish.
Innung [ˈɪnʊŋ] *f* (trade) guild; **du blamierst die ganze ~** (*hum: umg*) you are letting the whole side down.
inoffiziell [ˈɪnˌɔfitsiɛl] *adj* unofficial.
ins [ɪns] = **in das**.
Insasse [ˈɪnzasə] (-n, -n) *m*, **Insassin** *f* (*einer Anstalt*) inmate; (*AUT*) passenger.
insbesondere [ɪnsbəˈzɔndərə] *adv* (e)specially.
Inschrift [ˈɪnʃrɪft] *f* inscription.
Insekt [ɪnˈzɛkt] (-(e)s, -en) *nt* insect.
Insektenvertilgungsmittel *nt* insecticide.
Insel [ˈɪnzəl] (-, -n) *f* island.
Inserat [ɪnzeˈraːt] (-(e)s, -e) *nt* advertisement.
Inserent [ɪnzeˈrɛnt] *m* advertiser.
inserieren [ɪnzeˈriːrən] *vt, vi* to advertise.
insgeheim [ɪnsgəˈhaɪm] *adv* secretly.
insgesamt [ɪnsgəˈzamt] *adv* altogether, all in all.
Insiderhandel *m* insider dealing *od* trading.
insofern [ɪnzoˈfɛrn] *adv* in this respect ♦ *konj* if; (*deshalb*) (and) so; **~ als** in so far as.
insolvent [ˈɪnzɔlvɛnt] *adj* bankrupt, insolvent.
Insolvenz *f* (*COMM*) insolvency.
insoweit *adv, konj* = **insofern**.
in spe [ɪnˈʃpeː] (*umg*) *adj*: **unser Schwiegersohn ~** our son-in-law to be, our future son-in-law.
Inspektion [ɪnspɛktsiˈoːn] *f* inspection; (*AUT*) service.
Inspektor(in) [ɪnˈspɛktɔr, -ˈtoːrɪn] (-s, -en) *m(f)* inspector.
Inspiration [ɪnspiratsiˈoːn] *f* inspiration.
inspirieren [ɪnspiˈriːrən] *vt* to inspire; **sich von etw ~ lassen** to get one's inspiration from sth.
inspizieren [ɪnspiˈtsiːrən] *vt* to inspect.

Installateur [ɪnstalaˈtøːr] *m* plumber; (*Elektro~*) electrician.

installieren [ɪnstaˈliːrən] *vt* to install (*auch fig, COMPUT*).

Instandhaltung [ɪnˈʃtanthaltʊŋ] *f* maintenance.

inständig [ɪnˈʃtɛndɪç] *adj* urgent; ~ **bitten** to beg.

Instandsetzung *f* overhaul; (*eines Gebäudes*) restoration.

Instanz [ɪnˈstants] *f* authority; (*JUR*) court; **Verhandlung in erster/zweiter** ~ first/second court case.

Instanzenweg *m* official channels *pl*.

Instinkt [ɪnˈstɪŋkt] (*-(e)s, -e*) *m* instinct.

instinktiv [ɪnstɪŋkˈtiːf] *adj* instinctive.

Institut [ɪnstiˈtuːt] (*-(e)s, -e*) *nt* institute.

Institution [ɪnstitutsiˈoːn] *f* institution.

Instrument [ɪnstruˈmɛnt] *nt* instrument.

Insulin [ɪnzuˈliːn] (*-s*) *nt* insulin.

inszenieren [ɪnstseˈniːrən] *vt* to direct; (*fig*) to stage-manage.

Inszenierung *f* production.

intakt [ɪnˈtakt] *adj* intact.

Integralrechnung [ɪnteˈɡraːlrɛçnʊŋ] *f* integral calculus.

Integration [ɪnteɡratsiˈoːn] *f* integration.

integrieren [ɪnteˈɡriːrən] *vt* to integrate; **integrierte Gesamtschule** comprehensive school (*BRIT*).

Integrität [ɪnteɡriˈtɛːt] *f* integrity.

Intellekt [ɪnteˈlɛkt] (*-(e)s*) *m* intellect.

intellektuell [ɪntelɛktuˈɛl] *adj* intellectual.

Intellektuelle(r) *f(m)* intellectual.

intelligent [ɪnteliˈɡɛnt] *adj* intelligent.

Intelligenz [ɪnteliˈɡɛnts] *f* intelligence; (*Leute*) intelligentsia *pl*; ~**quotient** *m* IQ, intelligence quotient.

Intendant [ɪntɛnˈdant] *m* director.

Intensität [ɪntɛnziˈtɛːt] *f* intensity.

intensiv [ɪntɛnˈziːf] *adj* intensive.

intensivieren [ɪntɛnziˈviːrən] *vt* to intensify.

Intensivkurs *m* intensive course.

Intensivstation *f* intensive care unit.

interaktiv *adj* (*COMPUT*) interactive.

Intercityzug [ɪntərˈsɪtitsuːk] *m* inter-city train.

interessant [ɪntɛreˈsant] *adj* interesting; **sich** ~ **machen** to attract attention.

interessanterweise *adv* interestingly enough.

Interesse [ɪnteˈrɛsə] (*-s, -n*) *nt* interest; ~ **haben an** +*dat* to be interested in.

Interessengebiet *nt* field of interest.

Interessengegensatz *m* clash of interests.

Interessent(in) [ɪntɛreˈsɛnt(ɪn)] *m(f)* interested party; **es haben sich mehrere** ~**en gemeldet** several people have shown interest.

Interessenvertretung *f* representation of interests; (*Personen*) group representing (one's) interests.

interessieren [ɪntereˈsiːrən] *vt*: **jdn (für etw** *od* **an etw** *dat*) ~ to interest sb (in sth) ♦ *vr*: **sich** ~ **für** to be interested in.

interessiert *adj*: **politisch** ~ interested in politics.

Interkontinentalrakete [ɪntərkɔntinɛnˈtaːlrakeːtə] *f* intercontinental missile.

intern [ɪnˈtɛrn] *adj* internal.

Internat [ɪntɛrˈnaːt] (*-(e)s, -e*) *nt* boarding school.

international [ɪntɛrnatsioˈnaːl] *adj* international.

Internatsschüler(in) *m(f)* boarder.

Internet [ˈɪntɛrnɛt] (*-s*) *nt*: **das** ~ the Internet; ~**-Café** *nt* Internet café.

internieren [ɪntɛrˈniːrən] *vt* to intern.

Internierungslager *nt* internment camp.

Internist(in) *m(f)* internist.

Interpol [ˈɪntɛrpoːl] (*-*) *f abk* (= *Internationale Polizei*) Interpol.

Interpret [ɪntɛrˈpreːt] (*-en, -en*) *m*: **Lieder verschiedener** ~**en** songs by various singers.

Interpretation [ɪntɛrpretatsiˈoːn] *f* interpretation.

interpretieren [ɪntɛrpreˈtiːrən] *vt* to interpret.

Interpretin *f siehe* **Interpret**.

Interpunktion [ɪntɛrpʊŋktsiˈoːn] *f* punctuation.

Intervall [ɪntɛrˈval] (*-s, -e*) *nt* interval.

intervenieren [ɪntɛrveˈniːrən] *vi* to intervene.

Interview [ɪntərˈvjuː] (*-s, -s*) *nt* interview; **i~en** [-ˈvjuːən] *vt* to interview.

intim [ɪnˈtiːm] *adj* intimate; **I~bereich** *m* (*ANAT*) genital area.

Intimität [ɪntimiˈtɛːt] *f* intimacy.

Intimsphäre *f*: **jds** ~ **verletzen** to invade sb's privacy.

intolerant [ˈɪntolerant] *adj* intolerant.

intransitiv [ˈɪntranzitiːf] *adj* (*GRAM*) intransitive.

Intrige [ɪnˈtriːɡə] (*-, -n*) *f* intrigue, plot.

intrinsisch [ɪnˈtrɪnzɪʃ] *adj*: ~**er Wert** intrinsic value.

introvertiert [ɪntroverˈtiːrt] *adj*: ~ **sein** to be an introvert.

intuitiv [ɪntuiˈtiːf] *adj* intuitive.

intus [ˈɪntʊs] *adj*: **etw** ~ **haben** (*umg: Wissen*) to have got sth into one's head; (*Essen, Trinken*) to have got sth down one (*umg*).

Invalide [ɪnvaˈliːdə] (*-n, -n*) *m* disabled person, invalid.

Invalidenrente *f* disability pension.

Invasion [ɪnvaziˈoːn] *f* invasion.

Inventar [ɪnvɛnˈtaːr] (*-s, -e*) *nt* inventory; (*COMM*) assets and liabilities *pl*.

Inventur [ɪnvɛnˈtuːr] *f* stocktaking; ~ **machen**

to stocktake.

investieren [ɪnvɛs'tiːrən] *vt* to invest.

investiert *adj:* ~**es Kapital** capital employed.

Investition [ɪnvɛstitsi'oːn] *f* investment.

Investitionszulage *f* investment grant.

Investmentgesellschaft
[ɪn'vɛstməntɡəzɛlʃaft] *f* unit trust.

inwiefern [ɪnvi'fɛrn] *adv* how far, to what extent.

inwieweit [ɪnvi'vaɪt] *adv* how far, to what extent.

Inzest [ɪn'tsɛst] **(-(e)s, -e)** *m* incest *no pl.*

inzwischen [ɪn'tsvɪʃən] *adv* meanwhile.

IOK *nt abk (= Internationales Olympisches Komitee)* IOC.

Ion [i'oːn] **(-s, -en)** *nt* ion.

ionisch [i'oːnɪʃ] *adj* Ionian; **I~es Meer** Ionian Sea.

IQ *m abk (= Intelligenzquotient)* IQ.

i. R. *abk (= im Ruhestand)* retd.

IRA *f abk (= Irisch-Republikanische Armee)* IRA.

Irak [i'raːk] **(-s)** *m:* **(der)** ~ Iraq.

Iraker(in) **(-s, -)** *m(f)* Iraqi.

irakisch *adj* Iraqi.

Iran [i'raːn] **(-s)** *m:* **(der)** ~ Iran.

Iraner(in) **(-s, -)** *m(f)* Iranian.

iranisch *adj* Iranian.

irdisch ['ɪrdɪʃ] *adj* earthly; **den Weg alles Irdischen gehen** to go the way of all flesh.

Ire ['iːrə] **(-n, -n)** *m* Irishman; Irish boy; **die ~n** the Irish.

irgend ['ɪrɡənt] *adv* at all; **wann/was/wer** ~ whenever/whatever/whoever; ~**ein(e, s)** *adj* some, any; **haben Sie (sonst) noch ~einen Wunsch?** is there anything else you would like?; ~**eine(r, s)** *pron (Person)* somebody; *(Ding)* something; *(fragend, verneinend)* anybody/anything; **ich will nicht bloß ~ein(e)s** I don't want any old one; ~**einmal** *adv* sometime or other; *(fragend)* ever; ~**etwas**▲ *pron* something; *(fragend, verneinend)* anything; ~**jemand**▲ *pron* somebody; *(fragend, verneinend)* anybody; ~**wann** *adv* sometime; ~**wer** *(umg)* somebody; *(fragend, verneinend)* anybody; ~**wie** *adv* somehow; ~**wo** *adv* somewhere *(BRIT)*, someplace *(US)*; *(fragend, verneinend, bedingend)* anywhere *(BRIT)*, any place *(US)*; ~**wohin** *adv* somewhere *(BRIT)*, someplace *(US)*; *(fragend, verneinend, bedingend)* anywhere *(BRIT)*, any place *(US)*.

Irin ['iːrɪn] *f* Irishwoman; Irish girl.

Iris ['iːrɪs] **(-, -)** *f* iris.

irisch *adj* Irish; **Irische See** Irish Sea.

IRK *nt abk (= Internationales Rotes Kreuz)* IRC.

Irland ['ɪrlant] **(-s)** *nt* Ireland; *(Republik ~)* Eire.

Irländer ['ɪrlɛndər(ɪn)] **(-s, -)** *m* = **Ire;** ~**in** *f* = **Irin.**

Ironie [iro'niː] *f* irony.

ironisch [i'roːnɪʃ] *adj* ironic(al).

irre ['ɪrə] *adj* crazy, mad; ~ **gut** *(umg)* way out *(umg)*; **I~(r)** *f(m)* lunatic; ~**führen** *vt* to mislead; **I~führung** *f* fraud.

irrelevant ['ɪrelevant] *adj:* ~ **(für)** irrelevant (for *od* to).

irremachen *vt* to confuse.

irren *vi* to be mistaken; *(umher~)* to wander, stray ♦ *vr* to be mistaken; **jeder kann sich mal** ~ anyone can make a mistake; **I~anstalt** *f (veraltet)* lunatic asylum; **I~haus** *nt:* **hier geht es zu wie im I~haus** *(umg)* this place is an absolute madhouse.

Irrfahrt ['ɪrfaːrt] *f* wandering.

irrig ['ɪrɪç] *adj* incorrect, wrong.

irritieren [ɪri'tiːrən] *vt (verwirren)* to confuse, muddle; *(ärgern)* to irritate.

Irr- *zW:* ~**licht** *nt* will-o'-the-wisp; ~**sinn** *m* madness; **so ein ~sinn, das zu tun** what a crazy thing to do!; **i~sinnig** *adj* mad, crazy; *(umg)* terrific; **i~sinnig komisch** incredibly funny; ~**tum (-s, -tümer)** *m* mistake, error; **im ~tum sein** to be wrong *od* mistaken; ~**tum!** wrong!; **i~tümlich** *adj* mistaken.

ISBN *f abk (= Internationale Standardbuchnummer)* ISBN.

Ischias ['ɪʃias] **(-)** *m od nt* sciatica.

Islam ['ɪslam] **(-s)** *m* Islam.

islamisch [ɪs'laːmɪʃ] *adj* Islamic.

Island ['iːslant] **(-s)** *nt* Iceland.

Isländer(in) ['iːslɛndər(ɪn)] **(-s, -)** *m(f)* Icelander.

isländisch *adj* Icelandic.

Isolation [izolatsi'oːn] *f* isolation; *(ELEK)* insulation; *(von Häftlingen)* solitary confinement.

Isolator [izo'laːtɔr] *m* insulator.

Isolierband *nt* insulating tape.

isolieren [izo'liːrən] *vt* to isolate; *(ELEK)* to insulate.

Isolierstation *f (MED)* isolation ward.

Isolierung *f* isolation; *(ELEK)* insulation.

Israel ['ɪsraeːl] **(-s)** *nt* Israel.

Israeli[1] [ɪsra'eːli] **(-(s), -s)** *m* Israeli.

Israeli[2] [ɪsra'eːli] **(-, -(s))** *f* Israeli.

israelisch *adj* Israeli.

isst▲ [ɪst] *vb siehe* **essen.**

ist [ɪst] *vb siehe* **sein.**

Istanbul ['ɪstambuːl] **(-s)** *nt* Istanbul.

Istbestand▲ *m (Geld)* cash in hand; *(Waren)* actual stock.

Italien [i'taːliən] **(-s)** *nt* Italy.

Italiener(in) [itali'eːnər(ɪn)] **(-s, -)** *m(f)* Italian.

italienisch *adj* Italian; **die ~e Schweiz** Italian-speaking Switzerland.

i. V., I. V. *abk (= in Vertretung)* on behalf of; *(= in Vollmacht)* by proxy.

IWF *m abk (= Internationaler Währungsfonds)* IMF.

J, j

J, j [jɔt] *nt* J, j; ~ **wie Julius** ≈ J for Jack, J for Jig (*US*).

═══════════════ *SCHLÜSSELWORT*

ja [ja:] *adv* **1** yes; **haben Sie das gesehen? - ~** did you see it? - yes(, I did); **ich glaube ~** (yes) I think so; **zu allem J~ und Amen** *od* **~ und amen sagen** (*umg*) to accept everything without question.
2 (*fragend*) really; **ich habe gekündigt - ~?** I've quit - have you?; **du kommst, ~?** you're coming, aren't you?
3: sei ~ vorsichtig do be careful; **Sie wissen ~, dass ...** as you know, ...; **tu das ~ nicht!** don't do that!; **sie ist ~ erst fünf** (after all) she's only five; **Sie wissen ~, wie das so ist** you know how it is; **ich habe es ~ gewusst** I just knew it; **~, also ...** well you see ...

───────────────

Jacht [jaxt] (-, -en) *f* yacht.
Jacke ['jakə] (-, -n) *f* jacket; (*Woll~*) cardigan.
Jacketkrone ['dʒɛ'kɪtkro:nə] *f* (*Zahnkrone*) jacket crown.
Jackett [ʒa'kɛt] (-s, -s *od* -e) *nt* jacket.
Jagd [ja:kt] (-, -en) *f* hunt; (*Jagen*) hunting; ~**beute** *f* kill; ~**flugzeug** *nt* fighter; ~**gewehr** *nt* sporting gun; ~**hund** *m* hunting dog; ~**schein** *m* hunting licence (*BRIT*) *od* license (*US*); ~**wurst** *f* smoked sausage.
jagen ['ja:gən] *vi* to hunt; (*eilen*) to race ♦ *vt* to hunt; (*weg~*) to drive (off); (*verfolgen*) to chase; **mit diesem Essen kannst du mich ~** (*umg*) I wouldn't touch that food with a barge pole (*BRIT*) *od* ten-foot pole (*US*).
Jäger ['jɛ:gər] (-s, -) *m* hunter; ~**in** *f* huntress, huntswoman; ~**latein** (*umg*) *nt* hunters' tales *pl*; ~**schnitzel** *nt* (*KOCH*) *cutlet served with mushroom sauce.*
jäh [jɛ:] *adj* abrupt, sudden; (*steil*) steep, precipitous; ~**lings** *adv* abruptly.
Jahr [ja:r] (-(e)s, -e) *nt* year; **im ~(e) 1066** in (the year) 1066; **die sechziger ~e** the sixties *pl*; **mit dreißig ~en** at the age of thirty; **in den besten ~en sein** to be in the prime of (one's) life; **nach ~ und Tag** after (many) years; **zwischen den ~en** (*umg*) between Christmas and New Year; **j~aus** *adv*: **j~aus, j~ein** year in, year out; ~**buch** *nt* annual, year book.
jahrelang *adv* for years.

Jahres- *zW*: ~**abonnement** *nt* annual subscription; ~**abschluss**▲ *m* end of the year; (*COMM*) annual statement of account; ~**beitrag** *m* annual subscription; ~**bericht** *m* annual report; ~**hauptversammlung** *f* (*COMM*) annual general meeting, AGM; ~**karte** *f* annual season ticket; ~**tag** *m* anniversary; ~**umsatz** *m* (*COMM*) yearly turnover; ~**wechsel** *m* turn of the year; ~**zahl** *f* date, year; ~**zeit** *f* season.
Jahr- *zW*: ~**gang** *m* age group; (*von Wein*) vintage; **er ist ~gang 1950** he was born in 1950; ~**hundert** *nt* century; ~**hundertfeier** *f* centenary; ~**hundertwende** *f* turn of the century.
jährlich ['jɛ:rlɪç] *adj, adv* yearly; **zweimal ~** twice a year.
Jahr- *zW*: ~**markt** *m* fair; ~**tausend** *nt* millennium; ~**zehnt** *nt* decade.
Jähzorn ['jɛ:tsɔrn] *m* hot temper.
jähzornig *adj* hot-tempered.
Jalousie [ʒalu'zi:] *f* venetian blind.
Jamaika [ja'maɪka] (-s) *nt* Jamaica.
Jammer ['jamər] (-s) *m* misery; **es ist ein ~, dass ...** it is a crying shame that ...
jämmerlich ['jɛmərlɪç] *adj* wretched, pathetic; **J~keit** *f* wretchedness.
jammern *vi* to wail ♦ *vt unpers*: **es jammert mich** it makes me feel sorry.
jammerschade *adj*: **es ist ~** it is a crying shame.
Jan. *abk* (= *Januar*) Jan.
Januar ['janua:r] (-s, -e) (*pl selten*) *m* January; *siehe auch* **September.**
Japan ['ja:pan] (-s) *nt* Japan.
Japaner(in) [ja'pa:nər(ɪn)] (-s, -) *m(f)* Japanese.
japanisch *adj* Japanese.
Jargon [ʒar'gõ:] (-s, -s) *m* jargon.
Jasager ['ja:za:gər] (-s, -) (*pej*) *m* yes man.
Jastimme *f* vote in favour (*BRIT*) *od* favor (*US*) (of).
jäten ['jɛ:tən] *vt, vi* to weed.
Jauche ['jauxə] *f* liquid manure; ~**grube** *f* cesspool, cesspit.
jauchzen ['jauxtsən] *vi* to rejoice, shout (with joy).
Jauchzer (-s, -) *m* shout of joy.
jaulen ['jaulən] *vi* to howl.
Jause ['jauzə] (*ÖSTERR*) *f* snack.
jawohl *adv* yes (of course).
Jawort *nt* consent; **jdm das ~ geben** to consent to marry sb; (*bei Trauung*) to say "I do".
Jazz [dʒæz] (-) *m* jazz; ~**keller** *m* jazz club.

═══════════════ *SCHLÜSSELWORT*

je [je:] *adv* **1** (*jemals*) ever; **hast du so was ~ gesehen?** did you ever see anything like it?

───────────────

Spelling Reform: ▲ *new spelling* △ *old spelling (to be phased out)*

2 (*jeweils*) every, each; **sie zahlten** ~ **3 Mark** they paid 3 marks each.
♦ *konj* **1**: ~ **nach** depending on; ~ **nachdem** it depends; ~ **nachdem, ob** ... depending on whether ...
2: ~ **eher, desto** *od* **umso besser** the sooner the better; ~ **länger,** ~ **lieber** the longer the better.

Jeans [dʒiːnz] *pl* jeans *pl*; ~**anzug** *m* denim suit.

jede(r, s) ['jeːdə(r, s)] *adj* (*einzeln*) each; (*von zweien*) either; (~ *von allen*) every ♦ *indef pron* (*einzeln*) each (one); (~ *von allen*) everyone, everybody; **ohne** ~ **Anstrengung** without any effort; ~**r Zweite** every other (one); ~**s Mal** every time, each time.

jedenfalls *adv* in any case.

jedermann *pron* everyone; **das ist nicht** ~**s Sache** it's not everyone's cup of tea.

jederzeit *adv* at any time.

jedoch [je'dɔx] *adv* however.

jeher ['jeːheːr] *adv*: **von** ~ all along.

jein [jaɪn] *adv* (*hum*) yes no.

jemals ['jeːmaːls] *adv* ever.

jemand ['jeːmant] *indef pron* someone, somebody; (*bei Fragen, bedingenden Sätzen, Negation*) anyone, anybody.

Jemen ['jeːmən] (**-s**) *m* Yemen.

Jemenit(in) [jeme'niːt(ɪn)] (**-en, -en**) *m(f)* Yemeni.

jemenitisch *adj* Yemeni.

Jenaer Glas ® ['jeːnaərglaːs] *nt* heatproof glass, ≈ Pyrex ®.

jene(r, s) ['jeːnə(r, s)] *adj* that; (*pl*) those ♦ *pron* that one; (*pl*) those; (*der Vorherige, die Vorherigen*) the former.

jenseits ['jeːnzaɪts] *adv* on the other side ♦ *präp +gen* on the other side of, beyond; **J~** *nt*: **das J~** the hereafter, the beyond; **jdn ins J~ befördern** (*umg*) to send sb to kingdom come.

Jesus ['jeːzʊs] (**Jesu**) *m* Jesus; ~ **Christus** Jesus Christ.

jetten ['dʒɛtən] (*umg*) *vi* to jet (*inf*).

jetzig ['jɛtsɪç] *adj* present.

jetzt [jɛtst] *adv* now; ~ **gleich** right now.

jeweilig *adj* respective; **die** ~**e Regierung** the government of the day.

jeweils *adv*: ~ **zwei zusammen** two at a time; **zu** ~ **5 DM** at 5 marks each; ~ **das Erste** the first each time; ~ **am Monatsletzten** on the last day of each month.

Jg. *abk* = **Jahrgang.**

Jh. *abk* (= *Jahrhundert*) cent.

jiddisch ['jɪdɪʃ] *adj* Yiddish.

Job [dʒɔp] (**-s, -s**) (*umg*) *m* job.

jobben ['dʒɔbən] (*umg*) *vi* to work, have a job.

Joch [jɔx] (**-(e)s, -e**) *nt* yoke.

Jochbein *nt* cheekbone.

Jockei, Jockey ['dʒɔke] (**-s, -s**) *m* jockey.

Jod [joːt] (**-(e)s**) *nt* iodine.

jodeln ['joːdəln] *vi* to yodel.

joggen ['dʒɔgən] *vi* to jog.

Joghurt, Jogurt▲ ['joːgʊrt] (**-s, -s**) *m od nt* yog(h)urt.

Johannisbeere [jo'hanɪsbeːrə] *f*: **rote** ~ redcurrant; **schwarze** ~ blackcurrant.

johlen ['joːlən] *vi* to yell.

Joint [dʒɔɪnt] (**-s, -s**) (*umg*) *m* joint.

Jointventure▲, Joint Venture▲ ['dʒɔɪntventʃəˠ] (**-, -s**) *nt* joint venture.

Jolle ['jɔlə] (**-, -n**) *f* dinghy.

Jongleur [ʒõ'gløːr] (**-s, -e**) *m* juggler.

jonglieren [ʒõ'gliːrən] *vi* to juggle.

Joppe ['jɔpə] (**-, -n**) *f* jacket.

Jordanien [jɔr'daːniən] (**-s**) *nt* Jordan.

Jordanier(in) (**-s, -**) *m(f)* Jordanian.

jordanisch *adj* Jordanian.

Journalismus [ʒʊrna'lɪsmʊs] *m* journalism.

Journalist(in) [ʒʊrna'lɪst(ɪn)] *m(f)* journalist; **j~isch** *adj* journalistic.

Jubel ['juːbəl] (**-s**) *m* rejoicing; ~**, Trubel, Heiterkeit** laughter and merriment; ~**jahr** *nt*: **alle** ~**jahre (einmal)** (*umg*) once in a blue moon; **j~n** *vi* to rejoice.

Jubilar(in) [jubi'laːr(ɪn)] (**-s, -e**) *m(f) person celebrating an anniversary.*

Jubiläum [jubi'lɛːʊm] (**-s, Jubiläen**) *nt* jubilee; (*Jahrestag*) anniversary.

jucken ['jʊkən] *vi* to itch ♦ *vt*: **es juckt mich am Arm** my arm is itching; **das juckt mich doch nicht** (*umg*) I don't care.

Juckpulver *nt* itching powder.

Juckreiz *m* itch.

Judaslohn ['juːdaslↄːn] *m* (*liter*) blood money.

Jude ['juːdə] (**-n, -n**) *m* Jew.

Juden- *zW*: ~**stern** *m* star of David; ~**tum** (**-s**) *nt* (*die Juden*) Jewry; ~**verfolgung** *f* persecution of the Jews.

Jüdin ['jyːdɪn] *f* Jewess.

jüdisch *adj* Jewish.

Judo ['juːdo] (**-(s)**) *nt* judo.

Jugend ['juːgənt] (**-**) *f* youth; ~**amt** *nt* youth welfare department; **j~frei** *adj* suitable for young people; (*FILM*) U(-certificate), G (*US*); ~**herberge** *f* youth hostel; ~**hilfe** *f* youth welfare scheme; ~**kriminalität** *f* juvenile crime; **j~lich** *adj* youthful; ~**liche(r)** *f(m)* teenager, young person; ~**liebe** *f* (*Geliebte(r)*) love of one's youth; ~**richter** *m* juvenile court judge; ~**schutz** *m* protection of children and young people; ~**stil** *m* (*KUNST*) Art Nouveau; ~**strafanstalt** *f* youth custody centre (*BRIT*); ~**sünde** *f* youthful misdeed; ~**zentrum** *nt* youth centre (*BRIT*) *od* center (*US*).

Jugoslawe [jugo'slaːvə] (**-n, -n**) *m* Yugoslav.

Jugoslawien [jugo'slaːviən] (**-s**) *nt*

Yugoslavia.
Jugoslawin [jugo'slaːvɪn] f Yugoslav.
jugoslawisch adj Yugoslav(ian).
Juli ['juːli] (-(s), -s) (pl selten) m July; siehe auch September.
jun. abk (= junior) jun.
jung [jʊŋ] adj young.
Junge (-n, -n) m boy, lad ♦ nt young animal; (pl) young pl.
Jünger ['jʏŋər] (-s, -) m disciple.
jünger adj younger.
Jungfer (-, -n) f: alte ~ old maid.
Jungfernfahrt f maiden voyage.
Jung- zW: ~**frau** f virgin; (ASTROL) Virgo; ~**geselle** m bachelor; ~**gesellin** f bachelor girl; (älter) single woman.
Jüngling ['jʏŋlɪŋ] m youth.
Jungsozialist m (BRD POL) Young Socialist.
jüngst [jʏŋst] adv lately, recently.
jüngste(r, s) adj youngest; (neueste) latest; das J~ Gericht the Last Judgement; der J~ Tag Doomsday, the Day of Judgement.
Jungwähler(in) m(f) young voter.
Juni ['juːni] (-(s), -s) (pl selten) m June; siehe auch September.
Junior ['juːniɔr] (-s, -en) m junior.
Junta ['xʊnta] (-, -ten) f (POL) junta.
jur. abk = juristisch.
Jura ['juːra] no art (UNIV) law.
Jurist(in) [ju'rɪst(ɪn)] m(f) jurist, lawyer; (Student) law student; **j~isch** adj legal.
Juso ['juːzo] (-s, -s) m abk = **Jungsozialist**.
just [jʊst] adv just.
Justiz [jʊs'tiːts] (-) f justice; ~**beamte(r)** m judicial officer; ~**irrtum** m miscarriage of justice; ~**minister** m minister of justice; ~**mord** m judicial murder.
Juwel [ju'veːl] (-s, -en) m od nt jewel.
Juwelier [juve'liːr] (-s, -e) m jeweller (BRIT), jeweler (US); ~**geschäft** nt jeweller's (BRIT) od jeweler's (US) (shop).
Jux [jʊks] (-es, -e) m joke, lark; **etw aus** ~ **tun/sagen** (umg) to do/say sth in fun.
jwd [jɔtveː'deː] adv (hum) in the back of beyond.

K, k

K, k [kaː] nt K, k; ~ **wie Kaufmann** ≈ K for King.
Kabarett [kaba'rɛt] (-s, -e od -s) nt cabaret; ~**ist(in)** [kabarɛ'tɪst(ɪn)] m(f) cabaret artiste.
Kabel ['kaːbəl] (-s, -) nt (ELEK) wire; (stark) cable; ~**anschluss**▲ m: ~**anschluss haben** to have cable television; ~**fernsehen** nt cable television.
Kabeljau ['kaːbəljaʊ] (-s, -e od -s) m cod.
kabeln vt, vi to cable.
Kabelsalat (umg) m tangle of cable.
Kabine [ka'biːnə] f cabin; (Zelle) cubicle.
Kabinett [kabi'nɛt] (-s, -e) nt (POL) cabinet; (kleines Zimmer) small room ♦ m high-quality German white wine.
Kabriolett [kabrio'lɛt] (-s, -s) nt (AUT) convertible.
Kachel ['kaxəl] (-, -n) f tile.
kacheln vt to tile.
Kachelofen m tiled stove.
Kacke ['kakə] (-, -n) (umg!) f crap (!).
Kadaver [ka'daːvər] (-s, -) m carcass.
Kader ['kaːdər] (-s, -) m (MIL, POL) cadre; (SPORT) squad; (DDR, SCHWEIZ: Fachleute) group of specialists; ~**schmiede** f (POL: umg) institution for the training of cadre personnel.
Kadett [ka'dɛt] (-en, -en) m cadet.
Käfer ['kɛːfər] (-s, -) m beetle.
Kaff [kaf] (-s, -s) (umg) nt dump, hole.
Kaffee ['kafe] (-s, -s) m coffee; **zwei** ~, **bitte!** two coffees, please; **das ist kalter** ~ (umg) that's old hat; ~**kanne** f coffeepot; ~**klatsch** m, ~**kränzchen** nt coffee circle; ~**löffel** m coffee spoon; ~**maschine** f coffee maker; ~**mühle** f coffee grinder; ~**satz** m coffee grounds pl; ~**tante** f (hum) coffee addict; (in Café) old biddy; ~**wärmer** m cosy (for coffeepot).
Käfig ['kɛːfɪç] (-s, -e) m cage.
kahl [kaːl] adj bald; ~ **fressen** to strip bare; ~ **geschoren** shaven, shorn; **K~heit** f baldness; ~**köpfig** adj bald-headed; **K~schlag** m (in Wald) clearing.
Kahn [kaːn] (-(e)s, ˸e) m boat, barge.
Kai [kaɪ] (-s, -e od -s) m quay.
Kairo ['kaɪro] (-s) nt Cairo.
Kaiser ['kaɪzər] (-s, -) m emperor; ~**in** f empress; **k~lich** adj imperial; ~**reich** nt empire; ~**schmarren** ['kaɪzərʃmarən] m

(*KOCH*) sugared, cut-up pancake with raisins; ~**schnitt** m (*MED*) Caesarean (*BRIT*) od Cesarean (*US*) (section).

Kajak ['kaːjak] (-s, -s) m or nt kayak.

Kajüte [ka'jyːtə] (-, -n) f cabin.

Kakao [ka'kaːo] (-s, -s) m cocoa; **jdn durch den ~ ziehen** (*umg: veralbern*) to make fun of sb; (: *boshaft reden*) to run sb down.

Kakerlak ['kaːkərlak] (-en, -en) m cockroach.

Kaktee [kak'teːə] (-, -n) f cactus.

Kaktus ['kaktus] (-, -se) m cactus.

Kalabrien [ka'laːbriən] (-s) nt Calabria.

Kalauer ['kaːlauər] (-s, -) m corny joke; (*Wortspiel*) corny pun.

Kalb [kalp] (-(e)s, -̈er) nt calf; **k~en** ['kalbən] vi to calve; ~**fleisch** nt veal.

Kalbsleder nt calf(skin).

Kalender [ka'lɛndər] (-s, -) m calendar; (*Taschen~*) diary.

Kali ['kaːli] (-s, -s) nt potash.

Kaliber [ka'liːbər] (-s, -) nt (*lit, fig*) calibre (*BRIT*), caliber (*US*).

Kalifornien [kali'fɔrniən] (-s) nt California.

Kalk [kalk] (-(e)s, -e) m lime; (*BIOL*) calcium; ~**stein** m limestone.

Kalkül [kal'kyːl] (-s, -e) m od nt (*geh*) calculation.

Kalkulation [kalkulatsi'oːn] f calculation.

Kalkulator [kalku'laːtɔr] m cost accountant.

kalkulieren [kalku'liːrən] vt to calculate.

kalkuliert adj: ~**es Risiko** calculated risk.

Kalkutta [kal'kuta] (-s) nt Calcutta.

Kalorie [kalo'riː] (-, -n) f calorie.

kalorienarm adj low-calorie.

kalt [kalt] adj cold; **mir ist (es) ~** I am cold; ~**e Platte** cold meat; **der K~e Krieg** the Cold War; **etw ~ stellen** to chill, to put sth to chill; **die Wohnung kostet ~ 980 DM** the flat costs 980 DM without heating; ~ **bleiben** to be unmoved; ~ **lächelnd** (*ironisch*) cool as you please; ~**blütig** adj cold-blooded; (*ruhig*) cool; **K~blütigkeit** f cold-bloodedness; coolness.

Kälte ['kɛltə] (-) f coldness; (*Wetter*) cold; ~**einbruch** m cold spell; ~**grad** m degree of frost od below zero; ~**welle** f cold spell.

kalt- zW: ~**herzig** adj cold-hearted; ~**machen** (*umg*) vt to do in; **K~miete** f rent exclusive of heating; **K~schale** f (*KOCH*) cold sweet soup; ~ **schnäuzig** adj cold, unfeeling; ~**stellen** vt (*fig*) to leave out in the cold.

Kalzium ['kaltsiʊm] (-s) nt calcium.

kam etc [kaːm] vb siehe **kommen**.

Kambodscha [kam'bɔdʒa] nt Cambodia.

Kamel [ka'meːl] (-(e)s, -e) nt camel.

Kamera ['kamera] (-, -s) f camera; ~**rekorder** m camcorder.

Kamerad(in) [kamə'raːt,-'raːdɪn] (-en, -en) m(f) comrade, friend; ~**schaft** f comradeship; **k~schaftlich** adj comradely.

Kameraführung f camera work.

Kameramann (-(e)s, pl -**männer**) m cameraman.

Kamerun ['kamərüːn] (-s) nt Cameroon.

Kamille [ka'mɪlə] (-, -n) f camomile.

Kamillentee m camomile tea.

Kamin [ka'miːn] (-s, -e) m (*außen*) chimney; (*innen*) fireside; (*Feuerstelle*) fireplace; ~**feger** (-s, -) m chimney sweep; ~**kehrer** (-s, -) m chimney sweep.

Kamm [kam] (-(e)s, -̈e) m comb; (*Berg~*) ridge; (*Hahnen~*) crest; **alle/alles über einen ~ scheren** (*fig*) to lump everyone/ everything together.

kämmen ['kɛmən] vt to comb.

Kammer ['kamər] (-, -n) f chamber; (*Zimmer*) small bedroom; ~**diener** m valet; ~**jäger** m (*Schädlingsbekämpfer*) pest controller; ~**musik** f chamber music; ~**zofe** f chambermaid.

Kammstück nt (*KOCH*) shoulder.

Kampagne [kam'panjə] (-, -n) f campaign.

Kampf [kampf] (-(e)s, -̈e) m fight, battle; (*Wettbewerb*) contest; (*fig: Anstrengung*) struggle; **jdm/etw den ~ ansagen** (*fig*) to declare war on sb/sth; **k~bereit** adj ready for action.

kämpfen ['kɛmpfən] vi to fight; **ich habe lange mit mir ~ müssen, ehe ...** I had a long battle with myself before ...

Kampfer ['kampfər] (-s) m camphor.

Kämpfer(in) (-s, -) m(f) fighter, combatant.

Kampf- zW: ~**flugzeug** nt fighter (aircraft); ~**geist** m fighting spirit; ~**handlung** f action; ~**kunst** f martial arts pl; **k~los** adj without a fight; **k~lustig** adj pugnacious; ~**platz** m battlefield; (*SPORT*) arena, stadium; ~**richter** m (*SPORT*) referee; ~**sport** m martial art.

Kampuchea [kampu'tʃeːa] (-s) nt Kampuchea.

Kanada ['kanada] (-s) nt Canada.

Kanadier(in) [ka'naːdiər(ɪn)] (-s, -) m(f) Canadian.

kanadisch [ka'naːdɪʃ] adj Canadian.

Kanal [ka'naːl] (-s, **Kanäle**) m (*Fluss*) canal; (*Rinne*) channel; (*für Abfluss*) drain; **der ~** (*auch: der Ärmelkanal*) the (English) Channel.

Kanalinseln pl Channel Islands pl.

Kanalisation [kanalizatsi'oːn] f sewage system.

kanalisieren [kanali'ziːrən] vt to provide with a sewage system; (*fig: Energie etc*) to channel.

Kanaltunnel m Channel Tunnel.

Kanarienvogel [ka'naːriənfoːgəl] m canary.

Kanarische Inseln [ka'naːrɪʃə'ɪnzəln] pl Canary Islands pl, Canaries pl.

Kandare [kan'daːrə] (-, -n) f: **jdn an die ~ nehmen** (*fig*) to take sb in hand.

Kandidat(in) [kandi'daːt(ɪn)] (-en, -en) m(f)

candidate; **jdn als ~en aufstellen** to nominate sb.

Kandidatur [kandida'tuːr] f candidature, candidacy.

kandidieren [kandi'diːrən] vi (POL) to stand, run.

kandiert [kan'diːrt] adj (Frucht) candied.

Kandis(zucker) ['kandıs(tsʊkər)] (-) m rock candy.

Känguru▲ ['kɛŋguru] (-s, -s) nt kangaroo.

Kaninchen [ka'niːnçən] nt rabbit.

Kanister [ka'nıstər] (-s, -) m can, canister.

kann [kan] vb siehe **können**.

Kännchen ['kɛnçən] nt pot; (für Milch) jug.

Kanne ['kanə] (-, -n) f (Krug) jug; (Kaffee~) pot; (Milch~) churn; (Gieß~) watering can.

Kannibale [kani'baːlə] (-n, -n) m cannibal.

kannte etc ['kantə] vb siehe **kennen**.

Kanon ['kaːnɔn] (-s, -s) m canon.

Kanone [ka'noːnə] (-, -n) f gun; (HIST) cannon; (fig: Mensch) ace; **das ist unter aller ~** (umg) that defies description.

Kanonenfutter (umg) nt cannon fodder.

Kant. abk = **Kanton**.

Kantate [kan'taːtə] (-, -n) f cantata.

Kante ['kantə] (-, -n) f edge; **Geld auf die hohe ~ legen** (umg) to put money by.

kantig ['kantıç] adj (Holz) edged; (Gesicht) angular.

Kantine [kan'tiːnə] f canteen.

Kanton [kan'toːn] (-s, -e) m canton.

Kantor ['kantɔr] m choirmaster.

Kanu ['kaːnu] (-s, -s) nt canoe.

Kanzel ['kantsəl] (-, -n) f pulpit; (AVIAT) cockpit.

Kanzlei [kants'laɪ] f chancery; (Büro) chambers pl.

Kanzler ['kantslər] (-s, -) m chancellor.

Kap [kap] (-s, -s) nt cape; **das ~ der guten Hoffnung** the Cape of Good Hope.

Kapazität [kapatsi'tɛːt] f capacity; (Fachmann) authority.

Kapelle [ka'pɛlə] f (Gebäude) chapel; (MUS) band.

Kapellmeister(in) m(f) director of music; (MIL, von Tanzkapelle etc) bandmaster, bandleader.

Kaper ['kaːpər] (-, -n) f caper.

kapern vt to capture.

kapieren [ka'piːrən] (umg) vt, vi to understand.

Kapital [kapi'taːl] (-s, -e od -ien) nt capital; **aus etw ~ schlagen** (pej: lit, fig) to make capital out of sth; **~anlage** f investment; **~aufwand** m capital expenditure; **~ertrag** m capital gains pl; **~ertragssteuer** f capital gains tax; **~flucht** f flight of capital; **~gesellschaft** f (COMM) joint-stock company; **~güter** pl capital goods pl; **k~intensiv** adj capital-intensive.

Kapitalismus [kapita'lısmʊs] m capitalism.

Kapitalist [kapita'lıst] m capitalist.

kapitalistisch adj capitalist.

Kapital- zW: **k~kräftig** adj wealthy; **~markt** m money market; **k~schwach** adj financially weak; **k~stark** adj financially strong; **~verbrechen** nt serious crime; (mit Todesstrafe) capital crime.

Kapitän [kapi'tɛːn] (-s, -e) m captain.

Kapitel [ka'pıtəl] (-s, -) nt chapter; **ein trauriges ~** (Angelegenheit) a sad story.

Kapitulation [kapitulatsi'oːn] f capitulation.

kapitulieren [kapitu'liːrən] vi to capitulate.

Kaplan [ka'plaːn] (-s, **Kapläne**) m chaplain.

Kappe ['kapə] (-, -n) f cap; (Kapuze) hood; **das nehme ich auf meine ~** (fig: umg) I'll take the responsibility for that.

kappen vt to cut.

Kapsel ['kapsəl] (-, -n) f capsule.

Kapstadt ['kapʃtat] nt Cape Town.

kaputt [ka'pʊt] (umg) adj smashed, broken; (Person) exhausted, knackered; **der Fernseher ist ~** the TV's not working; **ein ~er Typ** a bum; **~gehen** unreg vi to break; (Schuhe) to fall apart; (Firma) to go bust; (Stoff) to wear out; (sterben) to cop it (umg); **~lachen** vr to laugh o.s. silly; **~machen** vt to break; (Mensch) to exhaust, wear out; **~schlagen** unreg vt to smash.

Kapuze [ka'puːtsə] (-, -n) f hood.

Karabiner [kara'biːnər] (-s, -) m (Gewehr) carbine.

Karacho [ka'raxo] (-s) nt: **mit ~** (umg) hell for leather.

Karaffe [ka'rafə] (-, -n) f carafe; (geschliffen) decanter.

Karambolage [karambo'laːʒə] (-, -n) f (Zusammenstoß) crash.

Karamell▲ [kara'mɛl] (-s) m caramel; **~bonbon** m od nt toffee.

Karat [ka'raːt] (-(e)s, -e) nt carat.

Karate (-s) nt karate.

Karawane [kara'vaːnə] (-, -n) f caravan.

Kardinal [kardi'naːl] (-s, **Kardinäle**) m cardinal; **~fehler** m cardinal error; **~zahl** f cardinal number.

Karenzzeit [ka'rɛntstsaɪt] f waiting period.

Karfreitag [kaːr'fraɪtaːk] m Good Friday.

karg [kark] adj scanty, poor; (Mahlzeit) meagre (BRIT), meager (US); **etw ~ bemessen** to be mean with sth; **K~heit** f poverty, scantiness, meagreness (BRIT), meagerness (US).

kärglich ['kɛrklıç] adj poor, scanty.

Kargo ['kargo] (-s, -s) m (COMM) cargo.

Karibik [ka'riːbık] (-) f: **die ~** the Caribbean.

karibisch adj Caribbean; **das K~e Meer** the Caribbean Sea.

kariert [ka'riːrt] adj (Stoff) checked (BRIT), checkered (US); (Papier) squared; **~ reden** (umg) to talk rubbish od nonsense.

Karies ['kaːriɛs] (-) f caries.

Karikatur [karika'tuːr] *f* caricature; ~**ist(in)** [karikatuː'rɪst(ɪn)] *m(f)* cartoonist.
karikieren [kari'kiːrən] *vt* to caricature.
karitativ [karita'tiːf] *adj* charitable.
Karneval ['karnəval] (**-s, -e** *od* **-s**) *m* carnival.

KARNEVAL

Karneval *is the name given to the days immediately before Lent when people gather to sing, dance, eat, drink and generally make merry before the fasting begins.* **Rosenmontag**, *the day before Shrove Tuesday, is the most important day of* **Karneval** *on the Rhine. Most firms take a day's holiday on that day to enjoy the parades and revelry. In South Germany* **Karneval** *is called "Fasching".*

Karnickel [kar'nɪkəl] (**-s, -**) (*umg*) *nt* rabbit.
Kärnten ['kɛrntən] (**-s**) *nt* Carinthia.
Karo ['kaːro] (**-s, -s**) *nt* square; (*KARTEN*) diamonds; ~**-As** *nt* ace of diamonds.
Karosse [ka'rɔsə] (**-, -n**) *f* coach, carriage.
Karosserie [karɔsə'riː] *f* (*AUT*) body(work).
Karotte [ka'rɔtə] (**-, -n**) *f* carrot.
Karpaten [kar'paːtən] *pl* Carpathians *pl*.
Karpfen ['karpfən] (**-s, -**) *m* carp.
Karre ['karə] (**-, -n**) *f* = **Karren**.
Karree [ka'reː] (**-s, -s**) *nt*: **einmal ums ~ gehen** (*umg*) to walk around the block.
karren ['karən] *vt* to cart, transport; **K~** (**-s, -**) *m* cart, barrow; **den K~ aus dem Dreck ziehen** (*umg*) to get things sorted out.
Karriere [kari'ɛːrə] (**-, -n**) *f* career; ~ **machen** to get on, to get to the top; ~**macher(in)** *m(f)* careerist.
Karsamstag [kaːr'zamstaːk] *m* Easter Saturday.
Karst [karst] (**-s, -e**) *m* (*GEOG, GEOL*) karst, *barren landscape.*
Karte ['kartə] (**-, -n**) *f* card; (*Land~*) map; (*Speise~*) menu; (*Eintritts~, Fahr~*) ticket; **mit offenen ~n spielen** (*fig*) to put one's cards on the table; **alles auf eine ~ setzen** to put all one's eggs in one basket.
Kartei [kar'taɪ] *f* card index; ~**karte** *f* index card; ~**leiche** (*umg*) *f* sleeping *od* non-active member; ~**schrank** *m* filing cabinet.
Kartell [kar'tɛl] (**-s, -e**) *nt* cartel; ~**amt** *nt* monopolies commission; ~**gesetzgebung** *f* anti-trust legislation.
Karten- *zW*: ~**haus** *nt* (*lit, fig*) house of cards; ~**legen** *nt* fortune-telling (*using cards*); ~**spiel** *nt* card game; (*Karten*) pack (*BRIT*) *od* deck (*US*) of cards; ~**telefon** *nt* cardphone; ~**vorverkauf** *m* advance sale of tickets.
Kartoffel [kar'tɔfəl] (**-, -n**) *f* potato; ~**brei** *m* mashed potatoes *pl*; ~**chips** *pl* potato crisps *pl* (*BRIT*), potato chips *pl* (*US*); ~**püree** *nt* mashed potatoes *pl*; ~**salat** *m* potato salad.
Karton [kar'tõː] (**-s, -s**) *m* cardboard;

(*Schachtel*) cardboard box.
kartoniert [karto'niːrt] *adj* hardback.
Karussell [karʊ'sɛl] (**-s, -s**) *nt* roundabout (*BRIT*), merry-go-round.
Karwoche ['kaːrvɔxə] *f* Holy Week.
Karzinom [kartsi'noːm] (**-s, -e**) *nt* (*MED*) carcinoma.
Kasachstan [kazaxs'taːn] (**-s**) *nt* (*GEOG*) Kazakhstan.
Kaschemme [ka'ʃɛmə] (**-, -n**) *f* dive.
kaschieren [ka'ʃiːrən] *vt* to conceal, cover up.
Kaschmir ['kaʃmiːr] (**-s**) *nt* (*GEOG*) Kashmir.
Käse ['kɛːzə] (**-s, -**) *m* cheese; (*umg: Unsinn*) rubbish, twaddle; ~**blatt** (*umg*) *nt* (local) rag; ~**glocke** *f* cheese cover; ~**kuchen** *m* cheesecake.
Kaserne [ka'zɛrnə] (**-, -n**) *f* barracks *pl*.
Kasernenhof *m* parade ground.
käsig ['kɛːzɪç] *adj* (*fig: umg: Gesicht, Haut*) pasty, pale; (*vor Schreck*) white; (*lit*) cheesy.
Kasino [ka'ziːno] (**-s, -s**) *nt* club; (*MIL*) officers' mess; (*Spiel~*) casino.
Kaskoversicherung ['kaskoferzɪçərʊŋ] *f* (*AUT: Teil~*) ≈ third party, fire and theft insurance; (: *Voll~*) fully comprehensive insurance.
Kasper ['kaspər] (**-s, -**) *m* Punch; (*fig*) clown.
Kasperl(e)theater ['kaspərl(ə)teaːtər] *nt* Punch and Judy (show).
Kaspisches Meer ['kaspɪʃəs'meːr] *nt* Caspian Sea.
Kasse ['kasə] (**-, -n**) *f* (*Geldkasten*) cashbox; (*in Geschäft*) till, cash register; (*Kino~, Theater~ etc*) box office; (*Kranken~*) health insurance; (*Spar~*) savings bank; **die ~ führen** to be in charge of the money; **jdn zur ~ bitten** to ask sb to pay up; ~ **machen** to count the money; **getrennte ~ führen** to pay separately; **an der ~** (*in Geschäft*) at the (cash) desk; **gut bei ~ sein** to be in the money.
Kasseler ['kasələr] (**-s, -**) *nt lightly smoked pork loin.*
Kassen- *zW*: ~**arzt** *m* ≈ National Health doctor (*BRIT*), panel doctor (*US*); ~**bestand** *m* cash balance; ~**führer** *m* (*COMM*) cashier; ~**patient** *m* ≈ National Health patient (*BRIT*); ~**prüfung** *f* audit; ~**schlager** (*umg*) *m* (*THEAT etc*) box-office hit; (: *Ware*) big seller; ~**sturz** *m*: ~**sturz machen** to check one's money; ~**wart** *m* (*von Klub etc*) treasurer; ~**zettel** *m* sales slip.
Kasserolle [kasə'rɔlə] (**-, -n**) *f* casserole.
Kassette [ka'sɛtə] *f* small box; (*Tonband, PHOT*) cassette; (*COMPUT*) cartridge, cassette; (*Bücher~*) case.
Kassettenrekorder (**-s, -**) *m* cassette recorder.
Kassiber [ka'siːbər] (**-s, -**) *m* (*in Gefängnis*) secret message.

kassieren [ka'si:rən] *vt* (*Gelder etc*) to collect; (*umg: wegnehmen*) to take (away) ♦ *vi:* **darf ich ~?** would you like to pay now?

Kassierer(in) [ka'si:rər(ın)] (**-s, -**) *m(f)* cashier; (*von Klub*) treasurer.

Kastanie [kas'ta:niə] *f* chestnut.

Kastanienbaum *m* chestnut tree.

Kästchen ['kɛstçən] *nt* small box, casket.

Kaste ['kastə] (**-, -n**) *f* caste.

Kasten ['kastən] (**-s, ⁓**) *m* box (*auch SPORT*), case; (*Truhe*) chest; **er hat was auf dem ~** (*umg*) he's brainy; **~form** *f* (*KOCH*) (square) baking tin (*BRIT*) *od* pan (*US*); **~wagen** *m* van.

kastrieren [kas'tri:rən] *vt* to castrate.

Kat (**-, -s**) *m abk* (*AUT*) = **Katalysator.**

katalanisch [kata'la:nıʃ] *adj* Catalan.

Katalog [kata'lo:k] (**-(e)s, -e**) *m* catalogue (*BRIT*), catalog (*US*).

katalogisieren [katalogi'zi:rən] *vt* to catalogue (*BRIT*), catalog (*US*).

Katalysator [kataly'za:tɔr] *m* (*lit, fig*) catalyst; (*AUT*) catalytic converter; **~-Auto** vehicle fitted with a catalytic converter.

Katapult [kata'pʊlt] (**-(e)s, -e**) *nt or m* catapult.

katapultieren [katapʊl'ti:rən] *vt* to catapult ♦ *vr* to catapult o.s.; (*Pilot*) to eject.

Katar ['ka:tar] *nt* Qatar.

Katarr▲, Katarrh [ka'tar] (**-s, -e**) *m* catarrh.

Katasteramt [ka'tastəramt] *nt* land registry.

katastrophal [katastro'fa:l] *adj* catastrophic.

Katastrophe [kata'stro:fə] (**-, -n**) *f* catastrophe, disaster.

Katastrophen- *zW:* **~alarm** *m* emergency alert; **~gebiet** *nt* disaster area; **~medizin** *f* medical treatment in disasters; **~schutz** *m* disaster control.

Katechismus [kate'çısmʊs] *m* catechism.

Kategorie [katego'ri:] *f* category.

kategorisch [kate'go:rıʃ] *adj* categorical.

kategorisieren [kategori'zi:rən] *vt* to categorize.

Kater ['ka:tər] (**-s, -**) *m* tomcat; (*umg*) hangover; **~frühstück** *nt breakfast (of pickled herring etc) to cure a hangover*.

kath. *abk* = **katholisch.**

Katheder [ka'te:dər] (**-s, -**) *nt* (*SCH*) teacher's desk; (*UNIV*) lectern.

Kathedrale [kate'dra:lə] (**-, -n**) *f* cathedral.

Katheter [ka'te:tər] (**-s, -**) *m* (*MED*) catheter.

Kat(h)ode [ka'to:də] (**-, -n**) *f* cathode.

Katholik(in) [kato'li:k(ın)] (**-en, -en**) *m(f)* Catholic.

katholisch [ka'to:lıʃ] *adj* Catholic.

Katholizismus [katoli'tsısmʊs] *m* Catholicism.

katzbuckeln ['katsbʊkəln] (*pej: umg*) *vi* to bow and scrape.

Kätzchen ['kɛtsçən] *nt* kitten.

Katze ['katsə] (**-, -n**) *f* cat; **die ~ im Sack kaufen** to buy a pig in a poke; **für die Katz**

(*umg*) in vain, for nothing.

Katzen- *zW:* **~auge** *nt* cat's-eye (*BRIT*); (*am Fahrrad*) rear light; **~jammer** (*umg*) *m* hangover; **~musik** *f* (*fig*) caterwauling; **~sprung** (*umg*) *m* stone's throw, short distance; **~tür** *f* cat flap; **~wäsche** *f* a lick and a promise.

Kauderwelsch ['kaʊdərvɛlʃ] (**-(s)**) *nt* jargon; (*umg*) double Dutch (*BRIT*).

kauen ['kaʊən] *vt, vi* to chew.

kauern ['kaʊərn] *vi* to crouch.

Kauf [kaʊf] (**-(e)s, Käufe**) *m* purchase, buy; (**~en**) buying; **ein guter ~** a bargain; **etw in ~ nehmen** to put up with sth.

kaufen *vt* to buy; **dafür kann ich mir nichts ~** (*ironisch*) what use is that to me!

Käufer(in) ['kɔyfər(ın)] (**-s, -**) *m(f)* buyer.

Kauf- *zW:* **~frau** *f* businesswoman; (*Einzelhandelskauffrau*) shopkeeper; **~haus** *nt* department store; **~kraft** *f* purchasing power; **~laden** *m* shop, store.

käuflich ['kɔyflıç] *adj* purchasable, for sale; (*pej*) venal ♦ *adv:* **~ erwerben** to purchase.

Kauf- *zW:* **~lust** *f* desire to buy things; (*BÖRSE*) buying; **k~lustig** *adj* interested in buying; **~mann** (**-(e)s,** *pl* **-leute**) *m* businessman; (*Einzelhandelskaufmann*) shopkeeper; **k~männisch** *adj* commercial; **k~männischer Angestellter** clerk; **~preis** *m* purchase price; ♦ *adj:* **k~süchtig sein** to be a shopaholic (*inf*); **~vertrag** *m* bill of sale; **~willige(r)** *f(m)* potential buyer; **~zwang** *m:* **kein/ohne ~zwang** no/without obligation.

Kaugummi ['kaʊgʊmi] *m* chewing gum.

Kaukasus ['kaʊkazʊs] *m:* **der ~** the Caucasus.

Kaulquappe ['kaʊlkvapə] (**-, -n**) *f* tadpole.

kaum [kaʊm] *adv* hardly, scarcely; **wohl ~, ich glaube ~** I hardly think so.

Kausalzusammenhang [kaʊ'za:ltsuzamənhaŋ] *m* causal connection.

Kaution [kaʊtsi'o:n] *f* deposit; (*JUR*) bail.

Kautschuk ['kaʊtʃʊk] (**-s, -e**) *m* India rubber.

Kauz [kaʊts] (**-es, Käuze**) *m* owl; (*fig*) queer fellow.

Kavalier [kava'li:r] (**-s, -e**) *m* gentleman.

Kavaliersdelikt *nt* peccadillo.

Kavallerie [kavalə'ri:] *f* cavalry.

Kavallerist [kavalə'rıst] *m* cavalryman.

Kaviar ['ka:viar] *m* caviar.

KB *nt abk* (= *Kilobyte*) KB, kbyte.

Kcal *abk* (= *Kilokalorie*) kcal.

keck [kɛk] *adj* daring, bold; **K~heit** *f* daring, boldness.

Kegel ['ke:gəl] (**-s, -**) *m* skittle; (*MATH*) cone; **~bahn** *f* skittle alley, bowling alley; **k~förmig** *adj* conical.

kegeln *vi* to play skittles.

Kehle ['ke:lə] (**-, -n**) *f* throat; **er hat das in die falsche ~ bekommen** (*lit*) it went down the wrong way; (*fig*) he took it the wrong way;

aus voller ~ at the top of one's voice.
Kehl- *zW:* ~**kopf** *m* larynx; ~**kopfkrebs** *m*
cancer of the throat; ~**laut** *m* guttural.
Kehre ['keːrə] (-, -n) *f* turn(ing), bend.
kehren *vt, vi* (*wenden*) to turn; (*mit Besen*) to
sweep; **sich an etw** *dat* **nicht ~** not to heed
sth; **in sich** *akk* **gekehrt** (*versunken*) pensive;
(*verschlossen*) introspective, introverted.
Kehricht (-s) *m* sweepings *pl*.
Kehr- *zW:* ~**maschine** *f* sweeper; ~**reim** *m*
refrain; ~**seite** *f* reverse, other side;
(*ungünstig*) wrong *od* bad side; **die ~seite
der Medaille** the other side of the coin.
kehrtmachen *vi* to turn about, about-turn.
Kehrtwendung *f* about-turn.
keifen ['kaɪfən] *vi* to scold, nag.
Keil [kaɪl] (-(e)s, -e) *m* wedge; (*MIL*)
arrowhead; **k~en** *vt* to wedge ♦ *vr* to fight.
Keilerei [kaɪlə'raɪ] (*umg*) *f* punch-up.
Keilriemen *m* (*AUT*) fan belt.
Keim [kaɪm] (-(e)s, -e) *m* bud; (*MED, fig*) germ;
etw im ~ ersticken to nip sth in the bud.
keimen *vi* to germinate.
Keim- *zW:* **k~frei** *adj* sterile; **k~tötend** *adj*
antiseptic, germicidal; ~**zelle** *f* (*fig*) nucleus.
kein(e) ['kaɪn(ə)] *pron* none ♦ *adj* no, not any;
~ **schlechte Idee** not a bad idea; ~ **Stunde/
drei Monate** (*nicht einmal*) less than an
hour/three months.
keine (**r, s**) *indef pron* no one, nobody; (*von
Gegenstand*) none.
keinerlei ['kaɪnər'laɪ] *adj attrib* no ... whatever.
keinesfalls *adv* on no account.
keineswegs *adv* by no means.
keinmal *adv* not once.
Keks [keːks] (-es, -e) *m od nt* biscuit (*BRIT*),
cookie (*US*).
Kelch [kɛlç] (-(e)s, -e) *m* cup, goblet, chalice.
Kelle ['kɛlə] (-, -n) *f* ladle; (*Maurer~*) trowel.
Keller ['kɛlər] (-s, -) *m* cellar; ~**assel** (-, -n) *f*
woodlouse.
Kellerei [kɛlə'raɪ] *f* wine cellars *pl*; (*Firma*)
wine producer.
Kellergeschoss▲ *nt* basement.
Kellerwohnung *f* basement flat (*BRIT*) *od*
apartment (*US*).
Kellner(in) ['kɛlnər(ɪn)] (-s, -) *m(f)* waiter,
waitress.
kellnern (*umg*) *vi* to work as a waiter/
waitress (*BRIT*), wait on tables (*US*).
Kelte ['kɛltə] (-n, -n) *m* Celt.
Kelter (-, -n) *f* winepress; (*Obst~*) press.
keltern ['kɛltərn] *vt* to press.
Keltin ['kɛltɪn] *f* (female) Celt.
keltisch *adj* Celtic.
Kenia ['keːnia] (-s) *nt* Kenya.
kennen ['kɛnən] *unreg vt* to know; ~ **Sie sich
schon?** do you know each other (already)?;
kennst du mich noch? do you remember
me?; ~ **lernen** to get to know; **sich ~ lernen**

to get to know each other; (*zum ersten Mal*)
to meet.
Kenner(in) (-s, -) *m(f):* ~ (**von** *od* +*gen*)
connoisseur (of); expert (on).
Kennkarte *f* identity card.
kenntlich *adj* distinguishable, discernible;
etw ~ machen to mark sth.
Kenntnis (-, -se) *f* knowledge *no pl*; **etw zur
~ nehmen** to note sth; **von etw ~ nehmen** to
take notice of sth; **jdn in ~ setzen** to inform
sb; **über ~se von etw verfügen** to be
knowledgeable about sth.
Kenn- *zW:* ~**wort** *nt* (*Chiffre*) code name;
(*Losungswort*) password, code word;
~**zeichen** *nt* mark, characteristic;
(**amtliches/polizeiliches**) ~**zeichen** (*AUT*)
number plate (*BRIT*), license plate (*US*);
k~zeichnen *vt untr* to characterize;
k~zeichnenderweise *adv* characteristically;
~**ziffer** *f* (code) number; (*COMM*) reference
number.
kentern ['kɛntərn] *vi* to capsize.
Keramik [ke'raːmɪk] (-, -en) *f* ceramics *pl*,
pottery; (*Gegenstand*) piece of ceramic
work *od* pottery.
Kerbe ['kɛrbə] (-, -n) *f* notch, groove.
Kerbel (-s, -) *m* chervil.
kerben *vt* to notch.
Kerbholz *nt:* **etw auf dem ~ haben** to have
done sth wrong.
Kerker ['kɛrkər] (-s, -) *m* prison.
Kerl [kɛrl] (-s, -e) (*umg*) *m* chap, bloke (*BRIT*),
guy; **du gemeiner ~!** you swine!
Kern [kɛrn] (-(e)s, -e) *m* (*Obst~*) pip, stone;
(*Nuss~*) kernel; (*Atom~*) nucleus; (*fig*) heart,
core; ~**energie** *f* nuclear energy; ~**fach** *nt*
(*SCH*) core subject; ~**familie** *f* nuclear
family; ~**forschung** *f* nuclear research;
~**frage** *f* central issue; ~**fusion** *f* nuclear
fusion; ~**gehäuse** *nt* core; **k~gesund** *adj*
thoroughly healthy, fit as a fiddle.
kernig *adj* robust; (*Ausspruch*) pithy.
Kern- *zW:* ~**kraftwerk** *nt* nuclear power
station; **k~los** *adj* seedless, pipless; ~**physik**
f nuclear physics *sing*; ~**reaktion** *f* nuclear
reaction; ~**reaktor** *m* nuclear reactor;
~**schmelze** *f* meltdown; ~**seife** *f* washing
soap; ~**spaltung** *f* nuclear fission; ~**stück** *nt*
(*fig*) main item; (*von Theorie etc*) central
part, core; ~**waffen** *pl* nuclear weapons *pl*;
k~waffenfrei *adj* nuclear-free; ~**zeit** *f* core
time.
Kerze ['kɛrtsə] (-, -n) *f* candle; (*Zünd~*) plug.
Kerzen- *zW:* **k~gerade** *adj* straight as a die;
~**halter** *m* candlestick; ~**ständer** *m*
candleholder.
kess▲ [kɛs] *adj* saucy.
Kessel ['kɛsəl] (-s, -) *m* kettle; (*von Lokomotive
etc*) boiler; (*Mulde*) basin; (*GEOG*)
depression; (*MIL*) encirclement; ~**stein** *m*

scale, fur (*BRIT*); ~**treiben** *nt* (*fig*) witch-hunt.
Kette ['kɛtə] (-, -n) *f* chain; **jdn an die ~ legen**
(*fig*) to tie sb down.
ketten *vt* to chain.
Ketten- *zW*: ~**fahrzeug** *nt* tracked vehicle;
~**hund** *m* watchdog; ~**karussell** *nt* merry-go-
round (*with gondolas on chains*); ~**laden** *m* chain
store; ~**rauchen** *nt* chain smoking; ~**reaktion**
f chain reaction.
Ketzer(in) ['kɛtsər(ɪn)] (-s, -) *m(f)* heretic; ~**ei**
[kɛtsə'raɪ] *f* heresy; **k~isch** *adj* heretical.
keuchen ['kɔyçən] *vi* to pant, gasp.
Keuchhusten *m* whooping cough.
Keule ['kɔylə] (-, -n) *f* club; (*KOCH*) leg.
keusch [kɔyʃ] *adj* chaste; **K~heit** *f* chastity.
Kfm. *abk* = **Kaufmann.**
kfm. *abk* = **kaufmännisch.**
Kfz (-(s), -(s)) *f abk* = **Kraftfahrzeug.**
KG (-, -s) *f abk* = **Kommanditgesellschaft.**
kg *abk* (= *Kilogramm*) kg.
kHz *abk* (= *Kilohertz*) kHz.
Kibbuz [kɪ'buːts] (-, **Kibbuzim** *od* -e) *m*
kibbutz.
kichern ['kɪçərn] *vi* to giggle.
kicken ['kɪkən] *vt*, *vi* (*Fußball*) to kick.
kidnappen ['kɪtnɛpən] *vt* to kidnap.
Kidnapper(in) (-s, -) *m(f)* kidnapper.
Kiebitz ['kiːbɪts] (-es, -e) *m* peewit.
Kiefer[1] ['kiːfər] (-s, -) *m* jaw.
Kiefer[2] ['kiːfər] (-, -n) *f* pine.
Kiefernholz *nt* pine(wood).
Kiefernzapfen *m* pine cone.
Kieferorthopäde *m* orthodontist.
Kieker ['kiːkər] (-s, -) *m*: **jdn auf dem ~ haben**
(*umg*) to have it in for sb.
Kiel [kiːl] (-(e)s, -e) *m* (*Feder~*) quill; (*NAUT*)
keel; ~**wasser** *nt* wake.
Kieme ['kiːmə] (-, -n) *f* gill.
Kies [kiːs] (-es, -e) *m* gravel; (*umg: Geld*)
money, dough.
Kiesel ['kiːzəl] (-s, -) *m* pebble; ~**stein** *m*
pebble.
Kiesgrube *f* gravel pit.
Kiesweg *m* gravel path.
Kiew ['kiːɛf] (-s) *nt* Kiev.
kiffen ['kɪfən] (*umg*) *vt* to smoke pot *od* grass.
Kilimandscharo [kiliman'dʒaːro] (-s) *m*
Kilimanjaro.
Killer ['kɪlər(ɪn)] (-s, -) (*umg*) *m* killer,
murderer; (*gedungener*) hit man; ~**in** (*umg*) *f*
killer, female murderer, murderess.
Kilo ['kiːlo] (-s, -(s)) *nt* kilo; ~**byte** [kilo'baɪt] *nt*
(*COMPUT*) kilobyte; ~**gramm** [kilo'gram] *nt*
kilogram.
Kilometer [kilo'meːtər] *m* kilometre (*BRIT*),
kilometer (*US*); ~**fresser** (*umg*) *m* long-haul
driver; ~**geld** *nt* ≈ mileage (allowance);
~**stand** *m* ≈ mileage; ~**stein** *m* ≈ milestone;
~**zähler** *m* ≈ mileometer.
Kilowatt [kilo'vat] *nt* kilowatt.

Kimme ['kɪmə] (-, -n) *f* notch; (*Gewehr*) back
sight.
Kind [kɪnt] (-(e)s, -er) *nt* child; **sich freuen wie
ein ~** to be as pleased as Punch; **mit ~ und
Kegel** (*hum: umg*) with the whole family;
von ~ auf from childhood.
Kinderarzt *m* paediatrician (*BRIT*),
pediatrician (*US*).
Kinderbett *nt* cot (*BRIT*), crib (*US*).
Kinderei [kɪndə'raɪ] *f* childishness.
Kindererziehung *f* bringing up of children;
(*durch Schule*) education of children.
kinderfeindlich *adj* anti-children; (*Architektur,
Planung*) not catering for children.
Kinderfreibetrag *m* child allowance.
Kindergarten *m* nursery school.

KINDERGARTEN

A **Kindergarten** is a nursery school for children
aged between 3 and 6 years. The children sing, play
and do handicrafts. They are not taught the three Rs
at this stage. Most **Kindergärten** are financed by
the town or the church and not by the state. Parents
pay a monthly contribution towards the cost.

Kinder- *zW*: ~**gärtner(in)** *m(f)* nursery-school
teacher; ~**geld** *nt* child benefit (*BRIT*); ~**heim**
nt children's home; ~**krankheit** *f* childhood
illness; ~**laden** *m* (alternative) playgroup;
~**lähmung** *f* polio(myelitis); **k~leicht** *adj*
childishly easy; **k~lieb** *adj* fond of children;
~**lied** *nt* nursery rhyme; **k~los** *adj* childless;
~**mädchen** *nt* nursemaid; ~**pflegerin** *f* child
minder; **k~reich** *adj* with a lot of children;
~**schuh** *m*: **es steckt noch in den ~schuhen**
(*fig*) it's still in its infancy; ~**spiel** *nt* child's
play; **ein ~spiel sein** to be a doddle; ~**stube**
f: **eine gute ~stube haben** to be well-
mannered; ~**tagesstätte** *f* day-nursery;
~**teller** *m* children's dish; ~**wagen** *m* pram
(*BRIT*), baby carriage (*US*); ~**zimmer** *nt*
child's/children's room; (*für Kleinkinder*)
nursery.
Kindes- *zW*: ~**alter** *nt* infancy; ~**beine** *pl*: **von
~beinen an** from early childhood;
~**misshandlung**▲ *f* child abuse.
Kind- *zW*: **k~gemäß** *adj* suitable for a child *od*
children; ~**heit** *f* childhood; **k~isch** *adj*
childish; **k~lich** *adj* childlike.
kindsköpfig *adj* childish.
Kinkerlitzchen ['kɪŋkərlɪtsçən] (*umg*) *pl*
knick-knacks *pl*.
Kinn [kɪn] (-(e)s, -e) *nt* chin; ~**haken** *m*
(*BOXEN*) uppercut; ~**lade** *f* jaw.
Kino ['kiːno] (-s, -s) *nt* cinema (*BRIT*), movies
(*US*); ~**besucher** *m*, ~**gänger** *m* cinema-goer
(*BRIT*), movie-goer (*US*); ~**programm** *nt* film
programme (*BRIT*), movie program (*US*).
Kiosk [ki'ɔsk] (-(e)s, -e) *m* kiosk.

Kippe ['kɪpə] (-, -n) f (umg) cigarette end; **auf der ~ stehen** (fig) to be touch and go.

kippen vi to topple over, overturn ♦ vt to tilt.

Kipper ['kɪpər] (-s, -) m (AUT) tipper, dump(er) truck.

Kippschalter m rocker switch.

Kirche ['kɪrçə] (-, -n) f church.

Kirchen- zW: **~chor** m church choir; **~diener** m churchwarden; **~fest** nt church festival; **~lied** nt hymn; **~schiff** nt (Längsschiff) nave; (Querschiff) transept; **~steuer** f church tax; **~tag** m church congress.

Kirch- zW: **~gänger(in)** (-s, -) m(f) churchgoer; **~hof** m churchyard; **k~lich** adj ecclesiastical; **~turm** m church tower, steeple; **~weih** f fair, kermis (US).

Kirgistan ['kɪrgistaːn] (-s) nt (GEOG) Kirghizia.

Kirmes ['kɪrmɛs] (-, -sen) f (Dialekt) fair, kermis (US).

Kirschbaum ['kɪrʃbaum] m cherry tree; (Holz) cherry (wood).

Kirsche ['kɪrʃə] (-, -n) f cherry; **mit ihm ist nicht gut ~n essen** (fig) it's best not to tangle with him.

Kirschtorte f: **Schwarzwälder ~** Black Forest Gateau.

Kirschwasser nt kirsch.

Kissen ['kɪsən] (-s, -) nt cushion; (Kopf~) pillow; **~bezug** m pillow case.

Kiste ['kɪstə] (-, -n) f box; (Truhe) chest; (umg: Bett) sack; (: Fernsehen) box (BRIT), tube (US).

Kita ['kɪta] f abk = **Kindertagesstätte**.

Kitsch [kɪtʃ] (-(e)s) m trash.

kitschig adj trashy.

Kitt [kɪt] (-(e)s, -e) m putty.

Kittchen (umg) nt clink.

Kittel (-s, -) m overall; (von Arzt, Laborant etc) (white) coat.

kitten vt to putty; (fig) to patch up.

Kitz [kɪts] (-es, -e) nt kid; (Reh~) fawn.

kitzelig ['kɪtsəlɪç] adj (lit, fig) ticklish.

kitzeln vt, vi to tickle.

Kiwi ['kiːvi] (-, -s) f kiwi fruit.

KKW (-, -s) nt abk = **Kernkraftwerk**.

Kl. abk (= Klasse) cl.

Klacks [klaks] (-es, -e) (umg) m (von Kartoffelbrei, Sahne) dollop; (von Senf, Farbe etc) blob.

Kladde ['kladə] (-, -n) f rough book; (Block) scribbling pad.

klaffen ['klafən] vi to gape.

kläffen ['klɛfən] vi to yelp.

Klage ['klaːgə] (-, -n) f complaint; (JUR) action; **eine ~ gegen jdn einreichen** od **erheben** to institute proceedings against sb; **~lied** nt: **ein ~lied über jdn/etw anstimmen** (fig) to complain about sb/sth; **~mauer** f: **die ~mauer** the Wailing Wall.

klagen vi (weh~) to lament, wail; (sich beschweren) to complain; (JUR) to take legal action; **jdm sein Leid/seine Not ~** to pour out one's sorrow/distress to sb.

Kläger(in) ['klɛːgər(ɪn)] (-s, -) m(f) (JUR: im Zivilrecht) plaintiff; (: im Strafrecht) prosecuting party; (: in Scheidung) petitioner.

Klageschrift f (JUR) charge; (bei Scheidung) petition.

kläglich ['klɛːklɪç] adj wretched.

Klamauk [kla'mauk] (-s) (umg) m (Alberei) tomfoolery; (im Theater) slapstick.

Klamm [klam] (-, -en) f ravine.

klamm adj (Finger) numb; (feucht) damp.

Klammer ['klamər] (-, -n) f clamp; (in Text) bracket; (Büro~) clip; (Wäsche~) peg (BRIT), pin (US); (Zahn~) brace; **~ auf/zu** open/close brackets.

klammern vr: **sich ~ an** +akk to cling to.

klammheimlich [klam'haimlɪç] (umg) adj secret ♦ adv on the quiet.

Klamotte [kla'mɔtə] (-, -n) f (pej: Film etc) rubbishy old film etc; **Klamotten** pl (umg: Kleider) clothes pl; (: Zeug) stuff.

Klampfe ['klampfə] (-, -n) (umg) f guitar.

klang etc [klaŋ] vb siehe **klingen**.

Klang (-(e)s, ÷e) m sound.

klangvoll adj sonorous.

Klappbett nt folding bed.

Klappe ['klapə] (-, -n) f valve; (an Oboe etc) key; (FILM) clapperboard; (Ofen~) damper; (umg: Mund) trap; **die ~ halten** to shut one's trap.

klappen vi (Geräusch) to click; (Sitz etc) to tip ♦ vt to tip ♦ vi unpers to work; **hat es mit den Karten/dem Job geklappt?** did you get the tickets/job O.K.?

Klappentext m blurb.

Klapper ['klapər] (-, -n) f rattle.

klapperig adj run-down, worn-out.

klappern vi to clatter, rattle.

Klapperschlange f rattlesnake.

Klapperstorch m stork; **er glaubt noch an den ~** he still thinks babies are found under the gooseberry bush.

Klapp- zW: **~messer** nt jackknife; **~rad** nt collapsible od folding bicycle; **~stuhl** m folding chair; **~tisch** m folding table.

Klaps [klaps] (-es, -e) m slap; **einen ~ haben** (umg) to have a screw loose; **k~en** vt to slap.

klar [klaːr] adj clear; (NAUT) ready to sail; (MIL) ready for action; **bei ~em Verstand sein** to be in full possession of one's faculties; **sich** dat **im K~en sein über** +akk to be clear about; **ins K~e kommen** to get clear; **~ sehen** to see clearly; **sich** dat **über etw** akk **~ werden** to get sth clear in one's mind.

Kläranlage f sewage plant; (von Fabrik)

purification plant.

Klare(r) (*umg*) *m* schnapps.

klären *vt* (*Flüssigkeit*) to purify; (*Probleme*) to clarify ♦ *vr* to clear (itself) up.

Klarheit *f* clarity; **sich** *dat* ~ **über etw** *akk* **verschaffen** to get sth straight.

Klarinette [klari'nɛtə] *f* clarinet.

klar- *zW:* ~**kommen** *unreg* (*umg*) *vi:* **mit jdm/ etw** ~**kommen** to be able to cope with sb/ sth; ~**legen** *vt* to clear up, explain; ~**machen** *vt* (*Schiff*) to get ready for sea; **jdm etw** ~**machen** to make sth clear to sb; **K**~**sichtfolie** *f* transparent film; ~**stellen** *vt* to clarify; **K**~**text** *m:* **im K**~**text** in clear; (*fig: umg*) ≈ in plain English.

Klärung ['klɛːruŋ] *f* purification; clarification.

Klasse ['klasə] (-, -n) *f* class; (*SCH*) class, form; (*auch:* **Steuer**~) bracket; (*Güter*~) grade.

klasse (*umg*) *adj* smashing.

Klassen- *zW:* ~**arbeit** *f* test; ~**bewusstsein▲** *nt* class-consciousness; ~**buch** *nt* (*SCH*) (class) register; ~**gesellschaft** *f* class society; ~**kamerad(in)** *m(f)* classmate; ~**kampf** *m* class conflict; ~**lehrer(in)** *m(f)* class teacher; **k**~**los** *adj* classless; ~**sprecher(in)** *m(f)* class spokesperson; ~**ziel** *nt:* **das** ~**ziel nicht erreichen** (*SCH*) not to reach the required standard (for the year); (*fig*) not to make the grade; ~**zimmer** *nt* classroom.

klassifizieren [klasifi'tsiːrən] *vt* to classify.

Klassifizierung *f* classification.

Klassik ['klasɪk] *f* (*Zeit*) classical period; (*Stil*) classicism; ~**er** (-s, -) *m* classic.

klassisch *adj* (*lit, fig*) classical.

Klassizismus [klasi'tsɪsmʊs] *m* classicism.

Klatsch [klatʃ] (-(e)s, -e) *m* smack, crack; (*Gerede*) gossip; ~**base** *f* gossip(monger).

klatschen *vi* (*tratschen*) to gossip; (*Beifall spenden*) to applaud, to clap ♦ *vt:* **(jdm) Beifall** ~ to applaud od clap (sb).

Klatsch- *zW:* ~**mohn** *m* (corn) poppy; **k**~**nass▲** *adj* soaking wet; ~**spalte** *f* gossip column; ~**tante** (*pej: umg*) *f* gossip(monger).

klauben ['klaubən] *vt* to pick.

Klaue ['klauə] (-, -n) *f* claw; (*umg: Schrift*) scrawl.

klauen *vt* to claw; (*umg*) to pinch.

Klause ['klauzə] (-, -n) *f* cell; (*von Mönch*) hermitage.

Klausel ['klauzəl] (-, -n) *f* clause; (*Vorbehalt*) proviso.

Klausur [klau'zuːr] *f* seclusion; ~**arbeit** *f* examination paper.

Klaviatur [klavia'tuːr] *f* keyboard.

Klavier [kla'viːr] (-s, -e) *nt* piano; ~**auszug** *m* piano score.

Klebeband *nt* adhesive tape.

Klebemittel *nt* glue.

kleben ['kleːbən] *vt, vi:* ~ **(an** +*akk*) to stick (to);

jdm eine ~ (*umg*) to belt sb one.

Klebezettel *m* gummed label.

klebrig *adj* sticky.

Klebstoff *m* glue.

Klebstreifen *m* adhesive tape.

kleckern ['klɛkərn] *vi* to slobber.

Klecks [klɛks] (-es, -e) *m* blot, stain; **k**~**en** *vi* to blot; (*pej*) to daub.

Klee [kleː] (-s) *m* clover; **jdn/etw über den grünen** ~ **loben** (*fig*) to praise sb/sth to the skies; ~**blatt** *nt* cloverleaf; (*fig*) trio.

Kleid [klaɪt] (-(e)s, -er) *nt* garment; (*Frauen*~) dress; **Kleider** *pl* clothes *pl*.

kleiden ['klaɪdən] *vt* to clothe, dress ♦ *vr* to dress; **jdn** ~ to suit sb.

Kleider- *zW:* ~**bügel** *m* coat hanger; ~**bürste** *f* clothes brush; ~**schrank** *m* wardrobe; ~**ständer** *m* coat-stand.

kleidsam *adj* becoming.

Kleidung *f* clothing.

Kleidungsstück *nt* garment.

Kleie ['klaɪə] (-, -n) *f* bran.

klein [klaɪn] *adj* little, small; **haben Sie es nicht** ~**er?** haven't you got anything smaller?; **ein** ~**es Bier ein K**~**es** (*umg*) ≈ half a pint, a half; **von** ~ **an** *od* **auf** (*von Kindheit an*) from childhood; (*von Anfang an*) from the very beginning; **das** ~**ere Übel** the lesser evil; **sein Vater war (ein)** ~**er Beamter** his father was a minor civil servant; ~ **anfangen** to start off in a small way; ~ **geschrieben werden** (*umg*) to count for (very) little; **K**~**anzeige** *f* small ad (*BRIT*), want ad (*US*); **Kleinanzeigen** *pl* classified advertising *sing;* **K**~**arbeit** *f:* **in zäher/ mühseliger K**~**arbeit** with rigorous/ painstaking attention to detail; **K**~**asien** *nt* Asia Minor; **K**~**bürgertum** *nt* petite bourgeoisie; **K**~**bus** *m* minibus.

Kleine(r) *f(m)* little one.

klein- *zW:* **K**~**familie** *f* small family, nuclear family (*SOZIOLOGIE*); **K**~**format** *nt* small size; **im K**~**format** small-scale; **K**~**gedruckte(s)** *nt* small print; **K**~**geld** *nt* small change; **das nötige K**~**geld haben** (*fig*) to have the wherewithal (*umg*); ~**gläubig** *adj* of little faith; ~**hacken** *vt* to chop up; **K**~**holz** *nt* firewood; **K**~**holz aus jdm machen** to make mincemeat of sb.

Kleinigkeit *f* trifle; **wegen** *od* **bei jeder** ~ for the slightest reason; **eine** ~ **essen** to have a bite to eat.

klein- *zW:* ~**kariert** *adj:* ~**kariert denken** to think small; **K**~**kind** *nt* infant; **K**~**kram** *m* details *pl;* **K**~**kredit** *m* personal loan; ~**kriegen** (*umg*) *vt* (*gefügig machen*) to bring into line; (*unterkriegen*) to get down; (*körperlich*) to tire out; ~**laut** *adj* dejected, quiet; ~**lich** *adj* petty, paltry; **K**~**lichkeit** *f* pettiness, paltriness; ~**mütig** *adj* fainthearted.

Kleinod ['klaɪnoːt] (-s, -odien) *nt* gem, jewel; (*fig*) treasure.

klein- *zW:* **K~rechner** *m* minicomputer; **~schneiden** *unreg vt* to chop up; **~schreiben** *unreg vt:* **ein Wort ~schreiben** to write a word with a small initial letter; **K~schreibung** *f* use of small initial letters; **K~stadt** *f* small town; **~städtisch** *adj* provincial.

kleinstmöglich *adj* smallest possible.

Kleinwagen *m* small car.

Kleister ['klaɪstər] (-s, -) *m* paste.

kleistern *vt* to paste.

Klemme ['klɛmə] (-, -n) *f* clip; (*MED*) clamp; (*fig*) jam; **in der ~ sitzen** *od* **sein** (*fig: umg*) to be in a fix.

klemmen *vt* (*festhalten*) to jam; (*quetschen*) to pinch, nip ♦ *vr* to catch o.s.; (*sich hineinzwängen*) to squeeze o.s. ♦ *vi* (*Tür*) to stick, jam; **sich hinter jdn/etw ~** to get on to sb/get down to sth.

Klempner ['klɛmpnər] (-s, -) *m* plumber.

Kleptomanie [klɛptoma'niː] *f* kleptomania.

Kleriker ['kleːrikər] (-s, -) *m* cleric.

Klerus ['kleːrʊs] (-) *m* clergy.

Klette ['klɛtə] (-, -n) *f* burr; **sich wie eine ~ an jdn hängen** to cling to sb like a limpet.

Kletterer ['klɛtərər] (-s, -) *m* climber.

Klettergerüst *nt* climbing frame.

klettern *vi* to climb.

Kletterpflanze *f* creeper.

Kletterseil *nt* climbing rope.

Klettverschluss▲ *m* Velcro ® fastener.

klicken ['klɪkən] *vi* to click.

Klient(in) [kli'ɛnt(ɪn)] *m(f)* client.

Klima ['kliːma] (-s, -s *od* -te) *nt* climate; **~anlage** *f* air conditioning.

klimatisieren [kliːmati'ziːrən] *vt* to air-condition.

klimatisiert *adj* air-conditioned.

Klimawechsel *m* change of air.

Klimbim [klɪm'bɪm] (-s) (*umg*) *m* odds and ends *pl*.

klimpern ['klɪmpərn] *vi* to tinkle; (*auf Gitarre*) to strum.

Klinge ['klɪŋə] (-, -n) *f* blade, sword; **jdn über die ~ springen lassen** (*fig: umg*) to allow sb to run into trouble.

Klingel ['klɪŋəl] (-, -n) *f* bell; **~beutel** *m* collection bag; **~knopf** *m* bell push.

klingeln *vi* to ring; **es hat geklingelt** (*an Tür*) somebody just rang the doorbell, the doorbell just rang.

klingen ['klɪŋən] *unreg vi* to sound; (*Gläser*) to clink.

Klinik ['kliːnɪk] *f* clinic.

klinisch ['kliːnɪʃ] *adj* clinical.

Klinke ['klɪŋkə] (-, -n) *f* handle.

Klinker ['klɪŋkər] (-s, -) *m* clinker.

Klippe ['klɪpə] (-, -n) *f* cliff; (*im Meer*) reef;

(*fig*) hurdle.

klippenreich *adj* rocky.

klipp und klar ['klɪp|ʊntklaːr] *adj* clear and concise.

Klips [klɪps] (-es, -e) *m* clip; (*Ohr~*) earring.

klirren ['klɪrən] *vi* to clank, jangle; (*Gläser*) to clink; **~de Kälte** biting cold.

Klischee [klɪ'ʃeː] (-s, -s) *nt* (*Druckplatte*) plate, block; (*fig*) cliché; **~vorstellung** *f* stereotyped idea.

Klitoris ['kliːtɔrɪs] (-, -) *f* clitoris.

Klo [kloː] (-s, -s) (*umg*) *nt* loo (*BRIT*), john (*US*).

Kloake [klo'aːkə] (-, -n) *f* sewer.

klobig ['kloːbɪç] *adj* clumsy.

Klon [kloːn] (-s, -e) *m* clone.

Klopapier (*umg*) *nt* toilet paper.

klopfen ['klɔpfən] *vi* to knock; (*Herz*) to thump ♦ *vt* to beat; **es klopft** somebody's knocking; **jdm auf die Finger ~** (*lit, fig*) to give sb a rap on the knuckles; **jdm auf die Schulter ~** to tap sb on the shoulder.

Klopfer (-s, -) *m* (*Teppich~*) beater; (*Tür~*) knocker.

Klöppel ['klœpəl] (-s, -) *m* (*von Glocke*) clapper.

klöppeln *vi* to make lace.

Klops [klɔps] (-es, -e) *m* meatball.

Klosett [klo'zɛt] (-s, -e *od* -s) *nt* lavatory, toilet; **~brille** *f* toilet seat; **~papier** *nt* toilet paper.

Kloß [kloːs] (-es, -̈e) *m* (*Erd~*) clod; (*im Hals*) lump; (*KOCH*) dumpling.

Kloster ['kloːstər] (-s, -̈) *nt* (*Männer~*) monastery; (*Frauen~*) convent; **ins ~ gehen** to become a monk/nun.

klösterlich ['klœːstərlɪç] *adj* monastic; convent *attrib*.

Klotz [klɔts] (-es, -̈e) *m* log; (*Hack~*) block; **jdm ein ~ am Bein sein** (*fig*) to be a millstone round sb's neck.

Klub [klʊp] (-s, -s) *m* club; **~jacke** *f* blazer; **~sessel** *m* easy chair.

Kluft [klʊft] (-, -̈e) *f* cleft, gap; (*GEOG*) chasm; (*Uniform*) uniform; (*umg: Kleidung*) gear.

klug [kluːk] *adj* clever, intelligent; **ich werde daraus nicht ~** I can't make head or tail of it; **K~heit** *f* cleverness, intelligence; **K~scheißer** (*umg*) *m* smart-ass.

Klümpchen ['klʏmpçən] *nt* clot, blob.

klumpen ['klʊmpən] *vi* to go lumpy, clot.

Klumpen (-s, -) *m* (*KOCH*) lump; (*Erd~*) clod; (*Blut~*) clot; (*Gold~*) nugget.

Klumpfuß ['klʊmpfuːs] *m* club foot.

Klüngel ['klʏŋəl] (-s, -) (*umg*) *m* (*Clique*) clique.

Klunker ['klʊŋkər] (-s, -) (*umg*) *m* (*Schmuck*) rock(s *pl*).

km *abk* (= *Kilometer*) km.

km/h *abk* (= *Kilometer pro Stunde*) km/h.

knabbern ['knabərn] *vt, vi* to nibble; **an etw** *dat* **~** (*fig: umg*) to puzzle over sth.

Knabe ['knaːbə] (-n, -n) *m* boy.

knabenhaft – Knotenpunkt

knabenhaft adj boyish.
Knäckebrot ['knɛkəbroːt] nt crispbread.
knacken ['knakən] vi (lit, fig) to crack ♦ vt
(umg: Auto) to break into.
knackfrisch (umg) adj oven-fresh, crispy-
fresh.
knackig adj crisp.
Knacks [knaks] (-es, -e) m: einen ~ weghaben
(umg) to be uptight about sth.
Knackwurst f type of frankfurter.
Knall [knal] (-(e)s, -e) m bang; (Peitschen~)
crack; ~ auf Fall (umg) just like that; einen
~ haben (umg) to be crazy od crackers;
~bonbon nt cracker; ~effekt m surprise
effect, spectacular effect; k~en vi to bang;
to crack ♦ vt: jdm eine k~en (umg) to clout
sb; ~frosch m jumping jack; k~hart (umg)
adj really hard; (: Worte) hard-hitting;
(: Film) brutal; (: Porno) hard-core; ~kopf
(umg) m dickhead; k~rot adj bright red.
knapp [knap] adj tight; (Geld) scarce; (kurz)
short; (Mehrheit, Sieg) narrow; (Sprache)
concise; meine Zeit ist ~ bemessen I am
short of time; mit ~er Not only just; jdn
~ halten (mit) to keep sb short (of).
Knappe (-n, -n) m (Edelmann) young knight.
Knappheit f tightness; scarcity; conciseness.
Knarre ['knarə] (-, -n) (umg) f (Gewehr)
shooter.
knarren vi to creak.
Knast [knast] (-(e)s) (umg) m clink, can (US).
Knatsch [knaːtʃ] (-es) (umg) m trouble.
knattern ['knatərn] vi to rattle;
(Maschinengewehr) to chatter.
Knäuel ['knɔʏəl] (-s, -) m od nt (Woll~) ball;
(Menschen~) knot.
Knauf [knauf] (-(e)s, Knäufe) m knob;
(Schwert~) pommel.
Knauser ['knauzər] (-s, -) m miser.
knauserig adj miserly.
knausern vi to be mean.
knautschen ['knautʃən] vt, vi to crumple.
Knebel ['kneːbəl] (-s, -) m gag.
knebeln vt to gag; (NAUT) to fasten.
Knecht [knɛçt] (-(e)s, -e) m servant; (auf
Bauernhof) farm labourer (BRIT) od laborer
(US).
knechten vt to enslave.
Knechtschaft f servitude.
kneifen ['knaɪfən] unreg vt to pinch ♦ vi to
pinch; (sich drücken) to back out; vor etw dat
~ to dodge sth.
Kneifzange f pliers pl; (kleine) pincers pl.
Kneipe ['knaɪpə] (-, -n) (umg) f pub (BRIT), bar,
saloon (US).
Kneippkur ['knaɪpkuːr] f Kneipp cure, type of
hydropathic treatment combined with diet,
rest etc.
Knete ['kneːtə] (umg) f (Geld) dough.
kneten vt to knead; (Wachs) to mould (BRIT),

mold (US).
Knetgummi m od nt Plasticine ®.
Knetmasse f Plasticine ®.
Knick [knɪk] (-(e)s, -e) m (Sprung) crack;
(Kurve) bend; (Falte) fold.
knicken vt, vi (springen) to crack; (brechen)
to break; (Papier) to fold; „nicht ~!" "do not
bend"; geknickt sein to be downcast.
Knicks [knɪks] (-es, -e) m curts(e)y; k~en vi to
curts(e)y.
Knie [kniː] (-s, -) nt knee; in die ~ gehen to
kneel; (fig) to be brought to one's knees;
~beuge (-, -n) f knee bend; ~fall m
genuflection; ~gelenk nt knee joint; ~kehle f
back of the knee.
knien vi to kneel ♦ vr: sich in die Arbeit ~ (fig)
to get down to (one's) work.
Kniescheibe f kneecap.
Kniestrumpf m knee-length sock.
kniff etc [knɪf] vb siehe kneifen.
Kniff (-(e)s, -e) m (Zwicken) pinch; (Falte) fold;
(fig) trick, knack.
kniffelig adj tricky.
knipsen ['knɪpsən] vt (Fahrkarte) to punch;
(PHOT) to take a snap of, snap ♦ vi (PHOT) to
take snaps/a snap.
Knirps [knɪrps] (-es, -e) m little chap; (®:
Schirm) telescopic umbrella.
knirschen ['knɪrʃən] vi to crunch; mit den
Zähnen ~ to grind one's teeth.
knistern ['knɪstərn] vi to crackle; (Papier,
Seide) to rustle.
Knitterfalte f crease.
knitterfrei adj non-crease.
knittern vi to crease.
knobeln ['knoːbəln] vi (würfeln) to play dice;
(um eine Entscheidung) to toss for it.
Knoblauch ['knoːplaux] (-(e)s) m garlic.
Knöchel ['knœçəl] (-s, -) m knuckle; (Fuß~)
ankle.
Knochen ['knɔxən] (-s, -) m bone; ~arbeit
(umg) f hard work; ~bau m bone structure;
~bruch m fracture; ~gerüst nt skeleton;
~mark nt bone marrow.
knöchern ['knœçərn] adj bone.
knochig ['knɔxɪç] adj bony.
Knödel ['knøːdəl] (-s, -) m dumpling.
Knolle ['knɔlə] (-, -n) f bulb.
Knopf [knɔpf] (-(e)s, ̈e) m button; ~druck m
touch of a button.
knöpfen ['knœpfən] vt to button.
Knopfloch nt buttonhole.
Knorpel ['knɔrpəl] (-s, -) m cartilage, gristle.
knorpelig adj gristly.
knorrig ['knɔrɪç] adj gnarled, knotted.
Knospe ['knɔspə] (-, -n) f bud.
knospen vi to bud.
knoten ['knoːtən] vt to knot; K~ (-s, -) m knot;
(Haar) bun; (BOT) node; (MED) lump.
Knotenpunkt m junction.

knuffen ['knʊfən] (*umg*) *vt* to cuff.
Knüller ['knʏlər] (**-s, -**) (*umg*) *m* hit; (*Reportage*) scoop.
knüpfen ['knʏpfən] *vt* to tie; (*Teppich*) to knot; (*Freundschaft*) to form.
Knüppel ['knʏpəl] (**-s, -**) *m* cudgel; (*Polizei~*) baton, truncheon; (*AVIAT*) (joy)stick; **jdm ~ zwischen die Beine werfen** (*fig*) to put a spoke in sb's wheel; **k~dick** (*umg*) *adj* very thick; (*fig*) thick and fast; **~schaltung** *f* (*AUT*) floor-mounted gear change.
knurren ['knʊrən] *vi* (*Hund*) to snarl, growl; (*Magen*) to rumble; (*Mensch*) to mutter.
knusp(e)rig ['knʊsp(ə)rɪç] *adj* crisp; (*Keks*) crunchy.
knutschen ['knuːtʃən] (*umg*) *vt* to snog with ♦ *vi, vr* to snog.
k. o. *adj* (*SPORT*) knocked out; (*fig: umg*) whacked.
Koalition [koalitsi'oːn] *f* coalition.
Kobalt ['koːbalt] (**-s**) *nt* cobalt.
Kobold ['koːbɔlt] (**-(e)s, -e**) *m* imp.
Kobra ['koːbra] (**-, -s**) *f* cobra.
Koch [kɔx] (**-(e)s, ⸚e**) *m* cook; **~buch** *nt* cookery book, cookbook; **k~echt** *adj* (*Farbe*) fast.
kochen *vi* to cook; (*Wasser*) to boil ♦ *vt* (*Essen*) to cook; **er kochte vor Wut** (*umg*) he was seething; **etw auf kleiner Flamme ~** to simmer sth over a low heat.
Kocher (**-s, -**) *m* stove, cooker.
Köcher ['kœçər] (**-s, -**) *m* quiver.
Kochgelegenheit *f* cooking facilities *pl*.
Köchin ['kœçɪn] *f* cook.
Koch- *zW:* **~kunst** *f* cooking; **~löffel** *m* kitchen spoon; **~nische** *f* kitchenette; **~platte** *f* hotplate; **~salz** *nt* cooking salt; **~topf** *m* saucepan, pot; **~wäsche** *f* washing that can be boiled.
Kode [koːt] (**-s, -s**) *m* code.
Köder ['køːdər] (**-s, -**) *m* bait, lure.
ködern *vt* to lure, entice.
Koexistenz [koɛksɪs'tɛnts] *f* coexistence.
Koffein [kɔfe'iːn] (**-s**) *nt* caffeine; **k~frei** *adj* decaffeinated.
Koffer ['kɔfər] (**-s, -**) *m* suitcase; (*Schrank~*) trunk; **die ~ packen** (*lit, fig*) to pack one's bags; **~kuli** *m* (luggage) trolley (*BRIT*), cart (*US*); **~radio** *nt* portable radio; **~raum** *m* (*AUT*) boot (*BRIT*), trunk (*US*).
Kognak ['kɔnjak] (**-s, -s**) *m* brandy, cognac.
Kohl [koːl] (**-(e)s, -e**) *m* cabbage.
Kohldampf (*umg*) *m:* **~ haben** to be famished.
Kohle ['koːlə] (**-, -n**) *f* coal; (*Holz~*) charcoal; (*CHEM*) carbon; (*umg: Geld*): **die ~n stimmen** the money's right; **~hydrat** (**-(e)s, -e**) *nt* carbohydrate; **~kraftwerk** *nt* coal-fired power station.
kohlen ['koːlən] (*umg*) *vi* to tell white lies.

Kohlen- *zW:* **~bergwerk** *nt* coal mine, pit, colliery (*BRIT*); **~dioxid** (**-(e)s, -e**) *nt* carbon dioxide; **~grube** *f* coal mine, pit; **~händler** *m* coal merchant, coalman; **~säure** *f* carbon dioxide; **ein Getränk ohne ~säure** a non-fizzy *od* still drink; **~stoff** *m* carbon.
Kohlepapier *nt* carbon paper.
Köhler ['køːlər] (**-s, -**) *m* charcoal burner.
Kohlestift *m* charcoal pencil.
Kohlezeichnung *f* charcoal drawing.
Kohl- *zW:* **k~(pech)rabenschwarz** *adj* (*Haar*) jet-black; (*Nacht*) pitch-black; **~rübe** *f* turnip; **k~schwarz** *adj* coal-black.
Koitus ['koːitʊs] (**-, - *od* -se**) *m* coitus.
Koje ['koːjə] (**-, -n**) *f* cabin; (*Bett*) bunk.
Kokain [koka'iːn] (**-s**) *nt* cocaine.
kokett [ko'kɛt] *adj* coquettish, flirtatious.
kokettieren [kokɛ'tiːrən] *vi* to flirt.
Kokosnuss▲ ['koːkɔsnʊs] *f* coconut.
Koks [koːks] (**-es, -e**) *m* coke.
Kolben ['kɔlbən] (**-s, -**) *m* (*Gewehr~*) butt; (*Keule*) club; (*CHEM*) flask; (*TECH*) piston; (*Mais~*) cob.
Kolchose [kɔl'çoːzə] (**-, -n**) *f* collective farm.
Kolik ['koːlɪk] *f* colic, gripe.
Kollaborateur(in) [kɔlabora'tøːr(ɪn)] *m(f)* (*POL*) collaborator.
Kollaps [kɔ'laps] (**-es, -e**) *m* collapse.
Kolleg [kɔl'eːk] (**-s, -s *od* -ien**) *nt* lecture course.
Kollege [kɔ'leːgə] (**-n, -n**) *m* colleague.
kollegial [kɔlegi'aːl] *adj* cooperative.
Kollegin [kɔ'leːgɪn] *f* colleague.
Kollegium *nt* board; (*SCH*) staff.
Kollekte [kɔ'lɛktə] (**-, -n**) *f* (*REL*) collection.
Kollektion [kɔlɛktsi'oːn] *f* collection; (*Sortiment*) range.
kollektiv [kɔlɛk'tiːf] *adj* collective.
Koller ['kɔlər] (**-s, -**) (*umg*) *m* (*Anfall*) funny mood; (*Wutanfall*) rage; (*Tropen~, Gefängnis~*) madness.
kollidieren [kɔli'diːrən] *vi* to collide; (*zeitlich*) to clash.
Kollier [kɔli'eː] (**-s, -s**) *nt* necklet, necklace.
Kollision [kɔlizi'oːn] *f* collision; (*zeitlich*) clash.
Kollisionskurs *m:* **auf ~ gehen** (*fig*) to be heading for trouble.
Köln [kœln] (**-s**) *nt* Cologne.
Kölnischwasser *nt* eau de Cologne.
kolonial [koloni'aːl] *adj* colonial; **K~macht** *f* colonial power; **K~warenhändler** *m* grocer.
Kolonie [kolo'niː] *f* colony.
kolonisieren [koloni'ziːrən] *vt* to colonize.
Kolonist(in) [kolo'nɪst(ɪn)] *m(f)* colonist.
Kolonne [ko'lɔnə] (**-, -n**) *f* column; (*von Fahrzeugen*) convoy.
Koloss▲ [ko'lɔs] (**-es, -e**) *m* colossus.
kolossal [kolo'saːl] *adj* colossal.
Kolumbianer(in) [kolumbi'aːnər(ɪn)] *m(f)* Columbian.

kolumbianisch *adj* Columbian.

Kolumbien [koˈlʊmbiən] (**-s**) *nt* Columbia.

Koma [ˈkoːma] (**-s, -s** *od* **-ta**) *nt* (*MED*) coma.

Kombi [ˈkɔmbi] (**-s, -s**) *m* (*AUT*) estate (car) (*BRIT*), station wagon (*US*).

Kombination [kɔmbinatsiˈoːn] *f* combination; (*Vermutung*) conjecture; (*Hemdhose*) combinations *pl*; (*AVIAT*) flying suit.

Kombinationsschloss▲ *nt* combination lock.

kombinieren [kɔmbiˈniːrən] *vt* to combine ♦ *vi* to deduce, work out; (*vermuten*) to guess.

Kombiwagen *m* (*AUT*) estate (car) (*BRIT*), station wagon (*US*).

Kombizange *f* (pair of) pliers.

Komet [koˈmeːt] (**-en, -en**) *m* comet.

kometenhaft *adj* (*fig: Aufstieg*) meteoric.

Komfort [kɔmˈfoːr] (**-s**) *m* luxury; (*von Möbel etc*) comfort; (*von Wohnung*) amenities *pl*; (*von Auto*) luxury features *pl*; (*von Gerät*) extras *pl*.

komfortabel [kɔmfɔrˈtaːbəl] *adj* comfortable.

Komik [ˈkoːmɪk] *f* humour (*BRIT*), humor (*US*), comedy; **~er** (**-s, -**) *m* comedian.

komisch [ˈkoːmɪʃ] *adj* funny; **mir ist so ~** (*umg*) I feel funny *od* strange *od* odd; **~erweise** [ˈkoːmɪʃərˈvaɪzə] *adv* funnily enough.

Komitee [komiˈteː] (**-s, -s**) *nt* committee.

Komm. *abk* (= *Kommission*) comm.

Komma [ˈkɔma] (**-s, -s** *od* **-ta**) *nt* comma; (*MATH*) decimal point; **fünf ~ drei** five point three.

Kommandant [komanˈdant] *m* commander, commanding officer.

Kommandeur [komanˈdøːr] *m* commanding officer.

kommandieren [komanˈdiːrən] *vt* to command ♦ *vi* to command; (*Befehle geben*) to give orders.

Kommanditgesellschaft [komanˈdiːtɡəzɛlʃaft] *f* limited partnership.

Kommando [kɔˈmando] (**-s, -s**) *nt* command, order; (*Truppe*) detachment, squad; **auf ~** to order; **~brücke** *f* (*NAUT*) bridge; **~wirtschaft** *f* command economy.

kommen [ˈkɔmən] *unreg vi* to come; (*näher ~*) to approach; (*passieren*) to happen; (*gelangen, geraten*) to get; (*Blumen, Zähne, Tränen etc*) to appear; (*in die Schule, ins Gefängnis etc*) to go; **was kommt diese Woche im Kino?** what's on at the cinema this week? ♦ *vi unpers*: **es kam eins zum anderen** one thing led to another; **~ lassen** to send for; **in Bewegung ~** to start moving; **jdn besuchen ~** to come and visit sb; **das kommt davon!** see what happens? **du kommst mir gerade recht** (*ironisch*) you're just what I need; **das kommt in den Schrank** that goes in the cupboard; **an etw** *akk* **~**

(*berühren*) to touch sth; (*sich verschaffen*) to get hold of sth; **auf etw** *akk* **~** (*sich erinnern*) to think of sth; (*sprechen über*) to get onto sth; **das kommt auf die Rechnung** that goes onto the bill; **hinter etw** *akk* **~** (*herausfinden*) to find sth out; **zu sich ~** to come round *od* to; **zu etw ~** to acquire sth; **um etw ~** to lose sth; **nichts auf jdn/etw ~ lassen** to have nothing said against sb/sth; **jdm frech ~** to get cheeky with sb; **auf jeden vierten kommt ein Platz** there's one place to every fourth person; **mit einem Anliegen ~** to have a request (to make); **wer kommt zuerst?** who's first?; **wer zuerst kommt, mahlt zuerst** (*Sprichwort*) first come first served; **unter ein Auto ~** to be run over by a car; **das kommt zusammen auf 20 DM** that comes to 20 marks altogether; **und so kam es, dass ...** and that is how it happened that ...; **daher kommt es, dass ...** that's why ...

Kommen (**-s**) *nt* coming.

kommend *adj* (*Jahr, Woche, Generation*) coming; (*Ereignisse, Mode*) future; (*Trend*) upcoming; (*am*) **~en Montag** next Monday.

Kommentar [kɔmɛnˈtaːr] *m* commentary; **kein ~** no comment; **k~los** *adj* without comment.

Kommentator [kɔmɛnˈtaːtɔr] *m* (*TV*) commentator.

kommentieren [kɔmɛnˈtiːrən] *vt* to comment on; **kommentierte Ausgabe** annotated edition.

kommerziell [kɔmɛrtsiˈɛl] *adj* commercial.

Kommilitone [kɔmiliˈtoːnə] (**-n, -n**) *m*, **Kommilitonin** *f* fellow student.

Kommiss▲ [kɔˈmɪs] (**-es**) *m* (life in the) army.

Kommissar [kɔmɪˈsaːr] *m* police inspector.

Kommissbrot▲ *nt* army bread.

Kommission [kɔmɪsiˈoːn] *f* (*COMM*) commission; (*Ausschuss*) committee; **in ~ geben** to give (to a dealer) for sale on commission.

Kommode [kɔˈmoːdə] (**-, -n**) *f* (chest of) drawers.

kommunal [kɔmuˈnaːl] *adj* local; (*von Stadt*) municipal; **K~abgaben** *pl* local rates and taxes *pl*; **K~politik** *f* local government politics; **K~verwaltung** *f* local government; **K~wahlen** *pl* local (government) elections *pl*.

Kommune [kɔˈmuːnə] (**-, -n**) *f* commune.

Kommunikation [kɔmunikatsiˈoːn] *f* communication.

Kommunikee▲ [kɔmyniˈkeː] (**-s, -s**) *nt* = **Kommuniqué**.

Kommunion [kɔmuniˈoːn] *f* communion.

Kommuniqué [kɔmyniˈkeː] (**-s, -s**) *nt* communiqué.

Kommunismus [kɔmuˈnɪsmʊs] *m* communism.

Kommunist(in) [kɔmu'nɪst(ɪn)] *m(f)* communist; **k~isch** *adj* communist.
kommunizieren [kɔmuni'tsi:rən] *vi* to communicate; (*ECCL*) to receive communion.
Komödiant [komødi'ant] *m* comedian; **~in** *f* comedienne.
Komödie [ko'mø:diə] *f* comedy; ~ **spielen** (*fig*) to put on an act.
Kompagnon [kɔmpan'jõ:] (**-s, -s**) *m* (*COMM*) partner.
kompakt [kɔm'pakt] *adj* compact.
Kompaktanlage *f* (*RUNDF*) audio system.
Kompanie [kɔmpa'ni:] *f* company.
Komparativ ['kɔmparati:f] (**-s, -e**) *m* comparative.
Kompass▲ ['kɔmpas] (**-es, -e**) *m* compass.
kompatibel [kɔmpa'ti:bəl] *adj* (*auch COMPUT*) compatible.
Kompatibilität [kɔmpatibili'tɛːt] *f* (*auch COMPUT*) compatibility.
kompensieren [kɔmpɛn'zi:rən] *vt* to compensate for, offset.
kompetent [kɔmpe'tɛnt] *adj* competent.
Kompetenz *f* competence, authority; **~streitigkeiten** *pl* dispute over respective areas of responsibility.
komplett [kɔm'plɛt] *adj* complete.
komplex [kɔm'plɛks] *adj* complex; **K~** (**-es, -e**) *m* complex.
Komplikation [kɔmplikatsi'o:n] *f* complication.
Kompliment [kɔmpli'mɛnt] *nt* compliment.
Komplize [kɔm'pli:tsə] (**-n, -n**) *m* accomplice.
komplizieren [kɔmpli'tsi:rən] *vt* to complicate.
kompliziert *adj* complicated; (*MED: Bruch*) compound.
Komplizin [kɔm'pli:tsɪn] *f* accomplice.
Komplott [kɔm'plɔt] (**-(e)s, -e**) *nt* plot.
komponieren [kɔmpo'ni:rən] *vt* to compose.
Komponist(in) [kɔmpo'nɪst(ɪn)] *m(f)* composer.
Komposition [kɔmpozitsi'o:n] *f* composition.
Kompost [kɔm'pɔst] (**-(e)s, -e**) *m* compost; **~haufen** *m* compost heap.
Kompott [kɔm'pɔt] (**-(e)s, -e**) *nt* stewed fruit.
Kompresse [kɔm'prɛsə] (**-, -n**) *f* compress.
Kompressor [kɔm'prɛsɔr] *m* compressor.
Kompromiss▲ [kɔmpro'mɪs] (**-es, -e**) *m* compromise; **einen ~ schließen** to compromise; **k~bereit** *adj* willing to compromise; **~lösung** *f* compromise solution.
kompromittieren [kɔmprɔmɪ'ti:rən] *vt* to compromise.
Kondensation [kɔndɛnzatsi'o:n] *f* condensation.
Kondensator [kɔndɛn'za:tɔr] *m* condenser.
kondensieren [kɔndɛn'zi:rən] *vt* to condense.

Kondensmilch *f* condensed milk.
Kondensstreifen *m* vapour (*BRIT*) *od* vapor (*US*) trail.
Kondition [kɔnditsi'o:n] *f* condition, shape; (*Durchhaltevermögen*) stamina.
Konditionalsatz [kɔnditsio'na:lzats] *m* conditional clause.
Konditionstraining *nt* fitness training.
Konditor [kɔn'di:tɔr] *m* pastry-cook.
Konditorei [kɔndito'raɪ] *f* cake shop; (*mit Café*) café.
kondolieren [kɔndo'li:rən] *vi:* **jdm ~** to condole with sb, offer sb one's condolences.
Kondom [kɔn'do:m] (**-s, -e**) *m or nt* condom.
Konfektion [kɔnfɛktsi'o:n] *f* (*production of*) ready-to-wear *od* off-the-peg clothing.
Konfektionsgröße *f* clothes size.
Konfektionskleidung *f* ready-to-wear *od* off-the-peg clothing.
Konferenz [kɔnfe'rɛnts] *f* conference; (*Besprechung*) meeting; **~schaltung** *f* (*TEL*) conference circuit; (*RUNDF, TV*) television *od* radio link-up.
konferieren [kɔnfe'ri:rən] *vi* to confer; to have a meeting.
Konfession [kɔnfɛsi'o:n] *f* religion; (*christlich*) denomination; **k~ell** [-'nɛl] *adj* denominational.
Konfessions- *zW:* **k~gebunden** *adj* denominational; **k~los** *adj* non-denominational; **~schule** *f* denominational school.
Konfetti [kɔn'feti] (**-(s)**) *nt* confetti.
Konfiguration [kɔnfiguratsi'o:n] *f* (*COMPUT*) configuration.
Konfirmand(in) [kɔnfɪr'mant, -'mandɪn] *m(f)* candidate for confirmation.
Konfirmation [kɔnfɪrmatsi'o:n] *f* (*ECCL*) confirmation.
konfirmieren [kɔnfɪr'mi:rən] *vt* to confirm.
konfiszieren [kɔnfɪs'tsi:rən] *vt* to confiscate.
Konfitüre [kɔnfi'ty:rə] (**-, -n**) *f* jam.
Konflikt [kɔn'flɪkt] (**-(e)s, -e**) *m* conflict; **~herd** *m* (*POL*) centre (*BRIT*) *od* center (*US*) of conflict; **~stoff** *m* cause of conflict.
konform [kɔn'fɔrm] *adj* concurring; **~ gehen** to be in agreement.
Konfrontation [kɔnfrɔntatsi'o:n] *f* confrontation.
konfrontieren [kɔnfrɔn'ti:rən] *vt* to confront.
konfus [kɔn'fu:s] *adj* confused.
Kongo ['kɔŋgo] (**-(s)**) *m* Congo.
Kongress▲ [kɔn'grɛs] (**-es, -e**) *m* congress.
Kongruenz [kɔŋgru'ɛnts] *f* agreement, congruence.
König ['kø:nɪç] (**-(e)s, -e**) *m* king.
Königin ['kø:nɪgɪn] *f* queen.
königlich *adj* royal ♦ *adv:* **sich ~ amüsieren** (*umg*) to have the time of one's life.
Königreich *nt* kingdom.

Königtum ['køːnɪçtuːm] **(-(e)s, -tümer)** *nt* kingship; (*Reich*) kingdom.

konisch ['koːnɪʃ] *adj* conical.

Konj. *abk* (= *Konjunktiv*) conj.

Konjugation [kɔnjugatsi'oːn] *f* conjugation.

konjugieren [kɔnju'giːrən] *vt* to conjugate.

Konjunktion [kɔnjuŋktsi'oːn] *f* conjunction.

Konjunktiv ['kɔnjuŋktiːf] **(-s, -e)** *m* subjunctive.

Konjunktur [kɔnjuŋk'tuːr] *f* economic situation; (*Hoch~*) boom; **steigende/fallende** ~ upward/downward economic trend; **~barometer** *nt* economic indicators *pl*; **~loch** *nt* temporary economic dip; **~politik** *f* *policies aimed at preventing economic fluctuations.*

konkav [kɔn'kaːf] *adj* concave.

konkret [kɔn'kreːt] *adj* concrete.

Konkurrent(in) [kɔnku'rent(ɪn)] *m(f)* competitor.

Konkurrenz [kɔnku'rents] *f* competition; **jdm** ~ **machen** (*COMM*, *fig*) to compete with sb; **k~fähig** *adj* competitive; **~kampf** *m* competition; (*umg*) rat race.

konkurrieren [kɔnku'riːrən] *vi* to compete.

Konkurs [kɔn'kurs] **(-es, -e)** *m* bankruptcy; **in** ~ **gehen** to go into receivership; ~ **machen** (*umg*) to go bankrupt; **~verfahren** *nt* bankruptcy proceedings *pl*; **~verwalter** *m* receiver; (*von Gläubigern bevollmächtigt*) trustee.

═══════════════ *SCHLÜSSELWORT*

können ['kœnən] (*pt* **konnte**, *pp* **gekonnt** *od* (*als Hilfsverb*) **können**) *vt*, *vi* **1** to be able to; **ich kann es machen** I can do it, I am able to do it; **ich kann es nicht machen** I can't do it, I'm not able to do it; **ich kann nicht ...** I can't ..., I cannot ...; **was ~ Sie?** what can you do?; **ich kann nicht mehr** I can't go on; **ich kann nichts dafür** I can't help it; **du kannst mich (mal)!** (*umg*) get lost!

2 (*wissen, beherrschen*) to know; ~ **Sie Deutsch?** can you speak German?; **er kann gut Englisch** he speaks English well; **sie kann keine Mathematik** she can't do mathematics.

3 (*dürfen*) to be allowed to; **kann ich gehen?** can I go?; **könnte ich ...?** could I ...?; **kann ich mit?** (*umg*) can I come with you?

4 (*möglich sein*): **Sie könnten Recht haben** you may be right; **das kann sein** that's possible; **kann sein** maybe.

─────────────────────────────

Können (-s) *nt* ability.

Könner (-s, -) *m* expert.

Konnossement [kɔnɔsə'mɛnt] *nt* (*Export*) bill of lading.

konnte *etc* ['kɔntə] *vb siehe* **können**.

konsequent [kɔnze'kvɛnt] *adj* consistent; **ein**

Ziel ~ **verfolgen** to pursue an objective single-mindedly.

Konsequenz [kɔnze'kvɛnts] *f* consistency; (*Folgerung*) conclusion; **die ~en tragen** to take the consequences; **(aus etw) die ~en ziehen** to take the appropriate steps.

konservativ [kɔnzɛrva'tiːf] *adj* conservative.

Konservatorium [kɔnzɛrva'toːrium] *nt* academy of music, conservatory.

Konserve [kɔn'zɛrvə] **(-, -n)** *f* tinned (*BRIT*) *od* canned food.

Konservenbüchse *f*, **Konservendose** *f* tin (*BRIT*), can.

konservieren [kɔnzɛr'viːrən] *vt* to preserve.

Konservierung *f* preservation.

Konservierungsstoff *m* preservative.

Konsole [kɔnzo:lə] *f* games console.

konsolidiert [kɔnzoli'diːrt] *adj* consolidated.

Konsolidierung *f* consolidation.

Konsonant [kɔnzo'nant] *m* consonant.

Konsortium [kɔn'zɔrtsium] *nt* consortium, syndicate.

konspirativ [kɔnspira'tiːf] *adj*: ~**e Wohnung** conspirators' hideaway.

konstant [kɔn'stant] *adj* constant.

Konstellation [kɔnstɛlatsi'oːn] *f* constellation; (*fig*) line-up; (*von Faktoren etc*) combination.

Konstitution [kɔnstitutsi'oːn] *f* constitution.

konstitutionell [kɔnstitutsio'nɛl] *adj* constitutional.

konstruieren [kɔnstru'iːrən] *vt* to construct.

Konstrukteur(in) [kɔnstruk'tøːr(ɪn)] *m(f)* designer.

Konstruktion [kɔnstruktsi'on] *f* construction.

Konstruktionsfehler *m* (*im Entwurf*) design fault; (*im Aufbau*) structural defect.

konstruktiv [kɔnstruk'tiːf] *adj* constructive.

Konsul ['kɔnzul] **(-s, -n)** *m* consul.

Konsulat [kɔnzu'laːt] **(-(e)s, -e)** *nt* consulate.

konsultieren [kɔnzul'tiːrən] *vt* to consult.

Konsum¹ [kɔn'zuːm] **(-s)** *m* consumption.

Konsum² ['kɔnzuːm] **(-s, -s)** *m* (*Genossenschaft*) cooperative society; (*Laden*) cooperative store, co-op (*umg*).

Konsumartikel *m* consumer article.

Konsument [kɔnzu'mɛnt] *m* consumer.

Konsumgesellschaft *f* consumer society.

konsumieren [kɔnzu'miːrən] *vt* to consume.

Konsumterror *m* pressures *pl* of a materialistic society.

Konsumzwang *m* compulsion to buy.

Kontakt [kɔn'takt] **(-(e)s, -e)** *m* contact; **mit jdm ~ aufnehmen** to get in touch with sb; **~anzeige** *f* lonely hearts ad; **k~arm** *adj* unsociable; **k~freudig** *adj* sociable.

kontaktieren [kɔntak'tiːrən] *vt* to contact.

Kontakt- *zW*: ~**linsen** *pl* contact lenses *pl*; ~**mann** *m* **(-(e)s,** *pl* **-männer)** *m* (*Agent*) contact; ~**sperre** *f* ban on visits and letters (*to a prisoner*).

Konterfei ['kɔntərfaɪ] (-s, -s) *nt* likeness, portrait.

kontern ['kɔntərn] *vt, vi* to counter.

Konterrevolution ['kɔntərrevolutsioːn] *f* counter-revolution.

Kontinent [kɔnti'nɛnt] *m* continent.

Kontingent [kɔntɪŋ'gɛnt] (-(e)s, -e) *nt* quota; (*Truppen~*) contingent.

kontinuierlich [kɔntinu'iːrlɪç] *adj* continuous.

Kontinuität [kɔntinui'tɛːt] *f* continuity.

Konto ['kɔnto] (-s, **Konten**) *nt* account; **das geht auf mein** ~ (*umg: ich bin schuldig*) I am to blame for this; (*ich zahle*) this is on me (*umg*); ~**auszug** *m* statement (of account); ~**inhaber(in)** *m(f)* account holder.

Kontor [kɔn'toːr] (-s, -e) *nt* office.

Kontorist(in) [kɔnto'rɪst(ɪn)] *m(f)* clerk, office worker.

Kontostand *m* bank balance.

kontra ['kɔntra] *präp +akk* against; (*JUR*) versus.

Kontra (-s, -s) *nt* (*KARTEN*) double; **jdm** ~ **geben** (*fig*) to contradict sb.

Kontrabass▲ *m* double bass.

Kontrahent [-'hɛnt] *m* contracting party; (*Gegner*) opponent.

Kontrapunkt *m* counterpoint.

Kontrast [kɔn'trast] (-(e)s, -e) *m* contrast.

Kontrollabschnitt *m* (*COMM*) counterfoil, stub.

Kontrollampe△ [kɔn'trɔllampə] *f siehe* **Kontrolllampe**.

Kontrolle [kɔn'trɔlə] (-, -n) *f* control, supervision; (*Pass~*) passport control.

Kontrolleur [kɔntrɔ'løːr] *m* inspector.

kontrollieren [kɔntrɔ'liːrən] *vt* to control, supervise; (*nachprüfen*) to check.

Kontrolllampe▲ [kɔn'trɔllampə] *f* pilot lamp; (*AUT: für Ölstand etc*) warning light.

Kontrollturm *m* control tower.

Kontroverse [kɔntro'vɛrzə] (-, -n) *f* controversy.

Kontur [kɔn'tuːr] *f* contour.

Konvention [kɔnvɛntsi'oːn] *f* convention.

Konventionalstrafe [kɔnvɛntsio'naːlʃtraːfə] *f* penalty *od* fine (*for breach of contract*).

konventionell [kɔnvɛntsio'nɛl] *adj* conventional.

Konversation [kɔnvɛrzatsi'oːn] *f* conversation.

Konversationslexikon *nt* encyclopaedia.

konvex [kɔn'vɛks] *adj* convex.

Konvoi ['kɔnvɔy] (-s, -s) *m* convoy.

Konzentrat [kɔntsɛn'traːt] (-s, -e) *nt* concentrate.

Konzentration [kɔntsɛntratsi'oːn] *f* concentration.

Konzentrationsfähigkeit *f* power of concentration.

Konzentrationslager *nt* concentration camp.

konzentrieren [kɔntsɛn'triːrən] *vt, vr* to concentrate.

konzentriert *adj* concentrated ◆ *adv* (*zuhören, arbeiten*) intently.

Konzept [kɔn'tsɛpt] (-(e)s, -e) *nt* rough draft; (*Plan, Programm*) plan; (*Begriff, Vorstellung*) concept; **jdn aus dem** ~ **bringen** to confuse sb; ~**papier** *nt* rough paper.

Konzern [kɔn'tsɛrn] (-s, -e) *m* combine.

Konzert [kɔn'tsɛrt] (-(e)s, -e) *nt* concert; (*Stück*) concerto; ~**saal** *m* concert hall.

Konzession [kɔntsɛsi'oːn] *f* licence (*BRIT*), license (*US*); (*Zugeständnis*) concession; **die** ~ **entziehen** +*dat* (*COMM*) to disenfranchise.

Konzessionär [kɔntsɛsio'nɛːr] (-s, -e) *m* concessionaire.

konzessionieren [kɔntsɛsio'niːrən] *vt* to license.

Konzil [kɔn'tsiːl] (-s, -e *od* -ien) *nt* council.

konzipieren [kɔntsi'piːrən] *vt* to conceive; (*entwerfen*) to design.

kooperativ [ko|opera'tiːf] *adj* cooperative.

kooperieren [koǀope'riːrən] *vi* to cooperate.

koordinieren [koǀɔrdi'niːrən] *vt* to coordinate.

Kopenhagen [koːpən'haːgən] (-s) *nt* Copenhagen.

Kopf [kɔpf] (-(e)s, ̈-e) *m* head; ~ **hoch!** chin up!; ~ **an** ~ shoulder to shoulder; (*SPORT*) neck and neck; **pro** ~ per person *od* head; ~ **oder Zahl?** heads or tails?; **jdm den** ~ **waschen** (*fig: umg*) to give sb a piece of one's mind; **jdm über den** ~ **wachsen** (*lit*) to outgrow sb; (*fig: Sorgen etc*) to be more than sb can cope with; **jdn vor den** ~ **stoßen** to antagonize sb; **sich** *dat* **an den** ~ **fassen** (*fig*) to be speechless; **sich** *dat* **über etw** *akk* **den** ~ **zerbrechen** to rack one's brains over sth; **sich** *dat* **etw durch den** ~ **gehen lassen** to think about sth; **sich** *dat* **etw aus dem** ~ **schlagen** to put sth out of one's mind; ... **und wenn du dich auf den** ~ **stellst!** (*umg*) ... no matter what you say/do!; **er ist nicht auf den** ~ **gefallen** he's no fool; ~**bahnhof** *m* terminus station; ~**bedeckung** *f* headgear.

Köpfchen ['kœpfçən] *nt*: ~ **haben** to be brainy.

köpfen ['kœpfən] *vt* to behead; (*Baum*) to lop; (*Ei*) to take the top off; (*Ball*) to head.

Kopf- *zW*: ~**ende** *nt* head; ~**haut** *f* scalp; ~**hörer** *m* headphone; ~**kissen** *nt* pillow; **k~lastig** *adj* (*fig*) completely rational; **k~los** *adj* panic-stricken; ~**losigkeit** *f* panic; **k~rechnen** *vi* to do mental arithmetic; ~**salat** *m* lettuce; **k~scheu** *adj*: **jdn k~scheu machen** to intimidate sb; ~**schmerzen** *pl* headache *sing*; ~**sprung** *m* header, dive; ~**stand** *m* headstand; ~**steinpflaster** *nt*: **eine Straße mit** ~**steinpflaster** a cobbled street; ~**stütze** *f* headrest; (*im Auto*) head restraint;

~**tuch** nt headscarf; **k~über** adv head-first;
~**weh** nt headache; ~**zerbrechen** nt: **jdm**
~**zerbrechen machen** to give sb a lot of
headaches.
Kopie [ko'pi:] f copy.
kopieren [ko'pi:rən] vt to copy.
Kopierer (-s, -) m (photo)copier.
Kopilot(in) ['ko:pilo:t(ın)] m(f) co-pilot.
Koppel¹ ['kɔpəl] (-, -n) f (Weide) enclosure.
Koppel² ['kɔpəl] (-s, -) nt (Gürtel) belt.
koppeln vt to couple.
Koppelung f coupling.
Koppelungsmanöver nt docking manoeuvre
(BRIT) od maneuver (US).
Koralle [ko'ralə] (-, -n) f coral.
Korallenkette f coral necklace.
Korallenriff nt coral reef.
Korb [kɔrp] (-(e)s, ⁻e) m basket; **jdm einen**
~ **geben** (fig) to turn sb down; ~**ball** m
basketball.
Körbchen ['kœrpçən] nt (von Büstenhalter) cup.
Korbstuhl m wicker chair.
Kord [kɔrt] (-(e)s, -e) m corduroy.
Kordel ['kɔrdəl] (-, -n) f cord, string.
Korea [ko'reːa] (-s) nt Korea.
Koreaner(in) (-s, -) m(f) Korean.
Korfu ['kɔrfu] (-s) nt Corfu.
Korinthe [ko'rıntə] (-, -n) f currant.
Korinthenkacker [ko'rıntənkakər] (-s, -)
(umg) m fusspot, hair-splitter.
Kork [kɔrk] (-(e)s, -e) m cork.
Korken (-s, -) m stopper, cork; ~**zieher** (-s, -)
m corkscrew.
Korn¹ [kɔrn] (-(e)s, ⁻er) nt corn, grain.
Korn² [kɔrn] (-(e)s, -e) nt (Gewehr) sight; **etw**
aufs ~ **nehmen** (fig: umg) to hit out at sth.
Korn³ [kɔrn] (-, -s) m (Kornbranntwein) corn
schnapps.
Kornblume f cornflower.
Körnchen ['kœrnçən] nt grain, granule.
körnig ['kœrnıç] adj granular, grainy.
Kornkammer f granary.
Körnung ['kœrnʊŋ] f (TECH) grain size; (PHOT)
granularity.
Körper ['kœrper] (-s, -) m body; ~**bau** m build;
k~behindert adj disabled; ~**geruch** m body
odour (BRIT) od odor (US); ~**gewicht** nt
weight; ~**größe** f height; ~**haltung** f
carriage, deportment; **k~lich** adj physical;
k~liche Arbeit manual work; ~**pflege** f
personal hygiene; ~**schaft** f corporation;
~**schaft des öffentlichen Rechts** public
corporation od body; ~**schaftssteuer** f
corporation tax; ~**sprache** f body language;
~**teil** m part of the body; ~**verletzung** f
(JUR): **schwere** ~**verletzung** grievous bodily
harm.
Korps [koːr] (-, -) nt (MIL) corps; (UNIV)
students' club.
korpulent [kɔrpu'lɛnt] adj corpulent.

korrekt [kɔ'rɛkt] adj correct; **K~heit** f
correctness.
Korrektor(in) [kɔ'rɛktɔr, -'toːrın] (-s, -) m(f)
proofreader.
Korrektur [kɔrɛk'tuːr] f (eines Textes)
proofreading; (Text) proof; (SCH) marking,
correction; (**bei etw**) ~ **lesen** to proofread
(sth); ~**fahne** f (TYP) proof.
Korrespondent(in) [kɔrɛspɔn'dɛnt(ın)] m(f)
correspondent.
Korrespondenz [kɔrɛspɔn'dɛnts] f
correspondence; ~**qualität** f (Drucker) letter
quality.
korrespondieren [kɔrɛspɔn'diːrən] vi to
correspond.
Korridor ['kɔridoːr] (-s, -e) m corridor.
korrigieren [kɔri'giːrən] vt to correct;
(Meinung, Einstellung) to change.
Korrosion [kɔrozi'oːn] f corrosion.
Korrosionsschutz m corrosion protection.
korrumpieren [kɔrʊm'piːrən] vt (auch
COMPUT) to corrupt.
korrupt [kɔ'rʊpt] adj corrupt.
Korruption [kɔrʊptsi'oːn] f corruption.
Korsett [kɔr'zɛt] (-(e)s, -e) nt corset.
Korsika ['kɔrzika] (-s) nt Corsica.
Koseform ['koːzəfɔrm] f pet form.
kosen vt to caress ♦ vi to bill and coo.
Kosename m pet name.
Kosewort nt term of endearment.
Kosmetik [kɔs'meːtık] f cosmetics pl.
Kosmetikerin f beautician.
kosmetisch adj cosmetic; (Chirurgie) plastic.
kosmisch ['kɔsmıʃ] adj cosmic.
Kosmonaut [kɔsmo'naʊt] (-en, -en) m
cosmonaut.
Kosmopolit [kɔsmopo'liːt] (-en, -en) m
cosmopolitan; **k~isch** [-po'liːtıʃ] adj
cosmopolitan.
Kosmos ['kɔsmɔs] (-) m cosmos.
Kost [kɔst] (-) f (Nahrung) food; (Verpflegung)
board; ~ **und Logis** board and lodging.
kostbar adj precious; (teuer) costly,
expensive; **K~keit** f preciousness;
costliness, expensiveness; (Wertstück)
treasure.
Kosten pl cost(s); (Ausgaben) expenses pl; **auf**
~ **von** at the expense of; **auf seine**
~ **kommen** (fig) to get one's money's worth.
kosten vt to cost; (versuchen) to taste ♦ vi to
taste; **koste es, was es wolle** whatever the
cost.
Kosten- zW: ~**anschlag** m estimate;
k~deckend adj cost-effective; ~**erstattung** f
reimbursement of expenses; ~**kontrolle** f
cost control; **k~los** adj free (of charge); ~**-**
Nutzen-Analyse f cost-benefit analysis;
k~pflichtig adj: **ein Auto k~pflichtig**
abschleppen to tow away a car at the
owner's expense; ~**stelle** f (COMM) cost

centre (*BRIT*) *od* center (*US*); ~**voranschlag** *m* (costs) estimate.

Kostgeld *nt* board.

köstlich ['kœstlıç] *adj* precious; (*Einfall*) delightful; (*Essen*) delicious; **sich ~ amüsieren** to have a marvellous time.

Kostprobe *f* taste; (*fig*) sample.

kostspielig *adj* expensive.

Kostüm [kɔs'tyːm] (**-s, -e**) *nt* costume; (*Damen~*) suit; **~fest** *nt* fancy-dress party.

kostümieren [kɔsty'miːrən] *vt, vr* to dress up.

Kostümprobe *f* (*THEAT*) dress rehearsal.

Kostümverleih *m* costume agency.

Kot [koːt] (**-(e)s**) *m* excrement.

Kotelett [kotə'lɛt] (**-(e)s, -e** *od* **-s**) *nt* cutlet, chop.

Koteletten *pl* sideboards *pl* (*BRIT*), sideburns *pl* (*US*).

Köter ['køːtər] (**-s, -**) *m* cur.

Kotflügel *m* (*AUT*) wing.

kotzen ['kɔtsən] (*umg!*) *vi* to puke (*!*), throw up; **das ist zum K~** it makes you sick.

KP (**-, -s**) *f abk* (= *Kommunistische Partei*) C.P.

KPÖ (**-**) *f abk* (= *Kommunistische Partei Österreichs*) Austrian Communist Party.

Kr. *abk* = **Kreis**.

Krabbe ['krabə] (**-, -n**) *f* shrimp.

krabbeln *vi* to crawl.

Krach [krax] (**-(e)s, -s** *od* **-e**) *m* crash; (*andauernd*) noise; (*umg: Streit*) quarrel, argument; **~ schlagen** to make a fuss; **k~en** *vi* to crash; (*beim Brechen*) to crack ♦ *vr* (*umg*) to argue, quarrel.

krächzen ['krɛçtsən] *vi* to croak.

Kräcker ['krɛkər] (**-s, -**) *m* (*KOCH*) cracker.

kraft [kraft] *präp +gen* by virtue of.

Kraft (**-, -̈e**) *f* strength; (*von Stimme, fig*) power, force; (*Arbeits~*) worker; **mit vereinten Kräften werden wir ... if** we combine our efforts we will ...; **nach (besten) Kräften** to the best of one's abilities; **außer ~ sein** (*JUR: Geltung*) to be no longer in force; **in ~ treten** to come into effect.

Kraft- *zW:* **~aufwand** *m* effort; **~ausdruck** *m* swearword; **~brühe** *f* beef tea.

Kräfteverhältnis ['krɛftəferhɛltnıs] *nt* (*POL*) balance of power; (*von Mannschaften etc*) relative strength.

Kraftfahrer *m* motor driver.

Kraftfahrzeug *nt* motor vehicle; **~brief** *m* (*AUT*) logbook (*BRIT*), motor-vehicle registration certificate (*US*); **~schein** *m* (*AUT*) car licence (*BRIT*) *od* license (*US*); **~steuer** *f* ≈ road tax.

kräftig ['krɛftıç] *adj* strong; (*Suppe, Essen*) nourishing; **~en** ['krɛftıgən] *vt* to strengthen.

Kraft- *zW:* **k~los** *adj* weak; powerless; (*JUR*) invalid; **~meierei** (*umg*) *f showing off of physical strength*; **~probe** *f* trial of

strength; **~rad** *nt* motorcycle; **~stoff** *m* fuel; **~training** *nt* weight training; **k~voll** *adj* vigorous; **~wagen** *m* motor vehicle; **~werk** *nt* power station; **~werker** *m* power station worker.

Kragen ['kraːgən] (**-s, -**) *m* collar; **da ist mir der ~ geplatzt** (*umg*) I blew my top; **es geht ihm an den ~** (*umg*) he's in for it; **~weite** *f* collar size; **das ist nicht meine ~weite** (*fig: umg*) that's not my cup of tea.

Krähe ['krɛːə] (**-, -n**) *f* crow.

krähen *vi* to crow.

krakeelen [kra'keːlən] (*umg*) *vi* to make a din.

krakelig ['kraːkəlıç] (*umg*) *adj* (*Schrift*) scrawly, spidery.

Kralle ['kralə] (**-, -n**) *f* claw; (*Vogel~*) talon.

krallen *vt* to clutch; (*krampfhaft*) to claw.

Kram [kraːm] (**-(e)s**) *m* stuff, rubbish; **den ~ hinschmeißen** (*umg*) to chuck the whole thing; **k~en** *vi* to rummage; **~laden** (*pej*) *m* small shop.

Krampf [krampf] (**-(e)s, -̈e**) *m* cramp; (*zuckend*) spasm; (*Unsinn*) rubbish; **~ader** *f* varicose vein; **k~haft** *adj* convulsive; (*fig: Versuche*) desperate.

Kran [kraːn] (**-(e)s, -̈e**) *m* crane; (*Wasser~*) tap (*BRIT*), faucet (*US*).

Kranich ['kraːnıç] (**-s, -e**) *m* (*ZOOL*) crane.

krank [kraŋk] *adj* ill, sick; **das macht mich ~!** (*umg*) it gets on my nerves!, it drives me round the bend!; **sich ~ stellen** to pretend to be ill, malinger.

Kranke(r) *f(m)* sick person, invalid; (*Patient*) patient.

kränkeln ['krɛŋkəln] *vi* to be in bad health.

kranken ['kraŋkən] *vi:* **an etw** *dat* **~** (*fig*) to suffer from sth.

kränken ['krɛŋkən] *vt* to hurt.

Kranken- *zW:* **~bericht** *m* medical report; **~besuch** *m* visit to a sick person; **~geld** *nt* sick pay; **~geschichte** *f* medical history; **~gymnastik** *f* physiotherapy; **~haus** *nt* hospital; **~kasse** *f* health insurance; **~pfleger** *m* orderly; (*mit Schwesternausbildung*) male nurse; **~pflegerin** *f* nurse; **~schein** *m* medical insurance certificate; **~schwester** *f* nurse; **~versicherung** *f* health insurance; **~wagen** *m* ambulance.

krankfeiern (*umg*) *vi* to be off sick; (*vortäuschend*) to skive (*BRIT*).

krankhaft *adj* diseased; (*Angst etc*) morbid; **sein Geiz ist schon ~** his meanness is almost pathological.

Krankheit *f* illness; disease; **nach langer schwerer ~** after a long serious illness.

Krankheitserreger *m* disease-causing agent.

kränklich ['krɛŋklıç] *adj* sickly.

krankmelden▲ *vr* to let one's boss *etc* know that one is ill; (*telefonisch*) to phone in sick;

(*bes MIL*) to report sick.

krankschreiben▲ *unreg vt* to give sb a medical certificate; (*bes MIL*) to put sb on the sick list.

Kränkung *f* insult, offence (*BRIT*), offense (*US*).

Kranz [krants] (**-es, ⁔e**) *m* wreath, garland.

Kränzchen ['krɛntsçən] *nt* small wreath; (*fig: Kaffee~*) coffee circle.

Krapfen ['krapfən] (**-s, -**) *m* fritter; (*Berliner*) doughnut (*BRIT*), donut (*US*).

krass▲ [kras] *adj* crass; (*Unterschied*) extreme.

Krater ['kraːtər] (**-s, -**) *m* crater.

Kratzbürste ['kratsbyrstə] *f* (*fig*) crosspatch.

Krätze ['krɛtsə] *f* (*MED*) scabies *sing*.

kratzen ['kratsən] *vt, vi* to scratch; (*ab~*): **etw von etw ~** to scrape sth off sth.

Kratzer (**-s, -**) *m* scratch; (*Werkzeug*) scraper.

Kraul [kraul] (**-s**) *nt* (*auch*: **~schwimmen**) crawl; **k~en** *vi* (*schwimmen*) to do the crawl ♦ *vt* (*streicheln*) to tickle.

kraus [kraus] *adj* crinkly; (*Haar*) frizzy; (*Stirn*) wrinkled.

Krause ['krauzə] (**-, -n**) *f* frill, ruffle.

kräuseln ['krɔyzəln] *vt* (*Haar*) to make frizzy; (*Stoff*) to gather; (*Stirn*) to wrinkle ♦ *vr* (*Haar*) to go frizzy; (*Stirn*) to wrinkle; (*Wasser*) to ripple.

Kraut [kraut] (**-(e)s, Kräuter**) *nt* plant; (*Gewürz*) herb; (*Gemüse*) cabbage; **dagegen ist kein ~ gewachsen** (*fig*) there's nothing anyone can do about that; **ins ~ schießen** (*lit*) to run to seed; (*fig*) to get out of control; **wie ~ und Rüben** (*umg*) extremely untidy.

Kräutertee ['krɔytərteː] *m* herb tea.

Krawall [kra'val] (**-s, -e**) *m* row, uproar.

Krawatte [kra'vatə] (**-, -n**) *f* tie.

kreativ [krea'tiːf] *adj* creative.

Kreativität [kreativi'tɛːt] *f* creativity.

Kreatur [krea'tuːr] *f* creature.

Krebs [kreːps] (**-es, -e**) *m* crab; (*MED*) cancer; (*ASTROL*) Cancer; **~ erregend** carcinogenic; **k~krank** *adj* suffering from cancer; **k~krank sein** to have cancer; **~kranke(r)** *f(m)* cancer victim; (*Patient*) cancer patient; **k~rot** *adj* red as a lobster.

Kredit [kre'diːt] (**-(e)s, -e**) *m* credit; (*Darlehen*) loan; (*fig*) standing; **~drosselung** *f* credit squeeze; **k~fähig** *adj* creditworthy; **~grenze** *f* credit limit; **~hai** (*umg*) *m* loan-shark; **~karte** *f* credit card; **~konto** *nt* credit account; **~politik** *f* lending policy; **k~würdig** *adj* creditworthy; **~würdigkeit** *f* creditworthiness, credit status.

Kreide ['kraidə] (**-, -n**) *f* chalk; **bei jdm (tief) in der ~ stehen** to be (deep) in debt to sb; **k~bleich** *adj* as white as a sheet.

Kreis [krais] (**-es, -e**) *m* circle; (*Stadt~ etc*) district; **im ~ gehen** (*lit, fig*) to go round in circles; (**weite**) **~e ziehen** (*fig*) to have

(*wide*) repercussions; **weite ~e der Bevölkerung** wide sections of the population; **eine Feier im kleinen ~e** a celebration for a few close friends and relatives.

kreischen ['kraiʃən] *vi* to shriek, screech.

Kreisel ['kraizəl] (**-s, -**) *m* top; (*Verkehrs~*) roundabout (*BRIT*), traffic circle (*US*).

kreisen ['kraizən] *vi* to spin; (*fig: Gedanken, Gespräch*): **~ um** to revolve around.

Kreis- *zW*: **k~förmig** *adj* circular; **~lauf** *m* (*MED*) circulation; (*fig: der Natur etc*) cycle; **~laufkollaps** *m* circulatory collapse; **~laufstörungen** *pl* circulation trouble *sing*; **~säge** *f* circular saw.

Kreißsaal ['kraiszaːl] *m* delivery room.

Kreisstadt *f* ≈ county town.

Kreisverkehr *m* roundabout (*BRIT*), traffic circle (*US*).

Krematorium [krema'toːriʊm] *nt* crematorium.

Kreml ['kreːml] (**-s**) *m*: **der ~** the Kremlin.

Krempe ['krɛmpə] (**-, -n**) *f* brim.

Krempel (**-s**) (*umg*) *m* rubbish.

krepieren [kre'piːrən] (*umg*) *vi* (*sterben*) to die, kick the bucket.

Krepp [krɛp] (**-s, -s** *od* **-e**) *m* crêpe.

Krepppapier▲ *nt* crêpe paper.

Kreppsohle *f* crêpe sole.

Kresse ['krɛsə] (**-, -n**) *f* cress.

Kreta ['kreːta] (**-s**) *nt* Crete.

Kreter(in) [kreːtər(ɪn)] (**-s, -**) *m(f)* Cretan.

kretisch *adj* Cretan.

kreuz [krɔyts] *adj*: **~ und quer** all over.

Kreuz (**-es, -e**) *nt* cross; (*ANAT*) small of the back; (*KARTEN*) clubs; (*MUS*) sharp; (*Autobahn~*) intersection; **zu ~e kriechen** (*fig*) to eat humble pie, eat crow (*US*); **jdn aufs ~ legen** to throw sb on his back; (*fig: umg*) to take sb for a ride.

kreuzen *vt* to cross ♦ *vr* to cross; (*Meinungen etc*) to clash ♦ *vi* (*NAUT*) to cruise; **die Arme ~** to fold one's arms.

Kreuzer (**-s, -**) *m* (*Schiff*) cruiser.

Kreuz- *zW*: **~fahrt** *f* cruise; **~feuer** *nt* (*fig*): **im ~feuer stehen** to be caught in the crossfire; **~gang** *m* cloisters *pl*.

kreuzigen *vt* to crucify.

Kreuzigung *f* crucifixion.

Kreuzotter *f* adder.

Kreuzschmerzen *pl* backache *sing*.

Kreuzung *f* (*Verkehrs~*) crossing, junction; (*Züchtung*) cross.

Kreuz- *zW*: **k~unglücklich** *adj* absolutely miserable; **~verhör** *nt* cross-examination; **ins ~verhör nehmen** to cross-examine; **~weg** *m* crossroads; (*REL*) Way of the Cross; **~worträtsel** *nt* crossword puzzle; **~zeichen** *nt* sign of the cross; **~zug** *m* crusade.

kribb(e)lig ['krɪb(ə)lɪç] (*umg*) *adj* fidgety;

(*kribbelnd*) tingly.

kribbeln ['krɪbəln] *vi* (*jucken*) to itch; (*prickeln*) to tingle.

kriechen ['kriːçən] *unreg vi* to crawl, creep; (*pej*) to grovel, crawl.

Kriecher (**-s,** -) *m* crawler.

kriecherisch *adj* grovelling (*BRIT*), groveling (*US*).

Kriechspur *f* crawler lane (*BRIT*).

Kriechtier *nt* reptile.

Krieg [kriːk] (**-(e)s,** -e) *m* war; ~ **führen (mit** *od* **gegen)** to wage war (on).

kriegen ['kriːgən] (*umg*) *vt* to get.

Krieger (**-s,** -) *m* warrior; ~**denkmal** *nt* war memorial; **k~isch** *adj* warlike.

Kriegführung *f* warfare.

Kriegs- *zW:* ~**beil** *nt:* **das** ~**beil begraben** (*fig*) to bury the hatchet; ~**bemalung** *f* war paint; ~**dienstverweigerer** *m* conscientious objector; ~**erklärung** *f* declaration of war; ~**fuß** *m:* **mit jdm/etw auf** ~**fuß stehen** to be at loggerheads with sb/not to get on with sth; ~**gefangene(r)** *f(m)* prisoner of war; ~**gefangenschaft** *f* captivity; ~**gericht** *nt* court-martial; ~**rat** *m* council of war; ~**recht** *nt* (*MIL*) martial law; ~**schauplatz** *m* theatre (*BRIT*) *od* theater (*US*) of war; ~**schiff** *nt* warship; ~**schuld** *f* war guilt; ~**verbrecher** *m* war criminal; ~**versehrte(r)** *f(m)* person disabled in the war; ~**zustand** *m* state of war.

Krim [krɪm] *f:* **die** ~ **the Crimea.**

Krimi ['kriːmi] (**-s,** -s) (*umg*) *m* thriller.

kriminal [krimi'naːl] *adj* criminal; **K~beamte(r)** *m* detective; **K~film** *m* crime thriller *od* movie (*bes US*).

Kriminalität [kriminali'tɛːt] *f* criminality.

Kriminalpolizei *f* ≈ Criminal Investigation Department (*BRIT*), Federal Bureau of Investigation (*US*).

Kriminalroman *m* detective story.

kriminell [krimi'nɛl] *adj* criminal.

Kriminelle(r) *f(m)* criminal.

Krimskrams ['krɪmskrams] (**-es**) (*umg*) *m* odds and ends *pl*.

Kringel ['krɪŋəl] (**-s,** -) *m* (*der Schrift*) squiggle; (*KOCH*) ring.

kringelig *adj:* **sich** ~ **lachen** (*umg*) to kill o.s. laughing.

Kripo ['kriːpo] (**-,** -s) *f abk* (= *Kriminalpolizei*) ≈ CID (*BRIT*), FBI (*US*).

Krippe ['krɪpə] (**-,** -n) *f* manger, crib; (*Kinder~*) crèche.

Krippenspiel *nt* nativity play.

Krippentod *m* cot death.

Krise ['kriːzə] (**-,** -n) *f* crisis.

kriseln *vi:* **es kriselt** there's a crisis looming, there is trouble brewing.

Krisen- *zW:* **k~fest** *adj* stable; ~**herd** *m* flash point; trouble spot; ~**stab** *m* action *od* crisis committee.

Kristall¹ [krɪs'tal] (**-s,** -e) *m* crystal.

Kristall² (**-s**) *nt* (*Glas*) crystal; ~**zucker** *m* refined sugar crystals *pl*.

Kriterium [kri'teːrium] *nt* criterion.

Kritik [kri'tiːk] *f* criticism; (*Zeitungs~*) review, write-up; **an jdm/etw** ~ **üben** to criticize sb/sth; **unter aller** ~ **sein** (*umg*) to be beneath contempt.

Kritiker(in) ['kriːtikər(ɪn)] (**-s,** -) *m(f)* critic.

kritiklos *adj* uncritical.

kritisch ['kriːtɪʃ] *adj* critical.

kritisieren [kriti'ziːrən] *vt, vi* to criticize.

kritteln ['krɪtəln] *vi* to find fault, carp.

kritzeln ['krɪtsəln] *vt, vi* to scribble, scrawl.

Kroate [kro'aːtə] (**-n,** -n) *m* Croat.

Kroatien [kro'aːtsiən] (**-s**) *nt* Croatia.

Kroatin *f* Croat.

kroatisch *adj* Croatian.

kroch *etc* [krɔx] *vb siehe* **kriechen**.

Krokodil [kroko'diːl] (**-s,** -e) *nt* crocodile.

Krokodilstränen *pl* crocodile tears *pl*.

Krokus ['kroːkus] (**-,** - *od* -**se**) *m* crocus.

Krone ['kroːnə] (**-,** -n) *f* crown; (*Baum~*) top; **einen in der** ~ **haben** (*umg*) to be tipsy.

krönen ['krøːnən] *vt* to crown.

Kron- *zW:* ~**korken** *m* bottle top; ~**leuchter** *m* chandelier; ~**prinz** *m* crown prince.

Krönung ['krøːnuŋ] *f* coronation.

Kronzeuge *m* (*JUR*) person who turns Queen's/King's (*BRIT*) *od* State's (*US*) evidence; (*Hauptzeuge*) principal witness.

Kropf [krɔpf] (**-(e)s,** ⸚e) *m* (*MED*) goitre (*BRIT*), goiter (*US*); (*von Vogel*) crop.

Krösus ['krøːzus] (**-ses,** -se) *m:* **ich bin doch kein** ~ (*umg*) I'm not made of money.

Kröte ['krøːtə] (**-,** -n) *f* toad; **Kröten** *pl* (*umg:* *Geld*) pennies *pl*.

Krs. *abk* = **Kreis**.

Krücke ['krʏkə] (**-,** -n) *f* crutch.

Krug [kruːk] (**-(e)s,** ⸚e) *m* jug; (*Bier~*) mug.

Krümel ['kryːməl] (**-s,** -) *m* crumb.

krümeln *vt, vi* to crumble.

krumm [krum] *adj* (*lit, fig*) crooked; (*kurvig*) curved; **jdm etw** ~ **nehmen** (*umg*) to take sth amiss; **keinen Finger** ~ **machen** (*umg*) not to lift a finger; **ein** ~**es Ding drehen** (*umg*) to do something crooked; ~**beinig** *adj* bandy-legged.

krümmen ['krʏmən] *vt* to bend ♦ *vr* to bend, curve.

krummlachen (*umg*) *vr* to laugh o.s. silly; **sich krumm- und schieflachen** to fall about laughing.

Krümmung *f* bend, curve.

Krüppel ['krʏpəl] (**-s,** -) *m* cripple.

Kruste ['krustə] (**-,** -n) *f* crust.

Kruzifix [krutsi'fɪks] (**-es,** -e) *nt* crucifix.

Kt. *abk* = **Kanton**.

Kto. *abk* (= *Konto*) a/c.

Kuba ['kuːba] (-s) nt Cuba.

Kubaner(in) [ku'baːnər(ɪn)] (-s, -) m(f) Cuban.

kubanisch [ku'baːnɪʃ] adj Cuban.

Kübel ['kyːbəl] (-s, -) m tub; (Eimer) pail.

Kubik- [ku'biːk] in zW cubic; ~**meter** m cubic metre (BRIT) od meter (US).

Küche ['kʏçə] (-, -n) f kitchen; (Kochen) cooking, cuisine.

Kuchen ['kuːxən] (-s, -) m cake; ~**blech** nt baking tray; ~**form** f baking tin (BRIT) od pan (US); ~**gabel** f pastry fork.

Küchen- zW: ~**gerät** nt kitchen utensil; (elektrisch) kitchen appliance; ~**herd** m cooker, stove; ~**maschine** f food processor; ~**messer** nt kitchen knife; ~**schabe** f cockroach; ~**schrank** m kitchen cabinet.

Kuchenteig m cake mixture.

Kuckuck ['kʊkʊk] (-s, -e) m cuckoo; (umg: Siegel des Gerichtsvollziehers) bailiff's seal (for distraint of goods); **das weiß der** ~ heaven (only) knows.

Kuckucksuhr f cuckoo clock.

Kuddelmuddel ['kʊdəlmʊdəl] (-s) (umg) m od nt mess.

Kufe ['kuːfə] (-, -n) f (Fass~) vat; (Schlitten~) runner; (AVIAT) skid.

Kugel ['kuːgəl] (-, -n) f ball; (MATH) sphere; (MIL) bullet; (Erd~) globe; (SPORT) shot; **eine ruhige** ~ **schieben** (umg) to have a cushy number; **k~förmig** adj spherical; ~**kopf** m (Schreibmaschine) golf ball; ~**kopfschreibmaschine** f golf-ball typewriter; ~**lager** nt ball bearing.

kugeln vt to roll; (SPORT) to bowl ♦ vr (vor Lachen) to double up.

Kugel- zW: **k~rund** adj (Gegenstand) round; (umg: Person) tubby; ~**schreiber** m ball-point (pen), Biro ®; **k~sicher** adj bulletproof; ~**stoßen** (-s) nt shot put.

Kuh [kuː] (-, ⁻e) f cow; (pej: umg) nt one-horse town; ~**handel** (pej: umg) m horse-trading; ~**haut** f: **das geht auf keine** ~**haut** (fig: umg) that's absolutely incredible.

kühl [kyːl] adj (lit, fig) cool; **K~anlage** f refrigeration plant.

Kühle (-) f coolness.

kühlen vt to cool.

Kühler (-s, -) m (AUT) radiator; ~**haube** f (AUT) bonnet (BRIT), hood (US).

Kühl- zW: ~**flüssigkeit** f coolant; ~**haus** nt cold-storage depot; ~**raum** m cold-storage chamber; ~**schrank** m refrigerator; ~**tasche** f cool bag; ~**truhe** f freezer.

Kühlung f cooling.

Kühlwagen m (EISENB, Lastwagen) refrigerator van.

Kühlwasser nt coolant.

kühn [kyːn] adj bold, daring; **K~heit** f boldness.

Kuhstall m cow-shed.

k. u. k. abk (= kaiserlich und königlich) imperial and royal.

Küken ['kyːkən] (-s, -) nt chicken; (umg: Nesthäkchen) baby of the family.

kulant [ku'lant] adj obliging.

Kulanz [ku'lants] f accommodating attitude, generousness.

Kuli ['kuːli] (-s, -s) m coolie; (umg: Kugelschreiber) Biro ®.

kulinarisch [kuli'naːrɪʃ] adj culinary.

Kulisse [ku'lɪsə] (-, -n) f scene.

Kulissenschieber(in) m(f) stagehand.

Kulleraugen ['kʊləraugən] (umg) pl wide eyes pl.

kullern ['kʊlərn] vi to roll.

Kult [kʊlt] (-(e)s, -e) m worship, cult; **mit etw** ~ **treiben** to make a cult out of sth.

kultivieren [kʊlti'viːrən] vt to cultivate.

kultiviert adj cultivated, refined.

Kultstätte f place of worship.

Kultur [kʊl'tuːr] f culture; (Lebensform) civilization; (des Bodens) cultivation; ~**banause** (umg) m philistine, low-brow; ~**betrieb** m culture industry; ~**beutel** m toilet bag (BRIT), washbag.

kulturell [kʊltu'rɛl] adj cultural.

Kulturfilm m documentary film.

Kulturhauptstadt f: **Europäische** ~ European City of Culture.

Kulturteil m (von Zeitung) arts section.

Kultusminister ['kʊltʊsmɪnɪstər] m minister of education and the arts.

Kümmel ['kʏməl] (-s, -) m caraway seed; (Branntwein) kümmel.

Kummer ['kʊmər] (-s) m grief, sorrow.

kümmerlich ['kʏmərlɪç] adj miserable, wretched.

kümmern vr: **sich um jdn** ~ to look after sb ♦ vt to concern; **sich um etw** ~ to see to sth; **das kümmert mich nicht** that doesn't worry me.

Kumpan(in) [kʊm'paːn(ɪn)] (-s, -e) m(f) mate; (pej) accomplice.

Kumpel ['kʊmpəl] (-s, -) (umg) m mate.

kündbar ['kʏntbaːr] adj redeemable, recallable; (Vertrag) terminable.

Kunde¹ ['kʊndə] (-n, -n) m customer.

Kunde² ['kʊndə] (-, -n) f (Botschaft) news.

Kunden- zW: ~**beratung** f customer advisory service; ~**dienst** m after-sales service; ~**fang** (pej) m: **auf** ~**fang sein** to be touting for customers; ~**fänger** m tout (umg); ~**konto** nt charge account; ~**kreis** m customers pl, clientele; ~**werbung** f publicity (aimed at attracting custom or customers).

Kund- zW: ~**gabe** f announcement; **k~geben** unreg vt to announce; ~**gebung** f announcement; (Versammlung) rally.

kundig adj expert, experienced.

kündigen ['kʏndɪgən] vi to give in one's notice

♦ *vt* to cancel; **jdm** ~ **to give sb his notice;**
zum 1. April ~ to give one's notice for April
1st; (*Mieter*) to give notice for April 1st; (*bei
Mitgliedschaft*) to cancel one's membership
as of April 1st; **(jdm) die Stellung** ~ to give
(sb) notice; **sie hat ihm die Freundschaft
gekündigt** she has broken off their
friendship.
Kündigung *f* notice.
Kündigungsfrist *f* period of notice.
Kündigungsschutz *m* protection against
wrongful dismissal.
Kundin *f* customer.
Kundschaft *f* customers *pl*, clientele.
Kundschafter (**-s, -**) *m* spy; (*MIL*) scout.
künftig ['kʏnftɪç] *adj* future ♦ *adv* in future.
Kunst [kʊnst] (**-, -̈e**) *f* (*auch SCH*) art; (*Können*)
skill; **das ist doch keine** ~ it's easy; **mit
seiner** ~ **am Ende sein** to be at one's wits'
end; **das ist eine brotlose** ~ there's no
money in that; ~**akademie** *f* academy of art;
~**druck** *m* art print; ~**dünger** *m* artificial
manure; ~**erziehung** *f* (*SCH*) art; ~**faser** *f*
synthetic fibre (*BRIT*) od fiber (*US*); ~**fehler** *m*
professional error; (*weniger ernst*) slip;
~**fertigkeit** *f* skilfulness (*BRIT*), skillfulness
(*US*); ~**flieger** *m* stunt flyer; **k~gerecht** *adj*
skilful (*BRIT*), skillful (*US*); ~**geschichte** *f*
history of art; ~**gewerbe** *nt* arts and crafts
pl; ~**griff** *m* trick, knack; ~**händler** *m* art
dealer; ~**harz** *nt* artificial resin; ~**leder** *nt*
artificial leather.
Künstler(in) ['kʏnstlər(ɪn)] (**-s, -**) *m(f)* artist;
k~isch *adj* artistic; ~**name** *m* pseudonym;
(*von Schauspieler*) stage name; ~**pech** (*umg*)
nt hard luck.
künstlich ['kʏnstlɪç] *adj* artificial; ~**e
Intelligenz** (*COMPUT*) artificial intelligence;
sich ~ **aufregen** (*umg*) to get all worked up
about nothing.
Kunst- *zW:* ~**sammler** *m* art collector; ~**seide** *f*
artificial silk; ~**stoff** *m* synthetic material;
~**stopfen** (**-s**) *nt* invisible mending; ~**stück** *nt*
trick; **das ist kein** ~**stück** (*fig*) there's
nothing to it; ~**turnen** *nt* gymnastics *sing*;
k~voll *adj* artistic; ~**werk** *nt* work of art.
kunterbunt ['kʊntərbʊnt] *adj* higgledy-
piggledy.
Kupee [ku'peː] (**-s, -s**) *nt* = Coupé.
Kupfer ['kʊpfər] (**-s, -**) *nt* copper; ~**geld** *nt*
coppers *pl*.
kupfern *adj* copper ♦ *vt* (*fig: umg*) to
plagiarize, copy, imitate.
Kupferstich *m* copperplate engraving.
Kupon [ku'põː, ku'pɔŋ] (**-s, -s**) *m* coupon,
voucher; (*Stoff~*) length of cloth.
Kuppe ['kʊpə] (**-, -n**) *f* (*Berg~*) top; (*Finger~*)
tip.
Kuppel (**-, -n**) *f* cupola, dome.
Kuppelei [kʊpə'laɪ] *f* (*JUR*) procuring.

kuppeln *vi* (*JUR*) to procure; (*AUT*) to operate
od use the clutch ♦ *vt* to join.
Kuppler ['kʊplər] (**-s, -**) *m* procurer; ~**in** *f*
procuress.
Kupplung *f* (*auch TECH*) coupling; (*AUT etc*)
clutch; **die** ~ **(durch)treten** to disengage the
clutch.
Kur [kuːr] (**-, -en**) *f* (*im Kurort*) (health) cure,
(course of) treatment; (*Schlankheitskur*) diet;
eine ~ **machen** to take a cure (in a health
resort).
Kür [kyːr] (**-, -en**) *f* (*SPORT*) free exercises
pl.
Kuratorium [kura'toːriʊm] *nt* (*Vereinigung*)
committee.
Kurbel ['kʊrbəl] (**-, -n**) *f* crank, winder; (*AUT*)
starting handle; ~**welle** *f* crankshaft.
Kürbis ['kʏrbɪs] (**-ses, -se**) *m* pumpkin;
(*exotisch*) gourd.
Kurde ['kʊrdə] (**-n, -n**) *m*, **Kurdin** *f* Kurd.
Kurfürst ['kuːrfʏrst] *m* Elector, electoral
prince.
Kurgast *m* visitor (to a health resort).
Kurier [ku'riːr] (**-s, -e**) *m* courier, messenger.
kurieren [ku'riːrən] *vt* to cure.
kurios [kuri'oːs] *adj* curious, odd.
Kuriosität [kuriozi'tɛːt] *f* curiosity.
Kur- *zW:* ~**konzert** *nt* concert (*at a health resort*);
~**ort** *m* health resort; ~**pfuscher** *m* quack.
Kurs [kʊrs] (**-es, -e**) *m* course; (*FIN*) rate; **hoch
im** ~ **stehen** (*fig*) to be highly thought of;
einen ~ **besuchen** od **mitmachen** to attend a
class; **harter/weicher** ~ (*POL*) hard/soft line;
~**änderung** *f* (*lit, fig*) change of course;
~**buch** *nt* timetable.
Kürschner(in) ['kʏrʃnər(ɪn)] (**-s, -**) *m(f)* furrier.
kursieren [kʊr'ziːrən] *vi* to circulate.
kursiv *adv* in italics.
Kursnotierung *f* quotation.
Kursus ['kʊrzʊs] (**-, Kurse**) *m* course.
Kurswagen *m* (*EISENB*) through carriage.
Kurswert *m* (*FIN*) market value.
Kurtaxe *f* spa tax (*paid by visitors*).
Kurve ['kʊrvə] (**-, -n**) *f* curve; (*Straßen~*) bend;
(*statistisch, Fieber~ etc*) graph; **die** ~ **nicht
kriegen** (*umg*) not to get around to it.
kurvenreich *adj:* „**~e Strecke**" "bends".
kurvig *adj* (*Straße*) bendy.
kurz [kʊrts] *adj* short ♦ *adv:* ~ **und bündig**
concisely; **zu** ~ **kommen** to come off badly;
den Kürzeren ziehen to get the worst of it;
~ **und gut** in short; **über** ~ **oder lang** sooner
or later; **eine Sache** ~ **abtun** to dismiss sth
out of hand; **sich** ~ **fassen** to be brief;
~ **gefasst** concise; ~ **halten** to keep short;
~ **treten** (*fig: umg*) to go easy; **darf ich mal
kurz** ~ **stören?** could I just interrupt for a
moment?
Kurzarbeit *f* short-time work.

KURZARBEIT

Kurzarbeit *is the term used to describe a shorter working week made necessary by a lack of work. It has been introduced in recent years as a preferable alternative to redundancy. It has to be approved by the Arbeitsamt, the job centre, which pays some compensation to the worker for loss of pay.*

L, l

kurzärm(e)lig *adj* short-sleeved.

kurzatmig *adj (fig)* feeble, lame; *(MED)* short-winded.

Kürze ['kʏrtsə] *(-, -n) f* shortness, brevity.

kürzen *vt* to cut short; *(in der Länge)* to shorten; *(Gehalt)* to reduce.

kurzerhand ['kʊrtsər'hant] *adv* without further ado; *(entlassen)* on the spot.

kurz- *zW:* **K~fassung** *f* shortened version; **~fristig** *adj* short-term; **~fristige Verbindlichkeiten** current liabilities *pl;* **K~geschichte** *f* short story; **~lebig** *adj* short-lived.

kürzlich ['kʏrtslɪç] *adv* lately, recently.

Kurz- *zW:* **~meldung** *f* news flash; **~parker** *m* short-stay parker; **~schluss▲** *m (ELEK)* short circuit; **~schlusshandlung▲** *f (fig)* rash action; **~schrift** *f* shorthand; **k~sichtig** *adj* short-sighted; **~strecken-** in *zW* short-range; **~streckenläufer(in)** *m(f)* sprinter; **k~um** *adv* in a word.

Kürzung *f* cutback.

Kurz- *zW:* **~waren** *pl* haberdashery *(BRIT)*, notions *pl (US);* **~welle** *f* short wave.

kuschelig *adj* cuddly.

kuscheln ['kʊʃəln] *vr* to snuggle up.

kuschen ['kʊʃən] *vi, vr (Hund etc)* to get down; *(fig)* to knuckle under.

Kusine [ku'ziːnə] *f* cousin.

Kuss▲ [kʊs] *(-es, ̈-e) m* kiss.

küssen ['kʏsən] *vt, vr* to kiss.

Küste ['kʏstə] *(-, -n) f* coast, shore.

Küsten- *zW:* **~gewässer** *pl* coastal waters *pl;* **~schiff** *nt* coaster; **~wache** *f* coastguard (station).

Küster ['kʏstər] *(-s, -) m* sexton, verger.

Kutsche ['kʊtʃə] *(-, -n) f* coach, carriage.

Kutscher *(-s, -) m* coachman.

kutschieren [kʊ'tʃiːrən] *vi:* **durch die Gegend ~** *(umg)* to drive around.

Kutte ['kʊtə] *(-, -n) f* cowl.

Kuvert [ku'vert] *(-s, -e od -s) nt* envelope; *(Gedeck)* cover.

KV *abk (MUS: = Köchelverzeichnis):* **~ 280** K. (number) 280.

KW *abk (= Kurzwelle)* SW.

kW *abk (= Kilowatt)* kW.

Kybernetik [kyber'neːtɪk] *f* cybernetics *sing.*

kybernetisch [kyber'neːtɪʃ] *adj* cybernetic.

KZ *(-s, -s) nt abk = Konzentrationslager.*

L, l¹ [ɛl] *nt* L, l; **~ wie Ludwig** ≈ L for Lucy, L for Love *(US)*.

l² [ɛl] *abk (= Liter)* l.

laben ['laːbən] *vt* to refresh ♦ *vr* to refresh o.s.; *(fig):* **sich an etw** *dat* **~** to relish sth.

labern ['laːbərn] *(umg) vi* to prattle (on) ♦ *vt* to talk.

labil [la'biːl] *adj (physisch: Gesundheit)* delicate; *(: Kreislauf)* poor; *(psychisch)* unstable.

Labor [la'boːr] *(-s, -e od -s) nt* lab(oratory).

Laborant(in) [labo'rant(ɪn)] *m(f)* lab(oratory) assistant.

Laboratorium [labora'toːrɪʊm] *nt* lab(oratory).

Labyrinth [laby'rɪnt] *(-s, -e) nt* labyrinth.

Lache ['laxə] *(-, -n) f (Wasser)* pool, puddle; *(umg: Gelächter)* laugh.

lächeln ['lɛçəln] *vi* to smile; **L~** *(-s) nt* smile.

lachen ['laxən] *vi* to laugh; **mir ist nicht zum L~** *(zumute od* **zu Mute)** I'm in no laughing mood; **dass ich nicht lache!** *(umg)* don't make me laugh!; **das wäre doch gelacht** it would be ridiculous; **L~** *nt:* **dir wird das L~ schon noch vergehen!** you'll soon be laughing on the other side of your face.

Lacher *(-s, -) m:* **die ~ auf seiner Seite haben** to have the last laugh.

lächerlich ['lɛçərlɪç] *adj* ridiculous; **L~keit** *f* absurdity.

Lach- *zW:* **~gas** *nt* laughing gas; **l~haft** *adj* laughable; **~krampf** *m:* **einen ~krampf bekommen** to go into fits of laughter.

Lachs [laks] *(-es, -e) m* salmon.

Lachsalve ['laxzalvə] *f* burst *od* roar of laughter.

Lachsschinken *m smoked, rolled fillet of ham.*

Lack [lak] *(-(e)s, -e) m* lacquer, varnish; *(von Auto)* paint.

lackieren [la'kiːrən] *vt* to varnish; *(Auto)* to spray.

Lackierer [la'kiːrər] *(-s, -) m* varnisher.

Lackleder *nt* patent leather.

Lackmus ['lakmʊs] *(-) m od nt* litmus.

Lade ['laːdə] *(-, -n) f* box, chest; **~baum** *m* derrick; **~fähigkeit** *f* load capacity; **~fläche** *f* load area; **~gewicht** *nt* tonnage; **~hemmung** *f:* **das Gewehr hat ~hemmung** the gun is jammed.

Laden ['laːdən] *(-s, ̈-) m* shop; *(Fenster~)*

shutter; (*umg: Betrieb*) outfit; **der ~ läuft**
(*umg*) business is good.

laden ['laːdən] *unreg vt* (*Lasten, COMPUT*) to
load; (*JUR*) to summon; (*ein~*) to invite; **eine
schwere Schuld auf sich** *akk* ~ to place o.s.
under a heavy burden of guilt.

Laden- *zW:* **~aufsicht** *f* shopwalker (*BRIT*),
floorwalker (*US*); **~besitzer** *m* shopkeeper;
~dieb *m* shoplifter; **~diebstahl** *m*
shoplifting; **~hüter** (-s, -) *m* unsaleable item;
~preis *m* retail price; **~schluss▲** *m*,
~schlusszeit▲ *f* closing time; **~tisch** *m*
counter.

Laderampe *f* loading ramp.

Laderaum *m* (*NAUT*) hold.

lädieren [lɛ'diːrən] *vt* to damage.

lädt [lɛːt] *vb siehe* **laden**.

Ladung ['laːdʊŋ] *f* (*Last*) cargo, load; (*Beladen*)
loading; (*JUR*) summons; (*Ein~*) invitation;
(*Spreng~*) charge.

lag *etc* [laːk] *vb siehe* **liegen**.

Lage ['laːgə] (-, -n) *f* position, situation;
(*Schicht*) layer; **in der ~ sein** to be in a
position; **eine gute/ruhige ~ haben** to be in
a good/peaceful location; **Herr der ~ sein** to
be in control of the situation; **~bericht** *m*
report; (*MIL*) situation report; **~beurteilung**
f situation assessment.

lagenweise *adv* in layers.

Lager ['laːgər] (-s, -) *nt* camp; (*COMM*)
warehouse; (*Schlaf~*) bed; (*von Tier*) lair;
(*TECH*) bearing; **etw auf ~ haben** to have sth
in stock; **~arbeiter** *m* storehand; **~bestand** *m*
stocks *pl*; **~feuer** *nt* camp fire; **~geld** *nt*
storage (charges *pl*); **~haus** *nt* warehouse,
store.

Lagerist(in) [laːgə'rɪst(ɪn)] *m(f)* storeman,
storewoman.

lagern ['laːgərn] *vi* (*Dinge*) to be stored;
(*Menschen*) to camp; (*auch vr: rasten*) to lie
down ♦ *vt* to store; (*betten*) to lay down;
(*Maschine*) to bed.

Lager- *zW:* **~raum** *m* storeroom; (*in Geschäft*)
stockroom; **~schuppen** *m* store shed;
~stätte *f* resting place.

Lagerung *f* storage.

Lagune [la'guːnə] (-, -n) *f* lagoon.

lahm [laːm] *adj* lame; (*umg: langsam,
langweilig*) dreary, dull; (*Geschäftsgang*)
slow, sluggish; **eine ~e Ente sein** (*umg*) to
have no zip; ~ **legen** to paralyse (*BRIT*),
paralyze (*US*); **~arschig** ['laːmʔarʃɪç] (*umg*)
adj bloody *od* damn (!) slow.

lahmen *vi* to be lame, limp.

lähmen ['lɛːmən] *vt* to paralyse (*BRIT*),
paralyze (*US*).

Lähmung *f* paralysis.

Lahn [laːn] (-) *f* (*Fluss*) Lahn.

Laib [laɪp] (-s, -e) *m* loaf.

Laich [laɪç] (-(e)s, -e) *m* spawn; **l~en** *vi* to

spawn.

Laie ['laɪə] (-n, -n) *m* layman; (*fig, THEAT*)
amateur.

laienhaft *adj* amateurish.

Lakai [la'kaɪ] (-en, -en) *m* lackey.

Laken ['laːkən] (-s, -) *nt* sheet.

Lakritze [la'krɪtsə] (-, -n) *f* liquorice.

lala ['la'la] (*umg*) *adv:* **so ~** so-so, not too bad.

lallen ['lalən] *vt, vi* to slur; (*Baby*) to babble.

Lama ['laːma] (-s, -s) *nt* llama.

Lamelle [la'mɛlə] *f* lamella; (*ELEK*) lamina;
(*TECH*) plate.

lamentieren [lamɛn'tiːrən] *vi* to lament.

Lametta [la'mɛta] (-s) *nt* tinsel.

Lamm [lam] (-(e)s, ⁻er) *nt* lamb; **~fell** *nt*
lambskin; **l~fromm** *adj* like a lamb; **~wolle** *f*
lambswool.

Lampe ['lampə] (-, -n) *f* lamp.

Lampenfieber *nt* stage fright.

Lampenschirm *m* lampshade.

Lampion [lampi'oː] (-s, -s) *m* Chinese lantern.

Land [lant] (-(e)s, ⁻er) *nt* land; (*Nation, nicht
Stadt*) country; (*Bundes~*) state; **auf dem
~(e)** in the country; **an ~ gehen** to go
ashore; **endlich sehe ich ~** (*fig*) at last I can
see the light at the end of the tunnel; **einen
Auftrag an ~ ziehen** (*umg*) to land an order;
aus aller Herren Länder from all over the
world; *siehe auch* **hierzulande.**

LAND

A **Land** (*plural* **Länder**) *is a member state of the*
BRD. *There are 16* **Länder***, namely Baden-
Württemberg, Bayern, Berlin, Brandenburg,
Bremen, Hamburg, Hessen, Mecklenburg-
Vorpommern, Niedersachsen, Nordrhein-
Westfalen, Rheinland-Pfalz, Saarland, Sachsen,
Sachsen-Anhalt, Schleswig-Holstein and
Thüringen. Each* **Land** *has its own parliament and
constitution.*

Landarbeiter *m* farm *od* agricultural worker.

Landbesitz *m* landed property.

Landbesitzer *m* landowner.

Landebahn *f* runway.

Landeerlaubnis *f* permission to land.

landeinwärts [lant'ʔaɪnvɛrts] *adv* inland.

landen ['landən] *vt, vi* to land; **mit deinen
Komplimenten kannst du bei mir nicht ~**
your compliments won't get you anywhere
with me.

Ländereien [lɛndə'raɪən] *pl* estates *pl*.

Länderspiel *nt* international (match).

Landes- *zW:* **~farben** *pl* national colours *pl*
(*BRIT*) *od* colors *pl* (*US*); **~grenze** *f* (national)
frontier; (*von Bundesland*) state boundary;
~innere(s) *nt* inland region; **~kind** *nt* native
of a German state; **~kunde** *f* regional
studies *pl*; **~tracht** *f* national costume;

I~**üblich** adj customary; ~**verrat** m high treason; ~**verweisung** f banishment; ~**währung** f national currency; I~**weit** adj countrywide.

Landeverbot nt refusal of permission to land.

Land- zW: ~**flucht** f emigration to the cities; ~**gut** nt estate; ~**haus** nt country house; ~**karte** f map; ~**kreis** m administrative region; I~**läufig** adj customary.

ländlich ['lɛntlɪç] adj rural.

Land- zW: ~**rat** m head of administration of a Landkreis; ~**schaft** f countryside; (KUNST) landscape; **die politische** ~**schaft** the political scene; I~**schaftlich** adj scenic; (Besonderheiten) regional.

Landsmann (-(e)s, pl -**leute**) m compatriot, fellow countryman.

Landsmännin f compatriot, fellow countrywoman.

Land- zW: ~**straße** f country road; ~**streicher** (-s, -) m tramp; ~**strich** m region; ~**tag** m (POL) regional parliament.

Landung ['landʊŋ] f landing.

Landungs- zW: ~**boot** nt landing craft; ~**brücke** f jetty, pier; ~**stelle** f landing place.

Landurlaub m shore leave.

Landvermesser m surveyor.

landw. abk (= landwirtschaftlich) agricultural.

Land- zW: ~**wirt** m farmer; ~**wirtschaft** f agriculture; ~**wirtschaft betreiben** to farm; ~**zunge** f spit.

lang [laŋ] adj long; (umg: Mensch) tall ♦ adv: ~ **anhaltender Beifall** prolonged applause; ~ **ersehnt** longed-for; **hier wird mir die Zeit nicht** ~ I won't get bored here; **er machte ein** ~**es Gesicht** his face fell; ~ **und breit** at great length; ~**atmig** adj long-winded.

lange adv for a long time; (dauern, brauchen) a long time; ~ **nicht so** ... not nearly as ...; **wenn der das schafft, kannst du das schon** ~ if he can do it, you can do it easily.

Länge ['lɛŋə] (-, -n) f length; (GEOG) longitude; **etw der** ~ **nach falten** to fold sth lengthways; **etw in die** ~ **ziehen** to drag sth out (umg); **der** ~ **nach hinfallen** to fall flat (on one's face).

langen ['laŋən] vi (ausreichen) to do, suffice; (fassen): ~ **nach** to reach for; **es langt mir** I've had enough; **jdm eine** ~ (umg) to give sb a clip on the ear.

Längengrad m longitude.

Längenmaß nt linear measure.

Langeweile f boredom.

lang- zW: ~**fristig** adj long-term ♦ adv in the long term; (planen) for the long term; ~**fristige Verbindlichkeiten** long-term liabilities pl; ~**jährig** adj (Freundschaft, Gewohnheit) long-standing; (Erfahrung, Verhandlungen) many years of; (Mitarbeiter)

of many years' standing; **L~lauf** m (SKI) cross-country skiing; ~**lebig** adj long-lived; ~**lebige Gebrauchsgüter** consumer durables pl.

länglich adj longish.

Langmut f forbearance, patience.

langmütig adj forbearing.

längs [lɛŋs] präp (+gen od dat) along ♦ adv lengthways.

langsam adj slow; **immer schön** ~! (umg) easy does it!; **ich muss jetzt** ~ **gehen** I must be getting on my way; ~ **(aber sicher) reicht es mir** I've just about had enough; **L~keit** f slowness.

Langschläfer m late riser.

Langspielplatte f long-playing record.

längsseit(s) adv alongside ♦ präp +gen alongside.

längst [lɛŋst] adv: **das ist** ~ **fertig** that was finished a long time ago, that has been finished for a long time.

längste(r, s) adj longest.

Langstrecken- in zW long-distance; ~**flugzeug** nt long-range aircraft.

Languste [laŋ'gʊstə] (-, -n) f crayfish, crawfish (US).

lang- zW: ~**weilen** vt untr to bore ♦ vr untr to be od get bored; **L~weiler** (-s, -) m bore; ~**weilig** adj boring, tedious; **L~welle** f long wave; ~**wierig** adj lengthy, long-drawn-out.

Lanze ['lantsə] (-, -n) f lance.

Lanzette [lan'tsetə] f lancet.

Laos ['laːɔs] (-) nt Laos.

Laote [la'oːtə] (-n, -n,) m, **Laotin** f Laotian.

laotisch [la'oːtɪʃ] adj Laotian.

lapidar [lapi'daːr] adj terse, pithy.

Lappalie [la'paːliə] f trifle.

Lappe ['lapə] (-n, -n) m Lapp, Laplander.

Lappen (-s, -) m cloth, rag; (ANAT) lobe; **jdm durch die** ~ **gehen** (umg) to slip through sb's fingers.

läppern ['lɛpərn] (umg) vr unpers: **es läppert sich zusammen** it (all) mounts up.

Lappin ['lapɪn] f Lapp, Laplander.

läppisch ['lɛpɪʃ] adj foolish.

Lappland ['laplant] (-s) nt Lapland.

Lappländer(in) ['laplɛndər(ɪn)] (-s, -) m(f) Lapp, Laplander.

lappländisch adj Lapp.

Lapsus ['lapsʊs] (-, -) m slip.

Laptop ['lɛptɔp] (-s, -s) m laptop.

Lärche ['lɛrçə] (-, -n) f larch.

Lärm [lɛrm] (-(e)s) m noise; ~**belästigung** f noise nuisance; I~**en** vi to be noisy, make a noise.

Larve ['larfə] (-, -n) f mask; (BIOL) larva.

las etc [laːs] vb siehe **lesen**.

Lasagne [la'zanjə] pl lasagne sing.

lasch [laʃ] adj slack; (Geschmack) tasteless.

Lasche ['laʃə] (-, -n) f (Schuh~) tongue;

(*EISENB*) fishplate.

Laser ['le:zər] (**-s, -**) *m* laser; ~**drucker** *m* laser printer.

═══════════ SCHLÜSSELWORT

lassen ['lasən] (*pt* **ließ,** *pp* **gelassen** *od (als Hilfsverb)* **lassen**) *vt* **1** (*unter~*) to stop; (*momentan*) to leave; **lass das (sein)!** don't (do it)!; (*hör auf*) stop it!; **lass mich!** leave me alone!; ~ **wir das!** let's leave it; **er kann das Trinken nicht** ~ he can't stop drinking; **tu, was du nicht** ~ **kannst!** if you must, you must!

2 (*zurück~*) to leave; **etw** ~, **wie es ist** to leave sth (just) as it is.

3 (*erlauben*) to let, allow; **lass ihn doch** let him; **jdn ins Haus** ~ to let sb into the house; **das muss man ihr** ~ (*zugestehen*) you've got to grant her that.

♦ *vi:* **lass mal, ich mache das schon** leave it, I'll do it.

♦ *Hilfsverb* **1** (*veran~*): **etw machen** ~ to have *od* get sth done; **jdn etw machen** ~ to get sb to do sth; (*durch Befehl usw*) to make sb do sth; **er ließ mich warten** he kept me waiting; **mein Vater wollte mich studieren** ~ my father wanted me to study; **sich** *dat* **etw schicken** ~ to have sth sent (to one).

2 (*zu~*): **jdn etw wissen** ~ to let sb know sth; **das Licht brennen** ~ to leave the light on; **einen Bart wachsen** ~ to grow a beard; **lass es dir gut gehen!** take care of yourself!

3: lass uns gehen let's go.

♦ *vr:* **das lässt sich machen** that can be done; **es lässt sich schwer sagen** it's difficult to say.

lässig ['lɛsɪç] *adj* casual; **L~keit** *f* casualness.
lässlich▲ ['lɛslɪç] *adj* pardonable, venial.
lässt▲ [lɛst] *vb siehe* **lassen.**
Last [last] (**-, -en**) *f* load; (*Trag~*) burden; (*NAUT, AVIAT*) cargo; (*meist pl:* Gebühr) charge; **jdm zur** ~ **fallen** to be a burden to sb; ~**auto** *nt* lorry (*BRIT*), truck.
lasten *vi:* ~ **auf** *+dat* to weigh on.
Lastenaufzug *m* hoist, goods lift (*BRIT*) *od* elevator (*US*).
Lastenausgleichsgesetz *nt law on financial compensation for losses suffered in WWII.*
Laster ['lastər] (**-s, -**) *nt* vice ♦ *m* (*umg*) lorry (*BRIT*), truck.
Lästerer ['lɛstərər] (**-s, -**) *m* mocker; (*Gottes~*) blasphemer.
lasterhaft *adj* immoral.
lästerlich *adj* scandalous.
lästern ['lɛstərn] *vt, vi* (*Gott*) to blaspheme; (*schlecht sprechen*) to mock.
Lästerung *f* jibe; (*Gottes~*) blasphemy.
lästig ['lɛstɪç] *adj* troublesome, tiresome; (**jdm**) ~ **werden** to become a nuisance (to

sb); (*zum Ärgernis werden*) to get annoying (to sb).

Last- *zW:* ~**kahn** *m* barge; ~**kraftwagen** *m* heavy goods vehicle; ~**schrift** *f* debiting; (*Eintrag*) debit item; ~**tier** *nt* beast of burden; ~**träger** *m* porter; ~**wagen** *m* lorry (*BRIT*), truck; ~**zug** *m* truck and trailer.
Latein [la'taɪn] (**-s**) *nt* Latin; **mit seinem** ~ **am Ende sein** (*fig*) to be stumped (*umg*); ~**amerika** *nt* Latin America; **l~amerikanisch** *adj* Latin-American; **l~isch** *adj* Latin.
latent [la'tɛnt] *adj* latent.
Laterne [la'tɛrnə] (**-, -n**) *f* lantern; (*Straßen~*) lamp, light.
Laternenpfahl *m* lamppost.
Latinum [la'ti:nʊm] (**-s**) *nt:* **kleines/großes** ~ ≈ Latin O-/A-level exams (*BRIT*).
Latrine [la'tri:nə] *f* latrine.
Latsche ['latʃə] (**-, -n**) *f* dwarf pine.
Latschen ['la:tʃən] (*umg*) *m* (*Hausschuh*) slipper; (*pej: Schuh*) worn-out shoe.
latschen (*umg*) *vi* (*gehen*) to wander, go; (*lässig*) to slouch.
Latte ['latə] (**-, -n**) *f* lath; (*SPORT*) goalpost; (*quer*) crossbar.
Lattenzaun *m* lattice fence.
Latz [lats] (**-es, ⁻e**) *m* bib; (*Hosen~*) front flap.
Lätzchen ['lɛtsçən] *nt* bib.
Latzhose *f* dungarees *pl.*
lau [lau] *adj* (*Nacht*) balmy; (*Wasser*) lukewarm; (*fig: Haltung*) half-hearted.
Laub [laup] (**-(e)s**) *nt* foliage; ~**baum** *m* deciduous tree.
Laube ['laubə] (**-, -n**) *f* arbour (*BRIT*), arbor (*US*); (*Gartenhäuschen*) summerhouse.
Laub- *zW:* ~**frosch** *m* tree frog; ~**säge** *f* fretsaw; ~**wald** *m* deciduous forest.
Lauch [laux] (**-(e)s, -e**) *m* leek.
Lauer ['lauər] *f:* **auf der** ~ **sein** *od* **liegen** to lie in wait.
lauern *vi* to lie in wait; (*Gefahr*) to lurk.
Lauf [lauf] (**-(e)s, Läufe**) *m* run; (*Wett~*) race; (*Entwicklung, ASTRON*) course; (*Gewehr~*) barrel; **im** ~**e des Gesprächs** during the conversation; **sie ließ ihren Gefühlen freien** ~ she gave way to her feelings; **einer Sache** *dat* **ihren** ~ **lassen** to let sth take its course; ~**bahn** *f* career; **eine** ~**bahn einschlagen** to embark on a career; ~**bursche** *m* errand boy.
laufen ['laufən] *unreg vi* to run; (*umg: gehen*) to walk; (*Uhr*) to go; (*funktionieren*) to work; (*Elektrogerät: eingeschaltet sein*) to be on; (*gezeigt werden: Film, Stück*) to be on; (*Bewerbung, Antrag*) to be under consideration ♦ *vt* to run; **es lief mir eiskalt über den Rücken** a chill ran up my spine; **ihm läuft die Nase** he's got a runny nose; ~ **lassen** (*Person*) to let go; **die Dinge** ~ **lassen** to let things slide; **die Sache ist gelaufen** (*umg*) it's in the bag; **das Auto läuft**

auf meinen Namen the car is in my name; **Ski/Schlittschuh/Rollschuh** etc ~ **to ski/skate/rollerskate** etc.

laufend adj running; (Monat, Ausgaben) current; **auf dem L~en sein/halten** to be/keep up to date; **am ~en Band** (fig) continuously; ~**e Nummer** serial number; (von Konto) number; ~**e Kosten** running costs pl.

Läufer ['lɔyfər] (-s, -) m (Teppich, SPORT) runner; (Fußball) half-back; (Schach) bishop.

Lauferei [laufə'rai] (umg) f running about.

Läuferin f (SPORT) runner.

Lauf- zW: l~**fähig** adj (COMPUT): **das Programm is unter Windows l~fähig** the program can be run under Windows; ~**feuer** nt: **sich wie ein ~feuer verbreiten** to spread like wildfire; ~**kundschaft** f passing trade; ~**masche** f run, ladder (BRIT); ~**pass**▲ m: **jdm den ~pass geben** (umg) to give sb his/her marching orders; ~**schritt** m: **im ~schritt** at a run; ~**stall** m playpen; ~**steg** m catwalk.

läuft [lɔyft] vb siehe **laufen**.

Lauf- zW: ~**werk** nt running gear; (COMPUT) drive; ~**zeit** f (von Wechsel, Vertrag) period of validity; (von Maschine) life; ~**zettel** m circular.

Lauge ['laugə] (-, -n) f soapy water; (CHEM) alkaline solution.

Laune ['launə] (-, -n) f mood, humour (BRIT), humor (US); (Einfall) caprice; (schlechte ~) temper.

launenhaft adj capricious, changeable.

launisch adj moody.

Laus [laus] (-, **Läuse**) f louse; **ihm ist (wohl) eine ~ über die Leber gelaufen** (umg) something's biting him; ~**bub** m rascal, imp.

Lauschangriff m: ~ **(gegen)** bugging operation (on).

lauschen ['lauʃən] vi to eavesdrop, listen in.

Lauscher(in) (-s, -) m(f) eavesdropper.

lauschig ['lauʃɪç] adj snug.

Lausejunge (umg) m little devil; (wohlwollend) rascal.

lausen ['lauzən] vt to delouse; **ich denk, mich laust der Affe!** (umg) well blow me down!

lausig ['lauzıç] (umg) adj lousy; (Kälte) perishing ◆ adv awfully.

laut [laut] adj loud ◆ adv loudly; (lesen) aloud ◆ präp (+gen od dat) according to.

Laut (-(e)s, -e) m sound.

Laute ['lautə] (-, -n) f lute.

lauten ['lautən] vi to say; (Urteil) to be.

läuten ['lɔytən] vt, vi to ring, sound; **er hat davon (etwas)** ~ **hören** (umg) he has heard something about it.

lauter ['lautər] adj (Wasser) clear, pure; (Wahrheit, Charakter) honest ◆ adj inv (Freude, Dummheit etc) sheer ◆ adv (nur) nothing but, only; **L~keit** f purity; honesty, integrity.

läutern ['lɔytərn] vt to purify.

Läuterung f purification.

laut- zW: ~**hals** adv at the top of one's voice; ~**los** adj noiseless, silent; ~**malend** adj onomatopoeic; **L~schrift** f phonetics pl; **L~sprecher** m loudspeaker; **L~sprecheranlage** f: öffentliche **L~sprecheranlage** public-address od PA system; **L~sprecherwagen** m loudspeaker van; ~**stark** adj vociferous; **L~stärke** f (RUNDF) volume.

lauwarm ['lauvarm] adj (lit, fig) lukewarm.

Lava ['laːva] (-, **Laven**) f lava.

Lavendel [la'vɛndəl] (-s, -) m lavender.

Lawine [la'viːnə] f avalanche.

Lawinengefahr f danger of avalanches.

lax [laks] adj lax.

Lay-out▲, **Layout** ['leːaut] (-s, -s) nt layout.

Lazarett [latsa'rɛt] (-(e)s, -e) nt (MIL) hospital, infirmary.

Ldkrs. abk = **Landkreis**.

leasen ['liːzən] vt to lease.

Leasing ['liːzɪŋ] (-s, -s) nt (COMM) leasing.

Lebehoch nt three cheers pl.

Lebemann (-(e)s, pl -**männer**) m man about town.

Leben ['leːbən] (-s, -) nt life; **am** ~ **sein/bleiben** to be/stay alive; **ums** ~ **kommen** to die; **etw ins** ~ **rufen** to bring sth into being; **seines** ~**s nicht mehr sicher sein** to fear for one's life; **etw für sein** ~ **gern tun** to love doing sth.

leben vt, vi to live.

lebend adj living; ~**es Inventar** livestock.

lebendig [le'bɛndɪç] adj living, alive; (lebhaft) lively; **L~keit** f liveliness.

Lebens- zW: ~**abend** m old age; ~**alter** nt age; ~**anschauung** f philosophy of life; ~**art** f way of life; l~**bejahend** adj positive; ~**dauer** f life (span); (von Maschine) life; ~**erfahrung** f experience of life; ~**erwartung** f life expectancy; l~**fähig** adj able to live; l~**froh** adj full of the joys of life; ~**gefahr** f: ~**gefahr!** danger!; **in** ~**gefahr** critically od dangerously ill; l~**gefährlich** adj dangerous; (Krankheit, Verletzung) critical; ~**gefährte** m: **ihr** ~**gefährte** the man she lives with; ~**gefährtin** f: **seine** ~**gefährtin** the woman he lives with; ~**größe** f: **in** ~**größe** life-size(d); ~**haltungskosten** pl cost of living sing; ~**inhalt** m purpose in life; ~**jahr** nt year of life; ~**künstler** m master in the art of living; ~**lage** f situation in life; ~**länglich** adj (Strafe) for life; ~**lauf** m curriculum vitae, CV; l~**lustig** adj cheerful, lively; ~**mittel** pl food sing; ~**mittelgeschäft** nt grocer's; ~**mittelvergiftung** f food poisoning; l~**müde** adj tired of life; ~**qualität** f quality of life; ~**raum** m (POL) Lebensraum; (BIOL) biosphere; ~**retter** m lifesaver; ~**standard** m standard of living; ~**stellung** *f* permanent post; ~**stil** *m* life style; ~**unterhalt** *m* livelihood; ~**versicherung** *f* life insurance; ~**wandel** *m* way of life; ~**weise** *f* way of life, habits *pl*; ~**weisheit** *f* maxim; (~*erfahrung*) wisdom; ~**wichtig** *adj* vital; ~**zeichen** *nt* sign of life; ~**zeit** *f* lifetime; **Beamter auf ~zeit** permanent civil servant.

Leber ['le:bər] (-, -n) *f* liver; **frei** *od* **frisch von der ~ weg reden** (*umg*) to speak out frankly; ~**fleck** *m* mole; ~**käse** *m* ≈ meat loaf; ~**tran** *m* cod-liver oil; ~**wurst** *f* liver sausage.

Lebewesen *nt* creature.

Lebewohl *nt* farewell, goodbye.

leb- *zW:* ~**haft** *adj* lively, vivacious; **L~haftigkeit** *f* liveliness, vivacity; **L~kuchen** *m* gingerbread; ~**los** *adj* lifeless; **L~tag** *m* (*fig*): **das werde ich mein L~tag nicht vergessen** I'll never forget that as long as I live; **L~zeiten** *pl*: **zu jds L~zeiten** (*Leben*) in sb's lifetime.

lechzen ['lɛçtsən] *vi*: **nach etw ~** to long for sth.

leck [lɛk] *adj* leaky, leaking; **L~** (-(e)s, -e) *nt* leak.

lecken[1] *vi* (*Loch haben*) to leak.

lecken[2] *vt, vi* (*schlecken*) to lick.

lecker ['lɛkər] *adj* delicious, tasty; **L~bissen** *m* dainty morsel; **L~maul** *nt*: **ein L~maul sein** to enjoy one's food.

led. *abk* = **ledig**.

Leder ['le:dər] (-s, -) *nt* leather; (*umg: Fußball*) ball; ~**hose** *f* leather trousers *pl*; (*von Tracht*) leather shorts *pl*.

ledern *adj* leather.

Lederwaren *pl* leather goods *pl*.

ledig ['le:dɪç] *adj* single; **einer Sache** *gen* **~ sein** to be free of sth; ~**lich** *adv* merely, solely.

leer [le:r] *adj* empty; (*Blick*) vacant; **~ gefegt** (*Straße*) deserted; **~ stehend** empty.

Leere (-) *f* emptiness; **(eine) gähnende ~** a gaping void.

leeren *vt* to empty ♦ *vr* to (become) empty.

Leer- *zW:* ~**gewicht** *nt* unladen weight; ~**gut** *nt* empties *pl*; ~**lauf** *m* (*AUT*) neutral; ~**taste** *f* (*Schreibmaschine*) space-bar.

Leerung *f* emptying; (*POST*) collection.

legal [le'ga:l] *adj* legal, lawful.

legalisieren [legali'zi:rən] *vt* to legalize.

Legalität [legali'tɛ:t] *f* legality; **(etwas) außerhalb der ~** (*euph*) (slightly) outside the law.

Legasthenie [legaste'ni:] *f* dyslexia.

Legastheniker(in) [legas'te:nikər(ɪn)] (-s, -) *m(f)* dyslexic.

Legebatterie *f* laying battery.

legen ['le:gən] *vt* to lay, put, place; (*Ei*) to lay ♦ *vr* to lie down; (*fig*) to subside; **sich ins Bett ~** to go to bed.

Legende [le'gɛndə] (-, -n) *f* legend.

leger [le'ʒɛːr] *adj* casual.

legieren [le'gi:rən] *vt* to alloy.

Legierung *f* alloy.

Legislative [legɪsla'ti:və] *f* legislature.

Legislaturperiode [legɪsla'tu:rperio:də] *f* parliamentary (*BRIT*) *od* congressional (*US*) term.

legitim [legi'ti:m] *adj* legitimate.

Legitimation [legiti:matsi'o:n] *f* legitimation.

legitimieren [legiti:'mi:rən] *vt* to legitimate ♦ *vr* to prove one's identity.

Legitimität [legitimi'tɛ:t] *f* legitimacy.

Lehm [le:m] (-(e)s, -e) *m* loam.

lehmig *adj* loamy.

Lehne ['le:nə] (-, -n) *f* arm; (*Rücken~*) back.

lehnen *vt, vr* to lean.

Lehnstuhl *m* armchair.

Lehr- *zW:* ~**amt** *nt* teaching profession; ~**befähigung** *f* teaching qualification; ~**brief** *m* indentures *pl*; ~**buch** *nt* textbook.

Lehre ['le:rə] (-, -n) *f* teaching, doctrine; (*beruflich*) apprenticeship; (*moralisch*) lesson; (*TECH*) gauge; **bei jdm in die ~ gehen** to serve one's apprenticeship with sb.

lehren *vt* to teach.

Lehrer(in) (-s, -) *m(f)* teacher; ~**ausbildung** *f* teacher training; ~**kollegium** *nt* teaching staff; ~**zimmer** *nt* staff room.

Lehr- *zW:* ~**gang** *m* course; ~**geld** *nt*: ~**geld für etw zahlen müssen** (*fig*) to pay dearly for sth; ~**jahre** *pl* apprenticeship *sing*; ~**kraft** *f* (*form*) teacher; ~**ling** *m* apprentice; trainee; ~**mittel** *nt* teaching aid; ~**plan** *m* syllabus; ~**probe** *f* demonstration lesson, crit (*umg*); **l~reich** *adj* instructive; ~**satz** *m* proposition; ~**stelle** *f* apprenticeship; ~**stuhl** *m* chair; ~**zeit** *f* apprenticeship.

Leib [laɪp] (-(e)s, -er) *m* body; **halt ihn mir vom ~!** keep him away from me!; **etw am eigenen ~(e) spüren** to experience sth for o.s.

leiben ['laɪbən] *vi*: **wie er leibt und lebt** to a T (*umg*).

Leibes- *zW:* ~**erziehung** *f* physical education; ~**kräfte** *pl*: **aus ~kräften schreien** *etc* to shout *etc* with all one's might; ~**übung** *f* physical exercise; ~**visitation** *f* body search.

Leibgericht *nt* favourite (*BRIT*) *od* favorite (*US*) meal.

Leib- *zW:* **l~haftig** *adj* personified; (*Teufel*) incarnate; **l~lich** *adj* bodily; (*Vater etc*) natural; ~**rente** *f* life annuity; ~**wache** *f* bodyguard.

Leiche ['laɪçə] (-, -n) *f* corpse; **er geht über ~n** (*umg*) he'd stick at nothing.

Leichen- *zW:* ~**beschauer** (-s, -) *m* doctor conducting a post-mortem; ~**halle** *f* mortuary; ~**hemd** *nt* shroud; ~**träger** *m* bearer; ~**wagen** *m* hearse.

Leichnam ['laɪçnaːm] (-(e)s, -e) *m* corpse.
leicht [laɪçt] *adj* light; (*einfach*) easy ♦ *adv*:
~ **zerbrechlich** very fragile; **jdm** ~ **fallen** to
be easy for sb; **es sich** *dat* ~ **machen** to
make things easy for o.s.; (*nicht gewissenhaft
sein*) to take the easy way out; ~ **nehmen** to
take lightly; ~ **verletzt** slightly injured;
nichts ~**er als das!** nothing (could be)
simpler!; **L~athletik** *f* athletics *sing*; ~**fertig**
adj thoughtless; ~**gläubig** *adj* gullible,
credulous; **L~gläubigkeit** *f* gullibility,
credulity; ~**hin** *adv* lightly.
Leichtigkeit *f* easiness; **mit** ~ with ease.
leicht- *zW*: ~**lebig** *adj* easy-going; **L~matrose**
m ordinary seaman; **L~metall** *nt* light alloy;
L~sinn *m* carelessness; **sträflicher L~sinn**
criminal negligence; ~**sinnig** *adj* careless.
Leid [laɪt] (-(e)s) *nt* grief, sorrow; **jdm sein**
~ **klagen** to tell sb one's troubles; **es tut
mir/ihm** ~ I am/he is sorry; **er/das tut mir** ~
I am sorry for him/about it; **sie kann einem**
~ **tun** you can't help feeling sorry for her.
leid *adj*: **etw** ~ **haben** *od* **sein** to be tired of
sth.
leiden ['laɪdən] *unreg vt* to suffer; (*erlauben*) to
permit ♦ *vi* to suffer; **jdn/etw nicht**
~ **können** not to be able to stand sb/sth; **L~**
(-s, -) *nt* suffering; (*Krankheit*) complaint.
Leidenschaft *f* passion; **l~lich** *adj* passionate.
Leidens- *zW*: ~**genosse** *m*, ~**genossin** *f* fellow
sufferer; ~**geschichte** *f*: **die** ~**geschichte
(Christi)** (*REL*) Christ's Passion.
leider ['laɪdər] *adv* unfortunately; **ja,** ~ yes,
I'm afraid so; ~ **nicht** I'm afraid not.
leidig ['laɪdɪç] *adj* miserable, tiresome.
leidlich ['laɪtlɪç] *adj* tolerable ♦ *adv* tolerably.
Leidtragende(r) *f(m)* bereaved;
(*Benachteiligter*) one who suffers.
Leidwesen *nt*: **zu jds** ~ to sb's dismay.
Leier ['laɪər] (-, -n) *f* lyre; (*fig*) old story.
Leierkasten *m* barrel organ.
leiern *vt* (*Kurbel*) to turn; (*umg: Gedicht*) to
rattle off ♦ *vi* (*drehen*): ~ **an** +*dat* to crank.
Leiharbeit *f* subcontracted labour;
~**arbeiter(in)** *m(f)* subcontracted worker;
~**bibliothek** *f*, ~**bücherei** *f* lending library.
leihen ['laɪən] *unreg vt* to lend; **sich** *dat* **etw** ~ to
borrow sth.
Leih- *zW*: ~**gabe** *f* loan; ~**gebühr** *f* hire charge;
~**haus** *nt* pawnshop; ~**mutter** *f* surrogate
mother; ~**schein** *m* pawn ticket; (*in der
Bibliothek*) borrowing slip; ~**unternehmen** *nt*
hire service; (*Arbeitsmarkt*) temp service;
~**wagen** *m* hired car (*BRIT*), rental car (*US*);
l~weise *adv* on loan.
Leim [laɪm] (-(e)s, -e) *m* glue; **jdm auf den**
~ **gehen** to be taken in by sb; **l~en** *vt* to
glue.
Leine ['laɪnə] (-, -n) *f* line, cord; (*Hunde~*)
leash, lead; ~ **ziehen** (*umg*) to clear out.

Leinen (-s, -) *nt* linen; (*grob, segeltuchartig*)
canvas; (*als Bucheinband*) cloth.
leinen *adj* linen.
Lein- *zW*: ~**samen** *m* linseed; ~**tuch** *nt* linen
cloth; (*Bettuch*) sheet; ~**wand** *f* (*KUNST*)
canvas; (*FILM*) screen.
leise ['laɪzə] *adj* quiet; (*sanft*) soft, gentle; **mit**
~**r Stimme** in a low voice; **nicht die** ~**ste
Ahnung haben** not to have the slightest
(idea).
Leisetreter (*pej: umg*) *m* pussyfoot(er).
Leiste ['laɪstə] (-, -n) *f* ledge; (*Zier~*) strip;
(*ANAT*) groin.
leisten ['laɪstən] *vt* (*Arbeit*) to do; (*Gesellschaft*)
to keep; (*Ersatz*) to supply; (*vollbringen*) to
achieve; **sich** *dat* **etw** ~ to allow o.s. sth; (*sich
gönnen*) to treat o.s. to sth; **sich** *dat* **etw**
~ **können** to be able to afford sth.
Leistenbruch *m* (*MED*) hernia, rupture.
Leistung *f* performance; (*gute*) achievement;
(*eines Motors*) power; (*von Krankenkasse etc*)
benefit; (*Zahlung*) payment.
Leistungs- *zW*: ~**abfall** *m* (*in Bezug auf Qualität*)
drop in performance; (*in Bezug auf Quantität*)
drop in productivity; ~**beurteilung** *f*
performance appraisal; ~**druck** *m* pressure;
l~fähig *adj* efficient; ~**fähigkeit** *f* efficiency;
~**gesellschaft** *f* meritocracy; ~**kurs** *m* (*SCH*)
set; **l~orientiert** *adj* performance-orientated;
~**prinzip** *nt* achievement principle; ~**sport** *m*
competitive sport; ~**zulage** *f* productivity
bonus.
Leitartikel *m* leader.
Leitbild *nt* model.
leiten ['laɪtən] *vt* to lead; (*Firma*) to manage;
(*in eine Richtung*) to direct; (*ELEK*) to
conduct; **sich von jdm/etw** ~ **lassen** (*lit, fig*)
to (let o.s.) be guided by sb/sth.
leitend *adj* leading; (*Gedanke, Idee*) dominant;
(*Stellung, Position*) managerial; (*Ingenieur,
Beamter*) in charge; (*PHYS*) conductive; ~**er
Angestellter** executive.
Leiter[1] ['laɪtər] (-s, -) *m* leader, head; (*ELEK*)
conductor.
Leiter[2] ['laɪtər] (-, -n) *f* ladder.
Leiterin *f* leader, head.
Leiterplatte *f* (*COMPUT*) circuit board.
Leit- *zW*: ~**faden** *m* guide; ~**fähigkeit** *f*
conductivity; ~**gedanke** *m* central idea;
~**motiv** *nt* leitmotiv; ~**planke** *f* crash
barrier; ~**spruch** *m* motto.
Leitung *f* (*Führung*) direction; (*FILM, THEAT
etc*) production; (*von Firma*) management;
directors *pl*; (*Wasser~*) pipe; (*Kabel*) cable;
eine lange ~ **haben** to be slow on the
uptake; **da ist jemand in der** ~ (*umg*) there's
somebody else on the line.
Leitungs- *zW*: ~**draht** *m* wire; ~**mast** *m*
telegraph pole; ~**rohr** *nt* pipe; ~**wasser** *nt*
tap water.

Leitwerk *nt* (*AVIAT*) tail unit.
Leitzins *m* (*FIN*) base rate.
Lektion [lɛktsi'oːn] *f* lesson; **jdm eine**
~ **erteilen** (*fig*) to teach sb a lesson.
Lektor(in) ['lɛktɔr, lɛk'toːrɪn] *m(f)* (*UNIV*)
lector; (*Verlag*) editor.
Lektüre [lɛk'tyːrə] (-, -n) *f* (*Lesen*) reading;
(*Lesestoff*) reading matter.
Lende ['lɛndə] (-, -n) *f* loin.
Lendenbraten *m* roast sirloin.
Lendenstück *nt* fillet.
lenkbar ['lɛŋkbaːr] *adj* (*Fahrzeug*) steerable;
(*Kind*) manageable.
lenken *vt* to steer; (*Kind*) to guide; (*Gespräch*)
to lead; ~ **auf** +*akk* (*Blick, Aufmerksamkeit*) to
direct at; (*Verdacht*) to throw on(to); (: *auf*
sich) to draw onto.
Lenkrad *nt* steering wheel.
Lenkstange *f* handlebars *pl*.
Lenkung *f* steering; (*Führung*) direction.
Lenz [lɛnts] (-es, -e) *m* (*liter*) spring; **sich** *dat*
einen (faulen) ~ **machen** (*umg*) to laze
about, swing the lead.
Leopard [leo'part] (-en, -en) *m* leopard.
Lepra ['leːpra] (-) *f* leprosy; ~**kranke(r)** *f(m)*
leper.
Lerche ['lɛrçə] (-, -n) *f* lark.
lernbegierig *adj* eager to learn.
lernbehindert *adj* educationally handicapped
(*BRIT*) *od* handicaped (*US*).
lernen *unreg vt* to learn ♦ *vi*: **er lernt bei der Firma**
Braun he's training at Braun's.
Lernhilfe *f* educational aid.
lesbar ['leːsbaːr] *adj* legible.
Lesbierin ['lɛsbiərɪn] *f* lesbian.
lesbisch *adj* lesbian.
Lese ['leːzə] (-, -n) *f* (*Wein*~) harvest.
Lesebuch *nt* reading book, reader.
lesen *unreg vt* to read; (*ernten*) to gather, pick
♦ *vi* to read; ~/**schreiben** (*COMPUT*) to read/
write.
Leser(in) (-s, -) *m(f)* reader.
Leseratte ['leːzəratə] (*umg*) *f* bookworm.
Leser- *zW*: ~**brief** *m* reader's letter; „~**briefe**"
"letters to the editor"; ~**kreis** *m* readership;
l~lich *adj* legible.
Lese- *zW*: ~**saal** *m* reading room; ~**stoff** *m*
reading material; ~**zeichen** *nt* bookmark;
~**zirkel** *m* magazine club.
Lesotho [le'zoːto] (-s) *nt* Lesotho.
Lesung ['leːzʊŋ] *f* (*PARL*) reading; (*ECCL*)
lesson.
lethargisch [le'targɪʃ] *adj* (*MED, fig*) lethargic.
Lette ['lɛtə] (-n, -n) *m*, **Lettin** *f* Latvian.
lettisch *adj* Latvian.
Lettland ['lɛtlant] (-s) *nt* Latvia.
Letzt *f*: **zu guter** ~ finally, in the end.
letzte(r, s) ['lɛtstə(r, s)] *adj* last; (*neueste*)
latest; **der** ~ **Wille** the last will and
testament; **bis zum L**~**n** to the utmost; **zum**

~**n Mal** for the last time; **in** ~**r Zeit** recently.
Letzte(s) *nt*: **das ist ja das** ~! (*umg*) that
really is the limit!
letztens *adv* lately.
letztere(r, s) *adj* the latter.
letztlich *adv* in the end.
Leuchte ['lɔyçtə] (-, -n) *f* lamp, light; (*umg*:
Mensch) genius.
leuchten *vi* to shine, gleam.
Leuchter (-s, -) *m* candlestick.
Leucht- *zW*: ~**farbe** *f* fluorescent colour (*BRIT*)
od color (*US*); ~**feuer** *nt* beacon; ~**käfer** *m*
glow-worm; ~**kugel** *f* flare; ~**pistole** *f* flare
pistol; ~**rakete** *f* flare; ~**reklame** *f* neon sign;
~**röhre** *f* strip light; ~**turm** *m* lighthouse;
~**zifferblatt** *nt* luminous dial.
leugnen ['lɔygnən] *vt, vi* to deny.
Leugnung *f* denial.
Leukämie [lɔykɛ'miː] *f* leukaemia (*BRIT*),
leukemia (*US*).
Leukoplast ® [lɔyko'plast] (-(e)s, -e) *nt*
Elastoplast ®.
Leumund ['lɔymʊnt] (-(e)s, -e) *m* reputation.
Leumundszeugnis *nt* character reference.
Leute ['lɔytə] *pl* people *pl*; **kleine** ~ (*fig*)
ordinary people; **etw unter die** ~ **bringen**
(*umg*: *Gerücht etc*) to spread sth around.
Leutnant ['lɔytnant] (-s, -s *od* -e) *m* lieutenant.
leutselig ['lɔytzeːlɪç] *adj* affable; **L**~**keit** *f*
affability.
Leviten [le'viːtən] *pl*: **jdm die** ~ **lesen** (*umg*) to
haul sb over the coals.
lexikalisch [lɛksi'kaːlɪʃ] *adj* lexical.
Lexikografie▲ [lɛksikogra'fiː] *f* lexicography.
Lexikon ['lɛksikɔn] (-s, **Lexiken** *od* **Lexika**) *nt*
encyclopedia.
lfd. *abk* = **laufend**.
Libanese [liba'neːzə] (-n, -n) *m*, **Libanesin** *f*
Lebanese.
libanesisch *adj* Lebanese.
Libanon ['liːbanɔn] (-s) *m*: **der** ~ the Lebanon.
Libelle [li'bɛlə] (-, -n) *f* dragonfly; (*TECH*) spirit
level.
liberal [libe'raːl] *adj* liberal.
Liberale(r) *f(m)* (*POL*) Liberal.
Liberalisierung [liberali'ziːrʊŋ] *f*
liberalization.
Liberalismus [libera'lɪsmʊs] *m* liberalism.
Liberia [li'beːria] (-s) *nt* Liberia.
Liberianer(in) [liberi'aːnər(ɪn)] (-s, -) *m(f)*
Liberian.
liberianisch *adj* Liberian.
Libero ['liːbero] (-s, -s) *m* (*FUSSBALL*)
sweeper.
Libyen ['liːbyən] (-s) *nt* Libya.
Libyer(in) (-s, -) *m(f)* Libyan.
libysch *adj* Libyan.
Licht [lɪçt] (-(e)s, -er) *nt* light; ~ **machen**
(*anschalten*) to turn on a light; (*anzünden*) to
light a candle *etc*; **mir geht ein** ~ **auf** it's

dawned on me; **jdn hinters ~ führen** (*fig*) to lead sb up the garden path.
licht *adj* light, bright.
Licht- *zW*: **~bild** *nt* photograph; (*Dia*) slide; **~blick** *m* cheering prospect; **l~empfindlich** *adj* sensitive to light.
lichten ['lıçtən] *vt* to clear; (*Anker*) to weigh ♦ *vr* (*Nebel*) to clear; (*Haar*) to thin.
lichterloh ['lıçtər'loː] *adv*: **~ brennen** to blaze.
Licht- *zW*: **~geschwindigkeit** *f* speed of light; **~griffel** *m* (*COMPUT*) light pen; **~hupe** *f* flashing of headlights; **~jahr** *nt* light year; **~maschine** *f* dynamo; **~mess▲** (-) *f* Candlemas; **~pause** *f* photocopy; (*bei Blaupausverfahren*) blueprint; **~schalter** *m* light switch; **l~scheu** *adj* averse to light; (*fig: Gesindel*) shady.
Lichtung *f* clearing, glade.
Lid [liːt] (-(e)s, -er) *nt* eyelid; **~schatten** *m* eyeshadow.
lieb [liːp] *adj* dear; (*viele*) **~e Grüße, deine Silvia** love, Silvia; **L~e Anna, ~er Klaus! ...** Dear Anna and Klaus, ...; **am ~sten lese ich Kriminalromane** best of all I like detective novels; **den ~en langen Tag** (*umg*) all the livelong day; **sich bei jdm ~ Kind machen** (*pej*) to suck up to sb (*umg*); **~ gewinnen** to get fond of; **~ haben** to love; (*weniger stark*) to be (very) fond of.
liebäugeln ['liːp|ɔyɡəln] *vi untr*: **mit dem Gedanken ~, etw zu tun** to toy with the idea of doing sth.
Liebe ['liːbə] (-, -n) *f* love; **l~bedürftig** *adj*: **l~bedürftig sein** to need love.
Liebelei *f* flirtation.
lieben ['liːbən] *vt* to love; (*weniger stark*) to like; **etw ~d gern tun** to love to do sth.
liebens- *zW*: **~wert** *adj* loveable; **~würdig** *adj* kind; **~würdigerweise** *adv* kindly; **L~würdigkeit** *f* kindness.
lieber ['liːbər] *adv* rather, preferably; **ich gehe ~ nicht** I'd rather not go; **ich trinke ~ Wein als Bier** I prefer wine to beer; **bleib ~ im Bett** you'd better stay in bed.
Liebes- *zW*: **~brief** *m* love letter; **~dienst** *m* good turn; **~kummer** *m*: **~kummer haben** to be lovesick; **~paar** *nt* courting couple, lovers *pl*; **~roman** *m* romantic novel.
liebevoll *adj* loving.
lieb- *zW*: **L~haber(in)** (-s, -) *m(f)* lover; (*Sammler*) collector; **L~haberei** *f* hobby; **~kosen** *vt untr* to caress; **~lich** *adj* lovely, charming; (*Duft, Wein*) sweet.
Liebling *m* darling.
Lieblings- *in zW* favourite (*BRIT*), favorite (*US*).
lieblos *adj* unloving.
Liebschaft *f* love affair.
Liechtenstein ['lıçtənʃtaın] (-s) *nt* Liechtenstein.

Lied [liːt] (-(e)s, -er) *nt* song; (*ECCL*) hymn; **davon kann ich ein ~ singen** (*fig*) I could tell you a thing or two about that (*umg*).
Liederbuch *nt* songbook; (*REL*) hymn book.
liederlich ['liːdərlıç] *adj* slovenly; (*Lebenswandel*) loose, immoral; **L~keit** *f* slovenliness; immorality.
lief *etc* [liːf] *vb siehe* **laufen**.
Lieferant [liːfə'rant] *m* supplier.
Lieferanteneingang *m* tradesmen's entrance; (*von Warenhaus etc*) goods entrance.
lieferbar *adj* (*vorrätig*) available.
Lieferbedingungen *pl* terms of delivery.
Lieferfrist *f* delivery period.
liefern ['liːfərn] *vt* to deliver; (*versorgen mit*) to supply; (*Beweis*) to produce.
Lieferschein *m* delivery note.
Liefertermin *m* delivery date.
Lieferung *f* delivery; (*Versorgung*) supply.
Lieferwagen *m* (delivery) van, panel truck (*US*).
Lieferzeit *f* delivery period; **~ 6 Monate** delivery six months.
Liege ['liːɡə] (-, -n) *f* bed; (*Camping~*) camp bed (*BRIT*), cot (*US*); **~geld** *nt* (*Hafen, Flughafen*) demurrage.
liegen ['liːɡən] *unreg vi* to lie; (*sich befinden*) to be (situated); **mir liegt nichts/viel daran** it doesn't matter to me/it matters a lot to me; **es liegt bei Ihnen, ob ...** it rests with you whether ...; **Sprachen ~ mir nicht** languages are not my line; **woran liegt es?** what's the cause?; **so, wie die Dinge jetzt ~** as things stand at the moment; **an mir soll es nicht ~, wenn die Sache schief geht** it won't be my fault if things go wrong; **~ bleiben** (*Person*) to stay in bed; (*nicht aufstehen*) to stay lying down; (*Ding*) to be left (behind); (*nicht ausgeführt werden*) to be left (undone); **~ lassen** (*vergessen*) to leave behind; **L~schaft** *f* real estate.
Liege- *zW*: **~platz** *m* (*auf Schiff, in Zug etc*) berth; (*Ankerplatz*) moorings *pl*; **~sitz** *m* (*AUT*) reclining seat; **~stuhl** *m* deck chair; **~stütz** *m* (*SPORT*) press-up (*BRIT*), push-up (*US*); **~wagen** *m* (*EISENB*) couchette car; **~wiese** *f* lawn (*for sunbathing*).
lieh *etc* [liː] *vb siehe* **leihen**.
ließ *etc* [liːs] *vb siehe* **lassen**.
liest [liːst] *vb siehe* **lesen**.
Lift [lıft] (-(e)s, -e *od* -s) *m* lift.
Liga ['liːɡa] (-, Ligen) *f* (*SPORT*) league.
liieren [li'iːrən] *vt*: **liiert sein** (*Firmen etc*) to be working together; (*ein Verhältnis haben*) to have a relationship.
Likör [li'køːr] (-s, -e) *m* liqueur.
lila ['liːla] *adj inv* purple; **L~** (-s, -s) *nt* (*Farbe*) purple.
Lilie ['liːliə] *f* lily.

Liliputaner(in) [lilipu'taːnər(ɪn)] (-s, -) *m(f)* midget.
Limit ['lɪmɪt] (-s, -s *od* -e) *nt* limit; (*FIN*) ceiling.
Limonade [limo'naːdə] (-, -n) *f* lemonade.
lind [lɪnt] *adj* gentle, mild.
Linde ['lɪndə] (-, -n) *f* lime tree, linden.
lindern ['lɪndərn] *vt* to alleviate, soothe.
Linderung *f* alleviation.
lindgrün *adj* lime green.
Lineal [line'aːl] (-s, -e) *nt* ruler.
linear [line'aːr] *adj* linear.
Linguist(in) [lɪŋgu'ɪst(ɪn)] *m(f)* linguist.
Linguistik *f* linguistics *sing*.
Linie ['liːniə] *f* line; **in erster** ~ first and foremost; **auf die** ~ **achten** to watch one's figure; **fahren Sie mit der** ~ **2** take the number 2 (bus *etc*).
Linien- *zW:* ~**blatt** *nt* ruled sheet; ~**bus** *m* service bus; ~**flug** *m* scheduled flight; ~**richter** *m* (*SPORT*) linesman; **l~treu** *adj* loyal to the (party) line.
linieren [li'niːrən], **liniieren** [lini'iːrən] *vt* to line.
Linke ['lɪŋkə] (-, -n) *f* left side; left hand; (*POL*) left.
Linke(r) *f(m)* (*POL*) left-winger, leftie (*pej*).
linke(r, s) *adj* left; ~ **Masche** purl; **das mache ich mit der** ~**n Hand** (*umg*) I can do that with my eyes shut.
linkisch *adj* awkward, gauche.
links *adv* left; **to** *od* **on the left;** ~ **von mir** on *od* to my left; ~ **von der Mitte** left of centre; **jdn** ~ **liegen lassen** (*fig: umg*) to ignore sb; **L~abbieger** *m* motorist/vehicle turning left; **L~außen** (-s, -) *m* (*SPORT*) outside left; **L~händer(in)** (-s, -) *m(f)* left-handed person; **L~kurve** *f* left-hand bend; ~**lastig** *adj:* ~**lastig sein** to list *od* lean to the left; ~**radikal** *adj* (*POL*) radically left-wing; **L~rutsch** *m* (*POL*) swing to the left; **L~steuerung** *f* (*AUT*) left-hand drive; **L~verkehr** *m* driving on the left.
Linoleum [li'noːleʊm] (-s) *nt* lino(leum).
Linse ['lɪnzə] (-, -n) *f* lentil; (*optisch*) lens.
linsen (*umg*) *vi* to peek.
Lippe ['lɪpə] (-, -n) *f* lip.
Lippenbekenntnis *nt* lip service.
Lippenstift *m* lipstick.
Liquidation [likvidatsi'oːn] *f* liquidation.
Liquidationswert *m* break-up value.
Liquidator [likvi'daːtɔr] *m* liquidator.
liquid(e) [lik'viːt, lik'viːdə] *adj* (*Firma*) solvent.
liquidieren [likvi'diːrən] *vt* to liquidate.
Liquidität [likvidi'tɛːt] *f* liquidity.
lispeln ['lɪspəln] *vi* to lisp.
Lissabon ['lɪsabɔn] *nt* Lisbon.
List [lɪst] (-, -en) *f* cunning; (*Plan*) trick, ruse; **mit** ~ **und Tücke** (*umg*) with a lot of coaxing.
Liste ['lɪstə] (-, -n) *f* list.

Listenplatz *m* (*POL*) place on the party list.
Listenpreis *m* list price.
listig *adj* cunning, sly.
Litanei [lita'naɪ] *f* litany.
Litauen ['liːtaʊən] (-s) *nt* Lithuania.
Litauer(in) (-s, -) *m(f)* Lithuanian.
litauisch *adj* Lithuanian.
Liter ['liːtər] (-s, -) *m od nt* litre (*BRIT*), liter (*US*).
literarisch [lɪte'raːrɪʃ] *adj* literary.
Literatur [lɪtera'tuːr] *f* literature; ~**preis** *m* award *od* prize for literature; ~**wissenschaft** *f* literary studies *pl*.
literweise ['liːtərvaɪzə] *adv* (*lit*) by the litre (*BRIT*) *od* liter (*US*); (*fig*) by the gallon.
Litfaßsäule ['lɪtfaszɔʏlə] *f* advertising (*BRIT*) *od* advertizing (*US*) pillar.
Lithografie▲ [litogra'fiː] *f* lithography.
litt *etc* [lɪt] *vb siehe* **leiden.**
Liturgie [litʊr'giː] *f* liturgy.
liturgisch [li'tʊrgɪʃ] *adj* liturgical.
Litze ['lɪtsə] (-, -n) *f* braid; (*ELEK*) flex.
live [laɪf] *adj, adv* (*RUNDF, TV*) live.
Livree [li'vreː] (-, -n) *f* livery.
Lizenz [li'tsɛnts] *f* licence (*BRIT*), license (*US*); ~**ausgabe** *f* licensed edition; ~**gebühr** *f* licence fee; (*im Verlagswesen*) royalty.
LKW, Lkw ~(-s), -(s)) *m abk* = **Lastkraftwagen.**
l. M. *abk* (= *laufenden Monats*) inst.
Lob [loːp] (-(e)s) *nt* praise.
Lobby ['lɔbi] (-, -s) *f* lobby.
loben ['loːbən] *vt* to praise; **das lob ich mir** that's what I like (to see/hear *etc*).
lobenswert *adj* praiseworthy.
löblich ['løːplɪç] *adj* praiseworthy, laudable.
Loblied *nt:* **ein** ~ **auf jdn/etw singen** to sing sb's/sth's praises.
Lobrede *f* eulogy.
Loch [lɔx] (-(e)s, ̈-er) *nt* hole; **l~en** *vt* to punch holes in; ~**er** (-s, -) *m* punch.
löcherig ['lœçərɪç] *adj* full of holes.
löchern (*umg*) *vt:* **jdn** ~ to pester sb with questions.
Loch- *zW:* ~**karte** *f* punch card; ~**streifen** *m* punch tape; ~**zange** *f* punch.
Locke ['lɔkə] (-, -n) *f* lock, curl.
locken *vt* to entice; (*Haare*) to curl.
lockend *adj* tempting.
Lockenwickler (-s, -) *m* curler.
locker ['lɔkər] *adj* loose; (*Kuchen, Schaum*) light; (*umg*) cool; ~**lassen** *unreg vi:* **nicht** ~**lassen** not to let up.
lockern *vt* to loosen ♦ *vr* (*Atmosphäre*) to get more relaxed.
Lockerungsübung *f* loosening-up exercise; (*zum Warmwerden*) limbering-up exercise.
lockig ['lɔkɪç] *adj* curly.
Lockmittel *nt* lure.
Lockruf *m* call.
Lockung *f* enticement.

Lockvogel m decoy, bait; ~**angebot** nt (COMM) loss leader.

Lodenmantel ['loːdənmantəl] m thick woollen coat.

lodern ['loːdərn] vi to blaze.

Löffel ['lœfəl] (-s, -) m spoon.

löffeln vt to spoon.

löffelweise adv by the spoonful.

log etc [loːk] vb siehe **lügen**.

Logarithmentafel [loga'rɪtməntaːfəl] f log(arithm) tables pl.

Logarithmus [loga'rɪtmʊs] m logarithm.

Loge ['loːʒə] (-, -n) f (THEAT) box; (Freimaurer~) (masonic) lodge; (Pförtner~) office.

logieren [lo'ʒiːrən] vi to lodge, stay.

Logik ['loːgɪk] f logic.

Logis [lo'ʒiː] (-, -) nt: **Kost und** ~ board and lodging.

logisch ['loːgɪʃ] adj logical; (umg: selbstverständlich): **gehst du auch hin?** - ~ are you going too? - of course.

logo ['logo] (umg) interj obvious!

Logopäde [logo'pɛːdə] (-n, -n) m speech therapist.

Logopädin [logo'pɛːdɪn] f speech therapist.

Lohn [loːn] (-(e)s, ⁼e) m reward; (Arbeits~) pay, wages pl; ~**abrechnung** f wages slip; ~**ausfall** m loss of earnings; ~**büro** nt wages office; ~**diktat** nt wage dictate; ~**empfänger** m wage earner.

lohnen ['loːnən] vt (liter): **jdm etw** ~ to reward sb for sth ♦ vr unpers to be worth it.

lohnend adj worthwhile.

Lohn- zW: ~**erhöhung** f wage increase, pay rise; ~**forderung** f wage claim; ~**fortzahlung** f continued payment of wages; ~**fortzahlungsgesetz** nt law on continued payment of wages; ~**gefälle** nt wage differential; ~**kosten** pl labour (BRIT) od labor (US) costs; ~**politik** f wages policy; ~**runde** f pay round; ~**steuer** f income tax; ~**steuerjahresausgleich** m income tax return; ~**steuerkarte** f (income) tax card; ~**stopp** m pay freeze; ~**streifen** m pay slip; ~**tüte** f pay packet.

Lok [lɔk] (-, -s) f abk (= Lokomotive) loco (umg).

lokal [lo'kaːl] adj local.

Lokal (-(e)s, -e) nt pub(lic house) (BRIT).

Lokalblatt (umg) nt local paper.

lokalisieren [lokaliˈziːrən] vt to localize.

Lokalisierung f localization.

Lokalität [lokaliˈtɛːt] f locality; (Raum) premises pl.

Lokal- zW: ~**presse** f local press; ~**teil** m (Zeitung) local section; ~**termin** m (JUR) visit to the scene of the crime.

Lokomotive [lokomoˈtiːvə] (-, -n) f locomotive.

Lokomotivführer m engine driver (BRIT),

engineer (US).

Lombardei [lɔmbarˈdaɪ] f Lombardy.

London ['lɔndɔn] (-s) nt London.

Londoner adj attrib London.

Londoner(in) (-s, -) m(f) Londoner.

Lorbeer ['lɔrbeːr] (-s, -en) m (lit, fig) laurel; ~**blatt** nt (KOCH) bay leaf.

Lore ['loːrə] (-, -n) f (MIN) truck.

Los [loːs] (-es, -e) nt (Schicksal) lot, fate; (in der Lotterie) lottery ticket; **das große** ~ **ziehen** (lit, fig) to hit the jackpot; **etw durch das** ~ **entscheiden** to decide sth by drawing lots.

los adj loose ♦ adv: ~**!** go on!; **etw** ~ **sein** to be rid of sth; **was ist** ~**?** what's the matter?; **dort ist nichts/viel** ~ there's nothing/a lot going on there; **ich bin mein ganzes Geld** ~ (umg) I'm cleaned out; **irgendwas ist mit ihm** ~ there's something wrong with him; **wir wollen früh** ~ we want to be off early; **nichts wie** ~**!** let's get going; ~**binden** unreg vt to untie; ~**brechen** unreg vi (Sturm, Gewitter) to break.

losch etc [lɔʃ] vb siehe **löschen**.

Löschblatt ['lœʃblat] nt sheet of blotting paper.

löschen ['lœʃən] vt (Feuer, Licht) to put out, extinguish; (Durst) to quench; (COMM) to cancel; (Tonband) to erase; (Fracht) to unload; (COMPUT) to delete; (Tinte) to blot ♦ vi (Feuerwehr) to put out a fire; (Papier) to blot.

Lösch- zW: ~**fahrzeug** nt fire engine; ~**gerät** nt fire extinguisher; ~**papier** nt blotting paper; ~**taste** f (COMPUT) delete key.

Löschung f extinguishing; (COMM) cancellation; (Fracht) unloading.

lose ['loːzə] adj loose.

Lösegeld nt ransom.

losen ['loːzən] vi to draw lots.

lösen ['løːzən] vt to loosen; (Handbremse) to release; (Husten, Krampf) to ease; (Rätsel etc) to solve; (Verlobung) to call off; (CHEM) to dissolve; (Partnerschaft) to break up; (Fahrkarte) to buy ♦ vr (aufgehen) to come loose; (Schuss) to go off; (Zucker etc) to dissolve; (Problem, Schwierigkeit) to (re)solve itself.

los- zW: ~**fahren** unreg vi to leave; ~**gehen** unreg vi to set out; (anfangen) to start; (Bombe) to go off; **jetzt gehts** ~**!** here we go!; **nach hinten** ~**gehen** (umg) to backfire; **auf jdn** ~**gehen** to go for sb; ~**kaufen** vt (Gefangene, Geiseln) to pay ransom for; ~**kommen** unreg vi (sich befreien) to free o.s.; **von etw** ~**kommen** to get away from sth; ~**lassen** unreg vt (Seil etc) to let go of; **der Gedanke lässt mich nicht mehr** ~ the thought haunts me; ~**laufen** unreg vi to run off; ~**legen** (umg) vi: **nun leg mal** ~ **und erzähl(e)** ... now come on and tell me/us ...

löslich ['lø:slɪç] *adj* soluble; **L~keit** *f* solubility.

loslösen *vt to* free ♦ *vr:* **sich (von etw)** ~ to detach o.s. (from sth).

losmachen *vt* to loosen; (*Boot*) to unmoor ♦ *vr* to get free.

Losnummer *f* ticket number.

los- *zW:* **~sagen** *vr:* **sich von jdm/etw ~sagen** to renounce sb/sth; **~schießen** *unreg vi:* **schieß ~!** (*fig: umg*) fire away!; **~schrauben** *vt* to unscrew; **~sprechen** *unreg vt* to absolve; **~stürzen** *vi:* **auf jdn/etw ~stürzen** to pounce on sb/sth.

Losung ['lo:zʊŋ] *f* watchword, slogan.

Lösung ['lø:zʊŋ] *f* (*Lockermachen*) loosening; (*eines Rätsels, CHEM*) solution.

Lösungsmittel *nt* solvent.

loswerden *unreg vt* to get rid of.

losziehen *unreg vi* (*sich aufmachen*) to set out; **gegen jdn** ~ (*fig*) to run sb down.

Lot [lo:t] (-(e)s, -e) *nt* plumbline; (*MATH*) perpendicular; **im** ~ vertical; (*fig*) on an even keel; **die Sache ist wieder im** ~ things have been straightened out; **l~en** *vt to* plumb, sound.

löten ['lø:tən] *vt to* solder.

Lothringen ['lo:trɪŋən] (-s) *nt* Lorraine.

Lötkolben *m* soldering iron.

Lotse ['lo:tsə] (-n, -n) *m* pilot; (*AVIAT*) air traffic controller.

lotsen *vt to* pilot; (*umg*) to lure.

Lotterie [lɔtə'ri:] *f* lottery.

Lotterleben ['lɔtərle:bən] (*umg*) *nt* dissolute life.

Lotto ['lɔto] (-s, -s) *nt* ≈ National Lottery.

Lottozahlen *pl* winning Lotto numbers *pl.*

Löwe ['lø:və] (-n, -n) *m* lion; (*ASTROL*) Leo.

Löwen- *zW:* **~anteil** *m* lion's share; **~maul** *nt,* **~mäulchen** *nt* antirrhinum, snapdragon; **~zahn** *m* dandelion.

Löwin ['lø:vɪn] *f* lioness.

loyal [loa'ja:l] *adj* loyal.

Loyalität [loajali'tɛ:t] *f* loyalty.

LP (-, -s) *f abk* (= *Langspielplatte*) LP.

LSD (-(s)) *nt abk* (= *Lysergsäurediäthylamid*) LSD.

lt. *abk* = **laut.**

Luchs [lʊks] (-es, -e) *m* lynx.

Lücke ['lʏkə] (-, -n) *f* gap; (*Gesetzes~*) loophole; (*in Versorgung*) break.

Lücken- *zW:* **~büßer** (-s, -) *m* stopgap; **l~haft** *adj* full of gaps; (*Versorgung*) deficient; **l~los** *adj* complete.

lud *etc* [lu:t] *vb siehe* **laden.**

Luder ['lu:dər] (-s, -) (*pej*) *nt* (*Frau*) hussy; (*bedauernswert*) poor wretch.

Luft [lʊft] (-, -̈e) *f* air; (*Atem*) breath; **die** ~ **anhalten** (*lit*) to hold one's breath; **seinem Herzen** ~ **machen** to get everything off one's chest; **in der** ~ **liegen** to be in the air;

dicke ~ (*umg*) a bad atmosphere; **(frische)** ~ **schnappen** (*umg*) to get some fresh air; **in die** ~ **fliegen** (*umg*) to explode; **diese Behauptung ist aus der** ~ **gegriffen** this statement is (a) pure invention; **die** ~ **ist rein** (*umg*) the coast is clear; **jdn an die (frische)** ~ **setzen** (*umg*) to show sb the door; **er ist** ~ **für mich** I'm not speaking to him; **jdn wie** ~ **behandeln** to ignore sb; **~angriff** *m* air raid; **~aufnahme** *f* aerial photo; **~ballon** *m* balloon; **~blase** *f* air bubble; **~brücke** *f* airlift; **l~dicht** *adj* airtight; **~druck** *m* atmospheric pressure; **l~durchlässig** *adj* pervious to air.

lüften ['lʏftən] *vt to* air; (*Hut*) to lift, raise ♦ *vi* to let some air in.

Luft- *zW:* **~fahrt** *f* aviation; **~feuchtigkeit** *f* humidity; **~fracht** *f* air cargo; **l~gekühlt** *adj* air-cooled; **~gewehr** *nt* air rifle.

luftig *adj* (*Ort*) breezy; (*Raum*) airy; (*Kleider*) summery.

Luft- *zW:* **~kissenfahrzeug** *nt* hovercraft; **~krieg** *m* war in the air, aerial warfare; **~kurort** *m* health resort; **l~leer** *adj:* **l~leerer Raum** vacuum; **~linie** *f:* **in der** ~**linie** as the crow flies; **~loch** *nt* air hole; (*AVIAT*) air pocket; **~matratze** *f* Lilo ® (*BRIT*), air mattress; **~pirat** *m* hijacker; **~post** *f* airmail; **~pumpe** *f* (*für Fahrrad*) (bicycle) pump; **~raum** *m* air space; **~röhre** *f* (*ANAT*) windpipe; **~schlange** *f* streamer; **~schloss**▲ *nt* (*fig*) castle in the air; **~schutz** *m* anti-aircraft defence (*BRIT*) *od* defense (*US*); **~schutzbunker** *m,* **~schutzkeller** *m* air-raid shelter; **~sprung** *m* (*fig*): **einen ~sprung machen** to jump for joy.

Lüftung ['lʏftʊŋ] *f* ventilation.

Luft- *zW:* **~veränderung** *f* change of air; **~verkehr** *m* air traffic; **~verschmutzung** *f* air pollution; **~waffe** *f* air force; **~weg** *m:* **etw auf dem ~weg befördern** to transport sth by air; **~zufuhr** *f* air supply; **~zug** *m* draught (*BRIT*), draft (*US*).

Lüge ['ly:gə] (-, -n) *f* lie; **jdn/etw ~n strafen** to give the lie to sb/sth.

lügen ['ly:gən] *unreg vi* to lie; **wie gedruckt** ~ (*umg*) to lie like mad.

Lügendetektor ['ly:gəndɛtɛktɔr] *m* lie detector.

Lügner(in) (-s, -) *m(f)* liar.

Luke ['lu:kə] (-, -n) *f* hatch; (*Dach~*) skylight.

lukrativ [lukra'ti:f] *adj* lucrative.

Lümmel ['lʏməl] (-s, -) *m* lout.

lümmeln *vr* to lounge (about).

Lump [lʊmp] (-en, -en) *m* scamp, rascal.

lumpen ['lʊmpən] *vt:* **sich nicht** ~ **lassen** not to be mean.

Lumpen (-s, -) *m* rag.

Lumpensammler *m* rag and bone man.

lumpig ['lʊmpɪç] *adj* shabby; **~e 10 Mark**

(*umg*) 10 measly marks.

Lüneburger Heide ['ly:nəburgər 'haɪdə] *f*
Lüneburg Heath.

Lunge ['luŋə] (-, -n) *f* lung.

Lungen- *zW:* ~**entzündung** *f* pneumonia;
l~**krank** *adj* suffering from a lung disease;
~**krankheit** *f* lung disease.

lungern ['luŋərn] *vi* to hang about.

Lunte ['luntə] (-, -n) *f* fuse; ~ **riechen** to smell
a rat.

Lupe ['lu:pə] (-, -n) *f* magnifying glass; **unter
die** ~ **nehmen** (*fig*) to scrutinize.

lupenrein *adj* (*lit: Edelstein*) flawless.

Lupine [lu'pi:nə] *f* lupin.

Lurch [lurç] (-(e)s, -e) *m* amphibian.

Lust [lust] (-, ⁼e) *f* joy, delight; (*Neigung*)
desire; (*sexuell*) lust (*pej*); ~ **haben zu** *od* **auf
etw** *akk*/**etw zu tun** to feel like sth/doing sth;
hast du ~**?** how about it?; **er hat die** ~ **daran
verloren** he has lost all interest in it; **je nach**
~ **und Laune** just depending on how I *od*
you *etc* feel; l~**betont** *adj* pleasure-
orientated.

lüstern ['lystərn] *adj* lustful, lecherous.

Lustgefühl *nt* pleasurable feeling.

Lustgewinn *m* pleasure.

lustig ['lustɪç] *adj* (*komisch*) amusing, funny;
(*fröhlich*) cheerful; **sich über jdn/etw**
~ **machen** to make fun of sb/sth.

Lüstling *m* lecher.

Lust- *zW:* l~**los** *adj* unenthusiastic; ~**mord** *m*
sex(ual) murder; ~**prinzip** *nt* (*PSYCH*)
pleasure principle; ~**spiel** *nt* comedy;
l~**wandeln** *vi* to stroll about.

luth. *abk* = **lutherisch**.

Lutheraner(in) [lutə'ra:nər(ɪn)] *m(f)* Lutheran.

lutherisch ['lutərɪʃ] *adj* Lutheran.

lutschen ['lutʃən] *vt, vi* to suck; **am Daumen** ~
to suck one's thumb.

Lutscher (-s, -) *m* lollipop.

Luxemburg ['luksəmburk] (-s) *nt*
Luxembourg.

Luxemburger(in) ['luksəmburgər(ɪn)] (-s, -)
m(f) citizen of Luxembourg, Luxembourger.

luxemburgisch *adj* Luxembourgian.

luxuriös [luksuri'ø:s] *adj* luxurious.

Luxus ['luksus] (-) *m* luxury; ~**artikel** *pl* luxury
goods *pl*; ~**ausführung** *f* de luxe model;
~**dampfer** *m* luxury cruise ship; ~**hotel** *nt*
luxury hotel; ~**steuer** *f* tax on luxuries.

LVA (-) *f abk* (= *Landesversicherungsanstalt*)
county insurance company.

LW *abk* (= *Langwelle*) LW.

Lycra ['ly:kra] (-(s)) *no pl nt* Lycra ®.

Lymphe ['lymfə] (-, -n) *f* lymph.

Lymphknoten *m* lymph(atic) gland.

lynchen ['lynçən] *vt* to lynch.

Lynchjustiz *f* lynch law.

Lyrik ['ly:rɪk] *f* lyric poetry; ~**er(in)** (-s, -) *m(f)*
lyric poet.

M, m

M, m¹ [ɛm] *nt* M, m; ~ **wie Martha** ≈ M for
Mary, M for Mike (*US*).

m² *abk* (= *Meter*) m; (= *männlich*) m.

M. *abk* = **Monat**.

MA. *abk* = **Mittelalter**.

Maat [ma:t] (-s, -e *od* -en) *m* (*NAUT*) (ship's)
mate.

Machart *f* make.

machbar *adj* feasible.

Mache (-) (*umg*) *f* show, sham; **jdn in der**
~ **haben** to be having a go at sb.

─────────────────────── *SCHLÜSSELWORT*

machen ['maxən] *vt* **1** to do; **was machst du
da?** what are you doing there?; **das ist nicht
zu** ~ that can't be done; **was** ~ **Sie
(beruflich)?** what do you do for a living?;
mach, dass du hier verschwindest! (you
just) get out of here!; **mit mir kann mans ja**
~**!** (*umg*) the things I put up with!; **das lässt
er nicht mit sich** ~ he won't stand for that;
eine Prüfung ~ to take an exam.
2 (*herstellen*) to make; **das Radio leiser** ~ to
turn the radio down; **aus Holz gemacht**
made of wood; **das Essen** ~ to get the meal;
Schluss ~ to finish (off).
3 (*verursachen, bewirken*) to make; **jdm Angst**
~ to make sb afraid; **das macht die Kälte** it's
the cold that does that.
4 (*aus*~) to matter; **das macht nichts** that
doesn't matter; **die Kälte macht mir nichts** I
don't mind the cold.
5 (*kosten: ergeben*) to be; **3 und 5 macht 8** 3
and 5 is *od* are 8; **was** *od* **wie viel macht das?**
how much does that come to?
6: was macht die Arbeit? how's the work
going?; **was macht dein Bruder?** how is your
brother doing?; **das Auto** ~ **lassen** to have
the car done; **machs gut!** take care!; (*viel
Glück*) good luck!
♦ *vi:* **mach schnell!** hurry up!; **mach schon!**
come on!; **jetzt macht sie auf große Dame**
(*umg*) she's playing the lady now; **lass mich
mal** ~ (*umg*) let me do it; (*ich bringe das in
Ordnung*) I'll deal with it; **groß/klein** ~ (*umg:
Notdurft*) to do a big/little job; **sich** *dat* **in die
Hose** ~ to wet o.s.; **ins Bett** ~ to wet one's
bed; **das macht müde** it makes you tired; **in
etw** *dat* ~ to be *od* deal in sth.
♦ *vr* to come along (nicely); **sich an etw** *akk*

~ to set about sth; **sich verständlich** ~ to make o.s. understood; **sich** *dat* **viel aus jdm/ etw** ~ to like sb/sth; **mach dir nichts daraus** don't let it bother you; **sich auf den Weg** ~ to get going; **sich an etw** *akk* ~ to set about sth.

Machenschaften *pl* wheelings and dealings *pl.*

Macher (-s, -) (*umg*) *m* man of action.

Macho ['matʃo] (*umg*) *adj* macho.

Macho (-s, -s) (*umg*) *m* macho type.

Macht [maxt] (-, ⁻e) *f* power; **mit aller** ~ with all one's might; **an der** ~ **sein** to be in power; **alles in unserer** ~ **Stehende** everything in our power; **~ergreifung** *f* seizure of power; **~haber** (-s, -) *m* ruler.

mächtig ['mɛçtɪç] *adj* powerful, mighty; (*umg: ungeheuer*) enormous.

Macht- *zW:* **m~los** *adj* powerless; **~probe** *f* trial of strength; **~stellung** *f* position of power; **~wort** *nt:* **ein ~wort sprechen** to lay down the law.

Machwerk *nt* work; (*schlechte Arbeit*) botched-up job.

Macke ['makə] (-, -n) (*umg*) *f* (*Tick, Knall*) quirk; (*Fehler*) fault.

Macker (-s, -) (*umg*) *m* fellow, guy.

MAD (-) *m abk* (= *Militärischer Abschirmdienst*) ≈ MI5 (*BRIT*), CIA (*US*).

Madagaskar [mada'gaskar] (-s) *nt* Madagascar.

Mädchen ['mɛːtçən] *nt* girl; **ein** ~ **für alles** (*umg*) a dogsbody; (*im Büro etc*) a girl Friday; **m~haft** *adj* girlish; **~name** *m* maiden name.

Made ['maːdə] (-, -n) *f* maggot.

Madeira¹ [ma'deːra] (-s) *nt* (*GEOG*) Madeira.

Madeira² (-s, -s) *m* (*Wein*) Madeira.

Mädel ['mɛːdl] (-s, -(s)) *nt* (*Dialekt*) lass, girl.

madig ['maːdɪç] *adj* maggoty; **jdm etw** ~ **machen** to spoil sth for sb.

Madrid [ma'drɪt] (-s) *nt* Madrid.

mag [maːk] *vb siehe* **mögen**.

Mag. *abk* = **Magister**.

Magazin [maga'tsiːn] (-s, -e) *nt* (*Zeitschrift, am Gewehr*) magazine; (*Lager*) storeroom; (*Bibliotheks~*) stockroom.

Magd [maːkt] (-, ⁻e) *f* maid(servant).

Magen ['maːgən] (-s, - *od* ⁻) *m* stomach; **jdm auf den** ~ **schlagen** (*umg*) to upset sb's stomach; (*fig*) to upset sb; **sich** *dat* **den** ~ **verderben** to upset one's stomach; **~bitter** *m* bitters *pl*; **~geschwür** *nt* stomach ulcer; **~schmerzen** *pl* stomach-ache *sing*; **~verstimmung** *f* stomach upset.

mager ['maːgər] *adj* lean; (*dünn*) thin; **M~keit** *f* leanness; thinness; **M~milch** *f* skimmed milk; **M~quark** *m* low-fat soft cheese; **M~sucht** *f* (*MED*) anorexia; **~süchtig** *adj*

anorexic.

Magie [ma'giː] *f* magic.

Magier ['maːgiər] (-s, -) *m* magician.

magisch ['maːgɪʃ] *adj* magical.

Magister [ma'gɪstər] (-s, -) *m* (*UNIV*) M.A., Master of Arts.

Magistrat [magɪs'traːt] (-(e)s, -e) *m* municipal authorities *pl*.

Magnat [ma'gnaːt] (-en, -en) *m* magnate.

Magnet [ma'gneːt] (-s *od* -en, -en) *m* magnet; **~bahn** *f* magnetic railway; **~band** *nt* (*COMPUT*) magnetic tape; **m~isch** *adj* magnetic.

magnetisieren [magneti'ziːrən] *vt* to magnetize.

Magnetnadel *f* magnetic needle.

Magnettafel *f* magnetic board.

Mahagoni [maha'goːni] (-s) *nt* mahogany.

Mähdrescher (-s, -) *m* combine (harvester).

mähen ['mɛːən] *vt, vi* to mow.

Mahl [maːl] (-(e)s, -e) *nt* meal.

mahlen *unreg vt* to grind.

Mahlstein *m* grindstone.

Mahlzeit *f* meal ♦ *interj* enjoy your meal!

Mahnbrief *m* reminder.

Mähne ['mɛːnə] (-, -n) *f* mane.

mahnen ['maːnən] *vt* to remind; (*warnend*) to warn; (*wegen Schuld*) to demand payment from; **jdn zur Eile/Geduld** *etc* ~ (*auffordern*) to urge sb to hurry/be patient *etc*.

Mahn- *zW:* **~gebühr** *f* reminder fee; **~mal** *nt* memorial; **~schreiben** *nt* reminder.

Mahnung *f* admonition, warning; (*Mahnbrief*) reminder.

Mähre ['mɛːrə] (-, -n) *f* mare.

Mähren ['mɛːrən] (-s) *nt* Moravia.

Mai [maɪ] (-(e)s, -e) (*pl selten*) *m* May; *siehe auch* **September**; **~baum** *m* maypole; **~bowle** *f* white wine punch (*flavoured with woodruff*); **~glöckchen** *nt* lily of the valley; **~käfer** *m* cockchafer.

Mailand ['maɪlant] (-s) *nt* Milan.

Main [maɪn] (-(e)s) *m* (*Fluss*) Main.

Mais [maɪs] (-es, -e) *m* maize, corn (*US*); **~kolben** *m* corncob.

Majestät [majɛs'tɛːt] *f* majesty.

majestätisch *adj* majestic.

Majestätsbeleidigung *f* lese-majesty.

Majonäse [majo'nɛːzə] (-, -n) *f* mayonnaise.

Major [ma'joːr] (-s, -e) *m* (*MIL*) major; (*AVIAT*) squadron leader.

Majoran [majo'raːn] (-s, -e) *m* marjoram.

makaber [ma'kaːbər] *adj* macabre.

Makedonien [make'doːniən] (-s) *nt* Macedonia.

makedonisch *adj* Macedonian.

Makel ['maːkəl] (-s, -) *m* blemish; (*moralisch*) stain; **ohne** ~ flawless; **m~los** *adj* immaculate, spotless.

mäkeln ['mɛːkəln] *vi* to find fault.

Make-up [meːkˈ|ap] (-s, -s) *nt* make-up; (*flüssig*) foundation.

Makkaroni [makaˈroːni] *pl* macaroni *sing.*

Makler [ˈmaːklər] (-s, -) *m* broker; (*Grundstücks~*) estate agent (*BRIT*), realtor (*US*); **~gebühr** *f* broker's commission, brokerage.

Makrele [maˈkreːlə] (-, -n) *f* mackerel.

Makro- *in zW* macro-.

Makrone [maˈkroːnə] (-, -n) *f* macaroon.

Makroökonomie *f* macroeconomics *sing.*

Mal [maːl] (-(e)s, -e) *nt* mark, sign; (*Zeitpunkt*) time; **ein für alle ~** once and for all; **mit einem ~(e)** all of a sudden; **das erste ~** the first time; **jedes ~** every time, each time; **zum letzten ~** for the last time; **ein paar ~** a few times.

mal *adv* times.

-mal *suff* -times.

Malaie [maˈlaɪə] (-n, -n) *m*, **Malaiin** *f* Malay.

malaiisch *adj* Malayan.

Malawi [maˈlaːvi] (-s) *nt* Malawi.

Malaysia [maˈlaɪzia] (-s) *nt* Malaysia.

Malaysier(in) (-s, -) *m(f)* Malaysian.

malaysisch *adj* Malaysian.

Malediven [maleˈdiːvən] *pl*: **die ~** the Maldive Islands.

malen *vt, vi* to paint.

Maler (-s, -) *m* painter.

Malerei [maːləˈraɪ] *f* painting.

malerisch *adj* picturesque.

Malkasten *m* paintbox.

Mallorca [maˈjɔrka, maˈlɔrka] (-s) *nt* Majorca.

Mallorquiner(in) [majɔrˈkiːnər(ɪn), malɔrˈkiːnər(ɪn)] (-s, -) *m(f)* Majorcan.

mallorquinisch *adj* Majorcan.

malnehmen *unreg vt, vi* to multiply.

Malta [ˈmalta] (-s) *nt* Malta.

Malteser(in) [malˈteːzər(ɪn)] (-s, -) *m(f)* Maltese.

Malteser-Hilfsdienst *m* ≈ St. John's Ambulance Brigade (*BRIT*).

maltesisch *adj* Maltese.

malträtieren [maltreˈtiːrən] *vt* to ill-treat, maltreat.

Malz [malts] (-es) *nt* malt; **~bonbon** *nt or m* cough drop; **~kaffee** *m* coffee substitute made from malt barley.

Mama [ˈmamaː] (-, -s) (*umg*) *f* mum(my) (*BRIT*), mom(my) (*US*).

Mami [ˈmami] (-, -s) *f* = **Mama.**

Mammografie▲ [mamɔgraˈfiː] *f* (*MED*) mammography.

Mammut [ˈmamʊt] (-s, -e *od* -s) *nt* mammoth ♦ *in zW* mammoth, giant; **~anlagen** *pl* (*INDUSTRIE*) mammoth plants.

mampfen [ˈmampfən] (*umg*) *vt, vi* to munch, chomp.

man [man] *pron* one, you, people *pl*; **~ hat mir gesagt ...** I was told ...

managen [ˈmɛnɪdʒən] *vt* to manage; **ich manage das schon!** (*umg*) I'll fix it somehow!

Manager(in) (-s, -) *m(f)* manager.

manch [manç] *pron*: **~ ein(e) ...** many a ...; **~ eine(r)** many a person.

manche(r, s) *adj* many a; (*pl*) a number of ♦ *pron* some.

mancherlei [mançərˈlaɪ] *adj inv* various ♦ *pron* a variety of things.

manchmal *adv* sometimes.

Mandant(in) [manˈdant(ɪn)] *m(f)* (*JUR*) client.

Mandarine [mandaˈriːnə] *f* mandarin, tangerine.

Mandat [manˈdaːt] (-(e)s, -e) *nt* mandate; **sein ~ niederlegen** (*PARL*) to resign one's seat.

Mandel [ˈmandəl] (-, -n) *f* almond; (*ANAT*) tonsil; **~entzündung** *f* tonsillitis.

Mandschurei (-) [mandʒuˈraɪ] *f*: **die ~** Manchuria.

Manege [maˈnɛːʒə] (-, -n) *f* ring, arena.

Mangel[1] [ˈmaŋəl] (-, -n) *f* mangle; **durch die ~ drehen** (*fig: umg*) to put through it; (*Prüfling etc*) to put through the mill.

Mangel[2] [ˈmaŋəl] (-s, ⁻) *m* lack; (*Knappheit*) shortage; (*Fehler*) defect, fault; **~ an** +*dat* shortage of.

Mängelbericht [ˈmɛŋəlbərɪçt] *m* list of faults.

Mangelerscheinung *f* deficiency symptom.

mangelhaft *adj* poor; (*fehlerhaft*) defective, faulty; (*Schulnote*) unsatisfactory.

mangeln *vi unpers*: **es mangelt jdm an etw** *dat* sb lacks sth ♦ *vt* (*Wäsche*) to mangle.

mangels *präp* +*gen* for lack of.

Mangelware *f* scarce commodity.

Manie [maˈniː] *f* mania.

Manier [maˈniːr] (-) *f* manner; (*Stil*) style; (*pej*) mannerism.

Manieren *pl* manners *pl*; (*pej*) mannerisms *pl*.

manieriert [maniˈriːrt] *adj* mannered, affected.

manierlich *adj* well-mannered.

Manifest [maniˈfɛst] (-es, -e) *nt* manifesto.

Maniküre [maniˈkyːrə] (-, -n) *f* manicure.

maniküren *vt* to manicure.

Manipulation [manipulatsiˈoːn] *f* manipulation; (*Trick*) manoeuvre (*BRIT*), maneuver (*US*).

manipulieren [manipuˈliːrən] *vt* to manipulate.

Manko [ˈmaŋko] (-s, -s) *nt* deficiency; (*COMM*) deficit.

Mann [man] (-(e)s, ⁻er *od* (*NAUT*) **Leute**) *m* man; (*Ehe~*) husband; (*NAUT*) hand; **pro ~** per head; **mit ~ und Maus untergehen** to go down with all hands; (*Passagierschiff*) to go down with no survivors; **seinen ~ stehen** to hold one's own; **etw an den ~ bringen** (*umg*) to get rid of sth; **einen kleinen ~ im Ohr haben** (*hum: umg*) to be crazy.

Männchen [ˈmɛnçən] *nt* little man; (*Tier*)

male; ~ **machen** (*Hund*) to (sit up and) beg.
Mannequin [manə'kɛ̃ː] (-s, -s) *nt* fashion
model.
Männersache ['mɛnərzaxə] *f* (*Angelegenheit*)
man's business; (*Arbeit*) man's job.
mannigfaltig ['manɪçfaltɪç] *adj* various,
varied; **M~keit** *f* variety.
männlich ['mɛnlɪç] *adj* (*BIOL*) male; (*fig*,
GRAM) masculine.
Mannsbild *nt* (*veraltet: pej*) fellow.
Mannschaft *f* (*SPORT*, *fig*) team; (*NAUT*,
AVIAT) crew; (*MIL*) other ranks *pl*.
Mannschaftsgeist *m* team spirit.
Mannsleute (*umg*) *pl* menfolk *pl*.
Mannweib (*pej*) *nt* mannish woman.
Manometer [mano'meːtər] *nt* (*TECH*) pressure
gauge; ~**!** (*umg*) wow!
Manöver [ma'nøːvər] (-s, -) *nt* manoeuvre
(*BRIT*), maneuver (*US*).
manövrieren [manø'vriːrən] *vt*, *vi* to
manoeuvre (*BRIT*), maneuver (*US*).
Mansarde [man'zardə] (-, -n) *f* attic.
Manschette [man'ʃɛtə] *f* cuff; (*Papier~*) paper
frill; (*TECH*) sleeve.
Manschettenknopf *m* cufflink.
Mantel ['mantəl] (-s, ⁻) *m* coat; (*TECH*) casing,
jacket; ~**tarif** *m* general terms of
employment; ~**tarifvertrag** *m* general
agreement on conditions of employment.
Manuskript [manu'skrɪpt] (-(e)s, -e) *nt*
manuscript.
Mappe ['mapə] (-, -n) *f* briefcase; (*Akten~*)
folder.
Marathonlauf ['maːratɔnlaʊf] *m* marathon.
Märchen ['mɛːrçən] *nt* fairy tale; **m~haft** *adj*
fabulous; ~**prinz** *m* prince charming.
Marder ['mardər] (-s, -) *m* marten.
Margarine [marga'riːnə] *f* margarine.
Marge ['marʒə] (-, -n) *f* (*COMM*) margin.
Maria [ma'riːa] (-) *f* Mary.
Marienbild *nt* picture of the Virgin Mary.
Marienkäfer *m* ladybird.
Marihuana [marihu'aːna] (-s) *nt* marijuana.
Marinade [mari'naːdə] (-, -n) *f* (*KOCH*)
marinade; (*Soße*) mayonnaise-based sauce.
Marine [ma'riːnə] *f* navy; **m~blau** *adj* navy-
blue.
marinieren [mari'niːrən] *vt* to marinate.
Marionette [mario'nɛtə] *f* puppet.
Mark¹ [mark] (-, -) *f* (*Geld*) mark.
Mark² [mark] (-(e)s) *nt* (*Knochen~*) marrow;
jdn bis ins ~ treffen (*fig*) to cut sb to the
quick; **jdm durch ~ und Bein gehen** to go
right through sb.
markant [mar'kant] *adj* striking.
Marke ['markə] (-, -n) *f* mark; (*Warensorte*)
brand; (*Fabrikat*) make; (*Rabatt~*, *Brief~*)
stamp; (*Essen(s)~*) luncheon voucher; (*aus
Metall etc*) token, disc.
Marken- *zW:* ~**artikel** *m* proprietary article;

~**butter** *f* best quality butter; ~**zeichen** *nt*
trademark.
Marketing ['markətɪŋ] (-s) *nt* marketing.
markieren [mar'kiːrən] *vt* to mark; (*umg*) to
act ♦ *vi* (*umg*) to act it.
Markierung *f* marking.
markig ['markɪç] *adj* (*fig*) pithy.
Markise [mar'kiːzə] (-, -n) *f* awning.
Markstück *nt* one-mark piece.
Markt [markt] (-(e)s, ⁻e) *m* market; ~**analyse** *f*
market analysis; ~**anteil** *m* market share;
m~fähig *adj* marketable; ~**forschung** *f*
market research; **m~gängig** *adj* marketable;
m~gerecht *adj* geared to market
requirements; ~**lücke** *f* gap in the market;
~**platz** *m* market place; ~**preis** *m* market
price; ~**wert** *m* market value; ~**wirtschaft** *f*
market economy; **m~wirtschaftlich** *adj* free
enterprise.
Marmelade [marmə'laːdə] (-, -n) *f* jam.
Marmor ['marmɔr] (-s, -e) *m* marble.
marmorieren [marmo'riːrən] *vt* to marble.
Marmorkuchen *m* marble cake.
marmorn *adj* marble.
Marokkaner(in) [marɔ'kaːnər(ɪn)] (-s, -) *m(f)*
Moroccan.
marokkanisch *adj* Moroccan.
Marokko [ma'rɔko] (-s) *nt* Morocco.
Marone [ma'roːnə] (-, -n) *f* chestnut.
Marotte [ma'rɔtə] (-, -n) *f* fad, quirk.
Marsch¹ [marʃ] (-, -en) *f* marsh.
Marsch² (-(e)s, ⁻e) *m* march; **jdm den
~ blasen** (*umg*) to give sb a rocket; **m~** *interj*
march; **m~ ins Bett!** off to bed with you!
Marschbefehl *m* marching orders *pl*.
marschbereit *adj* ready to move.
marschieren [mar'ʃiːrən] *vi* to march.
Marschverpflegung *f* rations *pl*; (*MIL*) field
rations *pl*.
Marseille [mar'sɛːj] (-s) *nt* Marseilles.
Marsmensch ['marsmɛnʃ] *m* Martian.
Marter ['martər] (-, -n) *f* torment.
martern *vt* to torture.
Martinshorn ['marti:nshɔrn] *nt* siren (*of police
etc*).
Märtyrer(in) ['mɛrtyrər(ɪn)] (-s, -) *m(f)* martyr.
Martyrium [mar'ty:riʊm] *nt* (*fig*) ordeal.
Marxismus [mar'ksɪsmʊs] *m* Marxism.
März [mɛrts] (-(es), -e) (*pl selten*) *m* March;
siehe auch **September**.
Marzipan [martsi'paːn] (-s, -e) *nt* marzipan.
Masche ['maʃə] (-, -n) *f* mesh; (*Strick~*) stitch;
das ist die neueste ~ that's the latest dodge;
durch die ~n schlüpfen to slip through the
net.
Maschendraht *m* wire mesh.
maschenfest *adj* runproof.
Maschine [ma'ʃiːnə] *f* machine; (*Motor*)
engine; ~ **schreiben** to type.
maschinell [maʃi'nɛl] *adj* machine(-),

mechanical.

Maschinen- *zW:* **~ausfallzeit** *f* machine downtime; **~bauer** *m* mechanical engineer; **~führer** *m* machinist; **m~geschrieben** *adj* typewritten; **~gewehr** *nt* machine gun; **m~lesbar** *adj* (*COMPUT*) machine-readable; **~pistole** *f* submachine gun; **~raum** *m* plant room; (*NAUT*) engine room; **~saal** *m* machine shop; **~schaden** *m* mechanical fault; **~schlosser** *m* fitter; **~schrift** *f* typescript; **~sprache** *f* (*COMPUT*) machine language.

Maschinerie [maʃinəˈriː] *f* (*fig*) machinery.
Maschinist(in) [maʃiˈnɪst(ɪn)] *m(f)* engineer.
Maser [ˈmaːzər] (**-, -n**) *f* grain.
Masern *pl* (*MED*) measles *sing*.
Maserung *f* grain(ing).
Maske [ˈmaskə] (**-, -n**) *f* mask.
Maskenball *m* fancy-dress ball.
Maskenbildner(in) *m(f)* make-up artist.
Maskerade [maskəˈraːdə] *f* masquerade.
maskieren [masˈkiːrən] *vt* to mask; (*verkleiden*) to dress up ♦ *vr* to disguise o.s., dress up.
Maskottchen [masˈkɔtçən] *nt* (lucky) mascot.
Maskulinum [maskuˈliːnʊm] (**-s, Maskulina**) *nt* (*GRAM*) masculine noun.
Masochist [mazɔˈxɪst] (**-en, -en**) *m* masochist.
Maß¹ [maːs] (**-es, -e**) *nt* measure; (*Mäßigung*) moderation; (*Grad*) degree, extent; **über alle ~en** (*liter*) extremely, beyond measure; **~ halten** to exercise moderation; **mit zweierlei ~ messen** (*fig*) to operate a double standard; **sich** *dat* **etw nach ~ anfertigen lassen** to have sth made to measure *od* order (*US*); **in besonderem ~e** especially; **das ~ ist voll** (*fig*) that's enough (of that).
Maß² (**-, -(e)**) *f* litre (*BRIT*) *od* liter (*US*) of beer.

maß *etc vb siehe* **messen**.
Massage [maˈsaːʒə] (**-, -n**) *f* massage.
Massaker [maˈsaːkər] (**-s, -**) *nt* massacre.
Maßanzug *m* made-to-measure suit.
Maßarbeit *f* (*fig*) neat piece of work.
Masse [ˈmasə] (**-, -n**) *f* mass; **eine ganze ~** (*umg*) a great deal.
Maßeinheit *f* unit of measurement.
Massen- *zW:* **~artikel** *m* mass-produced article; **~blatt** *nt* tabloid; **~grab** *nt* mass grave; **m~haft** *adj* masses of; **~medien** *pl* mass media *pl*; **~produktion** *f* mass production; **~veranstaltung** *f* mass meeting; **~vernichtungswaffen** *pl* weapons of mass destruction *od* extermination; **~ware** *f* mass-produced article; **m~weise** *adv* in huge numbers.
Masseur [maˈsøːr] *m* masseur.
Masseuse [maˈsøːzə] *f* masseuse.
Maß- *zW:* **m~gebend** *adj* authoritative; **m~gebende Kreise** influential circles; **m~geblich** *adj* definitive; **m~geschneidert**

adj (*Anzug*) made-to-measure, made-to-order (*US*), custom *attrib* (*US*).
massieren [maˈsiːrən] *vt* to massage; (*MIL*) to mass.
massig [ˈmasɪç] *adj* massive; (*umg*) a massive amount of.
mäßig [ˈmɛːsɪç] *adj* moderate; **~en** [ˈmɛːsɪgən] *vt* to restrain, moderate; **sein Tempo ~en** to slacken one's pace; **M~keit** *f* moderation.
massiv [maˈsiːf] *adj* solid; (*fig*) heavy, rough; **~ werden** (*umg*) to turn nasty; **M~ (-s, -e)** *nt* massif.
Maß- *zW:* **~krug** *m* tankard; **m~los** *adj* (*Verschwendung, Essen, Trinken*) excessive, immoderate; (*Enttäuschung, Ärger etc*) extreme; **~nahme (-, -n)** *f* measure, step; **m~regeln** *vt untr* to reprimand.
Maßstab *m* rule, measure; (*fig*) standard; (*GEOG*) scale; **als ~ dienen** to serve as a model.
maßstab(s)getreu *adj* (true) to scale.
maßvoll *adj* moderate.
Mast [mast] (**-(e)s, -e(n)**) *m* mast; (*ELEK*) pylon.
Mastdarm *m* rectum.
mästen [ˈmɛstən] *vt* to fatten.
masturbieren [mastʊrˈbiːrən] *vi* to masturbate.
Material [materiˈaːl] (**-s, -ien**) *nt* material(s); **~fehler** *m* material defect.
Materialismus [materiaˈlɪsmus] *m* materialism.
Materialist(in) *m(f)* materialist; **m~isch** *adj* materialistic.
Materialkosten *pl* cost *sing* of materials.
Materialprüfung *f* material(s) control.
Materie [maˈteːriə] *f* matter, substance.
materiell [materiˈɛl] *adj* material.
Mathe [ˈmatə] (**-**) *f* (*SCH: umg*) maths (*BRIT*), math (*US*).
Mathematik [matemaˈtiːk] *f* mathematics *sing*; **~er(in)** [mateˈmaːtɪkər(ɪn)] (**-s, -**) *m(f)* mathematician.
mathematisch [mateˈmaːtɪʃ] *adj* mathematical.
Matjeshering [ˈmatjəsheːrɪŋ] (*umg*) *m* salted young herring.
Matratze [maˈtratsə] (**-, -n**) *f* mattress.
Matrixdrucker *m* dot-matrix printer.
Matrixzeichen *nt* matrix character.
Matrize [maˈtriːtsə] (**-, -n**) *f* matrix; (*zum Abziehen*) stencil.
Matrose [maˈtroːzə] (**-n, -n**) *m* sailor.
Matsch [matʃ] (**-(e)s**) *m* mud; (*Schnee~*) slush.
matschig *adj* muddy; slushy.
matt [mat] *adj* weak; (*glanzlos*) dull; (*PHOT*) matt; (*SCHACH*) mate; **jdn ~ setzen** (*auch fig*) to checkmate sb; **M~ (-s, -s)** *nt* (*SCHACH*) checkmate.
Matte [ˈmatə] (**-, -n**) *f* mat; **auf der ~ stehen** (*am Arbeitsplatz etc*) to be in.

Mattigkeit *f* weakness; dullness.
Mattscheibe *f* (*TV*) screen; ~ **haben** (*umg*) to be not quite with it.
Matura [ma'tuːra] (-) (*ÖSTERR, SCHWEIZ*) *f* = **Abitur**.
Mätzchen ['mɛtsçən] (*umg*) *nt* antics *pl*; ~ **machen** to fool around.
mau [mau] (*umg*) *adj* poor, bad.
Mauer ['mauər] (-, -n) *f* wall; ~**blümchen** (*umg*) *nt* (*fig*) wallflower.
mauern *vi* to build, lay bricks ♦ *vt* to build.
Mauer- *zW:* ~**schwalbe** *f* swift; ~**segler** *m* swift; ~**werk** *nt* brickwork; (*Stein*) masonry.
Maul [maul] (-(e)s, Mäuler) *nt* mouth; **ein loses od lockeres ~ haben** (*umg: frech sein*) to be an impudent so-and-so; (: *indiskret sein*) to be a blabbermouth; **halts ~!** (*umg*) shut your face (*!*); **darüber werden sich die Leute das ~ zerreißen** (*umg*) that will start people's tongues wagging; **dem Volk** *od* **den Leuten aufs ~ schauen** (*umg*) to listen to what ordinary people say; **m~en** (*umg*) *vi* to grumble; ~**esel** *m* mule; ~**korb** *m* muzzle; ~**sperre** *f* lockjaw; ~**tier** *nt* mule; ~**- und Klauenseuche** *f* (*Tiere*) foot-and-mouth disease.
Maulwurf *m* mole.
Maulwurfshaufen *m* molehill.
Maurer ['maurər] (-s, -) *m* bricklayer; **pünktlich wie die ~** (*hum*) super-punctual.
Mauretanien [maurə'taːniən] (-s) *nt* Mauritania.
Mauritius [mau'riːtsius] (-) *nt* Mauritius.
Maus [maus] (-, Mäuse) *f* (*auch COMPUT*) mouse; **Mäuse** *pl* (*umg: Geld*) bread *sing*, dough *sing*.
mauscheln ['mauʃəln] (*umg*) *vt, vi* (*manipulieren*) to fiddle.
mäuschenstill ['mɔysçən'ʃtɪl] *adj* very quiet.
Mausefalle *f* mousetrap.
mausen *vt* (*umg*) to pinch ♦ *vi* to catch mice.
mausern *vr* to moult (*BRIT*), molt (*US*).
mausetot *adj* stone dead.
mausgesteuert *adj* (*COMPUT*) mouse-driven.
Maut [maut] (-, -en) *f* toll.
max. *abk* (= *maximal*) max.
maximal [maksi'maːl] *adj* maximum.
Maxime [ma'ksiːmə] (-, -n) *f* maxim.
maximieren [maksi'miːrən] *vt* to maximize.
Maximierung *f* (*WIRTS*) maximization.
Maximum ['maksimum] (-s, Maxima) *nt* maximum.
Mayonnaise [majɔ'nɛːzə] (-, -n) *f* mayonnaise.
Mazedonien [matse'doːniən] (-s) *nt* Macedonia.
Mäzen [mɛ'tseːn] (-s, -e) *m* (*gen*) patron, sponsor.
MdB *nt abk* (= *Mitglied des Bundestages*) *member of the Bundestag*, ≈ MP.
MdL *nt abk* (= *Mitglied des Landtages*) *member*

of the Landtag.
m. E. *abk* (= *meines Erachtens*) in my opinion.
Mechanik [me'çaːnɪk] *f* mechanics *sing*; (*Getriebe*) mechanics *pl*; ~**er** (-s, -) *m* mechanic, engineer.
mechanisch *adj* mechanical.
mechanisieren [meçani|ziːrən] *vt* to mechanize.
Mechanisierung *f* mechanization.
Mechanismus [meça'nɪsmus] *m* mechanism.
meckern ['mɛkərn] *vi* to bleat; (*umg*) to moan.
Mecklenburg ['meːklənburk] (-s) *nt* Mecklenburg.
Mecklenburg-Vorpommern (-s) *nt* (state of) Mecklenburg-Vorpommern.
Medaille [me'daljə] (-, -n) *f* medal.
Medaillon [medal'jõː] (-s, -s) *nt* (*Schmuck*) locket.
Medien ['meːdiən] *pl* media *pl*; ~**forschung** *f* media research.
Medikament [medika'mɛnt] *nt* medicine.
Meditation [meditatsi'oːn] *f* meditation.
meditieren [medi'tiːrən] *vi* to meditate.
Medium ['meːdium] *nt* medium.
Medizin [medi'tsiːn] (-, -en) *f* medicine.
Mediziner(in) (-s, -) *m(f)* doctor; (*UNIV*) medic (*umg*).
medizinisch *adj* medical; ~**-technische Assistentin** medical assistant.
Meer [meːr] (-(e)s, -e) *nt* sea; **am ~(e)** by the sea; **ans ~ fahren** to go to the sea(side); ~**busen** *m* bay, gulf; ~**enge** *f* straits *pl*.
Meeres- *zW:* ~**früchte** *pl* seafood; ~**klima** *nt* maritime climate; ~**spiegel** *m* sea level.
Meer- *zW:* ~**jungfrau** *f* mermaid; ~**rettich** *m* horseradish; ~**schweinchen** *nt* guinea pig; ~**wasser** *nt* sea water.
Mega-, mega- [meːga-] *in zW* mega-; ~**byte** [mega'bait] *nt* megabyte; ~**fon**▲, ~**phon** [mega'foːn] (-s, -e) *nt* megaphone; ~**watt** [mega'vat] *nt* megawatt.
Mehl [meːl] (-(e)s, -e) *nt* flour.
mehlig *adj* floury.
Mehlschwitze *f* (*KOCH*) roux.
mehr [meːr] *adv* more; **nie ~** never again, nevermore (*liter*); **es war niemand ~ da** there was no one left; **nicht ~ lange** not much longer; **M~aufwand** *m* additional expenditure; **M~belastung** *f* excess load; (*fig*) additional burden; ~**deutig** *adj* ambiguous.
mehrere *indef pron* several; (*verschiedene*) various; ~**s** several things.
mehrfach *adj* multiple; (*wiederholt*) repeated.
Mehrheit *f* majority.
Mehrheitsprinzip *nt* principle of majority rule.
Mehrheitswahlrecht *nt* first-past-the-post voting system.
mehr- *zW:* ~**jährig** *adj attrib* of several years;

M~**kosten** pl additional costs pl; ~**malig** adj repeated; ~**mals** adv repeatedly; M~**parteiensystem** nt multi-party system; M~**platzsystem** nt (COMPUT) multi-user system; M~**programmbetrieb** m (COMPUT) multiprogramming; ~**sprachig** adj multilingual; ~**stimmig** adj for several voices; ~**stimmig singen** to harmonize; M~**wegflasche** f returnable bottle; M~**wertsteuer** f value added tax, VAT; M~**zahl** f majority; (GRAM) plural.

Mehrzweck- in zW multipurpose.

meiden ['maɪdən] unreg vt to avoid.

Meile ['maɪlə] (-, -n) f mile; **das riecht man drei ~n gegen den Wind** (umg) you can smell that a mile off.

Meilenstein m milestone.

meilenweit adj for miles.

mein [maɪn] pron my.

meine(r, s) poss pron mine.

Meineid ['maɪnʔaɪt] m perjury.

meinen ['maɪnən] vt to think; (sagen) to say; (sagen wollen) to mean ♦ vi to think; **wie Sie ~!** as you wish; **damit bin ich gemeint** that refers to me; **das will ich ~** I should think so.

meiner gen von ich ♦ pron of me.

meinerseits adv for my part.

meinesgleichen ['maɪnəs'glaɪçən] pron people like me.

meinetwegen ['maɪnət've:gən] adv (für mich) for my sake; (wegen mir) on my account; (von mir aus) as far as I'm concerned; (ich habe nichts dagegen) I don't care od mind.

meinetwillen ['maɪnət'vɪlən] adv: **um ~ =** **meinetwegen**.

meinige pron: **der/die/das ~** od M~ mine.

meins [maɪns] pron mine.

Meinung ['maɪnʊŋ] f opinion; **meiner ~ nach** in my opinion; **einer ~ sein** to think the same; **jdm die ~ sagen** to give sb a piece of one's mind.

Meinungs- zW: ~**austausch** m exchange of views; ~**forscher(in)** m(f) pollster; ~**forschungsinstitut** nt opinion research institute; ~**freiheit** f freedom of speech; ~**umfrage** f opinion poll; ~**verschiedenheit** f difference of opinion.

Meise ['maɪzə] (-, -n) f tit(mouse); **eine ~ haben** (umg) to be crackers.

Meißel ['maɪsəl] (-s, -) m chisel.

meißeln vt to chisel.

meist [maɪst] adj most ♦ adv mostly; M~**begünstigungsklausel** f (COMM) most-favoured-nation clause; ~**bietend** adj: ~**bietend versteigern** to sell to the highest bidder.

meiste(r, s) superl von viel.

meistens adv mostly.

Meister ['maɪstər] (-s, -) m master; (SPORT) champion; **seinen ~ machen** to take one's master craftsman's diploma; **es ist noch kein ~ vom Himmel gefallen** (Sprichwort) no one is born an expert; ~**brief** m master craftsman's diploma; m~**haft** adj masterly.

Meisterin f (auf einem Gebiet) master, expert; (SPORT) (woman) champion.

meistern vt to master; **sein Leben ~** to come to grips with one's life.

Meister- zW: ~**schaft** f mastery; (SPORT) championship; ~**stück** nt masterpiece; ~**werk** nt masterpiece.

meistgekauft adj attrib best-selling.

Mekka ['mɛka] (-s, -s) nt (GEOG, fig) Mecca.

Melancholie [melaŋko'li:] f melancholy.

melancholisch [melaŋ'ko:lɪʃ] adj melancholy.

Meldebehörde f registration authorities pl.

Meldefrist f registration period.

melden vt to report; (registrieren) to register ♦ vr to report; to register; (SCH) to put one's hand up; (freiwillig) to volunteer; (auf etw, am Telefon) to answer; **nichts zu ~ haben** (umg) to have no say; **wen darf ich ~?** who shall I say (is here)?; **sich ~ bei** to report to; to register with; **sich auf eine Anzeige ~** to answer an advertisement; **es meldet sich niemand** there's no answer; **sich zu Wort ~** to ask to speak.

Meldepflicht f obligation to register with the police.

Meldestelle f registration office.

Meldung ['mɛldʊŋ] f announcement; (Bericht) report.

meliert [me'li:rt] adj mottled, speckled.

melken ['mɛlkən] unreg vt to milk.

Melodie [melo'di:] f melody, tune.

melodisch [me'lo:dɪʃ] adj melodious, tuneful.

melodramatisch [melodra'ma:tɪʃ] adj (auch fig) melodramatic.

Melone [me'lo:nə] (-, -n) f melon; (Hut) bowler (hat).

Membran [mem'bra:n] (-, -en) f (TECH) diaphragm; (ANAT) membrane.

Memme ['mɛmə] (-, -n) (umg) f cissy, yellow-belly.

Memoiren [memo'a:rən] pl memoirs pl.

Menge ['mɛŋə] (-, -n) f quantity; (Menschen~) crowd; (große Anzahl) lot (of); **jede ~** (umg) masses pl, loads pl.

mengen vt to mix ♦ vr: **sich ~ in** +akk to meddle with.

Mengen- zW: ~**einkauf** m bulk buying; ~**lehre** f (MATH) set theory; ~**rabatt** m bulk discount.

Menorca [me'nɔrka] (-s) nt Menorca.

Mensa ['mɛnza] (-, -s od **Mensen**) f (UNIV) refectory (BRIT), commons (US).

Mensch [mɛnʃ] (-en, -en) m human being, man; (Person) person; **kein ~** nobody; **ich bin auch nur ein ~!** I'm only human; **~ ärgere**

dich nicht *nt* (*Spiel*) ludo.

Menschen- *zW:* ~**alter** *m* generation; ~**feind** *m* misanthrope; **m**~**freundlich** *adj* philanthropical; ~**gedenken** *nt:* **der kälteste Winter seit** ~**gedenken** the coldest winter in living memory; ~**handel** *m* slave trade; (*JUR*) trafficking in human beings; ~**kenner** *m* judge of human nature; ~**kenntnis** *f* knowledge of human nature; **m**~**leer** *adj* deserted; ~**liebe** *f* philanthropy; ~**masse** *f* crowd (of people); ~**menge** *f* crowd (of people); **m**~**möglich** *adj* humanly possible; ~**rechte** *pl* human rights *pl*; **m**~**scheu** *adj* shy; ~**schlag** (*umg*) *m* kind of people; ~**seele** *f:* **keine** ~**seele** (*fig*) not a soul.

Menschenskind *interj* good heavens!

Menschen- *zW:* **m**~**unwürdig** *adj* degrading; ~**verachtung** *f* contempt for human beings *od* of mankind; ~**verstand** *m:* **gesunder** ~**verstand** common sense; ~**würde** *f* human dignity; **m**~**würdig** *adj* (*Behandlung*) humane; (*Unterkunft*) fit for human habitation.

Mensch- *zW:* ~**heit** *f* humanity, mankind; **m**~**lich** *adj* human; (*human*) humane; ~**lichkeit** *f* humanity.

Menstruation [mɛnstruatsiˈoːn] *f* menstruation.

Mentalität [mɛntaliˈtɛːt] *f* mentality.

Menü [meˈnyː] (**-s, -s**) *nt* (*auch COMPUT*) menu; **m**~**gesteuert** *adj* (*COMPUT*) menu-driven.

Merkblatt *nt* instruction sheet *od* leaflet.

merken [ˈmɛrkən] *vt* to notice; **sich** *dat* **etw** ~ to remember sth; **sich** *dat* **eine Autonummer** ~ to make a (mental) note of a licence (*BRIT*) *od* license (*US*) number.

merklich *adj* noticeable.

Merkmal *nt* sign, characteristic.

merkwürdig *adj* odd.

meschugge [meˈʃʊgə] (*umg*) *adj* nuts, meshuga (*US*).

Mess-▲ *zW:* ~**band** *nt* tape measure; **m**~**bar** *adj* measurable; ~**becher** *m* measuring cup.

Messbuch▲ *nt* missal.

Messdiener▲ *m* (*REL*) server, acolyte (*form*).

Messe [ˈmɛsə] (**-, -n**) *f* fair; (*ECCL*) mass; (*MIL*) mess; **auf der** ~ at the fair; ~**gelände** *nt* exhibition centre (*BRIT*) *od* center (*US*).

messen *unreg vt* to measure ♦ *vr* to compete.

Messer (**-s, -**) *nt* knife; **auf des** ~**s Schneide stehen** (*fig*) to hang in the balance; **jdm ins offene** ~ **laufen** (*fig*) to walk into a trap; **m**~**scharf** *adj* (*fig*): **m**~**scharf schließen** to conclude with incredible logic (*ironisch*); ~**spitze** *f* knife point; (*in Rezept*) pinch; ~**stecherei** *f* knife fight.

Messestadt *f* (town with an) exhibition centre (*BRIT*) *od* center (*US*).

Messestand *m* exhibition stand.

Messgerät▲ *nt* measuring device, gauge.

Messgewand▲ *nt* chasuble.

Messing [ˈmɛsɪŋ] (**-s**) *nt* brass.

Messstab▲ *m* (*AUT: Öl~ etc*) dipstick.

Messung *f* (*das Messen*) measuring; (*von Blutdruck*) taking; (*Messergebnis*) measurement.

Messwert▲ *m* measurement; (*Ableseergebnis*) reading.

Metall [meˈtal] (**-s, -e**) *nt* metal; **die** ~ **verarbeitende Industrie** the metal-processing industry; **m**~**en** *adj* metallic; **m**~**isch** *adj* metallic.

Metallurgie [metalʊrˈgiː] *f* metallurgy.

Metapher [meˈtafər] (**-, -n**) *f* metaphor.

metaphorisch [metaˈfoːrɪʃ] *adj* metaphorical.

Metaphysik [metafyˈziːk] *f* metaphysics *sing*.

Metastase [metaˈstaːzə] (**-, -n**) *f* (*MED*) secondary growth.

Meteor [meteˈoːr] (**-s, -e**) *m* meteor.

Meteorologe [meteoroˈloːgə] (**-n, -n**) *m* meteorologist.

Meter [ˈmeːtər] (**-s, -**) *m od nt* metre (*BRIT*), meter (*US*); **in 500** ~ **Höhe** at a height of 500 metres; ~**maß** *nt* tape measure; ~**ware** *f* (*TEXTIL*) piece goods.

Methode [meˈtoːdə] (**-, -n**) *f* method.

Methodik [meˈtoːdɪk] *f* methodology.

methodisch [meˈtoːdɪʃ] *adj* methodical.

Metier [metiˈeː] (**-s, -s**) *nt* (*hum*) job, profession.

metrisch [ˈmeːtrɪʃ] *adj* metric, metrical.

Metropole [metroˈpoːlə] (**-, -n**) *f* metropolis.

Mettwurst [ˈmɛtvʊrst] *f* (smoked) pork/beef sausage.

Metzger [ˈmɛtsgər] (**-s, -**) *m* butcher.

Metzgerei [mɛtsgəˈraɪ] *f* butcher's (shop).

Meuchelmord [ˈmɔʏçəlmɔrt] *m* assassination.

Meute [ˈmɔʏtə] (**-, -n**) *f* pack.

Meuterei [mɔʏtəˈraɪ] *f* mutiny.

Meuterer (**-s, -**) *m* mutineer.

meutern *vi* to mutiny.

Mexikaner(in) [mɛksiˈkaːnər(ɪn)] (**-s, -**) *m(f)* Mexican.

mexikanisch *adj* Mexican.

Mexiko [ˈmɛksiko] (**-s**) *nt* Mexico.

MEZ *abk* (= *mitteleuropäische Zeit*) C.E.T.

MFG *abk* = **Mitfahrgelegenheit.**

MG (**-(s), -(s)**) *nt abk* = **Maschinengewehr.**

mg *abk* = **Milligramm**) mg.

mhd. *abk* (= *mittelhochdeutsch*) MHG.

MHz *abk* (= *Megahertz*) MHz.

miauen [miˈaʊən] *vi* to miaow.

mich [mɪç] *akk von* **ich** ♦ *pron* me; (*reflexiv*) myself.

mick(e)rig [ˈmɪk(ə)rɪç] (*umg*) *adj* pathetic; (*altes Männchen*) puny.

mied *etc* [miːt] *vb siehe* **meiden.**

Miederwaren [ˈmiːdərvaːrən] *pl* corsetry *sing*.

Mief [miːf] (**-s**) (*umg*) *m* fug; (*muffig*) stale air; (*Gestank*) stink, pong (*BRIT*).

miefig (*umg*) *adj* smelly, pongy (*BRIT*).
Miene ['miːnə] (-, -n) *f* look, expression; **gute ~ zum bösen Spiel machen** to grin and bear it.
Mienenspiel *nt* facial expressions *pl.*
mies [miːs] (*umg*) *adj* lousy.
Miese ['miːzə] (*umg*) *pl*: **in den ~n sein** to be in the red.
Miesmacher(in) (*umg*) *m(f)* killjoy.
Mietauto *nt* hired car (*BRIT*), rental car (*US*).
Miete ['miːtə] (-, -n) *f* rent; **zur ~ wohnen** to live in rented accommodation *od* accommodations (*US*).
mieten *vt* to rent; (*Auto*) to hire (*BRIT*), rent.
Mieter(in) (-s, -) *m(f)* tenant; **~schutz** *m* rent control.
Mietshaus *nt* tenement, block of flats (*BRIT*) *od* apartments (*US*).
Miet- *zW*: **~verhältnis** *nt* tenancy; **~vertrag** *m* tenancy agreement; **~wagen** *m* = **~auto**; **~wucher** *m* the charging of exorbitant rent(s).
Mieze ['miːtsə] (-, -n) (*umg*) *f* (*Katze*) pussy; (*Mädchen*) chick, bird (*BRIT*).
Migräne [mi'grɛːnə] (-, -n) *f* migraine.
Mikado [mi'kaːdo] (-s) *nt* (*Spiel*) pick-a-stick.
Mikro- ['miːkro] *in zW* micro-.
Mikrobe [mi'kroːbə] (-, -n) *f* microbe.
Mikro- *zW*: **~chip** *m* microchip; **~computer** *m* microcomputer; **~fiche** *m od nt* microfiche; **~film** *m* microfilm.
Mikrofon [mikro'foːn] (-s, e) *nt* microphone.
Mikroökonomie *f* microeconomics *pl.*
Mikrophon [mikro'foːn] (-s, -e) *nt* microphone.
Mikroprozessor (-s, -oren) *m* microprocessor.
Mikroskop [mikro'skoːp] (-s, -e) *nt* microscope; **m~isch** *adj* microscopic.
Mikrowelle ['miːkrovɛlə] *f* microwave.
Mikrowellenherd *m* microwave (oven).
Milbe ['mɪlbə] (-, -n) *f* mite.
Milch [mɪlç] (-) *f* milk; (*Fisch~*) milt, roe; **~drüse** *f* mammary gland; **~glas** *nt* frosted glass.
milchig *adj* milky.
Milch- *zW*: **~kaffee** *m* white coffee; **~mixgetränk** *nt* milk shake; **~pulver** *nt* powdered milk; **~straße** *f* Milky Way; **~tüte** *f* milk carton; **~zahn** *m* milk tooth.
mild [mɪlt] *adj* mild; (*Richter*) lenient; (*freundlich*) kind, charitable.
Milde ['mɪldə] (-, -n) *f* mildness; leniency.
mildern *vt* to mitigate, soften; (*Schmerz*) to alleviate; **~de Umstände** extenuating circumstances.
Milieu [mili'øː] (-s, -s) *nt* background, environment; **m~geschädigt** *adj* maladjusted.
militant [mili'tant] *adj* militant.

Militär [mili'tɛːr] (-s) *nt* military, army; **~dienst** *m* military service; **~gericht** *nt* military court; **m~isch** *adj* military.
Militarismus [milita'rɪsmʊs] *m* militarism.
militaristisch *adj* militaristic.
Militärpflicht *f* (compulsory) military service.
Mill. *abk* (= *Million(en)*) m.
Milli- *in zW* milli-.
Milliardär(in) [mɪliar'dɛːr(ɪn)] (-s, -e) *m(f)* multimillionaire.
Milliarde [mɪli'ardə] (-, -n) *f* milliard, billion (*bes US*).
Millimeter *m* millimetre (*BRIT*), millimeter (*US*); **~papier** *nt* graph paper.
Million [mɪli'oːn] (-, -en) *f* million.
Millionär(in) [mɪlio'nɛːr(ɪn)] (-s, -e) *m(f)* millionaire.
millionenschwer (*umg*) *adj* worth a few million.
Milz [mɪlts] (-, -en) *f* spleen.
Mimik ['miːmɪk] *f* mime.
Mimose [mi'moːzə] (-, -n) *f* mimosa; (*fig*) sensitive person.
minder ['mɪndər] *adj* inferior ♦ *adv* less; **~begabt** *adj* less able; **~bemittelt** *adj*: **geistig ~bemittelt** (*ironisch*) intellectually challenged.
Minderheit *f* minority.
Minderheitsbeteiligung *f* (*Aktien*) minority interest.
Minderheitsregierung *f* minority government.
minderjährig *adj* minor; **M~jährige(r)** *f(m)* minor; **M~keit** *f* minority.
mindern *vt, vr* to decrease, diminish.
Minderung *f* decrease.
minder- *zW*: **~wertig** *adj* inferior; **M~wertigkeitsgefühl** *nt* inferiority complex; **M~wertigkeitskomplex** (-es, -e) *m* inferiority complex.
Mindestalter *nt* minimum age.
Mindestbetrag *m* minimum amount.
mindeste(r, s) *adj* least.
mindestens *adv* at least.
Mindest- *zW*: **~lohn** *m* minimum wage; **~maß** *nt* minimum; **~stand** *m* (*COMM*) minimum stock; **~umtausch** *m* minimum obligatory exchange.
Mine ['miːnə] (-, -n) *f* mine; (*Bleistift~*) lead; (*Kugelschreiber~*) refill.
Minenfeld *nt* minefield.
Minensuchboot *nt* minesweeper.
Mineral [mine'raːl] (-s, -e *od* -ien) *nt* mineral; **m~isch** *adj* mineral; **~ölsteuer** *f* tax on oil and petrol (*BRIT*) *od* gasoline (*US*); **~wasser** *nt* mineral water.
Miniatur [minia'tuːr] *f* miniature.
Minigolf ['miːnigɔlf] *nt* miniature golf.
minimal [mini'maːl] *adj* minimal.

Minimum ['mi:nimʊm] (-s, Minima) *nt* minimum.

Minirock ['mınırɔk] *m* miniskirt.

Minister(in) [mi'nıstər(ın)] (-s, -) *m(f)* (*POL*) minister.

ministeriell [mɪnɪsteri'ɛl] *adj* ministerial.

Ministerium [mɪnɪs'te:rɪʊm] *nt* ministry.

Ministerpräsident(in) *m(f)* prime minister.

Minna ['mına] *f*: jdn zur ~ machen (*umg*) to give sb a piece of one's mind.

minus ['mi:nʊs] *adv* minus; **M~** (-, -) *nt* deficit; **M~pol** *m* negative pole; **M~zeichen** *nt* minus sign.

Minute [mi'nu:tə] (-, -n) *f* minute; **auf die ~ (genau** *od* **pünktlich)** (right) on the dot.

Minutenzeiger *m* minute hand.

Mio. *abk* (= *Million(en)*) m.

mir [mi:r] *dat von* **ich ♦** *pron* (to) me; **von ~ aus!** I don't mind; **wie du ~, so ich dir** (*Sprichwort*) tit for tat (*umg*); (*als Drohung*) I'll get my own back; ~ **nichts, dir nichts** just like that.

Mirabelle [mira'bɛlə] *f* mirabelle, *small yellow plum*.

Misch- *zW*: ~**batterie** *f* mixer tap; ~**brot** *nt* bread *made from more than one kind of flour*; ~**ehe** *f* mixed marriage.

mischen *vt* to mix; (*COMPUT: Datei, Text*) to merge; (*Karten*) to shuffle **♦** *vi* (*Karten*) to shuffle.

Misch- *zW*: ~**konzern** *m* conglomerate; ~**ling** *m* half-caste; ~**masch** (*umg*) *m* hotchpotch; (*Essen*) concoction; ~**pult** *nt* (*RUNDF, TV*) mixing panel.

Mischung *f* mixture.

Mischwald *m* mixed (deciduous and coniferous) woodland.

miserabel [mizə'ra:bəl] (*umg*) *adj* lousy; (*Gesundheit*) wretched; (*Benehmen*) dreadful.

Misere [mi'ze:rə] (-, -n) *f* (*von Leuten, Wirtschaft etc*) plight; (*von Hunger, Krieg etc*) misery, miseries *pl*.

Miss-▲ *zW*: **m~achten** *vt untr* to disregard; ~**achtung** *f* disregard; ~**behagen** *nt* uneasiness; (~*fallen*) discontent; ~**bildung** *f* deformity; **m~billigen** *vt untr* to disapprove of; ~**billigung** *f* disapproval; ~**brauch** *m* abuse; (*falscher Gebrauch*) misuse; **m~brauchen** *vt untr* to abuse; to misuse; (*vergewaltigen*) to assault; **jdn zu** *od* **für etw m~brauchen** to use sb for *od* to do sth; **m~deuten** *vt untr* to misinterpret.

missen *vt* to do without; (*Erfahrung*) to miss.

Misserfolg▲ *m* failure.

Missernte▲ *f* crop failure.

Missetat ['mısəta:t] *f* misdeed.

Missetäter *m* criminal; (*umg*) scoundrel.

Miss-▲ *zW*: **m~fallen** *unreg vi untr*: **jdm m~fallen** to displease sb; ~**fallen** (-s) *nt*

displeasure; ~**geburt** *f* freak; (*fig*) failure; ~**geschick** *nt* misfortune; **m~glücken** *vi untr* to fail; **jdm m~glückt etw** sb does not succeed with sth; **m~gönnen** *vt untr*: **jdm etw m~gönnen** to (be)grudge sb sth; ~**griff** *m* mistake; ~**gunst** *f* envy; **m~günstig** *adj* envious; **m~handeln** *vt untr* to ill-treat; ~**handlung** *f* ill-treatment; ~**helligkeit** *f*: ~**helligkeiten haben** to be at variance.

Mission [mɪsi'o:n] *f* mission.

Missionar(in) [mɪsio'na:r(ın)] *m(f)* missionary.

Missklang▲ *m* discord.

Misskredit▲ *m* discredit.

misslang *etc*▲ [mɪs'laŋ] *vb siehe* **misslingen**.

missliebig▲ *adj* unpopular.

misslingen▲ [mɪs'lıŋən] *unreg vi untr* to fail; **M~** (-s) *nt* failure.

misslungen▲ [mɪs'lʊŋən] *pp von* **misslingen**.

Miss-▲ *zW*: ~**mut** *m* bad temper; **m~mutig** *adj* cross; **m~raten** *unreg vi untr* to turn out badly **♦** *adj* ill-bred; ~**stand** *m* deplorable state of affairs; ~**stimmung** *f* discord; (~*mut*) ill feeling.

misst▲ *vb siehe* **messen**.

Miss-▲ *zW*: **m~trauen** *vi untr* to mistrust; ~**trauen** (-s) *nt*: ~**trauen (gegenüber)** distrust (of), suspicion (of); ~**trauensantrag** *m* (*POL*) motion of no confidence; ~**trauensvotum** *nt* (*POL*) vote of no confidence; **m~trauisch** *adj* distrustful, suspicious; ~**verhältnis** *nt* disproportion; **m~verständlich** *adj* unclear; ~**verständnis** *nt* misunderstanding; **m~verstehen** *unreg vt untr* to misunderstand.

Misswahl ['mısva:l] *f* beauty contest.

Misswirtschaft▲ *f* mismanagement.

Mist [mɪst] (-(e)s) *m* dung; (*umg*) rubbish; ~! (*umg*) blast!; **das ist nicht auf seinem ~ gewachsen** (*umg*) he didn't think that up himself.

Mistel (-, -n) *f* mistletoe.

Mist- *zW*: ~**gabel** *f* pitchfork (*used for shifting manure*); ~**haufen** *m* dungheap; ~**stück** (*umg!*) *nt*, ~**vieh** (*umg!*) *nt* (*Mann*) bastard (*!*); (*Frau*) bitch (*!*).

mit [mɪt] *präp +dat* with; (*mittels*) by **♦** *adv* along, too; ~ **der Bahn** by train; ~ **dem nächsten Flugzeug/Bus kommen** to come on the next plane/bus; ~ **Bleistift schreiben** to write in pencil; ~ **Verlust** at a loss; **er ist ~ der Beste in der Gruppe** he is among the best in the group; **wie wärs ~ einem Bier?** (*umg*) how about a beer?; ~ **10 Jahren** at the age of 10; **wollen Sie ~?** do you want to come along?

Mitarbeit ['mit|arbait] *f* cooperation; **m~en** *vi*: **m~en (an** +*dat*) to cooperate (on), collaborate (on).

Mitarbeiter(in) *m(f)* (*an Projekt*) collaborator; (*Kollege*) colleague; (*Angestellter*) member of staff **◊** *pl* staff; ~**stab** *m* staff.

mit- *zW:* ~**bekommen** *unreg vt* to get *od* be given; (*umg: verstehen*) to get; ~**bestimmen** *vi:* (**bei etw**) ~**bestimmen** to have a say (in sth) **◊** *vt* to have an influence on; **M~bestimmung** *f* participation in decision-making; (*POL*) determination; ~**bringen** *unreg vt* to bring along; **M~bringsel** ['mɪtbrɪŋzəl] (**-s, -**) *nt* (*Geschenk*) small present; (*Andenken*) souvenir; **M~bürger(in)** *m(f)* fellow citizen; ~**denken** *unreg vi* to follow; **du hast ja ~gedacht!** good thinking!; ~**dürfen** *unreg vi:* **wir durften nicht ~** we weren't allowed to go along; **M~eigentümer** *m* joint owner.

miteinander [mɪt|aɪ'nandər] *adv* together, with one another.

miterleben *vt* to see, witness.

Mitesser ['mɪt|ɛsər] (**-s, -**) *m* blackhead.

mit- *zW:* ~**fahren** *unreg vi:* (**mit jdm**) ~**fahren** to go (with sb); (*auf Reise auch*) to go *od* travel (with sb); **M~fahrzentrale** *f* agency for arranging lifts; **M~fahrgelegenheit** *f* lift; ~**fühlen** *vi:* ~ **jdm/etw** ~**fühlen** to sympathize with sb/sth; ~**fühlend** *adj* sympathetic; ~**führen** *vt* (*Papiere, Ware etc*) to carry (with one); (*Fluss*) to carry along; ~**geben** *unreg vt* to give; **M~gefühl** *nt* sympathy; ~**gehen** *unreg vi* to go *od* come along; **etw ~gehen lassen** (*umg*) to pinch sth; ~**genommen** *adj* done in, in a bad way; **M~gift** *f* dowry.

Mitglied ['mɪtgliːt] *nt* member.

Mitgliedsbeitrag *m* membership fee, subscription.

Mitgliedschaft *f* membership.

mit- *zW:* ~**haben** *unreg vt:* **etw ~haben** to have sth (with one); ~**halten** *unreg vi* to keep up; ~**helfen** *vi unreg* to help, lend a hand; **bei etw** ~**helfen** to help with sth; **M~hilfe** *f* help, assistance; ~**hören** *vt* to listen in to; ~**kommen** *unreg vi* to come along; (*verstehen*) to keep up, follow; **M~läufer** *m* hanger-on; (*POL*) fellow traveller.

Mitleid *nt* sympathy; (*Erbarmen*) compassion.

Mitleidenschaft *f:* **in ~ ziehen** to affect.

mitleidig *adj* sympathetic.

mitleidslos *adj* pitiless, merciless.

mit- *zW:* ~**machen** *vt* to join in, take part in; (*umg: einverstanden sein*): **da macht mein Chef nicht ~** my boss won't go along with that; **M~mensch** *m* fellow man; ~**mischen** (*umg*) *vi* (*sich beteiligen*): ~**mischen** (**in +***dat od* **bei**) to be involved (in); (*sich einmischen*) to interfere (in); ~**nehmen** *unreg vt* to take along *od* away; (*anstrengen*) to wear out, exhaust; ~**genommen aussehen** to look the worse for wear; ~**reden** *vi* (*Meinung äußern*): (**bei etw**) ~**reden** to join in (sth); (~*bestimmen*) to have a say (in sth) **◊** *vt:* **Sie**

haben hier nichts ~zureden this is none of your concern; ~**reißen** *vt unreg* to sweep away; (*fig: begeistern*) to carry away; ~**reißend** *adj* (*Rhythmus*) infectious; (*Reden*) rousing; (*Film, Fußballspiel*) thrilling, exciting.

mitsamt [mɪt'zamt] *präp* +*dat* together with.

mitschneiden *vt unreg* to record.

Mitschnitt ['mɪtʃnɪt] (**-(e)s, -e**) *m* recording.

mitschreiben *unreg vt* to write *od* take down **◊** *vi* to take notes.

Mitschuld *f* complicity.

mitschuldig *adj:* ~ (**an +***dat*) implicated (in); (*an Unfall*) partly responsible (for).

Mitschuldige(r) *f(m)* accomplice.

mit- *zW:* **M~schüler(in)** *m(f)* schoolmate; ~**spielen** *vi* to join in, take part; **er hat ihr übel *od* hart ~gespielt** (*Schaden zufügen*) he has treated her badly; **M~spieler(in)** *m(f)* partner; **M~spracherecht** *nt* voice, say.

Mittag ['mɪtaːk] (**-(e)s, -e**) *m* midday, noon, lunchtime; **morgen ~** tomorrow at lunchtime *od* noon; ~ **machen** to take one's lunch hour; (**zu**) ~ **essen** to have lunch; ~**essen** *nt* lunch, dinner.

mittags *adv* at lunchtime *od* noon.

Mittags- *zW:* ~**pause** *f* lunch break; ~**ruhe** *f* period of quiet (after lunch); (*in Geschäft*) midday closing; ~**schlaf** *m* early afternoon nap, siesta; ~**zeit** *f:* **während** *od* **in der ~zeit** at lunchtime.

Mittäter(in) ['mɪttɛːtər(ɪn)] *m(f)* accomplice.

Mitte ['mɪtə] (**-, -n**) *f* middle; **aus unserer ~** from our midst.

mitteilen ['mɪttaɪlən] *vt:* **jdm etw ~** to inform sb of sth, communicate sth to sb **◊** *vr:* **sich (jdm) ~** to communicate (with sb).

mitteilsam *adj* communicative.

Mitteilung *f* communication; **jdm (eine) ~ von etw machen** (*form*) to inform sb of sth; (*bekannt geben*) to announce sth to sb.

Mitteilungsbedürfnis *nt* need to talk to other people.

Mittel ['mɪtəl] (**-s, -**) *nt* means; (*Methode*) method; (*MATH*) average; (*MED*) medicine; **kein ~ unversucht lassen** to try everything; **als letztes ~** as a last resort; **ein ~ zum Zweck** a means to an end; ~**alter** *nt* Middle Ages *pl*; **m~alterlich** *adj* medieval; ~**amerika** *nt* Central America (and the Caribbean); **m~amerikanisch** *adj* Central American; **m~bar** *adj* indirect; ~**ding** *nt* (*Mischung*) cross; ~**europa** *nt* Central Europe; ~**europäer(in)** *m(f)* Central European; **m~europäisch** *adj* Central European; **m~fristig** *adj* (*Finanzplanung, Kredite*) medium-term; ~**gebirge** *nt* low mountain range; **m~groß** *adj* medium-sized; **m~los** *adj* without means; ~**maß** *nt:* **das (gesunde) ~maß** the happy medium; **m~mäßig** *adj*

mediocre, middling; ~**mäßigkeit** *f*
mediocrity; ~**meer** *nt* Mediterranean (Sea);
m~**prächtig** *adj* not bad; ~**punkt** *m* centre
(*BRIT*), center (*US*); im ~**punkt stehen** to be
centre-stage.
mittels *präp +gen* by means of.
Mittelschicht *f* middle class.
Mittelsmann (-(e)s, *pl* **Mittelsmänner** *od*
Mittelsleute) *m* intermediary.
Mittel- *zW:* ~**stand** *m* middle class;
~**streckenrakete** *f* medium-range missile;
~**streifen** *m* central reservation (*BRIT*),
median strip (*US*); ~**stufe** *f* (*SCH*) middle
school (*BRIT*), junior high (*US*); ~**stürmer** *m*
centre forward; ~**weg** *m* middle course;
~**welle** *f* (*RUNDF*) medium wave; ~**wert** *m*
average value, mean.
mitten ['mɪtən] *adv* in the middle; ~ **auf der
Straße/in der Nacht** in the middle of the
street/night; ~**drin** *adv* (right) in the middle
of it; ~**durch** *adv* (right) through the middle.
Mitternacht ['mɪtərnaxt] *f* midnight.
mittlere(r, s) ['mɪtlərə(r, s)] *adj* middle;
(*durchschnittlich*) medium, average; **der
Mittlere Osten** the Middle East; **mittleres
Management** middle management.

MITTLERE REIFE

*The **mittlere Reife** is the standard certificate
achieved at a **Realschule** on successful
completion of 6 years' education there. If a pupil at
a **Realschule** attains good results in several
subjects he or she is allowed to enter the the 11th
class of a **Gymnasium** to study for the **Abitur**.*

---

mittlerweile ['mɪtlər'vaɪlə] *adv* meanwhile.
Mittwoch ['mɪtvɔx] (-(e)s, -e) *m* Wednesday;
siehe auch **Dienstag.**
mittwochs *adv* on Wednesdays.
mitunter [mɪt'|ʊntər] *adv* occasionally,
sometimes.
mit- *zW:* ~**verantwortlich** *adj* also responsible;
~**verdienen** *vi* to (go out to) work as well;
M~verfasser *m* co-author; **M~verschulden** *nt*
contributory negligence; ~**wirken** *vi:* (**bei
etw**) ~**wirken** to contribute (to sth); (*THEAT*)
to take part (in sth); **M~wirkende(r)** *f(m):* **die
M~wirkenden** (*THEAT*) the cast; **M~wirkung**
f contribution; participation; **unter
M~wirkung von** with the help of; **M~wisser**
(-s, -) *m:* **M~wisser (einer Sache** *gen*) **sein** to
be in the know (about sth); **jdn zum
M~wisser machen** to tell sb (all) about it.
Mixer ['mɪksər] (-s, -) *m* (*Bar~*) cocktail
waiter; (*Küchen~*) blender; (*Rührmaschine,
RUNDF, TV*) mixer.
ml *abk* (= *Milliliter*) ml.
mm *abk* (= *Millimeter*) mm.
Mnemonik [mne'moːnɪk] *f* (*auch COMPUT*)

mnemonic.
mobben ['mɔbən] *vt* to bully (at work).
Mobbing ['mɔbɪŋ] (-s) *nt* workplace bullying.
Möbel ['møːbəl] (-s, -) *nt* (piece of) furniture;
~**packer** *m* removal man (*BRIT*), (furniture)
mover (*US*); ~**wagen** *m* furniture *od*
removal van (*BRIT*), moving van (*US*).
mobil [mo'biːl] *adj* mobile; (*MIL*) mobilized.
Mobilfunk *m* cellular telephone service.
Mobiliar [mobili'aːr] (-s, -e) *nt* movable assets
pl.
mobilisieren [mobili'ziːrən] *vt* (*MIL*) to
mobilize.
Mobilmachung *f* mobilization.
Mobiltelefon *nt* (*TELEC*) mobile phone.
möbl. *abk* = **möbliert.**
möblieren [mø'bliːrən] *vt* to furnish; **möbliert
wohnen** to live in furnished
accommodation.
mochte *etc* ['mɔxtə] *vb siehe* **mögen.**
Möchtegern- ['mœçtəgern] *in zW* (*ironisch*)
would-be.
Modalität [modali'tɛːt] *f* (*von Plan, Vertrag etc*)
arrangement.
Mode ['moːdə] (-, -n) *f* fashion; ~**farbe** *f* in
colour (*BRIT*) *od* color (*US*); ~**heft** *nt* fashion
magazine; ~**journal** *nt* fashion magazine.
Modell [mo'dɛl] (-s, -e) *nt* model; ~**eisenbahn** *f*
model railway; (*als Spielzeug*) train set; ~**fall**
m textbook case.
modellieren [modɛ'liːrən] *vt* to model.
Modellversuch *m* (*bes SCH*) pilot scheme.
Modem ['moːdɛm] (-s, -s) *nt* (*COMPUT*)
modem.
Modenschau *f* fashion show.
Modepapst *m* high priest of fashion.
Moder ['moːdər] (-s) *m* mustiness; (*Schimmel*)
mildew.
moderat [mode'raːt] *adj* moderate.
Moderator(in) [mode'raːtɔr, -a'toːrɪn] *m(f)*
presenter.
moderieren [mode'riːrən] *vt, vi* (*RUNDF, TV*) to
present.
modern [mo'dɛrn] *adj* modern; (*modisch*)
fashionable.
modernisieren [modɛrni'ziːrən] *vt* to
modernize.
Mode- *zW:* ~**schmuck** *m* fashion jewellery
(*BRIT*) *od* jewelry (*US*); ~**schöpfer(in)** *m(f)*
fashion designer; ~**wort** *nt* fashionable
word.
modifizieren [modifi'tsiːrən] *vt* to modify.
modisch ['moːdɪʃ] *adj* fashionable.
Modul ['moːdʊl] (-s, -n) *nt* (*COMPUT*) module.
Modus ['moːdʊs] (-, **Modi**) *m* way; (*GRAM*)
mood; (*COMPUT*) mode.
Mofa ['moːfa] (-s, -s) *nt* (= *Motorfahrrad*) small
moped.
Mogadischu (-s) [moga'dɪʃu] *nt* Mogadishu.
mogeln ['moːgəln] (*umg*) *vi* to cheat.

========== *SCHLÜSSELWORT*

mögen ['møːgən] (*pt* **mochte**, *pp* **gemocht** *od* (*als Hilfsverb*) **mögen**) *vt, vi* to like; **magst du/ mögen Sie ihn?** do you like him?; **ich möchte ... I** would like ..., I'd like ...; **er möchte in die Stadt** he'd like to go into town; **ich möchte nicht, dass du ...** I wouldn't like you to ...; **ich mag nicht mehr** I've had enough; (*bin am Ende*) I can't take any more; **man möchte meinen, dass ...** you would think that ...

♦ *Hilfsverb* to like to; (*wollen*) to want; **möchtest du etwas essen?** would you like something to eat?; **sie mag nicht bleiben** she doesn't want to stay; **das mag wohl sein** that may very well be; **was mag das heißen?** what might that mean?; **Sie möchten zu Hause anrufen** could you please call home?

möglich ['møːklɪç] *adj* possible; **er tat sein M~stes** he did his utmost.
möglicherweise *adv* possibly.
Möglichkeit *f* possibility; **nach ~** if possible.
möglichst *adv* as ... as possible.
Mohammedaner(in) [mohame'daːnər(ɪn)] (**-s,** -) *m(f)* Mohammedan, Muslim.
Mohikaner [mohi'kaːnər] (**-s,** -) *m*: **der letzte ~** (*hum. umg*) the very last one.
Mohn [moːn] (**-(e)s,** -e) *m* (*~blume*) poppy; (*~samen*) poppy seed.
Möhre ['møːrə] (**-,** -n) *f* carrot.
Mohrenkopf ['moːrənkɔpf] *m* *chocolate-covered marshmallow.*
Mohrrübe *f* carrot.
mokieren [mo'kiːrən] *vr*: **sich über etw** *akk* **~** to make fun of sth.
Mokka ['mɔka] (**-s**) *m* mocha, *strong coffee.*
Moldau ['mɔldau] *f*: **die ~** the Vltava.
Moldawien [mɔl'daːviən] (**-s**) *nt* Moldavia.
moldawisch *adj* Moldavian.
Mole ['moːlə] (**-,** -n) *f* (*NAUT*) mole.
Molekül [mole'kyːl] (**-s,** -e) *nt* molecule.
molk *etc* [mɔlk] *vb siehe* **melken.**
Molkerei [mɔlkə'rai] *f* dairy; **~butter** *f* blended butter.
Moll [mɔl] (**-,** -) *nt* (*MUS*) minor (key).
mollig *adj* cosy; (*dicklich*) plump.
Molotowcocktail ['moːlotɔfkɔktɛil] *m* Molotov cocktail.
Moment [mo'mɛnt] (**-(e)s,** -e) *m* moment ♦ *nt* factor, element; **im ~** at the moment; **~ mal!** just a minute!; **im ersten ~** for a moment.
momentan [momɛn'taːn] *adj* momentary ♦ *adv* at the moment.
Monaco [mo'nako, 'moːnako] (**-s**) *nt* Monaco.
Monarch [mo'narç] (**-en,** -en) *m* monarch.
Monarchie [monar'çiː] *f* monarchy.
Monat ['moːnat] (**-(e)s,** -e) *m* month; **sie ist im**

sechsten ~ (schwanger) she's five months pregnant; **was verdient er im ~?** how much does he earn a month?
monatelang *adv* for months.
monatlich *adj* monthly.
Monats- *zW*: **~blutung** *f* menstrual period; **~karte** *f* monthly ticket; **~rate** *f* monthly instalment (*BRIT*) *od* installment (*US*).
Mönch [mœnç] (**-(e)s,** -e) *m* monk.
Mond [moːnt] (**-(e)s,** -e) *m* moon; **auf** *od* **hinter dem ~ leben** (*umg*) to be behind the times; **~fähre** *f* lunar (excursion) module; **~finsternis** *f* eclipse of the moon; **m~hell** *adj* moonlit; **~landung** *f* moon landing; **~schein** *m* moonlight; **~sonde** *f* moon probe.
Monegasse [mone'gasə] (**-n,** -n) *m* Monegasque.
Monegassin [mone'gasɪn] *f* Monegasque.
monegassisch *adj* Monegasque.
Monetarismus [moneta'rɪsmʊs] *m* (*ECON*) monetarism.
Monetarist *m* monetarist.
Moneten [mo'neːtən] (*umg*) *pl* (*Geld*) bread *sing*, dough *sing*.
Mongole [mɔŋ'goːlə] (**-n,** -n) *m* Mongolian, Mongol.
Mongolei [mɔŋgo'lai] *f*: **die ~** Mongolia.
Mongolin *f* Mongolian, Mongol.
mongolisch [mɔŋ'goːlɪʃ] *adj* Mongolian.
mongoloid [mɔŋgolo'iːt] *adj* (*MED*) mongoloid.
monieren [mo'niːrən] *vt* to complain about ♦ *vi* to complain.
Monitor ['moːnitɔr] *m* (*Bildschirm*) monitor.
Mono- [mono] *in zW* mono.
monogam [mono'gaːm] *adj* monogamous.
Monogamie [monoga'miː] *f* monogamy.
Monolog [mono'loːk] (**-s,** -e) *m* monologue.
Monopol (**-s,** -e) *nt* monopoly.
monopolisieren [monopoli'ziːrən] *vt* to monopolize.
Monopolstellung *f* monopoly.
monoton [mono'toːn] *adj* monotonous.
Monotonie [monoto'niː] *f* monotony.
Monstrum ['mɔnstrʊm] (**-s, Monstren**) *nt* (*lit, fig*) monster; **ein ~ von einem/einer ... a** hulking great ...
Monsun [mɔn'zuːn] (**-s,** -e) *m* monsoon.
Montag ['moːntaːk] (**-(e)s,** -e) *m* Monday; *siehe auch* **Dienstag.**
Montage [mɔn'taːʒə] (**-,** -n) *f* (*PHOT etc*) montage; (*TECH*) assembly; (*Einbauen*) fitting.
montags *adv* on Mondays.
Montanindustrie [mɔn'taːnɪndustriː] *f* coal and steel industry.
Montblanc [mõ'blãː] *m* Mont Blanc.
Monte Carlo ['mɔntə 'karlo] (**-s**) *nt* Monte Carlo.
Montenegro [mɔnte'neːgro] (**-s**) *nt* Montenegro.

Spelling Reform: ▲ *new spelling* △ *old spelling (to be phased out)*

Monteur [mɔn'tøːr] *m* fitter, assembly man.

montieren [mɔn'tiːrən] *vt* to assemble, set up.

Montur [mɔn'tuːr] (*umg*) *f* (*Spezialkleidung*) gear, rig-out.

Monument [monu'mɛnt] *nt* monument.

monumental [monumɛn'taːl] *adj* monumental.

Moor [moːr] (**-(e)s, -e**) *nt* moor; **~bad** *nt* mud bath.

Moos [moːs] (**-es, -e**) *nt* moss.

Moped ['moːpɛt] (**-s, -s**) *nt* moped.

Mops [mɔps] (**-es, ̈-e**) *m* (*Hund*) pug.

Moral [mo'raːl] (**-, -en**) *f* morality; (*einer Geschichte*) moral; (*Disziplin: von Volk, Soldaten*) morale; **~apostel** *m* upholder of moral standards; **m~isch** *adj* moral; **einen** *od* **den m~ischen haben** (*umg*) to have (a fit of) the blues.

Moräne [mo'rɛːnə] (**-, -n**) *f* moraine.

Morast [mo'rast] (**-(e)s, -e**) *m* morass, mire.

morastig *adj* boggy.

Mord [mɔrt] (**-(e)s, -e**) *m* murder; **dann gibt es ~ und Totschlag** (*umg*) there'll be hell to pay; **~anschlag** *m* murder attempt.

Mörder ['mœrdər] (**-s, -**) *m* murderer; **~in** *f* murderess.

mörderisch *adj* (*fig: schrecklich*) dreadful, terrible; (*Preise*) exorbitant; (*Konkurrenzkampf*) cut-throat ♦ *adv* (*umg: entsetzlich*) dreadfully, terribly.

Mordkommission *f* murder squad.

Mords- *zW:* **~ding** (*umg*) *nt* whopper; **~glück** (*umg*) *nt* amazing luck; **~kerl** (*umg*) *m* (*verwegen*) hell of a guy; **m~mäßig** (*umg*) *adj* terrific, enormous; **~schreck** (*umg*) *m* terrible fright.

Mord- *zW:* **~verdacht** *m* suspicion of murder; **~versuch** *m* murder attempt; **~waffe** *f* murder weapon.

morgen ['mɔrgən] *adv* tomorrow; **bis ~!** see you tomorrow!; **~ in acht Tagen** a week (from) tomorrow; **~ um diese Zeit** this time tomorrow; **~ früh** tomorrow morning; **M~** (**-s, -**) *m* morning; (*Maß*) ≈ acre; **am M~** in the morning; **guten M~!** good morning!

Morgen- *zW:* **~grauen** *nt* dawn, daybreak; **~mantel** *m* dressing gown; **~rock** *m* dressing gown; **~rot** *nt*, **~röte** *f* dawn.

morgens *adv* in the morning; **von ~ bis abends** from morning to night.

Morgenstunde *f:* **Morgenstund(e) hat Gold im Mund(e)** (*Sprichwort*) the early bird catches the worm (*Sprichwort*).

morgig ['mɔrgɪç] *adj* tomorrow's; **der ~e Tag** tomorrow.

Morphium ['mɔrfiʊm] *nt* morphine.

morsch [mɔrʃ] *adj* rotten.

Morsealphabet ['mɔrzə|alfabeːt] *nt* Morse code.

morsen *vi* to send a message by Morse code.

Mörser ['mœrzər] (**-s, -**) *m* mortar (*auch MIL*).

Mörtel ['mœrtəl] (**-s, -**) *m* mortar.

Mosaik [moza'iːk] (**-s, -en** *od* **-e**) *nt* mosaic.

Mosambik [mosam'biːk] (**-s**) *nt* Mozambique.

Moschee [mɔ'ʃeː] (**-, -n**) *f* mosque.

Mosel¹ ['moːzəl] *f* (*GEOG*) Moselle.

Mosel² (**-s, -**) *m* (*auch:* **~wein**) Moselle (wine).

mosern ['moːzərn] (*umg*) *vi* to gripe, bellyache.

Moskau ['mɔskau] (**-s**) *nt* Moscow.

Moskauer *adj* Moscow *attrib.*

Moskauer(in) (**-s, -**) *m(f)* Muscovite.

Moskito [mɔs'kiːto] (**-s, -s**) *m* mosquito.

Moslem ['mɔslɛm] (**-s, -s**) *m* Muslim.

moslemisch [mɔs'leːmɪʃ] *adj* Muslim.

Most [mɔst] (**-(e)s, -e**) *m* (*unfermented*) fruit juice; (*Apfelwein*) cider.

Motel [mo'tɛl] (**-s, -s**) *nt* motel.

Motiv [mo'tiːf] (**-s, -e**) *nt* motive; (*MUS*) theme.

Motivation [motivatsi'oːn] *f* motivation.

motivieren [moti'viːrən] *vt* to motivate.

Motivierung *f* motivation.

Motor ['moːtɔr] (**-s, -en**) *m* engine; (*bes ELEK*) motor; **~boot** *nt* motorboat.

Motorenöl *nt* engine oil.

Motorhaube *f* (*AUT*) bonnet (*BRIT*), hood (*US*).

motorisch *adj* (*PHYSIOLOGIE*) motor *attrib.*

motorisieren [motori'ziːrən] *vt* to motorize.

Motor- *zW:* **~rad** *nt* motorcycle; **~radfahrer** *m* motorcyclist; **~roller** *m* motor scooter; **~schaden** *m* engine trouble *od* failure; **~sport** *m* motor sport.

Motte ['mɔtə] (**-, -n**) *f* moth.

Motten- *zW:* **m~fest** *adj* mothproof; **~kiste** *f:* **etw aus der ~kiste hervorholen** (*fig*) to dig sth out; **~kugel** *f* mothball.

Motto ['mɔto] (**-s, -s**) *nt* motto.

motzen ['mɔtsən] (*umg*) *vi* to grouse, beef.

Mountainbike *nt* mountain bike.

Möwe ['møːvə] (**-, -n**) *f* seagull.

MP (**-**) *f abk* = **Maschinenpistole**.

Mrd. *abk* = **Milliarde(n)**.

MS *abk* (= *Motorschiff*) motor vessel, MV; (= *multiple Sklerose*) MS.

MTA (**-, -s**) *f abk* (= *medizinisch-technische Assistentin*) medical assistant.

mtl. *abk* = **monatlich**.

Mucke ['mʊkə] (**-, -n**) *f* (*meist pl*) caprice; (*von Ding*) snag, bug; **seine ~n haben** to be temperamental.

Mücke ['mʏkə] (**-, -n**) *f* midge, gnat; **aus einer ~ einen Elefanten machen** (*umg*) to make a mountain out of a molehill.

Muckefuck ['mʊkəfʊk] (**-s**) (*umg*) *m* coffee substitute.

mucken *vi:* **ohne zu ~** without a murmur.

Mückenstich *m* midge *od* gnat bite.

Mucks [mʊks] (**-es, e**) *m:* **keinen ~ sagen** not to make a sound; (*nicht widersprechen*) not to say a word.

mucksen (umg) vr to budge; (Laut geben) to open one's mouth.

mucksmäuschenstill ['mʊks'mɔʏsçənʃtɪl] (umg) adj (as) quiet as a mouse.

müde ['myːdə] adj tired; **nicht ~ werden, etw zu tun** never to tire of doing something.

Müdigkeit ['myːdɪçkaɪt] f tiredness; **nur keine ~ vorschützen!** (umg) don't (you) tell me you're tired.

Muff [mʊf] (-(e)s, -e) m (Handwärmer) muff.

Muffel (-s, -) (umg) m killjoy, sourpuss.

muffig adj (Luft) musty.

Mühe ['myːə] (-, -n) f trouble, pains pl; **mit Müh(e) und Not** with great difficulty; **sich** dat ~ **geben** to go to a lot of trouble; **m~los** adj effortless, easy.

muhen ['muːən] vi to low, moo.

mühevoll adj laborious, arduous.

Mühle ['myːlə] (-, -n) f mill; (Kaffee~) grinder; (~spiel) nine men's morris.

Mühlrad nt millwheel.

Mühlstein m millstone.

Mühsal (-, -e) f tribulation.

mühsam adj arduous, troublesome ♦ adv with difficulty.

mühselig adj arduous, laborious.

Mulatte [mu'latə] (-, -n) m mulatto.

Mulattin f mulatto.

Mulde ['mʊldə] (-, -n) f hollow, depression.

Mull [mʊl] (-(e)s, -e) m thin muslin.

Müll [mʏl] (-(e)s) m refuse, rubbish, garbage (US); **~abfuhr** f refuse od garbage (US) collection; (Leute) dustmen pl (BRIT), garbage collectors pl (US); **~abladeplatz** m rubbish dump; **~beutel** m bin liner (BRIT), trashcan liner (US).

Mullbinde f gauze bandage.

Mülldeponie f waste disposal site, rubbish tip.

Mülleimer m rubbish bin (BRIT), garbage can (US).

Müller (-s, -) m miller.

Müll- zW: **~halde** f, **~haufen** m rubbish od garbage (US) heap; **~mann** (-(e)s, pl **~männer**) (umg) m dustman (BRIT), garbage collector (US); **~sack** m rubbish od garbage (US) bag; **~schlucker** m waste (BRIT) od garbage (US) disposal unit; **~tonne** f dustbin (BRIT), trashcan (US); **~verbrennung** f rubbish od garbage (US) incineration; **~verbrennungsanlage** f incinerator, incinerating plant; **~wagen** m dustcart (BRIT), garbage truck (US).

mulmig ['mʊlmɪç] adj rotten; (umg) uncomfortable; **jdm ist ~** sb feels funny.

Multi ['mʊlti] (-s, -s) (umg) m multinational (organization).

multi- in zW multi; **~lateral** adj: **~lateraler Handel** multilateral trade; **~national** adj multinational; **~nationaler Konzern** multinational organization.

multiple Sklerose [mʊl'tiːplə skle'roːzə] f multiple sclerosis.

multiplizieren [mʊltipli'tsiːrən] vt to multiply.

Mumie ['muːmiə] f (Leiche) mummy.

Mumm [mʊm] (-s) (umg) m gumption, nerve.

Mumps [mʊmps] (-) m od f mumps sing.

München ['mʏnçən] nt Munich.

Münch(e)ner(in) (-s, -) m(f) person from Munich.

Mund [mʊnt] (-(e)s, ̈-er) m mouth; **den ~ aufmachen** (fig: seine Meinung sagen) to speak up; **sie ist nicht auf den ~ gefallen** (umg) she's never at a loss for words; **~art** f dialect.

Mündel ['mʏndəl] (-s, -) nt (JUR) ward.

münden ['mʏndən] vi: **in etw** akk ~ to flow into sth.

Mund- zW: **m~faul** adj uncommunicative; **m~gerecht** adj bite-sized; **~geruch** m bad breath; **~harmonika** f mouth organ.

mündig ['mʏndɪç] adj of age; **M~keit** f majority.

mündlich ['mʏntlɪç] adj oral; **~e Prüfung** oral (exam); **~e Verhandlung** (JUR) hearing; **alles Weitere ~!** let's talk about it more when I see you.

Mund- zW: **~raub** m (JUR) theft of food for personal consumption; **~stück** nt mouthpiece; (von Zigarette) tip; **m~tot** adj: **jdn m~tot machen** to muzzle sb.

Mündung ['mʏndʊŋ] f estuary; (von Fluss, Rohr etc) mouth; (Gewehr~) muzzle.

Mund- zW: **~wasser** nt mouthwash; **~werk** nt: **ein großes ~werk haben** to have a big mouth; **~winkel** m corner of the mouth; **~-zu-~-Beatmung** f mouth-to-mouth resuscitation.

Munition [munitsi'oːn] f ammunition.

Munitionslager nt ammunition dump.

munkeln ['mʊŋkəln] vi to whisper, mutter; **man munkelt, dass ...** there's a rumour (BRIT) od rumor (US) that ...

Münster ['mʏnstər] (-s, -) nt minster.

munter ['mʊntər] adj lively; (wach) awake; (aufgestanden) up and about; **M~keit** f liveliness.

Münzanstalt f mint.

Münzautomat m slot machine.

Münze ['mʏntsə] (-, -n) f coin.

münzen vt to coin, mint; **auf jdn gemünzt sein** to be aimed at sb.

Münzfernsprecher ['mʏntsfɛrnʃprɛçər] m callbox (BRIT), pay phone (US).

Münzwechsler m change machine.

mürb(e) ['mʏrb(ə)] adj (Gestein) crumbly; (Holz) rotten; (Gebäck) crisp; **jdn ~ machen** to wear sb down.

Mürb(e)teig m shortcrust pastry.

Murmel ['mʊrməl] (-, -n) f marble.

murmeln *vt, vi* to murmur, mutter.
Murmeltier ['mʊrməltiːr] *nt* marmot; **schlafen wie ein** ~ to sleep like a log.
murren ['mʊrən] *vi* to grumble, grouse.
mürrisch ['myrɪʃ] *adj* sullen.
Mus [muːs] (**-es, -e**) *nt* purée.
Muschel ['mʊʃəl] (**-, -n**) *f* mussel; (~*schale*) shell; (*Telefon*~) receiver.
Muse ['muːzə] (**-, -n**) *f* muse.
Museum [mu'zeːʊm] (**-s, Museen**) *nt* museum.
museumsreif *adj*: ~ **sein** to be almost a museum piece.
Musik [mu'ziːk] *f* music; (*Kapelle*) band.
musikalisch [muzi'kaːlɪʃ] *adj* musical.
Musikbox *f* jukebox.
Musiker(in) ['muːzikər(ɪn)] (**-s, -**) *m(f)* musician.
Musik- *zW*: ~**hochschule** *f* music school; ~**instrument** *nt* musical instrument; ~**kapelle** *f* band; ~**stück** *nt* piece of music; ~**stunde** *f* music lesson.
musisch ['muːzɪʃ] *adj* artistic.
musizieren [muzi'tsiːrən] *vi* to make music.
Muskat [mʊs'kaːt] (**-(e)s, -e**) *m* nutmeg.
Muskel ['mʊskəl] (**-s, -n**) *m* muscle; ~**dystrophie** *f* muscular dystrophy; ~**kater** *m*: **einen** ~**kater haben** to be stiff; ~**paket** (*umg*) *nt* muscleman; ~**zerrung** (*umg*) *f* pulled muscle.
Muskulatur [mʊskula'tuːr] *f* muscular system.
muskulös [mʊsku'løːs] *adj* muscular.
Müsli ['myːsli] (**-s, -**) *nt* muesli.
Muss▲ [mʊs] (**-**) *nt* necessity, must.
muss▲ *vb siehe* **müssen**.
Muße ['muːsə] (**-**) *f* leisure.

=============== *SCHLÜSSELWORT*

müssen ['mʏsən] (*pt* **musste**, *pp* **gemusst** *od* (*als Hilfsverb*) **müssen**) *vi* **1** (*Zwang*) must (*nur im Präsens*), to have to; **ich muss es tun** I must do it, I have to do it; **ich musste es tun** I had to do it; **er muss es nicht tun** he doesn't have to do it; **muss ich?** must I?, do I have to?; **wann müsst ihr zur Schule?** when do you have to go to school?; **der Brief muss heute noch zur Post** the letter must be posted (*BRIT*) *od* mailed (*US*) today; **er hat gehen** ~ he (has) had to go; **muss das sein?** is that really necessary?; **wenn es (unbedingt) sein muss** if it's absolutely necessary; **ich muss mal** (*umg*) I need to go to the loo (*BRIT*) *od* bathroom (*US*).
2 (*sollen*): **das musst du nicht tun!** you oughtn't to *od* shouldn't do that; **das müsstest du eigentlich wissen** you ought to *od* you should know that; **Sie hätten ihn fragen** ~ you should have asked him.
3: **es muss geregnet haben** it must have

rained; **es muss nicht wahr sein** it needn't be true.

Mussheirat▲ (*umg*) *f* shotgun wedding.
müßig ['myːsɪç] *adj* idle; **M**~**gang** *m* idleness.
musst▲ [mʊst] *vb siehe* **müssen**.
musste *etc*▲ ['mʊstə] *vb siehe* **müssen**.
Muster ['mʊstər] (**-s, -**) *nt* model; (*Dessin*) pattern; (*Probe*) sample; ~ **ohne Wert** free sample; ~**beispiel** *nt* classic example; **m**~**gültig** *adj* exemplary; **m**~**haft** *adj* exemplary.
mustern *vt* (*betrachten, MIL*) to examine; (*Truppen*) to inspect.
Musterprozess▲ *m* test case.
Musterschüler *m* model pupil.
Musterung *f* (*von Stoff*) pattern; (*MIL*) inspection.
Mut [muːt] *m* courage; **nur** ~**!** cheer up!; **jdm** ~ **machen** to encourage sb; ~ **fassen** to pluck up courage.
mutig *adj* courageous.
mutlos *adj* discouraged, despondent.
mutmaßen *vt untr* to conjecture ♦ *vi untr* to conjecture.
mutmaßlich ['muːtmaːslɪç] *adj* presumed ♦ *adv* probably.
Mutprobe *f* test of courage.
Mutter¹ ['mʊtər] (**-, -n**) *f* (*Schrauben*~) nut.
Mutter² ['mʊtər] (**-, ⸚**) *f* mother; ~**freuden** *pl* the joys *pl* of motherhood; ~**gesellschaft** *f* (*COMM*) parent company; ~**kuchen** *m* (*ANAT*) placenta; ~**land** *nt* mother country; ~**leib** *m* womb.
mütterlich ['mʏtərlɪç] *adj* motherly.
mütterlicherseits *adv* on the mother's side.
Mutter- *zW*: ~**liebe** *f* motherly love; ~**mal** *nt* birthmark; ~**milch** *f* mother's milk.
Mutterschaft *f* motherhood.
Mutterschaftsgeld *nt* maternity benefit.
Mutterschaftsurlaub *m* maternity leave.
Mutter- *zW*: ~**schutz** *m* maternity regulations *pl*; **m**~**seelenallein** *adj* all alone; ~**sprache** *f* native language; ~**tag** *m* Mother's Day.
Mutti (**-, -s**) (*umg*) *f* mum(my) (*BRIT*), mom(my) (*US*).
mutwillig ['muːtvɪlɪç] *adj* malicious, deliberate.
Mütze ['mʏtsə] (**-, -n**) *f* cap.
MV *f abk* (= *Mitgliederversammlung*) general meeting.
MW *abk* (= *Mittelwelle*) MW.
MwSt, Mw.-St. *abk* (= *Mehrwertsteuer*) VAT.
mysteriös [mʏsteri'øːs] *adj* mysterious.
Mystik ['mʏstɪk] *f* mysticism.
Mystiker(in) (**-s, -**) *m(f)* mystic.
mystisch ['mʏstɪʃ] *adj* mystical; (*rätselhaft*) mysterious.
Mythologie [mytolo'giː] *f* mythology.
Mythos ['myːtɔs] (**-, Mythen**) *m* myth.

N, n

N¹, n [ɛn] *nt* N, n; ~ **wie Nordpol** ≈ N for Nellie, N for Nan (*US*).
N² [ɛn] *abk* (= *Norden*) N.

na [na] *interj* well; ~ **gut** (*umg*) all right, OK; ~ **also!** (well,) there you are (then)!; ~ **so was!** well, I never!; ~ **und?** so what?
Nabel ['naːbəl] (**-s, -**) *m* navel; **der ~ der Welt** (*fig*) the hub of the universe; ~**schnur** *f* umbilical cord.

SCHLÜSSELWORT

nach [naːx] *präp +dat* **1** (*örtlich*) to; ~ **Berlin** to Berlin; ~ **links/rechts** (to the) left/right; ~ **oben/hinten** up/back; **er ist schon ~ London abgefahren** he has already left for London.

2 (*zeitlich*) after; **einer ~ dem anderen** one after the other; ~ **Ihnen!** after you!; **zehn (Minuten) ~ drei** ten (minutes) past *od* after (*US*) three.

3 (*gemäß*) according to; ~ **dem Gesetz** according to the law; **die Uhr ~ dem Radio stellen** to put a clock right by the radio; **ihrer Sprache ~ (zu urteilen)** judging by her language; **dem Namen ~** judging by his/her name; ~ **allem, was ich weiß** as far as I know.

♦ *adv*: **ihm ~!** after him!; ~ **und** ~ gradually, little by little; ~ **wie vor** still.

nachäffen ['naːxɛfən] *vt* to ape.
nachahmen ['naːxaːmən] *vt* to imitate.
nachahmenswert *adj* exemplary.
Nachahmung *f* imitation; **etw zur ~ empfehlen** to recommend sth as an example.
Nachbar(in) ['naxbaːr(ɪn)] (**-s, -n**) *m(f)* neighbour (*BRIT*), neighbor (*US*); ~**haus** *nt*: **im ~haus** next door; **n~lich** *adj* neighbourly (*BRIT*), neighborly (*US*); ~**schaft** *f* neighbourhood (*BRIT*), neighborhood (*US*); ~**staat** *m* neighbouring (*BRIT*) *od* neighboring (*US*) state.
nach- *zW*: **N~behandlung** *f* (*MED*) follow-up treatment; ~**bestellen** *vt* to order again; **N~bestellung** *f* (*COMM*) repeat order; ~**beten** (*pej: umg*) *vt* to repeat parrot-fashion; ~**bezahlen** *vt* to pay; (*später*) to pay later; ~**bilden** *vt* to copy; **N~bildung** *f* imitation, copy; ~**blicken** *vi* to look *od* gaze after; ~**datieren** *vt* to postdate.

nachdem [naːx'deːm] *konj* after; (*weil*) since; **je ~ (ob)** it depends (whether).
nach- *zW*: ~**denken** *unreg vi*: **über etw** *akk* ~**denken** to think about sth; **darüber darf man gar nicht ~denken** it doesn't bear thinking about; **N~denken** *nt* reflection, meditation; ~**denklich** *adj* thoughtful, pensive; ~**denklich gestimmt sein** to be in a thoughtful mood.
Nachdruck ['naːxdruk] *m* emphasis; (*TYP*) reprint, reproduction; **besonderen ~ darauf legen, dass ...** to stress *od* emphasize particularly that ...
nachdrücklich ['naːxdrʏklɪç] *adj* emphatic; ~ **auf etw** *dat* **bestehen** to insist firmly (up)on sth.
nacheifern ['naːxaɪfərn] *vi*: **jdm** ~ to emulate sb.
nacheinander [naːxaɪ'nandər] *adv* one after the other; **kurz** ~ shortly after each other; **drei Tage** ~ three days running, three days on the trot (*umg*).
nachempfinden ['naːxɛmpfɪndən] *unreg vt*: **jdm etw** ~ to feel sth with sb.
nacherzählen ['naːxɛrtsɛːlən] *vt* to retell.
Nacherzählung *f* reproduction (of a story).
Nachf. *abk* = **Nachfolger**.
Nachfahr ['naːxfaːr] (**-en, -en**) *m* descendant.
Nachfolge ['naːxfɔlgə] *f* succession; **die/jds ~ antreten** to succeed/succeed sb.
nachfolgen *vi* (*lit*): **jdm/etw** ~ to follow sb/sth.
nachfolgend *adj* following.
Nachfolger(in) (**-s, -**) *m(f)* successor.
nachforschen *vt, vi* to investigate.
Nachforschung *f* investigation; ~**en anstellen** to make enquiries.
Nachfrage ['naːxfraːgə] *f* inquiry; (*COMM*) demand; **es besteht eine rege ~** (*COMM*) there is a great demand; **danke der ~** (*form*) thank you for your concern; (*umg*) nice of you to ask; **n~mäßig** *adj* according to demand.
nachfragen *vi* to inquire.
nach- *zW*: ~**fühlen** *vt* = **nachempfinden**; ~**füllen** *vt* to refill; ~**geben** *unreg vi* to give way, yield.
Nachgebühr *f* surcharge; (*POST*) excess postage.
Nachgeburt *f* afterbirth.
nachgehen ['naːxgeːən] *unreg vi* (+*dat*) to follow; (*erforschen*) to inquire (into); (*Uhr*) to be slow; **einer geregelten Arbeit ~** to have a steady job.
Nachgeschmack ['naːxgəʃmak] *m* aftertaste.
nachgiebig ['naːxgiːbɪç] *adj* soft, accommodating; **N~keit** *f* softness.
nachgrübeln ['naːxgryːbəln] *vi*: **über etw** *akk* ~ to think about sth; (*sich Gedanken machen*) to ponder on sth.

nachgucken ['naːxgʊkən] *vt, vi* = **nachsehen**.

nachhaken ['naːxhaːkən] (*umg*) *vi* to dig deeper.

Nachhall ['naːxhal] *m* resonance.

nachhallen *vi* to resound.

nachhaltig ['naːxhaltɪç] *adj* lasting; (*Widerstand*) persistent.

nachhängen ['naːxhɛŋən] *unreg vi*: **seinen Erinnerungen** ~ to lose o.s. in one's memories.

nachhause▲ *adv* (*ÖSTERR, SCHWEIZ*) home.

Nachhauseweg [naːx'haʊzəveːk] *m* way home.

nachhelfen ['naːxhɛlfən] *unreg vi*: **jdm** ~ to help *od* assist sb; **er hat dem Glück ein bisschen nachgeholfen** he engineered himself a little luck.

nachher [naːx'heːr] *adv* afterwards; **bis** ~ see you later!

Nachhilfe ['naːxhɪlfə] *f (auch:* ~**unterricht**) extra (private) tuition.

Nachhinein▲ ['naːxhɪnaɪn] *adv*: **im** ~ afterwards; (*rückblickend*) in retrospect.

Nachholbedarf *m*: **einen** ~ **an etw** *dat* **haben** to have a lot of sth to catch up on.

nachholen ['naːxhoːlən] *vt* to catch up with; (*Versäumtes*) to make up for.

Nachkomme ['naːxkɔmə] (**-n, -n**) *m* descendant.

nachkommen *unreg vi* to follow; (*einer Verpflichtung*) to fulfil; **Sie können Ihr Gepäck** ~ **lassen** you can have your luggage sent on (after).

Nachkommenschaft *f* descendants *pl*.

Nachkriegs- ['naːxkriːks] *in zW* postwar; ~**zeit** *f* postwar period.

Nach- *zW*: ~**lass▲** (**-es, -lässe**) *m* (*COMM*) discount, rebate; (*Erbe*) estate; **n**~**lassen** *unreg vt* (*Strafe*) to remit; (*Summe*) to take off; (*Schulden*) to cancel ♦ *vi* to decrease, ease off; (*Sturm*) to die down; (*schlechter werden*) to deteriorate; **er hat n**~**gelassen** he has got worse; **n**~**lässig** *adj* negligent, careless; ~**lässigkeit** *f* negligence, carelessness; ~**lasssteuer▲** *f* death duty; ~**lassverwalter▲** *m* executor.

nachlaufen ['naːxlaʊfən] *unreg vi*: **jdm** ~ to run after *od* chase sb.

nachliefern ['naːxliːfərn] *vt* (*später liefern*) to deliver at a later date; (*zuzüglich liefern*) to make a further delivery of.

nachlösen ['naːxløːzən] *vi* to pay on the train/ when one gets off; (*zur Weiterfahrt*) to pay the extra.

nachm. *abk* (= *nachmittags*) p.m.

nachmachen ['naːxmaxən] *vt* to imitate, copy; (*fälschen*) to counterfeit; **jdm etw** ~ to copy sth from sb; **das soll erst mal einer** ~! I'd like to see anyone else do that!

Nachmieter(in) ['naːxmiːtər(ɪn)] *m(f)*: **wir**

müssen einen ~ **finden** we have to find someone to take over the flat *etc*.

Nachmittag ['naːxmɪtaːk] *m* afternoon; **am** ~ in the afternoon; **gestern/heute** ~ yesterday/this afternoon.

nachmittags *adv* in the afternoon.

Nachmittagsvorstellung *f* matinée (performance).

Nachn. *abk* = **Nachnahme**.

Nachnahme (**-, -n**) *f* cash on delivery (*BRIT*), collect on delivery (*US*); **per** ~ C.O.D.

Nachname *m* surname.

Nachporto *nt* excess postage.

nachprüfbar ['naːxpryːfbaːr] *adj* verifiable.

nachprüfen ['naːxpryːfən] *vt* to check, verify.

nachrechnen ['naːxrɛçnən] *vt* to check.

Nachrede ['naːxreːdə] *f*: **üble** ~ (*JUR*) defamation of character.

nachreichen ['naːxraɪçən] *vt* to hand in later.

Nachricht ['naːxrɪçt] (**-, -en**) *f* (piece of) news *sing*; (*Mitteilung*) message.

Nachrichten *pl* news *sing*; ~**agentur** *f* news agency; ~**dienst** *m* (*MIL*) intelligence service; ~**satellit** *m* (tele)communications satellite; ~**sperre** *f* news blackout; ~**sprecher(in)** *m(f)* newsreader; ~**technik** *f* telecommunications *sing*.

nachrücken ['naːxrʏkən] *vi* to move up.

Nachruf ['naːxruːf] *m* obituary (notice).

nachrüsten ['naːxrʏstən] *vt* (*Kraftwerk etc*) to modernize; (*Auto etc*) to refit; (*Waffen*) to keep up to date ♦ *vi* (*MIL*) to deploy new arms.

nachsagen ['naːxzaːgən] *vt* to repeat; **jdm etw** ~ to say sth of sb; **das lasse ich mir nicht** ~! I'm not having that said of me!

Nachsaison ['naːxzɛzõː] *f* off season.

nachschenken ['naːxʃɛŋkən] *vt, vi*: **darf ich Ihnen noch (etwas)** ~? may I top up your glass?

nachschicken ['naːxʃɪkən] *vt* to forward.

nachschlagen ['naːxʃlaːgən] *unreg vt* to look up ♦ *vi*: **jdm** ~ to take after sb.

Nachschlagewerk *nt* reference book.

Nachschlüssel *m* master key.

nachschmeißen ['naːxʃmaɪsən] *unreg* (*umg*) *vt*: **das ist ja nachgeschmissen!** it's a real bargain!

Nachschrift ['naːxʃrɪft] *f* postscript.

Nachschub ['naːxʃuːp] *m* supplies *pl*; (*Truppen*) reinforcements *pl*.

nachsehen ['naːxzeːən] *unreg vt* (*prüfen*) to check ♦ *vi* (*erforschen*) to look and see; **jdm etw** ~ to forgive sb sth; **jdm** ~ to gaze after sb.

Nachsehen *nt*: **das** ~ **haben** to be left empty-handed.

nachsenden ['naːxzɛndən] *unreg vt* to send on, forward.

Nachsicht ['naːxzɪçt] (**-**) *f* indulgence,

leniency.
nachsichtig *adj* indulgent, lenient.
Nachsilbe ['naːxzɪlbə] *f* suffix.
nachsitzen ['naːxzɪtsən] *unreg vi* (*SCH*) to be kept in.
Nachsorge ['naːxzɔrgə] *f* (*MED*) aftercare.
Nachspann ['naːxʃpan] *m* credits *pl*.
Nachspeise ['naːxʃpaɪzə] *f* dessert, sweet (*BRIT*).
Nachspiel ['naːxʃpiːl] *nt* epilogue; (*fig*) sequel.
nachspionieren ['naːxʃpioniːrən] (*umg*) *vi*: **jdm** ~ to spy on sb.
nachsprechen ['naːxʃprɛçən] *unreg vt*: (**jdm**) ~ to repeat (after sb).
nächst [nɛːçst] *präp +dat* (*räumlich*) next to; (*außer*) apart from; ~**beste(r, s)** *adj* first that comes along; (*zweitbeste*) next-best.
Nächste(r, s) *f(m)* neighbour (*BRIT*), neighbor (*US*).
nächste(r, s) *adj* next; (*nächstgelegen*) nearest; **aus** ~**r Nähe** from close by; (*betrachten*) at close quarters; **Ende** ~**n Monats** at the end of next month; **am** ~**n Tag** (the) next day; **bei** ~**r Gelegenheit** at the earliest opportunity; **in** ~**r Zeit** some time soon; **der** ~ **Angehörige** the next of kin.
nachstehen ['naːxʃteːən] *unreg vi*: **jdm in nichts** ~ to be sb's equal in every way.
nachstehend *adj attrib* following.
nachstellen ['naːxʃtɛlən] *vi*: **jdm** ~ to follow sb; (*aufdringlich umwerben*) to pester sb.
Nächstenliebe *f* love for one's fellow men.
nächstens *adv* shortly, soon.
nächstliegend *adj* (*lit*) nearest; (*fig*) obvious.
nächstmöglich *adj* next possible.
nachsuchen ['naːxzuːxən] *vi*: **um etw** ~ to ask *od* apply for sth.
Nacht [naxt] (-, ⁻e) *f* night; **gute** ~**!** good night!; **heute** ~ tonight; **in der** ~ at night; **in der** ~ **auf Dienstag** during Monday night; **in der** ~ **vom 12. zum 13. April** during the night of April 12th to 13th; **über** ~ (*auch fig*) overnight; **bei** ~ **und Nebel** (*umg*) at dead of night; **sich** *dat* **die** ~ **um die Ohren schlagen** (*umg*) to stay up all night; (*mit Feiern, arbeiten*) to make a night of it.
Nachtdienst *m* night duty.
Nachteil ['naːxtaɪl] *m* disadvantage; **im** ~ **sein** to be at a disadvantage.
nachteilig *adj* disadvantageous.
Nachtfalter *m* moth.
Nachthemd *nt* (*Herren*~) nightshirt; nightdress (*BRIT*), nightgown.
Nachtigall ['naxtɪgal] (-, -en) *f* nightingale.
Nachtisch ['naːxtɪʃ] *m* = **Nachspeise**.
Nachtleben *nt* night life.
nächtlich ['nɛçtlɪç] *adj* nightly.
Nacht- *zW*: ~**lokal** *nt* night club; ~**mensch** ['naxtmɛnʃ] *m* night person; ~**portier** *m* night

porter.
nach- *zW*: **N**~**trag** ['naːxtraːk] (-(e)s, -träge) *m* supplement; ~**tragen** *unreg vt* (*zufügen*) to add; **jdm etw** ~**tragen** to carry sth after sb; (*fig*) to hold sth against sb; ~**tragend** *adj* resentful; ~**träglich** *adj* later, subsequent; (*zusätzlich*) additional ◆ *adv* later, subsequently; (*zusätzlich*) additionally; ~**trauern** *vi*: **jdm/etw** ~**trauern** to mourn the loss of sb/sth.
Nachtruhe ['naxtruːə] *f* sleep.
nachts *adv* by night.
Nachtschicht *f* night shift.
Nachtschwester *f* night nurse.
nachtsüber *adv* during the night.
Nacht- *zW*: ~**tarif** *m* off-peak tariff; ~**tisch** *m* bedside table; ~**topf** *m* chamber pot; ~**wache** *f* night watch; (*im Krankenhaus*) night duty; ~**wächter** *m* night watchman.
Nach- *zW*: ~**untersuchung** *f* checkup; **n**~**vollziehen** *unreg vt* to understand, comprehend; **n**~**wachsen** *unreg vi* to grow again; ~**wahl** *f* ≈ by-election (*bes BRIT*); ~**wehen** *pl* afterpains *pl*; (*fig*) aftereffects *pl*; **n**~**weinen** *vi +dat* to mourn ◆ *vt*: **dieser Sache** *dat* **weine ich keine Träne n**~ I won't shed any tears over that.
Nachweis ['naːxvaɪs] (-es, -e) *m* proof; **den** ~ **für etw erbringen** *od* **liefern** to furnish proof of sth; **n**~**bar** *adj* provable, demonstrable; **n**~**en** ['naːxvaɪzən] *unreg vt* to prove; **jdm etw n**~**en** to point sth out to sb; **n**~**lich** *adj* evident, demonstrable.
nach- *zW*: **N**~**welt** *f*: **die N**~**welt** posterity; ~**winken** *vi*: **jdm** ~**winken** to wave after sb; ~**wirken** *vi* to have aftereffects; **N**~**wirkung** *f* aftereffect; **N**~**wort** *nt* appendix; **N**~**wuchs** *m* offspring; (*beruflich etc*) new recruits *pl*; ~**zahlen** *vt*, *vi* to pay extra; ~**zählen** *vt* to count again; **N**~**zahlung** *f* additional payment; (*zurückdatiert*) back pay.
nachziehen ['naːxtsiːən] *unreg vt* (*Linie*) to go over; (*Lippen*) to paint; (*Augenbrauen*) to pencil in; (*hinterherziehen*): **etw** ~ to drag sth behind one.
Nachzügler (-s, -) *m* straggler.
Nackedei ['nakədaɪ] (-(e)s, -e *od* -s) *m* (*hum*: *umg*: *Kind*) little bare monkey.
Nacken ['nakən] (-s, -) *m* nape of the neck; **jdm im** ~ **sitzen** (*umg*) to breathe down sb's neck.
nackt [nakt] *adj* naked; (*Tatsachen*) plain, bare; **N**~**heit** *f* nakedness; **N**~**kultur** *f* nudism.
Nadel ['naːdəl] (-, -n) *f* needle; (*Steck*~) pin; ~**baum** *m* conifer; ~**kissen** *nt* pincushion; ~**öhr** *nt* eye of a needle; ~**wald** *m* coniferous forest.
Nagel ['naːgəl] (-s, ⁻) *m* nail; **sich** *dat* **etw unter den** ~ **reißen** (*umg*) to pinch sth; **etw an den** ~ **hängen** (*fig*) to chuck sth in (*umg*); **Nägel**

Spelling Reform: ▲ *new spelling* △ *old spelling (to be phased out)*

mit **Köpfen machen** (*umg*) to do the job
properly; ~**bürste** *f* nailbrush; ~**feile** *f*
nailfile; ~**haut** *f* cuticle; ~**lack** *m* nail varnish
(*BRIT*) *od* polish; ~**lackentferner** (-s, -) *m* nail
polish remover.

nageln *vt, vi* to nail.

nagelneu *adj* brand-new.

Nagelschere *f* nail scissors *pl*.

nagen ['nɑːɡən] *vt, vi* to gnaw.

Nagetier ['nɑːɡətiːr] *nt* rodent.

nah *adj* = **nahe**.

Nahaufnahme *f* close-up.

Nahe *f* (*Fluss*) Nahe.

nahe *adj* (*räumlich*) near(by); (*Verwandte*)
near, close; (*Freunde*) close; (*zeitlich*) near,
close ♦ *adv*: **von nah und fern** from near and
far ♦ *präp* +*dat* near (to), close to; **von ~m** at
close quarters; **der N~ Osten** the Middle
East; **jdm etw ~ bringen** (*fig*) to bring sth
home to sb; **jdm ~ gehen** to grieve sb; **jdm
~ kommen** to get close to sb; **jdm etw
~ legen** to suggest sth to sb; **~ liegen** to be
obvious; **der Verdacht liegt ~, dass ...** it
seems reasonable to suspect that ...;
~ liegend obvious; **jdm ~ stehen** to be close
to sb; **einer Sache ~ stehen** to sympathize
with sth; **~ stehend** close; **jdm zu ~ treten**
(*fig*) to offend sb; **mit jdm ~ verwandt sein**
to be closely related to sb.

Nähe ['nɛːə] (-) *f* nearness, proximity;
(*Umgebung*) vicinity; **in der ~** close by; at
hand; **aus der ~** from close to.

nahebei *adv* nearby.

nahen *vi, vr* to approach, draw near.

nähen ['nɛːən] *vt, vi* to sew.

näher *adj* nearer; (*Erklärung, Erkundigung*)
more detailed ♦ *adv* nearer; in greater
detail; **~ kommen** to get closer; **ich kenne
ihn nicht ~** I don't know him well.

Nähere(s) *nt* details *pl*, particulars *pl*.

Näherei [nɛːə'raɪ] *f* sewing, needlework.

Naherholungsgebiet *nt* recreational area
(*close to a centre of population*).

Näherin *f* seamstress.

nähern *vr* to approach.

Näherungswert *m* approximate value.

nahezu *adv* nearly.

Nähgarn *nt* thread.

Nahkampf *m* hand-to-hand fighting.

Nähkasten *m* workbox, sewing basket.

nahm *etc* [nɑːm] *vb siehe* **nehmen**.

Nähmaschine *f* sewing machine.

Nähnadel *f* (sewing) needle.

Nahost [nɑː'ɔst] *m*: **aus ~** from the Middle
East.

Nährboden *m* (*lit*) fertile soil; (*fig*) breeding
ground.

nähren ['nɛːrən] *vt* to feed ♦ *vr* (*Person*) to feed
o.s.; (*Tier*) to feed; **er sieht gut genährt aus**
he looks well fed.

Nährgehalt ['nɛːrɡəhalt] *m* nutritional value.

nahrhaft ['nɑːrhaft] *adj* (*Essen*) nourishing.

Nährstoffe *pl* nutrients *pl*.

Nahrung ['nɑːrʊŋ] *f* food; (*fig*) sustenance.

Nahrungs- *zW*: ~**aufnahme** *f*: **die ~aufnahme
verweigern** to refuse food; ~**kette** *f* food
chain; ~**mittel** *nt* food(stuff);
~**mittelindustrie** *f* food industry; ~**suche** *f*
search for food.

Nährwert *m* nutritional value.

Naht [nɑːt] (-, ⁻e) *f* seam; (*MED*) suture;
(*TECH*) join; **aus allen Nähten platzen** (*umg*)
to be bursting at the seams; **n~los** *adj*
seamless; **n~los ineinander übergehen** to
follow without a gap.

Nahverkehr *m* local traffic.

Nahverkehrszug *m* local train.

Nähzeug *nt* sewing kit, sewing things *pl*.

Nahziel *nt* immediate objective.

naiv [na'iːf] *adj* naïve.

Naivität [naivi'tɛːt] *f* naïveté, naïvety.

Name ['nɑːmə] (-ns, -n) *m* name; **im ~n von** on
behalf of; **dem ~n nach müsste sie Deutsche
sein** judging by her name she must be
German; **die Dinge beim ~n nennen** (*fig*) to
call a spade a spade; **ich kenne das Stück
nur dem ~n nach** I've heard of the play but
that's all.

namens *adv* by the name of.

Namensänderung *f* change of name.

Namenstag *m* name day, saint's day.

NAMENSTAG

In Catholic areas of Germany the **Namenstag** *is
often a more important celebration than a
birthday. It is the day dedicated to the saint after
whom a person is called, and on that day the
person receives presents and invites relatives and
friends round to celebrate.*

---

namentlich ['nɑːməntlɪç] *adj* by name ♦ *adv*
particularly, especially.

namhaft ['nɑːmhaft] *adj* (*berühmt*) famed,
renowned; (*beträchtlich*) considerable;
~ machen to name, identify.

Namibia [na'miːbia] (-s) *nt* Namibia.

nämlich ['nɛːmlɪç] *adv* that is to say, namely;
(*denn*) since; **der/die/das N~e** the same.

nannte *etc* ['nantə] *vb siehe* **nennen**.

nanu [na'nuː] *interj* well I never!

Napalm ['nɑːpalm] (-s) *nt* napalm.

Napf [napf] (-(e)s, ⁻e) *m* bowl, dish; ~**kuchen**
m ≈ ring-shaped pound cake.

Narbe ['narbə] (-, -n) *f* scar.

narbig ['narbɪç] *adj* scarred.

Narkose [nar'koːzə] (-, -n) *f* anaesthetic (*BRIT*),
anesthetic (*US*).

Narr [nar] (-en, -en) *m* fool; **jdn zum ~en
halten** to make a fool of sb; **n~en** *vt* to fool.

Narrenfreiheit *f*: **sie hat bei ihm ~** he gives her (a) free rein.
narrensicher *adj* foolproof.
Narrheit *f* foolishness.
Närrin ['nɛrɪn] *f* fool.
närrisch *adj* foolish, crazy; **die ~en Tage** *Fasching and the period leading up to it.*
Narzisse [nar'tsɪsə] (**-, -n**) *f* narcissus.
narzisstisch▲ [nar'tsɪstɪʃ] *adj* narcissistic.
NASA ['naːza] (**-**) *f abk* (= *National Aeronautics and Space Administration*) NASA.
naschen ['naʃən] *vt* to nibble; (*heimlich*) to eat secretly ♦ *vi* to nibble sweet things; **~ von** *od* **an** *+dat* to nibble at.
naschhaft *adj* sweet-toothed.
Nase ['naːzə] (**-, -n**) *f* nose; **sich** *dat* **die ~ putzen** to wipe one's nose; (*sich schnäuzen*) to blow one's nose; **jdm auf der ~ herumtanzen** (*umg*) to play sb up; **jdm etw vor der ~ wegschnappen** (*umg*) to just beat sb to sth; **die ~ voll haben** (*umg*) to have had enough; **jdm etw auf die ~ binden** (*umg*) to tell sb all about sth; **(immer) der ~ nachgehen** (*umg*) to follow one's nose; **jdn an der ~ herumführen** (*als Täuschung*) to lead sb by the nose; (*als Scherz*) to pull sb's leg.
Nasen- *zW*: **~bluten** (**-s**) *nt* nosebleed; **~loch** *nt* nostril; **~rücken** *m* bridge of the nose; **~tropfen** *pl* nose drops *pl*.
naseweis *adj* pert, cheeky; (*neugierig*) nosey.
Nashorn ['naːshɔrn] *nt* rhinoceros.
nass▲ [nas] *adj* wet.
Nassauer ['nasaʊər] (**-s, -**) (*umg*) *m* scrounger.
Nässe ['nɛsə] (**-**) *f* wetness.
nässen *vt* to wet.
nasskalt▲ *adj* wet and cold.
Nassrasur▲ *f* wet shave.
Nation [natsi'oːn] *f* nation.
national [natsio'naːl] *adj* national; **N~elf** *f* international (football) team; **N~feiertag** *m* national holiday; **N~hymne** *f* national anthem.
nationalisieren [natsionali'ziːrən] *vt* to nationalize.
Nationalisierung *f* nationalization.
Nationalismus [natsiona'lɪsmʊs] *m* nationalism.
nationalistisch [natsiona'lɪstɪʃ] *adj* nationalistic.
Nationalität [natsionali'tɛːt] *f* nationality.
National- *zW*: **~mannschaft** *f* international team; **~sozialismus** *m* National Socialism; **~sozialist** *m* National Socialist.
NATO, Nato ['naːto] (**-**) *f abk*: **die ~** NATO.
Natrium ['naːtriʊm] (**-s**) *nt* sodium.
Natron ['naːtrɔn] (**-s**) *nt* soda.
Natter ['natər] (**-, -n**) *f* adder.
Natur [na'tuːr] *f* nature; (*körperlich*) constitution; (*freies Land*) countryside; **das**

geht gegen meine ~ it goes against the grain.
Naturalien [natu'raːliən] *pl* natural produce *sing*; **in ~** in kind.
Naturalismus [natuːra'lɪsmʊs] *m* naturalism.
Naturell [natu'rɛl] (**-s, -e**) *nt* temperament, disposition.
Natur- *zW*: **~erscheinung** *f* natural phenomenon *od* event; **n~farben** *adj* natural-coloured (*BRIT*) *od* -colored (*US*); **~forscher** *m* natural scientist; **~freak** (**-s, -s**) (*umg*) *m* back-to-nature freak; **n~gemäß** *adj* natural; **~geschichte** *f* natural history; **~gesetz** *nt* law of nature; **n~getreu** *adj* true to life; **~heilverfahren** *nt* natural cure; **~katastrophe** *f* natural disaster; **~kostladen** *m* health food shop; **~kunde** *f* natural history; **~lehrpfad** *m* nature trail.
natürlich [na'tyːrlɪç] *adj* natural ♦ *adv* naturally; **eines ~en Todes sterben** to die of natural causes.
natürlicherweise [na'tyːrlɪçər'vaɪzə] *adv* naturally, of course.
Natürlichkeit *f* naturalness.
Natur- *zW*: **~produkt** *nt* natural product; **n~rein** *adj* natural, pure; **~schutz** *m*: **unter ~schutz stehen** to be legally protected; **~schutzgebiet** *nt* nature reserve (*BRIT*), national park (*US*); **~talent** *nt* natural prodigy; **n~verbunden** *adj* nature-loving; **~wissenschaft** *f* natural science; **~wissenschaftler** *m* scientist; **~zustand** *m* natural state.
Nautik ['naʊtɪk] *f* nautical science, navigation.
nautisch ['naʊtɪʃ] *adj* nautical.
Navelorange ['naːvəloraːʒə] *f* navel orange.
Navigation [navigatsi'oːn] *f* navigation.
Navigationsfehler *m* navigational error.
Navigationsinstrumente *pl* navigation instruments *pl*.
Nazi ['naːtsi] (**-s, -s**) *m* Nazi.
NB *abk* (= *nota bene*) NB.
n. Br. *abk* (= *nördlicher Breite*) northern latitude.
NC *m abk* (= *numerus clausus*) *siehe* **Numerus**.
Nchf. *abk* = **Nachfolger**.
n. Chr. *abk* (= *nach Christus*) A.D.
NDR (**-**) *m abk* (= *Norddeutscher Rundfunk*) North German Radio.
Neapel [ne'aːpəl] (**-s**) *nt* Naples.
Neapolitaner(in) [neapoli'taːnər(ɪn)] (**-s, -**) *m(f)* Neapolitan.
neapolitanisch [neapoli'taːnɪʃ] *adj* Neapolitan.
Nebel ['neːbəl] (**-s, -**) *m* fog, mist.
nebelig *adj* foggy, misty.
Nebel- *zW*: **~leuchte** *f* (*AUT*) rear fog-light; **~scheinwerfer** *m* fog-lamp; **~schlussleuchte▲** *f* (*AUT*) rear fog-light.
neben ['neːbən] *präp +akk* next to ♦ *präp +dat*

next to; (*außer*) apart from, besides; ~**an**
[neːbən|'an] *adv* next door; **N~anschluss▲** *m*
(*TEL*) extension; **N~ausgaben** *pl* incidental
expenses *pl*; ~**bei** [neːbən'baɪ] *adv* at the
same time; (*außerdem*) additionally;
(*beiläufig*) incidentally; ~**bei bemerkt** *od*
gesagt by the way, incidentally; **N~beruf** *m*
second occupation; **er ist im N~beruf ...** he
has a second job as a ...; **N~beschäftigung** *f*
sideline; (*Zweitberuf*) extra job; **N~buhler(in)**
(**-s,** -) *m(f)* rival; ~**einander** [neːbənaɪ'nandər]
adv side by side; ~**einander legen** to put next
to each other; **N~eingang** *m* side entrance;
N~einkünfte *pl*, **N~einnahmen** *pl*
supplementary income *sing*; **N~erscheinung**
f side effect; **N~fach** *nt* subsidiary subject;
N~fluss▲ *m* tributary; **N~geräusch** *nt*
(*RUNDF*) atmospherics *pl*, interference;
N~handlung *f* (*LITER*) subplot; ~**her**
[neːbən'heːr] *adv* (*zusätzlich*) besides;
(*gleichzeitig*) at the same time; (*daneben*)
alongside; ~**herfahren** *unreg vi* to drive
alongside; **N~kläger** *m* (*JUR*) joint plaintiff;
N~kosten *pl* extra charges *pl*, extras *pl*;
N~mann (**-(e)s,** *pl* **-männer**) *m*: **Ihr N~mann**
the person next to you; **N~produkt** *nt* by-
product; **N~rolle** *f* minor part; **N~sache** *f*
trifle, side issue; ~**sächlich** *adj* minor,
peripheral; **N~saison** *f* low season; **N~satz**
m (*GRAM*) subordinate clause; ~**stehend** *adj*:
~**stehende Abbildung** illustration opposite;
N~straße *f* side street; **N~strecke** *f* (*EISENB*)
branch *od* local line; **N~verdienst** *m*
secondary income; **N~zimmer** *nt* adjoining
room.

neblig ['neːblɪç] *adj* = **nebelig**.

nebst [neːpst] *präp +dat* together with.

Necessaire [nesɛ'sɛːr] (**-s,** -s) *nt* (*Näh~*)
needlework box; (*Nagel~*) manicure case.

Neckar ['nɛkar] (**-s**) *m* (*Fluss*) Neckar.

necken ['nɛkən] *vt* to tease.

Neckerei [nɛkə'raɪ] *f* teasing.

neckisch *adj* coy; (*Einfall, Lied*) amusing.

nee [neː] (*umg*) *adv* no, nope.

Neffe ['nɛfə] (**-n,** -n) *m* nephew.

negativ ['neːgatiːf] *adj* negative; **N~** (**-s,** -e) *nt*
(*PHOT*) negative.

Neger ['neːgər] (**-s,** -) *m* negro; ~**in** *f* negress;
~**kuss▲** *m chocolate-covered marshmallow.*

negieren [ne'giːrən] *vt* (*bestreiten*) to deny;
(*verneinen*) to negate.

nehmen ['neːmən] *unreg vt, vi* to take; **etw zu**
sich ~ to take sth, partake of sth (*liter*); **jdm**
etw ~ to take sth (away) from sb; **sich ernst**
~ to take o.s. seriously; ~ **Sie sich doch**
bitte help yourself; man nehme ... (*KOCH*)
take ...; **wie mans nimmt** depending on your
point of view; **die Mauer nimmt einem die**
ganze Sicht the wall blocks the whole view;
er ließ es sich *dat* **nicht** ~, **es persönlich zu**

tun he insisted on doing it himself.

Nehrung ['neːrʊŋ] *f* (*GEOG*) spit (of land).

Neid [naɪt] (**-(e)s**) *m* envy.

Neider ['naɪdər] (**-s,** -) *m* envier.

Neidhammel (*umg*) *m* envious person.

neidisch *adj* envious, jealous.

Neige (-, -n) *f* (*geh: Ende*): **die Vorräte gehen**
zur ~ the provisions are fast becoming
exhausted.

neigen ['naɪgən] *vt* to incline, lean; (*Kopf*) to
bow ♦ *vi*: **zu etw** ~ to tend to sth.

Neigung *f* (*des Geländes*) slope; (*Tendenz*)
tendency, inclination; (*Vorliebe*) liking;
(*Zuneigung*) affection.

Neigungswinkel *m* angle of inclination.

nein [naɪn] *adv* no.

Nelke ['nɛlkə] (-, -n) *f* carnation, pink;
(*Gewürz~*) clove.

nennen ['nɛnən] *unreg vt* to name; (*mit Namen*)
to call; **das nenne ich Mut!** that's what I call
courage!

nennenswert *adj* worth mentioning.

Nenner (**-s,** -) *m* denominator; **etw auf einen**
~ **bringen** (*lit, fig*) to reduce sth to a
common denominator.

Nennung *f* naming.

Nennwert *m* nominal value; (*COMM*) par.

Neon ['neːɔn] (**-s**) *nt* neon.

Neonazi [neo'naːtsi] *m* Neonazi.

Neon- *zW*: ~**licht** *nt* neon light; ~**reklame** *f*
neon sign; ~**röhre** *f* neon tube.

Nepal ['neːpal] (**-s**) *nt* Nepal.

Nepp [nɛp] (**-s**) (*umg*) *m*: **der reinste** ~
daylight robbery, a rip-off.

Nerv [nɛrf] (**-s,** -en) *m* nerve; **die** ~**en sind mit**
ihm durchgegangen he lost control, he
snapped (*umg*); **jdm auf die** ~**en gehen** to get
on sb's nerves.

nerven (*umg*) *vt*: **jdn** ~ to get on sb's nerves.

Nerven- *zW*: ~**aufreibend** *adj* nerve-racking;
~**bündel** *nt* bundle of nerves; ~**gas** *nt* (*MIL*)
nerve gas; ~**heilanstalt** *f* mental hospital;
~**klinik** *f* psychiatric clinic; **n~krank** *adj*
mentally ill; ~**säge** (*umg*) *f* pain (in the
neck); ~**schwäche** *f* neurasthenia; ~**system**
nt nervous system; ~**zusammenbruch** *m*
nervous breakdown.

nervig ['nɛrvɪç] (*umg*) *adj* exasperating,
annoying.

nervös [nɛr'vøːs] *adj* nervous.

Nervosität [nɛrvozi'tɛːt] *f* nervousness.

nervtötend *adj* nerve-racking; (*Arbeit*) soul-
destroying.

Nerz [nɛrts] (**-es,** -e) *m* mink.

Nessel ['nɛsəl] (-, -n) *f* nettle; **sich in die** ~**n**
setzen (*fig: umg*) to put o.s. in a spot.

Nessessär▲ [nesɛ'sɛːr] (**-s,** -s) *nt* = **Necessaire**.

Nest [nɛst] (**-(e)s,** -er) *nt* nest; (*umg: Ort*)
dump; (*fig: Bett*) bed; (: *Schlupfwinkel*) hide-
out, lair; **da hat er sich ins warme** ~ **gesetzt**

nesteln – nicht

(*umg*) he's got it made; ~**beschmutzung**
(*pej*) *f* running-down (*umg*) *od* denigration (of
one's family/country).

nesteln *vi*: **an etw** +*dat* ~ to fumble *od* fiddle
about with sth.

Nesthäkchen ['nɛsthɛːkçən] *nt* baby of the
family.

nett [nɛt] *adj* nice; **sei so** ~ **und räum auf!**
would you mind clearing up?

netterweise ['nɛtər'vaɪzə] *adv* kindly.

netto *adv* net; **N~einkommen** *nt* net income;
N~gewicht *nt* net weight; **N~gewinn** *m* net
profit; **N~gewinnspanne** *f* net margin;
N~lohn *m* take-home pay.

Netz [nɛts] **(-es, -e)** *nt* net; (*Gepäck~*) rack;
(*Einkaufs~*) string bag; (*Spinnen~*) web;
(*System, auch COMPUT*) network; (*Strom~*)
mains *sing od pl*; **das soziale** ~ the social
security network; **jdm ins** ~ **gehen** (*fig*) to
fall into sb's trap; ~**anbieter** *m* (*COMPUT*)
Internet provider; ~**anschluss▲** *m* mains
connection; ~**betreiber** *m* (*COMPUT*)
Internet provider; ~**computer** *m* network
computer; ~**haut** *f* retina; ~**karte** *f* (*EISENB*)
runabout ticket (*BRIT*); ~**plantechnik** *f*
network analysis; ~**spannung** *f* mains
voltage; ~**zugang** *m* (*COMPUT*) network
access.

neu [nɔʏ] *adj* new; (*Sprache, Geschichte*)
modern; **der/die N~e** the new person, the
newcomer; **seit** ~**estem** (since) recently;
~ **schreiben** to rewrite, write again; **auf ein
N~es!** (*Aufmunterung*) let's try again; **was
gibts N~es?** (*umg*) what's the latest?; **von**
~**em** (*von vorn*) from the beginning; (*wieder*)
again; **sich** ~ **einkleiden** to buy o.s. a new
set of clothes; ~ **eröffnet** newly-opened;
(*wieder geöffnet*) reopened; **N~ankömmling**
m newcomer; **N~anschaffung** *f* new
purchase *od* acquisition; ~**artig** *adj* new kind
of; **N~auflage** *f* new edition; **N~ausgabe** *f*
new edition; **N~bau (-(e)s, -ten)** *m* new
building; **N~bauwohnung** *f* newly-built flat;
N~bearbeitung *f* revised edition; (*das
Neubearbeiten*) revision, reworking;
N~druck *m* reprint; **N~emission** *f* (*Aktien*)
new issue.

neuerdings *adv* (*kürzlich*) (since) recently;
(*von neuem*) again.

Neuerscheinung *f* (*Buch*) new publication;
(*Schallplatte*) new release.

Neuerung *f* innovation, new departure.

Neufassung *f* revised version.

Neufundland [nɔʏ'fʊntlant] *nt* Newfoundland;
Neufundländer(in) (-s, -) *m(f)*
Newfoundlander; **neufundländisch** *adj*
Newfoundland *attrib*.

neugeboren *adj* newborn; **sich wie** ~ **fühlen**
to feel (like) a new man/woman.

Neugier *f* curiosity.

Neugierde (-) *f*: **aus** ~ out of curiosity.

neugierig *adj* curious.

Neuguinea [nɔʏgi'neːa] **(-s)** *nt* New Guinea.

Neuheit *f* novelty; (*neuartige Ware*) new thing.

Neuigkeit *f* news *sing*.

neu- *zW*: **N~jahr** *nt* New Year; **N~land** *nt*
virgin land; (*fig*) new ground; ~**lich** *adv*
recently, the other day; **N~ling** *m* novice;
~**modisch** *adj* fashionable; (*pej*) newfangled;
N~mond *m* new moon.

neun [nɔʏn] *num* nine; **N~ (-, -en)** *f* nine; **ach
du grüne N~e!** (*umg*) well I'm blowed!

neunmalklug *adj* (*ironisch*) smart-aleck *attrib*.

neunzehn *num* nineteen.

neunzig *num* ninety.

Neureg(e)lung *f* adjustment.

neureich *adj* nouveau riche; **N~e(r)** *f(m)*
nouveau riche.

Neurologie [nɔʏrolo'giː] *f* neurology.

neurologisch [nɔʏro'loːgɪʃ] *adj* neurological.

Neurose [nɔʏ'roːzə] **(-, -n)** *f* neurosis.

Neurotiker(in) [nɔʏ'roːtikər(ɪn)] **(-s, -)** *m(f)*
neurotic.

neurotisch *adj* neurotic.

Neu- *zW*: ~**schnee** *m* fresh snow; ~**seeland**
[nɔʏ'zeːlant] *nt* New Zealand; ~**seeländer(in)**
(-s, -) *m(f)* New Zealander; **n~seeländisch** *adj*
New Zealand *attrib*; **n~sprachlich** *adj*:
n~sprachliches Gymnasium grammar
school (*BRIT*) *od* high school (*bes US*)
stressing modern languages.

neutral [nɔʏ'traːl] *adj* neutral.

neutralisieren [nɔʏtrali'ziːrən] *vt* to
neutralize.

Neutralität [nɔʏtrali'tɛːt] *f* neutrality.

Neutron ['nɔʏtron] **(-s, -en)** *nt* neutron.

Neutrum ['nɔʏtrʊm] **(-s, Neutra** *od* **Neutren)** *nt*
neuter.

Neu- *zW*: ~**wert** *m* purchase price; ~**wertig**
adj as new; ~**zeit** *f* modern age; **n~zeitlich** *adj*
modern, recent.

N. H. *abk* (= *Normalhöhenpunkt*) normal peak
(level).

nhd. *abk* (= *neuhochdeutsch*) NHG.

Nicaragua [nika'raːgua] **(-s)** *nt* Nicaragua;
~**ner(in)** [nikaragu'aːnər(ɪn)] **(-s, -)** *m(f)*
Nicaraguan; **n~nisch** [nikaragu'aːnɪʃ] *adj*
Nicaraguan.

════════════════ *SCHLÜSSELWORT*

nicht [nɪçt] *adv* **1** (*Verneinung*) not; **er ist es** ~
it's not him, it isn't him; ~ **rostend**
stainless; **er raucht** ~ (*gerade*) he isn't
smoking; (*gewöhnlich*) he doesn't smoke; **ich
kann das** ~ - **ich auch** ~ I can't do it -
neither *od* nor can I; **es regnet** ~ **mehr** it's
not raining any more; ~ **mehr als** no more
than.

2 (*Bitte, Verbot*): ~! don't!, no!; ~ **berühren!**
do not touch!; ~ **doch!** don't!

3 (*rhetorisch*): **du bist müde,** ~ **(wahr)?** you're tired, aren't you?; **das ist schön,** ~ **(wahr)?** it's nice, isn't it? **4: was du** ~ **sagst!** the things you say! ◆ *präf* non-.

Nicht- *zW:* ~**achtung** *f* disregard; ~**anerkennung** *f* repudiation; ~**angriffspakt** *m* non-aggression pact.

Nichte ['nɪçtə] (-, -n) *f* niece.

Nicht- *zW:* ~**einhaltung** *f (+gen)* noncompliance (with); ~**einmischung** *f (POL)* nonintervention; ~**gefallen** *nt:* **bei** ~**gefallen (zurück)** if not satisfied (return).

nichtig ['nɪçtɪç] *adj* (*ungültig*) null, void; (*wertlos*) futile; **N~keit** *f* nullity, invalidity; (*Sinnlosigkeit*) futility.

Nichtraucher *m* nonsmoker; **ich bin** ~ I don't smoke.

nichts [nɪçts] *pron* nothing; ~ **ahnend** unsuspecting; ~ **sagend** meaningless; ~ **als** nothing but; ~ **da!** (*ausgeschlossen*) nothing doing (*umg*); ~ **wie raus/hin** *etc* (*umg*) let's get out/over there *etc* (on the double); **für** ~ **und wieder** ~ for nothing at all; **N~** (-s) *nt* nothingness; (*pej: Person*) nonentity.

Nichtschwimmer (-s, -) *m* nonswimmer.

nichts- *zW:* ~**destotrotz** *adv* notwithstanding (*form*), nonetheless; ~**destoweniger** *adv* nevertheless; **N~nutz** (-es, -e) *m* good-for-nothing; ~**nutzig** *adj* worthless, useless; **N~tun** (-s) *nt* idleness.

Nichtzutreffende(s) *nt:* ~**s** *od* **nicht Zutreffendes (bitte) streichen** (please) delete as applicable.

Nickel ['nɪkəl] (-s) *nt* nickel; ~**brille** *f* metal-rimmed glasses *pl*.

nicken ['nɪkən] *vi* to nod.

Nickerchen ['nɪkərçən] *nt* nap; **ein** ~ **machen** (*umg*) to have forty winks.

Nicki ['nɪki] (-s, -s) *m* velours pullover.

nie [ni:] *adv* never; ~ **wieder** *od* **mehr** never again; ~ **und nimmer** never ever; **fast** ~ hardly ever.

nieder ['ni:dər] *adj* low; (*gering*) inferior ◆ *adv* down; ~**deutsch** *adj* (*LING*) Low-German; **N~gang** *m* decline; ~**gedrückt** *adj* depressed; ~**gehen** *unreg vi* to descend; (*AVIAT*) to come down; (*Regen*) to fall; (*Boxer*) to go down; ~**geschlagen** *adj* depressed, dejected; **N~geschlagenheit** *f* depression, dejection; **N~kunft** *f* (*veraltet*) delivery, giving birth; **N~lage** *f* defeat.

Niederlande ['ni:dərlandə] *pl:* **die** ~ the Netherlands *pl*.

Niederländer(in) ['ni:dərlɛndər(ɪn)] (-s, -) *m(f)* Dutchman, Dutchwoman.

niederländisch *adj* Dutch, Netherlands *attrib*.

nieder- *zW:* ~**lassen** *unreg vr* (*sich setzen*) to sit down; (*an Ort*) to settle (down); (*Arzt,*

Rechtsanwalt) to set up in practice; **N~lassung** *f* settlement; (*COMM*) branch; ~**legen** *vt* to lay down; (*Arbeit*) to stop; (*Amt*) to resign; ~**machen** *vt* to mow down; **N~österreich** *nt* Lower Austria; **N~rhein** *m* Lower Rhine; ~**rheinisch** *adj* Lower Rhine *attrib*; **N~sachsen** *nt* Lower Saxony; **N~schlag** *m* (*CHEM*) precipitate; (*Bodensatz*) sediment; (*MET*) precipitation (*form*), rainfall; (*BOXEN*) knockdown; **radioaktiver N~schlag** (radioactive) fallout; ~**schlagen** *unreg vt* (*Gegner*) to beat down; (*Gegenstand*) to knock down; (*Augen*) to lower; (*JUR: Prozess*) to dismiss; (*Aufstand*) to put down ◆ *vr* (*CHEM*) to precipitate; **sich in etw** *dat* ~**schlagen** (*Erfahrungen etc*) to find expression in sth; ~**schlagsfrei** ['ni:dərʃla:ksfraɪ] *adj* dry, without precipitation (*form*); ~**schmetternd** *adj* (*Nachricht, Ergebnis*) shattering; ~**schreiben** *unreg vt* to write down; **N~schrift** *f* transcription; ~**tourig** *adj* (*Motor*) low-revving; ~**trächtig** *adj* base, mean; **N~trächtigkeit** *f* despicable *od* malicious behaviour.

Niederung *f* (*GEOG*) depression.

niederwalzen ['ni:dərvaltsən] *vt:* **jdn/etw** ~ (*umg*) to mow sb/sth down.

niederwerfen ['ni:dərvɛrfən] *unreg vt* to throw down; (*fig*) to overcome; (*Aufstand*) to suppress.

niedlich ['ni:tlɪç] *adj* sweet, nice, cute.

niedrig ['ni:drɪç] *adj* low; (*Stand*) lowly, humble; (*Gesinnung*) mean.

niemals ['ni:ma:ls] *adv* never.

niemand ['ni:mant] *pron* nobody, no-one.

Niemandsland ['ni:mantslant] *nt* no-man's-land.

Niere ['ni:rə] (-, -n) *f* kidney; **künstliche** ~ kidney machine.

Nierenentzündung *f* kidney infection.

nieseln ['ni:zəln] *vi* to drizzle.

Nieselregen *m* drizzle.

niesen ['ni:zən] *vi* to sneeze.

Niespulver *nt* sneezing powder.

Niet [ni:t] (-(e)s, -e) *m* (*TECH*) rivet.

Niete ['ni:tə] (-, -n) *f* (*TECH*) rivet; (*Los*) blank; (*Reinfall*) flop; (*Mensch*) failure.

nieten *vt* to rivet.

Nietenhose *f* (pair of) studded jeans *pl*.

niet- und nagelfest (*umg*) *adj* nailed down.

Niger¹ ['ni:gər] (-s) *nt* (*Staat*) Niger.

Niger² ['ni:gər] (-s) *m* (*Fluss*) Niger.

Nigeria [ni'ge:ria] (-s) *nt* Nigeria; ~**ner(in)** [nigeri'a:nər(ɪn)] *m(f)* Nigerian; **n~nisch** [nige:ri'a:nɪʃ] *adj* Nigerian.

Nihilismus [nihi'lɪsmʊs] *m* nihilism.

Nihilist [nihi'lɪst] *m* nihilist; **n~isch** *adj* nihilistic.

Nikolaus ['ni:kolaʊs] (-, -e *od* (*hum: umg*)

-läuse) *m* ≈ Santa Claus, Father Christmas.
Nikosia [niko'ziːa] **(-s)** *nt* Nicosia.
Nikotin [niko'tiːn] **(-s)** *nt* nicotine; **n~arm** *adj* low-nicotine.
Nil [niːl] **(-s)** *m* Nile; **~pferd** *nt* hippopotamus.
Nimbus ['nɪmbʊs] **(-, -se)** *m* (*Heiligenschein*) halo; (*fig*) aura.
nimmersatt ['nɪmərzat] *adj* insatiable; **N~** **(-(e)s, -e)** *m* glutton.
Nimmerwiedersehen (*umg*) *nt:* **auf ~!** I never want to see you again.
nimmt [nɪmt] *vb siehe* **nehmen**.
nippen ['nɪpən] *vt, vi* to sip.
Nippes ['nɪpəs] *pl* knick-knacks *pl*, bric-a-brac *sing*.
Nippsachen ['nɪpzaxən] *pl* knick-knacks *pl*.
nirgends ['nɪrgənts] *adv* nowhere; **überall und ~** here, there and everywhere.
nirgendwo ['nɪrgəntvo] *adv* = **nirgends**.
nirgendwohin *adv* nowhere.
Nische ['niːʃə] **(-, -n)** *f* niche.
nisten ['nɪstən] *vi* to nest.
Nitrat [ni'traːt] **(-(e)s, -e)** *nt* nitrate.
Niveau [ni'voː] **(-s, -s)** *nt* level; **diese Schule hat ein hohes ~** this school has high standards; **unter meinem ~** beneath me.
Nivellierung [nivɛ'liːrʊŋ] *f* (*Ausgleichung*) levelling out.
nix [nɪks] (*umg*) *pron* = **nichts**.
Nixe ['nɪksə] **(-, -n)** *f* water nymph.
Nizza ['nɪtsa] **(-s)** *nt* Nice.
n. J. *abk* (= *nächsten Jahres*) next year.
n. M. *abk* (= *nächsten Monats*) next month.
NN *abk* (= *Normalnull*) m.s.l.
N. N. *abk* = **NN**.
NO *abk* (= *Nordost*) NE.
no. *abk* (= *netto*) net.
nobel ['noːbəl] *adj* (*großzügig*) generous; (*elegant*) posh (*umg*).
Nobelpreis [no'bɛlprais] *m* Nobel prize; **~träger(in)** *m(f)* Nobel prize winner.

=============== *SCHLÜSSELWORT*

noch [nɔx] *adv* **1** (*weiterhin*) still; **~ nicht** not yet; **~ nie** never (yet); **~ immer** *od* **immer ~** still; **bleiben Sie doch ~** stay a bit longer; **ich gehe kaum ~ aus** I hardly go out any more.
2 (*in Zukunft*) still, yet; (*irgendwann einmal*) one day; **das kann ~ passieren** that might still happen; **er wird ~ kommen** he'll come (yet); **das wirst du ~ bereuen** you'll come to regret it (one day).
3 (*nicht später als*): **~ vor einer Woche** only a week ago; **~ am selben Tag** the very same day; **~ im 19. Jahrhundert** as late as the 19th century; **~ heute** today.
4 (*zusätzlich*): **wer war ~ da?** who else was there?; **~ einmal** once more, again; **~ dreimal** three more times; **~ einer**

another one; **und es regnete auch ~** and on top of that it was raining.
5 (*bei Vergleichen*): **~ größer** even bigger; **das ist ~ besser** that's better still; **und wenn es ~ so schwer ist** however hard it is.
6: **Geld ~ und ~** heaps (and heaps) of money; **sie hat ~ und ~ versucht, ...** she tried again and again to ...
♦ *konj:* **weder A ~ B** neither A nor B.

nochmal(s) *adv* again, once more.
nochmalig *adj* repeated.
Nockenwelle ['nɔkənvɛlə] *f* camshaft.
NOK *nt abk* (= *Nationales Olympisches Komitee*) National Olympic Committee.
Nom. *abk* = **Nominativ.**
Nominalwert [nomi'naːlveːrt] *m* (*FIN*) nominal *od* par value.
Nominativ ['noːminatiːf] **(-s, -e)** *m* nominative.
nominell [nomi'nɛl] *adj* nominal.
nominieren [nomi'niːrən] *vt* to nominate.
Nonne ['nɔnə] **(-, -n)** *f* nun.
Nonnenkloster *nt* convent.
Nonplusultra [nɔnplus'|ʊltra] **(-s)** *nt* ultimate.
Nord [nɔrt] **(-s)** *m* north; **~afrika** ['nort|aːfrika] *nt* North Africa; **~amerika** *nt* North America; **n~amerikanisch** ['nɔrt|ameri'kaːnɪʃ] *adj* North American.
nordd. *abk* = **norddeutsch.**
norddeutsch *adj* North German.
Norddeutschland *nt* North(ern) Germany.
Norden ['nɔrdən] *m* north.
Nord- *zW:* **~england** *nt* the North of England; **~irland** *nt* Northern Ireland, Ulster; **n~isch** *adj* northern; **n~ische Kombination** (*SKI*) nordic combination; **~kap** *nt* North Cape; **~korea** ['nɔrtko'reːa] *nt* North Korea.
nördlich ['nœrtlɪç] *adj* northerly, northern
♦ *präp +gen* (to the) north of; **der ~e Polarkreis** the Arctic Circle; **N~es Eismeer** Arctic Ocean; **~ von** north of.
Nord- *zW:* **~licht** *nt* northern lights *pl*, aurora borealis; **~-Ostsee-Kanal** *m* Kiel Canal; **~pol** *m* North Pole; **~polargebiet** *nt* Arctic (Zone).
Nordrhein-Westfalen ['nɔrtrainvɛst'faːlən] **(-s)** *nt* North Rhine-Westphalia.
Nordsee *f* North Sea.
nordwärts *adv* northwards.
Nörgelei [nœrgə'lai] *f* grumbling.
nörgeln *vi* to grumble.
Nörgler(in) **(-s, -)** *m(f)* grumbler.
Norm [nɔrm] **(-, -en)** *f* norm; (*Leistungssoll*) quota; (*Größenvorschrift*) standard (specification).
normal [nɔr'maːl] *adj* normal; **bist du noch ~?** (*umg*) have you gone mad?; **N~benzin** *nt* two-star petrol (*BRIT veraltet*), regular gas (*US*).
normalerweise *adv* normally.

Normalfall *m*: **im** ~ normally.
Normalgewicht *nt* normal weight; *(genormt)* standard weight.
normalisieren [nɔrmali'ziːrən] *vt* to normalize ♦ *vr* to return to normal.
Normalzeit *f (GEOG)* standard time.
Normandie [nɔrman'diː] *f* Normandy.
normen *vt* to standardize.
Norwegen ['nɔrveːgən] **(-s)** *nt* Norway.
Norweger(in) **(-s, -)** *m(f)* Norwegian.
norwegisch *adj* Norwegian.
Nostalgie [nɔstal'giː] *f* nostalgia.
Not [noːt] **(-, ̈-e)** *f* need; *(Mangel)* want; *(Mühe)* trouble; *(Zwang)* necessity; ~ **leidend** needy; **zur** ~ if necessary; *(gerade noch)* just about; **wenn** ~ **am Mann ist** if you/they *etc* are short *(umg)*; *(im Notfall)* in an emergency; **er hat seine liebe** ~ **mit ihr/ damit** he really has problems with her/it; **in seiner** ~ in his hour of need.
Notar(in) [no'taːr(ɪn)] **(-s, -e)** *m(f)* notary; **n~iell** *adj* notarial; **n~iell beglaubigt** attested by a notary.
Not- *zW*: ~**arzt** *m* doctor on emergency call; ~**ausgang** *m* emergency exit; ~**behelf** *m* stopgap; ~**bremse** *f* emergency brake; ~**dienst** *m*: ~**dienst haben** *(Apotheke)* to be open 24 hours; *(Arzt)* to be on call; **n~dürftig** *adj* scanty; *(behelfsmäßig)* makeshift; **sich n~dürftig verständigen können** to be able to communicate to some extent.
Note ['noːtə] **(-, -n)** *f* note; *(SCH)* mark *(BRIT)*, grade *(US)*; **Noten** *pl (MUS)* music *sing*; **eine persönliche** ~ a personal touch.
Noten- *zW*: ~**bank** *f* issuing bank; ~**blatt** *nt* sheet of music; ~**schlüssel** *m* clef; ~**ständer** *m* music stand.
Not- *zW*: ~**fall** *m* (case of) emergency; **n~falls** *adv* if need be; **n~gedrungen** *adj* necessary, unavoidable; **etw n~gedrungen machen** to be forced to do sth; ~**groschen** ['noːtgrɔʃən] *m* nest egg.
notieren [no'tiːrən] *vt* to note; *(COMM)* to quote.
Notierung *f (COMM)* quotation.
nötig ['nøːtɪç] *adj* necessary ♦ *adv (dringend)*: **etw** ~ **brauchen** to need sth urgently; **etw** ~ **haben** to need sth; **das habe ich nicht** ~! I can do without that!
nötigen *vt* to compel, force; ~**falls** *adv* if necessary.
Nötigung *f* compulsion, coercion *(JUR)*.
Notiz [no'tiːts] **(-, -en)** *f* note; *(Zeitungs~)* item; ~ **nehmen** to take notice; ~**block** *m* notepad; ~**buch** *nt* notebook; ~**zettel** *m* piece of paper.
Not- *zW*: ~**lage** *f* crisis, emergency; **n~landen** *vi* to make a forced *od* emergency landing; ~**landung** *f* forced *od* emergency landing; ~**lösung** *f* temporary solution; ~**lüge** *f* white lie.

notorisch [no'toːrɪʃ] *adj* notorious.
Not- *zW*: ~**ruf** *m* emergency call; ~**rufsäule** *f* emergency telephone; **n~schlachten** *vt (Tiere)* to destroy; ~**stand** *m* state of emergency; ~**standsgebiet** *nt (wirtschaftlich)* depressed area; *(bei Katastrophen)* disaster area; ~**standsgesetz** *nt* emergency law; ~**unterkunft** *f* emergency accommodation; ~**verband** *m* emergency dressing; ~**wehr** **(-)** *f* self-defence; **n~wendig** *adj* necessary; ~**wendigkeit** *f* necessity; ~**zucht** *f* rape.
Nov. *abk (= November)* Nov.
Novelle [no'vɛlə] **(-, -n)** *f* novella; *(JUR)* amendment.
November [no'vɛmbər] **(-(s), -)** *m* November; *siehe auch* **September**.
Novum ['noːvʊm] **(-s, Nova)** *nt* novelty.
NPD **(-)** *f abk (= Nationaldemokratische Partei Deutschlands)* National Democratic Party.
Nr. *abk (= Nummer)* no.
NRW *abk* = **Nordrhein-Westfalen.**
NS *abk* = **Nachschrift; Nationalsozialismus.**
NS- *in zW* Nazi.
N. T. *abk (= Neues Testament)* N.T.
Nu [nuː] *m*: **im** ~ in an instant.
Nuance [ny'ãːsə] **(-, -n)** *f* nuance; *(Kleinigkeit)* shade.
nüchtern ['nʏçtərn] *adj* sober; *(Magen)* empty; *(Urteil)* prudent; **N~heit** *f* sobriety.
Nudel ['nuːdəl] **(-, -n)** *f* noodle; *(umg: Mensch: dick)* dumpling; *(: : komisch)* character; ~**holz** *nt* rolling pin.
Nugat ['nuːgat] **(-s, -s)** *m od nt* nougat.
nuklear [nukle'aːr] *adj attrib* nuclear.
null [nʊl] *num* zero; *(Fehler)* no; ~ **Uhr** midnight; **in** ~ **Komma nichts** *(umg)* in less than no time; **die Stunde** ~ the new starting point; **gleich** ~ **sein** to be absolutely nil; ~ **und nichtig** null and void; **N~** **(-, -en)** *f* nought, zero; *(pej: Mensch)* dead loss; ~**achtfünfzehn** *(umg)* *adj* run-of-the-mill; **N~diät** *f* starvation diet; **N~lösung** *f (POL)* zero option; **N~punkt** *m* zero; **auf dem N~punkt** at zero; **N~tarif** *m (für Verkehrsmittel)* free travel; **zum N~tarif** free of charge.
numerieren△ [nume'riːrən] *vt siehe* **nummerieren.**
numerisch [nu'meːrɪʃ] *adj* numerical; ~**es Tastenfeld** *(COMPUT)* numeric pad.
Numerus ['nuːmerʊs] **(-, Numeri)** *m (GRAM)* number; ~ **clausus** *(UNIV)* restricted entry.
Nummer ['nʊmər] **(-, -n)** *f* number; **auf** ~ **sicher** *od* **Sicher gehen** *(umg)* to play (it) safe.
nummerieren▲ [nume'riːrən] *vt* to number.
Nummern- *zW*: ~**konto** *nt* numbered bank account; ~**scheibe** *f* telephone dial; ~**schild** *nt (AUT)* number *od* license *(US)* plate.

nun [nuːn] *adv* now ♦ *interj* well.

nur [nuːr] *adv* just, only; **nicht ~ ..., sondern auch ...** not only ... but also ...; **alle, ~ ich nicht** everyone but me; **ich hab das ~ so gesagt** I was just talking.

Nürnberg ['nʏrnbɛrk] (**-s**) *nt* Nuremberg.

nuscheln ['nʊʃəln] (*umg*) *vt*, *vi* to mutter, mumble.

Nuss▲ [nʊs] (**-**, **÷e**) *f* nut; **eine doofe ~** (*umg*) a stupid twit; **eine harte ~** a hard nut (to crack); **~baum** *m* walnut tree; **~knacker** (**-s**, **-**) *m* nutcracker.

Nüster ['nyːstər] (**-**, **-n**) *f* nostril.

Nutte ['nʊtə] (**-**, **-n**) *f* tart (*BRIT*), hooker (*US*).

nutz [nʊts] *adj* = nütze; **~bar** *adj*: **~bar machen** to utilize; **N~barmachung** *f* utilization; **~bringend** *adj* profitable; **etw ~bringend anwenden** to use sth to good effect, put sth to good use.

nütze ['nʏtsə] *adj*: **zu nichts ~ sein** to be useless.

nutzen *vi* to be of use ♦ *vt*: (**zu etw**) **~** to use (for sth); **was nutzt es?** what's the use?, what use is it?; **N~** (**-s**) *m* usefulness; (*Gewinn*) profit; **von N~** useful.

nützen *vt*, *vi* = nutzen.

Nutz- *zW*: **~fahrzeug** *nt* farm od military vehicle etc; (*COMM*) commercial vehicle; **~fläche** *f* us(e)able floor space; (*AGR*) productive land; **~last** *f* maximum load, payload.

nützlich ['nʏtslɪç] *adj* useful; **N~keit** *f* usefulness.

Nutz- *zW*: **n~los** *adj* useless; (*unnötig*) needless; **~losigkeit** *f* uselessness; **~nießer** (**-s**, **-**) *m* beneficiary.

Nutzung *f* (*Gebrauch*) use; (*das Ausnutzen*) exploitation.

NW *abk* (= *Nordwest*) NW.

Nylon ['naɪlɔn] (**-s**) *nt* nylon.

Nymphe ['nʏmfə] (**-**, **-n**) *f* nymph.

O, o

O¹, o [oː] *nt* O, o; **~ wie Otto** ≈ O for Olive, O for Oboe (*US*).

O² [oː] *abk* (= *Osten*) E.

o. Ä. *abk* (= *oder Ähnliche(s)*) or similar.

Oase [oˈaːzə] (**-**, **-n**) *f* oasis.

OB (**-s**, **-s**) *m abk* = **Oberbürgermeister**.

ob [ɔp] *konj* if, whether; **~ das wohl wahr ist?** can that be true?; **~ ich (nicht) lieber gehe?** maybe I'd better go; (**so**) **tun als ~** (*umg*) to

pretend; **und ~!** you bet!

Obacht ['oːbaxt] *f*: **~ geben** to pay attention.

Obdach ['ɔpdax] (**-(e)s**) *nt* shelter, lodging; **o~los** *adj* homeless; **~losenasyl** *nt* hostel od shelter for the homeless; **~losenheim** *nt* = **Obdachlosenasyl**; **~lose(r)** *f(m)* homeless person.

Obduktion [ɔpdʊktsiˈoːn] *f* postmortem.

obduzieren [ɔpduˈtsiːrən] *vt* to do a postmortem on.

O-Beine ['oːbaɪnə] *pl* bow od bandy legs *pl*.

oben ['oːbən] *adv* above; (*in Haus*) upstairs; (*am oberen Ende*) at the top; **~ erwähnt**, **~ genannt** above-mentioned; **nach ~** up; **von ~** down; **siehe ~** see above; **ganz ~** right at the top; **~ ohne** topless; **die Abbildung ~ links** od **links ~** the illustration in the top left-hand corner; **jdn von ~ herab behandeln** to treat sb condescendingly; **jdn von ~ bis unten ansehen** to look sb up and down; **Befehl von ~** orders from above; **die da ~** (*umg*: *die Vorgesetzten*) the powers that be; **~adv** at the top; **~'auf** *adv* up above, on the top ♦ *adj* (*munter*) in form; **~'drein** *adv* into the bargain; **~'hin** *adv* cursorily, superficially.

Ober ['oːbər] (**-s**, **-**) *m* waiter.

Ober- *zW*: **~arm** *m* upper arm; **~arzt** *m* senior physician; **~aufsicht** *f* supervision; **~bayern** *nt* Upper Bavaria; **~befehl** *m* supreme command; **~befehlshaber** *m* commander-in-chief; **~begriff** *m* generic term; **~bekleidung** *f* outer clothing; **~bett** *nt* quilt; **~bürgermeister** *m* lord mayor; **~deck** *nt* upper od top deck.

obere(r, s) *adj* upper; **die O~n** the bosses; (*ECCL*) the superiors; **die ~n zehntausend** (*umg*) high society.

Ober- *zW*: **~fläche** *f* surface; **o~flächlich** *adj* superficial; **bei o~flächlicher Betrachtung** at a quick glance; **jdn (nur) o~flächlich kennen** to know sb (only) slightly; **~geschoss▲** *nt* upper storey od story (*US*); **im zweiten ~geschoss** on the second floor (*BRIT*), on the third floor (*US*); **o~halb** *adv* above ♦ *präp +gen* above; **~hand** *f* (*fig*): **die ~hand gewinnen** (**über** +*akk*) to get the upper hand (over); **~haupt** *nt* head, chief; **~haus** *nt* (*BRIT POL*) upper house, House of Lords; **~hemd** *nt* shirt; **~herrschaft** *f* supremacy, sovereignty.

Oberin *f* matron; (*ECCL*) Mother Superior.

Ober- *zW*: **o~irdisch** *adj* above ground; (*Leitung*) overhead; **~italien** *nt* Northern Italy; **~kellner** *m* head waiter; **~kiefer** *m* upper jaw; **~kommando** *nt* supreme command; **~körper** *m* upper part of body; **~lauf** *m*: **am ~lauf des Rheins** in the upper reaches of the Rhine; **~leitung** *f* (*ELEK*) overhead cable; **~licht** *nt* skylight; **~lippe** *f* upper lip; **~österreich** *nt* Upper Austria;

~**prima** *f (früher) final year of German
secondary school;* ~**schenkel** *m* thigh;
~**schicht** *f* upper classes *pl;* ~**schule** *f*
grammar school (*BRIT*), high school (*US*);
~**schwester** *f (MED)* matron; ~**seite** *f* top
(side); ~**sekunda** *f (früher) seventh year of
German secondary school.*

Oberst ['oːbərst] (**-en** *od* **-s, -en** *od* **-e**) *m*
colonel.

oberste(r, s) *adj* very top, topmost.

Ober- *zW:* ~**stübchen** (*umg*) *nt:* **er ist nicht
ganz richtig im** ~**stübchen** he's not quite
right at the top; ~**stufe** *f* upper school; ~**teil** *nt*
upper part; ~**tertia** *f (früher) fifth year of
German secondary school;* ~**wasser** *nt:*
~**wasser haben/bekommen** to be/get on top
(of things); ~**weite** *f* bust *od* chest
measurement.

obgleich [ɔp'glaɪç] *konj* although.

Obhut ['ɔphuːt] (**-**) *f* care, protection; **in jds** ~
dat **sein** to be in sb's care.

obig ['oːbɪç] *adj* above.

Objekt [ɔp'jɛkt] (**-(e)s, -e**) *nt* object.

objektiv [ɔpjɛk'tiːf] *adj* objective.

Objektiv (**-s, -e**) *nt* lens *sing.*

Objektivität [ɔpjɛktivi'tɛːt] *f* objectivity.

Oblate [o'blaːtə] (**-, -n**) *f (Gebäck)* wafer;
(*ECCL*) host.

obligatorisch [obliga'toːrɪʃ] *adj* compulsory,
obligatory.

Oboe [o'boːə] (**-, -n**) *f* oboe.

Obrigkeit ['oːbrɪçkaɪt] *f (Behörden)* authorities
pl, administration; (*Regierung*) government.

Obrigkeitsdenken *nt* acceptance of
authority.

obschon [ɔp'ʃoːn] *konj* although.

Observatorium [ɔpzɛrva'toːriʊm] *nt*
observatory.

obskur [ɔps'kuːr] *adj* obscure; (*verdächtig*)
dubious.

Obst [oːpst] (**-(e)s**) *nt* fruit; ~**bau** *m* fruit-
growing; ~**baum** *m* fruit tree; ~**garten** *m*
orchard; ~**händler** *m* fruiterer (*BRIT*), fruit
merchant; ~**kuchen** *m* fruit tart; ~**saft** *m*
fruit juice; ~**salat** *m* fruit salad.

obszön [ɔps'tsøːn] *adj* obscene.

Obszönität [ɔpstøni'tɛːt] *f* obscenity.

Obus ['oːbʊs] (**-ses, -se**) (*umg*) *m* trolleybus.

obwohl [ɔp'voːl] *konj* although.

Ochse ['ɔksə] (**-n, -n**) *m* ox; (*umg: Dummkopf*)
twit; **er stand da wie der** ~ **vorm Berg** (*umg*)
he stood there utterly bewildered.

ochsen (*umg*) *vt, vi* to cram, swot (*BRIT*).

Ochsenschwanzsuppe *f* oxtail soup.

Ochsenzunge *f* ox tongue.

Ocker ['ɔkər] (**-s, -**) *m od nt* ochre (*BRIT*), ocher
(*US*).

öd [øːt(ə)] *adj* = **öde.**

öde *adj* (*Land*) waste, barren; (*fig*) dull; ~ **und
leer** dreary and desolate.

Öde (**-, -n**) *f* desert, waste(land); (*fig*) tedium.

oder ['oːdər] *konj* or; **entweder ...** ~ **either ...
or; du kommst doch,** ~**?** you're coming,
aren't you?

Ofen ['oːfən] (**-s, ⁻**) *m* oven; (*Heiz*~) fire,
heater; (*Kohle*~) stove; (*Hoch*~) furnace;
(*Herd*) cooker, stove; **jetzt ist der** ~ **aus**
(*umg*) that does it!; ~**rohr** *nt* stovepipe.

offen ['ɔfən] *adj* open; (*aufrichtig*) frank;
(*Stelle*) vacant; (*Bein*) ulcerated; (*Haare*)
loose; ~**er Wein** wine by the carafe *od* glass;
auf ~**er Strecke** (*Straße*) on the open road;
(*EISENB*) between stations; **Tag der** ~**en Tür**
open day (*BRIT*), open house (*US*); ~**e
Handelsgesellschaft** (*COMM*) general *od*
ordinary (*US*) partnership; ~ **bleiben**
(*Fenster*) to stay open; (*Frage, Entscheidung*)
to remain open; ~ **halten** to keep open;
~ **lassen** to leave open; ~ **stehen** to be open;
(*Rechnung*) to be unpaid; **es steht Ihnen** ~,
es zu tun you are at liberty to do it; **die
(ganze) Welt steht ihm** ~ he has the (whole)
world at his feet; **seine Meinung** ~ **sagen** to
speak one's mind; **ein** ~**es Wort mit jdm
reden** to have a frank talk with sb; ~ **gesagt**
to be honest.

offenbar *adj* obvious; (*vermutlich*) apparently.

offenbaren [ɔfən'baːrən] *vt* to reveal,
manifest.

Offenbarung *f (REL)* revelation.

Offenbarungseid *m (JUR)* oath of disclosure.

Offen- *zW:* ~**heit** *f* candour (*BRIT*), candor (*US*),
frankness; **o**~**herzig** *adj* candid, frank; (*hum:
Kleid*) revealing; ~**herzigkeit** *f* frankness;
o~**kundig** *adj* well-known; (*klar*) evident;
o~**sichtlich** *adj* evident, obvious.

offensiv [ɔfɛn'ziːf] *adj* offensive.

Offensive (**-, -n**) *f* offensive.

öffentlich ['œfəntlɪç] *adj* public; **die** ~**e Hand**
(central/local) government; **Anstalt des** ~**en
Rechts** public institution; **Ausgaben der** ~**en
Hand** public spending *sing.*

Öffentlichkeit *f (Leute)* public; (*einer
Versammlung etc*) public nature; **in aller** ~ in
public; **an die** ~ **dringen** to reach the public
ear; **unter Ausschluss der** ~ in secret; (*JUR*)
in camera.

Öffentlichkeitsarbeit *f* public relations
work.

öffentlich-rechtlich *adj attrib* (under) public
law.

offerieren [ɔfe'riːrən] *vt* to offer.

Offerte [ɔ'fɛrtə] (**-, -n**) *f* offer.

offiziell [ɔfitsi'ɛl] *adj* official.

Offizier [ɔfi'tsiːr] (**-s, -e**) *m* officer.

Offizierskasino *nt* officers' mess.

öffnen ['œfnən] *vt, vr* to open; **jdm die Tür** ~ to
open the door for sb.

Öffner ['œfnər] (**-s, -**) *m* opener.

Öffnung ['œfnʊŋ] *f* opening.

Öffnungszeiten *pl* opening times *pl*.
Offsetdruck ['ɔfsɛtdrʊk] *m* offset (printing).
oft [ɔft] *adv* often.
öfter ['œftər] *adv* more often *od* frequently;
  des Ö~en quite frequently; **~ mal was
  Neues** (*umg*) variety is the spice of life
  (*Sprichwort*).
öfters *adv* often, frequently.
oftmals *adv* often, frequently.
o. G. *abk* (= *ohne Gewähr*) without liability.
OHG *f abk* (= *offene Handelsgesellschaft*) *siehe*
  offen.
ohne ['oːnə] *präp +akk, konj* without; **das
  Darlehen ist ~ weiteres bewilligt worden**
  the loan was granted without any problem;
  **das kann man nicht ~ weiteres
  voraussetzen** you can't just assume that
  automatically; **das ist nicht ~** (*umg*) it's not
  bad; **~ weiteres** without a second thought;
  (*sofort*) immediately; **~dies** *adv* anyway;
  ~einander [oːnəʔaɪ'nandər] *adv* without each
  other; **~gleichen** *adj* unsurpassed, without
  equal; **~hin** *adv* anyway, in any case; **es ist
  ~hin schon spät** it's late enough already.
Ohnmacht ['oːnmaxt] *f* faint; (*fig*) impotence;
  in ~ fallen to faint.
ohnmächtig ['oːnmɛçtɪç] *adj* in a faint,
  unconscious; (*fig*) weak, impotent; **sie ist ~**
  she has fainted; **~e Wut, ~er Zorn** helpless
  rage; **einer Sache** *dat* **~ gegenüberstehen** to
  be helpless in the face of sth.
Ohr [oːr] (*-(e)s, -en*) *nt* ear; (*Gehör*) hearing;
  sich aufs ~ legen *od* **hauen** (*umg*) to kip
  down; **jdm die ~en lang ziehen** (*umg*) to
  tweak sb's ear(s); **jdm in den ~en liegen** to
  keep on at sb; **jdn übers ~ hauen** (*umg*) to
  pull a fast one on sb; **auf dem ~ bin ich taub**
  (*fig*) nothing doing (*umg*); **schreib es dir
  hinter die ~en** (*umg*) will you (finally) get
  that into your (thick) head!; **bis über die** *od*
  beide ~en verliebt sein to be head over
  heels in love; **viel um die ~en haben** (*umg*)
  to have a lot on (one's plate); **halt die ~en
  steif!** keep a stiff upper lip!
Öhr [øːr] (*-(e)s, -e*) *nt* eye.
Ohren- *zW*: **~arzt** *m* ear specialist;
  o~betäubend *adj* deafening; **~sausen** *nt*
  (*MED*) buzzing in one's ears; **~schmalz** *nt*
  earwax; **~schmerzen** *pl* earache *sing*;
  ~schützer (*-s, -*) *m* earmuff.
Ohr- *zW*: **~feige** *f* slap on the face; (*als Strafe*)
  box on the ears; **o~feigen** *vt untr*: **jdn
  o~feigen** to slap sb's face; to box sb's ears;
  **ich könnte mich selbst o~feigen, dass ich
  das gemacht habe** I could kick myself for
  doing that; **~läppchen** *nt* ear lobe; **~ringe** *pl*
  earrings *pl*; **~wurm** *m* earwig; (*MUS*) catchy
  tune.
o. J. *abk* (= *ohne Jahr*) no year given.
okkupieren [ɔkuˈpiːrən] *vt* to occupy.

Öko- ['øko-] *in zW* eco-, ecological; **~laden**
  ['øːkolaːdən] *m* wholefood shop.
Ökologie [økoloˈgiː] *f* ecology.
ökologisch [økoˈloːgɪʃ] *adj* ecological,
  environmental.
Ökonometrie [økonomeˈtriː] *f* econometrics
  pl.
Ökonomie [økonoˈmiː] *f* economy; (*als
  Wissenschaft*) economics *sing*.
ökonomisch [økoˈnoːmɪʃ] *adj* economical.
Ökopax [økoˈpaks] (*-en, -e*) (*umg*) *m*
  environmentalist.
Ökosystem ['øːkozʏsteːm] *nt* ecosystem.
Okt. *abk* (= *Oktober*) Oct.
Oktan [ɔkˈtaːn] (*-s, -e*) *nt* octane; **~zahl** *f*
  octane rating.
Oktave [ɔkˈtaːvə] (*-, -n*) *f* octave.
Oktober [ɔkˈtoːbər] (*-(s), -*) *m* October; *siehe
  auch* **September**.

OKTOBERFEST

The annual October beer festival, the
Oktoberfest, *takes place in Munich on a huge
field where beer tents, roller coasters and many
other amusements are set up. People sit at long
wooden tables, drink beer from enormous litre
beer mugs, eat pretzels and listen to brass bands.
It is a great attraction for tourists and locals alike.*

ökumenisch [økuˈmeːnɪʃ] *adj* ecumenical.
Öl [øːl] (*-(e)s, -e*) *nt* oil; **auf ~ stoßen** to strike
  oil.
Öl- *zW*: **~baum** *m* olive tree; **ö~en** *vt* to oil;
  (*TECH*) to lubricate; **wie ein geölter Blitz**
  (*umg*) like greased lightning; **~farbe** *f* oil
  paint; **~feld** *nt* oilfield; **~film** *m* film of oil;
  ~heizung *f* oil-fired central heating.
ölig *adj* oily.
Oligopol [oligoˈpoːl] (*-s, -e*) *nt* oligopoly.
oliv [oˈliːf] *adj* olive-green.
Olive [oˈliːvə] (*-, -n*) *f* olive.
Olivenöl *nt* olive oil.
Öljacke *f* oilskin jacket.
oll [ɔl] (*umg*) *adj* old; **das sind ~e Kamellen**
  that's old hat.
Öl- *zW*: **~messstab▲** *m* dipstick; **~pest** *f* oil
  pollution; **~plattform** *f* oil rig; **~sardine** *f*
  sardine; **~scheich** *m* oil sheik; **~stand** *m* oil
  level; **~standanzeiger** *m* (*AUT*) oil level
  indicator; **~tanker** *m* oil tanker; **~teppich** *m*
  oil slick.
Ölung *f* oiling; (*ECCL*) anointment; **die Letzte
  ~** Extreme Unction.
Ölwanne *f* (*AUT*) sump (*BRIT*), oil pan (*US*).
Ölwechsel *m* oil change.
Olymp [oˈlʏmp] (*-s*) *m* (*Berg*) Mount Olympus.
Olympiade [olʏmpiˈaːdə] (*-, -n*) *f* Olympic
  Games *pl*.
Olympiasieger(in) [oˈlʏmpiaˌziːgər(ɪn)] *m(f)*

Olympic champion.
olympisch [o'lʏmpɪʃ] *adj* Olympic.
Ölzeug *nt* oilskins *pl*.
Oma ['oːma] (-, -s) (*umg*) *f* granny.
Oman [o'maːn] (-s) *nt* Oman.
Omelett [ɔm(ə)'lɛt] (-(e)s, -s) *nt* omelette (*BRIT*), omelet (*US*).
Omelette [ɔm(ə)'lɛt] *f* = **Omelett**.
Omen ['oːmɛn] (-s, - *od* **Omina**) *nt* omen.
Omnibus ['ɔmnibʊs] *m* (omni)bus.
Onanie [ona'niː] *f* masturbation.
onanieren *vi* to masturbate.
ondulieren [ɔndu'liːrən] *vt, vi* to crimp.
Onkel ['ɔŋkəl] (-s, -) *m* uncle.
online ['ɔnlaɪn] *adj* (*COMPUT*) on-line.
OP *m abk* = **Operationssaal**.
Opa ['oːpa] (-s, -s) (*umg*) *m* grandpa.
Opal [o'paːl] (-s, -e) *m* opal.
Oper ['oːpər] (-, -n) *f* opera; (*Opernhaus*) opera house.
Operation [operatsi'oːn] *f* operation.
Operationssaal *m* operating theatre (*BRIT*) *od* theater (*US*).
operativ [opəra'tiːf] *adv* (*MED*): **eine Geschwulst ~ entfernen** to remove a growth by surgery.
Operette [ope'rɛtə] *f* operetta.
operieren [ope'riːrən] *vt, vi* to operate; **sich ~ lassen** to have an operation.
Opern- *zW*: **~glas** *nt* opera glasses *pl*; **~haus** *nt* opera house; **~sänger(in)** *m(f)* opera singer.
Opfer ['ɔpfər] (-s, -) *nt* sacrifice; (*Mensch*) victim; **~bereitschaft** *f* readiness to make sacrifices.
opfern *vt* to sacrifice.
Opferstock *m* (*ECCL*) offertory box.
Opferung *f* sacrifice; (*ECCL*) offertory.
Opium ['oːpiʊm] (-s) *nt* opium.
opponieren [ɔpo'niːrən] *vi*: **gegen jdn/etw ~** to oppose sb/sth.
opportun [ɔpɔr'tuːn] *adj* opportune; **O~ismus** [-'nɪsmʊs] *m* opportunism; **O~ist(in)** [-'nɪst(ɪn)] *m(f)* opportunist.
Opposition [ɔpozitsi'oːn] *f* opposition.
oppositionell [ɔpozitsio'nɛl] *adj* opposing.
Oppositionsführer *m* leader of the opposition.
optieren [ɔp'tiːrən] *vi* (*POL: form*): **~ für** to opt for.
Optik ['ɔptɪk] *f* optics *sing*.
Optiker(in) (-s, -) *m(f)* optician.
optimal [ɔpti'maːl] *adj* optimal, optimum.
Optimismus [ɔpti'mɪsmʊs] *m* optimism.
Optimist(in) [ɔpti'mɪst(ɪn)] *m(f)* optimist; **o~isch** *adj* optimistic.
optisch ['ɔptɪʃ] *adj* optical; **~e Täuschung** optical illusion.
Orakel [o'raːkəl] (-s, -) *nt* oracle.
Orange [o'rãːʒə] (-, -n) *f* orange; **o~** *adj* orange.

Orangeade [orã'ʒaːdə] (-, -n) *f* orangeade.
Orangeat [orã'ʒaːt] (-s, -e) *nt* candied peel.
Orangen- *zW*: **~marmelade** *f* marmalade; **~saft** *m* orange juice; **~schale** *f* orange peel.
Oratorium [ora'toːriʊm] *nt* (*MUS*) oratorio.
Orchester [ɔr'kɛstər] (-s, -) *nt* orchestra.
Orchidee [ɔrçi'deːə] (-, -n) *f* orchid.
Orden ['ɔrdən] (-s, -) *m* (*ECCL*) order; (*MIL*) decoration.
Ordensgemeinschaft *f* religious order.
Ordensschwester *f* nun.
ordentlich ['ɔrdəntlɪç] *adj* (*anständig*) decent, respectable; (*geordnet*) tidy, neat; (*umg: annehmbar*) not bad; (: *tüchtig*) real, proper; (*Leistung*) reasonable; **~es Mitglied** full member; **~er Professor** (full) professor; **eine ~e Tracht Prügel** a proper hiding; **~ arbeiten** to be a thorough and precise worker; **O~keit** *f* respectability; tidiness, neatness.
Order (-, -s *od* -n) *f* (*COMM: Auftrag*) order.
ordern *vt* (*COMM*) to order.
Ordinalzahl [ɔrdi'naːltsaːl] *f* ordinal number.
ordinär [ɔrdi'nɛːr] *adj* common, vulgar.
Ordinarius [ɔrdi'naːriʊs] (-, **Ordinarien**) *m* (*UNIV*): **~ (für)** professor (of).
ordnen ['ɔrdnən] *vt* to order, put in order.
Ordner (-s, -) *m* steward; (*COMM*) file.
Ordnung *f* order; (*Ordnen*) ordering; (*Geordnetsein*) tidiness; **geht in ~** (*umg*) that's all right *od* OK (*umg*); **~ schaffen, für ~ sorgen** to put things in order, tidy things up; **jdn zur ~ rufen** to call sb to order; **bei ihm muss alles seine ~ haben** (*räumlich*) he has to have everything in its proper place; (*zeitlich*) he has to do everything according to a fixed schedule; **das Kind braucht seine ~** the child needs a routine.
Ordnungs- *zW*: **~amt** *nt* ≈ town clerk's office; **o~gemäß** *adj* proper, according to the rules; **o~halber** *adv* as a matter of form; **~liebe** *f* tidiness, orderliness; **~strafe** *f* fine; **o~widrig** *adj* contrary to the rules, irregular; **~widrigkeit** *f* infringement (*of law or rule*); **~zahl** *f* ordinal number.
ORF (-) *m abk* = **Österreichischer Rundfunk**.
Organ [ɔr'gaːn] (-s, -e) *nt* organ; (*Stimme*) voice.
Organisation [ɔrganizatsi'oːn] *f* organization.
Organisationstalent *nt* organizing ability; (*Person*) good organizer.
Organisator [ɔrgani'zaːtɔr] *m* organizer.
organisch [ɔr'gaːnɪʃ] *adj* organic; (*Erkrankung, Leiden*) physical.
organisieren [ɔrgani'ziːrən] *vt* to organize, arrange; (*umg: beschaffen*) to acquire ♦ *vr* to organize.
Organismus [ɔrga'nɪsmʊs] *m* organism.
Organist [ɔrga'nɪst] *m* organist.
Organspender *m* donor (of an organ).

Organspenderausweis m donor card.
Organverpflanzung f transplantation (of an organ).
Orgasmus [ɔr'gasmʊs] m orgasm.
Orgel ['ɔrgəl] (-, -n) f organ; ~**pfeife** f organ pipe; **wie die** ~**pfeifen stehen** to stand in order of height.
Orgie ['ɔrgiə] f orgy.
Orient ['oːriɛnt] (-s) m Orient, east; **der Vordere** ~ the Near East.
Orientale [oːriɛn'taːlə] (-n, -n) m Oriental.
Orientalin [oːriɛn'taːlɪn] f Oriental.
orientalisch adj oriental.
orientieren [oːriɛn'tiːrən] vt (örtlich) to locate; (fig) to inform ♦ vr to find one's way od bearings; (fig) to inform o.s.
Orientierung [oːriɛn'tiːrʊŋ] f orientation; (fig) information; **die** ~ **verlieren** to lose one's bearings.
Orientierungssinn m sense of direction.

ORIENTIERUNGSSTUFE

The **Orientierungsstufe** is the name given to the first two years spent in a **Realschule** or **Gymnasium**, during which a child is assessed as to his or her suitability for the school. At the end of the two years it may be decided to transfer the child to a school more suited to his or her ability.

---

original [origi'naːl] adj original; ~ **Meißener Porzellan** genuine Meissen porcelain; **O**~ (-s, -e) nt original; (Mensch) character; **O**~**ausgabe** f first edition; **O**~**fassung** f original version.
Originalität [originali'tɛːt] f originality.
Originalübertragung f live broadcast.
originell [origi'nɛl] adj original.
Orkan [ɔr'kaːn] (-(e)s, -e) m hurricane; **o**~**artig** adj (Wind) gale-force; (Beifall) thunderous.
Orkneyinseln ['ɔːknɪˌɪnzəln] pl Orkney Islands pl, Orkneys pl.
Ornament [ɔrna'mɛnt] nt decoration, ornament.
ornamental [ɔrnamɛn'taːl] adj decorative, ornamental.
Ornithologe [ɔrnito'loːgə] (-n, -n) m ornithologist.
Ornithologin [ɔrnito'loːgɪn] f ornithologist.
Ort¹ [ɔrt] (-(e)s, -e) m place; **an** ~ **und Stelle** on the spot; **am** ~ in the place; **am angegebenen** ~ in the place quoted, loc. cit.; ~ **der Handlung** (THEAT) scene of the action; **das ist höheren** ~**(e)s entschieden worden** (hum: form) the decision came from above.
Ort² [ɔrt] (-(e)s, ¨er) m: **vor** ~ at the (coal) face; (auch fig) on the spot.
Örtchen ['œrtçən] (umg) nt loo (BRIT), john (US).

orten vt to locate.
orthodox [ɔrto'dɔks] adj orthodox.
Orthografie▲ [ɔrtogra'fiː] f spelling, orthography.
orthografisch▲ [ɔrto'graːfɪʃ] adj orthographic.
Orthopäde [ɔrto'pɛːdə] (-n, -n) m orthopaedic (BRIT) od orthopedic (US) specialist, orthopaedist (BRIT), orthopedist (US).
Orthopädie [ɔrtopɛ'diː] f orthopaedics sing (BRIT), orthopedics sing (US).
orthopädisch adj orthopaedic (BRIT), orthopedic (US).
örtlich ['œrtlɪç] adj local; **jdn** ~ **betäuben** to give sb a local anaesthetic (BRIT) od anesthetic (US); **Ö**~**keit** f locality; **sich mit den Ö**~**keiten vertraut machen** to get to know the place.
Ortsangabe f (name of the) town; **ohne** ~ (Buch) no place of publication indicated.
ortsansässig adj local.
Ortschaft f village, small town; **geschlossene** ~ built-up area.
Orts- zW: **o**~**fremd** adj nonlocal; ~**fremde(r)** f(m) stranger; ~**gespräch** nt local (phone) call; ~**gruppe** f local branch od group; ~**kenntnis** f: (**gute**) ~**kenntnisse haben** to know one's way around (well); ~**krankenkasse** f: **Allgemeine** ~**krankenkasse** compulsory medical insurance scheme; **o**~**kundig** adj familiar with the place; **o**~**kundig sein** to know one's way around; ~**name** m place name; ~**netz** nt (TEL) local telephone exchange area; ~**netzkennzahl** f (TEL) dialling (BRIT) od area (US) code; ~**schild** nt place name sign; ~**sinn** m sense of direction; ~**tarif** m (TEL) charge for local calls; ~**vorschriften** pl by(e)-laws pl; ~**zeit** f local time; ~**zuschlag** m (local) weighting allowance.
Ortung f locating.
öS. abk = **österreichischer Schilling**.
Öse ['øːzə] (-, -n) f loop; (an Kleidung) eye.
Oslo ['ɔslo] (-s) nt Oslo.
Ossi ['ɔsi] (-s, -s) (umg) m East German.

OSSI

Ossi is a colloquial and rather derogatory word used to describe a German from the former **DDR**.

öst. abk (= österreichisch) Aust.
Ost- zW: ~**afrika** nt East Africa; **o**~**deutsch** adj East German; ~**deutsche(r)** f(m) East German; ~**deutschland** nt (POL: früher) East Germany; (GEOG) Eastern Germany.
Osten (-s) m east; **der Ferne** ~ the Far East; **der Nahe** ~ the Middle East, the Near East.
ostentativ [ɔstɛnta'tiːf] adj pointed, ostentatious.

Spelling Reform: ▲ new spelling △ old spelling (to be phased out)

Oster- *zW:* ~**ei** *nt* Easter egg; ~**fest** *nt* Easter; ~**glocke** *f* daffodil; ~**hase** *m* Easter bunny; ~**insel** *f* Easter Island; ~**marsch** *m* Easter demonstration; ~**montag** *m* Easter Monday.

Ostern (**-s, -**) *nt* Easter; **frohe** *od* **fröhliche** ~! Happy Easter!; **zu** ~ at Easter.

Österreich ['øːstəraıç] (**-s**) *nt* Austria.

Österreicher(in) (**-s, -**) *m(f)* Austrian.

österreichisch *adj* Austrian.

Ostersonntag *m* Easter Day *od* Sunday.

Osteuropa *nt* East(ern) Europe.

osteuropäisch *adj* East European.

östlich ['œstlıç] *adj* eastern, easterly.

Östrogen [œstro'geːn] (**-s, -e**) *nt* oestrogen (*BRIT*), estrogen (*US*).

Ost- *zW:* ~**see** *f* Baltic Sea; **o**~**wärts** *adv* eastwards; ~**wind** *m* east wind.

oszillieren [ɔstsɪ'liːrən] *vi* to oscillate.

Otter¹ ['ɔtər] (**-s, -**) *m* otter.

Otter² ['ɔtər] (**-, -n**) *f* (*Schlange*) adder.

ÖTV (**-**) *f abk* (= *Gewerkschaft öffentliche Dienste, Transport und Verkehr*) ≈ Transport and General Workers' Union.

Ouvertüre [uvɛr'tyːrə] (**-, -n**) *f* overture.

oval [o'vaːl] *adj* oval.

Ovation [ovatsi'oːn] *f* ovation.

Overall ['ouvərɔːl] (**-s, -s**) *m* (*Schutzanzug*) overalls *pl.*

ÖVP (**-**) *f abk* (= *Österreichische Volkspartei*) Austrian People's Party.

Ovulation [ovulatsi'oːn] *f* ovulation.

Oxid, Oxyd [ɔ'ksyːt] (**-(e)s, -e**) *nt* oxide.

oxidieren, oxydieren [ɔksy'diːrən] *vt, vi* to oxidize.

Oxidierung, Oxydierung *f* oxidization.

Ozean ['oːtseaːn] (**-s, -e**) *m* ocean; ~**dampfer** *m* (ocean-going) liner.

Ozeanien [otse'aːniən] (**-s**) *nt* Oceania.

ozeanisch [otse'aːnɪʃ] *adj* oceanic; (*Sprachen*) Oceanic.

Ozeanriese (*umg*) *m* ocean liner.

Ozon [o'tsoːn] (**-s**) *nt* ozone; ~**loch** *nt* hole in the ozone layer; ~**schicht** *f* ozone layer.

P, p

P, p [peː] *nt* P, p; ~ **wie Peter** ≈ P for Peter.

P. *abk* = **Pastor; Pater.**

Paar [paːr] (**-(e)s, -e**) *nt* pair; (*Liebes*~) couple.

paar *adj inv:* **ein** ~ a few; (*zwei oder drei*) a couple of; **ein** ~ **Mal** a few times.

paaren *vt, vr* (*Tiere*) to mate, pair.

Paar- *zW:* ~**hufer** *pl* (*ZOOL*) cloven-hoofed

animals *pl;* ~**lauf** *m* pair skating.

Paarung *f* combination; (*von Tieren*) mating.

paarweise *adv* in pairs; in couples.

Pacht [paxt] (**-, -en**) *f* lease; (*Entgelt*) rent; **p**~**en** *vt* to lease; **du hast das Sofa doch nicht für dich gepachtet** (*umg*) don't hog the sofa.

Pächter(in) ['pɛçtər(ın)] (**-s, -**) *m(f)* leaseholder; tenant.

Pachtvertrag *m* lease.

Pack¹ [pak] (**-(e)s, -e** *od* **⁻e**) *m* bundle, pack.

Pack² [pak] (**-(e)s**) (*pej*) *nt* mob, rabble.

Päckchen ['pɛkçən] *nt* small package; (*Zigaretten*) packet; (*Post*~) small parcel.

Packeis *nt* pack ice.

Packen (**-s, -**) *m* bundle; (*fig: Menge*) heaps (of); **p**~ *vt, vi* (*auch COMPUT*) to pack; (*fassen*) to grasp, seize; (*umg: schaffen*) to manage; (*fig: fesseln*) to grip; **p**~ **wirs!** (*umg: gehen*) let's go.

Packer(in) (**-s, -**) *m(f)* packer.

Packesel *m* pack mule; (*fig*) packhorse.

Packpapier *nt* brown paper, wrapping paper.

Packung *f* packet; (*Pralinen*~) box; (*MED*) compress.

Packzettel *m* (*COMM*) packing slip.

Pädagoge [pɛda'goːgə] (**-n, -n**) *m* educationalist.

Pädagogik *f* education.

Pädagogin [pɛda'goːgın] *f* educationalist.

pädagogisch *adj* educational, pedagogical; ~**e Hochschule** college of education.

Paddel ['padəl] (**-s, -**) *nt* paddle; ~**boot** *nt* canoe.

paddeln *vi* to paddle.

pädophil [pɛdo'fiːl] *adj* paedophile (*BRIT*), pedophile (*US*).

Pädophilie [pɛdofɪ'liː] *f* paedophilia (*BRIT*), pedophilia (*US*).

paffen ['pafən] *vt, vi* to puff.

Page ['paːʒə] (**-n, -n**) *m* page(boy).

Pagenkopf *m* pageboy cut.

paginieren [pagi'niːrən] *vt* to paginate.

Paginierung *f* pagination.

Paillette [paı'jɛta] *f* sequin.

Paket [pa'keːt] (**-(e)s, -e**) *nt* packet; (*Post*~) parcel; ~**annahme** *f* parcels office; ~**ausgabe** *f* parcels office; ~**karte** *f* dispatch note; ~**post** *f* parcel post; ~**schalter** *m* parcels counter.

Pakistan ['paːkıstaːn] (**-s**) *nt* Pakistan.

Pakistaner(in) [pakıs'taːnər(ın)] (**-s, -**) *m(f)* Pakistani.

Pakistani [pakıs'taːni] (**-(s), -(s)**) *m* Pakistani.

pakistanisch *adj* Pakistani.

Pakt [pakt] (**-(e)s, -e**) *m* pact.

Paläontologie [palɛɔntolo'giː] *f* palaeontology (*BRIT*), paleontology (*US*).

Palast [pa'last] (**-es, Paläste**) *m* palace.

Palästina [palɛ'stiːna] (**-s**) *nt* Palestine.

Palästinenser(in) [palɛsti'nɛnzər(ın)] (**-s, -**)

palästinensisch – Pardon

m(f) Palestinian.

palästinensisch *adj* Palestinian.

Palaver [pa'laːvər] (**-s**, **-**) *nt* (*auch fig: umg*) palaver.

Palette [pa'lɛtə] *f* palette; (*fig*) range; (*Lade~*) pallet.

Palme ['palmə] (**-**, **-n**) *f* palm (tree); **jdn auf die ~ bringen** (*umg*) to make sb see red.

Palmsonntag *m* Palm Sunday.

Pampelmuse ['pampəlmuːzə] (**-**, **-n**) *f* grapefruit.

pampig ['pampɪç] (*umg*) *adj* (*frech*) fresh.

Panama ['panama] (**-s**) *nt* Panama; **~kanal** *m* Panama Canal.

Panflöte ['paːnfløːtə] *f* panpipes *pl*, Pan's pipes *pl*.

panieren [pa'niːrən] *vt* (*KOCH*) to coat with egg and breadcrumbs.

Paniermehl [pa'niːrmeːl] *nt* breadcrumbs *pl*.

Panik ['paːnɪk] *f* panic; **nur keine ~!** don't panic!; **in ~ ausbrechen** to panic.

Panikkäufe *pl* panic buying *sing*; **~mache** (*umg*) *f* panicmongering.

panisch ['paːnɪʃ] *adj* panic-stricken.

Panne ['panə] (**-**, **-n**) *f* (*AUT etc*) breakdown; (*Missgeschick*) slip; **uns ist eine ~ passiert** we've boobed (*BRIT*) (*umg*) *od* goofed (*US*) (*umg*).

Pannendienst *m* breakdown service.

Pannenhilfe *f* breakdown service.

Panorama [pano'raːma] (**-s**, **-men**) *nt* panorama.

panschen ['panʃən] *vi* to splash about ♦ *vt* to water down.

Panter▲, **Panther** ['pantər] (**-s**, **-**) *m* panther.

Pantoffel [pan'tɔfəl] (**-s**, **-n**) *m* slipper; **~held** (*umg*) *m* henpecked husband.

Pantomime [panto'miːmə] (**-**, **-n**) *f* mime.

Panzer ['pantsər] (**-s**, **-**) *m* armour (*BRIT*), armor (*US*); (*fig*) shield; (*Platte*) armo(u)r plate; (*Fahrzeug*) tank; **~faust** *f* bazooka; **~glas** *nt* bulletproof glass; **~grenadier** *m* armoured (*BRIT*) *od* armored (*US*) infantryman.

panzern *vt* to armour (*BRIT*) *od* armor (*US*) plate ♦ *vr* (*fig*) to arm o.s.

Panzerschrank *m* strongbox.

Panzerwagen *m* armoured (*BRIT*) *od* armored (*US*) car.

Papa [pa'paː] (**-s**, **-s**) (*umg*) *m* dad(dy), pa.

Papagei [papa'gaɪ] (**-s**, **-en**) *m* parrot.

Papier [pa'piːr] (**-s**, **-e**) *nt* paper; (*Wert~*) share; **Papiere** *pl* (identity) papers *pl*; (*Urkunden*) documents *pl*; **seine ~e bekommen** (*entlassen werden*) to get one's cards; **~fabrik** *f* paper mill; **~geld** *nt* paper money; **~korb** *m* wastepaper basket; **~kram** (*umg*) *m* bumf (*BRIT*) (*umg*); **~krieg** *m* red tape; **~tüte** *f* paper bag; **~vorschub** *m* (*Drucker*) paper advance.

Pappbecher *m* paper cup.

Pappdeckel (**-**, **-n**) *m* cardboard.

Pappe ['papə] *f* cardboard; **das ist nicht von ~** (*umg*) that is really something.

Pappeinband *m* pasteboard.

Pappel (**-**, **-n**) *f* poplar.

pappen (*umg*) *vt*, *vi* to stick.

Pappenheimer *pl*: **ich kenne meine ~** (*umg*) I know you lot/that lot (inside out).

Pappenstiel (*umg*) *m*: **keinen ~ wert sein** not to be worth a thing; **für einen ~ bekommen** to get it for a song.

papperlapapp [papərla'pap] *interj* rubbish!

pappig *adj* sticky.

Pappmaché, **Pappmaschee▲** [papma'ʃeː] (**-s**, **-s**) *nt* papier-mâché.

Pappteller *m* paper plate.

Paprika ['paprika] (**-s**, **-s**) *m* (*Gewürz*) paprika; (*~schote*) pepper; **~schote** *f* pepper; **gefüllte ~schoten** stuffed peppers.

Papst [paːpst] (**-(e)s**, **-̈e**) *m* pope.

päpstlich ['pɛːpstlɪç] *adj* papal; **~er als der Papst sein** to be more Catholic than the Pope.

Parabel [pa'raːbəl] (**-**, **-n**) *f* parable; (*MATH*) parabola.

Parabolantenne [para'boːl|antɛnə] *f* (*TV*) satellite dish.

Parade [pa'raːdə] (**-**, **-n**) *f* (*MIL*) parade, review; (*SPORT*) parry; **~beispiel** *nt* prime example; **~marsch** *m* march past; **~schritt** *m* goose step.

Paradies [para'diːs] (**-es**, **-e**) *nt* paradise; **p~isch** *adj* heavenly.

Paradox [para'dɔks] (**-es**, **-e**) *nt* paradox; **p~** *adj* paradoxical.

Paraffin [para'fiːn] (**-s**, **-e**) *nt* (*CHEM*: **~öl**) paraffin (*BRIT*), kerosene (*US*); (*~wachs*) paraffin wax.

Paragraf▲ [para'graːf] (**-en**, **-en**) *m* paragraph; (*JUR*) section.

Paragrafenreiter▲ (*umg*) *m* pedant.

Paraguay [paragu'aːi] (**-s**) *nt* Paraguay.

Paraguayer(in) [para'guaːjər(ɪn)] (**-s**, **-**) *m(f)* Paraguayan.

paraguayisch *adj* Paraguayan.

parallel [para'leːl] *adj* parallel; **~ schalten** (*ELEK*) to connect in parallel.

Parallele (**-**, **-n**) *f* parallel.

Parameter [pa'raːmetər] *m* parameter.

paramilitärisch [paramili'tɛːrɪʃ] *adj* paramilitary.

Paranuss▲ ['paːranʊs] *f* Brazil nut.

paraphieren [para'fiːrən] *vt* (*Vertrag*) to initial.

Parasit [para'ziːt] (**-en**, **-en**) *m* (*lit, fig*) parasite.

parat [pa'raːt] *adj* ready.

Pärchen ['pɛːrçən] *nt* couple.

Parcours [par'kuːr] (**-**, **-**) *m* showjumping course; (*Sportart*) showjumping.

Pardon [par'dõː] (**-s**) (*umg*) *m od nt*: **~!**

(*Verzeihung*) sorry!; **kein ~ kennen** to be ruthless.

Parfüm [par'fy:m] (**-s, -s** *od* **-e**) *nt* perfume.

Parfümerie [parfymə'ri:] *f* perfumery.

Parfümflasche *f* scent bottle.

parfümieren [parfy'mi:rən] *vt* to scent, perfume.

parieren [pa'ri:rən] *vt* to parry ♦ *vi* (*umg*) to obey.

Paris [pa'ri:s] (**-**) *nt* Paris.

Pariser [pa'ri:zər] (**-s, -**) *m* Parisian; (*umg*: *Kondom*) rubber ♦ *adj attrib* Parisian, Paris *attrib*.

Pariserin *f* Parisian.

Parität [pari'tɛ:t] *f* parity; **p~isch** *adj*: **p~ische Mitbestimmung** equal representation.

Pariwert ['pa:rive:rt] *m* par value, parity.

Park [park] (**-s, -s**) *m* park.

Parka ['parka] (**-(s), -s**) *m* parka.

Parkanlage *f* park; (*um Gebäude*) grounds *pl*.

Parkbucht *f* parking bay.

parken *vt, vi* to park; "**P~. verboten!**" "No Parking".

Parkett [par'kɛt] (**-(e)s, -e**) *nt* parquet (floor); (*THEAT*) stalls *pl* (*BRIT*), orchestra (*US*).

Park- *zW*: **~haus** *nt* multistorey car park; **~lücke** *f* parking space; **~platz** *m* car park, parking lot (*US*); parking place; **~scheibe** *f* parking disc; **~uhr** *f* parking meter; **~verbot** *nt* parking ban.

Parlament [parla'mɛnt] *nt* parliament.

Parlamentarier [parlamɛn'ta:riər] (**-s, -**) *m* parliamentarian.

parlamentarisch *adj* parliamentary.

Parlaments- *zW*: **~ausschuss**▲ *m* parliamentary committee; **~beschluss**▲ *m* vote of parliament; **~ferien** *pl* recess *sing*; **~mitglied** *nt* Member of Parliament (*BRIT*), Congressman (*US*); **~sitzung** *f* sitting (of parliament).

Parodie [paro'di:] *f* parody.

parodieren *vt* to parody.

Parodontose [parodɔn'to:zə] (**-, -n**) *f* shrinking gums *pl*.

Parole [pa'ro:lə] (**-, -n**) *f* password; (*Wahlspruch*) motto.

Partei [par'taɪ] *f* party; (*im Mietshaus*) tenant, party (*form*); **für jdn ~ ergreifen** to take sb's side; **~buch** *nt* party membership book; **~führung** *f* party leadership; **~genosse** *m* party member; **p~isch** *adj* partial, bias(s)ed; **p~lich** *adj* party *attrib*; **~linie** *f* party line; **p~los** *adj* neutral; **~nahme** (**-, -n**) *f* partisanship; **p~politisch** *adj* party political; **~programm** *nt* (party) manifesto; **~tag** *m* party conference; **~vorsitzende(r)** *f(m)* party leader.

Parterre [par'tɛr] (**-s, -s**) *nt* ground floor; (*THEAT*) stalls *pl* (*BRIT*), orchestra (*US*).

Partie [par'ti:] *f* part; (*Spiel*) game; (*Ausflug*)

outing; (*Mann, Frau*) catch; (*COMM*) lot; **mit von der ~ sein** to join in.

partiell [partsi'ɛl] *adj* partial.

Partikel [par'ti:kəl] (**-, -n**) *f* particle.

Partisan(in) [parti'za:n(ɪn)] (**-s** *od* **-en, -en**) *m(f)* partisan.

Partitur [parti'tu:r] *f* (*MUS*) score.

Partizip [parti'tsi:p] (**-s, -ien**) *nt* participle; **~ Präsens/Perfekt** (*GRAM*) present/past participle.

Partner(in) ['partnər(ɪn)] (**-s, -**) *m(f)* partner; **~schaft** *f* partnership; (*Städtepartnerschaft*) twinning; **p~schaftlich** *adj* as partners; **~stadt** *f* twin town (*BRIT*).

partout [par'tu:] *adv*: **er will ~ ins Kino gehen** he insists on going to the cinema.

Party ['pa:rti] (**-, -s**) *f* party.

Parzelle [par'tsɛlə] *f* plot, lot.

Pascha ['paʃa] (**-s, -s**) *m*: **wie ein ~** like Lord Muck (*BRIT*) (*umg*).

Pass▲ [pas] (**-es, ⁻e**) *m* pass; (*Ausweis*) passport.

passabel [pa'sa:bəl] *adj* passable, reasonable.

Passage [pa'sa:ʒə] (**-, -n**) *f* passage; (*Ladenstraße*) arcade.

Passagier [pasa'ʒi:r] (**-s, -e**) *m* passenger; **~dampfer** *m* passenger steamer; **~flugzeug** *nt* airliner.

Passah(fest) ['pasa(fɛst)] *nt* (Feast of the) Passover.

Passamt▲ *nt* passport office.

Passant(in) [pa'sant(ɪn)] *m(f)* passer-by.

Passbild▲ *nt* passport photo(graph).

passé, passee▲ [pa'se:] *adj*: **diese Mode ist längst ~** this fashion went out long ago.

passen ['pasən] *vi* to fit; (*auf Frage, KARTEN*) to pass; **~ zu** (*Farbe etc*) to go with; **Sonntag passt uns nicht** Sunday is no good for us; **die Schuhe ~ (mir) gut** the shoes are a good fit (for me); **zu jdm ~** (*Mensch*) to suit sb; **das passt mir nicht** that doesn't suit me; **er passt nicht zu dir** he's not right for you; **das könnte dir so ~!** (*umg*) you'd like that, wouldn't you?

passend *adj* suitable; (*zusammen~*) matching; (*angebracht*) fitting; (*Zeit*) convenient; **haben Sie es ~?** (*Geld*) have you got the right money?

Passfoto▲ *nt* passport photo(graph).

passierbar [pa'si:rba:r] *adj* passable; (*Fluss, Kanal*) negotiable.

passieren *vt* to pass; (*durch Sieb*) to strain ♦ *vi* (*Hilfsverb sein*) to happen; **es ist ein Unfall passiert** there has been an accident.

Passierschein *m* pass, permit.

Passion [pasi'o:n] *f* passion.

passioniert [pasio'ni:rt] *adj* enthusiastic, passionate.

Passionsfrucht *f* passion fruit.

Passionsspiel *nt* Passion Play.

Passionszeit *f* Passiontide.
passiv ['pasi:f] *adj* passive; **~es Rauchen** passive smoking; **P~ (-s, -e)** *nt* passive.
Passiva [pa'si:va] *pl (COMM)* liabilities *pl*.
Passivität [pasivi'tɛːt] *f* passiveness.
Passivposten *m (COMM)* debit entry.
Pass-▲ *zW*: **~kontrolle** *f* passport control; **~stelle** *f* passport office; **~straße** *f* (mountain) pass; **~zwang** *m* requirement to carry a passport.
Paste ['pastə] (-, -n) *f* paste.
Pastell [pas'tɛl] (-(e)s, -e) *nt* pastel; **~farbe** *f* pastel colour *(BRIT)* od color *(US)*; **p~farben** *adj* pastel-colo(u)red.
Pastete [pas'te:tə] (-, -n) *f* pie; *(Pastetchen)* vol-au-vent; (: *ungefüllt*) vol-au-vent case.
pasteurisieren [pastøri'zi:rən] *vt* to pasteurize.
Pastor ['pastɔr] *m* vicar; pastor, minister.
Pate ['pa:tə] (-n, -n) *m* godfather; **bei etw ~ gestanden haben** *(fig)* to be the force behind sth.
Patenkind *nt* godchild.
Patenstadt *f* twin town *(BRIT)*.
patent [pa'tɛnt] *adj* clever.
Patent (-(e)s, -e) *nt* patent; *(MIL)* commission; **etw als** *od* **zum ~ anmelden** to apply for a patent on sth.
Patentamt *nt* patent office.
patentieren [paten'ti:rən] *vt* to patent.
Patent- *zW*: **~inhaber** *m* patentee; **~lösung** *f* *(fig)* patent remedy; **~schutz** *m* patent right; **~urkunde** *f* letters patent *pl*.
Pater ['pa:tər] (-s, - *od* **Patres**) *m (ECCL)* Father.
Paternoster [patər'nɔstər] (-s, -) *m (Aufzug)* paternoster.
pathetisch [pa'te:tɪʃ] *adj* emotional.
Pathologe [pato'lo:gə] (-n, -n) *m* pathologist.
Pathologin [pato'lo:gɪn] *f* pathologist.
pathologisch *adj* pathological.
Pathos ['pa:tɔs] (-) *nt* emotiveness, emotionalism.
Patience [pasi'ãːs] (-, -n) *f*: **~n legen** to play patience.
Patient(in) [patsi'ɛnt(ɪn)] *m(f)* patient.
Patin ['pa:tɪn] *f* godmother.
Patina ['pa:tina] (-) *f* patina.
Patriarch [patri'arç] (-en, -en) *m* patriarch.
patriarchalisch [patriar'çaːlɪʃ] *adj* patriarchal.
Patriot(in) [patri'oːt(ɪn)] (-en, -en) *m(f)* patriot; **p~isch** *adj* patriotic.
Patriotismus [patrioː'tɪsmʊs] *m* patriotism.
Patron [pa'troːn] (-s, -e) *m* patron; *(ECCL)* patron saint.
Patrone (-, -n) *f* cartridge.
Patronenhülse *f* cartridge case.
Patronin *f* patroness; *(ECCL)* patron saint.
Patrouille [pa'trʊljə] (-, -n) *f* patrol.
patrouillieren [patrʊl'jiːrən] *vi* to patrol.

patsch [patʃ] *interj* splash!
Patsche (-, -n) *(umg)* *f (Händchen)* paw; *(Fliegen~)* swat; *(Feuer~)* beater; *(Bedrängnis)* mess, jam.
patschen *vi* to smack, slap; *(im Wasser)* to splash.
patschnass▲ *adj* soaking wet.
Patt [pat] (-s, -s) *nt (lit, fig)* stalemate.
patzen ['patsən] *(umg)* *vi* to boob *(BRIT)*, goof *(US)*.
patzig ['patsɪç] *(umg)* *adj* cheeky, saucy.
Pauke ['paukə] (-, -n) *f* kettledrum; **auf die ~ hauen** to live it up; **mit ~n und Trompeten durchfallen** *(umg)* to fail dismally.
pauken *vt, vi (SCH)* to swot *(BRIT)*, cram.
Pauker (-s, -) *(umg)* *m* teacher.
pausbäckig ['pausbɛkɪç] *adj* chubby-cheeked.
pauschal [pau'ʃaːl] *adj (Kosten)* inclusive; *(einheitlich)* flat-rate *attrib*; *(Urteil)* sweeping; **die Werkstatt berechnet ~ pro Inspektion 250 DM** the garage has a flat rate of 250 marks per service.
Pauschale (-, -n) *f* flat rate; *(vorläufig geschätzter Betrag)* estimated amount.
Pauschal- *zW*: **~gebühr** *f* flat rate; **~preis** *m* all-in price; **~reise** *f* package tour; **~summe** *f* lump sum; **~versicherung** *f* comprehensive insurance.
Pause ['pauzə] (-, -n) *f* break; *(THEAT)* interval; *(das Innehalten)* pause; *(MUS)* rest; *(Kopie)* tracing.
pausen *vt* to trace.
Pausen- *zW*: **~brot** *nt* sandwich *(to eat at break)*; **~hof** *m* playground, schoolyard *(US)*; **p~los** *adj* nonstop; **~zeichen** *nt (RUNDF)* call sign; *(MUS)* rest.
pausieren [pau'ziːrən] *vi* to make a break.
Pauspapier ['pauspapiːr] *nt* tracing paper.
Pavian ['paːviaːn] (-s, -e) *m* baboon.
Pazifik [pa'tsiːfɪk] (-s) *m* Pacific.
pazifisch *adj* Pacific; **der P~e Ozean** the Pacific (Ocean).
Pazifist(in) [patsi'fɪst(ɪn)] *m(f)* pacifist; **p~isch** *adj* pacifist.
PC *m abk* (= *Personalcomputer*) PC.
PDS *f abk* (= *Partei des Demokratischen Sozialismus*) *German Socialist Party*.

PDS

The **PDS** *(Partei des Demokratischen Sozialismus)* was founded in 1989 as the successor of the SED, the former East German Communist Party. Its aims are the establishment of a democratic socialist society and to hold a position in the German political scene left of the **SPD**.

Pech [pɛç] (-s, -e) *nt* pitch; *(fig)* bad luck; **~ haben** to be unlucky; **die beiden halten**

zusammen wie ~ und Schwefel (*umg*) the two are inseparable; ~ gehabt! tough! (*umg*); p~schwarz *adj* pitch-black; ~strähne (*umg*) *f* unlucky patch; ~vogel (*umg*) *m* unlucky person.

Pedal [pe'daːl] (-s, -e) *nt* pedal; in die ~e treten to pedal (hard).

Pedant [pe'dant] *m* pedant.

Pedanterie [pedantə'riː] *f* pedantry.

pedantisch *adj* pedantic.

Peddigrohr ['pɛdɪçroːr] *nt* cane.

Pediküre [pedi'kyːrə] (-, -n) *f* (*Fußpflege*) pedicure; (*Fußpflegerin*) chiropodist.

Pegel ['peːgəl] (-s, -) *m* water gauge; (*Geräusch~*) noise level; ~stand *m* water level.

peilen ['paɪlən] *vt* to get a fix on; die Lage ~ (*umg*) to see how the land lies.

Pein [paɪn] (-) *f* agony, suffering.

peinigen *vt* to torture; (*plagen*) to torment.

peinlich *adj* (*unangenehm*) embarrassing, awkward, painful; (*genau*) painstaking; in seinem Zimmer herrschte ~e Ordnung his room was meticulously tidy; er vermied es ~st, davon zu sprechen he was at pains not to talk about it; P~keit *f* painfulness, awkwardness; (*Genauigkeit*) scrupulousness.

Peitsche ['paɪtʃə] (-, -n) *f* whip.

peitschen *vt* to whip; (*Regen*) to lash.

Peitschenhieb *m* lash.

Pekinese [peki'neːzə] (-n, -n) *m* Pekinese, peke (*umg*).

Peking ['peːkɪŋ] (-s) *nt* Peking.

Pelikan ['peːlikaːn] (-s, -e) *m* pelican.

Pelle ['pɛlə] (-, -n) *f* skin; der Chef sitzt mir auf der ~ (*umg*) I've got the boss on my back.

pellen *vt* to skin, peel.

Pellkartoffeln *pl* jacket potatoes *pl*.

Pelz [pɛlts] (-es, -e) *m* fur.

Pendel ['pɛndəl] (-s, -) *nt* pendulum.

pendeln *vi* (*schwingen*) to swing (to and fro); (*Zug, Fähre etc*) to shuttle; (*Mensch*) to commute; (*fig*) to fluctuate.

Pendelverkehr *m* shuttle service; (*Berufsverkehr*) commuter traffic.

Pendler(in) ['pɛndlər(ɪn)] (-s, -) *m(f)* commuter.

penetrant [pene'trant] *adj* sharp; (*Person*) pushing; das schmeckt/riecht ~ nach Knoblauch it has a very strong taste/smell of garlic.

penibel [pe'niːbəl] *adj* pernickety (*BRIT*) (*umg*), persnickety (*US*) (*umg*), precise.

Penis ['peːnɪs] (-, -se) *m* penis.

Pennbruder ['pɛnbruːdər] (*umg*) *m* tramp (*BRIT*), hobo (*US*).

Penne (-, -n) (*umg*) *f* (*SCH*) school.

pennen (*umg*) *vi* to kip.

Penner (-s, -) (*pej: umg*) *m* tramp (*BRIT*), hobo (*US*).

Pension [pɛnzi'oːn] *f* (*Geld*) pension;

(*Ruhestand*) retirement; (*für Gäste*) boarding house, guesthouse; halbe/volle ~ half/full board; in ~ gehen to retire.

Pensionär(in) [pɛnzio'nɛːr(ɪn)] (-s, -e) *m(f)* pensioner.

Pensionat (-(e)s, -e) *nt* boarding school.

pensionieren [pɛnzio'niːrən] *vt* to pension (off); sich ~ lassen to retire.

pensioniert *adj* retired.

Pensionierung *f* retirement.

Pensions- *zW*: p~berechtigt *adj* entitled to a pension; ~gast *m* boarder, paying guest; p~reif (*umg*) *adj* ready for retirement.

Pensum ['pɛnzum] (-s, Pensen) *nt* quota; (*SCH*) curriculum.

Peperoni [pepe'roːni] *pl* chillies *pl*.

per [pɛr] *präp +akk* by, per; (*pro*) per; (*bis*) by; ~ Adresse (*COMM*) care of, c/o; mit jdm ~ du sein (*umg*) to be on first-name terms with sb.

Perfekt ['pɛrfɛkt] (-(e)s, -e) *nt* perfect.

perfekt [pɛr'fɛkt] *adj* perfect; (*abgemacht*) settled; die Sache ~ machen to clinch the deal; der Vertrag ist ~ the contract is all settled.

perfektionieren [pɛrfɛktsio'niːrən] *vt* to perfect.

Perfektionismus [pɛrfɛktsio'nɪsmus] *m* perfectionism.

perforieren [pɛrfo'riːrən] *vt* to perforate.

Pergament [pɛrga'mɛnt] *nt* parchment; ~papier *nt* greaseproof paper (*BRIT*), wax(ed) paper (*US*).

Pergola ['pɛrgola] (-, Pergolen) *f* pergola, arbour (*BRIT*), arbor (*US*).

Periode [peri'oːdə] (-, -n) *f* period; 0,33 ~ 0.33 recurring.

periodisch [peri'oːdɪʃ] *adj* periodic; (*dezimal*) recurring.

Peripherie [perife'riː] *f* periphery; (*um Stadt*) outskirts *pl*; (*MATH*) circumference; ~gerät *nt* (*COMPUT*) peripheral.

Perle ['pɛrlə] (-, -n) *f* (*lit, fig*) pearl; (*Glas~, Holz~, Tropfen*) bead; (*veraltet: umg: Hausgehilfin*) maid.

perlen *vi* to sparkle; (*Tropfen*) to trickle.

Perlenkette *f* pearl necklace.

Perlhuhn *nt* guinea fowl.

Perlmutt ['pɛrlmut] (-s) *nt* mother-of-pearl.

Perlon ® ['pɛrlɔn] (-s) *nt* ≈ nylon.

Perlwein *m* sparkling wine.

perplex [pɛr'plɛks] *adj* dumbfounded.

Perser ['pɛrzər] (-s, -) *m* (*Person*) Persian; (*umg: Teppich*) Persian carpet.

Perserin *f* Persian.

Persianer [pɛrzi'aːnər] (-s, -) *m* Persian lamb (coat).

Persien ['pɛrziən] (-s) *nt* Persia.

Persiflage [pɛrzi'flaːʒə] (-, -n) *f*: ~ (+gen od auf +akk) pastiche (of), satire (on).

persisch adj Persian; **P~er** Golf Persian Gulf.
Person [pɛr'zo:n] (-, -en) f person; (pej: Frau)
  female; **sie ist Köchin und Haushälterin in
  einer ~** she is cook and housekeeper rolled
  into one; **ich für meine ~** personally I.
Personal [pɛrzo'na:l] (-s) nt personnel;
  (Bedienung) servants pl; **~abbau** m staff cuts
  pl; **~akte** f personal file; **~angaben** pl
  particulars pl; **~ausweis** m identity card;
  ~bogen m personal record; **~büro** nt
  personnel (department); **~chef** m personnel
  manager; **~computer** m personal computer.
Personalien [pɛrzo'na:liən] pl particulars pl.
Personalität [pɛrzonali'tɛ:t] f personality.
Personal- zW: **~kosten** pl staff costs;
  ~mangel m staff shortage; **~pronomen** nt
  personal pronoun; **~reduzierung** f staff
  reduction.
personell [pɛrzo'nɛl] adj staff attrib; **~e
  Veränderungen** changes in personnel.
Personen- zW: **~aufzug** m lift, elevator (US);
  ~beschreibung f (personal) description;
  ~gedächtnis nt memory for faces;
  ~gesellschaft f partnership; **~kraftwagen** m
  private motorcar, automobile (US); **~kreis** m
  group of people; **~kult** m personality cult;
  ~nahverkehr m: öffentlicher **~nahverkehr**
  local public transport; **~schaden** m injury to
  persons; **~verkehr** m passenger services pl;
  ~waage f scales pl; **~zug** m stopping train;
  passenger train.
personifizieren [pɛrzonifi'tsi:rən] vt to
  personify.
persönlich [pɛr'zø:nlɪç] adj personal ♦ adv in
  person; personally; (auf Briefen) private
  (and confidential); **~ haften** (COMM) to be
  personally liable; **P~keit** f personality;
  P~keiten des öffentlichen Lebens public
  figures.
Perspektive [pɛrspɛk'ti:və] f perspective; **das
  eröffnet ganz neue ~n für uns** that opens
  new horizons for us.
Pers. Ref. abk (= Persönlicher Referent)
  personal representative.
Peru [pe'ru:] (-s) nt Peru.
Peruaner(in) [peru'a:nər(ɪn)] (-s, -) m(f)
  Peruvian.
peruanisch adj Peruvian.
Perücke [pe'rʏkə] (-, -n) f wig.
pervers [pɛr'vɛrs] adj perverse.
Perversität [pɛrvɛrzi'tɛ:t] f perversity.
Pessar [pɛ'sa:r] (-s, -e) nt pessary; (zur
  Empfängnisverhütung) cap, diaphragm.
Pessimismus [pɛsi'mɪsmus] m pessimism.
Pessimist(in) [pɛsi'mɪst(ɪn)] m(f) pessimist;
  p~isch adj pessimistic.
Pest [pɛst] (-) f plague; **jdn/etw wie die
  ~ hassen** (umg) to loathe (and detest) sb/
  sth.
Petersilie [petər'zi:liə] f parsley.

Petrochemie [petro:çe'mi:] f petrochemistry.
Petrodollar [petro'dɔlar] m petrodollar.
Petroleum [pe'tro:leum] (-s) nt paraffin (BRIT),
  kerosene (US).
petzen ['pɛtsən] (umg) vi to tell tales; **er petzt
  immer** he always tells.
Pf. abk = Pfennig.
Pfad [pfa:t] (-(e)s, -e) m path; **~finder** m Boy
  Scout; **er ist bei den ~findern** he's in the
  (Boy) Scouts; **~finderin** f Girl Guide.
Pfaffe ['pfafə] (-n, -n) (pej) m cleric, parson.
Pfahl [pfa:l] (-(e)s, ⁻e) m post, stake; **~bau** m
  pile dwelling.
Pfalz [pfalts] (-, -en) f (GEOG) Palatinate.
Pfälzer(in) ['pfɛltsər(ɪn)] (-s, -) m(f) person
  from the Palatinate.
pfälzisch adj Palatine, of the (Rhineland)
  Palatinate.
Pfand [pfant] (-(e)s, ⁻er) nt pledge, security;
  (Flaschen~) deposit; (im Spiel) forfeit; (fig:
  der Liebe etc) pledge; **~brief** m bond.
pfänden ['pfɛndən] vt to seize, impound.
Pfänderspiel nt game of forfeits.
Pfand- zW: **~haus** nt pawnshop; **~leiher** (-s, -)
  m pawnbroker; **~recht** nt lien; **~schein** m
  pawn ticket.
Pfändung ['pfɛnduŋ] f seizure, distraint
  (form).
Pfanne ['pfanə] (-, -n) f (frying) pan; **jdn in die
  ~ hauen** (umg) to tear a strip off sb.
Pfannkuchen m pancake; (Berliner) doughnut
  (BRIT), donut (US).
Pfarrei [pfar'raɪ] f parish.
Pfarrer (-s, -) m priest; (evangelisch) vicar;
  (von Freikirchen) minister.
Pfarrhaus nt vicarage.
Pfau [pfaʊ] (-(e)s, -en) m peacock.
Pfauenauge nt peacock butterfly.
Pfd. abk (= Pfund) ≈ lb.
Pfeffer ['pfɛfər] (-s, -) m pepper; **er soll
  bleiben, wo der ~ wächst!** (umg) he can
  take a running jump; **~korn** nt peppercorn;
  ~kuchen m gingerbread; **~minz** (-es, -e) nt
  peppermint; **~minze** f peppermint (plant);
  ~mühle f pepper mill.
pfeffern vt to pepper; (umg: werfen) to fling;
  gepfefferte Preise/Witze steep prices/spicy
  jokes.
Pfeife ['pfaɪfə] (-, -n) f whistle; (Tabak~,
  Orgel~) pipe; **nach jds ~ tanzen** to dance to
  sb's tune.
pfeifen unreg vt, vi to whistle; **auf dem letzten
  Loch ~** (umg: erschöpft sein) to be on one's
  last legs; (: finanziell) to be on one's beam
  ends; **ich pfeif(e) drauf!** (umg) I don't give a
  damn!; **P~stopfer** m tamper.
Pfeifer (-s, -) m piper.
Pfeifkonzert nt catcalls pl.
Pfeil [pfaɪl] (-(e)s, -e) m arrow.
Pfeiler ['pfaɪlər] (-s, -) m pillar, prop;

(*Brücken~*) pier.
Pfennig ['pfɛnɪç] (-(e)s, -e) *m* pfennig
(*hundredth part of a mark*); ~**absatz** *m* stiletto
heel; ~**fuchser** (-s, -) (*umg*) *m* skinflint.
pferchen ['pfɛrçən] *vt* to cram, pack.
Pferd [pfeːrt] (-(e)s, -e) *nt* horse; **wie ein**
~ **arbeiten** (*umg*) to work like a Trojan; **mit**
ihm kann man ~**e stehlen** (*umg*) he's a great
sport; **auf das falsche/richtige** ~ **setzen** (*lit*,
fig) to back the wrong/right horse.
Pferde- *zW:* ~**äpfel** *pl* horse droppings *pl od*
dung *sing*; ~**fuß** *m:* **die Sache hat aber einen**
~**fuß** there's just one snag; ~**rennen** *nt*
horse-race; (*Sportart*) horse-racing;
~**schwanz** *m* (*Frisur*) ponytail; ~**stall** *m*
stable; ~**stärke** *f* horsepower.
Pfiff (-(e)s, -e) *m* whistle; (*Kniff*) trick.
pfiff *etc* [pfɪf] *vb siehe* **pfeifen.**
Pfifferling ['pfɪfərlɪŋ] *m* yellow chanterelle;
keinen ~ **wert** not worth a thing.
pfiffig *adj* smart.
Pfingsten ['pfɪŋstən] (-, -) *nt* Whitsun.
Pfingstrose *f* peony.
Pfingstsonntag *m* Whit Sunday, Pentecost
(*REL*).
Pfirsich ['pfɪrzɪç] (-s, -e) *m* peach.
Pflanze ['pflantsə] (-, -n) *f* plant.
pflanzen *vt* to plant ♦ *vr* (*umg*) to plonk o.s.
Pflanzenfett *nt* vegetable fat.
Pflanzenschutzmittel *nt* pesticide.
pflanzlich *adj* vegetable.
Pflanzung *f* plantation.
Pflaster ['pflastər] (-s, -) *nt* plaster; (*Straßen~*)
pavement (*BRIT*), sidewalk (*US*); **ein teures** ~
(*umg*) a pricey place; **ein heißes** ~ a
dangerous *od* unsafe place; **p**~**müde** *adj*
dead on one's feet.
pflastern *vt* to pave.
Pflasterstein *m* paving stone.
Pflaume ['pflaumə] (-, -n) *f* plum; (*umg:*
Mensch) twit (*BRIT*).
Pflaumenmus *nt* plum jam.
Pflege ['pfleːgə] (-, -n) *f* care; (*von Idee*)
cultivation; (*Kranken~*) nursing; **jdn/etw in**
~ **nehmen** to look after sb/sth; **in** ~ **sein**
(*Kind*) to be fostered out; **p**~**bedürftig** *adj*
needing care; ~**eltern** *pl* foster parents *pl;*
~**fall** *m* case for nursing; ~**geld** *nt* (*für*
~*kinder*) boarding-out allowance; (*für*
Kranke) attendance allowance; ~**heim** *nt*
nursing home; ~**kind** *nt* foster child;
p~**leicht** *adj* easy-care; ~**mutter** *f* foster
mother.
pflegen *vt* to look after; (*Kranke*) to nurse;
(*Beziehungen*) to foster ♦ *vi* (*gewöhnlich tun*):
sie pflegte zu sagen she used to say.
Pfleger (-s, -) *m* (*im Krankenhaus*) orderly;
(*vollqualifiziert*) male nurse; ~**in** *f* nurse.
Pflegesatz *m* hospital and nursing charges
pl.

Pflegevater *m* foster father.
Pflegeversicherung *f* geriatric care
insurance.
Pflicht [pflɪçt] (-, -en) *f* duty; (*SPORT*)
compulsory section; **Rechte und** ~**en** rights
and responsibilities; **p**~**bewusst▲** *adj*
conscientious; ~**bewusstsein▲** *nt* sense of
duty; ~**fach** *nt* (*SCH*) compulsory subject;
~**gefühl** *nt* sense of duty; **p**~**gemäß** *adj*
dutiful; **p**~**vergessen** *adj* irresponsible;
~**versicherung** *f* compulsory insurance.
Pflock [pflɔk] (-(e)s, ⁻e) *m* peg; (*für Tiere*)
stake.
pflog *etc* [pfloːk] *vb* (*veraltet*) *siehe* **pflegen.**
pflücken ['pflʏkən] *vt* to pick.
Pflug [pfluːk] (-(e)s, ⁻e) *m* plough (*BRIT*), plow
(*US*).
pflügen ['pflyːgən] *vt* to plough (*BRIT*), plow
(*US*).
Pflugschar *f* ploughshare (*BRIT*), plowshare
(*US*).
Pforte ['pfɔrtə] (-, -n) *f* (*Tor*) gate.
Pförtner ['pfœrtnər] (-s, -) *m* porter,
doorkeeper, doorman.
Pförtnerin *f* doorkeeper, porter.
Pfosten ['pfɔstən] (-s, -) *m* post; (*senkrechter*
Balken) upright.
Pfote ['pfoːtə] (-, -n) *f* paw; (*umg: Schrift*)
scrawl.
Pfropf [pfrɔpf] (-(e)s, -e) *m* (*Flaschen~*)
stopper; (*Blut~*) clot.
Pfropfen (-s, -) *m* = **Pfropf.**
pfropfen *vt* (*stopfen*) to cram; (*Baum*) to graft;
gepfropft voll crammed full.
pfui [pfui] *interj* ugh!; (*na na*) tut tut!; (*Buhruf*)
boo!; ~ **Teufel!** (*umg*) ugh!, yuck!
Pfund [pfunt] (-(e)s, -e) *nt* (*Gewicht, FIN*)
pound; **das** ~ **sinkt** sterling *od* the pound is
falling.
pfundig (*umg*) *adj* great.
Pfundskerl ['pfuntskerl] (*umg*) *m* great guy.
pfundweise *adv* by the pound.
pfuschen ['pfuʃən] *vi* to bungle; (*einen Fehler*
machen) to slip up.
Pfuscher(in) ['pfuʃər(ɪn)] (-s, -) (*umg*) *m(f)*
sloppy worker; (*Kur~*) quack.
Pfuscherei [pfuʃəˈrai] (*umg*) *f* sloppy work;
(*Kur~*) quackery.
Pfütze ['pfʏtsə] (-, -n) *f* puddle.
PH (-, -s) *f abk* = **pädagogische Hochschule.**
Phänomen [fɛnoˈmeːn] (-s, -e) *nt*
phenomenon; **p**~**al** [-ˈnaːl] *adj* phenomenal.
Phantasie *etc* [fantaˈziː] = **Fantasie** *etc.*
phantasieren [fantaˈziːrən] *vi* = **fantasieren.**
phantasievoll *adj* = **fantasievoll.**
Phantast [fanˈtast] (-en, -en) *m* = **Fantast.**
phantastisch *adj* = **fantastisch.**
Phantom [fanˈtoːm] (-s, -e) *nt* (*Trugbild*)
phantom; **einem** ~ **nachjagen** (*fig*) to tilt at
windmills; ~**bild** *nt* Identikit ® picture.

Pharisäer [fari'zɛːər] (**-s**, **-**) m (lit, fig) pharisee.

Pharmazeut(in) [farma'tsɔʏt(ɪn)] (**-en**, **-en**) m(f) pharmacist.

pharmazeutisch adj pharmaceutical.

Pharmazie f pharmacy, pharmaceutics sing.

Phase ['faːzə] (**-**, **-n**) f phase.

Philanthrop [filan'troːp] (**-en**, **-en**) m philanthropist; **p~isch** adj philanthropic.

Philharmoniker [fɪlhar'moːnikər] (**-s**, **-**) m: **die ~** the philharmonic (orchestra) sing.

Philatelist(in) [filate'lɪst(ɪn)] (**-en**, **-en**) m(f) philatelist.

Philippine [fɪlɪ'piːnə] (**-n**, **-n**) m Filipino.

Philippinen pl Philippines pl, Philippine Islands pl.

Philippinin f Filipino.

philippinisch adj Filipino.

Philologe [filo'loːgə] (**-n**, **-n**) m philologist.

Philologie [filolo'giː] f philology.

Philologin f philologist.

Philosoph(in) [filo'zoːf(ɪn)] (**-en**, **-en**) m(f) philosopher.

Philosophie [filozo'fiː] f philosophy.

philosophieren [filozo'fiːrən] vi: **~ (über +akk)** to philosophize (about).

philosophisch adj philosophical.

Phlegma ['flɛgma] (**-s**) nt lethargy.

phlegmatisch [flɛ'gmatɪʃ] adj lethargic.

Phobie [fo'biː] f: **~ (vor +dat)** phobia (about).

Phonetik [fo'neːtɪk] f phonetics sing.

phonetisch adj phonetic.

Phonotypistin [fonoty'pɪstɪn] f audiotypist.

Phosphat [fɔs'faːt] (**-(e)s**, **-e**) nt phosphate.

Phosphor ['fɔsfɔr] (**-s**) m phosphorus.

phosphoreszieren [fɔsfores'tsiːrən] vt to phosphoresce.

Photo etc ['foːto] = **Foto** etc.

Phrase ['fraːzə] (**-**, **-n**) f phrase; (pej) hollow phrase; **~n dreschen** (umg) to churn out one cliché after another.

pH-Wert [peːˈhaːveːrt] m pH value.

Physik [fy'ziːk] f physics sing.

physikalisch [fyzi'kaːlɪʃ] adj of physics.

Physiker(in) ['fyːzikər(ɪn)] (**-s**, **-**) m(f) physicist.

Physikum ['fyːzikom] (**-s**) nt (UNIV) preliminary examination in medicine.

Physiologe [fyzio'loːgə] (**-n**, **-n**) m physiologist.

Physiologie [fyziolo'giː] f physiology.

Physiologin f physiologist.

physisch ['fyːzɪʃ] adj physical.

Pianist(in) [pia'nɪst(ɪn)] m(f) pianist.

picheln ['pɪçəln] (umg) vi to booze.

Pickel ['pɪkəl] (**-s**, **-**) m pimple; (Werkzeug) pickaxe; (Berg~) ice axe.

pick(e)lig adj pimply.

picken ['pɪkən] vt to peck ♦ vi: **~ (nach)** to peck (at).

Picknick ['pɪknɪk] (**-s**, **-e** od **-s**) nt picnic;

~ machen to have a picnic.

piekfein ['piːk'faɪn] (umg) adj posh.

Piemont [pie'mɔnt] (**-s**) nt Piedmont.

piepen ['piːpən] vi to chirp; (Funkgerät etc) to bleep; **bei dir piepts wohl!** (umg) are you off your head?; **es war zum P~!** (umg) it was a scream!

piepsen ['piːpsən] vi = **piepen**.

Piepser (umg) m pager, paging device.

Piepsstimme f squeaky voice.

Piepton m bleep.

Pier [piːər] (**-s**, **-s** od **-e**) m jetty, pier.

piesacken ['piːzakən] (umg) vt to torment.

Pietät [pie'tɛːt] f piety; reverence; **p~los** adj impious, irreverent.

Pigment [pɪg'mɛnt] (**-(e)s**, **-e**) nt pigment.

Pik [piːk] (**-s**, **-s**) nt (KARTEN) spades; **einen ~ auf jdn haben** (umg) to have it in for sb.

pikant [pi'kant] adj spicy, piquant; (anzüglich) suggestive.

Pike (**-**, **-n**) f: **etw von der ~ auf lernen** (fig) to learn sth from the bottom up.

pikiert [pi'kiːrt] adj offended.

Pikkolo ['pɪkolo] (**-s**, **-s**) m trainee waiter; (auch: **~flasche**) quarter bottle of champagne; (MUS: auch: **~flöte**) piccolo.

Piktogramm [pɪkto'gram] nt pictogram.

Pilger(in) ['pɪlgər(ɪn)] (**-s**, **-**) m(f) pilgrim; **~fahrt** f pilgrimage.

pilgern vi to make a pilgrimage; (umg: gehen) to wend one's way.

Pille ['pɪlə] (**-**, **-n**) f pill.

Pilot(in) [pi'loːt(ɪn)] (**-en**, **-en**) m(f) pilot; **~enschein** m pilot's licence (BRIT) od license (US).

Pils [pɪls] (**-**, **-**) nt Pilsner (lager).

Pils(e)ner [pɪlz(ə)nər] (**-s**, **-**) nt Pilsner (lager).

Pilz [pɪlts] (**-es**, **-e**) m fungus; (essbar) mushroom; (giftig) toadstool; **wie ~e aus dem Boden schießen** (fig) to mushroom; **~krankheit** f fungal disease.

Pimmel ['pɪməl] (**-s**, **-**) (umg) m (Penis) willie.

pingelig ['pɪŋəlɪç] (umg) adj fussy.

Pinguin ['pɪŋguiːn] (**-s**, **-e**) m penguin.

Pinie ['piːniə] f pine.

Pinkel (**-s**, **-**) (umg) m: **ein feiner** od **vornehmer ~** a swell, Lord Muck (BRIT) (umg).

pinkeln ['pɪŋkəln] (umg) vi to pee.

Pinnwand ['pɪnvant] f pinboard.

Pinsel ['pɪnzəl] (**-s**, **-**) m paintbrush.

pinseln (umg) vt, vi to paint; (pej: malen) to daub.

Pinte ['pɪntə] (**-**, **-n**) (umg) f (Lokal) boozer (BRIT).

Pinzette [pɪn'tsetə] f tweezers pl.

Pionier [pio'niːr] (**-s**, **-e**) m pioneer; (MIL) sapper, engineer; **~arbeit** f pioneering work; **~unternehmen** nt pioneer company.

Pipi [pi'piː] (**-s**, **-s**) nt od m (Kindersprache) wee(-wee).

Pirat [pi'raːt] (**-en, -en**) *m* pirate.
Piratensender *m* pirate radio station.
Pirsch [pɪrʃ] (**-**) *f* stalking.
pissen ['pɪsən] (*umg!*) *vi* to (have a) piss (*!*); (*regnen*) to piss down (*!*).
Pistazie [pɪs'taːtsiə] (**-, -n**) *f* pistachio.
Piste ['pɪstə] (**-, -n**) *f* (*SKI*) run, piste; (*AVIAT*) runway.
Pistole [pɪs'toːlə] (**-, -n**) *f* pistol; **wie aus der ~ geschossen** (*fig*) like a shot; **jdm die ~ auf die Brust setzen** (*fig*) to hold a pistol to sb's head.
pitsch(e)nass▲ ['pɪtʃ(ə)'nas] (*umg*) *adj* soaking (wet).
Pizza ['pɪtsa] (**-, -s**) *f* pizza.
PKW, Pkw (**-(s), -(s)**) *m abk* = Personenkraftwagen.
Pl. *abk* (= *Plural*) pl.; (= *Platz*) Sq.
Plackerei [plakə'raɪ] *f* drudgery.
plädieren [plɛ'diːrən] *vi* to plead.
Plädoyer [plɛdoa'jeː] (**-s, -s**) *nt* speech for the defence; (*fig*) plea.
Plage ['plaːgə] (**-, -n**) *f* plague; (*Mühe*) nuisance; **~geist** *m* pest, nuisance.
plagen *vt* to torment ♦ *vr* to toil, slave.
Plagiat [plagi'aːt] (**-(e)s, -e**) *nt* plagiarism.
Plakat [pla'kaːt] (**-(e)s, -e**) *nt* poster; (*aus Pappe*) placard.
plakativ [plaka'tiːf] *adj* striking, bold.
Plakatwand *f* hoarding, billboard (*US*).
Plakette [pla'kɛtə] (**-, -n**) *f* (*Abzeichen*) badge; (*Münze*) commemorative coin; (*an Wänden*) plaque.
Plan [plaːn] (**-(e)s, ⁻e**) *m* plan; (*Karte*) map; **Pläne schmieden** to make plans; **nach ~ verlaufen** to go according to plan; **jdn auf den ~ rufen** (*fig*) to bring sb into the arena.
Plane (**-, -n**) *f* tarpaulin.
planen *vt* to plan; (*Mord etc*) to plot.
Planer(in) (**-s, -**) *m(f)* planner.
Planet [pla'neːt] (**-en, -en**) *m* planet.
Planetenbahn *f* orbit (of a planet).
planieren [pla'niːrən] *vt* to level off.
Planierraupe *f* bulldozer.
Planke ['plaŋkə] (**-, -n**) *f* plank.
Plänkelei [plɛŋkə'laɪ] *f* skirmish(ing).
plänkeln ['plɛŋkəln] *vi* to skirmish.
Plankton ['plaŋktɔn] (**-s**) *nt* plankton.
planlos *adj* (*Vorgehen*) unsystematic; (*Umherlaufen*) aimless.
planmäßig *adj* according to plan; (*methodisch*) systematic; (*EISENB*) scheduled.
Planschbecken, Plantschbecken▲ ['planʃbɛkən] *nt* paddling pool.
planschen, plantschen▲ *vi* to splash.
Plansoll *nt* output target.
Planstelle *f* post.
Plantage [plan'taːʒə] (**-, -n**) *f* plantation.
Planung *f* planning.

Planwagen *m* covered wagon.
Planwirtschaft *f* planned economy.
Plappermaul (*umg*) *nt* (*Kind*) chatterbox.
plappern ['plapərn] *vi* to chatter.
plärren ['plɛrən] *vi* (*Mensch*) to cry, whine; (*Radio*) to blare.
Plasma ['plasma] (**-s, Plasmen**) *nt* plasma.
Plastik¹ ['plastɪk] *f* sculpture.
Plastik² ['plastɪk] (**-s**) *nt* (*Kunststoff*) plastic; **~folie** *f* plastic film; **~geschoss▲** *nt* plastic bullet; **~tüte** *f* plastic bag.
Plastilin [plasti'liːn] (**-s**) *nt* Plasticine ®.
plastisch ['plastɪʃ] *adj* plastic; **stell dir das ~ vor!** just picture it!
Platane [pla'taːnə] (**-, -n**) *f* plane (tree).
Platin ['plaːtiːn] (**-s**) *nt* platinum.
Platitüde△ [plati'tyːdə] (**-, -n**) *f siehe* **Plattitüde**.
platonisch [pla'toːnɪʃ] *adj* platonic.
platsch [platʃ] *interj* splash!
platschen *vi* to splash.
plätschern ['plɛtʃərn] *vi* to babble.
platschnass▲ *adj* drenched.
platt [plat] *adj* flat; (*umg: überrascht*) flabbergasted; (*fig: geistlos*) flat, boring; **einen P~en haben** to have a flat (*umg*), have a flat tyre (*BRIT*) *od* tire (*US*).
plattdeutsch *adj* Low German.
Platte (**-, -n**) *f* (*Speisen~*, PHOT, TECH) plate; (*Stein~*) flag; (*Kachel*) tile; (*Schall~*) record; **kalte ~** cold dish; **die ~ kenne ich schon** (*umg*) I've heard all that before.
Plätteisen *nt* iron.
plätten *vt, vi* to iron.
Platten- *zW*: **~leger** (**-s, -**) *m* paver; **~spieler** *m* record player; **~teller** *m* turntable.
Plattform *f* platform; (*fig: Grundlage*) basis.
Plattfuß *m* flat foot; (*Reifen*) flat tyre (*BRIT*) *od* tire (*US*).
Plattitüde▲ [plati'tyːdə] (**-, -n**) *f* platitude.
Platz [plats] (**-es, ⁻e**) *m* place; (*Sitz~*) seat; (*Raum*) space, room; (*in Stadt*) square; (*Sport~*) playing field; **~ machen** to get out of the way; **~ nehmen** to take a seat; **jdm ~ machen** to make room for sb; **~ sparend** space-saving; **auf ~ zwei** in second place; **fehl am ~e sein** to be out of place; **seinen ~ behaupten** to stand one's ground; **das erste Hotel am ~** the best hotel in town; **auf die Plätze, fertig, los!** (*beim Sport*) on your marks, get set, go!; **einen Spieler vom ~ stellen** *od* **verweisen** (*SPORT*) to send a player off; **~angst** *f* (*MED*) agoraphobia; (*umg*) claustrophobia; **~angst haben/bekommen** (*umg*) to feel/get claustrophobic; **~anweiser(in)** (**-s, -**) *m(f)* usher(ette).
Plätzchen ['plɛtsçən] *nt* spot; (*Gebäck*) biscuit.
platzen *vi* (*Hilfsverb sein*) to burst; (*Bombe*) to explode; (*Naht, Hose, Haut*) to split; (*umg: scheitern: Geschäft*) to fall through;

(: *Freundschaft*) to break up; (: *Theorie*, *Verschwörung*) to collapse; (: *Wechsel*) to bounce; **vor Wut** ~ (*umg*) to be bursting with anger.

platzieren▲ [pla'tsiːrən] *vt* to place ♦ *vr* (*SPORT*) to be placed; (*TENNIS*) to be seeded; (*umg*: *sich setzen, stellen*) to plant o.s.

Platz- *zW*: ~**karte** *f* seat reservation; ~**konzert** *nt* open-air concert; ~**mangel** *m* lack of space; ~**patrone** *f* blank cartridge; ~**regen** *m* downpour; ~**verweis** *m* sending-off; ~**wart** *m* (*SPORT*) groundsman (*BRIT*), groundskeeper (*US*); ~**wunde** *f* cut.

Plauderei [plaudə'raɪ] *f* chat, conversation.

plaudern ['plaudərn] *vi* to chat, talk.

Plausch [plauʃ] (-(e)s, -e) (*umg*) *m* chat.

plausibel [plau'ziːbəl] *adj* plausible.

Play-back▲, Playback ['pleɪbæk] (-s, -s) *nt* (*Verfahren: Schallplatte*) double-tracking; (*TV*) miming.

plazieren△ [pla'tsiːrən] *vt siehe* **platzieren**.

Plebejer(in) [ple'beːjər(ɪn)] (-s, -) *m(f)* plebeian.

plebejisch [ple'beːjɪʃ] *adj* plebeian.

pleite ['plaɪtə] (*umg*) *adj* broke; **P~** (-, -n) *f* bankruptcy; (*umg*: *Reinfall*) flop; **P~ machen** to go bust.

Pleitegeier (*umg*) *m* (*drohende Pleite*) vulture; (*Bankrotteur*) bankrupt.

plemplem [plɛm'plɛm] (*umg*) *adj* nuts.

Plenarsitzung [ple'naːrzɪtsuŋ] *f* plenary session.

Plenum ['pleːnum] (-s, **Plenen**) *nt* plenum.

Pleuelstange ['plɔyəlʃtaŋə] *f* connecting rod.

Plissee [plɪ'seː] (-s, -s) *nt* pleat.

Plombe ['plɔmbə] (-, -n) *f* lead seal; (*Zahn~*) filling.

plombieren [plɔm'biːrən] *vt* to seal; (*Zahn*) to fill.

Plotter ['plɔtər] (-s, -s) *m* (*COMPUT*) plotter.

plötzlich ['plœtslɪç] *adj* sudden ♦ *adv* suddenly; ~**er Kindstod** SIDS= sudden infant death syndrome.

Pluderhose ['pluːdərhoːzə] *f* harem trousers *pl*.

plump [plump] *adj* clumsy; (*Hände*) coarse; (*Körper*) shapeless; ~**e Annäherungsversuche** very obvious advances.

plumpsen (*umg*) *vi* to plump down, fall.

Plumpsklo(sett) (*umg*) *nt* earth closet.

Plunder ['plundər] (-s) *m* junk, rubbish.

Plundergebäck *nt* flaky pastry.

plündern ['plʏndərn] *vt* to plunder; (*Stadt*) to sack ♦ *vi* to plunder.

Plünderung ['plʏndəruŋ] *f* plundering, sack, pillage.

Plural ['pluːraːl] (-s, -e) *m* plural; **im** ~ **stehen** to be (in the) plural.

pluralistisch [plura'lɪstɪʃ] *adj* pluralistic.

plus [plus] *adv* plus; **mit** ~ **minus null** abschließen (*COMM*) to break even; **P~** (-, -) *nt* plus; (*FIN*) profit; (*Vorteil*) advantage.

Plüsch [plyːʃ] (-(e)s, -e) *m* plush; ~**tier** *nt* ≈ soft toy.

Plus- *zW*: ~**pol** *m* (*ELEK*) positive pole; ~**punkt** *m* (*SPORT*) point; (*fig*) point in sb's favour; ~**quamperfekt** *nt* pluperfect.

Plutonium [plu'toːniʊm] (-s) *nt* plutonium.

PLZ *abk* = **Postleitzahl**.

Pneu [pnɔy] (-s, -s) *m abk* (= *Pneumatik*) tyre (*BRIT*), tire (*US*).

Po [poː] (-s, -s) (*umg*) *m* bum (*BRIT*), fanny (*US*).

Pöbel ['pøːbəl] (-s) *m* mob, rabble.

Pöbelei [pøːbə'laɪ] *f* vulgarity.

pöbelhaft *adj* low, vulgar.

pochen ['pɔxən] *vi* to knock; (*Herz*) to pound; **auf etw** *akk* ~ (*fig*) to insist on sth.

Pocken ['pɔkən] *pl* smallpox *sing*.

Pocken(schutz)impfung *f* smallpox vaccination.

Podest [po'dɛst] (-(e)s, -e) *nt od m* (*Sockel, fig*) pedestal; (*Podium*) platform.

Podium ['poːdiʊm] *nt* podium.

Podiumsdiskussion *f* panel discussion.

Poesie [poe'ziː] *f* poetry.

Poet [po'eːt] (-en, -en) *m* poet; **p~isch** *adj* poetic.

pofen ['poːfən] (*umg*) *vi* to kip (*BRIT*), doss.

Pointe [po'ɛ̃ːtə] (-, -n) *f* point; (*eines Witzes*) punch line.

pointiert [poɛ̃'tiːrt] *adj* trenchant, pithy.

Pokal [po'kaːl] (-s, -e) *m* goblet; (*SPORT*) cup; ~**spiel** *nt* cup tie.

Pökelfleisch ['pøːkəlflaɪʃ] *nt* salt meat.

pökeln *vt* (*Fleisch, Fisch*) to pickle, salt.

Poker ['poːkər] (-s) *nt* poker.

pokern ['poːkərn] *vi* to play poker.

Pol [poːl] (-s, -e) *m* pole; **der ruhende** ~ (*fig*) the calming influence.

pol. *abk* = **politisch; polizeilich**.

polar [po'laːr] *adj* polar.

polarisieren [polari'ziːrən] *vt, vr* to polarize.

Polarkreis *m* polar circle; **nördlicher/südlicher** ~ Arctic/Antarctic Circle.

Polarstern *m* Pole Star.

Pole [poːlə] (-n, -n) *m* Pole.

Polemik [po'leːmɪk] *f* polemics *sing*.

polemisch *adj* polemical.

polemisieren [polemi'ziːrən] *vi* to polemicize.

Polen [poːlən] (-s) *nt* Poland.

Polente (-) (*veraltet*: *umg*) *f* cops *pl*.

Police [po'liːs(ə)] (-, -n) *f* insurance policy.

Polier [po'liːr] (-s, -e) *m* foreman.

polieren *vt* to polish.

Poliklinik [poli'kliːnɪk] *f* outpatients (department) *sing*.

Polin *f* Pole, Polish woman.

Politesse [poli'tɛsə] (-, -n) *f* (*Frau*) ≈ traffic warden (*BRIT*).

Spelling Reform: ▲ *new spelling* △ *old spelling (to be phased out)*

Politik [poli'tiːk] *f* politics *sing*; (*eine bestimmte*) policy; **in die** ~ **gehen** to go into politics; **eine** ~ **verfolgen** to pursue a policy.

Politiker(in) [po'liːtikər(ɪn)] (**-s, -**) *m(f)* politician.

politisch [po'liːtɪʃ] *adj* political.

politisieren [politi'ziːrən] *vi* to talk politics ♦ *vt* to politicize; **jdn** ~ to make sb politically aware.

Politur [poli'tuːr] *f* polish.

Polizei [poli'tsaɪ] *f* police; ~**aufsicht** *f*: **unter** ~**aufsicht stehen** to have to report regularly to the police; ~**beamte(r)** *m* police officer; **p**~**lich** *adj* police *attrib*; **sich p**~**lich melden** to register with the police; **p**~**liches Führungszeugnis** *certificate of "no criminal record" issued by the police*; ~**präsidium** *nt* police headquarters *pl*; ~**revier** *nt* police station; ~**spitzel** *m* police spy, informer; ~**staat** *m* police state; ~**streife** *f* police patrol; ~**stunde** *f* closing time; ~**wache** *f* police station; **p**~**widrig** *adj* illegal.

Polizist(in) [poli'tsɪst(ɪn)] (**-en, -en**) *m(f)* policeman/-woman.

Pollen ['pɔlən] (**-s, -**) *m* pollen.

poln. *abk* = **polnisch.**

polnisch ['pɔlnɪʃ] *adj* Polish.

Polohemd ['poːlohɛmt] *nt* polo shirt.

Polster ['pɔlstər] (**-s, -**) *nt* cushion; (~*ung*) upholstery; (*in Kleidung*) padding; (*fig: Geld*) reserves *pl*; ~**er** (**-s, -**) *m* upholsterer; ~**garnitur** *f* three-piece suite; ~**möbel** *pl* upholstered furniture *sing*.

polstern *vt* to upholster; (*Kleidung*) to pad; **sie ist gut gepolstert** (*umg*) she's well padded; (: *finanziell*) she's not short of the odd penny.

Polsterung *f* upholstery.

Polterabend ['pɔltəraːbənt] *m* party on the eve of a wedding.

poltern *vi* (*Krach machen*) to crash; (*schimpfen*) to rant.

Polygamie [polyga'miː] *f* polygamy.

Polynesien [poly'neːziən] (**-s**) *nt* Polynesia.

Polynesier(in) [poly'neːziər(ɪn)] (**-s, -**) *m(f)* Polynesian.

polynesisch *adj* Polynesian.

Polyp [po'lyːp] (**-en, -en**) *m* polyp; (*umg*) cop; **Polypen** *pl* (*MED*) adenoids *pl*.

Polytechnikum [poly'tɛçnikum] (**-s, Polytechnika**) *nt* polytechnic, poly (*umg*).

Pomade [po'maːdə] *f* pomade.

Pommern ['pɔmərn] (**-s**) *nt* Pomerania.

Pommes frites [pɔm'frɪt] *pl* chips *pl* (*BRIT*), French fried potatoes *pl* (*BRIT*), French fries *pl* (*US*).

Pomp [pɔmp] (**-(e)s**) *m* pomp.

pompös [pɔm'pøːs] *adj* grandiose.

Pontius ['pɔntsius] *m*: **von** ~ **zu Pilatus** from pillar to post.

Pony ['pɔni] (**-s, -s**) *m* (*Frisur*) fringe (*BRIT*),

bangs *pl* (*US*) ♦ *nt* (*Pferd*) pony.

Pop [pɔp] (**-s**) *m* (*MUS*) pop; (*KUNST*) pop art.

Popelin [popə'liːn] (**-s, -e**) *m* poplin.

Popeline (**-, -n**) *f* poplin.

Popkonzert *nt* pop concert.

Popmusik *f* pop music.

Popo [po'poː] (**-s, -s**) (*umg*) *m* bottom, bum (*BRIT*).

populär [popu'lɛːr] *adj* popular.

Popularität [populari'tɛːt] *f* popularity.

populärwissenschaftlich *adj* popular science.

Pore ['poːrə] (**-, -n**) *f* pore.

Porno ['pɔrno] (**-s**) *no pl* (*umg*) *m* porn.

Pornografie▲ [pɔrnogra'fiː] *f* pornography.

pornografisch▲ [pɔrno'graːfɪʃ] *adj* pornographic.

porös [po'røːs] *adj* porous.

Porree ['pɔre] (**-s, -s**) *m* leek.

Portal [pɔr'taːl] (**-s, -e**) *nt* portal.

Portefeuille [pɔrt(ə)'føːj] (**-s, -s**) *nt* (*POL, FIN*) portfolio.

Portemonnaie [pɔrtmɔ'neː] (**-s, -s**) *nt* purse.

Portier [pɔrti'eː] (**-s, -s**) *m* porter; (*Pförtner*) porter, doorkeeper, doorman.

Portion [pɔrtsi'oːn] *f* portion, helping; (*umg: Anteil*) amount; **eine halbe** ~ (*fig: umg: Person*) a half-pint; **eine** ~ **Kaffee** a pot of coffee.

Portmonee▲ [pɔrtmɔ'neː] (**-s, -s**) *nt* = **Portemonnaie.**

Porto ['pɔrto] (**-s, -s** *od* **Porti**) *nt* postage; ~ **zahlt Empfänger** postage paid; **p**~**frei** *adj* post-free, (postage) prepaid.

Porträt [pɔr'trɛː] (**-s, -s**) *nt* portrait.

porträtieren [pɔrtrɛ'tiːrən] *vt* to paint (a portrait of); (*fig*) to portray.

Portugal ['pɔrtugal] (**-s**) *nt* Portugal.

Portugiese [pɔrtu'giːzə] (**-n, -n**) *m* Portuguese.

Portugiesin *f* Portuguese.

portugiesisch *adj* Portuguese.

Portwein ['pɔrtvaɪn] *m* port.

Porzellan [pɔrtse'laːn] (**-s, -e**) *nt* china, porcelain; (*Geschirr*) china.

Posaune [po'zaunə] (**-, -n**) *f* trombone.

Pose ['poːzə] (**-, -n**) *f* pose.

posieren [po'ziːrən] *vi* to pose.

Position [pozitsi'oːn] *f* position; (*COMM: auf Liste*) item.

Positionslichter *pl* navigation lights *pl*.

positiv ['poːzitiːf] *adj* positive; ~ **zu etw stehen** to be in favour (*BRIT*) *od* favor (*US*) of sth; **P**~ (**-s, -e**) *nt* (*PHOT*) positive.

Positur [pozi'tuːr] *f* posture, attitude; **sich in** ~ **setzen** *od* **stellen** to adopt a posture.

Posse ['pɔsə] (**-, -n**) *f* farce.

possessiv ['pɔsɛsiːf] *adj* possessive; **P**~ (**-s, -e**) *nt* possessive pronoun; **P**~**pronomen** (**-s, -e**) *nt* possessive pronoun.

possierlich [pɔ'siːrlɪç] *adj* funny.

Post [pɔst] (-, -en) f post (office); (Briefe) post, mail; **ist ~ für mich da?** are there any letters for me?; **mit getrennter ~** under separate cover; **etw auf die ~ geben** to post (BRIT) od mail sth; **auf die** od **zur ~ gehen** to go to the post office; **~amt** nt post office; **~anweisung** f postal order (BRIT), money order; **~bote** m postman (BRIT), mailman (US).

Posten (-s, -) m post, position; (COMM) item; (: Warenmenge) quantity, lot; (auf Liste) entry; (MIL) sentry; (Streik~) picket; **~ beziehen** to take up one's post; **nicht ganz auf dem ~ sein** (nicht gesund sein) to be off-colour (BRIT) od off-color (US).

Poster ['pɔstər] (-s, -(s)) nt poster.

Postf. abk (= Postfach) PO Box.

Post- zW: **~fach** nt post office box; **~karte** f postcard; **p~lagernd** adv poste restante; **~leitzahl** f postal code.

postmodern [pɔstmo'dɛrn] adj postmodern.

Post- zW: **~scheckkonto** nt Post Office Giro account (BRIT); **~sparbuch** nt post office savings book (Brit); **~sparkasse** f post office savings bank; **~stempel** m postmark; **p~wendend** adv by return (of post); **~wertzeichen** nt (form) postage stamp; **~wurfsendung** f direct mail advertising.

potent [po'tɛnt] adj potent; (fig) high-powered.

Potential [potɛntsi'aːl] (-s, -e) nt = **Potenzial**.

potentiell [potɛntsi'ɛl] adj = **potenziell**.

Potenz [po'tɛnts] f power; (eines Mannes) potency.

Potenzial▲ [potɛntsi'aːl] (-s, -e) nt potential.

potenziell▲ [potɛntsi'ɛl] adj potential.

potenzieren [potɛn'tsiːrən] vt (MATH) to raise to the power of.

Potpourri ['pɔtpuri] (-s, -s) nt: **~ (aus)** (MUS) medley (of); (fig) assortment (of).

Pott [pɔt] (-(e)s, ⁻e) (umg) m pot; **p~hässlich**▲ (umg) adj ugly as sin.

pp., ppa. abk (= per procura) p.p.

Präambel [prɛ'|ambəl] (-, -n) f (+gen) preamble (to).

Pracht [praxt] (-) f splendour (BRIT), splendor (US), magnificence; **es ist eine wahre ~** it's (really) marvellous; **~exemplar** nt beauty (umg); (fig: Mensch) fine specimen.

prächtig ['prɛçtɪç] adj splendid.

Prachtstück nt showpiece.

prachtvoll adj splendid, magnificent.

prädestinieren [predɛsti'niːrən] vt to predestine.

Prädikat [predi'kaːt] (-(e)s, -e) nt title; (GRAM) predicate; (Zensur) distinction; **Wein mit ~** special quality wine.

Prag [praːk] (-s) nt Prague.

prägen ['prɛːgən] vt to stamp; (Münze) to mint; (Ausdruck) to coin; (Charakter) to form; (kennzeichnen: Stadtbild) to characterize; **das Erlebnis prägte ihn** the experience left its mark on him.

prägend adj having a forming od shaping influence.

pragmatisch [pra'gmaːtɪʃ] adj pragmatic.

prägnant [prɛ'gnant] adj concise, terse.

Prägnanz f conciseness, terseness.

Prägung ['prɛːgʊŋ] f minting; forming; (Eigenart) character, stamp.

prahlen ['praːlən] vi to boast, brag.

Prahlerei [praːlə'raɪ] f boasting.

prahlerisch adj boastful.

Praktik ['praktɪk] f practice.

praktikabel [praktɪ'kaːbəl] adj practicable.

Praktikant(in) [praktɪ'kant(ɪn)] m(f) trainee.

Praktikum (-s, Praktika od Praktiken) nt practical training.

praktisch ['praktɪʃ] adj practical, handy; **~er Arzt** general practitioner; **~es Beispiel** concrete example.

praktizieren [praktɪ'tsiːrən] vt, vi to practise (BRIT), practice (US).

Praline [pra'liːnə] f chocolate.

prall [pral] adj firmly rounded; (Segel) taut; (Arme) plump; (Sonne) blazing.

prallen vi to bounce, rebound; (Sonne) to blaze.

prallvoll adj full to bursting; (Brieftasche) bulging.

Prämie ['prɛːmiə] f premium; (Belohnung) award, prize.

prämienbegünstigt adj with benefit of premiums.

prämiensparen vi to save in a bonus scheme.

prämieren [prɛ'miːrən] vt to give an award to.

Pranger ['praŋər] (-s, -) m (HIST) pillory; **jdn an den ~ stellen** (fig) to pillory sb.

Pranke ['praŋkə] (-, -n) f (Tier~: umg: Hand) paw.

Präparat [prepa'raːt] (-(e)s, -e) nt (BIOL) preparation; (MED) medicine.

präparieren vt (konservieren) to preserve; (MED: zerlegen) to dissect.

Präposition [prepozitsi'oːn] f preposition.

Prärie [prɛ'riː] f prairie.

Präs. abk = **Präsens; Präsident.**

Präsens ['prɛːzɛns] (-) nt present tense.

präsent adj: **etw ~ haben** to have sth at hand.

präsentieren [prezɛn'tiːrən] vt to present.

Präsenzbibliothek f reference library.

Präservativ [prezɛrva'tiːf] (-s, -e) nt condom, sheath.

Präsident(in) [prezi'dɛnt(ɪn)] m(f) president; **~schaft** f presidency; **~schaftskandidat** m presidential candidate.

Präsidium [prɛ'ziːdiʊm] nt presidency, chairmanship; (Polizei~) police headquarters pl.

Spelling Reform: ▲ *new spelling* △ *old spelling (to be phased out)*

prasseln ['prasəln] *vi* (*Feuer*) to crackle; (*Hagel*) to drum; (*Wörter*) to rain down.

prassen ['prasən] *vi* to live it up.

Präteritum [prɛ'teːritʊm] (-s, **Präterita**) *nt* preterite.

Pratze ['pratsə] (-, -n) *f* paw.

Präventiv- [prɛvɛn'tiːf] *in zW* preventive.

Praxis ['praksɪs] (-, **Praxen**) *f* practice; (*Erfahrung*) experience; (*Behandlungsraum*) surgery; (*von Anwalt*) office; **die ~ sieht anders aus** the reality is different; **ein Beispiel aus der ~** an example from real life.

Präzedenzfall [prɛtse:'dɛntsfal] *m* precedent.

präzis [prɛ'tsiːs] *adj* precise.

Präzision [prɛtsizi'oːn] *f* precision.

PR-Chef *m* PR officer.

predigen ['preːdɪgən] *vt, vi* to preach.

Prediger (-s, -) *m* preacher.

Predigt ['preːdɪçt] (-, -en) *f* sermon.

Preis [praɪs] (-es, -e) *m* price; (*Sieges~*) prize; (*Auszeichnung*) award; **um keinen ~** not at any price; **um jeden ~** at all costs; **~angebot** *nt* quotation; **~ausschreiben** *nt* competition; **~bindung** *f* price-fixing; **~brecher** *m* (*Firma*) undercutter.

Preiselbeere *f* cranberry.

preisempfindlich *adj* price-sensitive.

preisen [praɪzən] *unreg vt* to praise; **sich glücklich ~** (*geh*) to count o.s. lucky.

Preis- *zW:* **~entwicklung** *f* price trend; **~erhöhung** *f* price increase; **~frage** *f* question of price; (*Wettbewerb*) prize question.

preisgeben *unreg vt* to abandon; (*opfern*) to sacrifice; (*zeigen*) to expose.

Preis- *zW:* **~gefälle** *nt* price gap; **p~gekrönt** *adj* prizewinning; **~gericht** *nt* jury; **p~günstig** *adj* inexpensive; **~index** *m* price index; **~krieg** *m* price war; **~lage** *f* price range; **p~lich** *adj* price *attr*, in price; **~liste** *f* price list, tariff; **~nachlass▲** *m* discount; **~schild** *nt* price tag; **~spanne** *f* price range; **~sturz** *m* slump; **~träger** *m* prizewinner; **p~wert** *adj* inexpensive.

prekär [pre'kɛːr] *adj* precarious.

Prellbock [prɛlbɔk] *m* buffers *pl*.

prellen *vt* to bruise; (*fig*) to cheat, swindle.

Prellung *f* bruise.

Premiere [prəmi'ɛːrə] (-, -n) *f* premiere.

Premierminister(in) [prəmi'eːmɪnɪstər(ɪn)] *m(f)* prime minister, premier.

Presse ['prɛsə] (-, -n) *f* press; **~agentur** *f* press *od* news agency; **~ausweis** *m* press pass; **~erklärung** *f* press release; **~freiheit** *f* freedom of the press; **~konferenz** *f* press conference; **~meldung** *f* press report.

pressen *vt* to press.

Presse- *zW:* **~sprecher(in)** *m(f)* spokesperson, press officer; **~stelle** *f* press office;

~verlautbarung *f* press release.

pressieren [prɛ'siːrən] *vi* to be in a hurry; **es pressiert** it's urgent.

Pressluft▲ ['prɛslʊft] *f* compressed air; **~bohrer** *m* pneumatic drill.

Prestige [prɛs'tiːʒə] (-s) *nt* prestige; **~verlust** *m* loss of prestige.

Preuße ['prɔysə] (-n, -n) *m* Prussian.

Preußen (-s) *nt* Prussia.

Preußin *f* Prussian.

preußisch *adj* Prussian.

prickeln ['prɪkəln] *vi* to tingle; (*kitzeln*) to tickle; (*Bläschen bilden*) to sparkle, bubble ♦ *vt* to tickle.

pries *etc* [priːs] *vb siehe* **preisen**.

Priester ['priːstər] (-s, -) *m* priest.

Priesterin *f* priestess.

Priesterweihe *f* ordination (to the priesthood).

Prima ['priːma] (-, **Primen**) *f* (*früher*) *eighth and ninth year of German secondary school*.

prima *adj inv* first-class, excellent.

primär [pri'mɛːr] *adj* primary; **P~daten** *pl* primary data *pl*.

Primel ['priːməl] (-, -n) *f* primrose.

primitiv [primi'tiːf] *adj* primitive.

Primzahl ['priːmtsaːl] *f* prime (number).

Prinz [prɪnts] (-en, -en) *m* prince.

Prinzessin [prɪn'tsɛsɪn] *f* princess.

Prinzip [prɪn'tsiːp] (-s, -ien) *nt* principle; **aus ~** on principle; **im ~** in principle.

prinzipiell [prɪntsi'piɛl] *adj* on principle.

prinzipienlos *adj* unprincipled.

Priorität [priori'tɛːt] *f* priority; **Prioritäten** *pl* (*COMM*) preference shares *pl*, preferred stock *sing* (*US*); **~en setzen** to establish one's priorities.

Prise ['priːzə] (-, -n) *f* pinch.

Prisma ['prɪsma] (-s, **Prismen**) *nt* prism.

privat [pri'vaːt] *adj* private; **jdn ~ sprechen** to speak to sb in private; **P~besitz** *m* private property; **P~dozent** *m* outside lecturer; **P~fernsehen** *nt* commercial television; **P~gespräch** *nt* private conversation; (*am Telefon*) private call.

privatisieren [privati'ziːrən] *vt* to privatize.

Privatschule *f* private school.

Privatwirtschaft *f* private sector.

Privileg [privi'leːk] (-(e)s, -ien) *nt* privilege.

Pro [proː] (-) *nt* pro.

pro *präp +akk* per; **~ Stück** each, apiece.

Probe ['proːbə] (-, -n) *f* test; (*Teststück*) sample; (*THEAT*) rehearsal; **jdn auf die ~ stellen** to put sb to the test; **er ist auf ~ angestellt** he's employed for a probationary period; **zur ~** to try out; **~bohrung** *f* (*Öl*) exploration well; **~exemplar** *nt* specimen copy; **~fahrt** *f* test drive; **~lauf** *m* trial run.

proben *vt* to try; (*THEAT*) to rehearse.

Probe- *zW:* ~**stück** *nt* specimen; **p~weise** *adv* on approval; ~**zeit** *f* probation period.
probieren [pro'biːrən] *vt* to try; (*Wein, Speise*) to taste, sample ♦ *vi* to try; to taste.
Problem [pro'bleːm] (**-s, -e**) *nt* problem; **vor einem ~ stehen** to be faced with a problem.
Problematik [proble:'maːtɪk] *f* problem.
problematisch [proble:'maːtɪʃ] *adj* problematic.
problemlos *adj* problem-free.
Problemstellung *f* way of looking at a problem.
Produkt [pro'dʊkt] (**-(e)s, -e**) *nt* product; (*AGR*) produce *no pl.*
Produktion [prodʊktsi'oːn] *f* production.
Produktionsleiter *m* production manager.
Produktionsstätte *f* (*Halle*) shop floor.
produktiv [prodʊk'tiːf] *adj* productive.
Produktivität [prodʊktivi'tɛːt] *f* productivity.
Produzent [produ'tsɛnt] *m* manufacturer; (*FILM*) producer.
produzieren [produ'tsiːrən] *vt* to produce ♦ *vr* to show off.
Prof. [prof] *abk* (= *Professor*) Prof.
profan [pro'faːn] *adj* (*weltlich*) secular, profane; (*gewöhnlich*) mundane.
professionell [profɛsio'nɛl] *adj* professional.
Professor(in) [pro'fesor, profɛ'soːrɪn] *m(f)* professor; (*ÖSTERR: Gymnasiallehrer*) grammar school teacher (*BRIT*), high school teacher (*US*).
Professur [profɛ'suːr] *f;* ~ **(für)** chair (of).
Profi ['proːfi] (**-s, -s**) *m abk* (= *Professional*) pro.
Profil [pro'fiːl] (**-s, -e**) *nt* profile; (*fig*) image; (*Querschnitt*) cross section; (*Längsschnitt*) vertical section; (*von Reifen, Schuhsohle*) tread.
profilieren [profi'liːrən] *vr* to create an image for o.s.
Profilsohle *f* sole with a tread.
Profit [pro'fiːt] (**-(e)s, -e**) *m* profit.
profitieren [profi'tiːrən] *vi:* ~ **(von)** to profit (from).
Profitmacherei (*umg*) *f* profiteering.
pro forma *adv* as a matter of form.
Pro-forma-Rechnung *f* pro forma invoice.
Prognose [pro'gnoːzə] (**-, -n**) *f* prediction, prognosis.
Programm [pro'gram] (**-s, -e**) *nt* programme (*BRIT*), program (*US*); (*COMPUT*) program; (*TV: Sender*) channel; (*Kollektion*) range; **nach ~** as planned; **p~gemäß** *adj* according to plan; ~**fehler** *m* (*COMPUT*) bug; ~**hinweis** *m* (*RUNDF, TV*) programme (*BRIT*) *od* program (*US*) announcement.
programmieren [progra'miːrən] *vt* to programme (*BRIT*), program (*US*); (*COMPUT*) to program; **auf etw** *akk* **programmiert sein** (*fig*) to be geared to sth.
Programmierer(in) (**-s, -**) *m(f)* programmer.

Programmiersprache *f* (*COMPUT*) programming language.
Programmierung *f* (*COMPUT*) programming.
Programmvorschau *f* preview; (*FILM*) trailer.
progressiv [progrɛ'siːf] *adj* progressive.
Projekt [pro'jɛkt] (**-(e)s, -e**) *nt* project.
Projektleiter(in) *m(f)* project manager(ess).
Projektor [pro'jɛktɔr] *m* projector.
projizieren [proji'tsiːrən] *vt* to project.
proklamieren [prokla'miːrən] *vt* to proclaim.
Pro-Kopf-Einkommen *nt* per capita income.
Prokura [pro'kuːra] (**-, Prokuren**) *f* (*form*) power of attorney.
Prokurist(in) [proku'rɪst(ɪn)] *m(f)* attorney.
Prolet [pro'leːt] (**-en, -en**) *m* prole, pleb.
Proletariat [proletari'aːt] (**-(e)s, -e**) *nt* proletariat.
Proletarier [prole'taːriər] (**-s, -**) *m* proletarian.
Prolog [pro'loːk] (**-(e)s, -e**) *m* prologue.
Promenade [promə'naːdə] (**-, -n**) *f* promenade.
Promenadenmischung *f* (*hum*) mongrel.
Promille [pro'mɪle] (**-(s), -**) *nt* alcohol level; ~**grenze** *f* legal (alcohol) limit.
prominent [promi'nɛnt] *adj* prominent.
Prominenz [promi'nɛnts] *f* VIPs *pl*.
Promoter [pro'moːtər] (**-s, -**) *m* promoter.
Promotion [promotsi'oːn] *f* doctorate, Ph.D.
promovieren [promo'viːrən] *vi* to receive a doctorate *etc.*
prompt [prɔmpt] *adj* prompt.
Pronomen [pro'noːmɛn] (**-s, -**) *nt* pronoun.
Propaganda [propa'ganda] (**-**) *f* propaganda.
propagieren [propa'giːrən] *vt* to propagate.
Propangas [pro'paːngaːs] *nt* propane gas.
Propeller [pro'pɛlər] (**-s, -**) *m* propeller.
proper ['prɔpər] (*umg*) *adj* neat, tidy.
Prophet(in) [pro'feːt(ɪn)] (**-en, -en**) *m(f)* prophet(ess).
prophezeien [profe'tsaɪən] *vt* to prophesy.
Prophezeiung *f* prophecy.
prophylaktisch [profy'laktɪʃ] *adj* prophylactic (*form*), preventive.
Proportion [propɔrtsi'oːn] *f* proportion.
proportional [propɔrtsio'naːl] *adj* proportional; **P~schrift** *f* (*COMPUT*) proportional printing.
proportioniert [propɔrtsio'niːrt] *adj:* **gut/ schlecht ~** well/badly proportioned.
Proporz [pro'pɔrts] (**-es, -e**) *m* proportional representation.
Prosa ['proːza] (**-**) *f* prose.
prosaisch [pro'zaːɪʃ] *adj* prosaic.
prosit ['proːzɪt] *interj* cheers!; ~ **Neujahr!** happy New Year!
Prospekt [pro'spɛkt] (**-(e)s, -e**) *m* leaflet, brochure.
prost [proːst] *interj* cheers!
Prostata ['prɔstata] (**-**) *f* prostate gland.
Prostituierte [prostitu'iːrtə] (**-n, -n**) *f*

prostitute.
Prostitution [prɔstitutsi'oːn] *f* prostitution.
prot. [prɔt] *abk* = **protestantisch.**
Protektionismus [protɛktsio'nɪsmʊs] *m* protectionism.
Protektorat [protɛkto'raːt] (-(e)s, -e) *nt* (*Schirmherrschaft*) patronage; (*Schutzgebiet*) protectorate.
Protest [pro'tɛst] (-(e)s, -e) *m* protest.
Protestant(in) [protɛs'tant(ɪn)] *m(f)* Protestant; **p~isch** *adj* Protestant.
Protestbewegung *f* protest movement.
protestieren [protɛs'tiːrən] *vi* to protest.
Protestkundgebung *f* (protest) rally.
Prothese [pro'teːzə] (-, -n) *f* artificial limb; (*Zahn~*) dentures *pl*.
Protokoll [proto'kɔl] (-s, -e) *nt* register; (*Niederschrift*) record; (*von Sitzung*) minutes *pl*; (*diplomatisch*) protocol; (*Polizei~*) statement; (*Strafzettel*) ticket; **(das) ~ führen** (*bei Sitzung*) to take the minutes; (*bei Gericht*) to make a transcript of the proceedings; **etw zu ~ geben** to have sth put on record; (*bei Polizei*) to say sth in one's statement; **~führer** *m* secretary; (*JUR*) clerk (of the court).
protokollieren [protoko'liːrən] *vt* to take down; (*Bemerkung*) to enter in the minutes.
Proton ['proːtɔn] (-s, -en) *nt* proton.
Prototyp *m* prototype.
Protz ['prɔts] (-es, -e) *m* swank; **p~en** *vi* to show off.
protzig *adj* ostentatious.
Proviant [provi'ant] (-s, -e) *m* provisions *pl*, supplies *pl*.
Provinz [pro'vɪnts] (-, -en) *f* province; **das ist finsterste ~** (*pej*) it's a cultural backwater.
provinziell [provɪn'tsiɛl] *adj* provincial.
Provision [provizi'oːn] *f* (*COMM*) commission.
provisorisch [provi'zoːrɪʃ] *adj* provisional.
Provisorium [provi'zoːrium] (-s, -ien) *nt* provisional arrangement.
Provokation [provokatsi'oːn] *f* provocation.
provokativ [provoka'tiːf] *adj* provocative, provoking.
provokatorisch [provoka'toːrɪʃ] *adj* provocative, provoking.
provozieren [provo'tsiːrən] *vt* to provoke.
Proz. *abk* (= *Prozent*) pc.
Prozedur [protse'duːr] *f* procedure; (*pej*) carry-on; **die ~ beim Zahnarzt** the ordeal at the dentist's.
Prozent [pro'tsɛnt] (-(e)s, -e) *nt* per cent, percentage; **~rechnung** *f* percentage calculation; **~satz** *m* percentage.
prozentual [protsɛntu'aːl] *adj* percentage *attrib*.
Prozess▲ [pro'tsɛs] (-es, -e) *m* trial, case; (*Vorgang*) process; **es zum ~ kommen lassen** to go to court; **mit jdm/etw kurzen**

~ machen (*fig: umg*) to make short work of sb/sth; **~anwalt** *m* barrister, counsel; **~führung** *f* handling of a case.
prozessieren [protsɛ'siːrən] *vi*: **~ (mit)** to bring an action (against), go to law (with *od* against).
Prozession [protsɛsi'oːn] *f* procession.
Prozesskosten▲ *pl* (legal) costs *pl*.
prüde ['pryːdə] *adj* prudish.
Prüderie [pryːdə'riː] *f* prudery.
prüfen ['pryːfən] *vt* to examine, test; (*nach~*) to check; (*erwägen*) to consider; (*Geschäftsbücher*) to audit; (*mustern*) to scrutinize.
Prüfer(in) (-s, -) *m(f)* examiner.
Prüfling *m* examinee.
Prüfstein *m* touchstone.
Prüfung *f* (*SCH, UNIV*) examination, exam; (*Über~*) checking; **eine ~ machen** to take *od* sit (*BRIT*) an exam(ination); **durch eine ~ fallen** to fail an exam(ination).
Prüfungs- *zW*: **~ausschuss▲** *m* examining board; **~kommission** *f* examining board; **~ordnung** *f* exam(ination) regulations *pl*.
Prügel ['pryːgəl] (-s, -) *m* cudgel ♦ *pl* beating *sing*.
Prügelei [pryːgə'laɪ] *f* fight.
Prügelknabe *m* scapegoat.
prügeln *vt* to beat ♦ *vr* to fight.
Prügelstrafe *f* corporal punishment.
Prunk [prʊŋk] (-(e)s) *m* pomp, show; **p~voll** *adj* splendid, magnificent.
prusten ['pruːstən] (*umg*) *vi* to snort.
PS *abk* (= *Pferdestärke*) hp; (= *Postskript(um)*) PS.
Psalm [psalm] (-s, -en) *m* psalm.
pseudo- [psɔʏdo] *in zW* pseudo.
Psychiater [psy'çiaːtər] (-s, -) *m* psychiatrist.
Psychiatrie [psyçia'triː] *f* psychiatry.
psychiatrisch [psy'çiaːtrɪʃ] *adj* psychiatric; **~e Klinik** mental *od* psychiatric hospital.
psychisch ['psy:çɪʃ] *adj* psychological; **~ gestört** emotionally *od* psychologically disturbed.
Psychoanalyse [psyçoana'lyːzə] *f* psychoanalysis.
Psychologe [psyço'loːgə] (-n, -n) *m* psychologist.
Psychologie *f* psychology.
Psychologin *f* psychologist.
psychologisch *adj* psychological.
Psychotherapie *f* psychotherapy.
PTT (*SCHWEIZ*) *abk* (= *Post, Telefon, Telegraf*) *postal and telecommunication services.*
Pubertät [puber'tɛːt] *f* puberty.
publik [pu'bliːk] *adj*: **~ werden** to become public knowledge.
Publikum ['puːblikum] (-s) *nt* audience; (*SPORT*) crowd; **das ~ in dieser Bar ist sehr gemischt** you get a very mixed group of

people using this bar.

Publikumserfolg *m* popular success.

Publikumsverkehr *m*: „heute kein ~"
"closed today for public business".

publizieren [publi'tsiːrən] *vt* to publish.

Pudding ['pudɪŋ] (-s, -e *od* -s) *m* blancmange;
~pulver *nt* custard powder.

Pudel ['puːdəl] (-s, -) *m* poodle; das also ist des
~s Kern (*fig*) that's what it's really all about.

pudelwohl (*umg*) *adj*: sich ~ fühlen to feel on
top of the world.

Puder ['puːdər] (-s, -) *m* powder; ~dose *f*
powder compact.

pudern *vt* to powder.

Puderzucker *m* icing sugar (*BRIT*),
confectioner's sugar (*US*).

Puertoricaner(in) [puɛrtori'kaːnər(ɪn)] (-s, -)
m(f) Puerto Rican.

puertoricanisch *adj* Puerto Rican.

Puerto Rico [pu'ɛrto'riːko] (-s) *nt* Puerto Rico.

Puff¹ [puf] (-(e)s, -e) *m* (*Wäsche~*) linen
basket; (*Sitz~*) pouf.

Puff² (-(e)s, ¨-e) (*umg*) *m* (*Stoß*) push.

Puff³ (-s, -s) (*umg*) *m od nt* (*Bordell*) brothel.

Puffer (-s, -) *m* (*auch COMPUT*) buffer;
~speicher *m* (*COMPUT*) cache; ~staat *m*
buffer state; ~zone *f* buffer zone.

Puffreis *m* puffed rice.

Pulle ['pulə] (-, -n) (*umg*) *f* bottle; volle
~ fahren (*umg*) to drive flat out.

Pulli ['puli] (-s, -s) (*umg*) *m* sweater, jumper
(*BRIT*).

Pullover [pu'loːvər] (-s, -) *m* sweater, jumper
(*BRIT*).

Pullunder [pu'lundər] (-s, -) *m* slipover.

Puls [puls] (-es, -e) *m* pulse; ~ader *f* artery;
sich *dat* die ~ader(n) aufschneiden to slash
one's wrists.

pulsieren [pul'ziːrən] *vi* to throb, pulsate.

Pult [pult] (-(e)s, -e) *nt* desk.

Pulver ['pulfər] (-s, -) *nt* powder; ~fass▲ *nt*
powder keg; (wie) auf einem ~fass sitzen
(*fig*) to be sitting on (top of) a volcano.

pulverig *adj* powdery.

pulverisieren [pulveri'ziːrən] *vt* to pulverize.

Pulverkaffee *m* instant coffee.

Pulverschnee *m* powdery snow.

pummelig ['puməlɪç] *adj* chubby.

Pump (-(e)s) (*umg*) *m*: auf ~ kaufen to buy on
tick (*BRIT*) *od* credit.

Pumpe ['pumpə] (-, -n) *f* pump; (*umg: Herz*)
ticker.

pumpen *vt* to pump; (*umg*) to lend;
(: *entleihen*) to borrow.

Pumphose *f* knickerbockers *pl*.

puncto ['punkto] *präp +gen*: in ~ X where X is
concerned.

Punkt [punkt] (-(e)s, -e) *m* point; (*bei Muster*)
dot; (*Satzzeichen*) full stop, period (*bes US*);
~ 12 Uhr at 12 o'clock on the dot; nun mach

aber mal einen ~! (*umg*) come off it!;
p~gleich *adj* (*SPORT*) level.

punktieren [punk'tiːrən] *vt* to dot; (*MED*) to
aspirate.

pünktlich ['pʏŋktlɪç] *adj* punctual; P~keit *f*
punctuality.

Punkt- *zW*: ~matrix *f* dot matrix; ~richter *m*
(*SPORT*) judge; ~sieg *m* victory on points;
~wertung *f* points system; ~zahl *f* score.

Punsch [punʃ] (-(e)s, -e) *m* (hot) punch.

Pupille [pu'pɪlə] (-, -n) *f* (*im Auge*) pupil.

Puppe ['pupə] (-, -n) *f* doll; (*Marionette*)
puppet; (*Insekten~*) pupa, chrysalis;
(*Schaufenster~*, MIL: *Übungs~*) dummy;
(*umg: Mädchen*) doll, bird (*bes BRIT*).

Puppen- *zW*: ~haus *nt* doll's house, dollhouse
(*US*); ~spieler *m* puppeteer; ~stube *f*
(single-room) doll's house *od* dollhouse
(*US*); ~theater *nt* puppet theatre (*BRIT*) *od*
theater (*US*); ~wagen *m* doll's pram.

pupsen ['puːpsən] (*umg*) *vi* to make a rude
noise/smell.

pur [puːr] *adj* pure; (*völlig*) sheer; (*Whisky*)
neat.

Püree [py'reː] (-s, -s) *nt* purée; (*Kartoffel~*)
mashed potatoes *pl*.

Purpur ['purpur] (-s) *m* crimson.

Purzelbaum ['purtsəlbaum] *m* somersault.

purzeln *vi* to tumble.

Puste ['puːstə] (-) (*umg*) *f* puff; (*fig*) steam.

Pusteblume ['puːstə] *f* dandelion.

Pustel ['pustəl] (-, -n) *f* pustule.

pusteln *vi* to puff, blow.

pusten ['puːstən] (*umg*) *vi* to puff.

Pute ['puːtə] (-, -n) *f* turkey hen.

Puter (-s, -) *m* turkey cock; p~rot *adj* scarlet.

Putsch [putʃ] (-(e)s, -e) *m* revolt, putsch;
p~en *vi* to revolt; ~ist *m* rebel; ~versuch *m*
attempted coup (d'état).

Putte ['putə] (-, -n) *f* (*KUNST*) cherub.

Putz [puts] (-es) *m* (*Mörtel*) plaster, roughcast;
eine Mauer mit ~ verkleiden to roughcast a
wall.

putzen *vt* to clean; (*Nase*) to wipe, blow ♦ *vr* to
clean o.s.; (*veraltet*: sich schmücken) to dress
o.s. up.

Putzfrau *f* cleaning lady, charwoman (*BRIT*).

putzig *adj* quaint, funny.

Putzlappen *m* cloth.

putzmunter (*umg*) *adj* full of beans.

Putz- *zW*: ~tag *m* cleaning day; ~teufel (*umg*)
m maniac for housework; ~zeug *nt* cleaning
things *pl*.

Puzzle ['pasəl] (-s, -s) *nt* jigsaw (puzzle).

PVC [peːfauˈtseː] (-(s)) *nt* abk PVC.

Pygmäe [pyˈgmɛːə] (-n, -n) *m* Pygmy.

Pyjama [piˈdʒaːma] (-s, -s) *m* pyjamas *pl* (*BRIT*),
pajamas *pl* (*US*).

Pyramide [pyraˈmiːdə] (-, -n) *f* pyramid.

Pyrenäen [pyreˈnɛːən] *pl*: die ~ the Pyrenees

pl.
Python ['py:tɔn] (-s, -s) *m* python; ~**schlange** *f* python.

Q, q

Q, q [ku:] *nt* Q, q; ~ **wie Quelle** ≈ Q for Queen.
qcm *abk* (= *Quadratzentimeter*) cm².
qkm *abk* (= *Quadratkilometer*) km².
qm *abk* (= *Quadratmeter*) m².
quabb(e)lig ['kvab(ə)lıç] *adj* wobbly; (*Frosch*) slimy.
Quacksalber ['kvakzalbər] (-s, -) *m* quack (doctor).
Quader ['kva:dər] (-s, -) *m* square stone block; (*MATH*) cuboid.
Quadrat [kva'dra:t] (-(e)s, -e) *nt* square; **q~isch** *adj* square; ~**latschen** *pl* (*hum: umg: Schuhe*) clodhoppers *pl*; ~**meter** *m* square metre (*BRIT*) *od* meter (*US*).
quadrieren [kva'dri:rən] *vt* to square.
quaken ['kva:kən] *vi* to croak; (*Ente*) to quack.
quäken ['kvε:kən] *vi* to screech.
quäkend *adj* screeching.
Quäker(in) (-s, -) *m(f)* Quaker.
Qual [kva:l] (-, -en) *f* pain, agony; (*seelisch*) anguish; **er machte ihr das Leben zur** ~ he made her life a misery.
quälen ['kvε:lən] *vt* to torment ♦ *vr* (*sich abmühen*) to struggle; (*geistig*) to torment o.s.; ~**de Ungewissheit** agonizing uncertainty.
Quälerei [kvε:lə'raı] *f* torture, torment.
Quälgeist (*umg*) *m* pest.
Qualifikation [kvalifikatsi'o:n] *f* qualification.
qualifizieren [kvalifi'tsi:rən] *vt* to qualify; (*einstufen*) to label ♦ *vr* to qualify.
qualifiziert *adj* (*Arbeiter, Nachwuchs*) qualified; (*Arbeit*) professional; (*POL: Mehrheit*) requisite.
Qualität [kvali'tε:t] *f* quality; **von ausgezeichneter** ~ (of) top quality.
qualitativ [kvalita'ti:f] *adj* qualitative.
Qualitätskontrolle *f* quality control.
Qualitätsware *f* article of high quality.
Qualle ['kvalə] (-, -n) *f* jellyfish.
Qualm [kvalm] (-(e)s) *m* thick smoke.
qualmen *vt, vi* to smoke.
qualvoll ['kva:lfɔl] *adj* painful; (*Schmerzen*) excruciating, agonizing.
Quantensprung *m* quantum leap.
Quantentheorie ['kvantənteori:] *f* quantum theory.

Quantität [kvanti'tε:t] *f* quantity.
quantitativ [kvantita'ti:f] *adj* quantitative.
Quantum ['kvantʊm] (-s, **Quanten**) *nt* quantity, amount.
Quarantäne [karan'tε:nə] (-, -n) *f* quarantine.
Quark¹ [kvark] (-s) *m* curd cheese, quark; (*umg*) rubbish.
Quark² [kvark] (-s, -s) *nt* (*PHYS*) quark.
Quarta ['kvarta] (-, **Quarten**) *f* (*früher*) third year of German secondary school.
Quartal [kvar'ta:l] (-s, -e) *nt* quarter (year); **Kündigung zum** ~ quarterly notice date.
Quartett [kvar'tεt] (-(e)s, -e) *nt* (*MUS*) quartet; (*KARTEN*) set of four cards; (: *Spiel*) ≈ happy families.
Quartier [kvar'ti:r] (-s, -e) *nt* accommodation (*BRIT*), accommodations *pl* (*US*); (*MIL*) quarters *pl*; (*Stadt~*) district.
Quarz [kva:rts] (-es, -e) *m* quartz.
quasi ['kva:zi] *adv* virtually ♦ *präf* quasi.
quasseln ['kvasəln] (*umg*) *vi* to natter.
Quaste ['kvastə] (-, -n) *f* (*Troddel*) tassel; (*von Pinsel*) bristles *pl*.
Quästur [kvεs'tu:r] *f* (*UNIV*) bursary.
Quatsch [kvatʃ] (-es) (*umg*) *m* rubbish, hogwash; **hört doch endlich auf mit dem** ~! stop being so stupid!; ~ **machen** to mess about.
quatschen *vi* to chat, natter.
Quatschkopf (*umg*) *m* (*pej: Schwätzer*) windbag; (*Dummkopf*) twit (*BRIT*).
Quecksilber ['kvεkzılbər] *nt* mercury.
Quelle ['kvelə] (-, -n) *f* spring; (*eines Flusses, COMPUT*) source; **an der** ~ **sitzen** (*fig*) to be well placed; **aus zuverlässiger** ~ from a reliable source.
quellen *vi* (*hervor~*) to pour *od* gush forth; (*schwellen*) to swell.
Quellenangabe *f* reference.
Quellsprache *f* source language.
Quengelei [kvεŋə'laı] (*umg*) *f* whining.
quengelig (*umg*) *adj* whining.
quengeln (*umg*) *vi* to whine.
quer [kve:r] *adv* crossways, diagonally; (*rechtwinklig*) at right angles; ~ **gestreift** horizontally striped; **sich** ~ **legen** (*fig: umg*) to be awkward; ~ **auf dem Bett** across the bed; **Q~balken** *m* crossbeam; **Q~denker** *m* maverick.
Quere ['kve:rə] (-) *f*: **jdm in die** ~ **kommen** to cross sb's path.
quer- *zW*: ~**feldein** *adv* across country; **Q~feldeinrennen** *nt* cross-country; (*mit Motorrädern*) motocross; (*Radrennen*) cyclocross; **Q~flöte** *f* flute; **Q~format** *nt* oblong format; **Q~kopf** *m* awkward customer; **Q~schiff** *nt* transept; **Q~schläger** (*umg*) *m* ricochet; **Q~schnitt** *m* cross section; ~**schnittgelähmt** *adj* paraplegic, paralysed below the waist; **Q~schnittslähmung** *f*

paraplegia; **Q~straße** *f* intersecting road;
Q~strich *m* (horizontal) stroke *od* line;
Q~summe *f* (*MATH*) sum of digits of a
number; **Q~treiber** (**-s, -**) *m* obstructionist.
Querulant(in) [kveru'lant(ɪn)] (**-en, -en**) *m(f)*
grumbler.
Querverbindung *f* connection, link.
Querverweis *m* cross-reference.
quetschen ['kvɛtʃən] *vt* to squash, crush;
(*MED*) to bruise ♦ *vr* (*sich klemmen*) to be
caught; (*sich zwängen*) to squeeze (o.s.).
Quetschung *f* bruise, contusion (*form*).
Queue [køː] (**-s, -s**) *nt* (*BILLIARD*) cue.
quicklebendig ['kvɪkle'bɛndɪç] (*umg*) *adj*
(*Kind*) lively, active; (*ältere Person*) spry.
quieken ['kviːkən] *vi* to squeak.
quietschen ['kviːtʃən] *vi* to squeak.
quietschvergnügt ['kviːtʃfɛrgnyːkt] (*umg*) *adj*
happy as a sandboy.
quillt [kvɪlt] *vb siehe* **quellen**.
Quinta ['kvɪnta] (**-, Quinten**) *f* (*früher*) *second*
year in German secondary school.
Quintessenz ['kvɪntesɛnts] *f* quintessence.
Quintett [kvɪn'tɛt] (**-(e)s, -e**) *nt* quintet.
Quirl [kvɪrl] (**-(e)s, -e**) *m* whisk.
quirlig ['kvɪrlɪç] *adj* lively, frisky.
quitt [kvɪt] *adj* quits, even.
Quitte (**-, -n**) *f* quince.
quittieren [kvɪ'tiːrən] *vt* to give a receipt for;
(*Dienst*) to leave.
Quittung *f* receipt; **er hat seine ~ bekommen**
he's paid the penalty *od* price.
Quiz [kvɪs] (**-, -**) *nt* quiz.
quoll *etc* [kvɔl] *vb siehe* **quellen**.
Quote ['kvoːtə] (**-, -n**) *f* proportion; (*Rate*) rate.
Quotenregelung *f* quota system (*for ensuring*
adequate representation of women).
Quotierung [kvo'tiːruŋ] *f* (*COMM*) quotation.

R, r

R¹, r *nt* R, r; **~ wie Richard** ≈ R for Robert, R
for Roger (*US*).
R², r *abk* (= *Radius*) r.
r. *abk* (= *rechts*) r.
Rabatt [ra'bat] (**-(e)s, -e**) *m* discount.
Rabatte (**-, -n**) *f* flower bed, border.
Rabattmarke *f* trading stamp.
Rabatz [ra'bats] (**-es**) (*umg*) *m* row, din.
Rabe ['raːbə] (**-n, -n**) *m* raven.
Rabenmutter *f* bad mother.
rabenschwarz *adj* pitch-black.
rabiat [rabi'aːt] *adj* furious.

Rache ['raxə] (**-**) *f* revenge, vengeance.
Rachen (**-s, -**) *m* throat.
rächen ['rɛçən] *vt* to avenge, revenge ♦ *vr* to
take (one's) revenge; **das wird sich ~** you'll
pay for that.
Rachitis [ra'xiːtɪs] (**-**) *f* rickets *sing*.
Rachsucht *f* vindictiveness.
rachsüchtig *adj* vindictive.
Racker ['rakər] (**-s, -**) *m* rascal, scamp.
Rad [raːt] (**-(e)s, -er**) *nt* wheel; (*Fahr~*) bike;
~ fahren to cycle; **unter die Räder kommen**
(*umg*) to fall into bad ways; **das fünfte ~ am**
Wagen sein (*umg*) to be in the way.
Radar ['raːdaːr] (**-s**) *m od nt* radar; **~falle** *f*
speed trap; **~kontrolle** *f* radar-controlled
speed check.
Radau [ra'dau] (**-s**) (*umg*) *m* row; **~ machen** to
kick up a row; (*Unruhe stiften*) to cause
trouble.
Raddampfer *m* paddle steamer.
radebrechen ['raːdəbrɛçən] *vi untr:* **Deutsch** *etc*
~ to speak broken German *etc*.
radeln *vi* (*Hilfsverb sein*) to cycle.
Rädelsführer ['rɛːdəlsfyːrər] (**-s, -**) *m*
ringleader.
Rad- *zW:* **~fahrer** *m* cyclist; (*pej: umg*) crawler;
~fahrweg *m* cycle track *od* path.
radieren [ra'diːrən] *vt* to rub out, erase; (*ART*)
to etch.
Radiergummi *m* rubber (*BRIT*), eraser (*bes*
US).
Radierung *f* etching.
Radieschen [ra'diːsçən] *nt* radish.
radikal [radi'kaːl] *adj* radical; **~ gegen etw**
vorgehen to take radical steps against sth.
Radikale(r) *f(m)* radical.
Radikalisierung [radikali'ziːruŋ] *f*
radicalization.
Radikalkur (*umg*) *f* drastic remedy.
Radio ['raːdio] (**-s, -s**) *nt* radio, wireless (*bes*
BRIT); **im ~** on the radio; **r~aktiv** *adj*
radioactive; **r~aktiver Niederschlag**
(radioactive) fallout; **~aktivität** *f*
radioactivity; **~apparat** *m* radio (set);
~rekorder *m* radio-cassette recorder.
Radium ['raːdium] (**-s**) *nt* radium.
Radius ['raːdius] (**-, Radien**) *m* radius.
Radkappe *f* (*AUT*) hub cap.
Radler(in) (**-s, -**) *m(f)* cyclist.
Rad- *zW:* **~rennbahn** *f* cycling (race)track;
~rennen *nt* cycle race; (*Sportart*) cycle
racing; **~sport** *m* cycling.
RAF (**-**) *f abk* (= *Rote Armee Fraktion*) Red Army
Faction.
raffen ['rafən] *vt* to snatch, pick up; (*Stoff*) to
gather (up); (*Geld*) to pile up, rake in; (*umg:*
verstehen) to catch on to.
Raffgier *f* greed, avarice.
Raffinade [rafi'naːdə] *f* refined sugar.
Raffinesse [rafi'nɛsə] (**-**) *f* (*Feinheit*)

refinement; (*Schlauheit*) cunning.
raffinieren [rafi'niːrən] *vt* to refine.
raffiniert *adj* crafty, cunning; (*Zucker*) refined.
Rage ['raːʒə] (-) *f* (*Wut*) rage, fury.
ragen ['raːgən] *vi* to tower, rise.
Rahm [raːm] (-s) *m* cream.
Rahmen (-s, -) *m* frame(work); **aus dem ~ fallen** to go too far; **im ~ des Möglichen** within the bounds of possibility; **r~** *vt* to frame; (*~handlung f* (*LITER*) background story; **~plan** *m* outline plan; **~richtlinien** *pl* guidelines *pl*.
rahmig *adj* creamy.
räkeln ['rɛːkln] *vr* = **rekeln**.
Rakete [ra'keːtə] (-, -n) *f* rocket; **ferngelenkte ~** guided missile.
Raketenstützpunkt *m* missile base.
Rallye ['rali] (-, -s) *f* rally.
rammdösig ['ramdøːzɪç] (*umg*) *adj* giddy, dizzy.
rammen ['ramən] *vt* to ram.
Rampe ['rampə] (-, -n) *f* ramp.
Rampenlicht *nt* (*THEAT*) footlights *pl*; **sie möchte immer im ~ stehen** (*fig*) she always wants to be in the limelight.
ramponieren [rampo'niːrən] (*umg*) *vt* to damage.
Ramsch [ramʃ] (-(e)s, -e) *m* junk.
ran [ran] (*umg*) *adv* = **heran**.
Rand [rant] (-(e)s, ̈-er) *m* edge; (*von Brille, Tasse etc*) rim; (*Hut~*) brim; (*auf Papier*) margin; (*Schmutz~, unter Augen*) ring; (*fig*) verge, brink; **außer ~ und Band** wild; **am ~e bemerkt** mentioned in passing; **am ~e der Stadt** on the outskirts of the town; **etw am ~e miterleben** to experience sth from the sidelines.
randalieren [randa'liːrən] *vi* to (go on the) rampage.
Rand- *zW*: **~bemerkung** *f* marginal note; (*fig*) odd comment; **~erscheinung** *f* unimportant side effect, marginal phenomenon; **~figur** *f* minor figure; **~gebiet** *nt* (*GEOG*) fringe; (*POL*) border territory; (*fig*) subsidiary; **~streifen** *m* (*der Straße*) verge (*BRIT*), berm (*US*); (*der Autobahn*) hard shoulder (*BRIT*), shoulder (*US*); **r~voll** *adj* full to the brim.
rang *etc* [raŋ] *vb siehe* **ringen**.
Rang (-(e)s, ̈-e) *m* rank; (*Stand*) standing; (*Wert*) quality; (*THEAT*) circle; **ein Mann ohne ~ und Namen** a man without any standing; **erster/zweiter ~** dress/upper circle.
Rangabzeichen *nt* badge of rank.
Rangälteste(r) *m* senior officer.
rangeln ['raŋəln] (*umg*) *vi* to scrap; (*um Posten*) (**um**) to wrangle (for).
Rangfolge *f* order of rank (*bes MIL*).
Rangierbahnhof [rãˈʒiːrbaːnhoːf] *m* marshalling yard.

rangieren *vt* (*EISENB*) to shunt, switch (*US*)
♦ *vi* to rank, be classed.
Rangiergleis *nt* siding.
Rangliste *f* (*SPORT*) ranking list, rankings *pl*.
Rangordnung *f* hierarchy; (*MIL*) rank.
Rangunterschied *m* social distinction; (*MIL*) difference in rank.
rank [raŋk] *adj*: **~ und schlank** (*liter*) slender and supple.
Ranke ['raŋkə] (-, -n) *f* tendril, shoot.
Ränke ['rɛŋkə] *pl* intrigues *pl*; **~schmied** *m* (*liter*) intriguer.
ranken ['raŋkən] *vr* to trail, grow; **sich um etw ~** to twine around sth.
ränkevoll *adj* scheming.
ranklotzen ['ranklɔtsən] (*umg*) *vi* to put one's nose to the grindstone.
ranlassen *unreg* (*umg*) *vt*: **jdn ~** to let sb have a go.
rann *etc* [ran] *vb siehe* **rinnen**.
rannte *etc* ['rantə] *vb siehe* **rennen**.
Ranzen ['rantsən] (-s, -) *m* satchel; (*umg: Bauch*) belly, gut.
ranzig ['rantsɪç] *adj* rancid.
Rappe ['rapə] (-n, -n) *m* black horse.
Rappel ['rapəl] (-s, -) (*umg*) *m* (*Fimmel*) craze; (*Wutanfall*): **einen ~ kriegen** to throw a fit.
Rappen ['rapən] (-s, -) (*SCHWEIZ*) *m* (*Geld*) centime, rappen.
Raps [raps] (-es, -e) *m* (*BOT*) rape; **~öl** *nt* rapeseed oil.
rar [raːr] *adj* rare; **sich ~ machen** (*umg*) to stay away.
Rarität [rariˈtɛːt] *f* rarity; (*Sammelobjekt*) curio.
rasant [ra'zant] *adj* quick, rapid.
rasch [raʃ] *adj* quick.
rascheln *vi* to rustle.
rasen ['raːzən] *vi* to rave; (*sich schnell bewegen*) to race.
Rasen (-s, -) *m* grass; (*gepflegt*) lawn.
rasend *adj* furious; **~e Kopfschmerzen** a splitting headache.
Rasen- *zW*: **~mäher** (-s, -) *m* lawnmower; **~mähmaschine** *f* lawnmower; **~platz** *m* lawn; **~sprenger** *m* (lawn) sprinkler.
Raserei [raːzə'raɪ] *f* raving, ranting; (*Schnelle*) reckless speeding.
Rasier- *zW*: **~apparat** *m* shaver; **~creme** *f* shaving cream; **r~en** *vt*, *vr* to shave; **~klinge** *f* razor blade; **~messer** *nt* razor; **~pinsel** *m* shaving brush; **~seife** *f* shaving soap *od* stick; **~wasser** *nt* aftershave.
raspeln ['raspəln] *vt* to grate; (*Holz*) to rasp.
Rasse ['rasə] (-, -n) *f* race; (*Tier~*) breed; **~hund** *m* thoroughbred dog.
Rassel (-, -n) *f* rattle.
rasseln *vi* to rattle, clatter.
Rassenhass▲ *m* race *od* racial hatred.
Rassentrennung *f* racial segregation.

rassig ['rasıç] *adj* (*Pferd, Auto*) sleek; (*Frau*) vivacious; (*Wein*) spirited, lively.

Rassismus [ra'sısmʊs] (-) *m* racialism, racism.

rassistisch [ra'sıstıʃ] *adj* racialist, racist.

Rast [rast] (-, -en) *f* rest; **r~en** *vi* to rest.

Raster ['rastər] (-s, -) *m* (*ARCHIT*) grid; (*PHOT: Gitter*) screen; (*TV*) raster; (*fig*) framework.

Rast- *zW:* **~haus** *nt* (*AUT*) service area, services *pl;* **~hof** *m* (motorway) motel; (*mit Tankstelle*) service area (*with a motel*); **r~los** *adj* tireless; (*unruhig*) restless; **~platz** *m* (*AUT*) lay-by (*BRIT*); **~stätte** *f* service area, services *pl.*

Rasur [ra'zu:r] *f* shave; (*das Rasieren*) shaving.

Rat [ra:t] (-(e)s, -schläge) *m* (piece of) advice; **jdm mit ~ und Tat zur Seite stehen** to support sb in (both) word and deed; **sich ~ suchend an jdn wenden** to turn to sb for advice; (**sich** *dat*) **keinen ~ wissen** not to know what to do; *siehe auch* **zurate.**

rät [rɛ:t] *vb siehe* **raten.**

Rate (-, -n) *f* instalment (*BRIT*), installment (*US*); **auf ~n kaufen** to buy on hire purchase (*BRIT*) *od* on the installment plan (*US*); **in ~n zahlen** to pay in instalments (*BRIT*) *od* installments (*US*).

raten *unreg vt, vi* to guess; (*empfehlen*): **jdm ~** to advise sb; **dreimal darfst du ~** I'll give you three guesses (*auch ironisch*).

ratenweise *adv* by instalments (*BRIT*) *od* installments (*US*).

Ratenzahlung *f* hire purchase (*BRIT*), installment plan (*US*).

Ratespiel *nt* guessing game; (*TV*) quiz; (: *Beruferaten etc*) panel game.

Ratgeber (-s, -) *m* adviser.

Rathaus *nt* town hall; (*einer Großstadt*) city hall (*bes US*).

ratifizieren [ratifi'tsi:rən] *vt* to ratify.

Ratifizierung *f* ratification.

Ration [ratsi'o:n] *f* ration.

rational [ratsio'na:l] *adj* rational.

rationalisieren [ratsionali'zi:rən] *vt* to rationalize.

rationell [ratsio'nɛl] *adj* efficient.

rationieren [ratsio'ni:rən] *vt* to ration.

ratlos *adj* at a loss, helpless.

Ratlosigkeit *f* helplessness.

rätoromanisch [rɛtoro'ma:nıʃ] *adj* Rhaetian.

ratsam *adj* advisable.

Ratschlag *m* (piece of) advice.

Rätsel ['rɛ:tsəl] (-s, -) *nt* puzzle; (*Wort~*) riddle; **vor einem ~ stehen** to be baffled; **r~haft** *adj* mysterious; **es ist mir r~haft** it's a mystery to me; **r~n** *vi* to puzzle; **~raten** *nt* guessing game.

Ratsherr *m* councillor (*BRIT*), councilor (*US*).

Ratskeller *m* town-hall restaurant.

Ratte ['ratə] (-, -n) *f* rat.

Rattenfänger (-s, -) *m* rat-catcher.

rattern ['ratərn] *vi* to rattle, clatter.

rau▲ [rau] *adj* rough, coarse; (*Wetter*) harsh; **in ~en Mengen** (*umg*) by the ton, galore.

Raub [raup] (-(e)s) *m* robbery; (*Beute*) booty; **~bau** *m* overexploitation; **~druck** *m* pirate(d) edition.

raubeinig▲ *adj* rough-and-ready.

rauben ['raubən] *vt* to rob; (*jdn*) to kidnap, abduct.

Räuber ['rɔybər] (-s, -) *m* robber; **r~isch** *adj* thieving.

Raub- *zW:* **~fisch** *m* predatory fish; **r~gierig** *adj* rapacious; **~kassette** *f* pirate cassette; **~mord** *m* robbery with murder; **~tier** *nt* predator; **~überfall** *m* robbery with violence; **~vogel** *m* bird of prey.

Rauch [raux] (-(e)s) *m* smoke; **~abzug** *m* smoke outlet.

rauchen *vt, vi* to smoke; **mir raucht der Kopf** (*fig*) my head's spinning; **„R~ verboten"** "no smoking".

Raucher(in) (-s, -) *m(f)* smoker; **~abteil** *nt* (*EISENB*) smoker.

räuchern ['rɔyçərn] *vt* to smoke, cure.

Räucherspeck *m ≈* smoked bacon.

Räucherstäbchen *nt* joss stick.

Rauch- *zW:* **~fahne** *f* smoke trail; **~fang** *m* chimney hood; **~fleisch** *nt* smoked meat.

rauchig *adj* smoky.

Rauchschwaden *pl* drifts of smoke *pl.*

räudig ['rɔydıç] *adj* mangy.

rauf [rauf] (*umg*) *adv* = **herauf; hinauf.**

Raufasertapete▲ *f* woodchip paper.

Raufbold (-(e)s, -e) *m* thug, hooligan.

raufen *vt* (*Haare*) to pull out ◆ *vi, vr* to fight.

Rauferei [raufə'rai] *f* brawl, fight.

rauflustig *adj* ready for a fight, pugnacious.

rauh *etc△ siehe* **rau** *etc.*

rauhaarig▲ *adj* wire-haired; **R~reif** *m* hoarfrost.

Raum [raum] (-(e)s, Räume) *m* space; (*Zimmer, Platz*) room; (*Gebiet*) area; **~ sparend** space-saving; **eine Frage im ~ stehen lassen** to leave a question unresolved; **~ausstatter(in)** *m(f)* interior decorator.

räumen ['rɔymən] *vt* to clear; (*Wohnung, Platz*) to vacate, move out of; (*verlassen: Gebäude, Gebiet*) to evacuate; (*wegbringen*) to shift, move; (*in Schrank etc*) to put away.

Raum- *zW:* **~fähre** *f* space shuttle; **~fahrer** *m* astronaut; (*sowjetisch*) cosmonaut; **~fahrt** *f* space travel.

Räumfahrzeug ['rɔymfa:rtsɔyk] *nt* bulldozer; (*für Schnee*) snow-clearer.

Rauminhalt *m* cubic capacity, volume.

Raumkapsel *f* space capsule.

räumlich ['rɔymlıç] *adj* spatial; **R~keiten** *pl* premises *pl.*

Raum- *zW:* **~mangel** *m* lack of space; **~maß**

Spelling Reform: ▲ *new spelling* △ *old spelling (to be phased out)*

nt unit of volume; cubic measurement; ~**meter** *m* cubic metre (*BRIT*) *od* meter (*US*); ~**pflegerin** *f* cleaner; ~**schiff** *nt* spaceship; ~**schifffahrt▲** *f* space travel; ~**station** *f* space station; ~**transporter** *m* space shuttle.

Räumung ['rɔʏmʊŋ] *f* clearing (away); (*von Haus etc*) vacating; (*wegen Gefahr*) evacuation; (*unter Zwang*) eviction.

Räumungs- *zW*: ~**befehl** *m* eviction order; ~**klage** *f* action for eviction; ~**verkauf** *m* clearance sale.

raunen ['raʊnən] *vt, vi* to whisper.

Raupe ['raʊpə] (-, -n) *f* caterpillar; (*Raupenkette*) (caterpillar) track.

Raupenschlepper *m* caterpillar tractor.

Raureif▲ ['raʊraɪf] *m* hoarfrost.

raus [raʊs] (*umg*) *adv* = **heraus; hinaus.**

Rausch [raʊʃ] (-(e), *pl* **Räusche**) *m* intoxication; **einen ~ haben** to be drunk.

rauschen *vi* (*Wasser*) to rush; (*Baum*) to rustle; (*Radio etc*) to hiss; (*Mensch*) to sweep, sail.

rauschend *adj* (*Beifall*) thunderous; (*Fest*) sumptuous.

Rauschgift *nt* drug; ~**handel** *m* drug traffic; ~**süchtige(r)** *f(m)* drug addict.

rausfliegen *unreg* (*umg*) *vi* to be chucked out.

räuspern ['rɔʏspərn] *vr* to clear one's throat.

Rausschmeißer ['raʊsʃmaɪsər] (-s, -) (*umg*) *m* bouncer.

Raute ['raʊtə] (-, -n) *f* diamond; rhombus.

rautenförmig *adj* rhombic.

Razzia ['ratsia] (-, **Razzien**) *f* raid.

Reagenzglas [rea'gɛntsglaːs] *nt* test tube.

reagieren [rea'giːrən] *vi*: ~ (**auf** +*akk*) to react (to).

Reaktion [reaktsi'oːn] *f* reaction.

reaktionär [reaktsio'nɛːr] *adj* reactionary.

Reaktionsfähigkeit *f* reactions *pl*.

Reaktionsgeschwindigkeit *f* speed of reaction.

Reaktor [re'aktɔr] *m* reactor; ~**kern** *m* reactor core; ~**unglück** *nt* nuclear accident.

real [re'aːl] *adj* real, material; **R~einkommen** *nt* real income.

realisierbar [reali'ziːrbaːr] *adj* practicable, feasible.

Realismus [rea'lɪsmʊs] *m* realism.

Realist(in) [rea'lɪst(ɪn)] *m(f)* realist; **r~isch** *adj* realistic.

Realität [reali'tɛːt] *f* reality; **Realitäten** *pl* (*Gegebenheiten*) facts *pl*.

realitätsfremd *adj* out of touch with reality.

Realpolitik *f* political realism.

Realschule *f* ≈ middle school (*BRIT*), junior high school (*US*).

REALSCHULE

The **Realschule** is one of the choices of secondary schools available to a German schoolchild after the **Grundschule**. At the end of six years schooling in the **Realschule** pupils gains the **mittlere Reife** and usually go on to some kind of training or to a college of further education.

Realzeit *f* real time.

Rebe ['reːbə] (-, -n) *f* vine.

Rebell(in) [re'bɛl(ɪn)] (-en, -en) *m(f)* rebel.

rebellieren [rebɛ'liːrən] *vi* to rebel.

Rebellion [rebɛli'oːn] *f* rebellion.

rebellisch [re'bɛlɪʃ] *adj* rebellious.

Rebensaft *m* wine.

Reb- [rep] *zW*: ~**huhn** *nt* partridge; ~**laus** *f* vine pest; ~**stock** *m* vine.

Rechen ['rɛçən] (-s, -) *m* rake; **r~** *vt, vi* to rake.

Rechen- *zW*: ~**aufgabe** *f* sum, mathematical problem; ~**fehler** *m* miscalculation; ~**maschine** *f* adding machine.

Rechenschaft *f* account; **jdm über etw** *akk* ~ **ablegen** to account to sb for sth; **jdn zur** ~ **ziehen (für)** to call sb to account (for *od* over); **jdm** ~ **schulden** to be accountable to sb.

Rechenschaftsbericht *m* report.

Rechenschieber *m* slide rule.

Rechenzentrum *nt* computer centre (*BRIT*) *od* center (*US*).

recherchieren [reʃɛr'ʃiːrən] *vt, vi* to investigate.

rechnen ['rɛçnən] *vt, vi* to calculate; (*veranschlagen*) to estimate, reckon; **jdn/etw zu etw** ~ to count sb/sth among sth; ~ **mit** to reckon with; ~ **auf** +*akk* to count on.

Rechnen *nt* arithmetic; (*bes SCH*) sums *pl*.

Rechner (-s, -) *m* calculator; (*COMPUT*) computer; **r~abhängig** *adj* (*COMPUT*) on line; **r~fern** *adj* (*COMPUT*) remote; **r~isch** *adj* arithmetical; **r~unabhängig** *adj* (*COMPUT*) off line.

Rechnung *f* calculation(s); (*COMM*) bill (*BRIT*), check (*US*); **auf eigene** ~ on one's own account; **(jdm) etw in** ~ **stellen** to charge (sb) for sth; **jdm/etw** ~ **tragen** to take sb/sth into account.

Rechnungs- *zW*: ~**aufstellung** *f* statement; ~**buch** *nt* account book; ~**hof** *m* ≈ Auditor-General's office (*BRIT*), audit division (*US*); ~**jahr** *nt* financial year; ~**prüfer** *m* auditor; ~**prüfung** *f* audit(ing).

recht [rɛçt] *adj* right ♦ *adv* (*vor Adjektiv*) really, quite; **das ist mir** ~ that suits me; **jetzt erst** ~ now more than ever; **alles, was** ~ **ist** (*empört*) fair's fair; (*anerkennend*) you can't deny it; **nach dem R~en sehen** to see that everything's O.K.; **R~ haben** to be right; **jdm R~ geben** to agree with sb, admit that sb is right; **du kommst gerade** ~, **um ...** you're just in time to ...; **gehe ich** ~ **in der**

Annahme, dass ...? am I correct in assuming that ...?; **~ herzlichen Dank** thank you very much indeed.

Recht (-(e)s, -e) nt right; (JUR) law; **~ sprechen** to administer justice; **mit** od **zu ~ rightly**, justly; **von ~s wegen** by rights; **zu seinem ~ kommen** (lit) to gain one's rights; (fig) to come into one's own; **gleiches ~ für alle!** equal rights for all!

Rechte f right (hand); (POL) Right.

Rechte(r, s) f(m) (POL) right-winger ♦ nt right thing; **etwas/nichts ~s** something/nothing proper.

rechte(r, s) adj right; (POL) right-wing.

recht- zW: **R~eck (-(e)s, -e)** nt rectangle; **~eckig** adj rectangular; **~fertigen** vt untr to justify ♦ vr untr to justify o.s.; **R~fertigung** f justification; **~haberisch** adj dogmatic; **~lich** adj legal, lawful; **~lich nicht zulässig** not permissible in law, illegal; **~mäßig** adj legal, lawful.

rechts [reçts] adv on od to the right; **~ stehen** od **sein** (POL) to be right-wing; **~ stricken** to knit (plain); **R~abbieger (-s, -)** m: **die Spur für R~abbieger** the right-hand turn-off lane; **R~anspruch** m: **einen R~anspruch auf etw** akk **haben** to be legally entitled to sth; **R~anwalt** m, **R~anwältin** f lawyer, barrister; **R~außen (-, -)** m (SPORT) outside right; **R~beistand** m legal adviser.

rechtschaffen adj upright.

Rechtschreibung f spelling.

Rechts- zW: **~drehung** f clockwise rotation; **~extremismus** m right-wing extremism; **~extremist** m right-wing extremist; **~fall** m (law) case; **~frage** f legal question; **r~gültig** adj legally valid; **~händer(in) (-s, -)** m(f) right-handed person; **r~kräftig** adj valid, legal; **~kurve** f right-hand bend; **~lage** f legal position; **r~lastig** adj listing to the right; (fig) leaning to the right; **~pflege** f administration of justice; **~pfleger** m official with certain judicial powers.

Rechtsprechung ['reçtʃpreçʊŋ] f (Gerichtsbarkeit) jurisdiction; (richterliche Tätigkeit) dispensation of justice.

Rechts- zW: **r~radikal** adj (POL) extreme right-wing; **~schutz** m legal protection; **~spruch** m verdict; **~staat** m state under the rule of law; **~streit** m lawsuit; **~titel** m title; **r~verbindlich** adj legally binding; **~verkehr** m driving on the right; **~weg** m: **der ~weg ist ausgeschlossen** ≈ the judges' decision is final; **r~widrig** adj illegal; **~wissenschaft** f jurisprudence.

rechtwinklig adj right-angled.

rechtzeitig adj timely ♦ adv in time.

Reck [rɛk] **(-(e)s, -e)** nt horizontal bar.

recken vt, vr to stretch.

recyceln [riː'saɪkəln] vt to recycle.

Recycling [riˈsaɪklɪŋ] **(-s)** nt recycling.

Red. abk = **Redaktion** (= Redakteur(in)) ed.

Redakteur(in) [redakˈtøːr(ɪn)] m(f) editor.

Redaktion [redaktsiˈoːn] f editing; (Leute) editorial staff; (Büro) editorial office(s pl).

Redaktionsschluss▲ m time of going to press; (Einsendeschluss) copy deadline.

Rede ['reːdə] **(-, -n)** f speech; (Gespräch) talk; **jdn zur ~ stellen** to take sb to task; **eine ~ halten** to make a speech; **das ist nicht der ~ wert** it's not worth mentioning; **davon kann keine ~ sein** it's out of the question; **~freiheit** f freedom of speech; **r~gewandt** adj eloquent.

Reden (-s) nt talking, speech.

reden vi to talk, speak ♦ vt to say; (Unsinn etc) to talk; **(viel) von sich ~ machen** to become (very much) a talking point; **darüber lässt sich ~** that's a possibility; (über Preis, Bedingungen) I think we could discuss that; **er lässt mit sich ~** he could be persuaded; (in Bezug auf Preis) he's open to offers; (gesprächsbereit) he's open to discussion.

Redensart f set phrase.

Redeschwall m torrent of words.

Redewendung f expression, idiom.

redlich ['reːtlɪç] adj honest; **R~keit** f honesty.

Redner(in) (-s, -) m(f) speaker, orator.

redselig ['reːtzeːlɪç] adj talkative, loquacious; **R~keit** f talkativeness, loquacity.

redundant [redʊnˈdant] adj redundant.

Redundanz [redʊnˈdants] **(-)** f redundancy.

reduzieren [reduˈtsiːrən] vt to reduce.

Reduzierung f reduction.

Reede ['reːdə] **(-, -n)** f protected anchorage.

Reeder (-s, -) m shipowner.

Reederei [reːdəˈraɪ] f shipping line od firm.

reell [reˈɛl] adj fair, honest; (Preis) fair; (COMM: Geschäft) sound; (MATH) real.

Reetdach ['reːtdax] nt thatched roof.

Ref. abk = **Referendar(in)**; **Referent(in)**.

Referat [refeˈraːt] **(-(e)s, -e)** nt report; (Vortrag) paper; (Gebiet) section; (VERWALTUNG: Ressort) department; **ein ~ halten** to present a seminar paper.

Referendar(in) [referɛnˈdaːr(ɪn)] m(f) trainee (in civil service); (Studien~) trainee teacher; (Gerichts~) articled clerk.

Referendum [refeˈrɛndʊm] **(-s, Referenden)** nt referendum.

Referent(in) [refeˈrɛnt(ɪn)] m(f) speaker; (Berichterstatter) reporter; (Sachbearbeiter) expert.

Referenz [refeˈrɛnts] f reference.

referieren [refeˈriːrən] vi: **~ über** +akk to speak od talk on.

reflektieren [reflɛkˈtiːrən] vt, vi to reflect; **~ auf** +akk to be interested in.

Reflex [reˈflɛks] **(-es, -e)** m reflex; **~bewegung** f reflex action.

reflexiv [reflɛ'ksiːf] *adj* (*GRAM*) reflexive.
Reform [re'fɔrm] (-, -en) *f* reform.
Reformation [refɔrmatsi'oːn] *f* reformation.
Reformator [refɔr'maːtɔr] *m* reformer; **r~isch** *adj* reformatory, reforming.
reform- *zW:* **~bedürftig** *adj* in need of reform; **~freudig** *adj* avid for reform; **R~haus** *nt* health food shop.
reformieren [refɔr'miːrən] *vt* to reform.
Refrain [rə'frɛ̃ː] (-s, -s) *m* refrain, chorus.
Reg. *abk* (= *Regierungs-*) gov.; (= *Register*) reg.
Regal [re'gaːl] (-s, -e) *nt* (book)shelves *pl*, bookcase; (*TYP*) stand, rack.
Regatta [re'gata] (-, **Regatten**) *f* regatta.
Reg.-Bez. *abk* = **Regierungsbezirk.**
rege ['reːgə] *adj* lively, active; (*Geschäft*) brisk.
Regel ['reːgəl] (-, -n) *f* rule; (*MED*) period; **in der ~** as a rule; **nach allen ~n der Kunst** (*fig*) thoroughly; **sich** *dat* **etw zur ~ machen** to make a habit of sth; **r~los** *adj* irregular, unsystematic; **r~mäßig** *adj* regular; **~mäßigkeit** *f* regularity.
regeln *vt* to regulate, control; (*Angelegenheit*) to settle ♦ *vr:* **sich von selbst ~** to take care of itself; **gesetzlich geregelt sein** to be laid down by law.
regelrecht *adj* proper, thorough.
Regelung *f* regulation; settlement.
regelwidrig *adj* irregular, against the rules.
regen ['reːgən] *vt* to move ♦ *vr* to move, stir.
Regen (-s, -) *m* rain; **vom ~ in die Traufe kommen** (*Sprichwort*) to jump out of the frying pan into the fire (*Sprichwort*).
Regenbogen *m* rainbow; **~haut** *f* (*ANAT*) iris; **~presse** *f* trashy magazines *pl*.
regenerieren [regene'riːrən] *vr* (*BIOL*) to regenerate; (*fig*) to revitalize *od* regenerate o.s. *od* itself; (*nach Anstrengung, Schock etc*) to recover.
Regen- *zW:* **~guss▲** *m* downpour; **~mantel** *m* raincoat, mac(kintosh); **~menge** *f* rainfall; **~schauer** *m* shower (of rain); **~schirm** *m* umbrella.
Regent(in) [re'gɛnt(ɪn)] *m(f)* regent.
Regentag *m* rainy day.
Regentropfen *m* raindrop.
Regentschaft *f* regency.
Regen- *zW:* **~wald** *m* (*GEOG*) rain forest; **~wetter** *nt:* **er macht ein Gesicht wie drei** *od* **sieben Tage ~wetter** (*umg*) he's got a face as long as a month of Sundays; **~wurm** *m* earthworm; **~zeit** *f* rainy season, rains *pl*.
Regie [re'ʒiː] *f* (*FILM etc*) direction; (*THEAT*) production; **unter der ~ von** directed *od* produced by; **~anweisung** *f* (stage) direction.
regieren [re'giːrən] *vt, vi* to govern, rule.
Regierung *f* government; (*Monarchie*) reign; **an die ~ kommen** to come to power.

Regierungs- *zW:* **~bezirk** *m* ≈ county (*BRIT, US*), region (*SCOT*); **~erklärung** *f* inaugural speech; (*in Großbritannien*) Queen's/King's Speech; **~sprecher** *m* government spokesman; **~vorlage** *f* government bill; **~wechsel** *m* change of government; **~zeit** *f* period in government; (*von König*) reign.
Regiment [regi'mɛnt] (-s, -er) *nt* regiment.
Region [regi'oːn] *f* region.
Regionalplanung [regio'naːlplaːnʊŋ] *f* regional planning.
Regionalprogramm *nt* (*RUNDF, TV*) regional programme (*BRIT*) *od* program (*US*).
Regisseur(in) [reʒɪ'søːr(ɪn)] *m(f)* director; (*THEAT*) (stage) producer.
Register [re'gɪstər] (-s, -) *nt* register; (*in Buch*) table of contents, index; **alle ~ ziehen** (*fig*) to pull out all the stops; **~führer** *m* registrar.
Registratur [regɪstra'tuːr] *f* registry, records office.
registrieren [regɪs'triːrən] *vt* to register; (*umg: zur Kenntnis nehmen*) to note.
Registrierkasse *f* cash register.
Regler ['reːglər] (-s, -) *m* regulator, governor.
reglos ['reːkloːs] *adj* motionless.
regnen ['reːgnən] *vi unpers* to rain ♦ *vt unpers:* **es regnet Glückwünsche** congratulations are pouring in; **es regnet in Strömen** it's pouring (with rain).
regnerisch *adj* rainy.
Regress▲ [re'grɛs] (-es, -e) *m* (*JUR*) recourse, redress; **~anspruch** *m* (*JUR*) claim for compensation.
regsam ['reːkzaːm] *adj* active.
regulär [regu'lɛːr] *adj* regular.
regulieren [regu'liːrən] *vt* to regulate; (*COMM*) to settle; **sich von selbst ~** to be self-regulating.
Regung ['reːgʊŋ] *f* motion; (*Gefühl*) feeling, impulse.
regungslos *adj* motionless.
Reh [reː] (-(e)s, -e) *nt* deer; (*weiblich*) roe deer.
rehabilitieren [rehabili'tiːrən] *vt* to rehabilitate; (*Ruf, Ehre*) to vindicate ♦ *vr* to rehabilitate (*form*) *od* vindicate o.s.
Rehabilitierung *f* rehabilitation.
Reh- *zW:* **~bock** *m* roebuck; **~braten** *m* roast venison; **~kalb** *nt* fawn; **~kitz** *nt* fawn.
Reibach ['raɪbax] (-s) *m:* **einen ~ machen** (*umg*) to make a killing.
Reibe ['raɪbə] (-, -n) *f* grater.
Reibeisen ['raɪp|aɪzən] *nt* grater.
Reibekuchen *m* (*KOCH*) ≈ potato waffle.
reiben *unreg vt* to rub; (*KOCH*) to grate.
Reiberei [raɪbə'raɪ] *f* friction *no pl*.
Reibfläche *f* rough surface.
Reibung *f* friction.
reibungslos *adj* smooth; **~ verlaufen** to go off smoothly.
Reich [raɪç] (-(e)s, -e) *nt* empire, kingdom; (*fig*)

realm; **das Dritte ~** the Third Reich.

reich adj rich ♦ adv: **eine ~ ausgestattete Bibliothek** a well-stocked library.

reichen vi to reach; (genügen) to be enough od sufficient ♦ vt to hold out; (geben) to pass, hand; (anbieten) to offer; **so weit das Auge reicht** as far as the eye can see; **jdm ~** (genügen) to be enough od sufficient for sb; **mir reichts!** I've had enough!

reich- zW: **~haltig** adj ample, rich; **~lich** adj ample, plenty of; **R~tum (-s, -tümer)** m wealth; **R~weite** f range; **jd ist in R~weite** sb is nearby.

reif [raɪf] adj ripe; (Mensch, Urteil) mature; **für etw ~ sein** (umg) to be ready for sth.

Reif¹ (-(e)s) m hoarfrost.

Reif² (-(e)s, -e) m (Ring) ring, hoop.

Reife (-) f ripeness; maturity; **mittlere ~** (SCH) first public examination in secondary school, ≈ O-Levels pl (BRIT).

Reifen (-s, -) m ring, hoop; (Fahrzeug~) tyre (BRIT), tire (US).

reifen vi to mature; (Obst) to ripen.

Reifen- zW: **~druck** m tyre (BRIT) od tire (US) pressure; **~panne** f puncture, flat; **~profil** nt tyre (BRIT) od tire (US) tread; **~schaden** m puncture, flat.

Reifeprüfung f school-leaving exam.

Reifezeugnis nt school-leaving certificate.

reiflich ['raɪflɪç] adj thorough, careful.

Reihe ['raɪə] **(-, -n)** f row; (von Tagen etc: umg: Anzahl) series sing; **eine ganze ~ (von)** (unbestimmte Anzahl) a whole lot (of); **der ~ nach** in turn; **er ist an der ~** it's his turn; **an die ~ kommen** to have one's turn; **außer der ~** out of turn; (ausnahmsweise) out of the usual way of things; **aus der ~ tanzen** (fig: umg) to be different; (gegen Konventionen verstoßen) to step out of line; **ich kriege heute nichts auf die ~** I can't get my act together today.

reihen vt to set in a row; to arrange in series; (Perlen) to string.

Reihen- zW: **~folge** f sequence; **alphabetische ~folge** alphabetical order; **~haus** nt terraced (BRIT) od row (US) house; **~untersuchung** f mass screening; **r~weise** adv (in Reihen) in rows; (fig: in großer Anzahl) by the dozen.

Reiher (-s, -) m heron.

reihum [raɪ'|ʊm] adv: **etw ~ gehen lassen** to pass sth around.

Reim [raɪm] **(-(e)s, -e)** m rhyme; **sich** dat **einen ~ auf etw** akk **machen** (umg) to make sense of sth; **r~en** vt to rhyme.

rein¹ [raɪn] (umg) adv = **herein, hinein.**

rein² [raɪn] adj pure; (sauber) clean ♦ adv purely; **~ waschen** to clear o.s.; **das ist die ~ste Freude/der ~ste Hohn** etc it's pure od sheer joy/mockery etc; **etw ins R~e**

schreiben to make a fair copy of sth; **etw ins R~e bringen** to clear sth up; **~en Tisch machen** (fig) to get things straight; **~ unmöglich** (umg: ganz, völlig) absolutely impossible.

Rein- in zW (COMM) net(t).

Rein(e)machefrau f cleaning lady, charwoman (BRIT).

rein(e)weg (umg) adv completely, absolutely.

rein- zW: **R~fall** (umg) m let-down; (Misserfolg) flop; **~fallen** vi: **auf jdn/etw ~fallen** to be taken in by sb/sth; **R~gewinn** m net profit; **R~heit** f purity; cleanness.

reinigen ['raɪnɪɡən] vt to clean; (Wasser) to purify.

Reiniger (-s, -) m cleaner.

Reinigung f cleaning; purification; (Geschäft) cleaner's; **chemische ~** dry-cleaning; (Geschäft) dry-cleaner's.

Reinigungsmittel nt cleansing agent.

rein- zW: **~lich** adj clean; **R~lichkeit** f cleanliness; **~rassig** adj pedigree; **~reiten** unreg vt: **jdn ~reiten** to get sb into a mess; **R~schrift** f fair copy; **R~vermögen** nt net assets pl.

Reis¹ [raɪs] **(-es, -e)** m rice.

Reis² (-es, -er) nt twig, sprig.

Reise ['raɪzə] **(-, -n)** f journey; (Schiffs~) voyage; **Reisen** pl travels pl; **gute ~!** bon voyage!, have a good journey!; **auf ~n sein** to be away (travelling (BRIT) od traveling (US)); **er ist viel auf ~n** he does a lot of travelling (BRIT) od traveling (US); **~andenken** nt souvenir; **~apotheke** f first-aid kit; **~bericht** m account of one's journey; (Buch) travel story; (Film) travelogue (BRIT), travelog (US); **~büro** nt travel agency; **~diplomatie** f shuttle diplomacy; **~erleichterungen** pl easing sing of travel restrictions; **r~fertig** adj ready to start; **~fieber** nt (fig) travel nerves pl; **~führer** m guide(book); (Mensch) (travel) guide; **~gepäck** nt luggage; **~gesellschaft** f party of travellers (BRIT) od travelers (US); **~kosten** pl travelling (BRIT) od traveling (US) expenses pl; **~leiter** m courier; **~lektüre** f reading for the journey; **~lust** f wanderlust.

reisen vi to travel; **~ nach** to go to.

Reisende(r) f(m) traveller (BRIT), traveler (US).

Reise- zW: **~pass▲** m passport; **~pläne** pl plans pl for a od the journey; **~proviant** m provisions pl for the journey; **~route** f itinerary; **~scheck** m traveller's cheque (BRIT), traveler's check (US); **~schreibmaschine** f portable typewriter; **~tasche** f travelling (BRIT) od traveling (US) bag od case; **~veranstalter** m tour operator; **~verkehr** m tourist od holiday traffic; **~wetter** nt holiday weather; **~ziel** nt

---

Spelling Reform: ▲ *new spelling* △ *old spelling (to be phased out)*

destination.

Reisig ['raɪzɪç] (-s) *nt* brushwood.

Reißaus *m:* ~ **nehmen** to run away, flee.

Reißbrett *nt* drawing board; ~**stift** *m* drawing pin (*BRIT*), thumbtack (*US*).

reißen ['raɪsən] *unreg vt* to tear; (*ziehen*) to pull, drag; (*Witz*) to crack ♦ *vi* to tear; to pull, drag; **etw an sich** ~ to snatch sth up; (*fig*) to take sth over; **sich um etw** ~ to scramble for sth; **wenn alle Stricke** ~ (*fig: umg*) if the worst comes to the worst; *siehe auch* **hingerissen.**

Reißen *nt* (*Gewichtheben: Disziplin*) snatch; (*umg: Glieder~*) ache.

reißend *adj* (*Fluss*) torrential; (*COMM*) rapid; ~**en Absatz finden** to sell like hot cakes (*umg*).

Reißer (-s, -) (*umg*) *m* thriller; **r~isch** *adj* sensational.

Reiß- *zW:* ~**leine** *f* (*AVIAT*) ripcord; ~**nagel** *m* drawing pin (*BRIT*), thumbtack (*US*); ~**schiene** *f* T-square; ~**verschluss▲** *m* zip (fastener) (*BRIT*), zipper (*US*); ~**wolf** *m* shredder; **durch den** ~**wolf geben** (*Dokumente*) to shred; ~**zeug** *nt* geometry set; ~**zwecke** *f* = **Reißnagel.**

reiten ['raɪtən] *unreg vt, vi* to ride.

Reiter (-s, -) *m* rider; (*MIL*) cavalryman, trooper.

Reiterei [raɪtə'raɪ] *f* cavalry.

Reiterin *f* rider.

Reit- *zW:* ~**hose** *f* riding breeches *pl;* ~**pferd** *nt* saddle horse; ~**schule** *f* riding school; ~**stiefel** *m* riding boot; ~**turnier** *nt* horse show; ~**weg** *m* bridle path; ~**zeug** *nt* riding outfit.

Reiz [raɪts] (-es, -e) *m* stimulus; (*angenehm*) charm; (*Verlockung*) attraction.

reizbar *adj* irritable; **R~keit** *f* irritability.

reizen *vt* to stimulate; (*unangenehm*) to irritate; (*verlocken*) to appeal to, attract; (*KARTEN*) to bid ♦ *vi:* **zum Widerspruch** ~ to invite contradiction.

reizend *adj* charming.

Reiz- *zW:* ~**gas** *nt* tear gas, CS gas; ~**husten** *m* chesty cough; **r~los** *adj* unattractive; **r~voll** *adj* attractive; ~**wäsche** *f* sexy underwear; ~**wort** *nt* emotive word.

rekapitulieren [rekapitu'liːrən] *vt* to recapitulate.

rekeln ['reːkəln] *vr* to stretch out; (*lümmeln*) to lounge *od* loll about.

Reklamation [reklamatsi'oːn] *f* complaint.

Reklame [re'klaːmə] (-, -n) *f* advertising; (*Anzeige*) advertisement; **mit etw** ~ **machen** (*pej*) to show off about sth; **für etw** ~ **machen** to advertise sth; ~**trommel** *f:* **die** ~**trommel für jdn/etw rühren** (*umg*) to beat the (big) drum for sb/sth; ~**wand** *f* notice (*BRIT*) *od* bulletin (*US*) board.

reklamieren [rekla'miːrən] *vi* to complain ♦ *vt* to complain about; (*zurückfordern*) to reclaim.

rekonstruieren [rekɔnstru'iːrən] *vt* to reconstruct.

Rekonvaleszenz [rekɔnvalɛs'tsɛnts] *f* convalescence.

Rekord [re'kɔrt] (-(e)s, -e) *m* record; ~**leistung** *f* record performance.

Rekrut [re'kruːt] (-en, -en) *m* recruit.

rekrutieren [rekru'tiːrən] *vt* to recruit ♦ *vr* to be recruited.

Rektor ['rɛktɔr] *m* (*UNIV*) rector, vice-chancellor; (*SCH*) head teacher (*BRIT*), principal (*US*).

Rektorat [rɛktɔ'raːt] (-(e)s, -e) *nt* rectorate, vice-chancellorship; headship (*BRIT*), principalship (*US*); (*Zimmer*) rector's *etc* office.

Rektorin [rɛk'toːrɪn] *f* (*SCH*) head teacher (*BRIT*), principal (*US*).

Rel. *abk* (= *Religion*) rel.

Relais [rə'lɛː] (-, -) *nt* relay.

Relation [relatsi'oːn] *f* relation.

relativ [rela'tiːf] *adj* relative.

Relativität [relativi'tɛːt] *f* relativity.

Relativpronomen *nt* (*GRAM*) relative pronoun.

relevant [rele'vant] *adj* relevant.

Relevanz *f* relevance.

Relief [reli'ɛf] (-s, -s) *nt* relief.

Religion [religi'oːn] *f* religion.

Religions- *zW:* ~**freiheit** *f* freedom of worship; ~**lehre** *f* religious education; ~**unterricht** *m* religious education.

religiös [religi'øːs] *adj* religious.

Relikt [re'lɪkt] (-(e)s, -e) *nt* relic.

Reling ['reːlɪŋ] (-, -s) *f* (*NAUT*) rail.

Reliquie [re'liːkviə] *f* relic.

Reminiszenz [reminɪs'tsɛnts] *f* reminiscence, recollection.

Remis [rə'miː] (-, - *od* -en) *nt* (*SCHACH, SPORT*) draw.

Remittende [remɪ'tɛndə] (-, -n) *f* (*COMM*) return.

Remittent *m* (*FIN*) payee.

remittieren *vt* (*COMM: Waren*) to return; (*Geld*) to remit.

Remmidemmi ['remɪdɛmi] (-s) (*umg*) *nt* (*Krach*) row, rumpus; (*Trubel*) rave-up.

Remoulade [remu'laːdə] (-, -n) *f* remoulade.

rempeln ['rɛmpəln] (*umg*) *vt* to jostle, elbow; (*SPORT*) to barge into; (*foulen*) to push.

Ren [reːn, rɛn] (-s, -s *od* -e) *nt* reindeer.

Renaissance [rənɛ'sãːs] (-, -n) *f* (*HIST*) renaissance; (*fig*) revival, rebirth.

Rendezvous [rãde'vuː] (-, -) *nt* rendezvous.

Rendite [rɛn'diːtə] (-, -n) *f* (*FIN*) yield, return on capital.

Rennbahn *f* racecourse; (*AUT*) circuit,

racetrack.

rennen ['rɛnən] *unreg vt, vi* to run, race; **um die Wette** ~ to have a race; **R**~ **(-s, -)** *nt* running; (*Wettbewerb*) race; **das R**~ **machen** (*lit, fig*) to win (the race).

Renner **(-s, -)** (*umg*) *m* winner, worldbeater.

Renn- *zW:* ~**fahrer** *m* racing driver (*BRIT*), race car driver (*US*); ~**pferd** *nt* racehorse; ~**platz** *m* racecourse; ~**rad** *nt* racing cycle; ~**sport** *m* racing; ~**wagen** *m* racing car (*BRIT*), race car (*US*).

renommiert [rɛnɔ'miːrt] *adj:* ~ **(wegen)** renowned (for), famous (for).

renovieren [reno'viːrən] *vt* to renovate.

Renovierung *f* renovation.

rentabel [rɛn'taːbəl] *adj* profitable, lucrative.

Rentabilität [rɛntabili'tɛːt] *f* profitability.

Rente ['rɛntə] **(-, -n)** *f* pension.

Renten- *zW:* ~**basis** *f* annuity basis; ~**empfänger** *m* pensioner; ~**papier** *nt* (*FIN*) fixed-interest security; ~**versicherung** *f* pension scheme.

Rentier ['rɛntiːr] *nt* reindeer.

rentieren [rɛn'tiːrən] *vi, vr* to pay, be profitable; **das rentiert (sich) nicht** it's not worth it.

Rentner(in) ['rɛntnər(ɪn)] **(-s, -)** *m(f)* pensioner.

Reparation [reparatsi'oːn] *f* reparation.

Reparatur [repara'tuːr] *f* repairing; repair; **etw in** ~ **geben** to have sth repaired; **r**~**bedürftig** *adj* in need of repair; ~**werkstatt** *f* repair shop; (*AUT*) garage.

reparieren [repa'riːrən] *vt* to repair.

Repertoire [reperto'aːr] **(-s, -s)** *nt* repertoire.

Reportage [repɔr'taːʒə] **(-, -n)** *f* report.

Reporter(in) [re'pɔrtər(ɪn)] **(-s, -)** *m(f)* reporter, commentator.

Repräsentant(in) [reprɛzɛn'tant(ɪn)] *m(f)* representative.

repräsentativ [reprɛzɛnta'tiːf] *adj* representative; (*Geschenk etc*) prestigious; **die** ~**en Pflichten eines Botschafters** the social duties of an ambassador.

repräsentieren [reprɛzɛn'tiːrən] *vt* to represent ♦ *vi* to perform official duties.

Repressalien [reprɛ'saːliən] *pl* reprisals *pl*.

reprivatisieren [reprivati'ziːrən] *vt* to denationalize.

Reprivatisierung *f* denationalization.

Reproduktion [reprodʊktsi'oːn] *f* reproduction.

reproduzieren [reprodu'tsiːrən] *vt* to reproduce.

Reptil [rɛp'tiːl] **(-s, -ien)** *nt* reptile.

Republik [repu'bliːk] *f* republic.

Republikaner [republi'kaːnər] **(-s, -)** *m* republican.

republikanisch *adj* republican.

Requisiten *pl* (*THEAT*) props *pl*, properties *pl* (*form*).

Reservat [rezɛr'vaːt] **(-(e)s, -e)** *nt* reservation.

Reserve [re'zɛrvə] **(-, -n)** *f* reserve; **jdn aus der** ~ **locken** to bring sb out of his/her shell; ~**rad** *nt* (*AUT*) spare wheel; ~**spieler** *m* reserve; ~**tank** *m* reserve tank.

reservieren [rezɛr'viːrən] *vt* to reserve.

reserviert *adj* (*Platz, Mensch*) reserved.

Reservist [rezɛr'vɪst] *m* reservist.

Reservoir [rezɛrvo'aːr] **(-s, -e)** *nt* reservoir.

Residenz [rezi'dɛnts] *f* residence, seat.

residieren [rezi'diːrən] *vi* to reside.

Resignation [rezɪgnatsi'oːn] *f* resignation.

resignieren [rezɪ'gniːrən] *vi* to resign.

resolut [rezo'luːt] *adj* resolute.

Resolution [rezolutsi'oːn] *f* resolution; (*Bittschrift*) petition.

Resonanz [rezo'nants] *f* (*lit, fig*) resonance; ~**boden** *m* sounding board; ~**kasten** *m* soundbox.

Resopal ® [rezo'paːl] **(-s)** *nt* Formica ®.

resozialisieren [rezotsiali'ziːrən] *vt* to rehabilitate.

Resozialisierung *f* rehabilitation.

Respekt [rɛ'spɛkt] **(-(e)s)** *m* respect; (*Angst*) fear; **bei allem** ~ **(vor jdm/etw)** with all due respect (to sb/for sth).

respektabel [rɛspɛk'taːbəl] *adj* respectable.

respektieren [rɛspɛk'tiːrən] *vt* to respect.

respektlos *adj* disrespectful.

Respektsperson *f* person commanding respect.

respektvoll *adj* respectful.

Ressentiment [rɛsãti'mãː] **(-s, -s)** *nt* resentment.

Ressort [rɛ'soːr] **(-s, -s)** *nt* department; **in das** ~ **von jdm fallen** (*lit, fig*) to be sb's department.

Ressourcen [rɛ'sʊrsən] *pl* resources *pl*.

Rest [rɛst] **(-(e)s, -e)** *m* remainder, rest; (*Über*~) remains *pl*; **Reste** *pl* (*COMM*) remnants *pl*; **das hat mir den** ~ **gegeben** (*umg*) that finished me off.

Restaurant [rɛsto'rãː] **(-s, -s)** *nt* restaurant.

Restauration [rɛstaʊratsi'oːn] *f* restoration.

restaurieren [rɛstaʊ'riːrən] *vt* to restore.

Restaurierung *f* restoration.

Rest- *zW:* ~**betrag** *m* remainder, outstanding sum; **r**~**lich** *adj* remaining; **r**~**los** *adj* complete; ~**posten** *m* (*COMM*) remaining stock.

Resultat [rezʊl'taːt] **(-(e)s, -e)** *nt* result.

Retorte [re'tɔrtə] **(-, -n)** *f* retort; **aus der** ~ (*umg*) synthetic.

Retortenbaby *nt* test-tube baby.

retour [re'tuːr] *adv* (*veraltet*) back.

Retouren *pl* (*Waren*) returns *pl*.

retten ['rɛtən] *vt* to save, rescue ♦ *vr* to escape; **bist du noch zu** ~? (*umg*) are you out of your mind?; **sich vor etw** *dat* **nicht mehr** ~ **können** (*fig*) to be swamped with sth.

Retter(in) (-s, -) *m(f)* rescuer, saviour (*BRIT*), savior (*US*).

Rettich ['rɛtɪç] (-s, -e) *m* radish.

Rettung *f* rescue; (*Hilfe*) help; **seine letzte ~** his last hope.

Rettungs- *zW:* ~**aktion** *f* rescue operation; ~**boot** *nt* lifeboat; ~**dienst** *m* rescue service; ~**gürtel** *m* lifebelt, life preserver (*US*); **r~los** *adj* hopeless; ~**ring** *m* = **Rettungsgürtel**; ~**schwimmer** *m* lifesaver; (*am Strand*) lifeguard; ~**wagen** *m* ambulance.

Return-Taste [ri'tøːrntastə] *f* (*COMPUT*) return key.

retuschieren [retu'ʃiːrən] *vt* (*PHOT*) to retouch.

Reue ['rɔyə] (-) *f* remorse; (*Bedauern*) regret.

reuen *vt:* **es reut ihn** he regrets it, he is sorry about it.

reuig ['rɔyɪç] *adj* penitent.

reumütig *adj* remorseful; (*Sünder*) contrite.

Reuse ['rɔyzə] (-, -n) *f* fish trap.

Revanche [re'vãːʃə] (-, -n) *f* revenge; (*SPORT*) return match.

revanchieren [revã'ʃiːrən] *vr* (*sich rächen*) to get one's own back, have one's revenge; (*erwidern*) to reciprocate, return the compliment.

Revers [re'vɛːr] (-, -) *nt or m* lapel.

revidieren [revi'diːrən] *vt* to revise; (*COMM*) to audit.

Revier [re'viːr] (-s, -e) *nt* district; (*MIN: Kohlen~*) (coal)mine; (*Jagd~*) preserve; (*Polizei~*) police station, station house (*US*); (*Dienstbereich*) beat (*BRIT*), precinct (*US*); (*MIL*) sick bay.

Revision [revizi'oːn] *f* revision; (*COMM*) auditing; (*JUR*) appeal.

Revisionsverhandlung *f* appeal hearing.

Revisor [re'viːzɔr] (-s, -en) *m* (*COMM*) auditor.

Revolte [re'vɔltə] (-, -n) *f* revolt.

Revolution [revolutsi'oːn] *f* revolution.

revolutionär [revolutsio'nɛːr] *adj* revolutionary.

Revolutionär(in) [revolutsio'nɛːr(ɪn)] (-s, -e) *m(f)* revolutionary.

revolutionieren [revolutsio'niːrən] *vt* to revolutionize.

Revoluzzer [revo'lutsər] (-s, -) (*pej*) *m* would-be revolutionary.

Revolver [re'vɔlvər] (-s, -) *m* revolver.

Revue [rə'vyː] (-, -n) *f:* **etw ~ passieren lassen** (*fig*) to pass sth in review.

Reykjavik ['raɪkjaviːk] (-s) *nt* Reykjavik.

Rezensent [retsɛn'zɛnt] *m* reviewer, critic.

rezensieren [retsɛn'ziːrən] *vt* to review.

Rezension *f* review.

Rezept [re'tsɛpt] (-(e)s, -e) *nt* (*KOCH*) recipe; (*MED*) prescription.

Rezeption [retsɛptsi'oːn] *f* (*von Hotel:*

Empfang) reception.

rezeptpflichtig *adj* available only on prescription.

Rezession [retsɛsi'oːn] *f* (*FIN*) recession.

rezitieren [retsi'tiːrən] *vt* to recite.

R-Gespräch ['ɛrɡəʃprɛːç] *nt* (*TEL*) reverse charge call (*BRIT*), collect call (*US*).

Rh *abk* (= *Rhesus(faktor) positiv*) Rh positive.

rh *abk* (= *Rhesus(faktor) negativ*) Rh negative.

Rhabarber [ra'barbər] (-s) *m* rhubarb.

Rhein [raɪn] (-(e)s) *m* Rhine.

rhein. *abk* = **rheinisch**.

Rheingau *m* wine-growing area along the Rhine.

Rheinhessen *nt* wine-growing area along the Rhine.

rheinisch *adj attrib* Rhenish, Rhineland.

Rheinland *nt* Rhineland.

Rheinländer(in) *m(f)* Rhinelander.

Rheinland-Pfalz *nt* Rhineland-Palatinate.

Rhesusfaktor ['reːzusfaktɔr] *m* rhesus factor.

Rhetorik [re'toːrɪk] *f* rhetoric.

rhetorisch [re'toːrɪʃ] *adj* rhetorical.

Rheuma ['rɔyma] (-s) *nt* rheumatism.

Rheumatismus [rɔyma'tɪsmʊs] *m* rheumatism.

Rhinozeros [ri'noːtserɔs] (- *od* -ses, -se) *nt* rhinoceros; (*umg: Dummkopf*) fool.

Rhld. *abk* = **Rheinland**.

Rhodesien [ro'deːziən] (-s) *nt* Rhodesia.

Rhodos ['roːdɔs] (-) *nt* Rhodes.

rhythmisch ['rʏtmɪʃ] *adj* rythmical.

Rhythmus *m* rhythm.

RIAS ['riːas] (-) *m abk* (= *Rundfunk im amerikanischen Sektor (Berlin)*) broadcasting station in the former American sector of Berlin.

Richtantenne ['rɪçt|antɛnə] (-, -n) *f* directional aerial (*bes BRIT*) *od* antenna.

richten ['rɪçtən] *vt* to direct; (*Waffe*) to aim; (*einstellen*) to adjust; (*instand setzen*) to repair; (*zurechtmachen*) to prepare, get ready; (*adressieren: Briefe, Anfragen*) to address; (*Bitten, Forderungen*) to make; (*in Ordnung bringen*) to do, fix; (*bestrafen*) to pass judgement on ♦ *vr:* **sich ~ nach** to go by; **~ an** +*akk* to direct at; (*fig*) to direct to; (*Briefe etc*) to address to; (*Bitten etc*) to make to; **~ auf** +*akk* to aim at; **wir ~ uns ganz nach unseren Kunden** we are guided entirely by our customers' wishes.

Richter(in) (-s, -) *m(f)* judge; **sich zum ~ machen** (*fig*) to set (o.s.) up in judgement; **r~lich** *adj* judicial.

Richtgeschwindigkeit *f* recommended speed.

richtig *adj* right, correct; (*echt*) proper ♦ *adv* correctly, right; (*umg: sehr*) really; **der/die R~e** the right one *od* person; **das R~e** the right thing; **die Uhr geht ~** the clock is right; ~ **stellen** to correct; **R~keit** *f* correctness; **das hat schon seine R~keit** it's right enough; **R~stellung** *f* correction, rectification.

Richt- *zW*: **~linie** *f* guideline; **~preis** *m* recommended price; **~schnur** *f* (*fig*: *Grundsatz*) guiding principle.

Richtung *f* direction; (*Tendenz*) tendency, orientation; **in jeder ~** each way.

richtungweisend *adj*: **~ sein** to point the way (ahead).

rieb *etc* [riːp] *vb siehe* **reiben**.

riechen ['riːçən] *unreg vt, vi* to smell; **an etw** *dat* **~** to smell sth; **es riecht nach Gas** there's a smell of gas; **ich kann das/ihn nicht ~** (*umg*) I can't stand it/him; **das konnte ich doch nicht ~!** (*umg*) how was I (supposed) to know?

Riecher (**-s**, **-**) *m*: **einen guten** *od* **den richtigen ~ für etw haben** (*umg*) to have a nose for sth.

Ried [riːt] (**-(e)s**, **-e**) *nt* reed; (*Moor*) marsh.

rief *etc* [riːf] *vb siehe* **rufen**.

Riege ['riːgə] (**-**, **-n**) *f* team, squad.

Riegel ['riːgəl] (**-s**, **-**) *m* bolt, bar; **einer Sache** *dat* **einen ~ vorschieben** (*fig*) to clamp down on sth.

Riemen ['riːmən] (**-s**, **-**) *m* strap; (*Gürtel, TECH*) belt; (*NAUT*) oar; **sich am ~ reißen** (*fig*: *umg*) to get a grip on o.s.; **~antrieb** *m* belt drive.

Riese ['riːzə] (**-n**, **-n**) *m* giant.

rieseln *vi* to trickle; (*Schnee*) to fall gently.

Riesen- *zW*: **~erfolg** *m* enormous success; **~gebirge** *nt* (*GEOG*) Sudeten Mountains *pl*; **r~groß** *adj*, **r~haft** *adj* colossal, gigantic, huge; **~rad** *nt* big *od* Ferris wheel; **~schritt** *m*: **sich mit ~schritten nähern** (*fig*) to be drawing on apace; **~slalom** *m* (*SKI*) giant slalom.

riesig ['riːzɪç] *adj* enormous, huge, vast.

Riesin *f* giantess.

riet *etc* [riːt] *vb siehe* **raten**.

Riff [rɪf] (**-(e)s**, **-e**) *nt* reef.

rigoros [rigo'roːs] *adj* rigorous.

Rille ['rɪlə] (**-**, **-n**) *f* groove.

Rind [rɪnt] (**-(e)s**, **-er**) *nt* ox; (*Kuh*) cow; (*KOCH*) beef; **Rinder** *pl* cattle *pl*; **vom ~** beef.

Rinde ['rɪndə] (**-**, **-n**) *f* rind; (*Baum~*) bark; (*Brot~*) crust.

Rinderbraten *m* roast beef.

Rinderwahn ['rɪndɐvaːn] *m* mad cow disease.

Rindfleisch *nt* beef.

Rindvieh *nt* cattle *pl*; (*umg*) blockhead, stupid oaf.

Ring [rɪŋ] (**-(e)s**, **-e**) *m* ring; **~buch** *nt* ring binder.

ringeln ['rɪŋəln] *vt* (*Pflanze*) to (en)twine; (*Schwanz etc*) to curl ♦ *vr* to go curly, curl; (*Rauch*) to curl up(wards).

Ringelnatter *f* grass snake.

Ringeltaube *f* wood pigeon.

ringen *unreg vi* to wrestle; **nach** *od* **um etw ~** (*streben*) to struggle for sth; **R~** (**-s**) *nt* wrestling.

Ringer (**-s**, **-**) *m* wrestler.

Ring- *zW*: **~finger** *m* ring finger; **r~förmig** *adj* ring-shaped; **~kampf** *m* wrestling bout; **~richter** *m* referee.

rings *adv*: **~ um** round; **~herum** *adv* round about.

Ringstraße *f* ring road.

ringsum(her) [rɪŋs'ʊm, ˌrɪŋsʊm'heːr] *adv* (*rundherum*) round about; (*überall*) all round.

Rinne ['rɪnə] (**-**, **-n**) *f* gutter, drain.

rinnen *unreg vi* to run, trickle.

Rinnsal (**-s**, **-e**) *nt* trickle of water.

Rinnstein *m* gutter.

Rippchen ['rɪpçən] *nt* small rib; cutlet.

Rippe ['rɪpə] (**-**, **-n**) *f* rib.

Rippen- *zW*: **~fellentzündung** *f* pleurisy; **~speer** *m od nt* (*KOCH*): **Kasseler ~speer** *slightly cured pork spare rib*; **~stoß** *m* dig in the ribs.

Risiko ['riːziko] (**-s**, **-s** *od* **Risiken**) *nt* risk; **r~behaftet** *adj* fraught with risk; **~investition** *f* sunk cost.

riskant [rɪs'kant] *adj* risky, hazardous.

riskieren [rɪs'kiːrən] *vt* to risk.

riss *etc* ▲ [rɪs] *vb siehe* **reißen**.

Riss ▲ (**-es**, **-e**) *m* tear; (*in Mauer, Tasse etc*) crack; (*in Haut*) scratch; (*TECH*) design.

rissig ['rɪsɪç] *adj* torn; cracked; scratched.

ritt *etc* [rɪt] *vb siehe* **reiten**.

Ritt (**-(e)s**, **-e**) *m* ride.

Ritter (**-s**, **-**) *m* knight; **jdn zum ~ schlagen** to knight sb; **arme ~** *pl* (*KOCH*) *sweet French toast, made with bread soaked in milk*; **r~lich** *adj* chivalrous; **~schlag** *m* knighting; **~tum** (**-s**) *nt* chivalry; **~zeit** *f* age of chivalry.

rittlings *adv* astride.

Ritual [ritu'aːl] (**-s**, **-e** *od* **-ien**) *nt* (*lit, fig*) ritual.

rituell [ritu'ɛl] *adj* ritual.

Ritus ['riːtʊs] (**-**, **Riten**) *m* rite.

Ritze ['rɪtsə] (**-**, **-n**) *f* crack, chink.

ritzen *vt* to scratch; **die Sache ist geritzt** (*umg*) it's all fixed up.

Rivale [ri'vaːlə] (**-n**, **-n**) *m*, **Rivalin** *f* rival.

rivalisieren [rivali'ziːrən] *vi*: **mit jdm ~** to compete with sb.

Rivalität [rivali'tɛːt] *f* rivalry.

Riviera [rivi'eːra] *f* Riviera.

Rizinusöl ['riːtsinʊsˌøːl] *nt* castor oil.

r.-k. *abk* (= *römisch-katholisch*) R.C.

Robbe ['rɔbə] (**-**, **-n**) *f* seal.

robben ['rɔbən] *vi* (*Hilfsverb sein*: *auch MIL*) to crawl (*using elbows*).

Robbenfang *m* seal hunting.

Robe ['roːbə] (**-**, **-n**) *f* robe.

Roboter ['rɔbɔtɐ] (**-s**, **-**) *m* robot; **~technik** *f* robotics *sing.*

Robotik ['robotɪk] *f* robotics *sing.*

robust [ro'bʊst] *adj* (*Mensch, Gesundheit*) robust; (*Material*) tough.

roch *etc* [rɔx] *vb siehe* **riechen.**

Rochade [rɔ'xaːdə] (-, -n) *f* (*SCHACH*): **die kleine/große** ~ castling king's side/queen's side.

röcheln ['rœçəln] *vi* to wheeze; (*Sterbender*) to give the death rattle.

Rock¹ [rɔk] (-(e)s, ̈-e) *m* skirt; (*Jackett*) jacket; (*Uniform~*) tunic.

Rock² [rɔk] (-(s), -(s)) *m* (*MUS*) rock; ~**musik** *f* rock music.

Rockzipfel *m*: **an Mutters** ~ **hängen** (*umg*) to cling to (one's) mother's skirts.

Rodel ['roːdəl] (-s, -) *m* toboggan; ~**bahn** *f* toboggan run.

rodeln *vi* to toboggan.

roden ['roːdən] *vt, vi* to clear.

Rogen ['roːgən] (-s, -) *m* roe.

Roggen ['rɔgən] (-s, -) *m* rye; ~**brot** *nt* rye bread; (*Vollkornbrot*) black bread.

roh [roː] *adj* raw; (*Mensch*) coarse, crude; ~**e Gewalt** brute force; **R**~**bau** *m* shell of a building; **R**~**eisen** *nt* pig iron; **R**~**fassung** *f* rough draft; **R**~**kost** *f* raw fruit and vegetables *pl*; **R**~**ling** *m* ruffian; **R**~**material** *nt* raw material; **R**~**öl** *nt* crude oil.

Rohr [roːr] (-(e)s, -e) *nt* pipe, tube; (*BOT*) cane; (*Schilf*) reed; (*Gewehr~*) barrel; ~**bruch** *m* burst pipe.

Röhre ['røːrə] (-, -n) *f* tube, pipe; (*RUNDF etc*) valve; (*Back~*) oven.

Rohr- *zW*: ~**geflecht** *nt* wickerwork; ~**leger** (-s, -) *m* plumber; ~**leitung** *f* pipeline; ~**post** *f* pneumatic post; ~**spatz** *m*: **schimpfen wie ein** ~**spatz** (*umg*) to curse and swear; ~**stock** *m* cane; ~**stuhl** *m* basket chair; ~**zucker** *m* cane sugar.

Rohseide *f* raw silk.

Rohstoff *m* raw material.

Rokoko ['rɔkoko] (-s) *nt* rococo.

Rolladen △ *m siehe* **Rollladen.**

Rollbahn *f* (*AVIAT*) runway.

Rolle ['rɔlə] (-, -n) *f* roll; (*THEAT, SOZIOLOGIE*) role; (*Garn~ etc*) reel, spool; (*Walze*) roller; (*Wäsche~*) mangle, wringer; **bei** *od* **in etw** *dat* **eine** ~ **spielen** to play a part in sth; **aus der** ~ **fallen** (*fig*) to forget o.s.; **keine** ~ **spielen** not to matter.

rollen *vi* to roll; (*AVIAT*) to taxi ♦ *vt* to roll; (*Wäsche*) to mangle, put through the wringer; **den Stein ins R**~ **bringen** (*fig*) to start the ball rolling.

Rollen- *zW*: ~**besetzung** *f* (*THEAT*) cast; ~**konflikt** *m* (*PSYCH*) role conflict; ~**spiel** *nt* role-play; ~**tausch** *m* exchange of roles; (*SOZIOLOGIE*) role reversal.

Roller (-s, -) *m* scooter; (*Welle*) roller.

Roll- *zW*: ~**feld** *nt* runway; ~**kragen** *m* roll *od* polo neck; ~**laden** ▲ *m* shutter; ~**mops** *m* pickled herring.

Rollo ['rɔlo] (-, -s) *nt* (roller) blind.

Roll- *zW*: ~**schrank** *m* roll-fronted cupboard; ~**schuh** *m* roller skate; ~**schuhlaufen** *nt* roller skating; ~**splitt** *m* grit; ~**stuhl** *m* wheelchair; ~**treppe** *f* escalator.

Rom [roːm] (-s) *nt* Rome; **das sind Zustände wie im alten** ~ (*umg: unmoralisch*) it's disgraceful; (: *primitiv*) it's medieval (*umg*).

röm. *abk* = **römisch.**

Roman [ro'maːn] (-s, -e) *m* novel; (**jdm**) **einen ganzen** ~ **erzählen** (*umg*) to give (sb) a long rigmarole; ~**heft** *nt* pulp novel.

romanisch *adj* (*Volk, Sprache*) Romance; (*KUNST*) Romanesque.

Romanistik [roma'nɪstɪk] *f* (*UNIV*) Romance languages and literature.

Romanschreiber *m* novelist.

Romanschriftsteller *m* novelist.

Romantik [ro'mantɪk] *f* romanticism.

Romantiker(in) (-s, -) *m(f)* romanticist.

romantisch *adj* romantic.

Romanze [ro'mantsə] (-, -n) *f* romance.

Römer ['røːmər] (-s, -) *m* wineglass; (*Mensch*) Roman; ~**topf** ® *m* (*KOCH*) ≈ (chicken) brick.

römisch ['røːmɪʃ] *adj* Roman; ~**katholisch** *adj* Roman Catholic.

röm.-kath. *abk* (= *römisch-katholisch*) R.C.

Rommé, Rommee ▲ [rɔ'meː] (-s, -s) *nt* rummy.

röntgen ['rœntgən] *vt* to X-ray; **R**~**aufnahme** *f* X-ray; **R**~**bild** *nt* X-ray; **R**~**strahlen** *pl* X-rays *pl*.

rosa ['roːza] *adj inv* pink, rose(-coloured).

Rose ['roːzə] (-, -n) *f* rose.

Rosé [ro'zeː] (-s, -s) *m* rosé.

Rosenkohl *m* Brussels sprouts *pl*.

Rosenkranz *m* rosary.

Rosenmontag *m* Monday of Shrovetide; *siehe auch* **Karneval.**

Rosette [ro'zɛtə] *f* rosette.

rosig ['roːzɪç] *adj* rosy.

Rosine [ro'ziːnə] *f* raisin; (**große**) ~**n im Kopf haben** (*umg*) to have big ideas.

Rosmarin ['roːsmariːn] (-s) *m* rosemary.

Ross ▲ [rɔs] (-es, -e) *nt* horse, steed; **auf dem hohen** ~ **sitzen** (*fig*) to be on one's high horse; ~**kastanie** *f* horse chestnut; ~**kur** (*umg*) *f* kill-or-cure remedy.

Rost [rɔst] (-(e)s, -e) *m* rust; (*Gitter*) grill, gridiron; (*Bett~*) springs *pl*; ~**braten** *m* roast(ed) meat, roast; ~**bratwurst** *f* grilled *od* barbecued sausage.

rosten *vi* to rust.

rösten ['røːstən] *vt* to roast; (*Brot*) to toast.

rostfrei *adj* (*Stahl*) stainless.

rostig *adj* rusty.

Röstkartoffeln *pl* fried potatoes *pl*.
Rostschutz *m* rustproofing.
rot [roːt] *adj* red; ~ **werden, einen ~en Kopf bekommen** to blush, go red; **die R~e Armee** the Red Army; **das R~e Kreuz** the Red Cross; **das R~e Meer** the Red Sea.
Rotation [rotatsi'oːn] *f* rotation.
rot- *zW:* ~**bäckig** *adj* red-cheeked; **R~barsch** *m* rosefish; ~**blond** *adj* strawberry blond.
Röte ['røːtə] (-) *f* redness.
Röteln *pl* German measles *sing*.
röten *vt, vr* to redden.
rothaarig *adj* red-haired.
rotieren [ro'tiːrən] *vi* to rotate.
Rot- *zW:* ~**käppchen** *nt* Little Red Riding Hood; ~**kehlchen** *nt* robin; ~**kohl** *m* red cabbage; ~**kraut** *nt* red cabbage; **r~sehen** (*umg*) *unreg vi* to see red, to become angry; ~**stift** *m* red pencil; ~**wein** *m* red wine.
Rotz [rɔts] (**-es, -e**) (*umg*) *m* snot; **r~frech** (*umg*) *adj* cocky; **r~näsig** (*umg*) *adj* snotty-nosed.
Rouge [ruːʒ] (**-s, -s**) *nt* rouge.
Roulade [ru'laːdə] (**-, -n**) *f* (*KOCH*) beef olive.
Roulett(e) [ru'lɛt(ə)] (**-s, -s**) *nt* roulette.
Route ['ruːtə] (**-, -n**) *f* route.
Routine [ru'tiːnə] *f* experience; (*Gewohnheit*) routine.
routiniert [ruti'niːərt] *adj* experienced.
Rowdy ['raʊdɪ] (**-s, -s**) *m* hooligan; (*zerstörerisch*) vandal; (*lärmend*) rowdy (type).
Ruanda [ru'anda] *nt* Rwanda.
ruandisch *adj* Rwandan.
rubbeln ['rʊbəln] (*umg*) *vt, vi* to rub.
Rübe ['ryːbə] (**-, -n**) *f* turnip; **Gelbe** ~ carrot; **Rote** ~ beetroot (*BRIT*), beet (*US*).
Rübenzucker *m* beet sugar.
Rubin [ru'biːn] (**-s, -e**) *m* ruby.
Rubrik [ru'briːk] *f* heading; (*Spalte*) column.
Ruck [rʊk] (**-(e)s, -e**) *m* jerk, jolt; **sich** *dat* **einen** ~ **geben** (*fig: umg*) to make an effort.
ruck *adv*: **das geht** ~, **zuck** it won't take a second.
Rückantwort *f* reply, answer; **um** ~ **wird gebeten** please reply.
ruckartig *adj*: **er stand** ~ **auf** he shot to his feet.
Rück- *zW:* ~**besinnung** *f* recollection; **r~bezüglich** *adj* reflexive; ~**blende** *f* flashback; **r~blenden** *vi* to flash back; ~**blick** *m*: **im** ~**blick auf etw** *akk* looking back on sth; **r~blickend** *adj* retrospective ♦ *adv* in retrospect; **r~datieren** *vt* to backdate.
Rücken (**-s, -**) *m* back; (*Berg~*) ridge; **jdm in den** ~ **fallen** (*fig*) to stab sb in the back.
rücken *vt, vi* to move.
Rücken- *zW:* ~**deckung** *f* backing; ~**lage** *f* supine position; ~**lehne** *f* back (of chair); ~**mark** *nt* spinal cord; ~**schwimmen** *nt* backstroke; ~**stärkung** *f* (*fig*) moral support; ~**wind** *m* following wind.

Rück- *zW:* ~**erstattung** *f* return, restitution; ~**fahrkarte** *f* return ticket (*BRIT*), round-trip ticket (*US*); ~**fahrt** *f* return journey; ~**fall** *m* relapse; **r~fällig** *adj* relapsed; **r~fällig werden** to relapse; ~**flug** *m* return flight; ~**frage** *f* question; **nach** ~**frage bei der zuständigen Behörde ...** after checking this with the appropriate authority ...; **r~fragen** *vi* to inquire; (*nachprüfen*) to check; ~**führung** *f* (*von Menschen*) repatriation, return; ~**gabe** *f* return; **gegen** ~**gabe** (+ *gen*) on return (of); ~**gang** *m* decline, fall; **r~gängig** *adj*: **etw r~gängig machen** (*widerrufen*) to undo sth; (*Bestellung*) to cancel sth; ~**gewinnung** *f* recovery; (*von Land, Gebiet*) reclaiming; (*aus verbrauchten Stoffen*) recycling.
Rückgrat *nt* spine, backbone.
Rück- *zW:* ~**griff** *m* recourse; ~**halt** *m* backing; (*Einschränkung*) reserve; **r~haltlos** *adj* unreserved; ~**hand** *f* (*SPORT*) backhand; **r~kaufbar** *adj* redeemable; ~**kehr** (**-, -en**) *f* return; ~**koppelung** *f* feedback; ~**lage** *f* reserve, savings *pl*; ~**lauf** *m* reverse running; (*beim Tonband*) rewind; (*von Maschinenteil*) return travel; **r~läufig** *adj* declining, falling; **eine r~läufige Entwicklung** a decline; ~**licht** *nt* rear light; **r~lings** *adv* from behind; (*rückwärts*) backwards; ~**meldung** *f* (*UNIV*) reregistration; ~**nahme** (**-, -n**) *f* taking back; ~**porto** *nt* return postage; ~**reise** *f* return journey; (*NAUT*) home voyage; ~**ruf** *m* recall.
Rucksack ['rʊkzak] *m* rucksack.
Rück- *zW:* ~**schau** *f* reflection; **r~schauend** *adj* = **rückblickend**; ~**schlag** *m* setback; ~**schluss**▲ *m* conclusion; ~**schritt** *m* retrogression; **r~schrittlich** *adj* reactionary; (*Entwicklung*) retrograde; ~**seite** *f* back; (*von Münze etc*) reverse; **siehe** ~**seite** see over(leaf); **r~setzen** *vt* (*COMPUT*) to reset.
Rücksicht *f* consideration; ~ **nehmen auf** +*akk* to show consideration for; ~**nahme** *f* consideration.
rücksichtslos *adj* inconsiderate; (*Fahren*) reckless; (*unbarmherzig*) ruthless.
Rücksichtslosigkeit *f* lack of consideration; (*beim Fahren*) recklessness; (*Unbarmherzigkeit*) ruthlessness.
rücksichtsvoll *adj* considerate.
Rück- *zW:* ~ **sitz** *m* back seat; ~**spiegel** *m* (*AUT*) rear-view mirror; ~**spiel** *nt* return match; ~**sprache** *f* further discussion *od* talk; ~**sprache mit jdm nehmen** to confer with sb; ~**stand** *m* arrears *pl*; (*Verzug*) delay; **r~ständig** *adj* backward, out-of-date; (*Zahlungen*) in arrears; ~**stau** *m* (*AUT*)

tailback (*BRIT*), line of cars; ~**stoß** *m* recoil; ~**strahler (-s, -)** *m* rear reflector; ~**strom** *m* (*von Menschen, Fahrzeugen*) return; ~**taste** *f* (*an Schreibmaschine*) backspace key; ~**tritt** *m* resignation; ~**trittbremse** *f* backpedal brake; ~**trittsklausel** *f* (*Vertrag*) escape clause; ~**vergütung** *f* repayment; (*COMM*) refund; **r~versichern** *vt, vi* to reinsure ◆ *vr* to check (up *od* back); ~**versicherung** *f* reinsurance; **r~wärtig** *adj* rear; **r~wärts** *adv* backward(s), back; ~**wärtsgang** *m* (*AUT*) reverse gear; **im ~wärtsgang fahren** to reverse; ~**weg** *m* return journey, way back; **r~wirkend** *adj* retroactive; ~**wirkung** *f* repercussion; **eine Zahlung mit ~wirkung vom ...** a payment backdated to ...; **eine Gesetzesänderung mit ~wirkung vom ...** an amendment made retrospective to ...; ~**zahlung** *f* repayment; ~**zieher** (*umg*) *m*: **einen ~zieher machen** to back out; ~**zug** *m* retreat; ~**zugsgefecht** *nt* (*MIL, fig*) rearguard action.

rüde ['ryːdə] *adj* blunt, gruff.

Rüde (-n, -n) *m* male dog.

Rudel ['ruːdəl] **(-s, -)** *nt* pack; (*von Hirschen*) herd.

Ruder ['ruːdər] **(-s, -)** *nt* oar; (*Steuer*) rudder; **das ~ fest in der Hand haben** (*fig*) to be in control of the situation; ~**boot** *nt* rowing boat; ~**er (-s, -)** *m* rower, oarsman.

rudern *vt, vi* to row; **mit den Armen ~** (*fig*) to flail one's arms about.

Ruf [ruːf] **(-(e)s, -e)** *m* call, cry; (*Ansehen*) reputation; (*UNIV: Berufung*) offer of a chair.

rufen *unreg vt, vi* to call; (*aus~*) to cry; **um Hilfe ~** to call for help; **das kommt mir wie gerufen** that's just what I needed.

Rüffel ['ryfəl] **(-s, -)** (*umg*) *m* telling-off, ticking-off.

Ruf- *zW:* ~**mord** *m* character assassination; ~**name** *m* usual (first) name; ~**nummer** *f* (tele)phone number; ~**säule** *f* (*für Taxi*) telephone; (*an Autobahn*) emergency telephone; ~**zeichen** *nt* (*RUNDF*) call sign; (*TEL*) ringing tone.

Rüge ['ryːgə] **(-, -n)** *f* reprimand, rebuke.

rügen *vt* to reprimand.

Ruhe ['ruːə] **(-)** *f* rest; (*Ungestörtheit*) peace, quiet; (*Gelassenheit, Stille*) calm; (*Schweigen*) silence; **~!** be quiet!, silence!; **angenehme ~!** sleep well!; **~ bewahren** to stay cool *od* calm; **das lässt ihm keine ~** he can't stop thinking about it; **sich zur ~ setzen** to retire; **die ~ weghaben** (*umg*) to be unflappable; **immer mit der ~** (*umg*) don't panic; **die letzte ~ finden** (*liter*) to be laid to rest; ~**lage** *f* (*von Mensch*) reclining position; (*MED: bei Bruch*) immobile position; **r~los** *adj* restless.

ruhen *vi* to rest; (*Verkehr*) to cease; (*Arbeit*) to stop, cease; (*Waffen*) to be laid down; (*begraben sein*) to lie, be buried.

Ruhe- *zW:* ~**pause** *f* break; ~**platz** *m* resting place; ~**stand** *m* retirement; ~**stätte** *f*: **letzte ~stätte** final resting place; ~**störung** *f* breach of the peace; ~**tag** *m* closing day.

ruhig ['ruːɪç] *adj* quiet; (*bewegungslos*) still; (*Hand*) steady; (*gelassen, friedlich*) calm; (*Gewissen*) clear; **tu das ~** feel free to do that; **etw ~ mit ansehen** (*gleichgültig*) to stand by and watch sth; **du könntest ~ mal etwas für mich tun!** it's about time you did something for me!

Ruhm [ruːm] **(-(e)s)** *m* fame, glory.

rühmen ['ryːmən] *vt* to praise ◆ *vr* to boast.

rühmlich *adj* praiseworthy; (*Ausnahme*) notable.

ruhmlos *adj* inglorious.

ruhmreich *adj* glorious.

Ruhr [ruːr] **(-)** *f* dysentery.

Rührei ['ryːr|aɪ] *nt* scrambled egg.

rühren *vt* (*lit, fig*) to move, stir (*auch KOCH*) ◆ *vr* (*lit, fig*) to move, stir ◆ *vi*: ~ **von** to come *od* stem from; ~ **an** *+akk* to touch; (*fig*) to touch on.

rührend *adj* touching, moving; **das ist ~ von Ihnen** that is sweet of you.

Ruhrgebiet *nt* Ruhr (area).

rührig *adj* active, lively.

rührselig *adj* sentimental, emotional.

Rührung *f* emotion.

Ruin [ru'iːn] **(-s)** *m* ruin; **vor dem ~ stehen** to be on the brink *od* verge of ruin.

Ruine (-, -n) *f* (*lit, fig*) ruin.

ruinieren [rui'niːrən] *vt* to ruin.

rülpsen ['rʏlpsən] *vi* to burp, belch.

Rum [rʊm] **(-s, -s)** *m* rum.

rum (*umg*) *adv* = **herum**.

Rumäne [ru'mɛːnə] **(-n, -n)** *m* Romanian.

Rumänien (-s) *nt* Romania.

Rumänin *f* Romanian.

rumänisch *adj* Romanian.

rumfuhrwerken ['rʊmfuːrvɛrkən] (*umg*) *vt* to bustle around.

Rummel ['rʊməl] **(-s)** (*umg*) *m* hurly-burly; (*Jahrmarkt*) fair; ~**platz** *m* fairground, fair.

rumoren [ru'moːrən] *vi* to be noisy, make a noise.

Rumpelkammer ['rʊmpəlkamər] *f* junk room.

rumpeln *vi* to rumble; (*holpern*) to jolt.

Rumpf [rʊmpf] **(-(e)s, ¨e)** *m* trunk, torso; (*AVIAT*) fuselage; (*NAUT*) hull.

rümpfen ['rʏmpfən] *vt* (*Nase*) to turn up.

Rumtopf *m* soft fruit in rum.

rund [rʊnt] *adj* round ◆ *adv* (*etwa*) around; ~ **um etw** round sth; **jetzt gehts ~** (*umg*) this is where the fun starts; **wenn er das erfährt, gehts ~** (*umg*) there'll be a to-do when he finds out; **R~bogen** *m* Norman *od* Romanesque arch; **R~brief** *m* circular.

Runde ['rʊndə] (-, -n) f round; (in Rennen) lap; (Gesellschaft) circle; **die ~ machen** to do the rounds; (herumgegeben werden) to be passed round; **über die ~n kommen** (SPORT, fig) to pull through; **eine ~ spendieren** od **schmeißen** (umg: Getränke) to stand a round.

runden vt to make round ♦ vr (fig) to take shape.

rund- zW: **~erneuert** adj (Reifen) remoulded (BRIT), remolded (US); **R~fahrt** f (round) trip; **R~frage** f; **R~frage (unter** +dat) survey (of).

Rundfunk ['rʊntfʊŋk] (-(e)s) m broadcasting; (bes Hörfunk) radio; (~anstalt) broadcasting corporation; **im ~** on the radio; **~anstalt** f broadcasting corporation; **~empfang** m reception; **~gebühr** f licence (BRIT), license (US); **~gerät** nt radio set; **~sendung** f broadcast, radio programme (BRIT) od program (US).

Rund- zW: **~gang** m (Spaziergang) walk; (von Wachmann) rounds pl; (von Briefträger etc) round; (zur Besichtigung): **~gang (durch)** tour (of); **r~heraus** adv straight out, bluntly; **r~herum** adv all round; (fig: umg: völlig) totally; **r~lich** adj plump, rounded; **~reise** f round trip; **~schreiben** nt (COMM) circular; **r~um** adv all around; (fig) completely.

Rundung f curve, roundness.

rundweg adv straight out.

runter ['rʊntər] (umg) adv = herunter; hinunter; **~würgen** (umg) vt (Ärger) to swallow.

Runzel ['rʊntsəl] (-, -n) f wrinkle.

runz(e)lig adj wrinkled.

runzeln vt to wrinkle; **die Stirn ~** to frown.

Rüpel ['ryːpəl] (-s, -) m lout; **r~haft** adj loutish.

rupfen ['rʊpfən] vt to pluck; **wie ein gerupftes Huhn aussehen** to look like a shorn sheep.

Rupfen (-s, -) m sackcloth.

ruppig ['rʊpɪç] adj rough, gruff.

Rüsche ['ryːʃə] (-, -n) f frill.

Ruß [ruːs] (-es) m soot.

Russe ['rʊsə] (-n, -n) m Russian.

Rüssel ['rʏsəl] (-s, -) m snout; (Elefanten~) trunk.

rußen vi to smoke; (Ofen) to be sooty.

rußig adj sooty.

Russin f Russian.

russisch adj Russian; **~e Eier** (KOCH) egg(s) mayonnaise.

Russland ▲ (-s) nt Russia.

rüsten ['rʏstən] vt, vi, vr to prepare; (MIL) to arm.

rüstig ['rʏstɪç] adj sprightly, vigorous; **R~keit** f sprightliness, vigour (BRIT), vigor (US).

rustikal [rʊsti'kaːl] adj: **sich ~ einrichten** to furnish one's home in a rustic style.

Rüstung ['rʏstʊŋ] f preparation; (MIL) arming; (Ritter~) armour (BRIT), armor (US); (Waffen etc) armaments pl.

Rüstungs- zW: **~gegner** m opponent of the arms race; **~industrie** f armaments industry; **~kontrolle** f arms control; **~wettlauf** m arms race.

Rüstzeug nt tools pl; (fig) capacity.

Rute ['ruːtə] (-, -n) f rod, switch.

Rutsch [rʊtʃ] (-(e)s, -e) m slide; (Erd~) landslide; **guten ~!** (umg) have a good New Year!; **~bahn** f slide.

rutschen vi to slide; (aus~) to slip; **auf dem Stuhl hin und her ~** to fidget around on one's chair.

rutschfest adj non-slip.

rutschig adj slippery.

rütteln ['rʏtəln] vt, vi to shake, jolt; **daran ist nicht zu ~** (fig: umg: an Grundsätzen) there's no doubt about that.

Rüttelschwelle f (AUT) rumble strips pl.

S, s

S¹, s¹ [ɛs] nt S, s; **~ wie Samuel** ≈ S for Sugar.

S² [ɛs] abk (= Süden) S; (= Seite) p; (= Schilling) S.

s² abk (= Sekunde) sec.; (= siehe) v., vid.

SA (-) f abk (= Sturmabteilung) SA.

s. a. abk (= siehe auch) see also.

Saal [zaːl] (-(e)s, Säle) m hall; (für Sitzungen etc) room.

Saarland ['zaːrlant] (-s) nt Saarland.

Saat [zaːt] (-, -en) f seed; (Pflanzen) crop; (Säen) sowing; **~gut** nt seed(s pl).

Sabbat ['zabat] (-s, -e) m sabbath.

sabbern ['zabərn] (umg) vi to dribble.

Säbel ['zɛːbəl] (-s, -) m sabre (BRIT), saber (US); **~rasseln** nt sabre-rattling.

Sabotage [zabo'taːʒə] (-, -n) f sabotage.

sabotieren [zabo'tiːrən] vt to sabotage.

Sa(c)charin [zaxa'riːn] (-s) nt saccharin.

Sachanlagen ['zax|anlaːgən] pl tangible assets pl.

Sachbearbeiter(in) m(f): **~ (für)** (Beamter) official in charge (of).

Sachbuch nt non-fiction book.

sachdienlich adj relevant, helpful.

Sache ['zaxə] (-, -n) f thing; (Angelegenheit) affair, business; (Frage) matter; (Pflicht) task; (Thema) subject; (JUR) case; (Aufgabe) job; (Ideal) cause; (umg: km/h): **mit 60/100 ~n** ≈ at 40/60 (mph); **ich habe mir die ~ anders vorgestellt** I had imagined things differently; **er versteht seine ~** he knows what he's doing; **das ist so eine ~** (umg) it's a bit tricky; **mach keine ~n!** (*umg*) don't be daft!; **bei der ~ bleiben** (*bei Diskussion*) to keep to the point; **bei der ~ sein** to be with it (*umg*); **das ist ~ der Polizei** this is a matter for the police; **zur ~** to the point; **das ist eine runde ~** that is well-balanced *od* rounded-off.

Sachertorte ['zaxərtɔrtə] *f rich chocolate cake*, sachertorte.

Sach- *zW:* **s~gemäß** *adj* appropriate, suitable; **~kenntnis** *f* (*in Bezug auf Wissensgebiet*) knowledge of the/his *etc* subject; (*in Bezug auf ~lage*) knowledge of the facts; **s~kundig** *adj* (well-)informed; **sich s~kundig machen** to inform oneself; **~lage** *f* situation, state of affairs; **~leistung** *f* payment in kind; **s~lich** *adj* matter-of-fact; (*Kritik etc*) objective; (*Irrtum, Angabe*) factual; **bleiben Sie bitte s~lich** don't get carried away (*umg*); (*nicht persönlich werden*) please stay objective.

sächlich ['zɛxlɪç] *adj* neuter.

Sachregister *nt* subject index.

Sachschaden *m* material damage.

Sachse ['zaksə] (**-n, -n**) *m* Saxon.

Sachsen (**-s**) *nt* Saxony; **~-Anhalt** (**-s**) *nt* Saxony Anhalt.

Sächsin ['zɛksɪn] *f* Saxon.

sächsisch ['zɛksɪʃ] *adj* Saxon.

sacht(e) *adv* softly, gently.

Sach- *zW:* **~verhalt** (**-(e)s, -e**) *m* facts *pl* (of the case); **s~verständig** *adj* (*Urteil*) expert; (*Publikum*) informed; **~verständige(r)** *f(m)* expert; **~zwang** *m* force of circumstances.

Sack [zak] (**-(e)s, ¨e**) *m* sack; (*aus Papier, Plastik*) bag; (*ANAT, ZOOL*) sac; (*umg!: Hoden*) balls *pl* (!); (: *Kerl, Bursche*) bastard (!); **mit ~ und Pack** (*umg*) with bag and baggage.

sacken *vi* to sag, sink.

Sackgasse *f* cul-de-sac, dead-end street (*US*).

Sackhüpfen *nt* sack race.

Sadismus [za'dɪsmʊs] *m* sadism.

Sadist(in) [za'dɪst(ɪn)] *m(f)* sadist; **s~isch** *adj* sadistic.

Sadomasochismus [zadomazo'xɪsmʊs] *m* sadomasochism.

säen ['zɛːən] *vt, vi* to sow; **dünn gesät** (*fig*) thin on the ground, few and far between.

Safari [za'faːri] (**-, -s**) *f* safari.

Safe [zeːf] (**-s, -s**) *m od nt* safe.

Saft [zaft] (**-(e)s, ¨e**) *m* juice; (*BOT*) sap; **ohne ~ und Kraft** (*fig*) wishy-washy (*umg*), effete.

saftig *adj* juicy; (*Grün*) lush; (*umg: Rechnung, Ohrfeige*) hefty; (*Brief, Antwort*) hard-hitting.

Saftladen (*pej: umg*) *m* rum joint.

saftlos *adj* dry.

Sage ['zaːgə] (**-, -n**) *f* saga.

Säge ['zɛːgə] (**-, -n**) *f* saw; **~blatt** *nt* saw blade; **~mehl** *nt* sawdust.

sagen ['zaːgən] *vt, vi:* (**jdm etw**) **~** to say (sth to sb), tell (sb sth); **unter uns gesagt**

between you and me (and the gatepost (*hum umg*)); **lass dir das gesagt sein** take it from me; **das hat nichts zu ~** that doesn't mean anything; **sagt dir der Name etwas?** does the name mean anything to you?; **das ist nicht gesagt** that's by no means certain; **sage und schreibe** (whether you) believe it or not.

sägen *vt, vi* to saw; (*hum: umg: schnarchen*) to snore, saw wood (*US*).

sagenhaft *adj* legendary; (*umg*) great, smashing.

sagenumwoben *adj* legendary.

Sägespäne *pl* wood shavings *pl*.

Sägewerk *nt* sawmill.

sah *etc* [zaː] *vb siehe* **sehen**.

Sahara [za'haːra] *f* Sahara (Desert).

Sahne ['zaːnə] (**-**) *f* cream.

Saison [zɛ'zɔː] (**-, -s**) *f* season.

saisonal [zɛzo'naːl] *adj* seasonal.

Saisonarbeiter *m* seasonal worker.

saisonbedingt *adj* seasonal.

Saite ['zaɪtə] (**-, -n**) *f* string; **andere ~n aufziehen** (*umg*) to get tough.

Saiteninstrument *nt* string(ed) instrument.

Sakko ['zako] (**-s, -s**) *m od nt* jacket.

Sakrament [zakra'mɛnt] *nt* sacrament.

Sakristei [zakrɪs'taɪ] *f* sacristy.

Salami [za'laːmi] (**-, -s**) *f* salami.

Salat [za'laːt] (**-(e)s, -e**) *m* salad; (*Kopf~*) lettuce; **da haben wir den ~!** (*umg*) now we're in a fine mess; **~besteck** *nt* salad servers *pl*; **~platte** *f* salad; **~soße** *f* salad dressing.

Salbe ['zalbə] (**-, -n**) *f* ointment.

Salbei ['zalbaɪ] (**-s**) *m* sage.

salben *vt* to anoint.

Salbung *f* anointing.

salbungsvoll *adj* unctuous.

saldieren [zal'diːrən] *vt* (*COMM*) to balance.

Saldo ['zaldo] (**-s, Salden**) *m* balance; **~übertrag** *m* balance brought *od* carried forward; **~vortrag** *m* balance brought *od* carried forward.

Säle ['zɛːlə] *pl von* **Saal**.

Salmiak [zalmi'ak] (**-s**) *m* sal ammoniac; **~geist** *m* liquid ammonia.

Salmonellen [zalmo'nɛlən] *pl* salmonellae *pl*.

Salon [za'lɔŋ, za'lõː] (**-s, -s**) *m* salon; **~löwe** *m* lounge lizard.

salopp [za'lɔp] *adj* casual; (*Manieren*) slovenly; (*Sprache*) slangy.

Salpeter [zal'peːtər] (**-s**) *m* saltpetre (*BRIT*), saltpeter (*US*); **~säure** *f* nitric acid.

Salto ['zalto] (**-s, -s od Salti**) *m* somersault.

Salut [za'luːt] (**-(e)s, -e**) *m* salute.

salutieren [zalu'tiːrən] *vi* to salute.

Salve ['zalvə] (**-, -n**) *f* salvo.

Salz [zalts] (**-es, -e**) *nt* salt; **s~arm** *adj* (*KOCH*) low-salt; **~bergwerk** *nt* salt mine.

salzen *unreg vt* to salt.

salzig adj salty.

Salz- zW: ~**kartoffeln** pl boiled potatoes pl; ~**säule** f: zur ~**säule erstarren** (fig) to stand (as though) rooted to the spot; ~**säure** f hydrochloric acid; ~**stange** f pretzel stick; ~**streuer** m salt cellar od shaker (US); ~**wasser** nt salt water.

Sambia ['zambia] (-s) nt Zambia.

sambisch adj Zambian.

Samen ['za:mən] (-s, -) m seed; (ANAT) sperm; ~**bank** f sperm bank; ~**handlung** f seed shop.

sämig ['zɛ:mɪç] adj thick, creamy.

Sammel- zW: ~**anschluss**▲ m (TEL) private (branch) exchange; (von Privathäusern) party line; ~**antrag** m composite motion; ~**band** m anthology; ~**becken** nt reservoir; (fig): ~**becken (von)** melting pot (for); ~**begriff** m collective term; ~**bestellung** f collective order; ~**büchse** f collecting tin; ~**mappe** f folder.

sammeln vt to collect ♦ vr to assemble, gather; (sich konzentrieren) to collect one's thoughts.

Sammelname m collective term.

Sammelnummer f (TEL) private exchange number, switchboard number.

Sammelsurium [zaməl'zu:riʊm] nt hotchpotch (BRIT), hodgepodge (US).

Sammler(in) (-s, -) m(f) collector.

Sammlung ['zamlʊŋ] f collection; (Konzentration) composure.

Samstag ['zamsta:k] m Saturday; siehe auch **Dienstag**.

samstags adv (on) Saturdays.

samt [zamt] präp +dat (along) with, together with; ~ **und sonders** each and every one (of them); **S~** (-(e)s, -e) m velvet; **in S~ und Seide** (liter) in silks and satins.

Samthandschuh m: jdn mit ~**en anfassen** (umg) to handle sb with kid gloves.

sämtlich ['zɛmtlɪç] adj (alle) all (the); (vollständig) complete; **Schillers ~e Werke** the complete works of Schiller.

Sanatorium [zana'to:riʊm] nt sanatorium (BRIT), sanitarium (US).

Sand [zant] (-(e)s, -e) m sand; **das/die gibts wie ~ am Meer** (umg) there are piles of it/ heaps of them; **im ~e verlaufen** to peter out.

Sandale [zan'da:lə] (-, -n) f sandal.

Sandbank f sandbank.

Sandelholz ['zandəlhɔlts] (-es) nt sandalwood.

sandig ['zandɪç] adj sandy.

Sand- zW: ~**kasten** m sandpit; ~**kastenspiele** pl (MIL) sand-table exercises pl; (fig) tactical manoeuvrings pl (BRIT) od maneuverings pl (US); ~**kuchen** m Madeira cake; ~**mann** m, ~**männchen** nt (in Geschichten) sandman; ~**papier** nt sandpaper; ~**stein** m sandstone; **s~strahlen** vt, vi untr to sandblast.

sandte etc ['zantə] vb siehe **senden**.

Sanduhr f hourglass; (Eieruhr) egg timer.

sanft [zanft] adj soft, gentle; ~**mütig** adj gentle, meek.

sang etc [zaŋ] vb siehe **singen**.

Sänger(in) ['zɛŋər(ɪn)] (-s, -) m(f) singer.

sang- und klanglos (umg) adv without any ado, quietly.

Sani ['zani] (-s, -s) (umg) m = **Sanitäter**.

sanieren [za'ni:rən] vt to redevelop; (Betrieb) to make financially sound; (Haus) to renovate ♦ vr to line one's pockets; (Unternehmen) to become financially sound.

Sanierung f redevelopment; renovation.

sanitär [zani'tɛ:r] adj sanitary; ~**e Anlagen** sanitation sing.

Sanitäter [zani'tɛ:tər] (-s, -) m first-aid attendant; (in Krankenwagen) ambulance man; (MIL) (medical) orderly.

Sanitätsauto nt ambulance.

sank etc [zaŋk] vb siehe **sinken**.

Sanktion [zaŋktsi'o:n] f sanction.

sanktionieren [zaŋktsio'ni:rən] vt to sanction.

sann etc [zan] vb siehe **sinnen**.

Saphir ['za:fi:r] (-s, -e) m sapphire.

Sarde ['zardə] (-n, -n) m Sardinian.

Sardelle [zar'dɛlə] f anchovy.

Sardine [zar'di:nə] f sardine.

Sardinien [zar'di:niən] (-s) nt Sardinia.

Sardinier(in) (-s, -) m(f) Sardinian.

sardinisch adj Sardinian.

sardisch adj Sardinian.

Sarg [zark] (-(e)s, ⁻e) m coffin; ~**nagel** (umg) m (Zigarette) coffin nail.

Sarkasmus [zar'kasmʊs] m sarcasm.

sarkastisch [zar'kastɪʃ] adj sarcastic.

saß etc [zas] vb siehe **sitzen**.

Satan ['za:tan] (-s, -e) m Satan; (fig) devil.

Satansbraten m (hum: umg) young devil.

Satellit [zate'li:t] (-en, -en) m satellite.

Satelliten- zW: ~**antenne** f satellite dish; ~**fernsehen** nt satellite television; ~**foto** nt satellite picture; ~**schüssel** f satellite dish; ~**station** f space station.

Satin [za'tɛ̃:] (-s, -s) m satin.

Satire [za'ti:rə] (-, -n) f: ~ **(auf** +akk) satire (on).

Satiriker [za'ti:rikər] (-s, -) m satirist.

satirisch [za'ti:rɪʃ] adj satirical.

satt [zat] adj full; (Farbe) rich, deep; (blasiert, übersättigt) well-fed; (selbstgefällig) smug; **jdn/etw ~ sein** od **haben** to be fed-up with sb/sth; **sich ~ hören/sehen an** +dat to see/ hear enough of; **sich ~ essen** to eat one's fill; ~ **machen** to be filling.

Sattel ['zatəl] (-s, ⁻) m saddle; (Berg) ridge; **s~fest** adj (fig) proficient.

satteln vt to saddle.

Sattelschlepper m articulated lorry (BRIT), artic (BRIT umg), semitrailer (US), semi (US umg).

Satteltasche *f* saddlebag; (*Gepäcktasche am Fahrrad*) pannier.

sättigen ['zɛtɪgən] *vt* to satisfy; (*CHEM*) to saturate.

Sattler (-s, -) *m* saddler; (*Polsterer*) upholsterer.

Satz [zats] (-es, ⁻e) *m* (*GRAM*) sentence; (*Neben~, Adverbial~*) clause; (*Theorem*) theorem; (*der gesetzte Text*) type; (*MUS*) movement; (*COMPUT*) record; (*TENNIS, Briefmarken, Zusammengehöriges*) set; (*Kaffee~*) grounds *pl*; (*Boden~*) dregs *pl*; (*Spesen~*) allowance; (*COMM*) rate; (*Sprung*) jump; **~bau** *m* sentence construction; **~gegenstand** *m* (*GRAM*) subject; **~lehre** *f* syntax; **~teil** *m* constituent (of a sentence).

Satzung *f* statute, rule; (*Firma*) (memorandum and) articles of association.

satzungsgemäß *adj* statutory.

Satzzeichen *nt* punctuation mark.

Sau [zaʊ] (-, **Säue**) *f* sow; (*umg*) dirty pig; **die ~ rauslassen** (*fig: umg*) to let it all hang out.

sauber ['zaʊbər] *adj* clean; (*anständig*) honest, upstanding; (*umg: großartig*) fantastic, great; (: *ironisch*) fine; **~ sein** (*Kind*) to be (potty-)trained; (*Hund etc*) to be housetrained; **~ halten** to keep clean; **~ machen** to clean; **S~keit** *f* cleanness; (*einer Person*) cleanliness.

säuberlich ['zɔybərlɪç] *adv* neatly.

säubern *vt* to clean; (*POL etc*) to purge.

Säuberung *f* cleaning; purge.

Säuberungsaktion *f* cleaning-up operation; (*POL*) purge.

saublöd (*umg*) *adj* bloody (*BRIT!*) *od* damn (*!*) stupid.

Saubohne *f* broad bean.

Sauce ['zoːsə] (-, -n) *f* = **Soße**.

Sauciere [zosi'ɛːrə] (-, -n) *f* sauce boat.

Saudi- [zaʊdi-] *zW:* **~-Araber(in)** *m(f)* Saudi; **~-Arabien** (-s) *nt* Saudi Arabia; **s~-arabisch** *adj* Saudi(-Arabian).

sauer ['zaʊər] *adj* sour; (*CHEM*) acid; (*umg*) cross; **saurer Regen** acid rain; **~ werden** (*Milch, Sahne*) to go sour, turn; **jdm das Leben ~ machen** to make sb's life a misery; **S~braten** *m* braised beef (marinaded in vinegar), sauerbraten (*US*).

Sauerei [zaʊə'raɪ] (*umg*) *f* rotten state of affairs, scandal; (*Schmutz etc*) mess; (*Unanständigkeit*) obscenity.

Sauerkirsche *f* sour cherry.

Sauerkraut (-(e)s) *nt* sauerkraut, pickled cabbage.

säuerlich ['zɔyərlɪç] *adj* sourish, tart.

Sauer- *zW:* **~milch** *f* sour milk; **~stoff** *m* oxygen; **~stoffgerät** *nt* breathing apparatus; **~teig** *m* leaven.

saufen ['zaʊfən] *unreg* (*umg*) *vt, vi* to drink, booze; **wie ein Loch ~** (*umg*) to drink like a fish.

Säufer(in) ['zɔyfər(ɪn)] (-s, -) (*umg*) *m(f)* boozer, drunkard.

Sauferei [zaʊfə'raɪ] *f* drinking, boozing; (*Saufgelage*) booze-up.

Saufgelage (*pej: umg*) *nt* drinking bout, booze-up.

säuft [zɔyft] *vb siehe* **saufen**.

saugen ['zaʊgən] *unreg vt, vi* to suck.

säugen ['zɔygən] *vt* to suckle.

Sauger ['zaʊgər] (-s, -) *m* dummy (*BRIT*), pacifier (*US*); (*auf Flasche*) teat; (*Staub~*) vacuum cleaner, hoover ® (*BRIT*).

Säugetier *nt* mammal.

saugfähig *adj* absorbent.

Säugling *m* infant, baby.

Säuglingsschwester *f* infant nurse.

Sau- *zW:* **~haufen** (*umg*) *m* bunch of layabouts; **s~kalt** (*umg*) *adj* bloody (*BRIT!*) *od* damn (*!*) cold; **~klaue** (*umg*) *f* scrawl.

Säule ['zɔylə] (-, -n) *f* column, pillar.

Säulengang *m* arcade.

Saum [zaʊm] (-(e)s, **Säume**) *m* hem; (*Naht*) seam.

saumäßig (*umg*) *adj* lousy ♦ *adv* lousily.

säumen ['zɔymən] *vt* to hem; to seam ♦ *vi* to delay, hesitate.

säumig ['zɔymɪç] *adj* (*geh: Schuldner*) defaulting; (*Zahlung*) outstanding, overdue.

Sauna ['zaʊna] (-, -s) *f* sauna.

Säure ['zɔyrə] (-, -n) *f* acid; (*Geschmack*) sourness, acidity; **s~beständig** *adj* acidproof.

Saure-Gurken-Zeit▲ (-) *f* (*hum: umg*) bad time *od* period; (*in den Medien*) silly season.

säurehaltig *adj* acidic.

Saurier ['zaʊriər] (-s, -) *m* dinosaur.

Saus [zaʊs] (-es) *m:* **in ~ und Braus leben** to live like a lord.

säuseln ['zɔyzəln] *vi* to murmur; (*Blätter*) to rustle ♦ *vt* to murmur.

sausen ['zaʊzən] *vi* to blow; (*umg: eilen*) to rush; (*Ohren*) to buzz; **etw ~ lassen** (*umg*) not to bother with sth.

Sau- *zW:* **~stall** (*umg*) *m* pigsty; **~wetter** (*umg*) *nt* bloody (*BRIT!*) *od* damn (*!*) awful weather; **s~wohl** (*umg*) *adj:* **ich fühle mich s~wohl** I feel bloody (*BRIT!*) *od* really good.

Saxofon▲, **Saxophon** [zakso'foːn] (-s, -e) *nt* saxophone.

SB *abk* = **Selbstbedienung**.

S-Bahn *f abk* (= *Schnellbahn*) high-speed suburban railway *od* railroad (*US*).

SBB *abk* (= *Schweizerische Bundesbahnen*) Swiss Railways.

s. Br. *abk* (= *südlicher Breite*) southern latitude.

Schabe ['ʃaːbə] (-, -n) *f* cockroach.

schaben *vt* to scrape.

Schaber (-s, -) *m* scraper.

Schabernack (-(e)s, -e) *m* trick, prank.

schäbig ['ʃɛːbɪç] adj shabby; (Mensch) mean; **S~keit** f shabbiness.

Schablone [ʃa'bloːnə] (-, -n) f stencil; (Muster) pattern; (fig) convention.

schablonenhaft adj stereotyped, conventional.

Schach [ʃax] (-s, -s) nt chess; (Stellung) check; **im ~ stehen** to be in check; **jdn in ~ halten** (fig) to stall sb; **~brett** nt chessboard.

schachern (pej) vi: **um etw ~** to haggle over sth.

Schach- zW: **~figur** f chessman; **s~matt** adj checkmate; **jdn s~matt setzen** (lit) to (check)mate sb; (fig) to snooker sb (umg); **~partie** f game of chess; **~spiel** nt game of chess.

Schacht [ʃaxt] (-(e)s, ⁻e) m shaft.

Schachtel (-, -n) f box; (pej: Frau) bag, cow (BRIT); **~satz** m complicated od multi-clause sentence.

Schachzug m (auch fig) move.

schade ['ʃaːdə] adj a pity od shame ♦ interj (what a) pity od shame; **sich** dat **für etw zu ~ sein** to consider o.s. too good for sth; **um sie ist es nicht ~** she's no great loss.

Schädel ['ʃɛːdəl] (-s, -) m skull; **einen dicken ~ haben** (fig: umg) to be stubborn; **~bruch** m fractured skull.

Schaden (-s, ⁻) m damage; (Verletzung) injury; (Nachteil) disadvantage; **zu ~ kommen** to suffer; (physisch) to be injured; **jdm ~ zufügen** to harm sb.

schaden ['ʃaːdən] vi +dat to hurt; **einer Sache ~** to damage sth.

Schaden- zW: **~ersatz** m compensation, damages pl; **~ersatz leisten** to pay compensation; **~ersatzanspruch** m claim for compensation; **s~ersatzpflichtig** adj liable for damages; **~freiheitsrabatt** m (Versicherung) no-claim(s) bonus; **~freude** f malicious delight; **s~froh** adj gloating.

schadhaft ['ʃaːthaft] adj faulty, damaged.

schädigen ['ʃɛːdɪɡən] vt to damage; (Person) to do harm to, harm.

Schädigung f damage; harm.

schädlich adj: **~ (für)** harmful (to); **S~keit** f harmfulness.

Schädling m pest.

Schädlingsbekämpfungsmittel nt pesticide.

schadlos ['ʃaːtloːs] adj: **sich ~ halten an** +dat to take advantage of.

Schadstoff (-(e)s, -e) m pollutant; **s~arm** adj low in pollutants; **s~haltig** adj containing pollutants.

Schaf [ʃaːf] (-(e)s, -e) nt sheep; (umg: Dummkopf) twit (BRIT), dope; **~bock** m ram.

Schäfchen ['ʃɛːfçən] nt lamb; **sein ~ ins Trockene bringen** (Sprichwort) to see o.s. all right (umg); **~wolken** pl cirrus clouds pl.

Schäfer ['ʃɛːfər] (-s, -) m shepherd; **~hund** m Alsatian (dog) (BRIT), German shepherd (dog) (US); **~in** f shepherdess.

Schaffen ['ʃafən] (-s) nt (creative) activity.

schaffen¹ unreg vt to create; (Platz) to make; **sich** dat **etw ~** to get o.s. sth; **dafür ist er wie geschaffen** he's just made for it.

schaffen² ['ʃafən] vt (erreichen) to manage, do; (erledigen) to finish; (Prüfung) to pass; (transportieren) to take ♦ vi (tun) to do; (umg: arbeiten) to work; **das ist nicht zu ~** that can't be done; **das hat mich geschafft** it took it out of me; (nervlich) it got on top of me; **ich habe damit nichts zu ~** that has nothing to do with me; **jdm (schwer) zu ~ machen** (zusetzen) to cause sb (a lot of) trouble; (bekümmern) to worry sb (a lot); **sich** dat **an etw** dat **zu ~ machen** to busy o.s. with sth.

Schaffensdrang m energy; (von Künstler) creative urge.

Schaffenskraft f creativity.

Schaffner(in) ['ʃafnər(ɪn)] (-s, -) m(f) (Bus~) conductor, conductress; (EISENB) guard (BRIT), conductor (US).

Schaffung f creation.

Schafskäse m sheep's od ewe's milk cheese.

Schaft [ʃaft] (-(e)s, ⁻e) m shaft; (von Gewehr) stock; (von Stiefel) leg; (BOT) stalk; (von Baum) tree trunk; **~stiefel** m high boot.

Schakal [ʃa'kaːl] (-s, -e) m jackal.

Schäker(in) ['ʃɛːkər(ɪn)] (-s, -) m(f) flirt; (Witzbold) joker.

schäkern vi to flirt; to joke.

Schal [ʃaːl] (-s, -s od -e) m scarf.

schal adj flat; (fig) insipid.

Schälchen ['ʃɛːlçən] nt bowl.

Schale ['ʃaːlə] (-, -n) f skin; (abgeschält) peel; (Nuss~, Muschel~, Eier~) shell; (Geschirr) dish, bowl; **sich in ~ werfen** (umg) to get dressed up.

schälen ['ʃɛːlən] vt to peel; to shell ♦ vr to peel.

Schalk [ʃalk] (-s, -e od ⁻e) m (veraltet) joker.

Schall [ʃal] (-(e)s, -e) m sound; **Name ist ~ und Rauch** what's in a name?; **s~dämmend** adj sound-deadening; **~dämpfer** m (AUT) silencer (BRIT), muffler (US); **s~dicht** adj soundproof.

schallen vi to (re)sound.

schallend adj resounding, loud.

Schall- zW: **~geschwindigkeit** f speed of sound; **~grenze** f sound barrier; **~mauer** f sound barrier; **~platte** f record.

schalt etc [ʃalt] vb siehe **schelten**.

Schaltbild nt circuit diagram.

Schaltbrett nt switchboard.

schalten ['ʃaltən] vt to switch, turn ♦ vi (AUT) to change (gear); (umg: begreifen) to catch on; (reagieren) to react; **in Reihe/parallel ~** (ELEK) to connect in series/in parallel;

~ **und walten** to do as one pleases.
Schalter (-s, -) *m* counter; (*an Gerät*) switch;
~**beamte(r)** *m* counter clerk; ~**stunden** *pl*
hours of business *pl*.
Schalt- *zW*: ~**hebel** *m* switch; (*AUT*) gear
lever (*BRIT*), gearshift (*US*); ~**jahr** *nt* leap
year; ~**knüppel** *m* (*AUT*) gear lever (*BRIT*),
gearshift (*US*); (*AVIAT, COMPUT*) joystick;
~**kreis** *m* (switching) circuit; ~**plan** *m* circuit
diagram; ~**pult** *nt* control desk; ~**stelle** *f* (*fig*)
coordinating point; ~**uhr** *f* time switch.
Schaltung *f* switching; (*ELEK*) circuit; (*AUT*)
gear change.
Scham [ʃaːm] (-) *f* shame; (~*gefühl*) modesty;
(*Organe*) private parts *pl*.
schämen ['ʃɛːmən] *vr* to be ashamed.
Scham- *zW*: ~**gefühl** *nt* sense of shame;
~**haare** *pl* pubic hair *sing*; **s**~**haft** *adj* modest;
bashful; ~**lippen** *pl* labia *pl*, lips *pl* of the
vulva; **s**~**los** *adj* shameless; (*unanständig*)
indecent; (*Lüge*) brazen, barefaced.
Schampus ['ʃampʊs] (-) *no pl* (*umg*) *m*
champagne, champers (*BRIT*).
Schande ['ʃandə] (-) *f* disgrace; **zu meiner**
~ **muss ich gestehen, dass** ... to my shame I
have to admit that ...
schänden ['ʃɛndən] *vt* to violate.
Schandfleck ['ʃantflɛk] *m*: **er war der** ~ **der**
Familie he was the disgrace of his family.
schändlich ['ʃɛntlɪç] *adj* disgraceful,
shameful; **S**~**keit** *f* disgracefulness,
shamefulness.
Schandtat (*umg*) *f* escapade, shenanigan.
Schändung *f* violation, defilement.
Schänke▲ ['ʃɛŋkə] (-, -n) *f* = **Schenke**.
Schank- *zW*: ~**erlaubnis** *f*, ~**konzession** *f*
(publican's) licence (*BRIT*), excise license
(*US*); ~**tisch** *m* bar.
Schanze ['ʃantsə] (-, -n) *f* (*MIL*) fieldwork,
earthworks *pl*; (*Sprung*~) ski jump.
Schar [ʃaːr] (-, -en) *f* band, company; (*Vögel*)
flock; (*Menge*) crowd; **in** ~**en** in droves.
Scharade [ʃaˈraːdə] (-, -n) *f* charade.
scharen *vr* to assemble, rally.
scharenweise *adv* in droves.
scharf [ʃarf] *adj* sharp; (*Verstand, Augen*) keen;
(*Kälte, Wind*) biting; (*Protest*) fierce; (*Ton*)
piercing, shrill; (*Essen*) hot, spicy;
(*Munition*) live; (*Maßnahmen*) severe;
(*Bewachung*) close, tight; (*Geruch,*
Geschmack) pungent, acrid; (*umg: geil*)
randy (*BRIT*), horny; (*Film*) sexy, blue *attrib*;
~ **nachdenken** to think hard; ~ **aufpassen/**
zuhören to pay close attention/listen
closely; **etw** ~ **einstellen** (*Bild, Diaprojektor*
etc) to bring sth into focus; **mit** ~**em Blick**
(*fig*) with penetrating insight; **auf etw** *akk*
~ **sein** (*umg*) to be keen on sth; ~**e Sachen**
(*umg*) hard stuff.
Scharfblick *m* (*fig*) penetration.

Schärfe ['ʃɛrfə] (-, -n) *f* sharpness; (*Strenge*)
rigour (*BRIT*), rigor (*US*); (*an Kamera,*
Fernsehen) focus.
schärfen *vt* to sharpen.
Schärfentiefe *f* (*PHOT*) depth of focus.
Scharf- *zW*: **s**~**machen** (*umg*) *vt* to stir up;
~**richter** *m* executioner; ~**schießen** *nt*
shooting with live ammunition; ~**schütze** *m*
marksman, sharpshooter; ~**sinn** *m*
astuteness, shrewdness; **s**~**sinnig** *adj* astute,
shrewd.
Scharlach ['ʃarlax] (-s, -e) *m* scarlet;
(*Krankheit*) scarlet fever; ~**fieber** *nt* scarlet
fever.
Scharlatan ['ʃarlatan] (-s, -e) *m* charlatan.
Scharmützel [ʃarˈmʏtsəl] (-s, -) *nt* skirmish.
Scharnier [ʃarˈniːr] (-s, -e) *nt* hinge.
Schärpe ['ʃɛrpə] (-, -n) *f* sash.
scharren ['ʃarən] *vt, vi* to scrape, scratch.
Scharte ['ʃartə] (-, -n) *f* notch, nick; (*Berg*)
wind gap.
schartig ['ʃartɪç] *adj* jagged.
Schaschlik ['ʃaʃlɪk] (-s, -s) *m od nt* (shish)
kebab.
Schatten ['ʃatən] (-s, -) *m* shadow; (*schattige*
Stelle) shade; **jdn/etw in den** ~ **stellen** (*fig*)
to put sb/sth in the shade; ~**bild** *nt*
silhouette; **s**~**haft** *adj* shadowy.
Schattenmorelle (-, -n) *f* morello cherry.
Schatten- *zW*: ~**riss▲** *m* silhouette; ~**seite** *f*
shady side; (*von Planeten*) dark side; (*fig:*
Nachteil) drawback; ~**wirtschaft** *f* black
economy.
schattieren [ʃaˈtiːrən] *vt, vi* to shade.
Schattierung *f* shading.
schattig ['ʃatɪç] *adj* shady.
Schatulle [ʃaˈtʊlə] (-, -n) *f* casket; (*Geld*~)
coffer.
Schatz [ʃats] (-es, ̈-e) *m* treasure; (*Person*)
darling; ~**amt** *nt* treasury.
schätzbar ['ʃɛtsbaːr] *adj* assessable.
Schätzchen *nt* darling, love.
schätzen *vt* (*ab*~) to estimate; (*Gegenstand*)
to value; (*würdigen*) to value, esteem;
(*vermuten*) to reckon; **etw zu** ~ **wissen** to
appreciate sth; **sich glücklich** ~ to consider
o.s. lucky; ~ **lernen** to learn to appreciate.
Schatzkammer *f* treasure chamber *od* vault.
Schatzmeister *m* treasurer.
Schätzung *f* estimate; estimation; valuation;
nach meiner ~ ... I reckon that ...
schätzungsweise *adv* (*ungefähr*)
approximately; (*so vermutet man*) it is
thought.
Schätzwert *m* estimated value.
Schau [ʃaʊ] (-) *f* show; (*Ausstellung*) display,
exhibition; **etw zur** ~ **stellen** to make a
show of sth, show sth off; **eine** ~ **abziehen**
(*umg*) to put on a show; ~**bild** *nt* diagram.
Schauder ['ʃaʊdər] (-s, -) *m* shudder; (*wegen*

Kälte) shiver; **s~haft** *adj* horrible.

schaudern *vi* to shudder; (*wegen Kälte*) to shiver.

schauen ['ʃauən] *vi* to look; **da schau her!** well, well!

Schauer ['ʃauər] (**-s, -**) *m* (*Regen~*) shower; (*Schreck*) shudder; **~geschichte** *f* horror story; **s~lich** *adj* horrific, spine-chilling; **~märchen** (*umg*) *nt* horror story.

Schaufel ['ʃaufəl] (**-, -n**) *f* shovel; (*Kehricht~*) dustpan; (*von Turbine*) vane; (*NAUT*) paddle; (*TECH*) scoop.

schaufeln *vt* to shovel; (*Grab, Grube*) to dig ♦ *vi* to shovel.

Schaufenster *nt* shop window; **~auslage** *f* window display; **~bummel** *m* window-shopping (expedition); **~dekorateur(in)** *m(f)* window dresser; **~puppe** *f* display dummy.

Schaugeschäft *nt* show business.

Schaukasten *m* showcase.

Schaukel ['ʃaukəl] (**-, -n**) *f* swing.

schaukeln *vi* to swing, rock ♦ *vt* to rock; **wir werden das Kind od das schon ~** (*fig: umg*) we'll manage it.

Schaukelpferd *nt* rocking horse.

Schaukelstuhl *m* rocking chair.

Schaulustige(r) ['ʃaulʊstɪgə(r)] *f(m)* onlooker.

Schaum [ʃaum] (**-(e)s, Schäume**) *m* foam; (*Seifen~*) lather; (*von Getränken*) froth; (*von Bier*) head; **~bad** *nt* bubble bath.

schäumen ['ʃɔymən] *vi* to foam.

Schaumgummi *m* foam (rubber).

schaumig *adj* frothy, foamy.

Schaum- *zW:* **~krone** *f* whitecap; **~schläger** *m* (*fig*) windbag; **~schlägerei** *f* (*fig: umg*) hot air; **~stoff** *m* foam material; **~wein** *m* sparkling wine.

Schauplatz *m* scene.

Schauprozess▲ *m* show trial.

schaurig *adj* horrific, dreadful.

Schauspiel *nt* spectacle; (*THEAT*) play.

Schauspieler(in) *m(f)* actor, actress; **s~isch** *adj* (*Können, Leistung*) acting.

schauspielern *vi untr* to act.

Schauspielhaus *nt* playhouse, theatre (*BRIT*), theater (*US*).

Schauspielschule *f* drama school.

Schausteller ['ʃauʃtɛlər] (**-s, -**) *m person who owns or runs a fairground ride/sideshow etc.*

Scheck [ʃɛk] (**-s, -s**) *m* cheque (*BRIT*), check (*US*); **~buch** *nt*, **~heft** *nt* cheque book (*BRIT*), check book (*US*).

scheckig *adj* dappled, piebald.

Scheckkarte *f* cheque (*BRIT*) *od* check (*US*) card, banker's card.

scheel [ʃeːl] (*umg*) *adj* dirty; **jdn ~ ansehen** to give sb a dirty look.

scheffeln ['ʃɛfəln] *vt* to amass.

Scheibe ['ʃaibə] (**-, -n**) *f* disc (*BRIT*), disk (*US*);

(*Brot etc*) slice; (*Glas~*) pane; (*MIL*) target; (*Eishockey*) puck; (*Töpfer~*) wheel; (*umg: Schallplatte*) disc (*BRIT*), disk (*US*); **von ihm könntest du dir eine ~ abschneiden** (*fig: umg*) you could take a leaf out of his book.

Scheiben- *zW:* **~bremse** *f* (*AUT*) disc brake; **~kleister** *interj* (*euph: umg*) sugar!; **~waschanlage** *f* (*AUT*) windscreen (*BRIT*) *od* windshield (*US*) washers *pl*; **~wischer** *m* (*AUT*) windscreen (*BRIT*) *od* windshield (*US*) wiper.

Scheich [ʃaiç] (**-s, -e** *od* **-s**) *m* sheik(h).

Scheide ['ʃaidə] (**-, -n**) *f* sheath; (*ANAT*) vagina.

scheiden *unreg vt* to separate; (*Ehe*) to dissolve ♦ *vi* to depart; (*sich trennen*) to part ♦ *vr* (*Wege*) to divide; (*Meinungen*) to diverge; **sich ~ lassen** to get a divorce; **von dem Moment an waren wir (zwei) geschiedene Leute** (*umg*) after that it was the parting of the ways for us; **aus dem Leben ~** to depart this life.

Scheideweg *m* (*fig*) crossroads *sing*.

Scheidung *f* (*Ehe~*) divorce; **die ~ einreichen** to file a petition for divorce.

Scheidungsgrund *m* grounds *pl* for divorce.

Scheidungsklage *f* divorce suit.

Schein [ʃain] (**-(e)s, -e**) *m* light; (*An~*) appearance; (*Geld~*) (bank)note; (*Bescheinigung*) certificate; **den ~ wahren** to keep up appearances; **etw zum ~ tun** to pretend to do sth, make a pretence (*BRIT*) *od* pretense (*US*) of doing sth; **s~bar** *adj* apparent.

scheinen *unreg vi* to shine; (*Anschein haben*) to seem.

Schein- *zW:* **s~heilig** *adj* hypocritical; **~tod** *m* apparent death; **~werfer** (**-s, -**) *m* floodlight; (*THEAT*) spotlight; (*Suchscheinwerfer*) searchlight; (*AUT*) headlight.

Scheiß [ʃais] (**-, *no pl*) (*umg*) *m* bullshit (!).

Scheiß- ['ʃais-] (*umg*) *in zW* bloody (*BRIT!*); **~dreck** (*umg!*) *m* shit (!), crap (!); **das geht dich einen ~dreck an** it's got bugger-all to do with you (!).

Scheiße ['ʃaisə] (**-**) (*umg!*) *f* shit (!).

scheißegal (*umg!*) *adj:* **das ist mir doch ~!** I don't give a shit (!).

scheißen (*umg!*) *vi* to shit (!).

scheißfreundlich (*pej: umg*) *adj* as nice as pie (*ironisch*).

Scheißkerl (*umg!*) *m* bastard (!), son-of-a-bitch (*US!*).

Scheit [ʃait] (**-(e)s, -e** *od* **-er**) *nt* log.

Scheitel ['ʃaitəl] (**-s, -**) *m* top; (*Haar*) parting (*BRIT*), part (*US*).

scheiteln *vt* to part.

Scheitelpunkt *m* zenith, apex.

Scheiterhaufen ['ʃaitərhaufən] *m* (funeral) pyre; (*HIST: zur Hinrichtung*) stake.

Spelling Reform: ▲ *new spelling* △ *old spelling (to be phased out)*

scheitern ['ʃaɪtərn] *vi* to fail.
Schelle ['ʃɛlə] (-, -n) *f* small bell.
schellen *vi* to ring; **es hat geschellt** the bell has gone.
Schellfisch ['ʃɛlfɪʃ] *m* haddock.
Schelm [ʃɛlm] (-(e)s, -e) *m* rogue.
Schelmenroman *m* picaresque novel.
schelmisch *adj* mischievous, roguish.
Schelte ['ʃɛltə] (-, -n) *f* scolding.
schelten *unreg vt* to scold.
Schema ['ʃeːma] (-s, -s *od* -ta) *nt* scheme, plan; (*Darstellung*) schema; **nach ~ F** quite mechanically.
schematisch [ʃeˈmaːtɪʃ] *adj* schematic; (*pej*) mechanical.
Schemel ['ʃeːməl] (-s, -) *m* (foot)stool.
schemenhaft *adj* shadowy.
Schenke (-, -n) *f* tavern, inn.
Schenkel ['ʃɛŋkəl] (-s, -) *m* thigh; (*MATH: von Winkel*) side.
schenken ['ʃɛŋkən] *vt* (*lit, fig*) to give; (*Getränk*) to pour; **ich möchte nichts geschenkt haben!** (*lit*) I don't want any presents!; (*fig: bevorzugt werden*) I don't want any special treatment!; **sich** *dat* **etw ~** (*umg*) to skip sth; **jdm etw ~** (*erlassen*) to let sb off sth; **ihm ist nie etwas geschenkt worden** (*fig*) he never had it easy; **das ist geschenkt!** (*billig*) that's a giveaway!; (*nichts wert*) that's worthless!
Schenkung *f* gift.
Schenkungsurkunde *f* deed of gift.
scheppern ['ʃɛpərn] (*umg*) *vi* to clatter.
Scherbe ['ʃɛrbə] (-, -n) *f* broken piece, fragment; (*archäologisch*) potsherd.
Schere ['ʃeːrə] (-, -n) *f* scissors *pl*; (*groß*) shears *pl*; (*ZOOL*) pincer; (*von Hummer, Krebs etc*) pincer, claw; **eine ~** a pair of scissors.
scheren *unreg vt* to cut; (*Schaf*) to shear; (*stören*) to bother ♦ *vr* (*sich kümmern*) to care; **scher dich (zum Teufel)!** get lost!
Scherenschleifer (-s, -) *m* knife grinder.
Scherenschnitt *m* silhouette.
Schererei [ʃeːrəˈraɪ] (*umg*) *f* bother, trouble.
Scherflein ['ʃɛrflaɪn] *nt* mite, bit.
Scherz [ʃɛrts] (-es, -e) *m* joke; fun; **s~en** *vi* to joke; (*albern*) to banter; **~frage** *f* conundrum; **s~haft** *adj* joking, jocular.
Scheu [ʃɔy] (-) *f* shyness; (*Ehrfurcht*) awe; (*Angst*) ~ **(vor** +*dat*) fear (of).
scheu [ʃɔy] *adj* shy.
Scheuche (-, -n) *f* scarecrow.
scheuchen ['ʃɔyçən] *vt* to scare (off).
scheuen *vr*: **sich ~ vor** +*dat* to be afraid of, shrink from ♦ *vt* to shun ♦ *vi* (*Pferd*) to shy; **weder Mühe noch Kosten ~** to spare neither trouble nor expense.
Scheuer ['ʃɔyər] (-, -n) *f* barn.
Scheuer- *zW*: **~bürste** *f* scrubbing brush; **~lappen** *m* floorcloth (*BRIT*), scrubbing rag

(*US*); **~leiste** *f* skirting board.
scheuern *vt* to scour; (*mit Bürste*) to scrub ♦ *vr*: **sich** *akk* **(wund) ~** to chafe o.s.; **jdm eine ~** (*umg*) to clout sb one.
Scheuklappe *f* blinker.
Scheune ['ʃɔynə] (-, -n) *f* barn.
Scheunendrescher (-s, -) *m*: **er frisst wie ein ~** (*umg*) he eats like a horse.
Scheusal ['ʃɔyzaːl] (-s, -e) *nt* monster.
scheußlich ['ʃɔyslɪç] *adj* dreadful, frightful; **S~keit** *f* dreadfulness.
Schi [ʃiː] *m* = **Ski**.
Schicht [ʃɪçt] (-, -en) *f* layer; (*Klasse*) class, level; (*in Fabrik etc*) shift; **~arbeit** *f* shift work.
schichten *vt* to layer, stack.
Schichtwechsel *m* change of shifts.
schick [ʃɪk] *adj* stylish, chic.
schicken *vt* to send ♦ *vr*: **sich ~ (in** +*akk*) to resign o.s. (to) ♦ *vb unpers* (*anständig sein*) to be fitting.
Schickeria [ʃɪkəˈriːa] *f* (*ironisch*) in-people *pl*.
Schicki(micki) ['ʃɪkɪˈmɪkɪ] (-s, -s) (*umg*) *m* trendy.
schicklich *adj* proper, fitting.
Schicksal (-s, -e) *nt* fate.
schicksalhaft *adj* fateful.
Schicksalsschlag *m* great misfortune, blow.
Schickse ['ʃɪksə] (-, -n) (*umg*) *f* floozy, shiksa (*US*).
Schiebedach *nt* (*AUT*) sunroof, sunshine roof.
schieben ['ʃiːbən] *unreg vt* (*auch Drogen*) to push; (*Schuld*) to put; (*umg: handeln mit*) to traffic in; **die Schuld auf jdn ~** to put the blame on (to) sb; **etw vor sich** *dat* **her ~** (*fig*) to put sth off.
Schieber (-s, -) *m* slide; (*Besteckteil*) pusher; (*Person*) profiteer; (*umg: Schwarzhändler*) black marketeer; (: *Waffen~*) gunrunner; (: *Drogen~*) pusher.
Schiebetür *f* sliding door.
Schieblehre *f* (*MATH*) calliper (*BRIT*) *od* caliper (*US*) rule.
Schiebung *f* fiddle; **das war doch ~** (*umg*) that was rigged *od* a fix.
schied *etc* [ʃiːt] *vb siehe* **scheiden**.
Schieds- *zW*: **~gericht** *nt* court of arbitration; **~mann** (-(e)s, *pl* **-männer**) *m* arbitrator; **~richter** *m* referee, umpire; (*Schlichter*) arbitrator; **s~richtern** *vi untr* to referee, umpire; to arbitrate; **~spruch** *m* (arbitration) award; **~verfahren** *nt* arbitration.
schief [ʃiːf] *adj* crooked; (*Ebene*) sloping; (*Turm*) leaning; (*Winkel*) oblique; (*Blick*) wry; (*Vergleich*) distorted ♦ *adv* crookedly; (*ansehen*) askance; **auf die ~e Bahn geraten** (*fig*) to leave the straight and narrow; **~ gehen** (*umg*) to go wrong; **es wird schon**

~ **gehen!** (*hum*) it'll be OK; ~ **liegen** (*umg*) to be wrong, be on the wrong track (*umg*); **etw ~ stellen** to slope sth.

Schiefer ['ʃiːfər] (**-s, -**) *m* slate; ~**dach** *nt* slate roof; ~**tafel** *f* (child's) slate.

schieflachen (*umg*) *vr* to kill o.s. laughing.

schielen ['ʃiːlən] *vi* to squint; **nach etw ~** (*fig*) to eye sth up.

schien *etc* [ʃiːn] *vb siehe* **scheinen**.

Schienbein *nt* shinbone.

Schiene ['ʃiːnə] *f* rail; (*MED*) splint.

schienen *vt* to put in splints.

Schienenbus *m* railcar.

Schienenstrang *m* (*EISENB etc*) (section of) track.

schier [ʃiːr] *adj* pure; (*fig*) sheer ♦ *adv* nearly, almost.

Schießbude *f* shooting gallery.

Schießbudenfigur (*umg*) *f* clown, ludicrous figure.

schießen ['ʃiːsən] *unreg vi* to shoot; (*Salat etc*) to run to seed ♦ *vt* to shoot; (*Ball*) to kick; (*Geschoss*) to fire; ~ **auf** +*akk* to shoot at; **aus dem Boden ~** (*lit, fig*) to spring *od* sprout up; **jdm durch den Kopf ~** (*fig*) to flash through sb's mind.

Schießerei [ʃiːsəˈraɪ] *f* shoot-out, gun battle.

Schieß- *zW:* ~**gewehr** *nt* (*hum*) gun; ~**hund** *m:* **wie ein** ~**hund aufpassen** (*umg*) to watch like a hawk; ~**platz** *m* firing range; ~**pulver** *nt* gunpowder; ~**scharte** *f* embrasure; ~**stand** *m* rifle *od* shooting range.

Schiff [ʃɪf] (**-(e)s, -e**) *nt* ship, vessel; (*Kirchen~*) nave.

Schifffahrt△ *f siehe* **Schifffahrt**.

Schiff- *zW:* **s~bar** *adj* navigable; ~**bau** *m* shipbuilding; ~**bruch** *m* shipwreck; ~**bruch erleiden** (*lit*) to be shipwrecked; (*fig*) to fail; (*Unternehmen*) to founder; **s~brüchig** *adj* shipwrecked.

Schiffchen *nt* small boat; (*WEBEN*) shuttle; (*Mütze*) forage cap.

Schiffer (**-s, -**) *m* boatman, sailor; (*von Lastkahn*) bargee.

Schiff- *zW:* ~**fahrt**▲ *f* shipping; (*Reise*) voyage; ~**fahrtslinie**▲ *f* shipping route; ~**schaukel** *f* swing boat.

Schiffs- *zW:* ~**junge** *m* cabin boy; ~**körper** *m* hull; ~**ladung** *f* cargo, shipload; ~**planke** *f* gangplank; ~**schraube** *f* ship's propeller.

Schiit [ʃiːit] (**-en, -en**) *m* Shiite; **s~isch** *adj* Shiite.

Schikane [ʃiˈkaːnə] (**-, -n**) *f* harassment; dirty trick; **mit allen** ~**n** with all the trimmings; **das hat er aus reiner** ~ **gemacht** he did it out of sheer bloody-mindedness.

schikanieren [ʃikaˈniːrən] *vt* to harass; (*Ehepartner*) to mess around; (*Mitschüler*) to bully.

schikanös [ʃikaˈnøːs] *adj* (*Mensch*) bloody-minded; (*Maßnahme etc*) harassing.

Schild¹ [ʃɪlt] (**-(e)s, -e**) *m* shield; (*Mützen~*) peak, visor; **etwas im** ~**e führen** to be up to something.

Schild² [ʃɪlt] (**-(e)s, -er**) *nt* sign; (*Namens~*) nameplate; (*an Monument, Haus, Grab*) plaque; (*Etikett*) label.

Schildbürger *m* duffer, blockhead.

Schilddrüse *f* thyroid gland.

schildern ['ʃɪldərn] *vt* to describe; (*Menschen etc*) to portray; (*skizzieren*) to outline.

Schilderung *f* description; portrayal.

Schildkröte *f* tortoise; (*Wasser~*) turtle.

Schildkrötensuppe *f* turtle soup.

Schilf [ʃɪlf] (**-(e)s, -e**) *nt*, ~**rohr** *nt* (*Pflanze*) reed; (*Material*) reeds *pl*, rushes *pl*.

Schillerlocke ['ʃɪlərlɔkə] *f* (*Gebäck*) cream horn; (*Räucherfisch*) strip of smoked rock salmon.

schillern ['ʃɪlərn] *vi* to shimmer.

schillernd *adj* iridescent; (*fig: Charakter*) enigmatic.

Schilling ['ʃɪlɪŋ] (**-s,** *- od* (*Schillingstücke*) **-e**) (*ÖSTERR*) *m* schilling.

schilt [ʃɪlt] *vb siehe* **schelten**.

Schimmel ['ʃɪməl] (**-s, -**) *m* mould (*BRIT*), mold (*US*); (*Pferd*) white horse.

schimm(e)lig *adj* mouldy (*BRIT*), moldy (*US*).

schimmeln *vi* to go mouldy (*BRIT*) *od* moldy (*US*).

Schimmer ['ʃɪmər] (**-s**) *m* glimmer; **keinen (blassen)** ~ **von etw haben** (*umg*) not to have the slightest idea about sth.

schimmern *vi* to glimmer; (*Seide, Perlen*) to shimmer.

Schimpanse [ʃɪmˈpanzə] (**-n, -n**) *m* chimpanzee.

Schimpf [ʃɪmpf] (**-(e)s, -e**) *m* disgrace; **mit** ~ **und Schande** in disgrace.

schimpfen *vi* (*sich beklagen*) to grumble; (*fluchen*) to curse.

Schimpfkanonade *f* barrage of abuse.

Schimpfwort *nt* term of abuse.

Schindel ['ʃɪndəl] (**-, -n**) *f* shingle.

schinden ['ʃɪndən] *unreg vt* to maltreat, drive too hard ♦ *vr:* **sich** ~ **(mit)** to sweat and strain (at), toil away (at); **Eindruck** ~ (*umg*) to create an impression.

Schinder (**-s, -**) *m* knacker; (*fig*) slave driver.

Schinderei [ʃɪndəˈraɪ] *f* grind, drudgery.

Schindluder ['ʃɪntluːdər] *nt:* **mit etw** ~ **treiben** to muck *od* mess sth about; (*Vorrecht*) to abuse sth.

Schinken ['ʃɪŋkən] (**-s, -**) *m* ham; (*gekocht und geräuchert*) gammon; (*pej: umg: Theaterstück etc*) hackneyed and clichéd play *etc;* ~**speck** *m* bacon.

Schippe ['ʃɪpə] (**-, -n**) *f* shovel; **jdn auf die** ~ **nehmen** (*fig: umg*) to pull sb's leg.

schippen *vt* to shovel.

Schirm [ʃɪrm] (-(e)s, -e) *m* (*Regen~*) umbrella; (*Sonnen~*) parasol, sunshade; (*Wand~*, *Bild~*) screen; (*Lampen~*) (lamp)shade; (*Mützen~*) peak; (*Pilz~*) cap; ~**bildaufnahme** *f* X-ray; ~**herr(in)** *m(f)* patron(ess); ~**herrschaft** *f* patronage; ~**mütze** *f* peaked cap; ~**ständer** *m* umbrella stand.

Schiss▲ *m*: ~ **haben** (*umg*) to be shit scared (!).

schiss *etc▲* [ʃɪs] *vb siehe* **scheißen**.

schizophren [ʃitsoˈfreːn] *adj* schizophrenic.

Schizophrenie [ʃitsofreˈniː] *f* schizophrenia.

schlabbern [ˈʃlabərn] (*umg*) *vt, vi* to slurp.

Schlacht [ʃlaxt] (-, -en) *f* battle.

schlachten *vt* to slaughter, kill.

Schlachtenbummler (*umg*) *m* visiting football fan.

Schlachter (-s, -) *m* butcher.

Schlacht- *zW*: ~**feld** *nt* battlefield; ~**fest** *nt country feast at which freshly slaughtered meat is served*; ~**haus** *nt*, ~**hof** *m* slaughterhouse, abattoir (*BRIT*); ~**opfer** *nt* sacrifice; (*Mensch*) human sacrifice; ~**plan** *m* battle plan; (*fig*) plan of action; ~**ruf** *m* battle cry, war cry; ~**schiff** *nt* battleship; ~**vieh** *nt* animals *pl* kept for meat.

Schlacke [ˈʃlakə] (-, -n) *f* slag.

schlackern (*umg*) *vi* to tremble; (*Kleidung*) to hang loosely, be baggy; **mit den Ohren** ~ (*fig*) to be (left) speechless.

Schlaf [ʃlaːf] (-(e)s) *m* sleep; **um seinen** ~ **kommen** *od* **gebracht werden** to lose sleep; ~**anzug** *m* pyjamas *pl* (*BRIT*), pajamas *pl* (*US*).

Schläfchen [ˈʃleːfçən] *nt* nap.

Schläfe (-, -n) *f* (*ANAT*) temple.

schlafen *unreg vi* to sleep; (*umg: nicht aufpassen*) to be asleep; ~ **gehen** to go to bed; **bei jdm** ~ to stay overnight with sb; **S~gehen** *nt* going to bed.

Schlafenszeit *f* bedtime.

Schläfer(in) [ˈʃleːfər(ɪn)] (-s, -) *m(f)* sleeper.

schlaff [ʃlaf] *adj* slack; (*Haut*) loose; (*Muskeln*) flabby; (*energielos*) limp; (*erschöpft*) exhausted; **S~heit** *f* slackness; looseness; flabbiness; limpness; exhaustion.

Schlafgelegenheit *f* place to sleep.

Schlafittchen [ʃlaˈfɪtçən] (*umg*) *nt*: **jdn am** *od* **beim** ~ **nehmen** to take sb by the scruff of the neck.

Schlaf- *zW*: ~**krankheit** *f* sleeping sickness; ~**lied** *nt* lullaby; **s~los** *adj* sleepless; ~**losigkeit** *f* sleeplessness, insomnia; ~**mittel** *nt* sleeping drug; (*fig, ironisch*) soporific; ~**mütze** (*umg*) *f* dope.

schläfrig [ˈʃleːfrɪç] *adj* sleepy.

Schlaf- *zW*: ~**rock** *m* dressing gown; **Apfel im** ~**rock** baked apple in puff pastry; ~**saal** *m* dormitory; ~**sack** *m* sleeping bag.

schläft [ʃleːft] *vb siehe* **schlafen**.

Schlaf- *zW*: ~**tablette** *f* sleeping pill; **s~trunken** *adj* drowsy, half-asleep; ~**wagen** *m* sleeping car, sleeper; **s~wandeln** *vi untr* to sleepwalk; ~**wandler(in)** (-s, -) *m(f)* sleepwalker; ~**zimmer** *nt* bedroom.

Schlag [ʃlaːk] (-(e)s, ⁼e) *m* (*lit, fig*) blow; (*auch MED*) stroke; (*Puls~*, *Herz~*) beat; (*ELEK*) shock; (*Blitz~*) bolt, stroke; (*Glocken~*) chime; (*Autotür*) car door; (*umg: Portion*) helping; (: *Art*) kind, type; **Schläge** *pl* (*Tracht Prügel*) beating *sing*; ~ **acht Uhr** (*umg*) on the stroke of eight; **mit einem** ~ all at once; ~ **auf** ~ in rapid succession; **die haben keinen** ~ **getan** (*umg*) they haven't done a stroke (of work); **ich dachte, mich trifft der** ~ (*umg*) I was thunderstruck; **vom gleichen** ~ **sein** to be cast in the same mould (*BRIT*) *od* mold (*US*); (*pej*) to be tarred with the same brush; **ein** ~ **ins Wasser** (*umg*) a wash-out; ~**abtausch** *m* (*BOXEN*) exchange of blows; (*fig*) (verbal) exchange; ~**ader** *f* artery; ~**anfall** *m* stroke; **s~artig** *adj* sudden, without warning; ~**baum** *m* barrier; ~**bohrer** *m* percussion drill.

Schlägel▲ [ˈʃleːɡl] (-s, -) *m* drumstick; (*Hammer*) hammer.

schlagen [ˈʃlaːɡən] *unreg vt* to strike, hit; (*wiederholt* ~, *besiegen*) to beat; (*Glocke*) to ring; (*Stunde*) to strike; (*Kreis, Bogen*) to describe; (*Purzelbaum*) to do; (*Sahne*) to whip; (*Schlacht*) to fight; (*einwickeln*) to wrap ♦ *vi* to strike, hit; to beat; to ring; to strike ♦ *vr* to fight; **um sich** ~ to lash out; **ein Ei in die Pfanne** ~ to crack an egg into the pan; **eine geschlagene Stunde** a full hour; **na ja, ehe ich mich** ~ **lasse!** (*hum: umg*) I suppose you could twist my arm; **nach jdm** ~ (*fig*) to take after sb; **sich gut** ~ (*fig*) to do well; **sich nach links/Norden** ~ to strike out to the left/(for the) north; **sich auf jds Seite** ~ to side with sb; (*die Fronten wechseln*) to go over to sb.

schlagend *adj* (*Beweis*) convincing; ~**e Wetter** (*MIN*) firedamp.

Schlager [ˈʃlaːɡər] (-s, -) *m* (*MUS, fig*) hit.

Schläger [ˈʃleːɡər] (-s, -) *m* brawler; (*SPORT*) bat; (*TENNIS etc*) racket; (*GOLF*) club; (*Hockey~*) hockey stick.

Schlägerei [ʃleːɡəˈraɪ] *f* fight, punch-up.

Schlägersänger *m* pop singer.

Schlägertyp (*umg*) *m* thug.

Schlag- *zW*: **s~fertig** *adj* quick-witted; ~**fertigkeit** *f* ready wit, quickness of repartee; ~**instrument** *nt* percussion instrument; ~**kraft** *f* (*lit, fig*) power; (*MIL*) strike power; (*BOXEN*) punch(ing power); **s~kräftig** *adj* powerful; (*Beweise*) clear-cut; ~**loch** *nt* pothole; ~**obers** (-, -) (*ÖSTERR*) *nt*, ~**rahm** *m*, ~**sahne** *f* (whipped) cream; ~**seite** *f* (*NAUT*) list; ~**stock** *m* (*form*) truncheon

(*BRIT*), nightstick (*US*).

schlägt [ʃlɛːkt] *vb siehe* **schlagen.**

Schlag- *zW*: ~**wort** *nt* slogan, catch phrase; ~**zeile** *f* headline; ~**zeilen machen** (*umg*) to hit the headlines; ~**zeug** *nt* drums *pl*; (*in Orchester*) percussion; ~**zeuger (-s, -)** *m* drummer; percussionist.

schlaksig [ˈʃlaːksɪç] (*umg*) *adj* gangling, gawky.

Schlamassel [ʃlaˈmasəl] (**-s, -**) (*umg*) *m* mess.

Schlamm [ʃlam] (**-(e)s, -e**) *m* mud.

schlammig *adj* muddy.

Schlampe [ˈʃlampə] (**-, -n**) (*umg*) *f* slattern, slut.

schlampen (*umg*) *vi* to be sloppy.

Schlamperei [ʃlampəˈraɪ] (*umg*) *f* disorder, untidiness; (*schlechte Arbeit*) sloppy work.

schlampig (*umg*) *adj* slovenly, sloppy.

schlang *etc* [ʃlaŋ] *vb siehe* **schlingen.**

Schlange [ˈʃlaŋə] (**-, -n**) *f* snake; (*Menschen~*) queue (*BRIT*), line (*US*); ~ **stehen** to (form a) queue (*BRIT*), stand in line (*US*); **eine falsche** ~ a snake in the grass.

schlängeln [ˈʃlɛŋəln] *vr* to twist, wind; (*Fluss*) to meander.

Schlangen- *zW*: ~**biss**▲ *m* snake bite; ~**gift** *nt* snake venom; ~**linie** *f* wavy line.

schlank [ʃlaŋk] *adj* slim, slender; **S~heit** *f* slimness, slenderness; **S~heitskur** *f* diet.

schlapp [ʃlap] *adj* limp; (*locker*) slack; (*umg: energielos*) listless; (*nach Krankheit etc*) run-down.

Schlappe (**-, -n**) (*umg*) *f* setback.

Schlappen (**-s, -**) (*umg*) *m* slipper.

schlapp- *zW*: **S~heit** *f* limpness; slackness; **S~hut** *m* slouch hat; ~**machen** (*umg*) *vi* to wilt, droop; **S~schwanz** (*pej: umg*) *m* weakling, softy.

Schlaraffenland [ʃlaˈrafənlant] *nt* land of milk and honey.

schlau [ʃlau] *adj* crafty, cunning; **ich werde nicht** ~ **aus ihm** I don't know what to make of him; **S~berger (-s, -)** (*umg*) *m* clever Dick.

Schlauch [ʃlaux] (**-(e)s, Schläuche**) *m* hose; (*in Reifen*) inner tube; (*umg: Anstrengung*) grind; **auf dem** ~ **stehen** (*umg*) to be in a jam *od* fix; ~**boot** *nt* rubber dinghy.

schlauchen (*umg*) *vt* to tell on, exhaust.

schlauchlos *adj* (*Reifen*) tubeless.

Schläue [ˈʃlɔʏə] (**-**) *f* cunning.

Schlaufe [ˈʃlaufə] (**-, -n**) *f* loop; (*Aufhänger*) hanger.

Schlauheit *f* cunning.

Schlaukopf *m* clever Dick.

Schlawiner [ʃlaˈviːnər] (**-s, -**) *m* (*hum: umg*) villain, rogue.

schlecht [ʃlɛçt] *adj* bad; (*ungenießbar*) bad, off (*BRIT*) ♦ *adv*: **jdm geht es** ~ sb is in a bad way; **heute geht es** ~ today is not very convenient; ~ **machen** to run down,

denigrate; **er kann** ~ **Nein** *od* **nein sagen** he finds it hard to say no, he can't say no; **jdm ist** ~ sb feels sick *od* ill; ~ **und recht** after a fashion; **auf jdn** ~ **zu sprechen sein** not to have a good word to say for sb; **er hat nicht** ~ **gestaunt** (*umg*) he wasn't half surprised.

schlechterdings *adv* simply.

Schlecht- *zW*: ~**heit** *f* badness; **s~hin** *adv* simply; **der Dramatiker s~hin** THE playwright.

Schlechtigkeit *f* badness; (*Tat*) bad deed.

schlecken [ˈʃlɛkən] *vt, vi* to lick.

Schlegel [ˈʃleːgəl] (**-s, -**) *m* (*KOCH*) leg; *siehe auch* **Schlägel.**

schleichen [ˈʃlaɪçən] *unreg vi* to creep, crawl.

schleichend *adj* creeping; (*Krankheit, Gift*) insidious.

Schleichweg *m*: **auf** ~**en** (*fig*) on the quiet.

Schleichwerbung *f*: **eine** ~ a plug.

Schleie [ˈʃlaɪə] (**-, -n**) *f* tench.

Schleier [ˈʃlaɪər] (**-s, -**) *m* veil; ~**eule** *f* barn owl; **s~haft** (*umg*) *adj*: **jdm s~haft sein** to be a mystery to sb.

Schleife [ˈʃlaɪfə] (**-, -n**) *f* (*auch COMPUT*) loop; (*Band*) bow; (*Kranz~*) ribbon.

schleifen[1] *vt* to drag; (*MIL: Festung*) to raze ♦ *vi* to drag; **die Kupplung** ~ **lassen** (*AUT*) to slip the clutch.

schleifen[2] *unreg vt* to grind; (*Edelstein*) to cut; (*MIL: Soldaten*) to drill.

Schleifmaschine *f* sander; (*in Fabrik*) grinding machine.

Schleifstein *m* grindstone.

Schleim [ʃlaɪm] (**-(e)s, -e**) *m* slime; (*MED*) mucus; (*KOCH*) gruel; ~**haut** *f* mucous membrane.

schleimig *adj* slimy.

schlemmen [ˈʃlɛmən] *vi* to feast.

Schlemmer(in) (**-s, -**) *m(f)* gourmet, bon vivant.

Schlemmerei [ʃlɛməˈraɪ] *f* feasting.

schlendern [ˈʃlɛndərn] *vi* to stroll.

Schlendrian [ˈʃlɛndriaːn] (**-(e)s**) *m* sloppy way of working.

Schlenker [ˈʃlɛŋkər] (**-s, -**) *m* swerve.

schlenkern *vt, vi* to swing, dangle.

Schleppe [ˈʃlɛpə] (**-, -n**) *f* train.

schleppen *vt* to drag; (*Auto, Schiff*) to tow; (*tragen*) to lug.

schleppend *adj* dragging; (*Bedienung, Abfertigung*) sluggish, slow.

Schlepper (**-s, -**) *m* tractor; (*Schiff*) tug.

Schleppkahn *m* (canal) barge.

Schlepptau *nt* towrope; **jdn ins** ~ **nehmen** (*fig*) to take sb in tow.

Schlesien [ˈʃleːziən] (**-s**) *nt* Silesia.

Schlesier(in) (**-s, -**) *m(f)* Silesian.

schlesisch *adj* Silesian.

Schleswig-Holstein [ˈʃleːsvɪçˈhɔlʃtain] (**-s**) *nt* Schleswig-Holstein.

Spelling Reform: ▲ *new spelling* △ *old spelling (to be phased out)*

Schleuder ['ʃlɔydər] (-, -n) f catapult; (*Wäsche~*) spin-dryer; (*Zentrifuge*) centrifuge; **~honig** m extracted honey.

schleudern vt to hurl; (*Wäsche*) to spin-dry ♦ vi (*AUT*) to skid; **ins S~ kommen** (*AUT*) to go into a skid; (*fig: umg*) to run into trouble.

Schleuder- zW: **~preis** m give-away price; **~sitz** m (*AVIAT*) ejector seat; (*fig*) hot seat; **~ware** f cut-price (*BRIT*) od cut-rate (*US*) goods pl.

schleunig ['ʃlɔynıç] adj prompt, speedy; (*Schritte*) quick.

schleunigst adv straight away.

Schleuse ['ʃlɔyzə] (-, -n) f lock; (*Schleusentor*) sluice.

schleusen vt (*Schiffe*) to pass through a lock, lock; (*Wasser*) to channel; (*Menschen*) to filter; (*fig: heimlich*) to smuggle.

Schlich (-(e)s, -e) m dodge, trick; **jdm auf die ~e kommen** to get wise to sb.

schlich etc [ʃlıç] vb siehe **schleichen**.

schlicht [ʃlıçt] adj simple, plain.

schlichten vt to smooth; (*beilegen*) to settle; (*Streit: vermitteln*) to mediate, arbitrate.

Schlichter(in) (-s, -) m(f) mediator, arbitrator.

Schlichtheit f simplicity, plainness.

Schlichtung f settlement; arbitration.

Schlick [ʃlık] (-(e)s, -e) m mud; (*Öl~*) slick.

schlief etc [ʃliːf] vb siehe **schlafen**.

Schließe ['ʃliːsə] (-, -n) f fastener.

schließen ['ʃliːsən] unreg vt to close, shut; (*beenden*) to close; (*Freundschaft, Bündnis, Ehe*) to enter into; (*COMPUT: Datei*) to close; (*folgern*): **~ (aus)** to infer (from) ♦ vi, vr to close, shut; **auf etw** akk **~ lassen** to suggest sth; **jdn/etw in sein Herz ~** to take sb/sth to one's heart; **etw in sich ~** to include sth; „**geschlossen**" "closed".

Schließfach nt locker.

schließlich adv finally; (**~ doch**) after all.

Schliff (-(e)s, -e) m cut(ting); (*fig*) polish; **einer Sache den letzten ~ geben** (*fig*) to put the finishing touch(es) to sth.

schliff etc [ʃlıf] vb siehe **schleifen**.

schlimm [ʃlım] adj bad; **das war ~** that was terrible; **das ist halb so ~!** that's not so bad!; **~er** adj worse; **~ste(r, s)** adj worst.

schlimmstenfalls adv at (the) worst.

Schlinge ['ʃlıŋə] (-, -n) f loop; (*an Galgen*) noose; (*Falle*) snare; (*MED*) sling.

Schlingel (-s, -) m rascal.

schlingen unreg vt to wind ♦ vi (*essen*) to bolt one's food, gobble.

schlingern vi to roll.

Schlingpflanze f creeper.

Schlips [ʃlıps] (-es, -e) m tie, necktie (*US*); **sich auf den ~ getreten fühlen** (*fig: umg*) to feel offended.

Schlitten ['ʃlıtən] (-s, -) m sledge, sled; (*Pferde~*) sleigh; **mit jdm ~ fahren** (*umg*) to give sb a rough time; **~bahn** f toboggan run; **~fahren** (-s) nt tobogganing.

schlittern ['ʃlıtərn] vi to slide; (*Wagen*) to skid.

Schlittschuh ['ʃlıtʃuː] m skate; **~ laufen** to skate; **~bahn** f skating rink; **~läufer** m skater.

Schlitz [ʃlıts] (-es, -e) m slit; (*für Münze*) slot; (*Hosen~*) flies pl; **s~äugig** adj slant-eyed; **s~en** vt to slit; **~ohr** nt (*fig*) sly fox.

schlohweiß ['ʃloː'vaıs] adj snow-white.

Schlokal nt gourmet restaurant.

Schloss▲ (-es, ¨er) nt lock, padlock; (*an Schmuck etc*) clasp; (*Bau*) castle; (*Palast*) palace; **ins ~ fallen** to lock (itself).

schloss etc▲ [ʃlɔs] vb siehe **schließen**.

Schlosser ['ʃlɔsər] (-s, -) m (*Auto~*) fitter; (*für Schlüssel etc*) locksmith.

Schlosserei [ʃlɔsə'raı] f metal(working) shop.

Schlosshund▲ m: **heulen wie ein ~** to howl one's head off.

Schlot [ʃloːt] (-(e)s, -e) m chimney; (*NAUT*) funnel.

schlottern ['ʃlɔtərn] vi to shake; (*vor Angst*) to tremble; (*Kleidung*) to be baggy.

Schlucht [ʃluxt] (-, -en) f gorge, ravine.

schluchzen ['ʃluxtsən] vi to sob.

Schluck [ʃluk] (-(e)s, -e) m swallow; (*größer*) gulp; (*kleiner*) sip; (*ein bisschen*) drop.

Schluckauf (-s) m hiccups pl.

schlucken vt to swallow; (*umg: Alkohol, Benzin*) to guzzle; (: *verschlingen*) to swallow up ♦ vi to swallow.

Schlucker (-s, -) (*umg*) m: **armer ~** poor devil.

Schluckimpfung f oral vaccination.

schlud(e)rig ['ʃluːdrıç] (*umg*) adj slipshod.

schludern ['ʃluːdərn] (*umg*) vi to do slipshod work.

schlug etc [ʃluːk] vb siehe **schlagen**.

Schlummer ['ʃlumər] (-s) m slumber.

schlummern vi to slumber.

Schlund [ʃlunt] (-(e)s, ¨e) m gullet; (*fig*) jaw.

schlüpfen ['ʃlypfən] vi to slip; (*Vogel etc*) to hatch (out).

Schlüpfer ['ʃlypfər] (-s, -) m panties pl, knickers pl.

Schlupfloch ['ʃlupflɔx] nt hole; (*Versteck*) hide-out; (*fig*) loophole.

schlüpfrig ['ʃlypfrıç] adj slippery; (*fig*) lewd; **S~keit** f slipperiness; lewdness.

Schlupfwinkel m hiding place; (*fig*) quiet corner.

schlurfen ['ʃlurfən] vi to shuffle.

schlürfen ['ʃlyrfən] vt, vi to slurp.

Schluss▲ [ʃlus] (-es, ¨e) m end; (*~folgerung*) conclusion; **am ~** at the end; **~ für heute!** that'll do for today; **~ jetzt!** that's enough now!; **~ machen mit** to finish with.

Schlüssel ['ʃlysəl] (-s, -) m (*lit, fig*) key; (*Schraub~*) spanner, wrench; (*MUS*) clef;

~**bein** nt collarbone; ~**blume** f cowslip, primrose; ~**bund** m bunch of keys; ~**erlebnis** nt (PSYCH) crucial experience; ~**kind** nt latchkey child; ~**loch** nt keyhole; ~**position** f key position; ~**wort** nt safe combination; (COMPUT) keyword.

Schlussfolgerung▲ f conclusion, inference.

Schlussformel▲ f (in Brief) closing formula; (bei Vertrag) final clause.

schlüssig ['ʃlʏsɪç] adj conclusive; **sich** dat (über etw akk) ~ **sein** to have made up one's mind (about sth).

Schluss-▲ zW: ~**licht** nt rear light (BRIT), taillight (US); (fig) tail ender; ~**strich** m (fig) final stroke; **einen** ~**strich unter etw** akk **ziehen** to consider sth finished; ~**verkauf** m clearance sale; ~**wort** nt concluding words pl.

Schmach [ʃmaːx] (-) f disgrace, ignominy.

schmachten ['ʃmaxtən] vi to languish; **nach jdm** ~ to pine for sb.

schmächtig ['ʃmɛçtɪç] adj slight.

schmachvoll adj ignominious, humiliating.

schmackhaft ['ʃmakhaft] adj tasty; **jdm etw** ~ **machen** (fig) to make sth palatable to sb.

schmähen ['ʃmɛːən] vt to abuse, revile.

schmählich adj ignominious, shameful.

Schmähung f abuse.

schmal [ʃmaːl] adj narrow; (Person, Buch etc) slender, slim; (karg) meagre (BRIT), meager (US); ~**brüstig** adj narrow-chested.

schmälern ['ʃmɛːlərn] vt to diminish; (fig) to belittle.

Schmalfilm m cine (BRIT) od movie (US) film.

Schmalspur f narrow gauge.

Schmalspur- (pej) in zW small-time.

Schmalz [ʃmalts] (-es, -e) nt dripping; (Schweine~) lard; (fig) sentiment, schmaltz.

schmalzig adj (fig) schmaltzy, slushy.

schmarotzen [ʃmaˈrɔtsən] vi (BIOL) to be parasitic; (fig) to sponge.

Schmarotzer (-s, -) m (auch fig) parasite.

Schmarren ['ʃmarən] (-s, -) m (ÖSTERR) small pieces of pancake; (fig) rubbish, tripe.

schmatzen ['ʃmatsən] vi to eat noisily.

Schmaus [ʃmaʊs] (-es, Schmäuse) m feast; **s~en** vi to feast.

schmecken ['ʃmɛkən] vt, vi to taste; **es schmeckt ihm** he likes it; **schmeckt es Ihnen?** is it good?, are you enjoying your food od meal?; **das schmeckt nach mehr!** (umg) it's very moreish (hum); **es sich** ~ **lassen** to tuck in.

Schmeichelei [ʃmaɪçəˈlaɪ] f flattery.

schmeichelhaft ['ʃmaɪçəlhaft] adj flattering.

schmeicheln vi to flatter.

Schmeichler(in) (-s, -) m(f) flatterer.

schmeißen ['ʃmaɪsən] unreg (umg) vt to throw, chuck; (spendieren): **eine Runde** od **Lage** ~ to stand a round.

Schmeißfliege f bluebottle.

Schmelz [ʃmɛlts] (-es, -e) m enamel; (Glasur) glaze; (von Stimme) melodiousness; **s~bar** adj fusible.

schmelzen unreg vt to melt; (Erz) to smelt ♦ vi to melt.

Schmelz- zW: ~**hütte** f smelting works pl; ~**käse** m cheese spread; (in Scheiben) processed cheese; ~**ofen** m melting furnace; (für Erze) smelting furnace; ~**punkt** m melting point; ~**tiegel** m (lit, fig) melting pot; ~**wasser** nt melted snow.

Schmerbauch ['ʃmeːrbaʊx] (umg) m paunch, potbelly.

Schmerz [ʃmɛrts] (-es, -en) m pain; (Trauer) grief no pl; ~**en haben** to be in pain; **s~empfindlich** adj sensitive to pain.

schmerzen vt, vi to hurt.

Schmerzensgeld nt compensation.

Schmerz- zW: **s~haft** adj painful; **s~lich** adj painful; **s~lindernd** adj pain-relieving; **s~los** adj painless; ~**mittel** nt painkiller, analgesic; **s~stillend** adj pain-killing, analgesic; ~**tablette** f pain-killing tablet.

Schmetterling ['ʃmɛtərlɪŋ] m butterfly.

Schmetterlingsstil m (SCHWIMMEN) butterfly stroke.

schmettern ['ʃmɛtərn] vt to smash; (Melodie) to sing loudly, bellow out ♦ vi to smash (SPORT); (Trompete) to blare.

Schmied [ʃmiːt] (-(e)s, -e) m blacksmith.

Schmiede ['ʃmiːdə] (-, -n) f smithy, forge; ~**eisen** nt wrought iron.

schmieden vt to forge; (Pläne) to devise, concoct.

schmiegen ['ʃmiːgən] vt to press, nestle ♦ vr: **sich** ~ **an** +akk to cuddle up to, nestle up to.

schmiegsam ['ʃmiːkzaːm] adj flexible, pliable.

Schmiere ['ʃmiːrə] f grease; (THEAT) greasepaint, make-up; (pej: schlechtes Theater) fleapit; ~ **stehen** (umg) to be the look-out.

schmieren vt to smear; (ölen) to lubricate, grease; (bestechen) to bribe ♦ vi (schreiben) to scrawl; **es läuft wie geschmiert** it's going like clockwork; **jdm eine** ~ (umg) to clout sb one.

Schmierenkomödiant (pej) m ham (actor).

Schmier- zW: ~**fett** nt grease; ~**fink** m messy person; ~**geld** nt bribe; ~**heft** nt jotter.

schmierig adj greasy.

Schmiermittel nt lubricant.

Schmierseife f soft soap.

schmilzt [ʃmɪltst] vb siehe **schmelzen**.

Schminke ['ʃmɪŋkə] (-, -n) f make-up.

schminken vt, vr to make up.

schmirgeln ['ʃmɪrgəln] vt to sand (down).

Schmirgelpapier (-s) nt emery paper.

Schmiss▲ (-es, -e) m (Narbe) duelling (BRIT) od dueling (US) scar; (veraltet: Schwung) dash, élan.

schmiss *etc*▲ [ʃmɪs] *vb siehe* **schmeißen.**

Schmöker ['ʃmøːkər] (-s, -) (*umg*) *m* (trashy) old book.

schmökern *vi* to bury o.s. in a book; (*umg*) to browse.

schmollen ['ʃmɔlən] *vi* to pout; (*gekränkt*) to sulk.

schmollend *adj* sulky.

Schmollmund *m* pout.

schmolz *etc* [ʃmɔlts] *vb siehe* **schmelzen.**

Schmorbraten *m* stewed *od* braised meat.

schmoren ['ʃmoːrən] *vt* to braise.

Schmu [ʃmuː] (-s) (*umg*) *m* cheating.

Schmuck [ʃmʊk] (-(e)s, -e) *m* jewellery (*BRIT*), jewelry (*US*); (*Verzierung*) decoration.

schmücken ['ʃmʏkən] *vt* to decorate.

Schmuck- *zW:* **s~los** *adj* unadorned, plain; **~losigkeit** *f* simplicity; **~sachen** *pl* jewels *pl*, jewellery *sing* (*BRIT*), jewelry *sing* (*US*); **~stück** *nt* (*Ring etc*) piece of jewellery (*BRIT*) *od* jewelry (*US*); (*fig: Prachtstück*) gem.

schmudd(e)lig ['ʃmʊd(ə)lɪç] *adj* messy; (*schmutzig*) dirty; (*schmierig, unsauber*) filthy.

Schmuggel ['ʃmʊgəl] (-s) *m* smuggling.

schmuggeln *vt, vi* to smuggle.

Schmuggelware *f* contraband.

Schmuggler(in) (-s, -) *m(f)* smuggler.

schmunzeln ['ʃmʊntsəln] *vi* to smile benignly.

schmusen ['ʃmuːzən] (*umg*) *vi* (*zärtlich sein*) to cuddle; **mit jdm ~** to cuddle sb.

Schmutz [ʃmʊts] (-es) *m* dirt; (*fig*) filth; **s~en** *vi* to get dirty; **~fink** *m* filthy creature; **~fleck** *m* stain.

schmutzig *adj* dirty; **~e Wäsche waschen** (*fig*) to wash one's dirty linen in public.

Schnabel ['ʃnaːbəl] (-s, ̈-) *m* beak, bill; (*Ausguss*) spout; (*umg: Mund*) mouth; **reden, wie einem der ~ gewachsen ist** to say exactly what comes into one's head; (*unaffektiert*) to talk naturally.

schnacken ['ʃnakən] (*NORDD: umg*) *vi* to chat.

Schnake ['ʃnaːkə] (-, -n) *f* crane fly; (*Stechmücke*) gnat.

Schnalle ['ʃnalə] (-, -n) *f* buckle; (*an Handtasche, Buch*) clasp.

schnallen *vt* to buckle.

schnalzen ['ʃnaltsən] *vi* to snap; (*mit Zunge*) to click.

Schnäppchen ['ʃnɛpçən] (*umg*) *nt* bargain, snip.

schnappen ['ʃnapən] *vt* to grab, catch; (*umg: ergreifen*) to snatch ♦ *vi* to snap.

Schnappschloss▲ *nt* spring lock.

Schnappschuss▲ *m* (*PHOT*) snapshot.

Schnaps [ʃnaps] (-es, ̈-e) *m* schnapps; (*umg: Branntwein*) spirits *pl*; **~idee** (*umg*) *f* crackpot idea; **~leiche** (*umg*) *f* drunk.

schnarchen ['ʃnarçən] *vi* to snore.

schnattern ['ʃnatərn] *vi* to chatter; (*zittern*) to shiver.

schnauben ['ʃnaʊbən] *vi* to snort ♦ *vr* to blow one's nose.

schnaufen ['ʃnaʊfən] *vi* to puff, pant.

Schnaufer (-s, -) (*umg*) *m* breath.

Schnauzbart ['ʃnaʊtsbaːrt] *m* moustache (*BRIT*), mustache (*US*).

Schnauze (-, -n) *f* snout, muzzle; (*Ausguss*) spout; (*umg*) gob; **auf die ~ fallen** (*fig*) to come a cropper (*umg*); **etw frei nach ~ machen** to do sth any old how.

schnäuzen▲ ['ʃnɔytsn] *vr* to blow one's nose.

Schnecke ['ʃnɛkə] (-, -n) *f* snail; (*Nackt~*) slug; (*KOCH: Gebäck*) ≈ Chelsea bun; **jdn zur ~ machen** (*umg*) to give sb a real bawling out.

Schneckenhaus *nt* snail's shell.

Schneckentempo (*umg*) *nt:* **im ~** at a snail's pace.

Schnee [ʃneː] (-s) *m* snow; (*Ei~*) beaten egg white; **~ von gestern** old hat; **water under the bridge;** **~ball** *m* snowball; **~besen** *m* (*KOCH*) whisk; **~fall** *m* snowfall; **~flocke** *f* snowflake; **~gestöber** *nt* snowstorm; **~glöckchen** *nt* snowdrop; **~grenze** *f* snowline; **~kette** *f* (*AUT*) snow chain; **~könig** *m:* **sich freuen wie ein ~könig** to be as pleased as Punch; **~mann** *m* snowman; **~pflug** *m* snowplough (*BRIT*), snowplow (*US*); **~regen** *m* sleet; **~schmelze** *f* thaw; **~treiben** *nt* driving snow; **~wehe** *f* snowdrift; **~wittchen** *nt* Snow White.

Schneid [ʃnaɪt] (-(e)s) (*umg*) *m* pluck.

Schneidbrenner (-s, -) *m* (*TECH*) oxyacetylene cutter.

Schneide ['ʃnaɪdə] (-, -n) *f* edge; (*Klinge*) blade.

schneiden *unreg vt* to cut; (*Film, Tonband*) to edit; (*kreuzen*) to cross, intersect ♦ *vr* to cut o.s.; (*umg: sich täuschen*) **da hat er sich aber geschnitten!** he's very much mistaken; **die Luft ist zum S~** (*fig: umg*) the air is very bad.

schneidend *adj* cutting.

Schneider (-s, -) *m* tailor; **frieren wie ein ~** (*umg*) to be frozen to the marrow; **aus dem ~ sein** (*fig*) to be out of the woods.

Schneiderei [ʃnaɪdə'raɪ] *f* tailor's shop; (*einer Schneiderin*) dressmaker's shop.

Schneiderin *f* dressmaker.

schneidern *vt* to make ♦ *vi* to be a tailor.

Schneidersitz (-es) *m:* **im ~ sitzen** to sit cross-legged.

Schneidezahn *m* incisor.

schneidig *adj* dashing; (*mutig*) plucky.

schneien ['ʃnaɪən] *vi* to snow; **jdm ins Haus ~** (*umg: Besuch*) to drop in on sb; (: *Rechnung, Brief*) to come in the post (*BRIT*) *od* mail (*US*).

Schneise ['ʃnaɪzə] (-, -n) *f* (*Wald~*) clearing.

schnell [ʃnɛl] *adj* quick, fast ♦ *adv* quick(ly),

fast; **das ging** ~ that was quick; **S~boot** *nt* speedboat.

Schnelle (-) *f*: **etw auf die** ~ **machen** to do sth in a rush.

schnellen *vi* to shoot.

Schnellgericht *nt* (*JUR*) summary court; (*KOCH*) convenience food.

Schnellhefter *m* loose-leaf binder.

Schnelligkeit *f* speed.

Schnell- *zW*: ~**imbiss▲** *m* (*Essen*) (quick) snack; (*Raum*) snack bar; ~**kochtopf** *m* (*Dampfkochtopf*) pressure cooker; ~**reinigung** *f* express cleaner's.

schnellstens *adv* as quickly as possible.

Schnellstraße *f* expressway.

Schnellzug *m* fast *od* express train.

schneuzen△ ['ʃnɔytsən] *vr siehe* **schnäuzen**.

Schnickschnack ['ʃnɪkʃnak] (-(e)s) (*umg*) *m* twaddle.

Schnippchen ['ʃnɪpçən] *nt*: **jdm ein** ~ **schlagen** to play a trick on sb.

schnippeln ['ʃnɪpəln] (*umg*) *vt* to snip; (*mit Messer*) to hack ♦ *vi*: ~ **an** +*dat* to snip at; to hack at.

schnippen ['ʃnɪpən] *vi*: **mit den Fingern** ~ to snap one's fingers.

schnippisch ['ʃnɪpɪʃ] *adj* sharp-tongued.

Schnipsel ['ʃnɪpsəl] (-s, -) (*umg*) *m od nt* scrap; (*Papier~*) scrap of paper.

Schnitt (-(e)s, -e) *m* cut(ting); (~*punkt*) intersection; (*Quer~*) (cross) section; (*Durch~*) average; (~*muster*) pattern; (*Ernte*) crop; (*an Buch*) edge; (*umg: Gewinn*) profit; ~: **L. Schwarz** (*FILM*) editor - L. Schwarz; **im** ~ on average.

schnitt *etc* [ʃnɪt] *vb siehe* **schneiden**.

Schnittblumen *pl* cut flowers *pl*.

Schnittbohnen *pl* French *od* green beans *pl*.

Schnitte (-, -n) *f* slice; (*belegt*) sandwich.

schnittfest *adj* (*Tomaten*) firm.

Schnittfläche *f* section.

schnittig ['ʃnɪtɪç] *adj* smart; (*Auto, Formen*) stylish.

Schnitt- *zW*: ~**lauch** *m* chive; ~**muster** *nt* pattern; ~**punkt** *m* (point of) intersection; ~**stelle** *f* (*COMPUT*) interface; ~**wunde** *f* cut.

Schnitzarbeit *f* wood carving.

Schnitzel (-s, -) *nt* scrap; (*KOCH*) escalope; ~**jagd** *f* paperchase.

schnitzen ['ʃnɪtsən] *vt* to carve.

Schnitzer (-s, -) *m* carver; (*umg*) blunder.

Schnitzerei [ʃnɪtsə'raɪ] *f* wood carving.

schnoddrig ['ʃnɔdərɪç] (*umg*) *adj* snotty.

schnöde ['ʃnøːdə] *adj* base, mean.

Schnorchel ['ʃnɔrçəl] (-s, -) *m* snorkel.

schnorcheln *vi* to go snorkelling.

Schnörkel ['ʃnœrkəl] (-s, -) *m* flourish; (*ARCHIT*) scroll.

schnorren ['ʃnɔrən] *vt, vi* to cadge (*BRIT*).

Schnorrer (-s, -) (*umg*) *m* cadger (*BRIT*).

Schnösel ['ʃnøːzəl] (-s, -) (*umg*) *m* snotty(-nosed) little upstart.

schnuckelig ['ʃnʊkəlɪç] (*umg*) *adj* (*gemütlich*) snug, cosy; (*Person*) sweet.

schnüffeln ['ʃnyfəln] *vi* to sniff; (*fig: umg: spionieren*) to snoop around; **S~** *nt* (*von Klebstoff etc*) glue-sniffing *etc*.

Schnüffler(in) (-s, -) *m(f)* snooper.

Schnuller ['ʃnʊlər] (-s, -) *m* dummy (*BRIT*), pacifier (*US*).

Schnulze ['ʃnʊltsə] (-, -n) (*umg*) *f* schmaltzy film/book/song.

Schnupfen ['ʃnʊpfən] (-s, -) *m* cold.

Schnupftabak *m* snuff.

schnuppe ['ʃnʊpə] (*umg*) *adj*: **jdm** ~ **sein** to be all the same to sb.

schnuppern ['ʃnʊpərn] *vi* to sniff.

Schnur [ʃnuːr] (-, ̈-e) *f* string; (*Kordel*) cord; (*ELEK*) flex.

Schnürchen ['ʃnyːrçən] *nt*: **es läuft** *od* **klappt (alles) wie am** ~ everything's going like clockwork.

schnüren ['ʃnyːrən] *vt* to tie.

schnurgerade *adj* straight (as a die *od* an arrow).

Schnurrbart ['ʃnʊrbaːrt] *m* moustache (*BRIT*), mustache (*US*).

schnurren ['ʃnʊrən] *vi* to purr; (*Kreisel*) to hum.

Schnürschuh *m* lace-up (shoe).

Schnürsenkel *m* shoelace.

schnurstracks *adv* straight (away); ~ **auf jdn/etw zugehen** to make a beeline for sb/ sth (*umg*).

schob *etc* [ʃoːp] *vb siehe* **schieben**.

Schock [ʃɔk] (-(e)s, -e) *m* shock; **unter** ~ **stehen** to be in (a state of) shock.

schocken (*umg*) *vt* to shock.

Schocker (-s, -) (*umg*) *m* shocking film/novel, shocker.

schockieren *vt* to shock, outrage.

Schöffe ['ʃœfə] (-n, -n) *m* lay magistrate.

Schöffengericht *nt* magistrates' court.

Schöffin *f* lay magistrate.

Schokolade [ʃokoˈlaːdə] (-, -n) *f* chocolate.

scholl *etc* [ʃɔl] *vb siehe* **schallen**.

Scholle ['ʃɔlə] (-, -n) *f* clod; (*Eis~*) ice floe; (*Fisch*) plaice.

Scholli ['ʃɔlɪ] (*umg*) *m*: **mein lieber ~!** (*drohend*) now look here!

══════════════ *SCHLÜSSELWORT*

schon [ʃoːn] *adv* **1** (*bereits*) already; **er ist** ~ **da** he's there/here already, he's already there/ here; **ist er** ~ **da?** is he there/here yet?; **warst du** ~ **einmal dort?** have you ever been there?; **ich war** ~ **einmal dort** I've been there before; **das war** ~ **immer so** that has always been the case; **hast du** ~ **gehört?** have you heard?; ~ **1920** as early as 1920;

~ **vor 100 Jahren** as far back as 100 years ago; **er wollte ~ die Hoffnung aufgeben, als** ... he was just about to give up hope when ...; **wartest du ~ lange?** have you been waiting (for) long?; **wie ~ so oft** as so often (before); **was, ~ wieder?** what - again? **2** (*bestimmt*) all right; **du wirst ~ sehen** you'll see (all right); **das wird ~ noch gut gehen** that should turn out OK (in the end). **3** (*bloß*) just; **allein ~ das Gefühl** ... just the very feeling ...; **~ der Gedanke** the mere *od* very thought; **wenn ich das ~ höre** I only have to hear that. **4** (*einschränkend*): **ja ~, aber** ... yes (well), but ... **5: das ist ~ möglich** that's quite possible; **~ gut** OK; **du weißt ~** you know; **komm ~** come on; **hör ~ auf damit!** will you stop that!; **was macht das ~, wenn** ...? what does it matter if ...?; **und wenn ~!** (*umg*) so what?

schön [ʃøːn] *adj* beautiful; (*Mann*) handsome; (*nett*) nice ♦ *adv*: **sich ganz ~ ärgern** to be very angry; **da hast du etwas S~es angerichtet** you've made a fine *od* nice mess; **sich ~ machen** to make o.s. look nice; **~e Grüße** best wishes; **~en Dank** (many) thanks; **~ weich/warm** nice and soft/warm.

schonen ['ʃoːnən] *vt* to look after; (*jds Nerven*) to spare; (*Gegner, Kind*) to be easy on; (*Teppich, Füße*) to save ♦ *vr* to take it easy.

schonend *adj* careful, gentle; **jdm etw ~ beibringen** to break sth to sb gently.

Schoner ['ʃoːnər] (-s, -) *m* (*NAUT*) schooner; (*Sessel~*) cover.

Schönfärberei *f* (*fig*) glossing things over.

Schonfrist *f* period of grace.

Schöngeist *m* cultured person, aesthete (*BRIT*), esthete (*US*).

Schönheit *f* beauty.

Schönheits- *zW*: **~fehler** *m* blemish, flaw; **~operation** *f* cosmetic surgery; **~wettbewerb** *m* beauty contest.

Schonkost (-) *f* light diet.

Schönschrift *f*: **in ~** in one's best (hand)writing.

schöntun *unreg vi*: **jdm ~** (*schmeicheln*) to flatter *od* soft-soap sb, play up to sb.

Schonung *f* good care; (*Nachsicht*) consideration; (*Forst*) plantation of young trees.

schonungslos *adj* ruthless, harsh.

Schonzeit *f* close season.

Schopf [ʃɔpf] (-(e)s, ⸚e) *m*: **eine Gelegenheit beim ~ ergreifen** *od* **fassen** to seize *od* grasp an opportunity with both hands.

schöpfen ['ʃœpfən] *vt* to scoop; (*Suppe*) to ladle; (*Mut*) to summon up; (*Luft*) to breathe in; (*Hoffnung*) to find.

Schöpfer (-s, -) *m* creator; (*Gott*) Creator;

(*umg*: *Schöpfkelle*) ladle; **s~isch** *adj* creative.

Schöpfkelle *f* ladle.

Schöpflöffel *m* skimmer, scoop.

Schöpfung *f* creation.

Schoppen ['ʃɔpən] (-s, -) *m* (*Glas Wein*) glass of wine; **~wein** *m* wine by the glass.

schor *etc* [ʃoːr] *vb siehe* **scheren**.

Schorf [ʃɔrf] (-(e)s, -e) *m* scab.

Schorle ['ʃɔrlə] (-, -n) *f* spritzer, *wine and soda water or lemonade.*

Schornstein ['ʃɔrnʃtaɪn] *m* chimney; (*NAUT*) funnel; **~feger** (-s, -) *m* chimney sweep.

Schose ['ʃoːzə] (-, -n) *f* = **Chose**.

Schoß (-es, ⸚e) *m* lap; (*Rock~*) coat tail; **im ~e der Familie** in the bosom of one's family.

schoss *etc*▲ [ʃɔs] *vb siehe* **schießen**.

Schoßhund *m* lapdog.

Schössling▲ ['ʃœslɪŋ] *m* (*BOT*) shoot.

Schote ['ʃoːtə] (-, -n) *f* pod.

Schotte ['ʃɔtə] (-n, -n) *m* Scot, Scotsman.

Schottenrock ['ʃɔtənrɔk] *m* kilt; (*für Frauen*) tartan skirt.

Schotter ['ʃɔtər] (-s) *m* gravel; (*im Straßenbau*) road metal; (*EISENB*) ballast.

Schottin ['ʃɔtɪn] *f* Scot, Scotswoman.

schottisch ['ʃɔtɪʃ] *adj* Scottish, Scots; **das ~e Hochland** the Scottish Highlands *pl*.

Schottland (-s) *nt* Scotland.

schraffieren [ʃra'fiːrən] *vt* to hatch.

schräg [ʃrɛːk] *adj* slanting; (*schief, geneigt*) sloping; (*nicht gerade od parallel*) oblique ♦ *adv*: **~ gedruckt** in italics; **etw ~ stellen** to put sth at an angle; **~ gegenüber** diagonally opposite.

Schräge ['ʃrɛːgə] (-, -n) *f* slant.

Schräg- *zW*: **~kante** *f* bevelled (*BRIT*) *od* beveled (*US*) edge; **~schrift** *f* italics *pl*; **~streifen** *m* bias binding; **~strich** *m* oblique stroke.

Schramme ['ʃramə] (-, -n) *f* scratch.

schrammen *vt* to scratch.

Schrank [ʃraŋk] (-(e)s, ⸚e) *m* cupboard (*BRIT*), closet (*US*); (*Kleider~*) wardrobe.

Schranke (-, -n) *f* barrier; (*fig*: *Grenze*) limit; (: *Hindernis*) barrier; **jdn in seine ~n (ver)weisen** (*fig*) to put sb in his place.

schrankenlos *adj* boundless; (*zügellos*) unrestrained.

Schrankenwärter *m* (*EISENB*) level-crossing (*BRIT*) *od* grade-crossing (*US*) attendant.

Schrankkoffer *m* wardrobe trunk.

Schrankwand *f* wall unit.

Schraube ['ʃraubə] (-, -n) *f* screw.

schrauben *vt* to screw; **etw in die Höhe ~** (*fig*: *Preise, Rekorde*) to push sth up; (: *Ansprüche*) to raise sth.

Schraubenschlüssel *m* spanner (*BRIT*), wrench (*US*).

Schraubenzieher (-s, -) *m* screwdriver.

Schraubstock ['ʃraupʃtɔk] *m* (*TECH*) vice

(*BRIT*), vise (*US*).

Schrebergarten ['ʃreːbərgartən] *m* allotment (*BRIT*).

Schreck [ʃrɛk] (-(e)s, -e) *m* fright; **o ~ lass nach!** (*hum: umg*) for goodness' sake!

Schrecken (-s, -) *m* terror; (*Schreck*) fright; **s~** *vt* to frighten, scare ♦ *vi*: **aus dem Schlaf s~** to be startled out of one's sleep.

schreckensbleich *adj* as white as a sheet *od* ghost.

Schreckensherrschaft *f* (reign of) terror.

Schreck- *zW*: **~gespenst** *nt* nightmare; **s~haft** *adj* jumpy, easily frightened; **s~lich** *adj* terrible, dreadful; **s~lich gerne!** (*umg*) I'd absolutely love to; **~schraube** (*pej: umg*) *f* (old) battle-axe; **~schuss▲** *m* shot fired in the air; **~sekunde** *f* moment of shock.

Schrei [ʃraɪ] (-(e)s, -e) *m* scream; (*Ruf*) shout; **der letzte ~** (*umg*) the latest thing, all the rage.

Schreibbedarf *m* writing materials *pl*, stationery.

Schreibblock *m* writing pad.

schreiben ['ʃraɪbən] *unreg vt* to write; (*mit Schreibmaschine*) to type out; (*berichten: Zeitung etc*) to say; (*buchstabieren*) to spell ♦ *vi* to write; to type; to say; to spell ♦ *vr*: **wie schreibt sich das?** how is that spelt?; **S~** (-s, -) *nt* letter, communication.

Schreiber(in) (-s, -) *m(f)* writer; (*Büro~*) clerk.

Schreib- *zW*: **s~faul** *adj* lazy about writing letters; **~fehler** *m* spelling mistake; **~kraft** *f* typist; **~maschine** *f* typewriter; **~papier** *nt* notepaper; **~schrift** *f* running handwriting; (*TYP*) script; **~schutz** *m* (*COMPUT*) write-protect; **~stube** *f* orderly room; **~tisch** *m* desk; **~tischtäter** *m* wire *od* string puller.

Schreibung *f* spelling.

Schreib- *zW*: **~unterlage** *f* pad; **~waren** *pl* stationery *sing*; **~warengeschäft** *nt* stationer's (shop) (*BRIT*), stationery store (*US*); **~weise** *f* spelling; (*Stil*) style; **s~wütig** *adj* crazy about writing; **~zentrale** *f* typing pool; **~zeug** *nt* writing materials *pl*.

schreien ['ʃraɪən] *unreg vt, vi* to scream; (*rufen*) to shout; **es war zum S~** (*umg*) it was a scream *od* a hoot; **nach etw ~** (*fig*) to cry out for sth.

schreiend *adj* (*fig*) glaring; (*: Farbe*) loud.

Schreihals (*umg*) *m* (*Baby*) bawler; (*Unruhestifter*) noisy troublemaker.

Schreikrampf *m* screaming fit.

Schreiner ['ʃraɪnər] (-s, -) *m* joiner; (*Zimmermann*) carpenter; (*Möbel~*) cabinetmaker.

Schreinerei [ʃraɪnə'raɪ] *f* joiner's workshop.

schreiten ['ʃraɪtən] *unreg vi* to stride.

schrie *etc* [ʃriː] *vb siehe* **schreien**.

Schrieb (-(e)s, -e) (*umg*) *m* missive (*hum*).

schrieb *etc* [ʃriːp] *vb siehe* **schreiben**.

Schrift [ʃrɪft] (-, -en) *f* writing; (*Hand~*) handwriting; (*~art*) script; (*TYP*) typeface; (*Buch*) work; **~art** *f* (*Hand~*) script; (*TYP*) typeface; **~bild** *nt* script; (*COMPUT*) typeface; **~deutsch** *nt* written German; **~führer** *m* secretary; **s~lich** *adj* written ♦ *adv* in writing; **das kann ich Ihnen s~lich geben** (*fig: umg*) I can tell you that for free; **~probe** *f* (*Hand~*) specimen of one's handwriting; **~satz** *m* (*TYP*) fount (*BRIT*), font (*US*); **~setzer** *m* compositor; **~sprache** *f* written language.

Schriftsteller(in) (-s, -) *m(f)* writer; **s~isch** *adj* literary.

Schrift- *zW*: **~stück** *nt* document; **~verkehr** *m* correspondence; **~wechsel** *m* correspondence.

schrill [ʃrɪl] *adj* shrill; **~en** *vi* (*Stimme*) to sound shrilly; (*Telefon*) to ring shrilly.

Schritt (-(e)s, -e) *m* step; (*Gangart*) walk; (*Tempo*) pace; (*von Hose*) crotch, crutch (*BRIT*); **auf ~ und Tritt** (*lit, fig*) wherever *od* everywhere one goes; „**~ fahren**" "dead slow"; **mit zehn ~en Abstand** at a distance of ten paces; **den ersten ~ tun** (*fig*) to make the first move; (*: etw beginnen*) to take the first step.

schritt *etc* [ʃrɪt] *vb siehe* **schreiten**.

Schritt- *zW*: **~macher** *m* pacemaker; **~tempo▲** *nt*: **im ~tempo** at a walking pace; **s~weise** *adv* gradually, little by little.

schroff [ʃrɔf] *adj* steep; (*zackig*) jagged; (*fig*) brusque; (*ungeduldig*) abrupt.

schröpfen ['ʃrœpfən] *vt* (*fig*) to fleece.

Schrot [ʃroːt] (-(e)s, -e) *m od nt* (*Blei*) (small) shot; (*Getreide*) coarsely ground grain, groats *pl*; **~flinte** *f* shotgun.

Schrott [ʃrɔt] (-(e)s, -e) *m* scrap metal; **ein Auto zu ~ fahren** to write off a car; **~händler** *m* scrap merchant; **~haufen** *m* scrap heap; **s~reif** *adj* ready for the scrap heap; **~wert** *m* scrap value.

schrubben ['ʃrʊbən] *vt* to scrub.

Schrubber (-s, -) *m* scrubbing brush.

Schrulle ['ʃrʊlə] (-, -n) *f* eccentricity, quirk.

schrullig *adj* cranky.

schrumpfen ['ʃrʊmpfən] *vi* (*Hilfsverb sein*) to shrink; (*Apfel*) to shrivel; (*Leber, Niere*) to atrophy.

Schub [ʃuːp] (-(e)s, ⁻e) *m* (*Stoß*) push, shove; (*Gruppe, Anzahl*) batch; **~fach** *nt* drawer; **~karren** *m* wheelbarrow; **~lade** *f* drawer.

Schubs [ʃuːps] (-es, -e) (*umg*) *m* shove, push; **s~en** (*umg*) *vt, vi* to shove, push.

schüchtern ['ʃʏçtərn] *adj* shy; **S~heit** *f* shyness.

schuf *etc* [ʃuːf] *vb siehe* **schaffen**.

Schuft [ʃʊft] (-(e)s, -e) *m* scoundrel.

schuften (*umg*) *vi* to graft, slave away.

Schuh [ʃuː] (-(e)s, -e) *m* shoe; **jdm etw in die ~e schieben** (*fig: umg*) to put the blame for sth on sb; **wo drückt der ~?** (*fig*) what's troubling you?; **~band** *nt* shoelace; **~creme** *f* shoe polish; **~größe** *f* shoe size; **~löffel** *m* shoehorn; **~macher** *m* shoemaker; **~werk** *nt* footwear.

Schukosteckdose ® [ˈʃukoʃtɛkdoːzə] *f* safety socket.

Schukostecker ® *m* safety plug.

Schul- *zW:* **~aufgaben** *pl* homework *sing*; **~bank** *f:* **die ~bank drücken** (*umg*) to go to school; **~behörde** *f* education authority; **~besuch** *m* school attendance; **~buch** *nt* schoolbook; **~buchverlag** *m* educational publisher.

Schuld [ʃʊlt] (-, -en) *f* guilt; (*FIN*) debt; (*Verschulden*) fault; **~ haben (an** +*dat*) to be to blame (for); **jdm (die) ~ geben, jdm die ~ zuschieben** to blame sb; **ich bin mir keiner ~ bewusst** I'm not aware of having done anything wrong; **~ und Sühne** crime and punishment; **ich stehe tief in seiner ~** (*fig*) I'm deeply indebted to him; **~en machen** to run up debts; *siehe auch* **zuschulden**; **s~** *adj:* **s~ sein (an** +*dat*) to be to blame (for); **er ist s~** it's his fault.

schuldbewusst▲ *adj* (*Mensch*) feeling guilty; (*Miene*) guilty.

schulden [ˈʃʊldən] *vt* to owe.

schuldenfrei *adj* free from debt.

Schuldgefühl *nt* feeling of guilt.

schuldhaft *adj* (*JUR*) culpable.

Schuldienst (-(e)s) *m* (school)teaching.

schuldig *adj* guilty; (*gebührend*) due; **an etw** *dat* **~ sein** to be guilty of sth; **jdm etw ~ sein** *od* **bleiben** to owe sb sth; **jdn ~ sprechen** to find sb guilty; **~ geschieden sein** to be the guilty party in a divorce; **S~keit** *f* duty.

schuldlos *adj* innocent, blameless.

Schuldner(in) (-s, -) *m(f)* debtor.

Schuld- *zW:* **~prinzip** *nt* (*JUR*) principle of the guilty party; **~schein** *m* promissory note, IOU; **~spruch** *m* verdict of guilty.

Schule [ˈʃuːlə] (-, -n) *f* school; **auf** *od* **in der ~** at school; **in die ~ kommen/gehen** to start school/go to school; **~ machen** (*fig*) to become the accepted thing.

schulen *vt* to train, school.

Schüler(in) [ˈʃyːlər(ɪn)] (-s, -) *m(f)* pupil; **~ausweis** *m* (school) student card; **~lotse** *m* pupil acting as a road-crossing warden; **~mitverwaltung** *f* school *od* student council.

Schul- *zW:* **~ferien** *pl* school holidays *pl* (*BRIT*) *od* vacation *sing* (*US*); **~fernsehen** *nt* schools' *od* educational television; **s~frei** *adj:* **die Kinder haben morgen s~frei** the children don't have to go to school tomorrow; **~funk** *m* schools' broadcasts *pl*; **~geld** *nt* school fees *pl*, tuition (*US*); **~heft** *nt* exercise book;

~hof *m* playground, schoolyard.

schulisch [ˈʃuːlɪʃ] *adj* (*Leistungen, Probleme*) at school; (*Angelegenheiten*) school *attrib*.

Schul- *zW:* **~jahr** *nt* school year; **~junge** *m* schoolboy; **~kind** *nt* schoolchild; **~leiter** *m* headmaster (*bes BRIT*), principal; **~leiterin** *f* headmistress (*bes BRIT*), principal; **~mädchen** *nt* schoolgirl; **~medizin** *f* orthodox medicine; **~pflicht** *f* compulsory school attendance; **s~pflichtig** *adj* of school age; **~reife** *f:* **die ~reife haben** to be ready to go to school; **~schiff** *nt* (*NAUT*) training ship; **~sprecher(in)** *m(f)* head boy/girl (*BRIT*); **~stunde** *f* period, lesson; **~tasche** *f* school bag.

Schulter [ˈʃʊltər] (-, -n) *f* shoulder; **auf die leichte ~ nehmen** to take lightly; **~blatt** *nt* shoulder blade.

schultern *vt* to shoulder.

Schultüte *f* bag of sweets given to children on the first day at school.

Schulung *f* education, schooling.

Schul- *zW:* **~weg** *m* way to school; **~wesen** *nt* educational system; **~zeugnis** *nt* school report.

schummeln [ˈʃʊməln] (*umg*) *vi:* **(bei etw) ~** to cheat (at sth).

schumm(e)rig [ˈʃʊm(ə)rɪç] *adj* (*Beleuchtung*) dim; (*Raum*) dimly-lit.

Schund (-(e)s) *m* trash, garbage.

schund *etc* [ʃʊnt] *vb siehe* **schinden**.

Schundroman *m* trashy novel.

Schupo [ˈʃuːpo] (-s, -s) *m abk* (*veraltet:* = *Schutzpolizist*) cop.

Schuppe [ˈʃʊpə] (-, -n) *f* scale; **Schuppen** *pl* (*Haarschuppen*) dandruff.

Schuppen (-s, -) *m* shed; (*umg: übles Lokal*) dive; *siehe auch* **Schuppe**.

schuppen *vt* to scale ♦ *vr* to peel.

schuppig [ˈʃʊpɪç] *adj* scaly.

Schur [ʃuːr] (-, -en) *f* shearing.

Schüreisen *nt* poker.

schüren [ˈʃyːrən] *vt* to rake; (*fig*) to stir up.

schürfen [ˈʃʏrfən] *vt, vi* to scrape, scratch; (*MIN*) to prospect; to dig.

Schürfung *f* abrasion; (*MIN*) prospecting.

Schürhaken *m* poker.

Schurke [ˈʃʊrkə] (-n, -n) *m* rogue.

Schurwolle *f:* **„reine ~"** "pure new wool".

Schurz [ʃʊrts] (-es, -e) *m* apron.

Schürze [ˈʃʏrtsə] (-, -n) *f* apron.

Schürzenjäger (*umg*) *m* philanderer, one for the girls.

Schuss▲ [ʃʊs] (-es, ̈-e) *m* shot; (*FUSSBALL*) kick; (*Spritzer: von Wein, Essig etc*) dash; (*WEBEN*) weft; **(gut) in ~ sein** (*umg*) to be in good shape *od* nick; (*Mensch*) to be in form; **etw in ~ halten** to keep sth in good shape; **weitab vom ~ sein** (*fig: umg*) to be miles from where the action is; **der goldene ~** ≈ a

lethal dose of a drug; **ein ~ in den Ofen**
(*umg*) a complete waste of time, a failure;
~bereich *m* effective range.
Schüssel ['ʃʏsəl] (-, -n) *f* bowl, basin;
(*Servier~*, *umg*: *Satelliten~*) dish; (*Wasch~*)
basin.
schusselig ['ʃusəlɪç] (*umg*) *adj* (*zerstreut*)
scatterbrained, muddle-headed (*umg*).
Schuss-▲ *zW*: **~linie** *f* line of fire; **~verletzung**
f bullet wound; **~waffe** *f* firearm;
~waffengebrauch *m* (*form*) use of firearms;
~wechsel *m* exchange of shots; **~weite** *f*
range (of fire).
Schuster ['ʃuːstər] (-s, -) *m* cobbler,
shoemaker.
Schutt [ʃʊt] (-(e)s) *m* rubbish; (*Bau~*) rubble;
„**~ abladen verboten**" "no tipping";
~abladeplatz *m* refuse dump.
Schüttelfrost *m* shivering.
schütteln ['ʃʏtəln] *vt* to shake ♦ *vr* to shake
o.s.; **sich vor Kälte ~** to shiver with cold;
sich vor Ekel ~ to shudder with *od* in
disgust.
schütten ['ʃʏtən] *vt* to pour; (*Zucker, Kies etc*)
to tip; (*ver~*) to spill ♦ *vi unpers* to pour
(down).
schütter *adj* (*Haare*) sparse, thin.
Schutthalde *f* dump.
Schutthaufen *m* heap of rubble.
Schutz [ʃʊts] (-es) *m* protection;
(*Unterschlupf*) shelter; **jdn in ~ nehmen** to
stand up for sb; **~anzug** *m* overalls *pl*;
s~bedürftig *adj* in need of protection;
~befohlene(r) *f(m)* charge; **~blech** *nt*
mudguard; **~brief** *m* (international) travel
cover; **~brille** *f* goggles *pl*.
Schütze ['ʃʏtsə] (-n, -n) *m* gunman; (*Gewehr~*)
rifleman; (*Scharf~, Sport~*) marksman;
(*ASTROL*) Sagittarius.
schützen ['ʃʏtsən] *vt* to protect ♦ *vr* to protect
o.s.; (**sich) ~ vor** +*dat od* **gegen** to protect
(o.s.) from *od* against; **gesetzlich geschützt**
registered; **urheberrechtlich geschützt**
protected by copyright; **vor Nässe ~!** keep
dry.
Schützenfest *nt* fair featuring shooting
matches.
Schutzengel *m* guardian angel.
Schützen- *zW*: **~graben** *m* trench; **~hilfe** *f* (*fig*)
support; **~verein** *m* shooting club.
Schutz- *zW*: **~gebiet** *nt* protectorate;
(*Naturschutzgebiet*) reserve; **~gebühr** *f*
(token) fee; **~haft** *f* protective custody;
~heilige(r) *f(m)* patron saint; **~helm** *m* safety
helmet; **~impfung** *f* immunization.
Schützling ['ʃʏtslɪŋ] *m* protégé; (*bes Kind*)
charge.
Schutz- *zW*: **s~los** *adj* defenceless (*BRIT*),
defenseless (*US*); **~mann** (-(e)s, *pl* -**leute** *od*
-**männer**) *m* policeman; **~marke** *f* trademark;

~maßnahme *f* precaution; **~patron** *m* patron
saint; **~schirm** *m* (*TECH*) protective screen;
~umschlag *m* (book) jacket; **~verband** *m*
(*MED*) protective bandage *od* dressing;
~vorrichtung *f* safety device.
Schw. *abk* = **Schwester**.
schwabbelig ['ʃvab(ə)lɪç] (*umg*) *adj* (*Körperteil*)
flabby; (: *Gelee*) wobbly.
Schwabe ['ʃvaːbə] (-n, -n) *m* Swabian.
Schwaben (-s) *nt* Swabia.
Schwäbin ['ʃvɛːbɪn] *f* Swabian.
schwäbisch ['ʃvɛːbɪʃ] *adj* Swabian.
schwach [ʃvax] *adj* weak, feeble; (*Gedächtnis,
Gesundheit*) poor; (*Hoffnung*) faint; **~ werden**
to weaken; **das ist ein ~es Bild** (*umg*) *od* **eine
~e Leistung** (*umg*) that's a poor show; **ein
~er Trost** cold *od* small comfort; **mach mich
nicht ~!** (*umg*) don't say that!; **auf ~en
Beinen** *od* **Füßen stehen** (*fig*) to be on shaky
ground; (: *Theorie*) to be shaky.
Schwäche ['ʃvɛçə] (-, -n) *f* weakness.
schwächen *vt* to weaken.
schwach- *zW*: **S~heit** *f* weakness; **S~kopf**
(*umg*) *m* dimwit, idiot; **~köpfig** *adj* silly, daft
(*BRIT*).
schwächlich *adj* weakly, delicate.
Schwächling *m* weakling.
Schwach- *zW*: **~sinn** *m* (*MED*) mental
deficiency, feeble-mindedness (*veraltet*);
(*umg*: *Quatsch*) rubbish; (*fig*: *umg*: *unsinnige
Tat*) idiocy; **s~sinnig** *adj* mentally deficient;
(*Idee*) idiotic; **~stelle** *f* weak point; **~strom** *m*
weak current.
Schwächung ['ʃvɛçʊŋ] *f* weakening.
Schwaden ['ʃvaːdən] (-s, -) *m* cloud.
schwafeln ['ʃvaːfəln] (*umg*) *vi* to blather,
drivel; (*in einer Prüfung*) to waffle.
Schwager ['ʃvaːgər] (-s, ⸚) *m* brother-in-law.
Schwägerin ['ʃvɛːgərɪn] *f* sister-in-law.
Schwalbe ['ʃvalbə] (-, -n) *f* swallow.
Schwall [ʃval] (-(e)s, -e) *m* surge; (*Worte*)
flood, torrent.
Schwamm (-(e)s, ⸚e) *m* sponge; (*Pilz*) fungus;
~ drüber! (*umg*) (let's) forget it!
schwamm *etc* [ʃvam] *vb siehe* **schwimmen**.
schwammig *adj* spongy; (*Gesicht*) puffy;
(*vage*: *Begriff*) woolly (*BRIT*), wooly (*US*).
Schwan [ʃvaːn] (-(e)s, ⸚e) *m* swan.
schwand *etc* [ʃvant] *vb siehe* **schwinden**.
schwanen *vi unpers*: **jdm schwant es** sb has a
foreboding *od* forebodings; **jdm schwant
etwas** sb senses something might happen.
schwang *etc* [ʃvaŋ] *vb siehe* **schwingen**.
schwanger ['ʃvaŋər] *adj* pregnant.
schwängern ['ʃvɛŋərn] *vt* to make pregnant.
Schwangerschaft *f* pregnancy.
Schwangerschaftsabbruch *m* termination
of pregnancy, abortion.
Schwank [ʃvaŋk] (-(e)s, ⸚e) *m* funny story;
(*LITER*) merry *od* comical tale; (*THEAT*)

farce.

schwanken _vi_ to sway; (_taumeln_) to stagger, reel; (_Preise, Zahlen_) to fluctuate; (_zögern_) to hesitate; (_Überzeugung etc_) to begin to waver; **ins S~ kommen** (_Baum, Gebäude etc_) to start to sway; (_Preise, Kurs etc_) to start to fluctuate _od_ vary.
Schwankung _f_ fluctuation.
Schwanz [ʃvants] (**-es**, **-̈e**) _m_ tail; (_umg!:_ _Penis_) prick (_!_); **kein ~** (_umg_) not a (blessed) soul.
schwänzen ['ʃvɛntsən] (_umg_) _vt_ (_Stunde, Vorlesung_) to skip ♦ _vi_ to play truant.
Schwänzer ['ʃvɛntsər] (**-s**, **-**) (_umg_) _m_ truant.
schwappen ['ʃvapən] _vi_ (_über~_) to splash, slosh.
Schwarm [ʃvarm] (**-(e)s**, **-̈e**) _m_ swarm; (_umg_) heart-throb, idol.
schwärmen ['ʃvɛrmən] _vi_ to swarm; **~ für** to be mad _od_ wild about.
Schwärmerei [ʃvɛrmə'raɪ] _f_ enthusiasm.
schwärmerisch _adj_ impassioned, effusive.
Schwarte ['ʃvartə] (**-**, **-n**) _f_ hard skin; (_Speck~_) rind; (_umg: Buch_) tome (_hum_).
Schwartenmagen (**-s**) _m_ (_KOCH_) brawn.
schwarz [ʃvarts] _adj_ black; (_umg: ungesetzlich_) illicit; (: _katholisch_) Catholic, Papist (_pej_); (_POL_) Christian Democrat; **ins S~e treffen** (_lit, fig_) to hit the bull's-eye; **das ~e Brett** the notice (_BRIT_) _od_ bulletin (_US_) board; **~e Liste** blacklist; **~es Loch** black hole; **das S~e Meer** the Black Sea; **S~er Peter** (_KARTEN_) _children's card game_; **jdm den ~en Peter zuschieben** (_fig: die Verantwortung abschieben_) to pass the buck to sb (_umg_); **sich ~ ärgern** to get extremely annoyed; **~ malen** to be pessimistic (about); **~ sehen** (_umg_) to see the gloomy side of things; **dort wählen alle ~** they all vote conservative there; **in den ~en Zahlen** in the black; **S~arbeit** _f_ illicit work, moonlighting; **S~arbeiter** _m_ moonlighter; **S~brot** _nt_ (_Pumpernickel_) black bread, pumpernickel; (_braun_) brown rye bread.
Schwärze ['ʃvɛrtsə] (**-**, **-n**) _f_ blackness; (_Farbe_) blacking; (_Drucker~_) printer's ink.
Schwarze(r) _f(m)_ (_Neger_) black; (_umg: Katholik_) Papist; (_POL: umg_) Christian Democrat.
schwärzen _vt_ to blacken.
Schwarz- _zW:_ **s~fahren** _unreg vi_ to travel without paying; (_ohne Führerschein_) to drive without a licence (_BRIT_) _od_ license (_US_); **~fahrer** _m_ (_Bus etc_) fare dodger (_umg_); **~handel** _m_ black market (trade); **~händler** _m_ black-market operator; **s~hören** _vi_ to listen to the radio without a licence (_BRIT_) _od_ license (_US_).
schwärzlich ['ʃvɛrtslɪç] _adj_ blackish, darkish.
Schwarz- _zW:_ **~markt** _m_ black market;

s~**sehen** (_umg_) _vi unreg_ (_TV_) to watch TV without a licence (_BRIT_) _od_ license (_US_); **~seher** _m_ pessimist; (_TV_) viewer without a licence (_BRIT_) _od_ license (_US_); **~wald** _m_ Black Forest; **~wälder Kirschtorte** _f_ Black Forest gâteau; **s~weiß**, **s~-weiß▲** _adj_ black and white; **~weiß-** in _zW_ black and white; **~wurzel** _f_ (_KOCH_) salsify.
Schwatz [ʃvats] (**-es**, **-e**) _m_ chat.
schwatzen ['ʃvatsən] _vi_ to chat; (_schnell, unaufhörlich_) to chatter; (_über belanglose Dinge_) to prattle; (_Unsinn reden_) to blether (_umg_).
schwätzen ['ʃvɛtsən] _vi_ = **schwatzen**.
Schwätzer(in) ['ʃvɛtsər(ɪn)] (**-s**, **-**) _m(f)_ chatterbox; (_Schwafler_) gasbag (_umg_); (_Klatschbase_) gossip.
schwatzhaft _adj_ talkative, gossipy.
Schwebe ['ʃve:bə] _f:_ **in der ~** (_fig_) in abeyance; (_JUR, COMM_) pending.
Schwebebahn _f_ overhead railway (_BRIT_) _od_ railroad (_US_).
Schwebebalken _m_ (_SPORT_) beam.
schweben _vi_ to drift, float; (_hoch_) to soar; (_unentschieden sein_) to be in the balance; **es schwebte mir vor Augen** (_Bild_) I saw it in my mind's eye.
schwebend _adj_ (_TECH, CHEM_) suspended; (_fig_) undecided, unresolved; **~es Verfahren** (_JUR_) pending case.
schwed. _abk_ = **schwedisch**.
Schwede ['ʃve:də] (**-n**, **-n**) _m_ Swede.
Schweden (**-s**) _nt_ Sweden.
Schwedin ['ʃve:dɪn] _f_ Swede.
schwedisch _adj_ Swedish.
Schwefel ['ʃve:fəl] (**-s**) _m_ sulphur (_BRIT_), sulfur (_US_); **~dioxid** _nt_ sulphur dioxide.
schwefelig _adj_ sulphurous (_BRIT_), sulfurous (_US_).
Schwefelsäure _f_ sulphuric (_BRIT_) _od_ sulfuric (_US_) acid.
Schweif [ʃvaɪf] (**-(e)s**, **-e**) _m_ tail.
schweifen _vi_ to wander, roam.
Schweigegeld _nt_ hush money.
Schweigeminute _f_ one minute('s) silence.
schweigen ['ʃvaɪgən] _unreg vi_ to be silent; (_still sein_) to keep quiet; **kannst du ~?** can you keep a secret?; **ganz zu ~ von ...** to say nothing of ...; **S~** (**-s**) _nt_ silence.
schweigend _adj_ silent.
Schweigepflicht _f_ pledge of secrecy; (_von Anwalt etc_) requirement of confidentiality.
schweigsam ['ʃvaɪkza:m] _adj_ silent; (_als Charaktereigenschaft_) taciturn; **S~keit** _f_ silence; taciturnity.
Schwein [ʃvaɪn] (**-(e)s**, **-e**) _nt_ pig; (_fig: umg_) (good) luck; **kein ~** (_umg_) nobody, not a single person.
Schweine- _zW:_ **~braten** _m_ joint of pork; (_gekocht_) roast pork; **~fleisch** _nt_ pork; **~geld**

(*umg*) *nt*: **ein** ~**geld** a packet; ~**hund** (*umg*) *m* stinker, swine.

Schweinerei [ʃvaɪnəˈraɪ] *f* mess; (*Gemeinheit*) dirty trick; **so eine** ~**!** (*umg*) how disgusting!

Schweineschmalz *nt* dripping; (*als Kochfett*) lard.

Schweinestall *m* pigsty.

schweinisch *adj* filthy.

Schweinsleder *nt* pigskin.

Schweinsohr *nt* pig's ear; (*Gebäck*) (kidney-shaped) pastry.

Schweiß [ʃvaɪs] (**-es**) *m* sweat, perspiration; ~**band** *nt* sweatband.

Schweißbrenner (**-s, -**) *m* (*TECH*) welding torch.

schweißen *vt, vi* to weld.

Schweißer (**-s, -**) *m* welder.

Schweiß- *zW*: ~**füße** *pl* sweaty feet *pl*; ~**naht** *f* weld; **s**~**nass**▲ *adj* sweaty.

Schweiz [ʃvaɪts] *f*: **die** ~ Switzerland.

schweiz. *abk* = **schweizerisch.**

Schweizer [ˈʃvaɪtsər] (**-s, -**) *m* Swiss ♦ *adj attrib* Swiss; ~**deutsch** *nt* Swiss German; ~**in** *f* Swiss; **s**~**isch** *adj* Swiss.

schwelen [ˈʃveːlən] *vi* to smoulder (*BRIT*), smolder (*US*).

schwelgen [ˈʃvɛlɡən] *vi* to indulge o.s.; ~ **in** +*dat* to indulge in.

Schwelle [ˈʃvɛlə] (**-, -n**) *f* (*auch fig*) threshold; (*EISENB*) sleeper (*BRIT*), tie (*US*).

schwellen *unreg vi* to swell.

Schwellenland *nt* threshold country.

Schwellung *f* swelling.

Schwemme [ˈʃvɛmə] *f*: **eine** ~ **an** +*dat* a glut of.

schwemmen [ˈʃvɛmən] *vt* (*treiben: Sand etc*) to wash.

Schwengel [ˈʃvɛŋəl] (**-s, -**) *m* pump handle; (*Glocken*~) clapper.

Schwenk [ʃvɛŋk] (**-(e)s, -s**) *m* (*FILM*) pan, panning shot.

Schwenkarm *m* swivel arm.

schwenkbar *adj* swivel-mounted.

schwenken *vt* to swing; (*Kamera*) to pan; (*Fahne*) to wave; (*Kartoffeln*) to toss; (*abspülen*) to rinse ♦ *vi* to turn, swivel; (*MIL*) to wheel.

Schwenkung *f* turn; (*MIL*) wheel.

schwer [ʃveːr] *adj* heavy; (*schwierig*) difficult, hard; (*schlimm*) serious, bad ♦ *adv* (*sehr*) very (much); (*verletzt etc*) seriously, badly; ~ **erziehbar** maladjusted; **jdm** ~ **fallen** to be difficult for sb; **jdm/sich etw** ~ **machen** to make sth difficult for sb/o.s.; ~ **nehmen** to take to heart; **sich** *dat* **od** *akk* ~ **tun** to have difficulties; ~ **verdaulich** indigestible; (*fig*) heavy; ~ **verdient** (*Geld*) hard-earned; ~ **verletzt** seriously *od* badly injured; ~ **verwundet** seriously wounded;

~ **wiegend** weighty, important; ~ **erkältet sein** to have a heavy cold; **er lernt** ~ he's a slow learner; **er ist** ~ **in Ordnung** (*umg*) he's a good bloke (*BRIT*) *od* guy; ~ **hören** to be hard of hearing; **S**~**arbeiter** *m* labourer (*BRIT*), laborer (*US*); **S**~**behinderte(r)** *f(m)*, **S**~**beschädigte(r)** *f(m)* (*veraltet*) severely handicapped person.

Schwere (**-, -n**) *f* weight; heaviness; (*PHYS*) gravity; ~**los** *adj* weightless; ~**losigkeit** *f* weightlessness.

schwer- *zW*: ~**fällig** *adj* (*auch Stil*) ponderous; (*Gang*) clumsy, awkward; (*Verstand*) slow; **S**~**gewicht** *nt* heavyweight; (*fig*) emphasis; ~**gewichtig** *adj* heavyweight; ~**hörig** *adj* hard of hearing; **S**~**industrie** *f* heavy industry; **S**~**kraft** *f* gravity; **S**~**kranke(r)** *f(m)* person who is seriously ill; ~**lich** *adv* hardly; **S**~**metall** *nt* heavy metal; ~**mütig** *adj* melancholy; **S**~**punkt** *m* centre (*BRIT*) *od* center (*US*) of gravity; (*fig*) emphasis, crucial point; **S**~**punktstreik** *m* pinpoint strike; ~**reich** (*umg*) *adj attrib* stinking rich.

Schwert [ʃveːrt] (**-(e)s, -er**) *nt* sword; ~**lilie** *f* iris.

schwer- *zW*: **S**~**verbrecher** *m* criminal; **S**~**verletzte(r)** *f(m)* serious casualty; ~**wiegend** *adj* weighty, important.

Schwester [ˈʃvɛstər] (**-, -n**) *f* sister; (*MED*) nurse; **s**~**lich** *adj* sisterly.

schwieg *etc* [ʃviːk] *vb siehe* **schweigen.**

Schwieger- *zW*: ~**eltern** *pl* parents-in-law *pl*; ~**mutter** *f* mother-in-law; ~**sohn** *m* son-in-law; ~**tochter** *f* daughter-in-law; ~**vater** *m* father-in-law.

Schwiele [ˈʃviːlə] (**-, -n**) *f* callus.

schwierig [ˈʃviːrɪç] *adj* difficult, hard; **S**~**keit** *f* difficulty; **S**~**keitsgrad** *m* degree of difficulty.

schwillt [ʃvɪlt] *vb siehe* **schwellen.**

Schwimmbad *nt* swimming baths *pl*.

Schwimmbecken *nt* swimming pool.

schwimmen *unreg vi* to swim; (*treiben, nicht sinken*) to float; (*fig: unsicher sein*) to be all at sea; **im Geld** ~ (*umg*) to be rolling in money; **mir schwimmt es vor den Augen** I feel dizzy.

Schwimmer (**-s, -**) *m* swimmer; (*ANGELN*) float.

Schwimmerin *f* swimmer.

Schwimm- *zW*: ~**flosse** *f* (*von Taucher*) flipper; ~**haut** *f* (*ORNITHOLOGIE*) web; ~**lehrer** *m* swimming instructor; ~**sport** *m* swimming; ~**weste** *f* life jacket.

Schwindel [ˈʃvɪndəl] (**-s**) *m* dizziness; (*Betrug*) swindle, fraud; (*Zeug*) stuff; **in** ~ **erregender Höhe** at a dizzy height; **s**~**frei** *adj* free from giddiness.

schwindeln *vi* (*umg: lügen*) to fib; **mir schwindelt** I feel dizzy; **jdm schwindelt es**

sb feels dizzy.

schwinden ['ʃvɪndən] *unreg vi* to disappear; (*Kräfte*) to fade, fail; (*sich verringern*) to decrease.

Schwindler (-s, -) *m* swindler; (*Hochstapler*) con man, fraud; (*Lügner*) liar.

schwindlig *adj* dizzy; **mir ist ~** I feel dizzy.

Schwindsucht *f* (*veraltet*) consumption.

schwingen ['ʃvɪŋən] *unreg vt* to swing; (*Waffe etc*) to brandish ♦ *vi* to swing; (*vibrieren*) to vibrate; (*klingen*) to sound.

Schwinger (-s, -) *m* (*BOXEN*) swing.

Schwingtor *nt* up-and-over door.

Schwingtür *f* swing door(s *pl*) (*BRIT*), swinging door(s *pl*) (*US*).

Schwingung *f* vibration; (*PHYS*) oscillation.

Schwips [ʃvɪps] (-es, -e) *m*: **einen ~ haben** to be tipsy.

schwirren ['ʃvɪrən] *vi* to buzz.

Schwitze ['ʃvɪtsə] (-, -n) *f* (*KOCH*) roux.

schwitzen *vi* to sweat, perspire.

schwofen ['ʃvoːfən] (*umg*) *vi* to dance.

schwoll *etc* [ʃvɔl] *vb siehe* **schwellen**.

schwören ['ʃvøːrən] *unreg vt, vi* to swear; **auf jdn/etw ~** (*fig*) to swear by sb/sth.

schwul [ʃvuːl] (*umg*) *adj* gay, queer (*pej*).

schwül [ʃvyːl] *adj* sultry, close.

Schwule(r) (*umg*) *m* gay, queer (*pej*), fag (*US pej*).

Schwüle (-) *f* sultriness, closeness.

Schwulität [ʃvuliˈtɛːt] (*umg*) *f* trouble, difficulty.

Schwulst [ʃvulst] (-(e)s) *m* bombast.

schwülstig ['ʃvylstɪç] *adj* pompous.

Schwund [ʃvʊnt] (-(e)s) *m* (+*gen*) decrease (in), decline (of), dwindling (of); (*MED*) atrophy; (*Schrumpfen*) shrinkage.

Schwung [ʃvʊŋ] (-(e)s, ̈-e) *m* swing; (*Triebkraft*) momentum; (*fig: Energie*) verve, energy; (*umg: Menge*) batch; **in ~ sein** (*fig*) to be in full swing; **~ in die Sache bringen** (*umg*) to liven things up; **s~haft** *adj* brisk, lively; **~rad** *nt* flywheel; **s~voll** *adj* vigorous.

Schwur (-(e)s, ̈-e) *m* oath.

schwur *etc* [ʃvuːr] *vb siehe* **schwören**.

Schwurgericht *nt* court with a jury.

SDR (-) *m abk* (= *Süddeutscher Rundfunk*) South German Radio.

sechs [zɛks] *num* six; **S~eck** *nt* hexagon; **~hundert** *num* six hundred.

sechste(r, s) *adj* sixth.

Sechstel ['zɛkstəl] (-s, -) *nt* sixth.

sechzehn ['zɛçtseːn] *num* sixteen.

sechzig ['zɛçtsɪç] *num* sixty.

See¹ [zeː] (-, -n) *f* sea; **an der ~** by the sea, at the seaside; **in ~ stechen** to put to sea; **auf hoher ~** on the high seas.

See² [zeː] (-s, -n) *m* lake.

See- *zW*: **~bad** *nt* seaside resort; **~bär** *m* (*hum: umg*) seadog; (*ZOOL*) fur seal; **~fahrt** *f*

seafaring; (*Reise*) voyage; **s~fest** *adj* (*Mensch*) not subject to seasickness; **~gang** *m* (motion of the) sea; **~gras** *nt* seaweed; **~hund** *m* seal; **~igel** *m* sea urchin; **~karte** *f* chart; **s~krank** *adj* seasick; **~krankheit** *f* seasickness; **~lachs** *m* rock salmon.

Seele ['zeːlə] (-, -n) *f* soul; (*Mittelpunkt*) life and soul; **jdm aus der ~ sprechen** to express exactly what sb feels; **das liegt mir auf der ~** it weighs heavily on my mind; **eine ~ von Mensch** an absolute dear.

Seelen- *zW*: **~amt** *nt* (*REL*) requiem; **~friede(n)** *m* peace of mind; **~heil** *nt* salvation of one's soul; (*fig*) spiritual welfare; **~ruhe** *f*: **in aller ~ruhe** calmly; (*kaltblütig*) as cool as you please; **s~ruhig** *adv* calmly.

Seeleute ['zeːlɔʏtə] *pl* seamen *pl*.

Seel- *zW*: **s~isch** *adj* mental; (*REL*) spiritual; (*Belastung*) emotional; **~sorge** *f* pastoral duties *pl*; **~sorger** (-s, -) *m* clergyman.

See- *zW*: **~macht** *f* naval power; **~mann** (-(e)s, *pl* **-leute**) *m* seaman, sailor; **~meile** *f* nautical mile.

Seengebiet ['zeːəŋɡəbiːt] *nt* lakeland district.

See- *zW*: **~not** *f*: **in ~not** (*Schiff etc*) in distress; **~pferd(chen)** *nt* sea horse; **~räuber** *m* pirate; **~recht** *nt* maritime law; **~rose** *f* waterlily; **~stern** *m* starfish; **~tang** *m* seaweed; **s~tüchtig** *adj* seaworthy; **~versicherung** *f* marine insurance; **~weg** *m* sea route; **auf dem ~weg** by sea; **~zunge** *f* sole.

Segel ['zeːɡəl] (-s, -) *nt* sail; **mit vollen ~n** under full sail *od* canvas; (*fig*) with gusto; **die ~ streichen** (*fig*) to give in; **~boot** *nt* yacht; **~fliegen** (-s) *nt* gliding; **~flieger** *m* glider pilot; **~flugzeug** *nt* glider.

segeln *vt, vi* to sail; **durch eine Prüfung ~** (*umg*) to flop in an exam, fail (in) an exam.

Segel- *zW*: **~schiff** *nt* sailing vessel; **~sport** *m* sailing; **~tuch** *nt* canvas.

Segen ['zeːɡən] (-s, -) *m* blessing.

segensreich *adj* beneficial.

Segler ['zeːɡlər] (-s, -) *m* sailor, yachtsman; (*Boot*) sailing boat.

Seglerin *f* yachtswoman.

segnen ['zeːɡnən] *vt* to bless.

sehen ['zeːən] *unreg vt, vi* to see; (*in bestimmte Richtung*) to look; (*Fernsehsendung*) to watch; **sieht man das?** does it show?; **da sieht man(s) mal wieder!** that's typical!; **du siehst das nicht richtig** you've got it wrong; **so gesehen** looked at in this way; **sich ~ lassen** to put in an appearance, appear; **das neue Rathaus kann sich ~ lassen** the new town hall is certainly something to be proud of; **siehe oben/unten** see above/below; **da kann man mal ~** that just shows (you) *od* just goes to show (*umg*); **mal ~!** we'll see; **darauf**

~, **dass** ... to make sure (that) ...; **jdn
kommen** ~ to see sb coming.
sehenswert *adj* worth seeing.
Sehenswürdigkeiten *pl* sights *pl* (of a town).
Seher (-s, -) *m* seer.
Sehfehler *m* sight defect.
Sehkraft *f* (eye)sight.
Sehne ['ze:nə] (-, -n) *f* sinew; (*an Bogen*)
string.
sehnen *vr*: **sich** ~ **nach** to long *od* yearn for.
Sehnenscheidenentzündung *f* (*MED*)
tendovaginitis.
Sehnerv *m* optic nerve.
sehnig *adj* sinewy.
sehnlich *adj* ardent.
Sehnsucht *f* longing.
sehnsüchtig *adj* longing; (*Erwartung*) eager.
sehnsuchtsvoll *adv* longingly, yearningly.
sehr [ze:r] *adv* (*vor adj, adv*) very; (*mit Verben*)
a lot, (very) much; **zu** ~ too much; **er ist**
~ **dafür/dagegen** he is all for it/very much
against it; **wie** ~ **er sich auch bemühte** ...
however much he tried ...
Sehvermögen ['ze:fɛrmø:gən] (-s) *nt* powers
pl of vision.
seicht [zaɪçt] *adj* (*lit, fig*) shallow.
seid [zaɪt] *vb siehe* **sein**.
Seide ['zaɪdə] (-, -n) *f* silk.
Seidel (-s, -) *nt* tankard, beer mug.
seiden *adj* silk; **S~papier** *nt* tissue paper.
seidig ['zaɪdɪç] *adj* silky.
Seife ['zaɪfə] (-, -n) *f* soap.
Seifen- *zW*: ~**blase** *f* soap bubble; (*fig*) bubble;
~**lauge** *f* soapsuds *pl*; ~**schale** *f* soap dish;
~**schaum** *m* lather.
seifig ['zaɪfɪç] *adj* soapy.
seihen ['zaɪən] *vt* to strain, filter.
Seil [zaɪl] (-(e)s, -e) *nt* rope; (*Kabel*) cable;
~**bahn** *f* cable railway; ~**hüpfen** (-s) *nt*
skipping; ~**springen** (-s) *nt* skipping;
~**tänzer(in)** *m(f)* tightrope walker; ~**zug** *m*
tackle.

================ *SCHLÜSSELWORT*

sein [zaɪn] (*pt* **war**, *pp* **gewesen**) *vi* **1** to be; **ich
bin** I am; **du bist** you are; **er/sie/es ist** he/
she/it is; **wir sind/ihr seid/sie sind** we/you/
they are; **wir waren** we were; **wir sind
gewesen** we have been.
2: seien Sie nicht böse don't be angry; **sei so
gut und** ... be so kind as to ...; **das wäre gut**
that would *od* that'd be a good thing; **wenn
ich Sie wäre** if I were *od* was you; **das wärs**
that's all, that's it; **morgen bin ich in Rom**
tomorrow I'll *od* I shall be in
Rome; **waren Sie mal in Rom?** have you
ever been to Rome?
3: wie ist das zu verstehen? how is that to
be understood?; **er ist nicht zu ersetzen** he
cannot be replaced; **mit ihr ist nicht zu**

reden you can't talk to her.
4: mir ist kalt I'm cold; **mir ist, als hätte ich
ihn früher schon einmal gesehen** I've a
feeling I've seen him before; **was ist?**
what's the matter?, what is it?; **ist was?** is
something the matter?; **es sei denn(, dass** ...)
unless ...; **wie dem auch sei** be that as it
may; **wie wäre es mit** ...? how *od* what about
...?; **etw** ~ **lassen** (*aufhören*) to stop (doing)
sth; (*nicht tun*) to drop sth, leave sth; **lass
das** ~! stop that!; **es ist an dir, zu** ... it's up to
you to ...; **was sind Sie (beruflich)?** what do
you do?; **das kann schon** ~ that may well be.
♦ *pron* his; (*bei Dingen*) its.

Sein (-s) *nt*: ~ **oder Nichtsein** to be or not to
be.
seine(r, s) *poss pron* his; its; **er ist gut** ~ **zwei
Meter** (*umg*) he's a good two metres (*BRIT*)
od meters (*US*); **die** ~**n** *od* **S~n** (*geh*) his
family, his people; **jedem das** ~ *od* **S~** to
each his own.
seiner *gen von* **er**, **es** ♦ *pron* of him; of it.
seinerseits *adv* for his part.
seinerzeit *adv* in those days, formerly.
seinesgleichen *pron* people like him.
seinetwegen *adv* (*für ihn*) for his sake;
(*wegen ihm*) on his account; (*von ihm aus*) as
far as he is concerned.
seinetwillen *adv*: **um** ~ = **seinetwegen**.
seinige *pron*: **der/die/das** ~ *od* **S~** his.
Seismograf▲ [zaɪsmo'gra:f] (-en, -en) *m*
seismograph.
seit [zaɪt] *präp +dat* since; (*Zeitdauer*) for, in
(*bes US*) ♦ *konj* since; **er ist** ~ **einer Woche
hier** he has been here for a week; ~ **langem**
for a long time; ~**dem** *adv*, *konj* since.
Seite ['zaɪtə] (-, -n) *f* side; (*Buch~*) page; (*MIL*)
flank; ~ **an** ~ side by side; **jdm zur** ~ **stehen**
(*fig*) to stand by sb's side; **jdn zur** ~ **nehmen**
to take sb aside *od* on one side; **auf der einen**
~ ..., **auf der anderen** (~) ... on the one hand
..., on the other (hand) ...; **einer Sache** *dat* **die
beste** ~ **abgewinnen** to make the best *od*
most of sth; *siehe auch* **aufseiten, vonseiten**.
Seiten- *zW*: ~**airbag** *m* (*AUT*) side-impact
airbag; ~**ansicht** *f* side view; ~**hieb** *m* (*fig*)
passing shot, dig; **s~lang** *adj* several pages
long, going on for pages; ~**ruder** *nt* (*AVIAT*)
rudder.
seitens *präp +gen* on the part of.
Seiten- *zW*: ~**schiff** *nt* aisle; ~**sprung** *m*
extramarital escapade; ~**stechen** *nt* (a)
stitch; ~**straße** *f* side road; ~**streifen** *m* (*der
Straße*) verge (*BRIT*), berm (*US*); (*der
Autobahn*) hard shoulder (*BRIT*), shoulder
(*US*); **s~verkehrt** *adj* the wrong way round;
~**wagen** *m* sidecar; ~**wind** *m* crosswind;
~**zahl** *f* page number; (*Gesamtzahl*) number
of pages.

seit- *zW*: **~her** [zaɪt'heːr] *adv, konj* since (then);
~lich *adv* on one/the side ♦ *adj* side *attrib*;
~wärts *adv* sideways.

sek, Sek. *abk* (= *Sekunde*) sec.

Sekretär [zekre'tɛːr] *m* secretary; (*Möbel*)
bureau.

Sekretariat [zekretari'aːt] (-(e)s, -e) *nt*
secretary's office, secretariat.

Sekretärin *f* secretary.

Sekt [zɛkt] (-(e)s, -e) *m* sparkling wine.

Sekte (-, -n) *f* sect.

Sektor ['zɛktɔr] *m* sector; (*Sachgebiet*) field.

Sekunda [ze'kʊnda] (-, **Sekunden**) *f* (*SCH*:
früher: *Unter~/Ober~*) sixth/seventh year of
German secondary school.

sekundär [zekun'dɛːr] *adj* secondary;
S~literatur *f* secondary literature.

Sekunde [ze'kʊnda] (-, -n) *f* second.

Sekunden- *zW*: **~kleber** *m* superglue;
~schnelle *f*: **in ~schnelle** in a matter of
seconds; **~zeiger** *m* second hand.

sel. *abk* = **selig**.

selber ['zɛlbər] *demon pron* = **selbst**; **S~machen**
nt do-it-yourself, DIY (*BRIT*); (*von Kleidern*
etc) making one's own.

Selbst [zɛlpst] (-) *nt* self.

═══════════════ *SCHLÜSSELWORT*

selbst [zɛlpst] *pron* **1**: **ich/er/wir** ~ I myself/he
himself/we ourselves; **sie ist die Tugend** ~
she's virtue itself; **er braut sein Bier** ~ he
brews his own beer; **das muss er** ~ **wissen**
it's up to him; **wie gehts? - gut, und** ~**?** how
are things? - fine, and yourself?

2 (*ohne Hilfe*) alone, on my/his/one's *etc* own;
von ~ by itself; **er kam von** ~ he came of
his own accord; ~ **ist der Mann/die Frau!**
self-reliance is the name of the game (*umg*);
~ **gemacht** home-made; ~ **gestrickt** hand-
knitted; (*umg*: *Methode etc*) homespun,
amateurish; ~ **verdientes Geld** money one
has earned o.s.

♦ *adv* even; ~ **wenn** even if; ~ **Gott** even
God (himself).

───────────────────────────────

Selbstachtung *f* self-respect.

selbständig *etc* ['zɛlpʃtɛndɪç] *adj*
= **selbstständig** *etc*.

Selbst- *zW*: **~anzeige** *f*: **~anzeige erstatten** to
come forward oneself; **der Dieb hat ~an-
zeige erstattet** the thief has come forward;
~auslöser *m* (*PHOT*) delayed-action shutter
release; **~bedienung** *f* self-service; **~befrie-
digung** *f* masturbation; (*fig*) self-gratification;
~beherrschung *f* self-control; **~bestätigung** *f*
self-affirmation; **s~bewusst▲** *adj* self-
confident; (*selbstsicher*) self-assured;
~bewusstsein▲ *nt* self-confidence; **~bildnis**
nt self-portrait; **~erhaltung** *f* self-
preservation; **~erkenntnis** *f* self-knowledge;

~fahrer *m* (*AUT*): **Autovermietung für ~fahrer**
self-drive car hire (*BRIT*) *od* rental; **s~gefällig**
adj smug, self-satisfied; **s~gerecht** *adj* self-
righteous; **~gespräch** *nt* conversation with
o.s.; **s~gewiss▲** *adj* confident; **s~herrlich** *adj*
high-handed; (*selbstgerecht*) self-satisfied;
~hilfe *f* self-help; **zur ~hilfe greifen** to take
matters into one's own hands; **s~klebend** *adj*
self-adhesive; **~kostenpreis** *m* cost price;
s~los *adj* unselfish, selfless; **~mord** *m*
suicide; **~mörder(in)** *m(f)* (*Person*) suicide;
s~mörderisch *adj* suicidal; **s~sicher** *adj* self-
assured; **~sicherheit** *f* self-assurance;
s~ständig▲ ['zɛlpʃtɛndɪç] *adj* independent;
sich ~ machen (*beruflich*) to set up on one's
own, start one's own business;
~ständigkeit▲ *f* independence; **~studium** *nt*
private study; **s~süchtig** *adj* selfish; **s~tätig**
adj automatic; **~überwindung** *f* willpower;
s~vergessen *adj* absent-minded; (*Blick*)
faraway; **s~verschuldet** *adj*: **wenn der Unfall
s~verschuldet ist** if there is personal
responsibility for the accident; **~versorger**
m: **~versorger sein** to be self-sufficient *od*
self-reliant; **Urlaub für ~versorger** self-
catering holiday.

selbstverständlich *adj* obvious ♦ *adv*
naturally; **ich halte das für** ~ I take that for
granted.

Selbstverständlichkeit *f* (*Unbefangenheit*)
naturalness; (*natürliche Voraussetzung*)
matter of course.

Selbst- *zW*: **~verständnis** *nt*: **nach seinem
eigenen ~verständnis** as he sees himself;
~verteidigung *f* self-defence (*BRIT*), self-
defense (*US*); **~vertrauen** *nt* self-confidence;
~verwaltung *f* autonomy, self-government;
~wählerdienst *m* (*TEL*) automatic dialling
service, subscriber trunk dialling (*BRIT*),
STD (*BRIT*), direct distance dialing (*US*);
~wertgefühl *nt* feeling of one's own worth
od value, self-esteem; **s~zufrieden** *adj* self-
satisfied; **~zweck** *m* end in itself.

selig ['zeːlɪç] *adj* happy, blissful; (*REL*)
blessed; (*tot*) late; **S~keit** *f* bliss.

Sellerie ['zɛləriː] (-s, -(s) *od* -, -n) *m od f* celery.

selten ['zɛltən] *adj* rare ♦ *adv* seldom, rarely;
S~heit *f* rarity; **S~heitswert** (-(e)s) *m* rarity
value.

Selterswasser ['zɛltərsvasər] *nt* soda water.

seltsam ['zɛltzaːm] *adj* curious, strange.

seltsamerweise *adv* curiously, strangely.

Seltsamkeit *f* strangeness.

Semester [ze'mɛstər] (-s, -) *nt* semester; **ein
älteres** ~ a senior student.

Semi- [zemi] *in zW* semi-.

Semikolon [-'koːlɔn] (-s, -s) *nt* semicolon.

Seminar [zemi'naːr] (-s, -e) *nt* seminary; (*Kurs*)
seminar; (*UNIV*: *Ort*) department building.

semitisch [ze'miːtɪʃ] *adj* Semitic.

Semmel – Setzkasten

Semmel ['zɛməl] (-, -n) f roll; ~**brösel(n)** pl breadcrumbs pl; ~**knödel** (SÜDD, ÖSTERR) m bread dumpling.
sen. abk (= senior) sen.
Senat [ze'naːt] (-(e)s, -e) m senate.
Sendebereich m transmission range.
Sendefolge f (Serie) series.
senden[1] unreg vt to send.
senden[2] vt, vi (RUNDF, TV) to transmit, broadcast.
Sendenetz nt network.
Sendepause f (RUNDF, TV) interval.
Sender (-s, -) m station; (Anlage) transmitter.
Sende- ~**reihe** f series (of broadcasts); ~**schluss**▲ m (RUNDF, TV) closedown; ~**station** f transmitting station; ~**stelle** f transmitting station; ~**zeit** f broadcasting time, air time.
Sendung ['zɛndʊŋ] f consignment; (Aufgabe) mission; (RUNDF, TV) transmission; (Programm) programme (BRIT), program (US).
Senegal ['zeːnegal] (-s) nt Senegal.
Senf [zɛnf] (-(e)s, -e) m mustard; **seinen** ~ **dazugeben** (umg) to put one's oar in; ~**korn** nt mustard seed.
sengen ['zɛŋən] vt to singe ♦ vi to scorch.
senil [ze'niːl] (pej) adj senile.
Senior ['zeːniɔr] (-s, -en) m (Rentner) senior citizen; (Geschäftspartner) senior partner.
Seniorenpass▲ [zeni'oːrənpas] m senior citizen's travel pass (BRIT).
Senkblei ['zɛŋkblaɪ] nt plumb.
Senke (-, -n) f depression.
Senkel (-s, -) m (shoe)lace.
senken vt to lower; (Kopf) to bow; (TECH) to sink ♦ vr to sink; (Stimme) to drop.
Senk- zW: ~**fuß** m flat foot; ~**grube** f cesspit; **s~recht** adj vertical, perpendicular; ~**rechte** f perpendicular; ~**rechtstarter** m (AVIAT) vertical takeoff plane; (fig: Person) high-flier.
Senner(in) ['zɛnər(ɪn)] (-s, -) m(f) (Alpine) dairyman, dairymaid.
Sensation [zɛnzatsi'oːn] f sensation.
sensationell [zɛnzatsio'nɛl] adj sensational.
Sensationsblatt nt sensational paper.
Sensationssucht f sensationalism.
Sense ['zɛnzə] (-, -n) f scythe; **dann ist ~!** (umg) that's the end!
sensibel [zɛn'ziːbəl] adj sensitive.
sensibilisieren [zɛnzibili'ziːrən] vt to sensitize.
Sensibilität [zɛnzibili'tɛːt] f sensitivity.
sentimental [zɛntimɛn'taːl] adj sentimental.
Sentimentalität [zɛntimɛntali'tɛːt] f sentimentality.
separat [zepa'raːt] adj separate; (Wohnung, Zimmer) self-contained.
Sept. abk (= September) Sept.
September [zɛp'tɛmbər] (-(s), -) m

September; **im** ~ in September; **im Monat** ~ in the month of September; **heute ist der zweite** ~ today is the second of September od September second (US); (geschrieben) today is 2nd September; **in diesem** ~ this September; **Anfang/Ende/Mitte** ~ at the beginning/end/in the middle of September.
septisch ['zɛptɪʃ] adj septic.
sequentiell [zekvɛntsi'ɛl] adj = **sequenziell**.
Sequenz [ze'kvɛnts] f sequence.
sequenziell▲ [zekvɛntsi'ɛl] adj (COMPUT) sequential; ~**er Zugriff** sequential access.
Serbe ['zɛrbə] (-n, -n) m Serbian.
Serbien (-s) nt Serbia.
Serbin f Serbian.
serbisch adj Serbian.
Serbokroatisch(e) nt Serbo-Croat.
Serie ['zeːriə] f series.
seriell [zeri'ɛl] adj (COMPUT) serial; ~**e Daten** serial data pl; ~**er Anschluss** serial port; ~**er Drucker-** serial printer.
Serien- zW: ~**anfertigung** f, ~**herstellung** f series production; **s~mäßig** adj (Ausstattung) standard; (Herstellung) series attrib ♦ adv (herstellen) in series; ~**nummer** f serial number; **s~weise** adv in series.
seriös [zeri'øːs] adj serious; (anständig) respectable.
Serpentine [zɛrpɛn'tiːnə] f hairpin (bend).
Serum ['zeːrʊm] (-s, **Seren**) nt serum.
Service[1] [zɛr'viːs] (-(s), -) nt (Gläser~) set; (Geschirr) service.
Service[2] ['sɜːvɪs] (-, -s) m (COMM, SPORT) service.
servieren [zɛr'viːrən] vt, vi to serve.
Serviererin [zɛr'viːrərɪn] f waitress.
Servierwagen m trolley.
Serviette [zɛrvi'ɛtə] f napkin, serviette.
Servolenkung f power steering.
Servomotor m servo motor.
Servus ['zɛrvʊs] (ÖSTERR, SÜDD) interj hello; (beim Abschied) goodbye, so long (umg).
Sesam ['zeːzam] (-s, -s) m sesame.
Sessel ['zɛsəl] (-s, -) m armchair; ~**lift** m chairlift.
sesshaft▲ ['zɛshaft] adj settled; (ansässig) resident.
Set [zɛt] (-s, -s) nt od m set; (Deckchen) tablemat.
setzen ['zɛtsən] vt to put, place, set; (Baum etc) to plant; (Segel, TYP) to set ♦ vr (Platz nehmen) to sit down; (Kaffee, Tee) to settle ♦ vi to leap; (wetten) to bet; (TYP) to set; **jdm ein Denkmal** ~ to build a monument to sb; **sich zu jdm** ~ to sit with sb.
Setzer ['zɛtsər] (-s, -) m (TYP) typesetter.
Setzerei [zɛtsə'raɪ] f caseroom; (Firma) typesetting firm.
Setz- zW: ~**kasten** m (TYP) case; (an Wand) ornament shelf; ~**ling** m young plant;

Spelling Reform: ▲ new spelling △ old spelling (to be phased out)

~**maschine** _f_ (_TYP_) typesetting machine.
Seuche ['zɔʏçə] (-, -n) _f_ epidemic.
Seuchengebiet _nt_ infected area.
seufzen ['zɔʏftsən] _vt, vi_ to sigh.
Seufzer ['zɔʏftsər] (-s, -) _m_ sigh.
Sex [zɛks] (-(es)) _m_ sex.
Sexta ['zɛksta] (-, **Sexten**) _f_ (_früher_) first year
of German secondary school.
Sexualerziehung [zɛksu'a:lɛrtsiːʊŋ] _f_ sex
education.
Sexualität [zɛksuali'tɛːt] _f_ sex, sexuality.
Sexual- _zW:_ ~**kunde** [zɛksu'a:lkʊndə] _f_ sex
education; ~**leben** _nt_ sex life; ~**objekt** _nt_ sex
object.
sexuell [zɛksu'ɛl] _adj_ sexual.
Seychellen [ze'ʃɛlən] _pl_ Seychelles _pl_.
sezieren [ze'tsiːrən] _vt_ to dissect.
SFB (-) _m abk_ (= _Sender Freies Berlin_) Radio
Free Berlin.
Sfr, sFr. _abk_ (= _Schweizer Franken_) sfr.
Shampoo [ʃam'puː] (-s, -s) _nt_ shampoo.
Shetlandinseln ['ʃɛtlant|ɪnzəln] _pl_ Shetland,
Shetland Isles _pl_.
Shorts [ʃɔːrts] _pl_ shorts _pl_.
Showmaster ['ʃoʊmaːstər] (-s, -) _m_ compère,
MC.
siamesisch [zia'meːzɪʃ] _adj:_ ~**e Zwillinge**
Siamese twins.
Siamkatze _f_ Siamese (cat).
Sibirien [zi'biːriən] (-s) _nt_ Siberia.
sibirisch _adj_ Siberian.

=============== _SCHLÜSSELWORT_

sich [zɪç] _pron_ **1** (_akk_): **er/sie/es** ... ~ he/she/it ...
himself/herself/itself; **sie** _pl_/**man** ... ~ they/
one ...themselves/oneself; **Sie** ... ~ you ...
yourself/yourselves _pl_; ~ **wiederholen** to
repeat oneself/itself.
2 (_dat_): **er/sie/es** ... ~ he/she/it ... to himself/
herself/itself; **sie** _pl_/**man** ... ~ they/one ... to
themselves/oneself; **Sie** ... ~ you ... to
yourself/yourselves _pl_; **sie hat** ~ **einen**
Pullover gekauft she bought herself a
jumper; ~ **die Haare waschen** to wash one's
hair.
3 (_mit Präposition_): **haben Sie Ihren Ausweis**
bei ~? do you have your pass on you?; **er**
hat nichts bei ~ he's got nothing on him; **sie**
bleiben gern unter ~ they keep themselves
to themselves.
4 (_einander_) each other, one another; **sie**
bekämpfen ~ they fight each other _od_ one
another.
5: dieses Auto fährt ~ **gut** this car drives
well; **hier sitzt es** ~ **gut** it's good to sit here.

Sichel ['zɪçəl] (-, -n) _f_ sickle; (_Mond~_)
crescent.
sicher ['zɪçər] _adj_ safe; (_gewiss_) certain; (_Hand,_
Job) steady; (_zuverlässig_) secure, reliable;

(_selbst~_) confident; (_Stellung_) secure ♦ _adv_
(_natürlich_): **du hast dich** ~ **verrechnet** you
must have counted wrongly; **vor jdm/etw**
~ **sein** to be safe from sb/sth; **sich** _dat_ **einer**
Sache/jds ~ **sein** to be sure of sth/sb; ~ **ist**
~ you can't be too sure.
sichergehen _unreg vi_ to make sure.
Sicherheit ['zɪçərhaɪt] _f_ safety; (_auch FIN_)
security; (_Gewissheit_) certainty; (_Selbst~_)
confidence; **die öffentliche** ~ public
security; ~ **im Straßenverkehr** road safety;
~ **leisten** (_COMM_) to offer security.
Sicherheits- _zW:_ ~**abstand** _m_ safe distance;
~**bestimmungen** _pl_ safety regulations _pl_;
(_betrieblich, POL etc_) security controls _pl_;
~**einrichtungen** _pl_ security equipment _sing_,
security devices _pl_; ~**glas** _nt_ safety glass;
~**gurt** _m_ seat belt; **s~halber** _adv_ to be on the
safe side; ~**nadel** _f_ safety pin; ~**rat** _m_
Security Council; ~**schloss**▲ _nt_ safety lock;
~**spanne** _f_ (_COMM_) margin of safety;
~**verschluss**▲ _m_ safety clasp; ~**vorkehrung** _f_
safety precaution.
sicherlich _adv_ certainly, surely.
sichern _vt_ to secure; (_schützen_) to protect;
(_Bergsteiger etc_) to belay; (_Waffe_) to put the
safety catch on; (_COMPUT: Daten_) to back
up; **jdm/sich etw** ~ to secure sth for sb/for
o.s.
sicherstellen _vt_ to impound; (_garantieren_) to
guarantee.
Sicherung _f_ (_Sichern_) securing; (_Vorrichtung_)
safety device; (_an Waffen_) safety catch;
(_ELEK_) fuse; **da ist (bei) ihm die**
~ **durchgebrannt** (_fig: umg_) he blew a fuse.
Sicherungskopie _f_ backup copy.
Sicht [zɪçt] (-) _f_ sight; (_Aus~_) view; (_Sehweite_)
visibility; **auf** _od_ **nach** ~ (_FIN_) at sight; **auf**
lange ~ on a long-term basis; **s~bar** _adj_
visible; ~**barkeit** _f_ visibility.
sichten _vt_ to sight; (_auswählen_) to sort out;
(_ordnen_) to sift through.
Sicht- _zW:_ **s~lich** _adj_ evident, obvious;
~**verhältnisse** _pl_ visibility _sing_; ~**vermerk** _m_
visa; ~**weite** _f_ visibility; **außer** ~**weite** out of
sight.
sickern ['zɪkərn] _vi_ (_Hilfsverb sein_) to seep; (_in_
Tropfen) to drip.
Sie [ziː] _nom, akk pron_ you.
sie _pron_ (_sing: nom_) she; (: _akk_) her; (_pl: nom_)
they; (: _akk_) them.
Sieb [ziːp] (-(e)s, -e) _nt_ sieve; (_KOCH_) strainer;
(_Gemüse~_) colander.
sieben[1] ['ziːbən] _vt_ to sieve, sift; (_Flüssigkeit_)
to strain ♦ _vi:_ **bei der Prüfung wird stark**
gesiebt (_fig: umg_) the exam will weed a lot
of people out.
sieben[2] ['ziːbən] _num_ seven; **S~gebirge** _nt:_
das S~gebirge the Seven Mountains _pl_ (_near_
Bonn); ~**hundert** _num_ seven hundred;

S~meter *m* (*SPORT*) penalty; S~sachen *pl* belongings *pl*; S~schläfer *m* (*ZOOL*) dormouse.
siebte(r, s) ['zi:ptə(r, s)] *adj* seventh.
Siebtel (-s, -) *nt* seventh.
siebzehn ['zi:ptse:n] *num* seventeen.
siebzig ['zi:ptsɪç] *num* seventy.
siedeln ['zi:dəln] *vi* to settle.
sieden ['zi:dən] *vt, vi* to boil.
Siedepunkt *m* boiling point.
Siedler (-s, -) *m* settler.
Siedlung *f* settlement; (*Häuser~*) housing estate (*BRIT*) *od* development (*US*).
Sieg [zi:k] (-(e)s, -e) *m* victory.
Siegel ['zi:gəl] (-s, -) *nt* seal; ~lack *m* sealing wax; ~ring *m* signet ring.
siegen ['zi:gən] *vi* to be victorious; (*SPORT*) to win; über jdn/etw ~ (*fig*) to triumph over sb/sth; (*in Wettkampf*) to beat sb/sth.
Sieger(in) (-s, -) *m(f)* victor; (*SPORT etc*) winner; ~ehrung *f* (*SPORT*) presentation ceremony.
siegessicher *adj* sure of victory.
Siegeszug *m* triumphal procession.
siegreich *adj* victorious.
siehe ['zi:ə] *Imperativ* see; (~ *da*) behold.
siehst [zi:st] *vb siehe* sehen.
sieht [zi:t] *vb siehe* sehen.
Siel [zi:l] (-(e)s, -e) *nt od m* (*Schleuse*) sluice; (*Abwasserkanal*) sewer.
siezen ['zi:tsən] *vt* to address as "Sie"; *siehe auch* duzen.
Signal [zɪ'gna:l] (-s, -e) *nt* signal; ~anlage *f* signals *pl*, set of signals.
signalisieren [zɪgnali'zi:rən] *vt* (*lit, fig*) to signal.
Signatur [zɪgna'tu:r] *f* signature; (*Bibliotheks~*) shelf mark.
Silbe ['zɪlbə] (-, -n) *f* syllable; er hat es mit keiner ~ erwähnt he didn't say a word about it.
Silber ['zɪlbər] (-s) *nt* silver; ~bergwerk *nt* silver mine; ~blick *m*: einen ~blick haben to have a slight squint; ~hochzeit *f* silver wedding.
silbern *adj* silver.
Silberpapier *nt* silver paper.
Silhouette [zilu'ɛtə] *f* silhouette.
Silikonchip [zili'ko:ntʃɪp] *m* silicon chip.
Silikonplättchen [zili'ko:nplɛtçən] *nt* silicon chip.
Silo ['zi:lo] (-s, -s) *nt od m* silo.
Silvester [zɪl'vɛstər] (-s, -) *m or nt* New Year's Eve, Hogmanay (*SCOT*).

SILVESTER

Silvester *is the German name for New Year's Eve. Although not an official holiday, most businesses close early and shops shut at midday. Most Germans*

---

celebrate in the evening and at midnight they let off fireworks and rockets; the revelry usually lasts until the early hours of the morning.

Simbabwe [zɪm'ba:bvə] (-s) *nt* Zimbabwe.
simpel ['zɪmpəl] *adj* simple; S~ (-s, -) (*umg*) *m* simpleton.
Sims [zɪms] (-es, -e) *nt od m* (*Kamin~*) mantelpiece; (*Fenster~*) (window)sill.
Simulant(in) [zimu'lant(ɪn)] (-en, -en) *m(f)* malingerer.
simulieren [zimu'li:rən] *vt* to simulate; (*vortäuschen*) to feign ♦ *vi* to feign illness.
simultan [zimul'ta:n] *adj* simultaneous; S~dolmetscher *m* simultaneous interpreter.
sind [zɪnt] *vb siehe* sein.
Sinfonie [zɪnfo'ni:] *f* symphony.
Singapur ['zɪŋgapu:r] (-s) *nt* Singapore.
singen ['zɪŋən] *unreg vt, vi* to sing.
Single¹ ['sɪŋgəl] (-s, -s) *m* (*Alleinlebender*) single person.
Single² ['sɪŋgəl] (-, -s) *f* (*MUS*) single.
Singsang *m* (*Gesang*) monotonous singing.
Singstimme *f* vocal part.
Singular ['zɪŋgula:r] *m* singular.
Singvogel ['zɪŋfo:gəl] *m* songbird.
sinken ['zɪŋkən] *unreg vi* to sink; (*Boden, Gebäude*) to subside; (*Fundament*) to settle; (*Preise etc*) to fall, go down; den Mut/die Hoffnung ~ lassen to lose courage/hope.
Sinn [zɪn] (-(e)s, -e) *m* mind; (*Wahrnehmungs~*) sense; (*Bedeutung*) sense, meaning; im ~e des Gesetzes according to the spirit of the law; ~ für etw sense of sth; im ~e des Verstorbenen in accordance with the wishes of the deceased; von ~en sein to be out of one's mind; das ist nicht der ~ der Sache that is not the point; das hat keinen ~ there is no point in that; ~bild *nt* symbol; s~bildlich *adj* symbolic.
sinnen *unreg vi* to ponder; auf etw *akk* ~ to contemplate sth.
Sinnenmensch *m* sensualist.
Sinnes- *zW*: ~organ *nt* sense organ; ~täuschung *f* illusion; ~wandel *m* change of mind.
sinngemäß *adj* faithful; (*Wiedergabe*) in one's own words.
sinnig *adj* apt; (*ironisch*) clever.
Sinn- *zW*: s~lich *adj* sensual, sensuous; (*Wahrnehmung*) sensory; ~lichkeit *f* sensuality; s~los *adj* senseless, meaningless; s~los betrunken blind drunk; ~losigkeit *f* senselessness, meaninglessness; s~verwandt *adj* synonymous; s~voll *adj* meaningful; (*vernünftig*) sensible.
Sinologe [zino'lo:gə] (-n, -n) *m* Sinologist.
Sinologin *f* Sinologist.
Sintflut ['zɪntflu:t] *f* Flood; nach uns die ~

(*umg*) it doesn't matter what happens after we've gone; **s~artig** *adj*: **s~artige Regenfälle** torrential rain *sing*.

Sinus ['zi:nʊs] (-, - *od* -se) *m* (*ANAT*) sinus; (*MATH*) sine.

Siphon [zi'fõ:] (-s, -s) *m* siphon.

Sippe ['zɪpə] (-, -n) *f* (extended) family; (*umg*: *Verwandtschaft*) clan.

Sippschaft ['zɪpʃaft] (*pej*) *f* tribe; (*Bande*) gang.

Sirene [zi're:nə] (-, -n) *f* siren.

Sirup ['zi:rʊp] (-s, -e) *m* syrup.

Sit-in [sɪt'|ɪn] (-(s), -s) *nt*: **ein ~ machen** to stage a sit-in.

Sitte ['zɪtə] (-, -n) *f* custom; **Sitten** *pl* morals *pl*; **was sind denn das für ~n?** what sort of way is that to behave?

Sitten- *zW*: **~polizei** *f* vice squad; **~strolch** (*umg*) *m* sex fiend; **~wächter** *m* (*ironisch*) guardian of public morals; **s~widrig** *adj* (*form*) immoral.

Sittich ['zɪtɪç] (-(e)s, -e) *m* parakeet.

Sitt- *zW*: **s~lich** *adj* moral; **~lichkeit** *f* morality; **~lichkeitsverbrechen** *nt* sex offence (*BRIT*) *od* offense (*US*); **s~sam** *adj* modest, demure.

Situation [zituatsi'o:n] *f* situation.

situiert [zitu'i:rt] *adj*: **gut ~ sein** to be well off.

Sitz [zɪts] (-es, -e) *m* seat; (*von Firma*, *Verwaltung*) headquarters *pl*; **der Anzug hat einen guten ~** the suit sits well.

sitzen *unreg vi* to sit; (*Bemerkung*, *Schlag*) to strike home; (*Gelerntes*) to have sunk in; (*umg*: *im Gefängnis ~*) to be inside; **locker ~** to be loose; **~ Sie bequem?** are you comfortable?; **einen ~ haben** (*umg*) to have had one too many; **er sitzt im Kultusministerium** (*umg*: *sein*) he's in the Ministry of Education; **~ bleiben** to remain seated; (*SCH*) to have to repeat a year; **auf etw** *dat* **~ bleiben** to be lumbered with sth; **~ lassen** (*SCH*) to keep down a year; (*Mädchen*) to jilt; (*Wartenden*) to stand up; **etw auf sich** *dat* **~ lassen** to take sth lying down.

sitzend *adj* (*Tätigkeit*) sedentary.

Sitz- *zW*: **~fleisch** (*umg*) *nt*: **~fleisch haben** to be able to sit still; **~gelegenheit** *f* seats *pl*; **~ordnung** *f* seating plan; **~platz** *m* seat; **~streik** *m* sit-down strike.

Sitzung *f* meeting.

Sizilianer(in) [zitsili'a:nər(ɪn)] (-s, -) *m(f)* Sicilian.

sizilianisch *adj* Sicilian.

Sizilien [zi'tsi:liən] (-s) *nt* Sicily.

Skala ['ska:la] (-, **Skalen**) *f* scale; (*fig*) range.

Skalpell [skal'pɛl] (-s, -e) *nt* scalpel.

skalpieren [skal'pi:rən] *vt* to scalp.

Skandal [skan'da:l] (-s, -e) *m* scandal.

skandalös [skanda'lø:s] *adj* scandalous.

Skandinavien [skandi'na:viən] (-s) *nt* Scandinavia.

Skandinavier(in) (-s, -) *m(f)* Scandinavian.

skandinavisch *adj* Scandinavian.

Skat [ska:t] (-(e)s, -e *od* -s) *m* (*KARTEN*) skat.

Skelett [ske'lɛt] (-(e)s, -e) *nt* skeleton.

Skepsis ['skɛpsɪs] (-) *f* scepticism (*BRIT*), skepticism (*US*).

skeptisch ['skɛptɪʃ] *adj* sceptical (*BRIT*), skeptical (*US*).

Ski [ʃi:] (-s, -er) *m* ski; **~ laufen** *od* **fahren** to ski; **~fahrer** *m* skier; **~hütte** *f* ski hut *od* lodge (*US*); **~läufer** *m* skier; **~lehrer** *m* ski instructor; **~lift** *m* ski lift; **~springen** *nt* ski jumping; **~stiefel** *m* ski boot; **~stock** *m* ski pole.

Skizze ['skɪtsə] (-, -n) *f* sketch.

skizzieren [skɪ'tsi:rən] *vt* to sketch; (*fig*: *Plan etc*) to outline ♦ *vi* to sketch.

Sklave ['skla:və] (-n, -n) *m* slave.

Sklaventreiber (-s, -) (*pej*) *m* slave-driver.

Sklaverei [skla:və'raɪ] *f* slavery.

Sklavin *f* slave.

sklavisch *adj* slavish.

Skonto ['skɔnto] (-s, -s) *nt od m* discount.

Skorbut [skɔr'bu:t] (-(e)s) *m* scurvy.

Skorpion [skɔrpi'o:n] (-s, -e) *m* scorpion; (*ASTROL*) Scorpio.

Skrupel ['skru:pəl] (-s, -) *m* scruple; **s~los** *adj* unscrupulous.

Skulptur [skʊlp'tu:r] *f* sculpture.

skurril [skʊ'ri:l] *adj* (*geh*) droll, comical.

Slalom ['sla:lɔm] (-s, -s) *m* slalom.

Slawe ['sla:və] (-n, -n) *m* Slav.

Slawin *f* Slav.

slawisch *adj* Slavonic, Slavic.

Slip [slɪp] (-s, -s) *m* (pair of) briefs *pl*.

Slowake [slo'va:kə] (-n, -n) *m* Slovak.

Slowakei [slova'kaɪ] *f* Slovakia.

Slowakin *f* Slovak.

Slowakisch [slo'va:kɪʃ] *nt* (*LING*) Slovak; **s~** *adj* Slovak.

Slowenien [slo've:niən] (-s) *nt* Slovenia.

slowenisch *adj* Slovene.

S. M. *abk* (= *Seine Majestät*) H.M.

Smaragd [sma'rakt] (-(e)s, -e) *m* emerald.

Smoking ['smo:kɪŋ] (-s, -s) *m* dinner jacket (*BRIT*), tuxedo (*US*).

SMV (-, -s) *f abk* = **Schülermitverwaltung**.

Snob [snɔp] (-s, -s) *m* snob.

SO *abk* (= *Südost(en)*) SE.

══════════════════ *SCHLÜSSELWORT*

so [zo:] *adv* **1** (*so sehr*) so; **~ groß/schön** *etc* so big/nice *etc*; **~ groß/schön wie ...** as big/nice as ...; **das hat ihn ~ geärgert, dass ...** that annoyed him so much that ...

2 (*auf diese Weise*) like this; **~ genannt** so-called; **mach es nicht ~** don't do it like that; **~ oder ~** (in) one way or the other; **... oder ~ something** (like that); **und ~ weiter** and so on; ~ **viel (wie)** as much as; **rede nicht ~ viel** don't talk so much; ~ **weit sein** to be ready; ~ **weit wie** od **als möglich** as far as possible; **ich bin ~ weit zufrieden** by and large I'm quite satisfied; **es ist bald ~ weit** it's nearly time; ~ **wenig (wie)** no more (than), not any more (than); ~ **wenig wie möglich** as little as possible; ~ **ein ...** such a ...; ~ **einer wie ich** somebody like me; ~ **(et)was** something like this/that; **na ~ was!** well I never!; **das ist gut ~** that's fine; **sie ist nun einmal ~** that's just the way she is; **das habe ich nur ~ gesagt** I didn't really mean it.

3 (*umg: umsonst*): **ich habe es ~ bekommen** I got it for nothing.

4 (*als Füllwort: nicht übersetzt*): ~ **mancher** a number of people *pl*.

♦ *konj*: ~ **dass** so that; ~ **wie es jetzt ist** as things are at the moment; *siehe auch* **sodass**.

♦ *interj*: ~? really?; ~, **das wärs** right, that's it then.

s. o. *abk* (= *siehe oben*) see above.
sobald [zo'balt] *konj* as soon as.
Söckchen [zœkçən] *nt* ankle sock.
Socke ['zɔkə] (-, -n) *f* sock; **sich auf die ~n machen** (*umg*) to get going.
Sockel ['zɔkəl] (-s, -) *m* pedestal, base.
sodass▲ [zo'das] *konj* so that.
Sodawasser ['zo:davasər] *nt* soda water.
Sodbrennen ['zo:tbrɛnən] (-s) *nt* heartburn.
Sodomie [zodo'mi:] *f* bestiality.
soeben [zo'|e:bən] *adv* just (now).
Sofa ['zo:fa] (-s, -s) *nt* sofa.
Sofabett *nt* sofa bed, bed settee.
sofern [zo'fɛrn] *konj* if, provided (that).
soff *etc* [zɔf] *vb siehe* **saufen**.
sofort [zo'fɔrt] *adv* immediately, at once; **(ich) komme ~!** (I'm) just coming!; **S~hilfe** *f* emergency relief *od* aid; **S~hilfegesetz** *nt* law on emergency aid.
sofortig *adj* immediate.
Sofortmaßnahme *f* immediate measure.
Softeis ['sɔft|aɪs] (-es) *nt* soft ice-cream.
Softie ['zɔfti:] (-s, -s) (*umg*) *m* softy.
Software ['zɔftwɛːər] (-, -s) *f* software; **s~kompatibel** *adj* software compatible; **~paket** *nt* software package.
Sog (-(e)s, -e) *m* suction; (*von Strudel*) vortex; (*fig*) maelstrom.
sog *etc* [zo:k] *vb siehe* **saugen**.
sogar [zo'gaːr] *adv* even.
sogleich [zo'glaɪç] *adv* straight away, at once.
Sogwirkung *f* suction; (*fig*) knock-on effect.
Sohle ['zo:lə] (-, -n) *f* (*Fuß~*) sole; (*Tal~ etc*) bottom; (*MIN*) level; **auf leisen ~n** (*fig*) softly, noiselessly.
Sohn [zo:n] (-(e)s, -̈e) *m* son.
Sojasoße ['zo:jazo:sə] *f* soy *od* soya sauce.

solang(e) *konj* as *od* so long as.
Solar- [zo'laːr] *in zW* solar; **~energie** *f* solar energy.
Solarium [zo'laːriʊm] *nt* solarium.
Solbad ['zo:lbaːt] *nt* saltwater bath.
solch [zɔlç] *adj inv* such.
solche(r, s) *adj* such; **ein ~r Mensch** such a person.
Sold [zɔlt] (-(e)s, -e) *m* pay.
Soldat [zɔl'daːt] (-en, -en) *m* soldier; **s~isch** *adj* soldierly.
Söldner ['zœldnər] (-s, -) *m* mercenary.
Sole ['zo:lə] (-, -n) *f* brine, salt water.
Solei ['zo:laɪ] *nt* pickled egg.
Soli ['zo:li] *pl von* **Solo**.
solid(e) [zo'liːd(ə)] *adj* solid; (*Arbeit, Wissen*) sound; (*Leben, Person*) staid, respectable.
solidarisch [zoli'daːrɪʃ] *adj in od* with solidarity; **sich ~ erklären** to declare one's solidarity.
solidarisieren [zolidari'ziːrən] *vr*: **sich ~ mit** to show (one's) solidarity with.
Solidarität [zolidari'tɛːt] *f* solidarity.
Solidaritätsstreik *m* sympathy strike.
Solist(in) [zo'lɪst(ɪn)] *m(f)* (*MUS*) soloist.
Soll [zɔl] (-(s), -(s)) *nt* (*FIN*) debit (side); (*Arbeitsmenge*) quota, target; ~ **und Haben** debit and credit.
soll *vb siehe* **sollen**.

=============== *SCHLÜSSELWORT*

sollen ['zɔlən] (*pt* **sollte**, *pp* **gesollt**) (*od* (*als Hilfsverb*) **sollen**) *Hilfsverb* **1** (*Pflicht, Befehl*) be supposed to; **du hättest nicht gehen ~** you shouldn't have gone, you oughtn't to have gone; **er sollte eigentlich morgen kommen** he was supposed to come tomorrow; **soll ich?** shall I?; **soll ich dir helfen?** shall I help you?; **sag ihm, er soll warten** tell him he's to wait; **was soll ich machen?** what should I do?; **mir soll es gleich sein** it's all the same to me; **er sollte sie nie wiedersehen** he was never to see her again.

2 (*Vermutung*): **sie soll verheiratet sein** she's said to be married; **was soll das heißen?** what's that supposed to mean?; **man sollte glauben, dass ...** you would think that ...; **sollte das passieren, ...** if that should happen ...

♦ *vt, vi*: **was soll das?** what's all this about *od* in aid of?; **das sollst du nicht** you shouldn't do that; **was solls?** what the hell!

sollte *etc* ['zɔltə] *vb siehe* **sollen**.
Solo ['zo:lo] (-s, -s *od* **Soli**) *nt* solo.
solo *adv* (*MUS*) solo; (*fig: umg*) on one's own, alone.
solvent [zɔl'vɛnt] *adj* (*FIN*) solvent.
Solvenz [zɔl'vɛnts] *f* (*FIN*) solvency.
Somalia [zo'maːlia] (-s) *nt* Somalia.
somit [zo'mɪt] *konj* and so, therefore.

Sommer ['zɔmər] **(-s, -)** *m* summer; **~ wie Winter** all year round; **~ferien** *pl* summer holidays *pl* (*BRIT*) *od* vacation *sing* (*US*); (*JUR, PARL*) summer recess *sing*; **s~lich** *adj* summer *attrib*; (*sommerartig*) summery; **~loch** *nt* silly season; **~reifen** *m* normal tyre (*BRIT*) *od* tire (*US*); **~schlussverkauf▲** *m* summer sale; **~semester** *nt* (*UNIV*) summer semester (*bes US*), ≈ summer term (*BRIT*); **~sprossen** *pl* freckles *pl*; **~zeit** *f* summertime.
Sonate [zo'naːtə] **(-, -n)** *f* sonata.
Sonde ['zɔndə] **(-, -n)** *f* probe.
Sonder- ['zɔndər] *in zW* special; **~anfertigung** *f* special model; **~angebot** *nt* special offer; **~ausgabe** *f* special edition; **s~bar** *adj* strange, odd; **~beauftragte(r)** *f(m)* (*POL*) special emissary; **~beitrag** *m* (special) feature; **~fahrt** *f* special trip; **~fall** *m* special case; **s~gleichen** *adj inv* without parallel, unparalleled; **eine Frechheit s~gleichen** the height of cheek; **s~lich** *adj* particular; (*außergewöhnlich*) remarkable; (*eigenartig*) peculiar; **~ling** *m* eccentric; **~marke** *f* special issue (stamp); **~müll** *m* dangerous waste.
sondern *konj* but ♦ *vt* to separate; **nicht nur ...,**
~ auch not only ..., but also.
Sonder- *zW*: **~preis** *m* special price; **~regelung** *f* special provision; **~schule** *f* special school; **~vergünstigungen** *pl* perquisites *pl*, perks *pl* (*bes BRIT*); **~wünsche** *pl* special requests *pl*; **~zug** *m* special train.
sondieren [zɔn'diːrən] *vt* to suss out; (*Gelände*) to scout out.
Sonett [zo'nɛt] **(-(e)s, -e)** *nt* sonnet.
Sonnabend ['zɔn|aːbənt] *m* Saturday; *siehe auch* **Dienstag**.
Sonne ['zɔnə] **(-, -n)** *f* sun; **an die ~ gehen** to go out in the sun.
sonnen *vr* to sun o.s.; **sich in etw** (*dat*) **~** (*fig*) to bask in sth.
Sonnen- *zW*: **~aufgang** *m* sunrise; **s~baden** *vi* to sunbathe; **~blume** *f* sunflower; **~brand** *m* sunburn; **~brille** *f* sunglasses *pl*; **~creme** *f* suntan lotion; **~energie** *f* solar energy; **~finsternis** *f* solar eclipse; **~fleck** *m* sunspot; **s~gebräunt** *adj* suntanned; **s~klar** *adj* crystal-clear; **~kollektor** *m* solar panel; **~kraftwerk** *nt* solar power station; **~milch** *f* suntan lotion; **~öl** *nt* suntan oil; **~schein** *m* sunshine; **~schirm** *m* sunshade; **~schutzmittel** *nt* sunscreen; **~stich** *m* sunstroke; **du hast wohl einen ~stich!** (*hum: umg*) you must have been out in the sun too long!; **~system** *nt* solar system; **~uhr** *f* sundial; **~untergang** *m* sunset; **~wende** *f* solstice.
sonnig ['zɔnɪç] *adj* sunny.
Sonntag ['zɔntaːk] *m* Sunday; *siehe auch* **Dienstag**.
sonntäglich *adj attrib*: **~ gekleidet** dressed in one's Sunday best.
sonntags *adv* (on) Sundays.
Sonntagsdienst *m*: **~ haben** (*Apotheke*) to be open on Sundays.
Sonntagsfahrer (*pej*) *m* Sunday driver.
sonst [zɔnst] *adv* otherwise; (*mit pron, in Fragen*) else; (*zu anderer Zeit*) at other times; (*gewöhnlich*) usually, normally ♦ *konj* otherwise; **er denkt, er ist ~ wer** (*umg*) he thinks he's somebody special; **~ gehts dir gut?** (*ironisch: umg*) are you feeling okay?; **wenn ich Ihnen ~ noch behilflich sein kann** if I can help you in any other way; **~ noch etwas?** anything else?; **~ nichts** nothing else; **~ jemand** (*umg*) anybody (at all); **da kann ja ~ was passieren** (*umg*) anything could happen; **~ wo** (*umg*) somewhere else; **~ woher** (*umg*) from somewhere else; **~ wohin** (*umg*) somewhere else.
sonstig *adj* other; **„S~es"** "other".
sooft [zo'|ɔft] *konj* whenever.
Sopran [zo'praːn] **(-s, -e)** *m* soprano (voice).
Sopranistin [zopra'nɪstɪn] *f* soprano (singer).
Sorge ['zɔrgə] **(-, -n)** *f* care, worry; **dafür ~ tragen, dass ...** (*geh*) to see to it that ...
sorgen *vi*: **für jdn ~** to look after sb ♦ *vr*: **sich ~ (um)** to worry (about); **für etw ~** to take care of *od* see to sth; **dafür ~, dass ...** to see to it that ...; **dafür ist gesorgt** that's taken care of.
Sorgen- *zW*: **s~frei** *adj* carefree; **~kind** *nt* problem child; **s~voll** *adj* troubled, worried.
Sorgerecht **(-(e)s)** *nt* custody (of a child).
Sorgfalt ['zɔrkfalt] **(-)** *f* care(fulness); **viel ~ auf etw** *akk* **verwenden** to take a lot of care over sth.
sorgfältig *adj* careful.
sorglos *adj* careless; (*ohne Sorgen*) carefree.
sorgsam *adj* careful.
Sorte ['zɔrtə] **(-, -n)** *f* sort; (*Waren~*) brand; **Sorten** *pl* (*FIN*) foreign currency *sing*.
sortieren [zɔr'tiːrən] *vt* to sort (out); (*COMPUT*) to sort.
Sortiermaschine *f* sorting machine.
Sortiment [zɔrti'mɛnt] *nt* assortment.
SOS [ɛsoː'|ɛs] *nt abk* SOS.
sosehr [zo'zeːr] *konj* as much as.
soso [zo'zoː] *interj*: **~!** I see!; (*erstaunt*) well, well!; (*drohend*) well!
Soße ['zoːsə] **(-, -n)** *f* sauce; (*Braten~*) gravy.
Souffleur [zu'fløːr] *m* prompter.
Souffleuse [zu'fløːzə] *f* prompter.
soufflieren [zu'fliːrən] *vt, vi* to prompt.
soundso ['zoː|ʊntzoː] *adv*: **~ lange** for such and such a time.
soundsovielte(r, s) *adj*: **am S~n** (*Datum*) on such and such a date.
Souterrain [zutɛ'rɛ̃ː] **(-s, -s)** *nt* basement.

Souvenir [zuvə'niːr] (**-s, -s**) *nt* souvenir.
souverän [zuvə'rɛːn] *adj* sovereign;
(*überlegen*) superior; (*fig*) supremely good.
soviel [zo'fiːl] *konj* as far as.
sowenig [zo'veːnɪç] *konj* however little.
sowie [zo'viː] *konj* (*sobald*) as soon as; (*ebenso*)
as well as.
sowieso [zovi'zoː] *adv* anyway.
Sowjetbürger *m* (*früher*) Soviet citizen.
sowjetisch [zɔ'vjɛtɪʃ] *adj* (*früher*) Soviet.
Sowjet- *zW* (*früher*): ~**republik** *f* Soviet
Republic; ~**russe** *m* Soviet Russian; ~**union** *f*
Soviet Union.
sowohl [zo'voːl] *konj*: ~ ... **als** *od* **wie auch** ...
both ... and ...
soz. *abk* = **sozial; sozialistisch.**
sozial [zotsi'aːl] *adj* social; ~ **eingestellt**
public-spirited; ~**er Wohnungsbau** public-
sector housing (programme); **S**~**abbau** *m*
public-spending cuts *pl*; **S**~**abgaben** *pl*
National Insurance contributions *pl* (*BRIT*),
Social Security contributions *pl* (*US*); **S**~**amt**
nt (social) welfare office; **S**~**arbeiter** *m*
social worker; **S**~**beruf** *m* caring profession;
S~**demokrat** *m* social democrat; **S**~**hilfe** *f*
welfare (aid).
Sozialisation [zotsializatsi'oːn] *f* (*PSYCH*,
SOZIOLOGIE) socialization.
sozialisieren [zotsiali'ziːrən] *vt* to socialize.
Sozialismus [zotsia'lɪsmʊs] *m* socialism.
Sozialist(in) [zotsia'lɪst(ɪn)] *m(f)* socialist.
sozialistisch *adj* socialist.
Sozial- *zW*: ~**kunde** *f* social studies *sing*;
~**leistungen** *pl* social security contributions
(*from the state and employer*); ~**plan** *m*
redundancy payments scheme; ~**politik** *f*
social welfare policy; ~**produkt** *nt* (gross *od*
net) national product; ~**staat** *m* welfare
state; ~**versicherung** *f* national insurance
(*BRIT*), social security (*US*); **s**~**verträglich** *adj*
socially acceptable; ~**wohnung** *f* ≈ council
flat (*BRIT*), state-subsidized apartment.

SOZIALWOHNUNG

A **Sozialwohnung** *is a council house or flat let
at a fairly low rent to people on low income. They
are built from public funds. People applying for a*
Sozialwohnung *have to prove their entitlement.*

Soziologe [zotsio'loːgə] (**-n, -n**) *m* sociologist.
Soziologie [zotsiolo'giː] *f* sociology.
Soziologin [zotsio'loːgɪn] *f* sociologist.
soziologisch [zotsio'loːgɪʃ] *adj* sociological.
Sozius ['zoːtsiʊs] (**-, -se**) *m* (*COMM*) partner;
(*Motorrad*) pillion rider; ~**sitz** *m* pillion
(seat).
sozusagen [zotsu'zaːgən] *adv* so to speak.
Spachtel ['ʃpaxtəl] (**-s, -**) *m* spatula.
spachteln *vt* (*Mauerfugen, Ritzen*) to fill (in)

♦ *vi* (*umg: essen*) to tuck in.
Spagat [ʃpa'gaːt] (**-s, -e**) *m od nt* splits *pl*.
Spagetti▲, **Spaghetti** [ʃpa'gɛti] *pl* spaghetti
sing.
spähen ['ʃpɛːən] *vi* to peep, peek.
Spalier [ʃpa'liːr] (**-s, -e**) *nt* (*Gerüst*) trellis;
(*Leute*) guard of honour (*BRIT*) *od* honor (*US*);
~ **stehen, ein** ~ **bilden** to form a guard of
honour (*BRIT*) *od* honor (*US*).
Spalt [ʃpalt] (**-(e)s, -e**) *m* crack; (*Tür*~) chink;
(*fig: Kluft*) split.
Spalte (**-, -n**) *f* crack, fissure; (*Gletscher*~)
crevasse; (*in Text*) column.
spalten *vt, vr* (*lit, fig*) to split.
Spaltung *f* splitting.
Span [ʃpaːn] (**-(e)s, ̈-e**) *m* shaving.
Spanferkel *nt* sucking pig.
Spange ['ʃpaŋə] (**-, -n**) *f* clasp; (*Haar*~) hair
slide; (*Schnalle*) buckle; (*Arm*~) bangle.
Spaniel ['ʃpaːniəl] (**-s, -s**) *m* spaniel.
Spanien ['ʃpaːniən] (**-s**) *nt* Spain.
Spanier(in) (**-s, -**) *m(f)* Spaniard.
spanisch *adj* Spanish; **das kommt mir** ~ **vor**
(*umg*) that seems odd to me; ~**e Wand**
(folding) screen.
Spann (**-(e)s, -e**) *m* instep.
spann *etc* [ʃpan] *vb siehe* **spinnen.**
Spannbeton (**-s**) *m* prestressed concrete.
Spanne (**-, -n**) *f* (*Zeit*~) space; (*Differenz*) gap;
siehe auch **Spann.**
spannen *vt* (*straffen*) to tighten, tauten;
(*befestigen*) to brace ♦ *vi* to be tight.
spannend *adj* exciting, gripping; **machs nicht
so** ~! (*umg*) don't keep me *etc* in suspense.
Spanner (**-s, -**) (*umg*) *m* (*Voyeur*) peeping
Tom.
Spannkraft *f* elasticity; (*fig*) energy.
Spannung *f* tension; (*ELEK*) voltage; (*fig*)
suspense; (*unangenehm*) tension.
Spannungsgebiet *nt* (*POL*) flashpoint, area
of tension.
Spannungsprüfer *m* voltage detector.
Spannweite *f* (*von Flügeln, AVIAT*)
(wing)span.
Spanplatte *f* chipboard.
Sparbuch *nt* savings book.
Sparbüchse *f* moneybox.
sparen ['ʃpaːrən] *vt, vi* to save; **sich** *dat* **etw** ~
to save o.s. sth; (*Bemerkung*) to keep sth to
o.s.; **mit etw** ~ to be sparing with sth; **an**
etw *dat* ~ to economize on sth.
Sparer(in) (**-s, -**) *m(f)* (*bei Bank etc*) saver.
Sparflamme *f* low flame; **auf** ~ (*fig: umg*) just
ticking over.
Spargel ['ʃpargəl] (**-s, -**) *m* asparagus.
Spar- *zW*: ~**groschen** *m* nest egg; ~**kasse** *f*
savings bank; ~**konto** *nt* savings account.
spärlich ['ʃpɛːrlɪç] *adj* meagre (*BRIT*), meager
(*US*); (*Bekleidung*) scanty; (*Beleuchtung*) poor.
Spar- *zW*: ~**maßnahme** *f* economy measure;

~**packung** f economy size; **s~sam** adj
economical, thrifty; **s~sam im Verbrauch**
economical; ~**samkeit** f thrift, economizing;
~**schwein** nt piggy bank.
Sparte ['ʃpartə] (-, -n) f field; (COMM) line of
business; (PRESSE) column.
Sparvertrag m savings agreement.
Spaß [ʃpaːs] (-es, ⁻e) m joke; (Freude) fun;
~ **muss sein** there's no harm in a joke; **jdm**
~ **machen** to be fun (for sb); **s~en** vi to joke;
mit ihm ist nicht zu s~en you can't take
liberties with him.
spaßeshalber adv for the fun of it.
spaßig adj funny, droll.
Spaß- zW: ~**macher** m joker, funny man;
~**verderber** (-s, -) m spoilsport; ~**vogel** m
joker.
Spastiker(in) ['ʃpastikər(ɪn)] m(f) (MED)
spastic.
spät [ʃpɛːt] adj, adv late; **heute Abend wird es**
~ it'll be a late night tonight.
Spaten ['ʃpaːtən] (-s, -) m spade; ~**stich** m: **den**
ersten ~stich tun to turn the first sod.
Spätentwickler m late developer.
später adj, adv later; **an** ~ **denken** to think of
the future; **bis** ~! see you later!
spätestens adv at the latest.
Spätlese f late vintage.
Spatz [ʃpats] (-en, -en) m sparrow.
spazieren [ʃpa'tsiːrən] vi (Hilfsverb sein) to
stroll; ~ **fahren** to go for a drive; ~ **gehen** to
go for a walk.
Spazier- zW: ~**gang** m walk; **einen ~gang**
machen to go for a walk; ~**gänger(in)** m(f)
stroller; ~**stock** m walking stick; ~**weg** m
path, walk.
SPD (-) f abk (= Sozialdemokratische Partei
Deutschlands) German Social Democratic
Party.

> **SPD**
>
> The **SPD** (Sozialdemokratische Partei
> Deutschlands), the German Social Democratic
> Party, was newly formed in 1945. It is the largest
> political party in Germany.

Specht [ʃpɛçt] (-(e)s, -e) m woodpecker.
Speck [ʃpɛk] (-(e)s, -e) m bacon; **mit** ~ **fängt**
man Mäuse (Sprichwort) you need a sprat to
catch a mackerel; **ran an den** ~ (umg) let's
get stuck in.
Spediteur [ʃpedi'tøːr] m carrier; (Möbel~)
furniture remover.
Spedition [ʃpediti'oːn] f carriage; (~sfirma)
road haulage contractor; (Umzugsfirma)
removal (BRIT) od moving (US) firm.
Speer [ʃpeːr] (-(e)s, -e) m spear; (SPORT)
javelin; ~**werfen** nt: **das ~werfen** throwing
the javelin.

Speiche ['ʃpaiçə] (-, -n) f spoke.
Speichel ['ʃpaiçəl] (-s) m saliva, spit(tle);
~**lecker** (pej: umg) m bootlicker.
Speicher ['ʃpaiçər] (-s, -) m storehouse;
(Dach~) attic, loft; (Korn~) granary;
(Wasser~) tank; (TECH) store; (COMPUT)
memory; ~**auszug** m (COMPUT) dump.
speichern vt (auch COMPUT) to store.
speien ['ʃpaiən] unreg vt, vi to spit; (erbrechen)
to vomit; (Vulkan) to spew.
Speise ['ʃpaizə] (-, -n) f food; **kalte und warme**
~**n** hot and cold meals; ~**eis** nt ice-cream;
~**fett** nt cooking fat; ~**kammer** f larder,
pantry; ~**karte** f menu.
speisen vt to feed; to eat ♦ vi to dine.
Speise- zW: ~**öl** nt salad oil; (zum Braten)
cooking oil; ~**röhre** f (ANAT) gullet,
oesophagus (BRIT), esophagus (US); ~**saal** m
dining room; ~**wagen** m dining car; ~**zettel**
m menu.
Spektakel [ʃpɛk'taːkəl] (-s, -) m (umg: Lärm)
row ♦ nt (-s, -) spectacle.
spektakulär [ʃpɛktaku'lɛːr] adj spectacular.
Spektrum ['ʃpɛktrʊm] (-s, -tren) nt spectrum.
Spekulant(in) [ʃpeku'lant(ɪn)] m(f) speculator.
Spekulation [ʃpekulatsi'oːn] f speculation.
Spekulatius [ʃpeku'laːtsiʊs] (-, -) m spiced
biscuit (BRIT) od cookie (US).
spekulieren [ʃpeku'liːrən] vi (fig) to speculate;
auf etw akk ~ to have hopes of sth.
Spelunke [ʃpe'lʊŋkə] (-, -n) f dive.
spendabel [ʃpɛn'daːbəl] (umg) adj generous,
open-handed.
Spende ['ʃpɛndə] (-, -n) f donation.
spenden vt to donate, give; **S~konto** nt
donations account; **S~waschanlage** f
donation-laundering organization.
Spender(in) (-s, -) m(f) donator; (MED) donor.
spendieren [ʃpɛn'diːrən] vt to pay for, buy;
jdm etw ~ to treat sb to sth, stand sb sth.
Sperling ['ʃpɛrlɪŋ] m sparrow.
Sperma ['ʃpɛrma] (-s, **Spermen**) nt sperm.
sperrangelweit ['ʃpɛr|aŋəl'vait] adj wide-
open.
Sperrbezirk m no-go area.
Sperre (-, -n) f barrier; (Verbot) ban; (Polizei~)
roadblock.
sperren ['ʃpɛrən] vt to block; (COMM: Konto) to
freeze; (COMPUT: Daten) to disable; (SPORT)
to suspend, bar; (: vom Ball) to obstruct;
(einschließen) to lock; (verbieten) to ban ♦ vr
to baulk, jibe, jib.
Sperr- zW: ~**feuer** nt (MIL, fig) barrage; ~**frist** f
(auch JUR) waiting period; (SPORT) (period
of) suspension; ~**gebiet** nt prohibited area;
~**gut** nt bulky freight; ~**holz** nt plywood.
sperrig adj bulky.
Sperr- zW: ~**konto** nt blocked account; ~**müll**
m bulky refuse; ~**sitz** m (THEAT) stalls pl
(BRIT), orchestra (US); ~**stunde** f closing

time; ~**zeit** *f* closing time; ~**zone** *f* exclusion zone.

Spesen ['ʃpeːzən] *pl* expenses *pl*; ~**abrechnung** *f* expense account.

Spessart ['ʃpɛsart] (-**s**) *m* Spessart (Mountains *pl*).

Spezi ['ʃpeːtsi] (-**s**, -**s**) (*umg*) *m* pal, mate (*BRIT*).

Spezial- [ʃpetsi'aːl] *in zW* special; ~**ausbildung** *f* specialized training.

spezialisieren [ʃpetsiali'ziːrən] *vr* to specialize.

Spezialisierung *f* specialization.

Spezialist(in) [ʃpetsia'lɪst(ɪn)] *m(f)*: ~ (**für**) specialist (in).

Spezialität [ʃpetsiali'tɛːt] *f* speciality (*BRIT*), specialty (*US*).

speziell [ʃpetsi'ɛl] *adj* special.

Spezifikation [ʃpetsifikatsi'oːn] *f* specification.

spezifisch [ʃpe'tsiːfɪʃ] *adj* specific.

Sphäre ['sfɛːrə] (-, -**n**) *f* sphere.

spicken ['ʃpɪkən] *vt* to lard ♦ *vi* (*SCH*) to copy, crib.

Spickzettel *m* (*SCH*: *umg*) crib.

spie *etc* [ʃpiː] *vb siehe* **speien**.

Spiegel ['ʃpiːgəl] (-**s**, -) *m* mirror; (*Wasser~*) level; (*MIL*) tab; ~**bild** *nt* reflection; **s~bildlich** *adj* reversed.

Spiegelei ['ʃpiːgəl|aɪ] *nt* fried egg.

spiegeln *vt* to mirror, reflect ♦ *vr* to be reflected ♦ *vi* to gleam; (*wider~*) to be reflective.

Spiegelreflexkamera *f* reflex camera.

Spiegelschrift *f* mirror writing.

Spiegelung *f* reflection.

spiegelverkehrt *adj* in mirror image.

Spiel [ʃpiːl] (-(**e**)**s**, -**e**) *nt* game; (*Schau~*) play; (*Tätigkeit*) play(ing); (*KARTEN*) pack (*BRIT*), deck (*US*); (*TECH*) (free) play; **leichtes** ~ (**bei** *od* **mit jdm**) **haben** to have an easy job of it (with sb); **die Hand** *od* **Finger im** ~ **haben** to have a hand in affairs; **jdn/etw aus dem** ~ **lassen** to leave sb/sth out of it; **auf dem** ~(**e**) **stehen** to be at stake; ~**automat** *m* gambling machine; (*zum Geldgewinnen*) fruit machine (*BRIT*); ~**bank** *f* casino; ~**dose** *f* musical box (*BRIT*), music box (*US*).

spielen *vt, vi* to play; (*um Geld*) to gamble; (*THEAT*) to perform, act; **was wird hier gespielt?** (*umg*) what's going on here?

spielend *adv* easily.

Spieler(in) (-**s**, -) *m(f)* player; (*um Geld*) gambler.

Spielerei [ʃpiːlə'raɪ] *f* (*Kinderspiel*) child's play.

spielerisch *adj* playful; (*Leichtigkeit*) effortless; ~**es Können** skill as a player; (*THEAT*) acting ability.

Spiel- *zW*: ~**feld** *nt* pitch, field; ~**film** *m* feature film; ~**geld** *nt* (*Einsatz*) stake; (*unechtes Geld*)

toy money; ~**karte** *f* playing card; ~**mannszug** *m* (brass) band; ~**plan** *m* (*THEAT*) programme (*BRIT*), program (*US*); ~**platz** *m* playground; ~**raum** *m* room to manoeuvre (*BRIT*) *od* maneuver (*US*), scope; ~**regel** *f* (*lit, fig*) rule of the game; ~**sachen** *pl* toys *pl*; ~**show** *f* gameshow; ~**stand** *m* score; ~**straße** *f* play street; ~**sucht** *f* addiction to gambling; ~**verderber** (-**s**, -) *m* spoilsport; ~**waren** *pl* toys *pl*; ~**zeit** *f* (*Saison*) season; (*~dauer*) playing time; ~**zeug** *nt* toy; (*~sachen*) toys *pl*.

Spieß [ʃpiːs] (-**es**, -**e**) *m* spear; (*Brat~*) spit; (*MIL*: *umg*) sarge; **den** ~ **umdrehen** (*fig*) to turn the tables; **wie am** ~(**e**) **schreien** (*umg*) to squeal like a stuck pig; ~**braten** *m* joint roasted on a spit.

Spießbürger (-**s**, -) *m* bourgeois.

Spießer (-**s**, -) *m* bourgeois.

Spikes [spaɪks] *pl* (*SPORT*) spikes *pl*; (*AUT*) studs *pl*; ~**reifen** *m* studded tyre (*BRIT*) *od* tire (*US*).

Spinat [ʃpi'naːt] (-(**e**)**s**, -**e**) *m* spinach.

Spind [ʃpɪnt] (-(**e**)**s**, -**e**) *m od nt* locker.

spindeldürr ['ʃpɪndəl'dyr] (*pej*) *adj* spindly, thin as a rake.

Spinne ['ʃpɪnə] (-, -**n**) *f* spider; **s~feind** (*umg*) *adj*: **sich** *od* **einander** *dat* **s~feind sein** to be deadly enemies.

spinnen *unreg vt* to spin ♦ *vi* (*umg*) to talk rubbish; (*verrückt*) to be crazy *od* mad; **ich denk ich spinne** (*umg*) I don't believe it.

Spinnengewebe *nt* cobweb.

Spinner(in) (-**s**, -) *m(f)* (*fig*: *umg*) screwball, crackpot.

Spinnerei [ʃpɪnə'raɪ] *f* spinning mill.

Spinn- *zW*: ~**gewebe** *nt* cobweb; ~**rad** *nt* spinning wheel; ~**webe** *f* cobweb.

Spion [ʃpi'oːn] (-**s**, -**e**) *m* spy; (*in Tür*) spyhole.

Spionage [ʃpio'naːʒə] (-) *f* espionage; ~**abwehr** *f* counterintelligence; ~**satellit** *m* spy satellite.

spionieren [ʃpio'niːrən] *vi* to spy.

Spionin *f* (woman) spy.

Spirale [ʃpi'raːlə] (-, -**n**) *f* spiral; (*MED*) coil.

Spirituosen [ʃpiritu'oːzən] *pl* spirits *pl*.

Spiritus ['ʃpiːritus] (-, -**se**) *m* (methylated) spirits *pl*; ~**kocher** *m* spirit stove.

Spitz [ʃpɪts] (-**es**, -**e**) *m* (*Hund*) spitz.

spitz *adj* pointed; (*Winkel*) acute; (*fig*: *Zunge*) sharp; (: *Bemerkung*) caustic.

Spitz- *zW*: **s~bekommen** *unreg vt*: **etw s~bekommen** (*umg*) to get wise to sth; ~**bogen** *m* pointed arch; ~**bube** *m* rogue.

Spitze (-, -**n**) *f* point, tip; (*Berg~*) peak; (*Bemerkung*) taunt; (*fig*: *Stichelei*) dig; (*erster Platz*) lead, top; (*meist pl*: *Gewebe*) lace; (*umg*: *prima*) great; **etw auf die** ~ **treiben** to carry sth too far.

Spitzel (-**s**, -) *m* police informer.

spitzen *vt* to sharpen; (*Lippen, Mund*) to purse; (*lit, fig: Ohren*) to prick up.

Spitzen- *in zW* top; ~**leistung** *f* top performance; ~**lohn** *m* top wages *pl*; ~**marke** *f* brand leader; **s~mäßig** *adj* really great; ~**position** *f* leading position; ~**reiter** *m* (*SPORT*) leader; (*fig: Kandidat*) front runner; (*Ware*) top seller; (*Schlager*) number one; ~**sportler** *m* top-class sportsman; ~**verband** *m* leading organization.

Spitzer (**-s, -**) *m* sharpener.

spitzfindig *adj* (over)subtle.

Spitzmaus *f* shrew.

Spitzname *m* nickname.

Spleen [ʃpliːn] (**-s, -e** *od* **-s**) *m* (*Angewohnheit*) crazy habit; (*Idee*) crazy idea; (*Fimmel*) obsession.

Splitt [ʃplɪt] (**-s, -e**) *m* stone chippings *pl*; (*Streumittel*) grit.

Splitter (**-s, -**) *m* splinter; ~**gruppe** *f* (*POL*) splinter group; **s~nackt** *adj* stark naked.

SPÖ (**-**) *f abk* (= *Sozialistische Partei Österreichs*) Austrian Socialist Party.

sponsern [ˈʃpɔnzərn] *vt* to sponsor.

Sponsor [ˈʃpɔnzɔr] (**-s, -en**) *m* sponsor.

spontan [ʃpɔnˈtaːn] *adj* spontaneous.

sporadisch [ʃpoˈraːdɪʃ] *adj* sporadic.

Sporen [ˈʃpoːrən] *pl* (*auch BOT, ZOOL*) spurs *pl*.

Sport [ʃpɔrt] (**-(e)s, -e**) *m* sport; (*fig*) hobby; **treiben Sie ~?** do you do any sport?; ~**abzeichen** *nt* sports certificate; ~**artikel** *pl* sports equipment *sing*; ~**fest** *nt* sports gala; (*SCH*) sports day (*BRIT*); ~**geist** *m* sportsmanship; ~**halle** *f* sports hall; ~**klub** *m* sports club; ~**lehrer** *m* games *od* P.E. teacher.

Sportler(in) (**-s, -**) *m(f)* sportsman, sportswoman.

Sport- *zW*: **s~lich** *adj* sporting; (*Mensch*) sporty; (*durchtrainiert*) athletic; (*Kleidung*) smart but casual; ~**medizin** *f* sports medicine; ~**platz** *m* playing *od* sports field; ~**schuh** *m* sports shoe; (*sportlicher Schuh*) casual shoe.

Sportsfreund *m* (*fig: umg*) buddy.

Sport- *zW*: ~**verein** *m* sports club; ~**wagen** *m* sports car; ~**zeug** *nt* sports gear.

Spot [spɔt] (**-s, -s**) *m* commercial, advertisement.

Spott [ʃpɔt] (**-(e)s**) *m* mockery, ridicule; **s~billig** *adj* dirt-cheap; **s~en** *vi* to mock; **s~en über** +*akk* to mock (at), ridicule; **das s~et jeder Beschreibung** that simply defies description.

spöttisch [ˈʃpœtɪʃ] *adj* mocking.

Spottpreis *m* ridiculously low price.

sprach *etc* [ʃpraːx] *vb siehe* **sprechen**.

sprachbegabt *adj* good at languages.

Sprache (**-, -n**) *f* language; **heraus mit der ~!** (*umg*) come on, out with it!; **zur ~ kommen**

to be mentioned; **in französischer ~** in French.

Sprachenschule *f* language school.

Sprach- *zW*: ~**fehler** *m* speech defect; ~**fertigkeit** *f* fluency; ~**führer** *m* phrase book; ~**gebrauch** *m* (linguistic) usage; ~**gefühl** *nt* feeling for language; ~**kenntnisse** *pl*: **mit englischen ~kenntnissen** with a knowledge of English; ~**kurs** *m* language course; ~**labor** *nt* language laboratory; **s~lich** *adj* linguistic; **s~los** *adj* speechless; ~**rohr** *nt* megaphone; (*fig*) mouthpiece; ~**störung** *f* speech disorder; ~**wissenschaft** *f* linguistics *sing*.

sprang *etc* [ʃpraŋ] *vb siehe* **springen**.

Spray [spreː] (**-s, -s**) *m od nt* spray; ~**dose** *f* aerosol (can), spray.

sprayen *vt, vi* to spray.

Sprechanlage *f* intercom.

Sprechblase *f* speech balloon.

sprechen [ˈʃprɛçən] *unreg vi* to speak, talk ♦ *vt* to say; (*Sprache*) to speak; (*Person*) to speak to; **mit jdm ~** to speak *od* talk to sb; **das spricht für ihn** that's a point in his favour; **frei ~** to extemporize; **nicht gut auf jdn zu ~ sein** to be on bad terms with sb; **es spricht vieles dafür, dass ...** there is every reason to believe that ...; **hier spricht man Spanisch** Spanish spoken; **wir ~ uns noch!** you haven't heard the last of this!

Sprecher(in) (**-s, -**) *m(f)* speaker; (*für Gruppe*) spokesman, spokeswoman; (*RUNDF, TV*) announcer.

Sprech- *zW*: ~**funkgerät** *nt* radio telephone; ~**rolle** *f* speaking part; ~**stunde** *f* consultation (hour); (*von Arzt*) (doctor's) surgery (*BRIT*); ~**stundenhilfe** *f* (doctor's) receptionist; ~**zimmer** *nt* consulting room, surgery (*BRIT*).

spreizen [ˈʃpraɪtsən] *vt* to spread ♦ *vr* to put on airs.

Sprengarbeiten *pl* blasting operations *pl*.

sprengen [ˈʃprɛŋən] *vt* to sprinkle; (*mit Sprengstoff*) to blow up; (*Gestein*) to blast; (*Versammlung*) to break up.

Spreng- *zW*: ~**kopf** *m* warhead; ~**ladung** *f* explosive charge; ~**satz** *m* explosive device; ~**stoff** *m* explosive(s *pl*); ~**stoffanschlag** *m* bomb attack.

Spreu [ʃprɔy] (**-**) *f* chaff.

spricht [ʃprɪçt] *vb siehe* **sprechen**.

Sprichwort *nt* proverb.

sprichwörtlich *adj* proverbial.

sprießen [ˈʃpriːsən] *vi* (*aus der Erde*) to spring up; (*Knospen*) to shoot.

Springbrunnen *m* fountain.

springen [ˈʃprɪŋən] *unreg vi* to jump, leap; (*Glas*) to crack; (*mit Kopfsprung*) to dive; **etw ~ lassen** (*umg*) to fork out sth.

springend *adj*: **der ~e Punkt** the crucial

point.
Springer (-s, -) m jumper; (SCHACH) knight.
Springreiten nt show jumping.
Springseil nt skipping rope.
Sprinkler ['ʃprɪŋklər] (-s, -) m sprinkler.
Sprit [ʃprɪt] (-(e)s, -e) (umg) m petrol (BRIT), gas(oline) (US), fuel.
Spritzbeutel m icing bag.
Spritze ['ʃprɪtsə] (-, -n) f syringe; (Injektion) injection; (an Schlauch) nozzle.
spritzen vt to spray; (Wein) to dilute with soda water/lemonade; (MED) to inject ♦ vi to splash; (heißes Fett) to spit; (heraus~) to spurt; (aus einer Tube etc) to squirt; (MED) to give injections.
Spritzer (-s, -) m (Farb~, Wasser~) splash.
Spritzpistole f spray gun.
Spritztour (umg) f spin.
spröde ['ʃprøːdə] adj brittle; (Person) reserved; (Haut) rough.
Spross▲ (-es, -e) m shoot.
spross etc▲ [ʃprɔs] vb siehe **sprießen**.
Sprosse ['ʃprɔsə] (-, -n) f rung.
Sprossenwand f (SPORT) wall bars pl.
Sprössling▲ ['ʃprœslɪŋ] m offspring no pl.
Spruch [ʃprʊx] (-(e)s, ̈e) m saying, maxim; (JUR) judgement; **Sprüche klopfen** (umg) to talk fancy; ~**band** nt banner.
Sprüchemacher ['ʃprʏçəmaxər] (umg) m patter-merchant.
spruchreif adj: **die Sache ist noch nicht** ~ it's not definite yet.
Sprudel ['ʃpruːdəl] (-s, -) m mineral water; (süß) lemonade.
sprudeln vi to bubble.
Sprüh- zW: ~**dose** f aerosol (can); **s~en** vi to spray; (fig) to sparkle ♦ vt to spray; ~**regen** m drizzle.
Sprung [ʃprʊŋ] (-(e)s, ̈e) m jump; (schwungvoll, fig: Gedanken~) leap; (Riss) crack; **immer auf dem** ~ **sein** (umg) to be always on the go; **jdm auf die Sprünge helfen** (wohlwollend) to give sb a (helping) hand; **auf einen** ~ **bei jdm vorbeikommen** (umg) to drop in to see sb; **damit kann man keine großen Sprünge machen** (umg) you can't exactly live it up on that; ~**brett** nt springboard; ~**feder** f spring; **s~haft** adj erratic; (Aufstieg) rapid; ~**schanze** f ski jump; ~**turm** m diving platform.
Spucke ['ʃpʊkə] (-) f spit.
spucken vt, vi to spit; **in die Hände** ~ (fig) to roll up one's sleeves.
Spucknapf m spittoon.
Spucktüte f sickbag.
Spuk [ʃpuːk] (-(e)s, -e) m haunting; (fig) nightmare; **s~en** vi to haunt; **hier s~t es** this place is haunted.
Spülbecken ['ʃpyːlbɛkən] nt sink.
Spule ['ʃpuːlə] (-, -n) f spool; (ELEK) coil.

Spüle ['ʃpyːlə] (-, -n) f (kitchen) sink.
spülen vt to rinse; (Geschirr) to wash, do; (Toilette) to flush ♦ vi to rinse; to wash up (BRIT), do the dishes; to flush; **etw an Land** ~ to wash sth ashore.
Spül- zW: ~**maschine** f dishwasher; ~**mittel** nt washing-up liquid (BRIT), dish-washing liquid; ~**stein** m sink.
Spülung f rinsing; (Wasser~) flush; (MED) irrigation.
Spund [ʃpʊnt] (-(e)s, -e) m: **junger** ~ (veraltet: umg) young pup.
Spur [ʃpuːr] (-, -en) f trace; (Fuß~, Rad~, Tonband~) track; (Fährte) trail; (Fahr~) lane; **jdm auf die** ~ **kommen** to get onto sb; **(seine)** ~**en hinterlassen** (fig) to leave its mark; **keine** ~ (umg) not/nothing at all.
spürbar adj noticeable, perceptible.
spuren (umg) vi to obey; (sich fügen) to toe the line.
spüren ['ʃpyːrən] vt to feel; **etw zu** ~ **bekommen** (lit) to feel sth; (fig) to feel the (full) force of sth.
Spurenelement nt trace element.
Spurensicherung f securing of evidence.
Spürhund m tracker dog; (fig) sleuth.
spurlos adv without (a) trace; ~ **an jdm vorübergehen** to have no effect on sb.
Spurt [ʃpʊrt] (-(e)s, -s od -e) m spurt.
spurten vi (Hilfsverb sein: SPORT) to spurt; (umg: rennen) to sprint.
Squash [skvɔʃ] (-) nt (SPORT) squash.
sputen ['ʃpuːtən] vr to make haste.
SS (-) f abk (= Schutzstaffel) SS ♦ nt abk = **Sommersemester**.
s. S. abk (= siehe Seite) see p.
SSV abk = **Sommerschlussverkauf**.
st abk (= Stunde) h.
St. abk = **Stück** (= Stunde) h.; (= Sankt) St.
Staat [ʃtaːt] (-(e)s, -en) m state; (Prunk) show; (Kleidung) finery; **mit etw** ~ **machen** to show off od parade sth.
staatenlos adj stateless.
staatl. abk = **staatlich**.
staatlich adj state attrib; state-run ♦ adv: ~ **geprüft** state-certified.
Staats- zW: ~**affäre** f (lit) affair of state; (fig) major operation; ~**angehörige(r)** f(m) national; ~**angehörigkeit** f nationality; ~**anleihe** f government bond; ~**anwalt** m public prosecutor; ~**bürger** m citizen; ~**bürgerschaft** f nationality; **doppelte** ~**bürgerschaft** dual nationality; ~**dienst** m civil service; **s~eigen** adj state-owned; ~**eigentum** nt public ownership; ~**examen** nt (UNIV) degree; **s~feindlich** adj subversive; ~**geheimnis** nt (lit, fig hum) state secret; ~**haushalt** m budget; ~**kosten** pl public expenses pl; ~**mann** (-(e)s, pl -männer) m statesman; **s~männisch** adj statesmanlike;

~**oberhaupt** *nt* head of state; ~**schuld** *f* (*FIN*) national debt; ~**sekretär** *m* secretary of state; ~**streich** *m* coup (d'état); ~**verschuldung** *f* national debt.

Stab [ʃtaːp] (-(e)s, ̈-e) *m* rod; (*für* ~*hochsprung*) pole; (*für Staffellauf*) baton; (*Gitter*~) bar; (*Menschen*) staff; (*von Experten*) panel.

Stäbchen ['ʃtɛːpçən] *nt* (*Ess*~) chopstick.

Stabhochsprung *m* pole vault.

stabil [ʃtaˈbiːl] *adj* stable; (*Möbel*) sturdy.

Stabilisator [ʃtabiliˈzaːtɔr] *m* stabilizer.

stabilisieren [ʃtabiliˈziːrən] *vt* to stabilize.

Stabilisierung *f* stabilization.

Stabilität [ʃtabiliˈtɛːt] *f* stability.

Stabreim *m* alliteration.

Stabsarzt *m* (*MIL*) captain in the medical corps.

stach *etc* [ʃtaːx] *vb siehe* **stechen**.

Stachel ['ʃtaxəl] (-s, -n) *m* spike; (*von Tier*) spine; (*von Insekten*) sting; ~**beere** *f* gooseberry; ~**draht** *m* barbed wire.

stach(e)lig *adj* prickly.

Stachelschwein *nt* porcupine.

Stadion ['ʃtaːdiɔn] (-s, Stadien) *nt* stadium.

Stadium ['ʃtaːdiʊm] *nt* stage, phase.

Stadt [ʃtat] (-, ̈-e) *f* town; (*Groß*~) city; (~*verwaltung*) (town/city) council; ~**bad** *nt* municipal swimming baths *pl*; **s**~**bekannt** *adj* known all over town; ~**bezirk** *m* municipal district.

Städtchen ['ʃtɛːtçən] *nt* small town.

Städtebau (-(e)s) *m* town planning.

Städter(in) (-s, -) *m(f)* town/city dweller, townie.

Stadtgespräch *nt:* (**das**) ~ **sein** to be the talk of the town.

Stadtguerilla *f* urban guerrilla.

städtisch *adj* municipal; (*nicht ländlich*) urban.

Stadt- *zW:* ~**kasse** *f* town/city treasury; ~**kern** *m* = **Stadtzentrum**; ~**kreis** *m* town/city borough; ~**mauer** *f* city wall(s *pl*); ~**mitte** *f* town/city centre (*BRIT*) *od* center (*US*); ~**park** *m* municipal park; ~**plan** *m* street map; ~**rand** *m* outskirts *pl*; ~**rat** *m* (*Behörde*) (town/city) council; ~**streicher** *m* street vagrant; ~**streicherin** *f* bag lady; ~**teil** *m* district, part of town; ~**verwaltung** *f* (*Behörde*) municipal authority; ~**viertel** *nt* district *od* part of a town; ~**zentrum** *nt* town/city centre (*BRIT*) *od* center (*US*).

Staffel ['ʃtafəl] (-, -n) *f* rung; (*SPORT*) relay (team); (*AVIAT*) squadron.

Staffelei [ʃtafaˈlai] *f* easel.

Staffellauf *m* relay race.

staffeln *vt* to graduate.

Staffelung *f* graduation.

Stagnation [ʃtagnatsiˈoːn] *f* stagnation.

stagnieren [ʃtaˈgniːrən] *vi* to stagnate.

Stahl (-(e)s, ̈-e) *m* steel.

stahl *etc* [ʃtaːl] *vb siehe* **stehlen**.

Stahlhelm *m* steel helmet.

stak *etc* [ʃtaːk] *vb siehe* **stecken**.

Stall [ʃtal] (-(e)s, ̈-e) *m* stable; (*Kaninchen*~) hutch; (*Schweine*~) sty; (*Hühner*~) henhouse.

Stallung *f* stables *pl.*

Stamm [ʃtam] (-(e)s, ̈-e) *m* (*Baum*~) trunk; (*Menschen*~) tribe; (*GRAM*) stem; (*Bakterien*~) strain; ~**aktie** *f* ordinary share, common stock (*US*); ~**baum** *m* family tree; (*von Tier*) pedigree; ~**buch** *nt* book of family events with legal documents, ≈ family bible.

stammeln *vt, vi* to stammer.

stammen *vi:* ~ **von** *od* **aus** to come from.

Stamm- *zW:* ~**form** *f* base form; ~**gast** *m* regular (customer); ~**halter** *m* son and heir.

stämmig ['ʃtɛmɪç] *adj* sturdy; (*Mensch*) stocky; **S**~**keit** *f* sturdiness; stockiness.

Stamm- *zW:* ~**kapital** *nt* (*FIN*) ordinary share *od* common stock (*US*) capital; ~**kunde** *m*, ~**kundin** *f* regular (customer); ~**lokal** *nt* favourite (*BRIT*) *od* favorite (*US*) café/ restaurant *etc*; (*Kneipe*) local (*BRIT*); ~**platz** *m* usual seat; ~**tisch** *m* (*Tisch in Gasthaus*) table reserved for the regulars.

stampfen ['ʃtampfən] *vi* to stamp; (*stapfen*) to tramp ♦ *vt* (*mit Stampfer*) to mash.

Stampfer (-s, -) *m* (*Stampfgerät*) masher.

Stand (-(e)s, ̈-e) *m* position; (*Wasser*~, *Benzin*~ *etc*) level; (*Zähler*~ *etc*) reading; (*Stehen*) standing position; (*Zustand*) state; (*Spiel*~) score; (*Messe*~ *etc*) stand; (*Klasse*) class; (*Beruf*) profession; **bei jdm** *od* **gegen jdn einen schweren** ~ **haben** (*fig*) to have a hard time of it with sb; **etw auf den neuesten** ~ **bringen** to bring sth up to date; *siehe auch* **außerstande, imstande, zustande**.

stand *etc* [ʃtant] *vb siehe* **stehen**.

Standard ['ʃtandart] (-s, -s) *m* standard; ~**ausführung** *f* standard design.

standardisieren [ʃtandardiˈziːrən] *vt* to standardize.

Standarte (-, -n) *f* (*MIL, POL*) standard.

Standbild *nt* statue.

Ständchen ['ʃtɛntçən] *nt* serenade.

Ständer (-s, -) *m* stand.

Standes- *zW:* ~**amt** *nt* registry office (*BRIT*), city/county clerk's office (*US*); **s**~**amtlich** *adj:* **s**~**amtliche Trauung** registry office wedding (*BRIT*), civil marriage ceremony; ~**beamte(r)** *m* registrar; ~**bewusstsein**▲ *nt* status consciousness; ~**dünkel** *m* snobbery; **s**~**gemäß** *adj, adv* according to one's social position; ~**unterschied** *m* social difference.

Stand- *zW:* ~**fest** *adj* (*Tisch, Leiter*) stable, steady; (*fig*) steadfast; **s**~**haft** *adj* steadfast; ~**haftigkeit** *f* steadfastness; **s**~**halten** *unreg vi:* (**jdm/etw**) **s**~**halten** to stand firm (against sb/sth), resist (sb/sth).

ständig ['ʃtɛndɪç] *adj* permanent; (*ununterbrochen*) constant, continual.

Stand- *zW:* ~**licht** *nt* sidelights *pl* (*BRIT*), parking lights *pl* (*US*); ~**ort** *m* location; (*MIL*) garrison; ~**pauke** (*umg*) *f:* **jdm eine ~pauke halten** to give sb a lecture; ~**punkt** *m* standpoint; **s~rechtlich** *adj:* **s~rechtlich erschießen** to put before a firing squad; ~**spur** *f* (*AUT*) hard shoulder (*BRIT*), berm (*US*).

Stange ['ʃtaŋə] (-, -n) *f* stick; (*Stab*) pole; (*Quer*~) bar; (*Zigaretten*) carton; **von der** ~ (*COMM*) off the peg (*BRIT*) *od* rack (*US*); **eine** ~ **Geld** quite a packet; **jdm die ~ halten** (*umg*) to stick up for sb; **bei der ~ bleiben** (*umg*) to stick at *od* to sth.

Stängel▲ ['ʃtɛŋl] (-s, -) *m* stalk; **vom ~ fallen** (*umg: überrascht sein*) to be staggered.

Stangenbohne *f* runner bean.

Stangenbrot *nt* French bread; (*Laib*) French stick (loaf).

stank *etc* [ʃtaŋk] *vb siehe* **stinken**.

stänkern ['ʃtɛŋkərn] (*umg*) *vi* to stir things up.

Stanniol [ʃtani'oːl] (-s, -e) *nt* tinfoil.

Stanze ['ʃtantsə] (-, -n) *f* stanza; (*TECH*) stamp.

stanzen *vt* to stamp; (*Löcher*) to punch.

Stapel ['ʃtaːpəl] (-s, -) *m* pile; (*NAUT*) stocks *pl*; ~**lauf** *m* launch.

stapeln *vt* to pile (up).

Stapelverarbeitung *f* (*COMPUT*) batch processing.

stapfen ['ʃtapfən] *vi* to trudge, plod.

Star¹ [ʃtaːr] (-(e)s, -e) *m* starling; **grauer/grüner** ~ (*MED*) cataract/glaucoma.

Star² [ʃtaːr] (-s, -s) *m* (*Film*~ *etc*) star.

starb *etc* [ʃtarp] *vb siehe* **sterben**.

stark [ʃtark] *adj* strong; (*heftig, groß*) heavy; (*Maßangabe*) thick; (*umg: hervorragend*) great ♦ *adv* very; (*beschädigt etc*) badly; (*vergrößert, verkleinert*) greatly; **das ist ein ~es Stück!** (*umg*) that's a bit much!; **sich für etw ~ machen** (*umg*) to stand up for sth; **er ist ~ erkältet** he has a bad cold.

Stärke ['ʃtɛrkə] (-, -n) *f* strength (*auch fig*); heaviness; thickness; (*von Mannschaft*) size; (*KOCH, Wäsche*~) starch; ~**mehl** *nt* (*KOCH*) thickening agent.

stärken *vt* (*lit, fig*) to strengthen; (*Wäsche*) to starch; (*Selbstbewusstsein*) to boost; (*Gesundheit*) to improve; (*erfrischen*) to fortify ♦ *vi* to be fortifying; ~**des Mittel** tonic.

Starkstrom *m* heavy current.

Stärkung ['ʃtɛrkʊŋ] *f* strengthening; (*Essen*) refreshment.

Stärkungsmittel *nt* tonic.

starr [ʃtar] *adj* stiff; (*unnachgiebig*) rigid; (*Blick*) staring.

starren *vi* to stare; ~ **vor** +*dat od* **von** (*voll von*) to be covered in; (*Waffen*) to be bristling with;

vor sich *akk* **hin** ~ to stare straight ahead.

starr- *zW:* **S~heit** *f* rigidity; ~**köpfig** *adj* stubborn; **S~sinn** *m* obstinacy.

Start [ʃtart] (-(e)s, -e) *m* start; (*AVIAT*) takeoff; ~**automatik** *f* (*AUT*) automatic choke; ~**bahn** *f* runway; **s~en** *vi* to start; (*AVIAT*) to take off ♦ *vt* to start; ~**er** (-s, -) *m* starter; ~**erlaubnis** *f* takeoff clearance; ~**hilfe** *f* (*AVIAT*) rocket-assisted takeoff; (*fig*) initial aid; **jdm ~hilfe geben** to help sb get off the ground; ~**hilfekabel** *nt* jump leads *pl* (*BRIT*), jumper cables *pl* (*US*); **s~klar** *adj* (*AVIAT*) clear for takeoff; (*SPORT*) ready to start; ~**kommando** *nt* (*SPORT*) starting signal; ~**zeichen** *nt* start signal.

Stasi ['ʃtaːzi] (-) (*umg*) *f abk* (*früher:* = *Staatssicherheitsdienst der DDR*) Stasi.

STASI

Stasi, an abbreviation of Staatssicherheitsdienst, the **DDR** secret service, was founded in 1950 and disbanded in 1989. The **Stasi** organized an extensive spy network of full-time and part-time workers who often held positions of trust in both the **DDR** and the **BRD**. They held personal files on 6 million people.

Station [ʃtatsi'oːn] *f* station; (*Kranken*~) hospital ward; (*Haltestelle*) stop; ~ **machen** to stop off.

stationär [ʃtatsio'nɛːr] *adj* stationary; (*MED*) in-patient *attrib*.

stationieren [ʃtatsio'niːrən] *vt* to station; (*Atomwaffen etc*) to deploy.

Stations- *zW:* ~**arzt** *m* ward doctor; ~**ärztin** *f* ward doctor; ~**vorsteher** *m* (*EISENB*) stationmaster.

statisch ['ʃtaːtɪʃ] *adj* static.

Statist(in) [ʃta'tɪst(ɪn)] *m(f)* (*FILM*) extra; (*THEAT*) supernumerary.

Statistik *f* statistic; (*Wissenschaft*) statistics *sing*.

Statistiker(in) (-s, -) *m(f)* statistician.

statistisch *adj* statistical.

Stativ [ʃta'tiːf] (-s, -e) *nt* tripod.

Statt [ʃtat] (-) *f* place.

statt *konj* instead of ♦ *präp* (+*dat od gen*) instead of; ~ **dessen** instead.

stattdessen▲ *adv* instead.

Stätte ['ʃtɛtə] (-, -n) *f* place.

statt- *zW:* ~**finden** *unreg vi* to take place; ~**haft** *adj* admissible; **S~halter** *m* governor; ~**lich** *adj* imposing, handsome; (*Bursche*) strapping; (*Sammlung*) impressive; (*Familie*) large; (*Summe*) handsome.

Statue ['ʃtaːtuə] (-, -n) *f* statue.

Statur [ʃta'tuːr] *f* build.

Status ['ʃtaːtus] (-, -) *m* status; ~**symbol** *nt* status symbol.

Statuten [ʃtaˈtuːtən] *pl* by(e)-law(s *pl*).

Stau [ʃtaʊ] (-(e)s, -e) *m* blockage; (*Verkehrs~*) (traffic) jam.

Staub [ʃtaʊp] (-(e)s) *m* dust; ~ **saugen** to vacuum; ~ **wischen** to dust; **sich aus dem** ~ **machen** (*umg*) to clear off.

stauben [ˈʃtaʊbən] *vi* to be dusty.

Staubfaden *m* (*BOT*) stamen.

staubig [ˈʃtaʊbɪç] *adj* dusty.

Staub- *zW:* ~**lappen** *m* duster; ~**lunge** *f* (*MED*) dust on the lung; **s~saugen** (*pp* **s~gesaugt**) *vi untr* to vacuum; ~**sauger** *m* vacuum cleaner; ~**tuch** *nt* duster.

Staudamm *m* dam.

Staude [ˈʃtaʊdə] (-, -n) *f* shrub.

stauen [ˈʃtaʊən] *vt* (*Wasser*) to dam up; (*Blut*) to stop the flow of ♦ *vr* (*Wasser*) to become dammed up; (*MED, Verkehr*) to become congested; (*Menschen*) to collect together; (*Gefühle*) to build up.

staunen [ˈʃtaʊnən] *vi* to be astonished; **da kann man nur noch** ~ it's just amazing; **S~** (-s) *nt* amazement.

Stausee [ˈʃtaʊzeː] *m* reservoir; artificial lake.

Stauung [ˈʃtaʊʊŋ] *f* (*von Wasser*) damming-up; (*von Blut, Verkehr*) congestion.

Std. *abk* (= *Stunde*) h.

stdl. *abk* = **stündlich**.

Steak [ʃteːk] (-s, -s) *nt* steak.

Stechen [ˈʃtɛçən] (-s, -) *nt* (*SPORT*) play-off; (*Springreiten*) jump-off; (*Schmerz*) sharp pain.

stechen *unreg vt* (*mit Nadel etc*) to prick; (*mit Messer*) to stab; (*mit Finger*) to poke; (*Biene etc*) to sting; (*Mücke*) to bite; (*KARTEN*) to take; (*KUNST*) to engrave; (*Torf, Spargel*) to cut ♦ *vi* (*Sonne*) to beat down; (*mit Stechkarte*) to clock in ♦ *vr:* **sich** *akk od dat* **in den Finger** ~ to prick one's finger; **es sticht** it is prickly; **in See** ~ to put to sea.

stechend *adj* piercing, stabbing; (*Geruch*) pungent.

Stech- *zW:* ~**ginster** *m* gorse; ~**karte** *f* clocking-in card; ~**mücke** *f* gnat; ~**palme** *f* holly; ~**uhr** *f* time clock.

Steck- *zW:* ~**brief** *m* "wanted" poster; **s~brieflich** *adv:* **s~brieflich gesucht werden** to be wanted; ~**dose** *f* (wall) socket.

stecken [ˈʃtɛkən] *vt* to put; (*einführen*) to insert; (*Nadel*) to stick; (*Pflanzen*) to plant; (*beim Nähen*) to pin ♦ *vi* (*auch unreg*) to be; (*festsitzen*) to be stuck; (*Nadeln*) to stick; **etw in etw** *akk* ~ (*umg: Geld, Mühe*) to put sth into sth; (: *Zeit*) to devote sth to sth; **der Schlüssel steckt** the key is in the lock; **wo steckt er?** where has he got to?; **zeigen, was in einem steckt** to show what one is made of; ~ **bleiben** to get stuck; ~ **lassen** to leave in.

Steckenpferd *nt* hobbyhorse.

Stecker (-s, -) *m* (*ELEK*) plug.

Steck- *zW:* ~**nadel** *f* pin; ~**rübe** *f* swede, turnip; ~**schlüssel** *m* box spanner (*BRIT*) *od* wrench (*US*); ~**zwiebel** *f* bulb.

Steg [ʃteːk] (-(e)s, -e) *m* small bridge; (*Anlege~*) landing stage.

Stegreif *m:* **aus dem** ~ just like that.

Stehaufmännchen [ˈʃteː|aʊfmɛnçən] *nt* (*Spielzeug*) tumbler.

stehen [ˈʃteːən] *unreg vi* to stand; (*sich befinden*) to be; (*in Zeitung*) to say; (*angehalten haben*) to have stopped ♦ *vi unpers:* **es steht schlecht um ... **things are bad for ... ♦ *vr:* **sich gut/schlecht** ~ to be well-off/badly off; **zu jdm/etw** ~ to stand by sb/sth; **jdm** ~ to suit sb; **ich tue, was in meinen Kräften steht** I'll do everything I can; **es steht 2:1 für München** the score is 2-1 to Munich; **mit dem Dativ** ~ (*GRAM*) to take the dative; **auf Betrug steht eine Gefängnisstrafe** the penalty for fraud is imprisonment; **wie** ~ **Sie dazu?** what are your views on that?; **wie stehts?** how are things?; (*SPORT*) what's the score?; **wie steht es damit?** how about it?; ~ **bleiben** (*Uhr*) to stop; (*Zeit*) to stand still; (*Auto, Zug*) to stand; (*Fehler*) to stay as it is; (*Verkehr, Produktion etc*) to come to a standstill *od* stop; ~ **lassen** to leave; (*Bart*) to grow; **alles** ~ **und liegen lassen** to drop everything.

stehend *adj attrib* (*Fahrzeug*) stationary; (*Gewässer*) stagnant; (*ständig: Heer*) regular.

Stehlampe *f* standard lamp (*BRIT*), floor lamp (*US*).

stehlen [ˈʃteːlən] *unreg vt* to steal.

Stehplatz *m:* **ein** ~ **kostet 10 Mark** a standing ticket costs 10 marks.

Stehvermögen *nt* staying power, stamina.

Steiermark [ˈʃtaɪrmark] *f:* **die** ~ Styria.

steif [ʃtaɪf] *adj* stiff; ~ **und fest auf etw** *dat* **beharren** to insist stubbornly on sth.

Steifftier ® [ˈʃtaɪftiːr] *nt soft toy animal.*

Steifheit *f* stiffness.

Steigbügel [ˈʃtaɪkbyːgəl] *m* stirrup.

Steigeisen *nt* crampon.

steigen *unreg vi* to rise; (*klettern*) to climb ♦ *vt* (*Treppen, Stufen*) to climb (up); **das Blut stieg ihm in den Kopf** the blood rushed to his head; ~ **in** *+akk***/auf** *+akk* to get in/on.

Steiger (-s, -) *m* (*MIN*) pit foreman.

steigern *vt* to raise; (*GRAM*) to compare ♦ *vi* (*Auktion*) to bid ♦ *vr* to increase.

Steigerung *f* raising; (*GRAM*) comparison.

Steigung *f* incline, gradient, rise.

steil [ʃtaɪl] *adj* steep; **S~hang** *m* steep slope; **S~pass▲** *m* (*SPORT*) through ball.

Stein [ʃtaɪn] (-(e)s, -e) *m* stone; (*in Uhr*) jewel; **mir fällt ein** ~ **vom Herzen!** (*fig*) that's a load off my mind!; **bei jdm einen** ~ **im Brett haben** (*fig: umg*) to be well in with sb; **jdm**

~**e in den Weg legen** to make things difficult for sb; ~**adler** m golden eagle; **s~alt** adj ancient; ~**bock** m (ASTROL) Capricorn; ~**bruch** m quarry.

steinern adj (made of) stone; (fig) stony.

Stein- zW: ~**erweichen** nt: **zum** ~**erweichen weinen** to cry heartbreakingly; ~**garten** m rockery; ~**gut** nt stoneware; **s~hart** adj hard as stone.

steinig adj stony.

steinigen vt to stone.

Stein- zW: ~**kohle** f mineral coal; ~**metz** (-es, -e) m stonemason; **s~reich** (umg) adj stinking rich; ~**schlag** m: „**Achtung** ~**schlag**" "danger - falling stones"; ~**wurf** m (fig) stone's throw; ~**zeit** f Stone Age.

Steiß [ʃtaɪs] (-es, -e) m rump; ~**bein** nt (ANAT) coccyx.

Stelle [ʃtɛlə] (-, -n) f place; (Arbeit) post, job; (Amt) office; (Abschnitt) passage; (Text~, bes beim Zitieren) reference; **drei** ~**n hinter dem Komma** (MATH) three decimal places; **eine freie** od **offene** ~ a vacancy; **an dieser** ~ in this place, here; **an anderer** ~ elsewhere; **nicht von der** ~ **kommen** not to make any progress; **auf der** ~ (fig: sofort) on the spot; siehe auch **anstelle**.

stellen vt to put; (Uhr etc) to set; (zur Verfügung ~) to supply; (fassen: Dieb) to apprehend; (Antrag, Forderung) to make; (Aufnahme) to pose; (arrangieren: Szene) to arrange ♦ vr (sich auf~) to stand; (sich einfinden) to present o.s.; (bei Polizei) to give o.s. up; (vorgeben) to pretend (to be); **das Radio lauter/leiser** ~ to turn the radio up/down; **auf sich** akk **selbst gestellt sein** (fig) to have to fend for o.s.; **sich hinter jdn/etw** ~ (fig) to support sb/sth; **sich einer Herausforderung** ~ to take up a challenge; **sich zu etw** ~ to have an opinion of sth.

Stellen- zW: ~**angebot** nt offer of a post; (in Zeitung): „~**angebote**" "vacancies"; ~**anzeige** f job advertisement od ad (umg); ~**gesuch** nt application for a post; „~**gesuche**" "situations wanted"; ~**markt** m job market; (in Zeitung) appointments section; ~**nachweis** m employment agency; ~**vermittlung** f employment agency; **s~weise** adv in places; ~**wert** m (fig) status.

Stellung f position; (MIL) line; ~ **nehmen zu** to comment on.

Stellungnahme f comment.

stellungslos adj unemployed.

stellv. abk = **stellvertretend**.

Stell- zW: **s~vertretend** adj deputy attrib, acting attrib; ~**vertreter** m (von Amts wegen) deputy, representative; ~**werk** nt (EISENB) signal box.

Stelze [ʃtɛltsə] (-, -n) f stilt.

stelzen (umg) vi to stalk.

Stemmbogen m (SKI) stem turn.

Stemmeisen nt crowbar.

stemmen [ʃtɛmən] vt to lift (up); (drücken) to press; **sich** ~ **gegen** (fig) to resist, oppose.

Stempel [ʃtɛmpəl] (-s, -) m stamp; (Post~) postmark; (TECH: Präge~) die; (BOT) pistil; ~**gebühr** f stamp duty; ~**kissen** nt inkpad.

stempeln vt to stamp; (Briefmarke) to cancel ♦ vi (umg: Stempeluhr betätigen) to clock in/out; ~ **gehen** (umg) to be od go on the dole (BRIT) od on welfare (US).

Stengel △ [ʃtɛŋəl] (-s, -) m siehe **Stängel**.

Steno [ʃteno] (umg) f shorthand; ~**gramm** [-'gram] nt text in shorthand; ~**graf(in)** ▲ [-gra:f(ɪn)] m(f) (im Büro) shorthand secretary; ~**grafie** ▲ [-gra'fi:] f shorthand; **s~grafieren** ▲ [-gra'fi:rən] vt, vi to write (in) shorthand; ~**typist(in)** [-ty'pɪst(ɪn)] m(f) shorthand typist (BRIT), stenographer (US).

Steppdecke f quilt.

Steppe (-, -n) f steppe.

steppen [ʃtɛpən] vt to stitch ♦ vi to tap-dance.

Stepptanz ▲ m tap-dance.

Sterbe- zW: ~**bett** nt deathbed; ~**fall** m death; ~**hilfe** f euthanasia; ~**kasse** f death benefit fund.

sterben [ʃtɛrbən] unreg vi to die; **an einer Krankheit/Verletzung** ~ to die of an illness/from an injury; **er ist für mich gestorben** (fig: umg) he might as well be dead.

Sterben nt: **im** ~ **liegen** to be dying.

sterbenslangweilig (umg) adj deadly boring.

Sterbenswörtchen (umg) nt: **er hat kein** ~ **gesagt** he didn't say a word.

Sterbeurkunde f death certificate.

sterblich [ʃtɛrplɪç] adj mortal; **S~keit** f mortality; **S~keitsziffer** f death rate.

stereo- [ʃteːreo] in zW stereo(-); **S~anlage** f stereo unit; ~**typ** adj stereotyped.

steril [ʃteˈriːl] adj sterile.

sterilisieren [ʃterili'ziːrən] vt to sterilize.

Sterilisierung f sterilization.

Stern [ʃtɛrn] (-(e)s, -e) m star; **das steht (noch) in den** ~**en** (fig) it's in the lap of the gods; ~**bild** nt constellation; ~**chen** nt asterisk; ~**enbanner** nt Stars and Stripes sing; **s~hagelvoll** (umg) adj legless; ~**schnuppe** (-, -n) f meteor, falling star; ~**stunde** f historic moment; ~**warte** f observatory; ~**zeichen** nt (ASTROL) sign of the zodiac.

stet [ʃteːt] adj steady.

Stethoskop [ʃteto'skoːp] (-(e)s, -e) nt stethoscope.

stetig adj constant, continual; (MATH: Funktion) continuous.

stets adv continually, always.

Steuer[1] [ʃtɔʏər] (-s, -) nt (NAUT) helm; (~ruder) rudder; (AUT) steering wheel; **am** ~ **sitzen** (AUT) to be at the wheel; (AVIAT) to be at the controls.

Steuer² (-, -n) *f* tax.
Steuer- *zW:* ~**befreiung** *f* tax exemption;
s~begünstigt *adj* (*Investitionen, Hypothek*)
tax-deductible; (*Waren*) taxed at a lower
rate; ~**berater(in)** *m(f)* tax consultant;
~**bescheid** *m* tax assessment; ~**bord** *nt*
starboard; ~**erhöhung** *f* tax increase;
~**erklärung** *f* tax return; **s~frei** *adj* tax-free;
~**freibetrag** *m* tax allowance;
~**hinterziehung** *f* tax evasion; ~**jahr** *nt* fiscal
od tax year; ~**karte** *f* tax notice; ~**klasse** *f*
tax group; ~**knüppel** *m* control column;
(*AVIAT, COMPUT*) joystick; **s~lich** *adj* tax
attrib; ~**mann** (-(e)s, *pl* -**männer** *od* -**leute**) *m*
helmsman.
steuern *vt* to steer; (*Flugzeug*) to pilot;
(*Entwicklung, Tonstärke*) to control ♦ *vi* to
steer; (*in Flugzeug etc*) to be at the controls;
(*bei Entwicklung etc*) to be in control.
Steuer- *zW:* ~**nummer** *f* ≈ National Insurance
Number (*BRIT*), Social Security Number
(*US*); ~**paradies** *nt* tax haven; **s~pflichtig** *adj*
taxable; (*Person*) liable to pay tax;
~**progression** *f* progressive taxation;
~**prüfung** *f* tax inspector's investigation;
~**rad** *nt* steering wheel; ~**rückvergütung** *f*
tax rebate; ~**senkung** *f* tax cut.
Steuerung *f* steering (*auch AUT*), piloting;
control; (*Vorrichtung*) controls *pl;*
automatische ~ (*AVIAT*) autopilot; (*TECH*)
automatic steering (device).
Steuer- *zW:* ~**vergünstigung** *f* tax relief;
~**zahler** *m* taxpayer; ~**zuschlag** *m* additional
tax.
Steward ['stjuːɐt] (-s, -s) *m* steward.
Stewardess▲ ['stjuːɐdɛs] (-, -en) *f*
stewardess.
StGB (-s) *nt abk* = **Strafgesetzbuch**.
stibitzen [ʃtiˈbɪtsən] (*umg*) *vt* to pilfer, pinch
(*umg*).
Stich [ʃtɪç] (-(e)s, -e) *m* (*Insekten~*) sting;
(*Messer~*) stab; (*beim Nähen*) stitch;
(*Färbung*) tinge; (*KARTEN*) trick; (*ART*)
engraving; (*fig*) pang; **ein** ~ **ins Rote** a tinge
of red; **einen** ~ **haben** (*umg: Esswaren*) to be
bad *od* off (*BRIT*); (: *Mensch: verrückt sein*) to
be nuts; **jdn im** ~ **lassen** to leave sb in the
lurch.
Stichel (-s, -) *m* engraving tool, style.
Stichelei [ʃtɪçəˈlaɪ] *f* jibe, taunt.
sticheln *vi* (*fig*) to jibe; (*pej: umg*) to make
snide remarks.
Stich- *zW:* ~**flamme** *f* tongue of flame;
s~haltig *adj* valid; (*Beweis*) conclusive;
~**probe** *f* spot check.
sticht [ʃtɪçt] *vb siehe* **stechen**.
Stichtag *m* qualifying date.
Stichwahl *f* final ballot.
Stichwort *nt* (*pl* -**worte**) cue; (: *für Vortrag*)
note; (*pl* -**wörter**) (*in Wörterbuch*) headword;

~**katalog** *m* classified catalogue (*BRIT*) *od*
catalog (*US*); ~**verzeichnis** *nt* index.
Stichwunde *f* stab wound.
sticken ['ʃtɪkən] *vt, vi* to embroider.
Stickerei [ʃtɪkəˈraɪ] *f* embroidery.
stickig *adj* stuffy, close.
Stickstoff (-(e)s) *m* nitrogen.
stieben ['ʃtiːbən] *vi* (*geh: sprühen*) to fly.
Stief- [ˈʃtiːf] *in zW* step-.
Stiefel [ˈʃtiːfəl] (-s, -) *m* boot; (*Trinkgefäß*)
large boot-shaped beer glass.
Stief- *zW:* ~**kind** *nt* stepchild; (*fig*) Cinderella;
~**mutter** *f* stepmother; ~**mütterchen** *nt*
pansy; **s~mütterlich** *adj* (*fig*): **jdn/etw**
s~mütterlich behandeln to pay little
attention to sb/sth; ~**vater** *m* stepfather.
stieg *etc* [ʃtiːk] *vb siehe* **steigen**.
Stiege [ˈʃtiːgə] (-, -n) *f* staircase.
Stieglitz [ˈʃtiːglɪts] (-es, -e) *m* goldfinch.
stiehlt [ʃtiːlt] *vb siehe* **stehlen**.
Stiel [ʃtiːl] (-(e)s, -e) *m* handle; (*BOT*) stalk.
Stielaugen *pl* (*fig: umg*): **er machte** ~ his eyes
(nearly) popped out of his head.
Stier (-(e)s, -e) *m* bull; (*ASTROL*) Taurus.
stier [ʃtiːr] *adj* staring, fixed.
stieren *vi* to stare.
Stierkampf *m* bullfight.
stieß *etc* [ʃtiːs] *vb siehe* **stoßen**.
Stift [ʃtɪft] (-(e)s, -e) *m* peg; (*Nagel*) tack;
(*Bunt~*) crayon; (*Blei~*) pencil; (*umg:*
Lehrling) apprentice (boy).
stiften *vt* to found; (*Unruhe*) to cause;
(*spenden*) to contribute; ~ **gehen** to hop it.
Stifter(in) (-s, -) *m(f)* founder.
Stiftung *f* donation; (*Organisation*) foundation.
Stiftzahn *m* post crown.
Stil [ʃtiːl] (-(e)s, -e) *m* style; (*Eigenart*) way,
manner; ~**blüte** *f* howler; ~**bruch** *m* stylistic
incongruity.
stilistisch [ʃtiˈlɪstɪʃ] *adj* stylistic.
still [ʃtɪl] *adj* quiet; (*unbewegt*) still; (*heimlich*)
secret; **ich dachte mir im S~en** I thought to
myself; **er ist ein ~es Wasser** he's a deep
one; ~**er Teilhaber** (*COMM*) sleeping (*BRIT*)
od silent (*US*) partner; **der S~e Ozean** the
Pacific (Ocean); ~ **stehen** (*unbewegt*) to
stand still.
Stille (-, -n) *f* quietness; stillness; **in aller** ~
quietly.
Stilleben△ *nt siehe* **Stillleben**.
Stillegung△ *f siehe* **Stilllegung**.
stillen *vt* to stop; (*befriedigen*) to satisfy;
(*Säugling*) to breast-feed.
still- *zW:* ~**gestanden** *interj* attention!;
S~halteabkommen *nt* (*FIN, fig*) moratorium;
~**halten** *unreg vi* to keep still; **S~leben▲** *nt*
still life; ~**legen▲** *vt* to close down;
S~legung▲ *f* (*Betrieb*) shut-down, closure;
~**liegen▲** *unreg vi* (*außer Betrieb sein*) to be
shut down; (*lahm gelegt sein*) to be at a

standstill; **S~schweigen** *nt* silence;
~schweigen *unreg vi* to be silent;
~schweigend *ad* silent; (*Einverständnis*) tacit
♦ *adv* silently; tacitly; **S~stand** *m* standstill;
~stehen *unreg vi* to stand still.
Stilmöbel *pl* reproduction *od* (*antik*) period
furniture *sing*.
stilvoll *adj* stylish.
Stimm- *zW*: **~abgabe** *f* voting; **~bänder** *pl*
vocal cords *pl*; **s~berechtigt** *adj* entitled to
vote; **~bruch** *m*: **er ist im ~bruch** his voice is
breaking.
Stimme ['ʃtɪmə] (-, **-n**) *f* voice; (*Wahl~*) vote;
(*MUS: Rolle*) part; **mit leiser/lauter ~** in a
soft/loud voice; **seine ~ abgeben** to vote.
stimmen *vi* (*richtig sein*) to be right; (*wählen*)
to vote ♦ *vt* (*Instrument*) to tune; **stimmt so!**
that's all right; **für/gegen etw ~** to vote for/
against sth; **jdn traurig ~** to make sb feel
sad.
Stimmen- *zW*: **~gewirr** *nt* babble of voices;
~gleichheit *f* tied vote; **~mehrheit** *f* majority
(of votes).
Stimm- *zW*: **~enthaltung** *f* abstention; **~gabel**
f tuning fork; **s~haft** *adj* voiced.
stimmig *adj* harmonious.
Stimm- *zW*: **s~los** *adj* (*LING*) unvoiced; **~recht**
nt right to vote; **s~rechtslos** *adj*:
s~rechtslose Aktien "A" shares.
Stimmung *f* mood; (*Atmosphäre*)
atmosphere; (*Moral*) morale; **in ~ kommen**
to liven up; **~ gegen/für jdn/etw machen** to
stir up (public) opinion against/in favour of
sb/sth.
Stimmungs- *zW*: **~kanone** (*umg*) *f* life and
soul of the party; **~mache** (*pej*) *f* cheap
propaganda; **s~voll** *adj* (*Atmosphäre*)
enjoyable; (*Gedicht*) full of atmosphere.
Stimmzettel *m* ballot paper.
stinken ['ʃtɪŋkən] *unreg vi* to stink; **die Sache
stinkt mir** (*umg*) I'm fed-up to the back
teeth (with it).
Stink- *zW*: **s~faul** (*umg*) *adj* bone-lazy;
s~langweilig (*umg*) *adj* deadly boring; **~tier**
nt skunk; **~wut** (*umg*) *f*: **eine ~wut (auf jdn)
haben** to be livid (with sb).
Stipendium [ʃti'pɛndiʊm] *nt* grant; (*als
Auszeichnung*) scholarship.
Stippvisite ['ʃtɪpvi'ziːtə] (*umg*) *f* flying visit.
stirbt [ʃtɪrpt] *vb siehe* **sterben**.
Stirn [ʃtɪrn] (-, **-en**) *f* forehead, brow;
(*Frechheit*) impudence; **die ~ haben zu ... to**
have the nerve to ...; **~band** *nt* headband;
~höhle *f* sinus; **~runzeln** (-**s**) *nt* frown.
stob *etc* [ʃtoːp] *vb siehe* **stieben**.
stöbern ['ʃtøːbərn] *vi* to rummage.
stochern ['ʃtɔxərn] *vi* to poke (about).
Stock¹ [ʃtɔk] (-(**e)s**, **¨e**) *m* stick; (*Rohr~*) cane;
(*Zeige~*) pointer; (*BOT*) stock; **über ~ und
Stein** up hill and down dale.

Stock² [ʃtɔk] (-(**e)s**, - *od* **-werke**) *m* storey
(*BRIT*), story (*US*); **im ersten ~** on the first
(*BRIT*) *od* second (*US*) floor.
stock- *in zW* (*vor adj: umg*) completely.
Stöckelschuh ['ʃtœkəlʃuː] *m* stiletto-heeled
shoe.
stocken *vi* to stop, pause; (*Arbeit, Entwicklung*)
to make no progress; (*im Satz*) to break off;
(*Verkehr*) to be held up.
stockend *adj* halting.
stockfinster (*umg*) *adj* pitch-dark.
Stockholm ['ʃtɔkhɔlm] (-**s**) *nt* Stockholm.
stocksauer (*umg*) *adj* pissed-off (*!*).
stocktaub *adj* stone-deaf.
Stockung *f* stoppage.
Stockwerk *nt* storey (*BRIT*), story (*US*), floor.
Stoff [ʃtɔf] (-(**e)s**, **-e**) *m* (*Gewebe*) material,
cloth; (*Materie*) matter; (*von Buch etc*)
subject (matter); (*umg: Rauschgift*) dope.
Stoffel (-**s**, -) (*pej: umg*) *m* lout, boor.
Stoff- *zW*: **s~lich** *adj* with regard to subject
matter; **~rest** *m* remnant; **~tier** *nt* soft toy;
~wechsel *m* metabolism.
stöhnen ['ʃtøːnən] *vi* to groan.
stoisch ['ʃtoːɪʃ] *adj* stoical.
Stola ['ʃtoːla] (-, **Stolen**) *f* stole.
Stollen ['ʃtɔlən] (-**s**, -) *m* (*MIN*) gallery; (*KOCH*)
stollen, *cake eaten at Christmas*; (*von
Schuhen*) stud.
stolpern ['ʃtɔlpərn] *vi* to stumble, trip; (*fig: zu
Fall kommen*) to come a cropper (*umg*).
stolz [ʃtɔlts] *adj* proud; (*imposant: Bauwerk*)
majestic; (*ironisch: Preis*) princely; **S~** (-**es**)
m pride.
stolzieren [ʃtɔl'tsiːrən] *vi* to strut.
stopfen ['ʃtɔpfən] *vt* (*hinein~*) to stuff; (*voll ~*)
to fill (up); (*nähen*) to darn ♦ *vi* (*MED*) to
cause constipation; **jdm das Maul ~** (*umg*)
to silence sb.
Stopfgarn *nt* darning thread.
Stopp [ʃtɔp] (-**s**, -**s**) *m* stop, halt; (*Lohn~*)
freeze.
Stoppel ['ʃtɔpəl] (-, **-n**) *f* stubble.
stoppen *vt* to stop; (*mit Uhr*) to time ♦ *vi* to
stop.
Stoppschild *nt* stop sign.
Stoppuhr *f* stopwatch.
Stöpsel ['ʃtœpsəl] (-**s**, -) *m* plug; (*für Flaschen*)
stopper.
Stör [ʃtøːr] (-(**e)s**, **-e**) *m* sturgeon.
Störaktion *f* disruptive action.
störanfällig *adj* susceptible to interference
od breakdown.
Storch [ʃtɔrç] (-(**e)s**, **¨e**) *m* stork.
Store [ʃtoːr] (-**s**, -**s**) *m* net curtain.
stören ['ʃtøːrən] *vt* to disturb; (*behindern,
RUNDF*) to interfere with ♦ *vr*: **sich an etw**
dat **~** to let sth bother one ♦ *vi* to get in the
way; **was mich an ihm/daran stört** what I
don't like about him/it; **stört es Sie, wenn**

ich rauche? do you mind if I smoke?; **ich möchte nicht** ~ I don't want to be in the way.

störend adj disturbing, annoying.

Störenfried (-(e)s, -e) m troublemaker.

Störfall m (in Kraftwerk etc) malfunction, accident.

stornieren [ʃtɔr'niːrən] vt (COMM: Auftrag) to cancel; (: Buchungsfehler) to reverse.

Storno ['ʃtɔrno] (-s) m od nt (COMM: von Buchungsfehler) reversal; (: von Auftrag) cancellation (BRIT), cancelation (US).

störrisch ['ʃtœrɪʃ] adj stubborn, perverse.

Störsender m jammer, jamming transmitter.

Störung f disturbance; interference; (TECH) fault; (MED) disorder.

Störungsstelle f (TEL) faults service.

Stoß [ʃtoːs] (-es, ⁻e) m (Schub) push; (leicht) poke; (Schlag) blow; (mit Schwert) thrust; (mit Ellbogen) nudge; (mit Fuß) kick; (Erd~) shock; (Haufen) pile; **seinem Herzen einen** ~ **geben** to pluck up courage; ~**dämpfer** m shock absorber.

Stößel ['ʃtøːsəl] (-s, -) m pestle; (AUT: Ventil~) tappet.

stoßen unreg vt (mit Druck) to shove, push; (mit Schlag) to knock, bump; (mit Ellbogen) to nudge; (mit Fuß) to kick; (mit Schwert) to thrust; (an~: Kopf etc) to bump; (zerkleinern) to pulverize ♦ vr to get a knock ♦ vi: ~ **an** od **auf** +akk to bump into; (finden) to come across; (angrenzen) to be next to; **sich** ~ **an** +dat (fig) to take exception to; **zu jdm** ~ to meet up with sb.

Stoßgebet nt quick prayer.

Stoßstange f (AUT) bumper.

stößt [ʃtøːst] vb siehe **stoßen**.

Stoß- zW: ~**verkehr** m rush-hour traffic; ~**zahn** m tusk; ~**zeit** f (im Verkehr) rush hour; (in Geschäft etc) peak period.

Stotterer (-s, -) m stutterer.

Stotterin f stutterer.

stottern ['ʃtɔtərn] vt, vi to stutter.

Stövchen ['ʃtøːfçən] nt (teapot- etc) warmer.

StPO abk = **Strafprozessordnung**.

Str. abk (= Straße) St.

stracks [ʃtraks] adv straight.

Straf- zW: ~**anstalt** f penal institution; ~**arbeit** f (SCH) lines pl, punishment exercise; ~**bank** f (SPORT) penalty bench; **s**~**bar** adj punishable; **sich s**~**bar machen** to commit an offence (BRIT) od offense (US); ~**barkeit** f criminal nature.

Strafe ['ʃtraːfə] (-, -n) f punishment; (JUR) penalty; (Gefängnis~) sentence; (Geld~) fine; ... **bei** ~ **verboten** ... forbidden; **100 Dollar** ~ **zahlen** to pay a $100 fine; **er hat seine** ~ **weg** (umg) he's had his punishment.

strafen vt, vi to punish; **mit etw gestraft sein** to be cursed with sth.

strafend adj attrib punitive; (Blick) reproachful.

straff [ʃtraf] adj tight; (streng) strict; (Stil etc) concise; (Haltung) erect.

straffällig ['ʃtraːffɛlɪç] adj: ~ **werden** to commit a criminal offence (BRIT) od offense (US).

straffen vt to tighten.

Straf- zW: **s**~**frei** adj: **s**~**frei ausgehen** to go unpunished; ~**gefangene(r)** f(m) prisoner, convict; ~**gesetzbuch** nt penal code; ~**kolonie** f penal colony.

sträflich ['ʃtrɛːflɪç] adj criminal ♦ adv (vernachlässigen etc) criminally.

Sträfling m convict.

Straf- zW: ~**mandat** nt ticket; ~**maß** nt sentence; **s**~**mildernd** adj mitigating; ~**porto** nt excess postage (charge); ~**predigt** f severe lecture; ~**prozessordnung** ▲ f code of criminal procedure; ~**raum** m (SPORT) penalty area; ~**recht** nt criminal law; **s**~**rechtlich** adj criminal; ~**stoß** m (SPORT) penalty (kick); ~**tat** f punishable act; **s**~**versetzen** vt untr (Beamte) to transfer for disciplinary reasons; ~**vollzug** m penal system; ~**zettel** (umg) m ticket.

Strahl [ʃtraːl] (-(e)s, -en) m ray, beam; (Wasser~) jet.

strahlen vi (Kernreaktor) to radiate; (Sonne, Licht) to shine; (fig) to beam.

Strahlenbehandlung f radiotherapy.

Strahlenbelastung f (effects of) radiation.

strahlend adj (Wetter) glorious; (Lächeln, Schönheit) radiant.

Strahlen- zW: ~**dosis** f radiation dose; **s**~**geschädigt** adj suffering from radiation damage; ~**opfer** nt victim of radiation; ~**schutz** m radiation protection; ~**therapie** f radiotherapy.

Strahlung f radiation.

Strähnchen ['ʃtrɛːnçən] pl strands (of hair); (gefärbt) highlights.

Strähne ['ʃtrɛːnə] (-, -n) f strand.

strähnig adj (Haar) straggly.

stramm [ʃtram] adj tight; (Haltung) erect; (Mensch) robust; ~**stehen** unreg vi (MIL) to stand to attention.

Strampelhöschen nt rompers pl.

strampeln ['ʃtrampəln] vi to kick (about), fidget.

Strand [ʃtrant] (-(e)s, ⁻e) m shore; (Meeres~) beach; **am** ~ on the beach; ~**bad** nt open-air swimming pool; (Badeort) bathing resort.

stranden ['ʃtrandən] vi to run aground; (fig: Mensch) to fail.

Strandgut nt flotsam and jetsam.

Strandkorb m beach chair.

Strang [ʃtraŋ] (-(e)s, ⁻e) m (Nerven~, Muskel~) cord; (Schienen~) track; **über die Stränge**

schlagen to run riot (*umg*); **an einem ~ ziehen** (*fig*) to act in concert.

strangulieren [ʃtraŋgu'liːrən] *vt* to strangle.

Strapaze [ʃtra'paːtsə] (**-**, **-n**) *f* strain.

strapazieren [ʃtrapa'tsiːrən] *vt* (*Material*) to be hard on, punish; (*jdn*) to be a strain on; (*erschöpfen*) to wear out, exhaust.

strapazierfähig *adj* hard-wearing.

strapaziös [ʃtrapatsi'øːs] *adj* exhausting, tough.

Straßburg ['ʃtraːsburk] (**-s**) *nt* Strasbourg.

Straße ['ʃtraːsə] (**-**, **-n**) *f* road; (*in Stadt, Dorf*) street; **auf der ~** in the street; **auf der ~ liegen** (*fig: umg*) to be out of work; **auf die ~ gesetzt werden** (*umg*) to be turned out (onto the streets).

Straßen- *zW*: **~bahn** *f* tram (*BRIT*), streetcar (*US*); **~bauarbeiten** *pl* roadworks *pl* (*BRIT*), roadwork *sing* (*US*); **~beleuchtung** *f* street lighting; **~feger** (**-s**, **-**) *m* roadsweeper; **~glätte** *f* slippery road surface; **~junge** (*pej*) *m* street urchin; **~karte** *f* road map; **~kehrer** (**-s**, **-**) *m* roadsweeper; **~kind** *nt* child of the streets; **~kreuzer** (*umg*) *m* limousine; **~mädchen** *nt* streetwalker; **~rand** *m* road side; **~sperre** *f* roadblock; **~überführung** *f* footbridge; **~verkehr** *m* road traffic; **~verkehrsordnung** *f* Highway Code (*BRIT*); **~zustandsbericht** *m* road report.

Stratege [ʃtra'teːgə] (**-n**, **-n**) *m* strategist.

Strategie [ʃtrate'giː] *f* strategy.

strategisch *adj* strategic.

sträuben ['ʃtrɔybən] *vt* to ruffle ♦ *vr* to bristle; (*Mensch*): **sich (gegen etw) ~** to resist (sth).

Strauch [ʃtraux] (**-(e)s, Sträucher**) *m* bush, shrub.

straucheln ['ʃtrauxəln] *vi* to stumble, stagger.

Strauß¹ [ʃtraus] (**-es, Sträuße**) *m* (*Blumen~*) bouquet, bunch.

Strauß² [ʃtraus] (**-es, -e**) *m* ostrich.

Strebe ['ʃtreːbə] (**-**, **-n**) *f* strut.

Strebebalken *m* buttress.

streben *vi* to strive, endeavour (*BRIT*), endeavor (*US*); **~ nach** to strive for; **~ zu** *od* **nach** (*sich bewegen*) to make for.

Strebepfeiler *m* buttress.

Streber (**-s, -**) *m* (*pej*) pushy person; (*SCH*) swot (*BRIT*).

strebsam *adj* industrious; **S~keit** *f* industry.

Strecke ['ʃtrɛkə] (**-**, **-n**) *f* stretch; (*Entfernung*) distance; (*EISENB, MATH*) line; **auf der ~ Paris-Brüssel** on the way from Paris to Brussels; **auf der ~ bleiben** (*fig*) to fall by the wayside; **zur ~ bringen** (*Jagd*) to bag.

strecken *vt* to stretch; (*Waffen*) to lay down; (*KOCH*) to eke out ♦ *vr* to stretch (o.s.).

streckenweise *adv* in parts.

Streich [ʃtraiç] (**-(e)s, -e**) *m* trick, prank; (*Hieb*) blow; **jdm einen ~ spielen** (*Person*) to

play a trick on sb.

streicheln *vt* to stroke.

streichen *unreg vt* (*berühren*) to stroke; (*auftragen*) to spread; (*anmalen*) to paint; (*durch~*) to delete; (*nicht genehmigen*) to cancel; (*Schulden*) to write off; (*Zuschuss etc*) to cut ♦ *vi* (*berühren*) to brush past; (*schleichen*) to prowl; **etw glatt ~** to smooth sth (out).

Streicher *pl* (*MUS*) strings *pl*.

Streich- *zW*: **~holz** *nt* match; **~holzschachtel** *f* matchbox; **~instrument** *nt* string(ed) instrument; **~käse** *m* cheese spread.

Streifband *nt* wrapper; **~zeitung** *f* newspaper sent at printed paper rate.

Streife (**-**, **-n**) *f* patrol.

streifen ['ʃtraifən] *vt* (*leicht berühren*) to brush against, graze; (*Blick*) to skim over; (*Thema, Problem*) to touch on; (*ab~*) to take off ♦ *vi* (*gehen*) to roam.

Streifen (**-s, -**) *m* (*Linie*) stripe; (*Stück*) strip; (*Film*) film.

Streifendienst *m* patrol duty.

Streifenwagen *m* patrol car.

Streifschuss▲ *m* graze, grazing shot.

Streifzug *m* scouting trip; (*Bummel*) expedition; (*fig: kurzer Überblick*): **~ (durch)** brief survey (of).

Streik [ʃtraik] (**-(e)s, -s**) *m* strike; **in den ~ treten** to come out on strike, strike; **~brecher** *m* blackleg (*BRIT*), strikebreaker; **s~en** *vi* to strike; **der Computer s~t** the computer's packed up (*umg*), the computer's on the blink (*umg*); **da s~e ich** (*umg*) I refuse!; **~kasse** *f* strike fund; **~maßnahmen** *pl* industrial action *sing*; **~posten** *m* (peaceful) picket.

Streit [ʃtrait] (**-(e)s, -e**) *m* argument; (*Auseinandersetzung*) dispute.

streiten *unreg vi, vr* to argue; to dispute; **darüber lässt sich ~** that's debatable.

Streitfrage *f* point at issue.

Streitgespräch *nt* debate.

streitig *adj*: **jdm etw ~ machen** to dispute sb's right to sth; **S~keiten** *pl* quarrel *sing*, dispute *sing*.

Streit- *zW*: **~kräfte** *pl* (*MIL*) armed forces *pl*; **s~lustig** *adj* quarrelsome; **~punkt** *m* contentious issue; **~sucht** *f* quarrelsomeness.

streng [ʃtrɛŋ] *adj* severe; (*Lehrer, Maßnahme*) strict; (*Geruch etc*) sharp; **~ geheim** top-secret; **~ genommen** strictly speaking; **~ verboten!** strictly prohibited.

Strenge (**-**) *f* severity; strictness; sharpness.

strenggläubig▲ *adj* strict.

strengstens *adv* strictly.

Stress▲ [ʃtrɛs] (**-es, -e**) *m* stress.

stressen *vt* to put under stress.

stressfrei▲ *adj* without stress.

stressig *adj* stressful.
Streu [ʃtrɔy] (-, -en) *f* litter, bed of straw.
streuen *vt* to strew, scatter, spread ♦ *vi* (*mit Streupulver*) to grit; (*mit Salz*) to put down salt.
Streuer (-s, -) *m* shaker; (*Salz~*) cellar; (*Pfeffer~*) pot.
Streufahrzeug *nt* gritter (*BRIT*), sander.
streunen *vi* to roam about; (*Hund, Katze*) to stray.
Streupulver (-s) *nt* grit *od* sand for road.
Streuselkuchen ['ʃtrɔyzəlkuːxən] *m cake with crumble topping.*
Streuung *f* dispersion; (*Statistik*) mean variation; (*PHYS*) scattering.
Strich (-(e)s, -e) *m* (*Linie*) line; (*Feder~, Pinsel~*) stroke; (*von Geweben*) nap; (*von Fell*) pile; (*Quer~*) dash; (*Schräg~*) oblique, slash (*bes US*); **einen ~ machen durch** (*lit*) to cross out; (*fig*) to foil; **jdm einen ~ durch die Rechnung machen** to thwart *od* foil sb's plans; **einen ~ unter etw** *akk* **machen** (*fig*) to forget sth; **nach ~ und Faden** (*umg*) good and proper; **auf den ~ gehen** (*umg*) to walk the streets; **jdm gegen den ~ gehen** to rub sb up the wrong way.
strich *etc* [ʃtrɪç] *vb siehe* **streichen**.
Strichcode *m* = **Strichkode.**
Stricheinteilung *f* calibration.
stricheln ['ʃtrɪçəln] *vt:* **eine gestrichelte Linie** a broken line.
Strich- *zW:* **~junge** (*umg*) *m* male prostitute; **~kode** *m* bar code (*BRIT*), universal product code (*US*); **~mädchen** *nt* streetwalker; **~punkt** *m* semicolon; **s~weise** *adv* here and there; **s~weise Regen** (*MET*) rain in places.
Strick [ʃtrɪk] (-(e)s, -e) *m* rope; **jdm aus etw einen ~ drehen** to use sth against sb.
stricken *vt, vi* to knit.
Strick- *zW:* **~jacke** *f* cardigan; **~leiter** *f* rope ladder; **~nadel** *f* knitting needle; **~waren** *pl* knitwear *sing*.
striegeln ['ʃtriːgəln] (*umg*) *vr* to spruce o.s. up.
Strieme ['ʃtriːmə] (-, -n) *f* weal.
strikt [strɪkt] *adj* strict.
Strippe ['ʃtrɪpə] (-, -n) *f* (*TEL: umg*): **jdn an der ~ haben** to have sb on the line.
Stripper(in) (-s, -) *m(f)* stripper.
stritt *etc* [ʃtrɪt] *vb siehe* **streiten**.
strittig ['ʃtrɪtɪç] *adj* disputed, in dispute.
Stroh [ʃtroː] (-(e)s) *nt* straw; **~blume** *f* everlasting flower; **~dach** *nt* thatched roof; **s~dumm** (*umg*) *adj* thick; **~feuer** *nt:* **ein ~feuer sein** (*fig*) to be a passing fancy; **~halm** *m* (drinking) straw; **~mann** (-(e)s, *pl* **-männer**) *m* (*COMM*) dummy; **~witwe** *f* grass widow; **~witwer** *m* grass widower.
Strolch [ʃtrɔlç] (-(e)s, -e) (*pej*) *m* rogue, rascal.
Strom [ʃtroːm] (-(e)s, ⁻e) *m* river; (*fig*) stream;

(*ELEK*) current; **unter ~ stehen** (*ELEK*) to be live; (*fig*) to be excited; **der Wein floss in Strömen** the wine flowed like water; **in Strömen regnen** to be pouring with rain; **s~abwärts** *adv* downstream; **~anschluss▲** *m:* **~anschluss haben** to be connected to the electricity mains; **s~aufwärts** *adv* upstream; **~ausfall** *m* power failure.
strömen ['ʃtrøːmən] *vi* to stream, pour.
Strom- *zW:* **~kabel** *nt* electric cable; **~kreis** *m* (electrical) circuit; **s~linienförmig** *adj* streamlined; **~netz** *nt* power supply system; **~rechnung** *f* electricity bill; **~schnelle** *f* rapids *pl*; **~sperre** *f* power cut; **~stärke** *f* amperage.
Strömung ['ʃtrøːmʊŋ] *f* current.
Stromzähler *m* electricity meter.
Strophe ['ʃtroːfə] (-, -n) *f* verse.
strotzen ['ʃtrɔtsən] *vi:* **~ vor** +*dat od* **von** to abound in, be full of.
Strudel ['ʃtruːdəl] (-s, -) *m* whirlpool, vortex; (*KOCH*) strudel.
strudeln *vi* to swirl, eddy.
Struktur [ʃtrʊk'tuːr] *f* structure.
strukturell [ʃtrʊktu'rɛl] *adj* structural.
strukturieren [ʃtrʊktu'riːrən] *vt* to structure.
Strumpf [ʃtrʊmpf] (-(e)s, ⁻e) *m* stocking; **~band** *nt* garter; **~halter** *m* suspender (*BRIT*), garter (*US*); **~hose** *f* (pair of) tights *pl* (*BRIT*) *od* pantihose *pl* (*US*).
Strunk [ʃtrʊŋk] (-(e)s, ⁻e) *m* stump.
struppig ['ʃtrʊpɪç] *adj* shaggy, unkempt.
Stube ['ʃtuːbə] (-, -n) *f* room; **die gute ~** (*veraltet*) the parlour (*BRIT*) *od* parlor (*US*).
Stuben- *zW:* **~arrest** *m* confinement to one's room; (*MIL*) confinement to quarters; **~fliege** *f* (common) housefly; **~hocker** (*umg*) *m* stay-at-home; **s~rein** *adj* house-trained.
Stuck [ʃtʊk] (-(e)s) *m* stucco.
Stück [ʃtʏk] (-(e)s, -e) *nt* piece; (*etwas*) bit; (*THEAT*) play; **am ~** in one piece; **das ist ein starkes ~!** (*umg*) that's a bit much!; **große ~e auf jdn halten** to think highly of sb; **~arbeit** *f* piecework.
Stuckateur▲ [ʃtʊka'tøːr] *m* (ornamental) plasterer.
Stück- *zW:* **~gut** *nt* (*EISENB*) parcel service; **~kosten** *pl* unit cost *sing*; **~lohn** *m* piecework rates *pl*; **s~weise** *adv* bit by bit, piecemeal; (*COMM*) individually; **~werk** *nt* bits and pieces *pl*.
Student(in) [ʃtu'dɛnt(ɪn)] *m(f)* student.
Studenten- *zW:* **~ausweis** *m* student card; **~futter** *nt* nuts and raisins *pl*; **~werk** *nt* student administration; **~wohnheim** *nt* hall of residence (*BRIT*), dormitory (*US*).
studentisch *adj* student *attrib.*
Studie ['ʃtuːdiə] *f* study.
Studien- *zW:* **~beratung** *f* course guidance service; **~buch** *nt* (*UNIV*) book in which the

courses one has attended are entered;
~**fahrt** f study trip; ~**platz** m university
place; ~**rat** m, ~**rätin** f teacher at a
secondary (*BRIT*) od high (*US*) school.

studieren [ʃtu'diːrən] *vt, vi* to study; **bei jdm** ~
to study under sb.

Studio ['ʃtuːdio] (**-s, -s**) *nt* studio.

Studium ['ʃtuːdiʊm] *nt* studies *pl*.

Stufe ['ʃtuːfə] (**-, -n**) f step; (*Entwicklungs*~)
stage; (*Niveau*) level.

Stufen- *zW*: ~**heck** *nt* (*AUT*) notchback; ~**leiter**
f (*fig*) ladder; **s~los** *adj* (*TECH*) infinitely
variable; **s~los verstellbar** continuously
adjustable; ~**plan** m graduated plan;
~**schnitt** m (*Frisur*) layered cut; **s~weise** *adv*
gradually.

Stuhl [ʃtuːl] (**-(e)s, ̈-e**) m chair; **zwischen zwei
Stühlen sitzen** (*fig*) to fall between two
stools.

Stuhlgang m bowel movement.

Stukkateur △ [ʃtʊka'tøːr] m *siehe* **Stuckateur**.

stülpen ['ʃtʏlpən] *vt* (*bedecken*) to put; **etw
über etw** *akk* ~ to put sth over sth; **den
Kragen nach oben** ~ to turn up one's collar.

stumm [ʃtʊm] *adj* silent; (*MED*) dumb.

Stummel (**-s, -**) m stump; (*Zigaretten*~) stub.

Stummfilm m silent film (*BRIT*) od movie
(*US*).

Stümper(in) ['ʃtʏmpər(ɪn)] (**-s, -**) m(f)
incompetent, duffer; **s~haft** *adj* bungling,
incompetent.

stümpern (*umg*) *vi* to bungle.

Stumpf [ʃtʊmpf] (**-(e)s, ̈-e**) m stump; **etw mit
~ und Stiel ausrotten** to eradicate sth root
and branch.

stumpf *adj* blunt; (*teilnahmslos, glanzlos*) dull;
(*Winkel*) obtuse.

Stumpfsinn (**-(e)s**) m tediousness.

stumpfsinnig *adj* dull.

Stunde ['ʃtʊndə] (**-, -n**) f hour; (*Augenblick,
Zeitpunkt*) time; (*SCH*) lesson, period (*BRIT*);
~ **um** ~ hour after hour; **80 Kilometer in der
~** ≈ 50 miles per hour.

stunden *vt*: **jdm etw** ~ to give sb time to pay
sth.

Stunden- *zW*: ~**geschwindigkeit** f average
speed (per hour); ~**kilometer** *pl* kilometres
(*BRIT*) od kilometers (*US*) per hour; **s~lang**
adj for hours; ~**lohn** m hourly wage; ~**plan** m
timetable; **s~weise** *adv* by the hour;
(*stündlich*) every hour.

stündlich ['ʃtʏntlɪç] *adj* hourly.

Stunk [ʃtʊŋk] (**-s, no pl**) m: ~ **machen** (*umg*) to
kick up a stink.

stupide [ʃtu'piːdə] *adj* mindless.

Stups [ʃtʊps] (**-es, -e**) (*umg*) m push.

stupsen *vt* to nudge.

Stupsnase f snub nose.

stur [ʃtuːr] *adj* obstinate, stubborn; (*Nein,
Arbeiten*) dogged; **er fuhr** ~ **geradeaus** he

just carried straight on; **sich** ~ **stellen, auf**
~ **stellen** (*umg*) to dig one's heels in; **ein** ~**er
Bock** (*umg*) a pig-headed fellow.

Sturm [ʃtʊrm] (**-(e)s, ̈-e**) m storm; (*Wind*) gale;
(*MIL etc*) attack, assault; ~ **läuten** to keep
one's finger on the doorbell; **gegen etw**
~ **laufen** (*fig*) to be up in arms against sth.

stürmen ['ʃtʏrmən] *vi* (*Wind*) to blow hard, to
rage; (*rennen*) to storm ♦ *vt* (*MIL, fig*) to
storm ♦ *vi unpers*: **es stürmt** there's a gale
blowing.

Stürmer (**-s, -**) m (*SPORT*) forward.

sturmfrei *adj* (*MIL*) unassailable; **eine** ~**e
Bude** (*umg*) a room free from disturbance.

stürmisch *adj* stormy; (*fig*) tempestuous;
(*Entwicklung*) rapid; (*Liebhaber*) passionate;
(*Beifall*) tumultuous; **nicht so** ~ take it easy.

Sturm- *zW*: ~**schritt** m (*MIL, fig*): **im** ~**schritt** at
the double; ~**warnung** f gale warning;
~**wind** m gale.

Sturz [ʃtʊrts] (**-es, ̈-e**) m fall; (*POL*) overthrow;
(*in Temperatur, Preis*) drop.

stürzen ['ʃtʏrtsən] *vt* (*werfen*) to hurl; (*POL*) to
overthrow; (*umkehren*) to overturn ♦ *vr* to
rush; (*hinein*~) to plunge ♦ *vi* to fall; (*AVIAT*)
to dive; (*rennen*) to dash; **jdn ins Unglück** ~
to bring disaster upon sb; „**nicht** ~" "this
side up"; **sich auf jdn/etw** ~ to pounce on
sb/sth; **sich in Unkosten** ~ to go to great
expense.

Sturzflug m nose dive.

Sturzhelm m crash helmet.

Stuss▲ [ʃtʊs] (**-es**) (*umg*) m nonsense,
rubbish.

Stute ['ʃtuːtə] (**-, -n**) f mare.

Stuttgart ['ʃtʊtgart] (**-s**) *nt* Stuttgart.

Stützbalken m brace, joist.

Stütze ['ʃtʏtsə] (**-, -n**) f support; (*Hilfe*) help;
die ~**n der Gesellschaft** the pillars of
society.

stutzen ['ʃtʊtsən] *vt* to trim; (*Ohr, Schwanz*) to
dock; (*Flügel*) to clip ♦ *vi* to hesitate;
(*argwöhnisch werden*) to become suspicious.

stützen *vt* (*lit, fig*) to support; (*Ellbogen etc*) to
prop up ♦ *vr*: **sich auf jdn/etw** ~ (*lit*) to lean
on sb/sth; (*Beweise, Theorie*) to be based on
sb/sth.

stutzig *adj* perplexed, puzzled; (*misstrauisch*)
suspicious.

Stützmauer f supporting wall.

Stützpunkt m point of support; (*von Hebel*)
fulcrum; (*MIL, fig*) base.

Stützungskäufe *pl* (*FIN*) support buying *sing*.

StVO *abk* = **Straßenverkehrsordnung**.

stylen ['staɪlən] *vt* to style; (*Wohnung*) to
design.

Styling ['staɪlɪŋ] (**-s, no pl**) *nt* styling.

Styropor ® [ʃtyro'poːr] (**-s**) *nt* (expanded)
polystyrene.

s. u. *abk* (= *siehe unten*) see below.

Suaheli [zua'heːli] **(-(s))** *nt* Swahili.
Subjekt [zʊp'jɛkt] **(-(e)s, -e)** *nt* subject; (*pej*: *Mensch*) character (*umg*).
subjektiv [zʊpjɛk'tiːf] *adj* subjective.
Subjektivität [zʊpjɛktivi'tɛːt] *f* subjectivity.
Subkultur ['zʊpkʊltuːr] *f* subculture.
sublimieren [zubli'miːrən] *vt* (*CHEM, PSYCH*) to sublimate.
Submissionsangebot [zʊpmɪsi'oːns-|angəboːt] *nt* sealed-bid tender.
Subroutine ['zʊprutiːnə] *f* (*COMPUT*) subroutine.
Subskription [zʊpskrɪptsi'oːn] *f* subscription.
Substantiv ['zʊpstantiːf] **(-s, -e)** *nt* noun.
Substanz [zʊp'stants] *f* substance; **von der ~ zehren** to live on one's capital.
subtil [zʊp'tiːl] *adj* subtle.
subtrahieren [zʊptra'hiːrən] *vt* to subtract.
subtropisch ['zʊptro:pɪʃ] *adj* subtropical.
Subunternehmer *m* subcontractor.
Subvention [zʊpvɛntsi'oːn] *f* subsidy.
subventionieren [zʊpvɛntsio'niːrən] *vt* to subsidize.
subversiv [zʊpvɛr'ziːf] *adj* subversive.
Suchaktion *f* search.
Suchdienst *m* missing persons tracing service.
Suche **(-, -n)** *f* search.
suchen ['zuːxən] *vt* to look for, seek; (*versuchen*) to try ♦ *vi* to seek, search; **du hast hier nichts zu ~** you have no business being here; **nach Worten ~** to search for words; (*sprachlos sein*) to be at a loss for words; **such!** (*zu Hund*) seek!, find!; **~ und ersetzen** (*COMPUT*) search and replace.
Sucher **(-s, -)** *m* seeker, searcher; (*PHOT*) viewfinder.
Suchmaschine *f* (*COMPUT*) search engine.
Suchmeldung *f* missing *od* wanted person announcement.
Suchscheinwerfer *m* searchlight.
Sucht [zʊxt] **(-, ⁻e)** *f* mania; (*MED*) addiction; **~droge** *f* addictive drug; **s~erzeugend** *adj* addictive.
süchtig ['zʏçtɪç] *adj* addicted.
Süchtige(r) *f(m)* addict.
Süd- [zyːt] **(-(e)s)** *m* south; **~afrika** *nt* South Africa; **~amerika** *nt* South America.
Sudan [zu'daːn] **(-s)** *m*: **der ~** the Sudan.
Sudanese [zuda'neːzə] **(-n, -n)** *m* Sudanese.
Sudanesin *f* Sudanese.
südd. *abk* = **süddeutsch**.
süddeutsch *adj* South German.
Süddeutschland *nt* South(ern) Germany.
Süden ['zyːdən] **(-s)** *m* south.
Süd- *zW*: **~europa** *nt* Southern Europe; **~früchte** *pl* Mediterranean fruit; **~korea** *nt* South Korea; **s~ländisch** *adj* southern; (*italienisch, spanisch etc*) Latin; **s~lich** *adj* southern; **s~lich von** (to the) south of;

~ostasien *nt* South-East Asia; **~pol** *m* South Pole; **~polarmeer** *nt* Antarctic Ocean; **~see** *f* South Seas *pl*, South Pacific; **~tirol** *nt* South Tyrol; **s~wärts** *adv* southwards; **~westafrika** *nt* South West Africa, Namibia.
Sueskanal ['zuːɛskanaːl] **(-s)** *m* Suez Canal.
Suff [zʊf] *m*: **etw im ~ sagen** (*umg*) to say sth while under the influence.
süffig ['zʏfɪç] *adj* (*Wein*) very drinkable.
süffisant [zʏfi'zant] *adj* smug.
suggerieren [zʊge'riːrən] *vt* to suggest.
Suggestivfrage [zʊgɛs'tiːffraːgə] *f* leading question.
suhlen ['zuːlən] *vr* (*lit, fig*) to wallow.
Sühne ['zyːnə] **(-, -n)** *f* atonement, expiation.
sühnen *vt* to atone for, expiate.
Sühnetermin *m* (*JUR*) conciliatory hearing.
Suite ['sviːtə] *f* suite.
Sulfat [zʊl'faːt] **(-(e)s, -e)** *nt* sulphate (*BRIT*), sulfate (*US*).
Sultan ['zʊltan] **(-s, -e)** *m* sultan.
Sultanine [zʊlta'niːnə] *f* sultana.
Sülze ['zʏltsə] **(-, -n)** *f* brawn (*BRIT*), headcheese (*US*); (*Aspik*) aspic.
summarisch [zʊ'maːrɪʃ] *adj* summary.
Sümmchen ['zʏmçən] *nt*: **ein hübsches ~** a tidy sum.
Summe **(-, -n)** *f* sum, total.
summen *vi* to buzz ♦ *vt* (*Lied*) to hum.
Summer **(-s, -)** *m* buzzer.
summieren [zʊ'miːrən] *vt* to add up ♦ *vr* to mount up.
Sumpf [zʊmpf] **(-(e)s, ⁻e)** *m* swamp, marsh.
sumpfig *adj* marshy.
Sund [zʊnt] **(-(e)s, -e)** *m* sound, straits *pl*.
Sünde ['zʏndə] **(-, -n)** *f* sin.
Sünden- *zW*: **~bock** *m* (*fig*) scapegoat; **~fall** *m* (*REL*) Fall; **~register** *nt* (*fig*) list of sins.
Sünder(in) **(-s, -)** *m(f)* sinner.
sündhaft *adj* (*lit*) sinful; (*fig*: *umg*: *Preise*) wicked.
sündigen ['zʏndɪgən] *vi* to sin; (*hum*) to indulge; **~ an** +*dat* to sin against.
Super ['zuːpər] **(-s)** *nt* (*Benzin*) four-star (petrol) (*BRIT*), premium (*US*).
super (*umg*) *adj* super ♦ *adv* incredibly well.
Superlativ ['zuːpərlatiːf] **(-s, -e)** *m* superlative.
Supermarkt *m* supermarket.
Superstar *m* superstar.
Suppe ['zʊpə] **(-, -n)** *f* soup; (*mit Einlage*) broth; (*klare Brühe*) bouillon; (*fig*: *umg*: *Nebel*) peasouper (*BRIT*), pea soup (*US*); **jdm die ~ versalzen** (*umg*) to put a spoke in sb's wheel.
Suppen- *zW*: **~fleisch** *nt* meat for making soup; **~grün** *nt* herbs and vegetables for making soup; **~kasper** (*umg*) *m* poor eater; **~teller** *m* soup plate.
Surfbrett ['zøːrfbrɛt] *nt* surfboard.
surfen ['zøːrfən] *vi* to surf.

Surfer(in) *m(f)* surfer.
Surrealismus [zʊrea'lɪsmʊs] *m* surrealism.
surren ['zʊrən] *vi* to buzz; (*Insekt*) to hum.
Surrogat [zʊro'ɡaːt] (-(e)s, -e) *nt* substitute, surrogate.
suspekt [zʊs'pɛkt] *adj* suspect.
suspendieren [zʊspɛn'diːrən] *vt*: ~ (**von**) to suspend (from).
Suspendierung *f* suspension.
süß [zyːs] *adj* sweet.
Süße (-) *f* sweetness.
süßen *vt* to sweeten.
Süßholz *nt*: ~ **raspeln** (*fig*) to turn on the blarney.
Süßigkeit *f* sweetness; (*Bonbon etc*) sweet (*BRIT*), candy (*US*).
süß- *zW*: ~**lich** *adj* sweetish; (*fig*) sugary; ~**sauer** *adj* sweet-and-sour; (*fig: gezwungen: Lächeln*) forced; (*Gurken etc*) pickled; (*Miene*) artificially friendly; **S~speise** *f* pudding, sweet (*BRIT*); **S~stoff** *m* sweetener; **S~waren** *pl* confectionery *sing*; **S~wasser** *nt* fresh water.
SV (-) *m abk* = **Sportverein**.
SW *abk* (= *Südwest(en)*) SW.
Swasiland ['svaːzilant] (-s) *nt* Swaziland.
SWF (-) *m abk* (*früher:* = *Südwestfunk*) *South West German Radio*.
Sylvester [zyl'vɛstər] (-s, -) *nt* = **Silvester**.
Symbol [zym'boːl] (-s, -e) *nt* symbol.
Symbolik *f* symbolism.
symbolisch *adj* symbolic(al).
symbolisieren [zymboli'ziːrən] *vt* to symbolize.
Symmetrie [zyme'triː] *f* symmetry; ~**achse** *f* symmetric axis.
symmetrisch [zy'meːtrɪʃ] *adj* symmetrical.
Sympathie [zympa'tiː] *f* liking; sympathy; **er hat sich** *dat* **alle ~(n) verscherzt** he has turned everyone against him; ~**kundgebung** *f* demonstration of support; ~**streik** *m* sympathy strike.
Sympathisant(in) *m(f)* sympathizer.
sympathisch [zym'paːtɪʃ] *adj* likeable, congenial; **er ist mir ~** I like him.
sympathisieren [zympati'ziːrən] *vi* to sympathize.
Symphonie [zymfo'niː] *f* = **Sinfonie**.
Symptom [zymp'toːm] (-s, -e) *nt* symptom.
symptomatisch [zympto'maːtɪʃ] *adj* symptomatic.
Synagoge [zyna'ɡoːɡə] (-, -n) *f* synagogue.
synchron [zyn'kroːn] *adj* synchronous; **S~getriebe** *nt* synchromesh gearbox (*BRIT*) *od* transmission (*US*).
synchronisieren [zynkroni'ziːrən] *vt* to synchronize; (*Film*) to dub.
Synchronschwimmen *nt* synchronized swimming.
Syndikat [zyndi'kaːt] (-(e)s, -e) *nt* combine, syndicate.
Syndrom [zyn'droːm] (-s, -e) *nt* syndrome.
Synkope [zyn'koːpə] (-, -n) *f* (*MUS*) syncopation.
Synode [zy'noːdə] (-, -n) *f* (*REL*) synod.
Synonym [zyno'nyːm] (-s, -e) *nt* synonym; **s~** *adj* synonymous.
Syntax ['zyntaks] (-, -en) *f* syntax.
Synthese [zyn'teːzə] (-, -n) *f* synthesis.
synthetisch *adj* synthetic.
Syphilis ['zyːfilɪs] (-) *f* syphilis.
Syrer(in) ['zyːrər(ɪn)] (-s, -) *m(f)* Syrian.
Syrien (-s) *nt* Syria.
syrisch *adj* Syrian.
System [zys'teːm] (-s, -e) *nt* system; ~**analyse** *f* systems analysis; ~**analytiker(in)** *m(f)* systems analyst.
Systematik *f* system.
systematisch [zyste'maːtɪʃ] *adj* systematic.
systematisieren [zystemati'ziːrən] *vt* to systematize.
System- *zW*: ~**kritiker** *m* critic of the system; ~**platte** *f* (*COMPUT*) system disk; ~**zwang** *m* obligation to conform (to the system).
Szenarium [stse'naːrium] *nt* scenario.
Szene ['stseːnə] (-, -n) *f* scene; **sich in der ~ auskennen** (*umg*) to know the scene; **sich in ~ setzen** to play to the gallery.
Szenenwechsel *m* scene change.
Szenerie [stsenə'riː] *f* scenery.

T, t

T, t[1] [teː] *nt* T, t; ~ **wie Theodor** ≈ T for Tommy.
t[2] *abk* (= *Tonne*) t.
Tabak ['taːbak] (-s, -e) *m* tobacco; ~**laden** *m* tobacconist's (*BRIT*), tobacco store (*US*).
tabellarisch [tabɛ'laːrɪʃ] *adj* tabular.
Tabelle (-, -n) *f* table.
Tabellenführer *m* (*SPORT*) top of the table, league leader.
Tabernakel [tabɛr'naːkəl] (-s, -) *nt* tabernacle.
Tabl. *abk* = **Tablette(n)**.
Tablett (-(e)s, -s *od* -e) *nt* tray.
Tablette [ta'blɛtə] (-, -n) *f* tablet, pill.
Tabu [ta'buː] (-s, -s) *nt* taboo.
tabuisieren [tabui'ziːrən] *vt* to make taboo.
Tabulator [tabu'laːtor] *m* tabulator, tab (*umg*).
tabulieren *vt* to tab.
Tacho ['taxo] (-s, -s) (*umg*) *m* speedo (*BRIT*).
Tachometer [taxo'meːtər] (-s, -) *m* (*AUT*) speedometer.

Tadel ['ta:dəl] (**-s, -**) *m* censure, scolding; (*Fehler*) fault; (*Makel*) blemish; **t~los** *adj* faultless, irreproachable.

tadeln *vt* to scold.

tadelnswert *adj* blameworthy.

Tadschikistan [ta'dʒi:kista:n] (**-s**) *nt* Tajikistan.

Tafel ['ta:fəl] (**-, -n**) *f* (*form: festlicher Speisetisch, MATH*) table; (*Festmahl*) meal; (*Anschlag~*) board; (*Wand~*) blackboard; (*Schiefer~*) slate; (*Gedenk~*) plaque; (*Illustration*) plate; (*Schalt~*) panel; (*Schokoladen~ etc*) bar; **t~fertig** *adj* ready to serve.

täfeln ['tɛ:fəln] *vt* to panel.

Tafelöl *nt* cooking oil; salad oil.

Täfelung *f* panelling (*BRIT*), paneling (*US*).

Tafelwasser *nt* table water.

Taft [taft] (**-(e)s, -e**) *m* taffeta.

Tag [ta:k] (**-(e)s, -e**) *m* day; (*Tageslicht*) daylight; **am ~** during the day; **für** *od* **auf ein paar ~e** for a few days; **in den ~ hinein leben** to take each day as it comes; **bei ~(e)** (*ankommen*) while it's light; (*arbeiten, reisen*) during the day; **unter ~e** (*MIN*) underground; **über ~e** (*MIN*) on the surface; **an den ~ kommen** to come to light; **er legte großes Interesse an den ~** he showed great interest; **auf den ~ (genau)** to the day; **auf seine alten ~e** at his age; **guten ~!** good morning/afternoon!; *siehe auch* **zutage**; **t~aus** *adv*: **t~aus, t~ein** day in, day out; **~dienst** *m* day duty.

Tage- *zW*: **~bau** *m* (*MIN*) open-cast mining; **~buch** *nt* diary; **~dieb** *m* idler; **~geld** *nt* daily allowance; **t~lang** *adv* for days.

tagen *vi* to sit, meet ♦ *vi unpers*: **es tagt** dawn is breaking.

Tages- *zW*: **~ablauf** *m* daily routine; **~anbruch** *m* dawn; **~ausflug** *m* day trip; **~decke** *f* bedspread; **~fahrt** *f* day trip; **~karte** *f* (*Eintrittskarte*) day ticket; (*Speisekarte*) menu of the day; **~kasse** *f* (*COMM*) day's takings *pl*; (*THEAT*) box office; **~licht** *nt* daylight; **~mutter** *f* child minder; **~ordnung** *f* agenda; **an der ~ordnung sein** (*fig*) to be the order of the day; **~rückfahrkarte** *f* day return (ticket); **~satz** *m* daily rate; **~schau** *f* (*TV*) television news (programme (*BRIT*) *od* program (*US*)); **~stätte** *f* day nursery (*BRIT*), daycare center (*US*); **~wert** *m* (*FIN*) present value; **~zeit** *f* time of day; **zu jeder ~- und Nachtzeit** at all hours of the day and night; **~zeitung** *f* daily (paper).

tägl. *abk* = **täglich.**

täglich ['tɛ:klɪç] *adj, adv* daily; **einmal ~** once a day.

tags [ta:ks] *adv*: **~ darauf** *od* **danach** the next *od* following day; **~über** *adv* during the day.

tagtäglich *adj* daily ♦ *adv* every (single) day.

Tagung *f* conference.

Tagungsort *m* venue (of a conference).

Tahiti [ta'hi:ti] (**-s**) *nt* Tahiti.

Taifun [taɪ'fu:n] (**-s, -e**) *m* typhoon.

Taille ['taljə] (**-, -n**) *f* waist.

tailliert [ta'ji:rt] *adj* waisted, gathered at the waist.

Taiwan ['taɪvan] (**-s**) *nt* Taiwan.

Takel ['ta:kəl] (**-s, -**) *nt* tackle.

takeln ['ta:kəln] *vt* to rig.

Takt [takt] (**-(e)s, -e**) *m* tact; (*MUS*) time; **~gefühl** *nt* tact.

Taktik *f* tactics *pl*.

Taktiker(in) *m(f)* tactician.

taktisch *adj* tactical.

Takt- *zW*: **t~los** *adj* tactless; **~losigkeit** *f* tactlessness; **~stock** *m* (conductor's) baton; **~strich** *m* (*MUS*) bar (line); **t~voll** *adj* tactful.

Tal [ta:l] (**-(e)s, ⁻er**) *nt* valley.

Talar [ta'la:r] (**-s, -e**) *m* (*JUR*) robe; (*UNIV*) gown.

Talbrücke *f* bridge over a valley.

Talent [ta'lɛnt] (**-(e)s, -e**) *nt* talent.

talentiert [talɛn'ti:rt] *adj* talented, gifted.

Talfahrt *f* descent; (*fig*) decline.

Talg [talk] (**-(e)s, -e**) *m* tallow.

Talgdrüse *f* sebaceous gland.

Talisman ['ta:lɪsman] (**-s, -e**) *m* talisman.

Tal- *zW*: **~sohle** *f* bottom of a valley; **~sperre** *f* dam; **t~wärts** *adv* down to the valley.

Tamburin [tambu'ri:n] (**-s, -e**) *nt* tambourine.

Tamile [ta'mi:lə] (**-n, -n**) *m*, **Tamilin** *f* Tamil.

tamilisch *adj* Tamil.

Tampon ['tampɔn] (**-s, -s**) *m* tampon.

Tamtam [tam'tam] (**-s, -s**) *nt* (*MUS*) tomtom; (*umg: Wirbel*) fuss, ballyhoo; (*Lärm*) din.

Tang [taŋ] (**-(e)s, -e**) *m* seaweed.

Tangente [taŋ'gɛntə] (**-, -n**) *f* tangent.

Tanger ['taŋər] (**-s**) *nt* Tangier(s).

tangieren [taŋ'gi:rən] *vt* (*Problem*) to touch on; (*fig*) to affect.

Tank [taŋk] (**-s, -s**) *m* tank.

tanken *vt* (*Wagen etc*) to fill up with petrol (*BRIT*) *od* gas (*US*); (*Benzin etc*) to fill up with; (*AVIAT*) to (re)fuel; (*umg: frische Luft, neue Kräfte*) to get ♦ *vi* to fill up (with petrol *od* gas); to (re)fuel.

Tanker (**-s, -**) *m* tanker.

Tank- *zW*: **~laster** *m* tanker; **~schiff** *nt* tanker; **~stelle** *f* petrol (*BRIT*) *od* gas (*US*) station; **~uhr** *f* fuel gauge; **~verschluss▲** *m* fuel cap; **~wart** *m* petrol pump (*BRIT*) *od* gas station (*US*) attendant.

Tanne ['tanə] (**-, -n**) *f* fir.

Tannenbaum *m* fir tree.

Tannenzapfen *m* fir cone.

Tansania [tan'za:nia] (**-s**) *nt* Tanzania.

Tante ['tantə] (**-, -n**) *f* aunt; **~-Emma-Laden** (*umg*) *m* corner shop.

Tantieme [tãti'e:mə] (**-, -n**) *f* fee; (*für Künstler* *etc*) royalty.

Tanz [tants] (**-es, ~e**) *m* dance.

tänzeln ['tɛntsəln] *vi* to dance along.

tanzen *vt, vi* to dance.

Tänzer(in) (**-s, -**) *m(f)* dancer.

Tanz- *zW:* **~fläche** *f* (dance) floor; **~lokal** *nt* café/restaurant with dancing; **~schule** *f* dancing school.

Tapet [ta'peːt] (*umg*) *nt:* **etw aufs ~ bringen** to bring sth up.

Tapete [ta'peːtə] (**-, -n**) *f* wallpaper.

Tapetenwechsel *m* (*fig*) change of scenery.

tapezieren [tape'tsiːrən] *vt* to (wall)paper.

Tapezierer (**-s, -**) *m* (interior) decorator.

tapfer ['tapfər] *adj* brave; **sich ~ schlagen** (*umg*) to put on a brave show; **T~keit** *f* courage, bravery.

tappen ['tapən] *vi* to walk uncertainly *od* clumsily; **im Dunkeln ~** (*fig*) to grope in the dark.

täppisch ['tɛpɪʃ] *adj* clumsy.

Tara ['taːra] (**-, Taren**) *f* tare.

Tarantel [ta'rantəl] (**-, -n**) *f:* **wie von der ~ gestochen** as if stung by a bee.

Tarif [ta'riːf] (**-s, -e**) *m* tariff, (scale of) fares/charges; **nach/über/unter ~ bezahlen** to pay according to/above/below the (union) rate(s); **~autonomie** *f* free collective bargaining; **~gruppe** *f* grade; **t~lich** *adj* agreed, union; **~lohn** *m* standard wage rate; **~ordnung** *f* wage *od* salary scale; **~partner** *m:* **die ~partner** union and management; **~vereinbarung** *f* labour (*BRIT*) *od* labor (*US*) agreement; **~verhandlungen** *pl* collective bargaining *sing;* **~vertrag** *m* pay agreement.

tarnen ['tarnən] *vt* to camouflage; (*Person, Absicht*) to disguise.

Tarnfarbe *f* camouflage paint.

Tarnmanöver *nt* (*lit, fig*) feint, covering ploy.

Tarnung *f* camouflaging; disguising.

Tarock [ta'rɔk] (**-s, s**) *m od nt* tarot.

Tasche ['taʃə] (**-, -n**) *f* pocket; (*Hand~*) handbag; **in die eigene ~ wirtschaften** to line one's own pockets; **jdm auf der ~ liegen** (*umg*) to live off sb.

Taschen- *zW:* **~buch** *nt* paperback; **~dieb** *m* pickpocket; **~geld** *nt* pocket money; **~lampe** *f* (electric) torch, flashlight (*US*); **~messer** *nt* penknife; **~rechner** *m* pocket calculator; **~spieler** *m* conjurer; **~tuch** *nt* handkerchief.

Tasmanien [tas'maːniən] (**-s**) *nt* Tasmania.

Tasse ['tasə] (**-, -n**) *f* cup; **er hat nicht alle ~n im Schrank** (*umg*) he's not all there.

Tastatur [tasta'tuːr] *f* keyboard.

Taste ['tastə] (**-, -n**) *f* push-button control; (*an Schreibmaschine*) key.

tasten *vt* to feel, touch; (*drücken*) to press ♦ *vi* to feel, grope ♦ *vr* to feel one's way.

Tastentelefon *nt* push-button telephone.

Tastsinn *m* sense of touch.

Tat (**-, -en**) *f* act, deed, action; **in der ~** indeed, as a matter of fact; **etw in die ~ umsetzen** to put sth into action.

tat *etc* [taːt] *vb siehe* **tun**.

Tatbestand *m* facts *pl* of the case.

Tatendrang *m* energy.

tatenlos *adj* inactive.

Täter(in) ['tɛːtər(ɪn)] (**-s, -**) *m(f)* perpetrator, culprit; **~schaft** *f* guilt.

tätig *adj* active; **~er Teilhaber** active partner; **in einer Firma ~ sein** to work for a firm.

tätigen *vt* (*COMM*) to conclude; (*geh: Einkäufe, Anruf*) to make.

Tätigkeit *f* activity; (*Beruf*) occupation.

Tätigkeitsbereich *m* field of activity.

tatkräftig *adj* energetic; (*Hilfe*) active.

tätlich *adj* violent; **T~keit** *f* violence; **es kam zu T~keiten** there were violent scenes.

Tatort (**-(e)s, -e**) *m* scene of the crime.

tätowieren [tɛto'viːrən] *vt* to tattoo.

Tätowierung *f* tattooing; (*Ergebnis*) tattoo.

Tatsache *f* fact; **jdn vor vollendete ~n stellen** to present sb with a fait accompli.

Tatsachenbericht *m* documentary (report).

tatsächlich *adj* actual ♦ *adv* really.

tatverdächtig *adj* suspected.

Tatze ['tatsə] (**-, -n**) *f* paw.

Tau¹ [tau] (**-(e)s, -e**) *nt* rope.

Tau² (**-(e)s**) *m* dew.

taub [taup] *adj* deaf; (*Nuss*) hollow; **sich ~ stellen** to pretend not to hear.

Taube ['taubə] (**-, -n**) *f* (*ZOOL*) pigeon; (*fig*) dove.

Taubenschlag *m* dovecote; **hier geht es zu wie im ~** (*fig: umg*) it's like Waterloo Station here (*BRIT*), it's like Grand Central Station here (*US*).

Taubheit *f* deafness.

taubstumm *adj* deaf-mute.

tauchen ['tauxən] *vt* to dip ♦ *vi* to dive; (*NAUT*) to submerge.

Taucher (**-s, -**) *m* diver; **~anzug** *m* diving suit.

Tauchsieder (**-s, -**) *m* portable immersion heater.

Tauchstation *f:* **auf ~ gehen** (*U-Boot*) to dive.

tauen ['tauən] *vt, vi* to thaw ♦ *vi unpers:* **es taut** it's thawing.

Taufbecken *nt* font.

Taufe ['taufə] (**-, -n**) *f* baptism.

taufen *vt* to baptize; (*nennen*) to christen.

Tauf- *zW:* **~name** *m* Christian name; **~pate** *m* godfather; **~patin** *f* godmother; **~schein** *m* certificate of baptism.

taugen ['taugən] *vi* to be of use; **~ für** to do *od* be good for; **nicht ~** to be no good *od* useless.

Taugenichts (**-es, -e**) *m* good-for-nothing.

tauglich ['tauklɪç] *adj* suitable; (*MIL*) fit (for service); **T~keit** *f* suitability; fitness.

Taumel ['tauməl] (**-s**) *m* dizziness; (*fig*) frenzy.

taumelig *adj* giddy, reeling.

taumeln *vi* to reel, stagger.

Taunus ['taʊnʊs] (-) *m* Taunus (Mountains *pl*).

Tausch [taʊʃ] (-(e)s, -e) *m* exchange; **einen guten/schlechten ~ machen** to get a good/ bad deal.

tauschen *vt* to exchange, swap ♦ *vi:* **ich möchte nicht mit ihm ~** I wouldn't like to be in his place.

täuschen ['tɔʏʃən] *vt* to deceive ♦ *vi* to be deceptive ♦ *vr* to be wrong; **wenn mich nicht alles täuscht** unless I'm completely wrong.

täuschend *adj* deceptive.

Tauschhandel *m* barter.

Täuschung *f* deception; (*optisch*) illusion.

Täuschungsmanöver *nt* (*SPORT*) feint; (*fig*) ploy.

tausend ['taʊzənt] *num* a *od* one thousand; **T~ (-, -en)** *f* (*Zahl*) thousand.

Tausender (-s, -) *m* (*Geldschein*) thousand.

Tausendfüßler (-s, -) *m* centipede.

Tau- *zW:* **~tropfen** *m* dew drop; **~wetter** *nt* thaw; **~ziehen** *nt* tug-of-war.

Taxe ['taksə] (-, -n) *f* taxi, cab.

Taxi ['taksi] (-(s), -(s)) *nt* taxi, cab.

taxieren [ta'ksiːrən] *vt* (*Preis, Wert*) to estimate; (*Haus, Gemälde*) to value; (*mustern*) to look up and down.

Taxi- *zW:* **~fahrer** *m* taxi driver; **~stand** *m* taxi rank (*BRIT*) *od* stand (*US*).

Tb, Tbc *f abk* (= *Tuberkulose*) TB.

Teamarbeit ['tiːmˌarbaɪt] *f* teamwork.

Technik ['tɛçnɪk] *f* technology; (*Methode, Kunstfertigkeit*) technique.

Techniker(in) (-s -) *m(f)* technician.

technisch *adj* technical; **~e Hochschule** ≈ polytechnic.

Technologie [tɛçnolo'giː] *f* technology.

technologisch [tɛçno'loːgɪʃ] *adj* technological.

Techtelmechtel [tɛçtəl'mɛçtəl] (-s, -) (*umg*) *nt* (*Liebschaft*) affair, carry-on.

TEE *abk* (= *Trans-Europ-Express*) Trans-Europe-Express.

Tee [teː] (-s, -s) *m* tea; **~beutel** *m* tea bag; **~kanne** *f* teapot; **~licht** *nt* night-light; **~löffel** *m* teaspoon; **~mischung** *f* blend of tea.

Teer [teːr] (-(e)s, -e) *m* tar; **t~en** *vt* to tar.

Teesieb *nt* tea strainer.

Teewagen *m* tea trolley.

Teflon ® ['tɛfloːn] (-s) *nt* Teflon ®.

Teheran ['teːhəran] (-s) *nt* Teheran.

Teich [taɪç] (-(e)s, -e) *m* pond.

Teig [taɪk] (-(e)s, -e) *m* dough.

teigig ['taɪgɪç] *adj* doughy.

Teigwaren *pl* pasta *sing*.

Teil [taɪl] (-(e)s, -e) *m od nt* part; (*Anteil*) share ♦ *nt* (*Bestand~*) component, part; (*Ersatz~*) spare (part); **zum ~** partly; **ich für mein(en) ~ ...** I, for my part ...; **sich** *dat* **sein ~ denken**

(*umg*) to draw one's own conclusions; **er hat sein(en) ~ dazu beigetragen** he did his bit *od* share; **t~bar** *adj* divisible; **~betrag** *m* instalment (*BRIT*), installment (*US*); **~chen** *nt* (atomic) particle.

teilen *vt* to divide; (*mit jdm*) to share ♦ *vr* to divide; (*in Gruppen*) to split up.

Teil- *zW:* **t~entrahmt** *adj* semi-skimmed; **~gebiet** *nt* (*Bereich*) branch; (*räumlich*) area; **t~haben** *unreg vi:* **an etw** *dat* **t~haben** to share in sth; **~haber (-s, -)** *m* partner; **~kaskoversicherung** *f* third party, fire and theft insurance.

Teilnahme (-, -n) *f* participation; (*Mitleid*) sympathy; **jdm seine herzliche ~ aussprechen** to offer sb one's heartfelt sympathy.

teilnahmslos *adj* disinterested, apathetic.

teilnehmen *unreg vi:* **an etw** *dat* **~** to take part in sth.

Teilnehmer(in) (-s, -) *m(f)* participant.

teils *adv* partly.

Teilschaden *m* partial loss.

Teilstrecke *f* stage; (*von Straße*) stretch; (*bei Bus etc*) fare stage.

Teilung *f* division.

Teil- *zW:* **t~weise** *adv* partially, in part; **~zahlung** *f* payment by instalments (*BRIT*) *od* installments (*US*); **~zeitarbeit** *f* part-time job *od* work.

Teint [tɛ̃ː] (-s, -s) *m* complexion.

Telearbeit ['teːlearbaɪt] *f* teleworking.

Telebanking ['teːlebɛŋkɪŋ] (-s) *nt* telebanking.

Telebrief ['teːlebriːf] *m* facsimile, fax.

Telefax ['teːlefaks] (-) *nt* telefax.

Telefon [tele'foːn] (-s, -e) *nt* (tele)phone; **ans ~ gehen** to answer the phone; **~amt** *nt* telephone exchange; **~anruf** *m* (tele)phone call.

Telefonat [telefo'naːt] (-(e)s, -e) *nt* (tele)phone call.

Telefon- *zW:* **~buch** *nt* (tele)phone directory; **~gebühr** *f* call charge; (*Grundgebühr*) (tele)phone rental; **~gespräch** *nt* (tele)phone call; **~häuschen** (*umg*) *nt* = **Telefonzelle**.

telefonieren [telefo'niːrən] *vi* to (tele)phone; **bei jdm ~** to use sb's phone; **mit jdm ~** to speak to sb on the phone.

telefonisch [tele'foːnɪʃ] *adj* telephone; (*Benachrichtigung*) by telephone; **ich bin ~ zu erreichen** I can be reached by phone.

Telefonist(in) [telefo'nɪst(ɪn)] *m(f)* telephonist.

Telefon- *zW:* **~karte** *f* phone card; **~nummer** *f* (tele)phone number; **~seelsorge** *f:* **die ~seelsorge** ≈ the Samaritans; **~verbindung** *f* telephone connection; **~zelle** *f* telephone box (*BRIT*) *od* booth (*US*), callbox (*BRIT*); **~zentrale** *f* telephone exchange.

Telegraf [tele'graːf] (-en, -en) *m* telegraph.

Telegrafenleitung *f* telegraph line.

Telegrafenmast m telegraph pole.
Telegrafie [telegra'fi:] f telegraphy.
telegrafieren [telegra'fi:rən] vt, vi to telegraph, cable, wire.
telegrafisch [tele'gra:fɪʃ] adj telegraphic; **jdm ~ Geld überweisen** to cable sb money.
Telegramm [tele'gram] (-s, -e) nt telegram, cable; **~adresse** f telegraphic address; **~formular** nt telegram form.
Telekolleg ['te:ləkɔle:k] nt ≈ Open University (BRIT).
Teleobjektiv ['te:lə|ɔpjɛkti:f] nt telephoto lens.
Telepathie [telepa'ti:] f telepathy.
telepathisch [tele'pa:tɪʃ] adj telepathic.
Teleskop [tele'sko:p] (-s, -e) nt telescope.
Telespiel nt video game.
Telex ['te:lɛks] (-, -(e)) nt telex.
Teller ['tɛlər] (-s, -) m plate.
Tempel ['tɛmpəl] (-s, -) m temple.
Temperafarbe ['tɛmperafarbə] f distemper.
Temperament [tempera'mɛnt] nt temperament; (Schwung) vivacity, vitality; **sein ~ ist mit ihm durchgegangen** he went over the top; **t~los** adj spiritless; **t~voll** adj high-spirited, lively.
Temperatur [tempera'tu:r] f temperature; **erhöhte ~ haben** to have a temperature.
Tempo¹ ['tɛmpo] (-s, -s) nt speed, pace; **~!** get a move on!
Tempo² ['tɛmpo] (-s, Tempi) nt (MUS) tempo; **das ~ angeben** (fig) to set the pace; **~limit** nt speed limit.
temporär [tɛmpo'rɛ:r] adj temporary.
Tempotaschentuch ® nt paper handkerchief.
Tendenz [ten'dɛnts] f tendency; (Absicht) intention.
tendenziell [tɛndɛntsi'ɛl] adj: **nur ~e Unterschiede** merely differences in emphasis.
tendenziös [tɛndɛntsi'ø:s] adj bias(s)ed, tendentious.
tendieren [tɛn'di:rən] vi: **zu etw ~** to show a tendency to(wards) sth, incline to(wards) sth.
Teneriffa [tene'rifa] (-s) nt Tenerife.
Tenne ['tɛnə] (-, -n) f threshing floor.
Tennis ['tɛnɪs] (-) nt tennis; **~platz** m tennis court; **~schläger** m tennis racket; **~spieler** m tennis player.
Tenor [te'no:r] (-s, ⁻e) m tenor.
Teppich ['tɛpɪç] (-s, -e) m carpet; **~boden** m wall-to-wall carpeting; **~kehrmaschine** f carpet sweeper; **~klopfer** m carpet beater.
Termin [tɛr'mi:n] (-s, -e) m (Zeitpunkt) date; (Frist) deadline; (Arzt~ etc) appointment; (JUR: Verhandlung) hearing; **sich** dat **einen ~ geben lassen** to make an appointment; **t~gerecht** adj on schedule.

terminieren [tɛrmi'ni:rən] vt (befristen) to limit; (festsetzen) to set a date for.
Terminkalender m diary, appointments book.
Terminologie [tɛrminolo'gi:] f terminology.
Termite [tɛr'mi:tə] (-, -n) f termite.
Terpentin [tɛrpɛn'ti:n] (-s, -e) nt turpentine, turps sing.
Terrain [tɛ'rɛ̃:] (-s, -s) nt land, terrain; (fig) territory; **das ~ sondieren** (MIL) to reconnoitre the terrain; (fig) to see how the land lies.
Terrasse [tɛ'rasə] (-, -n) f terrace.
Terrine [tɛ'ri:nə] f tureen.
territorial [tɛritori'a:l] adj territorial.
Territorium [tɛri'to:rium] nt territory.
Terror ['tɛrɔr] (-s) m terror; (~herrschaft) reign of terror; **blanker ~** sheer terror; **~anschlag** m terrorist attack.
terrorisieren [tɛrori'zi:rən] vt to terrorize.
Terrorismus [tɛro'rɪsmʊs] m terrorism.
Terrorist(in) m(f) terrorist.
terroristisch adj terrorist attr.
Terrororganisation f terrorist organization.
Tertia ['tɛrtsia] (-, Tertien) f (SCH: früher: Unter~/Ober~) fourth/fifth year of German secondary school.
Terz [tɛrts] (-, -en) f (MUS) third.
Terzett [tɛr'tsɛt] (-(e)s, -e) nt (MUS) trio.
Tesafilm ® ['te:zafɪlm] m Sellotape ® (BRIT), Scotch tape (US).
Test [tɛst] (-s, -s) m test.
Testament [tɛsta'mɛnt] nt will, testament; (REL) Testament; **Altes/Neues ~** Old/New Testament.
testamentarisch [tɛstamɛn'ta:rɪʃ] adj testamentary.
Testamentsvollstrecker(in) (-s, -) m(f) executor (of a will).
Testat [tɛs'ta:t] (-(e)s, -e) nt certificate.
Testator [tɛs'ta:tɔr] m testator.
Test- zW: **~bild** nt (TV) test card; **t~en** vt to test; **~fall** m test case; **~person** f subject (of a test); **~stoppabkommen** nt nuclear test ban agreement.
Tetanus ['te:tanus] (-) m tetanus; **~impfung** f (anti-)tetanus injection.
teuer ['tɔyər] adj dear, expensive; **teures Geld** good money; **das wird ihn ~ zu stehen kommen** (fig) that will cost him dear.
Teuerung f increase in prices.
Teuerungszulage f cost-of-living bonus.
Teufel ['tɔyfəl] (-s, -) m devil; **den ~ an die Wand malen** (schwarz malen) to imagine the worst; (Unheil heraufbeschwören) to tempt fate od providence; **in ~s Küche kommen** to get into a mess; **jdn zum ~ jagen** (umg) to send sb packing.
Teufelei [tɔyfə'lai] f devilment.
Teufels- zW: **~austreibung** f exorcism; **~brut**

(*umg*) *f* devil's brood; **~kreis** *m* vicious circle.

teuflisch ['tɔʏflɪʃ] *adj* fiendish, diabolic.

Text [tɛkst] (-(e)s, -e) *m* text; (*Lieder~*) words *pl*; (: *von Schlager*) lyrics *pl*; **~dichter** *m* songwriter; **t~en** *vi* to write the words.

textil [tɛks'tiːl] *adj* textile; **T~branche** *f* textile trade.

Textilien *pl* textiles *pl*.

Textilindustrie *f* textile industry.

Textilwaren *pl* textiles *pl*.

Textstelle *f* passage.

Textverarbeitungssystem *nt* word processor.

TH (-, -s) *f abk* (= *technische Hochschule*) *siehe* **technisch**.

Thailand ['taɪlant] (-s) *nt* Thailand.

Thailänder(in) ['taɪlɛndər(ɪn)] (-s, -) *m(f)* Thai.

Theater [te'aːtər] (-s, -) *nt* theatre (*BRIT*), theater (*US*); (*umg*) fuss; **(ein)** ~ **machen** to make a (big) fuss; ~ **spielen** to act; (*fig*) to put on an act; **~besucher** *m* playgoer; **~kasse** *f* box office; **~stück** *nt* (stage) play.

theatralisch [tea'traːlɪʃ] *adj* theatrical.

Theke ['teːkə] (-, -n) *f* (*Schanktisch*) bar; (*Ladentisch*) counter.

Thema ['teːma] (-s, **Themen** *od* **-ta**) *nt* (*MUS, Leitgedanke*) theme; topic, subject; **beim** ~ **bleiben/vom** ~ **abschweifen** to stick to/ wander off the subject.

thematisch [te'maːtɪʃ] *adj* thematic.

Themenkreis *m* topic.

Themenpark *m* theme park.

Themse ['tɛmzə] *f*: **die** ~ the Thames.

Theologe [teo'loːgə] (-n, -n) *m* theologian.

Theologie [teolo'giː] *f* theology.

Theologin *f* theologian.

theologisch [teo'loːgɪʃ] *adj* theological.

Theoretiker(in) [teo'reːtikər(ɪn)] (-s, -) *m(f)* theorist.

theoretisch *adj* theoretical; ~ **gesehen** in theory, theoretically.

Theorie [teo'riː] *f* theory.

Therapeut [tera'pɔʏt] (-en, -en) *m* therapist.

therapeutisch *adj* therapeutic.

Therapie [tera'piː] *f* therapy.

Thermalbad [tɛr'maːlbaːt] *nt* thermal bath; (*Badeort*) thermal spa.

Thermalquelle *f* thermal spring.

Thermometer [tɛrmo'meːtər] (-s, -) *nt* thermometer.

Thermosflasche ® ['tɛrmɔsflaʃə] *f* Thermos ® flask.

Thermostat [tɛrmo'staːt] (-(e)s *od* -en, -e(n)) *m* thermostat.

These ['teːzə] (-, -n) *f* thesis.

Thrombose [trɔm'boːzə] (-, -n) *f* thrombosis.

Thron [troːn] (-(e)s, -e) *m* throne; **~besteigung** *f* accession (to the throne).

thronen *vi* to sit enthroned; (*fig*) to sit in state.

Thronerbe *m* heir to the throne.

Thronfolge *f* succession (to the throne).

Thunfisch ['tuːnfɪʃ] *m* tuna (fish).

Thüringen ['tyːrɪŋən] (-s) *nt* Thuringia.

Thymian ['tyːmiaːn] (-s, -e) *m* thyme.

Tibet ['tiːbɛt] (-s) *nt* Tibet.

Tick [tɪk] (-(e)s, -s) *m* tic; (*Eigenart*) quirk; (*Fimmel*) craze.

ticken *vi* to tick; **nicht richtig** ~ (*umg*) to be off one's rocker.

Ticket ['tɪkət] (-s, -s) *nt* ticket.

tief [tiːf] *adj* deep; (*~sinnig*) profound; (*Ausschnitt, Ton*) low; **~er Teller** soup plate; ~ **greifend** far-reaching; ~ **schürfend** profound; **bis** ~ **in die Nacht hinein** late into the night; **T~** (-s, -s) *nt* (*MET*) depression; (*fig*) low; **T~bau** *m* civil engineering (*at or below ground level*); **T~druck** *m* (*MET*) low pressure.

Tiefe (-, -n) *f* depth.

Tiefebene ['tiːfʔeːbənə] *f* plain.

Tiefenpsychologie *f* depth psychology.

Tiefenschärfe *f* (*PHOT*) depth of focus.

tief- *zW*: **~ernst** *adj* very grave *od* solemn; **T~flug** *m* low-level *od* low-altitude flight; **T~gang** *m* (*NAUT*) draught (*BRIT*), draft (*US*); (*geistig*) depth; **T~garage** *f* underground car park (*BRIT*) *od* parking lot (*US*); **~gekühlt** *adj* frozen; **T~kühlfach** *nt* freezer compartment; **T~kühlkost** *f* frozen food; **T~kühltruhe** *f* freezer, deep freezer (*US*); **T~lader** (-s, -) *m* low-loader; **T~land** *nt* lowlands *pl*; **T~parterre** *f* basement; **T~punkt** *m* low point; (*fig*) low ebb; **T~schlag** *m* (*BOXEN, fig*) blow below the belt; **T~see** *f* deep parts of the sea; **T~sinn** *m* profundity; **~sinnig** *adj* profound; (*umg*) melancholy; **T~stand** *m* low level; **~stapeln** *vi* to be overmodest; **T~start** *m* (*SPORT*) crouch start.

Tiefstwert *m* minimum *od* lowest value.

Tiegel ['tiːgəl] (-s, -) *m* saucepan; (*CHEM*) crucible.

Tier [tiːr] (-(e)s, -e) *nt* animal; **~arzt** *m*, **~ärztin** *f* vet(erinary surgeon) (*BRIT*), veterinarian (*US*); **~freund** *m* animal lover; **~garten** *m* zoo, zoological gardens *pl*; **~handlung** *f* pet shop (*BRIT*) *od* store (*US*); **t~isch** *adj* animal *attrib*; (*lit, fig*) brutish; (*fig: Ernst etc*) deadly; **~kreis** *m* zodiac; **~kunde** *f* zoology; **t~lieb** *adj*, **t~liebend** *adj* fond of animals; **~quälerei** *f* cruelty to animals; **~reich** *nt* animal kingdom; **~schutz** *m* protection of animals; **~schutzverein** *m* society for the prevention of cruelty to animals; **~versuch** *m* animal experiment; **~welt** *f* animal kingdom.

Tiger ['tiːgər] (-s, -) *m* tiger; **~in** *f* tigress.

tilgen ['tɪlgən] *vt* to erase; (*Sünden*) to expiate; (*Schulden*) to pay off.

Tilgung *f* erasing, blotting out; expiation;

repayment.
Tilgungsfonds m (*COMM*) sinking fund.
tingeln ['tɪŋəln] (*umg*) vi to appear in small
  night clubs.
Tinktur [tɪŋk'tuːr] f tincture.
Tinte ['tɪntə] (-, -n) f ink.
Tinten- zW: ~**fass▲** nt inkwell; ~**fisch** m
  cuttlefish; (*achtarmig*) octopus; ~**fleck** m ink
  stain od blot; ~**stift** m indelible pencil;
  ~**strahldrucker** m ink-jet printer.
Tipp▲ [tɪp] (-s, -s) m (*SPORT, BÖRSE*) tip;
  (*Andeutung*) hint; (*an Polizei*) tip-off.
Tippelbruder (*umg*) m tramp, gentleman of
  the road (*BRIT*), hobo (*US*).
tippen ['tɪpən] vi to tap, touch; (*umg*:
  schreiben) to type; (*im Lotto etc*) to bet ♦ vt to
  type; to bet; **auf jdn** ~ (*umg*: *raten*) to tip sb,
  put one's money on sb (*fig*).
Tippfehler (*umg*) m typing error.
Tippse (-, -n) (*umg*) f typist.
tipptopp ['tɪp'tɔp] (*umg*) adj tiptop.
Tippzettel m (pools) coupon.
Tirade [ti'raːdə] (-, -n) f tirade.
Tirol [ti'roːl] (-s) nt the Tyrol.
Tiroler(in) (-s, -) m(f) Tyrolese, Tyrolean.
tirolerisch adj Tyrolese, Tyrolean.
Tisch [tɪʃ] (-(e)s, -e) m table; **bitte zu** ~! lunch
  od dinner is served; **bei** ~ at table; **vor/nach**
  ~ before/after eating; **unter den** ~ **fallen**
  (*fig*) to be dropped; ~**decke** f tablecloth.
Tischler (-s, -) m carpenter, joiner.
Tischlerei [tɪʃlə'raɪ] f joiner's workshop;
  (*Arbeit*) carpentry, joinery.
Tischlerhandwerk nt cabinetmaking.
tischlern vi to do carpentry etc.
Tisch- zW: ~**nachbar** m neighbour (*BRIT*) od
  neighbor (*US*) (at table); ~**rechner** m desk
  calculator; ~**rede** f after-dinner speech;
  ~**tennis** nt table tennis; ~**tuch** nt tablecloth.
Titel ['tiːtəl] (-s, -) m title; ~**anwärter** m
  (*SPORT*) challenger; ~**bild** nt cover
  (picture); (*von Buch*) frontispiece;
  ~**geschichte** f headline story; ~**rolle** f title
  role; ~**seite** f cover; (*Buch*-) title page;
  ~**verteidiger** m defending champion, title
  holder.
Titte ['tɪtə] (-, -n) (*umg*) f (*weibliche Brust*)
  boob, tit (*umg*).
titulieren [titu'liːrən] vt to entitle; (*anreden*) to
  address.
tja [tja] interj well!
Toast [toːst] (-(e)s, -s od -e) m toast.
toasten vi to drink a toast ♦ vt (*Brot*) to toast;
  auf jdn ~ to toast sb, drink a toast to sb.
Toaster (-s, -) m toaster.
toben ['toːbən] vi to rage; (*Kinder*) to romp
  about.
tob- zW: **T**~**sucht** f raving madness; ~**süchtig**
  adj maniacal; **T**~**suchtsanfall** m maniacal fit.
Tochter ['tɔxtər] (-, ̈-) f daughter;

~**gesellschaft** f subsidiary (company).
Tod [toːt] (-(e)s, -e) m death; **zu** ~**e betrübt
  sein** to be in the depths of despair; **eines
  natürlichen/gewaltsamen** ~**es sterben** to die
  of natural causes/die a violent death;
  t~**ernst** (*umg*) adj deadly serious ♦ adv in
  dead earnest.
Todes- zW: ~**angst** f mortal fear; ~**ängste
  ausstehen** (*umg*) to be scared to death;
  ~**anzeige** f obituary (notice); ~**fall** m death;
  ~**kampf** m death throes pl; ~**opfer** nt death,
  casualty, fatality; ~**qualen** pl: ~**qualen
  ausstehen** (*fig*) to suffer agonies; ~**stoß** m
  deathblow; ~**strafe** f death penalty; ~**tag** m
  anniversary of death; ~**ursache** f cause of
  death; ~**urteil** nt death sentence;
  ~**verachtung** f utter disgust.
Todfeind m deadly od mortal enemy.
todkrank adj dangerously ill.
tödlich ['tøːtlɪç] adj fatal; (*Gift*) deadly, lethal.
tod- zW: ~**müde** adj dead tired; ~**schick** (*umg*)
  adj smart, classy; ~**sicher** (*umg*) adj
  absolutely od dead certain; **T**~**sünde** f
  deadly sin; ~**traurig** adj extremely sad.
Tofu ['toːfu] (-(s)) m tofu.
Togo ['toːgo] (-s) nt Togo.
Toilette [toa'lɛtə] f toilet, lavatory (*BRIT*), john
  (*US*); (*Frisiertisch*) dressing table; (*Kleidung*)
  outfit; **auf die** ~ **gehen/auf der** ~ **sein** to go
  to/be in the toilet.
Toiletten- zW: ~**artikel** pl toiletries pl, toilet
  articles pl; ~**papier** nt toilet paper; ~**tisch** m
  dressing table.
toi, toi, toi ['tɔy'tɔy'tɔy] (*umg*) interj good
  luck; (*unberufen*) touch wood.
Tokio ['toːkjo] (-s) nt Tokyo.
tolerant [tole'rant] adj tolerant.
Toleranz f tolerance.
tolerieren [tole'riːrən] vt to tolerate.
toll [tɔl] adj mad; (*Treiben*) wild; (*umg*) terrific.
tollen vi to romp.
toll- zW: **T**~**heit** f madness, wildness;
  T~**kirsche** f deadly nightshade; ~**kühn** adj
  daring; **T**~**wut** f rabies.
Tölpel ['tœlpəl] (-s, -) m oaf, clod.
Tomate [to'maːtə] (-, -n) f tomato; **du treulose**
  ~! (*umg*) you're a fine friend!
Tomatenmark (-(e)s) nt tomato purée.
Tombola ['tɔmbola] (-, -s od **Tombolen**) f
  tombola.
Ton¹ [toːn] (-(e)s, -e) m (*Erde*) clay.
Ton² [toːn] (-(e)s, ̈-e) m (*Laut*) sound; (*MUS*)
  note; (*Redeweise*) tone; (*Farb*~, *Nuance*)
  shade; (*Betonung*) stress; **keinen**
  ~ **herausbringen** to not be able to say a
  word; **den** ~ **angeben** (*MUS*) to give an A;
  (*fig*: *Mensch*) to set the tone; ~**abnehmer** m
  pick-up; **t**~**angebend** adj leading; ~**arm** m
  pick-up arm; ~**art** f (musical) key; ~**band** nt
  tape; ~**bandaufnahme** f tape recording;

~**bandgerät** *nt* tape recorder.

tönen ['tø:nən] *vi* to sound ♦ *vt* to shade; (*Haare*) to tint.

tönern ['tø:nərn] *adj* clay.

Ton- *zW:* ~**fall** *m* intonation; ~**film** *m* sound film; ~**höhe** *f* pitch.

Tonika ['to:nika] (-, -**iken**) *f* (*MUS*) tonic.

Tonikum (-**s**, -**ika**) *nt* (*MED*) tonic.

Ton- *zW:* ~**ingenieur** *m* sound engineer; ~**kopf** *m* recording head; ~**künstler** *m* musician; ~**leiter** *f* (*MUS*) scale; **t**~**los** *adj* soundless.

Tonne ['tɔnə] (-, -**n**) *f* barrel; (*Maß*) ton.

Ton- *zW:* ~**spur** *f* soundtrack; ~**taube** *f* clay pigeon; ~**waren** *pl* pottery *sing*, earthenware *sing*.

Topf [tɔpf] (-(**e**)**s**, -̈**e**) *m* pot; **alles in einen** ~ **werfen** (*fig*) to lump everything together; ~**blume** *f* pot plant.

Töpfer(in) ['tœpfər(ɪn)] (-**s**, -) *m(f)* potter.

Töpferei [tœpfə'raɪ] *f* (*Töpferware*) pottery; (*Werkstatt*) pottery, potter's workshop.

töpfern *vi* to do pottery.

Töpferscheibe *f* potter's wheel.

topfit ['tɔp'fɪt] *adj* in top form.

Topflappen *m* ovencloth.

topografisch▲ [topo'gra:fɪʃ] *adj* topographic.

topp [tɔp] *interj* O.K.

Tor¹ [to:r] (-**en**, -**en**) *m* fool.

Tor² (-(**e**)**s**, -**e**) *nt* gate; (*SPORT*) goal; ~**bogen** *m* archway; ~**einfahrt** *f* entrance gate.

Toresschluss▲ *m*: (**kurz**) **vor** ~ right at the last minute.

Torf [tɔrf] (-(**e**)**s**) *m* peat; ~**stechen** *nt* peat-cutting.

Torheit *f* foolishness; (*törichte Handlung*) foolish deed.

Torhüter (-**s**, -) *m* goalkeeper.

töricht ['tø:rɪçt] *adj* foolish.

torkeln ['tɔrkəln] *vi* to stagger, reel.

torpedieren [tɔrpe'di:rən] *vt* (*lit, fig*) to torpedo.

Torpedo [tɔr'pe:do] (-**s**, -**s**) *m* torpedo.

Torschlusspanik▲ ['to:rʃluspa:nɪk] (*umg*) *f* (*von Unverheirateten*) fear of being left on the shelf.

Torte ['tɔrtə] (-, -**n**) *f* cake; (*Obst*~) flan, tart.

Tortenguss *m* glaze.

Tortenheber *m* cake slice.

Tortur [tɔr'tu:r] *f* ordeal.

Torverhältnis *nt* goal average.

Torwart (-(**e**)**s**, -**e**) *m* goalkeeper.

tosen ['to:zən] *vi* to roar.

Toskana [tɔs'ka:na] *f* Tuscany.

tot [to:t] *adj* dead; **er war auf der Stelle** ~ he died instantly; ~ **geboren** stillborn; **sich** ~ **stellen** to pretend to be dead; **der** ~**e Winkel** the blind spot; **einen** ~**en Punkt haben** to be at one's lowest; **das T**~**e Meer** the Dead Sea.

total [to'ta:l] *adj* total; **T**~**ausverkauf** *m* clearance sale.

totalitär [totali'tɛ:r] *adj* totalitarian.

Totaloperation *f* extirpation; (*von Gebärmutter*) hysterectomy.

Totalschaden *m* (*AUT*) complete write-off.

totarbeiten *vr* to work o.s. to death.

totärgern (*umg*) *vr* to get really annoyed.

Tote(r) *f(m)* dead person.

töten ['tø:tən] *vt, vi* to kill.

Toten- *zW:* ~**bett** *nt* deathbed; **t**~**blass▲** *adj* deathly pale, white as a sheet; ~**gräber** (-**s**, -) *m* gravedigger; ~**hemd** *nt* shroud; ~**kopf** *m* skull; ~**messe** *f* requiem mass; ~**schein** *m* death certificate; ~**stille** *f* deathly silence; ~**tanz** *m* danse macabre; ~**wache** *f* wake.

tot- *zW:* ~**fahren** *unreg vt* to run over; ~**kriegen** (*umg*) *vt*: **nicht** ~**zukriegen sein** to go on for ever; ~**lachen** (*umg*) *vr* to laugh one's head off.

Toto ['to:to] (-**s**, -**s**) *m od nt* ≈ pools *pl*; ~**schein** *m* ≈ pools coupon.

tot- *zW:* ~**sagen** *vt*: **jdn** ~**sagen** to say that sb is dead; **T**~**schlag** *m* (*JUR*) manslaughter, second degree murder (*US*); ~**schlagen** *unreg vt* (*lit, fig*) to kill; **T**~**schläger** *m* (*Waffe*) cosh (*BRIT*), blackjack (*US*); ~**schweigen** *unreg vt* to hush up; ~**treten** *unreg vt* to trample to death.

Tötung ['tø:tʊŋ] *f* killing.

Toupet [tu'pe:] (-**s**, -**s**) *nt* toupee.

toupieren [tu'pi:rən] *vt* to backcomb.

Tour [tu:r] (-, -**en**) *f* tour, trip; (*Umdrehung*) revolution; (*Verhaltensart*) way; **auf** ~**en kommen** (*AUT*) to reach top speed; (*fig*) to get into top gear; **auf vollen** ~**en laufen** (*lit*) to run at full speed; (*fig*) to be in full swing; **auf die krumme** ~ by dishonest means; **in einer** ~ incessantly.

Tourenzahl *f* number of revolutions.

Tourenzähler *m* rev counter.

Tourismus [tu'rɪsmʊs] *m* tourism.

Tourist(in) *m(f)* tourist.

Touristenklasse *f* tourist class.

Touristik [tu'rɪstɪk] *f* tourism.

touristisch *adj* tourist *attr*.

Tournee [tur'ne:] (-, -**s** *od* -**n**) *f* (*THEAT etc*) tour; **auf** ~ **gehen** to go on tour.

Trab [tra:p] (-(**e**)**s**) *m* trot; **auf** ~ **sein** (*umg*) to be on the go.

Trabant [tra'bant] *m* satellite.

Trabantenstadt *f* satellite town.

traben ['tra:bən] *vi* to trot.

Tracht [traxt] (-, -**en**) *f* (*Kleidung*) costume, dress; **eine** ~ **Prügel** a sound thrashing.

trachten *vi* to strive, endeavour (*BRIT*), endeavor (*US*); **danach** ~, **etw zu tun** to strive to do sth; **jdm nach dem Leben** ~ to seek to kill sb.

trächtig ['trɛçtɪç] *adj* (*Tier*) pregnant.

Tradition [traditsi'o:n] *f* tradition.

traditionell [traditsio:'nɛl] *adj* traditional.

traf *etc* [traːf] *vb siehe* **treffen.**

Tragbahre *f* stretcher.

tragbar *adj* (*Gerät*) portable; (*Kleidung*) wearable; (*erträglich*) bearable.

träge ['trɛːgə] *adj* sluggish, slow; (*PHYS*) inert.

tragen ['traːgən] *unreg vt* to carry; (*Kleidung, Brille*) to wear; (*Namen, Früchte*) to bear; (*erdulden*) to endure ♦ *vi* (*schwanger sein*) to be pregnant; (*Eis*) to hold; **schwer an etw** *dat* ~ (*lit*) to have a job carrying sth; (*fig*) to find sth hard to bear; **zum T~ kommen** to come to fruition; (*nützlich werden*) to come in useful.

tragend *adj* (*Säule, Bauteil*) load-bearing; (*Idee, Motiv*) fundamental.

Träger ['trɛːgər] (**-s, -**) *m* carrier; wearer; bearer; (*Ordens~*) holder; (*an Kleidung*) (shoulder) strap; (*Körperschaft etc*) sponsor; (*Holz~, Beton~*) (supporting) beam; (*Stahl~, Eisen~*) girder; (*TECH: Stütze von Brücken etc*) support.

Trägerin *f* (*Person*) *siehe* **Träger.**

Träger- *zW:* **~kleid** *nt* pinafore dress (*BRIT*), jumper (*US*); **~rakete** *f* launch vehicle; **~rock** *m* skirt with shoulder straps.

Tragetasche *f* carrier bag (*BRIT*), carry-all (*US*).

Trag- *zW:* **~fähigkeit** *f* load-bearing capacity; **~fläche** *f* (*AVIAT*) wing; **~flügelboot** *nt* hydrofoil.

Trägheit ['trɛːkhaɪt] *f* laziness; (*PHYS*) inertia.

Tragik ['traːgɪk] *f* tragedy.

tragikomisch [tragi'koːmɪʃ] *adj* tragi-comic.

tragisch *adj* tragic; **etw ~ nehmen** (*umg*) to take sth to heart.

Traglast *f* load.

Tragödie [tra'gøːdiə] *f* tragedy.

trägt [trɛːkt] *vb siehe* **tragen.**

Tragweite *f* range; (*fig*) scope; **von großer ~ sein** to have far-reaching consequences.

Tragwerk *nt* wing assembly.

Trainer(in) ['trɛːnər(ɪn)] (**-s, -**) *m(f)* (*SPORT*) trainer, coach; (*FUSSBALL*) manager.

trainieren [trɛ'niːrən] *vt* to train; (*Übung*) to practise (*BRIT*), practice (*US*) ♦ *vi* to train; **Fußball ~** to do football practice.

Training (**-s, -s**) *nt* training.

Trainingsanzug *m* track suit.

Trakt [trakt] (**-(e)s, -e**) *m* (*Gebäudeteil*) section; (*Flügel*) wing.

Traktat [trak'taːt] (**-(e)s, -e**) *m od nt* (*Abhandlung*) treatise; (*Flugschrift, religiöse Schrift*) tract.

traktieren (*umg*) *vt* (*schlecht behandeln*) to maltreat; (*quälen*) to torment.

Traktor ['traktɔr] *m* tractor; (*von Drucker*) tractor feed.

trällern ['trɛlərn] *vt, vi* to warble; (*Vogel*) to trill, warble.

trampeln ['trampəln] *vt* to trample;

(*abschütteln*) to stamp ♦ *vi* to stamp.

Trampelpfad *m* track, path.

Trampeltier *nt* (*ZOOL*) (Bactrian) camel; (*fig: umg*) clumsy oaf.

trampen ['trɛmpən] *vi* to hitchhike.

Tramper(in) [trɛmpər(ɪn)] (**-s, -**) *m(f)* hitchhiker.

Trampolin [trampo'liːn] (**-s, -e**) *nt* trampoline.

Tranchierbesteck *nt* pair of carvers, carvers *pl.*

tranchieren [trã'ʃiːrən] *vt* to carve.

Träne ['trɛːnə] (**-, -n**) *f* tear.

tränen *vi* to water.

Tränengas *nt* tear gas.

tranig ['traːnɪç] (*umg*) *adj* slow, sluggish.

trank *etc* [traŋk] *vb siehe* **trinken.**

Tränke ['trɛŋkə] (**-, -n**) *f* watering place.

tränken *vt* (*nass machen*) to soak; (*Tiere*) to water.

Transaktion [transˌaktsi'oːn] *f* transaction.

Tranchierbesteck *nt* = **Tranchierbesteck.**

transchieren *vt* = **tranchieren.**

Transformator [transfɔr'maːtɔr] *m* transformer.

Transfusion [transfuzi'oːn] *f* transfusion.

Transistor [tran'zistɔr] *m* transistor.

transitiv ['tranzitiːf] *adj* transitive.

Transitverkehr [tran'ziːtfɛrkeːr] *m* transit traffic.

transparent [transpa'rɛnt] *adj* transparent; **T~** (**-(e)s, -e**) *nt* (*Bild*) transparency; (*Spruchband*) banner.

transpirieren [transpi'riːrən] *vi* to perspire.

Transplantation [transplantatsi'oːn] *f* transplantation; (*Haut~*) graft(ing).

Transport [trans'pɔrt] (**-(e)s, -e**) *m* transport; (*Fracht*) consignment, shipment; **t~fähig** *adj* moveable.

transportieren [transpɔr'tiːrən] *vt* to transport.

Transport- *zW:* **~kosten** *pl* transport charges *pl*, carriage *sing*; **~mittel** *nt* means *sing* of transport; **~unternehmen** *nt* carrier.

transsexuell [transzɛksu'ɛl] *adj* transsexual.

transusig ['traːnzuːzɪç] (*umg*) *adj* sluggish.

Transvestit [transvɛs'tiːt] (**-en, -en**) *m* transvestite.

Trapez [tra'peːts] (**-es, -e**) *nt* trapeze; (*MATH*) trapezium.

Trara [tra'raː] (**-s**) *nt:* **mit viel ~** (**um**) (*fig: umg*) with a great hullabaloo (about).

trat *etc* [traːt] *vb siehe* **treten.**

Tratsch [traːtʃ] (**-(e)s**) (*umg*) *m* gossip.

tratschen ['traːtʃən] (*umg*) *vi* to gossip.

Tratte ['tratə] (**-, -n**) *f* (*FIN*) draft.

Traube ['traʊbə] (**-, -n**) *f* grape; (*ganze Frucht*) bunch of grapes.

Traubenlese *f* grape harvest.

Traubenzucker *m* glucose.

trauen ['traʊən] *vi +dat* to trust ♦ *vr* to dare ♦ *vt*

Spelling Reform: ▲ *new spelling* △ *old spelling (to be phased out)*

to marry; **jdm/etw** ~ **to trust sb/sth.**

Trauer ['trauər] (-) *f* sorrow; (*für Verstorbenen*) mourning; ~**fall** *m* death, bereavement; ~**feier** *f* funeral service; ~**flor** (-s, -e) *m* black ribbon; ~**gemeinde** *f* mourners *pl*; ~**marsch** *m* funeral march.

trauern *vi* to mourn; **um jdn** ~ to mourn (for) sb.

Trauer- *zW*: ~**rand** *m* black border; ~**spiel** *nt* tragedy; ~**weide** *f* weeping willow.

Traufe ['traufə] (-, -n) *f* eaves *pl*.

träufeln ['trɔyfəln] *vt, vi* to drip.

traulich ['trauliç] *adj* cosy, intimate.

Traum [traum] (-(e)s, **Träume**) *m* dream; **aus der** ~! it's all over!

Trauma (-s, -men) *nt* trauma.

traumatisieren [traumati'ziːrən] *vt* to traumatize.

Traumbild *nt* vision.

Traumdeutung *f* interpretation of dreams.

träumen ['trɔymən] *vt, vi* to dream; **das hätte ich mir nicht** ~ **lassen** I'd never have thought it possible.

Träumer(in) (-s, -) *m(f)* dreamer.

Träumerei [trɔymə'rai] *f* dreaming.

träumerisch *adj* dreamy.

traumhaft *adj* dreamlike; (*fig*) wonderful.

Traumtänzer *m* dreamer.

traurig ['trauriç] *adj* sad; **T**~**keit** *f* sadness.

Trauring *m* wedding ring.

Trauschein *m* marriage certificate.

Trauung *f* wedding ceremony.

Trauzeuge *m* witness (to a marriage).

treffen ['trɛfən] *unreg vt* to strike, hit; (*Bemerkung*) to hurt; (*begegnen*) to meet; (*Entscheidung etc*) to make; (*Maßnahmen*) to take ♦ *vi* to hit ♦ *vr* to meet; **er hat es gut getroffen** he did well; **er fühlte sich getroffen** he took it personally; ~ **auf** +*akk* to come across, meet; **es traf sich, dass ...** it so happened that ...; **es trifft sich gut** it's convenient.

Treffen (-s, -) *nt* meeting.

treffend *adj* pertinent, apposite.

Treffer (-s, -) *m* hit; (*Tor*) goal; (*Los*) winner.

trefflich *adj* excellent.

Treffpunkt *m* meeting place.

Treibeis *nt* drift ice.

treiben ['traibən] *unreg vt* to drive; (*Studien etc*) to pursue; (*SPORT*) to do, go in for ♦ *vi* (*Schiff etc*) to drift; (*Pflanzen*) to sprout; (*KOCH: aufgehen*) to rise; (*Medikamente*) to be diuretic; **die** ~**de Kraft** (*fig*) the driving force; **Handel mit etw/jdm** ~ to trade in sth/with sb; **es zu weit** ~ to go too far; **Unsinn** ~ to fool around; **T**~ (-s) *nt* activity.

Treib- *zW*: ~**gut** *nt* flotsam and jetsam; ~**haus** *nt* greenhouse; ~**hauseffekt** *m* greenhouse effect; ~**hausgas** *nt* greenhouse gas; ~**jagd** *f* shoot (*in which game is sent up*); (*fig*) witchhunt;

~**sand** *m* quicksand; ~**stoff** *m* fuel.

Trend [trɛnt] (-s, -s) *m* trend; ~**wende** *f* new trend.

trennbar *adj* separable.

trennen ['trɛnən] *vt* to separate; (*teilen*) to divide ♦ *vr* to separate; **sich** ~ **von** to part with.

Trennschärfe *f* (*RUNDF*) selectivity.

Trennung *f* separation.

Trennungsstrich *m* hyphen.

Trennwand *f* partition (wall).

treppab *adv* downstairs.

treppauf *adv* upstairs.

Treppe ['trɛpə] (-, -n) *f* stairs *pl*, staircase; (*im Freien*) steps *pl*; **eine** ~ a staircase, a flight of stairs *od* steps; **sie wohnt zwei** ~**n hoch/höher** she lives two flights up/higher up.

Treppengeländer *nt* banister.

Treppenhaus *nt* staircase.

Tresen ['treːzən] (-s, -) *m* (*Theke*) bar; (*Ladentisch*) counter.

Tresor [tre'zoːr] (-s, -e) *m* safe.

Tretboot *nt* pedal boat, pedalo.

treten ['treːtən] *unreg vi* to step; (*Tränen, Schweiß*) to appear ♦ *vt* (*mit Fußtritt*) to kick; (*nieder*~) to tread, trample; ~ **nach** to kick at; ~ **in** +*akk* to step in(to); **in Verbindung** ~ to get in contact; **in Erscheinung** ~ to appear; **der Fluss trat über die Ufer** the river overflowed its banks; **in Streik** ~ to go on strike.

Treter ['treːtər] (*umg*) *pl* (*Schuhe*) casual shoes *pl*.

Tretmine *f* (*MIL*) (anti-personnel) mine.

Tretmühle *f* (*fig*) daily grind.

treu [trɔy] *adj* faithful, true; ~**doof** (*umg*) *adj* naïve.

Treue (-) *f* loyalty, faithfulness.

Treuhand (*umg*) *f*, **Treuhandanstalt** *f* trustee organization (*overseeing the privatization of former GDR state-owned firms*).

Treuhänder (-s, -) *m* trustee.

Treuhandgesellschaft *f* trust company.

treu- *zW*: ~**herzig** *adj* innocent; ~**lich** *adv* faithfully; ~**los** *adj* faithless; ~**los an jdm handeln** to fail sb.

Triathlon ['triːatlon] (-s, -s) *nt* triathlon.

Tribüne [tri'byːnə] (-, -n) f grandstand; (Redner~) platform.

Tribut [tri'buːt] (-(e)s, -e) m tribute.

Trichter ['trɪçtər] (-s, -) m funnel; (Bomben~) crater.

Trick [trɪk] (-s, -e od -s) m trick; ~**film** m cartoon.

Trieb (-(e)s, -e) m urge, drive; (Neigung) inclination; (BOT) shoot.

trieb etc [triːp] vb siehe **treiben**.

Trieb- zW: ~**feder** f (fig) motivating force; t~**haft** adj impulsive; ~**kraft** f (fig) drive; ~**täter** m sex offender; ~**wagen** m (EISENB) railcar; ~**werk** nt engine.

triefen ['triːfən] vi to drip.

trifft [trɪft] vb siehe **treffen**.

triftig ['trɪftɪç] adj convincing; (Grund etc) good.

Trigonometrie [trigonomeˈtriː] f trigonometry.

Trikot [triˈkoː] (-s, -s) nt vest; (SPORT) shirt ♦ m (Gewebe) tricot.

Triller ['trɪlər] (-s, -) m (MUS) trill.

trillern vi to trill, warble.

Trillerpfeife f whistle.

Trilogie [triloˈgiː] f trilogy.

Trimester [triˈmɛstər] (-s, -) nt term.

Trimm-Aktion f keep-fit campaign.

Trimm-dich-Pfad m keep-fit trail.

trimmen vt (Hund) to trim; (umg: Mensch, Tier) to teach, train ♦ vr to keep fit.

trinkbar adj drinkable.

trinken ['trɪŋkən] unreg vt, vi to drink.

Trinker(in) (-s, -) m(f) drinker.

Trink- zW: t~**fest** adj: ich bin nicht sehr t~**fest** I can't hold my drink very well; ~**geld** nt tip; ~**halle** f (Kiosk) refreshment kiosk; ~**halm** m (drinking) straw; ~**milch** f milk; ~**spruch** m toast; ~**wasser** nt drinking water.

Trio ['triːo] (-s, -s) nt trio.

trippeln ['trɪpəln] vi to toddle.

Tripper ['trɪpər] (-s, -) m gonorrhoea (BRIT), gonorrhea (US).

trist [trɪst] adj dreary, dismal; (Farbe) dull.

tritt [trɪt] vb siehe **treten**.

Tritt (-(e)s, -e) m step; (Fuß~) kick.

Trittbrett nt (EISENB) step; (AUT) running board.

Trittleiter f stepladder.

Triumph [triˈumf] (-(e)s, -e) m triumph; ~**bogen** m triumphal arch.

triumphieren [triumˈfiːrən] vi to triumph; (jubeln) to exult.

trivial [triviˈaːl] adj trivial; T~**literatur** f light fiction.

trocken ['trɔkən] adj dry; **sich** ~ **rasieren** to use an electric razor; T~**automat** m tumble dryer; T~**dock** nt dry dock; T~**eis** nt dry ice; T~**element** nt dry cell; T~**haube** f hairdryer; T~**heit** f dryness; ~**legen** vt (Sumpf) to

drain; (Kind) to put a clean nappy (BRIT) od diaper (US) on; T~**milch** f dried milk; T~**zeit** f (Jahreszeit) dry season.

trocknen vt, vi to dry.

Trockner (-s, -) m dryer.

Troddel ['trɔdəl] (-, -n) f tassel.

Trödel ['trøːdəl] (-s) (umg) m junk; ~**markt** m flea market.

trödeln (umg) vi to dawdle.

Trödler (-s, -) m secondhand dealer.

Trog (-(e)s, ̈-e) m trough.

trog etc [troːk] vb siehe **trügen**.

trollen ['trɔlən] (umg) vr to push off.

Trommel ['trɔməl] (-, -n) f drum; **die** ~ **rühren** (fig: umg) to drum up support; ~**fell** nt eardrum; ~**feuer** nt drumfire, heavy barrage.

trommeln vt, vi to drum.

Trommelrevolver m revolver.

Trommelwaschmaschine f tumble-action washing machine.

Trommler(in) ['trɔmlər(ɪn)] (-s, -) m(f) drummer.

Trompete [trɔmˈpeːtə] (-, -n) f trumpet.

Trompeter (-s, -) m trumpeter.

Tropen ['troːpən] pl tropics pl; t~**beständig** adj suitable for the tropics; ~**helm** m topee, sun helmet.

Tropf¹ [trɔpf] (-(e)s, ̈-e) (umg) m rogue; **armer** ~ poor devil.

Tropf² (-(e)s) (umg) m (MED: Infusion) drip (umg); **am** ~ **hängen** to be on a drip.

tröpfeln ['trœpfəln] vi to drip, trickle.

Tropfen (-s, -) m drop; **ein guter** od **edler** ~ a good wine; **ein** ~ **auf den heißen Stein** (fig: umg) a drop in the ocean.

tropfen vt, vi to drip ♦ vi unpers: **es tropft** a few raindrops are falling.

tropfenweise adv in drops.

tropfnass▲ adj dripping wet.

Tropfsteinhöhle f stalactite cave.

Trophäe [troˈfɛːə] (-, -n) f trophy.

tropisch ['troːpɪʃ] adj tropical.

Trost [troːst] (-es) m consolation, comfort; t~**bedürftig** adj in need of consolation.

trösten ['trøːstən] vt to console, comfort.

Tröster(in) (-s, -) m(f) comfort(er).

tröstlich adj comforting.

trost- zW: ~**los** adj bleak; (Verhältnisse) wretched; T~**pflaster** nt (fig) consolation; T~**preis** m consolation prize; ~**reich** adj comforting.

Tröstung ['trøːstʊŋ] f comfort, consolation.

Trott [trɔt] (-(e)s, -e) m trot; (Routine) routine.

Trottel (-s, -) (umg) m fool, dope.

trotten vi to trot.

Trottoir [trɔtoˈaːr] (-s, -s od -e) nt (veraltet) pavement (BRIT), sidewalk (US).

trotz [trɔts] präp (+gen od dat) in spite of.

Trotz (-es) m pig-headedness; **etw aus** ~ **tun**

to do sth just to show them; **jdm zum** ~ **in** defiance of sb.

Trotzalter *nt* obstinate phase.

trotzdem *adv* nevertheless ♦ *konj* although.

trotzen *vi* +*dat* to defy; (*der Kälte, dem Klima etc*) to withstand; (*der Gefahr*) to brave; (*trotzig sein*) to be awkward.

trotzig *adj* defiant; (*Kind*) difficult, awkward.

Trotzkopf *m* obstinate child.

Trotzreaktion *f* fit of pique.

trüb [tryːp] *adj* dull; (*Flüssigkeit, Glas*) cloudy; (*fig*) gloomy; ~**e Tasse** (*umg*) drip.

Trubel ['truːbəl] (-s) *m* hurly-burly.

trüben ['tryːbən] *vt* to cloud ♦ *vr* to become clouded.

Trübheit *f* dullness; cloudiness; gloom.

Trübsal (-, -e) *f* distress; ~ **blasen** (*umg*) to mope.

trüb- *zW:* ~**selig** *adj* sad, melancholy; **T~sinn** *m* depression; ~**sinnig** *adj* depressed, gloomy.

trudeln ['truːdəln] *vi* (*AVIAT*) to (go into a) spin.

Trüffel ['tryfəl] (-, -n) *f* truffle.

Trug (-(e)s) *m* (*liter*) deception; (*der Sinne*) illusion.

trug *etc* [truːk] *vb siehe* **tragen**.

trügen ['tryːgən] *unreg vt* to deceive ♦ *vi* to be deceptive; **wenn mich nicht alles trügt** unless I am very much mistaken.

trügerisch *adj* deceptive.

Trugschluss▲ ['truːgʃlʊs] *m* false conclusion.

Truhe ['truːə] (-, -n) *f* chest.

Trümmer ['trymər] *pl* wreckage *sing;* (*Bau~*) ruins *pl;* ~**feld** *nt* expanse of rubble *od* ruins; (*fig*) scene of devastation; ~**frauen** *pl* (*German*) *women who cleared away the rubble after the war;* ~**haufen** *m* heap of rubble.

Trumpf [trʊmpf] (-(e)s, -̈e) *m* (*lit, fig*) trump; **t~en** *vt, vi* to trump.

Trunk [trʊŋk] (-(e)s, -̈e) *m* drink.

trunken *adj* intoxicated; **T~bold** (-(e)s, -e) *m* drunkard; **T~heit** *f* intoxication; **T~heit am Steuer** drink-driving.

Trunksucht *f* alcoholism.

Trupp [trʊp] (-s, -s) *m* troop.

Truppe (-, -n) *f* troop; (*Waffengattung*) force; (*Schauspiel~*) troupe; **nicht von der schnellen** ~ **sein** (*umg*) to be slow.

Truppen *pl* troops *pl;* ~**abbau** *m* cutback in troop numbers; ~**führer** *m* (*military*) commander; ~**teil** *m* unit; ~**übungsplatz** *m* training area.

Trust [trast] (-(e)s, -e *od* -s) *m* trust.

Truthahn ['truːthaːn] *m* turkey.

Tschad [tʃat] (-s) *m:* **der** ~ Chad.

Tscheche ['tʃɛçə] (-n, -n) *m*, **Tschechin** *f* Czech.

tschechisch *adj* Czech; **die T~e Republik** the

Czech Republic.

Tschechoslowakei [tʃɛçoslovaˈkai] *f* (*früher*): **die** ~ Czechoslovakia.

tschüss▲ [tʃʏs] (*umg*) *interj* cheerio (*BRIT*), so long (*US*).

T-Shirt ['tiːʃəːt] (-s, -s) *nt* T-shirt.

TU (-) *f abk* (= *technische Universität*) ≈ polytechnic.

Tuba ['tuːba] (-, **Tuben**) *f* (*MUS*) tuba.

Tube ['tuːbə] (-, -n) *f* tube.

Tuberkulose [tuberkuˈloːzə] (-, -n) *f* tuberculosis.

Tuch [tuːx] (-(e)s, -̈er) *nt* cloth; (*Hals~*) scarf; (*Kopf~*) (head)scarf; (*Hand~*) towel; ~**fühlung** *f* physical contact.

tüchtig ['tʏçtɪç] *adj* efficient; (*fähig*) able, capable; (*umg: kräftig*) good, sound; **etwas T~es lernen/werden** (*umg*) to get a proper training/job; **T~keit** *f* efficiency; ability.

Tücke ['tʏkə] (-, -n) *f* (*Arglist*) malice; (*Trick*) trick; (*Schwierigkeit*) difficulty, problem; **seine** ~**n haben** to be temperamental.

tückisch *adj* treacherous; (*böswillig*) malicious.

tüfteln ['tʏftəln] (*umg*) *vi* to puzzle; (*basteln*) to fiddle about.

Tugend ['tuːgənt] (-, -en) *f* virtue; **t~haft** *adj* virtuous.

Tüll [tʏl] (-s, -e) *m* tulle.

Tülle (-, -n) *f* spout.

Tulpe ['tʊlpə] (-, -n) *f* tulip.

tummeln ['tʊməln] *vr* to romp (about); (*sich beeilen*) to hurry.

Tummelplatz *m* play area; (*fig*) hotbed.

Tumor ['tuːmɔr] (-s, -e) *m* tumour (*BRIT*), tumor (*US*).

Tümpel ['tʏmpəl] (-s, -) *m* pond.

Tumult [tuˈmʊlt] (-(e)s, -e) *m* tumult.

tun [tuːn] *unreg vt* (*machen*) to do; (*legen*) to put ♦ *vi* to act ♦ *vr:* **es tut sich etwas/viel** something/a lot is happening; **jdm etw** ~ **to** do sth to sb; **etw tut es auch** sth will do; **das tut nichts** that doesn't matter; **das tut nichts zur Sache** that's neither here nor there; **du kannst** ~ **und lassen, was du willst** you can do as you please; **so** ~, **als ob** to act as if; **zu** ~ **haben** (*beschäftigt sein*) to be busy, have things *od* something to do.

Tünche ['tʏnçə] (-, -n) *f* whitewash.

tünchen *vt* to whitewash.

Tunesien [tuˈneːziən] (-s) *nt* Tunisia.

Tunesier(in) (-s, -) *m(f)* Tunisian.

tunesisch *adj* Tunisian.

Tunfisch▲ *m* = **Thunfisch**.

Tunke ['tʊŋkə] (-, -n) *f* sauce.

tunken *vt* to dip, dunk.

tunlichst ['tuːnlɪçst] *adv* if at all possible; ~ **bald** as soon as possible.

Tunnel ['tʊnəl] (-s, -s *od* -) *m* tunnel.

Tunte ['tʊntə] (-, -n) (*pej: umg*) *f* fairy (*pej*).

Tüpfel ['typfəl] (-s, -) *m* dot; ~**chen** *nt* (small) dot.

tüpfeln ['typfəln] *vt* to dab.

tupfen ['tʊpfən] *vt* to dab; (*mit Farbe*) to dot; **T**~ (-s, -) *m* dot, spot.

Tupfer (-s, -) *m* swab.

Tür [ty:r] (-, -en) *f* door; **an die** ~ **gehen** to answer the door; **zwischen** ~ **und Angel** in passing; **Weihnachten steht vor der** ~ (*fig*) Christmas is just around the corner; **mit der** ~ **ins Haus fallen** (*umg*) to blurt it *od* things out; ~**angel** *f* (door) hinge.

Turbine [tʊr'bi:nə] *f* turbine.

turbulent [tʊrbu'lɛnt] *adj* turbulent.

Türke ['tʏrkə] (-n, -n) *m* Turk.

Türkei [tʏr'kaɪ] *f*: **die** ~ Turkey.

Türkin *f* Turk.

Türkis [tʏr'ki:s] (-es, -e) *m* turquoise; **t**~ *adj* turquoise.

türkisch *adj* Turkish.

Türklinke *f* door handle.

Turm [tʊrm] (-(e)s, ̈-e) *m* tower; (*Kirch*~) steeple; (*Sprung*~) diving platform; (*SCHACH*) castle, rook.

türmen ['tʏrmən] *vr* to tower up ♦ *vt* to heap up ♦ *vi* (*umg*) to scarper, bolt.

Turmuhr *f* clock (on a tower); (*Kirch*~) church clock.

Turnanzug *m* gym costume.

turnen ['tʊrnən] *vi* to do gymnastic exercises; (*herumklettern*) to climb about; (*Kind*) to romp ♦ *vt* to perform; **T**~ (-s) *nt* gymnastics *sing*; (*SCH*) physical education, P.E.

Turner(in) (-s, -) *m(f)* gymnast.

Turnhalle *f* gym(nasium).

Turnhose *f* gym shorts *pl*.

Turnier [tʊr'ni:r] (-s, -e) *nt* tournament.

Turn- *zW*: ~**lehrer(in)** *m(f)* gym *od* PE teacher; ~**schuh** *m* gym shoe; ~**stunde** *f* gym *od* PE lesson.

Turnus ['tʊrnʊs] (-, -se) *m* rota; **im** ~ in rotation.

Turnverein *m* gymnastics club.

Turnzeug *nt* gym kit.

Türöffner *m* buzzer.

turteln ['tʊrtəln] (*umg*) *vi* to bill and coo; (*fig*) to whisper sweet nothings.

Tusch [tʊʃ] (-(e)s, -e) *m* (*MUS*) flourish.

Tusche ['tʊʃə] (-, -n) *f* Indian ink.

tuscheln ['tʊʃəln] *vt, vi* to whisper.

Tuschkasten *m* paintbox.

Tussi ['tʊsɪ] (-, -s) (*umg*) *f* (*Frau, Freundin*) bird (*BRIT*), chick (*US*).

tust [tu:st] *vb siehe* **tun**.

tut [tu:t] *vb siehe* **tun**.

Tüte ['ty:tə] (-, -n) *f* bag; **in die** ~ **blasen** (*umg*) to be breathalyzed; **das kommt nicht in die** ~! (*umg*) no way!

tuten ['tu:tən] *vi* (*AUT*) to hoot (*BRIT*), honk (*US*); **von T**~ **und Blasen keine Ahnung**

haben (*umg*) not to have a clue.

TÜV [tʏf] *m* abk (= *Technischer Überwachungs-Verein*) ≈ MOT (*BRIT*); **durch den** ~ **kommen** (*AUT*) to pass its test *od* MOT (*Brit*).

TÜV

The **TÜV** (*Technischer Überwachungsverein*) is the organization responsible for checking the safety of machinery, particularly vehicles. Cars over three years old have to be examined every two years for their safety and for their exhaust emissions. The **TÜV** is the German equivalent of the MOT.

TV (-) *nt abk* (= *Television*) TV ♦ *m abk* = **Turnverein**.

Twen [tvɛn] (-(s), -s) *m person in his/her twenties*.

Typ [ty:p] (-s, -en) *m* type.

Type (-, -n) *f* (*TYP*) type.

Typenrad *nt* (*Drucker*) daisywheel; ~**drucker** *m* daisywheel printer.

Typhus ['ty:fʊs] (-) *m* typhoid (fever).

typisch ['ty:pɪʃ] *adj*: ~ (**für**) typical (of).

Tyrann [ty'ran] (-en, -en) *m(f)* tyrant.

Tyrannei [tyra'naɪ] *f* tyranny.

Tyrannin *f* tyrant.

tyrannisch *adj* tyrannical.

tyrannisieren [tyrani'zi:rən] *vt* to tyrannize.

tyrrhenisch [ty're:nɪʃ] *adj* Tyrrhenian; **T**~**es Meer** Tyrrhenian Sea.

U, u

U, u [u:] *nt* U, u; ~ **wie Ulrich** ≈ U for Uncle.

u. *abk* = **und**.

u. a. *abk* (= *und andere(s)*) and others; (= *unter anderem*) amongst other things.

u. Ä. *abk* (= *und Ähnliche(s)*) and similar.

u. A. w. g. *abk* (= *um Antwort wird gebeten*) R.S.V.P.

U-Bahn ['u:ba:n] *f abk* (= *Untergrundbahn*) underground (*BRIT*), subway (*US*).

übel ['y:bəl] *adj* bad; **jdm ist** ~ sb feels sick; ~ **gelaunt** bad-tempered, sullen; **jdm eine Bemerkung** *etc* ~ **nehmen** to be offended at sb's remark *etc*; ~ **wollend** malevolent; **Ü**~ (-s, -) *nt* evil; (*Krankheit*) disease; **zu allem Ü**~ ... to make matters worse ...; **Ü**~**keit** *f* nausea; **Ü**~**stand** *m* bad state of affairs; **Ü**~**täter** *m* wrongdoer.

üben ['y:bən] *vt, vi, vr* to practise (*BRIT*), practice (*US*); (*Gedächtnis, Muskeln*) to exercise; **Kritik an etw** *dat* ~ to criticize sth.

==================== *SCHLÜSSELWORT*

über ['y:bər] *präp +dat* **1** (*räumlich*) over, above; **zwei Grad ~ null** two degrees above zero. **2** (*zeitlich*) over; ~ **der Arbeit einschlafen** to fall asleep over one's work.

♦ *präp +akk* **1** (*räumlich*) over; (*hoch* ~) above; (*quer* ~) across; **er lachte ~ das ganze Gesicht** he was beaming all over his face; **Macht ~ jdn haben** to have power over sb. **2** (*zeitlich*) over; ~ **Weihnachten** over Christmas; ~ **kurz oder lang** sooner or later. **3** (*auf dem Wege*) via; **nach Köln ~ Aachen** to Cologne via Aachen; **ich habe es ~ die Auskunft erfahren** I found out from information. **4** (*betreffend*) about; **ein Buch ~ ...** a book about *od* on ...; ~ **jdn/etw lachen** to laugh about *od* at sb/sth; **ein Scheck ~ 200 Mark** a cheque for 200 marks. **5: Fehler ~ Fehler** mistake after mistake.

♦ *adv* **1** (*mehr als*) over, more than; **Kinder ~ 12 Jahren** children over *od* above 12 years of age; **sie liebt ihn ~ alles** she loves him more than anything. **2:** ~ **und** ~ over and over; **den ganzen Tag/ die ganze Zeit** ~ all day long/all the time; **jdm in etw** *dat* ~ **sein** to be superior to sb in sth.

überall [y:bər'|al] *adv* everywhere; **~hin** *adv* everywhere.

überaltert [y:bər'|altərt] *adj* obsolete.

Überangebot ['y:bər|angəboːt] *nt:* ~ **(an** *+dat*) surplus (of).

überanstrengen [y:bər'|anʃtrɛŋən] *vt untr* to overexert ♦ *vr untr* to overexert o.s.

überantworten [y:bər'|antvɔrtən] *vt untr* to hand over, deliver (up).

überarbeiten [y:bər'|arbaɪtən] *vt untr* to revise, rework ♦ *vr untr* to overwork (o.s.).

überaus ['y:bər|aus] *adv* exceedingly.

überbacken [y:bər'bakən] *unreg vt untr* to put in the oven/under the grill.

Überbau ['y:bərbau] *m* (*Gebäude, Philosophie*) superstructure.

überbeanspruchen ['y:bərbə|anʃpruxən] *vt untr* (*Menschen, Körper, Maschine*) to overtax.

überbelichten ['y:bərbəlɪçtən] *vt untr* (*PHOT*) to overexpose.

Überbesetzung ['y:bərbəzɛtsuŋ] *f* overmanning.

überbewerten ['y:bərbəveːrtən] *vt untr* (*fig*) to overrate; (*Äußerungen*) to attach too much importance to.

überbieten [y:bər'biːtən] *unreg vt untr* to outbid; (*übertreffen*) to surpass; (*Rekord*) to break ♦ *vr untr:* **sich in etw** *dat* **(gegenseitig)** ~ to vie with each other in sth.

Überbleibsel ['y:bərblaɪpsəl] **(-s, -)** *nt* residue, remainder.

Überblick ['y:bərblɪk] *m* view; (*fig: Darstellung*) survey, overview; (*Fähigkeit*): ~ **(über** *+akk*) overall view (of), grasp (of); **den ~ verlieren** to lose track (of things); **sich** *dat* **einen ~ verschaffen** to get a general idea.

überblicken [y:bər'blɪkən] *vt untr* to survey; (*fig*) to see; (: *Lage etc*) to grasp.

überbringen [y:bər'brɪŋən] *unreg vt untr* to deliver, hand over.

Überbringer (-s, -) *m* bearer.

Überbringung *f* delivery.

überbrücken [y:bər'brʏkən] *vt untr* to bridge.

Überbrückung *f:* **100 Mark zur** ~ 100 marks to tide me/him *etc* over.

Überbrückungskredit *m* bridging loan.

überbuchen ['y:bərbuːxən] *vt* to overbook.

überdauern [y:bər'dauərn] *vt untr* to outlast.

überdenken [y:bər'dɛŋkən] *unreg vt untr* to think over.

überdies [y:bər'diːs] *adv* besides.

überdimensional ['y:bərdimɛnzionaːl] *adj* oversize.

Überdosis ['y:bərdoːzɪs] *f* overdose, OD (*umg*); (*zu große Zumessung*) excessive amount.

überdrehen [y:bər'dreːən] *vt untr* (*Uhr etc*) to overwind.

überdreht *adj:* ~ **sein** (*fig*) to be hyped up, be overexcited.

Überdruck ['y:bərdruk] *m* (*TECH*) excess pressure.

Überdruss▲ ['y:bərdrus] **(-es)** *m* weariness; **bis zum** ~ ad nauseam.

überdrüssig ['y:bərdrʏsɪç] *adj +gen* tired of, sick of.

überdurchschnittlich ['y:bərdurçʃnɪtlɪç] *adj* above-average ♦ *adv* exceptionally.

übereifrig ['y:bər|aɪfrɪç] *adj* overzealous.

übereignen [y:bər'|aɪgnən] *vt untr:* **jdm etw** ~ (*geh*) to make sth over to sb.

übereilen [y:bər'|aɪlən] *vt untr* to hurry.

übereilt *adj* (over)hasty.

übereinander [y:bər|aɪ'nandər] *adv* one upon the other; (*sprechen*) about each other; ~ **schlagen** (*Arme*) to fold; (*Beine*) to cross.

übereinkommen [y:bər'|aɪnkɔmən] *unreg vi* to agree.

Übereinkunft [y:bər'|aɪnkunft] **(-, -künfte)** *f* agreement.

übereinstimmen [y:bər'|aɪnʃtɪmən] *vi* to agree; (*Angaben, Messwerte etc*) to tally; (*mit Tatsachen*) to fit.

Übereinstimmung *f* agreement.

überempfindlich ['y:bər|ɛmpfɪntlɪç] *adj* hypersensitive.

überfahren¹ ['y:bərfaːrən] *unreg vt* to take across ♦ *vi* to cross, go across.

überfahren² [y:bər'faːrən] *unreg vt untr* (*AUT*) to run over; (*fig*) to walk all over.

Überfahrt ['yːbərfaːrt] ƒ crossing.

Überfall ['yːbərfal] m (Bank~, MIL) raid; (auf jdn) assault.

überfallen [yːbər'falən] unreg vt untr to attack; (Bank) to raid; (besuchen) to drop in on, descend (up)on.

überfällig ['yːbərfɛlıç] adj overdue.

Überfallkommando nt flying squad.

überfliegen [yːbər'fliːgən] unreg vt untr to fly over, overfly; (Buch) to skim through.

Überflieger m (fig) high-flier.

überflügeln [yːbər'flyːgəln] vt untr to outdo.

Überfluss▲ ['yːbərflʊs] m: ~ (an +dat) (super)abundance (of), excess (of); zu allem od zum ~ (unnötigerweise) superfluously; (obendrein) to crown it all (umg); ~gesellschaft ƒ affluent society.

überflüssig ['yːbərflʏsıç] adj superfluous.

überfluten [yːbər'fluːtən] vt untr (lit) to flood; (fig) to flood, inundate.

überfordern [yːbər'fɔrdərn] vt untr to demand too much of; (Kräfte etc) to overtax.

überfragt [yːbər'fraːkt] adj: da bin ich ~ there you've got me, you've got me there.

überführen[1] ['yːbərfyːrən] vt to transfer; (Leiche etc) to transport.

überführen[2] [yːbər'fyːrən] vt untr (Täter) to have convicted.

Überführung ƒ (siehe vbs) transfer; transport; conviction; (Brücke) bridge, overpass.

überfüllt [yːbər'fʏlt] adj overcrowded; (Kurs) oversubscribed.

Übergabe ['yːbərgaːbə] ƒ handing over; (MIL) surrender.

Übergang ['yːbərgaŋ] m crossing; (Wandel, Überleitung) transition.

Übergangs- zW: ~erscheinung ƒ transitory phenomenon; ~finanzierung ƒ (FIN) accommodation; ü~los adj without a transition; ~lösung ƒ provisional solution, stopgap; ~stadium nt state of transition; ~zeit ƒ transitional period.

übergeben [yːbər'geːbən] unreg vt untr to hand over; (MIL) to surrender ♦ vr untr to be sick; dem Verkehr ~ to open to traffic.

übergehen[1] ['yːbərgeːən] unreg vi (Besitz) to pass; (zum Feind etc) to go over, defect; (überwechseln): (zu etw) ~ to go on (to sth); ~ in +akk to turn into.

übergehen[2] [yːbər'geːən] unreg vt untr to pass over, omit.

übergeordnet ['yːbərgə|ɔrdnət] adj (Behörde) higher.

Übergepäck ['yːbərgəpɛk] nt excess baggage.

übergeschnappt ['yːbərgəʃnapt] (umg) adj crazy.

Übergewicht ['yːbərgəvıçt] nt excess weight; (fig) preponderance.

übergießen [yːbər'giːsən] unreg vt untr to pour

over; (Braten) to baste.

überglücklich ['yːbərglʏklıç] adj overjoyed.

übergreifen ['yːbərgraıfən] unreg vi: ~ (auf +akk) (auf Rechte etc) to encroach (on); (Feuer, Streik, Krankheit etc) to spread (to); ineinander ~ to overlap.

übergroß ['yːbərgroːs] adj outsize, huge.

Übergröße ['yːbərgrøːsə] ƒ oversize.

überhaben ['yːbərhaːbən] unreg (umg) vt to be fed up with.

überhand [yːbər'hant] adv: ~ nehmen to gain the ascendancy.

überhängen ['yːbərhɛŋən] unreg vi to overhang.

überhäufen [yːbər'hɔyfən] vt untr: jdn mit Geschenken/Vorwürfen ~ to heap presents/ reproaches on sb.

überhaupt [yːbər'haupt] adv at all; (im Allgemeinen) in general; (besonders) especially; ~ nicht not at all; wer sind Sie ~? who do you think you are?

überheblich [yːbər'heːplıç] adj arrogant; Ü~keit ƒ arrogance.

überhöht [yːbər'høːt] adj (Forderungen, Preise) exorbitant, excessive.

überholen [yːbər'hoːlən] vt untr to overtake; (TECH) to overhaul.

Überholspur ƒ overtaking lane.

überholt adj out-of-date, obsolete.

Überholverbot [yːbər'hoːlfɛrboːt] nt overtaking (BRIT) od passing ban.

überhören [yːbər'høːrən] vt untr to not hear; (absichtlich) to ignore; das möchte ich überhört haben! (I'll pretend) I didn't hear that!

Überich▲ ['yːbər|ıç] (-s) nt superego.

überirdisch ['yːbər|ırdıʃ] adj supernatural, unearthly.

überkapitalisieren ['yːbərkapitali'ziːrən] vt untr to overcapitalize.

überkochen ['yːbərkɔxən] vi to boil over.

überkompensieren ['yːbərkɔmpɛnziːrən] vt untr to overcompensate for.

überladen [yːbər'laːdən] unreg vt untr to overload ♦ adj (fig) cluttered.

überlassen [yːbər'lasən] unreg vt untr: jdm etw ~ to leave sth to sb ♦ vr untr: sich einer Sache dat ~ to give o.s. over to sth; das bleibt Ihnen ~ that's up to you; jdn sich dat selbst ~ to leave sb to his/her own devices.

überlasten [yːbər'lastən] vt untr to overload; (jdn) to overtax.

überlaufen[1] ['yːbərlaufən] unreg vi (Flüssigkeit) to flow over; (zum Feind etc) to go over, defect.

überlaufen[2] [yːbər'laufən] unreg vt untr (Schauer etc) to come over ♦ adj overcrowded; ~ sein to be inundated od besieged.

Überläufer ['yːbərlɔyfər] m deserter.

überleben [y:bər'le:bən] *vt untr* to survive.
Überlebende(r) *f(m)* survivor.
überlebensgroß *adj* larger-than-life.
überlegen [y:bər'le:gən] *vt untr* to consider
♦ *adj* superior; **ich habe es mir anders** *od*
noch einmal überlegt I've changed my
mind; **Ü~heit** *f* superiority.
Überlegung *f* consideration, deliberation.
überleiten ['y:bərlaitən] *vt* (*Abschnitt etc*): ~ **in**
+*akk* to link up with.
überlesen [y:bər'le:zən] *unreg vt untr*
(*übersehen*) to overlook, miss.
überliefern [y:bər'li:fərn] *vt untr* to hand down,
transmit.
Überlieferung *f* tradition; **schriftliche ~en**
(written) records.
überlisten [y:bər'lıstən] *vt untr* to outwit.
überm ['y:bərm] = **über dem**.
Übermacht ['y:bərmaxt] *f* superior force,
superiority.
übermächtig ['y:bərmɛçtıç] *adj* superior (in
strength); (*Gefühl etc*) overwhelming.
übermannen [y:bər'manən] *vt untr* to
overcome.
Übermaß ['y:bərma:s] *nt*: ~ **(an** +*dat*) excess
(of).
übermäßig ['y:bərmɛ:sıç] *adj* excessive.
Übermensch ['y:bərmɛnʃ] *m* superman;
ü~lich *adj* superhuman.
übermitteln [y:bər'mıtəln] *vt untr* to convey.
übermorgen ['y:bərmɔrgən] *adv* the day after
tomorrow.
Übermüdung [y:bər'my:duŋ] *f* overtiredness.
Übermut ['y:bərmu:t] *m* exuberance.
übermütig ['y:bərmy:tıç] *adj* exuberant, high-
spirited; ~ **werden** to get overconfident.
übernächste(r, s) ['y:bərnɛ:çstə(r, s)] *adj* next
... but one; (*Woche, Jahr etc*) after next.
übernachten [y:bər'naxtən] *vi untr*: **(bei jdm)** ~
to spend the night (at sb's place).
übernächtigt [y:bər'nɛçtıçt] *adj* sleepy, tired.
Übernachtung *f*: ~ **mit Frühstück** bed and
breakfast.
Übernahme ['y:bərna:mə] (-, -n) *f* taking over
od on; (*von Verantwortung*) acceptance;
~angebot *nt* takeover bid.
übernatürlich ['y:bərnaty:rlıç] *adj*
supernatural.
übernehmen [y:bər'ne:mən] *unreg vt untr* to
take on, accept; (*Amt, Geschäft*) to take over
♦ *vr untr* to take on too much; (*sich
überanstrengen*) to overdo it.
überparteilich ['y:bərpartaılıç] *adj* (*Zeitung*)
independent; (*Amt, Präsident etc*) above
party politics.
überprüfen [y:bər'pry:fən] *vt untr* to examine,
check; (*POL: jdn*) to screen.
Überprüfung *f* examination.
überqueren [y:bər'kve:rən] *vt untr* to cross.
überragen [y:bər'ra:gən] *vt untr* to tower

above; (*fig*) to surpass.
überragend *adj* outstanding; (*Bedeutung*)
paramount.
überraschen [y:bər'raʃən] *vt untr* to surprise.
Überraschung *f* surprise.
überreden [y:bər're:dən] *vt untr* to persuade;
jdn zu etw ~ to talk sb into sth.
Überredungskunst *f* powers *pl* of
persuasion.
überregional ['y:bərregiona:l] *adj* national;
(*Zeitung, Sender*) nationwide.
überreichen [y:bər'raıçən] *vt untr* to hand over;
(*feierlich*) to present.
überreichlich *adj* (more than) ample.
überreizt [y:bər'raıtst] *adj* overwrought.
Überreste ['y:bərrɛstə] *pl* remains *pl*,
remnants *pl*.
überrumpeln [y:bər'rumpəln] *vt untr* to take by
surprise; (*umg: überwältigen*) to overpower.
überrunden [y:bər'rundən] *vt untr* (*SPORT*) to
lap.
übers ['y:bərs] = **über das**.
übersättigen [y:bər'zɛtıgən] *vt untr* to satiate.
Überschall- ['y:bərʃal] *in zW* supersonic;
~flugzeug *nt* supersonic jet;
~geschwindigkeit *f* supersonic speed.
überschatten [y:bər'ʃatən] *vt untr* to
overshadow.
überschätzen [y:bər'ʃɛtsən] *vt untr, vr untr* to
overestimate.
überschaubar [y:bər'ʃaʊbaɪr] *adj* (*Plan*) easily
comprehensible, clear.
überschäumen ['y:bərʃɔymən] *vi* to froth
over; (*fig*) to bubble over.
überschlafen [y:bər'ʃla:fən] *unreg vt untr*
(*Problem*) to sleep on.
Überschlag ['y:bərʃla:k] *m* (*FIN*) estimate;
(*SPORT*) somersault.
überschlagen[1] [y:bər'ʃla:gən] *unreg vt untr*
(*berechnen*) to estimate; (*auslassen: Seite*) to
omit ♦ *vr untr* to somersault; (*Stimme*) to
crack; (*AVIAT*) to loop the loop ♦ *adj*
lukewarm, tepid.
überschlagen[2] ['y:bərʃla:gən] *unreg vt* (*Beine*)
to cross; (*Arme*) to fold ♦ *vi* (*Hilfsverb sein*:
Wellen) to break; (: *Funken*) to flash over; **in**
etw *akk* ~ (*Stimmung etc*) to turn into sth.
überschnappen ['y:bərʃnapən] *vi* (*Stimme*) to
crack; (*umg: Mensch*) to flip one's lid.
überschneiden [y:bər'ʃnaıdən] *unreg vr untr* (*lit,
fig*) to overlap; (*Linien*) to intersect.
überschreiben [y:bər'ʃraıbən] *unreg vt untr* to
provide with a heading; (*COMPUT*) to
overwrite; **jdm etw** ~ to transfer *od* make
over sth to sb.
überschreiten [y:bər'ʃraıtən] *unreg vt untr* to
cross over; (*fig*) to exceed; (*verletzen*) to
transgress.
Überschrift ['y:bərʃrıft] *f* heading, title.
überschuldet [y:bər'ʃuldət] *adj* heavily in

debt; (*Grundstück*) heavily mortgaged.
Überschuss▲ ['y:bərʃʊs] *m*: ~ **(an** +*dat*)
surplus (of).
überschüssig ['y:bərʃʏsɪç] *adj* surplus,
excess.
überschütten [y:bər'ʃʏtən] *vt untr*: **jdn/etw mit**
etw ~ (*lit*) to pour sth over sb/sth; **jdn mit**
etw ~ (*fig*) to shower sb with sth.
Überschwang ['y:bərʃvaŋ] *m* exuberance.
überschwänglich▲ ['y:bərʃvɛŋlɪç] *adj*
effusive; **Ü~keit** *f* effusion.
überschwappen ['y:bərʃvapən] *vi* to splash
over.
überschwemmen [y:bər'ʃvɛmən] *vt untr* to
flood.
Überschwemmung *f* flood.
überschwenglich△ ['y:bərʃvɛŋlɪç] *adj siehe*
überschwänglich; **Ü~keit△** *f siehe*
Überschwänglichkeit.
Übersee ['y:bərze:] *f*: **nach/in** ~ overseas.
überseeisch *adj* overseas.
übersehbar [y:bər'ze:ba:r] *adj* (*fig: Folgen,*
Zusammenhänge etc) clear; (*Kosten, Dauer*
etc) assessable.
übersehen [y:bər'ze:ən] *unreg vt untr* to look
(out) over; (*fig: Folgen*) to see, get an overall
view of; (: *nicht beachten*) to overlook.
übersenden [y:bər'zɛndən] *unreg vt untr* to
send, forward.
übersetzen¹ [y:bər'zɛtsən] *vt untr, vi untr* to
translate.
übersetzen² ['y:bərzɛtsən] *vi* (*Hilfsverb sein*)
to cross.
Übersetzer(in) [y:bər'zɛtsər(ɪn)] **(-s, -)** *m(f)*
translator.
Übersetzung [y:bər'zɛtsʊŋ] *f* translation;
(*TECH*) gear ratio.
Übersicht ['y:bərzɪçt] *f* overall view;
(*Darstellung*) survey; **die** ~ **verlieren** to lose
track; **ü~lich** *adj* clear; (*Gelände*) open;
~lichkeit *f* clarity, lucidity.
übersiedeln¹ ['y:bərzi:dəln] *vi* to move.
übersiedeln² [y:bər'zi:dəln] *vi untr* to move.
überspannen [y:bər'ʃpanən] *vt untr* (*zu sehr*
spannen) to overstretch; (*überdecken*) to
cover.
überspannt *adj* eccentric; (*Idee*) wild, crazy;
Ü~heit *f* eccentricity.
überspielen [y:bər'ʃpi:lən] *vt untr* (*verbergen*)
to cover (up); (*übertragen: Aufnahme*) to
transfer.
überspitzt [y:bər'ʃpɪtst] *adj* exaggerated.
überspringen [y:bər'ʃprɪŋən] *unreg vt untr* to
jump over; (*fig*) to skip.
übersprudeln ['y:bərʃpru:dəln] *vi* to bubble
over.
überstehen¹ [y:bər'ʃte:ən] *unreg vt untr* to
overcome, get over; (*Winter etc*) to survive,
get through.
überstehen² ['y:bərʃte:ən] *unreg vi* to project.

übersteigen [y:bər'ʃtaɪɡən] *unreg vt untr* to
climb over; (*fig*) to exceed.
übersteigert [y:bər'ʃtaɪɡərt] *adj* excessive.
überstimmen [y:bər'ʃtɪmən] *vt untr* to outvote.
überstrapazieren ['y:bərʃtrapatsi:rən] *vt untr*
to wear out ♦ *vr* to wear o.s. out.
überstreifen ['y:bərʃtraɪfən] *vt*: **(sich** *dat*) **etw**
~ to slip sth on.
überströmen¹ [y:bər'ʃtrø:mən] *vt untr*: **von**
Blut überströmt sein to be streaming with
blood.
überströmen² ['y:bərʃtrø:mən] *vi* (*lit, fig*):
~ **(vor** +*dat*) to overflow (with).
Überstunden ['y:bərʃtʊndən] *pl* overtime *sing*.
überstürzen [y:bər'ʃtʏrtsən] *vt untr* to rush ♦ *vr*
untr to follow (one another) in rapid
succession.
überstürzt *adj* (over)hasty.
übertariflich ['y:bərtarɪflɪç] *adj, adv* above the
agreed *od* union rate.
übertölpeln [y:bər'tœlpln] *vt untr* to dupe.
übertönen [y:bər'tø:nən] *vt untr* to drown
(out).
Übertrag ['y:bərtra:k] **(-(e)s, -träge)** *m* (*COMM*)
amount brought forward.
übertragbar [y:bər'tra:kba:r] *adj* transferable;
(*MED*) infectious.
übertragen [y:bər'tra:ɡən] *unreg vt untr* to
transfer; (*RUNDF*) to broadcast; (*anwenden:*
Methode) to apply; (*übersetzen*) to render;
(*Krankheit*) to transmit ♦ *vr untr* to spread
♦ *adj* figurative; ~ **auf** +*akk* to transfer to; to
apply to; **sich** ~ **auf** +*akk* to spread to; **jdm**
etw ~ to assign sth to sb; (*Verantwortung etc*)
to give sb sth *od* sth to sb.
Übertragung *f* (*siehe vb*) transference;
broadcast; rendering; transmission.
übertreffen [y:bər'trɛfən] *unreg vt untr* to
surpass.
übertreiben [y:bər'traɪbən] *unreg vt untr* to
exaggerate; **man kann es auch** ~ you can
overdo things.
Übertreibung *f* exaggeration.
übertreten¹ [y:bər'tre:tən] *unreg vt untr* to
cross; (*Gebot etc*) to break.
übertreten² ['y:bərtre:tən] *unreg vi* (*über Linie,*
Gebiet) to step (over); (*SPORT*) to overstep;
(*zu anderem Glauben*) to be converted; ~ **(in**
+*akk*) (*POL*) to go over (to).
Übertretung [y:bər'tre:tʊŋ] *f* violation,
transgression.
übertrieben [y:bər'tri:bən] *adj* exaggerated,
excessive.
Übertritt ['y:bərtrɪt] *m* (*zu anderem Glauben*)
conversion; (*bes zu anderer Partei*) defection.
übertrumpfen [y:bər'trʊmpfən] *vt untr* to
outdo; (*KARTEN*) to overtrump.
übertünchen [y:bər'tʏnçən] *vt untr* to
whitewash; (*fig*) to cover up, whitewash.
übervölkert [y:bər'fœlkərt] *adj* overpopulated.

Spelling Reform: ▲ *new spelling* △ *old spelling (to be phased out)*

übervoll ['yːbərfɔl] *adj* overfull.

übervorteilen [yːbər'fɔrtaɪlən] *vt untr* to dupe, cheat.

überwachen [yːbər'vaxən] *vt untr* to supervise; (*Verdächtigen*) to keep under surveillance.

Überwachung *f* supervision; surveillance.

überwältigen [yːbər'vɛltɪgən] *vt untr* to overpower.

überwältigend *adj* overwhelming.

überwechseln ['yːbərvɛksəln] *vi*: ~ **(in** +*akk*) to move (to); (*zu Partei etc*): ~ **(zu)** to go over (to).

überweisen [yːbər'vaɪzən] *unreg vt untr* to transfer; (*Patienten*) to refer.

Überweisung *f* transfer; (*von Patient*) referral.

überwerfen[1] ['yːbərvɛrfən] *unreg vt* (*Kleidungsstück*) to put on; (*sehr rasch*) to throw on.

überwerfen[2] [yːbər'vɛrfən] *unreg vr untr*: **sich (mit jdm)** ~ to fall out (with sb).

überwiegen [yːbər'viːgən] *unreg vi untr* to predominate.

überwiegend *adj* predominant.

überwinden [yːbər'vɪndən] *unreg vt untr* to overcome ♦ *vr untr*: **sich** ~, **etw zu tun** to make an effort to do sth, bring o.s. to do sth.

Überwindung *f* overcoming; (*Selbst*~) effort of will.

überwintern [yːbər'vɪntərn] *vi untr* to (spend the) winter; (*umg: Winterschlaf halten*) to hibernate.

Überwurf ['yːbərvʊrf] *m* wrap.

Überzahl ['yːbərtsaːl] *f* superior numbers *pl*, superiority; **in der** ~ **sein** to be numerically superior.

überzählig ['yːbərtsɛːlɪç] *adj* surplus.

überzeugen [yːbər'tsɔʏgən] *vt untr* to convince.

überzeugend *adj* convincing.

überzeugt *adj attrib* (*Anhänger etc*) dedicated; (*Vegetarier*) strict; (*Christ, Moslem*) devout.

Überzeugung *f* conviction; **zu der** ~ **gelangen, dass ...** to become convinced that ...

Überzeugungskraft *f* power of persuasion.

überziehen[1] ['yːbərtsiːən] *unreg vt* to put on.

überziehen[2] [yːbər'tsiːən] *unreg vt untr* to cover; (*Konto*) to overdraw; (*Redezeit etc*) to overrun ♦ *vr untr* (*Himmel*) to cloud over; **ein Bett frisch** ~ to change a bed, change the sheets (on a bed).

Überziehungskredit *m* overdraft.

überzüchten [yːbər'tsʏçtən] *vt untr* to overbreed.

Überzug ['yːbərtsuːk] *m* cover; (*Belag*) coating.

üblich ['yːplɪç] *adj* usual; **allgemein** ~ **sein** to

be common practice.

U-Boot ['uːboːt] *nt* U-boat, submarine.

übrig ['yːbrɪç] *adj* remaining; **für jdn etwas** ~ **haben** (*umg*) to be fond of sb; **die Ü**~**en** the others; **das Ü**~**e** the rest; **im Ü**~**en** besides; ~ **bleiben** to remain, be left (over); ~ **lassen** to leave (over); **einiges/viel zu wünschen** ~ **lassen** (*umg*) to leave something/a lot to be desired.

übrigens ['yːbrɪgəns] *adv* besides; (*nebenbei bemerkt*) by the way.

Übung ['yːbʊŋ] *f* practice; (*Turn*~, *Aufgabe etc*) exercise; ~ **macht den Meister** (*Sprichwort*) practice makes perfect.

Übungsarbeit *f* (*SCH*) mock test.

Übungsplatz *m* training ground; (*MIL*) drill ground.

u. d. M. *abk* (= *unter dem Meeresspiegel*) below sea level.

ü. d. M. *abk* (= *über dem Meeresspiegel*) above sea level.

u. E. *abk* (= *unseres Erachtens*) in our opinion.

Ufer ['uːfər] (**-s**, **-**) *nt* bank; (*Meeres*~) shore; ~**befestigung** *f* embankment.

u~**los** *adj* endless; (*grenzenlos*) boundless; **ins U**~**lose gehen** (*Kosten*) to go up and up; (*Debatte etc*) to go on forever.

UFO, Ufo ['uːfo] (**-(s)**, **-s**) *nt abk* (= *unbekanntes Flugobjekt*) UFO, ufo.

Uganda [u'ganda] (**-s**) *nt* Uganda.

Ugander(in) (**-s**, **-**) *m(f)* Ugandan.

ugandisch *adj* Ugandan.

U-Haft ['uːhaft] *f abk* = **Untersuchungshaft**.

Uhr [uːr] (**-**, **-en**) *f* clock; (*Armband*~) watch; **wie viel** ~ **ist es?** what time is it?; **um wie viel** ~**?** at what time?; **1** ~ **1** o'clock; **20** ~ **8** o'clock, 20.00 (twenty hundred) hours; ~**band** *nt* watchstrap; ~**(en)gehäuse** *nt* clock case; watch case; ~**kette** *f* watch chain; ~**macher** *m* watchmaker; ~**werk** *nt* (*auch fig*) clockwork mechanism; ~**zeiger** *m* hand; ~**zeigersinn** *m*: **im** ~**zeigersinn** clockwise; **entgegen dem** ~**zeigersinn** anticlockwise; ~**zeit** *f* time (of day).

Uhu ['uːhu] (**-s**, **-s**) *m* eagle owl.

Ukraine [ukra'iːnə] *f* Ukraine.

Ukrainer(in) [ukra'iːnər(ɪn)] (**-s**, **-**) *m(f)* Ukrainian.

ukrainisch *adj* Ukrainian.

UKW *abk* (= *Ultrakurzwelle*) VHF.

Ulk [ʊlk] (**-s**, **-e**) *m* lark.

ulkig ['ʊlkɪç] *adj* funny.

Ulme ['ʊlmə] (**-**, **-n**) *f* elm.

Ulster ['ʊlstər] (**-s**) *nt* Ulster.

Ultimatum [ʊlti'maːtʊm] (**-s**, **Ultimaten**) *nt* ultimatum; **jdm ein** ~ **stellen** to give sb an ultimatum.

Ultra- *zW*: ~**kurzwelle** *f* very high frequency; ~**leichtflugzeug** *nt* microlight; ~**schall** *m* (*PHYS*) ultrasound; **u**~**violett** *adj* ultraviolet.

═══════════════ SCHLÜSSELWORT

um [ʊm] *präp +akk* **1** (~ *herum*) (a)round;
~ **Weihnachten** around Christmas; **er schlug**
~ **sich** he hit about him.

2 (*mit Zeitangabe*) at; ~ **acht (Uhr)** at eight
(o'clock).

3 (*mit Größenangabe*) by; **etw** ~ **4 cm kürzen**
to shorten sth by 4 cm; ~ **10% teurer** 10%
more expensive; ~ **vieles besser** better by
far; ~ **nichts besser** not in the least bit
better; *siehe auch* **umso**.

4: der Kampf ~ **den Titel** the battle for the
title; ~ **Geld spielen** to play for money; **es
geht** ~ **das Prinzip** it's a question of
principle; **Stunde** ~ **Stunde** hour after hour;
Auge ~ **Auge** an eye for an eye.

♦ *präp +gen*: ~ ... **willen** for the sake of ...;
~ **Gottes willen** for goodness *od* (*stärker*)
God's sake.

♦ *konj*: ~ ... **zu** (in order) to ...; **zu klug,** ~ **zu**
... too clever to ...; *siehe auch* **umso**.

♦ *adv* **1** (*ungefähr*) about; ~ **(die) 30 Leute**
about *od* around 30 people.

2 (*vorbei*): **die zwei Stunden sind** ~ the two
hours are up.

umadressieren [ˈʊm|adrɛsiːrən] *vt untr* to
readdress.
umändern [ˈʊm|ɛndərn] *vt* to alter.
Umänderung *f* alteration.
umarbeiten [ˈʊm|arbaitən] *vt* to remodel;
(*Buch etc*) to revise, rework.
umarmen [ʊmˈ|armən] *vt untr* to embrace.
Umbau [ˈʊmbau] (**-(e)s, -e** *od* **-ten**) *m*
reconstruction, alteration(s *pl*).
umbauen [ˈʊmbauən] *vt* to rebuild,
reconstruct.
umbenennen [ˈʊmbənɛnən] *unreg vt untr* to
rename.
umbesetzen [ˈʊmbəzɛtsən] *vt untr* (*THEAT*) to
recast; (*Mannschaft*) to change; (*Posten,
Stelle*) to find someone else for.
umbiegen [ˈʊmbiːgən] *unreg vt* to bend (over).
umbilden [ˈʊmbɪldən] *vt* to reorganize; (*POL:
Kabinett*) to reshuffle.
umbinden¹ [ˈʊmbɪndən] *unreg vt* (*Krawatte etc*)
to put on.
umbinden² [ʊmˈbɪndən] *unreg vt untr*: **etw mit
etw** ~ to tie sth round sth.
umblättern [ˈʊmblɛtərn] *vt* to turn over.
umblicken [ˈʊmblɪkən] *vr* to look around.
umbringen [ˈʊmbrɪŋən] *unreg vt* to kill.
Umbruch [ˈʊmbrʊx] *m* radical change; (*TYP*)
make-up (into page).
umbuchen [ˈʊmbuːxən] *vi* to change one's
reservation *od* flight *etc* ♦ *vt* to change.
umdenken [ˈʊmdɛŋkən] *unreg vi* to adjust one's
views.
umdisponieren [ˈʊmdɪsponiːrən] *vi untr* to

change one's plans.
umdrängen [ʊmˈdrɛŋən] *vt untr* to crowd
round.
umdrehen [ˈʊmdreːən] *vt* to turn (round);
(*Hals*) to wring ♦ *vr* to turn (round); **jdm den
Arm** ~ to twist sb's arm.
Umdrehung *f* turn; (*PHYS*) revolution,
rotation.
umeinander [ʊm|aiˈnandər] *adv* round one
another; (*füreinander*) for one another.
umerziehen [ˈʊm|ɛrtsiːən] *unreg vt* (*POL: euph*):
jdn (zu etw) ~ to re-educate sb (to become
sth).
umfahren¹ [ˈʊmfaːrən] *unreg vt* to run over.
umfahren² [ʊmˈfaːrən] *unreg vt untr* to drive
round; (*die Welt*) to sail round.
umfallen [ˈʊmfalən] *unreg vi* to fall down *od*
over; (*fig: umg: nachgeben*) to give in.
Umfang [ˈʊmfaŋ] *m* extent; (*von Buch*) size;
(*Reichweite*) range; (*Fläche*) area; (*MATH*)
circumference; **in großem** ~ on a large
scale; **u~reich** *adj* extensive; (*Buch etc*)
voluminous.
umfassen [ʊmˈfasən] *vt untr* to embrace; (*umgeben*) to surround; (*enthalten*) to include.
umfassend *adj* comprehensive; (*umfangreich*)
extensive.
Umfeld [ˈʊmfɛlt] *nt*: **zum** ~ **von etw gehören**
to be associated with sth.
umformatieren [ˈʊmfɔrmatiːrən] *vt untr*
(*COMPUT*) to reformat.
umformen [ˈʊmfɔrmən] *vi* to transform.
Umformer (**-s, -**) *m* (*ELEK*) converter.
umformulieren [ˈʊmfɔrmuliːrən] *vt untr* to
redraft.
Umfrage [ˈʊmfraːgə] *f* poll; ~ **halten** to ask
around.
umfüllen [ˈʊmfʏlən] *vt* to transfer; (*Wein*) to
decant.
umfunktionieren [ˈʊmfʊŋktsioniːrən] *vt untr* to
convert.
Umgang [ˈʊmgaŋ] *m* company; (*mit jdm*)
dealings *pl*; (*Behandlung*) dealing.
umgänglich [ˈʊmgɛŋlɪç] *adj* sociable.
Umgangs- *zW*: **~formen** *pl* manners *pl*;
~sprache *f* colloquial language;
u~sprachlich *adj* colloquial.
umgeben [ʊmˈgeːbən] *unreg vt untr* to surround.
Umgebung *f* surroundings *pl*; (*Milieu*)
environment; (*Personen*) people in one's
circle; **in der näheren/weiteren** ~ **Münchens**
on the outskirts/in the environs of Munich.
umgehen¹ [ˈʊmgeːən] *unreg vi* to go (a)round;
im Schlosse ~ to haunt the castle; **mit jdm/
etw** ~ **können** to know how to handle sb/sth;
mit jdm grob *etc* ~ to treat sb roughly *etc*;
mit Geld sparsam ~ to be careful with one's
money.
umgehen² [ʊmˈgeːən] *unreg vt untr* to bypass;
(*MIL*) to outflank; (*Gesetz, Vorschrift etc*) to

Spelling Reform: ▲ *new spelling* △ *old spelling (to be phased out)*

circumvent; (*vermeiden*) to avoid.

umgehend *adj* immediate.

Umgehung *f* (*siehe vb*) bypassing; outflanking; circumvention; avoidance.

Umgehungsstraße *f* bypass.

umgekehrt ['ʊmgəkeːrt] *adj* reverse(d); (*gegenteilig*) opposite ♦ *adv* the other way around; **und ~** and vice versa.

umgestalten ['ʊmgəʃtaltən] *vt untr* to alter; (*reorganisieren*) to reorganize; (*umordnen*) to rearrange.

umgewöhnen ['ʊmgəvøːnən] *vr* to readapt.

umgraben ['ʊmgraːbən] *unreg vt* to dig up.

umgruppieren ['ʊmgrʊpiːrən] *vt untr* to regroup.

Umhang ['ʊmhaŋ] *m* wrap, cape.

umhängen ['ʊmhɛŋən] *vt* (*Bild*) to hang somewhere else; **jdm etw ~** to put sth on sb.

Umhängetasche *f* shoulder bag.

umhauen ['ʊmhaʊən] *vt* to fell; (*fig*) to bowl over.

umher [ʊm'heːr] *adv* about, around; **~gehen** *unreg vi* to walk about; **~irren** *vi* to wander around; (*Blick, Augen*) to roam about; **~reisen** *vi* to travel about; **~schweifen** *vi* to roam about; **~ziehen** *unreg vi* to wander from place to place.

umhinkönnen [ʊm'hɪnkœnən] *unreg vi:* **ich kann nicht umhin, das zu tun** I can't help doing it.

umhören ['ʊmhøːrən] *vr* to ask around.

umkämpfen [ʊm'kɛmpfən] *vt untr* (*Entscheidung*) to dispute; (*Wahlkreis, Sieg*) to contest.

Umkehr ['ʊmkeːr] (-) *f* turning back; (*Änderung*) change.

umkehren *vi* to turn back; (*fig*) to change one's ways ♦ *vt* to turn round, reverse; (*Tasche etc*) to turn inside out; (*Gefäß etc*) to turn upside down.

umkippen ['ʊmkɪpən] *vt* to tip over ♦ *vi* to overturn; (*umg: ohnmächtig werden*) to keel over; (*fig: Meinung ändern*) to change one's mind.

umklammern [ʊm'klamərn] *vt untr* (*mit Händen*) to clasp; (*festhalten*) to cling to.

umklappen ['ʊmklapən] *vt* to fold down.

Umkleidekabine ['ʊmklaɪdəkabiːnə] *f* changing cubicle (*BRIT*), dressing room (*US*).

Umkleideraum ['ʊmklaɪdəraʊm] *m* changing room; (*US, THEAT*) dressing room.

umknicken ['ʊmknɪkən] *vt* (*Ast*) to snap; (*Papier*) to fold (over) ♦ *vi:* **mit dem Fuß ~** to twist one's ankle.

umkommen ['ʊmkɔmən] *unreg vi* to die, perish; (*Lebensmittel*) to go bad.

Umkreis ['ʊmkraɪs] *m* neighbourhood (*BRIT*), neighborhood (*US*); **im ~ von** within a radius of.

umkreisen [ʊm'kraɪzən] *vt untr* to circle (round); (*Satellit*) to orbit.

umkrempeln ['ʊmkrɛmpəln] *vt* to turn up; (*mehrmals*) to roll up; (*umg: Betrieb*) to shake up.

umladen ['ʊmlaːdən] *unreg vt* to transfer, reload.

Umlage ['ʊmlaːgə] *f* share of the costs.

Umlauf *m* (*Geld~*) circulation; (*von Gestirn*) revolution; (*Schreiben*) circular; **in ~ bringen** to circulate; **~bahn** *f* orbit.

umlaufen ['ʊmlaʊfən] *unreg vi* to circulate.

Umlaufkapital *nt* working capital.

Umlaufvermögen *nt* current assets *pl*.

Umlaut ['ʊmlaʊt] *m* umlaut.

umlegen ['ʊmleːgən] *vt* to put on; (*verlegen*) to move, shift; (*Kosten*) to share out; (*umkippen*) to tip over; (*umg: töten*) to bump off.

umleiten ['ʊmlaɪtən] *vt* to divert.

Umleitung *f* diversion.

umlernen ['ʊmlɛrnən] *vi* to learn something new; (*fig*) to adjust one's views.

umliegend ['ʊmliːgənt] *adj* surrounding.

ummelden ['ʊmmɛldən] *vt, vr:* **jdn/sich ~** to notify (the police of) a change in sb's/one's address.

Umnachtung [ʊm'naxtʊŋ] *f* mental derangement.

umorganisieren ['ʊmɔrganiziːrən] *vt untr* to reorganize.

umpflanzen ['ʊmpflantsən] *vt* to transplant.

umquartieren ['ʊmkvartiːrən] *vt untr* to move; (*Truppen*) to requarter.

umrahmen [ʊm'raːmən] *vt untr* to frame.

umranden [ʊm'randən] *vt untr* to border, edge.

umräumen ['ʊmrɔʏmən] *vt* (*anders anordnen*) to rearrange ♦ *vi* to rearrange things, move things around.

umrechnen ['ʊmrɛçnən] *vt* to convert.

Umrechnung *f* conversion.

Umrechnungskurs *m* rate of exchange.

umreißen [ʊm'raɪsən] *unreg vt untr* to outline.

umrennen ['ʊmrɛnən] *unreg vt* to (run into and) knock down.

umringen [ʊm'rɪŋən] *vt untr* to surround.

Umriss▲ ['ʊmrɪs] *m* outline.

umrühren ['ʊmryːrən] *vt, vi* to stir.

umrüsten ['ʊmrʏstən] *vt* (*TECH*) to adapt; (*MIL*) to re-equip; **~ auf** +*akk* to adapt to.

ums [ʊms] = **um das**.

umsatteln ['ʊmzatəln] (*umg*) *vi* to change one's occupation, switch jobs.

Umsatz ['ʊmzats] *m* turnover; **~beteiligung** *f* commission; **~einbuße** *f* loss of profit; **~steuer** *f* turnover tax.

umschalten ['ʊmʃaltən] *vt* to switch ♦ *vi* to push/pull a lever; (*auf anderen Sender*): **~ (auf** +*akk*) to change over (to); (*AUT*): **~ in** +*akk* to change (*BRIT*) *od* shift into; **„wir**

schalten jetzt um nach Hamburg" "and now we go over to Hamburg".

Umschalttaste f shift key.

Umschau f look(ing) round; ~ **halten nach** to look around for.

umschauen ['ʊmʃauən] vr to look round.

Umschlag ['ʊmʃlaːk] m cover; (*Buch*~) jacket, cover; (*MED*) compress; (*Brief*~) envelope; (*Gütermenge*) volume of traffic; (*Wechsel*) change; (*von Hose*) turn-up (*BRIT*), cuff (*US*).

umschlagen ['ʊmʃlaːgən] unreg vi to change; (*NAUT*) to capsize ♦ vt to knock over; (*Ärmel*) to turn up; (*Seite*) to turn over; (*Waren*) to transfer.

Umschlag- zW: ~**hafen** m port of transshipment; ~**platz** m (*COMM*) distribution centre (*BRIT*) od center (*US*); ~**seite** f cover page.

umschlingen [ʊm'ʃlɪŋən] unreg vt untr (*Pflanze*) to twine around; (*jdn*) to embrace.

umschreiben¹ ['ʊmʃraibən] unreg vt (*neu* ~) to rewrite; (*übertragen*) to transfer; ~ **auf** +akk to transfer to.

umschreiben² [ʊm'ʃraibən] unreg vt untr to paraphrase; (*abgrenzen*) to circumscribe, define.

Umschuldung ['ʊmʃʊldʊŋ] f rescheduling (of debts).

umschulen ['ʊmʃuːlən] vt to retrain; (*Kind*) to send to another school.

umschwärmen [ʊm'ʃvɛrmən] vt untr to swarm round; (*fig*) to surround, idolize.

Umschweife ['ʊmʃvaifə] pl: **ohne** ~ without beating about the bush, straight out.

umschwenken ['ʊmʃvɛnkən] vi (*Kran*) to swing out; (*fig*) to do an about-turn (*BRIT*) od about-face (*US*); (*Wind*) to veer.

Umschwung ['ʊmʃvʊŋ] m (*GYMNASTIK*) circle; (*fig: ins Gegenteil*) change (around).

umsegeln [ʊm'zeːgəln] vt untr to sail around; (*Erde*) to circumnavigate.

umsehen ['ʊmzeːən] unreg vr to look around od about; (*suchen*): **sich** ~ **(nach)** to look out (for); **ich möchte mich nur mal** ~ (*in Geschäft*) I'm just looking.

umseitig ['ʊmzaitɪç] adv overleaf.

umsetzen ['ʊmzɛtsən] vt (*Waren*) to turn over ♦ vr (*Schüler*) to change places; **etw in die Tat** ~ to translate sth into action.

Umsicht ['ʊmzɪçt] f prudence, caution.

umsichtig adj prudent, cautious.

umsiedeln ['ʊmziːdəln] vt to resettle.

Umsiedler(in) (-s, -) m(f) resettler.

umso▲ ['ʊmzo] konj: ~ **besser/schlimmer** so much the better/worse; ~ **mehr, als ...** all the more considering ...

umsonst [ʊm'zɔnst] adv in vain; (*gratis*) for nothing.

umspringen ['ʊmʃprɪŋən] unreg vi to change; **mit jdm** ~ to treat sb badly.

Umstand ['ʊmʃtant] m circumstance; **Umstände** pl (*fig: Schwierigkeiten*) fuss sing; **in anderen Umständen sein** to be pregnant; **Umstände machen** to go to a lot of trouble; **den Umständen entsprechend** much as one would expect (under the circumstances); **die näheren Umstände** further details; **unter Umständen** possibly; **mildernde Umstände** (*JUR*) extenuating circumstances.

umständehalber adv owing to circumstances.

umständlich ['ʊmʃtɛntlɪç] adj (*Methode*) cumbersome, complicated; (*Ausdrucksweise, Erklärung*) long-winded; (*ungeschickt*) ponderous; **etw ~ machen** to make heavy weather of (doing) sth.

Umstandskleid nt maternity dress.

Umstandswort nt adverb.

umstehend ['ʊmʃteːənt] adj attrib (*umseitig*) overleaf; **die U~en** pl the bystanders pl.

Umsteigekarte f transfer ticket.

umsteigen ['ʊmʃtaigən] unreg vi (*EISENB*) to change; (*fig: umg*): ~ **(auf** +akk) to change over (to), switch (over) (to).

umstellen¹ ['ʊmʃtɛlən] vt (*an anderen Ort*) to change round, rearrange; (*TECH*) to convert ♦ vr: **sich** ~ **(auf** +akk) to adapt o.s. (to).

umstellen² [ʊm'ʃtɛlən] vt untr to surround.

Umstellung f change; (*Umgewöhnung*) adjustment; (*TECH*) conversion.

umstimmen ['ʊmʃtɪmən] vt (*MUS*) to retune; **jdn** ~ to make sb change his mind.

umstoßen ['ʊmʃtoːsən] unreg vt (*lit*) to overturn; (*Plan etc*) to change, upset.

umstritten [ʊm'ʃtrɪtən] adj disputed; (*fraglich*) controversial.

Umsturz ['ʊmʃtʊrts] m overthrow.

umstürzen ['ʊmʃtʏrtsən] vt (*umwerfen*) to overturn ♦ vi to collapse, fall down; (*Wagen*) to overturn.

umstürzlerisch adj revolutionary.

Umtausch ['ʊmtauʃ] m exchange; **diese Waren sind vom ~ ausgeschlossen** these goods cannot be exchanged.

umtauschen vt to exchange.

Umtriebe ['ʊmtriːbə] pl machinations pl, intrigues pl.

umtun ['ʊmtuːn] unreg vr: **sich nach etw** ~ to look for sth.

umverteilen ['ʊmfɛrtailən] vt untr to redistribute.

umwälzend ['ʊmvɛltsənt] adj (*fig*) radical; (*Veränderungen*) sweeping; (*Ereignisse*) revolutionary.

Umwälzung f (*fig*) radical change.

umwandeln ['ʊmvandəln] vt to change, convert; (*ELEK*) to transform.

umwechseln ['ʊmvɛksəln] vt to change.

Umweg ['ʊmveːk] m detour; (*fig*) roundabout way.

Umwelt ['ʊmvɛlt] f environment; ~**allergie** f environmental allergy; ~**auto** (umg) nt environment-friendly vehicle; ~**belastung** f environmental pollution; ~**bewusstsein**▲ nt environmental awareness; u~**freundlich** adj environment-friendly; ~**kriminalität** f crimes pl against the environment; ~**ministerium** nt Ministry of the Environment; u~**schädlich** adj harmful to the environment; ~**schutz** m environmental protection; ~**schützer (-s, -)** m environmentalist; ~**verschmutzung** f pollution (of the environment); u~**verträglich** adj not harmful to the environment; ~**verträglichkeit** f ecofriendliness.

umwenden ['ʊmvɛndən] unreg vt, vr to turn (round).

umwerben [ʊm'vɛrbən] unreg vt untr to court, woo.

umwerfen ['ʊmvɛrfən] unreg vt (lit) to upset, overturn; (Mantel) to throw on; (fig: erschüttern) to upset, throw.

umwerfend (umg) adj fantastic.

umziehen ['ʊmtsiːən] unreg vt, vr to change ♦ vi to move.

umzingeln [ʊm'tsɪŋəln] vt untr to surround, encircle.

Umzug ['ʊmtsuːk] m procession; (Wohnungs~) move, removal.

UN pl abk (= United Nations): **die** ~ the UN sing.

un- zW: ~**abänderlich** adj irreversible, unalterable; ~**abänderlich feststehen** to be absolutely certain; ~**abdingbar** adj indispensable, essential; (Recht) inalienable; ~**abhängig** adj independent; **U~abhängigkeit** f independence; ~**abkömmlich** adj indispensable; **zur Zeit** ~**abkömmlich** not free at the moment; ~**ablässig** adj incessant, constant; ~**absehbar** adj immeasurable; (Folgen) unforeseeable; (Kosten) incalculable; ~**absichtlich** adj unintentional; ~**abwendbar** adj inevitable.

unachtsam ['ʊn|axtzaːm] adj careless; **U~keit** f carelessness.

un- zW: ~**anfechtbar** adj indisputable; ~**angebracht** adj uncalled-for; ~**angefochten** adj unchallenged; (Testament, Wahlkandidat, Urteil) uncontested; ~**angemeldet** adj unannounced; (Besucher) unexpected; ~**angemessen** adj inadequate; ~**angenehm** adj unpleasant; (peinlich) embarrassing; ~**angepasst**▲ adj nonconformist; **U~annehmlichkeit** f inconvenience; **Unannehmlichkeiten** pl trouble sing; ~**ansehnlich** adj unsightly; ~**anständig** adj indecent, improper; **U~anständigkeit** f indecency, impropriety; ~**antastbar** adj inviolable, sacrosanct.

unappetitlich ['ʊn|apetiːtlɪç] adj unsavoury

(BRIT), unsavory (US).

Unart ['ʊn|aːrt] f bad manners pl; (Angewohnheit) bad habit.

unartig adj naughty, badly behaved.

un- zW: ~**aufdringlich** adj unobtrusive; (Parfüm) discreet; (Mensch) unassuming; ~**auffällig** adj unobtrusive; (Kleidung) inconspicuous; ~**auffindbar** adj not to be found; ~**aufgefordert** adj unsolicited ♦ adv unasked, spontaneously; ~**aufgefordert zugesandte Manuskripte** unsolicited manuscripts; ~**aufhaltsam** adj irresistible; ~**aufhörlich** adj incessant, continuous; ~**aufmerksam** adj inattentive; ~**aufrichtig** adj insincere.

un- zW: ~**ausbleiblich** adj inevitable, unavoidable; ~**ausgeglichen** adj volatile; ~**ausgegoren** adj immature; (Idee, Plan) half-baked; ~**ausgesetzt** adj incessant, constant; ~**ausgewogen** adj unbalanced; ~**aussprechlich** adj inexpressible; ~**ausstehlich** adj intolerable; ~**ausweichlich** adj inescapable, ineluctable.

unbändig ['ʊnbɛndɪç] adj extreme, excessive.

unbarmherzig ['ʊnbarmhɛrtsɪç] adj pitiless, merciless.

unbeabsichtigt ['ʊnbə|apzɪçtɪçt] adj unintentional.

unbeachtet ['ʊnbə|axtət] adj unnoticed; (Warnung) ignored.

unbedacht ['ʊnbədaxt] adj rash.

unbedarft ['ʊnbədarft] (umg) adj clueless.

unbedenklich ['ʊnbədɛŋklɪç] adj unhesitating; (Plan) unobjectionable ♦ adv without hesitation.

unbedeutend ['ʊnbədɔʏtənt] adj insignificant, unimportant; (Fehler) slight.

unbedingt ['ʊnbədɪŋt] adj unconditional ♦ adv absolutely; **musst du** ~ **gehen?** do you really have to go?; **nicht** ~ not necessarily.

unbefangen ['ʊnbəfaŋən] adj impartial, unprejudiced; (ohne Hemmungen) uninhibited; **U~heit** f impartiality; uninhibitedness.

unbefriedigend ['ʊnbəfriːdɪgənd] adj unsatisfactory.

unbefriedigt ['ʊnbəfriːdɪçt] adj unsatisfied; (unzufrieden) dissatisfied; (unerfüllt) unfulfilled.

unbefristet ['ʊnbəfrɪstət] adj permanent.

unbefugt ['ʊnbəfuːkt] adj unauthorized; **U~en ist der Eintritt verboten** no admittance to unauthorized persons.

unbegabt ['ʊnbəgaːpt] adj untalented.

unbegreiflich [ʊnbə'graɪflɪç] adj inconceivable.

unbegrenzt ['ʊnbəgrɛntst] adj unlimited.

unbegründet ['ʊnbəgryndət] adj unfounded.

Unbehagen ['ʊnbəhaːgən] nt discomfort.

unbehaglich ['ʊnbəhaːklɪç] adj

uncomfortable; (*Gefühl*) uneasy.

unbeherrscht ['ʊnbəhɛrʃt] *adj* uncontrolled; (*Mensch*) lacking self-control.

unbeholfen ['ʊnbəhɔlfən] *adj* awkward, clumsy; **U~heit** *f* awkwardness, clumsiness.

unbeirrt ['ʊnbəlɪrt] *adj* imperturbable.

unbekannt ['ʊnbəkant] *adj* unknown; **~e Größe** (*MATH, fig*) unknown quantity.

unbekannterweise *adv*: **grüß(e) sie ~ von mir** give her my regards although I don't know her.

unbekümmert ['ʊnbəkymərt] *adj* unconcerned.

unbelehrbar [ʊnbə'leːrbaːr] *adj* fixed in one's views; (*Rassist etc*) dyed-in-the-wool *attrib*.

unbeliebt ['ʊnbəliːpt] *adj* unpopular; **U~heit** *f* unpopularity.

unbemannt ['ʊnbəmant] *adj* (*Raumflug*) unmanned; (*Flugzeug*) pilotless.

unbemerkt ['ʊnbəmɛrkt] *adj* unnoticed.

unbenommen [ʊnbə'nɔmən] *adj* (*form*): **es bleibt** *od* **ist Ihnen ~, zu …** you are at liberty to …

unbequem ['ʊnbəkveːm] *adj* (*Stuhl*) uncomfortable; (*Mensch*) bothersome; (*Regelung*) inconvenient.

unberechenbar [ʊnbə'rɛçənbaːr] *adj* incalculable; (*Mensch, Verhalten*) unpredictable.

unberechtigt ['ʊnbərɛçtɪçt] *adj* unjustified; (*nicht erlaubt*) unauthorized.

unberücksichtigt [ʊnbə'rʏkzɪçtɪçt] *adj*: **etw ~ lassen** not to consider sth.

unberufen [ʊnbə'ruːfən] *interj* touch wood!

unberührt ['ʊnbəryːrt] *adj* untouched; (*Natur*) unspoiled; **sie ist noch ~** she is still a virgin.

unbeschadet [ʊnbə'ʃaːdət] *präp* +*gen* (*form*) regardless of.

unbescheiden ['ʊnbəʃaɪdən] *adj* presumptuous.

unbescholten ['ʊnbəʃɔltən] *adj* respectable; (*Ruf*) spotless.

unbeschrankt ['ʊnbəʃraŋkt] *adj* (*Bahnübergang*) unguarded.

unbeschränkt [ʊnbə'ʃrɛŋkt] *adj* unlimited.

unbeschreiblich [ʊnbə'ʃraɪplɪç] *adj* indescribable.

unbeschwert ['ʊnbəʃveːrt] *adj* (*sorgenfrei*) carefree; (*Melodien*) light.

unbesehen [ʊnbə'zeːən] *adv* indiscriminately; (*ohne es anzusehen*) without looking at it.

unbesonnen ['ʊnbəzɔnən] *adj* unwise, rash, imprudent.

unbesorgt ['ʊnbəzɔrkt] *adj* unconcerned; **Sie können ganz ~ sein** you can set your mind at rest.

unbespielt ['ʊnbəʃpiːlt] *adj* (*Kassette*) blank.

unbest. *abk* = **unbestimmt**.

unbeständig ['ʊnbəʃtɛndɪç] *adj* (*Mensch*) inconstant; (*Wetter*) unsettled; (*Lage*)

unstable.

unbestechlich [ʊnbə'ʃtɛçlɪç] *adj* incorruptible.

unbestimmt ['ʊnbəʃtɪmt] *adj* indefinite; (*Zukunft*) uncertain; **U~heit** *f* vagueness.

unbestritten ['ʊnbəʃtrɪtən] *adj* undisputed.

unbeteiligt [ʊnbə'taɪlɪçt] *adj* unconcerned; (*uninteressiert*) indifferent.

unbeugsam ['ʊnbɔykzaːm] *adj* stubborn, inflexible; (*Wille*) unbending.

unbewacht ['ʊnbəvaxt] *adj* unguarded, unwatched.

unbewaffnet ['ʊnbəvafnət] *adj* unarmed.

unbeweglich ['ʊnbəveːklɪç] *adj* immovable.

unbewegt *adj* motionless; (*fig: unberührt*) unmoved.

unbewohnt ['ʊnbəvoːnt] *adj* (*Gegend*) uninhabited; (*Haus*) unoccupied.

unbewusst ▲ ['ʊnbəvʊst] *adj* unconscious.

unbezahlbar [ʊnbə'tsaːlbaːr] *adj* prohibitively expensive; (*fig*) priceless; (*nützlich*) invaluable.

unbezahlt ['ʊnbətsaːlt] *adj* unpaid.

unblutig ['ʊnbluːtɪç] *adj* bloodless.

unbrauchbar ['ʊnbrauxbaːr] *adj* (*nutzlos*) useless; (*Gerät*) unusable; **U~keit** *f* uselessness.

unbürokratisch ['ʊnbyrokratɪʃ] *adj* without any red tape.

und [ʊnt] *konj* and; **~ so weiter** and so on.

Undank ['ʊndaŋk] *m* ingratitude; **u~bar** *adj* ungrateful; **~barkeit** *f* ingratitude.

undefinierbar [ʊndefi'niːrbaːr] *adj* indefinable.

undenkbar [ʊn'dɛŋkbaːr] *adj* inconceivable.

undeutlich ['ʊndɔytlɪç] *adj* indistinct; (*Schrift*) illegible; (*Ausdrucksweise*) unclear.

undicht ['ʊndɪçt] *adj* leaky.

undifferenziert ['ʊndɪfərɛntsiːrt] *adj* simplistic.

Unding ['ʊndɪŋ] *nt* absurdity.

unduldsam ['ʊnduldsaːm] *adj* intolerant.

un- *zW*: **~durchdringlich** *adj* (*Urwald*) impenetrable; (*Gesicht*) inscrutable; **~durchführbar** *adj* impracticable; **~durchlässig** *adj* impervious; (*wasserundurchlässig*) waterproof, impermeable; **~durchschaubar** *adj* inscrutable; **~durchsichtig** *adj* opaque; (*Motive*) obscure; (*fig: pej: Mensch, Methoden*) devious.

uneben ['ʊn|eːbən] *adj* uneven.

unecht ['ʊn|ɛçt] *adj* artificial, fake; (*pej: Freundschaft, Lächeln*) false.

unehelich ['ʊn|eːəlɪç] *adj* illegitimate.

uneigennützig ['ʊn|aɪɡənnʏtsɪç] *adj* unselfish.

uneinbringlich [ʊn|aɪn'brɪŋlɪç] *adj*: **~e Forderungen** (*COMM*) bad debts *pl*.

uneingeschränkt ['ʊn|aɪnɡəʃrɛŋkt] *adj* absolute, total; (*Rechte, Handel*) unrestricted; (*Zustimmung*) unqualified.

uneinig ['ʊn|aɪnɪç] *adj* divided; ~ **sein** to disagree; **U~keit** *f* discord, dissension.
uneinnehmbar [ʊn|aɪn'neːmbaːr] *adj* impregnable.
uneins ['ʊn|aɪns] *adj* at variance, at odds.
unempfänglich ['ʊn|ɛmpfɛŋlɪç] *adj:* ~ **(für)** not susceptible (to).
unempfindlich ['ʊn|ɛmpfɪntlɪç] *adj* insensitive; **U~keit** *f* insensitivity.
unendlich [ʊn'|ɛntlɪç] *adj* infinite ♦ *adv* endlessly; (*fig: sehr*) terribly; **U~keit** *f* infinity.
un- *zW:* ~**entbehrlich** *adj* indispensable; ~**entgeltlich** *adj* free (of charge); ~**entschieden** *adj* undecided; ~**entschieden enden** (*SPORT*) to end in a draw; ~**entschlossen** *adj* undecided; (*entschlusslos*) irresolute; ~**entwegt** *adj* unswerving; (*unaufhörlich*) incessant.
un- *zW:* ~**erbittlich** *adj* unyielding, inexorable; ~**erfahren** *adj* inexperienced; ~**erfreulich** *adj* unpleasant; **U~erfreuliches** (*schlechte Nachrichten*) bad news *sing*; (*Übles*) bad things *pl*; ~**erfüllt** *adj* unfulfilled; ~**ergiebig** *adj* (*Quelle, Thema*) unproductive; (*Ernte, Nachschlagewerk*) poor; ~**ergründlich** *adj* unfathomable; ~**erheblich** *adj* unimportant; ~**erhört** *adj* unheard-of; (*unverschämt*) outrageous; (*Bitte*) unanswered; ~**erlässlich▲** *adj* indispensable; ~**erlaubt** *adj* unauthorized; ~**erledigt** *adj* unfinished; (*Post*) unanswered; (*Rechnung*) outstanding; (*schwebend*) pending; ~**ermesslich▲** *adj* immeasurable, immense; ~**ermüdlich** *adj* indefatigable; ~**ersättlich** *adj* insatiable; ~**erschlossen** *adj* (*Land*) undeveloped; (*Boden*) unexploited; (*Vorkommen, Markt*) untapped; ~**erschöpflich** *adj* inexhaustible; ~**erschrocken** *adj* intrepid, courageous; ~**erschütterlich** *adj* unshakeable; ~**erschwinglich** *adj* (*Preis*) prohibitive; ~**ersetzlich** *adj* irreplaceable; ~**erträglich** *adj* unbearable; (*Frechheit*) insufferable; ~**erwartet** *adj* unexpected; ~**erwünscht** *adj* undesirable, unwelcome; ~**erzogen** *adj* ill-bred, rude.
unfähig ['ʊnfɛːɪç] *adj* incapable; (*attrib*) incompetent; **zu etw** ~ **sein** to be incapable of sth; **U~keit** *f* inability; incompetence.
unfair ['ʊnfɛːr] *adj* unfair.
Unfall ['ʊnfal] *m* accident; ~**flucht** *f* hit-and-run (driving); ~**opfer** *nt* casualty; ~**station** *f* emergency ward; ~**stelle** *f* scene of the accident; ~**versicherung** *f* accident insurance; ~**wagen** *m* car involved in an accident; (*umg: Rettungswagen*) ambulance.
unfassbar▲ [ʊn'fasbaːr] *adj* inconceivable.
unfehlbar [ʊn'feːlbaːr] *adj* infallible ♦ *adv* without fail; **U~keit** *f* infallibility.
unfertig ['ʊnfɛrtɪç] *adj* unfinished, incomplete;

(*Mensch*) immature.
unflätig ['ʊnflɛːtɪç] *adj* rude.
unfolgsam ['ʊnfɔlkzaːm] *adj* disobedient.
unförmig ['ʊnfœrmɪç] *adj* (*formlos*) shapeless; (*groß*) cumbersome; (*Füße, Nase*) unshapely.
unfrankiert ['ʊnfraŋkiːrt] *adj* unfranked.
unfrei ['ʊnfraɪ] *adj* not free.
unfreiwillig *adj* involuntary.
unfreundlich ['ʊnfrɔʏntlɪç] *adj* unfriendly; **U~keit** *f* unfriendliness.
Unfriede(n) ['ʊnfriːdə(n)] *m* dissension, strife.
unfruchtbar ['ʊnfrʊxtbaːr] *adj* infertile; (*Gespräche*) fruitless; **U~keit** *f* infertility; fruitlessness.
Unfug ['ʊnfuːk] (**-s**) *m* (*Benehmen*) mischief; (*Unsinn*) nonsense; **grober** ~ (*JUR*) gross misconduct.
Ungar(in) ['ʊŋgar(ɪn)] (**-n, -n**) *m(f)* Hungarian; **u~isch** *adj* Hungarian.
Ungarn (**-s**) *nt* Hungary.
ungeachtet ['ʊngə|axtət] *präp +gen* notwithstanding.
ungeahndet ['ʊngə|aːndət] *adj* (*JUR*) unpunished.
ungeahnt ['ʊngə|aːnt] *adj* unsuspected, undreamt-of.
ungebeten ['ʊngəbeːtən] *adj* uninvited.
ungebildet ['ʊngəbɪldət] *adj* uncultured; (*ohne Bildung*) uneducated.
ungeboren ['ʊngəboːrən] *adj* unborn.
ungebräuchlich ['ʊngəbrɔʏçlɪç] *adj* unusual, uncommon.
ungebraucht ['ʊngəbrauxt] *adj* unused.
ungebührlich ['ʊngəbyːrlɪç] *adj:* **sich** ~ **aufregen** to get unduly excited.
ungebunden ['ʊngəbʊndən] *adj* (*Buch*) unbound; (*Leben*) (fancy-)free; (*ohne festen Partner*) unattached; (*POL*) independent.
ungedeckt ['ʊngədɛkt] *adj* (*schutzlos*) unprotected; (*Scheck*) uncovered.
Ungeduld ['ʊngədʊlt] *f* impatience.
ungeduldig ['ʊngədʊldɪç] *adj* impatient.
ungeeignet ['ʊngə|aɪgnət] *adj* unsuitable.
ungefähr ['ʊngəfɛːr] *adj* rough, approximate ♦ *adv* roughly, approximately; **so** ~! more or less!; **das kommt nicht von** ~ that's hardly surprising.
ungefährlich ['ʊngəfɛːrlɪç] *adj* not dangerous, harmless.
ungehalten ['ʊngəhaltən] *adj* indignant.
ungeheuer ['ʊngəhɔʏər] *adj* huge ♦ *adv* (*umg*) enormously; **U~** (**-s, -**) *nt* monster; ~**lich** [ʊngə'hɔʏərlɪç] *adj* monstrous.
ungehindert ['ʊngəhɪndərt] *adj* unimpeded.
ungehobelt ['ʊngəhoːbəlt] *adj* (*fig*) uncouth.
ungehörig ['ʊngəhøːrɪç] *adj* impertinent, improper; **U~keit** *f* impertinence.
ungehorsam ['ʊngəhoːrzaːm] *adj* disobedient; **U~** *m* disobedience.
ungeklärt ['ʊngəklɛːrt] *adj* not cleared up;

(*Rätsel*) unsolved; (*Abwasser*) untreated.
ungekürzt ['ʊngəkʏrtst] *adj* not shortened; (*Film*) uncut.
ungeladen ['ʊngəlaːdən] *adj* not loaded; (*ELEK*) uncharged; (*Gast*) uninvited.
ungelegen ['ʊngəleːgən] *adj* inconvenient; **komme ich (Ihnen)** ~? is this an inconvenient time for you?
ungelernt ['ʊngəlɛrnt] *adj* unskilled.
ungelogen ['ʊngəloːgən] *adv* really, honestly.
ungemein ['ʊngəmaɪn] *adj* immense.
ungemütlich ['ʊngəmyːtlɪç] *adj* uncomfortable; (*Person*) disagreeable; **er kann** ~ **werden** he can get nasty.
ungenau ['ʊngənaʊ] *adj* inaccurate. **Ungenauigkeit** *f* inaccuracy.
ungeniert ['ʊnʒeniːrt] *adj* free and easy; (*bedenkenlos, taktlos*) uninhibited ♦ *adv* without embarrassment, freely.
ungenießbar ['ʊngəniːsbaːr] *adj* inedible; (*nicht zu trinken*) undrinkable; (*umg*) unbearable.
ungenügend ['ʊngənyːgənt] *adj* insufficient, inadequate; (*SCH*) unsatisfactory.
ungenutzt ['ʊngənʊtst] *adj:* **eine Chance** ~ **lassen** to miss an opportunity.
ungepflegt ['ʊngəpfleːkt] *adj* (*Garten etc*) untended; (*Person*) unkempt; (*Hände*) neglected.
ungerade ['ʊngəraːdə] *adj* odd, uneven (*US*).
ungerecht ['ʊngərɛçt] *adj* unjust.
ungerechtfertigt *adj* unjustified.
Ungerechtigkeit *f* unfairness, injustice.
ungeregelt ['ʊngəreːgəlt] *adj* irregular.
ungereimt ['ʊngəraɪmt] *adj* (*Verse*) unrhymed; (*fig*) inconsistent.
ungern ['ʊngɛrn] *adv* unwillingly, reluctantly.
ungerufen ['ʊngəruːfən] *adj* without being called.
ungeschehen ['ʊngəʃeːən] *adj:* ~ **machen** to undo.
Ungeschicklichkeit ['ʊngəʃɪklɪçkaɪt] *f* clumsiness.
ungeschickt *adj* awkward, clumsy.
ungeschliffen ['ʊngəʃlɪfən] *adj* (*Edelstein*) uncut; (*Messer etc*) blunt; (*fig: Benehmen*) uncouth.
ungeschmälert ['ʊngəʃmɛːlərt] *adj* undiminished.
ungeschminkt ['ʊngəʃmɪŋkt] *adj* without make-up; (*fig*) unvarnished.
ungeschoren ['ʊngəʃoːrən] *adj:* **jdn** ~ **lassen** (*umg*) to spare sb; (*ungestraft*) to let sb off.
ungesetzlich ['ʊngəzɛtslɪç] *adj* illegal.
ungestempelt ['ʊngəʃtɛmpəlt] *adj* (*Briefmarke*) unfranked, mint.
ungestört ['ʊngəʃtøːrt] *adj* undisturbed.
ungestraft ['ʊngəʃtraːft] *adv* with impunity.
ungestüm ['ʊngəʃtyːm] *adj* impetuous; **U**~ **(-(e)s)** *nt* impetuosity.

ungesund ['ʊngəzʊnt] *adj* unhealthy.
ungetrübt ['ʊngətryːpt] *adj* clear; (*fig*) untroubled; (*Freude*) unalloyed.
Ungetüm ['ʊngətyːm] **(-(e)s, -e)** *nt* monster.
ungeübt ['ʊngəjyːpt] *adj* unpractised (*BRIT*), unpracticed (*US*); (*Mensch*) out of practice.
ungewiss▲ ['ʊngəvɪs] *adj* uncertain; **U**~**heit** *f* uncertainty.
ungewöhnlich ['ʊngəvøːnlɪç] *adj* unusual.
ungewohnt ['ʊngəvoːnt] *adj* unusual.
ungewollt ['ʊngəvɔlt] *adj* unintentional.
Ungeziefer ['ʊngətsiːfər] **(-s)** *nt* vermin *pl*.
ungezogen ['ʊngətsoːgən] *adj* rude, impertinent; **U**~**heit** *f* rudeness, impertinence.
ungezwungen ['ʊngətsvʊŋən] *adj* natural, unconstrained.
ungläubig ['ʊnglɔybɪç] *adj* unbelieving; **ein** ~**er Thomas** a doubting Thomas; **die U**~**en** the infidel(s *pl*).
unglaublich [ʊn'glaʊplɪç] *adj* incredible.
unglaubwürdig ['ʊnglaʊpvʏrdɪç] *adj* untrustworthy, unreliable; (*Geschichte*) improbable; **sich** ~ **machen** to lose credibility.
ungleich ['ʊnglaɪç] *adj* dissimilar; (*Mittel, Waffen*) unequal ♦ *adv* incomparably; ~**artig** *adj* different; **U**~**behandlung** *f* (*von Frauen, Ausländern*) unequal treatment; **U**~**heit** *f* dissimilarity; inequality; ~**mäßig** *adj* uneven; (*Atemzüge, Gesichtszüge, Puls*) irregular.
Unglück ['ʊnglʏk] *nt* misfortune; (*Pech*) bad luck; (~*sfall*) calamity, disaster; (*Verkehrs*~) accident; **zu allem** ~ to make matters worse; **u**~**lich** *adj* unhappy; (*erfolglos*) unlucky; (*unerfreulich*) unfortunate; **u**~**licherweise** *adv* unfortunately; **u**~**selig** *adj* calamitous; (*Person*) unfortunate.
Unglücksfall *m* accident, mishap.
Unglücksrabe (*umg*) *m* unlucky thing.
Ungnade ['ʊngnaːdə] *f:* **bei jdm in** ~ **fallen** to fall out of favour (*BRIT*) *od* favor (*US*) with sb.
ungültig ['ʊngʏltɪç] *adj* invalid; **etw für** ~ **erklären** to declare sth null and void; **U**~**keit** *f* invalidity.
ungünstig ['ʊngʏnstɪç] *adj* unfavourable (*BRIT*), unfavorable (*US*); (*Termin*) inconvenient; (*Augenblick, Wetter*) bad; (*nicht preiswert*) expensive.
ungut ['ʊnguːt] *adj* (*Gefühl*) uneasy; **nichts für** ~! no offence!
unhaltbar ['ʊnhaltbaːr] *adj* untenable.
unhandlich ['ʊnhantlɪç] *adj* unwieldy.
Unheil ['ʊnhaɪl] *nt* evil; (*Unglück*) misfortune; ~ **anrichten** to cause mischief; ~ **bringend** fatal, fateful.
unheilbar [ʊn'haɪlbaːr] *adj* incurable.
unheilvoll *adj* disastrous.

unheimlich ['ʊnhaɪmlɪç] *adj* weird, uncanny ♦ *adv* (*umg*) tremendously; **das/er ist mir ~** it/he gives me the creeps (*umg*).

unhöflich ['ʊnhøːflɪç] *adj* impolite; **U~keit** *f* impoliteness.

unhörbar [ʊn'høːrbaːr] *adj* silent; (*Frequenzen*) inaudible.

unhygienisch ['ʊnhygieːnɪʃ] *adj* unhygienic.

Uni ['ʊni] (-, -s) (*umg*) *f* university.

uni ['yniː] *adj* self-coloured (*BRIT*), self-colored (*US*).

Uniform [uni'fɔrm] (-, -en) *f* uniform.

uniformiert [unifɔr'miːrt] *adj* uniformed.

Unikum ['uːnɪkʊm] (-s, -s *od* **Unika**) (*umg*) *nt* real character.

uninteressant ['ʊn|ɪnteresant] *adj* uninteresting.

uninteressiert ['ʊn|ɪntərɛ'siːrt] *adj*: **~ (an** +*dat*) uninterested (in), not interested (in).

Union [uni'oːn] *f* union.

Unionsparteien *pl* (*BRD POL*) CDU and CSU parties *pl*.

universal [univɛr'zaːl] *adj* universal.

universell [univɛr'zɛl] *adj* universal.

Universität [univɛrzi'tɛːt] *f* university; **auf die ~ gehen, die ~ besuchen** to go to university.

Universum [uni'vɛrzʊm] (-s) *nt* universe.

unkenntlich ['ʊnkɛntlɪç] *adj* unrecognizable; **U~keit** *f*: **bis zur U~keit** beyond recognition.

Unkenntnis ['ʊnkɛntnɪs] *f* ignorance.

unklar ['ʊnklaːr] *adj* unclear; **im U~en sein über** +*akk* to be in the dark about; **U~heit** *f* unclarity; (*Unentschiedenheit*) uncertainty.

unklug ['ʊnkluːk] *adj* unwise.

unkompliziert ['ʊnkɔmplitsiːrt] *adj* straightforward, uncomplicated.

unkontrolliert ['ʊnkɔntroliːrt] *adj* unchecked.

unkonzentriert ['ʊnkɔntsentriːrt] *adj* lacking in concentration.

Unkosten ['ʊnkɔstən] *pl* expense(s *pl*); **sich in ~ stürzen** (*umg*) to go to a lot of expense.

Unkraut ['ʊnkraʊt] *nt* weed; weeds *pl*; **~ vergeht nicht** (*Sprichwort*) it would take more than that to finish me/him *etc* off; **~vertilgungsmittel** *nt* weedkiller.

unlängst ['ʊnlɛŋst] *adv* not long ago.

unlauter ['ʊnlaʊtər] *adj* unfair.

unleserlich ['ʊnleːzərlɪç] *adj* illegible.

unleugbar ['ʊnlɔʏkbaːr] *adj* undeniable, indisputable.

unlogisch ['ʊnloːgɪʃ] *adj* illogical.

unlösbar [ʊn'løːsbar] *adj* insoluble.

unlöslich [ʊn'løːslɪç] *adj* insoluble.

Unlust ['ʊnlʊst] *f* lack of enthusiasm.

unlustig *adj* unenthusiastic ♦ *adv* without enthusiasm.

unmännlich ['ʊnmɛnlɪç] *adj* unmanly.

Unmasse ['ʊnmasə] (*umg*) *f* load.

unmäßig ['ʊnmɛːsɪç] *adj* immoderate.

Unmenge ['ʊnmɛŋə] *f* tremendous number, vast number.

Unmensch ['ʊnmɛnʃ] *m* ogre, brute; **u~lich** *adj* inhuman, brutal; (*ungeheuer*) awful.

unmerklich [ʊn'mɛrklɪç] *adj* imperceptible.

unmissverständlich▲ ['ʊnmɪsfɛrʃtɛntlɪç] *adj* unmistakable.

unmittelbar ['ʊnmɪtəlbaːr] *adj* immediate; **~er Kostenaufwand** direct expense.

unmöbliert ['ʊnmøbliːrt] *adj* unfurnished.

unmöglich ['ʊnmøːklɪç] *adj* impossible; **ich kann es ~ tun** I can't possibly do it; **~ aussehen** (*umg*) to look ridiculous; **U~keit** *f* impossibility.

unmoralisch ['ʊnmoraːlɪʃ] *adj* immoral.

unmotiviert ['ʊnmotiviːrt] *adj* unmotivated.

unmündig ['ʊnmʏndɪç] *adj* (*minderjährig*) underage.

Unmut ['ʊnmuːt] *m* ill humour (*BRIT*) *od* humor (*US*).

unnachahmlich ['ʊnnaːx|aːmlɪç] *adj* inimitable.

unnachgiebig ['ʊnnaːxgiːbɪç] *adj* unyielding.

unnahbar [ʊn'naːbaːr] *adj* unapproachable.

unnatürlich ['ʊnnatyːrlɪç] *adj* unnatural.

unnormal ['ʊnnɔrmaːl] *adj* abnormal.

unnötig ['ʊnnøːtɪç] *adj* unnecessary.

unnötigerweise *adv* unnecessarily.

unnütz ['ʊnnʏts] *adj* useless.

UNO ['uːno] *f abk* (= *United Nations Organization*): **die ~** the UN.

unordentlich ['ʊn|ɔrdəntlɪç] *adj* untidy.

Unordnung ['ʊn|ɔrdnʊŋ] *f* disorder; (*Durcheinander*) mess.

unorganisiert ['ʊn|ɔrganiziːrt] *adj* disorganized.

unparteiisch ['ʊnpartaɪʃ] *adj* impartial.

Unparteiische(r) *f(m)* umpire; (*FUSSBALL*) referee.

unpassend ['ʊnpasənt] *adj* inappropriate; (*Zeit*) inopportune.

unpässlich▲ ['ʊnpɛslɪç] *adj* unwell.

unpersönlich ['ʊnpɛrzøːnlɪç] *adj* impersonal.

unpolitisch ['ʊnpoliːtɪʃ] *adj* apolitical.

unpraktisch ['ʊnpraktɪʃ] *adj* impractical, unpractical.

unproduktiv ['ʊnprodʊktiːf] *adj* unproductive.

unproportioniert ['ʊnpropɔrtsioniːrt] *adj* out of proportion.

unpünktlich ['ʊnpʏŋktlɪç] *adj* unpunctual.

unqualifiziert ['ʊnkvalifitsiːrt] *adj* unqualified; (*Äußerung*) incompetent.

unrasiert ['ʊnraziːrt] *adj* unshaven.

Unrat ['ʊnraːt] (-(e)s) *m* (*geh*) refuse; (*fig*) filth.

unrationell ['ʊnratsionɛl] *adj* inefficient.

unrecht ['ʊnrɛçt] *adj* wrong; **das ist mir gar nicht so ~** I don't really mind; **U~** *nt* wrong; **zu U~** wrongly; **nicht zu U~** not without good reason; **U~ haben, im U~ sein** to be wrong.

unrechtmäßig *adj* unlawful, illegal.
unredlich ['ʊnreːtlɪç] *adj* dishonest; **U~keit** *f* dishonesty.
unreell ['ʊnreɛl] *adj* unfair; (*unredlich*) dishonest; (*Preis*) unreasonable.
unregelmäßig ['ʊnreːgəlmɛːsɪç] *adj* irregular; **U~keit** *f* irregularity.
unreif ['ʊnraɪf] *adj* (*Obst*) unripe; (*fig*) immature.
Unreife *f* immaturity.
unrein ['ʊnraɪn] *adj* not clean; (*Ton, Gedanken, Taten*) impure; (*Atem, Haut*) bad.
unrentabel ['ʊnrɛntaːbəl] *adj* unprofitable.
unrichtig ['ʊnrɪçtɪç] *adj* incorrect, wrong.
Unruh ['ʊnruː] (-, -en) *f* (*von Uhr*) balance.
Unruhe (-, -n) *f* unrest; **~herd** *m* trouble spot; **~stifter** *m* troublemaker.
unruhig *adj* restless; (*nervös*) fidgety; (*belebt*) noisy; (*Schlaf*) fitful; (*Zeit etc, Meer*) troubled.
unrühmlich ['ʊnryːmlɪç] *adj* inglorious.
uns [ʊns] *pron akk, dat von* **wir** us; (*reflexiv*) ourselves.
unsachgemäß ['ʊnzaxgəmɛːs] *adj* improper.
unsachlich ['ʊnzaxlɪç] *adj* not to the point, irrelevant; (*persönlich*) personal.
unsagbar [ʊn'zaːkbaːr] *adj* indescribable.
unsäglich [ʊn'zɛːklɪç] *adj* indescribable.
unsanft ['ʊnzanft] *adj* rough.
unsauber ['ʊnzaʊbər] *adj* (*schmutzig*) dirty; (*fig*) crooked; (: *Klang*) impure.
unschädlich ['ʊnʃɛːtlɪç] *adj* harmless; **jdn/etw ~ machen** to render sb/sth harmless.
unscharf ['ʊnʃarf] *adj* indistinct; (*Bild etc*) out of focus, blurred.
unschätzbar [ʊn'ʃɛtsbaːr] *adj* incalculable; (*Hilfe*) invaluable.
unscheinbar ['ʊnʃaɪnbaːr] *adj* insignificant; (*Aussehen, Haus etc*) unprepossessing.
unschlagbar [ʊn'ʃlaːkbaːr] *adj* invincible.
unschlüssig ['ʊnʃlʏsɪç] *adj* undecided.
unschön ['ʊnʃøːn] *adj* unsightly; (*lit, fig*: *Szene*) ugly; (*Vorfall*) unpleasant.
Unschuld ['ʊnʃʊlt] *f* innocence.
unschuldig ['ʊnʃʊldɪç] *adj* innocent.
Unschuldsmiene *f* innocent expression.
unschwer ['ʊnʃveːr] *adv* easily, without difficulty.
unselbstständig ['ʊnzɛlpstʃtɛndɪç]▲, **unselbständig** ['ʊnzɛlpʃtɛndɪç] *adj* dependent, over-reliant on others.
unselig ['ʊnzeːlɪç] *adj* unfortunate; (*verhängnisvoll*) ill-fated.
unser ['ʊnzər] *poss pron* our ♦ *pron gen von* **wir** of us.
unsere(r, s) *poss pron* ours; **wir tun das ~ od U~** (*geh*) we are doing our bit.
unsereiner *pron* the likes of us.
unsereins *pron* the likes of us.
unser(er)seits ['ʊnzər(ər)'zaɪts] *adv* on our part.

unseresgleichen *pron* the likes of us.
unserige(r, s) *poss pron*: **der/die/das ~** *od* **U~** ours.
unseriös ['ʊnzeriøːs] *adj* (*unehrlich*) not straight, untrustworthy.
unsertwegen ['ʊnzərt've:gən] *adv* (*für uns*) for our sake; (*wegen uns*) on our account.
unsertwillen ['ʊnzərt'vɪlən] *adv*: **um ~ =** **unsertwegen**.
unsicher ['ʊnzɪçər] *adj* uncertain; (*Mensch*) insecure; **die Gegend ~ machen** (*fig*: *umg*) to knock about the district; **U~heit** *f* uncertainty; insecurity.
unsichtbar ['ʊnzɪçtbaːr] *adj* invisible; **U~keit** *f* invisibility.
Unsinn ['ʊnzɪn] *m* nonsense.
unsinnig *adj* nonsensical.
Unsitte ['ʊnzɪtə] *f* deplorable habit.
unsittlich ['ʊnzɪtlɪç] *adj* indecent; **U~keit** *f* indecency.
unsolide ['ʊnzoliːdə] *adj* (*Mensch, Leben*) loose; (*Firma*) unreliable.
unsozial ['ʊnzotsiaːl] *adj* (*Verhalten*) antisocial; (*Politik*) unsocial.
unsportlich ['ʊnʃpɔrtlɪç] *adj* not sporty; (*Verhalten*) unsporting.
unsre etc ['ʊnzrə] *poss pron* = **unsere** etc *siehe auch* **unser**.
unsrige(r, s) ['ʊnzrɪgə(r, s)] *poss pron* = **unserige.**
unsterblich ['ʊnʃtɛrplɪç] *adj* immortal; **U~keit** *f* immortality.
unstet ['ʊnʃteːt] *adj* (*Mensch*) restless; (*wankelmütig*) changeable; (*Leben*) unsettled.
Unstimmigkeit ['ʊnʃtɪmɪçkaɪt] *f* inconsistency; (*Streit*) disagreement.
Unsumme ['ʊnzʊmə] *f* vast sum.
unsympathisch ['ʊnzʏmpaːtɪʃ] *adj* unpleasant; **er ist mir ~** I don't like him.
untad(e)lig ['ʊntaːd(ə)lɪç] *adj* impeccable; (*Mensch*) beyond reproach.
Untat ['ʊntaːt] *f* atrocity.
untätig ['ʊntɛːtɪç] *adj* idle.
untauglich ['ʊntaʊklɪç] *adj* unsuitable; (*MIL*) unfit; **U~keit** *f* unsuitability; unfitness.
unteilbar [ʊn'taɪlbaːr] *adj* indivisible.
unten ['ʊntən] *adv* below; (*im Haus*) downstairs; (*an der Treppe etc*) at the bottom; **~ genannt** undermentioned; **siehe ~** see below; **nach ~** down; **~ am Berg** *etc* at the bottom of the mountain *etc*; **er ist bei mir ~ durch** (*umg*) I'm through with him; **~an** *adv* (*am unteren Ende*) at the far end; (*lit, fig*) at the bottom.

════════════════ *SCHLÜSSELWORT*

unter ['ʊntər] *präp +dat* **1** (*räumlich*) under; (*drunter*) underneath, below.
2 (*zwischen*) among(st); **sie waren ~ sich** they were by themselves; **einer ~ ihnen** one

of them; ~ **anderem** among other things;
~ **der Hand** secretly; (*verkaufen*) privately
♦ *präp +akk* under, below.
♦ *adv* (*weniger als*) under; **Mädchen** ~ **18**
Jahren girls under *od* less than 18 (years of
age).

Unter- *zW*: ~**abteilung** *f* subdivision; ~**arm** *m*
forearm; **u**~**belegt** *adj* (*Kurs*) under-
subscribed; (*Hotel etc*) not full.
unterbelichten ['ʊntərbəlıçtən] *vt untr* (*PHOT*)
to underexpose.
Unterbeschäftigung ['ʊntərbəʃɛːftɪɡʊŋ] *f*
underemployment.
unterbesetzt ['ʊntərbəzɛtst] *adj* understaffed.
Unterbewusstsein▲ ['ʊntərbəvʊstzaɪn] *nt*
subconscious.
unterbezahlt ['ʊntərbətsaːlt] *adj* underpaid.
unterbieten [ʊntər'biːtən] *unreg vt untr* (*COMM*)
to undercut; (*fig*) to surpass.
unterbinden [ʊntər'bɪndən] *unreg vt untr* to
stop, call a halt to.
unterbleiben [ʊntər'blaɪbən] *unreg vi untr*
(*aufhören*) to stop; (*versäumt werden*) to be
omitted.
Unterbodenschutz [ʊntər'boːdənʃʊts] *m*
(*AUT*) underseal.
unterbrechen [ʊntər'brɛçən] *unreg vt untr* to
interrupt.
Unterbrechung *f* interruption.
unterbreiten [ʊntər'braɪtən] *vt untr* (*Plan*) to
present.
unterbringen ['ʊntərbrɪŋən] *unreg vt* (*in Koffer*)
to stow; (*in Zeitung*) to place; (*Person: in Hotel
etc*) to accommodate, put up; (: *beruflich*):
~ **(bei)** to fix up (with).
unterbuttern ['ʊntərbʊtərn] (*umg*) *vt*
(*zuschießen*) to throw in; (*unterdrücken*) to
ride roughshod over.
unterdessen [ʊntər'dɛsən] *adv* meanwhile.
Unterdruck ['ʊntərdrʊk] *m* (*TECH*) below
atmospheric pressure.
unterdrücken [ʊntər'drykən] *vt untr* to
suppress; (*Leute*) to oppress.
untere(r, s) ['ʊntərə(r, s)] *adj* lower.
untereinander [ʊntəraɪ'nandər] *adv*
(*gegenseitig*) each other; (*miteinander*)
among themselves *etc*.
unterentwickelt ['ʊntər|ɛntvıkəlt] *adj*
underdeveloped.
unterernährt ['ʊntər|ɛrnɛːrt] *adj*
undernourished.
Unterernährung *f* malnutrition.
Unterfangen [ʊntər'faŋən] *nt* undertaking.
Unterführung [ʊntər'fyːrʊŋ] *f* subway,
underpass.
Untergang ['ʊntərɡaŋ] *m* (down)fall, decline;
(*NAUT*) sinking; (*von Gestirn*) setting; **dem**
~ **geweiht sein** to be doomed.
untergeben [ʊntər'geːbən] *adj* subordinate.

Untergebene(r) *f(m)* subordinate.
untergehen ['ʊntərɡeːən] *unreg vi* to go down;
(*Sonne*) to set, go down; (*Staat*) to fall; (*Volk*)
to perish; (*Welt*) to come to an end; (*im
Lärm*) to be drowned.
untergeordnet ['ʊntərɡə|ɔrdnət] *adj* (*Dienst-
stelle*) subordinate; (*Bedeutung*) secondary.
Untergeschoss▲ ['ʊntərɡəʃɔs] *nt* basement.
Untergewicht ['ʊntərɡəvıçt] *nt*: **(10 Kilo)**
~ **haben** to be (10 kilos) underweight.
untergliedern [ʊntər'gliːdərn] *vt untr* to
subdivide.
untergraben [ʊntər'ɡraːbən] *unreg vt untr* to
undermine.
Untergrund ['ʊntərɡrʊnt] *m* foundation; (*POL*)
underground; ~**bahn** *f* underground (*BRIT*),
subway (*US*); ~**bewegung** *f* underground
(movement).
unterhaken ['ʊntərhaːkən] *vr*: **sich bei jdm** ~
to link arms with sb.
unterhalb ['ʊntərhalp] *präp +gen* below ♦ *adv*
below; ~ **von** below.
Unterhalt ['ʊntərhalt] *m* maintenance; **seinen**
~ **verdienen** to earn one's living.
unterhalten [ʊntər'haltən] *unreg vt untr* to
maintain; (*belustigen*) to entertain;
(*versorgen*) to support; (*Geschäft, Kfz*) to run;
(*Konto*) to have ♦ *vr untr* to talk; (*sich
belustigen*) to enjoy o.s.
unterhaltend, unterhaltsam
[ʊntər'haltzaːm] *adj* entertaining.
Unterhaltskosten *pl* maintenance costs *pl*.
Unterhaltszahlung *f* maintenance payment.
Unterhaltung *f* maintenance; (*Belustigung*)
entertainment, amusement; (*Gespräch*) talk.
Unterhaltungskosten *pl* running costs *pl*.
Unterhaltungsmusik *f* light music.
Unterhändler ['ʊntərhɛntlər] *m* negotiator.
Unterhaus ['ʊntərhaus] *nt* House of Commons
(*BRIT*), House of Representatives (*US*),
Lower House.
Unterhemd ['ʊntərhɛmt] *nt* vest (*BRIT*),
undershirt (*US*).
unterhöhlen [ʊntər'høːlən] *vt untr* (*lit, fig*) to
undermine.
Unterholz ['ʊntərhɔlts] *nt* undergrowth.
Unterhose ['ʊntərhoːzə] *f* underpants *pl*.
unterirdisch ['ʊntər|ırdıʃ] *adj* underground.
unterjubeln ['ʊntərjuːbəln] (*umg*) *vt*: **jdm etw**
~ to palm sth off on sb.
unterkapitalisiert ['ʊntərkapitali'ziːrt] *adj*
undercapitalized.
unterkellern [ʊntər'kɛlərn] *vt untr* to build with
a cellar.
Unterkiefer ['ʊntərkiːfər] *m* lower jaw.
unterkommen ['ʊntərkɔmən] *unreg vi* to find
shelter; (*Stelle finden*) to find work; **das ist
mir noch nie untergekommen** I've never
met with that; **bei jdm** ~ to stay at sb's
(place).

unterkriegen ['ʊntərkri:gən] (umg) vt: **sich nicht ~ lassen** not to let things get one down.

unterkühlt [ʊntər'ky:lt] adj (Körper) affected by hypothermia; (fig: Mensch, Atmosphäre) cool.

Unterkunft ['ʊntərkʊnft] (-, -künfte) f accommodation (BRIT), accommodations pl (US); ~ **und Verpflegung** board and lodging.

Unterlage ['ʊntərla:gə] f foundation; (Beleg) document; (Schreib~ etc) pad.

unterlassen [ʊntər'lasən] unreg vt untr (versäumen) to fail to do; (sich enthalten) to refrain from.

unterlaufen [ʊntər'laʊfən] unreg vi untr to happen ♦ adj: **mit Blut ~** suffused with blood; (Augen) bloodshot; **mir ist ein Fehler ~** I made a mistake.

unterlegen[1] ['ʊntərle:gən] vt to lay od put under.

unterlegen[2] [ʊntər'le:gən] adj inferior; (besiegt) defeated.

Unterleib ['ʊntərlaɪp] m abdomen.

unterliegen [ʊntər'li:gən] unreg vi untr +dat to be defeated od overcome (by); (unterworfen sein) to be subject (to).

Unterlippe ['ʊntərlɪpə] f bottom od lower lip.

unterm = **unter dem**.

untermalen [ʊntər'ma:lən] vt untr (mit Musik) to provide with background music.

Untermalung f: **musikalische ~** background music.

untermauern [ʊntər'maʊərn] vt untr (Gebäude, fig) to underpin.

Untermiete ['ʊntərmi:tə] f subtenancy; **bei jdm zur ~ wohnen** to rent a room from sb.

Untermieter(in) m(f) lodger.

untern = **unter den**.

unternehmen [ʊntər'ne:mən] unreg vt untr to do; (durchführen) to undertake; (Versuch, Reise) to make; **U~** (-s, -) nt undertaking, enterprise (auch COMM); (Firma) business.

unternehmend adj enterprising, daring.

Unternehmensberater m management consultant.

Unternehmensplanung f corporate planning, management planning.

Unternehmer(in) [ʊntər'ne:mər(ɪn)] (-s, -) m(f) (business) employer; (alten Stils) entrepreneur; ~**verband** m employers' association.

Unternehmungsgeist m spirit of enterprise.

unternehmungslustig adj enterprising.

Unteroffizier ['ʊntərɔfitsi:r] m noncommissioned officer, NCO.

unterordnen ['ʊntərʔɔrdnən] vt: ~ (+dat) to subordinate (to).

Unterordnung f subordination.

Unterprima ['ʊntərpri:ma] f (früher) eighth

year of German secondary school.

Unterprogramm ['ʊntərprogram] nt (COMPUT) subroutine.

Unterredung [ʊntər're:dʊŋ] f discussion, talk.

Unterricht ['ʊntərrɪçt] (-(e)s) m teaching; (Stunden) lessons pl; **jdm ~ (in etw** dat) **geben** to teach sb (sth).

unterrichten [ʊntər'rɪçtən] vt untr to instruct; (SCH) to teach ♦ vr untr: **sich ~ (über** +akk) to inform o.s. (about), obtain information (about).

Unterrichts- zW: ~**gegenstand** m topic, subject; ~**methode** f teaching method; ~**stoff** m teaching material; ~**stunde** f lesson; ~**zwecke** pl: **zu ~zwecken** for teaching purposes.

Unterrock ['ʊntərrɔk] m petticoat, slip.

unters = **unter das**.

untersagen [ʊntər'za:gən] vt untr to forbid; **jdm etw ~** to forbid sb to do sth.

Untersatz ['ʊntərzats] m mat; (für Blumentöpfe etc) base.

unterschätzen [ʊntər'ʃɛtsən] vt untr to underestimate.

unterscheiden [ʊntər'ʃaɪdən] unreg vt untr to distinguish ♦ vr untr to differ.

Unterscheidung f (Unterschied) distinction; (Unterscheiden) differentiation.

Unterschenkel ['ʊntərʃɛŋkəl] m lower leg.

Unterschicht ['ʊntərʃɪçt] f lower class.

unterschieben [ʊntər'ʃi:bən] unreg vt (fig): **jdm etw ~** to foist sth on sb.

Unterschied ['ʊntərʃi:t] (-(e)s, -e) m difference, distinction; **im ~ zu** as distinct from; **u~lich** adj varying, differing; (diskriminierend) discriminatory.

unterschiedslos adv indiscriminately.

unterschlagen [ʊntər'ʃlagən] unreg vt untr to embezzle; (verheimlichen) to suppress.

Unterschlagung f embezzlement; (von Briefen, Beweis) withholding.

Unterschlupf ['ʊntərʃlʊpf] (-(e)s, -schlüpfe) m refuge.

unterschlüpfen ['ʊntərʃlʏpfən] (umg) vi to take cover od shelter; (Versteck finden): **(bei jdm) ~** to hide out (at sb's) (umg).

unterschreiben [ʊntər'ʃraɪbən] unreg vt untr to sign.

Unterschrift ['ʊntərʃrɪft] f signature; (Bild~) caption.

unterschwellig ['ʊntərʃvɛlɪç] adj subliminal.

Unterseeboot ['ʊntərze:bo:t] nt submarine.

Unterseite ['ʊntərzaɪtə] f underside.

Untersekunda ['ʊntərzekʊnda] f (früher) sixth year of German secondary school.

Untersetzer ['ʊntərzɛtsər] m tablemat; (für Gläser) coaster.

untersetzt [ʊntər'zɛtst] adj stocky.

unterste(r, s) ['ʊntərstə(r, s)] adj lowest, bottom.

unterstehen¹ [ʊntər'ʃteːən] *unreg vi untr +dat* to be under ♦ *vr untr* to dare.

unterstehen² ['ʊntərʃteːən] *unreg vi* to shelter.

unterstellen¹ [ʊntər'ʃtɛlən] *vt untr* to subordinate; (*fig*) to impute; **jdm/etw unterstellt sein** to be under sb/sth; (*in Firma*) to report to sb/sth.

unterstellen² ['ʊntərʃtɛlən] *vt* (*Auto*) to garage, park ♦ *vr* to take shelter.

Unterstellung *f* (*falsche Behauptung*) misrepresentation; (*Andeutung*) insinuation.

unterstreichen [ʊntər'ʃtraɪçən] *unreg vt untr* (*lit, fig*) to underline.

Unterstufe ['ʊntərʃtuːfə] *f* lower grade.

unterstützen [ʊntər'ʃtʏtsən] *vt untr* to support.

Unterstützung *f* support, assistance.

untersuchen [ʊntər'zuːxən] *vt untr* (*MED*) to examine; (*Polizei*) to investigate; **sich ärztlich ~ lassen** to have a medical (*BRIT*) *od* physical (*US*) (examination), have a check-up.

Untersuchung *f* examination; investigation, inquiry.

Untersuchungs- *zW*: **~ausschuss▲** *m* committee of inquiry; **~ergebnis** *nt* (*JUR*) findings *pl*; (*MED*) result of an examination; **~haft** *f* custody; **in ~haft sein** to be remanded in custody; **~richter** *m* examining magistrate.

Untertagebau [ʊntər'taːgəbau] *m* underground mining.

Untertan ['ʊntərtaːn] (**-s, -en**) *m* subject.

untertänig ['ʊntərtɛːnɪç] *adj* submissive, humble.

Untertasse ['ʊntərtasə] *f* saucer.

untertauchen ['ʊntərtauxən] *vi* to dive; (*fig*) to disappear, go underground.

Unterteil ['ʊntərtaɪl] *nt od m* lower part, bottom.

unterteilen [ʊntər'taɪlən] *vt untr* to divide up.

Untertertia ['ʊntərtɛrtsia] *f* (*früher*) *fourth year of German secondary school.*

Untertitel ['ʊntərtiːtəl] *m* subtitle; (*für Bild*) caption.

unterwandern [ʊntər'vandərn] *vt untr* to infiltrate.

Unterwäsche ['ʊntərvɛʃə] *f* underwear.

unterwegs [ʊntər'veːks] *adv* on the way; (*auf Reisen*) away.

unterweisen [ʊntər'vaɪzən] *unreg vt untr* to instruct.

Unterwelt ['ʊntərvɛlt] *f* (*lit, fig*) underworld.

unterwerfen [ʊntər'vɛrfən] *unreg vt untr* to subject; (*Volk*) to subjugate ♦ *vr untr* to submit.

unterwürfig [ʊntər'vʏrfɪç] *adj* obsequious.

unterzeichnen [ʊntər'tsaɪçnən] *vt untr* to sign.

Unterzeichner *m* signatory.

unterziehen [ʊntər'tsiːən] *unreg vt untr +dat* to

subject ♦ *vr untr +dat* to undergo; (*einer Prüfung*) to take.

Untiefe ['ʊntiːfə] *f* shallow.

Untier ['ʊntiːr] *nt* monster.

untragbar [ʊn'traːkbaːr] *adj* intolerable, unbearable.

untreu ['ʊntrɔy] *adj* unfaithful; **sich** *dat* **selbst ~ werden** to be untrue to o.s.

Untreue *f* unfaithfulness.

untröstlich [ʊn'trøːstlɪç] *adj* inconsolable.

Untugend ['ʊntuːgənt] *f* vice; (*Angewohnheit*) bad habit.

un- *zW*: **~überbrückbar** *adj* (*fig: Gegensätze etc*) irreconcilable; (*Kluft*) unbridgeable; **~überlegt** *adj* ill-considered ♦ *adv* without thinking; **~übersehbar** *adj* (*Schaden etc*) incalculable; (*Menge*) vast, immense; (*auffällig: Fehler etc*) obvious; **~übersichtlich** *adj* (*Gelände*) broken; (*Kurve*) blind; (*System, Plan*) confused; **~übertroffen** *adj* unsurpassed.

un- *zW*: **~umgänglich** *adj* indispensable, vital; **~umstößlich** *adj* (*Tatsache*) incontrovertible; (*Entschluss*) irrevocable; **~umstritten** *adj* undisputed; **~umwunden** [-ʊm'vʊndən] *adj* candid ♦ *adv* straight out.

ununterbrochen ['ʊn|ʊntərbrɔxən] *adj* uninterrupted.

un- *zW*: **~veränderlich** *adj* unchangeable; **~verantwortlich** *adj* irresponsible; (*~entschuldbar*) inexcusable; **~verarbeitet** *adj* (*lit, fig*) raw; **~veräußerlich** [-fɛr'ɔʏsərlɪç] *adj* inalienable; (*Besitz*) unmarketable; **~verbesserlich** *adj* incorrigible; **~verbindlich** *adj* not binding; (*Antwort*) curt ♦ *adv* (*COMM*) without obligation; **~verbleit** [-fɛrblaɪt] *adj* (*Benzin*) unleaded; **~verblümt** [-fɛr'blyːmt] *adj* plain, blunt ♦ *adv* plainly, bluntly; **~verdaulich** *adj* indigestible; **~verdorben** *adj* unspoilt; **~verdrossen** *adj* undeterred; (*~ermüdlich*) untiring; **~vereinbar** *adj* incompatible; **~verfälscht** [-fɛrfɛlʃt] *adj* (*auch fig*) unadulterated; (*Dialekt*) pure; (*Natürlichkeit*) unaffected; **~verfänglich** *adj* harmless; **~verfroren** *adj* impudent; **~vergänglich** *adj* immortal; (*Eindruck, Erinnerung*) everlasting; **~vergesslich▲** *adj* unforgettable; **~vergleichlich** *adj* unique, incomparable; **~verhältnismäßig** *adv* disproportionately; (*übermäßig*) excessively; **~verheiratet** *adj* unmarried; **~verhofft** *adj* unexpected; **~verhohlen** [-fɛrhoːlən] *adj* open, unconcealed; **~verkäuflich** *adj*: „**~verkäuflich**" "not for sale"; **~verkennbar** *adj* unmistakable; **~verletzlich** *adj* (*fig: Rechte*) inviolable; (*lit*) invulnerable; **~verletzt** *adj* uninjured; **~vermeidlich** *adj* unavoidable; **~vermittelt** *adj* (*plötzlich*) sudden, unexpected; **U~vermögen** *nt* inability; **~vermutet** *adj*

unexpected; ~**vernünftig** adj foolish;
~**verrichtet** adj: ~**verrichteter Dinge** empty-
handed; ~**verschämt** adj impudent;
U~**verschämtheit** f impudence, insolence;
~**verschuldet** adj occurring through no fault
of one's own; ~**versehens** adv all of a
sudden; ~**versehrt** [-fɛrzeːrt] adj uninjured;
~**versöhnlich** adj irreconcilable; U~**verstand**
m lack of judgement; (Torheit) folly;
~**verständlich** adj unintelligible; ~**versucht**
adj: **nichts** ~**versucht lassen** to try
everything; ~**verträglich** adj quarrelsome;
(Meinungen, MED) incompatible;
~**verwechselbar** adj unmistakable,
distinctive; ~**verwüstlich** adj indestructible;
(Mensch) irrepressible; ~**verzeihlich** adj
unpardonable; ~**verzinslich** adj interest-free;
~**verzüglich** [-fɛrˈtsyːklɪç] adj immediate;
~**vollendet** adj unfinished; ~**vollkommen** adj
imperfect; ~**vollständig** adj incomplete;
~**vorbereitet** adj unprepared;
~**voreingenommen** adj unbiased;
~**vorhergesehen** adj unforeseen; ~**vorsichtig**
adj careless, imprudent; ~**vorstellbar** adj
inconceivable; ~**vorteilhaft** adj
disadvantageous.
unwahr [ˈʊnvaːr] adj untrue; ~**haftig** adj
untruthful; U~**heit** f untruth; **die** U~**heit**
sagen not to tell the truth; ~**scheinlich** adj
improbable, unlikely ♦ adv (umg) incredibly;
U~**scheinlichkeit** f improbability,
unlikelihood.
unwegsam [ˈʊnveːkzaːm] adj (Gelände etc)
rough.
unweigerlich [ʊnˈvaɪɡərlɪç] adj unquestioning
♦ adv without fail.
unweit [ˈʊnvaɪt] präp +gen not far from ♦ adv
not far.
Unwesen [ˈʊnveːzən] nt nuisance; (Unfug)
mischief; **sein** ~ **treiben** to wreak havoc;
(Mörder etc) to be at large.
unwesentlich adj inessential, unimportant;
~ **besser** marginally better.
Unwetter [ˈʊnvɛtər] nt thunderstorm.
unwichtig [ˈʊnvɪçtɪç] adj unimportant.
un- zW: ~**widerlegbar** adj irrefutable;
~**widerruflich** adj irrevocable;
~**widerstehlich** [-viːdərˈʃteːlɪç] adj
irresistible.
unwiederbringlich [ʊnviːdərˈbrɪŋlɪç] adj (geh)
irretrievable.
Unwille(n) [ˈʊnvɪlə(n)] m indignation.
unwillig adj indignant; (widerwillig) reluctant.
unwillkürlich [ˈʊnvɪlkyːrlɪç] adj involuntary
♦ adv instinctively; (lachen) involuntarily.
unwirklich [ˈʊnvɪrklɪç] adj unreal.
unwirksam [ˈʊnvɪrkzaːm] adj ineffective.
unwirsch [ˈʊnvɪrʃ] adj cross, surly.
unwirtlich [ˈʊnvɪrtlɪç] adj inhospitable.
unwirtschaftlich [ˈʊnvɪrtʃaftlɪç] adj

uneconomical.
unwissend [ˈʊnvɪsənt] adj ignorant.
Unwissenheit f ignorance.
unwissenschaftlich adj unscientific.
unwissentlich adv unwittingly,
unknowingly.
unwohl [ˈʊnvoːl] adj unwell, ill; U~**sein** (-s) nt
indisposition.
unwürdig [ˈʊnvyrdɪç] adj unworthy.
Unzahl [ˈʊntsaːl] f: **eine** ~ **von** ... a whole host
of ...
unzählig [ʊnˈtsɛːlɪç] adj innumerable,
countless.
unzeitgemäß [ˈʊntsaɪtɡəmɛːs] adj (altmodisch)
old-fashioned.
un- zW: ~**zerbrechlich** adj unbreakable;
~**zerreißbar** adj untearable; ~**zerstörbar** adj
indestructible; ~**zertrennlich** adj
inseparable.
Unzucht [ˈʊntsʊxt] f sexual offence.
unzüchtig [ˈʊntsyçtɪç] adj immoral.
un- zW: ~**zufrieden** adj dissatisfied;
U~**zufriedenheit** f discontent; ~**zugänglich**
adj (Gegend) inaccessible; (Mensch)
inapproachable; ~**zulänglich** adj inadequate;
~**zulässig** adj inadmissible; ~**zumutbar** adj
unreasonable; ~**zurechnungsfähig** adj
irresponsible; **jdn für** ~**zurechnungsfähig**
erklären lassen (JUR) to have sb certified
(insane); ~**zusammenhängend** adj
disconnected; (Äußerung) incoherent;
~**zustellbar** adj: **falls** ~**zustellbar, bitte an**
Absender zurück if undelivered, please
return to sender; ~**zutreffend** adj incorrect;
„U~**zutreffendes bitte streichen"** "delete as
applicable"; ~**zuverlässig** adj unreliable.
unzweckmäßig [ˈʊntsvɛkmɛːsɪç] adj (nicht
ratsam) inadvisable; (unpraktisch)
impractical; (ungeeignet) unsuitable.
unzweideutig [ˈʊntsvaɪdɔʏtɪç] adj
unambiguous.
unzweifelhaft [ˈʊntsvaɪfəlhaft] adj
indubitable.
üppig [ˈʏpɪç] adj (Frau) curvaceous; (Essen)
sumptuous, lavish; (Vegetation) luxuriant,
lush; (Haar) thick.
Ur- [ˈuːr] in zW original.
Urabstimmung [ˈuːrʔapʃtɪmʊŋ] f ballot.
Ural [uˈraːl] (-s) m: **der** ~ the Ural mountains
pl, the Urals pl; ~**gebirge** nt Ural mountains.
uralt [ˈuːrʔalt] adj ancient, very old.
Uran [uˈraːn] (-s) nt uranium.
Uraufführung f first performance.
urbar adj: **die Wüste/Land** ~ **machen** to
reclaim the desert/cultivate land.
Urdu [ˈʊrdu] (-) nt Urdu.
Ur- zW: ~**einwohner** m original inhabitant;
~**eltern** pl ancestors pl; ~**enkel(in)** m(f)
great-grandchild; ~**fassung** f original
version; ~**großmutter** f great-grandmother;

~**großvater** *m* great-grandfather.
Urheber (-s, -) *m* originator; (*Autor*) author;
~**recht** *nt*: ~**recht (an** *+dat*) copyright (on);
u~**rechtlich** *adv*: **u**~**rechtlich geschützt**
copyright.
urig ['u:rɪç] (*umg*) *adj* (*Mensch, Atmosphäre*)
earthy.
Urin [u'ri:n] (-s, -e) *m* urine.
urkomisch *adj* incredibly funny.
Urkunde *f* document; (*Kauf*~) deed.
urkundlich ['u:rkʊntlɪç] *adj* documentary.
urladen ['u:rla:dən] *vt* (*COMPUT*) to boot.
Urlader *m* (*COMPUT*) bootstrap.
Urlaub ['u:rlaʊp] (-(e)s, -e) *m* holiday(s *pl*)
(*BRIT*), vacation (*US*); (*MIL etc*) leave; ~**er** (-s,
-) *m* holiday-maker (*BRIT*), vacationer (*US*).
Urlaubs- *zW*: ~**geld** *nt* holiday (*BRIT*) *od*
vacation (*US*) money; ~**ort** *m* holiday (*BRIT*)
od vacation (*US*) resort; **u**~**reif** *adj* in need of
a holiday (*BRIT*) *od* vacation (*US*).
Urmensch *m* primitive man.
Urne ['ʊrnə] (-, -n) *f* urn; **zur** ~ **gehen** to go to
the polls.
urplötzlich ['u:r'plœtslɪç] (*umg*) *adv* all of a
sudden.
Ursache ['u:rzaxə] *f* cause; **keine** ~! (*auf Dank*)
don't mention it, you're welcome; (*auf
Entschuldigung*) that's all right.
ursächlich ['u:rzɛçlɪç] *adj* causal.
Urschrei ['u:rʃraɪ] *m* (*PSYCH*) primal scream.
Ursprung ['u:rʃprʊŋ] *m* origin, source; (*von
Fluss*) source.
ursprünglich ['u:rʃprʏŋlɪç] *adj* original ♦ *adv*
originally.
Ursprungsland *nt* (*COMM*) country of origin.
Ursprungszeugnis *nt* certificate of origin.
Urteil ['ʊrtaɪl] (-s, -e) *nt* opinion; (*JUR*)
sentence, judgement; **sich** *dat* **ein** ~ **über**
etw *akk* **erlauben** to pass judgement on sth;
ein ~ **über etw** *akk* **fällen** to pass judgement
on sth; **u**~**en** *vi* to judge.
Urteilsbegründung *f* (*JUR*) opinion.
Urteilsspruch *m* sentence; verdict.
Urtrieb ['u:rtri:p] (-(e)s) *m* basic drive.
Uruguay [uru'gua:i] (-s) *nt* Uruguay.
Uruguayer(in) (-s, -) *m(f)* Uruguayan.
uruguayisch *adj* Uruguayan.
Ur- *zW*: ~**wald** *m* jungle; **u**~**wüchsig** *adj*
natural; (*Landschaft*) unspoilt; (*Humor*)
earthy; ~**zeit** *f* prehistoric times *pl*.
USA [u:'ɛs'|a:] *pl abk*: **die** ~ the USA *sing*.
Usbekistan [ʊs'bɛkista:n] (-s) *nt* Uzbekistan.
usw. *abk* (= *und so weiter*) etc.
Utensilien [uten'zi:liən] *pl* utensils *pl*.
Utopie [uto'pi:] *f* pipe dream.
utopisch [u'to:pɪʃ] *adj* utopian.
u. U. *abk* (= *unter Umständen*) possibly.
UV *abk* (= *ultraviolett*) U.V.
u. v. a. *abk* (= *und viele(s) andere*) and much/
many more.

u. v. a. m. *abk* (= *und viele(s) andere mehr*) and
much/many more.
u. W. *abk* (= *unseres Wissens*) to our
knowledge.
Ü-Wagen *m* (*RUNDF, TV*) outside broadcast
vehicle.
uzen ['u:tsən] (*umg*) *vt, vi* to tease, kid.
u. zw. *abk* = *und zwar*.

V, v

V¹, v [fau] *nt* V, v; ~ **wie Viktor** ≈ V for
Victor.
V² [fau] *abk* (= *Volt*) v.
VAE *pl abk* (= *Vereinigte Arabische Emirate*)
UAE.
vag(e) *adj* vague.
Vagina [va'gi:na] (-, **Vaginen**) *f* vagina.
Vakuum ['va:kuʊm] (-s, **Vakua** *od* **Vakuen**) *nt*
vacuum; **v**~**verpackt** *adj* vacuum-packed.
Vandalismus [vanda'lɪsmʊs] *m* vandalism.
Vanille [va'nɪljə] (-) *f* vanilla; ~**zucker** *m*
vanilla sugar.
Vanillinzucker *m* vanilla sugar.
variabel [vari'a:bəl] *adj*: **variable Kosten**
variable costs.
Variable [vari'a:blə] (-, -n) *f* variable.
Variante [vari'antə] (-, -n) *f*: ~ (**zu**) variant
(on).
Variation [variatsi'o:n] *f* variation.
variieren [vari'i:rən] *vt, vi* to vary.
Vase ['va:zə] (-, -n) *f* vase.
Vater ['fa:tər] (-s, ⸚) *m* father; ~ **Staat** (*umg*)
the State; ~**land** *nt* native country; (*bes
Deutschland*) Fatherland; ~**landsliebe** *f*
patriotism.
väterlich ['fɛ:tərlɪç] *adj* fatherly.
väterlicherseits *adv* on the father's side.
Vaterschaft *f* paternity.
Vaterschaftsklage *f* paternity suit.
Vaterstelle *f*: ~ **bei jdm vertreten** to take the
place of sb's father.
Vaterunser (-s, -) *nt* Lord's Prayer.
Vati ['fa:ti] (-s, -s) (*umg*) *m* dad(dy).
Vatikan [vati'ka:n] (-s) *m* Vatican.
V-Ausschnitt ['fau|aʊsʃnɪt] *m* V-neck.
VB *abk* (= *Verhandlungsbasis*) o.i.r.o.
v. Chr. *abk* (= *vor Christus*) B.C.
Vegetarier(in) [vege'ta:riər(ɪn)] (-s, -) *m(f)*
vegetarian.
vegetarisch *adj* vegetarian.
Vegetation [vegetatsi'o:n] *f* vegetation.
vegetativ [vegeta'ti:f] *adj* (*BIOL*) vegetative;

(MED) autonomic.

vegetieren [vege'ti:rən] *vi* to vegetate; (*kärglich leben*) to eke out a bare existence.

Vehikel [ve'hi:kəl] (-s, -) (*pej: umg*) *nt* boneshaker.

Veilchen ['faɪlçən] *nt* violet; (*umg: blaues Auge*) shiner, black eye.

Velours (-, -) *nt* suede; **~leder** *nt* suede.

Vene ['ve:nə] (-, -n) *f* vein.

Venedig [ve'ne:dɪç] (-s) *nt* Venice.

Venezianer(in) [venetsi'a:nər(ɪn)] (-s, -) *m(f)* Venetian.

venezianisch [venetsi'a:nɪʃ] *adj* Venetian.

Venezolaner(in) [venetso'la:nər(ɪn)] (-s, -) *m(f)* Venezuelan.

venezolanisch *adj* Venezuelan.

Venezuela [venetsu'e:la] (-s) *nt* Venezuela.

Ventil [vɛn'ti:l] (-s, -e) *nt* valve.

Ventilator [vɛnti'la:tɔr] *m* ventilator.

verabreden [fɛr'|apre:dən] *vt* to arrange; (*Termin*) to agree upon ♦ *vr* to arrange to meet; **sich (mit jdm) ~** to arrange to meet (sb); **schon verabredet sein** to have a prior engagement (*form*), have something else on.

Verabredung *f* arrangement; (*Treffen*) appointment; **ich habe eine ~** I'm meeting somebody.

verabreichen [fɛr'|apraɪçən] *vt* (*Tracht Prügel etc*) to give; (*Arznei*) to administer (*form*).

verabscheuen [fɛr'|apʃɔʏən] *vt* to detest, abhor.

verabschieden [fɛr'|apʃi:dən] *vt* (*Gäste*) to say goodbye to; (*entlassen*) to discharge; (*Gesetz*) to pass ♦ *vr*: **sich ~ (von)** to take one's leave (of).

Verabschiedung *f* (*von Beamten etc*) discharge; (*von Gesetz*) passing.

verachten [fɛr'|axtən] *vt* to despise; **nicht zu ~** (*umg*) not to be scoffed at.

verächtlich [fɛr'|ɛçtlɪç] *adj* contemptuous; (*verachtenswert*) contemptible; **jdn ~ machen** to run sb down.

Verachtung *f* contempt; **jdn mit ~ strafen** to treat sb with contempt.

veralbern [fɛr'|albərn] (*umg*) *vt* to make fun of.

verallgemeinern [fɛr|algə'maɪnərn] *vt* to generalize.

Verallgemeinerung *f* generalization.

veralten [fɛr'|altən] *vi* to become obsolete *od* out-of-date.

Veranda [ve'randa] (-, Veranden) *f* veranda.

veränderlich [fɛr'|ɛndərlɪç] *adj* variable; (*Wetter*) changeable; **V~keit** *f* variability; changeability.

verändern *vt, vr* to change.

Veränderung *f* change; **eine berufliche ~** a change of job.

verängstigen [fɛr'|ɛŋstɪgən] *vt* (*erschrecken*) to frighten; (*einschüchtern*) to intimidate.

verankern [fɛr'|aŋkərn] *vt* (*NAUT, TECH*) to anchor; (*fig*): **~ (in** +*dat*) to embed (in).

veranlagen [fɛr'|anla:gən] *vt*: **etw ~ (mit)** to assess sth (at).

veranlagt *adj*: **praktisch ~ sein** to be practically-minded; **zu** *od* **für etw ~ sein** to be cut out for sth.

Veranlagung *f* disposition, aptitude.

veranlassen [fɛr'|anlasən] *vt* to cause; **Maßnahmen ~** to take measures; **sich veranlasst sehen** to feel prompted; **etw ~** to arrange for sth; (*befehlen*) to order sth.

Veranlassung *f* cause; motive; **auf jds ~** *akk* (**hin**) at sb's instigation.

veranschaulichen [fɛr'|anʃaʊlɪçən] *vt* to illustrate.

veranschlagen [fɛr'|anʃla:gən] *vt* to estimate.

veranstalten [fɛr'|anʃtaltən] *vt* to organize, arrange.

Veranstalter(in) (-s, -) *m(f)* organizer; (*COMM: von Konzerten etc*) promoter.

Veranstaltung *f* (*Veranstalten*) organizing; (*Veranstaltetes*) event; (*feierlich, öffentlich*) function.

verantworten [fɛr'|antvɔrtən] *vt* to accept responsibility for; (*Folgen etc*) to answer for ♦ *vr* to justify o.s.; **etw vor jdm ~** to answer to sb for sth.

verantwortlich *adj* responsible.

Verantwortung *f* responsibility; **jdn zur ~ ziehen** to call sb to account.

verantwortungs- *zW*: **~bewusst▲** *adj* responsible; **V~gefühl** *nt* sense of responsibility; **~los** *adj* irresponsible; **~voll** *adj* responsible.

verarbeiten [fɛr'|arbaɪtən] *vt* to process; (*geistig*) to assimilate; (*Erlebnis etc*) to digest; **etw zu etw ~** to make sth into sth; **~de Industrie** processing industries *pl*.

verarbeitet *adj*: **gut ~** (*Kleid etc*) well finished.

Verarbeitung *f* processing; assimilation.

verärgern [fɛr'|ɛrgərn] *vt* to annoy.

verarmen [fɛr'|armən] *vi* (*lit, fig*) to become impoverished.

verarschen [fɛr'|arʃən] (*umg!*) *vt*: **jdn ~** to take the mickey out of sb.

verarzten [fɛr'|a:rtstən] *vt* to fix up (*umg*).

verausgaben [fɛr'|ausga:bən] *vr* to run out of money; (*fig*) to exhaust o.s.

veräußern [fɛr'|ɔʏsərn] *vt* (*form: verkaufen*) to dispose of.

Verb [vɛrp] (-s, -en) *nt* verb.

Verb. *abk* (= *Verband*) assoc.

Verband [fɛr'bant] (-(e)s, -̈e) *m* (*MED*) bandage, dressing; (*Bund*) association, society; (*MIL*) unit.

verband *etc vb siehe* **verbinden**.

Verband- *zW*: **~(s)kasten** *m* medicine chest, first-aid box; **~(s)päckchen** *nt* gauze bandage; ~**stoff** *m* bandage, dressing material; ~**zeug** *nt* bandage, dressing material.

verbannen [fɛr'banən] *vt* to banish.

Verbannung *f* exile.

verbarrikadieren [fɛrbarika'di:rən] *vt* to barricade ♦ *vr* to barricade o.s. in.

verbauen [fɛr'bauən] *vt:* **sich** *dat* **alle Chancen** ~ to spoil one's chances.

verbergen [fɛr'bɛrgən] *unreg vt, vr:* **(sich)** ~ **(vor** +*dat*) to hide (from).

verbessern [fɛr'bɛsərn] *vt* to improve; (*berichtigen*) to correct ♦ *vr* to improve; to correct o.s.

verbessert *adj* revised; improved; **eine neue,** ~**e Auflage** a new revised edition.

Verbesserung *f* improvement; correction.

verbeugen [fɛr'bɔygən] *vr* to bow.

Verbeugung *f* bow.

verbiegen [fɛr'bi:gən] *unreg vi* to bend.

verbiestert [fɛr'bi:stərt] (*umg*) *adj* crotchety.

verbieten [fɛr'bi:tən] *unreg vt* to forbid; (*amtlich*) to prohibit; (*Zeitung, Partei*) to ban; **jdm etw** ~ to forbid sb to do sth.

verbilligen [fɛr'bɪlɪgən] *vt* to reduce (the price of) ♦ *vr* to become cheaper, go down.

verbinden [fɛr'bɪndən] *unreg vt* to connect; (*kombinieren*) to combine; (*MED*) to bandage ♦ *vr* to combine (*auch CHEM*), join (together); **jdm die Augen** ~ to blindfold sb.

verbindlich [fɛr'bɪntlɪç] *adj* binding; (*freundlich*) obliging; ~ **zusagen** to accept definitely; **V~keit** *f* obligation; (*Höflichkeit*) civility; **Verbindlichkeiten** *pl* (*JUR*) obligations *pl*; (*COMM*) liabilities *pl*.

Verbindung *f* connection; (*Zusammensetzung*) combination; (*CHEM*) compound; (*UNIV*) club; (*TEL: Anschluss*) line; **mit jdm in** ~ **stehen** to be in touch *od* contact with sb; ~ **mit jdm aufnehmen** to contact sb.

Verbindungsmann (**-(e)s,** *pl* **-männer** *od* **-leute**) *m* intermediary; (*Agent*) contact.

verbissen [fɛr'bɪsən] *adj* grim; (*Arbeiter*) dogged; **V~heit** *f* grimness; doggedness.

verbitten [fɛr'bɪtən] *unreg vt:* **sich** *dat* **etw** ~ not to tolerate sth, not to stand for sth.

verbittern [fɛr'bɪtərn] *vt* to embitter ♦ *vi* to get bitter.

verblassen [fɛr'blasən] *vi* to fade.

Verbleib [fɛr'blaɪp] (**-(e)s**) *m* whereabouts.

verbleiben [fɛr'blaɪbən] *unreg vi* to remain; **wir sind so verblieben, dass wir …** we agreed to …

verbleit [fɛr'blaɪt] *adj* leaded.

Verblendung [fɛr'blɛndʊŋ] *f* (*fig*) delusion.

verblöden [fɛr'blø:dən] *vi* (*Hilfsverb sein*) to get stupid.

verblüffen [fɛr'blʏfən] *vt* to amaze; (*verwirren*) to baffle.

Verblüffung *f* stupefaction.

verblühen [fɛr'bly:ən] *vi* to wither, fade.

verbluten [fɛr'blu:tən] *vi* to bleed to death.

verbohren [fɛr'bo:rən] (*umg*) *vr:* **sich in etw** *akk* ~ to become obsessed with sth.

verbohrt *adj* (*Haltung*) stubborn, obstinate.

verborgen [fɛr'bɔrgən] *adj* hidden; ~**e Mängel** latent defects *pl*.

Verbot [fɛr'bo:t] (**-(e)s, -e**) *nt* prohibition, ban.

verboten *adj* forbidden; **Rauchen** ~**!** no smoking; **er sah** ~ **aus** (*umg*) he looked a real sight.

verbotenerweise *adv* though it is forbidden.

Verbotsschild *nt* prohibitory sign.

verbrämen [fɛr'brɛ:mən] *vt* (*fig*) to gloss over; (*Kritik*): ~ **(mit)** to veil (in).

Verbrauch [fɛr'braux] (**-(e)s**) *m* consumption.

verbrauchen *vt* to use up; **der Wagen verbraucht 10 Liter Benzin auf 100 km** the car does 10 kms to the litre (*BRIT*) *od* liter (*US*).

Verbraucher(in) (**-s, -**) *m(f)* consumer; ~**markt** *m* hypermarket; **v~nah** *adj* consumer-friendly; ~**schutz** *m* consumer protection; ~**verband** *m* consumer council.

Verbrauchsgüter *pl* consumer goods *pl*.

verbraucht *adj* used up, finished; (*Luft*) stale; (*Mensch*) worn-out.

Verbrechen (**-s, -**) *nt* crime.

Verbrecher(in) (**-s, -**) *m(f)* criminal; **v~isch** *adj* criminal; ~**kartei** *f* file of offenders, ≈ rogues' gallery; ~**tum** (**-s**) *nt* criminality.

verbreiten [fɛr'braɪtən] *vt* to spread; (*Licht*) to shed; (*Wärme, Ruhe*) to radiate ♦ *vr* to spread; **eine (weit) verbreitete Ansicht** a widely held opinion; **sich über etw** *akk* ~ to expound on sth.

verbreitern [fɛr'braɪtərn] *vt* to broaden.

Verbreitung *f* spread(ing); shedding; radiation.

verbrennbar *adj* combustible.

verbrennen [fɛr'brɛnən] *unreg vt* to burn; (*Leiche*) to cremate; (*versengen*) to scorch; (*Haar*) to singe; (*verbrühen*) to scald.

Verbrennung *f* burning; (*in Motor*) combustion; (*von Leiche*) cremation.

Verbrennungsanlage *f* incineration plant.

Verbrennungsmotor *m* internal-combustion engine.

verbriefen [fɛr'bri:fən] *vt* to document.

verbringen [fɛr'brɪŋən] *unreg vt* to spend.

Verbrüderung [fɛr'bry:dərʊŋ] *f* fraternization.

verbrühen [fɛr'bry:ən] *vt* to scald.

verbuchen [fɛr'bu:xən] *vt* (*FIN*) to register; (*Erfolg*) to enjoy; (*Misserfolg*) to suffer.

verbummeln [fɛr'buməln] (*umg*) *vt* (*verlieren*) to lose; (*Zeit*) to waste, fritter away; (*Verabredung*) to miss.

verbunden [fɛr'bundən] *adj* connected; **jdm** ~ **sein** to be obliged *od* indebted to sb; **ich/**

er *etc* **war falsch** ~ (*TEL*) it was a wrong number.

verbünden [fɛr'bʏndən] *vr* to form an alliance.

Verbundenheit *f* bond, relationship.

Verbündete(r) *f(m)* ally.

Verbundglas [fɛr'bʊntglaːs] *nt* laminated glass.

verbürgen [fɛr'bʏrgən] *vr:* **sich** ~ **für** to vouch for; **ein verbürgtes Recht** an established right.

verbüßen [fɛr'byːsən] *vt:* **eine Strafe** ~ to serve a sentence.

verchromt [fɛr'kroːmt] *adj* chromium-plated.

Verdacht [fɛr'daxt] (-(e)s) *m* suspicion; ~ **schöpfen (gegen jdn)** to become suspicious (of sb); **jdn in** ~ **haben** to suspect sb; **es besteht** ~ **auf Krebs** *akk* cancer is suspected.

verdächtig *adj* suspicious.

verdächtigen [fɛr'dɛçtɪgən] *vt* to suspect.

Verdächtigung *f* suspicion.

verdammen [fɛr'damən] *vt* to damn, condemn.

Verdammnis (-) *f* perdition, damnation.

verdammt (*umg*) *adj, adv* damned; ~ **noch mal!** bloody hell (*!*), damn (*!*).

verdampfen [fɛr'dampfən] *vt, vi* (*vi Hilfsverb sein*) to vaporize; (*KOCH*) to boil away.

verdanken [fɛr'daŋkən] *vt:* **jdm etw** ~ to owe sb sth.

verdarb *etc* [fɛr'darp] *vb siehe* **verderben**.

verdattert [fɛr'datərt] (*umg*) *adj, adv* flabbergasted.

verdauen [fɛr'dauən] *vt* (*lit, fig*) to digest ♦ *vi* (*lit*) to digest.

verdaulich [fɛr'daulɪç] *adj* digestible; **das ist schwer** ~ that is hard to digest.

Verdauung *f* digestion.

Verdauungsspaziergang *m* constitutional.

Verdauungsstörung *f* indigestion.

Verdeck [fɛr'dɛk] (-(e)s, -e) *nt* (*AUT*) soft top; (*NAUT*) deck.

verdecken *vt* to cover (up); (*verbergen*) to hide.

verdenken [fɛr'dɛŋkən] *unreg vt:* **jdm etw** ~ to blame sb for sth, hold sth against sb.

verderben [fɛr'dɛrbən] *unreg vt* to spoil; (*schädigen*) to ruin; (*moralisch*) to corrupt ♦ *vi* (*Essen*) to spoil, rot; (*Mensch*) to go to the bad; **es mit jdm** ~ to get into sb's bad books.

Verderben (-s) *nt* ruin.

verderblich *adj* (*Einfluss*) pernicious; (*Lebensmittel*) perishable.

verderbt *adj* (*veraltet*) depraved; **V~heit** *f* depravity.

verdeutlichen [fɛr'dɔʏtlɪçən] *vt* to make clear.

verdichten [fɛr'dɪçtən] *vt* (*PHYS, fig*) to compress ♦ *vr* to thicken; (*Verdacht, Eindruck*)

to deepen.

verdienen [fɛr'diːnən] *vt* to earn; (*moralisch*) to deserve ♦ *vi* (*Gewinn machen*): ~ **(an** +*dat*) to make (a profit) (on).

Verdienst [fɛr'diːnst] (-(e)s, -e) *m* earnings *pl* ♦ *nt* merit; (*Dank*) credit; (*Leistung*): ~ **(um)** service (to), contribution (to); **v~voll** *adj* commendable.

verdient [fɛr'diːnt] *adj* well-earned; (*Person*) of outstanding merit; (*Lohn, Strafe*) rightful; **sich um etw** ~ **machen** to do a lot for sth.

verdirbst [fɛr'dɪrpst] *vb siehe* **verderben**.

verdirbt [fɛr'dɪrpt] *vb siehe* **verderben**.

verdonnern [fɛr'dɔnərn] (*umg*) *vt* (*zu Haft etc*): ~ **(zu)** to sentence (to); **jdn zu etw** ~ to order sb to do sth.

verdoppeln [fɛr'dɔpəln] *vt* to double.

Verdopp(e)lung *f* doubling.

verdorben [fɛr'dɔrbən] *pp von* **verderben** ♦ *adj* spoilt; (*geschädigt*) ruined; (*moralisch*) corrupt.

verdorren [fɛr'dɔrən] *vi* to wither.

verdrängen [fɛr'drɛŋən] *vt* to oust; (*auch PHYS*) to displace; (*PSYCH*) to repress.

Verdrängung *f* displacement; (*PSYCH*) repression.

verdrehen [fɛr'dreːən] *vt* (*lit, fig*) to twist; (*Augen*) to roll; **jdm den Kopf** ~ (*fig*) to turn sb's head.

verdreht (*umg*) *adj* crazy; (*Bericht*) confused.

verdreifachen [fɛr'draɪfaxən] *vt* to treble.

verdrießen [fɛr'driːsən] *unreg vt* to annoy.

verdrießlich [fɛr'driːslɪç] *adj* peevish, annoyed.

verdross *etc*▲ [fɛr'drɔs] *vb siehe* **verdrießen**.

verdrossen [fɛr'drɔsən] *pp von* **verdrießen** ♦ *adj* cross, sulky.

verdrücken [fɛr'drʏkən] (*umg*) *vt* to put away, eat ♦ *vr* to disappear.

Verdruss▲ [fɛr'drʊs] (-es, -e) *m* frustration; **zu jds** ~ to sb's annoyance.

verduften [fɛr'dʊftən] *vi* to evaporate; (*umg*) to disappear.

verdummen [fɛr'dʊmən] *vt* to make stupid ♦ *vi* to grow stupid.

verdunkeln [fɛr'dʊŋkəln] *vt* to darken; (*fig*) to obscure ♦ *vr* to darken.

Verdunk(e)lung *f* blackout; (*fig*) obscuring.

verdünnen [fɛr'dʏnən] *vt* to dilute.

Verdünner (-s, -) *m* thinner.

verdünnisieren [fɛrdʏni'ziːrən] (*umg*) *vr* to make o.s. scarce.

verdunsten [fɛr'dʊnstən] *vi* to evaporate.

verdursten [fɛr'dʊrstən] *vi* to die of thirst.

verdutzt [fɛr'dʊtst] *adj* nonplussed (*BRIT*), nonplused (*US*), taken aback.

verebben [fɛr'|ɛbən] *vi* to subside.

veredeln [fɛr'|eːdəln] *vt* (*Metalle, Erdöl*) to refine; (*Fasern*) to finish; (*BOT*) to graft.

verehren [fɛr'|eːrən] *vt* to venerate, worship

(auch REL); **jdm etw ~** to present sb with sth.
Verehrer(in) (**-s, -**) *m(f)* admirer, worshipper *(BRIT)*, worshiper *(US)*.
verehrt *adj* esteemed; **(sehr) ~e Anwesende/ ~es Publikum** Ladies and Gentlemen.
Verehrung *f* respect; *(REL)* worship.
vereidigen [fɛr'|aɪdɪgən] *vt* to put on oath; **jdn auf etw** *akk* **~** to make sb swear on sth.
Vereidigung *f* swearing in.
Verein [fɛr'|aɪn] (**-(e)s, -e**) *m* club, association; **ein wohltätiger ~** a charity.
vereinbar *adj* compatible.
vereinbaren [fɛr'|aɪnbaːrən] *vt* to agree upon.
Vereinbarkeit *f* compatibility.
Vereinbarung *f* agreement.
vereinfachen [fɛr'|aɪnfaxən] *vt* to simplify.
Vereinfachung *f* simplification.
vereinheitlichen [fɛr'|aɪnhaɪtlɪçən] *vt* to standardize.
vereinigen [fɛr'|aɪnɪgən] *vt, vr* to unite.
vereinigt *adj* united; **V~e Arabische Emirate** *pl* United Arab Emirates; **V~es Königreich** *nt* United Kingdom; **V~e Staaten** *pl* United States.
Vereinigung *f* union; *(Verein)* association.
vereinnahmen [fɛr'|aɪnnaːmən] *vt (geh)* to take; **jdn ~** *(fig)* to make demands on sb.
vereinsamen [fɛr'|aɪnzaːmən] *vi* to become lonely.
vereint [fɛr'|aɪnt] *adj* united; **V~e Nationen** *pl* United Nations.
vereinzelt [fɛr'|aɪntsəlt] *adj* isolated.
vereisen [fɛr'|aɪzən] *vi* to freeze, ice over ♦ *vt (MED)* to freeze.
vereiteln [fɛr'|aɪtəln] *vt* to frustrate.
vereitern [fɛr'|aɪtərn] *vi* to suppurate, fester.
Verelendung [fɛr'|eːlɛndʊŋ] *f* impoverishment.
verenden [fɛr'|ɛndən] *vi* to perish, die.
verengen [fɛr'|ɛŋən] *vr* to narrow.
vererben [fɛr'|ɛrbən] *vt* to bequeath; *(BIOL)* to transmit ♦ *vr* to be hereditary.
vererblich [fɛr'|ɛrplɪç] *adj* hereditary.
Vererbung *f* bequeathing; *(BIOL)* transmission; **das ist ~** *(umg)* it's hereditary.
verewigen [fɛr'|eːvɪgən] *vt* to immortalize ♦ *vr (umg)* to leave one's name.
Verf. *abk* = **Verfasser**.
verfahren [fɛr'faːrən] *unreg vi* to act ♦ *vr* to get lost ♦ *adj* tangled; **~ mit** to deal with.
Verfahren (**-s, -**) *nt* procedure; *(TECH)* process; *(JUR)* proceedings *pl*.
Verfahrenstechnik *f (Methode)* process.
Verfahrensweise *f* procedure.
Verfall [fɛr'fal] (**-(e)s**) *m* decline; *(von Haus)* dilapidation; *(FIN)* expiry.
verfallen *unreg vi* to decline; *(Haus)* to be falling down; *(FIN)* to lapse ♦ *adj (Gebäude)* dilapidated, ruined; *(Karten, Briefmarken)*

invalid; *(Strafe)* lapsed; *(Pass)* expired; **~ in** *+akk* to lapse into; **~ auf** *+akk* to hit upon; **einem Laster ~ sein** to be addicted to a vice; **jdm völlig ~ sein** to be completely under sb's spell.
Verfallsdatum *nt* expiry date; *(der Haltbarkeit)* best-before date.
verfänglich [fɛr'fɛŋlɪç] *adj* awkward, tricky; *(Aussage, Beweismaterial etc)* incriminating; *(gefährlich)* dangerous.
verfärben [fɛr'fɛrbən] *vr* to change colour *(BRIT)* od color *(US)*.
verfassen [fɛr'fasən] *vt* to write; *(Gesetz, Urkunde)* to draw up.
Verfasser(in) (**-s, -**) *m(f)* author, writer.
Verfassung *f* constitution *(auch POL)*; *(körperlich)* state of health; *(seelisch)* state of mind; **sie ist in guter/schlechter ~** she is in good/bad shape.
Verfassungs- *zW*: **v~feindlich** *adj* anticonstitutional; **~gericht** *nt* constitutional court; **v~mäßig** *adj* constitutional; **~schutz** *m (Aufgabe)* defence of the constitution; *(Amt) office responsible for defending the constitution*; **~schützer(in)** *m(f)* defender of the constitution; **v~widrig** *adj* unconstitutional.
verfaulen [fɛr'faulən] *vi* to rot.
verfechten [fɛr'fɛçtən] *unreg vt* to defend; *(Lehre)* to advocate.
Verfechter(in) [fɛr'fɛçtər(ɪn)] (**-s, -**) *m(f)* champion; defender.
verfehlen [fɛr'feːlən] *vt* to miss; **das Thema ~** to be completely off the subject.
verfehlt *adj* unsuccessful; *(unangebracht)* inappropriate; **etw für ~ halten** to regard sth as mistaken.
Verfehlung *f (Vergehen)* misdemeanour *(BRIT)*, misdemeanor *(US)*; *(Sünde)* transgression.
verfeinern [fɛr'faɪnərn] *vt* to refine.
Verfettung [fɛr'fɛtʊŋ] *f (von Organ, Muskeln)* fatty degeneration.
verfeuern [fɛr'fɔyərn] *vt* to burn; *(Munition)* to fire; *(umg)* to use up.
verfilmen [fɛr'fɪlmən] *vt* to film, make a film of.
Verfilmung *f* film (version).
Verfilzung [fɛr'fɪltsʊŋ] *f (fig: von Firmen, Parteien)* entanglements *pl*.
verflachen [fɛr'flaxən] *vi* to flatten out; *(fig: Diskussion)* to become superficial.
verfliegen [fɛr'fliːgən] *unreg vi* to evaporate; *(Zeit)* to pass, fly ♦ *vr* to stray (past).
verflixt [fɛr'flɪkst] *(umg) adj, adv* darned.
verflossen [fɛr'flosən] *adj* past, former.
verfluchen [fɛr'fluːxən] *vt* to curse.
verflüchtigen [fɛr'flʏçtɪgən] *vr* to evaporate; *(Geruch)* to fade.
verflüssigen [fɛr'flʏsɪgən] *vr* to become

liquid.

verfolgen [fɛrˈfɔlgən] vt to pursue; (gerichtlich) to prosecute; (grausam, bes POL) to persecute.

Verfolger(in) (-s, -) m(f) pursuer.

Verfolgte(r) f(m) (politisch) victim of persecution.

Verfolgung f pursuit; persecution; **strafrechtliche** ~ prosecution.

Verfolgungswahn m persecution mania.

verfrachten [fɛrˈfraxtən] vt to ship.

verfremden [fɛrˈfrɛmdən] vt to alienate, distance.

verfressen [fɛrˈfrɛsən] (umg) adj greedy.

verfrüht [fɛrˈfryːt] adj premature.

verfügbar adj available.

verfügen [fɛrˈfyːgən] vt to direct, order ♦ vr to proceed ♦ vi: ~ **über** +akk to have at one's disposal; **über etw** akk **frei** ~ **können** to be able to do as one wants with sth.

Verfügung f direction, order; (JUR) writ; **zur** ~ at one's disposal; **jdm zur** ~ **stehen** to be available to sb.

Verfügungsgewalt f (JUR) right of disposal.

verführen [fɛrˈfyːrən] vt to tempt; (sexuell) to seduce; (die Jugend, das Volk etc) to lead astray.

Verführer m tempter; seducer.

Verführerin f temptress; seductress.

verführerisch adj seductive.

Verführung f seduction; (Versuchung) temptation.

Vergabe [fɛrˈgaːbə] f (von Arbeiten) allocation; (von Stipendium, Auftrag etc) award.

vergällen [fɛrˈgɛlən] vt (geh): **jdm die Freude/ das Leben** ~ to spoil sb's fun/sour sb's life.

vergaloppieren [fɛrgalɔˈpiːrən] (umg) vr (sich irren) to be on the wrong track.

vergammeln [fɛrˈgaməln] (umg) vi to go to seed; (Nahrung) to go off; (Zeit) to waste.

vergangen [fɛrˈgaŋən] adj past; **V~heit** f past; **V~heitsbewältigung** f coming to terms with the past.

vergänglich [fɛrˈgɛŋlɪç] adj transitory; **V~keit** f transitoriness, impermanence.

vergasen [fɛrˈgaːzən] vt to gasify; (töten) to gas.

Vergaser (-s, -) m (AUT) carburettor (BRIT), carburetor (US).

vergaß etc [fɛrˈgaːs] vb siehe **vergessen**.

vergeben [fɛrˈgeːbən] unreg vt to forgive; (weggeben) to give away; (fig: Chance) to throw away; (Auftrag, Preis) to award; (Studienplätze, Stellen) to allocate; **jdm (etw)** ~ to forgive sb (sth); ~ **an** +akk to award to; to allocate to; ~ **sein** to be occupied; (umg: Mädchen) to be spoken for.

vergebens adv in vain.

vergeblich [fɛrˈgeːplɪç] adv in vain ♦ adj vain, futile.

Vergebung f forgiveness.

vergegenwärtigen [fɛrgeːgənˈvɛrtɪgən] vr: **sich** dat **etw** ~ to visualize sth; (erinnern) to recall sth.

vergehen [fɛrˈgeːən] unreg vi to pass by od away ♦ vr to commit an offence (BRIT) od offense (US); **vor Angst** ~ to be scared to death; **jdm vergeht etw** sb loses sth; **sich an jdm** ~ to (sexually) assault sb; **V~** (-s, -) nt offence (BRIT), offense (US).

vergeigen [fɛrˈgaɪgən] (umg) vt to cock up.

vergeistigt [fɛrˈgaɪstɪçt] adj spiritual.

vergelten [fɛrˈgɛltən] unreg vt: **jdm etw** ~ to pay sb back for sth, repay sb for sth.

Vergeltung f retaliation, reprisal.

Vergeltungsmaßnahme f retaliatory measure.

Vergeltungsschlag m (MIL) reprisal.

vergesellschaften [fɛrgeˈzɛlʃaftən] vt (POL) to nationalize.

vergessen [fɛrˈgɛsən] unreg vt to forget; **V~heit** f oblivion; **in V~heit geraten** to fall into oblivion.

vergesslich▲ [fɛrˈgɛslɪç] adj forgetful; **V~keit** f forgetfulness.

vergeuden [fɛrˈgɔydən] vt to squander, waste.

vergewaltigen [fɛrgeˈvaltɪgən] vt to rape; (fig) to violate.

Vergewaltigung f rape.

vergewissern [fɛrgeˈvɪsərn] vr to make sure; **sich einer Sache** gen od **über etw** akk ~ to make sure of sth.

vergießen [fɛrˈgiːsən] unreg vt to shed.

vergiften [fɛrˈgɪftən] vt to poison.

Vergiftung f poisoning.

vergilbt [fɛrˈgɪlpt] adj yellowed.

Vergissmeinnicht▲ [fɛrˈgɪsmaɪnnɪçt] (-(e)s, -e) nt forget-me-not.

vergisst▲ [fɛrˈgɪst] vb siehe **vergessen**.

vergittert [fɛrˈgɪtərt] adj: ~**e Fenster** barred windows.

verglasen [fɛrˈglaːzən] vt to glaze.

Vergleich [fɛrˈglaɪç] (-(e)s, -e) m comparison; (JUR) settlement; **einen** ~ **schließen** (JUR) to reach a settlement; **in keinem** ~ **zu etw stehen** to be out of all proportion to sth; **im** ~ **mit** od **zu** compared with od to; **v~bar** adj comparable.

vergleichen unreg vt to compare ♦ vr (JUR) to reach a settlement.

vergleichsweise adv comparatively.

verglühen [fɛrˈglyːən] vi (Feuer) to die away; (Draht) to burn out; (Raumkapsel, Meteor etc) to burn up.

vergnügen [fɛrˈgnyːgən] vr to enjoy od amuse o.s.; **V~** (-s, -) nt pleasure; **das war ein teures V~** (umg) that was an expensive bit of fun; **viel V~!** enjoy yourself!

vergnüglich adj enjoyable.

vergnügt [fɛrˈgnyːkt] adj cheerful.

Spelling Reform: ▲ new spelling △ old spelling (to be phased out)

Vergnügung *f* pleasure, amusement.
Vergnügungs- *zW:* ~**park** *m* amusement park; **v~süchtig** *adj* pleasure-loving; ~**viertel** *nt* entertainments district.
vergolden [fɛr'gɔldən] *vt* to gild.
vergönnen [fɛr'gœnən] *vt* to grant.
vergöttern [fɛr'gœtərn] *vt* to idolize.
vergraben [fɛr'graːbən] *unreg vt* to bury.
vergrämt [fɛr'grɛːmt] *adj* (*Gesicht*) troubled.
vergreifen [fɛr'graɪfən] *unreg vr:* **sich an jdm ~** to lay hands on sb; **sich an etw** *dat* ~ **to** misappropriate sth; **sich im Ton ~** to say the wrong thing.
vergriffen [fɛr'grɪfən] *adj* (*Buch*) out of print; (*Ware*) out of stock.
vergrößern [fɛr'grøːsərn] *vt* to enlarge; (*mengenmäßig*) to increase; (*Lupe*) to magnify.
Vergrößerung *f* enlargement; increase; magnification.
Vergrößerungsglas *nt* magnifying glass.
vergünstigt *adj* (*Lage*) improved; (*Preis*) reduced.
Vergünstigung [fɛr'gynstɪgʊŋ] *f* concession; (*Vorteil*) privilege.
vergüten [fɛr'gyːtən] *vt:* **jdm etw ~ to** compensate sb for sth; (*Arbeit, Leistung*) to pay sb for sth.
Vergütung *f* compensation; payment.
verh. *abk* = **verheiratet.**
verhaften [fɛr'haftən] *vt* to arrest.
Verhaftete(r) *f(m)* prisoner.
Verhaftung *f* arrest.
verhallen [fɛr'halən] *vi* to die away.
verhalten [fɛr'haltən] *unreg vr* (*Sache*) to be, stand; (*sich benehmen*) to behave; (*MATH*) to be in proportion to ♦ *vr unpers:* **wie verhält es sich damit?** (*wie ist die Lage?*) how do things stand?; (*wie wird das gehandhabt?*) how do you go about it? ♦ *adj* restrained; **sich ruhig ~** to keep quiet; (*sich nicht bewegen*) to keep still; **wenn sich das so verhält ...** if that is the case ...; **V~** (-**s**) *nt* behaviour (*BRIT*), behavior (*US*).
Verhaltens- *zW:* ~**forschung** *f* behavioural (*BRIT*) *od* behavioral (*US*) science; **v~gestört** *adj* disturbed; ~**maßregel** *f* rule of conduct.
Verhältnis [fɛr'hɛltnɪs] (-**ses, -se**) *nt* relationship; (*Liebes~*) affair; (*MATH*) proportion, ratio; (*Einstellung*): ~ (**zu**) attitude (to); **Verhältnisse** *pl* (*Umstände*) conditions *pl*; **aus was für ~sen kommt er?** what sort of background does he come from?; **für klare ~se sorgen, klare ~se schaffen** to get things straight; **über seine ~se leben** to live beyond one's means; **v~mäßig** *adj* relative, comparative ♦ *adv* relatively, comparatively; ~**wahl** *f* proportional representation; ~**wahlrecht** *nt* (system of) proportional representation.

verhandeln [fɛr'handəln] *vi* to negotiate; (*JUR*) to hold proceedings ♦ *vt* to discuss; (*JUR*) to hear; **über etw** *akk* ~ to negotiate sth *od* about sth.
Verhandlung *f* negotiation; (*JUR*) proceedings *pl*; ~**en führen** to negotiate.
Verhandlungspaket *nt* (*COMM*) package deal.
Verhandlungstisch *m* negotiating table.
verhangen [fɛr'haŋən] *adj* overcast.
verhängen [fɛr'hɛŋən] *vt* (*fig*) to impose, inflict.
Verhängnis [fɛr'hɛŋnɪs] (-**ses, -se**) *nt* fate; **jdm zum ~ werden** to be sb's undoing; **v~voll** *adj* fatal, disastrous.
verharmlosen [fɛr'harmloːzən] *vt* to make light of, play down.
verharren [fɛr'harən] *vi* to remain; (*hartnäckig*) to persist.
verhärten [fɛr'hɛrtən] *vr* to harden.
verhaspeln [fɛr'haspəln] (*umg*) *vr* to get into a muddle *od* tangle.
verhasst▲ [fɛr'hast] *adj* odious, hateful.
verhätscheln [fɛr'hɛːtʃəln] *vt* to spoil, pamper.
Verhau [fɛr'hau] (-**(e)s, -e**) *m* (*zur Absperrung*) barrier; (*Käfig*) coop.
verhauen *unreg* (*umg*) *vt* (*verprügeln*) to beat up; (*Prüfung etc*) to muff.
verheben [fɛr'heːbən] *unreg vr* to hurt o.s. lifting sth.
verheerend [fɛr'heːrənt] *adj* disastrous, devastating.
verhehlen [fɛr'heːlən] *vt* to conceal.
verheilen [fɛr'haɪlən] *vi* to heal.
verheimlichen [fɛr'haɪmlɪçən] *vt:* (**jdm**) **etw ~** to keep sth secret (from sb).
verheiratet [fɛr'haɪraːtət] *adj* married.
verheißen [fɛr'haɪsən] *unreg vt:* **jdm etw ~ to** promise sb sth.
verheißungsvoll *adj* promising.
verheizen [fɛr'haɪtsən] *vt* to burn, use as fuel.
verhelfen [fɛr'hɛlfən] *unreg vi:* **jdm zu etw ~** to help sb to get sth.
verherrlichen [fɛr'hɛrlɪçən] *vt* to glorify.
verheult [fɛr'hɔylt] *adj* (*Augen, Gesicht*) puffy (*from crying*).
verhexen [fɛr'hɛksən] *vt* to bewitch; **es ist wie verhext** it's jinxed.
verhindern [fɛr'hɪndərn] *vt* to prevent; **verhindert sein** to be unable to make it; **das lässt sich leider nicht ~** it can't be helped, unfortunately; **ein verhinderter Politiker** (*umg*) a would-be politician.
Verhinderung *f* prevention.
verhöhnen [fɛr'høːnən] *vt* to mock, sneer at.
verhohnepipeln [fɛr'hoːnəpiːpəln] (*umg*) *vt* to send up (*BRIT*), ridicule.
verhökern [fɛr'høːkərn] (*umg*) *vt* to turn into cash.

Verhör [fɛr'høːr] (-(e)s, -e) nt interrogation; (gerichtlich) (cross-)examination.
verhören vt to interrogate; to (cross-) examine ♦ vr to mishear.
verhüllen [fɛr'hʏlən] vt to veil; (Haupt, Körperteil) to cover.
verhungern [fɛr'hʊŋərn] vi to starve, die of hunger.
verhunzen [fɛr'hʊntsən] (umg) vt to ruin.
verhüten [fɛr'hyːtən] vt to prevent, avert.
Verhütung f prevention.
Verhütungsmittel nt contraceptive.
verifizieren [verifi'tsiːrən] vt to verify.
verinnerlichen [fɛr'|ɪnərlɪçən] vt to internalize.
verirren [fɛr'|ɪrən] vr to get lost, lose one's way; (fig) to go astray; (Tier, Kugel) to stray.
verjagen [fɛr'jaːgən] vt to drive away od out.
verjähren [fɛr'jɛːrən] vi to come under the statute of limitations; (Anspruch) to lapse.
Verjährungsfrist f limitation period.
verjubeln [fɛr'juːbəln] (umg) (Geld) to blow.
verjüngen [fɛr'jʏŋən] vt to rejuvenate ♦ vr to taper.
verkabeln [fɛr'kaːbəln] vt (TV) to link up to the cable network.
Verkabelung f (TV) linking up to the cable network.
verkalken [fɛr'kalkən] vi to calcify; (umg) to become senile.
verkalkulieren [fɛrkalku'liːrən] vr to miscalculate.
verkannt [fɛr'kant] adj unappreciated.
verkatert [fɛr'kaːtərt] (umg) adj hung over.
Verkauf [fɛr'kaʊf] m sale; **zum ~ stehen** to be up for sale.
verkaufen vt, vi to sell; „zu ~" "for sale".
Verkäufer(in) [fɛr'kɔʏfər(ɪn)] (-s, -) m(f) seller; (im Außendienst) salesman, saleswoman; (in Laden) shop assistant (BRIT), sales clerk (US).
verkäuflich [fɛr'kɔʏflɪç] adj saleable.
Verkaufs- zW: **~abteilung** f sales department; **~automat** m slot machine; **~bedingungen** pl (COMM) terms and conditions of sale; **~kampagne** f sales drive; **~leiter** m sales manager; **v~offen** adj: **v~offener Samstag** Saturday on which the shops are open all day; **~schlager** m big seller; **~stelle** f outlet; **~tüchtigkeit** f salesmanship.
Verkehr [fɛr'keːr] (-s, -e) m traffic; (Umgang, bes sexuell) intercourse; (Umlauf) circulation; **aus dem ~ ziehen** to withdraw from service; **für den ~ freigeben** (Straße etc) to open to traffic; (Transportmittel) to bring into service.
verkehren vi (Fahrzeug) to ply, run ♦ vt, vr to turn, transform; **~ mit** to associate with; **mit jdm brieflich** od **schriftlich ~** (form) to correspond with sb; **bei jdm ~** to visit sb

regularly.
Verkehrs- zW: **~ampel** f traffic lights pl; **~amt** nt tourist (information) office; **~aufkommen** nt volume of traffic; **v~beruhigt** adj traffic-calmed; **~beruhigung** f traffic-calming; **~betriebe** pl transport services pl; **~delikt** nt traffic offence (BRIT) od violation (US); **~erziehung** f road safety training; **v~günstig** adj convenient; **~insel** f traffic island; **~knotenpunkt** m traffic junction; **~mittel** nt: **öffentliche/private ~mittel** public/private transport sing; **~schild** nt road sign; **v~sicher** adj (Fahrzeug) roadworthy; **~sicherheit** f road safety; **~stockung** f traffic jam, stoppage; **~sünder** (umg) m traffic offender; **~teilnehmer** m road user; **v~tüchtig** adj (Fahrzeug) roadworthy; (Mensch) fit to drive; **~unfall** m traffic accident; **~verein** m tourist information office; **v~widrig** adj contrary to traffic regulations; **~zeichen** nt road sign.
verkehrt adj wrong; (umgekehrt) the wrong way round.
verkennen [fɛr'kɛnən] unreg vt to misjudge; (unterschätzen) to underestimate.
Verkettung [fɛr'kɛtʊŋ] f: **eine ~ unglücklicher Umstände** an unfortunate chain of events.
verklagen [fɛr'klaːgən] vt to take to court.
verklappen [fɛr'klapən] vt to dump (at sea).
verklären [fɛr'klɛːrən] vt to transfigure; **verklärt lächeln** to smile radiantly.
verklausulieren [fɛrklaʊzu'liːrən] vt (Vertrag) to hedge in with (restrictive) clauses.
verkleben [fɛr'kleːbən] vt to glue up, stick ♦ vi to stick together.
verkleiden [fɛr'klaɪdən] vt to disguise; (kostümieren) to dress up; (Schacht, Tunnel) to line; (vertäfeln) to panel; (Heizkörper) to cover in ♦ vr to disguise o.s.; to dress up.
Verkleidung f disguise; (ARCHIT) panelling (BRIT), paneling (US).
verkleinern [fɛr'klaɪnərn] vt to make smaller, reduce in size.
verklemmt [fɛr'klɛmt] adj (fig) inhibited.
verklickern [fɛr'klɪkərn] (umg) vt: **jdm etw ~** to make sth clear to sb.
verklingen [fɛr'klɪŋən] unreg vi to die away.
verknacksen [fɛr'knaksən] (umg) vt: **sich** dat **den Fuß ~** to twist one's ankle.
verknallen [fɛr'knalən] (umg) vr: **sich in jdn ~** to fall for sb.
verkneifen [fɛr'knaɪfən] (umg) vt: **sich** dat **etw ~** to stop o.s. from doing sth; **ich konnte mir das Lachen nicht ~** I couldn't help laughing.
verknöchert [fɛr'knœçərt] adj (fig) fossilized.
verknüpfen [fɛr'knʏpfən] vt to tie (up), knot; (fig) to connect.
Verknüpfung f connection.
verkochen [fɛr'kɔxən] vt, vi (Flüssigkeit) to boil away.

Spelling Reform: ▲ *new spelling* △ *old spelling (to be phased out)*

verkohlen [fɛr'ko:lən] *vi* to carbonize ♦ *vt* to carbonize; (*umg*): jdn ~ to have sb on.

verkommen [fɛr'kɔmən] *unreg vi* to deteriorate, decay; (*Mensch*) to go downhill, come down in the world ♦ *adj* (*moralisch*) dissolute, depraved; **V~heit** *f* depravity.

verkorksen [fɛr'kɔrksən] (*umg*) *vt* to ruin, mess up.

verkörpern [fɛr'kœrpərn] *vt* to embody, personify.

verköstigen [fɛr'kœstɪgən] *vt* to feed.

verkrachen [fɛr'kraxən] (*umg*) *vr*: **sich (mit jdm)** ~ to fall out (with sb).

verkracht (*umg*) *adj* (*Leben*) ruined.

verkraften [fɛr'kraftən] *vt* to cope with.

verkrampfen [fɛr'krampfən] *vr* (*Muskeln*) to go tense.

verkrampft [fɛr'krampft] *adj* (*fig*) tense.

verkriechen [fɛr'kri:çən] *unreg vr* to creep away, creep into a corner.

verkrümeln [fɛr'kry:məln] (*umg*) *vr* to disappear.

verkrümmt [fɛr'krymt] *adj* crooked.

Verkrümmung *f* bend, warp; (*ANAT*) curvature.

verkrüppelt [fɛr'krypəlt] *adj* crippled.

verkrustet [fɛr'krustət] *adj* encrusted.

verkühlen [fɛr'ky:lən] *vr* to get a chill.

verkümmern [fɛr'kymərn] *vi* to waste away; **emotionell/geistig** ~ to become emotionally/intellectually stunted.

verkünden [fɛr'kyndən] *vt* to proclaim; (*Urteil*) to pronounce.

verkündigen [fɛr'kyndɪgən] *vt* to proclaim; (*ironisch*) to announce; (*Evangelium*) to preach.

verkuppeln [fɛr'kupəln] *vt*: **jdn an jdn** ~ (*Zuhälter*) to procure sb for sb.

verkürzen [fɛr'kyrtsən] *vt* to shorten; (*Wort*) to abbreviate; **sich** *dat* **die Zeit** ~ to while away the time; **verkürzte Arbeitszeit** shorter working hours *pl*.

Verkürzung *f* shortening; abbreviation.

Verl. *abk* (= *Verlag*) publ.

verladen [fɛr'la:dən] *unreg vt* to load.

Verlag [fɛr'la:k] (**-(e)s, -e**) *m* publishing firm.

verlagern [fɛr'la:gərn] *vt, vr* (*lit, fig*) to shift.

Verlagsanstalt *f* publishing firm.

Verlagswesen *nt* publishing.

verlangen [fɛr'laŋən] *vt* to demand; (*wollen*) to want ♦ *vi*: **nach** ~ to ask for; **Sie werden am Telefon verlangt** you are wanted on the phone; ~ **Sie Herrn X** ask for Mr X; **V~ (-s, -)** *nt*: **V~ (nach)** desire (for); **auf jds V~** *akk* **(hin)** at sb's request.

verlängern [fɛr'lɛŋərn] *vt* to extend; (*länger machen*) to lengthen; (*zeitlich*) to prolong; (*Pass, Abonnement etc*) to renew; **ein verlängertes Wochenende** a long weekend.

Verlängerung *f* extension; (*SPORT*) extra time.

Verlängerungsschnur *f* extension cable.

verlangsamen [fɛr'laŋza:mən] *vt, vr* to decelerate, slow down.

Verlass▲ [fɛr'las] *m*: **auf ihn/das ist kein** ~ he/it cannot be relied upon.

verlassen [fɛr'lasən] *unreg vt* to leave ♦ *vr*: **sich** ~ **auf** +*akk* to depend on ♦ *adj* desolate; (*Mensch*) abandoned; **einsam und** ~ **so all alone**; **V~heit** *f* loneliness (*BRIT*), lonesomeness (*US*).

verlässlich▲ [fɛr'lɛslɪç] *adj* reliable.

Verlauf [fɛr'lauf] *m* course; **einen guten/ schlechten** ~ **nehmen** to go well/badly.

verlaufen *unreg vi* (*zeitlich*) to pass; (*Farben*) to run ♦ *vr* to get lost; (*Menschenmenge*) to disperse.

Verlautbarung *f* announcement.

verlauten [fɛr'lautən] *vi*: **etw** ~ **lassen** to disclose sth; **wie verlautet** as reported.

verleben [fɛr'le:bən] *vt* to spend.

verlebt [fɛr'le:pt] *adj* dissipated, worn-out.

verlegen [fɛr'le:gən] *vt* to move; (*verlieren*) to mislay; (*Kabel, Fliesen etc*) to lay; (*Buch*) to publish; (*verschieben*): ~ **(auf +**akk) to postpone (until) ♦ *vr*: **sich auf etw** *akk* ~ to resort to sth ♦ *adj* embarrassed; **nicht** ~ **um** never at a loss for; **V~heit** *f* embarrassment; (*Situation*) difficulty, scrape.

Verleger [fɛr'le:gər] (**-s, -**) *m* publisher.

verleiden [fɛr'laɪdən] *vt*: **jdm etw** ~ to put sb off sth.

Verleih [fɛr'laɪ] (**-(e)s, -e**) *m* hire service; (*das* ~*en*) renting (out), hiring (out) (*BRIT*); (*Film*~) distribution.

verleihen *unreg vt*: **etw (an jdn)** ~ to lend sth (to sb), lend (sb) sth; (*gegen Gebühr*) to rent sth (out) (to sb), hire sth (out) (to sb) (*BRIT*); (*Kraft, Anschein*) to confer sth (on sb), bestow sth (on sb); (*Preis, Medaille*) to award sth (to sb), award (sb) sth.

Verleiher (**-s, -**) *m* hire (*BRIT*) *od* rental firm; (*von Filmen*) distributor; (*von Büchern*) lender.

Verleihung *f* lending; (*von Kraft etc*) bestowal; (*von Preis*) award.

verleiten [fɛr'laɪtən] *vt* to lead astray; ~ **zu** to talk into, tempt into.

verlernen [fɛr'lɛrnən] *vt* to forget, unlearn.

verlesen [fɛr'le:zən] *unreg vt* to read out; (*aussondern*) to sort out ♦ *vr* to make a mistake in reading.

verletzbar *adj* vulnerable.

verletzen [fɛr'lɛtsən] *vt* (*lit, fig*) to injure, hurt; (*Gesetz etc*) to violate.

verletzend *adj* (*fig: Worte*) hurtful.

verletzlich *adj* vulnerable.

Verletzte(r) *f(m)* injured person.

Verletzung *f* injury; (*Verstoß*) violation,

infringement.

verleugnen [fɛr'lɔygnən] *vt* to deny; (*Menschen*) to disown; **er lässt sich immer (vor ihr) verleugnen** he always pretends not to be there (when she calls).

Verleugnung *f* denial.

verleumden [fɛr'lɔymdən] *vt* to slander; (*schriftlich*) to libel.

verleumderisch *adj* slanderous; libellous (*BRIT*), libelous (*US*).

Verleumdung *f* slander; libel.

verlieben *vr*: **sich ~ (in** +*akk*) to fall in love (with).

verliebt [fɛr'liːpt] *adj* in love; **V~heit** *f* being in love.

verlieren [fɛr'liːrən] *unreg vt, vi* to lose ♦ *vr* to get lost; (*verschwinden*) to disappear; **das/er hat hier nichts verloren** (*umg*) that/he has no business to be here.

Verlierer(in) (**-s, -**) *m(f)* loser.

Verlies [fɛr'liːs] (**-es, -e**) *nt* dungeon.

verloben [fɛr'loːbən] *vr*: **sich ~ (mit**) to get engaged (to); **verlobt sein** to be engaged.

Verlobte(r) [fɛr'loːptə(r)] *f(m)*: **mein ~r** my fiancé; **meine ~** my fiancée.

Verlobung *f* engagement.

verlocken [fɛr'lɔkən] *vt* to entice, lure.

verlockend *adj* (*Angebot, Idee*) tempting.

Verlockung *f* temptation, attraction.

verlogen [fɛr'loːgən] *adj* untruthful; (*Komplimente, Versprechungen*) false; (*Moral, Gesellschaft*) hypocritical; **V~heit** *f* untruthfulness.

verlor *etc* [fɛr'loːr] *vb siehe* **verlieren**.

verloren *pp von* **verlieren** ♦ *adj* lost; (*Eier*) poached; **der ~e Sohn** the prodigal son; **auf ~em Posten kämpfen** *od* **stehen** to be fighting a losing battle; **etw ~ geben** to give sth up for lost; **~ gehen** to get lost; **an ihm ist ein Sänger ~ gegangen** he would have made a (good) singer.

verlöschen [fɛr'lœʃən] *vi* (*Hilfsverb sein*) to go out; (*Inschrift, Farbe, Erinnerung*) to fade.

verlosen [fɛr'loːzən] *vt* to raffle (off), draw lots for.

Verlosung *f* raffle, lottery.

verlottern [fɛr'lɔtərn] (*umg*) *vi* to go to the dogs.

verludern [fɛr'luːdərn] (*umg*) *vi* to go to the dogs.

Verlust [fɛr'lʊst] (**-(e)s, -e**) *m* loss; (*MIL*) casualty; **mit ~ verkaufen** to sell at a loss; **~anzeige** *f* "lost" notice; **~geschäft** *nt*: **das war ein ~geschäft** I/he *etc* made a loss; **~zeit** *f* (*INDUSTRIE*) waiting time.

vermachen [fɛr'maxən] *vt* to bequeath, leave.

Vermächtnis [fɛr'mɛçtnɪs] (**-ses, -se**) *nt* legacy.

vermählen [fɛr'mɛːlən] *vr* to marry.

Vermählung *f* wedding, marriage.

vermarkten [fɛr'marktən] *vt* to market; (*fig*: *Persönlichkeit*) to promote.

Vermarktung [fɛr'marktʊŋ] *f* marketing.

vermasseln [fɛr'masəln] (*umg*) *vt* to mess up.

vermehren [fɛr'meːrən] *vt, vr* to multiply; (*Menge*) to increase.

Vermehrung *f* multiplying; increase.

vermeiden [fɛr'maɪdən] *unreg vt* to avoid.

vermeidlich *adj* avoidable.

vermeintlich [fɛr'maɪntlɪç] *adj* supposed.

vermengen [fɛr'mɛŋən] *vt* to mix; (*fig*) to mix up, confuse.

Vermenschlichung [fɛr'mɛnʃlɪçʊŋ] *f* humanization.

Vermerk [fɛr'mɛrk] (**-(e)s, -e**) *m* note; (*in Ausweis*) endorsement.

vermerken *vt* to note.

vermessen [fɛr'mɛsən] *unreg vt* to survey ♦ *vr* (*falsch messen*) to measure incorrectly ♦ *adj* presumptuous, bold; **V~heit** *f* presumptuousness.

Vermessung *f* survey(ing).

Vermessungsamt *nt* land survey(ing) office.

Vermessungsingenieur *m* land surveyor.

vermiesen [fɛr'miːzən] (*umg*) *vt* to spoil.

vermieten [fɛr'miːtən] *vt* to let (*BRIT*), rent (out); (*Auto*) to hire out, rent.

Vermieter(in) (**-s, -**) *m(f)* landlord, landlady.

Vermietung *f* letting, renting (out); (*von Autos*) hiring (out), rental.

vermindern [fɛr'mɪndərn] *vt, vr* to lessen, decrease.

Verminderung *f* reduction.

verminen [fɛr'miːnən] *vt* to mine.

vermischen [fɛr'mɪʃən] *vt, vr* to mix; (*Teesorten etc*) to blend; **vermischte Schriften** miscellaneous writings.

vermissen [fɛr'mɪsən] *vt* to miss; **vermisst sein, als vermisst gemeldet sein** to be reported missing; **wir haben dich bei der Party vermisst** we didn't see you at the party.

Vermisste(r) ▲ *f(m)* missing person.

Vermisstenanzeige ▲ *f* missing persons report.

vermitteln [fɛr'mɪtəln] *vi* to mediate ♦ *vt* to arrange; (*Gespräch*) to connect; (*Stelle*) to find; (*Gefühl, Bild, Idee etc*) to convey; (*Wissen*) to impart; **~de Worte** conciliatory words; **jdm etw ~** to help sb to obtain sth; (*Stelle*) to find sth for sb.

Vermittler(in) [fɛr'mɪtlər(ɪn)] (**-s, -**) *m(f)* (*COMM*) agent; (*Schlichter*) mediator.

Vermittlung *f* procurement; (*Stellen~*) agency; (*TEL*) exchange; (*Schlichtung*) mediation.

Vermittlungsgebühr *f* commission.

vermögen [fɛr'møːgən] *unreg vt* to be capable of; **~ zu** to be able to; **V~** (**-s, -**) *nt* wealth; (*Fähigkeit*) ability; **mein ganzes V~ besteht**

aus my entire assets consist of ...; **ein V~ kosten** to cost a fortune.

vermögend adj wealthy.

Vermögens- zW: **~steuer** f property tax, wealth tax; **~wert** m asset; **v~wirksam** adj: **sein Geld v~wirksam anlegen** to invest one's money profitably; **v~wirksame Leistungen** employers' contributions to tax-deductible savings scheme.

vermummen [fɛr'mʊmən] vr to wrap up (warm); (sich verkleiden) to disguise.

Vermummungsverbot (-(e)s) nt law against disguising o.s. at demonstrations.

vermurksen [fɛr'mʊrksən] (umg) vt to make a mess of.

vermuten [fɛr'muːtən] vt to suppose; (argwöhnen) to suspect.

vermutlich adj supposed, presumed ♦ adv probably.

Vermutung f supposition; suspicion; **die ~ liegt nahe, dass ...** there are grounds for assuming that ...

vernachlässigen [fɛr'naːxlɛsɪgən] vt to neglect ♦ vr to neglect o.s. **od** one's appearance.

Vernachlässigung f neglect.

vernarben [fɛr'narbən] vi to heal up.

vernarren [fɛr'narən] (umg) vr: **in jdn/etw vernarrt sein** to be crazy about sb/sth.

vernaschen [fɛr'naʃən] vt (Geld) to spend on sweets; (umg: Mädchen, Mann) to make it with.

vernehmen [fɛr'neːmən] unreg vt to hear, perceive; (erfahren) to learn; (JUR) to (cross-)examine; (Polizei) to question; **V~** nt: **dem V~ nach** from what I/we etc hear.

vernehmlich adj audible.

Vernehmung f (cross-)examination.

vernehmungsfähig adj in a condition to be (cross-)examined.

verneigen [fɛr'naɪgən] vr to bow.

verneinen [fɛr'naɪnən] vt (Frage) to answer in the negative; (ablehnen) to deny; (GRAM) to negate.

verneinend adj negative.

Verneinung f negation.

vernichten [fɛr'nɪçtən] vt to destroy, annihilate.

vernichtend adj (fig) crushing; (Blick) withering; (Kritik) scathing.

Vernichtung f destruction, annihilation.

Vernichtungsschlag m devastating blow.

verniedlichen [fɛr'niːtlɪçən] vt to play down.

Vernunft [fɛr'nʊnft] (-) f reason; **~ annehmen** to see reason; **~ehe** f, **~heirat** f marriage of convenience.

vernünftig [fɛr'nʏnftɪç] adj sensible, reasonable.

Vernunftmensch m rational person.

veröden [fɛr'øːdən] vi to become desolate ♦ vt

(MED) to remove.

veröffentlichen [fɛr'|œfəntlɪçən] vt to publish.

Veröffentlichung f publication.

verordnen [fɛr'|ɔrdnən] vt (MED) to prescribe.

Verordnung f order, decree; (MED) prescription.

verpachten [fɛr'paxtən] vt to lease (out).

verpacken [fɛr'pakən] vt to pack; (verbrauchergerecht) to package; (einwickeln) to wrap.

Verpackung f packing; packaging; wrapping.

verpassen [fɛr'pasən] vt to miss; **jdm eine Ohrfeige ~** (umg) to give sb a clip round the ear.

verpatzen [fɛr'patsən] (umg) vt to spoil, mess up.

verpennen [fɛr'pɛnən] (umg) vi, vr to oversleep.

verpesten [fɛr'pɛstən] vt to pollute.

verpetzen [fɛr'pɛtsən] (umg) vt: **jdn ~ (bei)** to tell on sb (to).

verpfänden [fɛr'pfɛndən] vt to pawn; (JUR) to mortgage.

verpfeifen [fɛr'pfaɪfən] unreg (umg) vt: **jdn ~ (bei)** to grass on sb (to).

verpflanzen [fɛr'pflantsən] vt to transplant.

Verpflanzung f transplanting; (MED) transplant.

verpflegen [fɛr'pfleːgən] vt to feed, cater for (BRIT).

Verpflegung f catering; (Kost) food; (in Hotel) board.

verpflichten [fɛr'pflɪçtən] vt to oblige, bind; (anstellen) to engage ♦ vr to undertake; (MIL) to sign on ♦ vi to carry obligations; **jdm verpflichtet sein** to be under an obligation to sb; **sich zu etw ~** to commit o.s. to doing sth; **jdm zu Dank verpflichtet sein** to be obliged to sb.

verpflichtend adj (Zusage) binding.

Verpflichtung f obligation; (Aufgabe) duty.

verpfuschen [fɛr'pfʊʃən] (umg) vt to bungle, make a mess of.

verplanen [fɛr'plaːnən] vt (Zeit) to book up; (Geld) to budget.

verplappern [fɛr'plapərn] (umg) vr to open one's big mouth.

verplempern [fɛr'plɛmpərn] (umg) vt to waste.

verpönt [fɛr'pøːnt] adj: **~ (bei)** frowned upon (by).

verprassen [fɛr'prasən] vt to squander.

verprügeln [fɛr'pryːgəln] (umg) vt to beat up.

verpuffen [fɛr'pʊfən] vi to (go) pop; (fig) to fall flat.

Verputz [fɛr'pʊts] m plaster; (Rauputz) roughcast; **v~en** vt to plaster; (umg: Essen) to put away.

verqualmen [fɛr'kvalmən] vt (Zimmer) to fill with smoke.

verquollen [fɛr'kvɔlən] adj swollen; (Holz) warped.

verrammeln [fɛr'raməln] vt to barricade.

Verrat [fɛr'raːt] (-(e)s) m treachery; (POL) treason; ~ an jdm üben to betray sb.

verraten unreg vt to betray; (fig: erkennen lassen) to show; (Geheimnis) to divulge ♦ vr to give o.s. away.

Verräter(in) [fɛr'rɛːtər(ɪn)] (-s, -) m(f) traitor, traitress; **v~isch** adj treacherous.

verrauchen [fɛr'rauxən] vi (fig: Zorn) to blow over.

verrechnen [fɛr'rɛçnən] vt: ~ **mit** to set off against ♦ vr to miscalculate.

Verrechnung f: nur zur ~ (auf Scheck) a/c payee only.

Verrechnungsscheck m crossed cheque (BRIT).

verregnet [fɛr'reːgnət] adj rainy, spoilt by rain.

verreisen [fɛr'raɪzən] vi to go away (on a journey); er ist geschäftlich verreist he's away on business.

verreißen [fɛr'raɪsən] unreg vt to pull to pieces.

verrenken [fɛr'rɛŋkən] vt to contort; (MED) to dislocate; sich dat den Knöchel ~ to sprain one's ankle.

Verrenkung f contortion; (MED) dislocation.

verrennen [fɛr'rɛnən] unreg vr: sich in etw akk ~ to get stuck on sth.

verrichten [fɛr'rɪçtən] vt (Arbeit) to do, perform.

verriegeln [fɛr'riːgəln] vt to bolt.

verringern [fɛr'rɪŋərn] vt to reduce ♦ vr to decrease.

Verringerung f reduction; decrease.

verrinnen [fɛr'rɪnən] unreg vi to run out od away; (Zeit) to elapse.

Verriss▲ [fɛr'rɪs] m slating review.

verrohen [fɛr'roːən] vi to become brutalized.

verrosten [fɛr'rɔstən] vi to rust.

verrotten [fɛr'rɔtən] vi to rot.

verrucht [fɛr'ruːxt] adj despicable; (verrufen) disreputable.

verrücken [fɛr'rykən] vt to move, shift.

verrückt adj crazy, mad; **V~e(r)** f(m) lunatic; **V~heit** f madness, lunacy.

Verruf [fɛr'ruːf] m: in ~ geraten/bringen to fall/bring into disrepute.

verrufen adj disreputable.

verrutschen [fɛr'rutʃən] vi to slip.

Vers [fɛrs] (-es, -e) m verse.

versacken [fɛr'zakən] vi (lit) to sink; (fig: umg: herunterkommen) to go downhill; (: lange zechen) to get involved in a booze-up (BRIT) od a drinking spree.

versagen [fɛr'zaːgən] vt: jdm/sich etw ~ to deny sb/o.s. sth ♦ vi to fail; **V~** (-s) nt failure; menschliches **V~** human error.

Versager (-s, -) m failure.

versalzen [fɛr'zaltsən] vt to put too much salt in; (fig) to spoil.

versammeln [fɛr'zaməln] vt, vr to assemble, gather.

Versammlung f meeting, gathering.

Versammlungsfreiheit f freedom of assembly.

Versand [fɛr'zant] (-(e)s) m dispatch; (~abteilung) dispatch department; **~bahnhof** m dispatch station; **~haus** nt mail-order firm; **~kosten** pl transport(ation) costs pl; **~weg** m: **auf dem ~weg** by mail order.

versäumen [fɛr'zɔymən] vt to miss; (Pflicht) to neglect; (Zeit) to lose.

Versäumnis (-ses, -se) nt neglect; (Unterlassung) omission.

verschachern [fɛr'ʃaxərn] (umg) vt to sell off.

verschachtelt [fɛr'ʃaxtəlt] adj (Satz) complex.

verschaffen [fɛr'ʃafən] vt: jdm/sich etw ~ to get od procure sth for sb/o.s.

verschämt [fɛr'ʃɛːmt] adj bashful.

verschandeln [fɛr'ʃandəln] (umg) vt to spoil.

verschanzen [fɛr'ʃantsən] vr: sich hinter etw dat ~ to dig in behind sth; (fig) to take refuge behind sth.

verschärfen [fɛr'ʃɛrfən] vt to intensify; (Lage) to aggravate; (strenger machen: Kontrollen, Gesetze) to tighten up ♦ vr to intensify; to become aggravated; to become tighter.

Verschärfung f intensification; (der Lage) aggravation; (von Kontrollen etc) tightening.

verscharren [fɛr'ʃarən] vt to bury.

verschätzen [fɛr'ʃɛtsən] vr to miscalculate.

verschenken [fɛr'ʃɛŋkən] vt to give away.

verscherzen [fɛr'ʃɛrtsən] vt: sich dat etw ~ to lose sth, throw sth away.

verscheuchen [fɛr'ʃɔyçən] vt to frighten away.

verschicken [fɛr'ʃɪkən] vt to send off; (Sträfling) to transport.

verschieben [fɛr'ʃiːbən] unreg vt to shift; (EISENB) to shunt; (Termin) to postpone; (umg: Waren, Devisen) to traffic in.

Verschiebung f shift, displacement; shunting; postponement.

verschieden [fɛr'ʃiːdən] adj different; das ist ganz ~ (wird ~ gehandhabt) that varies, that just depends; sie sind ~ groß they are of different sizes; **~artig** adj various, of different kinds; zwei so ~artige ... two such differing ...; **V~e▲** pron pl various people; various things pl; **V~es▲** pron various things pl; etwas **V~es** something different; **V~heit** f difference.

verschiedentlich adv several times.

verschiffen [fɛr'ʃɪfən] vt to ship; (Sträfling) to transport.

verschimmeln [fɛr'ʃɪməln] vi (Nahrungsmittel) to go mouldy (BRIT) od moldy (US); (Leder,

Papier etc) to become mildewed.
verschlafen [fɛrˈʃlaːfən] *unreg vt* to sleep
through; (*fig: versäumen*) to miss ♦ *vi, vr* to
oversleep ♦ *adj* sleepy.
Verschlag [fɛrˈʃlaːk] *m* shed.
verschlagen [fɛrˈʃlaːgən] *unreg vt* to board up;
(*TENNIS*) to hit out of play; (*Buchseite*) to
lose ♦ *adj* cunning; **jdm den Atem** ~ to take
sb's breath away; **an einen Ort** ~ **werden** to
wind up in a place.
verschlampen [fɛrˈʃlampən] *vi* (*Hilfsverb sein*:
Mensch) to go to seed (*umg*) ♦ *vt* to lose,
mislay.
verschlechtern [fɛrˈʃlɛçtərn] *vt* to make
worse ♦ *vr* to deteriorate, get worse;
(*gehaltlich*) to take a lower-paid job.
Verschlechterung *f* deterioration.
Verschleierung [fɛrˈʃlaɪərʊŋ] *f* veiling; (*fig*)
concealment; (*MIL*) screening.
Verschleierungstaktik *f* smoke-screen
tactics *pl.*
Verschleiß [fɛrˈʃlaɪs] (**-es, -e**) *m* wear and
tear.
verschleißen *unreg vt, vi, vr* to wear out.
verschleppen [fɛrˈʃlɛpən] *vt* to carry off,
abduct; (*zeitlich*) to drag out, delay;
(*verbreiten: Seuche*) to spread.
verschleudern [fɛrˈʃlɔydərn] *vt* to squander;
(*COMM*) to sell dirt-cheap.
verschließbar *adj* lockable.
verschließen [fɛrˈʃliːsən] *unreg vt* to lock ♦ *vr*:
sich einer Sache *dat* ~ to close one's mind to
sth.
verschlimmern [fɛrˈʃlɪmərn] *vt* to make
worse, aggravate ♦ *vr* to get worse,
deteriorate.
Verschlimmerung *f* deterioration.
verschlingen [fɛrˈʃlɪŋən] *unreg vt* to devour,
swallow up; (*Fäden*) to twist.
verschliss *etc*▲ [fɛrˈʃlɪs] *vb siehe* **verschleißen.**
verschlissen [fɛrˈʃlɪsən] *pp von* **verschleißen**
♦ *adj* worn(-out).
verschlossen [fɛrˈʃlɔsən] *adj* locked; (*fig*)
reserved; (*schweigsam*) tight-lipped; **V~heit**
f reserve.
verschlucken [fɛrˈʃlʊkən] *vt* to swallow ♦ *vr* to
choke.
Verschluss▲ [fɛrˈʃlʊs] *m* lock; (*von Kleid etc*)
fastener; (*PHOT*) shutter; (*Stöpsel*) plug;
unter ~ **halten** to keep under lock and key.
verschlüsseln [fɛrˈʃlʏsəln] *vt* to encode.
verschmachten [fɛrˈʃmaxtən] *vi*: ~ (**vor** +*dat*)
to languish (for); **vor Durst** ~ to be dying of
thirst.
verschmähen [fɛrˈʃmɛːən] *vt* to scorn,
disdain.
verschmelzen [fɛrˈʃmɛltsən] *unreg vt, vi* to
merge, blend.
verschmerzen [fɛrˈʃmɛrtsən] *vt* to get over.
verschmiert [fɛrˈʃmiːrt] *adj* (*Hände*) smeary;

(*Schminke*) smudged.
verschmitzt [fɛrˈʃmɪtst] *adj* mischievous.
verschmutzen [fɛrˈʃmʊtsən] *vt* to soil;
(*Umwelt*) to pollute.
verschnaufen [fɛrˈʃnaʊfən] (*umg*) *vi, vr* to
have a breather.
verschneiden [fɛrˈʃnaɪdən] *vt* (*Whisky etc*) to
blend.
verschneit [fɛrˈʃnaɪt] *adj* covered in snow,
snowed up.
Verschnitt [fɛrˈʃnɪt] *m* (*von Whisky etc*) blend.
verschnörkelt [fɛrˈʃnœrkəlt] *adj* ornate.
verschnupft [fɛrˈʃnʊpft] (*umg*) *adj*: ~ **sein** to
have a cold; (*beleidigt*) to be peeved (*umg*).
verschnüren [fɛrˈʃnyːrən] *vt* to tie up.
verschollen [fɛrˈʃɔlən] *adj* lost, missing.
verschonen [fɛrˈʃoːnən] *vt*: **jdn mit etw** ~ to
spare sb sth; **von etw verschont bleiben** to
escape sth.
verschönern [fɛrˈʃøːnərn] *vt* to decorate;
(*verbessern*) to improve.
verschossen [fɛrˈʃɔsən] *adj*: ~ **sein** (*fig: umg*)
to be in love.
verschränken [fɛrˈʃrɛŋkən] *vt* to cross; (*Arme*)
to fold.
verschreckt [fɛrˈʃrɛkt] *adj* frightened, scared.
verschreiben [fɛrˈʃraɪbən] *unreg vt* (*Papier*) to
use up; (*MED*) to prescribe ♦ *vr* to make a
mistake (in writing); **sich einer Sache** *dat* ~
to devote o.s. to sth.
verschrie(e)n [fɛrˈʃriː(ə)n] *adj* notorious.
verschroben [fɛrˈʃroːbən] *adj* eccentric, odd.
verschrotten [fɛrˈʃrɔtən] *vt* to scrap.
verschüchtert [fɛrˈʃʏçtərt] *adj* subdued,
intimidated.
verschulden [fɛrˈʃʊldən] *vt* to be guilty of ♦ *vi*
(*in Schulden geraten*) to get into debt; **V~** (**-s**)
nt fault.
verschuldet *adj* in debt.
Verschuldung *f* debts *pl.*
verschütten [fɛrˈʃʏtən] *vt* to spill; (*zuschütten*)
to fill; (*unter Trümmer*) to bury.
verschwand *etc* [fɛrˈʃvant] *vb siehe*
verschwinden.
verschweigen [fɛrˈʃvaɪgən] *unreg vt* to keep
secret; **jdm etw** ~ to keep sth from sb.
verschwenden [fɛrˈʃvɛndən] *vt* to squander.
Verschwender(in) (**-s, -**) *m(f)* spendthrift;
v~isch *adj* wasteful; (*Leben*) extravagant.
Verschwendung *f* waste.
verschwiegen [fɛrˈʃviːgən] *adj* discreet; (*Ort*)
secluded; **V~heit** *f* discretion, seclusion; **zur**
V~heit verpflichtet bound to secrecy.
verschwimmen [fɛrˈʃvɪmən] *unreg vi* to grow
hazy, become blurred.
verschwinden [fɛrˈʃvɪndən] *unreg vi* to
disappear, vanish; **verschwinde!** clear off!
(*umg*); **V~** (**-s**) *nt* disappearance.
verschwindend *adj* (*Anzahl, Menge*)
insignificant.

verschwitzen [fɛrˈʃvɪtsən] *vt* to stain with sweat; (*umg*) to forget.

verschwitzt *adj* (*Kleidung*) sweat-stained; (*Mensch*) sweaty.

verschwommen [fɛrˈʃvɔmən] *adj* hazy, vague.

verschworen [fɛrˈʃvoːrən] *adj* (*Gesellschaft*) sworn.

verschwören [fɛrˈʃvøːrən] *unreg vr* to conspire, plot.

Verschwörer(in) (-s, -) *m(f)* conspirator.

Verschwörung *f* conspiracy, plot.

verschwunden [fɛrˈʃvʊndən] *pp von* **verschwinden** ♦ *adj* missing.

versehen [fɛrˈzeːən] *unreg vt* to supply, provide; (*Pflicht*) to carry out; (*Amt*) to fill; (*Haushalt*) to keep ♦ *vr* (*fig*) to make a mistake; **ehe er (es) sich ~ hatte** ... before he knew it ...; **V~** (-s, -) *nt* oversight; **aus V~** by mistake.

versehentlich *adv* by mistake.

Versehrte(r) [fɛrˈzeːrtə(r)] *f(m)* disabled person.

verselbstständigen▲ [fɛrˈzɛlpstʃtɛndɪɡən], **verselbständigen** [fɛrˈzɛlpʃtɛndɪɡən] *vr* to become independent.

versenden [fɛrˈzɛndən] *unreg vt* to send; (*COMM*) to forward.

versengen [fɛrˈzɛŋən] *vt* to scorch; (*Feuer*) to singe; (*umg: verprügeln*) to wallop.

versenken [fɛrˈzɛŋkən] *vt* to sink ♦ *vr*: **sich ~ in** +*akk* to become engrossed in.

versessen [fɛrˈzɛsən] *adj*: **~ auf** +*akk* mad about, hellbent on.

versetzen [fɛrˈzɛtsən] *vt* to transfer; (*verpfänden*) to pawn; (*umg: vergeblich warten lassen*) to stand up; (*nicht geradlinig anordnen*) to stagger; (*SCH: in höhere Klasse*) to move up ♦ *vr*: **sich in jdn** *od* **in jds Lage ~** to put o.s. in sb's place; **jdm einen Tritt/Schlag ~** to kick/hit sb; **etw mit etw ~** to mix sth with sth; **jdm einen Stich ~** (*fig*) to cut sb to the quick, wound sb (deeply); **jdn in gute Laune ~** to put sb in a good mood.

Versetzung *f* transfer; **seine ~ ist gefährdet** (*SCH*) he's in danger of having to repeat a year.

verseuchen [fɛrˈzɔyçən] *vt* to contaminate.

Versicherer (-s, -) *m* insurer; (*bei Schiffen*) underwriter.

versichern [fɛrˈzɪçərn] *vt* to assure; (*mit Geld*) to insure ♦ *vr*: **sich ~** +*gen* to make sure of.

Versicherte(r) *f(m)* insured.

Versicherung *f* assurance; insurance.

Versicherungs- *zW*: **~beitrag** *m* insurance premium; (*bei staatlicher Versicherung etc*) social security contribution; **~gesellschaft** *f* insurance company; **~nehmer** (-s, -) *m* (*form*) insured, policy holder; **~police** *f* insurance policy; **~schutz** *m* insurance

cover; **~summe** *f* sum insured; **~träger** *m* insurer.

versickern [fɛrˈzɪkərn] *vi* to seep away; (*fig: Interesse etc*) to peter out.

versiegeln [fɛrˈziːɡəln] *vt* to seal (up).

versiegen [fɛrˈziːɡən] *vi* to dry up.

versiert [vɛrˈziːrt] *adj*: **in etw** *dat* **~ sein** to be experienced *od* well versed in sth.

versilbert [fɛrˈzɪlbərt] *adj* silver-plated.

versinken [fɛrˈzɪŋkən] *unreg vi* to sink; **ich hätte im Boden** *od* **vor Scham ~ mögen** I wished the ground would swallow me up.

versinnbildlichen [fɛrˈzɪnbɪltlɪçən] *vt* to symbolize.

Version [vɛrziˈoːn] *f* version.

Versmaß [ˈfɛrsmaːs] *nt* metre (*BRIT*), meter (*US*).

versohlen [fɛrˈzoːlən] (*umg*) *vt* to belt.

versöhnen [fɛrˈzøːnən] *vt* to reconcile ♦ *vr* to become reconciled.

versöhnlich *adj* (*Ton, Worte*) conciliatory; (*Ende*) happy.

Versöhnung *f* reconciliation.

versonnen [fɛrˈzɔnən] *adj* (*Gesichtsausdruck*) pensive, thoughtful; (*träumerisch: Blick*) dreamy.

versorgen [fɛrˈzɔrɡən] *vt* to provide, supply; (*Familie etc*) to look after ♦ *vr* to look after o.s.

Versorger(in) (-s, -) *m(f)* (*Ernährer*) provider, breadwinner; (*Belieferer*) supplier.

Versorgung *f* provision; (*Unterhalt*) maintenance; (*Alters~ etc*) benefit, assistance.

Versorgungs- *zW*: **~amt** *nt* pension office; **~betrieb** *m* public utility; **~netz** *nt* (*Wasserversorgung etc*) (supply) grid; (*von Waren*) supply network.

verspannen [fɛrˈʃpanən] *vr* (*Muskeln*) to tense up.

verspäten [fɛrˈʃpɛːtən] *vr* to be late.

verspätet *adj* late.

Verspätung *f* delay; **~ haben** to be late; **mit zwanzig Minuten ~** twenty minutes late.

versperren [fɛrˈʃpɛrən] *vt* to bar, obstruct.

verspielen [fɛrˈʃpiːlən] *vt, vi* to lose; **(bei jdm) verspielt haben** to have had it (as far as sb is concerned).

verspielt [fɛrˈʃpiːlt] *adj* playful.

versponnen [fɛrˈʃpɔnən] *adj* crackpot.

verspotten [fɛrˈʃpɔtən] *vt* to ridicule, scoff at.

versprach *etc* [fɛrˈʃprax] *vb siehe* **versprechen**.

versprechen [fɛrˈʃprɛçən] *unreg vt* to promise ♦ *vr* (*etwas Nichtgemeintes sagen*) to make a slip of the tongue; **sich** *dat* **etw von etw ~** to expect sth from sth; **V~** (-s, -) *nt* promise.

Versprecher (-s, -) (*umg*) *m* slip (of the tongue).

verspricht [fɛrˈʃprɪçt] *vb siehe* **versprechen**.

verspüren [fɛrˈʃpyːrən] *vt* to feel, be

conscious of.

verstaatlichen [fɛrˈʃtaːtlɪçən] *vt* to nationalize.

verstaatlicht *adj*: ~er Industriezweig nationalized industry.

Verstaatlichung *f* nationalization.

Verstand [fɛrˈʃtant] *m* intelligence; (*Intellekt*) mind; (*Fähigkeit zu denken*) reason; **den** ~ **verlieren** to go out of one's mind; **über jds** ~ *akk* **gehen** to be beyond sb.

verstand *etc vb siehe* **verstehen.**

verstanden [fɛrˈʃtandən] *pp von* **verstehen.**

verstandesmäßig *adj* rational.

verständig [fɛrˈʃtɛndɪç] *adj* sensible.

verständigen [fɛrˈʃtɛndɪgən] *vt* to inform ♦ *vr* to communicate; (*sich einigen*) to come to an understanding.

Verständigkeit *f* good sense.

Verständigung *f* communication; (*Benachrichtigung*) informing; (*Einigung*) agreement.

verständlich [fɛrˈʃtɛntlɪç] *adj* understandable, comprehensible; (*hörbar*) audible; **sich** ~ **machen** to make o.s. understood; (*sich klar ausdrücken*) to make o.s. clear.

verständlicherweise *adv* understandably (enough).

Verständlichkeit *f* clarity, intelligibility.

Verständnis (-ses, -se) *nt* understanding; **für etw kein** ~ **haben** to have no understanding *od* sympathy for sth; (*für Kunst etc*) to have no appreciation of sth; **v~los** *adj* uncomprehending; **v~voll** *adj* understanding, sympathetic.

verstärken [fɛrˈʃtɛrkən] *vt* to strengthen; (*Ton*) to amplify; (*erhöhen*) to intensify ♦ *vr* to intensify.

Verstärker (-s, -) *m* amplifier.

Verstärkung *f* strengthening; (*Hilfe*) reinforcements *pl*; (*von Ton*) amplification.

verstaubt [fɛrˈʃtaupt] *adj* dusty; (*fig: Ansichten*) fuddy-duddy (*umg*).

verstauchen [fɛrˈʃtauxən] *vt* to sprain.

verstauen [fɛrˈʃtauən] *vt* to stow away.

Versteck [fɛrˈʃtɛk] (-(e)s, -e) *nt* hiding (place).

verstecken *vt, vr* to hide.

versteckt *adj* hidden; (*Tür*) concealed; (*fig: Lächeln, Blick*) furtive; (*Andeutung*) veiled.

verstehen [fɛrˈʃteːən] *unreg vt, vi* to understand; (*können, beherrschen*) to know ♦ *vr* (*auskommen*) to get on; **das ist nicht wörtlich zu** ~ that isn't to be taken literally; **das versteht sich von selbst** that goes without saying; **die Preise** ~ **sich einschließlich Lieferung** prices are inclusive of delivery; **sich auf etw** *akk* ~ to be an expert at sth.

versteifen [fɛrˈʃtaifən] *vt* to stiffen, brace ♦ *vr* (*fig*): **sich** ~ **auf** +*akk* to insist on.

versteigen [fɛrˈʃtaigən] *unreg vr*: **sie hat sich zu**

der **Behauptung verstiegen, dass** ... she presumed to claim that ...

versteigern [fɛrˈʃtaigərn] *vt* to auction.

Versteigerung *f* auction.

verstellbar *adj* adjustable, variable.

verstellen [fɛrˈʃtɛlən] *vt* to move, shift; (*Uhr*) to adjust; (*versperren*) to block; (*fig*) to disguise ♦ *vr* to pretend, put on an act.

Verstellung *f* pretence (*BRIT*), pretense (*US*).

versteuern [fɛrˈʃtɔyərn] *vt* to pay tax on; **zu** ~ taxable.

verstiegen [fɛrˈʃtiːgən] *adj* exaggerated.

verstimmt [fɛrˈʃtɪmt] *adj* out of tune; (*fig*) cross, put out; (: *Magen*) upset.

Verstimmung *f* (*fig*) disgruntled state, peevishness.

verstockt [fɛrˈʃtɔkt] *adj* stubborn; **V~heit** *f* stubbornness.

verstohlen [fɛrˈʃtoːlən] *adj* stealthy.

verstopfen [fɛrˈʃtɔpfən] *vt* to block, stop up; (*MED*) to constipate.

Verstopfung *f* obstruction; (*MED*) constipation.

verstorben [fɛrˈʃtɔrbən] *adj* deceased, late.

Verstorbene(r) *f(m)* deceased.

verstört [fɛrˈʃtøːrt] *adj* (*Mensch*) distraught.

Verstoß [fɛrˈʃtoːs] *m*: ~ **(gegen)** infringement (of), violation (of).

verstoßen *unreg vt* to disown, reject ♦ *vi*: ~ **gegen** to offend against.

Verstrebung [fɛrˈʃtreːbʊŋ] *f* (*Strebebalken*) support(ing beam).

verstreichen [fɛrˈʃtraiçən] *unreg vt* to spread ♦ *vi* to elapse; (*Zeit*) to pass (by); (*Frist*) to expire.

verstreuen [fɛrˈʃtrɔyən] *vt* to scatter (about).

verstricken [fɛrˈʃtrɪkən] *vt* (*fig*) to entangle, ensnare ♦ *vr*: **sich** ~ **in** +*akk* to get entangled in.

verströmen [fɛrˈʃtrøːmən] *vt* to exude.

verstümmeln [fɛrˈʃtʏməln] *vt* to maim, mutilate (*auch fig*).

verstummen [fɛrˈʃtʊmən] *vi* to go silent; (*Lärm*) to die away.

Versuch [fɛrˈzuːx] (-(e)s, -e) *m* attempt; (*CHEM etc*) experiment; **das käme auf einen** ~ **an** we'll have to have a try.

versuchen *vt* to try; (*verlocken*) to tempt ♦ *vr*: **sich an etw** *dat* ~ to try one's hand at sth.

Versuchs- *zW*: ~**anstalt** *f* research institute; ~**bohrung** *f* experimental drilling; ~**kaninchen** *nt* guinea pig; ~**objekt** *nt* test object; (*fig: Mensch*) guinea pig; ~**reihe** *f* series of experiments; **v~weise** *adv* tentatively.

Versuchung *f* temptation.

versumpfen [fɛrˈzʊmpfən] *vi* (*Gebiet*) to become marshy; (*fig: umg*) to go to pot; (*lange zechen*) to get involved in a booze-up (*BRIT*) *od* drinking spree (*US*).

versündigen [fɛr'zʏndɪgən] *vr (geh):* **sich an jdm/etw ~** to sin against sb/sth.

versunken [fɛr'zʊŋkən] *adj* sunken; **~ sein in** *+akk* to be absorbed *od* engrossed in; **V~heit** *f* absorption.

versüßen [fɛr'zyːsən] *vt:* **jdm etw ~** *(fig)* to make sth more pleasant for sb.

vertagen [fɛr'taːgən] *vt, vi* to adjourn.

Vertagung *f* adjournment.

vertauschen [fɛr'tauʃən] *vt* to exchange; *(versehentlich)* to mix up; **vertauschte Rollen** reversed roles.

verteidigen [fɛr'taɪdɪgən] *vt* to defend ♦ *vr* to defend o.s.; *(vor Gericht)* to conduct one's own defence *(BRIT) od* defense *(US)*.

Verteidiger(in) (-s, -) *m(f)* defender; *(Anwalt)* defence *(BRIT) od* defense *(US)* lawyer.

Verteidigung *f* defence *(BRIT)*, defense *(US)*.

Verteidigungsfähigkeit *f* ability to defend.

Verteidigungsminister *m* Minister of Defence *(BRIT)*, Defense Secretary *(US)*.

verteilen [fɛr'taɪlən] *vt* to distribute; *(Rollen)* to assign; *(Salbe)* to spread.

Verteiler (-s, -) *m (COMM, AUT)* distributor.

Verteilung *f* distribution.

Verteuerung [fɛr'tɔʏərʊŋ] *f* increase in price.

verteufeln [fɛr'tɔʏfəln] *vt* to condemn.

verteufelt *(umg) adj* awful, devilish ♦ *adv* awfully, devilishly.

vertiefen [fɛr'tiːfən] *vt* to deepen; *(SCH)* to consolidate ♦ *vr:* **sich in etw** *akk* **~** to become engrossed *od* absorbed in sth.

Vertiefung *f* depression.

vertikal [vɛrti'kaːl] *adj* vertical.

vertilgen [fɛr'tɪlgən] *vt* to exterminate; *(umg)* to eat up, consume.

Vertilgungsmittel *nt* weedkiller; *(Insekten~)* pesticide.

vertippen [fɛr'tɪpən] *vr* to make a typing mistake.

vertonen [fɛr'toːnən] *vt* to set to music; *(Film etc)* to add a soundtrack to.

vertrackt [fɛr'trakt] *adj* awkward, tricky, complex.

Vertrag [fɛr'traːk] (-(e)s, ̈-e) *m* contract, agreement; *(POL)* treaty.

vertragen [fɛr'traːgən] *unreg vt* to tolerate, stand ♦ *vr* to get along; *(sich aussöhnen)* to become reconciled; **viel ~ können** *(umg: Alkohol)* to be able to hold one's drink; **sich mit etw ~** *(Nahrungsmittel, Farbe)* to go with sth; *(Aussage, Verhalten)* to be consistent with sth.

vertraglich *adj* contractual.

verträglich [fɛr'trɛːklɪç] *adj* good-natured; *(Speisen)* easily digested; *(MED)* easily tolerated; **V~keit** *f* good nature; digestibility.

Vertrags- *zW:* **~bruch** *m* breach of contract; **v~brüchig** *adj* in breach of contract; **v~fähig** *adj (JUR)* competent to contract; **v~mäßig** *adj, adv* (as) stipulated, according to contract; **~partner** *m* party to a contract; **~spieler** *m (SPORT)* player under contract; **v~widrig** *adj, adv* contrary to contract.

vertrauen [fɛr'trauən] *vi:* **jdm ~** to trust sb; **~ auf** *+akk* to rely on; **V~** (-s) *nt* confidence; **jdn ins V~ ziehen** to take sb into one's confidence; **V~ zu jdm fassen** to gain confidence in sb; **V~ erweckend** inspiring trust.

Vertrauens- *zW:* **~mann** (-(e)s, *pl* **-männer** *od* **-leute**) *m* intermediary; **~sache** *f (vertrauliche Angelegenheit)* confidential matter; *(Frage des Vertrauens)* question of trust; **v~selig** *adj* trusting; **v~voll** *adj* trustful; **~votum** *nt (PARL)* vote of confidence; **v~würdig** *adj* trustworthy.

vertraulich [fɛr'traulɪç] *adj* familiar; *(geheim)* confidential; **V~keit** *f* familiarity; confidentiality.

verträumt [fɛr'trɔʏmt] *adj* dreamy; *(Städtchen etc)* sleepy.

vertraut [fɛr'traut] *adj* familiar; **sich mit dem Gedanken ~ machen, dass ...** to get used to the idea that ...

Vertraute(r) *f(m)* confidant(e), close friend.

Vertrautheit *f* familiarity.

vertreiben [fɛr'traɪbən] *unreg vt* to drive away; *(aus Land)* to expel; *(COMM)* to sell; *(Zeit)* to pass.

Vertreibung *f* expulsion.

vertretbar *adj* justifiable; *(Theorie, Argument)* tenable.

vertreten [fɛr'treːtən] *unreg vt* to represent; *(Ansicht)* to hold, advocate; *(ersetzen)* to replace; *(Kollegen)* to cover for; *(COMM)* to be the agent for; **sich** *dat* **die Beine ~** to stretch one's legs.

Vertreter(in) (-s, -) *m(f)* representative; *(Verfechter)* advocate; *(COMM: Firma)* agent; **~provision** *f* agent's commission.

Vertretung *f* representation; advocacy; **die ~ übernehmen (für)** to stand in (for).

Vertretungsstunde *f (SCH)* cover lesson.

Vertrieb [fɛr'triːp] (-(e)s, -e) *m* marketing; **den ~ für eine Firma haben** to have the (selling) agency for a firm.

Vertriebene(r) [fɛr'triːbənə(r)] *f(m)* exile.

Vertriebskosten *pl* marketing costs *pl*.

vertrocknen [fɛr'trɔknən] *vi* to dry up.

vertrödeln [fɛr'trøːdəln] *(umg) vt* to fritter away.

vertrösten [fɛr'trøːstən] *vt* to put off.

vertun [fɛr'tuːn] *unreg vt* to waste ♦ *vr (umg)* to make a mistake.

vertuschen [fɛr'tuʃən] *vt* to hush *od* cover up.

verübeln [fɛr'|yːbəln] *vt:* **jdm etw ~** to be cross *od* offended with sb on account of sth.

verüben [fɛr'|yːbən] *vt* to commit.

verulken [fɛr'|ʊlkən] (*umg*) *vt* to make fun of.

verunglimpfen [fɛr'|ʊnglɪmpfən] *vt* to disparage.

verunglücken [fɛr'|ʊnglʏkən] *vi* to have an accident; (*fig: umg: misslingen*) to go wrong; **tödlich ~** to be killed in an accident.

Verunglückte(r) *f(m)* accident victim.

verunreinigen [fɛr'|ʊnraɪnɪgən] *vt* to soil; (*Umwelt*) to pollute.

verunsichern [fɛr'|ʊnzɪçərn] *vt* to rattle (*fig*).

verunstalten [fɛr'|ʊnʃtaltən] *vt* to disfigure; (*Gebäude etc*) to deface.

veruntreuen [fɛr'|ʊntrɔʏən] *vt* to embezzle.

verursachen [fɛr'|uːrzaxən] *vt* to cause.

verurteilen [fɛr'|uːrtaɪlən] *vt* to condemn; (*zu Strafe*) to sentence; (*für schuldig befinden*): **jdn ~ (für)** to convict sb (of).

Verurteilung *f* condemnation; (*JUR*) sentence; conviction.

vervielfachen [fɛr'fiːlfaxən] *vt* to multiply.

vervielfältigen [fɛr'fiːlfɛltɪgən] *vt* to duplicate, copy.

Vervielfältigung *f* duplication, copying.

vervollkommnen [fɛr'fɔlkɔmnən] *vt* to perfect.

vervollständigen [fɛr'fɔlʃtɛndɪgən] *vt* to complete.

verw. *abk* = **verwitwet**.

verwachsen [fɛr'vaksən] *adj* (*Mensch*) deformed; (*verkümmert*) stunted; (*überwuchert*) overgrown.

verwackeln [fɛr'vakəln] *vt* (*Foto*) to blur.

verwählen [fɛr'vɛːlən] *vr* (*TEL*) to dial the wrong number.

verwahren [fɛr'vaːrən] *vt* to keep (safe) ♦ *vr* to protest.

verwahrlosen *vi* to become neglected; (*moralisch*) to go to the bad.

verwahrlost *adj* neglected; (*moralisch*) wayward.

Verwahrung *f* (*von Geld etc*) keeping; (*von Täter*) custody, detention; **jdn in ~ nehmen** to take sb into custody.

verwaist [fɛr'vaɪst] *adj* orphaned.

verwalten [fɛr'valtən] *vt* to manage; (*Behörde*) to administer.

Verwalter(in) (**-s, -**) *m(f)* adminstrator; (*Vermögens~*) trustee.

Verwaltung *f* management; administration.

Verwaltungs- *zW:* **~apparat** *m* administrative machinery; **~bezirk** *m* administrative district; **~gericht** *nt* Administrative Court.

verwandeln [fɛr'vandəln] *vt* to change, transform ♦ *vr* to change.

Verwandlung *f* change, transformation.

verwandt [fɛr'vant] *adj:* **~ (mit)** related (to); **geistig ~ sein** (*fig*) to be kindred spirits.

Verwandte(r) *f(m)* relative, relation.

Verwandtschaft *f* relationship; (*Menschen*)

relatives *pl*, relations *pl*; (*fig*) affinity.

verwarnen [fɛr'varnən] *vt* to caution.

Verwarnung *f* caution.

verwaschen [fɛr'vaʃən] *adj* faded; (*fig*) vague.

verwässern [fɛr'vɛsərn] *vt* to dilute, water down.

verwechseln [fɛr'vɛksəln] *vt:* **~ mit** to confuse with; **zum V~ ähnlich** as like as two peas.

Verwechslung *f* confusion, mixing up; **das muss eine ~ sein** there must be some mistake.

verwegen [fɛr've:gən] *adj* daring, bold; **V~heit** *f* daring, audacity, boldness.

verwehren [fɛr've:rən] *vt* (*geh*): **jdm etw ~** to refuse *od* deny sb sth.

Verwehung [fɛr've:ʊŋ] *f* (*Schnee~*) snowdrift; (*Sand~*) sanddrift.

verweichlichen [fɛr'vaɪçlɪçən] *vt* to mollycoddle.

verweichlicht *adj* effeminate, soft.

verweigern [fɛr'vaɪgərn] *vt:* **jdm etw ~** to refuse sb sth; **den Gehorsam/die Aussage ~** to refuse to obey/testify.

Verweigerung *f* refusal.

verweilen [fɛr'vaɪlən] *vi* to stay; (*fig*): **~ bei** to dwell on.

verweint [fɛr'vaɪnt] *adj* (*Augen*) swollen with tears *od* with crying; (*Gesicht*) tear-stained.

Verweis [fɛr'vaɪs] (**-es, -e**) *m* reprimand, rebuke; (*Hinweis*) reference.

verweisen [fɛr'vaɪzən] *unreg vt* to refer; **jdn auf etw** *akk***/an jdn ~** (*hinweisen*) to refer sb to sth/sb; **jdn vom Platz** *od* **des Spielfeldes ~** (*SPORT*) to send sb off; **jdn von der Schule ~** to expel sb (from school); **jdn des Landes ~** to deport sb.

Verweisung *f* reference; (*Landes~*) deportation.

verwelken [fɛr'vɛlkən] *vi* to fade; (*Blumen*) to wilt.

verweltlichen [fɛr'vɛltlɪçən] *vt* to secularize.

verwendbar [fɛr'vɛndbaːr] *adj* usable.

verwenden [fɛr'vɛndən] *unreg vt* to use; (*Mühe, Zeit, Arbeit*) to spend ♦ *vr* to intercede.

Verwendung *f* use.

Verwendungsmöglichkeit *f* (possible) use.

verwerfen [fɛr'vɛrfən] *unreg vt* to reject; (*Urteil*) to quash; (*kritisieren: Handlungsweise*) to condemn.

verwerflich [fɛr'vɛrflɪç] *adj* reprehensible.

verwertbar *adj* usable.

verwerten [fɛr've:rtən] *vt* to utilize.

Verwertung *f* utilization.

verwesen [fɛr've:zən] *vi* to decay.

Verwesung *f* decomposition.

verwickeln [fɛr'vɪkəln] *vt* to tangle (up); (*fig*) to involve ♦ *vr* to get tangled (up); **jdn ~ in** *+akk* to involve sb in, get sb involved in; **sich ~ in** *+akk* to get involved in.

verwickelt adj involved.

Verwicklung f entanglement, complication.

verwildern [fɛr'vɪldərn] vi to run wild.

verwildert adj wild; (Garten) overgrown; (jds Aussehen) unkempt.

verwinden [fɛr'vɪndən] unreg vt to get over.

verwirken [fɛr'vɪrkən] vt (geh) to forfeit.

verwirklichen [fɛr'vɪrklɪçən] vt to realize, put into effect.

Verwirklichung f realization.

verwirren [fɛr'vɪrən] vt to tangle (up); (fig) to confuse.

Verwirrspiel nt confusing tactics pl.

Verwirrung f confusion.

verwischen [fɛr'vɪʃən] vt (verschmieren) to smudge; (lit, fig: Spuren) to cover over; (fig: Erinnerungen) to blur.

verwittern [fɛr'vɪtərn] vi to weather.

verwitwet [fɛr'vɪtvət] adj widowed.

verwöhnen [fɛr'vøːnən] vt to spoil, pamper.

Verwöhnung f spoiling, pampering.

verworfen [fɛr'vɔrfən] adj depraved; **V~heit** f depravity.

verworren [fɛr'vɔrən] adj confused.

verwundbar [fɛr'vʊntbaːr] adj vulnerable.

verwunden [fɛr'vʊndən] vt to wound.

verwunderlich [fɛr'vʊndərlɪç] adj surprising; (stärker) astonishing.

verwundern vt to astonish ♦ vr: **sich ~ über** +akk to be astonished at.

Verwunderung f astonishment.

Verwundete(r) f(m) injured person; **die ~n** the injured; (MIL) the wounded.

Verwundung f wound, injury.

verwünschen [fɛr'vynʃən] vt to curse.

verwurzelt [fɛr'vʊrtsəlt] adj: **(fest) in etw** dat od **mit etw ~** (fig) deeply rooted in sth.

verwüsten [fɛr'vyːstən] vt to devastate.

Verwüstung f devastation.

Verz. abk = Verzeichnis.

verzagen [fɛr'tsaːgən] vi to despair.

verzagt [fɛr'tsaːkt] adj disheartened.

verzählen [fɛr'tsɛːlən] vr to miscount.

verzahnen [fɛr'tsaːnən] vt to dovetail; (Zahnräder) to cut teeth in.

verzapfen [fɛr'tsapfən] (umg) vt: **Unsinn ~** to talk nonsense.

verzaubern [fɛr'tsaubərn] vt (lit) to cast a spell on; (fig: jdn) to enchant.

verzehren [fɛr'tseːrən] vt to consume.

verzeichnen [fɛr'tsaɪçnən] vt to list; (Niederlage, Verlust) to register.

Verzeichnis (-ses, -se) nt list, catalogue (BRIT), catalog (US); (in Buch) index; (COMPUT) directory.

verzeihen [fɛr'tsaɪən] unreg vt, vi to forgive; **jdm etw ~** to forgive sb (for) sth; **~ Sie!** excuse me!

verzeihlich adj pardonable.

Verzeihung f forgiveness, pardon; **~!** sorry!,

excuse me!; **(jdn) um ~ bitten** to apologize (to sb).

verzerren [fɛr'tsɛrən] vt to distort; (Sehne, Muskel) to strain, pull.

verzetteln [fɛr'tsɛtəln] vr to waste a lot of time.

Verzicht [fɛr'tsɪçt] (-(e)s, -e) m: **~ (auf** +akk) renunciation (of); **v~en** vi: **v~en auf** +akk to forego, give up.

verziehen [fɛr'tsiːən] unreg vi (Hilfsverb sein) to move ♦ vt to put out of shape; (Kind) to spoil; (Pflanzen) to thin out ♦ vr to go out of shape; (Gesicht) to contort; (verschwinden) to disappear; **verzogen** (Vermerk) no longer at this address; **keine Miene ~** not to turn a hair; **das Gesicht ~** to pull a face.

verzieren [fɛr'tsiːrən] vt to decorate.

Verzierung f decoration.

verzinsen [fɛr'tsɪnzən] vt to pay interest on.

verzinslich adj: **(fest)~ sein** to yield (a fixed rate of) interest.

verzogen [fɛr'tsoːgən] adj (Kind) spoilt; siehe auch **verziehen**.

verzögern [fɛr'tsøːgərn] vt to delay.

Verzögerung f delay.

Verzögerungstaktik f delaying tactics pl.

verzollen [fɛr'tsɔlən] vt to pay duty on; **haben Sie etwas zu ~?** have you anything to declare?

verzücken [fɛr'tsʏkən] vt to send into ecstasies, enrapture.

Verzug [fɛr'tsuːk] m delay; (FIN) arrears pl; **mit etw in ~ geraten** to fall behind with sth.

verzweifeln [fɛr'tsvaɪfəln] vi to despair.

verzweifelt adj desperate.

Verzweiflung f despair.

verzweigen [fɛr'tsvaɪgən] vr to branch out.

verzwickt [fɛr'tsvɪkt] (umg) adj awkward, complicated.

Vesper ['fɛspər] (-, -n) f vespers pl.

Vesuv [ve'zuːf] (-(s)) m Vesuvius.

Veto ['veːto] (-s, -s) nt veto.

Vetter ['fɛtər] (-s, -n) m cousin.

vgl. abk (= vergleiche) cf.

v. H. abk (= vom Hundert) pc.

VHS (-) f abk = **Volkshochschule**.

Viadukt [via'dʊkt] (-(e)s, -e) m viaduct.

Vibrator [vi'braːtɔr] m vibrator.

vibrieren [vi'briːrən] vi to vibrate.

Video ['viːdeo] (-s, -s) nt video; **~aufnahme** f video (recording); **~kamera** f video camera; **~rekorder** m video recorder; **~spiel** nt video game; **~text** m teletext.

Vieh [fiː] (-(e)s) nt cattle pl; (Nutztiere) livestock; (umg: Tier) animal; **v~isch** adj bestial; **~zucht** f (live)stock od cattle breeding.

viel [fiːl] adj a lot of, much ♦ adv a lot, much; **in ~em** in many respects; **noch (ein)mal so ~** (Zeit etc) as much (time etc) again; **einer zu**

~ one too many; ~ **zu wenig** much too little;
~ **beschäftigt** very busy; ~**e** *pl* a lot of,
many; **gleich** ~**e** (**Angestellte/Anteile** *etc*) the
same number (of employees/shares *etc*);
~ **geprüft** (*hum*) sorely tried; ~ **sagend**
significant; ~ **versprechend** promising.
vielerlei *adj* a great variety of.
vielerorts *adv* in many places.
viel- *zW:* ~**fach** *adj, adv* many times; **auf**
~**fachen Wunsch** at the request of many
people; **V**~**fache(s)** *nt* (*MATH*) multiple; **um**
ein V~**faches** many times over; **V**~**falt** (-) *f*
variety; ~**fältig** *adj* varied, many-sided;
V~**fraß** *m* glutton.
vielleicht [fiˈlaɪçt] *adv* perhaps; (*in Bitten*) by
any chance; **du bist** ~ **ein Idiot!** (*umg*) you
really are an idiot!
viel- *zW:* ~**mal(s)** *adv* many times; **danke**
~**mals** many thanks; **ich bitte** ~**mals um**
Entschuldigung! I do apologize!; ~**mehr** *adv*
rather, on the contrary; ~**schichtig** *adj* (*fig*)
complex; ~**seitig** *adj* many-sided;
(*Ausbildung*) all-round *attr*; (*Interessen*)
varied; (*Mensch, Gerät*) versatile;
V~**völkerstaat** *m* multinational state.
vier [fiːr] *num* four; **alle** ~**e von sich strecken**
(*umg*) to stretch out; **V**~**beiner** *m* (*hum*)
four-legged friend; **V**~**eck** (-(e)s, -e) *nt* four-
sided figure; (*gleichseitig*) square; ~**eckig** *adj*
four-sided; square; ~**hundert** *num* four
hundred; ~**kant** *adj, adv* (*NAUT*) square;
~**köpfig** *adj:* **eine** ~**köpfige Familie** a family
of four; **V**~**mächteabkommen** *nt* four-power
agreement.
viert *adj:* **wir gingen zu** ~ four of us went.
Viertaktmotor *m* four-stroke engine.
vierte(r, s) [ˈfiːrtə(r, s)] *adj* fourth.
vierteilen *vt* to quarter.
Viertel [ˈfɪrtəl] (-s, -) *nt* quarter; **ein**
~ **Leberwurst** a quarter of liver sausage;
~**finale** *nt* quarter finals *pl*; ~**jahr** *nt* three
months *pl*, quarter (*COMM, FIN*);
~**jahresschrift** *f* quarterly; **v**~**jährlich** *adj*
quarterly; ~**note** *f* crotchet (*BRIT*), quarter
note (*US*); ~**stunde** *f* quarter of an hour.
vier- *zW:* ~**türig** *adj* four-door *attr*;
V~**waldstättersee** *m* Lake Lucerne; ~**zehn**
[ˈfɪrtseːn] *num* fourteen; **in** ~**zehn Tagen** in a
fortnight (*BRIT*), in two weeks (*US*);
~**zehntägig** *adj* fortnightly; ~**zehnte(r, s)** *adj*
fourteenth.
vierzig [ˈfɪrtsɪç] *num* forty; **V**~**stundenwoche** *f*
forty-hour week.
Vierzimmerwohnung *f* four-room flat (*BRIT*)
od apartment (*US*).
Vietnam [viɛtˈnam] (-s) *nt* Vietnam.
Vietnamese [viɛtnaˈmeːzə] (-n, -n) *m*,
Vietnamesin *f* Vietnamese.
vietnamesisch *adj* Vietnamese.
Vikar [viˈkaːr] (-s, -e) *m* curate.

Villa [ˈvɪla] (-, **Villen**) *f* villa.
Villenviertel *nt* (prosperous) residential
area.
violett [vioˈlɛt] *adj* violet.
Violinbogen *m* violin bow.
Violine [vioˈliːnə] (-, -n) *f* violin.
Violinkonzert *nt* violin concerto.
Violinschlüssel *m* treble clef.
virtuell [vɪrtuˈɛl] *adj* (*COMPUT*) virtual; ~**e**
Realität virtual reality.
virtuos [vɪrtuˈoːs] *adj* virtuoso *attrib*.
Virtuose [vɪrtuˈoːzə] (-n, -n) *m* virtuoso.
Virtuosin [vɪrtuˈoːzɪn] *f* virtuoso.
Virtuosität [vɪrtuoziˈtɛt] *f* virtuosity.
Virus [ˈviːrʊs] (-, **Viren**) *m od nt* (*also COMPUT*)
virus.
Virus- *in zW* viral; ~**infektion** *f* virus
infection.
Visage [viˈzaːʒə] (-, -n) (*pej*) *f* face, (ugly) mug
(*umg*).
Visagist(in) [vizaˈʒɪst(ɪn)] *m(f)* make-up artist.
vis-a-vis ▲, **vis-à-vis** [vizaˈviː] *adv* (*veraltet*):
~ (**von**) opposite (to) ♦ *präp +dat* opposite
(to).
Visier [viˈziːr] (-s, -e) *nt* gunsight; (*am Helm*)
visor.
Vision [viziˈoːn] *f* vision.
Visite [viˈziːtə] (-, -n) *f* (*MED*) visit.
Visitenkarte *f* visiting card.
visuell [vizuˈɛl] *adj* visual.
Visum [ˈviːzʊm] (-s, **Visa** *od* **Visen**) *nt* visa;
~**zwang** *m* obligation to hold a visa.
vital [viˈtaːl] *adj* lively, full of life;
(*lebenswichtig*) vital.
Vitamin [vitaˈmiːn] (-s, -e) *nt* vitamin;
~**mangel** *m* vitamin deficiency.
Vitrine [viˈtriːnə] (-, -n) *f* (*Schrank*) glass
cabinet; (*Schaukasten*) showcase, display
case.
Vivisektion [vivizɛktsiˈoːn] *f* vivisection.
Vize [ˈfiːtsə] *m* (*umg*) number two; (: ~*meister*)
runner-up ♦ *in zW* vice-.
v. J. *abk* (= *vorigen Jahres*) of the previous *od*
last year.
Vlies [fliːs] (-es, -e) *nt* fleece.
v. M. *abk* (= *vorigen Monats*) ult.
V-Mann *m abk* = **Verbindungsmann**;
Vertrauensmann.
VN *pl abk* (= *Vereinte Nationen*) UN.
VO *abk* = **Verordnung**.
Vogel [ˈfoːɡəl] (-s, -̈) *m* bird; **einen** ~ **haben**
(*umg*) to have bats in the belfry; **den**
~ **abschießen** (*umg*) to surpass everyone
(*ironisch*); ~**bauer** *nt* birdcage; ~**beerbaum** *m*
rowan (tree); ~**dreck** *m* bird droppings *pl*;
~**perspektive** *f* bird's-eye view; ~**schau** *f*
bird's-eye view; ~**scheuche** *f* scarecrow;
~**schutzgebiet** *nt* bird sanctuary; ~**Strauß-**
Politik *f* head-in-the-sand policy.
Vogesen [voˈɡeːzən] *pl* Vosges *pl*.

Vokabel [vo'ka:bəl] (-, -n) f word.
Vokabular [vokabu'la:r] (-s, -e) nt vocabulary.
Vokal [vo'ka:l] (-s, -e) m vowel.
Volk [fɔlk] (-(e)s, ⁻er) nt people; (*Nation*)
nation; **etw unters ~ bringen** (*Nachricht*) to
spread sth.
Völker- zW: **~bund** m League of Nations;
~kunde f ethnology; **~mord** m genocide;
~recht nt international law; **v~rechtlich** adj
according to international law;
~verständigung f international
understanding; **~wanderung** f migration.
Volks- zW: **~abstimmung** f referendum;
~armee f People's Army; **~begehren** nt
petition for a referendum; **~deutsche(r)** dekl
wie adj f(m) ethnic German; **v~eigen** adj (*DDR*)
nationally-owned; **~feind** m enemy of the
people; **~fest** nt popular festival; (*Jahrmarkt*)
fair.
Volkshochschule f adult education classes
pl.

VOLKSHOCHSCHULE

The **Volkshochschule** (*VHS*) is an institution
which offers Adult Education classes. No set
qualifications are necessary to attend. For a small
fee adults can attend both vocational and non-
vocational classes in the daytime or evening.

Volks- zW: **~lauf** m fun run; **~lied** nt folk song;
~mund m vernacular; **~polizei** f (*DDR*)
People's Police; **~republik** f people's
republic; **~schule** f ≈ primary school (*BRIT*),
elementary school (*US*); **~seuche** f
epidemic; **~stamm** m tribe; **~stück** nt folk
play in dialect; **~tanz** m folk dance;
~trauertag m ≈ Remembrance Day (*BRIT*),
Memorial Day (*US*); **v~tümlich** adj popular;
~wirtschaft f national economy; (*Fach*)
economics sing, political economy;
~wirtschaftler m economist; **~zählung** f
(national) census.
voll [fɔl] adj full ♦ adv fully; **etw ~ laufen
lassen** to fill sth up; **~ machen** to fill (up);
~ schreiben (*Heft, Seite*) to fill; (*Tafel*) to
cover (with writing); **jdn für ~ nehmen**
(*umg*) to take sb seriously; **aus dem V~en
schöpfen** to draw on unlimited resources;
~ tanken to fill up; **in ~er Größe** (*Bild*) life-
size(d); (*bei plötzlicher Erscheinung etc*) large
as life; **~ sein** (*umg: satt*) to be full (up);
(: *betrunken*) to be plastered; **~ und ganz**
completely.
vollauf [fɔl'|auf] adv amply; **~ zu tun haben** to
have quite enough to do.
voll- zW: **V~bad** nt (proper) bath; **V~bart** m
full beard; **V~beschäftigung** f full
employment; **V~besitz** m: **im V~besitz** +gen
in full possession of; **V~blut** nt

thoroughbred; **~blütig** adj full-blooded;
V~bremsung f emergency stop; **~bringen**
unreg vt untr to accomplish; **V~dampf** m
(*NAUT*): **mit V~dampf** at full steam; **~enden**
vt untr to finish, complete; **~endet** adj
(*vollkommen*) perfect; (*Tänzer etc*)
accomplished; **~ends** adv completely;
V~endung f completion.
voller adj fuller; **~ Flecken/Ideen** full of
stains/ideas.
Völlerei [fœlə'raɪ] f gluttony.
Volleyball ['vɔlibal] (-(e)s) m volleyball.
voll- zW: **~fett** adj full-fat; **V~gas** nt: **mit V~gas**
at full throttle; **V~gas geben** to step on it.
völlig ['fœlɪç] adj complete ♦ adv completely.
voll- zW: **~jährig** adj of age;
V~kaskoversicherung f fully comprehensive
insurance; **~kommen** adj perfect; (*völlig*)
complete, absolute; **V~kommenheit** f
perfection; **V~kornbrot** nt wholemeal (*BRIT*)
od whole-wheat (*US*) bread; **V~macht** f
authority, power of attorney; **V~matrose** m
able-bodied seaman; **V~milch** f full-cream
milk; **V~mond** m full moon; **V~narkose** f
general anaesthetic (*BRIT*) od anesthetic
(*US*); **V~pension** f full board; **~schlank** adj
plump, stout; **~ständig** adj complete;
~strecken vt untr to execute; **V~treffer** m (*lit,
fig*) bull's-eye; **V~versammlung** f general
meeting; **V~waise** f orphan; **~wertig** adj full
attrib; (*Stellung*) equal; **V~wertkost** f whole-
foods pl; **~zählig** adj complete; (*anwesend*) in
full number; **~ziehen** unreg vt untr to carry
out ♦ vr untr to happen; **V~zug** m execution.
Volontär(in) [volɔn'tɛ:r(ɪn)] (-s, -e) m(f)
trainee.
Volt [vɔlt] (- od -(e)s, -) nt volt.
Volumen [vo'lu:mən] (-s, - od **Volumina**) nt
volume.
vom [fɔm] = **von dem.**

===================== *SCHLÜSSELWORT*

von [fɔn] präp +dat **1** (*Ausgangspunkt*) from;
~ ... bis from ... to; **~ morgens bis abends**
from morning till night; **~ ... nach ... from ...
to ...**; **~ ... an** from ...; **~ ... aus** from ...;
~ dort aus from there; **etw ~ sich aus tun**
to do sth of one's own accord; **~ mir aus**
(*umg*) if you like, I don't mind; **~ wo/wann
...?** where/when ... from?
2 (*Ursache, im Passiv*) by; **ein Gedicht
~ Schiller** a poem by Schiller; **~ etw müde**
tired from sth.
3 (*als Genitiv*) of; **ein Freund ~ mir** a friend
of mine; **nett ~ dir** nice of you; **jeweils zwei
~ zehn** two out of every ten.
4 (*über*) about; **er erzählte vom Urlaub** he
talked about his holiday.
5: **~ wegen!** (*umg*) no way!

---

voneinander *adv* from each other.
vonseiten▲, von Seiten▲ [vɔn'zaɪtn] *präp*
+*gen* on the part of.
vonstatten [fɔn'ʃtatən] *adv*: ~ **gehen** to
proceed, go.

=========== *SCHLÜSSELWORT*

vor [foːr] *präp* +*dat* **1** (*räumlich*) in front of.
2 (*zeitlich, Reihenfolge*) before; **ich war** ~ **ihm**
da I was there before him; **X kommt** ~ **Y** X
comes before Y; ~ **zwei Tagen** two days
ago; **5 (Minuten)** ~ **4 5** (minutes) to 4;
~ **kurzem** a little while ago.
3 (*Ursache*) with; ~ **Wut/Liebe** with rage/
love; ~ **Hunger sterben** to die of hunger;
~ **lauter Arbeit** because of work.
4: ~ **allem**, ~ **allen Dingen** above all.
♦ *präp* +*akk* (*räumlich*) in front of; ~ **sich hin**
summen to hum to oneself.
♦ *adv*: ~ **und zurück** backwards and
forwards.

Vor- *zW*: ~**abdruck** *m* preprint; ~**abend** *m*
evening before, eve; ~**ahnung** *f*
presentiment, premonition.
voran [fo'ran] *adv* before, ahead; ~**bringen**
unreg vt to make progress with; ~**gehen** *unreg*
vi to go ahead; **einer Sache** *dat* ~**gehen** to
precede sth; ~**gehend** *adj* previous;
~**kommen** *unreg vi* to make progress, come
along.
Voranschlag ['foːr|anʃlaːk] *m* estimate.
voranstellen [fo'ranʃtɛlən] *vt* +*dat* to put
in front (of); (*fig*) to give precedence
(over).
Vorarbeiter ['foːr|arbaɪtər] *m* foreman.
voraus [fo'raʊs] *adv* ahead; (*zeitlich*) in
advance; **jdm** ~ **sein** to be ahead of sb; **im**
V~ in advance; ~**bezahlen** *vt* to pay in
advance; ~**gehen** *unreg vi* to go (on) ahead;
(*fig*) to precede; ~**haben** *unreg vt*: **jdm etw**
~**haben** to have the edge on sb in sth;
V~sage *f* prediction; ~**sagen** *vt* to predict;
~**sehen** *unreg vt* to foresee; ~**setzen** *vt* to
assume; (*sicher annehmen*) to take for
granted; (*erfordern: Kenntnisse, Geduld*) to
require, demand; ~**gesetzt, dass ...**
provided that ...; **V~setzung** *f* requirement,
prerequisite; **unter der V~setzung, dass ...**
on condition that ...; **V~sicht** *f* foresight;
aller V~sicht nach in all probability; **in der**
V~sicht, dass ... anticipating that ...;
~**sichtlich** *adv* probably; **V~zahlung** *f*
advance payment.
Vorbau ['foːrbaʊ] (-(e)s, -ten) *m* porch;
(*Balkon*) balcony.
vorbauen ['foːrbaʊən] *vt* to build up in front
♦ *vi* +*dat* to take precautions (against).
Vorbedacht ['foːrbədaxt] *m*: **mit/ohne** ~
(*Überlegung*) with/without due

consideration; (*Absicht*) intentionally/
unintentionally.
Vorbedingung ['foːrbədɪŋʊŋ] *f* precondition.
Vorbehalt ['foːrbəhalt] *m* reservation,
proviso; **unter dem** ~, **dass ...** with the
reservation that ...
vorbehalten *unreg vt*: **sich/jdm etw** ~ to
reserve sth (for o.s.)/for sb; **alle Rechte** ~
all rights reserved.
vorbehaltlich *präp* +*gen* (*form*) subject to.
vorbehaltlos *adj* unconditional ♦ *adv*
unconditionally.
vorbei [fɔr'baɪ] *adv* by, past; **aus und** ~ over
and done with; **damit ist es nun** ~ that's all
over now; ~**bringen** *unreg* (*umg*) *vt* to drop
off; ~**gehen** *unreg vi* to pass by, go past;
~**kommen** *unreg vi*: **bei jdm** ~**kommen** to
drop *od* call in on sb; ~**reden** *vi*: **an etw** *dat*
~**reden** to talk around sth.
vorbelastet ['foːrbəlastət] *adj* (*fig*)
handicapped (*BRIT*), handicaped (*US*).
Vorbemerkung ['foːrbəmɛrkʊŋ] *f*
introductory remark.
vorbereiten ['foːrbəraɪtən] *vt* to prepare.
Vorbereitung *f* preparation.
vorbestellen ['foːrbəʃtɛlən] *vt* to book (in
advance), reserve.
Vorbestellung *f* advance booking.
vorbestraft ['foːrbəʃtraft] *adj* previously
convicted, with a record.
Vorbeugehaft *f* preventive custody.
vorbeugen ['foːrbɔʏgən] *vt*, *vr* to lean forward
♦ *vi* +*dat* to prevent.
vorbeugend *adj* preventive.
Vorbeugung *f* prevention; **zur** ~ **gegen** for
the prevention of.
Vorbild ['foːrbɪlt] *nt* model; **sich** *dat* **jdn zum**
~ **nehmen** to model o.s. on sb; **v~lich** *adj*
model, ideal.
Vorbildung ['foːrbɪldʊŋ] *f* educational
background.
Vorbote ['foːrboːtə] *m* (*fig*) herald.
vorbringen ['foːrbrɪŋən] *unreg vt* to voice;
(*Meinung etc*) to advance, state; (*umg: nach*
vorne) to bring to the front.
vordatieren ['foːrdatiːrən] *vt* (*Schreiben*) to
postdate.
Vorder- *zW*: ~**achse** *f* front axle; ~**ansicht** *f*
front view; ~**asien** *nt* Near East.
vordere(r, s) *adj* front.
Vorder- *zW*: ~**grund** *m* foreground; **im**
~**grund stehen** (*fig*) to be to the fore;
~**grundprogramm** *nt* (*COMPUT*) foreground
program; **v~hand** *adv* for the present;
~**mann** (-(e)s, *pl* -**männer**) *m* man in front;
jdn auf ~**mann bringen** (*umg*) to get sb to
shape up; ~**seite** *f* front (side); ~**sitz** *m* front
seat.
vorderste(r, s) *adj* front.
vordrängen ['foːrdrɛŋən] *vr* to push to the

front.

vordringen ['foːrdrɪŋən] *unreg vi:* **bis zu jdm/ etw ~** to get as far as sb/sth.

vordringlich *adj* urgent.

Vordruck ['foːrdruk] *m* form.

vorehelich ['foːrʔeːəlɪç] *adj* premarital.

voreilig ['foːrʔaɪlɪç] *adj* hasty, rash; **~e Schlüsse ziehen** to jump to conclusions.

voreinander [foːrʔaɪˈnandər] *adv (räumlich)* in front of each other; *(einander gegenüber)* face to face.

voreingenommen ['foːrʔaɪngənɔmən] *adj* bias(s)ed; **V~heit** *f* bias.

voreingestellt ['foːrʔaɪngəʃtɛlt] *adj:* **~er Parameter** *(COMPUT)* default (parameter).

vorenthalten ['foːrʔɛnthaltən] *unreg vt:* **jdm etw ~** to withhold sth from sb.

Vorentscheidung ['foːrʔɛntʃaɪduŋ] *f* preliminary decision.

vorerst ['foːrʔeːrst] *adv* for the moment *od* present.

Vorfahr ['foːrfaːr] *(-en, -en) m* ancestor.

vorfahren *unreg vi* to drive (on) ahead; *(vors Haus etc)* to drive up.

Vorfahrt *f (AUT)* right of way; **„~ (be)achten"** "give way" *(BRIT)*, "yield" *(US)*.

Vorfahrts- *zW:* **~regel** *f* rule of right of way; **~schild** *nt* "give way" *(BRIT) od* "yield" *(US)* sign; **~straße** *f* major road.

Vorfall ['foːrfal] *m* incident.

vorfallen *unreg vi* to occur.

Vorfeld ['foːrfɛlt] *nt (fig):* **im ~** *(+gen)* in the run-up (to).

Vorfilm ['foːrfɪlm] *m* short.

vorfinden ['foːrfɪndən] *unreg vt* to find.

Vorfreude ['foːrfrɔydə] *f* anticipation.

vorfühlen ['foːrfyːlən] *vi (fig)* to put out feelers.

vorführen ['foːrfyːrən] *vt* to show, display; *(Theaterstück, Kunststücke):* **(jdm) etw ~** to perform sth (to *od* in front of sb); **dem Gericht ~** to bring before the court.

Vorgabe ['foːrgaːbə] *f (SPORT)* handicap.

Vorgang ['foːrgaŋ] *m (Ereignis)* event; *(Ablauf)* course of events; *(CHEM etc)* process.

Vorgänger(in) ['foːrgɛŋər(ɪn)] *(-s, -) m(f)* predecessor.

vorgaukeln ['foːrgaʊkəln] *vt:* **jdm etw ~** to lead sb to believe in sth.

vorgeben ['foːrgeːbən] *unreg vt* to pretend, use as a pretext; *(SPORT)* to give an advantage *od* a start of.

Vorgebirge ['foːrgəbɪrgə] *nt* foothills *pl.*

vorgefasst▲ ['foːrgəfast] *adj* preconceived.

vorgefertigt ['foːrgəfɛrtɪçt] *adj* prefabricated.

Vorgefühl ['foːrgəfyːl] *nt* anticipation; *(etwas Böses)* presentiment.

vorgehen ['foːrgeːən] *unreg vi (voraus)* to go (on) ahead; *(nach vorn)* to go forward; *(handeln)* to act, proceed; *(Uhr)* to be fast;

(Vorrang haben) to take precedence; *(passieren)* to go on.

Vorgehen *(-s) nt* action.

Vorgehensweise *f* proceedings *pl.*

vorgerückt ['foːrgərʏkt] *adj (Stunde)* late; *(Alter)* advanced.

Vorgeschichte ['foːrgəʃɪçtə] *f* prehistory; *(von Fall, Krankheit)* past history.

Vorgeschmack ['foːrgəʃmak] *m* foretaste.

Vorgesetzte(r) ['foːrgəzɛtstə(r)] *f(m)* superior.

vorgestern ['foːrgɛstərn] *adv* the day before yesterday; **von ~** *(fig)* antiquated.

vorgreifen ['foːrgraɪfən] *unreg vi +dat* to anticipate; **jdm ~** to forestall sb.

vorhaben ['foːrhaːbən] *unreg vt* to intend; **hast du schon was vor?** have you got anything on?

Vorhaben *(-s, -) nt* intention.

Vorhalle ['foːrhalə] *f (Diele)* entrance hall; *(von Parlament)* lobby.

vorhalten ['foːrhaltən] *unreg vt* to hold *od* put up ♦ *vi* to last; **jdm etw ~** to reproach sb for sth.

Vorhaltung *f* reproach.

Vorhand ['foːrhant] *f* forehand.

vorhanden [foːrˈhandən] *adj* existing; *(erhältlich)* available; **V~sein** *(-s) nt* existence, presence.

Vorhang ['foːrhaŋ] *m* curtain.

Vorhängeschloss▲ ['foːrhɛŋəʃlɔs] *nt* padlock.

Vorhaut ['foːrhaʊt] *f (ANAT)* foreskin.

vorher [foːrˈheːr] *adv* before(hand); **~bestimmen** *vt (Schicksal)* to preordain; **~gehen** *unreg vi* to precede.

vorherig [foːrˈheːrɪç] *adj* previous.

Vorherrschaft ['foːrhɛrʃaft] *f* predominance, supremacy.

vorherrschen *vi* to predominate.

vorher- *zW:* **V~sage** *f* forecast; **~sagen** *vt* to forecast, predict; **~sehbar** *adj* predictable; **~sehen** *unreg vt* to foresee.

vorhin [foːrˈhɪn] *adv* not long ago, just now.

Vorhinein▲ ['foːrhɪnaɪn] *adv:* **im ~** beforehand.

Vorhof ['foːrhoːf] *m* forecourt.

vorig ['foːrɪç] *adj* previous, last.

Vorjahr ['foːrjaːr] *nt* previous year, year before.

vorjährig ['foːrjɛːrɪç] *adj* of the previous year.

vorjammern ['foːrjamərn] *vt, vi:* **jdm (etwas) ~** to moan to sb (about sth).

Vorkämpfer(in) ['foːrkɛmpfər(ɪn)] *m(f)* pioneer.

Vorkaufsrecht ['foːrkaʊfsrɛçt] *nt* option to buy.

Vorkehrung ['foːrkeːruŋ] *f* precaution.

Vorkenntnis ['foːrkɛntnɪs] *f* previous knowledge.

vorknöpfen ['foːrknœpfən] *vt (fig: umg):* **sich** *dat* **jdn ~** to take sb to task.

vorkommen ['fo:rkɔmən] *unreg vi* to come forward; (*geschehen, sich finden*) to occur; (*scheinen*) to seem (to be); **so was soll ~!** that's life!; **sich** *dat* **dumm** *etc* **~** to feel stupid *etc*.

Vorkommen *nt* occurrence; (*MIN*) deposit.

Vorkommnis ['fo:rkɔmnɪs] (**-ses, -se**) *nt* occurrence.

Vorkriegs- ['fo:rkri:ks] *in zW* pre-war.

vorladen ['fo:rla:dən] *unreg vt* (*bei Gericht*) to summons.

Vorladung *f* summons.

Vorlage ['fo:rla:gə] *f* model, pattern; (*das Vorlegen*) presentation; (*von Beweismaterial*) submission; (*Gesetzes~*) bill; (*SPORT*) pass.

vorlassen ['fo:rlasən] *unreg vt* to admit; (*überholen lassen*) to let pass; (*vorgehen lassen*) to allow to go in front.

Vorlauf ['fo:rlauf] *m* (preliminary) heat (*of running event*).

Vorläufer *m* forerunner.

vorläufig ['fo:rlɔyfɪç] *adj* temporary; (*provisorisch*) provisional.

vorlaut ['fo:rlaut] *adj* impertinent, cheeky.

Vorleben ['fo:rle:bən] *nt* past (life).

vorlegen ['fo:rle:gən] *vt* to put in front, present; (*Beweismaterial etc*) to produce, submit; **jdm etw ~** to put sth before sb.

Vorleger (**-s, -**) *m* mat.

Vorleistung ['fo:rlaɪstʊŋ] *f* (*FIN*: *Vorausbezahlung*) advance (payment); (*Vorarbeit*) preliminary work; (*POL*) prior concession.

vorlesen ['fo:rle:zən] *unreg vt* to read (out).

Vorlesung *f* (*UNIV*) lecture.

Vorlesungsverzeichnis *nt* lecture timetable.

vorletzte(r, s) ['fo:rlɛtstə(r, s)] *adj* last but one, penultimate.

vorlieb▲ [fo:r'li:p] *adv*: **~ nehmen mit** to make do with.

Vorliebe ['fo:rli:bə] *f* preference, special liking; **etw mit ~ tun** to particularly like doing sth.

vorliegen ['fo:rli:gən] *unreg vi* to be (here); **etw liegt jdm vor** sb has sth; **etw liegt gegen jdn vor** sb is charged with sth.

vorliegend *adj* present, at issue.

vorm. *abk* (= *vormittags*) a.m.; (= *vormals*) formerly.

vormachen ['fo:rmaxən] *vt*: **jdm etw ~** to show sb how to do sth; **jdm etwas ~** (*fig*) to fool sb; **mach mir doch nichts vor** don't try and fool me.

Vormachtstellung ['fo:rmaxtʃtɛlʊŋ] *f* supremacy.

vormals ['fo:rmals] *adv* formerly.

Vormarsch ['fo:rmarʃ] *m* advance.

vormerken ['fo:rmɛrkən] *vt* to book; (*notieren*) to make note of; (*bei Bestellung*) to take an order for.

Vormittag ['fo:rmɪta:k] *m* morning; **am ~ in** the morning.

vormittags *adv* in the morning, before noon.

Vormund ['fo:rmʊnt] (**-(e)s, -e** *od* **-münder**) *m* guardian.

vorn [fɔrn] *adv* in front; **von ~ anfangen** to start at the beginning; **nach ~** to the front; **er betrügt sie von ~ bis hinten** he deceives her right, left and centre.

Vorname ['fo:rna:mə] *m* first *od* Christian name.

vornan [fɔrn'|an] *adv* at the front.

vorne ['fɔrnə] = **vorn**.

vornehm ['fo:rne:m] *adj* distinguished; (*Manieren etc*) refined; (*Kleid*) elegant; **in ~en Kreisen** in polite society.

vornehmen *unreg vt* (*fig*) to carry out; **sich** *dat* **etw ~** to start on sth; (*beschließen*) to decide to do sth; **sich** *dat* **zu viel ~** to take on too much; **sich** *dat* **jdn ~** to tell sb off.

vornehmlich *adv* chiefly, specially.

vorn(e)weg ['fɔrn(ə)vɛk] *adv* in front; (*als Erstes*) first.

vornherein ['fɔrnhɛraɪn] *adv*: **von ~** from the start.

Vorort ['fo:r|ɔrt] *m* suburb; **~zug** *m* commuter train.

vorprogrammiert ['fo:rprogrami:rt] *adj* (*Erfolg, Antwort*) automatic.

Vorrang ['fo:rraŋ] *m* precedence, priority.

vorrangig *adj* of prime importance, primary.

Vorrat ['fo:rra:t] *m* stock, supply; **solange der ~ reicht** (*COMM*) while stocks last.

vorrätig ['fo:rrɛ:tɪç] *adj* in stock.

Vorratskammer *f* store cupboard; (*für Lebensmittel*) larder.

Vorraum *m* anteroom; (*Büro*) outer office.

vorrechnen ['fo:rrɛçnən] *vt*: **jdm etw ~** to calculate sth for sb; (*als Kritik*) to point sth out to sb.

Vorrecht ['fo:rrɛçt] *nt* privilege.

Vorrede ['fo:rre:də] *f* introductory speech; (*THEAT*) prologue (*BRIT*), prolog (*US*).

Vorrichtung ['fo:rrɪçtʊŋ] *f* device, gadget.

vorrücken ['fo:rrʏkən] *vi* to advance ♦ *vt* to move forward.

Vorruhestand ['fo:rru:əʃtant] *m* early retirement.

Vorrunde ['fo:rrʊndə] *f* (*SPORT*) preliminary round.

Vors. *abk* = **Vorsitzende(r)**.

vorsagen ['fo:rza:gən] *vt* to recite; (*SCH*: *zuflüstern*) to tell secretly, prompt.

Vorsaison ['fo:rzɛzõ:] *f* early season, low season.

Vorsatz ['fo:rzats] *m* intention; (*JUR*) intent; **einen ~ fassen** to make a resolution.

vorsätzlich ['fo:rzɛtslɪç] *adj* intentional; (*JUR*) premeditated ♦ *adv* intentionally.

Vorschau ['fo:rʃau] *f* (*RUNDF, TV*)

(programme (*BRIT*) *od* program (*US*))
preview; (*Film*) trailer.

Vorschein ['foːrʃaɪn] *m*: **zum ~ kommen** (*lit*:
sichtbar werden) to appear; (*fig*: *entdeckt
werden*) to come to light.

vorschieben ['foːrʃiːbən] *unreg vt* to push
forward; (*vor etw*) to push across; (*fig*) to
put forward as an excuse; **jdn ~** to use sb as
a front.

vorschießen ['foːrʃiːsən] *unreg* (*umg*) *vt*: **jdm
Geld ~** to advance sb money.

Vorschlag ['foːrʃlaːk] *m* suggestion, proposal.

vorschlagen ['foːrʃlaːgən] *unreg vt* to suggest,
propose.

Vorschlaghammer *m* sledgehammer.

vorschnell ['foːrʃnɛl] *adj* hasty, too quick.

vorschreiben ['foːrʃraɪbən] *unreg vt* (*Dosis*) to
prescribe; (*befehlen*) to specify; **(jdm) etw ~**
(*lit*) to write sth out (for sb); **ich lasse mir
nichts ~** I won't be dictated to.

Vorschrift ['foːrʃrɪft] *f* regulation(s *pl*), rule(s
pl); (*Anweisungen*) instruction(s *pl*); **jdm ~en
machen** to give sb orders; **Dienst nach ~**
work-to-rule (*BRIT*), slowdown (*US*).

vorschriftsmäßig *adv* as per regulations/
instructions.

Vorschub ['foːrʃuːp] *m*: **jdm/einer Sache
~ leisten** to encourage sb/sth.

Vorschule ['foːrʃuːlə] *f* nursery school.

vorschulisch ['foːrʃuːlɪʃ] *adj* preschool *attr*.

Vorschuss▲ ['foːrʃʊs] *m* advance.

vorschützen ['foːrʃʏtsən] *vt* to put forward as
a pretext; (*Unwissenheit*) to plead.

vorschweben ['foːrʃveːbən] *vi*: **jdm schwebt
etw vor** sb has sth in mind.

vorsehen ['foːrzeːən] *unreg vt* to provide for;
(*planen*) to plan ♦ *vr* to take care, be careful.

Vorsehung *f* providence.

vorsetzen ['foːrzɛtsən] *vt* to move forward;
(*davor setzen*): **~ vor** +*akk* to put in front of;
(*anbieten*): **jdm etw ~** to offer sb sth.

Vorsicht ['foːrzɪçt] *f* caution, care; **~!** look
out!, take care!; (*auf Schildern*) caution!,
danger!; **~ Stufe!** mind the step!; **etw mit
~ genießen** (*umg*) to take sth with a pinch
of salt.

vorsichtig *adj* cautious, careful.

vorsichtshalber *adv* just in case.

Vorsichtsmaßnahme *f* precaution.

Vorsilbe ['foːrzɪlbə] *f* prefix.

vorsintflutlich ['foːrzɪntfluːtlɪç] (*umg*) *adj*
antiquated.

Vorsitz ['foːrzɪts] *m* chair(manship); **den
~ führen** to chair the meeting.

Vorsitzende(r) *f(m)* chairman/-woman,
chair(person).

Vorsorge ['foːrzɔrgə] *f* precaution(s *pl*);
(*Fürsorge*) provision(s *pl*).

vorsorgen *vi*: **~ für** to make provision(s *pl*)
for.

Vorsorgeuntersuchung ['foːrzɔrgə-
|ʊntɐrzuːxʊŋ] *f* medical check-up.

vorsorglich ['foːrzɔrklɪç] *adv* as a precaution.

Vorspann ['voːrʃpan] *m* (*FILM, TV*) opening
credits *pl*; (*PRESSE*) opening paragraph.

vorspannen *vt* (*Pferde*) to harness.

Vorspeise ['foːrʃpaɪzə] *f* hors d'œuvre,
starter.

Vorspiegelung ['foːrʃpiːgəlʊŋ] *f*: **das ist (eine)
~ falscher Tatsachen** it's all sham.

Vorspiel ['foːrʃpiːl] *nt* prelude; (*bei
Geschlechtsverkehr*) foreplay.

vorspielen *vt*: **jdm etw ~** (*MUS*) to play sth to
sb; (*THEAT*) to act sth to sb; (*fig*) to act out a
sham of sth in front of sb.

vorsprechen ['foːrʃprɛçən] *unreg vt* to say out
loud; (*vortragen*) to recite ♦ *vi* (*THEAT*) to
audition; **bei jdm ~** to call on sb.

vorspringend ['foːrʃprɪŋənt] *adj* projecting;
(*Nase, Kinn*) prominent.

Vorsprung ['foːrʃprʊŋ] *m* projection; (*Fels~*)
ledge; (*fig*) advantage, start.

Vorstadt ['foːrʃtat] *f* suburbs *pl*.

Vorstand ['foːrʃtant] *m* executive committee;
(*COMM*) board (of directors); (*Person*)
director; (*Leiter*) head.

Vorstandssitzung *f* (*von Firma*) board
meeting.

Vorstandsvorsitzende(r) *f(m)* chairperson.

vorstehen ['foːrʃteːən] *unreg vi* to project;
einer Sache *dat* **~** (*fig*) to be the head of sth.

Vorsteher(in) (**-s, -**) *m(f)* (*von Abteilung*) head;
(*von Gefängnis*) governor; (*Bahnhofs~*)
stationmaster.

vorstellbar *adj* conceivable.

vorstellen ['foːrʃtɛlən] *vt* to put forward; (*vor
etw*) to put in front of; (*bekannt machen*) to
introduce; (*darstellen*) to represent ♦ *vr* to
introduce o.s.; (*bei Bewerbung*) to go for an
interview; **sich** *dat* **etw ~** to imagine sth;
stell dir das nicht so einfach vor don't think
it's so easy.

Vorstellung *f* (*Bekanntmachen*) introduction;
(*THEAT etc*) performance; (*Gedanke*) idea,
thought.

Vorstellungsgespräch *nt* interview.

Vorstellungsvermögen *nt* powers of
imagination *pl*.

Vorstoß ['foːrʃtoːs] *m* advance; (*fig: Versuch*)
attempt.

vorstoßen *unreg vt, vi* to push forward.

Vorstrafe ['foːrʃtraːfə] *f* previous conviction.

vorstrecken ['foːrʃtrɛkən] *vt* to stretch out;
(*Geld*) to advance.

Vorstufe ['foːrʃtuːfə] *f* first step(s *pl*).

Vortag ['foːrtak] *m*: **am ~ einer Sache** *gen* on
the day before sth.

vortasten ['foːrtastən] *vr*: **sich langsam zu etw
~** to approach sth carefully.

vortäuschen ['foːrtɔyʃən] *vt* to pretend, feign.

Vortäuschung *f*: unter ~ falscher Tatsachen under false pretences (*BRIT*) *od* pretenses (*US*).

Vorteil ['fɔrtaɪl] (-s, -e) *m*: ~ (gegenüber) advantage (over); **im** ~ **sein** to have the advantage; **die Vor- und Nachteile** the pros and cons; **v~haft** *adj* advantageous; (*Kleider*) flattering; (*Geschäft*) lucrative.

Vortr. *abk* = **Vortrag**.

Vortrag ['fɔːrtraːk] (-(e)s, Vorträge) *m* talk, lecture; (~*sart*) delivery; (*von Gedicht*) rendering; (*COMM*) balance carried forward; **einen** ~ **halten** to give a lecture *od* talk.

vortragen ['fɔːrtraːgən] *unreg vt* to carry forward (*auch COMM*); (*fig*) to recite; (*Rede*) to deliver; (*Lied*) to perform; (*Meinung etc*) to express.

Vortragsabend *m* lecture evening; (*mit Musik*) recital; (*mit Gedichten*) poetry reading.

Vortragsreihe *f* series of lectures.

vortrefflich [fɔrˈtrɛflɪç] *adj* excellent.

vortreten ['fɔːrtreːtən] *unreg vi* to step forward; (*Augen etc*) to protrude.

Vortritt ['fɔːrtrɪt] *m*: **jdm den** ~ **lassen** (*lit, fig*) to let sb go first.

vorüber [fo'ryːbər] *adv* past, over; ~**gehen** *unreg vi* to pass (by); ~**gehen an** +*dat* (*fig*) to pass over; ~**gehend** *adj* temporary, passing.

Voruntersuchung ['fɔːr|ʊntərzuːxʊŋ] *f* (*MED*) preliminary examination; (*JUR*) preliminary investigation.

Vorurteil ['fɔːr|ʊrtaɪl] *nt* prejudice.

vorurteilsfrei *adj* unprejudiced, open-minded.

Vorverkauf ['fɔːrfɛrkauf] *m* advance booking.

Vorverkaufsstelle *f* advance booking office.

vorverlegen ['fɔːrfɛrleːgən] *vt* (*Termin*) to bring forward.

Vorw. *abk* = **Vorwort**.

vorwagen ['fɔːrvaːgən] *vr* to venture forward.

Vorwahl ['fɔːrvaːl] *f* preliminary election; (*TEL*) dialling (*BRIT*) *od* area (*US*) code.

Vorwand ['fɔːrvant] (-(e)s, Vorwände) *m* pretext.

Vorwarnung ['fɔːrvarnʊŋ] *f* (advance) warning.

vorwärts ['fɔːrvɛrts] *adv* forward; ~ **gehen** to progress; ~ **kommen** to get on, make progress; ~! (*umg*) let's go!; (*MIL*) forward march!; **V~gang** *m* (*AUT etc*) forward gear.

Vorwäsche *f* prewash.

Vorwaschgang *m* prewash.

vorweg [fo:r'vɛk] *adv* in advance; **V~nahme** (-, -n) *f* anticipation; ~**nehmen** *unreg vt* to anticipate.

vorweisen ['fɔːrvaɪzən] *unreg vt* to show, produce.

vorwerfen ['fɔːrvɛrfən] *unreg vt*: **jdm etw** ~ **to** reproach sb for sth, accuse sb of sth; **sich** *dat* **nichts vorzuwerfen haben** to have nothing to reproach o.s. with; **das wirft er mir heute noch vor** he still holds it against me; **Tieren/Gefangenen etw** ~ (*lit*) to throw sth down for the animals/prisoners.

vorwiegend ['fɔːrviːgənt] *adj* predominant ♦ *adv* predominantly.

vorwitzig *adj* saucy, cheeky.

Vorwort ['fɔːrvɔrt] (-(e)s, -e) *nt* preface.

Vorwurf ['fɔːrvʊrf] (-(e)s, ̈-e) *m* reproach; **jdm/sich Vorwürfe machen** to reproach sb/o.s.

vorwurfsvoll *adj* reproachful.

Vorzeichen ['fɔːrtsaɪçən] *nt* (*Omen*) omen; (*MED*) early symptom; (*MATH*) sign.

vorzeigen ['fɔːrtsaɪgən] *vt* to show, produce.

Vorzeit ['fɔːrtsaɪt] *f* prehistoric times *pl*.

vorzeitig *adj* premature.

vorziehen ['fɔːrtsiːən] *unreg vt* to pull forward; (*Gardinen*) to draw; (*zuerst behandeln, abfertigen*) to give priority to; (*lieber haben*) to prefer.

Vorzimmer ['fɔːrtsɪmər] *nt* anteroom; (*Büro*) outer office.

Vorzug ['fɔːrtsuːk] *m* preference; (*gute Eigenschaft*) merit, good quality; (*Vorteil*) advantage; (*EISENB*) relief train; **einer Sache** *dat* **den** ~ **geben** (*form*) to prefer sth; (*Vorrang geben*) to give sth precedence.

vorzüglich [fo:r'tsyːklɪç] *adj* excellent, first-rate.

Vorzugsaktien *pl* preference shares (*BRIT*), preferred stock (*US*).

vorzugsweise *adv* preferably; (*hauptsächlich*) chiefly.

Votum ['voːtʊm] (-s, Voten) *nt* vote.

Voyeur [voa'jøːr] (-s, -e) *m* voyeur; **Voyeurismus** [voajø'rɪsmʊs] *m* voyeurism.

v. T. *abk* (= *vom Tausend*) per thousand.

vulgär [vʊl'gɛːr] *adj* vulgar.

Vulkan [vʊl'kaːn] (-s, -e) *m* volcano; ~**ausbruch** *m* volcanic eruption.

vulkanisieren [vʊlkaniˈziːrən] *vt* to vulcanize.

v. u. Z. *abk* (= *vor unserer Zeitrechnung*) B.C.

W, w

W, w [ve:] *nt* W, w; ~ **wie Wilhelm** ≈ W for William.

W. *abk* (= *West(en)*) W.

w. *abk* = **wenden, werktags, westlich** (= *weiblich*) f.

Waage ['va:gə] (-, -n) *f* scales *pl*; (*ASTROL*) Libra; **sich** *dat* **die ~ halten** (*fig*) to balance one another; **w~recht** *adj* horizontal.

Waagschale *f* (scale) pan; (**schwer**) **in die ~ fallen** (*fig*) to carry weight.

wabb(e)lig ['vab(ə)lɪç] *adj* wobbly.

Wabe ['va:bə] (-, -n) *f* honeycomb.

wach [vax] *adj* awake; (*fig*) alert; ~ **werden** to wake up.

Wachablösung *f* changing of the guard; (*Mensch*) relief guard; (*fig*: *Regierungswechsel*) change of government.

Wache (-, -n) *f* guard, watch; ~ **halten** to keep watch; ~ **stehen** *od* **schieben** (*umg*) to be on guard (duty).

wachen *vi* to be awake; (*Wache halten*) to keep watch; **bei jdm** ~ to sit up with sb.

wachhabend *adj attrib* duty.

Wachhund *m* watchdog, guard dog; (*fig*) watchdog.

Wacholder [va'xɔldər] (-s, -) *m* juniper.

wachrütteln ['vaxrytəln] *vt* (*fig*) to (a)rouse.

Wachs [vaks] (-es, -e) *nt* wax.

wachsam ['vaxza:m] *adj* watchful, vigilant, alert; **W~keit** *f* vigilance.

wachsen¹ *unreg vi* to grow.

wachsen² *vt* (*Skier*) to wax.

Wachsfigurenkabinett *nt* waxworks (exhibition).

Wachs(mal)stift *m* wax crayon.

wächst [vɛkst] *vb siehe* **wachsen¹**.

Wachstuch ['vakstu:x] *nt* oilcloth.

Wachstum ['vakstu:m] (-s) *nt* growth.

Wachstums- *zW*: **~branche** *f* growth industry; **~grenze** *f* limits of growth; **w~hemmend** *adj* growth-inhibiting; **~rate** *f* growth rate; **~schmerzen** *pl* growing pains; **~störung** *f* disturbance of growth.

Wachtel ['vaxtəl] (-, -n) *f* quail.

Wächter ['vɛçtər] (-s, -) *m* guard; (*Park~*) warden, keeper; (*Museums~, Parkplatz~*) attendant.

Wachtmeister *m* officer.

Wachtposten *m* guard, sentry.

Wach(t)turm *m* watchtower.

Wach- und Schließgesellschaft *f* security corps.

wack(e)lig *adj* shaky, wobbly; **auf ~en Beinen stehen** to be wobbly on one's legs; (*fig*) to be unsteady.

Wackelkontakt *m* loose connection.

wackeln *vi* to shake; (*fig*: *Position*) to be shaky; **mit den Hüften/dem Schwanz** ~ to wiggle one's hips/wag its tail.

wacker ['vakər] *adj* valiant, stout; **sich** ~ **schlagen** (*umg*) to put up a brave fight.

Wade ['va:də] (-, -n) *f* (*ANAT*) calf.

Waffe ['vafə] (-, -n) *f* weapon; **jdn mit seinen eigenen ~n schlagen** (*fig*) to beat sb at his own game.

Waffel ['vafəl] (-, -n) *f* waffle; (*Eis~*) wafer.

Waffen- *zW*: **~gewalt** *f*: **mit ~gewalt** by force of arms; **~lager** *nt* (*von Armee*) ordnance depot; (*von Terroristen*) cache; **~schein** *m* firearms *od* gun licence (*BRIT*), firearms license (*US*); **~schmuggel** *m* gunrunning, arms smuggling; **~stillstand** *m* armistice, truce.

Wagemut ['va:gəmu:t] *m* daring.

Wagen ['va:gən] (-s, -) *m* vehicle; (*Auto*) car, automobile (*US*); (*EISENB*) car, carriage (*BRIT*); (*Pferde~*) wag(g)on, cart.

wagen *vt* to venture, dare.

Wagen- *zW*: **~führer** *m* driver; **~heber** (-s, -) *m* jack; **~park** *m* fleet of cars; **~rückholtaste** *f* (*Schreibmaschine*) carriage return (key); **~rücklauf** *m* carriage return.

Waggon [va'gõ:] (-s, -s) *m* wag(g)on; (*Güter~*) goods van (*BRIT*), freight truck (*US*).

waghalsig ['va:khalzɪç] *adj* foolhardy.

Wagnis ['va:knɪs] (-ses, -se) *nt* risk.

Wagon▲ (-s, -s) *m* = **Waggon**.

Wahl [va:l] (-, -en) *f* choice; (*POL*) election; **erste** ~ (*Qualität*) top quality; (*Gemüse, Eier*) grade one; **zweite** ~ (*COMM*) seconds *pl*; **aus freier** ~ of one's own free choice; **wer die ~ hat, hat die Qual** (*Sprichwort*) he is *od* you are *etc* spoilt for choice; **die ~ fiel auf ihn** he was chosen; **sich zur ~ stellen** (*POL etc*) to stand (*BRIT*) *od* run (for parliament *etc*).

wählbar *adj* eligible.

Wahl- *zW*: **w~berechtigt** *adj* entitled to vote; **~beteiligung** *f* poll, turnout; **~bezirk** *m* (*POL*) ward.

wählen ['vɛ:lən] *vt* to choose; (*POL*) to elect, vote for; (*TEL*) to dial ♦ *vi* to choose; (*POL*) to vote; (*TEL*) to dial.

Wähler(in) (-s, -) *m(f)* voter; **~abwanderung** *f* voter drift; **w~isch** *adj* fastidious, particular; **~schaft** *f* electorate.

Wahl- *zW*: **~fach** *nt* optional subject; **w~frei** *adj*: **w~freier Zugriff** (*COMPUT*) random access; **~gang** *m* ballot; **~geschenk** *nt* pre-election vote-catching gimmick; **~heimat** *f* country of adoption; **~helfer** *m* (*im ~kampf*) election assistant; (*bei der* ~) polling officer; ~**kabine** *f* polling booth; ~**kampf** *m* election campaign; ~**kreis** *m* constituency; ~**leiter** *m* returning officer; ~**liste** *f* electoral register; ~**lokal** *nt* polling station; **w**~**los** *adv* at random; (*nicht wählerisch*) indiscriminately; ~**recht** *nt* franchise; **allgemeines** ~**recht** universal franchise; **das aktive** ~**recht** the right to vote; **das passive** ~**recht** eligibility (for political office); ~**spruch** *m* motto; ~**urne** *f* ballot box; **w**~**weise** *adv* alternatively.

Wählzeichen *nt* (*TEL*) dialling tone (*BRIT*), dial tone (*US*).

Wahn [va:n] (-(e)s) *m* delusion; ~**sinn** *m* madness; **w**~**sinnig** *adj* insane, mad ♦ *adv* (*umg*) incredibly; **w**~**witzig** *adj* crazy *attrib* ♦ *adv* terribly.

wahr [va:r] *adj* true; **da ist (et)was W**~**es dran** there's some truth in that.

wahren *vt* to maintain, keep.

währen ['vɛːrən] *vi* to last.

während *präp* +*gen* during ♦ *konj* while; ~**dessen** *adv* meanwhile.

wahr- *zW*: ~**haben** *unreg vt*: **etw nicht** ~**haben wollen** to refuse to admit sth; ~**haft** *adv* (*tatsächlich*) truly; ~**haftig** *adj* true, real ♦ *adv* really.

Wahrheit *f* truth; **die** ~ **sagen** to tell the truth.

wahrheitsgetreu *adj* (*Bericht*) truthful; (*Darstellung*) faithful.

wahrnehmen *unreg vt* to perceive; (*Frist*) to observe; (*Veränderungen etc*) to be aware of; (*Gelegenheit*) to take; (*Interessen, Rechte*) to look after.

Wahrnehmung *f* perception; observing; awareness; taking; looking after.

wahrsagen *vi* to predict the future, tell fortunes.

Wahrsager *m* fortune-teller.

wahrscheinlich [va:r'ʃaɪnlɪç] *adj* probable ♦ *adv* probably; **W**~**keit** *f* probability; **aller W**~**keit nach** in all probability.

Währung ['vɛːrʊŋ] *f* currency.

Währungs- *zW*: ~**einheit** *f* monetary unit; ~**politik** *f* monetary policy; ~**reserven** *pl* official reserves *pl*; ~**union** *f* monetary union.

Wahrzeichen *nt* (*Gebäude, Turm etc*) symbol; (*von Stadt, Verein*) emblem.

Waise ['vaɪzə] (-, -n) *f* orphan.

Waisen- *zW*: ~**haus** *nt* orphanage; ~**kind** *nt* orphan; ~**knabe** *m*: **gegen dich ist er ein** ~**knabe** (*umg*) he's no match for you; ~**rente** *f* orphan's allowance.

Wal [va:l] (-(e)s, -e) *m* whale.

Wald [valt] (-(e)s, ⁻er) *m* wood(s *pl*); (*groß*) forest; ~**brand** *m* forest fire.

Wäldchen ['vɛltçən] *nt* copse, grove.

Waldhorn *nt* (*MUS*) French horn.

waldig ['valdɪç] *adj* wooded.

Wald- *zW*: ~**lehrpfad** *m* nature trail; ~**meister** *m* (*BOT*) woodruff; ~**sterben** *nt* loss of trees due to pollution.

Wald- und Wiesen- (*umg*) *in zW* common-or-garden.

Waldweg *m* woodland *od* forest path.

Wales [weɪlz] *nt* Wales.

Walfang ['va:lfaŋ] *m* whaling.

Walfisch ['valfɪʃ] *m* whale.

Waliser(in) [va'li:zər(ɪn)] (-s, -) *m(f)* Welshman, Welshwoman.

walisisch *adj* Welsh.

Walkman ® ['wɔːkman] (-s, Walkmen) *m* Walkman ®, personal stereo.

Wall [val] (-(e)s, ⁻e) *m* embankment; (*Bollwerk*) rampart.

wallfahren *vi untr* to go on a pilgrimage.

Wallfahrer(in) *m(f)* pilgrim.

Wallfahrt *f* pilgrimage.

Wallis ['valɪs] (-) *nt*: **das** ~ Valais.

Wallone [va'loːnə] (-n, -n) *m*, **Wallonin** *f* Walloon.

Walnuss▲ ['valnʊs] *f* walnut.

Walross▲ ['valrɔs] *nt* walrus.

walten ['valtən] *vi* (*geh*): **Vernunft** ~ **lassen** to let reason prevail.

Walzblech (-(e)s) *nt* sheet metal.

Walze ['valtsə] (-, -n) *f* (*Gerät*) cylinder; (*Fahrzeug*) roller.

walzen *vt* to roll (out).

wälzen ['vɛltsən] *vt* to roll (over); (*Bücher*) to hunt through; (*Probleme*) to deliberate on ♦ *vr* to wallow; (*vor Schmerzen*) to roll about; (*im Bett*) to toss and turn.

Walzer ['valtsər] (-s, -) *m* waltz.

Wälzer ['vɛltsər] (-s, -) (*umg*) *m* tome.

Wampe ['vampə] (-, -n) (*umg*) *f* paunch.

Wand (-, ⁻e) *f* wall; (*Trenn*~) partition; (*Berg*~) precipice; (*Fels*~) (rock) face; (*fig*) barrier; **weiß wie die** ~ as white as a sheet; **jdn an die** ~ **spielen** to put sb in the shade; (*SPORT*) to outplay sb.

wand *etc* [vant] *vb siehe* **winden**.

Wandel ['vandəl] (-s) *m* change; **w**~**bar** *adj* changeable, variable.

Wandelhalle *f* foyer.

wandeln *vt, vr* to change ♦ *vi* (*gehen*) to walk.

Wanderausstellung *f* touring exhibition.

Wanderbühne *f* touring theatre (*BRIT*) *od* theater (*US*).

Wanderer (-s, -) *m* hiker, rambler.

Wanderin *f* hiker, rambler.

Wanderkarte *f* hiker's map.

Wanderlied *nt* hiking song.

wandern *vi* to hike; (*Blick*) to wander; (*Gedanken*) to stray; (*umg: in den Papierkorb etc*) to land.

Wanderpreis *m* challenge trophy.

Wanderschaft *f* travelling (*BRIT*), traveling (*US*).

Wanderung *f* walk, hike; (*von Tieren, Völkern*) migration.

Wanderweg *m* trail, (foot)path.

Wandgemälde *nt* mural.

Wandlung *f* change; (*völlige Um~*) transformation; (*REL*) transubstantiation.

Wand- *zW:* ~**malerei** *f* mural painting; ~**schirm** *m* (folding) screen; ~**schrank** *m* cupboard.

wandte *etc* ['vantə] *vb siehe* **wenden**.

Wandteppich *m* tapestry.

Wandverkleidung *f* panelling.

Wange ['vaŋə] (-, -n) *f* cheek.

wankelmütig ['vaŋkəlmy:tɪç] *adj* fickle, inconstant.

wanken ['vankən] *vi* to stagger; (*fig*) to waver.

wann [van] *adv* when; **seit ~ bist/hast du ...?** how long have you been/have you had ...?

Wanne ['vanə] (-, -n) *f* tub.

Wanze ['vantsə] (-, -n) *f* (*ZOOL, Abhörgerät*) bug.

Wappen ['vapən] (-s, -) *nt* coat of arms, crest; ~**kunde** *f* heraldry.

wappnen *vr* (*fig*) to prepare o.s.; **gewappnet sein** to be forearmed.

war *etc* [va:r] *vb siehe* **sein**.

warb *etc* [varp] *vb siehe* **werben**.

Ware ['va:rə] (-, -n) *f* ware; **Waren** *pl* goods *pl*.

wäre *etc* ['vɛ:rə] *vb siehe* **sein**.

Waren- *zW:* ~**bestand** *m* stock; ~**haus** *nt* department store; ~**lager** *nt* stock, store; ~**muster** *nt* sample; ~**probe** *f* sample; ~**rückstände** *pl* backlog *sing*; ~**sendung** *f* trade sample (sent by post); ~**zeichen** *nt* trademark.

warf *etc* [varf] *vb siehe* **werfen**.

warm [varm] *adj* warm; (*Essen*) hot; (*umg: homosexuell*) queer; **mir ist ~** I'm warm; **mit jdm ~ werden** (*umg*) to get close to sb; **sich** *dat* **jdn ~ halten** (*fig*) to keep in with sb; **~ laufen** (*AUT*) to warm up.

Wärme ['vɛrmə] (-, -n) *f* warmth; **10 Grad ~** 10 degrees above zero.

wärmen *vt, vr* to warm (up), heat (up).

Wärmflasche *f* hot-water bottle.

warm- *zW:* **W~front** *f* (*MET*) warm front; ~**herzig** *adj* warm-hearted; **W~wassertank** *m* hot-water tank.

Warnblinkanlage *f* (*AUT*) hazard warning lights *pl*.

Warndreieck *nt* warning triangle.

warnen ['varnən] *vt* to warn.

Warnstreik *m* token strike.

Warnung *f* warning.

Warschau ['varʃau] (-s) *nt* Warsaw; ~**er Pakt** *m* Warsaw Pact.

Warte (-, -n) *f* observation point; (*fig*) viewpoint.

warten ['vartən] *vi* to wait ♦ *vt* (*Auto, Maschine*) to service; ~ **auf** +*akk* to wait for; **auf sich ~ lassen** to take a long time; **warte mal!** wait a minute!; (*überlegend*) let me see; **mit dem Essen auf jdn ~** to wait for sb before eating.

Wärter(in) ['vɛrtər(ɪn)] (-s, -) *m(f)* attendant.

Wartesaal *m* (*EISENB*) waiting room.

Wartezimmer *nt* (*bes beim Arzt*) waiting room.

Wartung *f* (*von Auto, Maschine*) servicing; ~ **und Instandhaltung** maintenance.

warum [va'rum] *adv* why; ~ **nicht gleich so!** that's better.

Warze ['vartsə] (-, -n) *f* wart.

was [vas] *pron* what; (*umg: etwas*) something; **das, ~ ...** that which ...; ~ **für ...?** what sort *od* kind of ...?

Wasch- *zW:* ~**anlage** *f* (*für Autos*) car wash; **w~bar** *adj* washable; ~**becken** *nt* washbasin.

Wäsche ['vɛʃə] (-, -n) *f* wash(ing); (*Bett~*) linen; (*Unter~*) underwear; **dumm aus der ~ gucken** (*umg*) to look stupid.

waschecht *adj* (*Farbe*) fast; (*fig*) genuine.

Wäsche- *zW:* ~**klammer** *f* clothes peg (*BRIT*), clothespin (*US*); ~**korb** *m* dirty clothes basket; ~**leine** *f* washing line (*BRIT*), clothes line (*US*).

waschen ['vaʃən] *unreg vt, vi* to wash ♦ *vr* to (have a) wash; **sich** *dat* **die Hände ~** to wash one's hands; ~ **und legen** (*Haare*) to shampoo and set.

Wäscherei [vɛʃə'raɪ] *f* laundry.

Wäscheschleuder *f* spin-dryer.

Wasch- *zW:* ~**gang** *m* stage of the washing programme (*BRIT*) *od* program (*US*); ~**küche** *f* laundry room; ~**lappen** *m* face cloth *od* flannel (*BRIT*), washcloth (*US*); (*umg*) softy; ~**maschine** *f* washing machine; **w~maschinenfest** *adj* machine-washable; ~**mittel** *nt* detergent; ~**pulver** *nt* washing powder; ~**salon** *m* Launderette ® (*BRIT*), Laundromat ® (*US*).

wäscht [vɛʃt] *vb siehe* **waschen**.

Waschtisch *m* washstand.

Washington ['wɔʃɪŋtən] (-s) *nt* Washington.

Wasser¹ ['vasər] (-s, -) *nt* water; ~ **abstoßend** water-repellent; **dort wird auch nur mit ~ gekocht** (*fig*) they're no different from anybody else (there); **ins ~ fallen** (*fig*) to fall through; **mit allen ~n gewaschen sein** (*umg*) to be a shrewd customer; ~ **lassen** (*euph*) to pass water; **jdm das ~ abgraben** (*fig*) to take the bread from sb's mouth, take away sb's livelihood.

Wasser² (-s, ⁼) *nt* (*Flüssigkeit*) water; (*MED*) lotion; (*Parfüm*) cologne; (*Mineral~*) mineral water.

Wässerchen *nt:* **er sieht aus, als ob er kein ~ trüben könnte** he looks as if butter

wouldn't melt in his mouth.
Wasser- zW: **w~dicht** adj watertight; (*Stoff,
Uhr*) waterproof; **~fall** m waterfall; **~farbe** f
watercolour (*BRIT*), watercolor (*US*);
w~gekühlt adj (*AUT*) water-cooled; **~graben**
m (*SPORT*) water jump; (*um Burg*) moat;
~hahn m tap, faucet (*US*).
wässerig ['vɛsərɪç] adj watery.
Wasser- zW: **~kessel** m kettle; (*TECH*) boiler;
~kraftwerk nt hydroelectric power station;
~leitung f water pipe; (*Anlagen*) plumbing;
~mann m (*ASTROL*) Aquarius.
wassern vi to land on the water.
wässern ['vɛsərn] vt, vi to water.
Wasser- zW: **~scheide** f watershed; **w~scheu**
adj afraid of water; **~schutzpolizei** f (*auf
Flüssen*) river police; (*im Hafen*) harbour
(*BRIT*) od harbor (*US*) police; (*auf der See*)
coastguard service; **~ski** nt water-skiing;
~spiegel m (*Oberfläche*) surface of the
water; (*~stand*) water level; **~stand** m water
level; **~stoff** m hydrogen; **~stoffbombe** f
hydrogen bomb; **~verbrauch** m water
consumption; **~waage** f spirit level; **~welle** f
shampoo and set; **~werfer** (**-s, -**) m water
cannon; **~werk** nt waterworks; **~zeichen** nt
watermark.
waten ['vaːtən] vi to wade.
watscheln ['vaːtʃəln] vi to waddle.
Watt[1] [vat] (**-(e)s, -en**) nt mud flats pl.
Watt[2] (**-s, -**) nt (*ELEK*) watt.
Watte (**-, -n**) f cotton wool (*BRIT*), absorbent
cotton (*US*).
Wattenmeer (**-(e)s**) nt mud flats pl.
Wattestäbchen nt cotton(-wool) swab.
wattieren [va'tiːrən] vt to pad.
WC [veː'tseː] (**-s, -s**) nt abk (= *Wasserklosett*)
WC.
WDR (**-**) m abk (= *Westdeutscher Rundfunk*)
West German Radio.
Web [wɛb] nt (*COMPUT*): **das ~** the Web; **im ~**
on the Web; **~seite** f Web page, web site.
weben ['veːbən] unreg vt to weave.
Weber(in) (**-s, -**) m(f) weaver.
Weberei [veːbə'raɪ] f (*Betrieb*) weaving mill.
Webstuhl ['veːpʃtuːl] m loom.
Wechsel ['vɛksəl] (**-s, -**) m change; (*Geld~*)
exchange; (*COMM*) bill of exchange; **~bäder**
pl alternating hot and cold baths pl;
~beziehung f correlation; **~forderungen** pl
(*COMM*) bills receivable pl; **~geld** nt change;
w~haft adj (*Wetter*) variable; **~inhaber** m
bearer; **~jahre** pl change of life, menopause;
in die ~jahre kommen to start the change;
~kurs m rate of exchange;
~kursmechanismus m Exchange Rate
Mechanism, ERM.
wechseln vt to change; (*Blicke*) to exchange
♦ vi to change; (*einander ablösen*) to
alternate.

wechselnd adj changing; (*Stimmungen*)
changeable; (*Winde, Bewölkung*) variable.
Wechsel- zW: **w~seitig** adj reciprocal;
~sprechanlage f two-way intercom; **~strom**
m alternating current; **~stube** f currency
exchange, bureau de change;
~verbindlichkeiten pl bills payable pl;
w~weise adv alternately; **~wirkung** f
interaction.
wecken ['vɛkən] vt to wake (up); (*fig*) to
arouse; (*Bedarf*) to create; (*Erinnerungen*) to
revive.
Wecker (**-s, -**) m alarm clock; **jdm auf den
~ fallen** (*umg*) to get on sb's nerves.
Weckglas ® nt preserving jar.
Weckruf m (*TEL*) alarm call.
wedeln ['veːdəln] vi (*mit Schwanz*) to wag; (*mit
Fächer*) to fan; (*SKI*) to wedel.
weder ['veːdɐ] konj neither; **~ ... noch ...**
neither ... nor ...
Weg [veːk] (**-(e)s, -e**) m way; (*Pfad*) path;
(*Route*) route; **sich auf den ~ machen** to be
on one's way; **jdm aus dem ~ gehen** to keep
out of sb's way; **jdm nicht über den ~ trauen**
(*fig*) not to trust sb an inch; **den ~ des
geringsten Widerstandes gehen** to follow
the line of least resistance; **etw in die ~e
leiten** to arrange sth; **jdm Steine in den
~ legen** (*fig*) to put obstacles in sb's way;
siehe auch **zuwege.**
weg [vɛk] adv away, off; **über etw** akk **~ sein**
to be over sth; **er war schon ~** he had
already left; **nichts wie** od nur **~ von hier!**
let's get out of here!; **~ damit!** (*mit Schere
etc*) put it/them away!; **Finger ~!** hands off!
Wegbereiter (**-s, -**) m pioneer.
wegblasen unreg vt to blow away; **wie
weggeblasen sein** (*fig*) to have vanished.
wegbleiben unreg vi to stay away; **mir bleibt
die Spucke weg!** (*umg*) I am absolutely
flabbergasted!
wegen ['veːgən] (*umg*) präp +gen od (*umg*)
+dat because of; **von ~!** you must be
joking!
weg- zW: **~fahren** unreg vi to drive away;
(*abfahren*) to leave; **~fallen** unreg vi to be left
out; (*Ferien, Bezahlung*) to be cancelled;
(*aufhören*) to cease; **~gehen** unreg vi to go
away, leave; (*umg: Ware*) to sell; **~hören** vi
to turn a deaf ear; **~jagen** vt to chase away;
~kommen unreg vi: **(bei etw) gut/schlecht
~kommen** (*umg*) to come off well/badly
(with sth); **~lassen** unreg vt to leave out;
~laufen unreg vi to run away od off; **das läuft
(dir) nicht ~!** (*fig hum*) that can wait; **~legen**
vt to put aside; **~machen** (*umg*) vt to get rid
of; **~müssen** unreg (*umg*) vi to have to go;
~nehmen unreg vt to take away.
Wegrand ['veːkrant] m wayside.
weg- zW: **~räumen** vt to clear away;

~**schaffen** vt to clear away; ~**schließen** unreg
vt to lock away; ~**schnappen** vt: (jdm) etw
~**schnappen** to snatch sth away (from sb);
~**stecken** vt to put away; (umg: verkraften) to
cope with; ~**treten** unreg vi (MIL): ~**treten!**
dismiss!; **geistig** ~**getreten sein** (umg:
geistesabwesend) to be away with the
fairies; ~**tun** unreg vt to put away.
wegweisend ['ve:gvaɪzənt] adj pioneering
attrib, revolutionary.
Wegweiser ['ve:gvaɪzər] (-s, -) m road sign,
signpost; (fig: Buch etc) guide.
Wegwerf- ['vɛkvɛrf] in zW disposable.
weg- zW: ~**werfen** unreg vt to throw away;
~**werfend** adj disparaging;
W~werfgesellschaft f throw-away society;
~**wollen** unreg vi (verreisen) to want to go
away; ~**ziehen** unreg vi to move away.
weh [ve:] adj sore.
Wehe ['ve:ə] (-, -n) f drift.
wehe interj: ~, **wenn du ...** you'll regret it if
you ...; ~ **dir!** you dare!
Wehen pl (MED) contractions pl; **in den**
~ **liegen** to be in labour (BRIT) od labor (US).
wehen vt, vi to blow; (Fahnen) to flutter.
weh- zW: ~**klagen** vi untr to wail; ~**leidig** adj
oversensitive to pain; (jammernd) whiny,
whining; **W~mut** f melancholy; ~**mütig** adj
melancholy.
Wehr¹ [ve:r] (-(e)s, -e) nt weir.
Wehr² [ve:r] (-, -en) f (Feuer~) fire brigade
(BRIT) od department (US) ♦ in zW defence
(BRIT), defense (US); **sich zur** ~ **setzen** to
defend o.s.
Wehrdienst m military service.

WEHRDIENST

Wehrdienst is military service which is still
compulsory in Germany. All young men receive
their call-up papers at 18 and all who are pronounced
physically fit are required to spend ten months in the
Bundeswehr. Conscientious objectors are
allowed to do **Zivildienst** as an alternative, on
attending a hearing and presenting their case.

Wehrdienstverweigerer m ≈ conscientious
objector.
wehren vr to defend o.s.
Wehr- zW: **w~los** adj defenceless (BRIT),
defenseless (US); **jdm w~los ausgeliefert
sein** to be at sb's mercy; ~**macht** f armed
forces pl; ~**pflicht** f conscription;
w~pflichtig adj liable for military service;
~**übung** f reserve duty training exercise.
wehtun▲ ['ve:tu:n] unreg vt: **jdm/sich** ~ to
hurt sb/o.s.
Wehwehchen (umg) nt (minor) complaint.
Weib [vaɪp] (-(e)s, -er) nt woman, female (pej).
Weibchen nt (Ehefrau) little woman; (ZOOL)
female.
weibisch ['vaɪbɪʃ] adj effeminate.
weiblich adj feminine.
weich [vaɪç] adj soft; (Ei) soft-boiled; ~**e
Währung** soft currency.
Weiche (-, -n) f (EISENB) points pl; **die** ~**n
stellen** (lit) to switch the points; (fig) to set
the course.
weichen unreg vi to yield, give way; **(nicht)
von jdm** od **von jds Seite** ~ (not) to leave
sb's side.
Weichensteller (-s, -) m pointsman.
weich- zW: **W~heit** f softness; **W~käse** m soft
cheese; ~**lich** adj soft, namby-pamby;
W~ling m wimp; **W~spüler** (-s, -) m fabric
conditioner; **W~teile** pl soft parts pl; **W~tier**
nt mollusc (BRIT), mollusk (US).
Weide ['vaɪdə] (-, -n) f (Baum) willow; (Gras)
pasture.
weiden vi to graze ♦ vr: **sich an etw** dat ~ to
delight in sth.
Weidenkätzchen nt willow catkin.
weidlich ['vaɪtlɪç] adv thoroughly.
weigern ['vaɪgərn] vr to refuse.
Weigerung ['vaɪgəruŋ] f refusal.
Weihe ['vaɪə] (-, -n) f consecration; (Priester~)
ordination.
weihen vt to consecrate; (widmen) to
dedicate; **dem Untergang geweiht** (liter)
doomed.
Weiher (-s, -) m pond.
Weihnachten (-) nt Christmas; **fröhliche** ~!
happy od merry Christmas!; **w~** vi unpers: **es
weihnachtet sehr** (poetisch, ironisch)
Christmas is very much in evidence.
weihnachtlich adj Christmas(sy).
Weihnachts- zW: ~**abend** m Christmas Eve;
~**baum** m Christmas tree; ~**geld** nt
Christmas bonus; ~**geschenk** nt Christmas
present; ~**lied** nt Christmas carol; ~**mann** m
Father Christmas (BRIT), Santa Claus.
Weihnachtsmarkt m Christmas fair.

WEIHNACHTSMARKT

The **Weihnachtsmarkt** is a market held in most
large towns in Germany in the weeks prior to
Christmas. People visit it to buy presents, toys and
Christmas decorations, and to enjoy the festive
atmosphere. Food and drink associated with the
Christmas festivities can also be eaten and drunk
there, for example gingerbread and mulled wine.

Weihnachtstag m: **(erster)** ~ Christmas day;
zweiter ~ Boxing Day (BRIT).
Weihrauch m incense.
Weihwasser nt holy water.
weil [vaɪl] konj because.
Weile ['vaɪlə] (-) f while, short time.
Weiler ['vaɪlər] (-s, -) m hamlet.

Weimarer Republik ['vaɪmarər repuˈbliːk] *f* Weimar Republic.

Wein [vaɪn] (-(e)s, -e) *m* wine; (*Pflanze*) vine; **jdm reinen ~ einschenken** (*fig*) to tell sb the truth; **~bau** *m* cultivation of vines; **~bauer** *m* wine-grower; **~beere** *f* grape; **~berg** *m* vineyard; **~bergschnecke** *f* snail; **~brand** *m* brandy.

weinen *vt, vi* to cry; **das ist zum W~** it's enough to make you cry *od* weep.

weinerlich *adj* tearful.

Wein- *zW:* **~gegend** *f* wine-growing area; **~geist** *m* (ethyl) alcohol; **~glas** *nt* wine glass; **~gut** *nt* wine-growing estate; **~karte** *f* wine list.

Weinkrampf *m* crying fit.

Wein- *zW:* **~lese** *f* vintage; **~probe** *f* wine tasting; **~rebe** *f* vine; **w~rot** *adj* (*Farbe*) claret; **w~selig** *adj* merry with wine; **~stein** *m* tartar; **~stock** *m* vine; **~stube** *f* wine bar; **~traube** *f* grape.

weise ['vaɪzə] *adj* wise.

Weise (-, -n) *f* manner, way; (*Lied*) tune; **auf diese ~** in this way.

Weise(r) *f(m)* wise man, wise woman, sage.

weisen *unreg vt* to show; **etw (weit) von sich ~** (*fig*) to reject sth (emphatically).

Weisheit ['vaɪshaɪt] *f* wisdom.

Weisheitszahn *m* wisdom tooth.

weismachen ['vaɪsmaxən] *vt:* **er wollte uns ~, dass ...** he would have us believe that ...

weiß[1] [vaɪs] *vb siehe* **wissen**.

weiß[2] *adj* white; **W~blech** *nt* tin plate; **W~brot** *nt* white bread; **~en** *vt* to whitewash; **W~glut** *f* (*TECH*) incandescence; **jdn zur W~glut bringen** (*fig*) to make sb see red; **W~kohl** *m* (white) cabbage.

Weißrussland▲ *nt* B(y)elorussia.

weißt [vaɪst] *vb siehe* **wissen**.

Weiß- *zW:* **~waren** *pl* linen *sing;* **~wein** *m* white wine; **~wurst** *f* veal sausage.

Weisung ['vaɪzʊŋ] *f* instruction.

weit [vaɪt] *adj* wide; (*Begriff*) broad; (*Reise, Wurf*) long ♦ *adv* far; **~ blickend** far-seeing; **~ hergeholt** far-fetched; **~ reichend** (*fig*) far-reaching; **~ verbreitet** widespread; **~ verzweigt** (*Straßensystem*) extensive; **in ~er Ferne** in the far distance; **wie ~ ist es ...?** how far is it ...?; **das geht zu ~** that's going too far; **~ und breit** for miles around; **~ gefehlt!** far from it; **es so ~ bringen, dass ...** to bring it about that ...; **~ zurückliegen** to be far behind; **von ~em** from a long way off; **~ab** *adv:* **~ab von** far (away) from; **~aus** *adv* by far; **W~blick** *m* (*fig*) far-sightedness; **~blickend** *adj siehe* **weit**.

Weite (-, -n) *f* width; (*Raum*) space; (*von Entfernung*) distance.

weiten *vt, vr* to widen.

weiter ['vaɪtər] *adj* wider; (*zusätzlich*) further

♦ *adv* further; **wenn es ~ nichts ist ...** well, if that's all (it is), ...; **das hat ~ nichts zu sagen** that doesn't really matter; **immer ~** on and on; (*Anweisung*) keep on (going); **~ nichts/niemand** nothing/nobody else; **~arbeiten** *vi* to go on working; **~bilden** *vr* to continue one's studies; **W~bildung** *f* further education.

Weitere(s) *nt* further details *pl;* **bis auf w~s** for the time being; **ohne w~s** without further ado, just like that.

weiter- *zW:* **~empfehlen** *unreg vt* to recommend (to others); **~erzählen** *vt* (*Geheimnis*) to pass on; **W~fahrt** *f* continuation of the journey; **~führend** *adj* (*Schule*) secondary (*BRIT*), high (*US*); **~gehen** *unreg vi* to go on; **~hin** *adv:* **etw ~hin tun** to go on doing sth; **~kommen** *unreg vi:* **nicht ~kommen** (*fig*) to be bogged down; **~leiten** *vt* to pass on; **~machen** *vt, vi* to continue; **~reisen** *vi* to continue one's journey; **~sagen** *vt:* **nicht ~sagen!** don't tell anyone!; **~sehen** *unreg vi:* **dann sehen wir ~** then we'll see; **~verarbeiten** *vt* to process; **~wissen** *unreg vi:* **nicht (mehr) ~wissen** (*verzweifelt sein*) to be at one's wits' end.

weit- *zW:* **~gehend** *adj* considerable ♦ *adv* largely; **~hin** *adv* widely; (*~gehend*) to a large extent; **~läufig** *adj* (*Gebäude*) spacious; (*Erklärung*) lengthy; (*Verwandter*) distant; **~schweifig** *adj* long-winded; **~sichtig** *adj* (*lit*) long-sighted (*BRIT*), far-sighted (*US*); (*fig*) far-sighted; **W~sprung** *m* long jump; **W~winkelobjektiv** *nt* (*PHOT*) wide-angle lens.

Weizen ['vaɪtsən] (-s, -) *m* wheat; **~bier** *nt* light, fizzy wheat beer; **~keime** *pl* (*KOCH*) wheatgerm *sing*.

welch [vɛlç] *pron:* **~ ein(e) ...** what a ...

═══════════════ *SCHLÜSSELWORT*

welche(r, s) *interrog pron* which; **~r von beiden?** which (one) of the two?; **~n hast du genommen?** which (one) did you take?; **~ Freude!** what joy!

♦ *indef pron* some; (*in Fragen*) any; **ich habe ~** I have some; **haben Sie ~?** do you have any?

♦ *rel pron* (*bei Menschen*) who; (*bei Sachen*) which, that; **~(r, s) auch immer** whoever/whichever/whatever.

welk [vɛlk] *adj* withered; **~en** *vi* to wither.

Wellblech *nt* corrugated iron.

Welle ['vɛlə] (-, -n) *f* wave; (*TECH*) shaft; **(hohe) ~n schlagen** (*fig*) to create (quite) a stir.

Wellen- *zW:* **~bereich** *m* waveband; **~brecher** *m* breakwater; **~gang** *m:* **starker ~gang** heavy sea(s) *od* swell; **~länge** *f* (*lit, fig*) wavelength; **mit jdm auf einer ~länge sein**

(*fig*) to be on the same wavelength as sb;
~**linie** *f* wavy line.
Wellensittich *m* budgerigar.
Wellpappe *f* corrugated cardboard.
Welpe ['vɛlpə] (**-n, -n**) *m* pup, whelp; (*von Wolf etc*) cub.
Welt [vɛlt] (**-, -en**) *f* world; **aus der ~ schaffen** to eliminate; **in aller ~** all over the world; **vor aller ~** in front of everybody; **auf die ~ kommen** to be born; **~all** *nt* universe; **~anschauung** *f* philosophy of life; **w~berühmt** *adj* world-famous; **w~bewegend** *adj* world-shattering; **~bild** *nt* conception of the world; (*jds Ansichten*) philosophy.
Weltenbummler(in) *m(f)* globetrotter.
Weltergewicht ['vɛltərɡəvɪçt] *nt* (*SPORT*) welterweight.
weltfremd *adj* unworldly.
Weltgesundheitsorganisation *f* World Health Organization.
Welt- *zW:* **w~gewandt** *adj* sophisticated; **~kirchenrat** *m* World Council of Churches; **~krieg** *m* world war; **w~lich** *adj* worldly; (*nicht kirchlich*) secular; **~literatur** *f* world literature; **~macht** *f* world power; **w~männisch** *adj* sophisticated; **~meister** *m* world champion; **~meisterschaft** *f* world *od* world's (*US*) championship; (*FUSSBALL etc*) World Cup; **~rang** *m*: **von ~rang** world-famous; **~raum** *m* space; **~raumforschung** *f* space research; **~raumstation** *f* space station; **~reise** *f* trip round the world; **~ruf** *m* world-wide reputation; **~sicherheitsrat** *m* (*POL*) United Nations Security Council; **~stadt** *f* metropolis; **~untergang** *m* (*lit, fig*) end of the world; **w~weit** *adj* world-wide; **~wirtschaft** *f* world economy; **~wirtschaftskrise** *f* world economic crisis; **~wunder** *nt* wonder of the world.
wem [ve:m] *dat von* **wer** ♦ *pron* to whom.
wen [ve:n] *akk von* **wer** ♦ *pron* whom.
Wende ['vɛndə] (**-, -n**) *f* turn; (*Veränderung*) change; **die ~** (*POL*) (the) reunification of Germany); **~kreis** *m* (*GEOG*) tropic; (*AUT*) turning circle.
Wendeltreppe *f* spiral staircase.
wenden *unreg vt, vi, vr* to turn; **bitte ~!** please turn over; **sich an jdn ~** to go/come to sb.
Wendepunkt *m* turning point.
wendig *adj* (*lit, fig*) agile; (*Auto etc*) manoeuvrable (*BRIT*), maneuverable (*US*).
Wendung *f* turn; (*Rede~*) idiom.
wenig ['ve:nɪç] *adj, adv* little; **ein ~** a little; **er hat zu ~ Geld** he doesn't have enough money; **ein Exemplar zu ~** one copy too few.
wenige ['ve:nɪgə] *pl* few *pl*; **in ~n Tagen** in (just) a few days.
weniger *adj* less; (*mit pl*) fewer ♦ *adv* less.
Wenigkeit *f* trifle; **meine ~** (*umg*) little me.

wenigste(r, s) *adj* least.
wenigstens *adv* at least.
wenn [vɛn] *konj* if; (*zeitlich*) when; **~ auch ...** even if ...; **~ ich doch ...** if only I ...; **~ wir erst die neue Wohnung haben** once we get the new flat.
Wenn *nt*: **ohne ~ und Aber** unequivocally.
wennschon *adv*: **na ~** so what?; **~, dennschon!** in for a penny, in for a pound!
wer [ve:r] *pron* who.
Werbe- *zW:* **~agentur** *f* advertising agency; **~aktion** *f* advertising campaign; **~antwort** *f* business reply card; **~fernsehen** *nt* commercial television; **~film** *m* promotional film; **~geschenk** *nt* promotional gift, freebie (*umg*); (*zu Gekauftem*) free gift; **~grafiker(in)** *m(f)* commercial artist; **~kampagne** *f* advertising campaign.
werben ['vɛrbən] *unreg vt* to win; (*Mitglied*) to recruit ♦ *vi* to advertise; **um jdn/etw ~** to try to win sb/sth; **für jdn/etw ~** to promote sb/sth.
Werbe- *zW:* **~spot** *m* commercial; **~texter (-s, -)** *m* copywriter; **~trommel** *f*: **die ~trommel (für etw) rühren** (*umg*) to beat the big drum (for sth); **w~wirksam** *adj*: **w~wirksam sein** to be good publicity.
Werbung *f* advertising; (*von Mitgliedern*) recruitment; (*TV etc*: *Werbeblock*) commercial break; **~ um jdn/etw** promotion of sb/sth.
Werbungskosten *pl* professional *od* business expenses *pl*.
Werdegang ['ve:rdəgaŋ] *m* development; (*beruflich*) career.

═══════════════ *SCHLÜSSELWORT*

werden ['ve:rdən] *unreg* (*pt* **wurde**, *pp* **geworden** *od* (*bei Passiv*) **worden**) *vi* to become; **was ist aus ihm/aus der Sache geworden?** what became of him/it; **es ist nichts/gut geworden** it came to nothing/turned out well; **es wird Nacht/Tage** it's getting dark/light; **es wird bald ein Jahr, dass ...** it's almost a year since ...; **er wird am 8. Mai 36** he will be 36 on the 8th May; **mir wird kalt** I'm getting cold; **mir wird schlecht** I feel ill; **Erster ~** to come *od* be first; **das muss anders ~** that will have to change; **rot/zu Eis ~** to turn red/to ice; **was willst du (mal) ~?** what do you want to be?; **die Fotos sind gut geworden** the photos turned out well.

♦ *Hilfsverb* **1** (*bei Futur*): **er wird es tun** he will *od* he'll do it; **er wird das nicht tun** he will not *od* he won't do it; **es wird gleich regnen** it's going to rain any moment.

2 (*bei Konjunktiv*): **ich würde ...** I would ...; **würde gern ...** he would *od* he'd like to ...; **ich würde lieber** I would *od* I'd rather ...

3 (*bei Vermutung*): **sie wird in der Küche sein** she will be in the kitchen.
4 (*bei Passiv*): **gebraucht** ~ to be used; **er ist erschossen worden** he has *od* he's been shot; **mir wurde gesagt, dass** I was told that …

werdend *adj*: ~**e Mutter** expectant mother.
werfen ['vɛrfən] *unreg vt* to throw ♦ *vi* (*Tier*) to have its young; „**nicht** ~" "handle with care".
Werft [vɛrft] (-, -en) *f* shipyard; (*für Flugzeuge*) hangar.
Werk [vɛrk] (-(e)s, -e) *nt* work; (*Tätigkeit*) job; (*Fabrik, Mechanismus*) works *pl*; **ans** ~ **gehen** to set to work; **das ist sein** ~ this is his doing; **ab** ~ (*COMM*) ex works.
werkeln ['vɛrkəln] (*umg*) *vi* to potter about (*BRIT*), putter around (*US*).
Werken (-s) *nt* (*SCH*) handicrafts *pl*.
Werkschutz *m* works security service.
Werksgelände *nt* factory premises *pl*.
Werk- *zW*: ~**statt** (-, -stätten) *f* workshop; (*AUT*) garage; ~**stoff** *m* material; ~**student** *m* self-supporting student; ~**tag** *m* working day; **w~tags** *adv* on working days; **w~tätig** *adj* working; ~**zeug** *nt* tool; ~**zeugkasten** *m* toolbox; ~**zeugmaschine** *f* machine tool; ~**zeugschrank** *m* tool chest.
Wermut ['veːrmuːt] (-(e)s, -s) *m* wormwood; (*Wein*) vermouth.
Wermutstropfen *m* (*fig*) drop of bitterness.
Wert [veːrt] (-(e)s, -e) *m* worth; (*FIN*) value; ~ **legen auf** +*akk* to attach importance to; **es hat doch keinen** ~ it's useless; **im** ~**e von** to the value of.
wert [veːrt] *adj* worth; (*geschätzt*) dear; (*würdig*) worthy; **das ist nichts/viel** ~ it's not worth anything/it's worth a lot; **das ist es/er mir** ~ it's/he's worth that to me; **ein Auto ist viel** ~ (*nützlich*) a car is very useful.
Wertangabe *f* declaration of value.
wertbeständig *adj* stable in value.
werten *vt* to rate; (*beurteilen*) to judge; (*SPORT: als gültig* ~) to allow; ~ **als** to rate as; to judge to be.
Wert- *zW*: ~**gegenstand** *m* article of value; **w~los** *adj* worthless; ~**losigkeit** *f* worthlessness; ~**maßstab** *m* standard; ~**papier** *nt* security; ~**steigerung** *f* appreciation.
Wertung *f* (*SPORT*) score.
Wert- *zW*: **w~voll** *adj* valuable; ~**vorstellung** *f* moral concept; ~**zuwachs** *m* appreciation.
Wesen ['veːzən] (-s, -) *nt* (*Geschöpf*) being; (*Natur, Character*) nature.
wesentlich *adj* significant; (*beträchtlich*) considerable; **im W~en** essentially; (*im Großen*) in the main.
weshalb [vɛs'halp] *adv* why.

Wespe ['vɛspə] (-, -n) *f* wasp.
wessen ['vɛsən] *gen von* **wer** ♦ *pron* whose.
Wessi ['vɛsɪ] (-s, -s) (*umg*) *m* West German.

WESSI

A **Wessi** *is a colloquial and often derogatory word used to describe a German from the former West Germany. The expression "Besserwessi" is used by East Germans to describe a West German who is considered to be a know-all.*

West- *zW*: **w~deutsch** *adj* West German; ~**deutsche(r)** *f(m)* West German; ~**deutschland** *nt* (*POL: früher*) West Germany; (*GEOG*) Western Germany.
Weste ['vɛstə] (-, -n) *f* waistcoat, vest (*US*); **eine reine** ~ **haben** (*fig*) to have a clean slate.
Westen (-s) *m* west.
Westentasche *f*: **etw wie seine** ~ **kennen** (*umg*) to know sth like the back of one's hand.
Westerwald ['vɛstərvalt] (-s) *m* Westerwald (Mountains *pl*).
Westeuropa *nt* Western Europe.
westeuropäisch ['vɛst|ɔyro'peːɪʃ] *adj* West(ern) European; ~**e Zeit** Greenwich Mean Time.
Westfale [vɛst'faːlə] (-n, -n) *m* Westphalian.
Westfalen (-s) *nt* Westphalia.
Westfälin [vɛst'fɛːlɪn] *f* Westphalian.
westfälisch *adj* Westphalian.
Westindien ['vɛst|ɪndiən] (-s) *nt* West Indies *pl*.
westindisch *adj* West Indian; **die W~en Inseln** the West Indies.
west- *zW*: ~**lich** *adj* western ♦ *adv* to the west; **W~mächte** *pl* (*POL: früher*): **die W~mächte** the Western powers *pl*; ~**wärts** *adv* westwards.
weswegen [vɛs'veːgən] *adv* why.
wett [vɛt] *adj* even; ~ **sein** to be quits.
Wettbewerb *m* competition.
Wettbewerbsbeschränkung *f* restraint of trade.
wettbewerbsfähig *adj* competitive.
Wette (-, -n) *f* bet, wager; **um die** ~ **laufen** to run a race (with each other).
Wetteifer *m* rivalry.
wetteifern *vi untr*: **mit jdm um etw wetteifern** to compete with sb for sth.
wetten ['vɛtən] *vt, vi* to bet; **so haben wir nicht gewettet!** that's not part of the bargain!
Wetter ['vɛtər] (-s, -) *nt* weather; (*MIN*) air; ~**amt** *nt* meteorological office; ~**aussichten** *pl* weather outlook *sing*; ~**bericht** *m* weather report; ~**dienst** *m* meteorological service; **w~fest** *adj* weatherproof; **w~fühlig** *adj* sensitive to changes in the weather; ~**karte**

Rechtschreibreform: ▲ *neue Schreibung* △ *alte Schreibung (auslaufend)*

f weather chart; **~lage** *f* (weather) situation.

wettern ['vɛtərn] *vi* to curse and swear.

Wetter- *zW:* **~umschlag** *m* sudden change in the weather; **~vorhersage** *f* weather forecast; **~warte** *f* weather station; **w~wendisch** *adj* capricious.

Wett- *zW:* **~kampf** *m* contest; **~lauf** *m* race; **ein ~lauf mit der Zeit** a race against time.

wettmachen *vt* to make good.

Wett- *zW:* **~rüsten** *nt* arms race; **~spiel** *nt* match; **~streit** *m* contest.

wetzen ['vɛtsən] *vt* to sharpen ♦ *vi* (*umg*) to scoot.

WEU *f abk* (= *Westeuropäische Union*) WEU.

WEZ *abk* (= *westeuropäische Zeit*) GMT.

WG *abk* = **Wohngemeinschaft**.

Whisky ['vɪski] (**-s, -s**) *m* whisky (*BRIT*), whiskey (*US, Ireland*).

WHO (-) *f abk* (= *World Health Organization*) WHO.

wich *etc* [vɪç] *vb siehe* **weichen**.

wichsen ['vɪksən] *vt* (*Schuhe*) to polish ♦ *vi* (*umg!: onanieren*) to jerk *od* toss off (*!*).

Wichser (*umg!*) *m* wanker (*!*).

Wicht [vɪçt] (**-(e)s, -e**) *m* titch; (*pej*) worthless creature.

wichtig *adj* important; **sich selbst/etw (zu) ~ nehmen** to take o.s./sth (too) seriously; **W~keit** *f* importance; **W~tuer(in)** (*pej*) *m(f)* pompous ass (*umg*).

Wicke ['vɪkə] (**-, -n**) *f* (*BOT*) vetch; (*Garten~*) sweet pea.

Wickelkleid *nt* wrap-around dress.

wickeln ['vɪkəln] *vt* to wind; (*Haare*) to set; (*Kind*) to change; **da bist du schief gewickelt!** (*fig: umg*) you're very much mistaken; **jdn/etw in etw** *akk* **~** to wrap sb/sth in sth.

Wickeltisch *m* baby's changing table.

Widder ['vɪdər] (**-s, -**) *m* ram; (*ASTROL*) Aries.

wider ['viːdər] *präp +akk* against.

widerfahren *unreg vi untr:* **jdm widerfahren** to happen to sb.

Widerhaken ['viːdərhaːkən] *m* barb.

Widerhall ['viːdərhal] *m* echo; **keinen ~ (bei jdm) finden** (*Interesse*) to meet with no response (from sb).

widerlegen *vt untr* to refute.

widerlich ['viːdərlɪç] *adj* disgusting, repulsive; **W~keit** *f* repulsiveness.

widerrechtlich *adj* unlawful.

Widerrede *f* contradiction; **keine ~!** don't argue!

Widerruf ['viːdərruːf] *m* retraction; countermanding; **bis auf ~** until revoked.

widerrufen *unreg vt untr* to retract; (*Anordnung*) to revoke; (*Befehl*) to countermand.

Widersacher(in) ['viːdərzaxər(ɪn)] (**-s, -**) *m(f)* adversary.

widersetzen *vr untr:* **sich jdm widersetzen** to oppose sb; (*der Polizei*) to resist sb; **sich einer Sache widersetzen** to oppose sth; (*einem Befehl*) to refuse to comply with sth.

widerspenstig ['viːdərʃpɛnstɪç] *adj* wilful (*BRIT*), willful (*US*); **W~keit** *f* wilfulness (*BRIT*), willfulness (*US*).

widerspiegeln ['viːdərʃpiːgəln] *vt* to reflect.

widersprechen *unreg vi untr:* **jdm widersprechen** to contradict sb.

widersprechend *adj* contradictory.

Widerspruch ['viːdərʃprʊx] *m* contradiction; **ein ~ in sich** a contradiction in terms.

widersprüchlich ['viːdərʃprʏçlɪç] *adj* contradictory, inconsistent.

widerspruchslos *adv* without arguing.

Widerstand ['viːdərʃtant] *m* resistance; **der Weg des geringsten ~es** the line of least resistance; **jdm/etw ~ leisten** to resist sb/sth.

Widerstands- *zW:* **~bewegung** *f* resistance (movement); **w~fähig** *adj* resistant, tough; **w~los** *adj* unresisting.

widerstehen *unreg vi untr:* **jdm/etw widerstehen** to withstand sb/sth.

widerstreben *vi untr:* **es widerstrebt mir, so etwas zu tun** I am reluctant to do anything like that.

widerstrebend *adj* reluctant; (*gegensätzlich*) conflicting.

Wider- *zW:* **~streit** *m* conflict; **w~wärtig** *adj* nasty, horrid; **~wille** *m:* **~wille (gegen)** aversion (to); (*Abneigung*) distaste (for); (*~streben*) reluctance; **w~willig** *adj* unwilling, reluctant; **~worte** *pl* answering back *sing*.

widmen ['vɪtmən] *vt* to dedicate ♦ *vr* to devote o.s.

Widmung *f* dedication.

widrig ['viːdrɪç] *adj* (*Umstände*) adverse; (*Mensch*) repulsive.

═══════════ *SCHLÜSSELWORT*

wie [viː] *adv* how; **~ groß/schnell?** how big/fast?; **~ viel** how much; **~ viel Menschen** how many people; **~ wärs?** how about it?; **~ wärs mit einem Whisky?** (*umg*) how about a whisky?; **~ ist er?** what's he like?; **~ gut du das kannst!** you're very good at it; **~ bitte?** pardon? (*BRIT*), pardon me? (*US*); (*entrüstet*) I beg your pardon!; **und ~!** and how!

♦ *konj* **1** (*bei Vergleichen*): **so schön ~ ...** as beautiful as ...; **~ ich schon sagte** as I said; **~ noch nie** as never before; **~ du** like you; **singen ~ ein ...** to sing like a ...; **~ (zum Beispiel)** such as (for example).

2 (*zeitlich*): **~ er das hörte, ging er** when he heard that he left; **er hörte, ~ der Regen fiel** he heard the rain falling.

wieder ['viːdər] *adv* again; ~ **aufbereiten** to recycle; (*Atommüll*) to reprocess; ~ **aufnehmen** to resume; (*Gedanken, Hobby*) to take up again; (*Thema*) to revert to; (*JUR: Verfahren*) to reopen; ~ **beleben** to revive; ~ **erkennen** to recognize; ~ **gutmachen** to make up for; (*Fehler*) to put right; ~ **herstellen** (*Ruhe, Frieden*) to restore; ~ **vereinigen** to reunite; ~ **da sein** to be back (again); **gehst du schon** ~? are you off again?; ~ **ein(e)** ... another ...; **das ist auch** ~ **wahr** that's true enough; **da sieht man mal** ~ ... it just shows ...

wieder- *zW*: **W~aufbau** [-'|aʊfbaʊ] *m* rebuilding; **W~aufbereitungsanlage** *f* reprocessing plant; **W~aufnahme** [-'|aʊfnaːmə] *f* resumption; **~bekommen** *unreg vt* to get back; **~bringen** *unreg vt* to bring back; **W~erstattung** *f* reimbursement; **~finden** *unreg vt* (*fig: Selbstachtung etc*) to regain.

Wiedergabe *f* (*von Rede, Ereignis*) account; (*Wiederholung*) repetition; (*Darbietung*) performance; (*Reproduktion*) reproduction; **~gerät** *nt* playback unit.

wieder- *zW*: **W~geben** *unreg vt* (*zurückgeben*) to return; (*Erzählung etc*) to repeat; (*Gefühle etc*) to convey; **W~geburt** *f* rebirth; **W~gutmachung** *f* reparation; **~herstellen** *vt* (*Gesundheit, Gebäude*) to restore.

wiederholen *vt untr* to repeat.

wiederholt *adj*: **zum ~en Male** once again.

Wiederholung *f* repetition.

Wiederholungstäter(in) *m(f)* (*JUR*) second-time offender; (*mehrmalig*) persistent offender.

wieder- *zW*: **W~hören** *nt*: **auf W~hören** (*TEL*) goodbye; **~käuen** *vi* to ruminate ♦ *vt* to ruminate; (*fig: umg*) to go over again and again; **W~kehr** (-) *f* return; (*von Vorfall*) repetition, recurrence; **~kehrend** *adj* recurrent; **W~kunft** (-, ⁼e) *f* return; **~sehen** *unreg vt* to see again; **auf W~sehen** goodbye; **~um** *adv* again; (*seinerseits etc*) in turn; (*andererseits*) on the other hand; **W~vereinigung** *f* reunification; **W~verkäufer** *m* distributor; **W~wahl** *f* re-election.

Wiege ['viːgə] (-, -n) *f* cradle.

wiegen¹ *vt* (*schaukeln*) to rock; (*Kopf*) to shake.

wiegen² *unreg vt, vi* to weigh; **schwer ~** (*fig*) to carry a lot of weight; (*Irrtum*) to be serious.

wiehern ['viːərn] *vi* to neigh, whinny.

Wien [viːn] (-s) *nt* Vienna.

Wiener(in) (-s, -) *m(f)* Viennese ♦ *adj attrib* Viennese; ~ **Schnitzel** Wiener schnitzel.

wies *etc* [viːs] *vb siehe* **weisen**.

Wiese ['viːzə] (-, -n) *f* meadow.

Wiesel ['viːzəl] (-s, -) *nt* weasel; **schnell** *od* **flink wie ein** ~ quick as a flash.

wieso [viˈzoː] *adv* why.

wievielmal [viˈfiːlmaːl] *adv* how often.

wievielte(r, s) *adj*: **zum ~n Mal?** how many times?; **den W~n haben wir?** what's the date?; **an ~r Stelle?** in what place?; **der** ~ **Besucher war er?** how many visitors were there before him?

wieweit [viˈvaɪt] *adv* to what extent.

Wikinger ['viːkɪŋər] (-s, -) *m* Viking.

wild [vɪlt] *adj* wild; **~er Streik** unofficial strike; **in ~er Ehe leben** (*veraltet, hum*) to live in sin; ~ **entschlossen** (*umg*) dead set.

Wild (-(e)s) *nt* game.

Wild- *zW*: **~bahn** *f*: **in freier ~bahn** in the wild; **~bret** *nt* game; (*von Rotwild*) venison; **~dieb** *m* poacher.

Wilde(r) ['vɪldə(r)] *f(m)* savage.

wildern ['vɪldərn] *vi* to poach.

wild- *zW*: **W~fang** *m* little rascal; **~fremd** ['vɪlt'fremt] (*umg*) *adj* quite strange *od* unknown; **W~heit** *f* wildness; **W~leder** *nt* suede.

Wildnis (-, -se) *f* wilderness.

Wild- *zW*: **~schwein** *nt* (wild) boar; **~wechsel** *m*: „**~wechsel**" "wild animals"; **~westroman** *m* western.

will [vɪl] *vb siehe* **wollen**.

Wille ['vɪlə] (-ns, -n) *m* will; **jdm seinen ~n lassen** to let sb have his own way; **seinen eigenen ~n haben** to be self-willed.

willen *präp +gen*: **um ... ~** for the sake of ...

willenlos *adj* weak-willed.

willens *adj* (*geh*): ~ **sein** to be willing.

willensstark *adj* strong-willed.

willentlich ['vɪləntlɪç] *adj* wilful (*BRIT*), willful (*US*), deliberate.

willig *adj* willing.

willkommen [vɪl'kɔmən] *adj* welcome; **jdn** ~ **heißen** to welcome sb; **herzlich** ~ (**in** +*dat*) welcome (to); **W~** (-s, -) *nt* welcome.

willkürlich *adj* arbitrary; (*Bewegung*) voluntary.

willst [vɪlst] *vb siehe* **wollen**.

Wilna ['vɪlna] (-s) *nt* Vilnius.

wimmeln ['vɪməln] *vi*: ~ (**von**) to swarm (with).

wimmern ['vɪmərn] *vi* to whimper.

Wimper ['vɪmpər] (-, -n) *f* eyelash; **ohne mit der** ~ **zu zucken** (*fig*) without batting an eyelid.

Wimperntusche *f* mascara.

Wind [vɪnt] (-(e)s, -e) *m* wind; **den Mantel** *od* **das Fähnchen nach dem** ~ **hängen** to trim one's sails to the wind; **etw in den** ~ **schlagen** to turn a deaf ear to sth.

Windbeutel *m* cream puff; (*fig*) windbag.

Winde ['vɪndə] (-, -n) *f* (*TECH*) winch, windlass; (*BOT*) bindweed.

Windel ['vɪndəl] (-, -n) *f* nappy (*BRIT*), diaper (*US*).

Rechtschreibreform: ▲ *neue Schreibung* △ *alte Schreibung (auslaufend)*

windelweich *adj*: **jdn ~ schlagen** (*umg*) to beat the living daylights out of sb.

winden[1] ['vɪndən] *vi unpers* to be windy.

winden[2] *unreg vt* to wind; (*Kranz*) to weave; (*ent~*) to twist ♦ *vr* to wind; (*Person*) to writhe; (*fig: ausweichen*) to try to wriggle out.

Windenergie *f* wind power.

Windeseile *f*: **sich in** *od* **mit Windeseile verbreiten** to spread like wildfire.

Windhose *f* whirlwind.

Windhund *m* greyhound; (*Mensch*) fly-by-night.

windig ['vɪndɪç] *adj* windy; (*fig*) dubious.

Wind- *zW*: **~jacke** *f* windcheater, windbreaker (*US*); **~kanal** *m* (*TECH*) wind tunnel; **~kraft** *f* wind power; **~kraftanlage** *f* wind power station; **~mühle** *f* windmill; **gegen ~mühlen (an)kämpfen** (*fig*) to tilt at windmills; **~park** *m* wind farm.

Windpocken *pl* chickenpox *sing*.

Wind- *zW*: **~rose** *f* (*NAUT*) compass card; (*MET*) wind rose; **~schatten** *m* lee; (*von Fahrzeugen*) slipstream; **~schutzscheibe** *f* (*AUT*) windscreen (*BRIT*), windshield (*US*); **~stärke** *f* wind force; **w~still** *adj* (*Tag*) windless; **es ist w~still** there's no wind; **~stille** *f* calm; **~stoß** *m* gust of wind; **~surfen** *nt* windsurfing.

Windung *f* (*von Weg, Fluss etc*) meander; (*von Schlange, Spule*) coil; (*von Schraube*) thread.

Wink [vɪŋk] (**-(e)s, -e**) *m* (*mit Kopf*) nod; (*mit Hand*) wave; (*Tipp, Hinweis*) hint; **ein ~ mit dem Zaunpfahl** a broad hint.

Winkel ['vɪŋkəl] (**-s, -**) *m* (*MATH*) angle; (*Gerät*) set square; (*in Raum*) corner; **~advokat** (*pej*) *m* incompetent lawyer; **~messer** *m* protractor; **~zug** *m*: **mach keine ~züge** stop evading the issue.

winken ['vɪŋkən] *vt, vi* to wave; **dem Sieger winkt eine Reise nach Italien** the (lucky) winner will receive a trip to Italy.

winseln ['vɪnzəln] *vi* to whine.

Winter ['vɪntər] (**-s, -**) *m* winter; **~garten** *m* conservatory; **w~lich** *adj* wintry; **~reifen** *m* winter tyre (*BRIT*) *od* tire (*US*); **~schlaf** *m* (*ZOOL*) hibernation; **~schlussverkauf**▲ *m* winter sale; **~semester** *nt* (*UNIV*) winter semester (*bes US*), ≈ autumn term (*BRIT*); **~spiele** *pl*: **(Olympische) ~spiele** Winter Olympics *pl*; **~sport** *m* winter sports *pl*.

Winzer(in) ['vɪntsər(ɪn)] (**-s, -**) *m(f)* winegrower.

winzig ['vɪntsɪç] *adj* tiny.

Wipfel ['vɪpfəl] (**-s, -**) *m* treetop.

Wippe ['vɪpə] (**-, -n**) *f* seesaw.

wir [viːr] *pron* we; **~ alle** all of us, we all.

Wirbel ['vɪrbəl] (**-s, -**) *m* whirl, swirl; (*Trubel*) hurly-burly; (*Aufsehen*) fuss; (*ANAT*) vertebra; **~ um jdn/etw machen** to make a fuss about sb/sth.

wirbellos *adj* (*ZOOL*) invertebrate.

wirbeln *vi* to whirl, swirl.

Wirbel- *zW*: **~säule** *f* spine; **~tier** *nt* vertebrate; **~wind** *m* whirlwind.

wirbst *vb siehe* **werben**.

wirbt [vɪrpt] *vb siehe* **werben**.

wird [vɪrt] *vb siehe* **werden**.

wirfst *vb siehe* **werfen**.

wirft [vɪrft] *vb siehe* **werfen**.

wirken ['vɪrkən] *vi* to have an effect; (*erfolgreich sein*) to work; (*scheinen*) to seem ♦ *vt* (*Wunder*) to work; **etw auf sich** *akk* **~ lassen** to take sth in.

wirklich ['vɪrklɪç] *adj* real; **W~keit** *f* reality; **~keitsgetreu** *adj* realistic.

wirksam ['vɪrkzaːm] *adj* effective; **W~keit** *f* effectiveness.

Wirkstoff *m* active substance.

Wirkung ['vɪrkʊŋ] *f* effect.

Wirkungs- *zW*: **~bereich** *m* field (of activity *od* interest *etc*); (*Domäne*) domain; **w~los** *adj* ineffective; **w~los bleiben** to have no effect; **w~voll** *adj* effective.

wirr [vɪr] *adj* confused; (*unrealistisch*) wild; (*Haare etc*) tangled.

Wirren *pl* disturbances *pl*.

Wirrwarr ['vɪrvar] (**-s**) *m* disorder, chaos; (*von Stimmen*) hubbub; (*von Fäden, Haaren etc*) tangle.

Wirsing(kohl) ['vɪrzɪŋ(koːl)] (**-s**) *m* savoy cabbage.

wirst [vɪrst] *vb siehe* **werden**.

Wirt(in) [vɪrt(ɪn)] (**-(e)s, -e**) *m(f)* landlord, landlady.

Wirtschaft ['vɪrtʃaft] *f* (*Gaststätte*) pub; (*Haushalt*) housekeeping; (*eines Landes*) economy; (*Geschäftsleben*) industry and commerce; (*umg: Durcheinander*) mess; **w~en** *vi* (*sparsam sein*): **gut w~en können** to be economical; **~er** *m* (*Verwalter*) manager; **~erin** *f* (*im Haushalt, Heim etc*) housekeeper; **w~lich** *adj* economical; (*POL*) economic; **~lichkeit** *f* economy; (*von Betrieb*) viability.

Wirtschafts- *zW*: **~geld** *nt* housekeeping (money); **~geografie**▲ *f* economic geography; **~hilfe** *f* economic aid; **~krise** *f* economic crisis; **~minister** *m* minister of economic affairs; **~ordnung** *f* economic system; **~politik** *f* economic policy; **~prüfer** *m* chartered accountant (*BRIT*), certified public accountant (*US*); **~spionage** *f* industrial espionage; **~wachstum** *nt* economic growth; **~wissenschaft** *f* economics *sing*; **~wunder** *nt* economic miracle; **~zweig** *m* branch of industry.

Wirtshaus *nt* inn.

Wisch [vɪʃ] (**-(e)s, -e**) *m* scrap of paper.

wischen *vt* to wipe.

Wischer (**-s, -**) *m* (*AUT*) wiper.

Wischiwaschi [vɪʃiː'vaʃiː] (-s) (pej: umg) nt drivel.

Wisent ['viːzɛnt] (-s, -e) m bison.

WiSo ['vɪzo] abk (= Wirtschafts- und Sozialwissenschaften) economics and social sciences.

wispern ['vɪspərn] vt, vi to whisper.

Wiss. abk = Wissenschaft.

wiss. abk = wissenschaftlich.

Wissbegier(de)▲ ['vɪsbəgiːr(də)] f thirst for knowledge.

wissbegierig▲ adj eager for knowledge.

wissen ['vɪsən] unreg vt, vi to know; **von jdm/ etw nichts ~ wollen** not to be interested in sb/sth; **sie hält sich für wer weiß wie klug** (umg) she doesn't half think she's clever; **gewusst wie/wo!** etc sheer brilliance!; **ich weiß seine Adresse nicht mehr** (sich erinnern) I can't remember his address; **W~** (-s) nt knowledge; **etw gegen (sein) besseres W~ tun** to do sth against one's better judgement; **nach bestem W~ und Gewissen** to the best of one's knowledge and belief.

Wissenschaft ['vɪsənʃaft] f science.

Wissenschaftler(in) (-s, -) m(f) scientist; (Geistes~) academic.

wissenschaftlich adj scientific; **W~er Assistent** assistant lecturer.

wissenswert adj worth knowing.

wissentlich adj knowing.

wittern ['vɪtərn] vt to scent; (fig) to suspect.

Witterung f weather; (Geruch) scent.

Witwe ['vɪtvə] (-, -n) f widow.

Witwer (-s, -) m widower.

Witz [vɪts] (-es, -e) m joke; **der ~ an der Sache ist, dass ...** the great thing about it is that ...; **~bold** (-(e)s, -e) m joker.

witzeln vi to joke.

witzig adj funny.

witzlos (umg) adj (unsinnig) pointless, futile.

WM (-) f abk = Weltmeisterschaft.

wo [vo:] adv where; (umg: irgend~) somewhere ♦ konj (wenn) if; **im Augenblick, ~ ...** the moment (that) ...; **die Zeit, ~ ...** the time when ...

woanders [vo:'|andərs] adv elsewhere.

wob etc [vo:p] vb siehe **weben**.

wobei [vo:'baɪ] adv (rel) ... in/by/with which; (interrog) how; what ... in/by/with; **~ mir gerade einfällt ...** which reminds me ...

Woche ['voxə] (-, -n) f week.

Wochenbett nt: **im ~ sterben** to die in childbirth.

Wochen- zW: **~ende** nt weekend; **~endhaus** nt weekend house; **~karte** f weekly ticket; **w~lang** adj lasting weeks ♦ adv for weeks; **~schau** f newsreel; **~tag** m weekday.

wöchentlich ['vœçəntlɪç] adj, adv weekly.

Wochenzeitung f weekly (paper).

Wöchnerin ['vœçnərɪn] f woman who has recently given birth.

wodurch [vo'dʊrç] adv (rel) through which; (interrog) what ... through.

wofür [vo'fyːr] adv (rel) for which; (interrog) what ... for.

Wodka ['vɔtka] (-s, -s) m vodka.

wog etc [vo:k] vb siehe **wiegen²**.

Woge ['vo:gə] (-, -n) f wave.

wogegen [vo'ge:gən] adv (rel) against which; (interrog) what ... against.

wogen vi to heave, surge.

woher [vo'heːr] adv where ... from; **~ kommt es eigentlich, dass ...?** how is it that ...?

wohin [vo'hɪn] adv where ... to; **~ man auch schaut** wherever you look.

wohingegen konj whereas, while.

Wohl (-(e)s) nt welfare; **zum ~!** cheers!

SCHLÜSSELWORT

wohl [vo:l] adv **1** well; (behaglich) at ease, comfortable; **sich ~ fühlen** (zufrieden) to feel happy; (gesundheitlich) to feel well; **~ gemeint** well-intentioned; **jdm ~ tun** to do sb good; **bei dem Gedanken ist mir nicht ~** I'm not very happy at the thought; **~ oder übel** whether one likes it or not; **er weiß das sehr ~** he knows that perfectly well.

2 (wahrscheinlich) probably; (vermutlich) I suppose; (gewiss) certainly; (vielleicht) perhaps; **sie ist ~ zu Hause** she's probably at home; **sie wird ~ das Haus verkaufen** I suppose od presumably she's going to sell the house; **das ist doch ~ nicht dein Ernst!** surely you're not serious!; **das mag ~ sein** that may well be; **ob das ~ stimmt?** I wonder if that's true.

wohl- zW: **~auf** [vo:l'|aʊf] adj well, in good health; **W~befinden** nt well-being; **W~behagen** nt comfort; **~behalten** adj safe and sound; **W~ergehen** nt welfare; **W~fahrt** f welfare; **W~fahrtsstaat** m welfare state; **W~gefallen** nt: **sich in W~gefallen auflösen** (hum: Gegenstände, Probleme) to vanish into thin air; (zerfallen) to fall apart; **~gemerkt** adv mark you; **~habend** adj wealthy.

wohlig adj contented; (gemütlich) comfortable.

wohl- zW: **W~klang** m melodious sound; **~meinend** adj well-meaning; **~schmeckend** adj delicious; **W~stand** m prosperity; **W~standsgesellschaft** f affluent society; **W~tat** f (Gefallen) favour (BRIT), favor (US); (gute Tat) good deed; (Erleichterung) relief; **W~täter** m benefactor; **~tätig** adj charitable; **W~tätigkeit** f charity; **~tuend** adj pleasant; **~verdient** adj (Ruhe) well-earned; (Strafe) well-deserved; **~weislich** adv prudently; **W~wollen** (-s) nt good will; **~wollend** adj benevolent.

Wohnblock ['vo:nblɔk] (**-s, -s**) *m* block of flats (*BRIT*), apartment house (*US*).
wohnen ['vo:nən] *vi* to live.
wohn- *zW:* **W~fläche** *f* living space; **W~geld** *nt* housing benefit; **W~gemeinschaft** *f* people sharing a flat (*BRIT*) *od* apartment (*US*); (*von Hippies*) commune; **~haft** *adj* resident; **W~heim** *nt* (*für Studenten*) hall (of residence), dormitory (*US*); (*für Senioren*) home; (*bes für Arbeiter*) hostel; **W~komfort** *m*: mit sämtlichem **W~komfort** with all mod cons (*BRIT*); **~lich** *adj* comfortable; **W~mobil** *nt* motor caravan (*BRIT*), motor home (*US*); **W~ort** *m* domicile; **W~silo** *nt* concrete block of flats (*BRIT*) *od* apartment block (*US*); **W~sitz** *m* place of residence; **ohne festen W~sitz** of no fixed abode.
Wohnung *f* house; (*Etagen~*) flat (*BRIT*), apartment (*US*).
Wohnungs- *zW:* **~amt** *nt* housing office; **~bau** *m* house-building; **~markt** *m* housing market; **~not** *f* housing shortage.
wohn- *zW:* **W~viertel** *nt* residential area; **W~wagen** *m* caravan (*BRIT*), trailer (*US*); **W~zimmer** *nt* living room.
wölben ['vœlbən] *vt, vr* to curve.
Wölbung *f* curve.
Wolf [vɔlf] (**-(e)s, ⁻e**) *m* wolf; (*TECH*) shredder; (*Fleisch~*) mincer (*BRIT*), grinder (*US*).
Wölfin ['vœlfɪn] *f* she-wolf.
Wolke ['vɔlkə] (**-, -n**) *f* cloud; **aus allen ~n fallen** (*fig*) to be flabbergasted (*umg*).
Wolken- *zW:* **~bruch** *m* cloudburst; **w~bruchartig** *adj* torrential; **~kratzer** *m* skyscraper; **~kuckucksheim** *nt* cloud-cuckoo-land (*BRIT*), cloudland (*US*); **w~los** *adj* cloudless.
wolkig ['vɔlkɪç] *adj* cloudy.
Wolle ['vɔlə] (**-, -n**) *f* wool; **sich mit jdm in die ~ kriegen** (*fig: umg*) to start squabbling with sb.

========= *SCHLÜSSELWORT*

wollen¹ ['vɔlən] *unreg* (*pt* **wollte**, *pp* **gewollt** *od* (*als Hilfsverb*) **wollen**) *vt, vi* to want; **ich will nach Hause** I want to go home; **er will nicht** he doesn't want to; **sie wollte das nicht** she didn't want it; **wenn du willst** if you like; **ich will, dass du mir zuhörst** I want you to listen to me; **oh, das hab ich nicht gewollt** oh, I didn't mean to do that; **ich weiß nicht, was er will** (*verstehe ihn nicht*) I don't know what he's on about.

♦ *Hilfsverb:* **er will ein Haus kaufen** he wants to buy a house; **ich wollte, ich wäre** ... I wish I were ...; **etw gerade tun ~** to be just about to *od* going to do sth; **und so jemand** *od* **etwas will Lehrer sein!** (*umg*) and he calls himself a teacher!; **das will alles gut überlegt sein** that needs a lot of thought.

wollen² *adj* woollen (*BRIT*), woolen (*US*).
Wollsachen *pl* wool(l)ens *pl*.
wollüstig ['vɔlʏstɪç] *adj* lusty, sensual.
wo- *zW:* **~mit** [vo'mɪt] *adv* (*rel*) with which; (*interrog*) what ... with; **~mit kann ich dienen?** what can I do for you?; **~möglich** [vo'mø:klɪç] *adv* probably, I suppose; **~nach** [vo'na:x] *adv* (*rel*) after/for which; (*interrog*) what ... after.
Wonne ['vɔnə] (**-, -n**) *f* joy, bliss.
woran [vo'ran] *adv* (*rel*) on/at which; (*interrog*) what ... on/at; **~ liegt das?** what's the reason for it?
worauf [vo'rauf] *adv* (*rel*) on which; (*interrog*) what ... on; (*zeitlich*) whereupon; **~ du dich verlassen kannst** of that you can be sure.
woraus [vo'raus] *adv* (*rel*) from/out of which; (*interrog*) what ... from/out of.
worin [vo'rɪn] *adv* (*rel*) in which; (*interrog*) what ... in.
Wort [vɔrt] (**-(e)s, ⁻er** *od* **-e**) *nt* word; **jdn beim ~ nehmen** to take sb at his word; **ein ernstes ~ mit jdm reden** to have a serious talk with sb; **man kann sein eigenes ~ nicht (mehr) verstehen** you can't hear yourself speak; **jdm aufs ~ gehorchen** to obey sb's every word; **zu ~ kommen** to get a chance to speak; **jdm das ~ erteilen** to allow sb to speak; **~art** *f* (*GRAM*) part of speech; **w~brüchig** *adj* not true to one's word.
Wörtchen *nt*: **da habe ich wohl ein ~ mitzureden** (*umg*) I think I have some say in that.
Wörterbuch ['vœrtərbu:x] *nt* dictionary.
Wort- *zW:* **~fetzen** *pl* snatches *pl* of conversation; **~führer** *m* spokesman; **w~getreu** *adj* true to one's word; (*Übersetzung*) literal; **w~gewaltig** *adj* eloquent; **w~karg** *adj* taciturn; **~laut** *m* wording; **im ~laut** verbatim.
wörtlich ['vœrtlɪç] *adj* literal.
Wort- *zW:* **w~los** *adj* mute; **~meldung** *f*: **wenn es keine weiteren ~meldungen gibt,** ... if nobody else wishes to speak ...; **w~reich** *adj* wordy, verbose; **~schatz** *m* vocabulary; **~spiel** *nt* play on words, pun; **~wechsel** *m* dispute; **w~wörtlich** *adj* word-for-word ♦ *adv* quite literally.
worüber [vo'ry:bər] *adv* (*rel*) over/about which; (*interrog*) what ... over/about.
worum [vo'rum] *adv* (*rel*) about/round which; (*interrog*) what ... about/round; **~ handelt es sich?** what's it about?
worunter [vo'rʊntər] *adv* (*rel*) under which; (*interrog*) what ... under.
wo- *zW:* **~von** [vo'fɔn] *adv* (*rel*) from which; (*interrog*) what ... from; **~vor** [vo'fɔr] *adv* (*rel*) in front of/before which; (*interrog*) in front of/before what; **~zu** [vo'tsu] *adv* (*rel*) to/for

which; (_interrog_) what ... for/to; (_warum_)
why; ~zu soll das gut sein? what's the point
of that?

Wrack [vrak] (-(e)s, -s) _nt_ wreck.

wrang _etc_ [vraŋ] _vb siehe_ **wringen.**

wringen ['vrɪŋgən] _unreg vt_ to wring.

WS _abk_ = **Wintersemester.**

WSV _abk_ = **Winterschlussverkauf.**

Wucher ['vuːxər] (-s) _m_ profiteering; ~**er** (-s,
-) _m_, ~**in** _f_ profiteer; w~**isch** _adj_ profiteering.

wuchern _vi_ (_Pflanzen_) to grow wild.

Wucherpreis _m_ exorbitant price.

Wucherung _f_ (_MED_) growth.

Wuchs [vuːks] (-es) _m_ (_Wachstum_) growth;
(_Statur_) build.

wuchs _etc vb siehe_ **wachsen¹.**

Wucht [vʊxt] (-) _f_ force.

wuchtig _adj_ massive, solid.

wühlen ['vyːlən] _vi_ to scrabble; (_Tier_) to root;
(_Maulwurf_) to burrow; (_umg: arbeiten_) to
slave away ♦ _vt_ to dig.

Wühlmaus _f_ vole.

Wühltisch _m_ (_in Kaufhaus_) bargain counter.

Wulst [vʊlst] (-es, ⁻e) _m_ bulge; (_an Wunde_)
swelling.

wulstig _adj_ bulging; (_Rand, Lippen_) thick.

wund [vʊnt] _adj_ sore; **sich** _dat_ **die Füße**
~ **laufen** (_lit_) to get sore feet from walking;
(_fig_) to walk one's legs off; **ein ~er Punkt** a
sore point; **W~brand** _m_ gangrene.

Wunde ['vʊndə] (-, -n) _f_ wound; **alte ~n**
wieder aufreißen (_fig_) to open up old
wounds.

Wunder (-s, -) _nt_ miracle; **es ist kein** ~ it's no
wonder; **meine Eltern denken** ~ **was**
passiert ist my parents think goodness
knows what has happened; **w~bar** _adj_
wonderful, marvellous (_BRIT_), marvelous
(_US_); ~**kerze** _f_ sparkler; ~**kind** _nt_ child
prodigy; **w~lich** _adj_ odd, peculiar.

wundern _vt_ to surprise ♦ _vr:_ **sich** ~ **über** +_akk_
to be surprised at.

Wunder- _zW:_ **w~schön** _adj_ beautiful; ~**tüte** _f_
lucky bag; **w~voll** _adj_ wonderful.

Wundfieber (-s) _nt_ traumatic fever.

Wundstarrkrampf ['vʊntʃtarkrampf] _m_
tetanus, lockjaw.

Wunsch [vʊnʃ] (-(e)s, ⁻e) _m_ wish; **haben Sie**
(sonst) noch einen ~? (_beim Einkauf etc_) is
there anything else you'd like?; **auf jds**
(besonderen/ausdrücklichen) ~ **hin** at sb's
(special/express) request; ~**denken** _nt_
wishful thinking.

Wünschelrute ['vʏnʃəlruːtə] _f_ divining rod.

wünschen ['vʏnʃən] _vt_ to wish ♦ _vi:_ **zu** ~/**viel**
zu ~ **übrig lassen** to leave something/a
great deal to be desired; **sich** _dat_ **etw** ~ to
want sth, wish for sth; **was** ~ **Sie?** (_in_
Geschäft) what can I do for you?; (_in_
Restaurant) what would you like?

wünschenswert _adj_ desirable.

Wunsch- _zW:_ ~**kind** _nt_ planned child;
~**konzert** _nt_ (_RUNDF_) musical request
programme (_BRIT_) _od_ program (_US_); **w~los**
adj: **w~los glücklich** perfectly happy;
~**traum** _m_ dream; (_unrealistisch_) pipe dream;
~**zettel** _m_ list of things one would like.

wurde _etc_ ['vʊrdə] _vb siehe_ **werden.**

Würde ['vʏrdə] (-, -n) _f_ dignity; (_Stellung_)
honour (_BRIT_), honor (_US_); **unter aller** ~ **sein**
to be beneath contempt.

Würdenträger _m_ dignitary.

würdevoll _adj_ dignified.

würdig ['vʏrdɪç] _adj_ worthy; (_würdevoll_)
dignified.

würdigen ['vʏrdɪgən] _vt_ to appreciate; **etw zu**
~ **wissen** to appreciate sth; **jdn keines**
Blickes ~ not to so much as look at sb.

Wurf [vʊrf] (-(e)s, ⁻e) _m_ throw; (_Junge_) litter.

Würfel ['vʏrfəl] (-s, -) _m_ dice; (_MATH_) cube; **die**
~ **sind gefallen** the die is cast; ~**becher** _m_
(dice) cup.

würfeln _vi_ to play dice ♦ _vt_ to dice.

Würfelspiel _nt_ game of dice.

Würfelzucker _m_ lump sugar.

Wurf- _zW:_ ~**geschoss▲** _nt_ projectile;
~**sendung** _f_ circular; ~**sendungen** _pl_
(_Reklame_) junk mail.

Würgegriff (-(e)s) _m_ (_lit, fig_) stranglehold.

würgen ['vʏrgən] _vt, vi_ to choke; **mit Hängen**
und W~ by the skin of one's teeth.

Wurm [vʊrm] (-(e)s, ⁻er) _m_ worm; **da steckt**
der ~ **drin** (_fig: umg_) there's something
wrong somewhere; (_verdächtig_) there's
something fishy about it (_umg_).

wurmen (_umg_) _vt_ to rile, nettle.

Wurmfortsatz _m_ (_MED_) appendix.

wurmig _adj_ worm-eaten.

wurmstichig _adj_ worm-ridden.

Wurst [vʊrst] (-, ⁻e) _f_ sausage; **das ist mir** ~
(_umg_) I don't care, I don't give a damn; **jetzt**
geht es um die ~ (_fig: umg_) the moment of
truth has come.

Würstchen ['vʏrstçən] _nt_ frankfurter, hot dog
sausage; ~**bude** _f_, ~**stand** _m_ hot dog stall.

Württemberg ['vʏrtəmberk] _nt_ Württemberg.

Würze ['vʏrtsə] (-, -n) _f_ seasoning.

Wurzel ['vʊrtsəl] (-, -n) _f_ root; ~**n schlagen** (_lit_)
to root; (_fig_) to put down roots; **die** ~ **aus 4**
ist 2 (_MATH_) the square root of 4 is 2.

würzen _vt_ to season; (_würzig machen_) to spice.

würzig _adj_ spicy.

wusch _etc_ [vuːʃ] _vb siehe_ **waschen.**

wusste _etc▲_ ['vʊstə] _vb siehe_ **wissen.**

Wust [vuːst] (-(e)s) (_umg_) _m_ (_Durcheinander_)
jumble; (_Menge_) pile.

wüst [vyːst] _adj_ untidy, messy;
(_ausschweifend_) wild; (_öde_) waste; (_umg:_
heftig) terrible; **jdn** ~ **beschimpfen** to use
vile language to sb.

Wüste (-, -n) *f* desert; **die ~ Gobi** the Gobi Desert; **jdn in die ~ schicken** (*fig*) to send sb packing.
Wut [vu:t] (-) *f* rage, fury; **eine ~ (auf jdn/ etw) haben** to be furious (with sb/sth); **~anfall** *m* fit of rage.
wüten ['vy:tən] *vi* to rage.
wütend *adj* furious, enraged.
wutentbrannt *adj* furious, enraged.
Wz *abk* (= *Warenzeichen*) ®.

X, x

X, x [ɪks] *nt* X, x; **~ wie Xanthippe** ≈ X for Xmas; **jdm ein ~ für ein U vormachen** to put one over on sb (*umg*).
X-Beine ['ɪksbaɪnə] *pl* knock-knees *pl*.
x-beliebig [ɪksbə'li:bɪç] *adj* any (... whatever).
Xerografie▲ [kseroɡra'fi:] *f* xerography.
xerokopieren [kseroko'pi:rən] *vt* to xerox, photocopy.
x-fach ['ɪksfax] *adj*: **die ~e Menge** (*MATH*) n times the amount.
x-mal ['ɪksma:l] *adv* any number of times, n times.
x-te ['ɪkstə] *adj* (*MATH*: *umg*) nth; **zum ~n Male** (*umg*) for the nth *od* umpteenth time.
Xylofon▲, **Xylophon** [ksylo'fo:n] (-s, -e) *nt* xylophone.

Y, y

Y, y ['ʏpsilɔn] *nt* Y, y; **~ wie Ypsilon** ≈ Y for Yellow, Y for Yoke (*US*).
Yen [jɛn] (-(s), -(s)) *m* yen.
Yoga ['jo:ɡa] (-(s)) *m od nt* yoga.
Ypsilon ['ʏpsilɔn] (-(s), -s) *nt* the letter Y.

Z, z

Z, z [tsɛt] *nt* Z, z; **~ wie Zacharias** ≈ Z for Zebra.
Zack [tsak] *m*: **auf ~ sein** (*umg*) to be on the ball.
Zacke ['tsakə] (-, -n) *f* point; (*Berg~*) jagged peak; (*Gabel~*) prong; (*Kamm~*) tooth.
zackig ['tsakɪç] *adj* jagged; (*umg*) smart; (: *Tempo*) brisk.
zaghaft ['tsa:khaft] *adj* timid.
Zaghaftigkeit *f* timidity.
Zagreb ['za:ɡrɛp] (-s) *nt* Zagreb.
zäh [tsɛ:] *adj* tough; (*Mensch*) tenacious; (*Flüssigkeit*) thick; (*schleppend*) sluggish; **~flüssig** *adj* viscous; (*Verkehr*) slow-moving.
Zähigkeit *f* toughness; tenacity.
Zahl [tsa:l] (-, -en) *f* number.
zahlbar *adj* payable.
zahlen *vt*, *vi* to pay; **~ bitte!** the bill *od* check (*US*) please!
zählen ['tsɛ:lən] *vt* to count ♦ *vi* (*sich verlassen*): **~ auf** +*akk* to count on; **seine Tage sind gezählt** his days are numbered; **~ zu** to be numbered among.
Zahlen- *zW*: **~angabe** *f* figure; **~kombination** *f* combination of figures; **z~mäßig** *adj* numerical; **~schloss▲** *nt* combination lock.
Zahler (-s, -) *m* payer.
Zähler (-s, -) *m* (*TECH*) meter; (*MATH*) numerator; **~stand** *m* meter reading.
Zahl- *zW*: **~grenze** *f* fare stage; **~karte** *f* transfer form; **z~los** *adj* countless; **~meister** *m* (*NAUT*) purser; **z~reich** *adj* numerous; **~tag** *m* payday.
Zahlung *f* payment; **in ~ geben/nehmen** to give/take in part exchange.
Zahlungs- *zW*: **~anweisung** *f* transfer order; **~aufforderung** *f* request for payment; **z~fähig** *adj* solvent; **~mittel** *nt* means *sing* of payment; (*Münzen, Banknoten*) currency; **~rückstände** *pl* arrears *pl*; **z~unfähig** *adj* insolvent; **~verzug** *m* default.
Zahlwort *nt* numeral.
zahm [tsa:m] *adj* tame.
zähmen ['tsɛ:mən] *vt* to tame; (*fig*) to curb.
Zahn [tsa:n] (-(e)s, ⸚e) *m* tooth; **die dritten Zähne** (*umg*) false teeth *pl*; **einen ~ draufhaben** (*umg*: *Geschwindigkeit*) to be going like the clappers (*BRIT*) *od* like crazy (*US*); **jdm auf den ~ fühlen** (*fig*) to sound sb out; **einen ~ zulegen** (*fig*) to get a move on;

~**arzt** *m*, ~**ärztin** *f* dentist; ~**belag** *m* plaque; ~**bürste** *f* toothbrush; ~**creme** *f* toothpaste; **z~en** *vi* to teethe; ~**ersatz** *m* denture; ~**fäule** (-) *f* tooth decay, caries *sing*; ~**fleisch** *nt* gums *pl*; **auf dem ~fleisch gehen** (*fig: umg*) to be all in, be at the end of one's tether; **z~los** *adj* toothless; ~**medizin** *f* dentistry; ~**pasta** *f*, ~**paste** *f* toothpaste; ~**rad** *nt* cog(wheel); ~**radbahn** *f* rack railway; ~**schmelz** *m* (tooth) enamel; ~**schmerzen** *pl* toothache *sing*; ~**seide** *f* dental floss; ~**spange** *f* brace; ~**stein** *m* tartar; ~**stocher** (**-s, -**) *m* toothpick; ~**techniker(in)** *m(f)* dental technician; ~**weh** *nt* toothache.

Zaire [za'i:r] (**-s**) *nt* Zaire.

Zange ['tsaŋə] (**-, -n**) *f* pliers *pl*; (*Zucker~ etc*) tongs *pl*; (*Beiß~, ZOOL*) pincers *pl*; (*MED*) forceps *pl*; **jdn in die ~ nehmen** (*fig*) to put the screws on sb (*umg*).

Zangengeburt *f* forceps delivery.

Zankapfel *m* bone of contention.

zanken ['tsaŋkən] *vi, vr* to quarrel.

zänkisch ['tsɛŋkɪʃ] *adj* quarrelsome.

Zäpfchen ['tsɛpfçən] *nt* (*ANAT*) uvula; (*MED*) suppository.

Zapfen ['tsapfən] (**-s, -**) *m* plug; (*BOT*) cone; (*Eis~*) icicle.

zapfen *vt* to tap.

Zapfenstreich *m* (*MIL*) tattoo.

Zapfsäule *f* petrol (*BRIT*) *od* gas (*US*) pump.

zappelig ['tsapəlıç] *adj* wriggly; (*unruhig*) fidgety.

zappeln ['tsapəln] *vi* to wriggle; to fidget; **jdn ~ lassen** (*fig: umg*) to keep sb in suspense.

Zar [tsa:r] (**-en, -en**) *m* tzar, czar.

zart [tsart] *adj* (*weich, leise*) soft; (*Braten etc*) tender; (*fein, schwächlich*) delicate; **~ besaitet** highly sensitive; ~**bitter** *adj* (*Schokolade*) plain (*BRIT*), bittersweet (*US*); **Z~gefühl** *nt* tact; **Z~heit** *f* softness; tenderness; delicacy.

zärtlich ['tsɛ:rtlıç] *adj* tender, affectionate; **Z~keit** *f* tenderness; **Zärtlichkeiten** *pl* caresses *pl*.

Zäsium ['tsɛ:ziʊm] *nt* caesium (*BRIT*), cesium (*US*).

Zäsur [tsɛ'zu:r] *f* caesura; (*fig*) break.

Zauber ['tsaʊbər] (**-s, -**) *m* magic; (*~bann*) spell; **fauler ~** (*umg*) humbug.

Zauberei [tsaʊbə'raɪ] *f* magic.

Zauberer (**-s, -**) *m* magician; (*Zauberkünstler*) conjurer.

Zauber- *zW:* **z~haft** *adj* magical, enchanting; ~**in** *f* magician; conjurer; ~**künstler** *m* conjurer; ~**kunststück** *nt* conjuring trick; ~**mittel** *nt* magical cure; (*Trank*) magic potion.

zaubern *vi* to conjure, do magic.

Zauberspruch *m* (magic) spell.

Zauberstab *m* magic wand.

zaudern ['tsaʊdərn] *vi* to hesitate.

Zaum [tsaʊm] (**-(e)s, Zäume**) *m* bridle; **etw im ~ halten** to keep sth in check.

Zaun [tsaʊn] (**-(e)s, Zäune**) *m* fence; **vom ~(e) brechen** (*fig*) to start; ~**gast** *m* (*Person*) mere onlooker; ~**könig** *m* wren.

z. B. *abk* (= *zum Beispiel*) e.g.

z. d. A. *abk* (= *zu den Akten*) to be filed.

ZDF

The **ZDF** (*Zweites Deutsches Fernsehen*) is the second German television channel. It was founded in 1961 and is based in Mainz. It is financed by licence fees and advertising. About 40% of its transmissions are news and educational programmes.

Zebra ['tse:bra] (**-s, -s**) *nt* zebra; ~**streifen** *m* pedestrian crossing (*BRIT*), crosswalk (*US*).

Zeche ['tsɛçə] (**-, -n**) *f* (*Rechnung*) bill, check (*US*); (*Bergbau*) mine.

zechen *vi* to booze (*umg*).

Zechprellerei [tsɛçprɛlə'raɪ] *f* skipping payment in restaurants etc.

Zecke ['tsɛkə] (**-, -n**) *f* tick.

Zeder ['tse:dər] (**-, -n**) *f* cedar.

Zeh [tse:] (**-s, -en**) *m* toe.

Zehe ['tse:ə] (**-, -n**) *f* toe; (*Knoblauch~*) clove.

Zehenspitze *f*: **auf ~n** on tiptoe.

zehn [tse:n] *num* ten.

Zehnerpackung *f* packet of ten.

Zehnfingersystem *nt* touch-typing method.

Zehnkampf *m* (*SPORT*) decathlon.

zehnte(r, s) *adj* tenth.

Zehntel (**-s, -**) *nt* tenth (part).

zehren ['tse:rən] *vi*: **an jdm/etw ~** (*an Mensch, Kraft*) to wear sb/sth out.

Zeichen ['tsaɪçən] (**-s, -**) *nt* sign; (*COMPUT*) character; **jdm ein ~ geben** to give sb a signal; **unser/Ihr ~** (*COMM*) our/your reference; ~**block** *m* sketch pad; ~**erklärung** *f* key; (*auf Karten*) legend; ~**folge** *f* (*COMPUT*) string; ~**kette** *f* (*COMPUT*) character string; ~**kode** *m* (*COMPUT*) character code; ~**satz** *m* (*COMPUT*) character set; ~**setzung** *f* punctuation; ~**trickfilm** *m* (animated) cartoon.

zeichnen *vt* to draw; (*kenn~*) to mark; (*unter~*) to sign ♦ *vi* to draw; to sign.

Zeichner(in) (**-s, -**) *m(f)* artist; **technischer ~** draughtsman (*BRIT*), draftsman (*US*).

Zeichnung *f* drawing; (*Markierung*) markings *pl*.

zeichnungsberechtigt *adj* authorized to sign.

Zeigefinger *m* index finger.

zeigen ['tsaɪgən] *vt* to show ♦ *vi* to point ♦ *vr* to show o.s.; **~ auf** +*akk* to point to; **es wird sich ~ time** will tell; **es zeigte sich, dass** ... it turned out that ...

Zeiger (-s, -) m pointer; (*Uhr~*) hand.
Zeile ['tsaɪlə] (-, -n) f line; (*Häuser~*) row.
Zeilen- zW: ~**abstand** m line spacing;
~**ausrichtung** f justification; ~**drucker** m line
printer; ~**umbruch** m (*COMPUT*)
wraparound; ~**vorschub** m (*COMPUT*) line
feed.
zeit [tsaɪt] präp +gen: ~ **meines Lebens** in my
lifetime.
Zeit (-, -en) f time; (*GRAM*) tense; **sich** dat
~ **lassen** to take one's time; **eine Stunde**
~ **haben** to have an hour (to spare); **sich** dat
für jdn/etw ~ **nehmen** to devote time to sb/
sth; **eine** ~ **lang** a while, a time; **von** ~ **zu** ~
from time to time; ~ **raubend** time-
consuming; **in letzter** ~ recently; **nach**
~ **bezahlt werden** to be paid by the hour; **zu**
der ~, **als** ... (at the time) when ...; *siehe auch*
zurzeit.
Zeit- zW: ~**alter** nt age; ~**ansage** f (*RUNDF*)
time check; (*TEL*) speaking clock; ~**arbeit** f
temporary work; ~**aufwand** m time (*needed*
for a task); ~**bombe** f time bomb; ~**druck** m:
unter ~**druck stehen** to be under pressure;
~**geist** m spirit of the times; z~**gemäß** adj in
keeping with the times; ~**genosse** m
contemporary; z~**genössisch** ['tsaɪtɡənœsɪʃ]
adj contemporary.
zeitig adj, adv early.
Zeit- zW: ~**karte** f season ticket; z~**kritisch** adj
(*Aufsatz*) commenting on contemporary
issues; z~**lebens** adv all one's life; z~**lich** adj
temporal ♦ adv: **das kann sie** z~**lich nicht**
einrichten she can't find (the) time for that;
das ~**liche segnen** (*euph*) to depart this life;
z~**los** adj timeless; ~**lupe** f slow motion;
~**lupentempo** nt: **im** ~**lupentempo** at a
snail's pace; ~**not** f: **in** ~**not geraten** to run
short of time; ~**plan** m schedule; ~**punkt** m
moment, point in time; ~**raffer** (-s) m time-
lapse photography; ~**raum** m period;
~**rechnung** f time, era; **nach/vor unserer**
~**rechnung** A.D./B.C.; ~**schrift** f periodical;
~**tafel** f chronological table.
Zeitung f newspaper.
Zeitungs- zW: ~**anzeige** f newspaper
advertisement; ~**ausschnitt** m press cutting;
~**händler** m newsagent (*BRIT*), newsdealer
(*US*); ~**papier** nt newsprint.
Zeit- zW: ~**verschwendung** f waste of time;
~**vertreib** m pastime, diversion; z~**weilig** adj
temporary; z~**weise** adv for a time; ~**wort** nt
verb; ~**zeichen** nt (*RUNDF*) time signal;
~**zone** f time zone; ~**zünder** m time fuse.
Zelle ['tsɛlə] (-, -n) f cell; (*Telefon~*) callbox
(*BRIT*), booth.
Zellkern m cell, nucleus.
Zellophan [tsɛlo'faːn] (-s) nt cellophane.
Zellstoff m cellulose.
Zellteilung f cell division.

Zelt [tsɛlt] (-(e)s, -e) nt tent; **seine** ~**e**
aufschlagen/abbrechen to settle down/pack
one's bags; ~**bahn** f groundsheet; z~**en** vi to
camp; ~**lager** nt camp; ~**platz** m camp site.
Zement [tse'mɛnt] (-(e)s, -e) m cement.
zementieren [tsemɛn'tiːrən] vt to cement.
Zementmaschine f cement mixer.
Zenit [tse'niːt] (-(e)s) m (*lit, fig*) zenith.
zensieren [tsɛn'ziːrən] vt to censor; (*SCH*) to
mark.
Zensur [tsɛn'zuːr] f censorship; (*SCH*) mark.
Zensus ['tsɛnzʊs] (-, -) m census.
Zentimeter [tsɛnti'meːtər] m od nt centimetre
(*BRIT*), centimeter (*US*); ~**maß** nt (metric)
tape measure.
Zentner ['tsɛntnər] (-s, -) m hundredweight.
zentral [tsɛn'traːl] adj central.
Zentrale (-, -n) f central office; (*TEL*)
exchange.
Zentraleinheit f (*COMPUT*) central
processing unit.
Zentralheizung f central heating.
zentralisieren [tsɛntrali'ziːrən] vt to
centralize.
Zentralverriegelung f (*AUT*) central locking.
Zentrifugalkraft [tsɛntrifu'gaːlkraft] f
centrifugal force.
Zentrifuge [tsɛntri'fuːgə] (-, -n) f centrifuge;
(*für Wäsche*) spin-dryer.
Zentrum ['tsɛntrʊm] (-s, **Zentren**) nt centre
(*BRIT*), center (*US*).
Zepter ['tsɛptər] (-s, -) nt sceptre (*BRIT*),
scepter (*US*).
zerbrechen unreg vt, vi to break.
zerbrechlich adj fragile.
zerbröckeln [tsɛr'brœkəln] vt, vi to crumble (to
pieces).
zerdeppern [tsɛr'dɛpərn] vt to smash.
zerdrücken vt to squash; to crush; (*Kartoffeln*)
to mash.
Zeremonie [tseremo'niː] f ceremony.
Zeremoniell [tseremoni'ɛl] (-s, -e) nt
ceremonial.
zerfahren adj scatterbrained, distracted.
Zerfall m decay, disintegration; (*von Kultur,*
Gesundheit) decline; z~**en** unreg vi to
disintegrate, decay; (*sich gliedern*): z~**en in**
+akk to fall into.
zerfetzen [tsɛr'fɛtsən] vt to tear to pieces.
zerfleischen [tsɛr'flaɪʃən] vt to tear to pieces.
zerfließen unreg vi to dissolve, melt away.
zerfressen unreg vt to eat away; (*Motten,*
Mäuse etc) to eat.
zergehen unreg vi to melt, dissolve.
zerkleinern [tsɛr'klaɪnərn] vt to reduce to
small pieces.
zerklüftet [tsɛr'klʏftət] adj: **tief** ~**es Gestein**
deeply fissured rock.
zerknirscht [tsɛr'knɪrʃt] adj overcome with
remorse.

Spelling Reform: ▲ *new spelling* △ *old spelling (to be phased out)*

zerknüllen [tsɛr'knʏlən] *vt* to crumple up.

zerlaufen *unreg vi* to melt.

zerlegbar [tsɛr'le:kba:r] *adj* able to be dismantled.

zerlegen *vt* to take to pieces; (*Fleisch*) to carve; (*Satz*) to analyse.

zerlumpt [tsɛr'lʊmpt] *adj* ragged.

zermalmen [tsɛr'malmən] *vt* to crush.

zermürben [tsɛr'mʏrbən] *vt* to wear down.

zerpflücken *vt* (*lit, fig*) to pick to pieces.

zerplatzen *vi* to burst.

zerquetschen *vt* to squash.

Zerrbild ['tsɛrbɪlt] *nt* (*fig*) caricature, distorted picture.

zerreden *vt* (*Problem*) to flog to death.

zerreiben *unreg vt* to grind down.

zerreißen *unreg vt* to tear to pieces ♦ *vi* to tear, rip.

Zerreißprobe *f* (*lit*) pull test; (*fig*) real test.

zerren ['tsɛrən] *vt* to drag ♦ *vi*: ~ (**an** +*dat*) to tug (at).

zerrinnen *unreg vi* to melt away; (*Geld*) to disappear.

zerrissen [tsɛr'rɪsən] *pp von* **zerreißen** ♦ *adj* torn, tattered; **Z~heit** *f* tattered state; (*POL*) disunion, discord; (*innere*) disintegration.

Zerrspiegel ['tsɛrʃpi:gəl] *m* (*lit*) distorting mirror; (*fig*) travesty.

Zerrung *f*: **eine** ~ a pulled ligament/muscle.

zerrütten [tsɛr'rʏtən] *vt* to wreck, destroy.

zerrüttet *adj* wrecked, shattered.

Zerrüttungsprinzip *nt* (*bei Ehescheidung*) principle of irretrievable breakdown.

zerschellen [tsɛr'ʃɛlən] *vi* (*Schiff, Flugzeug*) to be smashed to pieces.

zerschießen *unreg vt* to shoot to pieces.

zerschlagen *unreg vt* to shatter, smash; (*fig: Opposition*) to crush; (: *Vereinigung*) to break up ♦ *vr* to fall through.

zerschleißen [tsɛr'ʃlaɪsən] *unreg vt, vi* to wear out.

zerschmelzen *unreg vi* to melt.

zerschmettern *unreg vt* to shatter; (*Feind*) to crush ♦ *vi* to shatter.

zerschneiden *unreg vt* to cut up.

zersetzen *vt, vr* to decompose, dissolve.

zersetzend *adj* (*fig*) subversive.

zersplittern [tsɛr'ʃplɪtərn] *vt, vi* to split (into pieces); (*Glas*) to shatter.

zerspringen *unreg vi* to shatter ♦ *vi* (*fig*) to burst.

zerstäuben [tsɛr'ʃtɔʏbən] *vt* to spray.

Zerstäuber (**-s**, **-**) *m* atomizer.

zerstören *vt* to destroy.

Zerstörer (**-s**, **-**) *m* (*NAUT*) destroyer.

Zerstörung *f* destruction.

Zerstörungswut *f* destructive mania.

zerstoßen *unreg vt* to pound, pulverize.

zerstreiten *unreg vr* to fall out, break up.

zerstreuen *vt* to disperse, scatter; (*Zweifel*

etc) to dispel ♦ *vr* (*sich verteilen*) to scatter; (*fig*) to be dispelled; (*sich ablenken*) to take one's mind off things.

zerstreut *adj* scattered; (*Mensch*) absent-minded; **Z~heit** *f* absent-mindedness.

Zerstreuung *f* dispersion; (*Ablenkung*) diversion.

zerstritten *adj*: **mit jdm zerstritten sein** to be on very bad terms with sb.

zerstückeln [tsɛr'ʃtʏkəln] *vt* to cut into pieces.

zerteilen *vt* to divide into parts.

Zertifikat [tsɛrtifi'ka:t] (**-(e)s**, **-e**) *nt* certificate.

zertreten *unreg vt* to crush underfoot.

zertrümmern [tsɛr'trʏmərn] *vt* to shatter; (*Gebäude etc*) to demolish.

zerwühlen *vt* to ruffle up, tousle; (*Bett*) to rumple (up).

Zerwürfnis [tsɛr'vʏrfnɪs] (**-ses**, **-se**) *nt* dissension, quarrel.

zerzausen [tsɛr'tsauzən] *vt* (*Haare*) to ruffle up, tousle.

zetern ['tse:tərn] (*pej*) *vi* to clamour (*BRIT*), clamor (*US*); (*keifen*) to scold.

Zettel ['tsɛtəl] (**-s**, **-**) *m* piece *od* slip of paper; (*Notiz*~) note; (*Formular*) form; „~ **ankleben verboten**" "stick no bills"; ~**kasten** *m* card index (box); ~**wirtschaft** (*pej*) *f*: **eine** ~**wirtschaft haben** to have bits of paper everywhere.

Zeug [tsɔʏk] (**-(e)s**, **-e**) (*umg*) *nt* stuff; (*Ausrüstung*) gear; **dummes** ~ (stupid) nonsense; **das** ~ **haben zu** to have the makings of; **sich ins** ~ **legen** to put one's shoulder to the wheel; **was das** ~ **hält** for all one is worth; **jdm am** ~ **flicken** to find fault with sb.

Zeuge ['tsɔʏgə] (**-n**, **-n**) *m* witness.

zeugen *vi* to bear witness, testify ♦ *vt* (*Kind*) to father; **es zeugt von ...** it testifies to ...

Zeugenaussage *f* evidence.

Zeugenstand *m* witness box (*BRIT*) *od* stand (*US*).

Zeugin *f* witness.

Zeugnis ['tsɔʏgnɪs] (**-ses**, **-se**) *nt* certificate; (*SCH*) report; (*Referenz*) reference; (*Aussage*) evidence, testimony; ~ **geben von** to be evidence of, testify to; ~**konferenz** *f* (*SCH*) staff meeting to decide on marks etc.

Zeugung ['tsɔʏgʊŋ] *f* procreation.

zeugungsunfähig *adj* sterile.

ZH *abk* = **Zentralheizung**.

z. H., z. Hd. *abk* (= *zu Händen*) att., attn.

Zicken ['tsɪkən] (*umg*) *pl*: ~ **machen** to make trouble.

zickig *adj* (*albern*) silly; (*prüde*) prudish.

Zickzack ['tsɪktsak] (**-(e)s**, **-e**) *m* zigzag.

Ziege ['tsi:gə] (**-**, **-n**) *f* goat; (*pej: umg: Frau*) cow (!).

Ziegel ['tsi:gəl] (**-s**, **-**) *m* brick; (*Dach*~) tile.

Ziegelei [tsi:gə'laɪ] *f* brickworks.

Ziegelstein *m* brick.

Ziegenbock *m* billy goat.

Ziegenleder *nt* kid.

Ziegenpeter *m* mumps *sing*.

Ziehbrunnen *m* well.

ziehen ['tsiːən] *unreg vt* to draw; (*zerren*) to pull; (*SCHACH etc*) to move; (*züchten*) to rear ♦ *vi* to draw; (*um~, wandern*) to move; (*Rauch, Wolke etc*) to drift; (*reißen*) to pull ♦ *vb unpers*: **es zieht** there is a draught (*BRIT*) *od* draft (*US*), it's draughty (*BRIT*) *od* drafty (*US*) ♦ *vr* (*Gummi*) to stretch; (*Grenze etc*) to run; (*Gespräche etc*) to be drawn out; **etw nach sich** ~ to lead to sth, entail sth; **etw ins Lächerliche** ~ to ridicule sth; **so was zieht bei mir nicht** I don't like that sort of thing; **zu jdm** ~ to move in with sb; **mir ziehts im Rücken** my back hurts; **Z**~ (**-s, -**) *nt* (*Schmerz*) ache; (*im Unterleib*) dragging pain.

Ziehharmonika ['tsiːharmoːnika] *f* concertina.

Ziehung ['tsiːʊŋ] *f* (*Los~*) drawing.

Ziel [tsiːl] (**-(e)s, -e**) *nt* (*einer Reise*) destination; (*SPORT*) finish; (*MIL*) target; (*Absicht*) goal, aim; **jdm/sich ein** ~ **stecken** to set sb/o.s. a goal; **am** ~ **sein** to be at one's destination; (*fig*) to have reached one's goal; **über das** ~ **hinausschießen** (*fig*) to overshoot the mark; **z**~**bewusst** ▲ *adj* purposeful; **z**~**en** *vi*: **z**~**en (auf** +*akk*) to aim (at); ~**fernrohr** *nt* telescopic sight; ~**foto** *nt* (*SPORT*) photo-finish, photograph; ~**gruppe** *f* target group; ~**linie** *f* (*SPORT*) finishing line; **z**~**los** *adj* aimless; ~**ort** *m* destination; ~**scheibe** *f* target; **z**~**strebig** *adj* purposeful.

ziemen ['tsiːmən] *vr unpers* (*geh*): **das ziemt sich nicht (für dich)** it is not proper (for you).

ziemlich ['tsiːmlɪç] *adj attrib* (*Anzahl*) fair ♦ *adv* quite, pretty (*umg*); (*beinahe*) almost, nearly; **eine** ~**e Anstrengung** quite an effort; ~ **lange** quite a long time; ~ **fertig** almost *od* nearly ready.

Zierde ['tsiːrdə] (**-, -n**) *f* ornament, decoration; (*Schmuckstück*) adornment.

zieren ['tsiːrən] *vr* to act coy.

Zierleiste *f* border; (*an Wand, Möbeln*) moulding (*BRIT*), molding (*US*); (*an Auto*) trim.

zierlich *adj* dainty; **Z**~**keit** *f* daintiness.

Zierstrauch *m* flowering shrub.

Ziffer ['tsɪfər] (**-, -n**) *f* figure, digit; **römische/ arabische** ~**n** roman/arabic numerals; ~**blatt** *nt* dial, (clock *od* watch) face.

zig [tsɪk] (*umg*) *adj* umpteen.

Zigarette [tsigaˈrɛtə] *f* cigarette.

Zigaretten- *zW*: ~**automat** *m* cigarette machine; ~**pause** *f* break for a cigarette; ~**schachtel** *f* cigarette packet *od* pack (*US*); ~**spitze** *f* cigarette holder.

Zigarillo [tsigaˈrɪlo] (**-s, -s**) *nt od m* cigarillo.

Zigarre [tsiˈgarə] (**-, -n**) *f* cigar.

Zigeuner(in) [tsiˈgɔʏnər(ɪn)] (**-s, -**) *m(f)* gipsy; ~**schnitzel** *nt* (*KOCH*) cutlet served in a spicy sauce with green and red peppers; ~**sprache** *f* Romany, Romany *od* Gypsy language.

Zimmer ['tsɪmər] (**-s, -**) *nt* room; ~**antenne** *f* indoor aerial; ~**decke** *f* ceiling; ~**lautstärke** *f* reasonable volume; ~**mädchen** *nt* chambermaid; ~**mann** (**-(e)s,** *pl* **-leute**) *m* carpenter.

zimmern *vt* to make from wood.

Zimmer- *zW*: ~**nachweis** *m* accommodation service; ~**pflanze** *f* indoor plant; ~**vermittlung** *f* accommodation (*BRIT*) *od* accommodations (*US*) service.

zimperlich ['tsɪmpərlɪç] *adj* squeamish; (*pingelig*) fussy, finicky.

Zimt [tsɪmt] (**-(e)s, -e**) *m* cinnamon; ~**stange** *f* cinnamon stick.

Zink [tsɪŋk] (**-(e)s**) *nt* zinc.

Zinke (**-, -n**) *f* (*Gabel~*) prong; (*Kamm~*) tooth.

Zinken (**-s, -**) (*umg*) *m* (*Nase*) hooter.

zinken *vt* (*Karten*) to mark.

Zinksalbe *f* zinc ointment.

Zinn [tsɪn] (**-(e)s**) *nt* (*Element*) tin; (*in* ~*waren*) pewter; ~**becher** *m* pewter tankard.

zinnoberrot [tsɪˈnoːbərroːt] *adj* vermilion.

Zinnsoldat *m* tin soldier.

Zinnwaren *pl* pewter *sing*.

Zins [tsɪns] (**-es, -en**) *m* interest.

Zinseszins *m* compound interest.

Zins- *zW*: ~**fuß** *m* rate of interest; **z**~**los** *adj* interest-free; ~**satz** *m* rate of interest.

Zionismus [tsioˈnɪsmʊs] *m* Zionism.

Zipfel ['tsɪpfəl] (**-s, -**) *m* corner; (*von Land*) tip; (*Hemd~*) tail; (*Wurst~*) end; ~**mütze** *f* pointed cap.

zirka ['tsɪrka] *adv* (round) about.

Zirkel ['tsɪrkəl] (**-s, -**) *m* circle; (*MATH*) pair of compasses; ~**kasten** *m* geometry set.

zirkulieren [tsɪrkuˈliːrən] *vi* to circulate.

Zirkus ['tsɪrkʊs] (**-, -se**) *m* circus; (*umg: Getue*) fuss, to-do.

zirpen ['tsɪrpən] *vi* to chirp, cheep.

Zirrhose [tsɪˈroːzə] (**-, -n**) *f* cirrhosis.

zischeln ['tsɪʃəln] *vt, vi* to whisper.

zischen ['tsɪʃən] *vi* to hiss; (*Limonade*) to fizz; (*Fett*) to sizzle.

Zitat [tsiˈtaːt] (**-(e)s, -e**) *nt* quotation, quote.

zitieren [tsiˈtiːrən] *vt* to quote; (*vorladen, rufen*): ~ (**vor** +*akk*) to summon (before).

Zitronat [tsitroˈnaːt] (**-(e)s, -e**) *nt* candied lemon peel.

Zitrone [tsiˈtroːnə] (**-, -n**) *f* lemon.

Zitronen- *zW*: ~**limonade** *f* lemonade; ~**saft** *m* lemon juice; ~**säure** *f* citric acid; ~**scheibe** *f* lemon slice.

zitt(e)rig ['tsɪt(ə)rɪç] *adj* shaky.

zittern ['tsɪtərn] *vi* to tremble; **vor jdm** ~ to be

terrified of sb.
Zitze ['tsɪtsə] (-, -n) *f* teat, dug.
Zivi ['tsivi] (-s, -s) *m abk* = **Zivildienstleistender**.
zivil [tsi'viːl] *adj* civilian; (*anständig*) civil;
(*Preis*) moderate; ~**er Ungehorsam** civil
disobedience; **Z**~ (**-s**) *nt* plain clothes *pl*;
(*MIL*) civilian clothing; **Z**~**bevölkerung** *f*
civilian population; **Z**~**courage** *f* courage of
one's convictions.
Zivildienst *m alternative service (for
conscientious objectors)*.

> **ZIVILDIENST**
>
> *A young German has to complete his 13 months'*
> **Zivildienst** *or community service if he has opted
> out of military service as a conscientious objector.
> This service is usually done in a hospital or old
> people's home. Many young Germans choose to
> do this as an alternative to the* **Wehrdienst**,
> *although it lasts three months longer.*

Zivildienstleistender *m conscientious
objector doing community service*.
Zivilisation [tsivilizatsi'oːn] *f* civilization.
Zivilisationserscheinung *f* phenomenon of
civilization.
Zivilisationskrankheit *f* disease of civilized
man.
zivilisieren [tsivili'ziːrən] *vt* to civilize.
zivilisiert *adj* civilized.
Zivilist [tsivi'lɪst] *m* civilian.
Zivilrecht *nt* civil law.
ZK (**-s**, **-s**) *nt abk* (= *Zentralkomitee*) central
committee.
Zobel ['tsoːbəl] (**-s**, **-**) *m* (*auch*: ~**pelz**) sable
(fur).
Zofe ['tsoːfə] (**-**, **-n**) *f* lady's maid; (*von Königin*)
lady-in-waiting.
zog *etc* [tsoːk] *vb siehe* **ziehen**.
zögern ['tsøːgərn] *vi* to hesitate.
Zölibat [tsøli'baːt] (**-(e)s**) *nt od m* celibacy.
Zoll[1] [tsɔl] (**-(e)s**, **-**) *m* (*Maß*) inch.
Zoll[2] (**-(e)s**, **⁻e**) *m* customs *pl*; (*Abgabe*) duty;
~**abfertigung** *f* customs clearance; ~**amt** *nt*
customs office; ~**beamte(r)** *m* customs
official; ~**erklärung** *f* customs declaration;
z~**frei** *adj* duty-free; ~**gutlager** *nt* bonded
warehouse; ~**kontrolle** *f* customs (check);
z~**pflichtig** *adj* liable to duty, dutiable.
Zollstock *m* inch rule.
Zone ['tsoːnə] (**-**, **-n**) *f* zone; (*von Fahrkarte*)
fare stage.
Zoo [tsoː] (**-s**, **-s**) *m* zoo; ~**handlung** *f* pet shop.
Zoologe [tsoo'loːgə] (**-n**, **-n**) *m* zoologist.
Zoologie *f* zoology.
Zoologin *f* zoologist.
zoologisch *adj* zoological.
Zoom [zuːm] (**-s**, **-s**) *nt* zoom shot; (*Objektiv*)
zoom lens.

Zopf [tsɔpf] (**-(e)s**, **⁻e**) *m* plait; pigtail; **alter** ~
antiquated custom.
Zorn [tsɔrn] (**-(e)s**) *m* anger.
zornig *adj* angry.
Zote ['tsoːtə] (**-**, **-n**) *f* smutty joke/remark.
zottig ['tsɔtɪç] *adj* shaggy.
ZPO *abk* (= *Zivilprozessordnung*) ≈ General
Practice Act (*US*).
z. T. *abk* = **zum Teil**.

━━━━━━━━━━━━━━━━━━ *SCHLÜSSELWORT*

zu [tsuː] *präp +dat* **1** (*örtlich*) to; ~**m Bahnhof/
Arzt gehen** to go to the station/doctor; ~**r
Schule/Kirche gehen** to go to school/church;
sollen wir ~ **Euch gehen?** shall we go to
your place?; **sie sah** ~ **ihm hin** she looked
towards him; ~**m Fenster herein** through
the window; ~ **meiner Linken** to *od* on my
left.
2 (*zeitlich*) at; ~ **Ostern** at Easter; **bis** ~**m 1.
Mai** until May 1st; (*nicht später als*) by May
1st; ~ **meiner Zeit** in my time.
3 (*Zusatz*) with; **Wein** ~**m Essen trinken** to
drink wine with one's meal; **sich** ~ **jdm
setzen** to sit down beside sb; **setz dich doch**
~ **uns** (come and) sit with us; **Anmerkungen**
~ **etw** notes on sth.
4 (*Zweck*) for; **Wasser** ~**m Waschen** water
for washing; **Papier** ~**m Schreiben** paper to
write on; **etw** ~**m Geburtstag bekommen** to
get sth for one's birthday; **es ist** ~ **seinem
Besten** it's for his own good.
5 (*Veränderung*) into; ~ **etw werden** to turn
into sth; **jdn** ~ **etw machen** to make sb
(into) sth; ~ **Asche verbrennen** to burn to
ashes.
6 (*mit Zahlen*): **3** ~ **2** (*SPORT*) 3-2; **das Stück**
~ **2 Mark** at 2 marks each; ~**m ersten Mal**
for the first time.
7: ~ **meiner Freude** *etc* to my joy *etc*; ~**m
Glück** luckily; ~ **Fuß** on foot; **es ist** ~**m
Weinen** it's enough to make you cry.
♦ *konj* to; **etw** ~ **essen** sth to eat; **um besser
sehen** ~ **können** in order to see better; **ohne
es** ~ **wissen** without knowing it; **noch**
~ **bezahlende Rechnungen** outstanding
bills.
♦ *adv* **1** (*allzu*) too; ~ **sehr** too much; ~ **viel**
too much; (*umg: zu viele*) too many; **er kriegt**
~ **viel** (*umg*) he gets annoyed; ~ **wenig** too
little; (*umg: zu wenige*) too few.
2 (*örtlich*) toward(s); **er kam auf mich** ~ he
came towards *od* up to me.
3 (*geschlossen*) shut; closed; **die Geschäfte
haben** ~ the shops are closed; ~ **sein** to be
closed; **auf/zu** (*Wasserhahn etc*) on/off.
4 (*umg: los*): **nur** ~! just keep at it!; **mach** ~!
hurry up!

zuallererst *adv* first of all.

zuallerletzt adv last of all.

zubauen ['tsu:bauən] vt (Lücke) to fill in; (Platz, Gebäude) to build up.

Zubehör ['tsu:bəhøːr] (-(e)s, -e) nt accessories pl.

Zuber ['tsu:bər] (-s, -) m tub.

zubereiten ['tsu:bəraitən] vt to prepare.

zubilligen ['tsu:bɪlɪgən] vt to grant.

zubinden ['tsu:bɪndən] unreg vt to tie up; **jdm die Augen** ~ to blindfold sb.

zubleiben ['tsu:blaibən] unreg vi to stay shut.

zubringen ['tsu:brɪŋən] unreg vt to spend; (herbeibringen) to bring, take; (umg: Tür) to get shut.

Zubringer (-s, -) m (TECH) feeder, conveyor; (Verkehrsmittel) shuttle; (zum Flughafen) airport bus; ~**(bus)** m shuttle (bus); ~**straße** f slip road (BRIT), entrance ramp (US).

Zucchini [tsʊ'ki:ni:] pl courgettes pl (BRIT), zucchini(s) pl (US).

Zucht [tsʊxt] (-, -en) f (von Tieren) breeding; (von Pflanzen) cultivation; (Rasse) breed; (Erziehung) raising; (Disziplin) discipline; ~**bulle** m breeding bull.

züchten ['tsʏçtən] vt (Tiere) to breed; (Pflanzen) to cultivate, grow.

Züchter(in) (-s, -) m(f) breeder; grower.

Zuchthaus nt prison, penitentiary (US).

Zuchthengst m stallion, stud.

züchtig ['tsʏçtɪç] adj modest, demure.

züchtigen ['tsʏçtɪgən] vt to chastise.

Züchtigung f chastisement; **körperliche** ~ corporal punishment.

Zuchtperle f cultured pearl.

Züchtung f (von Tieren) breeding; (von Pflanzen) cultivation; (Zuchtart: von Tier) breed; (: von Pflanze) strain.

zucken ['tsʊkən] vi to jerk, twitch; (Strahl etc) to flicker ♦ vt to shrug; **der Schmerz zuckte (mir) den ganzen Körper** the pain shot right through my body.

zücken ['tsʏkən] vt (Schwert) to draw; (Geldbeutel) to pull out.

Zucker ['tsʊkər] (-s, -) m sugar; (MED) diabetes; ~ **haben** (umg) to be a diabetic; ~**dose** f sugar bowl; ~**erbse** f mangetout (BRIT), sugar pea (US); ~**guss▲** m icing; ~**hut** m sugar loaf; **z~krank** adj diabetic; ~**krankheit** f diabetes sing; ~**lecken** nt: **das ist kein ~lecken** it's no picnic.

zuckern vt to sugar.

Zucker- zW: ~**rohr** nt sugar cane; ~**rübe** f sugar beet; ~**spiegel** m (MED) (blood) sugar level; **z~süß** adj sugary; ~**watte** f candy floss (BRIT), cotton candy (US).

Zuckung f convulsion, spasm; (leicht) twitch.

zudecken ['tsu:dekən] vt to cover (up); (im Bett) to tuck up od in.

zudem [tsu'de:m] adv in addition (to this).

zudrehen ['tsu:dre:ən] vt to turn off.

zudringlich ['tsu:drɪŋlɪç] adj forward, pushy; (Nachbar etc) intrusive; ~ **werden** to make advances; **Z~keit** f forwardness; intrusiveness.

zudrücken ['tsu:drʏkən] vt to close; **jdm die Kehle** ~ to throttle sb; **ein Auge** ~ to turn a blind eye.

zueinander [tsu|ai'nandər] adv to one other; (in Verbverbindung) together.

zuerkennen ['tsu:|ɛrkɛnən] unreg vt: **jdm etw** ~ to award sth to sb, award sb sth.

zuerst [tsu'|eːrst] adv first; (zu Anfang) at first; ~ **einmal** first of all.

Zufahrt ['tsu:faːrt] f approach; „**keine** ~ **zum Krankenhaus"** "no access to hospital".

Zufahrtsstraße f approach road; (von Autobahn etc) slip road (BRIT), entrance ramp (US).

Zufall ['tsu:fal] m chance; (Ereignis) coincidence; **durch** ~ by accident; **so ein** ~! what a coincidence!

zufallen unreg vi to close, shut; (Anteil, Aufgabe): **jdm** ~ to fall to sb.

zufällig ['tsu:fɛlɪç] adj chance ♦ adv by chance; (in Frage) by any chance.

Zufallstreffer m fluke.

zufassen ['tsu:fasən] vi (zugreifen) to take hold (of it od them); (fig: schnell handeln) to seize the opportunity; (helfen) to lend a hand.

zufliegen ['tsu:fli:gən] unreg vi: **ihm fliegt alles nur so zu** (fig) everything comes so easily to him.

Zuflucht ['tsu:flʊxt] f recourse; (Ort) refuge; **zu etw** ~ **nehmen** (fig) to resort to sth.

Zufluchtsort m, **Zufluchtsstätte** f place of refuge.

Zufluss▲ ['tsu:flʊs] m (Zufließen) inflow, influx; (GEOG) tributary; (COMM) supply.

zufolge [tsu'fɔlgə] präp +dat od +gen (laut) according to; (aufgrund) as a result of.

zufrieden [tsu'fri:dən] adj content(ed); **er ist mit nichts** ~ nothing pleases him; **sich mit etw** ~ **geben** to be satisfied with sth; **lass mich damit** ~! (umg) shut up about it!; ~ **stellen** to satisfy; ~ **stellend** satisfactory; **Z~heit** f contentedness; (Befriedigtsein) satisfaction.

zufrieren ['tsu:fri:rən] unreg vi to freeze up od over.

zufügen ['tsu:fy:gən] vt to add; (Leid etc): **jdm etw** ~ to cause sb sth.

Zufuhr ['tsu:fu:r] (-, -en) f (Herbeibringen) supplying; (MET) influx; (MIL) supplies pl.

zuführen ['tsu:fy:rən] vt (bringen) to bring; (transportieren) to convey; (versorgen) to supply ♦ vi: **auf etw** akk ~ to lead to sth.

Zug [tsu:k] (-(e)s, ̈-e) m (Eisenbahn~) train; (Luft~) draught (BRIT), draft (US); (Ziehen) pull(ing); (Gesichts~) feature; (SCHACH etc) move; (Klingel~) pull; (Schrift~, beim

Schwimmen) stroke; (*Atem~*) breath; (*Charakter~*) trait; (*an Zigarette*) puff, pull, drag; (*Schluck*) gulp; (*Menschengruppe*) procession; (*von Vögeln*) migration; (*MIL*) platoon; **etw in vollen Zügen genießen** to enjoy sth to the full; **in den letzten Zügen liegen** (*umg*) to be at one's last gasp; **im ~(e)** +gen (*im Verlauf*) in the course of; **~ um ~** (*fig*) step by step; **zum ~(e) kommen** (*umg*) to get a look-in; **etw in groben Zügen darstellen** *od* **umreißen** to outline sth; **das war kein schöner ~ von dir** that wasn't nice of you.

Zugabe ['tsu:ga:bə] *f* extra; (*in Konzert etc*) encore.

Zugabteil *nt* train compartment.

Zugang ['tsu:gaŋ] *m* entrance; (*Zutritt, fig*) access.

zugänglich ['tsu:gɛŋlɪç] *adj* accessible; (*öffentliche Einrichtungen*) open; (*Mensch*) approachable.

Zugbegleiter *m* (*EISENB*) guard (*BRIT*), conductor (*US*).

Zugbrücke *f* drawbridge.

zugeben ['tsu:ge:bən] *unreg vt* (*beifügen*) to add, throw in; (*zugestehen*) to admit; (*erlauben*) to permit; **zugegeben ... grant-ed ...**

zugegebenermaßen ['tsu:gega:bənər'ma:sən] *adv* admittedly.

zugegen [tsu'ge:gən] *adv* (*geh*): **~ sein** to be present.

zugehen ['tsu:ge:ən] *unreg vi* (*schließen*) to shut ♦ *vi unpers* (*sich ereignen*) to go on, happen; **auf jdn/etw ~** to walk towards sb/sth; **dem Ende ~** to be finishing; **er geht schon auf die siebzig zu** he's getting on for seventy; **hier geht es nicht mit rechten Dingen zu** there's something odd going on here; **dort geht es ... zu** things are ... there.

Zugehörigkeit ['tsu:gəhø:rɪçkaɪt] *f*: **~ (zu)** membership (of), belonging (to).

Zugehörigkeitsgefühl *nt* feeling of belonging.

zugeknöpft ['tsu:gəknœpft] (*umg*) *adj* reserved, stand-offish.

Zügel ['tsy:gəl] (**-s, -**) *m* rein, reins *pl*; (*fig*) rein, curb; **die ~ locker lassen** to slacken one's hold on the reins; **die ~ locker lassen bei** (*fig*) to give free rein to.

zugelassen ['tsu:gəlasən] *adj* authorized; (*Heilpraktiker*) registered; (*Kfz*) licensed.

zügellos *adj* unrestrained; (*sexuell*) licentious.

Zügellosigkeit *f* lack of restraint; licentiousness.

zügeln *vt* to curb; (*Pferd*) to rein in.

zugesellen *vr*: **sich jdm ~** to join sb, join up with sb.

Zugeständnis ['tsu:gəʃtɛntnɪs] (**-ses, -se**) *nt*

concession; **~se machen** to make allowances.

zugestehen *unreg vt* to admit; (*Rechte*) to concede.

zugetan ['tsu:gəta:n] *adj*: **jdm/etw ~ sein** to be fond of sb/sth.

Zugewinn (**-(e)s**) *m* (*JUR*) property acquired during marriage.

Zugezogene(r) ['tsu:gətso:gənə(r)] *f(m)* newcomer.

Zugführer *m* (*EISENB*) chief guard (*BRIT*) *od* conductor (*US*); (*MIL*) platoon commander.

zugig *adj* draughty (*BRIT*), drafty (*US*).

zügig ['tsy:gɪç] *adj* speedy, swift.

zugkräftig *adj* (*fig: Werbetext, Titel*) eye-catching; (*Schauspieler*) crowd-pulling *attr*, popular.

zugleich [tsu'glaɪç] *adv* (*zur gleichen Zeit*) at the same time; (*ebenso*) both.

Zugluft *f* draught (*BRIT*), draft (*US*).

Zugmaschine *f* traction engine, tractor.

zugreifen ['tsu:graɪfən] *unreg vi* to seize *od* grab it/them; (*helfen*) to help; (*beim Essen*) to help o.s.

Zugriff ['tsu:grɪf] *m* (*COMPUT*) access; **sich dem ~ der Polizei entziehen** (*fig*) to evade justice.

zugrunde, zu Grunde▲ [tsu'grundə] *adv*: **~ gehen** to collapse; (*Mensch*) to perish; **er wird daran nicht ~ gehen** he'll survive; (*finanziell*) it won't ruin him; **einer Sache** *dat* **etw ~ legen** to base sth on sth; **einer Sache** *dat* **~ liegen** to be based on sth; **~ richten** to ruin, destroy.

zugunsten, zu Gunsten▲ [tsu'gunstən] *präp* +gen *od* +dat in favour (*BRIT*) *od* favor (*US*) of.

zugute [tsu'gu:tə] *adv*: **jdm etw ~ halten** to concede sth to sb; **jdm ~ kommen** to be of assistance to sb.

Zug- *zW*: **~verbindung** *f* train connection; **~vogel** *m* migratory bird; **~zwang** *m* (*SCHACH*) zugzwang; **unter ~zwang stehen** (*fig*) to be in a tight spot.

zuhalten ['tsu:haltən] *unreg vt* to hold shut ♦ *vi*: **auf jdn/etw ~** to make for sb/sth; **sich** *dat* **die Nase ~** to hold one's nose.

Zuhälter ['tsu:hɛltər] (**-s, -**) *m* pimp.

zuhause▲ [tsu'hauzə] (*ÖSTERR, SCHWEIZ*) *adv* at home.

Zuhause (**-s**) *nt* home.

Zuhilfenahme [tsu'hɪlfəna:mə] *f*: **unter ~ von** with the help of.

zuhören ['tsu:hø:rən] *vi* to listen.

Zuhörer (**-s, -**) *m* listener; **~schaft** *f* audience.

zujubeln ['tsu:ju:bəln] *vi*: **jdm ~** to cheer sb.

zukehren ['tsu:ke:rən] *vt* (*zuwenden*) to turn.

zuklappen ['tsu:klapən] *vt* (*Buch, Deckel*) to close ♦ *vi* (*Hilfsverb sein: Tür etc*) to click shut.

zukleben ['tsu:kle:bən] *vt* to paste up.

zukneifen ['tsu:knaɪfən] *vt* (*Augen*) to screw up; (*Mund*) to shut tight(ly).

zuknöpfen ['tsu:knœpfən] *vt* to button (up), fasten (up).

zukommen ['tsu:kɔmən] *unreg vi* to come up; **auf jdn ~** to come up to sb; **jdm ~** (*sich gehören*) to be fitting for sb; **diesem Treffen kommt große Bedeutung zu** this meeting is of the utmost importance; **jdm etw ~ lassen** to give sb sth; **die Dinge auf sich** *akk* **~ lassen** to take things as they come.

Zukunft ['tsu:kʊnft] (-, *no pl*) *f* future.

zukünftig ['tsu:kʏnftɪç] *adj* future ♦ *adv* in future; **mein ~er Mann** my husband-to-be.

Zukunfts- *zW:* **~aussichten** *pl* future prospects *pl;* **~musik** (*umg*) *f* wishful thinking; **~roman** *m* science-fiction novel; **z~trächtig** *adj* promising for the future; **z~weisend** *adj* trend-setting.

Zulage ['tsu:la:gə] *f* bonus.

zulande [tsu'landə] *adv:* **bei uns ~** in our country.

zulangen ['tsu:laŋən] (*umg*) *vi* (*Dieb, beim Essen*) to help o.s.

zulassen ['tsu:lasən] *unreg vt* (*hereinlassen*) to admit; (*erlauben*) to permit; (*Auto*) to license; (*umg: nicht öffnen*) to keep shut.

zulässig ['tsu:lɛsɪç] *adj* permissible, permitted; **~e Höchstgeschwindigkeit** (upper) speed limit.

Zulassung *f* (*amtlich*) authorization; (*von Kfz*) licensing; (*als praktizierender Arzt*) registration.

Zulauf *m:* **großen ~ haben** (*Geschäft*) to be very popular.

zulaufen ['tsu:laʊfən] *unreg vi:* **~ auf** +*akk* to run towards; **jdm ~** (*Tier*) to adopt sb; **spitz ~** to come to a point.

zulegen ['tsu:le:gən] *vt* to add; (*Geld*) to put in; (*Tempo*) to accelerate, quicken; (*schließen*) to cover over; **sich** *dat* **etw ~** (*umg*) to get oneself sth.

zuleide [tsu'laɪdə] *adj:* **jdm etw ~ tun** to harm sb.

zuleiten ['tsu:laɪtən] *vt* (*Wasser*) to supply; (*schicken*) to send.

Zuleitung *f* (*TECH*) supply.

zuletzt [tsu'lɛtst] *adv* finally, at last; **wir blieben bis ~** we stayed to the very end; **nicht ~ wegen** not least because of.

zuliebe [tsu'li:bə] *adv:* **jdm ~** (in order) to please sb.

Zulieferbetrieb ['tsu:li:fərbətri:p] *m* (*COMM*) supplier.

zum [tsʊm] = **zu dem**; **~ dritten Mal** for the third time; **~ Scherz** as a joke; **~ Trinken** for drinking; **bis ~ 15. April** until 15th April; (*nicht später als*) by 15th April; **~ ersten Mal(e)** for the first time; **es ist ~ Weinen** it's enough to make you (want to) weep;

~ Glück luckily.

zumachen ['tsu:maxən] *vt* to shut; (*Kleidung*) to do up, fasten ♦ *vi* to shut; (*umg*) to hurry up.

zumal [tsu'ma:l] *konj* especially (as).

zumeist [tsu'maɪst] *adv* mostly.

zumessen ['tsu:mesən] *unreg vt* (+*dat*) (*Zeit*) to allocate (for); (*Bedeutung*) to attach (to).

zumindest [tsu'mɪndəst] *adv* at least.

zumutbar [tsu'mu:tba:r] *adj* reasonable.

zumute [tsu'mu:tə] *adv:* **wie ist ihm ~?** how does he feel?

zumuten ['tsu:mu:tən] *vt:* (**jdm**) **etw ~** to expect *od* ask sth (of sb); **sich** *dat* **zuviel ~** to take on too much.

Zumutung *f* unreasonable expectation *od* demand; (*Unverschämtheit*) impertinence; **das ist eine ~!** that's a bit much!

zunächst [tsu'nɛ:çst] *adv* first of all; **~ einmal** to start with.

zunageln ['tsu:na:gəln] *vt* (*Fenster etc*) to nail up; (*Kiste etc*) to nail down.

zunähen ['tsu:nɛ:ən] *vt* to sew up.

Zunahme ['tsu:na:mə] (-, -n) *f* increase.

Zuname ['tsu:na:mə] *m* surname.

zünden ['tsʏndən] *vi* (*Feuer*) to light, ignite; (*Motor*) to fire; (*fig*) to kindle enthusiasm ♦ *vt* to ignite; (*Rakete*) to fire.

zündend *adj* fiery.

Zünder (-s, -) *m* fuse; (*MIL*) detonator.

Zünd- *zW:* **~holz** *nt* match; **~kabel** *nt* (*AUT*) plug lead; **~kerze** *f* (*AUT*) spark(ing) plug; **~plättchen** *nt* cap; **~schlüssel** *m* ignition key; **~schnur** *f* fuse wire; **~stoff** *m* fuel; (*fig*) dynamite.

Zündung *f* ignition.

zunehmen ['tsu:ne:mən] *unreg vi* to increase, grow; (*Mensch*) to put on weight.

zunehmend *adj:* **mit ~em Alter** with advancing age.

zuneigen ['tsu:naɪgən] *vi* to incline, lean; **sich dem Ende ~** to draw to a close; **einer Auffassung ~** to incline towards a view; **jdm zugeneigt sein** to be attracted to sb.

Zuneigung *f* affection.

Zunft [tsʊnft] (-, ⁻e) *f* guild.

zünftig ['tsʏnftɪç] *adj* (*Arbeit*) professional; (*umg: ordentlich*) proper, real.

Zunge ['tsʊŋə] *f* tongue; (*Fisch*) sole; **böse ~n behaupten, ...** malicious gossip has it ...

züngeln ['tsʏŋəln] *vi* (*Flammen*) to lick.

Zungenbrecher *m* tongue-twister.

zungenfertig *adj* glib.

Zünglein ['tsʏŋlaɪn] *nt:* **das ~ an der Waage sein** (*fig*) to tip the scales.

zunichte [tsu'nɪçtə] *adv:* **~ machen** to ruin, destroy; **~ werden** to come to nothing.

zunutze [tsu'nʊtsə] *adv:* **sich** *dat* **etw ~ machen** to make use of sth.

zuoberst [tsu'|o:bərst] *adv* at the top.

zuordnen ['tsu:|ɔrdnən] *vt* to assign.
zupacken ['tsu:pakən] (*umg*) *vi* (*zugreifen*) to make a grab for it; (*bei der Arbeit*) to get down to it; **mit** ~ (*helfen*) to give me/them *etc* a hand.
zupfen ['tsʊpfən] *vt* to pull, pick, pluck; (*Gitarre*) to pluck.
zur [tsuːr] = **zu der.**
zurate▲, zu Rate [tsu'raːtə] *adv*: **jdn** ~ **ziehen** to consult sb.
zurechnungsfähig ['tsuːreçnʊŋsfɛːɪç] *adj* (*JUR*) responsible, of sound mind; **Z~keit** *f* responsibility, accountability.
zurecht- *zW*: ~**biegen** *unreg vt* to bend into shape; (*fig*) to twist; ~**finden** *unreg vr* to find one's way (about); ~**kommen** *unreg vi* (*rechtzeitig kommen*) to come in time; (*schaffen*) to cope; (*finanziell*) to manage; ~**legen** *vt* to get ready; (*Ausrede etc*) to have ready; ~**machen** *vt* to prepare ♦ *vr* to get ready; (*sich schminken*) to put on one's make-up; ~**weisen** *unreg vt* to reprimand; **Z~weisung** *f* reprimand, rebuff.
zureden ['tsuːreːdən] *vi*: **jdm** ~ to persuade sb, urge sb.
zureiten ['tsuraɪtən] *unreg vt* (*Pferd*) to break in.
Zürich ['tsyːrɪç] (**-s**) *nt* Zurich.
zurichten ['tsuːrɪçtən] *vt* (*Essen*) to prepare; (*beschädigen*) to batter, bash up.
zürnen ['tsʏrnən] *vi*: **jdm** ~ to be angry with sb.
zurück [tsu'rʏk] *adv* back; (*mit Zahlungen*) behind; (*fig*: ~*geblieben: von Kind*) backward; ~**!** get back!; ~**behalten** *unreg vt* to keep back; **er hat Schäden ~behalten** he suffered lasting damage; ~**bekommen** *unreg vt* to get back; ~**bezahlen** *vt* to repay, pay back; ~**bleiben** *unreg vi* (*Mensch*) to remain behind; (*nicht nachkommen*) to fall behind, lag; (*Schaden*) to remain; ~**bringen** *unreg vt* to bring back; ~**datieren** *vt* to backdate; ~**drängen** *vt* (*Gefühle*) to repress; (*Feind*) to push back; ~**drehen** *vt* to turn back; ~**erobern** *vt* to reconquer; ~**erstatten** *vt* to refund; ~**fahren** *unreg vi* to travel back; (*vor Schreck*) to recoil ♦ *vt* to drive back; ~**fallen** *unreg vi* to fall back; (*in Laster*) to relapse; (*in Leistungen*) to fall behind; (*an Besitzer*): ~**fallen an** +*akk* to revert to; ~**finden** *unreg vi* to find one's way back; ~**fordern** *vt* to demand back; ~**führen** *vt* to lead back; **etw auf etw** *akk* ~**führen** to trace sth back to sth; ~**geben** *unreg vt* to give back; (*antworten*) to retort with; ~**geblieben** *adj* retarded; ~**gehen** *unreg vi* to go back; (*fallen*) to go down, fall; (*zeitlich*): ~**gehen (auf** +*akk*) to date back (to); **Waren ~gehen lassen** to send back goods; ~**gezogen** *adj* retired, withdrawn; ~**greifen** *unreg vi*: ~**greifen (auf** +*akk*) (*fig*) to fall back (upon); (*zeitlich*) to go back (to); ~**halten** *unreg vt* to hold back; (*Mensch*) to restrain; (*hindern*) to prevent ♦ *vr* (*reserviert sein*) to be reserved; (*im Essen*) to hold back; (*im Hintergrund bleiben*) to keep in the background; (*bei Verhandlung*) to keep a low profile; ~**haltend** *adj* reserved; **Z~haltung** *f* reserve; ~**holen** *vt* (*COMPUT*: *Daten*) to retrieve; ~**kehren** *vi* to return; ~**kommen** *unreg vi* to come back; **auf etw** *akk* ~**kommen** to return to sth; ~**lassen** *unreg vt* to leave behind; ~**legen** *vt* to put back; (*Geld*) to put by; (*reservieren*) to keep back; (*Strecke*) to cover ♦ *vr* to lie back; ~**liegen** *unreg vi*: **der Unfall liegt etwa eine Woche** ~ the accident was about a week ago; ~**nehmen** *unreg vt* to take back; ~**reichen** *vi* (*Tradition etc*): ~**reichen (in** +*akk*) to go back (to); ~**rufen** *unreg vt, vi* to call back; **etw ins Gedächtnis ~rufen** to recall sth; ~**schrauben** *vt*: **seine Ansprüche ~schrauben** to lower one's sights; ~**schrecken** *vi*: ~**schrecken vor** +*dat* to shrink from; **vor nichts ~schrecken** to stop at nothing; ~**setzen** *vt* to put back; (*im Preis*) to reduce; (*benachteiligen*) to put at a disadvantage ♦ *vi* (*mit Fahrzeug*) to reverse, back; ~**stecken** *vt* to put back ♦ *vi* (*fig*) to moderate one's wishes; ~**stellen** *vt* to put back, replace; (*aufschieben*) to put off, postpone; (*MIL*) to turn down; (*Interessen*) to defer; (*Ware*) to keep; **persönliche Interessen hinter etw** *dat* ~**stellen** to put sth before one's personal interests; ~**stoßen** *unreg vt* to repulse; ~**stufen** *vt* to downgrade; ~**treten** *unreg vi* to step back; (*vom Amt*) to retire; (*von einem Vertrag etc*): ~**treten (von)** to withdraw (from); **gegenüber** *od* **hinter etw** *dat* ~**treten** to diminish in importance in view of sth; **bitte ~treten!** stand back, please!; ~**verfolgen** *vt* (*fig*) to trace back; ~**versetzen** *vt* (*in alten Zustand*): ~**versetzen (in** +*akk*) to restore (to) ♦ *vr*: **sich ~versetzen (in** +*akk*) to think back (to); ~**weichen** *unreg vi*: ~**weichen (vor** +*dat*) to shrink back (from); ~**weisen** *unreg vt* to turn down; (*Mensch*) to reject; ~**werfen** *unreg vt* (*Ball, Kopf*) to throw back; (*Strahlen, Schall*) to reflect; (*fig*: *Feind*) to repel; (: *wirtschaftlich*): ~**werfen (um)** to set back (by); ~**zahlen** *vt* to pay back, repay; **Z~zahlung** *f* repayment; ~**ziehen** *unreg vt* to pull back; (*Angebot*) to withdraw ♦ *vr* to retire.
Zuruf ['tsuːruːf] *m* shout, cry.
zurzeit▲ [tsur'tsaɪt] *adv* at the moment.
zus. *abk* = **zusammen; zusätzlich.**
Zusage ['tsuːzaːgə] *f* promise; (*Annahme*) consent.
zusagen *vt* to promise ♦ *vi* to accept; **jdm etw auf den Kopf** ~ (*umg*) to tell sb sth outright; **jdm** ~ (*gefallen*) to appeal *od* please sb.

zusammen [tsu'zamən] *adv* together;
Z~arbeit *f* cooperation; **~arbeiten** *vi* to
cooperate; **Z~ballung** *f* accumulation;
~bauen *vt* to assemble; **~beißen** *unreg vt*
(*Zähne*) to clench; **~bleiben** *unreg vi* to stay
together; **~brauen** (*umg*) *vt* to concoct ♦ *vr*
(*Gewitter, Unheil etc*) to be brewing;
~brechen *unreg vi* (*Hilfsverb sein*) to collapse;
(*Mensch*) to break down, collapse; (*Verkehr
etc*) to come to a standstill; **~bringen** *unreg vt*
to bring *od* get together; (*Geld*) to get;
(*Sätze*) to put together; **Z~bruch** *m* collapse;
(*COMPUT*) crash; **~fahren** *unreg vi* to collide;
(*erschrecken*) to start; **~fallen** *unreg vi*
(*einstürzen*) to collapse; (*Ereignisse*) to
coincide; **~fassen** *vt* to summarize;
(*vereinigen*) to unite; **~fassend** *adj*
summarizing ♦ *adv* to summarize;
Z~fassung *f* summary, résumé; **~finden**
unreg vi, vr to meet (together); **~fließen** *unreg
vi* to flow together, meet; **Z~fluss**▲ *m*
confluence; **~fügen** *vt* to join (together),
unite; **~führen** *vt* to bring together; (*Familie*)
to reunite; **~gehören** *vi* to belong together;
(*Paar*) to match; **Z~gehörigkeitsgefühl** *nt*
sense of belonging; **~gesetzt** *adj* compound,
composite; **~gewürfelt** *adj* motley; **~halten**
unreg vt to hold together ♦ *vi* to hold together;
(*Freunde, fig*) to stick together; **Z~hang** *m*
connection; **im/aus dem Z~hang** in/out of
context; **etw aus dem Z~hang reißen** to take
sth out of its context; **~hängen** *unreg vi* to be
connected *od* linked; **~hängend** *adj*
(*Erzählung*) coherent; **~hang(s)los** *adj*
incoherent; **~klappbar** *adj* folding,
collapsible; **~klappen** *vt* (*Messer etc*) to fold
♦ *vi* (*umg: Mensch*) to flake out; **~knüllen** *vt* to
crumple up; **~kommen** *unreg vi* to meet,
assemble; (*sich ereignen*) to occur at once *od*
together; **~kramen** *vt* to gather (together);
Z~kunft (-, **-künfte**) *f* meeting; **~laufen** *unreg
vi* to run *od* come together; (*Straßen, Flüsse
etc*) to converge, meet; (*Farben*) to run into
one another; **~legen** *vt* to put together;
(*stapeln*) to pile up; (*falten*) to fold;
(*verbinden*) to combine, unite; (*Termine,
Feste*) to combine; (*Geld*) to collect;
~nehmen *unreg vt* to summon up ♦ *vr* to pull
o.s. together; **alles ~genommen** all in all;
~passen *vi* to go well together, match;
Z~prall *m* (*lit*) collision; (*fig*) clash; **~prallen**
vi (*Hilfsverb sein*) to collide; **~reimen** (*umg*)
vt: **das kann ich mir nicht ~reimen** I can't
make head nor tail of this; **~reißen** *unreg vr*
to pull o.s. together; **~rotten** *unreg* (*pej*) *vr* to
gang up; **~schlagen** *unreg vi* (*jdn*) to beat up;
(*Dinge*) to smash up; (*falten*) to fold; (*Hände*)
to clap; (*Hacken*) to click; **~schließen** *unreg vt,
vr* to join (together); **Z~schluss**▲ *m*
amalgamation; **~schmelzen** *unreg vi*

(*verschmelzen*) to fuse; (*zerschmelzen*) to melt
(away); (*Anzahl*) to dwindle; **~schrecken**
unreg vi to start; **~schreiben** *unreg vt* to write
together; (*Bericht*) to put together;
~schrumpfen *vi* (*Hilfsverb sein*) to shrink,
shrivel up; **Z~sein** (-s) *nt* get-together;
~setzen *vt* to put together ♦ *vr*: **sich ~setzen
aus** to consist of; **Z~setzung** *f* composition;
Z~spiel *nt* teamwork; (*von Kräften etc*)
interaction; **~stellen** *vt* to put together;
Z~stellung *f* list; (*Vorgang*) compilation;
Z~stoß *m* collision; **~stoßen** *unreg vi*
(*Hilfsverb sein*) to collide; **~strömen** *vi*
(*Hilfsverb sein*: *Menschen*) to flock together;
~tragen *unreg vt* to collect; **Z~treffen** *nt*
meeting; (*Zufall*) coincidence; **~treffen** *unreg
vi* (*Hilfsverb sein*) to coincide; (*Menschen*) to
meet; **~treten** *unreg vi* (*Verein etc*) to meet;
~wachsen *unreg vi* to grow together;
~wirken *vi* to combine; **~zählen** *vt* to add up;
~ziehen *unreg vt* (*verengern*) to draw
together; (*vereinigen*) to bring together;
(*addieren*) to add up ♦ *vr* to shrink; (*sich
bilden*) to form, develop; **~zucken** *vi*
(*Hilfsverb sein*) to start.
Zusatz ['tsu:zats] *m* addition; **~antrag** *m* (*POL*)
amendment; **~gerät** *nt* attachment.
zusätzlich ['tsu:zɛtslɪç] *adj* additional.
Zusatzmittel *nt* additive.
zuschauen ['tsu:ʃauən] *vi* to watch, look on.
Zuschauer (-s, -) *m* spectator ♦ *pl* (*THEAT*)
audience *sing*.
zuschicken ['tsu:ʃɪkən] *vt*: **jdm etw ~** to send
od forward sth to sb.
zuschießen ['tsu:ʃi:sən] *unreg vt* to fire; (*Geld*)
to put in ♦ *vi*: **~ auf** +*akk* to rush towards.
Zuschlag ['tsu:ʃla:k] *m* extra charge;
(*Erhöhung*) surcharge; (*EISENB*) supplement.
zuschlagen ['tsu:ʃla:gən] *unreg vt* (*Tür*) to slam;
(*Ball*) to hit; (*bei Auktion*) to knock down;
(*Steine etc*) to knock into shape ♦ *vi* (*Fenster,
Tür*) to shut; (*Mensch*) to hit, punch.
zuschlagfrei *adj* (*EISENB*) not subject to a
supplement.
zuschlagpflichtig *adj* subject to surcharge.
Zuschlagskarte *f* (*EISENB*) supplementary
ticket.
zuschließen ['tsu:ʃli:sən] *unreg vt* to lock (up).
zuschmeißen ['tsu:ʃmaɪsən] *unreg* (*umg*) *vt* to
slam, bang shut.
zuschmieren ['tsu:ʃmi:rən] *vt* to smear over;
(*Löcher*) to fill in.
zuschneiden ['tsu:ʃnaɪdən] *unreg vt* to cut to
size; (*NÄHEN*) to cut out; **auf etw** *akk*
zugeschnitten sein (*fig*) to be geared to sth.
zuschnüren ['tsu:ʃny:rən] *vt* to tie up; **die
Angst schnürte ihm die Kehle zu** (*fig*) he was
choked with fear.
zuschrauben ['tsu:ʃraubən] *vt* to screw shut.
zuschreiben ['tsu:ʃraɪbən] *unreg vt* (*fig*) to

ascribe, attribute; (*COMM*) to credit; **das hast du dir selbst zuzuschreiben** you've only got yourself to blame.

Zuschrift ['tsu:ʃrɪft] *f* letter, reply.

zuschulden, zu Schulden▲ [tsu'ʃʊldən] *adv*: **sich** *dat* **etw ~ kommen lassen** to make o.s. guilty of sth.

Zuschuss▲ ['tsu:ʃʊs] *m* subsidy.

Zuschussbetrieb▲ *m* loss-making concern.

zuschütten ['tsu:ʃʏtən] *vt* to fill up.

zusehen ['tsu:zeːən] *unreg vi* to watch; (*dafür sorgen*) to take care; (*etw dulden*) to sit back (and watch); **jdm/etw ~** to watch sb/sth.

zusehends *adv* visibly.

zu sein▲ ['tsu:zaɪn] *siehe* **zu**.

zusenden ['tsu:zɛndən] *unreg vt* to forward, send on.

zusetzen ['tsu:zɛtsən] *vt* (*beifügen*) to add; (*Geld*) to lose ♦ *vi*: **jdm ~** to harass sb; (*Krankheit*) to take a lot out of sb; (*unter Druck setzen*) to lean on sb (*umg*); (*schwer treffen*) to hit sb hard.

zusichern ['tsu:zɪçərn] *vt*: **jdm etw ~** to assure sb of sth.

Zusicherung *f* assurance.

zusperren ['tsu:ʃpɛrən] *vt* to bar.

zuspielen ['tsu:ʃpiːlən] *vt, vi* to pass; **jdm etw ~** to pass sth to sb; (*fig*) to pass sth on to sb; **etw der Presse ~** to leak sth to the press.

zuspitzen ['tsu:ʃpɪtsən] *vt* to sharpen ♦ *vr* (*Lage*) to become critical.

zusprechen ['tsu:ʃprɛçən] *unreg vt* (*zuerkennen*): **jdm etw ~** to award sb sth, award sth to sb ♦ *vi*: **jdm ~** to speak to sb; **jdm Trost ~** to comfort sb; **dem Essen/ Alkohol ~** to eat/drink a lot.

Zuspruch ['tsu:ʃprʊx] *m* encouragement; (*Anklang*) popularity.

Zustand ['tsu:ʃtant] *m* state, condition; **in gutem/schlechtem ~** in good/poor condition; (*Haus*) in good/bad repair; **Zustände bekommen** *od* **kriegen** (*umg*) to have a fit.

zustande, zu Stande▲ [tsu'ʃtandə] *adv*: **~ bringen** to bring about; **~ kommen** to come about.

zuständig ['tsu:ʃtɛndɪç] *adj* competent, responsible; **Z~keit** *f* competence, responsibility; **Z~keitsbereich** *m* area of responsibility.

zustatten [tsu'ʃtatən] *adj*: **jdm ~ kommen** (*geh*) to come in useful for sb.

zustehen ['tsu:ʃteːən] *unreg vi*: **jdm ~** to be sb's right.

zusteigen ['tsu:ʃtaɪgən] *unreg vi*: **noch jemand zugestiegen?** (*in Zug*) any more tickets?

zustellen ['tsu:ʃtɛlən] *vt* (*verstellen*) to block; (*Post etc*) to send.

Zustellung *f* delivery.

zusteuern ['tsu:ʃtɔʏərn] *vi*: **auf etw** *akk* **~** to

head for sth; (*beim Gespräch*) to steer towards sth ♦ *vt* (*beitragen*) to contribute.

zustimmen ['tsu:ʃtɪmən] *vi* to agree.

Zustimmung *f* agreement; (*Einwilligung*) consent; **allgemeine ~ finden** to meet with general approval.

zustoßen ['tsu:ʃtoːsən] *unreg vi* (*fig*): **jdm ~** to happen to sb.

Zustrom ['tsu:ʃtroːm] *m* (*fig: Menschenmenge*) stream (of visitors *etc*); (*hineinströmend*) influx; (*MET*) inflow.

zustürzen ['tsu:ʃtʏrtsən] *vi*: **auf jdn/etw ~** to rush up to sb/sth.

zutage, zu Tage▲ [tsu'ta:gə] *adv*: **~ bringen** to bring to light; **~ treten** to come to light.

Zutaten ['tsu:ta:tən] *pl* ingredients *pl*; (*fig*) accessories *pl*.

zuteil [tsu'taɪl] *adv* (*geh*): **jdm wird etw ~** sb is granted sth, sth is granted to sb.

zuteilen ['tsu:taɪlən] *vt* to allocate, assign.

zutiefst [tsu'ti:fst] *adv* deeply.

zutragen ['tsu:tra:gən] *unreg vt*: **jdm etw ~** to bring sb sth, bring sth to sb ♦ *vt* (*Klatsch*) to tell sb sth ♦ *vr* to happen.

zuträglich ['tsu:trɛːklɪç] *adj* beneficial.

zutrauen ['tsu:trauən] *vt*: **jdm etw ~** to credit sb with sth; **sich** *dat* **nichts ~** to have no confidence in o.s.; **jdm viel ~** to think a lot of sb; **jdm wenig ~** not to think much of sb; **Z~ (-s)** *nt*: **Z~ (zu)** trust (in); **zu jdm Z~ fassen** to begin to trust sb.

zutraulich *adj* trusting; (*Tier*) friendly; **Z~keit** *f* trust.

zutreffen ['tsu:trɛfən] *unreg vi* to be correct; (*gelten*) to apply.

zutreffend *adj* (*richtig*) accurate; **Z~es bitte unterstreichen** please underline where applicable.

zutrinken ['tsu:trɪŋkən] *unreg vi*: **jdm ~** to drink to sb.

Zutritt ['tsu:trɪt] *m* access; (*Einlass*) admittance; **kein ~, ~ verboten** no admittance.

zutun ['tsu:tu:n] *unreg vt* to add; (*schließen*) to shut.

Zutun (-s) *nt* assistance.

zuunterst [tsu'ʊntərst] *adv* right at the bottom.

zuverlässig ['tsu:fɛrlɛsɪç] *adj* reliable; **Z~keit** *f* reliability.

Zuversicht ['tsu:fɛrzɪçt] (-) *f* confidence; **z~lich** *adj* confident; **~lichkeit** *f* confidence.

zu viel▲ [tsu'fi:l] *siehe* **zu**.

zuvor [tsu'foːr] *adv* before, previously.

zuvorderst [tsu'fɔrdərst] *adv* right at the front.

zuvorkommen *unreg vi* +*dat* to anticipate; (*Gefahr etc*) to forestall; **jdm ~** to beat sb to it.

zuvorkommend *adj* courteous; (*gefällig*)

obliging.

Zuwachs ['tsuːvaks] (**-es**) *m* increase, growth; (*umg*) addition.

zuwachsen *unreg vi* to become overgrown; (*Wunde*) to heal (up).

Zuwachsrate *f* rate of increase.

zuwandern ['tsuːvandərn] *vi* to immigrate.

zuwege, zu Wege▲ [tsuˈveːgə] *adv*: **etw ~ bringen** to accomplish sth; **mit etw ~ kommen** to manage sth; **gut ~ sein** to be (doing) well.

zuweilen [tsuˈvaɪlən] *adv* at times, now and then.

zuweisen ['tsuːvaɪzən] *unreg vt* to assign, allocate.

zuwenden ['tsuːvɛndən] *unreg vt +dat* to turn towards ♦ *vr +dat* to turn to; (*sich widmen*) to devote o.s. to; **jdm seine Aufmerksamkeit ~** to give sb one's attention.

Zuwendung *f* (*Geld*) financial contribution; (*Liebe*) love and care.

zu wenig▲ [tsuˈveːnɪç] *siehe* zu.

zuwerfen ['tsuːvɛrfən] *unreg vt*: **jdm etw ~** to throw sth to sb, throw sb sth.

zuwider [tsuˈviːdər] *adv*: **etw ist jdm ~** sb loathes sth, sb finds sth repugnant ♦ *präp +dat* contrary to; **~handeln** *vi +dat* to act contrary to; **einem Gesetz ~handeln** to contravene a law; **Z~handlung** *f* contravention; **~laufen** *unreg vi*: **einer Sache** *dat* **~laufen** to run counter to sth.

zuz. *abk* = **zuzüglich**.

zuzahlen ['tsuːtsaːlən] *vt*: **10 Mark ~** to pay another 10 marks.

zuziehen ['tsuːtsiːən] *unreg vt* (*schließen*: *Vorhang*) to draw, close; (*herbeirufen*: *Experten*) to call in ♦ *vi* to move in, come; **sich** *dat* **etw ~** (*Krankheit*) to catch sth; (*Zorn*) to incur sth; **sich** *dat* **eine Verletzung ~** (*form*) to sustain an injury.

Zuzug ['tsuːtsuk] (**-(e)s**) *m* (*Zustrom*) influx; (*von Familie etc*): **~ nach** move to.

zuzüglich ['tsuːtsyːklɪç] *präp +gen* plus, with the addition of.

zuzwinkern ['tsuːtsvɪnkərn] *vi*: **jdm ~** to wink at sb.

ZVS *f abk* (= *Zentralstelle für die Vergabe von Studienplätzen*) *central body organizing the granting of places at university.*

Zwang (**-(e)s**, **ˀe**) *m* compulsion; (*Gewalt*) coercion; **gesellschaftliche Zwänge** social constraints; **tu dir keinen ~ an** don't feel you have to be polite.

zwang *etc* [tsvaŋ] *vb siehe* **zwingen**.

zwängen ['tsvɛŋən] *vt*, *vr* to squeeze.

Zwang- *zW*: **z~haft** *adj* compulsive; **z~los** *adj* informal; **~losigkeit** *f* informality.

Zwangs- *zW*: **~abgabe** *f* (*COMM*) compulsory levy; **~arbeit** *f* forced labour (*BRIT*) *od* labor (*US*); **~ernährung** *f* force-feeding; **~jacke** *f*

straitjacket; **~lage** *f* predicament, tight corner; **z~läufig** *adj* inevitable; **~maßnahme** *f* compulsory measure; (*POL*) sanction; **~vollstreckung** *f* execution; **~vorstellung** *f* (*PSYCH*) obsession; **z~weise** *adv* compulsorily.

zwanzig ['tsvantsɪç] *num* twenty.

zwanzigste(r, s) *adj* twentieth.

zwar [tsvaːr] *adv* to be sure, indeed; **das ist ~ ..., aber ...** that may be ... but ...; **und ~ in fact**, actually; **und ~ am Sonntag** on Sunday to be precise; **und ~ so schnell, dass ...** in fact so quickly that ...

Zweck [tsvɛk] (**-(e)s**, **-e**) *m* purpose, aim; **es hat keinen ~, darüber zu reden** there is no point (in) talking about it; **z~dienlich** *adj* practical; (*nützlich*) useful; **z~dienliche Hinweise** (any) relevant information.

Zwecke (**-, -n**) *f* hobnail; (*Heft~*) drawing pin (*BRIT*), thumbtack (*US*).

Zweck- *zW*: **z~entfremden** *vt untr* to use for another purpose; **~entfremdung** *f* misuse; **z~frei** *adj* (*Forschung etc*) pure; **z~los** *adj* pointless; **z~mäßig** *adj* suitable, appropriate; **~mäßigkeit** *f* suitability.

zwecks *präp +gen* (*form*) for (the purpose of).

zweckwidrig *adj* unsuitable.

zwei [tsvaɪ] *num* two; **Z~bettzimmer** *nt* twin-bedded room; **~deutig** *adj* ambiguous; (*unanständig*) suggestive; **Z~drittelmehrheit** *f* (*PARL*) two-thirds majority; **~eiig** *adj* (*Zwillinge*) non-identical.

zweierlei ['tsvaɪər'laɪ] *adj* two kinds *od* sorts of; **~ Stoff** two different kinds of material; **~ zu tun haben** to have two different things to do.

zweifach *adj* double.

Zweifel ['tsvaɪfəl] (**-s, -**) *m* doubt; **ich bin mir darüber im ~** I'm in two minds about it; **z~haft** *adj* doubtful, dubious; **z~los** *adj* doubtless.

zweifeln *vi*: (**an etw** *dat*) **~** to doubt (sth).

Zweifelsfall *m*: **im ~** in case of doubt.

Zweifrontenkrieg *m* war(fare) on two fronts.

Zweig [tsvaɪk] (**-(e)s, -e**) *m* branch; **~geschäft** *nt* (*COMM*) branch.

zweigleisig ['tsvaɪɡlaɪzɪç] *adj*: **~ argumentieren** to argue along two different lines.

Zweigstelle *f* branch (office).

zwei- *zW*: **~händig** *adj* two-handed; (*MUS*) for two hands; **Z~heit** *f* duality; **~hundert** *num* two hundred; **Z~kampf** *m* duel; **~mal** *adv* twice; **das lasse ich mir nicht ~mal sagen** I don't have to be told twice; **~motorig** *adj* twin-engined; **~reihig** *adj* (*Anzug*) double-breasted; **Z~samkeit** *f* togetherness; **~schneidig** *adj* (*fig*) double-edged; **Z~sitzer** (**-s, -**) *m* two-seater; **~sprachig** *adj* bilingual;

~spurig *adj* (*AUT*) two-lane;
Z~spur(tonband)gerät *nt* twin-track (tape)
recorder; **~stellig** *adj* (*Zahl*) two-digit *attrib*,
with two digits; **~stimmig** *adj* for two
voices.
zweit [tsvait] *adv*: **zu ~** (*in Paaren*) in twos.
Zweitaktmotor *m* two-stroke engine.
zweitbeste(r, s) *adj* second best.
zweite(r, s) *adj* second; **Bürger ~r Klasse**
second-class citizen(*s pl*).
zweiteilig ['tsvaitailiç] *adj* (*Buch, Film etc*) in
two parts; (*Kleidung*) two-piece.
zweitens *adv* secondly.
zweit- *zW*: **~größte(r, s)** *adj* second largest;
~klassig *adj* second-class; **~letzte(r, s)** *adj*
last but one, penultimate; **~rangig** *adj*
second-rate; **~schlüssel** *m* duplicate key;
Z~stimme *f* second vote; *siehe auch*
Erststimme.
zweitürig ['tsvaityrıç] *adj* two-door.
Zweitwagen *m* second car.
Zweitwohnung *f* second home.
zweizeilig *adj* two-lined; (*TYP: Abstand*)
double-spaced.
Zweizimmerwohnung *f* two-room(ed) flat
(*BRIT*) *od* apartment (*US*).
Zwerchfell ['tsvɛrçfɛl] *nt* diaphragm.
Zwerg(in) [tsvɛrk, 'tsvɛrgın] (*-(e)s, -e*) *m(f)*
dwarf; (*fig: Knirps*) midget; **~schule** (*umg*) *f*
village school.
Zwetsch(g)e ['tsvɛtʃ(g)ə] (*-, -n*) *f* plum.
Zwickel ['tsvıkəl] (*-s, -*) *m* gusset.
zwicken ['tsvıkən] *vt* to pinch, nip.
Zwickmühle ['tsvıkmyːlə] *f*: **in der ~ sitzen**
(*fig*) to be in a dilemma.
Zwieback ['tsviːbak] (*-(e)s, -e od -bäcke*) *m*
rusk.
Zwiebel ['tsviːbəl] (*-, -n*) *f* onion; (*Blumen~*)
bulb; **z~artig** *adj* bulbous; **~turm** *m* (tower
with an) onion dome.
Zwie- *zW*: **~gespräch** *nt* dialogue (*BRIT*), dialog
(*US*); **~licht** *nt* twilight; **ins ~licht geraten**
sein (*fig*) to appear in an unfavourable
(*BRIT*) *od* unfavorable (*US*) light; **z~lichtig**
adj shady, dubious; **~spalt** *m* conflict;
(*zwischen Menschen*) rift, gulf; **z~spältig** *adj*
(*Gefühle*) conflicting; (*Charakter*)
contradictory; **~tracht** *f* discord, dissension.
Zwilling ['tsvılıŋ] (*-s, -e*) *m* twin; **Zwillinge** *pl*
(*ASTROL*) Gemini.
zwingen ['tsvıŋən] *unreg vt* to force.
zwingend *adj* (*Grund etc*) compelling; (*logisch*
notwendig) necessary; (*Schluss, Beweis*)
conclusive.
Zwinger (*-s, -*) *m* (*Käfig*) cage; (*Hunde~*) run.
zwinkern ['tsvıŋkərn] *vi* to blink; (*absichtlich*)

to wink.
Zwirn [tsvırn] (*-(e)s, -e*) *m* thread.
zwischen ['tsvıʃən] *präp* (+*akk od dat*)
between; (*bei mehreren*) among;
Z~aufenthalt *m* stopover; **Z~bemerkung** *f*
(incidental) remark; **Z~bilanz** *f* (*COMM*)
interim balance; **~blenden** *vt* (*FILM, RUNDF,*
TV) to insert; **Z~ding** *nt* cross; **Z~dividende** *f*
interim dividend; **~durch** *adv* in between;
(*räumlich*) here and there; **Z~ergebnis** *nt*
intermediate result; **Z~fall** *m* incident;
Z~frage *f* question; **Z~größe** *f* in-between
size; **Z~handel** *m* wholesaling; **Z~händler** *m*
middleman, agent; **Z~lagerung** *f* temporary
storage; **Z~landung** *f* (*AVIAT*) stopover;
Z~lösung *f* temporary solution; **~mahlzeit** *f*
snack (*between meals*); **~menschlich** *adj*
interpersonal; **Z~prüfung** *f* intermediate
examination; **Z~raum** *m* gap, space; **Z~ruf** *m*
interjection, interruption; **Zwischenrufe** *pl*
heckling *sing*; **Z~saison** *f* low season; **Z~spiel**
nt (*THEAT, fig*) interlude; (*MUS*) intermezzo;
~staatlich *adj* interstate; (*international*)
international; **Z~station** *f* intermediate
station; **Z~stecker** *m* (*ELEK*) adapter;
Z~stück *nt* connecting piece; **Z~summe** *f*
subtotal; **Z~wand** *f* partition; **Z~zeit** *f*
interval; **in der Z~zeit** in the interim,
meanwhile; **Z~zeugnis** *nt* (*SCH*) interim
report.
Zwist [tsvıst] (*-es, -e*) *m* dispute.
zwitschern ['tsvıtʃərn] *vt, vi* to twitter, chirp;
einen ~ (*umg*) to have a drink.
Zwitter ['tsvıtər] (*-s, -*) *m* hermaphrodite.
zwo [tsvoː] *num* (*TEL, MIL*) two.
zwölf [tsvœlf] *num* twelve; **fünf Minuten vor ~**
(*fig*) at the eleventh hour.
Zwölffingerdarm (*-(e)s*) *m* duodenum.
Zyankali [tsyaːnˈkaːli] (*-s*) *nt* (*CHEM*)
potassium cyanide.
Zyklon [tsyˈkloːn] (*-s, -e*) *m* cyclone.
Zyklus ['tsyːklus] (*-, Zyklen*) *m* cycle.
Zylinder [tsiˈlındər] (*-s, -*) *m* cylinder; (*Hut*) top
hat; **z~förmig** *adj* cylindrical.
Zyniker(in) ['tsyːnikər(ın)] (*-s, -*) *m(f)* cynic.
zynisch ['tsyːnıʃ] *adj* cynical.
Zynismus [tsyˈnısmus] *m* cynicism.
Zypern ['tsyːpərn] (*-s*) *nt* Cyprus.
Zypresse [tsyˈpresə] (*-, -n*) *f* (*BOT*) cypress.
Zypriot(in) [tsypriˈoːt(ın)] (*-en, -en*) *m(f)*
Cypriot.
zypriotisch *adj* Cypriot, Cyprian.
zyprisch ['tsyːprıʃ] *adj* Cypriot, Cyprian.
Zyste ['tsystə] (*-, -n*) *f* cyst.
zz., zzt. *abk* = **zurzeit**.
z. Z(t). *abk* = **zur Zeit**.

A, a

A¹, **a** [eɪ] n (letter) A nt, a nt; (SCOL) ≈ Eins f, sehr gut nt; ~ **for Andrew**, (US) ~ **for Able** ≈ A wie Anton; ~ **road** (BRIT: AUT) Hauptverkehrsstraße f; ~ **shares** (BRIT: STOCK EXCHANGE) stimmrechtslose Aktien pl.

A² [eɪ] n (MUS) A nt, a nt.

================================ KEYWORD

a [ə] (before vowel or silent h: **an**) indef art **1** ein; (before feminine noun) eine; ~ **book** ein Buch; ~ **lamp** eine Lampe; **she's** ~ **doctor** sie ist Ärztin; **I haven't got** ~ **car** ich habe kein Auto; ~ **hundred/thousand** etc **pounds** einhundert/eintausend etc Pfund.

2 (in expressing ratios, prices etc) pro; **3** ~ **day/week** 3 pro Tag/Woche, 3 am Tag/in der Woche; **10 km an hour** 10 km pro Stunde.

────────────────────────────────

a. abbr = **acre**.

AA n abbr (BRIT: = Automobile Association) Autofahrerorganisation, ≈ ADAC m; (US: = Associate in/of Arts) akademischer Grad für Geisteswissenschaftler; (= Alcoholics Anonymous) Anonyme Alkoholiker pl, AA pl; = **anti-aircraft**.

AAA n abbr (= American Automobile Association) Autofahrerorganisation, ≈ ADAC m; (BRIT: = Amateur Athletics Association) Leichtathletikverband der Amateure.

A & R n abbr (MUS: = artists and repertoire): ~ **person** Talentsucher(in) m(f).

AAUP n abbr (= American Association of University Professors) Verband amerikanischer Universitätsprofessoren.

AB abbr (BRIT) = **able-bodied seaman**; (CANADA: = Alberta).

abaci ['æbəsaɪ] npl of **abacus**.

aback [ə'bæk] adv: **to be taken** ~ verblüfft sein.

abacus ['æbəkəs] (pl **abaci**) n Abakus m.

abandon [ə'bændən] vt verlassen; (child) aussetzen; (give up) aufgeben ♦ n (wild behaviour): **with** ~ selbstvergessen; **to** ~ **ship** das Schiff verlassen.

abandoned [ə'bændənd] adj verlassen; (child) ausgesetzt; (unrestrained) selbstvergessen.

abase [ə'beɪs] vt: **to** ~ **o.s.** sich erniedrigen; **to** ~ **o.s. so far as to do sth** sich dazu erniedrigen, etw zu tun.

abashed [ə'bæʃt] adj verlegen.

abate [ə'beɪt] vi nachlassen, sich legen.

abatement [ə'beɪtmənt] n: **noise** ~ **society** Gesellschaft f zur Lärmbekämpfung.

abattoir ['æbətwɑː*] (BRIT) n Schlachthof m.

abbey ['æbɪ] n Abtei f.

abbot ['æbət] n Abt m.

abbreviate [ə'briːvɪeɪt] vt abkürzen; (essay etc) kürzen.

abbreviation [əbriːvɪ'eɪʃən] n Abkürzung f.

ABC n abbr (= American Broadcasting Companies) Fernsehsender.

abdicate ['æbdɪkeɪt] vt verzichten auf +acc ♦ vi (monarch) abdanken.

abdication [æbdɪ'keɪʃən] n (see vb) Verzicht m; Abdankung f.

abdomen ['æbdəmen] n Unterleib m.

abdominal [æb'dɔmɪnl] adj (pain etc) Unterleibs-.

abduct [æb'dʌkt] vt entführen.

abduction [æb'dʌkʃən] n Entführung f.

Aberdonian [æbə'dəʊnɪən] adj (GEOG) Aberdeener inv ♦ n Aberdeener(in) m(f).

aberration [æbə'reɪʃən] n Anomalie f; **in a moment of mental** ~ in einem Augenblick geistiger Verwirrung.

abet [ə'bet] vt see **aid**.

abeyance [ə'beɪəns] n: **in** ~ (law) außer Kraft; (matter) ruhend.

abhor [əb'hɔː*] vt verabscheuen.

abhorrent [əb'hɔrənt] adj abscheulich.

abide [ə'baɪd] vt: **I can't** ~ **it/him** ich kann es/ihn nicht ausstehen.

▶ **abide by** vt fus sich halten an +acc.

abiding [ə'baɪdɪŋ] adj (memory, impression) bleibend.

ability [ə'bɪlɪtɪ] n Fähigkeit f; **to the best of my** ~ so gut ich es kann.

abject ['æbdʒekt] adj (poverty) bitter; (apology) demütig; (coward) erbärmlich.

ablaze [ə'bleɪz] adj in Flammen; ~ **with light**

hell erleuchtet.

able ['eɪbl] *adj* fähig; **to be ~ to do sth** etw tun können.

able-bodied ['eɪbl'bɔdɪd] *adj* kräftig; **~ seaman** (*BRIT*) Vollmatrose *m*.

ablutions [ə'bluːʃənz] *npl* Waschungen *pl*.

ably ['eɪblɪ] *adv* gekonnt.

ABM *n abbr* (= *antiballistic missile*) Anti-Raketen-Rakete *f*.

abnormal [æb'nɔːməl] *adj* abnorm; (*child*) anormal.

abnormality [æbnɔː'mælɪtɪ] *n* Abnormität *f*.

aboard [ə'bɔːd] *adv* (*NAUT, AVIAT*) an Bord ♦ *prep* an Bord +*gen*; **~ the train/bus** im Zug/Bus.

abode [ə'bəud] *n* (*LAW*): **of no fixed ~** ohne festen Wohnsitz.

abolish [ə'bɔlɪʃ] *vt* abschaffen.

abolition [æbə'lɪʃən] *n* Abschaffung *f*.

abominable [ə'bɔmɪnəbl] *adj* scheußlich.

abominably [ə'bɔmɪnəblɪ] *adv* scheußlich.

Aborigine [æbə'rɪdʒɪnɪ] *n* Ureinwohner(in) *m(f)* Australiens.

abort [ə'bɔːt] *vt* abtreiben; (*MED*: *miscarry*) fehlgebären; (*COMPUT*) abbrechen.

abortion [ə'bɔːʃən] *n* Abtreibung *f*; (*miscarriage*) Fehlgeburt *f*; **to have an ~** abtreiben lassen.

abortionist [ə'bɔːʃənɪst] *n* Abtreibungshelfer(in) *m(f)*.

abortive [ə'bɔːtɪv] *adj* misslungen.

abound [ə'baund] *vi* im Überfluss vorhanden sein; **to ~ in** *or* **with** reich sein an +*dat*.

═══════════════════ KEYWORD

about [ə'baut] *adv* **1** (*approximately*) etwa, ungefähr; **~ a hundred/thousand** *etc* etwa hundert/tausend *etc*; **at ~ 2 o'clock** etwa um 2 Uhr; **I've just ~ finished** ich bin gerade fertig.

2 (*referring to place*) herum; **to run/walk** *etc* **~** herumlaufen/-gehen *etc*; **is Paul ~?** ist Paul da?

3: to be ~ to do sth im Begriff sein, etw zu tun; **he was ~ to cry** er fing fast an zu weinen; **she was ~ to leave/wash the dishes** sie wollte gerade gehen/das Geschirr spülen

♦ *prep* **1** (*relating to*) über +*acc*; **what is it ~?** worum geht es?; (*book etc*) wovon handelt es?; **we talked ~ it** wir haben darüber geredet; **what** *or* **how ~ going to the cinema?** wollen wir ins Kino gehen?

2 (*referring to place*) um ... herum; **to walk ~ the town** durch die Stadt gehen; **her clothes were scattered ~ the room** ihre Kleider waren über das ganze Zimmer verstreut.

about-face [ə'baut'feɪs] (*US*) *n* = about-turn.

about-turn [ə'baut'təːn] (*BRIT*) *n* Kehrtwendung *f*.

above [ə'bʌv] *adv* oben; (*greater, more*) darüber ♦ *prep* über +*dat*; **to cost ~ £10** mehr als £10 kosten; **mentioned ~** oben genannt; **he's not ~ a bit of blackmail** er ist sich *dat* nicht zu gut für eine kleine Erpressung; **~ all** vor allem.

above board *adj* korrekt.

abrasion [ə'breɪʒən] *n* Abschürfung *f*.

abrasive [ə'breɪzɪv] *adj* (*substance*) Scheuer-; (*person, manner*) aggressiv.

abreast [ə'brest] *adv* nebeneinander; **three ~** zu dritt nebeneinander; **to keep ~ of** (*fig*) auf dem Laufenden bleiben mit.

abridge [ə'brɪdʒ] *vt* kürzen.

abroad [ə'brɔːd] *adv* (*be*) im Ausland; (*go*) ins Ausland; **there is a rumour ~ that ...** (*fig*) ein Gerücht geht um *or* kursiert, dass ...

abrupt [ə'brʌpt] *adj* abrupt; (*person, behaviour*) schroff.

abruptly [ə'brʌptlɪ] *adv* abrupt.

abscess ['æbsɪs] *n* Abszess *m*.

abscond [əb'skɔnd] *vi*: **to ~ with** sich davonmachen mit; **to ~ (from)** fliehen (aus).

abseil ['æbseɪl] *vi* sich abseilen.

absence ['æbsəns] *n* Abwesenheit *f*; **in the ~ of** (*person*) in Abwesenheit +*gen*; (*thing*) in Ermangelung +*gen*.

absent ['æbsənt] *adj* abwesend, nicht da ♦ *vt*: **to ~ o.s. from** fernbleiben +*dat*; **to be ~** fehlen; **to be ~ without leave** (*MIL*) sich unerlaubt von der Truppe entfernen.

absentee [æbsən'tiː] *n* Abwesende(r) *f(m)*.

absenteeism [æbsən'tiːɪzəm] *n* (*from school*) Schwänzen *nt*; (*from work*) Nichterscheinen *nt* am Arbeitsplatz.

absent-minded ['æbsənt'maɪndɪd] *adj* zerstreut.

absent-mindedly ['æbsənt'maɪndɪdlɪ] *adv* zerstreut; (*look*) abwesend.

absent-mindedness ['æbsənt'maɪndɪdnɪs] *n* Zerstreutheit *f*.

absolute ['æbsəluːt] *adj* absolut; (*power*) uneingeschränkt.

absolutely [æbsə'luːtlɪ] *adv* absolut; (*agree*) vollkommen; **~!** genau!

absolution [æbsə'luːʃən] *n* Lossprechung *f*.

absolve [əb'zɔlv] *vt*: **to ~ sb (from)** jdn lossprechen (von); (*responsibility*) jdn entbinden (von).

absorb [əb'zɔːb] *vt* aufnehmen (*also fig*); (*light, heat*) absorbieren; (*group, business*) übernehmen; **to be ~ed in a book** in ein Buch vertieft sein.

absorbent [əb'zɔːbənt] *adj* saugfähig.

absorbent cotton (*US*) *n* Watte *f*.

absorbing [əb'zɔːbɪŋ] *adj* saugfähig; (*book, film, work etc*) fesselnd.

absorption [əb'sɔːpʃən] *n* (*see vb*) Aufnahme *f*; Absorption *f*; Übernahme *f*; (*interest*) Faszination *f*.

abstain [əb'steɪn] *vi* (*voting*) sich (der Stimme) enthalten; **to ~ (from)** (*eating,* drinking etc) sich enthalten (+gen).

abstemious [əb'sti:mɪəs] adj enthaltsam.

abstention [əb'stɛnʃən] n (Stimm)enthaltung f.

abstinence ['æbstɪnəns] n Enthaltsamkeit f.

abstract ['æbstrækt] adj abstrakt ♦ n (summary) Zusammenfassung f ♦ vt: **to ~ sth (from)** (summarize) etw entnehmen (aus); (remove) etw entfernen (aus).

abstruse [æb'stru:s] adj abstrus.

absurd [əb'sɔ:d] adj absurd.

absurdity [əb'sə:dɪtɪ] n Absurdität f.

ABTA ['æbtə] n abbr (= Association of British Travel Agents) Verband der Reiseveranstalter.

Abu Dhabi ['æbu:'dɑ:bɪ] n (GEOG) Abu Dhabi nt.

abundance [ə'bʌndəns] n Reichtum m; **an ~ of** eine Fülle von; **in ~** in Hülle und Fülle.

abundant [ə'bʌndənt] adj reichlich.

abundantly [ə'bʌndəntlɪ] adv reichlich; **~ clear** völlig klar.

abuse [ə'bju:s] n (insults) Beschimpfungen pl; (ill-treatment) Misshandlung f; (misuse) Missbrauch m ♦ vt (see n) beschimpfen; misshandeln; missbrauchen; **to be open to ~** sich leicht missbrauchen lassen.

abuser [ə'bju:zə*] n (drug abuser) jd, der Drogen missbraucht; (child abuser) jd, der Kinder missbraucht oder misshandelt.

abusive [ə'bju:sɪv] adj beleidigend.

abysmal [ə'bɪzməl] adj entsetzlich; (ignorance etc) grenzenlos.

abysmally [ə'bɪzməlɪ] adv (see adj) entsetzlich; grenzenlos.

abyss [ə'bɪs] n Abgrund m.

AC abbr = **alternating current**; (US: = athletic club) ≈ SV m.

a/c abbr (BANKING etc) = **account** (= account current) Girokonto nt.

academic [ækə'dɛmɪk] adj akademisch (also pej); (work) wissenschaftlich; (person) intellektuell ♦ n Akademiker(in) m(f).

academic year n (university year) Universitätsjahr nt; (school year) Schuljahr nt.

academy [ə'kædəmɪ] n Akademie f; (school) Hochschule f; **~ of music** Musikhochschule f; **military/naval ~** Militär-/Marineakademie f.

ACAS ['eɪkæs] (BRIT) n abbr (= Advisory, Conciliation and Arbitration Service) Schlichtungsstelle für Arbeitskonflikte.

accede [æk'si:d] vi: **to ~ to** zustimmen +dat.

accelerate [æk'sɛləreɪt] vt beschleunigen ♦ vi (AUT) Gas geben.

acceleration [ækselə'reɪʃən] n Beschleunigung f.

accelerator [æk'sɛləreɪtə*] n Gaspedal nt.

accent ['æksɛnt] n Akzent m; (fig: emphasis, stress) Betonung f; **to speak with an Irish ~** mit einem irischen Akzent sprechen; **to**

have a strong ~ einen starken Akzent haben.

accentuate [æk'sɛntjueɪt] vt betonen; (need, difference etc) hervorheben.

accept [ək'sɛpt] vt annehmen; (fact, situation) sich abfinden mit; (risk) in Kauf nehmen; (responsibility) übernehmen; (blame) auf sich acc nehmen.

acceptable [ək'sɛptəbl] adj annehmbar.

acceptance [ək'sɛptəns] n Annahme f; **to meet with general ~** allgemeine Anerkennung finden.

access ['æksɛs] n Zugang m ♦ vt (COMPUT) zugreifen auf +dat; **the burglars gained ~ through a window** die Einbrecher gelangten durch ein Fenster hinein.

accessible [æk'sɛsəbl] adj erreichbar; (knowledge, art etc) zugänglich.

accession [æk'sɛʃən] n Antritt m; (of monarch) Thronbesteigung f; (to library) Neuanschaffung f.

accessory [æk'sɛsərɪ] n Zubehörteil nt; (DRESS) Accessoire nt; (LAW): **~ to** Mitschuldige(r) f(m) an +dat; **accessories** npl Zubehör nt; **toilet accessories** (BRIT) Toilettenartikel pl.

access road n Zufahrt(sstraße) f.

access time n (COMPUT) Zugriffszeit f.

accident ['æksɪdənt] n Zufall m; (mishap, disaster) Unfall m; **to meet with or to have an ~** einen Unfall haben, verunglücken; **~s at work** Arbeitsunfälle pl; **by ~** zufällig.

accidental [æksɪ'dɛntl] adj zufällig; (death, damage) Unfall-.

accidentally [æksɪ'dɛntəlɪ] adv zufällig.

accident insurance n Unfallversicherung f.

accident-prone ['æksɪdənt'prəun] adj vom Pech verfolgt.

acclaim [ə'kleɪm] n Beifall m ♦ vt: **to be ~ed for one's achievements** für seine Leistungen gefeiert werden.

acclamation [æklə'meɪʃən] n Anerkennung f; (applause) Beifall m.

acclimate [ə'klaɪmət] (US) vt = **acclimatize**.

acclimatize [ə'klaɪmətaɪz], (US) **acclimate** [ə'klaɪmət] vt: **to become ~d** sich akklimatisieren; **to become ~d to** sich gewöhnen an +acc.

accolade ['ækəleɪd] n (fig) Auszeichnung f.

accommodate [ə'kɔmədeɪt] vt unterbringen; (subj: car, hotel etc) Platz bieten +dat; (oblige, help) entgegenkommen +dat; **to ~ one's plans to** seine Pläne anpassen an +acc.

accommodating [ə'kɔmədeɪtɪŋ] adj entgegenkommend.

accommodation [əkɔmə'deɪʃən] n Unterkunft f; **accommodations** (US) npl Unterkunft f; **have you any ~?** haben Sie eine Unterkunft?; **"~ to let"** „Zimmer zu vermieten"; **they have ~ for 500** sie können 500 Personen unterbringen; **the hall has seating ~ for 600** (BRIT) in dem Saal können

600 Personen sitzen.

accompaniment [ə'kʌmpənɪmənt] *n* Begleitung *f*.

accompanist [ə'kʌmpənɪst] *n* Begleiter(in) *m(f)*.

accompany [ə'kʌmpənɪ] *vt* begleiten.

accomplice [ə'kʌmplɪs] *n* Komplize *m*, Komplizin *f*.

accomplish [ə'kʌmplɪʃ] *vt* vollenden; (*achieve*) erreichen.

accomplished [ə'kʌmplɪʃt] *adj* ausgezeichnet.

accomplishment [ə'kʌmplɪʃmənt] *n* Vollendung *f*; (*achievement*) Leistung *f*; (*skill*: *gen pl*) Fähigkeit *f*.

accord [ə'kɔːd] *n* Übereinstimmung *f*; (*treaty*) Vertrag *m* ♦ *vt* gewähren; **of his own ~** freiwillig; **with one ~** geschlossen; **to be in ~** übereinstimmen.

accordance [ə'kɔːdəns] *n*: **in ~ with** in Übereinstimmung mit.

according [ə'kɔːdɪŋ] *prep*: **~ to** zufolge +*dat*; **~ to plan** wie geplant.

accordingly [ə'kɔːdɪŋlɪ] *adv* entsprechend; (*as a result*) folglich.

accordion [ə'kɔːdɪən] *n* Akkordeon *nt*.

accost [ə'kɔst] *vt* ansprechen.

account [ə'kaunt] *n* (*COMM*: *bill*) Rechnung *f*; (*in bank, department store*) Konto *nt*; (*report*) Bericht *m*; **accounts** *npl* (*COMM*) Buchhaltung *f*; (*BOOKKEEPING*) (Geschäfts)bücher *pl*; *"~ payee only"* (*BRIT*) „nur zur Verrechnung"; **to keep an ~ of** Buch führen über +*acc*; **to bring sb to ~ for sth/for having embezzled £50,000** jdn für etw/für die Unterschlagung von £50.000 zur Rechenschaft ziehen; **by all ~s** nach allem, was man hört; **of no ~** ohne Bedeutung; **on ~** auf Kredit; **to pay £5 on ~** eine Anzahlung von £5 leisten; **on no ~** auf keinen Fall; **on ~ of** wegen +*gen*; **to take into ~, take ~ of** berücksichtigen.

▶ **account for** *vt fus* erklären; (*expenditure*) Rechenschaft ablegen für; (*represent*) ausmachen; **all the children were ~ed for** man wusste, wo alle Kinder waren; **4 people are still not ~ed for** 4 Personen werden immer noch vermisst.

accountability [ə'kauntə'bɪlɪtɪ] *n* Verantwortlichkeit *f*.

accountable [ə'kauntəbl] *adj*: **~ (to)** verantwortlich (gegenüber +*dat*); **to be held ~ for sth** für etw verantwortlich gemacht werden.

accountancy [ə'kauntənsɪ] *n* Buchhaltung *f*.

accountant [ə'kauntənt] *n* Buchhalter(in) *m(f)*.

accounting [ə'kauntɪŋ] *n* Buchhaltung *f*.

accounting period *n* Abrechnungszeitraum *m*.

account number *n* Kontonummer *f*.

accounts payable *npl* Verbindlichkeiten *pl*.

accounts receivable *npl* Forderungen *pl*.

accredited [ə'krɛdɪtɪd] *adj* anerkannt.

accretion [ə'kriːʃən] *n* Ablagerung *f*.

accrue [ə'kruː] *vi* sich ansammeln; **to ~ to** zufließen +*dat*.

accrued interest *n* aufgelaufene Zinsen *pl*.

accumulate [ə'kjuːmjuleɪt] *vt* ansammeln ♦ *vi* sich ansammeln.

accumulation [əkjuːmju'leɪʃən] *n* Ansammlung *f*.

accuracy ['ækjurəsɪ] *n* Genauigkeit *f*.

accurate ['ækjurɪt] *adj* genau.

accurately ['ækjurɪtlɪ] *adv* genau; (*answer*) richtig.

accusation [ækju'zeɪʃən] *n* Vorwurf *m*; (*instance*) Beschuldigung *f*; (*LAW*) Anklage *f*.

accusative [ə'kjuːzətɪv] *n* Akkusativ *m*.

accuse [ə'kjuːz] *vt*: **to ~ sb (of sth)** jdn (einer Sache *gen*) beschuldigen; (*LAW*) jdn (wegen etw *dat*) anklagen.

accused [ə'kjuːzd] *n* (*LAW*): **the ~** der/die Angeklagte.

accuser [ə'kjuːzə*] *n* Ankläger(in) *m(f)*.

accusing [ə'kjuːzɪŋ] *adj* anklagend.

accustom [ə'kʌstəm] *vt* gewöhnen; **to ~ o.s. to sth** sich an etw *acc* gewöhnen.

accustomed [ə'kʌstəmd] *adj* gewohnt; (*in the habit*): **~ to** gewohnt an +*acc*.

AC/DC *abbr* (= *alternating current/direct current*) WS/GS.

ACE [eɪs] *n abbr* (= *American Council on Education*) akademischer Verband für das Erziehungswesen.

ace [eɪs] *n* As *nt*.

acerbic [ə'sɜːbɪk] *adj* scharf.

acetate ['æsɪteɪt] *n* Acetat *nt*.

ache [eɪk] *n* Schmerz *m* ♦ *vi* schmerzen, wehtun; (*yearn*): **to ~ to do sth** sich danach sehnen, etw zu tun; **I've got (a) stomach ~** ich habe Magenschmerzen; **I'm aching all over** mir tut alles weh; **my head ~s** mir tut der Kopf weh.

achieve [ə'tʃiːv] *vt* (*aim, result*) erreichen; (*success*) erzielen; (*victory*) erringen.

achievement [ə'tʃiːvmənt] *n* (*act of achieving*) Erreichen *nt*; (*success, feat*) Leistung *f*.

Achilles heel [ə'kɪliːz-] *n* Achillesferse *f*.

acid ['æsɪd] *adj* sauer ♦ *n* (*CHEM*) Säure *f*; (*inf*: *LSD*) Acid *nt*.

Acid House *n* Acid House *nt*, elektronische Funk-Diskomusik.

acidic [ə'sɪdɪk] *adj* sauer.

acidity [ə'sɪdɪtɪ] *n* Säure *f*.

acid rain *n* saurer Regen *m*.

acid test *n* (*fig*) Feuerprobe *f*.

acknowledge [ək'nɒlɪdʒ] *vt* (*also*: **~ receipt of**) den Empfang +*gen* bestätigen; (*fact*) zugeben; (*situation*) zur Kenntnis nehmen; (*person*) grüßen.

acknowledgement [ək'nɒlɪdʒmənt] *n* Empfangsbestätigung *f*; **acknowledgements** *npl* (*in book*) ≈ Danksagung *f*.

ACLU *n abbr* (= *American Civil Liberties Union*) Bürgerrechtsverband.

acme ['ækmɪ] n Gipfel m, Höhepunkt m.
acne ['æknɪ] n Akne f.
acorn ['eɪkɔːn] n Eichel f.
acoustic [ə'kuːstɪk] adj akustisch.
acoustic coupler n (COMPUT)
Akustikkoppler m.
acoustics [ə'kuːstɪks] n Akustik f.
acoustic screen n Trennwand f zur
Schalldämpfung.
acquaint [ə'kweɪnt] vt: to ~ sb with sth jdn
mit etw vertraut machen; to be ~ed with
(person) bekannt sein mit; (fact) vertraut
sein mit.
acquaintance [ə'kweɪntəns] n Bekannte(r)
f(m); (with person) Bekanntschaft f; (with
subject) Kenntnis f; to make sb's ~ jds
Bekanntschaft machen.
acquiesce [ækwɪ'ɛs] vi einwilligen; to ~ (to)
(demand, arrangement, request) einwilligen
(in +acc).
acquire [ə'kwaɪə*] vt erwerben; (interest)
entwickeln; (habit) annehmen.
acquired [ə'kwaɪəd] adj erworben; whisky is
an ~ taste man muss sich an Whisky erst
gewöhnen.
acquisition [ækwɪ'zɪʃən] n (see vb) Erwerb m,
Entwicklung f, Annahme f; (thing acquired)
Errungenschaft f.
acquisitive [ə'kwɪzɪtɪv] adj habgierig; the
~ society die Erwerbsgesellschaft.
acquit [ə'kwɪt] vt freisprechen; to ~ o.s. well
seine Sache gut machen.
acquittal [ə'kwɪtl] n Freispruch m.
acre ['eɪkə*] n Morgen m.
acreage ['eɪkərɪdʒ] n Fläche f.
acrid ['ækrɪd] adj bitter; (smoke, fig) beißend.
acrimonious [ækrɪ'məunɪəs] adj bitter;
(dispute) erbittert.
acrimony ['ækrɪmənɪ] n Erbitterung f.
acrobat ['ækrəbæt] n Akrobat(in) m(f).
acrobatic [ækrə'bætɪk] adj akrobatisch.
acrobatics [ækrə'bætɪks] npl Akrobatik f.
acronym ['ækrənɪm] n Akronym nt.
Acropolis [ə'krɔpəlɪs] n: the ~ (GEOG) die
Akropolis.
across [ə'krɔs] prep über +acc; (on the other side
of) auf der anderen Seite +gen ♦ adv
(direction) hinüber, herüber; (measurement)
breit; to take sb ~ the road jdn über die
Straße bringen; a road ~ the wood eine
Straße durch den Wald; the lake is 12 km ~
der See ist 12 km breit; ~ from gegenüber
+dat; to get sth ~ (to sb) (jdm) etw
klarmachen.
acrylic [ə'krɪlɪk] adj (acid, paint, blanket) Acryl-
♦ n Acryl nt; **acrylics** npl: he paints in ~s er
malt mit Acrylfarbe.
ACT n abbr (= American College Test)
Eignungstest für Studienbewerber.
act [ækt] n Tat f; (of play) Akt m; (in a show etc)
Nummer f; (LAW) Gesetz nt ♦ vi handeln;
(behave) sich verhalten; (have effect) wirken;

(THEAT) spielen ♦ vt spielen; it's only an ~
es ist nur Schau; ~ of God (LAW) höhere
Gewalt f; to be in the ~ of doing sth dabei
sein, etw zu tun; to catch sb in the ~ jdn auf
frischer Tat ertappen; to ~ the fool (BRIT)
herumalbern; he is only ~ing er tut (doch)
nur so; to ~ as fungieren als; it ~s as a
deterrent es dient zur Abschreckung.
▶ **act on** vt: to ~ on sth (take action) auf etw
+acc hin handeln.
▶ **act out** vt (event) durchspielen; (fantasies)
zum Ausdruck bringen.
acting ['æktɪŋ] adj stellvertretend ♦ n
(profession) Schauspielkunst f; (activity)
Spielen nt; ~ in my capacity as chairman ...
in meiner Eigenschaft als Vorsitzender ...
action ['ækʃən] n Tat f; (motion) Bewegung f;
(MIL) Kampf m, Gefecht nt; (LAW) Klage f; to
bring an ~ against sb (LAW) eine Klage
gegen jdn anstrengen; killed in ~ (MIL)
gefallen; out of ~ (person) nicht
einsatzfähig; (thing) außer Betrieb; to take
~ etwas unternehmen; to put a plan into ~
einen Plan in die Tat umsetzen.
action replay n (TV) Wiederholung f.
activate ['æktɪveɪt] vt in Betrieb setzen;
(CHEM, PHYS) aktivieren.
active ['æktɪv] adj aktiv; (volcano) tätig; to
play an ~ part in sth sich aktiv an etw dat
beteiligen.
active duty (US) n (MIL) Einsatz m.
actively ['æktɪvlɪ] adv aktiv; (dislike) offen.
active partner n (COMM) aktiver Teilhaber
m.
active service (BRIT) n (MIL) Einsatz m.
active suspension n (AUT) aktives or
computergesteuertes Fahrwerk nt.
activist ['æktɪvɪst] n Aktivist(in) m(f).
activity [æk'tɪvɪtɪ] n Aktivität f; (pastime,
pursuit) Betätigung f.
activity holiday n Aktivurlaub m.
actor ['æktə*] n Schauspieler m.
actress ['æktrɪs] n Schauspielerin f.
actual ['æktjuəl] adj wirklich; (emphatic use)
eigentlich.
actually ['æktjuəlɪ] adv wirklich; (in fact)
tatsächlich; (even) sogar.
actuary ['æktjuərɪ] n Aktuar m.
actuate ['æktjueɪt] vt auslösen.
acuity [ə'kjuːɪtɪ] n Schärfe f.
acumen ['ækjumən] n Scharfsinn m; business
~ Geschäftssinn m.
acupuncture ['ækjupʌŋktʃə*] n Akupunktur f.
acute [ə'kjuːt] adj akut; (anxiety) heftig; (mind)
scharf; (person) scharfsinnig; (MATH: angle)
spitz; (LING): ~ accent Akut m.
AD adv abbr (= Anno Domini) n. Chr. ♦ n abbr
(US: MIL) = active duty.
ad [æd] (inf) n abbr = advertisement.
adage ['ædɪdʒ] n Sprichwort nt.
adamant ['ædəmənt] adj: to be ~ that ...
darauf bestehen, dass ...; to be ~ about sth

auf etw *dat* bestehen.

Adam's apple ['ædəmz-] *n* Adamsapfel *m*.

adapt [ə'dæpt] *vt* anpassen; (*novel etc*) bearbeiten ♦ *vi*: **to ~ (to)** sich anpassen (an +*acc*).

adaptability [ədæptə'bɪlɪtɪ] *n* Anpassungsfähigkeit *f*.

adaptable [ə'dæptəbl] *adj* anpassungsfähig; (*device*) vielseitig.

adaptation [ædæp'teɪʃən] *n* (*of novel etc*) Bearbeitung *f*; (*of machine etc*) Umstellung *f*.

adapter [ə'dæptə*] *n* (*ELEC*) Adapter *m*; (: *for several plugs*) Mehrfachsteckdose *f*.

adaptor [ə'dæptə*] *n* = **adapter**.

ADC *n abbr* (*MIL*) = **aide-de-camp**; (*US:* = *Aid to Dependent Children*) *Beihilfe für sozialschwache Familien.*

add [æd] *vt* hinzufügen; (*figures: also:* ~ **up**) zusammenzählen ♦ *vi*: **to ~ to** (*increase*) beitragen zu.

▶ **add on** *vt* (*amount*) dazurechnen; (*room*) anbauen.

▶ **add up** *vt* (*figures*) zusammenzählen ♦ *vi* (*fig*): **it doesn't ~ up** es ergibt keinen Sinn; **it doesn't ~ up to much** (*fig*) das ist nicht berühmt (*inf*).

addenda [ə'dendə] *npl of* **addendum**.

addendum [ə'dendəm] (*pl* **addenda**) *n* Nachtrag *m*.

adder ['ædə*] *n* Kreuzotter *f*, Viper *f*.

addict ['ædɪkt] *n* Süchtige(r) *f(m)*; (*enthusiast*) Anhänger(in) *m(f)*.

addicted [ə'dɪktɪd] *adj*: **to be ~ to drugs/drink** drogensüchtig/alkoholsüchtig sein; **to be ~ to football** (*fig*) ohne Fußball nicht mehr leben können.

addiction [ə'dɪkʃən] *n* Sucht *f*.

addictive [ə'dɪktɪv] *adj*: **to be ~** (*drug*) süchtig machen; (*activity*) zur Sucht werden können.

adding machine ['ædɪŋ-] *n* Addiermaschine *f*.

Addis Ababa ['ædɪs'æbəbə] *n* (*GEOG*) Addis Abeba *nt*.

addition [ə'dɪʃən] *n* (*adding up*) Zusammenzählen *nt*; (*thing added*) Zusatz *m*; (: *to payment, bill*) Zuschlag *m*; (: *to building*) Anbau *m*; **in ~ (to)** zusätzlich (zu).

additional [ə'dɪʃənl] *adj* zusätzlich.

additive ['ædɪtɪv] *n* Zusatz *m*.

addled ['ædld] *adj* (*BRIT: egg*) faul; (*brain*) verwirrt.

address [ə'dres] *n* Adresse *f*; (*speech*) Ansprache *f* ♦ *vt* adressieren; (*speak to: person*) ansprechen; (: *audience*) sprechen zu; **form of ~** (Form *f* der) Anrede *f*; **what form of ~ do you use for ...?** wie redet man ... an?; **absolute/relative ~** (*COMPUT*) absolute/relative Adresse; **to ~ (o.s. to)** (*problem*) sich befassen mit.

address book *n* Adressbuch *nt*.

addressee [ædre'siː] *n* Empfänger(in) *m(f)*.

Aden ['eɪdən] *n* (*GEOG*): **Gulf of ~** Golf *m* von Aden.

adenoids ['ædɪnɔɪdz] *npl* Rachenmandeln *pl*.

adept ['ædept] *adj*: **to be ~ at** gut sein in +*dat*.

adequacy ['ædɪkwəsɪ] *n* (*of resources*) Adäquatheit *f*; (*of performance, proposals etc*) Angemessenheit *f*.

adequate ['ædɪkwət] *adj* ausreichend, adäquat; (*satisfactory*) angemessen.

adequately ['ædɪkwɪtlɪ] *adv* ausreichend; (*satisfactorily*) zufrieden stellend.

adhere [əd'hɪə*] *vi*: **to ~ to** haften an +*dat*; (*fig: abide by*) sich halten an +*acc*; (: *hold to*) festhalten an +*dat*.

adhesion [əd'hiːʒən] *n* Haften *nt*, Haftung *f*.

adhesive [əd'hiːzɪv] *adj* klebend, Klebe- ♦ *n* Klebstoff *m*.

adhesive tape *n* (*BRIT*) Klebstreifen *m*; (*US: MED*) Heftpflaster *nt*.

ad hoc [æd'hɔk] *adj* (*committee, decision*) Ad-hoc- ♦ *adv* ad hoc.

ad infinitum ['ædɪnfɪ'naɪtəm] *adv* ad infinitum.

adjacent [ə'dʒeɪsənt] *adj*: **~ to** neben +*dat*.

adjective ['ædʒektɪv] *n* Adjektiv *nt*, Eigenschaftswort *nt*.

adjoin [ə'dʒɔɪn] *vt*: **the hotel ~ing the station** das Hotel neben dem Bahnhof.

adjoining [ə'dʒɔɪnɪŋ] *adj* benachbart, Neben-.

adjourn [ə'dʒɜːn] *vt* vertagen ♦ *vi* sich vertagen; **to ~ a meeting till the following week** eine Besprechung auf die nächste Woche vertagen; **they ~ed to the pub** (*BRIT: inf*) sie begaben sich in die Kneipe.

adjournment [ə'dʒɜːnmənt] *n* Unterbrechung *f*.

Adjt. *abbr* (*MIL*) = **adjutant**.

adjudicate [ə'dʒuːdɪkeɪt] *vt* (*contest*) Preisrichter sein bei; (*claim*) entscheiden ♦ *vi* entscheiden; **to ~ on** urteilen bei +*dat*.

adjudication [ədʒuːdɪ'keɪʃən] *n* Entscheidung *f*.

adjudicator [ə'dʒuːdɪkeɪtə*] *n* Schiedsrichter(in) *m(f)*; (*in contest*) Preisrichter(in) *m(f)*.

adjust [ə'dʒʌst] *vt* anpassen; (*change*) ändern; (*clothing*) zurechtrücken; (*machine etc*) einstellen; (*INSURANCE*) regulieren ♦ *vi*: **to ~ (to)** sich anpassen (an +*acc*).

adjustable [ə'dʒʌstəbl] *adj* verstellbar.

adjuster [ə'dʒʌstə*] *n see* **loss**.

adjustment [ə'dʒʌstmənt] *n* Anpassung *f*; (*to machine*) Einstellung *f*.

adjutant ['ædʒətənt] *n* Adjutant *m*.

ad-lib [æd'lɪb] *vi, vt* improvisieren ♦ *adv*: **ad lib** aus dem Stegreif.

adman ['ædmæn] (*inf: irreg: like* **man**) *n* Werbefachmann *m*.

admin ['ædmɪn] (*inf*) *n abbr* = **administration**.

administer [əd'mɪnɪstə*] *vt* (*country, department*) verwalten; (*justice*) sprechen; (*oath*) abnehmen; (*MED: drug*) verabreichen.

administration [ədmɪnɪs'treɪʃən] *n* (*management*) Verwaltung *f*; (*government*) Regierung *f*; **the A~** (*US*) die Regierung.

administrative [əd'mɪnɪstrətɪv] *adj* (*department, reform etc*) Verwaltungs-.

administrator [əd'mɪnɪstreɪtə*] *n* Verwaltungsbeamte(r) *f(m)*.

admirable ['ædmərəbl] *adj* bewundernswert.

admiral ['ædmərəl] *n* Admiral *m*.

Admiralty ['ædmərəltɪ] (*BRIT*) *n*: **the ~** (*also*: **the ~ Board**) das Marineministerium.

admiration [ædmə'reɪʃən] *n* Bewunderung *f*; **to have great ~ for sb/sth** jdn/etw sehr bewundern.

admire [əd'maɪə*] *vt* bewundern.

admirer [əd'maɪərə*] *n* (*suitor*) Verehrer *m*; (*fan*) Bewunderer *m*, Bewunderin *f*.

admiring [əd'maɪərɪŋ] *adj* bewundernd.

admissible [əd'mɪsəbl] *adj* (*evidence, as evidence*) zulässig.

admission [əd'mɪʃən] *n* (*admittance*) Zutritt *m*; (*to exhibition, night club etc*) Einlass *m*; (*to club, hospital*) Aufnahme *f*; (*entry fee*) Eintritt(spreis) *m*; (*confession*) Geständnis *nt*; **"~ free", "free ~"** „Eintritt frei"; **by his own ~** nach eigenem Eingeständnis.

admit [əd'mɪt] *vt* (*confess*) gestehen; (*permit to enter*) einlassen; (*to club, hospital*) aufnehmen; (*responsibility etc*) anerkennen; **"children not ~ted"** „kein Zutritt für Kinder"; **this ticket ~s two** diese Karte ist für zwei Personen; **I must ~ that ...** ich muss zugeben, dass ...; **to ~ defeat** sich geschlagen geben.

► **admit of** *vt fus* (*interpretation etc*) erlauben.

► **admit to** *vt fus* (*murder etc*) gestehen.

admittance [əd'mɪtəns] *n* Zutritt *m*; **"no ~"** „kein Zutritt".

admittedly [əd'mɪtɪdlɪ] *adv* zugegebenermaßen.

admonish [əd'mɒnɪʃ] *vt* ermahnen.

ad nauseam [æd'nɔːsɪæm] *adv* (*talk*) endlos; (*repeat*) bis zum Gehtnichtmehr (*inf*).

ado [ə'duː] *n*: **without (any) more ~** ohne weitere Umstände.

adolescence [ædəu'lɛsns] *n* Jugend *f*.

adolescent [ædəu'lɛsnt] *adj* heranwachsend; (*remark, behaviour*) pubertär ♦ *n* Jugendliche(r) *f(m)*.

adopt [ə'dɒpt] *vt* adoptieren; (*POL: candidate*) aufstellen; (*policy, attitude, accent*) annehmen.

adopted [ə'dɒptɪd] *adj* (*child*) adoptiert.

adoption [ə'dɒpʃən] *n* (*see vb*) Adoption *f*; Aufstellung *f*; Annahme *f*.

adoptive [ə'dɒptɪv] *adj* (*parents etc*) Adoptiv-; **~ country** Wahlheimat *f*.

adorable [ə'dɔːrəbl] *adj* entzückend.

adoration [ædə'reɪʃən] *n* (*of person*) Verehrung *f*.

adore [ə'dɔː*] *vt* (*person*) verehren; (*film, activity etc*) schwärmen für.

adoring [ə'dɔːrɪŋ] *adj* (*fans etc*) ihn/sie bewundernd; (*husband/wife*) sie/ihn innig liebend.

adoringly [ə'dɔːrɪŋlɪ] *adv* (*look, gaze*) bewundernd.

adorn [ə'dɔːn] *vt* schmücken.

adornment [ə'dɔːnmənt] *n* Schmuck *m*.

ADP *n abbr* = automatic data processing.

adrenalin [ə'drɛnəlɪn] *n* Adrenalin *nt*; **it gets the ~ going** das bringt einen in Fahrt.

Adriatic [eɪdrɪ'ætɪk] *n*: **the ~ (Sea)** (*GEOG*) die Adria, das Adriatische Meer.

adrift [ə'drɪft] *adv* (*NAUT*) treibend; (*fig*) ziellos; **to be ~** (*NAUT*) treiben; **to come ~** (*boat*) sich losmachen; (*fastening etc*) sich lösen.

adroit [ə'drɔɪt] *adj* gewandt.

adroitly [ə'drɔɪtlɪ] *adv* gewandt.

ADT (*US*) *abbr* (= *Atlantic Daylight Time*) *atlantische Sommerzeit.*

adulation [ædju'leɪʃən] *n* Verherrlichung *f*.

adult ['ædʌlt] *n* Erwachsene(r) *f(m)* ♦ *adj* erwachsen; (*animal*) ausgewachsen; (*literature etc*) für Erwachsene.

adult education *n* Erwachsenenbildung *f*.

adulterate [ə'dʌltəreɪt] *vt* verunreinigen; (*with water*) panschen.

adulterer [ə'dʌltərə*] *n* Ehebrecher *m*.

adulteress [ə'dʌltərɪs] *n* Ehebrecherin *f*.

adultery [ə'dʌltərɪ] *n* Ehebruch *m*.

adulthood ['ædʌlthud] *n* Erwachsenenalter *nt*.

advance [əd'vɑːns] *n* (*movement*) Vorrücken *nt*; (*progress*) Fortschritt *m*; (*money*) Vorschuss *m* ♦ *vt* (*money*) vorschießen; (*theory, idea*) vorbringen ♦ *vi* (*move forward*) vorrücken; (*make progress*) Fortschritte machen ♦ *adj*: **~ booking** Vorverkauf *m*; **to make ~s (to sb)** Annäherungsversuche (bei jdm) machen; **in ~** im Voraus; **to give sb ~ notice** jdm frühzeitig Bescheid sagen; **to give sb ~ warning** jdn vorwarnen.

advanced [əd'vɑːnst] *adj* (*SCOL: studies*) für Fortgeschrittene; (*country*) fortgeschritten; (*child*) weit entwickelt; (*ideas*) fortschrittlich; **~ in years** in fortgeschrittenem Alter.

advancement [əd'vɑːnsmənt] *n* (*improvement*) Förderung *f*; (*in job, rank*) Aufstieg *m*.

advantage [əd'vɑːntɪdʒ] *n* Vorteil *m*; **to take ~ of** ausnutzen; (*opportunity*) nutzen; **it's to our ~ (to)** es ist für uns von Vorteil(, wenn wir).

advantageous [ædvən'teɪdʒəs] *adj*: **~ (to)** vorteilhaft (für), von Vorteil (für).

advent ['ædvənt] *n* (*of innovation*) Aufkommen *nt*; (*REL*): **A~** Advent *m*.

Advent calendar *n* Adventskalender *m*.

adventure [əd'vɛntʃə*] *n* Abenteuer *nt*.

adventure playground *n* Abenteuerspielplatz *m*.

adventurous [əd'vɛntʃərəs] *adj* abenteuerlustig; (*bold*) mutig.

adverb ['ædvɜːb] *n* Adverb *nt*.

adversarial [ædvə'sɛərɪəl] *adj* (*relationship*) konfliktreich.

adversary ['ædvəsərɪ] *n* Widersacher(in) *m(f)*.

adverse ['ædvɜːs] *adj* ungünstig; **in ~ circumstances** unter widrigen Umständen; **~ to** ablehnend gegenüber +*dat*.

adversity [əd'vɜːsɪtɪ] *n* Widrigkeit *f*.

advert ['ædvɜːt] (*BRIT*) *n abbr* = **advertisement**.

advertise ['ædvətaɪz] *vi* (*COMM*) werben; (*in newspaper*) annoncieren, inserieren ♦ *vt* (*product, event*) werben für; (*job*) ausschreiben; **to ~ for** (*staff, accommodation etc*) (per Anzeige) suchen.

advertisement [əd'vɜːtɪsmənt] *n* (*COMM*) Werbung *f*, Reklame *f*; (*in classified ads*) Anzeige *f*, Inserat *nt*.

advertiser ['ædvətaɪzə•] *n* (*in newspaper*) Inserent(in) *m(f)*; (*on television etc*) Firma, die im Fernsehen *etc* wirbt.

advertising ['ædvətaɪzɪŋ] *n* Werbung *f*.

advertising agency *n* Werbeagentur *f*.

advertising campaign *n* Werbekampagne *f*.

advice [əd'vaɪs] *n* Rat *m*; (*notification*) Benachrichtigung *f*, Avis *m or nt* (*COMM*); **a piece of ~** ein Rat(schlag); **to ask sb for ~** jdn um Rat fragen; **to take legal ~** einen Rechtsanwalt zurate *or* zu Rate ziehen.

advice note (*BRIT*) *n* (*COMM*) Avis *m or nt*.

advisable [əd'vaɪzəbl] *adj* ratsam.

advise [əd'vaɪz] *vt* (*person*) raten +*dat*; (*company etc*) beraten; **to ~ sb of sth** jdn von etw in Kenntnis setzen; **to ~ against sth** von etw abraten; **to ~ against doing sth** davon abraten, etw zu tun; **you would be well-/ill-~d to go** Sie wären gut/schlecht beraten, wenn Sie gingen.

advisedly [əd'vaɪzɪdlɪ] *adv* bewusst.

adviser [əd'vaɪzə•] *n* Berater(in) *m(f)*.

advisor [əd'vaɪzə•] *n* = **adviser**.

advisory [əd'vaɪzərɪ] *adj* beratend, Beratungs-; **in an ~ capacity** in beratender Funktion.

advocate ['ædvəkɪt] *vt* befürworten ♦ *n* (*LAW*) (Rechts)anwalt *m*, (Rechts)anwältin *f*; (*supporter, upholder*): **~ of** Befürworter(in) *m(f)* +*gen*; **to be an ~ of sth** etw befürworten.

advt. *abbr* = **advertisement**.

AEA (*BRIT*) *n abbr* (= *Atomic Energy Authority*) britische Atomenergiebehörde.

AEC (*US*) *n abbr* (= *Atomic Energy Commission*) amerikanische Atomenergiebehörde.

AEEU (*BRIT*) *n abbr* (= *Amalgamated Engineering and Electrical Union*) Gewerkschaft der Ingenieure und Elektriker.

Aegean [iː'dʒiːən] *n*: **the ~ (Sea)** (*GEOG*) die Ägäis, das Ägäische Meer.

aegis ['iːdʒɪs] *n*: **under the ~ of** unter der Schirmherrschaft +*gen*.

aeon ['iːən] *n* Äon *m*, Ewigkeit *f*.

aerial ['ɛərɪəl] *n* Antenne *f* ♦ *adj* (*view, bombardment etc*) Luft-.

aero... ['ɛərə(u)] *pref* Luft-.

aerobatics ['ɛərəu'bætɪks] *npl* fliegerische Kunststücke *pl*.

aerobics [ɛə'rəubɪks] *n* Aerobic *nt*.

aerodrome ['ɛərədrəum] (*BRIT*) *n* Flugplatz *m*.

aerodynamic ['ɛərəudaɪ'næmɪk] *adj* aerodynamisch.

aeronautics [ɛərə'nɔːtɪks] *n* Luftfahrt *f*, Aeronautik *f*.

aeroplane ['ɛərəpleɪn] (*BRIT*) *n* Flugzeug *nt*.

aerosol ['ɛərəsɔl] *n* Sprühdose *f*.

aerospace industry ['ɛərəuspeɪs-] *n* Raumfahrtindustrie *f*.

aesthetic [iːs'θɛtɪk] *adj* ästhetisch.

aesthetically [iːs'θɛtɪklɪ] *adv* ästhetisch.

afar [ə'fɑː•] *adv*: **from ~** aus der Ferne.

AFB (*US*) *n abbr* (= *Air Force Base*) Luftwaffenstützpunkt *m*.

AFDC (*US*) *n abbr* (= *Aid to Families with Dependent Children*) Beihilfe für sozial schwache Familien.

affable ['æfəbl] *adj* umgänglich, freundlich.

affair [ə'fɛə•] *n* Angelegenheit *f*; (*romance: also*: **love ~**) Verhältnis *nt*; **affairs** *npl* Geschäfte *pl*.

affect [ə'fɛkt] *vt* (*influence*) sich auswirken auf +*acc*; (*subj: disease*) befallen; (*move deeply*) bewegen; (*concern*) betreffen; (*feign*) vortäuschen; **to be ~ed by sth** von etw beeinflusst werden.

affectation [æfɛk'teɪʃən] *n* Affektiertheit *f*.

affected [ə'fɛktɪd] *adj* affektiert.

affection [ə'fɛkʃən] *n* Zuneigung *f*.

affectionate [ə'fɛkʃənɪt] *adj* liebevoll, zärtlich; (*animal*) anhänglich.

affectionately [ə'fɛkʃənɪtlɪ] *adv* liebevoll, zärtlich.

affidavit [æfɪ'deɪvɪt] *n* (*LAW*) eidesstattliche Erklärung *f*.

affiliated [ə'fɪlɪeɪtɪd] *adj* angeschlossen.

affinity [ə'fɪnɪtɪ] *n*: **to have an ~ with** *or* **for** sich verbunden fühlen mit; (*resemblance*): **to have an ~ with** verwandt sein mit.

affirm [ə'fɜːm] *vt* versichern; (*profess*) sich bekennen zu.

affirmation [æfə'meɪʃən] *n* (*of facts*) Bestätigung *f*; (*of beliefs*) Bekenntnis *nt*.

affirmative [ə'fɜːmətɪv] *adj* bejahend ♦ *n*: **to reply in the ~** mit "Ja" antworten.

affix [ə'fɪks] *vt* aufkleben.

afflict [ə'flɪkt] *vt* quälen; (*misfortune*) heimsuchen.

affliction [ə'flɪkʃən] *n* Leiden *nt*.

affluence ['æfluəns] *n* Wohlstand *m*.

affluent ['æfluənt] *adj* wohlhabend; **the ~ society** die Wohlstandsgesellschaft.

afford [ə'fɔːd] *vt* sich *dat* leisten; (*time*) aufbringen; (*provide*) bieten; **can we ~ a car?** können wir uns ein Auto leisten?; **I can't ~ the time** ich habe einfach nicht die Zeit.

affordable [ə'fɔːdəbl] *adj* erschwinglich.

affray [ə'freɪ] (*BRIT*) *n* Schlägerei *f*.

affront [ə'frʌnt] *n* Beleidigung *f*.

affronted [ə'frʌntɪd] *adj* beleidigt.

Afghan ['æfgæn] *adj* afghanisch ♦ *n* Afghane *m*, Afghanin *f*.

Afghanistan [æf'gænɪstæn] *n* Afghanistan *nt*.

afield [ə'fiːld] *adv*: far ~ weit fort; **from far** ~ aus weiter Ferne.

AFL-CIO *n abbr* (= *American Federation of Labor and Congress of Industrial Organizations*) amerikanischer Gewerkschafts-Dachverband.

afloat [ə'fləut] *adv* auf dem Wasser ♦ *adj*: **to be** ~ schwimmen; **to stay** ~ sich über Wasser halten; **to keep/get a business** ~ ein Geschäft über Wasser halten/auf die Beine stellen.

afoot [ə'fut] *adv*: **there is something** ~ da ist etwas im Gang.

aforementioned [ə'fɔːmɛnʃənd] *adj* oben erwähnt.

aforesaid [ə'fɔːsɛd] *adj* = **aforementioned**.

afraid [ə'freɪd] *adj* ängstlich; **to be** ~ **of** Angst haben vor +*dat*; **to be** ~ **of doing sth** *or* **to do sth** Angst davor haben, etw zu tun; **I am** ~ **that** ... leider ...; **I am** ~ **so/not** leider ja/nein.

afresh [ə'frɛʃ] *adv* von neuem, neu.

Africa ['æfrɪkə] *n* Afrika *nt*.

African ['æfrɪkən] *adj* afrikanisch ♦ *n* Afrikaner(in) *m(f)*.

Afrikaans [æfrɪ'kɑːns] *n* Afrikaans *nt*.

Afrikaner [æfrɪ'kɑːnə*] *n* Afrika(a)nder(in) *m(f)*.

Afro-American ['æfrəuə'merɪkən] *adj* afroamerikanisch.

AFT (*US*) *n abbr* (= *American Federation of Teachers*) *Lehrergewerkschaft*.

aft [ɑːft] *adv* (*be*) achtern; (*go*) nach achtern.

after ['ɑːftə*] *prep* nach +*dat*; (*of place*) hinter +*dat* ♦ *adv* danach ♦ *conj* nachdem; ~ **dinner** nach dem Essen; **the day** ~ **tomorrow** übermorgen; **what are you** ~? was willst du; **who are you** ~? wen suchst du?; **the police are** ~ **him** die Polizei ist hinter ihm her; **to name sb** ~ **sb** jdn nach jdm nennen; **it's twenty** ~ **eight** (*US*) es ist zwanzig nach acht; **to ask** ~ **sb** nach jdm fragen; ~ **all** schließlich; ~ **you!** nach Ihnen!; ~ **he left** nachdem er gegangen war; ~ **having shaved** nachdem er sich rasiert hatte.

afterbirth ['ɑːftəbəːθ] *n* Nachgeburt *f*.

aftercare ['ɑːftəkɛə*] (*BRIT*) *n* Nachbehandlung *f*.

aftereffects ['ɑːftərɪfɛkts] *npl* Nachwirkungen *pl*.

afterlife ['ɑːftəlaɪf] *n* Leben *nt* nach dem Tod.

aftermath ['ɑːftəmɑːθ] *n* Auswirkungen *pl*; **in the** ~ **of** nach +*dat*.

afternoon ['ɑːftə'nuːn] *n* Nachmittag *m*.

afters ['ɑːftəz] (*BRIT: inf*) *n* Nachtisch *m*.

after-sales service [ɑːftə'seɪlz-] (*BRIT*) *n* Kundendienst *m*.

aftershave (lotion) ['ɑːftəʃeɪv-] *n* Rasierwasser *nt*.

aftershock ['ɑːftəʃɔk] *n* Nachbeben *nt*.

aftersun ['ɑːftəsʌn] *n* After-Sun-Lotion *f*.

aftertaste ['ɑːftəteɪst] *n* Nachgeschmack *m*.

afterthought ['ɑːftəθɔːt] *n*: **as an** ~ nachträglich; **I had an** ~ mir ist noch etwas eingefallen.

afterwards, (*US*) **afterward** ['ɑːftəwəd(z)] *adv* danach.

again [ə'gɛn] *adv* (*once more*) noch einmal; (*repeatedly*) wieder; **not him** ~! nicht schon wieder er!; **to do sth** ~ etw noch einmal tun; **to begin** ~ noch einmal anfangen; **to see** ~ wieder sehen; **he's opened it** ~ er hat er schon wieder geöffnet; ~ **and** ~ immer wieder; **now and** ~ ab und zu, hin und wieder.

against [ə'gɛnst] *prep* gegen +*acc*; (*leaning on*) an +*acc*; (*compared to*) gegenüber +*dat*; ~ **a blue background** vor einem blauen Hintergrund; **(as)** ~ gegenüber +*dat*.

age [eɪdʒ] *n* Alter *nt*; (*period*) Zeitalter *nt* ♦ *vi* altern, alt werden ♦ *vt* alt machen; **what** ~ **is he?** wie alt ist er?; **20 years of** ~ 20 Jahre alt; **under** ~ minderjährig; **to come of** ~ mündig werden; **it's been** ~**s since** ... es ist ewig her, seit ...

aged¹ [eɪdʒd] *adj*: ~ **ten** zehn Jahre alt, zehnjährig.

aged² ['eɪdʒɪd] *npl*: **the** ~ die Alten *pl*.

age group *n* Altersgruppe *f*; **the 40 to 50** ~ die Gruppe der Vierzig- bis Fünfzigjährigen.

ageing ['eɪdʒɪŋ] *adj* (*person, population*) alternd; (*thing*) älter werdend; (*system, technology*) veraltend.

ageless ['eɪdʒlɪs] *adj* zeitlos.

age limit *n* Altersgrenze *f*.

agency ['eɪdʒənsɪ] *n* Agentur *f*; (*government body*) Behörde *f*; **through** *or* **by the** ~ **of** durch die Vermittlung von.

agenda [ə'dʒɛndə] *n* Tagesordnung *f*.

agent ['eɪdʒənt] *n* (*COMM*) Vertreter(in) *m(f)*; (*representative, spy*) Agent(in) *m(f)*; (*CHEM*) Mittel *nt*; (*fig*) Kraft *f*.

aggravate ['æɡrəveɪt] *vt* verschlimmern; (*inf: annoy*) ärgern.

aggravating ['æɡrəveɪtɪŋ] (*inf*) *adj* ärgerlich.

aggravation [æɡrə'veɪʃən] (*inf*) *n* Ärger *m*.

aggregate ['æɡrɪɡɪt] *n* Gesamtmenge *f* ♦ *vt* zusammenzählen; **on** ~ (*SPORT*) nach Toren.

aggression [ə'ɡrɛʃən] *n* Aggression *f*.

aggressive [ə'ɡrɛsɪv] *adj* aggressiv.

aggressiveness [ə'ɡrɛsɪvnɪs] *n* Aggressivität *f*.

aggressor [ə'ɡrɛsə*] *n* Aggressor(in) *m(f)*, Angreifer(in) *m(f)*.

aggrieved [ə'ɡriːvd] *adj* verärgert.

aggro ['æɡrəu] (*BRIT: inf*) *n* (*hassle*) Ärger *m*, Theater *nt*; (*aggressive behaviour*) Aggressivität *f*.

aghast [ə'gɑːst] adj entsetzt.

agile ['ædʒaɪl] adj beweglich, wendig.

agility [ə'dʒɪlɪtɪ] n Beweglichkeit f, Wendigkeit f; (of mind) (geistige) Beweglichkeit f.

agitate ['ædʒɪteɪt] vt aufregen; (liquid: stir) aufrühren; (: shake) schütteln ♦ vi: to ~ for/ against sth für/gegen etw agitieren.

agitated ['ædʒɪteɪtɪd] adj aufgeregt.

agitator ['ædʒɪteɪtəʳ] n Agitator(in) m(f).

AGM n abbr (= annual general meeting) JHV f.

agnostic [æg'nɒstɪk] n Agnostiker(in) m(f).

ago [ə'gəʊ] adv: **2 days** ~ vor 2 Tagen; **not long** ~ vor kurzem; **as long** ~ **as 1960** schon 1960; **how long** ~? wie lange ist das her?

agog [ə'gɒg] adj gespannt.

agonize ['ægənaɪz] vi: **to** ~ **over sth** sich dat den Kopf über etw acc zermartern.

agonizing ['ægənaɪzɪŋ] adj qualvoll; (pain etc) quälend.

agony ['ægənɪ] n (pain) Schmerz m; (torment) Qual f; **to be in** ~ Qualen leiden.

agony aunt (BRIT: inf) n Briefkastentante f.

agony column n Kummerkasten m.

agree [ə'griː] vt (price, date) vereinbaren ♦ vi übereinstimmen; (consent) zustimmen; **to** ~ **with sb** (subj: person) jdm zustimmen; (: food) jdm bekommen; **to** ~ **to sth** einer Sache dat zustimmen; **to** ~ **to do sth** sich bereit erklären, etw zu tun; **to** ~ **on sth** sich auf etw acc einigen; **to** ~ **that** (admit) zugeben, dass; **garlic doesn't** ~ **with me** Knoblauch vertrage ich nicht; **it was** ~**d that** ... es wurde beschlossen, dass ...; **they** ~**d on this** sie haben sich in diesem Punkt geeinigt; **they** ~**d on going** sie einigten sich darauf, zu gehen; **they** ~**d on a price** sie vereinbarten einen Preis.

agreeable [ə'griːəbl] adj angenehm; (willing) einverstanden; **are you** ~ **to this?** sind Sie hiermit einverstanden?

agreed [ə'griːd] adj vereinbart; **to be** ~ sich dat einig sein.

agreement [ə'griːmənt] n (concurrence) Übereinstimmung f; (consent) Zustimmung f; (arrangement) Abmachung f; (contract) Vertrag m; **to be in** ~ **(with sb)** (mit jdm) einer Meinung sein; **by mutual** ~ in gegenseitigem Einverständnis.

agricultural [ægrɪ'kʌltʃərəl] adj landwirtschaftlich; (show) Landwirtschafts-.

agriculture ['ægrɪkʌltʃəʳ] n Landwirtschaft f.

aground [ə'graʊnd] adv: **to run** ~ auf Grund laufen.

ahead [ə'hɛd] adv vor uns/ihnen etc; ~ **of** (in advance of) vor +dat; **to be** ~ **of sb** (in progress, ranking) vor jdm liegen; **to be** ~ **of schedule** schneller als geplant vorankommen; ~ **of time** zeitlich voraus; **to arrive** ~ **of time** zu früh ankommen; **go right** or **straight** ~ gehen/fahren Sie geradeaus;

go ~! (fig) machen Sie nur!, nur zu!; **they were (right)** ~ **of us** sie waren (genau) vor uns.

AI n abbr (= Amnesty International) AI no art; (COMPUT) = **artificial intelligence.**

AIB (BRIT) n abbr (= Accident Investigation Bureau) Untersuchungsstelle für Unglücksfälle.

AID n abbr (= artificial insemination by donor) künstliche Besamung durch Samenspender; (US: = Agency for International Development) Abteilung zur Koordination von Entwicklungshilfe und Außenpolitik.

aid [eɪd] n Hilfe f; (to less developed country) Entwicklungshilfe f; (device) Hilfsmittel nt ♦ vt (help) helfen, unterstützen; **with the** ~ **of** mit Hilfe von; **in** ~ **of** zugunsten or zu Gunsten +gen; **to** ~ **and abet** Beihilfe leisten; see also **hearing aid.**

aide [eɪd] n Berater(in) m(f); (MIL) Adjutant m.

aide-de-camp ['eɪddə'kɒŋ] n (MIL) Adjutant m.

AIDS [eɪdz] n abbr (= acquired immune deficiency syndrome) AIDS nt.

AIH n abbr (= artificial insemination by husband) künstliche Besamung durch den Ehemann/ Partner.

ailing ['eɪlɪŋ] adj kränklich; (economy, industry etc) krank.

ailment ['eɪlmənt] n Leiden nt.

aim [eɪm] vt: **to** ~ **at** (gun, missile, camera) richten auf +acc; (blow) zielen auf +acc; (remark) richten an +acc ♦ vi (also: **take** ~) zielen ♦ n (objective) Ziel nt; (in shooting) Zielsicherheit f; **to** ~ **at** zielen auf +acc; (objective) anstreben +acc; **to** ~ **to do sth** vorhaben, etw zu tun.

aimless ['eɪmlɪs] adj ziellos.

aimlessly ['eɪmlɪslɪ] adv ziellos.

ain't [eɪnt] (inf) = **am not**; = **aren't**; = **isn't.**

air [ɛəʳ] n Luft f; (tune) Melodie f; (appearance) Auftreten nt; (demeanour) Haltung f; (of house etc) Atmosphäre f ♦ vt lüften; (grievances, views) Luft machen +dat; (knowledge) zur Schau stellen; (ideas) darlegen ♦ cpd Luft-; **into the** ~ in die Luft; **by** ~ mit dem Flugzeug; **to be on the** ~ (RADIO, TV: programme) gesendet werden; (: station) senden; (: person) auf Sendung sein.

air base n Luftwaffenstützpunkt m.

air bed (BRIT) n Luftmatratze f.

airborne ['ɛəbɔːn] adj in der Luft; (plane, particles) in der Luft befindlich; (troops) Luftlande-.

air cargo n Luftfracht f.

air-conditioned ['ɛəkən'dɪʃənd] adj klimatisiert.

air conditioning n Klimaanlage f.

air-cooled ['ɛəkuːld] adj (engine) luftgekühlt.

aircraft ['ɛəkrɑːft] n inv Flugzeug nt.

aircraft carrier n Flugzeugträger m.

air cushion n Luftkissen nt.

airfield ['ɛəfiːld] n Flugplatz m.
Air Force n Luftwaffe f.
air freight n Luftfracht f.
air freshener n Raumspray nt.
air gun n Luftgewehr nt.
air hostess (BRIT) n Stewardess f.
airily ['ɛərɪlɪ] adv leichtfertig.
airing ['ɛərɪŋ] n: **to give an ~ to** (fig: ideas) darlegen; (: views) Luft machen +dat.
air letter (BRIT) n Luftpostbrief m.
airlift ['ɛəlɪft] n Luftbrücke f.
airline ['ɛəlaɪn] n Fluggesellschaft f.
airliner ['ɛəlaɪnə*] n Verkehrsflugzeug nt.
airlock ['ɛəlɔk] n (in pipe etc) Luftblase f; (compartment) Luftschleuse f.
air mail n: **by ~** per or mit Luftpost.
air mattress n Luftmatratze f.
airplane ['ɛəpleɪn] (US) n Flugzeug nt.
air pocket n Luftloch nt.
airport ['ɛəpɔːt] n Flughafen m.
air raid n Luftangriff m.
air rifle n Luftgewehr nt.
airsick ['ɛəsɪk] adj luftkrank.
airspace ['ɛəspeɪs] n Luftraum m.
airspeed ['ɛəspiːd] n Fluggeschwindigkeit f.
airstrip ['ɛəstrɪp] n Start-und-Lande-Bahn f.
air terminal n Terminal m or nt.
airtight ['ɛətaɪt] adj luftdicht.
airtime ['ɛətaɪm] n (RADIO, TV) Sendezeit f.
air-traffic control ['ɛətræfɪk-] n Flugsicherung f.
air-traffic controller ['ɛətræfɪk-] n Fluglotse m.
air waybill n Luftfrachtbrief m.
airy ['ɛərɪ] adj luftig; (casual) lässig.
aisle [aɪl] n Gang m; (section of church) Seitenschiff nt.
aisle seat n Sitz m am Gang.
ajar [ə'dʒɑː*] adj angelehnt.
AK (US) abbr (POST: = Alaska).
a.k.a. abbr (= also known as) alias.
akin [ə'kɪn] adj: **~ to** ähnlich +dat.
AL (US) abbr (POST: = Alabama).
ALA n abbr (= American Library Association) akademischer Verband für das Bibliothekswesen.
Ala. (US) abbr (POST: = Alabama).
alabaster ['æləbɑːstə*] n Alabaster m.
à la carte adv à la carte.
alacrity [ə'lækrɪtɪ] n Bereitwilligkeit f; **with ~** ohne zu zögern.
alarm [ə'lɑːm] n (anxiety) Besorgnis f; (in shop, bank) Alarmanlage f ♦ vt (worry) beunruhigen; (frighten) erschrecken.
alarm call n Weckruf m.
alarm clock n Wecker m.
alarmed [ə'lɑːmd] adj beunruhigt; **don't be ~** erschrecken Sie nicht.
alarming [ə'lɑːmɪŋ] adj (worrying) beunruhigend; (frightening) erschreckend.
alarmingly [ə'lɑːmɪŋlɪ] adv erschreckend.
alarmist [ə'lɑːmɪst] n Panikmacher(in) m(f).

alas [ə'læs] excl leider.
Alaska [ə'læskə] n Alaska nt.
Albania [æl'beɪnɪə] n Albanien nt.
Albanian [æl'beɪnɪən] adj albanisch ♦ n (LING) Albanisch nt.
albatross ['ælbətrɔs] n Albatros m.
albeit [ɔːl'biːɪt] conj wenn auch.
album ['ælbəm] n Album nt.
albumen ['ælbjumɪn] n Albumen nt.
alchemy ['ælkɪmɪ] n Alchimie f, Alchemie f.
alcohol ['ælkəhɔl] n Alkohol m.
alcoholic [ælkə'hɔlɪk] adj alkoholisch ♦ n Alkoholiker(in) m(f).
alcoholism ['ælkəhɔlɪzəm] n Alkoholismus m.
alcove ['ælkəuv] n Alkoven m, Nische f.
Ald. abbr = **alderman.**
alderman ['ɔːldəmən] (irreg: like man) n ≈ Stadtrat m.
ale [eɪl] n Ale nt.
alert [ə'lɜːt] adj aufmerksam ♦ n Alarm m ♦ vt alarmieren; **to be ~ to** (danger, opportunity) sich dat bewusst sein +gen; **to be on the ~** wachsam sein; **to ~ sb (to sth)** jdn (vor etw dat) warnen.
Aleutian Islands [ə'luːʃən-] npl Aleuten pl.
A level (BRIT) n ≈ Abschluss m der Sekundarstufe 2, Abitur nt.
Alexandria [ælɪg'zɑːndrɪə] n Alexandria nt.
alfresco [æl'freskəu] adj, adv im Freien.
algebra ['ældʒɪbrə] n Algebra f.
Algeria [æl'dʒɪərɪə] n Algerien nt.
Algerian [æl'dʒɪərɪən] adj algerisch ♦ n Algerier(in) m(f).
Algiers [æl'dʒɪəz] n Algier nt.
algorithm ['ælgərɪðəm] n (MATH) Algorithmus m.
alias ['eɪlɪəs] adv alias ♦ n Deckname m.
alibi ['ælɪbaɪ] n Alibi nt.
alien ['eɪlɪən] n Ausländer(in) m(f); (extraterrestrial) außerirdisches Wesen nt ♦ adj: **~ (to)** fremd (+dat).
alienate ['eɪlɪəneɪt] vt entfremden; (antagonize) befremden.
alienation [eɪlɪə'neɪʃən] n Entfremdung f.
alight [ə'laɪt] adj brennend; (eyes, expression) leuchtend ♦ vi (bird) sich niederlassen; (passenger) aussteigen.
align [ə'laɪn] vt ausrichten.
alignment [ə'laɪnmənt] n Ausrichtung f; **it's out of ~ (with)** es ist nicht richtig ausgerichtet (nach).
alike [ə'laɪk] adj ähnlich ♦ adv (similarly) ähnlich; (equally) gleich; **to look ~** sich dat ähnlich sehen; **winter and summer ~** Sommer wie Winter.
alimony ['ælɪmənɪ] n Unterhalt m.
alive [ə'laɪv] adj (living) lebend; (lively) lebendig; (active) lebhaft; **~ with** erfüllt von; **to be ~ to sth** sich dat einer Sache gen bewusst sein.
alkali ['ælkəlaɪ] n Base f, Lauge f.
alkaline ['ælkəlaɪn] adj basisch, alkalisch.

===================== *KEYWORD*

all [ɔːl] *adj* alle(r, s); ~ **day/night** den ganzen Tag/die ganze Nacht (über); ~ **men are equal** alle Menschen sind gleich; ~ **five came** alle fünf kamen; ~ **the books** die ganzen Bücher, alle Bücher; ~ **the food** das ganze Essen; ~ **the time** die ganze Zeit (über); ~ **his life** sein ganzes Leben (lang) ♦ *pron* **1** alles; **I ate it** ~, **I ate** ~ **of it** ich habe alles gegessen; ~ **of us/the boys went** wir alle/alle Jungen gingen; **we** ~ **sat down** wir setzten uns alle; **is that** ~**?** ist das alles?; (*in shop*) sonst noch etwas?

2 (*in phrases*): **above** ~ vor allem; **after** ~ schließlich; ~ **in** ~ alles in allem ♦ *adv* ganz; ~ **alone** ganz allein; **it's not as hard as** ~ **that** so schwer ist es nun auch wieder nicht; ~ **the more/the better** um so mehr/besser; ~ **but** (*all except for*) alle außer; (*almost*) fast; **the score is 2** ~ der Spielstand ist 2 zu 2.

allay [ə'leɪ] *vt* (*fears*) zerstreuen.
all clear *n* Entwarnung *f*.
allegation [ælɪ'geɪʃən] *n* Behauptung *f*.
allege [ə'lɛdʒ] *vt* behaupten; **he is** ~**d to have said that ...** er soll angeblich gesagt haben, dass ...
alleged [ə'lɛdʒd] *adj* angeblich.
allegedly [ə'lɛdʒɪdlɪ] *adv* angeblich.
allegiance [ə'liːdʒəns] *n* Treue *f*.
allegory ['ælɪgərɪ] *n* Allegorie *f*.
all-embracing ['ɔːlɪm'breɪsɪŋ] *adj* (all)umfassend.
allergic [ə'lɜːdʒɪk] *adj* (*rash, reaction*) allergisch; (*person*): ~ **to** allergisch gegen.
allergy ['ælədʒɪ] *n* Allergie *f*.
alleviate [ə'liːvɪeɪt] *vt* lindern.
alley ['ælɪ] *n* Gasse *f*.
alleyway ['ælɪweɪ] *n* Durchgang *m*.
alliance [ə'laɪəns] *n* Bündnis *nt*.
allied ['ælaɪd] *adj* verbündet, alliiert; (*products, industries*) verwandt.
alligator ['ælɪgeɪtə*] *n* Alligator *m*.
all-important ['ɔːlɪm'pɔːtənt] *adj* entscheidend, äußerst wichtig.
all in (*BRIT*) *adv* inklusive.
all-in ['ɔːlɪn] (*BRIT*) *adj* (*price*) Inklusiv-.
all-in wrestling *n* (*esp BRIT*) Freistilringen *nt*.
alliteration [əlɪtə'reɪʃən] *n* Alliteration *f*.
all-night ['ɔːl'naɪt] *adj* (*café, cinema*) die ganze Nacht geöffnet; (*party*) die ganze Nacht dauernd.
allocate ['æləkeɪt] *vt* zuteilen.
allocation [æləʊ'keɪʃən] *n* Verteilung *f*; (*of money, resources*) Zuteilung *f*.
allot [ə'lɒt] *vt*: **to** ~ **(to)** zuteilen (+*dat*); **in the** ~**ed time** in der vorgesehenen Zeit.
allotment [ə'lɒtmənt] *n* (*share*) Anteil *m*; (*garden*) Schrebergarten *m*.
all-out ['ɔːl'aʊt] *adj* (*effort, dedication etc*)

äußerste(r, s); (*strike*) total ♦ *adv*: **all out** mit aller Kraft; **to go all out for** sein Letztes or Äußerstes geben für.
allow [ə'laʊ] *vt* erlauben; (*behaviour*) zulassen; (*sum, time*) einplanen; (*claim, goal*) anerkennen; (*concede*): **to** ~ **that** annehmen, dass; **to** ~ **sb to do sth** jdm erlauben, etw zu tun; **he is** ~**ed to ...** er darf ...; **smoking is not** ~**ed** Rauchen ist nicht gestattet; **we must** ~ **3 days for the journey** wir müssen für die Reise 3 Tage einplanen.
▶ **allow for** *vt fus* einplanen, berücksichtigen.
allowance [ə'laʊəns] *n* finanzielle Unterstützung *f*; (*welfare payment*) Beihilfe *f*; (*pocket money*) Taschengeld *nt*; (*tax allowance*) Freibetrag *m*; **to make** ~**s for** (*person*) Zugeständnisse machen für; (*thing*) berücksichtigen.
alloy ['ælɔɪ] *n* Legierung *f*.
all right *adv* (*well*) gut; (*correctly*) richtig; (*as answer*) okay, in Ordnung.
all-rounder [ɔːl'raʊndə*] *n* Allrounder *m*; (*athlete etc*) Allroundsportler(in) *m(f)*.
allspice ['ɔːlspaɪs] *n* Piment *m or nt*.
all-time ['ɔːl'taɪm] *adj* aller Zeiten.
allude [ə'luːd] *vi*: **to** ~ **to** anspielen auf +*acc*.
alluring [ə'ljʊərɪŋ] *adj* verführerisch.
allusion [ə'luːʒən] *n* Anspielung *f*.
alluvium [ə'luːvɪəm] *n* Anschwemmung *f*.
ally ['ælaɪ] *n* Verbündete(r) *f(m)*; (*during wars*) Alliierte(r) *f(m)* ♦ *vt*: **to** ~ **o.s. with** sich verbünden mit.
almighty [ɔːl'maɪtɪ] *adj* allmächtig; (*tremendous*) mächtig.
almond ['ɑːmənd] *n* Mandel *f*; (*tree*) Mandelbaum *m*.
almost ['ɔːlməʊst] *adv* fast, beinahe; **he** ~ **fell** er wäre beinahe gefallen.
alms [ɑːmz] *npl* Almosen *pl*.
aloft [ə'lɒft] *adv* (*hold, carry*) empor.
alone [ə'ləʊn] *adj, adv* allein; **to leave sb** ~ jdn in Ruhe lassen; **to leave sth** ~ die Finger von etw lassen; **let** ~ **...** geschweige denn ...
along [ə'lɒŋ] *prep* entlang +*acc* ♦ *adv*: **is he coming** ~ **with us?** kommt er mit?; **he was hopping/limping** ~ er hüpfte/humpelte daher; ~ **with** (*together with*) zusammen mit; **all** ~ (*all the time*) die ganze Zeit.
alongside [ə'lɒŋ'saɪd] *prep* neben +*dat*; (*ship*) längsseits +*gen* ♦ *adv* (*come*) nebendran; (*be*) daneben; **we brought our boat** ~ wir brachten unser Boot heran; **a car drew up** ~ ein Auto fuhr neben mich/ihn *etc* heran.
aloof [ə'luːf] *adj* unnahbar ♦ *adv*: **to stand** ~ abseits stehen.
aloofness [ə'luːfnɪs] *n* Unnahbarkeit *f*.
aloud [ə'laʊd] *adv* laut.
alphabet ['ælfəbɛt] *n* Alphabet *nt*.
alphabetical [ælfə'bɛtɪkl] *adj* alphabetisch; **in** ~ **order** in alphabetischer Reihenfolge.
alphanumeric ['ælfənjuː'mɛrɪk] *adj* alphanumerisch.

alpine ['ælpaɪn] *adj* alpin, Alpen-.

Alps [ælps] *npl*: **the** ~ die Alpen.

already [ɔːl'rɛdɪ] *adv* schon.

alright ['ɔːl'raɪt] (*BRIT*) *adv* = **all right**.

Alsace ['ælsæs] *n* Elsass *nt*.

Alsatian [æl'seɪʃən] (*BRIT*) *n* (*dog*) Schäferhund *m*.

also ['ɔːlsəu] *adv* (*too*) auch; (*moreover*) außerdem.

altar ['ɔltə*] *n* Altar *m*.

alter ['ɔltə*] *vt* ändern; (*clothes*) umändern ♦ *vi* sich (ver)ändern.

alteration [ɔltə'reɪʃən] *n* Änderung *f*; (*to clothes*) Umänderung *f*; (*to building*) Umbau *m*; **alterations** *npl* (*SEWING*) Änderungen *pl*; (*ARCHIT*) Umbau *m*.

altercation [ɔltə'keɪʃən] *n* Auseinandersetzung *f*.

alternate [*adj* ɔl'tɜːnɪt, *vi* 'ɔltəneɪt] *adj* abwechselnd; (*US*: *alternative*: *plans etc*) Alternativ- ♦ *vi*: **to** ~ **(with)** sich abwechseln (mit); **on** ~ **days** jeden zweiten Tag.

alternately [ɔl'tɜːnɪtlɪ] *adv* abwechselnd.

alternating current ['ɔltə:neɪtɪŋ-] *n* Wechselstrom *m*.

alternative [ɔl'tɜːnətɪv] *adj* alternativ; (*solution etc*) Alternativ- ♦ *n* Alternative *f*.

alternative energy *n* Alternativenergie *f*.

alternatively [ɔl'tɜːnətɪvlɪ] *adv*: ~ **one could ...** oder man könnte ...

alternative medicine *n* Alternativmedizin *f*.

alternative society *n* Alternativgesellschaft *f*.

alternator ['ɔltə:neɪtə*] *n* (*AUT*) Lichtmaschine *f*.

although [ɔːl'ðəu] *conj* obwohl.

altitude ['æltɪtjuːd] *n* Höhe *f*.

alto ['æltəu] *n* Alt *m*.

altogether [ɔːltə'gɛðə*] *adv* ganz; (*on the whole, in all*) im Ganzen, insgesamt; **how much is that** ~**?** was macht das zusammen?

altruism ['æltruɪzəm] *n* Altruismus *m*.

altruistic [æltru'ɪstɪk] *adj* uneigennützig, altruistisch.

aluminium [ælju'mɪnɪəm], (*US*) **aluminum** [ə'luːmɪnəm] *n* Aluminium *nt*.

always ['ɔːlweɪz] *adv* immer; **we can** ~ **...** (*if all else fails*) wir können ja auch ...

Alzheimer's (disease) *n* (*MED*) Alzheimerkrankheit *f*.

AM *abbr* (= *amplitude modulation*) AM, ≈ MW.

am [æm] *vb see* **be**.

a.m. *adv abbr* (= *ante meridiem*) morgens; (*later*) vormittags.

AMA *n abbr* (= *American Medical Association*) Medizinerverband.

amalgam [ə'mælgəm] *n* Amalgam *nt*; (*fig*) Mischung *f*.

amalgamate [ə'mælgəmeɪt] *vi*, *vt* fusionieren.

amalgamation [əmælgə'meɪʃən] *n* Fusion *f*.

amass [ə'mæs] *vt* anhäufen; (*evidence*) zusammentragen.

amateur ['æmətə*] *n* Amateur *m* ♦ *adj* (*SPORT*: *player, athlete*) Amateur-; ~ **dramatics** Laientheater *nt*.

amateurish ['æmətərɪʃ] *adj* (*pej*) dilettantisch, stümperhaft.

amaze [ə'meɪz] *vt* erstaunen; **to be** ~**d (at)** erstaunt sein (über +*acc*).

amazement [ə'meɪzmənt] *n* Erstaunen *nt*.

amazing [ə'meɪzɪŋ] *adj* erstaunlich; (*bargain, offer*) sensationell.

amazingly [ə'meɪzɪŋlɪ] *adv* erstaunlich.

Amazon ['æməzən] *n* (*river*) Amazonas *m*; (*MYTHOLOGY*) Amazone *f*; **the** ~ **basin** das Amazonastiefland; **the** ~ **jungle** der Amazonas-Regenwald.

Amazonian [æmə'zəunɪən] *adj* amazonisch.

ambassador [æm'bæsədə*] *n* Botschafter(in) *m(f)*.

amber ['æmbə*] *n* Bernstein *m*; **at** ~ (*BRIT*: *traffic lights*) auf Gelb; (: *move off*) bei Gelb.

ambidextrous [æmbɪ'dɛkstrəs] *adj* beidhändig.

ambience ['æmbɪəns] *n* Atmosphäre *f*.

ambiguity [æmbɪ'gjuɪtɪ] *n* Zweideutigkeit *f*; (*lack of clarity*) Unklarheit *f*.

ambiguous [æm'bɪgjuəs] *adj* zweideutig; (*not clear*) unklar.

ambition [æm'bɪʃən] *n* Ehrgeiz *m*; (*desire*) Ambition *f*; **to achieve one's** ~ seine Ambitionen erfüllen.

ambitious [æm'bɪʃəs] *adj* ehrgeizig.

ambivalence [æm'bɪvələns] *n* Ambivalenz *f*.

ambivalent [æm'bɪvələnt] *adj* ambivalent.

amble ['æmbl] *vi* schleudern.

ambulance ['æmbjuləns] *n* Krankenwagen *m*.

ambulanceman ['æmbjulənsmən] (*irreg*: *like* **man**) *n* Sanitäter *m*.

ambush ['æmbuʃ] *n* Hinterhalt *m*; (*attack*) Überfall *m* aus dem Hinterhalt ♦ *vt* (aus dem Hinterhalt) überfallen.

ameba [ə'miːbə] (*US*) *n* = **amoeba**.

ameliorate [ə'miːlɪəreɪt] *vt* verbessern.

amen ['ɑː'mɛn] *excl* amen.

amenable [ə'miːnəbl] *adj*: ~ **to** zugänglich +*dat*; (*to flattery etc*) empfänglich für; ~ **to the law** dem Gesetz verantwortlich.

amend [ə'mɛnd] *vt* ändern; (*habits, behaviour*) bessern.

amendment [ə'mɛndmənt] *n* Änderung *f*; (*to law*) Amendement *nt*.

amends [ə'mɛndz] *npl*: **to make** ~ es wieder gutmachen; **to make** ~ **for sth** etw wieder gutmachen.

amenities [ə'miːnɪtɪz] *npl* Einkaufs-, Unterhaltungs- und Transportmöglichkeiten.

amenity [ə'miːnɪtɪ] *n* (Freizeit)einrichtung *f*.

America [ə'mɛrɪkə] *n* Amerika *nt*.

American [ə'mɛrɪkən] *adj* amerikanisch ♦ *n* Amerikaner(in) *m(f)*.

Americanize [ə'mɛrɪkənaɪz] *vt* amerikanisieren.

amethyst ['æmɪθɪst] *n* Amethyst *m*.
Amex ['æmɛks] *n abbr* (= *American Stock Exchange*) *US*-Börse; (= *American Express®*) *Kreditkarte*.
amiable ['eɪmɪəbl] *adj* liebenswürdig.
amiably ['eɪmɪəblɪ] *adv* liebenswürdig.
amicable ['æmɪkəbl] *adj* freundschaftlich; (*settlement*) gütlich.
amicably ['æmɪkəblɪ] *adv* (*part, discuss*) in aller Freundschaft; (*settle*) gütlich.
amid(st) [ə'mɪd(st)] *prep* inmitten +*gen*.
amiss [ə'mɪs] *adj, adv*: **to take sth** ~ etw übel nehmen; **there's something** ~ da stimmt irgend etwas nicht.
ammeter ['æmɪtə*] *n* Amperemeter *nt*.
ammo ['æməu] (*inf*) *n abbr* = **ammunition**.
ammonia [ə'məunɪə] *n* Ammoniak *nt*.
ammunition [æmju'nɪʃən] *n* Munition *f*.
ammunition dump *n* Munitionslager *nt*.
amnesia [æm'niːzɪə] *n* Amnesie *f*, Gedächtnisschwund *m*.
amnesty ['æmnɪstɪ] *n* Amnestie *f*; **to grant an** ~ **to** amnestieren.
Amnesty International *n* Amnesty International *no art*.
amoeba, (*US*) **ameba** [ə'miːbə] *n* Amöbe *f*.
amok [ə'mɒk] *adv*: **to run** ~ Amok laufen.
among(st) [ə'mʌŋ(st)] *prep* unter +*dat*.
amoral [æ'mɒrəl] *adj* unmoralisch.
amorous ['æmərəs] *adj* amourös.
amorphous [ə'mɔːfəs] *adj* formlos, gestaltlos.
amortization [əmɔːtaɪ'zeɪʃən] *n* Amortisation *f*.
amount [ə'maunt] *n* (*quantity*) Menge *f*; (*sum of money*) Betrag *m*; (*total*) Summe *f*; (*of bill etc*) Höhe *f* ♦ *vi*: **to** ~ **to** (*total*) sich belaufen auf +*acc*; (*be same as*) gleichkommen +*dat*; **the total** ~ (*of money*) die Gesamtsumme.
amp(ère) ['æmp(ɛə*)] *n* Ampere *nt*; **a 3** ~ **fuse** eine Sicherung von 3 Ampere; **a 13** ~ **plug** ein Stecker mit einer Sicherung von 13 Ampere.
ampersand ['æmpəsænd] *n* Et-Zeichen *nt*, Und-Zeichen *nt*.
amphetamine [æm'fɛtəmiːn] *n* Amphetamin *nt*.
amphibian [æm'fɪbɪən] *n* Amphibie *f*.
amphibious [æm'fɪbɪəs] *adj* amphibisch; (*vehicle*) Amphibien-.
amphitheatre, (*US*) **amphitheater** ['æmfɪθɪətə*] *n* Amphitheater *nt*.
ample ['æmpl] *adj* (*large*) üppig; (*abundant*) reichlich; (*enough*) genügend; **this is** ~ das ist reichlich; **to have** ~ **time/room** genügend Zeit/Platz haben.
amplifier ['æmplɪfaɪə*] *n* Verstärker *m*.
amplify ['æmplɪfaɪ] *vt* verstärken; (*expand*: *idea etc*) genauer ausführen.
amply ['æmplɪ] *adv* reichlich.
ampoule, (*US*) **ampule** ['æmpuːl] *n* Ampulle *f*.
amputate ['æmpjuteɪt] *vt* amputieren.
amputation [æmpju'teɪʃən] *n* Amputation *f*.

amputee [æmpju'tiː] *n* Amputierte(r) *f(m)*.
Amsterdam ['æmstədæm] *n* Amsterdam *nt*.
amt *abbr* = **amount**.
amuck [ə'mʌk] *adv* = **amok**.
amuse [ə'mjuːz] *vt* (*entertain*) unterhalten; (*make smile*) amüsieren, belustigen; **to** ~ **o.s. with sth/by doing sth** sich die Zeit mit etw vertreiben/damit vertreiben, etw zu tun; **to be** ~**d at** sich amüsieren über +*acc*; **he was not** ~**d** er fand das gar nicht komisch *or* zum Lachen.
amusement [ə'mjuːzmənt] *n* (*mirth*) Vergnügen *nt*; (*pleasure*) Unterhaltung *f*; (*pastime*) Zeitvertreib *m*; **much to my** ~ zu meiner großen Belustigung.
amusement arcade *n* Spielhalle *f*.
amusement park *n* Vergnügungspark *m*.
amusing [ə'mjuːzɪŋ] *adj* amüsant, unterhaltsam.
an [æn, ən] *indef art see* **a**.
ANA *n abbr* (= *American Newspaper Association*) amerikanischer Zeitungsverband; (= *American Nurses Association*) Verband amerikanischer Krankenschwestern und Krankenpfleger.
anachronism [ə'nækrənɪzəm] *n* Anachronismus *m*.
anaemia, (*US*) **anemia** [ə'niːmɪə] *n* Anämie *f*.
anaemic, (*US*) **anemic** [ə'niːmɪk] *adj* blutarm.
anaesthetic, (*US*) **anesthetic** [ænɪs'θɛtɪk] *n* Betäubungsmittel *nt*; **under (the)** ~ unter Narkose; **local** ~ örtliche Betäubung *f*; **general** ~ Vollnarkose *f*.
anaesthetist [æ'niːsθɪtɪst] *n* Anästhesist(in) *m(f)*.
anagram ['ænəgræm] *n* Anagramm *nt*.
anal ['eɪnl] *adj* anal, Anal-.
analgesic [ænæl'dʒiːsɪk] *adj* schmerzstillend ♦ *n* Schmerzmittel *nt*, schmerzstillendes Mittel *nt*.
analogous [ə'næləgəs] *adj*: ~ **(to** *or* **with)** analog (zu).
analogue, (*US*) **analog** ['ænəlɒg] *adj* (*watch, computer*) Analog-.
analogy [ə'nælədʒɪ] *n* Analogie *f*; **to draw an** ~ **between** eine Analogie herstellen zwischen +*dat*; **by** ~ durch einen Analogieschluss.
analyse, (*US*) **analyze** ['ænəlaɪz] *vt* analysieren; (*CHEM, MED*) untersuchen; (*person*) psychoanalytisch behandeln.
analyses [ə'næləsiːz] *npl of* **analysis**.
analysis [ə'næləsɪs] (*pl* **analyses**) *n* (*see vb*) Analyse *f*; Untersuchung *f*; Psychoanalyse *f*; **in the last** ~ letzten Endes.
analyst ['ænəlɪst] *n* Analytiker(in) *m(f)*; (*US*) Psychoanalytiker(in) *m(f)*.
analytic(al) [ænə'lɪtɪk(l)] *adj* analytisch.
analyze ['ænəlaɪz] (*US*) *vt* = **analyse**.
anarchic [æ'nɑːkɪk] *adj* anarchisch.
anarchist ['ænəkɪst] *adj* anarchistisch ♦ *n* Anarchist(in) *m(f)*.

anarchy ['ænəkı] n Anarchie f.

anathema [ə'næθımə] n: **that is ~ to him** das ist ihm ein Gräuel.

anatomical [ænə'tɔmıkl] adj anatomisch.

anatomy [ə'nætəmı] n Anatomie f; (body) Körper m.

ANC n abbr (= African National Congress) ANC m.

ancestor ['ænsıstə*] n Vorfahr(in) m(f).

ancestral [æn'sestrəl] adj angestammt; **~ home** Stammsitz m.

ancestry ['ænsıstrı] n Abstammung f.

anchor ['æŋkə*] n Anker m ♦ vi (also: **to drop ~**) ankern, vor Anker gehen ♦ vt (fig): **to ~ sth to etw** verankern in +dat; **to weigh ~** den Anker lichten.

anchorage ['æŋkərıdʒ] n Ankerplatz m.

anchorman [æŋkəmæn] (irreg: like man) n (TV, RADIO) ≈ Moderator m.

anchorwoman [æŋkəwomən] (irreg: like woman) n (TV, RADIO) ≈ Moderatorin f.

anchovy ['æntʃəvı] n Sardelle f, An(s)chovis f.

ancient ['eınʃənt] adj alt; (person, car) uralt.

ancient monument n historisches Denkmal nt.

ancillary [æn'sılərı] adj Hilfs-.

and [ænd] conj und; **~ so on** und so weiter; **try ~ come please** bitte versuche zu kommen; **better ~ better** immer besser.

Andes ['ændi:z] npl: **the ~** die Anden pl.

Andorra [æn'dɔːrə] n Andorra nt.

anecdote ['ænıkdəut] n Anekdote f.

anemia etc [ə'ni:mıə] (US) = **anaemia** etc.

anemone [ə'nemənı] n (BOT) Anemone f, Buschwindröschen nt.

anesthetic etc [ænıs'θetık] (US) = **anaesthetic** etc.

anew [ə'nju:] adv von neuem.

angel ['eındʒəl] n Engel m.

angel dust (inf) n als halluzinogene Droge missbrauchtes Medikament.

angelic [æn'dʒelık] adj engelhaft.

anger ['æŋgə*] n Zorn m ♦ vt ärgern; (enrage) erzürnen; **red with ~** rot vor Wut.

angina [æn'dʒaınə] n Angina pectoris f.

angle ['æŋgl] n Winkel m; (viewpoint): **from their ~** von ihrem Standpunkt aus ♦ vi: **to ~ for** (invitation) aus sein auf +acc; (compliments) fischen nach ♦ vi: **to ~ sth towards** or **to etw** ausrichten auf +acc.

angler ['æŋglə*] n Angler(in) m(f).

Anglican ['æŋglıkən] adj anglikanisch ♦ n Anglikaner(in) m(f).

anglicize ['æŋglısaız] vt anglisieren.

angling ['æŋglıŋ] n Angeln nt.

Anglo- ['æŋgləu] pref Anglo-, anglo-.

Anglo-German ['æŋgləu'dʒə:mən] adj englisch-deutsch.

Anglo-Saxon ['æŋgləu'sæksən] adj angelsächsisch ♦ n Angelsachse m, Angelsächsin f.

Angola [æŋ'gəulə] n Angola nt.

Angolan [æŋ'gəulən] adj angolanisch ♦ n Angolaner(in) m(f).

angrily ['æŋgrılı] adv verärgert.

angry ['æŋgrı] adj verärgert; (wound) entzündet; **to be ~ with sb** auf jdn böse sein; **to be ~ at sth** über etw acc verärgert sein; **to get ~** wütend werden; **to make sb ~** jdn wütend machen.

anguish ['æŋgwıʃ] n Qual f.

anguished ['æŋgwıʃt] adj gequält.

angular ['æŋgjulə*] adj eckig; (features) kantig.

animal ['ænıməl] n Tier nt; (living creature) Lebewesen nt; (pej: person) Bestie f ♦ adj tierhaft; (attraction etc) animalisch.

animal spirits npl Vitalität f.

animate [vt ænımeıt, adj ænımıt] vt beleben ♦ adj lebend.

animated ['ænımeıtıd] adj lebhaft; (film) Zeichentrick-.

animation [ænı'meıʃən] n (liveliness) Lebhaftigkeit f; (film) Animation f.

animosity [ænı'mɔsıtı] n Feindseligkeit f.

aniseed ['ænısi:d] n Anis m.

Ankara ['æŋkərə] n Ankara nt.

ankle ['æŋkl] n Knöchel m.

ankle sock (BRIT) n Söckchen nt.

annex ['æneks] n (also: **~e**: BRIT) Anhang m; (building) Nebengebäude nt; (extension) Anbau m ♦ vt (take over) annektieren.

annexation [ænek'seıʃən] n Annexion f.

annihilate [ə'naıəleıt] vt (also fig) vernichten.

annihilation [ənaıə'leıʃən] n Vernichtung f.

anniversary [ænı'və:sərı] n Jahrestag m.

anno Domini adv anno Domini, nach Christus.

annotate ['ænəuteıt] vt kommentieren.

announce [ə'nauns] vt ankündigen; (birth, death etc) anzeigen; **he ~d that he wasn't going** er verkündete, dass er nicht gehen würde.

announcement [ə'naunsmənt] n Ankündigung f; (official) Bekanntmachung f; (of birth, death etc) Anzeige f; **I'd like to make an ~** ich möchte etwas bekannt geben.

announcer [ə'naunsə*] n Ansager(in) m(f).

annoy [ə'nɔı] vt ärgern; **to be ~ed (at sth/with sb)** sich (über etw/jdn) ärgern; **don't get ~ed!** reg dich nicht auf!

annoyance [ə'nɔıəns] n Ärger m.

annoying [ə'nɔııŋ] adj ärgerlich; (person, habit) lästig.

annual ['ænjuəl] adj jährlich; (income) Jahres- ♦ n (BOT) einjährige Pflanze f, (book) Jahresband m.

annual general meeting (BRIT) n Jahreshauptversammlung f.

annually ['ænjuəlı] adv jährlich.

annual report n Geschäftsbericht m.

annuity [ə'nju:ıtı] n Rente f; **life ~** Rente f auf Lebenszeit.

annul [ə'nʌl] vt annullieren; (law) aufheben.

annulment [ə'nʌlmənt] n (see vb)

Annullierung *f*, Aufhebung *f*.
annum ['ænəm] *n see* **per**.
Annunciation [ənʌnsɪ'eɪʃən] *n* Mariä Verkündigung *f*.
anode ['ænəud] *n* Anode *f*.
anodyne ['ænədaɪn] (*fig*) *n* Wohltat *f* ♦ *adj* schmerzlos.
anoint [ə'nɔɪnt] *vt* salben.
anomalous [ə'nɔmələs] *adj* anomal.
anomaly [ə'nɔməlɪ] *n* Anomalie *f*.
anon. [ə'nɔn] *abbr* = **anonymous**.
anonymity [ænə'nɪmɪtɪ] *n* Anonymität *f*.
anonymous [ə'nɔnɪməs] *adj* anonym.
anorak ['ænəræk] *n* Anorak *m*.
anorexia [ænə'rɛksɪə] *n* Magersucht *f*, Anorexie *f*.
anorexic [ænə'rɛksɪk] *adj* magersüchtig.
another [ə'nʌðə*] *pron* (*additional*) noch eine(r, s); (*different*) ein(e) andere(r, s) ♦ *adj*: ~ **book** (*one more*) noch ein Buch; (*a different one*) ein anderes Buch; ~ **drink?** noch etwas zu trinken?; **in** ~ **5 years** in weiteren 5 Jahren; *see also* **one**.
ANSI [eɪnɛs'aɪ] *n abbr* (= *American National Standards Institute*) amerikanischer Normenausschuss.
answer ['ɑːnsə*] *n* Antwort *f*; (*to problem*) Lösung *f* ♦ *vi* antworten; (*TEL*) sich melden ♦ *vt* (*reply to: person*) antworten +*dat*; (: *letter, question*) beantworten; (*problem*) lösen; (*prayer*) erhören; **in** ~ **to your letter** in Beantwortung Ihres Schreibens; **to** ~ **the phone** ans Telefon gehen; **to** ~ **the bell** *or* **the door** die Tür aufmachen.
▸ **answer back** *vi* widersprechen; (*child*) frech sein.
▸ **answer for** *vt fus* (*person*) verantwortlich sein für, sich verbürgen für.
▸ **answer to** *vt fus* (*description*) entsprechen +*dat*.
answerable ['ɑːnsərəbl] *adj*: **to be** ~ **to sb for sth** jdm gegenüber für etw verantwortlich sein; **I am** ~ **to no-one** ich brauche mich vor niemandem zu verantworten.
answering machine ['ɑːnsərɪŋ-] *n* Anrufbeantworter *m*.
ant [ænt] *n* Ameise *f*.
ANTA *n abbr* (= *American National Theater and Academy*) *Nationaltheater und Schauspielerakademie*.
antagonism [æn'tægənɪzəm] *n* Feindseligkeit *f*, Antagonismus *m*.
antagonist [æn'tægənɪst] *n* Gegner(in) *m(f)*, Antagonist(in) *m(f)*.
antagonistic [æntægə'nɪstɪk] *adj* feindselig.
antagonize [æn'tægənaɪz] *vt* gegen sich aufbringen.
Antarctic [ænt'ɑːktɪk] *n*: **the** ~ die Antarktis.
Antarctica [ænt'ɑːktɪkə] *n* Antarktik *f*.
Antarctic Circle *n*: **the** ~ der südliche Polarkreis.
Antarctic Ocean *n*: **the** ~ das Südpolarmeer.

ante ['æntɪ] *n*: **to up the** ~ den Einsatz erhöhen.
ante... ['æntɪ] *pref* vor-.
anteater ['æntiːtə*] *n* Ameisenbär *m*.
antecedent [æntɪ'siːdənt] *n* Vorläufer *m*; (*of living creature*) Vorfahr *m*; **antecedents** *npl* Herkunft *f*.
antechamber ['æntɪtʃeɪmbə*] *n* Vorzimmer *nt*.
antelope ['æntɪləup] *n* Antilope *f*.
antenatal ['æntɪ'neɪtl] *adj* vor der Geburt, Schwangerschafts-.
antenatal clinic *n* Sprechstunde *f* für werdende Mütter.
antenna [æn'tɛnə] (*pl* ~**e**) *n* (*of insect*) Fühler *m*; (*RADIO, TV*) Antenne *f*.
antennae [æn'tɛniː] *npl of* **antenna**.
anteroom ['æntɪrum] *n* Vorzimmer *nt*.
anthem ['ænθəm] *n*: **national** ~ Nationalhymne *f*.
ant hill *n* Ameisenhaufen *m*.
anthology [æn'θɔlədʒɪ] *n* Anthologie *f*.
anthropologist [ænθrə'pɔlədʒɪst] *n* Anthropologe *m*, Anthropologin *f*.
anthropology [ænθrə'pɔlədʒɪ] *n* Anthropologie *f*.
anti... ['æntɪ] *pref* Anti-, anti-.
anti-aircraft ['æntɪ'ɛəkrɑːft] *adj* (*gun, rocket*) Flugabwehr-.
anti-aircraft defence *n* Luftverteidigung *f*.
antiballistic ['æntɪbə'lɪstɪk] *adj* (*missile*) Anti-Raketen-.
antibiotic ['æntɪbaɪ'ɔtɪk] *n* Antibiotikum *nt*.
antibody ['æntɪbɔdɪ] *n* Antikörper *m*.
anticipate [æn'tɪsɪpeɪt] *vt* erwarten; (*foresee*) vorhersehen; (*look forward to*) sich freuen auf +*acc*; (*forestall*) vorwegnehmen; **this is worse than I** ~**d** es ist schlimmer, als ich erwartet hatte; **as** ~**d** wie erwartet.
anticipation [æntɪsɪ'peɪʃən] *n* Erwartung *f*; (*eagerness*) Vorfreude *f*; **thanking you in** ~ vielen Dank im Voraus.
anticlimax ['æntɪ'klaɪmæks] *n* Enttäuschung *f*.
anticlockwise ['æntɪ'klɔkwaɪz] (*BRIT*) *adv* gegen den Uhrzeigersinn.
antics ['æntɪks] *npl* Mätzchen *pl*; (*of politicians etc*) Gehabe *nt*.
anticyclone ['æntɪ'saɪkləun] *n* Hoch(druckgebiet) *nt*.
antidote ['æntɪdəut] *n* Gegenmittel *nt*.
antifreeze ['æntɪfriːz] *n* Frostschutzmittel *nt*.
antihistamine ['æntɪ'hɪstəmɪn] *n* Antihistamin *nt*.
Antilles [æn'tɪliːz] *npl*: **the** ~ die Antillen *pl*.
antipathy [æn'tɪpəθɪ] *n* Antipathie *f*, Abneigung *f*.
antiperspirant ['æntɪ'pəːspɪrənt] *n* Antitranspirant *nt*.
Antipodean [æntɪpə'diːən] *adj* antipodisch.
Antipodes [æn'tɪpədiːz] *npl*: **the** ~ Australien und Neuseeland *nt*.
antiquarian [æntɪ'kwɛərɪən] *n* (*collector*) Antiquitätensammler(in) *m(f)*; (*seller*)

Antiquitätenhändler(in) *m(f)* ♦ *adj*:
~ **bookshop** Antiquariat *nt*.
antiquated ['æntɪkweɪtɪd] *adj* antiquiert.
antique [æn'tiːk] *n* Antiquität *f* ♦ *adj* antik.
antique dealer *n* Antiquitätenhändler(in) *m(f)*.
antique shop *n* Antiquitätenladen *m*.
antiquity [æn'tɪkwɪtɪ] *n* (*period*) Antike *f*;
antiquities *npl* (*objects*) Altertümer *pl*.
anti-Semitic ['æntɪsɪ'mɪtɪk] *adj* antisemitisch.
anti-Semitism ['æntɪ'semɪtɪzəm] *n*
Antisemitismus *m*.
antiseptic [æntɪ'septɪk] *n* Antiseptikum *nt*
♦ *adj* antiseptisch.
antisocial ['æntɪ'səʊʃəl] *adj* unsozial; (*person*)
ungesellig.
antitank ['æntɪ'tæŋk] *adj* (*gun, fire*)
Panzerabwehr-.
antitheses [æn'tɪθɪsiːz] *npl of* **antithesis**.
antithesis [æn'tɪθɪsɪs] (*pl* **antitheses**) *n*
Gegensatz *m*; **she's the ~ of a good cook** sie
ist das genaue Gegenteil einer guten
Köchin.
antitrust ['æntɪ'trʌst] (*US*) *adj*: ~ **legislation**
Kartellgesetzgebung *f*.
antlers ['æntləz] *npl* Geweih *nt*.
Antwerp ['æntwɜːp] *n* Antwerpen *nt*.
anus ['eɪnəs] *n* After *m*.
anvil ['ænvɪl] *n* Amboss *m*.
anxiety [æŋ'zaɪətɪ] *n* (*worry*) Sorge *f*; (*MED*)
Angstzustand *m*; (*eagerness*): ~ **to do sth**
Verlangen (danach), etw zu tun.
anxious ['æŋkʃəs] *adj* (*worried*) besorgt;
(*situation*) Angst einflößend; (*question,
moments*) bang(e); (*keen*): **to be ~ to do sth**
etw unbedingt tun wollen; **I'm very ~ about
you** ich mache mir große Sorgen um dich.
anxiously ['æŋkʃəslɪ] *adv* besorgt.

─────────────── *KEYWORD*

any ['enɪ] *adj* **1** (*in questions etc*): **have you
~ butter/children?** haben Sie Butter/
Kinder?; **if there are ~ tickets left** falls noch
Karten da sind.
2 (*with negative*) kein(e); **I haven't ~ money/
books** ich habe kein Geld/keine Bücher.
3 (*no matter which*) irgendein(e); **choose
~ book you like** nehmen Sie irgendein Buch
or ein beliebiges Buch.
4 (*in phrases*): **in ~ case** in jedem Fall; **~ day
now** jeden Tag; **at ~ moment** jeden
Moment; **at ~ rate** auf jeden Fall; **~ time** (*at
any moment*) jeden Moment; (*whenever*)
jederzeit
♦ *pron* **1** (*in questions etc*) **have you got ~?**
haben Sie welche?; **can ~ of you sing?** kann
(irgend)einer von euch singen?
2 (*with negative*) **I haven't ~ (of them)** ich
habe keine (davon).
3 (*no matter which one(s)*) egal welche; **take
~ of those books (you like)** nehmen Sie
irgendwelche von diesen Büchern

♦ *adv* **1** (*in questions etc*): **do you want
~ more soup/sandwiches?** möchtest du
noch Suppe/Butterbrote?; **are you feeling
~ better?** geht es Ihnen etwas besser?
2 (*with negative*): **I can't hear him ~ more** ich
kann ihn nicht mehr hören; **don't wait
~ longer** warte nicht noch länger.

anybody ['enɪbɒdɪ] *pron* = **anyone**.

─────────────── *KEYWORD*

anyhow ['enɪhaʊ] *adv* **1** (*at any rate*) sowieso,
ohnehin; **I shall go ~** ich gehe auf jeden
Fall.
2 (*haphazard*): **do it ~ you like** machen Sie
es, wie Sie wollen.

anyone ['enɪwʌn] *pron* **1** (*in questions etc*)
(irgend)jemand; **can you see ~?** siehst du
jemanden?
2 (*with negative*) keine(r); **I can't see ~** ich
kann keinen *or* niemanden sehen.
3 (*no matter who*) jede(r); **~ could do it** das
kann jeder.
anyplace ['enɪpleɪs] (*US*) *adv* = **anywhere**.

─────────────── *KEYWORD*

anything ['enɪθɪŋ] *pron* **1** (*in questions etc*)
(irgend)etwas; **can you see ~?** kannst du
etwas sehen?
2 (*with negative*) nichts; **I can't see ~** ich
kann nichts sehen.
3 (*no matter what*) irgendetwas; **you can say
~ you like** du kannst sagen, was du willst;
~ between 15 and 20 pounds (ungefähr)
zwischen 15 und 20 Pfund.

anyway ['enɪweɪ] *adv* **1** (*at any rate*) sowieso,
ohnehin; **I shall go ~** ich gehe auf jeden
Fall.
2 (*besides*): **~, I can't come** jedenfalls kann
ich nicht kommen; **why are you phoning, ~?**
warum rufst du überhaupt *or* eigentlich an?

─────────────── *KEYWORD*

anywhere ['enɪwɛə'] *adv* **1** (*in questions etc*)
irgendwo; **can you see him ~?** kannst du ihn
irgendwo sehen?
2 (*with negative*) nirgendwo, nirgends; **I can't
see him ~** ich kann ihn nirgendwo *or*
nirgends sehen.
3 (*no matter where*) irgendwo; **put the books
down ~** legen Sie die Bücher irgendwohin.

Anzac ['ænzæk] *n abbr* (= *Australia-New Zealand
Army Corps*) (*soldier*) australischer/
neuseeländischer Soldat *m*.

┌─────────────────────────┐
│ **ANZAC DAY** │
│ │
│ **Anzac Day**, *der 25 April, ist in Australien und* │
│ *Neuseeland ein Feiertag zum Gedenken an die* │
└─────────────────────────┘

Landung der australischen und neuseeländischen Truppen in Gallipoli im ersten Weltkrieg (1915).

apace [ə'peɪs] *adv*: **to continue ~** (*negotiations, preparations etc*) rasch vorangehen.

apart [ə'pɑːt] *adv* (*be*) entfernt; (*move*) auseinander; (*aside*) beiseite; (*separately*) getrennt; **10 miles ~** 10 Meilen voneinander entfernt; **a long way ~** weit auseinander; **they are living ~** sie leben getrennt; **with one's legs ~** mit gespreizten Beinen; **to take ~** auseinander nehmen; **~ from** (*excepting*) abgesehen von; (*in addition*) außerdem.

apartheid [ə'pɑːteɪt] *n* Apartheid *f*.

apartment [ə'pɑːtmənt] *n* (*US: flat*) Wohnung *f*; (*room*) Raum *m*, Zimmer *nt*.

apartment building (*US*) *n* Wohnblock *m*.

apathetic [æpə'θɛtɪk] *adj* apathisch, teilnahmslos.

apathy ['æpəθɪ] *n* Apathie *f*, Teilnahmslosigkeit *f*.

APB (*US*) *n abbr* (= *all points bulletin*) polizeiliche Fahndung.

ape [eɪp] *n* (Menschen)affe *m* ♦ *vt* nachahmen.

Apennines ['æpənaɪnz] *npl*: **the ~** die Apenninen *pl*, der Apennin.

apéritif *n* Aperitif *m*.

aperture ['æpətʃuə*] *n* Öffnung *f*; (*PHOT*) Blende *f*.

APEX ['eɪpɛks] *n abbr* (*AVIAT, RAIL: = advance purchase excursion*) APEX.

apex ['eɪpɛks] *n* Spitze *f*.

aphid ['æfɪd] *n* Blattlaus *f*.

aphorism ['æfərɪzəm] *n* Aphorismus *m*.

aphrodisiac [æfrəu'dɪzɪæk] *adj* aphrodisisch ♦ *n* Aphrodisiakum *nt*.

API *n abbr* (= *American Press Institute*) *amerikanischer Presseverband.*

apiece [ə'piːs] *adv* (*each person*) pro Person; (*each thing*) pro Stück.

aplomb [ə'plɔm] *n* Gelassenheit *f*.

APO (*US*) *n abbr* (= *Army Post Office*) Poststelle *der Armee.*

apocalypse [ə'pɔkəlɪps] *n* Apokalypse *f*.

apolitical [eɪpə'lɪtɪkl] *adj* apolitisch.

apologetic [əpɔlə'dʒɛtɪk] *adj* entschuldigend; **to be very ~** (**about sth**) sich (wegen etw *gen*) sehr entschuldigen.

apologize [ə'pɔlədʒaɪz] *vi*: **to ~** (**for sth to sb**) sich (für etw bei jdm) entschuldigen.

apology [ə'pɔlədʒɪ] *n* Entschuldigung *f*; **to send one's apologies** sich entschuldigen lassen; **please accept my apologies** ich bitte um Verzeihung.

apoplectic [æpə'plɛktɪk] *adj* (*MED*) apoplektisch; (*fig*): **to be ~ with rage** vor Wut fast platzen.

apoplexy ['æpəplɛksɪ] *n* Schlaganfall *m*.

apostle [ə'pɔsl] *n* Apostel *m*.

apostrophe [ə'pɔstrəfɪ] *n* Apostroph *m*, Auslassungszeichen *nt*.

apotheosis [əpɔθɪ'əusɪs] *n* Apotheose *f*.

appal [ə'pɔːl] *vt* entsetzen; **to be ~led by** entsetzt sein über +*acc*.

Appalachian Mountains [æpə'leɪʃən-] *npl*: **the ~** die Appalachen *pl*.

appalling [ə'pɔːlɪŋ] *adj* entsetzlich; **she's an ~ cook** sie kann überhaupt nicht kochen.

apparatus [æpə'reɪtəs] *n* Gerät *nt*; (*in gymnasium*) Geräte *pl*; (*of organization*) Apparat *m*; **a piece of ~** ein Gerät *nt*.

apparel [ə'pærəl] (*US*) *n* Kleidung *f*.

apparent [ə'pærənt] *adj* (*seeming*) scheinbar; (*obvious*) offensichtlich; **it is ~ that ...** es ist klar, dass ...

apparently [ə'pærəntlɪ] *adv* anscheinend.

apparition [æpə'rɪʃən] *n* Erscheinung *f*.

appeal [ə'piːl] *vi* (*LAW*) Berufung einlegen ♦ *n* (*LAW*) Berufung *f*; (*plea*) Aufruf *m*; (*charm*) Reiz *m*; **to ~** (**to sb**) **for** (jdn) bitten um; **to ~ to** (*be attractive to*) gefallen +*dat*; **it doesn't ~ to me** es reizt mich nicht; **right of ~** (*LAW*) Berufungsrecht *nt*; **on ~** (*LAW*) in der Berufung.

appealing [ə'piːlɪŋ] *adj* ansprechend; (*touching*) rührend.

appear [ə'pɪə*] *vi* erscheinen; (*seem*) scheinen; **to ~ on TV/in "Hamlet"** im Fernsehen/in „Hamlet" auftreten; **it would ~ that ...** anscheinend ...

appearance [ə'pɪərəns] *n* Erscheinen *nt*; (*look*) Aussehen *nt*; (*in public, on TV*) Auftritt *m*; **to put in** *or* **make an ~** sich sehen lassen; **in** *or* **by order of ~** (*THEAT etc*) in der Reihenfolge ihres Auftritts; **to keep up ~s** den (äußeren) Schein wahren; **to all ~s** allem Anschein nach.

appease [ə'piːz] *vt* beschwichtigen.

appeasement [ə'piːzmənt] *n* Beschwichtigung *f*.

append [ə'pɛnd] *vt* (*COMPUT*) anhängen.

appendage [ə'pɛndɪdʒ] *n* Anhängsel *nt*.

appendices [ə'pɛndɪsiːz] *npl of* **appendix**.

appendicitis [əpɛndɪ'saɪtɪs] *n* Blinddarmentzündung *f*.

appendix [ə'pɛndɪks] (*pl* **appendices**) *n* (*ANAT*) Blinddarm *m*; (*to publication*) Anhang *m*; **to have one's ~ out** sich *dat* den Blinddarm herausnehmen lassen.

appetite ['æpɪtaɪt] *n* Appetit *m*; (*fig*) Lust *f*; **that walk has given me an ~** von dem Spaziergang habe ich Appetit bekommen.

appetizer ['æpɪtaɪzə*] *n* (*food*) Appetithappen *m*; (*drink*) appetitanregendes Getränk *nt*.

appetizing ['æpɪtaɪzɪŋ] *adj* appetitanregend.

applaud [ə'plɔːd] *vi* applaudieren, klatschen ♦ *vt* (*actor etc*) applaudieren +*dat*, Beifall spenden *or* klatschen +*dat*; (*action, attitude*) loben; (*decision*) begrüßen.

applause [ə'plɔːz] *n* Applaus *m*, Beifall *m*.

apple ['æpl] *n* Apfel *m*; **he's the ~ of her eye** er ist ihr ein und alles.

apple tree *n* Apfelbaum *m*.

apple turnover *n* Apfeltasche *f*.

appliance [ə'plaɪəns] n Gerät nt.

applicable [ə'plɪkəbl] adj: ~ **(to)** anwendbar (auf +acc); (on official forms) zutreffend (auf +acc); **the law is ~ from January** das Gesetz gilt ab Januar.

applicant ['æplɪkənt] n Bewerber(in) m(f).

application [æplɪ'keɪʃən] n (for job) Bewerbung f; (for grant etc) Antrag m; (hard work) Fleiß m; (applying: of paint etc) Auftragen nt; **on ~** auf Antrag.

application form n (for a job) Bewerbungsformular nt; (for a grant etc) Antragsformular nt.

application program n (COMPUT) Anwendungsprogramm nt.

applications package n (COMPUT) Anwendungspaket nt.

applied [ə'plaɪd] adj angewandt.

apply [ə'plaɪ] vt anwenden; (paint etc) auftragen ♦ vi: **to ~ (to)** (be applicable) gelten (für); **to ~ the brakes** die Bremse betätigen, bremsen; **to ~ o.s. to sth** sich bei etw anstrengen; **to ~ to** (ask) sich wenden an +acc; **to ~ for** (permit, grant) beantragen; (job) sich bewerben um.

appoint [ə'pɔɪnt] vt ernennen; (date, place) festlegen, festsetzen.

appointed [ə'pɔɪntɪd] adj: **at the ~ time** zur festgesetzten Zeit.

appointee [əpɔɪn'tiː] n Ernannte(r) f(m).

appointment [ə'pɔɪntmənt] n Ernennung f; (post) Stelle f; (arranged meeting) Termin m; **to make an ~ (with sb)** einen Termin (mit jdm) vereinbaren; **by ~** nach Anmeldung, mit Voranmeldung.

apportion [ə'pɔːʃən] vt aufteilen; (blame) zuweisen; **to ~ sth to sb** jdm etw zuteilen.

apposition [æpə'zɪʃən] n Apposition f, Beifügung f; **A is in ~ to B** A ist eine Apposition zu B.

appraisal [ə'preɪzl] n Beurteilung f.

appraise [ə'preɪz] vt beurteilen.

appreciable [ə'priːʃəbl] adj merklich, deutlich.

appreciably [ə'priːʃəblɪ] adv merklich.

appreciate [ə'priːʃɪeɪt] vt (like) schätzen; (be grateful for) zu schätzen wissen; (understand) verstehen; (be aware of) sich dat bewusst sein +gen ♦ vi (COMM: currency, shares) im Wert steigen; **I ~ your help** ich weiß Ihre Hilfe zu schätzen.

appreciation [əpriːʃɪ'eɪʃən] n (enjoyment) Wertschätzung f; (understanding) Verständnis nt; (gratitude) Dankbarkeit f; (COMM: in value) (Wert)steigerung f.

appreciative [ə'priːʃɪətɪv] adj dankbar; (comment) anerkennend.

apprehend [æprɪ'hend] vt (arrest) festnehmen; (understand) verstehen.

apprehension [æprɪ'henʃən] n (fear) Besorgnis f; (arrest) Festnahme f.

apprehensive [æprɪ'hensɪv] adj ängstlich; **to**

be ~ about sth sich dat Gedanken or Sorgen um etw machen.

apprentice [ə'prentɪs] n Lehrling m, Auszubildende(r) f(m) ♦ vt: **to be ~d to sb** bei jdm in der Lehre sein.

apprenticeship [ə'prentɪsʃɪp] n Lehre f, Lehrzeit f; **to serve one's ~** seine Lehre machen.

appro. ['æprəu] (BRIT: inf) abbr (COMM: = approval): **on ~** zur Ansicht.

approach [ə'prəutʃ] vi sich nähern; (event) nahen ♦ vt (come to) sich nähern +dat; (ask, apply to: person) herantreten an +acc, ansprechen; (situation, problem) herangehen an +acc, angehen ♦ n (advance) (Heran)nahen nt; (access) Zugang m; (: for vehicles) Zufahrt f; (to problem etc) Ansatz m; **to ~ sb about sth** jdn wegen etw ansprechen.

approachable [ə'prəutʃəbl] adj (person) umgänglich; (place) zugänglich.

approach road n Zufahrtsstraße f.

approbation [æprə'beɪʃən] n Zustimmung f.

appropriate [adj ə'prəuprɪɪt, vt ə'prəuprɪeɪt] adj (apt) angebracht; (relevant) entsprechend ♦ vt sich dat aneignen; **it would not be ~ for me to comment** es wäre nicht angebracht, wenn ich mich dazu äußern würde.

appropriately [ə'prəuprɪɪtlɪ] adv entsprechend.

appropriation [əprəuprɪ'eɪʃən] n Zuteilung f, Zuweisung f.

approval [ə'pruːvəl] n (approbation) Zustimmung f, Billigung f; (permission) Einverständnis f; **to meet with sb's ~** jds Zustimmung or Beifall finden; **on ~** (COMM) zur Probe.

approve [ə'pruːv] vt billigen; (motion, decision) annehmen.

▶ **approve of** vt fus etwas halten von; **I don't ~ of it/him** ich halte nichts davon/von ihm.

approved school [ə'pruːvd-] (BRIT) n Erziehungsheim nt.

approvingly [ə'pruːvɪŋlɪ] adv zustimmend.

approx. abbr = **approximately**.

approximate [adj ə'prɒksɪmɪt, vb ə'prɒksɪmeɪt] adj ungefähr ♦ vt, vi: **to ~ (to)** nahe kommen +dat.

approximately [ə'prɒksɪmɪtlɪ] adv ungefähr.

approximation [əprɒksɪ'meɪʃən] n Annäherung f.

APR n abbr (= annual(ized) percentage rate) Jahreszinssatz m.

Apr. abbr = **April**.

apricot ['eɪprɪkɒt] n Aprikose f.

April ['eɪprəl] n April m; **~ fool!** April, April!; see also **July**.

apron ['eɪprən] n Schürze f; (AVIAT) Vorfeld nt.

apse [æps] n Apsis f.

APT (BRIT) n abbr (= Advanced Passenger Train) Hochgeschwindigkeitszug m.

Apt. abbr = **apartment**.

apt [æpt] adj (suitable) passend, treffend;

(likely): **to be ~ to do sth** dazu neigen, etw zu tun.

aptitude ['æptɪtjuːd] *n* Begabung *f*.

aptitude test *n* Eignungstest *m*.

aptly ['æptlɪ] *adv* passend, treffend.

aqualung ['ækwəlʌŋ] *n* Tauchgerät *nt*.

aquarium [ə'kwɛərɪəm] *n* Aquarium *nt*.

Aquarius [ə'kwɛərɪəs] *n* Wassermann *m*; **to be ~** (ein) Wassermann sein.

aquatic [ə'kwætɪk] *adj (plants etc)* Wasser-; *(life)* im Wasser.

aqueduct ['ækwɪdʌkt] *n* Aquädukt *m or nt*.

AR *(US) abbr (POST: = Arkansas)*.

ARA *(BRIT) n abbr (= Associate of the Royal Academy)* Qualifikationsnachweis im künstlerischen Bereich.

Arab ['ærəb] *adj* arabisch ♦ *n* Araber(in) *m(f)*.

Arabia [ə'reɪbɪə] *n* Arabien *nt*.

Arabian [ə'reɪbɪən] *adj* arabisch.

Arabian Desert *n*: **the ~** die Arabische Wüste.

Arabian Sea *n*: **the ~** das Arabische Meer.

Arabic ['ærəbɪk] *adj* arabisch ♦ *n (LING)* Arabisch *nt*.

arable ['ærəbl] *adj (land)* bebaubar; **~ farm** Bauernhof, der ausschließlich Ackerbau betreibt.

ARAM *(BRIT) n abbr (= Associate of the Royal Academy of Music)* Qualifikationsnachweis in Musik.

arbiter ['ɑːbɪtə'] *n* Vermittler *m*.

arbitrary ['ɑːbɪtrərɪ] *adj* willkürlich.

arbitrate ['ɑːbɪtreɪt] *vi* vermitteln.

arbitration [ɑːbɪ'treɪʃən] *n* Schlichtung *f*; **the dispute went to ~** der Streit wurde vor eine Schlichtungskommission gebracht.

arbitrator ['ɑːbɪtreɪtə'] *n* Vermittler(in) *m(f)*; *(INDUSTRY)* Schlichter(in) *m(f)*.

ARC *n abbr (= American Red Cross)* ≈ DRK *nt*.

arc [ɑːk] *n* Bogen *m*.

arcade [ɑː'keɪd] *n* Arkade *f*; *(shopping mall)* Passage *f*.

arch [ɑːtʃ] *n* Bogen *m*; *(of foot)* Gewölbe *nt* ♦ *vt (back)* krümmen ♦ *adj* schelmisch ♦ *pref* Erz-.

archaeological [ɑːkɪə'lɒdʒɪkl] *adj* archäologisch.

archaeologist [ɑːkɪ'ɒlədʒɪst] *n* Archäologe *m*, Archäologin *f*.

archaeology, *(US)* **archeology** [ɑːkɪ'ɒlədʒɪ] *n* Archäologie *f*.

archaic [ɑː'keɪɪk] *adj* altertümlich; *(language)* veraltet, archaisch.

archangel ['ɑːkeɪndʒəl] *n* Erzengel *m*.

archbishop [ɑːtʃ'bɪʃəp] *n* Erzbischof *m*.

archenemy ['ɑːtʃ'enəmɪ] *n* Erzfeind(in) *m(f)*.

archeology *etc* [ɑːkɪ'ɒlədʒɪ] *(US)* = **archaeology** *etc.*

archery ['ɑːtʃərɪ] *n* Bogenschießen *nt*.

archetypal ['ɑːkɪtaɪpəl] *adj* (arche)typisch.

archetype ['ɑːkɪtaɪp] *n* Urbild *nt*, Urtyp *m*.

archipelago [ɑːkɪ'pelɪgəʊ] *n* Archipel *m*.

architect ['ɑːkɪtɛkt] *n* Architekt(in) *m(f)*.

architectural [ɑːkɪ'tɛktʃərəl] *adj* architektonisch.

architecture ['ɑːkɪtɛktʃə'] *n* Architektur *f*.

archive file *n (COMPUT)* Archivdatei *f*.

archives ['ɑːkaɪvz] *npl* Archiv *nt*.

archivist ['ɑːkɪvɪst] *n* Archivar(in) *m(f)*.

archway ['ɑːtʃweɪ] *n* Torbogen *m*.

ARCM *(BRIT) n abbr (= Associate of the Royal College of Music)* Qualifikationsnachweis in Musik.

Arctic ['ɑːktɪk] *adj* arktisch ♦ *n*: **the ~** die Arktis.

Arctic Circle *n*: **the ~** der nördliche Polarkreis.

Arctic Ocean *n*: **the ~** das Nordpolarmeer.

ARD *(US) n abbr (MED: = acute respiratory disease)* akute Erkrankung der Atemwege.

ardent ['ɑːdənt] *adj* leidenschaftlich; *(admirer)* glühend.

ardour, *(US)* **ardor** ['ɑːdə'] *n* Leidenschaft *f*.

arduous ['ɑːdjuəs] *adj* mühsam.

are [ɑː'] *vb see* **be**.

area ['ɛərɪə] *n* Gebiet *nt*; *(GEOM etc)* Fläche *f*; *(dining area etc)* Bereich *m*; **in the London ~** im Raum London.

area code *(US) n* Vorwahl(nummer) *f*.

arena [ə'riːnə] *n* Arena *f*.

aren't [ɑːnt] = **are not**.

Argentina [ɑːdʒən'tiːnə] *n* Argentinien *nt*.

Argentinian [ɑːdʒən'tɪnɪən] *adj* argentinisch ♦ *n* Argentinier(in) *m(f)*.

arguable ['ɑːgjuəbl] *adj*: **it is ~ whether ...** es ist (noch) die Frage, ob ...; **it is ~ that ...** man kann (wohl) sagen, dass ...

arguably ['ɑːgjuəblɪ] *adv* wohl; **it is ~ ...** es dürfte wohl ... sein.

argue ['ɑːgjuː] *vi (quarrel)* sich streiten; *(reason)* diskutieren ♦ *vt (debate)* diskutieren, erörtern; **to ~ that ...** den Standpunkt vertreten, dass ...; **to ~ about sth** sich über etw *acc* streiten; **to ~ for/against sth** sich für/gegen etw aussprechen.

argument ['ɑːgjumənt] *n (reasons)* Argument *nt*; *(quarrel)* Streit *m*, Auseinandersetzung *f*; *(debate)* Diskussion *f*; **~ for/against** Argument für/gegen; **to have an ~** sich streiten.

argumentative [ɑːgju'mɛntətɪv] *adj* streitlustig.

aria ['ɑːrɪə] *n* Arie *f*.

ARIBA [ə'riːbə] *(BRIT) n abbr (= Associate of the Royal Institute of British Architects)* Qualifikationsnachweis in Architektur.

arid ['ærɪd] *adj (land)* dürr; *(subject)* trocken.

aridity [ə'rɪdɪtɪ] *n* Dürre *f*, Trockenheit *f*.

Aries ['ɛərɪz] *n* Widder *m*; **to be ~** (ein) Widder sein.

arise [ə'raɪz] *(pt* **arose***, pp* **arisen***) vi (difficulty etc)* sich ergeben; *(question)* sich stellen; **to ~ from** sich ergeben aus, herrühren von; **should the need ~** falls es nötig wird.

arisen [ə'rɪzn] *pp of* **arise**.

aristocracy [ærɪs'tɔkrəsɪ] n Aristokratie f, Adel m.

aristocrat ['ærɪstəkræt] n Aristokrat(in) m(f), Ad(e)lige(r) f(m).

aristocratic [ærɪstə'krætɪk] adj aristokratisch, ad(e)lig.

arithmetic [ə'rɪθmətɪk] n Rechnen nt; (calculation) Rechnung f.

arithmetical [ærɪθ'mɛtɪkl] adj rechnerisch, arithmetisch.

Ariz. (US) abbr (POST: = Arizona).

ark [ɑːk] n: **Noah's A**~ die Arche Noah.

arm [ɑːm] n Arm m; (of clothing) Ärmel m; (of chair) Armlehne f; (of organization etc) Zweig m ♦ vt bewaffnen; **arms** npl (weapons) Waffen pl; (HERALDRY) Wappen nt.

armaments ['ɑːməmənts] npl (weapons) (Aus)rüstung f.

armband ['ɑːmbænd] n Armbinde f.

armchair ['ɑːmtʃɛə*] n Sessel m, Lehnstuhl m.

armed [ɑːmd] adj bewaffnet; **the** ~ **forces** die Streitkräfte pl.

armed robbery n bewaffneter Raubüberfall m.

Armenia [ɑː'miːnɪə] n Armenien nt.

Armenian [ɑː'miːnɪən] adj armenisch ♦ n Armenier(in) m(f); (LING) Armenisch nt.

armful ['ɑːmful] n Arm m voll.

armistice ['ɑːmɪstɪs] n Waffenstillstand m.

armour, (US) **armor** ['ɑːmə*] n (HIST) Rüstung f; (also: ~-**plating**) Panzerplatte f; (MIL: tanks) Panzerfahrzeuge pl.

armoured car ['ɑːməd-] n Panzerwagen m.

armoury ['ɑːmərɪ] n (storeroom) Waffenlager nt.

armpit ['ɑːmpɪt] n Achselhöhle f.

armrest ['ɑːmrɛst] n Armlehne f.

arms control [ɑːmz-] n Rüstungskontrolle f.

arms race [ɑːmz-] n: **the** ~ das Wettrüsten.

army ['ɑːmɪ] n Armee f, Heer nt; (fig: host) Heer.

aroma [ə'rəumə] n Aroma nt, Duft m.

aromatherapy [ərəumə'θɛrəpɪ] n Aromatherapie f.

aromatic [ærə'mætɪk] adj aromatisch, duftend.

arose [ə'rəuz] pt of **arise**.

around [ə'raund] adv (about) herum; (in the area) in der Nähe ♦ prep (encircling) um ... herum; (near) in der Nähe von; (fig: about: dimensions) etwa; (: time) gegen; (: date) um; **is he** ~? ist er da?; ~ **£5** um die £5, etwa £5; ~ **3 o'clock** gegen 3 Uhr.

arousal [ə'rauzəl] n (sexual) Erregung f; (of feelings, interest) Weckung f.

arouse [ə'rauz] vt (feelings, interest) wecken.

arpeggio [ɑː'pɛdʒɪəu] n Arpeggio nt.

arrange [ə'reɪndʒ] vt (meeting etc) vereinbaren; (tour etc) planen; (books etc) anordnen; (flowers) arrangieren; (MUS) arrangieren, bearbeiten ♦ vi: **we have** ~**d for a car to pick you up** wir haben veranlasst, dass Sie mit dem Auto abgeholt werden; **it was** ~**d that** ... es wurde vereinbart, dass ...; **to** ~ **to do sth** vereinbaren or ausmachen, etw zu tun.

arrangement [ə'reɪndʒmənt] n (agreement) Vereinbarung f; (layout) Anordnung f; (MUS) Arrangement nt, Bearbeitung f; **arrangements** npl Pläne pl; (preparations) Vorbereitungen pl; **to come to an** ~ **with sb** eine Regelung mit jdm treffen; **home deliveries by** ~ nach Vereinbarung Lieferung ins Haus; **I'll make** ~**s for you to be met** ich werde veranlassen, dass Sie abgeholt werden.

arrant ['ærənt] adj (coward, fool etc) Erz-; (nonsense) total.

array [ə'reɪ] n: **an** ~ **of** (things) eine Reihe von; (people) Aufgebot an +dat; (MATH, COMPUT) (Daten)feld nt.

arrears [ə'rɪəz] npl Rückstand m; **to be in** ~ **with one's rent** mit seiner Miete im Rückstand sein.

arrest [ə'rɛst] vt (person) verhaften; (sb's attention) erregen ♦ n Verhaftung f; **under** ~ verhaftet.

arresting [ə'rɛstɪŋ] adj (fig) atemberaubend.

arrival [ə'raɪvl] n Ankunft f; (COMM: of goods) Sendung f; **new** ~ (person) Neuankömmling m; (baby) Neugeborene(s) nt.

arrive [ə'raɪv] vi ankommen.

▶ **arrive at** vt fus (fig: conclusion) kommen zu; (: situation) es bringen zu.

arrogance ['ærəgəns] n Arroganz f, Überheblichkeit f.

arrogant ['ærəgənt] adj arrogant, überheblich.

arrow ['ærəu] n Pfeil m.

arse [ɑːs] (BRIT: infl) n Arsch m (!).

arsenal ['ɑːsɪnl] n Waffenlager nt; (stockpile) Arsenal nt.

arsenic ['ɑːsnɪk] n Arsen nt.

arson ['ɑːsn] n Brandstiftung f.

art [ɑːt] n Kunst f; **Arts** npl (SCOL) Geisteswissenschaften pl; **work of** ~ Kunstwerk nt.

artefact ['ɑːtɪfækt] n Artefakt nt.

arterial [ɑː'tɪərɪəl] adj arteriell; ~ **road** Fernverkehrsstraße f; ~ **line** (RAIL) Hauptstrecke f.

artery ['ɑːtərɪ] n Arterie f, Schlagader f; (fig) Verkehrsader f.

artful ['ɑːtful] adj raffiniert.

art gallery n Kunstgalerie f.

arthritic [ɑː'θrɪtɪk] adj arthritisch.

arthritis [ɑː'θraɪtɪs] n Arthritis f.

artichoke ['ɑːtɪtʃəuk] n (also: **globe** ~) Artischocke f; (also: **Jerusalem** ~) Topinambur m.

article ['ɑːtɪkl] n Artikel m; (object, item) Gegenstand m; **articles** (BRIT) npl (LAW) (Rechts)referendarzeit f; ~ **of clothing** Kleidungsstück nt.

articles of association npl (COMM)

Gesellschaftsvertrag *m*.

articulate [*adj* ɑːˈtɪkjʊlɪt, *vt*, *vi* ɑːˈtɪkjuleɪt] *adj* (*speech, writing*) klar; (*speaker*) redegewandt ♦ *vt* darlegen ♦ *vi* artikulieren; **to be ~** (*person*) sich gut ausdrücken können.

articulated lorry (*BRIT*) *n* Sattelschlepper *m*.

artifice [ˈɑːtɪfɪs] *n* List *f*.

artificial [ɑːtɪˈfɪʃəl] *adj* künstlich; (*manner*) gekünstelt; **to be ~** (*person*) gekünstelt *or* unnatürlich wirken.

artificial insemination [-ɪnsɛmɪˈneɪʃən] *n* künstliche Besamung *f*.

artificial intelligence *n* künstliche Intelligenz *f*.

artificial respiration *n* künstliche Beatmung *f*.

artillery [ɑːˈtɪlərɪ] *n* Artillerie *f*.

artisan [ˈɑːtɪzæn] *n* Handwerker *m*.

artist [ˈɑːtɪst] *n* Künstler(in) *m(f)*.

artistic [ɑːˈtɪstɪk] *adj* künstlerisch.

artistry [ˈɑːtɪstrɪ] *n* künstlerisches Geschick *nt*.

artless [ˈɑːtlɪs] *adj* arglos.

art school *n* Kunstakademie *f*, Kunsthochschule *f*.

artwork [ˈɑːtwɜːk] *n* (*for advert etc, material for printing*) Druckvorlage *f*; (*in book*) Bildmaterial *nt*.

ARV *n abbr* (*BIBLE*: *= American Revised Version*) *amerikanische revidierte Bibelübersetzung.*

AS (*US*) *n abbr* (*= Associate in/of Science*) *akademischer Grad in Naturwissenschaften* ♦ *abbr* (*POST*: *= American Samoa*).

───────── **KEYWORD**

as [æz] *conj* **1** (*referring to time*) als; **~ the years went by** mit den Jahren; **he came in ~ I was leaving** als er hereinkam, ging ich gerade; **~ from tomorrow** ab morgen.

2 (*in comparisons*): **~ big ~ so** groß wie; **twice ~ big ~** zweimal so groß wie; **~ much/many ~** so viel/so viele wie; **~ soon ~ sobald**; **much ~ I admire her ...** sosehr ich sie auch bewundere ...

3 (*since, because*) da, weil; **~ you can't come I'll go without you** da du nicht mitkommen kannst, gehe ich ohne dich.

4 (*referring to manner, way*) wie; **do ~ you wish** mach, was du willst; **~ she said** wie sie sagte; **he gave it to me ~ a present** er gab es mir als Geschenk; **~ it were** sozusagen.

5 (*in the capacity of*) als; **he works ~ a driver** er arbeitet als Fahrer.

6 (*concerning*): **~ for** *or* **to that** was das betrifft *or* angeht.

7: **~ if** *or* **though** als ob; *see also* **long, such, well**.

───────────

ASA *n abbr* (*= American Standards Association*) *amerikanischer Normenausschuss.*

a.s.a.p. *adv abbr* (*= as soon as possible*)

baldmöglichst.

asbestos [æzˈbɛstəs] *n* Asbest *m*.

ascend [əˈsɛnd] *vt* hinaufsteigen; (*throne*) besteigen.

ascendancy [əˈsɛndənsɪ] *n* Vormachtstellung *f*; **~ over sb** Vorherrschaft *f* über jdn.

ascendant [əˈsɛndənt] *n*: **to be in the ~** im Aufstieg begriffen sein.

ascension [əˈsɛnʃən] *n*: **the A~** (*REL*) die Himmelfahrt *f* (Christi).

Ascension Island *n* Ascension *nt*.

ascent [əˈsɛnt] *n* Aufstieg *m*.

ascertain [æsəˈteɪn] *vt* feststellen.

ascetic [əˈsɛtɪk] *adj* asketisch.

asceticism [əˈsɛtɪsɪzəm] *n* Askese *f*.

ASCII [ˈæskiː] *n abbr* (*COMPUT*: *= American Standard Code for Information Interchange*) ASCII.

ascribe [əˈskraɪb] *vt*: **to ~ sth to** etw zuschreiben *+dat*; (*cause*) etw zurückführen auf *+acc*.

ASCU (*US*) *n abbr* (*= Association of State Colleges and Universities*) *Verband staatlicher Bildungseinrichtungen.*

ASEAN [ˈæsɪæn] *n abbr* (*= Association of Southeast Asian Nations*) ASEAN *f* (*Gemeinschaft südostasiatischer Staaten*).

ASH [æʃ] (*BRIT*) *n abbr* (*= Action on Smoking and Health*) *Antiraucherinitiative.*

ash [æʃ] *n* Asche *f*; (*wood, tree*) Esche *f*.

ashamed [əˈʃeɪmd] *adj* beschämt; **to be ~ of** sich schämen für; **to be ~ of o.s. for having done sth** sich schämen, dass man etw getan hat.

A shares *npl* stimmrechtslose Aktien *pl*.

ashen [ˈæʃən] *adj* (*face*) aschfahl.

ashore [əˈʃɔːˮ] *adv* an Land.

ashtray [ˈæʃtreɪ] *n* Aschenbecher *m*.

Ash Wednesday *n* Aschermittwoch *m*.

Asia [ˈeɪʃə] *n* Asien *nt*.

Asia Minor *n* Kleinasien *nt*.

Asian [ˈeɪʃən] *adj* asiatisch ♦ *n* Asiat(in) *m(f)*.

Asiatic [eɪsɪˈætɪk] *adj* asiatisch.

aside [əˈsaɪd] *adv* zur Seite; (*take*) beiseite ♦ *n* beiseite gesprochene Worte *pl*; **to brush objections ~** Einwände beiseite schieben.

aside from *prep* außer *+dat*.

ask [ɑːsk] *vt* fragen; (*invite*) einladen; **to ~ sb to do sth** jdn bitten, etw zu tun; **to ~ (sb) sth** (jdn) etw fragen; **to ~ sb a question** jdm eine Frage stellen; **to ~ sb the time** jdn nach der Uhrzeit fragen; **to ~ sb about sth** jdn nach etw fragen; **to ~ sb out to dinner** jdn zum Essen einladen.

▶ **ask after** *vt fus* fragen nach.

▶ **ask for** *vt fus* bitten um; (*trouble*) haben wollen; **it's just ~ing for trouble/it** das kann ja nicht gut gehen.

askance [əˈskɑːns] *adv*: **to look ~ at sb** jdn misstrauisch ansehen; **to look ~ at sth** etw mit Misstrauen betrachten.

askew [əˈskjuː] *adv* schief.

asking price ['ɑːskɪŋ-] n: **the** ~ der geforderte Preis.

asleep [ə'sliːp] adj schlafend; **to be** ~ schlafen; **to fall** ~ einschlafen.

ASLEF ['æzlɛf] (BRIT) n abbr (= Associated Society of Locomotive Engineers and Firemen) Eisenbahnergewerkschaft.

asp [æsp] n Natter f.

asparagus [əs'pærəgəs] n Spargel m.

asparagus tips npl Spargelspitzen pl.

ASPCA n abbr (= American Society for the Prevention of Cruelty to Animals) Tierschutzverein.

aspect ['æspɛkt] n (of subject) Aspekt m; (of building etc) Lage f; (quality, air) Erscheinung f; **to have a south-westerly** ~ nach Südwesten liegen.

aspersions [əs'pəːʃənz] npl: **to cast** ~ **on** sich abfällig äußern über +acc.

asphalt ['æsfælt] n Asphalt m.

asphyxiate [æs'fɪksɪeɪt] vt ersticken.

asphyxiation [æsfɪksɪ'eɪʃən] n Erstickung f.

aspirate ['æspəreɪt] vt aspirieren, behauchen.

aspirations [æspə'reɪʃənz] npl Hoffnungen pl; **to have** ~ **to(wards)** sth etw anstreben.

aspire [əs'paɪə*] vi: **to** ~ **to** streben nach.

aspirin ['æsprɪn] n Kopfschmerztablette f, Aspirin ® nt.

aspiring [əs'paɪərɪŋ] adj aufstrebend.

ass [æs] n (also fig) Esel m; (US: inf!) Arsch! m.

assail [ə'seɪl] vt angreifen; (fig): **to be** ~**ed by doubts** von Zweifeln geplagt werden.

assailant [ə'seɪlənt] n Angreifer(in) m(f).

assassin [ə'sæsɪn] n Attentäter(in) m(f).

assassinate [ə'sæsɪneɪt] vt ermorden, ein Attentat verüben auf +acc.

assassination [əsæsɪ'neɪʃən] n Ermordung f, (geglücktes) Attentat nt.

assault [ə'sɔːlt] n Angriff m ♦ vt angreifen; (sexually) vergewaltigen; ~ **and battery** (LAW) Körperverletzung f.

assemble [ə'sɛmbl] vt versammeln; (car, machine) montieren; (furniture etc) zusammenbauen ♦ vi sich versammeln.

assembly [ə'sɛmblɪ] n Versammlung f, (of car, machine) Montage f; (of furniture) Zusammenbau m.

assembly language n (COMPUT) Assemblersprache f.

assembly line n Fließband nt.

assent [ə'sɛnt] n Zustimmung f ♦ vi: **to** ~ **(to)** zustimmen (+dat).

assert [ə'səːt] vt behaupten; (innocence) beteuern; (authority) geltend machen; **to** ~ **o.s.** sich durchsetzen.

assertion [ə'səːʃən] n Behauptung f.

assertive [ə'səːtɪv] adj (person) selbstbewusst; (manner) bestimmt.

assess [ə'sɛs] vt (situation) einschätzen; (abilities etc) beurteilen; (tax) festsetzen; (damages, property etc) schätzen.

assessment [ə'sɛsmənt] n (see vt)

Einschätzung f; Beurteilung f; Festsetzung f; Schätzung f.

assessor [ə'sɛsə*] n (LAW: expert) Gutachter(in) m(f).

asset ['æsɛt] n Vorteil m; (person) Stütze f; **assets** npl (property, funds) Vermögen nt; (COMM) Aktiva pl.

asset-stripping ['æsɛt'strɪpɪŋ] n (COMM) Aufkauf von finanziell gefährdeten Firmen und anschließender Verkauf ihrer Vermögenswerte.

assiduous [ə'sɪdjuəs] adj gewissenhaft.

assign [ə'saɪn] vt: **to** ~ **(to)** (date) zuweisen (+dat); (task) übertragen (+dat); (person) einteilen (für); (cause) zuschreiben (+dat); (meaning) zuordnen (+dat); **to** ~ **sb to do sth** jdn damit beauftragen, etw zu tun.

assignment [ə'saɪnmənt] n Aufgabe f.

assimilate [ə'sɪmɪleɪt] vt aufnehmen; (immigrants) integrieren.

assimilation [əsɪmɪ'leɪʃən] n (see vt) Aufnahme f; Integration f.

assist [ə'sɪst] vt helfen; (with money etc) unterstützen.

assistance [ə'sɪstəns] n Hilfe f; (with money etc) Unterstützung f.

assistant [ə'sɪstənt] n Assistent(in) m(f); (BRIT: also: **shop** ~) Verkäufer(in) m(f).

assistant manager n stellvertretender Geschäftsführer m, stellvertretende Geschäftsführerin f.

assizes [ə'saɪzɪz] (BRIT) npl Gerichtstage pl.

associate [adj, n ə'səʊʃɪɪt, vt, vi ə'səʊʃɪeɪt] adj (director) assoziiert; (member, professor) außerordentlich ♦ n (at work) Kollege m, Kollegin f ♦ vt in Verbindung bringen ♦ vi: ~ **with sb** mit jdm verkehren.

associated company [ə'səʊʃɪeɪtɪd-] n Partnerfirma f.

association [əsəʊsɪ'eɪʃən] n (group) Verband m; (involvement) Verbindung f; (PSYCH) Assoziation f; **in** ~ **with** in Zusammenarbeit mit.

association football n Fußball m.

assorted [ə'sɔːtɪd] adj gemischt; (various) diverse(r, s); **in** ~ **sizes** in verschiedenen Größen.

assortment [ə'sɔːtmənt] n Mischung f; (of books, people etc) Ansammlung f.

Asst abbr = assistant.

assuage [ə'sweɪdʒ] vt (grief, pain) lindern; (thirst, appetite) stillen, befriedigen.

assume [ə'sjuːm] vt annehmen; (responsibilities etc) übernehmen.

assumed name [ə'sjuːmd-] n Deckname m.

assumption [ə'sʌmpʃən] n Annahme f; (of power etc) Übernahme f; **on the** ~ **that** ... vorausgesetzt, dass ...

assurance [ə'ʃuərəns] n Versicherung f; (promise) Zusicherung f; (confidence) Zuversicht f; **I can give you no** ~**s** ich kann Ihnen nichts versprechen.

assure [əˈʃuəʳ] *vt* versichern; (*guarantee*) sichern.

assured [əˈʃuəd] *n* (*BRIT*) Versicherte(r) *f(m)* ♦ *adj* sicher.

AST (*US*) *abbr* (= *Atlantic Standard Time*) Ortszeit in Ostkanada.

asterisk [ˈæstərɪsk] *n* Sternchen *nt*.

astern [əˈstɔːn] *adv* achtern.

asteroid [ˈæstərɔɪd] *n* Asteroid *m*.

asthma [ˈæsmə] *n* Asthma *nt*.

asthmatic [æsˈmætɪk] *adj* asthmatisch ♦ *n* Asthmatiker(in) *m(f)*.

astigmatism [əˈstɪɡmətɪzəm] *n* Astigmatismus *m*.

astir [əˈstɔːʳ] *adv*: **to be ~** (*out of bed*) auf sein.

astonish [əˈstɒnɪʃ] *vt* erstaunen.

astonishing [əˈstɒnɪʃɪŋ] *adj* erstaunlich; **I find it ~ that ...** es überrascht mich, dass ...

astonishingly [əˈstɒnɪʃɪŋlɪ] *adv* erstaunlich; **~, ...** erstaunlicherweise ...

astonishment [əˈstɒnɪʃmənt] *n* Erstaunen *nt*.

astound [əˈstaund] *vt* verblüffen, sehr erstaunen.

astounded [əˈstaundɪd] *adj* (höchst) erstaunt.

astounding [əˈstaundɪŋ] *adj* erstaunlich.

astray [əˈstreɪ] *adv*: **to go ~** (*letter*) verloren gehen; (*fig*) auf Abwege geraten; **to lead ~** auf Abwege bringen; **to go ~ in one's calculations** sich verrechnen.

astride [əˈstraɪd] *adv* (*sit, ride*) rittlings; (*stand*) breitbeinig ♦ *prep* rittlings auf +*dat*; breitbeinig über +*dat*.

astringent [əsˈtrɪndʒənt] *adj* adstringierend; (*fig: caustic*) ätzend, beißend ♦ *n* Adstringens *nt*.

astrologer [əsˈtrɒlədʒəʳ] *n* Astrologe *m*, Astrologin *f*.

astrology [əsˈtrɒlədʒɪ] *n* Astrologie *f*.

astronaut [ˈæstrənɔːt] *n* Astronaut(in) *m(f)*.

astronomer [əsˈtrɒnəməʳ] *n* Astronom(in) *m(f)*.

astronomical [æstrəˈnɒmɪkl] *adj* (*also fig*) astronomisch.

astronomy [əsˈtrɒnəmɪ] *n* Astronomie *f*.

astrophysics [ˈæstrəuˈfɪzɪks] *n* Astrophysik *f*.

astute [əsˈtjuːt] *adj* scharfsinnig; (*operator, behaviour*) geschickt.

asunder [əˈsʌndəʳ] *adv*: **to tear ~** auseinander reißen.

ASV *n abbr* (*BIBLE*: = *American Standard Version*) *amerikanische Standard-Bibelübersetzung*.

asylum [əˈsaɪləm] *n* Asyl *nt*; (*mental hospital*) psychiatrische Klinik *f*; **to seek political ~** um (politisches) Asyl bitten.

asymmetrical [eɪsɪˈmɛtrɪkl] *adj* asymmetrisch.

════════════════ *KEYWORD*

at [æt] *prep* **1** (*referring to position, direction*) an +*dat*, in +*dat*; **~ the top** an der Spitze; **~ home** zu Hause, zuhause (*ÖSTERR, SCHWEIZ*); **~ school** in der Schule; **~ the**

baker's beim Bäcker; **to look ~ sth** auf etw *acc* blicken.

2 (*referring to time*): **~ 4 o'clock** um 4 Uhr; **~ night/dawn** bei Nacht/Tagesanbruch; **~ Christmas** zu Weihnachten; **~ times** zuweilen.

3 (*referring to rates, speed etc*): **~ £2 a kilo** zu £2 pro Kilo; **two ~ a time** zwei auf einmal; **~ 50 km/h** mit 50 km/h.

4 (*referring to activity*): **to be ~ work** (*in office etc*) auf der Arbeit sein; **to play ~ cowboys** Cowboy spielen; **to be good ~ sth** gut in etw *dat* sein.

5 (*referring to cause*): **shocked/surprised/annoyed ~ sth** schockiert/überrascht/verärgert über etw *acc*; **I went ~ his suggestion** ich ging auf seinen Vorschlag hin.

6: not ~ all (*in answer to question*) überhaupt nicht, ganz und gar nicht; (*in answer to thanks*) nichts zu danken, keine Ursache; **I'm not ~ all tired** ich bin überhaupt nicht müde; **anything ~ all** irgendetwas.

ate [eɪt] *pt of* eat.

atheism [ˈeɪθiɪzəm] *n* Atheismus *m*.

atheist [ˈeɪθiɪst] *n* Atheist(in) *m(f)*.

Athenian [əˈθiːnɪən] *adj* Athener ♦ *n* Athener(in) *m(f)*.

Athens [ˈæθɪnz] *n* Athen *nt*.

athlete [ˈæθliːt] *n* Athlet(in) *m(f)*.

athletic [æθˈlɛtɪk] *adj* sportlich; (*muscular*) athletisch.

athletics [æθˈlɛtɪks] *n* Leichtathletik *f*.

Atlantic [ətˈlæntɪk] *adj* atlantisch; (*coast etc*) Atlantik- ♦ *n*: **the ~ (Ocean)** der Atlantik.

atlas [ˈætləs] *n* Atlas *m*.

Atlas Mountains *npl*: **the ~** der Atlas, das Atlasgebirge.

ATM *abbr* (= *automated telling machine*) Geldautomat *m*.

atmosphere [ˈætməsfɪəʳ] *n* Atmosphäre *f*; (*air*) Luft *f*.

atmospheric [ætməsˈfɛrɪk] *adj* atmosphärisch.

atmospherics [ætməsˈfɛrɪks] *npl* atmosphärische Störungen *pl*.

atoll [ˈætɒl] *n* Atoll *nt*.

atom [ˈætəm] *n* Atom *nt*.

atomic [əˈtɒmɪk] *adj* atomar; (*energy, weapons*) Atom-.

atom(ic) bomb *n* Atombombe *f*.

atomizer [ˈætəmaɪzəʳ] *n* Zerstäuber *m*.

atone [əˈtəun] *vi*: **to ~ for** büßen für.

atonement [əˈtəunmənt] *n* Buße *f*.

A to Z ® *n* Stadtplan *m*.

ATP *n abbr* (= *Association of Tennis Professionals*) *Tennis-Profiverband*.

atrocious [əˈtrəuʃəs] *adj* grauenhaft.

atrocity [əˈtrɒsɪtɪ] *n* Gräueltat *f*.

atrophy [ˈætrəfɪ] *n* Schwund *m*, Atrophie *f* ♦ *vt* schwinden lassen ♦ *vi* schwinden, verkümmern.

attach [ə'tætʃ] *vt* befestigen; (*document, letter*) anheften, beiheften; (*employee, troops*) zuteilen; (*importance etc*) beimessen; **to be ~ed to sb/sth** (*like*) an jdm/etw hängen; (*be connected with*) mit jdm/etw zu tun haben; **the ~ed letter** der beiliegende Brief.

attaché [ə'tæʃeɪ] *n* Attaché *m*.

attaché case *n* Aktenkoffer *m*.

attachment [ə'tætʃmənt] *n* (*tool*) Zubehörteil *nt*; (*love*): **~ (to sb)** Zuneigung *f* (zu jdm).

attack [ə'tæk] *vt* angreifen; (*subj: criminal*) überfallen; (*task, problem etc*) in Angriff nehmen ♦ *n* (*also fig*) Angriff *m*; (*on sb's life*) Anschlag *m*; (*of illness*) Anfall *m*; **heart ~** Herzanfall *m*, Herzinfarkt *m*.

attacker [ə'tækə*] *n* Angreifer(in) *m(f)*.

attain [ə'teɪn] *vt* (*also*: **~ to**) erreichen; (*knowledge*) erlangen.

attainments [ə'teɪnmənts] *npl* Fähigkeiten *pl*.

attempt [ə'tɛmpt] *n* Versuch *m* ♦ *vt* versuchen; **to make an ~ on sb's life** einen Anschlag auf jdn verüben.

attempted [ə'tɛmptɪd] *adj* versucht; **~ murder/suicide** Mord-/Selbstmordversuch *m*; **~ theft** versuchter Diebstahl.

attend [ə'tɛnd] *vt* besuchen; (*patient*) behandeln.

► **attend to** *vt fus* sich kümmern um; (*needs*) nachkommen +*dat*; (*customer*) bedienen.

attendance [ə'tɛndəns] *n* Anwesenheit *f*; (*people present*) Besucherzahl *f*; (*SPORT*) Zuschauerzahl *f*.

attendant [ə'tɛndənt] *n* (*helper*) Begleiter(in) *m(f)*; (*in garage*) Tankwart *m*; (*in museum*) Aufseher(in) *m(f)* ♦ *adj* damit verbunden.

attention [ə'tɛnʃən] *n* Aufmerksamkeit *f*; (*care*) Fürsorge *f* ♦ *excl* (*MIL*) Achtung!; **attentions** *npl* (*acts of courtesy*) Aufmerksamkeiten *pl*; **for the ~ of ...** zu Händen von ...; **it has come to my ~ that ...** ich bin darauf aufmerksam geworden, dass ...; **to stand to** *or* **at ~** (*MIL*) stillstehen.

attentive [ə'tɛntɪv] *adj* aufmerksam.

attentively [ə'tɛntɪvlɪ] *adv* aufmerksam.

attenuate [ə'tɛnjueɪt] *vt* abschwächen ♦ *vi* schwächer werden.

attest [ə'tɛst] *vt, vi*: **to ~ (to)** bezeugen.

attic ['ætɪk] *n* Dachboden *m*.

attire [ə'taɪə*] *n* Kleidung *f*.

attitude ['ætɪtjuːd] *n* (*posture, manner*) Haltung *f*; (*mental*): **~ to** *or* **towards** Einstellung *f* zu.

attorney [ə'tɜːnɪ] *n* (*US: lawyer*) (Rechts)anwalt *m*, (Rechts)anwältin *f*; (*having proxy*) Bevollmächtigte(r) *f(m)*; **power of ~** Vollmacht *f*.

Attorney General *n* (*BRIT*) ≈ Justizminister(in) *m(f)*; (*US*) ≈ General-bundesanwalt *m*, Generalbundesanwältin *f*.

attract [ə'trækt] *vt* (*draw*) anziehen; (*interest*) auf sich *acc* lenken; (*attention*) erregen.

attraction [ə'trækʃən] *n* Anziehungskraft *f*; (*of house, city*) Reiz *m*; (*gen pl: amusements*) Attraktion *f*; (*fig*) **to feel an ~ towards sb/sth** sich von jdm/etw angezogen fühlen.

attractive [ə'træktɪv] *adj* attraktiv; (*price, idea, offer*) verlockend, reizvoll.

attribute [*n* ætrɪbjuːt, *vt* ə'trɪbjuːt] *n* Eigenschaft *f* ♦ *vt*: **to ~ sth to** (*cause*) etw zurückführen auf +*acc*; (*poem, painting*) etw zuschreiben +*dat*; (*quality*) etw beimessen +*dat*.

attribution [ætrɪ'bjuːʃən] *n* (*see vt*) Zurückführung *f*; Zuschreibung *f*; Beimessung *f*.

attrition [ə'trɪʃən] *n*: **war of ~** Zermürbungskrieg *m*.

Atty. Gen. *abbr* = **Attorney General**.

ATV *n abbr* (= *all-terrain vehicle*) Geländefahrzeug *nt*.

atypical [eɪ'tɪpɪkl] *adj* atypisch.

aubergine ['əubəʒiːn] *n* Aubergine *f*; (*colour*) Aubergine *nt*.

auburn ['ɔːbən] *adj* rotbraun.

auction ['ɔːkʃən] *n* (*also*: **sale by ~**) Versteigerung *f*, Auktion *f* ♦ *vt* versteigern.

auctioneer [ɔːkʃə'nɪə*] *n* Versteigerer *m*.

auction room *n* Auktionssaal *m*.

audacious [ɔː'deɪʃəs] *adj* wagemutig, kühn.

audacity [ɔː'dæsɪtɪ] *n* Kühnheit *f*, Verwegenheit *f*; (*pej: impudence*) Dreistigkeit *f*.

audible ['ɔːdɪbl] *adj* hörbar.

audience ['ɔːdɪəns] *n* Publikum *nt*; (*RADIO*) Zuhörer *pl*; (*TV*) Zuschauer *pl*; (*with queen etc*) Audienz *f*.

audiotypist ['ɔːdɪəʊtaɪpɪst] *n* Fonotypist(in) *m(f)*, Phonotypist(in) *m(f)*.

audiovisual ['ɔːdɪəʊ'vɪzjuəl] *adj* audiovisuell.

audiovisual aid *n* audiovisuelles Lehrmittel *nt*.

audit ['ɔːdɪt] *vt* (*COMM*) prüfen ♦ *n* Buchprüfung *f*, Rechnungsprüfung *f*.

audition [ɔː'dɪʃən] *n* Vorsprechprobe *f* ♦ *vi*: **to ~ (for)** vorsprechen (für).

auditor ['ɔːdɪtə*] *n* Buchprüfer(in) *m(f)*, Rechnungsprüfer(in) *m(f)*.

auditorium [ɔːdɪ'tɔːrɪəm] *n* (*building*) Auditorium *nt*; (*audience area*) Zuschauerraum *m*.

Aug. *abbr* = **August**.

augment [ɔːg'mɛnt] *vt* vermehren; (*income, diet*) verbessern.

augur ['ɔːgə*] *vi*: **it ~s well** das ist ein gutes Zeichen *or* Omen.

August ['ɔːgəst] *n* August *m*; *see also* **July**.

august [ɔː'gʌst] *adj* erhaben.

aunt [ɑːnt] *n* Tante *f*.

auntie ['ɑːntɪ] *n dimin of* **aunt**.

aunty ['ɑːntɪ] *n dimin of* **aunt**.

au pair [əʊ'pɛə*] *n* (*also*: **~ girl**)

Aupair(mädchen) *nt*, Au-pair(-Mädchen) *nt*.

aura ['ɔːrə] *n* Aura *f*.

auspices ['ɔːspɪsɪz] *npl*: **under the ~ of** unter der Schirmherrschaft +*gen*.

auspicious [ɔːs'pɪʃəs] *adj* verheißungsvoll; (*opening, start*) viel versprechend.

austere [ɒs'tɪə*] *adj* streng; (*room, decoration*) schmucklos; (*person, lifestyle*) asketisch.

austerity [ɒs'tɛrɪtɪ] *n* Strenge *f*; (*of room etc*) Schmucklosigkeit *f*; (*hardship*) Entbehrung *f*.

Australasia [ɔːstrə'leɪzɪə] *n* Australien und Ozeanien *nt*.

Australasian [ɔːstrə'leɪzɪən] *adj* ozeanisch, südwestpazifisch.

Australia [ɒs'treɪlɪə] *n* Australien *nt*.

Australian [ɒs'treɪlɪən] *adj* australisch ♦ *n* Australier(in) *m(f)*.

Austria ['ɒstrɪə] *n* Österreich *nt*.

Austrian ['ɒstrɪən] *adj* österreichisch ♦ *n* Österreicher(in) *m(f)*.

AUT (*BRIT*) *n abbr* (= *Association of University Teachers*) *Gewerkschaft der Universitätsdozenten.*

authentic [ɔː'θɛntɪk] *adj* authentisch.

authenticate [ɔː'θɛntɪkeɪt] *vt* beglaubigen.

authenticity [ɔːθɛn'tɪsɪtɪ] *n* Echtheit *f*.

author ['ɔːθə*] *n* (*of text*) Verfasser(in) *m(f)*; (*profession*) Autor(in) *m(f)*, Schriftsteller(in) *m(f)*; (*creator*) Urheber(in) *m(f)*; (: *of plan*) Initiator(in) *m(f)*.

authoritarian [ɔːθɒrɪ'tɛərɪən] *adj* autoritär.

authoritative [ɔː'θɒrɪtətɪv] *adj* (*person, manner*) bestimmt, entschieden; (*source, account*) zuverlässig; (*study, treatise*) maßgeblich, maßgebend.

authority [ɔː'θɒrɪtɪ] *n* Autorität *f*; (*government body*) Behörde *f*, Amt *nt*; (*official permission*) Genehmigung *f*; **the authorities** *npl* (*ruling body*) die Behörden *pl*; **to have the ~ to do sth** befugt sein, etw zu tun.

authorization [ɔːθəraɪ'zeɪʃən] *n* Genehmigung *f*.

authorize ['ɔːθəraɪz] *vt* genehmigen; **to ~ sb to do sth** jdn ermächtigen, etw zu tun.

authorized capital ['ɔːθəraɪzd-] *n* autorisiertes Aktienkapital *nt*.

authorship ['ɔːθəʃɪp] *n* Autorschaft *f*, Verfasserschaft *f*.

autistic [ɔː'tɪstɪk] *adj* autistisch.

auto ['ɔːtəu] (*US*) *n* Auto *nt*, Wagen *m*.

autobiographical ['ɔːtəbaɪə'græfɪkl] *adj* autobiografisch.

autobiography [ɔːtəbaɪ'ɒgrəfɪ] *n* Autobiografie *f*.

autocratic [ɔːtə'krætɪk] *adj* autokratisch.

Autocue ® ['ɔːtəukjuː] *n* Teleprompter *m*.

autograph ['ɔːtəgrɑːf] *n* Autogramm *nt* ♦ *vt* signieren.

autoimmune [ɔːtəʊɪ'mjuːn] *adj* (*disease*) Autoimmun-.

automat ['ɔːtəmæt] *n* Automat *m*; (*US*) Automatenrestaurant *nt*.

automata [ɔː'tɒmətə] *npl of* **automaton**.

automate ['ɔːtəmeɪt] *vt* automatisieren.

automatic [ɔːtə'mætɪk] *adj* automatisch ♦ *n* (*gun*) automatische Waffe; (*washing machine*) Waschautomat *m*; (*car*) Automatikwagen *m*.

automatically [ɔːtə'mætɪklɪ] *adv* automatisch.

automatic data processing *n* automatische Datenverarbeitung *f*.

automation [ɔːtə'meɪʃən] *n* Automatisierung *f*.

automaton [ɔː'tɒmətən] (*pl* **automata**) *n* Roboter *m*.

automobile ['ɔːtəməbiːl] (*US*) *n* Auto(mobil) *nt*.

autonomous [ɔː'tɒnəməs] *adj* autonom.

autonomy [ɔː'tɒnəmɪ] *n* Autonomie *f*.

autopsy ['ɔːtɒpsɪ] *n* Autopsie *f*.

autumn ['ɔːtəm] *n* Herbst *m*; **in ~** im Herbst.

autumnal [ɔː'tʌmnəl] *adj* herbstlich.

auxiliary [ɔːg'zɪlɪərɪ] *adj* (*tool, verb*) Hilfs- ♦ *n* (*assistant*) Hilfskraft *f*.

AV *n abbr* (*BIBLE*: = *Authorized Version*) *englische Bibelübersetzung von 1611* ♦ *abbr* = **audiovisual**.

Av. *abbr* = **avenue**.

avail [ə'veɪl] *vt*: **to ~ o.s. of** Gebrauch machen von ♦ *n*: **to no ~** vergeblich, erfolglos.

availability [əveɪlə'bɪlɪtɪ] *n* Erhältlichkeit *f*; (*of staff*) Vorhandensein *nt*.

available [ə'veɪləbl] *adj* erhältlich; (*person: unoccupied*) frei, abkömmlich; (: *unattached*) zu haben; (*time*) frei, verfügbar; **every ~ means** alle verfügbaren Mittel; **is the manager ~?** ist der Geschäftsführer zu sprechen?; **to make sth ~ to sb** jdm etw zur Verfügung stellen.

avalanche ['ævəlɑːnʃ] *n* (*also fig*) Lawine *f*.

avant-garde ['ævãŋ'gɑːd] *adj* avantgardistisch.

avarice ['ævərɪs] *n* Habsucht *f*.

avaricious [ævə'rɪʃəs] *adj* habsüchtig.

avdp. *abbr* (= *avoirdupois*) *Handelsgewicht.*

Ave *abbr* = **avenue**.

avenge [ə'vɛndʒ] *vt* rächen.

avenue ['ævənjuː] *n* Straße *f*; (*drive*) Auffahrt *f*; (*means*) Weg *m*.

average ['ævərɪdʒ] *n* Durchschnitt *m* ♦ *adj* durchschnittlich, Durchschnitts- ♦ *vt* (*reach an average of*) einen Durchschnitt erreichen von; **on ~** im Durchschnitt, durchschnittlich; **above/below (the) ~** über/unter dem Durchschnitt.

▶ **average out** *vi*: **to ~ out at** durchschnittlich ausmachen.

averse [ə'vɜːs] *adj*: **to be ~ to sth/doing sth** eine Abneigung gegen etw haben/dagegen haben, etw zu tun; **I wouldn't be ~ to a drink** ich hätte nichts gegen einen Drink.

aversion [ə'vɜːʃən] *n* Abneigung *f*; **to have an ~ to sb/sth** eine Abneigung gegen jdn/etw haben.

avert [ə'vəːt] vt (prevent) verhindern; (ward off) abwehren; (turn away) abwenden.

aviary ['eɪvɪərɪ] n Vogelhaus nt.

aviation [eɪvɪ'eɪʃən] n Luftfahrt f.

avid ['ævɪd] adj begeistert, eifrig.

avidly ['ævɪdlɪ] adv begeistert, eifrig.

avocado [ævə'kɑːdəʊ] (BRIT) n (also: ~ **pear**) Avocado f.

avoid [ə'vɔɪd] vt (person, obstacle) ausweichen +dat; (trouble) vermeiden; (danger) meiden.

avoidable [ə'vɔɪdəbl] adj vermeidbar.

avoidance [ə'vɔɪdəns] n (of tax) Umgehung f; (of issue) Vermeidung f.

avowed [ə'vaʊd] adj erklärt.

AVP (US) n abbr (= assistant vice president) stellvertretender Vizepräsident.

avuncular [ə'vʌŋkjʊlə*] adj onkelhaft.

AWACS ['eɪwæks] n abbr (= airborne warning and control system) AWACS.

await [ə'weɪt] vt warten auf +acc; ~**ing attention/delivery** zur Bearbeitung/ Lieferung bestimmt; **long** ~**ed** lang ersehnt.

awake [ə'weɪk] (pt **awoke**, pp **awoken** or **awaked**) adj wach ♦ vt wecken ♦ vi erwachen, aufwachen; ~ **to** sich dat bewusst werden +gen.

awakening [ə'weɪkn̩ɪŋ] n (also fig) Erwachen nt.

award [ə'wɔːd] n Preis m; (for bravery) Auszeichnung f; (damages) Entschädigung(ssumme) f ♦ vt (prize) verleihen; (damages) zusprechen.

aware [ə'wɛə*] adj: ~ **(of)** bewusst (+gen); **to become** ~ **of** sich dat bewusst werden +gen; **to become** ~ **that** ... sich dat bewusst werden, dass ...; **politically/socially** ~ politik-/sozialbewusst; **I am fully** ~ **that** es ist mir völlig klar or bewusst, dass.

awareness [ə'wɛənɪs] n Bewusstsein nt; **to develop people's** ~ **of sth** den Menschen etw zu Bewusstsein bringen.

awash [ə'wɔʃ] adj (also fig) überflutet.

away [ə'weɪ] adv weg, fort; (position) entfernt; **two kilometres** ~ zwei Kilometer entfernt; **two hours** ~ **by car** zwei Autostunden entfernt; **the holiday was two weeks** ~ es war noch zwei Wochen bis zum Urlaub; **he's** ~ **for a week** er ist eine Woche nicht da; **he's** ~ **in Milan** er ist in Mailand; **to take** ~ **(from)** (remove) entfernen (von); (subtract) abziehen (von); **to work/pedal** etc ~ unablässig arbeiten/strampeln etc; **to fade** ~ (colour, light) verblassen; (sound) verhallen; (enthusiasm) schwinden.

away game n Auswärtsspiel nt.

awe [ɔː] n Ehrfurcht f.

awe-inspiring ['ɔːɪnspaɪərɪŋ] adj Ehrfurcht gebietend.

awesome ['ɔːsəm] adj Ehrfurcht gebietend; (fig: inf) überwältigend.

awe-struck ['ɔːstrʌk] adj von Ehrfurcht ergriffen.

awful ['ɔːfəl] adj furchtbar, schrecklich; **an** ~ **lot (of)** furchtbar viel(e).

awfully ['ɔːfəlɪ] adv furchtbar, schrecklich.

awhile [ə'waɪl] adv eine Weile.

awkward ['ɔːkwəd] adj (clumsy) unbeholfen; (inconvenient, difficult) ungünstig; (embarrassing) peinlich.

awkwardness ['ɔːkwədnɪs] n (see adj) Unbeholfenheit f; Ungünstigkeit f; Peinlichkeit f.

awl [ɔːl] n Ahle f, Pfriem m.

awning ['ɔːnɪŋ] n (of tent, caravan) Vordach nt; (of shop etc) Markise f.

awoke [ə'wəʊk] pt of **awake**.

awoken [ə'wəʊkən] pp of **awake**.

AWOL ['eɪwɔl] abbr (MIL: = absent without leave) see **absent**.

awry [ə'raɪ] adv: **to be** ~ (clothes) schief sitzen; **to go** ~ schief gehen.

axe, (US) **ax** [æks] n Axt f, Beil nt ♦ vt (employee) entlassen; (project, jobs etc) streichen; **to have an** ~ **to grind** (fig) ein persönliches Interesse haben.

axes¹ ['æksɪz] npl of **ax(e)**.

axes² ['æksiːz] npl of **axis**.

axiom ['æksɪəm] n Axiom nt, Grundsatz m.

axiomatic [æksɪəʊ'mætɪk] adj axiomatisch.

axis ['æksɪs] (pl **axes²**) n Achse f.

axle ['æksl] n (also: ~**tree**) Achse f.

aye [aɪ] excl (yes) ja ♦ n: **the** ~**s** die Jastimmen pl.

AYH n abbr (= American Youth Hostels) Jugendherbergsverband, ≈ DJHV m.

AZ (US) abbr (POST: = Arizona).

azalea [ə'zeɪlɪə] n Azalee f.

Azerbaijan [æzəbaɪ'dʒɑːn] n Aserbaidschan nt.

Azerbaijani [æzəbaɪ'dʒɑːnɪ], **Azeri** [ə'zeərɪ] adj aserbaidschanisch ♦ n Aserbaidschaner(in) m(f).

Azores [ə'zɔːz] npl: **the** ~ die Azoren pl.

AZT n abbr (= azidothymidine) AZT nt.

Aztec ['æztɛk] adj aztekisch ♦ n Azteke m, Aztekin f.

azure ['eɪʒə*] adj azurblau, tiefblau.

B, b

B¹, b [biː] n (letter) B nt, b nt; (SCOL) ≈ Zwei f, Gut nt; ~ **for Benjamin,** (US) ~ **for Baker** ≈ B wie Bertha; ~ **road** (BRIT) Landstraße f.

B² [biː] n (MUS) H nt, h nt.

b. abbr = **born**.

BA n abbr (= Bachelor of Arts) see **bachelor**; (= British Academy) Verband zur Förderung der Künste und Geisteswissenschaften.

babble ['bæbl] *vi* schwatzen; (*baby*) plappern; (*brook*) plätschern ♦ *n*: a ~ **of voices** ein Stimmengewirr *nt*.

babe [beɪb] *n* (*liter*) Kindlein *nt*; (*esp US*: *address*) Schätzchen *nt*; ~ **in arms** Säugling *m*.

baboon [bə'buːn] *n* Pavian *m*.

baby ['beɪbɪ] *n* Baby *nt*; (*US*: *inf*: *darling*) Schatz *m*, Schätzchen *nt*.

baby carriage (*US*) *n* Kinderwagen *m*.

baby grand *n* (*also*: ~ **piano**) Stutzflügel *m*.

babyhood ['beɪbɪhud] *n* frühe Kindheit *f*.

babyish ['beɪbɪɪʃ] *adj* kindlich.

baby-minder ['beɪbɪˈmaɪndə*] (*BRIT*) *n* Tagesmutter *f*.

baby-sit ['beɪbɪsɪt] *vi* babysitten.

baby-sitter ['beɪbɪsɪtə*] *n* Babysitter(in) *m(f)*.

baby wipe *n* Ölpflegetuch *nt*.

bachelor ['bætʃələ*] *n* Junggeselle *m*; **B~ of Arts/Science (degree)** ≈ Magister *m* der philosophischen Fakultät/der Naturwissenschaften.

bachelorhood ['bætʃələhud] *n* Junggesellentum *nt*.

bachelor party (*US*) *n* Junggesellenparty *f*.

BACHELOR'S DEGREE

Bachelor's Degree *ist der akademische Grad, den man nach drei- oder vierjährigem, erfolgreich abgeschlossenem Universitätsstudium erhält. Die am häufigsten verliehenen Grade sind **BA** (Bachelor of Arts = Magister der Geisteswissenschaften), **BSc** (Bachelor of Science = Magister der Naturwissenschaften), **BEd** (Bachelor of Education = Magister der Erziehungswissenschaften) und **LLB** (Bachelor of Laws = Magister der Rechtswissenschaften). Siehe auch **master's degree, doctorate**.*

---

back [bæk] *n* Rücken *m*; (*of house, page*) Rückseite *f*; (*of chair*) (Rücken)lehne *f*; (*of train*) Ende *nt*; (*FOOTBALL*) Verteidiger *m* ♦ *vt* (*candidate: also*: ~ **up**) unterstützen; (*horse*) setzen *or* wetten auf +*acc*; (*car*) zurücksetzen, zurückfahren ♦ *vi* (*also*: ~ **up**: *person*) rückwärts gehen; (*car etc*) zurücksetzen, zurückfahren ♦ *cpd* (*payment, rent*) ausstehend ♦ *adv* hinten; **in the** ~ (**of the car**) hinten (im Auto); **at the** ~ **of the book/crowd/audience** hinten im Buch/in der Menge/im Publikum; ~ **to front** verkehrt herum; **to break the** ~ **of a job** (*BRIT*) mit einer Arbeit über den Berg sein; **to have one's** ~ **to the wall** (*fig*) in die Enge getrieben sein; ~ **room** Hinterzimmer *nt*; ~ **garden** Garten *m* (hinter dem Haus); ~ **seat** (*AUT*) Rücksitz *m*; **to take a** ~ **seat** (*fig*) sich zurückhalten; ~ **wheels** Hinterräder *pl*; **he's** ~ er ist zurück *or* wieder da; **throw the ball** ~ wirf den Ball zurück; **he called** ~ er rief zurück; **he ran** ~

er rannte zurück; **when will you be** ~? wann kommen Sie wieder?; **can I have it** ~? kann ich es zurückhaben *or* wiederhaben?

▶ **back down** *vi* nachgeben.

▶ **back on to** *vt fus*: **the house** ~**s on to the golf course** das Haus grenzt hinten an den Golfplatz an.

▶ **back out** *vi* (*of promise*) einen Rückzieher machen.

▶ **back up** *vt* (*support*) unterstützen; (*COMPUT*) sichern.

backache ['bækeɪk] *n* Rückenschmerzen *pl*.

BACK BENCH

Back Bench *bezeichnet im britischen Unterhaus die am weitesten vom Mittelgang entfernten Bänke, im Gegensatz zur **front bench**. Auf diesen hinteren Bänken sitzen diejenigen Unterhausabgeordneten (auch backbenchers genannt), die kein Regierungsamt bzw. keine wichtige Stellung in der Opposition innehaben.*

---

backbencher ['bæk'bentʃə*] (*BRIT*) *n* Abgeordnete(r) *f(m)* (*in den hinteren Reihen im britischen Parlament*), Hinterbänkler(in) *m(f)* (*pej*); *see also* **back bench**.

backbiting ['bækbaɪtɪŋ] *n* Lästern *nt*.

backbone ['bækbəʊn] *n* (*also fig*) Rückgrat *nt*.

backchat ['bæktʃæt] (*BRIT*: *inf*) *n* Widerrede *f*.

backcloth ['bækklɒθ] (*BRIT*) *n* Hintergrund *m*.

backcomb ['bækkəʊm] (*BRIT*) *vt* toupieren.

backdate [bæk'deɪt] *vt* (zu)rückdatieren; ~**d pay rise** rückwirkend geltende Gehaltserhöhung *f*.

backdrop ['bækdrɒp] *n* = **backcloth**.

backer ['bækə*] *n* (*COMM*) Geldgeber *m*.

backfire [bæk'faɪə*] *vi* (*AUT*) Fehlzündungen haben; (*plans*) ins Auge gehen.

backgammon ['bækgæmən] *n* Backgammon *nt*.

background ['bækgraʊnd] *n* Hintergrund *m*; (*basic knowledge*) Grundkenntnisse *pl*; (*experience*) Erfahrung *f* ♦ *cpd* (*music*) Hintergrund-; **family** ~ Herkunft *f*; ~ **noise** Geräuschkulisse *f*; ~ **reading** vertiefende Lektüre *f*.

backhand ['bækhænd] *n* (*TENNIS*: *also*: ~ **stroke**) Rückhand *f*.

backhanded ['bæk'hændɪd] *adj* (*fig*: *compliment*) zweifelhaft.

backhander ['bæk'hændə*] (*BRIT*) *n* Schmiergeld *nt*.

backing ['bækɪŋ] *n* (*fig, COMM*) Unterstützung *f*; (*MUS*) Begleitung *f*.

backlash ['bæklæʃ] *n* (*fig*) Gegenreaktion *f*.

backlog ['bæklɒg] *n*: **to have a** ~ **of work** mit der Arbeit im Rückstand sein.

back number *n* alte Ausgabe *f or* Nummer *f*.

backpack ['bækpæk] *n* Rucksack *m*.

backpacker ['bækpækə*] *n* Rucksacktourist(in) *m(f)*.

back pay n Nachzahlung f.
back-pedal ['bækpɛdl] vi (fig) einen Rückzieher machen.
back-seat driver n Mitfahrer, der dem Fahrer dazwischenredet.
backside ['bæksaɪd] (inf) n Hintern m.
backslash ['bækslæʃ] n Backslash m.
backslide ['bækslaɪd] vi rückfällig werden.
backspace ['bækspeɪs] vi (in typing) die Rücktaste betätigen.
backstage [bæk'steɪdʒ] adv (THEAT) hinter den Kulissen; (: in dressing-room area) in der Garderobe.
backstreet ['bækstriːt] n Seitenstraße f ♦ cpd: ~ **abortionist** Engelmacher(in) m(f).
backstroke ['bækstrəuk] n Rückenschwimmen nt.
backtrack ['bæktræk] vi (fig) einen Rückzieher machen.
backup ['bækʌp] adj (train, plane) Entlastungs-; (COMPUT: copy etc) Sicherungs- ♦ n (support) Unterstützung f; (COMPUT: also: ~ **disk**, ~ **file**) Sicherungskopie f, Back-up nt, Backup nt.
backward ['bækwəd] adj (movement) Rückwärts-; (person) zurückgeblieben; (country) rückständig; ~ **and forward movement** Vor- und Zurückbewegung f; ~ **step/glance** Blick m/Schritt m zurück.
backwards ['bækwədz] adv rückwärts; (read) von hinten nach vorne; (fall) nach hinten; (in time) zurück; **to know sth** ~ or (US) ~ **and forwards** etw in- und auswendig kennen.
backwater ['bækwɔːtə*] n (fig) Kaff nt.
back yard n Hinterhof m.
bacon ['beɪkən] n (Frühstücks)speck m, (Schinken)speck m.
bacteria [bæk'tɪərɪə] npl Bakterien pl.
bacteriology [bæktɪərɪ'ɒlədʒɪ] n Bakteriologie f.
bad [bæd] adj schlecht; (naughty) unartig, ungezogen; (mistake, accident, injury) schwer; **his** ~ **leg** sein schlimmes Bein; **to go** ~ verderben, schlecht werden; **to have a** ~ **time of it** es schwer haben; **I feel** ~ **about it** es tut mir Leid; **in** ~ **faith** mit böser Absicht.
bad debt n uneinbringliche Forderung f.
baddy ['bædɪ] (inf) n Bösewicht m.
bade [bæd] pt of **bid**.
badge [bædʒ] n Plakette f; (stick-on) Aufkleber m; (fig) Merkmal nt.
badger ['bædʒə*] n Dachs m ♦ vt zusetzen +dat.
badly ['bædlɪ] adv schlecht; ~ **wounded** schwer verletzt; **he needs it** ~ er braucht es dringend; **things are going** ~ es sieht schlecht or nicht gut aus; **to be** ~ **off (for money)** wenig Geld haben.
bad-mannered ['bæd'mænəd] adj ungezogen, unhöflich.
badminton ['bædmɪntən] n Federball m.
bad-tempered ['bæd'tɛmpəd] adj schlecht

gelaunt; (by nature) übellaunig.
baffle ['bæfl] vt verblüffen.
baffling ['bæflɪŋ] adj rätselhaft, verwirrend.
bag [bæg] n Tasche f; (made of paper, plastic) Tüte f; (handbag) (Hand)tasche f; (satchel) Schultasche f; (case) Reisetasche f; (of hunter) Jagdbeute f; (pej: woman) Schachtel f; ~**s of** (inf: lots of) jede Menge; **to pack one's** ~**s** die Koffer packen; ~**s under the eyes** Ringe pl unter den Augen.
bagful ['bægful] n: **a** ~ **of** eine Tasche/Tüte voll.
baggage ['bægɪdʒ] n Gepäck nt.
baggage allowance n Freigepäck nt.
baggage car (US) n Gepäckwagen m.
baggage claim n Gepäckausgabe f.
baggy ['bægɪ] adj weit; (out of shape) ausgebeult.
Baghdad [bæg'dæd] n Bagdad nt.
bag lady (esp US) n Stadtstreicherin f.
bagpipes ['bægpaɪps] npl Dudelsack m.
bag-snatcher ['bægsnætʃə*] (BRIT) n Handtaschendieb(in) m(f).
Bahamas [bə'hɑːməz] npl: **the** ~ die Bahamas pl, die Bahamainseln pl.
Bahrain [bɑː'reɪn] n Bahrain nt.
bail [beɪl] n (LAW: payment) Kaution f; (: release) Freilassung f gegen Kaution ♦ vt (prisoner) gegen Kaution freilassen; (boat: also: ~ **out**) ausschöpfen; **to be on** ~ gegen Kaution freigelassen sein; **to be released on** ~ gegen Kaution freigelassen werden; see also **bale**.
▶ **bail out** vt (prisoner) gegen Kaution freibekommen; (firm, friend) aus der Patsche helfen +dat.
bailiff ['beɪlɪf] n (LAW: BRIT) Gerichtsvollzieher(in) m(f); (: US) Gerichtsdiener(in) m(f); (BRIT: factor) (Guts)verwalter(in) m(f).
bait [beɪt] n Köder m ♦ vt (hook, trap) mit einem Köder versehen; (tease) necken.
baize [beɪz] n Flausch m; **green** ~ Billardtuch nt.
bake [beɪk] vt backen; (clay etc) brennen ♦ vi backen.
baked beans [beɪkt-] npl gebackene Bohnen pl (in Tomatensauce).
baked potato n in der Schale gebackene Kartoffel f.
baker ['beɪkə*] n Bäcker(in) m(f).
baker's dozen n dreizehn (Stück).
bakery ['beɪkərɪ] n Bäckerei f.
baking ['beɪkɪŋ] n Backen nt; (batch) Ofenladung f ♦ adj (inf: hot) wie im Backofen.
baking powder n Backpulver nt.
baking tin n Backform f.
baking tray n Backblech nt.
balaclava [bælə'klɑːvə] n (also: ~ **helmet**) Kapuzenmütze f.
balance ['bæləns] n (equilibrium)

Gleichgewicht *nt*; (*COMM: sum*) Saldo *m*;
(*remainder*) Restbetrag *m*; (*scales*) Waage *f*
♦ *vt* ausgleichen; (*AUT: wheels*) auswuchten;
(*pros and cons*) (gegeneinander) abwägen;
on ~ alles in allem; ~ of trade/payments
Handels-/Zahlungsbilanz *f*; **~ carried
forward** *or* **brought forward** (*COMM*)
Saldovortrag *m*, Saldoübertrag *m*; **to ~ the
books** (*COMM*) die Bilanz ziehen *or* machen.
balanced ['bælənst] *adj* ausgeglichen; (*report*)
ausgewogen.
balance sheet *n* Bilanz *f*.
balance wheel *n* Unruh *f*.
balcony ['bælkənɪ] *n* Balkon *m*; (*in theatre*)
oberster Rang *m*.
bald [bɔːld] *adj* kahl; (*tyre*) abgefahren;
(*statement*) knapp.
baldness ['bɔːldnɪs] *n* Kahlheit *f*.
bale [beɪl] *n* (*AGR*) Bündel *nt*; (*of papers etc*)
Packen *m*.
▶ **bale out** *vi* (*of a plane*) abspringen ♦ *vt*
(*water*) schöpfen; (*boat*) ausschöpfen.
Balearic Islands [bælɪ'ærɪk-] *npl*: **the ~ die
Balearen** *pl*.
baleful ['beɪlful] *adj* böse.
balk [bɔːk] *vi*: **to ~ (at)** (*subj: person*)
zurückschrecken (vor +*dat*); (: *horse*)
scheuen (vor +*dat*).
Balkan ['bɔːlkən] *adj* (*countries etc*) Balkan-
♦ *n*: **the ~s** der Balkan, die Balkanländer *pl*.
ball [bɔːl] *n* Ball *m*; (*of wool, string*) Knäuel *m or
nt*; **to set the ~ rolling** (*fig*) den Stein ins
Rollen bringen; **to play ~ (with sb)** (*fig*) (mit
jdm) mitspielen; **to be on the ~** (*fig:
competent*) am Ball sein; (: *alert*) auf Draht
or Zack sein; **the ~ is in their court** (*fig*) sie
sind am Ball.
ballad ['bæləd] *n* Ballade *f*.
ballast ['bæləst] *n* Ballast *m*.
ball bearing *npl* Kugellager *nt*; (*individual ball*)
Kugellagerkugel *f*.
ball cock *n* Schwimmerhahn *m*.
ballerina [bælə'riːnə] *n* Ballerina *f*.
ballet ['bæleɪ] *n* Ballett *nt*.
ballet dancer *n* Balletttänzer(in) *m(f)*.
ballistic [bə'lɪstɪk] *adj* ballistisch.
ballistic missile *n* Raketengeschoss *nt*.
ballistics [bə'lɪstɪks] *n* Ballistik *f*.
balloon [bə'luːn] *n* (Luft)ballon *m*; (*hot air
balloon*) Heißluftballon *m*; (*in comic strip*)
Sprechblase *f*.
balloonist [bə'luːnɪst] *n* Ballonfahrer(in) *m(f)*.
ballot ['bælət] *n* (geheime) Abstimmung *f*.
ballot box *n* Wahlurne *f*.
ballot paper *n* Stimmzettel *m*.
ballpark ['bɔːlpɑːk] (*US*) *n* (*SPORT*)
Baseballstadion *nt*.
ballpark figure (*inf*) *n* Richtzahl *f*.
ballpoint (pen) ['bɔːlpɔɪnt(-)] *n*
Kugelschreiber *m*.
ballroom ['bɔːlrum] *n* Tanzsaal *m*.
balls [bɔːlz] (*inf!*) *npl* (*testicles*) Eier *pl* (!);

(*courage*) Schneid *m*, Mumm *m* ♦ *excl* red
keinen Scheiß! (!).
balm [bɑːm] *n* Balsam *m*.
balmy ['bɑːmɪ] *adj* (*breeze*) sanft; (*air*) lau,
lind; (*BRIT: inf*) = **barmy**.
BALPA ['bælpə] *n abbr* (= *British Airline Pilots'
Association*) *Flugpilotengewerkschaft.*
balsam ['bɔːlsəm] *n* Balsam *m*.
balsa (wood) ['bɔːlsə-] *n* Balsaholz *nt*.
Baltic ['bɔːltɪk] *n*: **the ~ (Sea)** die Ostsee.
balustrade [bæləs'treɪd] *n* Balustrade *f*.
bamboo [bæm'buː] *n* Bambus *m*.
bamboozle [bæm'buːzl] (*inf*) *vt* hereinlegen;
to ~ sb into doing sth jdn durch Tricks
dazu bringen, etw zu tun.
ban [bæn] *n* Verbot *nt* ♦ *vt* verbieten; **he was
~ned from driving** (*BRIT*) ihm wurde
Fahrverbot erteilt.
banal [bə'nɑːl] *adj* banal.
banana [bə'nɑːnə] *n* Banane *f*.
band [bænd] *n* (*group*) Gruppe *f*, Schar *f*;
(*MUS: jazz, rock etc*) Band *f*; (: *military etc*)
(Musik)kapelle *f*; (*strip, range*) Band *nt*;
(*stripe*) Streifen *m*.
▶ **band together** *vi* sich
zusammenschließen.
bandage ['bændɪdʒ] *n* Verband *m* ♦ *vt*
verbinden.
Band-Aid ® ['bændeɪd] (*US*) *n* Heftpflaster *nt*.
B & B *n abbr* = **bed and breakfast**.
bandit ['bændɪt] *n* Bandit *m*.
bandstand ['bændstænd] *n* Musikpavillion *m*.
bandwagon ['bændwægən] *n*: **to jump on the
~** (*fig*) auf den fahrenden Zug aufspringen.
bandy ['bændɪ] *vt* (*jokes*) sich erzählen; (*ideas*)
diskutieren; (*insults*) sich an den Kopf
werfen.
▶ **bandy about** *vt* (*word, expression*) immer
wieder gebrauchen; (*name*) immer wieder
nennen.
bandy-legged ['bændɪ'legɪd] *adj* o-beinig, O-
beinig.
bane [beɪn] *n*: **it/he is the ~ of my life** das/er
ist noch mal mein Ende.
bang [bæŋ] *n* (*of door*) Knallen *nt*; (*of gun,
exhaust*) Knall *m*; (*blow*) Schlag *m* ♦ *excl* peng
♦ *vt* (*door*) zuschlagen, zuknallen; (*one's
head etc*) sich *dat* stoßen +*acc* ♦ *vi* knallen
♦ *adv*: **to be ~ on time** (*BRIT: inf*) auf die
Sekunde pünktlich sein; **to ~ at the door**
gegen die Tür hämmern; **to ~ into sth** sich
an etw *dat* stoßen.
banger ['bæŋə*] (*BRIT: inf*) *n* (*car: also*: **old ~**)
Klapperkiste *f*; (*sausage*) Würstchen *nt*;
(*firework*) Knallkörper *m*.
Bangkok [bæŋ'kɔk] *n* Bangkok *nt*.
Bangladesh [bæŋglə'deʃ] *n* Bangladesch *nt*.
bangle ['bæŋgl] *n* Armreif(en) *m*.
bangs [bæŋz] (*US*) *npl* (*fringe*) Pony *m*.
banish ['bænɪʃ] *vt* verbannen.
banister(s) ['bænɪstə(z)] *n(pl)* Geländer *nt*.
banjo ['bændʒəu] (*pl* **~es** *or* **~s**) *n* Banjo *nt*.

bank [bæŋk] n Bank f; (of river, lake) Ufer nt; (of earth) Wall m; (of switches) Reihe f ♦ vi (AVIAT) sich in die Kurve legen; (COMM): **they ~ with Pitt's** sie haben ihr Konto bei Pitt's.
▶ **bank on** vt fus sich verlassen auf +acc.
bank account n Bankkonto nt.
bank balance n Kontostand m.
bank card n Scheckkarte f.
bank charges (BRIT) npl Kontoführungsgebühren pl.
bank draft n Bankanweisung f.
banker ['bæŋkə*] n Bankier m.
banker's card (BRIT) n = **bank card**.
banker's order (BRIT) n Dauerauftrag m.
bank giro n Banküberweisung f.
bank holiday (BRIT) n (öffentlicher) Feiertag m.

BANK HOLIDAY

Als **bank holiday** wird in Großbritannien ein gesetzlicher Feiertag bezeichnet, an dem die Banken geschlossen sind. Die meisten dieser Feiertage, abgesehen von Weihnachten und Ostern, fallen auf Montage im Mai und August. An diesen langen Wochenenden (bank holiday weekends) fahren viele Briten in Urlaub, sodass dann auf den Straßen, Flughäfen und bei der Bahn sehr viel Betrieb ist.

---

banking ['bæŋkɪŋ] n Bankwesen nt.
banking hours npl Schalterstunden pl.
bank loan n Bankkredit m.
bank manager n Filialleiter(in) m(f) (einer Bank).
banknote ['bæŋknəut] n Geldschein m, Banknote f.
bank rate n Diskontsatz m.
bankrupt ['bæŋkrʌpt] adj bankrott ♦ n Bankrotteur(in) m(f); **to go ~** Bankrott machen.
bankruptcy ['bæŋkrʌptsɪ] n (COMM, fig) Bankrott m.
bank statement n Kontoauszug m.
banner ['bænə*] n Banner nt; (in demonstration) Spruchband nt.
banner headline n Schlagzeile f.
bannister(s) ['bænɪstə(z)] n(pl) = **banister(s)**.
banns [bænz] npl Aufgebot nt.
banquet ['bæŋkwɪt] n Bankett nt.
bantamweight ['bæntəmweɪt] n Bantamgewicht nt.
banter ['bæntə*] n Geplänkel nt.
BAOR n abbr (= British Army of the Rhine) britische Rheinarmee.
baptism ['bæptɪzəm] n Taufe f.
Baptist ['bæptɪst] n Baptist(in) m(f).
baptize [bæp'taɪz] vt taufen.
bar [bɑː*] n (for drinking) Lokal nt; (counter) Theke f; (rod) Stange f; (on window etc) (Gitter)stab m; (slab: of chocolate) Tafel f; (fig: obstacle) Hindernis nt; (prohibition)

Verbot nt; (MUS) Takt m ♦ vt (road) blockieren, versperren; (window) verriegeln; (person) ausschließen; (activity) verbieten; **~ of soap** Stück nt Seife; **behind ~s** hinter Gittern; **the B~** (LAW) die Anwaltschaft; **~ none** ohne Ausnahme.
Barbados [bɑː'beɪdɔs] n Barbados nt.
barbaric [bɑː'bærɪk] adj barbarisch.
barbarous ['bɑːbərəs] adj barbarisch.
barbecue ['bɑːbɪkjuː] n Grill m; (meal, party) Barbecue nt.
barbed wire ['bɑːbd-] n Stacheldraht m.
barber ['bɑːbə*] n (Herren)friseur m.
barbiturate [bɑː'bɪtjurɪt] n Schlafmittel nt, Barbiturat nt.
Barcelona [bɑːsə'ləunə] n Barcelona nt.
bar chart n Balkendiagramm nt.
bar code n Strichkode m.
bare [bɛə*] adj nackt; (trees, countryside) kahl; (minimum) absolut ♦ vt entblößen; (teeth) blecken; **the ~ essentials, the ~ necessities** das Allernotwendigste; **to ~ one's soul** sein Innerstes entblößen.
bareback ['bɛəbæk] adv ohne Sattel.
barefaced ['bɛəfeɪst] adj (fig) unverfroren, schamlos.
barefoot ['bɛəfut] adj barfüßig ♦ adv barfuß.
bareheaded [bɛə'hɛdɪd] adj barhäuptig ♦ adv ohne Kopfbedeckung.
barely ['bɛəlɪ] adv kaum.
Barents Sea ['bærənts-] n: **the ~** die Barentssee.
bargain ['bɑːgɪn] n (deal) Geschäft nt; (transaction) Handel m; (good offer) Sonderangebot nt; (good buy) guter Kauf m ♦ vi: **to ~ (with sb)** (mit jdm) verhandeln; (haggle) (mit jdm) handeln; **into the ~** obendrein.
▶ **bargain for** vt fus: **he got more than he ~ed for** er bekam mehr, als er erwartet hatte.
bargaining ['bɑːgənɪŋ] n Verhandeln nt.
bargaining position n Verhandlungsposition f.
barge [bɑːdʒ] n Lastkahn m, Frachtkahn m.
▶ **barge in** vi (enter) hereinplatzen; (interrupt) unterbrechen.
▶ **barge into** vt fus (place) hereinplatzen; (person) anrempeln.
bargepole ['bɑːdʒpəul] n: **I wouldn't touch it with a ~** (fig) das würde ich nicht mal mit der Kneifzange anfassen.
baritone ['bærɪtəun] n Bariton m.
barium meal ['bɛərɪəm-] n Kontrastbrei m.
bark [bɑːk] n (of tree) Rinde f; (of dog) Bellen nt ♦ vi bellen; **she's ~ing up the wrong tree** (fig) sie ist auf dem Holzwege.
barley ['bɑːlɪ] n Gerste f.
barley sugar n Malzbonbon nt or m.
barmaid ['bɑːmeɪd] n Bardame f.
barman ['bɑːmən] (irreg: like man) n Barmann m.
barmy ['bɑːmɪ] (BRIT: inf) adj bekloppt.

barn [bɑːn] *n* Scheune *f*.
barnacle ['bɑːnəkl] *n* Rankenfußkrebs *m*.
barn owl *n* Schleiereule *f*.
barometer [bə'rɒmɪtə*] *n* Barometer *nt*.
baron ['bærən] *n* Baron *m*; **industrial** ~
Industriemagnat *m*; **press** ~ Pressezar *m*.
baroness ['bærənɪs] *n* (*baron's wife*) Baronin *f*;
(*baron's daughter*) Baroness *f*, Baronesse *f*.
baronet ['bærənɪt] *n* Baronet *m*.
barracking ['bærəkɪŋ] *n* Buhrufe *pl*.
barracks ['bærəks] *npl* Kaserne *f*.
barrage ['bærɑːʒ] *n* (*MIL*) Sperrfeuer *nt*; (*dam*)
Staustufe *f*; (*fig: of criticism, questions etc*)
Hagel *m*.
barrel ['bærəl] *n* Fass *nt*; (*of oil*) Barrel *nt*; (*of
gun*) Lauf *m*.
barrel organ *n* Drehorgel *f*.
barren ['bærən] *adj* unfruchtbar.
barricade [bærɪ'keɪd] *n* Barrikade *f* ♦ *vt* (*road,
entrance*) verbarrikadieren; **to** ~ **o.s. (in)**
sich verbarrikadieren.
barrier ['bærɪə*] *n* (*at frontier, entrance*)
Schranke *f*; (*BRIT: also:* **crash** ~) Leitplanke *f*;
(*fig*) Barriere *f*; (*: to progress etc*) Hindernis *nt*.
barrier cream (*BRIT*) *n* Hautschutzcreme *f*.
barring ['bɑːrɪŋ] *prep* außer im Falle +*gen*.
barrister ['bærɪstə*] (*BRIT*) *n* Rechtsanwalt *m*,
Rechtsanwältin *f*.

BARRISTER

Barrister *oder* **barrister-at-law** *ist in England
die Bezeichnung für einen Rechtsanwalt, der seine
Klienten vor allem vor Gericht vertritt; im Gegensatz
zum* **solicitor**, *der nicht vor Gericht auftritt,
sondern einen barrister mit dieser Aufgabe
beauftragt.*

---

barrow ['bærəu] *n* Schubkarre *f*, Schubkarren
m; (*cart*) Karren *m*.
bar stool *n* Barhocker *m*.
Bart. (*BRIT*) *abbr* = **baronet**.
bartender ['bɑːtendə*] (*US*) *n* Barmann *m*.
barter ['bɑːtə*] *n* Tauschhandel *m* ♦ *vt*: **to**
~ **sth for sth** etw gegen etw tauschen.
base [beɪs] *n* (*of tree etc*) Fuß *m*; (*of cup, box
etc*) Boden *m*; (*foundation*) Grundlage *f*;
(*centre*) Stützpunkt *m*, Standort *m*; (*for
organization*) Sitz *m* ♦ *adj* gemein,
niederträchtig ♦ *vt*: **to** ~ **sth on** etw
gründen *or* basieren auf +*acc*; **to be** ~**d at**
(*troops*) stationiert sein in +*dat*; (*employee*)
arbeiten in +*dat*; **I'm** ~**d in London** ich wohne
in London; **a Paris-**~**d firm** eine Firma mit
Sitz in Paris; **coffee-**~**d** auf Kaffeebasis.
baseball ['beɪsbɔːl] *n* Baseball *m*.
baseboard ['beɪsbɔːd] (*US*) *n* Fußleiste *f*.
base camp *n* Basislager *nt*,
Versorgungslager *nt*.
Basel [bɑːl] *n* = **Basle**.
baseline ['beɪslaɪn] *n* (*TENNIS*) Grundlinie *f*;
(*fig: standard*) Ausgangspunkt *m*.

basement ['beɪsmənt] *n* Keller *m*.
base rate *n* Eckzins *m*, Leitzins *m*.
bases[1] ['beɪsɪz] *npl of* **base**.
bases[2] ['beɪsiːz] *npl of* **basis**.
bash [bæʃ] (*inf*) *vt* schlagen, hauen ♦ *n*: **I'll
have a** ~ **(at it)** (*BRIT*) ich probier's mal.
▶ **bash up** *vt* (*car*) demolieren; (*BRIT: person*)
vermöbeln.
bashful ['bæʃful] *adj* schüchtern.
bashing ['bæʃɪŋ] (*inf*) *n* Prügel *pl*; **Paki-/
queer-**~ Überfälle *pl* auf Pakistaner/
Schwule.
BASIC ['beɪsɪk] *n* (*COMPUT*) BASIC *nt*.
basic ['beɪsɪk] *adj* (*method, needs etc*) Grund-;
(*principles*) grundlegend; (*problem*)
grundsätzlich; (*knowledge*) elementar;
(*facilities*) primitiv.
basically ['beɪsɪklɪ] *adv* im Grunde.
basic rate *n* Eingangssteuersatz *m*.
basics ['beɪsɪks] *npl*: **the** ~ das Wesentliche.
basil ['bæzl] *n* Basilikum *nt*.
basin ['beɪsn] *n* Gefäß *nt*; (*BRIT: for food*)
Schüssel *f*; (*also:* **wash** ~) (Wasch)becken *nt*;
(*of river, lake*) Becken *nt*.
basis ['beɪsɪs] (*pl* **bases**) *n* Basis *f*, Grundlage *f*;
on a part-time ~ stundenweise; **on a trial** ~
zur Probe; **on the** ~ **of what you've said**
aufgrund *or* auf Grund dessen, was Sie
gesagt haben.
bask [bɑːsk] *vi*: **to** ~ **in the sun** sich sonnen.
basket ['bɑːskɪt] *n* Korb *m*; (*smaller*) Körbchen
nt.
basketball ['bɑːskɪtbɔːl] *n* Basketball *m*.
basketball player *n* Basketballspieler(in)
m(f).
Basle [bɑːl] *n* Basel *nt*.
basmati rice [bəz'mætɪ-] *n* Basmatireis *m*.
Basque [bæsk] *adj* baskisch ♦ *n* Baske *m*,
Baskin *f*.
bass [beɪs] *n* Bass *m*.
bass clef *n* Bassschlüssel *m*.
bassoon [bə'suːn] *n* Fagott *nt*.
bastard ['bɑːstəd] *n* uneheliches Kind *nt*; (*inf!*)
Arschloch *nt* (*!*).
baste [beɪst] *vt* (*CULIN*) (mit Fett und
Bratensaft) begießen; (*SEWING*) heften,
reihen.
bastion ['bæstɪən] *n* Bastion *f*.
bat [bæt] *n* (*ZOOL*) Fledermaus *f*; (*for cricket,
baseball etc*) Schlagholz *nt*; (*BRIT: for table
tennis*) Schläger *m* ♦ *vt*: **he didn't** ~ **an eyelid**
er hat nicht mit der Wimper gezuckt; **off
one's own** ~ auf eigene Faust.
batch [bætʃ] *n* (*of bread*) Schub *m*; (*of letters,
papers*) Stoß *m*, Stapel *m*; (*of applicants*)
Gruppe *f*; (*of work*) Schwung *m*; (*of goods*)
Ladung *f*, Sendung *f*.
batch processing *n* (*COMPUT*)
Stapelverarbeitung *f*.
bated ['beɪtɪd] *adj*: **with** ~ **breath** mit
angehaltenem Atem.
bath [bɑːθ] *n* Bad *nt*; (*bathtub*) (Bade)wanne *f*

◆ *vt* baden; **to have a** ~ baden, ein Bad
nehmen; *see also* **baths.**
bathe [beɪð] *vi, vt* (*also fig*) baden.
bather ['beɪðəʳ] *n* Badende(r) *f(m)*.
bathing ['beɪðɪŋ] *n* Baden *nt*.
bathing cap *n* Bademütze *f*, Badekappe *f*.
bathing costume, (*US*) **bathing suit** *n*
Badeanzug *m*.
bath mat *n* Bademattte *f*, Badevorleger *m*.
bathrobe ['bɑːθrəub] *n* Bademantel *m*.
bathroom ['bɑːrum] *n* Bad(ezimmer) *nt*.
baths [bɑːðz] *npl* (*also:* **swimming** ~)
(Schwimm)bad *nt*.
bath towel *n* Badetuch *nt*.
bathtub ['bɑːθtʌb] *n* (Bade)wanne *f*.
batman ['bætmən] (*irreg: like* **man**) (*BRIT*) *n*
(*MIL*) (Offiziers)bursche *m*.
baton ['bætən] *n* (*MUS*) Taktstock *m*;
(*ATHLETICS*) Staffelholz *nt*; (*policeman's*)
Schlagstock *m*.
battalion [bə'tælɪən] *n* Bataillon *nt*.
batten ['bætn] *n* Leiste *f*, Latte *f*; (*NAUT: on
sail*) Segellatte *f*.
▶ **batten down** *vt* (*NAUT*): **to** ~ **down the
hatches** die Luken dicht machen.
batter ['bætəʳ] *vt* schlagen, misshandeln;
(*subj: rain*) schlagen; (*wind*) rütteln ◆ *n*
(*CULIN*) Teig *m*; (*for frying*) (Ausback)teig *m*.
battered ['bætəd] *adj* (*hat, pan*) verbeult;
~ **wife** misshandelte Ehefrau; ~ **child**
misshandeltes Kind.
battering ram ['bætərɪŋ-] *n* Rammbock *m*.
battery ['bætərɪ] *n* Batterie *f*; (*of tests,
reporters*) Reihe *f*.
battery charger *n* (Batterie)ladegerät *nt*.
battery farming *n* Batteriehaltung *f*.
battle ['bætl] *n* (*MIL*) Schlacht *f*; (*fig*) Kampf *m*
◆ *vi* kämpfen; **that's half the** ~ damit ist
schon viel gewonnen; **it's a losing** ~, **we're
fighting a losing** ~ (*fig*) es ist ein
aussichtsloser Kampf.
battledress ['bætldrɛs] *n* Kampfanzug *m*.
battlefield ['bætlfiːld] *n* Schlachtfeld *nt*.
battlements ['bætlmənts] *npl* Zinnen *pl*.
battleship ['bætlʃɪp] *n* Schlachtschiff *nt*.
batty ['bætɪ] (*inf*) *adj* verrückt.
bauble ['bɔːbl] *n* Flitter *m*.
baud [bɔːd] *n* (*COMPUT*) Baud *nt*.
baud rate *n* (*COMPUT*) Baudrate *f*.
baulk [bɔːlk] *vi* = **balk**.
bauxite ['bɔːksaɪt] *n* Bauxit *m*.
Bavaria [bə'veərɪə] *n* Bayern *nt*.
Bavarian [bə'veərɪən] *adj* bay(e)risch ◆ *n*
Bayer(in) *m(f)*.
bawdy ['bɔːdɪ] *adj* derb, obszön.
bawl [bɔːl] *vi* brüllen, schreien.
bay [beɪ] *n* Bucht *f*; (*BRIT: for parking*)
Parkbucht *f*; (: *for loading*) Ladeplatz *m*;
(*horse*) Braune(r) *m*; **to hold sb at** ~ jdn in
Schach halten.
bay leaf *n* Lorbeerblatt *nt*.
bayonet ['beɪənɪt] *n* Bajonett *nt*.

bay tree *n* Lorbeerbaum *m*.
bay window *n* Erkerfenster *nt*.
bazaar [bə'zɑːʳ] *n* Basar *m*.
bazooka [bə'zuːkə] *n* Panzerfaust *f*.
BB (*BRIT*) *n abbr* (= *Boys' Brigade*)
Jugendorganisation für Jungen.
BBB (*US*) *n abbr* (= *Better Business Bureau*)
amerikanische Verbraucherbehörde.
BBC *n abbr* BBC *f*.

BBC

BBC (*Abkürzung für British Broadcasting
Corporation*) *ist die staatliche britische Rundfunk-
und Fernsehanstalt. Die Fernsehsender BBC 1 und
BBC 2 bieten beide ein umfangreiches
Fernsehprogramm, wobei BBC 1 mehr Sendungen
von allgemeinem Interesse wie z. B. leichte
Unterhaltung, Sport, Aktuelles, Kinderprogramme
und Außenübertragungen zeigt. BBC 2
berücksichtigt Reisesendungen, Drama, Musik und
internationale Filme. Die 5 landesweiten
Radiosender bieten von Popmusik bis Kricket etwas
für jeden Geschmack; dazu gibt es noch 37 regionale
Radiosender. Der BBC World Service ist auf der
ganzen Welt auf Englisch oder in einer von 35
anderen Sprachen zu empfangen. Finanziert wird
die BBC vor allem durch Fernsehgebühren und ins
Ausland verkaufte Sendungen. Obwohl die BBC
dem Parlament gegenüber verantwortlich ist,
werden die Sendungen nicht vom Staat kontrolliert.*

BC *adv abbr* (= *before Christ*) v. Chr. ◆ *abbr*
(*CANADA*: = *British Columbia*) Britisch-
Kolumbien *nt*.
BCG *n abbr* (= *bacille Calmette-Guérin*) BCG *m*.
BD *n abbr* (= *Bachelor of Divinity*) *akademischer
Grad in Theologie.*
B/D *abbr* = **bank draft**.
BDS *n abbr* (= *Bachelor of Dental Surgery*)
akademischer Grad in Zahnmedizin.
B/E *abbr* = **bill of exchange**.

━━━━━━━━━━━━━━━━━━━━━━━━━ *KEYWORD*

be [biː] (*pt* **was, were**, *pp* **been**) *aux vb* **1** (*with
present participle: forming continuous tenses*):
what are you doing? was machst du?; **it is
raining** es regnet; **have you been to Rome?**
waren Sie schon einmal in Rom?
2 (*with pp: forming passives*) werden; **to**
~ **killed** getötet werden; **the box had been
opened** die Kiste war geöffnet worden.
3 (*in tag questions*): **he's good-looking, isn't
he?** er sieht gut aus, nicht (wahr)?; **she's
back again, is she?** sie ist wieder da, oder?
4 (+ *to* + *infinitive*): **the house is to** ~ **sold** das
Haus soll verkauft werden; **he's not to open
it** er darf es nicht öffnen
◆ *vb* + *complement* **1** sein; **I'm tired/English** ich
bin müde/Engländer(in); **I'm hot/cold** mir
ist heiß/kalt; **2 and 2 are 4** 2 und 2 ist *or*
macht 4; **she's tall/pretty** sie ist groß/

hübsch; ~ **careful/quiet** sei vorsichtig/
ruhig.
2 (*of health*): **how are you?** wie geht es
Ihnen?
3 (*of age*): **how old are you?** wie alt bist du?;
I'm sixteen (years old) ich bin sechzehn
(Jahre alt).
4 (*cost*) kosten; **how much was the meal?**
was hat das Essen gekostet?; **that'll ~ 5
pounds please** das macht 5 Pfund, bitte
♦ *vi* **1** (*exist, occur etc*) sein; **there is/are** es
gibt; **is there a God?** gibt es einen Gott?;
~ **that as it may** wie dem auch sei; **so ~ it**
gut (und schön).
2 (*referring to place*) sein, liegen; **Edinburgh
is in Scotland** Edinburgh liegt *or* ist in
Schottland; **I won't ~ here tomorrow**
morgen bin ich nicht da.
3 (*referring to movement*) sein; **where have
you been?** wo warst du?
♦ *impers vb* **1** (*referring to time, distance,
weather*) sein; **it's 5 o'clock** es ist 5 Uhr; **it's
10 km to the village** es sind 10 km bis zum
Dorf; **it's too hot/cold** es ist zu heiß/kalt.
2 (*emphatic*): **it's only me** ich bins nur; **it's
only the postman** es ist nur der Briefträger.

beach [biːtʃ] *n* Strand *m* ♦ *vt* (*boat*) auf (den)
Strand setzen.
beach buggy *n* Strandbuggy *m*.
beachcomber ['biːtʃkəumə*] *n*
Strandgutsammler *m*.
beachwear ['biːtʃwɛə*] *n* Strandkleidung *f*.
beacon ['biːkən] *n* Leuchtfeuer *nt*; (*marker*)
Bake *f*; (*also*: **radio ~**) Funkfeuer *nt*.
bead [biːd] *n* Perle *f*; **beads** *npl* (*necklace*)
Perlenkette *f*.
beady ['biːdɪ] *adj*: ~ **eyes** Knopfaugen *pl*.
beagle ['biːgl] *n* Beagle *m*.
beak [biːk] *n* Schnabel *m*.
beaker ['biːkə*] *n* Becher *m*.
beam [biːm] *n* (*ARCHIT*) Balken *m*; (*of light*)
Strahl *m*; (*RADIO*) Leitstrahl *m* ♦ *vi* (*smile*)
strahlen ♦ *vt* ausstrahlen, senden; **to ~ at sb**
jdn anstrahlen; **to drive on full** *or* **main** *or*
high ~ mit Fernlicht fahren.
beaming ['biːmɪŋ] *adj* strahlend.
bean [biːn] *n* Bohne *f*; **runner ~** Stangenbohne
f; **broad ~** dicke Bohne; **coffee ~**
Kaffeebohne *f*.
beanpole ['biːnpəul] *n* (*lit, fig*) Bohnenstange *f*.
beanshoots ['biːnʃuːts] *npl*
Sojabohnensprossen *pl*.
beansprouts ['biːnsprauts] *npl* = **beanshoots**.
bear [bɛə*] (*pt* **bore**, *pp* **borne**) *n* Bär *m*; (*STOCK
EXCHANGE*) Baissier *m* ♦ *vt* tragen; (*tolerate,
endure*) ertragen; (*examination*) standhalten
+*dat*; (*traces, signs*) aufweisen, zeigen;
(*COMM: interest*) tragen, bringen; (*produce:
children*) gebären; (: *fruit*) tragen ♦ *vi*: **to
~ right/left** (*AUT*) sich rechts/links halten;
to ~ the responsibility of die

Verantwortung tragen für; **to ~ comparison
with** einem Vergleich standhalten mit; **I
can't ~ him** ich kann ihn nicht ausstehen; **to
bring pressure to ~ on sb** Druck auf jdn
ausüben.
▶ **bear out** *vt* (*person, suspicions etc*)
bestätigen.
▶ **bear up** *vi* Haltung bewahren; **he bore up
well** er hat sich gut gehalten.
▶ **bear with** *vt fus* Nachsicht haben mit;
~ **with me a minute** bitte gedulden Sie sich
einen Moment.
bearable ['bɛərəbl] *adj* erträglich.
beard [bɪəd] *n* Bart *m*.
bearded ['bɪədɪd] *adj* bärtig.
bearer ['bɛərə*] *n* (*of letter, news*)
Überbringer(in) *m(f)*; (*of cheque, passport,
title etc*) Inhaber(in) *m(f)*.
bearing ['bɛərɪŋ] *n* (*posture*) Haltung *f*; (*air*)
Auftreten *nt*; (*connection*) Bezug *m*; (*TECH*)
Lager *nt*; **bearings** *npl* (*also*: **ball ~s**)
Kugellager *nt*; **to take a ~ with a compass**
den Kompasskurs feststellen; **to get one's
~s** sich zurechtfinden.
beast [biːst] *n* (*animal*) Tier *nt*; (*inf: person*)
Biest *nt*.
beastly ['biːstlɪ] *adj* scheußlich.
beat [biːt] (*pt* **beat**, *pp* **beaten**) *n* (*of heart*)
Schlag *m*; (*MUS*) Takt *m*; (*of policeman*)
Revier *nt* ♦ *vt* schlagen; (*record*) brechen ♦ *vi*
schlagen; **to ~ time** den Takt schlagen; **to
~ it** (*inf*) abhauen, verschwinden; **that ~s
everything** das ist doch wirklich der Gipfel
or die Höhe; **to ~ about the bush** um den
heißen Brei herumreden; **off the ~en track**
abgelegen.
▶ **beat down** *vt* (*door*) einschlagen; (*price*)
herunterhandeln; (*seller*) einen niedrigeren
Preis aushandeln mit ♦ *vi* (*rain*)
herunterprasseln; (*sun*) herunterbrennen.
▶ **beat off** *vt* (*attack, attacker*) abwehren.
▶ **beat up** *vt* (*person*) zusammenschlagen;
(*mixture, eggs*) schlagen.
beater ['biːtə*] *n* (*for eggs, cream*)
Schneebesen *m*.
beating ['biːtɪŋ] *n* Schläge *pl*, Prügel *pl*; **to
take a ~** (*fig*) eine Schlappe einstecken.
beat-up ['biːtʌp] (*inf*) *adj* zerbeult,
ramponiert.
beautician [bjuːˈtɪʃən] *n* Kosmetiker(in) *m(f)*.
beautiful ['bjuːtɪful] *adj* schön.
beautifully ['bjuːtɪflɪ] *adv* (*play, sing, drive etc*)
hervorragend; (*quiet, empty etc*) schön.
beautify ['bjuːtɪfaɪ] *vt* verschönern.
beauty ['bjuːtɪ] *n* Schönheit *f*; (*fig: attraction*)
Schöne *nt*; **the ~ of it is that** ... das Schöne
daran ist, dass ...
beauty contest *n* Schönheitswettbewerb *m*.
beauty queen *n* Schönheitskönigin *f*.
beauty salon *n* Kosmetiksalon *m*.
beauty sleep *n* (Schönheits)schlaf *m*.
beauty spot (*BRIT*) *n* besonders schöner

Ort *m*.

beaver ['bi:və*] *n* Biber *m*.

becalmed [bɪ'kɑːmd] *adj*: **to be ~** (*sailing ship*) in eine Flaute geraten.

became [bɪ'keɪm] *pt of* **become**.

because [bɪ'kɔz] *conj* weil; **~ of** wegen +*gen or* (*inf*) +*dat*.

beck [bɛk] *n*: **to be at sb's ~ and call** nach jds Pfeife tanzen.

beckon ['bɛkən] *vt* (*also*: **~ to**) winken ♦ *vi* locken.

become [bɪ'kʌm] (*irreg*: *like* **come**) *vi* werden; **it became known that** es wurde bekannt, dass; **what has ~ of him?** was ist aus ihm geworden?

becoming [bɪ'kʌmɪŋ] *adj* (*behaviour*) schicklich; (*clothes*) kleidsam.

BECTU ['bɛktu] (*BRIT*) *n abbr* (= *Broadcasting, Entertainment, Cinematographic and Theatre Union*) Gewerkschaft für Beschäftigte in der Unterhaltungsindustrie.

BEd *n abbr* (= *Bachelor of Education*) akademischer Grad im Erziehungswesen.

bed [bɛd] *n* Bett *nt*; (*of coal*) Flöz *m*; (*of clay*) Schicht *f*; (*of river*) (Fluss)bett *nt*; (*of sea*) (Meeres)boden *m*, (Meeres)grund *m*; (*of flowers*) Beet *nt*; **to go to ~** ins *or* zu Bett gehen.

▶ **bed down** *vi* sein Lager aufschlagen.

bed and breakfast *n* (*place*) (Frühstücks)pension *f*; (*terms*) Übernachtung *f* mit Frühstück.

***

BED AND BREAKFAST

Bed and breakfast *bedeutet „Übernachtung mit Frühstück", wobei sich dies in Großbritannien nicht auf Hotels, sondern auf kleinere Pensionen, Privathäuser und Bauernhöfe bezieht, wo man wesentlich preisgünstiger übernachten kann als in Hotels. Oft wird für Bed and Breakfast, auch* **B & B** *genannt, durch ein entsprechendes Schild im Garten oder an der Einfahrt geworben.*

***

bedbug ['bɛdbʌg] *n* Wanze *f*.

bedclothes ['bɛdkləuðz] *npl* Bettzeug *nt*.

bedding ['bɛdɪŋ] *n* Bettzeug *nt*.

bedevil [bɪ'dɛvl] *vt* (*person*) heimsuchen; (*plans*) komplizieren; **to be ~led by misfortune/bad luck** vom Schicksal/Pech verfolgt sein.

bedfellow ['bɛdfɛləu] *n*: **they are strange ~s** (*fig*) sie sind ein merkwürdiges Gespann.

bedlam ['bɛdləm] *n* Chaos *nt*.

bedpan ['bɛdpæn] *n* Bettpfanne *f*, Bettschüssel *f*.

bedpost ['bɛdpəust] *n* Bettpfosten *m*.

bedraggled [bɪ'drægld] *adj* (*wet*) triefnass, tropfnass; (*dirty*) verdreckt.

bedridden ['bɛdrɪdn] *adj* bettlägerig.

bedrock ['bɛdrɔk] *n* (*fig*) Fundament *nt*; (*GEOG*) Grundgebirge *nt*, Grundgestein *nt*.

bedroom ['bɛdrum] *n* Schlafzimmer *nt*.

Beds [bɛdz] (*BRIT*) *abbr* (*POST*: = *Bedfordshire*).

bed settee *n* Sofabett *nt*.

bedside ['bɛdsaɪd] *n*: **at sb's ~** an jds Bett; **~ lamp** Nachttischlampe *f*; **~ book** Bettlektüre *f*.

bedsit(ter) ['bɛdsɪt(ə*)] (*BRIT*) *n* möbliertes Zimmer *nt*.

bedspread ['bɛdsprɛd] *n* Tagesdecke *f*.

bedtime ['bɛdtaɪm] *n* Schlafenszeit *f*; **it's ~** es ist Zeit, ins Bett zu gehen.

bee [biː] *n* Biene *f*; **to have a ~ in one's bonnet about cleanliness** einen Sauberkeitsfimmel *or* Sauberkeitstick haben.

beech [biːtʃ] *n* Buche *f*.

beef [biːf] *n* Rind(fleisch) *nt*; **roast ~** Rinderbraten *m*.

▶ **beef up** (*inf*) *vt* aufmotzen; (*essay*) auswalzen.

beefburger ['biːfbəːgə*] *n* Hamburger *m*.

beefeater ['biːfiːtə*] *n* Beefeater *m*.

beehive ['biːhaɪv] *n* Bienenstock *m*.

beekeeping ['biːkiːpɪŋ] *n* Bienenzucht *f*, Imkerei *f*.

beeline ['biːlaɪn] *n*: **to make a ~ for** schnurstracks zugehen auf +*acc*.

been [biːn] *pp of* **be**.

beep [biːp] (*inf*) *n* Tut(tut) *nt* ♦ *vi* tuten ♦ *vt*: **to ~ one's horn** hupen.

beer [bɪə*] *n* Bier *nt*.

beer belly (*inf*) *n* Bierbauch *m*.

beer can *n* Bierdose *f*.

beet [biːt] *n* Rübe *f*; (*US*: *also*: **red ~**) Rote Bete *f*.

beetle ['biːtl] *n* Käfer *m*.

beetroot ['biːtruːt] (*BRIT*) *n* Rote Bete *f*.

befall [bɪ'fɔːl] (*irreg*: *like* **fall**) *vi* sich zutragen ♦ *vt* widerfahren +*dat*.

befit [bɪ'fɪt] *vt* sich gehören für.

before [bɪ'fɔː*] *prep* vor +*dat*; (*with movement*) vor +*acc* ♦ *conj* bevor ♦ *adv* (*time*) vorher; (*space*) davor; **~ going** bevor er/sie *etc* geht/ging; **~ she goes** bevor sie geht; **the week ~** die Woche davor; **I've never seen it ~** ich habe es noch nie gesehen.

beforehand [bɪ'fɔːhænd] *adv* vorher.

befriend [bɪ'frɛnd] *vt* sich annehmen +*gen*.

befuddled [bɪ'fʌdld] *adj*: **to be ~** verwirrt sein.

beg [bɛg] *vi* betteln ♦ *vt* (*food, money*) betteln um; (*favour, forgiveness etc*) bitten um; **to ~ for** (*food etc*) betteln um; (*forgiveness, mercy etc*) bitten um; **to ~ sb to do sth** jdn bitten, etw zu tun; **I ~ your pardon** (*apologizing*) entschuldigen Sie bitte; (: *not hearing*) (wie) bitte?; **to ~ the question** der Frage ausweichen; *see also* **pardon**.

began [bɪ'gæn] *pt of* **begin**.

beggar ['bɛgə*] *n* Bettler(in) *m(f)*.

begin [bɪ'gɪn] (*pt* **began**, *pp* **begun**) *vt, vi* beginnen, anfangen; **to ~ doing** *or* **to do sth** anfangen, etw zu tun; **~ning (from) Monday**

ab Montag; **I can't ~ to thank you** ich kann Ihnen gar nicht genug danken; **we'll have soup to ~ with** als Vorspeise hätten wir gern Suppe; **to ~ with, I'd like to know ...** zunächst einmal möchte ich wissen, ...

beginner [bɪ'gɪnə*] n Anfänger(in) m(f).

beginning [bɪ'gɪnɪŋ] n Anfang m; **right from the ~** von Anfang an.

begrudge [bɪ'grʌdʒ] vt: **to ~ sb sth** jdm etw missgönnen or nicht gönnen.

beguile [bɪ'gaɪl] vt betören.

beguiling [bɪ'gaɪlɪŋ] adj (charming) verführerisch; (deluding) betörend.

begun [bɪ'gʌn] pp of **begin**.

behalf [bɪ'hɑːf] n: **on ~ of**, (US) **in ~ of** (as representative of) im Namen von; (for benefit of) zugunsten or zu Gunsten von; **on my/his ~** in meinem/seinem Namen; zu meinen/ seinen Gunsten.

behave [bɪ'heɪv] vi (person) sich verhalten, sich benehmen; (thing) funktionieren; (also: **~ o.s.**) sich benehmen.

behaviour, (US) **behavior** [bɪ'heɪvjə*] n Verhalten nt; (manner) Benehmen nt.

behead [bɪ'hed] vt enthaupten.

beheld [bɪ'held] pt, pp of **behold**.

behind [bɪ'haɪnd] prep hinter ♦ adv (at/towards the back) hinten ♦ n (buttocks) Hintern m, Hinterteil nt; **~ the scenes** (fig) hinter den Kulissen; **we're ~ them in technology** auf dem Gebiet der Technologie liegen wir hinter ihnen zurück; **to be ~** (schedule) im Rückstand or Verzug sein; **to leave/stay ~** zurücklassen/-bleiben.

behold [bɪ'həʊld] (irreg: like **hold**) vt sehen, erblicken.

beige [beɪʒ] adj beige.

Beijing ['beɪ'dʒɪŋ] n Peking nt.

being ['biːɪŋ] n (creature) (Lebe)wesen nt; (existence) Leben nt, (Da)sein nt; **to come into ~** entstehen.

Beirut [beɪ'ruːt] n Beirut nt.

Belarus [belə'rus] n Weißrussland nt.

Belarussian [belə'rʌʃən] adj belarussisch, weißrussisch ♦ n Weißrusse m, Weißrussin f; (LING) Weißrussisch nt.

belated [bɪ'leɪtɪd] adj verspätet.

belch [beltʃ] vi rülpsen ♦ vt (also: **belch out**: smoke etc) ausstoßen.

beleaguered [bɪ'liːgɪd] adj (city) belagert; (army) eingekesselt; (fig) geplagt.

Belfast ['belfɑːst] n Belfast nt.

belfry ['belfrɪ] n Glockenstube f.

Belgian ['beldʒən] adj belgisch ♦ n Belgier(in) m(f).

Belgium ['beldʒəm] n Belgien nt.

Belgrade [bel'greɪd] n Belgrad nt.

belie [bɪ'laɪ] vt (contradict) im Widerspruch stehen zu; (give false impression of) hinwegtäuschen über +acc; (disprove) widerlegen, Lügen strafen.

belief [bɪ'liːf] n Glaube m; (opinion) Überzeugung f; **it's beyond ~** es ist unglaublich or nicht zu glauben; **in the ~ that** im Glauben, dass.

believable [bɪ'liːvəbl] adj glaubhaft.

believe [bɪ'liːv] vt glauben ♦ vi (in Gott) glauben; **he is ~d to be abroad** es heißt, dass er im Ausland ist; **to ~ in** (God, ghosts) glauben an +acc; (method etc) Vertrauen haben zu; **I don't ~ in corporal punishment** ich halte nicht viel von der Prügelstrafe.

believer [bɪ'liːvə*] n (in idea, activity) Anhänger(in) m(f); (REL) Gläubige(r) f(m); **she's a great ~ in healthy eating** sie ist sehr für eine gesunde Ernährung.

belittle [bɪ'lɪtl] vt herabsetzen.

Belize [be'liːz] n Belize nt.

bell [bel] n Glocke f; (small) Glöckchen nt, Schelle f; (on door) Klingel f; **that rings a ~** (fig) das kommt mir bekannt vor.

bell-bottoms ['belbɒtəmz] npl Hose f mit Schlag.

bellboy ['belbɔɪ] (BRIT) n Page m, Hoteljunge m.

bellhop ['belhɒp] (US) n = **bellboy**.

belligerence [bɪ'lɪdʒərəns] n Angriffslust f.

belligerent [bɪ'lɪdʒərənt] adj angriffslustig.

bellow ['beləʊ] vi, vt brüllen.

bellows ['beləʊz] npl Blasebalg m.

bell push (BRIT) n Klingel f.

belly ['belɪ] n Bauch m.

bellyache ['belɪeɪk] (inf) n Bauchschmerzen pl ♦ vi murren.

bellybutton ['belɪbʌtn] n Bauchnabel m.

bellyful ['belɪful] (inf) n: **I've had a ~ of that** davon habe ich die Nase voll.

belong [bɪ'lɒŋ] vi: **to ~ to** (person) gehören +dat; (club etc) angehören +dat; **this book ~s here** dieses Buch gehört hierher.

belongings [bɪ'lɒŋɪŋz] npl Sachen pl, Habe f; **personal ~** persönlicher Besitz m, persönliches Eigentum nt.

Belorussia [beleu'rʌʃə] n Weißrussland nt.

Belorussian [beleu'rʌʃən] adj, n = **Belarussian**.

beloved [bɪ'lʌvɪd] adj geliebt ♦ n Geliebte(r) f(m).

below [bɪ'ləʊ] prep (beneath) unterhalb +gen; (less than) unter +dat ♦ adv (beneath) unten; **see ~** siehe unten; **temperatures ~ normal** Temperaturen unter dem Durchschnitt.

belt [belt] n Gürtel m; (TECH) (Treib)riemen m ♦ vt schlagen ♦ vi (BRIT: inf): **to ~ along** rasen; **to ~ down/into** hinunter-/ hineinrasen; **industrial ~** Industriegebiet nt.

▶ **belt out** vt (song) schmettern.

▶ **belt up** (BRIT: inf) vi den Mund or die Klappe halten.

beltway ['beltweɪ] (US) n Umgehungsstraße f, Ringstraße f; (motorway) Umgehungsautobahn f.

bemoan [bɪ'məʊn] vt beklagen.

bemused [bɪ'mjuːzd] adj verwirrt.

bench [bentʃ] n Bank f; (work bench)

Werkbank f; **the B~** (*LAW: judges*) die Richter pl, der Richterstand.
enchmark ['bɛntʃmɑːk] n (*fig*) Maßstab m.
end [bɛnd] (*pt, pp* **bent**) vt (*leg, arm*) beugen; (*pipe*) biegen ♦ vi (*person*) sich beugen ♦ n (*BRIT: in road*) Kurve f; (*in pipe, river*) Biegung f; **bends** npl (*MED*): **the ~s** die Taucherkrankheit.
  bend down vi sich bücken.
  bend over vi sich bücken.
eneath [bɪ'niːθ] prep unter +dat ♦ adv darunter.
enefactor ['bɛnɪfæktə*] n Wohltäter m.
enefactress ['bɛnɪfæktrɪs] n Wohltäterin f.
eneficial [bɛnɪ'fɪʃəl] adj (*effect*) nützlich; (*influence*) vorteilhaft; **~ (to)** gut (für).
eneficiary [bɛnɪ'fɪʃərɪ] n (*LAW*) Nutznießer(in) m(f).
enefit ['bɛnɪfɪt] n (*advantage*) Vorteil m; (*money*) Beihilfe f; (*also:* **~ concert, ~ match**) Benefizveranstaltung f ♦ vt nützen +dat, zugute kommen +dat ♦ vi: **he'll ~ from it** er wird davon profitieren.
enelux ['bɛnɪlʌks] n die Beneluxstaaten pl.
enevolent [bɪ'nɛvələnt] adj wohlwollend; (*organization*) Wohltätigkeits-.
Eng n abbr (= *Bachelor of Engineering*) akademischer Grad für Ingenieure.
enign [bɪ'naɪn] adj gütig; (*MED*) gutartig.
ent [bɛnt] pt, pp of **bend** ♦ n Neigung f ♦ adj (*wire, pipe*) gebogen; (*inf: dishonest*) korrupt; (*: pej: homosexual*) andersrum; **to be ~ on** entschlossen sein zu.
equeath [bɪ'kwiːð] vt vermachen.
equest [bɪ'kwɛst] n Vermächtnis nt, Legat nt.
ereaved [bɪ'riːvd] adj leidtragend ♦ npl: **the ~** die Hinterbliebenen pl.
ereavement [bɪ'riːvmənt] n schmerzlicher Verlust m.
ereft [bɪ'rɛft] adj: **~ of** beraubt +gen.
eret ['bɛreɪ] n Baskenmütze f.
ering Sea ['beɪrɪŋ-] n: **the ~** das Beringmeer.
erk [bəːk] (*inf*) n Dussel m.
erks [bɑːks] (*BRIT*) abbr (*POST:* = *Berkshire*).
erlin [bəː'lɪn] n Berlin nt; **East/West ~** (*formerly*) Ost-/Westberlin nt.
erm [bəːm] (*US*) n Seitenstreifen m.
ermuda [bəː'mjuːdə] n Bermuda nt, die Bermudinseln pl.
ermuda shorts npl Bermudashorts pl.
ern [bəːn] n Bern nt.
erry ['bɛrɪ] n Beere f.
erserk [bə'səːk] adj: **to go ~** wild werden.
erth [bəːθ] n (*bed*) Bett nt; (*on ship*) Koje f; (*on train*) Schlafwagenbett nt; (*for ship*) Liegeplatz m ♦ vi anlegen; **to give sb a wide ~** (*fig*) einen großen Bogen um jdn machen.
eseech [bɪ'siːtʃ] (*pt, pp* **besought**) vt anflehen.
eset [bɪ'sɛt] (*pt, pp* **beset**) vt (*subj: difficulties*) bedrängen; (*: fears, doubts*) befallen; **~ with** (*problems, dangers etc*) voller +dat.

beside [bɪ'saɪd] prep neben +dat; (*with movement*) neben +acc; **to be ~ o.s.** außer sich sein; **that's ~ the point** das hat damit nichts zu tun.
besides [bɪ'saɪdz] adv außerdem ♦ prep außer +dat.
besiege [bɪ'siːdʒ] vt belagern; (*fig*) belagern, bedrängen.
besmirch [bɪ'sməːtʃ] vt besudeln.
besotted [bɪ'sɔtɪd] (*BRIT*) adj: **~ with** vernarrt in +acc.
besought [bɪ'sɔːt] pt, pp of **beseech**.
bespectacled [bɪ'spɛktɪkld] adj bebrillt.
bespoke [bɪ'spəuk] (*BRIT*) adj (*garment*) maßgeschneidert; (*suit*) Maß-; **~ tailor** Maßschneider m.
best [bɛst] adj beste(r, s) ♦ adv am besten ♦ n: **at ~** bestenfalls; **the ~ thing to do is ...** das Beste ist ...; **the ~ part of** der größte Teil +gen; **to make the ~ of sth** das Beste aus etw machen; **to do one's ~** sein Bestes tun; **to the ~ of my knowledge** meines Wissens; **to the ~ of my ability** so gut ich kann; **he's not exactly patient at the ~ of times** er ist schon normalerweise ziemlich ungeduldig.
best-before date n Mindesthaltbarkeitsdatum nt.
bestial ['bɛstɪəl] adj bestialisch.
best man n Trauzeuge m (*des Bräutigams*).
bestow [bɪ'stəu] vt schenken; **to ~ sth on sb** (*honour, praise*) jdm etw zuteil werden lassen; (*title*) jdm etw verleihen.
best seller n Bestseller m.
bet [bɛt] (*pt, pp* **bet** or **betted**) n Wette f ♦ vi wetten ♦ vt: **to ~ sb sth** mit jdm um etw wetten; **it's a safe ~** (*fig*) es ist so gut wie sicher; **to ~ money on sth** Geld auf etw acc setzen.
Bethlehem ['bɛθlɪhɛm] n Bethlehem nt.
betray [bɪ'treɪ] vt verraten; (*trust, confidence*) missbrauchen.
betrayal [bɪ'treɪəl] n Verrat m.
better ['bɛtə*] adj, adv besser ♦ vt verbessern ♦ n: **to get the ~ of sb** jdn unterkriegen; (*curiosity*) über jdn siegen; **I had ~ go** ich gehe jetzt (wohl) besser; **you had ~ do it** tun Sie es lieber; **he thought ~ of it** er überlegte es sich dat anders; **to get ~** gesund werden; **that's ~!** so ist es besser!; **a change for the ~** eine Wendung zum Guten.
better off adj (*wealthier*) besser gestellt; (*more comfortable etc*) besser dran; (*fig*): **you'd be ~ this way** so wäre es besser für Sie.
betting ['bɛtɪŋ] n Wetten nt.
betting shop (*BRIT*) n Wettbüro nt.
between [bɪ'twiːn] prep zwischen +dat; (*with movement*) zwischen +acc; (*amongst*) unter +acc or dat ♦ adv dazwischen; **the road ~ here and London** die Straße zwischen hier und London; **we only had £5 ~ us** wir hatten zusammen nur £5.

bevel ['bɛvəl] n (*also:* ~ **edge**) abgeschrägte Kante *f.*

bevelled ['bɛvəld] adj: **a** ~ **edge** eine Schrägkante, eine abgeschrägte Kante.

beverage ['bɛvərɪdʒ] n Getränk *nt.*

bevy ['bɛvɪ] n: **a** ~ **of** eine Schar *+gen.*

bewail [bɪ'weɪl] vt beklagen.

beware [bɪ'wɛə*] vi: **to** ~ **(of)** sich in Acht nehmen (vor *+dat*); "~ **of the dog**" „Vorsicht, bissiger Hund".

bewildered [bɪ'wɪldəd] adj verwirrt.

bewildering [bɪ'wɪldrɪŋ] adj verwirrend.

bewitching [bɪ'wɪtʃɪŋ] adj bezaubernd, hinreißend.

beyond [bɪ'jɒnd] prep (*in space*) jenseits *+gen*; (*exceeding*) über *+acc* ... hinaus; (*after*) nach; (*above*) über *+dat* ♦ adv (*in space*) dahinter; (*in time*) darüber hinaus; **it is** ~ **doubt** es steht außer Zweifel; ~ **repair** nicht mehr zu reparieren; **it is** ~ **my understanding** es übersteigt mein Begriffsvermögen; **it's** ~ **me** das geht über meinen Verstand.

b/f abbr (*COMM:* = brought forward) Übertr.

BFPO n abbr (= British Forces Post Office) Postbehörde der britischen Armee.

bhp n abbr (*AUT:* = brake horsepower) Bremsleistung *f.*

bi... [baɪ] pref Bi-, bi-.

biannual [baɪ'ænjuəl] adj zweimal jährlich.

bias ['baɪəs] n (*prejudice*) Vorurteil *nt*; (*preference*) Vorliebe *f.*

bias(s)ed ['baɪəst] adj voreingenommen; **to be** ~ **against** voreingenommen sein gegen.

biathlon [baɪ'æθlən] n Biathlon *nt.*

bib [bɪb] n Latz *m.*

Bible ['baɪbl] n Bibel *f.*

biblical ['bɪblɪkl] adj biblisch.

bibliography [bɪblɪ'ɒɡrəfɪ] n Bibliografie *f.*

bicarbonate of soda [baɪ'kɑːbənɪt-] n Natron *nt.*

bicentenary [baɪsɛn'tiːnərɪ] n Zweihundertjahrfeier *f.*

bicentennial [baɪsɛn'tɛnɪəl] (*US*) n = **bicentenary**.

biceps ['baɪsɛps] n Bizeps *m.*

bicker ['bɪkə*] vi sich zanken.

bickering ['bɪkərɪŋ] n Zankerei *f.*

bicycle ['baɪsɪkl] n Fahrrad *nt.*

bicycle path n (Fahr)radweg *m.*

bicycle pump n Luftpumpe *f.*

bicycle track n (Fahr)radweg *m.*

bid [bɪd] (*pt* **bade** *or* **bid**, *pp* **bidden** *or* **bid**) n (*at auction*) Gebot *nt*; (*in tender*) Angebot *nt*; (*attempt*) Versuch *m* ♦ vi bieten; (*CARDS*) bieten, reizen ♦ vt bieten; **to** ~ **sb good day** jdm einen guten Tag wünschen.

bidder ['bɪdə*] n: **the highest** ~ der/die Höchstbietende *or* Meistbietende.

bidding ['bɪdɪŋ] n Steigern *nt*, Bieten *nt*; (*order, command*): **to do sb's** ~ tun, was jd einem sagt.

bide [baɪd] vt: **to** ~ **one's time** den rechten Augenblick abwarten.

bidet ['biːdeɪ] n Bidet *nt.*

bidirectional ['baɪdɪ'rɛkʃənl] adj (*COMPUT*) bidirektional.

biennial [baɪ'ɛnɪəl] adj zweijährlich ♦ n zweijährige Pflanze *f.*

bier [bɪə*] n Bahre *f.*

bifocals [baɪ'fəuklz] npl Bifokalbrille *f.*

big [bɪg] adj groß; **to do things in a** ~ **way** alles im großen Stil tun.

bigamist ['bɪgəmɪst] n Bigamist(in) *m(f).*

bigamous ['bɪgəməs] adj bigamistisch.

bigamy ['bɪgəmɪ] n Bigamie *f.*

big dipper [-'dɪpə*] n Achterbahn *f.*

big end n (*AUT*) Pleuelfuß *m*, Schubstangenkopf *m.*

biggish ['bɪgɪʃ] adj ziemlich groß.

bigheaded ['bɪg'hɛdɪd] adj eingebildet.

big-hearted ['bɪg'hɑːtɪd] adj großherzig.

bigot ['bɪgət] n Eiferer *m*; (*about religion*) bigotter Mensch *m.*

bigoted ['bɪgətɪd] adj (*see n*) eifernd; bigott.

bigotry ['bɪgətrɪ] n (*see n*) eifernde Borniertheit *f*; Bigotterie *f.*

big toe n große Zehe *f.*

big top n Zirkuszelt *nt.*

big wheel n Riesenrad *nt.*

bigwig ['bɪgwɪg] (*inf*) n hohes Tier *nt.*

bike [baɪk] n (Fahr)rad *nt*; (*motorcycle*) Motorrad *nt.*

bikini [bɪ'kiːnɪ] n Bikini *m.*

bilateral [baɪ'lætərəl] adj bilateral.

bile [baɪl] n Galle(nflüssigkeit) *f*; (*fig: invective*) Beschimpfungen *pl.*

bilingual [baɪ'lɪŋgwəl] adj zweisprachig.

bilious ['bɪlɪəs] adj unwohl; (*fig: colour*) widerlich; **he felt** ~ ihm war schlecht *or* übel.

bill [bɪl] n Rechnung *f*; (*POL*) (Gesetz)entwurf *m*, (Gesetzes)vorlage *f*; (*US: banknote*) Banknote *f*, (Geld)schein *m*; (*of bird*) Schnabel *m* ♦ vt (*item*) in Rechnung stellen, berechnen; (*customer*) eine Rechnung ausstellen *+dat*; **"post no** ~**s"** „Plakate ankleben verboten"; **on the** ~ (*THEAT*) auf dem Programm; **to fit** *or* **fill the** ~ (*fig*) der/die/das Richtige sein; ~ **of exchange** Wechsel *m*, Tratte *f*; ~ **of fare** Speisekarte *f*; ~ **of lading** Seefrachtbrief *m*, Konnossement *nt*; ~ **of sale** Verkaufsurkunde *f.*

billboard ['bɪlbɔːd] n Reklametafel *f.*

billet ['bɪlɪt] (*MIL*) n Quartier *nt* ♦ vt einquartieren.

billfold ['bɪlfəuld] (*US*) n Brieftasche *f.*

billiards ['bɪljədz] n Billard *nt.*

billion ['bɪljən] n (*BRIT*) Billion *f*; (*US*) Milliarde *f.*

billionaire [bɪljə'nɛə*] n Milliardär(in) *m(f).*

billow ['bɪləu] n (*of smoke*) Schwaden *m* ♦ vi (*smoke*) in Schwaden aufsteigen; (*sail*) sich blähen.

billy goat ['bɪlɪ-] n Ziegenbock m.

bimbo ['bɪmbəʊ] (inf: pej) n (woman) Puppe f, Häschen nt.

bin [bɪn] n (BRIT) Mülleimer m; (container) Behälter m.

binary ['baɪnərɪ] adj binär.

bind [baɪnd] (pt, pp **bound**) vt binden; (tie together: hands and feet) fesseln; (constrain, oblige) verpflichten ♦ n (inf: nuisance) Last f.
► **bind over** vt rechtlich verpflichten.
► **bind up** vt (wound) verbinden; **to be bound up in** sehr beschäftigt sein mit; **to be bound up with** verbunden or verknüpft sein mit.

binder ['baɪndə*] n (file) Hefter m; (for magazines) Mappe f.

binding ['baɪndɪŋ] adj bindend, verbindlich ♦ n (of book) Einband m.

binge [bɪndʒ] (inf) n: **to go on a ~** auf eine Sauftour gehen.

bingo ['bɪŋgəʊ] n Bingo nt.

bin liner n Müllbeutel m.

binoculars [bɪ'nɔkjʊləz] npl Fernglas nt.

biochemistry [baɪə'kemɪstrɪ] n Biochemie f.

biodegradable ['baɪəʊdɪ'greɪdəbl] adj biologisch abbaubar.

biodiversity ['baɪəʊdaɪ'vəːsɪtɪ] n biologische Vielfalt f.

biofuel n Biotreibstoff m.

biographer [baɪ'ɔgrəfə*] n Biograf(in) m(f).

biographic(al) [baɪə'græfɪk(l)] adj biografisch.

biography [baɪ'ɔgrəfɪ] n Biografie f.

biological [baɪə'lɔdʒɪkl] adj biologisch.

biological clock n biologische Uhr f.

biologist [baɪ'ɔlədʒɪst] n Biologe m, Biologin f.

biology [baɪ'ɔlədʒɪ] n Biologie f.

biophysics ['baɪəʊ'fɪzɪks] n Biophysik f.

biopic ['baɪəʊpɪk] n Filmbiografie f.

biopsy ['baɪɔpsɪ] n Biopsie f.

biosphere ['baɪəsfɪə*] n Biosphäre f.

biotechnology ['baɪəʊtek'nɔlədʒɪ] n Biotechnik f.

biped ['baɪped] n Zweifüßer m.

birch [bəːtʃ] n Birke f.

bird [bəːd] n Vogel m; (BRIT: inf: girl) Biene f.

bird of prey n Raubvogel m.

bird's-eye view ['bəːdzaɪ-] n Vogelperspektive f; (overview) Überblick m.

bird-watcher ['bəːdwɔtʃə*] n Vogelbeobachter(in) m(f).

Biro ® ['baɪərəʊ] n Kugelschreiber m, Kuli m (inf).

birth [bəːθ] n Geburt f; **to give ~ to** (subj: woman) gebären, entbunden werden von; (: animal) werfen.

birth certificate n Geburtsurkunde f.

birth control n Geburtenkontrolle f, Geburtenregelung f.

birthday ['bəːθdeɪ] n Geburtstag m ♦ cpd Geburtstags-; see also **happy**.

birthmark ['bəːθmɑːk] n Muttermal nt.

birthplace ['bəːθpleɪs] n Geburtsort m; (house)

Geburtshaus nt; (fig) Entstehungsort m.

birth rate ['bəːθreɪt] n Geburtenrate f, Geburtenziffer f.

Biscay ['bɪskeɪ] n: **the Bay of ~** der Golf von Biskaya.

biscuit ['bɪskɪt] n (BRIT) Keks m or nt; (US) Brötchen nt.

bisect [baɪ'sekt] vt halbieren.

bisexual ['baɪ'seksjuəl] adj bisexuell ♦ n Bisexuelle(r) f(m).

bishop ['bɪʃəp] n (REL) Bischof m; (CHESS) Läufer m.

bistro ['biːstrəʊ] n Bistro nt.

bit [bɪt] pt of **bite** ♦ n (piece) Stück nt; (of drill) (Bohr)einsatz m, Bohrer m; (of plane) (Hobel)messer nt; (COMPUT) Bit nt; (of horse) Gebiss nt; (US): **two/four/six ~s** 25/ 50/75 Cent(s); **a ~ of** ein bisschen; **a ~ mad** ein bisschen verrückt; **a ~ dangerous** etwas gefährlich; **~ by ~** nach und nach; **to come to ~s** kaputtgehen; **bring all your ~s and pieces** bringen Sie Ihre (Sieben)sachen mit; **to do one's ~** sein(en) Teil tun or beitragen.

bitch [bɪtʃ] n (dog) Hündin f; (inf!: woman) Miststück nt.

bite [baɪt] (pt **bit**, pp **bitten**) vt, vi beißen; (subj: insect etc) stechen ♦ n (insect bite) Stich m; (mouthful) Bissen m; **to ~ one's nails** an seinen Nägeln kauen; **let's have a ~ (to eat)** (inf) lasst uns eine Kleinigkeit essen.

biting ['baɪtɪŋ] adj (wind) schneidend; (wit) scharf.

bit part n kleine Nebenrolle f.

bitten ['bɪtn] pp of **bite**.

bitter ['bɪtə*] adj bitter; (person) verbittert; (wind, weather) bitterkalt, eisig; (criticism) scharf ♦ n (BRIT: beer) halbdunkles obergäriges Bier; **to the ~ end** bis zum bitteren Ende.

bitterly ['bɪtəlɪ] adv (complain, weep) bitterlich; (oppose) erbittert; (criticize) scharf; (disappointed) bitter; (jealous) sehr; **it's ~ cold** es ist bitterkalt.

bitterness ['bɪtənɪs] n Bitterkeit f.

bittersweet ['bɪtəswiːt] adj bittersüß.

bitty ['bɪtɪ] (BRIT: inf) adj zusammengestoppelt, zusammengestückelt.

bitumen ['bɪtjumɪn] n Bitumen nt.

bivouac ['bɪvʊæk] n Biwak nt.

bizarre [bɪ'zɑː*] adj bizarr.

bk abbr = **bank**, **book**.

BL n abbr (= Bachelor of Law) akademischer Grad für Juristen; (= Bachelor of Letters) akademischer Grad für Literaturwissenschaftler; (US: = Bachelor of Literature) akademischer Grad für Literaturwissenschaftler.

b.l. abbr = **bill of lading**.

blab [blæb] (inf) vi quatschen.

black [blæk] adj schwarz ♦ vt (BRIT: INDUSTRY) boykottieren ♦ n Schwarz nt; (person): **B~** Schwarze(r) f(m); **to give sb a ~ eye** jdm ein

blaues Auge schlagen; ~ **and blue** grün und
blau; **there it is in** ~ **and white** (*fig*) da steht
es schwarz auf weiß; **to be in the** ~ in den
schwarzen Zahlen sein.
▶ **black out** *vi* (*faint*) ohnmächtig werden.
black belt *n* (*US*) *Gebiet in den Südstaaten
der USA, das vorwiegend von Schwarzen
bewohnt wird*; (*JUDO*) schwarzer Gürtel *m*.
blackberry ['blækbərı] *n* Brombeere *f*.
blackbird ['blækbɔːd] *n* Amsel *f*.
blackboard ['blækbɔːd] *n* Tafel *f*.
black box *n* (*AVIAT*) Flugschreiber *m*.
black coffee *n* schwarzer Kaffee *m*.
Black Country (*BRIT*) *n*: **the** ~
Industriegebiet in den englischen Midlands.
blackcurrant ['blæk'kʌrənt] *n* Johannisbeere *f*.
black economy *n*: **the** ~ **die**
Schattenwirtschaft.
blacken ['blækn] *vt*: **to** ~ **sb's name/
reputation** (*fig*) jdn verunglimpfen.
Black Forest *n*: **the** ~ der Schwarzwald.
blackhead ['blækhɛd] *n* Mitesser *m*.
black hole *n* schwarzes Loch *nt*.
black ice *n* Glatteis *nt*.
blackjack ['blækdʒæk] *n* (*CARDS*)
Siebzehnundvier *nt*; (*US: truncheon*)
Schlagstock *m*.
blackleg ['blækleg] (*BRIT*) *n* Streikbrecher(in)
m(f).
blacklist ['blæklıst] *n* schwarze Liste *f* ♦ *vt* auf
die schwarze Liste setzen.
blackmail ['blækmeıl] *n* Erpressung *f* ♦ *vt*
erpressen.
blackmailer ['blækmeılə*] *n* Erpresser(in) *m(f)*.
black market *n* Schwarzmarkt *m*.
blackout ['blækaut] *n* (*in wartime*)
Verdunkelung *f*; (*power cut*) Stromausfall *m*;
(*TV, RADIO*) Ausfall *m*; (*faint*)
Ohnmachtsanfall *m*.
black pepper *n* schwarzer Pfeffer *m*.
Black Sea *n*: **the** ~ das Schwarze Meer.
black sheep *n* (*fig*) schwarzes Schaf *nt*.
blacksmith ['blæksmıθ] *n* Schmied *m*.
black spot *n* (*AUT*) Gefahrenstelle *f*; (*for
unemployment etc*) *Gebiet, in dem ein
Problem besonders ausgeprägt ist*.
bladder ['blædə*] *n* Blase *f*.
blade [bleıd] *n* (*of knife etc*) Klinge *f*; (*of oar,
propeller*) Blatt *nt*; **a** ~ **of grass** ein Grashalm
m.
blame [bleım] *n* Schuld *f* ♦ *vt*: **to** ~ **sb for sth**
jdm die Schuld an etw *dat* geben; **to be to** ~
Schuld daran haben, schuld sein; **who's to
~?** wer hat Schuld *or* ist schuld?; **I'm not to
~** es ist nicht meine Schuld.
blameless ['bleımlıs] *adj* schuldlos.
blanch [blɑːntʃ] *vi* blass werden ♦ *vt* (*CULIN*)
blanchieren.
blancmange [blə'mɒnʒ] *n* Pudding *m*.
bland [blænd] *adj* (*taste, food*) fade.
blank [blæŋk] *adj* (*paper*) leer, unbeschrieben;
(*look*) ausdruckslos ♦ *n* (*on form*) Lücke *f*;

(*cartridge*) Platzpatrone *f*; **my mind was a** ~
ich hatte ein Brett vor dem Kopf; **we drew
a** ~ (*fig*) wir hatten kein Glück.
blank cheque *n* Blankoscheck *m*; **to give sb a
~ to do sth** (*fig*) jdm freie Hand geben, etw
zu tun.
blanket ['blæŋkıt] *n* Decke *f* ♦ *adj* (*statement*)
pauschal; (*agreement*) Pauschal-.
blanket cover *n* (*INSURANCE*) umfassende
Versicherung *f*.
blare [blɛə*] *vi* (*brass band*) schmettern; (*horn*)
tuten; (*radio*) plärren.
▶ **blare out** *vi* (*radio, stereo*) plärren.
blarney ['blɑːnı] *n* Schmeichelei *f*.
blasé ['blɑːzeı] *adj* blasiert.
blaspheme [blæs'fiːm] *vi* Gott lästern.
blasphemous ['blæsfıməs] *adj* lästerlich,
blasphemisch.
blasphemy ['blæsfımı] *n* (Gottes)lästerung *f*,
Blasphemie *f*.
blast [blɑːst] *n* (*of wind*) Windstoß *m*; (*of
whistle*) Trillern *nt*; (*shock wave*) Druckwelle
f; (*of air, steam*) Schwall *m*; (*of explosive*)
Explosion *f* ♦ *vt* (*blow up*) sprengen ♦ *excl*
(*BRIT: inf*) verdammt!, so ein Mist!; **at full** ~
(*play music*) mit voller Lautstärke; (*move,
work*) auf Hochtouren.
▶ **blast off** *vi* (*SPACE*) abheben, starten.
blast furnace *n* Hochofen *m*.
blastoff ['blɑːstɔf] *n* (*SPACE*) Abschuss *m*.
blatant ['bleıtənt] *adj* offensichtlich.
blatantly ['bleıtəntlı] *adv* (*lie*) unverfroren; **it's
~ obvious** es ist überdeutlich.
blaze [bleız] *n* (*fire*) Feuer *nt*, Brand *m*; (*fig: of
colour*) Farbenpracht *f*; (: *of glory*) Glanz *m*
♦ *vi* (*fire*) lodern; (*guns*) feuern; (*fig: eyes*)
glühen ♦ *vt*: **to** ~ **a trail** (*fig*) den Weg
bahnen; **in a** ~ **of publicity** mit viel
Publicity.
blazer ['bleızə*] *n* Blazer *m*.
bleach [bliːtʃ] *n* (*also*: **household** ~) ≈
Reinigungsmittel *nt* ♦ *vt* bleichen.
bleached [bliːtʃt] *adj* gebleicht.
bleachers ['bliːtʃəz] (*US*) *npl* unüberdachte
Zuschauertribüne *f*.
bleak [bliːk] *adj* (*countryside*) öde; (*weather,
situation*) trostlos; (*prospect*) trüb;
(*expression, voice*) deprimiert.
bleary-eyed ['blıərı'aıd] *adj* triefäugig.
bleat [bliːt] *vi* (*goat*) meckern; (*sheep*) blöken
♦ *n* Meckern *nt*; Blöken *nt*.
bled [blɛd] *pt, pp of* **bleed**.
bleed [bliːd] (*pt, pp* **bled**) *vi* bluten; (*colour*)
auslaufen ♦ *vt* (*brakes, radiator*) entlüften; **my
nose is ~ing** ich habe Nasenbluten.
bleep [bliːp] *n* Piepton *m* ♦ *vi* piepen ♦ *vt*
(*doctor etc*) rufen, anpiepen (*inf*).
bleeper ['bliːpə*] *n* Piepser *m* (*inf*),
Funkrufempfänger *m*.
blemish ['blɛmıʃ] *n* Makel *m*.
blend [blɛnd] *n* Mischung *f* ♦ *vt* (*CULIN*)
mischen, mixen; (*colours, styles, flavours etc*)

vermischen ♦ vi (colours etc: also: ~ **in**) harmonieren.

blender ['blɛndə*] n (CULIN) Mixer m.

bless [blɛs] (pt, pp **blessed** or **blest**) vt segnen; **to be ~ed with** gesegnet sein mit; ~ **you!** (after sneeze) Gesundheit!

blessed ['blɛsɪd] adj heilig; (happy) selig; **it rains every ~ day** (inf) es regnet aber auch jeden Tag.

blessing ['blɛsɪŋ] n (approval) Zustimmung f; (REL, fig) Segen m; **to count one's ~s** von Glück sagen können; **it was a ~ in disguise** es war schließlich doch ein Segen.

blew [bluː] pt of **blow**.

blight [blaɪt] vt zerstören; (hopes) vereiteln; (life) verderben ♦ n (of plants) Brand m.

blimey ['blaɪmɪ] (BRIT: inf) excl Mensch!

blind [blaɪnd] adj blind ♦ n (for window) Rollo nt, Rouleau nt; (also: **Venetian ~**) Jalousie f ♦ vt blind machen; (dazzle) blenden; (deceive: with facts etc) verblenden; **the blind** npl (blind people) die Blinden pl; **to turn a ~ eye (on** or **to)** ein Auge zudrücken (bei); **to be ~ to sth** (fig) blind für etw sein.

blind alley n (fig) Sackgasse f.

blind corner (BRIT) n unübersichtliche Ecke f.

blind date n Rendezvous nt mit einem/einer Unbekannten.

blinders ['blaɪndəz] (US) npl = **blinkers**.

blindfold ['blaɪndfəʊld] n Augenbinde f ♦ adj, adv mit verbundenen Augen ♦ vt die Augen verbinden +dat.

blinding ['blaɪndɪŋ] adj (dazzling) blendend; (remarkable) bemerkenswert.

blindly ['blaɪndlɪ] adv (without seeing) wie blind; (without thinking) blindlings.

blindness ['blaɪndnɪs] n Blindheit f.

blind spot n (AUT) toter Winkel m; (fig: weak spot) schwacher Punkt m.

blink [blɪŋk] vi blinzeln; (light) blinken ♦ n: **the TV's on the ~** (inf) der Fernseher ist kaputt.

blinkers ['blɪŋkəz] npl Scheuklappen pl.

blinking ['blɪŋkɪŋ] (BRIT: inf) adj: **this ~ ...** diese(r, s) verflixte ...

blip [blɪp] n (on radar screen) leuchtender Punkt m; (in a straight line) Ausschlag m; (fig) (zeitweilige) Abweichung f.

bliss [blɪs] n Glück nt, Seligkeit f.

blissful ['blɪsful] adj (event, day) herrlich; (smile) selig; **a ~ sigh** ein wohliger Seufzer m; **in ~ ignorance** in herrlicher Ahnungslosigkeit.

blissfully ['blɪsfəlɪ] adv selig; ~ **happy** überglücklich; ~ **unaware of ...** ohne auch nur zu ahnen, dass ...

blister ['blɪstə*] n Blase f ♦ vi (paint) Blasen werfen.

blithely ['blaɪðlɪ] adv (unconcernedly) unbekümmert, munter; (joyfully) fröhlich.

blithering ['blɪðərɪŋ] (inf) adj: **this ~ idiot** dieser Trottel.

BLit(t) n abbr (= Bachelor of Literature; Bachelor of Letters) akademischer Grad für Literaturwissenschaftler.

blitz [blɪts] n (MIL) Luftangriff m; **to have a ~ on sth** (fig) einen Großangriff auf etw acc starten.

blizzard ['blɪzəd] n Schneesturm m.

BLM (US) n abbr (= Bureau of Land Management) Behörde zur Verwaltung von Grund und Boden.

bloated ['bləʊtɪd] adj aufgedunsen; (full) (über)satt.

blob [blɒb] n Tropfen m; (sth indistinct) verschwommener Fleck m.

bloc [blɒk] n Block m; **the Eastern ~** (HIST) der Ostblock.

block [blɒk] n Block m; (toy) Bauklotz m; (in pipes) Verstopfung f ♦ vt blockieren; (progress) aufhalten; (COMPUT) blocken; ~ **of flats** (BRIT) Wohnblock m; **3 ~s from here** 3 Blocks or Straßen weiter; **mental ~** geistige Sperre f, Mattscheibe f (inf); ~ **and tackle** Flaschenzug m.

▶ **block up** vt, vi verstopfen.

blockade [blɒ'keɪd] n Blockade f ♦ vt blockieren.

blockage ['blɒkɪdʒ] n Verstopfung f.

block booking n Gruppenbuchung f.

blockbuster ['blɒkbʌstə*] n Knüller m.

block capitals npl Blockschrift f.

blockhead ['blɒkhɛd] (inf) n Dummkopf m.

block letters npl Blockschrift f.

block release (BRIT) n blockweise Freistellung von Auszubildenden zur Weiterbildung.

block vote (BRIT) n Stimmenblock m.

bloke [bləʊk] (BRIT: inf) n Typ m.

blond(e) [blɒnd] adj blond ♦ n: ~ (woman) Blondine f.

blood [blʌd] n Blut nt; **new ~** (fig) frisches Blut nt.

blood bank n Blutbank f.

blood bath n Blutbad nt.

blood count n Blutbild nt.

bloodcurdling ['blʌdkəːdlɪŋ] adj Grauen erregend.

blood donor n Blutspender(in) m(f).

blood group n Blutgruppe f.

bloodhound ['blʌdhaund] n Bluthund m.

bloodless ['blʌdlɪs] adj (victory) unblutig; (pale) blutleer.

blood-letting ['blʌdlɛtɪŋ] n (also fig) Aderlass m.

blood poisoning n Blutvergiftung f.

blood pressure n Blutdruck m; **to have high/low ~** hohen/niedrigen Blutdruck haben.

bloodshed ['blʌdʃɛd] n Blutvergießen nt.

bloodshot ['blʌdʃɒt] adj (eyes) blutunterlaufen.

blood sport n Jagdsport m (und andere Sportarten, bei denen Tiere getötet werden).

bloodstained ['blʌdsteɪnd] *adj* blutbefleckt.
bloodstream ['blʌdstriːm] *n* Blut *nt*, Blutkreislauf *m*.
blood test *n* Blutprobe *f*.
bloodthirsty ['blʌdθɜːstɪ] *adj* blutrünstig.
blood transfusion *n* Blutübertragung *f*, (Blut)transfusion *f*.
blood type *n* Blutgruppe *f*.
blood vessel *n* Blutgefäß *nt*.
bloody ['blʌdɪ] *adj* blutig; (*BRIT: inf!*): **this ~ ...** diese(r, s) verdammte ...; **~ strong** (*inf!*) verdammt stark; **~ good** (*inf!*) echt gut.
bloody-minded ['blʌdɪ'maɪndɪd] (*BRIT: inf*) *adj* stur.
bloom [bluːm] *n* Blüte *f* ♦ *vi* blühen; **to be in ~** in Blüte stehen.
blooming ['bluːmɪŋ] (*BRIT: inf*) *adj*: **this ~ ...** diese(r, s) verflixte ...
blossom ['blɒsəm] *n* Blüte *f* ♦ *vi* blühen; (*fig*): **to ~ into** erblühen *or* aufblühen zu.
blot [blɒt] *n* Klecks *m*; (*fig: on name etc*) Makel *m* ♦ *vt* (*liquid*) aufsaugen; (*make blot on*) beklecksen; **to be a ~ on the landscape** ein Schandfleck in der Landschaft sein; **to ~ one's copy book** (*fig*) sich unmöglich machen.
▶ **blot out** *vt* (*view*) verdecken; (*memory*) auslöschen.
blotchy ['blɒtʃɪ] *adj* fleckig.
blotter ['blɒtə*] *n* (Tinten)löscher *m*.
blotting paper ['blɒtɪŋ-] *n* Löschpapier *nt*.
blotto ['blɒtəu] (*inf*) *adj* (*drunk*) sternhagelvoll.
blouse [blauz] *n* Bluse *f*.
blow [bləu] (*pt* **blew**, *pp* **blown**) *n* (*also fig*) Schlag *m* ♦ *vi* (*wind*) wehen; (*person*) blasen ♦ *vi* (*subj: wind*) wehen; (*instrument, whistle*) blasen; (*fuse*) durchbrennen lassen; **to come to ~s** handgreiflich werden; **to ~ off course** (*ship*) vom Kurs abgetrieben werden; **to ~ one's nose** sich *dat* die Nase putzen; **to ~ a whistle** pfeifen.
▶ **blow away** *vt* wegblasen ♦ *vi* wegfliegen.
▶ **blow down** *vt* umwehen.
▶ **blow off** *vt* wegwehen ♦ *vi* wegfliegen.
▶ **blow out** *vi* ausgehen.
▶ **blow over** *vi* sich legen.
▶ **blow up** *vi* ausbrechen ♦ *vt* (*bridge*) in die Luft jagen; (*tyre*) aufblasen; (*PHOT*) vergrößern.
blow-dry ['bləudraɪ] *vt* föhnen ♦ *n*: **to have a ~** sich föhnen lassen.
blowlamp ['bləulæmp] (*BRIT*) *n* Lötlampe *f*.
blown [bləun] *pp of* **blow**.
blowout ['bləuaut] *n* Reifenpanne *f*; (*inf: big meal*) Schlemmerei *f*; (*of oil-well*) Ölausbruch *m*.
blowtorch ['bləutɔːtʃ] *n* = **blowlamp**.
blow-up ['bləuʌp] *n* Vergrößerung *f*.
blowzy ['blauzɪ] (*BRIT*) *adj* schlampig.
BLS (*US*) *n abbr* (= *Bureau of Labor Statistics*) Amt für Arbeitsstatistik.
blubber ['blʌbə*] *n* Walfischspeck *m* ♦ *vi* (*pej*)

heulen.
bludgeon ['blʌdʒən] *vt* niederknüppeln; (*fig*): **to ~ sb into doing sth** jdm so lange zusetzen, bis er etw tut.
blue [bluː] *adj* blau; (*depressed*) deprimiert, niedergeschlagen ♦ *n*: **out of the ~** (*fig*) aus heiterem Himmel; **blues** *n* (*MUS*): **the ~s** der Blues; **~ film** Pornofilm *m*; **~ joke** schlüpfriger Witz *m*; (**only**) **once in a ~ moon** (nur) alle Jubeljahre einmal; **to have the ~s** deprimiert *or* niedergeschlagen sein.
blue baby *n* Baby *nt* mit angeborenem Herzfehler.
bluebell ['bluːbɛl] *n* Glockenblume *f*.
bluebottle ['bluːbɒtl] *n* Schmeißfliege *f*.
blue cheese *n* Blauschimmelkäse *m*.
blue-chip ['bluːtʃɪp] *adj*: **~ investment** sichere Geldanlage *f*.
blue-collar worker ['bluːkɔlə*-] *n* Arbeiter(in) *m(f)*.
blue jeans *npl* (Blue)jeans *pl*.
blueprint ['bluːprɪnt] *n* (*fig*): **a ~ (for)** ein Plan *m or* Entwurf *m* (für).
bluff [blʌf] *vi* bluffen ♦ *n* Bluff *m*; (*cliff*) Klippe *f*; (*promontory*) Felsvorsprung *m*; **to call sb's ~** es darauf ankommen lassen.
blunder ['blʌndə*] *n* (dummer) Fehler *m* ♦ *vi* einen (dummen) Fehler machen; **to ~ into sb** mit jdm zusammenstoßen; **to ~ into sth** in etw *acc* (hinein)tappen.
blunt [blʌnt] *adj* stumpf; (*person*) direkt; (*talk*) unverblümt ♦ *vt* stumpf machen; **~ instrument** (*LAW*) stumpfer Gegenstand *m*.
bluntly ['blʌntlɪ] *adv* (*speak*) unverblümt.
bluntness ['blʌntnɪs] *n* (*of person*) Direktheit *f*.
blur [blɜː*] *n* (*shape*) verschwommener Fleck *m*; (*scene etc*) verschwommenes Bild *nt*; (*memory*) verschwommene Erinnerung *f* ♦ *vt* (*vision*) trüben; (*distinction*) verwischen.
blurb [blɜːb] *n* Informationsmaterial *nt*.
blurred [blɜːd] *adj* (*photograph, TV picture etc*) verschwommen; (*distinction*) verwischt.
blurt out [blɜːt-] *vt* herausplatzen mit.
blush [blʌʃ] *vi* erröten ♦ *n* Röte *f*.
blusher ['blʌʃə*] *n* Rouge *nt*.
bluster ['blʌstə*] *n* Toben *nt*, Geschrei *nt* ♦ *vi* toben.
blustering ['blʌstərɪŋ] *adj* polternd.
blustery ['blʌstərɪ] *adj* stürmisch.
Blvd *abbr* = **boulevard**.
BM *n abbr* (= *British Museum*) Britisches Museum *nt*; (= *Bachelor of Medicine*) akademischer Grad für Mediziner.
BMA *n abbr* (= *British Medical Association*) Dachverband der Ärzte.
BMJ *n abbr* (= *British Medical Journal*) vom BMA herausgegebene Zeitschrift.
BMus *n abbr* (= *Bachelor of Music*) akademischer Grad für

Musikwissenschaftler.

BMX *n abbr* (= *bicycle motocross*): ~ **bike** BMX-Rad *nt*.

BO *n abbr* (*inf*: = *body odour*) Körpergeruch *m*; (*US*) = **box office**.

boar [bɔ:ʳ] *n* (*male pig*) Eber *m*; (*wild pig*) Keiler *m*.

board [bɔ:d] *n* Brett *nt*; (*cardboard*) Pappe *f*; (*committee*) Ausschuss *m*; (*in firm*) Vorstand *m* ♦ *vt* (*ship*) an Bord +*gen* gehen; (*train*) einsteigen in +*acc*; **on** ~ (*NAUT, AVIAT*) an Bord; **full/half** ~ (*BRIT*) Voll-/Halbpension *f*; ~ **and lodging** Unterkunft und Verpflegung *f*; **to go by the** ~ (*fig*) unter den Tisch fallen; **above** ~ (*fig*) korrekt; **across the** ~ (*fig*) allgemein; (: *criticize, reject*) pauschal.
► **board up** *vt* mit Brettern vernageln.

boarder [ˈbɔ:dəʳ] *n* Internatsschüler(in) *m(f)*.

board game *n* Brettspiel *nt*.

boarding card [ˈbɔ:dɪŋ-] *n* (*AVIAT, NAUT*) = **boarding pass**.

boarding house [ˈbɔ:dɪŋ-] *n* Pension *f*.

boarding party [ˈbɔ:dɪŋ-] *n* (*NAUT*) Enterkommando *nt*.

boarding pass [ˈbɔ:dɪŋ-] *n* Bordkarte *f*.

boarding school [ˈbɔ:dɪŋ-] *n* Internat *nt*.

board meeting *n* Vorstandssitzung *f*.

boardroom [ˈbɔ:dru:m] *n* Sitzungssaal *m*.

boardwalk [ˈbɔ:dwɔ:k] (*US*) *n* Holzsteg *m*.

boast [bəust] *vi* prahlen ♦ *vt* (*fig: possess*) sich rühmen +*gen*, besitzen; **to** ~ **about** *or* **of** prahlen mit.

boastful [ˈbəustful] *adj* prahlerisch.

boastfulness [ˈbəustfulnɪs] *n* Prahlerei *f*.

boat [bəut] *n* Boot *nt*; (*ship*) Schiff *nt*; **to go by** ~ mit dem Schiff fahren; **to be in the same** ~ (*fig*) in einem Boot *or* im gleichen Boot sitzen.

boater [ˈbəutəʳ] *n* steifer Strohhut *m*, Kreissäge *f* (*inf*).

boating [ˈbəutɪŋ] *n* Bootfahren *nt*.

boat people *npl* Bootsflüchtlinge *pl*.

boatswain [ˈbəusn] *n* Bootsmann *m*.

bob [bɔb] *vi* (*also*: ~ **up and down**) sich auf und ab bewegen ♦ *n* (*BRIT*: *inf*) = **shilling**.
► **bob up** *vi* auftauchen.

bobbin [ˈbɔbɪn] *n* Spule *f*.

bobby [ˈbɔbɪ] (*BRIT*: *inf*) *n* Bobby *m*, Polizist *m*.

bobsleigh [ˈbɔbsleɪ] *n* Bob *m*.

bode [bəud] *vi*: **to** ~ **well/ill (for)** ein gutes/ schlechtes Zeichen sein (für).

bodice [ˈbɔdɪs] *n* (*of dress*) Oberteil *nt*.

bodily [ˈbɔdɪlɪ] *adj* körperlich; (*needs*) leiblich ♦ *adv* (*lift, carry*) mit aller Kraft.

body [ˈbɔdɪ] *n* Körper *m*; (*corpse*) Leiche *f*; (*main part*) Hauptteil *m*; (*of car*) Karosserie *f*; (*of plane*) Rumpf *m*; (*group*) Gruppe *f*; (*organization*) Organ *nt*; **ruling** ~ amtierendes Organ; **in a** ~ geschlossen; **a** ~ **of facts** Tatsachenmaterial *nt*.

body blow *n* (*fig: setback*) schwerer Schlag *m*.

body building *n* Bodybuilding *nt*.

body double *n* (*FILM, TV*) Double für Szenen, in denen Körperpartien in Nahaufnahme gezeigt werden.

bodyguard [ˈbɔdɪgɑ:d] *n* (*group*) Leibwache *f*; (*one person*) Leibwächter *m*.

body language *n* Körpersprache *f*.

body repairs *npl* (*AUT*) Karosseriearbeiten *pl*.

body search *n* Leibesvisitation *f*.

body stocking *n* Body(stocking) *m*.

bodywork [ˈbɔdɪwɔ:k] *n* Karosserie *f*.

boffin [ˈbɔfɪn] (*BRIT*) *n* Fachidiot *m*.

bog [bɔg] *n* Sumpf *m* ♦ *vt*: **to get** ~**ged down** (*fig*) sich verzetteln.

bogey [ˈbəugɪ] *n* Schreckgespenst *nt*; (*also*: ~**man**) Butzemann *m*, schwarzer Mann *m*.

boggle [ˈbɔgl] *vi*: **the mind** ~**s** das ist nicht *or* kaum auszumalen.

bogie [ˈbəugɪ] *n* Drehgestell *nt*; (*trolley*) Draisine *f*.

Bogotá [bəugəˈtɑ:] *n* Bogotá *nt*.

bogus [ˈbəugəs] *adj* (*workman etc*) falsch; (*claim*) erfunden.

Bohemia [bəuˈhi:mɪə] *n* Böhmen *nt*.

Bohemian [bəuˈhi:mɪən] *adj* böhmisch ♦ *n* Böhme *m*, Böhmin *f*; (*also*: **b**~) Bohemien *m*.

boil [bɔɪl] *vt, vi* kochen ♦ *n* (*MED*) Furunkel *nt or* *m*; **to come to the** (*BRIT*) *or* **a** (*US*) ~ zu kochen anfangen.
► **boil down to** *vt fus* (*fig*) hinauslaufen auf +*acc*.
► **boil over** *vi* überkochen.

boiled egg [bɔɪld-] *n* gekochtes Ei *nt*.

boiled potatoes *npl* Salzkartoffeln *pl*.

boiler [ˈbɔɪləʳ] *n* Boiler *m*.

boiler suit (*BRIT*) *n* Overall *m*.

boiling [ˈbɔɪlɪŋ] *adj*: **I'm** ~ **(hot)** (*inf*) mir ist fürchterlich heiß; **it's** ~ es ist eine Affenhitze (*inf*).

boiling point *n* Siedepunkt *m*.

boil-in-the-bag [bɔɪlɪnðəˈbæg] *adj* (*meals*) Kochbeutel-.

boisterous [ˈbɔɪstərəs] *adj* ausgelassen.

bold [bəuld] *adj* (*brave*) mutig; (*pej: cheeky*) dreist; (*pattern, colours*) kräftig.

boldly [ˈbəuldlɪ] *adv* (*see adj*) mutig; dreist; kräftig.

boldness [ˈbəuldnɪs] *n* Mut *m*; (*cheekiness*) Dreistigkeit *f*.

bold type *n* Fettdruck *m*.

Bolivia [bəˈlɪvɪə] *n* Bolivien *nt*.

Bolivian [bəˈlɪvɪən] *adj* bolivisch, bolivianisch ♦ *n* Bolivier(in) *m(f)*, Bolivianer(in) *m(f)*.

bollard [ˈbɔləd] (*BRIT*) *n* Poller *m*.

bolshy [ˈbɔlʃɪ] (*BRIT*: *inf*) *adj* (*stroppy*) pampig.

bolster [ˈbəulstəʳ] *n* Nackenrolle *f*.
► **bolster up** *vt* stützen; (*case*) untermauern.

bolt [bəult] *n* Riegel *m*; (*with nut*) Schraube *f*; (*of lightning*) Blitz(strahl) *m* ♦ *vt* (*door*) verriegeln; (*also*: ~ **together**) verschrauben; (*food*) hinunterschlingen ♦ *vi* (*run away: person*) weglaufen; (: *horse*) durchgehen

♦ _adv_: ~ **upright** kerzengerade; **a** ~ **from the blue** (_fig_) ein Blitz _m_ aus heiterem Himmel.

bomb [bɔm] _n_ Bombe _f_ ♦ _vt_ bombardieren; (_plant bomb in or near_) einen Bombenanschlag verüben auf +_acc_.

bombard [bɔm'bɑːd] _vt_ (_also fig_) bombardieren.

bombardment [bɔm'bɑːdmənt] _n_ Bombardierung _f_, Bombardement _nt_.

bombastic [bɔm'bæstɪk] _adj_ bombastisch.

bomb disposal _n_: ~ **unit** Bombenräumkommando _nt_; ~ **expert** Bombenräumexperte _m_, Bombenräumexpertin _f_.

bomber ['bɔmə*] _n_ Bomber _m_; (_terrorist_) Bombenattentäter(in) _m(f)_.

bombing ['bɔmɪŋ] _n_ Bombenangriff _m_.

bomb scare _n_ Bombenalarm _m_.

bombshell ['bɔmʃɛl]·_n_ (_fig: revelation_) Bombe _f_.

bomb site _n_ Trümmergrundstück _nt_.

bona fide ['bəʊnə'faɪdɪ] _adj_ echt; ~ **offer** Angebot _nt_ auf Treu und Glauben.

bonanza [bə'nænzə] _n_ (_ECON_) Boom _m_.

bond [bɔnd] _n_ Band _nt_, Bindung _f_; (_FIN_) festverzinsliches Wertpapier _nt_, Bond _m_; (_COMM_): **in** ~ unter Zollverschluss.

bondage ['bɔndɪdʒ] _n_ Sklaverei _f_.

bonded warehouse ['bɔndɪd] _n_ Zolllager _nt_.

bone [bəʊn] _n_ Knochen _m_; (_of fish_) Gräte _f_ ♦ _vt_ (_meat_) die Knochen herauslösen aus; (_fish_) entgräten; **I've got a** ~ **to pick with you** ich habe mit Ihnen (noch) ein Hühnchen zu rupfen.

bone china _n_ ≈ feines Porzellan _nt_.

bone-dry ['bəʊn'draɪ] _adj_ knochentrocken.

bone idle _adj_ stinkfaul.

bone marrow _n_ Knochenmark _nt_.

boner ['bəʊnə*] (_US_) _n_ Schnitzer _m_.

bonfire ['bɔnfaɪə*] _n_ Feuer _nt_.

bonk [bɔŋk] (_inf_) _vt, vi_ (_have sex (with)_) bumsen.

bonkers ['bɔŋkəz] (_BRIT: inf_) _adj_ (_mad_) verrückt.

Bonn [bɔn] _n_ Bonn _nt_.

bonnet ['bɔnɪt] _n_ Haube _f_; (_for baby_) Häubchen _nt_; (_BRIT: of car_) Motorhaube _f_.

bonny ['bɔnɪ] (_SCOT, Northern English_) _adj_ schön, hübsch.

bonus ['bəʊnəs] _n_ Prämie _f_; (_on wages_) Zulage _f_; (_at Christmas_) Gratifikation _f_; (_fig: additional benefit_) Plus _nt_.

bony ['bəʊnɪ] _adj_ knochig; (_MED_) knöchern; (_tissue_) knochenartig; (_meat_) mit viel Knochen; (_fish_) mit viel Gräten.

boo [buː] _excl_ buh ♦ _vt_ auspfeifen, ausbuhen.

boob [buːb] (_inf_) _n_ (_breast_) Brust _f_; (_BRIT: mistake_) Schnitzer _m_.

booby prize ['buːbɪ-] _n_ _Scherzpreis für den schlechtesten Teilnehmer_.

booby trap ['buːbɪ-] _n_ versteckte Bombe _f_; (_fig: joke etc_) als Schabernack versteckt angebrachte Falle.

booby-trapped ['buːbɪtræpt] _adj_: **a** ~ **car** ein

Auto _nt_, in dem eine Bombe versteckt ist.

book [buk] _n_ Buch _nt_; (_of stamps, tickets_) Heftchen _nt_ ♦ _vt_ bestellen; (_seat, room_) buchen, reservieren lassen; (_subj: traffic warden, policeman_) aufschreiben; (: _referee_) verwarnen; **books** _npl_ (_COMM: accounts_) Bücher _pl_; **to keep the** ~**s** die Bücher führen; **by the** ~ nach Vorschrift; **to throw the** ~ **at sb** jdn nach allen Regeln der Kunst fertig machen.

► **book in** (_BRIT_) _vi_ sich eintragen.

► **book up** _vt_: **all seats are** ~**ed up** es ist bis auf den letzten Platz ausverkauft; **the hotel is** ~**ed up** das Hotel ist ausgebucht.

bookable ['bukəbl] _adj_: **all seats are** ~ Karten für alle Plätze können vorbestellt werden.

bookcase ['bukkeɪs] _n_ Bücherregal _nt_.

book ends _npl_ Bücherstützen _pl_.

booking ['bukɪŋ] (_BRIT_) _n_ Bestellung _f_; (_of seat, room_) Buchung _f_, Reservierung _f_.

booking office (_BRIT_) _n_ (_RAIL_) Fahrkartenschalter _m_; (_THEAT_) Vorverkaufsstelle _f_, Vorverkaufskasse _f_.

book-keeping ['buk'kiːpɪŋ] _n_ Buchhaltung _f_, Buchführung _f_.

booklet ['buklɪt] _n_ Broschüre _f_.

bookmaker ['bukmeɪkə*] _n_ Buchmacher _m_.

bookseller ['buksɛlə*] _n_ Buchhändler(in) _m(f)_.

bookshelf ['bukʃɛlf] _n_ Bücherbord _nt_; **bookshelves** _npl_ Bücherregal _nt_.

bookshop ['bukʃɔp] _n_ Buchhandlung _f_.

bookstall ['bukstɔːl] _n_ Bücher- und Zeitungskiosk _m_.

book store _n_ = bookshop.

book token _n_ Buchgutschein _m_.

book value _n_ Buchwert _m_, Bilanzwert _m_.

bookworm ['bukwɔːm] _n_ (_fig_) Bücherwurm _m_.

boom [buːm] _n_ Donnern _nt_, Dröhnen _nt_; (_in prices, population etc_) rapider Anstieg _m_; (_ECON_) Hochkonjunktur _f_; (_busy period_) Boom _m_ ♦ _vi_ (_guns_) donnern; (_thunder_) hallen; (_voice_) dröhnen; (_business_) florieren.

boomerang ['buːməræŋ] _n_ Bumerang _m_ ♦ _vi_ (_fig_) einen Bumerangeffekt haben; **to** ~ **on sb** sich für jdn als Bumerang erweisen.

boom town _n_ Goldgräberstadt _f_.

boon [buːn] _n_ Segen _m_.

boorish ['buərɪʃ] _adj_ rüpelhaft.

boost [buːst] _n_ Auftrieb _m_ ♦ _vt_ (_confidence_) stärken; (_sales, economy etc_) ankurbeln; **to give a** ~ **to sb/sb's spirits** jdm Auftrieb geben.

booster ['buːstə*] _n_ (_MED_) Wiederholungsimpfung _f_; (_TV_) Zusatzgleichrichter _m_; (_ELEC_) Puffersatz _m_; (_also:_ ~ **rocket**) Booster _m_, Startrakete _f_.

booster seat _n_ (_AUT_) Sitzerhöhung _f_.

boot [buːt] _n_ Stiefel _m_; (_ankle boot_) hoher Schuh _m_; (_BRIT: of car_) Kofferraum _m_ ♦ _vt_ (_COMPUT_) laden; ... **to** ~ (_in addition_) obendrein ...; **to give sb the** ~ (_inf_) jdn rauswerfen _or_ rausschmeißen.

booth [buːð] *n* (*at fair*) Bude *f*, Stand *m*; (*telephone booth*) Zelle *f*; (*voting booth*) Kabine *f*.

bootleg ['buːtlɛg] *adj* (*alcohol*) schwarzgebrannt; (*fuel*) schwarz hergestellt; (*tape etc*) schwarz mitgeschnitten.

bootlegger ['buːtlɛgə*] *n* Bootlegger *m*, Schwarzhändler *m*.

booty ['buːtɪ] *n* Beute *f*.

booze [buːz] (*inf*) *n* Alkohol *m* ♦ *vi* saufen.

boozer ['buːzə*] (*inf*) *n* (*person*) Säufer(in) *m(f)*; (*BRIT: pub*) Kneipe *f*.

border ['bɔːdə*] *n* Grenze *f*; (*for flowers*) Rabatte *f*; (*on cloth etc*) Bordüre *f* ♦ *vt* (*road*) säumen; (*another country: also*: ~ **on**) grenzen an +*acc*; **Borders** *n*: **the B~s** *das Grenzgebiet zwischen England und Schottland*.

▶ **border on** *vt fus* (*fig*) grenzen an +*acc*.

borderline ['bɔːdəlaɪn] *n* (*fig*): **on the** ~ an der Grenze.

borderline case *n* Grenzfall *m*.

bore [bɔː*] *pt of* **bear** ♦ *vt* bohren; (*person*) langweilen ♦ *n* Langweiler *m*; (*of gun*) Kaliber *nt*; **to be** ~**d** sich langweilen; **he's** ~**d to tears** *or* ~**d to death** *or* ~**d stiff** er langweilt sich zu Tode.

boredom ['bɔːdəm] *n* Langeweile *f*; (*boring quality*) Langweiligkeit *f*.

boring ['bɔːrɪŋ] *adj* langweilig.

born [bɔːn] *adj*: **to be** ~ geboren werden; **I was** ~ **in 1960** ich bin *or* wurde 1960 geboren; ~ **blind** blind geboren, von Geburt (an) blind; **a** ~ **comedian** ein geborener Komiker.

born-again [bɔːnə'gɛn] *adj* wieder geboren.

borne [bɔːn] *pp of* **bear**.

Borneo ['bɔːnɪəu] *n* Borneo *nt*.

borough ['bʌrə] *n* Bezirk *m*, Stadtgemeinde *f*.

borrow ['bɔrəu] *vt*: **to** ~ **sth** etw borgen, sich *dat* etw leihen; (*from library*) sich *dat* etw ausleihen; **may I** ~ **your car?** kann ich deinen Wagen leihen?

borrower ['bɔrəuə*] *n* (*of loan etc*) Kreditnehmer(in) *m(f)*.

borrowing ['bɔrəuɪŋ] *n* Kreditaufnahme *f*.

borstal ['bɔːstl] (*BRIT*) *n* (*formerly*) Besserungsanstalt *f*.

Bosnia ['bɔznɪə] *n* Bosnien *nt*.

Bosnia-Herzegovina *n* Bosnien-Herzegowina *nt*.

Bosnian ['bɔznɪən] *adj* bosnisch ♦ *n* Bosnier(in) *m(f)*.

bosom ['buzəm] *n* Busen *m*; (*fig: of family*) Schoß *m*.

bosom friend *n* Busenfreund(in) *m(f)*.

boss [bɔs] *n* Chef(in) *m(f)*; (*leader*) Boss *m* ♦ *vt* (*also*: ~ **around**, ~ **about**) herumkommandieren; **stop** ~**ing everyone about!** hör auf mit dem ständigen Herumkommandieren!

bossy ['bɔsɪ] *adj* herrisch.

bosun ['bəusn] *n* Bootsmann *m*.

botanical [bə'tænɪkl] *adj* botanisch.

botanist ['bɔtənɪst] *n* Botaniker(in) *m(f)*.

botany ['bɔtənɪ] *n* Botanik *f*.

botch [bɔtʃ] *vt* (*also*: ~ **up**) verpfuschen.

both [bəuθ] *adj* beide ♦ *pron* beide; (*two different things*) beides ♦ *adv*: ~ **A and B** sowohl A als auch B; ~ (**of them**) (alle) beide; ~ **of us went, we** ~ **went** wir gingen beide; **they sell** ~ **the fabric and the finished curtains** sie verkaufen sowohl den Stoff als auch die fertigen Vorhänge.

bother ['bɔðə*] *vt* Sorgen machen +*dat*; (*disturb*) stören ♦ *vi* (*also*: ~ **o.s.**) sich *dat* Sorgen *or* Gedanken machen ♦ *n* (*trouble*) Mühe *f*; (*nuisance*) Plage *f* ♦ *excl* Mist! (*inf*); **don't** ~ **phoning** du brauchst nicht anzurufen; **I'm sorry to** ~ **you** es tut mir Leid, dass ich Sie belästigen muss; **I can't be** ~**ed** ich habe keine Lust; **please don't** ~ bitte machen Sie sich keine Umstände; **don't** ~! lass es!; **it is a** ~ **to have to shave every morning** es ist wirklich lästig, sich jeden Morgen rasieren zu müssen; **it's no** ~ es ist kein Problem.

Botswana [bɔt'swɑːnə] *n* Botswana *nt*.

bottle ['bɔtl] *n* Flasche *f*; (*BRIT: inf: courage*) Mumm *m* ♦ *vt* in Flaschen abfüllen; (*fruit*) einmachen; **a** ~ **of wine/milk** eine Flasche Wein/Milch; **wine/milk** ~ Wein-/ Milchflasche *f*.

▶ **bottle up** *vt* in sich *dat* aufstauen.

bottle bank *n* Altglascontainer *m*.

bottle-fed ['bɔtlfɛd] *adj* mit der Flasche ernährt.

bottleneck ['bɔtlnɛk] *n* (*also fig*) Engpass *m*.

bottle-opener ['bɔtləupnə*] *n* Flaschenöffner *m*.

bottom ['bɔtəm] *n* Boden *m*; (*buttocks*) Hintern *m*; (*of page, list*) Ende *nt*; (*of chair*) Sitz *m*; (*of mountain, tree*) Fuß *m* ♦ *adj* (*lower*) untere(r, s); (*last*) unterste(r, s); **at the** ~ **of** unten an/in +*dat*; **at the** ~ **of the page/list** unten auf der Seite/Liste; **to be at the** ~ **of the class** der/die Letzte in der Klasse sein; **to get to the** ~ **of sth** (*fig*) einer Sache *dat* auf den Grund kommen.

bottomless ['bɔtəmlɪs] *adj* (*fig*) unerschöpflich.

bottom line *n* (*of accounts*) Saldo *m*; (*fig*): **that's the** ~ (**of it**) (*what it amounts to*) darauf läuft es im Endeffekt hinaus.

botulism ['bɔtjulɪzəm] *n* Botulismus *m*, Nahrungsmittelvergiftung *f*.

bough [bau] *n* Ast *m*.

bought [bɔːt] *pt, pp of* **buy**.

boulder ['bəuldə*] *n* Felsblock *m*.

boulevard ['buːləvɑːd] *n* Boulevard *m*.

bounce [bauns] *vi* (auf)springen; (*cheque*) platzen ♦ *vt* (*ball*) (auf)springen lassen; (*signal*) reflektieren ♦ *n* Aufprall *m*; **he's got plenty of** ~ (*fig*) er hat viel Schwung.

bouncer ['baunsə'] (*inf*) *n* Rausschmeißer *m*.
bouncy castle ['baunsɪ-] *n aufblasbare
Spielfläche in Form eines Schlosses, auf
dem Kinder herumspringen können.*
bound [baund] *pt, pp of* **bind** ♦ *n* Sprung *m*; (*gen
pl: limit*) Grenze *f* ♦ *vi* springen ♦ *vt*
begrenzen ♦ *adj*: ~ **by** gebunden durch; **to
be** ~ **to do sth** (*obliged*) verpflichtet sein,
etw zu tun; (*very likely*) etw bestimmt tun;
he's ~ **to fail** es kann ihm ja gar nicht
gelingen; ~ **for** nach; **the area is out of** ~**s**
das Betreten des Gebiets ist verboten.
boundary ['baundrɪ] *n* Grenze *f*.
boundless ['baundlɪs] *adj* grenzenlos.
bountiful ['bauntɪful] *adj* großzügig; (*God*)
gütig; (*supply*) reichlich.
bounty ['bauntɪ] *n* Freigebigkeit *f*; (*reward*)
Kopfgeld *nt*.
bounty hunter *n* Kopfgeldjäger *m*.
bouquet ['bukeɪ] *n* (Blumen)strauß *m*; (*of
wine*) Bukett *nt*, Blume *f*.
bourbon ['buəbən] (*US*) *n* (*also*: ~ **whiskey**)
Bourbon *m*.
bourgeois ['buəʒwɑː] *adj* bürgerlich, spießig
(*pej*) ♦ *n* Bürger(in) *m(f)*, Bourgeois *m*.
bout [baut] *n* Anfall *m*; (*BOXING etc*) Kampf *m*.
boutique [buːˈtiːk] *n* Boutique *f*.
bow¹ [bəu] *n* Schleife *f*; (*weapon, MUS*) Bogen
m.
bow² [bau] *n* Verbeugung *f*; (*NAUT: also*: ~**s**)
Bug *m* ♦ *vi* sich verbeugen; (*yield*): **to** ~ **to** *or*
before sich beugen +*dat*; **to** ~ **to the
inevitable** sich in das Unvermeidliche
fügen.
bowels ['bauəlz] *npl* Darm *m*; (*of the earth etc*)
Innere *nt*.
bowl [bəul] *n* Schüssel *f*; (*shallower*) Schale *f*;
(*ball*) Kugel *f*; (*of pipe*) Kopf *m*; (*US: stadium*)
Stadion *nt* ♦ *vi* werfen.
▶ **bowl over** *vt* (*fig*) überwältigen.
bow-legged ['bəuˈlɛgɪd] *adj* o-beinig, O-
beinig.
bowler ['bəulə'] *n* Werfer(in) *m(f)*; (*BRIT: also*:
~ **hat**) Melone *f*.
bowling ['bəulɪŋ] *n* Kegeln *nt*; (*on grass*)
Bowling *nt*.
bowling alley *n* Kegelbahn *f*.
bowling green *n* Bowlingrasen *m*.
bowls [bəulz] *n* Bowling *nt*.
bow tie [bəu-] *n* Fliege *f*.
box [bɔks] *n* Schachtel *f*; (*cardboard box*)
Karton *m*; (*crate*) Kiste *f*; (*THEAT*) Loge *f*;
(*BRIT: AUT*) *gelb schraffierter
Kreuzungsbereich*; (*on form*) Feld *nt* ♦ *vt* (in
eine Schachtel *etc*) verpacken; (*fighter*)
boxen ♦ *vi* boxen; **to** ~ **sb's ears** jdm eine
Ohrfeige geben.
▶ **box in** *vt* einkeilen.
▶ **box off** *vt* abtrennen.
boxer ['bɔksə'] *n* (*person, dog*) Boxer *m*.
box file *n* Sammelordner *m*.
boxing ['bɔksɪŋ] *n* Boxen *nt*.

Boxing Day (*BRIT*) *n* zweiter
Weihnachts(feier)tag *m*.

BOXING DAY

Boxing Day *ist ein Feiertag in Großbritannien.
Wenn Weihnachten auf ein Wochenende fällt, wird
der Feiertag am nächsten darauf folgenden
Wochentag nachgeholt. Der Name geht auf einen
alten Brauch zurück; früher erhielten Händler und
Lieferanten an diesem Tag ein Geschenk, die so
genannte Christmas Box.*

---

boxing gloves *npl* Boxhandschuhe *pl*.
boxing ring *n* Boxring *m*.
box number *n* Chiffre *f*.
box office *n* Kasse *f*.
boxroom ['bɔksrum] *n* Abstellraum *m*.
boy [bɔɪ] *n* Junge *m*.
boycott ['bɔɪkɔt] *n* Boykott *m* ♦ *vt*
boykottieren.
boyfriend ['bɔɪfrɛnd] *n* Freund *m*.
boyish ['bɔɪʃ] *adj* jungenhaft; (*woman*)
knabenhaft.
boy scout *n* Pfadfinder *m*.
Bp *abbr* = **bishop**.
BR *abbr* = **British Rail**.
bra [brɑː] *n* BH *m*.
brace [breɪs] *n* (*on teeth*) (Zahn)klammer *f*,
(Zahn)spange *f*; (*tool*) (Hand)bohrer *m*; (*also*:
~ **bracket**) geschweifte Klammer *f* ♦ *vt*
spannen; **braces** *npl* (*BRIT*) Hosenträger *pl*; **to**
~ **o.s.** (*for weight*) sich stützen; (*for shock*)
sich innerlich vorbereiten.
bracelet ['breɪslɪt] *n* Armband *nt*.
bracing ['breɪsɪŋ] *adj* belebend.
bracken ['brækən] *n* Farn *m*.
bracket ['brækɪt] *n* Träger *m*; (*group, range*)
Gruppe *f*; (*also*: **round** ~) (runde) Klammer *f*;
(*also*: **brace** ~) geschweifte Klammer *f*; (*also*:
square ~) eckige Klammer *f* ♦ *vt* (*also*:
~ **together**) zusammenfassen; (*word, phrase*)
einklammern; **income** ~
Einkommensgruppe *f*; **in** ~**s** in Klammern.
brackish ['brækɪʃ] *adj* brackig.
brag [bræg] *vi* prahlen.
braid [breɪd] *n* Borte *f*; (*of hair*) Zopf *m*.
Braille [breɪl] *n* Blindenschrift *f*,
Brailleschrift *f*.
brain [breɪn] *n* Gehirn *nt*; **brains** *npl* (*CULIN*)
Hirn *nt*; (*intelligence*) Intelligenz *f*; **he's got**
~**s** er hat Köpfchen *or* Grips.
brainchild ['breɪntʃaɪld] *n* Geistesprodukt *nt*.
braindead ['breɪndɛd] *adj* hirntot; (*inf*) hirnlos.
brain drain *n* Abwanderung *f* von
Wissenschaftlern, Braindrain *m*.
brainless ['breɪnlɪs] *adj* dumm.
brainstorm ['breɪnstɔːm] *n* (*fig*) Anfall *m*
geistiger Umnachtung; (*US: brain wave*)
Geistesblitz *m*.
brainwash ['breɪnwɔʃ] *vt* einer Gehirnwäsche
dat unterziehen.

brain wave n Geistesblitz m.
brainy ['breɪnɪ] adj intelligent.
braise [breɪz] vt schmoren.
brake [breɪk] n Bremse f ♦ vi bremsen.
brake fluid n Bremsflüssigkeit f.
brake light n Bremslicht nt.
brake pedal n Bremspedal nt.
bramble ['bræmbl] n Brombeerstrauch m;
    (fruit) Brombeere f.
bran [bræn] n Kleie f.
branch [brɑːntʃ] n Ast m; (of family,
    organization) Zweig m; (COMM) Filiale f,
    Zweigstelle f; (: bank, company etc)
    Geschäftsstelle f ♦ vi sich gabeln.
▶ **branch out** vi (fig): **to ~ out into** seinen
    (Geschäfts)bereich erweitern auf +acc.
branch line n (RAIL) Zweiglinie f, Nebenlinie
    f.
branch manager n Zweigstellenleiter(in)
    m(f), Filialleiter(in) m(f).
brand [brænd] n (also: ~ **name**) Marke f; (fig:
    type) Art f ♦ vt mit einem Brandzeichen
    kennzeichnen; (fig: pej): **to ~ sb a**
    communist jdn als Kommunist
    brandmarken.
brandish ['brændɪʃ] vt schwingen.
brand name n Markenname m.
brand-new ['brænd'njuː] adj nagelneu,
    brandneu.
brandy ['brændɪ] n Weinbrand m.
brash [bræʃ] adj dreist.
Brasilia [brə'zɪlɪə] n Brasilia nt.
brass [brɑːs] n Messing nt; **the ~** (MUS) die
    Blechbläser pl.
brass band n Blaskapelle f.
brassière ['bræsɪə'] n Büstenhalter m.
brass tacks npl: **to get down to ~** zur Sache
    kommen.
brassy ['brɑːsɪ] adj (colour) messingfarben;
    (sound) blechern; (appearance, behaviour)
    auffällig.
brat [bræt] (pej) n Balg m or nt, Gör nt.
bravado [brə'vɑːdəʊ] n Draufgängertum nt.
brave [breɪv] adj mutig; (attempt, smile) tapfer
    ♦ n (indianischer) Krieger m ♦ vt trotzen
    +dat.
bravely ['breɪvlɪ] adv (see adj) mutig; tapfer.
bravery ['breɪvərɪ] n (see adj) Mut m;
    Tapferkeit f.
bravo [brɑː'vəʊ] excl bravo.
brawl [brɔːl] n Schlägerei f ♦ vi sich schlagen.
brawn [brɔːn] n Muskeln pl; (meat)
    Schweinskopfsülze f.
brawny ['brɔːnɪ] adj muskulös, kräftig.
bray [breɪ] vi schreien ♦ n (Esels)schrei m.
brazen ['breɪzn] adj unverschämt, dreist; (lie)
    schamlos ♦ vt: **to ~ it out** durchhalten.
brazier ['breɪzɪə'] n (container) Kohlenbecken
    nt.
Brazil [brə'zɪl] n Brasilien nt.
Brazilian [brə'zɪljən] adj brasilianisch ♦ n
    Brasilianer(in) m(f).

Brazil nut n Paranuss f.
breach [briːtʃ] vt (defence) durchbrechen;
    (wall) eine Bresche schlagen in +acc ♦ n
    (gap) Bresche f; (estrangement) Bruch m;
    (breaking): **~ of contract** Vertragsbruch m;
    ~ of the peace öffentliche Ruhestörung f;
    ~ of trust Vertrauensbruch m.
bread [bred] n Brot nt; (inf: money) Moos nt,
    Kies m; **to earn one's daily ~** sein Brot
    verdienen; **to know which side one's ~ is**
    buttered (on) wissen, wo etwas zu holen ist.
bread and butter n Butterbrot nt; (fig)
    Broterwerb m.
bread bin n (BRIT) n Brotkasten m.
breadboard ['bredbɔːd] n Brot(schneide)brett
    nt; (COMPUT) Leiterplatte f.
bread box (US) n Brotkasten m.
breadcrumbs ['bredkrʌmz] npl Brotkrumen
    pl; (CULIN) Paniermehl nt.
breadline ['bredlaɪn] n: **to be on the ~** nur das
    Allernotwendigste zum Leben haben.
breadth [bretθ] n (also fig) Breite f.
breadwinner ['bredwɪnə'] n Ernährer(in) m(f).
break [breɪk] (pt **broke**, pp **broken**) vt
    zerbrechen; (leg, arm) sich dat brechen;
    (promise, record) brechen; (law) verstoßen
    gegen ♦ vi zerbrechen, kaputtgehen; (storm)
    losbrechen; (weather) umschlagen; (dawn)
    anbrechen; (story, news) bekannt werden ♦ n
    Pause f; (gap) Lücke f; (fracture) Bruch m;
    (chance) Chance f, Gelegenheit f; (holiday)
    Urlaub m; **to ~ the news to sb** es jdm sagen;
    to ~ even seine (Un)kosten decken; **to**
    ~ with sb mit jdm brechen, sich von jdm
    trennen; **to ~ free** or **loose** sich losreißen; **to**
    take a ~ (eine) Pause machen; (holiday)
    Urlaub machen; **without a ~** ohne
    Unterbrechung or Pause, ununterbrochen;
    a lucky ~ ein Durchbruch m.
▶ **break down** vt (figures, data)
    aufschlüsseln; (door etc) einrennen ♦ vi (car)
    eine Panne haben; (machine) kaputtgehen;
    (person, resistance) zusammenbrechen;
    (talks) scheitern.
▶ **break in** vt (horse) zureiten ♦ vi einbrechen;
    (interrupt) unterbrechen.
▶ **break into** vt fus einbrechen in +acc.
▶ **break off** vi abbrechen ♦ vt (talks)
    abbrechen; (engagement) lösen.
▶ **break open** vt, vi aufbrechen.
▶ **break out** vi ausbrechen; **to ~ out in**
    spots/a rash Pickel/einen Ausschlag
    bekommen.
▶ **break through** vi: **the sun broke through**
    die Sonne kam durch ♦ vt fus durchbrechen.
▶ **break up** vi (ship) zerbersten; (crowd,
    meeting, partnership) sich auflösen; (marriage)
    scheitern; (friends) sich trennen; (SCOL) in
    die Ferien gehen ♦ vt zerbrechen; (journey,
    fight etc) unterbrechen; (meeting) auflösen;
    (marriage) zerstören.
breakable ['breɪkəbl] adj zerbrechlich ♦ n: **~s**

zerbrechliche Ware *f*.
breakage ['breɪkɪdʒ] *n* Bruch *m*; **to pay for ~s** für zerbrochene Ware *or* für Bruch bezahlen.
breakaway ['breɪkəweɪ] *adj* (*group etc*) Splitter-.
break dancing *n* Breakdance *m*.
breakdown ['breɪkdaun] *n* (*AUT*) Panne *f*; (*in communications*) Zusammenbruch *m*; (*of marriage*) Scheitern *nt*; (*also*: **nervous ~**) (Nerven)zusammenbruch *m*; (*of statistics*) Aufschlüsselung *f*.
breakdown service (*BRIT*) *n* Pannendienst *m*.
breakdown van (*BRIT*) *n* Abschleppwagen *m*.
breaker ['breɪkə*] *n* (*wave*) Brecher *m*.
breakeven ['breɪk'iːvn] *cpd*: **~ chart** Gewinnschwellendiagramm *nt*; **~ point** Gewinnschwelle *f*.
breakfast ['brɛkfəst] *n* Frühstück *nt* ♦ *vi* frühstücken.
breakfast cereal *n* Getreideflocken *pl*.
break-in ['breɪkɪn] *n* Einbruch *m*.
breaking and entering ['breɪkɪŋən'ɛntrɪŋ] *n* (*LAW*) Einbruch *m*.
breaking point ['breɪkɪŋ-] *n* (*fig*): **to reach ~** völlig am Ende sein.
breakthrough ['breɪkθruː] *n* Durchbruch *m*.
break-up ['breɪkʌp] *n* (*of partnership*) Auflösung *f*; (*of marriage*) Scheitern *nt*.
break-up value *n* (*COMM*) Liquidationswert *m*.
breakwater ['breɪkwɔːtə*] *n* Wellenbrecher *m*.
breast [brɛst] *n* Brust *f*; (*of meat*) Brust *f*, Bruststück *nt*.
breast-feed ['brɛstfiːd] (*irreg*: *like* **feed**) *vt*, *vi* stillen.
breast pocket *n* Brusttasche *f*.
breaststroke ['brɛststrəuk] *n* Brustschwimmen *nt*.
breath [brɛθ] *n* Atem *m*; (*a breath*) Atemzug *m*; **to go out for a ~ of air** an die frische Luft gehen, frische Luft schnappen gehen; **out of ~** außer Atem, atemlos; **to get one's ~ back** wieder zu Atem kommen.
breathalyse ['brɛθəlaɪz] *vt* blasen lassen (*inf*).
Breathalyser ® ['brɛθəlaɪzə*] *n* Promillemesser *m*.
breathe [briːð] *vt*, *vi* atmen; **I won't ~ a word about it** ich werde kein Sterbenswörtchen darüber sagen.
▶ **breathe in** *vt*, *vi* einatmen.
▶ **breathe out** *vt*, *vi* ausatmen.
breather ['briːðə*] *n* Atempause *f*, Verschnaufpause *f*.
breathing ['briːðɪŋ] *n* Atmung *f*.
breathing space *n* (*fig*) Atempause *f*, Ruhepause *f*.
breathless ['brɛθlɪs] *adj* atemlos, außer Atem; (*MED*) an Atemnot leidend; **I was ~ with excitement** die Aufregung verschlug mir den Atem.

breathtaking ['brɛθteɪkɪŋ] *adj* atemberaubend.
breath test *n* Atemalkoholtest *m*.
bred [brɛd] *pt*, *pp of* **breed**.
-bred *suff*: **well/ill-~** gut/schlecht erzogen.
breed [briːd] (*pt*, *pp* **bred**) *vt* züchten; (*fig*: *give rise to*) erzeugen; (: *hate, suspicion*) hervorrufen ♦ *vi* Junge *pl* haben ♦ *n* Rasse *f*; (*type, class*) Art *f*.
breeder ['briːdə*] *n* Züchter(in) *m(f)*; (*also*: **~ reactor**) Brutreaktor *m*, Brüter *m*.
breeding ['briːdɪŋ] *n* Erziehung *f*.
breeding ground *n* (*also fig*) Brutstätte *f*.
breeze [briːz] *n* Brise *f*.
breeze block (*BRIT*) *n* Ytong ® *m*.
breezy ['briːzɪ] *adj* (*manner, tone*) munter; (*weather*) windig.
Breton ['brɛtən] *adj* bretonisch ♦ *n* Bretone *m*, Bretonin *f*.
brevity ['brɛvɪtɪ] *n* Kürze *f*.
brew [bruː] *vt* (*tea*) aufbrühen, kochen; (*beer*) brauen ♦ *vi* (*tea*) ziehen; (*beer*) gären; (*storm, fig*) sich zusammenbrauen.
brewer ['bruːə*] *n* Brauer *m*.
brewery ['bruːərɪ] *n* Brauerei *f*.
briar ['braɪə*] *n* Dornbusch *m*; (*wild rose*) wilde Rose *f*.
bribe [braɪb] *n* Bestechungsgeld *n* ♦ *vt* bestechen; **to ~ sb to do sth** jdn bestechen, damit er etw tut.
bribery ['braɪbərɪ] *n* Bestechung *f*.
bric-a-brac ['brɪkəbræk] *n* Nippes *pl*, Nippsachen *pl*.
brick [brɪk] *n* Ziegelstein *m*, Backstein *m*; (*of ice cream*) Block *m*.
bricklayer ['brɪkleɪə*] *n* Maurer(in) *m(f)*.
brickwork ['brɪkwəːk] *n* Mauerwerk *nt*.
bridal ['braɪdl] *adj* (*gown, veil etc*) Braut-.
bride [braɪd] *n* Braut *f*.
bridegroom ['braɪdgruːm] *n* Bräutigam *m*.
bridesmaid ['braɪdzmeɪd] *n* Brautjungfer *f*.
bridge [brɪdʒ] *n* Brücke *f*; (*NAUT*) (Kommando)brücke *f*; (*of nose*) Sattel *m*; (*CARDS*) Bridge *nt* ♦ *vt* (*river*) eine Brücke schlagen *or* bauen über +*acc*; (*fig*) überbrücken.
bridging loan ['brɪdʒɪŋ-] (*BRIT*) *n* Überbrückungskredit *m*.
bridle ['braɪdl] *n* Zaum *m* ♦ *vt* aufzäumen ♦ *vi*: **to ~ (at)** sich entrüstet wehren (gegen).
bridle path *n* Reitweg *m*.
brief [briːf] *adj* kurz ♦ *n* (*LAW*) Auftrag *m*; (*task*) Aufgabe *f* ♦ *vt* instruieren; (*MIL etc*): **to ~ sb (about)** jdn instruieren (über +*acc*); **briefs** *npl* Slip *m*; **in ~ ...** kurz (gesagt) ...
briefcase ['briːfkeɪs] *n* Aktentasche *f*.
briefing ['briːfɪŋ] *n* Briefing *nt*, Lagebespechung *f*.
briefly ['briːflɪ] *adv* kurz; **to glimpse sth ~** einen flüchtigen Blick von etw erhaschen.
Brig. *abbr* = **brigadier**.
brigade [brɪ'geɪd] *n* Brigade *f*.

brigadier [brɪgə'dɪə*] n Brigadegeneral m.
bright [braɪt] adj (light, room) hell; (weather) heiter; (clever) intelligent; (lively) heiter, fröhlich; (colour) leuchtend; (outlook, future) glänzend; **to look on the ~ side** die Dinge von der positiven Seite betrachten.
brighten ['braɪtn] (also: ~ **up**) vt aufheitern; (event) beleben ♦ vi (weather, face) sich aufheitern; (person) fröhlicher werden; (prospects) sich verbessern.
brightly ['braɪtlɪ] adv (shine) hell; (smile) fröhlich; (talk) heiter.
brill [brɪl] (BRIT: inf) adj toll.
brilliance ['brɪljəns] n Strahlen nt; (of person) Genialität f, Brillanz f; (of talent, skill) Großartigkeit f.
brilliant ['brɪljənt] adj strahlend; (person, idea) genial, brillant; (career) großartig; (inf: holiday etc) fantastisch.
brilliantly ['brɪljəntlɪ] adv (see adj) strahlend; genial, brillant; großartig; fantastisch.
brim [brɪm] n Rand m; (of hat) Krempe f.
brimful ['brɪm'ful] adj: ~ **(of)** randvoll (mit); (fig) voll (von).
brine [braɪn] n Lake f.
bring [brɪŋ] (pt, pp **brought**) vt bringen; (with you) mitbringen; **to ~ sth to an end** etw zu Ende bringen; **I can't ~ myself to fire him** ich kann es nicht über mich bringen, ihn zu entlassen.
► **bring about** vt herbeiführen.
► **bring back** vt (restore) wieder einführen; (return) zurückbringen.
► **bring down** vt (government) zu Fall bringen; (plane) herunterholen; (price) senken.
► **bring forward** vt (meeting) vorverlegen; (proposal) vorbringen; (BOOKKEEPING) übertragen.
► **bring in** vt (money) (ein)bringen; (include) einbeziehen; (person) einschalten; (legislation) einbringen; (verdict) fällen.
► **bring off** vt (plan) durchführen; (deal) zustande or zu Stande bringen.
► **bring out** vt herausholen; (meaning, book, album) herausbringen.
► **bring round** vt (after faint) wieder zu Bewusstsein bringen.
► **bring up** vt heraufbringen; (educate) erziehen; (question, subject) zur Sprache bringen; (food) erbrechen.
bring-and-buy sale n Basar m (wo mitgebrachte Sachen verkauft werden).
brink [brɪŋk] n Rand m; **on the ~ of doing sth** nahe daran, etw zu tun; **she was on the ~ of tears** sie war den Tränen nahe.
brisk [brɪsk] adj (abrupt: person, tone) forsch; (pace) flott; (trade) lebhaft, rege; **to go for a ~ walk** einen ordentlichen Spaziergang machen; **business is ~** das Geschäft ist rege.
bristle ['brɪsl] n Borste f; (of beard) Stoppel f

♦ vi zornig werden; **bristling with** strotzend von.
bristly ['brɪslɪ] adj borstig; (chin) stoppelig.
Brit [brɪt] (inf) n abbr (= British person) Brite m, Britin f.
Britain ['brɪtən] n (also: **Great ~**) Großbritannien nt.
British ['brɪtɪʃ] adj britisch ♦ npl: **the ~** die Briten pl.
British Isles npl: **the ~** die Britischen Inseln.
British Rail n britische Eisenbahngesellschaft.
British Summer Time n britische Sommerzeit f.
Briton ['brɪtən] n Brite m, Britin f.
Brittany ['brɪtənɪ] n die Bretagne.
brittle ['brɪtl] adj spröde; (glass) zerbrechlich; (bones) schwach.
Br(o). abbr (REL) = **brother.**
broach [brəʊtʃ] vt (subject) anschneiden.
broad [brɔːd] adj breit; (general) allgemein; (accent) stark ♦ n (US: inf) Frau f; **in ~ daylight** am helllichten Tag; **~ hint** deutlicher Wink m.
broad bean n dicke Bohne f, Saubohne f.
broadcast ['brɔːdkɑːst] (pt, pp **broadcast**) n Sendung f ♦ vt, vi senden.
broadcaster ['brɔːdkɑːstə*] n (RADIO, TV) Rundfunk-/Fernsehpersönlichkeit f.
broadcasting ['brɔːdkɑːstɪŋ] n (RADIO) Rundfunk m; (TV) Fernsehen nt.
broadcasting station n (RADIO) Rundfunkstation f; (TV) Fernsehstation f.
broaden ['brɔːdn] vt erweitern ♦ vi breiter werden, sich verbreitern; **to ~ one's mind** seinen Horizont erweitern.
broadly ['brɔːdlɪ] adv (in general terms) in großen Zügen; **~ speaking** allgemein or generell gesagt.
broad-minded ['brɔːd'maɪndɪd] adj tolerant.
broadsheet ['brɔːdʃiːt] n (newspaper) großformatige Zeitung f.
broccoli ['brɒkəlɪ] n Brokkoli pl, Spargelkohl m.
brochure ['brəʊʃjʊə*] n Broschüre f.
brogue [brəʊg] n Akzent m; (shoe) fester Schuh m.
broil [brɔɪl] (US) vt grillen.
broiler ['brɔɪlə*] n Brathähnchen nt.
broke [brəʊk] pt of **break** ♦ adj (inf) pleite; **to go ~** Pleite gehen.
broken ['brəʊkn] pp of **break** ♦ adj zerbrochen; (machine: also: ~ **down**) kaputt; (promise, vow) gebrochen; **a ~ leg** ein gebrochenes Bein; **a ~ marriage** eine gescheiterte Ehe; **a ~ home** zerrüttete Familienverhältnisse pl; **in ~ English/German** in gebrochenem Englisch/Deutsch.
broken-down ['brəʊkn'daʊn] adj kaputt; (house) baufällig.
brokenhearted [brəʊkn'hɑːtɪd] adj untröstlich.

broker ['brəukə*] *n* Makler(in) *m(f)*.
brokerage ['brəukrıdʒ] *n* (*commission*) Maklergebühr *f*; (*business*) Maklergeschäft *nt*.
brolly ['brɒlı] (*BRIT: inf*) *n* (Regen)schirm *m*.
bronchitis [brɒŋ'kaıtıs] *n* Bronchitis *f*.
bronze [brɒnz] *n* Bronze *f*.
bronzed [brɒnzd] *adj* braun, (sonnen)gebräunt.
brooch [brəutʃ] *n* Brosche *f*.
brood [bruːd] *n* Brut *f* ♦ *vi* (*hen*) brüten; (*person*) grübeln.
▸ **brood on** *vt fus* nachgrübeln über +*acc*.
▸ **brood over** *vt fus* = **brood on**.
broody ['bruːdı] *adj* (*person*) grüblerisch; (*hen*) brütig.
brook [bruk] *n* Bach *m*.
broom [brum] *n* Besen *m*; (*BOT*) Ginster *m*.
broomstick ['brumstık] *n* Besenstiel *m*.
Bros. *abbr* (*COMM: = brothers*) Gebr.
broth [brɒθ] *n* Suppe *f*, Fleischbrühe *f*.
brothel ['brɒθl] *n* Bordell *nt*.
brother ['brʌðə*] *n* Bruder *m*; (*in trade union, society etc*) Kollege *m*.
brotherhood ['brʌðəhud] *n* Brüderlichkeit *f*.
brother-in-law ['brʌðərın'lɔː] *n* Schwager *m*.
brotherly ['brʌðəlı] *adj* brüderlich.
brought [brɔːt] *pt, pp of* **bring**.
brought forward *adj* (*COMM*) vorgetragen.
brow [brau] *n* Stirn *f*; (*eyebrow*) (Augen)braue *f*; (*of hill*) (Berg)kuppe *f*.
browbeat ['braubiːt] *vt*: **to ~ sb (into doing sth)** jdn (so) unter Druck setzen(, dass er etw tut).
brown [braun] *adj* braun ♦ *n* Braun *nt* ♦ *vt* (*CULIN*) (an)bräunen; **to go ~** braun werden.
brown bread *n* Graubrot *nt*, Mischbrot *nt*.
Brownie ['braunı] *n* (*also: ~* **Guide**) Wichtel *m*.
brownie ['braunı] (*US*) *n kleiner Schokoladenkuchen*.
brown paper *n* Packpapier *nt*.
brown rice *n* Naturreis *m*.
brown sugar *n* brauner Zucker *m*.
browse [brauz] *vi* (*in shop*) sich umsehen; (*animal*) weiden; (: *deer*) äsen ♦ *n*: **to have a ~ (around)** sich umsehen; **to ~ through a book** in einem Buch schmökern.
browser ['brauzə*] *n* (*COMPUT*) Browser *m*.
bruise [bruːz] *n* blauer Fleck *m*, Bluterguss *m*; (*on fruit*) Druckstelle *f* ♦ *vt* (*arm, leg etc*) sich *dat* stoßen; (*person*) einen blauen Fleck schlagen; (*fruit*) beschädigen ♦ *vi* (*fruit*) eine Druckstelle bekommen; **to ~ one's arm** sich *dat* den Arm stoßen, sich *dat* einen blauen Fleck am Arm holen.
bruising ['bruːzıŋ] *adj* (*experience, encounter*) schmerzhaft ♦ *n* Quetschung *f*.
Brum [brʌm] (*BRIT: inf*) *n abbr* (= *Birmingham*).
Brummie ['brʌmı] (*inf*) *n aus Birmingham stammende oder dort wohnhafte Person*, Birminghamer(in) *m(f)*.
brunch [brʌntʃ] *n* Brunch *m*.

brunette [bruː'nɛt] *n* Brünette *f*.
brunt [brʌnt] *n*: **to bear the ~ of** die volle Wucht +*gen* tragen.
brush [brʌʃ] *n* Bürste *f*; (*for painting, shaving etc*) Pinsel *m*; (*quarrel*) Auseinandersetzung *f* ♦ *vt* fegen; (*groom*) bürsten; (*teeth*) putzen; (*also: ~* **against**) streifen; **to have a ~ with sb** (*verbally*) sich mit jdm streiten; (*physically*) mit jdm aneinander geraten; **to have a ~ with the police** mit der Polizei aneinander geraten.
▸ **brush aside** *vt* abtun.
▸ **brush past** *vt* streifen.
▸ **brush up** *vt* auffrischen.
brushed [brʌʃt] *adj* (*steel, chrome etc*) gebürstet; (*denim etc*) aufgeraut; **~ nylon** Nylonvelours *m*.
brushoff ['brʌʃɒf] (*inf*) *n*: **to give sb the ~** jdm eine Abfuhr erteilen.
brushwood ['brʌʃwud] *n* Reisig *nt*.
brusque [bruːsk] *adj* brüsk; (*tone*) schroff.
Brussels ['brʌslz] *n* Brüssel *nt*.
Brussels sprouts *npl* Rosenkohl *m*.
brutal ['bruːtl] *adj* brutal.
brutality [bruː'tælıtı] *n* Brutalität *f*.
brutalize ['bruːtəlaız] *vt* brutalisieren; (*ill-treat*) brutal behandeln.
brute [bruːt] *n* brutaler Kerl *m*; (*animal*) Tier *nt* ♦ *adj*: **by ~ force** mit roher Gewalt.
brutish ['bruːtıʃ] *adj* tierisch.
BS (*US*) *n abbr* (= *Bachelor of Science*) *akademischer Grad für Naturwissenschaftler*.
bs *abbr* = **bill of sale**.
BSA *n abbr* (= *Boy Scouts of America*) *amerikanische Pfadfinderorganisation*.
BSc *abbr* (= *Bachelor of Science*) *akademischer Grad für Naturwissenschaftler*.
BSE *n abbr* (= *bovine spongiform encephalopathy*) BSE *f*.
BSI *n abbr* (= *British Standards Institution*) *britischer Normenausschuss*.
BST *abbr* = **British Summer Time**.
Bt (*BRIT*) *abbr* = **baronet**.
btu *n abbr* (= *British thermal unit*) *britische Wärmeeinheit*.
bubble ['bʌbl] *n* Blase *f* ♦ *vi* sprudeln; (*sparkle*) perlen; (*fig: person*) übersprudeln.
bubble bath *n* Schaumbad *nt*.
bubble gum *n* Bubble-Gum *m*.
bubble-jet printer *n* Bubblejetdrucker *m*, Bubble-Jet-Drucker *m*.
bubble pack *n* (Klar)sichtpackung *f*.
bubbly ['bʌblı] *adj* (*person*) lebendig; (*liquid*) sprudelnd ♦ *n* (*inf: champagne*) Schampus *m*.
Bucharest [buːkə'rɛst] *n* Bukarest *nt*.
buck [bʌk] *n* (*rabbit*) Rammler *m*; (*deer*) Bock *m*; (*US: inf*) Dollar *m* ♦ *vi* bocken; **to pass the ~** die Verantwortung abschieben; **to pass the ~ to sb** jdm die Verantwortung zuschieben.
▸ **buck up** *vi* (*cheer up*) aufleben ♦ *vt*: **to**

~ **one's ideas up** sich zusammenreißen.
bucket ['bʌkɪt] n Eimer m ♦ vi (BRIT: inf): **the rain is** ~**ing (down)** es gießt or schüttet (wie aus Kübeln).

BUCKINGHAM PALACE

Buckingham Palace ist die offizielle Londoner Residenz der britischen Monarchen und liegt am **St James Park**. Der Palast wurde 1703 für den Herzog von Buckingham erbaut, 1762 von Georg III. gekauft, zwischen 1821 und 1836 von John Nash umgebaut und Anfang des 20. Jahrhunderts teilweise neu gestaltet. Teile des **Buckingham Palace** sind heute der Öffentlichkeit zugänglich.

---

buckle ['bʌkl] n Schnalle f ♦ vt zuschnallen; (wheel) verbiegen ♦ vi sich verbiegen.
▶ **buckle down** vi sich dahinter klemmen; **to** ~ **down to sth** sich hinter etw acc klemmen.
Bucks [bʌks] (BRIT) abbr (POST: = Buckinghamshire).
bud [bʌd] n Knospe f ♦ vi knospen, Knospen treiben.
Budapest [bju:də'pest] n Budapest nt.
Buddha ['budə] n Buddha m.
Buddhism ['budɪzəm] n Buddhismus m.
Buddhist ['budɪst] adj buddhistisch ♦ n Buddhist(in) m(f).
budding ['bʌdɪŋ] adj angehend.
buddy ['bʌdɪ] (US) n Kumpel m.
budge [bʌdʒ] vt (von der Stelle) bewegen; (fig) zum Nachgeben bewegen ♦ vi sich von der Stelle rühren; (fig) nachgeben.
budgerigar ['bʌdʒərɪgɑː*] n Wellensittich m.
budget ['bʌdʒɪt] n Budget nt, Etat m, Haushalt m ♦ vi Haus halten, haushalten, wirtschaften; **I'm on a tight** ~ ich habe nicht viel Geld zur Verfügung; **she works out her** ~ **every month** sie macht (sich dat) jeden Monat einen Haushaltsplan; **to** ~ **for sth** etw kostenmäßig einplanen.
budgie ['bʌdʒɪ] n = budgerigar.
Buenos Aires ['bweɪnɔs'aɪrɪz] n Buenos Aires nt.
buff [bʌf] adj gelbbraun ♦ n (inf) Fan m.
buffalo ['bʌfələu] (pl ~ or ~es) n (BRIT) Büffel m; (US) Bison m.
buffer ['bʌfə*] n (COMPUT) Puffer m, Pufferspeicher m; (RAIL) Prellbock m; (fig) Polster nt.
buffering ['bʌfərɪŋ] n (COMPUT) Pufferung f.
buffer state n Pufferstaat m.
buffer zone n Pufferzone f.
buffet[1] ['bufeɪ] (BRIT) n Büfett nt, Bahnhofsrestaurant nt; (food) kaltes Buffet nt.
buffet[2] ['bʌfɪt] vt (subj: sea) hin und her werfen; (: wind) schütteln.
buffet car (BRIT) n Speisewagen m.

buffet lunch n Buffet nt.
buffoon [bə'fuːn] n Clown m.
bug [bʌg] n (esp US) Insekt nt; (COMPUT: of program) Programmfehler m; (: of equipment) Fehler m; (fig: germ) Bazillus m; (hidden microphone) Wanze f ♦ vt (inf) nerven; (telephone etc) abhören; (room) verwanzen; **I've got the travel** ~ (fig) mich hat die Reiselust gepackt.
bugbear ['bʌgbɛə*] n Bauunternehmer nt.
bugger ['bʌgə*] (inf!) n Scheißkerl m, Arschloch nt ♦ vb: ~ **off!** hau ab!; ~ **(it)!** Scheiße!
buggy ['bʌgɪ] n (for baby) Sportwagen m.
bugle ['bjuːgl] n Bügelhorn nt.
build [bɪld] (pt, pp **built**) n Körperbau m ♦ vt bauen.
▶ **build on** vt fus (fig) aufbauen auf +dat.
▶ **build up** vt aufbauen; (production) steigern; (morale) stärken; (stocks) anlegen; **don't** ~ **your hopes up too soon** mach dir nicht zu früh Hoffnungen.
builder ['bɪldə*] n Bauunternehmer m.
building ['bɪldɪŋ] n (industry) Bauindustrie f; (construction) Bau m; (structure) Gebäude nt, Bau.
building contractor n Bauunternehmer m.
building industry n Bauindustrie f.
building site n Baustelle f.
building society (BRIT) n Bausparkasse f.
building trade n = building industry.
build-up ['bɪldʌp] n Ansammlung f; (publicity): **to give sb/sth a good** ~ jdn/etw ganz groß herausbringen.
built [bɪlt] pt, pp of **build** ♦ adj: ~-**in** eingebaut, Einbau-; (safeguards) eingebaut; **well-**~ gut gebaut.
built-up area ['bɪltʌp-] n bebautes Gebiet nt.
bulb [bʌlb] n (Blumen)zwiebel f; (ELEC) (Glüh)birne f.
bulbous ['bʌlbəs] adj knollig.
Bulgaria [bʌl'gɛərɪə] n Bulgarien nt.
Bulgarian [bʌl'gɛərɪən] adj bulgarisch ♦ n Bulgare m, Bulgarin f; (LING) Bulgarisch nt.
bulge [bʌldʒ] n Wölbung f; (in birth rate, sales) Zunahme f ♦ vi (pocket) prall gefüllt sein; (cheeks) voll sein; (file) (zum Bersten) voll sein; **to be bulging with** prall gefüllt sein mit.
bulimia [bə'lɪmɪə] n Bulimie f.
bulk [bʌlk] n (of thing) massige Form f; (of person) massige Gestalt f; **in** ~ im Großen, en gros; **the** ~ **of** der Großteil +gen.
bulk buying [-'baɪɪŋ] n Mengeneinkauf m, Großeinkauf m.
bulk carrier n Bulkcarrier m.
bulkhead ['bʌlkhed] n Schott nt.
bulky ['bʌlkɪ] adj sperrig.
bull [bul] n Stier m; (male elephant or whale) Bulle m; (STOCK EXCHANGE) Haussier m, Haussespekulant m; (REL) Bulle f.

bulldog ['buldɔg] n Bulldogge f.
bulldoze ['buldəuz] vt mit Bulldozern wegräumen; (building) mit Bulldozern abreißen; **I was ~d into it** (fig: inf) ich wurde gezwungen or unter Druck gesetzt, es zu tun.
bulldozer ['buldəuzə⁎] n Bulldozer m, Planierraupe f.
bullet ['bulɪt] n Kugel f.
bulletin ['bulɪtɪn] n (TV etc) Kurznachrichten pl; (journal) Bulletin nt.
bulletin board n (COMPUT) schwarzes Brett nt.
bulletproof ['bulɪtpruːf] adj kugelsicher.
bullfight ['bulfaɪt] n Stierkampf m.
bullfighter ['bulfaɪtə⁎] n Stierkämpfer m.
bullfighting ['bulfaɪtɪŋ] n Stierkampf m.
bullion ['buljən] n: **gold/silver ~** Barrengold nt/-silber nt.
bullock ['bulək] n Ochse m.
bullring ['bulrɪŋ] n Stierkampfarena f.
bull's-eye ['bulzaɪ] n (on a target): **the ~** der Scheibenmittelpunkt, das Schwarze.
bullshit ['bulʃɪt] (inf!) n Scheiß m, Quatsch m ♦ vi Scheiß erzählen; **~!** Quatsch!
bully ['bulɪ] n Tyrann m ♦ vt tyrannisieren; (frighten) einschüchtern.
bullying ['bulɪŋ] n Tyrannisieren nt.
bum [bʌm] (inf) n Hintern m; (esp US: good-for-nothing) Rumtreiber m; (tramp) Penner m.
▶ **bum around** (inf) vi herumgammeln.
bumblebee ['bʌmblbiː] n Hummel f.
bumf [bʌmf] (inf) n Papierkram m.
bump [bʌmp] n Zusammenstoß m; (jolt) Erschütterung f; (swelling) Beule f; (on road) Unebenheit f ♦ vt stoßen; (car) eine Delle fahren in +acc.
▶ **bump along** vi entlangholpern.
▶ **bump into** vt fus (obstacle) stoßen gegen; (inf: person) treffen.
bumper ['bʌmpə⁎] n Stoßstange f ♦ adj: **~ crop**, **~ harvest** Rekordernte f.
bumper cars npl Autoskooter pl.
bumper sticker n Aufkleber m.
bumph [bʌmf] n = **bumf**.
bumptious ['bʌmpʃəs] adj wichtigtuerisch.
bumpy ['bʌmpɪ] adj holperig; **it was a ~ flight/ride** während des Fluges/auf der Fahrt wurden wir tüchtig durchgerüttelt.
bun [bʌn] n Brötchen nt; (of hair) Knoten m.
bunch [bʌntʃ] n Strauß m; (of keys) Bund m; (of bananas) Büschel nt; (of people) Haufen m; **bunches** npl (in hair) Zöpfe pl; **~ of grapes** Weintraube f.
bundle ['bʌndl] n Bündel nt ♦ vt (also: **~ up**) bündeln; (put): **to ~ sth into** etw stopfen or packen in +acc; **to ~ sb into** jdn schaffen in +acc.
▶ **bundle off** vt schaffen.
▶ **bundle out** vt herausschaffen.
bun fight (BRIT: inf) n Festivitäten pl; (tea party) Teegesellschaft f.

bung [bʌŋ] n Spund m, Spundzapfen m ♦ vt (BRIT: inf: also: **~ in**) schmeißen; (also: **~ up**) verstopfen; **my nose is ~ed up** meine Nase ist verstopft.
bungalow ['bʌŋgələu] n Bungalow m.
bungee jumping ['bʌndʒiːˈdʒʌmpɪŋ] n Bungeespringen nt.
bungle ['bʌŋgl] vt verpfuschen.
bunion ['bʌnjən] n entzündeter Ballen m.
bunk [bʌŋk] n Bett nt, Koje f; **to do a ~** (inf) abhauen.
▶ **bunk off** (inf) vi abhauen.
bunk beds npl Etagenbett nt.
bunker ['bʌŋkə⁎] n Kohlenbunker m; (MIL, GOLF) Bunker m.
bunny ['bʌnɪ] n (also: **~ rabbit**) Hase m, Häschen nt.
bunny girl (BRIT) n Häschen nt.
bunny hill (US) n (SKI) Anfängerhügel m.
bunting ['bʌntɪŋ] n (flags) Wimpel pl, Fähnchen pl.
buoy [bɔɪ] n Boje f.
▶ **buoy up** vt (fig) Auftrieb geben +dat.
buoyancy ['bɔɪənsɪ] n (of ship, object) Schwimmfähigkeit f.
buoyant ['bɔɪənt] adj (ship, object) schwimmfähig; (market) fest; (economy) stabil; (prices, currency) fest, stabil; (person, nature) heiter.
burden ['bəːdn] n Belastung f; (load) Last f ♦ vt: **to ~ sb with sth** jdn mit etw belasten; **to be a ~ to sb** jdm zur Last fallen.
bureau ['bjuərəu] (pl **~x**) n (BRIT: writing desk) Sekretär m; (US: chest of drawers) Kommode f; (office) Büro nt.
bureaucracy [bjuəˈrɔkrəsɪ] n Bürokratie f.
bureaucrat ['bjuərəkræt] n Bürokrat(in) m(f).
bureaucratic [bjuərəˈkrætɪk] adj büro-kratisch.
bureaux ['bjuərəuz] npl of **bureau**.
burgeon ['bəːdʒən] vi hervorsprießen.
burger ['bəːgə⁎] (inf) n Hamburger m.
burglar ['bəːglə⁎] n Einbrecher(in) m(f).
burglar alarm n Alarmanlage f.
burglarize ['bəːgləraɪz] (US) vt einbrechen in +acc.
burglary ['bəːglərɪ] n Einbruch m.
burgle ['bəːgl] vt einbrechen in +acc.
Burgundy ['bəːgəndɪ] n Burgund nt.
burial ['berɪəl] n Beerdigung f.
burial ground n Begräbnisstätte f.
burlesque [bəːˈlesk] n (parody) Persiflage f; (US: THEAT) Burleske f.
burly ['bəːlɪ] adj kräftig, stämmig.
Burma ['bəːmə] n Birma nt, Burma nt.
Burmese [bəːˈmiːz] adj birmanisch, burmesisch ♦ n inv Birmane m, Burmese m, Birmanin f, Burmesin f ♦ n (LING) Birmanisch nt, Burmesisch nt.
burn [bəːn] (pt, pp **burned** or **burnt**) vt verbrennen; (fuel) als Brennstoff

verwenden; (*food*) anbrennen lassen; (*house etc*) niederbrennen ♦ *vi* brennen; (*food*) anbrennen ♦ *n* Verbrennung *f*; **the cigarette ~t a hole in her dress** die Zigarette brannte ein Loch in ihr Kleid; **I've ~t myself!** ich habe mich verbrannt!

► **burn down** *vt* abbrennen.

► **burn out** *vt*: **to ~ o.s.** out (*writer etc*) sich völlig verausgaben; **the fire ~t itself out** das Feuer brannte aus.

burner ['bə:nə*] *n* Brenner *m*.

burning ['bə:nɪŋ] *adj* brennend; (*sand, desert*) glühend heiß.

burnish ['bə:nɪʃ] *vt* polieren.

BURNS' NIGHT

Burns' Night *ist der am 25. Januar begangene Gedenktag für den schottischen Dichter Robert Burns (1759-1796). Wo Schotten leben, sei es in Schottland oder im Ausland, wird dieser Tag mit einem Abendessen gefeiert, bei dem es als Hauptgericht* **haggis** *gibt, der mit Dudelsackbegleitung aufgetischt wird. Dazu isst man Steckrüben- und Kartoffelpüree und trinkt Whisky. Während des Essens werden Burns' Gedichte vorgelesen, seine Lieder gesungen, bestimmte Reden gehalten und Trinksprüche ausgegeben.*

---

burnt [bə:nt] *pt, pp of* **burn**.

burnt sugar (*BRIT*) *n* Karamell *m*.

burp [bə:p] (*inf*) *n* Rülpser *m* ♦ *vt* (*baby*) aufstoßen lassen ♦ *vi* rülpsen.

burrow ['bʌrəu] *n* Bau *m* ♦ *vi* graben; (*rummage*) wühlen.

bursar ['bə:sə*] *n* Schatzmeister *m*, Finanzverwalter *m*.

bursary ['bə:sərɪ] (*BRIT*) *n* Stipendium *nt*.

burst [bə:st] (*pt, pp* **burst**) *vt* zum Platzen bringen, platzen lassen ♦ *vi* platzen ♦ *n* Salve *f*; (*also:* ~ **pipe**) (Rohr)bruch *m*; **the river has ~ its banks** der Fluss ist über die Ufer getreten; **to ~ into flames** in Flammen aufgehen; **to ~ into tears** in Tränen ausbrechen; **to ~ out laughing** in Lachen ausbrechen; **~ blood vessel** geplatzte Ader *f*; **to be ~ing with** zum Bersten voll sein mit; (*pride*) fast platzen vor +*dat*; **to ~ open** aufspringen; **a ~ of energy** ein Ausbruch *m* von Energie; **a ~ of enthusiasm** ein Begeisterungsausbruch *m*; **a ~ of speed** ein Spurt *m*; **~ of laughter** Lachsalve *f*; **~ of applause** Beifallssturm *m*.

► **burst in on** *vt fus*: **to ~ in on sb** bei jdm hereinplatzen.

► **burst into** *vt fus* (*into room*) platzen in +*acc*.

► **burst out of** *vt fus* (*of room*) stürmen *or* stürzen aus.

bury ['berɪ] *vt* begraben; (*at funeral*) beerdigen; **to ~ one's face in one's hands**

das Gesicht in den Händen vergraben; **to ~ one's head in the sand** (*fig*) den Kopf in den Sand stecken; **to ~ the hatchet** (*fig*) das Kriegsbeil begraben.

bus [bʌs] *n* (Auto)bus *m*, (Omni)bus *m*; (*double decker*) Doppeldecker *m* (*inf*).

bus boy (*US*) *n* Bedienungshilfe *f*.

bush [buʃ] *n* Busch *m*, Strauch *m*; (*scrubland*) Busch; **to beat about the ~** um den heißen Brei herumreden.

bushed [buʃt] (*inf*) *adj* (*exhausted*) groggy.

bushel ['buʃl] *n* Scheffel *m*.

bushfire *n* Buschfeuer *nt*.

bushy ['buʃɪ] *adj* buschig.

busily ['bɪzɪlɪ] *adv* eifrig; **to be ~ doing sth** eifrig etw tun.

business ['bɪznɪs] *n* (*matter*) Angelegenheit *f*; (*trading*) Geschäft *nt*; (*firm*) Firma *f*, Betrieb *m*; (*occupation*) Beruf *m*; **to be away on ~** geschäftlich unterwegs sein; **I'm here on ~** ich bin geschäftlich hier; **he's in the insurance/transport ~** er arbeitet in der Versicherungs-/Transportbranche; **to do ~ with sb** Geschäfte *pl* mit jdm machen; **it's my ~ to ...** es ist meine Aufgabe, zu ...; **it's none of my ~** es geht mich nichts an; **he means ~** er meint es ernst.

business address *n* Geschäftsadresse *f*.

business card *n* (Visiten)karte *f*.

businesslike ['bɪznɪslaɪk] *adj* geschäftsmäßig.

businessman ['bɪznɪsmən] (*irreg: like* **man**) *n* Geschäftsmann *m*.

business trip *n* Geschäftsreise *f*.

businesswoman ['bɪznɪswumən] (*irreg: like* **woman**) *n* Geschäftsfrau *f*.

busker ['bʌskə*] (*BRIT*) *n* Straßenmusikant(in) *m(f)*.

bus lane (*BRIT*) *n* Busspur *f*.

bus shelter *n* Wartehäuschen *nt*.

bus station *n* Busbahnhof *m*.

bus stop *n* Bushaltestelle *f*.

bust [bʌst] *n* Busen *m*; (*measurement*) Oberweite *f*; (*sculpture*) Büste *f* ♦ *adj* (*inf*) kaputt ♦ *vt* (*inf*) verhaften; **to go ~** Pleite gehen.

bustle ['bʌsl] *n* Betrieb *m* ♦ *vi* eilig herumlaufen.

bustling ['bʌslɪŋ] *adj* belebt.

bust-up ['bʌstʌp] (*BRIT: inf*) *n* Krach *m*.

busty ['bʌstɪ] *adj* (*woman*) vollbusig.

BUSWE (*BRIT*) *n abbr* (= *British Union of Social Work Employees*) *Sozialarbeitergewerkschaft.*

busy ['bɪzɪ] *adj* (*person*) beschäftigt; (*shop, street*) belebt; (*TEL: esp US*) besetzt ♦ *vt*: **to ~ o.s. with** sich beschäftigen mit; **he's a ~ man** er ist ein viel beschäftigter Mann; **he's ~** er hat (zurzeit) viel zu tun.

busybody ['bɪzɪbɔdɪ] *n*: **to be a ~** sich ständig einmischen.

busy signal (*US*) *n* (*TEL*) Besetztzeichen *nt*.

===================================== KEYWORD

but [bʌt] *conj* **1** (*yet*) aber; **not blue ~ red** nicht blau, sondern rot; **he's not very bright, ~ he's hard-working** er ist nicht sehr intelligent, aber er ist fleißig.
2 (*however*): **I'd love to come, ~ I'm busy** ich würde gern kommen, bin aber beschäftigt.
3 (*showing disagreement, surprise etc*): **~ that's far too expensive!** aber das ist viel zu teuer!; **~ that's fantastic!** das ist doch toll!

♦ *prep* (*apart from, except*) außer +*dat*; **nothing ~ trouble** nichts als Ärger; **no-one ~ him can do it** keiner außer ihm kann es machen; **~ for you** wenn Sie nicht gewesen wären; **~ for your help** ohne Ihre Hilfe; **I'll do anything ~ that** ich mache alles, nur nicht das; **the last house ~ one** das vorletzte Haus; **the next street ~ one** die übernächste Straße

♦ *adv* (*just, only*) nur; **she's ~ a child** sie ist doch noch ein Kind; **I can ~ try** ich kann es ja versuchen.

butane ['bjuːteɪn] *n* (*also:* **~ gas**) Butan(gas) *nt*.
butch [bʊtʃ] (*inf*) *adj* maskulin.
butcher ['bʊtʃə*] *n* Fleischer *m*, Metzger *m*; (*pej: murderer*) Schlächter *m* ♦ *vt* schlachten; (*prisoners etc*) abschlachten.
butcher's (shop) ['bʊtʃəz-] *n* Fleischerei *f*, Metzgerei *f*.
butler ['bʌtlə*] *n* Butler *m*.
butt [bʌt] *n* großes Fass *nt*, Tonne *f*; (*thick end*) dickes Ende *nt*; (*of gun*) Kolben *m*; (*of cigarette*) Kippe *f*; (*BRIT, fig: target*) Zielscheibe *f*; (*US: inf!*) Arsch *m* ♦ *vt* (*goat*) mit den Hörnern stoßen; (*person*) mit dem Kopf stoßen.
▶ **butt in** *vi* sich einmischen, dazwischenfunken (*inf*).
butter ['bʌtə*] *n* Butter *f* ♦ *vt* buttern.
buttercup ['bʌtəkʌp] *n* Butterblume *f*.
butter dish *n* Butterdose *f*.
butterfingers ['bʌtəfɪŋgəz] (*inf*) *n* Schussel *m*.
butterfly ['bʌtəflaɪ] *n* Schmetterling *m*; (*SWIMMING: also:* **~ stroke**) Schmetterlingsstil *m*, Butterfly *m*.
buttocks ['bʌtəks] *npl* Gesäß *nt*.
button ['bʌtn] *n* Knopf *m*; (*US: badge*) Plakette *f* ♦ *vt* (*also:* **~ up**) zuknöpfen ♦ *vi* geknöpft werden.
buttonhole ['bʌtnhəʊl] *n* Knopfloch *nt*; (*flower*) Blume *f* im Knopfloch ♦ *vt* zu fassen bekommen, sich *dat* schnappen (*inf*).
buttress ['bʌtrɪs] *n* Strebepfeiler *m*.
buxom ['bʌksəm] *adj* drall.
buy [baɪ] (*pt, pp* **bought**) *vt* kaufen; (*company*) aufkaufen ♦ *n* Kauf *m*; **that was a good/bad ~** das war ein guter/schlechter Kauf; **to ~ sb sth** jdm etw kaufen; **to ~ sth from sb**

etw bei jdm kaufen; (*from individual*) jdm etw abkaufen; **to ~ sb a drink** jdm einen ausgeben (*inf*).
▶ **buy back** *vt* zurückkaufen.
▶ **buy in** (*BRIT*) *vt* einkaufen.
▶ **buy into** (*BRIT*) *vt fus* sich einkaufen in +*acc*.
▶ **buy off** *vt* kaufen.
▶ **buy out** *vt* (*partner*) auszahlen; (*business*) aufkaufen.
▶ **buy up** *vt* aufkaufen.
buyer ['baɪə*] *n* Käufer(in) *m(f)*; (*COMM*) Einkäufer(in) *m(f)*.
buyer's market ['baɪəz-] *n* Käufermarkt *m*.
buyout ['baɪaʊt] *n* (*of firm: by workers, management*) Aufkauf *m*.
buzz [bʌz] *vi* summen, brummen; (*saw*) kreischen ♦ *vt* rufen; (*with buzzer*) (mit dem Summer) rufen; (*AVIAT: plane, building*) dicht vorbeifliegen an +*dat* ♦ *n* Summen *nt*, Brummen *nt*; (*inf*): **to give sb a ~** jdn anrufen; **my head is ~ing** mir schwirrt der Kopf.
▶ **buzz off** (*inf*) *vi* abhauen.
buzzard ['bʌzəd] *n* Bussard *m*.
buzzer ['bʌzə*] *n* Summer *m*.
buzz word (*inf*) *n* Modewort *nt*.

===================================== KEYWORD

by [baɪ] *prep* **1** (*referring to cause, agent*) von +*dat*, durch +*acc*; **killed ~ lightning** vom Blitz *or* durch einen Blitz getötet; **a painting ~ Picasso** ein Bild von Picasso.
2 (*referring to method, manner, means*): **~ bus/car/train** mit dem Bus/Auto/Zug; **to pay ~ cheque** mit *or* per Scheck bezahlen; **~ saving hard, he was able to ...** indem er eisern sparte, konnte er ...
3 (*via, through*) über +*acc*; **we came ~ Dover** wir sind über Dover gekommen.
4 (*close to*) bei +*dat*, an +*dat*; **the house ~ the river** das Haus am Fluss.
5 (*past*) an ... *dat* vorbei; **she rushed ~ me** sie eilte an mir vorbei.
6 (*not later than*) bis +*acc*; **~ 4 o'clock** bis 4 Uhr; **~ this time tomorrow** morgen um diese Zeit.
7 (*amount*): **~ the kilo/metre** kilo-/ meterweise; **to be paid ~ the hour** stundenweise bezahlt werden.
8 (*MATH, measure*): **to divide ~ 3** durch 3 teilen; **to multiply ~ 3** mit 3 malnehmen; **it missed me ~ inches** es hat mich um Zentimeter verfehlt.
9 (*according to*): **to play ~ the rules** sich an die Regeln halten; **it's all right ~ me** von mir aus ist es in Ordnung.
10: (all) ~ myself/himself *etc* (ganz) allein.
11: ~ the way übrigens
♦ *adv* **1** *see* **go, pass** *etc*.
2: ~ and ~ irgendwann.
3: ~ and large im Großen und Ganzen.

bye(-bye) ['baɪ('baɪ)] *excl* (auf) Wiedersehen, tschüss (*inf*).
bye-law ['baɪlɔ:] *n* Verordnung *f*.
by-election ['baɪɪlɛkʃən] (*BRIT*) *n* Nachwahl *f*.
Byelorussia [bjɛləu'rʌʃə] *n* = **Belorussia**.
Byelorussian [bjɛləu'rʌʃən] *adj, n* = **Belarussian**.
bygone ['baɪgɒn] *adj* (längst) vergangen ♦ *n*: let ~s be ~s wir sollten die Vergangenheit ruhen lassen.
by-law ['baɪlɔ:] *n* = **bye-law**.
bypass ['baɪpɑːs] *n* Umgehungsstraße *f*; (*MED*) Bypassoperation *f* ♦ *vt* (*also fig*) umgehen.
by-product ['baɪprɒdʌkt] *n* Nebenprodukt *nt*.
byre ['baɪə*] (*BRIT*) *n* Kuhstall *m*.
bystander ['baɪstændə*] *n* Zuschauer(in) *m(f)*.
byte [baɪt] *n* (*COMPUT*) Byte *nt*.
byway ['baɪweɪ] *n* Seitenweg *m*.
byword ['baɪwɔːd] *n*: **to be a ~ for** der Inbegriff +*gen* sein, gleichbedeutend sein mit.
by-your-leave ['baɪjɔː'liːv] *n*: **without so much as a ~** ohne auch nur (um Erlaubnis) zu fragen.

C, c

C¹, c¹ [siː] *n* (*letter*) C *nt*, c *nt*; (*SCOL*) ≈ Drei *f*, Befriedigend *nt*; ~ **for Charlie** ≈ C wie Cäsar.
C² [siː] *n* (*MUS*) C *nt*, c *nt*.
C³ [siː] *abbr* = **Celsius; centigrade**.
c² *abbr* = **century** (= *circa*) ca.; (*US etc*: = *cent(s)*) Cent.
CA *n abbr* (*BRIT*) = **chartered accountant** ♦ *abbr* = **Central America**; (*US*: *POST*: = *California*).
C/A *abbr* (*COMM*) = **capital account; credit account; current account**.
ca. *abbr* (= *circa*) ca.
CAA *n abbr* (*BRIT*) = **Civil Aviation Authority**; (*US*: = *Civil Aeronautics Authority*) Zivilluftfahrtbehörde.
CAB (*BRIT*) *n abbr* = **Citizens' Advice Bureau**.
cab [kæb] *n* Taxi *nt*; (*of truck, train etc*) Führerhaus *nt*; (*horse-drawn*) Droschke *f*.
cabaret ['kæbəreɪ] *n* Kabarett *nt*.
cabbage ['kæbɪdʒ] *n* Kohl *m*.
cabbie, cabby ['kæbɪ] *n* Taxifahrer(in) *m(f)*.
cab driver *n* Taxifahrer(in) *m(f)*.
cabin ['kæbɪn] *n* Kabine *f*; (*house*) Hütte *f*.
cabin cruiser *n* Kajütboot *nt*.
cabinet ['kæbɪnɪt] *n* kleiner Schrank *m*; (*also*: display ~) Vitrine *f*; (*POL*) Kabinett *nt*.
cabinet-maker ['kæbɪnɪt'meɪkə*] *n*

Möbeltischler *m*.
cabinet minister *n* Mitglied *nt* des Kabinetts, Minister(in) *m(f)*.
cable ['keɪbl] *n* Kabel *nt* ♦ *vt* kabeln.
cable car *n* (Draht)seilbahn *f*.
cablegram ['keɪblgræm] *n* (Übersee)telegramm *nt*, Kabel *nt*.
cable railway *n* Seilbahn *f*.
cable television *n* Kabelfernsehen *nt*.
cable TV *n* = **cable television**.
cache [kæʃ] *n* Versteck *nt*, geheimes Lager *nt*; **a ~ of food** ein geheimes Proviantlager.
cackle ['kækl] *vi* (*person: laugh*) meckernd lachen; (*hen*) gackern.
cacti ['kæktaɪ] *npl of* **cactus**.
cactus ['kæktəs] (*pl* **cacti**) *n* Kaktus *m*.
CAD *n abbr* (= *computer-aided design*) CAD *nt*.
caddie ['kædɪ] *n* (*GOLF*) Caddie *m*.
caddy ['kædɪ] *n* = **caddie**.
cadence ['keɪdəns] *n* (*of voice*) Tonfall *m*.
cadet [kə'dɛt] *n* Kadett *m*; **police ~** Polizeianwärter(in) *m(f)*.
cadge [kædʒ] (*inf*) *vt*: **to ~ (from** *or* **off)** schnorren (bei *or* von +*dat*); **to ~ a lift with sb** von jdm mitgenommen werden.
cadger ['kædʒə*] (*BRIT*: *inf*) *n* Schnorrer(in) *m(f)*.
cadre ['kædrɪ] *n* Kader *m*.
Caesarean [siː'zɛərɪən] *n*: ~ **(section)** Kaiserschnitt *m*.
CAF (*BRIT*) *abbr* (= *cost and freight*) cf.
café ['kæfeɪ] *n* Café *nt*.
cafeteria [kæfɪ'tɪərɪə] *n* Cafeteria *f*.
caffein(e) ['kæfiːn] *n* Koffein *nt*.
cage [keɪdʒ] *n* Käfig *m*; (*of lift*) Fahrkorb *m* ♦ *vt* einsperren.
cagey ['keɪdʒɪ] (*inf*) *adj* vorsichtig; (*evasive*) ausweichend.
cagoule [kə'guːl] *n* Regenjacke *f*.
cahoots [kə'huːts] (*inf*) *n*: **to be in ~ with** unter einer Decke stecken mit.
CAI *n abbr* (= *computer-aided instruction*) CAI *nt*.
Cairo ['kaɪərəu] *n* Kairo *nt*.
cajole [kə'dʒəul] *vt*: **to ~ sb into doing sth** jdn bereden, etw zu tun.
cake [keɪk] *n* Kuchen *m*; (*small*) Gebäckstück *nt*; (*of soap*) Stück *nt*; **it's a piece of ~** (*inf*) das ist ein Kinderspiel *or* ein Klacks; **he wants to have his ~ and eat it (too)** (*fig*) er will das eine, ohne das andere zu lassen.
caked [keɪkt] *adj*: ~ **with** (*mud, blood*) verkrustet mit.
cake shop *n* Konditorei *f*.
Cal. (*US*) *abbr* (*POST*: = *California*).
calamine lotion ['kæləmaɪn] *n* Galmeilotion *f*.
calamitous [kə'læmɪtəs] *adj* katastrophal.
calamity [kə'læmɪtɪ] *n* Katastrophe *f*.
calcium ['kælsɪəm] *n* Kalzium *nt*.
calculate ['kælkjuleɪt] *vt* (*work out*) berechnen; (*estimate*) abschätzen.
▶ **calculate on** *vt fus*: **to ~ on sth** mit etw

rechnen; **to ~ on doing sth** damit rechnen, etw zu tun.

calculated ['kælkjuleɪtɪd] *adj (insult)* bewusst; *(action)* vorsätzlich; **a ~ risk** ein kalkuliertes Risiko.

calculating ['kælkjuleɪtɪŋ] *adj (scheming)* berechnend.

calculation [kælkju'leɪʃən] *n (see vt)* Berechnung *f*; Abschätzung *f*; *(sum)* Rechnung *f*.

calculator ['kælkjuleɪtə*] *n* Rechner *m*.

calculus ['kælkjuləs] *n* Infinitesimalrechnung *f*; **integral/differential ~** Integral-/ Differenzialrechnung *f*.

calendar ['kæləndə*] *n* Kalender *m*; *(timetable, schedule)* (Termin)kalender *m*.

calendar month *n* Kalendermonat *m*.

calendar year *n* Kalenderjahr *nt*.

calf [kɑːf] *(pl* **calves**) *n* Kalb *nt*; *(of elephant, seal etc)* Junge(s) *nt*; *(also:* **~skin**) Kalb(s)leder *nt*; *(ANAT)* Wade *f*.

caliber ['kælɪbə*] *(US) n* = **calibre**.

calibrate ['kælɪbreɪt] *vt (gun etc)* kalibrieren; *(scale of measuring instrument)* eichen.

calibre, *(US)* **caliber** ['kælɪbə*] *n* Kaliber *nt*; *(of person)* Format *nt*.

calico ['kælɪkəu] *n (BRIT)* Kattun *m*, Kaliko *m*; *(US)* bedruckter Kattun.

Calif. *(US) abbr (POST:* = *California)*.

California [kælɪ'fɔːnɪə] *n* Kalifornien *nt*.

calipers ['kælɪpəz] *(US) npl* = **callipers**.

call [kɔːl] *vt (name, consider)* nennen; *(shout out, summon)* rufen; *(TEL)* anrufen; *(witness, flight)* aufrufen; *(meeting)* einberufen; *(strike)* ausrufen ♦ *vi* rufen; *(TEL)* anrufen; *(visit: also:* ~ **in**, ~ **round)** vorbeigehen, vorbeikommen ♦ *n* Ruf *m*; *(TEL)* Anruf *m*; *(visit)* Besuch *m*; *(for a service etc)* Nachfrage *f*; *(for flight etc)* Aufruf *m*; *(fig: lure)* Ruf *m*, Verlockung *f*; **to be ~ed** *(named)* heißen; **who is ~ing?** *(TEL)* wer spricht da bitte?; **London ~ing** *(RADIO)* hier ist London; **please give me a ~** — **at 7** rufen Sie mich bitte um 7 an; **to make a ~** ein (Telefon)gespräch führen; **to pay a ~ on sb** jdn besuchen; **to be on ~** einsatzbereit sein; *(doctor etc)* Bereitschaftsdienst haben; **there's not much ~ for these items** es besteht keine große Nachfrage nach diesen Dingen.

▶ **call at** *vt fus (subj: ship)* anlaufen; *(: train)* halten in +*dat*.

▶ **call back** *vi (return)* wiederkommen; *(TEL)* zurückrufen ♦ *vt (TEL)* zurückrufen.

▶ **call for** *vt fus (demand)* fordern; *(fetch)* abholen.

▶ **call in** *vt (doctor, expert, police)* zurate *or* zu Rate ziehen; *(books, cars, stock etc)* aus dem Verkehr ziehen ♦ *vi* vorbeigehen, vorbeikommen.

▶ **call off** *vt* absagen.

▶ **call on** *vt fus* besuchen; *(appeal to)* appellieren an +*acc*; **to ~ on sb to do sth** jdn

bitten *or* auffordern, etw zu tun.

▶ **call out** *vi* rufen ♦ *vt* rufen; *(police, troops)* alarmieren.

▶ **call up** *vt (MIL)* einberufen; *(TEL)* anrufen.

Callanetics ® *n sing* Callanetics *f*.

call box *(BRIT) n* Telefonzelle *f*.

call centre *n* Telefoncenter *nt*, Callcenter *nt*.

caller ['kɔːlə*] *n* Besucher(in) *m(f)*; *(TEL)* Anrufer(in) *m(f)*; **hold the line, ~!** *(TEL)* bitte bleiben Sie am Apparat!

call girl *n* Callgirl *nt*.

call-in ['kɔːlɪn] *(US) n (RADIO, TV)* Phone-in *nt*.

calling ['kɔːlɪŋ] *n (trade)* Beruf *m*; *(vocation)* Berufung *f*.

calling card *(US) n* Visitenkarte *f*.

callipers, *(US)* **calipers** ['kælɪpəz] *npl (MATH)* Tastzirkel *m*; *(MED)* Schiene *f*.

callous ['kæləs] *adj* herzlos.

callousness ['kæləsnɪs] *n* Herzlosigkeit *f*.

callow ['kæləu] *adj* unreif.

calm [kɑːm] *adj* ruhig; *(unworried)* gelassen ♦ *n* Ruhe *f* ♦ *vt* beruhigen; *(fears)* zerstreuen; *(grief)* lindern.

▶ **calm down** *vt* beruhigen ♦ *vi* sich beruhigen.

calmly ['kɑːmlɪ] *adv (see adj)* ruhig; gelassen.

calmness ['kɑːmnɪs] *n (see adj)* Ruhe *f*; Gelassenheit *f*.

Calor gas ® ['kælə*-] *n* Butangas *nt*.

calorie ['kælərɪ] *n* Kalorie *f*; **low-~ product** kalorienarmes Produkt *nt*.

calve [kɑːv] *vi* kalben.

calves [kɑːvz] *npl of* **calf**.

CAM *n abbr* (= *computer-aided manufacture)* CAM *nt*.

camber ['kæmbə*] *n* Wölbung *f*.

Cambodia [kæm'bəudɪə] *n* Kambodscha *nt*.

Cambodian [kæm'bəudɪən] *adj* kambodschanisch ♦ *n* Kambodschaner(in) *m(f)*.

Cambs *(BRIT) abbr (POST:* = *Cambridgeshire)*.

camcorder ['kæmkɔːdə*] *n* Camcorder *m*, Kamerarekorder *m*.

came [keɪm] *pt of* **come**.

camel ['kæməl] *n* Kamel *nt*.

cameo ['kæmɪəu] *n* Kamee *f*; *(THEAT, LITER)* Miniatur *f*.

camera ['kæmərə] *n (CINE, PHOT)* Kamera *f*; *(also:* **cine ~**, **movie ~)** Filmkamera *f*; **35 mm ~** Kleinbildkamera *f*; **in ~** *(LAW)* unter Ausschluss der Öffentlichkeit.

cameraman ['kæmərəmæn] *(irreg: like* **man)** *n* Kameramann *m*.

Cameroon [kæmə'ruːn] *n* Kamerun *nt*.

Cameroun [kæmə'ruːn] *n* = **Cameroon**.

camomile ['kæməmaɪl] *n* Kamille *f*.

camouflage ['kæməflɑːʒ] *n* Tarnung *f* ♦ *vt* tarnen.

camp [kæmp] *n* Lager *nt*; *(barracks)* Kaserne *f* ♦ *vi* zelten ♦ *adj (effeminate)* tuntenhaft *(inf)*.

campaign [kæm'peɪn] *n (MIL)* Feldzug *m*; *(POL etc)* Kampagne *f* ♦ *vi* kämpfen; **to ~ for/**

against sich einsetzen für/gegen.

campaigner [kæm'peɪnə*] n: ~ **for**
Befürworter(in) m(f) +gen; ~ **against**
Gegner(in) m(f) +gen.

camp bed (BRIT) n Campingliege f.

camper ['kæmpə*] n (person) Camper m;
(vehicle) Wohnmobil nt.

camping ['kæmpɪŋ] n Camping nt; **to go** ~
zelten gehen, campen.

camp(ing) site n Campingplatz m.

campus ['kæmpəs] n (UNIV)
Universitätsgelände nt, Campus m.

camshaft ['kæmʃɑːft] n Nockenwelle f.

can[1] [kæn] n Büchse f, Dose f; (for oil, water)
Kanister m ♦ vt eindosen, in Büchsen or
Dosen einmachen; **a** ~ **of beer** eine Dose
Bier; **he had to carry the** ~ (BRIT: inf) er
musste die Sache ausbaden.

================== KEYWORD

can[2] (negative **cannot**, **can't**, conditional and pt
could) aux vb **1** (be able to, know how to)
können; **you** ~ **do it if you try** du kannst es,
wenn du es nur versuchst; **I can't see you**
ich kann dich nicht sehen; **I** ~ **swim/drive**
ich kann schwimmen/Auto fahren; ~ **you
speak English?** sprechen Sie Englisch?
2 (may) können, dürfen; ~ **I use your phone?**
kann or darf ich Ihr Telefon benutzen?;
could I have a word with you? könnte ich
Sie mal sprechen?
3 (expressing disbelief, puzzlement): **it can't be
true!** das darf doch nicht wahr sein!
4 (expressing possibility, suggestion, etc): **he
could be in the library** er könnte in der
Bibliothek sein.

Canada ['kænədə] n Kanada nt.

Canadian [kə'neɪdɪən] adj kanadisch ♦ n
Kanadier(in) m(f).

canal [kə'næl] n (also ANAT) Kanal m.

Canaries [kə'nɛərɪz] npl = **Canary Islands**.

canary [kə'nɛərɪ] n Kanarienvogel m.

Canary Islands [kə'nɛərɪ 'aɪləndz] npl: **the** ~
die Kanarischen Inseln pl.

Canberra ['kænbərə] n Canberra nt.

cancel ['kænsəl] vt absagen; (reservation)
abbestellen; (train, flight) ausfallen lassen;
(contract) annullieren; (order) stornieren;
(cross out) durchstreichen; (stamp)
entwerten; (cheque) ungültig machen.

▶ **cancel out** vt aufheben; **they** ~ **each other
out** sie heben sich gegenseitig auf.

cancellation [kænsə'leɪʃən] n Absage f, (of
reservation) Abbestellung f, (of train, flight)
Ausfall m; (TOURISM) Rücktritt m.

cancer ['kænsə*] n (also: **C**~: ASTROL) Krebs m;
to be C~ (ein) Krebs sein.

cancerous ['kænsrəs] adj krebsartig.

cancer patient n Krebskranke(r) f(m).

cancer research n Krebsforschung f.

c and f (BRIT) abbr (COMM: = cost and freight)

cf.

candid ['kændɪd] adj offen, ehrlich.

candidacy ['kændɪdəsɪ] n Kandidatur f.

candidate ['kændɪdeɪt] n Kandidat(in) m(f);
(for job) Bewerber(in) m(f).

candidature ['kændɪdətʃə*] (BRIT) n
= **candidacy**.

candied ['kændɪd] adj kandiert; ~ **apple** (US)
kandierter Apfel m.

candle ['kændl] n Kerze f, (of tallow) Talglicht
nt.

candleholder ['kændlhəʊldə*] n see
candlestick.

candlelight ['kændllaɪt] n: **by** ~ bei
Kerzenlicht.

candlestick ['kændlstɪk] n (also: **candleholder**)
Kerzenhalter m; (bigger, ornate)
Kerzenleuchter m.

candour, (US) **candor** ['kændə*] n Offenheit f.

C & W n abbr = **country and western (music)**.

candy ['kændɪ] n (also: **sugar-**~)
Kandis(zucker) m; (US) Bonbon nt or m.

candyfloss ['kændɪflɔs] (BRIT) n Zuckerwatte
f.

candy store (US) n Süßwarenhandlung f.

cane [keɪn] n Rohr nt; (stick) Stock m; (: for
walking) (Spazier)stock m ♦ vt (BRIT: SCOL)
mit dem Stock schlagen.

canine ['keɪnaɪn] adj (species) Hunde-.

canister ['kænɪstə*] n Dose f, (pressurized
container) Sprühdose f, (of gas, chemicals etc)
Kanister m.

cannabis ['kænəbɪs] n Haschisch nt; (also:
~ **plant**) Hanf m, Cannabis m.

canned [kænd] adj Dosen-; (inf: music) aus der
Konserve; (US: inf: worker) entlassen,
rausgeschmissen inf.

cannibal ['kænɪbəl] n Kannibale m, Kannibalin
f.

cannibalism ['kænɪbəlɪzəm] n Kannibalismus
m.

cannon ['kænən] n (pl ~ or ~**s**) Kanone f.

cannonball ['kænənbɔːl] n Kanonenkugel f.

cannon fodder n Kanonenfutter nt.

cannot ['kænɔt] = **can not**.

canny ['kænɪ] adj schlau.

canoe [kə'nuː] n Kanu nt.

canoeing [kə'nuːɪŋ] n Kanusport m.

canon ['kænən] n Kanon m; (clergyman)
Kanoniker m, Kanonikus m.

canonize ['kænənaɪz] vt kanonisieren, heilig
sprechen.

can-opener ['kænəʊpnə*] n Dosenöffner m,
Büchsenöffner m.

canopy ['kænəpɪ] n (also fig) Baldachin m.

cant [kænt] n scheinheiliges Gerede nt.

can't [kænt] = **can not**.

Cantab. (BRIT) abbr (in degree titles:
= Cantabrigiensis) der Universität
Cambridge.

cantankerous [kæn'tæŋkərəs] adj mürrisch.

canteen [kæn'tiːn] n (in school, workplace)

Kantine *f*; (: *mobile*) Feldküche *f*; (*BRIT: of cutlery*) Besteckkasten *m*.

canter ['kæntə*] *vi* leicht galoppieren, kantern ♦ *n* leichter Galopp *m*, Kanter *m*.

cantilever ['kæntɪliːvə*] *n* Ausleger *m*.

canvas ['kænvəs] *n* Leinwand *f*; (*painting*) Gemälde *nt*; (*NAUT*) Segeltuch *nt*; **under** ~ im Zelt.

canvass ['kænvəs] *vt* (*opinions, views*) erforschen; (*person*) für seine Partei zu gewinnen suchen; (*place*) Wahlwerbung machen in +*dat* ♦ *vi*: **to** ~ **for** ... (*POL*) um Stimmen für ... werben.

canvasser ['kænvəsə*] *n* (*POL*) Wahlhelfer(in) *m(f)*.

canvassing ['kænvəsɪŋ] *n* (*POL*) Wahlwerbung *f*.

canyon ['kænjən] *n* Cañon *m*.

CAP *n abbr* (= *Common Agricultural Policy*) gemeinsame Agrarpolitik *f* der EG.

cap [kæp] *n* Mütze *f*, Kappe *f*; (*of pen*) (Verschluss)kappe *f*; (*of bottle*) Verschluss *m*, Deckel *m*; (*contraceptive: also:* **Dutch** ~) Pessar *nt*; (*for toy gun*) Zündplättchen *nt*; (*for swimming*) Bademütze *f*, Badekappe *f*; (*SPORT*) Ehrenkappe, die Nationalspielern verliehen wird ♦ *vt* (*outdo*) überbieten; (*SPORT*) für die Nationalmannschaft aufstellen; ~**ped with** ... mit ... obendrauf; **and to** ~ **it all**, ... und obendrein ...

capability [keɪpə'bɪlɪtɪ] *n* Fähigkeit *f*; (*MIL*) Potenzial *nt*.

capable ['keɪpəbl] *adj* fähig; **to be** ~ **of doing sth** etw tun können, fähig sein, etw zu tun; **to be** ~ **of sth** (*interpretation etc*) etw zulassen.

capacious [kə'peɪʃəs] *adj* geräumig.

capacity [kə'pæsɪtɪ] *n* Fassungsvermögen *nt*; (*of lift etc*) Höchstlast *f*; (*capability*) Fähigkeit *f*; (*position, role*) Eigenschaft *f*; (*of factory*) Kapazität *f*; **filled to** ~ randvoll; (*stadium etc*) bis auf den letzten Platz besetzt; **in his** ~ **as** ... in seiner Eigenschaft als ...; **this work is beyond my** ~ zu dieser Arbeit bin ich nicht fähig; **in an advisory** ~ in beratender Funktion; **to work at full** ~ voll ausgelastet sein.

cape [keɪp] *n* Kap *nt*; (*cloak*) Cape *nt*, Umhang *m*.

Cape of Good Hope *n*: **the** ~ das Kap der guten Hoffnung.

caper ['keɪpə*] *n* (*CULIN: usu pl*) Kaper *f*; (*prank*) Eskapade *f*, Kapriole *f*.

Cape Town *n* Kapstadt *nt*.

capita ['kæpɪtə] *see* **per capita**.

capital ['kæpɪtl] *n* (*also*: ~ **city**) Hauptstadt *f*; (*money*) Kapital *nt*; (*also*: ~ **letter**) Großbuchstabe *m*.

capital account *n* Kapitalverkehrsbilanz *f*; (*of country*) Kapitalkonto *nt*.

capital allowance *n* (Anlage)abschreibung *f*.

capital assets *npl* Kapitalvermögen *nt*.

capital expenditure *n* Kapitalaufwendungen *pl*.

capital gains tax *n* Kapitalertragssteuer *f*.

capital goods *npl* Investitionsgüter *pl*.

capital-intensive ['kæpɪtlɪn'tɛnsɪv] *adj* kapitalintensiv.

capitalism ['kæpɪtəlɪzəm] *n* Kapitalismus *m*.

capitalist ['kæpɪtəlɪst] *adj* kapitalistisch ♦ *n* Kapitalist(in) *m(f)*.

capitalize ['kæpɪtəlaɪz] *vt* (*COMM*) kapitalisieren ♦ *vi*: **to** ~ **on** Kapital schlagen aus.

capital punishment *n* Todesstrafe *f*.

capital transfer tax (*BRIT*) *n* Erbschafts- und Schenkungssteuer *f*.

Capitol ['kæpɪtl] *n*: **the** ~ das Kapitol.

capitulate [kə'pɪtjuleɪt] *vi* kapitulieren.

capitulation [kəpɪtju'leɪʃən] *n* Kapitulation *f*.

capricious [kə'prɪʃəs] *adj* launisch.

Capricorn ['kæprɪkɔːn] *n* (*ASTROL*) Steinbock *m*; **to be** ~ (ein) Steinbock sein.

caps [kæps] *abbr* (= *capital letters*) Großbuchstaben *pl*.

capsize [kæp'saɪz] *vt* zum Kentern bringen ♦ *vi* kentern.

capstan ['kæpstən] *n* Poller *m*.

capsule ['kæpsjuːl] *n* Kapsel *f*.

Capt. *abbr* (*MIL*) = **captain**.

captain ['kæptɪn] *n* Kapitän *m*; (*of plane*) (Flug)kapitän *m*; (*in army*) Hauptmann *m* ♦ *vt* (*ship*) befehligen; (*team*) anführen.

caption ['kæpʃən] *n* Bildunterschrift *f*.

captivate ['kæptɪveɪt] *vt* fesseln.

captive ['kæptɪv] *adj* gefangen ♦ *n* Gefangene(r) *f(m)*.

captivity [kæp'tɪvɪtɪ] *n* Gefangenschaft *f*.

captor ['kæptə*] *n*: **his** ~**s** diejenigen, die ihn gefangen nahmen.

capture ['kæptʃə*] *vt* (*animal*) (ein)fangen; (*person*) gefangen nehmen; (*town, country, share of market*) erobern; (*attention*) erregen; (*COMPUT*) erfassen ♦ *n* (*of animal*) Einfangen *nt*; (*of person*) Gefangennahme *f*; (*of town etc*) Eroberung *f*; (*data capture*) Erfassung *f*.

car [kɑː*] *n* Auto *nt*, Wagen *m*; (*RAIL*) Wagen *m*; **by** ~ mit dem Auto *or* Wagen.

Caracas [kə'rækəs] *n* Caracas *nt*.

carafe [kə'ræf] *n* Karaffe *f*.

caramel ['kærəməl] *n* Karamelle *f*, Karamellbonbon *m or nt*; (*burnt sugar*) Karamell *m*.

carat ['kærət] *n* Karat *nt*; **18 ~ gold** achtzehnkarätiges Gold.

caravan ['kærəvæn] *n* (*BRIT*) Wohnwagen *m*; (*in desert*) Karawane *f*.

caravan site (*BRIT*) *n* Campingplatz *m* für Wohnwagen.

caraway seed *n* Kümmel *m*.

carbohydrate [ka:bəu'haɪdreɪt] *n* Kohle(n)hydrat *nt*.

carbolic acid [ka:'bɔlɪk-] *n* Karbolsäure *f*.

car bomb *n* Autobombe *f*.

carbon ['ka:bən] *n* Kohlenstoff *m*.

carbonated ['ka:bəneɪtɪd] *adj* mit Kohlensäure (versetzt).

carbon copy *n* Durchschlag *m*.

carbon dioxide *n* Kohlendioxid *nt*.

carbon monoxide [mɔ'nɔksaɪd] *n* Kohlenmonoxid *nt*.

carbon paper *n* Kohlepapier *nt*.

carbon ribbon *n* Kohlefarbband *nt*.

car-boot sale *n* *auf einem Parkplatz stattfindender Flohmarkt mit dem Kofferraum als Auslage.*

carburettor, (*US*) **carburetor** [ka:bju'rɛtə*] *n* Vergaser *m*.

carcass ['ka:kəs] *n* Kadaver *m*.

carcinogenic [ka:sɪnə'dʒɛnɪk] *adj* Krebs erregend, karzinogen.

card [ka:d] *n* Karte *f*; (*material*) (dünne) Pappe *f*, Karton *m*; (*record card, index card etc*) (Kartei)karte *f*; (*membership card*) (Mitglieds)ausweis *m*; (*playing card*) (Spiel)karte *f*; (*visiting card*) (Visiten)karte *f*; **to play ~s** Karten spielen.

cardamom ['ka:dəməm] *n* Kardamom *m*.

cardboard ['ka:dbɔ:d] *n* Pappe *f*.

cardboard box *n* (Papp)karton *m*.

card-carrying ['ka:d'kærɪɪŋ] *adj*: **~ member** eingetragenes Mitglied *nt*.

card game *n* Kartenspiel *nt*.

cardiac ['ka:dɪæk] *adj* (*failure, patient*) Herz-.

cardigan ['ka:dɪgən] *n* Strickjacke *f*.

cardinal ['ka:dɪnl] *adj* (*principle, importance*) Haupt- ♦ *n* Kardinal *m*; **~ number** Kardinalzahl *f*; **~ sin** Todsünde *f*.

card index *n* Kartei *f*.

cardphone *n* Kartentelefon *nt*.

cardsharp ['ka:dʃa:p] *n* Falschspieler *m*.

card vote (*BRIT*) *n* Abstimmung *f* durch Wahlmänner.

CARE [kɛə*] *n abbr* (= *Cooperative for American Relief Everywhere*) *karitative Organisation.*

care [kɛə*] *n* (*attention*) Versorgung *f*; (*worry*) Sorge *f*; (*charge*) Obhut *f*, Fürsorge *f* ♦ *vi*: **to ~ about** sich kümmern um; **~ of** bei; **"handle with ~"** „Vorsicht, zerbrechlich"; **in sb's ~** in jds *dat* Obhut; **to take ~** aufpassen; **to take ~ to do sth** sich bemühen, etw zu tun; **to take ~ of** sich kümmern um; **the child has been taken into ~** das Kind ist in Pflege genommen worden; **would you ~ to/for ...?** möchten Sie gerne

...?; I wouldn't ~ to do it ich möchte es nicht gern tun; **I don't ~** es ist mir egal *or* gleichgültig; **I couldn't ~ less** es ist mir völlig egal *or* gleichgültig.

▶ **care for** *vt fus* (*look after*) sich kümmern um; (*like*) mögen.

career [kə'rɪə*] *n* Karriere *f*; (*job, profession*) Beruf *m*; (*life*) Laufbahn *f* ♦ *vi* (*also*: **~ along**) rasen.

career girl *n* Karrierefrau *f*.

careers officer [kə'rɪəz-] *n* Berufsberater(in) *m(f)*.

career woman *n* Karrierefrau *f*.

carefree ['kɛəfri:] *adj* sorglos.

careful ['kɛəful] *adj* vorsichtig; (*thorough*) sorgfältig; **(be) ~!** Vorsicht!, pass auf!; **to be ~ with one's money** sein Geld gut zusammenhalten.

carefully ['kɛəfəlɪ] *adv* vorsichtig; (*methodically*) sorgfältig.

careless ['kɛəlɪs] *adj* leichtsinnig; (*negligent*) nachlässig; (*remark*) gedankenlos.

carelessly ['kɛəlɪslɪ] *adv* (*see adj*) leichtsinnig; nachlässig; gedankenlos.

carelessness ['kɛəlɪsnɪs] *n* (*see adj*) Leichtsinn *m*; Nachlässigkeit *f*; Gedankenlosigkeit *f*.

caress [kə'rɛs] *n* Streicheln *nt* ♦ *vt* streicheln.

caretaker ['kɛəteɪkə*] *n* Hausmeister(in) *m(f)*.

caretaker government (*BRIT*) *n* geschäftsführende Regierung *f*.

car ferry *n* Autofähre *f*.

cargo ['ka:gəu] (*pl* **~es**) *n* Fracht *f*, Ladung *f*.

cargo boat *n* Frachter *m*, Frachtschiff *nt*.

cargo plane *n* Transportflugzeug *nt*.

car hire (*BRIT*) *n* Autovermietung *f*.

Caribbean [kærɪ'bi:ən] *adj* karibisch ♦ *n*: **the ~ (Sea)** die Karibik, das Karibische Meer.

caricature ['kærɪkətjuə*] *n* Karikatur *f*.

caring ['kɛərɪŋ] *adj* liebevoll; (*society, organization*) sozial; (*behaviour*) fürsorglich.

carjacking *n* Angriff durch Banditen, die gewaltsam in PKWs eindringen und den Wagen samt Insassen entführen.

carnage ['ka:nɪdʒ] *n* (*MIL*) Blutbad *nt*, Gemetzel *nt*.

carnal ['ka:nl] *adj* fleischlich, sinnlich.

carnation [ka:'neɪʃən] *n* Nelke *f*.

carnival ['ka:nɪvl] *n* Karneval *m*; (*US: funfair*) Kirmes *f*.

carnivorous [ka:'nɪvərəs] *adj* Fleisch fressend.

carol ['kærəl] *n*: **(Christmas) ~** Weihnachtslied *nt*.

carouse [kə'rauz] *vi* zechen.

carousel [kærə'sɛl] (*US*) *n* Karussell *nt*.

carp [ka:p] *n* Karpfen *m*.

▶ **carp at** *vt fus* herumnörgeln an +*dat*.

car park (*BRIT*) *n* Parkplatz *m*; (*building*) Parkhaus *n*.

carpenter ['ka:pɪntə*] *n* Zimmermann *m*.

carpentry ['ka:pɪntrɪ] *n* Zimmerhandwerk *nt*;

(*school subject, hobby*) Tischlern *nt*.
carpet ['kɑːpɪt] *n* (*also fig*) Teppich *m* ♦ *vt* (mit Teppichen/Teppichboden) auslegen; **fitted** ~ (*BRIT*) Teppichboden *m*.
carpet bombing *n* Flächenbombardierung *f*.
carpet slippers *npl* Pantoffeln *pl*.
carpet-sweeper ['kɑːpɪtswiːpə*] *n* Teppichkehrer *m*.
car phone *n* (*TELEC*) Autotelefon *nt*.
carport ['kɑːpɔːt] *n* Einstellplatz *m*.
car rental *n* Autovermietung *f*.
carriage ['kærɪdʒ] *n* (*RAIL, of typewriter*) Wagen *m*; (*horse-drawn vehicle*) Kutsche *f*; (*of goods*) Beförderung *f*; (*transport costs*) Beförderungskosten *pl*; ~ **forward** Fracht zahlt Empfänger; ~ **free** frachtfrei; ~ **paid** frei Haus.
carriage return *n* (*on typewriter*) Wagenrücklauf *m*; (*COMPUT*) Return *nt*.
carriageway ['kærɪdʒweɪ] (*BRIT*) *n* Fahrbahn *f*.
carrier ['kærɪə*] *n* Spediteur *m*, Transportunternehmer *m*; (*MED*) Überträger *m*.
carrier bag (*BRIT*) *n* Tragetasche *f*, Tragetüte *f*.
carrier pigeon *n* Brieftaube *f*.
carrion ['kærɪən] *n* Aas *nt*.
carrot ['kærət] *n* Möhre *f*, Mohrrübe *f*, Karotte *f*; (*fig*) Köder *m*.
carry ['kærɪ] *vt* tragen; (*transport*) transportieren; (*a motion, bill*) annehmen; (*reponsibilities etc*) mit sich bringen; (*disease, virus*) übertragen ♦ *vi* (*sound*) tragen; **to get carried away** (*fig*) sich hinreißen lassen; **this loan carries 10% interest** dieses Darlehen wird mit 10% verzinst.
▶ **carry forward** *vt* übertragen, vortragen.
▶ **carry on** *vi* weitermachen; (*inf: make a fuss*) (ein) Theater machen ♦ *vt* fortführen; **to ~ on with sth** mit etw weitermachen; **to ~ on singing/eating** weitersingen/-essen.
▶ **carry out** *vt* (*orders*) ausführen; (*investigation*) durchführen; (*idea*) in die Tat umsetzen; (*threat*) wahrmachen.
carrycot ['kærɪkɔt] (*BRIT*) *n* Babytragetasche *f*.
carry-on ['kærɪ'ɔn] (*inf*) *n* Theater *nt*.
cart [kɑːt] *n* Wagen *m*, Karren *m*; (*for passengers*) Wagen *m*; (*handcart*) (Hand)wagen *m* ♦ *vt* (*inf*) mit sich herumschleppen.
carte blanche ['kɑːt'blɒnʃ] *n*: **to give sb** ~ jdm Carte blanche *or* (eine) Blankovollmacht geben.
cartel [kɑːtɛl] *n* Kartell *nt*.
cartilage ['kɑːtɪlɪdʒ] *n* Knorpel *m*.
cartographer [kɑːtɔɡrəfə*] *n* Kartograf(in) *m(f)*.
cartography [kɑːtɔɡrəfɪ] *n* Kartografie *f*.
carton ['kɑːtən] *n* (Papp)karton *m*; (*of yogurt*) Becher *m*; (*of milk*) Tüte *f*; (*of cigarettes*) Stange *f*.

cartoon [kɑːtuːn] *n* (*drawing*) Karikatur *f*; (*BRIT: comic strip*) Cartoon *m*; (*CINE*) Zeichentrickfilm *m*.
cartoonist [kɑːtuːnɪst] *n* Karikaturist(in) *m(f)*.
cartridge ['kɑːtrɪdʒ] *n* (*for gun, pen*) Patrone *f*; (*music tape, for camera*) Kassette *f*; (*of record-player*) Tonabnehmer *m*.
cartwheel ['kɑːtwiːl] *n* Rad *nt*; **to turn a** ~ Rad schlagen.
carve [kɑːv] *vt* (*meat*) (ab)schneiden; (*wood*) schnitzen; (*stone*) meißeln; (*initials, design*) einritzen.
▶ **carve up** *vt* (*land etc*) aufteilen; (*meat*) aufschneiden.
carving ['kɑːvɪŋ] *n* Skulptur *f*; (*in wood etc*) Schnitzerei *f*.
carving knife *n* Tran(s)chiermesser *nt*.
car wash *n* Autowaschanlage *f*.
Casablanca [kæsəˈblæŋkə] *n* Casablanca *nt*.
cascade [kæsˈkeɪd] *n* Wasserfall *m*, Kaskade *f*; (*of money*) Regen *m*; (*of hair*) wallende Fülle *f* ♦ *vi* (in Kaskaden) herabfallen; (*hair etc*) wallen; (*people*) strömen.
case [keɪs] *n* Fall *m*; (*for spectacles etc*) Etui *nt*; (*BRIT: also:* **suit**~) Koffer *m*; (*of wine, whisky etc*) Kiste *f*; (*TYP*): **lower/upper** ~ klein-/großgeschrieben; **to have a good** ~ gute Chancen haben, durchzukommen; **there's a strong** ~ **for reform** es spricht viel für eine Reform; **in** ~ ... **falls** ...; **in** ~ **of fire** bei Feuer; **in** ~ **of emergency** im Notfall; **in** ~ **he comes** falls er kommt; **in any** ~ sowieso; **just in** ~ für alle Fälle.
case-hardened ['keɪshɑːdnd] *adj* (*fig*) abgebrüht (*inf*).
case history *n* (*MED*) Krankengeschichte *f*.
case study *n* Fallstudie *f*.
cash [kæʃ] *n* (Bar)geld *nt* ♦ *vt* (*cheque etc*) einlösen; **to pay (in)** ~ bar bezahlen; ~ **on delivery** per Nachnahme; ~ **with order** zahlbar bei Bestellung.
▶ **cash in** *vt* einlösen.
▶ **cash in on** *vt fus* Kapital schlagen aus.
cash account *n* Kassenbuch *nt*.
cash-and-carry [kæʃənˈkærɪ] *n* Abholmarkt *m*.
cash-book ['kæʃbuk] *n* Kassenkonto *nt*.
cash box *n* (Geld)kassette *f*.
cash card (*BRIT*) *n* (Geld)automatenkarte *f*.
cash crop *n* zum Verkauf bestimmte Ernte *f*.
cash desk (*BRIT*) *n* Kasse *f*.
cash discount *n* Skonto *m or nt*.
cash dispenser (*BRIT*) *n* Geldautomat *m*.
cashew [kæʃuː] *n* (*also:* ~ **nut**) Cashewnuss *f*.
cash flow *n* Cashflow *m*.
cashier [kæʃɪə*] *n* Kassierer(in) *m(f)*.
cashmere ['kæʃmɪə*] *n* Kaschmir *m*.
cash point *n* Geldautomat *m*.
cash price *n* Bar(zahlungs)preis *m*.
cash register *n* Registrierkasse *f*.
cash sale *n* Barverkauf *m*.
casing ['keɪsɪŋ] *n* Gehäuse *nt*.
casino [kəˈsiːnəu] *n* Kasino *nt*.

cask [kɑːsk] n Fass nt.

casket ['kɑːskɪt] n Schatulle f; (US: coffin) Sarg m.

Caspian Sea ['kæspɪən-] n: **the ~** das Kaspische Meer.

casserole ['kæsərəul] n Auflauf m; (pot, container) Kasserolle f.

cassette [kæ'sɛt] n Kassette f.

cassette deck n Kassettendeck nt.

cassette player n Kassettenrekorder m.

cassette recorder n Kassettenrekorder m.

cast [kɑːst] (pt, pp **cast**) vt werfen; (net, fishing-line) auswerfen; (metal, statue) gießen ♦ vi die Angel auswerfen ♦ n (THEAT) Besetzung f; (mould) (Guss)form f; (also: **plaster ~**) Gipsverband m; **to ~ sb as Hamlet** (THEAT) die Rolle des Hamlet mit jdm besetzen; **to ~ one's vote** seine Stimme abgeben; **to ~ one's eyes over sth** einen Blick auf etw acc werfen; **to ~ aspersions on sb/sth** abfällige Bemerkungen über jdn/etw machen; **to ~ doubts on sth** etw in Zweifel ziehen; **to ~ a spell on sb/sth** jdn/etw verzaubern; **to ~ its skin** sich häuten.

► **cast aside** vt fallen lassen.

► **cast off** vi (NAUT) losmachen; (KNITTING) abketten ♦ vt abketten.

► **cast on** vi, vt (KNITTING) anschlagen, aufschlagen.

castaway ['kɑːstəweɪ] n Schiffbrüchige(r) f(m).

caste [kɑːst] n Kaste f; (system) Kastenwesen nt.

caster sugar ['kɑːstə-] (BRIT) n Raffinade f.

casting vote ['kɑːstɪŋ-] (BRIT) n ausschlaggebende Stimme f.

cast iron n Gusseisen nt ♦ adj: **cast-iron** (fig: will) eisern; (: alibi, excuse etc) hieb- und stichfest.

castle ['kɑːsl] n Schloss nt; (manor) Herrenhaus nt; (fortified) Burg f; (CHESS) Turm m.

cast off n abgelegtes Kleidungsstück nt.

castor ['kɑːstə-] n Rolle f.

castor oil n Rizinusöl nt.

castrate [kæs'treɪt] vt kastrieren.

casual ['kæʒjul] adj (by chance) zufällig; (work etc) Gelegenheits-; (unconcerned) lässig, gleichgültig; (clothes) leger; **~ wear** Freizeitkleidung f.

casual labour n Gelegenheitsarbeit f.

casually ['kæʒjulɪ] adv lässig; (glance) beiläufig; (dress) leger; (by chance) zufällig.

casualty ['kæʒjultɪ] n (of war etc) Opfer nt; (someone injured) Verletzte(r) f(m); (someone killed) Tote(r) f(m); (MED) Unfallstation f; **heavy casualties** (MIL) schwere Verluste pl.

casualty ward (BRIT) n Unfallstation f.

cat [kæt] n Katze f; (lion etc) (Raub)katze f.

catacombs ['kætəkuːmz] npl Katakomben pl.

catalogue, (US) **catalog** ['kætəlɔg] n Katalog m ♦ vt katalogisieren.

catalyst ['kætəlɪst] n Katalysator m.

catalytic converter [kætə'lɪtɪk kən'vɔːtə*] n (AUT) Katalysator m.

catapult ['kætəpʌlt] (BRIT) n Schleuder f; (MIL) Katapult nt or m ♦ vi geschleudert or katapultiert werden ♦ vt schleudern, katapultieren.

cataract ['kætərækt] n (MED) grauer Star m.

catarrh [kə'tɑː*] n Katarr(h) m.

catastrophe [kə'tæstrəfɪ] n Katastrophe f.

catastrophic [kætə'strɔfɪk] adj katastrophal.

catcalls ['kætkɔːlz] npl Pfiffe und Buhrufe pl.

catch-22 ['kætʃtwɛntɪ'tuː] n: **it's a ~ situation** es ist eine Zwickmühle.

catch [kætʃ] (pt, pp **caught**) vt fangen; (take: bus, train etc) nehmen; (arrest) festnehmen; (surprise) erwischen, ertappen; (breath) holen; (attention) erregen; (hit) treffen; (hear) mitbekommen; (illness) sich dat zuziehen or holen; (person: also: **~ up**) einholen ♦ vi (fire) (anfangen zu) brennen; (become trapped) hängen bleiben ♦ n Fang m; (trick, hidden problem) Haken m; (of lock) Riegel m; (game) Fangen nt; **to ~ sb's attention/eye** jdn auf sich acc aufmerksam machen; **to ~ fire** Feuer fangen; **to ~ sight of** erblicken.

► **catch on** vi (grow popular) sich durchsetzen; **to ~ on (to sth)** (etw) kapieren.

► **catch out** (BRIT) vt (fig) hereinlegen.

► **catch up** vi (fig: with person) mitkommen; (: on work) aufholen ♦ vt: **to ~ sb up, to ~ up with sb** jdn einholen.

catching ['kætʃɪŋ] adj ansteckend.

catchment area ['kætʃmənt-] (BRIT) n Einzugsgebiet nt.

catch phrase n Schlagwort m, Slogan m.

catchy ['kætʃɪ] adj (tune) eingängig.

catechism ['kætɪkɪzəm] n Katechismus m.

categoric(al) [kætɪ'gɔrɪk(l)] adj kategorisch.

categorize ['kætɪgəraɪz] vt kategorisieren.

category ['kætɪgərɪ] n Kategorie f.

cater ['keɪtə*] vi: **to ~ (for)** die Speisen und Getränke liefern (für).

► **cater for** (BRIT) vt fus (needs, tastes) gerecht werden +dat; (readers, consumers) eingestellt or ausgerichtet sein auf +acc.

caterer ['keɪtərə*] n Lieferant(in) m(f) von Speisen und Getränken; (company) Lieferfirma f für Speisen und Getränke.

catering ['keɪtərɪŋ] n Gastronomie f.

caterpillar ['kætəpɪlə*] n Raupe f ♦ cpd (vehicle) Raupen-.

caterpillar track n Raupenkette f, Gleiskette f.

cat flap n Katzentür f.

cathedral [kə'θiːdrəl] n Kathedrale f, Dom m.

cathode ['kæθəud] n Kat(h)ode f.

cathode-ray tube [kæθəud'reɪ-] n Kat(h)odenstrahlröhre f.

Catholic ['kæθəlɪk] adj katholisch ♦ n

Katholik(in) *m(f)*.

catholic ['kæθəlɪk] *adj* vielseitig.

CAT scanner *n abbr* (*MED*: = computerized axial tomography scanner) CAT-Scanner *m*.

Catseye ® ['kæts'aɪ] (*BRIT*) *n* (*AUT*) Katzenauge *nt*.

catsup ['kætsəp] (*US*) *n* Ket(s)chup *m or nt*.

cattle ['kætl] *npl* Vieh *nt*.

catty ['kætɪ] *adj* gehässig.

catwalk ['kætwɔːk] *n* Steg *m*; (*for models*) Laufsteg *m*.

Caucasian [kɔːˈkeɪzɪən] *adj* kaukasisch ♦ *n* Kaukasier(in) *m(f)*.

Caucasus ['kɔːkəsəs] *n* Kaukasus *m*.

caucus ['kɔːkəs] *n* (*group*) Gremium *nt*, Ausschuss *m*; (*US*) Parteiversammlung *f*.

CAUCUS

Caucus bedeutet vor allem in den USA ein privates Treffen von Parteifunktionären, bei dem z. B. Kandidaten ausgewählt oder Grundsatzentscheidungen getroffen werden. Meist wird ein solches Treffen vor einer öffentlichen Parteiversammlung abgehalten. Der Begriff bezieht sich im weiteren Sinne auch auf den kleinen, aber mächtigen Kreis von Parteifunktionären, der beim caucus zusammentrifft.

---

caught [kɔːt] *pt, pp of* catch.

cauliflower ['kɒlɪflaʊə*] *n* Blumenkohl *m*.

cause [kɔːz] *n* Ursache *f*; (*reason*) Grund *m*; (*aim*) Sache *f* ♦ *vt* verursachen; **there is no** ~ **for concern** es besteht kein Grund zur Sorge; **to** ~ **sth to be done** veranlassen, dass etw getan wird; **to** ~ **sb to do sth** jdn veranlassen, etw zu tun.

causeway ['kɔːzweɪ] *n* Damm *m*.

caustic ['kɔːstɪk] *adj* ätzend, kaustisch; (*remark*) bissig.

cauterize ['kɔːtəraɪz] *vt* kauterisieren.

caution ['kɔːʃən] *n* Vorsicht *f*; (*warning*) Warnung *f*; (: *LAW*) Verwarnung *f* ♦ *vt* warnen; (*LAW*) verwarnen.

cautious ['kɔːʃəs] *adj* vorsichtig.

cautiously ['kɔːʃəslɪ] *adv* vorsichtig.

cautiousness ['kɔːʃəsnɪs] *n* Vorsicht *f*.

cavalier [kævə'lɪə*] *adj* unbekümmert.

cavalry ['kævəlrɪ] *n* Kavallerie *f*.

cave [keɪv] *n* Höhle *f* ♦ *vi*: **to go caving** auf Höhlenexpedition(en) gehen.

▶ **cave in** *vi* einstürzen; (*to demands*) nachgeben.

caveman ['keɪvmæn] (*irreg: like* **man**) *n* Höhlenmensch *m*.

cavern ['kævən] *n* Höhle *f*.

caviar(e) ['kævɪɑː*] *n* Kaviar *m*.

cavity ['kævɪtɪ] *n* Hohlraum *m*; (*in tooth*) Loch *nt*.

cavity wall insulation *n* Schaumisolierung *f*.

cavort [kə'vɔːt] *vi* tollen, toben.

cayenne [keɪ'ɛn] *n* (*also*: ~ **pepper**) Cayennepfeffer *m*.

CB *n abbr* (= *Citizens' Band (Radio)*) CB-Funk *m*.

CBC *n abbr* (= *Canadian Broadcasting Corporation*) kanadische Rundfunkgesellschaft.

CBE (*BRIT*) *n abbr* (= *Commander of (the Order of) the British Empire*) britischer Ordenstitel.

CBI *n abbr* (= *Confederation of British Industry*) britischer Unternehmerverband, ≈ BDI *m*.

CBS (*US*) *n abbr* (= *Columbia Broadcasting System*) Rundfunkgesellschaft.

CC (*BRIT*) *abbr* = **county council**.

cc *abbr* (= *cubic centimetre*) ccm; = **carbon copy**.

CCA (*US*) *n abbr* (= *Circuit Court of Appeals*) Berufungsgericht *nt*.

CCTV *n abbr* = **closed-circuit television**.

CCU (*US*) *n abbr* (= *cardiac or coronary care unit*) Intensivstation *für* Herzpatienten.

CD *abbr* (*BRIT*: = *Corps Diplomatique*) CD ♦ *n abbr* (*MIL*: *BRIT*: = *Civil Defence (Corps)*) Zivilschutz *m*; (: *US*: = *Civil Defense*) Zivilschutz *m*; (= *compact disk*) CD *f*; ~ **player** CD-Spieler *m*.

CDC (*US*) *n abbr* (= *Center for Disease Control*) Seuchenkontrollbehörde.

CD-I *n abbr* (= *Compact Disk Interactive*) CD-I *f*.

Cdr *abbr* (*MIL*) = **commander**.

CD-ROM *n abbr* (= *compact disc read-only memory*) CD-ROM *f*.

CDT (*US*) *abbr* (= *Central Daylight Time*) mittelamerikanische Sommerzeit.

cease [siːs] *vt* beenden ♦ *vi* aufhören.

ceasefire ['siːsfaɪə*] *n* Waffenruhe *f*.

ceaseless ['siːslɪs] *adj* endlos, unaufhörlich.

CED (*US*) *n abbr* (= *Committee for Economic Development*) Komitee für wirtschaftliche Entwicklung.

cedar ['siːdə*] *n* Zeder *f*; (*wood*) Zedernholz *nt*.

cede [siːd] *vt* abtreten.

cedilla [sɪ'dɪlə] *n* Cedille *f*.

CEEB (*US*) *n abbr* (= *College Entry Examination Board*) akademische Zulassungsstelle.

ceilidh ['keɪlɪ] (*SCOTT*) *n* Fest mit Volksmusik, Gesang und Tanz.

ceiling ['siːlɪŋ] *n* Decke *f*; (*upper limit*) Obergrenze *f*, Höchstgrenze *f*.

celebrate ['sɛlɪbreɪt] *vt* feiern; (*mass*) zelebrieren ♦ *vi* feiern.

celebrated ['sɛlɪbreɪtɪd] *adj* gefeiert.

celebration [sɛlɪ'breɪʃən] *n* Feier *f*.

celebrity [sɪ'lɛbrɪtɪ] *n* berühmte Persönlichkeit *f*.

celeriac [sə'lɛrɪæk] *n* (Knollen)sellerie *f*.

celery ['sɛlərɪ] *n* (Stangen)sellerie *f*.

celestial [sɪ'lɛstɪəl] *adj* himmlisch.

celibacy ['sɛlɪbəsɪ] *n* Zölibat *nt or m*.

cell [sɛl] *n* Zelle *f*.

cellar ['sɛlə*] *n* Keller *m*; (*for wine*) (Wein)keller *m*.

cellist ['tʃɛlɪst] *n* Cellist(in) *m(f)*.

cello ['tʃɛləu] *n* Cello *nt*.

cellophane ['sɛləfeɪn] n Cellophan nt.
cellphone ['sɛlfəʊn] n Funktelefon nt.
cellular ['sɛljʊlə°] adj (BIOL) zellular, Zell-;
(fabrics) aus porösem Material.
Celluloid ® ['sɛljʊlɔɪd] n Zelluloid nt.
cellulose ['sɛljʊləʊs] n Zellulose f, Zellstoff m.
Celsius ['sɛlsɪəs] adj (scale) Celsius-.
Celt [kɛlt] n Kelte m, Keltin f.
Celtic ['kɛltɪk] adj keltisch ♦ n (LING) Keltisch nt.
cement [sə'mɛnt] n Zement m; (concrete)
Beton m; (glue) Klebstoff m ♦ vt
zementieren; (stick, glue) kleben; (fig)
festigen.
cement mixer n Betonmischmaschine f.
cemetery ['sɛmɪtrɪ] n Friedhof m.
cenotaph ['sɛnətɑːf] n Ehrenmal nt.
censor ['sɛnsə°] n Zensor(in) m(f) ♦ vt
zensieren.
censorship ['sɛnsəʃɪp] n Zensur f.
censure ['sɛnʃə°] vt tadeln ♦ n Tadel m.
census ['sɛnsəs] n Volkszählung f.
cent [sɛnt] n (US: coin) Cent m; see also per cent.
centenary [sɛn'tiːnərɪ] n hundertster
Jahrestag m.
centennial [sɛn'tɛnɪəl] (US) n = **centenary**.
center etc ['sɛntə°] (US) = **centre** etc.
centigrade ['sɛntɪgreɪd] adj (scale) Celsius-.
centilitre, (US) **centiliter** ['sɛntɪliːtə°] n
Zentiliter m or nt.
centimetre, (US) **centimeter** ['sɛntɪmiːtə°] n
Zentimeter m or nt.
centipede ['sɛntɪpiːd] n Tausendfüßler m.
central ['sɛntrəl] adj zentral; (committee,
government) Zentral-; (idea) wesentlich.
Central African Republic n
Zentralafrikanische Republik f.
Central America n Mittelamerika nt.
central heating n Zentralheizung f.
centralize ['sɛntrəlaɪz] vt zentralisieren.
central processing unit n (COMPUT)
Zentraleinheit f.
central reservation (BRIT) n Mittelstreifen m.
centre, (US) **center** ['sɛntə°] n Mitte f; (health
centre etc, town centre) Zentrum nt; (of
attention, interest) Mittelpunkt m; (of action,
belief etc) Kern m ♦ vt zentrieren; (ball) zur
Mitte spielen ♦ vi (concentrate): **to ~ on** sich
konzentrieren auf +acc.
centrefold, (US) **centerfold** ['sɛntəfəʊld] n
doppelseitiges Bild in der Mitte einer
Zeitschrift.
centre forward n Mittelstürmer(in) m(f).
centre half n Stopper(in) m(f).
centrepiece, (US) **centerpiece** ['sɛntəpiːs] n
Tafelaufsatz m; (fig) Kernstück nt.
centre spread (BRIT) n Doppelseite in der
Mitte einer Zeitschrift.
centre-stage [sɛntə'steɪdʒ] (fig) adv: **to be ~**
im Mittelpunkt stehen ♦ n **to take centre
stage** in den Mittelpunkt rücken.

centrifugal [sɛn'trɪfjʊgl] adj (force)
Zentrifugal-.
centrifuge ['sɛntrɪfjuːʒ] n Zentrifuge f,
Schleuder f.
century ['sɛntjʊrɪ] n Jahrhundert nt; (CRICKET)
Hundert f; **in the twentieth ~** im
zwanzigsten Jahrhundert.
CEO (US) n abbr = **chief executive officer**.
ceramic [sɪ'ræmɪk] adj keramisch; (tiles)
Keramik-.
ceramics [sɪ'ræmɪks] npl Keramiken pl.
cereal ['siːrɪəl] n Getreide nt; (food)
Getreideflocken pl (Cornflakes etc).
cerebral ['sɛrɪbrəl] adj (MED) zerebral;
(intellectual) geistig.
ceremonial [sɛrɪ'məʊnɪəl] n Zeremoniell nt
♦ adj zeremoniell.
ceremony ['sɛrɪmənɪ] n Zeremonie f;
(behaviour) Förmlichkeit f; **to stand on ~**
förmlich sein.
cert [sɜːt] (BRIT: inf) n: **it's a dead ~** es ist
todsicher.
certain ['sɜːtən] adj sicher; **a ~ Mr Smith** ein
gewisser Herr Smith; **~ days/places**
bestimmte Tage/Orte; **a ~ coldness** eine
gewisse Kälte; **to make ~ of** sich
vergewissern +gen; **for ~** ganz sicher, ganz
genau.
certainly ['sɜːtənlɪ] adv bestimmt; (of course)
sicherlich; **~!** (aber) sicher!
certainty ['sɜːtəntɪ] n Sicherheit f;
(inevitability) Gewissheit f.
certificate [sə'tɪfɪkɪt] n Urkunde f; (diploma)
Zeugnis nt.
certified letter ['sɜːtɪfaɪd-] (US) n
Einschreibebrief m.
certified mail (US) n Einschreiben nt.
certified public accountant ['sɜːtɪfaɪd-] (US)
n geprüfter Buchhalter m, geprüfte
Buchhalterin f.
certify ['sɜːtɪfaɪ] vt bescheinigen; (award a
diploma to) ein Zeugnis verleihen +dat;
(declare insane) für unzurechnungsfähig
erklären ♦ vi: **to ~ to** sich verbürgen für.
cervical ['sɜːvɪkl] adj: **~ cancer**
Gebärmutterhalskrebs m; **~ smear** Abstrich m.
cervix ['sɜːvɪks] n Gebärmutterhals m.
Cesarean [sɪ'zɛərɪən] (US) n = **Caesarean**.
cessation [sə'seɪʃən] n (of hostilities etc)
Einstellung f, Ende nt.
cesspit ['sɛspɪt] n (sewage tank) Senkgrube f.
CET abbr (= Central European Time) MEZ.
Ceylon [sɪ'lɒn] n Ceylon nt.
cf. abbr (= compare) vgl.
c/f abbr (COMM: = carried forward) Übertr.
CFC n abbr (= chlorofluorocarbon) FCKW m.
CG (US) n abbr = **coastguard**.
cg abbr (= centigram) cg.
CH (BRIT) n abbr (= Companion of Honour)
britischer Ordenstitel.
ch. abbr (= chapter) Kap.

c.h. (BRIT) abbr (= central heating) ZH.

Chad [tʃæd] n Tschad m.

chafe [tʃeɪf] vt (wund) reiben ♦ vi (fig): **to ~ against** sich ärgern über +acc.

chaffinch ['tʃæfɪntʃ] n Buchfink m.

chagrin ['ʃægrɪn] n Ärger m.

chain [tʃeɪn] n Kette f ♦ vt (also: ~ **up**: prisoner) anketten; (: dog) an die Kette legen.

chain reaction n Kettenreaktion f.

chain-smoke ['tʃeɪnsməʊk] vi eine Zigarette nach der anderen rauchen.

chain store n Kettenladen m.

chair [tʃeə*] n Stuhl m; (armchair) Sessel m; (of university) Lehrstuhl m; (of meeting, committee) Vorsitz m ♦ vt den Vorsitz führen bei; **the ~** (US) der elektrische Stuhl.

chair lift n Sessellift m.

chairman ['tʃeəmən] n (irreg: like **man**) n Vorsitzende(r) f(m); (BRIT: of company) Präsident m.

chairperson ['tʃeəpɜːsn] n Vorsitzende(r) f(m).

chairwoman ['tʃeəwʊmən] n (irreg: like **woman**) n Vorsitzende f.

chalet ['ʃæleɪ] n Chalet nt.

chalice ['tʃælɪs] n Kelch m.

chalk [tʃɔːk] n Kalkstein m, Kreide f; (for writing) Kreide f.

▶ **chalk up** vt aufschreiben, notieren; (fig: success etc) verbuchen.

challenge ['tʃælɪndʒ] n (of new job) Anforderungen pl; (of unknown etc) Reiz m; (to authority etc) Infragestellung f; (dare) Herausforderung f ♦ vt herausfordern; (authority, right, idea etc) infrage or in Frage stellen; **to ~ sb to do sth** jdn dazu auffordern, etw zu tun; **to ~ sb to a fight/game** jdn zu einem Kampf/Spiel herausfordern.

challenger ['tʃælɪndʒə*] n Herausforderer m, Herausforderin f.

challenging ['tʃælɪndʒɪŋ] adj (career, task) anspruchsvoll; (tone, look etc) herausfordernd.

chamber ['tʃeɪmbə*] n Kammer f; (BRIT: LAW: gen pl: of barristers) Kanzlei f; (: of judge) Amtszimmer nt; **~ of commerce** Handelskammer f.

chambermaid ['tʃeɪmbəmeɪd] n Zimmermädchen nt.

chamber music n Kammermusik f.

chamber pot n Nachttopf m.

chameleon [kə'miːlɪən] n Chamäleon nt.

chamois ['ʃæmwɑː] n Gämse f; (cloth) Ledertuch nt, Fensterleder nt.

chamois leather ['ʃæmɪ-] n Ledertuch nt, Fensterleder nt.

champagne [ʃæm'peɪn] n Champagner m.

champers ['ʃæmpəz] (inf) n (champagne) Schampus m.

champion ['tʃæmpɪən] n Meister(in) m(f); (of cause, principle) Verfechter(in) m(f); (of person) Fürsprecher(in) m(f) ♦ vt eintreten für, sich engagieren für.

championship ['tʃæmpɪənʃɪp] n Meisterschaft f; (title) Titel m.

chance [tʃɑːns] n (hope) Aussicht f; (likelihood, possibility) Möglichkeit f; (opportunity) Gelegenheit f; (risk) Risiko nt ♦ vt riskieren ♦ adj zufällig; **the ~s are that ...** aller Wahrscheinlichkeit nach ..., wahrscheinlich ...; **there is little ~ of his coming** es ist unwahrscheinlich, dass er kommt; **to take a ~** es darauf ankommen lassen; **by ~** durch Zufall, zufällig; **it's the ~ of a lifetime** es ist eine einmalige Chance; **to ~ to do sth** zufällig etw tun; **to ~ it** es riskieren.

▶ **chance (up)on** vt fus (person) zufällig begegnen +dat, zufällig treffen; (thing) zufällig stoßen auf +acc.

chancel ['tʃɑːnsəl] n Altarraum m.

chancellor ['tʃɑːnsələ*] n Kanzler m.

Chancellor of the Exchequer (BRIT) n Schatzkanzler m, Finanzminister m.

chancy ['tʃɑːnsɪ] adj riskant.

chandelier [ʃændə'lɪə*] n Kronleuchter m.

change [tʃeɪndʒ] vt ändern; (wheel, job, money, baby's nappy) wechseln; (bulb) auswechseln; (baby) wickeln ♦ vi sich verändern; (traffic lights) umspringen ♦ n Veränderung f; (difference) Abwechslung f; (coins) Kleingeld nt; (money returned) Wechselgeld nt; **to ~ sb into** jdn verwandeln in +acc; **to ~ gear** (AUT) schalten; **to ~ one's mind** seine Meinung ändern, es sich dat anders überlegen; **to ~ hands** den Besitzer wechseln; **to ~ (trains/buses/planes** etc) umsteigen; **to ~ (one's clothes)** sich umziehen; **to ~ into** (be transformed) sich verwandeln in +acc; **she ~d into an old skirt** sie zog einen alten Rock an; **a ~ of clothes** Kleidung f zum Wechseln; **~ of government/climate/job** Regierungs-/Klima-/Berufswechsel m; **small ~** Kleingeld nt; **to give sb ~ for** or **of £10** jdm £10 wechseln; **keep the ~** das stimmt so, der Rest ist für Sie; **for a ~** zur Abwechslung.

changeable ['tʃeɪndʒəbl] adj (weather) wechselhaft, veränderlich; (mood) wechselnd; (person) unbeständig.

change machine n (Geld)wechselautomat m.

changeover ['tʃeɪndʒəʊvə*] n Umstellung f.

changing ['tʃeɪndʒɪŋ] adj sich verändernd.

changing room (BRIT) n (Umkleide)kabine f; (SPORT) Umkleideraum m.

channel ['tʃænl] n (TV) Kanal m; (of river, waterway) (Fluss)bett nt; (for boats) Fahrrinne f; (groove) Rille f; (fig: means) Weg m ♦ vt leiten; (fig): **to ~ into** lenken auf +acc; **through the usual ~s** auf dem üblichen Wege; **green ~** (CUSTOMS) „nichts zu verzollen"; **red ~** (CUSTOMS) „Waren zu verzollen"; **the (English) C~** der Ärmelkanal; **the C~ Islands** die Kanalinseln pl.

channel-hopping ['tʃænlhɒpɪŋ] n (TV)

ständiges Umschalten.

Channel Tunnel n: **the** ~ der Kanaltunnel.

chant [tʃɑːnt] n Sprechchor m; (*REL*) Gesang m ♦ vt im (Sprech)chor rufen; (*REL*) singen ♦ vi Sprechchöre anstimmen; (*REL*) singen; **the demonstrators ~ed their disapproval** die Demonstranten machten ihrem Unmut in Sprechchören Luft.

chaos ['keɪɔs] n Chaos nt, Durcheinander nt.

chaos theory n Chaostheorie f.

chaotic [keɪˈɔtɪk] adj chaotisch.

chap [tʃæp] (*BRIT: inf*) n Kerl m, Typ m; **old** ~ alter Knabe or Junge.

chapel ['tʃæpl] n Kapelle f; (*BRIT: non-conformist chapel*) Sektenkirche f; (: *of union*) Betriebsgruppe innerhalb der Gewerkschaft der Drucker und Journalisten.

chaperone ['ʃæpərəun] n Anstandsdame f ♦ vt begleiten.

chaplain ['tʃæplɪn] n Pfarrer(in) m(f); (*Roman Catholic*) Kaplan m.

chapped [tʃæpt] adj aufgesprungen, rau.

chapter ['tʃæptə*] n Kapitel nt; **a ~ of accidents** eine Serie von Unfällen.

char [tʃɑː*] vt verkohlen ♦ vi (*BRIT*) putzen gehen ♦ n (*BRIT*) = **charlady**.

character ['kærɪktə*] n Charakter m; (*personality*) Persönlichkeit f; (*in novel, film*) Figur f, Gestalt f; (*eccentric*) Original nt; (*letter: also COMPUT*) Zeichen nt; **a person of good** ~ ein guter Mensch.

character code n (*COMPUT*) Zeichenkode m.

characteristic [kærɪktəˈrɪstɪk] n Merkmal nt ♦ adj: ~ **(of)** charakteristisch (für), typisch (für).

characterize ['kærɪktəraɪz] vt kennzeichnen, charakterisieren; (*describe the character of*): **to ~ (as)** beschreiben (als).

charade [ʃəˈrɑːd] n Scharade f.

charcoal ['tʃɑːkəul] n Holzkohle f; (*for drawing*) Kohle f, Kohlestift m.

charge [tʃɑːdʒ] n (*fee*) Gebühr f; (*accusation*) Anklage f; (*responsibility*) Verantwortung f; (*attack*) Angriff m ♦ vt (*customer*) berechnen +dat; (*sum*) berechnen; (*battery*) (auf)laden; (*gun*) laden; (*enemy*) angreifen; (*sb with task*) beauftragen ♦ vi angreifen; (*usu with: up, along etc*) stürmen; **charges** npl Gebühren pl; **labour ~s** Arbeitskosten pl; **to reverse the ~s** (*BRIT: TEL*) ein R-Gespräch führen; **is there a ~?** kostet das etwas?; **there's no ~** es ist umsonst, es kostet nichts; **at no extra ~** ohne Aufpreis; **free of ~** kostenlos, gratis; **to take ~ of** (*child*) sich kümmern um; (*company*) übernehmen; **to be in ~ of** die Verantwortung haben für; (*business*) leiten; **they ~d us £10 for the meal** das Essen kostete £10; **how much do you ~?** was verlangen Sie?; **to ~ an expense (up) to sb's account** eine Ausgabe auf jds Rechnung acc setzen; **to ~ sb (with)** (*LAW*) jdn anklagen

(wegen).

charge account n Kunden(kredit)konto nt.

charge card n Kundenkreditkarte f.

chargé d'affaires n Chargé d'affaires m.

charge hand (*BRIT*) n Vorarbeiter(in) m(f).

charger ['tʃɑːdʒə*] n (*also*: **battery** ~) Ladegerät nt; (*warhorse*) (Schlacht)ross nt.

chariot ['tʃærɪət] n (Streit)wagen m.

charisma [kæˈrɪsmə] n Charisma nt.

charitable ['tʃærɪtəbl] adj (*organization*) karitativ, Wohltätigkeits-; (*remark*) freundlich.

charity ['tʃærɪtɪ] n (*organization*) karitative Organisation f, Wohltätigkeitsverein m; (*kindness, generosity*) Menschenfreundlichkeit f; (*money, gifts*) Almosen nt.

charlady ['tʃɑːleɪdɪ] (*irreg: like* **lady**) (*BRIT*) n Putzfrau f, Reinemachefrau f.

charlatan ['tʃɑːlətən] n Scharlatan m.

charm [tʃɑːm] n Charme m; (*to bring good luck*) Talisman m; (*on bracelet etc*) Anhänger m ♦ vt bezaubern.

charm bracelet n Armband nt mit Anhängern.

charming ['tʃɑːmɪŋ] adj reizend, charmant; (*place*) bezaubernd.

chart [tʃɑːt] n Schaubild nt, Diagramm nt; (*map*) Karte f; (*weather chart*) Wetterkarte f ♦ vt (*course*) planen; (*progress*) aufzeichnen; **charts** npl (*hit parade*) Hitliste f.

charter ['tʃɑːtə*] vt chartern ♦ n Charta f; (*of university, company*) Gründungsurkunde f; **on** ~ gechartert.

chartered accountant ['tʃɑːtəd-] (*BRIT*) n Wirtschaftsprüfer(in) m(f).

charter flight n Charterflug m.

charwoman ['tʃɑːwumən] (*irreg: like* **woman**) n Putzfrau f, Reinemachefrau f.

chary ['tʃɛərɪ] adj: **to be ~ of doing sth** zögern, etw zu tun.

chase [tʃeɪs] vt jagen, verfolgen; (*also*: ~ **away**) wegjagen, vertreiben; (*business, job etc*) her sein hinter +dat (*inf*) ♦ n Verfolgungsjagd f.

▶ **chase down** (*US*) vt = **chase up**.

▶ **chase up** (*BRIT*) vt (*person*) rankriegen (*inf*); (*information*) ranschaffen (*inf*).

chasm ['kæzəm] n Kluft f.

chassis ['ʃæsɪ] n Fahrgestell nt.

chaste [tʃeɪst] adj keusch.

chastened ['tʃeɪsnd] adj zur Einsicht gebracht.

chastening ['tʃeɪsnɪŋ] adj ernüchternd.

chastise [tʃæsˈtaɪz] vt (*scold*) schelten.

chastity ['tʃæstɪtɪ] n Keuschheit f.

chat [tʃæt] vi (*also*: **have a** ~) plaudern, sich unterhalten ♦ n Plauderei f, Unterhaltung f.

▶ **chat up** (*BRIT: inf*) vt anmachen.

chatline ['tʃætlaɪn] n Telefondienst, der Anrufern die Teilnahme an einer Gesprächsrunde ermöglicht.

chat show (*BRIT*) *n* Talkshow *f.*

chattel ['tʃætl] *n*: **goods and ~s** *see* **good.**

chatter ['tʃætə*] *vi* schwatzen; (*monkey*) schnattern; (*teeth*) klappern ♦ *n* (*see vi*) Schwatzen *nt*; Schnattern *nt*; Klappern *nt*; **my teeth are ~ing** mir klappern die Zähne.

chatterbox ['tʃætəbɔks] (*inf*) *n* Quasselstrippe *f.*

chattering classes ['tʃætərɪŋ 'klɑːsɪz] *npl*: **the ~** die intellektuellen Schwätzer *pl.*

chatty ['tʃætɪ] *adj* geschwätzig; (*letter*) im Plauderton.

chauffeur ['ʃəufə*] *n* Chauffeur *m*, Fahrer *m.*

chauvinism ['ʃəuvɪnɪzəm] *n* (*also*: **male ~**) Chauvinismus *m.*

chauvinist ['ʃəuvɪnɪst] *n* Chauvinist *m.*

chauvinistic [ʃəuvɪ'nɪstɪk] *adj* chauvinistisch.

ChE *abbr* (= *chemical engineer*) *Titel für Chemotechniker.*

cheap [tʃiːp] *adj* billig; (*reduced*) ermäßigt; (*poor quality*) billig, minderwertig; (*behaviour, joke*) ordinär ♦ *adv*: **to buy/sell sth ~** etw billig kaufen/verkaufen.

cheap day return *n* Tagesrückfahrkarte *f* (*zu einem günstigeren Tarif*).

cheapen ['tʃiːpn] *vt* entwürdigen.

cheaper ['tʃiːpə*] *adj* billiger.

cheaply ['tʃiːplɪ] *adv* billig.

cheat [tʃiːt] *vi* mogeln (*inf*), schummeln (*inf*) ♦ *n* Betrüger(in) *m(f)* ♦ *vt*: **to ~ sb (out of sth)** jdn (um etw) betrügen; **to ~ on sb** (*inf*) jdn betrügen.

cheating ['tʃiːtɪŋ] *n* Mogeln *nt* (*inf*), Schummeln *nt* (*inf*).

check [tʃɛk] *vt* überprüfen; (*passport, ticket*) kontrollieren; (*facts*) nachprüfen; (*enemy, disease*) aufhalten; (*impulse*) unterdrücken; (*person*) zurückhalten ♦ *vi* nachprüfen ♦ *n* Kontrolle *f*; (*curb*) Beschränkung *f*; (*US*) = **cheque**; (: *bill*) Rechnung *f*; (*pattern: gen pl*) Karo(muster) *nt* ♦ *adj* kariert; **to ~ o.s.** sich beherrschen; **to ~ with sb** bei jdm nachfragen; **to keep a ~ on sb/sth** jdn/etw kontrollieren.

▶ **check in** *vi* (*at hotel*) sich anmelden; (*at airport*) einchecken ♦ *vt* (*luggage*) abfertigen lassen.

▶ **check off** *vt* abhaken.

▶ **check out** *vi* (*of hotel*) abreisen ♦ *vt* (*luggage*) abfertigen; (*investigate*) überprüfen.

▶ **check up** *vi*: **to ~ up on sth** etw überprüfen; **to ~ up on sb** Nachforschungen über jdn anstellen.

checkered ['tʃɛkəd] (*US*) *adj* = **chequered.**

checkers ['tʃɛkəz] (*US*) *npl* Damespiel *nt.*

check guarantee card (*US*) *n* Scheckkarte *f.*

check-in (desk) ['tʃɛkɪn-] *n* (*at airport*) Abfertigung *f*, Abfertigungsschalter *m.*

checking account ['tʃɛkɪŋ-] (*US*) *n* Girokonto *nt.*

check list *n* Prüfliste *f*, Checkliste *f.*

checkmate ['tʃɛkmeɪt] *n* Schachmatt *nt.*

checkout ['tʃɛkaut] *n* Kasse *f.*

checkpoint ['tʃɛkpɔɪnt] *n* Kontrollpunkt *m.*

checkroom ['tʃɛkrum] (*US*) *n* (*left-luggage office*) Gepäckaufbewahrung *f.*

checkup ['tʃɛkʌp] *n* Untersuchung *f.*

cheek [tʃiːk] *n* Backe *f*; (*impudence*) Frechheit *f*; (*nerve*) Unverschämtheit *f.*

cheekbone ['tʃiːkbəun] *n* Backenknochen *m.*

cheeky ['tʃiːkɪ] *adj* frech.

cheep [tʃiːp] *vi* (*bird*) piep(s)en ♦ *n* Piep(s) *m*, Piepser *m.*

cheer [tʃɪə*] *vt* zujubeln +*dat*; (*gladden*) aufmuntern, aufheitern ♦ *vi* jubeln, hurra rufen ♦ *n* (*gen pl*) Hurraruf *m*, Beifallsruf *m*; **cheers** *npl* Hurrageschrei *nt*, Jubel *m*; **~s!** prost!

▶ **cheer on** *vt* anspornen, anfeuern.

▶ **cheer up** *vi* vergnügter *or* fröhlicher werden ♦ *vt* aufmuntern, aufheitern.

cheerful ['tʃɪəful] *adj* fröhlich.

cheerfulness ['tʃɪəfulnɪs] *n* Fröhlichkeit *f.*

cheerio ['tʃɪərɪ'əu] (*BRIT*) *excl* tschüss (*inf*).

cheerleader ['tʃɪəliːdə*] *n jd, der bei Sportveranstaltungen etc die Zuschauer zu Beifallsrufen anfeuert.*

cheerless ['tʃɪəlɪs] *adj* freudlos, trüb; (*room*) trostlos.

cheese [tʃiːz] *n* Käse *m.*

cheeseboard ['tʃiːzbɔːd] *n* Käsebrett *nt*; (*with cheese on it*) Käseplatte *f.*

cheeseburger ['tʃiːzbəːgə*] *n* Cheeseburger *m.*

cheesecake ['tʃiːzkeɪk] *n* Käsekuchen *m.*

cheetah ['tʃiːtə] *n* Gepard *m.*

chef [ʃɛf] *n* Küchenchef(in) *m(f).*

chemical ['kɛmɪkl] *adj* chemisch ♦ *n* Chemikalie *f.*

chemical engineering *n* Chemotechnik *f.*

chemist ['kɛmɪst] *n* (*BRIT*: *pharmacist*) Apotheker(in) *m(f)*; (*scientist*) Chemiker(in) *m(f).*

chemistry ['kɛmɪstrɪ] *n* Chemie *f.*

chemist's (shop) ['kɛmɪsts-] (*BRIT*) *n* Drogerie *f*; (*also*: **dispensing chemist's**) Apotheke *f.*

chemotherapy [kiːməu'θerəpɪ] *n* Chemotherapie *f.*

cheque [tʃɛk] (*BRIT*) *n* Scheck *m*; **to pay by ~** mit (einem) Scheck bezahlen.

chequebook ['tʃɛkbuk] (*BRIT*) *n* Scheckbuch *nt.*

cheque card (*BRIT*) *n* Scheckkarte *f.*

chequered, (*US*) **checkered** ['tʃɛkəd] *adj* (*fig*) bewegt.

cherish ['tʃɛrɪʃ] *vt* (*person*) liebevoll sorgen für; (*memory*) in Ehren halten; (*dream*) sich hingeben +*dat*; (*hope*) hegen.

cheroot [ʃə'ruːt] *n* Stumpen *m.*

cherry ['tʃɛrɪ] *n* Kirsche *f*; (*also*: **~ tree**) Kirschbaum *m.*

chervil ['tʃəːvɪl] *n* Kerbel *m.*

Ches. (*BRIT*) *abbr* (*POST*: = *Cheshire*).

chess [tʃɛs] n Schach(spiel) nt.
chessboard ['tʃɛsbɔːd] n Schachbrett nt.
chessman ['tʃɛsmən] (irreg: like **man**) n
Schachfigur f.
chess player n Schachspieler(in) m(f).
chest [tʃɛst] n Brust f, Brustkorb m; (box)
Kiste f, Truhe f; **to get sth off one's ~** (inf)
sich dat etw von der Seele reden.
chest measurement n Brustweite f,
Brustumfang m.
chestnut ['tʃɛsnʌt] n Kastanie f ♦ adj
kastanienbraun.
chest of drawers n Kommode f.
chesty ['tʃɛstɪ] adj (cough) tief sitzend.
chew [tʃuː] vt kauen.
chewing gum ['tʃuːɪŋ-] n Kaugummi m.
chic [ʃiːk] adj schick, elegant.
chick [tʃɪk] n Küken nt; (inf: girl) Mieze f.
chicken ['tʃɪkɪn] n Huhn nt; (meat) Hähnchen
nt; (inf: coward) Feigling m.
▸ **chicken out** (inf) vi: **to ~ out of doing sth**
davor kneifen, etw zu tun.
chicken feed n ein paar Pfennige pl; (as
salary) ein Hungerlohn m.
chickenpox ['tʃɪkɪnpɔks] n Windpocken pl.
chickpea ['tʃɪkpiː] n Kichererbse f.
chicory ['tʃɪkərɪ] n (in coffee) Zichorie f; (salad
vegetable) Chicorée f or m, Schikoree f or m.
chide [tʃaɪd] vt: **to ~ sb (for)** jdn schelten
(wegen).
chief [tʃiːf] n Häuptling m; (of organization,
department) Leiter(in) m(f), Chef(in) m(f) ♦ adj
Haupt-, wichtigste(r, s).
chief constable (BRIT) n Polizeipräsident m,
Polizeichef m.
chief executive, (US) **chief executive
officer** n Generaldirektor(in) m(f).
chiefly ['tʃiːflɪ] adv hauptsächlich.
Chief of Staff n Stabschef m.
chiffon ['ʃɪfɔn] n Chiffon m.
chilblain ['tʃɪlbleɪn] n Frostbeule f.
child [tʃaɪld] (pl ~**ren**) n Kind nt; **do you have
any ~ren?** haben Sie Kinder?
child benefit (BRIT) n Kindergeld nt.
childbirth ['tʃaɪldbɜːθ] n Geburt f, Entbindung
f.
childhood ['tʃaɪldhud] n Kindheit f.
childish ['tʃaɪldɪʃ] adj kindisch.
childless ['tʃaɪldlɪs] adj kinderlos.
childlike ['tʃaɪldlaɪk] adj kindlich.
child minder (BRIT) n Tagesmutter f.
child prodigy n Wunderkind nt.
children ['tʃɪldrən] npl of **child**.
children's home ['tʃɪldrənz-] n Kinderheim
nt.
child's play ['tʃaɪldz-] n: **it was ~** es war ein
Kinderspiel.
Chile ['tʃɪlɪ] n Chile nt.
Chilean ['tʃɪlɪən] adj chilenisch ♦ n Chilene m,
Chilenin f.
chill [tʃɪl] n Kühle f; (illness) Erkältung f ♦ adj
kühl; (fig: reminder) erschreckend ♦ vt

kühlen; (person) frösteln or frieren lassen;
"serve ~ed" „gekühlt servieren“.
chilli, (US) **chili** ['tʃɪlɪ] n Peperoni pl.
chilling ['tʃɪlɪŋ] adj (wind, morning) eisig; (fig:
effect, prospect etc) beängstigend.
chill out (inf) vi sich entspannen, relaxen.
chilly ['tʃɪlɪ] adj kühl; (person, response, look)
kühl, frostig; **to feel ~** frösteln, frieren.
chime [tʃaɪm] n Glockenspiel nt ♦ vi läuten.
chimney ['tʃɪmnɪ] n Schornstein m.
chimney sweep n Schornsteinfeger(in) m(f).
chimpanzee [tʃɪmpæn'ziː] n Schimpanse m.
chin [tʃɪn] n Kinn nt.
China ['tʃaɪnə] n China nt.
china ['tʃaɪnə] n Porzellan nt.
Chinese [tʃaɪ'niːz] adj chinesisch ♦ n inv
Chinese m, Chinesin f; (LING) Chinesisch nt.
chink [tʃɪŋk] n (in door, wall etc) Ritze f, Spalt
m; (of bottles etc) Klirren nt.
chintz [tʃɪnts] n Chintz m.
chinwag ['tʃɪnwæg] (BRIT: inf) n Schwatz m.
chip [tʃɪp] n (gen pl) Pommes frites pl; (US:
also: **potato ~**) Chip m; (of wood) Span m; (of
glass, stone) Splitter m; (in glass, cup etc)
abgestoßene Stelle f; (in gambling) Chip m,
Spielmarke f; (COMPUT: also: **microchip**)
Chip m ♦ vt (cup, plate) anschlagen; **when the
~s are down** (fig) wenn es drauf ankommt.
▸ **chip in** (inf) vi (contribute) etwas beisteuern;
(interrupt) sich einschalten.
chipboard ['tʃɪpbɔːd] n Spanplatte f.
chipmunk ['tʃɪpmʌŋk] n Backenhörnchen nt.
chippings ['tʃɪpɪŋz] npl: **loose ~** (on road)
Schotter m.

CHIP SHOP

Chip shop, auch „fish-and-chip shop“, ist die
traditionelle britische Imbissbude, in der vor allem
frittierte Fischfilets und Pommes frites, aber auch
andere einfache Mahlzeiten angeboten werden.
Früher wurde das Essen zum Mitnehmen in
Zeitungspapier verpackt. Manche chip shops
haben auch einen Essraum.

---

chiropodist [kɪ'rɔpədɪst] (BRIT) n
Fußpfleger(in) m(f).
chiropody [kɪ'rɔpədɪ] (BRIT) n Fußpflege f.
chirp [tʃɜːp] vi (bird) zwitschern; (crickets)
zirpen.
chirpy ['tʃɜːpɪ] (inf) adj munter.
chisel ['tʃɪzl] n (for stone) Meißel m; (for wood)
Beitel m.
chit [tʃɪt] n Zettel m.
chitchat ['tʃɪttʃæt] n Plauderei f.
chivalrous ['ʃɪvəlrəs] adj ritterlich.
chivalry ['ʃɪvəlrɪ] n Ritterlichkeit f.
chives [tʃaɪvz] npl Schnittlauch m.
chloride ['klɔːraɪd] n Chlorid nt.
chlorinate ['klɔːrɪneɪt] vt chloren.
chlorine ['klɔːriːn] n Chlor nt.
chock [tʃɔk] n Bremskeil m, Bremsklotz m.

chock-a-block ['tʃɔkə'blɔk] adj gerammelt voll.

chock-full [tʃɔk'ful] adj = **chock-a-block**.

chocolate ['tʃɔklɪt] n Schokolade f; (drink) Kakao m, Schokolade f; (sweet) Praline f ♦ cpd Schokoladen-.

choice [tʃɔɪs] n Auswahl f; (option) Möglichkeit f; (preference) Wahl f ♦ adj Qualitäts-, erstklassig; **I did it by** or **from** ~ ich habe es mir so ausgesucht; **a wide** ~ eine große Auswahl.

choir ['kwaɪə*] n Chor m.

choirboy ['kwaɪə'bɔɪ] n Chorknabe m.

choke [tʃəuk] vi ersticken; (with smoke, dust, anger etc) keine Luft mehr bekommen ♦ vt erwürgen, erdrosseln ♦ n (AUT) Choke m, Starterklappe f; **to be** ~**d (with)** verstopft sein (mit).

cholera ['kɔlərə] n Cholera f.

cholesterol [kə'lɛstərɔl] n Cholesterin nt.

choose [tʃuːz] (pt **chose**, pp **chosen**) vt (aus)wählen; (profession, friend) sich dat aussuchen ♦ vi: **to** ~ **between** wählen zwischen +dat, eine Wahl treffen zwischen +dat; **to** ~ **from** wählen aus or unter +dat, eine Wahl treffen aus or unter +dat; **to** ~ **to do sth** beschließen, etw zu tun.

choosy ['tʃuːzɪ] adj wählerisch.

chop [tʃɔp] vt (wood) hacken; (also: ~ **up**: vegetables, fruit, meat) klein schneiden ♦ n Kotelett nt; **chops** (inf) npl (of animal) Maul nt; (of person) Mund m; **to get the** ~ (BRIT: inf: project) dem Rotstift zum Opfer fallen; (: be sacked) rausgeschmissen werden.

▸ **chop down** vt (tree) fällen.

chopper ['tʃɔpə*] (inf) n Hubschrauber m.

choppy ['tʃɔpɪ] adj (sea) kabbelig, bewegt.

chopsticks ['tʃɔpstɪks] npl Stäbchen pl.

choral ['kɔːrəl] adj (singing) Chor-; (society) Gesang-.

chord [kɔːd] n Akkord m; (MATH) Sehne f.

chore [tʃɔː*] n Hausarbeit f; (routine task) lästige Routinearbeit f; **household** ~**s** Hausarbeit.

choreographer [kɔrɪ'ɔgrəfə*] n Choreograf(in) m(f).

choreography [kɔrɪ'ɔgrəfɪ] n Choreografie f.

chorister ['kɔrɪstə*] n Chorsänger(in) m(f).

chortle ['tʃɔːtl] vi glucksen.

chorus ['kɔːrəs] n Chor m; (refrain) Refrain m; (of complaints) Flut f.

chose [tʃəuz] pt of **choose**.

chosen ['tʃəuzn] pp of **choose**.

chow [tʃau] n Chow-Chow m.

chowder ['tʃaudə*] n (sämige) Fischsuppe f.

Christ [kraɪst] n Christus m.

christen ['krɪsn] vt taufen.

christening ['krɪsnɪŋ] n Taufe f.

Christian ['krɪstɪən] adj christlich ♦ n Christ(in) m(f).

Christianity [krɪstɪ'ænɪtɪ] n Christentum nt.

Christian name n Vorname m.

Christmas ['krɪsməs] n Weihnachten nt; **Happy** or **Merry** ~! frohe or fröhliche Weihnachten!

Christmas card n Weihnachtskarte f.

Christmas Day n der erste Weihnachtstag.

Christmas Eve n Heiligabend m.

Christmas Island n Weihnachtsinsel f.

Christmas tree n Weihnachtsbaum m, Christbaum m.

chrome [krəum] n = **chromium**.

chromium ['krəumɪəm] n Chrom nt; (also: ~ **plating**) Verchromung f.

chromosome ['krəuməsəum] n Chromosom nt.

chronic ['krɔnɪk] adj (also fig) chronisch; (severe) schlimm.

chronicle ['krɔnɪkl] n Chronik f.

chronological [krɔnə'lɔdʒɪkl] adj chronologisch.

chrysanthemum [krɪ'sænθəməm] n Chrysantheme f.

chubby ['tʃʌbɪ] adj pummelig; ~ **cheeks** Pausbacken pl.

chuck [tʃʌk] (inf) vt werfen, schmeißen; (BRIT: also: ~ **up**, ~ **in**) (job) hinschmeißen; (: person) Schluss machen mit.

▸ **chuck out** vt (person) rausschmeißen; (rubbish etc) wegschmeißen.

chuckle ['tʃʌkl] vi leise in sich acc hineinlachen.

chuffed [tʃʌft] (BRIT: inf) adj vergnügt und zufrieden; (flattered) gebauchpinselt.

chug [tʃʌg] vi (also: ~ **along**) tuckern.

chum [tʃʌm] n Kumpel m.

chump [tʃʌmp] (inf) n Trottel m.

chunk [tʃʌŋk] n großes Stück nt.

chunky ['tʃʌŋkɪ] adj (furniture etc) klobig; (person) stämmig, untersetzt; (knitwear) dick.

church [tʃəːtʃ] n Kirche f; **the C**~ **of England** die anglikanische Kirche.

churchyard ['tʃəːtʃjɑːd] n Friedhof m.

churlish ['tʃəːlɪʃ] adj griesgrämig; (behaviour) ungehobelt.

churn [tʃəːn] n Butterfass nt; (also: **milk** ~) Milchkanne f.

▸ **churn out** vt am laufenden Band produzieren.

chute [ʃuːt] n (also: **rubbish** ~) Müllschlucker m; (for coal, parcels etc) Rutsche f; (BRIT: slide) Rutschbahn f, Rutsche f.

chutney ['tʃʌtnɪ] n Chutney nt.

CIA (US) n abbr (= Central Intelligence Agency) CIA f or m.

cicada [sɪ'kɑːdə] n Zikade f.

CID (BRIT) n abbr = **Criminal Investigation Department**.

cider ['saɪdə*] n Apfelwein m.

c.i.f. abbr (COMM: = cost, insurance and freight) cif.

cigar [sɪ'gɑː*] n Zigarre f.

cigarette [sɪgə'rɛt] n Zigarette f.

cigarette case n Zigarettenetui nt.

cigarette end n Zigarettenstummel m.

cigarette holder n Zigarettenspitze f.

C in C abbr (MIL) = **commander in chief**.

cinch [sɪntʃ] (inf) n: **it's a ~** das ist ein Kinderspiel or ein Klacks.

Cinderella [sɪndə'relə] n Aschenputtel nt, Aschenbrödel nt.

cinders ['sɪndəz] npl Asche f.

cine camera ['sɪnɪ-] (BRIT) n (Schmal)filmkamera f.

cine film (BRIT) n Schmalfilm m.

cinema ['sɪnəmə] n Kino nt; (film-making) Film m.

cine projector (BRIT) n Filmprojektor m.

cinnamon ['sɪnəmən] n Zimt m.

cipher ['saɪfə*] n (code) Chiffre f; (fig) Niemand m; **in ~** chiffriert.

circa ['sɜːkə] prep zirka, circa.

circle ['sɜːkl] n Kreis m; (in cinema, theatre) Rang m ♦ vi kreisen ♦ vt kreisen um; (surround) umgeben.

circuit ['sɜːkɪt] n Runde f; (ELEC) Stromkreis m; (track) Rennbahn f.

circuit board n (COMPUT, ELEC) Platine f, Leiterplatte f.

circuitous [sɜː'kjuɪtəs] adj umständlich.

circular ['sɜːkjulə*] adj rund; (route) Rund- ♦ n (letter) Rundschreiben nt, Rundbrief m; (as advertisement) Wurfsendung f; **~ argument** Zirkelschluss m.

circulate ['sɜːkjuleɪt] vi (traffic) fließen; (blood, report) zirkulieren; (news, rumour) kursieren, in Umlauf sein; (person) die Runde machen ♦ vt herumgehen or zirkulieren lassen.

circulating capital [sɜː'kjuːleɪtɪŋ-] n (COMM) flüssiges Kapital nt, Umlaufkapital nt.

circulation [sɜːkjuː'leɪʃən] n (of traffic) Fluss m; (of air etc) Zirkulation f; (of newspaper) Auflage f; (MED: of blood) Kreislauf m.

circumcise ['sɜːkəmsaɪz] vt beschneiden.

circumference [sə'kʌmfərəns] n Umfang m; (edge) Rand m.

circumflex ['sɜːkəmfleks] n (also: **~ accent**) Zirkumflex m.

circumscribe ['sɜːkəmskraɪb] vt (MATH) einen Kreis umbeschreiben; (fig) eingrenzen.

circumspect ['sɜːkəmspekt] adj umsichtig.

circumstances ['sɜːkəmstənsɪz] npl Umstände pl; (financial condition) (finanzielle) Verhältnisse pl; **in the ~** unter diesen Umständen; **under no ~** unter (gar) keinen Umständen, auf keinen Fall.

circumstantial [sɜːkəm'stænʃl] adj ausführlich; **~ evidence** Indizienbeweis m.

circumvent [sɜːkəm'vent] vt umgehen.

circus ['sɜːkəs] n Zirkus m; (also: **C~**: in place names) Platz m.

cirrhosis [sɪ'rəʊsɪs] n (also: **~ of the liver**) Leberzirrhose f.

CIS n abbr (= Commonwealth of Independent States) GUS f.

cissy ['sɪsɪ] n, adj see **sissy**.

cistern ['sɪstən] n Zisterne f; (of toilet) Spülkasten m.

citation [saɪ'teɪʃən] n Zitat nt; (US) Belobigung f; (LAW) Vorladung f (vor Gericht).

cite [saɪt] vt zitieren; (example) anführen; (LAW) vorladen.

citizen ['sɪtɪzn] n Staatsbürger(in) m(f); (of town) Bürger(in) m(f).

Citizens' Advice Bureau ['sɪtɪznz-] n ≈ Bürgerberatungsstelle f.

citizenship ['sɪtɪznʃɪp] n Staatsbürgerschaft f.

citric acid ['sɪtrɪk-] n Zitronensäure f.

citrus fruit ['sɪtrəs-] n Zitrusfrucht f.

city ['sɪtɪ] n (Groß)stadt f; **the C~** (FIN) die City, das Londoner Banken- und Börsenviertel.

city centre n Stadtzentrum nt, Innenstadt f.

City Hall n Rathaus nt; (US: municipal government) Stadtverwaltung f.

civic ['sɪvɪk] adj (authorities etc) Stadt-, städtisch; (duties, pride) Bürger-, bürgerlich.

civic centre (BRIT) n Stadtverwaltung f.

civil ['sɪvɪl] adj (disturbances, rights) Bürger-; (liberties, law) bürgerlich; (polite) höflich.

Civil Aviation Authority (BRIT) n Behörde f für Zivilluftfahrt.

civil defence n Zivilschutz m.

civil disobedience n ziviler Ungehorsam m.

civil engineer n Bauingenieur(in) m(f).

civil engineering n Hoch- und Tiefbau m.

civilian [sɪ'vɪlɪən] adj (population) Zivil- ♦ n Zivilist m; **~ casualties** Verluste pl unter der Zivilbevölkerung.

civilization [sɪvɪlaɪ'zeɪʃən] n Zivilisation f; (a society) Kultur f.

civilized ['sɪvɪlaɪzd] adj zivilisiert; (person) kultiviert; (place, experience) gepflegt.

civil law n Zivilrecht nt, bürgerliches Recht nt.

civil liberties n (bürgerliche) Freiheitsrechte pl.

civil rights npl Bürgerrechte pl.

civil servant n (Staats)beamter m, (Staats)beamtin f.

Civil Service n Beamtenschaft f.

civil war n Bürgerkrieg m.

civvies ['sɪvɪz] (inf) npl Zivilklamotten pl.

cl abbr (= centilitre) cl.

clad [klæd] adj: **~ (in)** gekleidet (in +acc).

claim [kleɪm] vt (assert) behaupten; (responsibility) übernehmen; (credit) in Anspruch nehmen; (rights, inheritance) Anspruch erheben auf +acc; (expenses) sich dat zurückerstatten lassen; (compensation, damages) verlangen ♦ vi (for insurance) Ansprüche geltend machen ♦ n (assertion) Behauptung f; (for pension, wage rise, compensation) Forderung f; (right: to *inheritance, land*) Anspruch *m*; (*for expenses*) Spesenabrechnung *f*; **(insurance)** ~ (Versicherungs)anspruch *m*; **to put in a** ~ **for** beantragen.

claimant ['kleɪmənt] *n* Antragsteller(in) *m(f)*.

claim form *n* Antragsformular *nt*.

clairvoyant [kleə'vɔɪənt] *n* Hellseher(in) *m(f)*.

clam [klæm] *n* Venusmuschel *f*.

▶ **clam up** (*inf*) *vi* keinen Piep (mehr) sagen.

clamber ['klæmbə°] *vi* klettern.

clammy ['klæmɪ] *adj* feucht.

clamour, (*US*) **clamor** ['klæmə°] *n* Lärm *m*; (*protest*) Protest *m*, Aufschrei *m* ♦ *vi*: **to** ~ **for** schreien nach.

clamp [klæmp] *n* Schraubzwinge *f*, Klemme *f* ♦ *vt* (*two things together*) zusammenklemmen; (*one thing on another*) klemmen; (*wheel*) krallen.

▶ **clamp down on** *vt fus* rigoros vorgehen gegen.

clampdown ['klæmpdaun] *n*: ~ **(on)** hartes Durchgreifen *nt* (gegen).

clan [klæn] *n* Clan *m*.

clandestine [klæn'dɛstɪn] *adj* geheim, Geheim-.

clang [klæŋ] *vi* klappern; (*bell*) läuten ♦ *n* (*see vi*) Klappern *nt*; Läuten *nt*.

clanger ['klæŋə°] (*BRIT: inf*) *n* Fauxpas *m*; **to drop a** ~ ins Fettnäpfchen treten.

clansman ['klænzmən] *n* (*irreg: like* **man**) Clanmitglied *nt*.

clap [klæp] *vi* (Beifall) klatschen ♦ *vt*: **to** ~ **(one's hands)** (in die Hände) klatschen ♦ *n*: **a** ~ **of thunder** ein Donnerschlag *m*.

clapping ['klæpɪŋ] *n* Beifall *m*.

claptrap ['klæptræp] (*inf*) *n* Geschwafel *nt*.

claret ['klærət] *n* roter Bordeaux(wein) *m*.

clarification [klærɪfɪ'keɪʃən] *n* Klärung *f*.

clarify ['klærɪfaɪ] *vt* klären.

clarinet [klærɪ'nɛt] *n* Klarinette *f*.

clarity ['klærɪtɪ] *n* Klarheit *f*.

clash [klæʃ] *n* (*fight*) Zusammenstoß *m*; (*disagreement*) Streit *m*, Auseinandersetzung *f*; (*of beliefs, ideas, views*) Konflikt *m*; (*of colours, styles, personalities*) Unverträglichkeit *f*; (*of events, dates, appointments*) Überschneidung *f*; (*noise*) Klirren *nt* ♦ *vi* (*fight*) zusammenstoßen; (*disagree*) sich streiten, eine Auseinandersetzung haben; (*beliefs, ideas, views*) aufeinander prallen; (*colours*) sich beißen; (*styles, personalities*) nicht zusammenpassen; (*two events, dates, appointments*) sich überschneiden; (*make noise*) klirrend aneinander schlagen.

clasp [klɑːsp] *n* Griff *m*; (*embrace*) Umklammerung *f*; (*of necklace, bag*) Verschluss *m* ♦ *vt* (er)greifen; (*embrace*) umklammern.

class [klɑːs] *n* Klasse *f*; (*lesson*) (Unterrichts)stunde *f* ♦ *adj* (*struggle, distinction*) Klassen- ♦ *vt* einordnen,

einstufen.

class-conscious ['klɑːs'kɔnʃəs] *adj* klassenbewusst, standesbewusst.

class-consciousness ['klɑːs'kɔnʃəsnɪs] *n* Klassenbewusstsein *nt*, Standesbewusstsein *nt*.

classic ['klæsɪk] *adj* klassisch ♦ *n* Klassiker *m*; (*race*) bedeutendes Pferderennen für dreijährige Pferde; **classics** *npl* (*SCOL*) Altphilologie *f*.

classical ['klæsɪkl] *adj* klassisch.

classification [klæsɪfɪ'keɪʃən] *n* Klassifikation *f*; (*category*) Klasse *f*; (*system*) Einteilung *f*.

classified ['klæsɪfaɪd] *adj* geheim.

classified advertisement *n* Kleinanzeige *f*.

classify ['klæsɪfaɪ] *vt* klassifizieren, (ein)ordnen.

classless ['klɑːslɪs] *adj*: ~ **society** klassenlose Gesellschaft *f*.

classmate ['klɑːsmeɪt] *n* Klassenkamerad(in) *m(f)*.

classroom ['klɑːsrum] *n* Klassenzimmer *nt*.

classy ['klɑːsɪ] (*inf*) *adj* nobel, exklusiv; (*person*) todschick.

clatter ['klætə°] *n* Klappern *nt*; (*of hooves*) Trappeln *nt* ♦ *vi* (*see n*) klappern; trappeln.

clause [klɔːz] *n* (*LAW*) Klausel *f*; (*LING*) Satz *m*.

claustrophobia [klɔːstrə'fəubɪə] *n* Klaustrophobie *f*, Platzangst *f*.

claustrophobic [klɔːstrə'fəubɪk] *adj* (*place, situation*) beengend; (*person*): **to be/feel** ~ Platzangst haben/bekommen.

claw [klɔː] *n* Kralle *f*; (*of lobster*) Schere *f*, Zange *f*.

▶ **claw at** *vt fus* sich krallen an +*acc*.

clay [kleɪ] *n* Ton *m*; (*soil*) Lehm *m*.

clean [kliːn] *adj* sauber; (*fight*) fair; (*record, reputation*) einwandfrei; (*joke, story*) stubenrein, anständig; (*edge, MED: fracture*) glatt ♦ *vt* sauber machen; (*car, hands, face etc*) waschen ♦ *adv*: **he** ~ **forgot** er hat es glatt(weg) vergessen; **to have a** ~ **driving licence** *or* (*US*) **record** keine Strafpunkte haben; **to** ~ **one's teeth** (*BRIT*) sich *dat* die Zähne putzen; **the thief got** ~ **away** der Dieb konnte entkommen; **to come** ~ (*inf*) auspacken.

▶ **clean off** *vt* abwaschen, abwischen.

▶ **clean out** *vt* gründlich sauber machen; (*inf: person*) ausnehmen.

▶ **clean up** *vt* aufräumen; (*child*) sauber machen; (*fig*) für Ordnung sorgen in +*dat* ♦ *vi* aufräumen, sauber machen; (*inf: make profit*) absahnen.

clean-cut ['kliːn'kʌt] *adj* gepflegt; (*situation*) klar.

cleaner ['kliːnə°] *n* Raumpfleger(in) *m(f)*; (*woman*) Putzfrau *f*; (*substance*) Reinigungsmittel *nt*, Putzmittel *nt*.

cleaner's ['kliːnəz] *n* (*also:* **dry** ~) Reinigung *f*.

cleaning ['kliːnɪŋ] *n* Putzen *nt*.

cleaning lady *n* Putzfrau *f*, Reinemachefrau f.

cleanliness ['klɛnlɪnɪs] n Sauberkeit f, Reinlichkeit f.

cleanly ['kliːnlɪ] adv sauber.

cleanse [klɛnz] vt (purify) läutern; (face, cut) reinigen.

cleanser ['klɛnzə*] n (for face) Reinigungscreme f, Reinigungsmilch f.

clean-shaven ['kliːn'ʃeɪvn] adj glatt rasiert.

cleansing department ['klɛnzɪŋ-] (BRIT) n ≈ Stadtreinigung f.

clean sweep n: **to make a** ~ (SPORT) alle Preise einstecken.

clean-up ['kliːnʌp] n: **to give sth a** ~ etw gründlich sauber machen.

clear [klɪə*] adj klar; (footprint) deutlich; (photograph) scharf; (commitment) eindeutig; (glass, plastic) durchsichtig; (road, way, floor etc) frei; (conscience, skin) rein ♦ vt (room) ausräumen; (trees) abholzen; (weeds etc) entfernen; (slums etc, stock) räumen; (LAW) freisprechen; (fence, wall) überspringen; (cheque) verrechnen ♦ vi (weather, sky) aufklaren; (fog, smoke) sich auflösen; (room etc) sich leeren ♦ adv: **to be** ~ **of the ground** den Boden nicht berühren ♦ n: **to be in the** ~ (out of debt) schuldenfrei sein; (free of suspicion) von jedem Verdacht frei sein; (out of danger) außer Gefahr sein; ~ **profit** Reingewinn m; **I have a** ~ **day tomorrow** (BRIT) ich habe morgen nichts vor; **to make o.s.** ~ sich klar ausdrücken; **to make it** ~ **to sb that ...** es jdm (unmissverständlich) klarmachen, dass ...; **to** ~ **the table** den Tisch abräumen; **to** ~ **a space (for sth)** (für etw) Platz schaffen; **to** ~ **one's throat** sich räuspern; **to** ~ **a profit** einen Gewinn machen; **to keep** ~ **of sb** jdm aus dem Weg gehen; **to keep** ~ **of sth** etw meiden; **to keep** ~ **of trouble** allem Ärger aus dem Weg gehen.

▶ **clear off** (inf) vi abhauen, verschwinden.

▶ **clear up** vt aufräumen; (mystery) aufklären; (problem) lösen ♦ vi (bad weather) sich aufklären; (illness) sich bessern.

clearance ['klɪərəns] n (of slums) Räumung f; (of trees) Abholzung f; (permission) Genehmigung f; (free space) lichte Höhe f.

clearance sale n Räumungsverkauf m.

clear-cut ['klɪə'kʌt] adj klar.

clearing ['klɪərɪŋ] n Lichtung f; (BRIT: BANKING) Clearing nt.

clearing bank (BRIT) n Clearingbank f.

clearing house n (COMM) Clearingstelle f.

clearly ['klɪəlɪ] adv klar; (obviously) eindeutig.

clearway ['klɪəweɪ] (BRIT) n Straße f mit Halteverbot.

cleavage ['kliːvɪdʒ] n (of woman's breasts) Dekolletee nt, Dekolleté nt.

cleaver ['kliːvə*] n Hackbeil nt.

clef [klɛf] n (Noten)schlüssel m.

cleft [klɛft] n Spalte f.

cleft palate n (MED) Gaumenspalte f.

clemency ['klɛmənsɪ] n Milde f.

clement ['klɛmənt] adj mild.

clench [klɛntʃ] vt (fist) ballen; (teeth) zusammenbeißen.

clergy ['kləːdʒɪ] n Klerus m, Geistlichkeit f.

clergyman ['kləːdʒɪmən] (irreg: like **man**) n Geistliche(r) m.

clerical ['klɛrɪkl] adj (job, worker) Büro-; (error) Schreib-; (REL) geistlich.

clerk [klɑːk, (US) kləːrk] n (BRIT) Büroangestellte(r) f(m); (US: sales person) Verkäufer(in) m(f).

Clerk of Court n Protokollführer(in) m(f).

clever ['klɛvə*] adj klug; (deft, crafty) schlau, clever (inf); (device, arrangement) raffiniert.

cleverly ['klɛvəlɪ] adv geschickt.

clew [kluː] (US) n = **clue**.

cliché ['kliːʃeɪ] n Klischee nt.

click [klɪk] vi klicken ♦ vt: **to** ~ **one's tongue** mit der Zunge schnalzen; **to** ~ **one's heels** die Hacken zusammenschlagen.

client ['klaɪənt] n Kunde m, Kundin f; (of bank, lawyer) Klient(in) m(f); (of restaurant) Gast m.

clientele [kliː[-ɑ]:n'tɛl] n Kundschaft f.

cliff [klɪf] n Kliff nt.

cliffhanger ['klɪfhæŋə*] n spannungsgeladene Szene am Ende einer Filmepisode, Cliffhanger m.

climactic [klaɪ'mæktɪk] adj: ~ **point** Höhepunkt m.

climate ['klaɪmɪt] n Klima nt.

climax ['klaɪmæks] n (also: sexual) Höhepunkt m.

climb [klaɪm] vi klettern; (plane, sun, prices, shares) steigen ♦ vt (stairs, ladder) hochsteigen, hinaufsteigen; (tree) klettern auf +acc; (hill) steigen auf +acc ♦ n Aufstieg m; (of prices etc) Anstieg m; **to** ~ **over a wall/ into a car** über eine Mauer/in ein Auto steigen or klettern.

▶ **climb down** (BRIT) vi (fig) nachgeben.

climb-down ['klaɪmdaun] n Nachgeben nt, Rückzieher m (inf).

climber ['klaɪmə*] n Bergsteiger(in) m(f); (plant) Kletterpflanze f.

climbing ['klaɪmɪŋ] n Bergsteigen nt.

clinch [klɪntʃ] vt (deal) perfekt machen; (argument) zum Abschluss bringen.

clincher ['klɪntʃə*] n ausschlaggebender Faktor m.

cling [klɪŋ] (pt, pp **clung**) vi: **to** ~ **to** (mother, support) sich festklammern an +dat; (idea, belief) festhalten an +dat; (subj: clothes, dress) sich anschmiegen +dat.

clingfilm ['klɪŋfɪlm] n Frischhaltefolie f.

clinic ['klɪnɪk] n Klinik f; (session) Sprechstunde f; (: SPORT) Trainingstunde f.

clinical ['klɪnɪkl] adj klinisch; (fig) nüchtern, kühl; (: building, room) steril.

clink [klɪŋk] vi klirren.

clip [klɪp] n (also: paper ~) Büroklammer f;

(*BRIT: also*: **bulldog** ~) Klammer *f*; (*holding wire, hose etc*) Klemme *f*; (*for hair*) Spange *f*; (*TV, CINE*) Ausschnitt *m* ♦ *vt* festklemmen; (*also*: ~ **together**) zusammenheften; (*cut*) schneiden.

clippers ['klɪpəz] *npl* (*for gardening*) Schere *f*; (*also*: **nail** ~) Nagelzange *f*.

clipping ['klɪpɪŋ] *n* (*from newspaper*) Ausschnitt *m*.

clique [kli:k] *n* Clique *f*, Gruppe *f*.

clitoris ['klɪtərɪs] *n* Klitoris *f*.

cloak [kləuk] *n* Umhang *m* ♦ *vt* (*fig*) hüllen.

cloakroom ['kləukrum] *n* Garderobe *f*; (*BRIT: WC*) Toilette *f*.

clobber ['klɔbə*] (*inf*) *n* Klamotten *pl* ♦ *vt* (*hit*) hauen, schlagen; (*defeat*) in die Pfanne hauen.

clock [klɔk] *n* Uhr *f*; **round the** ~ rund um die Uhr; **30,000 on the** ~ (*BRIT: AUT*) ein Tachostand von 30.000; **to work against the** ~ gegen die Uhr arbeiten.

▶ **clock in** (*BRIT*) *vi* (den Arbeitsbeginn) stempeln *or* stechen.

▶ **clock off** (*BRIT*) *vi* (das Arbeitsende) stempeln *or* stechen.

▶ **clock on** (*BRIT*) *vi* = **clock in**.

▶ **clock out** (*BRIT*) *vi* = **clock off**.

▶ **clock up** *vt* (*miles*) fahren; (*hours*) arbeiten.

clockwise ['klɔkwaɪz] *adv* im Uhrzeigersinn.

clockwork ['klɔkwə:k] *n* Uhrwerk *nt* ♦ *adj* aufziehbar, zum Aufziehen; **like** ~ wie am Schnürchen.

clog [klɔg] *n* Clog *m*; (*wooden*) Holzschuh *m* ♦ *vt* verstopfen ♦ *vi* (*also*: ~ **up**) verstopfen.

cloister ['klɔɪstə*] *n* Kreuzgang *m*.

clone [kləun] *n* Klon *m*.

close¹ [kləus] *adj* (*writing, friend, contact*) eng; (*texture*) dicht, fest; (*relative*) nahe; (*examination*) genau, gründlich; (*watch*) streng, scharf; (*contest*) knapp; (*weather*) schwül; (*room*) stickig ♦ *adv* nahe; ~ (**to**) nahe (+*gen*); ~ **to** in der Nähe +*gen*; ~ **by,** ~ **at hand** in der Nähe; **how** ~ **is Edinburgh to Glasgow?** wie weit ist Edinburgh von Glasgow entfernt?; **a** ~ **friend** ein guter *or* enger Freund; **to have a** ~ **shave** (*fig*) gerade noch davonkommen; **at** ~ **quarters** aus der Nähe.

close² [kləuz] *vt* schließen, zumachen; (*sale, deal, case*) abschließen; (*speech*) schließen, beenden ♦ *vi* schließen, zumachen; (*door, lid*) sich schließen, zugehen; (*end*) aufhören ♦ *n* Ende *nt*, Schlus *m*; **to bring sth to a** ~ etw beenden.

▶ **close down** *vi* (*factory*) stillgelegt werden; (*magazine etc*) eingestellt werden.

▶ **close in** *vi* (*night*) hereinbrechen; (*fog*) sich verdichten; **to** ~ **in on sb/sth** jdm/etw auf den Leib rücken; **the days are closing in** die Tage werden kürzer.

▶ **close off** *vt* (*area*) abriegeln; (*road*) sperren.

closed [kləuzd] *adj* geschlossen; (*road*) gesperrt.

closed-circuit television *n* Fernsehüberwachungsanlage *f*.

closed shop *n* Betrieb *m* mit Gewerkschaftszwang.

close-knit ['kləus'nɪt] *adj* eng zusammengewachsen.

closely ['kləuslɪ] *adv* (*examine, watch*) genau; (*connected*) eng; **we are** ~ **related** wir sind nah verwandt; **a** ~ **guarded secret** ein streng gehütetes Geheimnis.

close season ['kləus-] *n* Schonzeit *f*; (*SPORT*) Sommerpause *f*.

closet ['klɔzɪt] *n* Wandschrank *m*.

close-up ['kləusʌp] *n* Nahaufnahme *f*.

closing ['kləuzɪŋ] *adj* (*stages*) Schluss-; (*remarks*) abschließend.

closing price *n* (*STOCK EXCHANGE*) Schlusskurs *m*, Schlussnotierung *f*.

closing time (*BRIT*) *n* (*in pub*) Polizeistunde *f*, Sperrstunde *f*.

closure ['kləuʒə*] *n* (*of factory*) Stilllegung *f*; (*of magazine*) Einstellung *f*; (*of road*) Sperrung *f*; (*of border*) Schließung *f*.

clot [klɔt] *n* (*blood clot*) (Blut)gerinnsel *nt*; (*inf: idiot*) Trottel *m* ♦ *vi* gerinnen; (*external bleeding*) zum Stillstand kommen.

cloth [klɔθ] *n* (*material*) Stoff *m*, Tuch *nt*; (*rag*) Lappen *m*; (*BRIT: also*: **teacloth**) (Spül)tuch *nt*; (*also*: **tablecloth**) Tischtuch *nt*, Tischdecke *f*.

clothe [kləuð] *vt* anziehen, kleiden.

clothes [kləuðz] *npl* Kleidung *f*, Kleider *pl*; **to put one's** ~ **on** sich anziehen; **to take one's** ~ **off** sich ausziehen.

clothes brush *n* Kleiderbürste *f*.

clothesline ['kləuðzlaɪn] *n* Wäscheleine *f*.

clothes peg, (*US*) **clothes pin** *n* Wäscheklammer *f*.

clothing ['kləuðɪŋ] *n* = **clothes**.

clotted cream ['klɔtɪd-] (*BRIT*) *n* Sahne *aus erhitzter Milch*.

cloud [klaud] *n* Wolke *f* ♦ *vt* trüben; **every** ~ **has a silver lining** (*proverb*) auf Regen folgt Sonnenschein; **to** ~ **the issue** es unnötig kompliziert machen; (*deliberately*) die Angelegenheit verschleiern.

▶ **cloud over** *vi* (*sky*) sich bewölken, sich bedecken; (*face, eyes*) sich verfinstern.

cloudburst ['klaudbə:st] *n* Wolkenbruch *m*.

cloud-cuckoo-land [klaud'kuku:lænd] (*BRIT*) *n* Wolkenkuckucksheim *nt*.

cloudy ['klaudɪ] *adj* wolkig, bewölkt; (*liquid*) trüb.

clout [klaut] *vt* schlagen, hauen ♦ *n* (*fig*) Schlagkraft *f*.

clove [kləuv] *n* Gewürznelke *f*; ~ **of garlic** Knoblauchzehe *f*.

clover ['kləuvə*] *n* Klee *m*.

cloverleaf ['kləuvəli:f] *n* Kleeblatt *nt*.

clown [klaun] *n* Clown *m* ♦ *vi* (*also*: ~ **about,** ~ **around**) herumblödeln, herumkaspern.

cloying ['klɔɪɪŋ] adj süßlich.

club [klʌb] n Klub m, Verein m; (weapon) Keule f, Knüppel m; (also: golf ~: object) Golfschläger m ♦ vt knüppeln ♦ vi: to ~ together zusammenlegen; clubs npl (CARDS) Kreuz nt.

club car (US) n Speisewagen m.

club class n Club-Klasse f, Businessklasse f.

clubhouse ['klʌbhaus] n Klubhaus nt.

club soda (US) n (soda water) Sodawasser nt.

cluck [klʌk] vi glucken.

clue [kluː] n Hinweis m, Anhaltspunkt m; (in crossword) Frage f; I haven't a ~ ich habe keine Ahnung.

clued-up ['kluːdʌp], (US: inf) **clued in** adj: to be ~ on sth über etw acc im Bilde sein.

clueless ['kluːlɪs] adj ahnungslos, unbedarft.

clump [klʌmp] n Gruppe f.

clumsy ['klʌmzɪ] adj ungeschickt; (object) unförmig; (effort, attempt) plump.

clung [klʌŋ] pt, pp of cling.

cluster ['klʌstə*] n Gruppe f ♦ vi (people) sich scharen; (houses) sich drängen.

clutch [klʌtʃ] n Griff m; (AUT) Kupplung f ♦ vt (purse, hand) umklammern; (stick) sich festklammern an +dat ♦ vi: to ~ at sich klammern an +acc.

clutter ['klʌtə*] vt (also: ~ up: room) voll stopfen; (: table) voll stellen ♦ n Kram m (inf).

CM (US) abbr (POST: = North Mariana Islands).

cm abbr (= centimetre) cm.

CNAA (BRIT) n abbr (= Council for National Academic Awards) Zentralstelle zur Vergabe von Qualifikationsnachweisen.

CND n abbr (= Campaign for Nuclear Disarmament) Organisation für atomare Abrüstung.

CO n abbr = commanding officer; (BRIT: = Commonwealth Office) Regierungsstelle für Angelegenheiten des Commonwealth ♦ abbr (US: POST: = Colorado).

Co. abbr = company, county.

c/o abbr (= care of) bei, c/o.

coach [kəutʃ] n (Reise)bus m; (horse-drawn) Kutsche f; (of train) Wagen m; (SPORT) Trainer m; (SCOL) Nachhilfelehrer(in) m(f) ♦ vt trainieren; (student) Nachhilfeunterricht geben +dat.

coach trip n Busfahrt f.

coagulate [kəu'ægjuleɪt] vi (blood) gerinnen; (paint etc) eindicken ♦ vt (blood) gerinnen lassen; (paint) dick werden lassen.

coal [kəul] n Kohle f.

coalface ['kəulfeɪs] n Streb m.

coalfield ['kəulfiːld] n Kohlenrevier nt.

coalition [kəuə'lɪʃən] n (POL) Koalition f; (of pressure groups etc) Zusammenschluss m.

coalman ['kəulmən] (irreg: like man) n Kohlenhändler m.

coal merchant n = coalman.

coal mine n Kohlenbergwerk nt, Zeche f.

coal miner n Bergmann m, Kumpel m (inf).

coal mining n (Kohlen)bergbau m.

coarse [kɔːs] adj (texture) grob; (vulgar) gewöhnlich, derb; (salt, sand etc) grobkörnig.

coast [kəust] n Küste f ♦ vi (im Leerlauf) fahren.

coastal ['kəustl] adj Küsten-.

coaster ['kəustə*] n (NAUT) Küstenfahrzeug nt; (for glass) Untersetzer m.

coastguard ['kəustgɑːd] n (officer) Küstenwächter m; (service) Küstenwacht f.

coastline ['kəustlaɪn] n Küste f.

coat [kəut] n Mantel m; (of animal) Fell nt; (layer) Schicht f; (: of paint) Anstrich m ♦ vt überziehen.

coat hanger n Kleiderbügel m.

coating ['kəutɪŋ] n (of chocolate etc) Überzug m; (of dust etc) Schicht f.

coat of arms n Wappen nt.

coauthor ['kəu'ɔːθə*] n Mitautor(in) m(f), Mitverfasser(in) m(f).

coax [kəuks] vt (person) überreden.

cob [kɔb] n see corn.

cobbler ['kɔblə*] n Schuster m.

cobbles ['kɔblz] npl Kopfsteinpflaster nt.

cobblestones ['kɔblstəunz] npl = cobbles.

COBOL ['kəubɔl] n COBOL nt.

cobra ['kəubrə] n Kobra f.

cobweb ['kɔbwɛb] n Spinnennetz nt.

cocaine [kə'keɪn] n Kokain nt.

cock [kɔk] n Hahn m; (male bird) Männchen nt ♦ vt (gun) entsichern; to ~ one's ears (fig) die Ohren spitzen.

cock-a-hoop [kɔkə'huːp] adj ganz aus dem Häuschen.

cockerel ['kɔkərl] n junger Hahn m.

cock-eyed ['kɔkaɪd] adj (fig) verrückt, widersinnig.

cockle ['kɔkl] n Herzmuschel f.

cockney ['kɔknɪ] n Cockney m, echter Londoner m; (LING) Cockney nt.

cockpit ['kɔkpɪt] n Cockpit nt.

cockroach ['kɔkrəutʃ] n Küchenschabe f, Kakerlak m.

cocktail ['kɔkteɪl] n Cocktail m; fruit ~ Obstsalat m; prawn ~ Krabbencocktail m.

cocktail cabinet n Hausbar f.

cocktail party n Cocktailparty f.

cocktail shaker [-'ʃeɪkə*] n Mixbecher m.

cock-up ['kɔkʌp] (inf!) n Schlamassel m.

cocky ['kɔkɪ] adj großspurig.

cocoa ['kəukəu] n Kakao m.

coconut ['kəukənʌt] n Kokosnuss f.

cocoon [kə'kuːn] n Puppe f, Kokon m; (fig) schützende Umgebung f.

COD abbr (BRIT) = cash on delivery; (US) = collect on delivery.

cod [kɔd] n Kabeljau m.

code [kəud] n (cipher) Chiffre f, (dialling code) Vorwahl f; (post code) Postleitzahl f; ~ of behaviour Sittenkodex m; ~ of practice

Verfahrensregeln *pl.*
codeine ['kəudi:n] *n* Kodein *nt.*
codger ['kɔdʒə*] (*inf*) *n*: **old ~ komischer Kauz** *m.*
codicil ['kɔdɪsɪl] *n* (*LAW*) Kodizill *nt.*
codify ['kəudɪfaɪ] *vt* kodifizieren.
cod-liver oil ['kɔdlɪvə-] *n* Lebertran *m.*
co-driver ['kəu'draɪvə*] *n* Beifahrer(in) *m(f).*
co-ed ['kəu'ed] (*SCOL*) *adj abbr* = **coeducational**
♦ *n abbr* (*US: female pupil/student*) Schülerin/ Studentin an einer gemischten Schule/ Universität; (*BRIT: school*) gemischte Schule *f.*
coeducational ['kəuɛdju'keɪʃənl] *adj* (*school*) Koedukations-, gemischt.
coerce [kəu'ə:s] *vt* zwingen.
coercion [kəu'ə:ʃən] *n* Zwang *m.*
coexistence ['kəuɪg'zɪstəns] *n* Koexistenz *f.*
C of C *n abbr* = **chamber of commerce.**
C of E *abbr* = **Church of England.**
coffee ['kɔfɪ] *n* Kaffee *m*; **black ~ schwarzer** Kaffee *m*; **white ~ Kaffee mit Milch**; **~ with cream Kaffee mit Sahne.**
coffee bar (*BRIT*) *n* Café *nt.*
coffee bean *n* Kaffeebohne *f.*
coffee break *n* Kaffeepause *f.*
coffee cake (*US*) *n* Kuchen *m* zum Kaffee.
coffee cup *n* Kaffeetasse *f.*
coffeepot ['kɔfɪpɔt] *n* Kaffeekanne *f.*
coffee table *n* Couchtisch *m.*
coffin ['kɔfɪn] *n* Sarg *m.*
C of I *abbr* (= *Church of Ireland*) anglikanische Kirche Irlands.
C of S *abbr* (= *Church of Scotland*) presbyterianische Kirche in Schottland.
cog [kɔg] *n* (*wheel*) Zahnrad *nt*; (*tooth*) Zahn *m.*
cogent ['kəudʒənt] *adj* stichhaltig, zwingend.
cognac ['kɔnjæk] *n* Kognak *m.*
cogwheel ['kɔgwi:l] *n* Zahnrad *nt.*
cohabit [kəu'hæbɪt] *vi* (*formal*) in eheähnlicher Gemeinschaft leben; **to ~ (with sb)** (mit jdm) zusammenleben.
coherent [kəu'hɪərənt] *adj* (*speech*) zusammenhängend; (*answer, theory*) schlüssig; (*person*) bei klarem Verstand.
cohesion [kəu'hi:ʒən] *n* Geschlossenheit *f.*
cohesive [kə'hi:sɪv] *adj* geschlossen.
COI (*BRIT*) *n abbr* (= *Central Office of Information*) regierungsamtliche Informationsstelle.
coil [kɔɪl] *n* Rolle *f*; (*one loop*) Windung *f*; (*of smoke*) Kringel *m*; (*AUT, ELEC*) Spule *f*; (*contraceptive*) Spirale *f* ♦ *vt* aufrollen, aufwickeln.
coin [kɔɪn] *n* Münze *f* ♦ *vt* prägen.
coinage ['kɔɪnɪdʒ] *n* Münzen *pl*; (*LING*) Prägung *f.*
coin box (*BRIT*) *n* Münzfernsprecher *m.*
coincide [kəuɪn'saɪd] *vi* (*events*) zusammenfallen; (*ideas, views*) übereinstimmen.
coincidence [kəu'ɪnsɪdəns] *n* Zufall *m.*

coin-operated ['kɔɪn'ɔpəreɪtɪd] *adj* Münz-.
Coke ® [kəuk] *n* Coca-Cola ® *nt or f*, Coke ® *nt.*
coke [kəuk] *n* Koks *m.*
Col. *abbr* = **colonel.**
COLA (*US*) *n abbr* (= *cost-of-living adjustment*) Anpassung der Löhne und Gehälter an steigende Lebenshaltungskosten.
colander ['kɔləndə*] *n* Durchschlag *m.*
cold [kəuld] *adj* kalt; (*unemotional*) kalt, kühl ♦ *n* Kälte *f*; (*MED*) Erkältung *f*; **it's ~ es ist** kalt; **to be/feel ~** (*person*) frieren; (*object*) kalt sein; **in ~ blood kaltblütig**; **to have ~ feet** (*fig*) kalte Füße bekommen; **to give sb the ~ shoulder** jdm die kalte Schulter zeigen; **to catch ~, to catch a ~ sich** erkälten.
cold-blooded ['kəuld'blʌdɪd] *adj* kaltblütig.
cold cream *n* (halbfette) Feuchtigkeitscreme *f.*
coldly ['kəuldlɪ] *adv* kalt, kühl.
cold-shoulder [kəuld'ʃəuldə*] *vt* die kalte Schulter zeigen +*dat.*
cold sore *n* Bläschenausschlag *m.*
cold sweat *n*: **to come out in a ~ (about sth)** (wegen etw) in kalten Schweiß ausbrechen.
cold turkey *n*: **to do ~ Totalentzug machen.**
Cold War *n*: **the ~ der Kalte Krieg.**
coleslaw ['kəulslɔ:] *n* Krautsalat *m.*
colic ['kɔlɪk] *n* Kolik *f.*
colicky ['kɔlɪkɪ] *adj*: **to be ~ Kolik *f or*** Leibschmerzen *pl* haben.
collaborate [kə'læbəreɪt] *vi* zusammenarbeiten; (*with enemy*) kollaborieren.
collaboration [kəlæbə'reɪʃən] *n* (*see vb*) Zusammenarbeit *f*; Kollaboration *f.*
collaborator [kə'læbəreɪtə*] *n* (*see vb*) Mitarbeiter(in) *m(f)*; Kollaborateur(in) *m(f).*
collage [kɔ'lɑ:ʒ] *n* Collage *f.*
collagen ['kɔlədʒən] *n* Kollagen *nt.*
collapse [kə'læps] *vi* zusammenbrechen; (*building*) einstürzen; (*plans*) scheitern; (*government*) stürzen ♦ *n* (*see vb*) Zusammenbruch *m*; Einsturz *m*; Scheitern *nt*; Sturz *m.*
collapsible [kə'læpsəbl] *adj* Klapp-, zusammenklappbar.
collar ['kɔlə*] *n* Kragen *m*; (*of dog, cat*) Halsband *nt*; (*TECH*) Bund *m* ♦ *vt* (*inf*) schnappen.
collarbone ['kɔləbəun] *n* Schlüsselbein *nt.*
collate [kɔ'leɪt] *vt* vergleichen.
collateral [kɔ'lætərl] *n* (*COMM*) (zusätzliche) Sicherheit *f.*
collateral damage *n* (*MIL*) Schäden *pl* in Wohngebieten; (: *casualties*) Opfer *pl* unter der Zivilbevölkerung.
collation [kə'leɪʃən] *n* Vergleich *m*; (*CULIN*): **a cold ~ ein kalter Imbiss** *m.*
colleague ['kɔli:g] *n* Kollege *m*, Kollegin *f.*
collect [kə'lɛkt] *vt* sammeln; (*mail, BRIT: fetch*) abholen; (*debts*) eintreiben; (*taxes*)

einziehen ♦ vi sich ansammeln ♦ adv (US: TEL): **to call** ~ ein R-Gespräch führen; **to** ~ **one's thoughts** seine Gedanken ordnen, sich sammeln; ~ **on delivery** (US: COMM) per Nachnahme.

collected [kə'lɛktɪd] adj: ~ **works** gesammelte Werke pl.

collection [kə'lɛkʃən] n Sammlung f; (from place, person, of mail) Abholung f; (in church) Kollekte f.

collective [kə'lɛktɪv] adj kollektiv, gemeinsam ♦ n Kollektiv nt; ~ **farm** landwirtschaftliche Produktionsgenossenschaft f.

collective bargaining n Tarifverhandlungen pl.

collector [kə'lɛktə*] n Sammler(in) m(f); (of taxes etc) Einnehmer(in) m(f); (of rent, cash) Kassierer(in) m(f); ~**'s item** or **piece** Sammlerstück nt, Liebhaberstück nt.

college ['kɔlɪdʒ] n College nt; (of agriculture, technology) Fachhochschule f; **to go to** ~ studieren; ~ **of education** pädagogische Hochschule f.

collide [kə'laɪd] vi: **to** ~ **(with)** zusammenstoßen (mit); (fig: clash) eine heftige Auseinandersetzung haben (mit).

collie ['kɔlɪ] n Collie m.

colliery ['kɔlɪərɪ] (BRIT) n (Kohlen)bergwerk nt, Zeche f.

collision [kə'lɪʒən] n Zusammenstoß m; **to be on a** ~ **course** (also fig) auf Kollisionskurs sein.

collision damage waiver n (INSURANCE) Verzicht auf Haftungsbeschränkung bei Unfällen mit Mietwagen.

colloquial [kə'ləukwɪəl] adj umgangssprachlich.

collusion [kə'luːʒən] n (geheime) Absprache f; **to be in** ~ **with** gemeinsame Sache machen mit.

Colo. (US) abbr (POST: = Colorado).

Cologne [kə'ləun] n Köln nt.

cologne [kə'ləun] n (also: **eau de** ~) Kölnischwasser nt, Eau de Cologne nt.

Colombia [kə'lɔmbɪə] n Kolumbien nt.

Colombian [kə'lɔmbɪən] adj kolumbianisch ♦ n Kolumbianer(in) m(f).

colon ['kəulən] n Doppelpunkt m; (ANAT) Dickdarm m.

colonel ['kəːnl] n Oberst m.

colonial [kə'ləunɪəl] adj Kolonial-.

colonize ['kɔlənaɪz] vt kolonisieren.

colony ['kɔlənɪ] n Kolonie f.

color etc ['kʌlə*] (US) = **colour** etc.

Colorado beetle [kɔlə'raːdəu-] n Kartoffelkäfer m.

colossal [kə'lɔsl] adj riesig, kolossal.

colour, (US) **color** ['kʌlə*] n Farbe f; (skin colour) Hautfarbe f; (of spectacle etc) Atmosphäre f ♦ vt bemalen; (with crayons) ausmalen; (dye) färben; (fig) beeinflussen ♦ vi (blush) erröten, rot werden ♦ cpd Farb-;

colours npl (of party, club etc) Farben pl; **in** ~ (film) in Farbe; (illustrations) bunt.

▶ **colour in** vt ausmalen.

colour bar n Rassenschranke f.

colour-blind ['kʌləblaɪnd] adj farbenblind.

coloured ['kʌləd] adj farbig; (photo) Farb-; (illustration etc) bunt.

colour film n Farbfilm m.

colourful ['kʌləful] adj bunt; (account, story) farbig, anschaulich; (personality) schillernd.

colouring ['kʌlərɪŋ] n Gesichtsfarbe f, Teint m; (in food) Farbstoff m.

colour scheme n Farbzusammenstellung f.

colour supplement (BRIT) n Farbbeilage f, Magazin nt.

colour television n Farbfernsehen nt; (set) Farbfernseher m.

colt [kəult] n Hengstfohlen nt.

column ['kɔləm] n Säule f; (of people) Kolonne f; (of print) Spalte f; (gossip/sports column) Kolumne f; **the editorial** ~ der Leitartikel.

columnist ['kɔləmnɪst] n Kolumnist(in) m(f).

coma ['kəumə] n Koma nt; **to be in a** ~ im Koma liegen.

comb [kəum] n Kamm m ♦ vt kämmen; (area) durchkämmen.

combat ['kɔmbæt] n Kampf m ♦ vt bekämpfen.

combination [kɔmbɪ'neɪʃən] n Kombination f.

combination lock n Kombinationsschloss nt.

combine [vti kəm'baɪn, n 'kɔmbaɪn] vt verbinden ♦ vi sich zusammenschließen; (CHEM) sich verbinden ♦ n Konzern m; (AGR) = **combine harvester** ~**d effort** vereintes Unternehmen.

combine harvester n Mähdrescher m.

combo ['kɔmbəu] n Combo f.

combustible [kəm'bʌstɪbl] adj brennbar.

combustion [kəm'bʌstʃən] n Verbrennung f.

===================== KEYWORD

come [kʌm] (pt came, pp come) vi **1** (movement towards) kommen; ~ **with me** kommen Sie mit mir; **to** ~ **running** angelaufen kommen; **coming!** ich komme!

2 (arrive) kommen; **they came to a river** sie kamen an einen Fluss; **to** ~ **home** nach Hause kommen.

3 (reach): **to** ~ **to** kommen an +acc; **her hair came to her waist** ihr Haar reichte ihr bis zur Hüfte; **to** ~ **to a decision** zu einer Entscheidung kommen.

4 (occur): **an idea came to me** mir kam eine Idee.

5 (be, become) werden; **I've** ~ **to like him** mittlerweile mag ich ihn; **if it** ~**s to it** wenn es darauf ankommt.

▶ **come about** vi geschehen.

▶ **come across** vt fus (find: person, thing) stoßen auf +acc ♦ vi: **to** ~ **across well/badly** (idea etc) gut/schlecht ankommen; (meaning) gut/schlecht verstanden werden.

▶ **come along** vi (arrive) daherkommen;

(*make progress*) vorankommen; ~ **along!** komm schon!

▶ **come apart** *vi* (*break in pieces*) auseinander gehen.

▶ **come away** *vi* (*leave*) weggehen; (*become detached*) abgehen.

▶ **come back** *vi* (*return*) zurückkommen;: **to ~ back into fashion** wieder in Mode kommen.

▶ **come by** *vt fus* (*acquire*) kommen zu.

▶ **come down** *vi* (*price*) sinken, fallen; (*building: be demolished*) abgerissen werden; (*tree: during storm*) umstürzen.

▶ **come forward** *vi* (*volunteer*) sich melden.

▶ **come from** *vt fus* kommen von, stammen aus; (*person*) kommen aus.

▶ **come in** *vi* (*enter*) hereinkommen; (*report, news*) eintreffen; (*on deal etc*) sich beteiligen; ~ **in!** herein!

▶ **come in for** *vt fus* (*criticism etc*) einstecken müssen.

▶ **come into** *vt fus* (*inherit: money*) erben; **to ~ into fashion** in Mode kommen; **money doesn't ~ into it** Geld hat nichts damit zu tun.

▶ **come off** *vi* (*become detached: button, handle*) sich lösen; (*succeed: attempt, plan*) klappen ♦ *vt fus* (*inf*): ~ **off it!** mach mal halblang!

▶ **come on** *vi* (*pupil, work, project*) vorankommen; (*lights etc*) angehen; ~ **on!** (*hurry up*) mach schon!; (*giving encouragement*) los!

▶ **come out** *vi* herauskommen; (*stain*) herausgehen; **to ~ out (on strike)** in den Streik treten.

▶ **come over** *vt fus*: **I don't know what's ~ over him!** ich weiß nicht, was in ihn gefahren ist.

▶ **come round** *vi* (*after faint, operation*) wieder zu sich kommen; (*visit*) vorbeikommen; (*agree*) zustimmen.

▶ **come through** *vi* (*survive*) durchkommen; (*telephone call*) (durch)kommen ♦ *vt fus* (*illness etc*) überstehen.

▶ **come to** *vi* (*regain consciousness*) wieder zu sich kommen ♦ *vt fus* (*add up to*): **how much does it ~ to?** was macht das zusammen?

▶ **come under** *vt fus* (*heading*) kommen unter +*acc*; (*criticism, pressure, attack*) geraten unter +*acc*.

▶ **come up** *vi* (*approach*) herankommen; (*sun*) aufgehen; (*problem*) auftauchen; (*event*) bevorstehen; (*in conversation*) genannt werden; **something's come up** etwas ist dazwischengekommen.

▶ **come up against** *vt fus* (*resistance, difficulties*) stoßen auf +*acc*.

▶ **come upon** *vt fus* (*find*) stoßen auf +*acc*.

▶ **come up to** *vt fus*: **the film didn't come up to our expectations** der Film entsprach

nicht unseren Erwartungen; **it's coming up to 10 o'clock** es ist gleich 10 Uhr.

▶ **come up with** *vt fus* (*idea*) aufwarten mit; (*money*) aufbringen.

comeback ['kʌmbæk] *n* (*of film star etc*) Come-back *nt*, Comeback *nt*; (*reaction, response*) Reaktion *f*.

Comecon ['kɔmikɔn] *n abbr* (= *Council for Mutual Economic Assistance*) Comecon *m*.

comedian [kə'miːdiən] *n* Komiker *m*.

comedienne [kəmiːdɪ'ɛn] *n* Komikerin *f*.

comedown ['kʌmdaun] (*inf*) *n* Enttäuschung *f*; (*professional*) Abstieg *m*.

comedy ['kɔmidi] *n* Komödie *f*; (*humour*) Witz *m*.

comet ['kɔmit] *n* Komet *m*.

comeuppance [kʌm'ʌpəns] *n*: **to get one's ~** die Quittung bekommen.

comfort ['kʌmfət] *n* (*physical*) Behaglichkeit *f*; (*material*) Komfort *m*; (*solace, relief*) Trost *m* ♦ *vt* trösten; **comforts** *npl* (*of home etc*) Komfort *m*, Annehmlichkeiten *pl*.

comfortable ['kʌmfətəbl] *adj* bequem; (*room*) komfortabel; (*walk, climb etc*) geruhsam; (*income*) ausreichend; (*majority*) sicher; **to be ~** (*physically*) sich wohl fühlen; (*financially*) sehr angenehm leben; **the patient is ~** dem Patienten geht es den Umständen entsprechend gut; **I don't feel very ~ about it** mir ist nicht ganz wohl bei der Sache.

comfortably ['kʌmfətəbli] *adv* (*sit*) bequem; (*live*) angenehm.

comforter ['kʌmfətə*] (*US*) *n* Schnuller *m*.

comfort station (*US*) *n* öffentliche Toilette *f*.

comic ['kɔmik] *adj* (*also*: ~**al**) komisch ♦ *n* Komiker(in) *m(f)*; (*BRIT: magazine*) Comicheft *nt*.

comical ['kɔmikl] *adj* komisch.

comic strip *n* Comicstrip *m*.

coming ['kʌmiŋ] *n* Ankunft *f*, Kommen *nt* ♦ *adj* kommend; (*next*) nächste(r, s); **in the ~ weeks** in den nächsten Wochen.

coming(s) and going(s) *n(pl)* Kommen und Gehen *nt*.

Comintern ['kɔmintəːn] *n* (*POL*) Komintern *f*.

comma ['kɔmə] *n* Komma *nt*.

command [kə'maːnd] *n* (*also COMPUT*) Befehl *m*; (*control, charge*) Führung *f*; (*MIL: authority*) Kommando *nt*, Befehlsgewalt *f*; (*mastery*) Beherrschung *f* ♦ *vt* (*troops*) befehligen, kommandieren; (*be able to get*) verfügen über +*acc*; (*deserve: respect, admiration etc*) verdient haben; **to be in ~ of** das Kommando *or* den (Ober)befehl haben über +*acc*; **to have ~ of** das Kommando haben über +*acc*; **to take ~ of** das Kommando übernehmen +*gen*; **to have at one's ~** verfügen über +*acc*; **to ~ sb to do sth** jdm befehlen, etw zu tun.

commandant ['kɔməndænt] *n* Kommandant

m.

command economy n
Kommandowirtschaft f.

commandeer [kɔmən'dɪə•] vt requirieren,
beschlagnahmen; (fig) sich aneignen.

commander [kə'mɑːndə•] n Befehlshaber m,
Kommandant m.

commander in chief n Oberbefehlshaber m.

commanding [kə'mɑːndɪŋ] adj (appearance)
imposant; (voice, tone) gebieterisch; (lead)
entscheidend; (position) vorherrschend.

commanding officer n befehlshabender
Offizier m.

commandment [kə'mɑːndmənt] n Gebot nt.

command module n Kommandokapsel f.

commando [kə'mɑːndəu] n Kommando nt,
Kommandotrupp m; (soldier) Angehörige(r)
m eines Kommando(trupp)s.

commemorate [kə'mɛməreɪt] vt gedenken
+gen.

commemoration [kəmɛmə'reɪʃən] n
Gedenken nt.

commemorative [kə'mɛmərətɪv] adj Gedenk-.

commence [kə'mɛns] vt, vi beginnen.

commend [kə'mɛnd] vt loben; **to ~ sth to sb**
jdm etw empfehlen.

commendable [kə'mɛndəbl] adj lobenswert.

commendation [kɔmɛn'deɪʃən] n
Auszeichnung f.

commensurate [kə'mɛnʃərɪt] adj: **~ with** or **to**
entsprechend +dat.

comment ['kɔmɛnt] n Bemerkung f; (on
situation etc) Kommentar m ♦ vi: **to ~ (on)**
sich äußern (über +acc or zu); (on situation
etc) einen Kommentar abgeben (zu); **"no ~"**
„kein Kommentar!"; **to ~ that ...**
bemerken, dass ...

commentary ['kɔməntəri] n Kommentar m;
(SPORT) Reportage f.

commentator ['kɔmənteɪtə•] n
Kommentator(in) m(f); (SPORT) Reporter(in)
m(f).

commerce ['kɔmə:s] n Handel m.

commercial [kə'mə:ʃəl] adj kommerziell;
(organization) Wirtschafts- ♦ n
(advertisement) Werbespot m.

commercial bank n Handelsbank f.

commercial break n Werbung f.

commercial college n Fachschule f für
kaufmännische Berufe.

commercialism [kə'mə:ʃəlɪzəm] n
Kommerzialisierung f.

commercialize [kə'mə:ʃəlaɪz] vt
kommerzialisieren.

commercialized [kə'mə:ʃəlaɪzd] (pej) adj
kommerzialisiert.

commercial radio n kommerzielles Radio nt.

commercial television n kommerzielles
Fernsehen nt.

commercial traveller n
Handelsvertreter(in) m(f).

commercial vehicle n Lieferwagen m.

commiserate [kə'mɪzəreɪt] vi: **to ~ with sb**
jdm sein Mitgefühl zeigen.

commission [kə'mɪʃən] n (order for work)
Auftrag m; (COMM) Provision f; (committee)
Kommission f; (MIL) Offizierspatent nt ♦ vt
(work of art) in Auftrag geben; (MIL) (zum
Offizier) ernennen; **out of ~** außer Betrieb;
(NAUT) nicht im Dienst; **I get 10% ~** ich
bekomme 10% Provision; **~ of inquiry**
Untersuchungsausschuss m,
Untersuchungskommission f; **to ~ sb to do
sth** jdn damit beauftragen, etw zu tun; **to
~ sth from sb** jdm etw in Auftrag geben.

commissionaire [kəmɪʃə'nɛə•] (BRIT) n
Portier m.

commissioner [kə'mɪʃənə•] n
Polizeipräsident m.

commit [kə'mɪt] vt (crime) begehen; (money,
resources) einsetzen; (to sb's care)
anvertrauen; **to ~ o.s.** sich festlegen; **to
~ o.s. to do sth** sich (dazu) verpflichten,
etw zu tun; **to ~ suicide** Selbstmord
begehen; **to ~ to writing** zu Papier bringen;
to ~ sb for trial jdn einem Gericht
überstellen.

commitment [kə'mɪtmənt] n Verpflichtung f;
(to ideology, system) Engagement nt.

committed [kə'mɪtɪd] adj engagiert.

committee [kə'mɪtɪ] n Ausschuss m, Komitee
nt; **to be on a ~** in einem Ausschuss or
Komitee sein or sitzen.

committee meeting n Ausschusssitzung f.

commodity [kə'mɔdɪtɪ] n Ware f; (food)
Nahrungsmittel nt.

common ['kɔmən] adj (shared by all)
gemeinsam; (good) Gemein-; (property)
Gemeinschafts-; (usual, ordinary) häufig;
(vulgar) gewöhnlich ♦ n Gemeindeland nt;
the Commons (BRIT: POL) npl das Unterhaus;
in ~ use allgemein gebräuchlich; **it's
~ knowledge that** es ist allgemein bekannt,
dass; **to the ~ good** für das Gemeinwohl; **to
have sth in ~ (with sb)** etw (mit jdm)
gemein haben.

common cold n Schnupfen m.

common denominator n (MATH, fig)
gemeinsamer Nenner m.

commoner ['kɔmənə•] n Bürgerliche(r) f(m).

common ground n (fig) gemeinsame Basis f.

common land n Gemeindeland nt.

common law n Gewohnheitsrecht nt.

common-law ['kɔmənlɔ:] adj: **she is his
~ wife** sie lebt mit ihm in eheähnlicher
Gemeinschaft.

commonly ['kɔmənlɪ] adv häufig.

Common Market n: **the ~** der Gemeinsame
Markt.

commonplace ['kɔmənpleɪs] adj alltäglich.

common room n Aufenthaltsraum m,
Tagesraum m.

common sense n gesunder
Menschenverstand m.

Commonwealth ['kɔmənwɛlθ] (*BRIT*) *n*: **the ~**
das Commonwealth.

COMMONWEALTH

Das **Commonwealth**, *offiziell Commonwealth
of Nations, ist ein lockerer Zusammenschluss aus
souveränen Staaten, die früher unter britischer
Regierung standen, und von Großbritannien
abhängigen Gebieten. Die Mitgliedstaaten erkennen
den britischen Monarchen als Oberhaupt des
Commonwealth an. Bei der Commonwealth
Conference, einem Treffen der Staatsoberhäupter
der Commonwealthländer, werden
Angelegenheiten von gemeinsamem Interesse
diskutiert.*

---

commotion [kə'məuʃən] *n* Tumult *m*.
communal ['kɔmjuːnl] *adj* gemeinsam,
Gemeinschafts-; (*life*) Gemeinschafts-.
commune [n 'kɔmjuːn, vi kə'mjuːn] *n* Kommune
f; *vi*: **to ~ with** Zwiesprache halten mit.
communicate [kə'mjuːnɪkeɪt] *vt* mitteilen;
(*idea, feeling*) vermitteln ♦ *vi*: **to ~ (with)** (*by
speech, gesture*) sich verständigen (mit); (*in
writing*) in Verbindung *or* Kontakt stehen
(mit).
communication [kəmjuːnɪ'keɪʃən] *n*
Kommunikation *f*; (*letter, call*) Mitteilung *f*.
communication cord (*BRIT*) *n* Notbremse *f*.
communications network
[kəmjuːnɪ'keɪʃənz-] *n* Kommunikationsnetz
nt.
communications satellite *n* Kommuni-
kationssatellit *m*, Nachrichtensatellit *m*.
communicative [kə'mjuːnɪkətɪv] *adj*
gesprächig, mitteilsam.
communion [kə'mjuːnɪən] *n* (*also*: **Holy C~**:
Catholic) Kommunion *f*; (: *Protestant*)
Abendmahl *nt*.
communiqué [kə'mjuːnɪkeɪ] *n* Kommunikee
nt, Kommuniqué *nt*, (amtliche)
Verlautbarung *f*.
communism ['kɔmjunɪzəm] *n* Kommunismus
m.
communist ['kɔmjunɪst] *adj* kommunistisch
♦ *n* Kommunist(in) *m(f)*.
community [kə'mjuːnɪtɪ] *n* Gemeinschaft *f*;
(*within larger group*) Bevölkerungsgruppe *f*.
community centre *n* Gemeindezentrum *nt*.
community charge (*BRIT*) *n* (*formerly*)
Gemeindesteuer *f*.
community chest (*US*) *n*
Wohltätigkeitsfonds *m*, Hilfsfonds *m*.
community health centre *n* Gemeinde-
Ärztezentrum *nt*.
community home (*BRIT*) *n* Erziehungsheim
nt.
community service *n* Sozialdienst *m*.
community spirit *n* Gemeinschaftssinn *m*.
commutation ticket [kɔmju'teɪʃən-] (*US*) *n*
Zeitkarte *f*.

commute [kə'mjuːt] *vi* pendeln ♦ *vt* (*LAW,
MATH*) umwandeln.
commuter [kə'mjuːtə*] *n* Pendler(in) *m(f)*.
compact [*adj* kəm'pækt, *n* 'kɔmpækt] *adj*
kompakt ♦ *n* (*also*: **powder ~**) Puderdose *f*.
compact disc *n* Compactdisk *f*, Compact
Disk *f*, CD *f*.
compact disc player *n* CD-Spieler *m*.
companion [kəm'pænjən] *n* Begleiter(in)
m(f).
companionship [kəm'pænjənʃɪp] *n*
Gesellschaft *f*.
companionway [kəm'pænjənweɪ] *n* (*NAUT*)
Niedergang *m*.
company ['kʌmpənɪ] *n* Firma *f*; (*THEAT*)
(Schauspiel)truppe *f*; (*MIL*) Kompanie *f*;
(*companionship*) Gesellschaft *f*; **he's good ~**
seine Gesellschaft ist angenehm; **to keep sb
~** jdm Gesellschaft leisten; **to part ~ with**
sich trennen von; **Smith and C~** Smith & Co.
company car *n* Firmenwagen *m*.
company director *n* Direktor(in) *m(f)*,
Firmenchef(in) *m(f)*.
company secretary (*BRIT*) *n* ≈ Prokurist(in)
m(f).
comparable ['kɔmpərəbl] *adj* vergleichbar.
comparative [kəm'pærətɪv] *adj* relativ; (*study,
literature*) vergleichend; (*LING*) komparativ.
comparatively [kəm'pærətɪvlɪ] *adv* relativ.
compare [kəm'pɛə*] *vt*: **to ~ (with *or* to)**
vergleichen (mit) ♦ *vi*: **to ~ (with)** sich
vergleichen lassen (mit); **how do the prices
~?** wie lassen sich die Preise vergleichen?;
~d with *or* to im Vergleich zu, verglichen
mit.
comparison [kəm'pærɪsn] *n* Vergleich *m*; **in
~ (with)** im Vergleich (zu).
compartment [kəm'pɑːtmənt] *n* (*RAIL*) Abteil
nt; (*section*) Fach *nt*.
compass ['kʌmpəs] *n* Kompass *m*; (*fig*: *scope*)
Bereich *m*; **compasses** *npl* (*also*: **pair of ~es**)
Zirkel *m*; **within the ~ of** im Rahmen *or*
Bereich +*gen*; **beyond the ~ of** über den
Rahmen *or* Bereich +*gen* hinaus.
compassion [kəm'pæʃən] *n* Mitgefühl *nt*.
compassionate [kəm'pæʃənɪt] *adj*
mitfühlend; **on ~ grounds** aus familiären
Gründen.
compassionate leave *n* (*esp MIL*)
*Beurlaubung wegen Krankheit oder
Trauerfall in der Familie.*
compatibility [kəmpætɪ'bɪlɪtɪ] *n* (*see adj*)
Vereinbarkeit *f*; Zueinanderpassen *nt*;
Kompatibilität *f*.
compatible [kəm'pætɪbl] *adj* (*ideas etc*)
vereinbar; (*people*) zueinander passend;
(*COMPUT*) kompatibel.
compel [kəm'pɛl] *vt* zwingen.
compelling [kəm'pɛlɪŋ] *adj* zwingend.
compendium [kəm'pɛndɪəm] *n* Kompendium
nt.
compensate ['kɔmpənseɪt] *vt* entschädigen

♦ vi: **to** ~ **for** (loss) ersetzen; (disappointment, change etc) (wieder) ausgleichen.

compensation [kɔmpən'seɪʃən] n (see vb) Entschädigung f; Ersatz m; Ausgleich m; (money) Schaden(s)ersatz m.

compère ['kɔmpɛə*] n Conférencier m.

compete [kəm'piːt] vi (in contest, game) teilnehmen; (two theories, statements) unvereinbar sein; **to** ~ **(with)** (companies, rivals) konkurrieren (mit).

competence ['kɔmpɪtəns] n Fähigkeit f.

competent ['kɔmpɪtənt] adj fähig.

competing [kəm'piːtɪŋ] adj konkurrierend.

competition [kɔmpɪ'tɪʃən] n Konkurrenz f; (contest) Wettbewerb m; **in** ~ **with** im Wettbewerb mit.

competitive [kəm'pɛtɪtɪv] adj (industry, society) wettbewerbsbetont, wettbewerbsorientiert; (person) vom Konkurrenzdenken geprägt; (price, product) wettbewerbsfähig, konkurrenzfähig; (sport) (Wett)kampf-.

competitive examination n (for places) Auswahlprüfung f; (for prizes) Wettbewerb m.

competitor [kəm'pɛtɪtə*] n Konkurrent(in) m(f); (participant) Teilnehmer(in) m(f).

compilation [kɔmpɪ'leɪʃən] n Zusammenstellung f.

compile [kəm'paɪl] vt zusammenstellen; (book) verfassen.

complacency [kəm'pleɪsnsɪ] n Selbstzufriedenheit f, Selbstgefälligkeit f.

complacent [kəm'pleɪsnt] adj selbstzufrieden, selbstgefällig.

complain [kəm'pleɪn] vi (protest) sich beschweren; **to** ~ **(about)** sich beklagen (über +acc); **to** ~ **of** (headache etc) klagen über +acc.

complaint [kəm'pleɪnt] n Klage f; (in shop etc) Beschwerde f; (illness) Beschwerden pl.

complement ['kɔmplɪmənt] n Ergänzung f; (esp ship's crew) Besatzung f ♦ vt ergänzen; **to have a full** ~ **of** ... (people) die volle Stärke an ... dat haben; (items) die volle Zahl an ... dat haben.

complementary [kɔmplɪ'mɛntərɪ] adj komplementär, einander ergänzend.

complete [kəm'pliːt] adj (total: silence) vollkommen; (: change) völlig; (: success) voll; (whole) ganz; (: set) vollständig; (: edition) Gesamt-; (finished) fertig ♦ vt fertig stellen; (task) beenden; (set, group etc) vervollständigen; (fill in) ausfüllen; **it's a** ~ **disaster** es ist eine totale Katastrophe.

completely [kəm'pliːtlɪ] adv völlig, vollkommen.

completion [kəm'pliːʃən] n Fertigstellung f; (of contract) Abschluss m; **to be nearing** ~ kurz vor dem Abschluss sein or stehen; **on** ~ **of the contract** bei Vertragsabschluss.

complex ['kɔmplɛks] adj kompliziert ♦ n Komplex m.

complexion [kəm'plɛkʃən] n Teint m, Gesichtsfarbe f; (of event etc) Charakter m; (political, religious) Anschauung f; **to put a different** ~ **on sth** etw in einem anderen Licht erscheinen lassen.

complexity [kəm'plɛksɪtɪ] n Kompliziertheit f.

compliance [kəm'plaɪəns] n Fügsamkeit f; (agreement) Einverständnis nt; ~ **with** Einverständnis mit, Zustimmung f zu; **in** ~ **with** gemäß +dat.

compliant [kəm'plaɪənt] adj gefällig, entgegenkommend.

complicate ['kɔmplɪkeɪt] vt komplizieren.

complicated ['kɔmplɪkeɪtɪd] adj kompliziert.

complication [kɔmplɪ'keɪʃən] n Komplikation f.

complicity [kəm'plɪsɪtɪ] n Mittäterschaft f.

compliment [n 'kɔmplɪmənt, vt 'kɔmplɪment] n Kompliment nt ♦ vt ein Kompliment/ Komplimente machen; **compliments** npl (regards) Grüße pl; **to pay sb a** ~ jdm ein Kompliment machen; **to** ~ **sb (on sth)** jdm Komplimente (wegen etw) machen; **to** ~ **sb on doing sth** jdm Komplimente machen, dass er/sie etw getan hat.

complimentary [kɔmplɪ'mɛntərɪ] adj schmeichelhaft; (ticket, copy of book etc) Frei-.

compliments slip n Empfehlungszettel m.

comply [kəm'plaɪ] vi: **to** ~ **with** (law) einhalten +acc; (ruling) sich richten nach.

component [kəm'pəunənt] adj einzeln ♦ n Bestandteil m.

compose [kəm'pəuz] vt (music) komponieren; (poem) verfassen; (letter) abfassen; **to be** ~**d of** bestehen aus; **to** ~ **o.s.** sich sammeln.

composed [kəm'pəuzd] adj ruhig, gelassen.

composer [kəm'pəuzə*] n Komponist(in) m(f).

composite ['kɔmpəzɪt] adj zusammengesetzt; (BOT) Korbblütler-; (MATH) teilbar; (BOT): ~ **plant** Korbblütler m.

composition [kɔmpə'zɪʃən] n Zusammensetzung f; (essay) Aufsatz m; (MUS) Komposition f.

compositor [kəm'pɔzɪtə*] n (Schrift)setzer(in) m(f).

compos mentis ['kɔmpɔs 'mentɪs] adj zurechnungsfähig.

compost ['kɔmpɔst] n Kompost m; (also: potting ~) Blumenerde f.

composure [kəm'pəuʒə*] n Fassung f, Beherrschung f.

compound [n, adj 'kɔmpaund, vt kəm'paund] n (CHEM) Verbindung f; (enclosure) umzäuntes Gebiet or Gelände nt; (LING) Kompositum nt ♦ adj zusammengesetzt; (eye) Facetten-, Fassetten- ♦ vt verschlimmern, vergrößern.

compound fracture n komplizierter Bruch m.

compound interest n Zinseszins m.

comprehend [kɔmprɪ'hɛnd] vt begreifen,

verstehen.

comprehension [kɔmprɪ'hɛnʃən] n
Verständnis nt.

comprehensive [kɔmprɪ'hɛnsɪv] adj
umfassend; (insurance) Vollkasko- ♦ n
= **comprehensive school**.

comprehensive school (BRIT) n
Gesamtschule f.

COMPREHENSIVE SCHOOL

Comprehensive school ist in Großbritannien
eine nicht selektive, weiterführende Schule, an der
alle Kinder aus einem Einzugsgebiet gemeinsam
unterrichtet werden. An einer solchen
Gesamtschule können alle Schulabschlüsse
gemacht werden. Die meisten staatlichen Schulen
in Großbritannien sind comprehensive schools.

---

compress [vt kəm'prɛs, n 'kɔmprɛs] vt
(information etc) verdichten; (air)
komprimieren; (cotton, paper etc)
zusammenpressen ♦ n (MED) Kompresse f.

compressed air [kəm'prɛst-] n Druckluft f,
Pressluft f.

compression [kəm'prɛʃən] n (see vb)
Verdichtung f; Kompression f;
Zusammenpressen nt.

comprise [kəm'praɪz] vt (also: be ~d of)
bestehen aus; (constitute) bilden,
ausmachen.

compromise ['kɔmprəmaɪz] n Kompromiss m
♦ vt (beliefs, principles) verraten; (person)
kompromittieren ♦ vi Kompromisse
schließen ♦ cpd (solution etc) Kompromiss-.

compulsion [kəm'pʌlʃən] n Zwang m; (force)
Druck m, Zwang m; **under** ~ unter Druck or
Zwang.

compulsive [kəm'pʌlsɪv] adj zwanghaft; **it
makes** ~ **viewing/reading** das muss man
einfach sehen/lesen; **he's a** ~ **smoker** das
Rauchen ist bei ihm zur Sucht geworden.

compulsory [kəm'pʌlsərɪ] adj obligatorisch;
(retirement) Zwangs-.

compulsory purchase n Enteignung f.

compunction [kəm'pʌŋkʃən] n Schuldgefühle
pl, Gewissensbisse pl; **to have no** ~ **about
doing sth** etw tun, ohne sich schuldig zu
fühlen.

computer [kəm'pjuːtə*] n Computer m,
Rechner m ♦ cpd Computer-; **the process is
done by** ~ das Verfahren wird per
Computer durchgeführt.

computer game n Computerspiel nt.

computerization [kəmpjuːtəraɪ'zeɪʃən] n
Computerisierung f.

computerize [kəm'pjuːtəraɪz] vt auf
Computer umstellen; (information)
computerisieren.

computer literate adj: **to be** ~
Computerkenntnisse haben.

computer programmer n

Programmierer(in) m(f).

computer programming n Programmieren
nt.

computer science n Informatik f.

computer scientist n Informatiker(in) m(f).

computing [kəm'pjuːtɪŋ] n Informatik f;
(activity) Computerarbeit f.

comrade ['kɔmrɪd] n Genosse m, Genossin f;
(friend) Kamerad(in) m(f).

comradeship ['kɔmrɪdʃɪp] n Kameradschaft f.

comsat ['kɔmsæt] n abbr = **communications
satellite**.

con [kɔn] vt betrügen; (cheat) hereinlegen ♦ n
Schwindel m; **to** ~ **sb into doing sth** jdn
durch einen Trick dazu bringen, dass er/sie
etw tut.

concave ['kɔnkeɪv] adj konkav.

conceal [kən'siːl] vt verbergen; (information)
verheimlichen.

concede [kən'siːd] vt zugeben ♦ vi nachgeben;
(admit defeat) sich geschlagen geben; **to** ~
~ **defeat** sich geschlagen geben; **to** ~ **a
point to sb** jdm in einem Punkt Recht
geben.

conceit [kən'siːt] n Einbildung f.

conceited [kən'siːtɪd] adj eingebildet.

conceivable [kən'siːvəbl] adj denkbar,
vorstellbar; **it is** ~ **that** ... es ist denkbar,
dass ...

conceivably [kən'siːvəblɪ] adv: **he may** ~ **be
right** es ist durchaus denkbar, dass er
Recht hat.

conceive [kən'siːv] vt (child) empfangen;
(plan) kommen auf +acc; (policy) konzipieren
♦ vi empfangen; **to** ~ **of sth** sich dat etw
vorstellen; **to** ~ **of doing sth** sich dat
vorstellen, etw zu tun.

concentrate ['kɔnsəntreɪt] vi sich
konzentrieren ♦ vt konzentrieren.

concentration [kɔnsən'treɪʃən] n
Konzentration f.

concentration camp n Konzentrationslager
nt, KZ nt.

concentric [kɔn'sɛntrɪk] adj konzentrisch.

concept ['kɔnsɛpt] n Vorstellung f; (principle)
Begriff m.

conception [kən'sɛpʃən] n Vorstellung f; (of
child) Empfängnis f.

concern [kən'sɔːn] n Angelegenheit f; (anxiety,
worry) Sorge f; (COMM) Konzern m ♦ vt
Sorgen machen +dat; (involve) angehen;
(relate to) betreffen; **to be** ~**ed (about)** sich
dat Sorgen machen (um); **"to whom it may**
~**"** (on certificate) „Bestätigung"; (on
reference) „Zeugnis"; **as far as I am** ~**ed** was
mich betrifft; **to be** ~**ed with** sich
interessieren für; **the department** ~**ed**
(under discussion) die betreffende
Abteilung; (involved) die zuständige
Abteilung.

concerning [kən'sɔːnɪŋ] prep bezüglich +gen,
hinsichtlich +gen.

concert ['kɔnsət] n Konzert nt; **in ~** (MUS) live; (activities, actions etc) gemeinsam.

concerted [kən'sɜːtɪd] adj gemeinsam.

concert hall n Konzerthalle f, Konzertsaal m.

concertina [kɔnsə'tiːnə] n Konzertina f ♦ vi sich wie eine Ziehharmonika zusammenschieben.

concerto [kən'tʃɜːtəu] n Konzert nt.

concession [kən'sɛʃən] n Zugeständnis nt, Konzession f; (COMM) Konzession; **tax ~** Steuervergünstigung f.

concessionaire [kənsɛʃə'nɛə*] n Konzessionär m.

concessionary [kən'sɛʃənrɪ] adj ermäßigt.

conciliation [kənsɪlɪ'eɪʃən] n Schlichtung f.

conciliatory [kən'sɪlɪətrɪ] adj versöhnlich.

concise [kən'saɪs] adj kurz gefasst, prägnant.

conclave ['kɔnkleɪv] n Klausur f, (REL) Konklave f.

conclude [kən'kluːd] vt beenden, schließen; (treaty, deal etc) abschließen; (decide) schließen, folgern ♦ vi schließen; (events): **to ~ (with)** enden (mit); **"That," he ~d, "is why we did it."** „Darum", schloss er, „haben wir es getan"; **I ~ that ...** ich komme zu dem Schluss, dass ...

concluding [kən'kluːdɪŋ] adj (remarks etc) abschließend, Schluss-.

conclusion [kən'kluːʒən] n (see vb) Ende nt; Schluss m; Abschluss m; Folgerung f; **to come to the ~ that ...** zu dem Schluss kommen, dass ...

conclusive [kən'kluːsɪv] adj (evidence) schlüssig; (defeat) endgültig.

concoct [kən'kɔkt] vt (excuse etc) sich dat ausdenken; (meal, sauce) improvisieren.

concoction [kən'kɔkʃən] n Zusammenstellung f; (drink) Gebräu nt.

concord ['kɔnkɔːd] n Eintracht f; (treaty) Vertrag m.

concourse ['kɔnkɔːs] n (Eingangs)halle f; (crowd) Menge f.

concrete ['kɔnkriːt] n Beton m ♦ adj (ceiling, block) Beton-; (proposal, idea) konkret.

concrete mixer n Betonmischmaschine f.

concur [kən'kɜː*] vi übereinstimmen; **to ~ with** beipflichten +dat.

concurrently [kən'kʌrntlɪ] adv gleichzeitig.

concussion [kən'kʌʃən] n Gehirnerschütterung f.

condemn [kən'dɛm] vt verurteilen; (building) für abbruchreif erklären.

condemnation [kɔndɛm'neɪʃən] n Verurteilung f.

condensation [kɔndɛn'seɪʃən] n Kondenswasser nt.

condense [kən'dɛns] vi kondensieren, sich niederschlagen ♦ vt zusammenfassen.

condensed milk [kən'dɛnst-] n Kondensmilch f, Büchsenmilch f.

condescend [kɔndɪ'sɛnd] vi herablassend sein; **to ~ to do sth** sich dazu herablassen,

etw zu tun.

condescending [kɔndɪ'sɛndɪŋ] adj herablassend.

condition [kən'dɪʃən] n Zustand m; (requirement) Bedingung f; (illness) Leiden nt ♦ vt konditionieren; (hair) in Form bringen; **conditions** npl (circumstances) Verhältnisse pl; **in good/poor ~** (person) in guter/ schlechter Verfassung; (thing) in gutem/ schlechtem Zustand; **a heart ~** ein Herzleiden nt; **weather ~s** die Wetterlage; **on ~ that ...** unter der Bedingung, dass ...

conditional [kən'dɪʃənl] adj bedingt; **to be ~ upon** abhängen von.

conditioner [kən'dɪʃənə*] n (for hair) Pflegespülung f; (for fabrics) Weichspüler m.

condo ['kɔndəu] (US: inf) n abbr = condominium.

condolences [kən'dəulənsɪz] npl Beileid nt.

condom ['kɔndəm] n Kondom m or nt.

condominium [kɔndə'mɪnɪəm] (US) n Haus nt mit Eigentumswohnungen; (rooms) Eigentumswohnung f.

condone [kən'dəun] vt gutheißen.

conducive [kən'djuːsɪv] adj: **~ to** förderlich +dat.

conduct [n 'kɔndʌkt, vt kən'dʌkt] n Verhalten nt ♦ vt (investigation etc) durchführen; (manage) führen; (orchestra, choir etc) dirigieren; (heat, electricity) leiten; **to ~ o.s.** sich verhalten.

conducted tour [kən'dʌktɪd-] n Führung f.

conductor [kən'dʌktə*] n (of orchestra) Dirigent(in) m(f); (on bus) Schaffner m; (US: on train) Zugführer(in) m(f); (ELEC) Leiter m.

conductress [kən'dʌktrɪs] n (on bus) Schaffnerin f.

conduit ['kɔndjuɪt] n (TECH) Leitungsrohr nt; (ELEC) Isolierrohr nt.

cone [kəun] n Kegel m; (on road) Leitkegel m; (BOT) Zapfen m; (ice cream cornet) (Eis)tüte f.

confectioner [kən'fɛkʃənə*] n (maker) Süßwarenhersteller(in) m(f); (seller) Süßwarenhändler(in) m(f); (of cakes) Konditor(in) m(f).

confectioner's (shop) [kən'fɛkʃənəz-] n Süßwarenladen m; (cake shop) Konditorei f.

confectionery [kən'fɛkʃənrɪ] n Süßwaren pl, Süßigkeiten pl; (cakes) Konditorwaren pl.

confederate [kən'fɛdrɪt] adj verbündet ♦ n (pej) Komplize m, Komplizin f; (US: HIST) **the C~s** die Konföderierten pl.

confederation [kənfɛdə'reɪʃən] n Bund m; (POL) Bündnis nt; (COMM) Verband m.

confer [kən'fɜː*] vt: **to ~ sth (on sb)** (jdm) etw verleihen ♦ vi sich beraten; **to ~ with sb about sth** sich mit jdm über etw acc beraten, etw mit jdm besprechen.

conference ['kɔnfərəns] n Konferenz f; (more informal) Besprechung f; **to be in ~** in or bei einer Konferenz/Besprechung sein.

conference room n Konferenzraum m; (smaller) Besprechungszimmer nt.

confess [kən'fɛs] vt bekennen; (sin) beichten; (crime) zugeben, gestehen ♦ vi (admit) gestehen; **to ~ to sth** (crime) etw gestehen; (weakness etc) sich zu etw bekennen; **I must ~ that I didn't enjoy it at all** ich muss sagen, dass es mir überhaupt keinen Spaß gemacht hat.

confession [kən'fɛʃən] n Geständnis nt; (REL) Beichte f; **to make a ~** ein Geständnis ablegen.

confessor [kən'fɛsə•] n Beichtvater m.

confetti [kən'fɛtɪ] n Konfetti nt.

confide [kən'faɪd] vi: **to ~ in** sich anvertrauen +dat.

confidence ['kɔnfɪdns] n Vertrauen nt; (self-assurance) Selbstvertrauen nt; (secret) vertrauliche Mitteilung f, Geheimnis nt; **to have ~ in sb/sth** Vertrauen zu jdm/etw haben; **to have (every) ~ that ...** ganz zuversichtlich sein, dass ...; **motion of no ~** Misstrauensantrag m; **to tell sb sth in strict ~** jdm etw ganz im Vertrauen sagen; **in ~** vertraulich.

confidence trick n Schwindel m.

confident ['kɔnfɪdənt] adj (selbst)sicher; (positive) zuversichtlich.

confidential [kɔnfɪ'dɛnʃəl] adj vertraulich; (secretary) Privat-.

confidentiality [kɔnfɪdɛnʃɪ'ælɪtɪ] n Vertraulichkeit f.

configuration [kənfɪgju'reɪʃən] n Anordnung f; (COMPUT) Konfiguration f.

confine [kən'faɪn] vt (shut up) einsperren; **to ~ (to)** beschränken (auf +acc); **to ~ o.s. to sth** sich auf etw acc beschränken; **to ~ o.s. to doing sth** sich darauf beschränken, etw zu tun.

confined [kən'faɪnd] adj begrenzt.

confinement [kən'faɪnmənt] n Haft f; (MED) Entbindung f.

confines ['kɔnfaɪnz] npl Grenzen pl; (of situation) Rahmen m.

confirm [kən'fɜːm] vt bestätigen; **to be ~ed** (REL) konfirmiert werden.

confirmation [kɔnfə'meɪʃən] n Bestätigung f; (REL) Konfirmation f.

confirmed [kən'fɜːmd] adj (bachelor) eingefleischt; (teetotaller) überzeugt.

confiscate ['kɔnfɪskeɪt] vt beschlagnahmen, konfiszieren.

confiscation [kɔnfɪs'keɪʃən] n Beschlagnahme f, Konfiszierung f.

conflagration [kɔnflə'greɪʃən] n Feuersbrunst f.

conflict ['kɔnflɪkt] n Konflikt m; (fighting) Zusammenstoß m, Kampf m ♦ vi: **to ~ (with)** im Widerspruch stehen (zu).

conflicting [kən'flɪktɪŋ] adj widersprüchlich.

conform [kən'fɔːm] vi sich anpassen; **to ~ to** entsprechen +dat.

conformist [kən'fɔːmɪst] n Konformist(in) m(f).

confound [kən'faund] vt verwirren; (amaze)

verblüffen.

confounded [kən'faundɪd] adj verdammt, verflixt (inf).

confront [kən'frʌnt] vt (problems, task) sich stellen +dat; (enemy, danger) gegenübertreten +dat.

confrontation [kɔnfrən'teɪʃən] n Konfrontation f.

confuse [kən'fjuːz] vt verwirren; (mix up) verwechseln; (complicate) durcheinander bringen.

confused [kən'fjuːzd] adj (person) verwirrt; (situation) verworren, konfus; **to get ~** konfus werden.

confusing [kən'fjuːzɪŋ] adj verwirrend.

confusion [kən'fjuːʒən] n (mix-up) Verwechslung f; (perplexity) Verwirrung f; (disorder) Durcheinander nt.

congeal [kən'dʒiːl] vi (blood) gerinnen; (sauce, oil) erstarren.

congenial [kən'dʒiːnɪəl] adj ansprechend, sympathisch; (atmosphere, place, work, company) angenehm.

congenital [kən'dʒɛnɪtl] adj angeboren.

conger eel ['kɔŋgər-] n Seeaal m.

congested [kən'dʒɛstɪd] adj (road) verstopft; (area) überfüllt; (nose) verstopft; **his lungs are ~** in seiner Lunge hat sich Blut angestaut.

congestion [kən'dʒɛstʃən] n (MED) Blutstau m; (of road) Verstopfung f; (of area) Überfüllung f.

conglomerate [kən'glɔmərɪt] n (COMM) Konglomerat nt.

conglomeration [kənglɔmə'reɪʃən] n Ansammlung f.

Congo ['kɔŋgəu] n (state) Kongo m.

congratulate [kən'grætjuleɪt] vt gratulieren; **to ~ sb (on sth)** jdm (zu etw) gratulieren.

congratulations [kəngrætju'leɪʃənz] npl Glückwunsch m, Glückwünsche pl; **~!** herzlichen Glückwunsch!; **~ on** Glückwünsche zu.

congregate ['kɔŋgrɪgeɪt] vi sich versammeln.

congregation [kɔŋgrɪ'geɪʃən] n Gemeinde f.

congress ['kɔŋgrɛs] n Kongress m; (US): **C~** der Kongress.

CONGRESS

Der **Congress** ist die nationale gesetzgebende Versammlung der USA, die in Washington im **Capitol** zusammentritt. Der Kongress besteht aus dem Repräsentantenhaus (435 Abgeordnete, entsprechend den Bevölkerungszahlen auf die einzelnen Bundesstaaten verteilt und jeweils für 2 Jahre gewählt) und dem Senat (100 Senatoren, 2 für jeden Bundesstaat, für 6 Jahre gewählt, wobei ein Drittel alle zwei Jahre neu gewählt wird). Sowohl die Abgeordneten als auch die Senatoren werden in direkter Wahl vom Volk gewählt.

congressman ['kɒŋgresmən] (*US*) *n* (*irreg: like man*) Kongressabgeordnete(r) *m*.

congresswoman ['kɒŋgreswumən] (*US: irreg: like woman*) *n* Kongressabgeordnete *f*.

conical ['kɒnɪkl] *adj* kegelförmig, konisch.

conifer ['kɒnɪfə*] *n* Nadelbaum *m*.

coniferous [kə'nɪfərəs] *adj* Nadel-.

conjecture [kən'dʒɛktʃə*] *n* Vermutung *f*, Mutmaßung *f* ♦ *vi* vermuten, mutmaßen.

conjugal ['kɒndʒugl] *adj* ehelich.

conjugate ['kɒndʒugeɪt] *vt* konjugieren.

conjugation [kɒndʒə'geɪʃən] *n* Konjugation *f*.

conjunction [kən'dʒʌŋkʃən] *n* Konjunktion *f*; **in ~ with** zusammen mit, in Verbindung mit.

conjunctivitis [kəndʒʌŋktɪ'vaɪtɪs] *n* Bindehautentzündung *f*.

conjure ['kʌndʒə*] *vi* zaubern ♦ *vt* (*also fig*) hervorzaubern.

▶ **conjure up** *vt* (*ghost, spirit*) beschwören; (*memories*) heraufbeschwören.

conjurer ['kʌndʒərə*] *n* Zauberer *m*, Zauberkünstler(in) *m(f)*.

conjuring trick ['kʌndʒərɪŋ-] *n* Zaubertrick *m*, Zauberkunststück *nt*.

conker ['kɒŋkə*] (*BRIT*) *n* (Ross)kastanie *f*.

conk out [kɒŋk-] (*inf*) *vi* den Geist aufgeben.

con man *n* Schwindler *m*.

Conn. (*US*) *abbr* (*POST: = Connecticut*).

connect [kə'nɛkt] *vt* verbinden; (*ELEC*) anschließen; (*TEL: caller*) verbinden; (: *subscriber*) anschließen; (*fig: associate*) in Zusammenhang bringen ♦ *vi*: **to ~ with** (*train, plane etc*) Anschluss haben an +*acc*; **to ~ sth to sth** etw mit einer Sache verbinden; **to be ~ed with** (*associated*) in einer Beziehung *or* in Verbindung stehen zu; (*have dealings with*) zu tun haben mit; **I am trying to ~ you** (*TEL*) ich versuche, Sie zu verbinden.

connection [kə'nɛkʃən] *n* Verbindung *f*; (*ELEC*) Kontakt *m*; (*train, plane etc, TEL: subscriber*) Anschluss *m*; (*fig: association*) Beziehung *f*, Zusammenhang *m*; **in ~ with** in Zusammenhang mit; **what is the ~ between them?** welche Verbindung besteht zwischen ihnen?; **business ~s** Geschäftsbeziehungen *pl*; **to get/miss one's ~** seinen Anschluss erreichen/verpassen.

connexion [kə'nɛkʃən] (*BRIT*) *n* = **connection**.

conning tower ['kɒnɪŋ-] *n* Kommandoturm *m*.

connive [kə'naɪv] *vi*: **to ~ at** stillschweigend dulden.

connoisseur [kɒnɪ'sə:*] *n* Kenner(in) *m(f)*.

connotation [kɒnə'teɪʃən] *n* Konnotation *f*.

connubial [kə'nju:bɪəl] *adj* ehelich.

conquer ['kɒŋkə*] *vt* erobern; (*enemy, fear, feelings*) besiegen.

conqueror ['kɒŋkərə*] *n* Eroberer *m*.

conquest ['kɒŋkwɛst] *n* Eroberung *f*.

cons [kɒnz] *npl see* **convenience, pro**.

conscience ['kɒnʃəns] *n* Gewissen *nt*; **to have a guilty/clear ~** ein schlechtes/gutes Gewissen haben; **in all ~** allen Ernstes.

conscientious [kɒnʃɪ'enʃəs] *adj* gewissenhaft.

conscientious objector *n* Wehrdienst- *or* Kriegsdienstverweigerer *m* (*aus Gewissensgründen*).

conscious ['kɒnʃəs] *adj* bewusst; (*awake*) bei Bewusstsein; **to become ~ of sth** sich *dat* einer Sache *gen* bewusst werden; **to become ~ that** ... sich *dat* bewusst werden, dass ...

consciousness ['kɒnʃəsnɪs] *n* Bewusstsein *nt*; **to lose ~** bewusstlos werden; **to regain ~** wieder zu sich kommen.

conscript ['kɒnskrɪpt] *n* Wehrpflichtige(r) *m*.

conscription [kən'skrɪpʃən] *n* Wehrpflicht *f*.

consecrate ['kɒnsɪkreɪt] *vt* weihen.

consecutive [kən'sɛkjutɪv] *adj* aufeinander folgend; **on three ~ occasions** dreimal hintereinander.

consensus [kən'sɛnsəs] *n* Übereinstimmung *f*; **the ~ (of opinion)** die allgemeine Meinung.

consent [kən'sɛnt] *n* Zustimmung *f* ♦ *vi*: **to ~ to** zustimmen +*dat*; **age of ~** Ehemündigkeitsalter *nt*; **by common ~** auf allgemeinen Wunsch.

consenting [kən'sɛntɪŋ] *adj*: **between ~ adults** ≈ zwischen Erwachsenen.

consequence ['kɒnsɪkwəns] *n* Folge *f*; **of ~** bedeutend, wichtig; **of little ~** es spielt kaum eine Rolle; **in ~** folglich.

consequently ['kɒnsɪkwəntlɪ] *adv* folglich.

conservation [kɒnsə'veɪʃən] *n* Erhaltung *f*, Schutz *m*; (*of energy*) Sparen *nt*; (*also*: **nature ~**) Umweltschutz *m*; (*of paintings, books*) Erhaltung *f*, Konservierung *f*; **energy ~** Energieeinsparung *f*.

conservationist [kɒnsə'veɪʃnɪst] *n* Umweltschützer(in) *m(f)*.

conservative [kən'sə:vətɪv] *adj* konservativ; (*cautious*) vorsichtig; (*BRIT: POL*): **C~** konservativ ♦ *n* (*BRIT: POL*): **C~** Konservative(r) *f(m)*.

Conservative Party *n*: **the ~** die Konservative Partei *f*.

conservatory [kən'sə:vətrɪ] *n* Wintergarten *m*; (*MUS*) Konservatorium *nt*.

conserve [kən'sə:v] *vt* erhalten; (*supplies, energy*) sparen ♦ *n* Konfitüre *f*.

consider [kən'sɪdə*] *vt* (*study*) sich *dat* überlegen; (*take into account*) in Betracht ziehen; **to ~ that** ... der Meinung sein, dass ...; **to ~ sb/sth as** ... jdn/etw für ... halten; **to ~ doing sth** in Erwägung ziehen, etw zu tun; **they ~ themselves to be superior** sie halten sich für etwas Besseres; **she ~ed it a disaster** sie betrachtete es als eine Katastrophe; **~ yourself lucky** Sie können sich glücklich schätzen; **all things ~ed** alles in allem.

considerable [kən'sɪdərəbl] *adj* beträchtlich.

considerably [kən'sɪdərəblɪ] *adv* beträchtlich; (*bigger, smaller etc*) um einiges.

considerate [kən'sɪdərɪt] *adj* rücksichtsvoll.

consideration [kənsɪdə'reɪʃən] *n* Überlegung *f*; (*factor*) Gesichtspunkt *m*, Faktor *m*; (*thoughtfulness*) Rücksicht *f*; (*reward*) Entgelt *nt*; **out of ~ for** aus Rücksicht auf +*acc*; **to be under ~** geprüft werden; **my first ~ is my family** ich denke zuerst an meine Familie.

considered [kən'sɪdəd] *adj*: **~ opinion** ernsthafte Überzeugung *f*.

considering [kən'sɪdərɪŋ] *prep* in Anbetracht +*gen*; **~ (that)** wenn man bedenkt(, dass).

consign [kən'saɪn] *vt*: **to ~ to** (*object: to place*) verbannen in +*acc*; (*person: to sb's care*) anvertrauen +*dat*; (: *to poverty*) verurteilen zu; (*send*) versenden an +*acc*.

consignment [kən'saɪnmənt] *n* Sendung *f*, Lieferung *f*.

consignment note *n* Frachtbrief *m*.

consist [kən'sɪst] *vi*: **to ~ of** bestehen aus.

consistency [kən'sɪstənsɪ] *n* (*of actions etc*) Konsequenz *f*; (*of cream etc*) Konsistenz *f*, Dicke *f*.

consistent [kən'sɪstənt] *adj* konsequent; (*argument, idea*) logisch, folgerichtig; **to be ~ with** entsprechen +*dat*.

consolation [kɒnsə'leɪʃən] *n* Trost *m*.

console [kən'səul] *vt* trösten ♦ *n* (*panel*) Schalttafel *f*.

consolidate [kən'sɒlɪdeɪt] *vt* festigen.

consols ['kɒnsɒlz] (*BRIT*) *npl* (*STOCK EXCHANGE*) Konsols *pl*, konsolidierte Staatsanleihen *pl*.

consommé [kən'sɒmeɪ] *n* Kraftbrühe *f*, Consommé *f*.

consonant ['kɒnsənənt] *n* Konsonant *m*, Mitlaut *m*.

consort ['kɒnsɔːt] *n* Gemahl(in) *m(f)*, Gatte *m*, Gattin *f* ♦ *vi*: **to ~ with sb** mit jdm verkehren; **prince ~** Prinzgemahl *m*.

consortium [kən'sɔːtɪəm] *n* Konsortium *nt*.

conspicuous [kən'spɪkjuəs] *adj* auffallend; **to make o.s. ~** auffallen.

conspiracy [kən'spɪrəsɪ] *n* Verschwörung *f*, Komplott *nt*.

conspiratorial [kənspɪrə'tɔːrɪəl] *adj* verschwörerisch.

conspire [kən'spaɪə*] *vi* sich verschwören; (*events*) zusammenkommen.

constable ['kʌnstəbl] (*BRIT*) *n* Polizist *m*; **chief ~** Polizeipräsident *m*, Polizeichef *m*.

constabulary [kən'stæbjulərɪ] (*BRIT*) *n* Polizei *f*.

constant ['kɒnstənt] *adj* dauernd, ständig; (*fixed*) konstant, gleich bleibend.

constantly ['kɒnstəntlɪ] *adv* (an)dauernd, ständig.

constellation [kɒnstə'leɪʃən] *n* Sternbild *nt*.

consternation [kɒnstə'neɪʃən] *n* Bestürzung *f*.

constipated ['kɒnstɪpeɪtɪd] *adj*: **to be ~** Verstopfung haben, verstopft sein.

constipation [kɒnstɪ'peɪʃən] *n* Verstopfung *f*.

constituency [kən'stɪtjuənsɪ] *n* (*POL*) Wahlkreis *m*; (*electors*) Wähler *pl* (*eines Wahlkreises*).

constituency party *n* Parteiorganisation in einem Wahlkreis.

constituent [kən'stɪtjuənt] *n* (*POL*) Wähler(in) *m(f)*; (*component*) Bestandteil *m*.

constitute ['kɒnstɪtjuːt] *vt* (*represent*) darstellen; (*make up*) bilden, ausmachen.

constitution [kɒnstɪ'tjuːʃən] *n* (*POL*) Verfassung *f*; (*of club etc*) Satzung *f*; (*health*) Konstitution *f*, Gesundheit *f*; (*make-up*) Zusammensetzung *f*.

constitutional [kɒnstɪ'tjuːʃənl] *adj* (*government*) verfassungsmäßig; (*reform etc*) Verfassungs-.

constitutional monarchy *n* konstitutionelle Monarchie *f*.

constrain [kən'streɪn] *vt* zwingen.

constrained [kən'streɪnd] *adj* gezwungen.

constraint [kən'streɪnt] *n* Beschränkung *f*, Einschränkung *f*; (*compulsion*) Zwang *m*; (*embarrassment*) Befangenheit *f*.

constrict [kən'strɪkt] *vt* einschnüren; (*blood vessel*) verengen; (*limit, restrict*) einschränken.

constriction [kən'strɪkʃən] *n* Einschränkung *f*; (*tightness*) Verengung *f*; (*squeezing*) Einschnürung *f*.

construct [kən'strʌkt] *vt* bauen; (*machine*) konstruieren; (*theory, argument*) entwickeln.

construction [kən'strʌkʃən] *n* Bau *m*; (*structure*) Konstruktion *f*; (*fig: interpretation*) Deutung *f*; **under ~** in or im Bau.

construction industry *n* Bauindustrie *f*.

constructive [kən'strʌktɪv] *adj* konstruktiv.

construe [kən'struː] *vt* auslegen, deuten.

consul ['kɒnsl] *n* Konsul(in) *m(f)*.

consulate ['kɒnsjulɪt] *n* Konsulat *nt*.

consult [kən'sʌlt] *vt* (*doctor, lawyer*) konsultieren; (*friend*) sich beraten or besprechen mit; (*reference book*) nachschlagen in +*dat*; **to ~ sb (about sth)** jdn (wegen etw) fragen.

consultancy [kən'sʌltənsɪ] *n* Beratungsbüro *nt*; (*MED: job*) Facharztstelle *f*.

consultant [kən'sʌltənt] *n* (*MED*) Facharzt *m*, Fachärztin *f*; (*other specialist*) Berater(in) *m(f)* ♦ *cpd*: **~ engineer** beratender Ingenieur *m*; **~ paediatrician** Facharzt/-ärztin *m/f* für Pädiatrie or Kinderheilkunde; **legal/ management ~** Rechts-/ Unternehmensberater(in) *m(f)*.

consultation [kɒnsəl'teɪʃən] *n* (*MED, LAW*) Konsultation *f*; (*discussion*) Beratung *f*, Besprechung *f*; **in ~ with** in gemeinsamer Beratung mit.

consultative [kən'sʌltətɪv] *adj* beratend.

consulting room [kən'sʌltɪŋ-] (*BRIT*) *n* Sprechzimmer *nt*.

consume [kən'sju:m] *vt* (*food, drink*) zu sich nehmen, konsumieren; (*fuel, energy*) verbrauchen; (*time*) in Anspruch nehmen; (*subj: emotion*) verzehren; (: *fire*) vernichten.

consumer [kən'sju:mə*] *n* Verbraucher(in) *m(f)*.

consumer credit *n* Verbraucherkredit *m*.

consumer durables *npl* (langlebige) Gebrauchsgüter *pl*.

consumer goods *npl* Konsumgüter *pl*.

consumerism [kən'sju:mərɪzəm] *n* Verbraucherschutz *m*.

consumer society *n* Konsumgesellschaft *f*.

consumer watchdog *n* Verbraucherschutzorganisation *f*.

consummate ['kɔnsʌmeɪt] *vt* (*marriage*) vollziehen; (*ambition etc*) erfüllen.

consumption [kən'sʌmpʃən] *n* Verbrauch *m*; (*of food*) Verzehr *m*; (*of drinks, buying*) Konsum *m*; (*MED*) Schwindsucht *f*; **not fit for human** ~ zum Verzehr ungeeignet.

cont. *abbr* (= *continued*) Forts.

contact ['kɔntækt] *n* Kontakt *m*; (*touch*) Berührung *f*; (*person*) Kontaktperson *f* ♦ *vt* sich in Verbindung setzen mit; **to be in** ~ **with sb/sth** mit jdm/etw in Verbindung *or* Kontakt stehen; (*touch*) jdn/etw berühren; **business** ~s Geschäftsverbindungen *pl*.

contact lenses *npl* Kontaktlinsen *pl*.

contagious [kən'teɪdʒəs] *adj* ansteckend.

contain [kən'teɪn] *vt* enthalten; (*growth, spread*) in Grenzen halten; (*feeling*) beherrschen; **to** ~ **o.s.** an sich *acc* halten.

container [kən'teɪnə*] *n* Behälter *m*; (*for shipping etc*) Container *m* ♦ *cpd* Container-.

containerize [kən'teɪnəraɪz] *vt* in Container verpacken; (*port*) auf Container umstellen.

container ship *n* Containerschiff *nt*.

contaminate [kən'tæmɪneɪt] *vt* (*water, food*) verunreinigen; (*soil etc*) verseuchen.

contamination [kəntæmɪ'neɪʃən] *n* (*see vb*) Verunreinigung *f*; Verseuchung *f*.

cont'd *abbr* (= *continued*) Forts.

contemplate ['kɔntəmpleɪt] *vt* nachdenken über +*acc*; (*course of action*) in Erwägung ziehen; (*person, painting etc*) betrachten.

contemplation [kɔntəm'pleɪʃən] *n* Betrachtung *f*.

contemporary [kən'tempərərɪ] *adj* zeitgenössisch; (*present-day*) modern ♦ *n* Altersgenosse *m*, Altersgenossin *f*; **Samuel Pepys and his contemporaries** Samuel Pepys und seine Zeitgenossen.

contempt [kən'tempt] *n* Verachtung *f*; ~ **of court** (*LAW*) Missachtung *f* (der Würde) des Gerichts, Ungebühr *f* vor Gericht; **to have** ~ **for sb/sth** jdn/etw verachten; **to hold sb in** ~ jdn verachten.

contemptible [kən'temptəbl] *adj* verachtenswert.

contemptuous [kən'temptjuəs] *adj* verächtlich, geringschätzig.

contend [kən'tend] *vt*: **to** ~ **that** ... behaupten, dass ...; **to** ~ **with** fertig werden mit; **to** ~ **for** kämpfen um; **to have to** ~ **with** es zu tun haben mit; **he has a lot to** ~ **with** er hat viel um die Ohren.

contender [kən'tendə*] *n* (*SPORT*) Wettkämpfer(in) *m(f)*; (*for title*) Anwärter(in) *m(f)*; (*POL*) Kandidat(in) *m(f)*.

content [*adj, vt* kən'tent, *n* 'kɔntent] *adj* zufrieden ♦ *vt* zufrieden stellen ♦ *n* Inhalt *m*; (*fat content, moisture content etc*) Gehalt *m*; **contents** *npl* Inhalt; (*table of*) ~**s** Inhaltsverzeichnis *nt*; **to be** ~ **with** zufrieden sein mit; **to** ~ **o.s. with sth** sich mit etw zufrieden geben *or* begnügen; **to** ~ **o.s. with doing sth** sich damit zufrieden geben *or* begnügen, etw zu tun.

contented [kən'tentɪd] *adj* zufrieden.

contentedly [kən'tentɪdlɪ] *adv* zufrieden.

contention [kən'tenʃən] *n* Behauptung *f*; (*disagreement, argument*) Streit *m*; **bone of** ~ Zankapfel *m*.

contentious [kən'tenʃəs] *adj* strittig, umstritten.

contentment [kən'tentmənt] *n* Zufriedenheit *f*.

contest [*n* 'kɔntest, *vt* kən'test] *n* (*competition*) Wettkampf *m*; (*for control, power etc*) Kampf *m* ♦ *vt* (*election, competition*) teilnehmen an +*dat*; (*compete for*) kämpfen um; (*statement*) bestreiten; (*decision*) angreifen; (*LAW*) anfechten.

contestant [kən'testənt] *n* (*in quiz*) Kandidat(in) *m(f)*; (*in competition*) Teilnehmer(in) *m(f)*; (*in fight*) Kämpfer(in) *m(f)*.

context ['kɔntekst] *n* Zusammenhang *m*, Kontext *m*; **in** ~ im Zusammenhang; **out of** ~ aus dem Zusammenhang gerissen.

continent ['kɔntɪnənt] *n* Kontinent *m*, Erdteil *m*; **the C**~ (*BRIT*) (Kontinental)europa *nt*; **on the C**~ in (Kontinental)europa, auf dem Kontinent.

continental [kɔntɪ'nentl] *adj* kontinental; (*European*) europäisch ♦ *n* (*BRIT*) (Festlands)europäer(in) *m(f)*.

continental breakfast *n* kleines Frühstück *nt*.

continental quilt (*BRIT*) *n* Steppdecke *f*.

contingency [kən'tɪndʒənsɪ] *n* möglicher Fall *m*, Eventualität *f*.

contingency plan *n* Plan *m* für den Eventualfall.

contingent [kən'tɪndʒənt] *n* Kontingent *nt* ♦ *adj*: **to be** ~ **upon** abhängen von.

continual [kən'tɪnjuəl] *adj* ständig; (*process*) ununterbrochen.

continually [kən'tɪnjuəlɪ] *adv* (*see adj*) ständig; ununterbrochen.

continuation [kəntɪnju'eɪʃən] *n* Fortsetzung *f*; (*extension*) Weiterführung *f*.

continue [kən'tɪnju:] *vi* andauern;

(*performance, road*) weitergehen; (*person:
talking*) fortfahren ♦ *vt* fortsetzen; **to ~ to do
sth/doing sth** etw weiter tun; **"to be ~d"**
„Fortsetzung folgt"; **"~d on page 10"**
„Fortsetzung auf Seite 10".

continuing education [kən'tɪnjuɪŋ-] *n*
Erwachsenenbildung *f*.

continuity [kɒntɪ'njuːɪtɪ] *n* Kontinuität *f* ♦ *cpd*
(*TV*): **~ announcer** Ansager(in) *m(f)*; **~ studio**
Ansagestudio *nt*.

continuous [kən'tɪnjuəs] *adj* ununterbrochen;
(*growth etc*) kontinuierlich; **~ form** (*LING*)
Verlaufsform *f*; **~ performance** (*CINE*)
durchgehende Vorstellung *f*.

continuously [kən'tɪnjuəslɪ] *adv* dauernd,
ständig; (*uninterruptedly*) ununterbrochen.

continuous stationery *n* (*COMPUT*)
Endlospapier *nt*.

contort [kən'tɔːt] *vt* (*body*) verrenken,
verdrehen; (*face*) verziehen.

contortion [kən'tɔːʃən] *n* Verrenkung *f*.

contortionist [kən'tɔːʃənɪst] *n*
Schlangenmensch *m*.

contour ['kɒntuə*] *n* (*also:* **~ line**) Höhenlinie *f*;
(*shape, outline: gen pl*) Kontur *f*, Umriss *m*.

contraband ['kɒntrəbænd] *n* Schmuggelware *f*
♦ *adj* Schmuggel-.

contraception [kɒntrə'sɛpʃən] *n*
Empfängnisverhütung *f*.

contraceptive [kɒntrə'sɛptɪv] *adj*
empfängnisverhütend ♦ *n*
Verhütungsmittel *nt*.

contract [*n, cpd* 'kɒntrækt, *vb* kən'trækt] *n*
Vertrag *m* ♦ *vi* schrumpfen; (*metal, muscle*)
sich zusammenziehen ♦ *vt* (*illness*)
erkranken an +*dat* ♦ *cpd* vertraglich
festgelegt; (*work*) Auftrags-; **~ of
employment/service** Arbeitsvertrag *m*; **to
~ to do sth** (*COMM*) sich vertraglich
verpflichten, etw zu tun.
▶ **contract in** (*BRIT*) *vi* beitreten.
▶ **contract out** (*BRIT*) *vi* austreten.

contraction [kən'trækʃən] *n* Zusammenziehen
nt; (*LING*) Kontraktion *f*; (*MED*) Wehe *f*.

contractor [kən'træktə*] *n* Auftragnehmer *m*;
(*building contractor*) Bauunternehmer *m*.

contractual [kən'træktʃuəl] *adj* vertraglich.

contradict [kɒntrə'dɪkt] *vt* widersprechen
+*dat*.

contradiction [kɒntrə'dɪkʃən] *n* Widerspruch
m; **to be in ~ with** im Widerspruch stehen
zu; **a ~ in terms** ein Widerspruch in sich.

contradictory [kɒntrə'dɪktərɪ] *adj*
widersprüchlich.

contralto [kən'træltəu] *n* (*MUS*) Altistin *f*;
(: *voice*) Alt *m*.

contraption [kən'træpʃən] (*pej*) *n* (*device*)
Vorrichtung *f*; (*machine*) Gerät *nt*, Apparat
m.

contrary¹ ['kɒntrərɪ] *adj* entgegengesetzt;
(*ideas, opinions*) gegensätzlich;
(*unfavourable*) widrig ♦ *n* Gegenteil *nt*; **~ to**

what we thought im Gegensatz zu dem, was
wir dachten; **on the ~** im Gegenteil; **unless
you hear to the ~** sofern Sie nichts
Gegenteiliges hören.

contrary² [kən'trɛərɪ] *adj* widerspenstig.

contrast ['kɒntrɑːst] *n* Gegensatz *m*, Kontrast
m ♦ *vt* vergleichen, gegenüberstellen; **in
~ to** *or* **with** im Gegensatz zu.

contrasting [kən'trɑːstɪŋ] *adj* (*colours*)
kontrastierend; (*attitudes*) gegensätzlich.

contravene [kɒntrə'viːn] *vt* verstoßen gegen.

contravention [kɒntrə'vɛnʃən] *n* Verstoß *m*;
to be in ~ of sth gegen etw verstoßen.

contribute [kən'trɪbjuːt] *vi* beitragen ♦ *vt*: **to
~ £10/an article to** £10/einen Artikel
beisteuern zu; **to ~ to** (*charity*) spenden für;
(*newspaper*) schreiben für; (*discussion,
problem etc*) beitragen zu.

contribution [kɒntrɪ'bjuːʃən] *n* Beitrag *m*;
(*donation*) Spende *f*.

contributor [kən'trɪbjutə*] *n* (*to appeal*)
Spender(in) *m(f)*; (*to newspaper*)
Mitarbeiter(in) *m(f)*.

contributory [kən'trɪbjutərɪ] *adj*: **a ~ cause**
ein Faktor, der mit eine Rolle spielt; **it was
a ~ factor in ... es** trug zu ... bei.

contributory pension scheme (*BRIT*) *n*
beitragspflichtige Rentenversicherung *f*.

contrite ['kɒntraɪt] *adj* zerknirscht.

contrivance [kən'traɪvəns] *n* (*scheme*) List *f*;
(*device*) Vorrichtung *f*.

contrive [kən'traɪv] *vt* (*meeting*) arrangieren
♦ *vi*: **to ~ to do sth** es fertig bringen, etw zu
tun.

control [kən'trəul] *vt* (*country*) regieren;
(*organization*) leiten; (*machinery, process*)
steuern; (*wages, prices*) kontrollieren;
(*temper*) zügeln; (*disease, fire*) unter
Kontrolle bringen ♦ *n* (*of country*) Kontrolle
f; (*of organization*) Leitung *f*; (*of oneself,
emotions*) Beherrschung *f*; (*SCI: also:*
~ group) Kontrollgruppe *f*; **controls** *npl* (*of
vehicle*) Steuerung *f*; (*on radio, television etc*)
Bedienungsfeld *nt*; (*governmental*) Kontrolle
f; **to ~ o.s.** sich beherrschen; **to take ~ of**
die Kontrolle übernehmen über +*acc*;
(*COMM*) übernehmen; **to be in ~ of** unter
Kontrolle haben; (*in charge of*) unter sich *dat*
haben; **out of/under ~** außer/unter
Kontrolle; **everything is under ~** ich habe/
wir haben *etc* die Sache im Griff (*inf*); **the
car went out of ~** der Fahrer verlor die
Kontrolle über den Wagen; **circumstances
beyond our ~** unvorhersehbare Umstände.

control key *n* (*COMPUT*) Controltaste *f*,
Steuerungstaste *f*.

controlled substance *n*
veschreibungspflichtiges Medikament.

controller [kən'trəulə*] *n* (*RADIO, TV*)
Intendant(in) *m(f)*.

controlling interest [kən'trəulɪŋ-] *n*
Mehrheitsanteil *m*.

control panel n Schalttafel f; (on television) Bedienungsfeld nt.

control point n Kontrollpunkt m, Kontrollstelle f.

control room n (NAUT) Kommandoraum m; (MIL) (Operations)zentrale f; (RADIO, TV) Regieraum m.

control tower n Kontrollturm m.

control unit n (COMPUT) Steuereinheit f.

controversial [kɒntrə'vɜːʃl] adj umstritten, kontrovers.

controversy ['kɒntrəvɜːsɪ] n Streit m, Kontroverse f.

conurbation [kɒnə'beɪʃən] n Ballungsgebiet nt, Ballungsraum m.

convalesce [kɒnvə'lɛs] vi genesen.

convalescence [kɒnvə'lɛsns] n Genesungszeit f.

convalescent [kɒnvə'lɛsnt] adj (leave etc) Genesungs-, Kur- ♦ n Genesende(r) f(m).

convector [kən'vɛktə*] n Heizlüfter m.

convene [kən'viːn] vt einberufen ♦ vi zusammentreten.

convener [kən'viːnə*] n (organizer) Organisator(in) m(f); (chairperson) Vorsitzende(r) f(m).

convenience [kən'viːnɪəns] n Annehmlichkeit f; (suitability): **the ~ of this arrangement/ location** diese günstige Vereinbarung/Lage; **I like the ~ of having a shower** mir gefällt, wie angenehm es ist, eine Dusche zu haben; **I like the ~ of living in the city** mir gefällt, wie praktisch es ist, in der Stadt zu wohnen; **at your ~** wann es Ihnen passt; **at your earliest ~** möglichst bald, baldmöglichst; **with all modern ~s** or (BRIT) **all mod cons** mit allem modernen Komfort; see also **public convenience**.

convenience foods npl Fertiggerichte pl.

convenient [kən'viːnɪənt] adj günstig; (handy) praktisch; (house etc) günstig gelegen; **if it is ~ to you** wenn es Ihnen (so) passt, wenn es Ihnen keine Umstände macht.

conveniently [kən'viːnɪəntlɪ] adv (happen) günstigerweise; (situated) günstig.

convenor [kən'viːnə*] n = **convener**.

convent ['kɒnvənt] n Kloster nt.

convention [kən'vɛnʃən] n Konvention f; (conference) Tagung f, Konferenz f; (agreement) Abkommen nt.

conventional [kən'vɛnʃənl] adj konventionell.

convent school n Klosterschule f.

converge [kən'vɜːdʒ] vi (roads) zusammenlaufen ♦ vi sich einander annähern; **to ~ on sb/a place** (people) von überallher zu jdm/an einen Ort strömen.

conversant [kən'vɜːsnt] adj: **to be ~ with** vertraut sein mit.

conversation [kɒnvə'seɪʃən] n Gespräch nt, Unterhaltung f.

conversational [kɒnvə'seɪʃənl] adj (tone, style) Unterhaltungs-; (language) gesprochen;

~ mode (COMPUT) Dialogbetrieb m.

conversationalist [kɒnvə'seɪʃnəlɪst] n Unterhalter(in) m(f), Gesprächspartner(in) m(f).

converse [n 'kɒnvɜːs, vi kən'vɜːs] n Gegenteil nt ♦ vi: **to ~ (with sb) (about sth)** sich (mit jdm) (über etw) unterhalten.

conversely [kən'vɜːslɪ] adv umgekehrt.

conversion [kən'vɜːʃən] n Umwandlung f; (of weights etc) Umrechnung f; (REL) Bekehrung f; (BRIT: of house) Umbau m.

conversion table n Umrechnungstabelle f.

convert [vt kən'vɜːt, n 'kɒnvɜːt] vt umwandeln; (person) bekehren; (building) umbauen; (vehicle) umrüsten; (COMM) konvertieren; (RUGBY) verwandeln ♦ n Bekehrte(r) f(m).

convertible [kən'vɜːtəbl] adj (currency) konvertierbar ♦ n (AUT) Kabriolett nt.

convex ['kɒnvɛks] adj konvex.

convey [kən'veɪ] vt (information etc) vermitteln; (cargo, traveller) befördern; (thanks) übermitteln.

conveyance [kən'veɪəns] n Beförderung f, Spedition f; (vehicle) Gefährt nt.

conveyancing [kən'veɪənsɪŋ] n (Eigentums)übertragung f.

conveyor belt n Fließband nt.

convict [vt kən'vɪkt, n 'kɒnvɪkt] vt verurteilen ♦ n Sträfling m.

conviction [kən'vɪkʃən] n Überzeugung f; (LAW) Verurteilung f.

convince [kən'vɪns] vt überzeugen; **to ~ sb (of sth)** jdn (von etw) überzeugen; **to ~ sb that ...** jdn davon überzeugen, dass ...

convinced [kən'vɪnst] adj: **~ (of)** überzeugt (von); **~ that ...** überzeugt davon, dass ...

convincing [kən'vɪnsɪŋ] adj überzeugend.

convincingly [kən'vɪnsɪŋlɪ] adv überzeugend.

convivial [kən'vɪvɪəl] adj freundlich; (event) gesellig.

convoluted ['kɒnvəluːtɪd] adj verwickelt, kompliziert; (shape) gewunden.

convoy ['kɒnvɔɪ] n Konvoi m.

convulse [kən'vʌls] vt: **to be ~d with laughter/pain** sich vor Lachen schütteln/ Schmerzen krümmen.

convulsion [kən'vʌlʃən] n Schüttelkrampf m.

coo [kuː] vi gurren.

cook [kʊk] vt kochen, zubereiten ♦ vi (person, food) kochen; (fry, roast) braten; (pie) backen ♦ n Koch m, Köchin f.

▶ **cook up** (inf) vt sich dat einfallen lassen, zurechtbasteln.

cookbook ['kʊkbʊk] n Kochbuch nt.

cook-chill ['kʊktʃɪl] adj durch rasches Kühlen haltbar gemacht.

cooker ['kʊkə*] n Herd m.

cookery ['kʊkərɪ] n Kochen nt, Kochkunst f.

cookery book (BRIT) n = **cookbook**.

cookie ['kʊkɪ] (US) n Keks m or nt, Plätzchen nt.

cooking ['kʊkɪŋ] n Kochen nt; (food) Essen nt

♦ *cpd* Koch-; (*chocolate*) Block-.

cookout ['kukaut] (*US*) *n* ≈ Grillparty *f*.

cool [ku:l] *adj* kühl; (*dress, clothes*) leicht, luftig; (*person: calm*) besonnen; (: *unfriendly*) kühl ♦ *vt* kühlen ♦ *vi* abkühlen; **it's** ~ **es ist kühl; to keep sth** ~ *or* **in a** ~ **place** etw kühl aufbewahren; **to keep one's** ~ **die Ruhe bewahren.**

▸ **cool down** *vi* abkühlen; (*fig*) sich beruhigen.

coolant ['ku:lənt] *n* Kühlflüssigkeit *f*.

cool box *n* Kühlbox *f*.

cooler ['ku:lə*] (*US*) *n* = **cool box.**

cooling ['ku:lɪŋ] *adj* (*drink, shower*) kühlend; (*feeling, emotion*) abkühlend.

cooling tower ['ku:lɪŋ-] *n* Kühlturm *m*.

coolly ['ku:lɪ] *adv* (*calmly*) besonnen, ruhig; (*in unfriendly way*) kühl.

coolness ['ku:lnɪs] *n* (*see adj*) Kühle *f*; Leichtigkeit *f*, Luftigkeit *f*; Besonnenheit *f*.

coop [ku:p] *n* (*for rabbits*) Kaninchenstall *m*; (*for poultry*) Hühnerstall *m* ♦ *vt*: **to** ~ **up** (*fig*) einsperren.

co-op ['kəʊɒp] *n abbr* (= *cooperative (society)*) Genossenschaft *f*.

cooperate [kəʊ'ɒpəreɪt] *vi* zusammenarbeiten; (*assist*) mitmachen, kooperieren; **to** ~ **with sb** mit jdm zusammenarbeiten.

cooperation [kəʊɒpə'reɪʃən] *n* (*see vb*) Zusammenarbeit *f*; Mitarbeit *f*, Kooperation *f*.

cooperative [kəʊ'ɒpərətɪv] *adj* (*farm, business*) auf Genossenschaftsbasis; (*person*) kooperativ; (: *helpful*) hilfsbereit ♦ *n* Genossenschaft *f*, Kooperative *f*.

coopt [kəʊ'ɒpt] *vt*: **to** ~ **sb onto a committee** jdn in ein Komitee hinzuwählen *or* kooptieren.

coordinate [kəʊ'ɔ:dɪneɪt] *vt* koordinieren ♦ *n* (*MATH*) Koordinate *f*; **coordinates** *npl* (*clothes*) Kleidung *f* zum Kombinieren.

coordination [kəʊɔ:dɪ'neɪʃən] *n* Koordinierung *f*, Koordination *f*.

coownership [kəʊ'əʊnəʃɪp] *n* Mitbesitz *m*.

cop [kɒp] (*inf*) *n* Polizist(in) *m(f)*, Bulle *m* (*pej*).

cope [kəʊp] *vi* zurechtkommen; **to** ~ **with** fertig werden mit.

Copenhagen ['kəʊpn'heɪgən] *n* Kopenhagen *nt*.

copier ['kɒpɪə*] *n* (*also*: **photocopier**) Kopiergerät *nt*, Kopierer *m*.

copilot ['kəʊpaɪlət] *n* Kopilot(in) *m(f)*.

copious ['kəʊpɪəs] *adj* reichlich.

copper ['kɒpə*] *n* Kupfer *nt*; (*BRIT: inf*) Polizist(in) *m(f)*, Bulle *m* (*pej*); **coppers** *npl* (*small change, coins*) Kleingeld *nt*.

coppice ['kɒpɪs] *n* Wäldchen *nt*.

copse [kɒps] *n* = **coppice.**

copulate ['kɒpjuleɪt] *vi* kopulieren.

copy ['kɒpɪ] *n* Kopie *f*; (*of book, record, newspaper*) Exemplar *nt*; (*for printing*) Artikel *m* ♦ *vt* (*person*) nachahmen; (*idea etc*) nachmachen; (*something written*) abschreiben; **this murder story will make good** ~ (*PRESS*) aus diesem Mord kann man etwas machen.

▸ **copy out** *vt* abschreiben.

copycat ['kɒpɪkæt] (*pej*) *n* Nachahmer(in) *m(f)*.

copyright ['kɒpɪraɪt] *n* Copyright *nt*, Urheberrecht *nt*; ~ **reserved** urheberrechtlich geschützt.

copy typist *n* Schreibkraft *f* (*die mit Textvorlagen arbeitet*).

copywriter ['kɒpɪraɪtə*] *n* Werbetexter(in) *m(f)*.

coral ['kɒrəl] *n* Koralle *f*.

coral reef *n* Korallenriff *nt*.

Coral Sea *n*: **the** ~ **das Korallenmeer.**

cord [kɔ:d] *n* Schnur *f*; (*string*) Kordel *f*; (*ELEC*) Kabel *nt*, Schnur *f*; (*fabric*) Kord(samt) *m*; **cords** *npl* (*trousers*) Kordhosen *pl*.

cordial ['kɔ:dɪəl] *adj* herzlich ♦ *n* (*BRIT*) Fruchtsaftkonzentrat *nt*.

cordless ['kɔ:dlɪs] *adj* schnurlos.

cordon ['kɔ:dn] *n* Kordon *m*, Absperrkette *f*.

▸ **cordon off** *vt* (*area*) absperren, abriegeln; (*crowd*) mit einer Absperrkette zurückhalten.

corduroy ['kɔ:dərɔɪ] *n* Kord(samt) *m*.

CORE [kɔ:*] (*US*) *n abbr* (= *Congress of Racial Equality*) Ausschuss für Rassengleichheit.

core [kɔ:*] *n* Kern *m*; (*of fruit*) Kerngehäuse *nt* ♦ *vt* das Kerngehäuse ausschneiden aus; **rotten to the** ~ durch und durch schlecht.

Corfu [kɔ:'fu:] *n* Korfu *nt*.

coriander [kɒrɪ'ændə*] *n* Koriander *m*.

cork [kɔ:k] *n* (*stopper*) Korken *m*; (*substance*) Kork *m*.

corkage ['kɔ:kɪdʒ] *n* Korkengeld *nt*.

corked [kɔ:kt] *adj*: **the wine is** ~ der Wein schmeckt nach Kork.

corkscrew ['kɔ:kskru:] *n* Korkenzieher *m*.

corky ['kɔ:kɪ] (*US*) *adj* = **corked.**

corm [kɔ:m] *n* Knolle *f*.

cormorant ['kɔ:mərnt] *n* Kormoran *m*.

Corn (*BRIT*) *abbr* (*POST*: = *Cornwall*).

corn [kɔ:n] *n* (*BRIT*) Getreide *nt*, Korn *nt*; (*US*) Mais *m*; (*on foot*) Hühnerauge *nt*; ~ **on the cob** Maiskolben *m*.

cornea ['kɔ:nɪə] *n* Hornhaut *f*.

corned beef ['kɔ:nd-] *n* Cornedbeef *nt*, Corned Beef *nt*.

corner ['kɔ:nə*] *n* Ecke *f*; (*bend*) Kurve *f* ♦ *vt* in die Enge treiben; (*COMM: market*) monopolisieren ♦ *vi* (*in car*) die Kurve nehmen; **to cut** ~**s** (*fig*) das Verfahren abkürzen.

corner flag *n* Eckfahne *f*.

corner kick *n* Eckball *m*.

cornerstone ['kɔ:nəstəʊn] *n* (*fig*) Grundstein *m*, Eckstein *m*.

cornet [kɔ:'nɪt] *n* (*MUS*) Kornett *nt*; (*BRIT: for ice cream*) Eistüte *f*.

cornflakes ['kɔ:nfleɪks] *npl* Cornflakes *pl*.

cornflour ['kɔːnflauə*] (*BRIT*) n Stärkemehl nt.
cornice ['kɔːnɪs] n (Ge)sims nt.
Cornish ['kɔːnɪʃ] adj kornisch, aus Cornwall.
corn oil n (Mais)keimöl nt.
cornstarch ['kɔːnstaːtʃ] (*US*) n = **cornflour**.
cornucopia [kɔːnjuˈkəupɪə] n Fülle f.
Cornwall ['kɔːnwəl] n Cornwall nt.
corny ['kɔːnɪ] (*inf*) adj (*joke*) blöd.
corollary [kəˈrɔlərɪ] n (logische) Folge f.
coronary ['kɔrənərɪ] n (*also*: ~ **thrombosis**) Herzinfarkt m.
coronation [kɔrəˈneɪʃən] n Krönung f.
coroner ['kɔrənə*] n Beamter, der Todesfälle untersucht, die nicht eindeutig eine natürliche Ursache haben.
coronet ['kɔrənɪt] n Krone f.
Corp. abbr = **corporation**; (*MIL*) = **corporal**.
corporal ['kɔːpərl] n Stabsunteroffizier m.
corporal punishment n Prügelstrafe f.
corporate ['kɔːpərɪt] adj (*organization*) körperschaftlich; (*action, effort, ownership*) gemeinschaftlich; (*finance*) Unternehmens-; (*image, identity*) Firmen-.
corporate hospitality n Empfänge, Diners etc auf Kosten der ausrichtenden Firma.
corporation [kɔːpəˈreɪʃən] n (*COMM*) Körperschaft f; (*of town*) Gemeinde f, Stadt f.
corporation tax n Körperschaftssteuer f.
corps [kɔː*] (pl ~) n Korps nt; **the press** ~ die Presse.
corpse [kɔːps] n Leiche f.
corpuscle ['kɔːpʌsl] n Blutkörperchen nt.
corral [kəˈraːl] n Korral m.
correct [kəˈrɛkt] adj richtig; (*proper*) korrekt ♦ vt korrigieren; (*mistake*) berichtigen, verbessern; **you are** ~ Sie haben Recht.
correction [kəˈrɛkʃən] n (*see vb*) Korrektur f; Berichtigung f, Verbesserung f.
correctly [kəˈrɛktlɪ] adv (*see adj*) richtig; korrekt.
correlate ['kɔrɪleɪt] vt zueinander in Beziehung setzen ♦ vi: **to** ~ **with** in einer Beziehung stehen zu.
correlation [kɔrɪˈleɪʃən] n Beziehung f, Zusammenhang m.
correspond [kɔrɪsˈpɔnd] vi: **to** ~ (**with**) (*write*) korrespondieren (mit); (*be in accordance*) übereinstimmen (mit); **to** ~ **to** (*be equivalent*) entsprechen +dat.
correspondence [kɔrɪsˈpɔndəns] n Korrespondenz f, Briefwechsel m; (*relationship*) Beziehung f.
correspondence column n Leserbriefspalte f.
correspondence course n Fernkurs m.
correspondent [kɔrɪsˈpɔndənt] n Korrespondent(in) m(f).
corresponding [kɔrɪsˈpɔndɪŋ] adj entsprechend.
corridor ['kɔrɪdɔː*] n Korridor m; (*in train*) Gang m.

corroborate [kəˈrɔbəreɪt] vt bestätigen.
corrode [kəˈrəud] vt zerfressen ♦ vi korrodieren.
corrosion [kəˈrəuʒən] n Korrosion f.
corrosive [kəˈrəuzɪv] adj korrosiv.
corrugated ['kɔrəgeɪtɪd] adj (*roof*) gewellt; (*cardboard*) Well-.
corrugated iron n Wellblech nt.
corrupt [kəˈrʌpt] adj korrupt; (*depraved*) verdorben ♦ vt korrumpieren; (*morally*) verderben; ~ **practices** Korruption f.
corruption [kəˈrʌpʃən] n Korruption f.
corset ['kɔːsɪt] n Korsett nt; (*MED*) Stützkorsett nt.
Corsica ['kɔːsɪkə] n Korsika nt.
Corsican ['kɔːsɪkən] adj korsisch ♦ n Korse m, Korsin f.
cortège [kɔːˈteɪʒ] n (*also*: **funeral** ~) Leichenzug m.
cortisone ['kɔːtɪzəun] n Kortison nt.
coruscating ['kɔrəskeɪtɪŋ] adj sprühend.
c.o.s. abbr (= cash on shipment) Barzahlung bei Versand.
cosh [kɔʃ] (*BRIT*) n Totschläger m.
cosignatory ['kəuˈsɪgnətərɪ] n Mitunterzeichner(in) m(f).
cosiness ['kəuzɪnɪs] n Gemütlichkeit f, Behaglichkeit f.
cos lettuce ['kɔs-] n römischer Salat m.
cosmetic [kɔzˈmɛtɪk] n Kosmetikum nt ♦ adj kosmetisch; ~ **surgery** (*MED*) kosmetische Chirurgie f.
cosmic ['kɔzmɪk] adj kosmisch.
cosmonaut ['kɔzmənɔːt] n Kosmonaut(in) m(f).
cosmopolitan [kɔzməˈpɔlɪtn] adj kosmopolitisch.
cosmos ['kɔzmɔs] n: **the** ~ der Kosmos.
cosset ['kɔsɪt] vt verwöhnen.
cost [kɔst] (pt, pp cost) n Kosten pl; (*fig: loss, damage etc*) Preis m ♦ vt kosten; (*find out cost of*) (pt, pp costed) veranschlagen; **costs** npl (*COMM, LAW*) Kosten pl; **the** ~ **of living** die Lebenshaltungskosten pl; **at all** ~s um jeden Preis; **how much does it** ~? wie viel or was kostet es?; **it** ~s **£5/too much** es kostet £5/ ist zu teuer; **what will it** ~ **to have it repaired?** wie viel kostet die Reparatur?; **to** ~ **sb time/effort** jdn Zeit/Mühe kosten; **it** ~ **him his life/job** es kostete ihn das Leben/ seine Stelle.
cost accountant n Kostenbuchhalter(in) m(f).
co-star ['kəustaː*] n einer der Hauptdarsteller m, eine der Hauptdarstellerinnen f; **she was Sean Connery's** ~ **in ...** sie spielte neben Sean Connery in ...
Costa Rica ['kɔstəˈriːkə] n Costa Rica nt.
cost centre n Kostenstelle f.
cost control n Kostenkontrolle f.
cost-effective ['kɔstɪˈfɛktɪv] adj rentabel;

(*COMM*) kostengünstig.

cost-effectiveness [ˈkɔstɪˈfɛktɪvnɪs] *n* Rentabilität *f*.

costing [ˈkɔstɪŋ] *n* Kalkulation *f*.

costly [ˈkɔstlɪ] *adj* teuer, kostspielig; (*in time, effort*) aufwändig, aufwendig.

cost-of-living [ˈkɔstəvˈlɪvɪŋ] *adj* Lebenshaltungskosten-; (*index*) Lebenshaltungs-.

cost price (*BRIT*) *n* Selbstkostenpreis *m*; **to sell/buy at** ~ zum Selbstkostenpreis verkaufen/kaufen.

costume [ˈkɔstjuːm] *n* Kostüm *nt*; (*BRIT: also:* **swimming** ~) Badeanzug *m*.

costume jewellery *n* Modeschmuck *m*.

cosy, (*US*) **cozy** [ˈkəuzɪ] *adj* gemütlich, behaglich; (*bed, scarf, gloves*) warm; (*chat, evening*) gemütlich; **I'm very** ~ **here** ich fühle mich hier sehr wohl, ich finde es hier sehr gemütlich.

cot [kɔt] *n* (*BRIT*) Kinderbett *nt*; (*US: campbed*) Feldbett *nt*.

cot death *n* Krippentod *m*, plötzlicher Kindstod *m*.

Cotswolds [ˈkɔtswəuldz] *npl*: **the** ~ die Cotswolds *pl*.

cottage [ˈkɔtɪdʒ] *n* Cottage *nt*, Häuschen *nt*.

cottage cheese *n* Hüttenkäse *m*.

cottage industry *n* Heimindustrie *f*.

cottage pie *n* *Hackfleisch mit Kartoffelbrei überbacken*.

cotton [ˈkɔtn] *n* (*fabric*) Baumwollstoff *m*; (*plant*) Baumwollstrauch *m*; (*thread*) (Baumwoll)garn *nt* ♦ *cpd* (*dress etc*) Baumwoll-.

► **cotton on** (*inf*) *vi*: **to** ~ **on** es kapieren *or* schnallen; **to** ~ **on to sth** etw kapieren *or* schnallen.

cotton candy (*US*) *n* Zuckerwatte *f*.

cotton wool (*BRIT*) *n* Watte *f*.

couch [kautʃ] *n* Couch *f* ♦ *vt* formulieren.

couchette [kuːˈʃɛt] *n* Liegewagen(platz) *m*.

couch potato (*esp US: inf*) *n* Dauerglotzer(in) *m(f)*.

cough [kɔf] *vi* husten; (*engine*) stottern ♦ *n* Husten *m*.

cough drop *n* Hustenpastille *f*.

cough mixture *n* Hustensaft *m*.

cough syrup *n* = **cough mixture**.

could [kud] *pt of* **can²**.

couldn't [ˈkudnt] = **could not**.

council [ˈkaunsl] *n* Rat *m*; **city/town** ~ Stadtrat *m*; **C~ of Europe** Europarat *m*.

council estate (*BRIT*) *n* Siedlung *f* mit Sozialwohnungen.

council house (*BRIT*) *n* Sozialwohnung *f*.

council housing *n* sozialer Wohnungsbau *m*; (*accommodation*) Sozialwohnungen *pl*.

councillor [ˈkaunslə*] *n* Stadtrat *m*, Stadträtin *f*.

council tax (*BRIT*) *n* Gemeindesteuer *f*.

counsel [ˈkaunsl] *n* Rat(schlag) *m*; (*lawyer*)

Rechtsanwalt *m*, Rechtsanwältin *f* ♦ *vt* beraten; **to** ~ **sth** etw raten *or* empfehlen; **to** ~ **sb to do sth** jdm raten *or* empfehlen, etw zu tun; ~ **for the defence** Verteidiger(in) *m(f)*; ~ **for the prosecution** Vertreter(in) *m(f)* der Anklage.

counsellor [ˈkaunslə*] *n* Berater(in) *m(f)*; (*US: lawyer*) Rechtsanwalt *m*, Rechtsanwältin *f*.

count [kaunt] *vt* zählen; (*include*) mitrechnen, mitzählen ♦ *vi* (*be considered*) betrachtet *or* angesehen werden ♦ *n* Zählung *f*; (*level*) Zahl *f*; (*nobleman*) Graf *m*; **to** ~ (**up**) **to 10** bis 10 zählen; **not** ~**ing the children** die Kinder nicht mitgerechnet; **10** ~**ing him** 10, wenn man ihn mitrechnet; **to** ~ **the cost of sth** die Folgen von etw abschätzen; **it** ~**s for very little** es zählt nicht viel; ~ **yourself lucky** Sie können sich glücklich schätzen; **to keep** ~ **of sth** die Übersicht über etw *acc* behalten; **blood** ~ Blutbild *nt*; **cholesterol/alcohol** ~ Cholesterin-/Alkoholspiegel *m*.

► **count on** *vt fus* rechnen mit; (*depend on*) sich verlassen auf +*acc*; **to** ~ **on doing sth** die feste Absicht haben, etw zu tun.

► **count up** *vt* zusammenzählen, zusammenrechnen.

countdown [ˈkauntdaun] *n* Count-down *m*, Countdown *m*.

countenance [ˈkauntɪnəns] *n* Gesicht *nt* ♦ *vt* gutheißen.

counter [ˈkauntə*] *n* (*in shop*) Ladentisch *m*; (*in café*) Theke *f*; (*in bank, post office*) Schalter *m*; (*in game*) Spielmarke *f*; (*TECH*) Zähler *m* ♦ *vt* (*oppose: sth said, sth done*) begegnen +*dat*; (*blow*) kontern ♦ *adv*: ~ **to** gegen +*acc*; **to buy sth under the** ~ (*fig*) etw unter dem Ladentisch bekommen; **to** ~ **sth with sth** auf etw *acc* mit etw antworten; **to** ~ **sth by doing sth** einer Sache damit begegnen, dass man etw tut.

counteract [ˈkauntərˈækt] *vt* entgegenwirken +*dat*; (*effect*) neutralisieren.

counterattack [ˈkauntərəˈtæk] *n* Gegenangriff *m* ♦ *vi* einen Gegenangriff starten.

counterbalance [ˈkauntəˈbæləns] *vt* Gegengewicht *nt*.

counterclockwise [ˈkauntəˈklɔkwaɪz] *adv* gegen den Uhrzeigersinn.

counterespionage [ˈkauntərˈɛspɪənaːʒ] *n* Gegenspionage *f*, Spionageabwehr *f*.

counterfeit [ˈkauntəfɪt] *n* Fälschung *f* ♦ *vt* fälschen ♦ *adj* (*coin*) Falsch-.

counterfoil [ˈkauntəfɔɪl] *n* Kontrollabschnitt *m*.

counterintelligence [ˈkauntərɪnˈtɛlɪdʒəns] *n* Gegenspionage *f*, Spionageabwehr *f*.

countermand [ˈkauntəmaːnd] *vt* aufheben, widerrufen.

countermeasure [ˈkauntəmɛʒə*] *n* Gegenmaßnahme *f*.

counteroffensive ['kauntərə'fɛnsɪv] *n* Gegenoffensive *f*.

counterpane ['kauntəpeɪn] *n* Tagesdecke *f*.

counterpart ['kauntəpɑːt] *n* Gegenüber *nt*; (*of document etc*) Gegenstück *nt*, Pendant *nt*.

counterproductive ['kauntəprə'dʌktɪv] *adj* widersinnig.

counterproposal ['kauntəprə'pəuzl] *n* Gegenvorschlag *m*.

countersign ['kauntəsaɪn] *vt* gegenzeichnen.

countersink ['kauntəsɪŋk] *vt* senken.

countess ['kauntɪs] *n* Gräfin *f*.

countless ['kauntlɪs] *adj* unzählig, zahllos.

countrified ['kʌntrɪfaɪd] *adj* ländlich.

country ['kʌntrɪ] *n* Land *nt*; (*native land*) Heimatland *nt*; **in the ~** auf dem Land; **mountainous ~** gebirgige Landschaft *f*.

country and western (music) *n* Country-und-Western-Musik *f*.

country dancing (*BRIT*) *n* Volkstanz *m*.

country house *n* Landhaus *nt*.

countryman ['kʌntrɪmən] (*irreg: like* **man**) *n* (*compatriot*) Landsmann *m*; (*country dweller*) Landmann *m*.

countryside ['kʌntrɪsaɪd] *n* Land *nt*; (*scenery*) Landschaft *f*, Gegend *f*.

country-wide ['kʌntrɪ'waɪd] *adj, adv* landesweit.

county ['kauntɪ] *n* (*BRIT*) Grafschaft *f*; (*US*) (Verwaltungs)bezirk *m*.

county council (*BRIT*) *n* Gemeinderat *m* (*einer Grafschaft*).

county town (*BRIT*) *n* Hauptstadt einer Grafschaft.

coup [kuː] (*pl* **~s**) *n* (*also:* **~ d'état**) Staatsstreich *m*, Coup d'Etat *m*; (*achievement*) Coup *m*.

coupé [kuː'peɪ] *n* Coupé *nt*, Kupee *nt*.

couple ['kʌpl] *n* Paar *nt*; (*married couple*) Ehepaar *nt* ♦ *vt* verbinden; (*vehicles*) koppeln; **a ~ of** (*two*) zwei; (*a few*) ein paar.

couplet ['kʌplɪt] *n* Verspaar *nt*.

coupling ['kʌplɪŋ] *n* Kupplung *f*.

coupon ['kuːpɒn] *n* Gutschein *m*; (*detachable form*) Abschnitt *m*; (*COMM*) Kupon *m*, Coupon *m*.

courage ['kʌrɪdʒ] *n* Mut *m*.

courageous [kə'reɪdʒəs] *adj* mutig.

courgette [kuə'ʒɛt] (*BRIT*) *n* Zucchino *m*.

courier ['kurɪə*] *n* (*messenger*) Kurier(in) *m(f)*; (*for tourists*) Reiseleiter(in) *m(f)*.

course [kɔːs] *n* (*SCOL*) Kurs(us) *m*; (*of ship*) Kurs *m*; (*of life, events, time etc, of river*) Lauf *m*; (*of argument*) Richtung *f*; (*part of meal*) Gang *m*; (*for golf*) Platz *m*; **of ~** natürlich; **of ~!** (aber) natürlich!, (aber) selbstverständlich!; **(no) of ~ not!** natürlich nicht!; **in the ~ of the next few days** während *or* im Laufe der nächsten paar Tage; **in due ~** zu gegebener Zeit; **~ (of action)** Vorgehensweise *f*; **the best ~ would be to …** das Beste wäre es, zu …; **we have no**

other ~ but to … es bleibt uns nichts anderes übrig, als zu …; **~ of lectures** Vorlesungsreihe *f*; **~ of treatment** (*MED*) Behandlung *f*; **first/last ~** erster/letzter Gang, Vor-/Nachspeise *f*.

court [kɔːt] *n* Hof *m*; (*LAW*) Gericht *nt*; (*for tennis, badminton etc*) Platz *m* ♦ *vt* den Hof machen +*dat*; (*favour, popularity*) werben um; (*death, disaster*) herausfordern; **out of ~** (*LAW*) außergerichtlich; **to take to ~** (*LAW*) verklagen, vor Gericht bringen.

courteous ['kɔːtɪəs] *adj* höflich.

courtesan [kɔːtɪ'zæn] *n* Kurtisane *f*.

courtesy ['kəːtəsɪ] *n* Höflichkeit *f*; **(by) ~ of** freundlicherweise zur Verfügung gestellt von.

courtesy bus, courtesy coach *n* gebührenfreier Bus *m*.

courtesy light *n* Innenleuchte *f*.

courthouse ['kɔːthaus] (*US*) *n* Gerichtsgebäude *nt*.

courtier ['kɔːtɪə*] *n* Höfling *m*.

court martial (*pl* **courts martial**) *n* Militärgericht *nt*.

court of appeal (*pl* **courts of appeal**) *n* Berufungsgericht *nt*.

court of inquiry (*pl* **courts of inquiry**) *n* Untersuchungskommission *f*.

courtroom ['kɔːtrum] *n* Gerichtssaal *m*.

court shoe *n* Pumps *m*.

courtyard ['kɔːtjɑːd] *n* Hof *m*.

cousin ['kʌzn] *n* (*male*) Cousin *m*, Vetter *m*; (*female*) Cousine *f*, Kusine *f*; **first ~** Cousin(e) ersten Grades.

cove [kəuv] *n* (kleine) Bucht *f*.

covenant ['kʌvənənt] *n* Schwur *m* ♦ *vt*: **to ~ £200 per year to a charity** sich vertraglich verpflichten, £200 im Jahr für wohltätige Zwecke zu spenden.

Coventry ['kɔvəntrɪ] *n*: **to send sb to ~** (*fig*) jdn schneiden (*inf*).

cover ['kʌvə*] *vt* bedecken; (*distance*) zurücklegen; (*INSURANCE*) versichern; (*topic*) behandeln; (*include*) erfassen; (*PRESS: report on*) berichten über +*acc* ♦ *n* (*for furniture*) Bezug *m*; (*for typewriter, PC etc*) Hülle *f*; (*of book, magazine*) Umschlag *m*; (*shelter*) Schutz *m*; (*INSURANCE*) Versicherung *f*; (*fig: for illegal activities*) Tarnung *f*; **to be ~ed in** *or* **with** bedeckt sein mit; **£10 will ~ my expenses** £10 decken meine Unkosten; **to take ~** (*from rain*) sich unterstellen; **under ~** geschützt; **under ~ of darkness** im Schutz(e) der Dunkelheit; **under separate ~** getrennt.

▶ **cover up** *vt* zudecken; (*fig: facts, feelings*) verheimlichen; (: *mistakes*) vertuschen ♦ *vi* (*fig*): **to ~ up for sb** jdn decken.

coverage ['kʌvərɪdʒ] *n* Berichterstattung *f*; **television ~ of the conference** Fernsehberichte *pl* über die Konferenz; **to give full ~ to** ausführlich berichten über

+*acc.*

coveralls ['kʌvərɔːlz] (*US*) *npl* Overall *m*.

cover charge *n* Kosten *pl* für ein Gedeck.

covering ['kʌvərɪŋ] *n* Schicht *f*; (*of snow, dust etc*) Decke *f*.

covering letter, (*US*) **cover letter** *n* Begleitbrief *m*.

cover note *n* (*INSURANCE*) Deckungszusage *f*.

cover price *n* Einzel(exemplar)preis *m*.

covert ['kʌvət] *adj* versteckt; (*glance*) verstohlen.

cover-up ['kʌvərʌp] *n* Vertuschung *f*, Verschleierung *f*.

covet ['kʌvɪt] *vt* begehren.

cow [kau] *n* (*animal, inf!: woman*) Kuh *f* ♦ *cpd* Kuh- ♦ *vt* einschüchtern.

coward ['kauəd] *n* Feigling *m*.

cowardice ['kauədɪs] *n* Feigheit *f*.

cowardly ['kauədlɪ] *adj* feige.

cowboy ['kaubɔɪ] *n* (*in US*) Cowboy *m*; (*pej: tradesman*) Pfuscher *m*.

cow elephant *n* Elefantenkuh *f*.

cower ['kauə*] *vi* sich ducken; (*squatting*) kauern.

cowshed ['kauʃed] *n* Kuhstall *m*.

cowslip ['kauslɪp] *n* Schlüsselblume *f*.

cox [kɔks] *n abbr* = **coxswain**.

coxswain ['kɔksn] *n* Steuermann *m*; (*of ship*) Boot(s)führer *m*.

coy [kɔɪ] *adj* verschämt.

coyote [kɔɪ'əutɪ] *n* Kojote *m*.

cozy ['kəuzɪ] (*US*) *adj* = **cosy**.

CP *n abbr* (= *Communist Party*) KP *f*.

cp. *abbr* (= *compare*) vgl.

c/p (*BRIT*) *abbr* = **carriage paid**.

CPA (*US*) *n abbr* = **certified public accountant**.

CPI *n abbr* (= *Consumer Price Index*) (Verbraucher)preisindex *m*.

Cpl *abbr* (*MIL*) = **corporal**.

CP/M *n abbr* (= *Control Program for Microprocessors*) CP/M *nt*.

cps *abbr* (*COMPUT, TYP*: = *characters per second*) cps, Zeichen *pl* pro Sekunde.

CPSA (*BRIT*) *n abbr* (= *Civil and Public Services Association*) Gewerkschaft im öffentlichen Dienst.

CPU *n abbr* (*COMPUT*) = **central processing unit**.

cr. *abbr* = **credit, creditor**.

crab [kræb] *n* Krabbe *f*, Krebs *m*; (*meat*) Krabbe *f*.

crab apple *n* Holzapfel *m*.

crack [kræk] *n* (*noise*) Knall *m*; (*of wood breaking*) Knacks *m*; (*gap*) Spalte *f*; (*in bone, dish, glass*) Sprung *m*; (*in wall*) Riss *m*; (*joke*) Witz *m*; (*DRUGS*) Crack *m* ♦ *vt* (*whip*) knallen mit; (*twig*) knacken mit; (*dish, glass*) einen Sprung machen in +*acc*; (*bone*) anbrechen; (*nut, code*) knacken; (*wall*) rissig machen; (*problem*) lösen; (*joke*) reißen ♦ *adj* erstklassig; **to have a ~ at sth** (*inf*) etw mal

probieren; **to ~ jokes** (*inf*) Witze reißen; **to get ~ing** (*inf*) loslegen.

▶ **crack down on** *vt fus* hart durchgreifen gegen.

▶ **crack up** *vi* durchdrehen, zusammenbrechen.

crackdown ['krækdaun] *n*: ~ **(on)** scharfes Durchgreifen *nt* (gegen).

cracked [krækt] (*inf*) *adj* übergeschnappt.

cracker ['krækə*] *n* (*biscuit*) Kräcker *m*; (*Christmas cracker*) Knallbonbon *nt*; (*firework*) Knallkörper *m*, Kracher *m*; **a ~ of a ...** (*BRIT: inf*) ein(e) tolle(r, s) ...; **he's ~s** (*BRIT: inf*) er ist übergeschnappt.

crackle ['krækl] *vi* (*fire*) knistern, prasseln; (*twig*) knacken.

crackling ['kræklɪŋ] *n* (*of fire*) Knistern *nt*, Prasseln *nt*; (*of twig, on radio, telephone*) Knacken *nt*; (*of pork*) Kruste *f* (*des Schweinebratens*).

crackpot ['krækpɔt] (*inf*) *n* Spinner(in) *m(f)* ♦ *adj* verrückt.

cradle ['kreɪdl] *n* Wiege *f* ♦ *vt* fest in den Armen halten.

craft [krɑːft] *n* (*skill*) Geschicklichkeit *f*; (*art*) Kunsthandwerk *nt*; (*trade*) Handwerk *nt*; (*pl inv: boat*) Boot *nt*; (*pl inv: plane*) Flugzeug *nt*.

craftsman ['krɑːftsmən] (*irreg: like* **man**) *n* Handwerker *m*.

craftsmanship ['krɑːftsmənʃɪp] *n* handwerkliche Ausführung *f*.

crafty ['krɑːftɪ] *adj* schlau, clever.

crag [kræg] *n* Fels *m*.

craggy ['krægɪ] *adj* (*mountain*) zerklüftet; (*cliff*) felsig; (*face*) kantig.

cram [kræm] *vt* voll stopfen ♦ *vi* pauken (*inf*), büffeln (*inf*); **to ~ with** voll stopfen mit; **to ~ sth into** etw hineinstopfen in +*acc*.

cramming ['kræmɪŋ] *n* (*for exams*) Pauken *nt*, Büffeln *nt*.

cramp [kræmp] *n* Krampf *m* ♦ *vt* hemmen.

cramped [kræmpt] *adj* eng.

crampon ['kræmpɔn] *n* Steigeisen *nt*.

cranberry ['krænbərɪ] *n* Preiselbeere *f*.

crane [kreɪn] *n* Kran *m*; (*bird*) Kranich *m* ♦ *vt*: **to ~ one's neck** den Hals recken ♦ *vi*: **to ~ forward** den Hals recken.

crania ['kreɪnɪə] *npl of* **cranium**.

cranium ['kreɪnɪəm] (*pl* **crania**) *n* Schädel *m*.

crank [kræŋk] *n* Spinner(in) *m(f)*; (*handle*) Kurbel *f*.

crankshaft ['kræŋkʃɑːft] *n* Kurbelwelle *f*.

cranky ['kræŋkɪ] *adj* verrückt.

cranny ['krænɪ] *n see* **nook**.

crap [kræp] (*inf!*) *n* Scheiße *f* (*!*) ♦ *vi* scheißen (*!*); **to have a ~** scheißen (*!*).

crappy ['kræpɪ] (*inf!*) *adj* beschissen (*!*).

crash [kræʃ] *n* (*noise*) Krachen *nt*; (*of car*) Unfall *m*; (*of plane etc*) Unglück *nt*; (*collision*) Zusammenstoß *m*; (*of stock market, business etc*) Zusammenbruch *m* ♦ *vt* (*car*) einen Unfall haben mit; (*plane etc*) abstürzen mit

♦ *vi* (*plane*) abstürzen; (*car*) einen Unfall haben; (*two cars*) zusammenstoßen; (*market*) zusammenbrechen; (*firm*) Pleite machen; **to ~ into** krachen *or* knallen gegen; **he ~ed the car into a wall** er fuhr mit dem Auto gegen eine Mauer.
crash barrier (*BRIT*) *n* Leitplanke *f*.
crash course *n* Schnellkurs *m*, Intensivkurs *m*.
crash helmet *n* Sturzhelm *m*.
crash-landing ['kræʃlændɪŋ] *n* Bruchlandung *f*.
crass [kræs] *adj* krass; (*behaviour*) unfein, derb.
crate [kreɪt] *n* (*also inf*) Kiste *f*; (*for bottles*) Kasten *m*.
crater ['kreɪtəʳ] *n* Krater *m*.
cravat [krə'væt] *n* Halstuch *nt*.
crave [kreɪv] *vt, vi*: **to ~ (for)** sich sehnen nach.
craven ['kreɪvən] *adj* feige.
craving ['kreɪvɪŋ] *n*: **~ (for)** Verlangen *nt* (nach).
crawl [krɔːl] *vi* kriechen; (*child*) krabbeln ♦ *n* (*SWIMMING*) Kraulstil *m*, Kraul(en) *nt*; **to ~ to sb** (*inf*) vor jdm kriechen; **to drive along at a ~** im Schneckentempo *or* Kriechtempo vorankommen.
crawler lane (*BRIT*) *n* (*AUT*) Kriechspur *f*.
crayfish ['kreɪfɪʃ] *n inv* (*freshwater*) Flusskrebs *m*; (*saltwater*) Languste *f*.
crayon ['kreɪən] *n* Buntstift *m*.
craze [kreɪz] *n* Fimmel *m*; **to be all the ~** große Mode sein.
crazed [kreɪzd] *adj* wahnsinnig; (*pottery, glaze*) rissig.
crazy ['kreɪzɪ] *adj* wahnsinnig, verrückt; **~ about sb/sth** (*inf*) verrückt *or* wild auf jdn/etw; **to go ~** wahnsinnig *or* verrückt werden.
crazy paving (*BRIT*) *n* Mosaikpflaster *nt*.
creak [kriːk] *vi* knarren.
cream [kriːm] *n* Sahne *f*, Rahm *m* (*SÜDD*); (*artificial cream, cosmetic*) Creme *f*; (*élite*) Creme *f*, Elite *f* ♦ *adj* cremefarben; **whipped ~** Schlagsahne *f*.
▶ **cream off** *vt* absahnen (*inf*).
cream cake *n* Sahnetorte *f*; (*small*) Sahnetörtchen *nt*.
cream cheese *n* (Doppelrahm)frischkäse *m*.
creamery ['kriːmərɪ] *n* (*shop*) Milchgeschäft *nt*; (*factory*) Molkerei *f*.
creamy ['kriːmɪ] *adj* (*colour*) cremefarben; (*taste*) sahnig.
crease [kriːs] *n* Falte *f*; (*in trousers*) Bügelfalte *f* ♦ *vt* zerknittern; (*forehead*) runzeln ♦ *vi* knittern; (*forehead*) sich runzeln.
crease-resistant ['kriːsrɪzɪstənt] *adj* knitterfrei.
create [kriː'eɪt] *vt* schaffen; (*interest*) hervorrufen; (*problems*) verursachen; (*produce*) herstellen; (*design*) entwerfen, kreieren; (*impression, fuss*) machen.

creation [kriː'eɪʃən] *n* (*see vb*) Schaffung *f*; Hervorrufen *nt*; Verursachung *f*; Herstellung *f*; Entwurf *m*, Kreation *f*; (*REL*) Schöpfung *f*.
creative [kriː'eɪtɪv] *adj* kreativ, schöpferisch.
creativity [kriːeɪ'tɪvɪtɪ] *n* Kreativität *f*.
creator [kriː'eɪtəʳ] *n* Schöpfer(in) *m(f)*.
creature ['kriːtʃəʳ] *n* Geschöpf *nt*; (*living animal*) Lebewesen *nt*.
creature comforts [- 'kʌmfəts] *npl* Lebensgenüsse *pl*.
crèche [krɛʃ] *n* (Kinder)krippe *f*; (*all day*) (Kinder)tagesstätte *f*.
credence ['kriːdns] *n*: **to lend** *or* **give ~ to sth** etw glaubwürdig erscheinen lassen *or* machen.
credentials [krɪ'dɛnʃlz] *npl* Referenzen *pl*, Zeugnisse *pl*; (*papers of identity*) (Ausweis)papiere *pl*.
credibility [krɛdɪ'bɪlɪtɪ] *n* Glaubwürdigkeit *f*.
credible ['krɛdɪbl] *adj* glaubwürdig.
credit ['krɛdɪt] *n* (*loan*) Kredit *m*; (*recognition*) Anerkennung *f*, (*SCOL*) Schein *m* ♦ *adj* (*COMM: terms etc*) Kredit- ♦ *vt* (*COMM*) gutschreiben; (*believe: also*: **give ~ to**) glauben; **credits** *npl* (*CINE, TV*: *at beginning*) Vorspann *m*; (: *at end*) Nachspann *m*; **to be in ~** (*person*) Geld auf dem Konto haben; (*bank account*) im Haben sein; **on ~** auf Kredit; **it is to his ~ that ...** es ehrt ihn, dass ...; **to take the ~ for** das Verdienst in Anspruch nehmen für; **it does him ~** es spricht für ihn; **he's a ~ to his family** er macht seiner Familie Ehre; **to ~ sb with sth** (*fig*) jdm etw zuschreiben; **to ~ £5 to sb** jdm £5 gutschreiben.
creditable ['krɛdɪtəbl] *adj* lobenswert, anerkennenswert.
credit account *n* Kreditkonto *nt*.
credit agency (*BRIT*) *n* Kreditauskunftei *f*.
credit balance *n* Kontostand *m*.
credit bureau (*US*) *n* = **credit agency**.
credit card *n* Kreditkarte *f*.
credit control *n* Kreditüberwachung *f*.
credit facilities *npl* (*COMM*) Kreditmöglichkeiten *pl*.
credit limit *n* Kreditgrenze *f*.
credit note (*BRIT*) *n* Gutschrift *f*.
creditor ['krɛdɪtəʳ] *n* Gläubiger *m*.
credit transfer *n* Banküberweisung *f*.
creditworthy ['krɛdɪtwɜːðɪ] *adj* kreditwürdig.
credulity [krɪ'djuːlɪtɪ] *n* Leichtgläubigkeit *f*.
creed [kriːd] *n* Glaubensbekenntnis *nt*.
creek [kriːk] *n* (kleine) Bucht *f*; (*US: stream*) Bach *m*; **to be up the ~** (*inf*) in der Tinte sitzen.
creel [kriːl] *n* (*also*: **lobster ~**) Hummer(fang)korb *m*.
creep [kriːp] (*pt, pp crept*) *vi* schleichen; (*plant: horizontally*) kriechen; (: *vertically*) klettern ♦ *n* (*inf*) Kriecher *m*; **to ~ up on sb** sich an jdn heranschleichen; (*time etc*) langsam auf

jdn zukommen; **he's a ~** er ist ein
widerlicher _or_ fieser Typ; **it gives me the ~s**
davon kriege ich das kalte Grausen.
creeper ['kriːpə*] _n_ Kletterpflanze _f._
creepers ['kriːpəz] (_US_) _npl Schuhe mit
weichen Sohlen._
creepy ['kriːpɪ] _adj_ gruselig; (_experience_)
unheimlich, gruselig.
creepy-crawly ['kriːpɪ'krɔːlɪ] (_inf_) _n_
Krabbeltier _nt._
cremate [krɪ'meɪt] _vt_ einäschern.
cremation [krɪ'meɪʃən] _n_ Einäscherung _f,_
Kremation _f._
crematoria [krɛmə'tɔːrɪə] _npl of_ **crematorium.**
crematorium [krɛmə'tɔːrɪəm] (_pl_ **crematoria**)
_n_ Krematorium _nt._
creosote ['krɪəsəut] _n_ Kreosot _nt._
crepe [kreɪp] _n_ Krepp _m;_ (_rubber_)
Krepp(gummi) _m._
crepe bandage (_BRIT_) _n_ elastische Binde _f._
crepe paper _n_ Krepppapier _nt._
crepe sole _n_ Kreppsohle _f._
crept [krɛpt] _pt, pp of_ **creep.**
crescendo [krɪ'ʃendəu] _n_ Höhepunkt _m;_ (_MUS_)
Crescendo _nt._
crescent ['krɛsnt] _n_ Halbmond _m;_ (_street_)
halbkreisförmig verlaufende Straße.
cress [krɛs] _n_ Kresse _f._
crest [krɛst] _n_ (_of hill_) Kamm _m;_ (_of bird_)
Haube _f;_ (_coat of arms_) Wappen _nt._
crestfallen ['krɛstfɔːlən] _adj_
niedergeschlagen.
Crete [kriːt] _n_ Kreta _nt._
crevasse [krɪ'væs] _n_ Gletscherspalte _f._
crevice ['krɛvɪs] _n_ Spalte _f._
crew [kruː] _n_ Besatzung _f;_ (_TV, CINE_) Crew _f;_
(_gang_) Bande _f._
crew cut _n_ Bürstenschnitt _m._
crew neck _n_ runder (Hals)ausschnitt _m._
crib [krɪb] _n_ Kinderbett _nt;_ (_REL_) Krippe _f_ ♦ _vt_
(_inf: copy_) abschreiben.
cribbage ['krɪbɪdʒ] _n_ Cribbage _nt._
crib death (_US_) _n =_ **cot death.**
crick [krɪk] _n_ Krampf _m._
cricket ['krɪkɪt] _n_ Kricket _nt;_ (_insect_) Grille _f._
cricketer ['krɪkɪtə*] _n_ Kricketspieler(in) _m(f)._
crime [kraɪm] _n_ (_no pl: illegal activities_)
Verbrechen _pl;_ (_illegal action, fig_)
Verbrechen _nt;_ **minor ~** kleinere Vergehen
_pl._
crime wave _n_ Verbrechenswelle _f._
criminal ['krɪmɪnl] _n_ Kriminelle(r) _f(m),_
Verbrecher(in) _m(f)_ ♦ _adj_ kriminell;
C~ Investigation Department
Kriminalpolizei _f._
criminal code _n_ Strafgesetzbuch _nt._
crimp [krɪmp] _vt_ kräuseln; (_hair_) wellen.
crimson ['krɪmzn] _adj_ purpurrot.
cringe [krɪndʒ] _vi_ (_in fear_) zurückweichen; (_in
embarrassment_) zusammenziehen.
crinkle ['krɪŋkl] _vt_ (zer)knittern.
cripple ['krɪpl] _n_ Krüppel _m_ ♦ _vt_ zum Krüppel

machen; (_ship, plane_) aktionsunfähig
machen; (_production, exports_) lahm legen,
lähmen; **~d with rheumatism** von Rheuma
praktisch gelähmt.
crippling ['krɪplɪŋ] _adj_ (_disease_) schwer;
(_taxation, debts_) erdrückend.
crises ['kraɪsiːz] _npl of_ **crisis.**
crisis ['kraɪsɪs] (_pl_ **crises**) _n_ Krise _f._
crisp [krɪsp] _adj_ (_vegetables etc_) knackig;
(_bacon etc_) knusprig; (_weather_) frisch;
(_manner, tone, reply_) knapp.
crisps [krɪsps] (_BRIT_) _npl_ Chips _pl._
crisscross ['krɪskrɔs] _adj_ (_pattern_) Kreuz- ♦ _vt_
kreuz und quer durchziehen.
criteria [kraɪ'tɪərɪə] _npl of_ **criterion.**
criterion [kraɪ'tɪərɪən] (_pl_ **criteria**) _n_ Kriterium
_nt._
critic ['krɪtɪk] _n_ Kritiker(in) _m(f)._
critical ['krɪtɪkl] _adj_ kritisch; **to be ~ of sb/sth**
jdn/etw kritisieren; **he is in a ~ condition**
sein Zustand ist kritisch.
critically ['krɪtɪklɪ] _adv_ kritisch; (_ill_) schwer.
criticism ['krɪtɪsɪzəm] _n_ Kritik _f._
criticize ['krɪtɪsaɪz] _vt_ kritisieren.
critique [krɪ'tiːk] _n_ Kritik _f._
croak [krəuk] _vi_ (_frog_) quaken; (_bird, person_)
krächzen.
Croat _n_ Kroate _m,_ Kroatin _f;_ (_LING_) Kroatisch
_nt._
Croatia [krəu'eɪʃə] _n_ Kroatien _nt._
Croatian [krəu'eɪʃən] _adj_ kroatisch.
crochet ['krəuʃeɪ] _n_ (_activity_) Häkeln _nt;_ (_result_)
Häkelei _f._
crock [krɔk] _n_ Topf _m;_ (_inf: also:_ **old ~**) (_vehicle_)
Kiste _f;_ (: _person_) Wrack _nt._
crockery ['krɔkərɪ] _n_ Geschirr _nt._
crocodile ['krɔkədaɪl] _n_ Krokodil _nt._
crocus ['krəukəs] _n_ Krokus _m._
croft [krɔft] (_BRIT_) _n_ kleines Pachtgut _nt._
crofter ['krɔftə*] (_BRIT_) _n_ Kleinpächter(in)
_m(f)._
crone [krəun] _n_ alte Hexe _f._
crony ['krəunɪ] (_inf: pej_) _n_ Kumpan(in) _m(f)._
crook [kruk] _n_ (_criminal_) Gauner _m;_ (_of
shepherd_) Hirtenstab _m;_ (_of arm_) Beuge _f._
crooked ['krukɪd] _adj_ krumm; (_dishonest_)
unehrlich.
crop [krɔp] _n_ (_Feld_)frucht _f,_ (_amount produced_)
Ernte _f;_ (_riding crop_) Reitpeitsche _f;_ (_of bird_)
Kropf _m_ ♦ _vt_ (_hair_) stutzen; (_subj: animal:
grass_) abfressen.
▶ **crop up** _vi_ aufkommen.
cropper ['krɔpə*] (_inf_) _n:_ **to come a ~**
hinfallen; (_fig: fail_) auf die Nase fallen.
crop spraying _n_
Schädlingsbekämpfung _f_ (_durch Besprühen_).
croquet ['krəukeɪ] (_BRIT_) _n_ Krocket _nt._
croquette [krə'kɛt] _n_ Krokette _f._
cross [krɔs] _n_ Kreuz _nt;_ (_BIOL, BOT_) Kreuzung _f_
♦ _vt_ (_street_) überqueren; (_room etc_)
durchqueren; (_cheque_) zur Verrechnung
ausstellen; (_arms_) verschränken; (_legs_)

übereinander schlagen; (*animal, plant*)
kreuzen; (*thwart: person*) verärgern; (: *plan*)
durchkreuzen ♦ *adj* ärgerlich, böse ♦ *vi*: **the
boat ~es from ... to ...** das Schiff fährt von
... nach ...; **to ~ o.s.** sich bekreuzigen; **we
have a ~ed line** (*BRIT*) es ist jemand in der
Leitung; **they've got their lines** *or* **wires ~ed**
(*fig*) sie reden aneinander vorbei; **to be/get
~ with sb (about sth)** mit jdm *or* auf jdn
(wegen etw) böse sein/werden.
▶ **cross out** *vt* streichen.
▶ **cross over** *vi* hinübergehen.
crossbar ['krɔsbɑːʳ] *n* (*SPORT*) Querlatte *f*; (*of
bicycle*) Stange *f*.
crossbow *n* Armbrust *f*.
crossbreed ['krɔsbriːd] *n* Kreuzung *f*.
cross-Channel ferry ['krɔs'tʃænl-] *n*
Kanalfähre *f*.
crosscheck ['krɔstʃɛk] *n* Gegenprobe *f* ♦ *vt*
überprüfen.
cross-country (race) ['krɔs'kʌntrɪ-] *n*
Querfeldeinrennen *nt*.
cross-dressing [krɔs'drɛsɪŋ] *n* (*transvestism*)
Transvestismus *m*.
cross-examination ['krɔsɪgzæmɪ'neɪʃən] *n*
Kreuzverhör *nt*.
cross-examine ['krɔsɪg'zæmɪn] *vt* ins
Kreuzverhör nehmen.
cross-eyed ['krɔsaɪd] *adj* schielend; **to be ~**
schielen.
crossfire ['krɔsfaɪəʳ] *n* Kreuzfeuer *nt*; **to get
caught in the ~** (*also fig*) ins Kreuzfeuer
geraten.
crossing ['krɔsɪŋ] *n* Überfahrt *f*; (*also*:
pedestrian ~) Fußgängerübergang *m*.
crossing guard (*US*) *n* ≈ Schülerlotse *m*.
crossing point *n* Übergangsstelle *f*.
cross-purposes ['krɔs'pɜːpəsɪz] *npl*: **to be at
~ with sb** jdn missverstehen; **we're
(talking) at ~** wir reden aneinander vorbei.
cross-question ['krɔs'kwɛstʃən] *vt* ins
Kreuzverhör nehmen.
cross-reference ['krɔs'rɛfrəns] *n*
(Quer)verweis *m*.
crossroads ['krɔsrəudz] *n* Kreuzung *f*.
cross section *n* Querschnitt *m*.
crosswalk ['krɔswɔːk] (*US*) *n*
Fußgängerübergang *m*.
crosswind ['krɔswɪnd] *n* Seitenwind *m*.
crosswise ['krɔswaɪz] *adv* quer.
crossword ['krɔswɔːd] *n* (*also*: **~ puzzle**)
Kreuzworträtsel *nt*.
crotch [krɔtʃ] *n* Unterleib *m*; (*of garment*)
Schritt *m*.
crotchet ['krɔtʃɪt] *n* Viertelnote *f*.
crotchety ['krɔtʃɪtɪ] *adj* reizbar.
crouch [krautʃ] *vi* kauern.
croup [kruːp] *n* (*MED*) Krupp *m*.
croupier ['kruːpɪəʳ] *n* Croupier *m*.
crouton ['kruːtɔn] *n* Crouton *m*.
crow [krəu] *n* (*bird*) Krähe *f*; (*of cock*) Krähen
nt ♦ *vi* krähen; (*fig*) sich brüsten, angeben.

crowbar ['krəubɑːʳ] *n* Brechstange *f*.
crowd [kraud] *n* (Menschen)menge *f* ♦ *vt*
(*room, stadium*) füllen ♦ *vi*: **to ~ round** sich
herumdrängen; **~s of people**
Menschenmassen *pl*; **the/our ~** (*of friends*)
die/unsere Clique *f*; **to ~ sb/sth in** jdn/etw
hineinstopfen; **to ~ sb/sth into** jdn
pferchen/etw stopfen in +*acc*; **to ~ in** sich
hineindrängen.
crowded ['kraudɪd] *adj* überfüllt; (*densely
populated*) dicht besiedelt; **~ with** voll von.
crowd scene *n* Massenszene *f*.
crown [kraun] *n* (*also of tooth*) Krone *f*; (*of
head*) Wirbel *m*; (*of hill*) Kuppe *f*; (*of hat*)
Kopf *m* ♦ *vt* krönen; (*tooth*) überkronen; **the
C~** die Krone; **and to ~ it all ...** (*fig*) und zur
Krönung des Ganzen ....

CROWN COURT

Crown Court ist ein Strafgericht, das in etwa 90
verschiedenen Städten in England und Wales
zusammentritt. Schwere Verbrechen wie Mord,
Totschlag, Vergewaltigung und Raub werden nur
vor dem *crown court* unter Vorsitz eines Richters
mit Geschworenen verhandelt.

---

crowning ['kraunɪŋ] *adj* krönend.
crown jewels *npl* Kronjuwelen *pl*.
crown prince *n* Kronprinz *m*.
crow's-feet ['krəuzfiːt] *npl* Krähenfüße *pl*.
crow's-nest ['krəuznɛst] *n* Krähennest *nt*,
Mastkorb *m*.
crucial ['kruːʃl] *adj* (*decision*) äußerst wichtig;
(*vote*) entscheidend; **~ to** äußerst wichtig
für.
crucifix ['kruːsɪfɪks] *n* Kruzifix *nt*.
crucifixion [kruːsɪ'fɪkʃən] *n* Kreuzigung *f*.
crucify ['kruːsɪfaɪ] *vt* kreuzigen; (*fig*) in der
Luft zerreißen.
crude [kruːd] *adj* (*oil, fibre*) Roh-; (*fig: basic*)
primitiv; (: *vulgar*) ordinär ♦ *n* = **crude oil**.
crude oil *n* Rohöl *nt*.
cruel [kruəl] *adj* grausam.
cruelty ['kruəltɪ] *n* Grausamkeit *f*.
cruet ['kruːɪt] *n* Gewürzständer *m*.
cruise [kruːz] *n* Kreuzfahrt *f* ♦ *vi* (*ship*)
kreuzen; (*car*) (mit Dauergeschwindigkeit)
fahren; (*aircraft*) (mit
Reisegeschwindigkeit) fliegen; (*taxi*)
gemächlich fahren.
cruise missile *n* Marschflugkörper *m*.
cruiser ['kruːzəʳ] *n* Motorboot *nt*; (*warship*)
Kreuzer *m*.
cruising speed *n* Reisegeschwindigkeit *f*.
crumb [krʌm] *n* Krümel *m*; (*fig: of information*)
Brocken *m*; **a ~ of comfort** ein winziger
Trost.
crumble ['krʌmbl] *vt* (*bread*) zerbröckeln;
(*biscuit etc*) zerkrümeln ♦ *vi* (*building, earth
etc*) zerbröckeln; (*plaster*) abbröckeln; (*fig:
opposition*) sich auflösen; (: *belief*) ins

Wanken geraten.

crumbly ['krʌmblɪ] *adj* krümelig.

crummy ['krʌmɪ] (*inf*) *adj* mies.

crumpet ['krʌmpɪt] *n* Teekuchen *m* (*zum Toasten*).

crumple ['krʌmpl] *vt* zerknittern.

crunch [krʌntʃ] *vt* (*biscuit, apple etc*) knabbern; (*underfoot*) zertreten ♦ *n*: **the ~** der große Krach; **if it comes to the ~** wenn es wirklich dahin kommt; **when the ~ comes** wenn es hart auf hart geht.

crunchy ['krʌntʃɪ] *adj* knusprig; (*apple etc*) knackig; (*gravel, snow etc*) knirschend.

crusade [kru:'seɪd] *n* Feldzug *m* ♦ *vi*: **to ~ for/ against sth** für/gegen etw zu Felde ziehen.

crusader [kru:'seɪdə*] *n* Kreuzritter *m*; (*fig*): **~ (for)** Apostel (+*gen*).

crush [krʌʃ] *n* (*crowd*) Gedränge *nt* ♦ *vt* quetschen; (*grapes*) zerquetschen; (*paper, clothes*) zerknittern; (*garlic, ice*) (zer)stoßen; (*defeat*) niederschlagen; (*devastate*) vernichten; **to have a ~ on sb** (*love*) für jdn schwärmen; **lemon ~** Zitronensaftgetränk *nt*.

crush barrier (*BRIT*) *n* Absperrung *f*.

crushing ['krʌʃɪŋ] *adj* vernichtend.

crust [krʌst] *n* Kruste *f*.

crustacean [krʌs'teɪʃən] *n* Schalentier *nt*, Krustazee *f*.

crusty ['krʌstɪ] *adj* knusprig.

crutch [krʌtʃ] *n* Krücke *f*; (*support*) Stütze *f*; *see also* **crotch**.

crux [krʌks] *n* Kern *m*.

cry [kraɪ] *vi* weinen; (*also:* **~ out**) aufschreien ♦ *n* Schrei *m*; (*shout*) Ruf *m*; **what are you ~ing about?** warum weinst du?; **to ~ for help** um Hilfe rufen; **she had a good ~** sie hat sich (mal richtig) ausgeweint; **it's a far ~ from ...** (*fig*) das ist etwas ganz anderes als ...

▶ **cry off** (*inf*) *vi* absagen.

crying ['kraɪɪŋ] *adj* (*fig: need*) dringend; **it's a ~ shame** es ist ein Jammer.

crypt [krɪpt] *n* Krypta *f*.

cryptic ['krɪptɪk] *adj* hintergründig, rätselhaft; (*clue*) verschlüsselt.

crystal ['krɪstl] *n* Kristall *m*; (*glass*) Kristall(glas) *nt*.

crystal clear *adj* glasklar.

crystallize ['krɪstəlaɪz] *vt* (*opinion, thoughts*) (feste) Form geben +*dat* ♦ *vi* (*sugar etc*) kristallisieren; **~d fruits** (*BRIT*) kandierte Früchte *pl*.

CSA *n abbr* (= *Child Support Agency*) *Amt zur Regelung von Unterhaltszahlungen für Kinder*.

CSC *n abbr* (= *Civil Service Commission*) *Einstellungsbehörde für den öffentlichen Dienst*.

CSE (*BRIT*) *n abbr* (*formerly:* = *Certificate of Secondary Education*) *Schulabschlusszeugnis*, ≈ mittlere Reife *f*.

CS gas (*BRIT*) *n* ≈ Tränengas *nt*.

CST (*US*) *abbr* (= *Central Standard Time*) *mittelamerikanische Standardzeit*.

CT (*US*) *abbr* (*POST:* = *Connecticut*).

ct *abbr* = **carat**.

CTC (*BRIT*) *n abbr* = **city technology college**.

CT scanner *n abbr* (*MED:* = *computerized tomography scanner*) CT-Scanner *m*.

cu. *abbr* = **cubic**.

cub [kʌb] *n* Junge(s) *nt*; (*also:* **~ scout**) Wölfling *m*.

Cuba ['kju:bə] *n* Kuba *nt*.

Cuban ['kju:bən] *adj* kubanisch ♦ *n* Kubaner(in) *m(f)*.

cubbyhole ['kʌbɪhəul] *n* (*room*) Kabuff *nt*; (*space*) Eckchen *nt*.

cube [kju:b] *n* Würfel *m*; (*MATH: of number*) dritte Potenz *f* ♦ *vt* (*MATH*) in die dritte Potenz erheben, hoch drei nehmen.

cube root *n* Kubikwurzel *f*.

cubic ['kju:bɪk] *adj* (*volume*) Kubik-; **~ metre** *etc* Kubikmeter *m etc*.

cubic capacity *n* Hubraum *m*.

cubicle ['kju:bɪkl] *n* Kabine *f*; (*in hospital*) Bettnische *f*.

cuckoo ['kuku:] *n* Kuckuck *m*.

cuckoo clock *n* Kuckucksuhr *f*.

cucumber ['kju:kʌmbə*] *n* Gurke *f*.

cud [kʌd] *n*: **to chew the ~** (*animal*) wiederkäuen; (*fig: person*) vor sich *acc* hin grübeln.

cuddle ['kʌdl] *vt* in den Arm nehmen, drücken ♦ *vi* schmusen.

cuddly ['kʌdlɪ] *adj* (*toy*) zum Liebhaben *or* Drücken; (*person*) knuddelig (*inf*).

cudgel ['kʌdʒl] *n* Knüppel *m* ♦ *vt*: **to ~ one's brains** sich *dat* das (Ge)hirn zermartern.

cue [kju:] *n* (*SPORT*) Billardstock *m*, Queue *nt*; (*THEAT: word*) Stichwort *nt*; (: *action*) (Einsatz)zeichen *nt*; (*MUS*) Einsatz *m*.

cuff [kʌf] *n* (*of sleeve*) Manschette *f*; (*US: of trousers*) Aufschlag *m*; (*blow*) Klaps *m* ♦ *vt* einen Klaps geben +*dat*; **off the ~** aus dem Stegreif.

cuff links *npl* Manschettenknöpfe *pl*.

cu. in. *abbr* (= *cubic inches*) Kubikzoll.

cuisine [kwi'zi:n] *n* Küche *f*.

cul-de-sac ['kʌldəsæk] *n* Sackgasse *f*.

culinary ['kʌlɪnərɪ] *adj* (*skill*) Koch-; (*delight*) kulinarisch.

cull [kʌl] *vt* (zusammen)sammeln; (*animals*) ausmerzen ♦ *n* Erlegen überschüssiger Tierbestände.

culminate ['kʌlmɪneɪt] *vi*: **to ~ in** gipfeln in +*dat*.

culmination [kʌlmɪ'neɪʃən] *n* Höhepunkt *m*.

culottes [kju:'lɔts] *npl* Hosenrock *m*.

culpable ['kʌlpəbl] *adj* schuldig.

culprit ['kʌlprɪt] *n* Täter(in) *m(f)*.

cult [kʌlt] *n* Kult *m*.

cult figure *n* Kultfigur *f*.

cultivate ['kʌltɪveɪt] *vt* (*land*) bebauen,

landwirtschaftlich nutzen; (*crop*) anbauen; (*feeling*) entwickeln; (*person*) sich *dat* warm halten (*inf*), die Beziehung pflegen zu.
cultivation [kʌltɪˈveɪʃən] *n* (*of land*) Bebauung *f*, landwirtschaftliche Nutzung *f*; (*of crop*) Anbau *m*.
cultural [ˈkʌltʃərəl] *adj* kulturell.
culture [ˈkʌltʃə*] *n* Kultur *f*.
cultured [ˈkʌltʃəd] *adj* kultiviert; (*pearl*) Zucht-.
cumbersome [ˈkʌmbəsəm] *adj* (*suitcase etc*) sperrig, unhandlich; (*piece of machinery*) schwer zu handhaben; (*clothing*) hinderlich; (*process*) umständlich.
cumin [ˈkʌmɪn] *n* Kreuzkümmel *m*.
cumulative [ˈkjuːmjulətɪv] *adj* (*effect, result*) Gesamt-.
cunning [ˈkʌnɪŋ] *n* Gerissenheit *f* ♦ *adj* gerissen; (*device, idea*) schlau.
cunt [kʌnt] (*inf!*) *n* (*vagina*) Fotze *f* (!); (*term of abuse*) Arsch *m* (!).
cup [kʌp] *n* Tasse *f*; (*as prize*) Pokal *m*; (*of bra*) Körbchen *nt*; **a ~ of tea** eine Tasse Tee.
cupboard [ˈkʌbəd] *n* Schrank *m*.
cup final (*BRIT*) *n* Pokalendspiel *nt*.
cupful [ˈkʌpful] *n* Tasse *f*.
Cupid [ˈkjuːpɪd] *n* Amor *m*; (*figurine*) Amorette *f*.
cupidity [kjuːˈpɪdɪtɪ] *n* Begierde *f*, Gier *f*.
cupola [ˈkjuːpələ] *n* Kuppel *f*.
cuppa [ˈkʌpə] (*BRIT: inf*) *n* Tasse *f* Tee.
cup tie (*BRIT*) *n* Pokalspiel *nt*.
curable [ˈkjuərəbl] *adj* heilbar.
curate [ˈkjuərɪt] *n* Vikar *m*.
curator [kjuəˈreɪtə*] *n* Kustos *m*.
curb [kəːb] *vt* einschränken; (*person*) an die Kandare nehmen ♦ *n* Einschränkung *f*; (*US: kerb*) Bordstein *m*.
curd cheese *n* Weißkäse *m*.
curdle [ˈkəːdl] *vi* gerinnen.
curds [kəːdz] *npl* ≈ Quark *m*.
cure [kjuə*] *vt* heilen; (*CULIN: salt*) pökeln; (: *smoke*) räuchern; (: *dry*) trocknen; (*problem*) abhelfen +*dat* ♦ *n* (*remedy*) (Heil)mittel *nt*; (*treatment*) Heilverfahren *nt*; (*solution*) Abhilfe *f*; **to be ~d of sth** von etw geheilt sein.
cure-all [ˈkjuərɔːl] *n* (*also fig*) Allheilmittel *nt*.
curfew [ˈkəːfjuː] *n* Ausgangssperre *f*; (*time*) Sperrstunde *f*.
curio [ˈkjuərɪəu] *n* Kuriosität *f*.
curiosity [kjuərɪˈɒsɪtɪ] *n* (*see adj*) Wissbegier(de) *f*, Neugier *f*; Merkwürdigkeit *f*.
curious [ˈkjuərɪəs] *adj* (*interested*) wissbegierig; (*nosy*) neugierig; (*strange, unusual*) sonderbar, merkwürdig; **I'm ~ about him** ich bin gespannt auf ihn.
curiously [ˈkjuərɪəslɪ] *adv* neugierig; (*inquisitively*) wissbegierig; **~ enough, ...** merkwürdigerweise ...
curl [kəːl] *n* Locke *f*; (*of smoke etc*) Kringel *m*

♦ *vt* (*hair: loosely*) locken; (: *tightly*) kräuseln ♦ *vi* sich locken; sich kräuseln; (*smoke*) sich kringeln.
▶ **curl up** *vi* sich zusammenrollen.
curler [ˈkəːlə*] *n* Lockenwickler *m*; (*SPORT*) Curlingspieler(in) *m(f)*.
curlew [ˈkəːluː] *n* Brachvogel *m*.
curling [ˈkəːlɪŋ] *n* (*SPORT*) Curling *nt*.
curling tongs, (*US*) **curling irons** *npl* Lockenschere *f*, Brennschere *f*.
curly [ˈkəːlɪ] *adj* lockig; (*tightly curled*) kraus.
currant [ˈkʌrnt] *n* Korinthe *f*; (*blackcurrant, redcurrant*) Johannisbeere *f*.
currency [ˈkʌrnsɪ] *n* (*system*) Währung *f*; (*money*) Geld *nt*; **foreign ~** Devisen *pl*; **to gain ~** (*fig*) sich verbreiten, um sich greifen.
current [ˈkʌrnt] *n* Strömung *f*; (*ELEC*) Strom *m*; (*of opinion*) Tendenz *f*, Trend *m* ♦ *adj* gegenwärtig; (*expression*) gebräuchlich; (*idea, custom*) verbreitet; **direct/alternating ~** (*ELEC*) Gleich-/Wechselstrom *m*; **the ~ issue of a magazine** die neueste *or* letzte Nummer einer Zeitschrift; **in ~ use** allgemein gebräuchlich.
current account (*BRIT*) *n* Girokonto *nt*.
current affairs *npl* Tagespolitik *f*.
current assets *npl* (*COMM*) Umlaufvermögen *nt*.
current liabilities *npl* (*COMM*) kurzfristige Verbindlichkeiten *pl*.
currently [ˈkʌrntlɪ] *adv* zurzeit.
curricula [kəˈrɪkjulə] *npl of* **curriculum**.
curriculum [kəˈrɪkjuləm] (*pl* ~**s** *or* **curricula**) *n* Lehrplan *m*.
curriculum vitae [-ˈviːtaɪ] *n* Lebenslauf *m*.
curry [ˈkʌrɪ] *n* (*dish*) Currygericht *nt* ♦ *vt*: **to ~ favour with** sich einschmeicheln bei.
curry powder *n* Curry *m or nt*, Currypulver *nt*.
curse [kəːs] *vi* fluchen ♦ *vt* verfluchen ♦ *n* Fluch *m*.
cursor [ˈkəːsə*] *n* (*COMPUT*) Cursor *m*.
cursory [ˈkəːsərɪ] *adj* flüchtig; (*examination*) oberflächlich.
curt [kəːt] *adj* knapp, kurz angebunden.
curtail [kəːˈteɪl] *vt* einschränken; (*visit etc*) abkürzen.
curtain [ˈkəːtn] *n* Vorhang *m*; (*net*) Gardine *f*; **to draw the ~s** (*together*) die Vorhänge zuziehen; (*apart*) die Vorhänge aufmachen.
curtain call *n* (*THEAT*) Vorhang *m*.
curts(e)y [ˈkəːtsɪ] *vi* knicksen ♦ *n* Knicks *m*.
curvature [ˈkəːvətʃə*] *n* Krümmung *f*.
curve [kəːv] *n* Bogen *m*; (*in the road*) Kurve *f* ♦ *vi* einen Bogen machen; (*surface, arch*) sich wölben ♦ *vt* biegen.
curved [kəːvd] *adj* (*line*) gebogen; (*table legs etc*) geschwungen; (*surface, arch, sides of ship*) gewölbt.
cushion [ˈkuʃən] *n* Kissen *nt* ♦ *vt* dämpfen; (*seat*) polstern.

cushy ['kuʃɪ] (*inf*) *adj*: **a ~ job** ein gemütlicher *or* ruhiger Job; **to have a ~ time** eine ruhige Kugel schieben.

custard ['kʌstəd] *n* (*for pouring*) Vanillesoße *f*.

custard powder (*BRIT*) *n* Vanillesoßenpulver *nt*.

custodial [kʌs'təudɪəl] *adj*: **~ sentence** Gefängnisstrafe *f*.

custodian [kʌs'təudɪən] *n* Verwalter(in) *m(f)*; (*of museum etc*) Aufseher(in) *m(f)*, Wächter(in) *m(f)*.

custody ['kʌstədɪ] *n* (*of child*) Vormundschaft *f*; (*for offenders*) (polizeilicher) Gewahrsam *m*, Haft *f*; **to take into ~** verhaften; **in the ~ of** unter der Obhut +*gen*; **the mother has ~ of the children** die Kinder sind der Mutter zugesprochen worden.

custom ['kʌstəm] *n* Brauch *m*; (*habit*) (An)gewohnheit *f*; (*LAW*) Gewohnheitsrecht *nt*; (*COMM*) Kundschaft *f*.

customary ['kʌstəmərɪ] *adj* (*conventional*) üblich; (*habitual*) gewohnt; **it is ~ to do it** es ist üblich, es zu tun.

custom-built ['kʌstəm'bɪlt] *adj* speziell angefertigt.

customer ['kʌstəmə*] *n* Kunde *m*, Kundin *f*; **he's an awkward ~** (*inf*) er ist ein schwieriger Typ.

customer profile *n* Kundenprofil *nt*.

customized ['kʌstəmaɪzd] *adj* individuell aufgemacht.

custom-made ['kʌstəm'meɪd] *adj* (*shirt etc*) maßgefertigt, nach Maß; (*car etc*) speziell angefertigt.

customs ['kʌstəmz] *npl* Zoll *m*; **to go through (the) ~** durch den Zoll gehen.

Customs and Excise (*BRIT*) *n* die Zollbehörde *f*.

customs duty *n* Zoll *m*.

customs officer *n* Zollbeamte(r) *m*, Zollbeamtin *f*.

cut [kʌt] (*pt, pp* **cut**) *vt* schneiden; (*text, programme, spending*) kürzen; (*prices*) senken, heruntersetzen, herabsetzen; (*supply*) einschränken; (*cloth*) zuschneiden; (*road*) schlagen, hauen; (*inf: lecture, appointment*) schwänzen ♦ *vi* schneiden; (*lines*) sich schneiden ♦ *n* Schnitt *m*; (*in skin*) Schnittwunde *f*; (*in salary, spending etc*) Kürzung *f*; (*of meat*) Stück *nt*; (*of jewel*) Schnitt *m*, Schliff *m*; **to ~ a tooth** zahnen, einen Zahn bekommen; **to ~ one's finger/ hand/knee** sich in den Finger/in die Hand/ am Knie schneiden; **to get one's hair ~** sich *dat* die Haare schneiden lassen; **to ~ sth short** etw vorzeitig abbrechen; **to ~ sb dead** jdn wie Luft behandeln; **cold ~s** (*US*) Aufschnitt *m*; **power ~** Stromausfall *m*.

▶ **cut back** *vt* (*plants*) zurückschneiden; (*production*) zurückschrauben; (*expenditure*) einschränken.

▶ **cut down** *vt* (*tree*) fällen; (*consumption*) einschränken; **to ~ sb down to size** (*fig*) jdn auf seinen Platz verweisen.

▶ **cut down on** *vt fus* einschränken.

▶ **cut in** *vi* (*AUT*) sich direkt vor ein anderes Auto setzen; **to ~ in (on)** (*conversation*) sich einschalten (in +*acc*).

▶ **cut off** *vt* abschneiden; (*supply*) sperren; (*TEL*) unterbrechen; **we've been ~ off** (*TEL*) wir sind unterbrochen worden.

▶ **cut out** *vt* ausschneiden; (*an activity etc*) aufhören mit; (*remove*) herausschneiden.

▶ **cut up** *vt* klein schneiden; **it really ~ me up** (*inf*) es hat mich ziemlich mitgenommen; **to feel ~ up about sth** (*inf*) betroffen über etw *acc* sein.

cut and dried *adj* (*also*: **cut-and-dry**: *answer*) eindeutig; (: *solution*) einfach.

cutaway ['kʌtəweɪ] *n* (*coat*) Cut(away) *m*; (*drawing*) Schnittdiagramm *nt*; (*model*) Schnittmodell *nt*; (*CINE, TV*) Schnitt *m*.

cutback ['kʌtbæk] *n* Kürzung *f*.

cute [kjuːt] *adj* süß, niedlich; (*clever*) schlau.

cut glass *n* geschliffenes Glas *nt*.

cuticle ['kjuːtɪkl] *n* Nagelhaut *f*; **~ remover** Nagelhautentferner *m*.

cutlery ['kʌtlərɪ] *n* Besteck *nt*.

cutlet ['kʌtlɪt] *n* Schnitzel *nt*; (*vegetable cutlet, nut cutlet*) Bratling *m*.

cutoff ['kʌtɔf] *n* (*also*: **~ point**) Trennlinie *f*.

cutoff switch *n* Ausschaltmechanismus *m*.

cutout ['kʌtaut] *n* (*switch*) Unterbrecher *m*; (*shape*) Ausschneidemodell *nt*; (*paper figure*) Ausschneidepuppe *f*.

cut-price ['kʌt'praɪs] *adj* (*goods*) heruntergesetzt; (*offer*) Billig-.

cut-rate ['kʌt'reɪt] (*US*) *adj* = **cut-price**.

cutthroat ['kʌtθrəut] *n* Mörder(in) *m(f)* ♦ *adj* unbarmherzig, mörderisch.

cutting ['kʌtɪŋ] *adj* (*edge, remark*) scharf ♦ *n* (*BRIT: from newspaper*) Ausschnitt *m*; (: *RAIL*) Durchstich *m*; (*from plant*) Ableger *m*.

cutting edge *n* (*fig*) Spitzenstellung *f*; **on the ~ (of)** an der Spitze +*gen*.

cuttlefish ['kʌtlfɪʃ] *n* Tintenfisch *m*.

CV *n abbr* = **curriculum vitae**.

c.w.o. *abbr* (*COMM*) = **cash with order**.

cwt *abbr* = **hundredweight**.

cyanide ['saɪənaɪd] *n* Zyanid *nt*.

cybercafé ['saɪbəkæfeɪ] *n* Internet-Café *nt*.

cybernetics [saɪbə'nɛtɪks] *n* Kybernetik *f*.

cyclamen ['sɪkləmən] *n* Alpenveilchen *nt*.

cycle ['saɪkl] *n* (*bicycle*) (Fahr)rad *nt*; (*series: of seasons, songs etc*) Zyklus *m*; (: *of events*) Gang *m*; (: *TECH*) Periode *f* ♦ *vi* Rad fahren.

cycle lane, cycle path *n* (Fahr)radweg *m*.

cycle race *n* Radrennen *nt*.

cycle rack *n* Fahrradständer *m*.

cycling ['saɪklɪŋ] *n* Radfahren *nt*; **to go on a ~ holiday** (*BRIT*) Urlaub mit dem Fahrrad machen.

cyclist ['saɪklɪst] *n* (Fahr)radfahrer(in) *m(f)*.

cyclone ['saɪkləun] *n* Zyklon *m*.

cygnet ['sɪgnɪt] n Schwanjunge(s) nt.
cylinder ['sɪlɪndə*] n Zylinder m; (of gas)
  Gasflasche f.
cylinder block n Zylinderblock m.
cylinder head n Zylinderkopf m.
cylinder-head gasket ['sɪlɪndəhɛd-] n
  Zylinderkopfdichtung f.
cymbals ['sɪmblz] npl (MUS) Becken nt.
cynic ['sɪnɪk] n Zyniker(in) m(f).
cynical ['sɪnɪkl] adj zynisch.
cynicism ['sɪnɪsɪzəm] n Zynismus m.
CYO (US) n abbr (= Catholic Youth Organization)
  katholische Jugendorganisation.
cypress ['saɪprɪs] n Zypresse f.
Cypriot ['sɪprɪət] adj zypriotisch, zyprisch ♦ n
  Zypriot(in) m(f).
Cyprus ['saɪprəs] n Zypern nt.
cyst [sɪst] n Zyste f.
cystitis [sɪs'taɪtɪs] n Blasenentzündung f,
  Zystitis f.
CZ (US) n abbr (= Canal Zone) Bereich des
  Panamakanals.
czar [zɑː*] n = **tsar**.
Czech [tʃɛk] adj tschechisch ♦ n Tscheche m,
  Tschechin f; (language) Tschechisch nt; the
  ~ **Republic** die Tschechische Republik f.
Czechoslovak [tʃɛkə'sləuvæk] adj, n
  = **Czechoslovak(ian)**.
Czechoslovakia [tʃɛkəsləˈvækɪə] n (formerly)
  die Tschechoslowakei f.
Czechoslovak(ian) [tʃɛkə'sləuvæk,
  tʃɛkəslə'vækɪən] (formerly) adj
  tschechoslowakisch ♦ n Tschechoslowake
  m, Tschechoslowakin f.

D, d

D¹, d¹ [diː] n (letter) D nt, d nt; ~ **for David**,
  (US) ~ **for Dog** ≈ D wie Dora.
D² [diː] n (MUS) D nt, d nt.
D³ [diː] (US) abbr (POL) = **democrat**;
  democratic.
d² (BRIT: formerly) abbr = **penny**.
d. abbr (= died): **Henry Jones**, ~ **1754** Henry
  Jones, gest. 1754.
DA (US) n abbr = **district attorney**.
dab [dæb] vt betupfen; (paint, cream) tupfen
  ♦ n Tupfer m; **to be a** ~ **hand at sth** gut in
  etw dat sein; **to be a** ~ **hand at doing sth**
  sich darauf verstehen, etw zu tun.
  ▶ **dab at** vt betupfen.
dabble ['dæbl] vi: **to** ~ **in** sich (nebenbei)
  beschäftigen mit.
dachshund ['dækshund] n Dackel m.
dad [dæd] (inf) n Papa m, Vati m.

daddy ['dædɪ] (inf) n = **dad**.
daddy-longlegs [dædɪ'lɒŋlɛgz] (inf) n Schnake
  f.
daffodil ['dæfədɪl] n Osterglocke f, Narzisse f.
daft [dɑːft] (inf) adj doof (inf), blöd (inf); **to be**
  ~ **about sb/sth** verrückt nach jdm/etw sein.
dagger ['dægə*] n Dolch m; **to be at** ~**s drawn**
  with sb mit jdm auf Kriegsfuß stehen; **to**
  look ~**s at sb** jdn mit Blicken durchbohren.
dahlia ['deɪljə] n Dahlie f.
daily ['deɪlɪ] adj täglich; (wages) Tages- ♦ n
  (paper) Tageszeitung f; (BRIT: also: ~ **help**)
  Putzfrau f ♦ adv täglich; **twice** ~ zweimal
  täglich or am Tag.
dainty ['deɪntɪ] adj zierlich.
dairy ['dɛərɪ] n (BRIT: shop) Milchgeschäft nt;
  (company) Molkerei f; (on farm)
  Milchkammer f ♦ cpd Milch-; (herd, industry,
  farming) Milchvieh-.
dairy farm n auf Milchviehhaltung
  spezialisierter Bauernhof.
dairy products npl Milchprodukte pl,
  Molkereiprodukte pl.
dairy store (US) n Milchgeschäft nt.
dais ['deɪɪs] n Podium nt.
daisy ['deɪzɪ] n Gänseblümchen nt.
daisywheel ['deɪzɪwiːl] n Typenrad nt.
daisywheel printer n Typenraddrucker m.
Dakar ['dækə*] n Dakar nt.
dale [deɪl] (BRIT) n Tal nt.
dally ['dælɪ] vi (herum)trödeln; **to** ~ **with**
  (plan, idea) spielen mit.
dalmatian [dæl'meɪʃən] n Dalmatiner m.
dam [dæm] n (Stau)damm m; (reservoir)
  Stausee m ♦ vt stauen.
damage ['dæmɪdʒ] n Schaden m ♦ vt schaden
  +dat; (spoil, break) beschädigen; **damages** npl
  (LAW) Schaden(s)ersatz m; ~ **to property**
  Sachbeschädigung f; **to pay £5,000 in** ~**s**
  5000 Pfund Schaden(s)ersatz (be)zahlen.
damaging ['dæmɪdʒɪŋ] adj: ~ **(to)** schädlich
  (für).
Damascus [də'mɑːskəs] n Damaskus nt.
dame [deɪm] n Dame f; (US: inf) Weib nt;
  (THEAT) (komische) Alte f (von einem Mann
  gespielt).
damn [dæm] vt verfluchen; (condemn)
  verurteilen ♦ adj (inf: also: ~**ed**) verdammt
  ♦ n (inf): **I don't give a** ~ das ist mir
  scheißegal (!); ~ **(it)!** verdammt (noch mal)!
damnable ['dæmnəbl] adj grässlich.
damnation [dæm'neɪʃən] n Verdammnis f
  ♦ excl (inf) verdammt.
damning ['dæmɪŋ] adj belastend.
damp [dæmp] adj feucht ♦ n Feuchtigkeit f ♦ vt
  (also: ~**en**) befeuchten, anfeuchten;
  (enthusiasm etc) dämpfen.
dampcourse ['dæmpkɔːs] n Dämmschicht f.
damper ['dæmpə*] n (MUS) Dämpfer m; (of
  fire) (Luft)klappe f; **to put a** ~ **on** (fig) einen
  Dämpfer aufsetzen +dat.
dampness ['dæmpnɪs] n Feuchtigkeit f.

damson ['dæmzən] n Damaszenerpflaume f.

dance [dɑːns] n Tanz m; (social event)
Tanz(abend) m ♦ vi tanzen; **to ~ about**
(herum)tänzeln.

dance hall n Tanzsaal m.

dancer ['dɑːnsə*] n Tänzer(in) m(f).

dancing ['dɑːnsɪŋ] n Tanzen nt ♦ cpd (teacher,
school, class etc) Tanz-.

D and C n abbr (MED: = dilation and curettage)
Ausschabung f.

dandelion ['dændɪlaɪən] n Löwenzahn m.

dandruff ['dændrəf] n Schuppen pl.

dandy ['dændɪ] n Dandy m ♦ adj (US: inf)
prima.

Dane [deɪn] n Däne m, Dänin f.

danger ['deɪndʒə*] n Gefahr f; **there is ~ of**
fire/poisoning es besteht Feuer-/
Vergiftungsgefahr; **there is a ~ of sth**
happening es besteht die Gefahr, dass etw
geschieht; "**~!**" „Achtung!"; **in ~** in
Gefahr; **to be in ~ of doing sth** Gefahr
laufen, etw zu tun; **out of ~** außer Gefahr.

danger list n: **on the ~** in Lebensgefahr.

dangerous ['deɪndʒrəs] adj gefährlich.

dangerously ['deɪndʒrəslɪ] adv gefährlich;
(close) bedenklich; **~ ill** schwer krank.

danger zone n Gefahrenzone f.

dangle ['dæŋgl] vt baumeln lassen ♦ vi
baumeln.

Danish ['deɪnɪʃ] adj dänisch ♦ n (LING)
Dänisch nt.

Danish pastry n Plundergebäck nt.

dank [dæŋk] adj (unangenehm) feucht.

Danube ['dænjuːb] n: **the ~** die Donau.

dapper ['dæpə*] adj gepflegt.

Dardanelles [dɑːdə'nelz] npl: **the ~** die
Dardanellen pl.

dare [dɛə*] vt: **to ~ sb to do sth** jdn dazu
herausfordern, etw zu tun ♦ vi: **to ~ (to) do**
sth es wagen, etw zu tun; **I ~n't tell him**
(BRIT) ich wage nicht, es ihm zu sagen; **I**
~ say ich nehme an.

daredevil ['dɛədevl] n Draufgänger m.

Dar-es-Salaam ['dɑːrɛssə'lɑːm] n Daressalam
nt.

daring ['dɛərɪŋ] adj kühn, verwegen; (bold)
gewagt ♦ n Kühnheit f.

dark [dɑːk] adj dunkel; (look) finster ♦ n: **in the**
~ im Dunkeln; **to be in the ~ about** (fig)
keine Ahnung haben von; **after ~** nach
Einbruch der Dunkelheit; **it is/is getting ~**
es ist/wird dunkel; **~ chocolate**
Zartbitterschokolade f.

Dark Ages npl: **the ~** das finstere Mittelalter.

darken [dɑːkn] vt dunkel machen ♦ vi sich
verdunkeln.

dark glasses npl Sonnenbrille f.

dark horse n (fig: in competition)
Unbekannte(r) f(m) (mit
Außenseiterchancen); (quiet person) stilles
Wasser nt.

darkly ['dɑːklɪ] adv finster.

darkness ['dɑːknɪs] n Dunkelheit f, Finsternis
f.

darkroom ['dɑːkrum] n Dunkelkammer f.

darling ['dɑːlɪŋ] adj lieb ♦ n Liebling m; **to be**
the ~ of der Liebling +gen sein; **she is a ~** sie
ist ein Schatz.

darn [dɑːn] vt stopfen.

dart [dɑːt] n (in game) (Wurf)pfeil m; (in
sewing) Abnäher m ♦ vi: **to ~ towards** (also:
make a ~ towards) zustürzen auf +acc; **to**
~ away/along davon-/entlangflitzen.

dartboard ['dɑːtbɔːd] n Dartscheibe f.

darts [dɑːts] n Darts nt, Pfeilwurfspiel nt.

dash [dæʃ] n (sign) Gedankenstrich m; (rush)
Jagd f ♦ vt (throw) schleudern; (hopes)
zunichte machen ♦ vi: **to ~ towards**
zustürzen auf +acc; **a ~ of ...** (small quantity)
etwas ..., ein Schuss m ...; **to make a ~ for**
sth auf etw acc zustürzen; **we'll have to**
make a ~ for it wir müssen rennen, so
schnell wir können.

► **dash away** vi losstürzen.

► **dash off** vi = **dash away**.

dashboard ['dæʃbɔːd] n Armaturenbrett nt.

dashing ['dæʃɪŋ] adj flott.

dastardly ['dæstədlɪ] adj niederträchtig.

DAT n abbr (= digital audio tape) DAT nt.

data ['deɪtə] npl Daten pl.

database ['deɪtəbeɪs] n Datenbank f.

data capture n Datenerfassung f.

data processing n Datenverarbeitung f.

data transmission n Datenübertragung f.

date [deɪt] n Datum nt; (with friend)
Verabredung f; (fruit) Dattel f ♦ vt datieren;
(person) ausgehen mit; **what's the ~ today?**
der Wievielte ist heute?; **~ of birth**
Geburtsdatum nt; **closing ~**
Einsendeschluss m; **to ~** bis heute; **out of ~**
altmodisch; (expired) abgelaufen; **up to ~**
auf dem neuesten Stand; **to bring up to ~**
auf den neuesten Stand bringen; (person)
über den neuesten Stand der Dinge
informieren; **a letter ~d 5th July** or (US) **July**
5th ein vom 5. Juli datierter Brief.

dated ['deɪtɪd] adj altmodisch.

dateline ['deɪtlaɪn] n (GEOG) Datumsgrenze f;
(PRESS) Datumszeile f.

date rape n Vergewaltigung f einer
Bekannten (mit der der Täter eine Verabredung
hatte).

date stamp n Datumsstempel m.

dative ['deɪtɪv] n Dativ m.

daub [dɔːb] vt schmieren; **to ~ with**
beschmieren mit.

daughter ['dɔːtə*] n Tochter f.

daughter-in-law ['dɔːtərɪnlɔː] n
Schwiegertochter f.

daunt [dɔːnt] vt entmutigen.

daunting ['dɔːntɪŋ] adj entmutigend.

dauntless ['dɔːntlɪs] adj unerschrocken,
beherzt.

dawdle ['dɔːdl] vi trödeln; **to ~ over one's**

work bei der Arbeit bummeln *or* trödeln.

dawn [dɔːn] *n* Tagesanbruch *m*, Morgengrauen *nt*; (*of period*) Anbruch *m* ♦ *vi* dämmern; (*fig*): **it ~ed on him that …** es dämmerte ihm, dass …; **from ~ to dusk** von morgens bis abends.

dawn chorus (*BRIT*) *n* Morgenkonzert *nt* der Vögel.

day [deɪ] *n* Tag *m*; (*heyday*) Zeit *f*; **the ~ before/after** am Tag zuvor/danach; **the ~ after tomorrow** übermorgen; **the ~ before yesterday** vorgestern; **(on) the following ~** am Tag danach; **the ~ that …** (am Tag,) als …; **~ by ~** jeden Tag, täglich; **by ~** tagsüber; **paid by the ~** tageweise bezahlt; **to work an eight hour ~** einen Achtstundentag haben; **these ~s, in the present ~** heute, heutzutage.

daybook ['deɪbuk] (*BRIT*) *n* Journal *nt*.

dayboy ['deɪbɔɪ] *n* Externe(r) *m*.

daybreak ['deɪbreɪk] *n* Tagesanbruch *m*.

day-care centre ['deɪkeə-] *n* (*for children*) (Kinder)tagesstätte *f*; (*for old people*) Altentagesstätte *f*.

daydream ['deɪdriːm] *vi* (mit offenen Augen) träumen ♦ *n* Tagtraum *m*, Träumerei *f*.

daygirl ['deɪgəːl] *n* Externe *f*.

daylight ['deɪlaɪt] *n* Tageslicht *nt*.

daylight robbery (*inf*) *n* Halsabschneiderei *f*.

daylight-saving time (*US*) *n* Sommerzeit *f*.

day release *n*: **to be on ~** tageweise (zur Weiterbildung) freigestellt sein.

day return (*BRIT*) *n* Tagesrückfahrkarte *f*.

day shift *n* Tagschicht *f*.

daytime ['deɪtaɪm] *n* Tag *m*; **in the ~** tagsüber, bei Tage.

day-to-day ['deɪtə'deɪ] *adj* täglich, Alltags-; **on a ~ basis** tageweise.

day trip *n* Tagesausflug *m*.

day-tripper ['deɪ'trɪpə*] *n* Tagesausflügler(in) *m(f)*.

daze [deɪz] *vt* benommen machen ♦ *n*: **in a ~** ganz benommen.

dazed [deɪzd] *adj* benommen.

dazzle ['dæzl] *vt* blenden.

dazzling ['dæzlɪŋ] *adj* (*light*) blendend; (*smile*) strahlend; (*career, achievements*) glänzend.

DC *abbr* = **direct current**; (*US: POST:* = *District of Columbia*).

DCC *n abbr* (= *digital compact cassette*) DCC *f*.

DD *n abbr* (= *Doctor of Divinity*) ≈ Dr. theol.

D/D *abbr* = **direct debit**.

dd. *abbr* (*COMM:* = *delivered*) geliefert.

D-day ['diːdeɪ] *n* der Tag X.

DDS (*US*) *n abbr* (= *Doctor of Dental Surgery*) ≈ Dr. med. dent.

DDT *n abbr* (= *dichlorodiphenyltrichloroethane*) DDT *nt*.

DE (*US*) *abbr* (*POST:* = *Delaware*).

DEA (*US*) *n abbr* (= *Drug Enforcement Administration*) amerikanische Drogenbehörde.

deacon ['diːkən] *n* Diakon *m*.

dead [dɛd] *adj* tot; (*flowers*) verwelkt; (*numb*) abgestorben, taub; (*battery*) leer; (*place*) wie ausgestorben ♦ *adv* total, völlig; (*directly, exactly*) genau ♦ *npl*: **the ~** die Toten *pl*; **to shoot sb ~** jdn erschießen; **~ silence** Totenstille *f*; **in the ~ centre (of)** genau in der Mitte +*gen*; **the line has gone ~** (*TEL*) die Leitung ist tot; **~ on time** auf die Minute pünktlich; **~ tired** todmüde; **to stop ~** abrupt stehen bleiben.

dead beat (*inf*) *adj* (*tired*) völlig kaputt.

deaden [dɛdn] *vt* (*blow*) abschwächen; (*pain*) mildern; (*sound*) dämpfen.

dead end *n* Sackgasse *f*.

dead-end ['dɛdend] *adj*: **a ~ job** ein Job *m* ohne Aufstiegsmöglichkeiten.

dead heat *n*: **to finish in a ~** unentschieden ausgehen.

dead letter office *n* Amt *nt* für unzustellbare Briefe.

deadline ['dɛdlaɪn] *n* (letzter) Termin *m*; **to work to a ~** auf einen Termin hinarbeiten.

deadlock ['dɛdlɔk] *n* Stillstand *m*; **the meeting ended in ~** die Verhandlung war festgefahren.

dead loss (*inf*) *n*: **to be a ~** ein hoffnungsloser Fall sein.

deadly ['dɛdlɪ] *adj* tödlich ♦ *adv*: **~ dull** todlangweilig.

deadpan ['dɛdpæn] *adj* (*look*) unbewegt; (*tone*) trocken.

Dead Sea *n*: **the ~** das Tote Meer.

dead season *n* tote Saison *f*.

deaf [dɛf] *adj* taub; (*partially*) schwerhörig; **to turn a ~ ear to sth** sich einer Sache *dat* gegenüber taub stellen.

deaf aid (*BRIT*) *n* Hörgerät *nt*.

deaf-and-dumb ['dɛfən'dʌm] *adj* taubstumm; **~ alphabet** Taubstummensprache *f*.

deafen ['dɛfn] *vt* taub machen.

deafening ['dɛfnɪŋ] *adj* ohrenbetäubend.

deaf-mute ['dɛfmjuːt] *n* Taubstumme(r) *f(m)*.

deafness ['dɛfnɪs] *n* Taubheit *f*.

deal [diːl] (*pt, pp* **dealt**) *n* Geschäft *nt*, Handel *m* ♦ *vt* (*blow*) versetzen; (*card*) geben, austeilen; **to strike a ~ with sb** ein Geschäft mit jdm abschließen; **it's a ~!** (*inf*) abgemacht!; **he got a fair/bad ~ from them** er ist von ihnen anständig/schlecht behandelt worden; **a good ~** (*a lot*) ziemlich viel; **a great ~ (of)** ziemlich viel.

▶ **deal in** *vt fus* handeln mit.

▶ **deal with** *vt fus* (*person*) sich kümmern um; (*problem*) sich befassen mit; (*successfully*) fertig werden mit; (*subject*) behandeln.

dealer ['diːlə*] *n* Händler(in) *m(f)*; (*in drugs*) Dealer *m*; (*CARDS*) Kartengeber(in) *m(f)*.

dealership ['diːləʃɪp] *n* (Vertrags)händler *m*.

dealings ['diːlɪŋz] *npl* Geschäfte *pl*; (*relations*) Beziehungen *pl*.

dealt [dɛlt] *pt, pp of* **deal**.

dean [diːn] *n* Dekan *m*; (*US: SCOL: administrator*) Schul- oder Collegeverwalter mit Beratungs- und Disziplinarfunktion.

dear [dɪə*] *adj* lieb; (*expensive*) teuer ♦ *n*: (my) ~ (mein) Liebling *m* ♦ *excl*: ~ **me!** (ach) du liebe Zeit!; **D~ Sir/Madam** Sehr geehrte Damen und Herren; **D~ Mr/Mrs X** Sehr geehrter Herr/geehrte Frau X; (*less formal*) Lieber Herr/Liebe Frau X.

dearly ['dɪəlɪ] *adv* (*love*) von ganzem Herzen; (*pay*) teuer.

dear money *n* (*COMM*) teures Geld *nt*.

dearth [dɜːθ] *n*: **a ~ of** ein Mangel *m* an +*dat*.

death [dɛθ] *n* Tod *m*; (*fatality*) Tote(r) *f(m)*, Todesfall *m*.

deathbed ['dɛθbɛd] *n*: **to be on one's ~** auf dem Sterbebett liegen.

death certificate *n* Sterbeurkunde *f*, Totenschein *m*.

deathly ['dɛθlɪ] *adj* (*silence*) eisig ♦ *adv* (*pale etc*) toten-.

death penalty *n* Todesstrafe *f*.

death rate *n* Sterbeziffer *f*.

death row [-rəʊ] (*US*) *n* Todestrakt *m*.

death sentence *n* Todesurteil *nt*.

death squad *n* Todeskommando *nt*.

death toll *n* Zahl *f* der Todesopfer *or* Toten.

deathtrap ['dɛθtræp] *n* Todesfalle *f*.

deb [dɛb] (*inf*) *n abbr* = **debutante**.

debacle [deɪ'bɑːkl] *n* Debakel *nt*.

debar [dɪ'bɑː*] *vt*: **to ~ sb from doing sth** jdn davon ausschließen, etw zu tun; **to ~ sb from a club** jdn aus einem Klub ausschließen.

debase [dɪ'beɪs] *vt* (*value, quality*) mindern, herabsetzen; (*person*) erniedrigen, entwürdigen.

debatable [dɪ'beɪtəbl] *adj* fraglich.

debate [dɪ'beɪt] *n* Debatte *f* ♦ *vt* debattieren über +*acc*; (*course of action*) überlegen ♦ *vi*: **to ~ whether** hin und her überlegen, ob.

debauchery [dɪ'bɔːtʃərɪ] *n* Ausschweifungen *pl*.

debenture [dɪ'bɛntʃə*] *n* Schuldschein *m*.

debilitate [dɪ'bɪlɪteɪt] *vt* schwächen.

debilitating [dɪ'bɪlɪteɪtɪŋ] *adj* schwächend.

debit ['dɛbɪt] *n* Schuldposten *m* ♦ *vt*: **to ~ a sum to sb/sb's account** jdn/jds Konto mit einer Summe belasten; *see also* **direct**.

debit balance *n* Sollsaldo *nt*, Debetsaldo *nt*.

debit note *n* Lastschriftanzeige *f*.

debonair *adj* flott.

debrief [diː'briːf] *vt* befragen.

debriefing [diː'briːfɪŋ] *n* Befragung *f*.

debris ['dɛbriː] *n* Trümmer *pl*, Schutt *m*.

debt [dɛt] *n* Schuld *f*; (*state of owing money*) Schulden *pl*, Verschuldung *f*; **to be in ~** Schulden haben, verschuldet sein; **bad ~** uneinbringliche Forderung *f*.

debt collector *n* Inkassobeauftragte(r) *f(m)*, Schuldeneintreiber(in) *m(f)*.

debtor ['dɛtə*] *n* Schuldner(in) *m(f)*.

debug ['diː'bʌg] *vt* (*COMPUT*) Fehler beseitigen in +*dat*.

debunk [diː'bʌŋk] *vt* (*myths, ideas*) bloßstellen; (*claim*) entlarven; (*person, institution*) vom Sockel stoßen.

debut ['deɪbjuː] *n* Debüt *nt*.

debutante ['dɛbjutænt] *n* Debütantin *f*.

Dec. *abbr* = **December**.

decade ['dɛkeɪd] *n* Jahrzehnt *nt*.

decadence ['dɛkədəns] *n* Dekadenz *f*.

decadent ['dɛkədənt] *adj* dekadent.

decaff ['diːkæf] *n* koffeinfreier Kaffee *m*.

decaffeinated [dɪ'kæfɪneɪtɪd] *adj* koffeinfrei.

decamp [dɪ'kæmp] (*inf*) *vi* verschwinden, sich aus dem Staub machen.

decant [dɪ'kænt] *vt* umfüllen.

decanter [dɪ'kæntə*] *n* Karaffe *f*.

decarbonize [diː'kɑːbənaɪz] *vt* entkohlen.

decathlon [dɪ'kæθlən] *n* Zehnkampf *m*.

decay [dɪ'keɪ] *n* Verfall *m*; (*of tooth*) Fäule *f* ♦ *vi* (*body*) verwesen; (*teeth*) faulen; (*leaves*) verrotten; (*fig: society etc*) verfallen.

decease [dɪ'siːs] *n* (*LAW*): **upon your ~** bei Ihrem Ableben.

deceased [dɪ'siːst] *n*: **the ~** der/die Tote *or* Verstorbene.

deceit [dɪ'siːt] *n* Betrug *m*.

deceitful [dɪ'siːtful] *adj* betrügerisch.

deceive [dɪ'siːv] *vt* täuschen; (*husband, wife etc*) betrügen; **to ~ o.s.** sich *dat* etwas vormachen.

decelerate [diː'sɛləreɪt] *vi* (*car etc*) langsamer werden; (*driver*) die Geschwindigkeit herabsetzen.

December [dɪ'sɛmbə*] *n* Dezember *m*; *see also* **July**.

decency ['diːsənsɪ] *n* (*propriety*) Anstand *m*; (*kindness*) Anständigkeit *f*.

decent ['diːsənt] *adj* anständig; **we expect you to do the ~ thing** wir erwarten, dass Sie die Konsequenzen ziehen; **they were very ~ about it** sie haben sich sehr anständig verhalten; **that was very ~ of him** das war sehr anständig von ihm; **are you ~?** (*dressed*) hast du etwas an?

decently ['diːsəntlɪ] *adv* anständig.

decentralization ['diːsɛntrəlaɪ'zeɪʃən] *n* Dezentralisierung *f*.

decentralize [diː'sɛntrəlaɪz] *vt* dezentralisieren.

deception [dɪ'sɛpʃən] *n* Täuschung *f*, Betrug *m*.

deceptive [dɪ'sɛptɪv] *adj* irreführend, täuschend.

decibel ['dɛsɪbɛl] *n* Dezibel *nt*.

decide [dɪ'saɪd] *vt* entscheiden; (*persuade*) veranlassen ♦ *vi* sich entscheiden; **to ~ to do sth/that** beschließen, etw zu tun/dass; **to ~ on sth** sich für etw entscheiden; **to ~ on/against doing sth** sich dafür/dagegen entscheiden, etw zu tun.

decided [dɪ'saɪdɪd] *adj* entschieden; (*character*)

entschlossen; (*difference*) deutlich.
decidedly [dɪ'saɪdɪdlɪ] *adv* entschieden;
(*emphatically*) entschlossen.
deciding [dɪ'saɪdɪŋ] *adj* entscheidend.
deciduous [dɪ'sɪdjuəs] *adj* (*tree, woods*) Laub-.
decimal ['dɛsɪməl] *adj* (*system, number*)
Dezimal- ♦ *n* Dezimalzahl *f*; **to three**
~ **places** auf drei Dezimalstellen.
decimalize ['dɛsɪməlaɪz] (*BRIT*) *vt* auf das
Dezimalsystem umstellen.
decimal point *n* Komma *nt*.
decimate ['dɛsɪmeɪt] *vt* dezimieren.
decipher [dɪ'saɪfə*] *vt* entziffern.
decision [dɪ'sɪʒən] *n* Entscheidung *f*;
(*decisiveness*) Bestimmtheit *f*,
Entschlossenheit *f*; **to make a** ~ eine
Entscheidung treffen.
decisive [dɪ'saɪsɪv] *adj* (*action etc*)
entscheidend; (*person*) entschlussfreudig;
(*manner, reply*) bestimmt, entschlossen.
deck [dɛk] *n* Deck *nt*; (*record deck*)
Plattenspieler *m*; (*of cards*) Spiel *nt*; **to go up
on** ~ an Deck gehen; **below** ~ unter Deck;
top ~ (*of bus*) Oberdeck *nt*; **cassette** ~
Tapedeck *nt*.
deck chair *n* Liegestuhl *m*.
deck hand *n* Deckshelfer(in) *m(f)*.
declaration [dɛklə'reɪʃən] *n* Erklärung *f*.
declare [dɪ'klɛə*] *vt* erklären; (*result*) bekannt
geben, veröffentlichen; (*income etc*)
angeben; (*goods at customs*) verzollen.
declassify [diː'klæsɪfaɪ] *vt* freigeben.
decline [dɪ'klaɪn] *n* Rückgang *m*; (*decay*)
Verfall *m* ♦ *vt* ablehnen ♦ *vi* (*strength*)
nachlassen; (*business*) zurückgehen; (*old
person*) abbauen; ~ **in/of** Rückgang *m* +*gen*;
~ **in living standards** Sinken *nt* des
Lebensstandards.
declutch ['diː'klʌtʃ] *vi* auskuppeln.
decode ['diː'kəud] *vt* entschlüsseln.
decoder [diː'kəudə*] *n* Decoder *m*.
decompose [diːkəm'pəuz] *vi* (*organic matter*)
sich zersetzen; (*corpse*) verwesen.
decomposition [diːkɔmpə'zɪʃən] *n*
Zersetzung *f*.
decompression [diːkəm'prɛʃən] *n*
Dekompression *f*, Druckverminderung *f*.
decompression chamber *n*
Dekompressionskammer *f*.
decongestant [diːkən'dʒɛstənt] *n* (*MED*)
abschwellendes Mittel *nt*; (: *drops*)
Nasentropfen *pl*.
decontaminate [diːkən'tæmɪneɪt] *vt* entgiften.
decontrol [diːkən'trəul] *vt* freigeben.
décor ['deɪkɔː*] *n* Ausstattung *f*; (*THEAT*)
Dekor *m* or *nt*.
decorate ['dɛkəreɪt] *vt*: **to** ~ **(with)** verzieren
(mit); (*tree, building*) schmücken (mit) ♦ *vt*
(*room, house: from bare walls*) anstreichen
und tapezieren; (: *redecorate*) renovieren.
decoration [dɛkə'reɪʃən] *n* Verzierung *f*; (*on
tree, building*) Schmuck *m*; (*act: see verb*)

Verzieren *nt*; Schmücken *nt*; (An)streichen
nt; Tapezieren *nt*; (*medal*) Auszeichnung *f*.
decorative ['dɛkərətɪv] *adj* dekorativ.
decorator ['dɛkəreɪtə*] *n* Maler(in) *m(f)*,
Anstreicher(in) *m(f)*.
decorum [dɪ'kɔːrəm] *n* Anstand *m*.
decoy ['diːkɔɪ] *n* Lockvogel *m*; (*object*) Köder
m; **they used him as a** ~ **for the enemy** sie
benutzten ihn dazu, den Feind anzulocken.
decrease ['diːkriːs] *vt* verringern, reduzieren
♦ *vi* abnehmen, zurückgehen ♦ *n*: ~ **(in)**
Abnahme (+*gen*); Rückgang (+*gen*); **to be on
the** ~ abnehmen, zurückgehen.
decreasing [diː'kriːsɪŋ] *adj* abnehmend,
zurückgehend.
decree [dɪ'kriː] *n* (*ADMIN, LAW*) Verfügung *f*;
(*POL*) Erlass *m*; (*REL*) Dekret *nt* ♦ *vt*: **to**
~ **(that)** verfügen(, dass), verordnen(,
dass).
decree absolute *n* endgültiges
Scheidungsurteil *nt*.
decree nisi [-'naɪsaɪ] *n* vorläufiges
Scheidungsurteil *nt*.
decrepit [dɪ'krɛpɪt] *adj* (*shack*) baufällig;
(*person*) klapprig (*inf*).
decry [dɪ'kraɪ] *vt* schlecht machen.
dedicate ['dɛdɪkeɪt] *vt*: **to** ~ **to** widmen +*dat*.
dedicated ['dɛdɪkeɪtɪd] *adj* hingebungsvoll,
engagiert; (*COMPUT*) dediziert; ~ **word
processor** dediziertes
Textverarbeitungssystem *nt*.
dedication [dɛdɪ'keɪʃən] *n* Hingabe *f*; (*in book,
on radio*) Widmung *f*.
deduce [dɪ'djuːs] *vt*: **to** ~ **(that)** schließen(,
dass), folgern(, dass).
deduct [dɪ'dʌkt] *vt* abziehen; **to** ~ **sth (from)**
etw abziehen (von); (*esp from wage etc*) etw
einbehalten (von).
deduction [dɪ'dʌkʃən] *n* (*act of deducting*)
Abzug *m*; (*act of deducing*) Folgerung *f*.
deed [diːd] *n* Tat *f*; (*LAW*) Urkunde *f*; ~ **of
covenant** Vertragsurkunde *f*.
deem [diːm] *vt* (*formal*) erachten für, halten
für; **to** ~ **it wise/helpful to do sth** es für
klug/hilfreich halten, etw zu tun.
deep [diːp] *adj* tief ♦ *adv*: **the spectators stood
20** ~ die Zuschauer standen in 20 Reihen
hintereinander; **to be 4 metres** ~ 4 Meter
tief sein; **knee-**~ **in water** bis zu den Knien
im Wasser; **he took a** ~ **breath** er holte tief
Luft.
deepen ['diːpn] *vt* vertiefen ♦ *vi* (*crisis*) sich
verschärfen; (*mystery*) größer werden.
deepfreeze ['diːp'friːz] *n* Tiefkühltruhe *f*.
deep-fry ['diːp'fraɪ] *vt* frittieren.
deeply ['diːplɪ] *adv* (*breathe*) tief; (*interested*)
höchst; (*moved, grateful*) zutiefst.
deep-rooted ['diːp'ruːtɪd] *adj* tief verwurzelt;
(*habit*) fest eingefahren.
deep-sea ['diːp'siː] *cpd* Tiefsee-; (*fishing*)
Hochsee-.
deep-seated ['diːp'siːtɪd] *adj* tief sitzend.

deep-set ['di:pset] *adj* tief liegend.

deer [dɪə*] *n inv* Reh *nt*; *(male)* Hirsch *m*; **(red)** ~ Rotwild *nt*; **(roe)** ~ Reh *nt*; **(fallow)** ~ Damwild *nt*.

deerskin ['dɪəskɪn] *n* Hirschleder *nt*, Rehleder *nt*.

deerstalker ['dɪəstɔːkə*] *n* ≈ Sherlock-Holmes-Mütze *f*.

deface [dɪ'feɪs] *vt* *(with paint etc)* beschmieren; *(slash, tear)* zerstören.

defamation [defə'meɪʃən] *n* Diffamierung *f*, Verleumdung *f*.

defamatory [dɪ'fæmətrɪ] *adj* diffamierend, verleumderisch.

default [dɪ'fɔːlt] *n* *(also:* ~ **value)** Voreinstellung *f* ♦ *vi:* **to** ~ **on a debt** einer Zahlungsverpflichtung nicht nachkommen; **to win by** ~ kampflos gewinnen.

defaulter [dɪ'fɔːltə*] *n* säumiger Zahler *m*, säumige Zahlerin *f*.

default option *n* Voreinstellung *f*.

defeat [dɪ'fiːt] *vt* besiegen, schlagen ♦ *n* *(failure)* Niederlage *f*; *(of enemy):* ~ **(of)** Sieg *m* (über +*acc*).

defeatism [dɪ'fiːtɪzəm] *n* Defätismus *m*.

defeatist [dɪ'fiːtɪst] *adj* defätistisch ♦ *n* Defätist(in) *m(f)*.

defect [*n* 'diːfɛkt, *vi* dɪ'fɛkt] *n* Fehler *m* ♦ *vi:* **to** ~ **to the enemy** zum Feind überlaufen; **physical/mental** ~ körperlicher/geistiger Schaden *m or* Defekt *m*; **to** ~ **to the West** sich in den Westen absetzen.

defective [dɪ'fɛktɪv] *adj* fehlerhaft.

defector [dɪ'fɛktə*] *n* Überläufer(in) *m(f)*.

defence, *(US)* **defense** [dɪ'fɛns] *n* Verteidigung *f*; *(justification)* Rechtfertigung *f*; **in** ~ **of** zur Verteidigung +*gen*; **witness for the** ~ Zeuge *m*/Zeugin *f* der Verteidigung; **the Ministry of D**~, *(US)* **the Department of Defense** das Verteidigungsministerium.

defenceless [dɪ'fɛnslɪs] *adj* schutzlos.

defend [dɪ'fɛnd] *vt* verteidigen.

defendant [dɪ'fɛndənt] *n* Angeklagte(r) *f(m)*; *(in civil case)* Beklagte(r) *f(m)*.

defender [dɪ'fɛndə*] *n* Verteidiger(in) *m(f)*.

defending champion [dɪ'fɛndɪŋ-] *n* *(SPORT)* Titelverteidiger(in) *m(f)*.

defending counsel [dɪ'fɛndɪŋ-] *n* Verteidiger(in) *m(f)*.

defense [dɪ'fɛns] *(US)* *n* = **defence**.

defensive [dɪ'fɛnsɪv] *adj* defensiv ♦ *n:* **on the** ~ in der Defensive.

defer [dɪ'fɜː*] *vt* verschieben.

deference ['dɛfərəns] *n* Achtung *f*, Respekt *m*; **out of** *or* **in** ~ **to** aus Rücksicht auf +*acc*.

deferential [dɛfə'rɛnʃəl] *adj* ehrerbietig, respektvoll.

defiance [dɪ'faɪəns] *n* Trotz *m*; **in** ~ **of sth** einer Sache *dat* zum Trotz, unter Missachtung einer Sache *gen*.

defiant [dɪ'faɪənt] *adj* trotzig; *(challenging)* herausfordernd.

defiantly [dɪ'faɪəntlɪ] *adv* *(see adj)* trotzig; herausfordernd.

deficiency [dɪ'fɪʃənsɪ] *n* Mangel *m*; *(defect)* Unzulänglichkeit *f*; *(deficit)* Defizit *nt*.

deficiency disease *n* Mangelkrankheit *f*.

deficient [dɪ'fɪʃənt] *adj:* **sb/sth is** ~ **in sth** jdm/etw fehlt es an etw *dat*.

deficit ['dɛfɪsɪt] *n* Defizit *nt*.

defile [dɪ'faɪl] *vt* *(memory)* beschmutzen; *(statue etc)* schänden ♦ *n* Hohlweg *m*.

define [dɪ'faɪn] *vt* *(limits, boundaries)* bestimmen, festlegen; *(word)* definieren.

definite ['dɛfɪnɪt] *adj* definitiv; *(date etc)* fest; *(clear, obvious)* klar, eindeutig; *(certain)* bestimmt; **he was** ~ **about it** er war sich *dat* sehr sicher.

definite article *n* bestimmter Artikel *m*.

definitely ['dɛfɪnɪtlɪ] *adv* bestimmt; *(decide)* fest, definitiv.

definition [dɛfɪ'nɪʃən] *n* *(of word)* Definition *f*; *(of photograph etc)* Schärfe *f*.

definitive [dɪ'fɪnɪtɪv] *adj* *(account)* definitiv; *(version)* maßgeblich.

deflate [diː'fleɪt] *vt* *(tyre, balloon)* die Luft ablassen aus; *(person)* einen Dämpfer versetzen +*dat*; *(ECON)* deflationieren.

deflation [diː'fleɪʃən] *n* Deflation *f*.

deflationary [diː'fleɪʃənrɪ] *adj* deflationistisch.

deflect [dɪ'flɛkt] *vt* *(attention)* ablenken; *(criticism)* abwehren; *(shot)* abfälschen; *(light)* brechen, beugen.

defog ['diː'fɔg] *(US)* *vt* von Beschlag freimachen.

defogger ['diː'fɔgə*] *(US)* *n* Gebläse *nt*.

deform [dɪ'fɔːm] *vt* deformieren, verunstalten.

deformed [dɪ'fɔːmd] *adj* deformiert, missgebildet.

deformity [dɪ'fɔːmɪtɪ] *n* Deformität *f*, Missbildung *f*.

defraud [dɪ'frɔːd] *vt:* **to** ~ **sb (of sth)** jdn (um etw) betrügen.

defray [dɪ'freɪ] *vt:* **to** ~ **sb's expenses** jds Unkosten tragen *or* übernehmen.

defrost [diː'frɔst] *vt* *(fridge)* abtauen; *(windscreen)* entfrosten; *(food)* auftauen.

defroster [diː'frɔstə*] *(US)* *n* *(AUT)* Gebläse *nt*.

deft [dɛft] *adj* geschickt.

defunct [dɪ'fʌŋkt] *adj* *(industry)* stillgelegt; *(organization)* nicht mehr bestehend.

defuse [diː'fjuːz] *vt* entschärfen.

defy [dɪ'faɪ] *vt* sich widersetzen +*dat*; *(challenge)* auffordern; **it defies description** es spottet jeder Beschreibung.

degenerate [dɪ'dʒɛnəreɪt] *vi* degenerieren ♦ *adj* degeneriert.

degradation [dɛgrə'deɪʃən] *n* Erniedrigung *f*.

degrade [dɪ'greɪd] *vt* erniedrigen; *(reduce the quality of)* degradieren.

degrading [dɪ'greɪdɪŋ] *adj* erniedrigend.

degree [dɪ'griː] *n* Grad *m*; *(SCOL)* akademischer Grad *m*; **10** ~**s below (zero)**

10 Grad unter null; **6 ~s of frost** 6 Grad
Kälte *or* unter null; **a considerable ~ of risk**
ein gewisses Risiko; **a ~ in maths** ein
Hochschulabschluss *m* in Mathematik; **by
~s** nach und nach; **to some ~, to a certain ~**
einigermaßen, in gewissem Maße.

dehydrated [diːhaɪˈdreɪtɪd] *adj* ausgetrocknet,
dehydriert; (*milk, eggs*) pulverisiert,
Trocken-.

dehydration [diːhaɪˈdreɪʃən] *n* Austrocknung
f, Dehydration *f*.

de-ice [ˈdiːˈaɪs] *vt* enteisen.

de-icer [ˈdiːˈaɪsə*] *n* Defroster *m*.

deign [deɪn] *vi*: **to ~ to do sth** sich
herablassen, etw zu tun.

deity [ˈdiːɪtɪ] *n* Gottheit *f*.

dejected [dɪˈdʒɛktɪd] *adj* niedergeschlagen,
deprimiert.

dejection [dɪˈdʒɛkʃən] *n*
Niedergeschlagenheit *f*, Depression *f*.

Del. (*US*) *abbr* (*POST*: = *Delaware*).

del. *abbr* = **delete**.

delay [dɪˈleɪ] *vt* (*decision, ceremony*)
verschieben, aufschieben; (*person, plane,
train*) aufhalten ♦ *vi* zögern ♦ *n* Verzögerung
f; (*postponement*) Aufschub *m*; **to be ~ed**
(*person*) sich verspäten; (*departure etc*)
verspätet sein; (*flight etc*) Verspätung
haben; **without ~** unverzüglich.

delayed-action [dɪˈleɪdˈækʃən] *adj* (*bomb,
mine*) mit Zeitzünder; (*PHOT*): **~ shutter
release** Selbstauslöser *m*.

delectable [dɪˈlɛktəbl] *adj* (*person*) reizend;
(*food*) köstlich.

delegate [ˈdɛlɪgɪt] *n* Delegierte(r) *f(m)* ♦ *vt*
delegieren; **to ~ sth to sb** jdm mit etw
beauftragen; **to ~ sb to do sth** jdn damit
beauftragen, etw zu tun.

delegation [dɛlɪˈgeɪʃən] *n* Delegation *f*;
(*group*) Abordnung *f*, Delegation *f*.

delete [dɪˈliːt] *vt* streichen; (*COMPUT*)
löschen.

Delhi [ˈdɛlɪ] *n* Delhi *nt*.

deli [ˈdɛlɪ] *n* Feinkostgeschäft *nt*.

deliberate [*adj* dɪˈlɪbərɪt, *vi* dɪˈlɪbəreɪt] *adj*
absichtlich; (*action, insult*) bewusst; (*slow*)
bedächtig ♦ *vi* überlegen.

deliberately [dɪˈlɪbərɪtlɪ] *adv* absichtlich,
bewusst; (*slowly*) bedächtig.

deliberation [dɪlɪbəˈreɪʃən] *n* Überlegung *f*;
(*usu pl*: *discussions*) Beratungen *pl*.

delicacy [ˈdɛlɪkəsɪ] *n* Feinheit *f*, Zartheit *f*; (*of
problem*) Delikatheit *f*; (*choice food*)
Delikatesse *f*.

delicate [ˈdɛlɪkɪt] *adj* fein; (*colour, health*) zart;
(*approach*) feinfühlig; (*problem*) delikat,
heikel.

delicately [ˈdɛlɪkɪtlɪ] *adv* zart, fein; (*act,
express*) feinfühlig.

delicatessen [dɛlɪkəˈtɛsn] *n* Feinkostgeschäft
nt.

delicious [dɪˈlɪʃəs] *adj* köstlich; (*feeling,*

person) herrlich.

delight [dɪˈlaɪt] *n* Freude *f* ♦ *vt* erfreuen; **sb
takes (a) ~ in sth** etw bereitet jdm große
Freude; **sb takes (a) ~ in doing sth** es
bereitet jdm große Freude, etw zu tun; **to
be the ~ of** die Freude +*gen* sein; **she was a
~ to interview** es war eine Freude, sie zu
interviewen; **the ~s of country life** die
Freuden des Landlebens.

delighted [dɪˈlaɪtɪd] *adj*: **~ (at *or* with)** erfreut
(über +*acc*), entzückt (über +*acc*); **to be ~ to
do sth** etw gern tun; **I'd be ~** ich würde
mich sehr freuen.

delightful [dɪˈlaɪtful] *adj* reizend, wunderbar.

delimit [diːˈlɪmɪt] *vt* abgrenzen.

delineate [dɪˈlɪnɪeɪt] *vt* (*fig*) beschreiben.

delinquency [dɪˈlɪŋkwənsɪ] *n* Kriminalität *f*.

delinquent [dɪˈlɪŋkwənt] *adj* straffällig ♦ *n*
Delinquent(in) *m(f)*.

delirious [dɪˈlɪrɪəs] *adj*: **to be ~** (*with fever*) im
Delirium sein; (*with excitement*) im Taumel
sein.

delirium [dɪˈlɪrɪəm] *n* Delirium *nt*.

deliver [dɪˈlɪvə*] *vt* liefern; (*letters, papers*)
zustellen; (*hand over*) übergeben; (*message*)
überbringen; (*speech*) halten; (*blow*)
versetzen; (*MED*: *baby*) zur Welt bringen;
(*warning*) geben; (*ultimatum*) stellen; (*free*):
to ~ (from) befreien (von); **to ~ the goods**
(*fig*) halten, was man versprochen hat.

deliverance [dɪˈlɪvrəns] *n* Befreiung *f*.

delivery [dɪˈlɪvərɪ] *n* Lieferung *f*; (*of letters,
papers*) Zustellung *f*; (*of speaker*) Vortrag *m*;
(*MED*) Entbindung *f*; **to take ~ of sth** etw in
Empfang nehmen.

delivery note *n* Lieferschein *m*.

delivery van, (*US*) **delivery truck** *n*
Lieferwagen *m*.

delouse [ˈdiːˈlaus] *vt* entlausen.

delta [ˈdɛltə] *n* Delta *nt*.

delude [dɪˈluːd] *vt* täuschen; **to ~ o.s.** sich *dat*
etwas vormachen.

deluge [ˈdɛljuːdʒ] *n* (*of rain*) Guss *m*; (*fig*: *of
petitions, requests*) Flut *f*.

delusion [dɪˈluːʒən] *n* Irrglaube *m*; **to have ~s
of grandeur** größenwahnsinnig sein.

de luxe [dɪˈlʌks] *adj* (*hotel, model*) Luxus-.

delve [dɛlv] *vi*: **to ~ into** (*subject*) sich
eingehend befassen mit; (*cupboard,
handbag*) tief greifen in +*acc*.

Dem. (*US*) *abbr* (*POL*) = **democrat, democratic**.

demagogue [ˈdɛməgɔg] *n* Demagoge *m*,
Demagogin *f*.

demand [dɪˈmɑːnd] *vt* verlangen; (*rights*)
fordern; (*need*) erfordern, verlangen ♦ *n*
Verlangen *nt*; (*claim*) Forderung *f*; (*ECON*)
Nachfrage *f*; **to ~ sth (from *or* of sb)** etw
(von jdm) verlangen *or* fordern; **to be in ~**
gefragt sein; **on ~** (*available*) auf Verlangen;
(*payable*) bei Vorlage *or* Sicht.

demand draft *n* Sichtwechsel *m*.

demanding [dɪˈmɑːndɪŋ] *adj* anspruchsvoll;

demarcation – department

(work, child) anstrengend.

demarcation [diːmɑːˈkeɪʃən] *n (of area, tasks)* Abgrenzung *f*.

demarcation dispute *n* Streit *m* um den Zuständigkeitsbereich.

demean [dɪˈmiːn] *vt*: **to ~ o.s.** sich erniedrigen.

demeanour, *(US)* **demeanor** [dɪˈmiːnə*] *n* Benehmen *nt*, Auftreten *nt*.

demented [dɪˈmɛntɪd] *adj* wahnsinnig.

demilitarized zone [diːˈmɪlɪtəraɪzd-] *n* entmilitarisierte Zone *f*.

demise [dɪˈmaɪz] *n* Ende *nt*; *(death)* Tod *m*.

demist [diːˈmɪst] *(BRIT) vt (AUT: windscreen)* von Beschlag freimachen.

demister [diːˈmɪstə*] *(BRIT) n (AUT)* Gebläse *nt*.

demo [ˈdɛməu] *(inf) n abbr* = **demonstration.**

demob [diːˈmɔb] *(inf) vt* = **demobilize.**

demobilize [diːˈməubɪlaɪz] *vt* aus dem Kriegsdienst entlassen, demobilisieren.

democracy [dɪˈmɔkrəsɪ] *n* Demokratie *f*.

democrat [ˈdɛməkræt] *n* Demokrat(in) *m(f)*.

democratic [dɛməˈkrætɪk] *adj* demokratisch.

Democratic Party *(US) n*: **the ~** die Demokratische Partei.

demography [dɪˈmɔgrəfɪ] *n* Demografie *f*.

demolish [dɪˈmɔlɪʃ] *vt* abreißen, abbrechen; *(fig: argument)* widerlegen.

demolition [dɛməˈlɪʃən] *n* Abriss *m*, Abbruch *m*; *(of argument)* Widerlegung *f*.

demon [ˈdiːmən] *n* Dämon *m* ♦ *adj* teuflisch gut.

demonstrate [ˈdɛmənstreɪt] *vt (theory)* demonstrieren; *(skill)* zeigen, beweisen; *(appliance)* vorführen ♦ *vi*: **to ~ (for/against)** demonstrieren (für/gegen).

demonstration [dɛmənˈstreɪʃən] *n* Demonstration *f*; *(of gadget, machine etc)* Vorführung *f*; **to hold a ~** eine Demonstration veranstalten *or* durchführen.

demonstrative [dɪˈmɔnstrətɪv] *adj* demonstrativ.

demonstrator [ˈdɛmənstreɪtə*] *n* Demonstrant(in) *m(f)*; *(sales person)* Vorführer(in) *m(f)*; *(car)* Vorführwagen *m*; *(computer etc)* Vorführgerät *nt*.

demoralize [dɪˈmɔrəlaɪz] *vt* entmutigen.

demote [dɪˈməut] *vt* zurückstufen; *(MIL)* degradieren.

demotion [dɪˈməuʃən] *n* Zurückstufung *f*; *(MIL)* Degradierung *f*.

demur [dɪˈmə:*] *(form) vi* Einwände *pl* erheben ♦ *n*: **without ~** widerspruchslos; **they ~red at the suggestion** sie erhoben Einwände gegen den Vorschlag.

demure [dɪˈmjuə*] *adj* zurückhaltend; *(smile)* höflich; *(dress)* schlicht.

demurrage [dɪˈmʌrɪdʒ] *n* Liegegeld *nt*.

den [dɛn] *n* Höhle *f*; *(of fox)* Bau *m*; *(room)* Bude *f*.

denationalization [ˈdiːnæʃnəlaɪˈzeɪʃən] *n* Privatisierung *f*.

denationalize [diːˈnæʃnəlaɪz] *vt* privatisieren.

denatured alcohol [diːˈneɪtʃəd-] *(US) n* vergällter Alkohol *m*.

denial [dɪˈnaɪəl] *n* Leugnen *nt*; *(of rights)* Verweigerung *f*.

denier [ˈdɛnɪə*] *n* Denier *nt*.

denigrate [ˈdɛnɪgreɪt] *vt* verunglimpfen.

denim [ˈdɛnɪm] *n* Jeansstoff *m*; **denims** *npl* (Blue) Jeans *pl*.

denim jacket *n* Jeansjacke *f*.

denizen [ˈdɛnɪzn] *n* Bewohner(in) *m(f)*; *(person in town)* Einwohner(in) *m(f)*; *(foreigner)* eingebürgerter Ausländer *m*, eingebürgerte Ausländerin *f*.

Denmark [ˈdɛnmɑːk] *n* Dänemark *nt*.

denomination [dɪnɔmɪˈneɪʃən] *n (of money)* Nennwert *m*; *(REL)* Konfession *f*.

denominator [dɪˈnɔmɪneɪtə*] *n* Nenner *m*.

denote [dɪˈnəut] *vt (indicate)* hindeuten auf +*acc*; *(represent)* bezeichnen.

denounce [dɪˈnauns] *vt (person)* anprangern; *(action)* verurteilen.

dense [dɛns] *adj* dicht; *(inf: person)* beschränkt.

densely [ˈdɛnslɪ] *adv* dicht.

density [ˈdɛnsɪtɪ] *n* Dichte *f*; **single/double-~ disk** *(COMPUT)* Diskette *f* mit einfacher/doppelter Dichte.

dent [dɛnt] *n* Beule *f*; *(in pride, ego)* Knacks *m* ♦ *vt (also:* **make a ~ in**) einbeulen; *(pride, ego)* anknacksen.

dental [ˈdɛntl] *adj (filling, hygiene etc)* Zahn-; *(treatment)* zahnärztlich.

dental floss [-flɔs] *n* Zahnseide *f*.

dental surgeon *n* Zahnarzt *m*, Zahnärztin *f*.

dentifrice [ˈdɛntɪfrɪs] *n* Zahnpasta *f*.

dentist [ˈdɛntɪst] *n* Zahnarzt *m*, Zahnärztin *f*; *(also:* **~'s (surgery))** Zahnarzt *m*, Zahnarztpraxis *f*.

dentistry [ˈdɛntɪstrɪ] *n* Zahnmedizin *f*.

dentures [ˈdɛntʃəz] *npl* Zahnprothese *f*; *(full)* Gebiss *nt*.

denuded [diːˈnjuːdɪd] *adj*: **~ of** entblößt von.

denunciation [dɪnʌnsɪˈeɪʃən] *n (of person)* Anprangerung *f*; *(of action)* Verurteilung *f*.

deny [dɪˈnaɪ] *vt* leugnen; *(involvement)* abstreiten; *(permission, chance)* verweigern; *(country, religion etc)* verleugnen; **he denies having said it** er leugnet *or* bestreitet, das gesagt zu haben.

deodorant [diːˈəudərənt] *n* Deodorant *nt*.

depart [dɪˈpɑːt] *vi (visitor)* abreisen; *(: on foot)* weggehen; *(bus, train)* abfahren; *(plane)* abfliegen; **to ~ from** *(fig)* abweichen von.

departed [dɪˈpɑːtɪd] *adj*: **the (dear) ~** der/die (liebe) Verstorbene *m/f*, die (lieben) Verstorbenen *pl*.

department [dɪˈpɑːtmənt] *n* Abteilung *f*; *(SCOL)* Fachbereich *m*; *(POL)* Ministerium *nt*; **that's not my ~** *(fig)* dafür bin ich nicht zuständig; **D~ of State** (*US*) Außenministerium *nt*.

departmental [diːpɑːtˈmɛntl] *adj* (*budget, costs*) der Abteilung; (*level*) Abteilungs-; **~ manager** Abteilungsleiter(in) *m(f)*.

department store *n* Warenhaus *nt*.

departure [dɪˈpɑːtʃəˈ] *n* (*of visitor*) Abreise *f*; (*on foot, of employee etc*) Weggang *m*; (*of bus, train*) Abfahrt *f*; (*of plane*) Abflug *m*; (*fig*): **~ from** Abweichen *nt* von; **a new ~** ein neuer Weg *m*.

departure lounge *n* Abflughalle *f*.

depend [dɪˈpɛnd] *vi*: **to ~ on** abhängen von; (*rely on, trust*) sich verlassen auf +*acc*; (*financially*) abhängig sein von, angewiesen sein auf +*acc*; **it ~s** es kommt darauf an; **~ing on the result ...** je nachdem, wie das Ergebnis ausfällt, ...

dependable [dɪˈpɛndəbl] *adj* zuverlässig.

dependant [dɪˈpɛndənt] *n* abhängige(r) (Familien)angehörige(r) *f(m)*.

dependence [dɪˈpɛndəns] *n* Abhängigkeit *f*.

dependent [dɪˈpɛndənt] *adj*: **to be ~ on** (*person*) abhängig sein von, angewiesen sein auf +*acc*; (*decision*) abhängen von ♦ *n* = **dependant**.

depict [dɪˈpɪkt] *vt* (*in picture*) darstellen; (*describe*) beschreiben.

depilatory [dɪˈpɪlətrɪ] *n* (*also:* **~ cream**) Enthaarungsmittel *nt*.

depleted [dɪˈpliːtɪd] *adj* (*reserves*) aufgebraucht; (*stocks*) erschöpft.

deplorable [dɪˈplɔːrəbl] *adj* bedauerlich.

deplore [dɪˈplɔːˈ] *vt* verurteilen.

deploy [dɪˈplɔɪ] *vt* einsetzen.

depopulate [diːˈpɔpjuleɪt] *vt* entvölkern.

depopulation [ˈdiːpɔpjuˈleɪʃən] *n* Entvölkerung *f*.

deport [dɪˈpɔːt] *vt* (*criminal*) deportieren; (*illegal immigrant*) abschieben.

deportation [diːpɔːˈteɪʃən] *n* (*see vb*) Deportation *f*; Abschiebung *f*.

deportation order *n* Ausweisung *f*.

deportee [diːpɔːˈtiː] *n* Deportierte(r) *f(m)*.

deportment [dɪˈpɔːtmənt] *n* Benehmen *nt*.

depose [dɪˈpəuz] *vt* absetzen.

deposit [dɪˈpɔzɪt] *n* (*in account*) Guthaben *nt*; (*down payment*) Anzahlung *f*; (*for hired goods etc*) Sicherheit *f*, Kaution *f*; (*on bottle etc*) Pfand *nt*; (*CHEM*) Ablagerung *f*; (*of ore, oil*) Lagerstätte *f* ♦ *vt* deponieren; (*subj: river: sand etc*) ablagern; **to put down a ~ of £50** eine Anzahlung von £50 machen.

deposit account *n* Sparkonto *nt*.

depositary [dɪˈpɔzɪtərɪ] *n* Treuhänder(in) *m(f)*.

depositor [dɪˈpɔzɪtəˈ] *n* Deponent(in) *m(f)*, Einzahler(in) *m(f)*.

depository [dɪˈpɔzɪtərɪ] *n* (*person*) Treuhänder(in) *m(f)*; (*place*) Lager(haus) *nt*.

depot [ˈdɛpəu] *n* Lager(haus) *nt*; (*for vehicles*) Depot *nt*; (*US: station*) Bahnhof *m*; (: *bus station*) Busbahnhof *m*.

depraved [dɪˈpreɪvd] *adj* verworfen.

depravity [dɪˈprævɪtɪ] *n* Verworfenheit *f*.

deprecate [ˈdɛprɪkeɪt] *vt* missbilligen.

deprecating [ˈdɛprɪkeɪtɪŋ] *adj* (*disapproving*) missbilligend; (*apologetic*) entschuldigend.

depreciate [dɪˈpriːʃieɪt] *vi* an Wert verlieren; (*currency*) an Kaufkraft verlieren; (*value*) sinken.

depreciation [dɪpriːʃiˈeɪʃən] *n* (*see vb*) Wertminderung *f*; Kaufkraftverlust *m*; Sinken *nt*.

depress [dɪˈprɛs] *vt* deprimieren; (*price, wages*) drücken; (*press down*) herunterdrücken.

depressant [dɪˈprɛsnt] *n* Beruhigungsmittel *nt*.

depressed [dɪˈprɛst] *adj* deprimiert, niedergeschlagen; (*price*) gesunken; (*industry*) geschwächt; (*area*) Notstands-; **to get ~** deprimiert werden.

depressing [dɪˈprɛsɪŋ] *adj* deprimierend.

depression [dɪˈprɛʃən] *n* (*PSYCH*) Depressionen *pl*; (*ECON*) Wirtschaftskrise *f*; (*MET*) Tief(druckgebiet) *nt*; (*hollow*) Vertiefung *f*.

deprivation [dɛprɪˈveɪʃən] *n* Entbehrung *f*, Not *f*; (*of freedom, rights etc*) Entzug *m*.

deprive [dɪˈpraɪv] *vt*: **to ~ sb of sth** (*liberty*) jdm etw entziehen; (*life*) jdm etw nehmen.

deprived [dɪˈpraɪvd] *adj* benachteiligt; (*area*) Not leidend.

dept *abbr* = **department**.

depth [dɛpθ] *n* Tiefe *f*; **in the ~s of** in den Tiefen +*gen*; **in the ~s of despair** in tiefster Verzweiflung; **in the ~s of winter** im tiefsten Winter; **at a ~ of 3 metres** in 3 Meter Tiefe; **to be out of one's ~** (*in water*) nicht mehr stehen können; (*fig*) überfordert sein; **to study sth in ~** etw gründlich *or* eingehend studieren.

depth charge *n* Wasserbombe *f*.

deputation [dɛpjuˈteɪʃən] *n* Abordnung *f*.

deputize [ˈdɛpjutaɪz] *vi*: **to ~ for sb** jdn vertreten.

deputy [ˈdɛpjutɪ] *cpd* stellvertretend ♦ *n* (Stell)vertreter(in) *m(f)*; (*POL*) Abgeordnete(r) *f(m)*; (*US: also:* **~ sheriff**) Hilfssheriff *m*; **~ head** (*BRIT: SCOL*) Konrektor(in) *m(f)*.

derail [dɪˈreɪl] *vt*: **to be ~ed** entgleisen.

derailment [dɪˈreɪlmənt] *n* Entgleisung *f*.

deranged [dɪˈreɪndʒd] *adj*: **to be mentally ~** geistesgestört sein.

derby [ˈdɜːrbɪ] *n* Derby *nt*; (*US: hat*) Melone *f*.

Derbys (*BRIT*) *abbr* (*POST:* = *Derbyshire*).

deregulate [dɪˈrɛgjuleɪt] *vt* staatliche Kontrollen aufheben bei.

deregulation [dɪˈrɛgjuˈleɪʃən] *n* Aufhebung *f* staatlicher Kontrollen.

derelict [ˈdɛrɪlɪkt] *adj* verfallen.

deride [dɪˈraɪd] *vt* sich lustig machen über +*acc*.

derision [dɪ'rɪʒən] n Hohn m, Spott m.
derisive [dɪ'raɪsɪv] adj spöttisch.
derisory [dɪ'raɪsərɪ] adj spöttisch; (*sum*) lächerlich.
derivation [dɛrɪ'veɪʃən] n Ableitung f.
derivative [dɪ'rɪvətɪv] n (*LING*) Ableitung f; (*CHEM*) Derivat nt ♦ adj nachahmend.
derive [dɪ'raɪv] vt: **to ~ (from)** gewinnen (aus); (*benefit*) ziehen (aus) ♦ vi: **to ~ from** (*originate in*) sich herleiten or ableiten von; **to ~ pleasure from** Freude haben an +dat.
dermatitis [dɜːmə'taɪtɪs] n Hautentzündung f, Dermatitis f.
dermatology [dɜːmə'tɒlədʒɪ] n Dermatologie f.
derogatory [dɪ'rɒgətərɪ] adj abfällig.
derrick ['dɛrɪk] n (*on ship*) Derrickkran m; (*on well*) Bohrturm m.
derv [dɜːv] (*BRIT*) n (*AUT*) Diesel(kraftstoff) m.
desalination [diːsælɪ'neɪʃən] n Entsalzung f.
descend [dɪ'sɛnd] vt hinuntergehen, hinuntersteigen; (*lift, vehicle*) hinunterfahren; (*road*) hinunterführen ♦ vi hinuntergehen; (*lift*) nach unten fahren; **to ~ from** abstammen von; **to ~ to** sich erniedrigen zu; **in ~ing order of importance** nach Wichtigkeit geordnet.
▶ **descend on** vt fus überfallen; (*subj: misfortune*) hereinbrechen über +acc; (: *gloom*) befallen; (: *silence*) sich senken auf +acc; **visitors ~ed (up)on us** der Besuch hat uns überfallen.
descendant [dɪ'sɛndənt] n Nachkomme m.
descent [dɪ'sɛnt] n Abstieg m; (*origin*) Abstammung f.
describe [dɪs'kraɪb] vt beschreiben.
description [dɪs'krɪpʃən] n Beschreibung f; (*sort*): **of every ~** aller Art.
descriptive [dɪs'krɪptɪv] adj (*writing, painting*) deskriptiv.
desecrate ['dɛsɪkreɪt] vt schänden.
desegregate [diː'sɛgrɪgeɪt] vt die Rassentrennung aufheben in +dat.
desert [n 'dɛzət, vb dɪ'zɜːt] n Wüste f ♦ vt verlassen ♦ vi desertieren; see also **deserts**.
deserter [dɪ'zɜːtə*] n Deserteur m.
desertion [dɪ'zɜːʃən] n Desertion f, Fahnenflucht f; (*LAW*) böswilliges Verlassen nt.
desert island n einsame or verlassene Insel f.
deserts [dɪ'zɜːts] npl: **to get one's just ~** bekommen, was man verdient.
deserve [dɪ'zɜːv] vt verdienen.
deservedly [dɪ'zɜːvɪdlɪ] adv verdientermaßen.
deserving [dɪ'zɜːvɪŋ] adj verdienstvoll.
desiccated ['dɛsɪkeɪtɪd] adj vertrocknet; (*coconut*) getrocknet.
design [dɪ'zaɪn] n Design nt; (*process*) Entwurf m, Gestaltung f; (*sketch*) Entwurf m; (*layout, shape*) Form f; (*pattern*) Muster nt; (*of car*) Konstruktion f; (*intention*) Plan m, Absicht f ♦ vt entwerfen; **to have ~s on** es abgesehen haben auf +acc; **well-~ed** mit gutem Design.
designate [vt 'dɛzɪgneɪt, adj 'dɛzɪgnɪt] vt bestimmen, ernennen ♦ adj designiert.
designation [dɛzɪg'neɪʃən] n Bezeichnung f.
designer [dɪ'zaɪnə*] n Designer(in) m(f); (*TECH*) Konstrukteur(in) m(f); (*fashion designer*) Modeschöpfer(in) m(f) ♦ adj (*clothes etc*) Designer-.
desirability [dɪzaɪərə'bɪlɪtɪ] n: **they discussed the ~ of the plan** sie besprachen, ob der Plan wünschenswert sei.
desirable [dɪ'zaɪərəbl] adj (*proper*) wünschenswert; (*attractive*) reizvoll, attraktiv.
desire [dɪ'zaɪə*] n Wunsch m; (*sexual*) Verlangen nt, Begehren nt ♦ vt wünschen; (*lust after*) begehren; **to ~ to do sth/that** wünschen, etw zu tun/dass.
desirous [dɪ'zaɪərəs] adj: **to be ~ of doing sth** den Wunsch haben, etw zu tun.
desist [dɪ'zɪst] vi: **to ~ (from)** absehen (von), Abstand nehmen (von).
desk [dɛsk] n Schreibtisch m; (*for pupil*) Pult nt; (*in hotel*) Empfang m; (*at airport*) Schalter m; (*BRIT: in shop, restaurant*) Kasse f.
desk job n Bürojob m.
desktop ['dɛsktɒp] n Arbeitsfläche f.
desktop publishing n Desktoppublishing nt, Desktop-Publishing nt.
desolate ['dɛsəlɪt] adj trostlos.
desolation [dɛsə'leɪʃən] n Trostlosigkeit f.
despair [dɪs'pɛə*] n Verzweiflung f ♦ vi: **to ~ of** alle Hoffnung aufgeben auf +acc; **to be in ~** verzweifelt sein.
despatch [dɪs'pætʃ] n, vt = **dispatch**.
desperate ['dɛspərɪt] adj verzweifelt; (*shortage*) akut; (*criminal*) zum Äußersten entschlossen; **to be ~ for sth/to do sth** etw dringend brauchen/unbedingt tun wollen.
desperately ['dɛspərɪtlɪ] adv (*shout, struggle etc*) verzweifelt; (*ill*) schwer; (*unhappy etc*) äußerst.
desperation [dɛspə'reɪʃən] n Verzweiflung f; **in (sheer) ~** aus (reiner) Verzweiflung.
despicable [dɪs'pɪkəbl] adj (*action*) verabscheuungswürdig; (*person*) widerwärtig.
despise [dɪs'paɪz] vt verachten.
despite [dɪs'paɪt] prep trotz +gen.
despondent [dɪs'pɒndənt] adj niedergeschlagen, mutlos.
despot ['dɛspɒt] n Despot m.
dessert [dɪ'zɜːt] n Nachtisch m, Dessert nt.
dessertspoon [dɪ'zɜːtspuːn] n Dessertlöffel m.
destabilize [diː'steɪbɪlaɪz] vt destabilisieren.
destination [dɛstɪ'neɪʃən] n (Reise)ziel nt; (*of mail*) Bestimmungsort m.
destined ['dɛstɪnd] adj: **to be ~ to do sth** dazu bestimmt or ausersehen sein, etw zu tun; **to**

be ~ **for** bestimmt *or* ausersehen sein für.
destiny ['dɛstɪnɪ] *n* Schicksal *nt*.
destitute ['dɛstɪtjuːt] *adj* mittellos.
destroy [dɪs'trɔɪ] *vt* zerstören; (*animal*) töten.
destroyer [dɪs'trɔɪə*] *n* Zerstörer *m*.
destruction [dɪs'trʌkʃən] *n* Zerstörung *f*.
destructive [dɪs'trʌktɪv] *adj* zerstörerisch;
(*child, criticism etc*) destruktiv.
desultory ['dɛsəltərɪ] *adj* flüchtig;
(*conversation*) zwanglos.
detach [dɪ'tætʃ] *vt* (*remove*) entfernen; (*unclip*)
abnehmen; (*unstick*) ablösen.
detachable [dɪ'tætʃəbl] *adj* abnehmbar.
detached [dɪ'tætʃt] *adj* distanziert; (*house*)
frei stehend, Einzel-.
detachment [dɪ'tætʃmənt] *n* Distanz *f*; (*MIL*)
Sonderkommando *nt*.
detail ['diːteɪl] *n* Einzelheit *f*; (*no pl: in picture,
one's work etc*) Detail *nt*; (*trifle*) unwichtige
Einzelheit ♦ *vt* (einzeln) aufführen; **in** ~ in
Einzelheiten; **to go into** ~s auf Einzelheiten
eingehen, ins Detail gehen.
detailed ['diːteɪld] *adj* detailliert, genau.
detain [dɪ'teɪn] *vt* aufhalten; (*in captivity*) in
Haft halten; (*in hospital*) festhalten.
detainee [diːteɪ'niː] *n* Häftling *m*.
detect [dɪ'tɛkt] *vt* wahrnehmen; (*MED, TECH*)
feststellen; (*MIL*) ausfindig machen.
detection [dɪ'tɛkʃən] *n* Entdeckung *f*,
Feststellung *f*; **crime** ~ Ermittlungsarbeit *f*;
to escape ~ (*criminal*) nicht gefasst werden;
(*mistake*) der Aufmerksamkeit *dat* entgehen.
detective [dɪ'tɛktɪv] *n* Kriminalbeamte(r) *m*;
private ~ Privatdetektiv *m*.
detective story *n* Kriminalgeschichte *f*,
Detektivgeschichte *f*.
detector [dɪ'tɛktə*] *n* Detektor *m*.
détente [deɪ'tɑːnt] *n* Entspannung *f*, Détente *f*.
detention [dɪ'tɛnʃən] *n* (*arrest*) Festnahme *f*;
(*captivity*) Haft *f*; (*SCOL*) Nachsitzen *nt*.
deter [dɪ'tə:*] *vt* (*discourage*) abschrecken;
(*dissuade*) abhalten.
detergent [dɪ'tə:dʒənt] *n* Reinigungsmittel *nt*;
(*for clothes*) Waschmittel *nt*; (*for dishes*)
Spülmittel *nt*.
deteriorate [dɪ'tɪərɪəreɪt] *vi* sich
verschlechtern.
deterioration [dɪtɪərɪə'reɪʃən] *n*
Verschlechterung *f*.
determination [dɪtə:mɪ'neɪʃən] *n*
Entschlossenheit *f*; (*establishment*)
Festsetzung *f*.
determine [dɪ'tə:mɪn] *vt* (*facts*) feststellen;
(*limits etc*) festlegen; **to** ~ **that** beschließen,
dass; **to** ~ **to do sth** sich entschließen, etw
zu tun.
determined [dɪ'tə:mɪnd] *adj* entschlossen;
(*quantity*) bestimmt; **to be** ~ **to do sth** (fest)
entschlossen sein, etw zu tun.
deterrence [dɪ'tɛrəns] *n* Abschreckung *f*.
deterrent [dɪ'tɛrənt] *n* Abschreckungsmittel
nt; **to act as a** ~ als Abschreckung(smittel)

dienen.
detest [dɪ'tɛst] *vt* verabscheuen.
detestable [dɪ'tɛstəbl] *adj* abscheulich,
widerwärtig.
detonate ['dɛtəneɪt] *vi* detonieren ♦ *vt* zur
Explosion bringen.
detonator ['dɛtəneɪtə*] *n* Sprengkapsel *f*.
detour ['diːtuə*] *n* Umweg *m*; (*US: AUT*)
Umleitung *f*.
detract [dɪ'trækt] *vi*: **to** ~ **from** schmälern;
(*effect*) beeinträchtigen.
detractor [dɪ'træktə*] *n* Kritiker(in) *m(f)*.
detriment ['dɛtrɪmənt] *n*: **to the** ~ **of** zum
Schaden +*gen*; **without** ~ **to** ohne Schaden
für.
detrimental [dɛtrɪ'mɛntl] *adj*: **to be** ~ **to**
schaden +*dat*.
deuce [djuːs] *n* (*TENNIS*) Einstand *m*.
devaluation [dɪvælju'eɪʃən] *n* Abwertung *f*.
devalue ['diː'væljuː] *vt* abwerten.
devastate ['dɛvəsteɪt] *vt* verwüsten; (*fig:
shock*): **to be** ~**d by** niedergeschmettert sein
von.
devastating ['dɛvəsteɪtɪŋ] *adj* verheerend;
(*announcement, news*) niederschmetternd.
devastation [dɛvəs'teɪʃən] *n* Verwüstung *f*.
develop [dɪ'vɛləp] *vt* entwickeln; (*business*)
erweitern, ausbauen; (*land, resource*)
erschließen; (*disease*) bekommen ♦ *vi* sich
entwickeln; (*facts*) an den Tag kommen;
(*symptoms*) auftreten; **to** ~ **a taste for sth**
Geschmack an etw finden; **the machine/car**
~**ed a fault/engine trouble** an dem Gerät/
dem Wagen trat ein Defekt/ein
Motorschaden auf; **to** ~ **into** sich
entwickeln zu, werden.
developer [dɪ'vɛləpə*] *n* (*also*: **property** ~)
Bauunternehmer und Immobilienmakler.
developing country [dɪ'vɛləpɪŋ-] *n*
Entwicklungsland *nt*.
development [dɪ'vɛləpmənt] *n* Entwicklung *f*;
(*of land*) Erschließung *f*.
development area *n* Entwicklungsgebiet *nt*.
deviant ['diːvɪənt] *adj* abweichend.
deviate ['diːvɪeɪt] *vi*: **to** ~ **(from)** abweichen
(von).
deviation [diːvɪ'eɪʃən] *n* Abweichung *f*.
device [dɪ'vaɪs] *n* Gerät *nt*; (*ploy, stratagem*)
Trick *m*; **explosive** ~ Sprengkörper *m*.
devil ['dɛvl] *n* Teufel *m*; **go on, be a** ~! nur zu,
riskier mal was!; **talk of the** ~! wenn man
vom Teufel spricht!
devilish ['dɛvlɪʃ] *adj* teuflisch.
devil's advocate ['dɛvlz-] *n* Advocatus
Diaboli *m*.
devious ['diːvɪəs] *adj* (*person*) verschlagen;
(*route, path*) gewunden.
devise [dɪ'vaɪz] *vt* sich *dat* ausdenken;
(*machine*) entwerfen.
devoid [dɪ'vɔɪd] *adj*: ~ **of** bar +*gen*, ohne +*acc*.
devolution [diːvə'luːʃən] *n* Dezentralisierung
f.

devolve [dɪ'vɔlv] *vt* übertragen ♦ *vi*: **to ~ (up)on** übergehen auf +*acc.*

devote [dɪ'vəʊt] *vt*: **to ~ sth/o.s. to** etw/sich widmen +*dat.*

devoted [dɪ'vəʊtɪd] *adj* treu; (*admirer*) eifrig; **to be ~ to sb** jdn innig lieben; **the book is ~ to politics** das Buch widmet sich ganz der Politik *dat.*

devotee [dɛvəʊ'tiː] *n* (*fan*) Liebhaber(in) *m(f)*; (*REL*) Anhänger(in) *m(f)*.

devotion [dɪ'vəʊʃən] *n* (*affection*) Ergebenheit *f*; (*dedication*) Hingabe *f*; (*REL*) Andacht *f*.

devour [dɪ'vaʊə*] *vt* verschlingen.

devout [dɪ'vaʊt] *adj* fromm.

dew [djuː] *n* Tau *m.*

dexterity [dɛks'tɛrɪtɪ] *n* Geschicklichkeit *f*; (*mental*) Gewandtheit *f.*

dext(e)rous ['dɛkstrəs] *adj* geschickt.

DFE (*BRIT*) *n abbr* (= *Department for Education*) ≈ Bildungsministerium *nt.*

dg *abbr* (= *decigram*) dg.

DH (*BRIT*) *n abbr* (= *Department of Health*) ≈ Gesundheitsministerium *nt.*

Dhaka ['dækə] *n* Dhaka *nt.*

DHSS (*BRIT*) *n abbr* (*formerly*: = *Department of Health and Social Security*) *Ministerium für Gesundheit und Sozialfürsorge.*

diabetes [daɪə'biːtiːz] *n* Zuckerkrankheit *f.*

diabetic [daɪə'bɛtɪk] *adj* zuckerkrank; (*chocolate, jam*) Diabetiker- ♦ *n* Diabetiker(in) *m(f).*

diabolical [daɪə'bɔlɪkl] (*inf*) *adj* schrecklich, fürchterlich.

diaeresis [daɪ'ɛrɪsɪs] *n* Diärese *f.*

diagnose [daɪəg'nəʊz] *vt* diagnostizieren.

diagnoses [-siːz] *pl of* **diagnosis.**

diagnosis [daɪəg'nəʊsɪs] (*pl* **diagnoses**) *n* Diagnose *f.*

diagonal [daɪ'ægənl] *adj* diagonal ♦ *n* Diagonale *f.*

diagram ['daɪəgræm] *n* Diagramm *nt*, Schaubild *nt.*

dial ['daɪəl] *n* Zifferblatt *nt*; (*on radio set*) Einstellskala *f*; (*of phone*) Wählscheibe *f* ♦ *vt* wählen; **to ~ a wrong number** sich verwählen; **can I ~ London direct?** kann ich nach London durchwählen?

dial. *abbr* = **dialect.**

dial code (*US*) *n* = **dialling code.**

dialect ['daɪəlɛkt] *n* Dialekt *m.*

dialling code ['daɪəlɪŋ-], (*US*) **dial code** *n* Vorwahl *f.*

dialling tone, (*US*) **dial tone** *n* Amtszeichen *nt.*

dialogue, (*US*) **dialog** ['daɪəlɔg] *n* Dialog *m*; (*conversation*) Gespräch *nt*, Dialog *m.*

dial tone (*US*) *n* = **dialling tone.**

dialysis [daɪ'ælɪsɪs] *n* Dialyse *f.*

diameter [daɪ'æmɪtə*] *n* Durchmesser *m.*

diametrically [daɪə'mɛtrɪklɪ] *adv*: **~ opposed (to)** diametral entgegengesetzt (+*dat*).

diamond ['daɪəmənd] *n* Diamant *m*; (*shape*)

Raute *f*; **diamonds** *npl* (*CARDS*) Karo *nt.*

diamond ring *n* Diamantring *m.*

diaper ['daɪəpə*] (*US*) *n* Windel *f.*

diaphragm ['daɪəfræm] *n* Zwerchfell *nt*; (*contraceptive*) Pessar *nt.*

diarrhoea, (*US*) **diarrhea** [daɪə'riːə] *n* Durchfall *m.*

diary ['daɪərɪ] *n* (Termin)kalender *m*; (*daily account*) Tagebuch *nt*; **to keep a ~** Tagebuch führen.

diatribe ['daɪətraɪb] *n* Schmährede *f*; (*written*) Schmähschrift *f.*

dice [daɪs] *n inv* Würfel *m* ♦ *vt* in Würfel schneiden.

dicey ['daɪsɪ] (*inf*) *adj* riskant.

dichotomy [daɪ'kɔtəmɪ] *n* Dichotomie *f*, Kluft *f.*

dickhead ['dɪkhɛd] (*inf*) *n* Knallkopf *m.*

Dictaphone ® ['dɪktəfəʊn] *n* Diktafon *nt*, Diktaphon *nt*, Diktiergerät *nt.*

dictate [dɪk'teɪt] *vt* diktieren ♦ *n* Diktat *nt*; (*principle*): **the ~s of** die Gebote +*gen* ♦ *vi*: **to ~ to** diktieren +*dat*; **I won't be ~d to** ich lasse mir keine Vorschriften machen.

dictation [dɪk'teɪʃən] *n* Diktat *nt*; **at ~ speed** im Diktiertempo.

dictator [dɪk'teɪtə*] *n* Diktator *m.*

dictatorship [dɪk'teɪtəʃɪp] *n* Diktatur *f.*

diction ['dɪkʃən] *n* Diktion *f.*

dictionary ['dɪkʃənrɪ] *n* Wörterbuch *nt.*

did [dɪd] *pt of* **do.**

didactic [daɪ'dæktɪk] *adj* didaktisch.

diddle ['dɪdl] (*inf*) *vt* übers Ohr hauen.

didn't ['dɪdnt] = **did not.**

die [daɪ] *n* (*pl*: **dice**) Würfel *m*; (: **dies**) Gussform *f* ♦ *vi* sterben; (*plant*) eingehen; (*fig*: *noise*) aufhören; (: *smile*) vergehen; (*engine*) stehen bleiben; **to ~ of** *or* **from** sterben an +*dat*; **to be dying** im Sterben liegen; **to be dying for sth** etw unbedingt brauchen; **to be dying to do sth** darauf brennen, etw zu tun.

▶ **die away** *vi* (*sound*) schwächer werden; (*light*) nachlassen.

▶ **die down** *vi* (*wind*) sich legen; (*fire*) herunterbrennen; (*excitement, noise*) nachlassen.

▶ **die out** *vi* aussterben.

die-hard ['daɪhɑːd] *n* Ewiggestrige(r) *f(m).*

diesel ['diːzl] *n* (*vehicle*) Diesel *m*; (*also*: **~ oil**) Diesel(kraftstoff) *m.*

diesel engine *n* Dieselmotor *m.*

diet ['daɪət] *n* Ernährung *f*; (*MED*) Diät *f*; (*when slimming*) Schlankheitskur *f* ♦ *vi* (*also*: **be on a ~**) eine Schlankheitskur machen; **to live on a ~ of** sich ernähren von, leben von.

dietician [daɪə'tɪʃən] *n* Diätassistent(in) *m(f).*

differ ['dɪfə*] *vi* (*be different*): **to ~ (from)** sich unterscheiden (von); (*disagree*): **to ~ (about)** anderer Meinung sein (über +*acc*); **to agree to ~** sich *dat* verschiedene Meinungen zugestehen.

difference ['dɪfrəns] *n* Unterschied *m*;

(*disagreement*) Differenz *f*,
Auseinandersetzung *f*; **it makes no ~ to me**
das ist mir egal *or* einerlei; **to settle one's
~s** die Differenzen *or*
Meinungsverschiedenheiten beilegen.

different ['dɪfrənt] *adj* (*various people, things*)
verschieden, unterschiedlich; **to be
~ (from)** anders sein (als).

differential [dɪfə'rɛnʃəl] *n* (*MATH*)
Differenzial *nt*; (*BRIT: in wages*)
(Einkommens)unterschied *m*.

differentiate [dɪfə'rɛnʃieit] *vi*: **to ~ (between)**
unterscheiden (zwischen) ♦ *vt*: **to ~ A from
B** A von B unterscheiden.

differently ['dɪfrəntlı] *adv* anders; (*shaped,
designed*) verschieden, unterschiedlich.

difficult ['dɪfɪkəlt] *adj* schwierig; (*task,
problem*) schwer, schwierig; **~ to
understand** schwer zu verstehen.

difficulty ['dɪfɪkəltı] *n* Schwierigkeit *f*; **to be
in/get into difficulties** in Schwierigkeiten
sein/geraten.

diffidence ['dɪfɪdəns] *n* Bescheidenheit *f*,
Zurückhaltung *f*.

diffident ['dɪfɪdənt] *adj* bescheiden,
zurückhaltend.

diffuse [dɪ'fjuːs] *adj* diffus ♦ *vt* verbreiten.

dig [dɪg] (*pt, pp* **dug**) *vt* graben; (*garden*)
umgraben ♦ *n* (*prod*) Stoß *m*; (*archaeological*)
(Aus)grabung *f*; (*remark*) Seitenhieb *m*,
spitze Bemerkung *f*; **to ~ one's nails into
sth** seine Nägel in etw *acc* krallen.

► **dig in** *vi* (*fig: inf: eat*) reinhauen ♦ *vt*
(*compost*) untergraben, eingraben; (*knife*)
hineinstoßen; (*claw*) festkrallen; **to ~ one's
heels in** (*fig*) sich auf die Hinterbeine stellen
(*inf*).

► **dig into** *vt fus* (*savings*) angreifen; (*snow,
soil*) ein Loch graben in *+acc*; **to ~ into one's
pockets for sth** in seinen Taschen nach etw
suchen *or* wühlen.

► **dig out** *vt* ausgraben.

► **dig up** *vt* ausgraben.

digest [daɪ'dʒɛst] *vt* verdauen ♦ *n* Digest *m or
nt*, Auswahl *f*.

digestible [dɪ'dʒɛstəbl] *adj* verdaulich.

digestion [dɪ'dʒɛstʃən] *n* Verdauung *f*.

digestive [dɪ'dʒɛstɪv] *adj* (*system, upsets*)
Verdauungs- ♦ *n* Keks *aus Vollkornmehl*.

digit ['dɪdʒɪt] *n* (*number*) Ziffer *f*; (*finger*)
Finger *m*.

digital ['dɪdʒɪtl] *adj* (*watch, display etc*) Digital-.

digital computer *n* Digitalrechner *m*.

digital TV *n* Digitalfernsehen *nt*.

dignified ['dɪgnɪfaɪd] *adj* würdevoll.

dignitary ['dɪgnɪtərɪ] *n* Würdenträger(in) *m(f)*.

dignity ['dɪgnɪtɪ] *n* Würde *f*.

digress [daɪ'grɛs] *vi*: **to ~ (from)** abschweifen
(von).

digression [daɪ'grɛʃən] *n* Abschweifung *f*.

digs [dɪgz] (*BRIT: inf*) *npl* Bude *f*.

dike [daɪk] *n* = **dyke**.

dilapidated [dɪ'læpɪdeɪtɪd] *adj* verfallen.

dilate [daɪ'leɪt] *vi* sich weiten ♦ *vt* weiten.

dilatory ['dɪlətərɪ] *adj* langsam.

dilemma [daɪ'lɛmə] *n* Dilemma *nt*; **to be in a ~**
sich in einem Dilemma befinden, in der
Klemme sitzen (*inf*).

diligence ['dɪlɪdʒəns] *n* Fleiß *m*.

diligent ['dɪlɪdʒənt] *adj* fleißig; (*research*)
sorgfältig, genau.

dill [dɪl] *n* Dill *m*.

dilly-dally ['dɪlɪ'dælɪ] *vi* trödeln.

dilute [daɪ'luːt] *vt* verdünnen; (*belief, principle*)
schwächen ♦ *adj* verdünnt.

dim [dɪm] *adj* schwach; (*outline, figure*)
undeutlich, verschwommen; (*room*)
dämmerig; (*future*) düster; (*prospects*)
schlecht; (*inf: person*) schwer von Begriff
♦ *vt* (*light*) dämpfen; (*US: AUT*) abblenden; **to
take a ~ view of sth** wenig *or* nicht viel von
etw halten.

dime [daɪm] (*US*) *n* Zehncentstück *nt*.

dimension [daɪ'mɛnʃən] *n* (*aspect*) Dimension
f; (*measurement*) Abmessung *f*, Maß *nt*; (*also
pl: scale, size*) Ausmaß *nt*.

-dimensional [dɪ'mɛnʃənl] *adj suff*
-dimensional.

diminish [dɪ'mɪnɪʃ] *vi* sich verringern ♦ *vt*
verringern.

diminished responsibility *n* verminderte
Zurechnungsfähigkeit *f*.

diminutive [dɪ'mɪnjutɪv] *adj* winzig ♦ *n*
Verkleinerungsform *f*.

dimly ['dɪmlɪ] *adv* schwach; (*see*) undeutlich,
verschwommen.

dimmer ['dɪmə*] *n* (*also: ~* **switch**) Dimmer *m*;
(*US: AUT*) Abblendschalter *m*.

dimmers ['dɪməz] (*US*) *npl* (*AUT: dipped
headlights*) Abblendlicht *nt*; (*parking lights*)
Parklicht *nt*.

dimmer (switch) ['dɪmə-] *n* (*ELEC*) Dimmer
m; (*US: AUT*) Abblendschalter *m*.

dimple ['dɪmpl] *n* Grübchen *nt*.

dim-witted ['dɪm'wɪtɪd] (*inf*) *adj* dämlich.

din [dɪn] *n* Lärm *m*, Getöse *nt* ♦ *vt* (*inf*): **to
~ sth into sb** jdm etw einbleuen.

dine [daɪn] *vi* speisen.

diner ['daɪnə*] *n* Gast *m*; (*US: restaurant*)
Esslokal *nt*.

dinghy ['dɪŋgɪ] *n* (*also:* **rubber ~**)
Schlauchboot *nt*; (*also:* **sailing ~**) Dingi *nt*.

dingy ['dɪndʒɪ] *adj* schäbig; (*clothes, curtains
etc*) schmuddelig.

dining car ['daɪnɪŋ-] (*BRIT*) *n* Speisewagen *m*.

dining room *n* Esszimmer *nt*; (*in hotel*)
Speiseraum *m*.

dinner ['dɪnə*] *n* (*evening meal*) Abendessen *nt*;
(*lunch*) Mittagessen *nt*; (*banquet*) (Fest)essen
nt.

dinner jacket *n* Smokingjackett *nt*.

dinner party *n* Abendgesellschaft *f* (mit
Essen).

dinner service *n* Tafelservice *nt*.

dinner time *n* Essenszeit *f*.

dinosaur ['daɪnəsɔːˈ] *n* Dinosaurier *m*.

dint [dɪnt] *n*: **by ~ of** durch +*acc*.

diocese ['daɪəsɪs] *n* Diözese *f*.

dioxide [daɪ'ɔksaɪd] *n* Dioxid *nt*.

Dip. (*BRIT*) *abbr* = **diploma**.

dip [dɪp] *n* Senke *f*; (*in sea*) kurzes Bad *nt*; (*CULIN*) Dip *m*; (*for sheep*) Desinfektionslösung *f* ♦ *vt* eintauchen; (*BRIT*: *AUT*) abblenden ♦ *vi* abfallen.

diphtheria [dɪf'θɪərɪə] *n* Diphtherie *f*.

diphthong ['dɪfθɔŋ] *n* Diphthong *m*.

diploma [dɪ'pləʊmə] *n* Diplom *nt*.

diplomacy [dɪ'pləʊməsɪ] *n* Diplomatie *f*.

diplomat ['dɪpləmæt] *n* Diplomat(in) *m(f)*.

diplomatic [dɪplə'mætɪk] *adj* diplomatisch; **to break off ~ relations (with)** die diplomatischen Beziehungen abbrechen (mit).

diplomatic corps *n* diplomatisches Korps *nt*.

diplomatic immunity *n* Immunität *f*.

dip rod ['dɪprɔd] (*US*) *n* Ölmessstab *m*.

dipstick ['dɪpstɪk] (*BRIT*) *n* Ölmessstab *m*.

dip switch (*BRIT*) *n* Abblendschalter *m*.

dire [daɪəˈ] *adj* (*consequences, effects*) schrecklich.

direct [daɪ'rɛkt] *adj, adv* direkt ♦ *vt* richten; (*company, project, programme etc*) leiten; (*play, film*) Regie führen bei; **to ~ sb to do sth** jdn anweisen, etw zu tun; **can you ~ me to ...?** können Sie mir den Weg nach ... sagen?

direct access *n* (*COMPUT*) Direktzugriff *m*.

direct cost *n* direkte Kosten *pl*.

direct current *n* Gleichstrom *m*.

direct debit (*BRIT*) *n* Einzugsauftrag *m*; (*transaction*) automatische Abbuchung *f*.

direct dialling *n* Selbstwahl *f*.

direct hit *n* Volltreffer *m*.

direction [dɪ'rɛkʃən] *n* Richtung *f*; (*TV, RADIO*) Leitung *f*; (*CINE*) Regie *f*; **directions** *npl* (*instructions*) Anweisungen *pl*; **sense of ~** Orientierungssinn *m*; **~s for use** Gebrauchsanweisung *f*, Gebrauchsanleitung *f*; **to ask for ~s** nach dem Weg fragen; **in the ~ of** in Richtung.

directional [dɪ'rɛkʃənl] *adj* (*aerial*) Richt-.

directive [dɪ'rɛktɪv] *n* Direktive *f*, Weisung *f*; **government ~** Regierungserlass *m*.

direct labour *n* (*COMM*) Produktionsarbeit *f*; (*BRIT*) eigene Arbeitskräfte *pl*.

directly [dɪ'rɛktlɪ] *adv* direkt; (*at once*) sofort, gleich.

direct mail *n* Werbebriefe *pl*.

direct mailshot (*BRIT*) *n* Direktwerbung *f* per Post.

directness [daɪ'rɛktnɪs] *n* Direktheit *f*.

director [dɪ'rɛktəˈ] *n* Direktor(in) *m(f)*; (*of project, TV, RADIO*) Leiter(in) *m(f)*; (*CINE*) Regisseur(in) *m(f)*.

Director of Public Prosecutions (*BRIT*) *n* ≈ Generalstaatsanwalt *m*,
Generalstaatsanwältin *f*.

directory [dɪ'rɛktərɪ] *n* (*also*: **telephone ~**) Telefonbuch *nt*; (*also*: **street ~**) Einwohnerverzeichnis *nt*; (*COMPUT*) Verzeichnis *nt*; (*COMM*) Branchenverzeichnis *nt*.

directory enquiries, (*US*) **directory assistance** *n* (Fernsprech)auskunft *f*.

dirt [dɜːt] *n* Schmutz *m*; (*earth*) Erde *f*; **to treat sb like ~** jdn wie (den letzten) Dreck behandeln.

dirt-cheap ['dɜːt'tʃiːp] *adj* spottbillig.

dirt road *n* unbefestigte Straße *f*.

dirty ['dɜːtɪ] *adj* schmutzig; (*story*) unanständig ♦ *vt* beschmutzen.

dirty trick *n* gemeiner Trick *m*.

disability [dɪsə'bɪlɪtɪ] *n* Behinderung *f*.

disability allowance *n* Behindertenbeihilfe *f*.

disable [dɪs'eɪbl] *vt* zum Invaliden machen; (*tank, gun*) unbrauchbar machen.

disabled [dɪs'eɪbld] *adj* behindert ♦ *npl*: **the ~** die Behinderten *pl*.

disabuse [dɪsə'bjuːz] *vt*: **to ~ sb (of)** jdn befreien (von).

disadvantage [dɪsəd'vɑːntɪdʒ] *n* Nachteil *m*; (*detriment*) Schaden *m*; **to be at a ~** benachteiligt *or* im Nachteil sein.

disadvantaged [dɪsəd'vɑːntɪdʒd] *adj* benachteiligt.

disadvantageous [dɪsædvɑːn'teɪdʒəs] *adj* ungünstig.

disaffected [dɪsə'fɛktɪd] *adj* entfremdet.

disaffection [dɪsə'fɛkʃən] *n* Entfremdung *f*.

disagree [dɪsə'griː] *vi* nicht übereinstimmen; (*to be against, think differently*): **to ~ (with)** nicht einverstanden sein (mit); **I ~ with you** ich bin anderer Meinung; **garlic ~s with me** ich vertrage keinen Knoblauch, Knoblauch bekommt mir nicht.

disagreeable [dɪsə'griːəbl] *adj* unangenehm; (*person*) unsympathisch.

disagreement [dɪsə'griːmənt] *n* Uneinigkeit *f*; (*argument*) Meinungsverschiedenheit *f*; **to have a ~ with sb** sich mit jdm nicht einig sein.

disallow ['dɪsə'laʊ] *vt* (*appeal*) abweisen; (*goal*) nicht anerkennen, nicht geben.

disappear [dɪsə'pɪəˈ] *vi* verschwinden; (*custom etc*) aussterben.

disappearance [dɪsə'pɪərəns] *n* (*see vi*) Verschwinden *nt*; Aussterben *nt*.

disappoint [dɪsə'pɔɪnt] *vt* enttäuschen.

disappointed [dɪsə'pɔɪntɪd] *adj* enttäuscht.

disappointing [dɪsə'pɔɪntɪŋ] *adj* enttäuschend.

disappointment [dɪsə'pɔɪntmənt] *n* Enttäuschung *f*.

disapproval [dɪsə'pruːvəl] *n* Missbilligung *f*.

disapprove [dɪsə'pruːv] *vi* dagegen sein; **to ~ of** missbilligen +*acc*.

disapproving [dɪsə'pruːvɪŋ] *adj* missbilligend.

disarm [dɪs'ɑːm] vt entwaffnen; (criticism) zum Verstummen bringen ♦ vi abrüsten.

disarmament [dɪs'ɑːməmənt] n Abrüstung f.

disarming [dɪs'ɑːmɪŋ] adj entwaffnend.

disarray [dɪsə'reɪ] n: **in ~** (army, organization) in Auflösung (begriffen); (hair, clothes) unordentlich; (thoughts) durcheinander; **to throw into ~** durcheinander bringen.

disaster [dɪ'zɑːstə*] n Katastrophe f; (AVIAT etc) Unglück nt; (fig: mess) Fiasko nt.

disaster area n Katastrophengebiet nt; (fig: person) Katastrophe f; **my office is a ~** in meinem Büro sieht es katastrophal aus.

disastrous [dɪ'zɑːstrəs] adj katastrophal.

disband [dɪs'bænd] vt auflösen ♦ vi sich auflösen.

disbelief ['dɪsbə'liːf] n Ungläubigkeit f; **in ~** ungläubig.

disbelieve ['dɪsbə'liːv] vt (person) nicht glauben +dat; (story) nicht glauben; **I don't ~ you** ich bezweifle nicht, was Sie sagen.

disc [dɪsk] n (ANAT) Bandscheibe f; (record) Platte f; (COMPUT) = **disk**.

disc. abbr (COMM) = **discount**.

discard [dɪs'kɑːd] vt ausrangieren; (fig: idea, plan) verwerfen.

disc brake n Scheibenbremse f.

discern [dɪ'sɜːn] vt wahrnehmen; (identify) erkennen.

discernible [dɪ'sɜːnəbl] adj erkennbar; (object) wahrnehmbar.

discerning [dɪ'sɜːnɪŋ] adj (judgement) scharfsinnig; (look) kritisch; (listeners etc) anspruchsvoll.

discharge [dɪs'tʃɑːdʒ] vt (duties) nachkommen +dat; (debt) begleichen; (waste) ablassen; (ELEC) entladen; (MED) ausscheiden, absondern; (patient, employee, soldier) entlassen; (defendant) freisprechen ♦ n (of gas) Ausströmen nt; (of liquid) Ausfließen nt; (ELEC) Entladung f; (MED) Ausfluss m; (of patient, employee, soldier) Entlassung f; (of defendant) Freispruch m; **to ~ a gun** ein Gewehr abfeuern.

discharged bankrupt [dɪs'tʃɑːdʒd-] n (LAW) entlasteter Konkursschuldner m, entlastete Konkursschuldnerin f.

disciple [dɪ'saɪpl] n Jünger m; (fig: follower) Schüler(in) m(f).

disciplinary ['dɪsɪplɪnərɪ] adj (powers etc) Disziplinar-; **to take ~ action against sb** ein Disziplinarverfahren gegen jdn einleiten.

discipline ['dɪsɪplɪn] n Disziplin f ♦ vt disziplinieren; (punish) bestrafen; **to ~ o.s. to do sth** sich dazu anhalten or zwingen, etw zu tun.

disc jockey n Diskjockey m.

disclaim [dɪs'kleɪm] vt (knowledge) abstreiten; (responsibility) von sich weisen.

disclaimer [dɪs'kleɪmə*] n Dementi nt; **to issue a ~** eine Gegenerklärung abgeben.

disclose [dɪs'kləuz] vt enthüllen, bekannt

geben.

disclosure [dɪs'kləuʒə*] n Enthüllung f.

disco ['dɪskəu] n abbr = **discotheque**.

discolor etc [dɪs'kʌlə*] (US) = **discolour** etc.

discolour [dɪs'kʌlə*] vt verfärben ♦ vi sich verfärben.

discolouration [dɪskʌlə'reɪʃən] n Verfärbung f.

discoloured [dɪs'kʌləd] adj verfärbt.

discomfort [dɪs'kʌmfət] n (unease) Unbehagen nt; (physical) Beschwerden pl.

disconcert [dɪskən'sɜːt] vt beunruhigen, irritieren.

disconcerting [dɪskən'sɜːtɪŋ] adj beunruhigend, irritierend.

disconnect [dɪskə'nɛkt] vt abtrennen; (ELEC, RADIO) abstellen; **I've been ~ed** (TEL) das Gespräch ist unterbrochen worden; (supply, connection) man hat mir das Telefon/den Strom/das Gas etc abgestellt.

disconnected [dɪskə'nɛktɪd] adj unzusammenhängend.

disconsolate [dɪs'kɒnsəlɪt] adj niedergeschlagen.

discontent [dɪskən'tɛnt] n Unzufriedenheit f.

discontented [dɪskən'tɛntɪd] adj unzufrieden.

discontinue [dɪskən'tɪnjuː] vt einstellen; **"~d"** (COMM) „ausgelaufene Serie".

discord ['dɪskɔːd] n Zwietracht f; (MUS) Dissonanz f.

discordant [dɪs'kɔːdənt] adj unharmonisch.

discotheque ['dɪskəutɛk] n Diskothek f.

discount [n 'dɪskaunt, vt dɪs'kaunt] n Rabatt m ♦ vt nachlassen; (idea, fact) unberücksichtigt lassen; **to give sb a ~ on sth** jdm auf etw acc Rabatt geben; **~ for cash** Skonto nt or m (bei Barzahlung); **at a ~** mit Rabatt.

discount house n Diskontbank f; (also: **discount store**) Diskontgeschäft nt.

discount rate n Diskontsatz m.

discourage [dɪs'kʌrɪdʒ] vt entmutigen; **to ~ sb from doing sth** jdm davon abraten, etw zu tun.

discouragement [dɪs'kʌrɪdʒmənt] n Mutlosigkeit f; **to act as a ~ to sb** entmutigend für jdn sein.

discouraging [dɪs'kʌrɪdʒɪŋ] adj entmutigend.

discourteous [dɪs'kɜːtɪəs] adj unhöflich.

discover [dɪs'kʌvə*] vt entdecken; (missing person) finden; **to ~ that ...** herausfinden, dass ...

discovery [dɪs'kʌvərɪ] n Entdeckung f.

discredit [dɪs'krɛdɪt] vt in Misskredit bringen ♦ n: **to sb's ~** zu jds Schande.

discreet [dɪs'kriːt] adj diskret; (unremarkable) dezent.

discreetly [dɪs'kriːtlɪ] adv diskret; (unremarkably) dezent.

discrepancy [dɪs'krɛpənsɪ] n Diskrepanz f.

discretion [dɪs'krɛʃən] n Diskretion f; **at the ~ of** im Ermessen +gen; **use your own ~** Sie müssen nach eigenem Ermessen handeln.

discretionary [dɪs'kreʃənrɪ] *adj:* ~ **powers** Ermessensspielraum *m;* ~ **payments** Ermessenszahlungen *pl.*

discriminate [dɪs'krɪmɪneɪt] *vi:* **to** ~ **between** unterscheiden zwischen *+dat;* **to** ~ **against** diskriminieren *+acc.*

discriminating [dɪs'krɪmɪneɪtɪŋ] *adj* anspruchsvoll, kritisch; *(tax, duty)* Differenzial-.

discrimination [dɪskrɪmɪ'neɪʃən] *n* Diskriminierung *f;* *(discernment)* Urteilsvermögen *nt;* **racial** ~ Rassendiskriminierung *f;* **sexual** ~ Diskriminierung aufgrund *or* auf Grund des Geschlechts.

discus ['dɪskəs] *n* Diskus *m;* *(event)* Diskuswerfen *nt.*

discuss [dɪs'kʌs] *vt* besprechen; *(debate)* diskutieren; *(analyse)* erörtern, behandeln.

discussion [dɪs'kʌʃən] *n* Besprechung *f;* *(debate)* Diskussion *f;* **under** ~ in der Diskussion.

disdain [dɪs'deɪn] *n* Verachtung *f* ♦ *vt* verachten ♦ *vi:* **to** ~ **to do sth** es für unter seiner Würde halten, etw zu tun.

disease [dɪ'ziːz] *n* Krankheit *f.*

diseased [dɪ'ziːzd] *adj* krank; *(tree)* befallen.

disembark [dɪsɪm'bɑːk] *vt* ausschiffen ♦ *vi* *(passengers)* von Bord gehen.

disembarkation [dɪsembɑː'keɪʃən] *n* Ausschiffung *f.*

disembodied ['dɪsɪm'bɔdɪd] *adj* *(voice)* geisterhaft; *(hand)* körperlos.

disembowel ['dɪsɪm'bauəl] *vt* die Eingeweide herausnehmen *+dat.*

disenchanted ['dɪsɪn'tʃɑːntɪd] *adj:* ~ **(with)** enttäuscht (von).

disenfranchise ['dɪsɪn'fræntʃaɪz] *vt* *(POL)* das Wahlrecht entziehen *+dat;* *(COMM)* die Konzession entziehen *+dat.*

disengage [dɪsɪn'geɪdʒ] *vt* *(TECH)* ausrasten; **to** ~ **the clutch** auskuppeln.

disengagement [dɪsɪn'geɪdʒmənt] *n* *(POL)* Disengagement *nt.*

disentangle [dɪsɪn'tæŋgl] *vt* befreien; *(wool, wire)* entwirren.

disfavour, *(US)* **disfavor** [dɪs'feɪvə*] *n* Missfallen *nt;* **to fall into** ~ **(with sb)** (bei jdm) in Ungnade fallen.

disfigure [dɪs'fɪgə*] *vt* entstellen; *(object, place)* verunstalten.

disgorge [dɪs'gɔːdʒ] *vt* *(liquid)* ergießen; *(people)* ausspeien.

disgrace [dɪs'greɪs] *n* Schande *f;* *(scandal)* Skandal *m* ♦ *vt* Schande bringen über *+acc.*

disgraceful [dɪs'greɪsful] *adj* skandalös.

disgruntled [dɪs'grʌntld] *adj* verärgert.

disguise [dɪs'gaɪz] *n* Verkleidung *f* ♦ *vt:* **to** ~ **(as)** *(person)* verkleiden (als); *(object)* tarnen (als); **in** ~ *(person)* verkleidet; **there's no disguising the fact that ...** es kann nicht geleugnet werden, dass ...; **to** ~ **o.s. as**

sich verkleiden als.

disgust [dɪs'gʌst] *n* Abscheu *m* ♦ *vt* anwidern; **she walked off in** ~ sie ging voller Empörung weg.

disgusting [dɪs'gʌstɪŋ] *adj* widerlich.

dish [dɪʃ] *n* Schüssel *f;* *(flat)* Schale *f;* *(recipe, food)* Gericht *nt;* *(also:* **satellite** ~) Parabolantenne *f,* Schüssel *(inf);* **to do** *or* **wash the** ~**es** Geschirr spülen, abwaschen.

▸ **dish out** *vt* verteilen; *(food, money)* austeilen; *(advice)* erteilen.

▸ **dish up** *vt* *(food)* auftragen, servieren; *(facts, statistics)* auftischen *(inf).*

dishcloth ['dɪʃklɔθ] *n* Spültuch *nt,* Spüllappen *m.*

dishearten [dɪs'hɑːtn] *vt* entmutigen.

dishevelled, *(US)* **disheveled** [dɪ'ʃevəld] *adj* unordentlich; *(hair)* zerzaust.

dishonest [dɪs'ɔnɪst] *adj* unehrlich; *(means)* unlauter.

dishonesty [dɪs'ɔnɪstɪ] *n* Unehrlichkeit *f.*

dishonor *etc* [dɪs'ɔnə*] *(US)* = **dishonour** *etc.*

dishonour [dɪs'ɔnə*] *n* Schande *f.*

dishonourable [dɪs'ɔnərəbl] *adj* unehrenhaft.

dish soap *(US) n* Spülmittel *nt.*

dishtowel ['dɪʃtauəl] *(US) n* Geschirrtuch *nt.*

dishwasher ['dɪʃwɔʃə*] *n* *(machine)* (Geschirr)spülmaschine *f.*

dishy ['dɪʃɪ] *(inf: BRIT) adj* attraktiv.

disillusion [dɪsɪ'luːʒən] *vt* desillusionieren ♦ *n* = **disillusionment to become** ~**ed (with)** seine Illusionen (über *+acc)* verlieren.

disillusionment [dɪsɪ'luːʒənmənt] *n* Desillusionierung *f.*

disincentive [dɪsɪn'sentɪv] *n* Entmutigung *f;* **it's a** ~ es hält die Leute ab; **to be a** ~ **to sb** jdm keinen Anreiz bieten.

disinclined [dɪsɪn'klaɪnd] *adj:* **to be** ~ **to do sth** abgeneigt sein, etw zu tun.

disinfect [dɪsɪn'fekt] *vt* desinfizieren.

disinfectant [dɪsɪn'fektənt] *n* Desinfektionsmittel *nt.*

disinflation [dɪsɪn'fleɪʃən] *n* *(ECON)* Rückgang *m* einer inflationären Entwicklung.

disinformation [dɪsɪnfə'meɪʃən] *n* Desinformation *f.*

disingenuous [dɪsɪn'dʒenjuəs] *adj* unaufrichtig.

disinherit [dɪsɪn'herɪt] *vt* enterben.

disintegrate [dɪs'ɪntɪgreɪt] *vi* zerfallen; *(marriage, partnership)* scheitern; *(organization)* sich auflösen.

disinterested [dɪs'ɪntrəstɪd] *adj* *(advice)* unparteiisch, unvoreingenommen; *(help)* uneigennützig.

disjointed [dɪs'dʒɔɪntɪd] *adj* unzusammenhängend.

disk [dɪsk] *n* Diskette *f;* **single-/double-sided** ~ einseitige/zweiseitige Diskette.

disk drive *n* Diskettenlaufwerk *nt.*

diskette [dɪs'ket] *(US) n* = **disk.**

disk operating system *n* Betriebssystem *nt.*

dislike [dɪs'laɪk] n Abneigung f ♦ vt nicht mögen; **to take a ~ to sb/sth** eine Abneigung gegen jdn/etw entwickeln; **I ~ the idea** die Idee gefällt mir nicht; **he ~s it** er kann es nicht leiden, er mag es nicht.

dislocate ['dɪsləkeɪt] vt verrenken, ausrenken; **he has ~d his shoulder** er hat sich dat den Arm ausgekugelt.

dislodge [dɪs'lɔdʒ] vt verschieben.

disloyal [dɪs'lɔɪəl] adj illoyal.

dismal ['dɪzml] adj trübe, trostlos; (song, person, mood) trübsinnig; (failure) kläglich.

dismantle [dɪs'mæntl] vt (machine) demontieren.

dismast [dɪs'mɑːst] vt (NAUT) entmasten.

dismay [dɪs'meɪ] n Bestürzung f ♦ vt bestürzen; **much to my ~** zu meiner Bestürzung; **in ~** bestürzt.

dismiss [dɪs'mɪs] vt entlassen; (case) abweisen; (possibility, idea) abtun.

dismissal [dɪs'mɪsl] n Entlassung f.

dismount [dɪs'maunt] vi absteigen.

disobedience [dɪsə'biːdɪəns] n Ungehorsam m.

disobedient [dɪsə'biːdɪənt] adj ungehorsam.

disobey [dɪsə'beɪ] vt nicht gehorchen +dat; (order) nicht befolgen.

disorder [dɪs'ɔːdə*] n Unordnung f; (rioting) Unruhen pl; (MED) (Funktions)störung f; **civil ~** öffentliche Unruhen pl.

disorderly [dɪs'ɔːdəlɪ] adj unordentlich; (meeting) undiszipliniert; (behaviour) ungehörig.

disorderly conduct n (LAW) ungebührliches Benehmen nt.

disorganize [dɪs'ɔːgənaɪz] vt durcheinander bringen.

disorganized [dɪs'ɔːgənaɪzd] adj chaotisch.

disoriented [dɪs'ɔːrɪentɪtɪd] adj desorientiert, verwirrt.

disown [dɪs'əun] vt (action) verleugnen; (child) verstoßen.

disparaging [dɪs'pærɪdʒɪŋ] adj (remarks) abschätzig, geringschätzig; **to be ~ about sb/sth** (person) abschätzig or geringschätzig über jdn/etw urteilen.

disparate ['dɪspərɪt] adj völlig verschieden.

disparity [dɪs'pærɪtɪ] n Unterschied m.

dispassionate [dɪs'pæʃənət] adj nüchtern.

dispatch [dɪs'pætʃ] vt senden, schicken; (deal with) erledigen; (kill) töten ♦ n Senden nt, Schicken nt; (PRESS) Bericht m; (MIL) Depesche f.

dispatch department n Versandabteilung f.

dispatch rider n (MIL) Meldefahrer m.

dispel [dɪs'pɛl] vt (myths) zerstören; (fears) zerstreuen.

dispensary [dɪs'pɛnsərɪ] n Apotheke f; (in chemist's) Raum in einer Apotheke, wo Arzneimittel abgefüllt werden.

dispensation [dɪspən'seɪʃən] n (of treatment) Vergabe f; (special permission) Dispens m;

~ of justice Rechtsprechung f.

dispense [dɪs'pɛns] vt (medicines) abgeben; (charity) austeilen; (advice) erteilen.

▶ **dispense with** vt fus verzichten auf +acc.

dispenser [dɪs'pɛnsə*] n (machine) Automat m.

dispensing chemist [dɪs'pɛnsɪŋ-] (BRIT) n (shop) Apotheke f.

dispersal [dɪs'pɜːsl] n (of objects) Verstreuen nt; (of group, crowd) Auflösung f, Zerstreuen nt.

disperse [dɪs'pɜːs] vt (objects) verstreuen; (crowd etc) auflösen, zerstreuen; (knowledge, information) verbreiten ♦ vi (crowd) sich auflösen or zerstreuen.

dispirited [dɪs'pɪrɪtɪd] adj entmutigt.

displace [dɪs'pleɪs] vt ablösen.

displaced person [dɪs'pleɪst-] n Verschleppte(r) f(m).

displacement [dɪs'pleɪsmənt] n Ablösung f; (of people) Vertreibung f; (PHYS) Verdrängung f.

display [dɪs'pleɪ] n (in shop) Auslage f; (exhibition) Ausstellung f; (of feeling) Zeigen nt; (pej) Zurschaustellung f; (COMPUT, TECH) Anzeige f ♦ vt zeigen; (ostentatiously) zur Schau stellen; (results, departure times) aushängen; **on ~** ausgestellt.

display advertising n Displaywerbung f.

displease [dɪs'pliːz] vt verstimmen, verärgern.

displeased [dɪs'pliːzd] adj: **I am very ~ with you** ich bin sehr enttäuscht von dir.

displeasure [dɪs'plɛʒə*] n Missfallen nt.

disposable [dɪs'pəuzəbl] adj (lighter) Wegwerf-; (bottle) Einweg-; (income) verfügbar.

disposable nappy (BRIT) n Papierwindel f.

disposal [dɪs'pəuzl] n (of goods for sale) Loswerden nt; (of property, belongings: by selling) Verkauf m; (: by giving away) Abgeben nt; (of rubbish) Beseitigung f; **at one's ~** zur Verfügung; **to put sth at sb's ~** jdm etw zur Verfügung stellen.

dispose [dɪs'pəuz]: **~ of** vt fus (body) aus dem Weg schaffen; (unwanted goods) loswerden; (problem, task) erledigen; (stock) verkaufen.

disposed [dɪs'pəuzd] adj: **to be ~ to do sth** (inclined) geneigt sein, etw zu tun; (willing) bereit sein, etw zu tun; **to be well ~ towards sb** jdm wohl wollen.

disposition [dɪspə'zɪʃən] n (nature) Veranlagung f; (inclination) Neigung f.

dispossess ['dɪspə'zɛs] vt enteignen; **to ~ sb of his/her land** jds Land enteignen.

disproportion [dɪsprə'pɔːʃən] n Missverhältnis nt.

disproportionate [dɪsprə'pɔːʃənət] adj unverhältnismäßig; (amount) unverhältnismäßig hoch/niedrig.

disprove [dɪs'pruːv] vt widerlegen.

dispute [dɪs'pjuːt] n Streit m; (also: **industrial ~**) Auseinandersetzung f zwischen

Arbeitgebern und Arbeitnehmern; (*POL, MIL*) Streitigkeiten *pl* ♦ *vt* bestreiten; (*ownership etc*) anfechten; **to be in** *or* **under** ~ umstritten sein.

disqualification [dɪskwɔlɪfɪˈkeɪʃən] *n*: ~ **(from)** Ausschluss *m* (von); (*SPORT*) Disqualifizierung *f* (von); ~ **(from driving)** (*BRIT*) Führerscheinentzug *m*.

disqualify [dɪsˈkwɔlɪfaɪ] *vt* disqualifizieren; **to** ~ **sb for sth** jdn für etw ungeeignet machen; **to** ~ **sb from doing sth** jdn ungeeignet machen, etw zu tun; **to** ~ **sb from driving** (*BRIT*) jdm den Führerschein entziehen.

disquiet [dɪsˈkwaɪət] *n* Unruhe *f*.

disquieting [dɪsˈkwaɪətɪŋ] *adj* beunruhigend.

disregard [dɪsrɪˈgɑːd] *vt* nicht beachten, ignorieren ♦ *n*: ~ **(for)** Missachtung (+*gen*); (*for danger, money*) Geringschätzung (+*gen*).

disrepair ['dɪsrɪ'pɛə*] *n*: **to fall into** ~ (*machine*) vernachlässigt werden; (*building*) verfallen.

disreputable [dɪsˈrepjutəbl] *adj* (*person*) unehrenhaft; (*behaviour*) unfein.

disrepute ['dɪsrɪ'pjuːt] *n* schlechter Ruf *m*; **to bring/fall into** ~ in Verruf bringen/kommen.

disrespectful [dɪsrɪˈspektful] *adj* respektlos.

disrupt [dɪsˈrʌpt] *vt* (*plans*) durcheinander bringen; (*conversation, proceedings*) unterbrechen.

disruption [dɪsˈrʌpʃən] *n* Unterbrechung *f*; (*disturbance*) Störung *f*.

disruptive [dɪsˈrʌptɪv] *adj* störend; (*action*) Stör-.

dissatisfaction [dɪssætɪsˈfækʃən] *n* Unzufriedenheit *f*.

dissatisfied [dɪsˈsætɪsfaɪd] *adj*: ~ **(with)** unzufrieden (mit).

dissect [dɪˈsekt] *vt* sezieren.

disseminate [dɪˈsemɪneɪt] *vt* verbreiten.

dissent [dɪˈsent] *n* abweichende Meinungen *pl*.

dissenter [dɪˈsentə*] *n* Abweichler(in) *m(f)*.

dissertation [dɪsəˈteɪʃən] *n* (*speech*) Vortrag *m*; (*piece of writing*) Abhandlung *f*; (*for PhD*) Dissertation *f*.

disservice [dɪsˈsəːvɪs] *n*: **to do sb a** ~ jdm einen schlechten Dienst erweisen.

dissident ['dɪsɪdnt] *adj* anders denkend; (*voice*) kritisch ♦ *n* Dissident(in) *m(f)*.

dissimilar [dɪˈsɪmɪlə*] *adj*: ~ **(to)** anders (als).

dissipate ['dɪsɪpeɪt] *vt* (*heat*) neutralisieren; (*clouds*) auflösen; (*money, effort*) verschwenden.

dissipated ['dɪsɪpeɪtɪd] *adj* zügellos, ausschweifend.

dissociate [dɪˈsəʊʃɪeɪt] *vt* trennen; **to** ~ **o.s. from** sich distanzieren von.

dissolute ['dɪsəluːt] *adj* zügellos, ausschweifend.

dissolution [dɪsəˈluːʃən] *n* Auflösung *f*.

dissolve [dɪˈzɔlv] *vt* auflösen ♦ *vi* sich auflösen; **to** ~ **in(to) tears** in Tränen zerfließen.

dissuade [dɪˈsweɪd] *vt*: **to** ~ **sb (from sth)** jdn (von etw) abbringen.

distaff ['dɪstɑːf] *n*: **the** ~ **side** die mütterliche Seite.

distance ['dɪstns] *n* Entfernung *f*; (*in time*) Abstand *m*; (*reserve*) Abstand, Distanz *f* ♦ *vt*: **to** ~ **o.s. (from)** sich distanzieren (von); **in the** ~ in der Ferne; **what's the** ~ **to London?** wie weit ist es nach London?; **it's within walking** ~ es ist zu Fuß erreichbar; **at a** ~ **of 2 metres** in 2 Meter(n) Entfernung; **keep your** ~! halten Sie Abstand!

distant ['dɪstnt] *adj* (*place*) weit entfernt, fern; (*time*) weit zurückliegend; (*relative*) entfernt; (*manner*) distanziert, kühl.

distaste [dɪsˈteɪst] *n* Widerwille *m*.

distasteful [dɪsˈteɪstful] *adj* widerlich; **to be** ~ **to sb** jdm zuwider sein.

Dist. Atty. (*US*) *abbr* = **district attorney.**

distemper [dɪsˈtempə*] *n* (*paint*) Temperafarbe *f*; (*disease of dogs*) Staupe *f*.

distend [dɪsˈtend] *vt* blähen ♦ *vi* sich blähen.

distended [dɪsˈtendɪd] *adj* aufgebläht.

distil, (*US*) **distill** [dɪsˈtɪl] *vt* destillieren; (*fig*) (heraus)destillieren.

distillery [dɪsˈtɪlərɪ] *n* Brennerei *f*.

distinct [dɪsˈtɪŋkt] *adj* deutlich, klar; (*possibility*) eindeutig; (*different*) verschieden; **as** ~ **from** im Unterschied zu.

distinction [dɪsˈtɪŋkʃən] *n* Unterschied *m*; (*honour*) Ehre *f*; (*in exam*) Auszeichnung *f*; **to draw a** ~ **between** einen Unterschied machen zwischen +*dat*; **a writer of** ~ ein Schriftsteller von Rang.

distinctive [dɪsˈtɪŋktɪv] *adj* unverwechselbar.

distinctly [dɪsˈtɪŋktlɪ] *adv* deutlich, klar; (*tell*) ausdrücklich; (*unhappy*) ausgeprochen; (*better*) entschieden.

distinguish [dɪsˈtɪŋgwɪʃ] *vt* unterscheiden; (*details etc*) erkennen, ausmachen; **to** ~ **(between)** unterscheiden (zwischen +*dat*); **to** ~ **o.s.** sich hervortun.

distinguished [dɪsˈtɪŋgwɪʃt] *adj* von hohem Rang; (*career*) hervorragend; (*in appearance*) distinguiert.

distinguishing [dɪsˈtɪŋgwɪʃɪŋ] *adj* charakteristisch.

distort [dɪsˈtɔːt] *vt* verzerren; (*argument*) verdrehen.

distortion [dɪsˈtɔːʃən] *n* (*see vb*) Verzerrung *f*; Verdrehung *f*.

distract [dɪsˈtrækt] *vt* ablenken.

distracted [dɪsˈtræktɪd] *adj* unaufmerksam; (*anxious*) besorgt, beunruhigt.

distraction [dɪsˈtrækʃən] *n* Unaufmerksamkeit *f*; (*confusion*) Verstörtheit *f*; (*sth which distracts*) Ablenkung *f*; (*amusement*) Zerstreuung *f*; **to drive sb to** ~ jdn zur Verzweiflung treiben.

distraught [dɪs'trɔːt] adj verzweifelt.

distress [dɪs'trɛs] n Verzweiflung f ♦ vt Kummer machen +dat; **in** ~ (ship) in Seenot; (person) verzweifelt; **~ed area** (BRIT) Notstandsgebiet nt.

distressing [dɪs'trɛsɪŋ] adj beunruhigend.

distress signal n Notsignal nt.

distribute [dɪs'trɪbjuːt] vt verteilen; (profits) aufteilen.

distribution [dɪstrɪ'bjuːʃən] n Vertrieb m; (of profits) Aufteilung f.

distribution costs npl Vertriebskosten pl.

distributor [dɪs'trɪbjutə*] n (COMM) Vertreiber(in) m(f); (AUT, TECH) Verteiler m.

district ['dɪstrɪkt] n Gebiet nt; (of town) Stadtteil m; (ADMIN) (Verwaltungs)bezirk m.

district attorney (US) n Bezirksstaatsanwalt m, Bezirksstaatsanwältin f.

DISTRICT COUNCIL

District Council heißt der in jedem der britischen **districts** (Bezirke) alle vier Jahre neu gewählte Bezirksrat, der für bestimmte Bereiche der Kommunalverwaltung (Gesundheitswesen, Wohnungsbeschaffung, Baugenehmigungen, Müllabfuhr) zuständig ist. Die **district councils** werden durch Kommunalabgaben und durch einen Zuschuss von der Regierung finanziert. Ihre Ausgaben werden von einer unabhängigen Prüfungskommission kontrolliert, und bei zu hohen Ausgaben wird der Regierungszuschuss gekürzt.

---

district nurse (BRIT) n Gemeindeschwester f.

distrust [dɪs'trʌst] n Misstrauen nt ♦ vt misstrauen +dat.

distrustful [dɪs'trʌstful] adj: ~ (of) misstrauisch (gegenüber +dat).

disturb [dɪs'təːb] vt stören; (upset) beunruhigen; (disorganize) durcheinander bringen; **sorry to** ~ **you** entschuldigen Sie bitte die Störung.

disturbance [dɪs'təːbəns] n Störung f; (political etc) Unruhe f; (violent event) Unruhen pl; (by drunks etc) (Ruhe)störung f; **to cause a** ~ Unruhe/eine Ruhestörung verursachen; ~ **of the peace** Ruhestörung f.

disturbed [dɪs'təːbd] adj beunruhigt; (childhood) unglücklich; **mentally/emotionally** ~ geistig/seelisch gestört.

disturbing [dɪs'təːbɪŋ] adj beunruhigend.

disuse [dɪs'juːs] n: **to fall into** ~ nicht mehr benutzt werden.

disused [dɪs'juːzd] adj (building) leer stehend; (airfield) stillgelegt.

ditch [dɪtʃ] n Graben m ♦ vt (inf: partner) sitzen lassen; (: plan) sausen lassen; (: car etc) loswerden.

dither ['dɪðə*] (pej) vi zaudern.

ditto ['dɪtəu] adv dito, ebenfalls.

divan [dɪ'væn] n (also: ~ **bed**) Polsterbett nt.

dive [daɪv] n Sprung m; (underwater) Tauchen nt; (of submarine) Untertauchen nt; (pej: place) Spelunke f (inf) ♦ vi springen; (under water) tauchen; (bird) einen Sturzflug machen; (submarine) untertauchen; **to** ~ **into** (bag, drawer etc) greifen in +acc; (shop, car etc) sich stürzen in +acc.

diver ['daɪvə*] n Taucher(in) m(f); (deep-sea diver) Tiefseetaucher(in) m(f).

diverge [daɪ'vəːdʒ] vi auseinander gehen.

divergent [daɪ'vəːdʒənt] adj unterschiedlich; (views) voneinander abweichend; (interests) auseinander gehend.

diverse [daɪ'vəːs] adj verschiedenartig.

diversification [daɪvəːsɪfɪ'keɪʃən] n Diversifikation f.

diversify [daɪ'vəːsɪfaɪ] vi diversifizieren.

diversion [daɪ'vəːʃən] n (BRIT: AUT) Umleitung f; (distraction) Ablenkung f; (of funds) Umlenkung f.

diversionary [daɪ'vəːʃənrɪ] adj: ~ **tactics** Ablenkungsmanöver pl.

diversity [daɪ'vəːsɪtɪ] n Vielfalt f.

divert [daɪ'vəːt] vt (sb's attention) ablenken; (funds) umlenken; (re-route) umleiten.

divest [daɪ'vɛst] vt: **to** ~ **sb of office/his authority** jdn seines Amtes entkleiden/seiner Macht entheben.

divide [dɪ'vaɪd] vt trennen; (MATH) dividieren, teilen; (share out) verteilen ♦ vi sich teilen; (road) sich gabeln; (people, groups) sich aufteilen ♦ n Kluft f; **to** ~ (**between** or **among**) aufteilen (unter +dat); **40** ~**d by 5** 40 geteilt or dividiert durch 5.

▶ **divide out** vt: **to** ~ **out** (**between** or **among**) aufteilen (unter +dat).

divided [dɪ'vaɪdɪd] adj geteilt; **to be** ~ **about** or **over sth** geteilter Meinung über etw acc sein.

divided highway (US) n ≈ Schnellstraße f.

dividend ['dɪvɪdɛnd] n Dividende f; (fig): **to pay** ~**s** sich bezahlt machen.

dividend cover n (COMM) Dividendendeckung f.

dividers [dɪ'vaɪdəz] npl (MATH, TECH) Stechzirkel m; (between pages) Register nt.

divine [dɪ'vaɪn] adj göttlich ♦ vt (future) weissagen, prophezeien; (truth) erahnen; (water, metal) aufspüren.

diving ['daɪvɪŋ] n Tauchen nt; (SPORT) Kunstspringen nt.

diving board n Sprungbrett nt.

diving suit n Taucheranzug m.

divinity [dɪ'vɪnɪtɪ] n Göttlichkeit f; (god or goddess) Gottheit f; (SCOL) Theologie f.

divisible [dɪ'vɪzəbl] adj: ~ (**by**) teilbar (durch); **to be** ~ **into** teilbar sein in +acc.

division [dɪ'vɪʒən] n Teilung f; (MATH) Teilen nt, Division f; (sharing out) Verteilung f; (disagreement) Uneinigkeit f; (BRIT: POL) Abstimmung f durch Hammelsprung; (COMM) Abteilung f; (MIL) Division f; (esp FOOTBALL) Liga f; ~ **of labour**

Arbeitsteilung *f*.

divisive [dɪ'vaɪsɪv] *adj*: **to be ~** *(tactics)* auf Spaltung abzielen; *(system)* zu Feindseligkeit führen.

divorce [dɪ'vɔːs] *n* Scheidung *f* ♦ *vt* sich scheiden lassen von; *(dissociate)* trennen.

divorced [dɪ'vɔːst] *adj* geschieden.

divorcee [dɪvɔː'siː] *n* Geschiedene(r) *f(m)*.

divot ['dɪvət] *n* vom Golfschläger etc *ausgehacktes Rasenstück*.

divulge [daɪ'vʌldʒ] *vt* preisgeben.

DIY *(BRIT) n abbr* = **do-it-yourself**.

dizziness ['dɪzɪnɪs] *n* Schwindel *m*.

dizzy ['dɪzɪ] *adj* schwind(e)lig; *(turn, spell)* Schwindel-; *(height)* Schwindel erregend; **I feel ~** mir ist *or* ich bin schwind(e)lig.

DJ *n abbr* = **disc jockey**.

d.j. *n abbr* = **dinner jacket**.

Djakarta [dʒə'kɑːtə] *n* Jakarta *nt*.

DJIA *(US) n abbr* (= *Dow-Jones Industrial Average*) Dow-Jones-Index *m*.

dl *abbr* (= *decilitre*) dl.

DLit(t) *n abbr* (= *Doctor of Literature, Doctor of Letters*) *akademischer Grad in Literaturwissenschaft*.

DLO *n abbr* = **dead letter office**.

dm *abbr* (= *decimetre*) dm.

DMus *n abbr* (= *Doctor of Music*) Doktor der *Musikwissenschaft*.

DMZ *n abbr* = **demilitarized zone**.

DNA *n abbr* (= *deoxyribonucleic acid*) DNS *f*.

━━━━━━━━━━━━━━━ *KEYWORD*

do [duː] *(pt* **did***, pp* **done***) aux vb* **1** *(in negative constructions)*: **I don't understand** ich verstehe nicht.

2 *(to form questions)*: **didn't you know?** wusstest du das nicht?; **what ~ you think?** was meinst du?

3 *(for emphasis)*: **she does seem rather upset** sie scheint wirklich recht aufgeregt zu sein; **~ sit down/help yourself** bitte nehmen Sie Platz/bedienen Sie sich; **oh ~ shut up!** halte endlich den Mund!

4 *(to avoid repeating vb)*: **she swims better than I ~** sie schwimmt besser als ich; **she lives in Glasgow - so ~ I** sie wohnt in Glasgow - ich auch; **who made this mess? - I did** wer hat dieses Durcheinander gemacht? - ich.

5 *(in question tags)*: **you like him, don't you?** du magst ihn, nicht wahr?; **I don't know him, ~ I?** ich kenne ihn nicht, oder?

♦ *vt* **1** *(carry out, perform)* tun, machen; **what are you ~ing tonight?** was machen Sie heute Abend?; **what ~ you ~ (for a living)?** was machen Sie beruflich?; **to ~ one's teeth/nails** sich *dat* die Zähne putzen/die Nägel schneiden.

2 *(AUT etc)* fahren; **the car was ~ing 100** das Auto fuhr 100

♦ *vi* **1** *(act, behave)*: **~ as I ~** mach es wie ich.

2 *(get on, fare)*: **he's ~ing well/badly at school** er ist gut/schlecht in der Schule; **the company is ~ing well** der Firma geht es gut; **how ~ you ~?** guten Tag/Morgen/Abend!

3 *(suit, be sufficient)* reichen; **will that ~?** reicht das?; **will this dress ~ for the party?** ist dieses Kleid gut genug für die Party?; **will £10 ~?** reichen £10?; **that'll ~ das** reicht; *(in annoyance)* jetzt reichts aber!; **to make ~ with** auskommen mit

♦ *n (inf: party etc)* Party *f*, Fete *f*; **it was quite a ~** es war ganz schön was los.

▶ **do away with** *vt fus (get rid of)* abschaffen.

▶ **do for** *(inf) vt fus*: **to be done for** erledigt sein.

▶ **do in** *(inf) vt (kill)* umbringen.

▶ **do out of** *(inf) vt (deprive)* bringen um.

▶ **do up** *vt fus (laces, dress, buttons)* zumachen; *(renovate: room, house)* renovieren.

▶ **do with** *vt fus* **1** *(need)* brauchen; **I could ~ with some help/a drink** ich könnte Hilfe/einen Drink gebrauchen.

2 it has to ~ with money es hat mit Geld zu tun.

▶ **do without** *vt fus* auskommen ohne.

DOA *abbr* (= *dead on arrival*) bei Einlieferung ins Krankenhaus bereits tot.

d.o.b. *abbr* = **date of birth**.

doc [dɒk] *(inf) n* Doktor *m*.

docile ['dəʊsaɪl] *adj* sanft(mütig).

dock [dɒk] *n* Dock *nt*; *(LAW)* Anklagebank *f*; *(BOT)* Ampfer *m* ♦ *vi* anlegen; *(SPACE)* docken ♦ *vt*: **they ~ed a third of his wages** sie kürzten seinen Lohn um ein Drittel; **docks** *npl (NAUT)* Hafen *m*.

dock dues *[-djuːz] npl* Hafengebühr *f*.

docker ['dɒkə*] *n* Hafenarbeiter *m*, Docker *m*.

docket ['dɒkɪt] *n* Inhaltserklärung *f*; *(on parcel etc)* Warenbegleitschein *m*, Laufzettel *m*.

dockyard ['dɒkjɑːd] *n* Werft *f*.

doctor ['dɒktə*] *n* Arzt *m*, Ärztin *f*; *(PhD etc)* Doktor *m* ♦ *vt*: **to ~ a drink** *etc* einem Getränk *etc* etwas beimischen; **~'s office** *(US)* Sprechzimmer *nt*.

doctorate ['dɒktərɪt] *n* Doktorwürde *f*.

┌─────────────────────────────┐
│ **DOCTORATE** │
└─────────────────────────────┘

Doctorate *ist der höchste akademische Grad auf jedem Wissensgebiet und wird nach erfolgreicher Vorlage einer Doktorarbeit verliehen. Die Studienzeit (meist mindestens 3 Jahre) und Länge der Doktorarbeit ist je nach Hochschule verschieden. Am häufigsten wird der Titel* **PhD** *(Doctor of Philosophy) auf dem Gebiet der Geisteswissenschaften, Naturwissenschaften und des Ingenieurwesens verliehen, obwohl es auch andere Doktortitel (in Musik, Jura usw.) gibt. Siehe auch* **bachelor's degree, master's degree.**

Doctor of Philosophy *n* Doktor *m* der Philosophie.

doctrine ['dɔktrɪn] *n* Doktrin *f*.

docudrama ['dɔkjudrɑːmə] *n* Dokumentarspiel *nt*.

document ['dɔkjumənt] *n* Dokument *nt* ♦ *vt* dokumentieren.

documentary [dɔkju'mentərɪ] *adj* dokumentarisch ♦ *n* Dokumentarfilm *m*.

documentation [dɔkjumən'teɪʃən] *n* Dokumentation *f*.

DOD (*US*) *n abbr* (= *Department of Defense*) Verteidigungsministerium *nt*.

doddering ['dɔdərɪŋ] *adj* (*shaky, unsteady*) zittrig.

doddery ['dɔdərɪ] *adj* = **doddering**.

doddle ['dɔdl] (*inf*) *n*: **a** ~ ein Kinderspiel *nt*.

Dodecanese (Islands) [dəudɪkə'niːz ('aɪləndz)] *n(pl)*: **the** ~ der Dodekanes.

dodge [dɔdʒ] *n* Trick *m* ♦ *vt* ausweichen +*dat*; (*tax*) umgehen ♦ *vi* ausweichen; **to** ~ **out of the way** zur Seite springen; **to** ~ **through the traffic** sich durch den Verkehr schlängeln.

dodgems ['dɔdʒəmz] (*BRIT*) *npl* Autoskooter *pl*.

dodgy ['dɔdʒɪ] (*inf*) *adj* (*person*) zweifelhaft; (*plan etc*) gewagt.

DOE *n abbr* (*BRIT*: = *Department of the Environment*) Umweltministerium; (*US*: = *Department of Energy*) Energieministerium.

doe [dəu] *n* Reh *nt*, Ricke *f*; (*rabbit*) (Kaninchen)weibchen *nt*.

does [dʌz] *vb see* **do**.

doesn't ['dʌznt] = **does not**.

dog [dɔg] *n* Hund *m* ♦ *vt* (*subj: person*) auf den Fersen bleiben +*dat*; (: *bad luck, memory etc*) verfolgen; **to go to the** ~**s** (*inf*) vor die Hunde gehen.

dog biscuits *npl* Hundekuchen *pl*.

dog collar *n* Hundehalsband *nt*; (*REL*) Kragen *m* des Geistlichen.

dog-eared ['dɔgɪəd] *adj* mit Eselsohren.

dog food *n* Hundefutter *nt*.

dogged ['dɔgɪd] *adj* beharrlich.

doggy ['dɔgɪ] *n* Hündchen *nt*.

doggy bag ['dɔgɪ-] *n* Tüte für Essensreste, die man nach Hause mitnehmen möchte.

dogma ['dɔgmə] *n* Dogma *nt*.

dogmatic [dɔg'mætɪk] *adj* dogmatisch.

do-gooder [duː'gudə*] (*pej*) *n* Weltverbesserer(in) *m(f)*.

dogsbody ['dɔgzbɔdɪ] (*BRIT*: *inf*) *n* Mädchen *nt* für alles.

doily ['dɔɪlɪ] *n* Deckchen *nt*.

doing ['duɪŋ] *n*: **this is your** ~ das ist dein Werk.

doings ['duɪŋz] *npl* Treiben *nt*.

do-it-yourself ['duːɪtjɔː'self] *n* Heimwerken *nt*, Do-it-yourself *nt*.

doldrums ['dɔldrəmz] *npl*: **to be in the** ~ (*person*) niedergeschlagen sein; (*business*) in einer Flaute stecken.

dole [dəul] (*BRIT*) *n* Arbeitslosenunterstützung *f*; **on the** ~ arbeitslos.

▶ **dole out** *vt* austeilen, verteilen.

doleful ['dəulful] *adj* traurig.

doll [dɔl] *n* (*toy, also US: inf: woman*) Puppe *f*.

dollar ['dɔlə*] (*US etc*) *n* Dollar *m*.

dollar area *n* Dollarblock *m*.

dolled up (*inf*) *adj* aufgedonnert.

dollop ['dɔləp] (*inf*) *n* Schlag *m*.

dolly ['dɔlɪ] (*inf*) *n* (*doll, woman*) Puppe *f*.

Dolomites ['dɔləmaɪts] *npl*: **the** ~ die Dolomiten *pl*.

dolphin ['dɔlfɪn] *n* Delfin *m*, Delphin *m*.

domain [də'meɪn] *n* Bereich *m*; (*empire*) Reich *nt*.

dome [dəum] *n* Kuppel *f*.

domestic [də'mestɪk] *adj* (*trade*) Innen-; (*situation*) innenpolitisch; (*news*) Inland-, aus dem Inland; (*tasks, appliances*) Haushalts-; (*animal*) Haus-; (*duty, happiness*) häuslich.

domesticated [də'mestɪkeɪtɪd] *adj* (*animal*) zahm; (*person*) häuslich.

domesticity [dəumes'tɪsɪtɪ] *n* häusliches Leben *nt*.

domestic servant *n* Hausangestellte(r) *f(m)*.

domicile ['dɔmɪsaɪl] *n* Wohnsitz *m*.

dominant ['dɔmɪnənt] *adj* dominierend; (*share*) größte(r, s).

dominate ['dɔmɪneɪt] *vt* dominieren, beherrschen.

domination [dɔmɪ'neɪʃən] *n* (Vor)herrschaft *f*.

domineering [dɔmɪ'nɪərɪŋ] *adj* herrschsüchtig.

Dominican Republic [də'mɪnɪkən-] *n*: **the** ~ die Dominikanische Republik.

dominion [də'mɪnɪən] *n* (*territory*) Herrschaftsgebiet *nt*; (*authority*): **to have** ~ **over** Macht haben über +*acc*.

domino ['dɔmɪnəu] (*pl* ~**es**) *n* (*block*) Domino(stein) *m*.

domino effect *n* Dominoeffekt *m*.

dominoes ['dɔmɪnəuz] *n* (*game*) Domino(spiel) *nt*.

don [dɔn] *n* (*BRIT*) (Universitäts)dozent *m* (*besonders in Oxford und Cambridge*) ♦ *vt* anziehen.

donate [də'neɪt] *vt*: **to** ~ **(to)** (*organization, cause*) spenden (für).

donation [də'neɪʃən] *n* (*act of donating*) Spenden *nt*; (*contribution*) Spende *f*.

done [dʌn] *pp of* **do**.

donkey ['dɔŋkɪ] *n* Esel *m*.

donkey-work ['dɔŋkɪwəːk] (*BRIT*: *inf*) *n* Dreckarbeit *f*.

donor ['dəunə*] *n* Spender(in) *m(f)*.

donor card *n* Organspenderausweis *m*.

don't [dəunt] = **do not**.

donut ['dəunʌt] (*US*) *n* = **doughnut**.

doodle ['duːdl] _vi_ Männchen malen ♦ _n_ Kritzelei _f_.

doom [duːm] _n_ Unheil _nt_ ♦ _vt_: **to be ~ed to failure** zum Scheitern verurteilt sein.

doomsday ['duːmzdeɪ] _n_ der Jüngste Tag.

door [dɔː*] _n_ Tür _f_; **to go from ~ to ~** von Tür zu Tür gehen.

door bell _n_ Türklingel _f_.

door handle _n_ Türklinke _f_; (_of car_) Türgriff _m_.

doorman ['dɔːmən] (_irreg: like_ **man**) _n_ Portier _m_.

doormat ['dɔːmæt] _n_ Fußmatte _f_; (_fig_) Fußabtreter _m_.

doorpost ['dɔːpəust] _n_ Türpfosten _m_.

doorstep ['dɔːstɛp] _n_ Eingangsstufe _f_, Türstufe _f_; **on the ~** vor der Haustür.

door-to-door ['dɔːtə'dɔː*] _adj_ (_selling_) von Haus zu Haus; **~ salesman** Vertreter _m_.

doorway ['dɔːweɪ] _n_ Eingang _m_.

dope [dəup] _n_ (_inf_) Stoff _m_, Drogen _pl_; (: _person_) Esel _m_, Trottel _m_; (: _information_) Informationen _pl_ ♦ _vt_ dopen.

dopey ['dəupɪ] (_inf_) _adj_ (_groggy_) benebelt; (_stupid_) blöd, bekloppt.

dormant ['dɔːmənt] _adj_ (_plant_) ruhend; (_volcano_) untätig; (_idea, report etc_): **to lie ~** schlummern.

dormer ['dɔːmə*] _n_ (_also: ~_ **window**) Mansardenfenster _nt_.

dormice ['dɔːmaɪs] _npl of_ **dormouse**.

dormitory ['dɔːmɪtrɪ] _n_ Schlafsaal _m_; (_US: building_) Wohnheim _nt_.

dormouse ['dɔːmaus] (_pl_ **dormice**) _n_ Haselmaus _f_.

Dors (_BRIT_) _abbr_ (_POST_: = _Dorset_).

DOS [dɔs] _n abbr_ (_COMPUT_: = _disk operating system_) DOS.

dosage ['dəusɪdʒ] _n_ Dosis _f_; (_on label_) Dosierung _f_.

dose [dəus] _n_ Dosis _f_; (_BRIT: bout_) Ration _f_ ♦ _vt_: **to ~ o.s.** Medikamente nehmen; **a ~ of flu** eine Grippe.

dosser ['dɔsə*] (_BRIT: inf_) _n_ Penner(in) _m(f)_.

dosshouse ['dɔshaus] (_BRIT: inf_) _n_ Obdachlosenheim _nt_.

dossier ['dɔsɪeɪ] _n_ Dossier _nt_.

DOT (_US_) _n abbr_ (= _Department of Transportation_) ≈ Verkehrsministerium _nt_.

dot [dɔt] _n_ Punkt _m_ ♦ _vt_: **~ted with** übersät mit; **on the ~** (auf die Minute) pünktlich.

dote [dəut]: **~ on** _vt fus_ abgöttisch lieben.

dot-matrix printer [dɔt'meɪtrɪks-] _n_ Nadeldrucker _m_.

dotted line ['dɔtɪd-] _n_ punktierte Linie _f_; **to sign on the ~** (_fig_) seine formelle Zustimmung geben.

dotty ['dɔtɪ] (_inf_) _adj_ schrullig.

double ['dʌbl] _adj_ doppelt; (_chin_) Doppel- ♦ _adv_ (_cost_) doppelt so viel ♦ _n_ Doppelgänger(in) _m(f)_ ♦ _vt_ verdoppeln; (_paper, blanket_) (einmal) falten ♦ _vi_ sich verdoppeln; **~ five two six**

(5526) (_BRIT: TEL_) fünfundfünfzig sechsundzwanzig; **it's spelt with a ~ "l"** es wird mit zwei l geschrieben; **an egg with a ~ yolk** ein Ei mit zwei Dottern; **on the ~**, (_BRIT_) **at the ~** (_quickly_) schnell; (_immediately_) unverzüglich; **to ~ as ...** (_person_) auch als ... fungieren; (_thing_) auch als ... dienen.

▶ **double back** _vi_ kehrtmachen, zurückgehen/-fahren.

▶ **double up** _vi_ sich krümmen; (_share room_) sich ein Zimmer teilen.

double bass _n_ Kontrabass _m_.

double bed _n_ Doppelbett _nt_.

double bend (_BRIT_) _n_ S-Kurve _f_.

double-blind _adj_: **~ experiment** Doppelblindversuch _m_.

double-breasted ['dʌbl'brɛstɪd] _adj_ (_jacket, coat_) zweireihig.

double-check ['dʌbl'tʃɛk] _vt_ noch einmal (über)prüfen ♦ _vi_ es noch einmal (über)prüfen.

double-clutch ['dʌbl'klʌtʃ] (_US_) _vi_ mit Zwischengas schalten.

double cream (_BRIT_) _n_ Sahne _f_ mit hohem Fettgehalt, ≈ Schlagsahne _f_.

double-cross [dʌbl'krɔs] _vt_ ein Doppelspiel treiben mit.

double-decker [dʌbl'dɛkə*] _n_ Doppeldecker _m_.

double-declutch ['dʌbldiː'klʌtʃ] (_BRIT_) _vi_ mit Zwischengas schalten.

double exposure _n_ doppelt belichtetes Foto _nt_.

double glazing [-'gleɪzɪŋ] (_BRIT_) _n_ Doppelverglasung _f_.

double-page spread ['dʌblpeɪdʒ-] _n_ Doppelseite _f_.

double-parking [dʌbl'pɑːkɪŋ] _n_ Parken _nt_ in der zweiten Reihe.

double room _n_ Doppelzimmer _nt_.

doubles ['dʌblz] _n_ (_TENNIS_) Doppel _nt_.

double time _n_ doppelter Lohn _m_.

double whammy [-'wæmɪ] (_inf_) _n_ Doppelschlag _m_.

doubly ['dʌblɪ] _adv_ (ganz) besonders.

doubt [daut] _n_ Zweifel _m_ ♦ _vt_ bezweifeln; **without (a) ~** ohne Zweifel; **to ~ sb** jdm nicht glauben; **I ~ it (very much)** das bezweifle ich (sehr), das möchte ich (stark) bezweifeln; **to ~ if** _or_ **whether ...** bezweifeln, dass ...; **I don't ~ that ...** ich bezweifle nicht, dass ...

doubtful ['dautful] _adj_ zweifelhaft; **to be ~ about sth** an etw _dat_ zweifeln; **to be ~ about doing sth** Bedenken haben, ob man etw tun soll; **I'm a bit ~** ich bin nicht ganz sicher.

doubtless ['dautlɪs] _adv_ ohne Zweifel, sicherlich.

dough [dəu] _n_ Teig _m_; (_inf: money_) Kohle _f_, Knete _f_.

doughnut, (*US*) **donut** ['dəunʌt] *n* ≈ Berliner (Pfannkuchen) *m*.

dour [duə*] *adj* mürrisch, verdrießlich.

douse [dauz] *vt* Wasser schütten über +*acc*; (*extinguish*) löschen; **to ~ with** übergießen mit.

dove [dʌv] *n* Taube *f*.

Dover ['dəuvə*] *n* Dover *nt*.

dovetail ['dʌvteɪl] *vi* übereinstimmen ♦ *n* (*also*: **~ joint**) Schwalbenschwanzverbindung *f*.

dowager ['dauədʒə*] *n* (adlige) Witwe *f*.

dowdy ['daudɪ] *adj* ohne jeden Schick; (*clothes*) unmodern.

Dow-Jones average ['dau'dʒəunz-] (*US*) *n* Dow-Jones-Index *m*.

down [daun] *n* Daunen *pl* ♦ *adv* hinunter, herunter; (*on the ground*) unten ♦ *prep* hinunter, herunter; (*movement along*) entlang ♦ *vt* (*inf*: *drink*) runterkippen; **~ there/here** da/hier unten; **the price of meat is ~** die Fleischpreise sind gefallen; **I've got it ~** in my diary ich habe es in meinem Kalender notiert; **to pay £2 ~** £2 anzahlen; **England is two goals ~** England liegt mit zwei Toren zurück; **to ~ tools** (*BRIT*) die Arbeit niederlegen; **~ with ...!** nieder mit ...!

down-and-out ['daunəndaut] *n* Penner(in) *m(f)* (*inf*).

down-at-heel ['daunət'hi:l] *adj* (*appearance*, *person*) schäbig, heruntergekommen; (*shoes*) abgetreten.

downbeat ['daunbi:t] *n* (*MUS*) erster betonter Taktteil *m* ♦ *adj* zurückhaltend.

downcast ['daunkɑ:st] *adj* niedergeschlagen.

downer ['daunə*] (*inf*) *n* (*drug*) Beruhigungsmittel *nt*; **to be on a ~** deprimiert sein.

downfall ['daunfɔ:l] *n* Ruin *m*; (*of dictator etc*) Sturz *m*, Fall *m*.

downgrade ['daungreɪd] *vt* herunterstufen.

downhearted ['daun'hɑ:tɪd] *adj* niedergeschlagen, entmutigt.

downhill ['daun'hɪl] *adv* bergab ♦ *n* (*SKI*: *also*: **~ race**) Abfahrtslauf *m*; **to go ~** (*road*) bergab führen; (*person*) hinuntergehen, heruntergehen; (*car*) hinunterfahren, herunterfahren; (*fig*) auf dem absteigenden Ast sein.

download ['daunləud] *vt* laden.

down-market ['daun'mɑ:kɪt] *adj* (*product*) für den Massenmarkt.

down payment *n* Anzahlung *f*.

downplay ['daunpleɪ] (*US*) *vt* herunterspielen.

downpour ['daunpɔ:*] *n* Wolkenbruch *m*.

downright ['daunraɪt] *adj* (*liar etc*) ausgesprochen; (*refusal, lie*) glatt.

Downs [daunz] (*BRIT*) *npl*: **the ~** die Downs *pl*, Hügellandschaft in Südengland.

downsize ['daun'saɪz] *vi* (*ECON*: *company*) sich verkleinern.

Down's syndrome *n* (*MED*) Down-Syndrom *nt*.

downstairs ['daun'stɛəz] *adv* unten; (*downwards*) nach unten.

downstream ['daunstri:m] *adv* flussabwärts, stromabwärts.

downtime ['dauntaɪm] *n* Ausfallzeit *f*.

down-to-earth ['dauntu'ə:θ] *adj* (*person*) nüchtern; (*solution*) praktisch.

downtown ['daun'taun] (*esp US*) *adv* im Zentrum, in der (Innen)stadt; (*go*) ins Zentrum, in die (Innen)stadt ♦ *adj*: **~ Chicago** das Zentrum von Chicago.

downtrodden ['dauntrɔdn] *adj* unterdrückt, geknechtet.

down under *adv* (*be*) in Australien/Neuseeland; (*go*) nach Australien/Neuseeland.

downward ['daunwəd] *adj*, *adv* nach unten; **a ~ trend** ein Abwärtstrend *m*.

downwards ['daunwədz] *adv* = **downward**.

dowry ['daurɪ] *n* Mitgift *f*.

doz. *abbr* = **dozen**.

doze [dauz] *vi* ein Nickerchen *nt* machen.

▸ **doze off** *vi* einschlafen, einnicken.

dozen ['dʌzn] *n* Dutzend *nt*; **a ~ books** ein Dutzend Bücher; **80p a ~** 80 Pence das Dutzend; **~s of** dutzende *or* Dutzende von.

DPh *n abbr* (= *Doctor of Philosophy*) ≈ Dr. phil.

DPhil *n abbr* (= *Doctor of Philosophy*) ≈ Dr. phil.

DPP (*BRIT*) *n abbr* = **Director of Public Prosecutions**.

DPT *n abbr* (= *diphtheria, pertussis, tetanus*) Diphtherie, Keuchhusten und Tetanus.

DPW (*US*) *n abbr* (= *Department of Public Works*) Ministerium für öffentliche Bauprojekte.

Dr *abbr* = **doctor**; (*in street names*: = *Drive*) ≈ Str.

dr *abbr* (*COMM*) = **debtor**.

drab [dræb] *adj* trist.

draft [drɑ:ft] *n* Entwurf *m*; (*bank draft*) Tratte *f*; (*US*: *call-up*) Einberufung *f* ♦ *vt* entwerfen; *see also* **draught**.

draftsman *etc* ['drɑ:ftsmən] (*US*) *n* = **draughtsman** *etc*.

drag [dræg] *vt* schleifen, schleppen; (*river*) absuchen ♦ *vi* sich hinziehen ♦ *n* (*AVIAT*) Luftwiderstand *m*; (*NAUT*) Wasserwiderstand *m*; (*inf*): **to be a ~** (*boring*) langweilig sein; (*a nuisance*) lästig sein; (*women's clothing*): **in ~** in Frauenkleidung.

▸ **drag away** *vt*: **to ~ away (from)**

wegschleppen *or* wegziehen (von).
▶ **drag on** *vi* sich hinziehen.
dragnet ['drægnɛt] *n* Schleppnetz *nt*; (*fig*) groß angelegte Polizeiaktion *f*.
dragon ['drægn] *n* Drache *m*.
dragonfly ['drægənflaɪ] *n* Libelle *f*.
dragoon [drə'guːn] *n* Dragoner *m* ♦ *vt*: **to ~ sb into doing sth** (*BRIT*) jdn zwingen, etw zu tun.
drain [dreɪn] *n* Belastung *f*; (*in street*) Gully *m* ♦ *vt* entwässern; (*pond*) trockenlegen; (*vegetables*) abgießen; (*glass, cup*) leeren ♦ *vi* ablaufen; **to feel ~ed (of energy/emotion)** sich ausgelaugt fühlen.
drainage ['dreɪnɪdʒ] *n* Entwässerungssystem *nt*; (*process*) Entwässerung *f*.
draining board ['dreɪnɪŋ-], (*US*) **drainboard** ['dreɪnbɔːd] *n* Ablaufbrett *nt*.
drainpipe ['dreɪnpaɪp] *n* Abflussrohr *nt*.
drake [dreɪk] *n* Erpel *m*, Enterich *m*.
dram [dræm] (*SCOTT*) *n* (*drink*) Schluck *m*.
drama ['drɑːmə] *n* Drama *nt*.
dramatic [drə'mætɪk] *adj* dramatisch; (*theatrical*) theatralisch.
dramatically [drə'mætɪklɪ] *adv* dramatisch; (*say, announce, pause*) theatralisch.
dramatist ['dræmətɪst] *n* Dramatiker(in) *m(f)*.
dramatize ['dræmətaɪz] *vt* dramatisieren; (*for TV/cinema*) für das Fernsehen/den Film bearbeiten.
drank [dræŋk] *pt of* **drink**.
drape [dreɪp] *vt* drapieren.
drapes [dreɪps] (*US*) *npl* Vorhänge *pl*.
drastic ['dræstɪk] *adj* drastisch.
drastically ['dræstɪklɪ] *adv* drastisch.
draught, (*US*) **draft** [drɑːft] *n* (Luft)zug *m*; (*NAUT*) Tiefgang *m*; (*of chimney*) Zug *m*; **on ~** vom Fass.
draught beer *n* Bier *nt* vom Fass.
draughtboard ['drɑːftbɔːd] (*BRIT*) *n* Damebrett *nt*.
draughts [drɑːfts] (*BRIT*) *n* Damespiel *nt*.
draughtsman, (*US*) **draftsman** ['drɑːftsmən] (*irreg: like* **man**) *n* Zeichner(in) *m(f)*; (*as job*) technischer Zeichner *m*, technische Zeichnerin *f*.
draughtsmanship, (*US*) **draftsmanship** ['drɑːftsmənʃɪp] *n* zeichnerisches Können *nt*; (*art*) Zeichenkunst *f*.
draw [drɔː] (*pt* **drew**, *pp* **drawn**) *vt* zeichnen; (*cart, gun, tooth, conclusion*) ziehen; (*curtain: open*) aufziehen; (: *close*) zuziehen; (*admiration, attention*) erregen; (*money*) abheben; (*wages*) bekommen ♦ *vi* (*SPORT*) unentschieden spielen ♦ *n* (*SPORT*) Unentschieden *nt*; (*lottery*) Lotterie *f*; (: *picking of ticket*) Ziehung *f*; **to ~ a comparison/distinction (between)** einen Vergleich ziehen/Unterschied machen (zwischen +*dat*); **to ~ near** näher kommen; (*event*) nahen; **to ~ to a close** zu Ende gehen.

▶ **draw back** *vi*: **to ~ back (from)** zurückweichen (von).
▶ **draw in** *vi* (*BRIT: car*) anhalten; (: *train*) einfahren; (*nights*) länger werden.
▶ **draw on** *vt* (*resources*) zurückgreifen auf +*acc*; (*imagination*) zu Hilfe nehmen; (*person*) einsetzen.
▶ **draw out** *vi* länger werden ♦ *vt* (*money*) abheben.
▶ **draw up** *vi* (an)halten ♦ *vt* (*chair etc*) heranziehen; (*document*) aufsetzen.
drawback ['drɔːbæk] *n* Nachteil *m*.
drawbridge ['drɔːbrɪdʒ] *n* Zugbrücke *f*.
drawee [drɔː'iː] *n* Bezogene(r) *f(m)*.
drawer [drɔːˀ] *n* Schublade *f*.
drawing ['drɔːɪŋ] *n* Zeichnung *f*; (*skill, discipline*) Zeichnen *nt*.
drawing board *n* Reißbrett *nt*; **back to the ~** (*fig*) das muss noch einmal neu überdacht werden.
drawing pin (*BRIT*) *n* Reißzwecke *f*.
drawing room *n* Salon *m*.
drawl [drɔːl] *n* schleppende Sprechweise *f* ♦ *vi* schleppend sprechen.
drawn [drɔːn] *pp of* **draw** ♦ *adj* abgespannt.
drawstring ['drɔːstrɪŋ] *n* Kordel *f* zum Zuziehen.
dread [drɛd] *n* Angst *f*, Furcht *f* ♦ *vt* große Angst haben vor +*dat*.
dreadful ['drɛdful] *adj* schrecklich, furchtbar; **I feel ~!** (*ill*) ich fühle mich schrecklich; (*ashamed*) es ist mir schrecklich peinlich.
dream [driːm] (*pt, pp* **dreamed** *or* **dreamt**) *n* Traum *m* ♦ *vt, vi* träumen; **to have a ~ about sb/sth** von jdm/etw träumen; **sweet ~s!** träume süß!
▶ **dream up** *vt* sich *dat* einfallen lassen, sich *dat* ausdenken.
dreamer ['driːməˀ] *n* Träumer(in) *m(f)*.
dreamt [drɛmt] *pt, pp of* **dream**.
dream world *n* Traumwelt *f*.
dreamy ['driːmɪ] *adj* verträumt; (*music*) zum Träumen.
dreary ['drɪərɪ] *adj* langweilig; (*weather*) trüb.
dredge [drɛdʒ] *vt* ausbaggern.
▶ **dredge up** *vt* ausbaggern; (*fig: unpleasant facts*) ausgraben.
dredger ['drɛdʒəˀ] *n* (*ship*) Schwimmbagger *m*; (*machine*) Bagger *m*; (*BRIT: also:* **sugar ~**) Zuckerstreuer *m*.
dregs [drɛgz] *npl* Bodensatz *m*; (*of humanity*) Abschaum *m*.
drench [drɛntʃ] *vt* durchnässen; **~ed to the skin** nass bis auf die Haut.
dress [drɛs] *n* Kleid *nt*; (*no pl: clothing*) Kleidung *f* ♦ *vt* anziehen; (*wound*) verbinden ♦ *vi* sich anziehen; **she ~es very well** sie kleidet sich sehr gut; **to ~ a shop window** ein Schaufenster dekorieren; **to get ~ed** sich anziehen.
▶ **dress up** *vi* sich fein machen; (*in fancy dress*) sich verkleiden.

dress circle – drool

dress circle (*BRIT*) *n* (*THEAT*) erster Rang *m*.
dress designer *n* Modezeichner(in) *m(f)*.
dresser ['drɛsə*] *n* (*BRIT*) Anrichte *f*; (*US*)
Kommode *f*; (*also:* **window** ~)
Dekorateur(in) *m(f)*.
dressing ['drɛsɪŋ] *n* Verband *m*; (*CULIN*)
(Salat)soße *f*.
dressing gown (*BRIT*) *n* Morgenrock *m*.
dressing room *n* Umkleidekabine *f*; (*THEAT*)
(Künstler)garderobe *f*.
dressing table *n* Frisierkommode *f*.
dressmaker ['drɛsmeɪkə*] *n*
(Damen)schneider(in) *m(f)*.
dressmaking ['drɛsmeɪkɪŋ] *n* Schneidern *nt*.
dress rehearsal *n* Generalprobe *f*.
dressy ['drɛsɪ] (*inf*) *adj* elegant.
drew [dru:] *pt of* **draw**.
dribble ['drɪbl] *vi* tropfen; (*baby*) sabbern;
(*FOOTBALL*) dribbeln ♦ *vt* (*ball*) dribbeln mit.
dried [draɪd] *adj* (*fruit*) getrocknet, Dörr-;
~ **egg** Trockenei *nt*, Eipulver *nt*; ~ **milk**
Trockenmilch *f*, Milchpulver *nt*.
drier ['draɪə*] *n* = **dryer**.
drift [drɪft] *n* Strömung *f*; (*of snow*)
Schneewehe *f*; (*of questions*) Richtung *f* ♦ *vi*
treiben; (*sand*) wehen; **to let things** ~ die
Dinge treiben lassen; **to** ~ **apart** sich
auseinander leben; **I get** *or* **catch your** ~ ich
verstehe, worauf Sie hinauswollen.
drifter ['drɪftə*] *n*: **to be a** ~ sich treiben
lassen.
driftwood ['drɪftwud] *n* Treibholz *nt*.
drill [drɪl] *n* Bohrer *m*; (*machine*)
Bohrmaschine *f*; (*MIL*) Drill *m* ♦ *vt* bohren;
(*troops*) drillen ♦ *vi*: **to** ~ **(for)** bohren (nach);
to ~ **pupils in grammar** mit den Schülern
Grammatik pauken.
drilling ['drɪlɪŋ] *n* Bohrung *f*.
drilling rig *n* Bohrturm *m*; (*at sea*) Bohrinsel *f*.
drily ['draɪlɪ] *adv* = **dryly**.
drink [drɪŋk] (*pt* **drank**, *pp* **drunk**) *n* Getränk *nt*;
(*alcoholic*) Glas *nt*, Drink *m*; (*sip*) Schluck *m*
♦ *vt, vi* trinken; **to have a** ~ etwas trinken; **a**
~ **of water** etwas Wasser; **we had** ~**s before
lunch** vor dem Mittagessen gab es einen
Drink; **would you like something to** ~**?**
möchten Sie etwas trinken?
▶ **drink in** *vt* (*fresh air*) einatmen, einsaugen;
(*story, sight*) (begierig) in sich aufnehmen.
drinkable ['drɪŋkəbl] *adj* trinkbar.
drink-driving ['drɪŋk'draɪvɪŋ] *n* Trunkenheit *f*
am Steuer.
drinker ['drɪŋkə*] *n* Trinker(in) *m(f)*.
drinking ['drɪŋkɪŋ] *n* Trinken *nt*.
drinking fountain *n* Trinkwasserbrunnen *m*.
drinking water *n* Trinkwasser *nt*.
drip [drɪp] *n* Tropfen *nt*; (*one drip*) Tropfen *m*;
(*MED*) Tropf *m* ♦ *vi* tropfen; (*wall*) triefnass
sein.
drip-dry ['drɪp'draɪ] *adj* bügelfrei.
drip-feed ['drɪpfi:d] *vt* künstlich ernähren ♦ *n*:
to be on a ~ künstlich ernährt werden.

dripping ['drɪpɪŋ] *n* Bratenfett *nt* ♦ *adj*
triefend; **I'm** ~ ich bin klatschnass (*inf*);
~ **wet** triefnass.
drive [draɪv] (*pt* **drove**, *pp* **driven**) *n* Fahrt *f*;
(*also:* ~**way**) Einfahrt *f*; (: *longer*) Auffahrt *f*;
(*energy*) Schwung *m*, Elan *m*; (*campaign*)
Aktion *f*; (*SPORT*) Treibschlag *m*; (*COMPUT*:
also: **disk** ~) Laufwerk *nt* ♦ *vt* fahren; (*TECH*)
antreiben ♦ *vi* fahren; **to go for a** ~ ein
bisschen (raus)fahren; **it's 3 hours'** ~ **from
London** es ist drei Stunden Fahrt von
London (entfernt); **left-/right-hand** ~ Links-
/Rechtssteuerung *f*; **front-/rear-wheel** ~
Vorderrad-/Hinterradantrieb *m*; **he** ~**s a
taxi** er ist Taxifahrer; **to** ~ **sth into sth** (*nail,
stake etc*) etw in etw schlagen *acc*; (*animal*)
treiben; (*ball*) weit schlagen; (*incite,
encourage: also:* ~ **on**) antreiben; **to** ~ **sb
home/to the airport** jdn nach Hause/zum
Flughafen fahren; **to** ~ **sb mad** jdn
verrückt machen; **to** ~ **sb to (do) sth** jdn
dazu treiben, etw zu tun; **to** ~ **at 50 km an
hour** mit (einer Geschwindigkeit von) 50
Stundenkilometern fahren; **what are you
driving at?** worauf wollen Sie hinaus?
▶ **drive off** *vt* vertreiben.
▶ **drive out** *vt* (*evil spirit*) austreiben; (*person*)
verdrängen.
drive-by shooting ['draɪvbaɪ-] *n*
*Schusswaffenangriff aus einem
vorbeifahrenden Wagen.*
drive-in ['draɪvɪn] (*esp US*) *adj, n*: ~ **(cinema)**
Autokino *nt*; ~ **(restaurant)** Autorestaurant
nt.
drive-in window (*US*) *n* Autoschalter *m*.
drivel ['drɪvl] (*inf*) *n* Blödsinn *m*.
driven ['drɪvn] *pp of* **drive**.
driver ['draɪvə*] *n* Fahrer(in) *m(f)*; (*RAIL*)
Führer(in) *m(f)*.
driver's license ['draɪvəz-] (*US*) *n*
Führerschein *m*.
driveway ['draɪvweɪ] *n* Einfahrt *f*; (*longer*)
Auffahrt *f*.
driving ['draɪvɪŋ] *n* Fahren *nt* ♦ *adj*: ~ **rain**
strömender Regen *m*; ~ **snow**
Schneetreiben *nt*.
driving belt *n* Treibriemen *m*.
driving force *n* treibende Kraft *f*.
driving instructor *n* Fahrlehrer(in) *m(f)*.
driving lesson *n* Fahrstunde *f*.
driving licence (*BRIT*) *n* Führerschein *m*.
driving mirror *n* Rückspiegel *m*.
driving school *n* Fahrschule *f*.
driving test *n* Fahrprüfung *f*.
drizzle ['drɪzl] *n* Nieselregen *m* ♦ *vi* nieseln.
droll [drəʊl] *adj* drollig.
dromedary ['drɒmədərɪ] *n* Dromedar *nt*.
drone [drəʊn] *n* Brummen *nt*; (*male bee*)
Drohne *f* ♦ *vi* brummen; (*bee*) summen; (*also:*
~ **on**) eintönig sprechen.
drool [dru:l] *vi* sabbern; **to** ~ **over sth/sb** etw/
jdn sehnsüchtig anstarren.

droop [druːp] *vi* (*flower*) den Kopf hängen lassen; **his shoulders/head** ~**ed** er ließ die Schultern/den Kopf herabhängen.

drop [drɔp] *n* Tropfen *m*; (*lessening*) Rückgang *m*; (*distance*) Höhenunterschied *m*; (*in salary*) Verschlechterung *f*; (*also:* **parachute** ~) (Ab)sprung *m* ♦ *vt* fallen lassen; (*voice, eyes, price*) senken; (*set down from car*) absetzen; (*omit*) weglassen ♦ *vi* (herunter)fallen; (*wind*) sich legen; **drops** *npl* Tropfen *pl*; **a 300 ft** ~ ein Höhenunterschied von 300 Fuß; **a** ~ **of 10%** ein Rückgang um 10%; **cough** ~**s** Hustentropfen *pl*; **to** ~ **anchor** ankern, vor Anker gehen; **to** ~ **sb a line** jdm ein paar Zeilen schreiben.

▶ **drop in** (*inf*) *vi*: **to** ~ **in (on sb)** (bei jdm) vorbeikommen.

▶ **drop off** *vi* einschlafen ♦ *vt* (*passenger*) absetzen.

▶ **drop out** *vi* (*withdraw*) ausscheiden; (*student*) sein Studium abbrechen.

droplet [ˈdrɔplɪt] *n* Tröpfchen *nt*.

dropout [ˈdrɔpaut] *n* Aussteiger(in) *m(f)*; (*SCOL*) Studienabbrecher(in) *m(f)*.

dropper [ˈdrɔpə*] *n* Pipette *f*.

droppings [ˈdrɔpɪŋz] *npl* Kot *m*.

dross [drɔs] *n* Schlacke *f*; (*fig*) Schund *m*.

drought [draut] *n* Dürre *f*.

drove [drəuv] *pt of* **drive** ♦ *n*: ~**s of people** Scharen *pl* von Menschen.

drown [draun] *vt* ertränken; (*fig: also:* ~ **out**) übertönen ♦ *vi* ertrinken.

drowse [drauz] *vi* (vor sich *acc* hin) dösen *or* dämmern.

drowsy [ˈdrauzɪ] *adj* schläfrig.

drudge [drʌdʒ] *n* Arbeitstier *nt*.

drudgery [ˈdrʌdʒərɪ] *n* (stumpfsinnige) Plackerei *f* (*inf*); **housework is sheer** ~ Hausarbeit ist eine einzige Plackerei.

drug [drʌg] *n* Medikament *nt*, Arzneimittel *nt*; (*narcotic*) Droge *f*, Rauschgift *nt* ♦ *vt* betäuben; **to be on** ~**s** drogensüchtig sein; **hard/soft** ~**s** harte/weiche Drogen *pl*.

drug addict *n* Drogensüchtige(r) *f(m)*, Rauschgiftsüchtige(r) *f(m)*.

druggist [ˈdrʌgɪst] (*US*) *n* Drogist(in) *m(f)*.

drug peddler *n* Drogenhändler(in) *m(f)*, Dealer *n* (*inf*).

drugstore [ˈdrʌgstɔː*] (*US*) *n* Drogerie *f*.

drum [drʌm] *n* Trommel *f*; (*for oil, petrol*) Fass *nt* ♦ *vi* trommeln; **drums** *npl* (*kit*) Schlagzeug *nt*.

▶ **drum up** *vt* (*enthusiasm*) erwecken; (*support*) auftreiben.

drummer [ˈdrʌmə*] *n* Trommler(in) *m(f)*; (*in band, pop group*) Schlagzeuger(in) *m(f)*.

drum roll *n* Trommelwirbel *m*.

drumstick [ˈdrʌmstɪk] *n* Trommelstock *m*; (*of chicken*) Keule *f*.

drunk [drʌŋk] *pp of* **drink** ♦ *adj* betrunken ♦ *n* (*also:* ~**ard**) Trinker(in) *m(f)*; **to get** ~ sich betrinken; **a** ~ **driving offence** Trunkenheit *f* am Steuer.

drunken [ˈdrʌŋkən] *adj* betrunken; (*party*) feucht-fröhlich; ~ **driving** Trunkenheit *f* am Steuer.

drunkenness [ˈdrʌŋkənnɪs] *n* (*state*) Betrunkenheit *f*; (*habit*) Trunksucht *f*.

dry [draɪ] *adj* trocken ♦ *vt, vi* trocknen; **on** ~ **land** auf festem Boden; **to** ~ **one's hands/hair/eyes** sich *dat* die Hände (ab)trocknen/die Haare trocknen/die Tränen abwischen; **to** ~ **the dishes** (das Geschirr) abtrocknen.

▶ **dry up** *vi* austrocknen; (*in speech*) den Faden verlieren.

dry-clean [ˈdraɪˈkliːn] *vt* chemisch reinigen.

dry-cleaner [ˈdraɪˈkliːnə*] *n* (*job*) Inhaber(in) *m(f)* einer chemischen Reinigung; (*shop: also:* ~**'s**) chemische Reinigung *f*.

dry-cleaning [ˈdraɪˈkliːnɪŋ] *n* (*process*) chemische Reinigung *f*.

dry dock *n* Trockendock *nt*.

dryer [ˈdraɪə*] *n* Wäschetrockner *m*; (*US: spin-dryer*) Wäscheschleuder *f*.

dry goods *npl* Kurzwaren *pl*.

dry ice *n* Trockeneis *nt*.

dryly [ˈdraɪlɪ] *adv* (*say, remark*) trocken.

dryness [ˈdraɪnɪs] *n* Trockenheit *f*.

dry rot *n* (Haus)schwamm *m*, (Holz)schwamm *m*.

dry run *n* (*fig*) Probe *f*.

dry ski slope *n* Trockenskipiste *f*.

DSc *n abbr* (= *Doctor of Science*) ≈ Dr. rer. nat.

DSS (*BRIT*) *n abbr* (= *Department of Social Security*) Ministerium *für* Sozialfürsorge.

DST (*US*) *abbr* = **daylight-saving time**.

DT *n abbr* (*COMPUT*) = **data transmission**.

DTI (*BRIT*) *n abbr* (= *Department of Trade and Industry*) ≈ Wirtschaftsministerium *nt*.

DTP *n abbr* (= *desktop publishing*) DTP *nt*; *see also* **desktop publishing**.

DT's (*inf*) *npl abbr* (= *delirium tremens*) Delirium tremens *nt*; **to have the** ~ vom Trinken den Tatterich haben (*inf*).

dual [ˈdjuəl] *adj* doppelt; (*personality*) gespalten.

dual carriageway (*BRIT*) *n* ≈ Schnellstraße *f*.

dual nationality *n* doppelte Staatsangehörigkeit *f*.

dual-purpose [ˈdjuəlˈpəːpəs] *adj* zweifach verwendbar.

dubbed [dʌbd] *adj* synchronisiert; (*nicknamed*) getauft.

dubious [ˈdjuːbɪəs] *adj* zweifelhaft; **I'm very** ~ **about it** ich habe da (doch) starke Zweifel.

Dublin [ˈdʌblɪn] *n* Dublin *nt*.

Dubliner [ˈdʌblɪnə*] *n* Dubliner(in) *m(f)*.

duchess [ˈdʌtʃɪs] *n* Herzogin *f*.

duck [dʌk] *n* Ente *f* ♦ *vi* (*also:* ~ **down**) sich ducken ♦ *vt* (*blow*) ausweichen +*dat*; (*duty, responsibility*) aus dem Weg gehen +*dat*.

duckling [ˈdʌklɪŋ] *n* Entenküken *nt*; (*CULIN*)

(junge) Ente f.

duct [dʌkt] n Rohr nt; (ANAT) Röhre f; **tear** ~ Tränenkanal m.

dud [dʌd] n Niete f (inf); (note) Blüte f (inf) ♦ adj: ~ **cheque** (BRIT) ungedeckter Scheck m.

due [djuː] adj fällig; (attention etc) gebührend; (consideration) reiflich ♦ n: **to give sb his/her** ~ jdn gerecht behandeln ♦ adv: ~ **north** direkt nach Norden; **dues** npl Beitrag m; (in harbour) Gebühren pl; **in** ~ **course** zu gegebener Zeit; (eventually) im Laufe der Zeit; ~ **to** (owing to) wegen +gen, aufgrund or auf Grund +gen; **to be** ~ **to do sth** etw tun sollen; **the rent is** ~ **on the 30th** die Miete ist am 30. fällig; **the train is** ~ **at 8** der Zug soll (laut Fahrplan) um 8 ankommen; **she is** ~ **back tomorrow** sie müsste morgen zurück sein; **I am** ~ **6 days' leave** mir stehen 6 Tage Urlaub zu.

due date n Fälligkeitsdatum nt.

duel ['djuəl] n Duell nt.

duet [djuː'ɛt] n Duett nt.

duff [dʌf] (BRIT: inf) adj kaputt.

▶ **duff up** vt vermöbeln.

duffel bag ['dʌfl-] n Matchbeutel m.

duffel coat n Dufflecoat m.

duffer ['dʌfəʳ] (inf) n Versager m, Flasche f.

dug [dʌg] pt, pp of **dig**.

dugout ['dʌgaut] n (canoe) Einbaum m; (shelter) Unterstand m.

duke [djuːk] n Herzog m.

dull [dʌl] adj trüb; (intelligence, wit) schwerfällig, langsam; (event) langweilig; (sound, pain) dumpf ♦ vt (pain, grief) betäuben; (mind, senses) abstumpfen.

duly ['djuːlɪ] adv (properly) gebührend; (on time) pünktlich.

dumb [dʌm] adj stumm; (pej: stupid) dumm, doof (inf); **he was struck** ~ es verschlug ihm die Sprache.

dumbbell ['dʌmbɛl] n Hantel f.

dumbfounded [dʌm'faundɪd] adj verblüfft.

dummy ['dʌmɪ] n (Schneider)puppe f; (mock-up) Attrappe f; (SPORT) Finte f; (BRIT: for baby) Schnuller m ♦ adj (firm) fiktiv; ~ **bullets** Übungsmunition f.

dummy run n Probe f.

dump [dʌmp] n (also: **rubbish** ~) Abfallhaufen m; (inf: place) Müllkippe f; (MIL) Depot nt ♦ vt fallen lassen; (get rid of) abladen; (car) abstellen; (COMPUT: data) ausgeben; **to be down in the** ~**s** (inf) deprimiert or down sein; "**no** ~**ing**" „Schuttabladen verboten".

dumpling ['dʌmplɪŋ] n Kloß m, Knödel m.

dumpy ['dʌmpɪ] adj pummelig.

dunce [dʌns] n Niete f.

dune [djuːn] n Düne f.

dung [dʌŋ] n (AGR) Dünger m, Mist m; (ZOOL) Dung m.

dungarees [dʌŋgə'riːz] npl Latzhose f.

dungeon ['dʌndʒən] n Kerker m, Verlies nt.

dunk [dʌŋk] vt (ein)tunken.

Dunkirk [dʌn'kəːk] n Dünkirchen nt.

duo ['djuːəu] n Duo nt.

duodenal [djuːəu'diːnl] adj Duodenal-; ~ **ulcer** Zwölffingerdarmgeschwür nt.

duodenum [djuːəu'diːnəm] n Zwölffingerdarm m.

dupe [djuːp] n Betrogene(r) f(m) ♦ vt betrügen.

duplex ['djuːplɛks] (US) n Zweifamilienhaus nt; (apartment) zweistöckige Wohnung f.

duplicate [n, adj 'djuːplɪkət, vt 'djuːplɪkeɪt] n (also: ~ **copy**) Duplikat nt, Kopie f; (also: ~ **key**) Zweitschlüssel m ♦ adj doppelt ♦ vt kopieren; (repeat) wiederholen; **in** ~ in doppelter Ausfertigung.

duplicating machine ['djuːplɪkeɪtɪŋ-] n Vervielfältigungsapparat m.

duplicator ['djuːplɪkeɪtəʳ] n Vervielfältigungsapparat m.

duplicity [djuː'plɪsɪtɪ] n Doppelspiel nt.

Dur. (BRIT) abbr (POST: = Durham).

durability [djuərə'bɪlɪtɪ] n Haltbarkeit f.

durable ['djuərəbl] adj haltbar.

duration [djuə'reɪʃən] n Dauer f.

duress [djuə'rɛs] n: **under** ~ unter Zwang.

Durex ® ['djuərɛks] (BRIT) n Gummi m (inf).

during ['djuərɪŋ] prep während +gen.

dusk [dʌsk] n (Abend)dämmerung f.

dusky ['dʌskɪ] adj (room) dunkel; (light) Dämmer-.

dust [dʌst] n Staub m ♦ vt abstauben; (cake etc): **to** ~ **with** bestäuben mit.

▶ **dust off** vt abwischen, wegwischen; (fig) hervorkramen.

dustbin ['dʌstbɪn] (BRIT) n Mülltonne f.

dustbin liner (BRIT) n Müllsack m.

duster ['dʌstəʳ] n Staubtuch nt.

dust jacket n (Schutz)umschlag m.

dustman ['dʌstmən] (BRIT: irreg: like **man**) n Müllmann m.

dustpan ['dʌstpæn] n Kehrschaufel f, Müllschaufel f.

dusty ['dʌstɪ] adj staubig.

Dutch [dʌtʃ] adj holländisch, niederländisch ♦ n Holländisch nt, Niederländisch nt ♦ adv: **to go** ~ (inf) getrennte Kasse machen; **the Dutch** npl die Holländer pl, die Niederländer pl.

Dutch auction n Versteigerung mit stufenweise erniedrigtem Ausbietungspreis.

Dutchman ['dʌtʃmən] (irreg: like **man**) n Holländer m, Niederländer m.

Dutchwoman ['dʌtʃwumən] (irreg: like **woman**) n Holländerin f, Niederländerin f.

dutiable ['djuːtɪəbl] adj zollpflichtig.

dutiful ['djuːtɪful] adj pflichtbewusst; (son, daughter) gehorsam.

duty ['djuːtɪ] n Pflicht f; (tax) Zoll m; **duties** npl (functions) Aufgaben pl; **to make it one's** ~ **to do sth** es sich dat zur Pflicht machen, etw zu tun; **to pay** ~ **on sth** Zoll auf etw acc zahlen; **on/off** ~ im/nicht im Dienst.

duty-free ['djuːtɪ'friː] *adj* zollfrei; ~ **shop** Dutyfreeshop *m*, Duty-free-Shop *m*.
duty officer *n* Offizier *m* vom Dienst.
duvet ['duːveɪ] (*BRIT*) *n* Federbett *nt*.
DV *abbr* (= *Deo volente*) so Gott will.
DVLA *n abbr* (= *Driver and Vehicle Licensing Authority*) Zulassungsbehörde für Kraftfahrzeuge.
DVLC (*BRIT*) *n abbr* (= *Driver and Vehicle Licensing Centre*) Zulassungsstelle für Kraftfahrzeuge.
DVM (*US*) *n abbr* (= *Doctor of Veterinary Medicine*) ≈ Dr. med. vet.
dwarf [dwɔːf] (*pl* **dwarves**) *n* Zwerg(in) *m(f)*
♦ *vt*: **to be ~ed by sth** neben etw *dat* klein erscheinen.
dwarves [dwɔːvz] *npl of* **dwarf**.
dwell [dwel] (*pt, pp* **dwelt**) *vi* wohnen, leben.
▶ **dwell on** *vt fus* (in Gedanken) verweilen bei.
dweller ['dwelə*] *n* Bewohner(in) *m(f)*; **city ~** Stadtbewohner(in) *m(f)*.
dwelling ['dwelɪŋ] *n* Wohnhaus *nt*.
dwelt [dwelt] *pt, pp of* **dwell**.
dwindle ['dwɪndl] *vi* abnehmen; (*interest*) schwinden; (*attendance*) zurückgehen.
dwindling ['dwɪndlɪŋ] *adj* (*strength, interest*) schwindend; (*resources, supplies*) versiegend.
dye [daɪ] *n* Farbstoff *m*; (*for hair*) Färbemittel *nt* ♦ *vt* färben.
dyestuffs ['daɪstʌfs] *npl* Farbstoffe *pl*.
dying ['daɪɪŋ] *adj* sterbend; (*moments, words*) letzte(r, s).
dyke [daɪk] *n* (*BRIT: wall*) Deich *m*, Damm *m*; (*channel*) (Entwässerungs)graben *m*; (*causeway*) Fahrdamm *m*.
dynamic [daɪ'næmɪk] *adj* dynamisch.
dynamics [daɪ'næmɪks] *n or npl* Dynamik *f*.
dynamite ['daɪnəmaɪt] *n* Dynamit *nt* ♦ *vt* sprengen.
dynamo ['daɪnəməu] *n* Dynamo *m*; (*AUT*) Lichtmaschine *f*.
dynasty ['dɪnəstɪ] *n* Dynastie *f*.
dysentery ['dɪsntrɪ] *n* (*MED*) Ruhr *f*.
dyslexia [dɪs'leksɪə] *n* Legasthenie *f*.
dyslexic [dɪs'leksɪk] *adj* legasthenisch ♦ *n* Legastheniker(in) *m(f)*.
dyspepsia [dɪs'pepsɪə] *n* Dyspepsie *f*, Verdauungsstörung *f*.
dystrophy ['dɪstrəfɪ] *n* Dystrophie *f*, Ernährungsstörung *f*; **muscular ~** Muskelschwund *m*.

E, e

E¹, e [iː] *n* (*letter*) E *nt*, e *nt*; ~ **for Edward**, (*US*) ~ **for Easy** E wie Emil.
E² [iː] *n* (*MUS*) E *nt*, e *nt*.
E³ [iː] *abbr* (= *east*) O ♦ *n abbr* (*drug*: = *Ecstasy*) Ecstasy *nt*.
E111 *n abbr* (*also*: **form** ~) E111-Formular *nt*.
E.A. (*US*) *n abbr* (= *educational age*) Bildungsstand *m*.
ea. *abbr* = **each**.
each [iːtʃ] *adj, pron* jede(r, s); ~ **other** sich, einander; **they hate ~ other** sie hassen sich *or* einander; **you are jealous of ~ other** ihr seid eifersüchtig aufeinander; ~ **day** jeden Tag; **they have 2 books ~** sie haben je 2 Bücher; **they cost £5 ~** sie kosten 5 Pfund das Stück; ~ **of us** jede(r, s) von uns.
eager ['iːgə*] *adj* eifrig; **to be ~ to do sth** etw unbedingt tun wollen; **to be ~ for sth** auf etw *acc* erpicht *or* aus (*inf*) sein.
eagerly ['iːgəlɪ] *adv* eifrig; (*awaited*) gespannt, ungeduldig.
eagle ['iːgl] *n* Adler *m*.
ear [ɪə*] *n* Ohr *nt*; (*of corn*) Ähre *f*; **to be up to one's ~s in debt/work** bis über beide Ohren in Schulden/Arbeit stecken; **to be up to one's ~s in paint/baking** mitten im Anstreichen/Backen stecken; **to give sb a thick ~** jdm ein paar hinter die Ohren geben; **we'll play it by ~** (*fig*) wir werden es auf uns zukommen lassen.
earache ['ɪəreɪk] *n* Ohrenschmerzen *pl*.
eardrum ['ɪədrʌm] *n* Trommelfell *nt*.
earful ['ɪəful] (*inf*) *n*: **to give sb an ~** jdm was erzählen; **to get an ~** was zu hören bekommen.
earl [əːl] (*BRIT*) *n* Graf *m*.
earlier ['əːlɪə*] *adj, adv* früher; **I can't come any ~** ich kann nicht früher *or* eher kommen.
early ['əːlɪ] *adv* früh; (*ahead of time*) zu früh ♦ *adj* früh; (*Christians*) Ur-; (*death, departure*) vorzeitig; (*reply*) baldig; ~ **in the morning** früh am Morgen; **to have an ~ night** früh ins Bett gehen; **in the ~ hours** in den frühen Morgenstunden; **in the ~** *or* ~ **in the spring/19th century** Anfang des Frühjahrs/des 19. Jahrhunderts; **take the ~ train** nimm den früheren Zug; **you're ~!** Sie sind früh dran!; **she's in her ~ forties** sie ist Anfang Vierzig; **at your earliest convenience** so bald wie möglich.
early retirement *n*: **to take ~** vorzeitig in den Ruhestand gehen.

early warning system *n* Frühwarnsystem *nt*.

earmark ['ɪəmɑːk] *vt*: **to ~ (for)** bestimmen (für), vorsehen (für).

earn [ɜːn] *vt* verdienen; (*interest*) bringen; **to ~ one's living** seinen Lebensunterhalt verdienen; **this ~ed him much praise, he ~ed much praise for this** das trug ihm viel Lob ein; **he's ~ed his rest/reward** er hat sich seine Pause/Belohnung verdient.

earned income [ɜːnd-] *n* Arbeitseinkommen *nt*.

earnest ['ɜːnɪst] *adj* ernsthaft; (*wish, desire*) innig ♦ *n* (*also*: **~ money**) Angeld *nt*; **in ~** (*adv*) richtig; (*adj*): **to be in ~** es ernst meinen; **work on the tunnel soon began in ~** die Tunnelarbeiten begannen bald richtig; **is the Minister in ~ about these proposals?** meint der Minister diese Vorschläge ernst?

earnings ['ɜːnɪŋz] *npl* Verdienst *m*; (*of company etc*) Ertrag *m*.

ear, nose and throat specialist *n* Hals-Nasen-Ohren-Arzt *m*, Hals-Nasen-Ohren-Ärztin *f*.

earphones ['ɪəfəunz] *npl* Kopfhörer *pl*.

earplugs ['ɪəplʌgz] *npl* Ohropax ® *nt*.

earring ['ɪərɪŋ] *n* Ohrring *m*.

earshot ['ɪəʃɒt] *n*: **within/out of ~** in/außer Hörweite.

earth [ɜːθ] *n* Erde *f*; (*of fox*) Bau *m* ♦ *vt* (*BRIT: ELEC*) erden.

earthenware ['ɜːθnwɛə*] *n* Tongeschirr *nt* ♦ *adj* Ton-.

earthly ['ɜːθlɪ] *adj* irdisch; **~ paradise** Paradies *nt* auf Erden; **there is no ~ reason to think ...** es besteht nicht der geringste Grund für die Annahme ...

earthquake ['ɜːθkweɪk] *n* Erdbeben *nt*.

earthshattering ['ɜːθʃætərɪŋ] *adj* (*fig*) weltbewegend.

earth tremor *n* Erdstoß *m*.

earthworks ['ɜːθwɜːks] *npl* Erdarbeiten *pl*.

earthworm ['ɜːθwɜːm] *n* Regenwurm *m*.

earthy ['ɜːθɪ] *adj* (*humour*) derb.

earwig ['ɪəwɪg] *n* Ohrwurm *m*.

ease [iːz] *n* Leichtigkeit *f*; (*comfort*) Behagen *nt* ♦ *vt* (*problem*) vereinfachen; (*pain*) lindern; (*tension*) verringern; (*loosen*) lockern ♦ *vi* nachlassen; (*situation*) sich entspannen; **to ~ sth in/out** (*push/pull*) etw behutsam hineinschieben/herausziehen; **at ~!** (*MIL*) rührt euch!; **with ~** mit Leichtigkeit; **life of ~** Leben *nt* der Muße; **to ~ in the clutch** die Kupplung behutsam kommen lassen.

▶ **ease off** *vi* nachlassen; (*slow down*) langsamer werden.

▶ **ease up** *vi* = **ease off**.

easel ['iːzl] *n* Staffelei *f*.

easily ['iːzɪlɪ] *adv* (*see adj*) leicht; ungezwungen; bequem.

easiness ['iːzɪnɪs] *n* Leichtigkeit *f*; (*of manner*) Ungezwungenheit *f*.

east [iːst] *n* Osten *m* ♦ *adj* (*coast, Asia etc*) Ost- ♦ *adv* ostwärts, nach Osten; **the E~** der Osten.

Easter ['iːstə*] *n* Ostern *nt* ♦ *adj* (*holidays etc*) Oster-.

Easter egg *n* Osterei *nt*.

Easter Island *n* Osterinsel *f*.

easterly ['iːstəlɪ] *adj* östlich; (*wind*) Ost-.

Easter Monday *n* Ostermontag *m*.

eastern ['iːstən] *adj* östlich; **E~ Europe** Osteuropa *nt*; **the E~ bloc** (*formerly*) der Ostblock.

Easter Sunday *n* Ostersonntag *m*.

East Germany *n* (*formerly*) die DDR *f*.

eastward(s) ['iːstwəd(z)] *adv* ostwärts, nach Osten.

easy ['iːzɪ] *adj* leicht; (*relaxed*) ungezwungen; (*comfortable*) bequem ♦ *adv*: **to take it/things ~** (*go slowly*) sich *dat* Zeit lassen; (*not worry*) es nicht so schwer nehmen; (*rest*) sich schonen; **payment on ~ terms** Zahlung zu günstigen Bedingungen; **that's easier said than done** das ist leichter gesagt als getan; **I'm ~** (*inf*) mir ist alles recht.

easy chair *n* Sessel *m*.

easy-going ['iːzɪ'gəuɪŋ] *adj* gelassen.

easy touch (*inf*) *n*: **to be an ~** (*for money etc*) leicht anzuzapfen sein.

eat [iːt] (*pt* **ate**, *pp* **eaten**) *vt*, *vi* essen; (*animal*) fressen.

▶ **eat away** *vt* (*subj: sea*) auswaschen; (: *acid*) zerfressen.

▶ **eat away at** *vt fus* (*metal*) anfressen; (*savings*) angreifen.

▶ **eat into** *vt fus* = **eat away at**.

▶ **eat out** *vi* essen gehen.

▶ **eat up** *vt* aufessen; **it ~s up electricity** es verbraucht viel Strom.

eatable ['iːtəbl] *adj* genießbar.

eau de Cologne ['əudəkə'ləun] *n* Kölnischwasser *nt*, Eau de Cologne *nt*.

eaves [iːvz] *npl* Dachvorsprung *m*.

eavesdrop ['iːvzdrɒp] *vi* lauschen; **to ~ on** belauschen +*acc*.

ebb [ɛb] *n* Ebbe *f* ♦ *vi* ebben; (*fig: also*: **~ away**) dahinschwinden; (: *feeling*) abebben; **the ~ and flow** (*fig*) das Auf und Ab; **to be at a low ~** (*fig*) auf einem Tiefpunkt angelangt sein.

ebb tide *n* Ebbe *f*.

ebony ['ɛbənɪ] *n* Ebenholz *nt*.

ebullient [ɪ'bʌlɪənt] *adj* überschäumend, übersprudelnd.

EC *n abbr* (= *European Community*) EG *f*.

ECB *n abbr* (= *European Central Bank*) EZB *f*.

eccentric [ɪk'sɛntrɪk] *adj* exzentrisch ♦ *n* Exzentriker(in) *m(f)*.

ecclesiastic(al) [ɪkliːzɪ'æstɪk(l)] *adj* kirchlich.

ECG *n abbr* (= *electrocardiogram*) EKG *nt*.

echo ['ɛkəu] (*pl* **~es**) *n* Echo *nt* ♦ *vt* wiederholen ♦ *vi* widerhallen; (*place*) hallen.

éclair [eɪ'klɛə*] n Eclair nt.
eclipse [ɪ'klɪps] n Finsternis f ♦ vt in den Schatten stellen.
ECM (US) n abbr (= European Common Market) EG f.
eco- ['iːkəu] pref Öko-, öko-.
ecofriendly adj umweltfreundlich.
ecological [iːkə'lɔdʒɪkəl] adj ökologisch; (damage, disaster) Umwelt-.
ecologist [ɪ'kɔlədʒɪst] n Ökologe m, Ökologin f.
ecology [ɪ'kɔlədʒɪ] n Ökologie f.
economic [iːkə'nɔmɪk] adj (system, policy etc) Wirtschafts-; (profitable) wirtschaftlich.
economical [iːkə'nɔmɪkl] adj wirtschaftlich; (person) sparsam.
economically [iːkə'nɔmɪklɪ] adv wirtschaftlich; (thriftily) sparsam.
economics [iːkə'nɔmɪks] n Wirtschaftswissenschaften pl ♦ npl Wirtschaftlichkeit f; (of situation) wirtschaftliche Seite f.
economist [ɪ'kɔnəmɪst] n Wirtschaftswissenschaftler(in) m(f).
economize [ɪ'kɔnəmaɪz] vi sparen.
economy [ɪ'kɔnəmɪ] n Wirtschaft f; (financial prudence) Sparsamkeit f; **economies of scale** (COMM) Einsparungen pl durch erhöhte Produktion.
economy class n Touristenklasse f.
economy size n Sparpackung f.
ecosystem ['iːkəusɪstəm] n Ökosystem nt.
ecotourism ['iːkəu'tuərɪzm] n Ökotourismus m.
ECSC n abbr (= European Coal and Steel Community) Europäische Gemeinschaft für Kohle und Stahl.
ecstasy ['ɛkstəsɪ] n Ekstase f; (drug) Ecstasy nt; **to go into ecstasies over** in Verzückung geraten über +acc; **in** ~ verzückt.
ecstatic [ɛks'tætɪk] adj ekstatisch.
ECT n abbr = **electroconvulsive therapy**.
ECU ['eɪkjuː] n abbr (= European Currency Unit) Ecu m.
Ecuador ['ɛkwədɔː*] n Ecuador nt, Ekuador nt.
ecumenical [iːkju'mɛnɪkl] adj ökumenisch.
eczema ['ɛksɪmə] n Ekzem nt.
eddy ['ɛdɪ] n Strudel m.
edge [ɛdʒ] n Rand m; (of table, chair) Kante f; (of lake) Ufer nt; (of knife etc) Schneide f ♦ vt einfassen ♦ vi: **to** ~ **forward** sich nach vorne schieben; **on** ~ (fig) = **edgy to have the** ~ **on** überlegen sein +dat; **to** ~ **away from** sich allmählich entfernen von; **to** ~ **past** sich vorbeischieben, sich vorbeidrücken.
edgeways ['ɛdʒweɪz] adv: **he couldn't get a word in** ~ er kam überhaupt nicht zu Wort.
edging ['ɛdʒɪŋ] n Einfassung f.
edgy ['ɛdʒɪ] adj nervös.
edible ['ɛdɪbl] adj essbar, genießbar.
edict ['iːdɪkt] n Erlass m.
edifice ['ɛdɪfɪs] n Gebäude nt.

edifying ['ɛdɪfaɪɪŋ] adj erbaulich.
Edinburgh ['ɛdɪnbərə] n Edinburg(h) nt.
edit ['ɛdɪt] vt (text) redigieren; (book) lektorieren; (film, broadcast) schneiden, cutten; (newspaper, magazine) herausgeben; (COMPUT) editieren.
edition [ɪ'dɪʃən] n Ausgabe f.
editor ['ɛdɪtə*] n Redakteur(in) m(f); (of newspaper, magazine) Herausgeber(in) m(f); (of book) Lektor(in) m(f); (CINE, RADIO, TV) Cutter(in) m(f).
editorial [ɛdɪ'tɔːrɪəl] adj redaktionell; (staff) Redaktions- ♦ n Leitartikel m.
EDP n abbr (COMPUT: = electronic data processing) EDV f.
EDT (US) abbr (= Eastern Daylight Time) ostamerikanische Sommerzeit.
educate ['ɛdjukeɪt] vt erziehen; ~**d at** ... zur Schule/Universität gegangen in ...
educated ['ɛdjukeɪtɪd] adj gebildet.
educated guess ['ɛdjukeɪtɪd-] n wohl begründete Vermutung f.
education [ɛdju'keɪʃən] n Erziehung f; (schooling) Ausbildung f; (knowledge, culture) Bildung f; **primary** or (US) **elementary** ~ Grundschul(aus)bildung f; **secondary** ~ höhere Schul(aus)bildung f.
educational [ɛdju'keɪʃənl] adj pädagogisch; (experience) lehrreich; (toy) pädagogisch wertvoll; ~ **technology** Unterrichtstechnologie f.
Edwardian [ɛd'wɔːdɪən] adj aus der Zeit Edwards VII.
EE abbr = **electrical engineer**.
EEC n abbr (formerly: = European Economic Community) EWG f.
EEG n abbr (= electroencephalogram) EEG nt.
eel [iːl] n Aal m.
EENT (US) n abbr (MED: = eye, ear, nose and throat) Augen und Hals-Nasen-Ohren.
EEOC (US) n abbr (= Equal Employment Opportunity Commission) Kommission für Gleichberechtigung am Arbeitsplatz.
eerie ['ɪərɪ] adj unheimlich.
EET abbr (= Eastern European Time) OEZ f.
efface [ɪ'feɪs] vt auslöschen; **to** ~ **o.s.** sich im Hintergrund halten.
effect [ɪ'fɛkt] n Wirkung f, Effekt m ♦ vt bewirken; (repairs) durchführen; **effects** npl Effekten pl; (THEAT, CINE etc) Effekte pl; **to take** ~ (law) in Kraft treten; (drug) wirken; **to put into** ~ in Kraft setzen; **to have an** ~ **on sb/sth** eine Wirkung auf jdn/etw haben; **in** ~ eigentlich, praktisch; **his letter is to the** ~ **that** ... sein Brief hat zum Inhalt, dass ...
effective [ɪ'fɛktɪv] adj effektiv, wirksam; (actual) eigentlich, wirklich; **to become** ~ in Kraft treten; ~ **date** Zeitpunkt m des In-Kraft-Tretens.
effectively [ɪ'fɛktɪvlɪ] adv effektiv.
effectiveness [ɪ'fɛktɪvnɪs] n Wirksamkeit f,

Effektivität f.

effeminate [ɪ'fɛmɪnɪt] adj feminin, effeminiert.

effervescent [ɛfə'vɛsnt] adj sprudelnd.

efficacy ['ɛfɪkəsɪ] n Wirksamkeit f.

efficiency [ɪ'fɪʃənsɪ] n (see adj) Fähigkeit f, Tüchtigkeit f; Rationalität f; Leistungsfähigkeit f.

efficiency apartment (US) n Einzimmerwohnung f.

efficient [ɪ'fɪʃənt] adj fähig, tüchtig; (organization) rationell; (machine) leistungsfähig.

efficiently [ɪ'fɪʃəntlɪ] adv gut, effizient.

effigy ['ɛfɪdʒɪ] n Bildnis nt.

effluent ['ɛfluənt] n Abwasser nt.

effort ['ɛfət] n Anstrengung f; (attempt) Versuch m; **to make an ~ to do sth** sich bemühen, etw zu tun.

effortless ['ɛfətlɪs] adj mühelos; (style) flüssig.

effrontery [ɪ'frʌntərɪ] n Unverschämtheit f; **to have the ~ to do sth** die Frechheit besitzen, etw zu tun.

effusive [ɪ'fjuːsɪv] adj überschwänglich.

EFL n abbr (SCOL: = English as a Foreign Language) Englisch nt als Fremdsprache.

EFTA ['ɛftə] n abbr (= European Free Trade Association) EFTA f.

e.g. adv abbr (= exempli gratia) z. B.

egalitarian [ɪgælɪ'tɛərɪən] adj egalitär; (principles) Gleichheits- ♦ n Verfechter(in) m(f) des Egalitarismus.

egg [ɛg] n Ei nt; **hard-boiled/soft-boiled ~** hart/weich gekochtes Ei nt.

▶ **egg on** vt anstacheln.

egg cup n Eierbecher m.

eggplant ['ɛgplɑːnt] n (esp US) Aubergine f.

eggshell ['ɛgʃɛl] n Eierschale f ♦ adj eierschalenfarben.

egg timer n Eieruhr f.

egg white n Eiweiß nt.

egg yolk n Eigelb nt.

ego ['iːgəu] n (self-esteem) Selbstbewusstsein nt.

egoism ['ɛgəuɪzəm] n Egoismus m.

egoist ['ɛgəuɪst] n Egoist(in) m(f).

egotism ['ɛgəutɪzəm] n Ichbezogenheit f, Egotismus m.

egotist ['ɛgəutɪst] n ichbezogener Mensch m, Egotist(in) m(f).

ego trip (inf) n Egotrip m.

Egypt ['iːdʒɪpt] n Ägypten nt.

Egyptian [ɪ'dʒɪpʃən] adj ägyptisch ♦ n Ägypter(in) m(f).

eiderdown ['aɪdədaun] n Federbett nt, Daunendecke f.

eight [eɪt] num acht.

eighteen [eɪ'tiːn] num achtzehn.

eighteenth [eɪ'tiːnθ] num achtzehnte(r, s).

eighth [eɪtθ] num achte(r, s) ♦ n Achtel nt.

eighty ['eɪtɪ] num achtzig.

Eire ['ɛərə] n (Republik f) Irland nt.

EIS n abbr (= Educational Institute of Scotland) schottische Lehrergewerkschaft.

either ['aɪðə*] adj (one or other) eine(r, s) (von beiden); (both, each) beide pl, jede(r, s) ♦ pron: ~ (of them) eine(r, s) (davon) ♦ adv auch nicht ♦ conj: ~ yes or no entweder ja oder nein; **on ~ side** (on both sides) auf beiden Seiten; (on one or other side) auf einer der beiden Seiten; **I don't like ~** ich mag beide nicht or keinen von beiden; **no, I don't ~** nein, ich auch nicht; **I haven't seen ~ one or the other** ich habe weder den einen noch den anderen gesehen.

ejaculation [ɪdʒækju'leɪʃən] n Ejakulation f, Samenerguss m.

eject [ɪ'dʒɛkt] vt ausstoßen; (tenant, gatecrasher) hinauswerfen ♦ vi den Schleudersitz betätigen.

ejector seat [ɪ'dʒɛktə-] n Schleudersitz m.

eke out vt (make last) strecken.

EKG (US) n abbr = **electrocardiogram**.

el [ɛl] (US: inf) n abbr = **elevated railroad**.

elaborate [adj ɪ'læbərɪt, vb ɪ'læbəreɪt] adj kompliziert; (plan) ausgefeilt ♦ vt näher ausführen; (refine) ausarbeiten ♦ vi mehr ins Detail gehen; **to ~ on** näher ausführen.

elapse [ɪ'læps] vi vergehen, verstreichen.

elastic [ɪ'læstɪk] n Gummi nt ♦ adj elastisch.

elastic band (BRIT) n Gummiband nt.

elasticity [ɪlæs'tɪsɪtɪ] n Elastizität f.

elated [ɪ'leɪtɪd] adj: **to be ~** hocherfreut or in Hochstimmung sein.

elation [ɪ'leɪʃən] n große Freude f, Hochstimmung f.

elbow ['ɛlbəu] n Ell(en)bogen m ♦ vt: **to ~ one's way through the crowd** sich durch die Menge boxen.

elbow grease (inf) n Muskelkraft f.

elbowroom ['ɛlbəurum] n Ellbogenfreiheit f.

elder ['ɛldə*] adj älter ♦ n (BOT) Holunder m; (older person: gen pl) Ältere(r) f(m).

elderly ['ɛldəlɪ] adj ältere(r, s) ♦ npl: **the ~** ältere Leute pl.

elder statesman n erfahrener Staatsmann m.

eldest ['ɛldɪst] adj älteste(r, s) ♦ n Älteste(r) f(m).

elect [ɪ'lɛkt] vt wählen ♦ adj: **the president ~** der designierte or künftige Präsident; **to ~ to do sth** sich dafür entscheiden, etw zu tun.

election [ɪ'lɛkʃən] n Wahl f; **to hold an ~** eine Wahl abhalten.

election campaign n Wahlkampf m.

electioneering [ɪlɛkʃə'nɪərɪŋ] n Wahlkampf m.

elector [ɪ'lɛktə*] n Wähler(in) m(f).

electoral [ɪ'lɛktərəl] adj Wähler-.

electoral college n Wahlmännergremium nt.

electorate [ɪ'lɛktərɪt] n Wähler pl, Wählerschaft f.

electric [ɪ'lɛktrɪk] adj elektrisch.

electrical [ɪ'lɛktrɪkl] adj elektrisch; (appliance)

Elektro-; (*failure*) Strom-.
electrical engineer *n* Elektrotechniker *m*.
electric blanket *n* Heizdecke *f*.
electric chair (*US*) *n* elektrischer Stuhl *m*.
electric cooker *n* Elektroherd *m*.
electric current *n* elektrischer Strom *m*.
electric fire (*BRIT*) *n* elektrisches Heizgerät *nt*.
electrician [ɪlɛkˈtrɪʃən] *n* Elektriker(in) *m(f)*.
electricity [ɪlɛkˈtrɪsɪtɪ] *n* Elektrizität *f*; (*supply*) (elektrischer) Strom *m* ♦ *cpd* Strom-; **to switch on/off the** ~ den Strom an-/ abschalten.
electricity board (*BRIT*) *n* Elektrizitätswerk *nt*.
electric light *n* elektrisches Licht *nt*.
electric shock *n* elektrischer Schlag *m*, Stromschlag *m*.
electrify [ɪˈlɛktrɪfaɪ] *vt* (*fence*) unter Strom setzen; (*rail network*) elektrifizieren; (*audience*) elektrisieren.
electro... [ɪˈlɛktrəu] *pref* Elektro-.
electrocardiogram [ɪˈlɛktrəˈkɑːdɪəgræm] *n* Elektrokardiogramm *nt*.
electroconvulsive therapy [ɪˈlɛktrəkənˈvʌlsɪv-] *n* Elektroschocktherapie *f*.
electrocute [ɪˈlɛktrəkjuːt] *vt* durch einen Stromschlag töten; (*US: criminal*) auf dem elektrischen Stuhl hinrichten.
electrode [ɪˈlɛktrəud] *n* Elektrode *f*.
electroencephalogram [ɪˈlɛktrəuɛnˈsɛfələgræm] *n* Elektroenzephalogramm *nt*.
electrolysis [ɪlɛkˈtrɔlɪsɪs] *n* Elektrolyse *f*.
electromagnetic [ɪˈlɛktrəmægˈnɛtɪk] *adj* elektromagnetisch.
electron [ɪˈlɛktrɔn] *n* Elektron *nt*.
electronic [ɪlɛkˈtrɔnɪk] *adj* elektronisch.
electronic data processing *n* elektronische Datenverarbeitung *f*.
electronic mail *n* elektronische Post *f*.
electronics [ɪlɛkˈtrɔnɪks] *n* Elektronik *f*.
electron microscope *n* Elektronenmikroskop *nt*.
electroplated [ɪˈlɛktrəˈpleɪtɪd] *adj* galvanisiert.
electrotherapy [ɪˈlɛktrəˈθɛrəpɪ] *n* Elektrotherapie *f*.
elegance [ˈɛlɪgəns] *n* Eleganz *f*.
elegant [ˈɛlɪgənt] *adj* elegant.
element [ˈɛlɪmənt] *n* Element *nt*; (*of heater, kettle etc*) Heizelement *nt*.
elementary [ɛlɪˈmɛntərɪ] *adj* grundlegend; ~ **school** Grundschule *f*; ~ **education** Elementarunterricht *m*; ~ **maths/French** Grundbegriffe *pl* der Mathematik/des Französischen.

ELEMENTARY SCHOOL

Elementary school *ist in den USA und Kanada*

eine Grundschule, an der ein Kind die ersten sechs bis acht Schuljahre verbringt. In den USA heißt diese Schule auch **grade school** *oder* **grammar school**. *Siehe auch* **high school**.

elephant [ˈɛlɪfənt] *n* Elefant *m*.
elevate [ˈɛlɪveɪt] *vt* erheben; (*physically*) heben.
elevated railroad [ˈɛlɪveɪtɪd-] (*US*) *n* Hochbahn *f*.
elevation [ɛlɪˈveɪʃən] *n* Erhebung *f*; (*height*) Höhe *f* über dem Meeresspiegel; (*ARCHIT*) Aufriss *m*.
elevator [ˈɛlɪveɪtəˣ] *n* (*US*) Aufzug *m*, Fahrstuhl *m*; (*in warehouse etc*) Lastenaufzug *m*.
eleven [ɪˈlɛvn] *num* elf.
elevenses [ɪˈlɛvnzɪz] (*BRIT*) *npl* zweites Frühstück *nt*.
eleventh [ɪˈlɛvnθ] *num* elfte(r, s); **at the** ~ **hour** (*fig*) in letzter Minute.
elf [ɛlf] (*pl* **elves**) *n* Elf *m*, Elfe *f*; (*mischievous*) Kobold *m*.
elicit [ɪˈlɪsɪt] *vt*: **to** ~ **(from sb)** (*information*) (aus jdm) herausbekommen; (*reaction, response*) (von jdm) bekommen.
eligible [ˈɛlɪdʒəbl] *adj* (*marriage partner*) begehrt; **to be** ~ **for sth** für etw infrage *or* in Frage kommen; **to be** ~ **for a pension** pensionsberechtigt sein.
eliminate [ɪˈlɪmɪneɪt] *vt* beseitigen; (*candidate etc*) ausschließen; (*team, contestant*) aus dem Wettbewerb werfen.
elimination [ɪlɪmɪˈneɪʃən] *n* (*see vb*) Beseitigung *f*; Ausschluss *m*; Ausscheiden *nt*; **by process of** ~ durch negative Auslese.
élite [eɪˈliːt] *n* Elite *f*.
élitist [eɪˈliːtɪst] (*pej*) *adj* elitär.
elixir [ɪˈlɪksəˣ] *n* Elixier *nt*.
Elizabethan [ɪlɪzəˈbiːθən] *adj* elisabethanisch.
ellipse [ɪˈlɪps] *n* Ellipse *f*.
elliptical [ɪˈlɪptɪkl] *adj* elliptisch.
elm [ɛlm] *n* Ulme *f*.
elocution [ɛləˈkjuːʃən] *n* Sprechtechnik *f*.
elongated [ˈiːlɔŋgeɪtɪd] *adj* lang gestreckt; (*shadow*) verlängert.
elope [ɪˈləup] *vi* weglaufen.
elopement [ɪˈləupmənt] *n* Weglaufen *nt*.
eloquence [ˈɛləkwəns] *n* (*see adj*) Beredtheit *f*, Wortgewandtheit *f*; Ausdrucksfülle *f*.
eloquent [ˈɛləkwənt] *adj* beredt, wortgewandt; (*speech, description*) ausdrucksvoll.
else [ɛls] *adv* andere(r, s); **something** ~ etwas anderes; **somewhere** ~ woanders, anderswo; **everywhere** ~ sonst überall; **where** ~? wo sonst?; **is there anything** ~ **I can do?** kann ich sonst noch etwas tun?; **there was little** ~ **to do** es gab nicht viel anderes zu tun; **everyone** ~ alle anderen; **nobody** ~ **spoke** niemand anders sagte etwas, sonst sagte niemand etwas.

elsewhere [ɛls'wɛə'] *adv* woanders, anderswo; (*go*) woandershin, anderswohin.

ELT *n abbr* (*SCOL*: = *English Language Teaching*) Englisch als Unterrichtsfach.

elucidate [ɪ'lu:sɪdeɪt] *vt* erläutern.

elude [ɪ'lu:d] *vt* (*captor*) entkommen +*dat*; (*capture*) sich entziehen +*dat*; **this fact/idea ~d him** diese Tatsache/Idee entging ihm.

elusive [ɪ'lu:sɪv] *adj* schwer zu fangen; (*quality*) unerreichbar; **he's very ~** er ist sehr schwer zu erreichen.

elves [ɛlvz] *npl of* **elf**.

emaciated [ɪ'meɪsɪeɪtɪd] *adj* abgezehrt, ausgezehrt.

E-mail *n abbr* (= *electronic mail*) E-Mail *f*.

emanate ['ɛmaneɪt] *vi*: **to ~ from** stammen von; (*sound, light etc*) ausgehen von.

emancipate [ɪ'mænsɪpeɪt] *vt* (*women*) emanzipieren; (*poor*) befreien; (*slave*) freilassen.

emancipation [ɪmænsɪ'peɪʃən] *n* (*see vb*) Emanzipation *f*; Befreiung *f*; Freilassung *f*.

emasculate [ɪ'mæskjuleɪt] *vt* schwächen.

embalm [ɪm'bɑ:m] *vt* einbalsamieren.

embankment [ɪm'bæŋkmənt] *n* Böschung *f*; (*of railway*) Bahndamm *m*; (*of river*) Damm *m*.

embargo [ɪm'bɑ:gəʊ] (*pl* **~es**) *n* Embargo *nt* ♦ *vt* mit einem Embargo belegen; **to put** *or* **impose** *or* **place an ~ on sth** ein Embargo über etw *acc* verhängen; **to lift an ~** ein Embargo aufheben.

embark [ɪm'bɑ:k] *vt* einschiffen ♦ *vi*: **to ~ (on)** sich einschiffen (auf); **to ~ on** (*journey*) beginnen; (*task*) in Angriff nehmen; (*course of action*) einschlagen.

embarkation [ɛmbɑ:'keɪʃən] *n* Einschiffung *f*.

embarkation card *n* Bordkarte *f*.

embarrass [ɪm'bærəs] *vt* in Verlegenheit bringen.

embarrassed [ɪm'bærəst] *adj* verlegen.

embarrassing [ɪm'bærəsɪŋ] *adj* peinlich.

embarrassment [ɪm'bærəsmənt] *n* Verlegenheit *f*; (*embarrassing problem*) Peinlichkeit *f*.

embassy ['ɛmbəsɪ] *n* Botschaft *f*; **the Swiss E~** die Schweizer Botschaft.

embedded [ɪm'bɛdɪd] *adj* eingebettet; (*attitude, belief, feeling*) verwurzelt.

embellish [ɪm'bɛlɪʃ] *vt* (*account*) ausschmücken; **to be ~ed with** geschmückt sein mit.

embers ['ɛmbəz] *npl* Glut *f*.

embezzle [ɪm'bɛzl] *vt* unterschlagen.

embezzlement [ɪm'bɛzlmənt] *n* Unterschlagung *f*.

embezzler [ɪm'bɛzlə'] *n jd, der eine Unterschlagung begangen hat.*

embitter [ɪm'bɪtə'] *vt* verbittern.

embittered [ɪm'bɪtəd] *adj* verbittert.

emblem ['ɛmbləm] *n* Emblem *nt*; (*symbol*) Wahrzeichen *nt*.

embodiment [ɪm'bɒdɪmənt] *n* Verkörperung

f; **to be the ~ of** ... (*subj: thing*) ... verkörpern; (: *person*) ... in Person sein.

embody [ɪm'bɒdɪ] *vt* verkörpern; (*include, contain*) enthalten.

embolden [ɪm'bəʊldn] *vt* ermutigen.

embolism ['ɛmbəlɪzəm] *n* Embolie *f*.

embossed [ɪm'bɒst] *adj* geprägt; **~ with a logo** mit geprägtem Logo.

embrace [ɪm'breɪs] *vt* umarmen; (*include*) umfassen ♦ *vi* sich umarmen ♦ *n* Umarmung *f*.

embroider [ɪm'brɔɪdə'] *vt* (*cloth*) besticken; (*fig: story*) ausschmücken.

embroidery [ɪm'brɔɪdərɪ] *n* Stickerei *f*; (*activity*) Sticken *nt*.

embroil [ɪm'brɔɪl] *vt*: **to become ~ed (in sth)** (in etw *acc*) verwickelt *or* hineingezogen werden.

embryo ['ɛmbrɪəʊ] *n* Embryo *m*; (*fig*) Keim *m*.

emcee [ɛm'si:] *n* Conférencier *m*.

emend [ɪ'mɛnd] *vt* verbessern, korrigieren.

emerald ['ɛmərəld] *n* Smaragd *m*.

emerge [ɪ'mɜ:dʒ] *vi*: **to ~ (from)** auftauchen (aus); (*from sleep*) erwachen (aus); (*from imprisonment*) entlassen werden (aus); (*from discussion etc*) sich herausstellen (bei); (*new idea, industry, society*) entstehen (aus); **it ~s that** (*BRIT*) es stellt sich heraus, dass.

emergence [ɪ'mɜ:dʒəns] *n* Entstehung *f*.

emergency [ɪ'mɜ:dʒənsɪ] *n* Notfall *m* ♦ *cpd* Not-; (*repair*) notdürftig; **in an ~** im Notfall; **state of ~** Notstand *m*.

emergency cord (*US*) *n* Notbremse *f*.

emergency exit *n* Notausgang *m*.

emergency landing *n* Notlandung *f*.

emergency lane (*US*) *n* Seitenstreifen *m*.

emergency road service (*US*) *n* Pannendienst *m*.

emergency services *npl*: **the ~** der Notdienst.

emergency stop (*BRIT*) *n* Vollbremsung *f*.

emergent [ɪ'mɜ:dʒənt] *adj* jung, aufstrebend.

emeritus [ɪ'mɛrɪtəs] *adj* emeritiert.

emery board ['ɛmərɪ-] *n* Papiernagelfeile *f*.

emery paper ['ɛmərɪ-] *n* Schmirgelpapier *nt*.

emetic [ɪ'mɛtɪk] *n* Brechmittel *nt*.

emigrant ['ɛmɪgrənt] *n* Auswanderer *m*, Auswanderin *f*, Emigrant(in) *m(f)*.

emigrate ['ɛmɪgreɪt] *vi* auswandern, emigrieren.

emigration [ɛmɪ'greɪʃən] *n* Auswanderung *f*, Emigration *f*.

émigré ['ɛmɪgreɪ] *n* Emigrant(in) *m(f)*.

eminence ['ɛmɪnəns] *n* Bedeutung *f*.

eminent ['ɛmɪnənt] *adj* bedeutend.

eminently ['ɛmɪnəntlɪ] *adv* ausgesprochen.

emirate ['ɛmɪrɪt] *n* Emirat *nt*.

emission [ɪ'mɪʃən] *n* Emission *f*.

emissions [ɪ'mɪʃənz] *npl* Emissionen *pl*.

emit [ɪ'mɪt] *vt* abgeben; (*smell*) ausströmen; (*light, heat*) ausstrahlen.

emolument [ɪ'mɒljumənt] *n* (*often pl*)

Vergütung *f;* (*fee*) Honorar *nt;* (*salary*) Bezüge *pl.*

emotion [ɪ'məuʃən] *n* Gefühl *nt.*

emotional [ɪ'məuʃənl] *adj* emotional; (*exhaustion*) seelisch; (*scene*) ergreifend; (*speech*) gefühlsbetont.

emotionally [ɪ'məuʃnəlɪ] *adv* emotional; (*be involved*) gefühlsmäßig; (*speak*) gefühlvoll; ~ **disturbed** seelisch gestört.

emotive [ɪ'məutɪv] *adj* emotional.

empathy ['ɛmpəθɪ] *n* Einfühlungsvermögen *nt;* **to feel** ~ **with sb** sich in jdn einfühlen.

emperor ['ɛmpərə*] *n* Kaiser *m.*

emphases ['ɛmfəsiːz] *npl of* **emphasis.**

emphasis ['ɛmfəsɪs] (*pl* **emphases**) *n* Betonung *f;* (*importance*) (Schwer)gewicht *nt;* **to lay** *or* **place** ~ **on sth** etw betonen; **the** ~ **is on reading** das Schwergewicht liegt auf dem Lesen.

emphasize ['ɛmfəsaɪz] *vt* betonen; (*feature*) hervorheben; **I must** ~ **that ...** ich möchte betonen, dass ...

emphatic [ɛm'fætɪk] *adj* nachdrücklich; (*denial*) energisch; (*person, manner*) bestimmt, entschieden.

emphatically [ɛm'fætɪklɪ] *adv* nachdrücklich; (*certainly*) eindeutig.

emphysema [ɛmfɪ'siːmə] *n* Emphysem *nt.*

empire ['ɛmpaɪə*] *n* Reich *nt.*

empirical [ɛm'pɪrɪkl] *adj* empirisch.

employ [ɪm'plɔɪ] *vt* beschäftigen; (*tool, weapon*) verwenden; **he's** ~**ed in a bank** er ist bei einer Bank angestellt.

employee [ɪmplɔɪ'iː] *n* Angestellte(r) *f(m).*

employer [ɪm'plɔɪə*] *n* Arbeitgeber(in) *m(f).*

employment [ɪm'plɔɪmənt] *n* Arbeit *f;* **to find** ~ Arbeit *or* eine (An)stellung finden; **without** ~ stellungslos; **your place of** ~ Ihre Arbeitsstätte *f.*

employment agency *n* Stellenvermittlung *f.*

employment exchange (*BRIT*) *n* Arbeitsamt *nt.*

empower [ɪm'pauə*] *vt:* **to** ~ **sb to do sth** jdn ermächtigen, etw zu tun.

empress ['ɛmprɪs] *n* Kaiserin *f.*

empties ['ɛmptɪz] *npl* Leergut *nt.*

emptiness ['ɛmptɪnɪs] *n* Leere *f.*

empty ['ɛmptɪ] *adj* leer; (*house, room*) stehend; (*space*) frei ♦ *vt* leeren; (*place, house etc*) räumen ♦ *vi* sich leeren; (*liquid*) abfließen; (*river*) münden; **on an** ~ **stomach** auf nüchternen Magen; **to** ~ **into** (*river*) münden *or* sich ergießen in +*acc.*

empty-handed ['ɛmptɪ'hændɪd] *adj* mit leeren Händen; **he returned** ~ er kehrte unverrichteter Dinge zurück.

empty-headed ['ɛmptɪ'hɛdɪd] *adj* strohdumm.

EMS *n abbr* (= *European Monetary System*) EWS *nt.*

EMT (*US*) *n abbr* (= *emergency medical technician*) ≈ Sanitäter(in) *m(f).*

EMU *n abbr* (= *economic and monetary union*)

EWU *f.*

emu ['iːmjuː] *n* Emu *m.*

emulate ['ɛmjuleɪt] *vt* nacheifern +*dat.*

emulsion [ɪ'mʌlʃən] *n* Emulsion *f;* (*also:* ~ **paint**) Emulsionsfarbe *f.*

enable [ɪ'neɪbl] *vt:* **to** ~ **sb to do sth** (*permit*) es jdm erlauben, etw zu tun; (*make possible*) es jdm ermöglichen, etw zu tun.

enact [ɪ'nækt] *vt* (*law*) erlassen; (*play*) aufführen; (*role*) darstellen, spielen.

enamel [ɪ'næməl] *n* Email *nt,* Emaille *f;* (*also:* ~ **paint**) Email(le)lack *m;* (*of tooth*) Zahnschmelz *m.*

enamoured [ɪ'næməd] *adj:* **to be** ~ **of** (*person*) verliebt sein in +*acc;* (*pastime, idea, belief*) angetan sein von.

encampment [ɪn'kæmpmənt] *n* Lager *nt.*

encased [ɪn'keɪst] *adj:* ~ **in** (*shell*) umgeben von; **to be** ~ **in** (*limb*) in Gips liegen *or* sein.

encash [ɪn'kæʃ] (*BRIT*) *vt* einlösen.

enchant [ɪn'tʃɑːnt] *vt* bezaubern.

enchanted [ɪn'tʃɑːntɪd] *adj* verzaubert.

enchanting [ɪn'tʃɑːntɪŋ] *adj* bezaubernd.

encircle [ɪn'sɜːkl] *vt* umgeben; (*person*) umringen; (*building: police etc*) umstellen.

encl. *abbr* (*on letters etc:* = *enclosed, enclosure*) Anl.

enclave ['ɛnkleɪv] *n:* **an** ~ (**of**) eine Enklave (+*gen*).

enclose [ɪn'kləuz] *vt* umgeben; (*land, space*) begrenzen; (*with fence*) einzäunen; (*letter etc*): **to** ~ (**with**) beilegen (+*dat*); **please find** ~**d** als Anlage übersenden wir Ihnen.

enclosure [ɪn'kləuʒə*] *n* eingefriedeter Bereich *m;* (*in letter etc*) Anlage *f.*

encoder [ɪn'kəudə*] *n* Kodierer *m.*

encompass [ɪn'kʌmpəs] *vt* umfassen.

encore [ɔŋ'kɔː*] *excl* Zugabe! ♦ *n* Zugabe *f.*

encounter [ɪn'kauntə*] *n* Begegnung *f* ♦ *vt* begegnen +*dat;* (*problem*) stoßen auf +*acc.*

encourage [ɪn'kʌrɪdʒ] *vt* (*activity, attitude*) unterstützen; (*growth, industry*) fördern; **to** ~ **sb** (**to do sth**) jdn ermutigen(, etw zu tun).

encouragement [ɪn'kʌrɪdʒmənt] *n* (*see vb*) Unterstützung *f;* Förderung *f;* Ermutigung *f.*

encouraging [ɪn'kʌrɪdʒɪŋ] *adj* ermutigend.

encroach [ɪn'krəutʃ] *vi:* **to** ~ (**up**)**on** (*rights*) eingreifen in +*acc;* (*property*) eindringen in +*acc;* (*time*) in Anspruch nehmen.

encrusted [ɪn'krʌstɪd] *adj:* ~ **with** (*gems*) besetzt mit; (*snow, dirt*) verkrustet mit.

encumber [ɪn'kʌmbə*] *vt:* **to be** ~**ed with** beladen sein mit; (*debts*) belastet sein mit.

encyclop(a)edia [ɛnsaɪkləu'piːdɪə] *n* Lexikon *nt,* Enzyklopädie *f.*

end [ɛnd] *n* Ende *nt;* (*of film, book*) Schluss *m,* Ende *nt;* (*of table*) Schmalseite *f;* (*of pointed object*) Spitze *f;* (*aim*) Zweck *m,* Ziel *nt* ♦ *vt* (*also:* **bring to an** ~, **put an** ~ **to**) beenden ♦ *vi* enden; **from** ~ **to** ~ von einem Ende zum anderen; **to come to an** ~ zu Ende gehen; **to be at an** ~ zu Ende sein; **in the** ~

schließlich; **on** ~ hochkant; **to stand on** ~ (*hair*) zu Berge stehen; **for hours on** ~ stundenlang ununterbrochen; **for 5 hours on** ~ 5 Stunden ununterbrochen; **at the** ~ **of the street** am Ende der Straße; **at the** ~ **of the day** (*BRIT, fig*) letztlich; **to this** ~, **with this** ~ **in view** mit diesem Ziel vor Augen.

▶ **end up** *vi*: **to** ~ **up in** (*place*) landen in +*dat*; **to** ~ **up in trouble** Ärger bekommen; **to** ~ **up doing sth** etw schließlich tun.

endanger [ɪn'deɪndʒə*] *vt* gefährden; **an ~ed species** eine vom Aussterben bedrohte Art.

endear [ɪn'dɪə*] *vt*: **to** ~ **o.s. to sb** sich bei jdm beliebt machen.

endearing [ɪn'dɪərɪŋ] *adj* gewinnend.

endearment [ɪn'dɪəmənt] *n*: **to whisper ~s** zärtliche Worte flüstern; **term of** ~ Kosewort *nt*, Kosename *m*.

endeavour, (*US*) **endeavor** [ɪn'dɛvə*] *n* Anstrengung *f*, Bemühung *f*; (*effort*) Bestrebung *f* ♦ *vi*: **to** ~ **to do sth** (*attempt*) sich anstrengen *or* bemühen, etw zu tun; (*strive*) bestrebt sein, etw zu tun.

endemic [ɛn'dɛmɪk] *adj* endemisch, verbreitet.

ending ['ɛndɪŋ] *n* Ende *nt*, Schluss *m*; (*LING*) Endung *f*.

endive ['ɛndaɪv] *n* Endivie *f*; (*chicory*) Chicorée *f or m*, Schikoree *f or m*.

endless ['ɛndlɪs] *adj* endlos; (*patience, resources, possibilities*) unbegrenzt.

endorse [ɪn'dɔːs] *vt* (*cheque*) indossieren, auf der Rückseite unterzeichnen; (*proposal, plan*) billigen; (*candidate*) unterstützen.

endorsee [ɪndɔː'siː] *n* Indossat *m*.

endorsement [ɪn'dɔːsmənt] *n* Billigung *f*; (*of candidate*) Unterstützung *f*; (*BRIT: on driving licence*) Strafvermerk *m*.

endow [ɪn'dau] *vt* (*institution*) eine Stiftung machen an +*acc*; **to be ~ed with** besitzen.

endowment [ɪn'daumənt] *n* Stiftung *f*; (*quality*) Begabung *f*.

endowment assurance *n* Versicherung *f* auf den Erlebensfall, Erlebens-versicherung *f*.

endowment mortgage *n* Hypothek *f* mit Lebensversicherung.

end product *n* Endprodukt *nt*; (*fig*) Produkt *nt*.

end result *n* Endergebnis *nt*.

endurable [ɪn'djuərəbl] *adj* erträglich.

endurance [ɪn'djuərəns] *n* Durchhaltevermögen *nt*; (*patience*) Geduld *f*.

endurance test *n* Belastungsprobe *f*.

endure [ɪn'djuə*] *vt* ertragen ♦ *vi* Bestand haben.

enduring [ɪn'djuərɪŋ] *adj* dauerhaft.

end user *n* (*COMPUT*) Endbenutzer *m*.

enema ['ɛnɪmə] *n* Klistier *nt*, Einlauf *m*.

enemy ['ɛnəmɪ] *adj* feindlich; (*strategy*) des Feindes ♦ *n* Feind(in) *m(f)*; **to make an** ~ **of sb** sich *dat* jdn zum Feind machen.

energetic [ɛnə'dʒɛtɪk] *adj* aktiv.

energy ['ɛnədʒɪ] *n* Energie *f*; **Department of E~** Energieministerium *nt*.

energy crisis *n* Energiekrise *f*.

energy-saving ['ɛnədʒɪ'seɪvɪŋ] *adj* energiesparend; (*policy*) energiebewusst.

enervating ['ɛnəveɪtɪŋ] *adj* strapazierend.

enforce [ɪn'fɔːs] *vt* (*law, rule, decision*) Geltung verschaffen +*dat*.

enforced [ɪn'fɔːst] *adj* erzwungen.

enfranchise [ɪn'fræntʃaɪz] *vt* das Wahlrecht geben *or* erteilen +*dat*.

engage [ɪn'geɪdʒ] *vt* in Anspruch nehmen; (*employ*) einstellen; (*lawyer*) sich *dat* nehmen; (*MIL*) angreifen ♦ *vi* (*TECH*) einrasten; **to** ~ **the clutch** einkuppeln; **to** ~ **sb in conversation** jdn in ein Gespräch verwickeln; **to** ~ **in** sich beteiligen an +*dat*; **to** ~ **in commerce** kaufmännisch tätig sein; **to** ~ **in study** studieren.

engaged [ɪn'geɪdʒd] *adj* verlobt; (*BRIT: busy, in use*) besetzt; **to get** ~ sich verloben; **he is** ~ **in research/a survey** er ist mit Forschungsarbeit/einer Umfrage beschäftigt.

engaged tone *n* (*BRIT*) Besetztzeichen *nt*.

engagement [ɪn'geɪdʒmənt] *n* Verabredung *f*; (*booking*) Engagement *nt*; (*to marry*) Verlobung *f*; (*MIL*) Gefecht *nt*, Kampf *m*; **I have a previous** ~ ich habe schon eine Verabredung.

engagement ring *n* Verlobungsring *m*.

engaging [ɪn'geɪdʒɪŋ] *adj* einnehmend.

engender [ɪn'dʒɛndə*] *vt* erzeugen.

engine ['ɛndʒɪn] *n* Motor *m*; (*RAIL*) Lok(omotive) *f*.

engine driver *n* (*RAIL*) Lok(omotiv)führer(in) *m(f)*.

engineer [ɛndʒɪ'nɪə*] *n* Ingenieur(in) *m(f)*; (*BRIT: for repairs*) Techniker(in) *m(f)*; (*US: RAIL*) Lok(omotiv)führer(in) *m(f)*; (*on ship*) Maschinist(in) *m(f)*; **civil/mechanical** ~ Bau-/Maschinenbauingenieur(in) *m(f)*.

engineering [ɛndʒɪ'nɪərɪŋ] *n* Technik *f*; (*design, construction*) Konstruktion *f* ♦ *cpd*: ~ **works** *or* **factory** Maschinenfabrik *f*.

engine failure *n* Maschinenschaden *m*; (*AUT*) Motorschaden *m*.

engine trouble *n* Maschinenschaden *m*; (*AUT*) Motorschaden *m*.

England ['ɪŋglənd] *n* England *nt*.

English ['ɪŋglɪʃ] *adj* englisch ♦ *n* Englisch *nt*; **the English** *npl* die Engländer *pl*; **an** ~ **speaker** *jd*, der Englisch spricht.

English Channel *n*: **the** ~ der Ärmelkanal.

Englishman ['ɪŋglɪʃmən] (*irreg: like* **man**) *n* Engländer *m*.

English-speaking ['ɪŋglɪʃ'spiːkɪŋ] *adj* (*country*) englischsprachig.

Englishwoman ['ɪŋglɪʃwumən] (*irreg: like* **woman**) *n* Engländerin *f*.

engrave [ɪn'greɪv] *vt* gravieren; (*name etc*)

eingravieren; (*fig*) einprägen.
engraving [ɪn'greɪvɪŋ] *n* Stich *m*.
engrossed [ɪn'grəust] *adj*: ~ **in** vertieft in
+*acc*.
engulf [ɪn'gʌlf] *vt* verschlingen; (*subj*: *panic,
fear*) überkommen.
enhance [ɪn'hɑːns] *vt* verbessern; (*enjoyment,
beauty*) erhöhen.
enigma [ɪ'nɪgmə] *n* Rätsel *nt*.
enigmatic [ɛnɪg'mætɪk] *adj* rätselhaft.
enjoy [ɪn'dʒɔɪ] *vt* genießen; (*health, fortune*)
sich erfreuen +*gen*; (*success*) haben; **to** ~ **o.s.**
sich amüsieren; **I** ~ **dancing** ich tanze
gerne.
enjoyable [ɪn'dʒɔɪəbl] *adj* nett, angenehm.
enjoyment [ɪn'dʒɔɪmənt] *n* Vergnügen *nt*;
(*activity*) Freude *f*.
enlarge [ɪn'lɑːdʒ] *vt* vergrößern; (*scope*)
erweitern ♦ *vi*: **to** ~ **on** weiter ausführen.
enlarged [ɪn'lɑːdʒd] *adj* erweitert; (*MED*)
vergrößert.
enlargement [ɪn'lɑːdʒmənt] *n* Vergrößerung
f.
enlighten [ɪn'laɪtn] *vt* aufklären.
enlightened [ɪn'laɪtnd] *adj* aufgeklärt.
enlightening [ɪn'laɪtnɪŋ] *adj* aufschlussreich.
enlightenment [ɪn'laɪtnmənt] *n* (*also HIST*:
Enlightenment) Aufklärung *f*.
enlist [ɪn'lɪst] *vt* anwerben; (*support, help*)
gewinnen ♦ *vi*: **to** ~ **in** eintreten in +*acc*; ~**ed
man** (*US*: *MIL*) gemeiner Soldat *m*; (*US*: *in
navy*) Matrose *m*.
enliven [ɪn'laɪvn] *vt* beleben.
enmity ['ɛnmɪtɪ] *n* Feindschaft *f*.
ennoble [ɪ'nəubl] *vt* adeln; (*fig*: *dignify*)
erheben.
enormity [ɪ'nɔːmɪtɪ] *n* ungeheure Größe *f*.
enormous [ɪ'nɔːməs] *adj* gewaltig, ungeheuer;
(*pleasure, success etc*) riesig.
enormously [ɪ'nɔːməslɪ] *adv* enorm; (*rich*)
ungeheuer.
enough [ɪ'nʌf] *adj* genug, genügend ♦ *pron*
genug ♦ *adv*: **big** ~ groß genug; **he has not
worked** ~ er hat nicht genug *or* genügend
gearbeitet; **have you got** ~**?** haben Sie
genug?; ~ **to eat** genug zu essen; **will 5 be**
~**?** reichen 5?; **I've had** ~**!** jetzt reichts mir
aber!; **it's hot** ~ (**as it is**) es ist heiß genug;
he was kind ~ **to lend me the money** er war
so gut und hat mir das Geld geliehen; ~**! es
reicht!; that's** ~**, thanks** danke, das reicht *or*
ist genug; **I've had** ~ **of him** ich habe genug
von ihm; **funnily/oddly** ~ ... komischerweise
...
enquire [ɪn'kwaɪə*] *vt, vi* = **inquire**.
enrage [ɪn'reɪdʒ] *vt* wütend machen.
enrich [ɪn'rɪtʃ] *vt* bereichern.
enrol, (*US*) **enroll** [ɪn'rəul] *vt* anmelden; (*at
university*) einschreiben, immatrikulieren
♦ *vi* (*see vt*) sich anmelden; sich
einschreiben, sich immatrikulieren.
enrolment, (*US*) **enrollment** [ɪn'rəulmənt] *n*

(*v vb*) Anmeldung *f*; Einschreibung *f*,
Immatrikulation *f*.
en route [ɔn'ruːt] *adv* unterwegs; ~ **for** auf
dem Weg nach; ~ **from London to Berlin** auf
dem Weg von London nach Berlin.
ensconced [ɪn'skɔnst] *adj*: **she is** ~ **in** ... sie
hat es sich *dat* in ... *dat* gemütlich gemacht.
ensemble [ɔn'sɔmbl] *n* Ensemble *nt*.
enshrine [ɪn'ʃraɪn] *vt* bewahren; **to be** ~**d in**
verankert sein in +*dat*.
ensue [ɪn'sjuː] *vi* folgen.
ensuing [ɪn'sjuːɪŋ] *adj* folgend.
ensure [ɪn'ʃuə*] *vt* garantieren; **to** ~ **that**
sicherstellen, dass.
ENT *n abbr* (*MED*: = *ear, nose and throat*) HNO.
entail [ɪn'teɪl] *vt* mit sich bringen.
entangled [ɪn'tæŋgld] *adj*: **to become** ~ (**in**)
sich verfangen (*in* +*dat*).
enter ['ɛntə*] *vt* betreten; (*club*) beitreten +*dat*;
(*army*) gehen zu; (*profession*) ergreifen;
(*race, contest*) sich beteiligen an +*dat*; (*sb for
a competition*) anmelden; (*write down*)
eintragen; (*COMPUT*: *data*) eingeben ♦ *vi*
(*come in*) hereinkommen; (*go in*)
hineingehen.
▶ **enter for** *vt fus* anmelden für.
▶ **enter into** *vt fus* (*discussion, negotiations*)
aufnehmen; (*correspondence*) treten in +*acc*;
(*agreement*) schließen.
▶ **enter up** *vt* eintragen.
▶ **enter (up)on** *vt fus* (*career, policy*)
einschlagen.
enteritis [ɛntə'raɪtɪs] *n* Dünndarmentzündung
f.
enterprise ['ɛntəpraɪz] *n* Unternehmen *nt*;
(*initiative*) Initiative *f*; **free** ~ freies
Unternehmertum *nt*; **private** ~
Privatunternehmertum *nt*.
enterprising ['ɛntəpraɪzɪŋ] *adj* einfallsreich.
entertain [ɛntə'teɪn] *vt* unterhalten; (*invite*)
einladen; (*idea, plan*) erwägen.
entertainer [ɛntə'teɪnə*] *n* Unterhalter(in)
m(f), Entertainer(in) *m(f)*.
entertaining [ɛntə'teɪnɪŋ] *adj* amüsant ♦ *n*: **to
do a lot of** ~ sehr oft Gäste haben.
entertainment [ɛntə'teɪnmənt] *n*
Unterhaltung *f*; (*show*) Darbietung *f*.
entertainment allowance *n*
Aufwandspauschale *f*.
enthral [ɪn'θrɔːl] *vt* begeistern; (*story*) fesseln.
enthralled [ɪn'θrɔːld] *adj* gefesselt; **he was**
~ **by or with the book** das Buch fesselte ihn.
enthralling [ɪn'θrɔːlɪŋ] *adj* fesselnd; (*details*)
spannend.
enthuse [ɪn'θuːz] *vi*: **to** ~ **about** *or* **over**
schwärmen von.
enthusiasm [ɪn'θuːzɪæzəm] *n* Begeisterung *f*.
enthusiast [ɪn'θuːzɪæst] *n* Enthusiast(in) *m(f)*;
he's a jazz/sports ~ er begeistert sich für
Jazz/Sport.
enthusiastic [ɪnθuːzɪ'æstɪk] *adj* begeistert;
(*response, reception*) enthusiastisch; **to be**

~ **about** begeistert sein von.
entice [ɪn'taɪs] *vt* locken; (*tempt*) verleiten.
enticing [ɪn'taɪsɪŋ] *adj* verlockend.
entire [ɪn'taɪə*] *adj* ganz.
entirely [ɪn'taɪəlɪ] *adv* völlig.
entirety [ɪn'taɪərətɪ] *n*: **in its** ~ in seiner Gesamtheit.
entitle [ɪn'taɪtl] *vt*: **to** ~ **sb to sth** jdn zu etw berechtigen; **to** ~ **sb to do sth** jdn dazu berechtigen, etw zu tun.
entitled [ɪn'taɪtld] *adj*: **a book/film** *etc* ~ ... ein Buch/Film *etc* mit dem Titel ...; **to be** ~ **to do sth** das Recht haben, etw zu tun.
entity ['ɛntɪtɪ] *n* Wesen *nt*.
entourage [ɔntu'rɑ:ʒ] *n* Gefolge *nt*.
entrails ['entreɪlz] *npl* Eingeweide *pl*.
entrance [*n* 'ɛntrns, *vt* ɪn'trɑ:ns] *n* Eingang *m*; (*arrival*) Ankunft *f*; (*on stage*) Auftritt *m* ♦ *vt* bezaubern; **to gain** ~ **to** (*building etc*) sich *dat* Zutritt verschaffen zu; (*university*) die Zulassung erhalten zu; (*profession etc*) Zugang erhalten zu.
entrance examination *n* Aufnahmeprüfung *f*.
entrance fee *n* Eintrittsgeld *nt*.
entrance ramp (*US*) *n* Auffahrt *f*.
entrancing [ɪn'trɑ:nsɪŋ] *adj* bezaubernd.
entrant ['entrnt] *n* Teilnehmer(in) *m(f)*; (*BRIT*: *in exam*) Prüfling *m*.
entreat [en'tri:t] *vt*: **to** ~ **sb to do sth** jdn anflehen, etw zu tun.
entreaty [en'tri:tɪ] *n* (flehentliche) Bitte *f*.
entrée ['ɔntreɪ] *n* Hauptgericht *nt*.
entrenched [en'trentʃt] *adj* verankert; (*ideas*) festgesetzt.
entrepreneur ['ɔntrəprə'nə:*] *n* Unternehmer(in) *m(f)*.
entrepreneurial ['ɔntrəprə'nə:rɪəl] *adj* unternehmerisch.
entrust [ɪn'trʌst] *vt*: **to** ~ **sth to sb** jdm etw anvertrauen; **to** ~ **sb with sth** (*task*) jdn mit etw betrauen; (*secret, valuables*) jdm etw anvertrauen.
entry ['entrɪ] *n* Eingang *m*; (*in competition*) Meldung *f*; (*in register, account book, reference book*) Eintrag *m*; (*arrival*) Eintritt *m*; (*to country*) Einreise *f*; **"no** ~**"** „Zutritt verboten"; (*AUT*) „Einfahrt verboten"; **single/double** ~ **book-keeping** einfache/doppelte Buchführung *f*.
entry form *n* Anmeldeformular *nt*.
entry phone (*BRIT*) *n* Türsprechanlage *f*.
entwine [ɪn'twaɪn] *vt* verflechten.
enumerate [ɪ'nju:məreɪt] *vt* aufzählen.
enunciate [ɪ'nʌnsɪeɪt] *vt* artikulieren; (*principle, plan etc*) formulieren.
envelop [ɪn'vɛləp] *vt* einhüllen.
envelope ['envələup] *n* Umschlag *m*.
enviable ['envɪəbl] *adj* beneidenswert.
envious ['envɪəs] *adj* neidisch; **to be** ~ **of sth/sb** auf etw/jdn neidisch sein.
environment [ɪn'vaɪərnmənt] *n* Umwelt *f*;

Department of the E~ (*BRIT*) Umweltministerium *nt*.
environmental [ɪnvaɪərn'mentl] *adj* (*problems, pollution etc*) Umwelt-; ~ **studies** Umweltkunde *f*.
environmentalist [ɪnvaɪərn'mentlɪst] *n* Umweltschützer(in) *m(f)*.
Environmental Protection Agency (*US*) *n* staatliche Umweltbehörde der USA.
environment-friendly *adj* umweltfreundlich.
envisage [ɪn'vɪzɪdʒ] *vt* sich *dat* vorstellen; **I** ~ **that** ... ich stelle mir vor, dass ...
envision [ɪn'vɪʒən] (*US*) *vt* = **envisage**.
envoy ['envɔɪ] *n* Gesandte(r) *f(m)*.
envy ['envɪ] *n* Neid *m* ♦ *vt* beneiden; **to** ~ **sb sth** jdn um etw beneiden.
enzyme ['enzaɪm] *n* Enzym *nt*.
eon ['i:ən] *n* Äon *m*, Ewigkeit *f*.
EPA (*US*) *n abbr* = **Environmental Protection Agency**.
ephemeral [ɪ'femərl] *adj* kurzlebig.
epic ['epɪk] *n* Epos *nt* ♦ *adj* (*journey*) lang und abenteuerlich.
epicentre, (*US*) **epicenter** ['epɪsentə*] *n* Epizentrum *nt*.
epidemic [epɪ'demɪk] *n* Epidemie *f*.
epigram ['epɪgræm] *n* Epigramm *nt*.
epilepsy ['epɪlepsɪ] *n* Epilepsie *f*.
epileptic [epɪ'leptɪk] *adj* epileptisch ♦ *n* Epileptiker(in) *m(f)*.
epilogue ['epɪlɔg] *n* Epilog *m*, Nachwort *nt*.
Epiphany [ɪ'pɪfənɪ] *n* Dreikönigsfest *nt*.
episcopal [ɪ'pɪskəpl] *adj* bischöflich; **the E**~ **Church** die Episkopalkirche.
episode ['epɪsəud] *n* Episode *f*; (*TV, RADIO*) Folge *f*.
epistle [ɪ'pɪsl] *n* Epistel *f*; (*REL*) Brief *m*.
epitaph ['epɪtɑ:f] *n* Epitaph *nt*; (*on gravestone etc*) Grab(in)schrift *f*.
epithet ['epɪθet] *n* Beiname *m*.
epitome [ɪ'pɪtəmɪ] *n* Inbegriff *m*.
epitomize [ɪ'pɪtəmaɪz] *vt* verkörpern.
epoch ['i:pɔk] *n* Epoche *f*.
epoch-making ['i:pɔkmeɪkɪŋ] *adj* epochal; (*discovery*) Epoche machend.
eponymous [ɪ'pɔnɪməs] *adj* namengebend.
equable ['ekwəbl] *adj* ausgeglichen; (*reply*) sachlich.
equal ['i:kwl] *adj* gleich ♦ *n* Gleichgestellte(r) *f(m)* ♦ *vt* gleichkommen +*dat*; (*number*) gleich sein +*dat*; **they are roughly** ~ **in size** sie sind ungefähr gleich groß; **the number of exports should be** ~ **to imports** Export- und Importzahlen sollten gleich sein; ~ **opportunities** Chancengleichheit *f*; **to be** ~ **to** (*task*) gewachsen sein +*dat*; **two times two** ~**s four** zwei mal zwei ist (gleich) vier.
equality [i:'kwɔlɪtɪ] *n* Gleichheit *f*; ~ **of opportunity** Chancengleichheit *f*.
equalize ['i:kwəlaɪz] *vt* angleichen ♦ *vi* (*SPORT*) ausgleichen.

equally ['i:kwəlı] *adv* gleichmäßig; (*good, bad etc*) gleich; **they are ~ clever** sie sind beide gleich klug.

Equal Opportunities Commission, (*US*) **Equal Employment Opportunity Commission** *n* Ausschuss *m* für Chancengleichheit am Arbeitsplatz.

equal(s) sign *n* Gleichheitszeichen *nt*.

equanimity [ɛkwə'nɪmɪtɪ] *n* Gleichmut *m*, Gelassenheit *f*.

equate [ɪ'kweɪt] *vt*: **to ~ sth with** etw gleichsetzen mit ♦ *vt* (*compare*) auf die gleiche Stufe stellen; **to ~ A to B** A und B auf die gleiche Stufe stellen.

equation [ɪ'kweɪʃən] *n* Gleichung *f*.

equator [ɪ'kweɪtə*] *n* Äquator *m*.

equatorial [ɛkwə'tɔ:rɪəl] *adj* äquatorial.

Equatorial Guinea *n* Äquatorial-Guinea *nt*.

equestrian [ɪ'kwɛstrɪən] *adj* (*sport, dress etc*) Reit-; (*statue*) Reiter- ♦ *n* Reiter(in) *m(f)*.

equilibrium [i:kwɪ'lɪbrɪəm] *n* Gleichgewicht *nt*.

equinox ['i:kwɪnɔks] *n* Tagundnachtgleiche *f*; **the spring/autumn ~** die Frühjahrs-/die Herbst-Tagundnachtgleiche *f*.

equip [ɪ'kwɪp] *vt*: **to ~ (with)** (*person, army*) ausrüsten (mit); (*room, car etc*) ausstatten (mit); **to ~ sb for** jdn vorbereiten auf +*acc*; **to be well ~ped** gut ausgerüstet sein.

equipment [ɪ'kwɪpmənt] *n* Ausrüstung *f*.

equitable ['ɛkwɪtəbl] *adj* gerecht.

equities ['ɛkwɪtɪz] (*BRIT*) *npl* Stammaktien *pl*.

equity ['ɛkwɪtɪ] *n* Gerechtigkeit *f*.

equity capital *n* Eigenkapital *nt*.

equivalent [ɪ'kwɪvələnt] *adj* gleich, gleichwertig ♦ *n* Gegenstück *nt*; **to be ~ to** *or* **the ~ of** entsprechen +*dat*.

equivocal [ɪ'kwɪvəkl] *adj* vieldeutig; (*open to suspicion*) zweifelhaft.

equivocate [ɪ'kwɪvəkeɪt] *vi* ausweichen, ausweichend antworten.

equivocation [ɪkwɪvə'keɪʃən] *n* Ausflucht *f*, ausweichende Antwort *f*.

ER (*BRIT*) *abbr* (= *Elizabeth Regina*) offizieller Namenszug der Königin.

ERA (*US*) *n abbr* (*POL*: = *Equal Rights Amendment*) Artikel der amerikanischen Verfassung zur Gleichberechtigung; (*BASEBALL*: = *earned run average*) *durch Eigenleistung erzielte Läufe.*

era ['ɪərə] *n* Ära *f*, Epoche *f*.

eradicate [ɪ'rædɪkeɪt] *vt* ausrotten.

erase [ɪ'reɪz] *vt* (*tape, COMPUT*) löschen; (*writing*) ausradieren; (*thought, feeling*) auslöschen.

eraser [ɪ'reɪzə*] *n* Radiergummi *m*.

erect [ɪ'rɛkt] *adj* aufrecht; (*tail*) hoch erhoben; (*ears*) gespitzt ♦ *vt* bauen; (*assemble*) aufstellen.

erection [ɪ'rɛkʃən] *n* Bauen *nt*; (*of statue*) Errichten *nt*; (*of tent, machinery etc*) Aufstellen *nt*; (*PHYSIOL*) Erektion *f*.

ergonomics [ə:gə'nɔmɪks] *n sing* Ergonomie *f*, Ergonomik *f*.

ERISA (*US*) *n abbr* (= *Employee Retirement Income Security Act*) Gesetz zur Regelung der Rentenversicherung.

Eritrea *n* Eritrea *nt*.

ERM *n abbr* (= *Exchange Rate Mechanism*) Wechselkursmechanismus *m*.

ermine ['ə:mɪn] *n* (*fur*) Hermelin *m*.

ERNIE, Ernie ['ə:nɪ] (*BRIT*) *n abbr* (= *Electronic Random Number Indicator Equipment*) *Gerät zur Ermittlung von Gewinnnummern für Prämiensparer.*

erode [ɪ'rəud] *vt* erodieren, auswaschen; (*metal*) zerfressen; (*confidence, power*) untergraben.

erogenous [ɪ'rɔdʒənəs] *adj* erogen.

erosion [ɪ'rəuʒən] *n* (*see vb*) Erosion *f*, Auswaschen *nt*; Zerfressen *nt*; Untergraben *nt*.

erotic [ɪ'rɔtɪk] *adj* erotisch.

eroticism [ɪ'rɔtɪsɪzəm] *n* Erotik *f*.

err [ə:*] *vi* sich irren; **to ~ on the side of caution/simplicity** (im Zweifelsfall) zur Vorsicht/Vereinfachung neigen.

errand ['ɛrənd] *n* Besorgung *f*; (*to give a message etc*) Botengang *m*; **to run ~s** Besorgungen/Botengänge machen; **~ of mercy** Rettungsaktion *f*.

erratic [ɪ'rætɪk] *adj* unberechenbar; (*attempts*) unkoordiniert; (*noise*) unregelmäßig.

erroneous [ɪ'rəunɪəs] *adj* irrig.

error ['ɛrə*] *n* Fehler *m*; **typing/spelling ~** Tipp-/Rechtschreibfehler *m*; **in ~** irrtümlicherweise; **~s and omissions excepted** Irrtum vorbehalten.

error message *n* Fehlermeldung *f*.

erstwhile ['ə:stwaɪl] *adj* einstig, vormalig.

erudite ['ɛrjudaɪt] *adj* gelehrt.

erupt [ɪ'rʌpt] *vi* ausbrechen.

eruption [ɪ'rʌpʃən] *n* Ausbruch *m*.

ESA *n abbr* (= *European Space Agency*) Europäische Weltraumbehörde *f*.

escalate ['ɛskəleɪt] *vi* eskalieren, sich ausweiten.

escalation [ɛskə'leɪʃən] *n* Eskalation *f*.

escalator ['ɛskəleɪtə*] *n* Rolltreppe *f*.

escalator clause *n* Gleitklausel *f*.

escapade [ɛskə'peɪd] *n* Eskapade *f*.

escape [ɪs'keɪp] *n* Flucht *f*; (*TECH: of liquid*) Ausfließen *nt*; (*of gas*) Ausströmen *nt*; (*of air, heat*) Entweichen *nt* ♦ *vi* entkommen; (*from prison*) ausbrechen; (*liquid*) ausfließen; (*gas*) ausströmen; (*air, heat*) entweichen ♦ *vt* (*pursuers etc*) entkommen +*dat*; (*punishment etc*) entgehen +*dat*; **his name ~s me** sein Name ist mir entfallen; **to ~ from** flüchten aus; (*prison*) ausbrechen aus; (*person*) entkommen +*dat*; **to ~ to Peru** nach Peru fliehen; **to ~ to safety** sich in Sicherheit bringen; **to ~ notice** unbemerkt bleiben.

escape artist *n* Entfesselungskünstler(in)

m(f).

escape clause *n* (*in contract*) Befreiungsklausel *f*.

escapee [ɪskeɪ'piː] *n* entwichener Häftling *m*.

escape hatch *n* Notluke *f*.

escape key *n* (*COMPUT*) Escape-Taste *f*.

escape route *n* Fluchtweg *m*.

escapism [ɪs'keɪpɪzəm] *n* Wirklichkeitsflucht *f*, Eskapismus *m*.

escapist [ɪs'keɪpɪst] *adj* eskapistisch.

escapologist [ɛskə'pɒlədʒɪst] (*BRIT*) *n* = **escape artist**.

escarpment [ɪs'kɑːpmənt] *n* Steilhang *m*.

eschew [ɪs'tʃuː] *vt* meiden.

escort [*n* 'ɛskɔːt, *vt* ɪs'kɔːt] *n* Eskorte *f*; (*companion*) Begleiter(in) *m(f)* ♦ *vt* begleiten; **his** ~ seine Begleiterin; **her** ~ ihr Begleiter.

escort agency *n* Agentur *f* für Begleiter(innen).

Eskimo ['ɛskɪməʊ] *n* Eskimo(frau) *m(f)*.

ESL *n abbr* (*SCOL*: = *English as a Second Language*) Englisch *nt* als Zweitsprache.

esophagus [iː'sɒfəgəs] (*US*) *n* = **oesophagus**.

esoteric [ɛsə'tɛrɪk] *adj* esoterisch.

ESP *n abbr* = **extrasensory perception**; (*SCOL*: = *English for Special Purposes*) Englischunterricht *m* für spezielle Fachbereiche.

esp. *abbr* = **especially**.

especially [ɪs'pɛʃlɪ] *adv* besonders.

espionage ['ɛspɪənɑːʒ] *n* Spionage *f*.

esplanade [ɛsplə'neɪd] *n* Promenade *f*.

espouse [ɪs'paʊz] *vt* eintreten für.

Esquire [ɪs'kwaɪə*] *n* (*abbr* Esq.): **J. Brown,** ~ Herrn J. Brown.

essay ['ɛseɪ] *n* Aufsatz *m*; (*LITER*) Essay *m* or *nt*.

essence ['ɛsns] *n* Wesen *nt*; (*CULIN*) Essenz *f*; **in** ~ im Wesentlichen; **speed is of the** ~ Geschwindigkeit ist von entscheidender Bedeutung.

essential [ɪ'sɛnʃl] *adj* notwendig; (*basic*) wesentlich ♦ *n* (*see adj*) Notwendigste(s) *nt*; Wesentliche(s) *nt*; **it is** ~ **that** es ist unbedingt *or* absolut erforderlich, dass.

essentially [ɪ'sɛnʃəlɪ] *adv* im Grunde genommen.

EST (*US*) *abbr* (= *Eastern Standard Time*) ostamerikanische Standardzeit.

est. *abbr* = **established, estimate(d)**.

establish [ɪs'tæblɪʃ] *vt* gründen; (*facts*) feststellen; (*proof*) erstellen; (*relations, contact*) aufnehmen; (*reputation*) sich *dat* verschaffen.

established [ɪs'tæblɪʃt] *adj* üblich; (*business*) eingeführt.

establishment [ɪs'tæblɪʃmənt] *n* (*see vb*) Gründung *f*; Feststellung *f*; Erstellung *f*; Aufnahme *f*; (*of reputation*) Begründung *f*; (*shop etc*) Unternehmen *nt*; **the E**~ das Establishment.

estate [ɪs'teɪt] *n* Gut *nt*; (*BRIT: also:* **housing** ~) Siedlung *f*; (*LAW*) Nachlass *m*.

estate agency (*BRIT*) *n* Maklerbüro *nt*.

estate agent (*BRIT*) *n* Immobilienmakler(in) *m(f)*.

estate car (*BRIT*) *n* Kombiwagen *m*.

esteem [ɪs'tiːm] *n*: **to hold sb in high** ~ eine hohe Meinung von jdm haben.

esthetic [ɪs'θɛtɪk] (*US*) *adj* = **aesthetic**.

estimate ['ɛstɪmət] *n* Schätzung *f*; (*assessment*) Einschätzung *f*; (*COMM*) (Kosten)voranschlag *m* ♦ *vt* schätzen ♦ *vi* (*BRIT: COMM*): **to** ~ **for** einen Kostenvoranschlag machen für; **to give sb an** ~ **of sth** jdm eine Vorstellung von etw geben; **to** ~ **for** einen Kostenvoranschlag machen für; **at a rough** ~ grob geschätzt, über den Daumen gepeilt (*inf*); **I** ~ **that** ich schätze, dass.

estimation [ɛstɪ'meɪʃən] *n* Schätzung *f*; (*opinion*) Einschätzung *f*; **in my** ~ meiner Einschätzung nach.

estimator ['ɛstɪmeɪtə*] *n* Schätzer(in) *m(f)*.

Estonia [ɛs'təʊnɪə] *n* Estland *nt*.

Estonian [ɛs'təʊnɪən] *adj* estnisch ♦ *n* Este *m*, Estin *f*; (*LING*) Estnisch *nt*.

estranged [ɪs'treɪndʒd] *adj* entfremdet; (*from spouse*) getrennt; (*couple*) getrennt lebend.

estrangement [ɪs'treɪndʒmənt] *n* Entfremdung *f*; (*from spouse*) Trennung *f*.

estrogen ['iːstrəʊdʒən] (*US*) *n* = **oestrogen**.

estuary ['ɛstjuərɪ] *n* Mündung *f*.

ET (*BRIT*) *n abbr* (= *Employment Training*) Ausbildungsmaßnahmen *für Arbeitslose*.

ETA *n abbr* (= *estimated time of arrival*) voraussichtliche Ankunftszeit *f*.

et al. *abbr* (= *et alii*) u. a.

etc. *abbr* (= *et cetera*) etc.

etch [ɛtʃ] *vt* (*design, surface: with needle*) radieren; (: *with acid*) ätzen; (: *with chisel*) meißeln; **it will be** ~**ed on my memory** es wird sich tief in mein Gedächtnis eingraben.

etching ['ɛtʃɪŋ] *n* Radierung *f*.

ETD *n abbr* (= *estimated time of departure*) voraussichtliche Abflugzeit *f*.

eternal [ɪ'təːnl] *adj* ewig.

eternity [ɪ'təːnɪtɪ] *n* Ewigkeit *f*.

ether ['iːθə*] *n* Äther *m*.

ethereal [ɪ'θɪərɪəl] *adj* ätherisch.

ethical ['ɛθɪkl] *adj* ethisch.

ethics ['ɛθɪks] *n* Ethik *f* ♦ *npl* (*morality*) Moral *f*.

Ethiopia [iːθɪ'əʊpɪə] *n* Äthiopien *nt*.

Ethiopian [iːθɪ'əʊpɪən] *adj* äthiopisch ♦ *n* Äthiopier(in) *m(f)*.

ethnic ['ɛθnɪk] *adj* ethnisch; (*music*) folkloristisch; (*culture etc*) urwüchsig.

ethnic cleansing [-'klɛnzɪŋ] *n* ethnische Säuberung *f*.

ethnic minority *n* ethnische Minderheit *f*.

ethnology [ɛθ'nɒlədʒɪ] *n* Ethnologie *f*, Völkerkunde *f*.

ethos ['iːθɒs] *n* Ethos *nt*.

etiquette ['ɛtɪkɛt] *n* Etikette *f*.

ETV (*US*) *n abbr* (= *educational television*)
Fernsehsender, der Bildungs- und
Kulturprogramme ausstrahlt.

etymology [ɛtɪ'mɒlədʒɪ] *n* Etymologie *f*; (*of
word*) Herkunft *f*.

EU *n abbr* (= *European Union*) EU *f*.

eucalyptus [juːkə'lɪptəs] *n* Eukalyptus *m*.

Eucharist ['juːkərɪst] *n*: **the** ~ die Eucharistie,
das (heilige) Abendmahl.

eulogy ['juːlədʒɪ] *n* Lobrede *f*.

euphemism ['juːfəmɪzəm] *n* Euphemismus *m*.

euphemistic [juːfə'mɪstɪk] *adj* euphemistisch,
verhüllend.

euphoria [juː'fɔːrɪə] *n* Euphorie *f*.

Eurasia [juə'reɪʃə] *n* Eurasien *nt*.

Eurasian [juə'reɪʃən] *adj* eurasisch ♦ *n*
Eurasier(in) *m(f)*.

Euratom [juə'rætəm] *n abbr* (= *European Atomic
Energy Community*) Euratom *f*.

euro ['juərəu] *n* (*FIN*) Euro *m*.

Euro- ['juərəu] *pref* Euro-.

Eurocheque ['juərəutʃɛk] *n* Euroscheck *m*.

Eurocrat ['juərəukræt] *n* Eurokrat(in) *m(f)*.

Eurodollar ['juərəudɒlə*] *n* Eurodollar *m*.

Euroland ['juərəulænd] *n* (*FIN*) Eurozone *f*.

Europe ['juərəp] *n* Europa *nt*.

European [juərə'piːən] *adj* europäisch ♦ *n*
Europäer(in) *m(f)*.

European Central Bank *n*: **the** ~ die
Europäische Zentralbank.

European Community *n*: **the** ~ die
Europäische Gemeinschaft.

European Court of Justice *n*: **the** ~ der
Europäische Gerichtshof.

European Economic Community *n*
(*formerly*): **the** ~ die Europäische
Wirtschaftsgemeinschaft.

Euro-sceptic ['juərəuskɛptɪk] *n*
Euroskeptiker(in) *m(f)*.

euthanasia [juːθə'neɪzɪə] *n* Euthanasie *f*.

evacuate [ɪ'vækjueɪt] *vt* evakuieren; (*place*)
räumen.

evacuation [ɪvækju'eɪʃən] *n* (*see verb*)
Evakuierung *f*; Räumung *f*.

evacuee [ɪvækju'iː] *n* Evakuierte(r) *f(m)*.

evade [ɪ'veɪd] *vt* (*person, question*) ausweichen
+*dat*; (*tax*) hinterziehen; (*duty, responsibility*)
sich entziehen +*dat*.

evaluate [ɪ'væljueɪt] *vt* bewerten; (*situation*)
einschätzen.

evangelical [iːvæn'dʒɛlɪkl] *adj* evangelisch.

evangelist [ɪ'vændʒəlɪst] *n* Evangelist(in) *m(f)*.

evangelize [ɪ'vændʒəlaɪz] *vi* evangelisieren.

evaporate [ɪ'væpəreɪt] *vi* verdampfen;
(*feeling, attitude*) dahinschwinden.

evaporated milk [ɪ'væpəreɪtɪd-] *n*
Kondensmilch *f*, Büchsenmilch *f*.

evaporation [ɪvæpə'reɪʃən] *n* Verdampfung *f*.

evasion [ɪ'veɪʒən] *n* Ausweichen *nt*; (*of tax*)
Hinterziehung *f*.

evasive [ɪ'veɪsɪv] *adj* ausweichend; **to take**
~ **action** ein Ausweichmanöver machen.

eve [iːv] *n*: **on the** ~ **of** am Tag vor +*dat*;
Christmas E~ Heiligabend *m*; **New Year's
E**~ Silvester *m or nt*.

even ['iːvn] *adj* (*level*) eben; (*smooth*) glatt;
(*equal*) gleich; (*number*) gerade ♦ *adv* sogar,
selbst; (*introducing a comparison*) sogar noch;
~ **if**, ~ **though** selbst wenn; ~ **more** sogar
noch mehr; **he loves her** ~ **more** er liebt sie
umso mehr; **it's going** ~ **faster now** es fährt
jetzt sogar noch schneller; ~ **so** (aber)
trotzdem; **not** ~ nicht einmal; ~ **he was
there** sogar er war da; **to break** ~ die
Kosten decken; **to get** ~ **with sb** es jdm
heimzahlen.

▶ **even out** *vi* sich ausgleichen ♦ *vt*
ausgleichen.

even-handed ['iːvnhændɪd] *adj* gerecht.

evening ['iːvnɪŋ] *n* Abend *m*; **in the** ~ abends,
am Abend; **this** ~ heute Abend; **tomorrow/
yesterday** ~ morgen/gestern Abend.

evening class *n* Abendkurs *m*.

evening dress *n* (*no pl*) Abendkleidung *f*;
(*woman's*) Abendkleid *nt*.

evenly ['iːvnlɪ] *adv* gleichmäßig.

evensong ['iːvnsɒŋ] *n* Abendandacht *f*.

event [ɪ'vɛnt] *n* Ereignis *nt*; (*SPORT*)
Wettkampf *m*; **in the normal course of** ~s
normalerweise; **in the** ~ **of** im Falle +*gen*; **in
the** ~ schließlich; **at all** ~s (*BRIT*), **in any** ~
auf jeden Fall.

eventful [ɪ'vɛntful] *adj* ereignisreich.

eventing [ɪ'vɛntɪŋ] *n* (*HORSERIDING*) Military
f.

eventual [ɪ'vɛntʃuəl] *adj* schließlich; (*goal*)
letztlich.

eventuality [ɪvɛntʃu'ælɪtɪ] *n* Eventualität *f*.

eventually [ɪ'vɛntʃuəlɪ] *adv* endlich; (*in time*)
schließlich.

ever ['ɛvə*] *adv* immer; (*at any time*) je(mals);
why ~ **not?** warum denn bloß nicht?; **the
best** ~ der/die/das Allerbeste; **have you**
~ **seen it?** haben Sie es schon einmal
gesehen?; **for** ~ für immer; **hardly** ~ kaum
je(mals); **better than** ~ besser als je zuvor;
~ **since** *adv* seitdem ♦ *conj* seit, seitdem;
~ **so pretty** unheimlich hübsch (*inf*); **thank
you** ~ **so much** ganz herzlichen Dank; **yours**
~ (*BRIT: in letters*) alles Liebe.

Everest ['ɛvərɪst] *n* (*also*: **Mount** ~) Mount
Everest *m*.

evergreen ['ɛvəgriːn] *n* (*tree/bush*)
immergrüner Baum/Strauch *m*.

everlasting [ɛvə'lɑːstɪŋ] *adj* ewig.

═══════════════════════════ *KEYWORD*

every ['ɛvrɪ] *adj* **1** jede(r, s); ~ **one of them**
(*persons*) jede(r) (Einzelne) von ihnen;
(*objects*) jedes einzelne Stück; ~ **day** jeden
Tag; ~ **week** jede Woche; ~ **other car** jedes
zweite Auto; ~ **other/third day** alle zwei/
drei Tage; ~ **shop in the town was closed**
alle Geschäfte der Stadt waren

geschlossen; ~ **now and then** ab und zu, hin und wieder.
2 (*all possible*): **I have** ~ **confidence in him** ich habe volles Vertrauen in ihn; **we wish you** ~ **success** wir wünschen Ihnen alles Gute.

everybody ['ɛvrɪbɔdɪ] *pron* jeder, alle *pl*; ~ **knows about it** alle wissen es; ~ **else** alle anderen *pl*.
everyday ['ɛvrɪdeɪ] *adj* täglich; (*usual, common*) alltäglich; (*life, language*) Alltags-.
everyone ['ɛvrɪwʌn] *pron* = **everybody**.
everything ['ɛvrɪθɪŋ] *pron* alles; **he did** ~ **possible** er hat sein Möglichstes getan.
everywhere ['ɛvrɪwɛə*] *adv* überall; (*wherever*) wo auch *or* immer; ~ **you go you meet** ... wo man auch *or* wo immer man hingeht, trifft man ...
evict [ɪ'vɪkt] *vt* zur Räumung zwingen.
eviction [ɪ'vɪkʃən] *n* Ausweisung *f*.
eviction notice *n* Räumungskündigung *f*.
eviction order *n* Räumungsbefehl *m*.
evidence ['ɛvɪdns] *n* Beweis *m*; (*of witness*) Aussage *f*; (*sign, indication*) Zeichen *nt*, Spur *f*; **to give** ~ (als Zeuge) aussagen; **to show** ~ **of** zeigen; **in** ~ sichtbar.
evident ['ɛvɪdnt] *adj* offensichtlich.
evidently ['ɛvɪdntlɪ] *adv* offensichtlich.
evil ['iːvl] *adj* böse; (*influence*) schlecht ♦ *n* Böse(s) *nt*; (*unpleasant situation or activity*) Übel *nt*.
evocative [ɪ'vɔkətɪv] *adj* evokativ.
evoke [ɪ'vəuk] *vt* hervorrufen; (*memory*) wecken.
evolution [iːvə'luːʃən] *n* Evolution *f*; (*development*) Entwicklung *f*.
evolve [ɪ'vɔlv] *vt* entwickeln ♦ *vi* sich entwickeln.
ewe [juː] *n* Mutterschaf *nt*.
ewer ['juːə*] *n* (Wasser)krug *m*.
ex- [ɛks] *pref* Ex-, frühere(r, s); **the price** ~ **works** der Preis ab Werk.
exacerbate [ɛks'æsəbeɪt] *vt* verschärfen; (*pain*) verschlimmern.
exact [ɪg'zækt] *adj* genau; (*word*) richtig ♦ *vt*: **to** ~ **sth (from)** etw verlangen (von); (*payment*) etw eintreiben (von).
exacting [ɪg'zæktɪŋ] *adj* anspruchsvoll.
exactly [ɪg'zæktlɪ] *adv* genau; ~! (ganz) genau!; **not** ~ (*hardly*) nicht gerade.
exaggerate [ɪg'zædʒəreɪt] *vt, vi* übertreiben.
exaggerated [ɪg'zædʒəreɪtɪd] *adj* übertrieben.
exaggeration [ɪgzædʒə'reɪʃən] *n* Übertreibung *f*.
exalt [ɪg'zɔːlt] *vt* preisen.
exalted [ɪg'zɔːltɪd] *adj* hoch; (*elated*) exaltiert.
exam [ɪg'zæm] *n abbr* = **examination**.
examination [ɪgzæmɪ'neɪʃən] *n* Untersuchung *f*; Prüfung *f*; Verhör *nt*; **to take** *or* (*BRIT*) **sit an** ~ eine Prüfung machen; **the matter is under** ~ die Angelegenheit

wird geprüft *or* untersucht.
examine [ɪg'zæmɪn] *vt* untersuchen; (*accounts, candidate*) prüfen; (*witness*) verhören.
examiner [ɪg'zæmɪnə*] *n* Prüfer(in) *m(f)*.
example [ɪg'zɑːmpl] *n* Beispiel *nt*; **for** ~ zum Beispiel; **to set a good/bad** ~ ein gutes/ schlechtes Beispiel geben.
exasperate [ɪg'zɑːspəreɪt] *vt* (*annoy*) verärgern; (*frustrate*) zur Verzweiflung bringen; ~**d by** *or* **with** verärgert/ verzweifelt über +*acc*.
exasperating [ɪg'zɑːspəreɪtɪŋ] *adj* ärgerlich; (*job*) leidig.
exasperation [ɪgzɑːspə'reɪʃən] *n* Verzweiflung *f*; **in** ~ verzweifelt.
excavate ['ɛkskəveɪt] *vt* ausgraben; (*hole*) graben ♦ *vi* Ausgrabungen machen.
excavation [ɛkskə'veɪʃən] *n* Ausgrabung *f*.
excavator ['ɛkskəveɪtə*] *n* Bagger *m*.
exceed [ɪk'siːd] *vt* übersteigen; (*hopes*) übertreffen; (*limit, budget, powers*) überschreiten.
exceedingly [ɪk'siːdɪŋlɪ] *adv* äußerst.
excel [ɪk'sɛl] *vt* übertreffen ♦ *vi*: **to** ~ **(in** *or* **at)** sich auszeichnen (in +*dat*); **to** ~ **o.s.** (*BRIT*) sich selbst übertreffen.
excellence ['ɛksələns] *n* hervorragende Leistung *f*.
Excellency ['ɛksələnsɪ] *n*: **His** ~ Seine Exzellenz.
excellent ['ɛksələnt] *adj* ausgezeichnet, hervorragend.
except [ɪk'sɛpt] *prep* (*also*: ~ **for**) außer +*dat* ♦ *vt*: **to** ~ **sb (from)** jdn ausnehmen (bei); ~ **if,** ~ **when** außer wenn; ~ **that** nur dass.
excepting [ɪk'sɛptɪŋ] *prep* außer +*dat*, mit Ausnahme +*gen*.
exception [ɪk'sɛpʃən] *n* Ausnahme *f*; **to take** ~ **to** Anstoß nehmen an +*dat*; **with the** ~ **of** mit Ausnahme von.
exceptional [ɪk'sɛpʃənl] *adj* außergewöhnlich.
excerpt ['ɛksəːpt] *n* Auszug *m*.
excess [ɪk'sɛs] *n* Übermaß *nt*; (*INSURANCE*) Selbstbeteiligung *f*; **excesses** *npl* Exzesse *pl*; **an** ~ **of £15, a £15** ~ eine Selbstbeteiligung von £15; **in** ~ **of** über +*dat*.
excess baggage *n* Übergepäck *nt*.
excess fare (*BRIT*) *n* Nachlösegebühr *f*.
excessive [ɪk'sɛsɪv] *adj* übermäßig.
excess supply *n* Überangebot *nt*.
exchange [ɪks'tʃeɪndʒ] *n* Austausch *m*; (*conversation*) Wortwechsel *m*; (*also*: **telephone** ~) Fernsprechamt *nt* ♦ *vt*: **to** ~ **(for)** tauschen (gegen); (*in shop*) umtauschen (gegen); **in** ~ **for** für; **foreign** ~ Devisenhandel *m*; (*money*) Devisen *pl*.
exchange control *n* Devisenkontrolle *f*.
exchange market *n* Devisenmarkt *m*.
exchange rate *n* Wechselkurs *m*.
Exchequer [ɪks'tʃekə*] (*BRIT*) *n*: **the** ~ das Finanzministerium.
excisable [ɪk'saɪzəbl] *adj* steuerpflichtig.

excise ['ɛksaɪz] *n* Verbrauchssteuer *f* ♦ *vt* entfernen.

excise duties *npl* Verbrauchssteuern *pl*.

excitable [ɪk'saɪtəbl] *adj* (leicht) erregbar.

excite [ɪk'saɪt] *vt* aufregen; (*arouse*) erregen; **to get ~d** sich aufregen.

excitement [ɪk'saɪtmənt] *n* Aufregung *f*; (*exhilaration*) Hochgefühl *nt*.

exciting [ɪk'saɪtɪŋ] *adj* aufregend.

excl. *abbr* = **excluding; exclusive (of)**.

exclaim [ɪks'kleɪm] *vi* aufschreien.

exclamation [ɛksklə'meɪʃən] *n* Ausruf *m*; **~ of joy** Freudenschrei *m*.

exclamation mark *n* Ausrufezeichen *nt*.

exclude [ɪks'kluːd] *vt* ausschließen.

excluding [ɪks'kluːdɪŋ] *prep*: **~ VAT** ohne Mehrwertsteuer.

exclusion [ɪks'kluːʒən] *n* Ausschluss *m*; **to concentrate on sth to the ~ of everything else** sich ausschließlich auf etw *dat* konzentrieren.

exclusion clause *n* Freizeichnungsklausel *f*.

exclusion zone *n* Sperrzone *f*.

exclusive [ɪks'kluːsɪv] *adj* exklusiv; (*story, interview*) Exklusiv-; (*use*) ausschließlich ♦ *n* Exklusivbericht *m* ♦ *adv*: **from 1st to 15th March ~** vom 1. bis zum 15. März ausschließlich; **~ of postage** ohne *or* exklusive Porto; **~ of tax** ausschließlich *or* exklusive Steuern; **to be mutually ~** sich *or* einander ausschließen.

exclusively [ɪks'kluːsɪvlɪ] *adv* ausschließlich.

exclusive rights *npl* Exklusivrechte *pl*.

excommunicate [ɛkskə'mjuːnɪkeɪt] *vt* exkommunizieren.

excrement ['ɛkskrəmənt] *n* Kot *m*, Exkremente *pl*.

excruciating [ɪks'kruːʃɪeɪtɪŋ] *adj* grässlich, fürchterlich; (*noise, embarrassment*) unerträglich.

excursion [ɪks'kəːʃən] *n* Ausflug *m*.

excursion ticket *n* verbilligte Fahrkarte *f*.

excusable [ɪks'kjuːzəbl] *adj* verzeihlich, entschuldbar.

excuse [ɪks'kjuːs] *n* Entschuldigung *f* ♦ *vt* entschuldigen; (*forgive*) verzeihen; **to ~ sb from sth** jdm etw erlassen; **to ~ sb from doing sth** jdn davon befreien, etw zu tum; **~ me!** entschuldigen Sie!, Entschuldigung!; **if you will ~ me ...** entschuldigen Sie mich bitte ...; **to ~ o.s. for sth** sich für *or* wegen etw entschuldigen; **to ~ o.s. for doing sth** sich entschuldigen, dass man etw tut; **to make ~s for sb** jdn entschuldigen; **that's no ~!** das ist keine Ausrede!

ex-directory ['ɛksdɪ'rɛktərɪ] (*BRIT*) *adj* (*number*) geheim; **she's ~** sie steht nicht im Telefonbuch.

execrable ['ɛksɪkrəbl] *adj* scheußlich; (*manners*) abscheulich.

execute ['ɛksɪkjuːt] *vt* ausführen; (*person*) hinrichten.

execution [ɛksɪ'kjuːʃən] *n* (*see vb*) Ausführung *f*; Hinrichtung *f*.

executioner [ɛksɪ'kjuːʃnə*] *n* Scharfrichter *m*.

executive [ɪg'zɛkjutɪv] *n* leitende(r) Angestellte(r) *f(m)*; (*committee*) Vorstand *m* ♦ *adj* geschäftsführend; (*role*) führend; (*secretary*) Chef-; (*car, chair*) für gehobene Ansprüche; (*toys*) Manager-; (*plane*) ≈ Privat-.

executive director *n* leitender Direktor *m*, leitende Direktorin *f*.

executor [ɪg'zɛkjutə*] *n* Testamentsvollstrecker(in) *m(f)*.

exemplary [ɪg'zɛmplərɪ] *adj* vorbildlich, beispielhaft; (*punishment*) exemplarisch.

exemplify [ɪg'zɛmplɪfaɪ] *vt* verkörpern; (*illustrate*) veranschaulichen.

exempt [ɪg'zɛmpt] *adj*: **~ from** befreit von ♦ *vt*: **to ~ sb from** jdn befreien von.

exemption [ɪg'zɛmpʃən] *n* Befreiung *f*.

exercise ['ɛksəsaɪz] *n* Übung *f*; (*no pl: keep-fit*) Gymnastik *f*; (: *energetic movement*) Bewegung *f*; (: *of authority etc*) Ausübung *f* ♦ *vt* (*patience*) üben; (*right*) ausüben; (*dog*) ausführen; (*mind*) beschäftigen ♦ *vi* (*also*: **to take ~**) Sport treiben.

exercise book *n* (Schul)heft *nt*.

exert [ɪg'zəːt] *vt* (*influence*) ausüben; (*authority*) einsetzen; **to ~ o.s.** sich anstrengen.

exertion [ɪg'zəːʃən] *n* Anstrengung *f*.

ex gratia ['ɛks'greɪʃə] *adj*: **~ payment** freiwillige Zahlung *f*.

exhale [ɛks'heɪl] *vt, vi* ausatmen.

exhaust [ɪg'zɔːst] *n* (*also*: **~ pipe**) Auspuff *m*; (*fumes*) Auspuffgase *pl* ♦ *vt* erschöpfen; (*money*) aufbrauchen; (*topic*) erschöpfend behandeln; **to ~ o.s.** sich verausgaben.

exhausted [ɪg'zɔːstɪd] *adj* erschöpft.

exhausting [ɪg'zɔːstɪŋ] *adj* anstrengend.

exhaustion [ɪg'zɔːstʃən] *n* Erschöpfung *f*; **nervous ~** nervöse Erschöpfung.

exhaustive [ɪg'zɔːstɪv] *adj* erschöpfend.

exhibit [ɪg'zɪbɪt] *n* Ausstellungsstück *nt*; (*LAW*) Beweisstück *nt* ♦ *vt* zeigen, an den Tag legen; (*paintings*) ausstellen.

exhibition [ɛksɪ'bɪʃən] *n* Ausstellung *f*; **to make an ~ of o.s.** sich unmöglich aufführen; **an ~ of bad manners** schlechte Manieren *pl*; **an ~ of draughtsmanship** zeichnerisches Können *nt*.

exhibitionist [ɛksɪ'bɪʃənɪst] *n* Exhibitionist(in) *m(f)*.

exhibitor [ɪg'zɪbɪtə*] *n* Aussteller(in) *m(f)*.

exhilarating [ɪg'zɪləreɪtɪŋ] *adj* erregend, berauschend; (*news*) aufregend.

exhilaration [ɪgzɪlə'reɪʃən] *n* Hochgefühl *nt*.

exhort [ɪg'zɔːt] *vt*: **to ~ sb to do sth** jdn ermahnen, etw zu tun.

exile ['ɛksaɪl] *n* Exil *nt*; (*person*) Verbannte(r) *f(m)* ♦ *vt* verbannen; **in ~** im Exil.

exist [ɪg'zɪst] *vi* existieren.

existence [ɪgˈzɪstəns] n Existenz f; **to be in** ~
existieren.

existentialism [ɛgzɪsˈtɛnʃlɪzəm] n
Existentialismus m.

existing [ɪgˈzɪstɪŋ] adj bestehend.

exit [ˈɛksɪt] n Ausgang m; (from motorway)
Ausfahrt f; (departure) Abgang m ♦ vi
(THEAT) abgehen; (COMPUT: from program/
file etc) das Programm/die Datei etc
verlassen; **to** ~ **from** hinausgehen aus;
(motorway etc) abfahren von.

exit poll n bei Wählern unmittelbar nach
Verlassen der Wahllokale durchgeführte
Umfrage.

exit ramp (US) n Ausfahrt f.

exit visa n Ausreisevisum nt.

exodus [ˈɛksədəs] n Auszug m; **the** ~ **to the
cities** die Abwanderung in die Städte.

ex officio [ˈɛksəˈfɪʃɪəu] adj von Amts wegen
♦ adv kraft seines Amtes.

exonerate [ɪgˈzɔnəreɪt] vt: **to** ~ **from**
entlasten von.

exorbitant [ɪgˈzɔːbɪtnt] adj (prices, rents)
astronomisch, unverschämt; (demands)
maßlos, übertrieben.

exorcize [ˈɛksɔːsaɪz] vt exorzieren; (spirit)
austreiben.

exotic [ɪgˈzɔtɪk] adj exotisch.

expand [ɪksˈpænd] vt erweitern; (staff,
numbers etc) vergrößern; (influence)
ausdehnen ♦ vi expandieren; (population)
wachsen; (gas, metal) sich ausdehnen; **to**
~ **on** weiter ausführen.

expanse [ɪksˈpæns] n Weite f.

expansion [ɪksˈpænʃən] n Expansion f; (of
population) Wachstum nt; (of gas, metal)
Ausdehnung f.

expansionism [ɪksˈpænʃənɪzəm] n
Expansionspolitik f.

expansionist [ɪksˈpænʃənɪst] adj Expansions-,
expansionistisch.

expatriate [ɛksˈpætrɪət] n im Ausland
Lebende(r) f(m).

expect [ɪksˈpɛkt] vt erwarten; (suppose)
denken, glauben; (count on) rechnen mit
♦ vi: **to be** ~**ing** ein Kind erwarten; **to** ~ **sb
to do sth** erwarten, dass jd etw tut; **to** ~ **to
do sth** vorhaben, etw zu tun; **as** ~**ed** wie
erwartet; **I** ~ **so** ich glaube schon.

expectancy [ɪksˈpɛktənsɪ] n Erwartung f; **life**
~ Lebenserwartung f.

expectant [ɪksˈpɛktənt] adj erwartungsvoll.

expectantly [ɪksˈpɛktəntlɪ] adv
erwartungsvoll.

expectant mother n werdende Mutter f.

expectation [ɛkspɛkˈteɪʃən] n Erwartung f;
(hope) Hoffnung f; **in** ~ **of** in Erwartung
+gen; **against** or **contrary to all** ~(**s**) wider
Erwarten; **to come** or **live up to sb's** ~**s** jds
Erwartungen dat entsprechen.

expedience [ɪksˈpiːdɪəns] n = **expediency**.

expediency [ɪksˈpiːdɪənsɪ] n Zweckmäßigkeit

f; **for the sake of** ~ aus Gründen der
Zweckmäßigkeit.

expedient [ɪksˈpiːdɪənt] adj zweckmäßig ♦ n
Hilfsmittel nt.

expedite [ˈɛkspədaɪt] vt beschleunigen.

expedition [ɛkspəˈdɪʃən] n Expedition f; (for
shopping etc) Tour f.

expeditionary force [ɛkspəˈdɪʃənrɪ-] n
Expeditionskorps nt.

expeditious [ɛkspəˈdɪʃəs] adj schnell.

expel [ɪksˈpɛl] vt (from school) verweisen;
(from organization) ausschließen; (from place)
vertreiben; (gas, liquid) ausstoßen.

expend [ɪksˈpɛnd] vt ausgeben; (time, energy)
aufwenden.

expendable [ɪksˈpɛndəbl] adj entbehrlich.

expenditure [ɪksˈpɛndɪtʃə*] n Ausgaben pl; (of
energy, time) Aufwand m.

expense [ɪksˈpɛns] n Kosten pl; (expenditure)
Ausgabe f; **expenses** npl Spesen pl; **at the**
~ **of** auf Kosten +gen; **to go to the** ~ **of
buying a new car** (viel) Geld für ein neues
Auto anlegen; **at great/little** ~ mit hohen/
geringen Kosten.

expense account n Spesenkonto nt.

expensive [ɪksˈpɛnsɪv] adj teuer; **to have**
~ **tastes** einen teuren Geschmack haben.

experience [ɪksˈpɪərɪəns] n Erfahrung f;
(event, activity) Erlebnis nt ♦ vt erleben; **by** or
from ~ aus Erfahrung; **to learn by** ~ durch
eigene Erfahrung lernen.

experienced [ɪksˈpɪərɪənst] adj erfahren.

experiment [ɪksˈpɛrɪmənt] n Experiment nt,
Versuch m ♦ vi: **to** ~ (**with/on**)
experimentieren (mit/an +dat); **to perform** or
carry out an ~ einen Versuch or ein
Experiment durchführen; **as an** ~
versuchsweise.

experimental [ɪkspɛrɪˈmɛntl] adj
experimentell; **at the** ~ **stage** im
Versuchsstadium.

expert [ˈɛkspəːt] adj ausgezeichnet, geschickt;
(opinion, help etc) eines Fachmanns ♦ n
Fachmann m, Fachfrau f, Experte m,
Expertin f; **to be** ~ **in** or **at doing sth** etw
ausgezeichnet können; **an** ~ **on sth/on the
subject of sth** ein Experte für etw/auf dem
Gebiet einer Sache gen; ~ **witness** (LAW)
sachverständiger Zeuge m.

expertise [ɛkspəːˈtiːz] n Sachkenntnis f.

expire [ɪksˈpaɪə*] vi ablaufen.

expiry [ɪksˈpaɪərɪ] n Ablauf m.

expiry date n Ablauftermin m; (of voucher,
special offer etc) Verfallsdatum nt.

explain [ɪksˈpleɪn] vt erklären.

▶ **explain away** vt eine Erklärung finden
für.

explanation [ɛkspləˈneɪʃən] n Erklärung f; **to
find an** ~ **for sth** eine Erklärung für etw
finden.

explanatory [ɪksˈplænətrɪ] adj erklärend.

expletive [ɪksˈpliːtɪv] n Kraftausdruck m.

explicable [ɪksˈplɪkəbl] *adj* erklärbar; **for no
~ reason** aus unerfindlichen Gründen.
explicit [ɪksˈplɪsɪt] *adj* ausdrücklich; (*sex,
violence*) deutlich, unverhüllt; **to be ~** (*frank*)
sich deutlich ausdrücken.
explode [ɪksˈpləʊd] *vi* explodieren;
(*population*) sprunghaft ansteigen ♦ *vt* zur
Explosion bringen; (*myth, theory*) zu Fall
bringen.
exploit [ˈɛksplɔɪt] *n* Heldentat *f* ♦ *vt* ausnutzen;
(*workers etc*) ausbeuten; (*resources*) nutzen.
exploitation [ɛksplɔɪˈteɪʃən] *n* (*see vb*)
Ausnutzung *f*; Ausbeutung *f*; Nutzung *f*.
exploration [ɛkspləˈreɪʃən] *n* (*see vb*)
Erforschung *f*; Erkundung *f*; Untersuchung
f.
exploratory [ɪksˈplɔrətrɪ] *adj* exploratorisch;
(*expedition*) Forschungs-; **~ operation** (*MED*)
Explorationsoperation *f*; **~ talks**
Sondierungsgespräche *pl*.
explore [ɪksˈplɔː*] *vt* erforschen; (*with hands
etc, idea*) untersuchen.
explorer [ɪksˈplɔːrə*] *n* Forschungsreisende(r)
f(m); (*of place*) Erforscher(in) *m(f)*.
explosion [ɪksˈpləʊʒən] *n* Explosion *f*;
(*outburst*) Ausbruch *m*.
explosive [ɪksˈpləʊsɪv] *adj* explosiv; (*device*)
Spreng-; (*temper*) aufbrausend ♦ *n*
Sprengstoff *m*; (*device*) Sprengkörper *m*.
exponent [ɪksˈpəʊnənt] *n* Vertreter(in) *m(f)*,
Exponent(in) *m(f)*; (*MATH*) Exponent *m*.
exponential [ɛkspəʊˈnɛnʃl] *adj* exponentiell;
(*MATH: function etc*) Exponential-.
export [ɛksˈpɔːt] *vt* exportieren, ausführen;
(*ideas, values*) verbreiten ♦ *n* Export *m*,
Ausfuhr *f*; (*product*) Exportgut *nt* ♦ *cpd*
Export-, Ausfuhr-.
exportation [ɛkspɔːˈteɪʃən] *n* Export *m*,
Ausfuhr *f*.
exporter [ɛksˈpɔːtə*] *n* Exporteur *m*.
expose [ɪksˈpəʊz] *vt* freilegen; (*to heat,
radiation*) aussetzen; (*unmask*) entlarven; **to
~ o.s.** sich entblößen.
exposé [ɪkˈspəʊzeɪ] *n* Enthüllung *f*.
exposed [ɪksˈpəʊzd] *adj* ungeschützt; (*wire*)
bloßliegend; **to be ~ to** (*radiation, heat etc*)
ausgesetzt sein +*dat*.
exposition [ɛkspəˈzɪʃən] *n* Erläuterung *f*;
(*exhibition*) Ausstellung *f*.
exposure [ɪksˈpəʊʒə*] *n* (*to heat, radiation*)
Aussetzung *f*; (*publicity*) Publicity *f*; (*of
person*) Entlarvung *f*; (*PHOT*) Belichtung *f*;
(*: shot*) Aufnahme *f*; **to be suffering from ~**
an Unterkühlung leiden; **to die from ~**
erfrieren.
exposure meter *n* Belichtungsmesser *m*.
expound [ɪksˈpaʊnd] *vt* darlegen, erläutern.
express [ɪksˈprɛs] *adj* ausdrücklich; (*intention*)
bestimmt; (*BRIT: letter etc*) Express-, Eil- ♦ *n*
(*train*) Schnellzug *m*; (*bus*) Schnellbus *m*
♦ *adv* (*send*) per Express ♦ *vt* ausdrücken;
(*view, emotion*) zum Ausdruck bringen; **to**

~ o.s. sich ausdrücken.
expression [ɪksˈprɛʃən] *n* Ausdruck *m*; (*on
face*) (Gesichts)ausdruck *m*.
expressionism [ɪksˈprɛʃənɪzəm] *n*
Expressionismus *m*.
expressive [ɪksˈprɛsɪv] *adj* ausdrucksvoll;
~ ability Ausdrucksfähigkeit *f*.
expressly [ɪksˈprɛslɪ] *adv* ausdrücklich;
(*intentionally*) absichtlich.
expressway [ɪksˈprɛsweɪ] (*US*) *n*
Schnellstraße *f*.
expropriate [ɛksˈprəʊprɪeɪt] *vt* enteignen.
expulsion [ɪksˈpʌlʃən] *n* (*SCOL*) Verweisung *f*;
(*POL*) Ausweisung *f*; (*of gas, liquid etc*)
Ausstoßen *nt*.
expurgate [ˈɛkspəːgeɪt] *vt* zensieren; **the ~d
version** die zensierte *or* bereinigte Fassung.
exquisite [ɛksˈkwɪzɪt] *adj* exquisit, erlesen;
(*keenly felt*) köstlich.
exquisitely [ɛksˈkwɪzɪtlɪ] *adv* exquisit; (*carved*)
kunstvoll; (*polite, sensitive*) äußerst.
ex-serviceman [ˈɛksˈsəːvɪsmən] (*irreg: like
man*) *n* ehemaliger Soldat *m*.
ext. *abbr* (*TEL*) = **extension.**
extemporize [ɪksˈtɛmpəraɪz] *vi* improvisieren.
extend [ɪksˈtɛnd] *vt* verlängern; (*building*)
anbauen an +*acc*; (*offer, invitation*)
aussprechen; (*arm, hand*) ausstrecken;
(*deadline*) verschieben ♦ *vi* sich erstrecken;
(*period*) dauern.
extension [ɪksˈtɛnʃən] *n* Verlängerung *f*; (*of
building*) Anbau *m*; (*of time*) Aufschub *m*; (*of
campaign, rights*) Erweiterung *f*; (*TEL*)
(Neben)anschluss *m*; **~ 3718** (*TEL*) Apparat
3718.
extension cable *n* Verlängerungskabel *nt*.
extension lead *n* Verlängerungsschnur *f*.
extensive [ɪksˈtɛnsɪv] *adj* ausgedehnt; (*effect*)
weitreichend; (*damage*) beträchtlich;
(*coverage, discussion*) ausführlich; (*inquiries*)
umfangreich; (*use*) häufig.
extensively [ɪksˈtɛnsɪvlɪ] *adv*: **he's travelled ~**
er ist viel gereist.
extent [ɪksˈtɛnt] *n* Ausdehnung *f*; (*of problem,
damage, loss etc*) Ausmaß *nt*; **to some ~** bis
zu einem gewissen Grade; **to a certain ~** in
gewissem Maße; **to a large ~** in hohem
Maße; **to the ~ of ...** (*debts*) in Höhe von ...;
to go to the ~ of doing sth so weit gehen,
etw zu tun; **to such an ~ that ...** dermaßen,
dass ...; **to what ~?** inwieweit?
extenuating [ɪksˈtɛnjueɪtɪŋ] *adj*:
~ circumstances mildernde Umstände *pl*.
exterior [ɛksˈtɪərɪə*] *adj* (*surface, angle, world*)
Außen- ♦ *n* Außenseite *f*; (*appearance*)
Äußere(s) *nt*.
exterminate [ɪksˈtəːmɪneɪt] *vt* ausrotten.
extermination [ɪkstəːmɪˈneɪʃən] *n* Ausrottung
f.
external [ɛksˈtəːnl] *adj* (*wall etc*) Außen-; (*use*)
äußerlich; (*evidence*) unabhängig; (*examiner,
auditor*) extern ♦ *n*: **the ~s** die

Äußerlichkeiten *pl; for* ~ **use only** nur äußerlich (anzuwenden); ~ **affairs** (*POL*) auswärtige Angelegenheiten *pl*.

externally [ɛks'tə:nəlɪ] *adv* äußerlich.

extinct [ɪks'tɪŋkt] *adj* ausgestorben; (*volcano*) erloschen.

extinction [ɪks'tɪŋkʃən] *n* Aussterben *nt*.

extinguish [ɪks'tɪŋgwɪʃ] *vt* löschen; (*hope*) zerstören.

extinguisher [ɪks'tɪŋgwɪʃə*] *n* (*also:* **fire** ~) Feuerlöscher *m*.

extol, (*US*) **extoll** [ɪks'təul] *vt* preisen, rühmen.

extort [ɪks'tɔ:t] *vt* erpressen; (*confession*) erzwingen.

extortion [ɪks'tɔ:ʃən] *n* (*see vb*) Erpressung *f*; Erzwingung *f*.

extortionate [ɪks'tɔ:ʃnɪt] *adj* überhöht; (*price*) Wucher-.

extra ['ɛkstrə] *adj* zusätzlich ♦ *adv* extra ♦ *n* Extra *nt*; (*surcharge*) zusätzliche Kosten *pl*; (*CINE*, *THEAT*) Statist(in) *m(f)*; **wine will cost** ~ Wein wird extra berechnet.

extra... ['ɛkstrə] *pref* außer-, extra-.

extract [*vt* ɪks'trækt, *n* 'ɛkstrækt] *vt* (*tooth*) ziehen; (*mineral*) gewinnen ♦ *n* Auszug *m*; (*malt extract, vanilla extract etc*) Extrakt *m*; **to** ~ (**from**) (*object*) herausziehen (aus); (*money*) herausholen (aus); (*promise*) abringen +*dat*.

extraction [ɪks'trækʃən] *n* (*see vb*) Ziehen *nt*; Gewinnung *f*; Herausziehen *nt*; Herausholen *nt*; Abringen *nt*; (*DENTISTRY*) Extraktion *f*; (*descent*) Herkunft *f*, Abstammung *f*; **to be of Scottish** ~, **to be Scottish by** ~ schottischer Herkunft *or* Abstammung sein.

extractor fan [ɪks'træktə-] *n* Sauglüfter *m*.

extracurricular ['ɛkstrəkə'rɪkjulə*] *adj* außerhalb des Lehrplans.

extradite ['ɛkstrədaɪt] *vt* ausliefern.

extradition [ɛkstrə'dɪʃən] *n* Auslieferung *f* ♦ *cpd* Auslieferungs-.

extramarital ['ɛkstrə'mærɪtl] *adj* außerehelich.

extramural ['ɛkstrə'mjuərl] *adj* außerhalb der Universität; ~ **classes** von der Universität veranstaltete Teilzeitkurse *pl*.

extraneous [ɛks'treɪnɪəs] *adj* unwesentlich.

extraordinary [ɪks'trɔ:dnrɪ] *adj* ungewöhnlich; (*special*) außerordentlich; **the** ~ **thing is that** ... das Merkwürdige ist, dass ...

extraordinary general meeting *n* außerordentliche Hauptversammlung *f*.

extrapolation [ɛkstræpə'leɪʃən] *n* Extrapolation *f*.

extrasensory perception ['ɛkstrə'sɛnsərɪ-] *n* außersinnliche Wahrnehmung *f*.

extra time *n* (*FOOTBALL*) Verlängerung *f*.

extravagance [ɪks'trævəgəns] *n* (*no pl*) Verschwendungssucht *f*; (*example of spending*) Luxus *m*.

extravagant [ɪks'trævəgənt] *adj* extravagant; (*tastes, gift*) teuer; (*wasteful*) verschwenderisch; (*praise*) übertrieben; (*ideas*) ausgefallen.

extreme [ɪks'tri:m] *adj* extrem; (*point, edge, poverty*) äußerste(r, s) ♦ *n* Extrem *nt*; **the** ~ **right/left** (*POL*) die äußerste *or* extreme Rechte/Linke; ~**s of temperature** extreme Temperaturen *pl*.

extremely [ɪks'tri:mlɪ] *adv* äußerst, extrem.

extremist [ɪks'tri:mɪst] *n* Extremist(in) *m(f)* ♦ *adj* extremistisch.

extremities [ɪks'trɛmɪtɪz] *npl* Extremitäten *pl*.

extremity [ɪks'trɛmɪtɪ] *n* Rand *m*; (*end*) äußerstes Ende *nt*; (*of situation*) Ausmaß *nt*.

extricate ['ɛkstrɪkeɪt] *vt*: **to** ~ **sb/sth (from)** jdn/etw befreien (aus).

extrovert ['ɛkstrəvə:t] *n* extravertierter Mensch *m*.

exuberance [ɪg'zju:bərns] *n* Überschwänglichkeit *f*.

exuberant [ɪg'zju:bərnt] *adj* überschwänglich; (*imagination etc*) lebhaft.

exude [ɪg'zju:d] *vt* ausstrahlen; (*liquid*) absondern; (*smell*) ausströmen.

exult [ɪg'zʌlt] *vi*: **to** ~ (**in**) jubeln (über +*acc*).

exultant [ɪg'zʌltənt] *adj* jubelnd; (*shout*) Jubel-; **to be** ~ jubeln.

exultation [ɛgzʌl'teɪʃən] *n* Jubel *m*.

eye [aɪ] *n* Auge *nt*; (*of needle*) Öhr *nt* ♦ *vt* betrachten; **to keep an** ~ **on** aufpassen auf +*acc*; **as far as the** ~ **can see** so weit das Auge reicht; **in the public** ~ im Blickpunkt der Öffentlichkeit; **to have an** ~ **for sth** einen Blick für etw haben; **with an** ~ **to doing sth** (*BRIT*) mit der Absicht, etw zu tun; **there's more to this than meets the** ~ da steckt mehr dahinter(, als man auf den ersten Blick meint).

eyeball ['aɪbɔ:l] *n* Augapfel *m*.

eyebath ['aɪbɑ:θ] (*BRIT*) *n* Augenbadewanne *f*.

eyebrow ['aɪbrau] *n* Augenbraue *f*.

eyebrow pencil *n* Augenbrauenstift *m*.

eye-catching ['aɪkætʃɪŋ] *adj* auffallend.

eyecup ['aɪkʌp] (*US*) *n* = **eyebath**.

eye drops *npl* Augentropfen *pl*.

eyeful ['aɪful] *n*: **to get an** ~ **of sth** (*lit*) etw ins Auge bekommen; (*fig: have a good look*) einiges von etw zu sehen bekommen; **she's quite an** ~ sie hat allerhand zu bieten.

eyeglass ['aɪglɑ:s] *n* Augenglas *nt*.

eyelash ['aɪlæʃ] *n* Augenwimper *f*.

eyelet ['aɪlɪt] *n* Öse *f*.

eye level *n*: **at** ~ in Augenhöhe.

eyelevel ['aɪlɛvl] *adj* in Augenhöhe.

eyelid ['aɪlɪd] *n* Augenlid *nt*.

eyeliner ['aɪlaɪnə*] *n* Eyeliner *m*.

eye-opener ['aɪəupnə*] *n* Überraschung *f*; **to be an** ~ **to sb** jdm die Augen öffnen.

eye shadow *n* Lidschatten *m*.

eyesight ['aɪsaɪt] *n* Sehvermögen *nt*.

eyesore ['aɪsɔ:*] *n* Schandfleck *m*.

eyestrain ['aɪstreɪn] *n*: **to get ~** seine Augen überanstrengen.

eyetooth ['aɪtuːθ] (*pl* **eyeteeth**) *n* Eckzahn *m*, Augenzahn *m*; **to give one's eyeteeth for sth** alles für etw geben; **to give one's eyeteeth to do sth** alles darum geben, etw zu tun.

eyewash ['aɪwɔʃ] *n* Augenwasser *nt*; (*fig*) Gewäsch *nt*.

eyewitness ['aɪwɪtnɪs] *n* Augenzeuge *m*, Augenzeugin *f*.

eyrie ['ɪərɪ] *n* Horst *m*.

F, f

F¹, f [ɛf] *n* (*letter*) F *nt*, f *nt*; **~ for Frederick,** *(US)* **~ for Fox** ≈ F wie Friedrich.

F² [ɛf] *n* (*MUS*) F *nt*, f *nt*.

F³ [ɛf] *abbr* (= *Fahrenheit*) F.

FA (*BRIT*) *n abbr* (= *Football Association*) englischer Fußball-Dachverband, ≈ DFB *m*.

FAA (*US*) *n abbr* (= *Federal Aviation Administration*) amerikanische Luftfahrtbehörde.

fable ['feɪbl] *n* Fabel *f*.

fabric ['fæbrɪk] *n* Stoff *m*; (*of society*) Gefüge *nt*; (*of building*) Bausubstanz *f*.

fabricate ['fæbrɪkeɪt] *vt* herstellen; (*story*) erfinden; (*evidence*) fälschen.

fabrication [fæbrɪ'keɪʃən] *n* Herstellung *f*; (*lie*) Erfindung *f*.

fabric ribbon *n* (*for typewriter*) Gewebefarbband *nt*.

fabulous ['fæbjʊləs] *adj* fabelhaft, toll (*inf*); (*extraordinary*) sagenhaft; (*mythical*) legendär.

façade [fə'sɑːd] *n* Fassade *f*.

face [feɪs] *n* Gesicht *nt*; (*expression*) Gesichtsausdruck *m*; (*grimace*) Grimasse *f*; (*of clock*) Zifferblatt *nt*; (*of mountain, cliff*) (Steil)wand *f*; (*of building*) Fassade *f*; (*side, surface*) Seite *f* ♦ *vt* (*subj: person*) gegenübersitzen/-stehen +*dat etc*; (: *building, street etc*) liegen zu; (: *north, south etc*) liegen nach; (*unpleasant situation*) sich gegenübersehen +*dat*; (*facts*) ins Auge sehen +*dat*; **~ down** mit dem Gesicht nach unten; (*card*) mit der Bildseite nach unten; (*object*) mit der Vorderseite nach unten; **to lose/save ~** das Gesicht verlieren/wahren; **to make** *or* **pull a ~** das Gesicht verziehen; **in the ~ of** trotz +*gen*; **on the ~ of it** so, wie es aussieht; **to come ~ to ~ with sb** jdn treffen; **to come ~ to ~ with a problem** einem Problem gegenüberstehen; **to ~ each other** einander gegenüberstehen/-liegen/-

sitzen *etc*; **to ~ the fact that ...** der Tatsache ins Auge sehen, dass ...; **the man facing me** der Mann mir gegenüber.

▶ **face up to** *vt fus* (*obligations, difficulty*) auf sich *acc* nehmen; (*situation, possibility*) sich abfinden mit; (*danger, fact*) ins Auge sehen +*dat*.

face cloth (*BRIT*) *n* Waschlappen *m*.

face cream *n* Gesichtscreme *f*.

faceless ['feɪslɪs] *adj* (*fig*) anonym.

face-lift ['feɪslɪft] *n* Facelifting *nt*; (*of building etc*) Verschönerung *f*.

face powder *n* Gesichtspuder *m*.

face-saving ['feɪs'seɪvɪŋ] *adj*: **a ~ excuse/tactic** eine Entschuldigung/Taktik, um das Gesicht zu wahren.

facet ['fæsɪt] *n* Seite *f*, Aspekt *m*; (*of gem*) Facette *f*, Fassette *f*.

facetious [fə'siːʃəs] *adj* witzelnd.

face-to-face [feɪstə'feɪs] *adj* persönlich; (*confrontation*) direkt.

face value *n* Nennwert *m*; **to take sth at ~** (*fig*) etw für bare Münze nehmen.

facia ['feɪʃə] *n* = **fascia**.

facial ['feɪʃl] *adj* (*expression, massage etc*) Gesichts- ♦ *n* kosmetische Gesichtsbehandlung *f*.

facile ['fæsaɪl] *adj* oberflächlich; (*comment*) nichts sagend.

facilitate [fə'sɪlɪteɪt] *vt* erleichtern.

facilities [fə'sɪlɪtɪz] *npl* Einrichtungen *pl*; **cooking ~** Kochgelegenheit *f*; **credit ~** Kreditmöglichkeiten *pl*.

facility [fə'sɪlɪtɪ] *n* Einrichtung *f*; **to have a ~ for** (*skill, aptitude*) eine Begabung haben für.

facing ['feɪsɪŋ] *prep* gegenüber +*dat* ♦ *n* (*SEWING*) Besatz *m*.

facsimile [fæk'sɪmɪlɪ] *n* Faksimile *nt*; (*also:* **~ machine**) Fernkopierer *m*, (Tele)faxgerät *nt*; (*transmitted document*) Fernkopie *f*, (Tele)fax *nt*.

fact [fækt] *n* Tatsache *f*; (*truth*) Wirklichkeit *f*; **in ~** eigentlich; (*in reality*) tatsächlich, in Wirklichkeit; **to know for a ~ that ...** ganz genau wissen, dass ...; **the ~ (of the matter) is that ...** die Sache ist die, dass ...; **it's a ~ of life that ...** es ist eine Tatsache, dass ...; **to tell sb the ~s of life** (*sex*) jdn aufklären.

fact-finding ['fæktfaɪndɪŋ] *adj*: **a ~ tour** *or* **mission** eine Informationstour *f*.

faction ['fækʃən] *n* Fraktion *f*.

factional ['fækʃənl] *adj* (*dispute, system*) Fraktions-.

factor ['fæktə*] *n* Faktor *m*; (*COMM*) Kommissionär *m*; (: *agent*) Makler *m*; **safety ~** Sicherheitsfaktor *m*; **human ~** menschlicher Faktor.

factory ['fæktərɪ] *n* Fabrik *f*.

factory farming (*BRIT*) *n* industriell betriebene Viehzucht *f*.

factory floor *n*: **the ~** (*workers*) die

Fabrikarbeiter pl; **on the** ~ bei or unter den Fabrikarbeitern.

factory ship n Fabrikschiff nt.

factual ['fæktjuəl] adj sachlich; (information) Sach-.

faculty ['fækəltɪ] n Vermögen nt, Kraft f; (ability) Talent nt; (of university) Fakultät f; (US: teaching staff) Lehrkörper m.

fad [fæd] n Fimmel m, Tick m.

fade [feɪd] vi verblassen; (light) nachlassen; (sound) schwächer werden; (flower) verblühen; (hope) zerrinnen; (smile) verschwinden.

▶ **fade in** vt sep allmählich einblenden.

▶ **fade out** vt sep ausblenden.

faeces, (US) **feces** ['fiːsiːz] npl Kot m.

fag [fæg] n (BRIT: inf: cigarette) Glimmstängel m; (: chore) Schinderei f (inf), Plackerei f (inf); (US: inf: homosexual) Schwule(r) m.

fail [feɪl] vt (exam) nicht bestehen; (candidate) durchfallen lassen; (subj: courage) verlassen; (: leader, memory) im Stich lassen ♦ vi (candidate) durchfallen; (attempt) fehlschlagen; (brakes) versagen; (also: **be** ~**ing**: health) sich verschlechtern; (: eyesight, light) nachlassen; **to** ~ **to do sth** etw nicht tun; (neglect) (es) versäumen, etw zu tun; **without** ~ ganz bestimmt.

failing ['feɪlɪŋ] n Schwäche f, Fehler m ♦ prep in Ermangelung +gen; ~ **that** (oder) sonst, und wenn das nicht möglich ist.

fail-safe ['feɪlseɪf] adj (ab)gesichert.

failure ['feɪljə*] n Misserfolg m; (person) Versager(in) m(f); (of brakes, heart) Versagen nt; (of engine, power) Ausfall m; (of crops) Missernte f; (in exam) Durchfall m; **his** ~ **to turn up meant that we had to ...** weil er nicht kam, mussten wir ...; **it was a complete** ~ es war ein totaler Fehlschlag.

faint [feɪnt] adj schwach; (breeze, trace) leicht ♦ n Ohnmacht f ♦ vi ohnmächtig werden, in Ohnmacht fallen; **she felt** ~ ihr wurde schwach.

faintest ['feɪntɪst] adj, n: **I haven't the** ~ **(idea)** ich habe keinen blassen Schimmer.

faint-hearted ['feɪnt'hɑːtɪd] adj zaghaft.

faintly ['feɪntlɪ] adv schwach.

fair [fɛə*] adj gerecht, fair; (size, number) ansehnlich; (chance, guess) recht gut; (hair) blond; (skin, complexion) hell; (weather) schön ♦ adv: **to play** ~ fair spielen ♦ n (also: **trade** ~) Messe f; (BRIT: funfair) Jahrmarkt m, Rummel m; **it's not** ~! das ist nicht fair!; **a** ~ **amount of** ziemlich viel.

fair copy n Reinschrift f.

fair game n: **to be** ~ **(for)** (for attack, criticism) Freiwild nt sein (für).

fairground ['fɛəgraund] n Rummelplatz m.

fair-haired [fɛə'hɛəd] adj blond.

fairly ['fɛəlɪ] adv gerecht; (quite) ziemlich; **I'm** ~ **sure** ich bin (mir) ziemlich sicher.

fairness ['fɛənɪs] n Gerechtigkeit f; **in all** ~

gerechterweise, fairerweise.

fair play n faires Verhalten nt, Fairplay nt, Fair Play nt.

fairway ['fɛəweɪ] n (GOLF): **the** ~ das Fairway.

fairy ['fɛərɪ] n Fee f.

fairy godmother n gute Fee f.

fairy lights (BRIT) npl bunte Lichter pl.

fairy tale n Märchen nt.

faith [feɪθ] n Glaube m; (trust) Vertrauen nt; **to have** ~ **in sb** jdm vertrauen; **to have** ~ **in sth** Vertrauen in etw acc haben.

faithful ['feɪθful] adj (account) genau; ~ **(to)** (person) treu +dat.

faithfully ['feɪθfəlɪ] adv (see adj) genau; treu.

faith healer n Gesundbeter(in) m(f).

fake [feɪk] n Fälschung f; (person) Schwindler(in) m(f) ♦ adj gefälscht ♦ vt fälschen; (illness, emotion) vortäuschen; **his illness is a** ~ er simuliert seine Krankheit nur.

falcon ['fɔːlkən] n Falke m.

Falkland Islands ['fɔːlklənd-] npl: **the** ~ **die Falklandinseln** pl.

fall [fɔːl] (pt **fell**, pp **fallen**) n Fall m; (of price, temperature) Sinken nt; (: sudden) Sturz m; (US: autumn) Herbst m ♦ vi fallen; (night, darkness) hereinbrechen; (silence) eintreten; **falls** npl (waterfall) Wasserfall m; **a** ~ **of snow** ein Schneefall m; **a** ~ **of earth** ein Erdrutsch m; **to** ~ **flat** auf die Nase fallen; (plan) ins Wasser fallen; (joke) nicht ankommen; **to** ~ **in love (with sb/sth)** sich (in jdn/etw) verlieben; **to** ~ **short of sb's expectations** jds Erwartungen nicht erfüllen.

▶ **fall apart** vi auseinander fallen, kaputtgehen; (inf: emotionally) durchdrehen.

▶ **fall back** vi zurückweichen.

▶ **fall back on** vi zurückgreifen auf +acc; **to have sth to** ~ **back on** auf etw acc zurückgreifen können.

▶ **fall behind** vi zurückbleiben; (fig: with payment) in Rückstand geraten.

▶ **fall down** vi hinfallen; (building) einstürzen.

▶ **fall for** vt fus (trick, story) hereinfallen auf +acc; (person) sich verlieben in +acc.

▶ **fall in** vi einstürzen; (MIL) antreten.

▶ **fall in with** vt fus eingehen auf +acc.

▶ **fall off** vi herunterfallen; (takings, attendance) zurückgehen.

▶ **fall out** vi (hair, teeth) ausfallen; **to** ~ **out with sb** sich mit jdm zerstreiten.

▶ **fall over** vi hinfallen; (object) umfallen ♦ vt: **to** ~ **over o.s. to do sth** sich dat die größte Mühe geben, etw zu tun.

▶ **fall through** vi (plan, project) ins Wasser fallen.

fallacy ['fæləsɪ] n Irrtum m.

fall-back ['fɔːlbæk] adj: ~ **position** Rückzugsbasis f.

fallen ['fɔːlən] pp of **fall**.

fallible ['fæləbl] *adj* fehlbar.

falling ['fɔːlɪŋ] *adj*: ~ **market** (*COMM*) Baissemarkt *m*.

falling off *n* Rückgang *m*.

falling-out ['fɔːlɪŋ'aut] *n* (*break-up*) Bruch *m*.

Fallopian tube [fə'ləupɪən-] *n* Eileiter *m*.

fallout ['fɔːlaut] *n* radioaktiver Niederschlag *m*.

fallout shelter *n* Atombunker *m*.

fallow ['fæləu] *adj* brach(liegend).

false [fɔːls] *adj* falsch; (*imprisonment*) widerrechtlich.

false alarm *n* falscher *or* blinder Alarm *m*.

falsehood ['fɔːlshud] *n* Unwahrheit *f*.

falsely ['fɔːlslɪ] *adv* (*accuse*) zu Unrecht.

false pretences *npl*: **under** ~ unter Vorspiegelung falscher Tatsachen.

false teeth (*BRIT*) *npl* Gebiss *nt*.

falsify ['fɔːlsɪfaɪ] *vt* fälschen.

falter ['fɔːltə⁰] *vi* stocken; (*hesitate*) zögern.

fame [feɪm] *n* Ruhm *m*.

familiar [fə'mɪlɪə⁰] *adj* vertraut; (*intimate*) vertraulich; **to be** ~ **with** vertraut sein mit; **to make o.s.** ~ **with sth** sich mit etw vertraut machen; **to be on** ~ **terms with sb** mit jdm auf vertrautem Fuß stehen.

familiarity [fəmɪlɪ'ærɪtɪ] *n* (*see adj*) Vertrautheit *f*, Vertraulichkeit *f*.

familiarize [fə'mɪlɪəraɪz] *vt*: **to** ~ **o.s. with sth** sich mit etw vertraut machen.

family ['fæmɪlɪ] *n* Familie *f*; (*relations*) Verwandtschaft *f*.

family business *n* Familienbetrieb *m*.

family credit *n* Beihilfe für einkommensschwache Familien.

family doctor *n* Hausarzt *m*, Hausärztin *f*.

family life *n* Familienleben *nt*.

family man *n* (*home-loving*) häuslich veranlagter Mann *m*; (*with a family*) Familienvater *m*.

family planning *n* Familienplanung *f*; ~ **clinic** ≈ Familienberatungsstelle *f*.

family tree *n* Stammbaum *m*.

famine ['fæmɪn] *n* Hungersnot *f*.

famished ['fæmɪʃt] (*inf*) *adj* ausgehungert; **I'm** ~ ich sterbe vor Hunger.

famous ['feɪməs] *adj* berühmt.

famously ['feɪməslɪ] *adv* (*get on*) prächtig.

fan [fæn] *n* (*person*) Fan *m*; (*object: folding*) Fächer *m*; (: *ELEC*) Ventilator *m* ♦ *vt* fächeln; (*fire*) anfachen; (*quarrel*) schüren.

▶ **fan out** *vi* ausschwärmen; (*unfurl*) sich fächerförmig ausbreiten.

fanatic [fə'nætɪk] *n* Fanatiker(in) *m(f)*; (*enthusiast*) Fan *m*.

fanatical [fə'nætɪkl] *adj* fanatisch.

fan belt *n* (*AUT*) Keilriemen *m*.

fanciful ['fænsɪful] *adj* (*idea*) abstrus, seltsam; (*design, name*) fantasievoll; (*object*) reich verziert.

fan club *n* Fanklub *m*.

fancy ['fænsɪ] *n* Laune *f*; (*imagination*) Fantasie

f; (*fantasy*) Fantasievorstellung *f* ♦ *adj* (*clothes, hat*) toll, schick; (*hotel*) fein, vornehm; (*food*) ausgefallen ♦ *vt* mögen; (*imagine*) sich *dat* einbilden; (*think*) glauben; **to take a** ~ **to sth** Lust auf etw *acc* bekommen; **when the** ~ **takes him** wenn ihm gerade danach ist; **it took** *or* **caught my** ~ es gefiel mir; **to** ~ **that ...** meinen, dass ...; ~ **that!** (nein) so was!; **he fancies her** (*inf*) sie gefällt ihm.

fancy dress *n* Verkleidung *f*, (Masken)kostüm *nt*.

fancy-dress ball ['fænsɪdrɛs-] *n* Maskenball *m*.

fancy goods *npl* Geschenkartikel *pl*.

fanfare ['fænfɛə⁰] *n* Fanfare *f*.

fanfold paper ['fænfəuld-] *n* Endlospapier *nt*.

fang [fæŋ] *n* (*tooth*) Fang *m*; (: *of snake*) Giftzahn *m*.

fan heater (*BRIT*) *n* Heizlüfter *m*.

fanlight ['fænlaɪt] *n* Oberlicht *nt*.

fanny ['fænɪ] *n* (*US: inf: bottom*) Po *m*; (*BRIT: infl: genitals*) Möse *f* (*!*).

fantasize ['fæntəsaɪz] *vi* fantasieren.

fantastic [fæn'tæstɪk] *adj* fantastisch.

fantasy ['fæntəsɪ] *n* Fantasie *f*; (*dream*) Traum *m*.

fanzine ['fænziːn] *n* Fanmagazin *nt*.

FAO *n abbr* (= *Food and Agriculture Organization*) FAO *f*.

f.a.q. *abbr* (= *free alongside quay*) frei Kai.

far [fɑː⁰] *adj*: **at the** ~ **side** auf der anderen Seite ♦ *adv* weit; **at the** ~ **end** am anderen Ende; **the** ~ **left/right** die extreme Linke/ Rechte; ~ **away**, ~ **off** weit entfernt *or* weg; **her thoughts were** ~ **away** sie war mit ihren Gedanken weit weg; ~ **from** (*fig*) alles andere als; **by** ~ bei weitem; **is it** ~ **to London?** ist es weit bis nach London?; **it's not** ~ **from here** es ist nicht weit von hier; **go as** ~ **as the church** gehen/fahren Sie bis zur Kirche; **as** ~ **back as the 13th century** schon im 13. Jahrhundert; **as** ~ **as I know** soweit ich weiß; **as** ~ **as possible** so weit wie möglich; **how** ~? wie weit?; **how** ~ **have you got with your work?** wie weit sind Sie mit Ihrer Arbeit (gekommen)?

faraway ['fɑːrəweɪ] *adj* weit entfernt; (*look, voice*) abwesend.

farce [fɑːs] *n* Farce *f*.

farcical ['fɑːsɪkl] *adj* absurd, grotesk.

fare [fɛə⁰] *n* Fahrpreis *m*; (*money*) Fahrgeld *nt*; (*passenger*) Fahrgast *m*; (*food*) Kost *f* ♦ *vi*: **he** ~**d well/badly** es ging ihm gut/schlecht; **half/full** ~ halber/voller Fahrpreis; **how did you** ~? wie ist es Ihnen ergangen?; **they** ~**d badly in the recent elections** sie haben bei den letzten Wahlen schlecht abgeschnitten.

Far East *n*: **the** ~ der Ferne Osten.

farewell [fɛə'wɛl] *excl* lebe/lebt *etc* wohl! ♦ *n* Abschied *m* ♦ *cpd* Abschieds-.

far-fetched ['fɑː'fɛtʃt] *adj* weit hergeholt.

farm [fɑːm] n Bauernhof m ♦ vt bebauen.
▶ **farm out** vt (work etc) vergeben.
farmer ['fɑːmə*] n Bauer m, Bäu(e)rin f, Landwirt(in) m(f).
farm hand n Landarbeiter(in) m(f).
farmhouse ['fɑːmhaus] n Bauernhaus nt.
farming ['fɑːmɪŋ] n Landwirtschaft f; (of crops) Ackerbau m; (of animals) Viehzucht f; **sheep** ~ Schafzucht f; **intensive** ~ (of crops) Intensivanbau m; (of animals) Intensivhaltung f.
farm labourer n = farm hand.
farmland ['fɑːmlænd] n Ackerland nt.
farm produce n landwirtschaftliche Produkte pl.
farm worker n = farm hand.
farmyard ['fɑːmjɑːd] n Hof m.
Faroe Islands ['fɛərəu-] npl: **the** ~ die Färöer pl.
Faroes ['fɛərəuz] npl = Faroe Islands.
far-reaching ['fɑːˈriːtʃɪŋ] adj weitreichend, weit reichend.
far-sighted ['fɑːˈsaɪtɪd] adj weitsichtig; (fig) weitblickend, weit blickend.
fart [fɑːt] vi furzen (inf!) ♦ n Furz m (inf!).
farther ['fɑːðə*] adv weiter ♦ adj weiter entfernt.
farthest ['fɑːðɪst] superl of far.
FAS, f.a.s. (BRIT) abbr (= free alongside ship) frei Kai.
fascia ['feɪʃə] n (AUT) Armaturenbrett nt.
fascinate ['fæsɪneɪt] vt faszinieren.
fascinating ['fæsɪneɪtɪŋ] adj faszinierend.
fascination [fæsɪˈneɪʃən] n Faszination f.
fascism ['fæʃɪzəm] n Faschismus m.
fascist ['fæʃɪst] adj faschistisch ♦ n Faschist(in) m(f).
fashion ['fæʃən] n Mode f; (manner) Art f ♦ vt formen; **in** ~ modern; **out of** ~ unmodern; **after a** ~ recht und schlecht; **in the Greek** ~ im griechischen Stil.
fashionable ['fæʃnəbl] adj modisch, modern; (subject) Mode-; (club, writer) in Mode.
fashion designer n Modezeichner(in) m(f).
fashion show n Modenschau f.
fast [fɑːst] adj schnell; (dye, colour) farbecht ♦ adv schnell; (stuck, held) fest ♦ n Fasten nt; (period of fasting) Fastenzeit f ♦ vi fasten; **my watch is (5 minutes)** ~ meine Uhr geht (5 Minuten) vor; **to be** ~ **asleep** tief or fest schlafen; **as** ~ **as I can** so schnell ich kann; **to make a boat** ~ (BRIT) ein Boot festmachen.
fasten ['fɑːsn] vt festmachen; (coat, belt etc) zumachen ♦ vi (see vt) festgemacht werden; zugemacht werden.
▶ **fasten (up)on** vt fus sich dat in den Kopf setzen.
fastener ['fɑːsnə*] n Verschluss m.
fastening ['fɑːsnɪŋ] n = fastener.
fast food n Fastfood nt, Fast Food nt, Schnellgerichte pl.

fast-food ['fɑːstfuːd] cpd (industry, chain) Fastfood-, Fast-Food-; ~ **restaurant** Schnellimbiss m.
fastidious [fæsˈtɪdɪəs] adj penibel.
fast lane n (AUT): **the** ~ die Überholspur.
fat [fæt] adj dick; (person) dick, fett (pej); (animal) fett; (profit) üppig ♦ n Fett nt; **that's a** ~ **lot of use** (inf) das hilft herzlich wenig; **to live off the** ~ **of the land** wie Gott in Frankreich or wie die Made im Speck leben.
fatal ['feɪtl] adj tödlich; (mistake) verhängnisvoll.
fatalistic [feɪtəˈlɪstɪk] adj fatalistisch.
fatality [fəˈtælɪtɪ] n Todesopfer nt.
fatally ['feɪtəlɪ] adv (see adj) tödlich; verhängnisvoll.
fate [feɪt] n Schicksal nt; **to meet one's** ~ vom Schicksal ereilt werden.
fated ['feɪtɪd] adj (person) unglückselig; (project) zum Scheitern verurteilt; (governed by fate) vorherbestimmt.
fateful ['feɪtful] adj schicksalhaft.
fat-free ['fætˈfriː] adj fettfrei.
father ['fɑːðə*] n Vater m.
Father Christmas n der Weihnachtsmann.
fatherhood ['fɑːðəhud] n Vaterschaft f.
father-in-law ['fɑːðərɪnlɔː] n Schwiegervater m.
fatherland ['fɑːðəlænd] n Vaterland nt.
fatherly ['fɑːðəlɪ] adj väterlich.
fathom ['fæðəm] n (NAUT) Faden m ♦ vt (also: ~ out) verstehen.
fatigue [fəˈtiːg] n Erschöpfung f; **fatigues** npl (MIL) Arbeitsanzug m; **metal** ~ Metallermüdung f.
fatness ['fætnɪs] n Dicke f.
fatten ['fætn] vt mästen ♦ vi (person) dick werden; (animal) fett werden; **chocolate is** ~**ing** Schokolade macht dick.
fatty ['fætɪ] adj fett ♦ n (inf) Dickerchen nt.
fatuous ['fætjuəs] adj albern, töricht.
faucet ['fɔːsɪt] (US) n (Wasser)hahn m.
fault [fɔːlt] n Fehler m; (blame) Schuld f; (in machine) Defekt m; (GEOG) Verwerfung f ♦ vt (also: **find** ~ **with**) etwas auszusetzen haben an +dat; **it's my** ~ es ist meine Schuld; **at** ~ im Unrecht; **generous to a** ~ übermäßig großzügig.
faultless ['fɔːltlɪs] adj fehlerlos.
faulty ['fɔːltɪ] adj defekt.
fauna ['fɔːnə] n Fauna f.
faux pas ['fəuˈpɑː] n inv Fauxpas m.
favor etc (US) = favour etc.
favour, (US) **favor** ['feɪvə*] n (approval) Wohlwollen nt; (help) Gefallen m ♦ vt bevorzugen; (be favourable for) begünstigen; **to ask a** ~ **of sb** jdn um einen Gefallen bitten; **to do sb a** ~ jdm einen Gefallen tun; **to find** ~ **with sb** bei jdm Anklang finden; **in** ~ **of** (biased) zugunsten or zu Gunsten von; (rejected) zugunsten or zu Gunsten +gen; **to**

be in ~ of sth für etw sein; **to be in ~ of doing sth** dafür sein, etw zu tun.
favourable ['feɪvrəbl] *adj* günstig; (*reaction*) positiv; (*comparison*) vorteilhaft.
favourably ['feɪvrəblɪ] *adv* (*react*) positiv; (*compare*) vorteilhaft.
favourite ['feɪvrɪt] *adj* Lieblings- ♦ *n* Liebling *m*; (*in race*) Favorit(in) *m(f)*.
favouritism ['feɪvrɪtɪzəm] *n* Günstlingswirtschaft *f*.
fawn [fɔːn] *n* Rehkitz *nt* ♦ *adj* (*also*: ~-**coloured**) hellbraun ♦ *vi*: **to ~ (up)on** sich einschmeicheln bei.
fax [fæks] *n* Fax *nt*; (*machine*) Fax(gerät) *nt* ♦ *vt* faxen.
FBI (*US*) *n abbr* (= *Federal Bureau of Investigation*) FBI *nt*.
FCC (*US*) *n abbr* (= *Federal Communications Commission*) Aufsichtsbehörde *im Medienbereich*.
FCO (*BRIT*) *n abbr* (= *Foreign and Commonwealth Office*) ≈ Auswärtiges Amt *nt*.
FD (*US*) *n abbr* = **fire department**.
FDA (*US*) *n abbr* (= *Food and Drug Administration*) Nahrungs- und Arzneimittelbehörde.
FE *n abbr* (= *further education*) Fortbildung *f*.
fear [fɪə*] *n* Furcht *f*, Angst *f* ♦ *vt* fürchten, Angst haben vor +*dat*; (*be worried about*) befürchten ♦ *vi* sich fürchten; **~ of heights** Höhenangst *f*; **for ~ of doing sth** aus Angst, etw zu tun; **to ~ for** fürchten um; **to ~ that** ... befürchten, dass ...
fearful ['fɪəful] *adj* (*frightening*) furchtbar, schrecklich; (*apprehensive*) ängstlich; **to be ~ of** Angst haben vor +*dat*.
fearfully ['fɪəfəlɪ] *adv* ängstlich; (*inf: very*) furchtbar, schrecklich.
fearless ['fɪəlɪs] *adj* furchtlos.
fearsome ['fɪəsəm] *adj* Furcht erregend.
feasibility [fiːzə'bɪlɪtɪ] *n* Durchführbarkeit *f*.
feasibility study *n* Durchführbarkeitsstudie *f*.
feasible ['fiːzəbl] *adj* machbar; (*proposal, plan*) durchführbar.
feast [fiːst] *n* Festmahl *nt*; (*REL: also*: ~ **day**) Festtag *m*, Feiertag *m* ♦ *vi* schlemmen; **to ~ on** sich gütlich tun an +*dat*.
feat [fiːt] *n* Leistung *f*.
feather ['fɛðə*] *n* Feder *f* ♦ *cpd* Feder-; (*mattress*) Federkern- ♦ *vt*: **to ~ one's nest** (*fig*) sein Schäfchen ins Trockene bringen.
featherweight ['fɛðəweɪt] *n* Leichtgewicht *nt*; (*BOXING*) Federgewicht *nt*.
feature ['fiːtʃə*] *n* Merkmal *nt*; (*PRESS, TV*) Feature *nt* ♦ *vt*: **the film ~s Marlon Brando** Marlon Brando spielt in dem Film mit ♦ *vi*: **to ~ in** vorkommen in +*dat*; (*film*) mitspielen in +*dat*; **features** *npl* (*of face*) (Gesichts)züge *pl*; **it ~d prominently in** es spielte eine große Rolle in +*dat*; **a special ~ on sth/sb** ein Sonderbeitrag *m* über etw/jdn.

feature film *n* Spielfilm *m*.
featureless ['fiːtʃəlɪs] *adj* (*landscape*) eintönig.
Feb. *abbr* (= *February*) Feb.
February ['fɛbruərɪ] *n* Februar *m*; *see also* **July**.
feces ['fiːsiːz] (*US*) *npl* = **faeces**.
feckless ['fɛklɪs] *adj* nutzlos.
Fed (*US*) *abbr* = **federal, federation**.
Fed. [fɛd] (*US: inf*) *n abbr* = **Federal Reserve Board**.
fed [fɛd] *pt, pp of* **feed**.
federal ['fɛdərəl] *adj* föderalistisch.
Federal Republic of Germany *n* Bundesrepublik *f* Deutschland.
Federal Reserve Board (*US*) *n* Kontrollorgan der US-Zentralbank.
Federal Trade Commission (*US*) *n* Handelskontrollbehörde.
federation [fɛdə'reɪʃən] *n* Föderation *f*, Bund *m*.
fed up *adj*: **to be ~ with** die Nase voll haben von.
fee [fiː] *n* Gebühr *f*; (*of doctor, lawyer*) Honorar *nt*; **school ~s** Schulgeld *nt*; **entrance ~** Eintrittsgebühr *f*; **membership ~** Mitgliedsbeitrag *m*; **for a small ~** gegen eine geringe Gebühr.
feeble ['fiːbl] *adj* schwach; (*joke*) lahm.
feeble-minded ['fiːbl'maɪndɪd] *adj* dümmlich.
feed [fiːd] (*pt, pp* **fed**) *n* Mahlzeit *f*; (*of animal*) Fütterung *f*; (*on printer*) Papiervorschub *m* ♦ *vt* füttern; (*family etc*) ernähren; (*machine*) versorgen; **to ~ sth into sth** etw in etw *acc* einfüllen *or* eingeben; (*data, information*) etw in etw *acc* eingeben; **to ~ material into sth** Material in etw *acc* eingeben.
▶ **feed back** *vt* zurückleiten.
▶ **feed on** *vt fus* sich nähren von.
feedback ['fiːdbæk] *n* Feed-back *nt*, Feedback *nt*, Rückmeldung *f*; (*from person*) Reaktion *f*.
feeder ['fiːdə*] *n* (*road*) Zubringer *m*; (*railway line, air route*) Zubringerlinie *f*; (*baby's bottle*) Flasche *f*.
feeding bottle ['fiːdɪŋ-] (*BRIT*) *n* Flasche *f*.
feel [fiːl] (*pt, pp* **felt**) *n* (*sensation, touch*) Gefühl *nt*; (*impression*) Atmosphäre *f* ♦ *vt* (*object*) fühlen; (*desire, anger, grief*) empfinden; (*pain*) spüren; (*cold*) leiden unter +*dat*; (*think, believe*): **I ~ that you ought to do it** ich meine *or* ich bin der Meinung, dass Sie es tun sollten; **it has a soft ~** es fühlt sich weich an; **I ~ hungry** ich habe Hunger; **I ~ cold** mir ist kalt; **to ~ lonely/better** sich einsam/besser fühlen; **I don't ~ well** mir geht es nicht gut; **I ~ sorry for him** er tut mir Leid; **it ~s soft** es fühlt sich weich an; **it ~s colder here** es kommt mir hier kälter vor; **it ~s like velvet** es fühlt sich wie Samt an; **to ~ like** (*desire*) Lust haben auf +*acc*; **to ~ like doing sth** Lust haben, etw zu tun; **to get the ~ of sth** ein Gefühl für etw bekommen; **I'm still ~ing my way** ich versuche noch, mich zu orientieren.

▶ **feel about** *vi* umhertasten; **to ~ about** *or* **around in one's pocket for** in seiner Tasche herumsuchen nach.

▶ **feel around** *vi* = feel about.

feeler ['fiːlə*] *n* Fühler *m*; **to put out a ~** *or* **~s** (*fig*) seine Fühler ausstrecken.

feeling ['fiːlɪŋ] *n* Gefühl *nt*; (*impression*) Eindruck *m*; **~s ran high about it** man ereiferte sich sehr darüber; **what are your ~s about the matter?** was meinen Sie dazu?; **I have a ~ that** ... ich habe das Gefühl, dass ...; **my ~ is that** ... meine Meinung ist, dass ...; **to hurt sb's ~s** jdn verletzen.

fee-paying ['fiːpeɪɪŋ] *adj* (*school*) Privat-; **~ pupils** *Schüler, deren Eltern Schulgeld zahlen.*

feet [fiːt] *npl of* foot.

feign [feɪn] *vt* vortäuschen.

feigned [feɪnd] *adj* vorgetäuscht.

feint [feɪnt] *n* fein liniertes Papier *nt*.

felicitous [fɪˈlɪsɪtəs] *adj* glücklich.

feline ['fiːlaɪn] *adj* (*eyes etc*) Katzen-; (*features, grace*) katzenartig.

fell [fɛl] *pt of* fall ♦ *vt* fällen; (*opponent*) niederstrecken ♦ *n* (*BRIT: mountain*) Berg *m*; (: *moorland*): **the ~s** das Moor(land) ♦ *adj*: **in one ~ swoop** auf einen Schlag.

fellow ['fɛləu] *n* Mann *m*, Typ *m* (*inf*); (*comrade*) Kamerad *m*; (*of learned society*) Mitglied *nt*; (*of university*) Fellow *m*; **their ~ prisoners/students** ihre Mitgefangenen/Kommilitonen (und Kommilitoninnen); **his ~ workers** seine Kollegen (und Kolleginnen).

fellow citizen *n* Mitbürger(in) *m(f)*.

fellow countryman (*irreg: like* man) *n* Landsmann *m*, Landsmännin *f*.

fellow men *npl* Mitmenschen *pl*.

fellowship ['fɛləuʃɪp] *n* Kameradschaft *f*; (*society*) Gemeinschaft *f*; (*SCOL*) Forschungsstipendium *nt*.

fell-walking ['fɛlwɔːkɪŋ] (*BRIT*) *n* Bergwandern *nt*.

felon ['fɛlən] *n* (*LAW*) (Schwer)verbrecher *m*.

felony ['fɛlənɪ] *n* (*LAW*) (schweres) Verbrechen *nt*.

felt [fɛlt] *pt, pp of* feel ♦ *n* Filz *m*.

felt-tip pen ['fɛlttɪp-] *n* Filzstift *m*.

female ['fiːmeɪl] *n* Weibchen *nt*; (*pej: woman*) Frau *f*, Weib *nt* (*pej*) ♦ *adj* weiblich; (*vote etc*) Frauen-; (*ELEC: connector, plug*) Mutter-, Innen-; **male and ~ students** Studenten und Studentinnen.

female impersonator *n* Damenimitator *m*.

Femidom ® ['fɛmɪdɔm] *n* Kondom *nt* für die Frau, Femidom ® *nt*.

feminine ['fɛmɪnɪn] *adj* weiblich, feminin ♦ *n* Femininum *nt*.

femininity [fɛmɪˈnɪnɪtɪ] *n* Weiblichkeit *f*.

feminism ['fɛmɪnɪzəm] *n* Feminismus *m*.

feminist ['fɛmɪnɪst] *n* Feminist(in) *m(f)*.

fen [fɛn] (*BRIT*) *n*: **the F~s** *die Niederungen in East Anglia.*

fence [fɛns] *n* Zaun *m*; (*SPORT*) Hindernis *nt* ♦ *vt* (*also*: **~ in**) einzäunen ♦ *vi* (*SPORT*) fechten; **to sit on the ~** (*fig*) neutral bleiben, nicht Partei ergreifen.

fencing ['fɛnsɪŋ] *n* (*SPORT*) Fechten *nt*.

fend [fɛnd] *vi*: **to ~ for o.s.** für sich (selbst) sorgen, sich allein durchbringen.

▶ **fend off** *vt* abwehren.

fender ['fɛndə*] *n* Kamingitter *nt*; (*on boat*) Fender *m*; (*US: of car*) Kotflügel *m*.

fennel ['fɛnl] *n* Fenchel *m*.

ferment [*vi* fəˈmɛnt, *n* ˈfəːmɛnt] *vi* gären ♦ *n* (*fig: unrest*) Unruhe *f*.

fermentation [fəːmɛnˈteɪʃən] *n* Gärung *f*.

fern [fəːn] *n* Farn *m*.

ferocious [fəˈrəuʃəs] *adj* wild; (*behaviour*) heftig; (*competition*) scharf.

ferocity [fəˈrɔsɪtɪ] *n* (*see adj*) Wildheit *f*; Heftigkeit *f*; Schärfe *f*.

ferret ['fɛrɪt] *n* Frettchen *nt*.

▶ **ferret about** *vi* herumstöbern.

▶ **ferret around** *vi* = ferret about.

▶ **ferret out** *vt* aufspüren.

ferry ['fɛrɪ] *n* (*also*: **~boat**) Fähre *f* ♦ *vt* transportieren; **to ~ sth/sb across** *or* **over** jdn/etw übersetzen.

ferryman ['fɛrɪmən] (*irreg: like* man) *n* Fährmann *m*.

fertile ['fəːtaɪl] *adj* fruchtbar; **~ period** fruchtbare Tage *pl*.

fertility [fəˈtɪlɪtɪ] *n* Fruchtbarkeit *f*.

fertility drug *n* Fruchtbarkeitsmedikament *nt*.

fertilization [fəːtɪlaɪˈzeɪʃən] *n* (*BIOL*) Befruchtung *f*.

fertilize ['fəːtɪlaɪz] *vt* düngen; (*BIOL*) befruchten.

fertilizer ['fəːtɪlaɪzə*] *n* Dünger *m*.

fervent ['fəːvənt] *adj* leidenschaftlich; (*admirer*) glühend.

fervour, (*US*) **fervor** ['fəːvə*] *n* Leidenschaft *f*.

fester ['fɛstə*] *vi* (*wound*) eitern; (*insult*) nagen; (*row*) sich verschlimmern.

festival ['fɛstɪvəl] *n* Fest *nt*; (*ART, MUS*) Festival *nt*, Festspiele *pl*.

festive ['fɛstɪv] *adj* festlich; **the ~ season** (*BRIT: Christmas and New Year*) die Festzeit *f*.

festivities [fɛsˈtɪvɪtɪz] *npl* Feierlichkeiten *pl*.

festoon [fɛsˈtuːn] *vt*: **to ~ with** schmücken mit.

fetch [fɛtʃ] *vt* holen; (*sell for*) (ein)bringen; **would you ~ me a glass of water please?** kannst du mir bitte ein Glas Wasser bringen?; **how much did it ~?** wie viel hat es eingebracht?

▶ **fetch up** (*inf*) *vi* landen (*inf*).

fetching ['fɛtʃɪŋ] *adj* bezaubernd, reizend.

fête [feɪt] *n* Fest *nt*.

fetid ['fɛtɪd] *adj* übel riechend.

fetish ['fɛtɪʃ] *n* Fetisch *m*.

fetter ['fɛtə*] *vt* fesseln; (*horse*) anpflocken;

(*fig*) in Fesseln legen.

fetters ['fɛtəz] *npl* Fesseln *pl*.

fettle ['fɛtl] (*BRIT*) *n*: **in fine** ~ in bester Form.

fetus ['fiːtəs] (*US*) *n* = **foetus**.

feud [fjuːd] *n* Streit *m* ♦ *vi* im Streit liegen; **a family** ~ ein Familienstreit *m*.

feudal ['fjuːdl] *adj* (*society etc*) Feudal-.

feudalism ['fjuːdlɪzəm] *n* Feudalismus *m*.

fever ['fiːvə°] *n* Fieber *nt*; **he has a** ~ er hat Fieber.

feverish ['fiːvərɪʃ] *adj* fiebrig; (*activity, emotion*) fieberhaft.

few [fjuː] *adj* wenige; **a** ~ (*adj*) ein paar, einige; (*pron*) ein paar; **a** ~ **more** (**days**) noch ein paar (Tage); **they were** ~ sie waren nur wenige; ~ **succeed** nur wenigen gelingt es; **very** ~ **survive** nur sehr wenige überleben; **I know a** ~ ich kenne einige; **a good** ~, **quite a** ~ ziemlich viele; **in the next/past** ~ **days** in den nächsten/letzten paar Tagen; **every** ~ **days/months** alle paar Tage/Monate.

fewer ['fjuːə°] *adj* weniger; **there are** ~ **buses on Sundays** Sonntags fahren weniger Busse.

fewest ['fjuːɪst] *adj* die wenigsten.

FFA *n abbr* (= *Future Farmers of America*) *Verband von Landwirtschaftsstudenten*.

FH (*BRIT*) *n abbr* = **fire hydrant**.

FHA (*US*) *n abbr* (= *Federal Housing Administration*): ~ **loan** Baudarlehen *nt*.

fiancé [fɪˈɑːŋseɪ] *n* Verlobte(r) *m*.

fiancée [fɪˈɑːŋseɪ] *n* Verlobte *f*.

fiasco [fɪˈæskəu] *n* Fiasko *nt*.

fib [fɪb] *n* Flunkerei *f* (*inf*).

fibre, (*US*) **fiber** ['faɪbə°] *n* Faser *f*; (*cloth*) (Faser)stoff *m*; (*roughage*) Ballaststoffe *pl*; (*ANAT: tissue*) Gewebe *nt*.

fibreboard, (*US*) **fiberboard** ['faɪbəbɔːd] *n* Faserplatte *f*.

fibreglass, (*US*) **fiberglass** ['faɪbəglɑːs] *n* Fiberglas *nt*.

fibrositis [faɪbrəˈsaɪtɪs] *n* Bindegewebsentzündung *f*.

FICA (*US*) *n abbr* (= *Federal Insurance Contributions Act*) *Abgabe zur Sozialversicherung*.

fickle ['fɪkl] *adj* unbeständig; (*weather*) wechselhaft.

fiction ['fɪkʃən] *n* Erfindung *f*; (*LITER*) Erzählliteratur *f*, Prosaliteratur *f*.

fictional ['fɪkʃənl] *adj* erfunden.

fictionalize ['fɪkʃnəlaɪz] *vt* fiktionalisieren.

fictitious [fɪkˈtɪʃəs] *adj* (*false*) falsch; (*invented*) fiktiv, frei erfunden.

fiddle ['fɪdl] *n* Fiedel *f* (*inf*), Geige *f*; (*fraud, swindle*) Schwindelei *f* ♦ *vt* (*BRIT: accounts*) frisieren (*inf*); **tax** ~ Steuermanipulation *f*; **to work a** ~ ein krummes Ding drehen (*inf*).
▶ **fiddle with** *vt fus* herumspielen mit.

fiddler ['fɪdlə°] *n* Geiger(in) *m(f)*.

fiddly ['fɪdlɪ] *adj* knifflig (*inf*); (*object*)

fummelig.

fidelity [fɪˈdɛlɪtɪ] *n* Treue *f*; (*accuracy*) Genauigkeit *f*.

fidget ['fɪdʒɪt] *vi* zappeln.

fidgety ['fɪdʒɪtɪ] *adj* zappelig.

fiduciary [fɪˈdjuːʃɪərɪ] *n* (*LAW*) Treuhänder *m*.

field [fiːld] *n* Feld *nt*; (*SPORT: ground*) Platz *m*; (*subject, area of interest*) Gebiet *nt*; (*COMPUT*) Datenfeld *nt* ♦ *cpd* Feld-; **to lead the** ~ das Feld anführen; ~ **trip** Exkursion *f*.

field day *n*: **to have a** ~ einen herrlichen Tag haben.

field glasses *npl* Feldstecher *m*.

field hospital *n* Feldlazarett *nt*.

field marshal *n* Feldmarschall *m*.

field work *n* Feldforschung *f*; (*ARCHAEOLOGY, GEOG*) Arbeit *f* im Gelände.

fiend [fiːnd] *n* Teufel *m*.

fiendish ['fiːndɪʃ] *adj* teuflisch; (*problem*) verzwickt.

fierce [fɪəs] *adj* wild; (*look*) böse; (*fighting, wind*) heftig; (*loyalty*) leidenschaftlich; (*enemy*) erbittert; (*heat*) glühend.

fiery ['faɪərɪ] *adj* glühend; (*temperament*) feurig, hitzig.

FIFA ['fiːfə] *n abbr* (= *Fédération Internationale de Football Association*) FIFA *f*.

fifteen [fɪfˈtiːn] *num* fünfzehn.

fifteenth [fɪfˈtiːnθ] *num* fünfzehnte(r, s).

fifth [fɪfθ] *num* fünfte(r, s) ♦ *n* Fünftel *nt*.

fiftieth [fɪftɪɪθ] *num* fünfzigste(r, s).

fifty ['fɪftɪ] *num* fünfzig.

fifty-fifty ['fɪftɪ'fɪftɪ] *adj*, *adv* halbe-halbe, fifty-fifty; **to go/share** ~ **with sb** mit jdm halbe-halbe *or* fifty-fifty machen; **we have a** ~ **chance (of success)** unsere Chancen stehen fifty-fifty.

fig [fɪg] *n* Feige *f*.

fight [faɪt] (*pt, pp fought*) *n* Kampf *m*; (*quarrel*) Streit *m*; (*punch-up*) Schlägerei *f* ♦ *vt* kämpfen mit *or* gegen; (*prejudice etc*) bekämpfen; (*election*) kandidieren bei; (*emotion*) ankämpfen gegen; (*LAW: case*) durchkämpfen, durchfechten ♦ *vi* kämpfen; (*quarrel*) sich streiten; (*punch-up*) sich schlagen; **to put up a** ~ sich zur Wehr setzen; **to** ~ **one's way through a crowd/the undergrowth** sich *dat* einen Weg durch die Menge/das Unterholz bahnen; **to** ~ **against** bekämpfen; **to** ~ **for one's rights** für seine Rechte kämpfen.
▶ **fight back** *vi* zurückschlagen; (*SPORT*) zurückkämpfen; (*after illness*) zu Kräften kommen ♦ *vt fus* unterdrücken.
▶ **fight down** *vt* unterdrücken.
▶ **fight off** *vt* abwehren; (*sleep, urge*) ankämpfen gegen.
▶ **fight out** *vt*: **to** ~ **it out** es untereinander ausfechten.

fighter ['faɪtə°] *n* Kämpfer(in) *m(f)*; (*plane*) Jagdflugzeug *nt*; (*fig*) Kämpfernatur *f*.

fighter pilot *n* Jagdflieger *m*.

fighting ['faɪtɪŋ] n Kämpfe pl; (brawl) Schlägereien pl.

figment ['fɪgmənt] n: **a ~ of the imagination** ein Hirngespinst nt, pure Einbildung f.

figurative ['fɪgjʊrətɪv] adj bildlich, übertragen; (style) gegenständlich.

figure ['fɪgə*] n Figur f; (illustration) Abbildung f; (number, statistic, cipher) Zahl f; (person) Gestalt f; (personality) Persönlichkeit f ♦ vt (esp US) glauben, schätzen ♦ vi eine Rolle spielen; **to put a ~ on sth** eine Zahl für etw angeben; **public ~** Persönlichkeit f des öffentlichen Lebens.

▶ **figure out** vt ausrechnen.

figurehead ['fɪgəhɛd] n Galionsfigur f.

figure of speech n Redensart f, Redewendung f.

figure skating n Eiskunstlaufen nt.

Fiji (Islands) ['fiːdʒiː-] n(pl) Fidschiinseln pl.

filament ['fɪləmənt] n Glühfaden m; (BOT) Staubfaden m.

filch [fɪltʃ] (inf) vt filzen.

file [faɪl] n Akte f; (folder) (Akten)ordner m; (for loose leaf) (Akten)mappe f; (COMPUT) Datei f; (row) Reihe f; (tool) Feile f ♦ vt ablegen, abheften; (claim) einreichen; (wood, metal, fingernails) feilen ♦ vi: **to ~ in/ out** nacheinander hereinkommen/ hinausgehen; **to ~ a suit against sb** eine Klage gegen jdn erheben; **to ~ past** in einer Reihe vorbeigehen; **to ~ for divorce** die Scheidung einreichen.

filename ['faɪlneɪm] n (COMPUT) Dateiname m.

filibuster ['fɪlɪbʌstə*] (esp US: POL) n (also: ~**er**) Dauerredner(in) m(f) ♦ vi filibustern, Obstruktion betreiben.

filing ['faɪlɪŋ] n Ablegen nt, Abheften nt.

filing cabinet n Aktenschrank m.

filing clerk n Angestellte(r) f(m) in der Registratur.

Filipino [fɪlɪ'piːnəʊ] n Filipino m, Filipina f; (LING) Philippinisch nt.

fill [fɪl] vt füllen; (space, area) ausfüllen; (tooth) plombieren; (need) erfüllen ♦ vi sich füllen ♦ n: **to eat one's ~** sich satt essen; **we've already ~ed that vacancy** wir haben diese Stelle schon besetzt.

▶ **fill in** vt füllen; (time) überbrücken; (form) ausfüllen ♦ vi: **to ~ in for sb** für jdn einspringen; **to ~ sb in on sth** (inf) jdn über etw acc ins Bild setzen.

▶ **fill out** vt ausfüllen.

▶ **fill up** vt füllen ♦ vi (AUT) tanken; **~ it up, please** (AUT) bitte voll tanken.

fillet ['fɪlɪt] n Filet nt ♦ vt filetieren.

fillet steak n Filetsteak nt.

filling ['fɪlɪŋ] n Füllung f; (for tooth) Plombe f.

filling station n Tankstelle f.

fillip ['fɪlɪp] n (stimulus) Ansporn m.

filly ['fɪlɪ] n Stutfohlen nt.

film [fɪlm] n Film m; (of powder etc) Schicht f; (for wrapping) Plastikfolie f ♦ vt, vi filmen.

film star n Filmstar m.

film strip n Filmstreifen m.

film studio n Filmstudio nt.

Filofax ® ['faɪləʊfæks] n Filofax ® nt, Terminplaner m.

filter ['fɪltə*] n Filter m ♦ vt filtern.

▶ **filter in** vi durchsickern.

▶ **filter through** vi = **filter in**.

filter coffee n Filterkaffee m.

filter lane (BRIT) n Abbiegespur f.

filter tip n Filter m.

filter-tipped ['fɪltə'tɪpt] adj (cigarette) Filter-.

filth [fɪlθ] n Dreck m, Schmutz m.

filthy ['fɪlθɪ] adj dreckig, schmutzig; (language) unflätig.

fin [fɪn] n Flosse f; (TECH) Seitenflosse f.

final ['faɪnl] adj letzte(r, s); (ultimate) letztendlich; (definitive) endgültig ♦ n Finale nt, Endspiel nt; **finals** npl (UNIV) Abschlussprüfung f.

final demand n letzte Zahlungsaufforderung f.

finale [fɪ'nɑːlɪ] n Finale nt; (THEAT) Schlussszene f.

finalist ['faɪnəlɪst] n Endrundenteilnehmer(in) m(f), Finalist(in) m(f).

finality [faɪ'nælɪtɪ] n Endgültigkeit f; **with an air of ~** mit Bestimmtheit.

finalize ['faɪnəlaɪz] vt endgültig festlegen.

finally ['faɪnəlɪ] adv endlich, schließlich; (lastly) schließlich, zum Schluss; (irrevocably) endgültig.

finance [faɪ'næns] n Geldmittel pl; (money management) Finanzwesen nt ♦ vt finanzieren; **finances** npl (personal) Finanzen pl, Finanzlage f.

financial [faɪ'nænʃəl] adj finanziell; **~ statement** Bilanz f.

financially [faɪ'nænʃəlɪ] adv finanziell.

financial year n Geschäftsjahr nt.

financier [faɪ'nænsɪə*] n Finanzier m.

find [faɪnd] (pt, pp **found**) vt finden; (discover) entdecken ♦ n Fund m; **to ~ sb guilty** jdn für schuldig befinden; **to ~ (some) difficulty in doing sth** (einige) Schwierigkeiten haben, etw zu tun.

▶ **find out** vt herausfinden; (person) erwischen ♦ vi: **to ~ out about** etwas herausfinden über +acc; (by chance) etwas erfahren über +acc.

findings ['faɪndɪŋz] npl (LAW) Urteil nt; (of report) Ergebnis nt.

fine [faɪn] adj fein; (excellent) gut; (thin) dünn ♦ adv gut; (small) fein ♦ n Geldstrafe f ♦ vt mit einer Geldstrafe belegen; **he's ~** es geht ihm gut; **the weather is ~** das Wetter ist schön; **that's cutting it (a bit) ~** das ist aber (ein bisschen) knapp; **you're doing ~** das machen Sie gut.

fine arts npl schöne Künste pl.

finely ['faɪnlɪ] adv schön; (chop) klein; (slice)

dünn; (*adjust*) fein.

fine print *n*: **the ~** das Kleingedruckte *or* klein Gedruckte.

finery ['faɪnərɪ] *n* (*of dress*) Staat *m*.

finesse [fɪ'nɛs] *n* Geschick *nt*.

fine-tooth comb ['faɪntu:θ-] *n*: **to go through sth with a ~** (*fig*) etw genau unter die Lupe nehmen.

finger ['fɪŋɡə•] *n* Finger *m* ♦ *vt* befühlen; **little ~** kleiner Finger; **index ~** Zeigefinger *m*.

fingernail ['fɪŋɡəneɪl] *n* Fingernagel *m*.

fingerprint ['fɪŋɡəprɪnt] *n* Fingerabdruck *m* ♦ *vt* Fingerabdrücke abnehmen +*dat*.

fingerstall ['fɪŋɡəstɔ:l] *n* Fingerling *m*.

fingertip ['fɪŋɡətɪp] *n* Fingerspitze *f*; **to have sth at one's ~s** (*to hand*) etw parat haben; (*know well*) etw aus dem Effeff kennen (*inf*).

finicky ['fɪnɪkɪ] *adj* pingelig.

finish ['fɪnɪʃ] *n* Schluss *m*, Ende *nt*; (*SPORT*) Finish *nt*; (*polish etc*) Verarbeitung *f* ♦ *vt* fertig sein mit; (*work*) erledigen; (*book*) auslesen; (*use up*) aufbrauchen ♦ *vi* enden; (*person*) fertig sein; **to ~ doing sth** mit etw fertig werden; **to ~ third** als dritter durchs Ziel gehen; **to have ~ed with sth** mit etw fertig sein; **she's ~ed with him** sie hat mit ihm Schluss gemacht.

▶ **finish off** *vt* fertig machen; (*kill*) den Gnadenstoß geben.

▶ **finish up** *vt* (*food*) aufessen; (*drink*) austrinken ♦ *vi* (*end up*) landen.

finished ['fɪnɪʃt] *adj* fertig; (*performance*) ausgereift; (*inf: tired*) erledigt.

finishing line ['fɪnɪʃɪŋ-] *n* Ziellinie *f*.

finishing school *n* höhere Mädchenschule *f* (*in der auch Etikette und gesellschaftliches Verhalten gelehrt wird*).

finishing touches *npl*: **the ~** der letzte Schliff.

finite ['faɪnaɪt] *adj* begrenzt; (*verb*) finit.

Finland ['fɪnlənd] *n* Finnland *nt*.

Finn [fɪn] *n* Finne *m*, Finnin *f*.

Finnish ['fɪnɪʃ] *adj* finnisch ♦ *n* (*LING*) Finnisch *nt*.

fiord [fjɔ:d] *n* = **fjord**.

fir [fə:•] *n* Tanne *f*.

fire ['faɪə•] *n* Feuer *nt*; (*in hearth*) (Kamin)feuer *nt*; (*accidental fire*) Brand *m* ♦ *vt* abschießen; (*imagination*) beflügeln; (*enthusiasm*) befeuern; (*inf: dismiss*) feuern ♦ *vi* feuern, schießen; **to ~ a gun** ein Gewehr abschießen; **to ~ on/at** ~ **brennen; to set ~ to sth, set sth on ~** etw anzünden; **insured against ~** feuerversichert; **electric/gas ~** Elektro-/Gasofen *m*; **to come/be under ~ (from)** unter Beschuss (von) geraten/ stehen.

fire alarm *n* Feuermelder *m*.

firearm ['faɪərɑ:m] *n* Feuerwaffe *f*, Schusswaffe *f*.

fire brigade *n* Feuerwehr *f*.

fire chief *n* Branddirektor *m*.

fire department (*US*) *n* Feuerwehr *f*.

fire door *n* Feuertür *f*.

fire drill *n* Probealarm *m*.

fire engine *n* Feuerwehrauto *nt*.

fire escape *n* Feuertreppe *f*.

fire-extinguisher ['faɪərɪk'stɪŋgwɪʃə•] *n* Feuerlöscher *m*.

fireguard ['faɪəgɑ:d] (*BRIT*) *n* (Schutz)gitter *nt* (*vor dem Kamin*).

fire hazard *n*: **that's a ~** das ist feuergefährlich.

fire hydrant *n* Hydrant *m*.

fire insurance *n* Feuerversicherung *f*.

fireman ['faɪəmən] (*irreg: like* man) *n* Feuerwehrmann *m*.

fireplace ['faɪəpleɪs] *n* Kamin *m*.

fireplug ['faɪəplʌg] (*US*) *n* = **fire hydrant**.

fire practice *n* = **fire drill**.

fireproof ['faɪəpru:f] *adj* feuerfest.

fire regulations *npl* Brandschutzbestimmungen *pl*.

fire screen *n* Ofenschirm *m*.

fireside ['faɪəsaɪd] *n*: **by the ~** am Kamin.

fire station *n* Feuerwache *f*.

firewood ['faɪəwʊd] *n* Brennholz *nt*.

fireworks ['faɪəwə:ks] *npl* Feuerwerkskörper *pl*; (*display*) Feuerwerk *nt*.

firing line ['faɪərɪŋ-] *n* Feuerlinie *f*, Schusslinie *f*; **to be in the ~** (*fig*) in der Schusslinie sein.

firing squad *n* Exekutionskommando *nt*.

firm [fə:m] *adj* fest; (*mattress*) hart; (*measures*) durchgreifend ♦ *n* Firma *f*; **to be a ~ believer in sth** fest von etw überzeugt sein.

firmly ['fə:mlɪ] *adv* (*see adj*) fest; hart; (*definitely*) entschlossen.

firmness ['fə:mnɪs] *n* (*see adj*) Festigkeit *f*; Härte *f*; (*definiteness*) Entschlossenheit *f*.

first [fə:st] *adj* erste(r, s) ♦ *adv* als Erste(r, s); (*before other things*) zuerst; (*when listing reasons etc*) erstens; (*for the first time*) zum ersten Mal ♦ *n* Erste(r, s); (*AUT: also:* ~ **gear**) der erste Gang; (*BRIT: SCOL*) ≈ Eins *f*; **the ~ of January** der erste Januar; **at ~** zuerst, zunächst; ~ **of all** vor allem; **in the ~ instance** zuerst *or* zunächst einmal; **I'll do it ~ thing (tomorrow)** ich werde es (morgen) als Erstes tun; **from the very ~** gleich von Anfang an.

first aid *n* erste Hilfe *f*.

first-aid kit [fə:st'eɪd-] *n* Erste-Hilfe-Ausrüstung *f*.

first-class ['fə:st'klɑ:s] *adj* erstklassig; (*carriage, ticket*) Erste(r)-Klasse-; (*post*) bevorzugt befördert ♦ *adv* (*travel, send*) erster Klasse.

first-hand ['fə:st'hænd] *adj* aus erster Hand.

first lady (*US*) *n* First Lady *f*; **the ~ of jazz** die Königin des Jazz.

firstly ['fə:stlɪ] *adv* erstens, zunächst einmal.

first name *n* Vorname *m*.

first night n Premiere f.
first-rate ['fəːst'reɪt] adj erstklassig.
first-time buyer ['fəːsttaɪm-] n jd, der zum ersten Mal ein Haus/eine Wohnung kauft.
fir tree n Tannenbaum m.
FIS (BRIT) n abbr (= Family Income Supplement) Beihilfe für einkommensschwache Familien.
fiscal ['fɪskl] adj (year) Steuer-; (policies) Finanz-.
fish [fɪʃ] n inv Fisch m ♦ vt (area) fischen in +dat; (river) angeln in +dat ♦ vi fischen; (as sport, hobby) angeln; **to go ~ing** fischen/angeln gehen.
► **fish out** vt herausfischen.
fish bone n (Fisch)gräte f.
fish cake n Fischfrikadelle f.
fisherman ['fɪʃəmən] (irreg: like man) n Fischer m.
fishery ['fɪʃərɪ] n Fischereigebiet nt.
fish factory (BRIT) n Fischfabrik f.
fish farm n Fischzucht(anlage) f.
fishfingers [fɪʃ'fɪŋɡəz] (BRIT) npl Fischstäbchen pl.
fish-hook ['fɪʃhuk] n Angelhaken m.
fishing boat ['fɪʃɪŋ-] n Fischerboot nt.
fishing line n Angelschnur f.
fishing net n Fischnetz nt.
fishing rod n Angelrute f.
fishing tackle n Angelgeräte pl.
fish market n Fischmarkt m.
fishmonger ['fɪʃmʌŋɡə'] (esp BRIT) n Fischhändler(in) m(f).
fishmonger's (shop) ['fɪʃmʌŋɡəz-] (esp BRIT) n Fischgeschäft nt.
fish slice (BRIT) n Fischvorlegemesser nt.
fish sticks (US) npl = fishfingers.
fishy ['fɪʃɪ] (inf) adj verdächtig, faul.
fission ['fɪʃən] n Spaltung f; **atomic** or **nuclear ~** Atomspaltung f, Kernspaltung f.
fissure ['fɪʃə'] n Riss m, Spalte f.
fist [fɪst] n Faust f.
fist fight n Faustkampf m.
fit [fɪt] adj geeignet; (healthy) gesund; (SPORT) fit ♦ vt passen +dat; (adjust) anpassen; (match) entsprechen +dat; (be suitable for) passen auf +acc; (put in) einbauen; (attach) anbringen; (equip) ausstatten ♦ vi passen; (parts) zusammenpassen; (in space, gap) hineinpassen ♦ n (MED) Anfall m; **to ~ the description** der Beschreibung entsprechen; **~ to bereit zu; ~ to eat** essbar; **~ to drink** trinkbar; **to be ~ to keep** es wert sein, aufbewahrt zu werden; **~ for** geeignet für; **~ for work** arbeitsfähig; **to keep ~** sich fit halten; **do as you think** or **see ~** tun Sie, was Sie für richtig halten; **a ~ of anger** ein Wutanfall m; **a ~ of pride** eine Anwandlung von Stolz; **to have a ~** einen Anfall haben; (inf, fig) einen Anfall kriegen; **this dress is a good ~** dieses Kleid sitzt or passt gut; **by ~s and starts** unregelmäßig.

► **fit in** vi (person) sich einfügen; (object) hineinpassen ♦ vt (fig: appointment) unterbringen, einschieben; (visitor) Zeit finden für; **to ~ in with sb's plans** sich mit jds Plänen vereinbaren lassen.
fitful ['fɪtful] adj unruhig.
fitment ['fɪtmənt] n Einrichtungsgegenstand m.
fitness ['fɪtnɪs] n Gesundheit f; (SPORT) Fitness f.
fitted carpet ['fɪtɪd-] n Teppichboden m.
fitted cupboards npl Einbauschränke pl.
fitted kitchen (BRIT) n Einbauküche f.
fitter ['fɪtə'] n Monteur m; (for machines) (Maschinen)schlosser m.
fitting ['fɪtɪŋ] adj passend; (thanks) gebührend ♦ n (of dress) Anprobe f; (of piece of equipment) Installation f; **fittings** npl Ausstattung f.
fitting room n Anprobe(kabine) f.
five [faɪv] num fünf.
five-day week ['faɪvdeɪ-] n Fünftagewoche f.
fiver ['faɪvə'] (inf) n (BRIT) Fünfpfundschein m; (US) Fünfdollarschein m.
fix [fɪks] vt (attach) befestigen; (arrange) festsetzen, festlegen; (mend) reparieren; (meal, drink) machen; (inf) manipulieren ♦ n: **to be in a ~** in der Patsche or Klemme sitzen; **to ~ sth to/on sth** etw an/auf etw dat befestigen; **to ~ one's eyes/attention on** seinen Blick/seine Aufmerksamkeit richten auf +acc; **the fight was a ~** (inf) der Kampf war eine abgekartete Sache.
► **fix up** vt arrangieren; **to ~ sb up with sth** jdm etw besorgen.
fixation [fɪk'seɪʃən] n Fixierung f.
fixative ['fɪksətɪv] n Fixativ nt.
fixed [fɪkst] adj fest; (ideas) fix; (smile) starr; **~ charge** Pauschale f; **how are you ~ for money?** wie sieht es bei dir mit dem Geld aus?
fixed assets npl Anlagevermögen nt.
fixture ['fɪkstʃə'] n Ausstattungsgegenstand m; (FOOTBALL etc) Spiel nt; (ATHLETICS etc) Veranstaltung f.
fizz [fɪz] vi sprudeln; (firework) zischen.
fizzle out ['fɪzl-] vi (plan) im Sande verlaufen; (interest) sich verlieren.
fizzy ['fɪzɪ] adj sprudelnd.
fjord [fjɔːd] n Fjord m.
FL, Fla. (US) abbr (POST: = Florida).
flabbergasted ['flæbəɡaːstɪd] adj verblüfft.
flabby ['flæbɪ] adj schwammig, wabbelig (inf).
flag [flæɡ] n Fahne f; (of country) Flagge f; (for signalling) Signalflagge f; (also: **~stone**) (Stein)platte f ♦ vi erlahmen; **~ of convenience** Billigflagge f; **to ~ down** anhalten.
flagon ['flæɡən] n Flasche f; (jug) Krug m.
flagpole ['flæɡpəul] n Fahnenstange f.
flagrant ['fleɪɡrənt] adj flagrant; (injustice) himmelschreiend.

flagship ['flægʃɪp] n Flaggschiff nt.
flagstone ['flægstəun] n (Stein)platte f.
flag stop (US) n Bedarfshaltestelle f.
flair [fleə'] n Talent nt; (style) Flair nt.
flak [flæk] n Flakfeuer nt; **to get a lot of ~ (for sth)** (inf: criticism) (wegen etw) unter Beschuss geraten.
flake [fleɪk] n Splitter m; (of snow, soap powder) Flocke f ♦ vi (also: ~ off) abblättern, absplittern.
► **flake out** (inf) vi aus den Latschen kippen; (go to sleep) einschlafen.
flaky ['fleɪkɪ] adj brüchig; (skin) schuppig.
flaky pastry n Blätterteig m.
flamboyant [flæm'bɔɪənt] adj extravagant.
flame [fleɪm] n Flamme f; **to burst into ~s** in Flammen aufgehen; **an old ~** (inf) eine alte Flamme.
flaming ['fleɪmɪŋ] (inf!) adj verdammt.
flamingo [flə'mɪŋgəu] n Flamingo m.
flammable ['flæməbl] adj leicht entzündbar.
flan [flæn] n Kuchen m; **~ case** Tortenboden m.
Flanders ['flɑːndəz] n Flandern nt.
flange [flændʒ] n Flansch m.
flank [flæŋk] n Flanke f ♦ vt flankieren.
flannel ['flænl] n Flanell m; (BRIT: also: **face ~**) Waschlappen m; (: inf) Geschwafel nt; **flannels** npl (trousers) Flanellhose f.
flannelette [flænə'lɛt] n Baumwollflanell m, Biber m or nt.
flap [flæp] n Klappe f; (of envelope) Lasche f ♦ vt schlagen mit ♦ vi flattern; (inf: also: **be in a ~**) in heller Aufregung sein.
flapjack ['flæpdʒæk] n (US: pancake) Pfannkuchen m; (BRIT: biscuit) Haferkeks m.
flare [fleə'] n Leuchtsignal nt; (in skirt etc) Weite f.
► **flare up** vi auflodern; (person) aufbrausen; (fighting, violence, trouble) ausbrechen; see also **flared**.
flared ['fleəd] adj (trousers) mit Schlag; (skirt) ausgestellt.
flash [flæʃ] n Aufblinken nt; (also: **news~**) Eilmeldung f; (PHOT) Blitz m, Blitzlicht nt; (US: torch) Taschenlampe f ♦ vt aufleuchten lassen; (news, message) durchgeben; (look, smile) zuwerfen ♦ vi aufblinken; (light on ambulance) blinken; (eyes) blitzen; **in a ~** im Nu; **quick as a ~** blitzschnell; **~ of inspiration** Geistesblitz m; **to ~ one's headlights** die Lichthupe betätigen; **the thought ~ed through his mind** der Gedanke schoss ihm durch den Kopf; **to ~ by or past** vorbeiflitzen (inf).
flashback ['flæʃbæk] n Rückblende f.
flashbulb ['flæʃbʌlb] n Blitzbirne f.
flash card n Leselernkarte f.
flashcube ['flæʃkjuːb] n Blitzwürfel m.
flasher ['flæʃə'] n (AUT) Lichthupe f; (infl: man) Exhibitionist m.
flashlight ['flæʃlaɪt] n Blitzlicht nt.

flash point n (fig): **to be at ~** auf dem Siedepunkt sein.
flashy ['flæʃɪ] (pej) adj auffällig, protzig.
flask [flɑːsk] n Flakon m; (CHEM) Glaskolben m; (also: **vacuum ~**) Thermosflasche ® f.
flat [flæt] adj flach; (surface) eben; (tyre) platt; (battery) leer; (beer) schal; (refusal, denial) glatt; (note, voice) zu tief; (rate, fee) Pauschal- ♦ n (BRIT: apartment) Wohnung f; (AUT) (Reifen)panne f; (MUS) Erniedrigungszeichen nt; **to work ~ out** auf Hochtouren arbeiten; **~ rate of pay** Pauschallohn m.
flat-footed ['flæt'futɪd] adj: **to be ~** Plattfüße pl haben.
flatly ['flætlɪ] adv (refuse, deny) glatt, kategorisch.
flatmate ['flætmeɪt] (BRIT) n Mitbewohner(in) m(f).
flatness ['flætnɪs] n Flachheit f.
flat screen n Flachbildschirm m.
flatten ['flætn] vt (also: **~ out**) (ein)ebnen; (paper, fabric etc) glätten; (building, city) dem Erdboden gleichmachen; (crop) zu Boden drücken; (inf: person) umhauen; **to ~ o.s. against a wall/door etc** sich platt gegen or an eine Wand/Tür etc drücken.
flatter ['flætə'] vt schmeicheln +dat.
flatterer ['flætərə'] n Schmeichler(in) m(f).
flattering ['flætərɪŋ] adj schmeichelhaft; (dress etc) vorteilhaft.
flattery ['flætərɪ] n Schmeichelei f.
flatulence ['flætjuləns] n Blähungen pl.
flaunt [flɔːnt] vt zur Schau stellen, protzen mit.
flavour, (US) **flavor** ['fleɪvə'] n Geschmack m; (of ice-cream etc) Geschmacksrichtung f ♦ vt Geschmack verleihen +dat; **to give or add ~ to** Geschmack verleihen +dat; **music with an African ~** (fig) Musik mit einer afrikanischen Note; **strawberry-~ed** mit Erdbeergeschmack.
flavouring ['fleɪvərɪŋ] n Aroma nt.
flaw [flɔː] n Fehler m.
flawless ['flɔːlɪs] adj (performance) fehlerlos; (complexion) makellos.
flax [flæks] n Flachs m.
flaxen ['flæksən] adj (hair) flachsblond.
flea [fliː] n Floh m.
flea market n Flohmarkt m.
fleck [flɛk] n Tupfen m, Punkt m; (of dust) Flöckchen nt; (of mud, paint, colour) Fleck(en) m ♦ vt bespritzen; **brown ~ed with white** braun mit weißen Punkten.
fled [flɛd] pt, pp of **flee**.
fledg(e)ling ['flɛdʒlɪŋ] n Jungvogel m ♦ adj (inexperienced: actor etc) Nachwuchs-; (newly started: business etc) jung.
flee [fliː] (pt, pp **fled**) vt fliehen or flüchten vor +dat; (country) fliehen or flüchten aus ♦ vi fliehen, flüchten.
fleece [fliːs] n Schafwolle f; (sheep's coat)

Schaffell *nt*, Vlies *nt* ♦ *vt* (*inf: cheat*) schröpfen.

fleecy ['fliːsɪ] *adj* flauschig; (*cloud*) Schäfchen-.

fleet [fliːt] *n* Flotte *f*; (*of lorries, cars*) Fuhrpark *m*.

fleeting ['fliːtɪŋ] *adj* flüchtig.

Flemish ['flemɪʃ] *adj* flämisch ♦ *n* (*LING*) Flämisch *nt*; **the Flemish** *npl* die Flamen.

flesh [fleʃ] *n* Fleisch *nt*; (*of fruit*) Fruchtfleisch *nt*.

▶ **flesh out** *vt* ausgestalten.

flesh wound [-wuːnd] *n* Fleischwunde *f*.

flew [fluː] *pt of* **fly**.

flex [fleks] *n* Kabel *nt* ♦ *vt* beugen; (*muscles*) spielen lassen.

flexibility [fleksɪ'bɪlɪtɪ] *n* (*see adj*) Flexibilität *f*; Biegsamkeit *f*.

flexible ['fleksəbl] *adj* flexibel; (*material*) biegsam.

flexitime ['fleksɪtaɪm] *n* gleitende Arbeitszeit *f*, Gleitzeit *f*.

flick [flɪk] *n* (*of finger*) Schnipsen *nt*; (*of hand*) Wischen *nt*; (*of whip*) Schnalzen *nt*; (*of towel etc*) Schlagen *nt*; (*of switch*) Knipsen *nt* ♦ *vt* schnipsen; (*with hand*) wischen; (*whip*) knallen mit; (*switch*) knipsen; **flicks** (*inf*) *npl* Kino *nt*; **to ~ a towel at sb** mit einem Handtuch nach jdm schlagen.

▶ **flick through** *vt fus* durchblättern.

flicker ['flɪkə*] *vi* flackern; (*eyelids*) zucken ♦ *n* Flackern *nt*; (*of pain, fear*) Aufflackern *nt*; (*of smile*) Anflug *m*; (*of eyelid*) Zucken *nt*.

flick knife (*BRIT*) *n* Klappmesser *nt*.

flier ['flaɪə*] *n* Flieger(in) *m(f)*.

flight [flaɪt] *n* Flug *m*; (*escape*) Flucht *f*; (*also:* **~ of steps**) Treppe *f*; **to take ~** die Flucht ergreifen; **to put to ~** in die Flucht schlagen.

flight attendant (*US*) *n* Flugbegleiter(in) *m(f)*.

flight crew *n* Flugbesatzung *f*.

flight deck *n* (*AVIAT*) Cockpit *nt*; (*NAUT*) Flugdeck *nt*.

flight path *n* Flugbahn *f*.

flight recorder *n* Flugschreiber *m*.

flimsy ['flɪmzɪ] *adj* leicht, dünn; (*building*) leicht gebaut; (*excuse*) fadenscheinig; (*evidence*) nicht stichhaltig.

flinch [flɪntʃ] *vi* zusammenzucken; **to ~ from** zurückschrecken vor +*dat*.

fling [flɪŋ] (*pt, pp* **flung**) *vt* schleudern; (*arms*) werfen; (*oneself*) stürzen ♦ *n* (*flüchtige*) Affäre *f*.

flint [flɪnt] *n* Feuerstein *m*.

flip [flɪp] *vt* (*switch*) knipsen; (*coin*) werfen; (*US: pancake*) umdrehen ♦ *vi:* **to ~ for sth** (*US*) um etw mit einer Münze knobeln.

▶ **flip through** *vt fus* durchblättern; (*records etc*) durchgehen.

flippant ['flɪpənt] *adj* leichtfertig.

flipper ['flɪpə*] *n* Flosse *f*; (*for swimming*)

(Schwimm)flosse *f*.

flip side *n* (*of record*) B-Seite *f*.

flirt [flɜːt] *vi* flirten; (*with idea*) liebäugeln ♦ *n:* **he/she is a ~** er/sie flirtet gern.

flirtation [flɜː'teɪʃən] *n* Flirt *m*.

flit [flɪt] *vi* flitzen; (*expression, smile*) huschen.

float [fləut] *n* Schwimmkork *m*; (*for fishing*) Schwimmer *m*; (*lorry*) Festwagen *m*; (*money*) Wechselgeld *nt* ♦ *vi* schwimmen; (*swimmer*) treiben; (*through air*) schweben; (*currency*) floaten ♦ *vt* (*currency*) freigeben, floaten lassen; (*company*) gründen; (*idea, plan*) in den Raum stellen.

▶ **float around** *vi* im Umlauf sein; (*person*) herumschweben (*inf*); (*object*) herumfliegen (*inf*).

flock [flɒk] *n* Herde *f*; (*of birds*) Schwarm *m* ♦ *vi:* **to ~ to** (*place*) strömen nach; (*event*) in Scharen kommen zu.

floe [fləu] *n* (*also:* **ice ~**) Eisscholle *f*.

flog [flɒg] *vt* auspeitschen; (*inf: sell*) verscherbeln.

flood [flʌd] *n* Überschwemmung *f*; (*of letters, imports etc*) Flut *f* ♦ *vt* überschwemmen; (*AUT*) absaufen lassen (*inf*) ♦ *vi* überschwemmt werden; **to be in ~** Hochwasser führen; **to ~ the market** den Markt überschwemmen; **to ~ into Hungary/the square/the palace** nach Ungarn/auf den Platz/in den Palast strömen.

flooding ['flʌdɪŋ] *n* Überschwemmung *f*.

floodlight ['flʌdlaɪt] *n* Flutlicht *nt* ♦ *vt* (*mit* Flutlicht) beleuchten; (*building*) anstrahlen.

floodlit ['flʌdlɪt] *pt, pp of* **floodlight** ♦ *adj* (*mit* Flutlicht) beleuchtet; (*building*) angestrahlt.

flood tide *n* Flut *f*.

floodwater ['flʌdwɔːtə*] *n* Hochwasser *nt*.

floor [flɔː*] *n* (*Fuß*)boden *m*; (*storey*) Stock *nt*; (*of sea, valley*) Boden *m* ♦ *vt* (*subj: blow*) zu Boden werfen; (: *question, remark*) die Sprache verschlagen +*dat*; **on the ~** auf dem Boden; **ground** (*BRIT*) *or* **first** (*US*) **~** Erdgeschoss *nt*, Erdgeschoß *nt* (*ÖSTERR*); **first** (*BRIT*) *or* **second** (*US*) **~** erster Stock *m*; **top ~** oberstes Stockwerk *nt*; **to have the ~** (*speaker: at meeting*) das Wort haben.

floorboard ['flɔːbɔːd] *n* Diele *f*.

flooring ['flɔːrɪŋ] *n* (*Fuß*)boden *m*; (*covering*) Fußbodenbelag *m*.

floor lamp (*US*) *n* Stehlampe *f*.

floor show *n* Show *f*, Vorstellung *f*.

floorwalker ['flɔːwɔːkə*] (*esp US*) *n* Ladenaufsicht *f*.

floozy ['fluːzɪ] (*inf*) *n* Flittchen *nt*.

flop [flɒp] *n* Reinfall *m* ♦ *vi* (*play, book*) durchfallen; (*fall*) sich fallen lassen; (*scheme*) ein Reinfall sein.

floppy ['flɒpɪ] *adj* schlaff, schlapp ♦ *n* (*also:* **~ disk**) Diskette *f*, Floppydisk *f*, Floppy Disk *f*; **~ hat** Schlapphut *m*.

floppy disk *n* Diskette *f*, Floppydisk *f*, Floppy

Disk *f*.
flora ['flɔːrə] *n* Flora *f*.
floral ['flɔːrl] *adj* geblümt.
Florence ['flɒrəns] *n* Florenz *nt*.
Florentine ['flɒrəntaɪn] *adj* florentinisch.
florid ['flɒrɪd] *adj* (*style*) blumig; (*complexion*) kräftig.
florist ['flɒrɪst] *n* Blumenhändler(in) *m(f)*.
florist's (shop) ['flɒrɪsts-] *n* Blumengeschäft *nt*.
flotation [fləu'teɪʃən] *n* (*of shares*) Auflegung *f*; (*of company*) Umwandlung *f* in eine Aktiengesellschaft.
flotsam ['flɒtsəm] *n* (*also:* ~ **and jetsam**) Strandgut *nt*; (*floating*) Treibgut *nt*.
flounce [flauns] *n* Volant *m*.
▸ **flounce out** *vi* hinausstolzieren.
flounder ['flaundə'] *vi* sich abstrampeln; (*fig: speaker*) ins Schwimmen kommen; (*economy*) in Schwierigkeiten geraten ♦ *n* Flunder *f*.
flour ['flauə'] *n* Mehl *nt*.
flourish ['flʌrɪʃ] *vi* gedeihen; (*business*) blühen, florieren ♦ *vt* schwenken ♦ *n* (*in writing*) Schnörkel *m*; (*bold gesture*): **with a** ~ mit einer schwungvollen Bewegung.
flourishing ['flʌrɪʃɪŋ] *adj* gut gehend, florierend.
flout [flaut] *vt* sich hinwegsetzen über +*acc*.
flow [fləu] *n* Fluss *m*; (*of sea*) Flut *f* ♦ *vi* fließen; (*clothes, hair*) wallen.
flow chart *n* Flussdiagramm *nt*.
flow diagram *n* = **flow chart**.
flower ['flauə'] *n* Blume *f*; (*blossom*) Blüte *f* ♦ *vi* blühen; **to be in** ~ blühen.
flowerbed ['flauəbed] *n* Blumenbeet *nt*.
flowerpot ['flauəpɒt] *n* Blumentopf *m*.
flowery ['flauərɪ] *adj* blumig; (*pattern*) Blumen-.
flown [fləun] *pp of* **fly**.
flu [fluː] *n* Grippe *f*.
fluctuate ['flʌktjueɪt] *vi* schwanken; (*opinions, attitudes*) sich ändern.
fluctuation [flʌktju'eɪʃən] *n*: ~ (**in**) Schwankung (+*gen*).
flue [fluː] *n* Rauchfang *m*, Rauchabzug *m*.
fluency ['fluːənsɪ] *n* Flüssigkeit *f*; **his** ~ **in German** sein flüssiges Deutsch.
fluent ['fluːənt] *adj* flüssig; **he speaks** ~ **German, he's** ~ **in German** er spricht fließend Deutsch.
fluently ['fluːəntlɪ] *adv* flüssig; (*speak a language*) fließend.
fluff [flʌf] *n* Fussel *m*; (*fur*) Flaum *m* ♦ *vt* (*inf: do badly*) verpatzen; (*also:* ~ **out**) aufplustern.
fluffy ['flʌfɪ] *adj* flaumig; (*jacket etc*) weich, kuschelig; ~ **toy** Kuscheltier *nt*.
fluid ['fluːɪd] *adj* fließend; (*situation, arrangement*) unklar ♦ *n* Flüssigkeit *f*.
fluid ounce (*BRIT*) *n* flüssige Unze *f* (= 28 ml).
fluke [fluːk] (*inf*) *n* Glücksfall *m*; **by a** ~ durch einen glücklichen Zufall.

flummox ['flʌməks] *vt* verwirren, durcheinander bringen.
flung [flʌŋ] *pt, pp of* **fling**.
flunky ['flʌŋkɪ] *n* Lakai *m*.
fluorescent [fluə'rɛsnt] *adj* fluoreszierend; (*paint*) Leucht-; (*light*) Neon-.
fluoride ['fluəraɪd] *n* Fluorid *nt*.
fluorine ['fluəriːn] *n* Fluor *nt*.
flurry ['flʌrɪ] *n* (*of snow*) Gestöber *nt*; **a** ~ **of activity/excitement** hektische Aktivität/Aufregung.
flush [flʌʃ] *n* Röte *f*; (*fig: of beauty etc*) Blüte *f* ♦ *vt* (durch)spülen, (aus)spülen ♦ *vi* erröten ♦ *adj*: ~ **with** auf gleicher Ebene mit; ~ **against** direkt an +*dat*; **in the first** ~ **of youth** in der ersten Jugendblüte; **in the first** ~ **of freedom** im ersten Freiheitstaumel; **hot** ~**es** (*BRIT*) Hitzewallungen *pl*; **to** ~ **the toilet** spülen, die Wasserspülung betätigen.
▸ **flush out** *vt* aufstöbern.
flushed [flʌʃt] *adj* rot.
fluster ['flʌstə'] *n*: **in a** ~ nervös; (*confused*) durcheinander ♦ *vt* nervös machen; (*confuse*) durcheinander bringen.
flustered ['flʌstəd] *adj* nervös; (*confused*) durcheinander.
flute [fluːt] *n* Querflöte *f*.
fluted ['fluːtɪd] *adj* gerillt; (*column*) kanneliert.
flutter ['flʌtə'] *n* Flattern *nt*; (*of panic, nerves*) kurzer Anfall *m*; (*of excitement*) Beben *nt* ♦ *vi* flattern; (*person*) tänzeln; **to have a** ~ (*BRIT: inf: gamble*) sein Glück (beim Wetten) versuchen.
flux [flʌks] *n*: **in a state of** ~ im Fluss.
fly [flaɪ] (*pt* **flew**, *pp* **flown**) *n* Fliege *f*; (*on trousers: also:* **flies**) (Hosen)schlitz *m* ♦ *vt* fliegen; (*kite*) steigen lassen ♦ *vi* fliegen; (*escape*) fliehen; (*flag*) wehen; **to** ~ **open** auffliegen; **to** ~ **off the handle** an die Decke gehen (*inf*); **pieces of metal went** ~**ing everywhere** überall flogen Metallteile herum; **she came** ~**ing into the room** sie kam ins Zimmer gesaust; **her glasses flew off** ihr flog die Brille aus dem Gesicht.
▸ **fly away** *vi* wegfliegen.
▸ **fly in** *vi* einfliegen; **he flew in yesterday** er ist gestern mit dem Flugzeug gekommen.
▸ **fly off** *vi* = **fly away**.
▸ **fly out** *vi* ausfliegen; **he flew out yesterday** er ist gestern hingeflogen.
fly-fishing ['flaɪfɪʃɪŋ] *n* Fliegenfischen *nt*.
flying ['flaɪɪŋ] *n* Fliegen *nt* ♦ *adj*: **a** ~ **visit** ein Blitzbesuch *m*; **he doesn't like** ~ er fliegt nicht gerne; **with** ~ **colours** mit fliegenden Fahnen.
flying buttress *n* Strebebogen *m*.
flying picket *n* mobiler Streikposten *m*.
flying saucer *n* fliegende Untertasse *f*.
flying squad *n* mobiles Einsatzkommando *nt*.
flying start *n*: **to get off to a** ~ (*SPORT*) hervorragend wegkommen; (*fig*) einen glänzenden Start haben.

flyleaf ['flaɪliːf] n Vorsatzblatt nt.

flyover ['flaɪəuvə*] n (BRIT) Überführung f; (US) Luftparade f.

fly-past ['flaɪpɑːst] n Luftparade f.

flysheet ['flaɪʃiːt] n (for tent) Überzelt nt.

flyweight ['flaɪweɪt] n (BOXING) Fliegengewicht nt.

flywheel ['flaɪwiːl] n Schwungrad nt.

FM abbr (BRIT: MIL) = field marshal; (RADIO: = frequency modulation) FM, ≈ UKW.

FMB (US) n abbr (= Federal Maritime Board) Dachausschuss der Handelsmarine.

FMCS (US) n abbr (= Federal Mediation and Conciliation Service) Schlichtungsstelle für Arbeitskonflikte.

FO (BRIT) n abbr = Foreign Office.

foal [fəul] n Fohlen nt.

foam [fəum] n Schaum m; (also: ~ rubber) Schaumgummi m ♦ vi schäumen.

fob [fɔb] vt: **to ~ sb off** jdn abspeisen ♦ n (also: **watch** ~) Uhrkette f.

f.o.b. abbr (COMM: = free on board) frei Schiff.

foc (BRIT) abbr (COMM: = free of charge) gratis.

focal point ['fəukl-] n Mittelpunkt m; (of camera, telescope etc) Brennpunkt m.

focus ['fəukəs] (pl ~es) n Brennpunkt m; (of storm) Zentrum nt ♦ vt einstellen; (light rays) bündeln ♦ vi: **to ~ (on)** (with camera) klar or scharf einstellen +acc; (person) sich konzentrieren (auf +acc); **in/out of ~** (camera etc) scharf/unscharf eingestellt; (photograph) scharf/unscharf.

fodder ['fɔdə*] n Futter nt.

FoE n abbr (= Friends of the Earth) Umweltschutzorganisation.

foe [fəu] n Feind(in) m(f).

foetus, (US) **fetus** ['fiːtəs] n Fötus m, Fetus m.

fog [fɔg] n Nebel m.

fogbound ['fɔgbaund] adj (airport) wegen Nebel geschlossen.

foggy ['fɔgɪ] adj neb(e)lig.

fog lamp, (US) **fog light** n (AUT) Nebelscheinwerfer m.

foible ['fɔɪbl] n Eigenheit f.

foil [fɔɪl] vt vereiteln ♦ n Folie f; (complement) Kontrast m; (FENCING) Florett nt; **to act as a ~ to** einen Kontrast darstellen zu.

foist [fɔɪst] vt: **to ~ sth on sb** (goods) jdm etw andrehen; (task) etw an jdn abschieben; (ideas, views) jdm etw aufzwingen.

fold [fəuld] n Falte f; (AGR) Pferch m; (fig) Schoß m ♦ vt (zusammen)falten; (arms) verschränken ♦ vi (business) eingehen (inf).

▶ **fold up** vi sich zusammenfalten lassen; (bed, table) sich zusammenklappen lassen; (business) eingehen (inf) ♦ vt zusammenfalten.

folder ['fəuldə*] n Aktenmappe f; (binder) Hefter m; (brochure) Informationsblatt nt.

folding ['fəuldɪŋ] adj (chair, bed) Klapp-.

foliage ['fəulɪɪdʒ] n Laubwerk nt.

folk [fəuk] npl Leute pl ♦ cpd Volks-; **my ~s**

(parents) meine alten Herrschaften.

folklore ['fəuklɔː*] n Folklore f.

folk music n Volksmusik f; (contemporary) Folk m.

folk song n Volkslied nt; (contemporary) Folksong m.

follow ['fɔləu] vt folgen +dat; (with eyes) verfolgen; (advice, instructions) befolgen ♦ vi folgen; **to ~ in sb's footsteps** in jds Fußstapfen acc treten; **I don't quite ~ you** ich kann Ihnen nicht ganz folgen; **it ~s that** daraus folgt, dass; **to ~ suit** (fig) jds Beispiel dat folgen.

▶ **follow on** vi (continue): **to ~ on from** aufbauen auf +dat.

▶ **follow out** vt (idea, plan) zu Ende verfolgen.

▶ **follow through** vt = follow out.

▶ **follow up** vt nachgehen +dat; (offer) aufgreifen; (case) weiterverfolgen.

follower ['fɔləuə*] n Anhänger(in) m(f).

following ['fɔləuɪŋ] adj folgend ♦ n Anhängerschaft f.

follow-up ['fɔləuʌp] n Weiterführung f ♦ adj: **~ treatment** Nachbehandlung f.

folly ['fɔlɪ] n Torheit f; (building) exzentrisches Bauwerk nt.

fond [fɔnd] adj liebevoll; (memory) lieb; (hopes, dreams) töricht; **to be ~ of** mögen; **she's ~ of swimming** sie schwimmt gerne.

fondle ['fɔndl] vt streicheln.

fondly ['fɔndlɪ] adv liebevoll; (naïvely) törichterweise; **he ~ believed that ...** er war so naiv zu glauben, dass ...

fondness ['fɔndnɪs] n (for things) Vorliebe f; (for people) Zuneigung f; **a special ~ for** eine besondere Vorliebe für/Zuneigung zu.

font [fɔnt] n Taufbecken nt; (TYP) Schrift f.

food [fuːd] n Essen nt; (for animals) Futter nt; (nourishment) Nahrung f; (groceries) Lebensmittel pl.

food chain n Nahrungskette f.

food mixer n Küchenmixer m.

food poisoning n Lebensmittelvergiftung f.

food processor n Küchenmaschine f.

food stamp n Lebensmittelmarke f.

foodstuffs ['fuːdstʌfs] npl Lebensmittel pl.

fool [fuːl] n Dummkopf m; (CULIN) Sahnespeise aus Obstpüree ♦ vt hereinlegen, täuschen ♦ vi herumalbern; **to make a ~ of sb** jdn lächerlich machen; (trick) jdn hereinlegen; **to make a ~ of o.s.** sich blamieren; **you can't ~ me** du kannst mich nicht zum Narren halten.

▶ **fool about** (pej) vi herumtrödeln; (behave foolishly) herumalbern.

▶ **fool around** vi = fool about.

foolhardy ['fuːlhɑːdɪ] adj tollkühn.

foolish ['fuːlɪʃ] adj dumm.

foolishly ['fuːlɪʃlɪ] adv dumm; **~, I forgot ...** dummerweise habe ich ... vergessen.

foolishness ['fuːlɪʃnɪs] n Dummheit f.

foolproof ['fuːlpruːf] *adj* idiotensicher.
foolscap ['fuːlskæp] *n* ≈ Kanzleipapier *nt*.
foot [fut] (*pl* **feet**) *n* Fuß *m*; (*of animal*) Pfote *f*
♦ *vt* (*bill*) bezahlen; **on** ~ zu Fuß; **to find
one's feet** sich eingewöhnen; **to put one's**
~ **down** (*AUT*) Gas geben; (*say no*) ein
Machtwort sprechen.
footage ['futɪdʒ] *n* Filmmaterial *nt*.
foot-and-mouth (disease) [futən'mauθ-] *n*
Maul- und Klauenseuche *f*.
football ['futbɔːl] *n* Fußball *m*; (*US*) Football
m, amerikanischer Fußball *m*.
footballer ['futbɔːlə*] (*BRIT*) *n*
Fußballspieler(in) *m(f)*.
football ground *n* Fußballplatz *m*.
football match (*BRIT*) *n* Fußballspiel *nt*.
football player *n* (*BRIT*) Fußballspieler(in)
m(f); (*US*) Footballspieler(in) *m(f)*.

FOOTBALL POOLS

Football Pools, *umgangssprachlich auch* **the
pools** *genannt, ist das in Großbritannien sehr
beliebte Fußballtoto, bei dem auf die Ergebnisse
der samstäglichen Fußballspiele gewettet wird.
Die Gewinne können sehr hoch sein und
gelegentlich Millionen von Pfund betragen.*

---

foot brake *n* Fußbremse *f*.
footbridge ['futbrɪdʒ] *n* Fußgängerbrücke *f*.
foothills ['futhɪlz] *npl* (Gebirgs)ausläufer *pl*.
foothold ['futhəuld] *n* Halt *m*; **to get a** ~ Fuß
fassen.
footing ['futɪŋ] *n* Stellung *f*; (*relationship*)
Verhältnis *nt*; **to lose one's** ~ den Halt
verlieren; **on an equal** ~ auf gleicher Basis.
footlights ['futlaɪts] *npl* Rampenlicht *nt*.
footman ['futmən] (*irreg: like* **man**) *n* Lakai *m*.
footnote ['futnəut] *n* Fußnote *f*.
footpath ['futpɑːθ] *n* Fußweg *m*; (*in street*)
Bürgersteig *m*.
footprint ['futprɪnt] *n* Fußabdruck *m*; (*of
animal*) Spur *f*.
footrest ['futrest] *n* Fußstütze *f*.
Footsie ['futsɪ] (*inf*) *n* = **FTSE 100 Index**.
footsie ['futsɪ] (*inf*) *n*: **to play** ~ **with sb** mit
jdm füßeln.
footsore ['futsɔː*] *adj*: **to be** ~ wunde Füße
haben.
footstep ['futstep] *n* Schritt *m*; (*footprint*)
Fußabdruck *m*; **to follow in sb's** ~s in jds
Fußstapfen *acc* treten.
footwear ['futwɛə*] *n* Schuhe *pl*, Schuhwerk
nt.

--- *KEYWORD* ---

for [fɔː*] *prep* **1** für +*acc*; **is this** ~ **me?** ist das
für mich?; **the train** ~ **London** der Zug nach
London; **it's time** ~ **lunch** es ist Zeit zum
Mittagessen; **what's it** ~? wofür ist das?; **he
works** ~ **the government/a local firm** er
arbeitet für die Regierung/eine Firma am

Ort; **he's mature** ~ **his age** er ist reif für
sein Alter; **I sold it** ~ **£20** ich habe es für
£20 verkauft; **I'm all** ~ **it** ich bin ganz dafür;
G ~ **George** ≈ G wie Gustav.
2 (*because of*): ~ **this reason** aus diesem
Grund; ~ **fear of being criticised** aus Angst,
kritisiert zu werden.
3 (*referring to distance*): **there are roadworks**
~ **5 km** die Straßenbauarbeiten erstrecken
sich über 5 km; **we walked** ~ **miles** wir sind
meilenweit gelaufen.
4 (*referring to time*): **he was away** ~ **2 years**
er war 2 Jahre lang weg; **I have known her**
~ **years** ich kenne sie bereits seit Jahren.
5 (*with infinitive clause*): **it is not** ~ **me to
decide** es liegt nicht an mir, das zu
entscheiden; ~ **this to be possible ...** um
dies möglich zu machen, ...
6 (*in spite of*) trotz +*gen or dat*; ~ **all his
complaints, he is very fond of her** trotz
seiner vielen Klagen mag er sie sehr
♦ *conj* (*form: since, as*) denn; **she was very
angry,** ~ **he was late again** sie war sehr
böse, denn er kam wieder zu spät.

f.o.r. *abbr* (*COMM*: = *free on rail*) frei Bahn.
forage ['fɔrɪdʒ] *n* Futter *nt* ♦ *vi* herumstöbern;
to ~ **(for food)** nach Futter suchen.
forage cap *n* Schiffchen *nt*.
foray ['fɔreɪ] *n* (Raub)überfall *m*.
forbad(e) [fə'bæd] *pt of* **forbid**.
forbearing [fɔː'bɛərɪŋ] *adj* geduldig.
forbid [fə'bɪd] (*pt* **forbade**, *pp* **forbidden**) *vt*
verbieten; **to** ~ **sb to do sth** jdm verbieten,
etw zu tun.
forbidden [fə'bɪdn] *pp of* **forbid** ♦ *adj* verboten.
forbidding [fə'bɪdɪŋ] *adj* (*look*) streng;
(*prospect*) grauenhaft.
force [fɔːs] *n* Kraft *f*; (*violence*) Gewalt *f*; (*of
blow, impact*) Wucht *f*; (*influence*) Macht *f* ♦ *vt*
zwingen; (*push*) drücken; (: *person*)
drängen; (*lock, door*) aufbrechen; **the Forces**
(*BRIT*) *npl* die Streitkräfte *pl*; **in** ~ (*law etc*)
geltend; (*people: arrive etc*) zahlreich; **to
come into** ~ in Kraft treten; **to join** ~s sich
zusammentun; **a** ~ **5 wind** Windstärke 5;
the sales ~ das Verkaufspersonal; **to**
~ **o.s./sb to do sth** sich/jdn zwingen, etw zu
tun.
▶ **force back** *vt* zurückdrängen; (*tears*)
unterdrücken.
▶ **force down** *vt* (*food*) hinunterwürgen (*inf*).
forced [fɔːst] *adj* gezwungen; ~ **labour**
Zwangsarbeit *f*; ~ **landing** Notlandung *f*.
force-feed ['fɔːsfiːd] *vt* zwangsernähren;
(*animal*) stopfen.
forceful ['fɔːsful] *adj* energisch; (*attack*)
wirkungsvoll; (*point*) überzeugend.
forceps ['fɔːseps] *npl* Zange *f*.
forcible ['fɔːsəbl] *adj* gewaltsam; (*reminder,
lesson*) eindringlich.
forcibly ['fɔːsəblɪ] *adv* mit Gewalt; (*express*)

eindringlich.

ford [fɔːd] *n* Furt *f* ♦ *vt* durchqueren; (*on foot*) durchwaten.

fore [fɔːˈ] *n*: **to come to the ~** ins Blickfeld geraten.

forearm [ˈfɔːrɑːm] *n* Unterarm *m*.

forebear [ˈfɔːbeəˈ] *n* Vorfahr(in) *m(f)*, Ahn(e) *m(f)*.

foreboding [fɔːˈbəʊdɪŋ] *n* Vorahnung *f*.

forecast [ˈfɔːkɑːst] (*irreg: like* **cast**) *n* Prognose *f*; (*of weather*) (Wetter)vorhersage *f* ♦ *vt* voraussagen.

foreclose [fɔːˈkləʊz] *vt* (*LAW: also:* **~ on**) kündigen; **to ~ sb** (*on loan/mortgage*) jds Darlehen/Hypothek kündigen.

foreclosure [fɔːˈkləʊʒəˈ] *n* Zwangsvollstreckung *f*.

forecourt [ˈfɔːkɔːt] *n* Vorplatz *m*.

forefathers [ˈfɔːfɑːðəz] *npl* Vorfahren *pl*.

forefinger [ˈfɔːfɪŋgəˈ] *n* Zeigefinger *m*.

forefront [ˈfɔːfrʌnt] *n*: **in the ~ of** an der Spitze *+gen*.

forego [fɔːˈgəʊ] (*irreg: like* **go**) *vt* verzichten auf *+acc*.

foregoing [ˈfɔːgəʊɪŋ] *adj* vorhergehend ♦ *n*: **the ~** das Vorhergehende.

foregone [ˈfɔːgɒn] *pp of* **forego** ♦ *adj*: **it's a ~ conclusion** es steht von vornherein fest.

foreground [ˈfɔːgraʊnd] *n* Vordergrund *m*.

forehand [ˈfɔːhænd] *n* (*TENNIS*) Vorhand *f*.

forehead [ˈfɔrɪd] *n* Stirn *f*.

foreign [ˈfɒrɪn] *adj* ausländisch; (*holiday*) im Ausland; (*customs, appearance*) fremdartig; (*trade, policy*) Außen-; (*correspondent*) Auslands-; (*object, matter*) fremd; **goods from ~ countries/a ~ country** Waren aus dem Ausland.

foreign body *n* Fremdkörper *m*.

foreign currency *n* Devisen *pl*.

foreigner [ˈfɒrɪnəˈ] *n* Ausländer(in) *m(f)*.

foreign exchange *n* Devisenhandel *m*; (*money*) Devisen *pl*.

foreign exchange market *n* Devisenmarkt *m*.

foreign exchange rate *n* Devisenkurs *m*.

foreign investment *n* Auslandsinvestition *f*.

foreign minister *n* Außenminister(in) *m(f)*.

Foreign Office (*BRIT*) *n* Außenministerium *nt*.

Foreign Secretary (*BRIT*) *n* Außenminister(in) *m(f)*.

foreleg [ˈfɔːleg] *n* Vorderbein *nt*.

foreman [ˈfɔːmən] (*irreg: like* **man**) *n* Vorarbeiter *m*; (*of jury*) Obmann *m*.

foremost [ˈfɔːməʊst] *adj* führend ♦ *adv*: **first and ~** zunächst, vor allem.

forename [ˈfɔːneɪm] *n* Vorname *m*.

forensic [fəˈrɛnsɪk] *adj* (*test*) forensisch; (*medicine*) Gerichts-; (*expert*) Spurensicherungs-.

foreplay [ˈfɔːpleɪ] *n* Vorspiel *nt*.

forerunner [ˈfɔːrʌnəˈ] *n* Vorläufer *m*.

foresee [fɔːˈsiː] (*irreg: like* **see**) *vt* vorhersehen.

foreseeable [fɔːˈsiːəbl] *adj* vorhersehbar; **in the ~ future** in absehbarer Zeit.

foreseen [fɔːˈsiːn] *pp of* **foresee**.

foreshadow [fɔːˈʃædəʊ] *vt* andeuten.

foreshore [ˈfɔːʃɔːˈ] *n* Strand *m*.

foreshorten [fɔːˈʃɔːtn] *vt* perspektivisch verkürzen.

foresight [ˈfɔːsaɪt] *n* Voraussicht *f*, Weitblick *m*.

foreskin [ˈfɔːskɪn] *n* (*ANAT*) Vorhaut *f*.

forest [ˈfɒrɪst] *n* Wald *m*.

forestall [fɔːˈstɔːl] *vt* zuvorkommen *+dat*; (*discussion*) im Keim ersticken.

forestry [ˈfɒrɪstrɪ] *n* Forstwirtschaft *f*.

foretaste [ˈfɔːteɪst] *n*: **a ~ of** ein Vorgeschmack von.

foretell [fɔːˈtɛl] (*irreg: like* **tell**) *vt* vorhersagen.

forethought [ˈfɔːθɔːt] *n* Vorbedacht *m*.

foretold [fɔːˈtəʊld] *pt, pp of* **foretell**.

forever [fəˈrɛvəˈ] *adv* für immer; (*endlessly*) ewig; (*consistently*) dauernd, ständig; **you're ~ finding difficulties** du findest ständig *or* dauernd neue Schwierigkeiten.

forewarn [fɔːˈwɔːn] *vt* vorwarnen.

forewent [fɔːˈwɛnt] *pt of* **forego**.

forewoman [ˈfɔːwʊmən] (*irreg: like* **woman**) *n* Vorarbeiterin *f*; (*of jury*) Obmännin *f*.

foreword [ˈfɔːwəːd] *n* Vorwort *nt*.

forfeit [ˈfɔːfɪt] *n* Strafe *f*, Buße *f* ♦ *vt* (*right*) verwirken; (*friendship etc*) verlieren; (*one's happiness, health*) einbüßen.

forgave [fəˈgeɪv] *pt of* **forgive**.

forge [fɔːdʒ] *n* Schmiede *f* ♦ *vt* fälschen; (*wrought iron*) schmieden.

▸ **forge ahead** *vi* große *or* schnelle Fortschritte machen.

forger [ˈfɔːdʒəˈ] *n* Fälscher(in) *m(f)*.

forgery [ˈfɔːdʒərɪ] *n* Fälschung *f*.

forget [fəˈgɛt] (*pt* **forgot**, *pp* **forgotten**) *vt* vergessen ♦ *vi* es vergessen; **to ~ o.s.** sich vergessen.

forgetful [fəˈgɛtful] *adj* vergesslich; **~ of sth** (*of duties etc*) nachlässig gegenüber etw.

forgetfulness [fəˈgɛtfulnɪs] *n* Vergesslichkeit *f*; (*oblivion*) Vergessenheit *f*.

forget-me-not [fəˈgɛtmɪnɒt] *n* Vergissmeinnicht *nt*.

forgive [fəˈgɪv] (*pt* **forgave**, *pp* **forgiven**) *vt* verzeihen *+dat*, vergeben *+dat*; **to ~ sb for sth** jdm etw verzeihen *or* vergeben; **to ~ sb for doing sth** jdm etw verzeihen *or* vergeben, dass er etw getan hat; **~ me, but ...** entschuldigen Sie, aber ...; **they could be ~n for thinking that ...** es ist verständlich, wenn sie denken, dass ...

forgiveness [fəˈgɪvnɪs] *n* Verzeihung *f*.

forgiving [fəˈgɪvɪŋ] *adj* versöhnlich.

forgo [fɔːˈgəʊ] (*pt* **forwent**, *pp* **forgone**) *vt* = **forego**.

forgot [fəˈgɒt] *pt of* **forget**.

forgotten [fəˈgɒtn] *pp of* **forget**.

fork [fɔːk] *n* Gabel *f*; (*in road, river, railway*) Gabelung *f* ♦ *vi* (*road*) sich gabeln.

► **fork out** (*inf*) *vt, vi* (*pay*) blechen.

forked [fɔːkt] *adj* (*lightning*) zickzackförmig.

fork-lift truck [ˈfɔːklɪft-] *n* Gabelstapler *m*.

forlorn [fəˈlɔːn] *adj* verlassen; (*person*) einsam und verlassen; (*attempt*) verzweifelt; (*hope*) schwach.

form [fɔːm] *n* Form *f*; (*SCOL*) Klasse *f*; (*questionnaire*) Formular *nt* ♦ *vt* formen, gestalten; (*queue, organization, group*) bilden; (*idea, habit*) entwickeln; **in the ~ of** in Form von *or* +*gen*; **in the ~ of Peter** in Gestalt von Peter; **to be in good ~** gut in Form sein; **in top ~** in Hochform; **on ~** in Form; **to ~ part of sth** Teil von etw sein.

formal [ˈfɔːməl] *adj* offiziell; (*person, behaviour*) förmlich, formell; (*occasion, dinner*) feierlich; (*clothes*) Gesellschafts-; (*garden*) formell angelegt; (*ART, PHILOSOPHY*) formal; **~ dress** Gesellschaftskleidung *f*.

formalities [fɔːˈmælɪtɪz] *npl* Formalitäten *pl*.

formality [fɔːˈmælɪtɪ] *n* Förmlichkeit *f*; (*procedure*) Formalität *f*.

formalize [ˈfɔːməlaɪz] *vt* formell machen.

formally [ˈfɔːməlɪ] *adv* (*see adj*) offiziell; förmlich, formell; feierlich; **to be ~ invited** ausdrücklich eingeladen sein.

format [ˈfɔːmæt] *n* Format *nt*; (*form, style*) Aufmachung *f* ♦ *vt* (*COMPUT*) formatieren.

formation [fɔːˈmeɪʃən] *n* Bildung *f*; (*of theory*) Entstehung *f*; (*of business*) Gründung *f*; (*pattern: of rocks, clouds*) Formation *f*.

formative [ˈfɔːmətɪv] *adj* (*influence*) prägend; (*years*) entscheidend.

former [ˈfɔːmə*] *adj* früher; **the ~ ... the latter ...** Erstere(r, s) ... Letztere(r, s); **the ~ president** der ehemalige Präsident; **the ~ East Germany** die ehemalige DDR.

formerly [ˈfɔːməlɪ] *adv* früher.

form feed *n* (*on printer*) Papiervorschub *m*.

Formica ® [fɔːˈmaɪkə] *n* Resopal ® *nt*.

formidable [ˈfɔːmɪdəbl] *adj* (*task*) gewaltig, enorm; (*opponent*) Furcht erregend.

formula [ˈfɔːmjulə] (*pl* ~**e** *or* ~**s**) *n* Formel *f*; **F~ One** (*AUT*) Formel Eins.

formulate [ˈfɔːmjuleɪt] *vt* formulieren.

fornicate [ˈfɔːnɪkeɪt] *vi* Unzucht treiben.

forsake [fəˈseɪk] (*pt* **forsook**, *pp* **forsaken**) *vt* im Stich lassen; (*belief*) aufgeben.

forsook [fəˈsuk] *pt of* **forsake**.

fort [fɔːt] *n* Fort *nt*; **to hold the ~** die Stellung halten.

forte [ˈfɔːtɪ] *n* Stärke *f*, starke Seite *f*.

forth [fɔːθ] *adv* aus; **back and ~** hin und her; **to go back and ~** auf und ab gehen; **to bring ~** hervorbringen; **and so ~** und so weiter.

forthcoming [fɔːθˈkʌmɪŋ] *adj* (*event*) bevorstehend; (*person*) mitteilsam; **to be ~** (*help*) erfolgen; (*evidence*) geliefert werden.

forthright [ˈfɔːθraɪt] *adj* offen.

forthwith [ˈfɔːθˈwɪθ] *adv* umgehend.

fortieth [ˈfɔːtɪɪθ] *num* vierzigste(r, s).

fortification [fɔːtɪfɪˈkeɪʃən] *n* Befestigung *f*, Festungsanlage *f*.

fortified wine [ˈfɔːtɪfaɪd-] *n* weinhaltiges Getränk *nt* (*Sherry, Portwein etc*).

fortify [ˈfɔːtɪfaɪ] *vt* (*city*) befestigen; (*person*) bestärken; (*: subj: food, drink*) stärken.

fortitude [ˈfɔːtɪtjuːd] *n* innere Kraft *or* Stärke *f*.

fortnight [ˈfɔːtnaɪt] (*BRIT*) *n* vierzehn Tage *pl*, zwei Wochen *pl*; **it's a ~ since ...** es ist vierzehn Tage *or* zwei Wochen her, dass ...

fortnightly [ˈfɔːtnaɪtlɪ] *adj* vierzehntägig, zweiwöchentlich ♦ *adv* alle vierzehn Tage, alle zwei Wochen.

FORTRAN [ˈfɔːtræn] *n* FORTRAN *nt*.

fortress [ˈfɔːtrɪs] *n* Festung *f*.

fortuitous [fɔːˈtjuːɪtəs] *adj* zufällig.

fortunate [ˈfɔːtʃənɪt] *adj* glücklich; **to be ~** Glück haben; **he is ~ to have ...** er kann sich glücklich schätzen, ... zu haben; **it is ~ that ...** es ist ein Glück, dass ...

fortunately [ˈfɔːtʃənɪtlɪ] *adv* glücklicherweise, zum Glück.

fortune [ˈfɔːtʃən] *n* Glück *nt*; (*wealth*) Vermögen *nt*; **to make a ~** ein Vermögen machen; **to tell sb's ~** jdm wahrsagen.

fortune-teller [ˈfɔːtʃəntelə*] *n* Wahrsager(in) *m(f)*.

forty [ˈfɔːtɪ] *num* vierzig.

forum [ˈfɔːrəm] *n* Forum *nt*.

forward [ˈfɔːwəd] *adj* vordere(r, s); (*movement*) Vorwärts-; (*not shy*) dreist; (*COMM: buying, price*) Termin- ♦ *adv* nach vorn; (*movement*) vorwärts; (*in time*) voraus ♦ *n* (*SPORT*) Stürmer *m* ♦ *vt* (*letter etc*) nachsenden; (*career, plans*) voranbringen; **~ planning** Vorausplanung *f*; **to move ~** vorwärts kommen; **"please ~"** „bitte nachsenden".

forwards [ˈfɔːwədz] *adv* nach vorn; (*movement*) vorwärts; (*in time*) voraus.

fossil [ˈfɒsl] *n* Fossil *nt*.

fossil fuel *n* fossiler Brennstoff *m*.

foster [ˈfɒstə*] *vt* (*child*) in Pflege nehmen; (*idea, activity*) fördern.

foster child *n* Pflegekind *nt*.

foster mother *n* Pflegemutter *f*.

fought [fɔːt] *pt, pp of* **fight**.

foul [faul] *adj* abscheulich; (*taste, smell, temper*) übel; (*water*) faulig; (*air*) schlecht; (*language*) unflätig ♦ *n* (*SPORT*) Foul *nt* ♦ *vt* beschmutzen; (*SPORT*) foulen; (*entangle*) sich verheddern in +*dat*.

foul play *n* unnatürlicher *or* gewaltsamer Tod *m*; **~ is not suspected** es besteht kein Verdacht auf ein Verbrechen.

found [faund] *pt, pp of* **find** ♦ *vt* gründen.

foundation [faunˈdeɪʃən] *n* Gründung *f*; (*base: also fig*) Grundlage *f*; (*organization*) Stiftung *f*; (*also: ~ **cream**) Grundierungscreme *f*;

foundations npl (of building) Fundament nt; **the rumours are without ~** die Gerüchte entbehren jeder Grundlage; **to lay the ~s** (fig) die Grundlagen schaffen.

foundation stone n Grundstein m.

founder ['faundə*] n Gründer(in) m(f) ♦ vi (ship) sinken.

founder member n Gründungsmitglied nt.

founding ['faundɪŋ] adj: **~ fathers** (esp US) Väter pl.

foundry ['faundrɪ] n Gießerei f.

fount [faunt] n Quelle f; (TYP) Schrift f.

fountain ['fauntɪn] n Brunnen m.

fountain pen n Füllfederhalter m, Füller m.

four [fɔː*] num vier; **on all ~s** auf allen vieren.

four-letter word ['fɔːlɛtə-] n Vulgärausdruck m.

four-poster ['fɔː'pəustə*] n (also: **~ bed**) Himmelbett nt.

foursome ['fɔːsəm] n Quartett nt; **in** or **as a ~** zu viert.

fourteen ['fɔː'tiːn] num vierzehn.

fourteenth ['fɔː'tiːnθ] num vierzehnte(r, s).

fourth [fɔːθ] num vierte(r, s) ♦ n (AUT: also: **~ gear**) der vierte (Gang).

four-wheel drive ['fɔːwiːl-] n (AUT): **with ~** mit Vierradantrieb m.

fowl [faul] n Vogel m (besonders Huhn, Gans, Ente etc).

fox [fɒks] n Fuchs m ♦ vt verblüffen.

foxglove ['fɒksglʌv] n (BOT) Fingerhut m.

fox-hunting ['fɒkshʌntɪŋ] n Fuchsjagd f.

foxtrot ['fɒkstrɒt] n Foxtrott m.

foyer ['fɔɪeɪ] n Foyer nt.

FPA (BRIT) n abbr (= Family Planning Association) Organisation für Familienplanung.

Fr. abbr (REL) = father; friar.

fr. abbr (= franc) Fr.

fracas ['frækɑː] n Aufruhr m, Tumult m.

fraction ['frækʃən] n Bruchteil m; (MATH) Bruch m.

fractionally ['frækʃnəlɪ] adv geringfügig.

fractious ['frækʃəs] adj verdrießlich.

fracture ['fræktʃə*] n Bruch m ♦ vt brechen.

fragile ['frædʒaɪl] adj zerbrechlich; (economy) schwach; (health) zart; (person) angeschlagen.

fragment [n 'frægmənt, vb fræg'mɛnt] n Stück nt ♦ vt aufsplittern ♦ vi sich aufsplittern.

fragmentary ['frægməntərɪ] adj fragmentarisch, bruchstückhaft.

fragrance ['freɪgrəns] n Duft m.

fragrant ['freɪgrənt] adj duftend.

frail [freɪl] adj schwach, gebrechlich; (structure) zerbrechlich.

frame [freɪm] n Rahmen m; (of building) (Grund)gerippe nt; (of human, animal) Gestalt f; (of spectacles: also: **~s**) Gestell nt ♦ vt (picture) rahmen; (reply) formulieren; (law, theory) entwerfen; **~ of mind**

Stimmung f, Laune f; **to ~ sb** (inf) jdm etwas anhängen.

framework ['freɪmwɜːk] n Rahmen m.

France [frɑːns] n Frankreich nt.

franchise ['fræntʃaɪz] n Wahlrecht nt; (COMM) Konzession f, Franchise f.

franchisee [fræntʃaɪ'ziː] n Franchisenehmer(in) m(f).

franchiser ['fræntʃaɪzə*] n Franchisegeber(in) m(f).

frank [fræŋk] adj offen ♦ vt (letter) frankieren.

Frankfurt ['fræŋkfɜːt] n Frankfurt nt.

frankfurter ['fræŋkfɜːtə*] n (Frankfurter) Würstchen nt.

franking machine ['fræŋkɪŋ-] n Frankiermaschine f.

frankly ['fræŋklɪ] adv ehrlich gesagt; (candidly) offen.

frankness ['fræŋknɪs] n Offenheit f.

frantic ['fræntɪk] adj verzweifelt; (hectic) hektisch; (desperate) übersteigert.

frantically ['fræntɪklɪ] adv verzweifelt; (hectically) hektisch.

fraternal [frə'tɜːnl] adj brüderlich.

fraternity [frə'tɜːnɪtɪ] n Brüderlichkeit f; (US: UNIV) Verbindung f; **the legal/medical/ golfing ~** die Juristen/Mediziner/Golfer pl.

fraternize ['frætənaɪz] vi Umgang haben.

fraud [frɔːd] n Betrug m; (person) Betrüger(in) m(f).

fraudulent ['frɔːdjulənt] adj betrügerisch.

fraught [frɔːt] adj (person) nervös; **to be ~ with danger/problems** voller Gefahren/ Probleme sein.

fray [freɪ] n: **the ~** der Kampf ♦ vi (cloth) ausfransen; (rope) sich durchscheuern; **to return to the ~** sich wieder ins Getümmel stürzen; **tempers were ~ed** die Gemüter erhitzten sich; **her nerves were ~ed** sie war mit den Nerven am Ende.

FRB (US) n abbr = **Federal Reserve Board**.

FRCM (BRIT) n abbr (= Fellow of the Royal College of Music) Qualifikationsnachweis in Musik.

FRCO (BRIT) n abbr (= Fellow of the Royal College of Organists) Qualifikationsnachweis für Organisten.

FRCP (BRIT) n abbr (= Fellow of the Royal College of Physicians) Qualifikationsnachweis für Ärzte.

FRCS (BRIT) n abbr (= Fellow of the Royal College of Surgeons) Qualifikationsnachweis für Chirurgen.

freak [friːk] n Irre(r) f(m); (in appearance) Missgeburt f; (event, accident) außergewöhnlicher Zufall m; (pej: fanatic): **health ~** Gesundheitsapostel m.

▶ **freak out** (inf) vi aussteigen; (on drugs) ausflippen.

freakish ['friːkɪʃ] adj verrückt.

freckle ['frɛkl] n Sommersprosse f.

freckled ['frɛkld] adj sommersprossig.

free [fri:] *adj* frei; (*costing nothing*) kostenlos, gratis ♦ *vt* freilassen, frei lassen; (*jammed object*) lösen; **to give sb a ~ hand** jdm freie Hand lassen; **~ and easy** ungezwungen; **admission ~** Eintritt frei; **~ (of charge), for ~** umsonst, gratis.

free agent *n*: **to be a ~** sein eigener Herr sein.

freebie ['fri:bɪ] (*inf*) *n* (*promotional gift*) Werbegeschenk *nt*.

freedom ['fri:dəm] *n* Freiheit *f*.

freedom fighter *n* Freiheitskämpfer(in) *m(f)*.

free enterprise *n* freies Unternehmertum *nt*.

Freefone ® ['fri:fəʊn] *n*: **call ~ 0800** rufen Sie gebührenfrei 0800 an.

free-for-all ['fri:fərɔ:l] *n* Gerangel *nt*; **the fight turned into a ~** schließlich beteiligten sich alle an der Schlägerei.

free gift *n* Werbegeschenk *nt*.

freehold ['fri:həʊld] *n* (*of property*) Besitzrecht *nt*.

free kick *n* Freistoß *m*.

freelance ['fri:lɑ:ns] *adj* (*journalist etc*) frei(schaffend), freiberuflich tätig.

freelance work *n* freiberufliche Arbeit *f*.

freeloader ['fri:ləʊdə*] (*pej*) *n* Schmarotzer(in) *m(f)*.

freely ['fri:lɪ] *adv* frei; (*spend*) mit vollen Händen; (*liberally*) großzügig; **drugs are ~ available in the city** Drogen sind in der Stadt frei erhältlich.

free-market economy ['fri:'mɑ:kɪt-] *n* freie Marktwirtschaft *f*.

Freemason ['fri:meɪsn] *n* Freimaurer *m*.

Freemasonry ['fri:meɪsnrɪ] *n* Freimaurerei *f*.

Freepost ® ['fri:pəʊst] *n* ≈ „Gebühr zahlt Empfänger".

free-range ['fri:'reɪndʒ] *adj* (*eggs*) von frei laufenden Hühnern.

free sample *n* Gratisprobe *f*.

freesia ['fri:zɪə] *n* Freesie *f*.

free speech *n* Redefreiheit *f*.

freestyle ['fri:staɪl] *n* Freistil *m*.

free trade *n* Freihandel *m*.

freeway ['fri:weɪ] (*US*) *n* Autobahn *f*.

freewheel [fri:'wi:l] *vi* im Freilauf fahren.

free will *n* freier Wille *m*; **of one's own ~** aus freien Stücken.

freeze [fri:z] (*pt* **froze**, *pp* **frozen**) *vi* frieren; (*liquid*) gefrieren; (*pipe*) einfrieren; (*person: stop moving*) erstarren ♦ *vt* einfrieren; (*water, lake*) gefrieren ♦ *n* Frost *m*; (*on arms, wages*) Stopp *m*.

▶ **freeze over** *vi* (*river*) überfrieren; (*windscreen, windows*) vereisen.

▶ **freeze up** *vi* zufrieren.

freeze-dried ['fri:zdraɪd] *adj* gefriergetrocknet.

freezer ['fri:zə*] *n* Tiefkühltruhe *f*; (*upright*) Gefrierschrank *m*; (*in fridge: also*: **~ compartment**) Gefrierfach *nt*.

freezing ['fri:zɪŋ] *adj*: **~ (cold)** eiskalt ♦ *n*: **3**

degrees below ~ 3 Grad unter null; **I'm ~** mir ist eiskalt.

freezing point *n* Gefrierpunkt *m*.

freight [freɪt] *n* Fracht *f*; (*money charged*) Frachtkosten *pl*; **~ forward** Fracht gegen Nachnahme; **~ inward** Eingangsfracht *f*.

freight car (*US*) *n* Güterwagen *m*.

freighter ['freɪtə*] *n* (*NAUT*) Frachter *m*, Frachtschiff *nt*; (*AVIAT*) Frachtflugzeug *nt*.

freight forwarder [-'fɔ:wədə*] *n* Spediteur *m*.

freight train (*US*) *n* Güterzug *m*.

French [frentʃ] *adj* französisch ♦ *n* (*LING*) Französisch *nt*; **the French** *npl* die Franzosen *pl*.

French bean (*BRIT*) *n* grüne Bohne *f*.

French Canadian *adj* frankokanadisch ♦ *n* Frankokanadier(in) *m(f)*.

French dressing *n* Vinaigrette *f*.

French fried potatoes *npl* Pommes frites *pl*.

French fries [-fraɪz] (*US*) *npl* = **French fried potatoes**.

French Guiana [-gaɪ'ænə] *n* Französisch-Guyana *nt*.

Frenchman ['frentʃmən] (*irreg: like* **man**) *n* Franzose *m*.

French Riviera *n*: **the ~** die französische Riviera.

French stick *n* Stangenbrot *nt*.

French window *n* Verandatür *f*.

Frenchwoman ['frentʃwʊmən] (*irreg: like* **woman**) *n* Französin *f*.

frenetic [frə'netɪk] *adj* frenetisch, rasend.

frenzied ['frenzɪd] *adj* rasend.

frenzy ['frenzɪ] *n* Raserei *f*; (*of joy, excitement*) Taumel *m*; **to drive sb into a ~** jdn zum Rasen bringen; **to be in a ~** in wilder Aufregung sein.

frequency ['fri:kwənsɪ] *n* Häufigkeit *f*; (*RADIO*) Frequenz *f*.

frequency modulation *n* Frequenzmodulation *f*.

frequent [*adj* 'fri:kwənt, *vt* frɪ'kwent] *adj* häufig ♦ *vt* (*pub, restaurant*) oft *or* häufig besuchen.

frequently ['fri:kwəntlɪ] *adv* oft, häufig.

fresco ['freskəʊ] *n* Fresko *nt*.

fresh [freʃ] *adj* frisch; (*instructions, approach, start*) neu; (*cheeky*) frech; **to make a ~ start** einen neuen Anfang machen.

freshen ['freʃən] *vi* (*wind*) auffrischen; (*air*) frisch werden.

▶ **freshen up** *vi* sich frisch machen.

freshener ['freʃnə*] *n*: **skin ~** Gesichtswasser *nt*; **air ~** Raumspray *m or nt*.

fresher ['freʃə*] (*BRIT: inf*) *n* Erstsemester(in) *m(f)*.

freshly ['freʃlɪ] *adv* frisch.

freshman ['freʃmən] (*US: irreg: like* **man**) *n* = **fresher**.

freshness ['freʃnɪs] *n* Frische *f*.

freshwater ['freʃwɔ:tə*] *adj* (*fish etc*) Süßwasser-.

fret [fret] *vi* sich *dat* Sorgen machen.

fretful ['frɛtful] adj (child) quengelig.
Freudian ['frɔɪdɪən] adj freudianisch, freudsch; ~ **slip** freudscher Versprecher m.
FRG n abbr (= Federal Republic of Germany) BRD f.
Fri. abbr (= Friday) Fr.
friar ['fraɪə*] n Mönch m, (Ordens)bruder m.
friction ['frɪkʃən] n Reibung f; (between people) Reibereien pl.
friction feed n (on printer) Friktionsvorschub m.
Friday ['fraɪdɪ] n Freitag m; see also **Tuesday**.
fridge [frɪdʒ] (BRIT) n Kühlschrank m.
fridge-freezer ['frɪdʒ'friːzə*] n Kühl- und Gefrierkombination f.
fried [fraɪd] pt, pp of **fry** ♦ adj gebraten; ~ **egg** Spiegelei nt; ~ **fish** Bratfisch m.
friend [frɛnd] n Freund(in) m(f); (less intimate) Bekannte(r) f(m); to make ~s with sich anfreunden mit.
friendliness ['frɛndlɪnɪs] n Freundlichkeit f.
friendly ['frɛndlɪ] adj freundlich; (government) befreundet; (game, match) Freundschafts- ♦ n (also: ~ **match**) Freundschaftsspiel nt; to be ~ with befreundet sein mit; to be ~ to freundlich or nett sein zu.
friendly fire n Beschuss m durch die eigene Seite.
friendly society n Versicherungsverein m auf Gegenseitigkeit.
friendship ['frɛndʃɪp] n Freundschaft f.
frieze [friːz] n Fries m.
frigate ['frɪgɪt] n Fregatte f.
fright [fraɪt] n Schreck(en) m; to take ~ es mit der Angst zu tun bekommen; she looks a ~ sie sieht verboten or zum Fürchten aus (inf).
frighten ['fraɪtn] vt erschrecken.
▶ **frighten away** or **off** vt verscheuchen.
frightened ['fraɪtnd] adj ängstlich; to be ~ (of) Angst haben (vor +dat).
frightening ['fraɪtnɪŋ] adj Furcht erregend.
frightful ['fraɪtful] adj schrecklich, furchtbar.
frightfully ['fraɪtfəlɪ] adv schrecklich, furchtbar; I'm ~ sorry es tut mir schrecklich Leid.
frigid ['frɪdʒɪd] adj frigide.
frigidity [frɪ'dʒɪdɪtɪ] n Frigidität f.
frill [frɪl] n Rüsche f; without ~s (fig) schlicht.
fringe [frɪndʒ] n (BRIT: of hair) Pony m; (decoration) Fransen pl; (edge: also fig) Rand m.
fringe benefits npl zusätzliche Leistungen pl.
fringe theatre n avantgardistisches Theater nt.
Frisbee ® ['frɪzbɪ] n Frisbee ® nt.
frisk [frɪsk] vt durchsuchen, filzen (inf) ♦ vi umhertollen.
frisky ['frɪskɪ] adj lebendig, ausgelassen.
fritter ['frɪtə*] n Schmalzgebackenes nt no pl mit Füllung.

▶ **fritter away** vt vergeuden.
frivolity [frɪ'vɒlɪtɪ] n Frivolität f.
frivolous ['frɪvələs] adj frivol; (activity) leichtfertig.
frizzy ['frɪzɪ] adj kraus.
fro [frəu] adv: **to and** ~ hin und her; (walk) auf und ab.
frock [frɒk] n Kleid nt.
frog [frɒg] n Frosch m; to have a ~ in one's throat einen Frosch im Hals haben.
frogman ['frɒgmən] (irreg: like **man**) n Froschmann m.
frogmarch ['frɒgmaːtʃ] (BRIT) vt: to ~ sb in/ out jdn herein-/herausschleppen.
frolic ['frɒlɪk] vi umhertollen ♦ n Ausgelassenheit f; (fun) Spaß m.

═══════════════════════════════ KEYWORD

from [frɒm] prep **1** (indicating starting place, origin) von +dat; **where do you come ~?** woher kommen Sie?; ~ **London to Glasgow** von London nach Glasgow; **a letter/ telephone call** ~ **my sister** ein Brief/Anruf von meiner Schwester; **to drink** ~ **the bottle** aus der Flasche trinken.
2 (indicating time) von (... an); ~ **one o'clock to** or **until** or **till now** von ein Uhr bis jetzt; ~ **January (on)** von Januar an, ab Januar.
3 (indicating distance) von ... entfernt; **the hotel is 1 km** ~ **the beach** das Hotel ist 1 km vom Strand entfernt.
4 (indicating price, number etc): **trousers** ~ **£20** Hosen ab £20; **prices range** ~ **£10 to £50** die Preise liegen zwischen £ 10 und £ 50.
5 (indicating difference): **he can't tell red** ~ **green** er kann Rot und Grün nicht unterscheiden; **to be different** ~ **sb/sth** anders sein als jd/etw.
6 (because of, on the basis of): ~ **what he says** nach dem, was er sagt; **to act** ~ **conviction** aus Überzeugung handeln; **weak** ~ **hunger** schwach vor Hunger.

─────────────────────────────────

frond [frɒnd] n Wedel m.
front [frʌnt] n Vorderseite f; (of dress) Vorderteil nt; (promenade: also: **sea** ~) Strandpromenade f; (MIL, MET) Front f; (fig: appearances) Fassade f ♦ adj vorderste(r, s); (wheel, tooth, view) Vorder- ♦ vi: to ~ **onto sth** (house) auf etw acc hinausliegen; (window) auf etw acc hinausgehen; **in** ~ vorne; **in** ~ **of** vor; **at the** ~ **of the coach/ train/car** vorne im Bus/Zug/Auto; **on the political** ~, **little progress has been made** an der politischen Front sind kaum Fortschritte gemacht worden.
frontage ['frʌntɪdʒ] n Vorderseite f, Front f; (of shop) Front.
frontal ['frʌntl] adj (attack etc) Frontal-.
front bench (BRIT) n (POL) vorderste or erste Reihe f.

FRONT BENCH

Front Bench *bezeichnet im britischen Unterhaus die vorderste Bank auf der Regierungs- und Oppositionsseite zur Rechten und Linken des Sprechers. Im weiteren Sinne bezieht sich* **front bench** *auf die Spitzenpolitiker der verschiedenen Parteien, die auf dieser Bank sitzen (auch „frontbenchers" genannt), d. h. die Minister auf der einen Seite und die Mitglieder des Schattenkabinetts auf der anderen.*

---

front desk (*US*) *n* Rezeption *f*.

front door *n* Haustür *f*.

frontier ['frʌntɪə'] *n* Grenze *f*.

frontispiece ['frʌntɪspiːs] *n* zweite Titelseite *f*, Frontispiz *nt*.

front page *n* erste Seite *f*, Titelseite *f*.

front room (*BRIT*) *n* Wohnzimmer *nt*.

frontrunner ['frʌntrʌnə'] *n* Spitzenreiter *m*.

front-wheel drive ['frʌntwiːl-] *n* (*AUT*) Vorderradantrieb *m*.

frost [frɔst] *n* Frost *m*; (*also:* **hoar~**) Raureif *m*.

frostbite ['frɔstbaɪt] *n* Erfrierungen *pl*.

frosted ['frɔstɪd] *adj* (*glass*) Milch-; (*esp US*) glasiert, mit Zuckerguss überzogen.

frosting ['frɔstɪŋ] (*esp US*) *n* Zuckerguss *m*.

frosty ['frɔstɪ] *adj* frostig; (*look*) eisig; (*window*) bereift.

froth [frɔθ] *n* Schaum *m*.

frothy ['frɔθɪ] *adj* schäumend.

frown [fraun] *n* Stirnrunzeln *nt* ♦ *vi* die Stirn runzeln.

▶ **frown on** *vt fus* missbilligen.

froze [frəuz] *pt of* **freeze**.

frozen ['frəuzn] *pp of* **freeze** ♦ *adj* tiefgekühlt; (*food*) Tiefkühl-; (*COMM*) eingefroren.

FRS *n abbr* (*BRIT*: = *Fellow of the Royal Society*) Auszeichnung für Naturwissenschaftler; (*US*: = *Federal Reserve System*) *amerikanische Zentralbank*.

frugal ['fruːgl] *adj* genügsam; (*meal*) einfach.

fruit [fruːt] *n inv* Frucht *f*; (*collectively*) Obst *nt*; (*fig: results*) Früchte *pl*.

fruiterer ['fruːtərə'] (*esp BRIT*) *n* Obsthändler(in) *m(f)*.

fruitful ['fruːtful] *adj* fruchtbar.

fruition [fruː'ɪʃən] *n*: **to come to ~** (*plan*) Wirklichkeit werden; (*efforts*) Früchte tragen; (*hope*) in Erfüllung gehen.

fruit juice *n* Fruchtsaft *m*.

fruitless ['fruːtlɪs] *adj* fruchtlos, ergebnislos.

fruit machine (*BRIT*) *n* Spielautomat *m*.

fruit salad *n* Obstsalat *m*.

fruity ['fruːtɪ] *adj* (*taste, smell etc*) Frucht-, Obst-; (*wine*) fruchtig; (*voice, laugh*) volltönend.

frump [frʌmp] *n*: **to feel a ~** sich *dat* wie eine Vogelscheuche vorkommen.

frustrate [frʌs'treɪt] *vt* frustrieren; (*attempt*) vereiteln; (*plan*) durchkreuzen.

frustrated [frʌs'treɪtɪd] *adj* frustriert.

frustrating [frʌs'treɪtɪŋ] *adj* frustrierend.

frustration [frʌs'treɪʃən] *n* Frustration *f*; (*of attempt*) Vereitelung *f*; (*of plan*) Zerschlagung *f*.

fry [fraɪ] (*pt, pp* **fried**) *vt* braten; *see also* **small**.

frying pan ['fraɪɪŋ-] *n* Bratpfanne *f*.

FT (*BRIT*) *n abbr* (= *Financial Times*) *Wirtschaftszeitung*; **the ~ index** der Aktienindex der „Financial Times".

ft. *abbr* = **foot; feet**.

FTC (*US*) *n abbr* = **Federal Trade Commission.**

FTSE 100 Index *n Aktienindex der „Financial Times".*

fuchsia ['fjuːʃə] *n* Fuchsie *f*.

fuck [fʌk] (*inf!*) *vt, vi* ficken (*!*); **~ off!** (*inf!*) verpiss dich! (*!*).

fuddled ['fʌdld] *adj* verwirrt.

fuddy-duddy ['fʌdɪdʌdɪ] (*pej*) *n* Langweiler *m*.

fudge [fʌdʒ] *n* Fondant *m* ♦ *vt* (*issue, problem*) ausweichen +*dat*, aus dem Weg gehen +*dat*.

fuel ['fjuəl] *n* Brennstoff *m*; (*for vehicle*) Kraftstoff *m*; (: *petrol*) Benzin *nt*; (*for aircraft, rocket*) Treibstoff *m* ♦ *vt* (*furnace etc*) betreiben; (*aircraft, ship etc*) antreiben.

fuel oil *n* Gasöl *nt*.

fuel pump *n* (*AUT*) Benzinpumpe *f*.

fuel tank *n* Öltank *m*; (*in vehicle*) (Benzin)tank *m*.

fug [fʌg] (*BRIT: inf*) *n* Mief *m* (*inf*).

fugitive ['fjuːdʒɪtɪv] *n* Flüchtling *m*.

fulfil, (*US*) **fulfill** [ful'fɪl] *vt* erfüllen; (*order*) ausführen.

fulfilled [ful'fɪld] *adj* ausgefüllt.

fulfilment, (*US*) **fulfillment** [ful'fɪlmənt] *n* Erfüllung *f*.

full [ful] *adj* voll; (*complete*) vollständig; (*skirt*) weit; (*life*) ausgefüllt ♦ *adv*: **to know ~ well that ...** sehr wohl wissen, dass ...; **~ up** (*hotel etc*) ausgebucht; **I'm ~ (up)** ich bin satt; **a ~ two hours** volle zwei Stunden; **~ marks** die beste Note, ≈ eine Eins; (*fig*) höchstes Lob *nt*; **at ~ speed** in voller Fahrt; **in ~** ganz, vollständig; **to pay in ~** den vollen Betrag bezahlen; **to write one's name** *etc* **in ~** seinen Namen *etc* ausschreiben.

fullback ['fulbæk] *n* (*SPORT*) Verteidiger *m*.

full-blooded ['ful'blʌdɪd] *adj* (*vigorous*) kräftig; (*virile*) vollblütig.

full board *n* Vollpension *f*.

full-cream ['ful'kriːm] *adj*: **~ milk** (*BRIT*) Vollmilch *f*.

full employment *n* Vollbeschäftigung *f*.

full grown *adj* ausgewachsen.

full-length ['ful'leŋθ] *adj* (*film*) abendfüllend; (*coat*) lang; (*portrait*) lebensgroß; (*mirror*) groß; **~ novel** Roman *m*.

full moon *n* Vollmond *m*.

fullness ['fulnɪs] *n*: **in the ~ of time** zu gegebener Zeit.

full-page ['fulpeɪdʒ] *adj* ganzseitig.

full-scale ['fulskeɪl] *adj* (*war*) richtig; (*attack*)

Groß-; (*model*) in Originalgröße; (*search*) groß angelegt.

full-sized ['ful'saızd] *adj* lebensgroß.

full stop *n* Punkt *m*.

full-time ['ful'taım] *adj* (*work*) Ganztags-; (*study*) Voll- ♦ *adv* ganztags.

fully ['fulı] *adv* völlig; ~ **as big as** mindestens so groß wie.

fully fledged [-'fledʒd] *adj* richtiggehend; (*doctor etc*) voll qualifiziert; (*member*) Voll-; (*bird*) flügge.

fulsome ['fulsəm] (*pej*) *adj* übertrieben.

fumble ['fʌmbl] *vi*: **to ~ with** herumfummeln an +*dat* ♦ *vt* (*ball*) nicht sicher fangen.

fume [fju:m] *vi* wütend sein, kochen (*inf*).

fumes [fju:mz] *npl* (*of fire*) Rauch *m*; (*of fuel*) Dämpfe *pl*; (*of car*) Abgase *pl*.

fumigate ['fju:mıgeıt] *vt* ausräuchern.

fun [fʌn] *n* Spaß *m*; **he's good ~ (to be with)** es macht viel Spaß, mit ihm zusammen zu sein; **for ~** aus *or* zum Spaß; **it's not much ~** es macht keinen Spaß; **to make ~ of, to poke ~ at** sich lustig machen über +*acc*.

function ['fʌŋkʃən] *n* Funktion *f*; (*social occasion*) Veranstaltung *f*, Feier *f* ♦ *vi* funktionieren; **to ~ as** (*thing*) dienen als; (*person*) fungieren als.

functional ['fʌŋkʃənl] *adj* (*operational*) funktionsfähig; (*practical*) funktionell, zweckmäßig.

function key *n* (*COMPUT*) Funktionstaste *f*.

fund [fʌnd] *n* (*of money*) Fonds *m*; (*source, store*) Schatz *m*, Vorrat *m*; **funds** *npl* (*money*) Mittel *pl*, Gelder *pl*.

fundamental [fʌndə'mentl] *adj* fundamental, grundlegend.

fundamentalism [fʌndə'mentəlızəm] *n* Fundamentalismus *m*.

fundamentalist [fʌndə'mentəlıst] *n* Fundamentalist(in) *m(f)*.

fundamentally [fʌndə'mentəlı] *adv* im Grunde; (*radically*) von Grund auf.

fundamentals [fʌndə'mentlz] *npl* Grundbegriffe *pl*.

funding ['fʌndıŋ] *n* Finanzierung *f*.

fund-raising ['fʌndreızıŋ] *n* Geldbeschaffung *f*.

funeral ['fju:nərəl] *n* Beerdigung *f*.

funeral director *n* Beerdigungsunternehmer(in) *m(f)*.

funeral parlour *n* Leichenhalle *f*.

funeral service *n* Trauergottesdienst *m*.

funereal [fju:'nıərıəl] *adj* traurig, trübselig.

funfair ['fʌnfeə*] (*BRIT*) *n* Jahrmarkt *m*.

fungi ['fʌŋgaı] *npl of* **fungus**.

fungus ['fʌŋgəs] (*pl* **fungi**) *n* Pilz *m*; (*mould*) Schimmel(pilz) *m*.

funicular [fju:'nıkjulə*] *n* (*also*: ~ **railway**) Seilbahn *f*.

funky ['fʌŋkı] *adj* (*music*) Funk-.

funnel ['fʌnl] *n* Trichter *m*; (*of ship*) Schornstein *m*.

funnily ['fʌnılı] *adv* komisch; ~ **enough** komischerweise.

funny ['fʌnı] *adj* komisch; (*strange*) seltsam, komisch.

funny bone *n* Musikantenknochen *m*.

fun run *n* ≈ Volkslauf *m*.

fur [fə:*] *n* Fell *nt*, Pelz *m*; (*BRIT: in kettle etc*) Kesselstein *m*.

fur coat *n* Pelzmantel *m*.

furious ['fjuərıəs] *adj* wütend; (*argument*) heftig; (*effort*) riesig; (*speed*) rasend; **to be ~ with sb** wütend auf jdn sein.

furiously ['fjuərıəslı] *adv* (*see adj*) wütend; (*struggle etc*) heftig; (*run*) schnell.

furl [fə:l] *vt* (*NAUT*) einrollen.

furlong ['fə:lɒŋ] *n* Achtelmeile *f* (= 201,17 m).

furlough ['fə:ləu] *n* (*MIL*) Urlaub *m*.

furnace ['fə:nıs] *n* (*in foundry*) Schmelzofen *m*; (*in power plant*) Hochofen *m*.

furnish ['fə:nıʃ] *vt* einrichten; (*room*) möblieren; **to ~ sb with sth** jdm etw liefern; **~ed flat** *or* (*US*) **apartment** möblierte Wohnung *f*.

furnishings ['fə:nıʃıŋz] *npl* Einrichtung *f*.

furniture ['fə:nıtʃə*] *n* Möbel *pl*; **piece of ~** Möbelstück *nt*.

furniture polish *n* Möbelpolitur *f*.

furore [fjuə'rɔ:rı] *n* (*protests*) Proteste *pl*; (*enthusiasm*) Furore *f or nt*.

furrier ['fʌrıə*] *n* Kürschner(in) *m(f)*.

furrow ['fʌrəu] *n* Furche *f*; (*in skin*) Runzel *f* ♦ *vt* (*brow*) runzeln.

furry ['fə:rı] *adj* (*coat, tail*) flauschig; (*animal*) Pelz-; (*toy*) Plüsch-.

further ['fə:ðə*] *adj* weitere(r, s) ♦ *adv* weiter; (*moreover*) darüber hinaus ♦ *vt* fördern; **until ~ notice** bis auf weiteres; **how much ~ is it?** wie weit ist es noch?; ~ **to your letter of ...** (*COMM*) Bezug nehmend auf Ihr Schreiben vom ...

further education (*BRIT*) *n* Weiterbildung *f*, Fortbildung *f*.

furthermore [fə:ðə'mɔ:*] *adv* außerdem.

furthermost ['fə:ðəməust] *adj* äußerste(r, s).

furthest ['fə:ðıst] *superl of* **far**.

furtive ['fə:tıv] *adj* verstohlen.

furtively ['fə:tıvlı] *adv* verstohlen.

fury ['fjuərı] *n* Wut *f*; **to be in a ~** in Rage sein.

fuse, (*US*) **fuze** [fju:z] *n* (*ELEC*) Sicherung *f*; (*for bomb etc*) Zündschnur *f* ♦ *vt* (*pieces of metal*) verschmelzen; (*fig*) vereinigen ♦ *vi* (*pieces of metal*) sich verbinden; (*fig*) sich vereinigen; **to ~ the lights** (*BRIT*) die Sicherung durchbrennen lassen; **a ~ has blown** eine Sicherung ist durchgebrannt.

fuse box *n* Sicherungskasten *m*.

fuselage ['fju:zəla:3] *n* Rumpf *m*.

fuse wire *n* Schmelzdraht *m*.

fusillade [fju:zı'leıd] *n* Salve *f*.

fusion ['fju:3ən] *n* Verschmelzung *f*; (*also*: **nuclear ~**) Kernfusion *f*.

fuss [fʌs] *n* Theater *nt* (*inf*) ♦ *vi* sich (unnötig)

aufregen ♦ *vt* keine Ruhe lassen +*dat*; **to make a ~** Krach schlagen (*inf*); **to make a ~ of sb** viel Getue um jdn machen (*inf*).
▶ **fuss over** *vt fus* bemuttern.
fusspot ['fʌspɒt] *n* Nörgler(in) *m(f)*.
fussy ['fʌsɪ] *adj* kleinlich, pingelig (*inf*); (*clothes, room etc*) verspielt; **I'm not ~** es ist mir egal.
fusty ['fʌstɪ] *adj* muffig.
futile ['fjuːtaɪl] *adj* vergeblich; (*existence*) sinnlos; (*comment*) zwecklos.
futility [fjuː'tɪlɪtɪ] *n* (*see adj*) Vergeblichkeit *f*; Sinnlosigkeit *f*; Zwecklosigkeit *f*.
futon ['fuːtɒn] *n* Futon *m*.
future ['fjuːtʃə*] *adj* zukünftig ♦ *n* Zukunft *f*; (*LING*) Futur *nt*; **futures** *npl* (*COMM*) Termingeschäfte *pl*; **in (the) ~** in Zukunft; **in the near ~** in der nahen Zukunft; **in the immediate ~** sehr bald.
futuristic [fjuːtʃə'rɪstɪk] *adj* futuristisch.
fuze [fjuːz] (*US*) *n, vt, vi* = **fuse**.
fuzz [fʌz] (*inf*) *n* (*police*): **the ~** die Bullen *pl*.
fuzzy ['fʌzɪ] *adj* verschwommen; (*hair*) kraus; (*thoughts*) verworren.
fwd. *abbr* = **forward**.
fwy (*US*) *abbr* = **freeway**.
FY *abbr* (= *fiscal year*) Steuerjahr *nt*.
FYI *abbr* (= *for your information*) zu Ihrer Information.

G, g

G¹, g¹ [dʒiː] *n* (*letter*) G *nt*, g *nt*; **~ for George** ≈ G wie Gustav.
G² [dʒiː] *n* (*MUS*) G *nt*, g *nt*.
G³ [dʒiː] *n abbr* (*BRIT: SCOL*) = **good**; (*US: CINE*: = *general (audience)*) Klassifikation für jugendfreie Filme; (*PHYS*): **~-force** g-Druck *m*.
G7 *n abbr* (*POL*: = *Group of Seven*) G7 *f*.
g² *abbr* (= *gram(me)*) g; (*PHYS*) = **gravity**.
GA (*US*) *n abbr* (*POST*: = *Georgia*).
gab [gæb] (*inf*) *n*: **to have the gift of the ~** reden können, nicht auf den Mund gefallen sein.
gabble ['gæbl] *vi* brabbeln (*inf*).
gaberdine [gæbə'diːn] *n* Gabardine *m*.
gable ['geɪbl] *n* Giebel *m*.
Gabon [gə'bɒn] *n* Gabun *nt*.
gad about [gæd-] (*inf*) *vi* herumziehen.
gadget ['gædʒɪt] *n* Gerät *nt*.
gadgetry ['gædʒɪtrɪ] *n* Geräte *pl*.
Gaelic ['geɪlɪk] *adj* gälisch ♦ *n* (*LING*) Gälisch *nt*.
gaffe [gæf] *n* Fauxpas *m*.

gaffer ['gæfə*] (*BRIT: inf*) *n* (*boss*) Chef *m*; (*foreman*) Vorarbeiter *m*; (*old man*) Alte(r) *m*.
gag [gæg] *n* Knebel *m*; (*joke*) Gag *m* ♦ *vt* knebeln ♦ *vi* würgen.
gaga ['gɑːgɑː] (*inf*) *adj*: **to go ~** verkalken.
gage [geɪdʒ] (*US*) *n, vt* = **gauge**.
gaiety ['geɪtɪ] *n* Fröhlichkeit *f*.
gaily ['geɪlɪ] *adv* fröhlich; **~ coloured** farbenfroh, farbenprächtig.
gain [geɪn] *n* Gewinn *m* ♦ *vt* gewinnen ♦ *vi* (*clock, watch*) vorgehen; **to do sth for ~** etw aus Berechnung tun; (*for money*) etw des Geldes wegen tun; **~ (in)** (*increase*) Zunahme *f* (an +*dat*); (*in rights, conditions*) Verbesserung *f* +*gen*; **to ~ ground** (an) Boden gewinnen; **to ~ speed** schneller werden; **to ~ weight** zunehmen; **to ~ 3lbs (in weight)** 3 Pfund zunehmen; **to ~ in confidence** sicherer werden;: **to ~ from sth** von etw profitieren; **to ~ in strength** stärker werden; **to ~ by doing sth** davon profitieren, etw zu tun; **to ~ on sb** jdn einholen.
gainful ['geɪnful] *adj*: **~ employment** Erwerbstätigkeit *f*.
gainfully ['geɪnfəlɪ] *adv*: **~ employed** erwerbstätig.
gainsay [geɪn'seɪ] (*irreg: like* **say**) *vt* widersprechen +*dat*; (*fact*) leugnen.
gait [geɪt] *n* Gang *m*; **to walk with a slow/ confident ~** mit langsamen Schritten/ selbstbewusst gehen.
gal. *abbr* = **gallon**.
gala ['gɑːlə] *n* Galaveranstaltung *f*; **swimming ~** großes Schwimmfest *nt*.
Galapagos (Islands) [gə'læpəgəs-] *npl*: **(the) ~** die Galapagosinseln *pl*.
galaxy ['gæləksɪ] *n* Galaxis *f*, Sternsystem *nt*.
gale [geɪl] *n* Sturm *m*; **~ force 10** Sturmstärke 10.
gall [gɔːl] *n* Galle *f*; (*fig: impudence*) Frechheit *f* ♦ *vt* maßlos ärgern.
gall. *abbr* = **gallon**.
gallant ['gælənt] *adj* tapfer; (*polite*) galant.
gallantry ['gæləntrɪ] *n* (*see adj*) Tapferkeit *f*; Galanterie *f*.
gall bladder *n* Gallenblase *f*.
galleon ['gælɪən] *n* Galeone *f*.
gallery ['gælərɪ] *n* (*also*: **art ~**) Galerie *f*, Museum *nt*; (*private*) (Privat)galerie *f*; (*in hall, church*) Galerie *f*; (*in theatre*) oberster Rang *m*, Balkon *m*.
galley ['gælɪ] *n* Kombüse *f*; (*ship*) Galeere *f*; (*also*: **~ proof**) Fahne *f*, Fahnenabzug *m*.
Gallic ['gælɪk] *adj* gallisch; (*French*) französisch.
galling ['gɔːlɪŋ] *adj* äußerst ärgerlich.
gallon ['gælən] *n* Gallone *f* (*BRIT* = 4,5 l, *US* = 3,8 l).
gallop ['gæləp] *n* Galopp *m* ♦ *vi* galoppieren; **~ing inflation** galoppierende Inflation *f*.
gallows ['gæləuz] *n* Galgen *m*.

gallstone ['gɔːlstəun] n Gallenstein m.

Gallup poll ['gæləp-] n Meinungsumfrage f.

galore [gə'lɔː'] adv in Hülle und Fülle.

galvanize ['gælvənaɪz] vt (fig) mobilisieren; **to ~ sb into action** jdn plötzlich aktiv werden lassen.

galvanized ['gælvənaɪzd] adj (metal) galvanisiert.

Gambia ['gæmbɪə] n Gambia nt.

gambit ['gæmbɪt] n: **(opening) ~** (einleitender) Schachzug m; (in conversation) (einleitende) Bemerkung f.

gamble ['gæmbl] n Risiko nt ♦ vt einsetzen ♦ vi ein Risiko eingehen; (bet) spielen; (on horses etc) wetten; **to ~ on the Stock Exchange** an der Börse spekulieren; **to ~ on sth** (horses, race) auf etw acc wetten; (success, outcome etc) sich auf etw acc verlassen.

gambler ['gæmblə'] n Spieler(in) m(f).

gambling ['gæmblɪŋ] n Spielen nt; (on horses etc) Wetten nt.

gambol ['gæmbl] vi herumtollen.

game [geɪm] n Spiel nt; (sport) Sport m; (strategy, scheme) Vorhaben nt; (CULIN, HUNTING) Wild nt ♦ adj: **to be ~ (for)** mitmachen (bei); **games** npl (SCOL) Sport m; **to play a ~ of football/tennis** Fußball/(eine Partie) Tennis spielen; **big ~** Großwild nt.

game bird n Federwild nt no pl.

gamekeeper ['geɪmkiːpə'] n Wildhüter(in) m(f).

gamely ['geɪmlɪ] adv mutig.

game reserve n Wildschutzreservat nt.

games console ['geɪmz-] n (COMPUT) Gameboy ® m, Konsole f.

game show n (TV) Spielshow f.

gamesmanship ['geɪmzmənʃɪp] n Gerissenheit f beim Spiel.

gaming ['geɪmɪŋ] n (gambling) Spielen nt.

gammon ['gæmən] n Schinken m.

gamut ['gæmət] n Skala f; **to run the ~ of** die ganze Skala +gen durchlaufen.

gander ['gændə'] n Gänserich m.

gang [gæŋ] n Bande f; (of friends) Haufen m; (of workmen) Kolonne f.

▶ **gang up** vi: **to ~ up on sb** sich gegen jdn zusammentun.

Ganges ['gændʒiːz] n: **the ~** der Ganges.

gangland ['gæŋlænd] adj (killer, boss) Unterwelt-.

gangling ['gæŋglɪŋ] adj schlaksig, hoch aufgeschossen.

gangly ['gæŋglɪ] adj schlaksig.

gangplank ['gæŋplæŋk] n Laufplanke f.

gangrene ['gæŋgriːn] n (MED) Brand m.

gangster ['gæŋstə'] n Gangster m.

gangway ['gæŋweɪ] n Laufplanke f, Gangway f; (in cinema, bus, plane etc) Gang m.

gantry ['gæntrɪ] n (for crane) Portal nt; (for railway signal) Signalbrücke f; (for rocket) Abschussrampe f.

GAO (US) n abbr (= General Accounting Office)
Rechnungshof der USA.

gaol [dʒeɪl] (BRIT) n, vt = **jail**.

gap [gæp] n Lücke f; (in time) Pause f; (difference): **~ (between)** Kluft f (zwischen +dat).

gape [geɪp] vi starren, gaffen; (hole) gähnen; (shirt) offen stehen.

gaping ['geɪpɪŋ] adj (hole) gähnend; (shirt) offen.

garage ['gærɑːʒ] n Garage f; (for car repairs) (Reparatur)werkstatt f; (petrol station) Tankstelle f.

garb [gɑːb] n Gewand nt, Kluft f.

garbage ['gɑːbɪdʒ] n (US: rubbish) Abfall m, Müll m; (inf: nonsense) Blödsinn m, Quatsch m; (fig: film, book) Schund m.

garbage can (US) n Mülleimer m, Abfalleimer m.

garbage collector (US) n Müllmann m.

garbage disposal (unit) n Müllschlucker m.

garbage truck (US) n Müllwagen m.

garbled ['gɑːbld] adj (account) wirr; (message) unverständlich.

garden ['gɑːdn] n Garten m ♦ vi gärtnern; **gardens** npl (public park) Park m; (private) Gartenanlagen pl; **she was ~ing** sie arbeitete im Garten.

garden centre n Gartencenter nt.

garden city n Gartenstadt f.

gardener ['gɑːdnə'] n Gärtner(in) m(f).

gardening ['gɑːdnɪŋ] n Gartenarbeit f.

gargle ['gɑːgl] vi gurgeln ♦ n Gurgelwasser nt.

gargoyle ['gɑːgɔɪl] n Wasserspeier m.

garish ['gɛərɪʃ] adj grell.

garland ['gɑːlənd] n Kranz m.

garlic ['gɑːlɪk] n Knoblauch m.

garment ['gɑːmənt] n Kleidungsstück nt.

garner ['gɑːnə'] vt sammeln.

garnish ['gɑːnɪʃ] vt garnieren.

garret ['gærɪt] n Dachkammer f, Mansarde f.

garrison ['gærɪsn] n Garnison f.

garrulous ['gærʊləs] adj geschwätzig.

garter ['gɑːtə'] n Strumpfband nt; (US: suspender) Strumpfhalter m.

garter belt (US) n Strumpfgürtel m, Hüftgürtel m.

gas [gæs] n Gas nt; (US: gasoline) Benzin nt ♦ vt mit Gas vergiften; (MIL) vergasen; **to be given ~** (as anaesthetic) Lachgas bekommen.

gas cooker (BRIT) n Gasherd m.

gas cylinder n Gasflasche f.

gaseous ['gæsɪəs] adj gasförmig.

gas fire (BRIT) n Gasofen m.

gas-fired ['gæsfaɪəd] adj (heater etc) Gas-.

gash [gæʃ] n klaffende Wunde f; (tear) tiefer Schlitz m ♦ vt aufschlitzen.

gasket ['gæskɪt] n Dichtung f.

gas mask n Gasmaske f.

gas meter n Gaszähler m.

gasoline ['gæsəliːn] (US) n Benzin nt.

gasp [gɑːsp] n tiefer Atemzug m ♦ vi keuchen; (in surprise) nach Luft schnappen; **to give a**

~ **(of shock/horror)** (vor Schreck/Entsetzen) die Luft anhalten; **to be ~ing for** sich sehnen nach +*dat*.

▶ **gasp out** *vt* hervorstoßen.

gas permeable *adj* (*lenses*) luftdurchlässig.

gas ring *n* Gasbrenner *m*.

gas station (*US*) *n* Tankstelle *f*.

gas stove *n* (*cooker*) Gasherd *m*; (*for camping*) Gaskocher *m*.

gassy ['gæsɪ] *adj* (*drink*) kohlensäurehaltig.

gas tank *n* Benzintank *m*.

gastric ['gæstrɪk] *adj* (*upset, ulcer etc*) Magen-.

gastric flu *n* Darmgrippe *f*.

gastroenteritis ['gæstrəuentə'raɪtɪs] *n* Magen-Darm-Katarr(h) *m*.

gastronomy [gæs'trɒnəmɪ] *n* Gastronomie *f*.

gasworks ['gæswɜːks] *n* Gaswerk *nt*.

gate [geɪt] *n* (*of garden*) Pforte *f*; (*of field*) Gatter *nt*; (*of building*) Tor *nt*; (*at airport*) Flugsteig *m*; (*of level crossing*) Schranke *f*; (*of lock*) Tor *nt*.

gateau ['gætəu] (*pl* ~x) *n* Torte *f*.

gate-crash ['geɪtkræʃ] (*BRIT*) *vt* (*party*) ohne Einladung besuchen; (*concert*) eindringen in +*acc* ♦ *vi* ohne Einladung hingehen; eindringen.

gate-crasher ['geɪtkræʃə*] *n* ungeladener Gast *m*.

gatehouse ['geɪthaus] *n* Pförtnerhaus *nt*.

gateway ['geɪtweɪ] *n* (*also fig*) Tor *nt*.

gather ['gæðə*] *vt* sammeln; (*flowers, fruit*) pflücken; (*understand*) schließen; (*SEWING*) kräuseln ♦ *vi* (*assemble*) sich versammeln; (*dust*) sich ansammeln; (*clouds*) sich zusammenziehen; **to ~ (from)** schließen (aus); **to ~ (that)** annehmen(, dass); **as far as I can ~** so wie ich es sehe; **to ~ speed** schneller werden.

gathering ['gæðərɪŋ] *n* Versammlung *f*.

GATT [gæt] *n abbr* (= *General Agreement on Tariffs and Trade*) GATT *nt*.

gauche [gəuʃ] *adj* linkisch.

gaudy ['gɔːdɪ] *adj* knallig.

gauge, (*US*) **gage** [geɪdʒ] *n* Messgerät *nt*, Messinstrument *nt*; (*RAIL*) Spurweite *f* ♦ *vt* messen; (*fig*) beurteilen; **petrol ~, fuel ~,** (*US*) **gas gage** Benzinuhr *f*; **to ~ the right moment** den richtigen Moment abwägen.

Gaul [gɔːl] *n* Gallien *nt*; (*person*) Gallier(in) *m(f)*.

gaunt [gɔːnt] *adj* (*haggard*) hager; (*bare, stark*) öde.

gauntlet ['gɔːntlɪt] *n* (Stulpen)handschuh *m*; (*fig*): **to run the ~** Spießruten laufen; **to throw down the ~** den Fehdehandschuh hinwerfen.

gauze [gɔːz] *n* Gaze *f*.

gave [geɪv] *pt of* **give**.

gavel ['gævl] *n* Hammer *m*.

gawk [gɔːk] (*inf*) *vi* gaffen, glotzen.

gawky ['gɔːkɪ] *adj* schlaksig.

gawp [gɔːp] *vi*: **to ~ at** angaffen, anglotzen

(*inf*).

gay [geɪ] *adj* (*homosexual*) schwul; (*cheerful*) fröhlich; (*dress*) bunt.

gaze [geɪz] *n* Blick *m* ♦ *vi*: **to ~ at sth** etw anstarren.

gazelle [gə'zɛl] *n* Gazelle *f*.

gazette [gə'zɛt] *n* Zeitung *f*; (*official*) Amtsblatt *nt*.

gazetteer [gæzə'tɪə*] *n* alphabetisches Ortsverzeichnis *nt*.

gazump [gə'zʌmp] (*BRIT*) *vt*: **to be ~ed** *ein mündlich zugesagtes Haus an einen Höherbietenden verlieren*.

GB *abbr* (= *Great Britain*) GB.

GBH (*BRIT*) *n abbr* (*LAW*) = **grievous bodily harm**.

GC (*BRIT*) *n abbr* (= *George Cross*) *britische Tapferkeitsmedaille*.

GCE (*BRIT*) *n abbr* (= *General Certificate of Education*) *Schulabschlusszeugnis*, ≈ *Abitur nt*.

GCHQ (*BRIT*) *n abbr* (= *Government Communications Headquarters*) *Zentralstelle des britischen Nachrichtendienstes*.

GCSE (*BRIT*) *n abbr* (= *General Certificate of Secondary Education*) *Schulabschlusszeugnis*, ≈ *mittlere Reife f*.

Gdns *abbr* (*in street names*: = *Gardens*) ≈ Str.

GDP *n abbr* = **gross domestic product.**

GDR *n abbr* (*formerly*: = *German Democratic Republic*) DDR *f*.

gear [gɪə*] *n* (*equipment*) Ausrüstung *f*; (*belongings*) Sachen *pl*; (*TECH*) Getriebe *nt*; (*AUT*) Gang *m*; (*on bicycle*) Gangschaltung *f* ♦ *vt* (*fig*: *adapt*): **to ~ sth to** etw ausrichten auf +*acc*; **top** *or* (*US*) **high/low/bottom ~** hoher/niedriger/erster Gang; **to put a car into ~** einen Gang einlegen; **to leave the car in ~** den Gang eingelegt lassen; **to leave out of ~** im Leerlauf lassen; **our service is ~ed to meet the needs of the disabled** unser Betrieb ist auf die Bedürfnisse von Behinderten eingerichtet.

▶ **gear up** *vt, vi*: **to ~ (o.s.) up (to)** sich vorbereiten (auf +*acc*) ♦ *vt*: **to ~ o.s. up to do sth** sich darauf vorbereiten, etw zu tun.

gearbox ['gɪəbɒks] *n* Getriebe *nt*.

gear lever, (*US*) **gear shift** *n* Schalthebel *m*.

GED (*US*) *n abbr* (*SCOL*) = *general educational development*) *allgemeine Lernentwicklung*.

geese [giːs] *npl of* **goose**.

geezer ['giːzə*] (*inf*) *n* Kerl *m*, Typ *m*.

Geiger counter ['gaɪgə-] *n* Geigerzähler *m*.

gel [dʒɛl] *n* Gel *nt*.

gelatin(e) ['dʒɛlətiːn] *n* Gelatine *f*.

gelignite ['dʒɛlɪgnaɪt] *n* Plastiksprengstoff *m*.

gem [dʒɛm] *n* Edelstein *m*; **she/the house is a ~** (*fig*) sie/das Haus ist ein Juwel; **a ~ of an idea** eine ausgezeichnete Idee.

Gemini ['dʒɛmɪnaɪ] *n* (*ASTROL*) Zwillinge *pl*; **to be ~** (ein) Zwilling sein.

gen [dʒɛn] (*BRIT*: *inf*) *n*: **to give sb the ~ on sth**

jdn über etw *acc* informieren.
Gen. *abbr* (*MIL: = General*) Gen.
gen. *abbr = general; generally.*
gender ['dʒendə*] *n* Geschlecht *nt.*
gene [dʒiːn] *n* Gen *nt.*
genealogy [dʒiːnɪ'ælədʒɪ] *n* Genealogie *f*,
Stammbaumforschung *f*; (*family history*)
Stammbaum *m.*
general ['dʒenərl] *n* General *m* ♦ *adj* allgemein;
(*widespread*) weitverbreitet, weit
verbreitet; (*non-specific*) generell; **in** ~ im
Allgemeinen; **the** ~ **public** die
Öffentlichkeit, die Allgemeinheit; ~ **audit**
(*COMM*) Jahresabschlussprüfung *f.*
general anaesthetic *n* Vollnarkose *f.*
general delivery (*US*) *n*: **to send sth** ~ etw
postlagernd schicken.
general election *n* Parlamentswahlen *pl.*
generalization ['dʒenrəlaɪ'zeɪʃən] *n*
Verallgemeinerung *f.*
generalize ['dʒenrəlaɪz] *vi* verallgemeinern.
generally ['dʒenrəlɪ] *adv* im Allgemeinen.
general manager *n*
Hauptgeschäftsführer(in) *m(f).*
general practitioner *n* praktischer Arzt *m*,
praktische Ärztin *f.*
general strike *n* Generalstreik *m.*
generate ['dʒenəreɪt] *vt* erzeugen; (*jobs*)
schaffen; (*profits*) einbringen.
generation [dʒenə'reɪʃən] *n* Generation *f*; (*of
electricity etc*) Erzeugung *f.*
generator ['dʒenəreɪtə*] *n* Generator *m.*
generic [dʒɪ'nerɪk] *adj* allgemein; ~ **term**
Oberbegriff *m.*
generosity [dʒenə'rɒsɪtɪ] *n* Großzügigkeit *f.*
generous ['dʒenərəs] *adj* großzügig; (*measure,
remuneration*) reichlich.
genesis ['dʒenɪsɪs] *n* Entstehung *f.*
genetic [dʒɪ'netɪk] *adj* genetisch.
genetically *adv* genetisch; **genetically
modified** genmanipuliert.
genetic engineering *n* Gentechnologie *f.*
genetic fingerprinting [-'fɪŋɡəprɪntɪŋ] *n*
genetische Fingerabdrücke *pl.*
genetics [dʒɪ'netɪks] *n* Genetik *f.*
Geneva [dʒɪ'niːvə] *n* Genf *nt.*
genial ['dʒiːnɪəl] *adj* freundlich; (*climate*)
angenehm.
genitals ['dʒenɪtlz] *npl* Genitalien *pl*,
Geschlechtsteile *pl.*
genitive ['dʒenɪtɪv] *n* Genitiv *m.*
genius ['dʒiːnɪəs] *n* Talent *nt*; (*person*) Genie
nt.
Genoa ['dʒenəuə] *n* Genua *nt.*
genocide ['dʒenəusaɪd] *n* Völkermord *m.*
Genoese [dʒenəu'iːz] *adj* genuesisch ♦ *n inv*
Genuese *m*, Genuesin *f.*
gent [dʒent] (*BRIT: inf*) *n abbr = gentleman.*
genteel [dʒen'tiːl] *adj* vornehm, fein.
gentle ['dʒentl] *adj* sanft; (*movement, breeze*)
leicht; **a** ~ **hint** ein zarter Hinweis.
gentleman ['dʒentlmən] (*irreg: like* **man**) *n*

Herr *m*; (*referring to social position or good
manners*) Gentleman *m*; ~**'s agreement**
Vereinbarung *f* auf Treu und Glauben.
gentlemanly ['dʒentlmənlɪ] *adj*
zuvorkommend.
gentleness ['dʒentlnɪs] *n* (*see adj*) Sanftheit *f*;
Leichtheit *f*; Zartheit *f.*
gently ['dʒentlɪ] *adv* (*see adj*) sanft; leicht;
zart.
gentry ['dʒentrɪ] *n inv*: **the** ~ die Gentry, der
niedere Adel.
gents [dʒents] *n*: **the** ~ die Herrentoilette.
genuine ['dʒenjuɪn] *adj* echt; (*person*)
natürlich, aufrichtig.
genuinely ['dʒenjuɪnlɪ] *adv* wirklich.
geographer [dʒɪ'ɒɡrəfə*] *n* Geograf(in) *m(f).*
geographic(al) [dʒɪə'ɡræfɪk(l)] *adj*
geografisch.
geography [dʒɪ'ɒɡrəfɪ] *n* Geografie *f*; (*SCOL*)
Erdkunde *f.*
geological [dʒɪə'lɒdʒɪkl] *adj* geologisch.
geologist [dʒɪ'ɒlədʒɪst] *n* Geologe *m*, Geologin
f.
geology [dʒɪ'ɒlədʒɪ] *n* Geologie *f.*
geometric(al) [dʒɪə'metrɪk(l)] *adj*
geometrisch.
geometry [dʒɪ'ɒmətrɪ] *n* Geometrie *f.*
Geordie ['dʒɔːdɪ] (*inf*) *n* aus dem Gebiet von
*Newcastle stammende oder dort wohnhafte
Person.*
Georgia ['dʒɔːdʒə] *n* (*in Eastern Europe*)
Georgien *nt.*
Georgian ['dʒɔːdʒən] *adj* georgisch ♦ *n*
Georgier(in) *m(f)*; (*LING*) Georgisch *nt.*
geranium [dʒɪ'reɪnɪəm] *n* Geranie *f.*
geriatric [dʒerɪ'ætrɪk] *adj* geriatrisch ♦ *n*
Greis(in) *m(f).*
germ [dʒɜːm] *n* Bazillus *m*; (*BIOL, fig*) Keim
m.
German ['dʒɜːmən] *adj* deutsch ♦ *n*
Deutsche(r) *f(m)*; (*LING*) Deutsch *nt.*
German Democratic Republic *n* (*formerly*)
Deutsche Demokratische Republik *f.*
germane [dʒɜː'meɪn] *adj*: ~ (**to**) von Belang
(für).
German measles (*BRIT*) *n* Röteln *pl.*
German Shepherd (dog) (*esp US*) *n*
Schäferhund *m.*
Germany ['dʒɜːmənɪ] *n* Deutschland *nt.*
germinate ['dʒɜːmɪneɪt] *vi* keimen; (*fig*)
aufkeimen.
germination [dʒɜːmɪ'neɪʃən] *n* Keimung *f.*
germ warfare *n* biologische Kriegsführung
f, Bakterienkrieg *m.*
gerrymandering ['dʒerɪmændərɪŋ] *n*
Wahlkreisschiebungen *pl.*
gestation [dʒes'teɪʃən] *n* (*of animals*)
Trächtigkeit *f*; (*of humans*)
Schwangerschaft *f.*
gesticulate [dʒes'tɪkjuleɪt] *vi* gestikulieren.
gesture ['dʒestʃə*] *n* Geste *f*; **as a** ~ **of**
friendship als Zeichen der Freundschaft.

================================== *KEYWORD*

get [gɛt] (*pt, pp* **got**) (*US*) (*pp* **gotten**) *vi* **1**
(*become, be*) werden; **to ~ old/tired/cold**
alt/müde/kalt werden; **to ~ dirty** sich
schmutzig machen; **to ~ killed** getötet
werden; **to ~ married** heiraten.
2 (*go*): **to ~ (from ...) to ...** (von ...) nach ...
kommen; **how did you ~ here?** wie sind Sie
hierhin gekommen?
3 (*begin*): **to ~ to know sb** jdn kennen
lernen; **let's ~ going** *or* **started** fangen wir
an!

♦ *modal aux vb*: **you've got to do it** du musst
es tun

♦ *vt* **1**: **to ~ sth done** (*do oneself*) etw
gemacht bekommen; (*have done*) etw
machen lassen; **to ~ one's hair cut** sich *dat*
die Haare schneiden lassen; **to ~ the car
going** *or* **to go** das Auto in Gang bringen; **to
~ sb to do sth** etw von jdm machen lassen;
(*persuade*) jdn dazu bringen, etw zu tun.
2 (*obtain: money, permission, results*)
erhalten; (*find: job, flat*) finden; (*fetch: person,
doctor, object*) holen; **to ~ sth for sb** jdm etw
besorgen; **can I ~ you a drink?** kann ich
Ihnen etwas zu trinken anbieten?
3 (*receive, acquire: present, prize*) bekommen;
how much did you ~ for the painting? wie
viel haben Sie für das Bild bekommen?
4 (*catch*) bekommen, kriegen (*inf*); (*hit: target
etc*) treffen; **to ~ sb by the arm/throat** jdn
am Arm/Hals packen; **the bullet got him in
the leg** die Kugel traf ihn ins Bein.
5 (*take, move*) bringen; **to ~ sth to sb** jdm
etw zukommen lassen.
6 (*plane, bus etc: take*) nehmen; (: *catch*)
bekommen.
7 (*understand: joke etc*) verstehen; **I ~ it** ich
verstehe.
8 (*have, possess*): **to have got** haben; **how
many have you got?** wie viele hast du?
▶ **get about** *vi* (*person*) herumkommen;
(*news, rumour*) sich verbreiten.
▶ **get across** *vt* (*message, meaning*)
klarmachen.
▶ **get along** *vi* (*be friends*) (miteinander)
auskommen; (*depart*) sich auf den Weg
machen.
▶ **get around** *vt fus* = **get round**.
▶ **get at** *vt fus* (*attack, criticize*) angreifen;
(*reach*) herankommen an +*acc*; **what are you
~ting at?** worauf willst du hinaus?
▶ **get away** *vi* (*leave*) wegkommen; (*on
holiday*) verreisen; (*escape*) entkommen.
▶ **get away with** *vt fus* (*stolen goods*)
entkommen mit; **he'll never ~ away with it!**
damit kommt er nicht durch.
▶ **get back** *vi* (*return*) zurückkommen
♦ *vt* (*regain*) zurückbekommen; **~ back!**
zurück!
▶ **get back at** (*inf*) *vt fus*: **to ~ back at sb for**

sth jdm etw heimzahlen.
▶ **get back to** *vt fus* (*return to*) zurückkehren
zu; (*contact again*) zurückkommen auf +*acc*;
to ~ back to sleep wieder einschlafen.
▶ **get by** *vi* (*pass*) vorbeikommen; (*manage*)
zurechtkommen; **I can ~ by in German** ich
kann mich auf Deutsch verständlich
machen.
▶ **get down** *vi* (*from tree, ladder etc*)
heruntersteigen; (*from horse*) absteigen;
(*leave table*) aufstehen; (*bend down*) sich
bücken; (*duck*) sich ducken ♦ *vt* (*depress:
person*) fertig machen; (*write*)
aufschreiben.
▶ **get down to** *vt fus*: **to ~ down to sth** (*work*)
etw in Angriff nehmen; (*find time*) zu etw
kommen; **to ~ down to business** (*fig*) zur
Sache kommen.
▶ **get in** *vi* (*be elected: candidate, party*)
gewählt werden; (*arrive*) ankommen
♦ *vt* (*bring in: harvest*) einbringen; (: *shopping,
supplies*) (herein)holen.
▶ **get into** *vt fus* (*conversation, argument, fight*)
geraten in +*acc*; (*vehicle*) einsteigen in +*acc*;
(*clothes*) hineinkommen in +*acc*; **to ~ into
bed** ins Bett gehen; **to ~ into the habit of
doing sth** sich *dat* angewöhnen, etw zu tun.
▶ **get off** *vi* (*from train etc*) aussteigen; (*escape
punishment*) davonkommen ♦ *vt* (*remove:
clothes*) ausziehen; (: *stain*)
herausbekommen
♦ *vt fus* (*leave: train, bus*) aussteigen aus; **we
~ 3 days off at Christmas** zu Weihnachten
bekommen wir 3 Tage frei; **to ~ off to a
good start** (*fig*) einen guten Anfang machen.
▶ **get on** *vi* (*be friends*) (miteinander)
auskommen ♦ *vt fus* (*bus, train*) einsteigen in
+*acc*; **how are you ~ting on?** wie kommst du
zurecht?; **time is ~ting on** es wird langsam
spät.
▶ **get on to** (*BRIT*) *vt fus* (*subject, topic*)
übergehen zu; (*contact: person*) sich in
Verbindung setzen mit.
▶ **get on with** *vt fus* (*person*) auskommen mit;
(*meeting, work etc*) weitermachen mit.
▶ **get out** *vi* (*leave: on foot*) hinausgehen; (*of
vehicle*) aussteigen; (*news etc*)
herauskommen ♦ *vt* (*take out: book etc*)
herausholen; (*remove: stain*)
herausbekommen.
▶ **get out of** *vt fus* (*money: bank etc*) abheben
von; (*avoid: duty etc*) herumkommen um
♦ *vt* (*extract: confession etc*)
herausbekommen aus; (*derive: pleasure*)
haben an +*dat*; (: *benefit*) haben von.
▶ **get over** *vt fus* (*overcome*) überwinden;
(: *illness*) sich erholen von; (*communicate:
idea etc*) verständlich machen.
♦ *vt*: **to ~ it over with** (*finish*) es hinter sich
acc bringen.
▶ **get round** *vt fus* (*law, rule*) umgehen;
(*person*) herumkriegen.

▶ **get round to** vt fus: **to ~ round to doing sth** dazu kommen, etw zu tun.

▶ **get through** vi (TEL) durchkommen ♦ vt fus (finish: work) schaffen; (: book) lesen.

▶ **get through to** vt fus (TEL) durchkommen zu; (make o.s. understood) durchdringen zu.

▶ **get together** vi (people) zusammenkommen ♦ vt (people) zusammenbringen; (project, plan etc) zusammenstellen.

▶ **get up** vi (rise) aufstehen ♦ vt: **to ~ up enthusiasm for sth** Begeisterung für etw aufbringen.

▶ **get up to** vt fus (prank etc) anstellen.

getaway ['gɛtəweɪ] n: **to make a/one's ~** sich davonmachen.

getaway car n Fluchtauto nt.

get-together ['gɛttəgɛðə*] n Treffen nt; (party) Party f.

get-up ['gɛtʌp] (inf) n Aufmachung f.

get-well card [gɛt'wɛl-] n Karte f mit Genesungswünschen.

geyser ['giːzə*] n Geiser m; (BRIT: water heater) Durchlauferhitzer m.

Ghana ['gɑːnə] n Ghana nt.

Ghanaian [gɑː'neɪən] adj ghanaisch ♦ n Ghanaer(in) m(f).

ghastly ['gɑːstlɪ] adj grässlich; (complexion) totenblass; **you look ~!** (ill) du siehst grässlich aus!

gherkin ['gəːkɪn] n Gewürzgurke f.

ghetto ['gɛtəu] n G(h)etto nt.

ghetto blaster [-'blɑːstə*] (inf) n Ghettoblaster m.

ghost [gəust] n Geist m, Gespenst nt ♦ vt für jdn (als Ghostwriter) schreiben; **to give up the ~** den Geist aufgeben.

ghost town n Geisterstadt f.

ghostwriter ['gəustraɪtə*] n Ghostwriter(in) m(f).

ghoul [guːl] n böser Geist m.

ghoulish ['guːlɪʃ] adj makaber.

GHQ n abbr (MIL: = general headquarters) Hauptquartier nt.

GI (US: inf) n abbr (= government issue) GI m.

giant ['dʒaɪənt] n (also fig) Riese m ♦ adj riesig, riesenhaft; **~ (size) packet** Riesenpackung f.

giant killer n (fig) Goliathbezwinger(in) m(f).

gibber ['dʒɪbə*] vi brabbeln.

gibberish ['dʒɪbərɪʃ] n Quatsch m.

gibe [dʒaɪb] n spöttische Bemerkung f ♦ vi: **to ~ at** spöttische Bemerkungen machen über +acc.

giblets ['dʒɪblɪts] npl Geflügelinnereien pl.

Gibraltar [dʒɪ'brɔːltə*] n Gibraltar nt.

giddiness ['gɪdɪnɪs] n Schwindelgefühl nt.

giddy ['gɪdɪ] adj: **I am/feel ~** mir ist schwind(e)lig; (height) Schwindel erregend; **~ with excitement** vor Aufregung ganz ausgelassen.

gift [gɪft] n Geschenk nt; (donation) Spende f; (COMM: also: **free ~**) (Werbe)geschenk nt; (ability) Gabe f; **to have a ~ for sth** ein Talent für etw haben.

gifted ['gɪftɪd] adj begabt.

gift token n Geschenkgutschein m.

gift voucher n = gift token.

gig [gɪg] (inf) n Konzert nt.

gigabyte ['dʒɪgəbaɪt] n (COMPUT) Gigabyte nt.

gigantic [dʒaɪ'gæntɪk] adj riesig, riesengroß.

giggle ['gɪgl] vi kichern ♦ n Spaß m; **to do sth for a ~** etw aus Spaß tun.

GIGO ['gaɪgəu] (inf) abbr (COMPUT: = garbage in, garbage out) GIGO.

gild [gɪld] vt vergolden.

gill [dʒɪl] n Gill nt (BRIT = 15 cl, US = 12 cl).

gills [gɪlz] npl Kiemen pl.

gilt [gɪlt] adj vergoldet ♦ n Vergoldung f; **gilts** npl (COMM) mündelsichere Wertpapiere pl.

gilt-edged ['gɪltɛdʒd] adj (stocks, securities) mündelsicher.

gimlet ['gɪmlɪt] n Handbohrer m.

gimmick ['gɪmɪk] n Gag m; **sales ~** Verkaufsmasche f, Verkaufstrick m.

gin [dʒɪn] n Gin m.

ginger ['dʒɪndʒə*] n Ingwer m ♦ adj (hair) rötlich; (cat) rötlich gelb.

ginger ale n Ginger Ale nt.

ginger beer n Ingwerbier nt.

gingerbread ['dʒɪndʒəbrɛd] n (cake) Ingwerkuchen m; (biscuit) ≈ Pfefferkuchen m.

ginger group n (BRIT) n Aktionsgruppe f.

gingerly ['dʒɪndʒəlɪ] adv vorsichtig.

gingham ['gɪŋəm] n (TEXTILE) Gingan m, Gingham m.

ginseng ['dʒɪnsɛŋ] n Ginseng m.

gipsy ['dʒɪpsɪ] n Zigeuner(in) m(f).

gipsy caravan n Zigeunerwagen m.

giraffe [dʒɪ'rɑːf] n Giraffe f.

girder ['gəːdə*] n Träger m.

girdle ['gəːdl] n Hüftgürtel m, Hüfthalter m ♦ vt (fig) umgeben.

girl [gəːl] n Mädchen nt; (young unmarried woman) (junges) Mädchen nt; (daughter) Tochter f; **this is my little ~** das ist mein Töchterchen; **an English ~** eine Engländerin.

girlfriend ['gəːlfrɛnd] n Freundin f.

Girl Guide n Pfadfinderin f.

girlish ['gəːlɪʃ] adj mädchenhaft.

Girl Scout (US) n Pfadfinderin f.

Giro ['dʒaɪrəu] n: **the National ~** (BRIT) der Postscheckdienst.

giro ['dʒaɪrəu] n Giro nt, Giroverkehr m; (post office giro) Postscheckverkehr m; (BRIT: welfare cheque) Sozialhilfescheck m.

girth [gəːθ] n Umfang m; (of horse) Sattelgurt m.

gist [dʒɪst] n Wesentliche(s) nt.

==================================== *KEYWORD*

give [gɪv] (*pt* **gave**, *pp* **given**) *vt* **1** (*hand over*): **to ~ sb sth**, **~ sth to sb** jdm etw geben; **I'll ~ you £5 for it** ich gebe dir £5 dafür.

2 (*used with noun to replace a verb*): **to ~ a sigh/cry/laugh** *etc* seufzen/schreien/lachen *etc*; **to ~ a speech/a lecture** eine Rede/einen Vortrag halten; **to ~ three cheers** ein dreifaches Hoch ausbringen.

3 (*tell, deliver: news, message etc*) mitteilen; (: *advice, answer*) geben.

4 (*supply, provide: opportunity, job etc*) geben; (: *surprise*) bereiten; (*bestow: title, honour, right*) geben, verleihen; **that's given me an idea** dabei kommt mir eine Idee.

5 (*devote: time, one's life*) geben; (: *attention*) schenken.

6 (*organize: party, dinner etc*) geben
♦ *vi* **1** (*also*: **~ way**: *break, collapse*) nachgeben.

2 (*stretch: fabric*) sich dehnen.

▶ **give away** *vt* (*money, opportunity*) verschenken; (*secret, information*) verraten; (*bride*) zum Altar führen; **that immediately gave him away** dadurch verriet er sich sofort.

▶ **give back** *vt* (*money, book etc*) zurückgeben.

▶ **give in** *vi* (*yield*) nachgeben
♦ *vt* (*essay etc*) abgeben.

▶ **give off** *vt* (*heat, smoke*) abgeben.

▶ **give out** *vt* (*prizes, books, drinks etc*) austeilen ♦ *vi* (*be exhausted: supplies*) zu Ende gehen; (*fail*) versagen.

▶ **give up** *vt*, *vi* aufgeben; **to ~ up smoking** das Rauchen aufgeben; **to ~ o.s. up** sich stellen; (*after siege etc*) sich ergeben.

▶ **give way** *vi* (*yield, collapse*) nachgeben; (*BRIT: AUT*) die Vorfahrt achten.

give-and-take ['gɪvənd'teɪk] *n* (gegenseitiges) Geben und Nehmen *nt*.

giveaway ['gɪvəweɪ] (*inf*) *n*: **her expression was a ~** ihr Gesichtsausdruck verriet alles; **the exam was a ~!** die Prüfung war geschenkt!; **~ prices** Schleuderpreise *pl*.

given ['gɪvn] *pp of* **give** ♦ *adj* (*time, amount*) bestimmt ♦ *conj*: **~ the circumstances ...** unter den Umständen ...; **~ that ...** angesichts der Tatsache, dass ...

glacial ['gleɪsɪəl] *adj* (*landscape etc*) Gletscher-; (*fig*) eisig.

glacier ['glæsɪə*] *n* Gletscher *m*.

glad [glæd] *adj* froh; **to be ~ about sth** sich über etw *acc* freuen; **to be ~ that** sich freuen, dass; **I was ~ of his help** ich war froh über seine Hilfe.

gladden ['glædn] *vt* erfreuen.

glade [gleɪd] *n* Lichtung *f*.

gladioli [glædɪ'əʊlaɪ] *npl* Gladiolen *pl*.

gladly ['glædlɪ] *adv* gern(e).

glamorous ['glæmərəs] *adj* reizvoll; (*model etc*) glamourös.

glamour ['glæmə*] *n* Glanz *m*, Reiz *m*.

glance [glɑːns] *n* Blick *m* ♦ *vi*: **to ~ at** einen Blick werfen auf *+acc*.

▶ **glance off** *vt fus* abprallen von.

glancing ['glɑːnsɪŋ] *adj*: **to strike sth a ~ blow** etw streifen.

gland [glænd] *n* Drüse *f*.

glandular fever ['glændjʊlə-] (*BRIT*) *n* Drüsenfieber *nt*.

glare [gleə*] *n* wütender Blick *m*; (*of light*) greller Schein *m*; (*of publicity*) grelles Licht *nt* ♦ *vi* (*light*) grell scheinen; **to ~ at** (wütend) anstarren.

glaring ['gleərɪŋ] *adj* eklatant.

glasnost ['glæznɒst] *n* Glasnost *f*.

glass [glɑːs] *n* Glas *nt*; **glasses** *npl* (*spectacles*) Brille *f*.

glass-blowing ['glɑːsbləʊɪŋ] *n* Glasbläserei *f*.

glass ceiling *n* (*fig*) gläserne Decke *f*.

glass fibre *n* Glasfaser *f*.

glasshouse ['glɑːshaʊs] *n* Gewächshaus *nt*.

glassware ['glɑːsweə*] *n* Glaswaren *pl*.

glassy ['glɑːsɪ] *adj* glasig.

Glaswegian [glæs'wiːdʒən] *adj* Glasgower ♦ *n* Glasgower(in) *m(f)*.

glaze [gleɪz] *vt* (*door, window*) verglasen; (*pottery*) glasieren ♦ *n* Glasur *f*.

glazed [gleɪzd] *adj* (*eyes*) glasig; (*pottery, tiles*) glasiert.

glazier ['gleɪzɪə*] *n* Glaser(in) *m(f)*.

gleam [gliːm] *vi* (*light*) schimmern; (*polished surface, eyes*) glänzen ♦ *n*: **a ~ of hope** ein Hoffnungsschimmer *m*.

gleaming ['gliːmɪŋ] *adj* schimmernd, glänzend.

glean [gliːn] *vt* (*information*) herausbekommen, ausfindig machen.

glee [gliː] *n* Freude *f*.

gleeful ['gliːfʊl] *adj* fröhlich.

glen [glen] *n* Tal *nt*.

glib [glɪb] *adj* (*person*) glatt; (*promise, response*) leichthin gemacht.

glibly ['glɪblɪ] *adv* (*talk*) gewandt; (*answer*) leichthin.

glide [glaɪd] *vi* gleiten ♦ *n* Gleiten *nt*.

glider ['glaɪdə*] *n* Segelflugzeug *nt*.

gliding ['glaɪdɪŋ] *n* Segelfliegen *nt*.

glimmer ['glɪmə*] *n* Schimmer *m*; (*of interest, hope*) Funke *m* ♦ *vi* schimmern.

glimpse [glɪmps] *n* Blick *m* ♦ *vt* einen Blick werfen auf *+acc*; **to catch a ~ (of)** einen flüchtigen Blick erhaschen (von *+dat*).

glint [glɪnt] *vi* glitzern; (*eyes*) funkeln ♦ *n* (*see vb*) Glitzern *nt*; Funkeln *nt*.

glisten ['glɪsn] *vi* glänzen.

glitter ['glɪtə*] *vi* glitzern; (*eyes*) funkeln ♦ *n* (*see vb*) Glitzern *nt*; Funkeln *nt*.

glittering ['glɪtərɪŋ] *adj* glitzernd; (*eyes*) funkelnd; (*career*) glänzend.

glitz [glɪts] (*inf*) n Glanz m.

gloat [gləʊt] *vi*: **to ~ (over)** (*own success*) sich brüsten (mit); (*sb's failure*) sich hämisch freuen (über +*acc*).

global ['gləʊbl] *adj* global.

global warming [-'wɔːmɪŋ] n Erwärmung f der Erdatmosphäre.

globe [gləʊb] n Erdball m; (*model*) Globus m; (*shape*) Kugel f.

globetrotter ['gləʊbtrɒtə*] n Globetrotter(in) m(f), Weltenbummler(in) m(f).

globule ['glɒbjuːl] n Tröpfchen nt.

gloom [gluːm] n Düsterkeit f; (*sadness*) düstere *or* gedrückte Stimmung f.

gloomily ['gluːmɪlɪ] *adv* düster.

gloomy ['gluːmɪ] *adj* düster; (*person*) bedrückt; (*situation*) bedrückend.

glorification [glɔːrɪfɪ'keɪʃən] n Verherrlichung f.

glorify ['glɔːrɪfaɪ] *vt* verherrlichen.

glorious ['glɔːrɪəs] *adj* herrlich; (*victory*) ruhmreich; (*future*) glanzvoll.

glory ['glɔːrɪ] n Ruhm m; (*splendour*) Herrlichkeit f ♦ *vi*: **to ~ in** sich sonnen in +*dat*.

glory hole (*inf*) n Rumpelkammer f.

Glos (*BRIT*) *abbr* (*POST*: = *Gloucestershire*).

gloss [glɒs] n Glanz m; (*also*: **~ paint**) Lack m, Lackfarbe f.

▶ **gloss over** *vt fus* vom Tisch wischen.

glossary ['glɒsərɪ] n Glossar nt.

glossy ['glɒsɪ] *adj* glänzend; (*photograph, magazine*) Hochglanz- ♦ n (*also*: **~ magazine**) (Hochglanz)magazin nt.

glove [glʌv] n Handschuh m.

glove compartment n Handschuhfach nt.

glow [gləʊ] *vi* glühen; (*stars, eyes*) leuchten ♦ n (*see vb*) Glühen nt; Leuchten nt.

glower ['glaʊə*] *vi*: **to ~ at sb** jdn finster ansehen.

glowing ['gləʊɪŋ] *adj* glühend; (*complexion*) blühend; (*fig: report, description etc*) begeistert.

glow-worm ['gləʊwɜːm] n Glühwürmchen nt.

glucose ['gluːkəʊs] n Traubenzucker m.

glue [gluː] n Klebstoff m ♦ *vt*: **to ~ sth onto sth** etw an etw *acc* kleben; **to ~ sth into place** etw festkleben.

glue-sniffing ['gluːsnɪfɪŋ] n (Klebstoff)-Schnüffeln nt.

glum [glʌm] *adj* bedrückt, niedergeschlagen.

glut [glʌt] n: **~ (of)** Überangebot nt (an +*dat*) ♦ *vt*: **to be ~ted (with)** überschwemmt sein (mit); **a ~ of pears** eine Birnenschwemme.

glutinous ['gluːtɪnəs] *adj* klebrig.

glutton ['glʌtn] n Vielfraß m; **a ~ for work** ein Arbeitstier nt; **a ~ for punishment** ein Masochist m.

gluttonous ['glʌtənəs] *adj* gefräßig.

gluttony ['glʌtənɪ] n Völlerei f.

glycerin(e) ['glɪsəriːn] n Glyzerin n.

GM *abbr* = **genetically modified**.

gm *abbr* (= *gram(me)*) g.

GMAT (*US*) n *abbr* (= *Graduate Management Admissions Test*) Zulassungsprüfung für Handelsschulen.

GMB (*BRIT*) n *abbr* (= *General Municipal and Boilermakers (Union)*) Fabrikarbeitergewerkschaft.

GMT *abbr* (= *Greenwich Mean Time*) WEZ f.

gnarled [nɑːld] *adj* (*tree*) knorrig; (*hand*) knotig.

gnash [næʃ] *vt*: **to ~ one's teeth** mit den Zähnen knirschen.

gnat [næt] n (Stech)mücke f.

gnaw [nɔː] *vt* nagen an +*dat* ♦ *vi* (*fig*): **to ~ at** quälen.

gnome [nəʊm] n Gnom m; (*in garden*) Gartenzwerg m.

GNP n *abbr* (= *gross national product*) BSP nt.

═══════════════════════════ *KEYWORD*

go [gəʊ] (*pt* **went**, *pp* **gone**) *vi* **1** gehen; (*travel*) fahren; **a car went by** ein Auto fuhr vorbei.

2 (*depart*) gehen; **"I must ~,"** she said „ich muss gehen", sagte sie; **she has gone to Sheffield/Australia** (*permanently*) sie ist nach Sheffield/Australien gegangen.

3 (*attend, take part in activity*) gehen; **she went to university in Oxford** sie ist in Oxford zur Universität gegangen; **to ~ for a walk** spazieren gehen; **to ~ dancing** tanzen gehen.

4 (*work*) funktionieren; **the tape recorder was still ~ing** das Tonband lief noch.

5 (*become*): **to ~ pale/mouldy** blass/schimmelig werden.

6 (*be sold*): **to ~ for £100** für £100 weggehen *or* verkauft werden.

7 (*be about to, intend to*): **we're ~ing to stop in an hour** wir hören in einer Stunde auf; **are you ~ing to come?** kommst du?, wirst du kommen?

8 (*time*) vergehen.

9 (*event, activity*) ablaufen; **how did it ~?** wie wars?

10 (*be given*): **the job is to ~ to someone else** die Stelle geht an jemand anders.

11 (*break etc*) kaputtgehen; **the fuse went** die Sicherung ist durchgebrannt.

12 (*be placed*) hingehören; **the milk goes in the fridge** die Milch kommt in den Kühlschrank

♦ n **1** (*try*): **to have a ~ at sth** etw versuchen; **I'll have a ~ at mending it** ich will versuchen, es zu reparieren; **to have a ~** es versuchen.

2 (*turn*): **whose ~ is it?** wer ist dran *or* an der Reihe?

3 (*move*): **to be on the ~** auf Trab sein.

▶ **go about** *vi* (*also*: **~ around**: *rumour*) herumgehen

♦ *vt fus*: **how do I ~ about this?** wie soll ich vorgehen?; **to ~ about one's business**

seinen eigenen Geschäften nachgehen.
- ► **go after** *vt fus* (*pursue*: *person*) nachgehen
+*dat*; (: *job etc*) sich bemühen um; (: *record*)
erreichen wollen.
- ► **go against** *vt fus* (*be unfavourable to*)
ungünstig verlaufen für; (*disregard*: *advice*,
wishes etc) handeln gegen.
- ► **go ahead** *vi* (*proceed*) weitergehen; **to**
~ **ahead with** weitermachen mit.
- ► **go along** *vi* gehen.
- ► **go along with** *vt fus* (*agree with*)
zustimmen +*dat*; (*accompany*) mitgehen mit.
- ► **go away** *vi* (*leave*) weggehen.
- ► **go back** *vi* zurückgehen.
- ► **go back on** *vt fus* (*promise*) zurücknehmen.
- ► **go by** *vi* (*years, time*) vergehen
- ♦ *vt fus* (*rule etc*) sich richten nach.
- ► **go down** *vi* (*descend*) hinuntergehen; (*ship,
sun*) untergehen; (*price, level*) sinken
- ♦ *vt fus* (*stairs, ladder*) hinuntergehen; **his
speech went down well** seine Rede kam gut
an.
- ► **go for** *vt fus* (*fetch*) holen (gehen); (*like*)
mögen; (*attack*) losgehen auf +*acc*; (*apply to*)
gelten für.
- ► **go in** *vi* (*enter*) hineingehen.
- ► **go in for** *vt fus* (*competition*) teilnehmen an
+*dat*; (*favour*) stehen auf +*acc*.
- ► **go into** *vt fus* (*enter*) hineingehen in +*acc*;
(*investigate*) sich befassen mit; (*career*)
gehen in +*acc*.
- ► **go off** *vi* (*leave*) weggehen; (*food*) schlecht
werden; (*bomb, gun*) losgehen; (*event*)
verlaufen; (*lights etc*) ausgehen
- ♦ *vt fus* (*inf*): **I've gone off it/him** ich mache
mir nichts mehr daraus/aus ihm; **the gun
went off** das Gewehr ging los; **to** ~ **off to
sleep** einschlafen; **the party went off well**
die Party verlief gut.
- ► **go on** *vi* (*continue*) weitergehen; (*happen*)
vor sich gehen; (*lights*) angehen
- ♦ *vt fus* (*be guided by*) sich stützen auf +*acc*; **to**
~ **on doing sth** mit etw weitermachen;
what's ~**ing on here?** was geht hier vor?,
was ist hier los?
- ► **go on at** (*inf*) *vt fus* (*nag*) herumnörgeln an
+*dat*.
- ► **go on with** *vt fus* weitermachen mit.
- ► **go out** *vt fus* (*leave*) hinausgehen
- ♦ *vi* (*for entertainment*) ausgehen; (*fire, light*)
ausgehen; (*couple*): **they went out for 3 years**
sie gingen 3 Jahre lang miteinander.
- ► **go over** *vi* hinübergehen ♦ *vt* (*check*)
durchgehen; **to** ~ **over sth in one's mind**
etw überdenken.
- ► **go round** *vi* (*circulate*: *news, rumour*)
umgehen; (*revolve*) sich drehen; (*suffice*)
ausreichen; (*visit*): **to** ~ **round (to sb's)** (bei
jdm) vorbeigehen; **there's not enough to**
~ **round** es reicht nicht (für alle).
- ► **go through** *vt fus* (*place*) gehen durch; (*by
car*) fahren durch; (*undergo*) durchmachen;

(*search through*: *files, papers*) durchsuchen;
(*describe*: *list, book, story*) durchgehen;
(*perform*) durchgehen.
- ► **go through with** *vt fus* (*plan, crime*)
durchziehen; **I couldn't** ~ **through with it**
ich brachte es nicht fertig.
- ► **go under** *vi* (*sink*: *person*) untergehen; (*fig*:
business, project) scheitern.
- ► **go up** *vi* (*ascend*) hinaufgehen; (*price, level*)
steigen; **to** ~ **up in flames** in Flammen
aufgehen.
- ► **go with** *vt fus* (*suit*) passen zu.
- ► **go without** *vt fus* (*food, treats*) verzichten
auf +*acc*.

goad [gəud] *vt* aufreizen.
- ► **goad on** *vt* anstacheln.
go-ahead ['gəuəhɛd] *adj* zielstrebig; (*firm*)
fortschrittlich ♦ *n* grünes Licht *nt*; **to give sb
the** ~ jdm grünes Licht geben.
goal [gəul] *n* Tor *nt*; (*aim*) Ziel *nt*; **to score a** ~
ein Tor schießen *or* erzielen.
goal difference *n* Tordifferenz *f*.
goalie ['gəulɪ] (*inf*) *n* Tormann *m*.
goalkeeper ['gəulkiːpə*] *n* Torwart *m*.
goal post *n* Torpfosten *m*.
goat [gəut] *n* Ziege *f*.
gobble ['gɔbl] *vt* (*also*: ~ **down**, ~ **up**)
verschlingen.
go-between ['gəubɪtwiːn] *n* Vermittler(in)
m(f).
Gobi Desert ['gəubɪ-] *n*: **the** ~ die Wüste
Gobi.
goblet ['gɔblɪt] *n* Pokal *m*.
goblin ['gɔblɪn] *n* Kobold *m*.
go-cart ['gəukɑːt] *n* Gokart *m*.
God [gɔd] *n* Gott *m* ♦ *excl* o Gott!
god [gɔd] *n* Gott *m*.
god-awful [gɔd'ɔːfəl] (*inf*) *adj* beschissen (!).
godchild ['gɔdtʃaɪld] *n* Patenkind *nt*.
goddamn(ed) ['gɔddæm(d)] (*US*: *inf*) *adj*
gottverdammt.
goddaughter ['gɔddɔːtə*] *n* Patentochter *f*.
goddess ['gɔdɪs] *n* Göttin *f*.
godfather ['gɔdfɑːðə*] *n* Pate *m*.
God-fearing ['gɔdfɪərɪŋ] *adj* gottesfürchtig.
godforsaken ['gɔdfəseɪkən] *adj* gottverlassen.
godmother ['gɔdmʌðə*] *n* Patin *f*.
godparent ['gɔdpɛərənt] *n* Pate *m*, Patin *f*.
godsend ['gɔdsɛnd] *n* Geschenk *nt* des
Himmels.
godson ['gɔdsʌn] *n* Patensohn *m*.
goes [gəuz] *vb see* **go**.
gofer ['gəufə*] (*inf*) *n* Mädchen *nt* für alles.
go-getter ['gəugɛtə*] (*inf*) *n* Ellbogentyp (*pej,
inf*) *m*.
goggle ['gɔgl] (*inf*) *vi*: **to** ~ **at** anstarren,
anglotzen.
goggles ['gɔglz] *npl* Schutzbrille *f*.
going ['gəuɪŋ] *n*: **it was slow/hard** ~ (*fig*) es
ging nur langsam/schwer voran ♦ *adj*: **the**
~ **rate** der gängige Preis; **when the** ~ **gets**

tough wenn es schwierig wird; **a ~ concern** ein gut gehendes Unternehmen.

going-over [gəʊɪŋ'əʊvə*] (*inf*) n (*check*) Untersuchung *f*; (*beating-up*) Abreibung *f*; **to give sb a good ~** jdm eine tüchtige Abreibung verpassen.

goings-on ['gəʊɪŋz'ɔn] (*inf*) npl Vorgänge pl, Dinge pl.

go-kart ['gəʊkɑːt] n = **go-cart.**

gold [gəʊld] n Gold nt; (*also:* **~ medal**) Gold nt, Goldmedaille *f* ♦ adj golden; (*reserves, jewellery, tooth*) Gold-.

golden ['gəʊldən] adj (*also fig*) golden.

golden age n Blütezeit *f*.

golden handshake (*BRIT*) n Abstandssumme *f*.

golden rule n goldene Regel *f*.

goldfish ['gəʊldfɪʃ] n Goldfisch m.

gold leaf n Blattgold nt.

gold medal n Goldmedaille *f*.

gold mine n (*also fig*) Goldgrube *f*.

gold-plated ['gəʊld'pleɪtɪd] adj vergoldet.

goldsmith ['gəʊldsmɪθ] n Goldschmied(in) m(f).

gold standard n Goldstandard m.

golf [gɔlf] n Golf nt.

golf ball n (*for game*) Golfball m; (*on typewriter*) Kugelkopf m.

golf club n Golfklub m; (*stick*) Golfschläger m.

golf course n Golfplatz m.

golfer ['gɔlfə*] n Golfspieler(in) m(f), Golfer(in) m(f).

golfing ['gɔlfɪŋ] n Golf(spielen) nt; **he does a lot of ~** er spielt viel Golf ♦ cpd Golf-.

gondola ['gɔndələ] n Gondel *f*.

gondolier [gɔndə'lɪə*] n Gondoliere m.

gone [gɔn] pp of **go** ♦ adj weg; (*days*) vorbei.

goner ['gɔnə*] (*inf*) n: **to be a ~** hinüber sein.

gong [gɔŋ] n Gong m.

good [gʊd] adj gut; (*well-behaved*) brav, lieb ♦ n (*virtue, morality*) Gute(s) nt; (*benefit*) Wohl nt; **goods** npl (*COMM*) Güter pl; **to have a ~ time** sich (gut) amüsieren; **to be ~ at sth** (*swimming, talking etc*) etw gut können; (*science, sports etc*) gut in etw dat sein; **to be ~ for sb/sth** gut für jdn/zu etw dat sein; **it's ~ for you** das tut dir gut; **it's a ~ thing you were there** gut, dass Sie da waren; **she is ~ with children** sie kann gut mit Kindern umgehen; **she is ~ with her hands** sie ist geschickt; **to feel ~** sich wohl fühlen; **it's ~ to see you** (es ist) schön, Sie zu sehen; **would you be ~ enough to ...?** könnten Sie bitte ...?; **that's very ~ of you** das ist wirklich nett von Ihnen; **a ~ deal (of)** ziemlich viel; **a ~ many** ziemlich viele; **take a ~ look** sieh dir das genau or gut an; **a ~ while ago** vor einiger Zeit; **to make ~** (*damage*) wieder gutmachen; (*loss*) ersetzen; **it's no ~ complaining** es ist sinnlos or es nützt nichts, sich zu beklagen;

~ morning/afternoon/evening! guten Morgen/Tag/Abend!; **~ night!** gute Nacht!; **he's up to no ~** er führt nichts Gutes im Schilde; **for the common ~** zum Wohle aller; **is this any ~?** (*will it help you?*) können Sie das gebrauchen?; (*is it good enough?*) reicht das?; **is the book/film any ~?** was halten Sie von dem Buch/Film?; **for ~** für immer; **~s and chattels** Hab und Gut nt.

goodbye [gʊd'baɪ] excl auf Wiedersehen!; **to say ~** sich verabschieden.

good-for-nothing ['gʊdfənʌθɪŋ] adj nichtsnutzig.

Good Friday n Karfreitag m.

good-humoured ['gʊd'hjuːməd] adj gut gelaunt; (*good-natured*) gutmütig; (*remark, joke*) harmlos.

good-looking ['gʊd'lʊkɪŋ] adj gut aussehend.

good-natured ['gʊd'neɪtʃəd] adj gutmütig; (*discussion*) freundlich.

goodness ['gʊdnɪs] n Güte *f*; **for ~ sake!** um Himmels willen!; **~ gracious!** ach du liebe or meine Güte!

goods train (*BRIT*) n Güterzug m.

goodwill [gʊd'wɪl] n Wohlwollen nt; (*COMM*) Goodwill m.

goody ['gʊdɪ] (*inf*) n Gute(r) m, Held m.

goody-goody ['gʊdɪgʊdɪ] (*pej*) n Tugendlamm nt, Musterkind (*inf*) nt.

gooey ['guːɪ] (*inf*) adj (*sticky*) klebrig; (*cake*) üppig; (*fig: sentimental*) rührselig.

goose [guːs] n (*pl* geese) n Gans *f*.

gooseberry ['gʊzbərɪ] n Stachelbeere *f*; **to play ~** (*BRIT*) das fünfte Rad am Wagen sein.

goose flesh n = **goose pimples.**

goose pimples npl Gänsehaut *f*.

goose step n Stechschritt m.

GOP (*US: inf*) n abbr (*POL:* = *Grand Old Party*) Republikanische Partei.

gopher ['gəʊfə*] n (*ZOOL*) Taschenratte *f*.

gore [gɔː*] vt aufspießen ♦ n Blut nt.

gorge [gɔːdʒ] n Schlucht *f* ♦ vt: **to ~ o.s. (on)** sich voll stopfen (mit).

gorgeous ['gɔːdʒəs] adj herrlich; (*person*) hinreißend.

gorilla [gə'rɪlə] n Gorilla m.

gormless ['gɔːmlɪs] (*BRIT: inf*) adj doof.

gorse [gɔːs] n Stechginster m.

gory ['gɔːrɪ] adj blutig.

go-slow ['gəʊ'sləʊ] (*BRIT*) n Bummelstreik m.

gospel ['gɔspl] n Evangelium nt; (*doctrine*) Lehre *f*.

gossamer ['gɔsəmə*] n Spinnfäden pl; (*light fabric*) hauchdünne Gaze *f*.

gossip ['gɔsɪp] n (*rumours*) Klatsch m, Tratsch m; (*chat*) Schwatz m; (*person*) Klatschbase *f* ♦ vi schwatzen; **a piece of ~** eine Neuigkeit.

gossip column n Klatschkolumne *f*, Klatschspalte *f*.

got [gɔt] pt, pp of **get.**

Gothic ['gɔθɪk] adj gotisch.

gotten ['gɔtn] (*US*) *pp of* **get**.

gouge [gaudʒ] *vt* (*also*: ~ **out**: *hole etc*) bohren; (: *initials*) eingravieren; **to ~ sb's eyes out** jdm die Augen ausstechen.

gourd [guəd] *n* (*container*) Kürbisflasche *f*.

gourmet ['guəmeɪ] *n* Feinschmecker(in) *m(f)*, Gourmet *m*.

gout [gaut] *n* Gicht *f*.

govern ['gʌvən] *vt* (*also LING*) regieren; (*event, conduct*) bestimmen.

governess ['gʌvənɪs] *n* Gouvernante *f*.

governing ['gʌvənɪŋ] *adj* (*POL*) regierend.

governing body *n* Vorstand *m*.

government ['gʌvnmənt] *n* Regierung *f* ♦ *cpd* Regierungs-; **local ~** Kommunalverwaltung *f*, Gemeindeverwaltung *f*.

governmental [gʌvn'mɛntl] *adj* Regierungs-.

government stocks *npl* Staatspapiere *pl*, Staatsanleihen *pl*.

governor ['gʌvənə*] *n* Gouverneur(in) *m(f)*; (*of bank, hospital, BRIT: of prison*) Direktor(in) *m(f)*; (*of school*) ≈ Mitglied *nt* des Schulbeirats.

Govt *abbr* = **government**.

gown [gaun] *n* (Abend)kleid *nt*; (*of teacher, BRIT: of judge*) Robe *f*.

GP *n abbr* = **general practitioner**.

GPMU (*BRIT*) *n abbr* (= *Graphical Paper and Media Union*) *Mediengewerkschaft.*

GPO *n abbr* (*BRIT: formerly*: = *general post office*) Postbehörde *f*; (*US*: = *Government Printing Office*) *regierungsamtliche Druckanstalt.*

gr. *abbr* (*COMM*) = **gross** (= *gram(me)*) g.

grab [græb] *vt* packen; (*chance, opportunity*) (beim Schopf) ergreifen ♦ *vi*: **to ~ at** greifen *or* grapschen nach +*dat*; **to ~ some food** schnell etwas essen; **to ~ a few hours sleep** ein paar Stunden schlafen.

grace [greɪs] *n* Gnade *f*; (*gracefulness*) Anmut *f* ♦ *vt* (*honour*) beehren; (*adorn*) zieren; **5 days' ~** 5 Tage Aufschub; **with (a) good ~** anstandslos; **with (a) bad ~** widerwillig; **his sense of humour is his saving ~** was einen mit ihm versöhnt, ist sein Sinn für Humor; **to say ~** das Tischgebet sprechen.

graceful ['greɪsful] *adj* anmutig; (*style, shape*) gefällig; (*refusal, behaviour*) charmant.

gracious ['greɪʃəs] *adj* (*kind, courteous*) liebenswürdig; (*compassionate*) gnädig; (*smile*) freundlich; (*house, mansion etc*) stilvoll; (*living etc*) kultiviert ♦ *excl*: **(good) ~!** (ach) du meine Güte!, (ach du) lieber Himmel!

gradation [grə'deɪʃən] *n* Abstufung *f*.

grade [greɪd] *n* (*COMM*) (Güte)klasse *f*; (*in hierarchy*) Rang *m*; (*SCOL: mark*) Note *f*; (*US: school class*) Klasse *f*; (: *gradient: upward*) Neigung *f*, Steigung *f*; (: *downward*) Neigung *f*, Gefälle *nt* ♦ *vt* klassifizieren; (*work, student*) einstufen; **to make the ~** (*fig*) es schaffen.

grade crossing (*US*) *n* Bahnübergang *m*.

grade school (*US*) *n* Grundschule *f*.

gradient ['greɪdɪənt] *n* (*upward*) Neigung *f*, Steigung *f*; (*downward*) Neigung *f*, Gefälle *nt*; (*GEOM*) Gradient *m*.

gradual ['grædjuəl] *adj* allmählich.

gradually ['grædjuəlɪ] *adv* allmählich.

graduate [*n* 'grædjuɪt, *vi* 'grædjueɪt] *n* (*of university*) Hochschulabsolvent(in) *m(f)*; (*US: of high school*) Schulabgänger(in) *m(f)* ♦ *vi* (*from university*) graduieren; (*US*) die (Schul)abschlussprüfung bestehen.

graduated pension ['grædjueɪtɪd-] *n* gestaffelte Rente *f*.

graduation [grædju'eɪʃən] *n* (Ab)schlussfeier *f*.

graffiti [grə'fi:tɪ] *n, npl* Graffiti *pl*.

graft [grɑ:ft] *n* (*AGR*) (Pfropf)reis *nt*; (*MED*) Transplantat *nt*; (*BRIT: inf: hard work*) Schufterei *f*; (*bribery*) Schiebung *f* ♦ *vt*: **to ~ (onto)** (*AGR*) (auf)pfropfen (auf +*acc*); (*MED*) übertragen (auf +*acc*), einpflanzen (in +*acc*); (*fig*) aufpfropfen +*dat*.

grain [greɪn] *n* Korn *nt*; (*no pl: cereals*) Getreide *nt*; (*US: corn*) Getreide *nt*, Korn; (*of wood*) Maserung *f*; **it goes against the ~** (*fig*) es geht einem gegen den Strich.

gram [græm] *n* Gramm *nt*.

grammar ['græmə*] *n* Grammatik *f*, Sprachlehre *f*.

grammar school (*BRIT*) *n* ≈ Gymnasium *nt*.

grammatical [grə'mætɪkl] *adj* grammat(ikal)isch.

gramme [græm] *n* = **gram**.

gramophone ['græməfəun] (*BRIT*) *n* Grammofon *nt*, Grammophon *nt*.

granary ['grænərɪ] *n* Kornspeicher *m*; ® (*Granary*) **G~ bread/loaf** Körnerbrot *nt*.

grand [grænd] *adj* großartig; (*inf: wonderful*) fantastisch ♦ *n* (*inf*) ≈ Riese *m* (*1000 Pfund/ Dollar*).

grandchild ['græntʃaɪld] (*irreg: like* **child**) *n* Enkelkind *nt*, Enkel(in) *m(f)*.

granddad ['grændæd] (*inf*) *n* Opa *m*.

granddaughter ['grændɔ:tə*] *n* Enkelin *f*.

grandeur ['grændjə*] *n* (*of scenery etc*) Erhabenheit *f*; (*of building*) Vornehmheit *f*.

grandfather ['grændfɑ:ðə*] *n* Großvater *m*.

grandiose ['grændɪəus] (*also pej*) *adj* grandios.

grand jury (*US*) *n* Großes Geschworenengericht *nt*.

grandma ['grænmɑ:] (*inf*) *n* Oma *f*.

grandmother ['grænmʌðə*] *n* Großmutter *f*.

grandpa ['grænpɑ:] (*inf*) *n* Opa *m*.

grandparents ['grændpɛərənts] *npl* Großeltern *pl*.

grand piano *n* Flügel *m*.

Grand Prix ['grɑ:'pri:] *n* (*AUT*) Grand Prix *m*.

grandson ['grænsʌn] *n* Enkel *m*.

grandstand ['grændstænd] *n* Haupttribüne *f*.

grand total *n* Gesamtsumme *f*, Endsumme *f*.

granite ['grænɪt] *n* Granit *m*.

granny ['grænɪ] (*inf*) *n* Oma *f*.

grant [grɑ:nt] *vt* (*money*) bewilligen; (*request*

etc) gewähren; (*visa*) erteilen; (*admit*)
zugeben ♦ *n* Stipendium *nt*; (*subsidy*)
Subvention *f*; **to take sth for** ~**ed** etw für
selbstverständlich halten; **to take sb for**
~**ed** jdn als selbstverständlich hinnehmen;
to ~ **that** zugeben, dass.

granulated sugar ['grænjuleɪtɪd-] *n*
(Zucker)raffinade *f*.

granule ['grænjuːl] *n* Körnchen *nt*.

grape [greɪp] *n* (Wein)traube *f*; **a bunch of** ~**s**
eine (ganze) Weintraube.

grapefruit ['greɪpfruːt] (*pl* ~ *or* ~**s**) *n*
Pampelmuse *f*, Grapefruit *f*.

grapevine ['greɪpvaɪn] *n* Weinstock *m*; **I heard
it on the** ~ (*fig*) es ist mir zu Ohren
gekommen.

graph [grɑːf] *n* (*diagram*) grafische
Darstellung *f*, Schaubild *nt*.

graphic ['græfɪk] *adj* plastisch, anschaulich;
(*art, design*) grafisch; *see also* **graphics**.

graphic designer *n* Grafiker(in) *m(f)*.

graphic equalizer [-iːkwəlaɪzə*] *n* (Graphic)
Equalizer *m*.

graphics ['græfɪks] *n* Grafik *f* ♦ *npl* (*drawings*)
Zeichnungen *pl*, grafische Darstellungen *pl*.

graphite ['græfaɪt] *n* Graphit *m*.

graph paper *n* Millimeterpapier *nt*.

grapple ['græpl] *vi*: **to** ~ **with sb/sth** mit jdm/
etw kämpfen; **to** ~ **with a problem** sich mit
einem Problem herumschlagen.

grasp [grɑːsp] *vt* (*seize*) ergreifen; (*hold*)
festhalten; (*understand*) begreifen ♦ *n* Griff
m; (*understanding*) Verständnis *nt*; **it slipped
from my** ~ es entglitt mir; **to have sth
within one's** ~ etw in greifbarer Nähe
haben; **to have a good** ~ **of sth** (*fig*) etw gut
beherrschen.

▶ **grasp at** *vt fus* greifen nach; (*fig*:
opportunity) ergreifen.

grasping ['grɑːspɪŋ] *adj* habgierig.

grass [grɑːs] *n* Gras *nt*; (*lawn*) Rasen *m*; (*BRIT*:
inf: *informer*) (Polizei)spitzel *m*.

grasshopper ['grɑːshɔpə*] *n* Grashüpfer *m*,
Heuschrecke *f*.

grass-roots ['grɑːsruːts] *npl* (*of party etc*) Basis
f ♦ *adj* (*opinion*) des kleinen Mannes; **at**
~ **level** an der Basis.

grass snake *n* Ringelnatter *f*.

grassy ['grɑːsɪ] *adj* Gras-, grasig.

grate [greɪt] *n* (Feuer)rost *m* ♦ *vt* reiben;
(*carrots etc*) raspeln ♦ *vi*: **to** ~ **(on)** kratzen
(auf +*dat*).

grateful ['greɪtful] *adj* dankbar; (*thanks*)
aufrichtig.

gratefully ['greɪtfəlɪ] *adv* dankbar.

grater ['greɪtə*] *n* Reibe *f*.

gratification [grætɪfɪ'keɪʃən] *n* (*pleasure*)
Genugtuung *f*; (*satisfaction*) Befriedigung *f*.

gratify ['grætɪfaɪ] *vt* (*please*) erfreuen; (*satisfy*)
befriedigen.

gratifying ['grætɪfaɪɪŋ] *adj* (*see vt*) erfreulich;
befriedigend.

grating ['greɪtɪŋ] *n* Gitter *nt* ♦ *adj* (*noise*)
knirschend; (*voice*) schrill.

gratitude ['grætɪtjuːd] *n* Dankbarkeit *f*.

gratuitous [grə'tjuːɪtəs] *adj* unnötig.

gratuity [grə'tjuːɪtɪ] *n* Trinkgeld *nt*.

grave [greɪv] *n* Grab *nt* ♦ *adj* (*decision, mistake*)
schwer (wiegend), schwerwiegend;
(*expression, person*) ernst.

grave digger *n* Totengräber *m*.

gravel ['grævl] *n* Kies *m*.

gravely ['greɪvlɪ] *adv* (*see adj*) schwer, ernst;
~ **ill** schwer krank.

gravestone ['greɪvstəun] *n* Grabstein *m*.

graveyard ['greɪvjɑːd] *n* Friedhof *m*.

gravitas ['grævɪtæs] *n* Seriosität *f*.

gravitate ['grævɪteɪt] *vi*: **to** ~ **towards**
angezogen werden von.

gravity ['grævɪtɪ] *n* Schwerkraft *f*;
(*seriousness*) Ernst *m*, Schwere *f*.

gravy ['greɪvɪ] *n* (*juice*) (Braten)saft *m*; (*sauce*)
(Braten)soße *f*.

gravy boat *n* Sauciere *f*, Soßenschüssel *f*.

gravy train (*inf*) *n*: **to ride the** ~ leichtes Geld
machen.

gray [greɪ] (*US*) *adj* = **grey**.

graze [greɪz] *vi* grasen, weiden ♦ *vt* streifen;
(*scrape*) aufschürfen ♦ *n* (*MED*)
Abschürfung *f*.

grazing ['greɪzɪŋ] *n* Weideland *nt*.

grease [griːs] *n* (*lubricant*) Schmiere *f*; (*fat*)
Fett *nt* ♦ *vt* (*see n*) schmieren; fetten; **to**
~ **the skids** (*US, fig*) die Maschinerie in
Gang halten.

grease gun *n* Fettspritze *f*, Fettpresse *f*.

greasepaint ['griːspeɪnt] *n* (Fett)schminke *f*.

greaseproof paper ['griːspruːf-] (*BRIT*) *n*
Pergamentpapier *nt*.

greasy ['griːsɪ] *adj* fettig; (*food: containing
grease*) fett; (*tools*) schmierig, ölig; (*clothes*)
speckig; (*BRIT*: *road, surface*) glitschig,
schlüpfrig.

great [greɪt] *adj* groß; (*city*) bedeutend; (*inf*:
terrific) prima, toll; **they're** ~ **friends** sie sind
gute Freunde; **we had a** ~ **time** wir haben
uns glänzend amüsiert; **it was** ~! es war
toll!; **the** ~ **thing is that ...** das Wichtigste
ist, dass ...

Great Barrier Reef *n*: **the** ~ das Große
Barriereriff.

Great Britain *n* Großbritannien *nt*.

greater ['greɪtə*] *adj see* **great** größer;
bedeutender; **people in G**~ **Calcutta** die
Leute in Kalkutta und Umgebung;
G~ **Manchester** Groß-Manchester *nt*.

great-grandchild [greɪt'græntʃaɪld] (*irreg: like
child*) *n* Urenkel(in) *m(f)*.

great-grandfather [greɪt'grænfɑːðə*] *n*
Urgroßvater *m*.

great-grandmother [greɪt'grænmʌðə*] *n*
Urgroßmutter *f*.

Great Lakes *npl*: **the** ~ die Großen Seen *pl*.

greatly ['greɪtlɪ] *adv* sehr; (*influenced*) stark.

greatness ['greɪtnɪs] n Bedeutung f.
Grecian ['griːʃən] adj griechisch.
Greece [griːs] n Griechenland nt.
greed [griːd] n (also: ~iness): ~ for Gier f nach; ~ for power Machtgier f; ~ for money Geldgier f.
greedily ['griːdɪlɪ] adv gierig.
greedy ['griːdɪ] adj gierig.
Greek [griːk] adj griechisch ♦ n Grieche m, Griechin f; (LING) Griechisch nt; **ancient/ modern** ~ Alt-/Neugriechisch nt.
green [griːn] adj (also ecological) grün ♦ n (also GOLF) Grün nt; (stretch of grass) Rasen m, Grünfläche f; (also: **village** ~) Dorfwiese f, Anger m; **greens** npl (vegetables) Grüngemüse nt; (POL): **the G~s** die Grünen pl; **to have ~ fingers** or (US) **a ~ thumb** (fig) eine Hand für Pflanzen haben; **to give sb the ~ light** jdm grünes Licht geben.
green belt n Grüngürtel m.
green card n (AUT) grüne (Versicherungs)karte f; (US) ≈ Aufenthaltserlaubnis f.
greenery ['griːnərɪ] n Grün nt.
greenfly ['griːnflaɪ] (BRIT) n Blattlaus f.
greengage ['griːngeɪdʒ] n Reineclaude f, Reneklode f.
greengrocer ['griːngrəʊsə*] (BRIT) n Obst- und Gemüsehändler(in) m(f).
greenhouse ['griːnhaʊs] n Gewächshaus nt, Treibhaus nt; ~ **effect** Treibhauseffekt m; ~ **gas** Treibhausgas nt.
greenish ['griːnɪʃ] adj grünlich.
Greenland ['griːnlənd] n Grönland nt.
Greenlander ['griːnləndə*] n Grönländer(in) m(f).
green light n grünes Licht nt; **to give sb the** ~ jdm grünes Licht or freie Fahrt geben.
Green Party n (POL): **the** ~ die Grünen pl.
green pepper n grüne Paprikaschote f.
green pound n grünes Pfund nt.
greet [griːt] vt begrüßen; (news) aufnehmen.
greeting ['griːtɪŋ] n Gruß m; (welcome) Begrüßung f; **Christmas ~s** Weihnachtsgrüße pl; **birthday ~s** Geburtstagsglückwünsche pl; **Season's ~s** frohe Weihnachten und ein glückliches neues Jahr.
greeting(s) card n Grußkarte f; (congratulating) Glückwunschkarte f.
gregarious [grə'gɛərɪəs] adj gesellig.
grenade [grə'neɪd] n (also: **hand** ~) (Hand)granate f.
grew [gruː] pt of **grow**.
grey, (US) **gray** [greɪ] adj grau; (dismal) trüb, grau; **to go** ~ grau werden.
grey-haired [greɪ'hɛəd] adj grauhaarig.
greyhound ['greɪhaʊnd] n Windhund m.
grid [grɪd] n Gitter nt; (ELEC) (Verteiler)netz nt; (US: AUT: intersection) Kreuzung f.
griddle [grɪdl] n gusseiserne Pfanne zum Braten und Pfannkuchenbacken.

gridiron ['grɪdaɪən] n Bratrost m.
gridlock ['grɪdlɔk] n (esp US: on road) totaler Stau m; (stalemate) Patt nt ♦ vt: **to be ~ed** (roads) total verstopft sein; (talks etc) festgefahren sein.
grief [griːf] n Kummer m, Trauer f; **to come to** ~ (plan) scheitern; (person) zu Schaden kommen; **good ~!** ach du liebe Gute!
grievance ['griːvəns] n Beschwerde f; (feeling of resentment) Groll m.
grieve [griːv] vi trauern ♦ vt Kummer bereiten +dat, betrüben; **to ~ for** trauern um.
grievous ['griːvəs] adj (mistake) schwer; (situation) betrüblich; ~ **bodily harm** (LAW) schwere Körperverletzung f.
grill [grɪl] n Grill m; (grilled food: also: **mixed** ~) Grillgericht nt; (restaurant) = **grillroom** ♦ vt (BRIT) grillen; (inf: question) in die Zange nehmen, ausquetschen.
grille [grɪl] n (screen) Gitter nt; (AUT) Kühlergrill m.
grillroom ['grɪlrum] n Grillrestaurant nt.
grim [grɪm] adj trostlos; (serious, stern) grimmig.
grimace [grɪ'meɪs] n Grimasse f ♦ vi Grimassen schneiden.
grime [graɪm] n Dreck m, Schmutz m.
grimy ['graɪmɪ] adj dreckig, schmutzig.
grin [grɪn] n Grinsen nt ♦ vi grinsen; **to ~ at sb** jdn angrinsen.
grind [graɪnd] (pt, pp **ground**) vt zerkleinern; (coffee, pepper etc) mahlen; (US: meat) hacken, durch den Fleischwolf drehen; (knife) schleifen, wetzen; (gem, lens) schleifen ♦ vi (car gears) knirschen ♦ n (work) Schufterei f; **to ~ one's teeth** mit den Zähnen knirschen; **to ~ to a halt** (vehicle) quietschend zum Stehen kommen; (fig: talks, scheme) sich festfahren; (work) stocken; (production) zum Erliegen kommen; **the daily** ~ (inf) der tägliche Trott.
grinder ['graɪndə*] n (for coffee) Kaffeemühle f; (for waste disposal etc) Müllzerkleinerungsanlage f.
grindstone ['graɪndstəʊn] n: **to keep one's nose to the** ~ hart arbeiten.
grip [grɪp] n Griff m; (of tyre, shoe) Halt m; (holdall) Reisetasche f ♦ vt packen; (audience, attention) fesseln; **to come to ~s with sth** etw in den Griff bekommen; **to lose one's** ~ den Halt verlieren; (fig) nachlassen; **to** ~ **the road** (car) gut auf der Straße liegen.
gripe [graɪp] (inf) n (complaint) Meckerei f ♦ vi meckern; **the ~s** (MED) Kolik f, Bauchschmerzen pl.
gripping ['grɪpɪŋ] adj fesselnd, packend.
grisly ['grɪzlɪ] adj grässlich, grausig.
grist [grɪst] n (fig): **it's all** ~ **to the mill** das kann man alles verwerten.
gristle ['grɪsl] n Knorpel m.
grit [grɪt] n (for icy roads: sand) Sand m;

(*crushed stone*) Splitt *m*; (*determination, courage*) Mut *m* ♦ *vt* (*road*) streuen; **grits** *npl* (*US*) Grütze *f*; **I've got a piece of ~ in my eye** ich habe ein Staubkorn im Auge; **to ~ one's teeth** die Zähne zusammenbeißen.

grizzle ['grɪzl] (*BRIT*) *vi* quengeln.

grizzly ['grɪzlɪ] *n* (*also*: **~ bear**) Grislibär *m*, Grizzlybär *m*.

groan [grəun] *n* Stöhnen *nt* ♦ *vi* stöhnen; (*tree, floorboard etc*) ächzen, knarren.

grocer ['grəusə*] *n* Lebensmittelhändler(in) *m(f)*.

groceries ['grəusərɪz] *npl* Lebensmittel *pl*.

grocer's (shop) *n* Lebensmittelgeschäft *nt*.

grog [grɔg] *n* Grog *m*.

groggy ['grɔgɪ] *adj* angeschlagen.

groin [grɔɪn] *n* Leistengegend *f*.

groom [gruːm] *n* Stallbursche *m*; (*also*: **bride~**) Bräutigam *m* ♦ *vt* (*horse*) striegeln; (*fig*): **to ~ sb for** (*job*) jdn aufbauen für; **well-~ed** gepflegt.

groove [gruːv] *n* Rille *f*.

grope [grəup] *vi*: **to ~ for** tasten nach; (*fig*: *try to think of*) suchen nach.

grosgrain ['grəugreɪn] *n* grob gerippter Stoff *m*.

gross [grəus] *adj* (*neglect*) grob; (*injustice*) krass; (*behaviour, speech*) grob, derb; (*COMM*: *income, weight*) Brutto- ♦ *n inv* Gros *nt* ♦ *vt*: **to ~ £500,000** £500 000 brutto einnehmen.

gross domestic product *n* Bruttoinlandsprodukt *nt*.

grossly ['grəuslɪ] *adv* äußerst; (*exaggerated*) grob.

gross national product *n* Bruttosozialprodukt *nt*.

grotesque [grə'tɛsk] *adj* grotesk.

grotto ['grɔtəu] *n* Grotte *f*.

grotty ['grɔtɪ] (*inf*) *adj* mies.

grouch [grautʃ] (*inf*) *vi* schimpfen ♦ *n* (*person*) Miesepeter *m*, Muffel *m*.

ground [graund] *pt, pp of* **grind** ♦ *n* Boden *m*, Erde *f*; (*land*) Land *nt*; (*SPORT*) Platz *m*, Feld *nt*; (*US*: *ELEC*: *also*: **~ wire**) Erde *f*; (*reason*: *gen pl*) Grund *m* ♦ *vt* (*plane*) aus dem Verkehr ziehen; (*US*: *ELEC*) erden ♦ *adj* (*coffee etc*) gemahlen ♦ *vi* (*ship*) auflaufen; **grounds** *npl* (*of coffee etc*) Satz *m*; (*gardens etc*) Anlagen *pl*; **below ~** unter der Erde; **to gain/lose ~** Boden gewinnen/verlieren; **common ~** Gemeinsame(s) *nt*; **on the ~s that** mit der Begründung, dass.

ground cloth (*US*) *n* = **groundsheet**.

ground control *n* (*AVIAT, SPACE*) Bodenkontrolle *f*.

ground floor *n* Erdgeschoss *nt*, Erdgeschoß *nt* (*ÖSTERR*).

grounding ['graundɪŋ] *n* (*in education*) Grundwissen *nt*.

groundless ['graundlɪs] *adj* grundlos, unbegründet.

groundnut ['graundnʌt] *n* Erdnuss *f*.

ground rent (*BRIT*) *n* Erbbauzins *m*.

ground rule *n* Grundregel *f*.

groundsheet ['graundʃiːt] (*BRIT*) *n* Zeltboden *m*.

groundskeeper ['graundzkiːpə*] (*US*) *n* = **groundsman**.

groundsman ['graundzmən] (*irreg*: *like* **man**) *n* (*SPORT*) Platzwart *m*.

ground staff *n* (*AVIAT*) Bodenpersonal *nt*.

ground swell *n*: **there was a ~ of public opinion against him** die Öffentlichkeit wandte sich gegen ihn.

ground-to-air missile ['graundtə'ɛə*-] *n* Boden-Luft-Rakete *f*.

ground-to-ground missile ['graundtə'graund-] *n* Boden-Boden-Rakete *f*.

groundwork ['graundwɜːk] *n* Vorarbeit *f*.

group [gruːp] *n* Gruppe *f*; (*COMM*) Konzern *m* ♦ *vt* (*also*: **~ together**: *in one group*) zusammentun; (: *in several groups*) in Gruppen einteilen ♦ *vi* (*also*: **~ together**) sich zusammentun.

groupie ['gruːpɪ] (*inf*) *n* Groupie *nt*.

group therapy *n* Gruppentherapie *f*.

grouse [graus] *n inv* schottisches Moorhuhn *nt* ♦ *vi* (*complain*) schimpfen.

grove [grəuv] *n* Hain *m*, Wäldchen *nt*.

grovel ['grɔvl] *vi* (*crawl*) kriechen; (*fig*): **to ~ (before)** kriechen (vor +*dat*).

grow [grəu] (*pt* **grew**, *pp* **grown**) *vi* wachsen; (*increase*) zunehmen; (*become*) werden ♦ *vt* (*roses*) züchten; (*vegetables*) anbauen, ziehen; (*beard*) sich *dat* wachsen lassen; **to ~ tired of waiting** das Warten leid sein; **to ~ (out of or from)** (*develop*) entstehen (aus).

▶ **grow apart** *vi* (*fig*) sich auseinander entwickeln.

▶ **grow away from** *vt fus* (*fig*) sich entfremden +*dat*.

▶ **grow on** *vt fus*: **that painting is ~ing on me** allmählich finde ich Gefallen an dem Bild.

▶ **grow out of** *vt fus* (*clothes*) herauswachsen aus; (*habit*) ablegen; **he'll ~ out of it** diese Phase geht auch vorbei.

▶ **grow up** *vi* aufwachsen; (*mature*) erwachsen werden; (*idea, friendship*) entstehen.

grower ['grəuə*] *n* (*BOT*) Züchter(in) *m(f)*; (*AGR*) Pflanzer(in) *m(f)*.

growing ['grəuɪŋ] *adj* wachsend; (*number*) zunehmend; **~ pains** Wachstumsschmerzen *pl*; (*fig*) Kinderkrankheiten *pl*, Anfangsschwierigkeiten *pl*.

growl [graul] *vi* knurren.

grown [grəun] *pp of* **grow**.

grown-up [grəun'ʌp] *n* Erwachsene(r) *f(m)*.

growth [grəuθ] *n* Wachstum *nt*; (*what has grown*: *of weeds, beard etc*) Wuchs *m*; (*of person, character*) Entwicklung *f*; (*MED*) Gewächs *nt*, Wucherung *f*.

growth rate *n* Wachstumsrate *f*,

Zuwachsrate f.

grub [grʌb] n (larva) Larve f; (inf: food)
Fressalien pl, Futter nt ♦ vi: **to ~ about** or
around (for) (herum)wühlen (nach).

grubby ['grʌbɪ] adj (dirty) schmuddelig; (fig)
schmutzig.

grudge [grʌdʒ] n Groll m ♦ vt: **to ~ sb sth** jdm
etw nicht gönnen; **to bear sb a ~** jdm böse
sein, einen Groll gegen jdn hegen.

grudging ['grʌdʒɪŋ] adj widerwillig.

grudgingly ['grʌdʒɪŋlɪ] adv widerwillig.

gruelling, (US) **grueling** ['gruəlɪŋ] adj
(encounter) aufreibend; (trip, journey)
äußerst strapaziös.

gruesome ['gruːsəm] adj grauenhaft.

gruff [grʌf] adj barsch, schroff.

grumble ['grʌmbl] vi murren, schimpfen.

grumpy ['grʌmpɪ] adj mürrisch, brummig.

grunge [grʌndʒ] (inf) n Grunge nt.

grunt [grʌnt] vi grunzen ♦ n Grunzen nt.

G-string ['dʒiːstrɪŋ] n Minislip m, Tangaslip
m.

GSUSA n abbr (= Girl Scouts of the United States
of America) amerikanische Pfadfinderinnen.

GT abbr (AUT: = gran turismo) GT.

GU (US) abbr (POST: = Guam).

guarantee [gærən'tiː] n Garantie f ♦ vt
garantieren; **he can't ~ (that) he'll come** er
kann nicht dafür garantieren, dass er
kommt.

guarantor [gærən'tɔː*] n (COMM) Bürge m.

guard [gɑːd] n Wache f; (BOXING, FENCING)
Deckung f; (BRIT: RAIL) Schaffner(in) m(f);
(on machine) Schutz m, Schutzvorrichtung f;
(also: **fire~**) (Schutz)gitter nt ♦ vt (prisoner)
bewachen; (protect): **to ~ (against)**
(be)schützen (vor +dat); (secret) hüten (vor
+dat); **to be on one's ~** auf der Hut sein.

▶ **guard against** vt fus (disease) vorbeugen
+dat; (damage, accident) verhüten.

guard dog n Wachhund m.

guarded ['gɑːdɪd] adj vorsichtig,
zurückhaltend.

guardian ['gɑːdɪən] n Vormund m; (defender)
Hüter m.

guardrail ['gɑːdreɪl] n (Schutz)geländer nt.

guard's van (BRIT) n (RAIL) Schaffnerabteil
nt, Dienstwagen m.

Guatemala [gwɑːtɪ'mɑːlə] n (GEOG)
Guatemala nt.

Guatemalan [gwɑːtɪ'mɑːlən] adj
guatemaltekisch, aus Guatemala.

Guernsey ['gɜːnzɪ] n Guernsey nt.

guerrilla [gə'rɪlə] n Guerilla m,
Guerillakämpfer(in) m(f).

guerrilla warfare n Guerillakrieg m.

guess [gɛs] vt schätzen; (answer) (er)raten;
(US: think) schätzen (inf) ♦ vi (see vt)
schätzen; raten ♦ n Vermutung f; **I ~ you're
right** da haben Sie wohl Recht; **to keep sb
~ing** jdn im Ungewissen lassen; **to take** or
have a ~ raten; (estimate) schätzen; **my ~ is**

that ich schätze or vermute, dass ...

guesstimate ['gɛstɪmɪt] (inf) n grobe
Schätzung f.

guesswork ['gɛswɜːk] n Vermutungen pl; **I
got the answer by ~** ich habe die Antwort
nur geraten.

guest [gɛst] n Gast m; **be my ~** (inf) nur zu!

guesthouse ['gɛsthaus] n Pension f.

guest room n Gästezimmer nt.

guff [gʌf] (inf) n Quatsch m, Käse m.

guffaw [gʌ'fɔː] vi schallend lachen ♦ n
schallendes Lachen nt.

guidance ['gaɪdəns] n Rat m, Beratung f;
under the ~ of unter der Leitung von;
vocational ~ Berufsberatung f; **marriage ~**
Eheberatung f.

guide [gaɪd] n (person) Führer(in) m(f); (book)
Führer m; (BRIT: also: **girl ~**) Pfadfinderin f
♦ vt führen; leiten; **to be ~d by sb/
sth** sich von jdm/etw leiten lassen.

guidebook ['gaɪdbuk] n Führer m.

guided missile n Lenkwaffe f.

guide dog n Blindenhund m.

guidelines ['gaɪdlaɪnz] npl Richtlinien pl.

guild [gɪld] n Verein m.

guildhall ['gɪldhɔːl] (BRIT) n Gildehaus nt.

guile [gaɪl] n Arglist f.

guileless ['gaɪllɪs] adj arglos.

guillotine ['gɪlətiːn] n Guillotine f, Fallbeil nt;
(for paper) (Papier)schneidemaschine f.

guilt [gɪlt] n Schuld f; (remorse) Schuldgefühl
nt.

guilty ['gɪltɪ] adj schuldig; (expression)
schuldbewusst; (secret) dunkel; **to plead ~/
not ~** sich schuldig/nicht schuldig
bekennen; **to feel ~ about doing sth** ein
schlechtes Gewissen haben, etw zu tun.

Guinea ['gɪnɪ] n: **Republic of ~** Guinea nt.

guinea ['gɪnɪ] (BRIT) n (old) Guinee f.

guinea pig n Meerschweinchen nt; (fig:
person) Versuchskaninchen nt.

guise [gaɪz] n: **in** or **under the ~ of** in der
Form +gen, in Gestalt +gen.

guitar [gɪ'tɑː*] n Gitarre f.

guitarist [gɪ'tɑːrɪst] n Gitarrist(in) m(f).

gulch [gʌltʃ] (US) n Schlucht f.

gulf [gʌlf] n Golf m; (abyss) Abgrund m; (fig:
difference) Kluft f; **the (Persian) G~** der
(Persische) Golf.

Gulf States npl: **the ~** die Golfstaaten pl.

Gulf Stream n: **the ~** der Golfstrom.

Gulf War n: **the ~** der Golfkrieg.

gull [gʌl] n Möwe f.

gullet ['gʌlɪt] n Speiseröhre f.

gullibility [gʌlɪ'bɪlɪtɪ] n Leichtgläubigkeit f.

gullible ['gʌlɪbl] adj leichtgläubig.

gully ['gʌlɪ] n Schlucht f.

gulp [gʌlp] vi schlucken ♦ vt (also: **~ down**)
hinunterschlucken ♦ n: **at one ~** mit einem
Schluck.

gum [gʌm] n (ANAT) Zahnfleisch nt; (glue)
Klebstoff m; (also: **~drop**) Weingummi nt;

(*also*: **chewing-~**) Kaugummi *m* ♦ *vt*: **to ~ (together)** (zusammen)kleben.
▶ **gum up** *vt*: **to ~ up the works** (*inf*) alles vermasseln.
gumboots ['gʌmbuːts] (*BRIT*) *npl* Gummistiefel *pl*.
gumption ['gʌmpʃən] *n* Grips *m* (*inf*).
gumtree ['gʌmtriː] *n*: **to be up a ~** (*fig*: *inf*) aufgeschmissen sein.
gun [gʌn] *n* (*small*) Pistole *f*; (*medium-sized*) Gewehr *nt*; (*large*) Kanone *f* ♦ *vt* (*also*: **~ down**) erschießen; **to stick to one's ~s** (*fig*) nicht nachgeben, festbleiben.
gunboat ['gʌnbəut] *n* Kanonenboot *nt*.
gun dog *n* Jagdhund *m*.
gunfire ['gʌnfaɪə*] *n* Geschützfeuer *nt*.
gunge [gʌndʒ] (*inf*) *n* Schmiere *f*.
gung ho ['gʌŋ'həu] (*inf*) *adj* übereifrig.
gunman ['gʌnmən] (*irreg*: *like* **man**) *n* bewaffneter Verbrecher *m*.
gunner ['gʌnə*] *n* (*MIL*) Kanonier *m*, Artillerist *m*.
gunpoint ['gʌnpɔint] *n*: **at ~** mit vorgehaltener Pistole; mit vorgehaltenem Gewehr.
gunpowder ['gʌnpaudə*] *n* Schießpulver *nt*.
gunrunner ['gʌnrʌnə*] *n* Waffenschmuggler(in) *m(f)*, Waffenschieber(in) *m(f)*.
gunrunning ['gʌnrʌnɪŋ] *n* Waffenschmuggel *m*, Waffenschieberei *f*.
gunshot ['gʌnʃɒt] *n* Schuss *m*.
gunsmith ['gʌnsmɪθ] *n* Büchsenmacher *m*.
gurgle ['gɜːgl] *vi* (*baby*) glucksen; (*water*) gluckern.
guru ['guruː] *n* Guru *m*.
gush [gʌʃ] *vi* hervorquellen, hervorströmen; (*person*) schwärmen ♦ *n* Strahl *m*.
gushing ['gʌʃɪŋ] *adj* (*fig*) überschwänglich.
gusset ['gʌsɪt] *n* Keil *m*, Zwickel *m*.
gust [gʌst] *n* Windstoß *m*, Bö(e) *f*; (*of smoke*) Wolke *f*.
gusto ['gʌstəu] *n*: **with ~** mit Genuss, mit Schwung.
gusty ['gʌstɪ] *adj* (*wind*) böig; (*day*) stürmisch.
gut [gʌt] *n* (*ANAT*) Darm *m*; (*for violin, racket*) Darmsaiten *pl* ♦ *vt* (*poultry, fish*) ausnehmen; (*building*) ausräumen; (*by fire*) ausbrennen; **guts** *npl* (*ANAT*) Eingeweide *pl*; (*inf*: *courage*) Mumm *m*; **to hate sb's ~s** jdn auf den Tod nicht ausstehen können.
gut reaction *n* rein gefühlsmäßige Reaktion *f*.
gutsy ['gʌtsɪ] (*inf*) *adj* (*vivid*) rasant; (*courageous*) mutig.
gutter ['gʌtə*] *n* (*in street*) Gosse *f*, Rinnstein *m*; (*of roof*) Dachrinne *f*.
gutter press *n* Boulevardpresse *f*.
guttural ['gʌtərl] *adj* guttural.
guy [gaɪ] *n* (*inf*: *man*) Typ *m*, Kerl *m*; (*also*: **~rope**) Haltetau *nt*, Halteseil *nt*; (*for Guy Fawkes' night*) (Guy-Fawkes-)Puppe *f*.

guzzle ['gʌzl] *vt* (*food*) futtern; (*drink*) saufen (*inf*).
gym [dʒɪm] *n* (*also*: **gymnasium**) Turnhalle *f*; (*also*: **gymnastics**) Gymnastik *f*, Turnen *nt*.
gymkhana [dʒɪm'kɑːnə] *n* Reiterfest *nt*.
gymnasium [dʒɪm'neɪzɪəm] *n* Turnhalle *f*.
gymnast ['dʒɪmnæst] *n* Turner(in) *m(f)*.
gymnastics [dʒɪm'næstɪks] *n* Gymnastik *f*, Turnen *nt*.
gym shoes *npl* Turnschuhe *pl*.
gymslip ['dʒɪmslɪp] (*BRIT*) *n* (Schul)trägerrock *m*.
gynaecologist, (*US*) **gynecologist** [gaɪnɪ'kɒlədʒɪst] *n* Gynäkologe *m*, Gynäkologin *f*, Frauenarzt *m*, Frauenärztin *f*.
gynaecology, (*US*) **gynecology** [gaɪnɪ-'kɒlədʒɪ] *n* Gynäkologie *f*, Frauenheilkunde *f*.
gypsy ['dʒɪpsɪ] *n* = **gipsy**.
gyrate [dʒaɪ'reɪt] *vi* kreisen, sich drehen.
gyroscope ['dʒaɪərəskəup] *n* Gyroskop *nt*.

H, h

H, h [eɪtʃ] *n* (*letter*) H, h *nt*; **~ for Harry**, (*US*) **~ for How** ≈ H wie Heinrich.
habeas corpus ['heɪbɪəs'kɔːpəs] *n* Habeaskorpusakte *f*.
haberdashery [hæbə'dæʃərɪ] (*BRIT*) *n* Kurzwaren *pl*.
habit ['hæbɪt] *n* Gewohnheit *f*; (*esp undesirable*) Angewohnheit *f*; (*addiction*) Sucht *f*; (*REL*) Habit *m or nt*; **to get out of/into the ~ of doing sth** sich abgewöhnen/angewöhnen, etw zu tun; **to be in the ~ of doing sth** die (An)gewohnheit haben, etw zu tun.
habitable ['hæbɪtəbl] *adj* bewohnbar.
habitat ['hæbɪtæt] *n* Heimat *f*; (*of animals*) Lebensraum *m*, Heimat *f*.
habitation [hæbɪ'teɪʃən] *n* Wohnstätte *f*; **fit for**

human ~ für Wohnzwecke geeignet, bewohnbar.

habitual [hə'bɪtjuəl] *adj* (*action*) gewohnt; (*drinker*) Gewohnheits-; (*liar*) gewohnheitsmäßig.

habitually [hə'bɪtjuəlɪ] *adv* ständig.

hack [hæk] *vt, vi* (*also COMPUT*) hacken ♦ *n* (*pej: writer*) Schreiberling *m*; (*horse*) Mietpferd *nt*.

hacker ['hækə•] *n* (*COMPUT*) Hacker *m*.

hackles ['hæklz] *npl*: **to make sb's ~ rise** (*fig*) jdn auf die Palme bringen (*inf*).

hackney cab ['hæknɪ-] *n* Taxi *nt*.

hackneyed ['hæknɪd] *adj* abgedroschen.

hacksaw ['hæksɔː] *n* Metallsäge *f*.

had [hæd] *pt, pp of* have.

haddock ['hædək] (*pl* ~ *or* ~s) *n* Schellfisch *m*.

hadn't ['hædnt] = **had not**.

haematology, (*US*) hematology ['hiːmə'tɔlədʒɪ] *n* Hämatologie *f*.

haemoglobin, (*US*) hemoglobin ['hiːmə'gləubɪn] *n* Hämoglobin *nt*.

haemophilia, (*US*) hemophilia ['hiːmə'fɪlɪə] *n* Bluterkrankheit *f*.

haemorrhage, (*US*) hemorrhage ['hɛmərɪdʒ] *n* Blutung *f*.

haemorrhoids, (*US*) hemorrhoids ['hɛmərɔɪdz] *npl* Hämorr(ho)iden *pl*.

hag [hæg] *n* alte Hexe *f*; (*witch*) Hexe *f*.

haggard ['hægəd] *adj* ausgezehrt; (*from worry*) abgehärmt; (*from tiredness*) abgespannt.

haggis ['hægɪs] (*SCOT*) *n* Gericht aus *gehackten Schafsinnereien und Haferschrot, im Schafsmagen gekocht.*

haggle ['hægl] *vi*: **to ~** (**over**) feilschen (um).

haggling ['hæglɪŋ] *n* Feilschen *nt*.

Hague [heɪg] *n*: **The ~** Den Haag *m*.

hail [heɪl] *n* Hagel *m* ♦ *vt* (*person*) zurufen +*dat*; (*taxi*) herbeiwinken, anhalten; (*acclaim: person*) zujubeln +*dat*; (: *event etc*) bejubeln ♦ *vi* hageln; **he ~s from Scotland** er kommt *or* stammt aus Schottland.

hailstone ['heɪlstəun] *n* Hagelkorn *nt*.

hailstorm ['heɪlstɔːm] *n* Hagelschauer *m*.

hair [hɛə•] *n* (*collectively: of person*) Haar *nt*, Haare *pl*; (: *of animal*) Fell *nt*; (*single hair*) Haar *nt*; **to do one's ~** sich frisieren; **by a ~'s breadth** um Haaresbreite.

hairbrush ['hɛəbrʌʃ] *n* Haarbürste *f*.

haircut ['hɛəkʌt] *n* Haarschnitt *m*; (*style*) Frisur *f*.

hairdo ['hɛəduː] *n* Frisur *f*.

hairdresser ['hɛədrɛsə•] *n* Friseur *m*, Friseuse *f*.

hairdresser's ['hɛədrɛsəz] *n* Friseursalon *m*.

hair dryer *n* Haartrockner *m*, Föhn *m*, Fön ® *m*.

-haired [hɛəd] *suff*: **fair-~** blond; **long-~** langhaarig.

hairgrip ['hɛəgrɪp] *n* Haarklemme *f*.

hairline ['hɛəlaɪn] *n* Haaransatz *m*.

hairline fracture *n* Haarriss *m*.

hairnet ['hɛənɛt] *n* Haarnetz *nt*.

hair oil *n* Haaröl *nt*.

hairpiece ['hɛəpiːs] *n* Haarteil *nt*; (*for men*) Toupet *nt*.

hairpin ['hɛəpɪn] *n* Haarnadel *f*.

hairpin bend, (*US*) **hairpin curve** *n* Haarnadelkurve *f*.

hair-raising ['hɛəreɪzɪŋ] *adj* haarsträubend.

hair remover *n* Enthaarungscreme *f*.

hair slide *n* Haarspange *f*.

hair spray *n* Haarspray *nt*.

hairstyle ['hɛəstaɪl] *n* Frisur *f*.

hairy ['hɛərɪ] *adj* behaart; (*inf: situation*) brenzlig, haarig.

Haiti ['heɪtɪ] *n* Haiti *nt*.

hake [heɪk] (*pl* ~ *or* ~s) *n* Seehecht *m*.

halcyon ['hælsɪən] *adj* glücklich.

hale [heɪl] *adj*: **~ and hearty** gesund und munter.

half [hɑːf] (*pl* **halves**) *n* Hälfte *f*; (*of beer etc*) kleines Bier *nt etc*; (*RAIL, bus*) Fahrkarte *f* zum halben Preis ♦ *adj, adv* halb; **first/second ~** erste/zweite Halbzeit *f*; **two and a ~** zweieinhalb; **~-an-hour** eine halbe Stunde; **~ a dozen/pound** ein halbes Dutzend/Pfund; **a week and a ~** eineinhalb *or* anderthalb Wochen; ~ (**of it**) die Hälfte; ~ (**of**) die Hälfte (von *or* +*gen*); ~ **the amount of** die halbe Menge an +*dat*; **to cut sth in ~** etw halbieren; ~ **past three** halb vier; **to go halves** (**with sb**) (mit jdm) halbe-halbe machen; **she never does things by halves** sie macht keine halben Sachen; **he's too clever by ~** er ist ein richtiger Schlaumeier; ~ **empty** halb leer; ~ **closed** halb geschlossen.

half-baked ['hɑːf'beɪkt] *adj* blödsinnig (*inf*).

half board *n* Halbpension *f*.

half-breed ['hɑːfbriːd] *n* = **half-caste**.

half-brother ['hɑːfbrʌðə•] *n* Halbbruder *m*.

half-caste ['hɑːfkɑːst] *n* Mischling *m*.

half-day [hɑːf'deɪ] *n* halber freier Tag *m*.

half-hearted ['hɑːf'hɑːtɪd] *adj* halbherzig, lustlos.

half-hour [hɑːf'auə•] *n* halbe Stunde *f*.

half-life ['hɑːflaɪf] *n* (*TECH*) Halbwertszeit *f*.

half-mast ['hɑːf'mɑːst]: **at ~** *adv* (auf) halbmast.

halfpenny ['heɪpnɪ] (*BRIT*) *n* halber Penny *m*.

half-price ['hɑːf'praɪs] *adj, adv* zum halben Preis.

half-sister ['hɑːfsɪstə•] *n* Halbschwester *f*.

half term (*BRIT*) *n* kleine Ferien *pl* (*in der Mitte des Trimesters*).

half-timbered [hɑːf'tɪmbəd] *adj* (*house*) Fachwerk-.

half-time [hɑːf'taɪm] *n* (*SPORT*) Halbzeit *f*.

halfway ['hɑːf'weɪ] *adv*: ~ **to** auf halbem Wege nach; ~ **through** mitten in +*dat*; **to meet sb ~** (*fig*) jdm auf halbem Wege entgegenkommen.

halfway house *n* (*hostel*) offene Anstalt *f*;

(fig) Zwischending nt; (: compromise) Kompromiss m.

halfwit ['hɑːfwɪt] n Schwachsinnige(r) f(m); (fig: inf) Schwachkopf m.

half-yearly [hɑːf'jɪəlɪ] adv halbjährlich, jedes halbe Jahr ♦ adj halbjährlich.

halibut ['hælɪbət] n inv Heilbutt m.

halitosis [hælɪ'təʊsɪs] n schlechter Atem m, Mundgeruch m.

hall [hɔːl] n Diele f, (Haus)flur m; (corridor) Korridor m, Flur m; (mansion) Herrensitz m, Herrenhaus nt; (for concerts etc) Halle f; to live in ~ (BRIT) im Wohnheim wohnen.

hallmark ['hɔːlmɑːk] n (on gold, silver) (Feingehalts)stempel m; (of writer, artist etc) Kennzeichen nt.

hallo [hə'ləʊ] excl = **hello**.

hall of residence (pl **halls of residence**) (BRIT) n Studentenwohnheim nt.

hallowed ['hæləʊd] adj (ground) heilig; (fig: respected, revered) geheiligt.

Hallowe'en ['hæləʊ'iːn] n der Tag vor Allerheiligen.

HALLOWE'EN

Hallowe'en ist der 31. Oktober, der Vorabend von Allerheiligen und nach altem Glauben der Abend, an dem man Geister und Hexen sehen kann. In Großbritannien und vor allem in den USA feiern die Kinder **Hallowe'en**, indem sie sich verkleiden und mit selbst gemachten Laternen aus Kürbissen von Tür zu Tür ziehen.

---

hallucination [həluːsɪ'neɪʃən] n Halluzination f.

hallucinogenic [həluːsɪnəʊ'dʒɛnɪk] adj (drug) halluzinogen ♦ n Halluzinogen nt.

hallway ['hɔːlweɪ] n Diele f, (Haus)flur m.

halo ['heɪləʊ] n Heiligenschein m; (circle of light) Hof m.

halt [hɔːlt] vt anhalten; (progress etc) zum Stillstand bringen ♦ vi anhalten, zum Stillstand kommen ♦ n: to come to a ~ zum Stillstand kommen; to call a ~ to sth (fig) einer Sache dat ein Ende machen.

halter ['hɔːltəʳ] n Halfter nt.

halter-neck ['hɔːltənɛk] adj (dress) rückenfrei mit Nackenverschluss.

halve [hɑːv] vt halbieren.

halves [hɑːvz] pl of **half**.

ham [hæm] n Schinken m; (inf: also: **radio ~**) Funkamateur m; (: actor) Schmierenkomödiant(in) m(f).

Hamburg ['hæmbɜːg] n Hamburg nt.

hamburger ['hæmbɜːgəʳ] n Hamburger m.

ham-fisted ['hæm'fɪstɪd], (US) **ham-handed** ['hæm'hændɪd] adj ungeschickt.

hamlet ['hæmlɪt] n Weiler m, kleines Dorf nt.

hammer ['hæməʳ] n Hammer m ♦ vt hämmern; (fig: criticize) vernichtend kritisieren; (: defeat) vernichtend schlagen ♦ vi

hämmern; **to ~ sth into sb, to ~ sth across to sb** jdm etw einhämmern or einbläuen.

▶ **hammer out** vt hämmern; (solution, agreement) ausarbeiten.

hammock ['hæmək] n Hängematte f.

hamper ['hæmpəʳ] vt behindern ♦ n Korb m.

hamster ['hæmstəʳ] n Hamster m.

hamstring ['hæmstrɪŋ] n Kniesehne f ♦ vt einengen.

hand [hænd] n Hand f; (of clock) Zeiger m; (handwriting) Hand(schrift) f; (worker) Arbeiter(in) m(f); (of cards) Blatt nt; (measurement: of horse) ≈ 10 cm ♦ vt geben, reichen; **to give or lend sb a ~** jdm helfen; **at ~** (place) in der Nähe; (time) unmittelbar bevorstehend; **by ~** von Hand; **in ~** (time) zur Verfügung; (job) anstehend; (situation) unter Kontrolle; **we have the matter in ~** wir haben die Sache im Griff; **on ~** zur Verfügung; **out of ~** adj außer Kontrolle ♦ adv (reject etc) rundweg; **to ~** zur Hand; **on the one ~ ..., on the other ~ ...** einerseits ... andererseits ...; **to force sb's ~** jdn zwingen; **to have a free ~** freie Hand haben; **to change ~s** den Besitzer wechseln; **to have in one's ~** (also fig) in der Hand halten; **"~s off!" "Hände weg!".**

▶ **hand down** vt (knowledge) weitergeben; (possessions) vererben; (LAW: judgement, sentence) fällen.

▶ **hand in** vt abgeben, einreichen.

▶ **hand out** vt verteilen; (information) austeilen; (punishment) verhängen.

▶ **hand over** vt übergeben.

▶ **hand round** vt (BRIT) verteilen; (chocolates etc) herumreichen.

handbag ['hændbæg] n Handtasche f.

hand baggage n Handgepäck nt.

handball ['hændbɔːl] n Handball m.

hand basin n Handwaschbecken nt.

handbook ['hændbʊk] n Handbuch nt.

handbrake ['hændbreɪk] n Handbremse f.

h & c (BRIT) abbr (= hot and cold (water)) h. u. k.

hand cream n Handcreme f.

handcuff ['hændkʌf] vt Handschellen anlegen +dat.

handcuffs ['hændkʌfs] npl Handschellen pl.

handful ['hændful] n Hand f voll.

hand-held ['hænd'hɛld] adj (camera) Hand-.

handicap ['hændɪkæp] n Behinderung f; (disadvantage) Nachteil m; (SPORT) Handicap nt ♦ vt benachteiligen; **mentally/physically ~ped** geistig/körperlich behindert.

handicraft ['hændɪkrɑːft] n Kunsthandwerk nt; (object) Kunsthandwerksarbeit f.

handiwork ['hændɪwɜːk] n Arbeit f; **this looks like his ~** (pej) das sieht nach seiner Arbeit aus.

handkerchief ['hæŋkətʃɪf] n Taschentuch nt.

handle ['hændl] n Griff m; (of door) Klinke f; (of cup) Henkel m; (of broom, brush etc) Stiel *m*; (*for winding*) Kurbel *f*; (*CB RADIO*: *name*) Sendezeichen *nt* ♦ *vt* anfassen, berühren; (*problem etc*) sich befassen mit; (: *successfully*) fertig werden mit; (*people*) umgehen mit; "~ ~ with care" „Vorsicht - zerbrechlich"; **to fly off the** ~ an die Decke gehen; **to get a** ~ **on a problem** (*inf*) ein Problem in den Griff bekommen.

handlebar(s) ['hændlbɑ:(z)] *n(pl)* Lenkstange *f*.

handling ['hændlɪŋ] *n*: ~ **(of)** (*of plant, animal, issue etc*) Behandlung *f* +*gen*; (*of person, tool, machine etc*) Umgang *m* (mit); (*ADMIN*) Bearbeitung *f* +*gen*.

handling charges *npl* Bearbeitungsgebühr *f*; (*BANKING*) Kontoführungsgebühr *f*.

hand luggage *n* Handgepäck *nt*.

handmade ['hænd'meɪd] *adj* handgearbeitet.

hand-out ['hændaʊt] *n* (*money, food etc*) Unterstützung *f*; (*publicity leaflet*) Flugblatt *nt*; (*summary*) Informationsblatt *nt*.

hand-picked ['hænd'pɪkt] *adj* von Hand geerntet; (*staff etc*) handverlesen.

handrail ['hændreɪl] *n* Geländer *nt*.

handset ['hændsɛt] *n* (*TEL*) Hörer *m*.

handshake ['hændʃeɪk] *n* Händedruck *m*.

handsome ['hænsəm] *adj* gut aussehend; (*building*) schön; (*gift*) großzügig; (*profit, return*) ansehnlich.

hands-on ['hændz'ɔn] *adj* (*training*) praktisch; (*approach etc*) aktiv; ~ **experience** praktische Erfahrung.

handstand ['hændstænd] *n*: **to do a** ~ einen Handstand machen.

hand-to-mouth ['hændtə'maʊθ] *adj*: **to lead a** ~ **existence** von der Hand in den Mund leben.

handwriting ['hændraɪtɪŋ] *n* Handschrift *f*.

handwritten ['hændrɪtn] *adj* handgeschrieben.

handy ['hændɪ] *adj* praktisch; (*skilful*) geschickt; (*close at hand*) in der Nähe; **to come in** ~ sich als nützlich erweisen.

handyman ['hændɪmæn] (*irreg: like* **man**) *n* (*at home*) Heimwerker *m*; (*in hotel etc*) Faktotum *nt*.

hang [hæŋ] (*pt, pp* **hung**) *vt* aufhängen; (*criminal*) (*pt, pp* **hanged**) hängen; (*head*) hängen lassen ♦ *vi* hängen; (*hair, drapery*) fallen ♦ *n*: **to get the** ~ **of sth** (*inf*) den richtigen Dreh (bei etw) herauskriegen.

▶ **hang about** *vi* herumlungern.

▶ **hang around** *vi* = **hang about**.

▶ **hang back** *vi*: **to** ~ **back (from doing sth)** zögern(, etw zu tun).

▶ **hang on** *vi* warten ♦ *vt fus* (*depend on*) abhängen von; **to** ~ **on to** festhalten; (*for protection, support*) sich festhalten an +*dat*; (*hope, position*) sich klammern an +*acc*; (*ideas*) festhalten an +*dat*; (*keep*) behalten.

▶ **hang out** *vt* draußen aufhängen ♦ *vi* heraushängen; (*inf: live*) wohnen.

▶ **hang together** *vi* (*argument*) folgerichtig

or zusammenhängend sein; (*story, explanation*) zusammenhängend sein; (*statements*) zusammenpassen.

▶ **hang up** *vt* aufhängen ♦ *vi* (*TEL*): **to** ~ **up (on sb)** einfach auflegen.

hangar ['hæŋə*] *n* Hangar *m*, Flugzeughalle *f*.

hangdog ['hæŋdɔg] *adj* zerknirscht.

hanger ['hæŋə*] *n* Bügel *m*.

hanger-on [hæŋər'ɔn] *n* (*parasite*) Trabant *m* (*inf*); **the** ~**s**-~ der Anhang.

hang-glide ['hæŋglaɪd] *vi* drachenfliegen.

hang-glider ['hæŋglaɪdə*] *n* (Flug)drachen *m*.

hang-gliding ['hæŋglaɪdɪŋ] *n* Drachenfliegen *nt*.

hanging ['hæŋɪŋ] *n* (*execution*) Hinrichtung *f* durch den Strang; (*for wall*) Wandbehang *m*.

hangman ['hæŋmən] (*irreg: like* **man**) *n* Henker *m*.

hangover ['hæŋəʊvə*] *n* Kater *m*; (*from past*) Überbleibsel *nt*.

hang-up ['hæŋʌp] *n* Komplex *m*.

hank [hæŋk] *n* Strang *m*.

hanker ['hæŋkə*] *vi*: **to** ~ **after** sich sehnen nach.

hankering ['hæŋkərɪŋ] *n*: ~ **(for)** Verlangen *nt* (nach).

hankie ['hæŋkɪ] *n abbr* = **handkerchief**.

hanky ['hæŋkɪ] *n abbr* = **handkerchief**.

Hants [hænts] (*BRIT*) *abbr* (*POST*: = *Hampshire*).

haphazard [hæp'hæzəd] *adj* planlos, wahllos.

hapless ['hæplɪs] *adj* glücklos.

happen ['hæpən] *vi* geschehen; **to** ~ **to do sth** zufällig(erweise) etw tun; **as it** ~**s** zufälligerweise; **what's** ~**ing?** was ist los?; **she** ~**ed to be free** sie hatte zufällig(erweise) gerade Zeit; **if anything** ~**ed to him** wenn ihm etwas zustoßen or passieren sollte.

▶ **happen (up)on** *vt fus* zufällig stoßen auf +*acc*; (*person*) zufällig treffen.

happening ['hæpnɪŋ] *n* Ereignis *nt*, Vorfall *m*.

happily ['hæpɪlɪ] *adv* (*luckily*) glücklicherweise; (*cheerfully*) fröhlich.

happiness ['hæpɪnɪs] *n* Glück *nt*.

happy ['hæpɪ] *adj* glücklich; (*cheerful*) fröhlich; **to be** ~ **(with)** zufrieden sein (mit); **to be** ~ **to do sth** etw gerne tun; ~ **birthday!** herzlichen Glückwunsch zum Geburtstag!

happy-go-lucky ['hæpɪgəʊ'lʌkɪ] *adj* unbekümmert.

happy hour *n* Zeit, in der Bars, Pubs usw Getränke zu ermäßigten Preisen anbieten.

harangue [hə'ræŋ] *vt* predigen +*dat* (*inf*).

harass ['hærəs] *vt* schikanieren.

harassed ['hærəst] *adj* geplagt.

harassment ['hærəsmənt] *n* Schikanierung *f*; **sexual** ~ sexuelle Belästigung *f*.

harbour, (*US*) **harbor** ['hɑ:bə*] *n* Hafen *m* ♦ *vt* (*hope, fear, grudge etc*) hegen; (*criminal, fugitive*) Unterschlupf gewähren +*dat*.

harbour dues *npl* Hafengebühren *pl*.

harbour master n Hafenmeister m.

hard [hɑ:d] adj hart; (question, problem) schwierig; (evidence) gesichert ♦ adv (work) hart, schwer; (think) scharf; (try) sehr; ~ **luck!** Pech!; **no** ~ **feelings!** ich nehme es dir nicht übel; **to be** ~ **of hearing** schwerhörig sein; **to be** ~ **done by** ungerecht behandelt werden; **I find it** ~ **to believe that** ... ich kann es kaum glauben, dass ...; **to look** ~ **at sth** (object) sich +dat etw genau ansehen; (idea) etw gründlich prüfen.

hard-and-fast ['hɑ:dən'fɑ:st] adj fest.

hardback ['hɑ:dbæk] n gebundene Ausgabe f.

hardboard ['hɑ:dbɔ:d] n Hartfaserplatte f.

hard-boiled egg ['hɑ:d'bɔɪld-] n hart gekochtes Ei nt.

hard cash n Bargeld nt.

hard copy n (COMPUT) Ausdruck m.

hard core n harter Kern m.

hard-core ['hɑ:d'kɔ:'] adj (pornography) hart; (supporters) zum harten Kern gehörend.

hard court n (TENNIS) Hartplatz m.

hard disk n (COMPUT) Festplatte f.

harden ['hɑ:dn] vt härten; (attitude, person) verhärten ♦ vi hart werden, sich verhärten.

hardened ['hɑ:dnd] adj (criminal) Gewohnheits-; **to be** ~ **to sth** gegen etw abgehärtet sein.

hardening ['hɑ:dnɪŋ] n Verhärtung f.

hard graft n: **by sheer** ~ durch harte Arbeit.

hard-headed ['hɑ:d'hedɪd] adj nüchtern.

hardhearted ['hɑ:d'hɑ:tɪd] adj hartherzig.

hard-hitting ['hɑ:d'hɪtɪŋ] adj (fig: speech, journalist etc) knallhart.

hard labour n Zwangsarbeit f.

hardliner [hɑ:d'laɪnə'] n Vertreter(in) m(f) der harten Linie.

hard-luck story ['hɑ:dlʌk-] n Leidensgeschichte f.

hardly ['hɑ:dlɪ] adv kaum; (harshly) hart, streng; **it's** ~ **the case** (ironic) das ist wohl kaum der Fall; **I can** ~ **believe it** ich kann es kaum glauben.

hard-nosed [hɑ:d'nəuzd] adj abgebrüht.

hard-pressed [hɑ:d'prest] adj: **to be** ~ unter Druck sein; ~ **for money** in Geldnot.

hard sell n aggressive Verkaufstaktik f.

hardship ['hɑ:dʃɪp] n Not f.

hard shoulder (BRIT) n (AUT) Seitenstreifen m.

hard up (inf) adj knapp bei Kasse.

hardware ['hɑ:dwɛə'] n Eisenwaren pl; (household goods) Haushaltswaren pl; (COMPUT) Hardware f; (MIL) Waffen pl.

hardware shop n Eisenwarenhandlung f.

hard-wearing [hɑ:d'wɛərɪŋ] adj strapazierfähig.

hard-won [hɑ:d'wʌn] adj schwer erkämpft.

hard-working [hɑ:d'wə:kɪŋ] adj fleißig.

hardy ['hɑ:dɪ] adj (animals) zäh; (people) abgehärtet; (plant) winterhart.

hare [hɛə'] n Hase m.

harebrained ['hɛəbreɪnd] adj verrückt.

harelip ['hɛəlɪp] n Hasenscharte f.

harem [hɑ:'ri:m] n Harem m.

hark back [hɑ:k-] vi: **to** ~ **to** zurückkommen auf +acc.

harm [hɑ:m] n Schaden m; (injury) Verletzung f ♦ vt schaden +dat; (person: physically) verletzen; **to mean no** ~ es nicht böse meinen; **out of** ~**'s way** in Sicherheit; **there's no** ~ **in trying** es kann nicht schaden, es zu versuchen.

harmful ['hɑ:mful] adj schädlich.

harmless ['hɑ:mlɪs] adj harmlos.

harmonic [hɑ:'mɔnɪk] adj harmonisch.

harmonica [hɑ:'mɔnɪkə] n Harmonika f.

harmonics [hɑ:'mɔnɪks] npl Harmonik f.

harmonious [hɑ:'məunɪəs] adj harmonisch.

harmonium [hɑ:'məunɪəm] n Harmonium nt.

harmonize ['hɑ:mənaɪz] vi (MUS) mehrstimmig singen/spielen; (: one person) die zweite Stimme singen/spielen; (colours, ideas) harmonieren.

harmony ['hɑ:mənɪ] n Einklang m; (MUS) Harmonie f.

harness ['hɑ:nɪs] n (for horse) Geschirr nt; (for child) Laufgurt m; (safety harness) Sicherheitsgurt m ♦ vt (resources, energy etc) nutzbar machen; (horse, dog) anschirren.

harp [hɑ:p] n Harfe f ♦ vi: **to** ~ **on about** (pej) herumreiten auf +dat.

harpist ['hɑ:pɪst] n Harfenspieler(in) m(f).

harpoon [hɑ:'pu:n] n Harpune f.

harpsichord ['hɑ:psɪkɔ:d] n Cembalo nt.

harried ['hærɪd] adj bedrängt.

harrow ['hærəu] n Egge f.

harrowing ['hærəuɪŋ] adj (film) erschütternd; (experience) grauenhaft.

harry ['hærɪ] vt bedrängen, zusetzen +dat.

harsh [hɑ:ʃ] adj (sound, light) grell; (judge, winter) streng; (criticism, life) hart.

harshly ['hɑ:ʃlɪ] adv (judge) streng; (say) barsch; (criticize) hart.

harshness ['hɑ:ʃnɪs] n (see adj) Grelle f; Strenge f; Härte f.

harvest ['hɑ:vɪst] n Ernte f ♦ vt ernten.

harvester ['hɑ:vɪstə'] n (also: **combine** ~) Mähdrescher m.

has [hæz] vb see **have**.

has-been ['hæzbi:n] (inf) n: **he's/she's a** ~ er/ sie ist eine vergangene or vergessene Größe.

hash [hæʃ] n (CULIN) Haschee nt; (fig) **to make a** ~ **of sth** etw verpfuschen (inf); (inf) ♦ n abbr (= hashish) Hasch nt.

hashish ['hæʃɪʃ] n Haschisch nt.

hasn't ['hæznt] = **has not**.

hassle ['hæsl] (inf) n (bother) Theater nt ♦ vt schikanieren.

haste [heɪst] n Hast f; (speed) Eile f; **in** ~ in Eile; **to make** ~ **(to do sth)** sich beeilen(, etw zu tun).

hasten ['heɪsn] vt beschleunigen ♦ vi: **to** ~ **to**

hastily – have

do sth sich beeilen, etw zu tun; **I ~ to add ...**
ich muss allerdings hinzufügen, ...; **she ~ed
back to the house** sie eilte zum Haus
zurück.

hastily ['heɪstɪlɪ] *adv* (*see adj*) hastig, eilig;
vorschnell.

hasty ['heɪstɪ] *adj* hastig, eilig; (*rash*)
vorschnell.

hat [hæt] *n* Hut *m*; **to keep sth under one's ~**
etw für sich behalten.

hatbox ['hætbɔks] *n* Hutschachtel *f*.

hatch [hætʃ] *n* (*NAUT: also*: ~**way**) Luke *f*; (*also*:
service ~) Durchreiche *f* ♦ *vi* (*bird*)
ausschlüpfen ♦ *vt* ausbrüten; **the eggs ~ed
after 10 days** nach 10 Tagen schlüpften die
Jungen aus.

hatchback ['hætʃbæk] *n* (*AUT: car*)
Heckklappenmodell *nt*.

hatchet ['hætʃɪt] *n* Beil *nt*; **to bury the ~** das
Kriegsbeil begraben.

hatchet job (*inf*) *adj*: **to do a ~ on sb** jdn
fertig machen.

hatchet man (*inf*) *n* (*fig*) Vollstrecker *m*.

hate [heɪt] *vt* hassen ♦ *n* Hass *m*; **I ~ him/milk**
ich kann ihn/ Milch nicht ausstehen; **to ~ to
do/doing sth** es hassen, etw zu tun; (*weaker*)
etw ungern tun; **I ~ to trouble you, but ...** es
ist mir sehr unangenehm, dass ich Sie
belästigen muss, aber ...

hateful ['heɪtful] *adj* abscheulich.

hatred ['heɪtrɪd] *n* Hass *m*; (*dislike*) Abneigung
f.

hat trick *n* Hattrick *m*.

haughty ['hɔːtɪ] *adj* überheblich.

haul [hɔːl] *vt* ziehen; (*by lorry*) transportieren;
(*NAUT*) den Kurs ändern +*gen* ♦ *n* (*booty*)
Beute *f*; (*catch: of fish*) Fang *m*; **he ~ed
himself out of the pool** er stemmte sich aus
dem Schwimmbecken.

haulage ['hɔːlɪdʒ] *n* (*cost*) Transportkosten *pl*;
(*business*) Transport *m*.

haulage contractor (*BRIT*) *n*
Transportunternehmen *nt*, Spedition *f*;
(*person*) Transportunternehmer(in) *m(f)*,
Spediteur *m*.

hauler ['hɔːlə*] (*US*) *n* Transport-
unternehmer(in) *m(f)*, Spediteur *m*.

haulier ['hɔːlɪə*] (*BRIT*) *n* Transport-
unternehmer(in) *m(f)*, Spediteur *m*.

haunch [hɔːntʃ] *n* Hüftpartie *f*; (*of meat*)
Keule *f*.

haunt [hɔːnt] *vt* (*place*) spuken in +*dat*,
umgehen in +*dat*; (*person, also fig*) verfolgen
♦ *n* Lieblingsplatz *m*; (*of crooks etc*)
Treffpunkt *m*.

haunted ['hɔːntɪd] *adj* (*expression*) gehetzt,
gequält; **this building/room is ~** in diesem
Gebäude/Zimmer spukt es.

haunting ['hɔːntɪŋ] *adj* (*music*) eindringlich; **a
~ sight** ein Anblick, der einen nicht
loslässt.

Havana [hə'vænə] *n* Havanna *nt*.

have [hæv] (*pt, pp* **had**) *aux vb* **1** haben; (*with
verbs of motion*) sein; **to ~ arrived/gone**
angekommen/gegangen sein; **to ~ eaten/
slept** gegessen/geschlafen haben; **he has
been promoted** er ist befördert worden;
having eaten *or* **when he had eaten, he left**
nachdem er gegessen hatte, ging er.

2 (*in tag questions*): **you've done it, ~n't you?**
du hast es gemacht, nicht wahr?; **he hasn't
done it, has he?** er hat es nicht gemacht,
oder?

3 (*in short answers and questions*): **you've
made a mistake - no I ~n't/so I ~** du hast
einen Fehler gemacht - nein(, das habe ich
nicht)/ja, stimmt; **we ~n't paid - yes we ~!**
wir haben nicht bezahlt - doch!; **I've been
there before - ~ you?** ich war schon einmal
da - wirklich *or* tatsächlich?

♦ *modal aux vb* (*be obliged*): **to ~ (got) to do
sth** etw tun müssen; **this has (got) to be a
mistake** das muss ein Fehler sein

♦ *vt* **1** (*possess*) haben; **she has (got) blue
eyes/dark hair** sie hat blaue Augen/dunkle
Haare; **I ~ (got) an idea** ich habe eine
Idee.

2 (*referring to meals etc*): **to ~ breakfast**
frühstücken; **to ~ lunch/dinner** zu Mittag/
Abend essen; **to ~ a drink** etwas trinken; **to
~ a cigarette** eine Zigarette rauchen.

3 (*receive, obtain etc*) haben; **may I ~ your
address?** kann ich Ihre Adresse haben *or*
bekommen?; **to ~ a baby** ein Kind
bekommen.

4 (*allow*): **I won't ~ this nonsense** dieser
Unsinn kommt nicht infrage *or* in Frage!;
we can't ~ that das kommt nicht infrage *or*
in Frage.

5: **to ~ sth done** etw machen lassen; **to
~ one's hair cut** sich *dat* die Haare
schneiden lassen; **to ~ sb do sth** (*order*) jdn
etw tun lassen; **he soon had them all
laughing/working** bald hatte er alle zum
Lachen/Arbeiten gebracht.

6 (*experience, suffer*): **to ~ a cold/flu** eine
Erkältung/die Grippe haben; **she had her
bag stolen** ihr *dat* wurde die Tasche
gestohlen.

7 (*+ noun: take, hold etc*): **to ~ a swim**
schwimmen gehen; **to ~ a walk** spazieren
gehen; **to ~ a rest** sich ausruhen; **to ~ a
meeting** eine Besprechung haben; **to ~ a
party** eine Party geben.

8 (*inf: dupe*): **you've been had** man hat dich
hereingelegt.

▶ **have in** (*inf*) *vt*: **to ~ it in for sb** jdn auf dem
Kieker haben.

▶ **have on** *vt* (*wear*) anhaben; (*BRIT: inf: tease*)
auf den Arm nehmen; **I don't ~ any money
on me** ich habe kein Geld bei mir; **do you ~
or ~ you anything on tomorrow?** haben Sie

morgen etwas vor?
▶ **have out** vt: to ~ **it out with sb** (settle a
problem etc) ein Wort mit jdm reden.

haven ['heɪvn] n Hafen m; (safe place)
Zufluchtsort m.
haven't ['hævnt] = **have not**.
haversack ['hævəsæk] n Rucksack m.
haves [hævz] (inf) npl: **the ~ and the have-
nots** die Betuchten und die Habenichtse.
havoc ['hævək] n Verwüstung f; (confusion)
Chaos nt; **to play ~ with sth** (disrupt) etw
völlig durcheinander bringen.
Hawaii [hə'waɪiː] n Hawaii nt.
Hawaiian [hə'waɪjən] adj hawaiisch ♦ n
Hawaiianer(in) m(f); (LING) Hawaiisch nt.
hawk [hɔːk] n Habicht m.
hawker ['hɔːkə*] n Hausierer(in) m(f).
hawkish ['hɔːkɪʃ] adj (person, approach)
knallhart.
hawthorn ['hɔːθɔːn] n Weißdorn m, Rotdorn
m.
hay [heɪ] n Heu nt.
hay fever n Heuschnupfen m.
haystack ['heɪstæk] n Heuhaufen m; **like
looking for a needle in a ~** als ob man eine
Stecknadel im Heuhaufen suchte.
haywire ['heɪwaɪə*] (inf) adj: **to go ~** (machine)
verrückt spielen; (plans etc) über den
Haufen geworfen werden.
hazard ['hæzəd] n Gefahr f ♦ vt riskieren; **to
be a health/fire ~** eine Gefahr für die
Gesundheit/feuergefährlich sein; **to ~ a
guess** (es) wagen, eine Vermutung
anzustellen.
hazardous ['hæzədəs] adj gefährlich.
hazard pay (US) n Gefahrenzulage f.
hazard (warning) lights npl (AUT)
Warnblinkanlage f.
haze [heɪz] n Dunst m.
hazel ['heɪzl] n Hasel(nuss)strauch m,
Haselbusch m ♦ adj haselnussbraun.
hazelnut ['heɪzlnʌt] n Haselnuss f.
hazy ['heɪzɪ] adj dunstig, diesig; (idea,
memory) unklar, verschwommen; **I'm rather
~ about the details** an die Einzelheiten
kann ich mich nur vage or verschwommen
erinnern; (ignorant) die genauen
Einzelheiten sind mir nicht bekannt.
H-bomb ['eɪtʃbɒm] n H-Bombe f.
HE abbr (REL, DIPLOMACY: = His/Her Excellency)
Seine/Ihre Exzellenz; (= high explosive)
hochexplosiver Sprengstoff m.
he [hiː] pron er ♦ pref männlich; **~ who ...** wer
...

head [hɛd] n Kopf m; (of table) Kopfende nt; (of
queue) Spitze f; (of company, organization)
Leiter(in) m(f); (of school) Schulleiter(in)
m(f); (on coin) Kopfseite f; (on tape recorder)
Tonkopf m ♦ vt anführen, an der Spitze
stehen von; (group, company) leiten;
(FOOTBALL: ball) köpfen; **~s (or tails)** Kopf

(oder Zahl); **~ over heels** Hals über Kopf;
(in love) bis über beide Ohren; **£10 a** or per
~ 10 Pfund pro Kopf; at the ~ of the list
oben auf der Liste; **to have a ~ for business**
einen guten Geschäftssinn haben; **to have
no ~ for heights** nicht schwindelfrei sein;
to come to a ~ sich zuspitzen; **they put their
~s together** sie haben sich
zusammengesetzt; **off the top of my** etc **~**
ohne lange zu überlegen; **on your own ~ be
it!** auf Ihre eigene Verantwortung or Kappe
(inf)!; **to bite** or **snap sb's ~ off** jdn grob
anfahren; **he won't bite your ~ off** er wird
dir schon nicht den Kopf abreißen; **it went
to my ~** es ist mir in den Kopf or zu Kopf
gestiegen; **to lose/keep one's ~** den Kopf
verlieren/nicht verlieren; **I can't make
~ nor tail of this** hieraus werde ich nicht
schlau; **he's off his ~!** (inf) er ist nicht
(ganz) bei Trost!
▶ **head for** vt fus (on foot) zusteuern auf +acc;
(by car) in Richtung ... fahren; (plane, ship)
Kurs nehmen auf +acc; **you are ~ing for
trouble** du wirst Ärger bekommen.
▶ **head off** vt abwenden.
headache ['hɛdeɪk] n Kopfschmerzen pl,
Kopfweh nt; (fig) Problem nt; **to have a ~**
Kopfschmerzen or Kopfweh haben.
headband ['hɛdbænd] n Stirnband nt.
headboard ['hɛdbɔːd] n Kopfteil nt.
head cold n Kopfgrippe f.
headdress ['hɛddrɛs] (BRIT) n Kopfschmuck
m.
headed notepaper ['hɛdɪd-] n Schreibpapier
nt mit Briefkopf.
header ['hɛdə*] (BRIT: inf) n (FOOTBALL)
Kopfball m.
headfirst ['hɛd'fɜːst] adv (lit) kopfüber; (fig)
Hals über Kopf.
headgear ['hɛdgɪə*] n Kopfbedeckung f.
head-hunt ['hɛdhʌnt] vt abwerben.
head-hunter ['hɛdhʌntə*] n (COMM)
Kopfjäger(in) m(f).
heading ['hɛdɪŋ] n Überschrift f.
headlamp ['hɛdlæmp] (BRIT) n = **headlight**.
headland ['hɛdlənd] n Landspitze f.
headlight ['hɛdlaɪt] n Scheinwerfer m.
headline ['hɛdlaɪn] n Schlagzeile f; (RADIO,
TV): **(news) ~s** Nachrichtenüberblick m.
headlong ['hɛdlɒŋ] adv kopfüber; (rush) Hals
über Kopf.
headmaster [hɛd'mɑːstə*] n Schulleiter m.
headmistress [hɛd'mɪstrɪs] n Schulleiterin f.
head office n Zentrale f.
head of state (pl **heads of state**) n
Staatsoberhaupt nt.
head-on ['hɛd'ɒn] adj (collision) frontal;
(confrontation) direkt.
headphones ['hɛdfəunz] npl Kopfhörer pl.
headquarters ['hɛdkwɔːtəz] npl Zentrale f;
(MIL) Hauptquartier nt.
headrest ['hɛdrɛst] n (AUT) Kopfstütze f.

headroom ['hɛdrum] *n* (*in car*) Kopfraum *m*; (*under bridge*) lichte Höhe *f*.
headscarf ['hɛdskɑːf] *n* Kopftuch *nt*.
headset ['hɛdsɛt] *n* = **headphones**.
head start *n* Vorsprung *m*.
headstone ['hɛdstəun] *n* Grabstein *m*.
headstrong ['hɛdstrɔŋ] *adj* eigensinnig.
head waiter *n* Oberkellner *m*.
headway ['hɛdweɪ] *n*: **to make ~**
vorankommen.
headwind ['hɛdwɪnd] *n* Gegenwind *m*.
heady ['hɛdɪ] *adj* (*experience etc*) aufregend;
(*drink, atmosphere*) berauschend.
heal [hiːl] *vt, vi* heilen.
health [hɛlθ] *n* Gesundheit *f*.
health care *n* Gesundheitsfürsorge *f*.
health centre (*BRIT*) *n* Ärztezentrum *nt*.
health food *n* Reformkost *f*, Naturkost *f*.
health food shop *n* Reformhaus *nt*,
Naturkostladen *m*.
health hazard *n* Gefahr *f* für die Gesundheit.
health service (*BRIT*) *n*: **the Health Service**
das Gesundheitswesen.
healthy ['hɛlθɪ] *adj* gesund; (*profit*) ansehnlich.
heap [hiːp] *n* Haufen *m* ♦ *vt*: **to ~ (up)**
(auf)häufen; **~s of** (*inf*) jede Menge; **to
~ sth with** etw beladen mit; **to ~ sth on** etw
häufen auf +*acc*; **to ~ favours/gifts** *etc* **on sb**
jdn mit Gefälligkeiten/Geschenken *etc*
überhäufen; **to ~ praises on sb** jdn mit Lob
überschütten.
hear [hɪə*] (*pt, pp* **heard**) *vt* hören; (*LAW: case*)
verhandeln; (: *witness*) vernehmen; **to
~ about** hören von; **to ~ from sb** von jdm
hören; **I've never heard of that book** von
dem Buch habe ich noch nie etwas gehört; **I
wouldn't ~ of it!** davon will ich nichts
hören.
▶ **hear out** *vt* ausreden lassen.
heard [hɜːd] *pt, pp of* **hear**.
hearing ['hɪərɪŋ] *n* Gehör *nt*; (*of facts, by
committee*) Anhörung *f*; (*of witnesses*)
Vernehmung *f*; (*of a case*) Verhandlung *f*; **to
give sb a ~** (*BRIT*) jdn anhören.
hearing aid *n* Hörgerät *nt*.
hearsay ['hɪəseɪ] *n* Gerüchte *pl*; **by ~** vom
Hörensagen.
hearse [hɜːs] *n* Leichenwagen *m*.
heart [hɑːt] *n* Herz *nt*; (*of problem*) Kern *m*;
hearts *npl* (*CARDS*) Herz *nt*; **to lose ~** den
Mut verlieren; **to take ~** Mut fassen; **at ~**
im Grunde; **by ~** auswendig; **to set one's
~ on sth** sein Herz an etw *acc* hängen; **to set
one's ~ on doing sth** alles daransetzen, etw
zu tun; **the ~ of the matter** der Kern der
Sache.
heartache ['hɑːteɪk] *n* Kummer *m*.
heart attack *n* Herzanfall *m*.
heartbeat ['hɑːtbiːt] *n* Herzschlag *m*.
heartbreak ['hɑːtbreɪk] *n* großer Kummer *m*,
Leid *nt*.
heartbreaking ['hɑːtbreɪkɪŋ] *adj*

herzzerreißend.
heartbroken ['hɑːtbrəukən] *adj*: **to be ~**
todunglücklich sein.
heartburn ['hɑːtbɜːn] *n* Sodbrennen *nt*.
-hearted ['hɑːtɪd] *suff*: **kind-~** gutherzig.
heartening ['hɑːtnɪŋ] *adj* ermutigend.
heart failure *n* Herzversagen *nt*.
heartfelt ['hɑːtfɛlt] *adj* tief empfunden.
hearth [hɑːθ] *n* ≈ Kamin *m*.
heartily ['hɑːtɪlɪ] *adv* (*see adj*) (laut und)
herzlich; herzhaft; tief; ungeteilt.
heartland ['hɑːtlænd] *n* Herz *nt*; **Britain's
industrial ~** Großbritanniens
Industriezentrum *nt*.
heartless ['hɑːtlɪs] *adj* herzlos.
heartstrings ['hɑːtstrɪŋz] *npl*: **to tug at sb's ~**
bei jdm auf die Tränendrüsen drücken.
heart-throb ['hɑːtθrɔb] (*inf*) *n* Schwarm *m*.
heart-to-heart ['hɑːt'tə'hɑːt] *adj, adv* ganz im
Vertrauen.
heart transplant *n* Herztransplantation *f*,
Herzverpflanzung *f*.
heart-warming ['hɑːtwɔːmɪŋ] *adj*
herzerfreuend.
hearty ['hɑːtɪ] *adj* (*person*) laut und herzlich;
(*laugh, appetite*) herzhaft; (*welcome*)
herzlich; (*dislike*) tief; (*support*) ungeteilt.
heat [hiːt] *n* Hitze *f*; (*warmth*) Wärme *f*;
(*temperature*) Temperatur *f*; (*SPORT: also*:
qualifying ~) Vorrunde *f* ♦ *vt* erhitzen, heiß
machen; (*room, house*) heizen; **in** *or* (*BRIT*) **on
~** (*ZOOL*) brünstig, läufig.
▶ **heat up** *vi* sich erwärmen, warm werden
♦ *vt* aufwärmen; (*water, room*) erwärmen.
heated ['hiːtɪd] *adj* geheizt; (*pool*) beheizt;
(*argument*) hitzig.
heater ['hiːtə*] *n* (Heiz)ofen *m*; (*in car*)
Heizung *f*.
heath [hiːθ] (*BRIT*) *n* Heide *f*.
heathen ['hiːðn] *n* Heide *m*, Heidin *f*.
heather ['hɛðə*] *n* Heidekraut *nt*, Erika *f*.
heating ['hiːtɪŋ] *n* Heizung *f*.
heat-resistant ['hiːtrɪzɪstənt] *adj*
hitzebeständig.
heat-seeking ['hiːtsiːkɪŋ] *adj* Wärme suchend.
heatstroke ['hiːtstrəuk] *n* Hitzschlag *m*.
heat wave *n* Hitzewelle *f*.
heave [hiːv] *vt* (*pull*) ziehen; (*push*) schieben;
(*lift*) (hoch)heben ♦ *vi* sich heben und
senken; (*retch*) sich übergeben ♦ *n* (*see vt*)
Zug *m*; Stoß *m*; Heben *nt*; **to ~ a sigh** einen
Seufzer ausstoßen.
▶ **heave to** (*pt, pp* **hove**) *vi* (*NAUT*) beidrehen.
heaven ['hɛvn] *n* Himmel *m*; **thank ~!** Gott sei
Dank!; **~ forbid!** bloß nicht!; **for ~'s sake!**
um Himmels *or* Gottes willen!
heavenly ['hɛvnlɪ] *adj* himmlisch.
heaven-sent [hɛvn'sɛnt] *adj* ideal.
heavily ['hɛvɪlɪ] *adv* schwer; (*drink, smoke,
depend, rely*) stark; (*sleep, sigh*) tief; (*say*)
mit schwerer Stimme.
heavy ['hɛvɪ] *adj* schwer; (*clothes*) dick; (*rain,*

snow, drinker, smoker) stark; *(build, frame)*
kräftig; *(breathing, sleep)* tief; *(schedule,
week)* anstrengend; *(weather)* drückend,
schwül; **the conversation was ~ going** die
Unterhaltung war mühsam; **the book was
~ going** das Buch las sich schwer.

heavy cream *(US)* n *Sahne mit hohem
Fettgehalt,* ≈ Schlagsahne f.

heavy-duty ['hɛvɪ'djuːtɪ] adj strapazierfähig.

heavy goods vehicle n Lastkraftwagen m.

heavy-handed ['hɛvɪ'hændɪd] adj
schwerfällig, ungeschickt.

heavy industry n Schwerindustrie f.

heavy metal n *(MUS)* Heavymetal nt.

heavyset ['hɛvɪ'sɛt] *(esp US)* adj kräftig
gebaut.

heavyweight ['hɛvɪweɪt] n *(SPORT)*
Schwergewicht nt.

Hebrew ['hiːbruː] adj hebräisch ♦ n *(LING)*
Hebräisch nt.

Hebrides ['hɛbrɪdiːz] npl: **the ~** die Hebriden
pl.

heck [hɛk] *(inf)* interj: **oh ~!** zum Kuckuck!
♦ n: **a ~ of a lot** irrsinnig viel.

heckle ['hɛkl] vt durch Zwischenrufe stören.

heckler ['hɛklə*] n Zwischenrufer(in) m(f),
Störer(in) m(f).

hectare ['hɛktɑː*] *(BRIT)* n Hektar nt or m.

hectic ['hɛktɪk] adj hektisch.

hector ['hɛktə*] vt tyrannisieren.

he'd [hiːd] = he would; he had.

hedge [hɛdʒ] n Hecke f ♦ vi ausweichen, sich
nicht festlegen ♦ vt: **to ~ one's bets** *(fig)* sich
absichern; **as a ~ against inflation** als
Absicherung or Schutz gegen die Inflation.
► **hedge in** vt *(person)* (in seiner Freiheit)
einschränken; *(proposals etc)* behindern.

hedgehog ['hɛdʒhɔg] n Igel m.

hedgerow ['hɛdʒrəʊ] n Hecke f.

hedonism ['hiːdənɪzəm] n Hedonismus m.

heed [hiːd] vt *(also:* **take ~ of)** beachten ♦ n: **to
pay (no) ~ to, take (no) ~ of** (nicht)
beachten.

heedless ['hiːdlɪs] adj achtlos; **~ of sb/sth**
ohne auf jdn/etw zu achten.

heel [hiːl] n Ferse f; *(of shoe)* Absatz m ♦ vt
(shoe) mit einem neuen Absatz versehen; **to
bring to ~** *(dog)* bei Fuß gehen lassen; *(fig:
person)* an die Kandare nehmen; **to take to
one's ~s** *(inf)* sich aus dem Staub machen.

hefty ['hɛftɪ] adj kräftig; *(parcel etc)* schwer;
(profit) ansehnlich.

heifer ['hɛfə*] n Färse f.

height [haɪt] n Höhe f; *(of person)* Größe f; *(fig:
of luxury, good taste etc)* Gipfel m; **what ~ are
you?** wie groß bist du?; **of average ~**
durchschnittlich groß; **to be afraid of ~s**
nicht schwindelfrei sein; **it's the ~ of
fashion** das ist die neueste Mode; **at the
~ of the tourist season** in der Hauptsaison.

heighten ['haɪtn] vt erhöhen.

heinous ['heɪnəs] adj abscheulich,

verabscheuungswürdig.

heir [ɛə*] n Erbe m; **the ~ to the throne** der
Thronfolger.

heir apparent n gesetzlicher Erbe m.

heiress ['ɛərɛs] n Erbin f.

heirloom ['ɛəluːm] n Erbstück nt.

heist [haɪst] *(US: inf)* n Raubüberfall m.

held [hɛld] pt, pp of **hold**.

helicopter ['hɛlɪkɔptə*] n Hubschrauber m.

heliport ['hɛlɪpɔːt] n Hubschrauberflugplatz
m, Heliport m.

helium ['hiːlɪəm] n Helium nt.

hell [hɛl] n Hölle f; **~!** *(inf!)* verdammt! *(inf!)*; **a
~ of a lot** *(inf)* verdammt viel *(inf)*; **a ~ of a
mess** *(inf)* ein wahnsinniges Chaos *(inf)*; **a
~ of a noise** *(inf)* ein Höllenlärm m; **a ~ of a
nice guy** ein wahnsinnig netter Typ.

he'll [hiːl] = he will; he shall.

hellbent [hɛl'bɛnt] adj: **~ (on)** versessen (auf
+acc).

hellish ['hɛlɪʃ] *(inf)* adj höllisch.

hello [hə'ləʊ] excl hallo; *(expressing surprise)*
nanu, he.

Hell's Angels npl Hell's Angels pl.

helm [hɛlm] n Ruder nt, Steuer nt; **at the ~** am
Ruder.

helmet ['hɛlmɪt] n Helm m.

helmsman ['hɛlmzmən] *(irreg: like* **man***)* n
Steuermann m.

help [hɛlp] n Hilfe f; *(charwoman)*
(Haushalts)hilfe f ♦ vt helfen +dat; **with the
~ of** *(person)* mit (der) Hilfe +gen; *(tool etc)*
mithilfe or mit Hilfe +gen; **to be of ~ to sb**
jdm behilflich sein, jdm helfen; **can I ~ you?**
(in shop) womit kann ich Ihnen dienen?;
~ yourself bedienen Sie sich; **he can't ~ it**
er kann nichts dafür; **I can't ~ thinking that**
... ich kann mir nicht helfen, ich glaube,
dass ...

helper ['hɛlpə*] n Helfer(in) m(f).

helpful ['hɛlpfʊl] adj hilfsbereit; *(advice,
suggestion)* nützlich, hilfreich.

helping ['hɛlpɪŋ] n Portion f.

helping hand n: **to give** or **lend sb a ~** jdm
behilflich sein.

helpless ['hɛlplɪs] adj hilflos.

helplessly ['hɛlplɪslɪ] adv hilflos.

helpline ['hɛlplaɪn] n *(for emergencies)* Notruf
m; *(for information)* Informationsdienst m.

Helsinki ['hɛlsɪŋkɪ] n Helsinki nt.

helter-skelter ['hɛltə'skɛltə*] *(BRIT)* n
Rutschbahn f.

hem [hɛm] n Saum m ♦ vt säumen.
► **hem in** vt einschließen, umgeben; **to feel
~med in** *(fig)* sich eingeengt fühlen.

hematology ['hiːmə'tɔlədʒɪ] *(US)* n
= **haematology**.

hemisphere ['hɛmɪsfɪə*] n Hemisphäre f; *(of
sphere)* Halbkugel f.

hemlock ['hɛmlɔk] n Schierling m.

hemoglobin ['hiːmə'gləʊbɪn] *(US)* n
= **haemoglobin**.

hemophilia ['hiːməˈfɪlɪə] (*US*) *n*
= **haemophilia**.
hemorrhage ['hɛmərɪdʒ] (*US*) *n*
= **haemorrhage**.
hemorrhoids ['hɛmərɔɪdz] (*US*) *npl*
= **haemorrhoids**.
hemp [hɛmp] *n* Hanf *m*.
hen [hɛn] *n* Henne *f*, Huhn *nt*; (*female bird*)
Weibchen *nt*.
hence [hɛns] *adv* daher; **2 years ~ in zwei
Jahren.**
henceforth [hɛnsˈfɔːθ] *adv* von nun an; (*from
that time on*) von da an.
henchman ['hɛntʃmən] (*irreg: like* **man**) (*pej*) *n*
Spießgeselle *m*.
henna ['hɛnə] *n* Henna *nt*.
hen night, hen party (*inf*) *n*
Damenkränzchen *nt*.

HEN NIGHT

Als **hen night** *bezeichnet man eine feuchtfröhliche
Frauenparty, die kurz vor einer Hochzeit von der
Braut und ihren Freundinnen meist in einem
Gasthaus oder Nachtklub abgehalten wird und bei
der die Freundinnen dafür sorgen, dass vor allem
die Braut große Mengen an Alkohol konsumiert.
Siehe auch* **stag night.**

---

henpecked ['hɛnpɛkt] *adj*: **to be ~** unter dem
Pantoffel stehen; **~ husband** Pantoffelheld
m.
hepatitis [hɛpəˈtaɪtɪs] *n* Hepatitis *f*.
her [hɜːʳ] *pron* sie; (*indirect*) ihr ♦ *adj* ihr; **I see
~** ich sehe sie; **give ~ a book** gib ihr ein
Buch; **after ~** nach ihr; *see also* **me, my.**
herald ['hɛrəld] *n* (Vor)bote *m* ♦ *vt* ankündigen.
heraldic [hɛˈrældɪk] *adj* heraldisch, Wappen-.
heraldry ['hɛrəldrɪ] *n* Wappenkunde *f*,
Heraldik *f*; (*coats of arms*) Wappen *pl*.
herb [hɜːb] *n* Kraut *nt*.
herbaceous [hɜːˈbeɪʃəs] *adj*: **~ border**
Staudenrabatte *f*; **~ plant** Staude *f*.
herbal ['hɜːbl] *adj* (*tea, medicine*) Kräuter-.
herbicide ['hɜːbɪsaɪd] *n*
Unkrautvertilgungsmittel *nt*, Herbizid *nt*.
herd [hɜːd] *n* Herde *f*; (*of wild animals*) Rudel *nt*
♦ *vt* treiben; (*gather*) zusammentreiben; **~ed
together** zusammentrieben.
here [hɪəʳ] *adv* hier; **she left ~ yesterday** sie
ist gestern von hier abgereist; **~ is/are...**
hier ist/sind...; **~ you are** (*giving*) (hier,)
bitte; **~ we are!** (*finding sth*) da ist es ja!;
~ she is! da ist sie ja!; **~ she comes** da
kommt sie ja; **come ~!** komm hierher *or*
hierhin!; **~ and there** hier und da; **"~'s to
..."** „auf ... *acc*".
hereabouts ['hɪərəˈbauts] *adv* hier.
hereafter [hɪərˈɑːftəʳ] *adv* künftig.
hereby [hɪəˈbaɪ] *adv* hiermit.
hereditary [hɪˈrɛdɪtrɪ] *adj* erblich, Erb-.
heredity [hɪˈrɛdɪtɪ] *n* Vererbung *f*.

heresy ['hɛrəsɪ] *n* Ketzerei *f*.
heretic ['hɛrətɪk] *n* Ketzer(in) *m(f)*.
heretical [hɪˈrɛtɪkl] *adj* ketzerisch.
herewith [hɪəˈwɪð] *adv* hiermit.
heritage ['hɛrɪtɪdʒ] *n* Erbe *nt*; **our national ~**
unser nationales Erbe.
hermetically [hɜːˈmɛtɪklɪ] *adv*: **~ sealed**
hermetisch verschlossen.
hermit ['hɜːmɪt] *n* Einsiedler(in) *m(f)*.
hernia ['hɜːnɪə] *n* Bruch *m*.
hero ['hɪərəu] (*pl* **~es**) *n* Held *m*; (*idol*) Idol *nt*.
heroic [hɪˈrəuɪk] *adj* heroisch; (*figure, person*)
heldenhaft.
heroin ['hɛrəuɪn] *n* Heroin *nt*.
heroin addict *n* Heroinsüchtige(r) *f(m)*.
heroine ['hɛrəuɪn] *n* Heldin *f*; (*idol*) Idol *nt*.
heroism ['hɛrəuɪzəm] *n* Heldentum *nt*.
heron ['hɛrən] *n* Reiher *m*.
hero worship *n* Heldenverehrung *f*.
herring ['hɛrɪŋ] *n* Hering *m*.
hers [hɜːz] *pron* ihre(r, s); **a friend of ~** ein
Freund von ihr; **this is ~** das gehört ihr; *see
also* **mine.**
herself [hɜːˈsɛlf] *pron* sich; (*emphatic*) (sie)
selbst; *see also* **oneself.**
Herts [hɑːts] (*BRIT*) *abbr* (*POST*:
= Hertfordshire).
he's [hiːz] = **he is**; = **he has**.
hesitant ['hɛzɪtənt] *adj* zögernd; **to be ~ about
doing sth** zögern, etw zu tun.
hesitate ['hɛzɪteɪt] *vi* zögern; (*be unwilling*)
Bedenken haben; **to ~ about** Bedenken
haben wegen; **don't ~ to see a doctor if you
are worried** gehen Sie ruhig zum Arzt, wenn
Sie sich Sorgen machen.
hesitation [hɛzɪˈteɪʃən] *n* Zögern *nt*;
Bedenken *pl*; **to have no ~ in saying sth** etw
ohne weiteres sagen können.
hessian ['hɛsɪən] *n* Sackleinwand *f*, Rupfen *m*.
heterogenous [hɛtəˈrɒdʒɪnəs] *adj* heterogen.
heterosexual ['hɛtərəuˈsɛksjuəl] *adj*
heterosexuell ♦ *n* Heterosexuelle(r) *f(m)*.
het up [hɛt-] (*inf*) *adj*: **to get ~ (about)** sich
aufregen (über +*acc*).
HEW (*US*) *n abbr* (= Department of Health,
Education and Welfare) Ministerium für
Gesundheit, Erziehung und Sozialfürsorge.
hew [hjuː] (*pt, pp* **hewed** *or* **hewn**) *vt* (*stone*)
behauen; (*wood*) hacken.
hex [hɛks] (*US*) *n* Fluch *m* ♦ *vt* verhexen.
hexagon ['hɛksəgən] *n* Sechseck *nt*.
hexagonal [hɛkˈsægənl] *adj* sechseckig.
hey [heɪ] *excl* he; (*to attract attention*) he du/Sie.
heyday ['heɪdeɪ] *n*: **the ~ of** (*person*) die
Glanzzeit +*gen*; (*nation, group etc*) die
Blütezeit +*gen*.
HF *n abbr* (= high frequency) HF.
HGV (*BRIT*) *n abbr* (= heavy goods vehicle) LKW
m.
HI (*US*) *abbr* (*POST*: = Hawaii).
hi [haɪ] *excl* hallo.
hiatus [haɪˈeɪtəs] *n* Unterbrechung *f*.

hibernate ['haɪbəneɪt] vi Winterschlaf halten or machen.

hibernation [haɪbə'neɪʃən] n Winterschlaf m.

hiccough ['hɪkʌp] vi hicksen.

hiccoughs ['hɪkʌps] npl Schluckauf m; **to have (the)** ~ den Schluckauf haben.

hiccup ['hɪkʌp] vi = **hiccough**.

hiccups ['hɪkʌps] npl = **hiccoughs**.

hick [hɪk] (US: inf) n Hinterwäldler m.

hid [hɪd] pt of **hide**.

hidden ['hɪdn] pp of **hide** ♦ adj (advantage, danger) unsichtbar; (place) versteckt; **there are no** ~ **extras** es gibt keine versteckten Extrakosten.

hide [haɪd] (pt **hid**, pp **hidden**) n Haut f, Fell nt; (of birdwatcher etc) Versteck nt ♦ vt verstecken; (feeling, information) verbergen; (obscure) verdecken ♦ vi: **to** ~ **(from sb)** sich (vor jdm) verstecken; **to** ~ **sth (from sb)** etw (vor jdm) verstecken.

hide-and-seek ['haɪdn'siːk] n Versteckspiel nt; **to play** ~ Verstecken spielen.

hideaway ['haɪdəweɪ] n Zufluchtsort m.

hideous ['hɪdɪəs] adj scheußlich; (conditions) furchtbar.

hideously ['hɪdɪəslɪ] adv furchtbar.

hide-out ['haɪdaut] n Versteck nt.

hiding ['haɪdɪŋ] n Tracht f Prügel; **to be in** ~ (concealed) sich versteckt halten.

hiding place n Versteck nt.

hierarchy ['haɪərɑːkɪ] n Hierarchie f.

hieroglyphic [haɪərə'glɪfɪk] adj hieroglyphisch.

hieroglyphics [haɪərə'glɪfɪks] npl Hieroglyphen pl.

hi-fi ['haɪfaɪ] n abbr (= high fidelity) Hi-Fi nt ♦ adj (equipment etc) Hi-Fi-.

higgledy-piggledy ['hɪgldɪ'pɪgldɪ] adj durcheinander.

high [haɪ] adj hoch; (wind) stark; (risk) groß; (quality) gut; (inf: on drugs) high; (: on drink) blau; (BRIT: food) schlecht; (: game) anbrüchig ♦ adv hoch ♦ n: **exports have reached a new** ~ der Export hat einen neuen Höchststand erreicht; **to pay a** ~ **price for sth** etw teuer bezahlen; **it's** ~ **time you did it** es ist or wird höchste Zeit, dass du es machst; ~ **in the air** hoch oben in der Luft.

highball ['haɪbɔːl] (US) n Highball m.

highboy ['haɪbɔɪ] (US) n hohe Kommode f.

highbrow ['haɪbrau] adj intellektuell; (book, discussion etc) anspruchsvoll.

highchair ['haɪtʃeə*] n Hochstuhl m.

high-class ['haɪ'klɑːs] adj erstklassig; (neighbourhood) vornehm.

HIGH COURT

High Court ist in England und Wales die Kurzform für „High Court of Justice" und bildet zusammen mit dem Berufungsgericht den Obersten

---

Gerichtshof. In Schottland ist es die Kurzform für „High Court of Justiciary", das höchste Strafgericht in Schottland, das in Edinburgh und anderen Großstädten (immer mit Richter und Geschworenen) zusammentritt und für Verbrechen wie Mord, Vergewaltigung und Hochverrat zuständig ist. Weniger schwere Verbrechen werden vor dem „sheriff court" verhandelt und leichtere Vergehen vor dem „district court".

---

higher ['haɪə*] adj (form of study, life etc) höher (entwickelt) ♦ adv höher.

higher education n Hochschulbildung f.

highfalutin [haɪfə'luːtɪn] (inf) adj (behaviour, ideas) hochtrabend.

high-flier, high-flyer [haɪ'flaɪə*] n Senkrechtstarter(in) m(f).

high-flying [haɪ'flaɪɪŋ] adj (person) erfolgreich; (lifestyle) exklusiv.

high-handed [haɪ'hændɪd] adj eigenmächtig.

high-heeled [haɪ'hiːld] adj hochhackig.

high heels npl hochhackige Schuhe pl.

high jump n Hochsprung m.

Highlands ['haɪləndz] npl: **the** ~ das Hochland.

high-level ['haɪlɛvl] adj (talks etc) auf höchster Ebene; ~ **language** (COMPUT) höhere Programmiersprache f.

highlight ['haɪlaɪt] n (of event) Höhepunkt m; (in hair) Strähnchen nt ♦ vt (problem, need) ein Schlaglicht werfen auf +acc.

highlighter ['haɪlaɪtə*] n Textmarker m.

highly ['haɪlɪ] adv hoch-; **to speak** ~ **of** sich sehr positiv äußern über +acc; **to think** ~ **of** eine hohe Meinung haben von.

highly strung adj nervös.

highness ['haɪnɪs] n: **Her/His/Your H**~ Ihre/ Seine/Eure Hoheit f.

high-pitched [haɪ'pɪtʃt] adj hoch.

high point n Höhepunkt m.

high-powered ['haɪ'pauəd] adj (engine) Hochleistungs-; (job) Spitzen-; (businessman) dynamisch; (person) äußerst fähig; (course) anspruchsvoll.

high-pressure ['haɪprɛʃə*] adj (area, system) Hochdruck-; (inf: sales technique) aggressiv.

high-rise ['haɪraɪz] adj (apartment, block) Hochhaus-; ~ **building/flats** Hochhaus nt.

high school n ≈ Oberschule f.

HIGH SCHOOL

High school ist eine weiterführende Schule in den USA. Man unterscheidet zwischen „junior high school" (im Anschluss an die Grundschule, umfasst das 7., 8. und 9. Schuljahr) und „senior high school" (10., 11. und 12. Schuljahr, mit akademischen und berufsbezogenen Fächern). Weiterführende Schulen in Großbritannien werden manchmal auch als **high school** bezeichnet. Siehe auch **elementary school**.

high season (*BRIT*) *n* Hochsaison *f*.
high spirits *npl* Hochstimmung *f*.
high street (*BRIT*) *n* Hauptstraße *f*.
high strung (*US*) *adj* = **highly strung**.
high tide *n* Flut *f*.
highway ['haɪweɪ] (*US*) *n* Straße *f*; (*between towns, states*) Landstraße *f*; **information ~** Datenautobahn *f*.
Highway Code (*BRIT*) *n* Straßenverkehrsordnung *f*.
highwayman ['haɪweɪmən] (*irreg: like* **man**) *n* Räuber *m*, Wegelagerer *m*.
hijack ['haɪdʒæk] *vt* entführen ♦ *n* (*also*: ~**ing**) Entführung *f*.
hijacker ['haɪdʒækə*] *n* Entführer(in) *m(f)*.
hike [haɪk] *vi* wandern ♦ *n* Wanderung *f*; (*inf*: *in prices etc*) Erhöhung *f* ♦ *vt* (*inf*) erhöhen.
hiker ['haɪkə*] *n* Wanderer *m*, Wanderin *f*.
hiking ['haɪkɪŋ] *n* Wandern *nt*.
hilarious [hɪ'lɛərɪəs] *adj* urkomisch.
hilarity [hɪ'lærɪtɪ] *n* übermütige Ausgelassenheit *f*.
hill [hɪl] *n* Hügel *m*; (*fairly high*) Berg *m*; (*slope*) Hang *m*; (*on road*) Steigung *f*.
hillbilly ['hɪlbɪlɪ] (*US*) *n* Hillbilly *m*; (*pej*) Hinterwäldler(in) *m(f)*, Landpomeranze *f*.
hillock ['hɪlək] *n* Hügel *m*, Anhöhe *f*.
hillside ['hɪlsaɪd] *n* Hang *m*.
hill start *n* (*AUT*) Anfahren *nt* am Berg.
hilltop ['hɪltɒp] *n* Gipfel *m*.
hill walking *n* Bergwandern *nt*.
hilly ['hɪlɪ] *adj* hügelig.
hilt [hɪlt] *n* (*of sword, knife*) Heft *nt*; **to the ~** voll und ganz.
him [hɪm] *pron* ihn; (*indirect*) ihm; *see also* **me**.
Himalayas [hɪmə'leɪəz] *npl*: **the ~** der Himalaja.
himself [hɪm'sɛlf] *pron* sich; (*emphatic*) (er) selbst; *see also* **oneself**.
hind [haɪnd] *adj* (*legs*) Hinter- ♦ *n* (*female deer*) Hirschkuh *f*.
hinder ['hɪndə*] *vt* behindern; **to ~ sb from doing sth** jdn daran hindern, etw zu tun.
hindquarters ['haɪnd'kwɔːtəz] *npl* Hinterteil *nt*.
hindrance ['hɪndrəns] *n* Behinderung *f*.
hindsight ['haɪndsaɪt] *n*: **with ~** im nachhinein.
Hindu ['hɪnduː] *adj* hinduistisch, Hindu-.
hinge [hɪndʒ] *n* (*on door*) Angel *f* ♦ *vi*: **to ~ on** anhängen von.
hint [hɪnt] *n* Andeutung *f*; (*advice*) Tipp *m*; (*sign, glimmer*) Spur *f* ♦ *vt*: **to ~ that** andeuten, dass ♦ *vi*: **to ~ at** andeuten; **to drop a ~** eine Andeutung machen; **give me a ~** geben Sie mir einen Hinweis; **white with a ~ of pink** weiß mit einem Hauch von Rosa.
hip [hɪp] *n* Hüfte *f*.
hip flask *n* Taschenflasche *f*, Flachmann *m* (*inf*).

hip-hop ['hɪphɒp] *n* Hip-Hop *nt*.
hippie ['hɪpɪ] *n* Hippie *m*.
hippo ['hɪpəu] *n* Nilpferd *nt*.
hip pocket *n* Gesäßtasche *f*.
hippopotamus [hɪpə'pɒtəməs] (*pl* ~**es** *or* **hippopotami**) *n* Nilpferd *nt*.
hippy ['hɪpɪ] *n* = **hippie**.
hire ['haɪə*] *vt* (*BRIT*) mieten; (*worker*) einstellen ♦ *n* (*BRIT*) Mieten *nt*; **for ~** (*taxi*) frei; (*boat*) zu vermieten; **on ~** gemietet.
▶ **hire out** *vt* vermieten.
hire(d) car (*BRIT*) *n* Mietwagen *m*, Leihwagen *m*.
hire-purchase [haɪə'pɜːtʃɪs] (*BRIT*) *n* Ratenkauf *m*; **to buy sth on ~** etw auf Raten kaufen.
his [hɪz] *pron* seine(r, s) ♦ *adj* sein; *see also* **my**, **mine[2]**.
hiss [hɪs] *vi* zischen; (*cat*) fauchen ♦ *n* Zischen *nt*; (*of cat*) Fauchen *nt*.
histogram ['hɪstəgræm] *n* Histogramm *nt*.
historian [hɪ'stɔːrɪən] *n* Historiker(in) *m(f)*.
historic [hɪ'stɒrɪk] *adj* historisch.
historical [hɪ'stɒrɪkl] *adj* historisch.
history ['hɪstərɪ] *n* Geschichte *f*; **there's a ~ of heart disease in his family** Herzleiden liegen bei ihm in der Familie; **medical ~** Krankengeschichte *f*.
hit [hɪt] (*pt, pp* **hit**) *vt* schlagen; (*reach, affect*) treffen; (*vehicle: another vehicle*) zusammenstoßen mit; (: *wall, tree*) fahren gegen; (: *more violently*) prallen gegen; (: *person*) anfahren ♦ *n* Schlag *m*; (*success*) Erfolg *m*; (*song*) Hit *m*; **to ~ it off with sb** sich gut mit jdm verstehen; **to ~ the headlines** Schlagzeilen machen; **to ~ the road** (*inf*) sich auf den Weg *or* die Socken (*inf*) machen; **to ~ the roof** (*inf*) an die Decke *or* in die Luft gehen.
▶ **hit back** *vi*: **to ~ back at sb** jdn zurückschlagen; (*fig*) jdm Kontra geben.
▶ **hit out at** *vt fus* auf jdn losschlagen; (*fig*) jdn scharf angreifen.
▶ **hit (up)on** *vt fus* stoßen auf +*acc*, finden.
hit-and-miss ['hɪtən'mɪs] *adj* = **hit-or-miss**.
hit-and-run driver ['hɪtən'rʌn-] *n* unfallflüchtiger Fahrer *m*, unfallflüchtige Fahrerin *f*.
hitch [hɪtʃ] *vt* festmachen, anbinden; (*also*: ~ **up**: *trousers, skirt*) hochziehen ♦ *n* Schwierigkeit *f*, Problem *nt*; **to ~ a lift** trampen, per Anhalter fahren; **technical ~** technische Panne *f*.
▶ **hitch up** *vt* anspannen; *see also* **hitch**.
hitchhike ['hɪtʃhaɪk] *vi* trampen, per Anhalter fahren.
hitchhiker ['hɪtʃhaɪkə*] *n* Tramper(in) *m(f)*, Anhalter(in) *m(f)*.
hi-tech ['haɪtɛk] *adj* Hightech-, hoch technisiert ♦ *n* Hightech *nt*, Hochtechnologie *f*.

hitherto [hɪðə'tuː] *adv* bisher, bis jetzt.
hit list *n* Abschlussliste *f*.
hit man (*inf*) *n* Killer *m*.
hit-or-miss ['hɪtə'mɪs] *adj* ungeplant; **to be a** ~ **affair** eine unsichere Sache sein; **it's** ~ **whether ...** es ist nicht zu sagen, ob ...
hit parade *n* Hitparade *f*.
HIV *n abbr* (= *human immunodeficiency virus*) HIV; ~-**negative** HIV-negativ; ~-**positive** HIV-positiv.
hive [haɪv] *n* Bienenkorb *m*; **to be a** ~ **of activity** einem Bienenhaus gleichen.
▶ **hive off** (*inf*) *vt* ausgliedern, abspalten.
hl *abbr* (= *hectolitre*) hl.
HM *abbr* (= *His/Her Majesty*) S./I.M.
HMG (*BRIT*) *abbr* (= *His/Her Majesty's Government*) die Regierung Seiner/Ihrer Majestät.
HMI (*BRIT*) *n abbr* (*SCOL*: = *His/Her Majesty's Inspector*) *regierungsamtlicher Schulaufsichtsbeauftragter*.
HMO (*US*) *n abbr* (= *health maintenance organization*) Organisation zur Gesundheitsfürsorge.
HMS (*BRIT*) *abbr* (= *His (or Her) Majesty's Ship*) *Namensteil von Schiffen der Kriegsmarine*.
HMSO (*BRIT*) *n abbr* (= *His (or Her) Majesty's Stationery Office*) *regierungsamtliche Druckerei*.
HNC (*BRIT*) *n abbr* (= *Higher National Certificate*) *Berufsschulabschluss*.
HND (*BRIT*) *n abbr* (= *Higher National Diploma*) *Qualifikationsnachweis in technischen Fächern*.
hoard [hɔːd] *n* (*of food*) Vorrat *m*; (*of money, treasure*) Schatz *m* ♦ *vt* (*food*) hamstern; (*money*) horten.
hoarding ['hɔːdɪŋ] (*BRIT*) *n* Plakatwand *f*.
hoarfrost ['hɔːfrɔst] *n* (Rau)reif *m*.
hoarse [hɔːs] *adj* heiser.
hoax [həʊks] *n* (*false alarm*) blinder Alarm *m*.
hob [hɔb] *n* Kochmulde *f*.
hobble ['hɔbl] *vi* humpeln.
hobby ['hɔbɪ] *n* Hobby *nt*, Steckenpferd *nt*.
hobbyhorse ['hɔbɪhɔːs] *n* (*fig*) Lieblingsthema *nt*.
hobnail boot ['hɔbneɪl-] *n* Nagelschuh *m*.
hobnob ['hɔbnɔb] *vi*: **to** ~ **with** auf Du und Du stehen mit.
hobo ['həʊbəʊ] (*US*) *n* Penner *m* (*inf*).
hock [hɔk] *n* (*BRIT*) weißer Rheinwein *m*; (*of animal*) Sprunggelenk *nt*; (*US: CULIN*) Gelenkstück *nt*; (*inf*): **to be in** ~ (*person: in debt*) in Schulden stecken; (*object*) verpfändet *or* im Leihhaus sein.
hockey ['hɔkɪ] *n* Hockey *nt*.
hocus-pocus ['həʊkəs'pəʊkəs] *n* Hokuspokus *m*; (*trickery*) faule Tricks *pl*; (*jargon*) Jargon *m*.
hod [hɔd] *n* (*for bricks etc*) Tragemulde *f*.
hodgepodge ['hɔdʒpɔdʒ] (*US*) *n* = **hotchpotch**.

hoe [həʊ] *n* Hacke *f* ♦ *vt* hacken.
hog [hɔg] *n* (Mast)schwein *nt* ♦ *vt* (*road*) für sich beanspruchen; (*telephone etc*) in Beschlag nehmen; **to go the whole** ~ Nägel mit Köpfen machen.
Hogmanay [hɔgmə'neɪ] (*SCOT*) *n* Silvester *nt*.
hogwash ['hɔgwɔʃ] (*inf*) *n* (*nonsense*) Quatsch *m*.
ho hum ['həʊ'hʌm] *interj* na gut.
hoist [hɔɪst] *n* Hebevorrichtung *f* ♦ *vt* hochheben; (*flag, sail*) hissen.
hoity-toity [hɔɪtɪ'tɔɪtɪ] (*inf: pej*) *adj* hochnäsig.
hold [həʊld] (*pt, pp* **held**) *vt* halten; (*contain*) enthalten; (*power, qualification*) haben; (*opinion*) vertreten; (*meeting*) abhalten; (*conversation*) führen; (*prisoner, hostage*) festhalten ♦ *vi* halten; (*be valid*) gelten; (*weather*) sich halten ♦ *n* (*grasp*) Griff *m*; (*of ship, plane*) Laderaum *m*; **to** ~ **one's head up** den Kopf hochhalten; **to** ~ **sb responsible/ liable** *etc* jdn verantwortlich/haftbar *etc* machen; ~ **the line!** (*TEL*) bleiben Sie am Apparat!; ~ **it!** Moment mal!; **to** ~ **one's own** sich behaupten; **he** ~**s the view that ...** er ist der Meinung *or* er vertritt die Ansicht, dass ...; **to** ~ **firm** *or* **fast** halten; ~ **still!**, ~ **steady!** stillhalten!; **his luck held** das Glück blieb ihm treu; **I don't** ~ **with ...** ich bin gegen ...; **to catch** *or* **get (a)** ~ **of** sich festhalten an +*dat*; **to get** ~ **of** (*fig*) finden, auftreiben; **to get** ~ **of o.s.** sich in den Griff bekommen; **to have a** ~ **over** in der Hand haben.
▶ **hold back** *vt* zurückhalten; (*tears, laughter*) unterdrücken; (*secret*) verbergen; (*information*) geheim halten.
▶ **hold down** *vt* niederhalten; (*job*) sich halten in +*dat*.
▶ **hold forth** *vi*: **to** ~ **forth (about)** sich ergehen *or* sich auslassen (über +*acc*).
▶ **hold off** *vt* abwehren ♦ *vi*: **if the rain** ~**s off** wenn es nicht regnet.
▶ **hold on** *vi* sich festhalten; (*wait*) warten; ~ **on!** (*TEL*) einen Moment bitte!
▶ **hold on to** *vt fus* sich festhalten an; (*keep*) behalten.
▶ **hold out** *vt* (*hand*) ausstrecken; (*hope*) haben; (*prospect*) bieten ♦ *vi* nicht nachgeben.
▶ **hold over** *vt* vertagen.
▶ **hold up** *vt* hochheben; (*support*) stützen; (*delay*) aufhalten; (*rob*) überfallen.
holdall ['həʊldɔːl] (*BRIT*) *n* Tasche *f*; (*for clothes*) Reisetasche *f*.
holder ['həʊldə*] *n* Halter *m*; (*of ticket, record, office, title etc*) Inhaber(in) *m(f)*.
holding ['həʊldɪŋ] *n* (*share*) Anteil *m*; (*small farm*) Gut *nt* ♦ *adj* (*operation, tactic*) zur Schadensbegrenzung.
holding company *n* Dachgesellschaft *f*, Holdinggesellschaft *f*.
hold-up ['həʊldʌp] *n* bewaffneter

Raubüberfall *m*; (*delay*) Verzögerung *f*; (*BRIT: in traffic*) Stockung *f*.

hole [həʊl] *n* Loch *nt*; (*unpleasant town*) Kaff *nt* (*inf*) ♦ *vt* (*ship*) leck schlagen; (*building etc*) durchlöchern; ~ **in the heart** Loch im Herz(en); **to pick** ~**s** (*fig*) (über)kritisch sein; **to pick** ~**s in sth** (*fig*) an etw *dat* herumkritisieren.

▶ **hole up** *vi* sich verkriechen.

holiday ['hɒlɪdeɪ] *n* (*BRIT*) Urlaub *m*; (*SCOL*) Ferien *pl*; (*day off*) freier Tag *m*; (*public holiday*) Feiertag *m*; **on** ~ im Urlaub, in den Ferien.

holiday camp (*BRIT*) *n* (*also:* **holiday centre**) Feriendorf *nt*.

holiday-maker ['hɒlɪdeɪmeɪkə*] (*BRIT*) *n* Urlauber(in) *m(f)*.

holiday pay *n* Lohn-/Gehaltsfortzahlung *f* während des Urlaubs.

holiday resort *n* Ferienort *m*.

holiday season *n* Urlaubszeit *f*.

holiness ['həʊlɪnɪs] *n* Heiligkeit *f*.

holistic [həʊ'lɪstɪk] *adj* holistisch.

Holland ['hɒlənd] *n* Holland *nt*.

holler ['hɒlə*] (*inf*) *vi* brüllen ♦ *n* Schrei *m*.

hollow ['hɒləʊ] *adj* hohl; (*eyes*) tief liegend; (*laugh*) unecht; (*sound*) dumpf; (*fig*) leer; (*: victory, opinion*) wertlos ♦ *n* Vertiefung *f* ♦ *vt*: **to** ~ **out** aushöhlen.

holly ['hɒlɪ] *n* Stechpalme *f*, Ilex *m*; (*leaves*) Stechpalmenzweige *pl*.

hollyhock ['hɒlɪhɒk] *n* Malve *f*.

holocaust ['hɒləkɔːst] *n* Inferno *nt*; (*in Third Reich*) Holocaust *m*.

hologram ['hɒləgræm] *n* Hologramm *nt*.

hols [hɒlz] (*inf*) *npl* Ferien *pl*.

holster ['həʊlstə*] *n* Pistolenhalfter *m or nt*.

holy ['həʊlɪ] *adj* heilig.

Holy Communion *n* heilige Kommunion *f*.

Holy Father *n* Heiliger Vater *m*.

Holy Ghost *n* Heiliger Geist *m*.

Holy Land *n*: **the** ~ das Heilige Land.

holy orders *npl* Priesterweihe *f*.

Holy Spirit *n* Heiliger Geist *m*.

homage ['hɒmɪdʒ] *n* Huldigung *f*; **to pay** ~ **to** huldigen +*dat*.

home [həʊm] *n* Heim *nt*; (*house, flat*) Zuhause *nt*; (*area, country*) Heimat *f*; (*institution*) Anstalt *f* ♦ *cpd* Heim-; (*ECON, POL*) Innen- ♦ *adv* (*go etc*) nach Hause, nachhause (*ÖSTERR, SCHWEIZ*), heim; **at** ~ zu Hause, zuhause (*ÖSTERR, SCHWEIZ*); (*in country*) im Inland; **to be** *or* **feel at** ~ (*fig*) sich wohl fühlen; **make yourself at** ~ machen Sie es sich *dat* gemütlich *or* bequem; **to make one's** ~ **somewhere** sich irgendwo niederlassen; **the** ~ **of free enterprise/jazz** *etc* die Heimat des freien Unternehmertums/Jazz *etc*; **when will you be** ~? wann bist du wieder zu Hause?; **a** ~ **from** ~ ein zweites Zuhause *nt*; ~ **and dry** aus dem Schneider; **to drive a nail** ~ einen Nagel einschlagen; **to bring sth**

~ **to sb** jdm etw klarmachen.

▶ **home in on** *vt fus* (*missiles*) sich ausrichten auf +*acc*.

home address *n* Heimatanschrift *f*.

home-brew [həʊm'bruː] *n* selbst gebrautes Bier *nt*.

homecoming ['həʊmkʌmɪŋ] *n* Heimkehr *f*.

home computer *n* Heimcomputer *m*.

Home Counties (*BRIT*) *npl*: **the** ~ die Grafschaften, die an London angrenzen.

home economics *n* Hauswirtschaft(slehre) *f*.

home ground *n* (*SPORT*) eigener Platz *m*; **to be on** ~ (*fig*) sich auf vertrautem Terrain bewegen.

home-grown ['həʊmgrəʊn] *adj* (*not foreign*) einheimisch; (*from garden*) selbst gezogen.

home help *n* Haushaltshilfe *f*.

homeland ['həʊmlænd] *n* Heimat *f*, Heimatland *nt*.

homeless ['həʊmlɪs] *adj* obdachlos; (*refugee*) heimatlos.

home loan *n* Hypothek *f*.

homely ['həʊmlɪ] *adj* einfach; (*US: plain*) unscheinbar.

home-made [həʊm'meɪd] *adj* selbst gemacht.

Home Office (*BRIT*) *n* Innenministerium *nt*.

homeopath ['həʊmɪəʊpæθ] (*US*) *n* = **homoeopath**.

homeopathy [həʊmɪ'ɒpəθɪ] (*US*) *n* = **homoeopathy**.

home page *n* (*COMPUT*) Homepage *f*.

home rule *n* Selbstbestimmung *f*, Selbstverwaltung *f*.

Home Secretary (*BRIT*) *n* Innenminister(in) *m(f)*.

homesick ['həʊmsɪk] *adj* heimwehkrank; **to be** ~ Heimweh haben.

homestead ['həʊmstɛd] *n* Heimstätte *f*; (*farm*) Gehöft *nt*.

home town *n* Heimatstadt *f*.

home truth *n* bittere Wahrheit *f*; **to tell sb some** ~**s** jdm deutlich die Meinung sagen.

homeward ['həʊmwəd] *adj* (*journey*) Heim- ♦ *adv* = **homewards**.

homewards ['həʊmwədz] *adv* nach Hause, nachhause (*ÖSTERR, SCHWEIZ*), heim.

homework ['həʊmwɜːk] *n* Hausaufgaben *pl*.

homicidal [hɒmɪ'saɪdl] *adj* gemeingefährlich.

homicide ['hɒmɪsaɪd] (*US*) *n* Mord *m*.

homily ['hɒmɪlɪ] *n* Predigt *f*.

homing ['həʊmɪŋ] *adj* (*device, missile*) mit Zielsucheinrichtung; ~ **pigeon** Brieftaube *f*.

homoeopath, (*US*) **homeopath** ['həʊmɪəʊpæθ] *n* Homöopath(in) *m(f)*.

homoeopathy, (*US*) **homeopathy** [həʊmɪ'ɒpəθɪ] *n* Homöopathie *f*.

homogeneous [hɒməʊ'dʒiːnɪəs] *adj* homogen.

homogenize [hə'mɒdʒənaɪz] *vt* homogenisieren.

homosexual [hɒməʊ'sɛksjʊəl] *adj* homosexuell ♦ *n* Homosexuelle(r) *f(m)*.

Hon. *abbr* = **honourable; honorary.**
Honduras [hɔn'djuərəs] *n* Honduras *nt*.
hone [həun] *n* Schleifstein *m* ♦ *vt* schleifen; (*fig: groom*) erziehen.
honest ['ɔnɪst] *adj* ehrlich; (*trustworthy*) redlich; (*sincere*) aufrichtig; **to be quite ~ with you** ... um ehrlich zu sein, ...
honestly ['ɔnɪstlɪ] *adv* (*see adj*) ehrlich; redlich; aufrichtig.
honesty ['ɔnɪstɪ] *n* (*see adj*) Ehrlichkeit *f*; Redlichkeit *f*; Aufrichtigkeit *f*.
honey ['hʌnɪ] *n* Honig *m*; (*US: inf*) Schätzchen *nt*.
honeycomb ['hʌnɪkəum] *n* Bienenwabe *f*; (*pattern*) Wabe *f* ♦ *vt*: **to ~ with** durchlöchern mit.
honeymoon ['hʌnɪmuːn] *n* Flitterwochen *pl*; (*trip*) Hochzeitsreise *f*.
honeysuckle ['hʌnɪsʌkl] *n* Geißblatt *nt*.
Hong Kong ['hɔŋ'kɔŋ] *n* Hongkong *nt*.
honk [hɔŋk] *vi* (*AUT*) hupen.
Honolulu [hɔnə'luːluː] *n* Honolulu *nt*.
honor *etc* ['ɔnə*] (*US*) = **honour** *etc*.
honorary ['ɔnərərɪ] *adj* ehrenamtlich; (*title, degree*) Ehren-.
honour, (*US*) **honor** ['ɔnə*] *vt* ehren; (*commitment, promise*) stehen zu ♦ *n* Ehre *f*; (*tribute*) Auszeichnung *f*, **in ~ of** zu Ehren von *or* +*gen*.
honourable ['ɔnərəbl] *adj* (*person*) ehrenwert; (*action, defeat*) ehrenvoll.
honour-bound ['ɔnə'baund] *adj*: **to be ~ to do sth** moralisch verpflichtet sein, etw zu tun.
honours degree ['ɔnəz-] *n akademischer Grad mit Prüfung im Spezialfach.*

HONOURS DEGREE
Honours Degree *ist ein Universitätsabschluss mit einer guten Note, also der Note I (first class), II:1 (upper second class), II:2 (lower second class), oder III (third class). Wer ein **honours degree** erhalten hat, darf die Abkürzung **Hons** nach seinem Namen und Titel führen, z. B. Mary Smith MA Hons. Heute sind fast alle Universitätsabschlüsse in Großbritannien **honours degrees**. Siehe auch **ordinary degree**.*

honours list *n Liste verliehener/zu verleihender Ehrentitel.*

HONOURS LIST
Honours list *ist eine Liste von Adelstiteln und Orden, die der britische Monarch zweimal jährlich (zu Neujahr und am offiziellen Geburtstag des Monarchen) an Bürger in Großbritannien und im Commonwealth verleiht. Die Liste wird vom Premierminister zusammengestellt, aber drei Orden (der Hosenbandorden, der Verdienstorden und der Victoria-Orden) werden vom Monarchen persönlich vergeben. Erfolgreiche Geschäftsleute, Militärangehörige, Sportler und andere*

Prominente, aber auch im sozialen Bereich besonders aktive Bürger werden auf diese Weise geehrt.

Hons. *abbr* (*UNIV*) = **honours degree.**
hood [hud] *n* (*of coat etc*) Kapuze *f*; (*of cooker*) Abzugshaube *f*; (*AUT: BRIT: folding roof*) Verdeck *nt*; (: *US: bonnet*) (Motor)haube *f*.
hooded ['hudɪd] *adj* maskiert; (*jacket etc*) mit Kapuze.
hoodlum ['huːdləm] *n* Gangster *m*.
hoodwink ['hudwɪŋk] *vt* (he)reinlegen.
hoof [huːf] (*pl* **hooves**) *n* Huf *m*.
hook [huk] *n* Haken *m* ♦ *vt* festhaken; (*fish*) an die Angel bekommen; **by ~ or by crook** auf Biegen und Brechen; **to be ~ed on** (*inf: film, exhibition, etc*) fasziniert sein von; (: *drugs*) abhängig sein von; (: *person*) stehen auf +*acc*.
▶ **hook up** *vt* (*RADIO, TV etc*) anschließen.
hook and eye (*pl* **hooks and eyes**) *n* Haken und Öse *pl*.
hooligan ['huːlɪgən] *n* Rowdy *m*.
hooliganism ['huːlɪgənɪzəm] *n* Rowdytum *nt*.
hoop [huːp] *n* Reifen *m*; (*for croquet: arch*) Tor *nt*.
hooray [huː'reɪ] *excl* = **hurrah.**
hoot [huːt] *vi* hupen; (*siren*) heulen; (*owl*) schreien, rufen; (*person*) johlen ♦ *vt* (*horn*) drücken auf +*acc* ♦ *n* (*see vi*) Hupen *nt*; Heulen *nt*; Schreien *nt*, Rufen *nt*; Johlen *nt*; **to ~ with laughter** in johlendes Gelächter ausbrechen.
hooter ['huːtə*] *n* (*BRIT: AUT*) Hupe *f*; (*NAUT, factory*) Sirene *f*.
Hoover ® ['huːvə*] (*BRIT*) *n* Staubsauger *m* ♦ *vt* **hoover** (*carpet*) saugen.
hooves [huːvz] *npl of* **hoof.**
hop [hɔp] *vi* hüpfen ♦ *n* Hüpfer *m*; *see also* **hops.**
hope [həup] *vi*, *vt* hoffen ♦ *n* Hoffnung *f* ♦ *vt*: **to ~ that** hoffen, dass; **I ~ so** ich hoffe es, hoffentlich; **I ~ not** ich hoffe nicht, hoffentlich nicht; **to ~ for the best** das Beste hoffen; **to have no ~ of sth/doing sth** keine Hoffnung auf etw +*acc* haben/darauf haben, etw zu tun; **in the ~ of/that** in der Hoffnung auf/, dass; **to ~ to do sth** hoffen, etw zu tun.
hopeful ['həupful] *adj* hoffnungsvoll; (*situation*) viel versprechend; **I'm ~ that she'll manage** ich hoffe, dass sie es schafft.
hopefully ['həupfulɪ] *adv* hoffnungsvoll; (*one hopes*) hoffentlich; **~, he'll come back** hoffentlich kommt er wieder.
hopeless ['həuplɪs] *adj* hoffnungslos; (*situation*) aussichtslos; (*useless*): **to be ~ at sth** etw überhaupt nicht können.
hopper ['hɔpə*] *n* Einfülltrichter *m*.
hops [hɔps] *npl* Hopfen *m*.
horde [hɔːd] *n* Horde *f*.
horizon [hə'raɪzn] *n* Horizont *m*.
horizontal [hɔrɪ'zɔntl] *adj* horizontal.
hormone ['hɔːməun] *n* Hormon *nt*.

hormone replacement therapy n Hormonersatztherapie f.

horn [hɔːn] n Horn nt; (AUT) Hupe f.

horned [hɔːnd] adj (animal) mit Hörnern.

hornet ['hɔːnɪt] n Hornisse f.

horn-rimmed ['hɔːn'rɪmd] adj (spectacles) Horn-.

horny ['hɔːnɪ] (inf) adj (aroused) scharf, geil.

horoscope ['hɔrəskəup] n Horoskop nt.

horrendous [hə'rɛndəs] adj abscheulich, entsetzlich.

horrible ['hɔrɪbl] adj fürchterlich, schrecklich; (scream, dream) furchtbar.

horrid ['hɔrɪd] adj entsetzlich, schrecklich.

horrific [hɔ'rɪfɪk] adj entsetzlich, schrecklich.

horrify ['hɔrɪfaɪ] vt entsetzen.

horrifying ['hɔrɪfaɪɪŋ] adj schrecklich, fürchterlich, entsetzlich.

horror ['hɔrə*] n Entsetzen nt, Grauen nt; ~ (of sth) (abhorrence) Abscheu m (vor etw dat); the ~s of war die Schrecken pl des Krieges.

horror film n Horrorfilm m.

horror-stricken ['hɔrəstrɪkn] adj = horror-struck.

horror-struck ['hɔrəstrʌk] adj von Entsetzen or Grauen gepackt.

hors d'oeuvre [ɔː'dəːvrə] n Hors d'oeuvre nt, Vorspeise f.

horse [hɔːs] n Pferd nt.

horseback ['hɔːsbæk]: **on** ~ adj, adv zu Pferd.

horsebox ['hɔːsbɔks] n Pferdetransporter m.

horse chestnut n Rosskastanie f.

horse-drawn ['hɔːsdrɔːn] adj von Pferden gezogen.

horsefly ['hɔːsflaɪ] n (Pferde)bremse f.

horseman ['hɔːsmən] (irreg: like **man**) n Reiter m.

horsemanship ['hɔːsmənʃɪp] n Reitkunst f.

horseplay ['hɔːspleɪ] n Alberei f, Balgerei f.

horsepower ['hɔːspauə*] n Pferdestärke f.

horse racing n Pferderennen nt.

horseradish ['hɔːsrædɪʃ] n Meerrettich m.

horseshoe ['hɔːsʃuː] n Hufeisen nt.

horse show n Reitturnier nt.

horse trading n Kuhhandel m.

horse trials npl = **horse show**.

horsewhip ['hɔːswɪp] n Reitpeitsche f ♦ vt auspeitschen.

horsewoman ['hɔːswumən] (irreg: like **woman**) n Reiterin f.

horsey ['hɔːsɪ] adj pferdenärrisch; (appearance) pferdeähnlich.

horticulture ['hɔːtɪkʌltʃə*] n Gartenbau m.

hose [həuz] n (also: ~ **pipe**) Schlauch m.

▸ **hose down** vt abspritzen.

hosiery ['həuzɪərɪ] n Strumpfwaren pl.

hospice ['hɔspɪs] n Pflegeheim nt (für unheilbar Kranke).

hospitable ['hɔspɪtəbl] adj gastfreundlich; (climate) freundlich.

hospital ['hɔspɪtl] n Krankenhaus nt; **in** ~, (US) **in the** ~ im Krankenhaus.

hospitality [hɔspɪ'tælɪtɪ] n Gastfreundschaft f.

hospitalize ['hɔspɪtəlaɪz] vt ins Krankenhaus einweisen.

host [həust] n Gastgeber m; (REL) Hostie f ♦ adj Gast- ♦ vt Gastgeber sein bei; **a** ~ **of** eine Menge.

hostage ['hɔstɪdʒ] n Geisel f; **to be taken/held** ~ als Geisel genommen/festgehalten werden.

hostel ['hɔstl] n (Wohn)heim nt; (also: **youth** ~) Jugendherberge f.

hostelling ['hɔstlɪŋ] n: **to go (youth)** ~ in Jugendherbergen übernachten.

hostess ['həustɪs] n Gastgeberin f; (BRIT: air hostess) Stewardess f; (in night-club) Hostess f.

hostile ['hɔstaɪl] adj (conditions) ungünstig; (environment) unwirtlich; (person): ~ **(to or towards)** feindselig (gegenüber +dat).

hostility [hɔ'stɪlɪtɪ] n Feindseligkeit f; **hostilities** npl (fighting) Feindseligkeiten pl.

hot [hɔt] adj heiß; (moderately hot) warm; (spicy) scharf; (temper) hitzig; **I am** or **feel** ~ mir ist heiß; **to be** ~ **on sth** (knowledgeable etc) sich gut mit etw auskennen; (strict) sehr auf etw acc achten.

▸ **hot up** (BRIT: inf) vi (situation) sich verschärfen or zuspitzen; (party) in Schwung kommen ♦ vt (pace) steigern; (engine) frisieren.

hot air n leeres Gerede nt.

hot-air balloon [hɔt'ɛə*-] n Heißluftballon m.

hotbed ['hɔtbɛd] n (fig) Brutstätte f.

hot-blooded [hɔt'blʌdɪd] adj heißblütig.

hotchpotch ['hɔtʃpɔtʃ] (BRIT) n Durcheinander nt, Mischmasch m.

hot dog n Hotdog m or nt, Hot Dog m or nt.

hotel [həu'tɛl] n Hotel nt.

hotelier [həu'tɛlɪə*] n Hotelier(in) m(f).

hotel industry n Hotelgewerbe nt.

hotel room n Hotelzimmer nt.

hot flash (US) n = **hot flush**.

hot flush n (MED) Hitzewallung f.

hotfoot ['hɔtfut] adv eilends.

hothead ['hɔthɛd] n Hitzkopf m.

hot-headed [hɔt'hɛdɪd] adj hitzköpfig.

hothouse ['hɔthaus] n Treibhaus nt.

hot line n (POL) heißer Draht m.

hotly ['hɔtlɪ] adv (contest) heiß; (speak, deny) heftig.

hotplate ['hɔtpleɪt] n Kochplatte f.

hotpot ['hɔtpɔt] (BRIT) n Fleischeintopf m.

hot potato (fig: inf) n heißes Eisen nt; **to drop sb like a** ~ jdn wie eine heiße Kartoffel fallen lassen.

hot seat n: **to be in the** ~ auf dem Schleudersitz sitzen.

hot spot n (fig) Krisenherd m.

hot spring n heiße Quelle f, Thermalquelle f.

hot stuff n große Klasse f.

hot-tempered ['hɔt'tɛmpəd] adj leicht

aufbrausend, jähzornig.

hot-water bottle [hɔt'wɔːtə'-] n Wärmflasche f.

hot-wire (inf) vt (car) kurzschließen.

hound [haund] vt hetzen, jagen ♦ n Jagdhund m; **the ~s** die Meute.

hour ['auə'] n Stunde f; (time) Zeit f; **at 60 miles an ~** mit 60 Meilen in der Stunde; **lunch ~** Mittagspause f; **to pay sb by the ~** jdn stundenweise bezahlen.

hourly ['auəlı] adj stündlich; (rate) Stunden- ♦ adv stündlich, jede Stunde; (soon) jederzeit.

house [haus] n Haus nt; (household) Haushalt m; (dynasty) Geschlecht nt, Haus nt; (THEAT: performance) Vorstellung f ♦ vt unterbringen; **at my ~** bei mir (zu Hause); **to my ~** zu mir (nach Hause); **on the ~** (fig) auf Kosten des Hauses; **the H~** (**of Commons**) (BRIT) das Unterhaus; **the H~** (**of Lords**) (BRIT) das Oberhaus; **the H~** (**of Representatives**) (US) das Repräsentantenhaus.

house arrest n Hausarrest m.

houseboat ['hausbəut] n Hausboot nt.

housebound ['hausbaund] adj ans Haus gefesselt.

housebreaking ['hausbreıkıŋ] n Einbruch m.

house-broken ['hausbrəukn] (US) adj = house-trained.

housecoat ['hauskəut] n Morgenrock m.

household ['haushəuld] n Haushalt m; **to be a ~ name** ein Begriff sein.

householder ['haushəuldə'] n Hausinhaber(in) m(f); (of flat) Wohnungsinhaber(in) m(f).

house-hunting ['haushʌntıŋ] n: **to go ~** nach einem Haus suchen.

housekeeper ['hauskiːpə'] n Haushälterin f.

housekeeping ['hauskiːpıŋ] n Hauswirtschaft f; (money) Haushaltsgeld nt, Wirtschaftsgeld nt.

houseman ['hausmən] (BRIT: irreg: like man) n (MED) Assistenzarzt m, Assistenzärztin f.

house owner n Hausbesitzer(in) m(f).

house party n mehrtägige Einladung f; (people) Gesellschaft f.

house plant n Zimmerpflanze f.

house-proud ['hauspraud] adj auf Ordnung und Sauberkeit im Haushalt bedacht.

house-to-house ['haustə'haus] adj von Haus zu Haus.

house-trained ['haustreınd] (BRIT) adj (animal) stubenrein.

house-warming (party) ['hauswɔːmıŋ-] n Einzugsparty f.

housewife ['hauswaıf] n Hausfrau f.

housework ['hauswɜːk] n Hausarbeit f.

housing ['hauzıŋ] n Wohnungen pl; (provision) Wohnungsbeschaffung f ♦ cpd Wohnungs-.

housing association n Wohnungsbaugesellschaft f.

housing benefit n ≈ Wohngeld nt.

housing conditions npl Wohnbedingungen pl, Wohnverhältnisse pl.

housing development n (Wohn)siedlung f.

housing estate n (Wohn)siedlung f.

hovel ['hɔvl] n (armselige) Hütte f.

hover ['hɔvə'] vi schweben; (person) herumstehen; **to ~ round sb** jdm nicht von der Seite weichen.

hovercraft ['hɔvəkrɑːft] n Hovercraft nt, Luftkissenfahrzeug nt.

hoverport ['hɔvəpɔːt] n Anlegestelle f für Hovercrafts.

════════════════════ *KEYWORD*

how [hau] adv **1** (in what way) wie; **~ was the film?** wie war der Film?; **~ is school?** was macht die Schule?; **~ are you?** wie geht es Ihnen?

2 (to what degree): **~ much milk?** wie viel Milch?; **~ many people?** wie viele Leute?; **~ long have you been here?** wie lange sind Sie schon hier?; **~ old are you?** wie alt bist du?; **~ lovely/awful!** wie schön/furchtbar!

however [hau'ɛvə'] conj jedoch, aber ♦ adv wie ... auch; (in questions) wie ... bloß or nur.

howl [haul] vi heulen; (animal) jaulen; (baby, person) schreien ♦ n (see vb) Heulen nt;

Jaulen *nt*; Schreien *nt*.
howler ['haulə*] (*inf*) *n* (*mistake*) Schnitzer *m*.
howling ['haulıŋ] *adj* (*wind, gale*) heulend.
HP (*BRIT*) *n abbr* = **hire-purchase**.
h.p. *abbr* (*AUT*: = *horsepower*) PS.
HQ *abbr* = **headquarters**.
HR (*US*) *n abbr* (*POL*: = *House of Representatives*) Repräsentantenhaus *nt*.
hr *abbr* (= *hour*) Std.
HRH (*BRIT*) *abbr* (= *His/Her Royal Highness*) Seine/Ihre Königliche Hoheit.
hrs *abbr* (= *hours*) Std.
HS (*US*) *abbr* = **high school**.
HST (*US*) *abbr* (= *Hawaiian Standard Time*) *Normalzeit in Hawaii*.
hub [hʌb] *n* (Rad)nabe *f*; (*fig: centre*) Mittelpunkt *m*, Zentrum *nt*.
hubbub ['hʌbʌb] *n* Lärm *m*; (*commotion*) Tumult *m*.
hubcap ['hʌbkæp] *n* Radkappe *f*.
HUD (*US*) *n abbr* (= *Department of Housing and Urban Development*) *Ministerium für Wohnungsbau und Stadtentwicklung*.
huddle ['hʌdl] *vi*: **to ~ together** sich zusammendrängen ♦ *n*: **in a ~** dicht zusammengedrängt.
hue [hju:] *n* Farbton *m*.
hue and cry *n* großes Geschrei *nt*.
huff [hʌf] *n*: **in a ~** beleidigt, eingeschnappt ♦ *vi*: **to ~ and puff** sich aufregen.
huffy ['hʌfı] (*inf*) *adj* beleidigt.
hug [hʌg] *vt* umarmen; (*thing*) umklammern ♦ *n* Umarmung *f*; **to give sb a ~** jdn umarmen.
huge [hju:dʒ] *adj* riesig.
hugely ['hju:dʒlı] *adv* ungeheuer.
hulk [hʌlk] *n* (*wrecked ship*) Wrack *nt*; (*person, building etc*) Klotz *m*.
hulking ['hʌlkıŋ] *adj*: **~ great** massig.
hull [hʌl] *n* Schiffsrumpf *m*; (*of nuts*) Schale *f*; (*of strawberries etc*) Blättchen *nt* ♦ *vt* (*fruit*) entstielen.
hullaballoo [hʌləbə'lu:] (*inf*) *n* Spektakel *m*.
hullo [hə'ləu] *excl* = **hello**.
hum [hʌm] *vt* summen ♦ *vi* summen; (*machine*) brummen ♦ *n* Summen *nt*; (*of traffic*) Brausen *nt*; (*of machines*) Brummen *nt*; (*of voices*) Gemurmel *nt*.
human ['hju:mən] *adj* menschlich ♦ *n* (*also*: **~ being**) Mensch *m*.
humane [hju:'meın] *adj* human.
humanism ['hju:mənızəm] *n* Humanismus *m*.
humanitarian [hju:mænı'tɛərıən] *adj* humanitär.
humanity [hju:'mænıtı] *n* Menschlichkeit *f*; (*mankind*) Menschheit *f*; (*humaneness*) Humanität *f*; **humanities** *npl* (*SCOL*): **the humanities** die Geisteswissenschaften *pl*.
humanly ['hju:mənlı] *adv* menschlich; **if (at all) ~ possible** wenn es irgend möglich ist.
humanoid ['hju:mənɔıd] *adj* menschenähnlich ♦ *n* menschenähnliches Wesen *nt*.

human rights *npl* Menschenrechte *pl*.
humble ['hʌmbl] *adj* bescheiden ♦ *vt* demütigen.
humbly ['hʌmblı] *adv* bescheiden.
humbug ['hʌmbʌg] *n* Humbug *m*, Mumpitz *m*; (*BRIT: sweet*) Pfefferminzbonbon *m or nt*.
humdrum ['hʌmdrʌm] *adj* eintönig, langweilig.
humid ['hju:mıd] *adj* feucht.
humidifier [hju:'mıdıfaıə*] *n* Luftbefeuchter *m*.
humidity [hju:'mıdıtı] *n* Feuchtigkeit *f*.
humiliate [hju:'mılıeıt] *vt* demütigen.
humiliating [hju:'mılıeıtıŋ] *adj* demütigend.
humiliation [hju:mılı'eıʃən] *n* Demütigung *f*.
humility [hju:'mılıtı] *n* Bescheidenheit *f*.
humor *etc* (*US*) = **humour** *etc*.
humorist ['hju:mərıst] *n* Humorist(in) *m(f)*.
humorous ['hju:mərəs] *adj* (*remark*) witzig; (*book*) lustig; (*person*) humorvoll.
humour, (*US*) **humor** ['hju:mə*] *n* Humor *m*; (*mood*) Stimmung *f* ♦ *vt* seinen Willen lassen +*dat*; **sense of ~** (Sinn *m* für) Humor; **to be in good/bad ~** gute/schlechte Laune haben.
humourless ['hju:məlıs] *adj* humorlos.
hump [hʌmp] *n* Hügel *m*; (*of camel*) Höcker *m*; (*deformity*) Buckel *m*.
humpbacked ['hʌmpbækt] *adj*: **~ bridge** gewölbte Brücke *f*.
humus ['hju:məs] *n* Humus *m*.
hunch [hʌntʃ] *n* Gefühl *nt*, Ahnung *f*; **I have a ~ that ...** ich habe den (leisen) Verdacht, dass ...
hunchback ['hʌntʃbæk] *n* Bucklige(r) *f(m)*.
hunched [hʌntʃt] *adj* gebeugt; (*shoulders*) hochgezogen; (*back*) krumm.
hundred ['hʌndrəd] *num* hundert; **a or one ~ books/people/dollars** (ein)hundert Bücher/Personen/Dollar; **~s of** hunderte *or* Hunderte von; **I'm a ~ per cent sure** ich bin absolut sicher.
hundredth ['hʌndrədθ] *num* hundertste(r, s).
hundredweight ['hʌndrıdweıt] *n* Gewichtseinheit (*BRIT* = 50,8 kg; *US* = 45,3 kg), ≈ Zentner *m*.
hung [hʌŋ] *pt, pp of* **hang**.
Hungarian [hʌŋ'gɛərıən] *adj* ungarisch ♦ *n* Ungar(in) *m(f)*; (*LING*) Ungarisch *nt*.
Hungary ['hʌŋgərı] *n* Ungarn *nt*.
hunger ['hʌŋgə*] *n* Hunger *m* ♦ *vi*: **to ~ for** hungern nach.
hunger strike *n* Hungerstreik *m*.
hung over (*inf*) *adj* verkatert.
hungrily ['hʌŋgrəlı] *adv* hungrig.
hungry ['hʌŋgrı] *adj* hungrig; **to be ~** Hunger haben; **to be ~ for** hungern nach; (*news*) sehnsüchtig warten auf; **to go ~** hungern.
hung up (*inf*) *adj*: **to be ~ on** (*person*) ein gestörtes Verhältnis haben zu; **to be ~ about** nervös sein wegen.
hunk [hʌŋk] *n* großes Stück *nt*; (*inf: man*) (großer, gut aussehender) Mann *m*.

hunt [hʌnt] vt jagen; (criminal, fugitive) fahnden nach ♦ vi (SPORT) jagen ♦ n (see vb) Jagd f; Fahndung f; (search) Suche f; **to ~ for** (search) suchen (nach).
▶ **hunt down** vt Jagd machen auf +acc.
hunter ['hʌntə*] n Jäger(in) m(f).
hunting ['hʌntɪŋ] n Jagd f, Jagen nt.
hurdle ['hə:dl] n Hürde f.
hurl [hə:l] vt schleudern; **to ~ sth at sb** (also fig) jdm etw entgegenschleudern.
hurling ['hə:lɪŋ] n (SPORT) Hurling nt, irische Hockeyart.
hurly-burly ['hə:lɪ'bə:lɪ] n Rummel m.
hurrah [hu'rɑ:] n Hurra nt ♦ excl hurra.
hurray [hu'reɪ] n = **hurrah**.
hurricane ['hʌrɪkən] n Orkan m.
hurried ['hʌrɪd] adj eilig; (departure) überstürzt.
hurriedly ['hʌrɪdlɪ] adv eilig.
hurry ['hʌrɪ] n Eile f ♦ vi eilen; (to do sth) sich beeilen ♦ vt (zur Eile) antreiben; (work) beschleunigen; **to be in a ~** es eilig haben; **to do sth in a ~** etw schnell tun; **there's no ~** es eilt nicht; **what's the ~?** warum so eilig?; **they hurried to help him** sie eilten ihm zu Hilfe; **to ~ home** nach Hause eilen.
▶ **hurry along** vi sich beeilen.
▶ **hurry away** vi schnell weggehen, forteilen.
▶ **hurry off** vi = **hurry away**.
▶ **hurry up** vt (zur Eile) antreiben ♦ vi sich beeilen.
hurt [hə:t] (pt, pp hurt) vt wehtun +dat; (injure, fig) verletzen ♦ vi weh tun ♦ adj verletzt; **I've ~ my arm** ich habe mir am Arm wehgetan; (injured) ich habe mir den Arm verletzt; **where does it ~?** wo tut es weh?
hurtful ['hə:tful] adj verletzend.
hurtle ['hə:tl] vi: **to ~ past** vorbeisausen; **to ~ down** (fall) hinunterfallen.
husband ['hʌzbənd] n (Ehe)mann m.
hush [hʌʃ] n Stille f ♦ vt zum Schweigen bringen; **~!** pst!
▶ **hush up** vt vertuschen.
hushed [hʌʃt] adj still; (voice) gedämpft.
hush-hush [hʌʃ'hʌʃ] (inf) adj streng geheim.
husk [hʌsk] n Schale f; (of wheat) Spelze f; (of maize) Hüllblatt nt.
husky ['hʌskɪ] adj (voice) rau ♦ n Schlittenhund m.
hustings ['hʌstɪŋz] (BRIT) npl (POL) Wahlkampf m.
hustle ['hʌsl] vt drängen ♦ n: **~ and bustle** Geschäftigkeit f.
hut [hʌt] n Hütte f.
hutch [hʌtʃ] n (Kaninchen)stall m.
hyacinth ['haɪəsɪnθ] n Hyazinthe f.
hybrid ['haɪbrɪd] n (plant, animal) Kreuzung f; (mixture) Mischung f ♦ adj Misch-.
hydrant ['haɪdrənt] n (also: **fire ~**) Hydrant m.
hydraulic [haɪ'drɔ:lɪk] adj hydraulisch.
hydraulics [haɪ'drɔ:lɪks] n Hydraulik f.

hydrochloric acid ['haɪdrəu'klɔrɪk-] n Salzsäure f.
hydroelectric ['haɪdrəuɪ'lɛktrɪk] adj hydroelektrisch.
hydrofoil ['haɪdrəfɔɪl] n Tragflächenboot nt, Tragflügelboot nt.
hydrogen ['haɪdrədʒən] n Wasserstoff m.
hydrogen bomb n Wasserstoffbombe f.
hydrophobia ['haɪdrə'fəubɪə] n Hydrophobie f, Wasserscheu f.
hydroplane ['haɪdrəpleɪn] n Gleitboot nt; (plane) Wasserflugzeug nt ♦ vi (boat) abheben.
hyena [haɪ'i:nə] n Hyäne f.
hygiene ['haɪdʒi:n] n Hygiene f.
hygienic [haɪ'dʒi:nɪk] adj hygienisch.
hymn [hɪm] n Kirchenlied nt.
hype [haɪp] (inf) n Rummel m.
hyperactive ['haɪpər'æktɪv] adj überaktiv.
hyperinflation ['haɪpərɪn'fleɪʃən] n galoppierende Inflation f.
hypermarket ['haɪpəmɑ:kɪt] (BRIT) n Verbrauchermarkt m.
hypertension ['haɪpə'tɛnʃən] n Hypertonie f, Bluthochdruck m.
hypertext ['haɪpətɛkst] n (COMPUT) Hypertext m.
hyphen ['haɪfn] n Bindestrich m; (at end of line) Trennungsstrich m.
hyphenated ['haɪfəneɪtɪd] adj mit Bindestrich (geschrieben).
hypnosis [hɪp'nəusɪs] n Hypnose f.
hypnotic [hɪp'nɔtɪk] adj hypnotisierend; (trance) hypnotisch.
hypnotism ['hɪpnətɪzəm] n Hypnotismus m.
hypnotist ['hɪpnətɪst] n Hypnotiseur m, Hypnotiseuse f.
hypnotize ['hɪpnətaɪz] vt hypnotisieren.
hypoallergenic ['haɪpəuælə'dʒɛnɪk] adj für äußerst empfindliche Haut.
hypochondriac [haɪpə'kɔndrɪæk] n Hypochonder m.
hypocrisy [hɪ'pɔkrɪsɪ] n Heuchelei f.
hypocrite ['hɪpəkrɪt] n Heuchler(in) m(f).
hypocritical [hɪpə'krɪtɪkl] adj heuchlerisch.
hypodermic [haɪpə'də:mɪk] adj (injection) subkutan ♦ n (Injektions)spritze f.
hypotenuse [haɪ'pɔtɪnju:z] n Hypotenuse f.
hypothermia [haɪpə'θə:mɪə] n Unterkühlung f.
hypothesis [haɪ'pɔθɪsɪs] (pl **hypotheses**) n Hypothese f.
hypothesize [haɪ'pɔθɪsaɪz] vi Hypothesen aufstellen ♦ vt annehmen.
hypothetic(al) [haɪpəu'θɛtɪk(l)] adj hypothetisch.
hysterectomy [hɪstə'rɛktəmɪ] n Hysterektomie f.
hysteria [hɪ'stɪərɪə] n Hysterie f.
hysterical [hɪ'stɛrɪkl] adj hysterisch; (situation) wahnsinnig komisch; **to become ~** hysterisch werden.

hysterically [hɪ'sterɪklɪ] *adv* hysterisch;
~ **funny** wahnsinnig komisch.
hysterics [hɪ'sterɪks] *npl*: **to be in** *or* **to have** ~
einen hysterischen Anfall haben; (*laughter*)
einen Lachanfall haben.
Hz *abbr* (= *hertz*) Hz.

I, i

I¹, i [aɪ] *n* (*letter*) I *nt*, i *nt*; ~ **for Isaac**, (*US*) ~ **for**
Item ≈ I wie Ida.
I² [aɪ] *pron* ich.
I. *abbr* = **island; isle.**
IA (*US*) *abbr* (*POST*: = *Iowa*).
IAEA *n abbr* = **International Atomic Energy**
Agency.
ib *abbr* (= *ibidem*) ib(id).
Iberian [aɪ'bɪərɪən] *adj*: **the** ~ **Peninsula** die
Iberische Halbinsel.
IBEW (*US*) *n abbr* (= *International Brotherhood of*
Electrical Workers) *Elektrikergewerkschaft.*
ibid *abbr* (= *ibidem*) ib(id).
i/c (*BRIT*) *abbr* (= *in charge* (*of*)) *see* **charge.**
ICBM *n abbr* (= *intercontinental ballistic missile*)
Interkontinentalrakete *f*.
ICC *n abbr* = **International Chamber of**
Commerce; (*US*: = *Interstate Commerce*
Commission) *Kommission zur Regelung des*
Warenverkehrs zwischen den US-
Bundesstaaten.
ice [aɪs] *n* Eis *nt*; (*on road*) Glatteis *nt* ♦ *vt* (*cake*)
mit Zuckerguss überziehen, glasieren ♦ *vi*
(*also*: ~ **over**, ~ **up**) vereisen; (*puddle etc*)
zufrieren; **to put sth on** ~ (*fig*) etw auf Eis
legen.
Ice Age *n* Eiszeit *f*.
ice axe *n* Eispickel *m*.
iceberg ['aɪsbɜːg] *n* Eisberg *m*; **the tip of the** ~
(*fig*) die Spitze des Eisbergs.
icebox ['aɪsbɒks] *n* (*US: fridge*) Kühlschrank *m*;
(*BRIT: compartment*) Eisfach *nt*; (*insulated*
box) Kühltasche *f*.
icebreaker ['aɪsbreɪkə*] *n* Eisbrecher *m*.
ice bucket *n* Eiskühler *m*.
icecap ['aɪskæp] *n* Eisdecke *f*; (*polar*) Eiskappe
f.
ice-cold ['aɪs'kəʊld] *adj* eiskalt.
ice cream *n* Eis *nt*.
ice-cream soda ['aɪskriːm-] *n* Eisbecher mit
Sirup und Sodawasser.
ice cube *n* Eiswürfel *m*.
iced [aɪst] *adj* (*cake*) mit Zuckerguss
überzogen, glasiert; (*beer etc*) eisgekühlt;
(*tea, coffee*) Eis-.
ice hockey *n* Eishockey *nt*.

Iceland ['aɪslənd] *n* Island *nt*.
Icelander ['aɪsləndə*] *n* Isländer(in) *m(f)*.
Icelandic [aɪs'lændɪk] *adj* isländisch ♦ *n* (*LING*)
Isländisch *nt*.
ice lolly (*BRIT*) *n* Eis *nt* am Stiel.
ice pick *n* Eispickel *m*.
ice rink *n* (Kunst)eisbahn *f*, Schlittschuhbahn
f.
ice skate *n* Schlittschuh *m*.
ice-skate ['aɪsskeɪt] *vi* Schlittschuh laufen.
ice-skating ['aɪsskeɪtɪŋ] *n* Eislauf *m*,
Schlittschuhlaufen *nt*.
icicle ['aɪsɪkl] *n* Eiszapfen *m*.
icing ['aɪsɪŋ] *n* (*CULIN*) Zuckerguss *m*; (*AVIAT*
etc) Vereisung *f*.
icing sugar (*BRIT*) *n* Puderzucker *m*.
ICJ *n abbr* = **International Court of Justice.**
icon ['aɪkɒn] *n* Ikone *f*; (*COMPUT*) Ikon *nt*.
ICR (*US*) *n abbr* (= *Institute for Cancer Research*)
Krebsforschungsinstitut.
ICRC *n abbr* (= *International Committee of the*
Red Cross) IKRK *nt*.
ICU *n abbr* (*MED*) = **intensive care unit.**
icy ['aɪsɪ] *adj* eisig; (*road*) vereist.
ID, Ida. (*US*) *abbr* (*POST*: = *Idaho*).
I'd [aɪd] = **I would;** = **I had.**
ID card *n* = **identity card.**
IDD (*BRIT*) *abbr* (*TEL*: = *international direct*
dialling) *Selbstwählferndienst ins Ausland.*
idea [aɪ'dɪə] *n* Idee *f*; (*opinion*) Ansicht *f*;
(*notion*) Vorstellung *f*; (*objective*) Ziel *nt*;
good ~! gute Idee!; **to have a good** ~ **that**
sich *dat* ziemlich sicher sein, dass; **I haven't**
the least ~ ich habe nicht die leiseste
Ahnung.
ideal [aɪ'dɪəl] *n* Ideal *nt* ♦ *adj* ideal.
idealist [aɪ'dɪəlɪst] *n* Idealist(in) *m(f)*.
ideally [aɪ'dɪəlɪ] *adv* ideal; ~ **the book should**
... idealerweise *or* im Idealfall sollte das
Buch ...; **she's** ~ **suited for** ... sie eignet sich
hervorragend für ...
identical [aɪ'dentɪkl] *adj* identisch; (*twins*)
eineiig.
identification [aɪdentɪfɪ'keɪʃən] *n*
Identifizierung *f*; (*means of*) ~
Ausweispapiere *pl*.
identify [aɪ'dentɪfaɪ] *vt* (*recognize*) erkennen;
(*distinguish*) identifizieren; **to** ~ **sb/sth with**
jdn/etw identifizieren mit.
Identikit ® [aɪ'dentɪkɪt] *n*: ~ (**picture**)
Phantombild *nt*.
identity [aɪ'dentɪtɪ] *n* Identität *f*.
identity card *n* (Personal)ausweis *m*.
identity papers *npl* Ausweispapiere *pl*.
identity parade (*BRIT*) *n* Gegenüberstellung
f.
ideological [aɪdɪə'lɒdʒɪkl] *adj* ideologisch,
weltanschaulich.
ideology [aɪdɪ'ɒlədʒɪ] *n* Ideologie *f*,
Weltanschauung *f*.
idiocy ['ɪdɪəsɪ] *n* Idiotie *f*, Dummheit *f*.
idiom ['ɪdɪəm] *n* (*style*) Ausdrucksweise *f*;

(*phrase*) Redewendung *f.*
idiomatic [ɪdɪə'mætɪk] *adj* idiomatisch.
idiosyncrasy [ɪdɪəu'sɪŋkrəsɪ] *n* Eigenheit *f,*
Eigenart *f.*
idiosyncratic [ɪdɪəusɪŋ'krætɪk] *adj* eigenartig;
(*way, method, style*) eigen.
idiot ['ɪdɪət] *n* Idiot(in) *m(f),* Dummkopf *m.*
idiotic [ɪdɪ'ɔtɪk] *adj* idiotisch, blöd(sinnig).
idle ['aɪdl] *adj* untätig; (*lazy*) faul; (*unemployed*)
unbeschäftigt; (*machinery, factory*)
stillstehend; (*question*) müßig; (*conversation,
pleasure*) leer ♦ *vi* leer laufen, im Leerlauf
sein; **to lie ~** (*machinery*) außer Betrieb sein;
(*factory*) die Arbeit eingestellt haben.
▸ **idle away** *vt* (*time*) vertrödeln,
verbummeln.
idleness ['aɪdlnɪs] *n* Untätigkeit *f,* (*laziness*)
Faulheit *f.*
idler ['aɪdlə*] *n* Faulenzer(in) *m(f).*
idle time *n* (*COMM*) Leerlaufzeit *f.*
idly ['aɪdlɪ] *adv* untätig; (*glance*) abwesend.
idol ['aɪdl] *n* Idol *nt;* (*REL*) Götzenbild *nt.*
idolize ['aɪdəlaɪz] *vt* vergöttern.
idyllic [ɪ'dɪlɪk] *adj* idyllisch.
i.e. *abbr* (= *id est*) d. h.

===================== *KEYWORD*

if [ɪf] *conj* **1** (*given that, providing that etc*) wenn,
falls; **~ anyone comes in** wenn *or* falls
jemand hereinkommt; **~ necessary** wenn *or*
falls nötig; **~ I were you** wenn ich Sie wäre,
an Ihrer Stelle.
2 (*whenever*) wenn.
3 (*although*): **(even) ~** auch *or* selbst wenn; **I
like it, (even) ~ you don't** mir gefällt es,
auch wenn du es nicht magst.
4 (*whether*) ob; **ask him ~ he can come** frag
ihn, ob er kommen kann.
5: ~ so/not falls ja/nein; **~ only** wenn nur;
see also **as.**

iffy ['ɪfɪ] (*inf*) *adj* (*uncertain*) unsicher; (*plan,
proposal*) fragwürdig; **he was a bit ~ about
it** er tat sich sehr vage ausgedrückt.
igloo ['ɪglu:] *n* Iglu *m or nt.*
ignite [ɪg'naɪt] *vt* entzünden ♦ *vi* sich
entzünden.
ignition [ɪg'nɪʃən] *n* (*AUT*) Zündung *f.*
ignition key *n* (*AUT*) Zündschlüssel *m.*
ignoble [ɪg'nəubl] *adj* schändlich,
unehrenhaft.
ignominious [ɪgnə'mɪnɪəs] *adj* schmachvoll.
ignoramus [ɪgnə'reɪməs] *n* Ignorant(in) *m(f).*
ignorance ['ɪgnərəns] *n* Unwissenheit *f,*
Ignoranz *f;* **to keep sb in ~ of sth** jdn in
Unkenntnis über etw *acc* lassen.
ignorant ['ɪgnərənt] *adj* unwissend, ignorant;
to be ~ of (*subject*) sich nicht auskennen in
+*dat;* (*events*) nicht informiert sein über +*acc.*
ignore [ɪg'nɔː*] *vt* ignorieren; (*fact*) außer
Acht lassen.
ikon ['aɪkɔn] *n* = **icon.**

IL (*US*) *abbr* (*POST:* = *Illinois*).
ILA (*US*) *n abbr* (= *International Longshoremen's
Association*) *Hafenarbeitergewerkschaft.*
I'll [aɪl] = **I will;** = **I shall.**
ill [ɪl] *adj* krank; (*effects*) schädlich ♦ *n* Übel *nt;*
(*trouble*) Schlechte(s) *nt* ♦ *adv:* **to speak ~ of
sb** Schlechtes über jdn sagen; **to be taken ~**
krank werden; **to think ~ of sb** schlecht von
jdm denken.
ill-advised [ɪləd'vaɪzd] *adj* unklug; (*person*)
schlecht beraten.
ill at ease *adj* unbehaglich.
ill-considered [ɪlkən'sɪdəd] *adj* unüberlegt.
ill-disposed [ɪldɪs'pəuzd] *adj:* **to be ~ toward
sb/sth** jdm/etw nicht wohlgesinnt sein.
illegal [ɪ'liːgl] *adj* illegal.
illegally [ɪ'liːgəlɪ] *adv* illegal.
illegible [ɪ'lɛdʒɪbl] *adj* unleserlich.
illegitimate [ɪlɪ'dʒɪtɪmət] *adj* (*child*) unehelich;
(*activity, treaty*) unzulässig.
ill-fated [ɪl'feɪtɪd] *adj* unglückselig.
ill-favoured, (*US*) **ill-favored** [ɪl'feɪvəd] *adj*
ungestalt (*liter*), hässlich.
ill feeling *n* Verstimmung *f.*
ill-gotten ['ɪlgɔtn] *adj:* **~ gains** unrechtmäßig
erworbener Gewinn *m.*
ill health *n* schlechter Gesundheitszustand
m.
illicit [ɪ'lɪsɪt] *adj* verboten.
ill-informed [ɪlɪn'fɔːmd] *adj* (*judgement*) wenig
sachkundig; (*person*) schlecht informiert *or*
unterrichtet.
illiterate [ɪ'lɪtərət] *adj* (*person*) des Lesens und
Schreibens unkundig; (*letter*) voller Fehler.
ill-mannered [ɪl'mænəd] *adj* unhöflich.
illness ['ɪlnɪs] *n* Krankheit *f.*
illogical [ɪ'lɔdʒɪkl] *adj* unlogisch.
ill-suited [ɪl'suːtɪd] *adj* nicht
zusammenpassend; **he is ~ to the job** er ist
für die Stelle ungeeignet.
ill-timed [ɪl'taɪmd] *adj* ungelegen, unpassend.
ill-treat [ɪl'triːt] *vt* misshandeln.
ill-treatment [ɪl'triːtmənt] *n* Misshandlung *f.*
illuminate [ɪ'luːmɪneɪt] *vt* beleuchten.
illuminated sign [ɪ'luːmɪneɪtɪd-] *n*
Leuchtzeichen *nt.*
illuminating [ɪ'luːmɪneɪtɪŋ] *adj*
aufschlussreich.
illumination [ɪluːmɪ'neɪʃən] *n* Beleuchtung *f;*
illuminations *npl* (*decorative lights*) festliche
Beleuchtung *f,* Illumination *f.*
illusion [ɪ'luːʒən] *n* Illusion *f;* (*trick*)
(Zauber)trick *m;* **to be under the ~ that ...**
sich *dat* einbilden, dass ...
illusive [ɪ'luːsɪv] *adj* = **illusory.**
illusory [ɪ'luːsərɪ] *adj* illusorisch, trügerisch.
illustrate ['ɪləstreɪt] *vt* veranschaulichen;
(*book*) illustrieren.
illustration [ɪlə'streɪʃən] *n* Illustration *f;*
(*example*) Veranschaulichung *f.*
illustrator ['ɪləstreɪtə*] *n* Illustrator(in) *m(f).*
illustrious [ɪ'lʌstrɪəs] *adj* (*career*) glanzvoll;

(*predecessor*) berühmt.

ill will n böses Blut nt.

ILO n abbr = **International Labour Organization**.

ILWU (*US*) n abbr (= *International Longshoremen's and Warehousemen's Union*) Hafen- und Lagerarbeitergewerkschaft.

I'm [aɪm] = **I am**.

image ['ɪmɪdʒ] n Bild nt; (*public face*) Image nt; (*reflection*) Abbild nt.

imagery ['ɪmɪdʒərɪ] n (*in writing*) Metaphorik f; (*in painting etc*) Symbolik f.

imaginable [ɪ'mædʒɪnəbl] adj vorstellbar, denkbar; **we've tried every ~ solution** wir haben jede denkbare Lösung ausprobiert; **she had the prettiest hair ~** sie hatte das schönste Haar, das man sich vorstellen kann.

imaginary [ɪ'mædʒɪnərɪ] adj erfunden; (*being*) Fantasie-; (*danger*) eingebildet.

imagination [ɪmædʒɪ'neɪʃən] n Fantasie f; (*illusion*) Einbildung f; **it's just your ~** das bildest du dir nur ein.

imaginative [ɪ'mædʒɪnətɪv] adj fantasievoll; (*solution*) einfallsreich.

imagine [ɪ'mædʒɪn] vt sich dat vorstellen; (*dream*) sich dat träumen lassen; (*suppose*) vermuten.

imbalance [ɪm'bæləns] n Unausgeglichenheit f.

imbecile ['ɪmbəsiːl] n Schwachkopf m, Idiot m.

imbue [ɪm'bjuː] vt: **to ~ sb/sth with** jdn/etw durchdringen mit.

IMF n abbr (= *International Monetary Fund*) IWF m.

imitate ['ɪmɪteɪt] vt imitieren; (*mimic*) nachahmen.

imitation [ɪmɪ'teɪʃən] n Imitation f, Nachahmung f.

imitator ['ɪmɪteɪtə*] n Imitator(in) m(f), Nachahmer(in) m(f).

immaculate [ɪ'mækjulət] adj makellos; (*appearance, piece of work*) tadellos; (*REL*) unbefleckt.

immaterial [ɪmə'tɪərɪəl] adj unwichtig, unwesentlich.

immature [ɪmə'tjuə*] adj unreif; (*organism*) noch nicht voll entwickelt.

immaturity [ɪmə'tjuərɪtɪ] n Unreife f.

immeasurable [ɪ'mɛʒrəbl] adj unermesslich groß.

immediacy [ɪ'miːdɪəsɪ] n Unmittelbarkeit f, Direktheit f; (*of needs*) Dringlichkeit f.

immediate [ɪ'miːdɪət] adj sofortig; (*need*) dringend; (*neighbourhood, family*) nächste(r, s).

immediately [ɪ'miːdɪətlɪ] adv sofort; (*directly*) unmittelbar; **~ next to** direkt neben.

immense [ɪ'mɛns] adj riesig, enorm.

immensely [ɪ'mɛnslɪ] adv unheimlich; (*grateful, complex etc*) äußerst.

immensity [ɪ'mɛnsɪtɪ] n ungeheure Größe f, Unermesslichkeit f; (*of problems etc*)

gewaltiges Ausmaß nt.

immerse [ɪ'mɜːs] vt eintauchen; **to ~ sth in** etw tauchen in +acc; **to be ~d in** (*fig*) vertieft sein in +acc.

immersion heater [ɪ'mɜːʃən-] (*BRIT*) n elektrischer Heißwasserboiler m.

immigrant ['ɪmɪgrənt] n Einwanderer m, Einwanderin f.

immigration [ɪmɪ'greɪʃən] n Einwanderung f; (*at airport etc*) Einwanderungsstelle f ♦ cpd Einwanderungs-.

imminent ['ɪmɪnənt] adj bevorstehend.

immobile [ɪ'məubaɪl] adj unbeweglich.

immobilize [ɪ'məubɪlaɪz] vt (*person*) handlungsunfähig machen; (*machine*) zum Stillstand bringen.

immoderate [ɪ'mɔdərət] adj unmäßig; (*opinion, reaction*) extrem; (*demand*) maßlos.

immodest [ɪ'mɔdɪst] adj unanständig; (*boasting*) unbescheiden.

immoral [ɪ'mɔrl] adj unmoralisch; (*behaviour*) unsittlich.

immorality [ɪmə'rælɪtɪ] n (*see adj*) Unmoral f; Unsittlichkeit f.

immortal [ɪ'mɔːtl] adj unsterblich.

immortality [ɪmɔː'tælɪtɪ] n Unsterblichkeit f.

immortalize [ɪ'mɔːtlaɪz] vt unsterblich machen.

immovable [ɪ'muːvəbl] adj unbeweglich; (*person, opinion*) fest.

immune [ɪ'mjuːn] adj: **~ (to)** (*disease*) immun (gegen); (*flattery*) unempfänglich (für); (*criticism*) unempfindlich (gegen); (*attack*) sicher (vor +dat).

immune system n Immunsystem nt.

immunity [ɪ'mjuːnɪtɪ] n (*see adj*) Immunität f; Unempfänglichkeit f; Unempfindlichkeit f; Sicherheit f; (*of diplomat, from prosecution*) Immunität f.

immunization [ɪmjunaɪ'zeɪʃən] n Immunisierung f.

immunize ['ɪmjunaɪz] vt: **to ~ (against)** immunisieren (gegen).

imp [ɪmp] n Kobold m; (*child*) Racker m (*inf*).

impact ['ɪmpækt] n Aufprall m; (*of crash*) Wucht f; (*of law, measure*) (Aus)wirkung f.

impair [ɪm'pɛə*] vt beeinträchtigen.

impaired [ɪm'pɛəd] adj beeinträchtigt; (*hearing*) schlecht; **~ vision** schlechte Augen pl.

impale [ɪm'peɪl] vt: **to ~ sth (on)** etw aufspießen (auf +dat).

impart [ɪm'pɑːt] vt: **to ~ (to)** (*information*) mitteilen +dat; (*flavour*) verleihen +dat.

impartial [ɪm'pɑːʃl] adj unparteiisch.

impartiality [ɪmpɑːʃɪ'ælɪtɪ] n Unparteilichkeit f.

impassable [ɪm'pɑːsəbl] adj unpassierbar.

impasse [æm'pɑːs] n Sackgasse f.

impassive [ɪm'pæsɪv] adj gelassen.

impatience [ɪm'peɪʃəns] n Ungeduld f.

impatient [ɪm'peɪʃənt] adj ungeduldig; **to get**

or grow ~ ungeduldig werden; **to be** ~ **to do sth** es nicht erwarten können, etw zu tun.
impatiently [ɪm'peɪʃəntlɪ] *adv* ungeduldig.
impeach [ɪm'piːtʃ] *vt* anklagen; (*public official*) eines Amtsvergehens anklagen.
impeachment [ɪm'piːtʃmənt] *n* Anklage *f* wegen eines Amtsvergehens, Impeachment *nt.*
impeccable [ɪm'pɛkəbl] *adj* (*dress*) untadelig; (*manners*) tadellos.
impecunious [ɪmpɪ'kjuːnɪəs] *adj* mittellos.
impede [ɪm'piːd] *vt* behindern.
impediment [ɪm'pɛdɪmənt] *n* Hindernis *nt*; (*also:* **speech ~**) Sprachfehler *m.*
impel [ɪm'pɛl] *vt*: **to ~ sb to do sth** jdn (dazu) nötigen, etw zu tun.
impending [ɪm'pɛndɪŋ] *adj* bevorstehend; (*catastrophe*) drohend.
impenetrable [ɪm'pɛnɪtrəbl] *adj* undurchdringlich; (*fig*) unergründlich.
imperative [ɪm'pɛrətɪv] *adj* dringend; (*tone*) Befehls- ♦ *n* (*LING*) Imperativ *m*, Befehlsform *f.*
imperceptible [ɪmpə'sɛptɪbl] *adj* nicht wahrnehmbar, unmerklich.
imperfect [ɪm'pə:fɪkt] *adj* mangelhaft; (*goods*) fehlerhaft ♦ *n* (*LING*: *also:* ~ **tense**) Imperfekt *nt*, Vergangenheit *f.*
imperfection [ɪmpə:'fɛkʃən] *n* Fehler *m.*
imperial [ɪm'pɪərɪəl] *adj* kaiserlich; (*BRIT*: *measure*) britisch.
imperialism [ɪm'pɪərɪəlɪzəm] *n* Imperialismus *m.*
imperil [ɪm'pɛrɪl] *vt* gefährden.
imperious [ɪm'pɪərɪəs] *adj* herrisch, gebieterisch.
impersonal [ɪm'pə:sənl] *adj* unpersönlich.
impersonate [ɪm'pə:səneɪt] *vt* sich ausgeben als; (*THEAT*) imitieren.
impersonation [ɪmpə:sə'neɪʃən] *n* (*THEAT*) Imitation *f*; ~ **of** (*LAW*) Auftreten *nt* als.
impertinent [ɪm'pə:tɪnənt] *adj* unverschämt.
imperturbable [ɪmpə'tə:bəbl] *adj* unerschütterlich.
impervious [ɪm'pə:vɪəs] *adj*: ~ **to** (*criticism*, *pressure*) unberührt von; (*charm*, *influence*) unempfänglich für.
impetuous [ɪm'pɛtjuəs] *adj* ungestüm, stürmisch; (*act*) impulsiv.
impetus ['ɪmpətəs] *n* Schwung *m*; (*fig: driving force*) treibende Kraft *f.*
impinge [ɪm'pɪndʒ]: **to ~ on** *vt fus* sich auswirken auf +*acc*; (*rights*) einschränken.
impish ['ɪmpɪʃ] *adj* schelmisch.
implacable [ɪm'plækəbl] *adj* unerbittlich, erbittert.
implant [ɪm'plɑ:nt] *vt* (*MED*) einpflanzen; (*fig*: *idea*, *principle*) einimpfen.
implausible [ɪm'plɔ:zɪbl] *adj* unglaubwürdig.
implement [*n* 'ɪmplɪmənt, *vt* 'ɪmplɪment] *n* Gerät *nt*, Werkzeug *nt* ♦ *vt* durchführen.
implicate ['ɪmplɪkeɪt] *vt* verwickeln.

implication [ɪmplɪ'keɪʃən] *n* Auswirkung *f*; (*involvement*) Verwicklung *f*; **by** ~ implizit.
implicit [ɪm'plɪsɪt] *adj* (*inferred*) implizit, unausgesprochen; (*unquestioning*) absolut.
implicitly [ɪm'plɪsɪtlɪ] *adv* (*see adj*) implizit; absolut.
implore [ɪm'plɔː*] *vt* anflehen.
imply [ɪm'plaɪ] *vt* andeuten; (*mean*) bedeuten.
impolite [ɪmpə'laɪt] *adj* unhöflich.
imponderable [ɪm'pɒndərəbl] *adj* unberechenbar ♦ *n* unberechenbare Größe *f.*
import [*vt* ɪm'pɔːt, *n* 'ɪmpɔːt] *vt* importieren, einführen ♦ *n* Import *m*, Einfuhr *f*; (*article*) Importgut *nt* ♦ *cpd* Import-, Einfuhr-.
importance [ɪm'pɔːtns] *n* (*see adj*) Wichtigkeit *f*; Bedeutung *f*; **to be of little/great** ~ nicht besonders wichtig/sehr wichtig sein.
important [ɪm'pɔːtənt] *adj* wichtig; (*influential*) bedeutend; **it's not** ~ es ist unwichtig.
importantly [ɪm'pɔːtəntlɪ] *adv* wichtigtuerisch; **but more** ~ ... aber was noch wichtiger ist, ...
importation [ɪmpɔː'teɪʃən] *n* Import *m*, Einfuhr *f.*
imported [ɪm'pɔːtɪd] *adj* importiert, eingeführt.
importer [ɪm'pɔːtə*] *n* Importeur *m.*
impose [ɪm'pəuz] *vt* auferlegen; (*sanctions*) verhängen ♦ *vi*: **to ~ on sb** jdm zur Last fallen.
imposing [ɪm'pəuzɪŋ] *adj* eindrucksvoll.
imposition [ɪmpə'zɪʃən] *n* (*of tax etc*) Auferlegung *f*; **to be an** ~ **on** eine Zumutung sein für.
impossibility [ɪmpɒsə'bɪlɪtɪ] *n* Unmöglichkeit *f.*
impossible [ɪm'pɒsɪbl] *adj* unmöglich; **it's** ~ **for me to leave now** ich kann jetzt unmöglich gehen.
impossibly [ɪm'pɒsɪblɪ] *adv* unmöglich.
imposter [ɪm'pɒstə*] *n* = **impostor**.
impostor [ɪm'pɒstə*] *n* Hochstapler(in) *m(f).*
impotence ['ɪmpətns] *n* (*see adj*) Machtlosigkeit *f*; Impotenz *f.*
impotent ['ɪmpətnt] *adj* machtlos; (*MED*) impotent.
impound [ɪm'paund] *vt* beschlagnahmen.
impoverished [ɪm'pɒvərɪʃt] *adj* verarmt.
impracticable [ɪm'præktɪkəbl] *adj* (*idea*) undurchführbar; (*solution*) unbrauchbar.
impractical [ɪm'præktɪkl] *adj* (*plan*) undurchführbar; (*person*) unpraktisch.
imprecise [ɪmprɪ'saɪs] *adj* ungenau.
impregnable [ɪm'prɛgnəbl] *adj* uneinnehmbar; (*fig*) unerschütterlich.
impregnate ['ɪmprɛgneɪt] *vt* tränken.
impresario [ɪmprɪ'sɑːrɪəu] *n* (*THEAT*) Impresario *m.*
impress [ɪm'prɛs] *vt* beeindrucken; (*mark*) aufdrücken; **to ~ sth on sb** jdm etw einschärfen.

impression [ɪm'preʃən] n Eindruck m; (of stamp, seal) Abdruck m; (imitation) Nachahmung f, Imitation f; **to make a good/bad ~ on sb** einen guten/schlechten Eindruck auf jdn machen; **to be under the ~ that** ... den Eindruck haben, dass ...

impressionable [ɪm'preʃnəbl] adj leicht zu beeindrucken.

impressionist [ɪm'preʃənɪst] n Impressionist(in) m(f); (entertainer) Imitator(in) m(f).

impressive [ɪm'presɪv] adj beeindruckend.

imprint ['ɪmprɪnt] n (of hand etc) Abdruck m; (PUBLISHING) Impressum nt.

imprinted [ɪm'prɪntɪd] adj: **it is ~ on my memory/mind** es hat sich mir eingeprägt.

imprison [ɪm'prɪzn] vt inhaftieren, einsperren.

imprisonment [ɪm'prɪznmənt] n Gefangenschaft f; **three years' ~** drei Jahre Gefängnis or Freiheitsstrafe.

improbable [ɪm'prɒbəbl] adj unwahrscheinlich.

impromptu [ɪm'prɒmptjuː] adj improvisiert.

improper [ɪm'prɒpə*] adj ungehörig; (procedure) unrichtig; (dishonest) unlauter.

impropriety [ɪmprə'praɪətɪ] n (see adj) Ungehörigkeit f; Unrichtigkeit f; Unlauterkeit f.

improve [ɪm'pruːv] vt verbessern ♦ vi sich bessern; **the patient is improving** dem Patienten geht es besser.

▶ **improve (up)on** vt fus verbessern.

improvement [ɪm'pruːvmənt] n: **~ (in)** Verbesserung (+gen); **to make ~s to** Verbesserungen durchführen an +dat.

improvisation [ɪmprəvaɪ'zeɪʃən] n Improvisation f.

improvise ['ɪmprəvaɪz] vt, vi improvisieren.

imprudence [ɪm'pruːdns] n Unklugheit f.

imprudent [ɪm'pruːdnt] adj unklug.

impudent ['ɪmpjudnt] adj unverschämt.

impugn [ɪm'pjuːn] vt angreifen; (sincerity, motives, reputation) in Zweifel ziehen.

impulse ['ɪmpʌls] n Impuls m; (urge) Drang m; **to act on ~** aus einem Impuls heraus handeln.

impulse buy n Impulsivkauf m.

impulsive [ɪm'pʌlsɪv] adj impulsiv, spontan; (purchase) Impulsiv-.

impunity [ɪm'pjuːnɪtɪ] n: **with ~** ungestraft.

impure [ɪm'pjʊə*] adj unrein; (adulterated) verunreinigt.

impurity [ɪm'pjʊərɪtɪ] n Verunreinigung f.

IN (US) abbr (POST: = Indiana).

═══════════════════ *KEYWORD*

in [ɪn] prep **1** (indicating place, position) in +dat; (with motion) in +acc; **~ the house/garden** im Haus/Garten; **~ town** in der Stadt; **~ the country** auf dem Land; **~ here** hierin; **~ there** darin.

2 (with place names: of town, region, country) in +dat; **~ London/Bavaria** in London/ Bayern.

3 (indicating time) in +dat; **~ spring/summer/ May** im Frühling/Sommer/Mai; **~ 1994** 1994; **~ the afternoon** am Nachmittag; **at 4 o'clock ~ the afternoon** um 4 Uhr nachmittags; **I did it ~ 3 hours/days** ich habe es in 3 Stunden/Tagen gemacht; **~ 2 weeks** or **2 weeks' time** in 2 Wochen.

4 (indicating manner, circumstances, state) in +dat; **~ a loud/soft voice** mit lauter/weicher Stimme; **~ English/German** auf Englisch/ Deutsch; **~ the sun** in der Sonne; **~ the rain** im Regen; **~ good condition** in guter Verfassung.

5 (with ratios, numbers): **1 ~ 10** eine(r, s) von 10; **20 pence ~ the pound** 20 Pence pro Pfund; **they lined up ~ twos** sie stellten sich in Zweierreihen auf.

6 (referring to people, works): **the disease is common ~ children** die Krankheit ist bei Kindern verbreitet; **~ (the works of) Dickens** bei Dickens; **they have a good leader ~ him** in ihm haben sie einen guten Führer.

7 (indicating profession etc) **to be ~ teaching/the army** Lehrer(in)/beim Militär sein.

8 (with present participle): **~ saying this, I ...** wenn ich das sage, ...

♦ adv: **to be ~** (person: at home, work) da sein; (train, ship, plane) angekommen sein; (in fashion) in sein; **to ask sb ~** jdn hereinbitten; **to run/limp** etc **~** hereinlaufen/-humpeln etc

♦ n: **the ~s and outs** (of proposal, situation etc) die Einzelheiten pl.

in. abbr = inch.

inability [ɪnə'bɪlɪtɪ] n Unfähigkeit f.

inaccessible [ɪnək'sesɪbl] adj unzugänglich.

inaccuracy [ɪn'ækjurəsɪ] n (see adj) Ungenauigkeit f; Unrichtigkeit f; (mistake) Fehler m.

inaccurate [ɪn'ækjurət] adj ungenau; (not correct) unrichtig.

inaction [ɪn'ækʃən] n Untätigkeit f.

inactive [ɪn'æktɪv] adj untätig.

inactivity [ɪnæk'tɪvɪtɪ] n Untätigkeit f.

inadequacy [ɪn'ædɪkwəsɪ] n Unzulänglichkeit f.

inadequate [ɪn'ædɪkwət] adj unzulänglich.

inadmissible [ɪnəd'mɪsəbl] adj unzulässig.

inadvertently [ɪnəd'vɜːtntlɪ] adv ungewollt.

inadvisable [ɪnəd'vaɪzəbl] adj unratsam; **it is ~ to ...** es ist nicht ratsam, zu ...

inane [ɪ'neɪn] adj dumm.

inanimate [ɪn'ænɪmət] adj unbelebt.

inapplicable [ɪn'æplɪkəbl] adj unzutreffend.

inappropriate [ɪnə'prəʊprɪət] adj unpassend; (word, expression) unangebracht.

inapt [ɪn'æpt] *adj* unpassend.

inarticulate [ɪnɑː'tɪkjulət] *adj* (*speech*) unverständlich; **he is** ~ **er kann sich nur schlecht ausdrücken.**

inasmuch as [ɪnəz'mʌtʃ-] *adv* da, weil; (*in so far as*) insofern als.

inattention [ɪnə'tɛnʃən] *n* Unaufmerksamkeit *f*.

inattentive [ɪnə'tɛntɪv] *adj* unaufmerksam.

inaudible [ɪn'ɔːdɪbl] *adj* unhörbar.

inaugural [ɪ'nɔːgjurəl] *adj* (*speech, meeting*) Eröffnungs-.

inaugurate [ɪ'nɔːgjureɪt] *vt* einführen; (*president, official*) (feierlich) in sein/ihr Amt einführen.

inauguration [ɪnɔːgju'reɪʃən] *n* (*see vb*) Einführung *f*; (feierliche) Amtseinführung *f*.

inauspicious [ɪnɔːs'pɪʃəs] *adj* Unheil verheißend.

in-between [ɪnbɪ'twiːn] *adj* Mittel-, Zwischen-.

inborn [ɪn'bɔːn] *adj* angeboren.

inbred [ɪn'brɛd] *adj* angeboren; **an** ~ **family** eine Familie, in der Inzucht herrscht.

inbreeding [ɪn'briːdɪŋ] *n* Inzucht *f*.

in-built ['ɪnbɪlt] *adj* (*quality*) ihm/ihr *etc* eigen; (*feeling etc*) angeboren.

Inc. *abbr* = **incorporated company.**

Inca ['ɪŋkə] *adj* (*also:* ~**n**) Inka-, inkaisch ♦ *n* Inka *mf*.

incalculable [ɪn'kælkjuləbl] *adj* (*effect*) unabsehbar; (*loss*) unermesslich.

incapable [ɪn'keɪpəbl] *adj* hilflos; **to be** ~ **of sth** unfähig zu etw sein; **to be** ~ **of doing sth** unfähig sein, etw zu tun.

incapacitate [ɪnkə'pæsɪteɪt] *vt*: **to** ~ **sb** jdn unfähig machen.

incapacitated [ɪnkə'pæsɪteɪtɪd] *adj* (*LAW*) entmündigt.

incapacity [ɪnkə'pæsɪtɪ] *n* Hilflosigkeit *f*; (*inability*) Unfähigkeit *f*.

incarcerate [ɪn'kɑːsəreɪt] *vt* einkerkern.

incarnate [ɪn'kɑːnɪt] *adj* leibhaftig, in Person; **evil** ~ das leibhaftige Böse.

incarnation [ɪnkɑː'neɪʃən] *n* Inbegriff *m*; (*REL*) Menschwerdung *f*.

incendiary [ɪn'sɛndɪərɪ] *adj* (*bomb*) Brand-; ~ **device** Brandsatz *m*.

incense [*n* 'ɪnsɛns, *vt* ɪn'sɛns] *n* Weihrauch *m*; (*perfume*) Duft *m* ♦ *vt* wütend machen.

incense burner *n* Weihrauchschwenker *m*.

incentive [ɪn'sɛntɪv] *n* Anreiz *m*.

inception [ɪn'sɛpʃən] *n* Beginn *m*, Anfang *m*.

incessant [ɪn'sɛsnt] *adj* unablässig.

incessantly [ɪn'sɛsntlɪ] *adv* unablässig.

incest ['ɪnsɛst] *n* Inzest *m*.

inch [ɪntʃ] *n* Zoll *m*; **to be within an** ~ **of sth** kurz vor etw *dat* stehen; **he didn't give an** ~ (*fig*) er gab keinen Fingerbreit nach.

▶ **inch forward** *vi* sich millimeterweise vorwärts schieben.

incidence ['ɪnsɪdns] *n* Häufigkeit *f*.

incident ['ɪnsɪdnt] *n* Vorfall *m*; (*diplomatic etc*) Zwischenfall *m*.

incidental [ɪnsɪ'dɛntl] *adj* zusätzlich; (*unimportant*) nebensächlich; ~ **to** verbunden mit; ~ **expenses** Nebenkosten *pl*.

incidentally [ɪnsɪ'dɛntəlɪ] *adv* übrigens.

incidental music *n* Begleitmusik *f*.

incident room *n* Einsatzzentrale *f*.

incinerate [ɪn'sɪnəreɪt] *vt* verbrennen.

incinerator [ɪn'sɪnəreɪtə*] *n* (*for waste, refuse*) (Müll)verbrennungsanlage *f*.

incipient [ɪn'sɪpɪənt] *adj* einsetzend.

incision [ɪn'sɪʒən] *n* Einschnitt *m*.

incisive [ɪn'saɪsɪv] *adj* treffend.

incisor [ɪn'saɪzə*] *n* Schneidezahn *m*.

incite [ɪn'saɪt] *vt* (*rioters*) aufhetzen; (*violence, hatred*) schüren.

incl. *abbr* = **including; inclusive (of).**

inclement [ɪn'klɛmənt] *adj* (*weather*) rauh, unfreundlich.

inclination [ɪnklɪ'neɪʃən] *n* Neigung *f*.

incline [*n* 'ɪnklaɪn, *vb* ɪn'klaɪn] *n* Abhang *m* ♦ *vt* neigen ♦ *vi* sich neigen; **to be** ~**d to** to neigen zu; **to be well** ~**d towards sb** jdm geneigt *or* gewogen sein.

include [ɪn'kluːd] *vt* einbeziehen; (*in price*) einschließen; **the tip is not** ~**d in the price** Trinkgeld ist im Preis nicht inbegriffen.

including [ɪn'kluːdɪŋ] *prep* einschließlich; ~ **service charge** inklusive Bedienung.

inclusion [ɪn'kluːʒən] *n* (*see vb*) Einbeziehung *f*; Einschluss *m*.

inclusive [ɪn'kluːsɪv] *adj* (*terms*) inklusive; (*price*) Inklusiv-, Pauschal-; ~ **of** einschließlich +*gen*.

incognito [ɪnkɔg'niːtəu] *adv* inkognito.

incoherent [ɪnkəu'hɪərənt] *adj* zusammenhanglos; (*speech*) wirr; (*person*) sich unklar *or* undeutlich ausdrückend.

income ['ɪnkʌm] *n* Einkommen *nt*; (*from property, investment, pension*) Einkünfte *pl*; **gross/net** ~ Brutto-/Nettoeinkommen *nt*; ~ **and expenditure account** Gewinn- und Verlustrechnung *f*; ~ **bracket** Einkommensklasse *f*.

income support *n* ≈ Sozialhilfe *f*.

income tax *n* Einkommensteuer *f* ♦ *cpd* Steuer-.

incoming ['ɪnkʌmɪŋ] *adj* (*passenger*) ankommend; (*flight*) landend; (*call, mail*) eingehend; (*government, official*) neu; (*wave*) hereinbrechend; ~ **tide** Flut *f*.

incommunicado ['ɪnkəmjuːnɪ'kɑːdəu] *adj*: **to hold sb** ~ jdn ohne jede Verbindung zur Außenwelt halten.

incomparable [ɪn'kɔmpərəbl] *adj* unvergleichlich.

incompatible [ɪnkəm'pætɪbl] *adj* unvereinbar.

incompetence [ɪn'kɔmpɪtns] *n* Unfähigkeit *f*.

incompetent [ɪn'kɔmpɪtnt] *adj* unfähig; (*job*) unzulänglich.

incomplete [ɪnkəm'pliːt] *adj* unfertig; (*partial*) unvollständig.
incomprehensible [ɪnkɒmprɪ'hɛnsɪbl] *adj* unverständlich.
inconceivable [ɪnkən'siːvəbl] *adj*: **it is ~ (that ...)** es ist unvorstellbar *or* undenkbar(, dass ...).
inconclusive [ɪnkən'kluːsɪv] *adj* (*experiment, discussion*) ergebnislos; (*evidence, argument*) nicht überzeugend; (*result*) unbestimmt.
incongruous [ɪn'kɒŋgruəs] *adj* (*strange*) absurd; (*inappropriate*) unpassend.
inconsequential [ɪnkɒnsɪ'kwɛnʃl] *adj* unbedeutend, unwichtig.
inconsiderable [ɪnkən'sɪdərəbl] *adj*: **not ~** beachtlich; (*sum*) nicht unerheblich.
inconsiderate [ɪnkən'sɪdərət] *adj* rücksichtslos.
inconsistency [ɪnkən'sɪstənsɪ] *n* (*see adj*) Widersprüchlichkeit *f*; Inkonsequenz *f*; Unbeständigkeit *f*.
inconsistent [ɪnkən'sɪstnt] *adj* widersprüchlich; (*person*) inkonsequent; (*work*) unbeständig; **to be ~ with** im Widerspruch stehen zu.
inconsolable [ɪnkən'səuləbl] *adj* untröstlich.
inconspicuous [ɪnkən'spɪkjuəs] *adj* unauffällig; **to make o.s. ~** sich unauffällig benehmen.
incontinence [ɪn'kɒntɪnəns] *n* (*MED*) Unfähigkeit *f*, Stuhl und/oder Harn zurückzuhalten; Inkontinenz *f*.
incontinent [ɪn'kɒntɪnənt] *adj* (*MED*) unfähig, Stuhl und/oder Harn zurückzuhalten, inkontinent.
inconvenience [ɪnkən'viːnjəns] *n* Unannehmlichkeit *f*; (*trouble*) Umstände *pl* ♦ *vt* Umstände bereiten +*dat*; **don't ~ yourself** machen Sie sich keine Umstände.
inconvenient [ɪnkən'viːnjənt] *adj* (*time, place*) ungünstig; (*house*) unbequem, unpraktisch; (*visitor*) ungelegen.
incorporate [ɪn'kɔːpəreɪt] *vt* aufnehmen; (*contain*) enthalten; **safety features have been ~d in the design** in der Konstruktion sind auch Sicherheitsvorkehrungen enthalten.
incorporated company [ɪn'kɔːpəreɪtɪd-] (*US*) *n* eingetragene Gesellschaft *f*.
incorrect [ɪnkə'rɛkt] *adj* falsch.
incorrigible [ɪn'kɒrɪdʒɪbl] *adj* unverbesserlich.
incorruptible [ɪnkə'rʌptɪbl] *adj* unbestechlich.
increase [*vb* ɪn'kriːs, *n* 'ɪnkriːs] *vi* (*level etc*) zunehmen; (*price*) steigen; (*in size*) sich vergrößern; (*in number, quantity*) sich vermehren ♦ *vt* vergrößern; (*price*) erhöhen ♦ *n*: **~ (in)** Zunahme *f* (+*gen*); (*in wages, spending etc*) Erhöhung *f* (+*gen*); **an ~ of 5%** eine Erhöhung von 5%, eine Zunahme um 5%; **to be on the ~** zunehmen.
increasing [ɪn'kriːsɪŋ] *adj* zunehmend.

increasingly [ɪn'kriːsɪŋlɪ] *adv* zunehmend.
incredible [ɪn'krɛdɪbl] *adj* unglaublich; (*amazing, wonderful*) unwahrscheinlich (*inf*), sagenhaft (*inf*).
incredulity [ɪnkrɪ'djuːlɪtɪ] *n* Ungläubigkeit *f*.
incredulous [ɪn'krɛdjuləs] *adj* ungläubig.
increment ['ɪnkrɪmənt] *n* (*in salary*) Erhöhung *f*, Zulage *f*.
incriminate [ɪn'krɪmɪneɪt] *vt* belasten.
incriminating [ɪn'krɪmɪneɪtɪŋ] *adj* belastend.
incrusted [ɪn'krʌstɪd] *adj* = **encrusted**.
incubate ['ɪnkjubeɪt] *vt* ausbrüten ♦ *vi* ausgebrütet werden; (*disease*) zum Ausbruch kommen.
incubation [ɪnkju'beɪʃən] *n* Ausbrüten *nt*; (*of illness*) Inkubation *f*.
incubation period *n* Inkubationszeit *f*.
incubator ['ɪnkjubeɪtə*] *n* (*for babies*) Brutkasten *m*, Inkubator *m*.
inculcate ['ɪnkʌlkeɪt] *vt*: **to ~ sth in(to) sb** jdm etw einprägen.
incumbent [ɪn'kʌmbənt] *n* Amtsinhaber(in) *m(f)* ♦ *adj*: **it is ~ on him to ...** es obliegt ihm *or* es ist seine Pflicht, zu ...
incur [ɪn'kəː*] *vt* (*expenses, debt*) machen; (*loss*) erleiden; (*disapproval, anger*) sich *dat* zuziehen.
incurable [ɪn'kjuərəbl] *adj* unheilbar.
incursion [ɪn'kəːʃən] *n* (*MIL*) Einfall *m*.
Ind. (*US*) *abbr* (*POST:* = *Indiana*).
indebted [ɪn'dɛtɪd] *adj*: **to be ~ to sb** jdm (zu Dank) verpflichtet sein.
indecency [ɪn'diːsnsɪ] *n* Unanständigkeit *f*, Anstößigkeit *f*.
indecent [ɪn'diːsnt] *adj* unanständig, anstößig; (*haste*) ungebührlich.
indecent assault (*BRIT*) *n* Sexualverbrechen *nt*.
indecent exposure *n* Erregung *f* öffentlichen Ärgernisses.
indecipherable [ɪndɪ'saɪfərəbl] *adj* unleserlich; (*expression, glance etc*) unergründlich.
indecision [ɪndɪ'sɪʒən] *n* Unentschlossenheit *f*.
indecisive [ɪndɪ'saɪsɪv] *adj* unentschlossen.
indeed [ɪn'diːd] *adv* aber sicher; (*in fact*) tatsächlich, in der Tat; (*furthermore*) sogar; **yes ~!** oh ja!, das kann man wohl sagen!
indefatigable [ɪndɪ'fætɪgəbl] *adj* unermüdlich.
indefensible [ɪndɪ'fɛnsɪbl] *adj* (*conduct*) unentschuldbar.
indefinable [ɪndɪ'faɪnəbl] *adj* undefinierbar.
indefinite [ɪn'dɛfɪnɪt] *adj* unklar, vage; (*period, number*) unbestimmt.
indefinite article *n* (*LING*) unbestimmter Artikel *m*.
indefinitely [ɪn'dɛfɪnɪtlɪ] *adv* (*continue*) endlos; (*wait*) unbegrenzt (lange); (*postpone*) auf unbestimmte Zeit.
indelible [ɪn'dɛlɪbl] *adj* (*mark, stain*) nicht zu entfernen; **~ pen** Tintenstift *m*; **~ ink** Wäschetinte *f*.

indelicate [ɪnˈdɛlɪkɪt] *adj* taktlos; (*not polite*) ungehörig.

indemnify [ɪnˈdɛmnɪfaɪ] *vt* entschädigen.

indemnity [ɪnˈdɛmnɪtɪ] *n* (*insurance*) Versicherung *f*; (*compensation*) Entschädigung *f*.

indent [ɪnˈdɛnt] *vt* (*text*) einrücken, einziehen.

indentation [ɪndɛnˈteɪʃən] *n* Einkerbung *f*; (*TYP*) Einrückung *f*, Einzug *m*; (*on metal*) Delle *f*.

indenture [ɪnˈdɛntʃə*] *n* Ausbildungsvertrag *m*, Lehrvertrag *m*.

independence [ɪndɪˈpɛndns] *n* Unabhängigkeit *f*.

INDEPENDENCE DAY

Independence Day (*der 4. Juli*) ist in den USA ein gesetzlicher Feiertag zum Gedenken an die Unabhängigkeitserklärung vom 4. Juli 1776, mit der die 13 amerikanischen Kolonien ihre Freiheit und Unabhängigkeit von Großbritannien erklärten.

---

independent [ɪndɪˈpɛndnt] *adj* unabhängig.

independently [ɪndɪˈpɛndntlɪ] *adv* unabhängig.

in-depth [ˈɪndɛpθ] *adj* eingehend.

indescribable [ɪndɪsˈkraɪbəbl] *adj* unbeschreiblich.

indestructible [ɪndɪsˈtrʌktəbl] *adj* unzerstörbar.

indeterminate [ɪndɪˈtəːmɪnɪt] *adj* unbestimmt.

index [ˈɪndɛks] (*pl* ~es) *n* (*in book*) Register *nt*; (*in library etc*) Katalog *m*; (*card index*) Kartei *f*; (*pl* **indices**) (*ratio*) Index *m*; (*: sign*) (An)zeichen *nt*.

index card *n* Karteikarte *f*.

indexed [ˈɪndɛkst] (*US*) *adj* = **index-linked**.

index finger *n* Zeigefinger *m*.

index-linked [ˈɪndɛksˈlɪŋkt] *adj* der Inflationsrate *dat* angeglichen.

India [ˈɪndɪə] *n* Indien *nt*.

Indian [ˈɪndɪən] *adj* indisch; (*American Indian*) indianisch ♦ *n* Inder(in) *m(f)*; **American ~** Indianer(in) *m(f)*.

Indian Ocean *n*: **the ~** der Indische Ozean.

Indian summer *n* Altweibersommer *m*.

India paper *n* Dünndruckpapier *nt*.

India rubber *n* Gummi *m*, Kautschuk *m*.

indicate [ˈɪndɪkeɪt] *vt* (an)zeigen; (*point to*) deuten auf +*acc*; (*mention*) andeuten ♦ *vi* (*BRIT: AUT*): **to ~ left/right** links/rechts blinken.

indication [ɪndɪˈkeɪʃən] *n* (An)zeichen *nt*.

indicative [ɪnˈdɪkətɪv] *n* (*LING*) Indikativ *m*, Wirklichkeitsform *f* ♦ *adj*: **to be ~ of sth** auf etw *acc* schließen lassen.

indicator [ˈɪndɪkeɪtə*] *n* (*instrument, gauge*) Anzeiger *m*; (*fig*) (An)zeichen *nt*; (*AUT*) Richtungsanzeiger *m*, Blinker *m*.

indices [ˈɪndɪsiːz] *npl of* **index**.

indict [ɪnˈdaɪt] *vt* anklagen.

indictable [ɪnˈdaɪtəbl] *adj* (*person*) strafrechtlich verfolgbar; **~ offence** strafbare Handlung *f*.

indictment [ɪnˈdaɪtmənt] *n* Anklage *f*; **to be an ~ of sth** (*fig*) ein Armutszeugnis *nt* für etw sein.

indifference [ɪnˈdɪfrəns] *n* Gleichgültigkeit *f*.

indifferent [ɪnˈdɪfrənt] *adj* gleichgültig; (*mediocre*) mittelmäßig.

indigenous [ɪnˈdɪdʒɪnəs] *adj* einheimisch.

indigestible [ɪndɪˈdʒɛstɪbl] *adj* unverdaulich.

indigestion [ɪndɪˈdʒɛstʃən] *n* Magenverstimmung *f*.

indignant [ɪnˈdɪgnənt] *adj*: **to be ~ at sth/with sb** entrüstet über etw/jdn sein.

indignation [ɪndɪgˈneɪʃən] *n* Entrüstung *f*.

indignity [ɪnˈdɪgnɪtɪ] *n* Demütigung *f*.

indigo [ˈɪndɪgəu] *n* Indigo *nt or m*.

indirect [ɪndɪˈrɛkt] *adj* indirekt; **~ way** or **route** Umweg *m*.

indirectly [ɪndɪˈrɛktlɪ] *adv* indirekt.

indiscreet [ɪndɪsˈkriːt] *adj* indiskret.

indiscretion [ɪndɪsˈkrɛʃən] *n* Indiskretion *f*.

indiscriminate [ɪndɪsˈkrɪmɪnət] *adj* wahllos; (*taste*) unkritisch.

indispensable [ɪndɪsˈpɛnsəbl] *adj* unentbehrlich.

indisposed [ɪndɪsˈpəuzd] *adj* unpässlich.

indisputable [ɪndɪsˈpjuːtəbl] *adj* unbestreitbar.

indistinct [ɪndɪsˈtɪŋkt] *adj* undeutlich; (*image*) verschwommen; (*noise*) schwach.

indistinguishable [ɪndɪsˈtɪŋgwɪʃəbl] *adj*: **~ from** nicht zu unterscheiden von.

individual [ɪndɪˈvɪdjuəl] *n* Individuum *nt*, Einzelne(r) *f(m)* ♦ *adj* eigen; (*single*) einzeln; (*case, portion*) Einzel-; (*particular*) individuell.

individualist [ɪndɪˈvɪdjuəlɪst] *n* Individualist(in) *m(f)*.

individuality [ɪndɪvɪdjuˈælɪtɪ] *n* Individualität *f*.

individually [ɪndɪˈvɪdjuəlɪ] *adv* einzeln, individuell.

indivisible [ɪndɪˈvɪzɪbl] *adj* unteilbar.

Indochina [ɪndəuˈtʃaɪnə] *n* Indochina *nt*.

indoctrinate [ɪnˈdɔktrɪneɪt] *vt* indoktrinieren.

indoctrination [ɪndɔktrɪˈneɪʃən] *n* Indoktrination *f*.

indolence [ˈɪndələns] *n* Trägheit *f*.

indolent [ˈɪndələnt] *adj* träge.

Indonesia [ɪndəˈniːzɪə] *n* Indonesien *nt*.

Indonesian [ɪndəˈniːzɪən] *adj* indonesisch ♦ *n* Indonesier(in) *m(f)*; (*LING*) Indonesisch *nt*.

indoor [ˈɪndɔː*] *adj* (*plant, aerial*) Zimmer-; (*clothes, shoes*) Haus-; (*swimming pool, sport*) Hallen-; (*games*) im Haus.

indoors [ɪnˈdɔːz] *adv* drinnen; **to go ~** hineingehen.

indubitable [ɪnˈdjuːbɪtəbl] *adj* unzweifelhaft.

indubitably [ɪnˈdjuːbɪtəblɪ] *adv* zweifellos.

induce [ɪnˈdjuːs] *vt* herbeiführen; (*persuade*)

dazu bringen; (*MED: birth*) einleiten; **to ~ sb
to do sth** jdn dazu bewegen *or* bringen, etw
zu tun.
inducement [ɪn'djuːsmənt] *n* Anreiz *m*; (*pej:
bribe*) Bestechung *f*.
induct [ɪn'dʌkt] *vt* (in sein/ihr *etc* Amt)
einführen.
induction [ɪn'dʌkʃən] *n* (*MED: of birth*)
Einleitung *f*.
induction course (*BRIT*) *n* Einführungskurs
m.
indulge [ɪn'dʌldʒ] *vt* nachgeben +*dat*; (*person,
child*) verwöhnen ◊ *vi*: **to ~ in** sich hingeben
+*dat*.
indulgence [ɪn'dʌldʒəns] *n* (*pleasure*) Luxus *m*;
(*leniency*) Nachgiebigkeit *f*.
indulgent [ɪn'dʌldʒənt] *adj* nachsichtig.
industrial [ɪn'dʌstrɪəl] *adj* industriell;
(*accident*) Arbeits-; (*city*) Industrie-.
industrial action *n*
Arbeitskampfmaßnahmen *pl*.
industrial design *n* Industriedesign *nt*.
industrial estate (*BRIT*) *n* Industriegebiet *nt*.
industrialist [ɪn'dʌstrɪəlɪst] *n* Industrielle(r)
f(m).
industrialize [ɪn'dʌstrɪəlaɪz] *vt*
industrialisieren.
industrial park (*US*) *n* = **industrial estate**.
industrial relations *npl Beziehungen
zwischen Arbeitgebern, Arbeitnehmern und
Gewerkschaften.*
industrial tribunal (*BRIT*) *n* Arbeitsgericht
nt.
industrial unrest (*BRIT*) *n* Arbeitsunruhen *pl*.
industrious [ɪn'dʌstrɪəs] *adj* fleißig.
industry ['ɪndəstrɪ] *n* Industrie *f*; (*diligence*)
Fleiß *m*.
inebriated [ɪ'niːbrɪeɪtɪd] *adj* betrunken.
inedible [ɪn'edɪbl] *adj* ungenießbar.
ineffective [ɪnɪ'fektɪv] *adj* wirkungslos;
(*government*) unfähig.
ineffectual [ɪnɪ'fektʃuəl] *adj* = **ineffective**.
inefficiency [ɪnɪ'fɪʃənsɪ] *n* (*see adj*) Ineffizienz
f; Leistungsunfähigkeit *f*.
inefficient [ɪnɪ'fɪʃənt] *adj* ineffizient; (*machine*)
leistungsunfähig.
inelegant [ɪn'elɪgənt] *adj* unelegant.
ineligible [ɪn'elɪdʒɪbl] *adj* (*candidate*) nicht
wählbar; **to be ~ for sth** zu etw nicht
berechtigt sein.
inept [ɪ'nept] *adj* (*politician*) unfähig;
(*management*) stümperhaft.
ineptitude [ɪ'neptɪtjuːd] *n* (*see adj*)
Unfähigkeit *f*; Stümperhaftigkeit *f*.
inequality [ɪnɪ'kwɒlɪtɪ] *n* Ungleichheit *f*.
inequitable [ɪn'ekwɪtəbl] *adj* ungerecht.
inert [ɪ'nɜːt] *adj* unbeweglich; **~ gas** Edelgas
nt.
inertia [ɪ'nɜːʃə] *n* Trägheit *f*.
inertia-reel seat belt [ɪ'nɜːʃə'riːl-] *n*
Automatikgurt *m*.
inescapable [ɪnɪ'skeɪpəbl] *adj* unvermeidlich;

(*conclusion*) zwangsläufig.
inessential [ɪnɪ'senʃl] *adj* unwesentlich;
(*furniture etc*) entbehrlich.
inessentials [ɪnɪ'senʃlz] *npl*
Nebensächlichkeiten *pl*.
inestimable [ɪn'estɪməbl] *adj* unschätzbar.
inevitability [ɪnevɪtə'bɪlɪtɪ] *n*
Unvermeidlichkeit *f*; **it is an ~** es ist nicht
zu vermeiden.
inevitable [ɪn'evɪtəbl] *adj* unvermeidlich;
(*result*) zwangsläufig.
inevitably [ɪn'evɪtəblɪ] *adv* zwangsläufig; **~, he**
was late es konnte ja nicht ausbleiben, dass
er zu spät kam; **as ~ happens ...** wie es
immer so ist ...
inexact [ɪnɪg'zækt] *adj* ungenau.
inexcusable [ɪnɪks'kjuːzəbl] *adj*
unentschuldbar, unverzeihlich.
inexhaustible [ɪnɪg'zɔːstɪbl] *adj*
unerschöpflich.
inexorable [ɪn'eksərəbl] *adj* unaufhaltsam.
inexpensive [ɪnɪk'spensɪv] *adj* preisgünstig.
inexperience [ɪnɪk'spɪərɪəns] *n*
Unerfahrenheit *f*.
inexperienced [ɪnɪk'spɪərɪənst] *adj*
unerfahren; (*swimmer etc*) ungeübt; **to be**
~ in sth wenig Erfahrung mit etw haben.
inexplicable [ɪnɪk'splɪkəbl] *adj* unerklärlich.
inexpressible [ɪnɪk'spresɪbl] *adj*
unbeschreiblich.
inextricable [ɪnɪk'strɪkəbl] *adj* unentwirrbar;
(*dilemma*) unlösbar.
inextricably [ɪnɪk'strɪkəblɪ] *adv* unentwirrbar;
(*linked*) untrennbar.
infallibility [ɪnfælə'bɪlɪtɪ] *n* Unfehlbarkeit *f*.
infallible [ɪn'fælɪbl] *adj* unfehlbar.
infamous ['ɪnfəməs] *adj* niederträchtig.
infamy ['ɪnfəmɪ] *n* Verrufenheit *f*.
infancy ['ɪnfənsɪ] *n* frühe Kindheit *f*; (*of
movement, firm*) Anfangsstadium *nt*.
infant ['ɪnfənt] *n* Säugling *m*; (*young child*)
Kleinkind *nt* ◊ *cpd* Säuglings-.
infantile ['ɪnfəntaɪl] *adj* kindisch, infantil;
(*disease*) Kinder-.
infantry ['ɪnfəntrɪ] *n* Infanterie *f*.
infantryman ['ɪnfəntrɪmən] (*irreg: like* **man**) *n*
Infanterist *m*.
infant school (*BRIT*) *n* Grundschule *f* (*für die
ersten beiden Jahrgänge*).
infatuated [ɪn'fætjueɪtɪd] *adj*: **~ with** vernarrt
in +*acc*; **to become ~ with** sich vernarren in
+*acc*.
infatuation [ɪnfætju'eɪʃən] *n* Vernarrtheit *f*.
infect [ɪn'fekt] *vt* anstecken (*also fig*),
infizieren; (*food*) verseuchen; **to become**
~ed (*wound*) sich entzünden.
infection [ɪn'fekʃən] *n* Infektion *f*,
Entzündung *f*; (*contagion*) Ansteckung *f*.
infectious [ɪn'fekʃəs] *adj* ansteckend.
infer [ɪn'fɜː] *vt* schließen; (*imply*) andeuten.
inference ['ɪnfərəns] *n* (*see vb*) Schluss *m*;
Andeutung *f*.

inferior [ɪn'fɪərɪə*] *adj* (*in rank*) untergeordnet, niedriger; (*in quality*) minderwertig; (*in quantity, number*) geringer ♦ *n* Untergebene(r) *f(m)*; **to feel ~ (to sb)** sich (jdm) unterlegen fühlen.

inferiority [ɪnfɪərɪ'ɔrətɪ] *n* (*see adj*) untergeordnete Stellung *f*, niedriger Rang *m*; Minderwertigkeit *f*, geringere Zahl *f*.

inferiority complex *n* Minderwertigkeitskomplex *m*.

infernal [ɪn'fɜːnl] *adj* höllisch; (*temper*) schrecklich.

inferno [ɪn'fɜːnəu] *n* (*blaze*) Flammenmeer *nt*.

infertile [ɪn'fɜːtaɪl] *adj* unfruchtbar.

infertility [ɪnfəː'tɪlɪtɪ] *n* Unfruchtbarkeit *f*.

infested [ɪn'fɛstɪd] *adj*: **~ (with)** verseucht (mit).

infidelity [ɪnfɪ'dɛlɪtɪ] *n* Untreue *f*.

infighting ['ɪnfaɪtɪŋ] *n* interne Machtkämpfe *pl*.

infiltrate ['ɪnfɪltreɪt] *vt* (*organization etc*) infiltrieren, unterwandern; (: *to spy*) einschleusen.

infinite ['ɪnfɪnɪt] *adj* unendlich; (*time, money*) unendlich viel.

infinitely ['ɪnfɪnɪtlɪ] *adv* unendlich viel.

infinitesimal [ɪnfɪnɪ'tesɪməl] *adj* unendlich klein, winzig.

infinitive [ɪn'fɪnɪtɪv] *n* (*LING*) Infinitiv *m*, Grundform *f*.

infinity [ɪn'fɪnɪtɪ] *n* Unendlichkeit *f*; (*MATH, PHOT*) Unendliche *nt*; **an ~ of ...** unendlich viel(e) ...

infirm [ɪn'fɜːm] *adj* schwach, gebrechlich.

infirmary [ɪn'fɜːmərɪ] *n* Krankenhaus *nt*.

infirmity [ɪn'fɜːmɪtɪ] *n* Schwäche *f*, Gebrechlichkeit *f*.

inflame [ɪn'fleɪm] *vt* (*person, crowd*) aufbringen.

inflamed [ɪn'fleɪmd] *adj* entzündet.

inflammable [ɪn'flæməbl] *adj* feuergefährlich.

inflammation [ɪnflə'meɪʃən] *n* Entzündung *f*.

inflammatory [ɪn'flæmətərɪ] *adj* (*speech*) aufrührerisch, Hetz-.

inflatable [ɪn'fleɪtəbl] *adj* aufblasbar; (*dinghy*) Schlauch-.

inflate [ɪn'fleɪt] *vt* aufpumpen; (*balloon*) aufblasen; (*price*) hochtreiben; (*expectation*) steigern; (*position, ideas etc*) hochspielen.

inflated [ɪn'fleɪtɪd] *adj* (*style*) geschwollen; (*value, price*) überhöht.

inflation [ɪn'fleɪʃən] *n* Inflation *f*.

inflationary [ɪn'fleɪʃənərɪ] *adj* inflationär; (*spiral*) Inflations-.

inflexible [ɪn'flɛksɪbl] *adj* inflexibel; (*rule*) starr.

inflict [ɪn'flɪkt] *vt*: **to ~ sth on sb** (*damage, suffering, wound*) jdm etw zufügen; (*punishment*) jdm etw auferlegen; (*fig: problems*) jdn mit etw belasten.

infliction [ɪn'flɪkʃən] *n* (*see vb*) Zufügen *nt*; Auferlegung *f*; Belastung *f*.

in-flight ['ɪnflaɪt] *adj* während des Fluges.

inflow ['ɪnfləu] *n* Zustrom *m*.

influence ['ɪnfluəns] *n* Einfluss *m* ♦ *vt* beeinflussen; **under the ~ of alcohol** unter Alkoholeinfluss.

influential [ɪnflu'ɛnʃl] *adj* einflussreich.

influenza [ɪnflu'ɛnzə] *n* (*MED*) Grippe *f*.

influx ['ɪnflʌks] *n* (*of refugees*) Zustrom *m*; (*of funds*) Zufuhr *f*.

inform [ɪn'fɔːm] *vt*: **to ~ sb of sth** jdn von etw unterrichten, jdn über etw *acc* informieren ♦ *vi*: **to ~ on sb** jdn denunzieren.

informal [ɪn'fɔːml] *adj* ungezwungen; (*manner, clothes*) leger; (*unofficial*) inoffiziell; (*announcement, invitation*) informell.

informality [ɪnfɔː'mælɪtɪ] *n* (*see adj*) Ungezwungenheit *f*; legere Art *f*; inoffizieller Charakter *m*; informeller Charakter *m*.

informally [ɪn'fɔːməlɪ] *adv* (*see adj*) ungezwungen; leger; inoffiziell; informell.

informant [ɪn'fɔːmənt] *n* Informant(in) *m(f)*.

information [ɪnfə'meɪʃən] *n* Informationen *pl*, Auskunft *f*; (*knowledge*) Wissen *nt*; **to get ~ on** sich informieren über +*acc*; **a piece of ~** eine Auskunft *or* Information; **for your ~** zu Ihrer Information.

information bureau *n* Auskunftsbüro *nt*.

information desk *n* Auskunftsschalter *m*.

information office *n* Auskunftsbüro *nt*.

information processing *n* Informationsverarbeitung *f*.

information retrieval *n* Informationsabruf *m*, Datenabruf *m*.

information science *n* Informatik *f*.

information superhighway *n* (*COMPUT*) Datenautobahn *f*.

information technology *n* Informationstechnik *f*.

informative [ɪn'fɔːmətɪv] *adj* aufschlussreich.

informed [ɪn'fɔːmd] *adj* informiert; (*guess, opinion*) wohl begründet; **to be well/better ~** gut/besser informiert sein.

informer [ɪn'fɔːmə*] *n* Informant(in) *m(f)*; (*also: police ~*) Polizeispitzel *m*.

infra dig ['ɪnfrə'dɪg] (*inf*) *adj abbr* (= *infra dignitatem*) unter meiner/seiner *etc* Würde.

infrared [ɪnfrə'rɛd] *adj* infrarot.

infrastructure ['ɪnfrəstrʌktʃə*] *n* Infrastruktur *f*.

infrequent [ɪn'friːkwənt] *adj* selten.

infringe [ɪn'frɪndʒ] *vt* (*law*) verstoßen gegen, übertreten ♦ *vi*: **to ~ on** (*rights*) verletzen.

infringement [ɪn'frɪndʒmənt] *n* (*see vb*) Verstoß *m*, Übertretung *f*; Verletzung *f*.

infuriate [ɪn'fjuərɪeɪt] *vt* wütend machen.

infuriating [ɪn'fjuərɪeɪtɪŋ] *adj* äußerst ärgerlich.

infuse [ɪn'fjuːz] *vt* (*tea etc*) aufgießen; **to ~ sb with sth** (*fig*) jdm etw einflößen.

infusion [ɪn'fjuːʒən] *n* (*tea etc*) Aufguss *m*.

ingenious [ɪn'dʒiːnjəs] *adj* genial.

ingenuity [ɪndʒɪˈnjuːɪtɪ] n Einfallsreichtum m; (*skill*) Geschicklichkeit f.

ingenuous [ɪnˈdʒɛnjuəs] adj offen, aufrichtig; (*innocent*) naiv.

ingot [ˈɪŋgət] n Barren m.

ingrained [ɪnˈgreɪnd] adj (*habit*) fest; (*belief*) unerschütterlich.

ingratiate [ɪnˈgreɪʃɪeɪt] vt: to ~ o.s. with sb sich bei jdm einschmeicheln.

ingratiating [ɪnˈgreɪʃɪeɪtɪŋ] adj schmeichlerisch.

ingratitude [ɪnˈgrætɪtjuːd] n Undank m.

ingredient [ɪnˈgriːdɪənt] n (*of cake etc*) Zutat f; (*of situation*) Bestandteil m.

ingrowing [ˈɪngrəʊɪŋ] adj: ~ toenail eingewachsener Zehennagel m.

inhabit [ɪnˈhæbɪt] vt bewohnen, wohnen in +dat.

inhabitant [ɪnˈhæbɪtnt] n Einwohner(in) m(f); (*of street, house*) Bewohner(in) m(f).

inhale [ɪnˈheɪl] vt einatmen ♦ vi einatmen; (*when smoking*) inhalieren.

inhaler [ɪnˈheɪlə•] n Inhalationsapparat m.

inherent [ɪnˈhɪərənt] adj: ~ in or to eigen +dat.

inherently [ɪnˈhɪərəntlɪ] adv von Natur aus.

inherit [ɪnˈhɛrɪt] vt erben.

inheritance [ɪnˈhɛrɪtəns] n Erbe nt.

inhibit [ɪnˈhɪbɪt] vt hemmen.

inhibited [ɪnˈhɪbɪtɪd] adj gehemmt.

inhibiting [ɪnˈhɪbɪtɪŋ] adj hemmend; ~ factor Hemmnis nt.

inhibition [ɪnhɪˈbɪʃən] n Hemmung f.

inhospitable [ɪnhɒsˈpɪtəbl] adj ungastlich; (*place, climate*) unwirtlich.

in-house [ˈɪnˈhaʊs] adj, adv hausintern.

inhuman [ɪnˈhjuːmən] adj (*behaviour*) unmenschlich; (*appearance*) nicht menschlich.

inhumane [ɪnhjuːˈmeɪn] adj inhuman; (*treatment*) menschenunwürdig.

inimitable [ɪˈnɪmɪtəbl] adj unnachahmlich.

iniquitous [ɪˈnɪkwɪtəs] adj (*unfair*) ungerecht.

iniquity [ɪˈnɪkwɪtɪ] n Ungerechtigkeit f; (*wickedness*) Ungeheuerlichkeit f.

initial [ɪˈnɪʃl] adj anfänglich; (*stage*) Anfangs- ♦ n Initiale f, Anfangsbuchstabe m ♦ vt (*document*) abzeichnen; **initials** npl Initialen pl; (*as signature*) Namenszeichen nt.

initialize [ɪˈnɪʃəlaɪz] vt initialisieren.

initially [ɪˈnɪʃəlɪ] adv zu Anfang; (*first*) zuerst.

initiate [ɪˈnɪʃɪeɪt] vt (*talks*) eröffnen; (*process*) einleiten; (*new member*) feierlich aufnehmen; to ~ sb into a secret jdn in ein Geheimnis einweihen; to ~ proceedings against sb (*LAW*) einen Prozess gegen jdn anstrengen.

initiation [ɪnɪʃɪˈeɪʃən] n (*beginning*) Einführung f; (*into secret etc*) Einweihung f.

initiative [ɪˈnɪʃətɪv] n Initiative f; to take the ~ die Initiative ergreifen.

inject [ɪnˈdʒɛkt] vt (ein)spritzen; (*fig: funds*) hineinpumpen; to ~ sb with sth jdm etw

spritzen or injizieren; to ~ money into sth (*fig*) Geld in etw *acc* pumpen.

injection [ɪnˈdʒɛkʃən] n Spritze f, Injektion f; to give/have an ~ eine Spritze or Injektion geben/bekommen; an ~ of money/funds (*fig*) eine Finanzspritze.

injudicious [ɪndʒuːˈdɪʃəs] adj unklug.

injunction [ɪnˈdʒʌŋkʃən] n (*LAW*) gerichtliche Verfügung f.

injure [ˈɪndʒə•] vt verletzen; (*reputation*) schaden +dat; to ~ o.s. sich verletzen.

injured [ˈɪndʒəd] adj verletzt; (*tone*) gekränkt; ~ party (*LAW*) Geschädigte(r) f(m).

injurious [ɪnˈdʒʊərɪəs] adj: to be ~ to schaden +dat, schädlich sein +dat.

injury [ˈɪndʒərɪ] n Verletzung f; to escape without ~ unverletzt davonkommen.

injury time n (*SPORT*) Nachspielzeit f; to play ~ nachspielen.

injustice [ɪnˈdʒʌstɪs] n Ungerechtigkeit f; you do me an ~ Sie tun mir unrecht.

ink [ɪŋk] n Tinte f; (*in printing*) Druckfarbe f.

ink-jet printer [ˈɪŋkdʒɛt-] n Tintenstrahldrucker m.

inkling [ˈɪŋklɪŋ] n (dunkle) Ahnung f; to have an ~ of ahnen.

ink pad n Stempelkissen nt.

inky [ˈɪŋkɪ] adj tintenschwarz; (*fingers*) tintenbeschmiert.

inlaid [ˈɪnleɪd] adj eingelegt.

inland [ˈɪnlænd] adj (*port, sea, waterway*) Binnen- ♦ adv (*travel*) landeinwärts.

Inland Revenue (*BRIT*) n ≈ Finanzamt nt.

in-laws [ˈɪnlɔːz] npl (*parents-in-law*) Schwiegereltern pl; (*other relatives*) angeheiratete Verwandte pl.

inlet [ˈɪnlɛt] n (schmale) Bucht f.

inlet pipe n Zuleitung f, Zuleitungsrohr nt.

inmate [ˈɪnmeɪt] n Insasse m, Insassin f.

inmost [ˈɪnməʊst] adj innerst.

inn [ɪn] n Gasthaus nt.

innards [ˈɪnədz] (*inf*) npl Innereien pl.

innate [ɪˈneɪt] adj angeboren.

inner [ˈɪnə•] adj innere(r, s); (*courtyard*) Innen-.

inner city n Innenstadt f.

innermost [ˈɪnəməʊst] adj = inmost.

inner tube n (*of tyre*) Schlauch m.

innings [ˈɪnɪŋz] n (*CRICKET*) Innenrunde f; he's had a good ~ (*fig*) er kann auf ein langes, ausgefülltes Leben zurückblicken.

innocence [ˈɪnəsns] n Unschuld f.

innocent [ˈɪnəsnt] adj unschuldig.

innocuous [ɪˈnɒkjuəs] adj harmlos.

innovation [ɪnəʊˈveɪʃən] n Neuerung f.

innuendo [ɪnjuˈɛndəʊ] (*pl* ~es) n versteckte Andeutung f.

innumerable [ɪˈnjuːmrəbl] adj unzählig.

inoculate [ɪˈnɒkjuleɪt] vt: to ~ sb against sth jdn gegen etw impfen; to ~ sb with sth jdm etw einimpfen.

inoculation [ɪnɒkjuˈleɪʃən] n Impfung f.

inoffensive [ɪnəˈfɛnsɪv] adj harmlos.

inopportune [ɪnˈɔpətjuːn] *adj* unangebracht; (*moment*) ungelegen.

inordinate [ɪˈnɔːdɪnət] *adj* (*thirst etc*) unmäßig; (*amount, pleasure*) ungeheuer.

inordinately [ɪˈnɔːdɪnətlɪ] *adv* (*proud*) unmäßig; (*long, large etc*) ungeheuer.

inorganic [ɪnɔːˈgænɪk] *adj* anorganisch.

inpatient [ˈɪnpeɪʃənt] *n* stationär behandelter Patient *m*, stationär behandelte Patientin *f*.

input [ˈɪnput] *n* (*of capital, manpower*) Investition *f*; (*of energy*) Zufuhr *f*; (*COMPUT*) Eingabe *f*, Input *m* or *nt* ♦ *vt* (*COMPUT*) eingeben.

inquest [ˈɪnkwest] *n* gerichtliche Untersuchung *f* der Todesursache.

inquire [ɪnˈkwaɪə*] *vi*: **to ~ about** sich erkundigen nach, fragen nach ♦ *vt* sich erkundigen nach, fragen nach; **to ~ when/ where/whether** fragen *or* sich erkundigen, wann/wo/ob.

▶ **inquire after** *vt fus* sich erkundigen nach.

▶ **inquire into** *vt fus* untersuchen.

inquiring [ɪnˈkwaɪərɪŋ] *adj* wissensdurstig.

inquiry [ɪnˈkwaɪərɪ] *n* Untersuchung *f*; (*question*) Anfrage *f*; **to hold an ~ into sth** eine Untersuchung +*gen* durchführen.

inquiry desk (*BRIT*) *n* Auskunft *f*, Auskunftsschalter *m*.

inquiry office (*BRIT*) *n* Auskunft *f*, Auskunftsbüro *nt*.

inquisition [ɪnkwɪˈzɪʃən] *n* Untersuchung *f*; (*REL*): **the I~** die Inquisition.

inquisitive [ɪnˈkwɪzɪtɪv] *adj* neugierig.

inroads [ˈɪnrəudz] *npl*: **to make ~ into** (*savings, supplies*) angreifen.

ins *abbr* (= *inches*) *see* **inch**.

insane [ɪnˈseɪn] *adj* wahnsinnig; (*MED*) geisteskrank.

insanitary [ɪnˈsænɪtərɪ] *adj* unhygienisch.

insanity [ɪnˈsænɪtɪ] *n* Wahnsinn *m*; (*MED*) Geisteskrankheit *f*.

insatiable [ɪnˈseɪʃəbl] *adj* unersättlich.

inscribe [ɪnˈskraɪb] *vt* (*on ring*) eingravieren; (*on stone*) einmeißeln; (*on banner*) schreiben; **to ~ a ring/stone/banner with sth** etw in einen Ring eingravieren/in einen Stein einmeißeln/auf ein Spruchband schreiben; **to ~ a book** eine Widmung in ein Buch schreiben.

inscription [ɪnˈskrɪpʃən] *n* Inschrift *f*; (*in book*) Widmung *f*.

inscrutable [ɪnˈskruːtəbl] *adj* (*comment*) unergründlich; (*expression*) undurchdringlich.

inseam measurement [ˈɪnsiːm-] (*US*) *n* innere Beinlänge *f*.

insect [ˈɪnsekt] *n* Insekt *nt*.

insect bite *n* Insektenstich *m*.

insecticide [ɪnˈsektɪsaɪd] *n* Insektizid *nt*, Insektengift *nt*.

insect repellent *n* Insektenbekämpfungsmittel *nt*.

insecure [ɪnsɪˈkjuə*] *adj* unsicher.

insecurity [ɪnsɪˈkjuərɪtɪ] *n* Unsicherheit *f*.

insemination [ɪnsemɪˈneɪʃən] *n*: **artificial ~** künstliche Besamung *f*.

insensible [ɪnˈsensɪbl] *adj* bewusstlos; **~ to** unempfindlich gegen; **~ of** nicht bewusst +*gen*.

insensitive [ɪnˈsensɪtɪv] *adj* gefühllos.

insensitivity [ɪnsensɪˈtɪvɪtɪ] *n* Gefühllosigkeit *f*.

inseparable [ɪnˈseprəbl] *adj* untrennbar; (*friends*) unzertrennlich.

insert [*vt* ɪnˈsəːt, *n* ˈɪnsəːt] *vt* einfügen; (*into sth*) hineinstecken ♦ *n* (*in newspaper etc*) Beilage *f*; (*in shoe*) Einlage *f*.

insertion [ɪnˈsəːʃən] *n* Hineinstecken *nt*; (*of needle*) Einstechen *nt*; (*of comment*) Einfügen *nt*.

in-service [ˈɪnsəːvɪs] *adj*: **~ training** (berufsbegleitende) Fortbildung *f*; **~ course** Fortbildungslehrgang *m*.

inshore [ˈɪnˈʃɔː*] *adj* (*fishing, waters*) Küsten- ♦ *adv* in Küstennähe; (*move*) auf die Küste zu.

inside [ˈɪnˈsaɪd] *n* Innere(s) *nt*, Innenseite *f*; (*of road*: *BRIT*) linke Spur *f*; (: *US, Europe etc*) rechte Spur *f* ♦ *adj* innere(r, s); (*pocket, cabin, light*) Innen- ♦ *adv* (*go*) nach innen, hinein; (*be*) drinnen ♦ *prep* (*location*) in +*dat*; (*motion*) in +*acc*; **~ 10 minutes** innerhalb von 10 Minuten; **insides** *npl* (*inf*) Bauch *m*; (*innards*) Eingeweide *pl*.

inside forward *n* (*SPORT*) Halbstürmer *m*.

inside information *n* interne Informationen *pl*.

inside lane *n* (*BRIT*) linke Spur *f*; (*US, Europe etc*) rechte Spur *f*.

inside leg measurement (*BRIT*) *n* innere Beinlänge *f*.

inside out *adv* (*know*) in- und auswendig; (*piece of clothing*: *be*) links *or* verkehrt herum; (: *turn*) nach links.

insider [ɪnˈsaɪdə*] *n* Insider *m*, Eingeweihte(r) *f(m)*.

insider dealing *n* (*STOCK EXCHANGE*) Insiderhandel *m*.

insider trading *n* = **insider dealing**.

inside story *n* Insidestory *f*, Inside Story *f*.

insidious [ɪnˈsɪdɪəs] *adj* heimtückisch.

insight [ˈɪnsaɪt] *n* Verständnis *nt*; **to gain (an) ~ into** einen Einblick gewinnen in +*acc*.

insignia [ɪnˈsɪgnɪə] *npl* Insignien *pl*.

insignificant [ɪnsɪgˈnɪfɪknt] *adj* belanglos.

insincere [ɪnsɪnˈsɪə*] *adj* unaufrichtig, falsch.

insincerity [ɪnsɪnˈserɪtɪ] *n* Unaufrichtigkeit *f*, Falschheit *f*.

insinuate [ɪnˈsɪnjueɪt] *vt* anspielen auf +*acc*.

insinuation [ɪnsɪnjuˈeɪʃən] *n* Anspielung *f*.

insipid [ɪnˈsɪpɪd] *adj* fad(e); (*person*) geistlos; (*colour*) langweilig.

insist [ɪnˈsɪst] *vi* bestehen; **to ~ on** bestehen auf +*dat*; **to ~ that** darauf bestehen, dass;

(*claim*) behaupten, dass.
insistence [ɪnˈsɪstəns] *n* (*determination*)
Bestehen *nt*.
insistent [ɪnˈsɪstənt] *adj* (*determined*)
hartnäckig; (*continual*) andauernd,
penetrant (*pej*).
in so far as *adv* insofern als.
insole [ˈɪnsəʊl] *n* Einlegesohle *f*.
insolence [ˈɪnsələns] *n* Frechheit *f*,
Unverschämtheit *f*.
insolent [ˈɪnsələnt] *adj* frech, unverschämt.
insoluble [ɪnˈsɒljʊbl] *adj* unlösbar.
insolvency [ɪnˈsɒlvənsɪ] *n*
Zahlungsunfähigkeit *f*.
insolvent [ɪnˈsɒlvənt] *adj* zahlungsunfähig.
insomnia [ɪnˈsɒmnɪə] *n* Schlaflosigkeit *f*.
insomniac [ɪnˈsɒmnɪæk] *n*: **to be an** ~ an
Schlaflosigkeit leiden.
inspect [ɪnˈspɛkt] *vt* kontrollieren; (*examine*)
prüfen; (*troops*) inspizieren.
inspection [ɪnˈspɛkʃən] *n* (*see vb*) Kontrolle *f*;
Prüfung *f*; Inspektion *f*.
inspector [ɪnˈspɛktəʳ] *n* Inspektor(in) *m(f)*;
(*BRIT: on buses, trains*) Kontrolleur(in) *m(f)*;
(: *POLICE*) Kommissar(in) *m(f)*.
inspiration [ɪnspəˈreɪʃən] *n* Inspiration *f*;
(*idea*) Eingebung *f*.
inspire [ɪnˈspaɪəʳ] *vt* inspirieren; (*confidence,
hope etc*) (er)wecken.
inspired [ɪnˈspaɪəd] *adj* genial; **in an**
~ **moment** in einem Augenblick der
Inspiration.
inspiring [ɪnˈspaɪərɪŋ] *adj* inspirierend.
inst. (*BRIT*) *abbr* (*COMM.* = *instant*): **of the 16th**
~ vom 16. d. M.
instability [ɪnstəˈbɪlɪtɪ] *n* Instabilität *f*; (*of
person*) Labilität *f*.
install [ɪnˈstɔːl] *vt* installieren; (*telephone*)
anschließen; (*official*) einsetzen; **to** ~ **o.s.**
sich niederlassen.
installation [ɪnstəˈleɪʃən] *n* Installation *f*; (*of
telephone*) Anschluss *m*; (*INDUSTRY, MIL:
plant*) Anlage *f*.
installment plan (*US*) *n* Ratenzahlung *f*.
instalment, (*US*) **installment** [ɪnˈstɔːlmənt] *n*
Rate *f*; (*of story*) Fortsetzung *f*; (*of TV serial
etc*) (Sende)folge *f*; **in** ~**s** in Raten.
instance [ˈɪnstəns] *n* Beispiel *nt*; **for** ~ zum
Beispiel; **in that** ~ in diesem Fall; **in many**
~**s** in vielen Fällen; **in the first** ~ zuerst *or*
zunächst (einmal).
instant [ˈɪnstənt] *n* Augenblick *m* ♦ *adj*
(*reaction*) unmittelbar; (*success*) sofortig;
~ **food** Schnellgerichte *pl*; ~ **coffee**
Instantkaffee *m*; **the 10th** ~ (*COMM, ADMIN*)
der 10. dieses Monats.
instantaneous [ɪnstənˈteɪnɪəs] *adj*
unmittelbar.
instantly [ˈɪnstəntlɪ] *adv* sofort.
instant replay *n* (*TV*) Wiederholung *f*.
instead [ɪnˈstɛd] *adv* stattdessen; ~ **of** statt
+*gen*; ~ **of sb** an jds Stelle *dat*; ~ **of doing sth**

anstatt *or* anstelle *or* an Stelle etw zu tun.
instep [ˈɪnstɛp] *n* (*of foot*) Spann *m*; (*of shoe*)
Blatt *nt*.
instigate [ˈɪnstɪgeɪt] *vt* anstiften, anzetteln;
(*talks etc*) initiieren.
instigation [ɪnstɪˈgeɪʃən] *n* (*see vb*) Anstiftung
f, Anzettelung *f*; Initiierung *f*; **at sb's** ~ auf
jds Betreiben *acc*.
instil [ɪnˈstɪl] *vt*: **to** ~ **sth into sb** (*confidence,
fear etc*) jdm etw einflößen.
instinct [ˈɪnstɪŋkt] *n* Instinkt *m*; (*reaction,
inclination*) instinktive Reaktion *f*.
instinctive [ɪnˈstɪŋktɪv] *adj* instinktiv.
instinctively [ɪnˈstɪŋktɪvlɪ] *adv* instinktiv.
institute [ˈɪnstɪtjuːt] *n* Institut *nt*; (*for teaching*)
Hochschule *f*; (*professional body*) Bund *m*,
Verband *m* ♦ *vt* einführen; (*inquiry, course of
action*) einleiten; (*proceedings*) anstrengen.
institution [ɪnstɪˈtjuːʃən] *n* Einführung *f*;
(*organization*) Institution *f*, Einrichtung *f*;
(*hospital, mental home*) Anstalt *f*, Heim *nt*.
institutional [ɪnstɪˈtjuːʃənl] *adj* (*education*)
institutionell; (*value, quality etc*)
institutionalisiert; ~ **care** Unterbringung *f*
in einem Heim *or* einer Anstalt; **to be in**
~ **care** in einem Heim *or* einer Anstalt sein.
instruct [ɪnˈstrʌkt] *vt*: **to** ~ **sb in sth** jdn in etw
dat unterrichten; **to** ~ **sb to do sth** jdn
anweisen, etw zu tun.
instruction [ɪnˈstrʌkʃən] *n* Unterricht *m*;
instructions *npl* (*orders*) Anweisungen *pl*; ~**s**
(**for use**) Gebrauchsanweisung *f*,
Gebrauchsanleitung *f*; ~ **book/manual/
leaflet** *etc* Bedienungsanleitung *f*.
instructive [ɪnˈstrʌktɪv] *adj* lehrreich;
(*response*) aufschlussreich.
instructor [ɪnˈstrʌktəʳ] *n* Lehrer(in) *m(f)*.
instrument [ˈɪnstrʊmənt] *n* Instrument *nt*;
(*MUS*) (Musik)instrument *nt*.
instrumental [ɪnstrʊˈmɛntl] *adj* (*MUS: music,
accompaniment*) Instrumental-; **to be** ~ **in**
eine bedeutende Rolle spielen bei.
instrumentalist [ɪnstrʊˈmɛntəlɪst] *n*
Instrumentalist(in) *m(f)*.
instrument panel *n* Armaturenbrett *nt*.
insubordination [ɪnsəbɔːdɪˈneɪʃən] *n*
Gehorsamsverweigerung *f*.
insufferable [ɪnˈsʌfrəbl] *adj* unerträglich.
insufficient [ɪnsəˈfɪʃənt] *adj* unzureichend.
insufficiently [ɪnsəˈfɪʃəntlɪ] *adv* unzureichend.
insular [ˈɪnsjʊləʳ] *adj* engstirnig.
insulate [ˈɪnsjʊleɪt] *vt* isolieren; (*person,
group*) abschirmen.
insulating tape [ˈɪnsjʊleɪtɪŋ-] *n* Isolierband
nt.
insulation [ɪnsjʊˈleɪʃən] *n* (*see vb*) Isolierung *f*;
Abschirmung *f*.
insulator [ˈɪnsjʊleɪtəʳ] *n* Isolierstoff *m*.
insulin [ˈɪnsjʊlɪn] *n* Insulin *nt*.
insult [*n* ˈɪnsʌlt, *vt* ɪnˈsʌlt] *n* Beleidigung *f* ♦ *vt*
beleidigen.
insulting [ɪnˈsʌltɪŋ] *adj* beleidigend.

insuperable [ɪn'sjuːprəbl] *adj* unüberwindlich.

insurance [ɪn'ʃuərəns] *n* Versicherung *f*; **fire/ life** ~ Brand-/Lebensversicherung *f*; **to take out** ~ **(against)** eine Versicherung abschließen (gegen).

insurance agent *n* Versicherungsvertreter(in) *m(f)*.

insurance broker *n* Versicherungsmakler(in) *m(f)*.

insurance policy *n* Versicherungspolice *f*.

insurance premium *n* Versicherungsprämie *f*.

insure [ɪn'ʃuə*] *vt* versichern; **to** ~ **o.s./sth against sth** sich/etw gegen etw versichern; **to** ~ **o.s.** *or* **one's life** eine Lebensversicherung abschließen; **to** ~ **(o.s.) against sth** *(fig)* sich gegen etw absichern; **to be** ~**d for £5,000** für £5000 versichert sein.

insured [ɪn'ʃuəd] *n*: **the** ~ der/die Versicherte.

insurer [ɪn'ʃuərə*] *n* Versicherer *m*.

insurgent [ɪn'sɜːdʒənt] *adj* aufständisch ♦ *n* Aufständische(r) *f(m)*.

insurmountable [ɪnsə'mauntəbl] *adj* unüberwindlich.

insurrection [ɪnsə'rekʃən] *n* Aufstand *m*.

intact [ɪn'tækt] *adj* intakt; *(whole)* ganz; *(unharmed)* unversehrt.

intake ['ɪnteɪk] *n (of food)* Aufnahme *f*; *(of air)* Zufuhr *f*; *(BRIT: SCOL)*: **an** ~ **of 200 a year** 200 neue Schüler pro Jahr.

intangible [ɪn'tændʒɪbl] *adj* unbestimmbar; *(idea)* vage; *(benefit)* immateriell.

integer ['ɪntɪdʒə*] *n (MATH)* ganze Zahl *f*.

integral ['ɪntɪɡrəl] *adj* wesentlich.

integrate ['ɪntɪɡreɪt] *vt* integrieren ♦ *vi* sich integrieren.

integrated circuit ['ɪntɪɡreɪtɪd-] *n (COMPUT)* integrierter Schaltkreis *m*.

integration [ɪntɪ'ɡreɪʃən] *n* Integration *f*; **racial** ~ Rassenintegration *f*.

integrity [ɪn'teɡrɪtɪ] *n* Integrität *f*; *(of group)* Einheit *f*; *(of culture, text)* Unversehrtheit *f*.

intellect ['ɪntəlekt] *n* Intellekt *m*.

intellectual [ɪntə'lektjuəl] *adj* intellektuell, geistig ♦ *n* Intellektuelle(r) *f(m)*.

intelligence [ɪn'telɪdʒəns] *n* Intelligenz *f*; *(information)* Informationen *pl*.

intelligence quotient *n* Intelligenzquotient *m*.

intelligence service *n* Nachrichtendienst *m*, Geheimdienst *m*.

intelligence test *n* Intelligenztest *m*.

intelligent [ɪn'telɪdʒənt] *adj* intelligent; *(decision)* klug.

intelligently [ɪn'telɪdʒəntlɪ] *adv* intelligent.

intelligentsia [ɪntelɪ'dʒentsɪə] *n*: **the** ~ die Intelligenz.

intelligible [ɪn'telɪdʒɪbl] *adj* verständlich.

intemperate [ɪn'tempərət] *adj* unmäßig; *(remark)* überzogen.

intend [ɪn'tend] *vt*: **to be** ~**ed for sb** für jdn gedacht sein; **to** ~ **to do sth** beabsichtigen, etw zu tun.

intended [ɪn'tendɪd] *adj (effect, victim)* beabsichtigt; *(journey)* geplant; *(insult)* absichtlich.

intense [ɪn'tens] *adj* intensiv; *(anger, joy)* äußerst groß; *(person)* ernsthaft.

intensely [ɪn'tenslɪ] *adv* äußerst; **I dislike him** ~ ich verabscheue ihn.

intensify [ɪn'tensɪfaɪ] *vt* intensivieren, verstärken.

intensity [ɪn'tensɪtɪ] *n* Intensität *f*; *(of anger)* Heftigkeit *f*.

intensive [ɪn'tensɪv] *adj* intensiv.

intensive care *n*: **to be in** ~ auf der Intensivstation sein.

intensive care unit *n* Intensivstation *f*.

intent [ɪn'tent] *n* Absicht *f* ♦ *adj (attentive)* aufmerksam; *(absorbed)*: ~ **(on)** versunken (in +*acc*); **to all** ~**s and purposes** im Grunde; **to be** ~ **on doing sth** entschlossen sein, etw zu tun.

intention [ɪn'tenʃən] *n* Absicht *f*.

intentional [ɪn'tenʃənl] *adj* absichtlich.

intentionally [ɪn'tenʃnəlɪ] *adv* absichtlich.

intently [ɪn'tentlɪ] *adv* konzentriert.

inter [ɪn'tɜː*] *vt* bestatten.

interact [ɪntər'ækt] *vi (people)* interagieren; *(things)* aufeinander einwirken; *(ideas)* sich gegenseitig beeinflussen; **to** ~ **with** interagieren mit; einwirken auf +*acc*; beeinflussen.

interaction [ɪntər'ækʃən] *n (see vb)* Interaktion *f*; gegenseitige Einwirkung *f*; gegenseitige Beeinflussung *f*.

interactive [ɪntər'æktɪv] *adj (also COMPUT)* interaktiv.

intercede [ɪntə'siːd] *vi*: **to** ~ **(with sb/on behalf of sb)** sich (bei jdm/für jdn) einsetzen.

intercept [ɪntə'sept] *vt* abfangen.

interception [ɪntə'sepʃən] *n* Abfangen *nt*.

interchange ['ɪntətʃeɪndʒ] *n* Austausch *m*; *(on motorway)* (Autobahn)kreuz *nt*.

interchangeable [ɪntə'tʃeɪndʒəbl] *adj* austauschbar.

intercity [ɪntə'sɪtɪ] *adj*: ~ **train** Intercityzug *m*.

intercom ['ɪntəkɔm] *n* (Gegen)sprechanlage *f*.

interconnect [ɪntəkə'nekt] *vi (rooms)* miteinander verbunden sein.

intercontinental ['ɪntəkɔntɪ'nentl] *adj (flight, missile)* Interkontinental-.

intercourse ['ɪntəkɔːs] *n (sexual)* (Geschlechts)verkehr *m*; *(social, verbal)* Verkehr *m*.

interdependence [ɪntədɪ'pendəns] *n* gegenseitige Abhängigkeit *f*.

interdependent [ɪntədɪ'pendənt] *adj* voneinander abhängig.

interest ['ɪntrɪst] *n* Interesse *nt*; *(COMM: in company)* Anteil *m*; *(: sum of money)* Zinsen

pl ♦ *vt* interessieren; **compound ~**
Zinseszins *m*; **simple ~** einfache Zinsen;
British ~s in the Middle East britische
Interessen im Nahen Osten; **his main ~ is ...**
er interessiert sich hauptsächlich für ...

interested ['ɪntrɪstɪd] *adj* interessiert; (*party,
body etc*) beteiligt; **to be ~ in sth** sich für
etw interessieren; **to be ~ in doing sth**
daran interessiert sein, etw zu tun.

interest-free ['ɪntrɪst'friː] *adj, adv* zinslos.

interesting ['ɪntrɪstɪŋ] *adj* interessant.

interest rate *n* Zinssatz *m*.

interface ['ɪntəfeɪs] *n* Verbindung *f*; (*COMPUT*)
Schnittstelle *f*.

interfere [ɪntə'fɪə*] *vi*: **to ~ in** sich einmischen
in +*acc*; **to ~ with** (*object*) sich zu schaffen
machen an +*dat*; (*plans*) durchkreuzen;
(*career, duty, decision*) beeinträchtigen; **don't
~** misch dich nicht ein.

interference [ɪntə'fɪərəns] *n* Einmischung *f*;
(*RADIO, TV*) Störung *f*.

interfering [ɪntə'fɪərɪŋ] *adj* (*person*) sich
ständig einmischend.

interim ['ɪntərɪm] *adj* (*agreement, government
etc*) Übergangs- ♦ *n*: **in the ~** in der
Zwischenzeit.

interim dividend *n* (*COMM*)
Abschlagsdividende *f*.

interior [ɪn'tɪərɪə*] *n* Innere(s) *nt*; (*decor etc*)
Innenausstattung *f* ♦ *adj* Innen-.

interior decorator *n* Innenausstatter(in) *m(f)*.

interior designer *n* Innenarchitekt(in) *m(f)*.

interjection [ɪntə'dʒɛkʃən] *n* Einwurf *m*;
(*LING*) Interjektion *f*.

interlock [ɪntə'lɔk] *vi* ineinander greifen.

interloper ['ɪntələupə*] *n* Eindringling *m*.

interlude ['ɪntəluːd] *n* Unterbrechung *f*, Pause
f; (*THEAT*) Zwischenspiel *nt*.

intermarry [ɪntə'mærɪ] *vi* untereinander
heiraten.

intermediary [ɪntə'miːdɪərɪ] *n* Vermittler(in)
m(f).

intermediate [ɪntə'miːdɪət] *adj* (*stage*)
Zwischen-; **an ~ student** ein
fortgeschrittener Anfänger.

interment [ɪn'tɜːmənt] *n* Bestattung *f*.

interminable [ɪn'tɜːmɪnəbl] *adj* endlos.

intermission [ɪntə'mɪʃən] *n* Pause *f*.

intermittent [ɪntə'mɪtnt] *adj* (*noise*)
periodisch auftretend; (*publication*) in
unregelmäßigen Abständen veröffentlicht.

intermittently [ɪntə'mɪtntlɪ] *adv* (*see adj*)
periodisch; in unregelmäßigen Abständen.

intern [*vt* ɪn'tɜːn, *n* 'ɪntɜːn] *vt* internieren ♦ *n*
(*US*) Assistenzarzt *m*, Assistenzärztin *f*.

internal [ɪn'tɜːnl] *adj* innere(r, s); (*pipes*) im
Haus; (*politics*) Innen-; (*dispute, reform,
memo, structure etc*) intern.

internally [ɪn'tɜːnəlɪ] *adv*: **"not to be taken ~"**
„nicht zum Einnehmen".

Internal Revenue Service (*US*) *n* ≈
Finanzamt *nt*.

international [ɪntə'næʃənl] *adj* international
♦ *n* (*BRIT: SPORT*) Länderspiel *nt*.

International Atomic Energy Agency *n*
Internationale Atomenergiebehörde.

International Chamber of Commerce *n*
Internationale Handelskammer *f*.

International Court of Justice *n*
Internationaler Gerichtshof *m*.

international date line *n* Datumsgrenze *f*.

International Labour Organization *n*
Internationale Arbeitsorganisation *f*.

internationally [ɪntə'næʃnəlɪ] *adv*
international.

International Monetary Fund *n*
Internationaler Währungsfonds *m*.

international relations *npl*
zwischenstaatliche Beziehungen *pl*.

internecine [ɪntə'niːsaɪn] *adj* mörderisch;
(*war*) Vernichtungs-.

internee [ɪntɜː'niː] *n* Internierte(r) *f(m)*.

Internet ['ɪntɛnɛt] *n* Internet *nt*.

Internet café *n* Internet-Café *nt*.

internment [ɪn'tɜːnmənt] *n* Internierung *f*.

interplay ['ɪntəpleɪ] *n*: **~** (**of** *or* **between**)
Zusammenspiel *nt* (von).

Interpol ['ɪntəpɔl] *n* Interpol *f*.

interpret [ɪn'tɜːprɪt] *vt* auslegen,
interpretieren; (*translate*) dolmetschen ♦ *vi*
dolmetschen.

interpretation [ɪntɜːprɪ'teɪʃən] *n* (*see vb*)
Auslegung *f*, Interpretation *f*; Dolmetschen
nt.

interpreter [ɪn'tɜːprɪtə*] *n* Dolmetscher(in)
m(f).

interpreting [ɪn'tɜːprɪtɪŋ] *n* Dolmetschen *nt*.

interrelated [ɪntərɪ'leɪtɪd] *adj*
zusammenhängend.

interrogate [ɪn'tɛrəugeɪt] *vt* verhören;
(*witness*) vernehmen.

interrogation [ɪntɛrəu'geɪʃən] *n* (*see vb*)
Verhör *nt*; Vernehmung *f*.

interrogative [ɪntə'rɔgətɪv] *adj* (*LING:
pronoun*) Interrogativ-, Frage-.

interrogator [ɪn'tɛrəgeɪtə*] *n* (*POLICE*)
Vernehmungsbeamte(r) *m*; **the hostage's ~**
derjenige, der die Geisel verhörte.

interrupt [ɪntə'rʌpt] *vt, vi* unterbrechen.

interruption [ɪntə'rʌpʃən] *n* Unterbrechung *f*.

intersect [ɪntə'sɛkt] *vi* sich kreuzen ♦ *vt*
durchziehen; (*MATH*) schneiden.

intersection [ɪntə'sɛkʃən] *n* Kreuzung *f*;
(*MATH*) Schnittpunkt *m*.

intersperse [ɪntə'spɜːs] *vt*: **to be ~d with**
durchsetzt sein mit; **he ~d his lecture with**
... er spickte seine Rede mit ...

intertwine [ɪntə'twaɪn] *vi* sich ineinander
verschlingen.

interval ['ɪntəvl] *n* Pause *f*; (*MUS*) Intervall *nt*;
bright ~s (*in weather*) Aufheiterungen *pl*; **at**
~s in Abständen.

intervene [ɪntə'viːn] *vi* eingreifen; (*event*)
dazwischenkommen; (*time*)

dazwischenliegen.
intervening [ɪntə'viːnɪŋ] *adj* (*period, years*)
dazwischenliegend.
intervention [ɪntə'venʃən] *n* Eingreifen *nt*.
interview ['ɪntəvjuː] *n* (*for job*)
Vorstellungsgespräch *nt*; (*for place at college
etc*) Auswahlgespräch *nt*; (*RADIO, TV etc*)
Interview *nt* ♦ *vt* (*see n*) ein
Vorstellungsgespräch/Auswahlgespräch
führen mit; interviewen.
interviewee [ɪntəvjuːi:] *n* (*for job*)
Stellenbewerber(in) *m(f)*; (*TV etc*)
Interviewgast *m*.
interviewer ['ɪntəvjuə'] *n* Leiter(in) *m(f)* des
Vorstellungsgesprächs/Auswahlgesprächs;
(*RADIO, TV etc*) Interviewer(in) *m(f)*.
intestate [ɪn'testeɪt] *adv*: **to die** ~ ohne
Testament sterben.
intestinal [ɪn'testɪnl] *adj* (*infection etc*) Darm-.
intestine [ɪn'testɪn] *n* Darm *m*.
intimacy ['ɪntɪməsɪ] *n* Vertrautheit *f*.
intimate [*adj* 'ɪntɪmət, *vt* 'ɪntɪmeɪt] *adj* eng;
(*sexual, also restaurant, dinner, atmosphere*)
intim; (*conversation, matter, detail*)
vertraulich; (*knowledge*) gründlich ♦ *vt*
andeuten; (*make known*) zu verstehen
geben.
intimately ['ɪntɪmətlɪ] *adv* (*see adj*) eng; intim;
vertraulich; gründlich.
intimation [ɪntɪ'meɪʃən] *n* Andeutung *f*.
intimidate [ɪn'tɪmɪdeɪt] *vt* einschüchtern.
intimidation [ɪntɪmɪ'deɪʃən] *n*
Einschüchterung *f*.

================= KEYWORD

into ['ɪntu] *prep* **1** (*indicating motion or direction*)
in +*acc*; **to go** ~ **town** in die Stadt gehen; **he
worked late** ~ **the night** er arbeitete bis
spät in die Nacht; **the car bumped** ~ **the
wall** der Wagen fuhr gegen die Mauer.
2 (*indicating change of condition, result*): **it
broke** ~ **pieces** es zerbrach in Stücke; **she
translated** ~ **English** sie übersetzte ins
Englische; **to change pounds** ~ **dollars**
Pfund in Dollar wechseln; **5** ~ **25** 25 durch
5.

intolerable [ɪn'tɔlərəbl] *adj* unerträglich.
intolerance [ɪn'tɔlərns] *n* Intoleranz *f*.
intolerant [ɪn'tɔlərnt] *adj*: ~ (**of**) intolerant
(gegenüber).
intonation [ɪntəu'neɪʃən] *n* Intonation *f*.
intoxicated [ɪn'tɔksɪkeɪtɪd] *adj* betrunken; (*fig*)
berauscht.
intoxication [ɪntɔksɪ'keɪʃən] *n*
(Be)trunkenheit *f*; (*fig*) Rausch *m*.
intractable [ɪn'træktəbl] *adj* hartnäckig; (*child*)
widerspenstig; (*temper*) unbeugsam.
intranet ['ɪntrənet] *n* (*COMPUT*) Intranet *nt*.
intransigence [ɪn'trænsɪdʒəns] *n*
Unnachgiebigkeit *f*.
intransigent [ɪn'trænsɪdʒənt] *adj*

unnachgiebig.
intransitive [ɪn'trænsɪtɪv] *adj* (*LING*)
intransitiv.
intrauterine device ['ɪntrə'juːtəraɪn-] *n* (*MED*)
Intrauterinpessar *nt*, Spirale *f* (*inf*).
intravenous [ɪntrə'viːnəs] *adj* intravenös.
in-tray ['ɪntreɪ] *n* Ablage *f* für Eingänge.
intrepid [ɪn'trepɪd] *adj* unerschrocken.
intricacy ['ɪntrɪkəsɪ] *n* Kompliziertheit *f*.
intricate ['ɪntrɪkət] *adj* kompliziert.
intrigue [ɪn'triːg] *n* Intrigen *pl* ♦ *vt* faszinieren.
intriguing [ɪn'triːgɪŋ] *adj* faszinierend.
intrinsic [ɪn'trɪnsɪk] *adj* wesentlich.
introduce [ɪntrə'djuːs] *vt* (*sth new*) einführen;
(*speaker, TV show etc*) ankündigen; **to** ~ **sb
(to sb)** jdn (jdm) vorstellen; **to** ~ **sb to**
(*pastime, technique*) jdn einführen in +*acc*;
may I ~ **...?** darf ich ... vorstellen?
introduction [ɪntrə'dʌkʃən] *n* Einführung *f*,
(*of person*) Vorstellung *f*; (*to book*)
Einleitung *f*; **a letter of** ~ ein
Einführungsschreiben *nt*.
introductory [ɪntrə'dʌktərɪ] *adj* Einführungs-;
~ **remarks** einführende Bemerkungen *pl*;
~ **offer** Einführungsangebot *nt*.
introspection [ɪntrəu'spekʃən] *n*
Selbstbeobachtung *f*, Introspektion *f*.
introspective [ɪntrəu'spektɪv] *adj* in sich
gekehrt.
introvert ['ɪntrəuvɔːt] *n* Introvertierte(r) *f(m)*
♦ *adj* (*also*: ~**ed**) introvertiert.
intrude [ɪn'truːd] *vi* eindringen; **to** ~ **on**
stören; (*conversation*) sich einmischen in
+*acc*; **am I intruding?** störe ich?
intruder [ɪn'truːdə'] *n* Eindringling *m*.
intrusion [ɪn'truːʒən] *n* Eindringen *nt*.
intrusive [ɪn'truːsɪv] *adj* aufdringlich.
intuition [ɪntjuː'ɪʃən] *n* Intuition *f*.
intuitive [ɪn'tjuːɪtɪv] *adj* intuitiv; (*feeling*)
instinktiv.
inundate ['ɪnʌndeɪt] *vt*: **to** ~ **with**
überschwemmen mit.
inure [ɪn'juə'] *vt*: **to** ~ **o.s. to** sich gewöhnen
an +*acc*.
invade [ɪn'veɪd] *vt* einfallen in +*acc*; (*fig*)
heimsuchen.
invader [ɪn'veɪdə'] *n* Invasor *m*.
invalid [*n* 'ɪnvəlɪd, *adj* ɪn'vælɪd] *n* Kranke(r)
f(m); (*disabled*) Invalide *m* ♦ *adj* ungültig.
invalidate [ɪn'vælɪdeɪt] *vt* entkräften; (*law,
marriage, election*) ungültig machen.
invaluable [ɪn'væljuəbl] *adj* unschätzbar.
invariable [ɪn'vɛərɪəbl] *adj* unveränderlich.
invariably [ɪn'vɛərɪəblɪ] *adv* ständig,
unweigerlich; **she is** ~ **late** sie kommt
immer zu spät.
invasion [ɪn'veɪʒən] *n* Invasion *f*; **an** ~ **of
privacy** ein Eingriff *m* in die Privatsphäre.
invective [ɪn'vektɪv] *n* Beschimpfungen *pl*.
inveigle [ɪn'viːgl] *vt*: **to** ~ **sb into sth/doing
sth** jdn zu etw verleiten/dazu verleiten, etw
zu tun.

invent [ɪn'vɛnt] _vt_ erfinden.

invention [ɪn'vɛnʃən] _n_ Erfindung _f_.

inventive [ɪn'vɛntɪv] _adj_ erfinderisch.

inventiveness [ɪn'vɛntɪvnɪs] _n_ Einfallsreichtum _m_.

inventor [ɪn'vɛntə*] _n_ Erfinder(in) _m(f)_.

inventory ['ɪnvəntrɪ] _n_ Inventar _nt_, Bestandsverzeichnis _nt_.

inventory control _n_ (_COMM_) Bestandskontrolle _f_.

inverse [ɪn'vəːs] _adj_ umgekehrt; **in ~ proportion (to)** im umgekehrten Verhältnis (zu).

invert [ɪn'vəːt] _vt_ umdrehen.

invertebrate [ɪn'vəːtɪbrət] _n_ wirbelloses Tier _nt_.

inverted commas [ɪn'vəːtɪd-] (_BRIT_) _npl_ Anführungszeichen _pl_.

invest [ɪn'vɛst] _vt_ investieren ♦ _vi_: **~ in** investieren in +_acc_; (_fig_) sich _dat_ anschaffen; **to ~ sb with sth** jdm etw verleihen.

investigate [ɪn'vɛstɪgeɪt] _vt_ untersuchen.

investigation [ɪnvɛstɪ'geɪʃən] _n_ Untersuchung _f_.

investigative [ɪn'vɛstɪgeɪtɪv] _adj_: **~ journalism** Enthüllungsjournalismus _m_.

investigator [ɪn'vɛstɪgeɪtə*] _n_ Ermittler(in) _m(f)_; **private ~** Privatdetektiv(in) _m(f)_.

investiture [ɪn'vɛstɪtʃə*] _n_ (_of chancellor_) Amtseinführung _f_; (_of prince_) Investitur _f_.

investment [ɪn'vɛstmənt] _n_ Investition _f_.

investment income _n_ Kapitalerträge _pl_.

investment trust _n_ Investmenttrust _m_.

investor [ɪn'vɛstə*] _n_ (Kapital)anleger(in) _m(f)_.

inveterate [ɪn'vɛtərət] _adj_ unverbesserlich.

invidious [ɪn'vɪdɪəs] _adj_ (_task, job_) unangenehm; (_comparison, decision_) ungerecht.

invigilator [ɪn'vɪdʒɪleɪtə*] _n_ Aufsicht _f_.

invigorating [ɪn'vɪgəreɪtɪŋ] _adj_ belebend; (_experience etc_) anregend.

invincible [ɪn'vɪnsɪbl] _adj_ unbesiegbar; (_belief, conviction_) unerschütterlich.

inviolate [ɪn'vaɪələt] _adj_ sicher; (_truth_) unantastbar.

invisible [ɪn'vɪzɪbl] _adj_ unsichtbar.

invisible mending _n_ Kunststopfen _nt_.

invitation [ɪnvɪ'teɪʃən] _n_ Einladung _f_; **by ~ only** nur auf Einladung; **at sb's ~** auf jds Aufforderung _acc_ (hin).

invite [ɪn'vaɪt] _vt_ einladen; (_discussion_) auffordern zu; (_criticism_) herausfordern; **to ~ sb to do sth** jdn auffordern, etw zu tun; **to ~ sb to dinner** jdn zum Abendessen einladen.

▶ **invite out** _vt_ einladen.

inviting [ɪn'vaɪtɪŋ] _adj_ einladend; (_desirable_) verlockend.

invoice ['ɪnvɔɪs] _n_ Rechnung _f_ ♦ _vt_ in Rechnung stellen; **to ~ sb for goods** jdm für Waren eine Rechnung ausstellen.

invoke [ɪn'vəuk] _vt_ anrufen; (_feelings_, memories etc) heraufbeschwören.

involuntary [ɪn'vɔləntrɪ] _adj_ unbeabsichtigt; (_reflex_) unwillkürlich.

involve [ɪn'vɔlv] _vt_ (_person_) beteiligen; (_thing_) verbunden sein mit; (_concern, affect_) betreffen; **to ~ sb in sth** jdn in etw _acc_ verwickeln.

involved [ɪn'vɔlvd] _adj_ kompliziert; **the work/ problems ~** die damit verbundene Arbeit/ verbundenen Schwierigkeiten; **to be ~ in** beteiligt sein an +_dat_; (_be engrossed_) engagiert sein in +_dat_; **to become ~ with sb** Umgang mit jdm haben; (_emotionally_) mit jdm eine Beziehung anfangen.

involvement [ɪn'vɔlvmənt] _n_ Engagement _nt_; (_participation_) Beteiligung _f_.

invulnerable [ɪn'vʌlnərəbl] _adj_ unverwundbar; (_ship, building etc_) uneinnehmbar.

inward ['ɪnwəd] _adj_ innerste(r, s); (_movement_) nach innen ♦ _adv_ nach innen.

inwardly ['ɪnwədlɪ] _adv_ innerlich.

inwards ['ɪnwədz] _adv_ nach innen.

I/O _abbr_ (_COMPUT_: = _input/output_) E/A.

IOC _n abbr_ (= _International Olympic Committee_) IOC _nt_, IOK _nt_.

iodine ['aɪəudiːn] _n_ Jod _nt_.

IOM (_BRIT_) _abbr_ (_POST_: = _Isle of Man_).

ion ['aɪən] _n_ Ion _nt_.

Ionian Sea [aɪ'əunɪən-] _n_: **the ~** das Ionische Meer.

ionizer ['aɪənaɪzə*] _n_ Ionisator _m_.

iota [aɪ'əutə] _n_ Jota _nt_.

IOU _n abbr_ (= _I owe you_) Schuldschein _m_.

IOW (_BRIT_) _abbr_ (_POST_: = _Isle of Wight_).

IPA _n abbr_ (= _International Phonetic Alphabet_) internationale Lautschrift _f_.

IQ _n abbr_ (= _intelligence quotient_) IQ _m_.

IRA _n abbr_ (= _Irish Republican Army_) IRA _f_; (_US_: = _individual retirement account_) privates Rentensparkonto.

Iran [ɪ'rɑːn] _n_ (der) Iran.

Iranian [ɪ'reɪnɪən] _adj_ iranisch ♦ _n_ Iraner(in) _m(f)_; (_LING_) Iranisch _nt_.

Iraq [ɪ'rɑːk] _n_ (der) Irak.

Iraqi [ɪ'rɑːkɪ] _adj_ irakisch ♦ _n_ Iraker(in) _m(f)_.

irascible [ɪ'ræsɪbl] _adj_ jähzornig.

irate [aɪ'reɪt] _adj_ zornig.

Ireland ['aɪələnd] _n_ Irland _nt_; **the Republic of ~** die Republik Irland.

iris ['aɪrɪs] (_pl_ **~es**) _n_ (_ANAT_) Iris _f_, Regenbogenhaut _f_; (_BOT_) Iris, Schwertlilie _f_.

Irish ['aɪrɪʃ] _adj_ irisch ♦ _npl_: **the ~** die Iren _pl_, die Irländer _pl_.

Irishman ['aɪrɪʃmən] (_irreg: like_ **man**) _n_ Ire _m_, Irländer _m_.

Irish Sea _n_: **the ~** die Irische See.

Irishwoman ['aɪrɪʃwumən] (_irreg: like_ **woman**) _n_ Irin _f_, Irländerin _f_.

irk [əːk] _vt_ ärgern.

irksome ['əːksəm] _adj_ lästig.

IRN _n abbr_ (= _Independent Radio News_) Nachrichtendienst des kommerziellen

Rundfunks.

iron ['aɪən] *n* Eisen *nt*; (*for clothes*) Bügeleisen *nt* ♦ *cpd* Eisen-; (*will, discipline etc*) eisern ♦ *vt* bügeln.

▸ **iron out** *vt* (*fig: problems*) aus dem Weg räumen.

Iron Curtain *n* (*POL*): **the ~** der Eiserne Vorhang.

iron foundry *n* (Eisen)gießerei *f*.

ironic(al) [aɪ'rɔnɪk(l)] *adj* ironisch; (*situation*) paradox, witzig.

ironically [aɪ'rɔnɪklɪ] *adv* ironisch; **~, the intelligence chief was the last to find out** witzigerweise war der Geheimdienstchef der Letzte, der es erfuhr.

ironing ['aɪənɪŋ] *n* Bügeln *nt*; (*clothes*) Bügelwäsche *f*.

ironing board *n* Bügelbrett *nt*.

iron lung *n* (*MED*) eiserne Lunge *f*.

ironmonger ['aɪənmʌŋgə*] (*BRIT*) *n* Eisen- und Haushaltswarenhändler(in) *m(f)*.

ironmonger's (shop) ['aɪənmʌŋgəz-] *n* Eisen- und Haushaltswarenhandlung *f*.

iron ore *n* Eisenerz *nt*.

irons ['aɪəns] *npl* Hand- und Fußschellen *pl*; **to clap sb in ~** jdn in Eisen legen.

ironworks ['aɪənwɜːks] *n* Eisenhütte *f*.

irony ['aɪrənɪ] *n* Ironie *f*; **the ~ of it is that ...** das Ironische daran ist, dass ...

irrational [ɪ'ræʃənl] *adj* irrational.

irreconcilable [ɪrekən'saɪləbl] *adj* unvereinbar.

irredeemable [ɪrɪ'diːməbl] *adj* (*COMM*) nicht einlösbar; (*loan*) unkündbar; (*fault, character*) unverbesserlich.

irrefutable [ɪrɪ'fjuːtəbl] *adj* unwiderlegbar.

irregular [ɪ'regjulə*] *adj* unregelmäßig; (*surface*) uneben; (*behaviour*) ungehörig.

irregularity [ɪregju'lærɪtɪ] *n* (*see adj*) Unregelmäßigkeit *f*; Unebenheit *f*; Ungehörigkeit *f*.

irrelevance [ɪ'reləvəns] *n* Irrelevanz *f*.

irrelevant [ɪ'reləvənt] *adj* unwesentlich, irrelevant.

irreligious [ɪrɪ'lɪdʒəs] *adj* unreligiös.

irreparable [ɪ'repərəbl] *adj* nicht wieder gutzumachen.

irreplaceable [ɪrɪ'pleɪsəbl] *adj* unersetzlich.

irrepressible [ɪrɪ'presəbl] *adj* (*good humour*) unerschütterlich; (*enthusiasm etc*) unbändig; (*person*) nicht unterzukriegen.

irreproachable [ɪrɪ'prəutʃəbl] *adj* untadelig.

irresistible [ɪrɪ'zɪstɪbl] *adj* unwiderstehlich.

irresolute [ɪ'rezəluːt] *adj* unentschlossen.

irrespective [ɪrɪ'spektɪv]: **~ of** *prep* ungeachtet +*gen*.

irresponsible [ɪrɪ'spɔnsɪbl] *adj* verantwortungslos; (*action*) unverantwortlich.

irretrievable [ɪrɪ'triːvəbl] *adj* (*object*) nicht mehr wiederzubekommen; (*loss*) unersetzlich; (*damage*) nicht wieder

gutzumachen.

irreverent [ɪ'revərnt] *adj* respektlos.

irrevocable [ɪ'revəkəbl] *adj* unwiderruflich.

irrigate ['ɪrɪgeɪt] *vt* bewässern.

irrigation [ɪrɪ'geɪʃən] *n* Bewässerung *f*.

irritable ['ɪrɪtəbl] *adj* reizbar.

irritant ['ɪrɪtənt] *n* Reizerreger *m*; (*situation etc*) Ärgernis *nt*.

irritate ['ɪrɪteɪt] *vt* ärgern, irritieren; (*MED*) reizen.

irritating ['ɪrɪteɪtɪŋ] *adj* ärgerlich, irritierend; **he is ~** er kann einem auf die Nerven gehen.

irritation [ɪrɪ'teɪʃən] *n* Ärger *m*; (*MED*) Reizung *f*; (*annoying thing*) Ärgernis *nt*.

IRS (*US*) *n abbr* (= *Internal Revenue Service*) Steuereinzugsbehörde.

is [ɪz] *vb see* **be**.

ISBN *n abbr* (= *International Standard Book Number*) ISBN *f*.

ISDN *n abbr* (= *Integrated Services Digital Network*) ISDN *nt*.

Islam ['ɪzlɑːm] *n* der Islam; (*Islamic countries*) die islamischen Länder *pl*.

Islamic [ɪz'læmɪk] *adj* islamisch.

island ['aɪlənd] *n* Insel *f*; (*also*: **traffic ~**) Verkehrsinsel *f*.

islander ['aɪləndə*] *n* Inselbewohner(in) *m(f)*.

isle [aɪl] *n* Insel *f*.

isn't ['ɪznt] = **is not**.

isobar ['aɪsəubɑː*] *n* Isobare *f*.

isolate ['aɪsəleɪt] *vt* isolieren.

isolated ['aɪsəleɪtɪd] *adj* isoliert; (*place*) abgelegen; **~ incident** Einzelfall *m*.

isolation [aɪsə'leɪʃən] *n* Isolierung *f*.

isolationism [aɪsə'leɪʃənɪzəm] *n* Isolationismus *m*.

isotope ['aɪsəutəup] *n* Isotop *nt*.

Israel ['ɪzreɪl] *n* Israel *nt*.

Israeli [ɪz'reɪlɪ] *adj* israelisch ♦ *n* Israeli *mf*.

issue ['ɪʃuː] *n* Frage *f*; (*subject*) Thema *nt*; (*problem*) Problem *nt*; (*of book, stamps etc*) Ausgabe *f*; (*offspring*) Nachkommenschaft *f* ♦ *vt* ausgeben; (*statement*) herausgeben; (*documents*) ausstellen ♦ *vi*: **to ~ (from)** dringen (aus); (*liquid*) austreten (aus); **the point at ~** der Punkt, um den es geht; **to avoid the ~** ausweichen; **to confuse** *or* **obscure the ~** es unnötig kompliziert machen; **to ~ sth to sb** *or* **~ sb with sth** jdm etw geben; (*documents*) jdm etw ausstellen; **to take ~ with sb (over)** jdm widersprechen (in +*dat*); **to make an ~ of sth** etw aufbauschen.

Istanbul [ɪstæn'buːl] *n* Istanbul *nt*.

isthmus ['ɪsməs] *n* Landenge *f*, Isthmus *m*.

IT *n abbr* = **information technology**.

══════════════════ *KEYWORD*

it [ɪt] *pron* **1** (*specific: subject*) er/sie/es; (*: direct object*) ihn/sie/es; (*: indirect object*) ihm/ihr/ihm; **it's on the table** es ist auf dem Tisch; **I**

can't find ~ ich kann es nicht finden; **give ~ to me** gib es mir; **about** ~ darüber; **from** ~ davon; **in** ~ darin; **of** ~ davon; **what did you learn from ~?** was hast du daraus gelernt?; **I'm proud of** ~ ich bin stolz darauf.
2 (*impersonal*) es; **it's raining** es regnet; **it's Friday tomorrow** morgen ist Freitag; **who is ~?** - **it's me** wer ist da? - ich bins.

ITA, (*BRIT*) **i.t.a.** *n abbr* (= *initial teaching alphabet*) *Alphabet zum Lesenlernen.*
Italian [ɪ'tæljən] *adj* italienisch ♦ *n* Italiener(in) *m(f)*; (*LING*) Italienisch *nt*; **the ~s** die Italiener *pl*.
italics [ɪ'tælɪks] *npl* Kursivschrift *f*.
Italy ['ɪtəlɪ] *n* Italien *nt*.
ITC (*BRIT*) *n abbr* (= *Independent Television Commission*) *Fernseh-Aufsichtsgremium.*
itch [ɪtʃ] *n* Juckreiz *m* ♦ *vi* jucken; **I am ~ing all over** mich juckt es überall; **to ~ to do sth** darauf brennen, etw zu tun.
itchy ['ɪtʃɪ] *adj* juckend; **my back is ~** mein Rücken juckt.
it'd ['ɪtd] = **it would**; **it had**.
item ['aɪtəm] *n* Punkt *m*; (*of collection*) Stück *nt*; (*also*: **news ~**) Meldung *f*; (: *in newspaper*) Zeitungsnotiz *f*; **~s of clothing** Kleidungsstücke *pl*.
itemize ['aɪtəmaɪz] *vt* einzeln aufführen.
itemized bill ['aɪtəmaɪzd-] *n Rechnung, auf der die Posten einzeln aufgeführt sind.*
itinerant [ɪ'tɪnərənt] *adj* (*labourer, priest etc*) Wander-; (*salesman*) reisend.
itinerary [aɪ'tɪnərərɪ] *n* Reiseroute *f*.
it'll ['ɪtl] = **it will**; **it shall**.
ITN (*BRIT*) *n abbr* (*TV*: = *Independent Television News*) *Nachrichtendienst des kommerziellen Fernsehens.*
its [ɪts] *adj* sein(e), ihr(e) ♦ *pron* seine(r, s), ihre(r, s).
it's [ɪts] = **it is**; **it has**.
itself [ɪt'sɛlf] *pron* sich; (*emphatic*) selbst.
ITV (*BRIT*) *n abbr* (*TV*: = *Independent Television*) *kommerzieller Fernsehsender.*

> **ITV**
>
> **ITV** *steht für „Independent Television" und ist ein landesweiter privater Fernsehsender in Großbritannien. Unter der Oberaufsicht einer unabhängigen Rundfunkbehörde produzieren Privatfirmen ihre Programme für die verschiedenen Sendegebiete.* **ITV**, *das seit 1955 Programme ausstrahlt, wird ganz durch Werbung finanziert und bietet etwa ein Drittel Informationssendungen (Nachrichten, Dokumentarfilme, Aktuelles) und ansonsten Unterhaltung (Sport, Komödien, Drama, Spielshows, Filme).*

IUD *n abbr* = **intrauterine device**.
I've [aɪv] = **I have**.

ivory ['aɪvərɪ] *n* Elfenbein *nt*.
Ivory Coast *n* Elfenbeinküste *f*.
ivory tower *n* (*fig*) Elfenbeinturm *m*.
ivy ['aɪvɪ] *n* Efeu *m*.
Ivy League (*US*) *n Eliteuniversitäten der USA.*

> **IVY LEAGUE**
>
> *Als* **Ivy League** *bezeichnet man die acht renommiertesten Universitäten im Nordosten der Vereinigten Staaten (Brown, Columbia, Cornell, Dartmouth College, Harvard, Princeton, University of Pennsylvania, Yale), die untereinander Sportwettkämpfe austragen. Der Name bezieht sich auf die efeubewachsenen Mauern der Universitätsgebäude.*

J, j

J, j [dʒeɪ] *n* (*letter*) J *nt*, j *nt*; **~ for Jack**, (*US*) **~ for Jig** ≈ J wie Julius.
JA *n abbr* = **judge advocate-**; **joint account**.
J/A *abbr* = **joint account**.
jab [dʒæb] *vt* stoßen; (*with finger, needle*) stechen ♦ *n* (*inf*) Spritze *f* ♦ *vi*: **to ~ at** einstechen auf +*acc*; **to ~ sth into sth** etw in etw *acc* stoßen/stechen.
jack [dʒæk] *n* (*AUT*) Wagenheber *m*; (*BOWLS*) Zielkugel *f*; (*CARDS*) Bube *m*.
▶ **jack in** (*inf*) *vt* aufgeben.
▶ **jack up** *vt* (*AUT*) aufbocken.
jackal ['dʒækl] *n* Schakal *m*.
jackass ['dʒækæs] (*inf*) *n* (*person*) Esel *m*.
jackdaw ['dʒækdɔː] *n* Dohle *f*.
jacket ['dʒækɪt] *n* Jackett *nt*; (*of book*) Schutzumschlag *m*; **potatoes in their ~s, ~ potatoes** in der Schale gebackene Kartoffeln *pl*.
jack-in-the-box ['dʒækɪnðəbɔks] *n* Schachtelteufel *m*, Kastenteufel *m*.
jack-knife ['dʒæknaɪf] *n* Klappmesser *nt* ♦ *vi*: **the lorry ~d** der Anhänger (des Lastwagens) hat sich quer gestellt.
jack-of-all-trades ['dʒækəv'ɔːltreɪdz] *n* Alleskönner *m*.
jack plug *n* Bananenstecker *m*.
jackpot ['dʒækpɔt] *n* Hauptgewinn *m*; **to hit the ~** (*fig*) das große Los ziehen.
jacuzzi [dʒə'kuːzɪ] *n* Whirlpool *m*.
jade [dʒeɪd] *n* Jade *m or f*.
jaded ['dʒeɪdɪd] *adj* abgespannt; **to get ~** die Nase voll haben.
JAG *n abbr* = **Judge Advocate General**.

jagged ['dʒægɪd] *adj* gezackt.
jaguar ['dʒægjuə*] *n* Jaguar *m*.
jail [dʒeɪl] *n* Gefängnis *nt* ♦ *vt* einsperren.
jailbird ['dʒeɪlbə:d] *n* Knastbruder *m* (*inf*).
jailbreak ['dʒeɪlbreɪk] *n* (Gefängnis)ausbruch *m*.
jalopy [dʒə'lɒpɪ] (*inf*) *n* alte (Klapper)kiste *f or* Mühle *f*.
jam [dʒæm] *n* Marmelade *f*, Konfitüre *f*, (*also:* traffic ~) Stau *m*; (*inf:* difficulty) Klemme *f* ♦ *vt* blockieren; (*mechanism, drawer etc*) verklemmen; (*RADIO*) stören ♦ *vi* klemmen; (*gun*) Ladehemmung haben; **I'm in a real ~** (*inf*) ich stecke wirklich in der Klemme; **to get sb out of a ~** (*inf*) jdm aus der Klemme helfen; **to ~ sth into sth** etw in etw *acc* stopfen; **the telephone lines are ~med** die Leitungen sind belegt.
Jamaica [dʒə'meɪkə] *n* Jamaika *nt*.
Jamaican [dʒə'meɪkən] *adj* jamaikanisch ♦ *n* Jamaikaner(in) *m(f)*.
jamb [dʒæm] *n* (*of door*) (Tür)pfosten *m*; (*of window*) (Fenster)pfosten *m*.
jamboree [dʒæmbə'ri:] *n* Fest *nt*.
jam-packed [dʒæm'pækt] *adj:* ~ **(with)** voll gestopft (mit).
jam session *n* (*MUS*) Jamsession *f*.
Jan. *abbr* (= January) Jan.
jangle ['dʒæŋgl] *vi* klimpern.
janitor ['dʒænɪtə*] *n* Hausmeister(in) *m(f)*.
January ['dʒænjuərɪ] *n* Januar *m*; *see also* **July**.
Japan [dʒə'pæn] *n* Japan *nt*.
Japanese [dʒæpə'ni:z] *adj* japanisch ♦ *n inv* Japaner(in) *m(f)*; (*LING*) Japanisch *nt*.
jar [dʒɑː*] *n* Topf *m*, Gefäß *nt*; (*glass*) Glas *nt* ♦ *vi* (*sound*) gellen; (*colours*) nicht harmonieren, sich beißen ♦ *vt* erschüttern; **to ~ on sb** jdm auf die Nerven gehen.
jargon ['dʒɑːgən] *n* Jargon *m*.
jarring ['dʒɑːrɪŋ] *adj* (*sound*) gellend, schrill; (*colour*) schreiend.
Jas. *abbr* (= James).
jasmine ['dʒæzmɪn] *n* Jasmin *m*.
jaundice ['dʒɔːndɪs] *n* Gelbsucht *f*.
jaundiced ['dʒɔːndɪst] *adj* (*view, attitude*) zynisch.
jaunt [dʒɔːnt] *n* Spritztour *f*.
jaunty ['dʒɔːntɪ] *adj* munter; (*step*) schwungvoll.
Java ['dʒɑːvə] *n* Java *nt*.
javelin ['dʒævlɪn] *n* Speer *m*.
jaw [dʒɔː] *n* Kiefer *m*.
jawbone ['dʒɔːbəun] *n* Kieferknochen *m*.
jay [dʒeɪ] *n* Eichelhäher *m*.
jaywalker ['dʒeɪwɔːkə*] *n* unachtsamer Fußgänger *m*, unachtsame Fußgängerin *f*.
jazz [dʒæz] *n* Jazz *m*.
▶ **jazz up** *vt* aufpeppen (*inf*).
jazz band *n* Jazzband *f*.
JCB ® *n* Erdräummaschine *f*.
JCS (*US*) *n abbr* (= Joint Chiefs of Staff) Stabschefs *pl*.

JD (*US*) *n abbr* (= Doctor of Laws) ≈ Dr. jur.; (= Justice Department) ≈ Justizministerium *nt*.
jealous ['dʒeləs] *adj* eifersüchtig; (*envious*) neidisch.
jealously ['dʒeləslɪ] *adv* eifersüchtig; (*enviously*) neidisch; (*watchfully*) sorgsam.
jealousy ['dʒeləsɪ] *n* Eifersucht *f*; (*envy*) Neid *m*.
jeans [dʒiːnz] *npl* Jeans *pl*.
Jeep ® [dʒiːp] *n* Jeep ® *m*.
jeer [dʒɪə*] *vi* höhnische Bemerkungen machen; **to ~ at** verhöhnen.
jeering ['dʒɪərɪŋ] *adj* höhnisch; (*crowd*) johlend ♦ *n* Johlen *nt*.
jeers ['dʒɪəz] *npl* Buhrufe *pl*.
jelly ['dʒelɪ] *n* Götterspeise *f*; (*jam*) Gelee *m or nt*.
jelly baby (*BRIT*) *n* Gummibärchen *nt*.
jellyfish ['dʒelɪfɪʃ] *n* Qualle *f*.
jeopardize ['dʒepədaɪz] *vt* gefährden.
jeopardy ['dʒepədɪ] *n*: **to be in ~** gefährdet sein.
jerk [dʒəːk] *n* Ruck *m*; (*inf: idiot*) Trottel *m* ♦ *vt* reißen ♦ *vi* (*vehicle*) ruckeln.
jerkin ['dʒəːkɪn] *n* Wams *nt*.
jerky ['dʒəːkɪ] *adj* ruckartig.
jerry-built ['dʒerɪbɪlt] *adj* schlampig gebaut.
jerry can ['dʒerɪ-] *n* großer Blechkanister *m*.
Jersey ['dʒəːzɪ] *n* Jersey *nt*.
jersey ['dʒəːzɪ] *n* Pullover *m*; (*fabric*) Jersey *m*.
Jerusalem [dʒə'ruːsləm] *n* Jerusalem *nt*.
jest [dʒest] *n* Scherz *m*.
jester ['dʒestə*] *n* Narr *m*.
Jesus ['dʒiːzəs] *n* Jesus *m*; **~ Christ** Jesus Christus *m*.
jet [dʒet] *n* Strahl *m*; (*AVIAT*) Düsenflugzeug *nt*; (*MINERALOGY, JEWELLERY*) Jett *m or nt*, Gagat *m*.
jet-black ['dʒet'blæk] *adj* pechschwarz.
jet engine *n* Düsentriebwerk *nt*.
jet lag *n* Jetlag *nt*.
jet-propelled ['dʒetprə'peld] *adj* Düsen-, mit Düsenantrieb.
jetsam ['dʒetsəm] *n* Strandgut *nt*; (*floating*) Treibgut *nt*.
jet-setter ['dʒetsetə*] *n*: **to be a ~** zum Jetset gehören.
jettison ['dʒetɪsn] *vt* abwerfen; (*from ship*) über Bord werfen.
jetty ['dʒetɪ] *n* Landesteg *m*, Pier *m*.
Jew [dʒuː] *n* Jude *m*, Jüdin *f*.
jewel ['dʒuːəl] *n* Edelstein *m*, Juwel *nt* (*also fig*); (*in watch*) Stein *m*.
jeweller, (*US*) **jeweler** ['dʒuːələ*] *n* Juwelier *m*.
jeweller's (shop) *n* Juwelier *m*, Juweliergeschäft *nt*.
jewellery, (*US*) **jewelry** ['dʒuːəlrɪ] *n* Schmuck *m*.
Jewess ['dʒuːɪs] *n* Jüdin *f*.
Jewish ['dʒuːɪʃ] *adj* jüdisch.

JFK (*US*) *n abbr* (= *John Fitzgerald Kennedy International Airport*) John-F.-Kennedy-Flughafen *m*.

jib [dʒɪb] *n* (*NAUT*) Klüver *m*; (*of crane*) Ausleger *m* ♦ *vi* (*horse*) scheuen, bocken; **to ~ at doing sth** sich dagegen sträuben, etw zu tun.

jibe [dʒaɪb] *n* = **gibe**.

jiffy ['dʒɪfɪ] (*inf*) *n*: **in a ~** sofort.

jig [dʒɪg] *n lebhafter Volkstanz*.

jigsaw ['dʒɪgsɔː] *n* (*also:* **~ puzzle**) Puzzle(spiel) *nt*; (*tool*) Stichsäge *f*.

jilt [dʒɪlt] *vt* sitzen lassen.

jingle ['dʒɪŋgl] *n* (*tune*) Jingle *m* ♦ *vi* (*bracelets*) klimpern; (*bells*) bimmeln.

jingoism ['dʒɪŋgəʊɪzəm] *n* Hurrapatriotismus *m*.

jinx [dʒɪŋks] (*inf*) *n* Fluch *m*; **there's a ~ on it** es ist verhext.

jitters ['dʒɪtəz] (*inf*) *npl*: **to get the ~** das große Zittern bekommen.

jittery ['dʒɪtərɪ] (*inf*) *adj* nervös, rappelig.

jiujitsu [dʒuː'dʒɪtsuː] *n* Jiu-Jitsu *nt*.

job [dʒɔb] *n* Arbeit *f*; (*post, employment*) Stelle *f*, Job *m*; **it's not my ~** es ist nicht meine Aufgabe; **a part-time ~** eine Teilzeitbeschäftigung; **a full-time ~** eine Ganztagsstelle; **he's only doing his ~** er tut nur seine Pflicht; **it's a good ~ that ...** nur gut, dass ...; **just the ~!** genau das Richtige!

jobber ['dʒɔbə*] (*BRIT*) *n* Börsenhändler *m*.

jobbing ['dʒɔbɪŋ] (*BRIT*) *adj* Gelegenheits-.

job centre (*BRIT*) *n* Arbeitsamt *nt*.

job creation scheme *n* Arbeitsbeschaffungsmaßnahmen *pl*.

job description *n* Tätigkeitsbeschreibung *f*.

jobless ['dʒɔblɪs] *adj* arbeitslos ♦ *npl*: **the ~** die Arbeitslosen *pl*.

job lot *n* (Waren)posten *m*.

job satisfaction *n* Zufriedenheit *f* am Arbeitsplatz.

job security *n* Sicherheit *f* des Arbeitsplatzes.

job sharing *n* Jobsharing *nt*, Arbeitsplatzteilung *f*.

job specification *n* Tätigkeitsbeschreibung *f*.

Jock [dʒɔk] (*inf*) *n* Schotte *m*.

jockey ['dʒɔkɪ] *n* Jockei *m* ♦ *vi*: **to ~ for position** um eine gute Position rangeln.

jockey box (*US*) *n* (*AUT*) Handschuhfach *nt*.

jocular ['dʒɔkjʊlə*] *adj* spaßig, witzig.

jog [dʒɔg] *vt* (an)stoßen ♦ *vi* joggen, Dauerlauf machen; **to ~ sb's memory** jds Gedächtnis *dat* nachhelfen.

▶ **jog along** *vi* entlangzuckeln (*inf*).

jogger ['dʒɔgə*] *n* Jogger(in) *m(f)*.

jogging ['dʒɔgɪŋ] *n* Jogging *nt*, Joggen *nt*.

john [dʒɔn] (*US: inf*) *n* (*toilet*) Klo *nt*.

join [dʒɔɪn] *vt* (*club, party*) beitreten +*dat*; (*queue*) sich stellen in +*acc*; (*things, places*) verbinden; (*group of people*) sich

anschließen +*dat* ♦ *vi* (*roads*) sich treffen; (*rivers*) zusammenfließen ♦ *n* Verbindungsstelle *f*; **to ~ forces (with)** (*fig*) sich zusammentun (mit); **will you ~ us for dinner?** wollen Sie mit uns zu Abend essen?; **I'll ~ you later** ich komme später.

▶ **join in** *vi* mitmachen ♦ *vt fus* sich beteiligen an +*dat*.

▶ **join up** *vi* sich treffen; (*MIL*) zum Militär gehen.

joiner ['dʒɔɪnə*] (*BRIT*) *n* Schreiner(in) *m(f)*.

joinery ['dʒɔɪnərɪ] (*BRIT*) *n* Schreinerei *f*.

joint [dʒɔɪnt] *n* (*in woodwork*) Fuge *f*; (*in pipe etc*) Verbindungsstelle *f*; (*ANAT*) Gelenk *nt*; (*BRIT: CULIN*) Braten *m*; (*inf: place*) Laden *m*; (*: of cannabis*) Joint *m* ♦ *adj* gemeinsam; (*combined*) vereint.

joint account *n* gemeinsames Konto *nt*.

jointly ['dʒɔɪntlɪ] *adv* gemeinsam.

joint ownership *n* Miteigentum *nt*.

joint-stock company ['dʒɔɪnt'stɔk-] *n* Aktiengesellschaft *f*.

joint venture *n* Gemeinschaftsunternehmen *nt*, Jointventure *nt*, Joint Venture *nt*.

joist [dʒɔɪst] *n* Balken *m*, Träger *m*.

joke [dʒəʊk] *n* Witz *m*; (*also:* **practical ~**) Streich *m* ♦ *vi* Witze machen; **to play a ~ on sb** jdm einen Streich spielen.

joker ['dʒəʊkə*] *n* (*CARDS*) Joker *m*.

joking ['dʒəʊkɪŋ] *adj* scherzhaft.

jokingly ['dʒəʊkɪŋlɪ] *adv* scherzhaft, im Spaß.

jollity ['dʒɔlɪtɪ] *n* Fröhlichkeit *f*.

jolly ['dʒɔlɪ] *adj* fröhlich; (*enjoyable*) lustig ♦ *adv* (*BRIT: inf: very*) ganz (schön) ♦ *vt* (*BRIT*): **to ~ sb along** jdm aufmunternd zureden; **~ good!** prima!

jolt [dʒəʊlt] *n* Ruck *m*; (*shock*) Schock *m* ♦ *vt* schütteln; (*subj: bus etc*) durchschütteln; (*emotionally*) aufrütteln.

Jordan ['dʒɔːdən] *n* Jordanien *nt*; (*river*) Jordan *m*.

Jordanian [dʒɔː'deɪnɪən] *adj* jordanisch ♦ *n* Jordanier(in) *m(f)*.

joss stick [dʒɔs-] *n* Räucherstäbchen *nt*.

jostle ['dʒɔsl] *vt* anrempeln ♦ *vi* drängeln.

jot [dʒɔt] *n*: **not one ~** kein bisschen.

▶ **jot down** *vt* notieren.

jotter ['dʒɔtə*] (*BRIT*) *n* Notizbuch *nt*; (*pad*) Notizblock *m*.

journal ['dʒɜːnl] *n* Zeitschrift *f*; (*diary*) Tagebuch *nt*.

journalese [dʒɜːnə'liːz] (*pej*) *n* Pressejargon *m*.

journalism ['dʒɜːnəlɪzəm] *n* Journalismus *m*.

journalist ['dʒɜːnəlɪst] *n* Journalist(in) *m(f)*.

journey ['dʒɜːnɪ] *n* Reise *f* ♦ *vi* reisen; **a 5-hour ~** eine Fahrt von 5 Stunden; **return ~** Rückreise *f*; (*both ways*) Hin- und Rückreise *f*.

jovial ['dʒəʊvɪəl] *adj* fröhlich; (*atmosphere*) freundlich, herzlich.

jowl [dʒaʊl] *n* Backe *f*.

joy [dʒɔɪ] n Freude f.

joyful ['dʒɔɪful] adj freudig.

joyride ['dʒɔɪraɪd] n Spritztour in einem gestohlenen Auto.

joyrider ['dʒɔɪraɪdə*] n Autodieb, der den Wagen nur für eine Spritztour benutzt.

joystick ['dʒɔɪstɪk] n (AVIAT) Steuerknüppel m; (COMPUT) Joystick m.

JP n abbr = **Justice of the Peace.**

Jr abbr (in names: = junior) jun.

JTPA (US) n abbr (= Job Training Partnership Act) Arbeitsbeschaffungsprogramm für benachteiligte Bevölkerungsteile und Minderheiten.

jubilant ['dʒuːbɪlnt] adj überglücklich.

jubilation [dʒuːbɪ'leɪʃən] n Jubel m.

jubilee ['dʒuːbɪliː] n Jubiläum nt; **silver** ~ 25-jähriges Jubiläum; **golden** ~ 50-jähriges Jubiläum.

judge [dʒʌdʒ] n Richter(in) m(f); (in competition) Preisrichter(in) m(f); (fig: expert) Kenner(in) m(f) ♦ vt (LAW: person) die Verhandlung führen über +acc; (: case) verhandeln; (competition) Preisrichter(in) sein bei; (person etc) beurteilen; (consider) halten für; (estimate) einschätzen ♦ vi: **judging by** or **to** ~ **by his expression** seinem Gesichtsausdruck nach zu urteilen; **she's a good** ~ **of character** sie ist ein guter Menschenkenner; **I'll be the** ~ **of that** das müssen Sie mich schon selbst beurteilen lassen; **as far as I can** ~ soweit ich es beurteilen kann; **I** ~**d it necessary to inform him** ich hielt es für nötig, ihn zu informieren.

judge advocate n (MIL) Beisitzer(in) m(f) bei einem Kriegsgericht.

Judge Advocate General n (MIL) Vorsitzender des obersten Militärgerichts.

judg(e)ment ['dʒʌdʒmənt] n Urteil nt; (REL) Gericht nt; (view, opinion) Meinung f; (discernment) Urteilsvermögen nt; **in my** ~ meiner Meinung nach; **to pass** ~ **(on)** (LAW) das Urteil sprechen (über +acc); (fig) ein Urteil fällen (über +acc).

judicial [dʒuː'dɪʃl] adj gerichtlich, Justiz-; (fig) kritisch; ~ **review** gerichtliche Überprüfung f.

judiciary [dʒuː'dɪʃɪərɪ] n: **the** ~ die Gerichtsbehörden pl.

judicious [dʒuː'dɪʃəs] adj klug.

judo ['dʒuːdəu] n Judo nt.

jug [dʒʌg] n Krug m.

jugged hare ['dʒʌgd-] (BRIT) n ≈ Hasenpfeffer m.

juggernaut ['dʒʌgənɔːt] (BRIT) n Fernlastwagen m.

juggle ['dʒʌgl] vi jonglieren.

juggler ['dʒʌglə*] n Jongleur m.

Jugoslav etc ['juːgəu'slɑːv] = **Yugoslav** etc.

jugular ['dʒʌgjulə*] adj: ~ **(vein)** Drosselvene f.

juice [dʒuːs] n Saft m; (inf: petrol): **we've run out of** ~ wir haben keinen Sprit mehr.

juicy ['dʒuːsɪ] adj saftig.

jukebox ['dʒuːkbɔks] n Musikbox f.

Jul. abbr = **July.**

July [dʒuː'laɪ] n Juli m; **the first of** ~ der erste Juli; **on the eleventh of** ~ am elften Juli; **in the month of** ~ im (Monat) Juli; **at the beginning/end of** ~ Anfang/Ende Juli; **in the middle of** ~ Mitte Juli; **during** ~ im Juli; **in** ~ **of next year** im Juli nächsten Jahres; **each** or **every** ~ jedes Jahr im Juli; ~ **was wet this year** der Juli war dieses Jahr ein nasser Monat.

jumble ['dʒʌmbl] n Durcheinander nt; (items for sale) gebrauchte Sachen pl ♦ vt (also: ~ **up**) durcheinander bringen.

> **JUMBLE SALE**
>
> **Jumble sale** ist ein Wohltätigkeitsbasar, meist in einer Aula oder einem Gemeindehaus abgehalten, bei dem alle möglichen Gebrauchtwaren (vor allem Kleidung, Spielzeug, Bücher, Geschirr und Möbel) verkauft werden. Der Erlös fließt entweder einer Wohltätigkeitsorganisation zu oder wird für örtliche Zwecke verwendet, z. B. die Pfadfinder, die Grundschule, Reparatur der Kirche usw.

jumbo (jet) ['dʒʌmbəu-] n Jumbo(jet) m.

jumbo-size ['dʒʌmbəusaɪz] adj (packet etc) Riesen-.

jump [dʒʌmp] vi springen; (with fear, surprise) zusammenzucken; (increase) sprunghaft ansteigen ♦ vt springen über +acc ♦ n (see vb) Sprung m; Zusammenzucken nt; sprunghafter Anstieg m; **to** ~ **the queue** (BRIT) sich vordrängeln.

▶ **jump about** vi herumspringen.

▶ **jump at** vt fus (idea) sofort aufgreifen; (chance) sofort ergreifen; **he** ~**ed at the offer** er griff bei dem Angebot sofort zu.

▶ **jump down** vi herunterspringen.

▶ **jump up** vi hochspringen; (from seat) aufspringen.

jumped-up ['dʒʌmptʌp] (BRIT: pej) adj eingebildet.

jumper ['dʒʌmpə*] n (BRIT) Pullover m; (US: dress) Trägerkleid nt; (SPORT) Springer(in) m(f).

jumper cables (US) npl = **jump leads.**

jumping jack n Knallfrosch m.

jump jet n Senkrechtstarter m.

jump leads (BRIT) npl Starthilfekabel nt.

jump-start ['dʒʌmpstɑːt] vt (AUT: engine) durch Anschieben des Wagens in Gang bringen.

jump suit n Overall m.

jumpy ['dʒʌmpɪ] adj nervös.

Jun. abbr = **June.**

junction ['dʒʌŋkʃən] (BRIT) n Kreuzung f; (RAIL) Gleisanschluss m.

juncture ['dʒʌŋktʃə*] *n*: **at this ~** zu diesem Zeitpunkt.

June [dʒuːn] *n* Juni *m*; *see also* **July**.

jungle ['dʒʌŋgl] *n* Urwald *m*, Dschungel *m* (*also fig*).

junior ['dʒuːnɪə*] *adj* jünger; (*subordinate*) untergeordnet ♦ *n* Jüngere(r) *f(m)*; (*young person*) Junior *m*; **he's ~ to me (by 2 years)**, **he's my ~ (by 2 years)** (*younger*) er ist (2 Jahre) jünger als ich; **he's ~ to me** (*subordinate*) er steht unter mir.

junior executive *n* zweiter Geschäftsführer *m*, zweite Geschäftsführerin *f*.

junior high school (*US*) *n* ≈ Mittelschule *f*.

junior minister (*BRIT*) *n* Staatssekretär(in) *m(f)*.

junior partner *n* Juniorpartner(in) *m(f)*.

junior school (*BRIT*) *n* ≈ Grundschule *f*.

junior sizes *npl* (*COMM*) Kindergrößen *pl*.

juniper ['dʒuːnɪpə*] *n*: **~ berry** Wacholderbeere *f*.

junk [dʒʌŋk] *n* (*rubbish*) Gerümpel *nt*; (*cheap goods*) Ramsch *m*; (*ship*) Dschunke *f* ♦ *vt* (*inf*) ausrangieren.

junk bond *n* (*FIN*) niedrig eingestuftes Wertpapier mit hohen Ertragschancen bei erhöhtem Risiko.

junket ['dʒʌŋkɪt] *n* Dickmilch *f*; (*inf. pej: free trip*): **to go on a ~** eine Reise auf Kosten des Steuerzahlers machen.

junk food *n* ungesundes Essen *nt*.

junkie ['dʒʌŋkɪ] (*inf*) *n* Fixer(in) *m(f)*.

junk mail *n* (Post)wurfsendungen *pl*.

junk room *n* Rumpelkammer *f*.

junk shop *n* Trödelladen *m*.

Junr *abbr* (*in names*: = *junior*) jun.

junta ['dʒʌntə] *n* Junta *f*.

Jupiter ['dʒuːpɪtə*] *n* Jupiter *m*.

jurisdiction [dʒuərɪs'dɪkʃən] *n* Gerichtsbarkeit *f*; (*ADMIN*) Zuständigkeit *f*, Zuständigkeitsbereich *m*; **it falls** *or* **comes within/outside my ~** dafür bin ich zuständig/nicht zuständig.

jurisprudence [dʒuərɪs'pruːdəns] *n* Jura *no art*, Rechtswissenschaft *f*.

juror ['dʒuərə*] *n* Schöffe *m*, Schöffin *f*; (*for capital crimes*) Geschworene(r) *f(m)*; (*in competition*) Preisrichter(in) *m(f)*.

jury ['dʒuərɪ] *n*: **the ~** die Schöffen *pl*; (*for capital crimes*) die Geschworenen *pl*; (*for competition*) die Jury, das Preisgericht.

jury box *n* Schöffenbank *f*; Geschworenenbank *f*.

juryman ['dʒuərɪmən] (*irreg: like* **man**) *n* = **juror**.

just [dʒʌst] *adj* gerecht ♦ *adv* (*exactly*) genau; (*only*) nur; **he's ~ done it/left** er hat es gerade getan/ist gerade gegangen; **~ as I expected** genau wie ich erwartet habe; **~ right** genau richtig; **~ two o'clock** erst zwei Uhr; **we were ~ going** wir wollten gerade gehen; **I was ~ about to phone** ich wollte gerade anrufen; **she's ~ as clever as you** sie ist genauso klug wie du; **it's ~ as well (that ...)** nur gut, dass ...; **~ as he was leaving** gerade als er gehen wollte; **~ before** gerade noch; **~ enough** gerade genug; **~ here** genau hier, genau an dieser Stelle; **he ~ missed** er hat genau danebengetroffen; **it's ~ me** ich bins nur; **it's ~ a mistake** es ist nur ein Fehler; **~ listen** hör mal; **~ ask someone the way** frage doch einfach jemanden nach dem Weg; **not ~ now** nicht gerade jetzt; **~ a minute!**, **~ one moment!** einen Moment, bitte!

justice ['dʒʌstɪs] *n* Justiz *f*; (*of cause, complaint*) Berechtigung *f*; (*fairness*) Gerechtigkeit *f*; (*US: judge*) Richter(in) *m(f)*; **Lord Chief J~** (*BRIT*) *oberster Richter in Großbritannien*; **to do ~ to** (*fig*) gerecht werden +*dat*.

Justice of the Peace *n* Friedensrichter(in) *m(f)*.

justifiable [dʒʌstɪ'faɪəbl] *adj* gerechtfertigt, berechtigt.

justifiably [dʒʌstɪ'faɪəblɪ] *adv* zu Recht, berechtigterweise.

justification [dʒʌstɪfɪ'keɪʃən] *n* Rechtfertigung *f*; (*TYP*) Justierung *f*.

justify ['dʒʌstɪfaɪ] *vt* rechtfertigen; (*text*) justieren; **to be justified in doing sth** etw zu *or* mit Recht tun.

justly ['dʒʌstlɪ] *adv* zu *or* mit Recht; (*deservedly*) gerecht.

jut [dʒʌt] *vi* (*also*: **~ out**) vorstehen.

jute [dʒuːt] *n* Jute *f*.

juvenile ['dʒuːvənaɪl] *adj* (*crime, offenders*) Jugend-; (*humour, mentality*) kindisch, unreif ♦ *n* Jugendliche(r) *f(m)*.

juvenile delinquency *n* Jugendkriminalität *f*.

juvenile delinquent *n* jugendlicher Straftäter *m*, jugendliche Straftäterin *f*.

juxtapose ['dʒʌkstəpəuz] *vt* nebeneinander stellen.

juxtaposition ['dʒʌkstəpə'zɪʃən] *n* Nebeneinanderstellung *f*.

K, k

K¹, k [keɪ] *n* (*letter*) K *nt*, k *nt*; **~ for King** ≈ K wie Kaufmann.

K² [keɪ] *abbr* (= *one thousand*) K; (*COMPUT*: = *kilobyte*) KB; (*BRIT*: *in titles*) = **knight**.

kaftan ['kæftæn] *n* Kaftan *m*.

Kalahari Desert [kælə'hɑːrɪ-] *n*: **the ~** die Kalahari.

kale [keɪl] n Grünkohl m.

kaleidoscope [kə'laɪdəskəup] n Kaleidoskop nt.

kamikaze ['kæmɪ'kɑːzɪ] adj (mission etc) Kamikaze-, Selbstmord-.

Kampala [kæm'pɑːlə] n Kampala nt.

Kampuchea [kæmpu't∫ɪə] n Kampuchea nt.

Kampuchean [kæmpu't∫ɪən] adj kampucheanisch.

kangaroo [kæŋɡə'ruː] n Känguru nt.

Kans. (US) abbr (POST: = Kansas).

kaput [kə'put] (inf) adj: **to be ~** kaputt sein.

karaoke [kɑːrə'əukɪ] n Karaoke nt.

karate [kə'rɑːtɪ] n Karate nt.

Kashmir [kæ∫'mɪə*] n Kaschmir nt.

kayak ['kaɪæk] n Kajak m or nt.

Kazakhstan [kæzæk'stɑːn] n Kasachstan nt.

KC (BRIT) n abbr (LAW: = King's Counsel) Kronanwalt m.

kd (US) abbr (COMM: = knocked down) (in Einzelteile) zerlegt.

kebab [kə'bæb] n Kebab m.

keel [kiːl] n Kiel m; **on an even ~** (fig) stabil.

▶ **keel over** vi kentern; (person) umkippen.

keen [kiːn] adj begeistert, eifrig; (interest) groß; (desire) heftig; (eye, intelligence, competition, edge) scharf; **to be ~ to do** or **on doing sth** scharf darauf sein, etw zu tun (inf); **to be ~ on sth** an etw dat sehr interessiert sein; **to be ~ on sb** von jdm sehr angetan sein; **I'm not ~ on going** ich brenne nicht gerade darauf, zu gehen.

keenly ['kiːnlɪ] adv (enthusiastically) begeistert; (feel) leidenschaftlich; (look) aufmerksam.

keenness ['kiːnnɪs] n Begeisterung f, Eifer m; **his ~ to go is suspicious** dass er so unbedingt gehen will, ist verdächtig.

keep [kiːp] (pt, pp kept) vt behalten; (preserve, store) aufbewahren; (house, shop, accounts, diary) führen; (garden etc) pflegen; (chickens, bees, fig: promise) halten; (family etc) versorgen, unterhalten; (detain) aufhalten; (prevent) abhalten ♦ vi (remain) bleiben; (food) sich halten ♦ n (food etc) Unterhalt m; (of castle) Bergfried m; **to ~ doing sth** etw immer wieder tun; **to ~ sb happy** jdn zufrieden stellen; **to ~ a room tidy** ein Zimmer in Ordnung halten; **to ~ sb waiting** jdn warten lassen; **to ~ an appointment** eine Verabredung einhalten; **to ~ a record of sth** über etw acc Buch führen; **to ~ sth to o.s.** etw für sich behalten; **to ~ sth (back) from sb** etw vor jdm geheim halten; **to ~ sb from doing sth** jdn davon abhalten, etw zu tun; **to ~ sth from happening** etw verhindern; **to ~ time** (clock) genau gehen; **enough for his ~** genug für seinen Unterhalt.

▶ **keep away** vt fern halten ♦ vi: **to ~ away (from)** wegbleiben (von).

▶ **keep back** vt zurückhalten; (tears) unterdrücken; (money) einbehalten ♦ vi zurückbleiben.

▶ **keep down** vt (prices) niedrig halten; (spending) einschränken; (food) bei sich behalten ♦ vi unten bleiben.

▶ **keep in** vt im Haus behalten; (at school) nachsitzen lassen ♦ vi (inf): **to ~ in with sb** sich mit jdm gut stellen.

▶ **keep off** vt fernhalten ♦ vi wegbleiben; **"~ off the grass"** „Betreten des Rasens verboten"; **~ your hands off** Hände weg.

▶ **keep on** vi: **to ~ on doing sth** (continue) etw weiter tun; **to ~ on (about sth)** unaufhörlich (von etw) reden.

▶ **keep out** vt fern halten; **"~ out"** „Zutritt verboten".

▶ **keep up** vt (payments) weiterbezahlen; (standards etc) aufrechterhalten ♦ vi: **to ~ up (with)** mithalten können (mit).

keeper ['kiːpə*] n Wärter(in) m(f).

keep fit n Fitnesstraining nt.

keeping ['kiːpɪŋ] n (care) Obhut f; **in ~ with** in Übereinstimmung mit; **out of ~ with** nicht im Einklang mit; **I'll leave this in your ~** ich vertraue dies deiner Obhut an.

keeps [kiːps] n: **for ~** (inf) für immer.

keepsake ['kiːpseɪk] n Andenken nt.

keg [keɡ] n Fässchen nt; **~ beer** Bier nt vom Fass.

Ken. (US) abbr (POST: = Kentucky).

kennel ['kɛnl] n Hundehütte f.

kennels ['kɛnlz] n Hundeheim nt; **we had to leave our dog in ~ over Christmas** wir mussten unseren Hund über Weihnachten in ein Heim geben.

Kenya ['kɛnjə] n Kenia nt.

Kenyan ['kɛnjən] adj kenianisch ♦ n Kenianer(in) m(f).

kept [kɛpt] pt, pp of **keep.**

kerb [kɜːb] (BRIT) n Bordstein m.

kerb crawler [-'krɔːlə*] (inf) n Freier m im Autostrich.

kernel ['kɜːnl] n Kern m.

kerosene ['kɛrəsiːn] n Kerosin nt.

kestrel ['kɛstrəl] n Turmfalke m.

ketchup ['kɛt∫əp] n Ket(s)chup m or nt.

kettle ['kɛtl] n Kessel m.

kettledrum ['kɛtldrʌm] n (Kessel)pauke f.

key [kiː] n Schlüssel m; (MUS) Tonart f; (of piano, computer, typewriter) Taste f ♦ cpd (issue etc) Schlüssel- ♦ vt (also: ~ in) eingeben.

keyboard ['kiːbɔːd] n Tastatur f.

keyboarder ['kiːbɔːdə*] n Datentypist(in) m(f).

keyed up [kiːd-] adj: **to be (all) ~** (ganz) aufgedreht sein (inf).

keyhole ['kiːhəul] n Schlüsselloch nt.

keyhole surgery n Schlüssellochchirurgie f, minimal invasive Chirurgie f.

keynote ['kiːnəut] n Grundton m; (of speech) Leitgedanke m.

keypad ['kiːpæd] n Tastenfeld nt.

key ring n Schlüsselring m.

keystroke ['kiːstrəuk] n Anschlag m.
kg abbr (= kilogram) kg.
KGB n abbr (POL: formerly) KGB m.
khaki ['kɑːkɪ] n K(h)aki nt.
kHz abbr (= kilohertz) kHz.
kibbutz [kɪ'buts] n Kibbuz m.
kick [kɪk] vt treten; (table, ball) treten gegen +acc; (inf: habit) ablegen; (: addiction) wegkommen von ♦ vi (horse) ausschlagen ♦ n Tritt m; (to ball) Schuss m; (of rifle) Rückstoß m; (thrill): **he does it for ~s** er macht es zum Spaß.
► **kick around** (inf) vi (person) rumhängen; (thing) rumliegen.
► **kick off** vi (SPORT) anstoßen.
kickoff ['kɪkɔf] n (SPORT) Anstoß m.
kick start n (AUT: also: **~er**) Kickstarter m.
kid [kɪd] n (inf: child) Kind nt; (animal) Kitz nt; (leather) Ziegenleder nt, Glacéleder nt, Glaceeleder nt ♦ vi (inf) Witze machen; **~ brother** kleiner Bruder m; **~ sister** kleine Schwester f.
kid gloves npl: **to treat sb with ~** (fig) jdn mit Samthandschuhen anfassen.
kidnap ['kɪdnæp] vt entführen, kidnappen.
kidnapper ['kɪdnæpə*] n Entführer(in) m(f), Kidnapper(in) m(f).
kidnapping ['kɪdnæpɪŋ] n Entführung f, Kidnapping nt.
kidney ['kɪdnɪ] n Niere f.
kidney bean n Gartenbohne f.
kidney machine n (MED) künstliche Niere f.
Kilimanjaro [kɪlɪmən'dʒɑːrəu] n: **Mount ~** der Kilimandscharo.
kill [kɪl] vt töten; (murder) ermorden, umbringen; (plant) eingehen lassen; (proposal) zu Fall bringen; (rumour) ein Ende machen +dat ♦ n Abschuss m; **to ~ time** die Zeit totschlagen; **to ~ o.s. to do sth** (fig) sich fast umbringen, um etw zu tun; **to ~ o.s. (laughing)** (fig) sich totlachen.
► **kill off** vt abtöten; (fig: romance) beenden.
killer ['kɪlə*] n Mörder(in) m(f).
killer instinct n (fig) Tötungsinstinkt m.
killing ['kɪlɪŋ] n Töten nt; (instance) Mord m; **to make a ~** (inf) einen Riesengewinn machen.
killjoy ['kɪldʒɔɪ] n Spielverderber(in) m(f).
kiln [kɪln] n Brennofen m.
kilo ['kiːləu] n Kilo nt.
kilobyte ['kiːləubaɪt] n Kilobyte nt.
kilogram(me) ['kɪləugræm] n Kilogramm nt.
kilohertz ['kɪləuhəːts] n inv Kilohertz nt.
kilometre, (US) **kilometer** ['kɪləmiːtə*] n Kilometer m.
kilowatt ['kɪləuwɔt] n Kilowatt nt.
kilt [kɪlt] n Kilt m, Schottenrock m.
kilter ['kɪltə*] n: **out of ~** nicht in Ordnung.
kimono [kɪ'məunəu] n Kimono m.
kin [kɪn] n see **kith, next**.
kind [kaɪnd] adj freundlich ♦ n Art f; (sort) Sorte f; **would you be ~ enough to ...?, would you be so ~ as to ...?** wären Sie

(vielleicht) so nett und ...?; **it's very ~ of you (to do ...)** es ist wirklich nett von Ihnen(, ... zu tun); **in ~** (COMM) in Naturalien; **a ~ of ... eine Art ...; they are two of a ~** sie sind beide von der gleichen Art; (people) sie sind vom gleichen Schlag.
kindergarten ['kɪndəgɑːtn] n Kindergarten m.
kind-hearted [kaɪnd'hɑːtɪd] adj gutherzig.
kindle ['kɪndl] vt anzünden; (emotion) wecken.
kindling ['kɪndlɪŋ] n Anzündholz nt.
kindly ['kaɪndlɪ] adj, adv freundlich, nett; **will you ~ ...** würden Sie bitte ...; **he didn't take it ~** er konnte sich damit nicht anfreunden.
kindness ['kaɪndnɪs] n Freundlichkeit f.
kindred ['kɪndrɪd] adj: **~ spirit** Gleichgesinnte(r) f(m).
kinetic [kɪ'nɛtɪk] adj kinetisch.
king [kɪŋ] n (also fig) König m.
kingdom ['kɪŋdəm] n Königreich nt.
kingfisher ['kɪŋfɪʃə*] n Eisvogel m.
kingpin ['kɪŋpɪn] n (TECH) Bolzen m; (AUT) Achsschenkelbolzen m; (fig) wichtigste Stütze f.
king-size(d) ['kɪŋsaɪz(d)] adj extragroß; (cigarette) Kingsize-.
kink [kɪŋk] n Knick m; (in hair) Welle f; (fig) Schrulle f.
kinky ['kɪŋkɪ] (pej) adj schrullig; (sexually) abartig.
kinship ['kɪnʃɪp] n Verwandtschaft f.
kinsman ['kɪnzmən] (irreg: like **man**) n Verwandte(r) m.
kinswoman ['kɪnzwumən] (irreg: like **woman**) n Verwandte f.
kiosk ['kiːɔsk] n Kiosk m; (BRIT) (Telefon)zelle f; (also: **newspaper ~**) (Zeitungs)kiosk m.
kipper ['kɪpə*] n Räucherhering m.
Kirghizia [kəː'gɪzɪə] n Kirgistan nt.
kiss [kɪs] n Kuß m ♦ vt küssen ♦ vi sich küssen; **to ~ (each other)** sich küssen; **to ~ sb goodbye** jdm einen Abschiedskuss geben.
kissagram ['kɪsəgræm] n durch eine(n) Angestellte(n) einer Agentur persönlich übermittelter Kuss.
kiss of life (BRIT) n: **the ~** Mund-zu-Mund-Beatmung f.
kit [kɪt] n Zeug nt, Sachen pl; (equipment: also MIL) Ausrüstung f; (set of tools) Werkzeug nt; (for assembly) Bausatz m.
► **kit out** (BRIT) vt ausrüsten, ausstatten.
kitbag ['kɪtbæg] n Seesack m.
kitchen ['kɪtʃɪn] n Küche f.
kitchen garden n Küchengarten m.
kitchen sink n Spüle f.
kitchen unit (BRIT) n Küchenschrank m.
kitchenware ['kɪtʃɪnwɛə*] n Küchengeräte pl.
kite [kaɪt] n Drachen m; (ZOOL) Milan m.
kith [kɪθ] n: **~ and kin** Freunde und Verwandte pl.
kitten ['kɪtn] n Kätzchen nt.
kitty ['kɪtɪ] n (gemeinsame) Kasse f.
kiwi (fruit) ['kiːwiː-] n Kiwi(frucht) f.

KKK (*US*) *n abbr* (= *Ku Klux Klan*) Ku-Klux-Klan *m*.

Kleenex ® ['kliːnɛks] *n* Tempo(taschentuch) ® *nt*.

kleptomaniac [klɛptəʊ'meɪnɪæk] *n* Kleptomane *m*, Kleptomanin *f*.

km *abbr* (= *kilometre*) km.

km/h *abbr* (= *kilometres per hour*) km/h.

knack [næk] *n*: **to have the ~ of doing sth** es herausbaben, wie man etw macht; **there's a ~ to doing this** da ist ein Trick *or* Kniff dabei.

knackered ['nækəd] (*BRIT: inf*) *adj* kaputt.

knapsack ['næpsæk] *n* Rucksack *m*.

knead [niːd] *vt* kneten.

knee [niː] *n* Knie *nt*.

kneecap ['niːkæp] *n* Kniescheibe *f*.

kneecapping ['niːkæpɪŋ] *n* Durchschießen *nt* der Kniescheibe.

knee-deep ['niː'diːp] *adj, adv*: **the water was ~** das Wasser ging mir *etc* bis zum Knie; **~ in mud** knietief *or* bis zu den Knien im Schlamm.

kneejerk reaction ['niːdʒəːk-] *n* (*fig*) instinktive Reaktion *f*.

kneel [niːl] (*pt, pp* **knelt**) *vi* knien; (*also*: **~ down**) niederknien.

kneepad ['niːpæd] *n* Knieschützer *m*.

knell [nɛl] *n* Totengeläut(e) *nt*; (*fig*) Ende *nt*.

knelt [nɛlt] *pt, pp of* **kneel**.

knew [njuː] *pt of* **know**.

knickers ['nɪkəz] (*BRIT*) *npl* Schlüpfer *m*.

knick-knacks ['nɪknæks] *npl* Nippsachen *pl*.

knife [naɪf] (*pl* **knives**) *n* Messer *nt* ♦ *vt* (*injure, attack*) einstechen auf +*acc*; **~, fork and spoon** Messer, Gabel und Löffel.

knife edge *n*: **to be balanced on a ~** (*fig*) auf Messers Schneide stehen.

knight [naɪt] *n* (*BRIT*) Ritter *m*; (*CHESS*) Springer *m*, Pferd *nt*.

knighthood ['naɪthud] (*BRIT*) *n*: **to get a ~** in den Adelsstand erhoben werden.

knit [nɪt] *vt* stricken ♦ *vi* stricken; (*bones*) zusammenwachsen; **to ~ one's brows** die Stirn runzeln.

knitted ['nɪtɪd] *adj* gestrickt, Strick-.

knitting ['nɪtɪŋ] *n* Stricken *nt*; (*garment being made*) Strickzeug *nt*.

knitting machine *n* Strickmaschine *f*.

knitting needle *n* Stricknadel *f*.

knitting pattern *n* Strickmuster *nt*.

knitwear ['nɪtweə*] *n* Strickwaren *pl*.

knives [naɪvz] *npl of* **knife**.

knob [nɒb] *n* Griff *m*; (*of stick*) Knauf *m*; (*on radio, TV etc*) Knopf *m*; **a ~ of butter** (*BRIT*) ein Stückchen *nt* Butter.

knobbly ['nɒblɪ], **knobby** ['nɒbɪ] (*US*) *adj* (*wood*) knorrig; (*surface*) uneben; **~ knees** Knubbelknie *pl* (*inf*).

knock [nɒk] *vt* schlagen; (*bump into*) stoßen gegen +*acc*; (*inf: criticize*) runtermachen ♦ *vi* klopfen ♦ *n* Schlag *m*; (*bump*) Stoß *m*; (*on door*) Klopfen *nt*; **to ~ a nail into sth** einen Nagel in etw *acc* schlagen; **to ~ some sense into sb** jdn zur Vernunft bringen; **to ~ at/ on** klopfen an/auf +*acc*; **he ~ed at the door** er klopfte an, er klopfte an die Tür.

► **knock about** (*inf*) *vt* schlagen, verprügeln ♦ *vi* rumziehen; **~ about with sich** rumtreiben mit.

► **knock around** *vt, vi* = **knock about**.

► **knock back** (*inf*) *vt* (*drink*) sich *dat* hinter die Binde kippen.

► **knock down** *vt* anfahren; (*fatally*) überfahren; (*building etc*) abreißen; (*price: buyer*) herunterhandeln; (: *seller*) heruntergehen mit.

► **knock off** *vi* (*inf*) Feierabend machen ♦ *vt* (*from price*) nachlassen; (*inf: steal*) klauen; **to ~ off £10** £10 nachlassen.

► **knock out** *vt* bewusstlos schlagen; (*subj: drug*) bewusstlos werden lassen; (*BOXING*) k. o. schlagen; (*in game, competition*) besiegen.

► **knock over** *vt* umstoßen; (*with car*) anfahren.

knockdown ['nɒkdaun] *adj*: **~ price** Schleuderpreis *m*.

knocker ['nɒkə*] *n* Türklopfer *m*.

knock-for-knock ['nɒkfə'nɒk] (*BRIT*) *adj*: **~ agreement** Vereinbarung, bei der jede Versicherungsgesellschaft den Schaden am von ihr versicherten Fahrzeug übernimmt.

knocking ['nɒkɪŋ] *n* Klopfen *nt*.

knock-kneed [nɒk'niːd] *adj* x-beinig, X-beinig; **to be ~** X-Beine haben.

knockout ['nɒkaut] *n* (*BOXING*) K.-o.-Schlag *m*, Ko.-Schlag *m* ♦ *cpd* (*competition etc*) Ausscheidungs-.

knock-up ['nɒkʌp] *n* (*TENNIS*): **to have a ~** ein paar Bälle schlagen.

knot [nɒt] *n* Knoten *m*; (*in wood*) Ast *m* ♦ *vt* einen Knoten machen in +*acc*; (*knot together*) verknoten; **to tie a ~** einen Knoten machen.

knotty ['nɒtɪ] *adj* (*fig: problem*) verwickelt.

know [nəʊ] (*pt* **knew**, *pp* **known**) *vt* kennen; (*facts*) wissen; (*language*) können ♦ *vi*: **to ~ about** *or* **of sth/sb** von etw/jdm gehört haben; **to ~ how to swim** schwimmen können; **to get to ~ sth** etw erfahren; (*place*) etw kennen lernen; **I don't ~ him** ich kenne ihn nicht; **to ~ right from wrong** Gut und Böse unterscheiden können; **as far as I ~** soviel ich weiß; **yes, I ~** ja, ich weiß; **I don't ~** ich weiß (es) nicht.

know-all ['nəʊɔːl] (*BRIT: pej*) *n* Alleswisser *m*.

know-how ['nəʊhau] *n* Know-how *nt*, Sachkenntnis *f*.

knowing ['nəʊɪŋ] *adj* wissend.

knowingly ['nəʊɪŋlɪ] *adv* (*purposely*) bewusst; (*smile, look*) wissend.

know-it-all ['nəʊɪtɔːl] (*US*) *n* = **know-all**.

knowledge ['nɒlɪdʒ] *n* Wissen *nt*, Kenntnis *f*; (*learning, things learnt*) Kenntnisse *pl*; **to have**

no ~ of nichts wissen von; **not to my** ~ nicht, dass ich wüsste; **without my** ~ ohne mein Wissen; **it is common** ~ **that ...** es ist allgemein bekannt, dass ...; **it has come to my** ~ **that ...** ich habe erfahren, dass ...; **to have a working** ~ **of French** Grundkenntnisse in Französisch haben.
knowledgeable ['nɔlɪdʒəbl] *adj* informiert.
known [nəun] *pp of* **know** ◆ *adj* bekannt; (*expert*) anerkannt.
knuckle ['nʌkl] *n* (Finger)knöchel *m*.
▶ **knuckle down** (*inf*) *vi* sich dahinter klemmen; **to** ~ **down to work** sich an die Arbeit machen.
▶ **knuckle under** (*inf*) *vi* sich fügen, spuren.
knuckle-duster ['nʌkl'dʌstə*] *n* Schlagring *m*.
KO *n abbr* (= *knockout*) K. o. *m* ◆ *vt* k. o. schlagen.
koala [kəu'ɑːlə] *n* (*also*: ~ **bear**) Koala(bär) *m*.
kook [kuːk] (*US: inf*) *n* Spinner *m*.
Koran [kɔ'rɑːn] *n*: **the** ~ der Koran.
Korea [kə'rɪə] *n* Korea *nt*; **North** ~ Nordkorea *nt*; **South** ~ Südkorea *nt*.
Korean [kə'rɪən] *adj* koreanisch ◆ *n* Koreaner(in) *m(f)*.
kosher ['kəuʃə*] *adj* koscher.
kowtow ['kau'tau] *vi*: **to** ~ **to sb** vor jdm dienern *or* einen Kotau machen.
Kremlin ['kremlɪn] *n*: **the** ~ der Kreml.
KS (*US*) *abbr* (*POST*: = *Kansas*).
Kt (*BRIT*) *abbr* (*in titles*) = **knight**.
Kuala Lumpur ['kwɑːlə'lumpuə*] *n* Kuala Lumpur *nt*.
kudos ['kjuːdɔs] *n* Ansehen *nt*, Ehre *f*.
Kurd [kɔːd] *n* Kurde *m*, Kurdin *f*.
Kuwait [ku'weɪt] *n* Kuwait *nt*.
Kuwaiti [ku'weɪtɪ] *adj* kuwaitisch ◆ *n* Kuwaiter(in) *m(f)*.
kW *abbr* (= *kilowatt*) kW.
KY (*US*) *abbr* (*POST*: = *Kentucky*).

L, l

L¹, l¹ [ɛl] *n* (*letter*) L *nt*, l *nt*; ~ **for Lucy**, (*US*) ~ **for Love** ≈ L wie Ludwig.
L² [ɛl] *abbr* (*BRIT*: *AUT*: = *learner*) am Auto angebrachtes Kennzeichen für Fahrschüler; = **lake** (= *large*) gr.; (= *left*) l.
l² *abbr* (= *litre*) l.
LA (*US*) *n abbr* (= *Los Angeles*) ◆ *abbr* (*POST*: = *Louisiana*).
La. (*US*) *abbr* (*POST*: = *Louisiana*).
lab [læb] *n abbr* = **laboratory**.
label ['leɪbl] *n* Etikett *nt*; (*brand*: *of record*) Label *nt* ◆ *vt* etikettieren; (*fig*: *person*) abstempeln.

labor *etc* ['leɪbə*] (*US*) *n* = **labour** *etc*.
laboratory [lə'bɔrətərɪ] *n* Labor *nt*.

LABOR DAY

Labor Day ist in den USA und Kanada der Name für den Tag der Arbeit. Er wird dort als gesetzlicher Feiertag am ersten Montag im September begangen.

---

laborious [lə'bɔːrɪəs] *adj* mühsam.
labor union (*US*) *n* Gewerkschaft *f*.
labour, (*US*) **labor** ['leɪbə*] *n* Arbeit *f*; (*work force*) Arbeitskräfte *pl*; (*MED*): **to be in** ~ in den Wehen liegen ◆ *vi*: **to** ~ (**at sth**) sich (mit etw) abmühen ◆ *vt*: **to** ~ **a point** auf einem Thema herumreiten; **L~, the L~ Party** (*BRIT*) die Labour Party; **hard** ~ Zwangsarbeit *f*.
labour camp *n* Arbeitslager *nt*.
labour cost *n* Lohnkosten *pl*.
labour dispute *n* Arbeitskampf *m*.
laboured ['leɪbəd] *adj* (*breathing*) schwer; (*movement*, *style*) schwerfällig.
labourer ['leɪbərə*] *n* Arbeiter(in) *m(f)*; **farm** ~ Landarbeiter(in) *m(f)*.
labour force *n* Arbeiterschaft *f*.
labour intensive *adj* arbeitsintensiv.
labour market *n* Arbeitsmarkt *m*.
labour pains *npl* Wehen *pl*.
labour relations *npl* Beziehungen *pl* zwischen Arbeitnehmern, Arbeitgebern und Gewerkschaften.
labour-saving ['leɪbəseɪvɪŋ] *adj* arbeitssparend.
laburnum [lə'bəːnəm] *n* (*BOT*) Goldregen *m*.
labyrinth ['læbɪrɪnθ] *n* Labyrinth *nt*.
lace [leɪs] *n* (*fabric*) Spitze *f*; (*of shoe etc*) (Schuh)band *nt*, Schnürsenkel *m* ◆ *vt* (*also*: ~ **up**) (zu)schnüren; **to** ~ **a drink** einen Schuss Alkohol in ein Getränk geben.
lacemaking ['leɪsmeɪkɪŋ] *n* Klöppelei *f*.
lacerate ['læsəreɪt] *vt* zerschneiden.
laceration [læsə'reɪʃən] *n* Schnittwunde *f*.
lace-up ['leɪsʌp] *adj* (*shoes etc*) Schnür-.
lack [læk] *n* Mangel *m* ◆ *vt*, *vi*: **sb** ~**s sth**, **sb is** ~**ing in sth** jdm fehlt es an etw *dat*; **through** *or* **for** ~ **of** aus Mangel an +*dat*; **to be** ~**ing** fehlen.
lackadaisical [lækə'deɪzɪkl] *adj* lustlos.
lackey ['lækɪ] (*pej*) *n* Lakai *m*.
lacklustre, (*US*) **lackluster** ['læklʌstə*] *adj* farblos, langweilig.
laconic [lə'kɔnɪk] *adj* lakonisch.
lacquer ['lækə*] *n* Lack *m*; (*also*: **hair** ~) Haarspray *nt*.
lacrosse [lə'krɔs] *n* Lacrosse *nt*.
lacy ['leɪsɪ] *adj* Spitzen-; (*like lace*) spitzenartig.
lad [læd] *n* Junge *m*.
ladder ['lædə*] *n* (*also fig*) Leiter *f*; (*BRIT*: *in tights*) Laufmasche *f* ◆ *vt* (*BRIT*) Laufmaschen bekommen in +*dat* ◆ *vi* (*BRIT*)

Laufmaschen bekommen.

laden ['leɪdn] *adj*: ~ **(with)** beladen (mit); **fully** ~ voll beladen.

ladle ['leɪdl] *n* Schöpflöffel *m*, (Schöpf)kelle *f* ♦ *vt* schöpfen.

▶ **ladle out** *vt* (*fig*) austeilen.

lady ['leɪdɪ] *n* (*woman*) Frau *f*; (: *dignified, graceful etc*) Dame *f*; (*BRIT: title*) Lady *f*; **ladies and gentlemen** ... meine Damen und Herren ...; **young** ~ junge Dame; **the ladies' (room)** die Damentoilette.

ladybird ['leɪdɪbɜːd], **ladybug** ['leɪdɪbʌg] (*US*) *n* Marienkäfer *m*.

lady-in-waiting ['leɪdɪɪn'weɪtɪŋ] *n* Hofdame *f*.

lady-killer ['leɪdɪkɪlə*] *n* Herzensbrecher *m*.

ladylike ['leɪdɪlaɪk] *adj* damenhaft.

ladyship ['leɪdɪʃɪp] *n*: **your L~** Ihre Ladyschaft.

lag [læg] *n* (*period of time*) Zeitabstand *m* ♦ *vi* (*also*: ~ **behind**) zurückbleiben; (*trade, investment etc*) zurückgehen ♦ *vt* (*pipes etc*) isolieren; **old** ~ (*inf: prisoner*) (ehemaliger) Knacki *m*.

lager ['lɑːgə*] *n* helles Bier *nt*.

lager lout (*BRIT: inf*) *n* betrunkener Rowdy *m*.

lagging ['lægɪŋ] *n* Isoliermaterial *nt*.

lagoon [lə'guːn] *n* Lagune *f*.

Lagos ['leɪgɔs] *n* Lagos *nt*.

laid [leɪd] *pt, pp of* **lay**.

laid-back [leɪd'bæk] (*inf*) *adj* locker.

laid up *adj*: **to be** ~ **(with)** im Bett liegen (mit).

lain [leɪn] *pp of* **lie**.

lair [lɛə*] *n* Lager *nt*; (*cave*) Höhle *f*; (*den*) Bau *m*.

laissez faire [lɛseɪ'fɛə*] *n* Laisser-faire *nt*.

laity ['leɪətɪ] *n or npl* Laien *pl*.

lake [leɪk] *n* See *m*.

Lake District (*BRIT*) *n*: **the** ~ der Lake Distrikt, *Seengebiet im NW Englands*.

lamb [læm] *n* Lamm *nt*; (*meat*) Lammfleisch *nt*.

lamb chop *n* Lammkotelett *nt*.

lambskin ['læmskɪn] *n* Lammfell *nt*.

lamb's wool *n* Lammwolle *f*.

lame [leɪm] *adj* lahm; (*argument, answer*) schwach.

lame duck *n* (*person*) Niete *f*; (*business*) unwirtschaftliche Firma *f*.

lamely ['leɪmlɪ] *adv* lahm.

lament [lə'ment] *n* Klage *f* ♦ *vt* beklagen.

lamentable ['læməntəbl] *adj* beklagenswert.

laminated ['læmɪneɪtɪd] *adj* laminiert; (*metal*) geschichtet; ~ **glass** Verbundglas *nt*; ~ **wood** Sperrholz *nt*.

lamp [læmp] *n* Lampe *f*.

lamplight ['læmplaɪt] *n*: **by** ~ bei Lampenlicht.

lampoon [læm'puːn] *n* Schmähschrift *f* ♦ *vt* verspotten.

lamppost ['læmppəust] (*BRIT*) *n* Laternenpfahl *m*.

lampshade ['læmpʃeɪd] *n* Lampenschirm *m*.

lance [lɑːns] *n* Lanze *f* ♦ *vt* (*MED*) aufschneiden.

lance corporal (*BRIT*) *n* Obergefreite(r) *m*.

lancet ['lɑːnsɪt] *n* (*MED*) Lanzette *f*.

Lancs [læŋks] (*BRIT*) *abbr* (*POST*: = *Lancashire*).

land [lænd] *n* Land *nt*; (*as property*) Grund und Boden *m* ♦ *vi* (*AVIAT, fig*) landen; (*from ship*) an Land gehen ♦ *vt* (*passengers*) absetzen; (*goods*) an Land bringen; **to own** ~ Land besitzen; **to go** *or* **travel by** ~ auf dem Landweg reisen; **to** ~ **on one's feet** (*fig*) auf die Füße fallen; **to** ~ **sb with sth** (*inf*) jdm etw aufhalsen.

▶ **land up** *vi*: **to** ~ **up in/at** landen in +*dat*.

landed gentry ['lændɪd-] *n* Landadel *m*.

landfill site ['lændfɪl-] *n* ≈ Mülldeponie *f*.

landing ['lændɪŋ] *n* (*of house*) Flur *m*; (*outside flat door*) Treppenabsatz *m*; (*AVIAT*) Landung *f*.

landing card *n* Einreisekarte *f*.

landing craft *n inv* Landungsboot *nt*.

landing gear *n* (*AVIAT*) Fahrgestell *nt*.

landing stage *n* Landesteg *m*.

landing strip *n* Landebahn *f*.

landlady ['lændleɪdɪ] *n* Vermieterin *f*; (*of pub*) Wirtin *f*.

landlocked ['lændlɔkt] *adj* von Land eingeschlossen; ~ **country** Binnenstaat *m*.

landlord ['lændlɔːd] *n* Vermieter *m*; (*of pub*) Wirt *m*.

landlubber ['lændlʌbə*] (*old*) *n* Landratte *f*.

landmark ['lændmɑːk] *n* Orientierungspunkt *m*; (*famous building*) Wahrzeichen *nt*; (*fig*) Meilenstein *m*.

landowner ['lændəunə*] *n* Grundbesitzer(in) *m(f)*.

landscape ['lændskeɪp] *n* Landschaft *f* ♦ *vt* landschaftlich *or* gärtnerisch gestalten.

landscape architect *n* Landschaftsarchitekt(in) *m(f)*.

landscape gardener *n* Landschaftsgärtner(in) *m(f)*.

landscape painting *n* Landschaftsmalerei *f*.

landslide ['lændslaɪd] *n* Erdrutsch *m*; (*fig: electoral*) Erdrutschsieg *m*.

lane [leɪn] *n* (*in country*) Weg *m*; (*in town*) Gasse *f*; (*of carriageway*) Spur *f*; (*of race course, swimming pool*) Bahn *f*; **shipping** ~ Schifffahrtsweg *m*.

language ['læŋgwɪdʒ] *n* Sprache *f*; **bad** ~ Kraftausdrücke *pl*.

language laboratory *n* Sprachlabor *nt*.

languid ['læŋgwɪd] *adj* träge, matt.

languish ['læŋgwɪʃ] *vi* schmachten; (*project, case*) erfolglos bleiben.

lank [læŋk] *adj* (*hair*) strähnig.

lanky ['læŋkɪ] *adj* schlaksig.

lanolin(e) ['lænəlɪn] *n* Lanolin *nt*.

lantern ['læntən] *n* Laterne *f*.

Laos [laus] *n* Laos *nt*.

lap [læp] *n* Schoß *m*; (*in race*) Runde *f* ♦ *vt* (*also*: ~ **up**) aufschlecken ♦ *vi* (*water*) plätschern.

▶ **lap up** *vt* (*fig*) genießen.
lapdog ['læpdɒg] (*pej*) *n* (*fig*) Schoßhund *m*.
lapel [lə'pɛl] *n* Aufschlag *m*, Revers *nt or m*.
Lapland ['læplænd] *n* Lappland *nt*.
Lapp [læp] *adj* lappländisch ♦ *n* Lappe *m*,
Lappin *f*; (*LING*) Lappländisch *nt*.
lapse [læps] *n* (*bad behaviour*) Fehltritt *m*; (*of
memory etc*) Schwäche *f*; (*of time*) Zeitspanne
f ♦ *vi* ablaufen; (*law*) ungültig werden; **to
~ into bad habits** in schlechte
Gewohnheiten verfallen.
laptop ['læptɒp] (*COMPUT*) *n* Laptop *m* ♦ *cpd*
Laptop-.
larceny ['lɑːsənɪ] *n* Diebstahl *m*.
larch [lɑːtʃ] *n* Lärche *f*.
lard [lɑːd] *n* Schweineschmalz *nt*.
larder ['lɑːdə*] *n* Speisekammer *f*; (*cupboard*)
Speiseschrank *m*.
large [lɑːdʒ] *adj* groß; (*person*) korpulent; **to
make ~r** vergrößern; **a ~ number of people**
eine große Anzahl von Menschen; **on a
~ scale** im großen Rahmen; (*extensive*)
weitreichend, weit reichend; **at ~** (*as a
whole*) im Allgemeinen; (*at liberty*) auf
freiem Fuß; **by and ~** im Großen und
Ganzen.
large goods vehicle *n* Lastkraftwagen *m*.
largely ['lɑːdʒlɪ] *adv* (*mostly*) zum größten
Teil; (*mainly*) hauptsächlich.
large-scale ['lɑːdʒ'skeɪl] *adj* im großen
Rahmen; (*extensive*) weitreichend, weit
reichend; (*map, diagram*) in einem großen
Maßstab.
largesse [lɑː'ʒɛs] *n* Großzügigkeit *f*.
lark [lɑːk] *n* (*bird*) Lerche *f*; (*joke*) Spaß *m*, Jux
m.
▶ **lark about** *vi* herumalbern.
larva ['lɑːvə] (*pl* ~**e**) *n* Larve *f*.
larvae ['lɑːviː] *npl of* **larva**.
laryngitis [lærɪn'dʒaɪtɪs] *n*
Kehlkopfentzündung *f*.
larynx ['lærɪŋks] *n* Kehlkopf *m*.
lasagne [lə'zænjə] *n* Lasagne *pl*.
lascivious [lə'sɪvɪəs] *adj* lüstern.
laser ['leɪzə*] *n* Laser *m*.
laser beam *n* Laserstrahl *m*.
laser printer *n* Laserdrucker *m*.
lash [læʃ] *n* (*also*: **eyelash**) Wimper *f*; (*blow with
whip*) Peitschenhieb *m* ♦ *vt* peitschen; (*rain,
wind*) peitschen gegen; (*tie*): **to ~ to**
festbinden an +*dat*; **to ~ together**
zusammenbinden.
▶ **lash down** *vt* festbinden ♦ *vi* (*rain*)
niederprasseln.
▶ **lash out** *vi* um sich schlagen; **to ~ out at
sb** auf jdn loschlagen; **to ~ out at** *or*
against sb (*criticize*) gegen jdn wettern.
lashing ['læʃɪŋ] *n*: ~**s of** (*BRIT: inf*)
massenhaft.
lass [læs] (*BRIT*) *n* Mädchen *nt*.
lasso [læ'suː] *n* Lasso *nt* ♦ *vt* mit dem Lasso
einfangen.

last [lɑːst] *adj* letzte(r, s) ♦ *adv* (*most recently*)
zuletzt, das letzte Mal; (*finally*) als Letztes
♦ *vi* (*continue*) dauern; (: *in good condition*)
sich halten; (*money, commodity*) reichen;
~ **week** letzte Woche; ~ **night** gestern
Abend; ~ **but one** vorletzte(r, s); **the ~ time**
das letzte Mal; **at ~** endlich; **it ~s (for) 2
hours** es dauert 2 Stunden.
last-ditch ['lɑːst'dɪtʃ] *adj* (*attempt*)
allerletzte(r, s).
lasting ['lɑːstɪŋ] *adj* dauerhaft.
lastly ['lɑːstlɪ] *adv* (*finally*) schließlich; (*last of
all*) zum Schluss.
last-minute ['lɑːstmɪnɪt] *adj* in letzter Minute.
latch [lætʃ] *n* Riegel *m*; **to be on the ~** nur
eingeklinkt sein.
▶ **latch on to** *vt fus* (*person*) sich anschließen
+*dat*; (*idea*) abfahren auf +*acc* (*inf*).
latchkey ['lætʃkiː] *n* Hausschlüssel *m*.
latchkey child *n* Schlüsselkind *nt*.
late [leɪt] *adj* spät; (*not on time*) verspätet ♦ *adv*
spät; (*behind time*) zu spät; (*recently*): ~ **of
Dechmont** bis vor kurzem in Dechmont
wohnhaft; **the ~ Mr X** (*deceased*) der
verstorbene Herr X; **in ~ May** Ende Mai; **to
be (10 minutes) ~** (10 Minuten) zu spät
kommen; (*train etc*) (10 Minuten)
Verspätung haben; **to work ~** länger
arbeiten; ~ **in life** relativ spät (im Leben); **of
~** in letzter Zeit.
latecomer ['leɪtkʌmə*] *n* Nachzügler(in) *m(f)*.
lately ['leɪtlɪ] *adv* in letzter Zeit.
lateness ['leɪtnɪs] *n* (*of person*)
Zuspätkommen *nt*; (*of train, event*)
Verspätung *f*.
latent ['leɪtnt] *adj* (*energy*) ungenutzt; (*skill,
ability*) verborgen.
later ['leɪtə*] *adj, adv* später; ~ **on** nachher.
lateral ['lætərəl] *adj* seitlich; ~ **thinking**
kreatives Denken *nt*.
latest ['leɪtɪst] *adj* neueste(r, s) ♦ *n*: **at the ~**
spätestens.
latex ['leɪtɛks] *n* Latex *m*.
lathe [leɪð] *n* Drehbank *f*.
lather ['lɑːðə*] *n* (*Seifen*)schaum *m* ♦ *vt*
einschäumen.
Latin ['lætɪn] *n* Latein *nt*; (*person*)
Südländer(in) *m(f)* ♦ *adj* lateinisch;
(*temperament etc*) südländisch.
Latin America *n* Lateinamerika *nt*.
Latin American *adj* lateinamerikanisch ♦ *n*
Lateinamerikaner(in) *m(f)*.
Latino [læ'tiːnəu] (*US*) *adj* aus Lateinamerika
stammend ♦ *n* Latino *mf*, in den USA
lebende(r) Lateinamerikaner(in).
latitude ['lætɪtjuːd] *n* (*GEOG*) Breite *f*; (*fig:
freedom*) Freiheit *f*.
latrine [lə'triːn] *n* Latrine *f*.
latter ['lætə*] *adj* (*of two*) letztere(r, s); (*later*)
spätere(r, s); (*second part of period*) zweite(r,
s); (*recent*) letzte(r, s) ♦ *n*: **the ~** der/die/das
Letztere, die Letzteren.

latter-day ['lætədeɪ] *adj* modern.
latterly ['lætəlɪ] *adv* in letzter Zeit.
lattice ['lætɪs] *n* Gitter *nt*.
lattice window *n* Gitterfenster *nt*.
Latvia ['lætvɪə] *n* Lettland *nt*.
Latvian ['lætvɪən] *adj* lettisch ♦ *n* Lette *m*, Lettin *f*; (*LING*) Lettisch *nt*.
laudable ['lɔːdəbl] *adj* lobenswert.
laudatory ['lɔːdətrɪ] *adj* (*comments*) lobend; (*speech*) Lob-.
laugh [lɑːf] *n* Lachen *nt* ♦ *vi* lachen; (*to do sth*) **for a ~** (etw) aus Spaß (tun).
▶ **laugh at** *vt fus* lachen über *+acc*.
▶ **laugh off** *vt* mit einem Lachen abtun.
laughable ['lɑːfəbl] *adj* lächerlich, lachhaft.
laughing gas ['lɑːfɪŋ-] *n* Lachgas *nt*.
laughing matter *n*: **this is no ~** das ist nicht zum Lachen.
laughing stock *n*: **to be the ~ of** zum Gespött *+gen* werden.
laughter ['lɑːftə*] *n* Lachen *nt*, Gelächter *nt*.
launch [lɔːntʃ] *n* (*of rocket, missile*) Abschuss *m*; (*of satellite*) Start *m*; (*COMM: of product*) Einführung *f*; (: *with publicity*) Lancierung *f*; (*motorboat*) Barkasse *f* ♦ *vt* (*ship*) vom Stapel lassen; (*rocket, missile*) abschießen; (*satellite*) starten; (*fig: start*) beginnen mit; (*COMM*) auf den Markt bringen; (: *with publicity*) lancieren.
▶ **launch into** *vt fus* (*speech*) vom Stapel lassen; (*activity*) in Angriff nehmen.
▶ **launch out** *vi*: **to ~ out (into)** beginnen (mit).
launching ['lɔːntʃɪŋ] *n* (*of ship*) Stapellauf *m*; (*of rocket, missile*) Abschuss *m*; (*of satellite*) Start *m*; (*fig: start*) Beginn *m*; (*COMM: of product*) Einführung *f*; (: *with publicity*) Lancierung *f*.
launch(ing) pad *n* Startrampe *f*, Abschussrampe *f*.
launder ['lɔːndə*] *vt* waschen und bügeln; (*pej: money*) waschen.
Laundrette [lɔːn'dret] (*BRIT*) *n* Waschsalon *m*.
Laundromat ® ['lɔːndrəmæt] (*US*) *n* Waschsalon *m*.
laundry ['lɔːndrɪ] *n* Wäsche *f*; (*dirty*) (schmutzige) Wäsche; (*business*) Wäscherei *f*; (*room*) Waschküche *f*; **to do the ~** (Wäsche) waschen.
laureate ['lɔːrɪət] *adj see* **poet laureate**.
laurel ['lɒrl] *n* (*tree*) Lorbeer(baum) *m*; **to rest on one's ~s** sich auf seinen Lorbeeren ausruhen.
Lausanne [ləʊ'zæn] *n* Lausanne *nt*.
lava ['lɑːvə] *n* Lava *f*.
lavatory ['lævətərɪ] *n* Toilette *f*.
lavatory paper *n* Toilettenpapier *nt*.
lavender ['lævəndə*] *n* Lavendel *m*.
lavish ['lævɪʃ] *adj* großzügig; (*meal*) üppig; (*surroundings*) feudal; (*wasteful*) verschwenderisch ♦ *vt*: **to ~ sth on sb** jdn mit etw überhäufen.

lavishly ['lævɪʃlɪ] *adv* (*generously*) großzügig; (*sumptuously*) aufwändig, aufwendig.
law [lɔː] *n* Recht *nt*; (*a rule: also of nature, science*) Gesetz *nt*; (*professions connected with law*) Rechtswesen *nt*; (*SCOL*) Jura *no art*; **against the ~** rechtswidrig; **to study ~** Jura *or* Recht(swissenschaft) studieren; **to go to ~** vor Gericht gehen; **to break the ~** gegen das Gesetz verstoßen.
law-abiding ['lɔːəbaɪdɪŋ] *adj* gesetzestreu.
law and order *n* Ruhe und Ordnung *f*.
lawbreaker ['lɔːbreɪkə*] *n* Rechtsbrecher(in) *m(f)*.
law court *n* Gerichtshof *m*, Gericht *nt*.
lawful ['lɔːful] *adj* rechtmäßig.
lawfully ['lɔːfəlɪ] *adv* rechtmäßig.
lawless ['lɔːlɪs] *adj* gesetzwidrig.
Law Lord (*BRIT*) *n* Mitglied des Oberhauses mit besonderem Verantwortungsbereich in Rechtsfragen.
lawn [lɔːn] *n* Rasen *m*.
lawn mower *n* Rasenmäher *m*.
lawn tennis *n* Rasentennis *nt*.
law school (*US*) *n* juristische Hochschule *f*.
law student *n* Jurastudent(in) *m(f)*.
lawsuit ['lɔːsuːt] *n* Prozess *m*.
lawyer ['lɔːjə*] *n* (Rechts)anwalt *m*, (Rechts)anwältin *f*.
lax [læks] *adj* lax.
laxative ['læksətɪv] *n* Abführmittel *nt*.
laxity ['læksɪtɪ] *n* Laxheit *f*; **moral ~** lockere *or* laxe Moral *f*.
lay [leɪ] (*pt, pp* **laid**) *pt of* **lie** ♦ *adj* (*REL: preacher etc*) Laien- ♦ *vt* legen; (*table*) decken; (*carpet, cable etc*) verlegen; (*plans*) schmieden; (*trap*) stellen; **the ~ person** (*not expert*) der Laie; **to ~ facts/proposals before sb** jdm Tatsachen vorlegen/Vorschläge unterbreiten; **to ~ one's hands on sth** (*fig*) etw in die Finger bekommen; **to get laid** (*inf!*) bumsen (!).
▶ **lay aside** *vt* weglegen, zur Seite legen.
▶ **lay by** *vt* beiseite *or* auf die Seite legen.
▶ **lay down** *vt* hinlegen; (*rules, laws etc*) festlegen; **to ~ down the law** Vorschriften machen; **to ~ down one's life** sein Leben geben.
▶ **lay in** *vt* (*supply*) anlegen.
▶ **lay into** *vt fus* losgehen auf *+acc*; (*criticize*) herunterputzen.
▶ **lay off** *vt* (*workers*) entlassen.
▶ **lay on** *vt* (*meal*) auftischen; (*entertainment etc*) sorgen für; (*water, gas*) anschließen; (*paint*) auftragen.
▶ **lay out** *vt* ausbreiten; (*inf: spend*) ausgeben.
▶ **lay up** *vt* (*illness*) außer Gefecht setzen; *see also* **lay by**.
layabout ['leɪəbaʊt] (*inf: pej*) *n* Faulenzer *m*.
lay-by ['leɪbaɪ] (*BRIT*) *n* Parkbucht *f*.
lay days *npl* Liegezeit *f*.
layer ['leɪə*] *n* Schicht *f*.
layette [leɪ'et] *n* Babyausstattung *f*.

layman ['leɪmən] (*irreg: like* **man**) *n* Laie *m*.
lay-off ['leɪɔf] *n* Entlassung *f*.
layout ['leɪaut] *n* (*of garden*) Anlage *f*; (*of building*) Aufteilung *f*; (*TYP*) Lay-out *nt*, Layout *nt*.
laze [leɪz] *vi* (*also:* ~ **about**) (herum)faulenzen.
laziness ['leɪzɪnɪs] *n* Faulheit *f*.
lazy ['leɪzɪ] *adj* faul; (*movement, action*) langsam, träge.
LB (*CANADA*) *abbr* (= *Labrador*).
lb *abbr* (= *pound (weight)*) *britisches Pfund (0,45 kg)*, ≈ Pfd.
lbw *abbr* (*CRICKET*: = *leg before wicket*) *Regelverletzung beim Kricket*.
LC (*US*) *n abbr* (= *Library of Congress*) *Bibliothek des US-Parlaments.*
L/C *abbr* = **letter of credit**.
lc *abbr* (*TYP*: = *lower case*) *see* **case**.
LCD *n abbr* (= *liquid-crystal display*) LCD *nt*.
Ld (*BRIT*) *abbr* (*in titles*) = **lord**.
LDS *n abbr* (*BRIT*: = *Licentiate in Dental Surgery*) ≈ Dr. med. dent. ♦ *n abbr* (= *Latter-day Saints*) Heilige *pl* der Letzten Tage.
LEA (*BRIT*) *n abbr* (= *Local Education Authority*) *örtliche Schulbehörde.*
lead¹ [liːd] (*pt, pp* **led**) *n* (*SPORT, fig*) Führung *f*; (*clue*) Spur *f*; (*in play, film*) Hauptrolle *f*; (*for dog*) Leine *f*; (*ELEC*) Kabel *nt* ♦ *vt* anführen; (*guide*) führen; (*organization, BRIT: orchestra*) leiten ♦ *vi* führen; **to be in the** ~ (*SPORT, fig*) in Führung liegen; **to take the** ~ (*SPORT*) in Führung gehen; **to** ~ **the way** vorangehen; **to** ~ **sb astray** jdn vom rechten Weg abführen; (*mislead*) jdn irreführen; **to** ~ **sb to believe that ...** jdm den Eindruck vermitteln, dass ...; **to** ~ **sb to do sth** jdn dazu bringen, etw zu tun.
▶ **lead away** *vt* wegführen; (*prisoner etc*) abführen.
▶ **lead back** *vt* zurückführen.
▶ **lead off** *vi* (*in conversation etc*) den Anfang machen; (*room, road*) abgehen ♦ *vt fus* abgehen von.
▶ **lead on** *vt* (*tease*) aufziehen.
▶ **lead to** *vt fus* führen zu.
▶ **lead up to** *vt fus* (*events*) vorangehen +*dat*; (*in conversation*) hinauswollen auf +*acc*.
lead² [lɛd] *n* Blei *nt*; (*in pencil*) Mine *f*.
leaded ['lɛdɪd] *adj* (*window*) bleiverglast; (*petrol*) verbleit.
leaden ['lɛdn] *adj* (*sky, sea*) bleiern; (*movements*) bleischwer.
leader ['liːdə*] *n* Führer(in) *m(f)*; (*SPORT*) Erste(r) *f(m)*; (*in newspaper*) Leitartikel *m*; **the L~ of the House (of Commons/of Lords)** (*BRIT*) der Führer des Unterhauses/des Oberhauses.
leadership ['liːdəʃɪp] *n* Führung *f*; (*position*) Vorsitz *m*; (*quality*) Führungsqualitäten *pl*.
lead-free ['lɛdfriː] (*old*) *adj* bleifrei.
leading ['liːdɪŋ] *adj* führend; (*role*) Haupt-; (*first, front*) vorderste(r, s).

leading lady *n* (*THEAT*) Hauptdarstellerin *f*.
leading light *n* führende Persönlichkeit *f*.
leading man *n* (*THEAT*) Hauptdarsteller *m*.
leading question *n* Suggestivfrage *f*.
lead pencil [lɛd-] *n* Bleistift *m*.
lead poisoning [lɛd-] *n* Bleivergiftung *f*.
lead singer [liːd-] *n* Leadsänger(in) *m(f)*.
lead time [liːd-] *n* (*COMM: for production*) Produktionszeit *f*; (: *for delivery*) Lieferzeit *f*.
lead-up ['liːdʌp] *n*: **the** ~ **to sth** die Zeit vor etw *dat*.
leaf [liːf] (*pl* **leaves**) *n* Blatt *nt*; (*of table*) Ausziehplatte *f*; **to turn over a new** ~ einen neuen Anfang machen; **to take a** ~ **out of sb's book** sich *dat* von jdm eine Scheibe abschneiden.
▶ **leaf through** *vt fus* durchblättern.
leaflet ['liːflɪt] *n* Informationsblatt *nt*.
leafy ['liːfɪ] *adj* (*tree, branch*) belaubt; (*lane, suburb*) grün.
league [liːg] *n* (*of people, clubs*) Verband *m*; (*of countries*) Bund *m*; (*FOOTBALL*) Liga *f*; **to be in** ~ **with sb** mit jdm gemeinsame Sache machen.
league table *n* Tabelle *f*.
leak [liːk] *n* Leck *nt*; (*in roof, pipe etc*) undichte Stelle *f*; (*piece of information*) zugespielte Information *f* ♦ *vi* (*shoes, roof, pipe*) undicht sein; (*ship*) lecken; (*liquid*) auslaufen; (*gas*) ausströmen ♦ *vt* (*information*) durchsickern lassen; **to** ~ **sth to sb** jdm etw zuspielen.
▶ **leak out** *vi* (*liquid*) auslaufen; (*news, information*) durchsickern.
leakage ['liːkɪdʒ] *n* (*of liquid*) Auslaufen *nt*; (*of gas*) Ausströmen *nt*.
leaky ['liːkɪ] *adj* (*roof, container*) undicht.
lean [liːn] (*pt, pp* **leaned** *or* **leant**) *adj* (*person*) schlank; (*meat, fig: time*) mager ♦ *vt*: **to** ~ **sth on sth** etw an etw *acc* lehnen; (*rest*) etw auf etw *acc* stützen ♦ *vi* (*slope*) sich neigen; **to** ~ **against** sich lehnen gegen; **to** ~ **on** sich stützen auf +*acc*; **to** ~ **forward/back** sich vorbeugen/zurücklehnen; **to** ~ **towards** tendieren zu.
▶ **lean out** *vi* sich hinauslehnen.
▶ **lean over** *vi* sich vorbeugen.
leaning ['liːnɪŋ] *n* Hang *m*, Neigung *f*.
leant [lɛnt] *pt, pp of* **lean**.
lean-to ['liːntuː] *n* Anbau *m*.
leap [liːp] (*pt, pp* **leaped** *or* **leapt**) *n* Sprung *m*; (*in price, number etc*) sprunghafter Anstieg *m* ♦ *vi* springen; (*price, number etc*) sprunghaft (an)steigen.
▶ **leap at** *vt fus* (*offer*) sich stürzen auf +*acc*; (*opportunity*) beim Schopf ergreifen.
▶ **leap up** *vi* aufspringen.
leapfrog ['liːpfrɒg] *n* Bockspringen *nt*.
leapt [lɛpt] *pt, pp of* **leap**.
leap year *n* Schaltjahr *nt*.
learn [ləːn] (*pt, pp* **learned** *or* **learnt**) *vt* lernen; (*facts*) erfahren ♦ *vi* lernen; **to** ~ **about** *or* **of sth** von etw erfahren; **to** ~ **about sth** (*study*)

etw lernen; **to ~ that** ... (*hear, read*)
erfahren, dass ...; **to ~ to do sth** etw lernen.
learned ['lɜːnɪd] *adj* gelehrt; (*book, paper*)
wissenschaftlich.
learner ['lɜːnə*] (*BRIT*) *n* (*also*: ~ **driver**)
Fahrschüler(in) *m(f)*.
learning ['lɜːnɪŋ] *n* Gelehrsamkeit *f*.
learnt [lɜːnt] *pt, pp of* **learn**.
lease [liːs] *n* Pachtvertrag *m* ♦ *vt*: **to ~ sth (to
sb)** etw (an jdn) verpachten; **on ~ (to)**
verpachtet (an +*acc*); **to ~ sth (from sb)** etw
(von jdm) pachten.
▶ **lease back** *vt* rückmieten.
leaseback ['liːsbæk] *n* Verkauf und
Rückmiete *pl*.
leasehold ['liːshəuld] *n* Pachtbesitz *m* ♦ *adj*
gepachtet.
leash [liːʃ] *n* Leine *f*.
least [liːst] *adv* am wenigsten ♦ *adj*: **the ~** (+
noun) der/die/das wenigste; (: *slightest*) der/
die/das geringste; **the ~ expensive car** das
billigste Auto; **at ~** mindestens; (*still, rather*)
wenigstens; **you could at ~ have written** du
hättest wenigstens schreiben können; **not in
the ~** nicht im Geringsten; **it was the ~ I
could do** das war das wenigste, was ich tun
konnte.
leather ['lɛðə*] *n* Leder *nt*.
leather goods *npl* Lederwaren *pl*.
leave [liːv] (*pt, pp* **left**) *vt* verlassen; (*leave
behind*) zurücklassen; (*mark, stain*)
hinterlassen; (*object: accidentally*) liegen
lassen, stehen lassen; (*food*) übrig lassen;
(*space, time etc*) lassen ♦ *vi* (*go away*)
(weg)gehen; (*bus, train*) abfahren ♦ *n* Urlaub
m; **to ~ sth to sb** (*money etc*) jdm etw
hinterlassen; **to ~ sb with sth** (*impose*) jdm
etw aufhalsen; (*possession*) jdm etw lassen;
they were left with nothing ihnen blieb
nichts; **to be left** übrig sein; **to be left over**
(*remain*) übrig (geblieben) sein; **to ~ for**
gehen/fahren nach; **to take one's ~ of sb**
sich von jdm verabschieden; **on ~** auf
Urlaub.
▶ **leave behind** *vt* zurücklassen; (*object:
accidentally*) liegen lassen, stehen lassen.
▶ **leave off** *vt* (*cover, lid*) ablassen; (*heating,
light*) auslassen ♦ *vi* (*inf: stop*) aufhören.
▶ **leave on** *vt* (*light, heating*) anlassen.
▶ **leave out** *vt* auslassen.
leave of absence *n* Beurlaubung *f*.
leaves [liːvz] *npl of* **leaf**.
Lebanese [lɛbə'niːz] *adj* libanesisch ♦ *n inv*
Libanese *m*, Libanesin *f*.
Lebanon ['lɛbənən] *n* Libanon *m*.
lecherous ['lɛtʃərəs] (*pej*) *adj* lüstern.
lectern ['lɛktəːn] *n* Rednerpult *nt*.
lecture ['lɛktʃə*] *n* Vortrag *m*; (*UNIV*)
Vorlesung *f* ♦ *vi* Vorträge/Vorlesungen
halten ♦ *vt* (*scold*): **to ~ sb on** *or* **about sth**
jdm wegen etw eine Strafpredigt halten; **to
give a ~ on** einen Vortrag/eine Vorlesung

halten über +*acc*.
lecture hall *n* Hörsaal *m*.
lecturer ['lɛktʃərə*] (*BRIT*) *n* Dozent(in) *m(f)*;
(*speaker*) Redner(in) *m(f)*.
LED *n abbr* (*ELEC*: = *light-emitting diode*) LED *f*.
led [lɛd] *pt, pp of* **lead**[1].
ledge [lɛdʒ] *n* (*of mountain*) (Fels)vorsprung
m; (*of window*) Fensterbrett *nt*; (*on wall*)
Leiste *f*.
ledger ['lɛdʒə*] *n* (*COMM*) Hauptbuch *nt*.
lee [liː] *n* Windschatten *m*; (*NAUT*) Lee *f*.
leech [liːtʃ] *n* Blutegel *m*; (*fig: person*)
Blutsauger *m*.
leek [liːk] *n* Porree *m*, Lauch *m*.
leer [lɪə*] *vi*: **to ~ at sb** jdm lüsterne Blicke
zuwerfen.
leeward ['liːwəd] (*NAUT*) *adj* (*side etc*) Lee-
♦ *adv* leewärts ♦ *n*: **to ~** an der Leeseite;
(*direction*) nach der Leeseite.
leeway ['liːweɪ] *n* (*fig*): **to have some ~** etwas
Spielraum haben; **there's a lot of ~ to make
up** ein großer Rückstand muss aufgeholt
werden.
left [lɛft] *pt, pp of* **leave** ♦ *adj* (*remaining*) übrig;
(*of position*) links; (*of direction*) nach links ♦ *n*
linke Seite *f* ♦ *adv* links; nach links; **on the ~**,
to the ~ links; **the L~** (*POL*) die Linke.
left-hand drive ['lɛfthænd-] *adj* mit
Linkssteuerung.
left-handed [lɛft'hændɪd] *adj* linkshändig.
left-hand side ['lɛfthænd-] *n* linke Seite *f*.
leftie ['lɛftɪ] (*inf*) *n* Linke(r) *f(m)*.
leftist ['lɛftɪst] (*POL*) *n* Linke(r) *f(m)* ♦ *adj*
linke(r, s).
left-luggage (office) [lɛft'lʌgɪdʒ(-)] (*BRIT*) *n*
Gepäckaufbewahrung *f*.
leftovers ['lɛftəuvəz] *npl* Reste *pl*.
left-wing ['lɛft'wɪŋ] *adj* (*POL*) linke(r, s).
left-winger ['lɛft'wɪŋə*] *n* (*POL*) Linke(r) *f(m)*.
lefty ['lɛftɪ] *n* = **leftie**.
leg [lɛg] *n* Bein *nt*; (*CULIN*) Keule *f*; (*SPORT*)
Runde *f*; (: *of relay race*) Teilstrecke *f*; (*of
journey etc*) Etappe *f*; **to stretch one's ~s** sich
dat die Beine vertreten; **to get one's ~ over**
(*inf*) bumsen.
legacy ['lɛgəsɪ] *n* Erbschaft *f*; (*fig*) Erbe *nt*.
legal ['liːgl] *adj* (*requirement*) rechtlich,
gesetzlich; (*system*) Rechts-; (*allowed by law*)
legal, rechtlich zulässig; **to take ~ action** *or*
proceedings against sb jdn verklagen.
legal adviser *n* juristischer Berater *m*.
legal holiday (*US*) *n* gesetzlicher Feiertag *m*.
legality [lɪ'gælɪtɪ] *n* Legalität *f*.
legalize ['liːgəlaɪz] *vt* legalisieren.
legally ['liːgəlɪ] *adv* rechtlich, gesetzlich; (*in
accordance with the law*) rechtmäßig;
~ binding rechtsverbindlich.
legal tender *n* gesetzliches Zahlungsmittel
nt.
legation [lɪ'geɪʃən] *n* Gesandtschaft *f*.
legend ['lɛdʒənd] *n* Legende *f*, Sage *f*; (*fig:
person*) Legende *f*.

legendary [ˈlɛdʒəndərɪ] *adj* legendär; (*very famous*) berühmt.
-legged [ˈlɛgɪd] *suff* -beinig.
leggings [ˈlɛgɪŋz] *npl* Leggings *pl*, Leggins *pl*.
leggy [ˈlɛgɪ] *adj* langbeinig.
legibility [lɛdʒɪˈbɪlɪtɪ] *n* Lesbarkeit *f*.
legible [ˈlɛdʒəbl] *adj* leserlich.
legibly [ˈlɛdʒəblɪ] *adv* leserlich.
legion [ˈliːdʒən] *n* Legion *f* ♦ *adj* zahlreich.
legionnaire [liːdʒəˈneə*] *n* Legionär *m*.
legionnaire's disease *n* Legionärskrankheit *f*.
legislate [ˈlɛdʒɪsleɪt] *vi* Gesetze/ein Gesetz erlassen.
legislation [lɛdʒɪsˈleɪʃən] *n* Gesetzgebung *f*; (*laws*) Gesetze *pl*.
legislative [ˈlɛdʒɪslətɪv] *adj* gesetzgebend; ~ **reforms** Gesetzesreformen *pl*.
legislator [ˈlɛdʒɪsleɪtə*] *n* Gesetzgeber *m*.
legislature [ˈlɛdʒɪslətʃə*] *n* Legislative *f*.
legitimacy [lɪˈdʒɪtɪməsɪ] *n* (*validity*) Berechtigung *f*; (*legality*) Rechtmäßigkeit *f*.
legitimate [lɪˈdʒɪtɪmət] *adj* (*reasonable*) berechtigt; (*excuse*) begründet; (*legal*) rechtmäßig.
legitimize [lɪˈdʒɪtɪmaɪz] *vt* legitimieren.
legless [ˈlɛglɪs] (*inf*) *adj* (*drunk*) sternhagelvoll.
legroom [ˈlɛgruːm] *n* Beinfreiheit *f*.
Leics (*BRIT*) *abbr* (*POST*: = *Leicestershire*).
leisure [ˈlɛʒə*] *n* Freizeit *f*; **at** ~ in Ruhe.
leisure centre *n* Freizeitzentrum *nt*.
leisurely [ˈlɛʒəlɪ] *adj* geruhsam.
leisure suit *n* Freizeitanzug *m*.
lemon [ˈlɛmən] *n* Zitrone *f*; (*colour*) Zitronengelb *nt*.
lemonade [lɛməˈneɪd] *n* Limonade *f*.
lemon cheese *n* = **lemon curd**.
lemon curd *n* zähflüssiger Brotaufstrich mit Zitronengeschmack.
lemon juice *n* Zitronensaft *m*.
lemon squeezer *n* Zitronenpresse *f*.
lemon tea *n* Zitronentee *m*.
lend [lɛnd] (*pt, pp* **lent**) *vt*: **to** ~ **sth to sb** jdm etw leihen; **to** ~ **sb a hand (with sth)** jdm (bei etw) helfen; **it** ~**s itself to ...** es eignet sich für ...
lender [ˈlɛndə*] *n* Verleiher(in) *m(f)*.
lending library [ˈlɛndɪŋ-] *n* Leihbücherei *f*.
length [lɛŋθ] *n* Länge *f*; (*piece*) Stück *nt*; (*amount of time*) Dauer *f*; **the** ~ **of the island** (*all along*) die ganze Insel entlang; **2 metres in** ~ 2 Meter lang; **at** ~ (*at last*) schließlich; (*for a long time*) lange; **to go to great** ~**s to do sth** sich *dat* sehr viel Mühe geben, etw zu tun; **to fall full-**~ lang hinfallen; **to lie full-**~ in voller Länge daliegen.
lengthen [ˈlɛŋθn] *vt* verlängern ♦ *vi* länger werden.
lengthways [ˈlɛŋθweɪz] *adv* der Länge nach.
lengthy [ˈlɛŋθɪ] *adj* lang.
leniency [ˈliːnɪənsɪ] *n* Nachsicht *f*.
lenient [ˈliːnɪənt] *adj* nachsichtig.

leniently [ˈliːnɪəntlɪ] *adv* nachsichtig.
lens [lɛnz] *n* (*of spectacles*) Glas *nt*; (*of camera*) Objektiv *nt*; (*of telescope*) Linse *f*.
Lent [lɛnt] *n* Fastenzeit *f*.
lent [lɛnt] *pt, pp of* **lend**.
lentil [ˈlɛntɪl] *n* Linse *f*.
Leo [ˈliːəu] *n* Löwe *m*; **to be** ~ Löwe sein.
leopard [ˈlɛpəd] *n* Leopard *m*.
leotard [ˈliːətɑːd] *n* Gymnastikanzug *m*.
leper [ˈlɛpə*] *n* Leprakranke(r) *f(m)*.
leper colony *n* Leprasiedlung *f*.
leprosy [ˈlɛprəsɪ] *n* Lepra *f*.
lesbian [ˈlɛzbɪən] *adj* lesbisch ♦ *n* Lesbierin *f*.
lesion [ˈliːʒən] *n* Verletzung *f*.
Lesotho [lɪˈsuːtuː] *n* Lesotho *nt*.
less [lɛs] *adj, pron, adv* weniger ♦ *prep*: ~ **tax/ 10% discount** abzüglich Steuer/10% Rabatt; ~ **than half** weniger als die Hälfte; ~ **than ever** weniger denn je; ~ **and** ~ immer weniger; **the** ~ **he works ...** je weniger er arbeitet ...; **the Prime Minister, no** ~ kein Geringerer als der Premierminister.
lessee [lɛˈsiː] *n* Pächter(in) *m(f)*.
lessen [ˈlɛsn] *vi* nachlassen, abnehmen ♦ *vt* verringern.
lesser [ˈlɛsə*] *adj* geringer; **to a** ~ **extent** in geringerem Maße.
lesson [ˈlɛsn] *n* (*class*) Stunde *f*; (*example, warning*) Lehre *f*; **to teach sb a** ~ (*fig*) jdm eine Lektion erteilen.
lessor [ˈlɛsɔː*] *n* Verpächter(in) *m(f)*.
lest [lɛst] *conj* damit ... nicht.
let [lɛt] (*pt, pp* **let**) *vt* (*allow*) lassen; (*BRIT: lease*) vermieten; **to** ~ **sb do sth** jdn etw tun lassen, jdm erlauben, etw zu tun; **to** ~ **sb know sth** jdn etw wissen lassen; ~**'s go** gehen wir!; ~ **him come** lassen Sie ihn kommen; **"to** ~**"** „zu vermieten".
▶ **let down** *vt* (*tyre etc*) die Luft herauslassen aus; (*person*) im Stich lassen; (*dress etc*) länger machen; (*hem*) auslassen; **to** ~ **one's hair down** (*fig*) aus sich herausgehen.
▶ **let go** *vi* loslassen ♦ *vt* (*release*) freilassen; **to** ~ **go of** loslassen; **to** ~ **o.s. go** aus sich herausgehen; (*neglect o.s.*) sich gehen lassen.
▶ **let in** *vt* hereinlassen; (*water*) durchlassen.
▶ **let off** *vt* (*culprit*) laufen lassen; (*firework, bomb*) hochgehen lassen; (*gun*) abfeuern; **to** ~ **sb off sth** (*excuse*) jdm etw erlassen; **to** ~ **off steam** (*inf, fig*) sich abreagieren.
▶ **let on** *vi* verraten.
▶ **let out** *vt* herauslassen; (*sound*) ausstoßen; (*house, room*) vermieten.
▶ **let up** *vi* (*cease*) aufhören; (*diminish*) nachlassen.
letdown [ˈlɛtdaun] *n* Enttäuschung *f*.
lethal [ˈliːθl] *adj* tödlich.
lethargic [lɛˈθɑːdʒɪk] *adj* träge, lethargisch.
lethargy [ˈlɛθədʒɪ] *n* Trägheit *f*, Lethargie *f*.
letter [ˈlɛtə*] *n* Brief *m*; (*of alphabet*) Buchstabe *m*; **small/capital** ~ Klein-/

Großbuchstabe *m*.

letter bomb *n* Briefbombe *f*.

letter box (*BRIT*) *n* Briefkasten *m*.

letterhead ['lɛtəhɛd] *n* Briefkopf *m*.

lettering ['lɛtərɪŋ] *n* Beschriftung *f*.

letter of credit *n* Akkreditiv *nt*.

letter opener *n* Brieföffner *n*.

letterpress ['lɛtəprɛs] *n* Hochdruck *m*.

letter-quality printer ['lɛtəkwɔlɪtɪ-] *n* Schönschreibdrucker *m*.

letters patent *npl* Patent *nt*, Patenturkunde *f*.

lettuce ['lɛtɪs] *n* Kopfsalat *m*.

let-up ['lɛtʌp] *n* Nachlassen *nt*; **there was no ~** es ließ nicht nach.

leukaemia, (*US*) **leukemia** [luːˈkiːmɪə] *n* Leukämie *f*.

level ['lɛvl] *adj* eben ♦ *n* (*on scale, of liquid*) Stand *m*; (*of lake, river*) Wasserstand *m*; (*height*) Höhe *f*; (*fig: standard*) Niveau *nt*; (*also:* **spirit ~**) Wasserwaage *f* ♦ *vt* (*building*) abreißen; (*forest etc*) einebnen ♦ *vi*: **to ~ with sb** (*inf*) ehrlich mit jdm sein ♦ *adv*: **to draw ~ with** einholen; **to be ~ with** auf gleicher Höhe sein mit; **to do one's ~ best** sein Möglichstes tun; **"A" ~s** (*BRIT*) ≈ Abitur *nt*; **"O" ~s** (*BRIT*) ≈ mittlere Reife *f*; **on the ~** (*fig: honest*) ehrlich, reell; **to ~ a gun at sb** ein Gewehr auf jdn richten; **to ~ an accusation at** *or* **against sb** eine Anschuldigung gegen jdn erheben; **to ~ a criticism at** *or* **against sb** Kritik an jdm üben.

▶ **level off** *vi* (*prices etc*) sich beruhigen.

▶ **level out** *vi* = **level off**.

level crossing (*BRIT*) *n* (beschrankter) Bahnübergang *m*.

level-headed [lɛvl'hɛdɪd] *adj* (*calm*) ausgeglichen.

levelling ['lɛvlɪŋ] *n* Nivellierung *f*.

level playing field *n* Chancengleichheit *f*; **to compete on a ~** unter gleichen Bedingungen antreten.

lever ['liːvə*] *n* Hebel *m*; (*bar*) Brechstange *f*; (*fig*) Druckmittel *nt* ♦ *vt*: **to ~ up** hochhieven; **to ~ out** heraushieven.

leverage ['liːvərɪdʒ] *n* Hebelkraft *f*; (*fig: influence*) Einfluss *m*.

levity ['lɛvɪtɪ] *n* Leichtfertigkeit *f*.

levy ['lɛvɪ] *n* (*tax*) Steuer *f*; (*charge*) Gebühr *f* ♦ *vt* erheben.

lewd [luːd] *adj* (*look etc*) lüstern; (*remark*) anzüglich.

lexicographer [lɛksɪˈkɔgrəfə*] *n* Lexikograf(in) *m(f)*.

lexicography [lɛksɪˈkɔgrəfɪ] *n* Lexikografie *f*.

LGV (*BRIT*) *n abbr* (= *large goods vehicle*) LKW *m*.

LI (*US*) *abbr* (= *Long Island*).

liability [laɪəˈbɪlətɪ] *n* Belastung *f*; (*LAW*) Haftung *f*; **liabilities** *npl* (*COMM*) Verbindlichkeiten *pl*.

liable ['laɪəbl] *adj*: **to be ~ to** (*subject to*)

unterliegen +*dat*; (*prone to*) anfällig sein für; **~ for** (*responsible*) haftbar für; **to be ~ to do sth** dazu neigen, etw zu tun.

liaise [liːˈeɪz] *vi*: **to ~ (with)** sich in Verbindung setzen (mit).

liaison [liːˈeɪzɔn] *n* Zusammenarbeit *f*; (*sexual relationship*) Liaison *f*.

liar ['laɪə*] *n* Lügner(in) *m(f)*.

libel ['laɪbl] *n* Verleumdung *f* ♦ *vt* verleumden.

libellous, (*US*) **libelous** ['laɪbləs] *adj* verleumderisch.

liberal ['lɪbərl] *adj* (*POL*) liberal; (*tolerant*) aufgeschlossen; (*generous: offer*) großzügig; (*: amount etc*) reichlich ♦ *n* (*tolerant person*) liberal eingestellter Mensch *m*; (*POL*): **L~** Liberale(r) *f(m)*; **~ with** großzügig mit.

Liberal Democrat *n* Liberaldemokrat(in) *m(f)*.

liberalize ['lɪbərəlaɪz] *vt* liberalisieren.

liberally ['lɪbrəlɪ] *adv* großzügig.

liberal-minded ['lɪbərl'maɪndɪd] *adj* liberal (eingestellt).

liberate ['lɪbəreɪt] *vt* befreien.

liberation [lɪbəˈreɪʃən] *n* Befreiung *f*.

liberation theology *n* Befreiungstheologie *f*.

Liberia [laɪˈbɪərɪə] *n* Liberia *nt*.

Liberian [laɪˈbɪərɪən] *adj* liberianisch ♦ *n* Liberianer(in) *m(f)*.

liberty ['lɪbətɪ] *n* Freiheit *f*; **to be at ~** (*criminal*) auf freiem Fuß sein; **to be at ~ to do sth** etw tun dürfen; **to take the ~ of doing sth** sich *dat* erlauben, etw zu tun.

libido [lɪˈbiːdəu] *n* Libido *f*.

Libra ['liːbrə] *n* Waage *f*; **to be ~** Waage sein.

librarian [laɪˈbrɛərɪən] *n* Bibliothekar(in) *m(f)*.

library ['laɪbrərɪ] *n* Bibliothek *f*; (*institution*) Bücherei *f*.

library book *n* Buch *nt* aus der Bücherei.

libretto [lɪˈbrɛtəu] *n* Libretto *nt*.

Libya ['lɪbɪə] *n* Libyen *nt*.

Libyan ['lɪbɪən] *adj* libysch ♦ *n* Libyer(in) *m(f)*.

lice [laɪs] *npl of* **louse**.

licence, (*US*) **license** ['laɪsns] *n* (*document*) Genehmigung *f*; (*also:* **driving ~**) Führerschein *m*; (*COMM*) Lizenz *f*; (*excessive freedom*) Zügellosigkeit *f*; **to get a TV ~** ≈ Fernsehgebühren bezahlen; **under ~** (*COMM*) in Lizenz.

license ['laɪsns] *n* (*US*) = **licence** ♦ *vt* (*person, organization*) eine Lizenz vergeben an +*acc*; (*activity*) eine Genehmigung erteilen für.

licensed ['laɪsnst] *adj*: **the car is ~** die Kfz-Steuer für das Auto ist bezahlt; **~ hotel/ restaurant** Hotel/Restaurant mit Schankerlaubnis.

licensee [laɪsənˈsiː] *n* (*of bar*) Inhaber(in) *m(f)* einer Schankerlaubnis.

license plate (*US*) *n* Nummernschild *nt*.

licensing hours ['laɪsnsɪŋ-] (*BRIT*) *npl* Ausschankzeiten *pl*.

licentious [laɪˈsɛnʃəs] *adj* ausschweifend, zügellos.

lichen ['laɪkən] *n* Flechte *f.*

lick [lɪk] *vt* lecken; *(stamp etc)* lecken an +*dat;* *(inf: defeat)* in die Pfanne hauen ♦ *n* Lecken *nt;* **to ~ one's lips** sich *dat* die Lippen lecken; *(fig)* sich *dat* die Finger lecken; **a ~ of paint** ein Anstrich *m.*

licorice ['lɪkərɪs] *(US) n* = **liquorice**.

lid [lɪd] *n* Deckel *m; (eyelid)* Lid *nt;* **to take the ~ off sth** *(fig)* etw enthüllen *or* aufdecken.

lido ['laɪdəʊ] *(BRIT) n* Freibad *nt.*

lie¹ [laɪ] *(pt, pp* **lied)** *vi* lügen ♦ *n* Lüge *f;* **to tell ~s** lügen.

lie² [laɪ] *(pt* **lay,** *pp* **lain)** *vi (lit, fig)* liegen; **to ~ low** *(fig)* untertauchen.

▶ **lie about** *vi* herumliegen.

▶ **lie around** *vi* = **lie about**.

▶ **lie back** *vi* sich zurücklehnen; *(fig: accept the inevitable)* sich fügen.

▶ **lie down** *vi* sich hinlegen.

▶ **lie up** *vi (hide)* untertauchen; *(rest)* im Bett bleiben.

Liechtenstein ['lɪktənstaɪn] *n* Liechtenstein *nt.*

lie detector *n* Lügendetektor *m.*

lie-down ['laɪdaʊn] *(BRIT) n:* **to have a ~** ein Schläfchen machen.

lie-in ['laɪɪn] *(BRIT) n:* **to have a ~** (sich) ausschlafen.

lieu [lu:]: **in ~ of** *prep* anstelle *or* an Stelle von, anstatt +*gen.*

Lieut. *abbr (MIL: = lieutenant)* Lt.

lieutenant [lɛf'tɛnəntʊ, ɢ(*USG)* lu:'tɛnənt] *n* Leutnant *m.*

lieutenant colonel *n* Oberstleutnant *m.*

life [laɪf] *(pl* **lives)** *n* Leben *nt; (of machine etc)* Lebensdauer *f;* **true to ~** lebensecht; **painted from ~** aus dem Leben gegriffen; **to be sent to prison for ~** zu einer lebenslänglichen Freiheitsstrafe verurteilt werden; **such is ~** so ist das Leben; **to come to ~** *(fig: person)* munter werden; *(: party etc)* in Schwung kommen.

life annuity *n* Leibrente *f.*

life assurance *(BRIT) n* = **life insurance**.

life belt *(BRIT) n* Rettungsgürtel *m.*

lifeblood ['laɪfblʌd] *n (fig)* Lebensnerv *m.*

lifeboat ['laɪfbəʊt] *n* Rettungsboot *nt.*

life buoy *n* Rettungsring *m.*

life expectancy *n* Lebenserwartung *f.*

lifeguard ['laɪfɡɑːd] *n (at beach)* Rettungsschwimmer(in) *m(f); (at swimming pool)* Bademeister(in) *m(f).*

life imprisonment *n* lebenslängliche Freiheitsstrafe *f.*

life insurance *n* Lebensversicherung *f.*

life jacket *n* Schwimmweste *f.*

lifeless ['laɪflɪs] *adj* leblos; *(fig: person, party etc)* langweilig.

lifelike ['laɪflaɪk] *adj* lebensecht; *(painting)* naturgetreu.

lifeline ['laɪflaɪn] *n (fig)* Rettungsanker *m; (rope)* Rettungsleine *f.*

lifelong ['laɪflɒŋ] *adj* lebenslang.

life preserver *(US) n* = **life belt, life jacket**.

lifer ['laɪfə*] (inf) n* Lebenslängliche(r) *f(m).*

life raft *n* Rettungsfloß *nt.*

life-saver ['laɪfseɪvə*] n* Lebensretter(in) *m(f).*

life sciences *npl* Biowissenschaften *pl.*

life sentence *n* lebenslängliche Freiheitsstrafe *f.*

life-size(d) ['laɪfsaɪz(d)] *adj* in Lebensgröße.

life span *n* Lebensdauer *f; (of person)* Lebenszeit *f.*

life style ['laɪfstaɪl] *n* Lebensstil *m.*

life-support system ['laɪfsəpɔːt-] *n (MED)* Lebenserhaltungssystem *nt.*

lifetime ['laɪftaɪm] *n* Lebenszeit *f; (of thing)* Lebensdauer *f; (of parliament)* Legislaturperiode *f;* **in my ~** während meines Lebens; **the chance of a ~** eine einmalige Chance.

lift [lɪft] *vt (raise)* heben; *(end: ban etc)* aufheben; *(plagiarize)* abschreiben; *(inf: steal)* mitgehen lassen, klauen ♦ *vi (fog)* sich auflösen ♦ *n (BRIT)* Aufzug *m,* Fahrstuhl *m;* **to take the ~** mit dem Aufzug *or* Fahrstuhl fahren; **to give sb a ~** *(BRIT)* jdn (im Auto) mitnehmen.

▶ **lift off** *vi* abheben.

▶ **lift up** *vt* hochheben.

liftoff ['lɪftɒf] *n* Abheben *nt.*

ligament ['lɪɡəmənt] *n (ANAT)* Band *nt.*

light [laɪt] *(pt, pp* **lit)** *n* Licht *nt* ♦ *vt (candle, cigarette, fire)* anzünden; *(room)* beleuchten ♦ *adj* leicht; *(pale, bright)* hell; *(traffic etc)* gering; *(music)* Unterhaltungs- ♦ *adv:* **to travel ~** mit leichtem Gepäck reisen; **lights** *npl (AUT: also:* **traffic ~s)** Ampel *f;* **the ~s** *(of car)* die Beleuchtung; **have you got a ~?** haben Sie Feuer?; **to turn the ~ on/off** das Licht an-/ausmachen; **to come to ~** ans Tageslicht kommen; **to cast** *or* **shed** *or* **throw ~ on** *(fig)* Licht bringen in +*acc;* **in the ~ of** angesichts +*gen;* **to make ~ of sth** *(fig)* etw auf die leichte Schulter nehmen; **~ blue/green etc** hellblau/-grün etc.

▶ **light up** *vi (face)* sich erhellen ♦ *vt (illuminate)* beleuchten, erhellen.

light bulb *n* Glühbirne *f.*

lighten ['laɪtn] *vt (make less heavy)* leichter machen ♦ *vi (become less dark)* sich aufhellen.

lighter ['laɪtə*] n (also:* **cigarette ~)** Feuerzeug *nt.*

light-fingered [laɪt'fɪŋɡəd] *(inf) adj* langfingerig.

light-headed [laɪt'hɛdɪd] *adj (dizzy)* benommen; *(excited)* ausgelassen.

light-hearted [laɪt'hɑːtɪd] *adj* unbeschwert; *(question, remark etc)* scherzhaft.

lighthouse ['laɪthaʊs] *n* Leuchtturm *m.*

lighting ['laɪtɪŋ] *n* Beleuchtung *f.*

lighting-up time [laɪtɪŋ'ʌp-] *n Zeitpunkt, zu dem die Fahrzeugbeleuchtung* *eingeschaltet werden muss.*

lightly ['laɪtlɪ] *adv* leicht; (*not seriously*) leichthin; **to get off** ~ glimpflich davonkommen.

light meter *n* Belichtungsmesser *m*.

lightness ['laɪtnɪs] *n* (*in weight*) Leichtigkeit *f*.

lightning ['laɪtnɪŋ] *n* Blitz *m* ♦ *adj* (*attack etc*) Blitz-; **with** ~ **speed** blitzschnell.

lightning conductor *n* Blitzableiter *m*.

lightning rod (*US*) *n* = **lightning conductor**.

light pen *n* Lichtstift *m*, Lichtgriffel *m*.

lightship ['laɪtʃɪp] *n* Feuerschiff *nt*.

lightweight ['laɪtweɪt] *adj* leicht ♦ *n* (*BOXING*) Leichtgewichtler *m*.

light year *n* Lichtjahr *nt*.

like [laɪk] *vt* mögen ♦ *prep* wie; (*such as*) wie (zum Beispiel) ♦ *n*: **and the** ~ und dergleichen; **I would** ~, **I'd** ~ ich hätte *or* möchte gern; **would you** ~ **a coffee?** möchten Sie einen Kaffee?; **if you** ~ wenn Sie wollen; **to be/look** ~ **sb/sth** jdm/etw ähnlich sein/sehen; **something** ~ **that** so etwas Ähnliches; **what does it look/taste/sound** ~? wie sieht es aus/schmeckt es/hört es sich an?; **what's he/the weather** ~? wie ist er/das Wetter?; **I feel** ~ **a drink** ich möchte gerne etwas trinken; **there's nothing** ~ ... es geht nichts über +*acc*; **that's just** ~ **him** das sieht ihm ähnlich; **do it** ~ **this** mach es so; **it is nothing** ~ (+*noun*) es ist ganz anders als; (+*adj*) es ist alles andere als; **it is nothing** ~ **as** ... es ist bei weitem nicht so ...; **his** ~**s and dislikes** seine Vorlieben und Abneigungen.

likeable ['laɪkəbl] *adj* sympathisch.

likelihood ['laɪklɪhʊd] *n* Wahrscheinlichkeit *f*; **there is every** ~ **that** ... es ist sehr wahrscheinlich, dass ...; **in all** ~ aller Wahrscheinlichkeit nach.

likely ['laɪklɪ] *adj* wahrscheinlich; **to be** ~ **to do sth** wahrscheinlich etw tun; **not** ~! (*inf*) wohl kaum!

like-minded ['laɪk'maɪndɪd] *adj* gleich gesinnt.

liken ['laɪkən] *vt*: **to** ~ **sth to sth** etw mit etw vergleichen.

likeness ['laɪknɪs] *n* Ähnlichkeit *f*; **that's a good** ~ (*photo, portrait*) das ist ein gutes Bild von ihm/ihr *etc*.

likewise ['laɪkwaɪz] *adv* ebenso; **to do** ~ das Gleiche tun.

liking ['laɪkɪŋ] *n*: ~ (**for**) (*person*) Zuneigung *f* (zu); (*thing*) Vorliebe *f* (für); **to be to sb's** ~ nach jds Geschmack sein; **to take a** ~ **to sb** an jdm Gefallen finden.

lilac ['laɪlək] *n* (*BOT*) Flieder *m* ♦ *adj* fliederfarben, (zart)lila.

Lilo ® ['laɪləʊ] *n* Luftmatratze *f*.

lilt [lɪlt] *n* singender Tonfall *m*.

lilting ['lɪltɪŋ] *adj* singend.

lily ['lɪlɪ] *n* Lilie *f*.

lily of the valley *n* Maiglöckchen *nt*.

Lima ['liːmə] *n* Lima *nt*.

limb [lɪm] *n* Glied *nt*; (*of tree*) Ast *m*; **to be out on a** ~ (*fig*) (ganz) allein (da)stehen.

limber up ['lɪmbə*-] *vi* Lockerungsübungen machen.

limbo ['lɪmbəʊ] *n*: **to be in** ~ (*fig: plans etc*) in der Schwebe sein; (: *person*) in der Luft hängen (*inf*).

lime [laɪm] *n* (*fruit*) Limone *f*; (*tree*) Linde *f*; (*also*: ~ **juice**) Limonensaft *m*; (*for soil*) Kalk *m*; (*rock*) Kalkstein *m*.

limelight ['laɪmlaɪt] *n*: **to be in the** ~ im Rampenlicht stehen.

limerick ['lɪmərɪk] *n* Limerick *m*.

limestone ['laɪmstəʊn] *n* Kalkstein *m*.

limit ['lɪmɪt] *n* Grenze *f*; (*restriction*) Beschränkung *f* ♦ *vt* begrenzen, einschränken; **within** ~**s** innerhalb gewisser Grenzen.

limitation [lɪmɪ'teɪʃən] *n* Einschränkung *f*; **limitations** *npl* (*shortcomings*) Grenzen *pl*.

limited ['lɪmɪtɪd] *adj* begrenzt, beschränkt; **to be** ~ **to** beschränkt sein auf +*acc*.

limited edition *n* beschränkte Ausgabe *f*.

limited (liability) company (*BRIT*) *n* ≈ Gesellschaft *f* mit beschränkter Haftung.

limitless ['lɪmɪtlɪs] *adj* grenzenlos.

limousine ['lɪməziːn] *n* Limousine *f*.

limp [lɪmp] *adj* schlaff; (*material etc*) weich ♦ *vi* hinken ♦ *n*: **to have a** ~ hinken.

limpet ['lɪmpɪt] *n* Napfschnecke *f*.

limpid ['lɪmpɪd] *adj* klar.

limply ['lɪmplɪ] *adv* schlaff.

linchpin ['lɪntʃpɪn] *n* (*fig*) wichtigste Stütze *f*.

Lincs [lɪŋks] (*BRIT*) *abbr* (*POST*: = *Lincolnshire*).

line [laɪn] *n* Linie *f*; (*written, printed*) Zeile *f*; (*wrinkle*) Falte *f*; (*row: of people*) Schlange *f*; (: *of things*) Reihe *f*; (*for fishing, washing*) Leine *f*; (*wire, TEL*) Leitung *f*; (*railway track*) Gleise *pl*; (*fig: attitude*) Standpunkt *m*; (: *business*) Branche *f*; (*COMM: of product(s)*) Art *f* ♦ *vt* (*road*) säumen; (*container*) auskleiden; (*clothing*) füttern; **hold the** ~ **please!** (*TEL*) bleiben Sie am Apparat!; **to cut in** ~ (*US*) sich vordrängeln; **in** ~ in einer Reihe; **in** ~ **with** im Einklang mit, in Übereinstimmung mit; **to be in** ~ **for sth** mit etw an der Reihe sein; **to bring sth into** ~ **with sth** etw auf die gleiche Linie wie etw *acc* bringen; **on the right** ~**s** auf dem richtigen Weg; **I draw the** ~ **at that** da mache ich nicht mehr mit; **to** ~ **sth with sth** etw mit etw auskleiden; (*drawers etc*) etw mit etw auslegen; **to** ~ **the streets** die Straßen säumen.

▶ **line up** *vi* sich aufstellen ♦ *vt* (*in a row*) aufstellen; (*engage*) verpflichten; (*prepare*) arrangieren; **to have sb** ~**d up** jdn verpflichtet haben; **to have sth** ~**d up** etw geplant haben.

linear ['lɪnɪə*] *adj* linear; (*shape, form*) gerade.

lined [laɪnd] *adj* (*face*) faltig; (*paper*) liniert; (*skirt, jacket*) gefüttert.

line editing n (*COMPUT*) zeilenweise Aufbereitung f.

line feed n (*COMPUT*) Zeilenvorschub m.

lineman ['laɪnmən] (*US: irreg: like* man*)* n (*FOOTBALL*) Stürmer m.

linen ['lɪnɪn] n (*cloth*) Leinen nt; (*tablecloths, sheets etc*) Wäsche f.

line printer n (*COMPUT*) Zeilendrucker m.

liner ['laɪnə*] n (*ship*) Passagierschiff nt; (*also:* **bin** ~) Müllbeutel m.

linesman ['laɪnzmən] (*irreg: like* man) n (*SPORT*) Linienrichter m.

line-up ['laɪnʌp] n (*US: queue*) Schlange f; (*SPORT*) Aufstellung f; (*at concert etc*) Künstleraufgebot nt; (*identity parade*) Gegenüberstellung f.

linger ['lɪŋgə*] vi (*smell*) sich halten; (*tradition etc*) fortbestehen; (*person*) sich aufhalten.

lingerie ['lænʒəriː] n (Damen)unterwäsche f.

lingering ['lɪŋgərɪŋ] adj bleibend.

lingo ['lɪŋgəu] (*pl* ~es) (*inf*) n Sprache f.

linguist ['lɪŋgwɪst] n (*person who speaks several languages*) Sprachkundige(r) f(m).

linguistic [lɪŋ'gwɪstɪk] adj sprachlich.

linguistics [lɪŋ'gwɪstɪks] n Sprachwissenschaft f.

liniment ['lɪnɪmənt] n Einreibemittel nt.

lining ['laɪnɪŋ] n (*cloth*) Futter nt; (*ANAT: of stomach*) Magenschleimhaut f; (*TECH*) Auskleidung f; (*of brakes*) (Brems)belag m.

link [lɪŋk] n Verbindung f, Beziehung f; (*communications link*) Verbindung; (*of a chain*) Glied nt ♦ vt (*join*) verbinden; **links** npl (*GOLF*) Golfplatz m; **rail** ~ Bahnverbindung f.

▶ **link up** vt verbinden ♦ vi verbunden werden.

linkup ['lɪŋkʌp] n Verbindung f; (*of spaceships*) Koppelung f.

lino ['laɪnəu] n = **linoleum**.

linoleum [lɪ'nəulɪəm] n Linoleum nt.

linseed oil ['lɪnsiːd-] n Leinöl nt.

lint [lɪnt] n Mull m.

lintel ['lɪntl] n (*ARCHIT*) Sturz m.

lion ['laɪən] n Löwe m.

lion cub n Löwenjunge(s) nt.

lioness ['laɪənɪs] n Löwin f.

lip [lɪp] n (*ANAT*) Lippe f; (*of cup etc*) Rand m; (*inf: insolence*) Frechheiten pl.

liposuction ['lɪpəusʌkʃən] n Liposuktion f.

lip-read ['lɪpriːd] vi von den Lippen ablesen.

lip salve n Fettstift m.

lip service (*pej*) n: **to pay** ~ **to sth** ein Lippenbekenntnis nt zu etw ablegen.

lipstick ['lɪpstɪk] n Lippenstift m.

liquefy ['lɪkwɪfaɪ] vt verflüssigen ♦ vi sich verflüssigen.

liqueur [lɪ'kjuə*] n Likör m.

liquid ['lɪkwɪd] adj flüssig ♦ n Flüssigkeit f.

liquid assets npl flüssige Vermögenswerte pl.

liquidate ['lɪkwɪdeɪt] vt liquidieren.

liquidation [lɪkwɪ'deɪʃən] n Liquidation f.

liquidation sale (*US*) n Verkauf m wegen Geschäftsaufgabe.

liquidator ['lɪkwɪdeɪtə*] n Liquidator m.

liquid-crystal display ['lɪkwɪd'krɪstl-] n Flüssigkristallanzeige f.

liquidity [lɪ'kwɪdɪtɪ] n Liquidität f.

liquidize ['lɪkwɪdaɪz] vt (im Mixer) pürieren.

liquidizer ['lɪkwɪdaɪzə*] n Mixer m.

liquor ['lɪkə*] n Spirituosen pl, Alkohol m; **hard** ~ harte Drinks pl.

liquorice ['lɪkərɪs] (*BRIT*) n Lakritze f.

liquor store (*US*) n Spirituosengeschäft nt.

Lisbon ['lɪzbən] n Lissabon nt.

lisp [lɪsp] n Lispeln nt ♦ vi lispeln.

lissom(e) ['lɪsəm] adj geschmeidig.

list [lɪst] n Liste f ♦ vt aufführen; (*COMPUT*) auflisten; (*write down*) aufschreiben ♦ vi (*ship*) Schlagseite haben.

listed building ['lɪstɪd-] (*BRIT*) n unter Denkmalschutz stehendes Gebäude nt.

listed company n börsennotierte Firma f.

listen ['lɪsn] vi hören; **to** ~ (**out**) **for** horchen auf +acc; **to** ~ **to sb** jdm zuhören; **to** ~ **to sth** etw hören; ~! hör zu!

listener ['lɪsnə*] n Zuhörer(in) m(f); (*RADIO*) Hörer(in) m(f).

listeria [lɪs'tɪərɪə] n Listeriose f.

listing ['lɪstɪŋ] n Auflistung f; (*entry*) Eintrag m.

listless ['lɪstlɪs] adj lustlos.

listlessly ['lɪstlɪslɪ] adv lustlos.

list price n Listenpreis m.

lit [lɪt] pt, pp of **light**.

litany ['lɪtənɪ] n Litanei f.

liter ['liːtə*] (*US*) n = **litre**.

literacy ['lɪtərəsɪ] n die Fähigkeit, lesen und schreiben zu können.

literacy campaign n Kampagne f gegen das Analphabetentum.

literal ['lɪtərəl] adj wörtlich, eigentlich; (*translation*) (wort)wörtlich.

literally ['lɪtrəlɪ] adv buchstäblich.

literary ['lɪtərərɪ] adj literarisch.

literate ['lɪtərət] adj (*educated*) gebildet; **to be** ~ lesen und schreiben können.

literature ['lɪtrɪtʃə*] n Literatur f; (*printed information*) Informationsmaterial nt.

lithe [laɪð] adj gelenkig; (*animal*) geschmeidig.

lithograph ['lɪθəgraːf] n Lithografie f.

lithography [lɪ'θɒgrəfɪ] n Lithografie f.

Lithuania [lɪθju'eɪnɪə] n Litauen nt.

Lithuanian [lɪθju'eɪnɪən] adj litauisch ♦ n Litauer(in) m(f); (*LING*) Litauisch nt.

litigation [lɪtɪ'geɪʃən] n Prozess m.

litmus paper ['lɪtməs-] n Lackmuspapier nt.

litre, (*US*) **liter** ['liːtə*] n Liter m or nt.

litter ['lɪtə*] n (*rubbish*) Abfall m; (*young animals*) Wurf m.

litter bin (*BRIT*) n Abfalleimer m.

litterbug ['lɪtəbʌg] n Dreckspatz m.

littered ['lɪtəd] adj: ~ **with** (*scattered*) übersät mit.

litter lout n Dreckspatz m.
little ['lɪtl] adj klein; (short) kurz ♦ adv wenig; **a
~ wenig**, ein bisschen; **a ~ bit** ein
kleines bisschen; **to have ~ time/money**
wenig Zeit/Geld haben; **~ by ~** nach und
nach.
little finger n kleiner Finger m.
little-known ['lɪtl'nəun] adj wenig bekannt.
liturgy ['lɪtədʒɪ] n Liturgie f.
live [vi lɪv, adj laɪv] vi leben; (in house, town)
wohnen ♦ adj lebend; (TV, RADIO) live;
(performance, pictures etc) Live-; (ELEC)
Strom führend; (bullet, bomb etc) scharf; **to
~ with sb** mit jdm zusammenleben.
▶ **live down** vt hinwegkommen über +acc.
▶ **live for** vt leben für.
▶ **live in** vi (student/servant) im Wohnheim/
Haus wohnen.
▶ **live off** vt fus leben von; (parents etc) auf
Kosten +gen leben.
▶ **live on** vt fus leben von.
▶ **live out** vi (BRIT: student/servant) außerhalb
(des Wohnheims/Hauses) wohnen ♦ vt: **to
~ out one's days** or **life** sein Leben
verbringen.
▶ **live together** vi zusammenleben.
▶ **live up** vt: **to ~ it up** einen draufmachen
(inf).
▶ **live up to** vt fus erfüllen, entsprechen +dat.
live-in ['lɪvɪn] adj (cook, maid) im Haus
wohnend; **her ~ lover** ihr Freund, der bei
ihr wohnt.
livelihood ['laɪvlɪhud] n Lebensunterhalt m.
liveliness ['laɪvlɪnɪs] n (see adj) Lebhaftigkeit
f; Lebendigkeit f.
lively ['laɪvlɪ] adj lebhaft; (place, event, book
etc) lebendig.
liven up ['laɪvn-] vt beleben, Leben bringen in
+acc; (person) aufmuntern ♦ vi (person)
aufleben; (discussion, evening etc) in
Schwung kommen.
liver ['lɪvə*] n (ANAT, CULIN) Leber f.
liverish ['lɪvərɪʃ] adj: **to be ~** sich unwohl
fühlen.
Liverpudlian [lɪvə'pʌdlɪən] adj Liverpooler ♦ n
Liverpooler(in) m(f).
livery ['lɪvərɪ] n Livree f.
lives [laɪvz] npl of **life**.
livestock ['laɪvstɔk] n Vieh nt.
live wire (inf) n (person) Energiebündel nt.
livid ['lɪvɪd] adj (colour) bleifarben; (inf:
furious) fuchsteufelswild.
living ['lɪvɪŋ] adj lebend ♦ n: **to earn** or **make a
~** sich dat seinen Lebensunterhalt
verdienen; **within ~ memory** seit
Menschengedenken; **the cost of ~** die
Lebenshaltungskosten pl.
living conditions npl Wohnverhältnisse pl.
living expenses npl Lebenshaltungskosten
pl.
living room n Wohnzimmer nt.
living standards npl Lebensstandard m.

living wage n ausreichender Lohn m.
lizard ['lɪzəd] n Eidechse f.
llama ['lɑ:mə] n Lama nt.
LLB n abbr (= Bachelor of Laws) akademischer
Grad für Juristen.
LLD n abbr (= Doctor of Laws) ≈ Dr. jur.
LMT (US) abbr (= Local Mean Time) Ortszeit.
load [ləud] n Last f; (of vehicle) Ladung f;
(weight, ELEC) Belastung f ♦ vt (also: ~ **up**)
beladen; (gun, COMPUT: program, data)
laden; **that's a ~ of rubbish** (inf) das ist alles
Blödsinn; **~s of, a ~ of** (fig) jede Menge; **to
~ a camera** einen Film einlegen.
loaded ['ləudɪd] adj (inf: rich) steinreich; (dice)
präpariert; (vehicle): **to be ~ with** beladen
sein mit; **a ~ question** eine Fangfrage.
loading bay ['ləudɪŋ-] n Ladeplatz m.
loaf [ləuf] (pl **loaves**) n Brot nt, Laib m ♦ vi (also:
~ **about,** ~ **around**) faulenzen; **use your ~!**
(inf) streng deinen Grips an!
loam [ləum] n Lehmerde f.
loan [ləun] n Darlehen nt ♦ vt: **to ~ sth to sb**
jdm etw leihen; **on ~** geliehen.
loan account n Darlehenskonto nt.
loan capital n Anleihekapital nt.
loan shark (inf) n Kredithai m.
loath [ləuθ] adj: **to be ~ to do sth** etw ungern
tun.
loathe [ləuð] vt verabscheuen.
loathing ['ləuðɪŋ] n Abscheu m.
loathsome ['ləuðsəm] adj abscheulich.
loaves [ləuvz] npl of **loaf**.
lob [lɔb] vt (ball) lobben.
lobby ['lɔbɪ] n (of building) Eingangshalle f;
(POL: pressure group) Interessenverband m
♦ vt Einfluss nehmen auf +acc.
lobbyist ['lɔbɪɪst] n Lobbyist(in) m(f).
lobe [ləub] n Ohrläppchen nt.
lobster ['lɔbstə*] n Hummer m.
lobster pot n Hummer(fang)korb m.
local ['ləukl] adj örtlich; (council) Stadt-,
Gemeinde-; (paper) Lokal- ♦ n (pub)
Stammkneipe f; **the locals** npl (local
inhabitants) die Einheimischen pl.
local anaesthetic n örtliche Betäubung f.
local authority n Gemeindeverwaltung f,
Stadtverwaltung f.
local call n Ortsgespräch nt.
locale [ləu'kɑ:l] n Umgebung f.
local government n Kommunalverwaltung
f.
locality [ləu'kælɪtɪ] n Gegend f.
localize ['ləukəlaɪz] vt lokalisieren.
locally ['ləukəlɪ] adv am Ort.
locate [ləu'keɪt] vt (find) ausfindig machen; **to
be ~d in** sich befinden in +dat.
location [ləu'keɪʃən] n Ort m; (position) Lage f;
(CINE) Drehort m; **he's on ~ in Mexico** er ist
bei Außenaufnahmen in Mexiko; **to be
filmed on ~** als Außenaufnahme gedreht
werden.
loch [lɔx] (SCOT) n See m.

lock [lɔk] *n* (*of door etc*) Schloss *nt*; (*on canal*) Schleuse *f*; (*also:* ~ **of hair**) Locke *f* ♦ *vt* (*door etc*) abschließen; (*steering wheel*) sperren; (*COMPUT: keyboard*) verriegeln ♦ *vi* (*door etc*) sich abschließen lassen; (*wheels, mechanism etc*) blockieren; **on full** ~ (*AUT*) voll eingeschlagen; ~, **stock and barrel** mit allem Drum und Dran; **his jaw ~ed** er hatte Mundsperre.
▶ **lock away** *vt* wegschließen; (*criminal*) einsperren.
▶ **lock in** *vt* einschließen.
▶ **lock out** *vt* aussperren.
▶ **lock up** *vt* (*criminal etc*) einsperren; (*house*) abschließen ♦ *vi* abschließen.
locker ['lɔkəʳ] *n* Schließfach *nt*.
locker room *n* Umkleideraum *m*.
locket ['lɔkɪt] *n* Medaillon *nt*.
lockjaw ['lɔkdʒɔː] *n* Wundstarrkrampf *m*.
lockout ['lɔkaut] *n* Aussperrung *f*.
locksmith ['lɔksmɪθ] *n* Schlosser *m*.
lockup ['lɔkʌp] *n* (*US: inf: jail*) Gefängnis *nt*; (*also:* **lock-up garage**) Garage *f*.
locomotive [ləukə'məutɪv] *n* Lokomotive *f*.
locum ['ləukəm] *n* (*MED*) Vertreter(in) *m(f)*.
locust ['ləukəst] *n* Heuschrecke *f*.
lodge [lɔdʒ] *n* Pförtnerhaus *nt*; (*hunting lodge*) Hütte *f*; (*FREEMASONRY*) Loge *f* ♦ *vt* (*complaint, protest etc*) einlegen ♦ *vi* (*bullet*) stecken bleiben; (*person*): **to** ~ **(with)** zur Untermiete wohnen (bei).
lodger ['lɔdʒəʳ] *n* Untermieter(in) *m(f)*.
lodging ['lɔdʒɪŋ] *n* Unterkunft *f*.
lodging house *n* Pension *f*.
lodgings ['lɔdʒɪŋz] *npl* möbliertes Zimmer *nt*; (*several rooms*) Wohnung *f*.
loft [lɔft] *n* Boden *m*, Speicher *m*.
lofty ['lɔftɪ] *adj* (*noble*) hoch(fliegend); (*self-important*) hochmütig; (*high*) hoch.
log [lɔg] *n* (*of wood*) Holzblock *m*, Holzklotz *m*; (*written account*) Log *nt* ♦ *n abbr* (*MATH*: = *logarithm*) log ♦ *vt* (ins Logbuch) eintragen.
▶ **log in** *vi* (*COMPUT*) sich anmelden.
▶ **log into** *vt fus* (*COMPUT*) sich anmeldeⁿ bei.
▶ **log off** *vi* (*COMPUT*) sich abmelden.
▶ **log on** *vi* (*COMPUT*) = **log in**.
▶ **log out** *vi* (*COMPUT*) = **log off**.
logarithm ['lɔgərɪðm] *n* Logarithmus *m*.
logbook ['lɔgbuk] *n* (*NAUT*) Logbuch *nt*; (*AVIAT*) Bordbuch *nt*; (*of car*) Kraftfahrzeugbrief *m*; (*of lorry driver*) Fahrtenbuch *nt*; (*of events*) Tagebuch *nt*; (*of movement of goods etc*) Dienstbuch *nt*.
log fire *n* Holzfeuer *nt*.
logger ['lɔgəʳ] *n* (*lumberjack*) Holzfäller *m*.
loggerheads ['lɔgəhedz] *npl*: **to be at** ~ Streit haben.
logic ['lɔdʒɪk] *n* Logik *f*.
logical ['lɔdʒɪkl] *adj* logisch.
logically ['lɔdʒɪkəlɪ] *adv* logisch; (*reasonably*) logischerweise.

logistics [lɔ'dʒɪstɪks] *n* Logistik *f*.
log jam *n* (*fig*) Blockierung *f*; **to break the** ~ freie Bahn schaffen.
logo ['ləugəu] *n* Logo *nt*.
loin [lɔɪn] *n* Lende *f*.
loincloth ['lɔɪnklɔθ] *n* Lendenschurz *m*.
loiter ['lɔɪtəʳ] *vi* sich aufhalten.
loll [lɔl] *vi* (*also:* ~ **about:** *person*) herumhängen; (*head*) herunterhängen; (*tongue*) heraushängen.
lollipop ['lɔlɪpɔp] *n* Lutscher *m*.
lollipop lady (*BRIT*) *n* ≈ Schülerlotsin *f*.
lollipop man (*BRIT*) *n* ≈ Schülerlotse *m*.

LOLLIPOP MAN/LADY

Lollipop man/lady *heißen in Großbritannien die Männer bzw. Frauen, die mithilfe eines runden Stoppschildes den Verkehr anhalten, damit Schulkinder die Straße gefahrlos überqueren können. Der Name bezieht sich auf die Form des Schildes, die an einen Lutscher erinnert.*

---

lollop ['lɔləp] *vi* zockeln.
lolly ['lɔlɪ] (*inf*) *n* (*lollipop*) Lutscher *m*; (*money*) Mäuse *pl*.
London ['lʌndən] *n* London *nt*.
Londoner ['lʌndənəʳ] *n* Londoner(in) *m(f)*.
lone [ləun] *adj* einzeln, einsam; (*only*) einzig.
loneliness ['ləunlɪnɪs] *n* Einsamkeit *f*.
lonely ['ləunlɪ] *adj* einsam.
lonely hearts *adj:* ~ **ad** Kontaktanzeige *f*; **the** ~ **column** die Kontaktanzeigen *pl*.
lone parent *n* Alleinerziehende(r) *f(m)*, allein Erziehende(r) *f(m)*.
loner ['ləunəʳ] *n* Einzelgänger(in) *m(f)*.
long [lɔŋ] *adj* lang ♦ *adv* lang(e) ♦ *vi:* **to** ~ **for sth** sich nach etw sehnen; **in the** ~ **run** auf die Dauer; **how** ~ **is the lesson?** wie lange dauert die Stunde?; **6 metres/months** ~ 6 Meter/Monate lang; **so** *or* **as** ~ **as** (*on condition that*) solange; (*while*) während; **don't be** ~! bleib nicht so lange!; **all night** ~ die ganze Nacht; **he no** ~**er comes** er kommt nicht mehr; ~ **ago** vor langer Zeit; ~ **before/after** lange vorher/danach; **before** ~ bald; **at** ~ **last** schließlich und endlich; **the** ~ **and the short of it is that** ... kurz gesagt, ...
long-distance [lɔŋ'dɪstəns] *adj* (*travel, phone call*) Fern-; (*race*) Langstrecken-.
longevity [lɔn'dʒevɪtɪ] *n* Langlebigkeit *f*.
long-haired [lɔŋ'heəd] *adj* langhaarig; (*animal*) Langhaar-.
longhand ['lɔŋhænd] *n* Langschrift *f*.
longing ['lɔŋɪŋ] *n* Sehnsucht *f*.
longingly ['lɔŋɪŋlɪ] *adv* sehnsüchtig.
longitude ['lɔŋgɪtjuːd] *n* Länge *f*.
long johns [-dʒɔnz] *npl* lange Unterhose *f*.
long jump *n* Weitsprung *m*.
long-life ['lɔŋlaɪf] *adj* (*batteries etc*) mit langer Lebensdauer; ~ **milk** H-Milch *f*.

long-lost ['lɔŋlɔst] *adj* verloren geglaubt.
long-playing record ['lɔŋpleɪɪŋ-] *n*
Langspielplatte *f*.
long-range ['lɔŋ'reɪndʒ] *adj* (*plan, forecast*)
langfristig; (*missile, plane etc*)
Langstrecken-.
longshoreman ['lɔŋʃɔːmən] (*US: irreg: like*
man) *n* Hafenarbeiter *m*.
long-sighted ['lɔŋ'saɪtɪd] *adj* weitsichtig.
long-standing ['lɔŋ'stændɪŋ] *adj* langjährig.
long-suffering [lɔŋ'sʌfərɪŋ] *adj* schwer
geprüft.
long-term ['lɔŋtəːm] *adj* langfristig.
long wave *n* Langwelle *f*.
long-winded [lɔŋ'wɪndɪd] *adj* umständlich,
langatmig.
loo [luː] (*BRIT: inf*) *n* Klo *nt*.
loofah ['luːfə] *n* Luffa(schwamm) *m*.
look [luk] *vi* sehen, schauen, gucken (*inf*);
(*seem, appear*) aussehen ♦ *n* (*glance*) Blick *m*;
(*appearance*) Aussehen *nt*; (*expression*) Miene
f; (*FASHION*) Look *m*; **looks** *npl* (*good looks*)
(gutes) Aussehen; **to ~ (out) onto the sea/
south** (*building etc*) Blick aufs Meer/nach
Süden haben; **~ (here)!** (*expressing
annoyance*) hör (mal) zu!; **~!** (*expressing
surprise*) sieh mal!; **to ~ like sb/sth** wie jd/
etw aussehen; **it ~s like him** es sieht ihm
ähnlich; **it ~s about 4 metres long** es
scheint etwa 4 Meter lang zu sein; **it ~s all
right to me** es scheint mir in Ordnung zu
sein; **to ~ ahead** vorausschauen; **to have a
~ at sth** sich *dat* etw ansehen; **let me have a
~** lass mich mal sehen; **to have a ~ for sth**
nach etw suchen.
▶ **look after** *vt fus* sich kümmern um.
▶ **look at** *vt fus* ansehen; (*read quickly*)
durchsehen; (*study, consider*) betrachten.
▶ **look back** *vi*: **to ~ back (on)** zurückblicken
(auf +*acc*); **to ~ back at sth/sb** sich nach
jdm/etw umsehen.
▶ **look down on** *vt fus* (*fig*) herabsehen auf
+*acc*.
▶ **look for** *vt fus* suchen.
▶ **look forward to** *vt fus* sich freuen auf +*acc*;
we ~ forward to hearing from you (*in letters*)
wir hoffen, bald von Ihnen zu hören.
▶ **look in** *vi*: **to ~ in on sb** bei jdm
vorbeikommen.
▶ **look into** *vt fus* (*investigate*) untersuchen.
▶ **look on** *vi* (*watch*) zusehen.
▶ **look out** *vi* (*beware*) aufpassen.
▶ **look out for** *vt fus* Ausschau halten nach.
▶ **look over** *vt* (*essay etc*) durchsehen; (*house,
town etc*) sich *dat* ansehen; (*person*) mustern.
▶ **look round** *vi* sich umsehen.
▶ **look through** *vt fus* durchsehen.
▶ **look to** *vt fus* (*rely on*) sich verlassen auf
+*acc*.
▶ **look up** *vi* aufsehen; (*situation*) sich
bessern ♦ *vt* (*word etc*) nachschlagen; **things
are ~ing up** es geht bergauf.

▶ **look up to** *vt fus* aufsehen zu.
lookalike ['lukəlaɪk] *n* Doppelgänger(in) *m(f)*.
look-in ['lukɪn] *n*: **to get a ~** (*inf*) eine Chance
haben.
lookout ['lukaut] *n* (*tower etc*) Ausguck *m*;
(*person*) Wachtposten *m*; **to be on the ~ for**
sth nach etw Ausschau halten.
loom [luːm] *vi* (*also*: **~ up**: *object, shape*) sich
abzeichnen; (*event*) näher rücken ♦ *n*
Webstuhl *m*.
loony ['luːnɪ] (*inf*) *adj* verrückt ♦ *n*
Verrückte(r) *f(m)*.
loop [luːp] *n* Schlaufe *f*; (*COMPUT*) Schleife *f*
♦ *vt*: **to ~ sth around sth** etw um etw
schlingen.
loophole ['luːphəul] *n* Hintertürchen *nt*; **a ~ in
the law** eine Lücke im Gesetz.
loose [luːs] *adj* lose, locker; (*clothes etc*) weit;
(*long hair*) offen; (*not strictly controlled,
promiscuous*) locker; (*definition*) ungenau;
(*translation*) frei ♦ *vt* (*animal*) loslassen;
(*prisoner*) freilassen; (*set off, unleash*)
entfesseln ♦ *n*: **to be on the ~** frei
herumlaufen.
loose change *n* Kleingeld *nt*.
loose chippings *npl* Schotter *m*.
loose end *n*: **to be at a ~** or (*US*) **at ~s** nichts
mit sich *dat* anzufangen wissen; **to tie up ~s**
die offen stehenden Probleme lösen.
loose-fitting ['luːsfɪtɪŋ] *adj* weit.
loose-leaf ['luːsliːf] *adj* Loseblatt-; **~ binder**
Ringbuch *nt*.
loose-limbed [luːs'lɪmd] *adj* gelenkig,
beweglich.
loosely ['luːslɪ] *adv* lose, locker.
loosely-knit ['luːslɪ'nɪt] *adj* (*fig*) locker.
loosen ['luːsn] *vt* lösen, losmachen; (*clothing,
belt etc*) lockern.
loosen up *vi* (*before game*) sich auflockern;
(*relax*) auftauen.
loot [luːt] *n* (*inf*) Beute *f* ♦ *vt* plündern.
looter ['luːtə*] *n* Plünderer *m*.
looting ['luːtɪŋ] *n* Plünderung *f*.
lop off [lɔp-] *vt* abhacken.
lopsided ['lɔp'saɪdɪd] *adj* schief.
lord [lɔːd] *n* (*BRIT*) Lord *m*; **L~ Smith** Lord
Smith; **the L~** (*REL*) der Herr; **my ~** (*to
bishop*) Exzellenz; (*to noble*) Mylord; (*to
judge*) Euer Ehren; **good L~!** ach, du lieber
Himmel!; **the (House of) L~s** (*BRIT*) das
Oberhaus.
lordly ['lɔːdlɪ] *adj* hochmütig.
lordship ['lɔːdʃɪp] *n*: **your L~** Eure
Lordschaft.
lore [lɔː*] *n* Überlieferungen *pl*.
lorry ['lɔrɪ] (*BRIT*) *n* Lastwagen *m*, Lkw *m*.
lorry driver (*BRIT*) *n* Lastwagenfahrer *m*.
lose [luːz] (*pt, pp* **lost**) *vt* verlieren;
(*opportunity*) verpassen; (*pursuers*)
abschütteln ♦ *vi* verlieren; **to ~** (*time*)
(*clock*) nachgehen; **to ~ weight** abnehmen;
to ~ 5 pounds 5 Pfund abnehmen; **to**

~ **sight of sth** (*also fig*) etw aus den Augen verlieren.

loser ['luːzə'] *n* Verlierer(in) *m(f)*; (*inf: failure*) Versager *m*; **to be a good/bad** ~ ein guter/ schlechter Verlierer sein.

loss [lɔs] *n* Verlust *m*; **to make a** ~ (**of £1,000**) (1000 Pfund) Verlust machen; **to sell sth at a** ~ etw mit Verlust verkaufen; **heavy** ~**es** schwere Verluste *pl*; **to cut one's** ~**es** aufgeben, bevor es noch schlimmer wird; **to be at a** ~ nicht mehr weiterwissen.

loss adjuster *n* Schadenssachverständige(r) *f(m)*.

loss leader *n* (*COMM*) Lockvogelangebot *nt*.

lost [lɔst] *pt, pp of* **lose** ♦ *adj* (*person, animal*) vermisst; (*object*) verloren; **to be** ~ sich verlaufen/verfahren haben; **to get** ~ sich verlaufen/verfahren; **get** ~! (*inf*) verschwinde!; ~ **in thought** in Gedanken verloren.

lost and found (*US*) *n* = **lost property**.

lost cause *n* aussichtslose Sache *f*.

lost property (*BRIT*) *n* Fundsachen *pl*; (*also:* ~ **office**) Fundbüro *nt*.

lot [lɔt] *n* (*kind*) Art *f*; (*group*) Gruppe *f*; (*at auctions, destiny*) Los *nt*; **to draw** ~**s** losen, Lose ziehen; **the** ~ alles; **a** ~ (**of**) (*a large number (of)*) viele; (*a great deal (of)*) viel; ~**s of** viele; **I read a** ~ ich lese viel; **this happens a** ~ das kommt oft vor.

loth [ləʊθ] *adj* = **loath**.

lotion ['ləʊʃən] *n* Lotion *f*.

lottery ['lɔtərɪ] *n* Lotterie *f*.

loud [laʊd] *adj* laut; (*clothes*) schreiend ♦ *adv* laut; **to be** ~ **in one's support of sb/sth** jdn/ etw lautstark unterstützen; **out** ~ (*read, laugh etc*) laut.

loud-hailer [laʊd'heɪlə'] (*BRIT*) *n* Megafon *nt*, Megaphon *nt*.

loudly ['laʊdlɪ] *adv* laut.

loudmouthed ['laʊdmaʊθt] *adj* großmäulig.

loudspeaker [laʊd'spiːkə'] *n* Lautsprecher *m*.

lounge [laʊndʒ] *n* (*in house*) Wohnzimmer *nt*; (*in hotel*) Lounge *f*; (*at airport, station*) Wartehalle *f*; (*BRIT: also:* ~ **bar**) Salon *m* ♦ *vi* faulenzen.

▶ **lounge about** *vi* herumliegen, herumsitzen, herumstehen.

▶ **lounge around** *vi* = **lounge about**.

lounge suit (*BRIT*) *n* Straßenanzug *m*.

louse [laʊs] (*pl* **lice**) *n* Laus *f*.

▶ **louse up** (*inf*) *vt* vermasseln.

lousy ['laʊzɪ] (*inf*) *adj* (*bad-quality*) lausig, mies; (*despicable*) fies, gemein; (*ill*): **to feel** ~ sich miserabel *or* elend fühlen.

lout [laʊt] *n* Lümmel *m*, Flegel *m*.

louvre, (*US*) **louver** ['luːvə'] *adj* (*door, window*) Lamellen-.

lovable ['lʌvəbl] *adj* liebenswert.

love [lʌv] *n* Liebe *f* ♦ *vt* lieben; (*thing, activity etc*) gern mögen; "~ (**from**) **Anne**" (*on letter*) „mit herzlichen Grüßen, Anne"; **to be in** ~ **with** verliebt sein in +*acc*; **to fall in** ~ **with** sich verlieben in +*acc*; **to make** ~ sich lieben; ~ **at first sight** Liebe auf den ersten Blick; **to send one's** ~ **to sb** jdn grüßen lassen; "**fifteen** ~" (*TENNIS*) „fünfzehn null"; **to** ~ **doing sth** etw gern tun; **I'd** ~ **to come** ich würde sehr gerne kommen; **I** ~ **chocolate** ich esse Schokolade liebend gern.

love affair *n* Verhältnis *nt*, Liebschaft *f*.

love child *n* uneheliches Kind *nt*, Kind *nt* der Liebe.

loved ones ['lʌvdwʌnz] *npl* enge Freunde und Verwandte *pl*.

love-hate relationship ['lʌvheɪt-] *n* Hassliebe *f*.

love letter *n* Liebesbrief *m*.

love life *n* Liebesleben *nt*.

lovely ['lʌvlɪ] *adj* (*beautiful*) schön; (*delightful*) herrlich; (*person*) sehr nett.

lover ['lʌvə'] *n* Geliebte(r) *f(m)*; (*person in love*) Liebende(r) *f(m)*; ~ **of art/music** Kunst-/ Musikliebhaber(in) *m(f)*; **to be** ~**s** ein Liebespaar sein.

lovesick ['lʌvsɪk] *adj* liebeskrank.

love song *n* Liebeslied *nt*.

loving ['lʌvɪŋ] *adj* liebend; (*actions*) liebevoll.

low [ləʊ] *adj* niedrig; (*bow, curtsey*) tief; (*quality*) schlecht; (*sound: deep*) tief; (*: quiet*) leise; (*depressed*) niedergeschlagen, bedrückt ♦ *adv* (*sing*) leise; (*fly*) tief ♦ *n* (*MET*) Tief *nt*; **to be/run** ~ knapp sein/ werden; **sb is running** ~ **on sth** jdm wird etw knapp; **to reach a new** *or* **an all-time** ~ einen neuen Tiefstand erreichen.

low-alcohol ['ləʊ'ælkəhɒl] *adj* alkoholarm.

lowbrow ['ləʊbraʊ] *adj* (*geistig*) anspruchslos.

low-calorie ['ləʊ'kælərɪ] *adj* kalorienarm.

low-cut ['ləʊkʌt] *adj* (*dress*) tief ausgeschnitten.

lowdown ['ləʊdaʊn] (*inf*) *n*: **he gave me the** ~ **on it** er hat mich darüber informiert.

lower ['ləʊə'] *adj* untere(r, s); (*lip, jaw, arm*) Unter- ♦ *vt* senken.

low-fat ['ləʊ'fæt] *adj* fettarm.

low-key ['ləʊ'kiː] *adj* zurückhaltend; (*not obvious*) unaufdringlich.

lowlands ['ləʊləndz] *npl* Flachland *nt*.

low-level language ['ləʊlɛvl-] *n* (*COMPUT*) niedere Programmiersprache *f*.

low-loader ['ləʊ'ləʊdə'] *n* Tieflader *m*.

lowly ['ləʊlɪ] *adj* (*position*) niedrig; (*origin*) bescheiden.

low-lying [ləʊ'laɪɪŋ] *adj* tief gelegen.

low-paid [ləʊ'peɪd] *adj* schlecht bezahlt.

low-rise ['ləʊraɪz] *adj* niedrig (gebaut).

low-tech ['ləʊtɛk] *adj* nicht mit Hightech ausgestattet.

loyal ['lɔɪəl] *adj* treu; (*support*) loyal.

loyalist ['lɔɪəlɪst] *n* Loyalist(in) *m(f)*.

loyalty ['lɔɪəltɪ] *n* (*see adj*) Treue *f*; Loyalität *f*.

loyalty card (*BRIT*) *n* (*COMM*) Kundenkarte *f*.
lozenge ['lɔzɪndʒ] *n* Pastille *f*; (*shape*) Raute *f*.
LP *n abbr* (= *long player*) LP *f*; *see also* **long-playing record.**

L-PLATES

Als **L-plates** *werden in Großbritannien die weißen Schilder mit einem roten „L" bezeichnet, die vorne und hinten an jedem von einem Fahrschüler geführten Fahrzeug befestigt werden müssen. Fahrschüler müssen einen vorläufigen Führerschein beantragen und dürfen damit unter der Aufsicht eines erfahrenen Autofahrers auf allen Straßen außer Autobahnen fahren.*

LPN (*US*) *n abbr* (= *Licensed Practical Nurse*) staatlich anerkannte Krankenschwester *f*, staatlich anerkannter Krankenpfleger *m*.
LRAM (*BRIT*) *n abbr* (= *Licentiate of the Royal Academy of Music*) Qualifikationsnachweis *in Musik*.
LSAT (*US*) *n abbr* (= *Law School Admission Test*) *Zulassungsprüfung für juristische Hochschulen.*
LSD *n abbr* (= *lysergic acid diethylamide*) LSD *nt*; (*BRIT: also*: **L.S.D.**) (= *pounds, shillings and pence*) *früheres britisches Währungssystem.*
LSE (*BRIT*) *n abbr* (= *London School of Economics*) *Londoner Wirtschaftshochschule.*
LT *abbr* (*ELEC*: = *low-tension*) Niederspannung *f*; (*cable etc*) Niederspannungs-.
Lt *abbr* (*MIL*: = *lieutenant*) Lt.
Ltd *abbr* (*COMM*: = *limited* (*liability*)) ≈ GmbH *f*.
lubricant ['luːbrɪkənt] *n* Schmiermittel *nt*.
lubricate ['luːbrɪkeɪt] *vt* schmieren, ölen.
lucid ['luːsɪd] *adj* klar; (*person*) bei klarem Verstand.
lucidity [luː'sɪdɪtɪ] *n* Klarheit *f*.
luck [lʌk] *n* (*esp good luck*) Glück *nt*; **bad ~** Unglück *nt*; **good ~!** viel Glück!; **bad** *or* **hard** *or* **tough ~!** so ein Pech!; **hard** *or* **tough ~!** (*showing no sympathy*) Pech gehabt!; **to be in ~** Glück haben; **to be out of ~** kein Glück haben.
luckily ['lʌkɪlɪ] *adv* glücklicherweise.
luckless ['lʌklɪs] *adj* glücklos.
lucky ['lʌkɪ] *adj* (*situation, event*) glücklich; (*object*) Glück bringend; (*person*): **to be ~** Glück haben; **to have a ~ escape** noch einmal davonkommen; **~ charm** Glücksbringer *m*.
lucrative ['luːkrətɪv] *adj* einträglich.
ludicrous ['luːdɪkrəs] *adj* grotesk.
ludo ['luːdəʊ] *n* Mensch, ärgere dich nicht *nt*.
lug [lʌg] (*inf*) *vt* schleppen.
luggage ['lʌgɪdʒ] *n* Gepäck *nt*.
luggage car (*US*) *n* = **luggage van.**
luggage rack *n* Gepäckträger *m*; (*in train*) Gepäckablage *f*.
luggage van (*BRIT*) *n* (*RAIL*) Gepäckwagen *m*.

lugubrious [lu'guːbrɪəs] *adj* schwermütig.
lukewarm ['luːkwɔːm] *adj* lauwarm; (*fig*: *person, reaction etc*) lau.
lull [lʌl] *n* Pause *f* ♦ *vt*: **to ~ sb to sleep** jdn einlullen *or* einschläfern; **to be ~ed into a false sense of security** in trügerische Sicherheit gewiegt werden.
lullaby ['lʌləbaɪ] *n* Schlaflied *nt*.
lumbago [lʌm'beɪgəʊ] *n* Hexenschuss *m*.
lumber ['lʌmbə*] *n* (*wood*) Holz *nt*; (*junk*) Gerümpel *nt* ♦ *vi*: **to ~ about/along** herum-/entlangtapsen.
▶ **lumber with** *vt*: **to be/get ~ed with sth** etw am Hals haben/aufgehalst bekommen.
lumberjack ['lʌmbədʒæk] *n* Holzfäller *m*.
lumber room (*BRIT*) *n* Rumpelkammer *f*.
lumberyard ['lʌmbəjɑːd] (*US*) *n* Holzlager *nt*.
luminous ['luːmɪnəs] *adj* leuchtend, Leucht-.
lump [lʌmp] *n* Klumpen *m*; (*on body*) Beule *f*; (*in breast*) Knoten *m*; (*also*: **sugar ~**) Stück *nt* (Zucker) ♦ *vt*: **to ~ together** in einen Topf werfen; **a ~ sum** eine Pauschalsumme.
lumpy ['lʌmpɪ] *adj* klumpig.
lunacy ['luːnəsɪ] *n* Wahnsinn *m*.
lunar ['luːnə*] *adj* Mond-.
lunatic ['luːnətɪk] *adj* wahnsinnig ♦ *n* Wahnsinnige(r) *f(m)*, Irre(r) *f(m)*.
lunatic asylum *n* Irrenanstalt *f*.
lunatic fringe *n*: **the ~** die Extremisten *pl*.
lunch [lʌntʃ] *n* Mittagessen *nt*; (*time*) Mittagszeit *f* ♦ *vi* zu Mittag essen.
lunch break *n* Mittagspause *f*.
luncheon ['lʌntʃən] *n* Mittagessen *nt*.
luncheon meat *n* Frühstücksfleisch *nt*.
luncheon voucher (*BRIT*) *n* Essensmarke *f*.
lunch hour *n* Mittagspause *f*.
lunch time *n* Mittagszeit *f*.
lung [lʌŋ] *n* Lunge *f*.
lunge [lʌndʒ] *vi* (*also*: ~ **forward**) sich nach vorne stürzen; **to ~ at** sich stürzen auf +*acc*.
lupin ['luːpɪn] *n* Lupine *f*.
lurch [lɜːtʃ] *vi* ruckeln; (*person*) taumeln ♦ *n* Ruck *m*; (*of person*) Taumeln *nt*; **to leave sb in the ~** jdn im Stich lassen.
lure [luə*] *n* Verlockung *f* ♦ *vt* locken.
lurid ['luərɪd] *adj* (*story etc*) reißerisch; (*pej*: *brightly coloured*) grell, in grellen Farben.
lurk [lɜːk] *vi* (*also fig*) lauern.
luscious ['lʌʃəs] *adj* (*attractive*) fantastisch; (*food*) köstlich, lecker.
lush [lʌʃ] *adj* (*fields*) saftig; (*gardens*) üppig; (*luxurious*) luxuriös.
lust [lʌst] (*pej*) *n* (*sexual*) (sinnliche) Begierde *f*; (*for money, power etc*) Gier *f*.
▶ **lust after** *vt fus* (*sexually*) begehren; (*crave*) gieren nach.
▶ **lust for** *vt fus* = **lust after.**
lustful ['lʌstful] *adj* lüstern.
lustre, (*US*) **luster** ['lʌstə*] *n* Schimmer *m*, Glanz *m*.
lusty ['lʌstɪ] *adj* gesund und munter.
lute [luːt] *n* Laute *f*.

luvvie, luvvy ['lʌvɪ] (*inf*) *n* Schätzchen *nt*.
Luxembourg ['lʌksəmbɔːg] *n* Luxemburg *nt*.
luxuriant [lʌg'zjuərɪənt] *adj* üppig.
luxuriate [lʌg'zjuərɪeɪt] *vi*: **to ~ in sth** sich in etw *dat* aalen.
luxurious [lʌg'zjuərɪəs] *adj* luxuriös.
luxury ['lʌkʃərɪ] *n* Luxus *m* (*no pl*) ♦ *cpd* (*hotel, car etc*) Luxus-; **little luxuries** kleine Genüsse.
LV *n abbr* = **luncheon voucher**.
LW *abbr* (*RADIO*: = *long wave*) LW.
Lycra ® ['laɪkrə] *n* Lycra *nt*.
lying ['laɪɪŋ] *n* Lügen *nt* ♦ *adj* verlogen.
lynch [lɪntʃ] *vt* lynchen.
lynx [lɪŋks] *n* Luchs *m*.
lyric ['lɪrɪk] *adj* lyrisch.
lyrical ['lɪrɪkl] *adj* lyrisch; (*fig: praise etc*) schwärmerisch.
lyricism ['lɪrɪsɪzəm] *n* Lyrik *f*.
lyrics ['lɪrɪks] *npl* (*of song*) Text *m*.

M, m

M¹, m¹ [ɛm] *n* (*letter*) M *m, nt*; **~ for Mary**, (*US*) **~ for Mike** ≈ M wie Martha.
M² [ɛm] *n abbr* (*BRIT*: = *motorway*): **the M8** ≈ die A8 ♦ *abbr* = **medium**.
m² *abbr* (= *metre*) m; = **mile** (= *million*) Mio.
MA *n abbr* (= *Master of Arts*) *akademischer Grad für Geisteswissenschaftler*; (= *military academy*) Militärakademie *f* ♦ *abbr* (*US: POST*: = *Massachusetts*).
mac [mæk] (*BRIT*) *n* Regenmantel *m*.
macabre [mə'kɑːbrə] *adj* makaber.
macaroni [mækə'rəunɪ] *n* Makkaroni *pl*.
macaroon [mækə'ruːn] *n* Makrone *f*.
mace [meɪs] *n* (*weapon*) Keule *f*; (*ceremonial*) Amtsstab *m*; (*spice*) Muskatblüte *f*.
Macedonia [mæsɪ'dəunɪə] *n* Makedonien *nt*.
Macedonian [mæsɪ'dəunɪən] *adj* makedonisch ♦ *n* Makedonier(in) *m(f)*; (*LING*) Makedonisch *nt*.
machinations [mækɪ'neɪʃənz] *npl* Machenschaften *pl*.
machine [mə'ʃiːn] *n* Maschine *f*; (*fig: party machine etc*) Apparat *m* ♦ *vt* (*TECH*) maschinell herstellen *or* bearbeiten; (*dress etc*) mit der Maschine nähen.
machine code *n* Maschinenkode *m*.
machine gun *n* Maschinengewehr *nt*.
machine language *n* Maschinensprache *f*.
machine-readable [mə'ʃiːnriːdəbl] *adj* maschinenlesbar.
machinery [mə'ʃiːnərɪ] *n* Maschinen *pl*; (*fig: of government*) Apparat *m*.

machine shop *n* Maschinensaal *m*.
machine tool *n* Werkzeugmaschine *f*.
machine washable *adj* waschmaschinenfest.
machinist [mə'ʃiːnɪst] *n* Maschinist(in) *m(f)*.
macho ['mætʃəu] *adj* Macho-; **a ~ man** ein Macho *m*.
mackerel ['mækrl] *n inv* Makrele *f*.
mackintosh ['mækɪntɔʃ] (*BRIT*) *n* Regenmantel *m*.
macro... ['mækrəu] *pref* Makro-, makro-.
macroeconomics ['mækrəuiːkə'nɔmɪks] *npl* Makroökonomie *f*.
mad [mæd] *adj* wahnsinnig, verrückt; (*angry*) böse, sauer (*inf*); **to be ~ about** verrückt sein auf +*acc*; **to be ~ at sb** böse *or* sauer auf jdn sein; **to go ~** (*insane*) verrückt *or* wahnsinnig werden; (*angry*) böse *or* sauer werden.
madam ['mædəm] *n* gnädige Frau *f*; **yes, ~** ja(wohl); **M~ Chairman** Frau Vorsitzende.
madcap ['mædkæp] *adj* (*idea*) versponnen; (*tricks*) toll.
mad cow disease *n* Rinderwahn *m*.
madden ['mædn] *vt* ärgern, fuchsen (*inf*).
maddening ['mædnɪŋ] *adj* unerträglich.
made [meɪd] *pt, pp of* **make**.
Madeira [mə'dɪərə] *n* Madeira *nt*; (*wine*) Madeira *m*.
made-to-measure ['meɪdtə'mɛʒə*] (*BRIT*) *adj* maßgeschneidert.
madhouse ['mædhaus] *n* (*also fig*) Irrenhaus *nt*.
madly ['mædlɪ] *adv* wie verrückt; **~ in love** bis über beide Ohren verliebt.
madman ['mædmən] (*irreg: like* **man**) *n* Verrückte(r) *m*, Irre(r) *m*.
madness ['mædnɪs] *n* Wahnsinn *m*.
Madrid [mə'drɪd] *n* Madrid *nt*.
Mafia ['mæfɪə] *n* Mafia *f*.
mag [mæg] (*BRIT: inf*) *n abbr* = **magazine**.
magazine [mægə'ziːn] *n* Zeitschrift *f*; (*RADIO, TV, of firearm*) Magazin *nt*; (*MIL: store*) Depot *nt*.
maggot ['mægət] *n* Made *f*.
magic ['mædʒɪk] *n* Magie *f*; (*conjuring*) Zauberei *f* ♦ *adj* magisch; (*formula*) Zauber-; (*fig: place, moment etc*) zauberhaft.
magical ['mædʒɪkl] *adj* magisch; (*experience, evening*) zauberhaft.
magician [mə'dʒɪʃən] *n* (*wizard*) Magier *m*; (*conjurer*) Zauberer *m*.
magistrate ['mædʒɪstreɪt] *n* Friedensrichter(in) *m(f)*.
magnanimous [mæg'nænɪməs] *adj* großmütig.
magnate ['mægneɪt] *n* Magnat *m*.
magnesium [mæg'niːzɪəm] *n* Magnesium *nt*.
magnet ['mægnɪt] *n* Magnet *m*.
magnetic [mæg'nɛtɪk] *adj* magnetisch; (*field, compass, pole etc*) Magnet-; (*personality*) anziehend.
magnetic disk *n* (*COMPUT*) Magnetplatte *f*.
magnetic tape *n* Magnetband *nt*.

magnetism ['mægnɪtɪzəm] *n* Magnetismus *m*; (*of person*) Anziehungskraft *f*.

magnetize ['mægnɪtaɪz] *vt* magnetisieren.

magnification [mægnɪfɪ'keɪʃən] *n* Vergrößerung *f*.

magnificence [mæg'nɪfɪsns] *n* Großartigkeit *f*; (*of robes*) Pracht *f*.

magnificent [mæg'nɪfɪsnt] *adj* großartig; (*robes*) prachtvoll.

magnify ['mægnɪfaɪ] *vt* vergrößern; (*sound*) verstärken; (*fig: exaggerate*) aufbauschen.

magnifying glass ['mægnɪfaɪɪŋ-] *n* Vergrößerungsglas *nt*, Lupe *f*.

magnitude ['mægnɪtjuːd] *n* (*size*) Ausmaß *nt*, Größe *f*; (*importance*) Bedeutung *f*.

magnolia [mæg'nəʊlɪə] *n* Magnolie *f*.

magpie ['mægpaɪ] *n* Elster *f*.

mahogany [mə'hɒgənɪ] *n* Mahagoni *nt* ♦ *cpd* Mahagoni-.

maid [meɪd] *n* Dienstmädchen *nt*; **old** ~ (*pej*) alte Jungfer.

maiden ['meɪdn] *n* (*liter*) Mädchen *nt* ♦ *adj* unverheiratet; (*speech, voyage*) Jungfern-.

maiden name *n* Mädchenname *m*.

mail [meɪl] *n* Post *f* ♦ *vt* aufgeben; **by** ~ mit der Post.

mailbox ['meɪlbɒks] *n* (*US*) Briefkasten *m*; (*COMPUT*) Mailbox *f*, elektronischer Briefkasten *m*.

mailing list ['meɪlɪŋ-] *n* Anschriftenliste *f*.

mailman ['meɪlmæn] (*US: irreg: like* **man**) *n* Briefträger *m*, Postbote *m*.

mail order *n (system)* Versand *m* ♦ *cpd:* **mail-order firm** *or* **business** Versandhaus *nt;* **mail-order catalogue** Versandhauskatalog *m;* **by** ~ durch Bestellung per Post.

mailshot ['meɪlʃɒt] (*BRIT*) *n* Werbebrief *m*.

mail train *n* Postzug *m*.

mail truck (*US*) *n* Postauto *nt*.

mail van (*BRIT*) *n* (*AUT*) Postauto *nt*; (*RAIL*) Postwagen *m*.

maim [meɪm] *vt* verstümmeln.

main [meɪn] *adj* Haupt-, wichtigste(r, s); (*door, entrance, meal*) Haupt- ♦ *n* Hauptleitung *f*; **the mains** *npl* (*ELEC*) das Stromnetz; (*gas, water*) die Hauptleitung; **in the** ~ im Großen und Ganzen.

main course *n* (*CULIN*) Hauptgericht *nt*.

mainframe ['meɪnfreɪm] *n* (*COMPUT*) Großrechner *m*.

mainland ['meɪnlənd] *n* Festland *nt*.

mainline ['meɪnlaɪn] *adj:* ~ **station** Fernbahnhof *m* ♦ *vt* (*drugs slang*) spritzen ♦ *vi* (*drugs slang*) fixen.

main line *n* Hauptstrecke *f*.

mainly ['meɪnlɪ] *adv* hauptsächlich.

main road *n* Hauptstraße *f*.

mainstay ['meɪnsteɪ] *n* (*foundation*) (wichtigste) Stütze *f*; (*chief constituent*) Hauptbestandteil *m*.

mainstream ['meɪnstriːm] *n* Hauptrichtung *f* ♦ *adj* (*cinema etc*) populär; (*politics*) der

Mitte.

maintain [meɪn'teɪn] *vt* (*preserve*) aufrechterhalten; (*keep up*) beibehalten; (*provide for*) unterhalten; (*look after: building*) instand *or* in Stand halten; (: *equipment*) warten; (*affirm: opinion*) vertreten; (: *innocence*) beteuern; **to** ~ **that** ... behaupten, dass ...

maintenance ['meɪntənəns] *n* (*of building*) Instandhaltung *f*, (*of equipment*) Wartung *f*; (*preservation*) Aufrechterhaltung *f*; (*LAW: alimony*) Unterhalt *m*.

maintenance contract *n* Wartungsvertrag *m*.

maintenance order *n* (*LAW*) Unterhaltsurteil *nt*.

maisonette [meɪzə'nɛt] (*BRIT*) *n* Maisonettewohnung *f*.

maize [meɪz] *n* Mais *m*.

Maj. *abbr* (*MIL*) = **major**.

majestic [mə'dʒɛstɪk] *adj* erhaben.

majesty ['mædʒɪstɪ] *n* (*title*): **Your M~** Eure Majestät; (*splendour*) Erhabenheit *f*.

major ['meɪdʒəʳ] *n* Major *m* ♦ *adj* bedeutend; (*MUS*) Dur ♦ *vi* (*US*): **to** ~ **in French** Französisch als Hauptfach belegen; **a** ~ **operation** eine größere Operation.

Majorca [mə'jɔːkə] *n* Mallorca *f*.

major general *n* Generalmajor *m*.

majority [mə'dʒɒrɪtɪ] *n* Mehrheit *f* ♦ *cpd* (*verdict, holding*) Mehrheits-.

make [meɪk] (*pt, pp* **made**) *vt* machen; (*clothes*) nähen; (*cake*) backen; (*speech*) halten; (*manufacture*) herstellen; (*earn*) verdienen; (*cause to be*): **to** ~ **sb sad** jdn traurig machen; (*force*): **to** ~ **sb do sth** jdn zwingen, etw zu tun; (*cause*) jdn dazu bringen, etw zu tun; (*equal*): **2 and 2** ~ **4** 2 und 2 ist *or* macht 4 ♦ *n* Marke *f*, Fabrikat *nt*; **to** ~ **a fool of sb** jdn lächerlich machen; **to** ~ **a profit/loss** Gewinn/Verlust machen; **to** ~ **it** (*arrive*) es schaffen; (*succeed*) Erfolg haben; **what time do you** ~ **it?** wie spät hast du?; **to** ~ **good** erfolgreich sein; (*threat*) wahr machen; (*promise*) einlösen; (*damage*) wieder gutmachen; (*loss*) ersetzen; **to** ~ **do with** auskommen mit.

► **make for** *vt fus* (*place*) zuhalten auf +*acc*.

► **make off** *vi* sich davonmachen.

► **make out** *vt* (*decipher*) entziffern; (*understand*) verstehen; (*see*) ausmachen; (*write: cheque*) ausstellen; (*claim, imply*) behaupten; (*pretend*) so tun, als ob; **to** ~ **out a case for sth** für etw argumentieren.

► **make over** *vt:* **to** ~ **over (to)** überschreiben (+*dat*).

► **make up** *vt* (*constitute*) bilden; (*invent*) erfinden; (*prepare: bed*) zurechtmachen; (: *parcel*) zusammenpacken ♦ *vi* (*after quarrel*) sich versöhnen; (*with cosmetics*) sich schminken; **to** ~ **up one's mind** sich entscheiden; **to be made up of** bestehen aus.

▶ **make up for** *vt fus* (*loss*) ersetzen; (*disappointment etc*) ausgleichen.

make-believe ['meɪkbɪliːv] *n* Fantasie *f*; **a world of** ~ eine Fantasiewelt; **it's just** ~ es ist nicht wirklich.

maker ['meɪkə*] *n* Hersteller *m*; **film** ~ Filmemacher(in) *m(f)*.

makeshift ['meɪkʃɪft] *adj* behelfsmäßig.

make-up ['meɪkʌp] *n* Make-up *nt*, Schminke *f*.

make-up bag *n* Kosmetiktasche *f*.

make-up remover *n* Make-up-Entferner *m*.

making ['meɪkɪŋ] *n* (*fig*): **in the** ~ im Entstehen; **to have the** ~s **of** das Zeug haben zu.

maladjusted [mælə'dʒʌstɪd] *adj* verhaltensgestört.

maladroit [mælə'drɔɪt] *adj* ungeschickt.

malaise [mæ'leɪz] *n* Unbehagen *nt*.

malaria [mə'lɛərɪə] *n* Malaria *f*.

Malawi [mə'lɑːwɪ] *n* Malawi *nt*.

Malay [mə'leɪ] *adj* malaiisch ♦ *n* Malaie *m*, Malaiin *f*; (*LING*) Malaiisch *nt*.

Malaya [mə'leɪə] *n* Malaya *nt*.

Malayan [mə'leɪən] *adj*, *n* = **Malay**.

Malaysia [mə'leɪzɪə] *n* Malaysia *nt*.

Malaysian [mə'leɪzɪən] *adj* malaysisch ♦ *n* Malaysier(in) *m(f)*.

Maldives ['mɔːldaɪvz] *npl* Malediven *pl*.

male [meɪl] *n* (*animal*) Männchen *nt*; (*man*) Mann *m* ♦ *adj* männlich; (*ELEC*): ~ **plug** Stecker *m*; **because he is** ~ weil er ein Mann/Junge ist; ~ **and female students** Studenten und Studentinnen; **a** ~ **child** ein Junge.

male chauvinist *n* Chauvinist *m*.

male nurse *n* Krankenpfleger *m*.

malevolence [mə'lɛvələns] *n* Boshaftigkeit *f*; (*of action*) Böswilligkeit *f*.

malevolent [mə'lɛvələnt] *adj* boshaft; (*intention*) böswillig.

malfunction [mæl'fʌŋkʃən] *n* (*of computer*) Funktionsstörung *f*; (*of machine*) Defekt *m* ♦ *vi* (*computer*) eine Funktionsstörung haben; (*machine*) defekt sein.

malice ['mælɪs] *n* Bosheit *f*.

malicious [mə'lɪʃəs] *adj* boshaft; (*LAW*) böswillig.

malign [mə'laɪn] *vt* verleumden ♦ *adj* (*influence*) schlecht; (*interpretation*) böswillig.

malignant [mə'lɪgnənt] *adj* bösartig; (*intention*) böswillig.

malingerer [mə'lɪŋgərə*] *n* Simulant(in) *m(f)*.

mall [mɔːl] *n* (*also*: **shopping** ~) Einkaufszentrum *nt*.

malleable ['mælɪəbl] *adj* (*lit, fig*) formbar.

mallet ['mælɪt] *n* Holzhammer *m*.

malnutrition [mælnjuː'trɪʃən] *n* Unterernährung *f*.

malpractice [mæl'præktɪs] *n* Berufsvergehen *nt*.

malt [mɔːlt] *n* Malz *nt*; (*also*: ~ **whisky**) Malt

Whisky *m*.

Malta ['mɔːltə] *n* Malta *nt*.

Maltese [mɔːl'tiːz] *adj* maltesisch ♦ *n inv* Malteser(in) *m(f)*; (*LING*) Maltesisch *nt*.

maltreat [mæl'triːt] *vt* schlecht behandeln; (*violently*) misshandeln.

mammal ['mæml] *n* Säugetier *nt*.

mammoth ['mæməθ] *n* Mammut *nt* ♦ *adj* (*task*) Mammut-.

man [mæn] (*pl* **men**) *n* Mann *m*; (*mankind*) der Mensch, die Menschen *pl*; (*CHESS*) Figur *f* ♦ *vt* (*ship*) bemannen; (*gun, machine*) bedienen; (*post*) besetzen; ~ **and wife** Mann und Frau.

manage ['mænɪdʒ] *vi*: **to** ~ **to do sth** es schaffen, etw zu tun; (*get by financially*) zurechtkommen ♦ *vt* (*business, organization*) leiten; (*control*) zurechtkommen mit; **to** ~ **without sb/sth** ohne jdn/etw auskommen; **well** ~**d** (*business, shop etc*) gut geführt.

manageable ['mænɪdʒəbl] *adj* (*task*) zu bewältigen; (*number*) überschaubar.

management ['mænɪdʒmənt] *n* Leitung *f*, Führung *f*; (*persons*) Unternehmensleitung *f*; "**under new** ~" „unter neuer Leitung".

management accounting *n* Kosten- und Leistungsrechnung *f*.

management consultant *n* Unternehmensberater(in) *m(f)*.

manager ['mænɪdʒə*] *n* (*of business*) Geschäftsführer(in) *m(f)*; (*of institution etc*) Direktor(in) *m(f)*; (*of department*) Leiter(in) *m(f)*; (*of pop star*) Manager(in) *m(f)*; (*SPORT*) Trainer(in) *m(f)*; **sales** ~ Verkaufsleiter(in) *m(f)*.

manageress [mænɪdʒə'rɛs] *n* (*of shop, business*) Geschäftsführerin *f*; (*of office, department etc*) Leiterin *f*.

managerial [mænɪ'dʒɪərɪəl] *adj* (*role, post*) leitend; (*decisions*) geschäftlich; ~ **staff/skills** Führungskräfte *pl*/-qualitäten *pl*.

managing director ['mænɪdʒɪŋ-] *n* Geschäftsführer(in) *m(f)*.

Mancunian [mæŋ'kjuːnɪən] *n* Bewohner(in) *m(f)* Manchesters.

mandarin ['mændərɪn] *n* (*also*: ~ **orange**) Mandarine *f*; (*official: Chinese*) Mandarin *m*; (: *gen*) Funktionär *m*.

mandate ['mændeɪt] *n* Mandat *nt*; (*task*) Auftrag *m*.

mandatory ['mændətərɪ] *adj* obligatorisch.

mandolin(e) ['mændəlɪn] *n* Mandoline *f*.

mane [meɪn] *n* Mähne *f*.

maneuver [mə'nuːvə*] (*US*) = **manoeuvre** *etc*.

manfully ['mænfəlɪ] *adv* mannhaft, beherzt.

manganese [mæŋgə'niːz] *n* Mangan *nt*.

mangetout ['mɒnʒ'tuː] (*BRIT*) *n* Zuckererbse *f*.

mangle ['mæŋgl] *vt* (übel) zurichten ♦ *n* Mangel *f*.

mango ['mæŋgəu] (*pl* ~**es**) *n* Mango *f*.

mangrove ['mæŋgrəuv] n Mangrove(n)baum m.

mangy ['meɪndʒɪ] adj (animal) räudig.

manhandle ['mænhændl] vt (mistreat) grob behandeln; (move by hand) (von Hand) befördern.

manhole ['mænhəul] n Kanalschacht m.

manhood ['mænhud] n Mannesalter nt.

man-hour ['mænauə*] n Arbeitsstunde f.

manhunt ['mænhʌnt] n Fahndung f.

mania ['meɪnɪə] n Manie f; (craze) Sucht f; **persecution ~** Verfolgungswahn m.

maniac ['meɪnɪæk] n Wahnsinnige(r) f(m), Verrückte(r) f(m); (fig) Fanatiker(in) m(f).

manic ['mænɪk] adj (behaviour) manisch; (activity) rasend.

manic-depressive ['mænɪkdɪ'presɪv] n Manisch-Depressive(r) f(m) ♦ adj manisch-depressiv.

manicure ['mænɪkjuə*] n Maniküre f ♦ vt maniküren.

manicure set n Nageletui nt, Maniküreetui nt.

manifest ['mænɪfest] vt zeigen, bekunden ♦ adj offenkundig ♦ n Manifest nt.

manifestation [mænɪfes'teɪʃən] n Anzeichen nt.

manifesto [mænɪ'festəu] n Manifest nt.

manifold ['mænɪfəuld] adj vielfältig ♦ n: **exhaust ~** Auspuffkrümmer m.

Manila [mə'nɪlə] n Manila nt.

manila [mə'nɪlə] adj: **~ envelope** brauner Briefumschlag m.

manipulate [mə'nɪpjuleɪt] vt manipulieren.

manipulation [mənɪpju'leɪʃən] n Manipulation f.

mankind [mæn'kaɪnd] n Menschheit f.

manliness ['mænlɪnɪs] n Männlichkeit f.

manly ['mænlɪ] adj männlich.

man-made ['mæn'meɪd] adj künstlich; (fibre) synthetisch.

manna ['mænə] n Manna nt.

mannequin ['mænɪkɪn] n (dummy) Schaufensterpuppe f; (fashion model) Mannequin nt.

manner ['mænə*] n (way) Art f, Weise f; (behaviour) Art f; (type, sort): **all ~ of things** die verschiedensten Dinge; **manners** npl (conduct) Manieren pl, Umgangsformen pl; **bad ~s** schlechte Manieren; **that's bad ~s** das gehört sich nicht.

mannerism ['mænərɪzəm] n Eigenheit f.

mannerly ['mænəlɪ] adj wohlerzogen.

manning ['mænɪŋ] n Besatzung f.

manoeuvrable, (US) **maneuverable** [mə'nuːvrəbl] adj manövrierfähig.

manoeuvre, (US) **maneuver** [mə'nuːvə*] vt manövrieren; (situation) manipulieren ♦ vi manövrieren ♦ n (skilful move) Manöver nt; **manoeuvres** npl (MIL) Manöver nt, Truppenübungen pl; **to ~ sb into doing sth** jdn dazu bringen, etw zu tun.

manor ['mænə*] n (also: **~ house**) Herrenhaus nt.

manpower ['mænpauə*] n Personal nt, Arbeitskräfte pl.

Manpower Services Commission (BRIT) n Behörde für Arbeitsbeschaffung, Arbeitsvermittlung und Berufsausbildung.

manservant ['mænsɔːvənt] (pl **menservants**) n Diener m.

mansion ['mænʃən] n Villa f.

manslaughter ['mænslɔːtə*] n Totschlag m.

mantelpiece ['mæntlpiːs] n Kaminsims nt or m.

mantle ['mæntl] n Decke f; (fig) Deckmantel m.

man-to-man ['mæntə'mæn] adj, adv von Mann zu Mann.

manual ['mænjuəl] adj manuell, Hand-; (controls) von Hand ♦ n Handbuch nt.

manufacture [mænju'fæktʃə*] vt herstellen ♦ n Herstellung f.

manufactured goods npl Fertigerzeugnisse pl.

manufacturer [mænju'fæktʃərə*] n Hersteller m.

manufacturing [mænju'fæktʃərɪŋ] n Herstellung f.

manure [mə'njuə*] n Dung m.

manuscript ['mænjuskrɪpt] n Manuskript nt; (old document) Handschrift f.

many ['menɪ] adj, pron viele; **a great ~** eine ganze Reihe; **how ~?** wie viele?; **too ~ difficulties** zu viele Schwierigkeiten; **twice as ~** doppelt so viele; **~ a time** so manches Mal.

Maori ['maurɪ] adj maorisch ♦ n Maori mf.

map [mæp] n (Land)karte f; (of town) Stadtplan m ♦ vt eine Karte anfertigen von. ► **map out** vt planen; (plan) entwerfen; (essay) anlegen.

maple ['meɪpl] n (tree, wood) Ahorn m.

Mar. abbr = **March**.

mar [mɑː*] vt (appearance) verunstalten; (day) verderben; (event) stören.

marathon ['mærəθən] n Marathon m ♦ adj: **a ~ session** eine Marathonsitzung.

marathon runner n Marathonläufer(in) m(f).

marauder [mə'rɔːdə*] n (robber) Plünderer m; (killer) Mörder m.

marble ['mɑːbl] n Marmor m; (toy) Murmel f.

marbles ['mɑːblz] n (game) Murmeln pl.

March [mɑːtʃ] n März m; see also **July**.

march [mɑːtʃ] vi marschieren; (protesters) ziehen ♦ n Marsch m; (demonstration) Demonstration f; **to ~ out of/into** (heraus)marschieren aus +dat/ (herein)marschieren in +acc.

marcher ['mɑːtʃə*] n Demonstrant(in) m(f).

marching orders ['mɑːtʃɪŋ-] npl: **to give sb his/her ~** (employee) jdn entlassen; (lover) jdm den Laufpass geben.

march past n Vorbeimarsch m.

mare [meə*] n Stute f.

margarine [mɑːdʒə'riːn] n Margarine f.

marge [mɑːdʒ] (*BRIT: inf*) *n abbr* = **margarine**.
margin ['mɑːdʒɪn] *n* Rand *m*; (*of votes*)
Mehrheit *f*; (*for safety, error etc*) Spielraum *m*;
(*COMM*) Gewinnspanne *f*.
marginal ['mɑːdʒɪnl] *adj* geringfügig; (*note*)
Rand-.
marginally ['mɑːdʒɪnəlɪ] *adv* nur wenig,
geringfügig.
marginal (seat) *n* (*POL*) *mit knapper
Mehrheit gewonnener Wahlkreis*.
marigold ['mærɪɡəʊld] *n* Ringelblume *f*.
marijuana [mærɪ'wɑːnə] *n* Marihuana *nt*.
marina [mə'riːnə] *n* Jachthafen *m*.
marinade [mærɪ'neɪd] *n* Marinade *f* ♦ *vt*
= **marinate**.
marinate ['mærɪneɪt] *vt* marinieren.
marine [mə'riːn] *adj* (*plant, biology*) Meeres-
♦ *n* (*BRIT: soldier*) Marineinfanterist *m*; (*US:
sailor*) Marinesoldat *m*; ~ **engineer**
Schiff(s)bauingenieur *m*; ~ **engineering**
Schiff(s)bau *m*.
marine insurance *n* Seeversicherung *f*.
marital ['mærɪtl] *adj* ehelich; (*problem*) Ehe-;
~ **status** Familienstand *m*.
maritime ['mærɪtaɪm] *adj* (*nation*) Seefahrer-;
(*museum*) Seefahrts-; (*law*) See-.
marjoram ['mɑːdʒərəm] *n* Majoran *m*.
mark [mɑːk] *n* Zeichen *nt*; (*stain*) Fleck *m*; (*in
snow, mud etc*) Spur *f*; (*BRIT: SCOL*) Note *f*;
(*level, point*): **the halfway** ~ die Hälfte *f*;
(*currency*) Mark *f*; (*BRIT: TECH*): **M~ 2/3**
Version *f* 2/3 ♦ *vt* (*with pen*) beschriften;
(*with shoes etc*) schmutzig machen; (*with
tyres etc*) Spuren hinterlassen auf +*dat*;
(*damage*) beschädigen; (*stain*) Flecken
machen auf +*dat*; (*indicate*) markieren;
(: *price*) auszeichnen; (*commemorate*)
begehen; (*characterize*) kennzeichnen; (*BRIT:
SCOL*) korrigieren (und benoten); (*SPORT:
player*) decken; **punctuation ~s** Satzzeichen
pl; **to be quick off the** ~ (**in doing sth**) (*fig*)
blitzschnell reagieren (und etw tun); **to be
up to the** ~ den Anforderungen
entsprechen; **to** ~ **time** auf der Stelle
treten.
▶ **mark down** *vt* (*prices, goods*) herabsetzen,
heruntersetzen.
▶ **mark off** *vt* (*tick off*) abhaken.
▶ **mark out** *vt* markieren; (*person*)
auszeichnen.
▶ **mark up** *vt* (*price*) heraufsetzen.
marked [mɑːkt] *adj* deutlich.
markedly ['mɑːkɪdlɪ] *adv* deutlich.
marker ['mɑːkə*] *n* Markierung *f*; (*bookmark*)
Lesezeichen *nt*.
market ['mɑːkɪt] *n* Markt *m* ♦ *vt* (*sell*)
vertreiben; (*new product*) auf den Markt
bringen; **to be on the** ~ auf dem Markt sein;
on the open ~ auf dem freien Markt; **to
play the** ~ (*STOCK EXCHANGE*) an der Börse
spekulieren.
marketable ['mɑːkɪtəbl] *adj* marktfähig.

market analysis *n* Marktanalyse *f*.
market day *n* Markttag *m*.
market demand *n* Marktbedarf *m*.
market economy *n* Marktwirtschaft *f*.
market forces *npl* Marktkräfte *pl*.
market garden (*BRIT*) *n*
Gemüseanbaubetrieb *m*.
marketing ['mɑːkɪtɪŋ] *n* Marketing *nt*.
marketing manager *n*
Marketingmanager(in) *m(f)*.
marketplace ['mɑːkɪtpleɪs] *n* Marktplatz *m*;
(*COMM*) Markt *m*.
market price *n* Marktpreis *m*.
market research *n* Marktforschung *f*.
market value *n* Marktwert *m*.
marking ['mɑːkɪŋ] *n* (*on animal*) Zeichnung *f*;
(*on road*) Markierung *f*.
marksman ['mɑːksmən] (*irreg: like* **man**) *n*
Scharfschütze *m*.
marksmanship ['mɑːksmənʃɪp] *n*
Treffsicherheit *f*.
mark-up ['mɑːkʌp] *n* (*COMM: margin*)
Handelsspanne *f*; (: *increase*)
(Preis)aufschlag *m*.
marmalade ['mɑːməleɪd] *n*
Orangenmarmelade *f*.
maroon [mə'ruːn] *vt*: **to be** ~**ed** festsitzen
♦ *adj* kastanienbraun.
marquee [mɑː'kiː] *n* Festzelt *nt*.
marquess, marquis ['mɑːkwɪs] *n* Marquis *m*.
Marrakech, Marrakesh [mærə'kɛʃ] *n*
Marrakesch *nt*.
marriage ['mærɪdʒ] *n* Ehe *f*; (*institution*) die
Ehe; (*wedding*) Hochzeit *f*; ~ **of convenience**
Vernunftehe *f*.
marriage bureau *n* Ehevermittlung *f*.
marriage certificate *n* Heiratsurkunde *f*.
marriage guidance, (*US*) **marriage
counseling** *n* Eheberatung *f*.
married ['mærɪd] *adj* verheiratet; (*life*) Ehe-;
(*love*) ehelich; **to get** ~ heiraten.
marrow ['mærəʊ] *n* (*vegetable*) Kürbis *m*;
(*bone marrow*) (Knochen)mark *nt*.
marry ['mærɪ] *vt* heiraten; (*priest*) trauen ♦ *vi* heiraten.
Mars [mɑːz] *n* Mars *m*.
Marseilles [mɑː'seɪlz] *n* Marseilles *nt*.
marsh [mɑːʃ] *n* Sumpf *m*; (*salt marsh*)
Salzsumpf *m*.
marshal ['mɑːʃl] *n* (*MIL: also:* **field** ~)
(Feld)marschall *m*; (*official*) Ordner *m*; (*US:
of police*) Bezirkspolizeichef *m* ♦ *vt* (*thoughts*)
ordnen; (*support*) auftreiben; (*soldiers*)
aufstellen.
marshalling yard ['mɑːʃlɪŋ-] *n* (*RAIL*)
Rangierbahnhof *m*.
marshmallow [mɑːʃ'mæləʊ] *n* (*BOT*) Eibisch
m; (*sweet*) Marshmallow *nt*.
marshy ['mɑːʃɪ] *adj* sumpfig.
marsupial [mɑː'suːpɪəl] *n* Beuteltier *nt*.
martial ['mɑːʃl] *adj* kriegerisch.
martial arts *npl* Kampfsport *m*; **the** ~ die

Kampfkunst *sing*.

martial law *n* Kriegsrecht *nt*.

Martian ['mɑːʃən] *n* Marsmensch *m*.

martin ['mɑːtɪn] *n* (*also*: **house** ~) Schwalbe *f*.

martyr ['mɑːtə*] *n* Märtyrer(in) *m(f)* ♦ *vt* martern.

martyrdom ['mɑːtədəm] *n* Martyrium *nt*.

marvel ['mɑːvl] *n* Wunder *nt* ♦ *vi*: **to** ~ **(at)** staunen (über +*acc*).

marvellous, (*US*) **marvelous** ['mɑːvləs] *adj* wunderbar.

Marxism ['mɑːksɪzəm] *n* Marxismus *m*.

Marxist ['mɑːksɪst] *adj* marxistisch ♦ *n* Marxist(in) *m(f)*.

marzipan ['mɑːzɪpæn] *n* Marzipan *nt*.

mascara [mæs'kɑːrə] *n* Wimperntusche *f*.

mascot ['mæskət] *n* Maskottchen *nt*.

masculine ['mæskjulɪn] *adj* männlich; (*atmosphere, woman*) maskulin; (*LING*) männlich, maskulin.

masculinity [mæskju'lɪnɪtɪ] *n* Männlichkeit *f*.

MASH [mæʃ] (*US*) *n abbr* (= *mobile army surgical hospital*) mobiles Lazarett *nt*.

mash [mæʃ] *vt* zerstampfen.

mashed potatoes [mæʃt-] *npl* Kartoffelpüree *nt*, Kartoffelbrei *m*.

mask [mɑːsk] *n* Maske *f* ♦ *vt* (*cover*) verdecken; (*hide*) verbergen; **surgical** ~ Mundschutz *m*.

masking tape ['mɑːskɪŋ-] *n* Abdeckband *nt*.

masochism ['mæsəukɪzəm] *n* Masochismus *m*.

masochist ['mæsəukɪst] *n* Masochist(in) *m(f)*.

mason ['meɪsn] *n* (*also*: **stone** ~) Steinmetz *m*; (*also*: **freemason**) Freimaurer *m*.

masonic [mə'sɒnɪk] *adj* (*lodge etc*) Freimaurer-.

masonry ['meɪsnrɪ] *n* Mauerwerk *nt*.

masquerade [mæskə'reɪd] *vi*: **to** ~ **as** sich ausgeben als ♦ *n* Maskerade *f*.

Mass. (*US*) *abbr* (*POST*: = *Massachusetts*).

mass [mæs] *n* Masse *f*; (*of people*) Menge *f*; (*large amount*) Fülle *f*; (*REL*): **M**~ Messe *f* ♦ *cpd* Massen- ♦ *vi* (*troops*) sich massieren; (*protesters*) sich versammeln; **the masses** *npl* (*ordinary people*) die Masse, die Massen *pl*; **to go to M**~ zur Messe gehen; ~**es of** (*inf*) massenhaft, jede Menge.

massacre ['mæsəkə*] *n* Massaker *nt* ♦ *vt* massakrieren.

massage ['mæsɑːʒ] *n* Massage *f* ♦ *vt* massieren.

masseur [mæ'sɜː*] *n* Masseur *m*.

masseuse [mæ'sɜːz] *n* Masseurin *f*.

massive ['mæsɪv] *adj* (*furniture, person*) wuchtig; (*support*) massiv; (*changes, increase*) enorm.

mass market *n* Massenmarkt *m*.

mass media *npl* Massenmedien *pl*.

mass meeting *n* Massenveranstaltung *f*; (*of everyone concerned*) Vollversammlung *f*; (*POL*) Massenkundgebung *f*.

mass-produce ['mæsprə'djuːs] *vt* in

Massenproduktion herstellen.

mass-production ['mæsprə'dʌkʃən] *n* Massenproduktion *f*.

mast [mɑːst] *n* (*NAUT*) Mast *m*; (*RADIO etc*) Sendeturm *m*.

mastectomy [mæs'tektəmɪ] *n* Brustamputation *f*.

master ['mɑːstə*] *n* Herr *m*; (*teacher*) Lehrer *m*; (*title*): **M**~ **X** (der junge) Herr X; (*ART, MUS, of craft etc*) Meister *m* ♦ *cpd*: ~ **baker/plumber** *etc* Bäcker-/Klempnermeister *etc m* ♦ *vt* meistern; (*feeling*) unter Kontrolle bringen; (*skill, language*) beherrschen.

master disk *n* (*COMPUT*) Stammdiskette *f*.

masterful ['mɑːstəful] *adj* gebieterisch; (*skilful*) meisterhaft.

master key *n* Hauptschlüssel *m*.

masterly ['mɑːstəlɪ] *adj* meisterhaft.

mastermind ['mɑːstəmaɪnd] *n* (*führender*) Kopf *m* ♦ *vt* planen und ausführen.

Master of Arts *n* Magister *m* der philosophischen Fakultät.

Master of Ceremonies *n* Zeremonienmeister *m*; (*for variety show etc*) Conférencier *m*.

Master of Science *n* Magister *m* der naturwissenschaftlichen Fakultät.

masterpiece ['mɑːstəpiːs] *n* Meisterwerk *nt*.

master plan *n* kluger Plan *m*.

MASTER'S DEGREE

Master's Degree *ist ein höherer akademischer Grad, den man in der Regel nach dem* **bachelor's degree** *erwerben kann. Je nach Universität erhält man ein* **master's degree** *nach einem entsprechenden Studium und/oder einer Dissertation. Die am häufigsten verliehenen Grade sind* **MA** (= *Master of Arts*) *und* **MSc** (= *Master of Science*), *die beide Studium und Dissertation erfordern, während für* **MLitt** (= *Master of Letters*) *und* **MPhil** (= *Master of Philosophy*) *meist nur eine Dissertation nötig ist. Siehe auch* **bachelor's degree, doctorate**.

---

masterstroke ['mɑːstəstrəuk] *n* Meisterstück *nt*.

mastery ['mɑːstərɪ] *n* (*of language etc*) Beherrschung *f*; (*skill*) (meisterhaftes) Können *nt*.

mastiff ['mæstɪf] *n* Dogge *f*.

masturbate ['mæstəbeɪt] *vi* masturbieren, onanieren.

masturbation [mæstə'beɪʃən] *n* Masturbation *f*, Onanie *f*.

mat [mæt] *n* Matte *f*; (*also*: **doormat**) Fußmatte *f*; (*also*: **table** ~) Untersetzer *m*; (: *of cloth*) Deckchen *nt* ♦ *adj* = **matt**.

match [mætʃ] *n* Wettkampf *m*; (*team game*) Spiel *nt*; (*TENNIS*) Match *nt*; (*for lighting fire etc*) Streichholz *nt*; (*equivalent*): **to be a good/perfect** ~ gut/perfekt

zusammenpassen ♦ *vt* (*go well with*) passen
zu; (*equal*) gleichkommen +*dat*; (*correspond
to*) entsprechen +*dat*; (*suit*) sich anpassen
+*dat*; (*also*: ~ **up**: *pair*) passend
zusammenbringen ♦ *vi* zusammenpassen; **to
be a good** ~ gut zusammenpassen; **to be no**
~ **for** sich nicht messen können mit; **with
shoes to** ~ mit (dazu) passenden Schuhen.
► **match up** *vi* zusammenpassen.
matchbox ['mætʃbɔks] *n*
Streichholzschachtel *f*.
matching ['mætʃɪŋ] *adj* (dazu) passend.
matchless ['mætʃlɪs] *adj* unvergleichlich.
mate [meɪt] *n* (*inf*: *friend*) Freund(in) *m(f)*,
Kumpel *m*; (*animal*) Männchen *nt*, Weibchen
nt; (*assistant*) Gehilfe *m*, Gehilfin *f*; (*in merchant
navy*) Maat *m* ♦ *vi* (*animals*) sich paaren.
material [mə'tɪərɪəl] *n* Material *nt*; (*cloth*)
Stoff *m* ♦ *adj* (*possessions, existence*)
materiell; (*relevant*) wesentlich; **materials**
npl (*equipment*) Material *nt*.
materialistic [mətɪərɪə'lɪstɪk] *adj*
materialistisch.
materialize [mə'tɪərɪəlaɪz] *vi* (*event*) zustande
kommen; (*plan*) verwirklicht werden; (*hope*)
sich verwirklichen; (*problem*) auftreten;
(*crisis, difficulty*) eintreten.
maternal [mə'tɜːnl] *adj* mütterlich, Mutter-.
maternity [mə'tɜːnɪtɪ] *n* Mutterschaft *f* ♦ *cpd*
(*ward etc*) Entbindungs-; (*care*) für
werdende und junge Mütter.
maternity benefit *n* Mutterschaftsgeld *nt*.
maternity dress *n* Umstandskleid *nt*.
maternity hospital *n* Entbindungsheim *nt*.
maternity leave *n* Mutterschaftsurlaub *m*.
matey ['meɪtɪ] (*BRIT: inf*) *adj* kumpelhaft.
math [mæθ] (*US*) *n abbr* = **maths**.
mathematical [mæθə'mætɪkl] *adj*
mathematisch.
mathematician [mæθəmə'tɪʃən] *n*
Mathematiker(in) *m(f)*.
mathematics [mæθə'mætɪks] *n* Mathematik *f*.
maths [mæθs], (*US*) **math** [mæθ] *n abbr* Mathe *f*.
matinée ['mætɪneɪ] *n* Nachmittagsvorstellung
f.
mating ['meɪtɪŋ] *n* Paarung *f*.
mating call *n* Lockruf *m*.
mating season *n* Paarungszeit *f*.
matriarchal [meɪtrɪ'ɑːkl] *adj* matriarchalisch.
matrices ['meɪtrɪsiːz] *npl of* **matrix**.
matriculation [mətrɪkju'leɪʃən] *n*
Immatrikulation *f*.
matrimonial [mætrɪ'məunɪəl] *adj* Ehe-.
matrimony ['mætrɪmənɪ] *n* Ehe *f*.
matrix ['meɪtrɪks] (*pl* **matrices**) *n* (*MATH*)
Matrix *f*; (*framework*) Gefüge *nt*.
matron ['meɪtrən] *n* (*in hospital*)
Oberschwester *f*; (*in school*) Schwester *f*.
matronly ['meɪtrənlɪ] *adj* matronenhaft.
matt [mæt] *adj* matt; (*paint*) Matt-.
matted ['mætɪd] *adj* verfilzt.
matter ['mætə*] *n* (*event, situation*) Sache *f*,

Angelegenheit *f*; (*PHYS*) Materie *f*;
(*substance, material*) Stoff *m*; (*MED*: *pus*)
Eiter *m* ♦ *vi* (*be important*) wichtig sein;
matters *npl* (*affairs*) Angelegenheiten *pl*,
Dinge *pl*; (*situation*) Lage *f*; **what's the** ~**?**
was ist los?; **no** ~ **what** egal was (passiert);
that's another ~ das ist etwas anderes; **as a**
~ **of course** selbstverständlich; **as a** ~ **of
fact** eigentlich; **it's a** ~ **of habit** es ist eine
Gewohnheitssache; **vegetable** ~ pflanzliche
Stoffe *pl*; **printed** ~ Drucksachen *pl*; **reading**
~ (*BRIT*) Lesestoff *m*; **it doesn't** ~ es macht
nichts.
matter-of-fact ['mætərəv'fækt] *adj* sachlich.
matting ['mætɪŋ] *n* Matten *pl*; **rush** ~
Binsenmatten *pl*.
mattress ['mætrɪs] *n* Matratze *f*.
mature [mə'tjuə*] *adj* reif; (*wine*) ausgereift
♦ *vi* reifen; (*COMM*) fällig werden.
mature student *n* älterer Student *m*, ältere
Studentin *f*.
maturity [mə'tjuərɪtɪ] *n* Reife *f*; **to have
reached** ~ (*person*) erwachsen sein; (*animal*)
ausgewachsen sein.
maudlin ['mɔːdlɪn] *adj* gefühlsselig.
maul [mɔːl] *vt* (anfallen und) übel zurichten.
Mauritania [mɔːrɪ'teɪnɪə] *n* Mauritanien *nt*.
Mauritius [mə'rɪʃəs] *n* Mauritius *nt*.
mausoleum [mɔːsə'lɪəm] *n* Mausoleum *nt*.
mauve [məuv] *adj* mauve.
maverick ['mævrɪk] *n* (*dissenter*)
Abtrünnige(r) *m*; (*independent thinker*)
Querdenker *m*.
mawkish ['mɔːkɪʃ] *adj* rührselig.
max. *abbr* = **maximum**.
maxim ['mæksɪm] *n* Maxime *f*.
maxima ['mæksɪmə] *npl of* **maximum**.
maximize ['mæksɪmaɪz] *vt* maximieren.
maximum ['mæksɪməm] (*pl* **maxima** *or* ~**s**) *adj*
(*amount, speed etc*) Höchst-; (*efficiency*)
maximal ♦ *n* Maximum *nt*.
May [meɪ] *n* Mai *m*; *see also* **July**.
may [meɪ] (*conditional* **might**) *vi* (*be possible*)
können; (*have permission*) dürfen; **he**
~ **come** vielleicht kommt er; ~ **I smoke?**
darf ich rauchen?; ~ **God bless you!** (*wish*)
Gott segne dich!; ~ **I sit here?** kann ich
mich hier hinsetzen?; **he might be there** er
könnte da sein; **you might like to try**
vielleicht möchten Sie es mal versuchen;
you ~ **as well go** Sie können ruhig gehen.
maybe ['meɪbiː] *adv* vielleicht; ~ **he'll** ... es
kann sein, dass er ...; ~ **not** vielleicht nicht.
Mayday ['meɪdeɪ] *n* Maydaysignal *nt*, ≈ SOS-
Ruf *m*.
May Day *n* der 1. Mai.
mayhem ['meɪhɛm] *n* Chaos *nt*.
mayonnaise [meɪə'neɪz] *n* Majonäse *f*,
Mayonnaise *f*.
mayor [mɛə*] *n* Bürgermeister *m*.
mayoress ['mɛərɛs] *n* Bürgermeisterin *f*;
(*partner*) Frau *f* des Bürgermeisters.

maypole ['meɪpəul] n Maibaum m.

maze [meɪz] n Irrgarten m; (fig) Wirrwarr m.

MB abbr (COMPUT: = megabyte) MB; (CANADA: = Manitoba).

MBA n abbr (= Master of Business Administration) akademischer Grad in Betriebswirtschaft.

MBE (BRIT) n abbr (= Member of (the Order of) the British Empire) britischer Ordenstitel.

MC n abbr = Master of Ceremonies.

MCAT (US) n abbr (= Medical College Admissions Test) Zulassungsprüfung für medizinische Fachschulen.

MCP (BRIT: inf) n abbr (= male chauvinist pig) Chauvinistenschwein nt.

MD n abbr (= Doctor of Medicine) ≈ Dr. med.; (COMM) = managing director ♦ abbr (US: POST: = Maryland).

MDT (US) abbr (= Mountain Daylight Time) amerikanische Sommerzeitzone.

ME n abbr (US) = medical examiner; (MED: = myalgic encephalomyelitis) krankhafter Energiemangel (oft nach Viruserkrankungen) ♦ abbr (US: POST: = Maine).

================ KEYWORD

me [miː] pron **1** (direct) mich; **can you hear ~?** können Sie mich hören?; **it's ~** ich bins.
2 (indirect) mir; **he gave ~ the money, he gave the money to ~** er gab mir das Geld.
3 (after prep): **it's for ~** es ist für mich; **with ~** mit mir; **give them to ~** gib sie mir; **without ~** ohne mich.

meadow ['mɛdəu] n Wiese f.

meagre, (US) **meager** ['miːgə*] adj (amount) kläglich; (meal) dürftig.

meal [miːl] n Mahlzeit f; (food) Essen nt; (flour) Schrotmehl nt; **to go out for a ~** essen gehen; **to make a ~ of sth** (fig) etw auf sehr umständliche Art machen.

meals on wheels n sing Essen nt auf Rädern.

mealtime ['miːltaɪm] n Essenszeit f.

mealy-mouthed ['miːlɪmauðd] adj unaufrichtig; (politician) schönfärberisch.

mean [miːn] (pt, pp **meant**) adj (with money) geizig; (unkind) gemein; (US: inf: animal) bösartig; (shabby) schäbig; (average) Durchschnitts-, mittlere(r, s) ♦ vt (signify) bedeuten; (refer to) meinen; (intend) beabsichtigen ♦ n (average) Durchschnitt m; **means** npl (way) Möglichkeit f; (money) Mittel pl; **by ~s of** durch; **by all ~s!** aber natürlich or selbstverständlich!; **do you ~ it?** meinst du das ernst?; **what do you ~?** was willst du damit sagen?; **to be meant for sb/sth** für jdn/etw bestimmt sein; **to ~ to do sth** etw tun wollen.

meander [mɪ'ændə*] vi (river) sich schlängeln; (person: walking) schlendern; (: talking) abschweifen.

meaning ['miːnɪŋ] n Sinn m; (of word, gesture) Bedeutung f.

meaningful ['miːnɪŋful] adj sinnvoll; (glance, remark) viel sagend, bedeutsam; (relationship) tiefer gehend.

meaningless ['miːnɪŋlɪs] adj sinnlos; (word, song) bedeutungslos.

meanness ['miːnnɪs] n (with money) Geiz m; (unkindness) Gemeinheit f; (shabbiness) Schäbigkeit f.

means test [miːnz-] n Überprüfung f der Einkommens- und Vermögensverhältnisse.

means-tested ['miːnztestɪd] adj von den Einkommens- und Vermögensverhältnissen abhängig.

meant [mɛnt] pt, pp of **mean**.

meantime ['miːntaɪm] adv (also: **in the ~**) inzwischen.

meanwhile ['miːnwaɪl] adv = **meantime**.

measles ['miːzlz] n Masern pl.

measly ['miːzlɪ] (inf) adj mick(e)rig.

measurable ['mɛʒərəbl] adj messbar.

measure ['mɛʒə*] vt, vi messen ♦ n (amount) Menge f; (ruler) Messstab m; (of achievement) Maßstab m; (action) Maßnahme f; **a litre ~** ein Messbecher m, der einen Liter fasst; **a/ some ~ of** ein gewisses Maß an +dat; **to take ~s to do sth** Maßnahmen ergreifen, um etw zu tun.
▶ **measure up** vi: **to ~ up to** herankommen an +acc.

measured ['mɛʒəd] adj (tone) bedächtig; (step) gemessen.

measurement ['mɛʒəmənt] n (measure) Maß nt; (act) Messung f; **chest/hip ~** Brust-/ Hüftumfang m.

measurements ['mɛʒəmənts] npl Maße pl; **to take sb's ~** bei jdm Maß nehmen.

meat [miːt] n Fleisch nt; **cold ~s** (BRIT) Aufschnitt m; **crab ~** Krabbenfleisch nt.

meatball ['miːtbɔːl] n Fleischkloß m.

meat pie n Fleischpastete f.

meaty ['miːtɪ] adj (meal, dish) mit viel Fleisch; (fig: satisfying: book etc) gehaltvoll; (: brawny: person) kräftig (gebaut).

Mecca ['mɛkə] n (GEOG, fig) Mekka nt.

mechanic [mɪ'kænɪk] n Mechaniker(in) m(f).

mechanical [mɪ'kænɪkl] adj mechanisch.

mechanical engineering n Maschinenbau m.

mechanics [mɪ'kænɪks] n (PHYS) Mechanik f ♦ npl (of reading etc) Technik f; (of government etc) Mechanismus m.

mechanism ['mɛkənɪzəm] n Mechanismus m.

mechanization [mɛkənaɪ'zeɪʃən] n Mechanisierung f.

mechanize ['mɛkənaɪz] vt, vi mechanisieren.

MEd n abbr (= Master of Education) akademischer Grad für Lehrer.

medal ['mɛdl] n Medaille f; (decoration) Orden m.

medallion [mɪ'dælɪən] n Medaillon nt.

medallist, (*US*) **medalist** ['mɛdlɪst] *n*
Medaillengewinner(in) *m(f)*.
meddle ['mɛdl] *vi:* **to ~ (in)** sich einmischen
(in +*acc*); **to ~ with sb** sich mit jdm
einlassen; **to ~ with sth** (*tamper*) sich *dat* an
etw *dat* zu schaffen machen.
meddlesome ['mɛdlsəm], **meddling** ['mɛdlɪŋ]
adj sich ständig einmischend.
media ['miːdɪə] *npl* Medien *pl*.
media circus *n* Medienrummel *m*.
mediaeval [mɛdɪ'iːvl] *adj* = **medieval**.
median ['miːdɪən] (*US*) *n* (*also:* ~ **strip**)
Mittelstreifen *m*.
mediate ['miːdɪeɪt] *vi* vermitteln.
mediation [miːdɪ'eɪʃən] *n* Vermittlung *f*.
mediator ['miːdɪeɪtə*] *n* Vermittler(in) *m(f)*.
Medicaid ['mɛdɪkeɪd] (*US*) *n* staatliche
Krankenversicherung und
Gesundheitsfürsorge für
Einkommensschwache.
medical ['mɛdɪkl] *adj* (*care*) medizinisch;
(*treatment*) ärztlich ♦ *n* (ärztliche)
Untersuchung *f*.
medical certificate *n* (*confirming health*)
ärztliches Gesundheitszeugnis *nt*;
(*confirming illness*) ärztliches Attest *nt*.
medical examiner (*US*) *n* ≈
Gerichtsmediziner(in) *m(f)*; (*performing*
autopsy) Leichenbeschauer *m*.
medical student *n* Medizinstudent(in) *m(f)*.
Medicare ['mɛdɪkɛə*] (*US*) *n* staatliche
Krankenversicherung und
Gesundheitsfürsorge für ältere Bürger.
medicated ['mɛdɪkeɪtɪd] *adj* medizinisch.
medication [mɛdɪ'keɪʃən] *n* Medikamente *pl*.
medicinal [mɛ'dɪsɪnl] *adj* (*substance*) Heil-;
(*qualities*) heilend; (*purposes*) medizinisch.
medicine ['mɛdsɪn] *n* Medizin *f*; (*drug*) Arznei
f.
medicine ball *n* Medizinball *m*.
medicine chest *n* Hausapotheke *f*.
medicine man *n* Medizinmann *m*.
medieval [mɛdɪ'iːvl] *adj* mittelalterlich.
mediocre [miːdɪ'əukə*] *adj* mittelmäßig.
mediocrity [miːdɪ'ɔkrɪtɪ] *n* Mittelmäßigkeit *f*.
meditate ['mɛdɪteɪt] *vi* nachdenken; (*REL*)
meditieren.
meditation [mɛdɪ'teɪʃən] *n* Nachdenken *nt*;
(*REL*) Meditation *f*.
Mediterranean [mɛdɪtə'reɪnɪən] *adj* (*country,*
climate etc) Mittelmeer-; **the ~ (Sea)** das
Mittelmeer.
medium ['miːdɪəm] (*pl* **media** *or* ~**s**) *adj*
mittlere(r, s) ♦ *n* (*means*) Mittel *nt*;
(*substance, material*) Medium *nt*; (*pl* ~**s**)
(*person*) Medium *nt*; **of ~ height** mittelgroß;
to strike a happy ~ den goldenen Mittelweg
finden.
medium-dry ['miːdɪəm'draɪ] *adj* (*wine, sherry*)
halbtrocken.
medium-sized ['miːdɪəm'saɪzd] *adj*
mittelgroß.

medium wave *n* (*RADIO*) Mittelwelle *f*.
medley ['mɛdlɪ] *n* Gemisch *nt*; (*MUS*) Medley
nt.
meek [miːk] *adj* sanft(mütig), duldsam.
meet [miːt] (*pt, pp* **met**) *vt* (*encounter*) treffen;
(*by arrangement*) sich treffen mit; (*for the*
first time) kennen lernen; (*go and fetch*)
abholen; (*opponent*) treffen auf +*acc*;
(*condition, standard*) erfüllen; (*need,*
expenses) decken; (*problem*) stoßen auf +*acc*;
(*challenge*) begegnen +*dat*; (*bill*) begleichen;
(*join: line*) sich schneiden mit; (: *road etc*)
treffen auf +*acc* ♦ *vi* (*encounter*) sich
begegnen; (*by arrangement*) sich treffen; (*for*
the first time) sich kennen lernen; (*for talks*
etc) zusammenkommen; (*committee*) tagen;
(*join: lines*) sich schneiden; (: *roads etc*)
aufeinander treffen ♦ *n* (*BRIT: HUNTING*)
Jagd *f*; (*US: SPORT*) Sportfest *nt*; **pleased to**
~ you! (sehr) angenehm!
▶ **meet up** *vi:* **to ~ up with sb** sich mit jdm
treffen.
▶ **meet with** *vt fus* (*difficulty, success*) haben.
meeting ['miːtɪŋ] *n* (*assembly, people*
assembling) Versammlung *f*; (*COMM, of*
committee etc) Sitzung *f*; (*also:* **business ~**)
Besprechung *f*; (*encounter*) Begegnung *f*;
(: *arranged*) Treffen *nt*; (*POL*) Gespräch *nt*;
(*SPORT*) Veranstaltung *f*; **she's at** *or* **in a ~**
(*COMM*) sie ist bei einer Besprechung; **to**
call a ~ eine Sitzung/Versammlung
einberufen.
meeting-place ['miːtɪŋpleɪs] *n* Treffpunkt *m*.
megabyte ['mɛgəbaɪt] *n* Megabyte *nt*.
megalomaniac [mɛgələ'meɪnɪæk] *n*
Größenwahnsinnige(r) *f(m)*.
megaphone ['mɛgəfəun] *n* Megafon *nt*,
Megaphon *nt*.
megawatt ['mɛgəwɔt] *n* Megawatt *nt*.
melancholy ['mɛlənkəlɪ] *n* Melancholie *f*,
Schwermut *f* ♦ *adj* melancholisch,
schwermütig.
mellow ['mɛləu] *adj* (*sound*) voll, weich; (*light,*
colour, stone) warm; (*weathered*) verwittert;
(*person*) gesetzt; (*wine*) ausgereift ♦ *vi*
(*person*) gesetzter werden.
melodious [mɪ'ləudɪəs] *adj* melodisch.
melodrama ['mɛləudrɑːmə] *n* Melodrama *nt*.
melodramatic [mɛlədrə'mætɪk] *adj*
melodramatisch.
melody ['mɛlədɪ] *n* Melodie *f*.
melon ['mɛlən] *n* Melone *f*.
melt [mɛlt] *vi* (*lit, fig*) schmelzen ♦ *vt*
schmelzen; (*butter*) zerlassen.
▶ **melt down** *vt* einschmelzen.
meltdown ['mɛltdaun] *n* (*in nuclear reactor*)
Kernschmelze *f*.
melting point ['mɛltɪŋ-] *n* Schmelzpunkt *m*.
melting pot *n* (*lit, fig*) Schmelztiegel *m*; **to be**
in the ~ in der Schwebe sein.
member ['mɛmbə*] *n* Mitglied *nt*; (*ANAT*)
Glied *nt* ♦ *cpd:* **~ country** Mitgliedsland *nt*;

~ **state** Mitgliedsstaat *m*; **M~ of Parliament**
(*BRIT*) Abgeordnete(r) *f(m)* (des
Unterhauses); **M~ of the European
Parliament** (*BRIT*) Abgeordnete(r) *f(m)* des
Europaparlaments.
membership ['mɛmbəʃɪp] *n* Mitgliedschaft *f*;
(*members*) Mitglieder *pl*; (*number of
members*) Mitgliederzahl *f*.
membership card *n* Mitgliedsausweis *m*.
membrane ['mɛmbreɪn] *n* Membran(e) *f*.
memento [mə'mɛntəu] *n* Andenken *nt*.
memo ['mɛməu] *n* Memo *nt*, Mitteilung *f*.
memoir ['mɛmwɑ:ʳ] *n* Kurzbiografie *f*.
memoirs ['mɛmwɑ:z] *npl* Memoiren *pl*.
memo pad *n* Notizblock *m*.
memorable ['mɛmərəbl] *adj* denkwürdig;
(*unforgettable*) unvergesslich.
memorandum [mɛmə'rændəm] (*pl
memoranda*) *n* Mitteilung *f*.
memorial [mɪ'mɔ:rɪəl] *n* Denkmal *nt* ♦ *adj*
(*service, prize*) Gedenk-.
Memorial Day (*US*) *n* ≈ Volkstrauertag
m.

MEMORIAL DAY

Memorial Day *ist in den USA ein gesetzlicher
Feiertag am letzten Montag im Mai zum Gedenken
an die in allen Kriegen gefallenen amerikanischen
Soldaten. Siehe auch* **Remembrance Sunday**

---

memorize ['mɛməraɪz] *vt* sich *dat* einprägen.
memory ['mɛmərɪ] *n* Gedächtnis *nt*; (*sth
remembered*) Erinnerung *f*; (*COMPUT*)
Speicher *m*; **in ~ of** zur Erinnerung an +*acc*;
to have a good/bad ~ ein gutes/schlechtes
Gedächtnis haben; **loss of ~**
Gedächtnisschwund *m*.
men [mɛn] *npl of* **man**.
menace ['mɛnɪs] *n* Bedrohung *f*; (*nuisance*)
(Land)plage *f* ♦ *vt* bedrohen; **a public ~** eine
Gefahr für die Öffentlichkeit.
menacing ['mɛnɪsɪŋ] *adj* drohend.
menagerie [mɪ'nædʒərɪ] *n* Menagerie *f*.
mend [mɛnd] *vt* reparieren, (*darn*) flicken ♦ *n*:
to be on the ~ auf dem Wege der
Besserung sein; **to ~ one's ways** sich
bessern.
mending ['mɛndɪŋ] *n* Reparaturen *pl*; (*clothes*)
Flickarbeiten *pl*.
menial ['mi:nɪəl] (*often pej*) *adj* niedrig,
untergeordnet.
meningitis [mɛnɪn'dʒaɪtɪs] *n*
Hirnhautentzündung *f*.
menopause ['mɛnəupɔ:z] *n*: **the ~** die
Wechseljahre *pl*.
menservants ['mɛnsɜ:vənts] *npl of*
manservant.
men's room (*US*) *n* Herrentoilette *f*.
menstrual ['mɛnstruəl] *adj* (*BIOL: cycle etc*)
Menstruations-; **~ period** Monatsblutung *f*.
menstruate ['mɛnstrueɪt] *vi* die Menstruation

haben.
menstruation [mɛnstru'eɪʃən] *n* Menstruation
f.
menswear ['mɛnzwɛəʳ] *n* Herren(be)kleidung
f.
mental ['mɛntl] *adj* geistig; (*illness*) Geistes-;
~ arithmetic Kopfrechnen *nt*.
mental hospital *n* psychiatrische Klinik *f*.
mentality [mɛn'tælɪtɪ] *n* Mentalität *f*.
mentally ['mɛntlɪ] *adv*: **to be ~ handicapped**
geistig behindert sein.
menthol ['mɛnθɒl] *n* Menthol *nt*.
mention ['mɛnʃən] *n* Erwähnung *f* ♦ *vt*
erwähnen; **don't ~ it!** (bitte,) gern
geschehen!; **not to ~ ...** von ... ganz zu
schweigen.
mentor ['mɛntɔ:ʳ] *n* Mentor *m*.
menu ['mɛnju:] *n* Menü *nt*; (*printed*)
Speisekarte *f*.
menu-driven ['mɛnju:drɪvn] *adj* (*COMPUT*)
menügesteuert.
MEP (*BRIT*) *n abbr* (= *Member of the European
Parliament*) Abgeordnete(r) *f(m)* des
Europaparlaments.
mercantile ['mɜ:kəntaɪl] *adj* (*class, society*)
Handel treibend; (*law*) Handels-.
mercenary ['mɜ:sɪnərɪ] *adj* (*person*) geldgierig
♦ *n* Söldner *m*.
merchandise ['mɜ:tʃəndaɪz] *n* Ware *f*.
merchandiser ['mɜ:tʃəndaɪzəʳ] *n*
Verkaufsförderungsexperte *m*.
merchant ['mɜ:tʃənt] *n* Kaufmann *m*; **timber/
wine ~** Holz-/Weinhändler *m*.
merchant bank (*BRIT*) *n* Handelsbank *f*.
merchantman ['mɜ:tʃəntmən] (*irreg: like* **man**)
n Handelsschiff *nt*.
merchant navy, (*US*) **merchant marine** *n*
Handelsmarine *f*.
merciful ['mɜ:sɪful] *adj* gnädig; **a ~ release**
eine Erlösung.
mercifully ['mɜ:sɪflɪ] *adv* glücklicherweise.
merciless ['mɜ:sɪlɪs] *adj* erbarmungslos.
mercurial [mɜ:'kjuərɪəl] *adj* (*unpredictable*)
sprunghaft, wechselhaft; (*lively*)
quecksilbrig.
mercury ['mɜ:kjurɪ] *n* Quecksilber *nt*.
mercy ['mɜ:sɪ] *n* Gnade *f*; **to have ~ on sb**
Erbarmen mit jdm haben; **at the ~ of**
ausgeliefert +*dat*.
mercy killing *n* Euthanasie *f*.
mere [mɪəʳ] *adj* bloß; **his ~ presence irritates
her** schon *or* allein seine Anwesenheit
ärgert sie; **she is a ~ child** sie ist noch ein
Kind; **it's a ~ trifle** es ist eine Lappalie; **by
~ chance** rein durch Zufall.
merely ['mɪəlɪ] *adv* lediglich, bloß.
merge [mɜ:dʒ] *vt* (*combine*) vereinen;
(*COMPUT: files*) mischen ♦ *vi* (*COMM*)
fusionieren; (*colours, sounds, shapes*)
ineinander übergehen; (*roads*)
zusammenlaufen.
merger ['mɜ:dʒəʳ] *n* (*COMM*) Fusion *f*.

meridian [mə'rɪdɪən] n Meridian m.
meringue [mə'ræŋ] n Baiser nt.
merit ['mɛrɪt] n (*worth, value*) Wert m;
(*advantage*) Vorzug m; (*achievement*)
Verdienst nt ♦ vt verdienen.
meritocracy [mɛrɪ'tɔkrəsɪ] n
Leistungsgesellschaft f.
mermaid ['mɔːmeɪd] n Seejungfrau f,
Meerjungfrau f.
merrily ['mɛrɪlɪ] adv vergnügt.
merriment ['mɛrɪmənt] n Heiterkeit f.
merry ['mɛrɪ] adj vergnügt; (*music*) fröhlich;
M~ Christmas! fröhliche or frohe
Weihnachten!
merry-go-round ['mɛrɪgəuraund] n Karussell
nt.
mesh [mɛʃ] n Geflecht nt; wire ~
Maschendraht m.
mesmerize ['mɛzməraɪz] vt (*fig*) faszinieren.
mess [mɛs] n Durcheinander nt; (*dirt*) Dreck
m; (*MIL*) Kasino nt; **to be in a** ~ (*untidy*)
unordentlich sein; (*in difficulty*) in
Schwierigkeiten stecken; **to be a** ~ (*fig: life*)
verkorkst sein; **to get o.s. in a** ~ in
Schwierigkeiten geraten.
▶ **mess about** (*inf*) vi (*fool around*)
herumalbern.
▶ **mess about with** (*inf*) vt fus (*play around*
with) herumfummeln an +dat.
▶ **mess around** (*inf*) vi = **mess about**.
▶ **mess around with** (*inf*) vt fus = **mess about**
with.
▶ **mess up** vt durcheinander bringen; (*dirty*)
verdrecken.
message ['mɛsɪdʒ] n Mitteilung f, Nachricht f;
(*meaning*) Aussage f; **to get the** ~ (*inf, fig*)
kapieren.
message switching [-'swɪtʃɪŋ] n (*COMPUT*)
Speichervermittlung f.
messenger ['mɛsɪndʒə*] n Bote m.
Messiah [mɪ'saɪə] n Messias m.
Messrs ['mɛsəz] abbr (*on letters*: = *messieurs*)
An (die Herren).
messy ['mɛsɪ] adj (*dirty*) dreckig; (*untidy*)
unordentlich.
Met [mɛt] (*US*) n abbr (= *Metropolitan Opera*)
Met f.
met [mɛt] pt, pp of **meet**.
met. adj abbr (= *meteorological*): **the M~ Office**
das Wetteramt.
metabolism [mɛ'tæbəlɪzəm] n Stoffwechsel
m.
metal ['mɛtl] n Metall nt.
metal fatigue n Metallermüdung f.
metalled ['mɛtld] adj (*road*) asphaltiert.
metallic [mɪ'tælɪk] adj metallisch; (*made of*
metal) aus Metall.
metallurgy [mɛ'tælədʒɪ] n Metallurgie f.
metalwork ['mɛtlwɔːk] n Metallarbeit f.
metamorphosis [mɛtə'mɔːfəsɪs] (*pl*
metamorphoses) n Verwandlung f.
metaphor ['mɛtəfə*] n Metapher f.

metaphorical [mɛtə'fɔrɪkl] adj metaphorisch.
metaphysics [mɛtə'fɪzɪks] n Metaphysik f.
meteor ['miːtɪə*] n Meteor m.
meteoric [miːtɪ'ɔrɪk] adj (*fig*) kometenhaft.
meteorite ['miːtɪəraɪt] n Meteorit m.
meteorological [miːtɪərə'lɔdʒɪkl] adj
(*conditions, office etc*) Wetter-.
meteorology [miːtɪə'rɔlədʒɪ] n Wetterkunde f,
Meteorologie f.
mete out [miːt-] vt austeilen; **to** ~ **justice**
Recht sprechen.
meter ['miːtə*] n Zähler m; (*water meter*)
Wasseruhr f; (*parking meter*) Parkuhr f; (*US:*
unit) = **metre**.
methane ['miːθeɪn] n Methan nt.
method ['mɛθəd] n Methode f; ~ **of payment**
Zahlungsweise f.
methodical [mɪ'θɔdɪkl] adj methodisch.
Methodist ['mɛθədɪst] n Methodist(in) m(f).
methodology [mɛθə'dɔlədʒɪ] n Methodik f.
meths [mɛθs] (*BRIT*) n = **methylated spirit**.
methylated spirit ['mɛθɪleɪtɪd-] (*BRIT*) n
(Brenn)spiritus m.
meticulous [mɪ'tɪkjuləs] adj sorgfältig; (*detail*)
genau.
metre, (*US*) **meter** ['miːtə*] n Meter m or nt.
metric ['mɛtrɪk] adj metrisch; **to go** ~ auf das
metrische Maßsystem umstellen.
metrical ['mɛtrɪkl] adj metrisch.
metrication [mɛtrɪ'keɪʃən] n Umstellung f auf
das metrische Maßsystem.
metric system n metrisches Maßsystem nt.
metric ton n Metertonne f.
metronome ['mɛtrənəum] n Metronom nt.
metropolis [mɪ'trɔpəlɪs] n Metropole f.
metropolitan [mɛtrə'pɔlɪtn] adj
großstädtisch.
Metropolitan Police (*BRIT*) n: **the** ~ die
Londoner Polizei.
mettle ['mɛtl] n: **to be on one's** ~ auf dem
Posten sein.
mew [mjuː] vi miauen.
mews [mjuːz] (*BRIT*) n Gasse f mit ehemaligen
Kutscherhäuschen.
Mexican ['mɛksɪkən] adj mexikanisch ♦ n
Mexikaner(in) m(f).
Mexico ['mɛksɪkəu] n Mexiko nt.
Mexico City n Mexico City f.
mezzanine ['mɛtsəniːn] n Mezzanin nt.
MFA (*US*) n abbr (= *Master of Fine Arts*)
akademischer Grad in Kunst.
mfr abbr = **manufacture; manufacturer**.
mg abbr (= *milligram(me)*) mg.
Mgr abbr (= *Monseigneur, Monsignor*) Mgr.;
(*COMM*) = **manager**.
MHR (*US, AUSTRALIA*) n abbr (= *Member of the*
House of Representatives) Abgeordnete(r) f(m)
des Repräsentantenhauses.
MHz abbr (= *megahertz*) MHz.
MI (*US*) abbr (*POST*: = *Michigan*).
MI5 (*BRIT*) n abbr (= *Military Intelligence 5*)
britischer Spionageabwehrdienst.

MI6 (*BRIT*) *n abbr* (= *Military Intelligence 6*) britischer Geheimdienst.

MIA *abbr* (*MIL*: = *missing in action*) vermisst.

miaow [miː'au] *vi* miauen.

mice [maɪs] *npl of* mouse.

Mich. (*US*) *abbr* (*POST*: = *Michigan*).

micro... ['maɪkrəu] *pref* mikro-, Mikro-.

microbe ['maɪkrəub] *n* Mikrobe *f*.

microbiology [maɪkrəubaɪ'ɔlədʒɪ] *n* Mikrobiologie *f*.

microchip ['maɪkrəutʃɪp] *n* Mikrochip *m*.

micro(computer) ['maɪkrəu(kəm'pjuːtə°)] *n* Mikrocomputer *m*.

microcosm ['maɪkrəukɔzəm] *n* Mikrokosmos *m*.

microeconomics ['maɪkrəuiːkə'nɔmɪks] *n* Mikroökonomie *f*.

microelectronics ['maɪkrəuɪlɛk'trɔnɪks] *n* Mikroelektronik *f*.

microfiche ['maɪkrəufiːʃ] *n* Mikrofiche *m or nt*.

microfilm ['maɪkrəufɪlm] *n* Mikrofilm *m*.

microlight ['maɪkrəulaɪt] *n* Ultraleichtflugzeug *nt*.

micrometer [maɪ'krɔmɪtə°] *n* Messschraube *f*.

microphone ['maɪkrəfəun] *n* Mikrofon *nt*, Mikrophon *nt*.

microprocessor ['maɪkrəu'prəusɛsə°] *n* Mikroprozessor *m*.

microscope ['maɪkrəskəup] *n* Mikroskop *nt*; **under the ~** unter dem Mikroskop.

microscopic [maɪkrə'skɔpɪk] *adj* mikroskopisch; (*creature*) mikroskopisch klein.

microwave ['maɪkrəuweɪv] *n* Mikrowelle *f*; (*also*: ~ **oven**) Mikrowellenherd *m*.

mid- [mɪd] *adj*: **in ~-May** Mitte Mai; **in ~-afternoon** (mitten) am Nachmittag; **in ~-air** (mitten) in der Luft; **he's in his ~-thirties** er ist Mitte dreißig.

midday [mɪd'deɪ] *n* Mittag *m*.

middle ['mɪdl] *n* Mitte *f* ♦ *adj* mittlere(r, s); **in the ~ of the night** mitten in der Nacht; **I'm in the ~ of reading it** ich bin mittendrin; **a ~ course** ein Mittelweg *m*.

middle age *n* mittleres Lebensalter *nt*.

middle-aged [mɪdl'eɪdʒd] *adj* mittleren Alters.

Middle Ages *npl* Mittelalter *nt*.

middle-class [mɪdl'klɑːs] *adj* mittelständisch.

middle class(es) *n(pl)* Mittelstand *m*.

Middle East *n* Naher Osten *m*.

middleman ['mɪdlmæn] (*irreg: like* man) *n* Zwischenhändler *m*.

middle management *n* mittleres Management *nt*.

middle name *n* zweiter Vorname *m*.

middle-of-the-road ['mɪdləvðə'rəud] *adj* gemäßigt; (*politician*) der Mitte; (*MUS*) leicht.

middleweight ['mɪdlweɪt] *n* (*BOXING*) Mittelgewicht *nt*.

middling ['mɪdlɪŋ] *adj* mittelmäßig.

Middx (*BRIT*) *abbr* (*POST*: = *Middlesex*).

midge [mɪdʒ] *n* Mücke *f*.

midget ['mɪdʒɪt] *n* Liliputaner(in) *m(f)*.

midi system ['mɪdɪ-] *n* Midi-System *nt*.

Midlands ['mɪdləndz] (*BRIT*) *npl*: **the ~** Mittelengland *nt*.

midnight ['mɪdnaɪt] *n* Mitternacht *f* ♦ *cpd* Mitternachts-; **at ~** um Mitternacht.

midriff ['mɪdrɪf] *n* Taille *f*.

midst [mɪdst] *n*: **in the ~ of** mitten in +dat; **to be in the ~ of doing sth** mitten dabei sein, etw zu tun.

midsummer [mɪd'sʌmə°] *n* Hochsommer *m*; **M~('s) Day** Sommersonnenwende *f*.

midway [mɪd'weɪ] *adj*: **we have reached the ~ point** wir haben die Hälfte hinter uns *dat* ♦ *adv* auf halbem Weg; ~ **between** (*in space*) auf halbem Weg zwischen; ~ **through** (*in time*) mitten in +dat.

midweek [mɪd'wiːk] *adv* mitten in der Woche ♦ *adj* Mitte der Woche.

midwife ['mɪdwaɪf] (*pl* midwives) *n* Hebamme *f*.

midwifery ['mɪdwɪfərɪ] *n* Geburtshilfe *f*.

midwinter [mɪd'wɪntə°] *n*: **in ~** im tiefsten Winter.

miffed [mɪft] (*inf*) *adj*: **to be ~** eingeschnappt sein.

might [maɪt] *vb see* may ♦ *n* Macht *f*; **with all one's ~** mit aller Kraft.

mighty ['maɪtɪ] *adj* mächtig.

migraine ['miːgreɪn] *n* Migräne *f*.

migrant ['maɪgrənt] *adj* (*bird*) Zug-; (*worker*) Wander- ♦ *n* (*bird*) Zugvogel *m*; (*worker*) Wanderarbeiter(in) *m(f)*.

migrate [maɪ'greɪt] *vi* (*bird*) ziehen; (*person*) abwandern.

migration [maɪ'greɪʃən] *n* Wanderung *f*; (*to cities*) Abwanderung *f*; (*of birds*) (Vogel)zug *m*.

mike [maɪk] *n abbr* = **microphone**.

Milan [mɪ'læn] *n* Mailand *nt*.

mild [maɪld] *adj* mild; (*gentle*) sanft; (*slight: infection etc*) leicht; (: *interest*) gering.

mildew ['mɪldjuː] *n* Schimmel *m*.

mildly ['maɪldlɪ] *adv* (*say*) sanft; (*slight*) leicht; **to put it ~** gelinde gesagt.

mildness ['maɪldnɪs] *n* Milde *f*; (*gentleness*) Sanftheit *f*; (*of infection etc*) Leichtigkeit *f*.

mile [maɪl] *n* Meile *f*; **to do 30 ~s per gallon** ≈ 9 Liter auf 100 km verbrauchen.

mileage ['maɪlɪdʒ] *n* Meilenzahl *f*; (*fig*) Nutzen *m*; **to get a lot of ~ out of sth** etw gründlich ausnutzen; **there is a lot of ~ in the idea** aus der Idee lässt sich viel machen.

mileage allowance *n* ≈ Kilometergeld *nt*.

mileometer [maɪ'lɔmɪtə°] *n* ≈ Kilometerzähler *m*.

milestone ['maɪlstəun] *n* (*lit, fig*) Meilenstein *m*.

milieu ['miːljəː] *n* Milieu *nt*.

militant ['mɪlɪtnt] *adj* militant ♦ *n* Militante(r)

f(m).

militarism ['mɪlɪtərɪzəm] *n* Militarismus *m*.

militaristic [mɪlɪtə'rɪstɪk] *adj* militaristisch.

military ['mɪlɪtərɪ] *adj (history, leader etc)* Militär- ♦ *n*: **the** ~ das Militär.

military police *n* Militärpolizei *f*.

military service *n* Militärdienst *m*.

militate ['mɪlɪteɪt] *vi*: **to** ~ **against** negative Auswirkungen haben auf +*acc*.

militia [mɪ'lɪʃə] *n* Miliz *f*.

milk [mɪlk] *n* Milch *f* ♦ *vt (lit, fig)* melken.

milk chocolate *n* Vollmilchschokolade *f*.

milk float (*BRIT*) *n* Milchwagen *m*.

milking ['mɪlkɪŋ] *n* Melken *nt*.

milkman ['mɪlkmən] (*irreg: like* **man**) *n* Milchmann *m*.

milk shake *n* Milchmixgetränk *nt*.

milk tooth *n* Milchzahn *m*.

milk truck (*US*) *n* = **milk float**.

milky ['mɪlkɪ] *adj* milchig; (*drink*) mit viel Milch; ~ **coffee** Milchkaffee *m*.

Milky Way *n* Milchstraße *f*.

mill [mɪl] *n* Mühle *f*; (*factory*) Fabrik *f*; (*woollen mill*) Spinnerei *f* ♦ *vt* mahlen ♦ *vi* (*also:* ~ **about**) umherlaufen.

millennium [mɪ'lɛnɪəm] (*pl* ~**s** *or* **millennia**) *n* Jahrtausend *nt*.

millennium bug *n* (*COMPUT*) Jahrtausendfehler *m*.

miller ['mɪlə'] *n* Müller *m*.

millet ['mɪlɪt] *n* Hirse *f*.

milli... ['mɪlɪ] *pref* Milli-.

milligram(me) ['mɪlɪgræm] *n* Milligramm *nt*.

millilitre, (*US*) **milliliter** ['mɪlɪliːtə'] *n* Milliliter *m or nt*.

millimetre, (*US*) **millimeter** ['mɪlɪmiːtə'] *n* Millimeter *m or nt*.

millinery ['mɪlɪnərɪ] *n* Hüte *pl*.

million ['mɪljən] *n* Million *f*; **a** ~ **times** (*fig*) tausendmal, x-mal.

millionaire [mɪljə'nɛə'] *n* Millionär *m*.

millipede ['mɪlɪpiːd] *n* Tausendfüßler *m*.

millstone ['mɪlstəun] *n* (*fig*): **it's a** ~ **round his neck** es ist für ihn ein Klotz am Bein.

millwheel ['mɪlwiːl] *n* Mühlrad *nt*.

milometer [maɪ'lɒmɪtə'] *n* = **mileometer**.

mime [maɪm] *n* Pantomime *f*; (*actor*) Pantomime *m* ♦ *vt* pantomimisch darstellen.

mimic ['mɪmɪk] *n* Imitator *m* ♦ *vt* (*for amusement*) parodieren; (*animal, person*) imitieren, nachahmen.

mimicry ['mɪmɪkrɪ] *n* Nachahmung *f*.

Min. (*BRIT*) *abbr* (*POL*) = **ministry**.

min. *abbr* (= *minute*) Min.; = **minimum**.

minaret [mɪnə'rɛt] *n* Minarett *nt*.

mince [mɪns] *vt* (*meat*) durch den Fleischwolf drehen ♦ *vi* (*in walking*) trippeln ♦ *n* (*BRIT: meat*) Hackfleisch *nt*; **he does not** ~ (**his**) **words** er nimmt kein Blatt vor den Mund.

mincemeat ['mɪnsmiːt] *n* süße Gebäckfüllung aus Dörrobst und Sirup; (*US: meat*) Hackfleisch *nt*; **to make** ~ **of sb** (*inf*) Hackfleisch aus jdm machen.

mince pie *n* mit Mincemeat gefülltes Gebäck.

mincer ['mɪnsə'] *n* Fleischwolf *m*.

mincing ['mɪnsɪŋ] *adj* (*walk*) trippelnd; (*voice*) geziert.

mind [maɪnd] *n* Geist *m*, Verstand *m*; (*thoughts*) Gedanken *pl*; (*memory*) Gedächtnis *nt* ♦ *vt* aufpassen auf +*acc*; (*office etc*) nach dem Rechten sehen in +*dat*; (*object to*) etwas haben gegen; **to my** ~ meiner Meinung nach; **to be out of one's** ~ verrückt sein; **it is on my** ~ es beschäftigt mich; **to keep** *or* **bear sth in** ~ etw nicht vergessen, an etw denken; **to make up one's** ~ sich entscheiden; **to change one's** ~ es sich *dat* anders überlegen; **to be in two** ~**s about sth** sich *dat* über etw *acc* nicht im Klaren sein; **to have it in** ~ **to do sth** die Absicht haben, etw zu tun; **to have sb/sth in** ~ an jdn/etw denken; **it slipped my** ~ ich habe es vergessen; **to bring** *or* **call sth to** ~ etw in Erinnerung rufen; **I can't get it out of my** ~ es geht mir nicht aus dem Kopf; **his** ~ **was on other things** er war mit den Gedanken woanders; "~ **the step**" „Vorsicht Stufe"; **do you** ~ **if ...?** macht es Ihnen etwas aus, wenn ...?; **I don't** ~ es ist mir egal; ~ **you, ...** allerdings ...; **never** ~! (*it makes no odds*) ist doch egal!; (*don't worry*) macht nichts!

mind-boggling ['maɪndbɒglɪŋ] (*inf*) *adj* atemberaubend.

-minded ['maɪndɪd] *adj*: **fair-**~ gerecht; **an industrially-**~ **nation** ein auf Industrie ausgerichtetes Land.

minder ['maɪndə'] *n* Betreuer(in) *m(f)*; (*inf: bodyguard*) Aufpasser(in) *m(f)*.

mindful ['maɪndful] *adj*: ~ **of** unter Berücksichtigung +*gen*.

mindless ['maɪndlɪs] *adj* (*violence*) sinnlos; (*work*) geistlos.

mine[1] [maɪn] *n* (*coal mine, gold mine*) Bergwerk *nt*; (*bomb*) Mine *f* ♦ *vt* (*coal*) abbauen; (*beach etc*) verminen; (*ship*) eine Mine befestigen an +*dat*.

mine[2] [maɪn] *pron* meine(r, s); **that book is** ~ das Buch ist mein(e)s, das Buch gehört mir; **this is** ~ das ist meins; **a friend of** ~ ein Freund/eine Freundin von mir.

mine detector *n* Minensuchgerät *nt*.

minefield ['maɪnfiːld] *n* Minenfeld *nt*; (*fig*) brisante Situation *f*.

miner ['maɪnə'] *n* Bergmann *m*, Bergarbeiter *m*.

mineral ['mɪnərəl] *adj* (*deposit, resources*) Mineral- ♦ *n* Mineral *nt*; **minerals** *npl* (*BRIT: soft drinks*) Erfrischungsgetränke *pl*.

mineralogy [mɪnə'rælədʒɪ] *n* Mineralogie *f*.

mineral water *n* Mineralwasser *nt*.

minesweeper ['maɪnswiːpə'] *n* Minensuchboot *nt*.

mingle ['mɪŋgl] *vi*: to ~ **(with)** sich vermischen (mit); **to ~ with** (*people*) Umgang haben mit; (*at party etc*) sich unterhalten mit; **you should ~ a bit** du solltest dich unter die Leute mischen.

mingy ['mɪndʒɪ] (*inf*) *adj* knick(e)rig; (*amount*) mick(e)rig.

mini... ['mɪnɪ] *pref* Mini-.

miniature ['mɪnətʃə*] *adj* winzig; (*version etc*) Miniatur- ♦ *n* Miniatur *f*; **in ~** im Kleinen, im Kleinformat.

minibus ['mɪnɪbʌs] *n* Kleinbus *m*.

minicab ['mɪnɪkæb] *n* Kleintaxi *nt*.

minicomputer ['mɪnɪkəm'pjuːtə*] *n* Minicomputer *m*.

minim ['mɪnɪm] *n* (*MUS*) halbe Note *f*.

minima ['mɪnɪmə] *npl of* **minimum**.

minimal ['mɪnɪml] *adj* minimal.

minimalist ['mɪnɪməlɪst] *adj* minimalistisch.

minimize ['mɪnɪmaɪz] *vt* auf ein Minimum reduzieren; (*play down*) herunterspielen.

minimum ['mɪnɪməm] (*pl* **minima**) *n* Minimum *nt* ♦ *adj* (*income, speed*) Mindest-; **to reduce to a ~** auf ein Mindestmaß reduzieren; **~ wage** Mindestlohn *m*.

minimum lending rate *n* Diskontsatz *m*.

mining ['maɪnɪŋ] *n* Bergbau *m* ♦ *cpd* Bergbau-.

minion ['mɪnjən] (*pej*) *n* Untergebene(r) *f(m)*.

miniseries ['mɪnɪsɪəriːz] *n* Miniserie *f*.

miniskirt ['mɪnɪskəːt] *n* Minirock *m*.

minister ['mɪnɪstə*] *n* (*BRIT: POL*) Minister(in) *m(f)*; (*REL*) Pfarrer *m* ♦ *vi*: **to ~ to** sich kümmern um; (*needs*) befriedigen.

ministerial [mɪnɪs'tɪərɪəl] (*BRIT*) *adj* (*POL*) ministeriell.

ministry ['mɪnɪstrɪ] *n* (*BRIT: POL*) Ministerium *nt*; **to join the ~** (*REL*) Geistliche(r) werden.

Ministry of Defence (*BRIT*) *n* Verteidigungsministerium *nt*.

mink [mɪŋk] (*pl* **~s** *or* **~**) *n* Nerz *m*.

mink coat *n* Nerzmantel *m*.

Minn. (*US*) *abbr* (*POST*: = *Minnesota*).

minnow ['mɪnəu] *n* Elritze *f*.

minor ['maɪnə*] *adj* kleinere(r, s); (*poet*) unbedeutend; (*planet*) klein; (*MUS*) Moll ♦ *n* Minderjährige(r) *f(m)*.

Minorca [mɪ'nɔːkə] *n* Menorca *nt*.

minority [maɪ'nɔrɪtɪ] *n* Minderheit *f*; **to be in a ~** in der Minderheit sein.

minster ['mɪnstə*] *n* Münster *nt*.

minstrel ['mɪnstrəl] *n* Spielmann *m*.

mint [mɪnt] *n* Minze *f*; (*sweet*) Pfefferminz(bonbon) *nt*; (*place*): **the M~** die Münzanstalt ♦ *vt* (*coins*) prägen; **in ~ condition** neuwertig.

mint sauce *n* Minzsoße *f*.

minuet [mɪnju'et] *n* Menuett *nt*.

minus ['maɪnəs] *n* (*also*: ~ **sign**) Minuszeichen *nt* ♦ *prep* minus, weniger; **~ 24°C** 24 Grad unter null.

minuscule ['mɪnəskjuːl] *adj* winzig.

minute¹ [maɪ'njuːt] *adj* winzig; (*search*)

peinlich genau; (*detail*) kleinste(r, s); **in ~ detail** in allen Einzelheiten.

minute² ['mɪnɪt] *n* Minute *f*; (*fig*) Augenblick *m*, Moment *m*; **minutes** *npl* (*of meeting*) Protokoll *nt*; **it is 5 ~s past 3** es ist 5 Minuten nach 3; **wait a ~!** einen Augenblick *or* Moment!; **up-to-the-~** (*news*) hochaktuell; (*technology*) allerneueste(r, s); **at the last ~** in letzter Minute.

minute book *n* Protokollbuch *nt*.

minute hand *n* Minutenzeiger *m*.

minutely [maɪ'njuːtlɪ] *adv* (*in detail*) genauestens; (*by a small amount*) ganz geringfügig.

minutiae [mɪ'njuːʃɪɪ] *npl* Einzelheiten *pl*.

miracle ['mɪrəkl] *n* (*REL, fig*) Wunder *nt*.

miraculous [mɪ'rækjuləs] *adj* wunderbar; (*powers, effect, cure*) Wunder-; (*success, change*) unglaublich; **to have a ~ escape** wie durch ein Wunder entkommen.

mirage ['mɪrɑːʒ] *n* Fata Morgana *f*; (*fig*) Trugbild *nt*.

mire ['maɪə*] *n* Morast *m*.

mirror ['mɪrə*] *n* Spiegel *m* ♦ *vt* (*lit, fig*) widerspiegeln.

mirror image *n* Spiegelbild *nt*.

mirth [məːθ] *n* Heiterkeit *f*.

misadventure [mɪsəd'ventʃə*] *n* Missgeschick *nt*; **death by ~** (*BRIT*) Tod *m* durch Unfall.

misanthropist [mɪ'zænθrəpɪst] *n* Misanthrop *m*, Menschenfeind *m*.

misapply [mɪsə'plaɪ] *vt* (*term*) falsch verwenden; (*rule*) falsch anwenden.

misapprehension [mɪsæprɪ'henʃən] *n* Missverständnis *nt*; **you are under a ~** Sie befinden sich im Irrtum.

misappropriate [mɪsə'prəuprɪeɪt] *vt* veruntreuen.

misappropriation ['mɪsəprəuprɪ'eɪʃən] *n* Veruntreuung *f*.

misbehave [mɪsbɪ'heɪv] *vi* sich schlecht benehmen.

misbehaviour, (*US*) **misbehavior** [mɪsbɪ'heɪvjə*] *n* schlechtes Benehmen *nt*.

misc. *abbr* = **miscellaneous**.

miscalculate [mɪs'kælkjuleɪt] *vt* falsch berechnen; (*misjudge*) falsch einschätzen.

miscalculation ['mɪskælkju'leɪʃən] *n* Rechenfehler *m*; (*misjudgement*) Fehleinschätzung *f*.

miscarriage ['mɪskærɪdʒ] *n* (*MED*) Fehlgeburt *f*; **~ of justice** (*LAW*) Justizirrtum *m*.

miscarry [mɪs'kærɪ] *vi* (*MED*) eine Fehlgeburt haben; (*fail: plans*) fehlschlagen.

miscellaneous [mɪsɪ'leɪnɪəs] *adj* verschieden; (*subjects, items*) divers; **~ expenses** sonstige Unkosten *pl*.

mischance [mɪs'tʃɑːns] *n* unglücklicher Zufall *m*.

mischief ['mɪstʃɪf] *n* (*bad behaviour*) Unfug *m*; (*playfulness*) Verschmitztheit *f*; (*harm*)

Schaden *m*; (*pranks*) Streiche *pl*; **to get into** ~ etwas anstellen; **to do sb a** ~ jdm etwas antun.

mischievous ['mɪstʃɪvəs] *adj* (*naughty*) ungezogen; (*playful*) verschmitzt.

misconception ['mɪskən'sɛpʃən] *n* fälschliche Annahme *f*.

misconduct [mɪs'kɔndʌkt] *n* Fehlverhalten *nt*; **professional** ~ Berufsvergehen *nt*.

misconstrue [mɪskən'struː] *vt* missverstehen.

miscount [mɪs'kaunt] *vt* falsch zählen ♦ *vi* sich verzählen.

misdemeanour, (*US*) **misdemeanor** [mɪsdɪ'miːnəʳ] *n* Vergehen *nt*.

misdirect [mɪsdɪ'rɛkt] *vt* (*person*) in die falsche Richtung schicken; (*talent*) vergeuden.

miser ['maɪzəʳ] *n* Geizhals *m*.

miserable ['mɪzərəbl] *adj* (*unhappy*) unglücklich; (*wretched*) erbärmlich, elend; (*unpleasant: weather*) trostlos; (: *person*) gemein; (*contemptible: offer, donation*) armselig; (: *failure*) kläglich; **to feel** ~ sich elend fühlen.

miserably ['mɪzərəblɪ] *adv* (*fail*) kläglich; (*live*) elend; (*smile, speak*) unglücklich; (*small*) jämmerlich.

miserly ['maɪzəlɪ] *adj* geizig; (*amount*) armselig.

misery ['mɪzərɪ] *n* (*unhappiness*) Kummer *m*; (*wretchedness*) Elend *nt*; (*inf: person*) Miesepeter *m*.

misfire [mɪs'faɪəʳ] *vi* (*plan*) fehlschlagen; (*car engine*) fehlzünden.

misfit ['mɪsfɪt] *n* Außenseiter(in) *m(f)*.

misfortune [mɪs'fɔːtʃən] *n* Pech *nt*, Unglück *nt*.

misgiving [mɪs'gɪvɪŋ] *n* Bedenken *pl*; **to have** ~**s about sth** sich bei etw nicht wohl fühlen.

misguided [mɪs'gaɪdɪd] *adj* töricht; (*opinion, view*) irrig; (*misplaced*) unangebracht.

mishandle [mɪs'hændl] *vt* falsch handhaben.

mishap ['mɪshæp] *n* Missgeschick *nt*.

mishear [mɪs'hɪəʳ] (*irreg: like* **hear**) *vt* falsch hören ♦ *vi* sich verhören.

misheard [mɪs'həːd] *pt, pp of* **mishear**.

mishmash ['mɪʃmæʃ] (*inf*) *n* Mischmasch *m*.

misinform [mɪsɪn'fɔːm] *vt* falsch informieren.

misinterpret [mɪsɪn'təːprɪt] *vt* (*gesture, situation*) falsch auslegen; (*comment*) falsch auffassen.

misinterpretation ['mɪsɪntəːprɪ'teɪʃən] *n* falsche Auslegung *f*.

misjudge [mɪs'dʒʌdʒ] *vt* falsch einschätzen.

mislay [mɪs'leɪ] (*irreg: like* **lay**) *vt* verlegen.

mislead [mɪs'liːd] (*irreg: like* **lead**) *vt* irreführen.

misleading [mɪs'liːdɪŋ] *adj* irreführend.

misled [mɪs'lɛd] *pt, pp of* **mislead**.

mismanage [mɪs'mænɪdʒ] *vt* (*business*) herunterwirtschaften; (*institution*) schlecht führen.

mismanagement [mɪs'mænɪdʒmənt] *n* Misswirtschaft *f*.

misnomer [mɪs'nəuməʳ] *n* unzutreffende Bezeichnung *f*.

misogynist [mɪ'sɔdʒɪnɪst] *n* Frauenfeind *m*.

misplaced [mɪs'pleɪst] *adj* (*misguided*) unangebracht; (*wrongly positioned*) an der falschen Stelle.

misprint ['mɪsprɪnt] *n* Druckfehler *m*.

mispronounce [mɪsprə'nauns] *vt* falsch aussprechen.

misquote ['mɪs'kwəut] *vt* falsch zitieren.

misread [mɪs'riːd] (*irreg: like* **read**) *vt* falsch lesen; (*misinterpret*) falsch verstehen.

misrepresent [mɪsrɛprɪ'zɛnt] *vt* falsch darstellen; **he was** ~**ed** seine Worte wurden verfälscht wiedergegeben.

Miss [mɪs] *n* Fräulein *nt*; **Dear** ~ **Smith** Liebe Frau Smith.

miss [mɪs] *vt* (*train etc, chance, opportunity*) verpassen; (*target*) verfehlen; (*notice loss of, regret absence of*) vermissen; (*class, meeting*) fehlen bei ♦ *vi* danebentreffen; (*missile, object*) danebengehen ♦ *n* Fehltreffer *m*; **you can't** ~ **it** du kannst es nicht verfehlen; **the bus just** ~**ed the wall** der Bus wäre um ein Haar gegen die Mauer gefahren; **you're** ~**ing the point** das geht an der Sache vorbei.

▶ **miss out** (*BRIT*) *vt* auslassen.

▶ **miss out on** *vt fus* (*party*) verpassen; (*fun*) zu kurz kommen bei.

missal ['mɪsl] *n* Messbuch *nt*.

misshapen [mɪs'ʃeɪpən] *adj* missgebildet.

missile ['mɪsaɪl] *n* (*MIL*) Rakete *f*; (*object thrown*) (Wurf)geschoss *nt*, (Wurf)geschoß *nt* (*ÖSTERR*).

missile base *n* Raketenbasis *f*.

missile launcher [-'lɔːntʃəʳ] *n* Startrampe *f*.

missing ['mɪsɪŋ] *adj* (*lost: person*) vermisst; (: *object*) verschwunden; (*absent, removed*) fehlend; **to be** ~ fehlen; **to go** ~ verschwinden; ~ **person** Vermisste(r) *f(m)*.

mission ['mɪʃən] *n* (*task*) Mission *f*, Auftrag *m*; (*representatives*) Gesandtschaft *f*; (*MIL*) Einsatz *m*; (*REL*) Mission *f*; **on a** ~ **to ...** (*to place/people*) im Einsatz in +*dat*/bei ...

missionary ['mɪʃənrɪ] *n* Missionar(in) *m(f)*.

missive ['mɪsɪv] (*form*) *n* Schreiben *nt*.

misspell ['mɪs'spɛl] (*irreg: like* **spell**) *vt* falsch schreiben.

misspent ['mɪs'spɛnt] *adj* (*youth*) vergeudet.

mist [mɪst] *n* Nebel *m*; (*light*) Dunst *m* ♦ *vi* (*also:* ~ **over**: *eyes*) sich verschleiern; (*BRIT: also:* ~ **over**, ~ **up**) (*windows*) beschlagen.

mistake [mɪs'teɪk] (*irreg: like* **take**) *n* Fehler *m* ♦ *vt* sich irren in +*dat*; (*intentions*) falsch verstehen; **by** ~ aus Versehen; **to make a** ~ (*in writing, calculation*) sich vertun; **to make a** ~ (**about sb/sth**) sich (in jdm/etw) irren; **to** ~ **A for B** A mit B verwechseln.

mistaken [mɪs'teɪkən] *pp of* **mistake** ♦ *adj*

falsch; **to be** ~ sich irren.

mistaken identity n Verwechslung f.

mistakenly [mɪsˈteɪkənlɪ] adv irrtümlicherweise.

mister [ˈmɪstə*] (inf) n (sir) not translated; see **Mr.**

mistletoe [ˈmɪsltəʊ] n Mistel f.

mistook [mɪsˈtuk] pt of **mistake.**

mistranslation [mɪstrænsˈleɪʃən] n falsche Übersetzung f.

mistreat [mɪsˈtriːt] vt schlecht behandeln.

mistress [ˈmɪstrɪs] n (lover) Geliebte f; (of house, servant, situation) Herrin f; (BRIT: teacher) Lehrerin f.

mistrust [mɪsˈtrʌst] vt misstrauen +dat ♦ n: ~ (of) Misstrauen nt (gegenüber).

mistrustful [mɪsˈtrʌstful] adj: ~ (of) misstrauisch (gegenüber).

misty [ˈmɪstɪ] adj (day etc) neblig; (glasses, windows) beschlagen.

misty-eyed [ˈmɪstɪˈaɪd] adj mit verschleiertem Blick.

misunderstand [mɪsʌndəˈstænd] (irreg: like **understand**) vt missverstehen, falsch verstehen ♦ vi es falsch verstehen.

misunderstanding [ˈmɪsʌndəˈstændɪŋ] n Missverständnis nt; (disagreement) Meinungsverschiedenheit f.

misunderstood [mɪsʌndəˈstud] pt, pp of **misunderstand.**

misuse [n mɪsˈjuːs, vt mɪsˈjuːz] n Missbrauch m ♦ vt missbrauchen; (word) falsch gebrauchen.

MIT (US) n abbr (= Massachusetts Institute of Technology) private technische Fachhochschule.

mite [maɪt] n (small quantity) bisschen nt; (BRIT: small child) Würmchen nt.

miter [ˈmaɪtə*] (US) n = **mitre.**

mitigate [ˈmɪtɪgeɪt] vt mildern; **mitigating circumstances** mildernde Umstände pl.

mitigation [mɪtɪˈgeɪʃən] n Milderung f.

mitre, (US) **miter** [ˈmaɪtə*] n (of bishop) Mitra f; (CARPENTRY) Gehrung f.

mitt(en) [ˈmɪt(n)] n Fausthandschuh m.

mix [mɪks] vt mischen; (drink) mixen; (sauce, cake) zubereiten; (ingredients) verrühren ♦ vi: **to** ~ **(with)** verkehren (mit) ♦ n Mischung f; **to** ~ **sth with sth** etw mit etw vermischen; **to** ~ **business with pleasure** das Angenehme mit dem Nützlichen verbinden; **cake** ~ Backmischung f.

▶ **mix in** vt (eggs etc) unterrühren.

▶ **mix up** vt (people) verwechseln; (things) durcheinander bringen; **to be** ~**ed up in sth** in etw acc verwickelt sein.

mixed [mɪkst] adj gemischt; ~ **marriage** Mischehe f.

mixed-ability [ˈmɪkstəˈbɪlɪtɪ] adj (group etc) mit unterschiedlichen Fähigkeiten.

mixed bag n (of things, problems) Sammelsurium nt; (of people) gemischter

Haufen m.

mixed blessing n: **it's a** ~ das ist ein zweischneidiges Schwert.

mixed doubles npl gemischtes Doppel nt.

mixed economy n gemischte Wirtschaftsform f.

mixed grill (BRIT) n Grillteller m.

mixed-up [mɪkstˈʌp] adj durcheinander.

mixer [ˈmɪksə*] n (for food) Mixer m; (drink) Tonic etc zum Auffüllen von alkoholischen Mixgetränken; **to be a good** ~ (sociable person) kontaktfreudig sein.

mixer tap n Mischbatterie f.

mixture [ˈmɪkstʃə*] n Mischung f; (CULIN) Gemisch nt; (: for cake) Teig m; (MED) Mixtur f.

mix-up [ˈmɪksʌp] n Durcheinander nt.

MK (BRIT) abbr (TECH) = **mark.**

mk abbr (FIN) = **mark.**

mkt abbr = **market.**

MLitt n abbr (= Master of Literature, Master of Letters) akademischer Grad in Literaturwissenschaft.

MLR (BRIT) n abbr = **minimum lending rate.**

mm abbr (= millimetre) mm.

MN abbr (BRIT) = **merchant navy;** (US: POST: = Minnesota).

MO n abbr (= medical officer) Sanitätsoffizier m; (US: inf) = **modus operandi** ♦ abbr (US: POST: = Missouri).

m.o. abbr = **money order.**

moan [məʊn] n Stöhnen nt ♦ vi stöhnen; (inf: complain): **to** ~ **(about)** meckern (über +acc).

moaner [ˈməʊnə*] (inf) n Miesmacher(in) m(f).

moat [məʊt] n Wassergraben m.

mob [mɔb] n Mob m; (organized) Bande f ♦ vt herfallen über +acc.

mobile [ˈməʊbaɪl] adj beweglich; (workforce, society) mobil ♦ n (decoration) Mobile nt; **applicants must be** ~ Bewerber müssen motorisiert sein.

mobile home n Wohnwagen m.

mobile phone n Funktelefon nt.

mobility [məʊˈbɪlɪtɪ] n Beweglichkeit f; (of workforce etc) Mobilität f.

mobility allowance n Beihilfe für Gehbehinderte.

mobilize [ˈməʊbɪlaɪz] vt mobilisieren; (MIL) mobil machen ♦ vi (MIL) mobil machen.

moccasin [ˈmɔkəsɪn] n Mokassin m.

mock [mɔk] vt sich lustig machen über +acc ♦ adj (fake: Elizabethan etc) Pseudo-; (exam) Probe-; (battle) Schein-.

mockery [ˈmɔkərɪ] n Spott m; **to make a** ~ **of sb** jdn zum Gespött machen; **to make a** ~ **of sth** etw zur Farce machen.

mocking [ˈmɔkɪŋ] adj spöttisch.

mockingbird [ˈmɔkɪŋbəːd] n Spottdrossel f.

mock-up [ˈmɔkʌp] n Modell nt.

MOD (BRIT) n abbr = **Ministry of Defence.**

mod cons [ˈmɔdˈkɔnz] (BRIT) npl abbr (= modern conveniences) Komfort m.

mode [məud] n Form f; (COMPUT, TECH)
Betriebsart f; ~ **of life** Lebensweise f; ~ **of**
transport Transportmittel nt.

model ['mɔdl] n Modell nt; (fashion model)
Mannequin nt; (example) Muster nt ♦ adj
(excellent) vorbildlich; (small scale: railway
etc) Modell- ♦ vt (clothes) vorführen; (with
clay etc) modellieren, formen ♦ vi (for
designer, photographer etc) als Modell
arbeiten; **to** ~ **o.s. on sb** sich dat jdn zum
Vorbild nehmen.

modeller, (US) **modeler** ['mɔdlə*] n
Modellbauer m.

model railway n Modelleisenbahn f.

modem ['məudɛm] n Modem nt.

moderate [adj 'mɔdərət, vb 'mɔdəreɪt] adj
gemäßigt; (amount) nicht allzu groß;
(change) leicht ♦ n Gemäßigte(r) f(m) ♦ vi
(storm, wind etc) nachlassen ♦ vt (tone,
demands) mäßigen.

moderately ['mɔdərətlɪ] adv mäßig;
(expensive, difficult) nicht allzu; (pleased,
happy) einigermaßen; ~ **priced** nicht allzu
teuer.

moderation [mɔdə'reɪʃən] n Mäßigung f; **in** ~
in or mit Maßen.

moderator ['mɔdəreɪtə*] n (ECCL)
Synodalpräsident m.

modern ['mɔdən] adj modern; ~ **languages**
moderne Fremdsprachen pl.

modernization [mɔdənaɪ'zeɪʃən] n
Modernisierung f.

modernize ['mɔdənaɪz] vt modernisieren.

modest ['mɔdɪst] adj bescheiden; (chaste)
schamhaft.

modestly ['mɔdɪstlɪ] adv bescheiden; (behave)
schamhaft; (to a moderate extent) mäßig.

modesty ['mɔdɪstɪ] n Bescheidenheit f;
(chastity) Schamgefühl nt.

modicum ['mɔdɪkəm] n: **a** ~ **of** ein wenig or
bisschen.

modification [mɔdɪfɪ'keɪʃən] n Änderung f; (to
policy etc) Modifizierung f; **to make** ~**s to**
(Ver)änderungen vornehmen an +dat,
modifizieren.

modify ['mɔdɪfaɪ] vt (ver)ändern; (policy etc)
modifizieren.

modish ['məudɪʃ] adj (fashionable) modisch.

Mods [mɔdz] (BRIT) n abbr (SCOL: = (Honour)
Moderations) akademische Prüfung an der
Universität Oxford.

modular ['mɔdjulə*] adj (unit, furniture) aus
Bauelementen (zusammengesetzt);
(COMPUT) modular.

modulate ['mɔdjuleɪt] vt modulieren; (process,
activity) umwandeln.

modulation [mɔdju'leɪʃən] n Modulation f;
(modification) Veränderung f.

module ['mɔdju:l] n (Bau)element nt; (SPACE)
Raumkapsel f; (SCOL) Kurs m.

modus operandi ['məudəsɔpə'rændi:] n
Modus Operandi m.

Mogadishu [mɔgə'diʃu:] n Mogadischu nt.

mogul ['məugl] n (fig) Mogul m.

MOH (BRIT) n abbr (= Medical Officer of Health)
Amtsarzt m, Amtsärztin f.

mohair ['məuheə*] n Mohair m, Mohär m.

Mohammed [mə'hæmɛd] n Mohammed m.

moist [mɔɪst] adj feucht.

moisten ['mɔɪsn] vt anfeuchten.

moisture ['mɔɪstʃə*] n Feuchtigkeit f.

moisturize ['mɔɪstʃəraɪz] vt (skin) mit einer
Feuchtigkeitscreme behandeln.

moisturizer ['mɔɪstʃəraɪzə*] n
Feuchtigkeitscreme f.

molar ['məulə*] n Backenzahn m.

molasses [mə'læsɪz] n Melasse f.

mold etc [məuld] (US) n, vt = **mould** etc.

Moldavia [mɔl'deɪvɪə] n Moldawien nt.

Moldavian [mɔl'deɪvɪən] adj moldawisch.

Moldova [mɔl'dəuvə] n Moldawien nt.

Moldovan adj moldawisch.

mole [məul] n (on skin) Leberfleck m; (ZOOL)
Maulwurf m; (fig: spy) Spion(in) m(f).

molecular [məu'lɛkjulə*] adj molekular;
(biology) Molekular-.

molecule ['mɔlɪkju:l] n Molekül nt.

molehill ['məulhɪl] n Maulwurfshaufen m.

molest [mə'lɛst] vt (assault sexually) sich
vergehen an +dat; (harass) belästigen.

mollusc ['mɔləsk] n Weichtier nt.

mollycoddle ['mɔlɪkɔdl] vt verhätscheln.

Molotov cocktail ['mɔlətɔf-] n
Molotowcocktail m.

molt [məult] (US) vi = **moult**.

molten ['məultən] adj geschmolzen, flüssig.

mom [mɔm] (US) n = **mum**.

moment ['məumənt] n Moment m, Augenblick
m; (importance) Bedeutung f; **for a** ~ (für)
einen Moment or Augenblick; **at that** ~ in
diesem Moment or Augenblick; **at the** ~
momentan; **for the** ~ vorläufig; **in a** ~
gleich; **"one** ~ **please"** (TEL) „bleiben Sie
am Apparat".

momentarily ['məuməntrɪlɪ] adv für einen
Augenblick or Moment; (US: very soon)
jeden Augenblick or Moment.

momentary ['məuməntərɪ] adj (brief) kurz.

momentous [məu'mɛntəs] adj (occasion)
bedeutsam; (decision) von großer
Tragweite.

momentum [məu'mɛntəm] n (PHYS) Impuls
m; (fig: of movement) Schwung m; (: of events,
change) Dynamik f; **to gather** ~ schneller
werden; (fig) richtig in Gang kommen.

mommy ['mɔmɪ] (US) n = **mummy**.

Mon. abbr (= Monday) Mo.

Monaco ['mɔnəkəu] n Monaco nt.

monarch ['mɔnək] n Monarch(in) m(f).

monarchist ['mɔnəkɪst] n Monarchist(in) m(f).

monarchy ['mɔnəkɪ] n Monarchie f; **the M**~
(royal family) die königliche Familie.

monastery ['mɔnəstərɪ] n Kloster nt.

monastic [mə'næstɪk] adj Kloster-,

klösterlich; (*fig*) mönchisch, klösterlich einfach.

Monday ['mʌndɪ] *n* Montag *m*; *see also* **Tuesday**.

Monegasque [mɔnə'gæsk] *adj* monegassisch ♦ *n* Monegasse *m*, Monegassin *f*.

monetarist ['mʌnɪtərɪst] *n* Monetarist(in) *m(f)* ♦ *adj* monetaristisch.

monetary ['mʌnɪtərɪ] *adj* (*system, union*) Währungs-.

money ['mʌnɪ] *n* Geld *nt*; **to make ~** (*person*) Geld verdienen; (*business*) etwas einbringen; **danger ~** (*BRIT*) Gefahrenzulage *f*; **I've got no ~ left** ich habe kein Geld mehr.

moneyed ['mʌnɪd] (*form*) *adj* begütert.

moneylender ['mʌnɪlendə*] *n* Geldverleiher(in) *m(f)*.

moneymaker ['mʌnɪmeɪkə*] *n* (*person*) Finanzgenie *nt*; (*idea*) einträgliche Sache *f*; (*product*) Verkaufserfolg *m*.

moneymaking ['mʌnɪmeɪkɪŋ] *adj* einträglich.

money market *n* Geldmarkt *m*.

money order *n* Zahlungsanweisung *f*.

money-spinner ['mʌnɪspɪnə*] (*inf*) *n* Verkaufsschlager *m*; (*person, business*) Goldgrube *f*.

money supply *n* Geldvolumen *nt*.

Mongol ['mɔŋgəl] *n* Mongole *m*, Mongolin *f*; (*LING*) Mongolisch *nt*.

mongol ['mɔŋgəl] (*offensive*) *n* Mongoloide(r) *f(m)*.

Mongolia [mɔŋ'gəulɪə] *n* die Mongolei.

Mongolian [mɔŋ'gəulɪən] *adj* mongolisch ♦ *n* Mongole *m*, Mongolin *f*; (*LING*) Mongolisch *nt*.

mongoose ['mɔŋguːs] *n* Mungo *m*.

mongrel ['mʌŋgrəl] *n* Promenadenmischung *f*.

monitor ['mɔnɪtə*] *n* Monitor *m* ♦ *vt* überwachen; (*broadcasts*) mithören.

monk [mʌŋk] *n* Mönch *m*.

monkey ['mʌŋkɪ] *n* Affe *m*.

monkey business (*inf*) *n* faule Sachen *pl*.

monkey nut (*BRIT*) *n* Erdnuss *f*.

monkey tricks *npl* = **monkey business**.

monkey wrench *n* verstellbarer Schraubenschlüssel *m*.

mono ['mɔnəu] *adj* (*recording etc*) Mono-.

monochrome ['mɔnəkrəum] *adj* (*photograph, television*) Schwarzweiß-; (*COMPUT: screen*) Monochrom-.

monogamous [mɔ'nɔgəməs] *adj* monogam.

monogamy [mə'nɔgəmɪ] *n* Monogamie *f*.

monogram ['mɔnəgræm] *n* Monogramm *nt*.

monolith ['mɔnəlɪθ] *n* Monolith *m*.

monolithic [mɔnə'lɪθɪk] *adj* monolithisch.

monologue ['mɔnəlɔg] *n* Monolog *m*.

monoplane ['mɔnəpleɪn] *n* Eindecker *m*.

monopolize [mə'nɔpəlaɪz] *vt* beherrschen; (*person*) mit Beschlag belegen; (*conversation*) an sich *acc* reißen.

monopoly [mə'nɔpəlɪ] *n* Monopol *nt*; **to have a**

~ on *or* **of sth** (*fig*: *domination*) etw für sich gepachtet haben; **Monopolies and Mergers Commission** (*BRIT*) ≈ Kartellamt *nt*.

monorail ['mɔnəureɪl] *n* Einschienenbahn *f*.

monosodium glutamate [mɔnə'səudɪəm'gluːtəmeɪt] *n* Glutamat *nt*.

monosyllabic [mɔnəsɪ'læbɪk] *adj* einsilbig.

monosyllable ['mɔnəsɪləbl] *n* einsilbiges Wort *nt*.

monotone ['mɔnətəun] *n*: **in a ~** monoton.

monotonous [mə'nɔtənəs] *adj* monoton, eintönig.

monotony [mə'nɔtənɪ] *n* Monotonie *f*, Eintönigkeit *f*.

monsoon [mɔn'suːn] *n* Monsun *m*.

monster ['mɔnstə*] *n* Ungetüm *nt*, Monstrum *nt*; (*imaginary creature*) Ungeheuer *nt*, Monster *nt*; (*person*) Unmensch *m*.

monstrosity [mɔn'strɔsɪtɪ] *n* Ungetüm *nt*, Monstrum *nt*.

monstrous ['mɔnstrəs] *adj* (*huge*) riesig; (*ugly*) abscheulich; (*atrocious*) ungeheuerlich.

Mont. (*US*) *abbr* (*POST*: = *Montana*).

montage [mɔn'tɑːʒ] *n* Montage *f*.

Mont Blanc [mɔ̃ blɑ̃] *n* Montblanc *m*.

month [mʌnθ] *n* Monat *m*; **every ~** jeden Monat; **300 dollars a ~** 300 Dollar im Monat.

monthly ['mʌnθlɪ] *adj* monatlich; (*ticket, magazine*) Monats- ♦ *adv* monatlich; **twice ~** zweimal im Monat.

Montreal [mɔntrɪ'ɔːl] *n* Montreal *nt*.

monument ['mɔnjumənt] *n* Denkmal *nt*.

monumental [mɔnju'mentl] *adj* (*building, statue*) gewaltig, monumental; (*book, piece of work*) unsterblich; (*storm, row*) ungeheuer.

moo [muː] *vi* muhen.

mood [muːd] *n* Stimmung *f*; (*of person*) Laune *f*, Stimmung *f*; **to be in a good/bad ~** gut/ schlecht gelaunt sein; **to be in the ~ for** aufgelegt sein zu.

moodily ['muːdɪlɪ] *adv* launisch; (*sullenly*) schlecht gelaunt.

moody ['muːdɪ] *adj* launisch; (*sullen*) schlecht gelaunt.

moon [muːn] *n* Mond *m*.

moonlight ['muːnlaɪt] *n* Mondschein *m* ♦ *vi* (*inf*) schwarzarbeiten.

moonlighting ['muːnlaɪtɪŋ] (*inf*) *n* Schwarzarbeit *f*.

moonlit ['muːnlɪt] *adj* (*night*) mondhell.

moonshot ['muːnʃɔt] *n* Mondflug *m*.

moor [muə*] *n* (Hoch)moor *nt*, Heide *f* ♦ *vt* vertäuen ♦ *vi* anlegen.

mooring ['muərɪŋ] *n* Anlegeplatz *m*; **moorings** *npl* (*chains*) Verankerung *f*.

Moorish ['muərɪʃ] *adj* maurisch.

moorland ['muələnd] *n* Moorlandschaft *f*, Heidelandschaft *f*.

moose [muːs] *n inv* Elch *m*.

moot [muːt] *vt*: **to be ~ed** vorgeschlagen werden ♦ *adj*: **it's a ~ point** das ist fraglich.

mop [mɔp] *n* (*for floor*) Mopp *m*; (*for dishes*)

Spülbürste *f*; (*of hair*) Mähne *f* ♦ *vt* (*floor*)
wischen; (*face*) abwischen; (*eyes*) sich *dat*
wischen; **to ~ the sweat from one's brow**
sich *dat* den Schweiß von der Stirn wischen.
▶ **mop up** *vt* aufwischen.
mope [məup] *vi* Trübsal blasen.
▶ **mope about** *vi* mit einer Jammermiene
herumlaufen.
▶ **mope around** *vi* = mope about.
moped ['məupɛd] *n* Moped *nt*.
moquette [mɔ'kɛt] *n* Mokett *m*.
MOR *adj abbr* (*MUS*) = **middle-of-the-road**.
moral ['mɔrl] *adj* moralisch; (*welfare, values*)
sittlich; (*behaviour*) moralisch einwandfrei
♦ *n* Moral *f*; **morals** *npl* (*principles, values*)
Moralvorstellungen *pl*; **~ support**
moralische Unterstützung *f*.
morale [mɔ'rɑːl] *n* Moral *f*.
morality [mə'rælɪtɪ] *n* Sittlichkeit *f*; (*system of
morals*) Moral *f*, Ethik *f*; (*correctness*)
moralische Richtigkeit *f*.
moralize ['mɔrəlaɪz] *vi* moralisieren; **to
~ about** sich moralisch entrüsten über +*acc*.
morally ['mɔrəlɪ] *adv* moralisch; (*live, behave*)
moralisch einwandfrei.
moral victory *n* moralischer Sieg *m*.
morass [mə'ræs] *n* Morast *m*, Sumpf *m* (*also
fig*).
moratorium [mɔrə'tɔːriəm] *n* Stopp *m*;
Moratorium *nt*.
morbid ['mɔːbɪd] *adj* (*imagination*) krankhaft;
(*interest*) unnatürlich; (*comments, behaviour*)
makaber.

================== *KEYWORD*

more [mɔː*] *adj* **1** (*greater in number etc*) mehr;
~ people/work/letters than we expected
mehr Leute/Arbeit/Briefe, als wir
erwarteten; **I have ~ wine/money than you**
ich habe mehr Wein/Geld als du.
2 (*additional*): **do you want (some) ~ tea?**
möchten Sie noch mehr Tee?; **is there any
~ wine?** ist noch Wein da?; **I have no
~ money, I don't have any ~ money** ich
habe kein Geld mehr
♦ *pron* **1** (*greater amount*) mehr; **~ than 10**
mehr als 10; **it cost ~ than we expected** es
kostete mehr, als wir erwarteten.
2 (*further or additional amount*): **is there any
~?** gibt es noch mehr?; **there's no ~** es ist
nichts mehr da; **many/much ~** viel mehr
♦ *adv* mehr; **~ dangerous/difficult/easily** *etc*
(than) gefährlicher/schwerer/leichter *etc*
(als); **~ and ~** mehr und mehr, immer
mehr; **~ and ~ excited/expensive** immer
aufgeregter/teurer; **~ or less** mehr oder
weniger; **~ than ever** mehr denn je, mehr
als jemals zuvor; **~ beautiful than ever**
schöner denn je; **no ~, not any ~** nicht
mehr.

moreover [mɔː'rəuvə*] *adv* außerdem, zudem.

morgue [mɔːg] *n* Leichenschauhaus *nt*.
MORI ['mɔːrɪ] (*BRIT*) *n abbr* (= *Market and
Opinion Research Institute*) Markt- und
Meinungsforschungsinstitut.
moribund ['mɔrɪbʌnd] *adj* dem Untergang
geweiht.
Mormon ['mɔːmən] *n* Mormone *m*, Mormonin
f.
morning ['mɔːnɪŋ] *n* Morgen *m*; (*as opposed to
afternoon*) Vormittag *m* ♦ *cpd* Morgen-; **in the
~** morgens; vormittags; (*tomorrow*) morgen
früh; **7 o'clock in the ~** 7 Uhr morgens; **this
~** heute Morgen.
morning-after pill ['mɔːnɪŋ'ɑːftə-] *n* Pille *f*
danach.
morning sickness *n* (Schwangerschafts)-
übelkeit *f*.
Moroccan [mə'rɔkən] *adj* marokkanisch ♦ *n*
Marokkaner(in) *m(f)*.
Morocco [mə'rɔkəu] *n* Marokko *nt*.
moron ['mɔːrɔn] (*inf*) *n* Schwachkopf *m*.
moronic [mə'rɔnɪk] (*inf*) *adj* schwachsinnig.
morose [mə'rəus] *adj* missmutig.
morphine ['mɔːfiːn] *n* Morphium *nt*.
morris dancing ['mɔrɪs-] *n* Moriskentanz *m*,
alter englischer Volkstanz.
Morse [mɔːs] *n* (*also*: ~ **code**) Morsealphabet
nt.
morsel ['mɔːsl] *n* Stückchen *nt*.
mortal ['mɔːtl] *adj* sterblich; (*wound, combat*)
tödlich; (*danger*) Todes-; (*sin, enemy*) Tod-
♦ *n* (*human being*) Sterbliche(r) *f(m)*.
mortality [mɔː'tælɪtɪ] *n* Sterblichkeit *f*;
(*number of deaths*) Todesfälle *pl*.
mortality rate *n* Sterblichkeitsziffer *f*.
mortar ['mɔːtə*] *n* (*MIL*) Minenwerfer *m*;
(*CONSTR*) Mörtel *m*; (*CULIN*) Mörser *m*.
mortgage ['mɔːgɪdʒ] *n* Hypothek *f* ♦ *vt* mit
einer Hypothek belasten; **to take out a ~**
eine Hypothek aufnehmen.
mortgage company (*US*) *n* Hypotheken-
bank *f*.
mortgagee [mɔːgə'dʒiː] *n* Hypotheken-
gläubiger *m*.
mortgagor ['mɔːgədʒə*] *n* Hypotheken-
schuldner *m*.
mortician [mɔː'tɪʃən] (*US*) *n* Bestattungs-
unternehmer *m*.
mortified ['mɔːtɪfaɪd] *adj*: **he was ~** er
empfand das als beschämend; (*embarrassed*)
es war ihm schrecklich peinlich.
mortify ['mɔːtɪfaɪ] *vt* beschämen.
mortise lock ['mɔːtɪs-] *n* Einsteckschloss *nt*.
mortuary ['mɔːtjuərɪ] *n* Leichenhalle *f*.
mosaic [məu'zeɪɪk] *n* Mosaik *nt*.
Moscow ['mɔskəu] *n* Moskau *nt*.
Moslem ['mɔzləm] *adj, n* = **Muslim**.
mosque [mɔsk] *n* Moschee *f*.
mosquito [mɔs'kiːtəu] (*pl* ~**es**) *n* Stechmücke
f; (*in tropics*) Moskito *m*.
mosquito net *n* Moskitonetz *nt*.
moss [mɔs] *n* Moos *nt*.

mossy ['mɔsɪ] *adj* bemoost.

═══════════════════ *KEYWORD*

most [məust] *adj* **1** (*almost all: people, things etc*) meiste(r, s); ~ **people** die meisten Leute.
2 (*largest, greatest: interest, money etc*) meiste(r, s); **who has (the)** ~ **money?** wer hat das meiste Geld?
♦ *pron* (*greatest quantity, number*) der/die/das meiste; ~ **of it** das meiste (davon); ~ **of them** die meisten von ihnen; ~ **of the time/ work** die meiste Zeit/Arbeit; ~ **of the time** he's very helpful er ist meistens sehr hilfsbereit; **to make the** ~ **of sth** das Beste aus etw machen; **at the (very)** ~ (aller)höchstens
♦ *adv* (+ *vb: spend, eat, work etc*) am meisten; (+ *adj*): **the** ~ **intelligent/expensive** *etc* der/die/das intelligenteste/teuerste ... *etc*; (+ *adv: carefully, easily etc*) äußerst; (*very: polite, interesting etc*) höchst; **a** ~ **interesting book** ein höchst interessantes Buch.

mostly ['məustlɪ] *adv* (*chiefly*) hauptsächlich; (*usually*) meistens.
MOT (*BRIT*) *n abbr* (= *Ministry of Transport*): ~ **(test)** ≈ TÜV *m*; **the car failed its** ~ das Auto ist nicht durch den TÜV gekommen.
motel [məu'tɛl] *n* Motel *nt*.
moth [mɔθ] *n* Nachtfalter *m*; (*clothes moth*) Motte *f*.
mothball ['mɔθbɔːl] *n* Mottenkugel *f*.
moth-eaten ['mɔθiːtn] (*pej*) *adj* mottenzerfressen.
mother ['mʌðə*] *n* Mutter *f* ♦ *adj* (*country*) Heimat-; (*company*) Mutter- ♦ *vt* großziehen; (*pamper, protect*) bemuttern.
motherboard ['mʌðəbɔːd] *n* (*COMPUT*) Hauptplatine *f*.
motherhood ['mʌðəhud] *n* Mutterschaft *f*.
mother-in-law ['mʌðərɪnlɔː] *n* Schwiegermutter *f*.
motherly ['mʌðəlɪ] *adj* mütterlich.
mother-of-pearl ['mʌðərəv'pɔːl] *n* Perlmutt *nt*.
mother's help *n* Haushaltshilfe *f*.
mother-to-be ['mʌðətə'biː] *n* werdende Mutter *f*.
mother tongue *n* Muttersprache *f*.
mothproof ['mɔθpruːf] *adj* mottenfest.
motif [məu'tiːf] *n* Motiv *nt*.
motion ['məuʃən] *n* Bewegung *f*; (*proposal*) Antrag *m*; (*BRIT: also:* **bowel** ~) Stuhlgang *m* ♦ *vt, vi*: **to** ~ **(to) sb to do sth** jdm ein Zeichen geben, dass er/sie etw tun solle; **to be in** ~ (*vehicle*) fahren; **to set in** ~ in Gang bringen; **to go through the** ~**s (of doing sth)** (*fig*) etw der Form halber tun; (*pretend*) so tun, als ob (man etw täte).
motionless ['məuʃənlɪs] *adj* reg(ungs)los.
motion picture *n* Film *m*.

motivate ['məutɪveɪt] *vt* motivieren.
motivated ['məutɪveɪtɪd] *adj* motiviert; ~ **by** getrieben von.
motivation [məutɪ'veɪʃən] *n* Motivation *f*.
motive ['məutɪv] *n* Motiv *nt*, Beweggrund *m* ♦ *adj* (*power, force*) Antriebs-; **from the best (of)** ~**s** mit den besten Absichten.
motley ['mɔtlɪ] *adj* bunt (gemischt).
motor ['məutə*] *n* Motor *m*; (*BRIT: inf: car*) Auto *nt* ♦ *cpd* (*industry, trade*) Auto(mobil)-.
motorbike ['məutəbaɪk] *n* Motorrad *nt*.
motorboat ['məutəbəut] *n* Motorboot *nt*.
motorcade ['məutəkeɪd] *n* Fahrzeugkolonne *f*.
motorcar ['məutəkɑː] (*BRIT*) *n* (Personenkraft)wagen *m*.
motorcoach ['məutəkəutʃ] (*BRIT*) *n* Reisebus *m*.
motorcycle ['məutəsaɪkl] *n* Motorrad *nt*.
motorcycle racing *n* Motorradrennen *nt*.
motorcyclist ['məutəsaɪklɪst] *n* Motorradfahrer(in) *m(f)*.
motoring ['məutərɪŋ] (*BRIT*) *n* Autofahren *nt* ♦ *cpd* Auto-; (*offence, accident*) Verkehrs-.
motorist ['məutərɪst] *n* Autofahrer(in) *m(f)*.
motorized ['məutəraɪzd] *adj* motorisiert.
motor oil *n* Motoröl *nt*.
motor racing (*BRIT*) *n* Autorennen *nt*.
motor scooter *n* Motorroller *m*.
motor vehicle *n* Kraftfahrzeug *nt*.
motorway ['məutəweɪ] (*BRIT*) *n* Autobahn *f*.
mottled ['mɔtld] *adj* gesprenkelt.
motto ['mɔtəu] (*pl* ~**es**) *n* Motto *nt*.
mould, (*US*) **mold** [məuld] *n* (*cast*) Form *f*; (: *for metal*) Gussform *f*; (*mildew*) Schimmel *m* ♦ *vt* (*lit, fig*) formen.
moulder ['məuldə*] *vi* (*decay*) vermodern.
moulding ['məuldɪŋ] *n* (*ARCHIT*) Zierleiste *f*.
mouldy ['məuldɪ] *adj* schimmelig; (*smell*) moderig.
moult, (*US*) **molt** [məult] *vi* (*animal*) sich haaren; (*bird*) sich mausern.
mound [maund] *n* (*of earth*) Hügel *m*; (*heap*) Haufen *m*.
mount [maunt] *n* (*in proper names*): **M~ Carmel** der Berg Karmel; (*horse*) Pferd *nt*; (*for picture*) Passepartout *nt* ♦ *vt* (*horse*) besteigen; (*exhibition etc*) vorbereiten; (*jewel*) (ein)fassen; (*picture*) mit einem Passepartout versehen; (*staircase*) hochgehen; (*stamp*) aufkleben; (*attack, campaign*) organisieren ♦ *vi* (*increase*) steigen; (: *problems*) sich häufen; (*on horse*) aufsitzen.
► **mount up** *vi* (*costs, savings*) sich summieren, sich zusammenläppern (*inf*).
mountain ['mauntɪn] *n* Berg *m* ♦ *cpd* (*road, stream*) Gebirgs-; **to make a** ~ **out of a molehill** aus einer Mücke einen Elefanten machen.
mountain bike *n* Mountainbike *nt*.
mountaineer [mauntɪ'nɪə*] *n* Bergsteiger(in) *m(f)*.

mountaineering [maʊntɪ'nɪərɪŋ] *n*
Bergsteigen *nt*; **to go ~** bergsteigen gehen.
mountainous ['maʊntɪnəs] *adj* gebirgig.
mountain range *n* Gebirgskette *f*.
mountain rescue team *n* Bergwacht *f*.
mountainside ['maʊntɪnsaɪd] *n* (Berg)hang *m*.
mounted ['maʊntɪd] *adj* (*police, soldiers*)
beritten.
Mount Everest *n* Mount Everest *m*.
mourn [mɔːn] *vt* betrauern ♦ *vi*: **to ~ (for)**
trauern (um).
mourner ['mɔːnə*] *n* Trauernde(r) *f(m)*.
mournful ['mɔːnful] *adj* traurig.
mourning ['mɔːnɪŋ] *n* Trauer *f*; **to be in ~**
trauern; (*wear special clothes*) Trauer tragen.
mouse [maʊs] (*pl* **mice**) *n* (*ZOOL, COMPUT*)
Maus *f*; (*fig: person*) schüchternes Mäuschen
nt.
mousetrap ['maʊstræp] *n* Mausefalle *f*.
moussaka [mu'sɑːkə] *n* Moussaka *f*.
mousse [muːs] *n* (*CULIN*) Mousse *f*; (*cosmetic*)
Schaumfestiger *m*.
moustache, (*US*) **mustache** [məs'tɑːʃ] *n*
Schnurrbart *m*.
mousy ['maʊsɪ] *adj* (*hair*) mausgrau.
mouth [maʊθ] (*pl* **~s**) *n* Mund *m*; (*of cave, hole,
bottle*) Öffnung *f*; (*of river*) Mündung *f*.
mouthful ['maʊθful] *n* (*of food*) Bissen *m*; (*of
drink*) Schluck *m*.
mouth organ *n* Mundharmonika *f*.
mouthpiece ['maʊθpiːs] *n* Mundstück *nt*;
(*spokesman*) Sprachrohr *nt*.
mouth-to-mouth ['maʊθtə'maʊθ] *adj*:
~ resuscitation Mund-zu-Mund-Beatmung *f*.
mouthwash ['maʊθwɔʃ] *n* Mundwasser *nt*.
mouth-watering ['maʊθwɔːtərɪŋ] *adj*
appetitlich.
movable ['muːvəbl] *adj* beweglich; **~ feast**
beweglicher Feiertag *m*.
move [muːv] *n* (*movement*) Bewegung *f*; (*in
game*) Zug *m*; (*change: of house*) Umzug *m*;
(*: of job*) Stellenwechsel *m* ♦ *vt* bewegen;
(*furniture*) (ver)rücken; (*car*) umstellen; (*in
game*) ziehen mit; (*emotionally*) bewegen,
ergreifen; (*POL: resolution etc*) beantragen
♦ *vi* sich bewegen; (*traffic*) vorankommen; (*in
game*) ziehen; (*also: ~ **house***) umziehen;
(*develop*) sich entwickeln; **it's my ~** ich bin
am Zug; **to get a ~ on** sich beeilen; **to ~ sb
to do sth** jdn (dazu) veranlassen, etw zu
tun; **to ~ towards** sich nähern +*dat*.
▶ **move about** *vi* sich (hin- und
her)bewegen; (*travel*) unterwegs sein; (*from
place to place*) umherziehen; (*change
residence*) umziehen; (*change job*) die Stelle
wechseln; **I can hear him moving about** ich
höre ihn herumlaufen.
▶ **move along** *vi* weitergehen.
▶ **move around** *vi* = **move about**.
▶ **move away** *vi* (*from town, area*) wegziehen.
▶ **move back** *vi* (*return*) zurückkommen.
▶ **move forward** *vi* (*advance*) vorrücken.

▶ **move in** *vi* (*to house*) einziehen; (*police,
soldiers*) anrücken.
▶ **move off** *vi* (*car*) abfahren.
▶ **move on** *vi* (*leave*) weitergehen; (*travel*)
weiterfahren ♦ *vt* (*onlookers*) zum
Weitergehen auffordern.
▶ **move out** *vi* (*of house*) ausziehen.
▶ **move over** *vi* (*to make room*) (zur Seite)
rücken.
▶ **move up** *vi* (*employee*) befördert werden;
(*pupil*) versetzt werden; (*deputy*) aufrücken.
moveable ['muːvəbl] *adj* = **movable**.
movement ['muːvmənt] *n* (*action, group*)
Bewegung *f*; (*freedom to move*)
Bewegungsfreiheit *f*; (*transportation*)
Beförderung *f*; (*shift*) Trend *m*; (*MUS*) Satz
m; (*MED: also:* **bowel ~**) Stuhlgang *m*.
mover ['muːvə*] *n* (*of proposal*)
Antragsteller(in) *m(f)*.
movie ['muːvɪ] *n* Film *m*; **to go to the ~s** ins
Kino gehen.
movie camera *n* Filmkamera *f*.
moviegoer ['muːvɪgəʊə*] (*US*) *n*
Kinogänger(in) *m(f)*.
moving ['muːvɪŋ] *adj* beweglich; (*emotional*)
ergreifend; (*instigating*): **the ~ spirit/force**
die treibende Kraft.
mow [məʊ] (*pt* **mowed**, *pp* **mowed** *or* **mown**) *vt*
mähen.
▶ **mow down** *vt* (*kill*) niedermähen.
mower ['məʊə*] *n* (*also:* **lawnmower**)
Rasenmäher *m*.
Mozambique [məʊzəm'biːk] *n* Mosambik *nt*.
MP *n abbr* (= *Member of Parliament*) ≈ MdB;
= **military police**; (*CANADA*: = *Mounted Police*)
berittene Polizei *f*.
mpg *n abbr* (= *miles per gallon*) *see* **mile**.
mph *abbr* (= *miles per hour*) Meilen pro
Stunde.
MPhil *n abbr* (= *Master of Philosophy*) ≈ M.A.
MPS (*BRIT*) *n abbr* (= *Member of the
Pharmaceutical Society*)
Qualifikationsnachweis für Pharmazeuten.
Mr, (*US*) **Mr.** ['mɪstə*] *n*: **~ Smith** Herr Smith.
MRC (*BRIT*) *n abbr* (= *Medical Research Council*)
medizinischer Forschungsausschuss.
MRCP (*BRIT*) *n abbr* (= *Member of the Royal
College of Physicians*) *höchster akademischer
Grad in Medizin.*
MRCS (*BRIT*) *n abbr* (= *Member of the Royal
College of Surgeons*) *höchster akademischer
Grad für Chirurgen.*
MRCVS (*BRIT*) *n abbr* (= *Member of the Royal
College of Veterinary Surgeons*) *höchster
akademischer Grad für Tiermediziner.*
Mrs, (*US*) **Mrs.** ['mɪsɪz] *n*: **~ Smith** Frau
Smith.
MS *n abbr* (= *multiple sclerosis*) MS *f*; (*US*:
= *Master of Science*) *akademischer Grad in
Naturwissenschaften* ♦ *abbr* (*US: POST*:
= *Mississippi*).
MS. (*pl* **MSS.**) *n abbr* (= *manuscript*) Ms.

Ms – multiple sclerosis

Ms, (US) **Ms.** [mɪz] n (= Miss or Mrs): ~ Smith Frau Smith.

MSA (US) n abbr (= Master of Science in Agriculture) akademischer Grad in Agronomie.

MSc n abbr (= Master of Science) akademischer Grad in Naturwissenschaften.

MSG n abbr = **monosodium glutamate.**

MSS. n abbr (= manuscripts) Mss.

MST (US) n abbr (= Mountain Standard Time) amerikanische Standardzeitzone.

MSW (US) n abbr (= Master of Social Work) akademischer Grad in Sozialwissenschaft.

MT n abbr (COMPUT, LING: = machine translation) maschinelle Übersetzung f ♦ abbr (US: POST: = Montana).

Mt abbr (GEOG) = **mount.**

MTV (esp US) n abbr (= music television) MTV nt.

═══════════════ KEYWORD

much [mʌtʃ] adj (time, money, effort) viel; **how ~ money/time do you need?** wie viel Geld/Zeit brauchen Sie?; **he's done so ~ work for us** er hat so viel für uns gearbeitet; **as ~ as** so viel wie; **I have as ~ money/intelligence as you** ich besitze genauso viel Geld/Intelligenz wie du
♦ pron viel; **how ~ is it?** was kostet es?
♦ adv **1** (greatly, a great deal) sehr; **thank you very** ~ vielen Dank, danke sehr; **I read as ~ as I can** ich lese so viel wie ich kann.
2 (by far) viel; **I'm ~ better now** mir geht es jetzt viel besser.
3 (almost) fast; **how are you feeling? - ~ the same** wie fühlst du dich? - fast genauso; **the two books are ~ the same** die zwei Bücher sind sich sehr ähnlich.

muck [mʌk] n (dirt) Dreck m.
▶ **muck about** (inf) vi (fool about) herumalbern ♦ vt: **to ~ sb about** mit jdm beliebig umspringen.
▶ **muck around** vi = **muck about.**
▶ **muck in** (BRIT: inf) vi mit anpacken.
▶ **muck out** vt (stable) ausmisten.
▶ **muck up** (inf) vt (exam etc) verpfuschen.

muckraking ['mʌkreɪkɪŋ] (fig: inf) n Sensationsmache f ♦ adj sensationslüstern.

mucky ['mʌkɪ] adj (dirty) dreckig; (field) matschig.

mucus ['mjuːkəs] n Schleim m.

mud [mʌd] n Schlamm m.

muddle ['mʌdl] n (mess) Durcheinander nt; (confusion) Verwirrung f ♦ vt (person) verwirren; (also: ~ **up**) durcheinander bringen; **to be in a ~** völlig durcheinander sein; **to get in a ~** (person) konfus werden; (things) durcheinander geraten.
▶ **muddle along** vi vor sich acc hin wursteln.
▶ **muddle through** vi (get by) sich durchschlagen.

muddle-headed [mʌdl'hɛdɪd] adj zerstreut.

muddy ['mʌdɪ] adj (floor) schmutzig; (field) schlammig.

mud flats npl Watt(enmeer) nt.

mudguard ['mʌdgaːd] (BRIT) n Schutzblech nt; (on old car) Kotflügel m.

mudpack ['mʌdpæk] n Schlammpackung f.

mud-slinging ['mʌdslɪŋɪŋ] n (fig) Schlechtmacherei f.

muesli ['mjuːzlɪ] n Müsli nt.

muffin ['mʌfɪn] n (BRIT) weiches, flaches Milchbrötchen, meist warm gegessen; (US) kleiner runder Rührkuchen.

muffle ['mʌfl] vt (sound) dämpfen; (against cold) einmummeln.

muffled ['mʌfld] adj (see vt) gedämpft; eingemummelt.

muffler ['mʌflə*] n (US: AUT) Auspufftopf m; (scarf) dicker Schal m.

mufti ['mʌftɪ] n: **in ~** in Zivil.

mug [mʌg] n (cup) Becher m; (for beer) Krug m; (inf: face) Visage f; (: fool) Trottel m ♦ vt (auf der Straße) überfallen; **it's a ~'s game** (BRIT) das ist doch Schwachsinn.
▶ **mug up** (BRIT: inf) vt (also: ~ **up on**) pauken.

mugger ['mʌgə*] n Straßenräuber m.

mugging ['mʌgɪŋ] n Straßenraub m.

muggins ['mʌgɪnz] (BRIT: inf) n Dummkopf m; **... and ~ does all the work** ... und ich bin mal wieder der/die Dumme und mache die ganze Arbeit.

muggy ['mʌgɪ] adj (weather, day) schwül.

mug shot (inf) n (of criminal) Verbrecherfoto nt; (for passport) Passbild nt.

mulatto [mjuːˈlætəʊ] (pl ~**es**) n Mulatte m, Mulattin f.

mulberry ['mʌlbrɪ] n (fruit) Maulbeere f; (tree) Maulbeerbaum m.

mule [mjuːl] n Maultier nt.

mulled [mʌld] adj: ~ **wine** Glühwein m.

mullioned ['mʌlɪənd] adj (windows) längs unterteilt.

mull over [mʌl-] vt sich dat durch den Kopf gehen lassen.

multi... ['mʌltɪ] pref multi-, Multi-.

multi-access ['mʌltɪˈækses] adj (COMPUT: system etc) Mehrplatz-.

multicoloured, (US) **multicolored** ['mʌltɪkʌləd] adj mehrfarbig.

multifarious [mʌltɪˈfɛərɪəs] adj vielfältig.

multilateral [mʌltɪˈlætərl] adj multilateral.

multi-level ['mʌltɪlɛvl] (US) adj = **multistorey.**

multimillionaire [mʌltɪmɪljəˈnɛə*] n Multimillionär m.

multinational [mʌltɪˈnæʃənl] adj multinational ♦ n multinationaler Konzern m, Multi m (inf).

multiple ['mʌltɪpl] adj (injuries) mehrfach; (interests, causes) vielfältig ♦ n Vielfache(s) nt; ~ **collision** Massenkarambolage f.

multiple-choice ['mʌltɪpltʃɔɪs] adj (question etc) Multiplechoice-, Multiple-Choice-.

multiple sclerosis n multiple Sklerose f.

multiplex ['mʌltɪplɛks] *n*: ~ **transmitter** Multiplex-Sender *m*; ~ **cinema** Kinocenter *nt*.

multiplication [mʌltɪplɪ'keɪʃən] *n* Multiplikation *f*; (*increase*) Vervielfachung *f*.

multiplication table *n* Multiplikationstabelle *f*.

multiplicity [mʌltɪ'plɪsɪtɪ] *n*: **a ~ of** eine Vielzahl von.

multiply ['mʌltɪplaɪ] *vt* multiplizieren ♦ *vi* (*increase*: *problems*) stark zunehmen; (: *number*) sich vervielfachen; (*breed*) sich vermehren.

multiracial [mʌltɪ'reɪʃl] *adj* gemischtrassig; (*school*) ohne Rassentrennung; ~ **policy** Politik *f* der Rassenintegration.

multistorey [mʌltɪ'stɔːrɪ] (*BRIT*) *adj* (*building, car park*) mehrstöckig.

multitude ['mʌltɪtjuːd] *n* Menge *f*; **a ~ of** eine Vielzahl von, eine Menge.

mum [mʌm] (*BRIT*: *inf*) *n* Mutti *f*, Mama *f* ♦ *adj*: **to keep ~** den Mund halten; **~'s the word** nichts verraten!

mumble ['mʌmbl] *vt*, *vi* (*indistinctly*) nuscheln; (*quietly*) murmeln.

mumbo jumbo ['mʌmbəu-] *n* (*nonsense*) Geschwafel *nt*.

mummify ['mʌmɪfaɪ] *vt* mumifizieren.

mummy ['mʌmɪ] *n* (*BRIT*: *mother*) Mami *f*; (*embalmed body*) Mumie *f*.

mumps [mʌmps] *n* Mumps *m or f*.

munch [mʌntʃ] *vt*, *vi* mampfen.

mundane [mʌn'deɪn] *adj* (*life*) banal; (*task*) stumpfsinnig.

Munich ['mjuːnɪk] *n* München *nt*.

municipal [mjuː'nɪsɪpl] *adj* städtisch, Stadt-; (*elections, administration*) Kommunal-.

municipality [mjuːnɪsɪ'pælɪtɪ] *n* Gemeinde *f*, Stadt *f*.

munitions [mjuː'nɪʃənz] *npl* Munition *f*.

mural ['mjuərl] *n* Wandgemälde *nt*.

murder ['mɜːdə*] *n* Mord *m* ♦ *vt* ermorden; (*spoil*: *piece of music, language*) verhunzen; **to commit ~** einen Mord begehen.

murderer ['mɜːdərə*] *n* Mörder *m*.

murderess ['mɜːdərɪs] *n* Mörderin *f*.

murderous ['mɜːdərəs] *adj* blutrünstig; (*attack*) Mord-; (*fig*: *look, attack*) vernichtend; (: *pace, heat*) mörderisch.

murk [mɜːk] *n* Düsternis *f*.

murky ['mɜːkɪ] *adj* düster; (*water*) trübe.

murmur ['mɜːmə*] *n* (*of voices*) Murmeln *nt*; (*of wind, waves*) Rauschen *nt* ♦ *vt*, *vi* murmeln; **heart ~** Herzgeräusche *pl*.

MusB(ac) *n abbr* (= *Bachelor of Music*) akademischer Grad in Musikwissenschaft.

muscle ['mʌsl] *n* Muskel *m*; (*fig*: *strength*) Macht *f*.

► **muscle in** *vi*: **to ~ in (on sth)** (bei etw) mitmischen.

muscular ['mʌskjulə*] *adj* (*pain, dystrophy*) Muskel-; (*person, build*) muskulös.

muscular dystrophy *n* Muskeldystrophie *f*.

MusD(oc) *n abbr* (= *Doctor of Music*) Doktorat in Musikwissenschaft.

muse [mjuːz] *vi* nachgrübeln ♦ *n* Muse *f*.

museum [mjuː'zɪəm] *n* Museum *nt*.

mush [mʌʃ] *n* Brei *m*; (*pej*) Schmalz *m*.

mushroom ['mʌʃrum] *n* (*edible*) (essbarer) Pilz *m*; (*poisonous*) Giftpilz *m*; (*button mushroom*) Champignon *m* ♦ *vi* (*fig*: *buildings etc*) aus dem Boden schießen; (: *town, organization*) explosionsartig wachsen.

mushroom cloud *n* Atompilz *m*.

mushy ['mʌʃɪ] *adj* matschig; (*consistency*) breiig; (*inf*: *sentimental*) rührselig; ~ **peas** Erbsenbrei *m*.

music ['mjuːzɪk] *n* Musik *f*; (*written music, score*) Noten *pl*.

musical ['mjuːzɪkl] *adj* musikalisch; (*sound, tune*) melodisch ♦ *n* Musical *nt*.

music(al) box *n* Spieldose *f*.

musical chairs *n* die Reise *f* nach Jerusalem.

musical instrument *n* Musikinstrument *nt*.

music centre *n* Musik-Center *nt*.

music hall *n* Varietee *nt*, Varieté *nt*.

musician [mjuː'zɪʃən] *n* Musiker(in) *m(f)*.

music stand *n* Notenständer *m*.

musk [mʌsk] *n* Moschus *m*.

musket ['mʌskɪt] *n* Muskete *f*.

muskrat ['mʌskræt] *n* Bisamratte *f*.

musk rose *n* Moschusrose *f*.

Muslim ['mʌzlɪm] *adj* moslemisch ♦ *n* Moslem *m*, Moslime *f*.

muslin ['mʌzlɪn] *n* Musselin *m*.

musquash ['mʌskwɒʃ] *n* Bisamratte *f*; (*fur*) Bisam *m*.

mussel ['mʌsl] *n* (Mies)muschel *f*.

must [mʌst] *aux vb* müssen; (*in negative*) dürfen ♦ *n* Muss *nt*; **I ~ do it** ich muss es tun; **you ~ not do that** das darfst du nicht tun; **he ~ be there by now** jetzt müsste er schon dort sein; **you ~ come and see me soon** Sie müssen mich bald besuchen; **why ~ he behave so badly?** warum muss er sich so schlecht benehmen?; **I ~ have made a mistake** ich muss mich geirrt haben; **the film is a ~** den Film muss man unbedingt gesehen haben.

mustache ['mʌstæʃ] (*US*) *n* = **moustache**.

mustard ['mʌstəd] *n* Senf *m*.

mustard gas *n* (*MIL*) Senfgas *nt*.

muster ['mʌstə*] *vt* (*support*) zusammenbekommen; (*also*: ~ **up**: *energy, strength, courage*) aufbringen; (*troops, members*) antreten lassen ♦ *n*: **to pass ~** den Anforderungen genügen.

mustiness ['mʌstɪnɪs] *n* Muffigkeit *f*.

mustn't ['mʌsnt] = **must not**.

musty ['mʌstɪ] *adj* muffig; (*building*) moderig.

mutant ['mjuːtənt] *n* Mutante *f*.

mutate [mjuː'teɪt] *vi* (*BIOL*) mutieren.

mutation [mjuː'teɪʃən] *n* (*BIOL*) Mutation *f*; (*alteration*) Veränderung *f*.

mute [mjuːt] *adj* stumm.
muted ['mjuːtɪd] *adj* (*colour*) gedeckt; (*reaction, criticism*) verhalten; (*sound, trumpet, MUS*) gedämpft.
mutilate ['mjuːtɪleɪt] *vt* verstümmeln.
mutilation [mjuːtɪ'leɪʃən] *n* Verstümmelung *f*.
mutinous ['mjuːtɪnəs] *adj* meuterisch; (*attitude*) rebellisch.
mutiny ['mjuːtɪnɪ] *n* Meuterei *f* ♦ *vi* meutern.
mutter ['mʌtə*] *vt, vi* murmeln.
mutton ['mʌtn] *n* Hammelfleisch *nt*.
mutual ['mjuːtʃuəl] *adj* (*feeling, attraction*) gegenseitig; (*benefit*) beiderseitig; (*interest, friend*) gemeinsam; **the feeling was ~ das** beruhte auf Gegenseitigkeit.
mutually ['mjuːtʃuəlɪ] *adv* (*beneficial, satisfactory*) für beide Seiten; (*accepted*) von beiden Seiten; **to be ~ exclusive** einander ausschließen; **~ incompatible** nicht miteinander vereinbar.
Muzak ® ['mjuːzæk] *n* Berieselungsmusik *f* (*inf*).
muzzle ['mʌzl] *n* (*of dog*) Maul *nt*; (*of gun*) Mündung *f*; (*guard: for dog*) Maulkorb *m* ♦ *vt* (*dog*) einen Maulkorb anlegen +*dat*; (*fig: press, person*) mundtot machen.
MV *abbr* (= *motor vessel*) MS.
MVP (*US*) *n abbr* (*SPORT:* = *most valuable player*) wertvollster Spieler *m*, wertvollste Spielerin *f*.
MW *abbr* (*RADIO:* = *medium wave*) MW.

═══════════════════ *KEYWORD*

my [maɪ] *adj* mein(e); **this is ~ brother/sister/ house** das ist mein Bruder/meine Schwester/mein Haus; **I've washed ~ hair/ cut ~ finger** ich habe mir die Haare gewaschen/mir *or* mich in den Finger geschnitten; **is this ~ pen or yours?** ist das mein Stift oder deiner?

Myanmar ['maɪænmɑː] *n* Myanmar *nt*.
myopic [maɪ'ɒpɪk] *adj* (*MED, fig*) kurzsichtig.
myriad ['mɪrɪəd] *n* Unzahl *f*.
myrrh [məː*] *n* Myrr(h)e *f*.
myself [maɪ'sɛlf] *pron* (*acc*) mich; (*dat*) mir; (*emphatic*) selbst; *see also* **oneself**.
mysterious [mɪs'tɪərɪəs] *adj* geheimnisvoll, mysteriös.
mysteriously [mɪs'tɪərɪəslɪ] *adv* auf mysteriöse Weise; (*smile*) geheimnisvoll.
mystery ['mɪstərɪ] *n* (*puzzle*) Rätsel *nt*; (*strangeness*) Rätselhaftigkeit *f* ♦ *cpd* (*guest, voice*) mysteriös; **~ tour** Fahrt *f* ins Blaue.
mystery story *n* Kriminalgeschichte *f*.
mystic ['mɪstɪk] *n* Mystiker(in) *m(f)*.
mystic(al) ['mɪstɪk(l)] *adj* mystisch.
mystify ['mɪstɪfaɪ] *vt* vor ein Rätsel stellen.
mystique [mɪs'tiːk] *n* geheimnisvoller Nimbus *m*.
myth [mɪθ] *n* Mythos *m*; (*fallacy*) Märchen *nt*.
mythical ['mɪθɪkl] *adj* mythisch; (*jobs,*

opportunities etc) fiktiv.
mythological [mɪθə'lɒdʒɪkl] *adj* mythologisch.
mythology [mɪ'θɒlədʒɪ] *n* Mythologie *f*.

N, n

N¹, n [ɛn] *n* (*letter*) N *nt*, n *nt*; **~ for Nellie,** (*US*) **~ for Nan** ≈ N wie Nordpol.
N² [ɛn] *abbr* (= *north*) N.
NA (*US*) *n abbr* (= *Narcotics Anonymous*) Hilfsorganisation für Drogensüchtige; (= *National Academy*) Dachverband verschiedener Forschungsunternehmen.
n/a *abbr* (= *not applicable*) entf.; (*COMM etc:* = *no account*) kein Konto.
NAACP (*US*) *n abbr* (= *National Association for the Advancement of Colored People*) Vereinigung zur Förderung Farbiger.
NAAFI ['næfɪ] (*BRIT*) *n abbr* (= *Navy, Army and Air Force Institutes*) Laden für britische Armeeangehörige.
NACU (*US*) *n abbr* (= *National Association of Colleges and Universities*) Fachhochschul- und Universitätsverband.
nadir ['neɪdɪə*] *n* (*fig*) Tiefstpunkt *m*; (*ASTRON*) Nadir *m*.
NAFTA *n abbr* (= *North Atlantic Free Trade Agreement*) amerikanische Freihandelszone.
nag [næg] *vt* herumnörgeln an +*dat* ♦ *vi* nörgeln ♦ *n* (*pej: horse*) Gaul *m*; (*: person*) Nörgler(in) *m(f)*; **to ~ at sb** jdn plagen, jdm keine Ruhe lassen.
nagging ['nægɪŋ] *adj* (*doubt, suspicion*) quälend; (*pain*) dumpf.
nail [neɪl] *n* Nagel *m* ♦ *vt* (*inf: thief etc*) drankriegen; (*: fraud*) aufdecken; **to ~ sth to sth** etw an etw *acc* nageln; **to ~ sb down (to sth)** jdn (auf etw *acc*) festnageln.
nailbrush ['neɪlbrʌʃ] *n* Nagelbürste *f*.
nailfile ['neɪlfaɪl] *n* Nagelfeile *f*.
nail polish *n* Nagellack *m*.
nail polish remover *n* Nagellackentferner *m*.
nail scissors *npl* Nagelschere *f*.
nail varnish (*BRIT*) *n* = **nail polish**.
Nairobi [naɪ'rəubɪ] *n* Nairobi *nt*.
naive [nɑː'iːv] *adj* naiv.
naiveté [nɑːiːv'teɪ] *n* = **naivety**.
naivety [naɪ'iːvtɪ] *n* Naivität *f*.
naked ['neɪkɪd] *adj* nackt; (*flame, light*) offen; **with the ~ eye** mit bloßem Auge; **to the ~ eye** für das bloße Auge.
nakedness ['neɪkɪdnɪs] *n* Nacktheit *f*.
NAM (*US*) *n abbr* (= *National Association of*

Manufacturers) nationaler Verband der verarbeitenden Industrie.

name [neɪm] *n* Name *m* ♦ *vt* nennen; (*ship*) taufen; (*identify*) (beim Namen) nennen; (*date etc*) bestimmen, festlegen; **what's your ~?** wie heißen Sie?; **my ~ is Peter** ich heiße Peter; **by ~** mit Namen; **in the ~ of** im Namen +*gen*; **to give one's ~ and address** Namen und Adresse angeben; **to make a ~ for o.s.** sich *dat* einen Namen machen; **to give sb a bad ~** jdn in Verruf bringen; **to call sb ~s** jdn beschimpfen; **to be ~d after sb/sth** nach jdm/etw benannt werden.

name-dropping ['neɪmdrɒpɪŋ] *n* Angeberei *f* mit berühmten Namen.

nameless ['neɪmlɪs] *adj* namenlos; **who/which shall remain ~** der/die/das ungenannt bleiben soll.

namely ['neɪmlɪ] *adv* nämlich.

nameplate ['neɪmpleɪt] *n* Namensschild *nt*.

namesake ['neɪmseɪk] *n* Namensvetter(in) *m(f)*.

nan bread [nɑːn-] *n* Nan-Brot *nt*, fladenförmiges Weißbrot als Beilage zu indischen Gerichten.

nanny ['nænɪ] *n* Kindermädchen *nt*.

nanny-goat ['nænɪgəʊt] *n* Geiß *f*.

nap [næp] *n* Schläfchen *nt*; (*of fabric*) Strich *m* ♦ *vi*: **to be caught ~ping** (*fig*) überrumpelt werden; **to have a ~** ein Schläfchen *or* ein Nickerchen (*inf*) machen.

NAPA (*US*) *n abbr* (= *National Association of Performing Artists*) *Künstlergewerkschaft.*

napalm ['neɪpɑːm] *n* Napalm *nt*.

nape [neɪp] *n*: **the ~ of the neck** der Nacken.

napkin ['næpkɪn] *n* (*also*: **table ~**) Serviette *f*.

Naples ['neɪplz] *n* Neapel *nt*.

Napoleonic [nəpəʊlɪ'ɒnɪk] *adj* napoleonisch.

nappy ['næpɪ] (*BRIT*) *n* Windel *f*.

nappy liner (*BRIT*) *n* Windeleinlage *f*.

nappy rash *n* Wundsein *nt*.

narcissistic [nɑːsɪ'sɪstɪk] *adj* narzisstisch.

narcissus [nɑː'sɪsəs] (*pl* **narcissi**) *n* Narzisse *f*.

narcotic [nɑː'kɒtɪk] *adj* narkotisch ♦ *n* Narkotikum *nt*; **narcotics** *npl* (*drugs*) Drogen *pl*; **~ drug** Rauschgift *nt*.

nark [nɑːk] (*BRIT: inf*) *vt*: **to be ~ed at sth** sauer über etw *acc* sein.

narrate [nə'reɪt] *vt* erzählen; (*film, programme*) kommentieren.

narration [nə'reɪʃən] *n* Kommentar *m*.

narrative ['nærətɪv] *n* Erzählung *f*; (*of journey etc*) Schilderung *f*.

narrator [nə'reɪtə*] *n* Erzähler(in) *m(f)*; (*in film etc*) Kommentator(in) *m(f)*.

narrow ['nærəʊ] *adj* eng; (*ledge etc*) schmal; (*majority, advantage, victory, defeat*) knapp; (*ideas, view*) engstirnig ♦ *vi* sich verengen; (*gap, difference*) sich verringern ♦ *vt* (*gap, difference*) verringern; (*eyes*) zusammenkneifen; **to have a ~ escape** mit knapper Not davonkommen; **to ~ sth down**

(to sth) etw (auf etw *acc*) beschränken.

narrow gauge ['nærəʊgeɪdʒ] *adj* (*RAIL*) Schmalspur-.

narrowly ['nærəʊlɪ] *adv* knapp; (*escape*) mit knapper Not.

narrow-minded [nærəʊ'maɪndɪd] *adj* engstirnig.

NAS (*US*) *n abbr* (= *National Academy of Sciences*) *Akademie der Wissenschaften.*

NASA ['næsə] (*US*) *n abbr* (= *National Aeronautics and Space Administration*) NASA *f*.

nasal ['neɪzl] *adj* Nasen-; (*voice*) näselnd.

Nassau ['næsɔː] *n* Nassau *nt*.

nastily ['nɑːstɪlɪ] *adv* gemein; (*say*) gehässig.

nastiness ['nɑːstɪnɪs] *n* Gemeinheit *f*; (*of remark*) Gehässigkeit *f*; (*of smell, taste etc*) Ekelhaftigkeit *f*.

nasturtium [nəs'tɜːʃəm] *n* Kapuzinerkresse *f*.

nasty ['nɑːstɪ] *adj* (*remark*) gehässig; (*person*) gemein; (*taste, smell*) ekelhaft; (*wound, disease, accident, shock*) schlimm; (*problem, question*) schwierig; (*weather, temper*) abscheulich; **to turn ~** unangenehm werden; **it's a ~ business** es ist schrecklich; **he's got a ~ temper** mit ihm ist nicht gut Kirschen essen.

NAS/UWT (*BRIT*) *n abbr* (= *National Association of Schoolmasters/Union of Women Teachers*) *Lehrergewerkschaft.*

nation ['neɪʃən] *n* Nation *f*; (*people*) Volk *nt*.

national ['næʃənl] *adj* (*character, flag*) National-; (*interests*) Staats-; (*newspaper*) überregional ♦ *n* Staatsbürger(in) *m(f)*; **foreign ~** Ausländer(in) *m(f)*.

national anthem *n* Nationalhymne *f*.

National Curriculum *n* zentraler Lehrplan für Schulen in England und Wales.

national debt *n* Staatsverschuldung *f*.

national dress *n* Nationaltracht *f*.

National Guard (*US*) *n* Nationalgarde *f*.

National Health Service (*BRIT*) *n* Staatlicher Gesundheitsdienst *m*.

National Insurance (*BRIT*) *n* Sozialversicherung *f*.

nationalism ['næʃnəlɪzəm] *n* Nationalismus *m*.

nationalist ['næʃnəlɪst] *adj* nationalistisch ♦ *n* Nationalist(in) *m(f)*.

nationality [næʃə'nælɪtɪ] *n* Staatsangehörigkeit *f*, Nationalität *f*.

nationalization [næʃnəlaɪ'zeɪʃən] *n* Verstaatlichung *f*.

nationalize ['næʃnəlaɪz] *vt* verstaatlichen.

National Lottery *n* ≈ Lotto *nt*.

nationally ['næʃnəlɪ] *adv* landesweit.

national park *n* Nationalpark *m*.

national press *n* überregionale Presse *f*.

National Security Council (*US*) *n* Nationaler Sicherheitsrat *m*.

national service *n* Wehrdienst *m*.

National Trust (*BRIT*) *n* Organisation zum Schutz historischer Bauten und Denkmäler sowie zum Landschaftsschutz.

NATIONAL TRUST

Der **National Trust** *ist ein 1895 gegründeter Natur- und Denkmalschutzverband in Großbritannien, der Gebäude und Gelände von besonderem historischem oder ästhetischem Interesse erhält und der Öffentlichkeit zugänglich macht. Viele Gebäude im Besitz des* **National Trust** *sind (z. T. gegen ein Eintrittsgeld) zu besichtigen.*

---

nationwide ['neɪʃənwaɪd] *adj, adv* landesweit.
native ['neɪtɪv] *n* Einheimische(r) *f(m)* ♦ *adj* einheimisch; (*country*) Heimat-; (*language*) Mutter-; (*innate*) angeboren; **a ~ of Germany, a ~ German** ein gebürtiger Deutscher, eine gebürtige Deutsche; **~ to** beheimatet in +*dat*.
Native American *adj* indianisch, der Ureinwohner Amerikas ♦ *n* Ureinwohner(in) *m(f)* Amerikas.
native speaker *n* Muttersprachler(in) *m(f)*.
Nativity [nə'tɪvɪtɪ] *n*: **the ~** Christi Geburt *f*.
nativity play *n* Krippenspiel *nt*.
NATO ['neɪtəu] *n abbr* (= *North Atlantic Treaty Organization*) NATO *f*.
natter ['nætə*] (*BRIT*) *vi* quatschen (*inf*) ♦ *n*: **to have a ~** einen Schwatz halten.
natural ['nætʃrəl] *adj* natürlich; (*disaster*) Natur-; (*innate*) angeboren; (*born*) geboren; (*MUS*) ohne Vorzeichen; **to die of ~ causes** eines natürlichen Todes sterben; **~ foods** Naturkost *f*; **she played F ~ not F sharp** sie spielte f statt fis.
natural childbirth *n* natürliche Geburt *f*.
natural gas *n* Erdgas *nt*.
natural history *n* Naturkunde *f*; **the ~ of England** die Naturgeschichte Englands.
naturalist ['nætʃrəlɪst] *n* Naturforscher(in) *m(f)*.
naturalize ['nætʃrəlaɪz] *vt*: **to become ~d** eingebürgert werden.
naturally ['nætʃrəlɪ] *adv* natürlich; (*happen*) auf natürlichem Wege; (*die*) eines natürlichen Todes; (*occur: cheerful, talented, blonde*) von Natur aus.
naturalness ['nætʃrəlnɪs] *n* Natürlichkeit *f*.
natural resources *npl* Naturschätze *pl*.
natural selection *n* natürliche Auslese *f*.
natural wastage *n* natürliche Personalreduzierung *f*.
nature ['neɪtʃə*] *n* (*also:* **Nature**) Natur *f*; (*kind, sort*) Art *f*; (*character*) Wesen *nt*; **by ~** von Natur aus; **by its (very) ~** naturgemäß; **documents of a confidential ~** Unterlagen vertraulicher Art.
-natured ['neɪtʃəd] *suff*: **good-~** gutmütig; **ill-~** bösartig.
nature reserve (*BRIT*) *n* Naturschutzgebiet *nt*.
nature trail *n* Naturlehrpfad *m*.
naturist ['neɪtʃərɪst] *n* Anhänger(in) *m(f)* der Freikörperkultur.
naught [nɔːt] *n* = **nought**.
naughtiness ['nɔːtɪnɪs] *n* (*see adj*) Unartigkeit *f*, Ungezogenheit *f*; Unanständigkeit *f*.
naughty ['nɔːtɪ] *adj* (*child*) unartig, ungezogen; (*story, film, words*) unanständig.
nausea ['nɔːsɪə] *n* Übelkeit *f*.
nauseate ['nɔːsɪeɪt] *vt* Übelkeit verursachen +*dat*; (*fig*) anwidern.
nauseating ['nɔːsɪeɪtɪŋ] *adj* Ekel erregend; (*fig*) widerlich.
nauseous ['nɔːsɪəs] *adj* ekelhaft; **I feel ~** mir ist übel.
nautical ['nɔːtɪkl] *adj* (*chart*) See-; (*uniform*) Seemanns-.
nautical mile *n* Seemeile *f*.
naval ['neɪvl] *adj* Marine-; (*battle, forces*) See-.
naval officer *n* Marineoffizier *m*.
nave [neɪv] *n* Hauptschiff *nt*, Mittelschiff *nt*.
navel ['neɪvl] *n* Nabel *m*.
navigable ['nævɪgəbl] *adj* schiffbar.
navigate ['nævɪgeɪt] *vt* (*river*) befahren; (*path*) begehen ♦ *vi* navigieren; (*AUT*) den Fahrer dirigieren.
navigation [nævɪ'geɪʃən] *n* Navigation *f*.
navigator ['nævɪgeɪtə*] *n* (*NAUT*) Steuermann *m*; (*AVIAT*) Navigator(in) *m(f)*; (*AUT*) Beifahrer(in) *m(f)*.
navvy ['nævɪ] (*BRIT*) *n* Straßenarbeiter *m*.
navy ['neɪvɪ] *n* (Kriegs)marine *f*; (*ships*) (Kriegs)flotte *f*; **Department of the N~** (*US*) Marineministerium *nt*.
navy(-blue) ['neɪvɪ('bluː)] *adj* marineblau.
Nazareth ['næzərɪθ] *n* Nazareth *nt*.
Nazi ['nɑːtsɪ] *n* Nazi *m*.
NB *abbr* (= *nota bene*) NB; (*CANADA*: = *New Brunswick*).
NBA (*US*) *n abbr* (= *National Basketball Association*) Basketball-Dachverband; (= *National Boxing Association*) Boxsport-Dachverband.
NBC (*US*) *n abbr* (= *National Broadcasting Company*) Fernsehsender.
NBS (*US*) *n abbr* (= *National Bureau of Standards*) amerikanischer Normenausschuss.
NC *abbr* (*COMM etc*: = *no charge*) frei; (*US*: *POST*: = *North Carolina*).
NCC *n abbr* (*BRIT*: = *Nature Conservancy Council*) Naturschutzverband; (*US*: = *National Council of Churches*) Zusammenschluss protestantischer und orthodoxer Kirchen.
NCCL (*BRIT*) *n abbr* (= *National Council for Civil Liberties*) Organisation zum Schutz von Freiheitsrechten.
NCO *n abbr* (*MIL*: = *noncommissioned officer*) Uffz.
ND (*US*) *abbr* (*POST*: = *North Dakota*).
N.Dak. (*US*) *abbr* (*POST*: = *North Dakota*).
NE *abbr* = **north-east**; (*US*: *POST*: = *New England; Nebraska*).
NEA (*US*) *n abbr* (= *National Education*

Association) Verband für das
Erziehungswesen.
neap [niːp] _n (also:_ ~ **tide**) Nippflut _f._
Neapolitan [nɪəˈpɔlɪtən] _adj_ neapolitanisch ♦ _n_
Neapolitaner(in) _m(f)._
near [nɪəʳ] _adj_ nahe ♦ _adv_ nahe; (_almost_) fast,
beinahe ♦ _prep_ (_also:_ ~ **to:** _in space_) nahe an
+_dat;_ (: _in time_) um _acc_ ... herum; (: _in situation,_
in intimacy) nahe +_dat_ ♦ _vt_ sich nähern +_dat;_
(_state, situation_) kurz vor +_dat_ stehen;
Christmas is ~ bald ist Weihnachten;
£25,000 or ~est offer (_BRIT_) £25.000 oder das
nächstbeste Angebot; **in the** ~ **future** in
naher Zukunft, bald; **in** ~ **darkness** fast im
Dunkeln; **a** ~ **tragedy** beinahe eine
Tragödie; ~ **here/there** hier/dort in der
Nähe; **to be** ~ **(to) doing sth** nahe daran
sein, etw zu tun; **the building is ~ing**
completion der Bau steht kurz vor dem
Abschluss.
nearby [nɪəˈbaɪ] _adj_ nahe gelegen ♦ _adv_ in der
Nähe.
Near East _n:_ **the** ~ der Nahe Osten.
nearer [ˈnɪərəʳ] _adj, adv comp of_ **near.**
nearest [ˈnɪərəst] _adj, adv superl of_ **near.**
nearly [ˈnɪəlɪ] _adv_ fast; **I** ~ **fell** ich wäre
beinahe gefallen; **it's not** ~ **big enough** es
ist bei weitem nicht groß genug; **she was**
~ **crying** sie war den Tränen nahe.
near miss _n_ Beinahezusammenstoß _m;_ **that**
was a ~ (_shot_) das war knapp daneben.
nearness [ˈnɪənɪs] _n_ Nähe _f._
nearside [ˈnɪəsaɪd] (_AUT_) _adj_ (_when driving on_
left) linksseitig; (_when driving on right_)
rechtsseitig ♦ _n:_ **the** ~ (_when driving on left_)
die linke Seite; (_when driving on right_) die
rechte Seite.
near-sighted [nɪəˈsaɪtɪd] _adj_ kurzsichtig.
neat [niːt] _adj_ ordentlich; (_handwriting_) sauber;
(_plan, solution_) elegant; (_description_)
prägnant; (_spirits_) pur; **I drink it** ~ ich trinke
es pur.
neatly [ˈniːtlɪ] _adv_ ordentlich; (_conveniently_)
sauber.
neatness [ˈniːtnɪs] _n_ Ordentlichkeit _f;_ (_of_
solution, plan) Sauberkeit _f._
Nebr. (_US_) _abbr_ (_POST:_ = _Nebraska_).
nebulous [ˈnɛbjuləs] _adj_ vage, unklar.
necessarily [ˈnɛsɪsrɪlɪ] _adv_ notwendigerweise;
not ~ nicht unbedingt.
necessary [ˈnɛsɪsrɪ] _adj_ notwendig, nötig;
(_inevitable_) unausweichlich; **if** ~ wenn nötig,
nötigenfalls; **it is** ~ **to** ... man muss ...
necessitate [nɪˈsɛsɪteɪt] _vt_ erforderlich
machen.
necessity [nɪˈsɛsɪtɪ] _n_ Notwendigkeit _f;_ **of** ~
notgedrungen; **out of** ~ aus Not; **the**
necessities (of life) das Notwendigste (zum
Leben).
neck [nɛk] _n_ Hals _m;_ (_of shirt, dress, jumper_)
Ausschnitt _m_ ♦ _vi_ (_inf_) knutschen; ~ **and** ~
Kopf an Kopf; **to stick one's** ~ **out** (_inf_)

seinen Kopf riskieren.
necklace [ˈnɛklɪs] _n_ (Hals)kette _f._
neckline [ˈnɛklaɪn] _n_ Ausschnitt _m._
necktie [ˈnɛktaɪ] (_esp US_) _n_ Krawatte _f._
nectar [ˈnɛktəʳ] _n_ Nektar _m._
nectarine [ˈnɛktərɪn] _n_ Nektarine _f._
NEDC (_BRIT_) _n abbr_ (= _National Economic_
Development Council) Rat für
Wirtschaftsentwicklung.
Neddy [ˈnɛdɪ] (_BRIT: inf_) _n abbr_ = **NEDC.**
née [neɪ] _prep:_ ~ **Scott** geborene Scott.
need [niːd] _n_ Bedarf _m;_ (_necessity_)
Notwendigkeit _f;_ (_requirement_) Bedürfnis _nt;_
(_poverty_) Not _f_ ♦ _vt_ brauchen; (_could do with_)
nötig haben; **in** ~ **of sth** etw nötig haben; **to be in** ~ **of**
sth etw nötig haben; **£10 will meet my**
immediate ~s mit £ 10 komme ich erst
einmal aus; **(there's) no** ~ (das ist) nicht
nötig; **there's no** ~ **to get so worked up**
about it du brauchst dich darüber nicht so
aufzuregen; **he had no** ~ **to work** er hatte es
nicht nötig zu arbeiten; **I** ~ **to do it** ich muss
es tun; **you don't** ~ **to go, you ~n't go** du
brauchst nicht zu gehen; **a signature is ~ed**
das bedarf einer Unterschrift _gen._
needle [ˈniːdl] _n_ Nadel _f_ ♦ _vt_ (_fig: inf: goad_)
ärgern, piesacken.
needless [ˈniːdlɪs] _adj_ unnötig; ~ **to say**
natürlich.
needlessly [ˈniːdlɪslɪ] _adv_ unnötig.
needlework [ˈniːdlwəːk] _n_ Handarbeit _f._
needn't [ˈniːdnt] = **need not.**
needy [ˈniːdɪ] _adj_ bedürftig ♦ _npl:_ **the** ~ die
Bedürftigen _pl._
negation [nɪˈgeɪʃən] _n_ Verweigerung _f._
negative [ˈnɛgətɪv] _adj_ negativ; (_answer_)
abschlägig ♦ _n_ (_PHOT_) Negativ _nt;_ (_LING_)
Verneinungswort _nt,_ Negation _f;_ **to answer**
in the ~ eine verneinende Antwort geben.
negative equity _n Differenz zwischen_
gefallenem Wert und hypothekarischer
Belastung eines Wohnungseigentums.
neglect [nɪˈglɛkt] _vt_ vernachlässigen; (_writer,_
artist) unterschätzen ♦ _n_ Vernachlässigung _f._
neglected [nɪˈglɛktɪd] _adj_ vernachlässigt;
(_writer, artist_) unterschätzt.
neglectful [nɪˈglɛktful] _adj_ nachlässig; (_father_)
pflichtvergessen; **to be** ~ **of sth** etw
vernachlässigen.
negligee [ˈnɛglɪʒeɪ] _n_ Negligee _nt,_ Negligé _nt._
negligence [ˈnɛglɪdʒəns] _n_ Nachlässigkeit _f;_
(_LAW_) Fahrlässigkeit _f._
negligent [ˈnɛglɪdʒənt] _adj_ nachlässig; (_LAW_)
fahrlässig; (_casual_) lässig.
negligently [ˈnɛglɪdʒəntlɪ] _adv_ (_see adj_)
nachlässig; fahrlässig; lässig.
negligible [ˈnɛglɪdʒɪbl] _adj_ geringfügig.
negotiable [nɪˈgəuʃɪəbl] _adj_
verhandlungsfähig; (_path, river_) passierbar;
not ~ (_on cheque etc_) nicht übertragbar.
negotiate [nɪˈgəuʃɪeɪt] _vi_ verhandeln ♦ _vt_
aushandeln; (_obstacle, hill_) überwinden;

(*bend*) nehmen; **to ~ with sb (for sth)** mit jdm (über etw *acc*) verhandeln.

negotiating table [nɪ'gəʊʃɪeɪtɪŋ-] *n* Verhandlungstisch *m*.

negotiation [nɪgəʊʃɪ'eɪʃən] *n* Verhandlung *f*; **the matter is still under ~** über die Sache wird noch verhandelt.

negotiator [nɪ'gəʊʃɪeɪtə*] *n* Unterhändler(in) *m(f)*.

Negress ['niːgrɪs] *n* Negerin *f*.

Negro ['niːgrəʊ] (*pl* ~**es**) *adj* (*boy, slave*) Neger- ♦ *n* Neger *m*.

neigh [neɪ] *vi* wiehern.

neighbour, (*US*) **neighbor** ['neɪbə*] *n* Nachbar(in) *m(f)*.

neighbourhood ['neɪbəhud] *n* (*place*) Gegend *f*; (*people*) Nachbarschaft *f*; **in the ~ of** ... in der Nähe von ...; (*sum of money*) so um die ...

neighbourhood watch *n Vereinigung von Bürgern, die Straßenwachen etc zur Unterstützung der Polizei bei der Verbrechensbekämpfung organisiert.*

neighbouring ['neɪbərɪŋ] *adj* benachbart, Nachbar-.

neighbourly ['neɪbəlɪ] *adj* nachbarlich.

neither ['naɪðə*] *conj*: **I didn't move and ~ did John** ich bewegte mich nicht und John auch nicht ♦ *pron* keine(r, s) (von beiden) ♦ *adv*: **~ ... nor ...** weder ... noch ...; **~ story is true** keine der beiden Geschichten stimmt; **~ is true** beides stimmt nicht; **~ do I/have I** ich auch nicht.

neo... ['niːəʊ] *pref* neo-, Neo-.

neolithic [niə'lɪθɪk] *adv* jungsteinzeitlich, neolithisch.

neologism [nɪ'ɔlədʒɪzəm] *n* (Wort)neubildung *f*, Neologismus *m*.

neon ['niːɔn] *n* Neon *nt*.

neon light *n* Neonlampe *f*.

neon sign *n* Neonreklame *f*.

Nepal [nɪ'pɔːl] *n* Nepal *nt*.

nephew ['nevjuː] *n* Neffe *m*.

nepotism ['nepətɪzəm] *n* Vetternwirtschaft *f*.

nerd [nəːd] (*inf*) *n* Schwachkopf *m*.

nerve [nəːv] *n* (*ANAT*) Nerv *m*; (*courage*) Mut *m*; (*impudence*) Frechheit *f*; **nerves** *npl* (*anxiety*) Nervosität *f*; (*emotional strength*) Nerven *pl*; **he gets on my ~s** er geht mir auf die Nerven; **to lose one's ~** die Nerven verlieren.

nerve-centre, (*US*) **nerve-center** ['nəːvsentə*] *n* (*fig*) Schaltzentrale *f*.

nerve gas *n* Nervengas *nt*.

nerve-racking ['nəːvrækɪŋ] *adj* nervenaufreibend.

nervous ['nəːvəs] *adj* Nerven-, nervlich; (*anxious*) nervös; **to be ~ of/about** Angst haben vor +*dat*.

nervous breakdown *n* Nervenzusammenbruch *m*.

nervously ['nəːvəslɪ] *adv* nervös.

nervousness ['nəːvəsnɪs] *n* Nervosität *f*.

nervous system *n* Nervensystem *nt*.

nervous wreck (*inf*) *n* Nervenbündel *nt*; **to be a ~** mit den Nerven völlig am Ende sein.

nervy ['nəːvɪ] (*inf*) *adj* (*BRIT: tense*) nervös; (*US: cheeky*) dreist.

nest [nest] *n* Nest *nt* ♦ *vi* nisten; **a ~ of tables** ein Satz Tische *or* von Tischen.

nest egg *n* Notgroschen *m*.

nestle ['nesl] *vi* sich kuscheln; (*house*) eingebettet sein.

nestling ['nestlɪŋ] *n* Nestling *m*.

Net [net] *n*: **the ~** (*COMPUT*) das Internet.

net [net] *n* Netz *nt*; (*fabric*) Tüll *m* ♦ *adj* (*COMM*) Netto-; (*final: result, effect*) End- ♦ *vt* (mit einem Netz) fangen; (*profit*) einbringen; (*deal, sale, fortune*) an Land ziehen; **~ of tax** steuerfrei; **he earns £10,000 ~ per year** er verdient £ 10.000 netto im Jahr; **it weighs 250g** ~ es wiegt 250 g netto.

netball ['netbɔːl] *n* Netzball *m*.

net curtains *npl* Gardinen *pl*, Stores *pl*.

Netherlands ['neðələndz] *npl*: **the ~** die Niederlande *pl*.

nett [net] *adj* = **net**.

netting ['netɪŋ] *n* (*for fence etc*) Maschendraht *m*; (*fabric*) Netzgewebe *nt*, Tüll *m*.

nettle ['netl] *n* Nessel *f*; **to grasp the ~** (*fig*) in den sauren Apfel beißen.

network ['netwəːk] *n* Netz *nt*; (*TV, RADIO*) Sendenetz *nt* ♦ *vt* (*RADIO, TV*) im ganzen Netzbereich ausstrahlen; (*computers*) in einem Netzwerk zusammenschließen.

neuralgia [njuə'rældʒə] *n* Neuralgie *f*, Nervenschmerzen *pl*.

neurological [njuərə'lɔdʒɪkl] *adj* neurologisch.

neurotic [njuə'rɔtɪk] *adj* neurotisch ♦ *n* Neurotiker(in) *m(f)*.

neuter ['njuːtə*] *adj* (*LING*) sächlich ♦ *vt* kastrieren; (*female*) sterilisieren.

neutral ['njuːtrəl] *adj* neutral ♦ *n* (*AUT*) Leerlauf *m*.

neutrality [njuː'trælɪtɪ] *n* Neutralität *f*.

neutralize ['njuːtrəlaɪz] *vt* neutralisieren, aufheben.

neutron ['njuːtrɔn] *n* Neutron *nt*.

neutron bomb *n* Neutronenbombe *f*.

Nev. (*US*) *abbr* (*POST:* = *Nevada*).

never ['nevə*] *adv* nie; (*not*) nicht; **~ in my life** noch nie; **~ again** nie wieder; **well I ~!** nein, so was!; *see also* **mind**.

never-ending [nevər'endɪŋ] *adj* endlos.

nevertheless [nevəðə'les] *adv* trotzdem, dennoch.

new [njuː] *adj* neu; (*mother*) jung; **as good as ~** so gut wie neu; **to be ~ to sb** jdm neu sein.

New Age *n* Newage *nt*, New Age *nt*.

newborn ['njuːbɔːn] *adj* neugeboren.

newcomer ['njuːkʌmə*] *n* Neuankömmling *m*; (*in job*) Neuling *m*.

new-fangled ['njuː'fæŋgld] (*pej*) *adj* neumodisch.

new-found ['njuːfaund] *adj* neu entdeckt; (*confidence*) neu geschöpft.

Newfoundland ['njuːfənlənd] *n* Neufundland *nt*.

New Guinea *n* Neuguinea *nt*.

newly ['njuːlɪ] *adv* neu.

newly-weds ['njuːlɪwɛdz] *npl* Neuvermählte *pl*, Frischvermählte *pl*.

new moon *n* Neumond *m*.

newness ['njuːnɪs] *n* Neuheit *f*; (*of cheese, bread etc*) Frische *f*.

New Orleans [-'ɔːliːənz] *n* New Orleans *nt*.

news [njuːz] *n* Nachricht *f*; **a piece of** ~ eine Neuigkeit; **the** ~ (*RADIO, TV*) die Nachrichten *pl*; **good/bad** ~ gute/schlechte Nachrichten.

news agency *n* Nachrichtenagentur *f*.

newsagent ['njuːzeɪdʒənt] (*BRIT*) *n* Zeitungshändler(in) *m(f)*.

news bulletin *n* Bulletin *nt*.

newscaster ['njuːzkɑːstə*] *n* Nachrichtensprecher(in) *m(f)*.

newsdealer ['njuːzdiːlə*] (*US*) *n* = **newsagent**.

newsflash ['njuːzflæʃ] *n* Kurzmeldung *f*.

newsletter ['njuːzlɛtə*] *n* Rundschreiben *nt*, Mitteilungsblatt *nt*.

newspaper ['njuːzpeɪpə*] *n* Zeitung *f*; **daily/weekly** ~ Tages-/Wochenzeitung *f*.

newsprint ['njuːzprɪnt] *n* Zeitungspapier *nt*.

newsreader ['njuːzriːdə*] *n* = **newscaster**.

newsreel ['njuːzriːl] *n* Wochenschau *f*.

newsroom ['njuːzruːm] *n* Nachrichtenredaktion *f*; (*RADIO, TV*) Nachrichtenstudio *nt*.

newsstand ['njuːzstænd] *n* Zeitungsstand *m*.

newsworthy ['njuːzwəːðɪ] *adj*: **to be** ~ Neuigkeitswert haben.

newt [njuːt] *n* Wassermolch *m*.

new town (*BRIT*) *n neue, teilweise mit Regierungsgeldern errichtete städtische Siedlung.*

New Year *n* neues Jahr *nt*; (*New Year's Day*) Neujahr *nt*; **Happy** ~! (ein) glückliches *or* frohes neues Jahr!

New Year's Day *n* Neujahr *nt*, Neujahrstag *m*.

New Year's Eve *n* Silvester *nt*.

New York [-'jɔːk] *n* New York *nt*; (*also*: ~ **State**) der Staat New York.

New Zealand [-'ziːlənd] *n* Neuseeland *nt* ♦ *adj* neuseeländisch.

New Zealander [-'ziːləndə*] *n* Neuseeländer(in) *m(f)*.

next [nɛkst] *adj* nächste(r, s); (*room*) Neben- ♦ *adv* dann; (*do, happen*) als Nächstes; (*afterwards*) danach; **the** ~ **day** am nächsten *or* folgenden Tag; ~ **time** das nächste Mal; ~ **year** nächstes Jahr; ~ **please!** der Nächste bitte!; **who's** ~? wer ist der Nächste?; **"turn to the ~ page"** „bitte umblättern"; **the week after** ~ übernächste Woche; **the** ~ **on the right/left** der/die/das

Nächste rechts/links; **the** ~ **thing I knew** das Nächste, woran ich mich erinnern konnte; ~ **to** neben +*dat*; ~ **to nothing** so gut wie nichts; **when do we meet** ~? wann treffen wir uns wieder *or* das nächste Mal?; **the** ~ **best** der/die/das Nächstbeste.

next door *adv* nebenan ♦ *adj*: **next-door** nebenan; **the house** ~ das Nebenhaus; **to go** ~ nach nebenan gehen; **my next-door neighbour** mein direkter Nachbar.

next-of-kin ['nɛkstəv'kɪn] *n* nächster Verwandter *m*, nächste Verwandte *f*.

NF *n abbr* (*BRIT: POL:* = *National Front*) *rechtsradikale Partei* ♦ *abbr* (*CANADA:* = *Newfoundland*).

NFL (*US*) *n abbr* (= *National Football League*) *Fußball-Nationalliga*.

NG (*US*) *abbr* = **National Guard**.

NGO *n abbr* (= *nongovernmental organization*) *nichtstaatliche Organisation*.

NH (*US*) *abbr* (*POST:* = *New Hampshire*).

NHL (*US*) *n abbr* (= *National Hockey League*) *Hockey-Nationalliga*.

NHS (*BRIT*) *n abbr* = **National Health Service**.

NI *abbr* = **Northern Ireland**; (*BRIT*) = **National Insurance**.

Niagara Falls [naɪ'ægərə-] *npl* Niagarafälle *pl*.

nib [nɪb] *n* Feder *f*.

nibble ['nɪbl] *vt* knabbern; (*bite*) knabbern an +*dat* ♦ *vi*: **to** ~ **at** knabbern an +*dat*.

Nicaragua [nɪkə'rægjuə] *n* Nicaragua *nt*.

Nicaraguan [nɪkə'rægjuən] *adj* nicaraguanisch ♦ *n* Nicaraguaner(in) *m(f)*.

Nice [niːs] *n* Nizza *nt*.

nice [naɪs] *adj* nett; (*holiday, weather, picture etc*) schön; (*taste*) gut; (*person, clothes etc*) hübsch.

nicely ['naɪslɪ] *adv* (*attractively*) hübsch; (*politely*) nett; (*satisfactorily*) gut; **that will do** ~ das reicht (vollauf).

niceties ['naɪsɪtɪz] *npl*: **the** ~ die Feinheiten *pl*.

niche [niːʃ] *n* Nische *f*; (*job, position*) Plätzchen *nt*.

nick [nɪk] *n* Kratzer *m*; (*in metal, wood etc*) Kerbe *f* ♦ *vt* (*BRIT: inf: steal*) klauen; (: *arrest*) einsperren, einlochen; (*cut*): **to** ~ **o.s.** sich schneiden; **in good** ~ (*BRIT: inf*) gut in Schuss; **in the** ~ (*BRIT: inf: in prison*) im Knast; **in the** ~ **of time** gerade noch rechtzeitig.

nickel ['nɪkl] *n* Nickel *nt*; (*US*) Fünfcentstück *nt*.

nickname ['nɪkneɪm] *n* Spitzname *m* ♦ *vt* betiteln, taufen (*inf*).

Nicosia [nɪkə'siːə] *n* Nikosia *nt*.

nicotine ['nɪkətiːn] *n* Nikotin *nt*.

nicotine patch *n* Nikotinpflaster *nt*.

niece [niːs] *n* Nichte *f*.

nifty ['nɪftɪ] (*inf*) *adj* flott; (*gadget, tool*) schlau.

Niger ['naɪdʒə*] *n* Niger *m*.

Nigeria [naɪ'dʒɪərɪə] *n* Nigeria *nt*.

Nigerian [naɪ'dʒɪərɪən] *adj* nigerianisch ♦ *n*

Nigerianer(in) m(f).

niggardly ['nɪgədlɪ] adj knauserig; (allowance, amount) armselig.

nigger [nɪgə*] (inf) n Nigger m (inf!).

niggle ['nɪgl] vt plagen, zu schaffen machen +dat ♦ vi herumkritisieren.

niggling ['nɪglɪŋ] adj quälend; (pain, ache) bohrend.

night [naɪt] n Nacht f; (evening) Abend m; **the ~ before last** vorletzte Nacht, vorgestern Abend; **at ~, by ~** nachts, abends; **nine o'clock at ~** neun Uhr abends; **in the ~, during the ~** in der Nacht; **~ and day** Tag und Nacht.

nightcap ['naɪtkæp] n Schlaftrunk m.

nightclub ['naɪtklʌb] n Nachtlokal nt.

nightdress ['naɪtdrɛs] n Nachthemd nt.

nightfall ['naɪtfɔːl] n Einbruch m der Dunkelheit.

nightgown ['naɪtgaun] n = **nightdress.**

nightie ['naɪtɪ] n = **nightdress.**

nightingale ['naɪtɪŋgeɪl] n Nachtigall f.

nightlife ['naɪtlaɪf] n Nachtleben nt.

nightly ['naɪtlɪ] adj (all)nächtlich, Nacht-; (every evening) (all)abendlich, Abend- ♦ adv jede Nacht; (every evening) jeden Abend.

nightmare ['naɪtmeə*] n Albtraum m, Alptraum m.

night porter n Nachtportier m.

night safe n Nachtsafe m.

night school n Abendschule f.

nightshade ['naɪtʃeɪd] n: **deadly ~** Tollkirsche f.

night shift n Nachtschicht f.

night-time ['naɪttaɪm] n Nacht f.

night watchman n Nachtwächter m.

nihilism ['naɪɪlɪzəm] n Nihilismus m.

nil [nɪl] n Nichts nt; (BRIT: SPORT) Null f.

Nile [naɪl] n: **the ~** der Nil.

nimble ['nɪmbl] adj flink; (mind) beweglich.

nine [naɪn] num neun.

nineteen ['naɪn'tiːn] num neunzehn.

nineteenth [naɪn'tiːnθ] num neunzehnte(r, s).

ninety ['naɪntɪ] num neunzig.

ninth [naɪnθ] num neunte(r, s) ♦ n Neuntel nt.

nip [nɪp] vt zwicken ♦ n Biss m; (drink) Schlückchen nt ♦ vi (BRIT: inf): **to ~ out/ down/up** kurz raus-/runter-/raufgehen; **to ~ into a shop** (BRIT: inf) kurz in einen Laden gehen.

nipple ['nɪpl] n (ANAT) Brustwarze f.

nippy ['nɪpɪ] (BRIT) adj (quick: person) flott; (: car) spritzig; (cold) frisch.

nit [nɪt] n Nisse f; (inf: idiot) Dummkopf m.

nitpicking ['nɪtpɪkɪŋ] (inf) n Kleinigkeitskrämerei f.

nitrogen ['naɪtrədʒən] n Stickstoff m.

nitroglycerin(e) ['naɪtrəʊ'glɪsəriːn] n Nitroglyzerin nt.

nitty-gritty ['nɪtɪ'grɪtɪ] (inf) n: **to get down to the ~** zur Sache kommen.

nitwit ['nɪtwɪt] (inf) n Dummkopf m.

NJ (US) abbr (POST: = New Jersey).

NLF n abbr (= National Liberation Front) vietnamesische Befreiungsbewegung während des Vietnamkrieges.

NLQ abbr (COMPUT, TYP: = near letter quality) NLQ.

NLRB (US) n abbr (= National Labor Relations Board) Ausschuss zur Regelung der Beziehungen zwischen Arbeitgebern und Arbeitnehmern.

NM, N.Mex. (US) abbr (POST: = New Mexico).

━━━━━━━━━━━━━━━━━━━━━ **KEYWORD**

no [nəʊ] (pl **noes**) adv (opposite of "yes") nein; **~ thank you** nein danke
♦ adj (not any) kein(e); **I have ~ money/ time/books** ich habe kein Geld/keine Zeit/ keine Bücher; **"~ entry"** „kein Zutritt"; **"~ smoking"** „Rauchen verboten"
♦ n Nein nt; **there were 20 noes and one abstention** es gab 20 Neinstimmen und eine Enthaltung; **I won't take ~ for an answer** ich bestehe darauf.

no. abbr (= number) Nr.

nobble [nɔbl] (BRIT: inf) vt (bribe) (sich dat) kaufen; (grab) sich dat schnappen; (RACING: horse, dog) lahmlegen.

Nobel Prize [nəʊ'bɛl-] n Nobelpreis m.

nobility [nəʊ'bɪlɪtɪ] n Adel m; (quality) Edelmut m.

noble ['nəʊbl] adj edel, nobel; (aristocratic) ad(e)lig; (impressive) prächtig.

nobleman ['nəʊblmən] (irreg: like **man**) n Ad(e)lige(r) f(m).

nobly ['nəʊblɪ] adv edel.

nobody ['nəʊbədɪ] pron niemand, keiner ♦ n: **he's a ~** er ist ein Niemand m.

no-claims bonus [nəʊ'kleɪmz-] n Schadenfreiheitsrabatt m.

nocturnal [nɔk'təːnl] adj nächtlich; (animal) Nacht-.

nod [nɔd] vi nicken; (fig: flowers etc) wippen
♦ vt: **to ~ one's head** mit dem Kopf nicken
♦ n Nicken nt; **they ~ded their agreement** sie nickten zustimmend.
▶ **nod off** vi einnicken.

no-fly zone [nəʊ'flaɪ-] n Sperrzone f für den Flugverkehr.

noise [nɔɪz] n Geräusch nt; (din) Lärm m.

noiseless ['nɔɪzlɪs] adj geräuschlos.

noisily ['nɔɪzɪlɪ] adv laut.

noisy ['nɔɪzɪ] adj laut.

nomad ['nəʊmæd] n Nomade m, Nomadin f.

nomadic [nəʊ'mædɪk] adj Nomaden-, nomadisch.

no-man's-land ['nəʊmænzlænd] n Niemandsland nt.

nominal ['nɔmɪnl] adj nominell.

nominate ['nɔmɪneɪt] vt nominieren; (appoint) ernennen.

nomination [nɔmɪ'neɪʃən] n Nominierung f;

(*appointment*) Ernennung *f*.
nominee [nɔmɪ'niː] *n* Kandidat(in) *m(f)*.
non- [nɔn] *pref* nicht-, Nicht-.
non-alcoholic [nɔnælkə'hɔlɪk] *adj* alkoholfrei.
non-aligned [nɔnə'laɪnd] *adj* blockfrei.
non-breakable [nɔn'breɪkəbl] *adj*
unzerbrechlich.
nonce word ['nɔns-] *n* Ad-hoc-Bildung *f*.
nonchalant ['nɔnʃələnt] *adj* lässig,
nonchalant.
noncommissioned officer [nɔnkə'mɪʃənd-] *n*
Unteroffizier *m*.
non-committal [nɔnkə'mɪtl] *adj*
zurückhaltend; (*answer*) unverbindlich.
nonconformist [nɔnkən'fɔːmɪst] *n*
Nonkonformist(in) *m(f)* ♦ *adj*
nonkonformistisch.
non-cooperation ['nɔnkəuɔpə'reɪʃən] *n*
unkooperative Haltung *f*.
nondescript ['nɔndɪskrɪpt] *adj* unauffällig;
(*colour*) unbestimmbar.
none [nʌn] *pron* (*not one*) kein(e, er, es); (*not
any*) nichts; ~ **of us** keiner von uns; **I've**
~ **left** (*not any*) ich habe nichts übrig; (*not
one*) ich habe kein(e, en, es) übrig; ~ **at all**
(*not any*) überhaupt nicht; (*not one*)
überhaupt kein(e, er, es); **I was** ~ **the wiser**
ich war auch nicht klüger; **she would have**
~ **of it** sie wollte nichts davon hören; **it was**
~ **other than X** es war kein anderer als X.
nonentity [nɔ'nentɪtɪ] *n* (*person*) Nichts *nt*,
unbedeutende Figur *f*.
non-essential [nɔnɪ'senʃl] *adj* unnötig ♦ *n*: ~**s**
nicht (lebens)notwendige Dinge *pl*.
nonetheless ['nʌnðə'les] *adv*
nichtsdestoweniger, trotzdem.
nonevent [nɔnɪ'vent] *n* Reinfall *m*.
non-existent [nɔnɪg'zɪstənt] *adj* nicht
vorhanden.
non-fiction [nɔn'fɪkʃən] *n* Sachbücher *pl* ♦ *adj*
(*book*) Sach-; (*prize*) Sachbuch-.
non-flammable [nɔn'flæməbl] *adj* nicht
entzündbar.
non-intervention ['nɔnɪntə'venʃən] *n*
Nichteinmischung *f*, Nichteingreifen *nt*.
no-no ['nəunəu] *n*: **it's a** ~ (*inf*) das kommt
nicht infrage *or* in Frage.
non obst. *abbr* (= *non obstante*) dennoch.
no-nonsense [nəu'nɔnsəns] *adj* (*approach,
look*) nüchtern.
non-payment [nɔn'peɪmənt] *n* Nichtzahlung *f*,
Zahlungsverweigerung *f*.
nonplussed [nɔn'plʌst] *adj* verdutzt,
verblüfft.
non-profit making ['nɔn'prɔfɪt-] *adj*
(*organization*) gemeinnützig.
nonreturnable [nɔnrə'tɜːnəbl] *adj*: ~ **bottle**
Einwegflasche *f*.
nonsense ['nɔnsəns] *n* Unsinn *m*; ~! Unsinn!,
Quatsch!; **it is** ~ **to say that** ... es ist
dummes Gerede zu sagen, dass ...; **to make
(a)** ~ **of sth** etw ad absurdum führen.

nonsensical [nɔn'sensɪkl] *adj* (*idea, action etc*)
unsinnig.
non-shrink [nɔn'ʃrɪŋk] (*BRIT*) *adj* nicht
einlaufend.
non-smoker ['nɔn'sməukə*] *n*
Nichtraucher(in) *m(f)*.
nonstarter [nɔn'stɑːtə*] *n* (*fig*): **it's a** ~ (*idea
etc*) es hat keine Erfolgschance.
non-stick ['nɔn'stɪk] *adj*
kunststoffbeschichtet, Teflon- ®.
non-stop ['nɔn'stɔp] *adj* ununterbrochen;
(*flight*) Nonstop-, Non-Stop- ♦ *adv*
ununterbrochen; (*fly*) nonstop.
non-taxable [nɔn'tæksəbl] *adj*
nichtsteuerpflichtig.
non-U [nɔn'juː] (*BRIT*: *inf*) *adj abbr* (= *non-upper
class*) nicht vornehm.
non-white ['nɔn'waɪt] *adj* farbig ♦ *n*
Farbige(r) *f(m)*.
noodles ['nuːdlz] *npl* Nudeln *pl*.
nook [nuk] *n*: **every** ~ **and cranny** jeder
Winkel.
noon [nuːn] *n* Mittag *m*.
no-one ['nəuwʌn] *pron* = **nobody**.
noose [nuːs] *n* Schlinge *f*.
nor [nɔː*] *conj, adv* = **neither**.
Norf (*BRIT*) *abbr* (*POST*: = *Norfolk*).
norm [nɔːm] *n* Norm *f*.
normal ['nɔːməl] *adj* normal ♦ *n*: **to return to** ~
sich wieder normalisieren.
normality [nɔː'mælɪtɪ] *n* Normalität *f*.
normally ['nɔːməlɪ] *adv* normalerweise; (*act,
behave*) normal.
Normandy ['nɔːməndɪ] *n* Normandie *f*.
north [nɔːθ] *n* Norden *m* ♦ *adj* nördlich, Nord-
♦ *adv* nach Norden; ~ **of** nördlich von.
North Africa *n* Nordafrika *nt*.
North African *adj* nordafrikanisch ♦ *n*
Nordafrikaner(in) *m(f)*.
North America *n* Nordamerika *nt*.
North American *adj* nordamerikanisch ♦ *n*
Nordamerikaner(in) *m(f)*.
Northants [nɔː'θænts] (*BRIT*) *abbr* (*POST*:
= *Northamptonshire*).
northbound ['nɔːθbaund] *adj* in Richtung
Norden; (*carriageway*) nach Norden
(führend).
Northd (*BRIT*) *abbr* (*POST*: = *Northumberland*).
north-east [nɔːθ'iːst] *n* Nordosten *m* ♦ *adj*
nordöstlich, Nordost- ♦ *adv* nach Nordosten;
~ **of** nordöstlich von.
northerly ['nɔːðəlɪ] *adj* nördlich.
northern ['nɔːðən] *adj* nördlich, Nord-.
Northern Ireland *n* Nordirland *nt*.
North Korea *n* Nordkorea *nt*.
North Pole *n*: **the** ~ der Nordpol.
North Sea *n*: **the** ~ die Nordsee *f*.
North Sea oil *n* Nordseeöl *nt*.
northward(s) ['nɔːθwəd(z)] *adv* nach Norden,
nordwärts.
north-west [nɔːθ'west] *n* Nordwesten *m* ♦ *adj*
nordwestlich, Nordwest- ♦ *adv* nach

Nordwesten; ~ **of** nordwestlich von.
Norway ['nɔːweɪ] n Norwegen nt.
Norwegian [nɔː'wiːdʒən] adj norwegisch ♦ n
Norweger(in) m(f); (LING) Norwegisch nt.
nos. abbr (= numbers) Nrn.

nose [nəuz] n Nase f; (of car) Schnauze f ♦ vi
(also: ~ **one's way**) sich schieben; **to follow
one's ~** immer der Nase nach gehen; **to get
up one's ~** (inf) auf die Nerven gehen +dat;
to have a (good) ~ for sth eine (gute) Nase
für etw haben; **to keep one's ~ clean** (inf)
eine saubere Weste behalten; **to look down
one's ~ at sb/sth** (inf) auf jdn/etw
herabsehen; **to pay through the ~ (for sth)**
(inf) (für etw) viel blechen; **to rub sb's ~ in
sth** (inf) jdm etw unter die Nase reiben; **to
turn one's ~ up at sth** (inf) die Nase über
etw acc rümpfen; **under sb's ~** vor jds
Augen.
▶ **nose about** vi herumschnüffeln.
▶ **nose around** vi = nose about.
nosebleed ['nəuzbliːd] n Nasenbluten nt.
nose-dive ['nəuzdaɪv] n (of plane) Sturzflug m
♦ vi (plane) im Sturzflug herabgehen.
nose drops npl Nasentropfen pl.
nosey ['nəuzɪ] (inf) adj = nosy.
nostalgia [nɒs'tældʒɪə] n Nostalgie f.
nostalgic [nɒs'tældʒɪk] adj nostalgisch.
nostril ['nɒstrɪl] n Nasenloch nt; (of animal)
Nüster f.
nosy ['nəuzɪ] (inf) adj neugierig.

=========================== KEYWORD

not [nɒt] adv nicht; **he is ~** or **isn't here** er ist
nicht hier; **you must ~** or **you mustn't do
that** das darfst du nicht tun; **it's too late,
isn't it?** es ist zu spät, nicht wahr?; ~ **that I
don't like him** nicht, dass ich ihn nicht mag;
~ **yet** noch nicht; ~ **now** nicht jetzt; see also
all, only.

notable ['nəutəbl] adj bemerkenswert.
notably ['nəutəblɪ] adv hauptsächlich;
(markedly) bemerkenswert.
notary ['nəutərɪ] n (also: ~ **public**) Notar(in)
m(f).
notation [nəu'teɪʃən] n Notation f; (MUS)
Notenschrift f.
notch [nɒtʃ] n Kerbe f; (in blade, saw) Scharte
f; (fig) Klasse f.
▶ **notch up** vt erzielen; (victory) erringen.
note [nəut] n Notiz f; (of lecturer) Manuskript
nt; (of student etc) Aufzeichnung f; (in book
etc) Anmerkung f; (letter) paar Zeilen pl;
(banknote) Note f, Schein m; (MUS: sound)
Ton m; (: symbol) Note f; (tone) Ton m, Klang
m ♦ vt beachten; (point out) anmerken; (also:
~ **down**) notieren; **of ~** bedeutend; **to make
a ~ of sth** sich dat etw notieren; **to take ~s**
Notizen machen, mitschreiben; **to take ~ of
sth** etw zur Kenntnis nehmen.
notebook ['nəutbuk] n Notizbuch nt; (for

shorthand) Stenoblock m.
notecase ['nəutkeɪs] (BRIT) n Brieftasche f.
noted ['nəutɪd] adj bekannt.
notepad ['nəutpæd] n Notizblock m.
notepaper ['nəutpeɪpə*] n Briefpapier nt.
noteworthy ['nəutwɜːðɪ] adj beachtenswert.
nothing ['nʌθɪŋ] n nichts; ~ **new/worse** etc
nichts Neues/Schlimmeres etc; ~ **much**
nicht viel; ~ **else** sonst nichts; **for ~**
umsonst; ~ **at all** überhaupt nichts.
notice ['nəutɪs] n Bekanntmachung f; (sign)
Schild nt; (warning) Ankündigung f;
(dismissal) Kündigung f; (BRIT: review) Kritik
f, Rezension f ♦ vt bemerken; **to bring sth to
sb's ~** jdn auf etw acc aufmerksam machen;
to take no ~ of ignorieren, nicht beachten;
to escape sb's ~ jdm entgehen; **it has come
to my ~ that ...** es ist mir zu Ohren
gekommen, dass ...; **to give sb ~ of sth** jdm
von etw Bescheid geben; **without ~** ohne
Ankündigung; **advance ~** Vorankündigung
f; **at short/a moment's ~** kurzfristig/
innerhalb kürzester Zeit; **until further ~** bis
auf weiteres; **to hand in one's ~** kündigen;
to be given one's ~ gekündigt werden +dat.
noticeable ['nəutɪsəbl] adj deutlich.
noticeboard ['nəutɪsbɔːd] (BRIT) n
Anschlagbrett nt.
notification [nəutɪfɪ'keɪʃən] n
Benachrichtigung f.
notify ['nəutɪfaɪ] vt: **to ~ sb (of sth)** jdn (von
etw) benachrichtigen.
notion ['nəuʃən] n Vorstellung f; **notions** (US)
npl (haberdashery) Kurzwaren pl.
notoriety [nəutə'raɪətɪ] n traurige
Berühmtheit f.
notorious [nəu'tɔːrɪəs] adj berüchtigt.
notoriously [nəu'tɔːrɪəslɪ] adv notorisch.
Notts [nɒts] (BRIT) abbr (POST:
= Nottinghamshire).
notwithstanding [nɒtwɪθ'stændɪŋ] adv
trotzdem ♦ prep trotz +dat.
nougat ['nuːgɑː] n Nugat m, Nougat m.
nought [nɔːt] n Null f.
noun [naun] n Hauptwort nt, Substantiv nt.
nourish ['nʌrɪʃ] vt nähren.
nourishing ['nʌrɪʃɪŋ] adj nahrhaft.
nourishment ['nʌrɪʃmənt] n Nahrung f.
Nov. abbr (= November) Nov.
Nova Scotia ['nəuvə'skəuʃə] n Neuschottland
nt.
novel ['nɒvl] n Roman m ♦ adj neu(artig).
novelist ['nɒvəlɪst] n Romanschriftsteller(in)
m(f).
novelty ['nɒvəltɪ] n Neuheit f; (object)
Kleinigkeit f.
November [nəu'vɛmbə*] n November m; see
also **July.**
novice ['nɒvɪs] n Neuling m, Anfänger(in) m(f);
(REL) Novize m, Novizin f.
NOW [nau] (US) n abbr (= National Organization
for Women) Frauenvereinigung.

now [nau] *adv* jetzt; (*these days*) heute ♦ *conj*: ~ (**that**) jetzt, wo; **right** ~ gleich, sofort; **by** ~ inzwischen, mittlerweile; **that's the fashion just** ~ das ist gerade modern; **I saw her just** ~ ich habe sie gerade gesehen; (**every**) ~ **and then**, (**every**) ~ **and again** ab und zu, gelegentlich; **from** ~ **on** von nun an; **in 3 days from** ~ (heute) in 3 Tagen; **between** ~ **and Monday** bis Montag; **that's all for** ~ das ist erst einmal alles; **any day** ~ jederzeit; ~ **then** also.

nowadays ['nauədeɪz] *adv* heute.

nowhere ['nəuwɛə*] *adv* (*be*) nirgends, nirgendwo; (*go*) nirgendwohin; ~ **else** nirgendwo anders.

no-win situation [nəu'wɪn-] *n* aussichtslose Lage *f*.

noxious ['nɔkʃəs] *adj* (*gas, fumes*) schädlich; (*smell*) übel.

nozzle ['nɔzl] *n* Düse *f*.

NP *n abbr* (*LAW*) = **notary public**.

NS (*CANADA*) *abbr* (= *Nova Scotia*).

NSC (*US*) *n abbr* = **National Security Council**.

NSF (*US*) *n abbr* (= *National Science Foundation*) *Organisation zur Förderung der Wissenschaft*.

NSPCC (*BRIT*) *n abbr* (= *National Society for the Prevention of Cruelty to Children*) Kinderschutzbund *m*.

NSW (*AUSTRALIA*) *abbr* (*POST*: = *New South Wales*).

NT *n abbr* (*BIBLE*: = *New Testament*) NT.

nth [ɛnθ] (*inf*) *adj*: **to the** ~ **degree** in der n-ten Potenz.

nuance ['njuːɑːns] *n* Nuance *f*.

nubile ['njuːbaɪl] *adj* gut entwickelt.

nuclear ['njuːklɪə*] *adj* (*bomb, industry etc*) Atom-; ~ **physics** Kernphysik *f*; ~ **war** Atomkrieg *m*.

nuclear disarmament *n* nukleare *or* atomare Abrüstung *f*.

nuclear family *n* Kleinfamilie *f*, Kernfamilie *f*.

nuclear-free zone ['njuːklɪə'friː-] *n* atomwaffenfreie Zone *f*.

nuclei ['njuːklɪaɪ] *npl of* **nucleus**.

nucleus ['njuːklɪəs] (*pl* **nuclei**) *n* Kern *m*.

NUCPS (*BRIT*) *n abbr* (= *National Union of Civil and Public Servants*) *Gewerkschaft für Beschäftigte im öffentlichen Dienst*.

nude [njuːd] *adj* nackt ♦ *n* (*ART*) Akt *m*; **in the** ~ nackt.

nudge [nʌdʒ] *vt* anstoßen.

nudist ['njuːdɪst] *n* Nudist(in) *m(f)*.

nudist colony *n* FKK-Kolonie *f*.

nudity ['njuːdɪtɪ] *n* Nacktheit *f*.

nugget ['nʌgɪt] *n* (*of gold*) Klumpen *m*; (*fig: of information*) Brocken *m*.

nuisance ['njuːsns] *n*: **to be a** ~ lästig sein; (*situation*) ärgerlich sein; **he's a** ~ er geht einem auf die Nerven; **what a** ~! wie ärgerlich/lästig!

NUJ (*BRIT*) *n abbr* (= *National Union of Journalists*) *Journalistengewerkschaft*.

null [nʌl] *adj*: ~ **and void** null und nichtig.

nullify ['nʌlɪfaɪ] *vt* zunichte machen; (*claim, law*) für null und nichtig erklären.

NUM (*BRIT*) *n abbr* (= *National Union of Mineworkers*) *Bergarbeitergewerkschaft*.

numb [nʌm] *adj* taub, gefühllos; (*fig: with fear etc*) wie betäubt ♦ *vt* taub *or* gefühllos machen; (*pain, fig: mind*) betäuben.

number ['nʌmbə*] *n* Zahl *f*; (*quantity*) (An)zahl *f*; (*of house, bank account, bus etc*) Nummer *f* ♦ *vt* (*pages etc*) nummerieren; (*amount to*) zählen; **a** ~ **of** einige; **any** ~ **of** beliebig viele; (*reasons*) alle möglichen; **wrong** ~ (*TEL*) falsch verbunden; **to be** ~**ed among** zählen zu.

number plate (*BRIT*) *n* (*AUT*) Nummernschild *nt*.

Number Ten (*BRIT*) *n* (*POL*: = *10 Downing Street*) Nummer zehn *f* (Downing Street).

numbness ['nʌmnɪs] *n* Taubheit *f*, Starre *f*; (*fig*) Benommenheit *f*, Betäubung *f*.

numbskull ['nʌmskʌl] *n* = **numskull**.

numeral ['njuːmərəl] *n* Ziffer *f*.

numerate ['njuːmərɪt] (*BRIT*) *adj*: **to be** ~ rechnen können.

numerical [njuː'mɛrɪkl] *adj* numerisch.

numerous ['njuːmərəs] *adj* zahlreich.

numskull ['nʌmskʌl] (*inf*) *n* Holzkopf *m*.

nun [nʌn] *n* Nonne *f*.

nunnery ['nʌnərɪ] *n* (Nonnen)kloster *nt*.

nuptial ['nʌpʃəl] *adj* (*feast, celebration*) Hochzeits-; ~ **bliss** Eheglück *nt*.

nurse [nəːs] *n* Krankenschwester *f*; (*also*: ~**maid**) Kindermädchen *nt* ♦ *vt* pflegen; (*cold, toothache etc*) auskurieren; (*baby*) stillen; (*fig: desire, grudge*) hegen.

nursery ['nəːsərɪ] *n* Kindergarten *m*; (*room*) Kinderzimmer *nt*; (*for plants*) Gärtnerei *f*.

nursery rhyme *n* Kinderreim *m*.

nursery school *n* Kindergarten *m*.

nursery slope (*BRIT*) *n* (*SKI*) Anfängerhügel *m*.

nursing ['nəːsɪŋ] *n* Krankenpflege *f*; (*care*) Pflege *f*.

nursing home *n* Pflegeheim *nt*.

nursing mother *n* stillende Mutter *f*.

nurture ['nəːtʃə*] *vt* hegen und pflegen; (*fig: ideas, creativity*) fördern.

NUS (*BRIT*) *n abbr* (= *National Union of Students*) *Studentengewerkschaft*.

NUT (*BRIT*) *n abbr* (= *National Union of Teachers*) *Lehrergewerkschaft*.

nut [nʌt] *n* (*TECH*) (Schrauben)mutter *f*; (*BOT*) Nuss *f*; (*inf: lunatic*) Spinner(in) *m(f)*.

nutcase ['nʌtkeɪs] (*inf*) *n* Spinner(in) *m(f)*.

nutcrackers ['nʌtkrækəz] *npl* Nussknacker *m*.

nutmeg ['nʌtmɛg] *n* Muskat *m*, Muskatnuss *f*.

nutrient ['njuːtrɪənt] *n* Nährstoff *m*.

nutrition [njuː'trɪʃən] *n* Ernährung *f*; (*nourishment*) Nahrung *f*.

nutritionist [njuː'trɪʃənɪst] n
Ernährungswissenschaftler(in) m(f).
nutritious [njuː'trɪʃəs] adj nahrhaft.
nuts [nʌts] (inf) adj verrückt; **he's** ~ er spinnt.
nutshell ['nʌtʃɛl] n Nussschale f; **in a** ~ (fig)
kurz gesagt.
nutty ['nʌtɪ] adj (flavour) Nuss-; (inf: idea etc)
bekloppt.
nuzzle ['nʌzl] vi: **to** ~ **up to** sich drücken or
schmiegen an +acc.
NV (US) abbr (POST: = Nevada).
NW abbr = **north-west**.
NWT (CANADA) abbr (= Northwest Territories).
NY (US) abbr (POST: = New York).
NYC (US) abbr (POST: = New York City).
nylon ['naɪlɒn] n Nylon nt ♦ adj Nylon-; **nylons**
npl (stockings) Nylonstrümpfe pl.
nymph [nɪmf] n Nymphe f.
nymphomaniac ['nɪmfəu'meɪnɪæk] n
Nymphomanin f.
NYSE (US) n abbr (= New York Stock Exchange)
New Yorker Börse.
NZ abbr = **New Zealand**.

O, o

O, o [əu] n (letter) O nt, o nt; (US: SCOL:
outstanding) ≈ Eins f; (TEL etc) Null f; ~ **for**
Olive, (US) ~ **for Oboe** ≈ O wie Otto.
oaf [əuf] n Trottel m.
oak [əuk] n (tree, wood) Eiche f ♦ adj (furniture,
door) Eichen-.
O & M n abbr (= organization and method)
Organisation und Arbeitsweise pl.
OAP (BRIT) n abbr = **old age pensioner**.
oar [ɔː] n Ruder nt; **to put** or **shove one's** ~ **in**
(inf, fig) mitmischen, sich einmischen.
oarsman ['ɔːzmən] (irreg: like **man**) n Ruderer
m.
oarswoman ['ɔːzwumən] (irreg: like **woman**) n
Ruderin f.
OAS n abbr (= Organization of American States)
OAS f.
oasis [əu'eɪsɪs] (pl **oases**) n (lit, fig) Oase f.
oath [əuθ] n (promise) Eid m, Schwur m; (swear
word) Fluch m; **on** (BRIT) or **under** ~ unter
Eid; **to take the** ~ (LAW) vereidigt werden.
oatmeal ['əutmiːl] n Haferschrot m; (colour)
Hellbeige nt.
oats [əuts] npl Hafer m; **he's getting his** ~
(BRIT: inf, fig) er kommt im Bett auf seine
Kosten.
OAU n abbr (= Organization of African Unity)
OAU f.
obdurate ['ɒbdjurɪt] adj unnachgiebig.

OBE (BRIT) n abbr (= Officer of (the order of) the
British Empire) britischer Ordenstitel.
obedience [ə'biːdɪəns] n Gehorsam m; **in** ~ **to**
gemäß +dat.
obedient [ə'biːdɪənt] adj gehorsam; **to be** ~ **to**
sb jdm gehorchen.
obelisk ['ɒbɪlɪsk] n Obelisk m.
obese [əu'biːs] adj fettleibig.
obesity [əu'biːsɪtɪ] n Fettleibigkeit f.
obey [ə'beɪ] vt (person) gehorchen +dat; (orders,
law) befolgen ♦ vi gehorchen.
obituary [ə'bɪtjuərɪ] n Nachruf m.
object [n 'ɒbdʒɪkt, vi əb'dʒɛkt] n (also LING)
Objekt nt; (aim, purpose) Ziel nt, Zweck m ♦ vi
dagegen sein; **to be an** ~ **of ridicule** (person)
sich lächerlich machen; (thing) lächerlich
wirken; **money is no** ~ Geld spielt keine
Rolle; **he** ~**ed that** ... er wandte ein, dass ...;
I ~**!** ich protestiere!; **do you** ~ **to my**
smoking? haben Sie etwas dagegen, wenn
ich rauche?
objection [əb'dʒɛkʃən] n (argument) Einwand
m; **I have no** ~ **to** ... ich habe nichts
dagegen, dass ...; **if you have no** ~ wenn Sie
nichts dagegen haben; **to raise** or **voice an** ~
einen Einwand erheben or vorbringen.
objectionable [əb'dʒɛkʃənəbl] adj (language,
conduct) anstößig; (person) unausstehlich.
objective [əb'dʒɛktɪv] adj objektiv ♦ n Ziel nt.
objectively [əb'dʒɛktɪvlɪ] adv objektiv.
objectivity [ɒbdʒɪk'tɪvɪtɪ] n Objektivität f.
object lesson n: **an** ~ **in** ein Paradebeispiel
nt für.
objector [əb'dʒɛktə] n Gegner(in) m(f).
obligation [ɒblɪ'geɪʃən] n Pflicht f; **to be under**
an ~ **to do sth** verpflichtet sein, etw zu tun;
to be under an ~ **to sb** jdm verpflichtet
sein; **"no** ~ **to buy"** (COMM) „kein
Kaufzwang".
obligatory [ə'blɪgətərɪ] adj obligatorisch.
oblige [ə'blaɪdʒ] vt (compel) zwingen; (do a
favour for) einen Gefallen tun +dat; **I felt** ~**d**
to invite him in ich fühlte mich verpflichtet,
ihn hereinzubitten; **to be** ~**d to sb for sth**
(grateful) jdm für etw dankbar sein;
anything to ~**!** (inf) stets zu Diensten!
obliging [ə'blaɪdʒɪŋ] adj entgegenkommend.
oblique [ə'bliːk] adj (line, angle) schief;
(reference, compliment) indirekt, versteckt
♦ n (BRIT: also: ~ **stroke**) Schrägstrich m.
obliterate [ə'blɪtəreɪt] vt (village etc)
vernichten; (fig: memory, error) auslöschen.
oblivion [ə'blɪvɪən] n (unconsciousness)
Bewusstlosigkeit f; (being forgotten)
Vergessenheit f; **to sink into** ~ (event etc) in
Vergessenheit geraten.
oblivious [ə'blɪvɪəs] adj: **he was** ~ **of** or **to it** er
war sich dessen nicht bewusst.
oblong ['ɒblɒŋ] adj rechteckig ♦ n Rechteck
nt.
obnoxious [əb'nɒkʃəs] adj widerwärtig,
widerlich.

o.b.o. (*US*) *abbr* (*in classified ads*: = *or best offer*) bzw. Höchstgebot.
oboe ['əubəu] *n* Oboe *f*.
obscene [əb'siːn] *adj* obszön; (*fig: wealth*) unanständig; (*income etc*) unverschämt.
obscenity [əb'sɛnɪtɪ] *n* Obszönität *f*.
obscure [əb'skjuə*] *adj* (*little known*) unbekannt, obskur; (*difficult to understand*) unklar ♦ *vt* (*obstruct, conceal*) verdecken.
obscurity [əb'skjuərɪtɪ] *n* (*of person, book*) Unbekanntheit *f*; (*of remark etc*) Unklarheit *f*.
obsequious [əb'siːkwɪəs] *adj* unterwürfig.
observable [əb'zɜːvəbl] *adj* wahrnehmbar; (*noticeable*) erkennbar.
observance [əb'zɜːvəns] *n* (*of law etc*) Befolgung *f*; **religious ~s** religiöse Feste *pl*.
observant [əb'zɜːvənt] *adj* aufmerksam.
observation [ɔbzə'veɪʃən] *n* (*remark*) Bemerkung *f*; (*act of observing, MED*) Beobachtung *f*; **she's in hospital under ~** sie ist zur Beobachtung im Krankenhaus.
observation post *n* Beobachtungsposten *m*.
observatory [əb'zɜːvətrɪ] *n* Observatorium *nt*.
observe [əb'zɜːv] *vt* (*watch*) beobachten; (*notice, comment*) bemerken; (*abide by: rule etc*) einhalten.
observer [əb'zɜːvə*] *n* Beobachter(in) *m(f)*.
obsess [əb'sɛs] *vt* verfolgen; **to be ~ed by** *or* **with sb/sth** von jdm/etw besessen sein.
obsession [əb'sɛʃən] *n* Besessenheit *f*.
obsessive [əb'sɛsɪv] *adj* (*person*) zwanghaft; (*interest, hatred, tidiness*) krankhaft; **to be ~ about cleaning/tidying up** einen Putz-/Ordnungsfimmel haben (*inf*).
obsolescence [ɔbsə'lɛsns] *n* Veralten *nt*; **built-in** *or* **planned ~** (*COMM*) geplanter Verschleiß *m*.
obsolete ['ɔbsəliːt] *adj* veraltet.
obstacle ['ɔbstəkl] *n* (*lit, fig*) Hindernis *nt*.
obstacle race *n* Hindernisrennen *nt*.
obstetrician [ɔbstə'trɪʃən] *n* Geburtshelfer(in) *m(f)*.
obstetrics [ɔb'stɛtrɪks] *n* Geburtshilfe *f*.
obstinacy ['ɔbstɪnəsɪ] *n* (*of person*) Starrsinn *m*.
obstinate ['ɔbstɪnɪt] *adj* (*person*) starrsinnig, stur; (*refusal, cough etc*) hartnäckig.
obstruct [əb'strʌkt] *vt* (*road, path*) blockieren; (*traffic, fig*) behindern.
obstruction [əb'strʌkʃən] *n* (*object*) Hindernis *nt*; (*of plan, law*) Behinderung *f*.
obstructive [əb'strʌktɪv] *adj* hinderlich, obstruktiv (*esp POL*); **she's being ~** sie macht Schwierigkeiten.
obtain [əb'teɪn] *vt* erhalten, bekommen ♦ *vi* (*form: exist, be the case*) gelten.
obtainable [əb'teɪnəbl] *adj* erhältlich.
obtrusive [əb'truːsɪv] *adj* aufdringlich; (*conspicuous*) auffällig.
obtuse [əb'tjuːs] *adj* (*person, remark*) einfältig; (*MATH*) stumpf.
obverse ['ɔbvɜːs] *n* (*of situation, argument*)

Kehrseite *f*.
obviate ['ɔbvɪeɪt] *vt* (*need, problem etc*) vorbeugen +*dat*.
obvious ['ɔbvɪəs] *adj* offensichtlich; (*lie*) klar; (*predictable*) nahe liegend.
obviously ['ɔbvɪəslɪ] *adv* (*clearly*) offensichtlich; (*of course*) natürlich; **~!** selbstverständlich!; **~ not** offensichtlich nicht; **he was ~ not drunk** er war natürlich nicht betrunken; **he was not ~ drunk** offenbar war er nicht betrunken.
OCAS *n abbr* (= *Organization of Central American States*) mittelamerikanischer Staatenbund.
occasion [ə'keɪʒən] *n* Gelegenheit *f*; (*celebration etc*) Ereignis *nt* ♦ *vt* (*form: cause*) verursachen; **on ~** (*sometimes*) gelegentlich; **on that ~** bei der Gelegenheit; **to rise to the ~** sich der Lage gewachsen zeigen.
occasional [ə'keɪʒənl] *adj* gelegentlich; **he likes the ~ cigar** er raucht gelegentlich gern eine Zigarre.
occasionally [ə'keɪʒənəlɪ] *adv* gelegentlich; **very ~** sehr selten.
occasional table *n* Beistelltisch *m*.
occult [ɔ'kʌlt] *n*: **the ~** der Okkultismus ♦ *adj* okkult.
occupancy ['ɔkjupənsɪ] *n* (*of room etc*) Bewohnen *nt*.
occupant ['ɔkjupənt] *n* (*of house etc*) Bewohner(in) *m(f)*; (*temporary: of car*) Insasse *m*, Insassin *f*; **the ~ of this table/office** derjenige, der an diesem Tisch sitzt/in diesem Büro arbeitet.
occupation [ɔkju'peɪʃən] *n* (*job*) Beruf *m*; (*pastime*) Beschäftigung *f*; (*of building, country etc*) Besetzung *f*.
occupational guidance [ɔkju'peɪʃənl-] (*BRIT*) *n* Berufsberatung *f*.
occupational hazard *n* Berufsrisiko *nt*.
occupational pension scheme *n* betriebliche Altersversorgung *f*.
occupational therapy *n* Beschäftigungstherapie *f*.
occupier ['ɔkjupaɪə*] *n* Bewohner(in) *m(f)*.
occupy ['ɔkjupaɪ] *vt* (*house, office*) bewohnen; (*place etc*) belegen; (*building, country etc*) besetzen; (*time, attention*) beanspruchen; (*position, space*) einnehmen; **to ~ o.s. (in** *or* **with sth)** sich (mit etw) beschäftigen; **to ~ o.s. in** *or* **with doing sth** sich damit beschäftigen, etw zu tun; **to be occupied in** *or* **with sth** mit etw beschäftigt sein; **to be occupied in** *or* **with doing sth** damit beschäftigt sein, etw zu tun.
occur [ə'kɜː*] *vi* (*take place*) geschehen, sich ereignen; (*exist*) vorkommen; **to ~ to sb** jdm einfallen.
occurrence [ə'kʌrəns] *n* (*event*) Ereignis *nt*; (*incidence*) Auftreten *nt*.
ocean ['əuʃən] *n* Ozean *m*, Meer *nt*; **~s of** (*inf*) jede Menge.

ocean bed *n* Meeresgrund *m*.
ocean-going ['əʊʃəngəʊɪŋ] *adj* (*ship, vessel*)
Hochsee-.
Oceania [əʊʃɪ'eɪnɪə] *n* Ozeanien *nt*.
ocean liner *n* Ozeandampfer *m*.
ochre, (*US*) **ocher** ['əʊkə*] *adj* ockerfarben.
o'clock [ə'klɒk] *adv*: **it is 5 ~** es ist 5 Uhr.
OCR *n abbr* (*COMPUT*) = **optical character
reader; optical character recogniton.**
Oct. *abbr* (= *October*) Okt.
octagonal [ɔk'tægənl] *adj* achteckig.
octane ['ɒkteɪn] *n* Oktan *nt*; **high-~ petrol** *or*
(*US*) **gas** Benzin *nt* mit hoher Oktanzahl.
octave ['ɒktɪv] *n* Oktave *f*.
October [ɒk'təʊbə*] *n* Oktober *m*; *see also* **July.**
octogenarian ['ɒktəʊdʒɪ'nɛərɪən] *n*
Achtzigjährige(r) *f(m)*.
octopus ['ɒktəpəs] *n* Tintenfisch *m*.
odd [ɒd] *adj* (*person*) sonderbar, komisch;
(*behaviour, shape*) seltsam; (*number*)
ungerade; (*sock, shoe etc*) einzeln;
(*occasional*) gelegentlich; **60-~** etwa 60; **at
~ times** ab und zu; **to be the ~ one out** der
Außenseiter/die Außenseiterin sein; **add
meat or the ~ vegetable to the soup** fügen
Sie der Suppe Fleisch oder auch etwas
Gemüse bei.
oddball ['ɒdbɔːl] (*inf*) *n* komischer Kauz *m*.
oddity ['ɒdɪtɪ] *n* (*person*) Sonderling *m*; (*thing*)
Merkwürdigkeit *f*.
odd-job man [ɒd'dʒɒb-] *n* Mädchen *nt* für
alles.
odd jobs *npl* Gelegenheitsarbeiten *pl*.
oddly ['ɒdlɪ] *adv* (*behave, dress*) seltsam; *see
also* **enough.**
oddments ['ɒdmənts] *npl* (*COMM*) Restposten
m.
odds [ɒdz] *npl* (*in betting*) Gewinnquote *f*; (*fig*)
Chancen *pl*; **the ~ are in favour of/against
his coming** es sieht so aus, als ob er
kommt/nicht kommt; **to succeed against all
the ~** allen Erwartungen zum Trotz
erfolgreich sein; **it makes no ~** es spielt
keine Rolle; **to be at ~ (with)** (*in
disagreement*) uneinig sein (mit); (*at
variance*) sich nicht vertragen (mit).
odds and ends *npl* Kleinigkeiten *pl*.
odds-on [ɒdz'ɒn] *adj*: **the ~ favourite** der
klare Favorit ♦ *adv*: **it's ~ that she'll win** es
ist so gut wie sicher, dass sie gewinnt.
ode [əʊd] *n* Ode *f*.
odious ['əʊdɪəs] *adj* widerwärtig.
odometer [ɒ'dɒmɪtə*] (*US*) *n* Tacho(meter) *m*.
odor *etc* (*US*) = **odour** *etc*.
odour, (*US*) **odor** ['əʊdə*] *n* Geruch *m*.
odourless ['əʊdəlɪs] *adj* geruchlos.
OECD *n abbr* (= *Organization for Economic
Cooperation and Development*) OECD *f*.
oesophagus, (*US*) **esophagus** [iː'sɒfəgəs] *n*
Speiseröhre *f*.
oestrogen, (*US*) **estrogen** ['iːstrəʊdʒən] *n*
Östrogen *nt*.

═══════════════════════ **KEYWORD**

of [ɒv] *prep* **1** von; **the history ~ Germany** die
Geschichte Deutschlands; **a friend ~ ours**
ein Freund von uns; **a boy ~ ten** ein Junge
von zehn Jahren, ein zehnjähriger Junge;
that was kind ~ you das war nett von
Ihnen; **the city ~ New York** die Stadt New
York.
2 (*expressing quantity, amount, dates etc*): **a
kilo ~ flour** ein Kilo Mehl; **how much ~ this
do you need?** wie viel brauchen Sie davon?;
3 ~ them (*people*) 3 von ihnen; (*objects*) 3
davon; **a cup ~ tea** eine Tasse Tee; **a vase
~ flowers** eine Vase mit Blumen; **the 5th
~ July** der 5. Juli.
3 (*from, out of*) aus; **a bracelet ~ solid gold**
ein Armband aus massivem Gold; **made
~ wood** aus Holz (gemacht).

═══════════════════════ **KEYWORD**

off [ɒf] *adv* **1** (*referring to distance, time*): **it's a
long way ~** es ist sehr weit weg; **the game
is 3 days ~** es sind noch 3 Tage bis zum
Spiel.
2 (*departure*): **to go ~ to Paris/Italy** nach
Paris/Italien fahren; **I must be ~** ich muss
gehen.
3 (*removal*): **to take ~ one's coat/clothes**
seinen Mantel/sich auszuziehen; **the button
came ~** der Knopf ging ab; **10 % ~** (*COMM*)
10% Nachlass.
4: to be ~ (*on holiday*) im Urlaub sein; (*due
to sickness*) krank sein; **I'm ~ on Fridays**
freitags habe ich frei; **he was ~ on Friday**
Freitag war er nicht da; **to have a day ~**
(*from work*) einen Tag freihaben; **to be
~ sick** wegen Krankheit fehlen
♦ *adj* **1** (*not turned on: machine, light, engine
etc*) aus; (: *water, gas*) abgedreht; (: *tap*) zu.
2: to be ~ (*meeting, match*) ausfallen;
(*agreement*) nicht mehr gelten.
3 (*BRIT: not fresh: milk, cheese, meat etc*)
verdorben, schlecht.
4: on the ~ chance that ... für den Fall, dass
...; **to have an ~ day** (*not as good as usual*)
nicht in Form sein; **to be badly ~** sich
schlecht stehen
♦ *prep* **1** (*indicating motion, removal etc*) von
+*dat*; **to fall ~ a cliff** von einer Klippe fallen;
to take a picture ~ the wall ein Bild von der
Wand nehmen.
2 (*distant from*): **5 km ~ the main road** 5 km
von der Hauptstraße entfernt; **an island
~ the coast** eine Insel vor der Küste.
3: I'm ~ meat/beer (*no longer eat/drink it*) ich
esse kein Fleisch/trinke kein Bier mehr; (*no
longer like it*) ich kann kein Fleisch/Bier *etc*
mehr sehen.

offal ['ɒfl] *n* (*CULIN*) Innereien *pl*.

off-beat ['ɔfbiːt] *adj* ausgefallen.
off-centre, *(US)* **off-center** [ɔf'sɛntə*] *adj*
nicht genau in der Mitte, links/rechts von
der Mitte ♦ *adv* asymmetrisch.
off-colour ['ɔf'kʌlə*] *(BRIT) adj (ill)* unpässlich;
to feel ~ sich unwohl fühlen.
offence, *(US)* **offense** [ə'fɛns] *n (crime)*
Vergehen *nt*; *(insult)* Beleidigung *f*,
Kränkung *f*; **to commit an** ~ eine Straftat
begehen; **to take** ~ **(at)** Anstoß nehmen (an
+*dat*); **to give** ~ **(to)** Anstoß erregen (bei);
"no ~**"** „nichts für ungut".
offend [ə'fɛnd] *vt (upset)* kränken; **to**
~ **against** *(law, rule)* verstoßen gegen.
offender [ə'fɛndə*] *n* Straftäter(in) *m(f)*.
offending [ə'fɛndɪŋ] *adj (item etc)* Anstoß
erregend.
offense [ə'fɛns] *(US) n* = **offence**.
offensive [ə'fɛnsɪv] *adj (remark, behaviour)*
verletzend; *(smell etc)* übel; *(weapon)*
Angriffs- ♦ *n (MIL)* Offensive *f*.
offer ['ɔfə*] *n* Angebot *nt* ♦ *vt* anbieten; *(money,
opportunity, service)* bieten; *(reward)*
aussetzen; **to make an** ~ **for sth** ein Angebot
für etw machen; **on** ~ *(COMM: available)*
erhältlich; (: *cheaper)* im Angebot; **to** ~ **sth
to sb** jdm etw anbieten; **to** ~ **to do sth**
anbieten, etw zu tun.
offering ['ɔfərɪŋ] *n* Darbietung *f*; *(REL)*
Opfergabe *f*.
off-hand [ɔf'hænd] *adj (casual)* lässig;
(impolite) kurz angebunden ♦ *adv* auf
Anhieb; **I can't tell you** ~ das kann ich Ihnen
auf Anhieb nicht sagen.
office ['ɔfɪs] *n* Büro *nt*; *(position)* Amt *nt*;
doctor's ~ *(US)* Praxis *f*; **to take** ~ das Amt
antreten; **in** ~ *(minister etc)* im Amt; **through
his good** ~**s** durch seine guten Dienste;
O~ **of Fair Trading** *(BRIT)* Behörde *f* gegen
unlauteren Wettbewerb.
office block, *(US)* **office building** *n*
Bürogebäude *nt*.
office boy *n* Bürogehilfe *m*.
office holder *n* Amtsinhaber(in) *m(f)*.
office hours *npl (COMM)* Bürostunden *pl*; *(US:
MED)* Sprechstunde *f*.
office manager *n* Büroleiter(in) *m(f)*.
officer ['ɔfɪsə*] *n (MIL etc)* Offizier *m*; *(also:*
police ~) Polizeibeamte(r) *m*, Polizeibeamtin *f*; *(of organization)* Funktionär *m*.
office work *n* Büroarbeit *f*.
office worker *n* Büroangestellte(r) *f(m)*.
official [ə'fɪʃl] *adj* offiziell ♦ *n (in government)*
Beamte(r) *m*, Beamtin *f*; *(in trade union etc)*
Funktionär *m*.
officialdom [ə'fɪʃldəm] *(pej) n* Bürokratie *f*.
officially [ə'fɪʃəlɪ] *adv* offiziell.
official receiver *n* Konkursverwalter *m*.
officiate [ə'fɪʃɪeɪt] *vi* amtieren; **to** ~ **at a
marriage** eine Trauung vornehmen.
officious [ə'fɪʃəs] *adj* übereifrig.
offing ['ɔfɪŋ] *n*: **in the** ~ in Sicht.

off-key [ɔf'kiː] *adj (MUS: sing, play)* falsch;
(instrument) verstimmt.
off-licence ['ɔflaɪsns] *(BRIT) n* ≈ Wein- und
Spirituosenhandlung *f*.

OFF-LICENCE

Off-licence *ist ein Geschäft (oder eine Theke in
einer Gaststätte), wo man alkoholische Getränke
kaufen kann, die aber anderswo konsumiert
werden müssen. In solchen Geschäften, die oft
von landesweiten Ketten betrieben werden, kann
man auch andere Getränke, Süßigkeiten,
Zigaretten und Knabbereien kaufen.*

---

off-limits [ɔf'lɪmɪts] *adj* verboten.
off-line [ɔf'laɪn] *(COMPUT) adj* Offline- ♦ *adv*
offline; *(switched off)* abgetrennt.
off-load ['ɔfləʊd] *vt* abladen.
off-peak ['ɔf'piːk] *adj (heating)*
Nachtspeicher-; *(electricity)* Nacht-; *(train)*
außerhalb der Stoßzeit; ~ **ticket** Fahrkarte *f*
zur Fahrt außerhalb der Stoßzeit.
off-putting ['ɔfputɪŋ] *(BRIT) adj (remark,
behaviour)* abstoßend.
off-season ['ɔf'siːzn] *adj, adv* außerhalb der
Saison.
offset ['ɔfsɛt] *(irreg: like* **set**) *vt (counteract)*
ausgleichen.
offshoot ['ɔfʃuːt] *n (BOT, fig)* Ableger *m*.
offshore [ɔf'ʃɔː*] *adj (breeze)* ablandig; *(oil rig,
fishing)* küstennah.
offside [ɔf'saɪd] *adj (SPORT)* im Abseits; *(AUT:
when driving on left)* rechtsseitig; (: *when
driving on right)* linksseitig ♦ *n*: **the** ~ *(AUT:
when driving on left)* die rechte Seite; (: *when
driving on right)* die linke Seite.
offspring ['ɔfsprɪŋ] *n inv* Nachwuchs *m*.
offstage [ɔf'steɪdʒ] *adv* hinter den Kulissen.
off-the-cuff [ɔfðə'kʌf] *adj (remark)* aus dem
Stegreif.
off-the-job ['ɔfðə'dʒɔb] *adj*: ~ **training**
außerbetriebliche Weiterbildung *f*.
off-the-peg ['ɔfðə'pɛg], *(US)* **off-the-rack**
['ɔfðə'ræk] *adv* von der Stange.
off-the-record ['ɔfðə'rɛkɔːd] *adj (conversation,
briefing)* inoffiziell; **that's strictly** ~ das ist
ganz im Vertrauen.
off-white ['ɔfwaɪt] *adj* gebrochen weiß.
Ofgas ['ɔfgæs] *n Überwachungsgremium zum
Verbraucherschutz nach Privatisierung der
Gasindustrie.*
Oftel ['ɔftɛl] *n Überwachungsgremium zum
Verbraucherschutz nach Privatisierung der
Telekommunikationsindustrie.*
often ['ɔfn] *adv* oft; **how** ~? wie oft?; **more**
~ **than not** meistens; **as** ~ **as not** ziemlich
oft; **every so** ~ ab und zu.
Ofwat ['ɔfwɔt] *n Überwachungsgremium zum
Verbraucherschutz nach Privatisierung der
Wasserindustrie.*
ogle ['əʊgl] *vt* schielen nach, begaffen *(pej)*.

ogre ['əʊgə*] n (monster) Menschenfresser m.

OH (US) abbr (POST: = Ohio).

oh [əʊ] excl oh.

ohm [əʊm] n Ohm nt.

OHMS (BRIT) abbr (= On His/Her Majesty's Service) Aufdruck auf amtlichen Postsendungen.

oil [ɔɪl] n Öl nt; (petroleum) (Erd)öl nt ♦ vt ölen.

oilcan ['ɔɪlkæn] n Ölkanne f.

oil change n Ölwechsel m.

oilcloth ['ɔɪlklɒθ] n Wachstuch nt.

oilfield ['ɔɪlfiːld] n Ölfeld nt.

oil filter n Ölfilter m.

oil-fired ['ɔɪlfaɪəd] adj (boiler, central heating) Öl-.

oil gauge n Ölstandsmesser m.

oil painting n Ölgemälde nt.

oil refinery n Ölraffinerie f.

oil rig n Ölförderturm m; (at sea) Bohrinsel f.

oilskins ['ɔɪlskɪnz] npl Ölzeug nt.

oil slick n Ölteppich m.

oil tanker n (ship) (Öl)tanker m; (truck) Tankwagen m.

oil well n Ölquelle f.

oily ['ɔɪlɪ] adj (substance) ölig; (rag) öldurchtränkt; (food) fettig.

ointment ['ɔɪntmənt] n Salbe f.

OK (US) abbr (POST: = Oklahoma).

O.K. ['əʊ'keɪ] (inf) excl okay; (granted) gut ♦ adj (average) einigermaßen; (acceptable) in Ordnung ♦ vt genehmigen ♦ n: **to give sb/sth the ~** jdm/etw seine Zustimmung geben; **is it ~?** ist es in Ordnung?; **are you ~?** bist du in Ordnung?; **are you ~ for money?** hast du (noch) genug Geld?; **it's ~ with** or **by me** mir ist es recht.

okay ['əʊ'keɪ] excl = **O.K.**

Okla. (US) abbr (POST: = Oklahoma).

old [əʊld] adj alt; **how ~ are you?** wie alt bist du?; **he's 10 years ~** er ist 10 Jahre alt; **~er brother** ältere(r) Bruder; **any ~ thing will do for him** ihm ist alles recht.

old age n Alter nt.

old age pension n Rente f.

old age pensioner (BRIT) n Rentner(in) m(f).

old-fashioned ['əʊld'fæʃnd] adj altmodisch.

old hand n alter Hase m.

old hat adj: **to be ~** ein alter Hut sein.

old maid n alte Jungfer f.

old people's home n Altersheim nt.

old-style ['əʊldstaɪl] adj im alten Stil.

old-time dancing ['əʊldtaɪm-] n Tänze pl im alten Stil.

old-timer [əʊld'taɪmə*] (esp US) n Veteran m.

old wives' tale n Ammenmärchen nt.

oleander [əʊlɪ'ændə*] n Oleander m.

O level (BRIT) (formerly) ≈ Abschluss m der Sekundarstufe 1, mittlere Reife f.

olive ['ɒlɪv] n Olive f; (tree) Olivenbaum m ♦ adj (also: **~-green**) olivgrün; **to offer an ~ branch to sb** (fig) jdm ein Friedensangebot machen.

olive oil n Olivenöl nt.

Olympic [əʊ'lɪmpɪk] adj olympisch.

Olympic Games npl: **the ~** (also: **the Olympics**) die Olympischen Spiele pl.

OM (BRIT) n abbr (= Order of Merit) britischer Verdienstorden.

Oman [əʊ'mɑːn] n Oman nt.

OMB (US) n abbr (= Office of Management and Budget) Regierungsbehörde für Verwaltung und Etat.

ombudsman ['ɒmbʊdzmən] n Ombudsmann m.

omelette, (US) **omelet** ['ɒmlɪt] n Omelett nt; **ham/cheese omelet(te)** Schinken-/Käseomelett nt.

omen ['əʊmən] n Omen nt.

ominous ['ɒmɪnəs] adj (silence, warning) ominös; (clouds, smoke) bedrohlich.

omission [əʊ'mɪʃən] n (thing omitted) Auslassung f; (act of omitting) Auslassen nt.

omit [əʊ'mɪt] vt (deliberately) unterlassen; (by mistake) auslassen ♦ vi: **to ~ to do sth** es unterlassen, etw zu tun.

omnivorous [ɒm'nɪvrəs] adj: **to be ~** Allesfresser sein.

ON (CANADA) abbr (= Ontario).

═══════════════════════════════ KEYWORD

on [ɒn] prep **1** (indicating position) auf +dat; (with vb of motion) auf +acc; **it's ~ the table** es ist auf dem Tisch; **she put the book ~ the table** sie legte das Buch auf den Tisch; **~ the left** links; **~ the right** rechts; **the house is ~ the main road** das Haus liegt an der Hauptstraße.

2 (indicating means, method, condition etc) **~ foot** (go, be) zu Fuß; **to be ~ the train/plane** im Zug/Flugzeug sein; **to go ~ the train/plane** mit dem Zug/Flugzeug reisen; **(to be wanted) ~ the telephone** am Telefon (verlangt werden); **~ the radio/television** im Radio/Fernsehen; **to be ~ drugs** Drogen nehmen; **to be ~ holiday** im Urlaub sein; **I'm here ~ business** ich bin geschäftlich hier.

3 (referring to time): **~ Friday** am Freitag; **~ Fridays** freitags; **~ June 20th** am 20. Juni; **~ Friday, June 20th** am Freitag, dem 20. Juni; **a week ~ Friday** Freitag in einer Woche; **~ (his) arrival** he went straight to his hotel bei seiner Ankunft ging er direkt in sein Hotel; **~ seeing this** he ... als er das sah, ... er ...

4 (about, concerning) über +acc; **a book ~ physics** ein Buch über Physik

♦ adv **1** (referring to dress): **to have one's coat ~** seinen Mantel anhaben; **what's she got ~?** was hat sie an?

2 (referring to covering) **screw the lid ~ tightly** dreh den Deckel fest zu.

3 (further, continuously): **to walk/drive/read ~** weitergehen/-fahren/-lesen

♦ adj **1** (functioning, in operation: machine, radio, TV, light) an; (: tap) auf; (: handbrake)

angezogen; **there's a good film ~ at the cinema** im Kino läuft ein guter Film. **2: that's not ~!** (*inf: of behaviour*) das ist nicht drin!

ONC (*BRIT*) *n abbr* (= *Ordinary National Certificate*) *höherer Schulabschluss*.

once [wʌns] *adv* (*on one occasion*) einmal; (*formerly*) früher; (*a long time ago*) früher einmal ♦ *conj* (*as soon as*) sobald; **at ~** (*immediately*) sofort; (*simultaneously*) gleichzeitig; **~ a week** einmal pro Woche; **~ more** *or* **again** noch einmal; **~ and for all** ein für alle Mal; **~ upon a time** es war einmal; **~ in a while** ab und zu; **all at ~** (*suddenly*) plötzlich; **for ~** ausnahmsweise (einmal); **~ or twice** ein paar Mal; **~ he had left** sobald er gegangen war; **~ it was done** nachdem es getan war.

oncoming ['ɔnkʌmɪŋ] *adj* (*traffic etc*) entgegenkommend; (*danger*) nahend, drohend.

OND (*BRIT*) *n abbr* (= *Ordinary National Diploma*) *technisches Diplom*.

═══════════════════ **KEYWORD**

one [wʌn] *num* ein(e); (*counting*) eins; **~ hundred and fifty** (ein)hundert(und)fünfzig; **~ day there was a sudden knock at the door** eines Tages klopfte es plötzlich an der Tür; **~ by ~** einzeln
♦ *adj* **1** (*sole*) einzige(r, s); **the ~ book which** ... das einzige Buch, das ...
2 (*same*): **they came in the ~ car** sie kamen in demselben Wagen; **they all belong to the ~ family** sie alle gehören zu ein und derselben Familie
♦ *pron* **1**: **this ~** diese(r, s); **that ~** der/die/das (da); **which ~?** welcher/welche/welches?; **he is ~ of us** er ist einer von uns; **I've already got ~/a red ~** ich habe schon eins/ein rotes.
2: **~ another** einander; **do you two ever see ~ another?** seht ihr zwei euch jemals?
3 (*impersonal*) man; **~ never knows** man weiß nie; **to cut ~'s finger** sich *dat* in den Finger schneiden.

one-day excursion ['wʌndeɪ-] (*US*) *n* (*day return*) Tagesrückfahrkarte *f*.
one-man ['wʌn'mæn] *adj* (*business, show*) Einmann-.
one-man band *n* Einmannkapelle *f*.
one-off [wʌn'ɔf] (*BRIT*: *inf*) *n* einmaliges Ereignis *nt*.
one-parent family ['wʌnpɛərənt-] *n* Familie *f* mit nur einem Elternteil, Einelternteilfamilie *nt*.
one-piece ['wʌnpiːs] *adj*: **~ swimsuit** einteiliger Badeanzug *m*.
onerous ['ɔnərəs] *adj* (*duty etc*) schwer.

═══════════════════ **KEYWORD**

oneself [wʌn'sɛlf] *pron* (*reflexive: after prep*) sich; (*emphatic*) selbst; **to hurt ~** sich *dat* wehtun; **to keep sth for ~** etw für sich behalten; **to talk to ~** Selbstgespräche führen.

one-shot ['wʌnʃɔt] (*US*) *n* = **one-off**.
one-sided [wʌn'saɪdɪd] *adj* einseitig.
one-time ['wʌntaɪm] *adj* ehemalig.
one-to-one ['wʌntəwʌn] *adj* (*relationship, tuition*) Einzel-.
one-upmanship [wʌn'ʌpmənʃɪp] *n*: **the art of ~** die Kunst, anderen um einen Schritt voraus zu sein.
one-way ['wʌnweɪ] *adj* (*street, traffic*) Einbahn-; (*ticket*) Einzel-.
ongoing ['ɔngəʊɪŋ] *adj* (*project*) laufend; (*situation etc*) andauernd.
onion ['ʌnjən] *n* Zwiebel *f*.
on-line ['ɔnlaɪn] (*COMPUT*) *adj* (*printer, database*) Online-; (*switched on*) gekoppelt
♦ *adv* online.
onlooker ['ɔnlʊkəˀ] *n* Zuschauer(in) *m(f)*.
only ['əʊnlɪ] *adv* nur ♦ *adj* einzige(r, s) ♦ *conj* nur, bloß; **I ~ took one** ich nahm nur eins; **I saw her ~ yesterday** ich habe sie erst gestern gesehen; **I'd be ~ too pleased to help** ich würde allzu gern helfen; **not ~ ... but (also)** ... nicht nur ..., sondern auch ...; **an ~ child** ein Einzelkind *nt*; **I would come, ~ I'm too busy** ich würde kommen, wenn ich nicht so viel zu tun hätte.
ono (*BRIT*) *abbr* (*in classified ads*: = *or near(est) offer*) *see* **near**.
onset ['ɔnsɛt] *n* Beginn *m*.
onshore ['ɔnʃɔːˀ] *adj* (*wind*) auflandig, See-.
onslaught ['ɔnslɔːt] *n* Attacke *f*.
on-the-job ['ɔnðə'dʒɔb] *adj*: **~ training** Ausbildung *f* am Arbeitsplatz.
onto ['ɔntu] *prep* = **on to**.
onus ['əʊnəs] *n* Last *f*, Pflicht *f*; **the ~ is on him to prove it** er trägt die Beweislast.
onward(s) ['ɔnwəd(z)] *adv* weiter; **from that time ~** von der Zeit an ♦ *adj* fortschreitend.
onyx ['ɔnɪks] *n* Onyx *m*.
ooze [uːz] *vi* (*mud, water etc*) triefen.
opacity [əʊ'pæsɪtɪ] *n* (*of substance*) Undurchsichtigkeit *f*.
opal ['əʊpl] *n* Opal *m*.
opaque [əʊ'peɪk] *adj* (*substance*) undurchsichtig, trüb.
OPEC ['əʊpɛk] *n abbr* (= *Organization of Petroleum-Exporting Countries*) OPEC *f*.
open ['əʊpn] *adj* offen; (*packet, shop, museum*) geöffnet; (*view*) frei; (*meeting, debate*) öffentlich; (*ticket, return*) unbeschränkt; (*vacancy*) verfügbar ♦ *vt* öffnen, aufmachen; (*book, paper etc*) aufschlagen; (*account*) eröffnen; (*blocked road*) frei machen ♦ *vi* (*door, eyes, mouth*) sich öffnen; (*shop, bank*

etc) aufmachen; (*commence*) beginnen; (*film, play*) Premiere haben; (*flower*) aufgehen; **in the ~ (air)** im Freien; **the ~ sea** das offene Meer; **to have an ~ mind on sth** etw *dat* aufgeschlossen gegenüberstehen; **to be ~ to** (*ideas etc*) offen sein für; **to be ~ to criticism** der Kritik *dat* ausgesetzt sein; **to be ~ to the public** für die Öffentlichkeit zugänglich sein; **to ~ one's mouth** (*speak*) den Mund aufmachen.

▸ **open on to** *vt fus* (*room, door*) führen auf +*acc*.

▸ **open up** *vi* (*unlock*) aufmachen; (*confide*) sich äußern.

open-air [ˈəʊpnˈɛə'] *adj* im Freien; **~ concert** Openairkonzert *nt*, Open-Air-Konzert *nt*; **~ swimming pool** Freibad *nt*.

open-and-shut [ˈəʊpnənˈʃʌt] *adj:* **~ case** klarer Fall *m*.

open day *n* Tag *m* der offenen Tür.

open-ended [əʊpnˈɛndɪd] *adj* (*question etc*) mit offenem Ausgang; (*contract*) unbefristet.

opener [ˈəʊpnə'] *n* (*also:* **tin ~, can ~**) Dosenöffner *m*.

open-heart [əʊpnˈhɑːt] *adj:* **~ surgery** Eingriff *m* am offenen Herzen.

opening [ˈəʊpnɪŋ] *adj* (*commencing: stages, scene*) erste(r, s); (*remarks, ceremony etc*) Eröffnungs- ♦ *n* (*gap, hole*) Öffnung *f*; (*of play etc*) Anfang *m*; (*of new building etc*) Eröffnung *f*; (*opportunity*) Gelegenheit *f*.

opening hours *npl* Öffnungszeiten *pl*.

opening night *n* Eröffnungsabend *m*.

open learning *n* Weiterbildungssystem *auf Teilzeitbasis*.

openly [ˈəʊpnlɪ] *adv* offen.

open-minded [əʊpnˈmaɪndɪd] *adj* aufgeschlossen.

open-necked [ˈəʊpnnɛkt] *adj* (*shirt*) mit offenem Kragen.

openness [ˈəʊpnnɪs] *n* (*frankness*) Offenheit *f*.

open-plan [ˈəʊpnˈplæn] *adj* (*office*) Großraum-.

open prison *n* offenes Gefängnis *nt*.

open sandwich *n* belegtes Brot *nt*.

open shop *n* Unternehmen ohne Gewerkschaftszwang.

Open University (*BRIT*) *n* ≈ Fernuniversität *f*.

OPEN UNIVERSITY

Open University *ist eine 1969 in Großbritannien gegründete Fernuniversität für Spätstudierende. Der Unterricht findet durch Fernseh- und Radiosendungen statt, schriftliche Arbeiten werden mit der Post verschickt, und der Besuch von Sommerkursen ist Pflicht. Die Studenten müssen eine bestimmte Anzahl von Unterrichtseinheiten in einem bestimmten Zeitraum absolvieren und für die Verleihung eines akademischen Grades eine Mindestzahl von Scheinen machen.*

---

open verdict *n* (*LAW*) Todesfeststellung ohne

Angabe der Todesursache.

opera [ˈɔpərə] *n* Oper *f*.

opera glasses *npl* Opernglas *nt*.

opera house *n* Opernhaus *nt*.

opera singer *n* Opernsänger(in) *m(f)*.

operate [ˈɔpəreɪt] *vt* (*machine etc*) bedienen ♦ *vi* (*machine etc*) funktionieren; (*company*) arbeiten; (*laws, forces*) wirken; (*MED*) operieren; **to ~ on sb** jdn operieren.

operatic [ɔpəˈrætɪk] *adj* (*singer etc*) Opern-.

operating room [ˈɔpəreɪtɪŋ-] (*US*) *n* Operationssaal *m*.

operating system *n* (*COMPUT*) Betriebssystem *nt*.

operating table *n* (*MED*) Operationstisch *m*.

operating theatre *n* (*MED*) Operationssaal *m*.

operation [ɔpəˈreɪʃən] *n* (*activity*) Unternehmung *f*; (*of machine etc*) Betrieb *m*; (*MIL, MED*) Operation *f*; (*COMM*) Geschäft *nt*; **to be in ~** (*law, scheme*) in Kraft sein; **to have an ~** (*MED*) operiert werden; **to perform an ~** (*MED*) eine Operation vornehmen.

operational [ɔpəˈreɪʃənl] *adj* (*machine etc*) einsatzfähig.

operative [ˈɔpərətɪv] *adj* (*measure, system*) wirksam; (*law*) gültig ♦ *n* (*in factory*) Maschinenarbeiter(in) *m(f)*; **the ~ word** das entscheidende Wort.

operator [ˈɔpəreɪtə'] *n* (*TEL*) Vermittlung *f*; (*of machine*) Bediener(in) *m(f)*.

operetta [ɔpəˈrɛtə] *n* Operette *f*.

ophthalmic [ɔfˈθælmɪk] *adj* (*department*) Augen-.

ophthalmic optician *n* Augenoptiker(in) *m(f)*.

ophthalmologist [ɔfθælˈmɔlədʒɪst] *n* Augenarzt *m*, Augenärztin *f*.

opinion [əˈpɪnjən] *n* Meinung *f*; **in my ~** meiner Meinung nach; **to have a good/high ~ of sb/o.s.** eine gute/hohe Meinung von jdm/sich haben; **to be of the ~ that ...** der Ansicht *or* Meinung sein, dass ...; **to get a second ~** (*MED etc*) ein zweites Gutachten einholen.

opinionated [əˈpɪnjəneɪtɪd] (*pej*) *adj* rechthaberisch.

opinion poll *n* Meinungsumfrage *f*.

opium [ˈəʊpɪəm] *n* Opium *nt*.

opponent [əˈpəʊnənt] *n* Gegner(in) *m(f)*.

opportune [ˈɔpətjuːn] *adj* (*moment*) günstig.

opportunism [ɔpəˈtjuːnɪsəm] (*pej*) *n* Opportunismus *m*.

opportunist [ɔpəˈtjuːnɪst] (*pej*) *n* Opportunist(in) *m(f)*.

opportunity [ɔpəˈtjuːnɪtɪ] *n* Gelegenheit *f*, Möglichkeit *f*; (*prospects*) Chance *f*; **to take the ~ of doing sth** die Gelegenheit ergreifen, etw zu tun.

oppose [əˈpəʊz] *vt* (*opinion, plan*) ablehnen; **to**

be ~d to sth gegen etw sein; as ~d to im Gegensatz zu.
opposing [ə'pəʊzɪŋ] *adj* (*side, team*) gegnerisch; (*ideas, tendencies*) entgegengesetzt.
opposite ['ɒpəzɪt] *adj* (*house, door*) gegenüberliegend; (*end, direction*) entgegengesetzt; (*point of view, effect*) gegenteilig ♦ *adv* gegenüber ♦ *prep* (*in front of*) gegenüber; (*next to: on list, form etc*) neben ♦ *n:* the ~ das Gegenteil; the ~ sex das andere Geschlecht; "see ~ page" „siehe gegenüber".
opposite number *n* Gegenspieler(in) *m(f)*.
opposition [ɒpə'zɪʃən] *n* (*resistance*) Widerstand *m*; (*SPORT*) Gegner *pl*; the O~ (*POL*) die Opposition.
oppress [ə'prɛs] *vt* unterdrücken.
oppressed [ə'prɛst] *adj* unterdrückt.
oppression [ə'prɛʃən] *n* Unterdrückung *f*.
oppressive [ə'prɛsɪv] *adj* (*weather, heat*) bedrückend; (*political regime*) repressiv.
opprobrium [ə'prəʊbrɪəm] *n* (*form*) Schande *f*, Schmach *f*.
opt [ɒpt] *vi:* to ~ for sich entscheiden für; to ~ to do sth sich entscheiden, etw zu tun.
▶ **opt out (of)** *vi* (*not participate*) sich nicht beteiligen (an +*dat*); (*of insurance scheme etc*) kündigen; to ~ out (of local authority control) (*POL: hospital, school*) aus der Kontrolle der Gemeindeverwaltung austreten.
optical ['ɒptɪkl] *adj* optisch.
optical character reader *n* optischer Klarschriftleser *m*.
optical character recognition *n* optische Zeichenerkennung *f*.
optical illusion *n* optische Täuschung *f*.
optician [ɒp'tɪʃən] *n* Optiker(in) *m(f)*.
optics ['ɒptɪks] *n* Optik *f*.
optimism ['ɒptɪmɪzəm] *n* Optimismus *m*.
optimist ['ɒptɪmɪst] *n* Optimist(in) *m(f)*.
optimistic [ɒptɪ'mɪstɪk] *adj* optimistisch.
optimum ['ɒptɪməm] *adj* optimal.
option ['ɒpʃən] *n* (*choice*) Möglichkeit *f*; (*SCOL*) Wahlfach *nt*; (*COMM*) Option *f*; to keep one's ~s open sich *dat* alle Möglichkeiten offen halten; to have no ~ keine (andere) Wahl haben.
optional ['ɒpʃənl] *adj* freiwillig; ~ extras (*COMM*) Extras *pl*.
opulence ['ɒpjʊləns] *n* Reichtum *m*.
opulent ['ɒpjʊlənt] *adj* (*very wealthy*) reich, wohlhabend.
OR (*US*) *abbr* (*POST:* = *Oregon*).
or [ɔː*] *conj* oder; **he hasn't seen** ~ **heard anything** er hat weder etwas gesehen noch gehört; ~ **else** (*otherwise*) sonst; **fifty** ~ **sixty people** fünfzig bis sechzig Leute.
oracle ['ɒrəkl] *n* Orakel *nt*.
oral ['ɔːrəl] *adj* (*test, report*) mündlich; (*MED: vaccine, contraceptive*) zum Einnehmen ♦ *n*

(*exam*) mündliche Prüfung *f*.
orange ['ɒrɪndʒ] *n* Orange *f*, Apfelsine *f* ♦ *adj* (*colour*) orange.
orangeade [ɒrɪndʒ'eɪd] *n* Orangenlimonade *f*.
oration [ɔː'reɪʃən] *n* Ansprache *f*.
orator ['ɒrətə*] *n* Redner(in) *m(f)*.
oratorio [ɒrə'tɔːrɪəʊ] *n* (*MUS*) Oratorium *nt*.
orb [ɔːb] *n* Kugel *f*.
orbit ['ɔːbɪt] *n* (*of planet etc*) Umlaufbahn *f* ♦ *vt* umkreisen.
orbital motorway ['ɔːbɪtəl-] *n* Ringautobahn *f*.
orchard ['ɔːtʃəd] *n* Obstgarten *m*; apple ~ Obstgarten mit Apfelbäumen.
orchestra ['ɔːkɪstrə] *n* Orchester *nt*; (*US: stalls*) Parkett *nt*.
orchestral [ɔː'kɛstrəl] *adj* (*piece, musicians*) Orchester-.
orchestrate ['ɔːkɪstreɪt] *vt* orchestrieren.
orchid ['ɔːkɪd] *n* Orchidee *f*.
ordain [ɔː'deɪn] *vt* (*REL*) ordinieren; (*decree*) verfügen.
ordeal [ɔː'diːl] *n* Qual *f*.
order ['ɔːdə*] *n* (*command*) Befehl *m*; (*COMM, in restaurant*) Bestellung *f*; (*sequence*) Reihenfolge *f*; (*discipline, organization*) Ordnung *f*; (*REL*) Orden *m* ♦ *vt* (*command*) befehlen; (*COMM, in restaurant*) bestellen; (*also:* put in ~) ordnen; in ~ (*permitted*) in Ordnung; in (working) ~ betriebsfähig; in ~ to do sth um etw zu tun; in ~ of size nach Größe (geordnet); on ~ (*COMM*) bestellt; out of ~ (*not working*) außer Betrieb; (*in the wrong sequence*) durcheinander; (*motion, proposal*) nicht zulässig; to place an ~ for sth with sb eine Bestellung für etw bei jdm aufgeben; made to ~ (*COMM*) auf Bestellung (gemacht); to be under ~s to do sth die Anweisung haben, etw zu tun; to take ~s Befehle entgegennehmen; a point of ~ (*in debate etc*) eine Verfahrensfrage; "pay to the ~ of ..." „zahlbar an +*dat* ..."; of or in the ~ of in der Größenordnung von; to ~ sb to do sth jdn anweisen, etw zu tun.
▶ **order around** *vt* (*also:* order about) herumkommandieren.
order book *n* (*COMM*) Auftragsbuch *nt*.
order form *n* Bestellschein *m*.
orderly ['ɔːdəlɪ] *n* (*MIL*) Offiziersbursche *m*; (*MED*) Pfleger(in) *m(f)* ♦ *adj* (*manner*) ordentlich; (*sequence, system*) geordnet.
order number *n* (*COMM*) Bestellnummer *f*.
ordinal ['ɔːdɪnl] *adj:* ~ number Ordinalzahl *f*.
ordinarily ['ɔːdnrɪlɪ] *adv* normalerweise.
ordinary ['ɔːdnrɪ] *adj* (*everyday*) gewöhnlich, normal; (*pej: mediocre*) mittelmäßig; out of the ~ außergewöhnlich.

ORDINARY DEGREE

Ordinary degree *ist ein Universitätsabschluss, der an Studenten vergeben wird, die entweder die* für ein **honours degree** nötige Note nicht erreicht haben, aber trotzdem nicht durchgefallen sind, oder die sich nur für ein **ordinary degree** eingeschrieben haben, wobei das Studium meist kürzer ist.

ordinary seaman (BRIT) n Leichtmatrose m.
ordinary shares npl Stammaktien pl.
ordination [ɔːdɪˈneɪʃən] n (REL) Ordination f.
ordnance [ˈɔːdnəns] n (unit) Technische Truppe f ♦ adj (factory, supplies) Munitions-.
Ordnance Survey (BRIT) n Landesvermessung f.
ore [ɔːʳ] n Erz nt.
Ore. (US) abbr (POST: = Oregon).
organ [ˈɔːgən] n (ANAT) Organ nt; (MUS) Orgel f.
organic [ɔːˈgænɪk] adj organisch.
organism [ˈɔːgənɪzəm] n Organismus m.
organist [ˈɔːgənɪst] n Organist(in) m(f).
organization [ɔːgənaɪˈzeɪʃən] n Organisation f.
organization chart n Organisationsplan m.
organize [ˈɔːgənaɪz] vt organisieren; **to get ~d** sich fertig machen.
organized crime n organisiertes Verbrechen nt.
organized labour n organisierte Arbeiterschaft f.
organizer [ˈɔːgənaɪzəʳ] n (of conference etc) Organisator m, Veranstalter m.
orgasm [ˈɔːgæzəm] n Orgasmus m.
orgy [ˈɔːdʒɪ] n Orgie f; **an ~ of destruction** eine Zerstörungsorgie.
Orient [ˈɔːrɪənt] n: **the ~** der Orient.
orient [ˈɔːrɪənt] vt: **to ~ o.s. (to)** sich orientieren (in +dat); **to be ~ed towards** ausgerichtet sein auf +acc.
oriental [ɔːrɪˈɛntl] adj orientalisch.
orientate [ˈɔːrɪənteɪt] vt: **to ~ o.s.** sich orientieren; (fig) sich zurechtfinden; **to be ~d towards** ausgerichtet sein auf +acc.
orifice [ˈɒrɪfɪs] n (ANAT) Öffnung f.
origin [ˈɒrɪdʒɪn] n Ursprung m; (of person) Herkunft f; **country of ~** Herkunftsland nt.
original [əˈrɪdʒɪnl] adj (first) ursprünglich; (genuine) original; (imaginative) originell ♦ n Original nt.
originality [ərɪdʒɪˈnælɪtɪ] n Originalität f.
originally [əˈrɪdʒɪnəlɪ] adv (at first) ursprünglich.
originate [əˈrɪdʒɪneɪt] vi: **to ~ in** (idea, custom etc) entstanden sein in +dat; **to ~ with** or **from** stammen von.
originator [əˈrɪdʒɪneɪtəʳ] n (of idea, custom) Urheber(in) m(f).
Orkneys [ˈɔːknɪz] npl: **the ~** (also: **the Orkney Islands**) die Orkneyinseln pl.
ornament [ˈɔːnəmənt] n (object) Ziergegenstand m; (decoration) Verzierungen pl.

ornamental [ɔːnəˈmɛntl] adj (garden, pond) Zier-.
ornamentation [ɔːnəmɛnˈteɪʃən] n Verzierungen pl.
ornate [ɔːˈneɪt] adj (necklace, design) kunstvoll.
ornithologist [ɔːnɪˈθɒlədʒɪst] n Ornithologe m, Ornithologin f.
ornithology [ɔːnɪˈθɒlədʒɪ] n Ornithologie f, Vogelkunde f.
orphan [ˈɔːfn] n Waise f, Waisenkind nt ♦ vt: **to be ~ed** zur Waise werden.
orphanage [ˈɔːfənɪdʒ] n Waisenhaus nt.
orthodox [ˈɔːθədɒks] adj orthodox; **~ medicine** die konventionelle Medizin.
orthodoxy [ˈɔːθədɒksɪ] n Orthodoxie f.
orthopaedic, (US) **orthopedic** [ɔːθəˈpiːdɪk] adj orthopädisch.
OS abbr (BRIT) = **Ordnance Survey**; (NAUT) = **ordinary seaman**; (DRESS) = **outsize**.
O/S abbr (COMM: = out of stock) nicht auf Lager.
Oscar [ˈɒskəʳ] n Oscar m.
oscillate [ˈɒsɪleɪt] vi (ELEC, PHYS) schwingen, oszillieren; (fig) schwanken.
OSHA (US) n abbr (= Occupational Safety and Health Administration) Regierungsstelle für Arbeitsschutzvorschriften.
Oslo [ˈɒzləu] n Oslo nt.
OST n abbr (= Office of Science and Technology) Ministerium für Wissenschaft und Technologie.
ostensible [ɒsˈtɛnsɪbl] adj vorgeblich, angeblich.
ostensibly [ɒsˈtɛnsɪblɪ] adv angeblich.
ostentation [ɒstɛnˈteɪʃən] n Pomp m, Protz m.
ostentatious [ɒstɛnˈteɪʃəs] adj (building, car etc) pompös; (person) protzig.
osteopath [ˈɒstɪəpæθ] n Osteopath(in) m(f).
ostracize [ˈɒstrəsaɪz] vt ächten.
ostrich [ˈɒstrɪtʃ] n Strauß m.
OT abbr (BIBLE: = Old Testament) AT.
OTB (US) n abbr (= offtrack betting) Wetten außerhalb des Rennbahngeländes.
OTE abbr (COMM: = on-target earnings) Einkommensziel nt.
other [ˈʌðəʳ] adj andere(r, s) ♦ pron: **the ~ (one)** der/die/das andere; **~s** andere pl; **the ~s** die anderen pl; **~ than** (apart from) außer; **the ~ day** (recently) neulich; **some actor or ~** irgendein Schauspieler; **somebody or ~** irgendjemand; **the car was none ~ than Robert's** das Auto gehörte keinem anderen als Robert.
otherwise [ˈʌðəwaɪz] adv (differently) anders; (apart from that, if not) sonst, ansonsten; **an ~ good piece of work** eine im Übrigen gute Arbeit.
OTT (inf) abbr (= over the top) see **top**.
otter [ˈɒtəʳ] n Otter m.
OU (BRIT) n abbr = **Open University**.
ouch [autʃ] excl autsch.
ought [ɔːt] (pt **ought**) aux vb: **I ~ to do it** ich

sollte es tun; **this ~ to have been corrected**
das hätte korrigiert werden müssen; **he
~ to win** (*he probably will win*) er dürfte
wohl gewinnen; **you ~ to go and see it** das
solltest du dir ansehen.
ounce [auns] *n* Unze *f*; (*fig: small amount*)
bisschen *nt*.
our ['auə*] *adj* unsere(r, s); *see also* **my**.
ours [auəz] *pron* unsere(r, s); *see also* **mine**[1].
ourselves [auə'sɛlvz] *pron pl* uns (selbst);
(*emphatic*) selbst; **we did it (all) by ~** wir
haben alles selbst gemacht; *see also* **oneself**.
oust [aust] *vt* (*forcibly remove*) verdrängen.

================= *KEYWORD*

out[1] [aut] *adv* **1** (*not in*) draußen; **~ in the
rain/snow** draußen im Regen/Schnee;
~ here hier; **~ there** dort; **to go/come** *etc* ~
hinausgehen/-kommen *etc*; **to speak ~ loud**
laut sprechen.
2 (*not at home, absent*) nicht da.
3 (*indicating distance*): **the boat was 10 km ~**
das Schiff war 10 km weit draußen; **3 days
~ from Plymouth** 3 Tage nach dem
Auslaufen von Plymouth.
4 (*SPORT*) aus; **the ball is ~/has gone ~** der
Ball ist aus
♦ *adj* **1**: **to be ~** (*person: unconscious*)
bewusstlos sein; (: *out of game*)
ausgeschieden sein; (*out of fashion: style,
singer*) out sein.
2 (*have appeared: flowers*) da; (: *news, secret*)
heraus.
3 (*extinguished, finished: fire, light, gas*) aus;
before the week was ~ ehe die Woche zu
Ende war.
4: **to be ~ to do sth** (*intend*) etw tun wollen.
5 (*wrong*): **to be ~ in one's calculations** sich
in seinen Berechnungen irren.

out[2] [aut] *vt* (*inf: expose as homosexual*) outen.
outage ['autɪdʒ] (*esp US*) *n* (*power failure*)
Stromausfall *m*.
out-and-out ['autəndaut] *adj* (*liar, thief etc*)
ausgemacht.
outback ['autbæk] *n* (*in Australia*): **the ~** das
Hinterland.
outbid [aut'bɪd] *vt* überbieten.
outboard ['autbɔːd] *n* (*also:* **~ motor**)
Außenbordmotor *m*.
outbound ['autbaund] *adj* (*ship*) auslaufend.
outbreak ['autbreɪk] *n* (*of war, disease etc*)
Ausbruch *m*.
outbuilding ['autbɪldɪŋ] *n* Nebengebäude *nt*.
outburst ['autbɜːst] *n* (*of anger etc*)
Gefühlsausbruch *m*.
outcast ['autkɑːst] *n* Ausgestoßene(r) *f(m)*.
outclass [aut'klɑːs] *vt* deklassieren.
outcome ['autkʌm] *n* (*of race*) Block *m*.
outcrop ['autkrɔp] *n* (*of rock*) Block *m*.
outcry ['autkraɪ] *n* Aufschrei *m*.
outdated [aut'deɪtɪd] *adj* (*custom, idea*)

veraltet.
outdo [aut'duː] (*irreg: like* **do**) *vt* übertreffen.
outdoor [aut'dɔː*] *adj* (*activities*) im Freien;
(*clothes*) für draußen; **~ swimming pool**
Freibad *nt*; **she's an ~ person** sie liebt die
freie Natur.
outdoors [aut'dɔːz] *adv* (*play, sleep*) draußen,
im Freien.
outer ['autə*] *adj* äußere(r, s); **~ suburbs**
(äußere) Vorstädte *pl*; **the ~ office** das
Vorzimmer.
outer space *n* der Weltraum.
outfit ['autfɪt] *n* (*clothes*) Kleidung *f*; (*inf: team*)
Verein *m*.
outfitter's ['autfɪtəz] (*BRIT*) *n* (*shop*)
Herrenausstatter *m*.
outgoing ['autgəuɪŋ] *adj* (*extrovert*)
kontaktfreudig; (*retiring: president etc*)
scheidend; (*mail etc*) ausgehend.
outgoings ['autgəuɪŋz] (*BRIT*) *npl* Ausgaben *pl*.
outgrow [aut'grəu] (*irreg: like* **grow**) *vt* (*clothes*)
herauswachsen aus; (*habits etc*) ablegen.
outhouse ['authaus] *n* Nebengebäude *nt*.
outing ['autɪŋ] *n* Ausflug *m*.
outlandish [aut'lændɪʃ] *adj* eigenartig,
seltsam.
outlast [aut'lɑːst] *vt* überleben.
outlaw ['autlɔː] *n* Geächtete(r) *f(m)* ♦ *vt*
verbieten.
outlay ['autleɪ] *n* Auslagen *pl*.
outlet ['autlet] *n* (*hole, pipe*) Abfluss *m*; (*US:
ELEC*) Steckdose *f*; (*COMM: also:* **retail ~**)
Verkaufsstelle *f*; (*fig: for grief, anger etc*)
Ventil *nt*.
outline ['autlaɪn] *n* (*shape*) Umriss *m*; (*brief
explanation*) Abriss *m*; (*rough sketch*) Skizze *f*
♦ *vt* (*fig: theory, plan etc*) umreißen,
skizzieren.
outlive [aut'lɪv] *vt* (*survive*) überleben.
outlook ['autluk] *n* (*attitude*) Einstellung *f*;
(*prospects*) Aussichten *pl*; (*for weather*)
Vorhersage *f*.
outlying ['autlaɪɪŋ] *adj* (*area, town etc*)
entlegen.
outmanoeuvre, (*US*) **outmaneuver**
[autmə'nuːvə*] *vt* ausmanövrieren.
outmoded [aut'məudɪd] *adj* veraltet.
outnumber [aut'nʌmbə*] *vt* zahlenmäßig
überlegen sein +*dat*; **to be ~ed (by) 5 to 1** im
Verhältnis 5 zu 1 in der Minderheit sein.

================= *KEYWORD*

out of *prep* **1** (*outside, beyond: position*) nicht in
+*dat*; (: *motion*) aus +*dat*; **to look ~ the
window** aus dem Fenster blicken; **to be
~ danger** außer Gefahr sein.
2 (*cause, origin*) aus +*dat*; **~ curiosity/fear/
greed** aus Neugier/Angst/Habgier; **to drink
sth ~ a cup** etw aus einer Tasse trinken.
3 (*from among*) von +*dat*; **one ~ every three
smokers** einer von drei Rauchern.
4 (*without*): **to be ~ sugar/milk/petrol** *etc*

keinen Zucker/keine Milch/kein Benzin *etc* mehr haben.

out of bounds *adj*: **to be** ~ verboten sein.
out-of-court [autəv'kɔːt] *adj* (*settlement*) außergerichtlich; *see also* **court**.
out-of-date [autəv'deɪt] *adj* (*passport, ticket etc*) abgelaufen; (*clothes, idea*) veraltet.
out-of-doors [autəv'dɔːz] *adv* (*play, stay etc*) im Freien.
out-of-the-way ['autəvðə'weɪ] *adj* (*place*) entlegen; (*pub, restaurant etc*) kaum bekannt.
out-of-work ['autəvwɔːk] *adj* arbeitslos.
outpatient ['autpeɪʃənt] *n* ambulanter Patient *m*, ambulante Patientin *f*.
outpost ['autpəust] *n* (*MIL, COMM*) Vorposten *m*.
outpouring ['autpɔːrɪŋ] *n* (*of emotion etc*) Erguss *m*.
output ['autput] *n* (*production: of factory, writer etc*) Produktion *f*; (*COMPUT*) Output *m*, Ausgabe *f* ♦ *vt* (*COMPUT*) ausgeben.
outrage ['autreɪdʒ] *n* (*scandal*) Skandal *m*; (*atrocity*) Verbrechen *nt*, Ausschreitung *f*; (*anger*) Empörung *f* ♦ *vt* (*shock, anger*) empören.
outrageous [aut'reɪdʒəs] *adj* (*remark etc*) empörend; (*clothes*) unmöglich; (*scandalous*) skandalös.
outrider ['autraɪdə*] *n* (*on motorcycle*) Kradbegleiter *m*.
outright [aut'raɪt] *adv* (*kill*) auf der Stelle; (*win*) überlegen; (*buy*) auf einen Schlag; (*ask, refuse*) ohne Umschweife ♦ *adj* (*winner, victory*) unbestritten; (*refusal, hostility*) total.
outrun [aut'rʌn] (*irreg: like* **run**) *vt* schneller laufen als.
outset ['autset] *n* Anfang *m*, Beginn *m*; **from the** ~ von Anfang an; **at the** ~ am Anfang.
outshine [aut'ʃaɪn] (*irreg: like* **shine**) *vt* (*fig*) in den Schatten stellen.
outside [aut'saɪd] *n* (*of building etc*) Außenseite *f* ♦ *adj* (*wall, lavatory*) Außen- ♦ *adv* (*be, wait*) draußen; (*go*) nach draußen ♦ *prep* außerhalb +*gen*; (*door etc*) vor +*dat*; **at the** ~ (*at the most*) höchstens; (*at the latest*) spätestens; **an** ~ **chance** eine geringe Chance.
outside broadcast *n* außerhalb des Studios produzierte Sendung *f*.
outside lane *n* Überholspur *f*.
outside line *n* (*TEL*) Amtsanschluss *m*.
outsider [aut'saɪdə*] *n* (*stranger*) Außenstehende(r) *f(m)*; (*odd one out, in race etc*) Außenseiter(in) *m(f)*.
outsize ['autsaɪz] *adj* (*clothes*) übergroß.
outskirts ['autskɜːts] *npl* (*of town*) Stadtrand *m*.
outsmart [aut'smɑːt] *vt* austricksen (*inf*).
outspoken [aut'spəukən] *adj* offen.
outspread [aut'spred] *adj* (*wings, arms etc*) ausgebreitet.

outstanding [aut'stændɪŋ] *adj* (*exceptional*) hervorragend; (*remaining*) ausstehend; **your account is still** ~ Ihr Konto weist noch Außenstände auf.
outstay [aut'steɪ] *vt*: **to** ~ **one's welcome** länger bleiben als erwünscht.
outstretched [aut'stretʃt] *adj* ausgestreckt.
outstrip [aut'strɪp] *vt* (*competitors, supply*): **to** ~ (**in**) übertreffen (an +*dat*).
out tray *n* Ablage *f* für Ausgänge.
outvote [aut'vəut] *vt* überstimmen.
outward ['autwəd] *adj* (*sign, appearances*) äußere(r, s); ~ **journey** Hinreise *f*.
outwardly ['autwədlɪ] *adv* (*on the surface*) äußerlich.
outward(s) ['autwəd(z)] *adv* (*move, face*) nach außen.
outweigh [aut'weɪ] *vt* schwerer wiegen als.
outwit [aut'wɪt] *vt* überlisten.
ova ['əuvə] *npl of* **ovum**.
oval ['əuvl] *adj* oval ♦ *n* Oval *nt*.

OVAL OFFICE

Oval Office, *ein großer ovaler Raum im Weißen Haus, ist das private Büro des amerikanischen Präsidenten. Im weiteren Sinne bezieht sich dieser Begriff oft auf die Präsidentschaft selbst.*

---

ovarian [əu'veərɪən] *adj* (*ANAT*) des Eierstocks/der Eierstöcke; ~ **cyst** Zyste *f* im Eierstock.
ovary ['əuvərɪ] *n* (*ANAT, MED*) Eierstock *m*.
ovation [əu'veɪʃən] *n* Ovation *f*.
oven ['ʌvn] *n* (*CULIN*) Backofen *m*.
ovenproof ['ʌvnpruːf] *adj* (*dish etc*) feuerfest.
oven-ready ['ʌvnredɪ] *adj* backfertig.
ovenware ['ʌvnwɛə*] *n* feuerfestes Geschirr *nt*.

=========== KEYWORD

over ['əuvə*] *adv* **1** (*across: walk, jump, fly etc*) hinüber; ~ **here** hier; ~ **there** dort (drüben); **to ask sb** ~ (*to one's house*) jdn zu sich einladen.
2 (*indicating movement*): **to fall** ~ (*person*) hinfallen; (*object*) umfallen; **to knock sth** ~ etw umstoßen; **to turn** ~ (*in bed*) sich umdrehen; **to bend** ~ sich bücken.
3 (*finished*): **to be** ~ (*game, life, relationship etc*) vorbei sein, zu Ende sein.
4 (*excessively: clever, rich, fat etc*) übermäßig.
5 (*remaining: money, food etc*) übrig; **is there any cake (left)** ~? ist noch Kuchen übrig?
6: **all** ~ (*everywhere*) überall.
7 (*repeatedly*): ~ **and** ~ (**again**) immer (und immer) wieder; **five times** ~ fünfmal
♦ *prep* **1** (*on top of, above*) über +*dat*; (*with vb of motion*) über +*acc*; **to spread a sheet** ~ **sth** ein Laken über etw *acc* breiten.
2 (*on the other side of*): **the pub** ~ **the road** die Kneipe gegenüber; **he jumped** ~ **the**

wall er sprang über die Mauer.
3 (*more than*) über +*acc*; ~ **200 people** über 200 **Leute**; ~ **and above my normal duties** über meine normalen Pflichten hinaus; ~ **and above that** darüber hinaus.
4 (*during*) während; **let's discuss it** ~ **dinner** wir sollten es beim Abendessen besprechen.

over... ['əʊvə*] *pref* über-.
overact [əʊvər'ækt] *vi* übertreiben.
overall ['əʊvərɔːl] *adj* (*length, cost etc*) Gesamt-; (*impression, view*) allgemein ♦ *adv* (*measure, cost*) insgesamt; (*generally*) im Allgemeinen ♦ *n* (*BRIT*) Kittel *m*; **overalls** *npl* Overall *m*.
overall majority *n* absolute Mehrheit *f*.
overanxious [əʊvər'æŋkʃəs] *adj* überängstlich.
overawe [əʊvər'ɔː] *vt*: **to be ~d (by)** überwältigt sein (von).
overbalance [əʊvə'bæləns] *vi* das Gleichgewicht verlieren.
overbearing [əʊvə'bɛərɪŋ] *adj* (*person, manner*) aufdringlich.
overboard ['əʊvəbɔːd] *adv* (*NAUT*) über Bord; **to go** ~ (*fig*) es übertreiben, zu weit gehen.
overbook [əʊvə'buk] *vt* überbuchen.
overcame [əʊvə'keɪm] *pt of* **overcome**.
overcapitalize [əʊvə'kæpɪtəlaɪz] *vt* überkapitalisieren.
overcast ['əʊvəkɑːst] *adj* (*day, sky*) bedeckt.
overcharge [əʊvə'tʃɑːdʒ] *vt* zu viel berechnen +*dat*.
overcoat ['əʊvəkəut] *n* Mantel *m*.
overcome [əʊvə'kʌm] *(irreg: like* **come***) vt* (*problem, fear*) überwinden ♦ *adj* überwältigt; **she was** ~ **with grief** der Schmerz übermannte sie.
overconfident [əʊvə'kɒnfɪdənt] *adj* zu selbstsicher.
overcrowded [əʊvə'kraudɪd] *adj* überfüllt.
overcrowding [əʊvə'kraudɪŋ] *n* Überfüllung *f*.
overdo [əʊvə'duː] *(irreg: like* **do***) vt* übertreiben; **to ~ it** es übertreiben.
overdose ['əʊvədəus] *n* Überdosis *f*.
overdraft ['əʊvədrɑːft] *n* Kontoüberziehung *f*; **to have an** ~ sein Konto überziehen.
overdrawn [əʊvə'drɔːn] *adj* (*account*) überzogen; **I am** ~ ich habe mein Konto überzogen.
overdrive ['əʊvədraɪv] *n* (*AUT*) Schongang *m*.
overdue [əʊvə'djuː] *adj* überfällig; **that change was long** ~ diese Änderung war schon lange fällig.
overemphasis [əʊvər'ɛmfəsɪs] *n*: ~ **on** Überbetonung +*gen*.
overestimate [əʊvər'ɛstɪmeɪt] *vt* überschätzen.
overexcited [əʊvərɪk'saɪtɪd] *adj* ganz aufgeregt.
overexertion [əʊvərɪg'zəːʃən] *n*

Überanstrengung *f*.
overexpose [əʊvərɪk'spəuz] *vt* (*PHOT*) überbelichten.
overflow [əʊvə'fləu] *vi* (*river*) über die Ufer treten; (*bath, jar etc*) überlaufen ♦ *n* (*also*: ~ **pipe**) Überlaufrohr *nt*.
overgenerous [əʊvə'dʒɛnərəs] *adj* allzu großzügig.
overgrown [əʊvə'grəun] *adj* (*garden*) verwildert; **he's just an** ~ **schoolboy** er ist nur ein großes Kind.
overhang ['əʊvə'hæŋ] *(irreg: like* **hang***) vt* herausragen über +*acc* ♦ *vi* überhängen ♦ *n* Überhang *m*.
overhaul [əʊvə'hɔːl] *vt* (*equipment, car etc*) überholen ♦ *n* Überholung *f*.
overhead [əʊvə'hɛd] *adv* (*above*) oben; (*in the sky*) in der Luft ♦ *adj* (*lighting*) Decken-; (*cables, wires*) Überland- ♦ *n* (*US*) = **overheads**; **overheads** *npl* allgemeine Unkosten *pl*.
overhear [əʊvə'hɪə*] *(irreg: like* **hear***) vt* (*zufällig*) mit anhören.
overheat [əʊvə'hiːt] *vi* (*engine*) heißlaufen.
overjoyed [əʊvə'dʒɔɪd] *adj* überglücklich; **to be ~ (at)** überglücklich sein (über +*acc*).
overkill ['əʊvəkɪl] *n* (*fig*): **it would be** ~ das wäre zu viel des Guten.
overland ['əʊvəlænd] *adj* (*journey*) Überland- ♦ *adv* (*travel*) über Land.
overlap [əʊvə'læp] *vi* (*figures, ideas etc*) sich überschneiden.
overleaf [əʊvə'liːf] *adv* umseitig, auf der Rückseite.
overload [əʊvə'ləud] *vt* (*vehicle*) überladen; (*ELEC*) überbelasten; (*fig: with work etc*) überlasten.
overlook [əʊvə'luk] *vt* (*have view over*) überblicken; (*fail to notice*) übersehen; (*excuse, forgive*) hinweggehen über +*acc*.
overlord ['əʊvəlɔːd] *n* oberster Herr *m*.
overmanning [əʊvə'mænɪŋ] *n* Überbesetzung *f*.
overnight [əʊvə'naɪt] *adv* über Nacht ♦ *adj* (*bag, clothes*) Reise-; (*accommodation, stop*) für die Nacht; **to travel** ~ nachts reisen; **he'll be away** ~ (*tonight*) er kommt erst morgen zurück; **to stay** ~ über Nacht bleiben; ~ **stay** Übernachtung *f*.
overpass ['əʊvəpɑːs] (*esp US*) *n* Überführung *f*.
overpay [əʊvə'peɪ] *vt*: **to ~ sb by £50** jdm £ 50 zu viel bezahlen.
overplay [əʊvə'pleɪ] *vt* (*overact*) übertrieben darstellen; **to ~ one's hand** den Bogen überspannen.
overpower [əʊvə'pauə*] *vt* überwältigen.
overpowering [əʊvə'pauərɪŋ] *adj* (*heat*) unerträglich; (*stench*) durchdringend; (*feeling, desire*) überwältigend.
overproduction ['əʊvəprə'dʌkʃən] *n* Überproduktion *f*.

overrate [əʊvəˈreɪt] vt überschätzen.
overreach [əʊvəˈriːtʃ] vt: **to ~ o.s.** sich übernehmen.
overreact [əʊvəriːˈækt] vi übertrieben reagieren.
override [əʊvəˈraɪd] (irreg: like **ride**) vt (order etc) sich hinwegsetzen über +acc.
overriding [əʊvəˈraɪdɪŋ] adj vorrangig.
overrule [əʊvəˈruːl] vt (claim, person) zurückweisen; (decision) aufheben.
overrun [əʊvəˈrʌn] (irreg: like **run**) vt (country, continent) einfallen in +acc ♦ vi (meeting etc) zu lange dauern; **the town is ~ with tourists** die Stadt ist von Touristen überlaufen.
overseas [əʊvəˈsiːz] adv (live, work) im Ausland; (travel) ins Ausland ♦ adj (market, trade) Übersee-; (student, visitor) aus dem Ausland.
oversee [əʊvəˈsiː] vt (supervise) beaufsichtigen, überwachen.
overseer [ˈəʊvəsɪə*] n Aufseher(in) m(f).
overshadow [əʊvəˈʃædəʊ] vt (place, building etc) überschatten; (fig) in den Schatten stellen.
overshoot [əʊvəˈʃuːt] (irreg: like **shoot**) vt (target, runway) hinausschießen über +acc.
oversight [ˈəʊvəsaɪt] n Versehen nt; **due to an ~** aus Versehen.
oversimplify [əʊvəˈsɪmplɪfaɪ] vt zu stark vereinfachen.
oversleep [əʊvəˈsliːp] (irreg: like **sleep**) vi verschlafen.
overspend [əʊvəˈspɛnd] (irreg: like **spend**) vi zu viel ausgeben; **we have overspent by 5,000 dollars** wir haben 5000 Dollar zu viel ausgegeben.
overspill [ˈəʊvəspɪl] n (excess population) Bevölkerungsüberschuss m.
overstaffed [əʊvəˈstɑːft] adj: **to be ~** überbesetzt sein.
overstate [əʊvəˈsteɪt] vt (exaggerate) zu sehr betonen.
overstatement [əʊvəˈsteɪtmənt] n Übertreibung f.
overstay [əʊvəˈsteɪ] vt see **outstay**.
overstep [əʊvəˈstɛp] vt: **to ~ the mark** zu weit gehen.
overstock [əʊvəˈstɔk] vt zu große Bestände anlegen in +dat.
overstretched [əʊvəˈstrɛtʃt] adj (person, resources) überfordert.
overstrike [ˈəʊvəstraɪk] (irreg: like **strike**) n (on printer) Mehrfachdruck m ♦ vt mehrfachdrucken.
oversubscribed [əʊvəsəbˈskraɪbd] adj (COMM etc) überzeichnet.
overt [əʊˈvɜːt] adj offen.
overtake [əʊvəˈteɪk] (irreg: like **take**) vt (AUT) überholen; (event, change) hereinbrechen über +acc; (emotion) befallen ♦ vi (AUT) überholen.
overtaking [əʊvəˈteɪkɪŋ] n (AUT) Überholen

nt.
overtax [əʊvəˈtæks] vt (ECON) zu hoch besteuern; (strength, patience) überfordern; **to ~ o.s.** sich übernehmen.
overthrow [əʊvəˈθrəʊ] (irreg: like **throw**) vt (government etc) stürzen.
overtime [ˈəʊvətaɪm] n Überstunden pl; **to do** or **work ~** Überstunden machen.
overtime ban n Überstundenverbot nt.
overtone [ˈəʊvətəʊn] n (fig: also: ~s): **~s of** Untertöne pl von.
overture [ˈəʊvətʃʊə*] n (MUS) Ouvertüre f; (fig) Annäherungsversuch m.
overturn [əʊvəˈtɜːn] vt (car, chair) umkippen; (fig: decision) aufheben; (: government) stürzen ♦ vi (train etc) umkippen; (car) sich überschlagen; (boat) kentern.
overview [ˈəʊvəvjuː] n Überblick m.
overweight [əʊvəˈweɪt] adj (person) übergewichtig.
overwhelm [əʊvəˈwɛlm] vt überwältigen.
overwhelming [əʊvəˈwɛlmɪŋ] adj überwältigend; **one's ~ impression is of heat/noise** man bemerkt vor allem die Hitze/den Lärm.
overwhelmingly [əʊvəˈwɛlmɪŋlɪ] adv (vote, reject) mit überwältigender Mehrheit; (appreciative, generous etc) über alle Maßen; (opposed etc) überwiegend.
overwork [əʊvəˈwɜːk] n Überarbeitung f ♦ vt (person) (mit Arbeit) überlasten; (cliché etc) überstrapazieren ♦ vi sich überarbeiten.
overwrite [əʊvəˈraɪt] vt (COMPUT) überschreiben.
overwrought [əʊvəˈrɔːt] adj (person) überreizt.
ovulate [ˈɔvjuleɪt] vi ovulieren.
ovulation [ɔvjuˈleɪʃən] n Eisprung m, Ovulation f.
ovum [ˈəʊvəm] (pl **ova**) n Eizelle f.
owe [əʊ] vt: **to ~ sb sth, to ~ sth to sb** (lit, fig) jdm etw schulden; (life, talent, good looks etc) jdm etw verdanken.
owing to [ˈəʊɪŋ-] prep (because of) wegen +gen, aufgrund or auf Grund +gen.
owl [aʊl] n Eule f.
own [əʊn] vt (possess) besitzen ♦ vi (BRIT: form): **to ~ up to sth** etw zugeben ♦ adj eigen; **a room of my ~** mein eigenes Zimmer; **to get one's ~ back** (take revenge) sich rächen; **on one's ~** allein; **to come into one's ~** sich entfalten.
▶ **own up** vi gestehen, es zugeben.
own brand n (COMM) Hausmarke f.
owner [ˈəʊnə*] n Besitzer(in) m(f), Eigentümer(in) m(f).
owner-occupier [ˈəʊnərˈɔkjupaɪə*] n (ADMIN, LAW) Bewohner(in) m(f) im eigenen Haus.
ownership [ˈəʊnəʃɪp] n Besitz m; **under new ~** (shop etc) unter neuer Leitung.
own goal n (also fig) Eigentor nt.
ox [ɔks] (pl **~en**) n Ochse m.

OXBRIDGE

Oxbridge, *eine Mischung aus Ox(ford) und (Cam)bridge, bezieht sich auf die traditionsreichen Universitäten von Oxford und Cambridge. Dieser Begriff ist oft wertend und bringt das Prestige und die Privilegien zum Ausdruck, die traditionellerweise mit diesen Universitäten in Verbindung gebracht werden.*

OXFAM (*BRIT*) *n abbr* (= *Oxford Committee for Famine Relief*) *karitative Vereinigung zur Hungerhilfe.*

oxide ['ɔksaɪd] *n* Oxid *nt*, Oxyd *nt*.

oxidize ['ɔksɪdaɪz] *vi* oxidieren, oxydieren.

Oxon. ['ɔksn] (*BRIT*) *abbr* (*POST*: = *Oxfordshire*) (*in degree titles*: = *Oxoniensis*) *der Universität Oxford.*

oxtail ['ɔksteɪl] *n*: ~ **soup** Ochsenschwanzsuppe *f*.

oxyacetylene ['ɔksɪə'sɛtɪliːn] *adj* (*flame*) Azetylensauerstoff-; ~ **burner** Schweißbrenner *m*; ~ **welding** Autogenschweißen *nt*.

oxygen ['ɔksɪdʒən] *n* Sauerstoff *m*.

oxygen mask *n* Sauerstoffmaske *f*.

oxygen tent *n* Sauerstoffzelt *nt*.

oyster ['ɔɪstə*] *n* Auster *f*.

oz *abbr* = **ounce**.

ozone ['əʊzəʊn] *n* Ozon *nt*.

ozone hole *n* Ozonloch *nt*.

ozone layer *n*: the ~ die Ozonschicht.

P, p

P, p[1] [pi:] *n* (*letter*) P *nt*, p *nt*; ~ **for Peter** ≈ P wie Paula.

P. *abbr* = **president; prince**.

p[2] (*BRIT*) *abbr* = **penny; pence**.

p. *abbr* (= *page*) S.

PA *n abbr* = **personal assistant; public-address system** ♦ *abbr* (*US: POST*: = *Pennsylvania*).

pa [pɑː] (*inf*) *n* Papa *m*.

p.a. *abbr* (= *per annum*) p.a.

PAC (*US*) *n abbr* (= *political action committee*) *politisches Aktionskomitee.*

pace [peɪs] *n* (*step*) Schritt *m*; (*speed*) Tempo *nt* ♦ *vi*: to ~ **up and down** auf und ab gehen; **to keep ~ with** Schritt halten mit; **to set the ~** das Tempo angeben; **to put sb through his/her ~s** (*fig*) jdn auf Herz und Nieren prüfen.

pacemaker ['peɪsmeɪkə*] *n* (*MED*) (Herz)schrittmacher *m*; (*SPORT: also:*

pacesetter) Schrittmacher *m*.

pacesetter ['peɪssɛtə*] *n* (*SPORT*) = **pacemaker**.

Pacific [pə'sɪfɪk] *n* (*GEOG*): the ~ **(Ocean)** der Pazifik, der Pazifische Ozean.

pacific [pə'sɪfɪk] *adj* (*intentions etc*) friedlich.

pacifier ['pæsɪfaɪə*] (*US*) *n* (*dummy*) Schnuller *m*.

pacifist ['pæsɪfɪst] *n* Pazifist(in) *m(f)*.

pacify ['pæsɪfaɪ] *vt* (*person, fears*) beruhigen.

pack [pæk] *n* (*packet*) Packung *f*; (*US: of cigarettes*) Schachtel *f*; (*of people, hounds*) Meute *f*; (*back pack*) Rucksack *m*; (*of cards*) (Karten)spiel *nt* ♦ *vt* (*clothes etc*) einpacken; (*suitcase etc, COMPUT*) packen; (*press down*) pressen ♦ *vi* packen; **to ~ one's bags** (*fig*) die Koffer packen; **to ~ into** (*cram: people, objects*) hineinstopfen in +*acc*; **to send sb ~ing** (*inf*) jdn kurz abfertigen.

▶ **pack in** (*BRIT: inf*) *vt* (*job*) hinschmeißen; ~ **it in!** hör auf!

▶ **pack off** *vt* schicken.

▶ **pack up** *vi* (*BRIT: inf: machine*) den Geist aufgeben; (: *person*) Feierabend machen ♦ *vt* (*belongings*) zusammenpacken.

package ['pækɪdʒ] *n* (*parcel, COMPUT*) Paket *nt*; (*also:* ~ **deal**) Pauschalangebot *nt* ♦ *vt* verpacken.

package holiday (*BRIT*), **package tour** (*US*) *n* Pauschalreise *f*.

packaging ['pækɪdʒɪŋ] *n* Verpackung *f*.

packed [pækt] *adj* (*crowded*) randvoll.

packed lunch (*BRIT*) *n* Lunchpaket *nt*.

packer ['pækə*] *n* Packer(in) *m(f)*.

packet ['pækɪt] *n* Packung *f*; (*of cigarettes*) Schachtel *f*; **to make a ~** (*BRIT: inf*) einen Haufen Geld verdienen.

packet switching *n* (*COMPUT*) Paketvermittlung *f*.

pack ice ['pækaɪs] *n* Packeis *nt*.

packing ['pækɪŋ] *n* (*act*) Packen *nt*; (*material*) Verpackung *f*.

packing case *n* Kiste *f*.

pact [pækt] *n* Pakt *m*.

pad [pæd] *n* (*paper*) Block *m*; (*to prevent damage*) Polster *nt*; (*inf: home*) Bude *f* ♦ *vt* (*upholstery etc*) polstern ♦ *vi*: **to ~ about/in** herum-/hereintrotten.

padded cell ['pædɪd-] *n* Gummizelle *f*.

padding ['pædɪŋ] *n* (*material*) Polsterung *f*; (*fig*) Füllwerk *nt*.

paddle ['pædl] *n* (*oar*) Paddel *nt*; (*US: for table tennis*) Schläger *m* ♦ *vt* paddeln ♦ *vi* (*at seaside*) plan(t)schen.

paddle steamer *n* Raddampfer *m*.

paddling pool ['pædlɪŋ-] (*BRIT*) *n* Plan(t)schbecken *nt*.

paddock ['pædək] *n* (*small field*) Koppel *f*; (*at race course*) Sattelplatz *m*.

paddy field ['pædɪ-] *n* Reisfeld *nt*.

padlock ['pædlɔk] *n* Vorhängeschloss *nt* ♦ *vt* (mit einem Vorhängeschloss) verschließen.

padre ['pɑːdrɪ] n (REL) Feldgeistliche(r) m.

paediatrician [piːdɪə'trɪʃən] n Kinderarzt m, Kinderärztin f.

paediatrics, (US) **pediatrics** [piːdɪ'ætrɪks] n Kinderheilkunde f, Pädiatrie f.

paedophile ['piːdəufaɪl] n Pädophile(r) f(m) ♦ adj pädophil.

paedophilia [piːdəu'fɪlɪə] n Pädophilie f.

pagan ['peɪgən] adj heidnisch ♦ n Heide m, Heidin f.

page [peɪdʒ] n (of book etc) Seite f; (also: ~boy: in hotel) Page m ♦ vt (in hotel etc) ausrufen lassen.

pageant ['pædʒənt] n (historical procession) Festzug m; (show) Historienspiel nt.

pageantry ['pædʒəntrɪ] n Prunk m.

pageboy ['peɪdʒbɔɪ] n see **page**.

pager ['peɪdʒəʳ] n Funkrufempfänger m, Piepser m (inf).

paginate ['pædʒɪneɪt] vt paginieren.

pagination [pædʒɪ'neɪʃən] n Paginierung f.

pagoda [pə'gəudə] n Pagode f.

paid [peɪd] pt, pp of **pay** ♦ adj bezahlt; **to put ~ to** (BRIT) zunichte machen.

paid-in ['peɪdɪn] (US) adj = **paid-up**.

paid-up ['peɪdʌp], **paid-in** ['peɪdɪn] (US) adj (member) zahlend; (COMM: shares) eingezahlt; ~ **capital** eingezahltes Kapital nt.

pail [peɪl] n Eimer m.

pain [peɪn] n Schmerz m; (also: ~ **in the neck**: inf: nuisance) Plage f; **to have a ~ in the chest/arm** Schmerzen in der Brust/im Arm haben; **to be in ~** Schmerzen haben; **to take ~s to do sth** (make an effort) sich dat Mühe geben, etw zu tun; **on ~ of death** bei Todesstrafe; **he is/it is a right ~ (in the neck)** (inf) er/das geht einem auf den Wecker.

pained [peɪnd] adj (expression) gequält.

painful ['peɪnful] adj (back, injury etc) schmerzhaft; (sight, decision etc) schmerzlich; (laborious) mühsam; (embarrassing) peinlich.

painfully ['peɪnfəlɪ] adv (fig: extremely) furchtbar.

painkiller ['peɪnkɪləʳ] n schmerzstillendes Mittel nt.

painless ['peɪnlɪs] adj schmerzlos.

painstaking ['peɪnzteɪkɪŋ] adj (work, person) gewissenhaft.

paint [peɪnt] n Farbe f ♦ vt (door, house etc) anstreichen; (person, picture) malen; (fig) zeichnen; **a tin of ~** eine Dose Farbe; **to ~ the door blue** die Tür blau streichen; **to ~ in oils** in Öl malen.

paintbox ['peɪntbɔks] n Farbkasten m, Malkasten m.

paintbrush ['peɪntbrʌʃ] n Pinsel m.

painter ['peɪntəʳ] n (artist) Maler(in) m(f); (decorator) Anstreicher(in) m(f).

painting ['peɪntɪŋ] n (activity: of artist) Malerei f; (: of decorator) Anstreichen nt; (picture) Bild nt, Gemälde nt.

paint stripper n Abbeizmittel nt.

paintwork ['peɪntwɔːk] n (of wall etc) Anstrich m; (of car) Lack m.

pair [pɛəʳ] n Paar nt; **a ~ of scissors** eine Schere; **a ~ of trousers** eine Hose.

▶ **pair off** vi: **to ~ off with sb** sich jdm anschließen.

pajamas [pə'dʒɑːməz] (US) npl Schlafanzug m, Pyjama m.

Pakistan [pɑːkɪ'stɑːn] n Pakistan nt.

Pakistani [pɑːkɪ'stɑːnɪ] adj pakistanisch ♦ n Pakistani m, Pakistaner(in) m(f).

PAL n abbr (TV: = phase alternation line) PAL nt.

pal [pæl] (inf) n (friend) Kumpel m, Freund(in) m(f).

palace ['pæləs] n Palast m.

palaeontology [pælɪɔn'tɔlədʒɪ] n Paläontologie f.

palatable ['pælɪtəbl] adj (food, drink) genießbar; (fig: idea, fact etc) angenehm.

palate ['pælɪt] n (ANAT) Gaumen m; (sense of taste) Geschmackssinn m.

palatial [pə'leɪʃəl] adj (residence etc) prunkvoll.

palaver [pə'lɑːvəʳ] (inf) n (fuss) Theater nt.

pale [peɪl] adj blass; (light) fahl ♦ vi erblassen ♦ n: **beyond the ~** (unacceptable: behaviour) indiskutabel; **to grow** or **turn ~** erblassen, blass werden; ~ **blue** zartblau; **to ~ into insignificance (beside)** zur Bedeutungslosigkeit herabsinken (gegenüber +dat).

paleness ['peɪlnɪs] n Blässe f.

Palestine ['pælɪstaɪn] n Palästina nt.

Palestinian [pælɪs'tɪnɪən] adj palästinensisch ♦ n Palästinenser(in) m(f).

palette ['pælɪt] n Palette f.

palings ['peɪlɪŋz] npl (fence) Lattenzaun m.

palisade [pælɪ'seɪd] n Palisade f.

pall [pɔːl] n (cloud of smoke) (Rauch)wolke f ♦ vi an Reiz verlieren.

pallet ['pælɪt] n (for goods) Palette f.

palliative ['pælɪətɪv] n (MED) Linderungsmittel nt; (fig) Beschönigung f.

pallid ['pælɪd] adj bleich.

pallor ['pæləʳ] n Bleichheit f.

pally ['pælɪ] (inf) adj: **they're very ~** sie sind dicke Freunde.

palm [pɑːm] n (also: ~ **tree**) Palme f; (of hand) Handteller m ♦ vt: **to ~ sth off on sb** (inf) jdm etw andrehen.

palmistry ['pɑːmɪstrɪ] n Handlesekunst f.

Palm Sunday n Palmsonntag m.

palpable ['pælpəbl] adj (obvious) offensichtlich.

palpitations [pælpɪ'teɪʃənz] npl (MED) Herzklopfen nt.

paltry ['pɔːltrɪ] adj (amount, wage) armselig.

pamper ['pæmpəʳ] vt verwöhnen.

pamphlet ['pæmflət] n Broschüre f; (political) Flugschrift f.

pan [pæn] *n* (*also*: **saucepan**) Topf *m*; (*also*: **frying** ~) Pfanne *f* ♦ *vi* (*CINE, TV*) schwenken ♦ *vt* (*inf*: *book, film*) verreißen; **to** ~ **for gold** Gold waschen.

panacea [pænə'sɪə] *n* Allheilmittel *nt*.

panache [pə'næʃ] *n* Elan *m*, Schwung *m*.

Panama ['pænəmɑ:] *n* Panama *nt*.

panama [pænə'mɑ:] *n* (*also*: ~ **hat**) Panamahut *m*.

Panama Canal *n*: **the** ~ der Panamakanal.

Panamanian [pænə'meɪnɪən] *adj* panamaisch ♦ *n* Panamaer(in) *m(f)*.

pancake ['pænkeɪk] *n* Pfannkuchen *m*.

Pancake Day (*BRIT*) *n* Fastnachtsdienstag *m*.

pancake roll *n* gefüllte Pfannkuchenrolle.

pancreas ['pæŋkrɪəs] *n* Bauchspeicheldrüse *f*.

panda ['pændə] *n* Panda *m*.

panda car (*BRIT*) *n* Streifenwagen *m*.

pandemonium [pændɪ'məʊnɪəm] *n* Chaos *nt*.

pander ['pændə*] *vi*: **to** ~ **to** (*person, desire etc*) sich richten nach, entgegenkommen +*dat*.

p & h (*US*) *abbr* (= *postage and handling*) Porto und Bearbeitungsgebühr.

P & L *abbr* (= *profit and loss*) Gewinn und Verlust; *see also* **profit**.

p & p (*BRIT*) *abbr* (= *postage and packing*) Porto und Verpackung.

pane [peɪn] *n* (*of glass*) Scheibe *f*.

panel ['pænl] *n* (*wood, metal, glass etc*) Platte *f*, Tafel *f*; (*group of experts etc*) Diskussionsrunde *f*; ~ **of judges** Jury *f*.

panel game (*BRIT*) *n* Ratespiel *nt*.

panelling, (*US*) **paneling** ['pænəlɪŋ] *n* Täfelung *f*.

panellist, (*US*) **panelist** ['pænəlɪst] *n* Diskussionsteilnehmer(in) *m(f)*.

pang [pæŋ] *n*: **to have** *or* **feel a** ~ **of regret** Reue empfinden; **hunger** ~**s** quälender Hunger *m*; ~**s of conscience** Gewissensbisse *pl*.

panhandler ['pænhændlə*] (*US*: *inf*) *n* Bettler(in) *m(f)*.

panic ['pænɪk] *n* Panik *f* ♦ *vi* in Panik geraten.

panic buying [-baɪɪŋ] *n* Panikkäufe *pl*.

panicky ['pænɪkɪ] *adj* (*person*) überängstlich; (*feeling*) Angst-; (*reaction*) Kurzschluss-.

panic-stricken ['pænɪkstrɪkən] *adj* (*person, face*) von Panik erfasst.

pannier ['pænɪə*] *n* (*on bicycle*) Satteltasche *f*; (*on animal*) (Trage)korb *m*.

panorama [pænə'rɑːmə] *n* (*view*) Panorama *nt*.

panoramic [pænə'ræmɪk] *adj* (*view*) Panorama-.

pansy ['pænzɪ] *n* (*BOT*) Stiefmütterchen *nt*; (*inf*: *pej*: *sissy*) Tunte *f*.

pant [pænt] *vi* (*person*) keuchen; (*animal*) hecheln.

pantechnicon [pæn'tɛknɪkən] (*BRIT*) *n* Möbelwagen *m*.

panther ['pænθə*] *n* Pant(h)er *m*.

panties ['pæntɪz] *npl* Höschen *nt*.

panto ['pæntəʊ] *n see* **pantomime**

PANTOMIME

Pantomime *oder umgangssprächlich* **panto** *ist in Großbritannien ein zur Weihnachtszeit aufgeführtes Märchenspiel mit possenhaften Elementen, Musik, Standardrollen (ein als Frau verkleideter Mann, ein Junge, ein Bösewicht) und aktuellen Witzen. Publikumsbeteiligung wird gern gesehen (z. B. warnen die Kinder den Helden mit dem Ruf „He's behind you" vor einer drohenden Gefahr), und viele der Witze sprechen vor allem Erwachsene an, sodass* **pantomimes** *Unterhaltung für die ganze Familie bieten.*

---

pantry ['pæntrɪ] *n* (*cupboard*) Vorratsschrank *m*; (*room*) Speisekammer *f*.

pants [pænts] *npl* (*BRIT*: *woman's*) Höschen *nt*; (: *man's*) Unterhose *f*; (*US*: *trousers*) Hose *f*.

panty hose (*US*) *npl* Strumpfhose *f*.

papacy ['peɪpəsɪ] *n* Papsttum *nt*; **during the** ~ **of Paul VI** während der Amtszeit von Papst Paul VI.

papal ['peɪpəl] *adj* päpstlich.

paparazzi [pæpə'rætsiː] *npl* Pressefotografen *pl*, Paparazzi *pl*.

paper ['peɪpə*] *n* Papier *nt*; (*also*: **newspaper**) Zeitung *f*; (*exam*) Arbeit *f*; (*academic essay*) Referat *nt*; (*document*) Dokument *nt*, Papier; (*wallpaper*) Tapete *f* ♦ *adj* (*made from paper*: *hat, plane etc*) Papier-, aus Papier ♦ *vt* (*room*) tapezieren; **papers** *npl* (*also*: **identity** ~**s**) Papiere *pl*; **a piece of** ~ (*odd bit*) ein Stück *nt* Papier, ein Zettel *m*; (*sheet*) ein Blatt *nt* Papier; **to put sth down on** ~ etw schriftlich festhalten.

paper advance *n* (*on printer*) Papiervorschub *m*.

paperback ['peɪpəbæk] *n* Taschenbuch *nt*, Paperback *nt* ♦ *adj*: ~ **edition** Taschenbuchausgabe *f*.

paper bag *n* Tüte *f*.

paperboy ['peɪpəbɔɪ] *n* Zeitungsjunge *m*.

paperclip ['peɪpəklɪp] *n* Büroklammer *f*.

paper hankie *n* Tempotaschentuch ® *nt*.

paper mill *n* Papierfabrik *f*.

paper money *n* Papiergeld *nt*.

paper shop *n* Zeitungsladen *m*.

paperweight ['peɪpəweɪt] *n* Briefbeschwerer *m*.

paperwork ['peɪpəwɜːk] *n* Schreibarbeit *f*.

papier-mâché [pæpjeɪ'mæʃeɪ] *n* Papiermaché *nt*, Papiermaschee *nt*.

paprika ['pæprɪkə] *n* Paprika *m*.

Pap Smear, Pap Test *n* (*MED*) Abstrich *m*.

par [pɑː*] *n* (*GOLF*) Par *nt*; **to be on a** ~ **with** sich messen können mit; **at** ~ (*COMM*) zum Nennwert; **above/below** ~ (*COMM*) über/unter dem Nennwert; **above** *or* **over** ~ (*GOLF*) über dem Par; **below** *or* **under** ~ (*GOLF*) unter dem Par; **to feel below** *or* **under** ~ sich nicht auf der Höhe fühlen; **to**

be ~ **for the course** (*fig*) zu erwarten sein.
parable ['pærəbl] *n* Gleichnis *nt*.
parabola [pə'ræbələ] *n* (*MATH*) Parabel *f*.
parachute ['pærəʃuːt] *n* Fallschirm *m*.
parachute jump *n* Fallschirmabsprung *m*.
parachutist ['pærəʃuːtɪst] *n*
Fallschirmspringer(in) *m(f)*.
parade [pə'reɪd] *n* (*procession*) Parade *f*;
(*ceremony*) Zeremonie *f* ♦ *vt* (*people*)
aufmarschieren lassen; (*wealth, knowledge
etc*) zur Schau stellen ♦ *vi* (*MIL*)
aufmarschieren; **fashion** ~ Modenschau *f*.
parade ground *n* Truppenübungsplatz *m*,
Exerzierplatz *m*.
paradise ['pærədaɪs] *n* (*also fig*) Paradies *nt*.
paradox ['pærədɔks] *n* Paradox *nt*.
paradoxical [pærə'dɔksɪkl] *adj* (*situation*)
paradox.
paradoxically [pærə'dɔksɪklɪ] *adv*
paradoxerweise.
paraffin ['pærəfɪn] (*BRIT*) *n* (*also*: ~ **oil**)
Petroleum *nt*; **liquid** ~ Paraffinöl *nt*.
paraffin heater (*BRIT*) *n* Petroleumofen *m*.
paraffin lamp (*BRIT*) *n* Petroleumlampe *f*.
paragon ['pærəgən] *n*: **a** ~ **of** (*honesty, virtue
etc*) ein Muster *nt* an +*dat*.
paragraph ['pærəgrɑːf] *n* Absatz *m*, Paragraf
m; **to begin a new** ~ einen neuen Absatz
beginnen.
parallel ['pærəlɛl] *adj* (*also COMPUT*) parallel;
(*fig: similar*) vergleichbar ♦ *n* Parallele *f*;
(*GEOG*) Breitenkreis *m*; **to run** ~ (**with** *or* **to**)
(*lit, fig*) parallel verlaufen (zu); **to draw** ~**s
between/with** Parallelen ziehen zwischen/
mit; **in** ~ (*ELEC*) parallel.
paralyse ['pærəlaɪz] (*BRIT*) *vt* (*also fig*) lähmen.
paralysis [pə'rælɪsɪs] (*pl* **paralyses**) *n* Lähmung
f.
paralytic [pærə'lɪtɪk] *adj* paralytisch,
Lähmungs-; (*BRIT: inf: drunk*) sternhagelvoll.
paralyze ['pærəlaɪz] (*US*) *vt* = **paralyse**.
paramedic [pærə'mɛdɪk] *n* Sanitäter(in) *m(f)*;
(*in hospital*) medizinisch-technischer
Assistent *m*, medizinisch-technische
Assistentin *f*.
parameter [pə'ræmɪtə*] *n* (*MATH*) Parameter
m; (*fig: factor*) Faktor *m*; (: *limit*) Rahmen *m*.
paramilitary [pærə'mɪlɪtərɪ] *adj*
paramilitärisch.
paramount ['pærəmaunt] *adj* vorherrschend;
of ~ **importance** von höchster *or* größter
Wichtigkeit.
paranoia [pærə'nɔɪə] *n* Paranoia *f*.
paranoid ['pærənɔɪd] *adj* paranoid.
paranormal [pærə'nɔːml] *adj* übersinnlich,
paranormal ♦ *n*: **the** ~ das Übersinnliche.
parapet ['pærəpɪt] *n* Brüstung *f*.
paraphernalia [pærəfə'neɪlɪə] *n* Utensilien *pl*.
paraphrase ['pærəfreɪz] *vt* umschreiben.
paraplegic [pærə'pliːdʒɪk] *n* Paraplegiker(in)
m(f), doppelseitig Gelähmte(r) *f(m)*.
parapsychology [pærəsaɪ'kɔlədʒɪ] *n*

Parapsychologie *f*.
parasite ['pærəsaɪt] *n* (*also fig*) Parasit *m*.
parasol ['pærəsɔl] *n* Sonnenschirm *m*.
paratrooper ['pærətruːpə*] *n* Fallschirmjäger
m.
parcel ['pɑːsl] *n* Paket *nt* ♦ *vt* (*also*: ~ **up**)
verpacken.
▶ **parcel out** *vt* aufteilen.
parcel bomb (*BRIT*) *n* Paketbombe *f*.
parcel post *n* Paketpost *f*.
parch [pɑːtʃ] *vt* ausdörren, austrocknen.
parched [pɑːtʃt] *adj* ausgetrocknet; **I'm** ~ (*inf:
thirsty*) ich bin am Verdursten.
parchment ['pɑːtʃmənt] *n* Pergament *nt*.
pardon ['pɑːdn] *n* (*LAW*) Begnadigung *f* ♦ *vt*
(*forgive*) verzeihen +*dat*, vergeben +*dat*;
(*LAW*) begnadigen; ~ **me!, I beg your** ~! (*I'm
sorry!*) verzeihen Sie bitte!; (**I beg your**) ~?,
(*US*) ~ **me?** (*what did you say?*) bitte?
pare [pɛə*] *vt* (*BRIT: nails*) schneiden; (*fruit etc*)
schälen; (*fig: costs etc*) reduzieren.
parent ['pɛərənt] *n* (*mother*) Mutter *f*; (*father*)
Vater *m*; ~**s** *npl* (*mother and father*) Eltern *pl*.
parentage ['pɛərəntɪdʒ] *n* Herkunft *f*; **of
unknown** ~ unbekannter Herkunft.
parental [pə'rɛntl] *adj* (*love, control etc*)
elterlich.
parent company *n* Mutterunternehmen *nt*.
parentheses [pə'rɛnθɪsiːz] *npl of* **parenthesis**.
parenthesis [pə'rɛnθɪsɪs] (*pl* **parentheses**) *n*
Klammer *f*; **in** ~ in Klammern.
parenthood ['pɛərənthud] *n* Elternschaft *f*.
parenting ['pɛərəntɪŋ] *n* elterliche Pflege *f*.
parish ['pærɪʃ] *n* Gemeinde *f*.
parish council (*BRIT*) *n* Gemeinderat *m*.
parishioner [pə'rɪʃənə*] *n* Gemeindemitglied
nt.
Parisian [pə'rɪzɪən] *adj* Pariser *inv*,
paris(er)isch ♦ *n* Pariser(in) *m(f)*.
parity ['pærɪtɪ] *n* (*equality*) Gleichstellung *f*.
park [pɑːk] *n* Park *m* ♦ *vt*, *vi* (*AUT*) parken.
parka ['pɑːkə] *n* Parka *m*.
parking ['pɑːkɪŋ] *n* Parken *nt*; "**no** ~"
„Parken verboten"
parking lights *npl* Parklicht *nt*.
parking lot (*US*) *n* Parkplatz *m*.
parking meter *n* Parkuhr *f*.
parking offence (*BRIT*) *n* Parkvergehen *nt*.
parking place *n* Parkplatz *m*.
parking ticket *n* Strafzettel *m*.
parking violation (*US*) *n* = **parking offence**.
Parkinson's (disease) ['pɑːkɪnsənz-] *n*
parkinsonsche Krankheit *f*.
parkway ['pɑːkweɪ] (*US*) *n* Allee *f*.
parlance ['pɑːləns] *n*: **in common/modern** ~
im allgemeinen/modernen Sprachgebrauch.
parliament ['pɑːləmənt] *n* Parlament *nt*.

PARLIAMENT

Parliament *ist die höchste gesetzgebende
Versammlung in Großbritannien und tritt im*

*Parlamentsgebäude in London zusammen. Die
Legislaturperiode beträgt normalerweise 5 Jahre
von einer Wahl zur nächsten. Das Parlament
besteht aus zwei Kammern, dem Oberhaus (siehe
House of Lords und dem Unterhaus (siehe
House of Commons).*

parliamentary [pɑːləˈmɛntərɪ] *adj*
parlamentarisch.

parlour, *(US)* **parlor** [ˈpɑːləˀ] *n* Salon *m*.

parlous [ˈpɑːləs] *adj (state)* prekär.

Parmesan [pɑːmɪˈzæn] *n (also: ~ **cheese**)*
Parmesan(käse) *m*.

parochial [pəˈrəukɪəl] *(pej) adj (person, attitude)*
engstirnig.

parody [ˈpærədɪ] *n* Parodie *f* ♦ *vt* parodieren.

parole [pəˈrəul] *n (LAW)* Bewährung *f*; **on ~**
auf Bewährung.

paroxysm [ˈpærəksɪzəm] *n (also MED)* Anfall
m.

parquet [ˈpɑːkeɪ] *n (also: ~ **floor(ing))***
Parkettboden *m*.

parrot [ˈpærət] *n* Papagei *m*.

parrot-fashion [ˈpærətfæʃən] *adv (say, learn)*
mechanisch; *(repeat)* wie ein Papagei.

parry [ˈpærɪ] *vt (blow, argument)* parieren,
abwehren.

parsimonious [pɑːsɪˈməunɪəs] *adj* geizig.

parsley [ˈpɑːslɪ] *n* Petersilie *f*.

parsnip [ˈpɑːsnɪp] *n* Pastinake *f*.

parson [ˈpɑːsn] *n* Pfarrer *m*.

part [pɑːt] *n* Teil *m*; *(TECH)* Teil *nt*; *(THEAT,
CINE etc: role)* Rolle *f*; *(US: in hair)* Scheitel *m*;
(MUS) Stimme *f* ♦ *adv* = **partly** ♦ *vt (separate)*
trennen; *(hair)* scheiteln ♦ *vi (roads, fig:
people)* sich trennen; *(crowd)* sich teilen; **to
take ~ in** teilnehmen an +*dat*; **to take sth in
good ~** etw nicht übel nehmen; **to take sb's
~** *(support)* sich auf jds Seite *acc* stellen; **on
his ~** seinerseits; **for my ~** für meinen Teil;
for the most ~ *(generally)* zumeist; **for the
better** *or* **best ~ of the day** die meiste Zeit
des Tages; **to be ~ and parcel of**
dazugehören zu; **~ of speech** *(LING)* Wortart
f.

▶ **part with** *vt fus* sich trennen von.

partake [pɑːˈteɪk] *(irreg: like* **take***) vi (form):* **to
~ of sth** etw zu sich nehmen.

part exchange *(BRIT) n:* **to give/take sth in ~**
etw in Zahlung geben/nehmen.

partial [ˈpɑːʃl] *adj (victory, solution)* Teil-;
(support) teilweise; *(biassed)* parteiisch; **to
be ~ to** *(person, drink etc)* eine Vorliebe
haben für.

partially [ˈpɑːʃəlɪ] *adv (to some extent)*
teilweise, zum Teil.

participant [pɑːˈtɪsɪpənt] *n* Teilnehmer(in)
m(f).

participate [pɑːˈtɪsɪpeɪt] *vi* sich beteiligen; **to
~ in** teilnehmen an +*dat*.

participation [pɑːtɪsɪˈpeɪʃən] *n* Teilnahme *f*.

participle [ˈpɑːtɪsɪpl] *n* Partizip *nt*.

particle [ˈpɑːtɪkl] *n* Teilchen *nt*, Partikel *f*.

particular [pəˈtɪkjuləˀ] *adj (distinct: person,
time, place etc)* bestimmt, speziell; *(special)*
speziell, besondere(r, s) ♦ *n:* **in ~** im
Besonderen, besonders; **particulars** *npl*
Einzelheiten *pl*; *(name, address etc)*
Personalien *pl*; **to be very ~ about sth**
(fussy) in Bezug auf etw *acc* sehr eigen
sein.

particularly [pəˈtɪkjuləlɪ] *adv* besonders.

parting [ˈpɑːtɪŋ] *n (action)* Teilung *f*; *(farewell)*
Abschied *m*; *(BRIT: in hair)* Scheitel *m* ♦ *adj
(words, gift etc)* Abschieds-; **his ~ shot was
...** *(fig)* seine Bemerkung zum Abschied war
...

partisan [pɑːtɪˈzæn] *adj (politics, views)*
voreingenommen ♦ *n (supporter)*
Anhänger(in) *m(f)*; *(fighter)* Partisan *m*.

partition [pɑːˈtɪʃən] *n (wall, screen)*
Trennwand *f*; *(of country)* Teilung *f* ♦ *vt
(room, office)* aufteilen; *(country)* teilen.

partly [ˈpɑːtlɪ] *adv* teilweise, zum Teil.

partner [ˈpɑːtnəˀ] *n* Partner(in) *m(f)*; *(COMM)*
Partner(in), Teilhaber(in) *m(f)* ♦ *vt (at dance,
cards etc)* als Partner(in) haben.

partnership [ˈpɑːtnəʃɪp] *n (POL etc)*
Partnerschaft *f*; *(COMM)* Teilhaberschaft *f*;
to go into ~ (with sb), form a ~ (with sb)
(mit jdm) eine Partnerschaft eingehen.

part payment *n* Anzahlung *f*.

partridge [ˈpɑːtrɪdʒ] *n* Rebhuhn *nt*.

part-time [ˈpɑːtˈtaɪm] *adj (work, staff)* Teilzeit-,
Halbtags- ♦ *adv:* **to work ~** Teilzeit
arbeiten; **to study ~** Teilzeitstudent(in) *m(f)*
sein.

part-timer [pɑːtˈtaɪməˀ] *n (also:* **part-time
worker)** Teilzeitbeschäftigte(r) *f(m)*.

party [ˈpɑːtɪ] *n (POL, LAW)* Partei *f*;
(celebration, social event) Party *f*, Fete *f*;
(group of people) Gruppe *f*, Gesellschaft *f*
♦ *cpd (POL)* Partei-; **dinner ~**
Abendgesellschaft *f*; **to give** *or* **throw a ~**
eine Party geben, eine Fete machen; **we're
having a ~ next Saturday** bei uns ist
nächsten Samstag eine Party; **our son's
birthday ~** die Geburtstagsfeier unseres
Sohnes; **to be a ~ to a crime** an einem
Verbrechen beteiligt sein.

party dress *n* Partykleid *nt*.

party line *n (TEL)* Gemeinschaftsanschluss
m; *(POL)* Parteilinie *f*.

party piece *(inf) n:* **to do one's ~** auf einer
Party etwas zum Besten geben.

party political *adj* parteipolitisch.

party political broadcast *n* parteipolitische
Sendung *f*.

par value *n (COMM: of share, bond)* Nennwert
m.

pass [pɑːs] *vt (spend: time)* verbringen; *(hand
over)* reichen, geben; *(go past)*
vorbeikommen an +*dat*; *(: in car)*
vorbeifahren an +*dat*; *(overtake)* überholen;

(*fig: exceed*) übersteigen; (*exam*) bestehen; (*law, proposal*) genehmigen ♦ *vi* (*go past*) vorbeigehen; (: *in car*) vorbeifahren; (*in exam*) bestehen ♦ *n* (*permit*) Ausweis *m*; (*in mountains, SPORT*) Pass *m*; **to ~ sth through sth** etw durch etw führen; **to ~ the ball to** den Ball zuspielen +*dat*; **could you ~ the vegetables round?** könnten Sie das Gemüse herumreichen?; **to get a ~ in ...** (*SCOL*) die Prüfung in ... bestehen; **things have come to a pretty ~ when ...** (*BRIT: inf*) so weit ist es schon gekommen, dass ...; **to make a ~ at sb** (*inf*) jdn anmachen.

▶ **pass away** *vi* (*die*) dahinscheiden.
▶ **pass by** *vi* (*go past*) vorbeigehen; (: *in car*) vorbeifahren ♦ *vt* (*ignore*) vorbeigehen an +*dat*.
▶ **pass down** *vt* (*customs, inheritance*) weitergeben.
▶ **pass for** *vt*: **she could ~ for 25** sie könnte für 25 durchgehen.
▶ **pass on** *vi* (*die*) verscheiden ♦ *vt*: **to ~ on (to)** weitergeben (an +*acc*).
▶ **pass out** *vi* (*faint*) ohnmächtig werden; (*BRIT: MIL*) die Ausbildung beenden.
▶ **pass over** *vt* (*ignore*) übergehen ♦ *vi* (*die*) entschlafen.
▶ **pass up** *vt* (*opportunity*) sich *dat* entgehen lassen.

passable ['pɑːsəbl] *adj* (*road*) passierbar; (*acceptable*) passabel.
passage ['pæsɪdʒ] *n* Gang *m*; (*in book*) Passage *f*; (*way through crowd etc, ANAT*) Weg *m*; (*act of passing: of train etc*) Durchfahrt *f*; (*journey: on boat*) Überfahrt *f*.
passageway ['pæsɪdʒweɪ] *n* Gang *m*.
passenger ['pæsɪndʒə*] *n* (*in boat, plane*) Passagier *m*; (*in car*) Fahrgast *m*.
passer-by [pɑːsə'baɪ] (*pl ~s-~*) *n* Passant(in) *m(f)*.
passing ['pɑːsɪŋ] *adj* (*moment, thought etc*) flüchtig; **in ~** (*incidentally*) beiläufig, nebenbei; **to mention sth in ~** etw beiläufig or nebenbei erwähnen.
passing place *n* (*AUT*) Ausweichstelle *f*.
passion ['pæʃən] *n* Leidenschaft *f*; **to have a ~ for sth** eine Leidenschaft für etw haben.
passionate ['pæʃənɪt] *adj* leidenschaftlich.
passion fruit *n* Passionsfrucht *f*, Maracuja *f*.
Passion play *n* Passionsspiel *nt*.
passive ['pæsɪv] *adj* passiv; (*LING*) Passiv- ♦ *n* (*LING*) Passiv *nt*.
passive smoking *n* passives Rauchen, Passivrauchen *nt*.
passkey ['pɑːskiː] *n* Hauptschlüssel *m*.
Passover ['pɑːsəuvə*] *n* Passah(fest) *nt*.
passport ['pɑːspɔːt] *n* Pass *m*; (*fig: to success etc*) Schlüssel *m*.
passport control *n* Passkontrolle *f*.
passport office *n* Passamt *nt*.
password ['pɑːswɜːd] *n* Kennwort *nt*; (*COMPUT*) Passwort *nt*.

past [pɑːst] *prep* (*in front of*) vorbei an +*dat*; (*beyond*) hinter +*dat*; (*later than*) nach ♦ *adj* (*government etc*) früher, ehemalig; (*week, month etc*) vergangen ♦ *n* Vergangenheit *f* ♦ *adv*: **to run ~** vorbeilaufen; **he's ~ 40** er ist über 40; **it's ~ midnight** es ist nach Mitternacht; **ten/quarter ~ eight** zehn/ Viertel nach acht; **he ran ~ me** er lief an mir vorbei; **I'm ~ caring** es kümmert mich nicht mehr; **to be ~ it** (*BRIT: inf: person*) es nicht mehr bringen; **for the ~ few/3 days** während der letzten Tage/3 Tage; **in the ~** (*also LING*) in der Vergangenheit.
pasta ['pæstə] *n* Nudeln *pl*.
paste [peɪst] *n* (*wet mixture*) Teig *m*; (*glue*) Kleister *m*; (*jewellery*) Strass *m*; (*fish, tomato etc paste*) Paste *f* ♦ *vt* (*stick*) kleben.
pastel ['pæstl] *adj* (*colour*) Pastell-.
pasteurized ['pæstʃəraɪzd] *adj* pasteurisiert.
pastille ['pæstɪl] *n* Pastille *f*.
pastime ['pɑːstaɪm] *n* Zeitvertreib *m*, Hobby *nt*.
past master (*BRIT*) *n*: **to be a ~ at sth** ein Experte *m* in etw *dat* sein.
pastor ['pɑːstə*] *n* Pastor(in) *m(f)*.
pastoral ['pɑːstərl] *adj* (*REL: duties etc*) als Pastor.
pastry ['peɪstrɪ] *n* (*dough*) Teig *m*; (*cake*) Gebäckstück *nt*.
pasture ['pɑːstʃə*] *n* Weide *f*.
pasty [*n* 'pæstɪ, *adj* 'peɪstɪ] *n* (*pie*) Pastete *f* ♦ *adj* (*complexion*) blässlich.
pat [pæt] *vt* (*with hand*) tätscheln ♦ *adj* (*answer, remark*) glatt ♦ *n*: **to give sb/o.s. a ~ on the back** (*fig*) jdm/sich auf die Schulter klopfen; **he knows it off ~**, (*US*) **he has it down ~** er kennt das in- und auswendig.
patch [pætʃ] *n* (*piece of material*) Flicken *m*; (*also: eye ~*) Augenklappe *f*; (*damp, bald etc*) Fleck *m*; (*of land*) Stück *nt*; (: *for growing vegetables etc*) Beet *nt* ♦ *vt* (*clothes*) flicken; **(to go through) a bad ~** eine schwierige Zeit (durchmachen).
▶ **patch up** *vt* (*clothes etc*) flicken; (*quarrel*) beilegen.
patchwork ['pætʃwɜːk] *n* (*SEWING*) Patchwork *nt*.
patchy ['pætʃɪ] *adj* (*colour*) ungleichmäßig; (*information, knowledge etc*) lückenhaft.
pate [peɪt] *n*: **a bald ~** eine Glatze.
pâté ['pæteɪ] *n* Pastete *f*.
patent ['peɪtnt] *n* Patent *nt* ♦ *vt* patentieren lassen ♦ *adj* (*obvious*) offensichtlich.
patent leather *n* Lackleder *nt*.
patently ['peɪtntlɪ] *adv* (*obvious, wrong*) vollkommen.
patent medicine *n* patentrechtlich geschütztes Arzneimittel *nt*.
Patent Office *n* Patentamt *nt*.
paternal [pə'tɜːnl] *adj* väterlich; **my ~ grandmother** meine Großmutter väterlicherseits.

paternalistic [pətɔːnə'lɪstɪk] *adj* patriarchalisch.
paternity [pə'tɔːnɪtɪ] *n* Vaterschaft *f*.
paternity leave *n* Vaterschaftsurlaub *m*.
paternity suit *n* Vaterschaftsprozess *m*.
path [pɑːθ] *n* (*also fig*) Weg *m*; (*trail, track*) Pfad *m*; (*trajectory: of bullet, aircraft, planet*) Bahn *f*.
pathetic [pə'θetɪk] *adj* (*pitiful*) mitleiderregend; (*very bad*) erbärmlich.
pathological [pæθə'lɒdʒɪkl] *adj* (*liar, hatred*) krankhaft; (*MED*) pathologisch.
pathologist [pə'θɒlədʒɪst] *n* Pathologe *m*, Pathologin *f*.
pathology [pə'θɒlədʒɪ] *n* Pathologie *f*.
pathos ['peɪθɒs] *n* Pathos *nt*.
pathway ['pɑːθweɪ] *n* Pfad *m*, Weg *m*; (*fig*) Weg.
patience ['peɪʃns] *n* Geduld *f*; (*BRIT: CARDS*) Patience *f*; **to lose (one's)** ~ die Geduld verlieren.
patient ['peɪʃnt] *n* Patient(in) *m(f)* ♦ *adj* geduldig; **to be** ~ **with sb** Geduld mit jdm haben.
patiently ['peɪʃntlɪ] *adv* geduldig.
patio ['pætɪəu] *n* Terrasse *f*.
patriot ['peɪtrɪət] *n* Patriot(in) *m(f)*.
patriotic [pætrɪ'ɒtɪk] *adj* patriotisch.
patriotism ['pætrɪətɪzəm] *n* Patriotismus *m*.
patrol [pə'trəul] *n* (*MIL*) Patrouille *f*; (*POLICE*) Streife *f* ♦ *vt* (*MIL, POLICE: city, streets etc*) patrouillieren; **to be on** ~ (*MIL*) auf Patrouille sein; (*POLICE*) auf Streife sein.
patrol boat *n* Patrouillenboot *nt*.
patrol car *n* Streifenwagen *m*.
patrolman [pə'trəulmən] (*US: irreg: like* **man**) *n* (*POLICE*) (Streifen)polizist *m*.
patron ['peɪtrən] *n* (*customer*) Kunde *m*, Kundin *f*; (*benefactor*) Förderer *m*; ~ **of the arts** Kunstmäzen *m*.
patronage ['pætrənɪdʒ] *n* (*of artist, charity etc*) Förderung *f*.
patronize ['pætrənaɪz] *vt* (*pej: look down on*) von oben herab behandeln; (*artist etc*) fördern; (*shop, club*) besuchen.
patronizing ['pætrənaɪzɪŋ] *adj* herablassend.
patron saint *n* Schutzheilige(r) *f(m)*.
patter ['pætə*] *n* (*of feet*) Trappeln *nt*; (*of rain*) Prasseln *nt*; (*sales talk etc*) Sprüche *pl* ♦ *vi* (*footsteps*) trappeln; (*rain*) prasseln.
pattern ['pætən] *n* Muster *nt*; (*SEWING*) Schnittmuster *nt*; **behaviour** ~**s** Verhaltensmuster *pl*.
patterned ['pætənd] *adj* gemustert; ~ **with flowers** mit Blumenmuster.
paucity ['pɔːsɪtɪ] *n*: **a** ~ **of** ein Mangel *m* an +*dat*.
paunch [pɔːntʃ] *n* Bauch *m*, Wanst *m*.
pauper ['pɔːpə*] *n* Arme(r) *f(m)*; ~**'s grave** Armengrab *nt*.
pause [pɔːz] *n* Pause *f* ♦ *vi* eine Pause machen; (*hesitate*) innehalten; **to** ~ **for breath** eine Verschnaufpause einlegen.

pave [peɪv] *vt* (*street, yard etc*) pflastern; **to** ~ **the way for** (*fig*) den Weg bereiten *or* bahnen für.
pavement ['peɪvmənt] *n* (*BRIT*) Bürgersteig *m*; (*US: roadway*) Straße *f*.
pavilion [pə'vɪlɪən] *n* (*SPORT*) Klubhaus *nt*.
paving ['peɪvɪŋ] *n* (*material*) Straßenbelag *m*.
paving stone *n* Pflasterstein *m*.
paw [pɔː] *n* (*of cat, dog etc*) Pfote *f*; (*of lion, bear etc*) Tatze *f*, Pranke *f* ♦ *vt* (*pej: touch*) betatschen; **to** ~ **the ground** (*animal*) scharren.
pawn [pɔːn] *n* (*CHESS*) Bauer *m*; (*fig*) Schachfigur *f* ♦ *vt* versetzen.
pawnbroker ['pɔːnbrəukə*] *n* Pfandleiher *m*.
pawnshop ['pɔːnʃɒp] *n* Pfandhaus *nt*.
pay [peɪ] (*pt, pp* **paid**) *n* (*wage*) Lohn *m*; (*salary*) Gehalt *nt* ♦ *vt* (*sum of money, wage*) zahlen; (*bill, person*) bezahlen ♦ *vi* (*be profitable*) sich bezahlt machen; (*fig*) sich lohnen; **how much did you** ~ **for it?** wie viel hast du dafür bezahlt?; **I paid 10 pounds for that book** ich habe 10 Pfund für das Buch bezahlt, das Buch hat mich 10 Pfund gekostet; **to** ~ **one's way** seinen Beitrag leisten; **to** ~ **dividends** (*fig*) sich bezahlt machen; **to** ~ **the price/penalty for sth** (*fig*) den Preis/die Strafe für etw zahlen; **to** ~ **sb a compliment** jdm ein Kompliment machen; **to** ~ **attention (to)** Acht geben (auf +*acc*); **to** ~ **sb a visit** jdn besuchen; **to** ~ **one's respects to sb** jdm seine Aufwartung machen.
▶ **pay back** *vt* zurückzahlen; **I'll** ~ **you back next week** ich gebe dir das Geld nächste Woche zurück.
▶ **pay for** *vt fus* (*also fig*) (be)zahlen für.
▶ **pay in** *vt* einzahlen.
▶ **pay off** *vt* (*debt*) abbezahlen; (*person*) auszahlen; (*creditor*) befriedigen; (*mortgage*) tilgen ♦ *vi* sich auszahlen; **to** ~ **sth off in instalments** etw in Raten (ab)zahlen.
▶ **pay out** *vt* (*money*) ausgeben; (*rope*) ablaufen lassen.
▶ **pay up** *vi* zahlen.
payable ['peɪəbl] *adj* zahlbar; **to make a cheque** ~ **to sb** einen Scheck auf jdn ausstellen.
pay award *n* Lohn-/Gehaltserhöhung *f*.
payday ['peɪdeɪ] *n* Zahltag *m*.
PAYE (*BRIT*) *n abbr* (= *pay as you earn*) *Lohnsteuerabzugsverfahren.*
payee [peɪ'iː] *n* Zahlungsempfänger *m*.
pay envelope (*US*) *n* = **pay packet**
paying guest ['peɪɪŋ-] *n* zahlender Gast *m*.
payload ['peɪləud] *n* Nutzlast *f*.
payment ['peɪmənt] *n* (*act*) Zahlung *f*, Bezahlung *f*; (*of bill*) Begleichung *f*; (*sum of money*) Zahlung *f*; **advance** ~ (*part sum*) Anzahlung *f*; (*total sum*) Vorauszahlung *f*; **deferred** ~, ~ **by instalments** Ratenzahlung *f*; **monthly** ~ (*sum of money*) Monatsrate *f*;

on ~ of gegen Zahlung von.
pay packet (*BRIT*) n Lohntüte f.
payphone ['peɪfəun] n Münztelefon nt; (*card phone*) Kartentelefon nt.
payroll ['peɪrəul] n Lohnliste f; **to be on a firm's** ~ bei einer Firma beschäftigt sein.
pay slip (*BRIT*) n see **pay** Lohnstreifen m; Gehaltsstreifen m.
pay station (*US*) n = **payphone**.
PBS (*US*) n abbr (= *Public Broadcasting Service*) öffentliche Rundfunkanstalt.
PC n abbr (= *personal computer*) PC m; (*BRIT*) = **police constable** ♦ adj abbr = **politically correct** ♦ abbr (*BRIT*) = **Privy Councillor**.
pc abbr = **per cent; postcard**.
p/c abbr = **petty cash**.
PCB n abbr (*ELEC, COMPUT*) = **printed circuit board** (= *polychlorinated biphenyl*) PCB nt.
pcm abbr (= *per calendar month*) pro Monat.
PD (*US*) n abbr = **police department**.
pd abbr (= *paid*) bez.
pdq (*inf*) adv abbr (= *pretty damn quick*) verdammt schnell.
PDSA (*BRIT*) n abbr (= *People's Dispensary for Sick Animals*) kostenloses Behandlungszentrum für Haustiere.
PDT (*US*) abbr (= *Pacific Daylight Time*) pazifische Sommerzeit.
PE n abbr (*SCOL*) = **physical education** ♦ abbr (*CANADA*: = *Prince Edward Island*).
pea [piː] n Erbse f.
peace [piːs] n Frieden m; **to be at** ~ **with sb/ sth** mit jdm/etw in Frieden leben; **to keep the** ~ (*policeman*) die öffentliche Ordnung aufrechterhalten; (*citizen*) den Frieden wahren.
peaceable ['piːsəbl] adj friedlich.
peaceful ['piːsful] adj friedlich.
peacekeeper ['piːskiːpə*] n Friedenswächter(in) m(f).
peacekeeping force ['piːskiːpɪŋ-] n Friedenstruppen pl.
peace offering n Friedensangebot nt.
peach [piːtʃ] n Pfirsich m.
peacock ['piːkɔk] n Pfau m.
peak [piːk] n (*of mountain*) Spitze f, Gipfel m; (*of cap*) Schirm m; (*fig*) Höhepunkt m.
peak hours npl Stoßzeit f.
peak period n Spitzenzeit f, Stoßzeit f.
peak rate n Höchstrate f.
peaky ['piːkɪ] (*BRIT: inf*) adj blass.
peal [piːl] n (*of bells*) Läuten nt; ~**s of laughter** schallendes Gelächter nt.
peanut ['piːnʌt] n Erdnuss f.
peanut butter n Erdnussbutter f.
pear [peə*] n Birne f.
pearl [pɜːl] n Perle f.
peasant ['peznt] n Bauer m.
peat [piːt] n Torf m.
pebble ['pebl] n Kieselstein m.
peck [pek] vt (*bird*) picken; (*also*: ~ **at**) picken an +dat ♦ n (*of bird*) Schnabelhieb m; (*kiss*)

Küsschen nt.
pecking order ['pekɪŋ-] n (*fig*) Hackordnung f.
peckish ['pekɪʃ] (*BRIT: inf*) adj (*hungry*) leicht hungrig; **I'm feeling** ~ ich könnte was zu essen gebrauchen.
peculiar [pɪ'kjuːlɪə*] adj (*strange*) seltsam; ~ **to** (*exclusive to*) charakteristisch für.
peculiarity [pɪkjuːlɪ'ærɪtɪ] n (*strange habit*) Eigenart f; (*distinctive feature*) Besonderheit f, Eigentümlichkeit f.
peculiarly [pɪ'kjuːlɪəlɪ] adv (*oddly*) seltsam; (*distinctively*) unverkennbar.
pecuniary [pɪ'kjuːnɪərɪ] adj finanziell.
pedal ['pedl] n Pedal nt ♦ vi in die Pedale treten.
pedal bin (*BRIT*) n Treteimer m.
pedant ['pedənt] n Pedant(in) m(f).
pedantic [pɪ'dæntɪk] adj pedantisch.
peddle ['pedl] vt (*goods*) feilbieten, verkaufen; (*drugs*) handeln mit; (*gossip*) verbreiten.
peddler ['pedlə*] n (*also*: **drug** ~) Pusher(in) m(f).
pedestal ['pedəstl] n Sockel m.
pedestrian [pɪ'destrɪən] n Fußgänger(in) m(f) ♦ adj Fußgänger-; (*fig*) langweilig.
pedestrian crossing (*BRIT*) n Fußgängerüberweg m.
pedestrian precinct (*BRIT*) n Fußgängerzone f.
pediatrics [piːdɪ'ætrɪks] (*US*) n = **paediatrics**.
pedigree ['pedɪgriː] n (*of animal*) Stammbaum m; (*fig: background*) Vorgeschichte f ♦ cpd (*dog*) Rasse-, reinrassig.
pee [piː] (*inf*) vi pinkeln.
peek [piːk] vi: **to** ~ **at/over/into** etc gucken nach/über +acc/in +acc etc ♦ n: **to have** or **take a** ~ (**at**) einen (kurzen) Blick werfen (auf +acc).
peel [piːl] n Schale f ♦ vt schälen ♦ vi (*paint*) abblättern; (*wallpaper*) sich lösen; (*skin, back etc*) sich schälen.
▶ **peel back** vt abziehen.
peeler ['piːlə*] n (*potato peeler etc*) Schälmesser nt.
peelings ['piːlɪŋz] npl Schalen pl.
peep [piːp] n (*look*) kurzer Blick m; (*sound*) Pieps m ♦ vi (*look*) gucken; **to have** or **take a** ~ (**at**) einen kurzen Blick werfen (auf +acc).
▶ **peep out** vi (*be visible*) hervorgucken.
peephole ['piːphəul] n Guckloch nt.
peer [pɪə*] n (*noble*) Peer m; (*equal*) Gleichrangige(r) f(m); (*contemporary*) Gleichaltrige(r) f(m) ♦ vi: **to** ~ **at** starren auf +acc.
peerage ['pɪərɪdʒ] n (*title*) Adelswürde f; (*position*) Adelsstand m; **the** ~ (*all the peers*) der Adel.
peerless ['pɪəlɪs] adj unvergleichlich.
peeved [piːvd] adj verärgert, sauer (*inf*).
peevish ['piːvɪʃ] adj (*bad-tempered*) mürrisch.
peg [peg] n (*hook, knob*) Haken m; (*BRIT: also*:

clothes ~) Wäscheklammer *f*; (*also*: **tent** ~)
Zeltpflock *m*, Hering *m* ♦ *vt* (*washing*)
festklammern; (*prices*) festsetzen; **off the** ~
von der Stange.
pejorative [pɪ'dʒɔrətɪv] *adj* abwertend.
Pekin [piː'kɪn] *n* = **Peking.**
Pekinese [piːkɪ'niːz] *n* = **Pekingese.**
Peking [piː'kɪŋ] *n* Peking *nt.*
Pekingese [piːkɪ'niːz] *n* (*dog*) Pekinese *m.*
pelican ['pɛlɪkən] *n* Pelikan *m.*
pelican crossing (*BRIT*) *n* (*AUT*)
Fußgängerüberweg *m* mit Ampel.
pellet ['pɛlɪt] *n* (*of paper etc*) Kügelchen *nt*; (*of
mud etc*) Klümpchen *nt*; (*for shotgun*)
Schrotkugel *f.*
pell-mell ['pɛl'mɛl] *adv* in heillosem
Durcheinander.
pelmet ['pɛlmɪt] *n* (*wooden*) Blende *f*; (*fabric*)
Querbehang *m.*
pelt [pɛlt] *vi* (*rain*: *also*: ~ **down**)
niederprasseln; (*inf*: *run*) rasen ♦ *n* (*animal
skin*) Pelz *m*, Fell *nt* ♦ *vt*: **to** ~ **sb with sth** jdn
mit etw bewerfen.
pelvis ['pɛlvɪs] *n* Becken *nt.*
pen [pɛn] *n* (*also*: **fountain** ~) Füller *m*; (*also*:
ballpoint ~) Kugelschreiber *m*; (*also*: **felt-tip**
~) Filzstift *m*; (*enclosure*: *for sheep, pigs etc*)
Pferch *m*; (*US*: *inf*: *prison*) Knast *m*; **to put**
~ **to paper** zur Feder greifen.
penal ['piːnl] *adj* (*LAW*: *colony, institution*)
Straf-; (: *system, reform*) Strafrechts-;
~ **code** Strafgesetzbuch *nt.*
penalize ['piːnəlaɪz] *vt* (*punish*) bestrafen; (*fig*)
benachteiligen.
penal servitude [-'səːvɪtjuːd] *n* Zwangsarbeit
f.
penalty ['pɛnltɪ] *n* Strafe *f*; (*SPORT*) Strafstoß
m; (: *FOOTBALL*) Elfmeter *m.*
penalty area (*BRIT*) *n* (*SPORT*) Strafraum *m.*
penalty clause *n* Strafklausel *f.*
penalty kick *n* (*RUGBY*) Strafstoß *m*;
(*FOOTBALL*) Elfmeter *m.*
penalty shoot-out [-'ʃuːtaut] *n* (*FOOTBALL*)
Elfmeterschießen *nt.*
penance ['pɛnəns] *n* (*REL*): **to do** ~ **for one's
sins** für seine Sünden Buße tun.
pence [pɛns] *npl of* **penny.**
penchant ['pɑ̃ːʃɑ̃ːŋ] *n* Vorliebe *f*, Schwäche *f*;
to have a ~ **for** eine Schwäche haben für.
pencil ['pɛnsl] *n* Bleistift *m* ♦ *vt*: **to** ~ **sb/sth in**
jdn/etw vormerken.
pencil case *n* Federmäppchen *nt.*
pencil sharpener *n* Bleistiftspitzer *m.*
pendant ['pɛndnt] *n* Anhänger *m.*
pending ['pɛndɪŋ] *adj* anstehend ♦ *prep*: ~ **his
return** bis zu seiner Rückkehr; ~ **a decision**
bis eine Entscheidung getroffen ist.
pendulum ['pɛndjuləm] *n* Pendel *nt.*
penetrate ['pɛnɪtreɪt] *vt* (*person*: *territory etc*)
durchdringen; (*light, water, sound*)
eindringen in +*acc.*
penetrating ['pɛnɪtreɪtɪŋ] *adj* (*sound, gaze*)

durchdringend; (*mind, observation*) scharf.
penetration [pɛnɪ'treɪʃən] *n* Durchdringen *nt.*
pen friend (*BRIT*) *n* Brieffreund(in) *m(f).*
penguin ['pɛŋgwɪn] *n* Pinguin *m.*
penicillin [pɛnɪ'sɪlɪn] *n* Penizillin *nt.*
peninsula [pə'nɪnsjulə] *n* Halbinsel *f.*
penis ['piːnɪs] *n* Penis *m.*
penitence ['pɛnɪtns] *n* Reue *f.*
penitent ['pɛnɪtnt] *adj* reuig.
penitentiary [pɛnɪ'tɛnʃərɪ] (*US*) *n* Gefängnis
nt.
penknife ['pɛnnaɪf] *n* Taschenmesser *nt.*
Penn. (*US*) *abbr* (*POST*: = Pennsylvania).
pen name *n* Pseudonym *nt.*
pennant ['pɛnənt] *n* (*NAUT*) Wimpel *m.*
penniless ['pɛnɪlɪs] *adj* mittellos.
Pennines ['pɛnaɪnz] *npl*: **the** ~ die Pennines *pl.*
penny ['pɛnɪ] (*pl* **pennies** *or* (*BRIT*) **pence**) *n*
Penny *m*; (*US*) Cent *m*; **it was worth every** ~
es war jeden Pfennig wert; **it won't cost
you a** ~ es kostet dich keinen Pfennig.
pen pal *n* Brieffreund(in) *m(f).*
penpusher ['pɛnpuʃə*] *n* Schreiberling *m.*
pension ['pɛnʃən] *n* Rente *f.*
▶ **pension off** *vt* (*vorzeitig*) pensionieren.
pensionable ['pɛnʃnəbl] *adj* (*age*) Pensions-;
(*job*) mit Pensionsberechtigung.
pensioner ['pɛnʃənə*] (*BRIT*) *n* Rentner(in)
m(f).
pension scheme *n* Rentenversicherung *f.*
pensive ['pɛnsɪv] *adj* nachdenklich.
pentagon ['pɛntəgən] (*US*) *n*: **the P**~ das
Pentagon.

PENTAGON

Pentagon *heißt das fünfeckige Gebäude in
Arlington, Virginia, in dem das amerikanische
Verteidigungsministerium untergebracht ist. Im
weiteren Sinne bezieht sich dieses Wort auf die
amerikanische Militärführung.*

Pentecost ['pɛntɪkɔst] *n* (*in Judaism*)
Erntefest *nt*; (*in Christianity*) Pfingsten *nt.*
penthouse ['pɛnthaus] *n* Penthouse *nt.*
pent-up ['pɛntʌp] *adj* (*feelings*) aufgestaut.
penultimate [pe'nʌltɪmət] *adj* vorletzte(r, s).
penury ['pɛnjurɪ] *n* Armut *f*, Not *f.*
people ['piːpl] *npl* (*persons*) Leute *pl*;
(*inhabitants*) Bevölkerung *f* ♦ *n* (*nation, race*)
Volk *nt*; **old** ~ alte Menschen *or* Leute;
young ~ junge Leute; **the room was full of**
~ das Zimmer war voller Leute *or*
Menschen; **several** ~ **came** mehrere (Leute)
kamen; ~ **say that** ... man sagt, dass ...; **the**
~ (*POL*) das Volk; **a man of the** ~ ein Mann
des Volkes.
PEP *n abbr* (= personal equity plan)
steuerbegünstigte Kapitalinvestition.
pep [pɛp] (*inf*) *n* Schwung *m*, Pep *m.*
▶ **pep up** *vt* (*person*) aufmöbeln; (*food*)
pikanter machen.

pepper ['pεpə*] n (spice) Pfeffer m; (vegetable) Paprika m ♦ vt: **to ~ with** (fig) übersäen mit; **two ~s** zwei Paprikaschoten.

peppercorn ['pεpəkɔːn] n Pfefferkorn nt.

pepper mill n Pfeffermühle f.

peppermint ['pεpəmɪnt] n (sweet) Pfefferminz nt; (plant) Pfefferminze f.

pepperoni [pεpə'rəʊnɪ] n ≈ Pfeffersalami f.

pepper pot n Pfefferstreuer m.

pep talk (inf) n aufmunternde Worte pl.

per [pəː*] prep (for each) pro; **~ day/person/kilo** pro Tag/Person/Kilo; **~ annum** pro Jahr; **as ~ your instructions** gemäß Ihren Anweisungen.

per capita [-'kæpɪtə] adj (income) Pro-Kopf- ♦ adv pro Kopf.

perceive [pə'siːv] vt (see) wahrnehmen; (view, understand) verstehen.

per cent n Prozent nt; **a 20 ~ discount** 20 Prozent Rabatt.

percentage [pə'sεntɪdʒ] n Prozentsatz m; **on a ~ basis** auf Prozentbasis.

percentage point n Prozent nt.

perceptible [pə'sεptɪbl] adj (difference, change) wahrnehmbar, merklich.

perception [pə'sεpʃən] n (insight) Einsicht f; (opinion, understanding) Erkenntnis f; (faculty) Wahrnehmung f.

perceptive [pə'sεptɪv] adj (person) aufmerksam; (analysis etc) erkenntnisreich.

perch [pəːtʃ] n (for bird) Stange f; (fish) Flussbarsch m ♦ vi: **to ~ (on)** (bird) sitzen (auf +dat); (person) hocken (auf +dat).

percolate ['pəːkəleɪt] vt (coffee) (mit einer Kaffeemaschine) zubereiten ♦ vi (coffee) durchlaufen; **to ~ through/into** (idea, light etc) durchsickern durch/in +acc.

percolator ['pəːkəleɪtə*] n (also: **coffee ~**) Kaffeemaschine f.

percussion [pə'kʌʃən] n (MUS) Schlagzeug nt.

peremptory [pə'rεmptərɪ] (pej) adj (person) herrisch; (order) kategorisch.

perennial [pə'rεnɪəl] adj (plant) mehrjährig; (fig: problem, feature etc) immer wiederkehrend ♦ n (BOT) mehrjährige Pflanze f.

perfect [adj, n 'pəːfɪkt, vt pə'fεkt] adj perfekt; (nonsense, idiot etc) ausgemacht ♦ vt (technique) perfektionieren ♦ n: **the ~** (also: **the ~ tense**) das Perfekt; **he's a ~ stranger to me** er ist mir vollkommen fremd.

perfection [pə'fεkʃən] n Perfektion f, Vollkommenheit f.

perfectionist [pə'fεkʃənɪst] n Perfektionist(in) m(f).

perfectly ['pəːfɪktlɪ] adv vollkommen; (faultlessly) perfekt; **I'm ~ happy with the situation** ich bin mit der Lage vollkommen zufrieden; **you know ~ well that ...** Sie wissen ganz genau, dass ...

perforate ['pəːfəreɪt] vt perforieren.

perforated ulcer ['pəːfəreɪtəd-] n durchgebrochenes Geschwür nt.

perforation [pəːfə'reɪʃən] n (small hole) Loch nt; (line of holes) Perforation f.

perform [pə'fɔːm] vt (operation, ceremony etc) durchführen; (task) erfüllen; (piece of music, play etc) aufführen ♦ vi auftreten; **to ~ well/badly** eine gute/schlechte Leistung zeigen.

performance [pə'fɔːməns] n Leistung f; (of play, show) Vorstellung f; **the team put up a good ~** die Mannschaft zeigte eine gute Leistung.

performer [pə'fɔːmə*] n Künstler(in) m(f).

performing [pə'fɔːmɪŋ] adj (animal) dressiert.

performing arts npl: **the ~** die darstellenden Künste pl.

perfume ['pəːfjuːm] n Parfüm nt; (fragrance) Duft m ♦ vt parfümieren.

perfunctory [pə'fʌŋktərɪ] adj flüchtig.

perhaps [pə'hæps] adv vielleicht; **~ he'll come** er kommt vielleicht; **~ not** vielleicht nicht.

peril ['pεrɪl] n Gefahr f.

perilous ['pεrɪləs] adj gefährlich.

perilously ['pεrɪləslɪ] adv: **they came ~ close to being caught** sie wären um ein Haar gefangen worden.

perimeter [pə'rɪmɪtə*] n Umfang m.

perimeter fence n Umzäunung f.

period ['pɪərɪəd] n (length of time) Zeitraum m, Periode f; (era) Zeitalter nt; (SCOL) Stunde f; (esp US: full stop) Punkt m; (MED: also: **menstrual ~**) Periode f ♦ adj (costume etc) zeitgenössisch; **for a ~ of 3 weeks** für eine Dauer or einen Zeitraum von 3 Wochen; **the holiday ~** (BRIT) die Urlaubszeit; **I won't do it. P~.** ich mache das nicht, und damit basta!

periodic [pɪərɪ'ɔdɪk] adj periodisch.

periodical [pɪərɪ'ɔdɪkl] n Zeitschrift f ♦ adj periodisch.

periodically [pɪərɪ'ɔdɪklɪ] adv periodisch.

period pains (BRIT) npl Menstruationsschmerzen pl.

peripatetic [pεrɪpə'tεtɪk] adj (BRIT: teacher) an mehreren Schulen tätig; **~ life** Wanderleben nt.

peripheral [pə'rɪfərəl] adj (feature, issue) Rand-, nebensächlich; (vision) peripher ♦ n (COMPUT) Peripheriegerät nt.

periphery [pə'rɪfərɪ] n Peripherie f.

periscope ['pεrɪskəʊp] n Periskop nt.

perish ['pεrɪʃ] vi (die) umkommen; (rubber, leather etc) verschleißen.

perishable ['pεrɪʃəbl] adj (food) leicht verderblich.

perishables ['pεrɪʃəblz] npl leicht verderbliche Waren pl.

perishing ['pεrɪʃɪŋ] (BRIT: inf) adj: **it's ~ (cold)** es ist eisig kalt.

peritonitis [pεrɪtə'naɪtɪs] n Bauchfellentzündung f.

perjure ['pəːdʒə*] vt: **to ~ o.s.** einen Meineid

leisten.

perjury ['pɜːdʒərɪ] *n* (*in court*) Meineid *m*; (*breach of oath*) Eidesverletzung *f.*

perks [pɜːks] (*inf*) *npl* (*extras*) Vergünstigungen *pl.*

perk up *vi* (*cheer up*) munter werden.

perky ['pɜːkɪ] *adj* (*cheerful*) munter.

perm [pɜːm] *n* Dauerwelle *f* ♦ *vt*: **to have one's hair** ~**ed** sich *dat* eine Dauerwelle machen lassen.

permanence ['pɜːmənəns] *n* Dauerhaftigkeit *f.*

permanent ['pɜːmənənt] *adj* dauerhaft; (*job, position*) fest; ~ **address** ständiger Wohnsitz *m*; **I'm not** ~ **here** ich bin hier nicht fest angestellt.

permanently ['pɜːmənəntlɪ] *adv* (*damage*) dauerhaft; (*stay, live*) ständig; (*locked, open, frozen etc*) dauernd.

permeable ['pɜːmɪəbl] *adj* durchlässig.

permeate ['pɜːmɪeɪt] *vt* durchdringen ♦ *vi*: **to** ~ **through** dringen durch.

permissible [pə'mɪsɪbl] *adj* zulässig.

permission [pə'mɪʃən] *n* Erlaubnis *f*, Genehmigung *f*; **to give sb** ~ **to do sth** jdm die Erlaubnis geben, etw zu tun.

permissive [pə'mɪsɪv] *adj* (*society, age*) permissiv.

permit [*n* 'pɜːmɪt, *vt* pə'mɪt] *n* Genehmigung *f* ♦ *vt* (*allow*) erlauben; (*make possible*) gestatten; **fishing** ~ **Angelschein** *m*; **to** ~ **sb to do sth** jdm erlauben, etw zu tun; **weather** ~**ting** wenn das Wetter es zulässt.

permutation [pɜːmjuˈteɪʃən] *n* Permutation *f*; (*fig*) Variation *f.*

pernicious [pɜːˈnɪʃəs] *adj* (*lie, nonsense*) bösartig; (*effect*) schädlich.

pernickety [pəˈnɪkɪtɪ] (*inf*) *adj* pingelig.

perpendicular [pɜːpənˈdɪkjʊləˈ] *adj* senkrecht ♦ *n*: **the** ~ die Senkrechte; ~ **to** senkrecht zu.

perpetrate ['pɜːpɪtreɪt] *vt* (*crime*) begehen.

perpetual [pəˈpetjʊəl] *adj* ständig, dauernd.

perpetuate [pəˈpetjʊeɪt] *vt* (*custom, belief etc*) bewahren; (*situation*) aufrechterhalten.

perpetuity [pɜːpɪˈtjuːɪtɪ] *n*: **in** ~ auf ewig.

perplex [pəˈpleks] *vt* verblüffen.

perplexing [pɜːˈpleksɪŋ] *adj* verblüffend.

perquisites ['pɜːkwɪzɪts] (*form*) *npl* Vergünstigungen *pl.*

per se [-seɪ] *adv* an sich.

persecute ['pɜːsɪkjuːt] *vt* verfolgen.

persecution [pɜːsɪˈkjuːʃən] *n* Verfolgung *f.*

perseverance [pɜːsɪˈvɪərns] *n* Beharrlichkeit *f*, Ausdauer *f.*

persevere [pɜːsɪˈvɪəˈ] *vi* durchhalten, beharren.

Persia ['pɜːʃə] *n* Persien *nt.*

Persian ['pɜːʃən] *adj* persisch ♦ *n* (*LING*) Persisch *nt*; **the** (~) **Gulf** der (Persische) Golf.

Persian cat *n* Perserkatze *f.*

persist [pəˈsɪst] *vi*: **to** ~ (**with** *or* **in**) beharren (auf *+dat*), festhalten (an *+dat*); **to** ~ **in doing sth** darauf beharren, etw zu tun.

persistence [pəˈsɪstəns] *n* (*determination*) Beharrlichkeit *f.*

persistent [pəˈsɪstənt] *adj* (*person, noise*) beharrlich; (*smell, cough etc*) hartnäckig; (*lateness, rain*) andauernd; ~ **offender** Wiederholungstäter(in) *m(f).*

persnickety [pəˈsnɪkɪtɪ] (*US: inf*) *adj* = **pernickety.**

person ['pɜːsn] *n* Person *f*, Mensch *m*; **in** ~ persönlich; **on** *or* **about one's** ~ bei sich; ~ **to** ~ **call** (*TEL*) Gespräch *nt* mit Voranmeldung.

personable ['pɜːsnəbl] *adj* von angenehmer Erscheinung.

personal ['pɜːsnl] *adj* persönlich; (*life*) Privat-; **nothing** ~! nehmen Sie es nicht persönlich!

personal allowance *n* (*TAX*) persönlicher Steuerfreibetrag *m.*

personal assistant *n* persönlicher Referent *m*, persönliche Referentin *f.*

personal column *n* private Kleinanzeigen *pl.*

personal computer *n* Personalcomputer *m.*

personal details *npl* Personalien *pl.*

personal hygiene *n* Körperhygiene *f.*

personal identification number *n* (*BANKING*) Geheimnummer *f*, PIN-Nummer *f.*

personality [pɜːsəˈnælɪtɪ] *n* (*character, person*) Persönlichkeit *f.*

personal loan *n* Personaldarlehen *nt.*

personally ['pɜːsnəlɪ] *adv* persönlich; **to take sth** ~ etw persönlich nehmen.

personal organizer *n* Terminplaner *m.*

personal stereo *n* Walkman ® *m.*

personify [pɜːˈsɒnɪfaɪ] *vt* personifizieren; (*embody*) verkörpern.

personnel [pɜːsəˈnel] *n* Personal *nt.*

personnel department *n* Personalabteilung *f.*

personnel manager *n* Personalleiter(in) *m(f).*

perspective [pəˈspektɪv] *n* (*also fig*) Perspektive *f*; **to get sth into** ~ (*fig*) etw in Relation zu anderen Dingen sehen.

Perspex ® ['pɜːspeks] *n* Acrylglas *nt.*

perspicacity [pɜːspɪˈkæsɪtɪ] *n* Scharfsinn *m.*

perspiration [pɜːspɪˈreɪʃən] *n* Transpiration *f.*

perspire [pəˈspaɪəˈ] *vi* transpirieren.

persuade [pəˈsweɪd] *vt*: **to** ~ **sb to do sth** jdn dazu überreden, etw zu tun; **to** ~ **sb that** jdn davon überzeugen, dass; **to be** ~**d of sth** von etw überzeugt sein.

persuasion [pəˈsweɪʒən] *n* (*act*) Überredung *f*; (*creed*) Überzeugung *f.*

persuasive [pəˈsweɪsɪv] *adj* (*person, argument*) überzeugend.

pert [pɜːt] *adj* (*person*) frech; (*nose, buttocks*) keck; (*hat*) kess.

pertaining [pɜːˈteɪnɪŋ]: ~ **to** *prep* betreffend

+*acc.*

pertinent ['pə:tɪnənt] *adj* relevant.
perturb [pə'tə:b] *vt* beunruhigen.
Peru [pə'ru:] *n* Peru *nt*.
perusal [pə'ru:zl] *n* Durchsicht *f*.
peruse [pə'ru:z] *vt* durchsehen.
Peruvian [pə'ru:vjən] *adj* peruanisch ♦ *n*
　Peruaner(in) *m(f)*.
pervade [pə'veɪd] *vt* (*smell, feeling*) erfüllen.
pervasive [pə'veɪzɪv] *adj* (*smell*)
　durchdringend; (*influence*) weitreichend;
　(*mood, atmosphere*) allumfassend.
perverse [pə'və:s] *adj* (*person*) borniert;
　(*behaviour*) widernatürlich, pervers.
perversion [pə'və:ʃən] *n* (*sexual*) Perversion *f*,
　(*of truth, justice*) Verzerrung *f*,
　Pervertierung *f*.
perversity [pə'və:sɪtɪ] *n* Widernatürlichkeit *f*.
pervert [*n* 'pə:və:t, *vt* pə'və:t] *n* (*sexual deviant*)
　perverser Mensch *m* ♦ *vt* (*person, mind*)
　verderben; (*distort: truth, custom*)
　verfälschen.
pessimism ['pesɪmɪzəm] *n* Pessimismus *m*.
pessimist ['pesɪmɪst] *n* Pessimist(in) *m(f)*.
pessimistic [pesɪ'mɪstɪk] *adj* pessimistisch.
pest [pest] *n* (*insect*) Schädling *m*; (*fig:
　nuisance*) Plage *f*.
pest control *n* Schädlingsbekämpfung *f*.
pester ['pestə*] *vt* belästigen.
pesticide ['pestɪsaɪd] *n*
　Schädlingsbekämpfungsmittel *nt*, Pestizid
　nt.
pestilence ['pestɪləns] *n* Pest *f*.
pestle ['pesl] *n* Stößel *m*.
pet [pet] *n* (*animal*) Haustier *nt* ♦ *adj* (*theory
　etc*) Lieblings- ♦ *vt* (*stroke*) streicheln ♦ *vi*
　(*inf: sexually*) herumknutschen; **teacher's** ~
　(*favourite*) Lehrers Liebling *m*; **a** ~ **rabbit/
　snake** *etc* ein Kaninchen/eine Schlange *etc*
　(als Haustier); **that's my** ~ **hate** das hasse
　ich besonders.
petal ['petl] *n* Blütenblatt *nt*.
peter out ['pi:tə*] *vi* (*road etc*) allmählich
　aufhören, zu Ende gehen; (*conversation,
　meeting*) sich totlaufen.
petite [pə'ti:t] *adj* (*woman*) zierlich.
petition [pə'tɪʃən] *n* (*signed document*) Petition
　f; (*LAW*) Klage *f* ♦ *vt* ersuchen ♦ *vi*: **to** ~ **for
　divorce** die Scheidung einreichen.
pet name (*BRIT*) *n* Kosename *m*.
petrified ['petrɪfaɪd] *adj* (*fig: terrified*) starr vor
　Angst.
petrify ['petrɪfaɪ] *vt* (*fig: terrify*) vor Angst
　erstarren lassen.
petrochemical [petrə'kemɪkl] *adj*
　petrochemisch.
petrodollars ['petrəʊdɒləz] *npl* Petrodollar *pl*.
petrol ['petrəl] (*BRIT*) *n* Benzin *nt*; **two-star** ~
　Normalbenzin *nt*; **four-star** ~ Super(benzin)
　nt; **unleaded** ~ bleifreies *or* unverbleites
　Benzin.
petrol bomb *n* Benzinbombe *f*.

petrol can (*BRIT*) *n* Benzinkanister *m*.
petrol engine (*BRIT*) *n* Benzinmotor *m*.
petroleum [pə'trəʊlɪəm] *n* Petroleum *nt*.
petroleum jelly *n* Vaseline *f*.
petrol pump (*BRIT*) *n* (*in garage*) Zapfsäule *f*;
　(*in engine*) Benzinpumpe *f*.
petrol station (*BRIT*) *n* Tankstelle *f*.
petrol tank (*BRIT*) *n* Benzintank *m*.
petticoat ['petɪkəʊt] *n* (*underskirt: full-length*)
　Unterkleid *nt*; (: *waist*) Unterrock *m*.
pettifogging ['petɪfɒgɪŋ] *adj* kleinlich.
pettiness ['petɪnɪs] *n* Kleinlichkeit *f*.
petty ['petɪ] *adj* (*trivial*) unbedeutend; (*small-
　minded*) kleinlich; (*crime*) geringfügig;
　(*official*) untergeordnet; (*excuse*) billig;
　(*remark*) spitz.
petty cash *n* (*in office*) Portokasse *f*.
petty officer *n* Maat *m*.
petulant ['petjulənt] *adj* (*person, expression*)
　gereizt.
pew [pju:] *n* (*in church*) Kirchenbank *f*.
pewter ['pju:tə*] *n* Zinn *nt*.
Pfc (*US*) *abbr* (*MIL: = private first class*) ≈
　Obergefreite(r) *m*.
PG *n abbr* (*CINE: = parental guidance*)
　*Klassifikation für Filme, die Kinder nur in
　Begleitung Erwachsener sehen dürfen.*
PGA *n abbr* (= *Professional Golfers' Association*)
　Golf-Profiverband.
PH (*US*) *n abbr* (*MIL: = Purple Heart*)
　Verwundetenauszeichnung.
pH *n abbr* (= *potential of hydrogen*) pH.
PHA (*US*) *n abbr* (= *Public Housing
　Administration*) *Regierungsbehörde für
　sozialen Wohnungsbau.*
phallic ['fælɪk] *adj* phallisch; (*symbol*)
　Phallus-.
phantom ['fæntəm] *n* Phantom *nt* ♦ *adj* (*fig*)
　Phantom-.
Pharaoh ['feərəʊ] *n* Pharao *m*.
pharmaceutical [fɑ:mə'sju:tɪkl] *adj*
　pharmazeutisch.
pharmaceuticals [fɑ:mə'sju:tɪklz] *npl*
　Arzneimittel *pl*, Pharmaka *pl*.
pharmacist ['fɑ:məsɪst] *n* Apotheker(in) *m(f)*.
pharmacy ['fɑ:məsɪ] *n* (*shop*) Apotheke *f*;
　(*science*) Pharmazie *f*.
phase [feɪz] *n* Phase *f* ♦ *vt*: **to** ~ **sth in/out** etw
　stufenweise einführen/abschaffen.
PhD *n abbr* (= *Doctor of Philosophy*) ≈ Dr. phil.
pheasant ['feznt] *n* Fasan *m*.
phenomena [fə'nɒmɪnə] *npl of* **phenomenon**.
phenomenal [fə'nɒmɪnl] *adj* phänomenal.
phenomenon [fə'nɒmɪnən] (*pl* **phenomena**) *n*
　Phänomen *nt*.
phew [fju:] *excl* puh!
phial ['faɪəl] *n* Fläschchen *nt*.
philanderer [fɪ'lændərə*] *n* Schwerenöter *m*.
philanthropic [fɪlən'θrɒpɪk] *adj*
　philanthropisch.
philanthropist [fɪ'lænθrəpɪst] *n*
　Philanthrop(in) *m(f)*.

philatelist [fɪ'lætəlɪst] *n* Philatelist(in) *m(f)*.
philately [fɪ'lætəlɪ] *n* Philatelie *f*.
Philippines ['fɪlɪpiːnz] *npl*: **the ~** die
Philippinen *pl*.
Philistine ['fɪlɪstaɪn] *n* (*boor*) Banause *m*.
philosopher [fɪ'lɔsəfə*] *n* Philosoph(in) *m(f)*.
philosophical [fɪlə'sɔfɪkl] *adj* philosophisch;
(*fig: calm, resigned*) gelassen.
philosophize [fɪ'lɔsəfaɪz] *vi* philosophieren.
philosophy [fɪ'lɔsəfɪ] *n* Philosophie *f*.
phlegm [flɛm] *n* (*MED*) Schleim *m*.
phlegmatic [flɛg'mætɪk] *adj* phlegmatisch.
phobia ['fəubjə] *n* Phobie *f*.
phone [fəun] *n* Telefon *nt* ♦ *vt* anrufen ♦ *vi*
anrufen, telefonieren; **to be on the ~**
(*possess a phone*) Telefon haben; (*be calling*)
telefonieren.
▶ **phone back** *vt, vi* zurückrufen.
▶ **phone up** *vt, vi* anrufen.
phone book *n* Telefonbuch *nt*.
phone booth *n* Telefonzelle *f*.
phone box (*BRIT*) *n* Telefonzelle *f*.
phone call *n* Anruf *m*.
phonecard ['fəunkɑːd] *n* Telefonkarte *f*.
phone-in ['fəunɪn] (*BRIT*) *n* (*RADIO, TV*)
Radio-/Fernsehsendung mit Hörer-/
Zuschauerbeteiligung per Telefon, Phone-in
nt ♦ *adj* mit Hörer-/Zuschaueranrufen.
phone tapping [-tæpɪŋ] *n* Abhören *nt* von
Telefonleitungen.
phonetics [fə'nɛtɪks] *n* Phonetik *f*.
phoney ['fəunɪ] *adj* (*address*) falsch; (*accent*)
unecht; (*person*) unaufrichtig.
phonograph ['fəunəgrɑːf] (*US*) *n* Grammofon
nt, Grammophon *nt*.
phony ['fəunɪ] *adj* = **phoney**.
phosphate ['fɔsfeɪt] *n* Phosphat *nt*.
phosphorus ['fɔsfərəs] *n* Phosphor *m*.
photo ['fəutəu] *n* Foto *nt*.
photo... ['fəutəu] *pref* Foto-.
photocopier ['fəutəukɔpɪə*] *n* Fotokopierer *m*.
photocopy ['fəutəukɔpɪ] *n* Fotokopie *f* ♦ *vt*
fotokopieren.
photoelectric [fəutəuɪ'lɛktrɪk] *adj* (*effect*)
photoelektrisch; (*cell*) Photo-.
photo finish *n* Fotofinish *nt*.
Photofit ® ['fəutəufɪt] *n* (*also*: ~ **picture**)
Phantombild *nt*.
photogenic [fəutəu'dʒɛnɪk] *adj* fotogen.
photograph ['fəutəgræf] *n* Fotografie *f* ♦ *vt*
fotografieren; **to take a ~ of sb** jdn
fotografieren.
photographer [fə'tɔgrəfə*] *n* Fotograf(in)
m(f).
photographic [fəutə'græfɪk] *adj* (*equipment
etc*) fotografisch, Foto-.
photography [fə'tɔgrəfɪ] *n* Fotografie *f*.
photo opportunity *n* Fototermin *m*;
(*accidental*) Fotogelegenheit *f*.
photostat ['fəutəustæt] *n* Fotokopie *f*.
photosynthesis [fəutəu'sɪnθəsɪs] *n*
Photosynthese *f*.

phrase [freɪz] *n* Satz *m*; (*LING*) Redewendung
f; (*MUS*) Phrase *f* ♦ *vt* ausdrücken; (*letter*)
formulieren.
phrase book *n* Sprachführer *m*.
physical ['fɪzɪkl] *adj* (*bodily*) körperlich;
(*geography, properties*) physikalisch; (*law,
explanation*) natürlich; **~ examination**
ärztliche Untersuchung *f*; **the ~ sciences**
die Naturwissenschaften.
physical education *n* Sportunterricht *m*.
physically ['fɪzɪklɪ] *adv* (*fit, attractive*)
körperlich.
physician [fɪ'zɪʃən] *n* Arzt *m*, Ärztin *f*.
physicist ['fɪzɪsɪst] *n* Physiker(in) *m(f)*.
physics ['fɪzɪks] *n* Physik *f*.
physiological ['fɪzɪə'lɔdʒɪkl] *adj*
physiologisch.
physiology [fɪzɪ'ɔlədʒɪ] *n* Physiologie *f*.
physiotherapist [fɪzɪəu'θɛrəpɪst] *n*
Physiotherapeut(in) *m(f)*.
physiotherapy [fɪzɪəu'θɛrəpɪ] *n*
Physiotherapie *f*.
physique [fɪ'ziːk] *n* Körperbau *m*.
pianist ['piːənɪst] *n* Pianist(in) *m(f)*.
piano [pɪ'ænəu] *n* Klavier *nt*, Piano *nt*.
piano accordion (*BRIT*) *n* Akkordeon *nt*.
piccolo ['pɪkələu] *n* Pikkoloflöte *f*.
pick [pɪk] *n* (*also*: ~**axe**) Spitzhacke *f* ♦ *vt*
(*select*) aussuchen; (*gather: fruit, mushrooms*)
sammeln; (: *flowers*) pflücken; (*remove, take
out*) herausnehmen; (*lock*) knacken; (*scab,
spot*) kratzen an +*dat*; **take your ~** (*choose*)
Sie haben die Wahl; **the ~ of** (*best*) das
Beste +*gen*; **to ~ one's nose** in der Nase
bohren; **to ~ one's teeth** in den Zähnen
stochern; **to ~ sb's brains** jdn als
Informationsquelle nutzen; **to ~ sb's pocket**
jdn bestehlen; **to ~ a quarrel (with sb)** einen
Streit (mit jdm) anfangen.
▶ **pick at** *vt fus* (*food*) herumstochern in +*dat*.
▶ **pick off** *vt* (*shoot*) abschießen.
▶ **pick on** *vt fus* (*criticize*) herumhacken auf
+*dat*.
▶ **pick out** *vt* (*distinguish*) ausmachen; (*select*)
aussuchen.
▶ **pick up** *vi* (*health*) sich verbessern;
(*economy*) sich erholen ♦ *vt* (*from floor etc*)
aufheben; (*arrest*) festnehmen; (*collect:
person, parcel etc*) abholen; (*hitchhiker*)
mitnehmen; (*for sexual encounter*) aufreißen;
(*learn: skill etc*) mitbekommen; (*RADIO*)
empfangen; **to ~ up where one left off** da
weitermachen, wo man aufgehört hat; **to
~ up speed** schneller werden; **to ~ o.s. up**
(*after falling etc*) sich aufrappeln.
pickaxe, (*US*) **pickax** ['pɪkæks] *n* Spitzhacke *f*.
picket ['pɪkɪt] *n* (*in strike*) Streikposten *m* ♦ *vt*
(*factory etc*) Streikposten aufstellen vor +*dat*.
picketing ['pɪkɪtɪŋ] *n* Aufstellen *nt* von
Streikposten.
picket line *n* Streikpostenkette *f*.
pickings ['pɪkɪŋz] *npl*: **there are rich ~ to be**

had here hier ist die Ausbeute gut.

pickle ['pɪkl] n (also: ~s: as condiment) Pickles pl ♦ vt einlegen; **to be in a** ~ in der Klemme sitzen; **to get in a** ~ in eine Klemme geraten.

pick-me-up ['pɪkmiːʌp] n Muntermacher m.

pickpocket ['pɪkpɒkɪt] n Taschendieb(in) m(f).

pick-up ['pɪkʌp] n (also: ~ **truck**) offener Kleintransporter m; (BRIT: on record player) Tonabnehmer m.

picnic ['pɪknɪk] n Picknick nt ♦ vi picknicken.

picnicker ['pɪknɪkə*] n Picknicker(in) m(f).

pictorial [pɪk'tɔːrɪəl] adj (record, coverage etc) bildlich.

picture ['pɪktʃə*] n (also TV, fig) Bild nt; (film) Film m ♦ vt (imagine) sich vorstellen; **the ~s** (BRIT: inf: the cinema) das Kino; **to take a** ~ **of sb** ein Bild von jdm machen; **to put sb in the** ~ jdn ins Bild setzen.

picture book n Bilderbuch nt.

picturesque [pɪktʃə'resk] adj malerisch.

picture window n Aussichtsfenster nt.

piddling ['pɪdlɪŋ] (inf) adj lächerlich.

pidgin ['pɪdʒɪn] adj: ~ **English** Pidgin-Englisch nt.

pie [paɪ] n (vegetable, meat) Pastete f; (fruit) Torte f.

piebald ['paɪbɔːld] adj (horse) scheckig.

piece [piːs] n Stück nt; (DRAUGHTS etc) Stein m; (CHESS) Figur f; **in ~s** (broken) kaputt; (taken apart) auseinander genommen, in Einzelteilen; **a** ~ **of clothing/furniture/music** ein Kleidungs-/Möbel-/Musikstück nt; **a** ~ **of machinery** eine Maschine; **a** ~ **of research** eine Forschungsarbeit; **a** ~ **of advice** ein Rat m; **to take sth to ~s** etw auseinander nehmen; **in one** ~ (object) unbeschädigt; (person) wohlbehalten; **a 10p** ~ (BRIT) ein 10-Pence-Stück nt; ~ **by** ~ Stück für Stück; **a six-~ band** eine sechsköpfige Band; **let her say her** ~ lass sie ausreden.

▶ **piece together** vt zusammenfügen.

piecemeal ['piːsmiːl] adv stückweise, Stück für Stück.

piecework ['piːswɜːk] n Akkordarbeit f.

pie chart n Tortendiagramm nt.

pier [pɪə*] n Pier m.

pierce [pɪəs] vt durchstechen; **to have one's ears ~d** sich dat die Ohrläppchen durchstechen lassen.

piercing ['pɪəsɪŋ] adj (fig: cry, eyes, stare) durchdringend; (wind) schneidend.

piety ['paɪətɪ] n Frömmigkeit f.

piffling ['pɪflɪŋ] (inf) adj lächerlich.

pig [pɪg] n (also pej) Schwein nt; (greedy person) Vielfraß m.

pigeon ['pɪdʒən] n Taube f.

pigeonhole ['pɪdʒənhəʊl] n (for letters etc) Fach nt; (fig) Schublade f ♦ vt (fig: person) in eine Schublade stecken.

pigeon-toed ['pɪdʒəntəʊd] adj mit einwärts gerichteten Zehen.

piggy bank ['pɪgɪ-] n Sparschwein nt.

pig-headed ['pɪg'hedɪd] (pej) adj dickköpfig.

piglet ['pɪglɪt] n Schweinchen nt, Ferkel nt.

pigment ['pɪgmənt] n Pigment nt.

pigmentation [pɪgmən'teɪʃən] n Pigmentierung f, Färbung f.

pigmy ['pɪgmɪ] n = **pygmy**.

pigskin ['pɪgskɪn] n Schweinsleder nt.

pigsty ['pɪgstaɪ] n (also fig) Schweinestall m.

pigtail ['pɪgteɪl] n Zopf m.

pike [paɪk] n (fish) Hecht m; (spear) Spieß m.

pilchard ['pɪltʃəd] n Sardine f.

pile [paɪl] n (heap) Haufen m; (stack) Stapel m; (of carpet, velvet) Flor m; (pillar) Pfahl m ♦ vt (also: ~ **up**) (auf)stapeln; **in a** ~ in einem Haufen; **to** ~ **into/out of** (vehicle) sich drängen in +acc/aus.

▶ **pile on** vt: **to** ~ **it on** (inf) zu dick auftragen.

▶ **pile up** vi (papers, problems, work) sich stapeln.

piles [paɪlz] npl (MED) Hämorr(ho)iden pl.

pile-up ['paɪlʌp] n (AUT) Massenkarambolage f.

pilfer ['pɪlfə*] vt, vi stehlen.

pilfering ['pɪlfərɪŋ] n Diebstahl m.

pilgrim ['pɪlgrɪm] n Pilger(in) m(f).

pilgrimage ['pɪlgrɪmɪdʒ] n Pilgerfahrt f, Wallfahrt f.

pill [pɪl] n Tablette f, Pille f; **the** ~ (contraceptive) die Pille; **to be on the** ~ die Pille nehmen.

pillage ['pɪlɪdʒ] n Plünderung f ♦ vt plündern.

pillar ['pɪlə*] n Säule f; **a** ~ **of society** (fig) eine Säule or Stütze der Gesellschaft.

pillar box (BRIT) n Briefkasten m.

pillion ['pɪljən] n: **to ride** ~ (on motorcycle) auf dem Soziussitz mitfahren; (on horse) hinten auf dem Pferd mitreiten.

pillory ['pɪlərɪ] vt (criticize) anprangern ♦ n Pranger m.

pillow ['pɪləʊ] n (Kopf)kissen nt.

pillowcase ['pɪləʊkeɪs] n (Kopf)kissenbezug m.

pillowslip ['pɪləʊslɪp] n = **pillowcase**.

pilot ['paɪlət] n (AVIAT) Pilot(in) m(f); (NAUT) Lotse m ♦ adj (scheme, study etc) Pilot- ♦ vt (aircraft) steuern; (fig: new law, scheme) sich zum Fürsprecher machen +gen.

pilot boat n Lotsenboot nt.

pilot light n (on cooker, boiler) Zündflamme f.

pimento [pɪ'mentəʊ] n (spice) Piment nt.

pimp [pɪmp] n Zuhälter m.

pimple ['pɪmpl] n Pickel m.

pimply ['pɪmplɪ] adj pick(e)lig.

PIN n abbr (= personal identification number) PIN; ~ **number** PIN-Nummer f.

pin [pɪn] n (metal: for clothes, papers) Stecknadel f; (TECH) Stift m; (BRIT: also: **drawing** ~) Heftzwecke f; (in grenade) Sicherungsstift m; (BRIT: ELEC) Pol m ♦ vt (fasten with pin) feststecken; ~**s and needles**

(*in arms, legs etc*) Kribbeln *nt*; **to ~ sb against/to sth** jdn gegen/an etw *acc* pressen; **to ~ sth on sb** (*fig*) jdm etw anhängen.

▶ **pin down** *vt* (*fig: person*) festnageln; **there's something strange here but I can't quite ~ it down** hier stimmt etwas nicht, aber ich weiß nicht genau was.

pinafore ['pɪnəfɔ:ʳ] (*BRIT*) *n* (*also*: **~ dress**) Trägerkleid *nt*.

pinball ['pɪnbɔ:l] *n* (*game*) Flippern *nt*; (*machine*) Flipper *m*.

pincers ['pɪnsəz] *npl* (*tool*) Kneifzange *f*; (*of crab, lobster etc*) Schere *f*.

pinch [pɪntʃ] *n* (*of salt etc*) Prise *f* ♦ *vt* (*with finger and thumb*) zwicken, kneifen; (*inf: steal*) klauen ♦ *vi* (*shoe*) drücken; **at a ~** zur Not; **to feel the ~** (*fig*) die schlechte Lage zu spüren bekommen.

pinched [pɪntʃt] *adj* (*face*) erschöpft; **~ with cold** verfroren.

pincushion ['pɪnkʊʃən] *n* Nadelkissen *nt*.

pine [paɪn] *n* (*also*: **~ tree**) Kiefer *f*; (*wood*) Kiefernholz *nt* ♦ *vi*: **to ~ for** sich sehnen nach.

▶ **pine away** *vi* sich (vor Kummer) verzehren.

pineapple ['paɪnæpl] *n* Ananas *f*.

pine cone *n* Kiefernzapfen *m*.

pine needles *npl* Kiefernnadeln *pl*.

ping [pɪŋ] *n* (*noise*) Klingeln *nt*.

Ping-Pong ® ['pɪŋpɒŋ] *n* Pingpong *nt*.

pink [pɪŋk] *adj* rosa *inv* ♦ *n* (*colour*) Rosa *nt*; (*BOT*) Gartennelke *f*.

pinking shears *npl* Zickzackschere *f*.

pin money (*BRIT: inf*) *n* Nadelgeld *nt*.

pinnacle ['pɪnəkl] *n* (*of building, mountain*) Spitze *f*; (*fig*) Gipfel *m*.

pinpoint ['pɪnpɔɪnt] *vt* (*identify*) genau festlegen, identifizieren; (*position of sth*) genau aufzeigen.

pinstripe ['pɪnstraɪp] *adj*: **~ suit** Nadelstreifenanzug *m*.

pint [paɪnt] *n* (*BRIT*: = *568 cc*) (britisches) Pint *nt*; (*US*: = *473 cc*) (amerikanisches) Pint; **a ~** (*BRIT: inf: of beer*) ≈ eine Halbe.

pin-up ['pɪnʌp] *n* (*picture*) Pin-up-Foto *nt*.

pioneer [paɪə'nɪəʳ] *n* (*lit, fig*) Pionier *m* ♦ *vt* (*invention etc*) Pionierarbeit leisten für.

pious ['paɪəs] *adj* fromm.

pip [pɪp] *n* (*of apple, orange*) Kern *m* ♦ *vt*: **to be ~ped at the post** (*BRIT, fig*) um Haaresbreite geschlagen werden; **the pips** *npl* (*BRIT: RADIO*) das Zeitzeichen.

pipe [paɪp] *n* (*for water, gas*) Rohr *nt*; (*for smoking*) Pfeife *f*; (*MUS*) Flöte *f* ♦ *vt* (*water, gas, oil*) (durch Rohre) leiten; **pipes** *npl* (*also*: **bagpipes**) Dudelsack *m*.

▶ **pipe down** (*inf*) *vi* (*be quiet*) ruhig sein.

pipe cleaner *n* Pfeifenreiniger *m*.

piped music [paɪpt-] *n* Berieselungsmusik *f*.

pipe dream *n* Hirngespinst *nt*.

pipeline ['paɪplaɪn] *n* Pipeline *f*; **it's in the ~**

(*fig*) es ist in Vorbereitung.

piper ['paɪpəʳ] *n* (*bagpipe player*) Dudelsackspieler(in) *m(f)*.

pipe tobacco *n* Pfeifentabak *m*.

piping ['paɪpɪŋ] *adv*: **~ hot** kochend heiß.

piquant ['pi:kənt] *adj* (*also fig*) pikant.

pique ['pi:k] *n*: **in a fit of ~** eingeschnappt, pikiert.

piracy ['paɪərəsɪ] *n* Piraterie *f*, Seeräuberei *f*; (*COMM*): **to commit ~** ein Plagiat *nt* begehen.

pirate ['paɪərət] *n* Pirat *m*, Seeräuber *m* ♦ *vt* (*COMM: video tape, cassette etc*) illegal herstellen.

pirate radio station (*BRIT*) *n* Piratensender *m*.

pirouette [pɪru'ɛt] *n* Pirouette *f* ♦ *vi* Pirouetten drehen.

Pisces ['paɪsi:z] *n* Fische *pl*; **to be ~** Fische *or* (ein) Fisch sein.

piss [pɪs] (*inf!*) *vi* pissen ♦ *n* Pisse *f*; **~ off!** verpiss dich!; **to be ~ed off (with sb/sth)** (von jdm/etw) die Schnauze voll haben; **it's ~ing down** (*BRIT: raining*) es schifft; **to take the ~ out of sb** (*BRIT*) jdn verarschen.

pissed [pɪst] (*inf!*) *adj* (*drunk*) besoffen.

pistol ['pɪstl] *n* Pistole *f*.

piston ['pɪstən] *n* Kolben *m*.

pit [pɪt] *n* Grube *f*; (*in surface of road*) Schlagloch *nt*; (*coal mine*) Zeche *f*; (*also*: **orchestra ~**) Orchestergraben *m* ♦ *vt*: **to ~ one's wits against sb** seinen Verstand mit jdm messen; **the pits** *npl* (*AUT*) die Box; **to ~ o.s. against sth** den Kampf gegen etw aufnehmen; **to ~ sb against sb** jdn gegen jdn antreten lassen; **the ~ of one's stomach** die Magengrube.

pitapat ['pɪtə'pæt] (*BRIT*) *adv*: **to go ~** (*heart*) pochen, klopfen; (*rain*) prasseln.

pitch [pɪtʃ] *n* (*BRIT: SPORT: field*) Spielfeld *nt*; (*MUS*) Tonhöhe *f*; (*fig: level, degree*) Grad *m*; (*tar*) Pech *nt*; (*also*: **sales ~**) Verkaufsmasche *f*; (*NAUT*) Stampfen *nt* ♦ *vt* (*throw*) werfen, schleudern; (*set: price, message*) ansetzen ♦ *vi* (*fall forwards*) hinschlagen; (*NAUT*) stampfen; **to ~ a tent** ein Zelt aufschlagen; **to be ~ed forward** vornüber geworfen werden.

pitch-black ['pɪtʃ'blæk] *adj* pechschwarz.

pitched battle [pɪtʃt-] *n* offene Schlacht *f*.

pitcher ['pɪtʃəʳ] *n* (*jug*) Krug *m*; (*US: BASEBALL*) Werfer *m*.

pitchfork ['pɪtʃfɔ:k] *n* Heugabel *f*.

piteous ['pɪtɪəs] *adj* kläglich, erbärmlich.

pitfall ['pɪtfɔ:l] *n* Falle *f*.

pith [pɪθ] *n* (*of orange etc*) weiße Haut *f*; (*of plant*) Mark *nt*; (*fig*) Kern *m*.

pithead ['pɪthɛd] *n* Schachtanlagen *pl* über Tage.

pithy ['pɪθɪ] *adj* (*comment etc*) prägnant.

pitiable ['pɪtɪəbl] *adj* Mitleid erregend.

pitiful ['pɪtɪful] *adj* (*sight etc*) Mitleid

erregend; (*excuse, attempt*) jämmerlich, kläglich.

pitifully ['pɪtɪfəlɪ] *adv* (*thin, frail*) jämmerlich; (*inadequate, ill-equipped*) fürchterlich.

pitiless ['pɪtɪlɪs] *adj* mitleidlos.

pittance ['pɪtns] *n* Hungerlohn *m*.

pitted ['pɪtɪd] *adj*: ~ **with** übersät mit; ~ **with rust** voller Rost.

pity ['pɪtɪ] *n* Mitleid *nt* ♦ *vt* bemitleiden, bedauern; **what a ~!** wie schade!; **it is a ~ that you can't come** schade, dass du nicht kommen kannst; **to take ~ on sb** Mitleid mit jdm haben.

pitying ['pɪtɪɪŋ] *adj* mitleidig.

pivot ['pɪvət] *n* (*TECH*) Drehpunkt *m*; (*fig*) Dreh- und Angelpunkt *m* ♦ *vi* sich drehen.

▶ **pivot on** (*depend on*) abhängen von.

pixel ['pɪksl] *n* (*COMPUT*) Pixel *nt*.

pixie ['pɪksɪ] *n* Elf *m*, Elfe *f*.

pizza ['piːtsə] *n* Pizza *f*.

placard ['plækɑːd] *n* Plakat *nt*, Aushang *m*; (*in march etc*) Transparent *nt*.

placate [plə'keɪt] *vt* beschwichtigen, besänftigen.

placatory [plə'keɪtərɪ] *adj* beschwichtigend, besänftigend.

place [pleɪs] *n* Platz *m*; (*position*) Stelle *f*, Ort *m*; (*seat: on committee etc*) Sitz *m*; (*home*) Wohnung *f*; (*in street names*) ≈ Straße *f* ♦ *vt* (*put: object*) stellen, legen; (*identify: person*) unterbringen; ~ **of birth** Geburtsort *m*; **to take** ~ (*happen*) geschehen, passieren; **at/to his** ~ (*home*) bei/zu ihm; **from** ~ **to** ~ von Ort zu Ort; **all over the** ~ überall; **in** ~**s** stellenweise; **in sb's/sth's** ~ anstelle *or* an Stelle von jdm/etw; **to take sb's/sth's** ~ an die Stelle von jdm/etw treten, jdn/etw ersetzen; **out of** ~ (*inappropriate*) unangebracht; **I feel out of** ~ **here** ich fühle mich hier fehl am Platze; **in the first** ~ (*first of all*) erstens; **to change** ~**s with sb** mit jdm den Platz tauschen; **to put sb in his** ~ (*fig*) jdn in seine Schranken weisen; **he's going** ~**s** er bringt es noch mal weit; **it's not my** ~ **to do it** es ist nicht an mir, das zu tun; **to be** ~**d** (*in race, exam*) platziert sein; **to be** ~**d third** den dritten Platz belegen; **to** ~ **an order with sb (for sth)** eine Bestellung bei jdm (für etw) aufgeben; **how are you** ~**d next week?** wie sieht es bei Ihnen nächste Woche aus?

placebo [plə'siːbəu] *n* Placebo *nt*; (*fig*) Beruhigungsmittel *nt*.

place mat *n* Set *nt or m*.

placement ['pleɪsmənt] *n* Platzierung *f*.

place name *n* Ortsname *m*.

placenta [plə'sɛntə] *n* Plazenta *f*.

place setting *n* Gedeck *nt*.

placid ['plæsɪd] *adj* (*person*) ruhig, gelassen; (*place, river etc*) friedvoll.

plagiarism ['pleɪdʒərɪzəm] *n* Plagiat *nt*.

plagiarist ['pleɪdʒərɪst] *n* Plagiator(in) *m(f)*.

plagiarize ['pleɪdʒəraɪz] *vt* (*idea, work*) kopieren, plagiieren.

plague [pleɪg] *n* (*MED*) Seuche *f*; (*fig: of locusts etc*) Plage *f* ♦ *vt* (*fig: problems etc*) plagen; **to ~ sb with questions** jdn mit Fragen quälen.

plaice [pleɪs] *n inv* Scholle *f*.

plaid [plæd] *n* Plaid *nt*.

plain [pleɪn] *adj* (*unpatterned*) einfarbig; (*simple*) einfach, schlicht; (*clear, easily understood*) klar; (*not beautiful*) unattraktiv; (*frank*) offen ♦ *adv* (*wrong, stupid etc*) einfach ♦ *n* (*area of land*) Ebene *f*; (*KNITTING*) rechte Masche *f*; **to make sth** ~ **to sb** jdm etw klarmachen.

plain chocolate *n* Bitterschokolade *f*.

plain-clothes ['pleɪnkləuðz] *adj* (*police officer*) in Zivil.

plainly ['pleɪnlɪ] *adv* (*obviously*) eindeutig; (*clearly*) deutlich, klar.

plainness ['pleɪnnɪs] *n* (*of person*) Reizlosigkeit *f*.

plain speaking *n* Offenheit *f*; **a bit of** ~ ein paar offene Worte.

plain-spoken ['pleɪn'spəukn] *adj* offen.

plaintiff ['pleɪntɪf] *n* Kläger(in) *m(f)*.

plaintive ['pleɪntɪv] *adj* (*cry, voice*) klagend; (*song*) schwermütig; (*look*) traurig.

plait [plæt] *n* (*of hair*) Zopf *m*; (*of rope, leather*) Geflecht *nt* ♦ *vt* flechten.

plan [plæn] *n* Plan *m* ♦ *vt* planen; (*building, schedule*) entwerfen ♦ *vi* planen; **to** ~ **to do sth** planen *or* vorhaben, etw zu tun; **how long do you** ~ **to stay?** wie lange haben Sie vor, zu bleiben?; **to** ~ **for** *or* **on** (*expect*) sich einstellen auf *+acc*; **to** ~ **on doing sth** vorhaben, etw zu tun.

plane [pleɪn] *n* (*AVIAT*) Flugzeug *nt*; (*MATH*) Ebene *f*; (*fig: level*) Niveau *nt*; (*tool*) Hobel *m*; (*also:* ~ **tree**) Platane *f* ♦ *vt* (*wood*) hobeln ♦ *vi* (*NAUT, AUT*) gleiten.

planet ['plænɪt] *n* Planet *m*.

planetarium [plænɪ'tɛərɪəm] *n* Planetarium *nt*.

plank [plæŋk] *n* (*of wood*) Brett *nt*; (*fig: of policy etc*) Schwerpunkt *m*.

plankton ['plæŋktən] *n* Plankton *nt*.

planned economy ['plænd-] *n* Planwirtschaft *f*.

planner ['plænə*] *n* Planer(in) *m(f)*.

planning ['plænɪŋ] *n* Planung *f*.

planning permission (*BRIT*) *n* Baugenehmigung *f*.

plant [plɑːnt] *n* (*BOT*) Pflanze *f*; (*machinery*) Maschinen *pl*; (*factory*) Anlage *f* ♦ *vt* (*seed, plant, crops*) pflanzen; (*field, garden*) bepflanzen; (*microphone, bomb etc*) anbringen; (*incriminating evidence*) schleusen; (*fig: object*) stellen; (: *kiss*) drücken.

plantation [plæn'teɪʃən] *n* Plantage *f*; (*wood*) Anpflanzung *f*.

plant pot (*BRIT*) *n* Blumentopf *m*.

plaque [plæk] *n* (*on building etc*) Tafel *f*,

Plakette *f*; (*on teeth*) Zahnbelag *m*.
plasma ['plæzmə] *n* Plasma *nt*.
plaster ['plɑːstə*] *n* (*for walls*) Putz *m*; (*also*:
~ **of Paris**) Gips *m*; (*BRIT: also*: **sticking** ~)
Pflaster *nt* ♦ *vt* (*wall, ceiling*) verputzen; **in** ~
(*BRIT*) in Gips; **to** ~ **with** (*cover*) bepflastern
mit.
plasterboard ['plɑːstəbɔːd] *n* Gipskarton *m*.
plaster cast *n* (*MED*) Gipsverband *m*; (*model,*
statue) Gipsform *f*.
plastered ['plɑːstəd] (*inf*) *adj* (*drunk*)
sturzbesoffen.
plasterer ['plɑːstərə*] *n* Gipser *m*.
plastic ['plæstɪk] *n* Plastik *nt* ♦ *adj* (*bucket, cup*
etc) Plastik-; (*flexible*) formbar; **the** ~ **arts**
die bildende Kunst.
plastic bag *n* Plastiktüte *f*.
plastic bullet *n* Plastikgeschoss *nt*.
plastic explosive *n* Plastiksprengstoff *m*.
Plasticine ® ['plæstɪsiːn] *n* Plastilin *nt*.
plastic surgery *n* plastische Chirurgie *f*.
plate [pleɪt] *n* Teller *m*; (*metal cover*) Platte *f*;
(*TYP*) Druckplatte *f*; (*AUT*) Nummernschild
nt; (*in book: picture*) Tafel *f*; (*dental plate*)
Gaumenplatte *f*; (*on door*) Schild *nt*; (*gold/*
silver plate) vergoldeter/versilberter Artikel
m; **that necklace is just** ~ die Halskette ist
nur vergoldet/versilbert.
plateau ['plætəu] (*pl* ~**s** *or* ~**x**) *n* (*GEOG*)
Plateau *nt*, Hochebene *f*; (*fig*) stabiler
Zustand *m*.
plateful ['pleɪtful] *n* Teller *m*.
plate glass *n* Tafelglas *nt*.
platen ['plætən] *n* (*on typewriter, printer*)
(Schreib)walze *f*.
plate rack *n* Geschirrständer *m*.
platform ['plætfɔːm] *n* (*stage*) Podium *nt*; (*for*
landing, loading on etc, BRIT: of bus) Plattform
f; (*RAIL*) Bahnsteig *m*; (*POL*) Programm *nt*;
the train leaves from ~ **7** der Zug fährt von
Gleis 7 ab.
platform ticket (*BRIT*) *n* (*RAIL*)
Bahnsteigkarte *f*.
platinum ['plætɪnəm] *n* Platin *nt*.
platitude ['plætɪtjuːd] *n* Plattitüde *f*,
Gemeinplatz *m*.
platonic [plə'tɔnɪk] *adj* (*relationship*)
platonisch.
platoon [plə'tuːn] *n* Zug *m*.
platter ['plætə*] *n* Platte *f*.
plaudits ['plɔːdɪts] *npl* Ovationen *pl*.
plausible ['plɔːzɪbl] *adj* (*theory, excuse*)
plausibel; (*liar etc*) glaubwürdig.
play [pleɪ] *n* (*THEAT*) (Theater)stück *nt*; (*TV*)
Fernsehspiel *nt*; (*RADIO*) Hörspiel *nt*;
(*activity*) Spiel *n* ♦ *vt* spielen; (*team,*
opponent) spielen gegen ♦ *vi* spielen; **to**
bring into ~ ins Spiel bringen; **a** ~ **on words**
ein Wortspiel *nt*; **to** ~ **a trick on sb** jdn
hereinlegen; **to** ~ **a part** *or* **role in sth** (*fig*)
eine Rolle bei etw spielen; **to** ~ **for time** (*fig*)
auf Zeit spielen, Zeit gewinnen wollen; **to**

~ **safe** auf Nummer sicher *or* Sicher gehen;
to ~ **into sb's hands** jdm in die Hände
spielen.
▶ **play about with** *vt fus* = **play around with.**
▶ **play along with** *vt fus* (*person*) sich richten
nach; (*plan, idea*) eingehen auf +*acc*.
▶ **play around with** *vt fus* (*fiddle with*)
herumspielen mit.
▶ **play at** *vt fus* (*do casually*) spielen mit; **to**
~ **at being sb/sth** jdn/etw spielen.
▶ **play back** *vt* (*recording*) abspielen.
▶ **play down** *vt* herunterspielen.
▶ **play on** *vt fus* (*sb's feelings etc*) ausnutzen; **to**
~ **on sb's mind** jdm im Kopf herumgehen.
▶ **play up** *vi* (*machine, knee etc*)
Schwierigkeiten machen; (*children*) frech
werden.
play-act ['pleɪækt] *vi* Theater spielen.
playboy ['pleɪbɔɪ] *n* Playboy *m*.
player ['pleɪə*] *n* (*SPORT, MUS*) Spieler(in)
m(f); (*THEAT*) Schauspieler(in) *m(f)*.
playful ['pleɪful] *adj* (*person, gesture*)
spielerisch; (*animal*) verspielt.
playgoer ['pleɪgəuə*] *n* Theaterbesucher(in)
m(f).
playground ['pleɪgraund] *n* (*in park*) Spielplatz
m; (*in school*) Schulhof *m*.
playgroup ['pleɪgruːp] *n* Spielgruppe *f*.
playing card ['pleɪɪŋ-] *n* Spielkarte *f*.
playing field *n* Sportplatz *m*.
playmaker ['pleɪmeɪkə*] *n* (*SPORT*)
Spielmacher(in) *m(f)*.
playmate ['pleɪmeɪt] *n* Spielkamerad(in) *m(f)*.
play-off ['pleɪɔf] *n* Entscheidungsspiel *nt*.
playpen ['pleɪpɛn] *n* Laufstall *m*.
playroom ['pleɪruːm] *n* Spielzimmer *nt*.
playschool ['pleɪskuːl] *n* = **playgroup.**
plaything ['pleɪθɪŋ] *n* (*also fig*) Spielzeug *nt*.
playtime ['pleɪtaɪm] *n* (kleine) Pause *f*.
playwright ['pleɪraɪt] *n* Dramatiker(in) *m(f)*.
plc (*BRIT*) *n abbr* (= *public limited company*) ≈
AG *f*.
plea [pliː] *n* (*request*) Bitte *f*; (*LAW*): **to enter a**
~ **of guilty/not guilty** sich schuldig/
unschuldig erklären; (*excuse*) Vorwand *m*.
plea bargaining *n* Verhandlungen zwischen
Anklage und Verteidigung mit dem Ziel,
bestimmte Anklagepunkte fallen zu lassen,
wenn der Angeklagte sich in anderen
Punkten schuldig bekennt.
plead [pliːd] *vi* (*LAW*) vor Gericht eine
Schuld-/Unschuldserklärung abgeben ♦ *vt*
(*LAW*): **to** ~ **sb's case** jdn vertreten; (*give as*
excuse: ignorance, ill health etc) vorgeben,
sich berufen auf +*acc*; **to** ~ **with sb** (*beg*) jdn
inständig bitten; **to** ~ **for sth** um etw
nachsuchen; **to** ~ **guilty/not guilty** sich
schuldig/nicht schuldig bekennen.
pleasant ['plɛznt] *adj* angenehm; (*smile*)
freundlich.
pleasantly ['plɛzntlɪ] *adv* (*surprised*)
angenehm; (*say, behave*) freundlich.

pleasantries ['plɛzntrɪz] npl Höflichkeiten pl, Nettigkeiten pl.

please [pliːz] excl bitte ♦ vt (satisfy) zufrieden stellen ♦ vi (give pleasure) gefällig sein; ~ **Miss/Sir!** (to attract teacher's attention) ≈ Frau/Herr X!; **yes,** ~ ja, bitte; **my bill,** ~ die Rechnung, bitte; ~ **don't cry!** bitte wein doch nicht!; ~ **yourself!** (inf) wie du willst!; **do as you** ~ machen Sie, was Sie für richtig halten.

pleased [pliːzd] adj (happy) erfreut; (satisfied) zufrieden; ~ **to meet you** freut mich(, Sie kennen zu lernen); ~ **with** zufrieden mit; **we are** ~ **to inform you that ...** wir freuen uns, Ihnen mitzuteilen, dass ...

pleasing ['pliːzɪŋ] adj (remark, picture etc) erfreulich; (person) sympathisch.

pleasurable ['plɛʒərəbl] adj angenehm.

pleasure ['plɛʒə*] n (happiness, satisfaction) Freude f; (fun, enjoyable experience) Vergnügen nt; **it's a** ~, **my** ~ gern geschehen; **with** ~ gern, mit Vergnügen; **is this trip for business or** ~**?** ist diese Reise geschäftlich oder zum Vergnügen?

pleasure boat n Vergnügungsschiff nt.

pleasure cruise n Vergnügungsfahrt f.

pleat [pliːt] n Falte f.

pleb [plɛb] (inf: pej) n Prolet m.

plebiscite ['plɛbɪsɪt] n Volksentscheid m, Plebiszit nt.

plectrum ['plɛktrəm] n Plektron nt, Plektrum nt.

pledge [plɛdʒ] n (promise) Versprechen nt ♦ vt (promise) versprechen; **to** ~ **sb to secrecy** jdn zum Schweigen verpflichten.

plenary ['pliːnərɪ] adj (powers) unbeschränkt; ~ **session** Plenarsitzung f; ~ **meeting** Vollversammlung f.

plentiful ['plɛntɪful] adj reichlich.

plenty ['plɛntɪ] n (lots) eine Menge; (sufficient) reichlich; ~ **of** eine Menge; **we've got** ~ **of time to get there** wir haben jede Menge Zeit, dorthin zu kommen.

plethora ['plɛθərə] n: **a** ~ **of** eine Fülle von, eine Unmenge an +dat.

pleurisy ['pluərɪsɪ] n Rippenfellentzündung f.

Plexiglas ® ['plɛksɪglɑːs] (US) n Plexiglas ® nt.

pliable ['plaɪəbl] adj (material) biegsam; (fig: person) leicht beeinflussbar.

pliant ['plaɪənt] adj = **pliable**.

pliers ['plaɪəz] npl Zange f.

plight [plaɪt] n (of person, country) Not f.

plimsolls ['plɪmsəlz] (BRIT) npl Turnschuhe pl.

plinth [plɪnθ] n Sockel m.

PLO n abbr (= Palestine Liberation Organization) PLO f.

plod [plɔd] vi (walk) trotten; (fig) sich abplagen.

plodder ['plɔdə*] (pej) n (slow worker) zäher Arbeiter m, zähe Arbeiterin f.

plonk [plɔŋk] (inf) n (BRIT: wine) (billiger)

Wein m ♦ vt: **to** ~ **sth down** etw hinknallen.

plot [plɔt] n (secret plan) Komplott nt, Verschwörung f; (of story, play, film) Handlung f ♦ vt (sb's downfall etc) planen; (on chart, graph) markieren ♦ vi (conspire) sich verschwören; **a** ~ **of land** ein Grundstück nt; **a vegetable** ~ (BRIT) ein Gemüsebeet nt.

plotter ['plɔtə*] n (instrument, also COMPUT) Plotter m.

plough, (US) **plow** [plau] n Pflug m ♦ vt pflügen; **to** ~ **money into sth** (project etc) Geld in etw acc stecken.
► **plough back** vt (COMM) reinvestieren.
► **plough into** vt fus (crowd) rasen in +acc.

ploughman, (US) **plowman** ['plaumən] (irreg: like **man**) n Pflüger m.

ploughman's lunch ['plaumənz-] (BRIT) n Imbiss aus Brot, Käse und Pickles.

plow etc (US) = **plough** etc.

ploy [plɔɪ] n Trick m.

pluck [plʌk] vt (fruit, flower, leaf) pflücken; (musical instrument, eyebrows) zupfen; (bird) rupfen ♦ n (courage) Mut m; **to** ~ **up courage** allen Mut zusammennehmen.

plucky ['plʌkɪ] (inf) adj (person) tapfer.

plug [plʌg] n (ELEC) Stecker m; (stopper) Stöpsel m; (AUT: also: **spark(ing)** ~) Zündkerze f ♦ vt (hole) zustopfen; (inf: advertise) Reklame machen für; **to give sb/ sth a** ~ für jdn/etw Reklame machen.
► **plug in** vt (ELEC) einstöpseln, anschließen ♦ vi angeschlossen werden.

plughole ['plʌghəul] (BRIT) n Abfluss m.

plum [plʌm] n (fruit) Pflaume f ♦ adj (inf): **a** ~ **job** ein Traumjob m.

plumage ['pluːmɪdʒ] n Gefieder nt.

plumb [plʌm] vt: **to** ~ **the depths of despair/ humiliation** die tiefste Verzweiflung/ Erniedrigung erleben.
► **plumb in** vt (washing machine, shower etc) anschließen, installieren.

plumber ['plʌmə*] n Installateur m, Klempner m.

plumbing ['plʌmɪŋ] n (piping) Installationen pl, Rohrleitungen pl; (trade) Klempnerei f; (work) Installationsarbeiten pl.

plumb line n Lot nt, Senkblei nt.

plume [pluːm] n (of bird) Feder f; (on helmet, horse's head) Federbusch m; ~ **of smoke** Rauchfahne f.

plummet ['plʌmɪt] vi (bird, aircraft) (hinunter)stürzen; (price, rate) rapide absacken.

plump [plʌmp] adj (person) füllig, mollig.
► **plump for** (inf) vt fus sich entscheiden für.
► **plump up** vt (cushion) aufschütteln.

plunder ['plʌndə*] n (activity) Plünderung f; (stolen things) Beute f ♦ vt (city, tomb) plündern.

plunge [plʌndʒ] n (of bird, person) Sprung m; (fig: of prices, rates etc) Sturz m ♦ vt (hand, knife) stoßen ♦ vi (thing) stürzen; (bird, *person)* sich stürzen; *(fig: prices, rates etc)* abfallen, stürzen; **to take the ~** *(fig)* den Sprung wagen; **the room was ~d into darkness** das Zimmer war in Dunkelheit getaucht.

plunger ['plʌndʒə*] *n (for sink)* Sauger *m*.

plunging ['plʌndʒɪŋ] *adj:* **~ neckline** tiefer Ausschnitt *m*.

pluperfect [pluː'pəːfɪkt] *n:* **the ~** das Plusquamperfekt.

plural ['pluərl] *adj* Plural- ♦ *n* Plural *m*, Mehrzahl *f*.

plus [plʌs] *n (also:* **~ sign)** Pluszeichen *nt* ♦ *prep, adj* plus; **it's a ~** *(fig)* es ist ein Vorteil *or* ein Pluspunkt; **ten/twenty ~** *(more than)* über zehn/zwanzig; **B ~** *(SCOL)* ≈ Zwei plus.

plus fours *npl* Überfallhose *f*.

plush [plʌʃ] *adj (car, hotel etc)* feudal ♦ *n (fabric)* Plüsch *m*.

plutonium [pluː'təʊnɪəm] *n* Plutonium *nt*.

ply [plaɪ] *vt (a trade)* ausüben, nachgehen *+dat; (tool)* gebrauchen, anwenden ♦ *vi (ship)* verkehren ♦ *n (of wool, rope)* Stärke *f; (also:* **~wood)** Sperrholz *nt;* **to ~ sb with drink** jdn ausgiebig bewirten; **to ~ sb with questions** jdm viele Fragen stellen; **two-/three- ~ wool** zwei-/dreifädige Wolle.

plywood ['plaɪwʊd] *n* Sperrholz *nt*.

PM *(BRIT) abbr* = **Prime Minister**.

p.m. *adv abbr (= post meridiem)* nachmittags; *(later)* abends.

PMT *abbr* = **premenstrual tension**.

pneumatic [njuː'mætɪk] *adj* pneumatisch.

pneumatic drill *n* Pressluftbohrer *m*.

pneumonia [njuː'məʊnɪə] *n* Lungenentzündung *f*.

PO *n abbr* = **Post Office;** *(MIL)* = **petty officer**.

p.o. *abbr* = **postal order**.

POA *(BRIT) n abbr (= Prison Officers' Association)* Gewerkschaft *der* Gefängnisbeamten.

poach [pəʊtʃ] *vt (steal: fish, animals, birds)* illegal erbeuten, wildern; *(CULIN: egg)* pochieren; (: *fish)* dünsten ♦ *vi (steal)* wildern.

poached [pəʊtʃt] *adj:* **~ eggs** verlorene Eier.

poacher ['pəʊtʃə*] *n* Wilderer *m*.

PO Box *n abbr (= Post Office Box)* Postf.

pocket ['pɔkɪt] *n* Tasche *f; (fig: small area)* vereinzelter Bereich *m* ♦ *vt (put in one's pocket, steal)* einstecken; **to be out of ~** *(BRIT)* Verlust machen; **~ of resistance** Widerstandsnest *f*.

pocketbook ['pɔkɪtbʊk] *n (notebook)* Notizbuch *nt; (US: wallet)* Brieftasche *f;* (: *handbag)* Handtasche *f*.

pocket calculator *n* Taschenrechner *m*.

pocketknife ['pɔkɪtnaɪf] *n* Taschenmesser *nt*.

pocket money *n* Taschengeld *nt*.

pocket-sized ['pɔkɪtsaɪzd] *adj* im Taschenformat.

pockmarked ['pɔkmɑːkt] *adj (face)* pockennarbig.

pod [pɔd] *n* Hülse *f*.

podgy ['pɔdʒɪ] *(inf) adj* rundlich, pummelig.

podiatrist [pɔ'diːətrɪst] *(US) n* Fußspezialist(in) *m(f)*.

podiatry [pɔ'diːətrɪ] *(US) n* Fußpflege *f*.

podium ['pəʊdɪəm] *n* Podium *nt*.

POE *n abbr (= port of embarkation)* Ausgangshafen *m; (= port of entry)* Eingangshafen *m*.

poem ['pəʊɪm] *n* Gedicht *nt*.

poet ['pəʊɪt] *n* Dichter(in) *m(f)*.

poetic [pəʊ'ɛtɪk] *adj* poetisch, dichterisch; *(fig)* malerisch.

poetic justice *n* ausgleichende Gerechtigkeit *f*.

poetic licence *n* dichterische Freiheit *f*.

poet laureate *n* Hofdichter *m*.

POET LAUREATE

Poet laureate *ist in Großbritannien ein Dichter, der ein Gehalt als Hofdichter bezieht und kraft seines Amtes ein lebenslanges Mitglied des britischen Königshofes ist. Der* **poet laureate** *schrieb traditionellerweise ausführliche Gedichte zu Staatsanlässen; ein Brauch, der heute kaum noch befolgt wird. Der erste* **poet laureate** *1616 war Ben Jonson.*

---

poetry ['pəʊɪtrɪ] *n (poems)* Gedichte *pl; (writing)* Poesie *f*.

poignant ['pɔɪnjənt] *adj* ergreifend; *(situation)* herzzerreißend.

point [pɔɪnt] *n* Punkt *m; (of needle, knife etc)* Spitze *f; (purpose)* Sinn *m*, Zweck *m; (significant part)* Entscheidende(s) *nt; (moment)* Zeitpunkt *m; (ELEC: also:* **power ~)** Steckdose *f; (also:* **decimal ~)** ≈ Komma *nt* ♦ *vt (show, mark)* deuten auf *+acc* ♦ *vi (with finger, stick etc)* zeigen, deuten; **points** *npl (AUT)* (Unterbrecher)kontakte *pl; (RAIL)* Weichen *pl;* **two ~ five** *(= 2.5)* zwei Komma fünf; **good/bad ~s** *(of person)* gute/ schlechte Seiten *or* Eigenschaften; **the train stops at Carlisle and all ~s south** der Zug hält in Carlisle und allen Orten weiter südlich; **to be on the ~ of doing sth** im Begriff sein, etw zu tun; **to make a ~ of doing sth** besonders darauf achten, etw zu tun; *(make a habit of)* Wert darauf legen, etw zu tun; **to get/miss the ~** verstehen/nicht verstehen, worum es geht; **to come** *or* **get to the ~** zur Sache kommen; **to make one's ~** seinen Standpunkt klarmachen; **that's the whole ~!** darum geht es ja gerade!; **what's the ~?** was solls?; **to be beside the ~** unwichtig *or* irrelevant sein; **there's no ~ talking to you** es ist sinnlos, mit dir zu reden; **you've got a ~ there!** da könnten Sie Recht haben!; **in ~ of fact** in Wirklichkeit; **~ of sale** *(COMM)* Verkaufsstelle *f;* **to ~ sth**

at sb (gun etc) etw auf jdn richten; (finger) mit etw auf jdn acc zeigen; **to ~ at** zeigen auf +acc; **to ~ to** zeigen auf +acc; (fig) hinweisen auf +acc.

▶ **point out** vt hinweisen auf +acc.

▶ **point to** vt fus hindeuten auf +acc.

point-blank ['pɔɪnt'blæŋk] adv (say, ask) direkt; (refuse) glatt; (also: **at ~ range**) aus unmittelbarer Entfernung.

point duty (BRIT) n: **to be on ~** Verkehrsdienst haben.

pointed ['pɔɪntɪd] adj spitz; (fig: remark) spitz, scharf.

pointedly ['pɔɪntɪdlɪ] adv (ask, reply etc) spitz, scharf.

pointer ['pɔɪntə*] n (on chart, machine) Zeiger m; (fig: piece of information or advice) Hinweis m; (stick) Zeigestock m; (dog) Pointer m.

pointing ['pɔɪntɪŋ] n (CONSTR) Ausfugung f.

pointless ['pɔɪntlɪs] adj sinnlos, zwecklos.

point of view n Ansicht f, Standpunkt m; **from a practical ~** von einem praktischen Standpunkt aus.

poise [pɔɪz] n (composure) Selbstsicherheit f; (balance) Haltung f ♦ vt: **to be ~d for sth** (fig) bereit zu etw sein.

poison ['pɔɪzn] n Gift nt ♦ vt vergiften.

poisoning ['pɔɪznɪŋ] n Vergiftung f.

poisonous ['pɔɪznəs] adj (animal, plant) Gift-; (fumes, chemicals etc) giftig; (fig: rumours etc) zersetzend.

poison-pen letter [pɔɪzn'pen] n anonymer Brief m (mit Indiskretionen).

poke [pəuk] vt (with finger, stick etc) stoßen; (fire) schüren ♦ n (jab) Stoß m, Schubs m (inf); **to ~ sth in(to)** (put) etw stecken in +acc; **to ~ one's head out of the window** seinen Kopf aus dem Fenster strecken; **to ~ fun at sb** sich über jdn lustig machen.

▶ **poke about** vi (search) herumstochern.

▶ **poke out** vi (stick out) vorstehen.

poker ['pəukə*] n (metal bar) Schürhaken m; (CARDS) Poker nt.

poker-faced ['pəukə'feɪst] adj mit unbewegter Miene, mit Pokergesicht.

poky ['pəukɪ] (pej) adj (room, house) winzig.

Poland ['pəulənd] n Polen nt.

polar ['pəulə*] adj (icecap) polar; (region) Polar-.

polar bear n Eisbär m.

polarize ['pəuləraɪz] vt polarisieren.

Pole [pəul] n Pole m, Polin f.

pole [pəul] n (post, stick) Stange f; (flag pole, telegraph pole etc) Mast m; (GEOG, ELEC) Pol m; **to be ~s apart** (fig) durch Welten (voneinander) getrennt sein.

poleaxe, (US) **poleax** ['pəulæks] vt (fig) umhauen.

pole bean (US) n (runner bean) Stangenbohne f.

polecat ['pəulkæt] n Iltis m.

Pol. Econ. ['pɔlɪkɔn] n abbr (= political

economy) Volkswirtschaft f.

polemic [pɔ'lemɪk] n Polemik f.

Pole Star n Polarstern m.

pole vault ['pəulvɔːlt] n Stabhochsprung m.

police [pə'liːs] npl (organization) Polizei f; (members) Polizisten pl, Polizeikräfte pl ♦ vt (street, area, town) kontrollieren; **a large number of ~ were hurt** viele Polizeikräfte wurden verletzt.

police car n Polizeiauto nt.

police constable (BRIT) n Polizist(in) m(f), Polizeibeamte(r) m, Polizeibeamtin f.

police department (US) n Polizei f.

police force n Polizei f.

policeman [pə'liːsmən] (irreg: like **man**) n Polizist m.

police officer n = **police constable**.

police record n: **to have a ~** vorbestraft sein.

police state n (POL) Polizeistaat m.

police station n Polizeiwache f.

policewoman [pə'liːswumən] (irreg: like **woman**) n Polizistin f.

policy ['pɔlɪsɪ] n (POL, ECON) Politik f; (also: **insurance ~**) (Versicherungs)police f; (of newspaper) Grundsatz m; **to take out a ~** (INSURANCE) eine Versicherung abschließen.

policyholder ['pɔlɪsɪhəuldə*] n (INSURANCE) Versicherungsnehmer(in) m(f).

policy making n Strategieplanung f.

polio ['pəulɪəu] n Kinderlähmung f, Polio f.

Polish ['pəulɪʃ] adj polnisch ♦ n (LING) Polnisch nt.

polish ['pɔlɪʃ] n (for shoes) Creme f; (for furniture) Politur f; (for floors) Bohnerwachs nt; (shine: on shoes, floor etc) Glanz m; (fig: refinement) Schliff m ♦ vt (shoes) putzen; (floor, furniture etc) polieren.

▶ **polish off** vt (work) erledigen; (food) verputzen.

polished ['pɔlɪʃt] adj (fig: person) mit Schliff; (: style) geschliffen.

polite [pə'laɪt] adj höflich; (company, society) fein; **it's not ~ to do that** es gehört sich nicht, das zu tun.

politely [pə'laɪtlɪ] adv höflich.

politeness [pə'laɪtnɪs] n Höflichkeit f.

politic ['pɔlɪtɪk] adj klug, vernünftig.

political [pə'lɪtɪkl] adj politisch.

political asylum n politisches Asyl nt.

politically [pə'lɪtɪklɪ] adv politisch; **~ correct** politisch korrekt.

politician [pɔlɪ'tɪʃən] n Politiker(in) m(f).

politics ['pɔlɪtɪks] n Politik f ♦ npl (beliefs, opinions) politische Ansichten pl.

polka ['pɔlkə] n Polka f.

poll [pəul] n (also: **opinion ~**) (Meinungs)umfrage f; (election) Wahl f ♦ vt (in opinion poll) befragen; (number of votes) erhalten; **to go to the ~s** (voters) zur Wahl gehen; (government) sich den Wählern

stellen.
pollen ['pɔlən] *n* Pollen *m*, Blütenstaub *m*.
pollen count *n* Pollenkonzentration *f*.
pollinate ['pɔlɪneɪt] *vt* bestäuben.
polling booth ['pəʊlɪŋ-] (*BRIT*) *n* Wahlkabine
f.
polling day (*BRIT*) *n* Wahltag *m*.
polling station (*BRIT*) *n* Wahllokal *nt*.
pollster ['pəʊlstə*] *n* Meinungsforscher(in)
m(f).
poll tax *n* Kopfsteuer *f*.
pollutant [pə'luːtənt] *n* Schadstoff *m*.
pollute [pə'luːt] *vt* verschmutzen.
pollution [pə'luːʃən] *n* (*process*)
Verschmutzung *f*; (*substances*) Schmutz *m*.
polo ['pəʊləʊ] *n* Polo *nt*.
polo neck *n* (*jumper*) Rollkragenpullover *m*.
polo-necked ['pəʊləʊnɛkt] *adj* (*jumper,
sweater*) Rollkragen-.
poltergeist ['pɔːltəgaɪst] *n* Poltergeist *m*.
poly ['pɔlɪ] (*BRIT*) *n abbr* = **polytechnic**.
poly bag (*inf*) *n* Plastiktüte *f*.
polyester [pɔlɪ'estə*] *n* Polyester *m*.
polygamy [pə'lɪgəmɪ] *n* Polygamie *f*.
polygraph ['pɔlɪgrɑːf] (*US*) *n* (*lie detector*)
Lügendetektor *m*.
Polynesia [pɔlɪ'niːzɪə] *n* Polynesien *nt*.
Polynesian [pɔlɪ'niːzɪən] *adj* polynesisch ♦ *n*
Polynesier(in) *m(f)*.
polyp ['pɔlɪp] *n* Polyp *m*.
polystyrene [pɔlɪ'staɪriːn] *n* ≈ Styropor ® *nt*.
polytechnic [pɔlɪ'teknɪk] *n* technische
Hochschule *f*.
polythene ['pɔlɪθiːn] *n* Polyäthylen *nt*.
polythene bag *n* Plastiktüte *f*.
polyurethane [pɔlɪ'jʊərɪθeɪn] *n* Polyurethan
nt.
pomegranate ['pɔmɪgrænɪt] *n* Granatapfel *m*.
pommel ['pɔml] *n* (*on saddle*) Sattelknopf *m*
♦ *vt* (*US*) = **pummel**.
pomp [pɔmp] *n* Pomp *m*, Prunk *m*.
pompom ['pɔmpɔm] *n* Troddel *f*.
pompous ['pɔmpəs] (*pej*) *adj* (*person*)
aufgeblasen; (*piece of writing*) geschwollen.
pond [pɔnd] *n* Teich *m*.
ponder ['pɔndə*] *vt* nachdenken über +*acc* ♦ *vi*
nachdenken.
ponderous ['pɔndərəs] *adj* (*style, language*)
schwerfällig.
pong [pɔŋ] (*BRIT: inf*) *n* Gestank *m* ♦ *vi* stinken.
pontiff ['pɔntɪf] *n* Papst *m*.
pontificate [pɔn'tɪfɪkeɪt] *vi* dozieren.
pontoon [pɔn'tuːn] *n* (*floating platform*) Ponton
m; (*CARDS*) Siebzehnundvier *nt*.
pony ['pəʊnɪ] *n* Pony *nt*.
ponytail ['pəʊnɪteɪl] *n* Pferdeschwanz *m*; **to
have one's hair in a** ~ einen Pferdeschwanz
tragen.
pony trekking (*BRIT*) *n* Ponytrecken *nt*.
poodle ['puːdl] *n* Pudel *m*.
pooh-pooh ['puː'puː] *vt* verächtlich abtun.
pool [puːl] *n* (*pond*) Teich *m*; (*also:* **swimming**

~) Schwimmbad *nt*; (*of blood*) Lache *f*;
(*SPORT*) Poolbillard *nt*; (*of cash, workers*)
Bestand *m*; (*CARDS: kitty*) Kasse *f*; (*COMM:
consortium*) Interessengemeinschaft *f* ♦ *vt*
(*money*) zusammenlegen; (*knowledge,
resources*) vereinigen; **pools** *npl* (*football
pools*) ≈ Fußballtoto *nt*; **a** ~ **of sunlight/
shade** eine sonnige/schattige Stelle; **car** ~
Fahrgemeinschaft *f*; **typing** ~, (*US*) **secretary**
~ Schreibzentrale *f*; **to do the (football)** ~**s**
≈ im Fußballtoto spielen.
poor [pʊə*] *adj* arm; (*bad*) schlecht ♦ *npl*: **the** ~
die Armen *pl*; ~ **in** (*resources etc*) arm an
+*dat*; ~ **Bob** der arme Bob.
poorly ['pʊəlɪ] *adj* (*ill*) elend, krank ♦ *adv*
(*badly: designed, paid, furnished*) schlecht.
pop [pɔp] *n* (*MUS*) Pop *m*; (*fizzy drink*)
Limonade *f*; (*US: inf: father*) Papa *m*; (*sound*)
Knall *m* ♦ *vi* (*balloon*) platzen; (*cork*) knallen
♦ *vt*: **to** ~ **sth into/onto sth** etw schnell in
etw *acc* stecken/auf etw *acc* legen; **his eyes**
~**ped out of his head** (*inf*) ihm fielen fast die
Augen aus dem Kopf; **she** ~**ped her head
out of the window** sie streckte den Kopf
aus dem Fenster.
▶ **pop in** *vi* vorbeikommen.
▶ **pop out** *vi* kurz weggehen.
▶ **pop up** *vi* auftauchen.
popcorn ['pɔpkɔːn] *n* Popcorn *nt*.
pope [pəʊp] *n* Papst *m*.
poplar ['pɔplə*] *n* Pappel *f*.
poplin ['pɔplɪn] *n* Popeline *f*.
popper ['pɔpə*] (*BRIT: inf*) *n* (*for fastening*)
Druckknopf *m*.
poppy ['pɔpɪ] *n* Mohn *m*.
poppycock ['pɔpɪkɔk] (*inf*) *n* Humbug *m*,
dummes Zeug *nt*.
Popsicle ® ['pɔpsɪkl] (*US*) *n* Eis *nt* am Stiel.
pop star *n* Popstar *m*.
populace ['pɔpjʊləs] *n*: **the** ~ die
Bevölkerung, das Volk.
popular ['pɔpjʊlə*] *adj* (*well-liked, fashionable*)
beliebt, populär; (*general, non-specialist*)
allgemein; (*idea*) weitverbreitet, weit
verbreitet; (*POL: movement*) Volks-; (: *cause*)
des Volkes; **to be** ~ **with** beliebt sein bei;
the ~ **press** die Boulevardpresse.
popularity [pɔpju'lærɪtɪ] *n* Beliebtheit *f*,
Popularität *f*.
popularize ['pɔpjʊləraɪz] *vt* (*sport, music,
fashion*) populär machen; (*science, ideas*)
popularisieren.
popularly ['pɔpjʊlərlɪ] *adv* (*commonly*)
allgemein.
population [pɔpju'leɪʃən] *n* Bevölkerung *f*; (*of
a species*) Zahl *f*, Population *f*; **a prison** ~ **of
44,000** (eine Zahl von) 44.000
Gefängnisinsassen; **the civilian** ~ die
Zivilbevölkerung.
population explosion *n*
Bevölkerungsexplosion *f*.
populous ['pɔpjʊləs] *adj* dicht besiedelt.

porcelain ['pɔːslɪn] n Porzellan nt.

porch [pɔːtʃ] n (entrance) Vorbau m; (US) Veranda f.

porcupine ['pɔːkjupaɪn] n Stachelschwein nt.

pore [pɔː*] n Pore f ♦ vi: **to ~ over** (book etc) gründlich studieren.

pork [pɔːk] n Schweinefleisch nt.

pork chop n Schweinekotelett nt.

porn [pɔːn] (inf) n Porno m; **~ channel/ magazine/shop** Pornokanal m/-magazin nt/- laden m.

pornographic [pɔːnə'græfɪk] adj pornografisch.

pornography [pɔː'nɔgrəfɪ] n Pornografie f.

porous ['pɔːrəs] adj porös.

porpoise ['pɔːpəs] n Tümmler m.

porridge ['pɔrɪdʒ] n Haferbrei m, Porridge nt.

port [pɔːt] n (harbour) Hafen m; (NAUT: left side) Backbord nt; (wine) Portwein m; (COMPUT) Port m ♦ adj (NAUT) Backbord-; **to ~** (NAUT) an Backbord; **~ of call** (NAUT) Anlaufhafen nt.

portable ['pɔːtəbl] adj (television, typewriter etc) tragbar, portabel.

portal ['pɔːtl] n Portal nt.

portcullis [pɔːt'kʌlɪs] n Fallgitter nt.

portend [pɔː'tend] vt hindeuten auf +acc.

portent ['pɔːtɛnt] n Vorzeichen nt.

porter ['pɔːtə*] n (for luggage) Gepäckträger m; (doorkeeper) Pförtner m; (US: RAIL) Schlafwagenschaffner(in) m(f).

portfolio [pɔːt'fəʊlɪəʊ] n (case) Aktenmappe f; (POL) Geschäftsbereich m; (FIN) Portefeuille nt; (of artist) Kollektion f.

porthole ['pɔːthəʊl] n Bullauge nt.

portico ['pɔːtɪkəʊ] n Säulenhalle f.

portion ['pɔːʃən] n (part) Teil m; (helping of food) Portion f.

portly ['pɔːtlɪ] adj beleibt, korpulent.

portrait ['pɔːtreɪt] n Porträt nt.

portray [pɔː'treɪ] vt darstellen.

portrayal [pɔː'treɪəl] n Darstellung f.

Portugal ['pɔːtjugl] n Portugal nt.

Portuguese [pɔːtju'giːz] adj portugiesisch ♦ n inv (person) Portugiese m, Portugiesin f; (LING) Portugiesisch nt.

Portuguese man-of-war [-mænəv'wɔː*] n (ZOOL) Röhrenqualle f, Portugiesische Galeere f.

pose [pəʊz] n Pose f ♦ vt (question, problem) aufwerfen; (danger) mit sich bringen ♦ vi: **to ~ as** (pretend) sich ausgeben als; **to strike a ~** sich in Positur werfen; **to ~ for** (painting etc) Modell sitzen für, posieren für.

poser ['pəʊzə*] n (problem, puzzle) harte Nuss f (inf); (person) = **poseur**.

poseur [pəʊ'zɔː*] (pej) n Angeber(in) m(f).

posh [pɔʃ] (inf) adj vornehm; **to talk ~** vornehm daherreden.

position [pə'zɪʃən] n (place: of thing, person) Position f, Lage f; (of person's body) Stellung f; (job) Stelle f; (in race etc) Platz m; (attitude)

Haltung f, Standpunkt m; (situation) Lage ♦ vt (person, thing) stellen; **to be in a ~ to do sth** in der Lage sein, etw zu tun.

positive ['pɔzɪtɪv] adj positiv; (certain) sicher; (decisive: action, policy) konstruktiv.

positively ['pɔzɪtɪvlɪ] adv (emphatic: rude, stupid etc) eindeutig; (encouragingly, also ELEC) positiv; **the body has been ~ identified** die Leiche ist eindeutig identifiziert worden.

posse ['pɔsɪ] (US) n (Polizei)truppe f.

possess [pə'zɛs] vt besitzen; (subj: feeling, belief) Besitz ergreifen von; **like a man ~ed** wie besessen; **whatever ~ed you to do it?** was ist in dich gefahren, das zu tun?

possession [pə'zɛʃən] n Besitz m; **possessions** npl (belongings) Besitz m; **to take ~ of** Besitz ergreifen von.

possessive [pə'zɛsɪv] adj (nature etc) besitzergreifend; (LING: pronoun) Possessiv-; (: adjective) besitzanzeigend; **to be ~ about sb/sth** Besitzansprüche an jdn/ etw acc stellen.

possessiveness [pə'zɛsɪvnɪs] n besitzergreifende Art f.

possessor [pə'zɛsə*] n Besitzer(in) m(f).

possibility [pɔsɪ'bɪlɪtɪ] n Möglichkeit f.

possible ['pɔsɪbl] adj möglich; **it's ~** (may be true) es ist möglich, es kann sein; **it's ~ to do it** es ist machbar or zu machen; **as far as ~** so weit wie möglich; **if ~** falls or wenn möglich; **as soon as ~** so bald wie möglich.

possibly ['pɔsɪblɪ] adv (perhaps) möglicherweise, vielleicht; (conceivably) überhaupt; **if you ~ can** falls überhaupt möglich; **what could they ~ want?** was um alles in der Welt wollen sie?; **I cannot ~ come** ich kann auf keinen Fall kommen.

post [pəʊst] n (BRIT) Post f; (pole, goal post) Pfosten m; (job) Stelle f; (MIL) Posten m; (also: **trading ~**) Handelsniederlassung f ♦ vt (BRIT: letter) aufgeben; (MIL) aufstellen; **by ~** (BRIT) per Post; **by return of ~** (BRIT) postwendend, umgehend; **to keep sb ~ed** (informed) jdn auf dem Laufenden halten; **to ~ sb to** (town, country) jdn versetzen nach; (embassy, office) jdn versetzen zu; (MIL) jdn abkommandieren nach.

▶ **post up** vt anschlagen.

post... [pəʊst] pref Post-, post-; **~-1990** nach 1990.

postage ['pəʊstɪdʒ] n Porto nt.

postage stamp n Briefmarke f.

postal ['pəʊstl] adj (charges, service) Post-.

postal order (BRIT) n Postanweisung f.

postbag ['pəʊstbæg] (BRIT) n Postsack m; (letters) Posteingang m.

postbox ['pəʊstbɔks] n Briefkasten m.

postcard ['pəʊstkɑːd] n Postkarte f.

postcode ['pəʊstkəʊd] (BRIT) n Postleitzahl f.

postdate ['pəʊst'deɪt] vt (cheque) vordatieren.

poster ['pəʊstə*] n Poster nt, Plakat nt.

poste restante [pəust'restɑ:nt] (*BRIT*) *n* Stelle *f* für postlagernde Sendungen ♦ *adv* postlagernd.

posterior [pɔs'tɪərɪə*] (*hum*) *n* Allerwerteste(r) *m*.

posterity [pɔs'terɪtɪ] *n* die Nachwelt.

poster paint *n* Plakatfarbe *f*.

post exchange (*US*) *n* (*MIL*) Laden für US-Militärpersonal.

post-free [pəust'fri:] (*BRIT*) *adj*, *adv* portofrei.

postgraduate ['pəust'grædjuət] *n* Graduierte(r) *f(m)* (*im Weiterstudium*).

posthumous ['pɔstjuməs] *adj* posthum.

posthumously ['pɔstjuməslɪ] *adv* posthum.

posting ['pəustɪŋ] *n* (*job*) Stelle *f*.

postman ['pəustmən] (*irreg: like* **man**) *n* Briefträger *m*, Postbote *m*.

postmark ['pəustmɑːk] *n* Poststempel *m*.

postmaster ['pəustmɑːstə*] *n* Postmeister *m*.

Postmaster General *n* ≈ Postminister(in) *m(f)*.

postmistress ['pəustmɪstrɪs] *n* Postmeisterin *f*.

postmortem [pəust'mɔːtəm] *n* (*MED*) Obduktion *f*; (*fig*) nachträgliche Erörterung *f*.

postnatal ['pəust'neɪtl] *adj* nach der Geburt, postnatal.

post office *n* (*building*) Post *f*, Postamt *nt*; **the Post Office** (*organization*) die Post.

Post Office Box *n* Postfach *nt*.

post-paid ['pəust'peɪd] *adj*, *adv* = **post-free**.

postpone [pəus'pəun] *vt* verschieben.

postponement [pəus'pəunmənt] *n* Aufschub *m*.

postscript ['pəustskrɪpt] *n* (*to letter*) Nachschrift *f*, PS *nt*.

postulate ['pɔstjuleɪt] *vt* ausgehen von, postulieren.

posture ['pɔstʃə*] *n* (*also fig*) Haltung *f* ♦ *vi* (*pej*) posieren.

postwar [pəust'wɔː*] *adj* Nachkriegs-.

posy ['pəuzɪ] *n* Blumensträußchen *nt*.

pot [pɔt] *n* Topf *m*; (*teapot, coffee pot, potful*) Kanne *f*; (*inf: marijuana*) Pot *nt* ♦ *vt* (*plant*) eintopfen; **to go to ~** (*inf*) auf den Hund kommen; **~s of** (*BRIT: inf*) jede Menge.

potash ['pɔtæʃ] *n* Pottasche *f*.

potassium [pə'tæsɪəm] *n* Kalium *nt*.

potato [pə'teɪtəu] (*pl* **~es**) *n* Kartoffel *f*.

potato chips (*US*) *npl* = **potato crisps**.

potato crisps *npl* Kartoffelchips *pl*.

potato flour *n* Kartoffelmehl *nt*.

potato peeler *n* Kartoffelschäler *m*.

potbellied ['pɔtbelɪd] *adj* (*from overeating*) dickbäuchig; (*from malnutrition*) blähbäuchig.

potency ['pəutnsɪ] *n* (*sexual*) Potenz *f*; (*of drink, drug*) Stärke *f*.

potent ['pəutnt] *adj* (*powerful*) stark; (*sexually*) potent.

potentate ['pəutnteɪt] *n* Machthaber *m*,

Potentat *m*.

potential [pə'tenʃl] *adj* potenziell ♦ *n* Potenzial *nt*; **to have ~** (*person, machine*) Fähigkeiten *or* Potenzial haben; (*idea, plan*) ausbaufähig sein.

potentially [pə'tenʃəlɪ] *adv* potentiell; **it's ~ dangerous** es könnte gefährlich sein.

pothole ['pɔthəul] *n* (*in road*) Schlagloch *nt*; (*cave*) Höhle *f*.

potholing ['pɔthəulɪŋ] (*BRIT*) *n*: **to go ~** Höhlenforschung betreiben.

potion ['pəuʃən] *n* Elixier *nt*.

potluck [pɔt'lʌk] *n*: **to take ~** sich überraschen lassen.

potpourri [pəu'puri:] *n* (*dried petals*) Duftsträuße *nt*; (*fig*) Sammelsurium *nt*.

pot roast *n* Schmorbraten *m*.

pot shot *n*: **to take a ~ at** aufs Geratewohl schießen auf +*acc*.

potted ['pɔtɪd] *adj* (*food*) eingemacht; (*plant*) Topf-; (*abbreviated: history etc*) Kurz-, kurz gefasst.

potter ['pɔtə*] *n* Töpfer(in) *m(f)* ♦ *vi*: **to ~ around, ~ about** (*BRIT*) herumhantieren; **to ~ around the house** im Haus herumwerkeln.

potter's wheel *n* Töpferscheibe *f*.

pottery ['pɔtərɪ] *n* (*pots, dishes etc*) Keramik *f*, Töpferwaren *pl*; (*work, hobby*) Töpfern *nt*; (*factory, workshop*) Töpferei *f*; **a piece of ~** ein Töpferstück *nt*.

potty ['pɔtɪ] *adj* (*inf: mad*) verrückt ♦ *n* (*for child*) Töpfchen *nt*.

potty-training ['pɔtɪtreɪnɪŋ] *n* Entwöhnung *f* vom Windeltragen.

pouch [pautʃ] *n* Beutel *m* (*also ZOOL*).

pouf(fe) [pu:f] *n* (*stool*) gepolsterter Hocker *m*.

poultice ['pəultɪs] *n* Umschlag *m*.

poultry ['pəultrɪ] *n* Geflügel *nt*.

poultry farm *n* Geflügelfarm *f*.

poultry farmer *n* Geflügelzüchter(in) *m(f)*.

pounce [pauns] *vi*: **to ~ on** (*also fig*) sich stürzen auf +*acc*.

pound [paund] *n* (*unit of money*) Pfund *nt*; (*unit of weight*) (britisches) Pfund (= 453,6g); (*for dogs*) Zwinger *m*; (*for cars*) Abholstelle *f* (*für abgeschleppte Fahrzeuge*) ♦ *vt* (*beat: table, wall etc*) herumhämmern auf +*dat*; (*crush: grain, spice etc*) zerstoßen; (*bombard*) beschießen ♦ *vi* (*heart*) klopfen, pochen; (*head*) dröhnen; **half a ~ of butter** ein halbes Pfund Butter; **a five-~ note** ein Fünfpfundschein *m*.

pounding ['paundɪŋ] *n*: **to take a ~** (*fig*) schwer angegriffen werden; (*team*) eine Schlappe einstecken müssen.

pound sterling *n* Pfund *nt* Sterling.

pour [pɔː*] *vt* (*tea, wine etc*) gießen; (*cereal etc*) schütten ♦ *vi* strömen; **to ~ sb a glass of wine/a cup of tea** jdm ein Glas Wein/eine Tasse Tee einschenken; **to ~ with rain** in Strömen gießen.

▶ **pour away** vt wegschütten.

▶ **pour in** vi (people) hereinströmen; (letters etc) massenweise eintreffen.

▶ **pour out** vi (people) herausströmen ♦ vt (tea, wine etc) eingießen; (fig: thoughts, feelings, etc) freien Lauf lassen +dat.

pouring ['pɔːrɪŋ] adj: ~ **rain** strömender Regen m.

pout [paut] vi einen Schmollmund ziehen.

poverty ['pɔvətɪ] n Armut f.

poverty line n Armutsgrenze f.

poverty-stricken ['pɔvətɪstrɪkn] adj verarmt, Not leidend.

poverty trap (BRIT) n gleich bleibend schlechte wirtschaftliche Situation aufgrund des Wegfalls von Sozialleistungen bei verbessertem Einkommen, Armutsfalle f.

POW n abbr = **prisoner of war.**

powder ['paudə*] n Pulver nt ♦ vt: **to ~ one's face** sich dat das Gesicht pudern; **to ~ one's nose** (euph) kurz mal verschwinden.

powder compact n Puderdose f.

powdered milk ['paudəd-] n Milchpulver nt.

powder keg n (also fig) Pulverfass nt.

powder puff n Puderquaste f.

powder room (euph) n Damentoilette f.

power ['pauə*] n (control, legal right) Macht f; (ability) Fähigkeit f; (of muscles, ideas, words) Kraft f; (of explosion, engine) Gewalt f; (electricity) Strom m; **2 to the ~** (of) **3** (MATH) 2 hoch 3; **to do everything in one's ~ to help** alles in seiner Macht Stehende tun, um zu helfen; **a world ~** eine Weltmacht; **the ~s that be** (authority) diejenigen, die das Sagen haben; **~ of attorney** Vollmacht f; **to be in ~** (POL etc) an der Macht sein.

powerboat ['pauəbəut] n schnelles Motorboot nt, Rennboot nt.

power cut n Stromausfall m.

powered ['pauəd] adj: ~ **by** angetrieben von; **nuclear-~ submarine** atomgetriebenes U-Boot.

power failure n Stromausfall m.

powerful ['pauəful] adj (person, organization) mächtig; (body, voice, blow etc) kräftig; (engine) stark; (unpleasant: smell) streng; (emotion) überwältigend; (argument, evidence) massiv.

powerhouse ['pauəhaus] n: **he is a ~ of ideas** er hat ständig neue Ideen.

powerless ['pauəlɪs] adj machtlos; **to be ~ to do sth** nicht die Macht haben, etw zu tun.

power line n Stromkabel nt.

power point (BRIT) n Steckdose f.

power station n Kraftwerk nt.

power steering n (AUT) Servolenkung f.

powwow ['pauwau] n Besprechung f.

pp abbr (= per procurationem) ppa.

pp. abbr (= pages) S.

PPE (BRIT) n abbr (UNIV: = philosophy, politics and economics) Studiengang bestehend aus Philosophie, Politologie und Volkswirtschaft.

PPS n abbr (= post postscriptum) PPS; (BRIT: = parliamentary private secretary) Privatsekretär eines Ministers.

PQ (CANADA) abbr (= Province of Quebec).

PR n abbr = **public relations;** (POL) = **proportional representation** ♦ abbr (US: POST: = Puerto Rico).

Pr. abbr = **prince.**

practicability [præktɪkə'bɪlɪtɪ] n Durchführbarkeit f.

practicable ['præktɪkəbl] adj (scheme, idea) durchführbar.

practical ['præktɪkl] adj praktisch; (person: good with hands) praktisch veranlagt; (ideas, methods) praktikabel.

practicality [præktɪ'kælɪtɪ] n (of person) praktische Veranlagung f; **practicalities** npl (of situation etc) praktische Einzelheiten pl.

practical joke n Streich m.

practically ['præktɪklɪ] adv praktisch.

practice ['præktɪs] n (also MED, LAW) Praxis f; (custom) Brauch m; (exercise) Übung f ♦ vt, vi (US) = **practise in** ~ in der Praxis; **out of** ~ aus der Übung; **2 hours' piano** ~ 2 Stunden Klavierübungen; **it's common** or **standard** ~ es ist allgemein üblich; **to put sth into** ~ etw in die Praxis umsetzen; **target** ~ Zielschießen nt.

practice match n Übungsspiel nt.

practise, (US) **practice** ['præktɪs] vt (train at) üben; (carry out: custom) pflegen; (: activity etc) ausüben; (profession) praktizieren ♦ vi (train) üben; (lawyer, doctor etc) praktizieren.

practised ['præktɪst] (BRIT) adj (person, liar) geübt; (performance) gekonnt; **with a ~ eye** mit geschultem Auge.

practising ['præktɪsɪŋ] adj praktizierend.

practitioner [præk'tɪʃənə*] n: **medical ~** praktischer Arzt m, praktische Ärztin f; **legal ~** Rechtsanwalt m, Rechtsanwältin f.

pragmatic [præg'mætɪk] adj pragmatisch.

pragmatism ['prægmətɪzəm] n Pragmatismus m.

Prague [prɑːg] n Prag nt.

prairie ['prɛərɪ] n (Gras)steppe f; **the ~s** (US) die Prärien.

praise [preɪz] n Lob nt ♦ vt loben; (REL) loben, preisen.

praiseworthy ['preɪzwɜːðɪ] adj lobenswert.

pram [præm] (BRIT) n Kinderwagen m.

prance [prɑːns] vi (horse) tänzeln; **to ~ about/in/out** (person) herum-/hinein-/hinausstolzieren.

prank [præŋk] n Streich m.

prat [præt] (BRIT: inf) n (idiot) Trottel m.

prattle ['prætl] vi: **to ~ on (about)** pausenlos plappern (über +acc).

prawn [prɔːn] n (CULIN, ZOOL) Garnele f, Krabbe f; ~ **cocktail** Krabbencocktail m.

pray [preɪ] vi beten; **to ~ for sb/sth** (REL, fig)

für jdn/um etw beten.
prayer [prɛə*] n Gebet nt; **to say one's ~s**
beten.
prayer book n Gebetbuch nt.
pre... [priː] pref Prä-, prä-; **~-1970** vor 1970.
preach [priːtʃ] vi (REL) predigen; (pej:
moralize) Predigten halten ♦ vt (sermon)
direkt halten; (fig: advocate) predigen,
verkünden; **to ~ at sb** (fig) jdm
Moralpredigten halten; **to ~ to the
converted** (fig) offene Türen einrennen.
preacher ['priːtʃə*] n Prediger(in) m(f).
preamble [prɪ'æmbl] n Vorbemerkung f.
prearranged [priːə'reɪndʒd] adj (vorher)
vereinbart.
precarious [prɪ'kɛərɪəs] adj prekär.
precaution [prɪ'kɔːʃən] n
Vorsichtsmaßnahme f; **to take ~s**
Vorsichtsmaßnahmen treffen.
precautionary [prɪ'kɔːʃənrɪ] adj (measure)
vorbeugend, Vorsichts-.
precede [prɪ'siːd] vt (event) vorausgehen +dat;
(person) vorangehen +dat; (words, sentences)
vorangestellt sein +dat.
precedence ['presɪdəns] n (priority) Vorrang
m; **to take ~ over** Vorrang haben vor +dat.
precedent ['presɪdənt] n (LAW) Präzedenzfall
m; **without ~** noch nie da gewesen; **to
establish** or **set a ~** einen Präzedenzfall
schaffen.
preceding [prɪ'siːdɪŋ] adj vorhergehend.
precept ['priːsept] n Grundsatz m, Regel f.
precinct ['priːsɪŋkt] n (US: part of city) Bezirk
m; **precincts** npl (of cathedral, palace) Gelände
nt; **shopping ~** (BRIT) Einkaufsviertel nt;
(under cover) Einkaufscenter nt.
precious ['preʃəs] adj wertvoll, kostbar; (pej:
person, writing) geziert; (ironic: damned) heiß
geliebt, wundervoll ♦ adv (inf): **~ little/few**
herzlich wenig/wenige.
precious stone n Edelstein m.
precipice ['presɪpɪs] n (also fig) Abgrund m.
precipitate [vt prɪ'sɪpɪteɪt, adj prɪ'sɪpɪtɪt] vt
(event) heraufbeschwören ♦ adj (hasty)
überstürzt, übereilt.
precipitation [prɪsɪpɪ'teɪʃən] n (rain)
Niederschlag m.
precipitous [prɪ'sɪpɪtəs] adj (steep) steil;
(hasty) übereilt.
précis ['preɪsiː] n inv Zusammenfassung f.
precise [prɪ'saɪs] adj genau, präzise; **at 4
o'clock to be ~** um 4 Uhr, um genau zu sein.
precisely [prɪ'saɪslɪ] adv genau, exakt;
(emphatic) ganz genau; **~!** genau!
precision [prɪ'sɪʒən] n Genauigkeit f,
Präzision f.
preclude [prɪ'kluːd] vt ausschließen; **to ~ sb
from doing sth** jdn daran hindern, etw zu
tun.
precocious [prɪ'kəuʃəs] adj (child, behaviour)
frühreif.
preconceived [priːkən'siːvd] adj (idea)

vorgefasst.
preconception ['priːkən'sepʃən] n vorgefasste
Meinung f.
precondition ['priːkən'dɪʃən] n Vorbedingung
f.
precursor [priː'kɜːsə*] n Vorläufer m.
predate ['priː'deɪt] vt (precede) vorausgehen
+dat.
predator ['predətə*] n (ZOOL) Raubtier nt; (fig)
Eindringling m.
predatory ['predətərɪ] adj (animal) Raub-;
(person, organization) auf Beute lauernd.
predecessor ['priːdɪsesə*] n Vorgänger(in)
m(f).
predestination [priːdestɪ'neɪʃən] n
Vorherbestimmung f.
predetermine [priːdɪ'tɜːmɪn] vt
vorherbestimmen.
predicament [prɪ'dɪkəmənt] n Notlage f,
Dilemma nt; **to be in a ~** in einer Notlage or
einem Dilemma stecken.
predicate ['predɪkɪt] n (LING) Prädikat nt.
predict [prɪ'dɪkt] vt vorhersagen.
predictable [prɪ'dɪktəbl] adj vorhersagbar.
predictably [prɪ'dɪktəblɪ] adv (behave, react)
wie vorherzusehen; **~ she didn't come** wie
vorherzusehen war, kam sie nicht.
prediction [prɪ'dɪkʃən] n Voraussage f.
predispose ['priːdɪs'pəuz] vt: **to ~ sb to sth**
jdn zu etw veranlassen; **to be ~d to do sth**
geneigt sein, etw zu tun.
predominance [prɪ'dɒmɪnəns] n
Vorherrschaft f.
predominant [prɪ'dɒmɪnənt] adj
vorherrschend; **to become ~**
vorherrschend werden.
predominantly [prɪ'dɒmɪnəntlɪ] adv
überwiegend.
predominate [prɪ'dɒmɪneɪt] vi (in number, size)
vorherrschen; (in strength, influence)
überwiegen.
pre-eminent [priː'emɪnənt] adj herausragend.
pre-empt [priː'emt] vt zuvorkommen +dat.
pre-emptive [priː'emtɪv] adj: **~ strike**
Präventivschlag m.
preen [priːn] vt: **to ~ itself** (bird) sich putzen;
to ~ o.s. sich herausputzen.
prefab ['priːfæb] n Fertighaus nt.
prefabricated [priː'fæbrɪkeɪtɪd] adj
vorgefertigt.
preface ['prefəs] n Vorwort nt ♦ vt: **to ~ with/
by** (speech, action) einleiten mit/durch.
prefect ['priːfekt] (BRIT) n (in school)
Aufsichtsschüler(in) m(f).
prefer [prɪ'fɜː*] vt (like better) vorziehen; **to
~ charges** (LAW) Anklage erheben; **to
~ doing** or **to do sth** (es) vorziehen, etw zu
tun; **I ~ tea to coffee** ich mag lieber Tee als
Kaffee.
preferable ['prefrəbl] adj: **to be ~ (to)**
vorzuziehen sein (+dat).
preferably ['prefrəblɪ] adv vorzugsweise, am

besten.

preference ['prɛfrəns] *n*: **to have a ~ for**
(*liking*) eine Vorliebe haben für; **I drink beer
in ~ to wine** ich trinke lieber Bier als Wein;
to give ~ to (*priority*) vorziehen, Vorrang
einräumen +*dat.*

preference shares (*BRIT*) *npl* (*COMM*)
Vorzugsaktien *pl*.

preferential [prɛfə'rɛnʃəl] *adj*: **~ treatment**
bevorzugte Behandlung *f*; **to give sb
~ treatment** jdn bevorzugt behandeln.

preferred stock [prɪ'fəd-] (*US*) *npl*
= **preference shares**.

prefix ['priːfɪks] *n* (*LING*) Präfix *nt*.

pregnancy ['prɛgnənsɪ] *n* (*of woman*)
Schwangerschaft *f*; (*of female animal*)
Trächtigkeit *f*.

pregnancy test *n* Schwangerschaftstest *m*.

pregnant ['prɛgnənt] *adj* (*woman*) schwanger;
(*female animal*) trächtig; (*fig: pause, remark*)
bedeutungsschwer; **3 months ~** im vierten
Monat (schwanger).

prehistoric ['priːhɪs'tɒrɪk] *adj* prähistorisch,
vorgeschichtlich.

prehistory [priː'hɪstərɪ] *n* Vorgeschichte *f*.

prejudge [priː'dʒʌdʒ] *vt* vorschnell
beurteilen.

prejudice ['prɛdʒudɪs] *n* (*bias against*)
Vorurteil *nt*; (*bias in favour*)
Voreingenommenheit *f* ♦ *vt* beeinträchtigen;
without ~ to (*form*) unbeschadet +*gen*, ohne
Beeinträchtigung +*gen*; **to ~ sb in favour of/
against sth** jdn für/gegen etw einnehmen.

prejudiced ['prɛdʒudɪst] *adj* (*person, view*)
voreingenommen.

prelate ['prɛlət] *n* Prälat *m*.

preliminaries [prɪ'lɪmɪnərɪz] *npl*
Vorbereitungen *pl*; (*of competition*)
Vorrunde *f*.

preliminary [prɪ'lɪmɪnərɪ] *adj* (*step,
arrangements*) vorbereitend; (*remarks*)
einleitend.

prelude ['prɛljuːd] *n* (*MUS*) Präludium *nt*; (: *as
introduction*) Vorspiel *nt*; **a ~ to** (*fig*) ein
Vorspiel *or* ein Auftakt zu.

premarital ['priː'mærɪtl] *adj* vorehelich.

premature ['prɛmətʃuə'] *adj* (*earlier than
expected*) vorzeitig; (*too early*) verfrüht; **you
are being a little ~** Sie sind etwas voreilig;
~ baby Frühgeburt *f*.

premeditated [priː'mɛdɪteɪtɪd] *adj*
vorsätzlich.

premeditation [priːmɛdɪ'teɪʃən] *n* Vorsatz *m*.

premenstrual tension [priː'mɛnstruəl-] *n*
prämenstruelles Syndrom *nt*.

premier ['prɛmɪə'] *adj* (*best*) beste(r, s),
bedeutendste(r, s) ♦ *n* (*POL*)
Premierminister(in) *m(f)*.

premiere ['prɛmɪɛə'] *n* Premiere *f*.

premise ['prɛmɪs] *n* (*of argument*)
Voraussetzung *f*; **premises** *npl* (*of business
etc*) Räumlichkeiten *pl*; **on the ~s** im Hause.

premium ['priːmɪəm] *n* (*COMM, INSURANCE*)
Prämie *f*; **to be at a ~** (*expensive*) zum
Höchstpreis gehandelt werden; (*hard to get*)
Mangelware sein.

premium bond (*BRIT*) *n* Prämienanleihe *f*.

PREMIUM BONDS

Premium bonds, *eigentlich* **premium savings
bonds,** *sind Lotterieaktien, die seit 1956 vom
britischen Finanzministerium ausgegeben werden
und keine Zinsen bringen, sondern stattdessen an
einer monatlichen Auslosung teilnehmen. Die
Gewinnnummern für die verschiedenen
Geldpreise werden in Blackpool von einem
Computer namens „ERNIE" (Electronic Random
Number Indicator Equipment) ermittelt.*

---

premium gasoline (*US*) *n* Super(benzin) *nt*.

premonition [prɛmə'nɪʃən] *n* Vorahnung *f*.

preoccupation [priːɔkju'peɪʃən] *n*: **~ with**
(*vorrangige*) Beschäftigung mit.

preoccupied [priː'ɔkjupaɪd] *adj* (*thoughtful*)
gedankenverloren; (*with work, family*)
beschäftigt.

prep [prɛp] (*SCOL*) *adj abbr* (= *preparatory*) *see*
preparatory school ♦ *n abbr* (= *preparation*)
Hausaufgaben *pl*.

prepaid [priː'peɪd] *adj* (*paid in advance*) im
Voraus bezahlt; (*envelope*) frankiert.

preparation [prɛpə'reɪʃən] *n* Vorbereitung *f*;
(*food, medicine, cosmetic*) Zubereitung *f*;
preparations *npl* Vorbereitungen *pl*; **in ~ for
sth** als Vorbereitung für etw.

preparatory [prɪ'pærətərɪ] *adj* vorbereitend;
~ to sth/to doing sth als Vorbereitung für
etw/, um etw zu tun.

PREP(ATORY) SCHOOL

Prep(aratory) school *ist in Großbritannien eine
meist private Schule für Kinder im Alter von 7 bis
13 Jahren, die auf eine weiterführende
Privatschule vorbereiten soll.*

---

prepare [prɪ'pɛə'] *vt* vorbereiten; (*food, meal*)
zubereiten ♦ *vi*: **to ~ for** sich vorbereiten
auf +*acc.*

prepared [prɪ'pɛəd] *adj*: **to be ~ to do sth**
(*willing*) bereit sein, etw zu tun; **to be ~ for
sth** (*ready*) auf etw *acc* vorbereitet sein.

preponderance [prɪ'pɒndərns] *n* Übergewicht
nt.

preposition [prɛpə'zɪʃən] *n* Präposition *f*.

prepossessing [priːpə'zɛsɪŋ] *adj* von
angenehmer Erscheinung.

preposterous [prɪ'pɒstərəs] *adj* grotesk,
widersinnig.

prep school *n* = **preparatory school**

prerecorded ['priːrɪ'kɔːdɪd] *adj* (*broadcast*)
aufgezeichnet; (*cassette, video*) bespielt.

prerequisite [priː'rɛkwɪzɪt] *n* Vorbedingung *f*,

Grundvoraussetzung *f.*

prerogative [prɪˈrɔgətɪv] *n* Vorrecht *nt*, Privileg *nt.*

Presbyterian [prɛzbɪˈtɪərɪən] *adj* presbyterianisch ♦ *n* Presbyterianer(in) *m(f).*

presbytery [ˈprɛzbɪtərɪ] *n* Pfarrhaus *nt.*

preschool [ˈpriːˈskuːl] *adj* (*age, child, education*) Vorschul-.

prescribe [prɪˈskraɪb] *vt* (*MED*) verschreiben; (*demand*) anordnen, vorschreiben.

prescribed *adj* (*duties, period*) vorgeschrieben.

prescription [prɪˈskrɪpʃən] *n* (*MED: slip of paper*) Rezept *nt*; (*: medicine*) Medikament *nt*; **to make up** or (*US*) **fill a** ~ ein Medikament zubereiten; **"only available on** ~**"** „rezeptpflichtig".

prescription charges (*BRIT*) *npl* Rezeptgebühr *f.*

prescriptive [prɪˈskrɪptɪv] *adj* normativ.

presence [ˈprɛzns] *n* Gegenwart *f*, Anwesenheit *f*; (*fig: personality*) Ausstrahlung *f*; (*spirit, invisible influence*) Erscheinung *f*; **in sb's** ~ in jds *dat* Gegenwart *or* Beisein; ~ **of mind** Geistesgegenwart *f.*

present [*adj, n* ˈprɛznt, *vt* prɪˈzɛnt] *adj* (*current*) gegenwärtig, derzeitig; (*in attendance*) anwesend ♦ *n* (*gift*) Geschenk *nt*; (*LING: also*: ~ **tense**) Präsens *nt*, Gegenwart *f* ♦ *vt* (*give: prize etc*) überreichen; (*plan, report*) vorlegen; (*cause, provide, portray*) darstellen; (*information, view*) darlegen; (*RADIO, TV*) leiten; **to be** ~ **at** anwesend *or* zugegen sein bei; **those** ~ die Anwesenden; **to give sb a** ~ jdm ein Geschenk geben; **the** ~ (*actuality*) die Gegenwart; **at** ~ gegenwärtig, im Augenblick; **to** ~ **sth to sb,** ~ **sb with sth** jdm etw übergeben *or* überreichen; **to** ~ **sb (to)** (*formally: introduce*) jdn vorstellen +*dat*; **to** ~ **itself** (*opportunity*) sich bieten.

presentable [prɪˈzɛntəbl] *adj* (*person*) präsentabel, ansehnlich.

presentation [prɛznˈteɪʃən] *n* (*of prize*) Überreichung *f*; (*of plan, report etc*) Vorlage *f*; (*appearance*) Erscheinungsbild *nt*; (*talk*) Vortrag *m*; **on** ~ **of** (*voucher etc*) gegen Vorlage +*gen.*

present-day [ˈprɛzntdeɪ] *adj* heutig, gegenwärtig.

presenter [prɪˈzɛntə*] *n* (*on radio, TV*) Moderator(in) *m(f).*

presently [ˈprɛzntlɪ] *adv* (*soon after*) gleich darauf; (*soon*) bald, in Kürze; (*currently*) derzeit, gegenwärtig.

present participle *n* Partizip *nt* Präsens.

preservation [prɛzəˈveɪʃən] *n* (*of peace, standards etc*) Erhaltung *f*; (*of furniture, building*) Konservierung *f.*

preservative [prɪˈzəːvətɪv] *n* Konservierungsmittel *nt.*

preserve [prɪˈzəːv] *vt* erhalten; (*peace*) wahren; (*wood*) schützen; (*food*) konservieren ♦ *n* (*often pl*: *jam, chutney etc*) Eingemachte(s) *nt*; (*for game, fish*) Revier *nt*; **a male** ~ (*fig*) eine männliche Domäne; **a working class** ~ (*fig*) eine Domäne der Arbeiterklasse.

preshrunk [ˈpriːˈʃrʌŋk] *adj* (*jeans etc*) vorgewaschen.

preside [prɪˈzaɪd] *vi*: **to** ~ **over** (*meeting etc*) vorsitzen +*dat*, den Vorsitz haben bei.

presidency [ˈprɛzɪdənsɪ] *n* (*POL*) Präsidentschaft *f*; (*US: of company*) Vorsitz *m.*

president [ˈprɛzɪdənt] *n* (*POL*) Präsident(in) *m(f)*; (*of organization*) Vorsitzende(r) *f(m).*

presidential [prɛzɪˈdɛnʃl] *adj* (*election, campaign etc*) Präsidentschafts-; (*adviser, representative etc*) des Präsidenten.

press [prɛs] *n* (*printing press*) Presse *f*; (*of switch, bell*) Druck *m*; (*for wine*) Kelter *f* ♦ *vt* drücken, pressen; (*button, sb's hand etc*) drücken; (*iron: clothes*) bügeln; (*put pressure on: person*) drängen; (*pursue: idea, claim*) vertreten ♦ *vi* (*squeeze*) drücken, pressen; **the P**~ (*newspapers, journalists*) die Presse; **to go to** ~ (*newspaper*) in Druck gehen; **to be in** ~ (*at the printer's*) im Druck sein; **to be in the** ~ (*in the newspapers*) in der Zeitung stehen; **at the** ~ **of a button** auf Knopfdruck; **to** ~ **sth (up)on sb** (*force*) jdm etw aufdrängen; **we are** ~**ed for time/ money** wir sind in Geldnot/Zeitnot; **to** ~ **sb for an answer** auf jds *acc* Antwort drängen; **to** ~ **sb to do** *or* **into doing sth** jdn drängen, etw zu tun; **to** ~ **charges (against sb)** (*LAW*) Klage (gegen jdn) erheben; **to** ~ **for** (*changes etc*) drängen auf +*acc.*

► **press ahead** *vi* weitermachen; **to** ~ **ahead with sth** etw durchziehen.

► **press on** *vi* weitermachen.

press agency *n* Presseagentur *f.*

press clipping *n* Zeitungsausschnitt *m.*

press conference *n* Pressekonferenz *f.*

press cutting *n* = **press clipping.**

press-gang [ˈprɛsgæŋ] *vt*: **to** ~ **sb into doing sth** jdn bedrängen, etw zu tun.

pressing [ˈprɛsɪŋ] *adj* (*urgent*) dringend.

press officer *n* Pressesprecher(in) *m(f).*

press release *n* Pressemitteilung *f.*

press stud (*BRIT*) *n* Druckknopf *m.*

press-up [ˈprɛsʌp] (*BRIT*) *n* Liegestütz *m.*

pressure [ˈprɛʃə*] *n* (*also fig*) Druck *m* ♦ *vt*: **to** ~ **sb to do sth** jdn dazu drängen, etw zu tun; **to put** ~ **on sb (to do sth)** Druck auf jdn ausüben(, etw zu tun); **high/low** ~ (*TECH, MET*) Hoch-/Tiefdruck *m.*

pressure cooker *n* Schnellkochtopf *m.*

pressure gauge *n* Druckmesser *m*, Manometer *nt.*

pressure group *n* Interessenverband *m*, Pressuregroup *f.*

pressurize ['preʃəraɪz] vt: to ~ sb (to do sth or into doing sth) jdn unter Druck setzen(, etw zu tun).

pressurized ['preʃəraɪzd] adj (cabin, container etc) Druck-.

Prestel ® ['prestel] n ≈ Bildschirmtext m, Btx nt.

prestige [pres'tiːʒ] n Prestige nt.

prestigious [pres'tɪdʒəs] adj (institution, appointment) mit hohem Prestigewert.

presumably [prɪ'zjuːməblɪ] adv vermutlich; ~ he did it vermutlich or wahrscheinlich hat er es getan.

presume [prɪ'zjuːm] vt: to ~ (that) (assume) annehmen(, dass); to ~ to do sth (dare) sich anmaßen, etw zu tun; I ~ so das nehme ich an.

presumption [prɪ'zʌmpʃən] n (supposition) Annahme f; (audacity) Anmaßung f.

presumptuous [prɪ'zʌmpʃəs] adj anmaßend.

presuppose [priːsə'pəʊz] vt voraussetzen.

presupposition [priːsʌpə'zɪʃən] n Voraussetzung f.

pretax [priː'tæks] adj (profit) vor (Abzug der) Steuern.

pretence, (US) **pretense** [prɪ'tens] n (false appearance) Vortäuschung f; under false ~s unter Vorspiegelung falscher Tatsachen; she is devoid of all ~ sie ist völlig natürlich; to make a ~ of doing sth vortäuschen, etw zu tun.

pretend [prɪ'tend] vt (feign) vorgeben ♦ vi (feign) sich verstellen, so tun, als ob; I don't ~ to understand it (claim) ich erhebe nicht den Anspruch, es zu verstehen.

pretense [prɪ'tens] (US) n = pretence.

pretentious [prɪ'tenʃəs] adj anmaßend.

preterite ['pretərɪt] n Imperfekt nt, Präteritum nt.

pretext ['priːtekst] n Vorwand m; on or under the ~ of doing sth unter dem Vorwand, etw zu tun.

pretty ['prɪtɪ] adj hübsch, nett ♦ adv: ~ clever ganz schön schlau; ~ good ganz gut.

prevail [prɪ'veɪl] vi (be current) vorherrschen; (triumph) siegen; to ~ (up)on sb to do sth (persuade) jdn dazu bewegen or überreden, etw zu tun.

prevailing [prɪ'veɪlɪŋ] adj (wind, fashion etc) vorherrschend.

prevalent ['prevələnt] adj (belief, custom) vorherrschend.

prevaricate [prɪ'værɪkeɪt] vi (by saying sth) Ausflüchte machen; (by doing sth) Ausweichmanöver machen.

prevarication [prɪværɪ'keɪʃən] n (see vi) Ausflucht f; Ausweichmanöver nt.

prevent [prɪ'vent] vt verhindern; to ~ sb from doing sth jdn daran hindern, etw zu tun; to ~ sth from happening verhindern, dass etw geschieht.

preventable [prɪ'ventəbl] adj verhütbar,

vermeidbar.

preventative [prɪ'ventətɪv] adj = preventive.

prevention [prɪ'venʃən] n Verhütung f.

preventive [prɪ'ventɪv] adj (measures, medicine) vorbeugend.

preview ['priːvjuː] n (of film) Vorpremiere f; (of exhibition) Vernissage f.

previous ['priːvɪəs] adj (earlier) früher; (preceding) vorhergehend; ~ to vor +dat.

previously ['priːvɪəslɪ] adv (before) zuvor; (formerly) früher.

prewar [priː'wɔː'] adj (period) Vorkriegs-.

prey [preɪ] n Beute f; to fall ~ to (fig) zum Opfer fallen +dat.

▶ **prey on** vt fus (animal) Jagd machen auf +acc; it was ~ing on his mind es ließ ihn nicht los.

price [praɪs] n (also fig) Preis m ♦ vt (goods) auszeichnen; what is the ~ of ...? was kostet ...?; to go up or rise in ~ im Preis steigen, teurer werden; to put a ~ on sth (also fig) einen Preis für etw festsetzen; what ~ his promises now? wie steht es jetzt mit seinen Versprechungen?; he regained his freedom, but at a ~ er hat seine Freiheit wieder, aber zu welchem Preis!; to be ~d at £30 £30 kosten; to ~ o.s. out of the market durch zu hohe Preise konkurrenzunfähig werden.

price control n Preiskontrolle f.

price-cutting ['praɪskʌtɪŋ] n Preissenkungen pl.

priceless ['praɪslɪs] adj (diamond, painting) von unschätzbarem Wert; (inf: amusing) unbezahlbar, köstlich.

price list n Preisliste f.

price range n Preisklasse f; it's within my ~ ich kann es mir leisten.

price tag n Preisschild nt; (fig) Preis m.

price war n Preiskrieg m.

pricey ['praɪsɪ] (inf) adj kostspielig.

prick [prɪk] n (sting) Stich m; (inf!: penis) Schwanz m; (: idiot) Arsch m ♦ vt stechen; (sausage, balloon) einstechen; to ~ up one's ears die Ohren spitzen.

prickle ['prɪkl] n (of plant) Dorn m, Stachel m; (sensation) Prickeln nt.

prickly ['prɪklɪ] adj (plant) stachelig; (fabric) kratzig.

prickly heat n Hitzebläschen pl.

prickly pear n Feigenkaktus m.

pride [praɪd] n Stolz m; (pej: arrogance) Hochmut m ♦ vt: to ~ o.s. on sth stolz sein auf +acc; to take (a) ~ in stolz sein auf +acc; to take a ~ in doing sth etw mit Stolz tun; to have or take ~ of place (BRIT) die Krönung sein.

priest [priːst] n Priester m.

priestess [priːs'tɪs] n Priesterin f.

priesthood ['priːsthʊd] n Priestertum nt.

prig [prɪg] n: he's a ~ er hält sich für ein Tugendlamm.

prim [prɪm] (pej) adj (person) etepetete.

primacy ['praiməsi] n (*supremacy*) Vorrang m; (*position*) Vorrangstellung f.

prima-facie ['praimə'feiʃi] adj: **to have a ~ case** (*LAW*) eine gute Beweisgrundlage haben.

primal ['praiməl] adj ursprünglich; **~ scream** Urschrei m.

primarily ['praimərili] adv in erster Linie, hauptsächlich.

primary ['praiməri] adj (*principal*) Haupt-, hauptsächlich; (*education, teacher*) Grundschul- ♦ n (*US: election*) Vorwahl f.

PRIMARY

Als **primary** wird im amerikanischen Präsidentschaftswahlkampf eine Vorwahl bezeichnet, die mitentscheidet, welche Präsidentschaftskandidaten die beiden großen Parteien aufstellen. Vorwahlen werden nach komplizierten Regeln von Februar (New Hampshire) bis Juni in etwa 35 Staaten abgehalten. Der von den Kandidaten in den **primaries** erzielte Stimmenanteil bestimmt, wie viele Abgeordnete bei der endgültigen Auswahl der demokratischen bzw. republikanischen Kandidaten auf den nationalen Parteitagen im Juli/August für sie stimmen.

---

primary colour n Primärfarbe f.
primary school (*BRIT*) n Grundschule f.

PRIMARY SCHOOL

Primary school ist in Großbritannien eine Grundschule für Kinder im Alter von 5 bis 11 Jahren. Oft wird sie aufgeteilt in „infant school" (5 bis 7 Jahre) und „junior school" (7 bis 11 Jahre). Siehe auch **secondary school**.

---

primate ['praimit] n (*ZOOL*) Primat m; (*REL*) Primas m.

prime [praim] adj (*most important*) oberste(r, s); (*best quality*) erstklassig ♦ n (*of person's life*) die besten Jahre pl ♦ vt (*wood*) grundieren; (*fig: person*) informieren; (*gun*) schussbereit machen; (*pump*) auffüllen; **~ example** erstklassiges Beispiel; **in the ~ of life** im besten Alter.

Prime Minister n Premierminister(in) m(f).

primer ['praimə*] n (*paint*) Grundierung f; (*book*) Einführung f.

prime time n (*RADIO, TV*) Hauptsendezeit f.

primeval [prai'miːvl] adj (*beast*) urzeitlich; (*fig: feelings*) instinktiv; **~ forest** Urwald m.

primitive ['primitiv] adj (*tribe, tool, conditions etc*) primitiv; (*life form, machine etc*) frühzeitlich; (*man*) der Urzeit.

primrose ['primrəuz] n Primel f, gelbe Schlüsselblume f.

primula ['primjulə] n Primel f.

Primus (stove) ® (*BRIT*) n Primuskocher m.

prince [prins] n Prinz m.

Prince Charming (*hum*) n Märchenprinz m.

princess [prin'ses] n Prinzessin f.

principal ['prinsipl] adj (*most important*) Haupt-, wichtigste(r, s) ♦ n (*of school, college*) Rektor(in) m(f); (*THEAT*) Hauptdarsteller(in) m(f); (*FIN*) Kapitalsumme f.

principality [prinsi'pæliti] n Fürstentum nt.

principally ['prinsipli] adv vornehmlich.

principle ['prinsipl] n Prinzip nt; **in ~** im Prinzip, prinzipiell; **on ~** aus Prinzip.

print [print] n (*type, ART*) Druck m; (*PHOT*) Abzug m; (*fabric*) bedruckter Stoff m ♦ vt (*produce*) drucken; (*publish*) veröffentlichen; (*cloth, pattern*) bedrucken; (*write in capitals*) in Druckschrift schreiben; **prints** npl (*fingerprints etc*) Abdrücke pl; **out of ~** vergriffen; **in ~** erhältlich; **the fine or small ~** das Kleingedruckte or klein Gedruckte.

▶ **print out** vt (*COMPUT*) ausdrucken.

printed circuit ['printid-] n gedruckte Schaltung f.

printed circuit board n Leiterplatte f.

printed matter n Drucksache f.

printer ['printə*] n (*person*) Drucker(in) m(f); (*firm*) Druckerei f; (*machine*) Drucker m.

printhead ['printhed] n Druckkopf m.

printing ['printiŋ] n (*activity*) Drucken nt.

printing press n Druckerpresse f.

print-out ['printaut] (*COMPUT*) n Ausdruck m.

print run n Auflage f.

printwheel ['printwiːl] n (*COMPUT*) Typenrad nt.

prior ['praiə*] adj (*previous: knowledge, warning*) vorherig; (: *engagement*) früher; (*more important: claim, duty*) vorrangig ♦ n (*REL*) Prior m; **without ~ notice** ohne vorherige Ankündigung; **to have a ~ claim on sth** ein Vorrecht auf etw acc haben; **~ to** vor +dat.

priority [prai'oriti] n vorrangige Angelegenheit f; **priorities** npl Prioritäten pl; **to take** or **have ~ (over sth)** Vorrang (vor etw dat) haben; **to give ~ to sb/sth** jdm/etw Vorrang einräumen.

priory ['praiəri] n Kloster nt.

prise [praiz] (*BRIT*) vt: **to ~ open** aufbrechen.

prism ['prizəm] n Prisma nt.

prison ['prizn] n Gefängnis nt ♦ cpd (*officer, food, cell etc*) Gefängnis-.

prison camp n Gefangenenlager nt.

prisoner ['priznə*] n Gefangene(r) f(m); **the ~ at the bar** (*LAW*) der/die Angeklagte; **to take sb ~** jdn gefangen nehmen.

prisoner of war n Kriegsgefangene(r) f(m).

prissy ['prisi] (*pej*) adj zimperlich.

pristine ['pristiːn] adj makellos; **in ~ condition** in makellosem Zustand.

privacy ['privəsi] n Privatsphäre f.

private ['praivit] adj privat; (*life*) Privat-; (*thoughts, plans etc*) persönlich; (*place*) abgelegen; (*secretive: person*) verschlossen

◆ n (MIL) Gefreite(r) m; "~" (on envelope) „vertraulich"; (on door) „privat"; in ~ privat; in (his) ~ life in seinem Privatleben; to be in ~ practice (MED) Privatpatienten haben; ~ hearing (LAW) nichtöffentliche or nicht öffentliche Verhandlung f.

private enterprise n Privatunternehmen nt.

private eye n Privatdetektiv m.

private limited company (BRIT) n (COMM) ≈ Aktiengesellschaft f.

privately ['praɪvtlɪ] adv privat; (secretly) insgeheim; a ~ owned company eine Firma im Privatbesitz.

private parts npl (ANAT) Geschlechtsteile pl.

private property n Privatbesitz m.

private school n (fee-paying) Privatschule f.

privation [praɪ'veɪʃən] n Not f.

privatize ['praɪvɪtaɪz] vt privatisieren.

privet ['prɪvɪt] n Liguster m.

privilege ['prɪvɪlɪdʒ] n (advantage) Privileg nt; (honour) Ehre f.

privileged ['prɪvɪlɪdʒd] adj privilegiert; to be ~ to do sth das Privileg or die Ehre haben, etw zu tun.

privy ['prɪvɪ] adj: to be ~ to eingeweiht sein in +acc.

PRIVY COUNCIL

Privy Council ist eine Gruppe von königlichen Beratern, die ihren Ursprung im normannischen England hat. Heute hat dieser Rat eine rein formale Funktion. Kabinettsmitglieder und andere bedeutende politische, kirchliche oder juristische Persönlichkeiten sind automatisch Mitglieder.

Privy Councillor (BRIT) n Geheimer Rat m.

prize [praɪz] n Preis m ◆ adj (prize-winning) preisgekrönt; (classic: example) erstklassig ◆ vt schätzen; ~ idiot (inf) Volldiot m.

prizefighter ['praɪzfaɪtə*] n Preisboxer m.

prizegiving ['praɪzgɪvɪŋ] n Preisverleihung f.

prize money n Geldpreis m.

prizewinner ['praɪzwɪnə*] n Preisträger(in) m(f).

prizewinning ['praɪzwɪnɪŋ] adj preisgekrönt.

PRO n abbr = public relations officer.

pro [prəu] n (SPORT) Profi m ◆ prep (in favour of) pro +acc, für +acc; the ~s and cons das Für und Wider.

pro- [prəu] pref (in favour of) Pro-, pro-; ~-disarmament campaign Kampagne f für Abrüstung.

proactive [prəu'æktɪv] adj proaktiv.

probability [prɔbə'bɪlɪtɪ] n Wahrscheinlichkeit f; in all ~ aller Wahrscheinlichkeit nach.

probable ['prɔbəbl] adj wahrscheinlich; it seems ~ that ... es ist wahrscheinlich, dass ...

probably ['prɔbəblɪ] adv wahrscheinlich.

probate ['prəubɪt] n gerichtliche Testamentsbestätigung f.

probation [prə'beɪʃən] n: on ~ (lawbreaker) auf Bewährung; (employee) auf Probe.

probationary [prə'beɪʃənrɪ] adj (period) Probe-.

probationer [prə'beɪʃənə*] n (nurse: female) Lernschwester f; (: male) Lernpfleger m.

probation officer n Bewährungshelfer(in) m(f).

probe [prəub] n (MED, SPACE) Sonde f; (enquiry) Untersuchung f ◆ vt (investigate) untersuchen; (poke) bohren in +dat.

probity ['prəubɪtɪ] n Rechtschaffenheit f.

problem ['prɔbləm] n Problem nt; to have ~s with the car Probleme or Schwierigkeiten mit dem Auto haben; what's the ~? wo fehlts?; I had no ~ finding her ich habe sie ohne Schwierigkeiten gefunden; no ~! kein Problem!

problematic(al) [prɔblə'mætɪk(l)] adj problematisch.

problem-solving ['prɔbləmsɔlvɪŋ] adj (skills, ability) zur Problemlösung ◆ n Problemlösung f.

procedural [prə'siːdjurəl] adj (agreement, problem) verfahrensmäßig.

procedure [prə'siːdʒə*] n Verfahren nt.

proceed [prə'siːd] vi (carry on) fortfahren; (person: go) sich bewegen; to ~ to do sth etw tun; to ~ with fortfahren mit; I am not sure how to ~ ich bin nicht sicher über die weitere Vorgehensweise; to ~ against sb (LAW) gegen jdn gerichtlich vorgehen.

proceedings [prə'siːdɪŋz] npl (organized events) Vorgänge pl; (LAW) Verfahren nt; (records) Protokoll nt.

proceeds ['prəusiːdz] npl Erlös m.

process ['prəusɛs] n (series of actions) Verfahren nt; (BIOL, CHEM) Prozess m ◆ vt (raw materials, food, COMPUT: data) verarbeiten; (application) bearbeiten; (PHOT) entwickeln; in the ~ dabei; to be in the ~ of doing sth (gerade) dabei sein, etw zu tun.

processed cheese ['prəusɛst-], (US) **process cheese** n Schmelzkäse m.

processing ['prəusɛsɪŋ] n (PHOT) Entwickeln nt.

procession [prə'sɛʃən] n Umzug m, Prozession f; wedding/funeral ~ Hochzeits-/Trauerzug m.

proclaim [prə'kleɪm] vt verkünden, proklamieren.

proclamation [prɔklə'meɪʃən] n Proklamation f.

proclivity [prə'klɪvɪtɪ] (form) n Vorliebe f.

procrastinate [prəu'kræstɪneɪt] vi zögern, zaudern.

procrastination [prəukræstɪ'neɪʃən] n Zögern nt, Zaudern nt.

procreation [prəukrɪ'eɪʃən] n Fortpflanzung f.

procurator fiscal ['prɔkjureɪtə-] n (pl procurators fiscal) (SCOT) ≈ Staatsanwalt m,

Staatsanwältin *f*.
procure [prə'kjuə*] *vt* (*obtain*) beschaffen.
procurement [prə'kjuəmənt] *n* (*COMM*)
Beschaffung *f*.
prod [prɔd] *vt* (*push: with finger, stick etc*)
stoßen, stupsen (*inf*); (*fig: urge*) anspornen
♦ *n* (*with finger, stick etc*) Stoß *m*, Stups *m* (*inf*);
(*fig: reminder*) mahnender Hinweis *m*.
prodigal ['prɔdɪgl] *adj*: ~ **son** verlorener Sohn
m.
prodigious [prə'dɪdʒəs] *adj* (*cost, memory*)
ungeheuer.
prodigy ['prɔdɪdʒɪ] *n* (*person*) Naturtalent *nt*;
child ~ Wunderkind *nt*.
produce [*n* 'prɔdjuːs, *vt* prə'djuːs] *n* (*AGR*)
(Boden)produkte *pl* ♦ *vt* (*result etc*)
hervorbringen; (*goods, commodity*)
produzieren, herstellen; (*BIOL, CHEM*)
erzeugen; (*fig: evidence etc*) liefern;
(*: passport etc*) vorlegen; (*play, film,
programme*) produzieren.
producer [prə'djuːsə*] *n* (*person*)
Produzent(in) *m(f)*; (*country, company*)
Produzent *m*, Hersteller *m*.
product ['prɔdʌkt] *n* Produkt *nt*.
production [prə'dʌkʃən] *n* Produktion *f*;
(*THEAT*) Inszenierung *f*; **to go into** ~ (*goods*)
in Produktion gehen; **on** ~ **of** gegen Vorlage
+*gen*.
production agreement (*US*) *n*
Produktivitätsabkommen *nt*.
production line *n* Fließband *nt*,
Fertigungsstraße *f*.
production manager *n*
Produktionsleiter(in) *m(f)*.
productive [prə'dʌktɪv] *adj* produktiv.
productivity [prɔdʌk'tɪvɪtɪ] *n* Produktivität *f*.
productivity agreement (*BRIT*) *n*
Produktivitätsabkommen *nt*.
productivity bonus *n* Leistungszulage *f*.
Prof. *n abbr* (= *professor*) Prof.
profane [prə'feɪn] *adj* (*language etc*) profan;
(*secular*) weltlich.
profess [prə'fɛs] *vt* (*claim*) vorgeben; (*express:
feeling, opinion*) zeigen, bekunden; **I do not**
~ **to be an expert** ich behaupte nicht, ein
Experte zu sein.
professed [prə'fɛst] *adj* (*self-declared*) erklärt.
profession [prə'fɛʃən] *n* Beruf *m*; (*people*)
Berufsstand *m*; **the** ~**s** die gehobenen
Berufe.
professional [prə'fɛʃənl] *adj* (*organization,
musician etc*) Berufs-; (*misconduct, advice*)
beruflich; (*skilful*) professionell ♦ *n* (*doctor,
lawyer, teacher etc*) Fachmann *m*, Fachfrau *f*;
(*SPORT*) Profi *m*; (*skilled person*) Experte *m*,
Expertin *f*; **to seek** ~ **advice**
fachmännischen Rat einholen.
professionalism [prə'fɛʃnəlɪzəm] *n* fachliches
Können *nt*.
professionally [prə'fɛʃnəlɪ] *adv* beruflich; (*for
a living*) berufsmäßig; **I only know him** ~ ich

kenne ihn nur beruflich.
professor [prə'fɛsə*] *n* (*BRIT*) Professor(in)
m(f); (*US, CANADA*) Dozent(in) *m(f)*.
professorship [prə'fɛsəʃɪp] *n* Professur *f*.
proffer ['prɔfə*] *vt* (*advice, drink, one's hand*)
anbieten; (*apologies*) aussprechen; (*plate etc*)
hinhalten.
proficiency [prə'fɪʃənsɪ] *n* Können *nt*,
Fertigkeiten *pl*.
proficient [prə'fɪʃənt] *adj* fähig; **to be** ~ **at** *or*
in gut sein in +*dat*.
profile ['prəʊfaɪl] *n* (*of person's face*) Profil *nt*;
(*fig: biography*) Porträt *nt*; **to keep a low** ~
(*fig*) sich zurückhalten; **to have a high** ~ (*fig*)
eine große Rolle spielen.
profit ['prɔfɪt] *n* (*COMM*) Gewinn *m*, Profit *m*
♦ *vi*: **to** ~ **by** *or* **from** (*fig*) profitieren von;
~ **and loss account** Gewinn-und-Verlust-
Rechnung; **to make a** ~ einen Gewinn
machen; **to sell (sth) at a** ~ (etw) mit
Gewinn verkaufen.
profitability [prɔfɪtə'bɪlɪtɪ] *n* Rentabilität *f*.
profitable ['prɔfɪtəbl] *adj* (*business, deal*)
rentabel, einträglich; (*fig: useful*) nützlich.
profit centre *n* Bilanzabteilung *f*.
profiteering [prɔfɪ'tɪərɪŋ] (*pej*) *n*
Profitmacherei *f*.
profit-making ['prɔfɪtmeɪkɪŋ] *adj*
(*organization*) gewinnorientiert.
profit margin *n* Gewinnspanne *f*.
profit-sharing ['prɔfɪtʃɛərɪŋ] *n*
Gewinnbeteiligung *f*.
profits tax (*BRIT*) *n* Ertragssteuer *f*.
profligate ['prɔflɪgɪt] *adj* (*person, spending*)
verschwenderisch; (*waste*) sinnlos; ~ **with**
(*extravagant*) verschwenderisch mit.
pro forma ['prəʊ'fɔːmə] *adj*: ~ **invoice** Pro-
forma-Rechnung *f*.
profound [prə'faʊnd] *adj* (*shock*) schwer, tief;
(*effect, differences*) weitreichend, weit
reichend; (*idea, book*) tief schürfend.
profuse [prə'fjuːs] *adj* (*apologies*)
überschwänglich.
profusely [prə'fjuːslɪ] *adv* (*apologise, thank*)
vielmals; (*sweat, bleed*) stark.
profusion [prə'fjuːʒən] *n* Überfülle *f*.
progeny ['prɔdʒɪnɪ] *n* Nachkommenschaft *f*.
prognoses [prɔg'nəʊsiːz] *npl of* **prognosis**.
prognosis [prɔg'nəʊsɪs] (*pl* **prognoses**) *n* (*MED,
fig*) Prognose *f*.
program ['prəʊgræm] (*COMPUT*) *n* Programm
nt ♦ *vt* programmieren.
programme, (*US*) **program** ['prəʊgræm] *n*
Programm *nt* ♦ *vt* (*machine, system*)
programmieren.
programmer ['prəʊgræmə*] *n*
Programmierer(in) *m(f)*.
programming, (*US*) **programing**
['prəʊgræmɪŋ] *n* Programmierung *f*.
programming language *n*
Programmiersprache *f*.
progress [*n* 'prəʊgrɛs, *vi* prə'grɛs] *n* Fortschritt

m; (*improvement*) Fortschritte pl ♦ vi (*advance*) vorankommen; (*become higher in rank*) aufsteigen; (*continue*) sich fortsetzen; **in** ~ (*meeting, battle, match*) im Gange; **to make** ~ Fortschritte machen.

progression [prə'grɛʃən] n (*development*) Fortschritt m, Entwicklung f; (*series*) Folge f.

progressive [prə'grɛsɪv] adj (*enlightened*) progressiv, fortschrittlich; (*gradual*) fortschreitend.

progressively [prə'grɛsɪvlɪ] adv (*gradually*) zunehmend.

progress report n (*MED*) Fortschrittsbericht m; (*ADMIN*) Tätigkeitsbericht m.

prohibit [prə'hɪbɪt] vt (*ban*) verbieten; **to** ~ **sb from doing sth** jdm verbieten or untersagen, etw zu tun; **"smoking ~ed"** „Rauchen verboten".

prohibition [prəʊɪ'bɪʃən] n Verbot nt; **P~** (*US*) Prohibition f.

prohibitive [prə'hɪbɪtɪv] adj (*cost etc*) untragbar.

project [n 'prɒdʒɛkt, vt, vi prə'dʒɛkt] n (*plan, scheme*) Projekt nt; (*SCOL*) Referat nt ♦ vt (*plan*) planen; (*estimate*) schätzen, voraussagen; (*light, film, picture*) projizieren ♦ vi (*stick out*) hervorragen.

projectile [prə'dʒɛktaɪl] n Projektil nt, Geschoss nt, Geschoß nt (*ÖSTERR*).

projection [prə'dʒɛkʃən] n (*estimate*) Schätzung f, Voraussage f; (*overhang*) Vorsprung m; (*CINE*) Projektion f.

projectionist [prə'dʒɛkʃənɪst] n Filmvorführer(in) m(f).

projection room n Vorführraum m.

projector [prə'dʒɛktə*] n Projektor m.

proletarian [prəʊlɪ'tɛərɪən] adj proletarisch.

proletariat [prəʊlɪ'tɛərɪət] n: **the** ~ das Proletariat.

proliferate [prə'lɪfəreɪt] vi sich vermehren.

proliferation [prəlɪfə'reɪʃən] n Vermehrung f, Verbreitung f.

prolific [prə'lɪfɪk] adj (*artist, writer*) produktiv.

prologue, (*US*) **prolog** ['prəʊlɒg] n (*of play, book*) Prolog m.

prolong [prə'lɒŋ] vt verlängern.

prom [prɒm] n abbr = **promenade**; (*MUS*) = **promenade concert**; (*US: college ball*) Studentenball m.

PROM

Prom (*promenade concert*) ist in Großbritannien ein Konzert, bei dem ein Teil der Zuhörer steht (*ursprünglich spazieren ging*). Die seit 1895 alljährlich stattfindenden *proms* (*seit 1941 immer in der Londoner Royal Albert Hall*) zählen zu den bedeutendsten Musikereignissen in England. Der letzte Abend der **proms** steht ganz um Zeichen des Patriotismus und gipfelt im Singen des Lieds „Land of Hope and Glory". In den USA und

---

Kanada steht das Wort für **promenade**, ein Ball an einer **high school** oder einem **college**.

promenade [prɒmə'nɑːd] n Promenade f.

promenade concert (*BRIT*) n Promenadenkonzert nt.

promenade deck n Promenadendeck nt.

prominence ['prɒmɪnəns] n (*importance*) Bedeutung f; **to rise to** ~ bekannt werden.

prominent ['prɒmɪnənt] adj (*person*) prominent; (*thing*) bedeutend; (*very noticeable*) herausragend; **he is** ~ **in the field of science** er ist eine führende Persönlichkeit im naturwissenschaftlichen Bereich.

prominently ['prɒmɪnəntlɪ] adv (*display, set*) deutlich sichtbar; **he figured** ~ **in the case** er spielte in dem Fall eine bedeutende Rolle.

promiscuity [prɒmɪs'kjuːɪtɪ] n Promiskuität f.

promiscuous [prə'mɪskjʊəs] adj promisk.

promise ['prɒmɪs] n (*vow*) Versprechen nt; (*potential, hope*) Hoffnung f ♦ vi versprechen ♦ vt: **to** ~ **sb sth**, ~ **sth to sb** jdm etw versprechen; **to make/break/keep a** ~ ein Versprechen geben/brechen/halten; **a young man of** ~ ein viel versprechender junger Mann; **she shows** ~ sie gibt zu Hoffnungen Anlass; **it** ~**s to be lively** es verspricht lebhaft zu werden; **to** ~ **(sb) to do sth** (jdm) versprechen, etw zu tun.

promising ['prɒmɪsɪŋ] adj viel versprechend.

promissory note ['prɒmɪsərɪ-] n Schuldschein m.

promontory ['prɒməntrɪ] n Felsvorsprung m.

promote [prə'məʊt] vt (*employee*) befördern; (*advertise*) werben für; (*encourage: peace etc*) fördern; **the team was** ~**d to the first division** (*BRIT: FOOTBALL*) die Mannschaft stieg in die erste Division auf.

promoter [prə'məʊtə*] n (*of concert, event*) Veranstalter(in) m(f); (*of cause, idea*) Förderer m, Förderin f.

promotion [prə'məʊʃən] n (*at work*) Beförderung f; (*of product, event*) Werbung f; (*of idea*) Förderung f; (*publicity campaign*) Werbekampagne f.

prompt [prɒmpt] adj prompt, sofortig ♦ adv (*exactly*) pünktlich ♦ n (*COMPUT*) Prompt m ♦ vt (*cause*) veranlassen; (*when talking*) auf die Sprünge helfen +dat; (*THEAT*) soufflieren +dat; **they're very** ~ (*punctual*) sie sind sehr pünktlich; **he was** ~ **to accept** er nahm unverzüglich an; **at 8 o'clock** ~ (um) Punkt 8 Uhr; **to** ~ **sb to do sth** jdn dazu veranlassen, etw zu tun.

prompter ['prɒmptə*] n (*THEAT*) Souffleur m, Souffleuse f.

promptly ['prɒmptlɪ] adv (*immediately*) sofort; (*exactly*) pünktlich.

promptness ['prɒmptnɪs] n Promptheit f.

promulgate ['prɒməlgeɪt] vt (*policy*) bekannt

machen, verkünden; (*idea*) verbreiten.

prone [prəun] *adj* (*face down*) in Bauchlage; **to be ~ to sth** zu etw neigen; **she is ~ to burst into tears if ...** sie neigt dazu, in Tränen auszubrechen, wenn ...

prong [prɔŋ] *n* (*of fork*) Zinke *f*.

pronoun ['prəunaun] *n* Pronomen *nt*, Fürwort *nt*.

pronounce [prə'nauns] *vt* (*word*) aussprechen; (*give verdict, opinion*) erklären ♦ *vi*: **to ~ (up)on sich äußern zu; they ~d him dead/unfit to drive** sie erklärten ihn für tot/fahruntüchtig.

pronounced [prə'naunst] *adj* (*noticeable*) ausgeprägt, deutlich.

pronouncement [prə'naunsmənt] *n* Erklärung *f*.

pronto ['prɔntəu] (*inf*) *adv* fix.

pronunciation [prənʌnsɪ'eɪʃən] *n* Aussprache *f*.

proof [pru:f] *n* (*evidence*) Beweis *m*; (*TYP*) (Korrektur)fahne *f* ♦ *adj*: **~ against** sicher vor +*dat*; **to be 70 % ~** (*alcohol*) ≈ einen Alkoholgehalt von 40% haben.

proofreader ['pru:fri:də*] *n* Korrektor(in) *m(f)*.

Prop. *abbr* (*COMM*: = *proprietor*) Inh.

prop [prɔp] *n* (*support, also fig*) Stütze *f* ♦ *vt* (*lean*): **to ~ sth against sth** etw an etw *acc* lehnen.

▶ **prop up** *vt sep* (*thing*) (ab)stützen; (*fig: government, industry*) unterstützen.

propaganda [prɔpə'gændə] *n* Propaganda *f*.

propagate ['prɔpəgeɪt] *vt* (*plants*) züchten; (*ideas etc*) propagieren ♦ *vi* (*plants, animals*) sich fortpflanzen.

propagation [prɔpə'geɪʃən] *n* (*of ideas etc*) Propagierung *f*; (*of plants, animals*) Fortpflanzung *f*.

propel [prə'pɛl] *vt* (*vehicle, machine*) antreiben; (*person*) schubsen; (*fig: person*) treiben.

propeller [prə'pɛlə*] *n* Propeller *m*.

propelling pencil [prə'pɛlɪŋ-] (*BRIT*) *n* Drehbleistift *m*.

propensity [prə'pɛnsɪtɪ] *n*: **a ~ for** *or* **to sth** ein Hang *m* *or* eine Neigung zu etw; **to have a ~ to do sth** dazu neigen, etw zu tun.

proper ['prɔpə*] *adj* (*genuine, correct*) richtig; (*socially acceptable*) schicklich; (*inf: real*) echt; **the town/city ~** die Stadt selbst; **to go through the ~ channels** den Dienstweg einhalten.

properly ['prɔpəlɪ] *adv* (*eat, work*) richtig; (*behave*) anständig.

proper noun *n* Eigenname *m*.

property ['prɔpətɪ] *n* (*possessions*) Eigentum *nt*; (*building and its land*) Grundstück *nt*; (*quality*) Eigenschaft *f*; **it's their ~** es gehört ihnen.

property developer *n* ≈ Grundstücksmakler(in) *m(f)*.

property market *n* Immobilienmarkt *m*.

property owner *n* Grundbesitzer(in) *m(f)*.

property tax *n* Vermögenssteuer *f*.

prophecy ['prɔfɪsɪ] *n* Prophezeiung *f*.

prophesy ['prɔfɪsaɪ] *vt* prophezeien ♦ *vi* Prophezeiungen machen.

prophet ['prɔfɪt] *n* Prophet *m*; **~ of doom** Unheilsprophet(in) *m(f)*.

prophetic [prə'fɛtɪk] *adj* prophetisch.

proportion [prə'pɔ:ʃən] *n* (*part*) Teil *m*; (*number: of people, things*) Anteil *m*; (*ratio*) Verhältnis *nt*; **in ~ to** im Verhältnis zu; **to be out of all ~ to sth** in keinem Verhältnis zu etw stehen; **to get sth in/out of ~** etw im richtigen/falschen Verhältnis sehen; **a sense of ~** (*fig*) ein Sinn für das Wesentliche.

proportional [prə'pɔ:ʃənl] *adj*: **~ to** proportional zu.

proportional representation *n* Verhältniswahlrecht *nt*.

proportionate [prə'pɔ:ʃənɪt] *adj* = **proportional**.

proposal [prə'pəuzl] *n* (*plan*) Vorschlag *m*; **~ (of marriage)** Heiratsantrag *m*.

propose [prə'pəuz] *vt* (*plan, idea*) vorschlagen; (*motion*) einbringen; (*toast*) ausbringen ♦ *vi* (*offer marriage*) einen Heiratsantrag machen; **to ~ to do sth** *or* **doing sth** (*intend*) die Absicht haben, etw zu tun.

proposer [prə'pəuzə*] *n* (*of motion etc*) Antragsteller(in) *m(f)*.

proposition [prɔpə'zɪʃən] *n* (*statement*) These *f*; (*offer*) Angebot *nt*; **to make sb a ~** jdm ein Angebot machen.

propound [prə'paund] *vt* (*idea etc*) darlegen.

proprietary [prə'praɪətərɪ] *adj* (*brand, medicine*) Marken-; (*tone, manner*) besitzergreifend.

proprietor [prə'praɪətə*] *n* (*of hotel, shop etc*) Inhaber(in) *m(f)*; (*of newspaper*) Besitzer(in) *m(f)*.

propriety [prə'praɪətɪ] *n* (*seemliness*) Schicklichkeit *f*.

props [prɔps] *npl* (*THEAT*) Requisiten *pl*.

propulsion [prə'pʌlʃən] *n* Antrieb *m*.

pro rata [prəu'rɑ:tə] *adj, adv* anteilmäßig; **on a ~ basis** anteilmäßig.

prosaic [prəu'zeɪɪk] *adj* prosaisch, nüchtern.

Pros. Atty. (*US*) *abbr* = **prosecuting attorney**.

proscribe [prə'skraɪb] (*form*) *vt* verbieten, untersagen.

prose [prəuz] *n* (*not poetry*) Prosa *f*; (*BRIT*: *SCOL: translation*) Übersetzung *f* in die Fremdsprache.

prosecute ['prɔsɪkju:t] *vt* (*LAW*: *person*) strafrechtlich verfolgen; (: *case*) die Anklage vertreten in +*dat*.

prosecuting attorney ['prɔsɪkju:tɪŋ-] (*US*) *n* Staatsanwalt *m*, Staatsanwältin *f*.

prosecution [prɔsɪ'kju:ʃən] *n* (*LAW*: *action*) strafrechtliche Verfolgung *f*; (: *accusing side*) Anklage(vertretung) *f*.

prosecutor ['prɔsɪkju:tə*] *n* Anklagevertreter(in) *m(f)*; (*also*: **public ~**)

Staatsanwalt *m*, Staatsanwältin *f*.

prospect [n 'prɔspɛkt, *vi* prə'spɛkt] *n* Aussicht *f*
♦ *vi*: **to ~ (for)** suchen (nach); **prospects** *npl*
(*for work etc*) Aussichten *pl*, Chancen *pl*; **we
are faced with the ~ of higher
unemployment** wir müssen mit der
Möglichkeit rechnen, dass die
Arbeitslosigkeit steigt.

prospecting ['prɔspɛktɪŋ] *n* (*for gold, oil etc*)
Suche *f*.

prospective [prə'spɛktɪv] *adj* (*son-in-law*)
zukünftig; (*customer, candidate*)
voraussichtlich.

prospectus [prə'spɛktəs] *n* (*of college,
company*) Prospekt *m*.

prosper ['prɔspə'] *vi* (*person*) Erfolg haben;
(*business, city etc*) gedeihen, florieren.

prosperity [prɔ'spɛrɪtɪ] *n* Wohlstand *m*.

prosperous ['prɔspərəs] *adj* (*person*)
wohlhabend; (*business, city etc*) blühend.

prostate ['prɔsteɪt] *n* (*also*: ~ **gland**) Prostata *f*.

prostitute ['prɔstɪtjuːt] *n* (*female*)
Prostituierte *f*; (*male*) männliche(r)
Prostituierte(r) *m*, Strichjunge *m* (*inf*) ♦ *vt*: **to
~ o.s.** (*fig*) sich prostituieren, sich unter
Wert verkaufen.

prostitution [prɔstɪ'tjuːʃən] *n* Prostitution *f*.

prostrate ['prɔstreɪt] *adj* (*face down*)
ausgestreckt (liegend); (*fig*)
niedergeschmettert ♦ *vt*: **to ~ o.s. before**
sich zu Boden werfen vor +*dat*.

protagonist [prə'tægənɪst] *n* (*of idea,
movement*) Verfechter(in) *m(f)*; (*THEAT,
LITER*) Protagonist(in) *m(f)*.

protect [prə'tɛkt] *vt* schützen.

protection [prə'tɛkʃən] *n* Schutz *m*; **police ~**
Polizeischutz *m*.

protectionism [prə'tɛkʃənɪzəm] *n*
Protektionismus *m*.

protection racket *n* Organisation *f* zur
Erpressung von Schutzgeld.

protective [prə'tɛktɪv] *adj* (*clothing, layer etc*)
Schutz-; (*person*) fürsorglich; **~ custody**
Schutzhaft *f*.

protector [prə'tɛktə'] *n* (*person*)
Beschützer(in) *m(f)*; (*device*) Schutz *m*.

protégé(e) ['prəʊtɪʒeɪ] *n* Schützling *m*.

protein ['prəʊtiːn] *n* Protein *nt*, Eiweiß *nt*.

pro tem [prəʊ'tɛm] *adv abbr* (= *pro tempore*)
vorläufig.

protest [n 'prəʊtɛst, *vi*, *vt* prə'tɛst] *n* Protest *m*
♦ *vi*: **to ~ about** *or* **against** *or* **at sth** gegen
etw protestieren ♦ *vt*: **to ~ (that)** (*insist*)
beteuern(, dass).

Protestant ['prɔtɪstənt] *adj* protestantisch ♦ *n*
Protestant(in) *m(f)*.

protester [prə'tɛstə'] *n* (*in demonstration*)
Demonstrant(in) *m(f)*.

protest march *n* Protestmarsch *m*.

protestor [prə'tɛstə'] *n* = **protester**.

protocol ['prəʊtəkɔl] *n* Protokoll *nt*.

prototype ['prəʊtətaɪp] *n* Prototyp *m*.

protracted [prə'træktɪd] *adj* (*meeting etc*)
langwierig, sich hinziehend; (*absence*)
länger.

protractor [prə'træktə'] *n* (*GEOM*)
Winkelmesser *m*.

protrude [prə'truːd] *vi* (*rock, ledge, teeth*)
vorstehen.

protuberance [prə'tjuːbərəns] *n* Auswuchs *m*.

proud [praud] *adj* stolz; (*arrogant*) hochmütig;
~ of sb/sth stolz auf jdn/etw; **to be ~ to do
sth** stolz (darauf) sein, etw zu tun; **to do
sb/o.s. ~** (*inf*) jdn/sich verwöhnen.

proudly ['praudlɪ] *adv* stolz.

prove [pruːv] *vt* beweisen ♦ *vi*: **to ~ (to be)
correct** sich als richtig herausstellen *or*
erweisen; **to ~ (o.s./itself) (to be) useful** sich
als nützlich erweisen; **he was ~d right in
the end** er hat schließlich Recht behalten.

proverb ['prɔvəːb] *n* Sprichwort *nt*.

proverbial [prə'vəːbɪəl] *adj* sprichwörtlich.

provide [prə'vaɪd] *vt* (*food, money, shelter etc*)
zur Verfügung stellen; (*answer, example etc*)
liefern; **to ~ sb with sth** jdm etw zur
Verfügung stellen.

▶ **provide for** *vt fus* (*person*) sorgen für;
(*future event*) vorsorgen für.

provided [prə'vaɪdɪd] *conj*: **~ (that)**
vorausgesetzt(, dass).

Providence ['prɔvɪdəns] *n* die Vorsehung.

providing [prə'vaɪdɪŋ] *conj*: **~ (that)**
vorausgesetzt(, dass).

province ['prɔvɪns] *n* (*of country*) Provinz *f*;
(*responsibility etc*) Bereich *m*, Gebiet *nt*;
provinces *npl*: **the ~s** außerhalb der
Hauptstadt liegende Landesteile, Provinz *f*.

provincial [prə'vɪnʃəl] *adj* (*town, newspaper
etc*) Provinz-; (*pej: parochial*) provinziell.

provision [prə'vɪʒən] *n* (*supplying*)
Bereitstellung *f*; (*preparation*) Vorsorge *f*,
Vorkehrungen *pl*; (*stipulation, clause*)
Bestimmung *f*; **provisions** *npl* (*food*) Proviant
m; **to make ~ for** vorsorgen für; (*for people*)
sorgen für; **there's no ~ for this in the
contract** dies ist im Vertrag nicht
vorgesehen.

provisional [prə'vɪʒənl] *adj* vorläufig,
provisorisch ♦ *n*: **P~** (*IRISH: POL*) Mitglied
*der provisorischen Irisch-Republikanischen
Armee*.

provisional licence (*BRIT*) *n* (*AUT*) vorläufige
Fahrerlaubnis *f*.

provisionally [prə'vɪʒnəlɪ] *adv* vorläufig.

proviso [prə'vaɪzəu] *n* Vorbehalt *m*; **with the
~ that ...** unter dem Vorbehalt, dass ...

Provo ['prɔvəu] (*IRISH: inf*) *n abbr* (*POL*)
= **Provisional**.

provocation [prɔvə'keɪʃən] *n* Provokation *f*,
Herausforderung *f*; **to be under ~**
provoziert werden.

provocative [prə'vɔkətɪv] *adj* provozierend,
herausfordernd; (*sexually stimulating*)
aufreizend.

provoke [prə'vəuk] *vt* (*person*) provozieren, herausfordern; (*fight*) herbeiführen; (*reaction etc*) hervorrufen; **to ~ sb to do** *or* **into doing sth** jdn dazu provozieren, etw zu tun.

provost ['prɔvəst] *n* (*BRIT: of university*) Dekan *m*; (*SCOT*) Bürgermeister(in) *m(f)*.

prow [prau] *n* (*of boat*) Bug *m*.

prowess ['prauɪs] *n* Können *nt*, Fähigkeiten *pl*; **his ~ as a footballer** sein fußballerisches Können.

prowl [praul] *vi* (*also:* **~ about, ~ around**) schleichen ♦ *n*: **on the ~** (*animal, fig: person*) auf Streifzug.

prowler ['praulə*] *n* Herumtreiber *m*.

proximity [prɔk'sɪmɪtɪ] *n* Nähe *f*.

proxy ['prɔksɪ] *n*: **by ~** durch einen Stellvertreter.

prude [pruːd] *n*: **to be a ~** prüde sein.

prudence ['pruːdns] *n* Klugheit *f*, Umsicht *f*.

prudent ['pruːdnt] *adj* (*sensible*) klug.

prudish ['pruːdɪʃ] *adj* prüde.

prune [pruːn] *n* Backpflaume *f* ♦ *vt* (*plant*) stutzen, beschneiden.

pry [praɪ] *vi*: **to ~ (into)** seine Nase hineinstecken (in +*acc*), herumschnüffeln (in +*dat*).

PS *abbr* (= *postscript*) PS.

psalm [sɑːm] *n* Psalm *m*.

PSAT (*US*) *n abbr* (= *Preliminary Scholastic Aptitude Test*) Schuleignungstest.

PSBR (*BRIT*) *n abbr* (*ECON: = public sector borrowing requirement*) staatlicher Kreditbedarf *m*.

pseud [sjuːd] (*BRIT: inf: pej*) *n* Angeber(in) *m(f)*.

pseudo- ['sjuːdəu] *pref* Pseudo-.

pseudonym ['sjuːdənɪm] *n* Pseudonym *nt*.

PST (*US*) *abbr* (= *Pacific Standard Time*) pazifische Standardzeit.

PSV (*BRIT*) *n abbr* = **public-service vehicle**.

psyche ['saɪkɪ] *n* Psyche *f*.

psychedelic [saɪkə'delɪk] *adj* (*drug*) psychedelisch; (*clothes, colours*) in psychedelischen Farben.

psychiatric [saɪkɪ'ætrɪk] *adj* psychiatrisch.

psychiatrist [saɪ'kaɪətrɪst] *n* Psychiater(in) *m(f)*.

psychiatry [saɪ'kaɪətrɪ] *n* Psychiatrie *f*.

psychic ['saɪkɪk] *adj* (*person*) übersinnlich begabt; (*damage, disorder*) psychisch ♦ *n* Mensch *m* mit übersinnlichen Fähigkeiten.

psycho ['saɪkəu] (*US: inf*) *n* Verrückte(r) *f(m)*.

psychoanalyse [saɪkəu'ænəlaɪz] *vt* psychoanalytisch behandeln, psychoanalysieren.

psychoanalysis [saɪkəuə'nælɪsɪs] *n* Psychoanalyse *f*.

psychoanalyst [saɪkəu'ænəlɪst] *n* Psychoanalytiker(in) *m(f)*.

psychological [saɪkə'lɔdʒɪkl] *adj* psychologisch.

psychologist [saɪ'kɔlədʒɪst] *n* Psychologe *m*, Psychologin *f*.

psychology [saɪ'kɔlədʒɪ] *n* (*science*) Psychologie *f*; (*character*) Psyche *f*.

psychopath ['saɪkəupæθ] *n* Psychopath(in) *m(f)*.

psychoses [saɪ'kəusiːz] *npl of* **psychosis**.

psychosis [saɪ'kəusɪs] (*pl* **psychoses**) *n* Psychose *f*.

psychosomatic ['saɪkəusə'mætɪk] *adj* psychosomatisch.

psychotherapy [saɪkəu'θerəpɪ] *n* Psychotherapie *f*.

psychotic [saɪ'kɔtɪk] *adj* psychotisch.

PT (*BRIT*) *n abbr* (*SCOL: = physical training*) Turnen *nt*.

Pt *abbr* (*in place names: = Point*) Pt.

pt *abbr* = **pint**; **point**.

PTA *n abbr* (= *Parent-Teacher Association*) *Lehrer- und Elternverband.*

Pte (*BRIT*) *abbr* (*MIL*) = **private**.

PTO *abbr* (= *please turn over*) b. w.

PTV (*US*) *n abbr* (= *pay television*) Pay-TV *nt*; (= *public television*) öffentliches Fernsehen *nt*.

pub [pʌb] *n* = **public house**

PUB

Pub *ist ein Gasthaus mit einer Lizenz zum Ausschank von alkoholischen Getränken. Ein* **pub** *besteht meist aus verschiedenen gemütlichen (lounge, snug) oder einfacheren Räumen (public bar), in der oft auch Spiele wie Darts, Domino und Poolbilliard zur Verfügung stehen. In* **pubs** *werden vor allem mittags oft auch Mahlzeiten angeboten.* **Pubs** *sind normalerweise von 11 bis 23 Uhr geöffnet, aber manchmal nachmittags geschlossen.*

---

pub-crawl ['pʌbkrɔːl] (*inf*) *n*: **to go on a ~** eine Kneipentour machen.

pub lunch *n in Pubs servierter Imbiss.*

puberty ['pjuːbətɪ] *n* Pubertät *f*.

pubic ['pjuːbɪk] *adj* (*hair*) Scham-; **~ bone** Schambein *nt*.

public ['pʌblɪk] *adj* öffentlich ♦ *n*: **the ~** (*in general*) die Öffentlichkeit; (*particular set of people*) das Publikum; **to be ~ knowledge** allgemein bekannt sein; **to make sth ~** etw bekannt machen; **to go ~** (*COMM*) in eine Aktiengesellschaft umgewandelt werden; **in ~** in aller Öffentlichkeit; **the general ~** die Allgemeinheit.

public-address system [pʌblɪkə'dres-] *n* Lautsprecheranlage *f*.

publican ['pʌblɪkən] *n* Gastwirt(in) *m(f)*.

publication [pʌblɪ'keɪʃən] *n* Veröffentlichung *f*.

public company *n* Aktiengesellschaft *f*.

public convenience (*BRIT*) *n* öffentliche Toilette *f*.

public holiday *n* gesetzlicher Feiertag *m*.

public house (*BRIT*) *n* Gaststätte *f*.
publicity [pʌbˈlɪsɪtɪ] *n* (*information*) Werbung *f*;
(*attention*) Publicity *f*.
publicize [ˈpʌblɪsaɪz] *vt* (*fact*) bekannt
machen; (*event*) Publicity machen für.
public limited company *n* ≈
Aktiengesellschaft *f*.
publicly [ˈpʌblɪklɪ] *adv* öffentlich; **to be**
~ **owned** (*COMM*) in Staatsbesitz sein.
public opinion *n* die öffentliche Meinung.
public ownership *n*: **to be taken into** ~
verstaatlicht werden.
Public Prosecutor *n* Staatsanwalt *m*,
Staatsanwältin *f*.
public relations *n* Publicrelations *pl*, Public
Relations *pl*, Öffentlichkeitsarbeit *f*.
public relations officer *n* Beauftragte(r) *f(m)*
für Öffentlichkeitsarbeit.
public school *n* (*BRIT*) Privatschule *f*; (*US*)
staatliche Schule *f*.

PUBLIC SCHOOL

Public school bezeichnet vor allem in England
eine weiterführende Privatschule, meist eine
Internatsschule mit hohem Prestige, an die oft
auch eine **preparatory school** angeschlossen
ist. **Public schools** werden von einem
Schulbeirat verwaltet und durch Stiftungen und
Schulgelder, die an den bekanntesten Schulen wie
Eton, Harrow und Westminster sehr hoch sein
können, finanziert. Die meisten Schüler einer
public school gehen zur Universität, oft nach
Oxford oder Cambridge. Viele Industrielle,
Abgeordnete und hohe Beamte haben eine **public
school** besucht. In Schottland und den USA
bedeutet **public school** eine öffentliche, vom
Steuerzahler finanzierte Schule.

---

public sector *n*: **the** ~ der öffentliche Sektor.
public-service vehicle [pʌblɪkˈsəːvɪs-] (*BRIT*)
n öffentliches Verkehrsmittel *nt*.
public-spirited [pʌblɪkˈspɪrɪtɪd] *adj*
gemeinsinnig.
public transport *n* öffentliche
Verkehrsmittel *pl*.
public utility *n* öffentlicher
Versorgungsbetrieb *m*.
public works *npl* öffentliche Bauprojekte *pl*.
publish [ˈpʌblɪʃ] *vt* veröffentlichen.
publisher [ˈpʌblɪʃəʳ] *n* (*person*) Verleger(in)
m(f); (*company*) Verlag *m*.
publishing [ˈpʌblɪʃɪŋ] *n* (*profession*) das
Verlagswesen.
publishing company *n* Verlag *m*,
Verlagshaus *nt*.
puce [pjuːs] *adj* (*face*) hochrot.
puck [pʌk] *n* (*ICE HOCKEY*) Puck *m*.
pucker [ˈpʌkəʳ] *vi* (*lips, face*) sich verziehen;
(*fabric etc*) Falten werfen ♦ *vt* (*lips, face*)
verziehen; (*fabric etc*) Falten machen in +*acc*.
pudding [ˈpudɪŋ] *n* (*cooked sweet food*)

Süßspeise *f*; (*BRIT: dessert*) Nachtisch *m*; **rice**
~ Milchreis *m*; **black** ~, *(US)* **blood** ~ ≈
Blutwurst *f*.
puddle [ˈpʌdl] *n* (*of rain*) Pfütze *f*; (*of blood*)
Lache *f*.
puerile [ˈpjuəraɪl] *adj* kindisch.
Puerto Rico [ˈpwəːtəuˈriːkəu] *n* Puerto Rico *nt*.
puff [pʌf] *n* (*of cigarette, pipe*) Zug *m*; (*gasp*)
Schnaufer *m*; (*of air*) Stoß *m*; (*of smoke*)
Wolke *f* ♦ *vt* (*also*: ~ **on**, ~ **at**: *cigarette, pipe*)
ziehen an +*dat* ♦ *vi* (*gasp*) keuchen,
schnaufen.
▶ **puff out** *vt* (*one's chest*) herausdrücken;
(*one's cheeks*) aufblasen.
puffed [pʌft] (*inf*) *adj* außer Puste.
puffin [ˈpʌfɪn] *n* Papageientaucher *m*.
puff pastry, (*US*) **puff paste** *n* Blätterteig *m*.
puffy [ˈpʌfɪ] *adj* (*eye*) geschwollen; (*face*)
aufgedunsen.
pugnacious [pʌgˈneɪʃəs] *adj* (*person*)
streitsüchtig.
pull [pul] *vt* (*rope, handle etc*) ziehen an +*dat*;
(*cart etc*) ziehen; (*close: curtain*) zuziehen;
(: *blind*) herunterlassen; (*inf: attract: people*)
anlocken; (: *sexual partner*) aufreißen; (*pint of
beer*) zapfen ♦ *vi* ziehen ♦ *n* (*also fig: attraction*)
Anziehungskraft *f*; **to** ~ **the trigger**
abdrücken; **to** ~ **a face** ein Gesicht
schneiden; **to** ~ **a muscle** sich *dat* einen
Muskel zerren; **not to** ~ **one's** *or* **any
punches** (*fig*) sich *dat* keine Zurückhaltung
auferlegen; **to** ~ **to pieces** (*fig*) zerreißen; **to**
~ **one's weight** (*fig*) sich ins Zeug legen; **to**
~ **o.s. together** sich zusammenreißen; **to**
~ **sb's leg** (*fig*) jdn auf den Arm nehmen; **to**
~ **strings (for sb)** seine Beziehungen (für
jdn) spielen lassen; **to give sth a** ~ an etw
dat ziehen.
▶ **pull apart** *vt* (*separate*) trennen.
▶ **pull away** *vi* (*AUT*) losfahren.
▶ **pull back** *vi* (*retreat*) sich zurückziehen; (*fig*)
einen Rückzieher machen (*inf*).
▶ **pull down** *vt* (*building*) abreißen.
▶ **pull in** *vi* (*AUT: at kerb*) anhalten; (*RAIL*)
einfahren ♦ *vt* (*inf: money*) einsacken;
(*crowds, people*) anlocken; (*police: suspect*)
sich *dat* schnappen (*inf*).
▶ **pull off** *vt* (*clothes etc*) ausziehen; (*fig:
difficult thing*) schaffen, bringen (*inf*).
▶ **pull out** *vi* (*AUT: from kerb*) losfahren;
(: *when overtaking*) ausscheren; (*RAIL*)
ausfahren; (*withdraw*) sich zurückziehen
♦ *vt* (*extract*) herausziehen.
▶ **pull over** *vi* (*AUT*) an den Straßenrand
fahren.
▶ **pull through** *vi* (*MED*) durchkommen.
▶ **pull up** *vi* (*AUT, RAIL: stop*) anhalten ♦ *vt*
(*raise*) hochziehen; (*uproot*) herausreißen;
(*chair*) heranrücken.
pullback [ˈpulbæk] *n* (*retreat*) Rückzug *m*.
pulley [ˈpulɪ] *n* Flaschenzug *m*.
pull-out [ˈpulaut] *n* (*in magazine*) Beilage *f* (*zum*

Heraustrennen).

pullover ['puləuvə*] *n* Pullover *m*.

pulp [pʌlp] *n* (*of fruit*) Fruchtfleisch *nt*; (*for paper*) (Papier)brei *m*; (*LITER: pej*) Schund *m* ♦ *adj* (*pej: magazine, novel*) Schund-; **to reduce sth to a ~** etw zu Brei machen.

pulpit ['pulpɪt] *n* Kanzel *f*.

pulsate [pʌl'seɪt] *vi* (*heart*) klopfen; (*music*) pulsieren.

pulse [pʌls] *n* (*ANAT*) Puls *m*; (*rhythm*) Rhythmus *m*; **pulses** *npl* (*BOT*) Hülsenfrüchte *pl*; (*TECH*) Impuls *m* ♦ *vi* pulsieren; **to take** *or* **feel sb's ~** jdm den Puls fühlen; **to have one's finger on the ~** (**of sth**) (*fig*) den Finger am Puls (einer Sache *gen*) haben.

pulverize ['pʌlvəraɪz] *vt* pulverisieren; (*fig: destroy*) vernichten.

puma ['pju:mə] *n* Puma *m*.

pumice ['pʌmɪs] *n* (*also: ~ stone*) Bimsstein *m*.

pummel ['pʌml] *vt* mit Faustschlägen bearbeiten.

pump [pʌmp] *n* Pumpe *f*; (*petrol pump*) Zapfsäule *f*; (*shoe*) Turnschuh *m* ♦ *vt* pumpen; **to ~ sb for information** jdn aushorchen; **she had her stomach ~ed** ihr wurde der Magen ausgepumpt.

▶ **pump up** *vt* (*inflate*) aufpumpen.

pumpkin ['pʌmpkɪn] *n* Kürbis *m*.

pun [pʌn] *n* Wortspiel *nt*.

punch [pʌntʃ] *n* (*blow*) Schlag *m*; (*fig: force*) Schlagkraft *f*; (*tool*) Locher *m*; (*drink*) Bowle *f*, Punsch *m* ♦ *vt* (*hit*) schlagen; (*make a hole in*) lochen; **to ~ a hole in sth** ein Loch in etw *acc* stanzen.

▶ **punch in** (*US*) *vi* (bei Arbeitsbeginn) stempeln.

▶ **punch out** (*US*) *vi* (bei Arbeitsende) stempeln.

Punch and Judy show *n ≈* Kasper(le)theater *nt*.

punch card, (*US*) **punched card** [pʌntʃt-] *n* Lochkarte *f*.

punch-drunk ['pʌntʃdrʌŋk] (*BRIT*) *adj* (*boxer*) angeschlagen.

punch line *n* Pointe *f*.

punch-up ['pʌntʃʌp] (*BRIT: inf*) *n* Schlägerei *f*.

punctual ['pʌŋktjuəl] *adj* pünktlich.

punctuality [pʌŋktju'ælɪtɪ] *n* Pünktlichkeit *f*.

punctually ['pʌŋktjuəlɪ] *adv* pünktlich; **it will start ~ at 6** es beginnt um Punkt 6 *or* pünktlich um 6.

punctuation [pʌŋktju'eɪʃən] *n* Zeichensetzung *f*.

punctuation mark *n* Satzzeichen *nt*.

puncture ['pʌŋktʃə*] *n* (*AUT*) Reifenpanne *f* ♦ *vt* durchbohren; **I have a ~** ich habe eine Reifenpanne.

pundit ['pʌndɪt] *n* Experte *m*, Expertin *f*.

pungent ['pʌndʒənt] *adj* (*smell, taste*) scharf; (*fig: speech, article etc*) spitz, scharf.

punish ['pʌnɪʃ] *vt* bestrafen; **to ~ sb for sth** jdn für etw bestrafen; **to ~ sb for doing sth** jdn dafür bestrafen, dass er etw getan hat.

punishable ['pʌnɪʃəbl] *adj* strafbar.

punishing ['pʌnɪʃɪŋ] *adj* (*fig: exercise, ordeal*) hart.

punishment ['pʌnɪʃmənt] *n* (*act*) Bestrafung *f*; (*way of punishing*) Strafe *f*; **to take a lot of ~** (*fig: car, person etc*) viel abbekommen.

punitive ['pju:nɪtɪv] *adj* (*action*) Straf-, zur Strafe; (*measure*) (extrem) hart.

punk [pʌŋk] *n* (*also: ~ rocker*) Punker(in) *m(f)*; (*also: ~ rock*) Punk *m*; (*US: inf: hoodlum*) Gangster *m*.

punnet ['pʌnɪt] *n* (*of raspberries etc*) Körbchen *nt*.

punt¹ [pʌnt] *n* (*boat*) Stechkahn *m* ♦ *vi* mit dem Stechkahn fahren.

punt² [pʌnt] (*IRISH*) *n* (*currency*) irisches Pfund *nt*.

punter ['pʌntə*] (*BRIT*) *n* (*gambler*) Wetter(in) *m(f)*; **the ~s** (*inf: customers*) die Leute; **the average ~** (*inf*) Otto Normalverbraucher.

puny ['pju:nɪ] *adj* (*person, arms etc*) schwächlich; (*efforts*) kläglich, kümmerlich.

pup [pʌp] *n* (*young dog*) Welpe *m*, junger Hund *m*; **seal ~** Welpenjunge(s) *nt*.

pupil ['pju:pl] *n* (*SCOL*) Schüler(in) *m(f)*; (*of eye*) Pupille *f*.

puppet ['pʌpɪt] *n* Handpuppe *f*; (*with strings, fig: person*) Marionette *f*.

puppet government *n* Marionettenregierung *f*.

puppy ['pʌpɪ] *n* (*young dog*) Welpe *m*, junger Hund *m*.

purchase ['pɜːtʃɪs] *n* Kauf *m*; (*grip*) Halt *m* ♦ *vt* kaufen; **to get** *or* **gain (a) ~ on** (*grip*) Halt finden an +*dat*.

purchase order *n* Bestellung *f*.

purchase price *n* Kaufpreis *m*.

purchaser ['pɜːtʃɪsə*] *n* Käufer(in) *m(f)*.

purchase tax *n* Kaufsteuer *f*.

purchasing power ['pɜːtʃɪsɪŋ-] *n* Kaufkraft *f*.

pure [pjuə*] *adj* rein; **a ~ wool jumper** ein Pullover aus reiner Wolle; **it's laziness ~ and simple** es ist nichts als reine Faulheit.

purebred ['pjuəbred] *adj* reinrassig.

puree ['pjuəreɪ] *n* Püree *nt*.

purely ['pjuəlɪ] *adv* rein.

purgatory ['pɜːgətərɪ] *n* (*REL*) das Fegefeuer; (*fig*) die Hölle.

purge [pɜːdʒ] *n* (*POL*) Säuberung *f* ♦ *vt* (*POL: organization*) säubern; (: *extremists etc*) entfernen; (*fig: thoughts, mind etc*) befreien.

purification [pjuərɪfɪ'keɪʃən] *n* Reinigung *f*.

purify ['pjuərɪfaɪ] *vt* reinigen.

purist ['pjuərɪst] *n* Purist(in) *m(f)*.

puritan ['pjuərɪtən] *n* Puritaner(in) *m(f)*.

puritanical [pjuərɪ'tænɪkl] *adj* puritanisch.

purity ['pjuərɪtɪ] *n* Reinheit *f*.

purl [pɜːl] (*KNITTING*) *n* linke Masche *f* ♦ *vt* links stricken.

purloin [pə:'lɔɪn] (form) vt entwenden.
purple ['pə:pl] adj violett.
purport [pə:'pɔ:t] vi: **to ~ to be/do sth** vorgeben, etw zu sein/tun.
purpose ['pə:pəs] n (reason) Zweck m; (aim) Ziel nt, Absicht f; **on ~** absichtlich; **for illustrative ~s** zu Illustrationszwecken; **for all practical ~s** praktisch (gesehen); **for the ~s of this meeting** zum Zweck dieses Treffens; **to little ~** mit wenig Erfolg; **to no ~** ohne Erfolg; **a sense of ~** ein Zielbewusstsein nt.
purpose-built ['pə:pəs'bɪlt] (BRIT) adj speziell angefertigt, Spezial-.
purposeful ['pə:pəsful] adj entschlossen.
purposely ['pə:pəslɪ] adv absichtlich, bewusst.
purr [pə:ˌ] vi (cat) schnurren.
purse [pə:s] n (BRIT: for money) Geldbörse f, Portemonnaie nt, Portemonee nt; (US: handbag) Handtasche f ♦ vt (lips) kräuseln.
purser ['pə:səˌ] n (NAUT) Zahlmeister m.
purse-snatcher ['pə:ssnætʃəˌ] (US) n Handtaschendieb m.
pursue [pə'sju:] vt (person, vehicle, plan, aim) verfolgen; (fig: interest etc) nachgehen +dat.
pursuer [pə'sju:əˌ] n Verfolger(in) m(f).
pursuit [pə'sju:t] n (chase) Verfolgung f; (pastime) Beschäftigung f; (fig): (~ of happiness etc) Streben nt nach; **in ~ of** (person, car etc) auf der Jagd nach; (fig: happiness etc) im Streben nach.
purveyor [pə'veɪəˌ] (form) n (of goods etc) Lieferant m.
pus [pʌs] n Eiter m.
push [puʃ] n Stoß m, Schub m ♦ vt (press) drücken; (shove) schieben; (fig: put pressure on: person) bedrängen; (: promote: product) werben für; (inf: sell: drugs) pushen ♦ vi (press) drücken; (shove) schieben; **at the ~ of a button** auf Knopfdruck; **at a ~** (BRIT: inf) notfalls; **to ~ a door open/shut** eine Tür auf-/zudrücken; **"~"** (on door) „drücken"; (on bell) „klingeln"; **to be ~ed for time/ money** (inf) in Zeitnot/Geldnot sein; **she is ~ing fifty** (inf) sie geht auf die fünfzig zu; **to ~ for** (demand) drängen auf +acc.
▶ **push around** vt (bully) herumschubsen.
▶ **push aside** vt beiseite schieben.
▶ **push in** vi sich dazwischendrängeln.
▶ **push off** (inf) vi abhauen.
▶ **push on** vi (continue) weitermachen.
▶ **push over** vt umstoßen.
▶ **push through** vt (measure etc) durchdrücken.
▶ **push up** vt (total, prices) hochtreiben.
push-bike ['puʃbaɪk] (BRIT) n Fahrrad nt.
push-button ['puʃbʌtn] adj (machine, calculator) Drucktasten-.
pushchair ['puʃtʃɛəˌ] (BRIT) n Sportwagen m.
pusher ['puʃəˌ] n (drug dealer) Pusher m.
pushover ['puʃəuvəˌ] (inf) n: **it's a ~** das ist ein Kinderspiel.

push-up ['puʃʌp] (US) n Liegestütz m.
pushy ['puʃɪ] (pej) adj aufdringlich.
puss [pus] (inf) n Mieze f.
pussy(cat) ['pusɪ(kæt)] (inf) n Mieze(katze) f.
put [put] (pt, pp put) vt (thing) tun; (: upright) stellen; (: flat) legen; (person: in room, institution etc) stecken; (: in state, situation) versetzen; (express: idea etc) ausdrücken; (present: case, view) vorbringen; (ask: question) stellen; (classify) einschätzen; (write, type) schreiben; **to ~ sb in a good/ bad mood** jdn gut/schlecht stimmen; **to ~ sb to bed** jdn ins Bett bringen; **to ~ sb to a lot of trouble** jdm viele Umstände machen; **how shall I ~ it?** wie soll ich es sagen or ausdrücken?; **to ~ a lot of time into sth** viel Zeit in etw acc verwenden; **to ~ money on a horse** Geld auf ein Pferd setzen; **the cost is now ~ at 2 million pounds** die Kosten werden jetzt auf 2 Millionen Pfund geschätzt; **I ~ it to you that ...** (BRIT) ich behaupte, dass ...; **to stay ~** (an Ort und Stelle) bleiben.
▶ **put about** vi (NAUT) den Kurs ändern ♦ vt (rumour) verbreiten.
▶ **put across** vt (ideas etc) verständlich machen.
▶ **put around** vt = put about.
▶ **put aside** vt (work) zur Seite legen; (idea, problem) unbeachtet lassen; (sum of money) zurücklegen.
▶ **put away** vt (store) wegräumen; (inf: consume) verdrücken; (save: money) zurücklegen; (imprison) einsperren.
▶ **put back** vt (replace) zurücktun; (: upright) zurückstellen; (: flat) zurücklegen; (postpone) verschieben; (delay) zurückwerfen.
▶ **put by** vt (money, supplies etc) zurücklegen.
▶ **put down** vt (upright) hinstellen; (flat) hinlegen; (cup, glass) absetzen; (in writing) aufschreiben; (riot, rebellion) niederschlagen; (humiliate) demütigen; (kill) töten.
▶ **put down to** vt (attribute) zurückführen auf +acc.
▶ **put forward** vt (ideas etc) vorbringen; (watch, clock) vorstellen; (date, meeting) vorverlegen.
▶ **put in** vt (application, complaint) einreichen; (time, effort) investieren; (gas, electricity etc) installieren ♦ vi (NAUT) einlaufen.
▶ **put in for** vt fus (promotion) sich bewerben um; (leave) beantragen.
▶ **put off** vt (delay) verschieben; (distract) ablenken; **to ~ sb off sth** (discourage) jdn von etw abbringen.
▶ **put on** vt (clothes, brake) anziehen; (glasses, kettle) aufsetzen; (make-up, ointment etc) auftragen; (light, TV) anmachen; (play etc) aufführen; (record, tape, video) auflegen; (dinner etc) aufsetzen; (assume: look,

behaviour etc) annehmen; (inf: tease) auf den Arm nehmen; (extra bus, train etc) einsetzen; **to ~ on airs** sich zieren; **to ~ on weight** zunehmen.

▶ **put on to** vt (tell about) vermitteln.

▶ **put out** vt (fire, light) ausmachen; (take out: rubbish) herausbringen; (: cat etc) vor die Tür setzen; (one's hand) ausstrecken; (story, announcement) verbreiten; (BRIT: dislocate: shoulder etc) verrenken; (inf: inconvenience) Umstände machen +dat ♦ vi (NAUT): **to ~ out to sea** in See stechen; **to ~ out from Plymouth** von Plymouth auslaufen.

▶ **put through** vt (TEL: person) verbinden; (: call) durchstellen; (plan, agreement) durchbringen; **~ me through to Ms Blair** verbinden Sie mich mit Frau Blair.

▶ **put together** vt (furniture etc) zusammenbauen; (plan, campaign) ausarbeiten; **more than the rest of them ~ together** mehr als alle anderen zusammen.

▶ **put up** vt (fence, building) errichten; (tent) aufstellen; (umbrella) aufspannen; (hood) hochschlagen; (poster, sign etc) anbringen; (price, cost) erhöhen; (accommodate) unterbringen; **to ~ up resistance** Widerstand leisten; **to ~ up a fight** sich zur Wehr setzen; **to ~ sb up to sth** jdn zu etw anstiften; **to ~ sb up to doing sth** jdn dazu anstiften, etw zu tun; **to ~ sth up for sale** etw zum Verkauf anbieten.

▶ **put upon** vt fus: **to be ~ upon** (imposed on) ausgenutzt werden.

▶ **put up with** vt fus sich abfinden mit.

putative ['pju:tətɪv] adj mutmaßlich.

putrid ['pju:trɪd] adj (mess, meat) faul.

putt [pʌt] n Putt m.

putter ['pʌtə*] n (GOLF) Putter m ♦ vi (US) = **potter**.

putting green ['pʌtɪŋ-] n kleiner Golfplatz m zum Putten.

putty ['pʌtɪ] n Kitt m.

put-up ['pʊtʌp] adj: **a ~ job** ein abgekartetes Spiel nt.

puzzle ['pʌzl] n (game, toy) Geschicklichkeitsspiel nt; (mystery) Rätsel nt ♦ vt verwirren ♦ vi: **to ~ over sth** sich dat über etw acc den Kopf zerbrechen; **to be ~d as to why ...** vor einem Rätsel stehen, warum ...

puzzling ['pʌzlɪŋ] adj verwirrend; (mysterious) rätselhaft.

PVC n abbr (= polyvinyl chloride) PVC nt.

Pvt. (US) abbr (MIL) = **private**.

PW (US) n abbr = **prisoner of war**.

p.w. abbr (= per week) pro Woche.

PX (US) n abbr (MIL) = **post exchange**.

pygmy ['pɪgmɪ] n Pygmäe m.

pyjamas, (US) **pajamas** [pə'dʒɑːməz] npl Pyjama m, Schlafanzug m; **a pair of ~** ein Schlafanzug.

pylon ['paɪlən] n Mast m.

pyramid ['pɪrəmɪd] n Pyramide f.

Pyrenean [pɪrə'niːən] adj pyrenäisch.

Pyrenees [pɪrə'niːz] npl: **the ~** die Pyrenäen pl.

Pyrex ® ['paɪreks] n ≈ Jenaer Glas ® nt ♦ adj (dish, bowl) aus Jenaer Glas ®.

python ['paɪθən] n Pythonschlange f.

Q, q

Q, q [kjuː] n (letter) Q nt, q nt; **~ for Queen** ≈ Q wie Quelle.

Qatar [kæ'tɑː*] n Katar nt.

QC (BRIT) n abbr (LAW: = Queen's Counsel) Kronanwalt m.

QC

QC (kurz für Queen's Counsel, bzw. **KC** für King's Counsel) ist in Großbritannien ein hoch gestellter **barrister**, der auf Empfehlung des Lordkanzlers ernannt wird und zum Zeichen seines Amtes einen seidenen Umhang trägt und daher auch als **silk** bezeichnet wird. Ein **QC** muss vor Gericht in Begleitung eines rangniedrigeren Anwaltes erscheinen.

QED abbr (= quod erat demonstrandum) q. e. d.

QM n abbr (MIL) = **quartermaster**.

q.t. (inf) n abbr (= quiet): **on the ~** heimlich.

qty abbr = **quantity**.

quack [kwæk] n (of duck) Schnattern nt, Quaken nt; (inf: pej: doctor) Quacksalber m ♦ vi schnattern, quaken.

quad [kwɒd] abbr = **quadrangle** (= quadruplet) Vierling m.

quadrangle ['kwɒdræŋgl] n (courtyard) Innenhof m.

quadrilateral [kwɒdrɪ'lætərəl] n Viereck nt.

quadruped ['kwɒdrupɛd] n Vierfüßer m.

quadruple [kwɒ'druːpl] vt vervierfachen ♦ vi sich vervierfachen.

quadruplets [kwɒ'druːplɪts] npl Vierlinge pl.

quagmire ['kwægmaɪə*] n (also fig) Sumpf m.

quail [kweɪl] n Wachtel f ♦ vi: **he ~ed at the thought/before her anger** ihm schauderte bei dem Gedanken/vor ihrem Zorn.

quaint [kweɪnt] adj (house, village) malerisch; (ideas, customs) urig, kurios.

quake [kweɪk] vi beben, zittern ♦ n = **earthquake**.

Quaker ['kweɪkə*] n Quäker(in) m(f).

qualification [kwɒlɪfɪ'keɪʃən] n (often pl: degree etc) Qualifikation f; (attribute)

Voraussetzung *f*; (*reservation*) Vorbehalt *m*; **what are your ~s?** welche Qualifikationen haben Sie?

qualified ['kwɔlɪfaɪd] *adj* (*trained*: *doctor etc*) qualifiziert, ausgebildet; (*limited*: *agreement, praise*) bedingt; **to be/feel ~ to do sth** (*fit, competent*) qualifiziert sein/sich qualifiziert fühlen, etw zu tun; **it was a ~ success** es war kein voller Erfolg; **he's not ~ for the job** ihm fehlen die Qualifikationen für die Stelle.

qualify ['kwɔlɪfaɪ] *vt* (*entitle*) qualifizieren; (*modify*: *statement*) einschränken ♦ *vi* (*pass examination*) sich qualifizieren; **to ~ for** (*be eligible*) die Berechtigung erlangen für; (*in competition*) sich qualifizieren für; **to ~ as an engineer** die Ausbildung zum Ingenieur abschließen.

qualifying ['kwɔlɪfaɪɪŋ] *adj*: **~ exam** Auswahlprüfung *f*; **~ round** Qualifikationsrunde *f*.

qualitative ['kwɔlɪtətɪv] *adj* qualitativ.

quality ['kwɔlɪtɪ] *n* Qualität *f*; (*characteristic*) Eigenschaft *f* ♦ *cpd* Qualitäts-; **of good/poor ~** von guter/schlechter Qualität; **~ of life** Lebensqualität *f*.

quality control *n* Qualitätskontrolle *f*.

quality papers (*BRIT*) *npl*: **the ~** die seriösen Zeitungen *pl*.

QUALITY PRESS

Quality press *bezeichnet die seriösen Tages- und Wochenzeitungen im Gegensatz zu den Massenblättern. Diese Zeitungen sind fast alle großformatig und wenden sich an den anspruchsvolleren Leser, der voll informiert sein möchte und bereit ist, für die Zeitungslektüre viel Zeit aufzuwenden. Siehe auch* **tabloid press***.*

---

qualm [kwɑːm] *n* Bedenken *pl*; **to have ~s about sth** Bedenken wegen etw haben.

quandary ['kwɔndrɪ] *n*: **to be in a ~** in einem Dilemma sein.

quango ['kwæŋgəu] (*BRIT*) *n abbr* (= *quasi-autonomous nongovernmental organization*) ≈ (regierungsunabhängige) Kommission *f*.

quantifiable ['kwɔntɪfaɪəbl] *adj* quantifizierbar.

quantitative ['kwɔntɪtətɪv] *adj* quantitativ.

quantity ['kwɔntɪtɪ] *n* (*amount*) Menge *f*; **in large/small quantities** in großen/kleinen Mengen; **in ~** (*in bulk*) in großen Mengen; **an unknown ~** (*fig*) eine unbekannte Größe.

quantity surveyor *n* Baukostenkalkulator(in) *m(f)*.

quantum leap ['kwɔntəm-] *n* (*PHYS*) Quantensprung *m*; (*fig*) Riesenschritt *m*.

quarantine ['kwɔrntiːn] *n* Quarantäne *f*; **in ~** in Quarantäne.

quark [kwɑːk] *n* (*cheese*) Quark *m*; (*PHYS*) Quark *nt*.

quarrel ['kwɔrl] *n* (*argument*) Streit *m* ♦ *vi* sich streiten; **to have a ~ with sb** sich mit jdm streiten; **I've no ~ with him** ich habe nichts gegen ihn; **I can't ~ with that** dagegen kann ich nichts einwenden.

quarrelsome ['kwɔrəlsəm] *adj* streitsüchtig.

quarry ['kwɔrɪ] *n* (*for stone*) Steinbruch *m*; (*prey*) Beute *f* ♦ *vt* (*marble etc*) brechen.

quart [kwɔːt] *n* Quart *nt*.

quarter ['kwɔːtə*] *n* Viertel *nt*; (*US*: *coin*) 25-Cent-Stück *nt*; (*of year*) Quartal *nt*; (*district*) Viertel *nt* ♦ *vt* (*divide*) vierteln; (*MIL*: *lodge*) einquartieren; **quarters** *npl* (*MIL*) Quartier *nt*; (*also*: **living ~s**) Unterkünfte *pl*; **a ~ of an hour** eine Viertelstunde; **it's a ~ to three**, (*US*) **it's a ~ of three** es ist Viertel vor drei; **it's a ~ past three**, (*US*) **it's a ~ after three** es ist Viertel nach drei; **from all ~s** aus allen Richtungen; **at close ~s** aus unmittelbarer Nähe.

quarterback ['kwɔːtəbæk] *n* (*AMERICAN FOOTBALL*) Quarterback *m*.

quarterdeck ['kwɔːtədɛk] *n* (*NAUT*) Quarterdeck *nt*.

quarterfinal ['kwɔːtə'faɪnl] *n* Viertelfinale *nt*.

quarterly ['kwɔːtəlɪ] *adj, adv* vierteljährlich ♦ *n* Vierteljahresschrift *f*.

quartermaster ['kwɔːtəmɑːstə*] *n* (*MIL*) Quartiermeister *m*.

quartet [kwɔː'tɛt] *n* (*MUS*) Quartett *nt*.

quarto ['kwɔːtəu] *n* (*size of paper*) Quartformat *nt*; (*book*) im Quartformat.

quartz [kwɔːts] *n* Quarz *m* ♦ *cpd* (*watch, clock*) Quarz-.

quash [kwɔʃ] *vt* (*verdict*) aufheben.

quasi- ['kweɪzaɪ] *pref* quasi-.

quaver ['kweɪvə*] *n* (*BRIT*: *MUS*) Achtelnote *f* ♦ *vi* (*voice*) beben, zittern.

quay [kiː] *n* Kai *m*.

quayside ['kiːsaɪd] *n* Kai *m*.

queasiness ['kwiːzɪnɪs] *n* Übelkeit *f*.

queasy ['kwiːzɪ] *adj* (*nauseous*) übel; **I feel ~** mir ist übel *or* schlecht.

Quebec [kwɪ'bɛk] *n* Quebec *nt*.

queen [kwiːn] *n* (*also ZOOL*) Königin *f*; (*CARDS, CHESS*) Dame *f*.

queen mother *n* Königinmutter *f*.

Queen's speech (*BRIT*) *n* ≈ Regierungserklärung *f*.

QUEEN'S SPEECH

Queen's Speech *(bzw.* **King's Speech***) ist eine vom britischen Monarchen bei der alljährlichen feierlichen Parlamentseröffnung im Oberhaus vor dem versammelten Ober- und Unterhaus verlesene Rede. Sie wird vom Premierminister in Zusammenarbeit mit dem Kabinett verfasst und enthält die Regierungserklärung.*

---

queer [kwɪə*] *adj* (*odd*) sonderbar, seltsam ♦ *n* (*infl*: *pej*: *male homosexual*) Schwule(r) *m*; **I**

feel ~ (*BRIT: unwell*) mir ist ganz komisch.
quell [kwɛl] *vt* (*riot*) niederschlagen; (*fears*) überwinden.
quench [kwɛntʃ] *vt*: **to** ~ **one's thirst** seinen Durst stillen.
querulous ['kwɛruləs] *adj* nörglerisch.
query ['kwɪərɪ] *n* Anfrage *f* ♦ *vt* (*check*) nachfragen bezüglich +*gen*; (*express doubt about*) bezweifeln.
quest [kwɛst] *n* Suche *f*.
question ['kwɛstʃən] *n* Frage *f* ♦ *vt* (*interrogate*) befragen; (*doubt*) bezweifeln; **to ask sb a** ~, **put a** ~ **to sb** jdm eine Frage stellen; **to bring** *or* **call sth into** ~ etw infrage *or* in Frage stellen; **the** ~ **is** ... die Frage ist ...; **there's no** ~ **of him playing for England** es ist ausgeschlossen, dass er für England spielt; **the person/night in** ~ die fragliche Person/Nacht; **to be beyond** ~ außer Frage stehen; **to be out of the** ~ nicht infrage *or* in Frage kommen.
questionable ['kwɛstʃənəbl] *adj* fraglich.
questioner ['kwɛstʃənəʳ] *n* Fragesteller(in) *m(f)*.
questioning ['kwɛstʃənɪŋ] *adj* (*look*) fragend; (*mind*) forschend ♦ *n* (*POLICE*) Vernehmung *f*.
question mark *n* Fragezeichen *nt*.
questionnaire [kwɛstʃə'nɛəʳ] *n* Fragebogen *m*.
queue [kjuː] (*BRIT*) *n* Schlange *f* ♦ *vi* (*also*: ~ **up**) Schlange stehen.
quibble ['kwɪbl] *vi*: **to** ~ **about** *or* **over** sich streiten über +*acc*; **to** ~ **with** herumnörgeln an +*dat* ♦ *n* Krittelei *f*.
quiche [kiːʃ] *n* Quiche *f*.
quick [kwɪk] *adj* schnell; (*mind, wit*) wach; (*look, visit*) flüchtig ♦ *adv* schnell ♦ *n*: **to cut sb to the** ~ (*fig*) jdn tief verletzen; **be** ~! mach schnell!; **to be** ~ **to act** schnell handeln; **she was** ~ **to see that** ... sie begriff schnell, dass ...; **she has a** ~ **temper** sie wird leicht hitzig.
quicken ['kwɪkən] *vt* beschleunigen ♦ *vi* schneller werden, sich beschleunigen.
quick-fire ['kwɪkfaɪəʳ] *adj* (*questions*) wie aus der Pistole.
quick fix *n* Sofortlösung *f*.
quicklime ['kwɪklaɪm] *n* ungelöschter Kalk *m*.
quickly ['kwɪklɪ] *adv* schnell.
quickness ['kwɪknɪs] *n* Schnelligkeit *f*; ~ **of mind** Scharfsinn *m*.
quicksand ['kwɪksænd] *n* Treibsand *m*.
quickstep ['kwɪkstɛp] *n* Quickstepp *m*.
quick-tempered [kwɪk'tɛmpəd] *adj* hitzig, leicht erregbar.
quick-witted [kwɪk'wɪtɪd] *adj* schlagfertig.
quid [kwɪd] (*BRIT: inf*) *n inv* Pfund *nt*.
quid pro quo [kwɪdprəu'kwəu] *n* Gegenleistung *f*.
quiet ['kwaɪət] *adj* leise; (*place*) ruhig, still; (*silent, reserved*) still; (*business, day*) ruhig;

(*without fuss etc*: *wedding*) in kleinem Rahmen ♦ *n* (*peacefulness*) Stille *f*, Ruhe *f*; (*silence*) Ruhe *f* ♦ *vt, vi* (*US*) = **quieten keep** *or* **be** ~! sei still!; **I'll have a** ~ **word with him** ich werde mal unter vier Augen mit ihm reden; **on the** ~ (*in secret*) heimlich.
quieten ['kwaɪətn] (*BRIT: also*: ~ **down**) *vi* ruhiger werden ♦ *vt* (*person, animal*) beruhigen.
quietly ['kwaɪətlɪ] *adv* leise; (*silently*) still; (*calmly*) ruhig; ~ **confident** insgeheim sicher.
quietness ['kwaɪətnɪs] *n* (*peacefulness*) Ruhe *f*; (*silence*) Stille *f*.
quill [kwɪl] *n* (*pen*) Feder *f*; (*of porcupine*) Stachel *m*.
quilt [kwɪlt] *n* Decke *f*; (*also*: **continental** ~) Federbett *nt*.
quin [kwɪn] (*BRIT*) *n abbr* (= *quintuplet*) Fünfling *m*.
quince [kwɪns] *n* Quitte *f*.
quinine [kwɪ'niːn] *n* Chinin *nt*.
quintet [kwɪn'tɛt] *n* (*MUS*) Quintett *nt*.
quintuplets [kwɪn'tjuːplɪts] *npl* Fünflinge *pl*.
quip [kwɪp] *n* witzige *or* geistreiche Bemerkung *f* ♦ *vt* witzeln.
quire ['kwaɪəʳ] *n* (*of paper*) 24 Bogen Papier.
quirk [kwəːk] *n* Marotte *f*; **a** ~ **of fate** eine Laune des Schicksals.
quit [kwɪt] (*pt, pp* **quit** *or* **quitted**) *vt* (*smoking*) aufgeben; (*job*) kündigen; (*premises*) verlassen ♦ *vi* (*give up*) aufgeben; (*resign*) kündigen; **to** ~ **doing sth** aufhören, etw zu tun; ~ **stalling!** (*US: inf*) weichen Sie nicht ständig aus!; **notice to** ~ (*BRIT*) Kündigung *f*.
quite [kwaɪt] *adv* (*rather*) ziemlich; (*entirely*) ganz; **not** ~ nicht ganz; **I** ~ **like it** ich mag es ganz gern; **I** ~ **understand** ich verstehe; **I don't** ~ **remember** ich erinnere mich nicht genau; **not** ~ **as many as the last time** nicht ganz so viele wie das letzte Mal; **that meal was** ~ **something!** das Essen konnte sich sehen lassen!; **it was** ~ **a sight** das war vielleicht ein Anblick; ~ **a few of them** eine ganze Reihe von Ihnen; ~ **(so)!** ganz recht!
quits [kwɪts] *adj*: **we're** ~ wir sind quitt; **let's call it** ~ lassen wirs dabei.
quiver ['kwɪvəʳ] *vi* zittern.
quiz [kwɪz] *n* (*game*) Quiz *nt* ♦ *vt* (*question*) befragen.
quizzical ['kwɪzɪkl] *adj* (*look, smile*) wissend.
quoits [kwɔɪts] *npl* (*game*) Wurfspiel mit Ringen.
quorum ['kwɔːrəm] *n* Quorum *nt*.
quota ['kwəutə] *n* (*allowance*) Quote *f*.
quotation [kwəu'teɪʃən] *n* (*from book etc*) Zitat *nt*; (*estimate*) Preisangabe *f*; (*COMM*) Kostenvoranschlag *m*.
quotation marks *npl* Anführungszeichen *pl*.
quote [kwəut] *n* (*from book etc*) Zitat *nt*; (*estimate*) Kostenvoranschlag *m* ♦ *vt*

zitieren; (*fact, example*) anführen; (*price*)
nennen; **quotes** *npl* (*quotation marks*)
Anführungszeichen *pl*; **in ~s** in
Anführungszeichen; **the figure ~d for the
repairs** die für die Reparatur genannte
Summe; **~ ... unquote** Zitat Anfang ... Zitat
Ende.

quotient ['kwəʊʃənt] *n* Quotient *m*.

qv *abbr* (= *quod vide*) s.d.

qwerty keyboard ['kwɜːtɪ-] *n* Qwerty-
Tastatur *f*.

R, r

R[1], r [ɑː'] *n* (*letter*) R *nt*, r *nt*; **~ for Robert,** (*US*)
~ for Roger ≈ R wie Richard.

R[2] [ɑː'] *abbr* (= *Réaumur (scale)*) R; (*US: CINE:*
= *restricted*) *Klassifikation für nicht
jugendfreie Filme.*

R. *abbr* (= *right*) r.; = **river**; (*US: POL*)
= **republican**; (*BRIT:* = *Rex*) *König*; (= *Regina*)
Königin.

RA *abbr* (*MIL*) = **rear admiral** ♦ *n abbr* (*BRIT:*
= *Royal Academy*) *Gesellschaft zur
Förderung der Künste*; (= *Royal Academician*)
Mitglied der Royal Academy.

RAAF *n abbr* (*MIL:* = *Royal Australian Air Force*)
australische Luftwaffe *f*.

Rabat [rə'bɑːt] *n* Rabat *nt*.

rabbi ['ræbaɪ] *n* Rabbi *m*.

rabbit ['ræbɪt] *n* Kaninchen *nt* ♦ *vi* (*BRIT: inf:
also:* **to ~ on**) quatschen, schwafeln.

rabbit hole *n* Kaninchenbau *m*.

rabbit hutch *n* Kaninchenstall *m*.

rabble ['ræbl] (*pej*) *n* Pöbel *m*.

rabid ['ræbɪd] *adj* (*animal*) tollwütig; (*fig:
fanatical*) fanatisch.

rabies ['reɪbiːz] *n* Tollwut *f*.

RAC (*BRIT*) *n abbr* (= *Royal Automobile
Club*) *Autofahrerorganisation*, ≈ ADAC
m.

raccoon [rə'kuːn] *n* Waschbär *m*.

race [reɪs] *n* (*species*) Rasse *f*; (*competition*)
Rennen *nt*; (*for power, control*) Wettlauf *m*
♦ *vt* (*horse, pigeon*) an Wettbewerben
teilnehmen lassen; (*car etc*) ins Rennen
schicken; (*person*) um die Wette laufen mit
♦ *vi* (*compete*) antreten; (*hurry*) rennen;
(*pulse, heart*) rasen; (*engine*) durchdrehen;
the human ~ die Menschheit; **a ~ against
time** ein Wettlauf mit der Zeit; **he ~d across
the road** er raste über die Straße; **to ~ in/
out** hinein-/hinausstürzen.

race car (*US*) *n* = **racing car.**

race car driver (*US*) *n* = **racing driver.**

racecourse ['reɪskɔːs] *n* Rennbahn *f*.

racehorse ['reɪshɔːs] *n* Rennpferd *nt*.

race meeting *n* Rennveranstaltung *f*.

race relations *npl* Beziehungen *pl* zwischen
den Rassen.

racetrack ['reɪstræk] *n* Rennbahn *f*; (*US*)
= **racecourse.**

racial ['reɪʃl] *adj* Rassen-.

racialism ['reɪʃlɪzəm] *n* Rassismus *m*.

racialist ['reɪʃlɪst] *adj* rassistisch ♦ *n* (*pej*)
Rassist(in) *m(f)*.

racing ['reɪsɪŋ] *n* (*horse racing*) Pferderennen
nt; (*motor racing*) Rennsport *m*.

racing car (*BRIT*) *n* Rennwagen *m*.

racing driver (*BRIT*) *n* Rennfahrer(in)
m(f).

racism ['reɪsɪzəm] *n* Rassismus *m*.

racist ['reɪsɪst] *adj* rassistisch ♦ *n* (*pej*)
Rassist(in) *m(f)*.

rack [ræk] *n* (*also:* **luggage ~**) Gepäckablage *f*;
(*also:* **roof ~**) Dachgepäckträger *m*; (*for
dresses etc*) Ständer *m*; (*for dishes*) Gestell *nt*
♦ *vt*: **~ed by** (*pain etc*) gemartert von;
magazine/toast ~ Zeitungs-/Toastständer
m; **to ~ one's brains** sich *dat* den Kopf
zerbrechen; **to go to ~ and ruin** (*building*)
zerfallen; (*business, country*)
herunterkommen.

racket ['rækɪt] *n* (*for tennis etc*) Schläger *m*;
(*noise*) Krach *m*, Radau *m*; (*swindle*)
Schwindel *m*.

racketeer [rækɪ'tɪə'] (*esp US*) *n* Gangster *m*.

racoon [rə'kuːn] *n* = **raccoon.**

racquet ['rækɪt] *n* (*for tennis etc*) Schläger
m.

racy ['reɪsɪ] *adj* (*book, story*) rasant.

RADA [rɑːdə] (*BRIT*) *n abbr* (= *Royal Academy of
Dramatic Art*) *Schauspielschule.*

radar ['reɪdɑː'] *n* Radar *m or nt* ♦ *cpd* Radar-.

radar trap *n* Radarfalle *f*.

radial ['reɪdɪəl] *adj* (*roads*) strahlenförmig
verlaufend; (*pattern*) strahlenförmig ♦ *n*
(*also:* **~ tyre**) Gürtelreifen *m*.

radiance ['reɪdɪəns] *n* Glanz *m*.

radiant ['reɪdɪənt] *adj* strahlend; (*PHYS: heat*)
Strahlungs-.

radiate ['reɪdɪeɪt] *vt* (*lit, fig*) ausstrahlen ♦ *vi*
(*lines, roads*) strahlenförmig verlaufen.

radiation [reɪdɪ'eɪʃən] *n* (*radioactivity*)
radioaktive Strahlung *f*; (*from sun etc*)
Strahlung *f*.

radiation sickness *n* Strahlenkrankheit *f*.

radiator ['reɪdɪeɪtə'] *n* (*heater*) Heizkörper *m*;
(*AUT*) Kühler *m*.

radiator cap *n* (*AUT*) Kühlerdeckel *m*.

radiator grill *n* (*AUT*) Kühlergrill *m*.

radical ['rædɪkl] *adj* radikal ♦ *n* (*person*)
Radikale(r) *f(m)*.

radii ['reɪdɪaɪ] *npl of* **radius.**

radio ['reɪdɪəʊ] *n* (*broadcasting*) Radio *nt*,
Rundfunk *m*; (*device: for receiving broadcasts*)
Radio *nt*; (: *for transmitting and receiving*)

Funkgerät nt ♦ vi: **to ~ to sb** mit jdm per
Funk sprechen ♦ vt (*person*) per Funk
verständigen; (*message, position*) per Funk
durchgeben; **on the ~** im Radio.
radio... ['reɪdɪəu] *pref* Radio..., radio...
radioactive ['reɪdɪəu'æktɪv] *adj* radioaktiv.
radioactivity ['reɪdɪəuæk'tɪvɪtɪ] *n*
Radioaktivität *f*.
radio announcer *n* Rundfunksprecher(in)
m(f).
radio-controlled ['reɪdɪəukən'trəuld] *adj*
ferngesteuert.
radiographer [reɪdɪ'ɔgrəfə*] *n* Röntgenologe
m, Röntgenologin *f*.
radiography [reɪdɪ'ɔgrəfɪ] *n* Röntgenografie *f*.
radiologist [reɪdɪ'ɔlədʒɪst] *n* Radiologe *m*,
Radiologin *f*.
radiology [reɪdɪ'ɔlədʒɪ] *n* Radiologie *f*.
radio station *n* Radiosender *m*.
radio taxi *n* Funktaxi *nt*.
radiotelephone ['reɪdɪəu'tɛlɪfəun] *n*
Funksprechgerät *nt*.
radio telescope *n* Radioteleskop *nt*.
radiotherapist ['reɪdɪəu'θerəpɪst] *n*
Strahlentherapeut(in) *m(f)*.
radiotherapy ['reɪdɪəu'θerəpɪ] *n*
Strahlentherapie *f*.
radish ['rædɪʃ] *n* Radieschen *nt*; (*long white
variety*) Rettich *m*.
radium ['reɪdɪəm] *n* Radium *nt*.
radius ['reɪdɪəs] (*pl* **radii**) *n* Radius *m*; (*area*)
Umkreis *m*; **within a ~ of 50 miles** in einem
Umkreis von 50 Meilen.
RAF (*BRIT*) *n abbr* = **Royal Air Force**.
raffia ['ræfɪə] *n* Bast *m*.
raffish ['ræfɪʃ] *adj* (*person*) verwegen; (*place*)
verkommen.
raffle ['ræfl] *n* Verlosung *f*, Tombola *f* ♦ *vt*
(*prize*) verlosen; **~ ticket** Los *nt*.
raft [rɑːft] *n* Floß *nt*; (*also:* **life ~**) Rettungsfloß
nt.
rafter ['rɑːftə*] *n* Dachsparren *m*.
rag [ræg] *n* (*piece of cloth*) Lappen *m*; (*torn
cloth*) Fetzen *m*; (*pej: newspaper*) Käseblatt
nt; (*BRIT: UNIV*) *studentische
Wohltätigkeitsveranstaltung* ♦ *vt* (*BRIT:
tease*) aufziehen; **rags** *npl* (*torn clothes*)
Lumpen *pl*; **in ~s** (*person*) zerlumpt; **his was
a ~s-to-riches story** er brachte es vom
Tellerwäscher zum Millionär.
rag-and-bone man [rægən'bəun-] (*BRIT*) *n*
Lumpensammler *m*.
ragbag ['rægbæg] *n* (*assortment*)
Sammelsurium *nt*.

RAG DAY/WEEK

Rag Day/Week *heißt der Tag bzw. die Woche,
wenn Studenten Geld für wohltätige Zwecke
sammeln. Diverse gesponserte Aktionen wie
Volksläufe, Straßentheater und Kneipentouren
werden zur Unterhaltung der Studenten und der*

---

*Bevölkerung organisiert. Studentenzeitschriften
mit schlüpfrigen Witzen werden auf der Straße
verkauft, und fast alle Universitäten und Colleges
halten einen Ball ab. Der Erlös aller
Veranstaltungen fließt
Wohltätigkeitsorganisationen zu.*

---

rag doll *n* Stoffpuppe *f*.
rage [reɪdʒ] *n* (*fury*) Wut *f*, Zorn *m* ♦ *vi* toben,
wüten; **it's all the ~** (*fashionable*) es ist der
letzte Schrei; **to fly into a ~** einen Wutanfall
bekommen.
ragged ['rægɪd] *adj* (*jagged*) zackig; (*clothes,
person*) (*beard*) ausgefranst.
raging ['reɪdʒɪŋ] *adj* (*sea, storm, torrent*)
tobend, tosend; (*fever*) heftig; (*thirst*)
brennend; (*toothache*) rasend.
rag trade (*inf*) *n*: **the ~** die Modebranche *f*.
raid [reɪd] *n* (*MIL*) Angriff *m*, Überfall *m*; (*by
police*) Razzia *f*; (*by criminal: forcefully*)
Überfall *m*; (: *secretly*) Einbruch *m* ♦ *vt* (*MIL*)
angreifen, überfallen; (*police*) stürmen;
(*criminal: forcefully*) überfallen; (: *secretly*)
einbrechen in +*acc*.
rail [reɪl] *n* Geländer *nt*; (*on deck of ship*) Reling
f; **rails** *npl* (*for train*) Schienen *pl*; **by ~** mit der
Bahn.
railcard ['reɪlkɑːd] (*BRIT*) *n* (*for young people*)
≈ Juniorenpass *m*; (*for pensioners*) ≈
Seniorenpass *m*.
railing(s) ['reɪlɪŋ(z)] *n(pl)* (*fence*) Zaun *m*.
railroad ['reɪlrəud] (*US*) *n* = **railway**.
railway ['reɪlweɪ] (*BRIT*) *n* Eisenbahn *f*; (*track*)
Gleis *nt*; (*company*) Bahn *f*.
railway engine (*BRIT*) *n* Lokomotive *f*.
railway line (*BRIT*) *n* Bahnlinie *f*; (*track*) Gleis
nt.
railwayman ['reɪlweɪmən] (*irreg: like* **man**)
(*BRIT*) *n* Eisenbahner *m*.
railway station (*BRIT*) *n* Bahnhof *m*.
rain [reɪn] *n* Regen *m* ♦ *vi* regnen; **in the ~** im
Regen; **as right as ~** voll auf der Höhe; **it's
~ing** es regnet; **it's ~ing cats and dogs** es
regnet in Strömen.
rainbow ['reɪnbəu] *n* Regenbogen *m*.
rain check (*US*) *n*: **to take a ~ on sth** sich *dat*
etw noch einmal überlegen.
raincoat ['reɪnkəut] *n* Regenmantel *m*.
raindrop ['reɪndrɔp] *n* Regentropfen *m*.
rainfall ['reɪnfɔːl] *n* Niederschlag *m*.
rainforest ['reɪnfɔrɪst] *n* Regenwald *m*.
rainproof ['reɪnpruːf] *adj* wasserfest.
rainstorm ['reɪnstɔːm] *n* schwere Regenfälle
pl.
rainwater ['reɪnwɔːtə*] *n* Regenwasser *nt*.
rainy ['reɪnɪ] *adj* (*day*) regnerisch, verregnet;
(*area*) regenreich; **~ season** Regenzeit *f*; **to
save sth for a ~ day** etw für schlechte
Zeiten aufheben.
raise [reɪz] *n* (*pay rise*) Gehaltserhöhung *f* ♦ *vt*
(*lift: hand*) hochheben; (: *window*)
hochziehen; (*siege*) beenden; (*embargo*)

aufheben; (*increase*) erhöhen; (*improve*) verbessern; (*question etc*) zur Sprache bringen; (*doubts etc*) vorbringen; (*child, cattle*) aufziehen; (*crop*) anbauen; (*army*) aufstellen; (*funds*) aufbringen; (*loan*) aufnehmen; **to ~ a glass to sb/sth** das Glas auf jdn/etw erheben; **to ~ one's voice** die Stimme erheben; **to ~ sb's hopes** jdm Hoffnungen machen; **to ~ a laugh/smile** Gelächter/ein Lächeln hervorrufen; **this ~s the question...** das wirft die Frage auf...

raisin ['reızn] *n* Rosine *f*.

Raj [rɑːdʒ] *n*: **the ~** *britische Regierung in Indien vor 1947.*

rajah ['rɑːdʒə] *n* Radscha *m*.

rake [reık] *n* Harke *f*; (*old: person*) Schwerenöter *m* ♦ *vt* harken; (*light, gun: area*) bestreichen; **he's raking it in** (*inf*) er scheffelt das Geld nur so.

rake-off ['reıkɔf] (*inf*) *n* Anteil *m*.

rally ['rælı] *n* (*POL etc*) Kundgebung *f*; (*AUT*) Rallye *f*; (*TENNIS etc*) Ballwechsel *m* ♦ *vt* (*support*) sammeln ♦ *vi* (*sick person, Stock Exchange*) sich erholen.

▶ **rally round** *vi* sich zusammentun ♦ *vt fus* zu Hilfe kommen +*dat*.

rallying point ['rælıɪŋ-] *n* Sammelstelle *f*.

RAM [ræm] *n abbr* (*COMPUT*: = *random access memory*) RAM.

ram [ræm] *n* Widder *m* ♦ *vt* rammen.

ramble ['ræmbl] *n* Wanderung *f* ♦ *vi* wandern; (*also*: **~ on**: *talk*) schwafeln.

rambler ['ræmblə'] *n* Wanderer *m*, Wanderin *f*; (*BOT*) Kletterrose *f*.

rambling ['ræmblıŋ] *adj* (*speech, letter*) weitschweifig; (*house*) weitläufig; (*BOT*) rankend, Kletter-.

rambunctious [ræm'bʌŋkʃəs] (*US*) *adj* = **rumbustious**.

RAMC (*BRIT*) *n abbr* (= *Royal Army Medical Corps*) *Verband zur Versorgung der Armee mit Stabsärzten und Sanitätern.*

ramifications [ræmıfı'keıʃənz] *npl* Auswirkungen *pl*.

ramp [ræmp] *n* Rampe *f*; (*in garage*) Hebebühne *f*; **on ~** (*US*: *AUT*) Auffahrt *f*; **off ~** (*US*: *AUT*) Ausfahrt *f*.

rampage [ræm'peıdʒ] *n*: **to be/go on the ~** randalieren ♦ *vi*: **they went rampaging through the town** sie zogen randalierend durch die Stadt.

rampant ['ræmpənt] *adj*: **to be ~** (*crime, disease etc*) wild wuchern.

rampart ['ræmpɑːt] *n* Schutzwall *m*.

ram raiding [-reıdıŋ] *n* Einbruchdiebstahl, *wobei die Diebe mit einem Wagen in die Schaufensterfront eines Ladens eindringen.*

ramshackle ['ræmʃækl] *adj* (*house*) baufällig; (*cart*) klapprig; (*table*) altersschwach.

RAN *n abbr* (= *Royal Australian Navy*) australische Marine *f*.

ran [ræn] *pt of* **run**.

ranch [rɑːntʃ] *n* Ranch *f*.

rancher ['rɑːntʃə'] *n* Rancher(in) *m(f)*; (*worker*) Farmhelfer(in) *m(f)*.

rancid ['rænsıd] *adj* ranzig.

rancour, (*US*) **rancor** ['ræŋkə'] *n* Verbitterung *f*.

R & B *n abbr* (= *rhythm and blues*) R & B.

R & D *n abbr* = **research and development**.

random ['rændəm] *adj* (*arrangement*) willkürlich; (*selection*) zufällig; (*COMPUT*) wahlfrei; (*MATH*) Zufalls- ♦ *n*: **at ~** aufs Geratewohl.

random access *n* (*COMPUT*) wahlfreier Zugriff *m*.

random access memory *n* (*COMPUT*) Schreib-Lese-Speicher *m*.

R & R (*US*) *n abbr* (*MIL*: = *rest and recreation*) Urlaub *m*.

randy ['rændı] (*BRIT*: *inf*) *adj* geil, scharf.

rang [ræŋ] *pt of* **ring**.

range [reındʒ] *n* (*of mountains*) Kette *f*; (*of missile*) Reichweite *f*; (*of voice*) Umfang *m*; (*series*) Reihe *f*; (*of products*) Auswahl *f*; (*MIL*: *also*: **rifle ~**) Schießstand *m*; (*also*: **kitchen ~**) Herd *m* ♦ *vt* (*place in a line*) anordnen ♦ *vi*: **to ~ over** (*extend*) sich erstrecken über +*acc*; **price ~** Preisspanne *f*; **do you have anything else in this price ~?** haben Sie noch etwas anderes in dieser Preisklasse?; **within (firing) ~** in Schussweite; **at close ~** aus unmittelbarer Entfernung; **~d left/right** (*text*) links-/rechtsbündig; **to ~ from ... to ...** sich zwischen ... und ... bewegen.

ranger ['reındʒə'] *n* Förster(in) *m(f)*.

Rangoon [ræŋ'guːn] *n* Rangun *nt*.

rank [ræŋk] *n* (*row*) Reihe *f*; (*MIL*) Rang *m*; (*social class*) Schicht *f*; (*BRIT*: *also*: **taxi ~**) Taxistand *m* ♦ *vi*: **to ~ as/among** zählen zu ♦ *vt*: **he is ~ed third in the world** er steht weltweit an dritter Stelle ♦ *adj* (*stinking*) stinkend; (*sheer: hypocrisy etc*) rein; **the ranks** *npl* (*MIL*) die Mannschaften *pl*; **the ~ and file** (*ordinary members*) die Basis *f*; **to close ~s** (*fig, MIL*) die Reihen schließen.

rankle ['ræŋkl] *vi* (*insult*) nachwirken; **to ~ with sb** jdn wurmen.

rank outsider *n* totaler Außenseiter *m*, totale Außenseiterin *f*.

ransack ['rænsæk] *vt* (*search*) durchwühlen; (*plunder*) plündern.

ransom ['rænsəm] *n* (*money*) Lösegeld *nt*; **to hold sb to ~** (*hostage*) jdn als Geisel halten; (*fig*) jdn erpressen.

rant [rænt] *vi* schimpfen, wettern; **to ~ and rave** herumwettern.

ranting ['ræntıŋ] *n* Geschimpfe *nt*.

rap [ræp] *vi* klopfen ♦ *vt*: **to ~ sb's knuckles** jdm auf die Finger klopfen ♦ *n* (*at door*) Klopfen *nt*; (*also*: **~ music**) Rap *m*.

rape [reıp] *n* Vergewaltigung *f*; (*BOT*) Raps *m* ♦ *vt* vergewaltigen.

rape(seed) oil ['reıp(siːd)-] *n* Rapsöl *nt*.

rapid ['ræpɪd] *adj* schnell; (*growth, change*) schnell, rapide.

rapidity [rə'pɪdɪtɪ] *n* Schnelligkeit *f*.

rapidly ['ræpɪdlɪ] *adv* schnell; (*grow, change*) schnell, rapide.

rapids ['ræpɪdz] *npl* Stromschnellen *pl*.

rapist ['reɪpɪst] *n* Vergewaltiger *m*.

rapport [ræ'pɔː*] *n* enges Verhältnis *nt*.

rapprochement [ræ'prɔʃmɑ̃ːŋ] *n* Annäherung *f*.

rapt [ræpt] *adj* (*attention*) gespannt; **to be ~ in thought** in Gedanken versunken sein.

rapture ['ræptʃə*] *n* Entzücken *nt*; **to go into ~s over** ins Schwärmen geraten über +*acc*.

rapturous ['ræptʃərəs] *adj* (*applause, welcome*) stürmisch.

rare [rɛə*] *adj* selten; (*steak*) nur angebraten, englisch (gebraten); **it is ~ to find that ...** es kommt nur selten vor, dass ...

rarebit ['rɛəbɪt] *n see* **Welsh rarebit**.

rarefied ['rɛərɪfaɪd] *adj* (*air, atmosphere*) dünn; (*fig*) exklusiv.

rarely ['rɛəlɪ] *adv* selten.

raring ['rɛərɪŋ] *adj*: **~ to go** (*inf*) in den Startlöchern.

rarity ['rɛərɪtɪ] *n* Seltenheit *f*.

rascal ['rɑːskl] *n* (*child*) Frechdachs *m*; (*rogue*) Schurke *m*.

rash [ræʃ] *adj* (*person*) unbesonnen; (*promise, act*) übereilt ♦ *n* (*MED*) Ausschlag *m*; (*of events etc*) Flut *f*; **to come out in a ~** einen Ausschlag bekommen.

rasher ['ræʃə*] *n* (*of bacon*) Scheibe *f*.

rashly ['ræʃlɪ] *adv* (*promise etc*) voreilig.

rasp [rɑːsp] *n* (*tool*) Raspel *f*; (*sound*) Kratzen *nt* ♦ *vt, vi* krächzen.

raspberry ['rɑːzbərɪ] *n* Himbeere *f*; **~ bush** Himbeerstrauch *m*; **to blow a ~** (*inf*) verächtlich schnauben.

rasping ['rɑːspɪŋ] *adj*: **a ~ noise** ein kratzendes Geräusch.

Rastafarian *n* Rastafarier *m*.

rat [ræt] *n* Ratte *f*.

ratable ['reɪtəbl] *adj* = **rateable**.

ratchet ['rætʃɪt] *n* Sperrklinke *f*; **~ wheel** Sperrad *nt*.

rate [reɪt] *n* (*speed: of change etc*) Tempo *nt*; (*of inflation, unemployment etc*) Rate *f*; (*of interest, taxation*) Satz *m*; (*price*) Preis *m* ♦ *vt* einschätzen; **rates** *npl* (*BRIT: property tax*) Kommunalabgabe *pl*; **at a ~ of 60 kph** mit einem Tempo von 60 km/h; **~ of growth** (*ECON*) Wachstumsrate *f*; **~ of return** (*FIN*) Rendite *f*; **pulse ~** Pulszahl *f*; **at this/that ~** wenn es so weitergeht; **at any ~** auf jeden Fall; **to ~ sb/sth as** jdn/etw einschätzen als; **to ~ sb/sth among** jdn/etw zählen zu; **to ~ sb/sth highly** jdn/etw hoch einschätzen.

rateable ['reɪtəbl] *adj*: **~ value** (*BRIT*) ♦ *n* steuerbarer Wert *m*.

ratepayer ['reɪtpeɪə*] (*BRIT*) *n* Steuerzahler(in) *m(f)*.

rather ['rɑːðə*] *adv* (*somewhat*) etwas; (*very*) ziemlich; **~ a lot** ziemlich *or* recht viel; **I would ~ go** ich würde lieber gehen; **~ than** (*instead of*) anstelle *or* an Stelle von; **or ~** (*more accurately*) oder vielmehr; **I'd ~ not say** das möchte ich lieber nicht sagen; **I ~ think he won't come** ich glaube eher, dass er nicht kommt.

ratification [rætɪfɪ'keɪʃən] *n* Ratifikation *f*.

ratify ['rætɪfaɪ] *vt* (*treaty etc*) ratifizieren.

rating ['reɪtɪŋ] *n* (*score*) Rate *f*; (*assessment*) Beurteilung *f*; (*NAUT: BRIT: sailor*) Matrose *m*; **ratings** *npl* (*RADIO, TV*) Einschaltquote *f*.

ratio ['reɪʃɪəu] *n* Verhältnis *nt*; **a ~ of 5 to 1** ein Verhältnis von 5 zu 1.

ration ['ræʃən] *n* Ration *f* ♦ *vt* rationieren; **rations** *npl* (*MIL*) Rationen *pl*.

rational ['ræʃənl] *adj* rational, vernünftig.

rationale [ræʃə'nɑːl] *n* Grundlage *f*.

rationalization [ræʃnəlaɪ'zeɪʃən] *n* (*justification*) Rechtfertigung *f*; (*of company, system*) Rationalisierung *f*.

rationalize ['ræʃnəlaɪz] *vt* (*see n*) rechtfertigen, rationalisieren.

rationally ['ræʃnəlɪ] *adv* vernünftig, rational.

rationing ['ræʃnɪŋ] *n* Rationierung *f*.

ratpack (*BRIT: inf*) *n* (*reporters*) Pressemeute *f*.

rat poison *n* Rattengift *nt*.

rat race *n*: **the ~** der ständige *or* tägliche Konkurrenzkampf *m*.

rattan [ræ'tæn] *n* Rattan *nt*, Peddigrohr *nt*.

rattle ['rætl] *n* (*of door, window, snake*) Klappern *nt*; (*of train, car etc*) Rattern *nt*; (*of chain*) Rasseln *nt*; (*toy*) Rassel *f* ♦ *vi* (*chains*) rasseln; (*windows*) klappern; (*bottles*) klirren ♦ *vt* (*shake noisily*) rütteln an +*dat*; (*fig: unsettle*) nervös machen; **to ~ along** (*car, bus*) dahinrattern.

rattlesnake ['rætlsneɪk] *n* Klapperschlange *f*.

ratty ['rætɪ] (*inf*) *adj* gereizt.

raucous ['rɔːkəs] *adj* (*voice etc*) rau.

raucously ['rɔːkəslɪ] *adv* rau.

raunchy ['rɔːntʃɪ] *adj* (*voice, song*) lüstern, geil.

ravage ['rævɪdʒ] *vt* verwüsten.

ravages ['rævɪdʒɪz] *npl* (*of war*) Verwüstungen *pl*; (*of weather*) zerstörende Auswirkungen *pl*; (*of time*) Spuren *pl*.

rave [reɪv] *vi* (*in anger*) toben ♦ *adj* (*inf: review*) glänzend; (*scene, culture*) Rave- ♦ *n* (*BRIT: inf: party*) Rave *m*, Fete *f*.

▶ **rave about** schwärmen von.

raven ['reɪvən] *n* Rabe *m*.

ravenous ['rævənəs] *adj* (*person*) ausgehungert; (*appetite*) unersättlich.

ravine [rə'viːn] *n* Schlucht *f*.

raving ['reɪvɪŋ] *adj*: **a ~ lunatic** ein total verrückter Typ.

ravings ['reɪvɪŋz] *npl* Fantastereien *pl*.

ravioli [rævɪ'əulɪ] *n* Ravioli *pl*.

ravishing ['rævɪʃɪŋ] *adj* hinreißend.

raw [rɔː] *adj* roh; (*sore*) wund; (*inexperienced*)

unerfahren; (*weather, day*) rau; **to get a ~ deal** ungerecht behandelt werden.

Rawalpindi [rɔːlˈpɪndɪ] *n* Rawalpindi *nt*.

raw material *n* Rohmaterial *nt*.

ray [reɪ] *n* Strahl *m*; **~ of hope** Hoffnungsschimmer *m*.

rayon [ˈreɪɔn] *n* Reyon *nt*.

raze [reɪz] *vt* (*also*: **to ~ to the ground**) dem Erdboden gleichmachen.

razor [ˈreɪzəʳ] *n* Rasierapparat *m*; (*open ~*) Rasiermesser *nt*.

razor blade *n* Rasierklinge *f*.

razzle [ˈræzl] (*BRIT: inf*) *n*: **to be/go on the ~** einen draufmachen.

razzmatazz [ˈræzməˈtæz] (*inf*) *n* Trubel *m*.

RC *abbr* (= *Roman Catholic*) r.-k.

RCAF *n abbr* (= *Royal Canadian Air Force*) kanadische Luftwaffe *f*.

RCMP *n abbr* (= *Royal Canadian Mounted Police*) *kanadische berittene Polizei*.

RCN *n abbr* (= *Royal Canadian Navy*) kanadische Marine.

RD (*US*) *abbr* (*POST*: = *rural delivery*) Landpostzustellung *f*.

Rd *abbr* (= *road*) Str.

RDC (*BRIT*) *n abbr* = **rural district council**.

RE (*BRIT*) *n abbr* (*SCOL*) = **religious education**; (*MIL*: = *Royal Engineers*) *Königliches Pionierkorps*.

re [riː] *prep* (*with regard to*) bezüglich +*gen*.

reach [riːtʃ] *n* (*range*) Reichweite *f* ♦ *vt* erreichen; (*conclusion, decision*) kommen zu; (*be able to touch*) kommen an +*acc* ♦ *vi* (*stretch out one's arm*) langen; **reaches** *npl* (*of river*) Gebiete *pl*; **within/out of ~** in/außer Reichweite; **within easy ~ of the supermarket/station** ganz in der Nähe des Supermarkts/Bahnhofs; **beyond the ~ of sb/sth** außerhalb der Reichweite von jdm/etw; "**keep out of the ~ of children**" „von Kindern fern halten"; **can I ~ you at your hotel?** kann ich Sie in Ihrem Hotel erreichen?

► **reach out** *vt* (*hand*) ausstrecken ♦ *vi* die Hand ausstrecken; **to ~ out for sth** nach etw greifen.

react [riːˈækt] *vi*: **to ~ (to)** (*also MED*) reagieren (auf +*acc*); (*CHEM*): **to ~ (with)** reagieren (mit); **to ~ (against)** (*rebel*) sich wehren (gegen).

reaction [riːˈækʃən] *n* Reaktion *f*; **reactions** *npl* (*reflexes*) Reaktionen *pl*; **a ~ against sth** Widerstand gegen etw.

reactionary [riːˈækʃənrɪ] *adj* reaktionär ♦ *n* Reaktionär(in) *m(f)*.

reactor [riːˈæktəʳ] *n* (*also*: **nuclear ~**) Kernreaktor *m*.

read [riːd] (*pt, pp* **read**) [rɛd] *vi* lesen; (*piece of writing etc*) sich lesen ♦ *vt* lesen; (*meter, thermometer etc*) ablesen; (*understand: mood, thoughts*) sich versetzen in +*acc*; (*meter, thermometer etc: measurement*) anzeigen;

(*study*) studieren; **to ~ sb's lips** jdm von den Lippen ablesen; **to ~ sb's mind** jds Gedanken lesen; **to ~ between the lines** zwischen den Zeilen lesen; **to take sth as ~** (*self-evident*) etw für selbstverständlich halten; **you can take it as ~ that ...** Sie können davon ausgehen, dass ...; **do you ~ me?** (*TEL*) verstehen Sie mich?; **to ~ sth into sb's remarks** etw in jds Bemerkungen hineininterpretieren.

► **read out** *vt* vorlesen.

► **read over** *vt* durchlesen.

► **read through** *vt* durchlesen.

► **read up on** *vt fus* sich informieren über +*acc*.

readable [ˈriːdəbl] *adj* (*legible*) lesbar; (*book, author etc*) lesenswert.

reader [ˈriːdəʳ] *n* (*person*) Leser(in) *m(f)*; (*book*) Lesebuch *nt*; (*BRIT: at university*) ≈ Dozent(in) *m(f)*; **to be an avid/slow ~** eifrig/langsam lesen.

readership [ˈriːdəʃɪp] *n* (*of newspaper etc*) Leserschaft *f*.

readily [ˈrɛdɪlɪ] *adv* (*without hesitation*) bereitwillig; (*easily*) ohne weiteres.

readiness [ˈrɛdɪnɪs] *n* Bereitschaft *f*; **in ~ for** bereit für.

reading [ˈriːdɪŋ] *n* Lesen *nt*; (*understanding*) Verständnis *nt*; (*from bible, of poetry etc*) Lesung *f*; (*on meter, thermometer etc*) Anzeige *f*.

reading lamp *n* Leselampe *f*.

reading matter *n* Lesestoff *m*.

reading room *n* Lesesaal *m*.

readjust [riːəˈdʒʌst] *vt* (*position, knob, instrument etc*) neu einstellen ♦ *vi*: **to ~ (to)** sich anpassen (an +*acc*).

readjustment [riːəˈdʒʌstmənt] *n* (*fig*) Neuorientierung *f*.

ready [ˈrɛdɪ] *adj* (*prepared*) bereit, fertig; (*willing*) bereit; (*easy*) leicht; (*available*) fertig ♦ *n*: **at the ~** (*MIL*) einsatzbereit; (*fig*) griffbereit; **~ for use** gebrauchsfertig; **to be ~ to do sth** bereit sein, etw zu tun; **to get ~** sich fertig machen; **to get sth ~** etw bereitmachen.

ready cash *n* Bargeld *nt*.

ready-cooked [ˈrɛdɪkʊkt] *adj* vorgekocht.

ready-made [ˈrɛdɪmeɪd] *adj* (*clothes*) von der Stange, Konfektions-; **~ meal** Fertiggericht *nt*.

ready-mix [ˈrɛdɪmɪks] *n* (*for cakes etc*) Backmischung *f*; (*concrete*) Fertigbeton *m*.

ready money *n* = **ready cash**.

ready reckoner [-ˈrɛkənəʳ] (*BRIT*) *n* Rechentabelle *f*.

ready-to-wear [ˈrɛdɪtəˈwɛəʳ] *adj* (*clothes*) von der Stange, Konfektions-.

reaffirm [riːəˈfəːm] *vt* bestätigen.

reagent [riːˈeɪdʒənt] *n*: **chemical ~** Reagens *nt*, Reagenz *nt*.

real [rɪəl] *adj* (*reason, result etc*) wirklich;

(*leather, gold etc*) echt; (*life, feeling*) wahr; (*for emphasis*) echt ♦ *adv* (*US: inf: very*) echt; in ~ **life** im wahren *or* wirklichen Leben; in ~ **terms** effektiv.

real ale *n* Real Ale *nt*.

real estate *n* Immobilien *pl* ♦ *cpd* (*US: agent, business etc*) Immobilien-.

realign *vt* neu ausrichten.

realism ['rɪəlɪzəm] *n* (*also ART*) Realismus *m*.

realist ['rɪəlɪst] *n* Realist(in) *m(f)*.

realistic [rɪə'lɪstɪk] *adj* realistisch.

reality [riː'ælɪtɪ] *n* Wirklichkeit *f*, Realität *f*; in ~ in Wirklichkeit.

realization [rɪəlaɪ'zeɪʃən] *n* (*understanding*) Erkenntnis *f*; (*fulfilment*) Verwirklichung *f*, Realisierung *f*; (*FIN: of asset*) Realisation *f*.

realize ['rɪəlaɪz] *vt* (*understand*) verstehen; (*fulfil*) verwirklichen, realisieren; (*FIN: amount, profit*) realisieren; I ~ **that** ... es ist mir klar, dass ...

really ['rɪəlɪ] *adv* wirklich; **what ~ happened** was wirklich geschah; ~**?** wirklich?; ~**!** (*indicating annoyance*) also wirklich!

realm [relm] *n* (*fig: field*) Bereich *m*; (*kingdom*) Reich *nt*.

real-time ['rɪːltaɪm] *adj* (*COMPUT: processing etc*) Echtzeit-.

Realtor ® ['rɪəltɔː'] (*US*) *n* Immobilienmakler(in) *m(f)*.

ream [riːm] *n* (*of paper*) Ries *nt*; **reams** (*inf, fig*) Bände *pl*.

reap [riːp] *vt* (*crop*) einbringen, ernten; (*fig: benefits*) ernten; (: *rewards*) bekommen.

reaper ['riːpə'] *n* (*machine*) Mähdrescher *m*.

reappear [riːə'pɪə'] *vi* wieder auftauchen.

reappearance [riːə'pɪərəns] *n* Wiederauftauchen *nt*.

reapply [riːə'plaɪ] *vi*: **to ~ for** sich erneut bewerben um.

reappoint [riːə'pɔɪnt] *vt* (*to job*) wieder einstellen.

reappraisal [riːə'preɪzl] *n* (*of idea etc*) Neubeurteilung *f*.

rear [rɪə'] *adj* hintere(r, s); (*wheel etc*) Hinter- ♦ *n* Rückseite *f*; (*buttocks*) Hinterteil *nt* ♦ *vt* (*family, animals*) aufziehen ♦ *vi* (*also*: ~ **up**: *horse*) sich aufbäumen.

rear admiral *n* Konteradmiral *m*.

rear-engined ['rɪər'ɛndʒɪnd] *adj* mit Heckmotor.

rearguard ['rɪəgɑːd] *n* (*MIL*) Nachhut *f*; **to fight a ~ action** (*fig*) erbittert wehren.

rearm [riː'ɑːm] *vi* (*country*) wieder aufrüsten ♦ *vt* wieder bewaffnen.

rearmament [riː'ɑːməmənt] *n* Wiederaufrüstung *f*.

rearrange [riːə'reɪndʒ] *vt* (*furniture*) umstellen; (*meeting*) den Termin ändern +*gen*.

rear-view mirror ['rɪəvjuː-] *n* Rückspiegel *m*.

reason ['riːzn] *n* (*cause*) Grund *m*; (*rationality*) Verstand *m*; (*common sense*) Vernunft *f* ♦ *vi*: **to ~ with sb** vernünftig mit jdm reden; **the**

~ **for/why** der Grund für/, warum; **we have** ~ **to believe that** ... wir haben Grund zu der Annahme, dass ...; **it stands to** ~ **that** ... es ist zu erwarten, dass ...; **she claims with good** ~ **that** ... sie behauptet mit gutem Grund *or* mit Recht, dass ...; **all the more** ~ **why** ... ein Grund mehr, warum ...; **yes, but within** ~ ja, solange es sich im Rahmen hält.

reasonable ['riːznəbl] *adj* vernünftig; (*number, amount*) angemessen; (*not bad*) ganz ordentlich; **be** ~**!** sei doch vernünftig!

reasonably ['riːznəblɪ] *adv* (*fairly*) ziemlich; (*sensibly*) vernünftig; **one could** ~ **assume that** ... man könnte durchaus annehmen, dass ...

reasoned ['riːznd] *adj* (*argument*) durchdacht.

reasoning ['riːznɪŋ] *n* Argumentation *f*.

reassemble [riːə'sɛmbl] *vt* (*machine*) wieder zusammensetzen ♦ *vi* sich wieder versammeln.

reassert [riːə'səːt] *vt*: **to ~ oneself/one's authority** seine Autorität wieder geltend machen.

reassurance [riːə'ʃuərəns] *n* (*comfort*) Beruhigung *f*; (*guarantee*) Bestätigung *f*.

reassure [riːə'ʃuə'] *vt* beruhigen.

reassuring [riːə'ʃuərɪŋ] *adj* beruhigend.

reawakening [riːə'weɪknɪŋ] *n* Wiedererwachen *nt*.

rebate ['riːbeɪt] *n* (*on tax etc*) Rückerstattung *f*; (*discount*) Ermäßigung *f*.

rebel ['rɛbl] *n* Rebell(in) *m(f)* ♦ *vi* rebellieren.

rebellion [rɪ'bɛljən] *n* Rebellion *f*.

rebellious [rɪ'bɛljəs] *adj* rebellisch.

rebirth [riː'bəːθ] *n* Wiedergeburt *f*.

rebound [rɪ'baund] *vi* (*ball*) zurückprallen ♦ *n*: **on the** ~ (*fig*) als Tröstung.

rebuff [rɪ'bʌf] *n* Abfuhr *f* ♦ *vt* zurückweisen.

rebuild [riː'bɪld] *vt* (*irreg: like* **build**) wieder aufbauen; (*confidence*) wieder herstellen.

rebuke [rɪ'bjuːk] *vt* zurechtweisen, tadeln ♦ *n* Zurechtweisung *f*, Tadel *m*.

rebut [rɪ'bʌt] *vt* (*form*) *or* widerlegen.

rebuttal [rɪ'bʌtl] *n* (*form*) Widerlegung *f*.

recalcitrant [rɪ'kælsɪtrənt] *adj* aufsässig.

recall [rɪ'kɔːl] *vt* (*remember*) sich erinnern an +*acc*; (*ambassador*) abberufen; (*product*) zurückrufen ♦ *n* (*of memories*) Erinnerung *f*; (*of ambassador*) Abberufung *f*; (*of product*) Rückruf *m*; **beyond** ~ unwiederbringlich.

recant [rɪ'kænt] *vi* widerrufen.

recap ['riːkæp] *vt, vi* zusammenfassen ♦ *n* Zusammenfassung *f*.

recapitulate [riːkə'pɪtjuleɪt] *vt, vi* = **recap**.

recapture [riː'kæptʃə'] *vt* (*town*) wieder einnehmen; (*prisoner*) wieder ergreifen; (*atmosphere etc*) heraufbeschwören.

rec'd *abbr* (*COMM*: = *received*) erh.

recede [rɪ'siːd] *vi* (*tide*) zurückgehen; (*lights etc*) verschwinden; (*memory, hope*) schwinden; **his hair is beginning to** ~ **er**

bekommt eine Stirnglatze.
receding [rɪ'siːdɪŋ] *adj* (*hairline*)
zurückweichend; (*chin*) fliehend.
receipt [rɪ'siːt] *n* (*document*) Quittung *f*; (*act of receiving*) Erhalt *m*; **receipts** *npl* (*COMM*)
Einnahmen *pl*; **on** ~ **of** bei Erhalt +*gen*; **to be in** ~ **of sth** etw erhalten.
receivable [rɪ'siːvəbl] *adj* (*COMM*) zulässig;
(*owing*) ausstehend.
receive [rɪ'siːv] *vt* erhalten, bekommen;
(*injury*) erleiden; (*treatment*) erhalten;
(*visitor, guest*) empfangen; **to be on the receiving end of sth** der/die Leidtragende von etw sein; "~d **with thanks**" (*COMM*) „dankend erhalten".

RECEIVED PRONUNCIATION

Received Pronunciation *oder* **RP** *ist die hochsprachliche Standardaussprache des britischen Englisch, die bis vor kurzem in der Ober- und Mittelschicht vorherrschte und auch noch großes Ansehen unter höheren Beamten genießt.*

---

receiver [rɪ'siːvə*] *n* (*TEL*) Hörer *m*; (*RADIO, TV*) Empfänger *m*; (*of stolen goods*)
Hehler(in) *m(f)*; (*COMM*) Empfänger(in) *m(f)*.
receivership [rɪ'siːvəʃɪp] *n*: **to go into** ~ in Konkurs gehen.
recent ['riːsnt] *adj* (*event*) kürzlich; (*times*)
letzte(r, s); **in** ~ **years** in den letzten Jahren.
recently ['riːsntlɪ] *adv* (*not long ago*) kürzlich;
(*lately*) in letzter Zeit; **as** ~ **as** erst; **until** ~
bis vor kurzem.
receptacle [rɪ'septɪkl] *n* Behälter *m*.
reception [rɪ'sepʃən] *n* (*in hotel, office etc*)
Rezeption *f*; (*party, RADIO, TV*) Empfang *m*;
(*welcome*) Aufnahme *f*.
reception centre (*BRIT*) *n* Aufnahmelager *nt*.
reception desk *n* Rezeption *f*.
receptionist [rɪ'sepʃənɪst] *n* (*in hotel*)
Empfangschef *m*, Empfangsdame *f*; (*in doctor's surgery*) Sprechstundenhilfe *f*.
receptive [rɪ'septɪv] *adj* aufnahmebereit.
recess [rɪ'ses] *n* (*in room*) Nische *f*; (*secret place*) Winkel *m*; (*POL etc: holiday*) Ferien *pl*;
(*US: LAW: short break*) Pause *f*; (*esp US: SCOL*) Pause *f*.
recession [rɪ'seʃən] *n* (*ECON*) Rezession *f*.
recharge [riː'tʃɑːdʒ] *vt* (*battery*) aufladen.
rechargeable [riː'tʃɑːdʒəbl] *adj* (*battery*)
aufladbar.
recipe ['resɪpɪ] *n* Rezept *nt*; **a** ~ **for success** ein Erfolgsrezept *nt*; **to be a** ~ **for disaster** in die Katastrophe führen.
recipient [rɪ'sɪpɪənt] *n* Empfänger(in) *m(f)*.
reciprocal [rɪ'sɪprəkl] *adj* gegenseitig.
reciprocate [rɪ'sɪprəkeɪt] *vt* (*invitation, feeling*)
erwidern ♦ *vi* sich revanchieren.
recital [rɪ'saɪtl] *n* (*concert*) Konzert *nt*.
recitation [resɪ'teɪʃən] *n* (*of poem etc*) Vortrag *m*.

recite [rɪ'saɪt] *vt* (*poem*) vortragen; (*complaints etc*) aufzählen.
reckless ['rekləs] *adj* (*driving, driver*)
rücksichtslos; (*spending*) leichtsinnig.
recklessly ['rekləslɪ] *adv* (*drive*) rücksichtslos;
(*spend, gamble*) leichtsinnig.
reckon ['rekən] *vt* (*consider*) halten für;
(*calculate*) berechnen ♦ *vi*: **he is somebody to be** ~**ed with** mit ihm muss man rechnen; **I** ~ **that** ... (*think*) ich schätze, dass ...; **to** ~ **without sb/sth** nicht mit jdm/etw rechnen.
▶ **reckon on** *vt fus* rechnen mit.
reckoning ['rekənɪŋ] *n* (*calculation*)
Berechnung *f*; **the day of** ~ der Tag der Abrechnung.
reclaim [rɪ'kleɪm] *vt* (*luggage*) abholen; (*tax etc*) zurückfordern; (*land*) gewinnen; (*waste materials*) zur Wiederverwertung sammeln.
reclamation [reklə'meɪʃən] *n* (*of land*)
Gewinnung *f*.
recline [rɪ'klaɪn] *vi* (*sit or lie back*)
zurückgelehnt sitzen.
reclining [rɪ'klaɪnɪŋ] *adj* (*seat*) Liege-.
recluse [rɪ'kluːs] *n* Einsiedler(in) *m(f)*.
recognition [rekəg'nɪʃən] *n* (*of person, place*)
Erkennen *nt*; (*of problem, fact*) Erkenntnis *f*;
(*of achievement*) Anerkennung *f*; **in** ~ **of** in Anerkennung +*gen*; **to gain** ~ Anerkennung finden; **she had changed beyond** ~ sie war nicht wieder zu erkennen.
recognizable ['rekəgnaɪzəbl] *adj* erkennbar.
recognize ['rekəgnaɪz] *vt* (*person, place, voice*)
wieder erkennen; (*sign, problem*) erkennen;
(*qualifications, government, achievement*)
anerkennen; **to** ~ **sb by/as** jdn erkennen an +*dat*/als.
recoil [rɪ'kɔɪl] *vi* (*person*): **to** ~ **from**
zurückweichen vor +*dat*; (*fig*)
zurückschrecken vor +*dat* ♦ *n* (*of gun*)
Rückstoß *m*.
recollect [rekə'lekt] *vt* (*remember*) sich erinnern an +*acc*.
recollection [rekə'lekʃən] *n* Erinnerung *f*; **to the best of my** ~ soweit ich mich erinnern *or* entsinnen kann.
recommend [rekə'mend] *vt* empfehlen; **she has a lot to** ~ **her** es spricht sehr viel für sie.
recommendation [rekəmen'deɪʃən] *n*
Empfehlung *f*; **on the** ~ **of** auf Empfehlung +*gen*.
recommended retail price (*BRIT*) *n* (*COMM*)
unverbindlicher Richtpreis *m*.
recompense ['rekəmpens] *n* (*reward*)
Belohnung *f*; (*compensation*) Entschädigung *f*.
reconcilable ['rekənsaɪləbl] *adj* (*ideas*)
(miteinander) vereinbar.
reconcile ['rekənsaɪl] *vt* (*people*) versöhnen;
(*facts, beliefs*) (miteinander) vereinbaren, in Einklang bringen; **to** ~ **o.s. to sth** sich mit

etw abfinden.

reconciliation [rɛkənsɪlɪ'eɪʃən] *n* (*of people*) Versöhnung *f*; (*of facts, beliefs*) Vereinbarung *f*.

recondite [rɪ'kɒndaɪt] *adj* obskur.

recondition [riːkən'dɪʃən] *vt* (*machine*) überholen.

reconditioned [riːkən'dɪʃənd] *adj* (*engine, TV*) generalüberholt.

reconnaissance [rɪ'kɒnɪsns] *n* (*MIL*) Aufklärung *f*.

reconnoitre, (*US*) **reconnoiter** [rɛkə'nɔɪtə*] *vt* (*MIL*) erkunden.

reconsider [riːkən'sɪdə*] *vt* (noch einmal) überdenken ♦ *vi* es sich *dat* noch einmal überlegen.

reconstitute [riː'kɒnstɪtjuːt] *vt* (*organization*) neu bilden; (*food*) wiederherstellen.

reconstruct [riːkən'strʌkt] *vt* (*building*) wieder aufbauen; (*policy, system*) neu organisieren; (*event, crime*) rekonstruieren.

reconstruction [riːkən'strʌkʃən] *n* Wiederaufbau *m*; (*of crime*) Rekonstruktion *f*.

reconvene [riːkən'viːn] *vi* (*meet again*) wieder zusammenkommen ♦ *vt* (*meeting etc*) wieder einberufen.

record ['rɛkɔːd] *n* (*written account*) Aufzeichnung *f*; (*of meeting*) Protokoll *nt*; (*of decision*) Beleg *m*; (*COMPUT*) Datensatz *m*; (*file*) Akte *f*; (*MUS: disc*) Schallplatte *f*; (*history*) Vorgeschichte *f*; (*also: criminal* ~) Vorstrafen *pl*; (*SPORT*) Rekord *m* ♦ *vt* aufzeichnen; (*song etc*) aufnehmen; (*temperature, speed etc*) registrieren ♦ *adj* (*sales, profits*) Rekord-; ~ **of attendance** Anwesenheitsliste *f*; **public** ~**s** Urkunden *pl* des Nationalarchivs; **to keep a** ~ **of sth** etw schriftlich festhalten; **to have a good/poor** ~ gute/schlechte Leistungen vorzuweisen haben; **to have a (criminal)** ~ vorbestraft sein; **to set** *or* **put the** ~ **straight** (*fig*) Klarheit schaffen; **he is on** ~ **as saying that** ... er hat nachweislich gesagt, dass ...; **off the** ~ (*remark*) inoffiziell ♦ *adv* (*speak*) im Vertrauen; **in** ~ **time** in Rekordzeit.

recorded delivery [rɪ'kɔːdɪd-] (*BRIT*) *n* (*POST*) Einschreiben *nt*; **to send sth (by)** ~ etw per Einschreiben senden.

recorder [rɪ'kɔːdə*] *n* (*MUS*) Blockflöte *f*; (*LAW*) *nebenamtlich als Richter tätiger Rechtsanwalt.*

record holder *n* (*SPORT*) Rekordinhaber(in) *m(f)*.

recording [rɪ'kɔːdɪŋ] *n* Aufnahme *f*.

recording studio *n* Aufnahmestudio *nt*.

record library *n* Schallplattenverleih *m*.

record player *n* Plattenspieler *m*.

recount [rɪ'kaunt] *vt* (*story etc*) erzählen.

re-count ['riːkaunt] *n* (*of votes*) Nachzählung *f* ♦ *vt* (*votes*) nachzählen.

recoup [rɪ'kuːp] *vt*: **to** ~ **one's losses** seine

Verluste ausgleichen.

recourse [rɪ'kɔːs] *n*: **to have** ~ **to sth** Zuflucht zu etw nehmen.

recover [rɪ'kʌvə*] *vt* (*get back*) zurückbekommen; (*stolen goods*) sicherstellen; (*wreck, body*) bergen; (*financial loss*) ausgleichen ♦ *vi* sich erholen.

re-cover [riː'kʌvə*] *vt* (*chair etc*) neu beziehen.

recovery [rɪ'kʌvərɪ] *n* (*from illness etc*) Erholung *f*; (*in economy*) Aufschwung *m*; (*of lost items*) Wiederfinden *nt*; (*of stolen goods*) Sicherstellung *f*; (*of wreck, body*) Bergung *f*; (*of financial loss*) Ausgleich *m*.

re-create [riːkrɪ'eɪt] *vt* (*atmosphere, situation*) wieder herstellen.

recreation [rɛkrɪ'eɪʃən] *n* (*leisure*) Erholung *f*, Entspannung *f*.

recreational [rɛkrɪ'eɪʃnl] *adj* (*facilities etc*) Freizeit-.

recreational drug *n* Freizeitdroge *f*.

recreational vehicle (*US*) *n* Caravan *m*.

recrimination [rɪkrɪmɪ'neɪʃən] *n* gegenseitige Anschuldigungen *pl*.

recruit [rɪ'kruːt] *n* (*MIL*) Rekrut *m*; (*in company*) neuer Mitarbeiter *m*, neue Mitarbeiterin *f* ♦ *vt* (*MIL*) rekrutieren; (*staff, new members*) anwerben.

recruiting office [rɪ'kruːtɪŋ-] *n* (*MIL*) Rekrutierungsbüro *nt*.

recruitment [rɪ'kruːtmənt] *n* (*of staff*) Anwerbung *f*.

rectangle ['rɛktæŋgl] *n* Rechteck *nt*.

rectangular [rɛk'tæŋgjulə*] *adj* (*shape*) rechteckig.

rectify ['rɛktɪfaɪ] *vt* (*mistake etc*) korrigieren.

rector ['rɛktə*] *n* (*REL*) Pfarrer(in) *m(f)*.

rectory ['rɛktərɪ] *n* Pfarrhaus *nt*.

rectum ['rɛktəm] *n* Rektum *nt*, Mastdarm *m*.

recuperate [rɪ'kjuːpəreɪt] *vi* (*recover*) sich erholen.

recur [rɪ'kəː*] *vi* (*error, event*) sich wiederholen; (*pain etc*) wiederholt auftreten.

recurrence [rɪ'kərns] *n* (*see vi*) Wiederholung *f*; wiederholtes Auftreten *nt*.

recurrent [rɪ'kərnt] *adj* (*see vb*) sich wiederholend; wiederholt auftretend.

recurring [rɪ'kərɪŋ] *adj* (*problem, dream*) sich wiederholend; (*MATH*): **six point five four** ~ sechs Komma fünf Periode vier.

recycle [riː'saɪkl] *vt* (*waste, paper etc*) recyceln, wieder verwerten.

red [rɛd] *n* Rot *nt*; (*pej: POL*) Rote(r) *f(m)* ♦ *adj* rot; **to be in the** ~ (*business etc*) in den roten Zahlen sein.

red alert *n*: **to be on** ~ in höchster Alarmbereitschaft sein.

red-blooded ['rɛd'blʌdɪd] *adj* heißblütig.

REDBRICK UNIVERSITY

Als **redbrick university** *werden die jüngeren britischen Universitäten bezeichnet, die im späten*

19. und Anfang des 20. Jh. in Städten wie Manchester, Liverpool und Bristol gegründet wurden. Der Name steht im Gegensatz zu Oxford und Cambridge und bezieht sich auf die roten Backsteinmauern der Universitätsgebäude.

red carpet treatment *n*: **to give sb the ~** den roten Teppich für jdn ausrollen.

Red Cross *n* Rotes Kreuz *nt*.

redcurrant ['rɛdkʌrənt] *n* rote Johannisbeere *f*.

redden ['rɛdn] *vt* röten ♦ *vi* (*blush*) erröten.

reddish ['rɛdɪʃ] *adj* rötlich.

redecorate [riː'dɛkəreɪt] *vt*, *vi* renovieren.

redecoration [riːdɛkə'reɪʃən] *n* Renovierung *f*.

redeem [rɪ'diːm] *vt* (*situation etc*) retten; (*voucher, sth in pawn*) einlösen; (*loan*) abzahlen; (*REL*) erlösen; **to ~ oneself for sth** etw wieder gutmachen.

redeemable [rɪ'diːməbl] *adj* (*voucher etc*) einlösbar.

redeeming [rɪ'diːmɪŋ] *adj* (*feature, quality*) versöhnend.

redefine [riːdɪ'faɪn] *vt* neu definieren.

redemption [rɪ'dɛmʃən] *n* (*REL*) Erlösung *f*; **past or beyond ~** nicht mehr zu retten.

redeploy [riːdɪ'plɔɪ] *vt* (*resources, staff*) umverteilen; (*MIL*) verlegen.

redeployment [riːdɪ'plɔɪmənt] *n* (*see vt*) Umverteilung *f*; Verlegung *f*.

redevelop [riːdɪ'vɛləp] *vt* (*area*) sanieren.

redevelopment [riːdɪ'vɛləpmənt] *n* Sanierung *f*.

red-handed [rɛd'hændɪd] *adj*: **to be caught ~** auf frischer Tat ertappt werden.

redhead ['rɛdhɛd] *n* Rotschopf *m*.

red herring *n* (*fig*) falsche Spur *f*.

red-hot [rɛd'hɒt] *adj* (*metal*) rot glühend.

redirect [riːdaɪ'rɛkt] *vt* (*mail*) nachsenden; (*traffic*) umleiten.

rediscover [riːdɪs'kʌvə*] *vt* wieder entdecken.

redistribute [riːdɪs'trɪbjuːt] *vt* umverteilen.

red-letter day ['rɛdlɛtə-] *n* besonderer Tag *m*.

red light *n* (*AUT*): **to go through a ~** eine Ampel bei Rot überfahren.

red-light district ['rɛdlaɪt-] *n* Rotlichtviertel *nt*.

red meat *n* Rind- und Lammfleisch.

redness ['rɛdnɪs] *n* Röte *f*.

redo [riː'duː] (*irreg: like do*) *vt* noch einmal machen.

redolent ['rɛdələnt] *adj*: **to be ~ of sth** nach etw riechen; (*fig*) an etw erinnern.

redouble [riː'dʌbl] *vt*: **to ~ one's efforts** seine Anstrengungen verdoppeln.

redraft [riː'drɑːft] *vt* (*agreement*) neu abfassen.

redraw [riː'drɔː] *vt* neu zeichnen.

redress [rɪ'drɛs] *n* (*compensation*) Wiedergutmachung *f* ♦ *vt* (*error etc*) wieder gutmachen; **to ~ the balance** das Gleichgewicht wieder herstellen.

Red Sea *n*: **the ~** das Rote Meer.

redskin ['rɛdskɪn] (*old: offensive*) *n* Rothaut *f*.

red tape *n* (*fig*) Bürokratie *f*.

reduce [rɪ'djuːs] *vt* (*spending, numbers, risk etc*) vermindern, reduzieren; **to ~ sth by/to 5%** etw um/auf 5% *acc* reduzieren; **to ~ sb to tears/silence** jdn zum Weinen/Schweigen bringen; **to ~ sb to begging/stealing** jdn zur Bettelei/zum Diebstahl zwingen; *"~ speed now"* (*AUT*) „langsam fahren".

reduced [rɪ'djuːst] *adj* (*goods, ticket etc*) ermäßigt; **"greatly ~ prices"** „Preise stark reduziert".

reduction [rɪ'dʌkʃən] *n* (*in price etc*) Ermäßigung, Reduzierung *f*; (*in numbers*) Verminderung *f*.

redundancy [rɪ'dʌndənsɪ] (*BRIT*) *n* (*dismissal*) Entlassung *f*; (*unemployment*) Arbeitslosigkeit *f*; **compulsory ~** Entlassung *f*; **voluntary ~** freiwilliger Verzicht *m* auf den Arbeitsplatz.

redundancy payment (*BRIT*) *n* Abfindung *f*.

redundant [rɪ'dʌndnt] *adj* (*BRIT: worker*) arbeitslos; (*word, object*) überflüssig; **to be made ~** (*worker*) den Arbeitsplatz verlieren.

reed [riːd] *n* (*BOT*) Schilf *nt*; (*MUS: of clarinet etc*) Rohrblatt *nt*.

re-educate [riː'ɛdjukeɪt] *vt* umerziehen.

reedy ['riːdɪ] *adj* (*voice*) Fistel-.

reef [riːf] *n* (*at sea*) Riff *nt*.

reek [riːk] *vi*: **to ~ (of)** (*lit, fig*) stinken (nach).

reel [riːl] *n* (*of thread etc, on fishing-rod*) Rolle *f*; (*CINE: scene*) Szene *f*; (*of film, tape*) Spule *f*; (*dance*) Reel *m* ♦ *vi* (*sway*) taumeln; **my head is ~ing** mir dreht sich der Kopf.

► **reel in** *vt* (*fish, line*) einholen.

► **reel off** *vt* (*say*) herunterrasseln.

re-election [riːɪ'lɛkʃən] *n* Wiederwahl *f*.

re-enter [riː'ɛntə*] *vt* (*country*) wieder einreisen in +*acc*; (*SPACE*) wieder eintreten in +*acc*.

re-entry [riː'ɛntrɪ] *n* Wiedereinreise *f*; (*SPACE*) Wiedereintritt *m*.

re-examine [riːɪg'zæmɪn] *vt* (*proposal etc*) nochmals prüfen; (*witness*) nochmals vernehmen.

re-export ['riːɪks'pɔːt] *vt* wieder ausführen ♦ *n* Wiederausfuhr *f*; (*commodity*) wieder ausgeführte Ware *f*.

ref [rɛf] (*inf*) *n abbr* (*SPORT*) = **referee**.

ref. *abbr* (*COMM*: = *with reference to*) betr.; **your ~** Ihr Zeichen:.

refectory [rɪ'fɛktərɪ] *n* (*in university*) Mensa *f*.

refer [rɪ'fəː*] *vt*: **to ~ sb to** (*book etc*) jdn verweisen auf +*acc*; (*doctor, hospital*) jdn überweisen zu; **to ~ sth to** (*task, problem*) etw übergeben an +*acc*; **he ~red me to the manager** er verwies mich an den Geschäftsführer.

► **refer to** *vt fus* (*mention*) erwähnen; (*relate to*) sich beziehen auf +*acc*; (*consult*) hinzuziehen.

referee [rɛfə'riː] n (*SPORT*) Schiedsrichter(in) m(f); (*BRIT: for job application*) Referenz f ♦ vt als Schiedsrichter(in) leiten.

reference ['rɛfrəns] n (*mention*) Hinweis m; (*in book, article*) Quellenangabe f; (*for job application, person*) Referenz f; **with ~ to** mit Bezug auf +acc; **"please quote this ~"** (*COMM*) „bitte dieses Zeichen angeben".

reference book n Nachschlagewerk nt.

reference library n Präsenzbibliothek f.

reference number n Aktenzeichen nt.

referenda [rɛfə'rɛndə] npl of **referendum**.

referendum [rɛfə'rɛndəm] (*pl* **referenda**) n Referendum nt, Volksentscheid m.

referral [rɪ'fəːrəl] n (*of matter, problem*) Weiterleitung f; (*to doctor, specialist*) Überweisung f.

refill [riː'fɪl] vt nachfüllen ♦ n (*for pen etc*) Nachfüllmine f; (*drink*) Nachfüllung f.

refine [rɪ'faɪn] vt (*sugar, oil*) raffinieren; (*theory, idea*) verfeinern.

refined [rɪ'faɪnd] adj (*person*) kultiviert; (*taste*) fein, vornehm; (*sugar, oil*) raffiniert.

refinement [rɪ'faɪnmənt] n (*of person*) Kultiviertheit f; (*of system, ideas*) Verfeinerung f.

refinery [rɪ'faɪnərɪ] n (*for oil etc*) Raffinerie f.

refit [riː'fɪt] (*NAUT*) n Überholung f ♦ vt (*ship*) überholen.

reflate [riː'fleɪt] vt (*economy*) ankurbeln.

reflation [riː'fleɪʃən] n (*ECON*) Reflation f.

reflationary [riː'fleɪʃənrɪ] adj (*ECON*) reflationär.

reflect [rɪ'flɛkt] vt reflektieren; (*fig*) widerspiegeln ♦ vi (*think*) nachdenken.

▸ **reflect on** vt fus (*discredit*) ein schlechtes Licht werfen auf +acc.

reflection [rɪ'flɛkʃən] n (*image*) Spiegelbild nt; (*of light, heat*) Reflexion f; (*fig*) Widerspiegelung f; (: *thought*) Gedanke m; **on ~** nach genauerer Überlegung; **this is a ~ on** ... (*criticism*) das sagt einiges über ...

reflector [rɪ'flɛktə*] n (*AUT etc*) Rückstrahler m; (*for light, heat*) Reflektor m.

reflex ['riːflɛks] adj Reflex-; **reflexes** npl (*PHYSIOL, PSYCH*) Reflexe pl.

reflexive [rɪ'flɛksɪv] adj (*LING*) reflexiv.

reform [rɪ'fɔːm] n Reform f ♦ vt reformieren ♦ vi (*criminal etc*) sich bessern.

reformat [riː'fɔːmæt] vt (*COMPUT*) neu formatieren.

Reformation [rɛfə'meɪʃən] n: **the ~** die Reformation.

reformatory [rɪ'fɔːmətərɪ] (*US*) n Besserungsanstalt f.

reformed [rɪ'fɔːmd] adj (*character, alcoholic*) gewandelt.

refrain [rɪ'freɪn] vi: **to ~ from doing sth** etw unterlassen ♦ n (*of song*) Refrain m.

refresh [rɪ'frɛʃ] vt erfrischen; **to ~ one's memory** sein Gedächtnis auffrischen.

refresher course [rɪ'frɛʃə-] n

Auffrischungskurs m.

refreshing [rɪ'frɛʃɪŋ] adj erfrischend; (*sleep*) wohltuend; (*idea etc*) angenehm.

refreshment [rɪ'frɛʃmənt] n Erfrischung f.

refreshments [rɪ'frɛʃmənts] npl (*food and drink*) Erfrischungen pl.

refrigeration [rɪfrɪdʒə'reɪʃən] n Kühlung f.

refrigerator [rɪ'frɪdʒəreɪtə*] n Kühlschrank m.

refuel [riː'fjuəl] vt, vi auftanken.

refuelling [riː'fjuəlɪŋ] n Auftanken nt.

refuge ['rɛfjuːdʒ] n Zuflucht f; **to seek/take ~ in** Zuflucht suchen/nehmen in +dat.

refugee [rɛfju'dʒiː] n Flüchtling m; **a political ~** ein politischer Flüchtling.

refugee camp n Flüchtlingslager nt.

refund [riː'fʌnd] n Rückerstattung f ♦ vt (*money*) zurückerstatten.

refurbish [riː'fəːbɪʃ] vt (*shop etc*) renovieren.

refurbishment [riː'fəːbɪʃmənt] n (*of shop etc*) Renovierung f.

refurnish [riː'fəːnɪʃ] vt neu möblieren.

refusal [rɪ'fjuːzəl] n Ablehnung f; **a ~ to do sth** eine Weigerung, etw zu tun; **to give sb first ~ on sth** jdm etw zuerst anbieten.

refuse¹ [rɪ'fjuːz] vt (*request, offer etc*) ablehnen; (*gift*) zurückweisen; (*permission*) verweigern ♦ vi ablehnen; (*horse*) verweigern; **to ~ to do sth** sich weigern, etw zu tun.

refuse² ['rɛfjuːs] n (*rubbish*) Abfall m, Müll m.

refuse collection n Müllabfuhr f.

refuse disposal n Müllbeseitigung f.

refusenik [rɪ'fjuːznɪk] n (*inf*) Verweigerer(in) m(f); (*in former USSR*) sowjetischer Jude, dem die Emigration nach Israel verweigert wurde.

refute [rɪ'fjuːt] vt (*argument*) widerlegen.

regain [rɪ'geɪn] vt wiedererlangen.

regal ['riːgl] adj königlich.

regale [rɪ'geɪl] vt: **to ~ sb with sth** jdn mit etw verwöhnen.

regalia [rɪ'geɪlɪə] n (*costume*) Amtstracht f.

regard [rɪ'gaːd] n (*esteem*) Achtung f ♦ vt (*consider*) ansehen, betrachten; (*view*) betrachten; **to give one's ~s to sb** jdm Grüße bestellen; **"with kindest ~s"** „mit freundlichen Grüßen"; **as ~s, with ~ to** bezüglich +gen.

regarding [rɪ'gaːdɪŋ] prep bezüglich +gen.

regardless [rɪ'gaːdlɪs] adv trotzdem ♦ adj: **~ of** ohne Rücksicht auf +acc.

regatta [rɪ'gætə] n Regatta f.

regency ['riːdʒənsɪ] n Regentschaft f ♦ adj: **R~** (*furniture etc*) Regency-.

regenerate [rɪ'dʒɛnəreɪt] vt (*inner cities, arts*) erneuern; (*person, feelings*) beleben ♦ vi (*BIOL*) sich regenerieren.

regent ['riːdʒənt] n Regent(in) m(f).

reggae ['rɛgeɪ] n Reggae m.

regime [reɪ'ʒiːm] n (*government*) Regime nt; (*diet etc*) Kur f.

regiment ['rɛdʒɪmənt] n (*MIL*) Regiment nt ♦ vt

reglementieren.

regimental [rɛdʒɪˈmɛntl] *adj* Regiments-.

regimentation [rɛdʒɪmɛnˈteɪʃən] *n* Reglementierung *f*.

region [ˈriːdʒən] *n* (*of land*) Gebiet *nt*; (*of body*) Bereich *m*; (*administrative division of country*) Region *f*; **in the ~ of** (*approximately*) im Bereich von.

regional [ˈriːdʒənl] *adj* regional.

regional development *n* regionale Entwicklung *f*.

register [ˈrɛdʒɪstə*] *n* (*list, MUS*) Register *nt*; (*also:* **electoral ~**) Wählerverzeichnis *nt*; (*SCOL*) Klassenbuch *nt* ♦ *vt* registrieren; (*car*) anmelden; (*letter*) als Einschreiben senden; (*amount, measurement*) verzeichnen ♦ *vi* (*person*) sich anmelden; (: *at doctor's*) sich (als Patient) eintragen; (*amount etc*) registriert werden; (*make impression*) (einen) Eindruck machen; **to ~ a protest** Protest anmelden.

registered [ˈrɛdʒɪstəd] *adj* (*letter, parcel*) eingeschrieben; (*drug addict, childminder etc*) (offiziell) eingetragen.

registered company *n* eingetragene Gesellschaft *f*.

registered nurse (*US*) *n* staatlich geprüfte Krankenschwester *f*, staatlich geprüfter Krankenpfleger *m*.

registered trademark *n* eingetragenes Warenzeichen *nt*.

register office *n* = **registry office**.

registrar [ˈrɛdʒɪstrɑː*] *n* (*in registry office*) Standesbeamte(r) *m*, Standesbeamtin *f*; (*in college etc*) Kanzler *m*; (*BRIT: in hospital*) Krankenhausarzt *m*, Krankenhausärztin *f*.

registration [rɛdʒɪsˈtreɪʃən] *n* Registrierung *f*; (*of students, unemployed etc*) Anmeldung *f*.

registration number (*BRIT*) *n* (*AUT*) polizeiliches Kennzeichen *nt*.

registry [ˈrɛdʒɪstrɪ] *n* Registratur *f*.

registry office (*BRIT*) *n* Standesamt *nt*; **to get married in a ~** standesamtlich heiraten.

regret [rɪˈgrɛt] *n* Bedauern *nt* ♦ *vt* bedauern; **with ~** mit Bedauern; **to have no ~s** nichts bereuen; **we ~ to inform you that ...** wir müssen Ihnen leider mitteilen, dass ...

regretfully [rɪˈgrɛtfəlɪ] *adv* mit Bedauern.

regrettable [rɪˈgrɛtəbl] *adj* bedauerlich.

regrettably [rɪˈgrɛtəblɪ] *adv* bedauerlicherweise; **~, he said ...** bedauerlicherweise sagte er ...

Regt *abbr* (*MIL*: = *regiment*) Rgt.

regular [ˈrɛgjulə*] *adj* (*also LING*) regelmäßig; (*usual: time, doctor*) üblich; (: *customer*) Stamm-; (*soldier*) Berufs-; (*COMM: size*) normal ♦ *n* (*client*) Stammkunde *m*, Stammkundin *f*.

regularity [rɛgjuˈlærɪtɪ] *n* Regelmäßigkeit *f*.

regularly [ˈrɛgjuləlɪ] *adv* regelmäßig; (*breathe, beat: evenly*) gleichmäßig.

regulate [ˈrɛgjuleɪt] *vt* regulieren.

regulation [rɛgjuˈleɪʃən] *n* Regulierung *f*; (*rule*) Vorschrift *f*.

regulatory [rɛgjuˈleɪtrɪ] *adj* (*system*) Regulierungs-; (*body, agency*) Überwachungs-.

rehabilitate [riːəˈbɪlɪteɪt] *vt* (*criminal, drug addict*) (in die Gesellschaft) wieder eingliedern; (*invalid*) rehabilitieren.

rehabilitation [ˈriːəbɪlɪˈteɪʃən] *n* (*see vt*) Wiedereingliederung *f* (in die Gesellschaft); Rehabilitation *f*.

rehash [riːˈhæʃ] (*inf*) *vt* (*idea etc*) aufwärmen.

rehearsal [rɪˈhəːsəl] *n* (*THEAT*) Probe *f*; **dress ~** Generalprobe *f*.

rehearse [rɪˈhəːs] *vt* (*play, speech etc*) proben.

rehouse [riːˈhauz] *vt* neu unterbringen.

reign [reɪn] *n* (*lit, fig*) Herrschaft *f* ♦ *vi* (*lit, fig*) herrschen.

reigning [ˈreɪnɪŋ] *adj* regierend; (*champion*) amtierend.

reimburse [riːɪmˈbəːs] *vt* die Kosten erstatten +*dat*.

rein [reɪn] *n* Zügel *m*; **to give sb free ~** (*fig*) jdm freie Hand lassen; **to keep a tight ~ on sth** (*fig*) bei etw die Zügel kurz halten.

reincarnation [riːɪnkɑːˈneɪʃən] *n* (*belief*) die Wiedergeburt *f*; (*person*) Reinkarnation *f*.

reindeer [ˈreɪndɪə*] *n inv* Ren(tier) *nt*.

reinforce [riːɪnˈfɔːs] *vt* (*strengthen*) verstärken; (*support: idea etc*) stützen; (: *prejudice*) stärken.

reinforced concrete *n* Stahlbeton *m*.

reinforcement [riːɪnˈfɔːsmənt] *n* (*strengthening*) Verstärkung *f*; (*of attitude etc*) Stärkung *f*; **reinforcements** *npl* (*MIL*) Verstärkung *f*.

reinstate [riːɪnˈsteɪt] *vt* (*employee*) wieder einstellen; (*tax, law*) wieder einführen; (*text*) wieder einfügen.

reinstatement [riːɪnˈsteɪtmənt] *n* (*of employee*) Wiedereinstellung *f*.

reissue [riːˈɪʃjuː] *vt* neu herausgeben.

reiterate [riːˈɪtəreɪt] *vt* wiederholen.

reject [ˈriːdʒɛkt] *n* (*COMM*) Ausschuss *m no pl* ♦ *vt* ablehnen; (*admirer*) abweisen; (*goods*) zurückweisen; (*machine: coin*) nicht annehmen; (*MED: heart, kidney*) abstoßen.

rejection [rɪˈdʒɛkʃən] *n* Ablehnung *f*; (*of admirer*) Abweisung *f*; (*MED*) Abstoßung *f*.

rejoice [rɪˈdʒɔɪs] *vi*: **to ~ at** *or* **over** jubeln über +*acc*.

rejoinder [rɪˈdʒɔɪndə*] *n* Erwiderung *f*.

rejuvenate [rɪˈdʒuːvəneɪt] *vt* (*person*) verjüngen; (*organization etc*) beleben.

rekindle [riːˈkɪndl] *vt* (*interest, emotion etc*) wieder erwecken.

relapse [rɪˈlæps] *n* (*MED*) Rückfall *m* ♦ *vi*: **to ~ into** zurückfallen in +*acc*.

relate [rɪˈleɪt] *vt* (*tell*) berichten; (*connect*) in Verbindung bringen ♦ *vi*: **to ~ to** (*empathize with: person, subject*) eine Beziehung finden zu; (*connect with*) zusammenhängen mit.

related [rɪ'leɪtɪd] *adj*: **to be ~** (miteinander) verwandt sein; (*issues etc*) zusammenhängen.

relating to [rɪ'leɪtɪŋ-] *prep* bezüglich +*gen*, mit Bezug auf +*acc*.

relation [rɪ'leɪʃən] *n* (*member of family*) Verwandte(r) *f(m)*; (*connection*) Beziehung *f*; **relations** *npl* (*contact*) Beziehungen *pl*; **diplomatic/international ~s** diplomatische/ internationale Beziehungen; **in ~ to** im Verhältnis zu; **to bear no ~ to** in keinem Verhältnis stehen zu.

relationship [rɪ'leɪʃənʃɪp] *n* Beziehung *f*; (*between countries*) Beziehungen *pl*; (*affair*) Verhältnis *nt*; **they have a good ~** sie haben ein gutes Verhältnis zueinander.

relative ['rɛlətɪv] *n* Verwandte(r) *f(m)* ♦ *adj* relativ; **all her ~s** ihre ganze Verwandtschaft; **~ to** im Vergleich zu; **it's all ~** es ist alles relativ.

relatively ['rɛlətɪvlɪ] *adv* relativ.

relative pronoun *n* Relativpronomen *nt*.

relax [rɪ'læks] *vi* (*person, muscle*) sich entspannen; (*calm down*) sich beruhigen ♦ *vt* (*one's grip*) lockern; (*mind, person*) entspannen; (*control etc*) lockern.

relaxation [riːlæk'seɪʃən] *n* Entspannung *f*; (*of control etc*) Lockern *nt*.

relaxed [rɪ'lækst] *adj* (*person, atmosphere*) entspannt; (*discussion*) locker.

relaxing [rɪ'læksɪŋ] *adj* entspannend.

relay ['riːleɪ] *n* (*race*) Staffel *f*, Staffellauf *m* ♦ *vt* (*message etc*) übermitteln; (*broadcast*) übertragen.

release [rɪ'liːs] *n* (*from prison*) Entlassung *f*; (*from obligation, situation*) Befreiung *f*; (*of documents, funds etc*) Freigabe *f*; (*of gas etc*) Freisetzung *f*; (*of film, book, record*) Herausgabe *f*; (*record, film*) Veröffentlichung *f*; (*TECH: device*) Auslöser *m* ♦ *vt* (*from prison*) entlassen; (*person: from obligation, from wreckage*) befreien; (*gas etc*) freisetzen; (*TECH, AUT: catch, brake etc*) lösen; (*record, film*) herausbringen; (*news, figures*) bekannt geben; **on general ~** (*film*) überall in den Kinos; *see also* **press release**.

relegate ['rɛləɡeɪt] *vt* (*downgrade*) herunterstufen; (*BRIT: SPORT*): **to be ~d** absteigen.

relent [rɪ'lɛnt] *vi* (*give in*) nachgeben.

relentless [rɪ'lɛntlɪs] *adj* (*heat, noise*) erbarmungslos; (*enemy etc*) unerbittlich.

relevance ['rɛləvəns] *n* Relevanz *f*, Bedeutung *f*; **the ~ of religion to society** die Relevanz *or* Bedeutung der Religion für die Gesellschaft.

relevant ['rɛləvənt] *adj* relevant; (*chapter, area*) entsprechend; **~ to** relevant für.

reliability [rɪlaɪə'bɪlɪtɪ] *n* Zuverlässigkeit *f*.

reliable [rɪ'laɪəbl] *adj* zuverlässig.

reliably [rɪ'laɪəblɪ] *adv*: **to be ~ informed that ...** zuverlässige Informationen darüber haben, dass ...

reliance [rɪ'laɪəns] *n*: **~ (on)** (*person*) Angewiesenheit *f* (auf +*acc*); (*drugs, financial support*) Abhängigkeit *f* (von).

reliant [rɪ'laɪənt] *adj*: **to be ~ on sth/sb** auf etw/jdn angewiesen sein.

relic ['rɛlɪk] *n* (*REL*) Reliquie *f*; (*of the past*) Relikt *nt*.

relief [rɪ'liːf] *n* (*from pain etc*) Erleichterung *f*; (*aid*) Hilfe *f*; (*ART, GEOG*) Relief *nt* ♦ *cpd* (*bus*) Entlastungs-; (*driver*) zur Ablösung; **light ~** leichte Abwechslung *f*.

relief map *n* Reliefkarte *f*.

relief road (*BRIT*) *n* Entlastungsstraße *f*.

relieve [rɪ'liːv] *vt* (*pain*) lindern; (*fear, worry*) mildern; (*take over from*) ablösen; **to ~ sb of sth** (*load*) jdm etw abnehmen; (*duties, post*) jdn einer Sache *gen* entheben; **to ~ o.s.** (*euphemism*) sich erleichtern.

relieved [rɪ'liːvd] *adj* erleichtert; **I'm ~ to hear it** es erleichtert mich, das zu hören.

religion [rɪ'lɪdʒən] *n* Religion *f*.

religious [rɪ'lɪdʒəs] *adj* religiös.

religious education *n* Religionsunterricht *m*.

religiously [rɪ'lɪdʒəslɪ] *adv* (*regularly, thoroughly*) gewissenhaft.

relinquish [rɪ'lɪŋkwɪʃ] *vt* (*control etc*) aufgeben; (*claim*) verzichten auf +*acc*.

relish ['rɛlɪʃ] *n* (*CULIN*) würzige Soße *f*, Relish *nt*; (*enjoyment*) Genuss *m* ♦ *vt* (*enjoy*) genießen; **to ~ doing sth** etw mit Genuss tun.

relive [riː'lɪv] *vt* noch einmal durchleben.

reload [riː'ləud] *vt* (*gun*) neu laden.

relocate [riːləu'keɪt] *vt* verlegen ♦ *vi* den Standort wechseln; **to ~ in** seinen Standort verlegen nach.

reluctance [rɪ'lʌktəns] *n* Widerwille *m*.

reluctant [rɪ'lʌktənt] *adj* unwillig, widerwillig; **I'm ~ to do that** es widerstrebt mir, das zu tun.

reluctantly [rɪ'lʌktəntlɪ] *adv* widerwillig, nur ungern.

rely on [rɪ'laɪ-] *vt fus* (*be dependent on*) abhängen von; (*trust*) sich verlassen auf +*acc*.

remain [rɪ'meɪn] *vi* bleiben; (*survive*) übrig bleiben; **to ~ silent** weiterhin schweigen; **to ~ in control** die Kontrolle behalten; **much ~s to be done** es ist noch viel zu tun; **the fact ~s that ...** Tatsache ist und bleibt, dass ...; **it ~s to be seen whether ...** es bleibt abzuwarten, ob ...

remainder [rɪ'meɪndə*] *n* Rest *m* ♦ *vt* (*COMM*) zu ermäßigtem Preis anbieten.

remaining [rɪ'meɪnɪŋ] *adj* übrig.

remains [rɪ'meɪnz] *npl* (*of meal*) Überreste *pl*; (*of building etc*) Ruinen *pl*; (*of body*) sterbliche Überreste *pl*.

remand [rɪ'mɑːnd] *n*: **to be on ~** in Untersuchungshaft sein ♦ *vt*: **to be ~ed in**

custody in Untersuchungshaft bleiben müssen.

remand home (formerly: BRIT) n Untersuchungsgefängnis nt für Jugendliche.

remark [rɪ'mɑːk] n Bemerkung f ♦ vt bemerken ♦ vi: **to ~ on sth** Bemerkungen über etw acc machen; **to ~ that** die Bemerkung machen, dass.

remarkable [rɪ'mɑːkəbl] adj bemerkenswert.

remarry [riː'mærɪ] vi wieder heiraten.

remedial [rɪ'miːdɪəl] adj (tuition, classes) Förder-; **~ exercise** Heilgymnastik f.

remedy ['remədɪ] n (lit, fig) (Heil)mittel nt ♦ vt (mistake, situation) abhelfen +dat.

remember [rɪ'membə*] vt (call back to mind) sich erinnern an +acc; (bear in mind) denken an +acc; **~ me to him** (send greetings) grüße ihn von mir; **I ~ seeing it, I ~ having seen it** ich erinnere mich (daran), es gesehen zu haben; **she ~ed to do it** sie hat daran gedacht, es zu tun.

remembrance [rɪ'membrəns] n Erinnerung f; **in ~ of sb/sth** im Gedenken an +acc.

Remembrance Sunday (BRIT) n ≈ Volkstrauertag m.

REMEMBRANCE SUNDAY

Remembrance Sunday oder Remembrance Day ist der britische Gedenktag für die Gefallenen der beiden Weltkriege und anderer Konflikte. Er fällt auf einen Sonntag vor oder nach dem 11. November (am 11. November 1918 endete der erste Weltkrieg) und wird mit einer Schweigeminute, Kranzniederlegungen an Kriegerdenkmälern und dem Tragen von Ansteckanfeln in Form einer Mohnblume begangen.

---

remind [rɪ'maɪnd] vt: **to ~ sb to do sth** jdn daran erinnern, etw zu tun; **to ~ sb of sth** jdn an etw acc erinnern; **to ~ sb that ...** jdn daran erinnern, dass ...; **she ~s me of her mother** sie erinnert mich an ihre Mutter; **that ~s me!** dabei fällt mir etwas ein!

reminder [rɪ'maɪndə*] n (of person, place etc) Erinnerung f; (letter) Mahnung f.

reminisce [remɪ'nɪs] vi: **to ~ (about)** sich in Erinnerungen ergehen (über +acc).

reminiscences [remɪ'nɪsnsɪz] npl Erinnerungen pl.

reminiscent [remɪ'nɪsnt] adj: **to be ~ of sth** an etw acc erinnern.

remiss [rɪ'mɪs] adj nachlässig; **it was ~ of him** es war nachlässig von ihm.

remission [rɪ'mɪʃən] n (of sentence) Strafvollzug m; (MED) Remission f; (REL) Erlass m.

remit [rɪ'mɪt] vt (money) überweisen ♦ n (of official etc) Aufgabenbereich m.

remittance [rɪ'mɪtns] n Überweisung f.

remnant ['remnənt] n Überrest m; (COMM: of

cloth) Rest m.

remonstrate ['remənstreɪt] vi: **to ~ (with sb about sth)** sich beschweren (bei jdm wegen etw).

remorse [rɪ'mɔːs] n Reue f.

remorseful [rɪ'mɔːsful] adj reumütig.

remorseless [rɪ'mɔːslɪs] adj (noise, pain) unbarmherzig.

remote [rɪ'məut] adj (distant: place, time) weit entfernt; (aloof) distanziert; (slight: chance etc) entfernt; **there is a ~ possibility that ...** es besteht eventuell die Möglichkeit, dass ...

remote control n Fernsteuerung f; (TV etc) Fernbedienung f.

remote-controlled [rɪ'məutkən'trəuld] adj ferngesteuert.

remotely [rɪ'məutlɪ] adv (slightly) entfernt.

remoteness [rɪ'məutnɪs] n (of place) Entlegenheit f; (of person) Distanziertheit f.

remould ['riːməuld] (BRIT) n (AUT) runderneuerter Reifen m.

removable [rɪ'muːvəbl] adj (detachable) abnehmbar.

removal [rɪ'muːvəl] n (of object etc) Entfernung f; (of threat etc) Beseitigung f; (BRIT: from house) Umzug m; (dismissal) Entlassung f; (MED: of kidney etc) Entfernung f.

removal man (BRIT) n Möbelpacker m.

removal van (BRIT) n Möbelwagen m.

remove [rɪ'muːv] vt entfernen; (clothing) ausziehen; (bandage etc) abnehmen; (employee) entlassen; (name: from list) streichen; (doubt, threat, obstacle) beseitigen; **my first cousin once ~d** mein Vetter ersten Grades.

remover [rɪ'muːvə*] n (for paint, varnish) Entferner m; **stain ~** Fleckentferner m; **make-up ~** Make-up-Entferner m.

remunerate [rɪ'mjuːnəreɪt] vt vergüten.

remuneration [rɪmjuːnə'reɪʃən] n Vergütung f.

Renaissance [rɪ'neɪsɑːs] n: **the ~** die Renaissance.

renal ['riːnl] adj (MED) Nieren-.

renal failure n Nierenversagen nt.

rename [riː'neɪm] vt umbenennen.

rend [rend] (pt, pp rent) vt (air, silence) zerreißen.

render ['rendə*] vt (give: assistance, aid) leisten; (cause to become: unconscious, harmless, useless) machen; (submit) vorlegen.

rendering ['rendərɪŋ] (BRIT) n = rendition.

rendezvous ['rɒndɪvuː] n (meeting) Rendezvous nt; (place) Treffpunkt m ♦ vi (people) sich treffen; (spacecraft) ein Rendezvousmanöver durchführen; **to ~ with sb** sich mit jdm treffen.

rendition [ren'dɪʃən] n (of song etc) Vortrag m.

renegade ['renɪgeɪd] n Renegat(in) m(f), Überläufer(in) m(f).

renew [rɪ'njuː] *vt* erneuern; (*attack, negotiations*) wieder aufnehmen; (*loan, contract etc*) verlängern; (*relationship etc*) wieder aufleben lassen.

renewables *npl* erneuerbare Energien *pl*.

renewal [rɪ'njuːəl] *n* Erneuerung *f*; (*of conflict*) Wiederaufnahme *f*; (*of contract etc*) Verlängerung *f*.

renounce [rɪ'nauns] *vt* verzichten auf +*acc*; (*belief*) aufgeben.

renovate ['renəveɪt] *vt* (*building*) restaurieren; (*machine*) überholen.

renovation [renə'veɪʃən] *n* (*see vb*) Restaurierung *f*; Überholung *f*.

renown [rɪ'naun] *n* Ruf *m*.

renowned [rɪ'naund] *adj* berühmt.

rent [rent] *pt, pp of* rend ♦ *n* (*for house*) Miete *f* ♦ *vt* mieten; (*also:* ~ out) vermieten.

rental ['rentl] *n* (*for television, car*) Mietgebühr *f*.

rent boy (*inf*) *n* Strichjunge *m*.

rent strike *n* Mietstreik *m*.

renunciation [rɪnʌnsɪ'eɪʃən] *n* Verzicht *m*; (*of belief*) Aufgabe *f*; (*self-denial*) Selbstverleugnung *f*.

reopen [riː'əupən] *vt* (*shop etc*) wieder eröffnen; (*negotiations, legal case etc*) wieder aufnehmen.

reopening [riː'əupnɪŋ] *n* (*see vt*) Wiedereröffnung *f*; Wiederaufnahme *f*.

reorder [riː'ɔːdə*] *vt* (*rearrange*) umordnen.

reorganization ['riːɔːgənaɪ'zeɪʃən] *n* Umorganisation *f*.

reorganize [riː'ɔːgənaɪz] *vt* umorganisieren.

Rep. (*US*) *abbr* (*POL*) = **representative**; **republican**.

rep [rep] *n abbr* (*COMM*) = **representative**; (*THEAT*) = **repertory**.

repair [rɪ'pɛə*] *n* Reparatur *f* ♦ *vt* reparieren; (*clothes, shoes*) ausbessern; **in good/bad** ~ in gutem/schlechtem Zustand; **beyond** ~ nicht mehr zu reparieren; **to be under** ~ (*road*) ausgebessert werden.

repair kit *n* (*for bicycle*) Flickzeug *nt*.

repair man *n* Handwerker *m*.

repair shop *n* Reparaturwerkstatt *f*.

repartee [repɑː'tiː] *n* (*exchange*) Schlagabtausch *m*; (*reply*) schlagfertige Bemerkung *f*.

repast [rɪ'pɑːst] (*form*) *n* Mahl *nt*.

repatriate [riː'pætrɪeɪt] *vt* repatriieren.

repay [riː'peɪ] (*irreg: like* pay) *vt* zurückzahlen; (*sb's efforts, attention*) belohnen; (*favour*) erwidern; **I'll** ~ **you next week** ich zahle es dir nächste Woche zurück.

repayment [riː'peɪmənt] *n* Rückzahlung *f*.

repeal [rɪ'piːl] *n* (*of law*) Aufhebung *f* ♦ *vt* (*law*) aufheben.

repeat [rɪ'piːt] *n* (*RADIO, TV*) Wiederholung *f* ♦ *vt, vi* wiederholen ♦ *cpd* (*performance*) Wiederholungs-; (*order*) Nach-; **to** ~ **o.s./ itself** sich wiederholen; **to** ~ **an order for sth**

etw nachbestellen.

repeatedly [rɪ'piːtɪdlɪ] *adv* wiederholt.

repel [rɪ'pel] *vt* (*drive away*) zurückschlagen; (*disgust*) abstoßen.

repellent [rɪ'pelənt] *adj* abstoßend ♦ *n*: **insect** ~ Insekten(schutz)mittel *nt*.

repent [rɪ'pent] *vi*: **to** ~ **of sth** etw bereuen.

repentance [rɪ'pentəns] *n* Reue *f*.

repercussions [riːpə'kʌʃənz] *npl* Auswirkungen *pl*.

repertoire ['repətwɑː*] *n* (*MUS, THEAT*) Repertoire *nt*; (*fig*) Spektrum *nt*.

repertory ['repətərɪ] *n* (*also:* ~ **theatre**) Repertoiretheater *nt*.

repertory company *n* Repertoire-Ensemble *nt*.

repetition [repɪ'tɪʃən] *n* (*repeat*) Wiederholung *f*.

repetitious [repɪ'tɪʃəs] *adj* (*speech etc*) voller Wiederholungen.

repetitive [rɪ'petɪtɪv] *adj* eintönig, monoton.

replace [rɪ'pleɪs] *vt* (*put back: upright*) zurückstellen; (: *flat*) zurücklegen; (*take the place of*) ersetzen; **to** ~ **X with Y** X durch Y ersetzen; **"~ the receiver"** (*TEL*) „Hörer auflegen".

replacement [rɪ'pleɪsmənt] *n* Ersatz *m*.

replacement part *n* Ersatzteil *nt*.

replay ['riːpleɪ] *n* (*of match*) Wiederholungsspiel *nt* ♦ *vt* (*match*) wiederholen; (*track, song: on tape*) nochmals abspielen.

replenish [rɪ'plenɪʃ] *vt* (*glass, stock etc*) auffüllen.

replete [rɪ'pliːt] *adj* (*after meal*) gesättigt; ~ **with** reichlich ausgestattet mit.

replica ['replɪkə] *n* (*of object*) Nachbildung *f*.

reply [rɪ'plaɪ] *n* Antwort *f* ♦ *vi*: **to** ~ **(to sb/sth)** (jdm/auf etw *acc*) antworten; **in** ~ **to** als Antwort auf +*acc*; **there's no** ~ (*TEL*) es meldet sich niemand.

reply coupon *n* Antwortschein *m*.

report [rɪ'pɔːt] *n* Bericht *m*; (*BRIT: also*: **school** ~) Zeugnis *nt*; (*of gun*) Knall *m* ♦ *vt* berichten; (*casualties, damage, theft etc*) melden; (*person: to police*) anzeigen ♦ *vi* (*make a report*) Bericht erstatten; **to** ~ **to sb** (*present o.s. to*) sich bei jdm melden; (*be responsible to*) jdm unterstellt sein; **to** ~ **on sth** über etw *acc* Bericht erstatten; **to** ~ **sick** sich krankmelden; **it is** ~**ed that** es wird berichtet or gemeldet, dass ...

report card (*US, SCOT*) *n* Zeugnis *nt*.

reportedly [rɪ'pɔːtɪdlɪ] *adv*: **she is** ~ **living in Spain** sie lebt angeblich in Spanien.

reported speech *n* (*LING*) indirekte Rede *f*.

reporter [rɪ'pɔːtə*] *n* Reporter(in) *m(f)*.

repose [rɪ'pəuz] *n*: **in** ~ in Ruhestellung.

repository [rɪ'pɔzɪtərɪ] *n* (*person: of knowledge*) Quelle *f*; (*place: of collection etc*) Lager *nt*.

repossess ['riːpə'zes] *vt* (wieder) in Besitz

nehmen.

repossession order [riːpəˈzɛʃən-] n Beschlagnahmungsverfügung f.

reprehensible [rɛprɪˈhɛnsɪbl] adj verwerflich.

represent [rɛprɪˈzɛnt] vt (person, nation) vertreten; (show: view, opinion) darstellen; (symbolize: idea) symbolisieren, verkörpern; **to ~ sth as** (describe) etw darstellen als.

representation [rɛprɪzɛnˈteɪʃən] n (state of being represented) Vertretung f; (picture etc) Darstellung f; **representations** npl (protest) Proteste pl.

representative [rɛprɪˈzɛntətɪv] n (also COMM) Vertreter(in) m(f); (US: POL) Abgeordnete(r) f(m) des Repräsentantenhauses ♦ adj repräsentativ; **~ of** repräsentativ für.

repress [rɪˈprɛs] vt unterdrücken.

repression [rɪˈprɛʃən] n Unterdrückung f.

repressive [rɪˈprɛsɪv] adj repressiv.

reprieve [rɪˈpriːv] n (cancellation) Begnadigung f; (postponement) Strafaufschub m; (fig) Gnadenfrist f ♦ vt: **he was ~d** (see n) er wurde begnadigt; ihm wurde Strafaufschub gewährt.

reprimand [ˈrɛprɪmɑːnd] n Tadel m ♦ vt tadeln.

reprint [ˈriːprɪnt] n Nachdruck m ♦ vt nachdrucken.

reprisal [rɪˈpraɪzl] n Vergeltung f; **reprisals** npl Repressalien pl; (in war) Vergeltungsaktionen pl; **to take ~s** zu Repressalien greifen; (in war) Vergeltungsaktionen durchführen.

reproach [rɪˈprəʊtʃ] n (rebuke) Vorwurf m ♦ vt: **to ~ sb for sth** jdm etw zum Vorwurf machen; **beyond ~** über jeden Vorwurf erhaben; **to ~ sb with sth** jdm etw vorwerfen.

reproachful [rɪˈprəʊtʃful] adj vorwurfsvoll.

reproduce [riːprəˈdjuːs] vt reproduzieren ♦ vi (BIOL) sich vermehren.

reproduction [riːprəˈdʌkʃən] n Reproduktion f; (BIOL) Fortpflanzung f.

reproductive [riːprəˈdʌktɪv] adj (system, organs) Fortpflanzungs-.

reproof [rɪˈpruːf] n (rebuke) Tadel m; **with ~** tadelnd.

reprove [rɪˈpruːv] vt tadeln; **to ~ sb for sth** jdn wegen etw tadeln.

reproving [rɪˈpruːvɪŋ] adj tadelnd.

reptile [ˈrɛptaɪl] n Reptil nt.

Repub. (US) abbr (POL) = **republican**.

republic [rɪˈpʌblɪk] n Republik f.

republican [rɪˈpʌblɪkən] adj republikanisch ♦ n Republikaner(in) m(f); **the R~s** (US: POL) die Republikaner.

repudiate [rɪˈpjuːdɪeɪt] vt (accusation) zurückweisen; (violence) ablehnen; (old: friend, wife etc) verstoßen.

repugnance [rɪˈpʌɡnəns] n Abscheu m.

repugnant [rɪˈpʌɡnənt] adj abstoßend.

repulse [rɪˈpʌls] vt (attack etc) zurückschlagen; (sight, picture etc) abstoßen.

repulsion [rɪˈpʌlʃən] n Abscheu m.

repulsive [rɪˈpʌlsɪv] adj widerwärtig, abstoßend.

reputable [ˈrɛpjutəbl] adj (make, company etc) angesehen.

reputation [rɛpjuˈteɪʃən] n Ruf m; **to have a ~ for** einen Ruf haben für; **he has a ~ for being awkward** er gilt als schwierig.

repute [rɪˈpjuːt] n: **of ~** angesehen; **to be held in high ~** in hohem Ansehen stehen.

reputed [rɪˈpjuːtɪd] adj angeblich; **he is ~ to be rich** er ist angeblich reich.

reputedly [rɪˈpjuːtɪdlɪ] adv angeblich.

request [rɪˈkwɛst] n (polite) Bitte f; (formal) Ersuchen nt; (RADIO) Musikwunsch m ♦ vt (politely) bitten um; (formally) ersuchen; **at the ~ of** auf Wunsch von; **"you are ~ed not to smoke"** „bitte nicht rauchen".

request stop (BRIT) n Bedarfshaltestelle f.

requiem [ˈrɛkwɪəm] n (REL: also: ~ **mass**) Totenmesse f; (MUS) Requiem nt.

require [rɪˈkwaɪə*] vt (need) benötigen; (: situation) erfordern; (demand) verlangen; **to ~ sb to do sth** von jdm verlangen, etw zu tun; **if ~d** falls nötig; **what qualifications are ~d?** welche Qualifikationen werden verlangt?; **~d by law** gesetzlich vorgeschrieben.

required [rɪˈkwaɪəd] adj erforderlich.

requirement [rɪˈkwaɪəmənt] n (need) Bedarf m; (condition) Anforderung f; **to meet sb's ~s** jds Anforderungen erfüllen.

requisite [ˈrɛkwɪzɪt] adj erforderlich; **requisites** npl: **toilet/travel ~s** Toiletten-/Reiseartikel pl.

requisition [rɛkwɪˈzɪʃən] n: **~ (for)** (demand) Anforderung f (von) ♦ vt (MIL) beschlagnahmen.

reroute [riːˈruːt] vt (train etc) umleiten.

resale [riːˈseɪl] n Weiterverkauf m; **"not for ~"** „nicht zum Weiterverkauf bestimmt".

resale price maintenance n Preisbindung f.

rescind [rɪˈsɪnd] vt (law, order) aufheben; (decision) rückgängig machen; (agreement) widerrufen.

rescue [ˈrɛskjuː] n Rettung f ♦ vt retten; **to come to sb's ~** jdm zu Hilfe kommen.

rescue party n Rettungsmannschaft f.

rescuer [ˈrɛskjuə*] n Retter(in) m(f).

research [rɪˈsɜːtʃ] n Forschung f ♦ vt erforschen ♦ vi: **to ~ into sth** etw erforschen; **to do ~** Forschung betreiben; **a piece of ~** eine Forschungsarbeit; **~ and development** Forschung und Entwicklung.

researcher [rɪˈsɜːtʃə*] n Forscher(in) m(f).

research work n Forschungsarbeit f.

research worker n = **researcher**.

resell [riːˈsɛl] (irreg: like **sell**) vt weiterverkaufen.

resemblance [rɪˈzɛmbləns] n Ähnlichkeit f; **to bear a strong ~ to** starke Ähnlichkeit haben mit; **it bears no ~ to ...** es hat keine

Ähnlichkeit mit ...

resemble [rɪ'zɛmbl] *vt* ähneln +*dat*, gleichen +*dat*.

resent [rɪ'zɛnt] *vt* (*attitude, treatment*) missbilligen; (*person*) ablehnen.

resentful [rɪ'zɛntful] *adj* (*person*) gekränkt; (*attitude*) missbilligend.

resentment [rɪ'zɛntmənt] *n* Verbitterung *f*.

reservation [rɛzə'veɪʃən] *n* (*booking*) Reservierung *f*; (*doubt*) Vorbehalt *m*; (*land*) Reservat *nt*; **to make a ~** (*in hotel etc*) eine Reservierung vornehmen; **with ~(s)** (*doubts*) unter Vorbehalt.

reservation desk *n* Reservierungsschalter *m*.

reserve [rɪ'zəːv] *n* Reserve *f*, Vorrat *m*; (*fig: of talent etc*) Reserve *f*; (*SPORT*) Reservespieler(in) *m(f)*; (*also:* **nature ~**) Naturschutzgebiet *nt*; (*restraint*) Zurückhaltung *f* ♦ *vt* reservieren; (*table, ticket*) reservieren lassen; **reserves** *npl* (*MIL*) Reserve *f*; **in ~** in Reserve.

reserve currency *n* Reservewährung *f*.

reserved [rɪ'zəːvd] *adj* (*restrained*) zurückhaltend; (*seat*) reserviert.

reserve price (*BRIT*) *n* Mindestpreis *m*.

reserve team (*BRIT*) *n* Reservemannschaft *f*.

reservist [rɪ'zəːvɪst] *n* (*MIL*) Reservist *m*.

reservoir ['rɛzəvwɑː*] *n* (*lit, fig*) Reservoir *nt*.

reset [riː'sɛt] (*irreg: like* **set**) *vt* (*watch*) neu stellen; (*broken bone*) wieder einrichten; (*COMPUT*) zurückstellen.

reshape [riː'ʃeɪp] *vt* (*policy, view*) umgestalten.

reshuffle [riː'ʃʌfl] *n*: **cabinet ~** Kabinettsumbildung *f*.

reside [rɪ'zaɪd] *vi* (*live: person*) seinen/ihren Wohnsitz haben.

▶ **reside in** *vt fus* (*exist*) liegen in +*dat*.

residence ['rɛzɪdəns] *n* (*form: home*) Wohnsitz *m*; (*length of stay*) Aufenthalt *m*; **to take up ~** sich niederlassen; **in ~** (*queen etc*) anwesend; **writer/artist in ~** *Schriftsteller/ Künstler, der in einer Ausbildungsstätte bei freier Unterkunft lehrt und arbeitet.*

residence permit (*BRIT*) *n* Aufenthaltserlaubnis *f*.

resident ['rɛzɪdənt] *n* (*of country, town*) Einwohner(in) *m(f)*; (*in hotel*) Gast *m* ♦ *adj* (*in country, town*) wohnhaft; (*population*) ansässig; (*doctor*) hauseigen; (*landlord*) im Hause wohnend.

residential [rɛzɪ'dɛnʃəl] *adj* (*area*) Wohn-; (*course*) mit Wohnung am Ort; (*staff*) im Hause wohnend.

residue ['rɛzɪdjuː] *n* (*CHEM*) Rückstand *m*; (*fig*) Überrest *m*.

resign [rɪ'zaɪn] *vt* (*one's post*) zurücktreten von ♦ *vi* (*from post*) zurücktreten; **to ~ o.s. to** (*situation etc*) sich abfinden mit.

resignation [rɛzɪg'neɪʃən] *n* (*from post*) Rücktritt *m*; (*state of mind*) Resignation *f*; **to tender one's ~** seine Kündigung einreichen.

resigned [rɪ'zaɪnd] *adj*: **to be ~ to sth** sich mit etw abgefunden haben.

resilience [rɪ'zɪlɪəns] *n* (*of material*) Widerstandsfähigkeit *f*; (*of person*) Unverwüstlichkeit *f*.

resilient [rɪ'zɪlɪənt] *adj* (*see n*) widerstandsfähig; unverwüstlich.

resin ['rɛzɪn] *n* Harz *nt*.

resist [rɪ'zɪst] *vt* (*change, demand*) sich widersetzen +*dat*; (*attack etc*) Widerstand leisten +*dat*; (*urge etc*) widerstehen +*dat*; **I couldn't ~ (doing) it** ich konnte nicht widerstehen(, es zu tun).

resistance [rɪ'zɪstəns] *n* (*also ELEC*) Widerstand *m*; (*to illness*) Widerstandsfähigkeit *f*.

resistant [rɪ'zɪstənt] *adj*: **~ (to)** (*to change etc*) widerstandsfähig (gegenüber); (*to antibiotics etc*) resistent (gegen).

resolute ['rɛzəluːt] *adj* (*person*) entschlossen, resolut; (*refusal*) entschieden.

resolution [rɛzə'luːʃən] *n* (*decision*) Beschluss *m*; (*determination*) Entschlossenheit *f*; (*of problem*) Lösung *f*; **to make a ~** einen Entschluss fassen.

resolve [rɪ'zɔlv] *n* (*determination*) Entschlossenheit *f* ♦ *vt* (*problem*) lösen; (*difficulty*) beseitigen ♦ *vi*: **to ~ to do sth** beschließen, etw zu tun.

resolved [rɪ'zɔlvd] *adj* (*determined*) entschlossen.

resonance ['rɛzənəns] *n* Resonanz *f*.

resonant ['rɛzənənt] *adj* (*sound, voice*) volltönend; (*place*) widerhallend.

resort [rɪ'zɔːt] *n* (*town*) Urlaubsort *m*; (*recourse*) Zuflucht *f* ♦ *vi*: **to ~ to** Zuflucht nehmen zu; **seaside ~** Seebad *nt*; **winter sports ~** Wintersportort *m*; **as a last ~** als letzter Ausweg; **in the last ~** schlimmstenfalls.

resound [rɪ'zaund] *vi*: **to ~ (with)** widerhallen (von).

resounding [rɪ'zaundɪŋ] *adj* (*noise*) widerhallend; (*voice*) schallend; (*fig: success*) durchschlagend; (*: victory*) überlegen.

resource [rɪ'sɔːs] *n* (*raw material*) Bodenschatz *m*; **resources** *npl* (*coal, oil etc*) Energiequellen *pl*; (*money*) Mittel *pl*, Ressourcen *pl*; **natural ~s** Naturschätze *pl*.

resourceful [rɪ'sɔːsful] *adj* einfallsreich.

resourcefulness [rɪ'sɔːsfulnɪs] *n* Einfallsreichtum *m*.

respect [rɪs'pɛkt] *n* (*consideration, esteem*) Respekt *m* ♦ *vt* respektieren; **respects** *npl* (*greetings*) Grüße *pl*; **to have ~ for sb/sth** Respekt vor jdm/etw haben; **to show sb/sth ~** Respekt vor jdm/etw zeigen; **out of ~ for** aus Rücksicht auf +*acc*; **with ~ to in ~ of** in Bezug auf +*acc*; **in this ~** in dieser Hinsicht; **in some/many ~s** in gewisser/vielfacher Hinsicht; **with (all due) ~** bei allem Respekt.

respectability [rɪspɛktə'bɪlɪtɪ] n
Anständigkeit f.
respectable [rɪs'pɛktəbl] adj anständig;
(amount, income) ansehnlich; (standard, mark
etc) ordentlich.
respected [rɪs'pɛktɪd] adj angesehen.
respectful [rɪs'pɛktful] adj respektvoll.
respectfully [rɪs'pɛktfəlɪ] adv (behave)
respektvoll.
respective [rɪs'pɛktɪv] adj jeweilig.
respectively [rɪs'pɛktɪvlɪ] adv
beziehungsweise; **Germany and Britain were
3rd and 4th ~** Deutschland und
Großbritannien belegten den 3.
beziehungsweise 4. Platz.
respiration [rɛspɪ'reɪʃən] n see **artificial**.
respirator ['rɛspɪreɪtə*] n Respirator m,
Beatmungsgerät nt.
respiratory ['rɛspərətərɪ] adj (system, failure)
Atmungs-.
respite ['rɛspaɪt] n (rest) Ruhepause f.
resplendent [rɪs'plɛndənt] adj (clothes)
prächtig.
respond [rɪs'pɔnd] vi (answer) antworten;
(react) reagieren.
respondent [rɪs'pɔndənt] n (LAW) Beklagte(r)
f(m).
response [rɪs'pɔns] n (to question) Antwort f;
(to event etc) Reaktion f; **in ~ to** als
Antwort/Reaktion auf +acc.
responsibility [rɪspɔnsɪ'bɪlɪtɪ] n
Verantwortung f; **to take ~ for sth/sb** die
Verantwortung für etw/jdn übernehmen.
responsible [rɪs'pɔnsɪbl] adj verantwortlich;
(reliable, important) verantwortungsvoll; **to
be ~ for sth** für etw verantwortlich sein; **to
be ~ for doing sth** dafür verantwortlich
sein, etw zu tun; **to be ~ to sb** jdm
gegenüber verantwortlich sein.
responsibly [rɪs'pɔnsɪblɪ] adv
verantwortungsvoll.
responsive [rɪs'pɔnsɪv] adj (person)
ansprechbar.
rest [rɛst] n (relaxation) Ruhe f; (pause)
Ruhepause f; (remainder) Rest m; (support)
Stütze f; (MUS) Pause f ♦ vi (relax) sich
ausruhen ♦ vt (eyes, legs etc) ausruhen; **the
~ of them** die Übrigen; **to put** or **set sb's
mind at ~** jdn beruhigen; **to come to ~**
(object) zum Stillstand kommen; **to lay sb to
~** jdn zur letzten Ruhe betten; **to ~ on sth**
(lit, fig) sich auf etw acc stützen; **to let the
matter ~** die Sache auf sich beruhen lassen;
~ assured that ... seien Sie versichert, dass
...; **I won't ~ until ...** ich werde nicht ruhen,
bis ...; **may he/she ~ in peace** möge er/sie in
Frieden ruhen; **to ~ sth on/against sth**
(lean) etw an acc/gegen etw lehnen; **to
~ one's eyes** or **gaze on sth** den Blick auf
etw heften; **I ~ my case** mehr brauche ich
dazu wohl nicht zu sagen.
restart [riː'stɑːt] vt (engine) wieder anlassen;

(work) wieder aufnehmen.
restaurant ['rɛstərɔŋ] n Restaurant nt.
restaurant car (BRIT) n (RAIL) Speisewagen
m.
rest cure n Erholung f.
restful ['rɛstful] adj (music) ruhig; (lighting)
beruhigend; (atmosphere) friedlich.
rest home n Pflegeheim nt.
restitution [rɛstɪ'tjuːʃən] n: **to make ~ to sb
of sth** jdm etw zurückerstatten; (as
compensation) jdn für etw entschädigen.
restive ['rɛstɪv] adj (person, crew) unruhig;
(horse) störrisch.
restless ['rɛstlɪs] adj rastlos; (audience)
unruhig; **to get ~** unruhig werden.
restlessly ['rɛstlɪslɪ] adv (walk around) rastlos;
(turn over) unruhig.
restock [riː'stɔk] vt (shop, freezer) wieder
auffüllen; (lake, river. with fish) wieder
besetzen.
restoration [rɛstə'reɪʃən] n (of painting etc)
Restauration f; (of law and order, health, sight
etc) Wiederherstellung f; (of land, rights)
Rückgabe f; (HIST): **the R~** die Restauration.
restorative [rɪ'stɔrətɪv] adj (power, treatment)
stärkend ♦ n (old: drink) Stärkungsmittel nt.
restore [rɪ'stɔː*] vt (painting etc) restaurieren;
(law and order, faith etc) wieder herstellen;
(health) wiederherstellen; (property)
zurückgeben; **to ~ sth to** (to former state)
etw zurückverwandeln in +acc; **to ~ sb to
power** jdn wieder an die Macht bringen.
restorer [rɪ'stɔrə*] n (ART etc) Restaurator(in)
m(f).
restrain [rɪs'treɪn] vt (person) zurückhalten;
(feeling) unterdrücken; (growth, inflation)
dämpfen; **to ~ sb from doing sth** jdn davon
abhalten, etw zu tun; **to ~ o.s. from doing
sth** sich beherrschen, etw nicht zu tun.
restrained [rɪs'treɪnd] adj (person) beherrscht;
(style etc) zurückhaltend.
restraint [rɪs'treɪnt] n (restriction)
Einschränkung f; (moderation)
Zurückhaltung f; **wage ~** Zurückhaltung f
bei Lohnforderungen.
restrict [rɪs'trɪkt] vt beschränken.
restricted area (BRIT) n (AUT) Bereich m mit
Geschwindigkeitsbeschränkung.
restriction [rɪs'trɪkʃən] n Beschränkung f.
restrictive [rɪs'trɪktɪv] adj (law, measure)
restriktiv; (clothing) beengend.
restrictive practices (BRIT) npl (INDUSTRY)
wettbewerbshemmende
Geschäftspraktiken pl.
rest room (US) n Toilette f.
restructure [riː'strʌktʃə*] vt umstrukturieren.
result [rɪ'zʌlt] n Resultat nt; (of match, election,
exam etc) Ergebnis nt ♦ vi: **to ~ in** führen zu;
as a ~ of the accident als Folge des Unfalls;
he missed the train as a ~ of sleeping in er
verpasste den Zug, weil er verschlafen
hatte; **to ~ from** resultieren or sich ergeben

aus; **as a ~ it is too expensive** folglich ist es zu teuer.

resultant [rɪ'zʌltənt] *adj* resultierend, sich ergebend.

resume [rɪ'zju:m] *vt* (*work, journey*) wieder aufnehmen; (*seat*) wieder einnehmen ♦ *vi* (*start again*) von neuem beginnen.

résumé ['reɪzju:meɪ] *n* Zusammenfassung *f*; (*US: curriculum vitae*) Lebenslauf *m*.

resumption [rɪ'zʌmpʃən] *n* (*of work etc*) Wiederaufnahme *f*.

resurgence [rɪ'sə:dʒəns] *n* Wiederaufleben *nt*.

resurrection [rezə'rekʃən] *n* (*of hopes, fears*) Wiederaufleben *nt*; (*of custom etc*) Wiederbelebung *f*; (*REL*): **the R~** die Auferstehung *f*.

resuscitate [rɪ'sʌsɪteɪt] *vt* (*MED, fig*) wieder beleben.

resuscitation [rɪsʌsɪ'teɪʃən] *n* Wiederbelebung *f*.

retail ['ri:teɪl] *adj* (*trade, department*) Verkaufs-; (*shop, goods*) Einzelhandels- ♦ *adv* im Einzelhandel ♦ *vt* (*sell*) (im Einzelhandel) verkaufen ♦ *vi*: **to ~ at** (im Einzelhandel) kosten; **this product ~s at £25** dieses Produkt kostet im Laden £25.

retailer ['ri:teɪlə*] *n* Einzelhändler(in) *m(f)*.

retail outlet *n* Einzelhandelsverkaufsstelle *f*.

retail price *n* Einzelhandelspreis *m*.

retail price index *n* Einzelhandelspreisindex *m*.

retain [rɪ'teɪn] *vt* (*keep*) behalten; (: *heat, moisture*) zurückhalten.

retainer [rɪ'teɪnə*] *n* (*fee*) Vorauszahlung *f*.

retaliate [rɪ'tælɪeɪt] *vi* Vergeltung üben.

retaliation [rɪtælɪ'eɪʃən] *n* Vergeltung *f*; **in ~ for** als Vergeltung für.

retaliatory [rɪ'tælɪətərɪ] *adj* (*move, attack*) Vergeltungs-.

retarded [rɪ'tɑ:dɪd] *adj* zurückgeblieben; **mentally ~** geistig zurückgeblieben.

retch [retʃ] *vi* würgen.

retention [rɪ'tenʃən] *n* (*of tradition etc*) Beibehaltung *f*; (*of land, memories*) Behalten *nt*; (*of heat, fluid etc*) Zurückhalten *nt*.

retentive [rɪ'tentɪv] *adj* (*memory*) merkfähig.

rethink ['ri:'θɪŋk] *vt* noch einmal überdenken.

reticence ['retɪsns] *n* Zurückhaltung *f*.

reticent ['retɪsnt] *adj* zurückhaltend.

retina ['retɪnə] *n* Netzhaut *f*.

retinue ['retɪnju:] *n* Gefolge *nt*.

retire [rɪ'taɪə*] *vi* (*give up work*) in den Ruhestand treten; (*withdraw, go to bed*) sich zurückziehen.

retired [rɪ'taɪəd] *adj* (*person*) im Ruhestand.

retirement [rɪ'taɪəmənt] *n* (*state*) Ruhestand *m*; (*act*) Pensionierung *f*.

retirement age *n* Rentenalter *nt*.

retiring [rɪ'taɪərɪŋ] *adj* (*leaving*) ausscheidend; (*shy*) zurückhaltend.

retort [rɪ'tɔ:t] *vi* erwidern ♦ *n* (*reply*) Erwiderung *f*.

retrace [ri:'treɪs] *vt*: **to ~ one's steps** (*lit, fig*) seine Schritte zurückverfolgen.

retract [rɪ'trækt] *vt* (*promise*) zurücknehmen; (*confession*) zurückziehen; (*claws, undercarriage*) einziehen.

retractable [rɪ'træktəbl] *adj* (*undercarriage, aerial*) einziehbar.

retrain [ri:'treɪn] *vt* umschulen ♦ *vi* umgeschult werden.

retraining [ri:'treɪnɪŋ] *n* Umschulung *f*.

retread ['ri:tred] *n* (*tyre*) runderneuerter Reifen *m*.

retreat [rɪ'tri:t] *n* (*place*) Zufluchtsort *m*; (*withdrawal: also MIL*) Rückzug *m* ♦ *vi* sich zurückziehen; **to beat a hasty ~** schleunigst den Rückzug antreten.

retrial [ri:'traɪəl] *n* erneute Verhandlung *f*.

retribution [retrɪ'bju:ʃən] *n* Strafe *f*.

retrieval [rɪ'tri:vəl] *n* (*of object*) Zurückholen *nt*; (*COMPUT*) Abruf *m*.

retrieve [rɪ'tri:v] *vt* (*object*) zurückholen; (*situation*) retten; (*error*) wieder gutmachen; (*dog*) apportieren; (*COMPUT*) abrufen.

retriever [rɪ'tri:və*] *n* (*dog*) Apportierhund *m*.

retroactive [retrəu'æktɪv] *adj* rückwirkend.

retrograde ['retrəgreɪd] *adj* (*step*) Rück-.

retrospect ['retrəspekt] *n*: **in ~** rückblickend, im Rückblick.

retrospective [retrə'spektɪv] *adj* (*opinion etc*) im Nachhinein; (*law, tax*) rückwirkend ♦ *n* (*ART*) Retrospektive *f*.

return [rɪ'tə:n] *n* (*going or coming back*) Rückkehr *f*; (*of sth stolen etc*) Rückgabe *f*; (*also:* **~ ticket**: *BRIT*) Rückfahrkarte *f*; (*FIN: from investment etc*) Ertrag *m*; (*of merchandise*) Rücksendung *f*; (*official report*) Erklärung *f* ♦ *cpd* (*journey*) Rück- ♦ *vi* (*person etc: come or go back*) zurückkehren; (*feelings, symptoms etc*) wiederkehren ♦ *vt* (*favour, greetings etc*) erwidern; (*sth stolen etc*) zurückgeben; (*LAW: verdict*) fällen; (*POL: candidate*) wählen; (*ball*) zurückspielen; **returns** *npl* (*COMM*) Gewinne *pl*; **in ~ (for)** als Gegenleistung (für); **by ~ of post** postwendend; **many happy ~s (of the day)!** herzlichen Glückwunsch zum Geburtstag!; **~ match** Rückspiel *nt*.

▶ **return to** *vt fus* (*regain: consciousness, power*) wiedererlangen.

returnable [rɪ'tə:nəbl] *adj* (*bottle etc*) Mehrweg-.

returner *n* jd, der nach längerer Abwesenheit wieder in die Arbeitswelt zurückkehrt.

returning officer [rɪ'tə:nɪŋ-] (*BRIT*) *n* Wahlleiter(in) *m(f)*.

return key *n* (*COMPUT*) Return-Taste *f*.

reunion [ri:'ju:nɪən] *n* Treffen *nt*; (*after long separation*) Wiedervereinigung *f*.

reunite [ri:ju:'naɪt] *vt* wieder vereinigen.

Rev. *abbr* (*REL*) = **Reverend**.

rev [rev] *n abbr* (*AUT*: = *revolution per minute*) Umdrehung *f* pro Minute, U/min. ♦ *vt* (*also:*

~ up: *engine*) aufheulen lassen.

revaluation [riːvælju'eɪʃən] n (*of property*) Neuschätzung f; (*of currency*) Aufwertung f; (*of attitudes*) Neubewertung f.

revamp [riː'væmp] vt (*company, system*) auf Vordermann bringen.

rev counter (*BRIT*) n (*AUT*) Drehzahlmesser m.

Revd. *abbr* (*REL*) = **Reverend.**

reveal [rɪ'viːl] vt (*make known*) enthüllen; (*make visible*) zum Vorschein bringen.

revealing [rɪ'viːlɪŋ] adj (*comment, action*) aufschlussreich; (*dress*) tief ausgeschnitten.

reveille [rɪ'væl] n (*MIL*) Wecksignal nt.

revel ['rɛvl] vi: **to ~ in sth** in etw schwelgen; **to ~ in doing sth** es genießen, etw zu tun.

revelation [rɛvə'leɪʃən] n (*disclosure*) Enthüllung f.

reveller ['rɛvlə*] n Zecher(in) m(f).

revelry ['rɛvlrɪ] n Gelage nt.

revenge [rɪ'vɛndʒ] n (*for insult etc*) Rache f ♦ vt rächen; **to get one's ~** (**for sth**) seine Rache (für etw) bekommen; **to ~ o.s.** *or* **take one's ~** (**on sb**) sich (an jdm) rächen.

revengeful [rɪ'vɛndʒful] adj rachsüchtig.

revenue ['rɛvənjuː] n (*of person, company*) Einnahmen pl; (*of government*) Staatseinkünfte pl.

reverberate [rɪ'vəːbəreɪt] vi (*sound etc*) widerhallen; (*fig: shock etc*) Nachwirkungen haben.

reverberation [rɪvəːbə'reɪʃən] n (*of sound*) Widerhall m; (*fig: of event etc*) Nachwirkungen pl.

revere [rɪ'vɪə*] vt verehren.

reverence ['rɛvərəns] n Ehrfurcht f.

Reverend ['rɛvərənd] adj (*in titles*) Pfarrer; **the ~ John Smith** Pfarrer John Smith.

reverent ['rɛvərənt] adj ehrfürchtig.

reverie ['rɛvərɪ] n Träumerei f.

reversal [rɪ'vəːsl] n (*of policy, trend*) Umkehr f; **a ~ of roles** ein Rollentausch m.

reverse [rɪ'vəːs] n (*opposite*) Gegenteil nt; (*back: of cloth*) linke Seite f; (: *of coin, paper*) Rückseite f; (*AUT: also: ~ gear*) Rückwärtsgang m; (*setback*) Rückschlag m ♦ adj (*side*) Rück-; (*process*) umgekehrt ♦ vt (*position, trend etc*) umkehren; (*LAW: verdict*) revidieren; (*roles*) vertauschen; (*car*) zurücksetzen ♦ vi (*BRIT: AUT*) zurücksetzen; **in ~** umgekehrt; **to go into ~** den Rückwärtsgang einlegen; **in ~ order** in umgekehrter Reihenfolge; **to ~ direction** sich um 180 Grad drehen.

reverse-charge call [rɪ'vəːstʃɑːdʒ-] (*BRIT*) n R-Gespräch nt.

reverse video n (*COMPUT*) invertierte Darstellung f.

reversible [rɪ'vəːsəbl] adj (*garment*) auf beiden Seiten tragbar; (*decision, operation*) umkehrbar.

reversing lights [rɪ'vəːsɪŋ-] (*BRIT*) npl Rückfahrscheinwerfer m.

reversion [rɪ'vəːʃən] n: **~ to** Rückfall in +acc; (*ZOOL*) Rückentwicklung f.

revert [rɪ'vəːt] vi: **~ to** (*former state*) zurückkehren zu, zurückfallen in +acc; (*LAW: money, property*) zurückfallen an +acc.

review [rɪ'vjuː] n (*magazine*) Zeitschrift f; (*MIL*) Inspektion f; (*of book, film etc*) Kritik f, Besprechung f, Rezension f; (*of policy etc*) Überprüfung f ♦ vt (*MIL: troops*) inspizieren; (*book, film etc*) besprechen, rezensieren; (*policy etc*) überprüfen; **to be/come under ~** überprüft werden.

reviewer [rɪ'vjuːə*] n Kritiker(in) m(f), Rezensent(in) m(f).

revile [rɪ'vaɪl] vt schmähen.

revise [rɪ'vaɪz] vt (*manuscript*) überarbeiten, revidieren; (*opinion etc*) ändern; (*price, procedure*) revidieren ♦ vi (*study*) wiederholen; **~d edition** überarbeitete Ausgabe.

revision [rɪ'vɪʒən] n (*of manuscript, law etc*) Überarbeitung f, Revision f; (*for exam*) Wiederholung f.

revitalize [riː'vaɪtəlaɪz] vt neu beleben.

revival [rɪ'vaɪvl] n (*recovery*) Aufschwung m; (*of interest, faith*) Wiederaufleben nt; (*THEAT*) Wiederaufnahme f.

revive [rɪ'vaɪv] vt (*person*) wieder beleben; (*economy etc*) Auftrieb geben +dat; (*custom*) wieder aufleben lassen; (*hope, interest etc*) neu beleben; (*play*) wieder aufnehmen ♦ vi (*person*) wieder zu sich kommen; (*activity, economy etc*) wieder aufblühen; (*hope, interest etc*) wieder erweckt werden.

revoke [rɪ'vəuk] vt (*law etc*) aufheben; (*title, licence*) entziehen +dat; (*promise, decision*) widerrufen.

revolt [rɪ'vəult] n Revolte f, Aufstand m ♦ vi rebellieren ♦ vt abstoßen; **to ~ against sb/ sth** gegen jdn/etw rebellieren.

revolting [rɪ'vəultɪŋ] adj (*disgusting*) abscheulich, ekelhaft.

revolution [rɛvə'luːʃən] n (*POL etc*) Revolution f; (*rotation*) Umdrehung f.

revolutionary [rɛvə'luːʃənrɪ] adj revolutionär; (*leader, army*) Revolutions- ♦ n Revolutionär(in) m(f).

revolutionize [rɛvə'luːʃənaɪz] vt revolutionieren.

revolve [rɪ'vɔlv] vi sich drehen; **to ~ (a)round** sich drehen um.

revolver [rɪ'vɔlvə*] n Revolver m.

revolving [rɪ'vɔlvɪŋ] adj (*chair*) Dreh-; (*sprinkler etc*) drehbar.

revolving door n Drehtür f.

revue [rɪ'vjuː] n (*THEAT*) Revue f.

revulsion [rɪ'vʌlʃən] n (*disgust*) Abscheu m, Ekel m.

reward [rɪ'wɔːd] n Belohnung f; (*satisfaction*) Befriedigung f ♦ vt belohnen.

rewarding [rɪ'wɔːdɪŋ] adj lohnend; **financially**

~ einträglich.

rewind [riː'waɪnd] (irreg: like **wind**) vt (tape etc) zurückspulen.

rewire [riː'waɪə˙] vt neu verkabeln.

reword [riː'wɜːd] vt (message, note) umformulieren.

rework [riː'wɜːk] vt (use again: theme etc) wieder verarbeiten; (revise) neu fassen.

rewrite [riː'raɪt] (irreg: like **write**) vt neu schreiben.

Reykjavik [ˈreɪkjəviːk] n Reykjavik nt.

RFD (US) abbr (POST: = rural free delivery) freie Landpostzustellung.

RGN (BRIT) n abbr (= Registered General Nurse) staatlich geprüfte Krankenschwester f, staatlich geprüfter Krankenpfleger m.

Rh abbr (MED: = rhesus) Rh.

rhapsody [ˈræpsədɪ] n (MUS) Rhapsodie f.

rhesus negative adj Rhesus negativ.

rhesus positive adj Rhesus positiv.

rhetoric [ˈrɛtərɪk] n Rhetorik f.

rhetorical [rɪˈtɔrɪkl] adj rhetorisch.

rheumatic [ruːˈmætɪk] adj rheumatisch.

rheumatism [ˈruːmətɪzəm] n Rheuma nt, Rheumatismus m.

rheumatoid arthritis [ˈruːmətɔɪd-] n Gelenkrheumatismus m.

Rhine [raɪn] n: **the** ~ der Rhein.

rhinestone [ˈraɪnstəun] n Rheinkiesel m.

rhinoceros [raɪˈnɔsərəs] n Rhinozeros nt.

Rhodes [rəudz] n Rhodos nt.

Rhodesia [rəuˈdiːʒə] (formerly) n (GEOG) Rhodesien nt.

rhododendron [rəudəˈdɛndrən] n Rhododendron m or nt.

Rhone [rəun] n: **the** ~ die Rhone.

rhubarb [ˈruːbɑːb] n Rhabarber m.

rhyme [raɪm] n Reim m; (verse) Verse pl ♦ vi: **to** ~ **(with)** sich reimen (mit); **without** ~ **or reason** ohne Sinn und Verstand.

rhythm [ˈrɪðm] n Rhythmus m.

rhythmic(al) [ˈrɪðmɪk(l)] adj rhythmisch.

rhythmically [ˈrɪðmɪklɪ] adv (move, beat) rhythmisch, im Rhythmus.

rhythm method n Knaus-Ogino-Methode f.

RI n abbr (BRIT: SCOL: = religious instruction) Religionsunterricht m ♦ abbr (US: POST: = Rhode Island).

rib [rɪb] n Rippe f ♦ vt (mock) aufziehen.

ribald [ˈrɪbəld] adj (laughter, joke) rüde; (person) anzüglich.

ribbed [rɪbd] adj (socks, sweater) gerippt.

ribbon [ˈrɪbən] n (for hair, decoration) Band nt; (of typewriter) Farbband nt; **in** ~**s** (torn) in Fetzen.

rice [raɪs] n Reis m.

ricefield [ˈraɪsfiːld] n Reisfeld nt.

rice pudding n Milchreis m.

rich [rɪtʃ] adj reich; (soil) fruchtbar; (food) schwer; (diet) reichhaltig; (colour) satt; (voice) volltönend; (tapestries, silks) prächtig ♦ npl: **the** ~ die Reichen; ~ **in** reich an +dat.

riches [ˈrɪtʃɪz] npl Reichtum m.

richly [ˈrɪtʃlɪ] adv (decorated, carved) reich; (reward, benefit) reichlich; ~ **deserved/ earned** wohlverdient.

richness [ˈrɪtʃnɪs] n (wealth) Reichtum m; (of life, culture, food) Reichhaltigkeit f; (of soil) Fruchtbarkeit f; (of costumes, furnishings) Pracht f.

rickets [ˈrɪkɪts] n Rachitis f.

rickety [ˈrɪkɪtɪ] adj (chair etc) wackelig.

rickshaw [ˈrɪkʃɔː] n Rikscha f.

ricochet [ˈrɪkəʃeɪ] vi abprallen ♦ n Abpraller m.

rid [rɪd] (pt, pp **rid**) vt: **to** ~ **sb/sth of** jdn/etw befreien von; **to get** ~ **of** loswerden; (inhibitions, illusions etc) sich befreien von.

riddance [ˈrɪdns] n: **good** ~! gut, dass wir den/die/das los sind!

ridden [ˈrɪdn] pp of **ride**.

riddle [ˈrɪdl] n Rätsel nt ♦ vt: **to be** ~**d with** (guilt, doubts) geplagt sein von; (holes, corruption) durchsetzt sein von.

ride [raɪd] (pt **rode**, pp **ridden**) n (in car, on bicycle) Fahrt f; (on horse) Ritt m; (path) Reitweg m ♦ vi (on horse) reiten; (on bicycle, bus etc) fahren ♦ vt (see vi) reiten; fahren; **car** ~ Autofahrt f; **to go for a** ~ eine Fahrt/ einen Ausritt machen; **to take sb for a** ~ (fig) jdn hereinlegen; **we rode all day/all the way** wir sind den ganzen Tag/den ganzen Weg geritten/gefahren; **to** ~ **at anchor** (NAUT) vor Anker liegen; **can you** ~ **a bike?** kannst du Fahrrad fahren?

▶ **ride out** vt: **to** ~ **out the storm** (fig) den Sturm überstehen.

rider [ˈraɪdə˙] n (on horse) Reiter(in) m(f); (on bicycle etc) Fahrer(in) m(f); (in document etc) Zusatz m.

ridge [rɪdʒ] n (of hill) Grat m; (of roof) First m; (in sand etc) Rippelmarke f.

ridicule [ˈrɪdɪkjuːl] n Spott m ♦ vt (person) verspotten; (proposal, system etc) lächerlich machen; **she was the object of** ~ alle machten sich über sie lustig.

ridiculous [rɪˈdɪkjuləs] adj lächerlich.

riding [ˈraɪdɪŋ] n Reiten nt.

riding school n Reitschule f.

rife [raɪf] adj: **to be** ~ (corruption, disease etc) grassieren; **to be** ~ **with** (rumours etc) durchsetzt sein von.

riffraff [ˈrɪfræf] n Gesindel nt.

rifle [ˈraɪfl] n (gun) Gewehr nt ♦ vt (wallet etc) plündern.

▶ **rifle through** vt fus (papers etc) durchwühlen.

rifle range n Schießstand m.

rift [rɪft] n Spalt m; (fig) Kluft f.

rig [rɪg] n (also: **oil** ~: at sea) Bohrinsel f; (: on land) Bohrturm m ♦ vt (election, game etc) manipulieren.

▶ **rig out** (BRIT) vt: **to** ~ **sb out as/in** jdn ausstaffieren als/in +dat.

▶ **rig up** vt (*device*) montieren.

rigging ['rɪgɪŋ] n (*NAUT*) Takelage f.

right [raɪt] adj (*correct*) richtig; (*not left*) rechte(r, s) ♦ n Recht nt ♦ adv (*correctly, properly*) richtig; (*directly, exactly*) genau; (*not on the left*) rechts ♦ vt (*ship, car etc*) aufrichten; (*fault, situation*) korrigieren, berichtigen ♦ excl okay; **the ~ time** (*exact*) die genaue Zeit; (*most suitable*) die richtige Zeit; **to be ~** (*person*) Recht haben; (*answer, fact*) richtig sein; (*clock*) genau gehen; (*reading etc*) korrekt sein; **to get sth ~** etw richtig machen; **let's get it ~ this time!** diesmal machen wir es richtig!; **you did the ~ thing** du hast das Richtige getan; **to put sth ~** (*mistake etc*) etw berichtigen; **on/to the ~** rechts; **the R~** (*POL*) die Rechte; **by ~s** richtig genommen; **to be in the ~** im Recht sein; **you're within your ~s (to do that)** es ist dein gutes Recht(, das zu tun); **he is a well-known author in his own ~** er ist selbst auch ein bekannter Autor; **film ~s** Filmrechte pl; **~ now** im Moment; **~ before/after the party** gleich vor/nach der Party; **~ against the wall** unmittelbar an der Wand; **~ ahead** geradeaus; **~ away** (*immediately*) sofort; **~ in the middle** genau in der Mitte; **he went ~ to the end of the road** er ging bis ganz ans Ende der Straße.

right angle n rechter Winkel m.

righteous ['raɪtʃəs] adj (*person*) rechtschaffen; (*indignation*) gerecht.

righteousness ['raɪtʃəsnɪs] n Rechtschaffenheit f.

rightful ['raɪtful] adj rechtmäßig.

rightfully ['raɪtfəlɪ] adv von Rechts wegen.

right-hand drive adj (*vehicle*) mit Rechtssteuerung.

right-handed [raɪt'hændɪd] adj rechtshändig.

right-hand man n rechte Hand f.

right-hand side n rechte Seite f.

rightly ['raɪtlɪ] adv (*with reason*) zu Recht; **if I remember ~** (*BRIT*) wenn ich mich recht entsinne.

right-minded [raɪt'maɪndɪd] adj vernünftig.

right of way n (*on path etc*) Durchgangsrecht f; (*AUT*) Vorfahrt f.

rights issue n (*STOCK EXCHANGE*) Bezugsrechtsemission f.

right wing n (*POL, SPORT*) rechter Flügel m.

right-wing [raɪt'wɪŋ] adj (*POL*) rechtsgerichtet.

right-winger [raɪt'wɪŋə*] n (*POL*) Rechte(r) f(m); (*SPORT*) Rechtsaußen m.

rigid ['rɪdʒɪd] adj (*structure, views*) starr; (*principle, control etc*) streng.

rigidity [rɪ'dʒɪdɪtɪ] n (*of structure etc*) Starrheit f; (*of attitude, views etc*) Strenge f.

rigidly ['rɪdʒɪdlɪ] adv (*hold, fix etc*) starr; (*control, interpret*) streng.

rigmarole ['rɪgmərəul] n (*procedure*) Gedöns nt (*inf*).

rigor ['rɪgə*] (*US*) n = **rigour**.

rigor mortis ['rɪgə'mɔːtɪs] n Totenstarre f.

rigorous ['rɪgərəs] adj (*control etc*) streng; (*training*) gründlich.

rigorously ['rɪgərəslɪ] adv (*test, assess etc*) streng.

rigour, (*US*) **rigor** ['rɪgə*] n (*of argument, law*) Strenge f; (*of research*) Gründlichkeit f; **the ~s of life/winter** die Härten des Lebens/des Winters.

rig-out ['rɪgaut] (*BRIT: inf*) n (*clothes*) Aufzug m.

rile [raɪl] vt ärgern.

rim [rɪm] n (*of glass, spectacles*) Rand m; (*of wheel*) Felge f, Radkranz m.

rimless ['rɪmlɪs] adj (*spectacles*) randlos.

rimmed [rɪmd] adj: **~ with** umrandet von; **gold-~ spectacles** Brille f mit Goldfassung or Goldrand.

rind [raɪnd] n (*of bacon*) Schwarte f; (*of lemon, melon*) Schale f; (*of cheese*) Rinde f.

ring [rɪŋ] (*pt* rang, *pp* rung) n Ring m; (*of people, objects*) Kreis m; (*of circus*) Manege f; (*bullring*) Arena f; (*sound of telephone*) Klingeln nt; (*sound of bell*) Läuten nt; (*on cooker*) Kochstelle m ♦ vi (*TEL: person*) anrufen; (*telephone, doorbell*) klingeln; (*bell*) läuten; (*also:* **~ out**) ertönen ♦ vt (*BRIT: TEL*) anrufen; (*bell etc*) läuten; (*encircle*) einen Kreis machen um; **to give sb a ~** (*BRIT: TEL*) jdn anrufen; **that has a ~ of truth about it** das könnte stimmen; **to run ~s round sb** (*inf, fig*) jdn in die Tasche stecken; **to ~ true/false** wahr/falsch klingen; **my ears are ~ing** mir klingen die Ohren; **to ~ the doorbell** klingeln; **the name doesn't ~ a bell (with me)** der Name sagt mir nichts.

▶ **ring back** (*BRIT*) vt, vi (*TEL*) zurückrufen.

▶ **ring off** (*BRIT*) vi (*TEL*) (den Hörer) auflegen.

▶ **ring up** (*BRIT*) vt (*TEL*) anrufen.

ring binder n Ringbuch nt.

ring finger n Ringfinger m.

ringing ['rɪŋɪŋ] n (*of telephone*) Klingeln nt; (*of bell*) Läuten nt; (*in ears*) Klingen nt.

ringing tone (*BRIT*) n (*TEL*) Rufzeichen nt.

ringleader ['rɪŋliːdə*] n Rädelsführer(in) m(f).

ringlets ['rɪŋlɪts] npl Ringellocken pl; **in ~** in Ringellocken.

ring road (*BRIT*) n Ringstraße f.

rink [rɪŋk] n (*also:* **ice ~**) Eisbahn f; (*also:* **roller skating ~**) Rollschuhbahn f.

rinse [rɪns] n Spülen nt; (*of hands*) Abspülen nt; (*hair dye*) Tönung f ♦ vt spülen; (*hands*) abspülen; (*also:* **~ out**: *clothes*) auswaschen; (: *mouth*) ausspülen; **to give sth a ~** etw spülen; (*dishes*) etw abspülen.

Rio (de Janeiro) ['riːəu(dədʒə'nɪərəu)] n Rio (de Janeiro) nt.

riot ['raɪət] n (*disturbance*) Aufruhr m ♦ vi randalieren; **a ~ of colours** ein Farbenmeer nt; **to run ~** randalieren.

rioter ['raɪətə'] *n* Randalierer *m*.

riot gear *n* Schutzausrüstung *f*.

riotous ['raɪətəs] *adj* (*crowd*) randalierend; (*nights, party*) ausschweifend; (*welcome etc*) tumultartig.

riotously ['raɪətəslɪ] *adv*: ~ **funny** *or* **comic** urkomisch.

riot police *n* Bereitschaftspolizei *f*; **hundreds of** ~ hunderte *or* Hunderte von Bereitschaftspolizisten.

RIP *abbr* (= *rest in peace*) R.I.P.

rip [rɪp] *n* (*tear*) Riss *m* ♦ *vt* zerreißen ♦ *vi* reißen.

► **rip off** *vt* (*clothes*) herunterreißen; (*inf*: *swindle*) übers Ohr hauen.

► **rip up** *vt* zerreißen.

ripcord ['rɪpkɔːd] *n* Reißleine *f*.

ripe [raɪp] *adj* reif; **to be** ~ **for sth** (*fig*) reif für etw sein; **he lived to a** ~ **old age** er erreichte ein stolzes Alter.

ripen ['raɪpn] *vt* reifen lassen ♦ *vi* reifen.

ripeness ['raɪpnɪs] *n* Reife *f*.

rip-off ['rɪpɔf] (*inf*) *n*: **it's a** ~! das ist Wucher!

riposte [rɪ'pɔst] *n* scharfe Entgegnung *f*.

ripple ['rɪpl] *n* (*wave*) kleine Welle *f*; (*of laughter, applause*) Welle *f* ♦ *vi* (*water*) sich kräuseln; (*muscles*) spielen ♦ *vt* (*surface*) kräuseln.

rise [raɪz] (*pt* **rose**, *pp* **risen**) *n* (*incline*) Steigung *f*; (*BRIT: salary increase*) Gehaltserhöhung *f*; (*in prices, temperature etc*) Anstieg *m*; (*fig: to fame etc*) Aufstieg *m* ♦ *vi* (*prices, water*) steigen; (*sun, moon*) aufgehen; (*wind*) aufkommen; (*from bed, chair*) aufstehen; (*sound, voice*) ansteigen; (*also*: ~ **up**: *tower, rebel*) sich erheben; (*in rank*) aufsteigen; **to give** ~ **to** Anlass geben zu; **to** ~ **to power** an die Macht kommen.

risen [rɪzn] *pp of* **rise**.

rising ['raɪzɪŋ] *adj* (*increasing*) steigend; (*up-and-coming*) aufstrebend.

rising damp *n* aufsteigende Feuchtigkeit *f*.

rising star *n* (*fig: person*) Aufsteiger(in) *m(f)*.

risk [rɪsk] *n* (*danger, chance*) Gefahr *f*; (*deliberate*) Risiko *nt* ♦ *vt* riskieren; **to take a** ~ ein Risiko eingehen; **to run the** ~ **of sth** etw zu fürchten haben; **to run the** ~ **of doing sth** Gefahr laufen, etw zu tun; **at** ~ in Gefahr; **at one's own** ~ auf eigene Gefahr; **at the** ~ **of sounding rude** ... auf die Gefahr hin, unhöflich zu klingen, ...; **it's a fire/health** ~ es ist ein Feuer-/Gesundheitsrisiko; **I'll** ~ **it** ich riskiere es.

risk capital *n* Risikokapital *nt*.

risky ['rɪskɪ] *adj* riskant.

risqué ['riːskeɪ] *adj* (*joke*) gewagt.

rissole ['rɪsəul] *n* (*of meat, fish etc*) Frikadelle *f*.

rite [raɪt] *n* Ritus *m*; **last** ~**s** (*REL*) Letzte Ölung *f*.

ritual ['rɪtjuəl] *adj* (*law, murder*) Ritual-; (*dance*) rituell ♦ *n* Ritual *nt*.

rival ['raɪvl] *n* Rivale *m*, Rivalin *f* ♦ *adj* (*firm, newspaper etc*) Konkurrenz-; (*teams, groups etc*) rivalisierend ♦ *vt* (*match*) sich messen können mit; **to** ~ **sth/sb in sth** sich mit etw/ jdm in Bezug auf etw messen können.

rivalry ['raɪvlrɪ] *n* Rivalität *f*.

river ['rɪvə'] *n* Fluss *m*; (*fig: of blood etc*) Strom *m* ♦ *cpd* (*port, traffic*) Fluss-; **up/down** ~ flussaufwärts/-abwärts.

river bank *n* Flussufer *nt*.

river bed *n* Flussbett *nt*.

riverside ['rɪvəsaɪd] *n* = **river bank**.

rivet ['rɪvɪt] *n* Niete *f* ♦ *vt* (*fig: attention*) fesseln; (: *eyes*) heften.

riveting ['rɪvɪtɪŋ] *adj* (*fig*) fesselnd.

Riviera [rɪvɪ'ɛərə] *n*: **the (French)** ~ die (französische) Riviera; **the Italian** ~ die italienische Riviera.

Riyadh [rɪ'jɑːd] *n* Riad *nt*.

RMT *n abbr* (= *National Union of Rail, Maritime and Transport Workers*) Gewerkschaft der Eisenbahner, Seeleute und Transportarbeiter.

RN *n abbr* (*BRIT*) = **Royal Navy**; (*US*) = **registered nurse**.

RNA *n abbr* (= *ribonucleic acid*) RNS *f*.

RNLI (*BRIT*) *n abbr* (= *Royal National Lifeboat Institution*) durch Spenden finanzierter Seenot-Rettungsdienst, ≈ DLRG *f*.

RNZAF *n abbr* (= *Royal New Zealand Air Force*) neuseeländische Luftwaffe *f*.

RNZN *n abbr* (= *Royal New Zealand Navy*) neuseeländische Marine *f*.

road [rəud] *n* Straße *f*; (*fig*) Weg *m* ♦ *cpd* (*accident, sense*) Verkehrs-; **main** ~ Hauptstraße *f*; **it takes four hours by** ~ man braucht vier Stunden mit dem Auto; **let's hit the** ~ machen wir uns auf den Weg!; **to be on the** ~ (*salesman etc*) unterwegs sein; (*pop group etc*) auf Tournee sein; **on the** ~ **to success** auf dem Weg zum Erfolg; **major/ minor** ~ Haupt-/Nebenstraße *f*.

road accident *n* Verkehrsunfall *m*.

roadblock ['rəudblɔk] *n* Straßensperre *f*.

road haulage *n* Spedition *f*.

roadhog ['rəudhɔg] *n* Verkehrsrowdy *m*.

road map *n* Straßenkarte *f*.

road rage *n* Aggressivität *f* im Straßenverkehr.

road safety *n* Verkehrssicherheit *f*.

roadside ['rəudsaɪd] *n* Straßenrand *m* ♦ *cpd* (*building, sign etc*) am Straßenrand; **by the** ~ am Straßenrand.

road sign *n* Verkehrszeichen *nt*.

roadsweeper ['rəudswiːpə'] (*BRIT*) *n* (*person*) Straßenkehrer(in) *m(f)*; (*vehicle*) Straßenkehrmaschine *f*.

road user *n* Verkehrsteilnehmer(in) *m(f)*.

roadway ['rəudweɪ] *n* Fahrbahn *f*.

road works *npl* Straßenbauarbeiten *pl*.

roadworthy ['rəudwɔːðɪ] *adj* verkehrstüchtig.

roam [rəum] *vi* wandern, streifen ♦ *vt* (*streets, countryside*) durchstreifen.

roar [rɔː[*]] n (of animal, crowd) Brüllen nt; (of vehicle) Getöse nt; (of storm) Heulen nt ♦ vi (animal, person) brüllen; (engine, wind etc) heulen; **~s of laughter** brüllendes Gelächter; **to ~ with laughter** vor Lachen brüllen.

roaring ['rɔːrɪŋ] adj: **a ~ fire** ein prasselndes Feuer; **a ~ success** ein Bombenerfolg m; **to do a ~ trade (in sth)** ein Riesengeschäft (mit etw) machen.

roast [rəust] n Braten m ♦ vt (meat, potatoes) braten; (coffee) rösten.

roast beef n Roastbeef nt.

roasting ['rəustɪŋ] (inf) adj (hot) knallheiß ♦ n (criticism) Verriss m; (telling-off) Standpauke f; **to give sb a ~** (criticize) jdn verreißen; (scold) jdm eine Standpauke halten.

rob [rɔb] vt (person) bestehlen; (house, bank) ausrauben; **to ~ sb of sth** jdm etw rauben; (fig: deprive) jdm etw vorenthalten.

robber ['rɔbə[*]] n Räuber(in) m(f).

robbery ['rɔbərɪ] n Raub m.

robe [rəub] n (for ceremony etc) Gewand nt; (also: **bath ~**) Bademantel m; (US) Morgenrock m ♦ vt: **to be ~d in** (form) (festlich) in etw acc gekleidet sein.

robin ['rɔbɪn] n Rotkehlchen nt.

robot ['rəubɔt] n Roboter m.

robotics [rə'bɔtɪks] n Robotik f.

robust [rəu'bʌst] adj robust; (appetite) gesund.

rock [rɔk] n (substance) Stein m; (boulder) Felsen m; (US: small stone) Stein m; (BRIT: sweet) ≈ Zuckerstange f; (MUS: also: **~ music**) Rock m, Rockmusik f ♦ vt (swing gently: cradle) schaukeln; (: child) wiegen; (shake: also fig) erschüttern ♦ vi (object) schwanken; (person) schaukeln; **on the ~s** (drink) mit Eis; (ship) auf Felsen aufgelaufen; (marriage etc) gescheitert; **to ~ the boat** (fig) Unruhe stiften.

rock and roll n Rock and Roll m.

rock bottom ['rɔk'bɔtəm] adj (prices) Tiefst- ♦ n: **to reach** or **touch** or **hit rock bottom** (person, prices) den Tiefpunkt erreichen.

rock cake n ≈ Rosinenbrötchen nt.

rock climber n Felsenkletterer(in) m(f).

rock climbing n Felsenklettern nt.

rockery ['rɔkərɪ] n Steingarten m.

rocket ['rɔkɪt] n Rakete f ♦ vi (prices) in die Höhe schießen.

rocket launcher n Raketenwerfer m.

rock face n Felswand f.

rock fall n Steinschlag m.

rocking chair ['rɔkɪŋ-] n Schaukelstuhl m.

rocking horse n Schaukelpferd nt.

rocky ['rɔkɪ] adj (path, ground) felsig; (fig: business, marriage) wackelig.

Rocky Mountains npl: **the ~** die Rocky Mountains pl.

rod [rɔd] n (also TECH) Stange f; (also: **fishing ~**) Angelrute f.

rode [rəud] pt of **ride**.

rodent ['rəudnt] n Nagetier nt.

rodeo ['rəudɪəu] (US) n Rodeo nt.

roe [rəu] n (CULIN): **hard ~** Rogen m; **soft ~** Milch f.

roe deer n inv Reh nt.

rogue [rəug] n Gauner m.

roguish ['rəugɪʃ] adj schelmisch.

role [rəul] n Rolle f.

role model n Rollenmodell nt.

role play n Rollenspiel nt.

roll [rəul] n (of paper) Rolle f; (of cloth) Ballen m; (of banknotes) Bündel nt; (also: **bread ~**) Brötchen nt; (register, list) Verzeichnis nt; (of drums etc) Wirbel m ♦ vt rollen; (also: **~ up:** string) aufrollen; (: sleeves) aufkrempeln; (cigarette) drehen; (also: **~ out:** pastry) ausrollen; (flatten: lawn, road) walzen ♦ vi rollen; (drum) wirbeln; (thunder) grollen; (ship) schlingern; (tears, sweat) fließen; (camera, printing press) laufen; **cheese/ham ~** Käse-/Schinkenbrötchen nt; **he's ~ing in it** (inf: rich) er schwimmt im Geld.

▶ **roll about** vi sich wälzen.

▶ **roll around** vi = **roll about**.

▶ **roll in** vi (money, invitations) hereinströmen.

▶ **roll over** vi sich umdrehen.

▶ **roll up** vi (inf: arrive) aufkreuzen ♦ vt (carpet, umbrella etc) aufrollen; **to ~ o.s. up into a ball** sich zusammenrollen.

roll call n namentlicher Aufruf m.

rolled gold [rəuld-] n Dubleegold nt, Doublégold nt.

roller ['rəulə[*]] n Rolle f; (for lawn, road) Walze f; (for hair) Lockenwickler m.

rollerblades npl Rollerblades pl.

roller blind n Rollo nt.

roller coaster n Achterbahn f.

roller skates npl Rollschuhe pl.

rollicking ['rɔlɪkɪŋ] adj toll, Mords-; **to have a ~ time** sich ganz toll amüsieren.

rolling ['rəulɪŋ] adj (hills) wellig.

rolling mill n Walzwerk nt.

rolling pin n Nudelholz nt.

rolling stock n (RAIL) Fahrzeuge pl.

roll-on-roll-off ['rəulɔn'rəulɔf] (BRIT) adj (ferry) Roll-on-roll-off-.

roly-poly ['rəulɪ'pəulɪ] (BRIT) n ≈ Strudel m.

ROM [rɔm] n abbr (COMPUT: = read only memory) ROM.

Roman ['rəumən] adj römisch ♦ n (person) Römer(in) m(f).

Roman Catholic adj römisch-katholisch ♦ n Katholik(in) m(f).

romance [rə'mæns] n (love affair) Romanze f; (romanticism) Romantik f; (novel) fantastische Erzählung f.

Romanesque [rəumə'nesk] adj romanisch.

Romania [rəu'meɪnɪə] n Rumänien nt.

Romanian [rəu'meɪnɪən] adj rumänisch ♦ n (person) Rumäne m, Rumänin f; (LING) Rumänisch nt.

Roman numeral n römische Ziffer f.

romantic [rə'mæntɪk] *adj* romantisch.
romanticism [rə'mæntɪsɪzəm] *n* (*also ART, LITER*) Romantik *f*.
Romany ['rɔmənɪ] *adj* Roma- ♦ *n* (*person*) Roma *mf*; (*LING*) Romani *nt*.
Rome [rəum] *n* Rom *nt*.
romp [rɔmp] *n* Klamauk *m* ♦ *vi* (*also*: ~ about) herumtollen; **to** ~ **home** (*horse*) spielend gewinnen.
rompers ['rɔmpəz] *npl* (*clothing*) einteiliger Spielanzug *für Babys*.
rondo ['rɔndəu] *n* (*MUS*) Rondo *nt*.
roof [ru:f] (*pl* ~**s**) *n* Dach *nt* ♦ *vt* (*house etc*) überdachen; **the** ~ **of the mouth** der Gaumen.
roof garden *n* Dachgarten *m*.
roofing ['ru:fɪŋ] *n* Deckung *f*; ~ **felt** Dachpappe *f*.
roof rack *n* Dachgepäckträger *m*.
rook [ruk] *n* (*bird*) Saatkrähe *f*; (*CHESS*) Turm *m*.
rookie ['rukiː] (*inf*) *n* (*esp MIL*) Grünschnabel *m*.
room [ruːm] *n* (*in house, hotel*) Zimmer *nt*; (*space*) Raum *m*, Platz *m*; (*scope: for change etc*) Raum *m* ♦ *vi*: **to** ~ **with sb** (*esp US*) sich ein Zimmer mit jdm teilen; **rooms** *npl* (*lodging*) Zimmer *pl*; "~**s to let**", (*US*) "~**s for rent**" „Zimmer zu vermieten"; **single/double** ~ Einzel-/Doppelzimmer *nt*; **is there** ~ **for this?** ist dafür Platz vorhanden?; **to make** ~ **for sb** für jdn Platz machen; **there is** ~ **for improvement** es gibt Möglichkeiten zur Verbesserung.
rooming house ['ruːmɪŋ-] (*US*) *n* Mietshaus *nt*.
roommate ['ruːmmeɪt] *n* Zimmergenosse *m*, Zimmergenossin *f*.
room service *n* Zimmerservice *m*.
room temperature *n* Zimmertemperatur *f*.
roomy ['ruːmɪ] *adj* (*building, car*) geräumig.
roost [ruːst] *vi* (*birds*) sich niederlassen.
rooster ['ruːstə*] (*esp US*) *n* Hahn *m*.
root [ruːt] *n* (*also MATH*) Wurzel *f* ♦ *vi* (*plant*) Wurzeln schlagen ♦ *vt*: **to be** ~**ed in** verwurzelt sein in +*dat*; **roots** *npl* (*family origins*) Wurzeln *pl*; **to take** ~ (*plant, idea*) Wurzeln schlagen; **the** ~ **cause of the problem** die Wurzel des Problems.
▶ **root about** *vi* (*search*) herumwühlen.
▶ **root for** *vt fus* (*support*) anfeuern.
▶ **root out** *vt* ausrotten.
root beer (*US*) *n* kohlensäurehaltiges Getränk aus Wurzel- und Kräuterextrakten.
rope [rəup] *n* Seil *nt*; (*NAUT*) Tau *nt* ♦ *vt* (*tie*) festbinden; (*also*: ~ **together**) zusammenbinden; **to know the** ~**s** (*fig*) sich auskennen.
▶ **rope in** *vt* (*fig: person*) einspannen.
▶ **rope off** *vt* (*area*) mit einem Seil absperren.
rope ladder *n* Strickleiter *f*.
rop(e)y (*inf*) *adj* (*ill, poor quality*) miserabel.

rosary ['rəuzərɪ] *n* Rosenkranz *m*.
rose [rəuz] *pt of* **rise** ♦ *n* (*flower*) Rose *f*; (*also*: ~**bush**) Rosenstrauch *m*; (*on watering can*) Brause *f* ♦ *adj* rosarot.
rosé ['rəuzeɪ] *n* (*wine*) Rosé *m*.
rosebed ['rəuzbɛd] *n* Rosenbeet *nt*.
rosebud ['rəuzbʌd] *n* Rosenknospe *f*.
rosebush ['rəuzbuʃ] *n* Rosenstrauch *m*.
rosemary ['rəuzmərɪ] *n* Rosmarin *m*.
rosette [rəu'zɛt] *n* Rosette *f*.
ROSPA ['rɔspə] (*BRIT*) *n abbr* (= *Royal Society for the Prevention of Accidents*) *Verband, der Maßnahmen zur Unfallverhütung propagiert*.
roster ['rɔstə*] *n*: **duty** ~ Dienstplan *m*.
rostrum ['rɔstrəm] *n* Rednerpult *nt*.
rosy ['rəuzɪ] *adj* (*colour*) rosarot; (*face, situation*) rosig; **a** ~ **future** eine rosige Zukunft.
rot [rɔt] *n* (*decay*) Fäulnis *f*; (*fig: rubbish*) Quatsch *m* ♦ *vt* verfaulen lassen ♦ *vi* (*teeth, wood, fruit etc*) verfaulen; **to stop the** ~ (*BRIT, fig*) den Verfall stoppen; **dry** ~ Holzschwamm *m*; **wet** ~ Nassfäule *f*.
rota ['rəutə] *n* Dienstplan *m*; **on a** ~ **basis** reihum nach Plan.
rotary ['rəutərɪ] *adj* (*cutter*) rotierend; (*motion*) Dreh-.
rotate [rəu'teɪt] *vt* (*spin*) drehen, rotieren lassen; (*crops*) im Wechsel anbauen; (*jobs*) turnusmäßig wechseln ♦ *vi* (*revolve*) rotieren, sich drehen.
rotating [rəu'teɪtɪŋ] *adj* (*revolving*) rotierend; (*drum, mirror*) Dreh-.
rotation [rəu'teɪʃən] *n* (*of planet, drum etc*) Rotation *f*, Drehung *f*; (*of crops*) Wechsel *m*; (*of jobs*) turnusmäßiger Wechsel; **in** ~ der Reihe nach.
rote [rəut] *n*: **by** ~ auswendig.
rotor ['rəutə*] *n* (*also*: ~ **blade**) Rotor *m*.
rotten ['rɔtn] *adj* (*decayed*) faul, verfault; (*inf: person, situation*) gemein; (*: film, weather, driver etc*) mies; **to feel** ~ sich elend fühlen.
rotund [rəu'tʌnd] *adj* (*person*) rundlich.
rouble, (*US*) **ruble** ['ruːbl] *n* Rubel *m*.
rouge [ruːʒ] *n* Rouge *nt*.
rough [rʌf] *adj* rau; (*terrain, road*) uneben; (*person, plan, drawing, guess*) grob; (*life, conditions, journey*) hart; (*sea, crossing*) stürmisch ♦ *n* (*GOLF*): **in the** ~ im Rough ♦ *vt*: **to** ~ **it** primitive *or* ohne Komfort leben; **the sea is** ~ **today** die See ist heute stürmisch; **to have a** ~ **time** eine harte Zeit durchmachen; **can you give me a** ~ **idea of the cost?** können Sie mir eine ungefähre Vorstellung von den Kosten geben?; **to feel** ~ (*BRIT*) sich elend fühlen; **to sleep** ~ (*BRIT*) im Freien übernachten; **to play** ~ (*fig*) auf die grobe Tour kommen.
▶ **rough out** *vt* (*drawing, idea etc*) skizzieren.
roughage ['rʌfɪdʒ] *n* Ballaststoffe *pl*.
rough-and-ready ['rʌfən'rɛdɪ] *adj*

provisorisch.

rough-and-tumble ['rʌfən'tʌmbl] *n* (*fighting*) Balgerei *f*; (*fig*) Schlachtfeld *nt*.

roughcast ['rʌfkɑːst] *n* Rauputz *m*.

rough copy *n* Entwurf *m*.

rough draft *n* = **rough copy**.

rough justice *n* Justizwillkür *f*.

roughly ['rʌflɪ] *adv* grob; (*approximately*) ungefähr; ~ **speaking** grob gesagt.

roughness ['rʌfnɪs] *n* Rauheit *f*; (*of manner*) Grobheit *f*.

roughshod ['rʌfʃɔd] *adv*: **to ride ~ over** sich rücksichtslos hinwegsetzen über +*acc*.

roulette [ruː'let] *n* Roulette *nt*.

Roumania *etc* [ruː'meɪnɪə] *n* = **Romania** *etc*.

round [raund] *adj* rund ♦ *n* Runde *f*; (*of ammunition*) Ladung *f* ♦ *vt* (*corner*) biegen um; (*cape*) umrunden ♦ *prep* um ♦ *adv*: **all ~** rundherum; **in ~ figures** rund gerechnet; **the daily ~** (*fig*) der tägliche Trott; **a ~ of applause** Beifall *m*; **a ~** (**of drinks**) eine Runde; **a ~ of sandwiches** ein Butterbrot; **a ~ of toast** (*BRIT*) eine Scheibe Toast; **it's just ~ the corner** (*fig*) es steht vor der Tür; **to go ~ the back** hinten herum gehen; **to go ~** (**an obstacle**) (um ein Hindernis) herumgehen; **~ the clock** rund um die Uhr; **~ his neck/ the table** um seinen Hals/den Tisch; **to sail ~ the world** die Welt umsegeln; **to walk ~ the room/park** im Zimmer/Park herumgehen; **~ about 300** (*approximately*) ungefähr 300; **the long way ~** auf Umwegen; **all** (**the**) **year ~** das ganze Jahr über; **the wrong way ~** falsch herum; **to ask sb ~** jdn zu sich einladen; **I'll be ~ at 6 o'clock** ich komme um 6 Uhr; **to go ~** (*rotate*) sich drehen; **to go ~ to sb's** (**house**) jdn (zu Hause) besuchen; **enough to go ~** genug für alle.

▸ **round off** *vt* abrunden.

▸ **round up** *vt* (*cattle etc*) zusammentreiben; (*people*) versammeln; (*figure*) aufrunden.

roundabout ['raundəbaut] *n* (*AUT*) Kreisverkehr *m*; (*at fair*) Karussell *nt* ♦ *adj*: **by a ~ route** auf Umwegen; **in a ~ way** auf Umwegen.

rounded ['raundɪd] *adj* (*hill, figure etc*) rundlich.

rounders ['raundəz] *n* ≈ Schlagball *m*.

roundly ['raundlɪ] *adv* (*fig: criticize etc*) nachdrücklich.

round robin (*esp US*) *n* (*SPORT*) Wettkampf, bei dem jeder gegen jeden spielt.

round-shouldered ['raund'ʃəuldəd] *adj* mit runden Schultern.

round trip *n* Rundreise *f*.

roundup ['raundʌp] *n* (*of news etc*) Zusammenfassung *f*; (*of animals*) Zusammentreiben *nt*; (*of criminals*) Aufgreifen *nt*; **a ~ of the latest news** ein Nachrichtenüberblick *m*.

rouse [rauz] *vt* (*wake up*) aufwecken; (*stir up*)

reizen.

rousing ['rauzɪŋ] *adj* (*speech*) mitreißend; (*welcome*) stürmisch.

rout [raut] (*MIL*) *n* totale Niederlage *f* ♦ *vt* (*defeat*) vernichtend schlagen.

route [ruːt] *n* Strecke *f*; (*of bus, train, shipping*) Linie *f*; (*of procession, fig*) Weg *m*; **"all ~s"** (*AUT*) „alle Richtungen"; **the best ~ to London** der beste Weg nach London.

route map (*BRIT*) *n* Streckenkarte *f*.

routine [ruː'tiːn] *adj* (*work, check etc*) Routine- ♦ *n* (*habits*) Routine *f*; (*drudgery*) Stumpfsinn *m*; (*THEAT*) Nummer *f*; ~ **procedure** Routinesache *f*.

rove [rəuv] *vt* (*area, streets*) ziehen durch.

roving reporter ['rəuvɪŋ-] *n* Reporter(in) *m(f)* im Außendienst.

row¹ [rəu] *n* (*line*) Reihe *f* ♦ *vi* (*in boat*) rudern ♦ *vt* (*boat*) rudern; **three times in a ~** dreimal hintereinander.

row² [rau] *n* (*din*) Krach *m*, Lärm *m*; (*dispute*) Streit *m* ♦ *vi* (*argue*) sich streiten; **to have a ~** sich streiten.

rowboat ['rəubəut] (*US*) *n* = **rowing boat**.

rowdiness ['raudɪnɪs] *n* Rowdytum *nt*.

rowdy ['raudɪ] *adj* (*person*) rüpelhaft; (*party etc*) lärmend.

rowdyism ['raudɪɪzəm] *n* = **rowdiness**.

rowing ['rəuɪŋ] *n* (*sport*) Rudern *nt*.

rowing boat (*BRIT*) *n* Ruderboot *nt*.

rowlock ['rɔlək] (*BRIT*) *n* Dolle *f*.

royal ['rɔɪəl] *adj* königlich; **the ~ family** die königliche Familie.

ROYAL ACADEMY
Die **Royal Academy** *oder* **Royal Academy of Arts**, *eine Akademie zur Förderung der Malerei, Bildhauerei und Architektur, wurde 1768 unter der Schirmherrschaft von George II. gegründet und befindet sich seit 1869 in Burlington House, Piccadilly, London. Jeden Sommer findet dort eine Ausstellung mit Werken zeitgenössischer Künstler statt. Die* **Royal Academy** *unterhält auch Schulen, an denen Malerei, Bildhauerei und Architektur unterrichtet wird.*

Royal Air Force (*BRIT*) *n*: **the ~** die Königliche Luftwaffe.

royal blue *adj* königsblau.

royalist ['rɔɪəlɪst] *n* Royalist(in) *m(f)* ♦ *adj* royalistisch.

Royal Navy (*BRIT*) *n*: **the ~** die Königliche Marine.

royalty ['rɔɪəltɪ] *n* (*royal persons*) die königliche Familie; **royalties** *npl* (*to author*) Tantiemen *pl*; (*to inventor*) Honorar *nt*.

RP (*BRIT*) *n abbr* (= *received pronunciation*) *Standardaussprache des Englischen; see also* **receive**.

rpm *abbr* (= *revolutions per minute*) U/min.

RR (*US*) *abbr* = **railroad**.

RRP (*BRIT*) *n abbr* = **recommended retail price**.

RSA (*BRIT*) *n abbr* (= *Royal Society of Arts*) akademischer Verband zur Vergabe von Diplomen; (= *Royal Scottish Academy*) Kunstakademie.

RSI *n abbr* (*MED*: = *repetitive strain injury*) RSI *nt*, Schmerzempfindung durch ständige Wiederholung bestimmter Bewegungen.

RSPB (*BRIT*) *n abbr* (= *Royal Society for the Protection of Birds*) Vogelschutzorganisation.

RSPCA (*BRIT*) *n abbr* (= *Royal Society for the Prevention of Cruelty to Animals*) Tierschutzverein *m*.

RSVP *abbr* (= *répondez s'il vous plaît*) u. A. w. g.

RTA *n abbr* (= *road traffic accident*) Verkehrsunfall *m*.

Rt Hon. (*BRIT*) *abbr* (= *Right Honourable*) Titel für Abgeordnete des Unterhauses.

Rt Rev. *abbr* (*REL*: = *Right Reverend*) Titel für Bischöfe.

rub [rʌb] *vt* reiben ♦ *n*: **to give sth a ~** (*polish*) etw polieren; **he ~bed his hands together** er rieb sich *dat* die Hände; **to ~ sb up** *or* (*US*) **~ sb the wrong way** bei jdm anecken.

▶ **rub down** *vt* (*body, horse*) abreiben.

▶ **rub in** *vt* (*ointment*) einreiben; **don't ~ it in!** (*fig*) reite nicht so darauf herum!

▶ **rub off** *vi* (*paint*) abfärben.

▶ **rub off on** *vt fus* abfärben auf +*acc*.

▶ **rub out** *vt* (*with eraser*) ausradieren.

rubber ['rʌbə*] *n* (*also real*: *condom*) Gummi *nt or m*; (*BRIT*: *eraser*) Radiergummi *m*.

rubber band *n* Gummiband *nt*.

rubber bullet *n* Gummigeschoss *nt*.

rubber plant *n* Gummibaum *m*.

rubber ring *n* (*for swimming*) Schwimmreifen *m*.

rubber stamp *n* Stempel *m*.

rubber-stamp [rʌbə'stæmp] *vt* (*fig*: *decision*) genehmigen.

rubbery ['rʌbərɪ] *adj* (*material*) gummiartig; (*meat, food*) wie Gummi.

rubbish ['rʌbɪʃ] (*BRIT*) *n* (*waste*) Abfall *m*; (*fig*: *junk*) Schrott *m*; (: *pej*: *nonsense*) Quatsch *m* ♦ *vt* (*inf*) heruntermachen; **~!** Quatsch!

rubbish bin (*BRIT*) *n* Abfalleimer *m*.

rubbish dump (*BRIT*) *n* Müllabladeplatz *m*.

rubbishy ['rʌbɪʃɪ] (*BRIT*: *inf*) *adj* miserabel, mies.

rubble ['rʌbl] *n* (*debris*) Trümmer *pl*; (*CONSTR*) Schutt *m*.

ruble ['ru:bl] (*US*) *n* = **rouble**.

ruby ['ru:bɪ] *n* (*gem*) Rubin *m* ♦ *adj* (*red*) rubinrot.

RUC (*BRIT*) *n abbr* (= *Royal Ulster Constabulary*) nordirische Polizeibehörde.

rucksack ['rʌksæk] *n* Rucksack *m*.

ructions ['rʌkʃənz] (*inf*) *npl* Krach *m*, Ärger *m*.

rudder ['rʌdə*] *n* (*of ship, plane*) Ruder *nt*.

ruddy ['rʌdɪ] *adj* (*complexion etc*) rötlich; (*inf*: *damned*) verdammt.

rude [ru:d] *adj* (*impolite*) unhöflich; (*naughty*) unanständig; (*unexpected*: *shock etc*) böse; (*crude*: *table, shelter etc*) primitiv; **to be ~ to sb** unhöflich zu jdm sein; **a ~ awakening** ein böses Erwachen.

rudely ['ru:dlɪ] *adv* (*interrupt*) unhöflich; (*say, push*) grob.

rudeness ['ru:dnɪs] *n* (*impoliteness*) Unhöflichkeit *f*.

rudimentary [ru:dɪ'mɛntərɪ] *adj* (*equipment*) primitiv; (*knowledge*) Grund-.

rudiments ['ru:dɪmənts] *npl* Grundlagen *pl*.

rue [ru:] *vt* bereuen.

rueful ['ru:ful] *adj* (*expression, person*) reuevoll.

ruff [rʌf] *n* (*collar*) Halskrause *f*.

ruffian ['rʌfɪən] *n* Rüpel *m*.

ruffle ['rʌfl] *vt* (*hair, feathers*) zerzausen; (*water*) kräuseln; (*fig*: *person*) aus der Fassung bringen.

rug [rʌg] *n* (*on floor*) Läufer *m*; (*BRIT*: *blanket*) Decke *f*.

rugby ['rʌgbɪ] *n* (*also*: **~ football**) Rugby *nt*.

rugged ['rʌgɪd] *adj* (*landscape*) rauh; (*man*) robust; (*features, face*) markig; (*determination, independence*) wild.

rugger ['rʌgə*] (*BRIT*: *inf*) *n* Rugby *nt*.

ruin ['ru:ɪn] *n* (*destruction, downfall*) Ruin *m*; (*remains*) Ruine *f* ♦ *vt* ruinieren; (*building*) zerstören; (*clothes, carpet etc*) verderben; **ruins** *npl* (*of castle*) Ruinen *pl*; (*of building*) Trümmer *pl*; **in ~s** (*lit, fig*) in Trümmern.

ruination [ru:ɪ'neɪʃən] *n* (*of building etc*) Zerstörung *f*; (*of person, life*) Ruinierung *f*.

ruinous ['ru:ɪnəs] *adj* (*expense, interest*) ruinös.

rule [ru:l] *n* (*norm*) Regel *f*; (*regulation*) Vorschrift *f*; (*government*) Herrschaft *f*; (*also*: **ruler**) Lineal *m* ♦ *vt* (*country, people*) herrschen über +*acc* ♦ *vi* (*monarch etc*) herrschen; **it's against the ~s** das ist nicht gestattet; **as a ~ of thumb** als Faustregel; **under British ~** unter britischer Herrschaft; **as a ~** in der Regel; **to ~ in favour of/ against/on sth** (*LAW*) für/gegen/über etw *acc* entscheiden; **to ~ that ...** (*umpire, judge etc*) entscheiden, dass ...

▶ **rule out** *vt* (*possibility etc*) ausschließen; **murder cannot be ~d out** Mord ist nicht auszuschließen.

ruled [ru:ld] *adj* (*paper*) liniert.

ruler ['ru:lə*] *n* (*sovereign*) Herrscher(in) *m(f)*; (*for measuring*) Lineal *nt*.

ruling ['ru:lɪŋ] *adj* (*party*) Regierungs-; (*body*) maßgebend ♦ *n* (*LAW*) Entscheidung *f*; **the ~ class** die herrschende Klasse.

rum [rʌm] *n* Rum *m* ♦ *adj* (*BRIT*: *inf*: *peculiar*) komisch.

Rumania *etc n* = **Romania** *etc*.

rumble ['rʌmbl] *n* (*of thunder*) Grollen *nt*; (*of traffic*) Rumpeln *nt*; (*of guns*) Donnern *nt*; (*of voices*) Gemurmel *nt* ♦ *vi* (*stomach*) knurren; (*thunder*) grollen; (*traffic*) rumpeln; (*guns*) donnern.

rumbustious [rʌm'bʌstʃəs] *adj* (*person*) ungebärdig.

ruminate ['ru:mɪneɪt] *vi* (*person*) grübeln; (*cow, sheep etc*) wiederkäuen.

rummage ['rʌmɪdʒ] *vi* herumstöbern.

rummage sale (*US*) *n* Trödelmarkt *m*.

rumour, (*US*) **rumor** ['ru:mə*] *n* Gerücht *nt* ♦ *vt*: **it is ~ed that ...** man sagt, dass ...

rump [rʌmp] *n* (*of animal*) Hinterteil *nt*; (*of group etc*) Rumpf *m*.

rumple ['rʌmpl] *vt* (*clothes etc*) zerknittern; (*hair*) zerzausen.

rump steak *n* Rumpsteak *nt*.

rumpus ['rʌmpəs] *n* Krach *m*; **to kick up a ~** Krach schlagen.

run [rʌn] (*pt* **ran**, *pp* **run**) *n* (*as exercise, sport*) Lauf *m*; (*in car, train etc*) Fahrt *f*; (*series*) Serie *f*; (*SKI*) Abfahrt *f*; (*CRICKET, BASEBALL*) Run *m*; (*THEAT*) Spielzeit *f*; (*in tights etc*) Laufmasche *f* ♦ *vt* (*race, distance*) laufen, rennen; (*operate: business*) leiten; (: *hotel, shop*) führen; (: *competition, course*) durchführen; (*COMPUT: program*) laufen lassen; (*hand, fingers*) streichen mit; (*water, bath*) einlaufen lassen; (*PRESS: feature, article*) bringen ♦ *vi* laufen, rennen; (*flee*) weglaufen; (*bus, train*) fahren; (*river, tears*) fließen; (*colours*) auslaufen; (*jumper*) färben; (*in election*) antreten; (*road, railway etc*) verlaufen; **to go for a ~** (*as exercise*) einen Dauerlauf machen; **to break into a ~** zu laufen *or* rennen beginnen; **a ~ of good/bad luck** eine Glücks-/Pechsträhne; **to have the ~ of sb's house** jds Haus zur freien Verfügung haben; **there was a ~ on ...** (*meat, tickets*) es gab einen Ansturm auf *+acc*; **in the long ~** langfristig; **in the short ~** kurzfristig; **to make a ~ for it** die Beine in die Hand nehmen; **on the ~** (*fugitive*) auf der Flucht; **I'll ~ you to the station** ich fahre dich zum Bahnhof; **to ~ the risk of doing sth** Gefahr laufen, etw zu tun; **she ran her finger down the list** sie ging die Liste mit dem Finger durch; **it's very cheap to ~** (*car, machine*) es ist sehr billig im Verbrauch; **to ~ a bath** das Badewasser einlaufen lassen; **to be ~ off one's feet** (*BRIT*) ständig auf Trab sein; **the baby's nose was ~ning** dem Baby lief die Nase; **the train ~s between Gatwick and Victoria** der Zug verkehrt zwischen Gatwick und Victoria; **the bus ~s every 20 minutes** der Bus fährt alle 20 Minuten; **to ~ on petrol/off batteries** mit Benzin/auf Batterie laufen; **to ~ for president** für das Amt des Präsidenten kandidieren; **to ~ dry** (*well etc*) austrocknen; **tempers were ~ning high** alle waren sehr erregt; **unemployment is ~ning at 20 per cent** die Arbeitslosigkeit beträgt 20 Prozent; **blonde hair ~s in the family** blonde Haare liegen in der Familie.

► **run across** *vt fus* (*find*) stoßen auf *+acc*.

► **run after** *vt fus* nachlaufen *+dat*.

► **run away** *vi* weglaufen.

► **run down** *vt* (*production*) verringern; (*factory*) allmählich stilllegen; (*AUT: person*) überfahren; (*criticize*) schlecht machen ♦ *vi* (*battery*) leer werden.

► **run in** (*BRIT*) *vt* (*car*) einfahren.

► **run into** *vt fus* (*meet: person*) begegnen *+dat*; (: *trouble etc*) bekommen; (*collide with*) laufen/fahren gegen; **to ~ into debt** in Schulden geraten; **their losses ran into millions** ihre Schulden gingen in die Millionen.

► **run off** *vt* (*liquid*) ablassen; (*copies*) machen ♦ *vi* weglaufen.

► **run out** *vi* (*time, passport*) ablaufen; (*money*) ausgehen; (*luck*) zu Ende gehen.

► **run out of** *vt fus*: **we're ~ning out of money/petrol** uns geht das Geld/das Benzin aus; **we're ~ning out of time** wir haben keine Zeit mehr.

► **run over** *vt* (*AUT*) überfahren ♦ *vt fus* (*repeat*) durchgehen ♦ *vi* (*bath, water*) überlaufen.

► **run through** *vt fus* (*instructions, lines*) durchgehen.

► **run up** *vt* (*debt*) anhäufen.

► **run up against** *vt fus* (*difficulties*) stoßen auf *+acc*.

runabout ['rʌnəbaut] *n* (*AUT*) Flitzer *m*.

run-around ['rʌnəraund] (*inf*) *n*: **to give sb the ~** jdn an der Nase herumführen.

runaway ['rʌnəweɪ] *adj* (*horse*) ausgerissen; (*truck, train*) außer Kontrolle geraten; (*child, slave*) entlaufen; (*fig: inflation*) unkontrollierbar; (: *success*) überwältigend.

rundown ['rʌndaun] *n* (*of industry etc*) allmähliche Stillegung *f* ♦ *adj*: **to be run-down** (*person*) total erschöpft sein; (*building, area*) heruntergekommen.

rung [rʌŋ] *pp of* **ring** ♦ *n* (*also fig*) Sprosse *f*.

run-in ['rʌnɪn] (*inf*) *n* Auseinandersetzung *f*.

runner ['rʌnə*] *n* Läufer(in) *m(f)*; (*horse*) Rennpferd *nt*; (*on sledge, drawer etc*) Kufe *f*.

runner bean (*BRIT*) *n* Stangenbohne *f*.

runner-up [rʌnər'ʌp] *n* Zweitplatzierte(r) *f(m)*.

running ['rʌnɪŋ] *n* (*sport*) Laufen *nt*; (*of business etc*) Leitung *f*; (*of machine etc*) Betrieb *m* ♦ *adj* (*water, stream*) laufend; **to be in/out of the ~ for sth** bei etw im Rennen liegen/aus dem Rennen sein; **to make the ~** (*in race, fig*) das Rennen machen; **6 days ~** 6 Tage hintereinander; **to have a ~ battle with sb** ständig im Streit mit jdm liegen; **to give a ~ commentary on sth** etw fortlaufend kommentieren; **a ~ sore** eine nässende Wunde.

running costs *npl* (*of car, machine*) Unterhaltskosten *pl*.

running head *n* (*TYP, COMPUT*) Kolumnentitel *m*.

running mate (*US*) *n* (*POL*)

Vizepräsidentschaftskandidat _m_.
runny ['rʌnɪ] _adj_ (_egg, butter_) dünnflüssig;
(_nose, eyes_) triefend.
run-off ['rʌnɔf] _n_ (_in contest, election_)
Entscheidungsrunde _f_; (_extra race_)
Entscheidungsrennen _nt_.
run-of-the-mill ['rʌnəvðə'mɪl] _adj_ gewöhnlich.
runt [rʌnt] _n_ (_animal_) _kleinstes und
schwächstes Tier eines Wurfs_; (_pej: person_)
Zwerg _m_.
run-through ['rʌnθruː] _n_ (_rehearsal_) Probe _f_.
run-up ['rʌnʌp] _n_: **the ~ to** (_election etc_) die
Zeit vor +_dat_.
runway ['rʌnweɪ] _n_ (_AVIAT_) Start- und
Landebahn _f_.
rupee [ruː'piː] _n_ Rupie _f_.
rupture ['rʌptʃə*] _n_ (_MED_) Bruch _m_; (_conflict_)
Spaltung _f_ ♦ _vt_: **to ~ o.s.** (_MED_) sich _dat_ einen
Bruch zuziehen.
rural ['ruərl] _adj_ ländlich; (_crime_) auf dem
Lande.
rural district council (_BRIT_) _n_
Landbezirksverwaltung _f_.
ruse [ruːz] _n_ List _f_.
rush [rʌʃ] _n_ (_hurry_) Eile _f_, Hetze _f_; (_COMM:
sudden demand_) starke Nachfrage _f_; (_of
water, air_) Stoß _m_; (_of feeling_) Woge _f_ ♦ _vt_
(_lunch, job etc_) sich beeilen bei; (_person,
supplies etc_) schnellstens bringen ♦ _vi_
(_person_) sich beeilen; (_air, water_) strömen;
rushes _npl_ (_BOT_) Schilf _nt_; (_for chair, basket
etc_) Binsen _pl_; **is there any ~ for this?** eilt
das?; **we've had a ~ of orders** wir hatten
einen Zustrom von Bestellungen; **I'm in a
~ (to do sth)** ich habe es eilig (, etw zu tun);
gold **~** Goldrausch _m_; **don't ~ me!** drängen
Sie mich nicht!; **to ~ sth off** (_send_) etw
schnellstens abschicken; **to ~ sb into doing
sth** jdn dazu drängen, etw zu tun.
▶ **rush through** _vt_ (_order, application_)
schnellstens erledigen.
rush hour _n_ Hauptverkehrszeit _f_, Rushhour _f_.
rush job _n_ Eilauftrag _m_.
rush matting _n_ Binsenmatte _f_.
rusk [rʌsk] _n_ Zwieback _m_.
Russia ['rʌʃə] _n_ Russland _nt_.
Russian ['rʌʃən] _adj_ russisch ♦ _n_ (_person_)
Russe _m_, Russin _f_; (_LING_) Russisch _nt_.
rust [rʌst] _n_ Rost _m_ ♦ _vi_ rosten.
rustic ['rʌstɪk] _adj_ (_style, furniture_) rustikal ♦ _n_
(_pej: person_) Bauer _m_.
rustle ['rʌsl] _vi_ (_paper, leaves_) rascheln ♦ _vt_
(_paper_) rascheln mit; (_US: cattle_) stehlen.
rustproof ['rʌstpruːf] _adj_ nichtrostend.
rustproofing ['rʌstpruːfɪŋ] _n_ Rostschutz _m_.
rusty ['rʌstɪ] _adj_ (_car_) rostig; (_fig: skill etc_)
eingerostet.
rut [rʌt] _n_ (_in path etc_) Furche _f_; (_ZOOL: season_)
Brunft _f_, Brunst _f_; **to be in a ~** (_fig_) im Trott
stecken.
rutabaga [ruːtə'beɪgə] (_US_) _n_ Steckrübe _f_.
ruthless ['ruːθlɪs] _adj_ rücksichtslos.

ruthlessness ['ruːθlɪsnɪs] _n_
Rücksichtslosigkeit _f_.
RV _abbr_ (_BIBLE: = revised version_) englische
Bibelübersetzung von 1885 ♦ _n abbr_ (_US_)
= **recreational vehicle**.
Rwanda [ruˈændə] _n_ Ruanda _nt_.
Rwandan [ruˈændən] _adj_ ruandisch.
rye [raɪ] _n_ (_cereal_) Roggen _m_.
rye bread _n_ Roggenbrot _nt_.

_S, s_

S¹, s [ɛs] _n_ (_letter_) S _nt_, s _nt_; (_US: SCOL:
satisfactory_) ≈ 3; **~ for sugar** ≈ S wie
Samuel.
S² [ɛs] _abbr_ (= _saint_) St.; (= _small_) kl.; (= _south_)
S.
SA _abbr_ = **South Africa; South America;**
(= _South Australia_) Südaustralien _nt_.
Sabbath ['sæbəθ] _n_ (_Jewish_) Sabbat _m_;
(_Christian_) Sonntag _m_.
sabbatical [sə'bætɪkl] _n_ (_also: ~ **year**_)
Forschungsjahr _nt_.
sabotage ['sæbətɑːʒ] _n_ Sabotage _f_ ♦ _vt_ einen
Sabotageakt verüben auf +_acc_; (_plan,
meeting_) sabotieren.
sabre ['seɪbə*] _n_ Säbel _m_.
sabre-rattling ['seɪbərætlɪŋ] _n_ Säbelrasseln _nt_.
saccharin(e) ['sækərɪn] _n_ Sa(c)charin _nt_ ♦ _adj_
(_fig_) zuckersüß.
sachet ['sæʃeɪ] _n_ (_of shampoo_) Beutel _m_; (_of
sugar etc_) Tütchen _nt_.
sack [sæk] _n_ Sack _m_ ♦ _vt_ (_dismiss_) entlassen;
(_plunder_) plündern; **to get the ~** rausfliegen
(_inf_); **to give sb the ~** jdn rausschmeißen
(_inf_).
sackful ['sækful] _n_: **a ~ of** ein Sack.
sacking ['sækɪŋ] _n_ (_dismissal_) Entlassung _f_;
(_material_) Sackleinen _nt_.
sacrament ['sækrəmənt] _n_ Sakrament _nt_.
sacred ['seɪkrɪd] _adj_ heilig; (_music, history_)
geistlich; (_memory_) geheiligt; (_building_)
sakral.
sacred cow _n_ (_lit, fig_) heilige Kuh _f_.
sacrifice ['sækrɪfaɪs] _n_ Opfer _nt_ ♦ _vt_ opfern; **to
make ~s (for sb)** (für jdn) Opfer bringen.
sacrilege ['sækrɪlɪdʒ] _n_ Sakrileg _nt_; **that would
be ~** das wäre ein Sakrileg.
sacrosanct ['sækrəusæŋkt] _adj_ (_lit, fig_)
sakrosankt.
sad [sæd] _adj_ traurig; **he was ~ to see her go**
er war traurig (darüber), dass sie wegging.
sadden ['sædn] _vt_ betrüben.
saddle ['sædl] _n_ Sattel _m_ ♦ _vt_ (_horse_) satteln; **to
be ~d with sb/sth** (_inf_) jdn/etw am Hals

haben.

saddlebag ['sædlbæg] n Satteltasche f.

sadism ['seɪdɪzəm] n Sadismus m.

sadist ['seɪdɪst] n Sadist(in) m(f).

sadistic [sə'dɪstɪk] adj sadistisch.

sadly ['sædlɪ] adv traurig, betrübt;
(unfortunately) leider, bedauerlicherweise;
(seriously) schwer; **he is ~ lacking in humour**
ihm fehlt leider jeglicher Humor.

sadness ['sædnɪs] n Traurigkeit f.

sadomasochism [seɪdəʊ'mæsəkɪzəm] n
Sadomasochismus m.

s.a.e. (BRIT) abbr (= stamped addressed
envelope) see **stamp**.

safari [sə'fɑːrɪ] n Safari f; **to go on ~** auf
Safari gehen.

safari park n Safaripark m.

safe [seɪf] adj sicher; (out of danger) in
Sicherheit ♦ n Safe m or nt, Tresor m; **~ from**
sicher vor +dat; **~ and sound** gesund und
wohlbehalten; **(just) to be on the ~ side**
(nur) um sicherzugehen; **to play ~** auf
Nummer sicher or Sicher gehen (inf); **it is**
~ to say that ... man kann wohl sagen, dass
...; **~ journey!** gute Fahrt or Reise!

safe bet n: **it's a ~ that** ... es ist sicher, dass
...

safe-breaker ['seɪfbreɪkəʳ] (BRIT) n
Safeknacker m (inf).

safe-conduct [seɪf'kɒndʌkt] n freies or
sicheres Geleit nt.

safe-cracker ['seɪfkrækəʳ] n = **safe-breaker**.

safe-deposit ['seɪfdɪpɒzɪt] n (vault)
Tresorraum m; (also: **~ box**) Banksafe m.

safeguard ['seɪfgɑːd] n Schutz m ♦ vt
schützen; (interests) wahren; (future)
sichern; **as a ~ against** zum Schutz gegen.

safe haven n Zufluchtsort m.

safe house n geheimer Unterschlupf m.

safekeeping ['seɪf'kiːpɪŋ] n sichere
Aufbewahrung f.

safely ['seɪflɪ] adv sicher; (assume, say) wohl,
ruhig; (arrive) wohlbehalten; **I can ~ say** ...
ich kann wohl sagen ...

safe passage n sichere Durchreise f.

safe sex n Safer Sex m, Safersex m.

safety ['seɪftɪ] n Sicherheit f; **~ first!**
Sicherheit geht vor!

safety belt n Sicherheitsgurt m.

safety catch n (on gun) Sicherung f; (on
window, door) Sperre f.

safety net n Sprungnetz nt, Sicherheitsnetz
nt; (fig) Sicherheitsvorkehrung f.

safety pin n Sicherheitsnadel f.

safety valve n Sicherheitsventil nt.

saffron ['sæfrən] n Safran m.

sag [sæg] vi durchhängen; (breasts) hängen;
(fig: spirits, demand) sinken.

saga ['sɑːgə] n Saga f; (fig) Geschichte f.

sage [seɪdʒ] n (herb) Salbei m; (wise man)
Weise(r) m.

Sagittarius [sædʒɪ'tɛərɪəs] n Schütze m; **to be**

~ Schütze sein.

sago ['seɪgəʊ] n Sago m.

Sahara [sə'hɑːrə] n: **the ~ (Desert)** die
(Wüste) Sahara.

Sahel [sæ'hɛl] n Sahel m, Sahelzone f.

said [sɛd] pt, pp of **say**.

Saigon [saɪ'gɒn] n Saigon nt.

sail [seɪl] n Segel nt ♦ vt segeln ♦ vi fahren;
(SPORT) segeln; (begin voyage: ship)
auslaufen; (: passenger) abfahren; (fig: ball
etc) fliegen, segeln; **to go for a ~** segeln
gehen; **to set ~** losfahren, abfahren.

► **sail through** vt fus (fig: exam etc) spielend
schaffen.

sailboat ['seɪlbəʊt] (US) n = **sailing boat**.

sailing ['seɪlɪŋ] n (SPORT) Segeln nt; (voyage)
Überfahrt f; **to go ~** segeln gehen.

sailing boat n Segelboot nt.

sailing ship n Segelschiff nt.

sailor ['seɪləʳ] n Seemann m, Matrose m.

saint [seɪnt] n (lit, fig) Heilige(r) f(m).

saintly ['seɪntlɪ] adj heiligmäßig; (expression)
fromm.

sake [seɪk] n: **for the ~ of sb/sth, for sb's/sth's**
~ um jds/einer Sache gen willen; (out of
consideration for) jdm/etw zuliebe; **he enjoys**
talking for talking's ~ er redet gerne, nur
damit etwas gesagt wird; **for the ~ of**
argument rein theoretisch; **art for art's ~**
Kunst um der Kunst willen; **for heaven's ~!**
um Gottes willen!

salad ['sæləd] n Salat m; **tomato ~**
Tomatensalat m; **green ~** grüner Salat m.

salad bowl n Salatschüssel f.

salad cream (BRIT) n ≈ Majonäse f,
Mayonnaise f.

salad dressing n Salatsoße f.

salami [sə'lɑːmɪ] n Salami f.

salaried ['sælərɪd] adj: **~ staff**
Gehaltsempfänger pl.

salary ['sælərɪ] n Gehalt nt.

salary scale n Gehaltsskala f.

sale [seɪl] n Verkauf m; (at reduced prices)
Ausverkauf m; (auction) Auktion f; **sales** npl
(total amount sold) Absatz m ♦ cpd (campaign)
Verkaufs-; (conference) Vertreter-; (figures)
Absatz-; **"for ~"** „zu verkaufen"; **on ~** im
Handel; **on ~ or return** auf
Kommissionsbasis; **closing-down** or (US)
liquidation ~ Räumungsverkauf m.

sale and lease back n (COMM) Verkauf m
mit Rückmiete.

saleroom ['seɪlruːm] n Auktionsraum m.

sales assistant, (US) **sales clerk** [seɪlz-] n
Verkäufer(in) m(f).

sales force n Vertreterstab m.

salesman ['seɪlzmən] (irreg: like **man**) n
Verkäufer m; (representative) Vertreter m.

sales manager n Verkaufsleiter m.

salesmanship ['seɪlzmənʃɪp] n
Verkaufstechnik f.

sales tax (US) n Verkaufssteuer f.

saleswoman ['seɪlzwumən] (*irreg: like* **woman**) *n* Verkäuferin *f*; (*representative*) Vertreterin *f*.

salient ['seɪlɪənt] *adj* (*features*) hervorstechend; (*points*) Haupt-.

saline ['seɪlaɪn] *adj* (*solution etc*) Salz-.

saliva [sə'laɪvə] *n* Speichel *m*.

sallow ['sæləu] *adj* (*complexion*) fahl.

sally forth ['sælɪ-] (*old*) *vi* sich aufmachen.

sally out *vi* = **sally forth**.

salmon ['sæmən] *n inv* Lachs *m*.

salmon trout *n* Lachsforelle *f*.

salon ['sælɒn] *n* Salon *m*.

saloon [sə'luːn] *n* (*US: bar*) Saloon *m*; (*BRIT: AUT*) Limousine *f*; (*ship's lounge*) Salon *m*.

SALT [sɔːlt] *n abbr* (= *Strategic Arms Limitation Talks/Treaty*) SALT.

salt [sɔːlt] *n* Salz *nt* ♦ *vt* (*preserve*) einsalzen; (*put salt on*) salzen; (*road*) mit Salz streuen ♦ *cpd* Salz-; (*pork, beef*) gepökelt; **the ~ of the earth** (*fig*) das Salz der Erde; **to take sth with a pinch** *or* **grain of ~** (*fig*) etw nicht ganz so ernst nehmen.

salt cellar *n* Salzstreuer *m*.

salt-free ['sɔːlt'friː] *adj* salzlos.

salt mine *n* Salzbergwerk *nt*.

saltwater ['sɔːlt'wɔːtə*] *adj* (*fish, plant*) Meeres-.

salty ['sɔːltɪ] *adj* salzig.

salubrious [sə'luːbrɪəs] *adj* (*district etc*) fein; (*air, living conditions*) gesund.

salutary ['sæljutərɪ] *adj* heilsam.

salute [sə'luːt] *n* (*MIL, greeting*) Gruß *m*; (*MIL: with guns*) Salut *m* ♦ *vt* (*MIL*) grüßen, salutieren vor +*dat*; (*fig*) begrüßen.

salvage ['sælvɪdʒ] *n* Bergung *f*; (*things saved*) Bergungsgut *nt* ♦ *vt* bergen; (*fig*) retten.

salvage vessel *n* Bergungsschiff *nt*.

salvation [sæl'veɪʃən] *n* (*REL*) Heil *nt*; (*economic etc*) Rettung *f*.

Salvation Army *n* Heilsarmee *f*.

salver ['sælvə*] *n* Tablett *nt*.

salvo ['sælvəu] (*pl* ~**es**) *n* Salve *f*.

Samaritan [sə'mærɪtən] *n*: **the ~s** ≈ die Telefonseelsorge.

same [seɪm] *adj* (*similar*) gleiche(r, s); (*identical*) selbe(r, s) ♦ *pron*: **the ~** (*similar*) der/die/das Gleiche; (*identical*) derselbe/dieselbe/dasselbe; **the ~ book as** das gleiche Buch wie; **they are the ~ age** sie sind gleichaltrig; **they are exactly the ~** sie sind genau gleich; **on the ~ day** am gleichen *or* selben Tag; **at the ~ time** (*simultaneously*) gleichzeitig, zur gleichen Zeit; (*yet*) doch; **they're one and the ~** (*person*) das ist doch ein und derselbe/dieselbe; (*thing*) das ist doch dasselbe; **~ again** (*in bar etc*) das Gleiche noch mal; **all** *or* **just the ~** trotzdem; **to do the ~ (as sb)** das Gleiche (wie jd) tun; **the ~ to you!** (*danke*) gleichfalls!; **~ here!** ich/wir *etc* auch!; **thanks all the ~** trotzdem vielen

Dank; **it's all the ~ to me** es ist mir egal.

sample ['sɑːmpl] *n* Probe *f*; (*of merchandise*) Probe *f*, Muster *nt* ♦ *vt* probieren; **to take a ~** eine Stichprobe machen; **free ~** kostenlose Probe.

sanatorium [sænə'tɔːrɪəm] (*pl* **sanatoria**) *n* Sanatorium *nt*.

sanctify ['sæŋktɪfaɪ] *vt* heiligen.

sanctimonious [sæŋktɪ'məunɪəs] *adj* scheinheilig.

sanction ['sæŋkʃən] *n* Zustimmung *f* ♦ *vt* sanktionieren; **sanctions** *npl* (*POL*) Sanktionen *pl*; **to impose economic ~s on** *or* **against** Wirtschaftssanktionen verhängen gegen.

sanctity ['sæŋktɪtɪ] *n* (*holiness*) Heiligkeit *f*; (*inviolability*) Unantastbarkeit *f*.

sanctuary ['sæŋktjuərɪ] *n* (*for birds/animals*) Schutzgebiet *nt*; (*place of refuge*) Zuflucht *f*; (*REL: in church*) Altarraum *m*.

sand [sænd] *n* Sand *m* ♦ *vt* (*also*: ~ **down**) abschmirgeln; *see also* **sands**.

sandal ['sændl] *n* Sandale *f*.

sandbag ['sændbæg] *n* Sandsack *m*.

sandblast ['sændblɑːst] *vt* sandstrahlen.

sandbox ['sændbɒks] (*US*) *n* Sandkasten *m*.

sandcastle ['sændkɑːsl] *n* Sandburg *f*.

sand dune *n* Sanddüne *f*.

sander ['sændə*] *n* (*tool*) Schleifmaschine *f*.

S & M (*US*) *n abbr* (= *sadomasochism*) S/M.

sandpaper ['sændpeɪpə*] *n* Schmirgelpapier *nt*.

sandpit ['sændpɪt] *n* Sandkasten *m*.

sands [sændz] *npl* (*beach*) Sandstrand *m*.

sandstone ['sændstəun] *n* Sandstein *m*.

sandstorm ['sændstɔːm] *n* Sandsturm *m*.

sandwich ['sændwɪtʃ] *n* Sandwich *nt* ♦ *vt*: ~**ed between** eingequetscht zwischen; **cheese/ham ~** Käse-/Schinkenbrot *nt*.

sandwich board *n* Reklametafel *f*.

sandwich course (*BRIT*) *n* Ausbildungsgang, *bei dem sich Theorie und Praxis abwechseln.*

sandwich man *n* Sandwichmann *m*, Plakatträger *m*.

sandy ['sændɪ] *adj* sandig; (*beach*) Sand-; (*hair*) rotblond.

sane [seɪn] *adj* geistig gesund; (*sensible*) vernünftig.

sang [sæŋ] *pt of* **sing**.

sanguine ['sæŋgwɪn] *adj* zuversichtlich.

sanitarium [sænɪ'tɛərɪəm] (*US*) (*pl* **sanitaria**) *n* = **sanatorium**.

sanitary ['sænɪtərɪ] *adj* hygienisch; (*facilities*) sanitär; (*inspector*) Gesundheits-.

sanitary towel, (*US*) **sanitary napkin** *n* Damenbinde *f*.

sanitation [sænɪ'teɪʃən] *n* Hygiene *f*; (*toilets etc*) sanitäre Anlagen *pl*; (*drainage*) Kanalisation *f*.

sanitation department (*US*) *n* Stadtreinigung *f*.

sanity ['sænɪtɪ] *n* geistige Gesundheit *f*; (*common sense*) Vernunft *f*.

sank [sæŋk] *pt of* **sink**.

San Marino ['sænmə'riːnəu] *n* San Marino *nt*.

Santa Claus [sæntə'klɔːz] *n* ≈ der Weihnachtsmann.

Santiago [sæntɪ'ɑːgəu] *n* (*also:* ~ **de Chile**) Santiago (de Chile) *nt*.

sap [sæp] *n* Saft *m* ♦ *vt* (*strength*) zehren an +*dat*.

sapling ['sæplɪŋ] *n* junger Baum *m*.

sapper ['sæpə*'*] *n* (*MIL*) Pionier *m*.

sapphire ['sæfaɪə*'*] *n* Saphir *m*.

sarcasm ['sɑːkæzm] *n* Sarkasmus *m*.

sarcastic [sɑː'kæstɪk] *adj* sarkastisch.

sarcophagus [sɑː'kɔfəgəs] (*pl* **sarcophagi**) *n* Sarkophag *m*.

sardine [sɑː'diːn] *n* Sardine *f*.

Sardinia [sɑː'dɪnɪə] *n* Sardinien *nt*.

Sardinian [sɑː'dɪnɪən] *adj* sardinisch, sardisch ♦ *n* (*person*) Sardinier(in) *m(f)*; (*LING*) Sardinisch *nt*.

sardonic [sɑː'dɔnɪk] *adj* (*smile*) süffisant.

sari ['sɑːrɪ] *n* Sari *m*.

sartorial [sɑː'tɔːrɪəl] *adj*: **his ~ elegance** seine elegante Art, sich zu kleiden.

SAS (*BRIT*) *n abbr* (*MIL*: = *Special Air Service*) Spezialeinheit der britischen Armee.

SASE (*US*) *n abbr* (= *self-addressed stamped envelope*) frankierter Rückumschlag *m*.

sash [sæʃ] *n* Schärpe *f*; (*of window*) Fensterrahmen *m*.

sash window *n* Schiebefenster *nt*.

SAT (*US*) *n abbr* (= *Scholastic Aptitude Test*) Hochschulaufnahmeprüfung.

Sat. *abbr* (= *Saturday*) Sa.

sat [sæt] *pt*, *pp of* **sit**.

Satan ['seɪtn] *n* Satan *m*.

satanic [sə'tænɪk] *adj* satanisch.

satanism ['seɪtnɪzəm] *n* Satanismus *m*.

satchel ['sætʃl] *n* (*child's*) Schultasche *f*.

sated ['seɪtɪd] *adj* gesättigt; **to be ~ with sth** (*fig*) von etw übersättigt sein.

satellite ['sætəlaɪt] *n* Satellit *m*; (*also:* ~ **state**) Satellitenstaat *m*.

satellite dish *n* Satellitenantenne *f*, Parabolantenne *f*.

satellite television *n* Satellitenfernsehen *nt*.

satiate ['seɪʃɪeɪt] *vt* (*food*) sättigen; (*fig*: *pleasure etc*) übersättigen.

satin ['sætɪn] *n* Satin *m* ♦ *adj* (*dress etc*) Satin-; **with a ~ finish** mit Seidenglanz.

satire ['sætaɪə*'*] *n* Satire *f*.

satirical [sə'tɪrɪkl] *adj* satirisch.

satirist ['sætɪrɪst] *n* Satiriker(in) *m(f)*.

satirize ['sætɪraɪz] *vt* satirisch darstellen.

satisfaction [sætɪs'fækʃən] *n* Befriedigung *f*; **to get ~ from sb** (*refund, apology etc*) Genugtuung von jdm erhalten; **has it been done to your ~?** sind Sie damit zufrieden?

satisfactorily [sætɪs'fæktərɪlɪ] *adv* zufrieden stellend.

satisfactory [sætɪs'fæktərɪ] *adj* zufrieden stellend.

satisfied ['sætɪsfaɪd] *adj* zufrieden.

satisfy ['sætɪsfaɪ] *vt* zufrieden stellen; (*needs, demand*) befriedigen; (*requirements, conditions*) erfüllen; **to ~ sb/o.s. that ...** jdn/ sich davon überzeugen, dass ...

satisfying ['sætɪsfaɪɪŋ] *adj* befriedigend; (*meal*) sättigend.

satsuma [sæt'suːmə] *n* Satsuma *f*.

saturate ['sætʃəreɪt] *vt*: **to ~ (with)** durchnässen (mit); (*CHEM, fig*: *market*) sättigen; (*fig*: *area etc*) überschwemmen.

saturated fat ['sætʃəreɪtɪd-] *n* gesättigtes Fett *nt*.

saturation [sætʃə'reɪʃən] *n* (*CHEM, fig*) Sättigung *f*; **~ advertising** flächendeckende Werbung *f*; **~ bombing** Flächenbombardierung *f*.

Saturday ['sætədɪ] *n* Samstag *m*; *see also* **Tuesday**.

sauce [sɔːs] *n* Soße *f*, Sauce *f*.

saucepan ['sɔːspən] *n* Kochtopf *m*.

saucer ['sɔːsə*'*] *n* Untertasse *f*.

saucy ['sɔːsɪ] *adj* frech.

Saudi ['saudi-] *adj* (*also:* ~ **Arabian**) saudisch, saudi-arabisch.

Saudi Arabia ['saudi-] *n* Saudi-Arabien *nt*.

sauna ['sɔːnə] *n* Sauna *f*.

saunter ['sɔːntə*'*] *vi* schlendern.

sausage ['sɔsɪdʒ] *n* Wurst *f*.

sausage roll *n* Wurst *f* im Schlafrock.

sauté ['səuteɪ] *vt* kurz anbraten ♦ *adj*: **~ed potatoes** Bratkartoffeln *pl*.

savage ['sævɪdʒ] *adj* (*attack etc*) brutal; (*dog*) gefährlich; (*criticism*) schonungslos ♦ *n* (*old*: *pej*) Wilde(r) *f(m)* ♦ *vt* (*maul*) zerfleischen; (*fig*: *criticize*) verreißen.

savagely ['sævɪdʒlɪ] *adv* (*attack etc*) brutal; (*criticize*) schonungslos.

savagery ['sævɪdʒrɪ] *n* (*of attack*) Brutalität *f*.

save [seɪv] *vt* (*rescue*) retten; (*money, time*) sparen; (*food etc*) aufheben; (*work, trouble*) (er)sparen; (*keep*: *receipts etc*) aufbewahren; (: *seat etc*) freihalten; (*COMPUT*: *file*) abspeichern; (*SPORT*: *shot, ball*) halten ♦ *vi* (*also:* ~ **up**) sparen ♦ *n* (*SPORT*) (Ball)abwehr *f* ♦ *prep* (*form*) außer +*dat*; **it will ~ me an hour** dadurch spare ich eine Stunde; **to ~ face** das Gesicht wahren; **God ~ the Queen!** Gott schütze die Königin!

saving ['seɪvɪŋ] *n* (*on price etc*) Ersparnis *f* ♦ *adj*: **the ~ grace of sth** das einzig Gute an etw *dat*; **savings** *npl* (*money*) Ersparnisse *pl*; **to make ~s** sparen.

savings account *n* Sparkonto *nt*.

savings bank *n* Sparkasse *f*.

saviour, (*US*) **savior** ['seɪvjə*'*] *n* Retter(in) *m(f)*; (*REL*) Erlöser *m*.

savoir-faire ['sævwɑːfɛə*'*] *n* Gewandtheit *f*.

savour, (*US*) **savor** ['seɪvə*'*] *vt* genießen ♦ *n* (*of food*) Geschmack *m*.

savoury, *(US)* **savory** ['seɪvərɪ] *adj* pikant.
savvy ['sævɪ] *(inf)* n Grips m; **he hasn't got much** ~ er hat keine Ahnung.
saw [sɔː] *(pt* **sawed,** *pp* **sawed** *or* **sawn)** *vt* sägen ♦ n Säge f ♦ *pt of* **see to** ~ **sth up** etw zersägen.
sawdust ['sɔːdʌst] n Sägemehl nt.
sawmill ['sɔːmɪl] n Sägewerk nt.
sawn [sɔːn] *pp of* **saw.**
sawn-off ['sɔːnɒf], *(US)* **sawed-off** ['sɔːdɒf] *adj:* ~ **shotgun** Gewehr nt mit abgesägtem Lauf.
saxophone ['sæksəfəʊn] n Saxofon nt, Saxophon nt.
say [seɪ] *(pt, pp* **said)** *vt* sagen ♦ n: **to have one's** ~ seine Meinung äußern; **could you** ~ **that again?** können Sie das wiederholen?; **my watch** ~**s 3 o'clock** auf meiner Uhr ist es 3 Uhr; **it** ~**s on the sign "No Smoking"** auf dem Schild steht „Rauchen verboten"; **shall we** ~ **Tuesday?** sagen wir Dienstag?; **come for dinner at,** ~, **8 o'clock** kommt um, sagen wir mal 8 Uhr, zum Essen; **that doesn't** ~ **much for him** das spricht nicht gerade für ihn; **when all is said and done** letzten Endes; **there is something/a lot to be said for it** es spricht einiges/vieles dafür; **you can** ~ **that again!** das kann man wohl sagen!; **that is to** ~ das heißt; **that goes without** ~**ing** das versteht sich von selbst; **to** ~ **nothing of ...** von ... ganz zu schweigen; ~ **(that)** ... angenommen, (dass) ...; **to have a** *or* **some** ~ **in sth** ein Mitspracherecht bei etw haben.
saying ['seɪɪŋ] n Redensart f.
say-so ['seɪsəʊ] n Zustimmung f; **to do sth on sb's** ~ etw auf jds Anweisung *acc* hin tun.
SBA *(US)* n abbr *(= Small Business Administration)* Regierungsstelle zur Unterstützung kleiner und mittelständischer Betriebe.
SC *(US)* n abbr = **Supreme Court** ♦ abbr *(POST:* = **South Carolina).**
s/c abbr = **self-contained.**
scab [skæb] n *(on wound)* Schorf m; *(pej)* Streikbrecher(in) m(f).
scabby ['skæbɪ] *(pej)* adj *(hands, skin)* schorfig.
scaffold ['skæfəld] n *(for execution)* Schafott nt.
scaffolding ['skæfəldɪŋ] n Gerüst nt.
scald [skɔːld] n Verbrühung f ♦ vt *(burn)* verbrühen.
scalding ['skɔːldɪŋ] adj *(also:* ~ **hot)** siedend heiß.
scale [skeɪl] n Skala f; *(of fish)* Schuppe f; *(MUS)* Tonleiter f; *(size, extent)* Ausmaß nt, Umfang m; *(of map, model)* Maßstab m ♦ vt *(cliff, tree)* erklettern; **(pair of) scales** npl *(for weighing)* Waage f; **pay** ~ Lohnskala f; **to draw sth to** ~ etw maßstabgetreu zeichnen; **a small-**~ **model** ein Modell in verkleinertem Maßstab; **on a large** ~ im großen Rahmen; ~ **of charges**

Gebührenordnung f.
▶ **scale down** vt verkleinern; *(fig)* verringern.
scaled-down [skeɪld'daʊn] adj verkleinert; *(project, forecast)* eingeschränkt.
scale drawing n maßstabgetreue Zeichnung f.
scallion ['skæljən] n Frühlingszwiebel f; *(US:* shallot)* Schalotte f; (: *leek)* Lauch m.
scallop ['skɒləp] n *(ZOOL)* Kammmuschel f; *(SEWING)* Bogenkante f.
scalp [skælp] n Kopfhaut f ♦ vt skalpieren.
scalpel ['skælpl] n Skalpell nt.
scalper ['skælpə'] *(US: inf)* n *(ticket tout)* (Karten)schwarzhändler(in) m(f).
scam [skæm] *(inf)* n Betrug m.
scamp [skæmp] *(inf)* n Frechdachs m.
scamper ['skæmpə'] vi: **to** ~ **away** *or* **off** verschwinden.
scampi ['skæmpɪ] *(BRIT)* npl Scampi pl.
scan [skæn] vt *(horizon)* absuchen; *(newspaper etc)* überfliegen; *(TV, RADAR)* abtasten ♦ vi *(poetry)* das richtige Versmaß haben ♦ n *(MED)* Scan m.
scandal ['skændl] n Skandal m; *(gossip)* Skandalgeschichten pl.
scandalize ['skændəlaɪz] vt schockieren.
scandalous ['skændələs] adj skandalös.
Scandinavia [skændɪ'neɪvɪə] n Skandinavien nt.
Scandinavian [skændɪ'neɪvɪən] adj skandinavisch ♦ n Skandinavier(in) m(f).
scanner ['skænə'] n *(MED)* Scanner m; *(RADAR)* Richtantenne f.
scant [skænt] adj wenig.
scantily ['skæntɪlɪ] adv: ~ **clad** *or* **dressed** spärlich bekleidet.
scanty ['skæntɪ] adj *(information)* dürftig; *(meal)* kärglich; *(bikini)* knapp.
scapegoat ['skeɪpgəʊt] n Sündenbock m.
scar [skɑː] n Narbe f; *(fig)* Wunde f ♦ vt eine Narbe hinterlassen auf +dat; *(fig)* zeichnen.
scarce [skɛəs] adj knapp; **to make o.s.** ~ *(inf)* verschwinden.
scarcely ['skɛəslɪ] adv kaum; *(certainly not)* wohl kaum; ~ **anybody** kaum jemand; **I can** ~ **believe it** ich kann es kaum glauben.
scarcity ['skɛəsɪtɪ] n Knappheit f; ~ **value** Seltenheitswert m.
scare [skɛə'] n *(fright)* Schreck(en) m; *(public fear)* Panik f ♦ vt *(frighten)* erschrecken; *(worry)* Angst machen +dat; **to give sb a** ~ jdm einen Schrecken einjagen; **bomb** ~ Bombendrohung f.
▶ **scare away** vt *(animal)* verscheuchen; *(investor, buyer)* abschrecken.
▶ **scare off** vt = **scare away.**
scarecrow ['skɛəkrəʊ] n Vogelscheuche f.
scared ['skɛəd] adj: **to be** ~ Angst haben; **to be** ~ **stiff** fürchterliche Angst haben.
scaremonger ['skɛəmʌŋgə'] n Panikmacher m.

scarf [skɑːf] (pl ~s or **scarves**) n Schal m; (headscarf) Kopftuch nt.

scarlet ['skɑːlɪt] adj (scharlach)rot.

scarlet fever n Scharlach m.

scarper ['skɑːpə*] (BRIT: inf) vi abhauen.

scarred [skɑːd] adj narbig; (fig) gezeichnet.

SCART socket ['skɑːtsɔkɪt] n (COMPUT) SCART-Büchse f.

scarves [skɑːvz] npl of **scarf**.

scary ['skɛərɪ] (inf) adj unheimlich; (film) gruselig.

scathing ['skeɪðɪŋ] adj (comments) bissig; (attack) scharf; **to be ~ about sth** bissige Bemerkungen über etw acc machen.

scatter ['skætə*] vt verstreuen; (flock of birds) aufscheuchen; (crowd) zerstreuen ♦ vi (crowd) sich zerstreuen.

scatterbrained ['skætəbreɪnd] (inf) adj schusselig.

scattered ['skætəd] adj verstreut; **~ showers** vereinzelte Regenschauer pl.

scatty ['skætɪ] (BRIT: inf) adj schusselig.

scavenge ['skævəndʒ] vi: **to ~ for sth** nach etw suchen.

scavenger ['skævəndʒə*] n (person) Aasgeier m (inf); (animal, bird) Aasfresser m.

SCE n abbr (= Scottish Certificate of Education) Schulabschlusszeugnis in Schottland.

scenario [sɪ'nɑːrɪəu] n (THEAT, CINE) Szenarium nt; (fig) Szenario nt.

scene [siːn] n (lit, fig) Szene f; (of crime) Schauplatz m; (of accident) Ort m; (sight) Anblick m; **behind the ~s** (fig) hinter den Kulissen; **to make a ~** (inf: fuss) eine Szene machen; **to appear on the ~** (fig) auftauchen, auf der Bildfläche erscheinen; **the political ~** die politische Landschaft.

scenery ['siːnərɪ] n (THEAT) Bühnenbild nt; (landscape) Landschaft f.

scenic ['siːnɪk] adj malerisch, landschaftlich schön.

scent [sɛnt] n (fragrance) Duft m; (track) Fährte f; (fig) Spur f; (liquid perfume) Parfüm nt; **to put or throw sb off the ~** (fig) jdn von der Spur abbringen.

sceptic, (US) **skeptic** ['skɛptɪk] n Skeptiker(in) m(f).

sceptical, (US) **skeptical** ['skɛptɪkl] adj skeptisch.

scepticism, (US) **skepticism** ['skɛptɪsɪzəm] n Skepsis f.

sceptre, (US) **scepter** ['sɛptə*] n Zepter nt.

schedule ['ʃɛdjuːl, (US) 'skɛdjuːl] n (of trains, buses) Fahrplan m; (of events) Programm nt; (of prices, details etc) Liste f ♦ vt planen; (visit, meeting etc) ansetzen; **on ~** wie geplant, pünktlich; **we are working to a very tight ~** wir arbeiten nach einem sehr knappen Zeitplan; **everything went according to ~** alles ist planmäßig verlaufen; **to be ahead of/behind ~** dem Zeitplan voraus sein/im Rückstand sein; **he was ~d to leave**

yesterday laut Zeitplan hätte er gestern abfahren sollen.

scheduled ['ʃɛdjuːld, (US) 'skɛdjuːld] adj (date, time) vorgesehen; (visit, event) geplant; (train, bus, stop) planmäßig.

scheduled flight n Linienflug m.

schematic [skɪ'mætɪk] adj schematisch.

scheme [skiːm] n (personal plan) Plan m; (plot) raffinierter Plan m, Komplott nt; (formal plan) Programm nt ♦ vi Pläne schmieden, intrigieren; **colour ~** Farbzusammenstellung f; **pension ~** Rentenversicherung f.

scheming ['skiːmɪŋ] adj intrigierend ♦ n Machenschaften pl.

schism ['skɪzəm] n Spaltung f.

schizophrenia [skɪtsə'friːnɪə] n Schizophrenie f.

schizophrenic [skɪtsə'frɛnɪk] adj schizophren ♦ n Schizophrene(r) f(m).

scholar ['skɔlə*] n Gelehrte(r) f(m); (pupil) Student(in) m(f), Schüler(in) m(f); (scholarship holder) Stipendiat(in) m(f).

scholarly ['skɔlələ] adj gelehrt; (text, approach) wissenschaftlich.

scholarship ['skɔləʃɪp] n Gelehrsamkeit f; (grant) Stipendium nt.

school [skuːl] n Schule f; (US: inf: university) Universität f; (of whales, porpoises etc) Schule f, Schwarm m ♦ cpd Schul-.

school age n Schulalter nt.

schoolbook ['skuːlbuk] n Schulbuch nt.

schoolboy ['skuːlbɔɪ] n Schuljunge m, Schüler m.

schoolchildren ['skuːltʃɪldrən] npl Schulkinder pl, Schüler pl.

schooldays ['skuːldeɪz] npl Schulzeit f.

schooled [skuːld] adj geschult; **to be ~ in sth** über etw acc gut Bescheid wissen.

schoolgirl ['skuːlgəːl] n Schulmädchen nt, Schülerin f.

schooling ['skuːlɪŋ] n Schulbildung f.

school-leaver [skuːl'liːvə*] (BRIT) n Schulabgänger(in) m(f).

schoolmaster ['skuːlmɑːstə*] n Lehrer m.

schoolmistress ['skuːlmɪstrɪs] n Lehrerin f.

school report (BRIT) n Zeugnis nt.

schoolroom ['skuːlruːm] n Klassenzimmer nt.

schoolteacher ['skuːltiːtʃə*] n Lehrer(in) m(f).

schoolyard ['skuːljɑːd] n Schulhof m.

schooner ['skuːnə*] n (ship) Schoner m; (BRIT: for sherry) großes Sherryglas nt; (US etc: for beer) großes Bierglas nt.

sciatica [saɪ'ætɪkə] n Ischias m or nt.

science ['saɪəns] n Naturwissenschaft f; (branch of knowledge) Wissenschaft f; **the ~s** Naturwissenschaften pl.

science fiction n Sciencefiction f.

scientific [saɪən'tɪfɪk] adj wissenschaftlich.

scientist ['saɪəntɪst] n Wissenschaftler(in) m(f).

sci-fi ['saɪfaɪ] (inf) n abbr (= science fiction) SF.

Scillies ['sɪlɪz] *npl* = **Scilly Isles**.
Scilly Isles ['sɪlɪ'aɪlz] *npl*: **the** ~ **die**
Scillyinseln *pl*.
scintillating ['sɪntɪleɪtɪŋ] *adj* (*fig: conversation*)
faszinierend; (*wit*) sprühend.
scissors ['sɪzəz] *npl* Schere *f*; **a pair of** ~ **eine**
Schere.
sclerosis [sklɪ'rəusɪs] *n* Sklerose *f*.
scoff [skɔf] *vt* (*BRIT: inf: eat*) futtern,
verputzen ♦ *vi*: **to** ~ (**at**) (*mock*) spotten
(über +*acc*), sich lustig machen (über +*acc*).
scold [skəuld] *vt* ausschimpfen.
scolding ['skəuldɪŋ] *n* Schelte *f*; **to get a** ~
ausgeschimpft werden.
scone [skɔn] *n* brötchenartiges Teegebäck.
scoop [sku:p] *n* (*for flour etc*) Schaufel *f*; (*for ice
cream etc*) Portionierer *m*; (*amount*) Kugel *f*;
(*PRESS*) Knüller *m*.
▶ **scoop out** *vt* aushöhlen.
▶ **scoop up** *vt* aufschaufeln; (*liquid*)
aufschöpfen.
scooter ['sku:tə*] *n* (*also*: **motor** ~)
Motorroller *m*; (*toy*) (Tret)roller *m*.
scope [skəup] *n* (*opportunity*) Möglichkeiten
pl; (*range*) Ausmaß *nt*, Umfang *m*; (*freedom*)
Freiheit *f*; **within the** ~ **of** im Rahmen +*gen*;
there is plenty of ~ **for improvement** (*BRIT*)
es könnte noch viel verbessert werden.
scorch [skɔ:tʃ] *vt* versengen; (*earth, grass*)
verbrennen.
scorched earth policy *n* (*MIL*) Politik *f* der
verbrannten Erde.
scorcher ['skɔ:tʃə*] (*inf*) *n* heißer Tag *m*.
scorching ['skɔ:tʃɪŋ] *adj* (*day, weather*)
brütend heiß.
score [skɔ:*] *n* (*number of points*)
(Punkte)stand *m*; (*of game*) Spielstand *m*;
(*MUS*) Partitur *f*; (*twenty*) zwanzig ♦ *vt* (*goal*)
schießen; (*point, success*) erzielen; (*mark*)
einkerben; (*cut*) einritzen ♦ *vi* (*in game*)
einen Punkt/Punkte erzielen; (*FOOTBALL
etc*) ein Tor schießen; (*keep score*) (Punkte)
zählen; **to settle an old** ~ **with sb** (*fig*) eine
alte Rechnung mit jdm begleichen; **what's
the** ~? (*SPORT*) wie stehts?; ~**s of** hunderte
or Hunderte von; **on that** ~ in dieser
Hinsicht; **to** ~ **well** gut abschneiden; **to** ~ **6
out of 10** 6 von 10 Punkten erzielen; **to** ~ (**a
point**) **over sb** (*fig*) jdn ausstechen.
▶ **score out** *vt* ausstreichen.
scoreboard ['skɔ:bɔ:d] *n* Anzeigetafel *f*.
scorecard ['skɔ:kɑ:d] *n* (*SPORT*)
Spielprotokoll *nt*.
score line *n* (*SPORT*) Spielstand *m*; (: *final
score*) Endergebnis *nt*.
scorer ['skɔ:rə*] *n* (*FOOTBALL etc*) Torschütze
m, Torschützin *f*; (*person keeping score*)
Anschreiber(in) *m(f)*.
scorn [skɔ:n] *n* Verachtung *f* ♦ *vt* verachten;
(*reject*) verschmähen.
scornful ['skɔ:nful] *adj* verächtlich, höhnisch.
Scorpio ['skɔ:pɪəu] *n* Skorpion *m*; **to be** ~

Skorpion sein.
scorpion ['skɔ:pɪən] *n* Skorpion *m*.
Scot [skɔt] *n* Schotte *m*, Schottin *f*.
Scotch [skɔtʃ] *n* Scotch *m*.
scotch [skɔtʃ] *vt* (*rumour*) aus der Welt
schaffen; (*plan, idea*) unterbinden.
Scotch tape ® *n* ≈ Tesafilm ® *m*.
scot-free ['skɔt'fri:] *adv*: **to get off** ~
ungeschoren davonkommen.
Scotland ['skɔtlənd] *n* Schottland *nt*.
Scots [skɔts] *adj* schottisch.
Scotsman ['skɔtsmən] (*irreg: like* **man**) *n*
Schotte *m*.
Scotswoman ['skɔtswumən] (*irreg: like*
woman) *n* Schottin *f*.
Scottish ['skɔtɪʃ] *adj* schottisch.
Scottish National Party *n Partei, die für die
Unabhängigkeit Schottlands eintritt.*
scoundrel ['skaundrl] *n* Schurke *m*.
scour ['skauə*] *vt* (*search*) absuchen; (*clean*)
scheuern.
scourer ['skauərə*] *n* Topfkratzer *m*.
scourge [skə:dʒ] *n* (*lit, fig*) Geißel *f*.
scout [skaut] *n* (*MIL*) Kundschafter *m*, Späher
m; (*also*: **boy** ~) Pfadfinder *m*; **girl** ~ (*US*)
Pfadfinderin *f*.
▶ **scout around** *vi* sich umsehen.
scowl [skaul] *vi* ein böses Gesicht machen ♦ *n*
böses Gesicht *nt*; **to** ~ **at sb** jdn böse
ansehen.
scrabble ['skræbl] *vi* (*also*: ~ **around**)
herumtasten ♦ *n*: **S~** ® Scrabble ® *nt*; **to**
~ **at sth** nach etw krallen; **to** ~ **about** *or*
around for sth nach etw herumsuchen.
scraggy ['skrægɪ] *adj* (*animal*) mager; (*body,
neck etc*) dürr.
scram [skræm] (*inf*) *vi* abhauen,
verschwinden.
scramble ['skræmbl] *n* (*climb*) Kletterpartie *f*;
(*rush*) Hetze *f*; (*struggle*) Gerangel *nt* ♦ *vi*: **to**
~ **up/over** klettern auf/über +*acc*; **to** ~ **for**
sich drängeln um; **to go scrambling** (*SPORT*)
Querfeldeinrennen fahren.
scrambled eggs ['skræmbld-] *n* Rührei *nt*.
scrap [skræp] *n* (*bit*) Stückchen *nt*; (*fig: of truth,
evidence*) Spur *f*; (*fight*) Balgerei *f*; (*also*:
~ **metal**) Altmetall *nt*, Schrott *m* ♦ *vt*
(*machines etc*) verschrotten; (*fig: plans etc*)
fallen lassen ♦ *vi* (*fight*) sich balgen; **scraps**
npl (*leftovers*) Reste *pl*; **to sell sth for** ~ etw
als Schrott *or* zum Verschrotten verkaufen.
scrapbook ['skræpbuk] *n* Sammelalbum *nt*.
scrap dealer *n* Schrotthändler(in) *m(f)*.
scrape [skreɪp] *vt* abkratzen; (*hand etc*)
abschürfen; (*car*) verschrammen ♦ *n*: **to get
into a** ~ (*difficult situation*) in Schwulitäten *pl*
kommen (*inf*).
▶ **scrape through** *vt* (*exam etc*)
durchrutschen durch (*inf*).
▶ **scrape together** *vt* (*money*)
zusammenkratzen.
scraper ['skreɪpə*] *n* Kratzer *m*.

scrap heap n: **to be on the ~** (fig) zum alten Eisen gehören.

scrap merchant (BRIT) n Schrotthändler(in) m(f).

scrap metal n Altmetall nt, Schrott m.

scrap paper n Schmierpapier nt.

scrappy ['skræpɪ] adj zusammengestoppelt (inf).

scrap yard n Schrottplatz m.

scratch [skrætʃ] n Kratzer m ♦ vt kratzen; (one's nose etc) sich kratzen an +dat; (paint, car, record) verkratzen; (COMPUT) löschen ♦ vi sich kratzen ♦ cpd (team, side) zusammengewürfelt; **to start from ~** ganz von vorne anfangen; **to be up to ~** den Anforderungen entsprechen; **to ~ the surface** (fig) an der Oberfläche bleiben.

scratch pad (US) n Notizblock m.

scrawl [skrɔːl] n Gekritzel nt; (handwriting) Klaue f (inf) ♦ vt hinkritzeln.

scrawny ['skrɔːnɪ] adj dürr.

scream [skriːm] n Schrei m ♦ vi schreien; **to be a ~** (inf) zum Schreien sein; **to ~ at sb (to do sth)** jdn anschreien(, etw zu tun).

scree [skriː] n Geröll nt.

screech [skriːtʃ] vi kreischen; (tyres, brakes) quietschen ♦ n Kreischen nt; (of tyres, brakes) Quietschen nt.

screen [skriːn] n (CINE) Leinwand f; (TV, COMPUT) Bildschirm m; (movable barrier) Wandschirm m; (fig: cover) Tarnung f; (also: **windscreen**) Windschutzscheibe f ♦ vt (protect) abschirmen; (from the wind etc) schützen; (conceal) verdecken; (film) zeigen, vorführen; (programme) senden; (candidates etc) überprüfen; (for illness): **to ~ sb for sth** jdn auf etw acc (hin) untersuchen.

screen editing n (COMPUT) Bildschirmaufbereitung f.

screening ['skriːnɪŋ] n (MED) Untersuchung f; (of film) Vorführung f; (TV) Sendung f; (for security) Überprüfung f.

screen memory n (COMPUT) Bildschirmspeicher m.

screenplay ['skriːnpleɪ] n Drehbuch nt.

screen saver n (COMPUT) Bildschirmschoner m.

screen test n Probeaufnahmen pl.

screw [skruː] n Schraube f ♦ vt schrauben; (inf!) bumsen (!); **to ~ sth in** etw einschrauben; **to ~ sth to the wall** etw an der Wand festschrauben; **to have one's head ~ed on** (fig) ein vernünftiger Mensch sein.

▶ **screw up** vt (paper etc) zusammenknüllen; (inf: ruin) vermasseln; **to ~ up one's eyes** die Augen zusammenkneifen.

screwdriver ['skruːdraɪvə*] n Schraubenzieher m.

screwed-up ['skruːd'ʌp] (inf) adj: **to be/get ~ about sth** sich wegen etw ganz verrückt machen.

screwy ['skruːɪ] (inf) adj verrückt.

scribble ['skrɪbl] n Gekritzel nt ♦ vt, vi kritzeln; **to ~ sth down** etw hinkritzeln.

scribe [skraɪb] n Schreiber m.

script [skrɪpt] n (CINE) Drehbuch nt; (of speech, play etc) Text m; (alphabet) Schrift f; (in exam) schriftliche Arbeit f.

scripted ['skrɪptɪd] adj (speech etc) vorbereitet.

scripture(s) ['skrɪptʃə(z)] n(pl) (heilige) Schrift f; **the S~(s)** (the Bible) die Heilige Schrift f.

scriptwriter ['skrɪptraɪtə*] n (RADIO, TV) Autor(in) m(f); (CINE) Drehbuchautor(in) m(f).

scroll [skrəul] n Schriftrolle f ♦ vt (COMPUT) scrollen.

scrotum ['skrəutəm] n Hodensack m.

scrounge [skraundʒ] (inf) vt: **to ~ sth off sb** etw bei jdm schnorren ♦ vi schnorren ♦ n: **on the ~** am Schnorren.

scrounger ['skraundʒə*] (inf) n Schnorrer(in) m(f).

scrub [skrʌb] n Gestrüpp nt ♦ vt (floor etc) schrubben; (inf: idea, plan) fallen lassen.

scrubbing brush ['skrʌbɪŋ-] n Scheuerbürste f.

scruff [skrʌf] n: **by the ~ of the neck** am Genick.

scruffy ['skrʌfɪ] adj gammelig, verwahrlost.

scrum(mage) ['skrʌm(ɪdʒ)] n (RUGBY) Gedränge nt.

scruple ['skruːpl] n (gen pl) Skrupel m, Bedenken nt; **to have no ~s about doing sth** keine Skrupel or Bedenken haben, etw zu tun.

scrupulous ['skruːpjuləs] adj gewissenhaft; (honesty) unbedingt.

scrupulously ['skruːpjuləslɪ] adv gewissenhaft; (honest, fair) äußerst; (clean) peinlich.

scrutinize ['skruːtɪnaɪz] vt prüfend ansehen; (data, records etc) genau prüfen or untersuchen.

scrutiny ['skruːtɪnɪ] n genaue Untersuchung f; **under the ~ of sb** unter jds prüfendem Blick.

scuba ['skuːbə] n (Schwimm)tauchgerät nt.

scuba diving n Sporttauchen nt.

scuff [skʌf] vt (shoes, floor) abwetzen.

scuffle ['skʌfl] n Handgemenge nt.

scull [skʌl] n Skull nt.

scullery ['skʌlərɪ] n (old) Spülküche f.

sculptor ['skʌlptə*] n Bildhauer(in) m(f).

sculpture ['skʌlptʃə*] n (art) Bildhauerei f; (object) Skulptur f.

scum [skʌm] n (on liquid) Schmutzschicht f; (pej) Abschaum m.

scupper ['skʌpə*] (BRIT: inf) vt (plan, idea) zerschlagen.

scurrilous ['skʌrɪləs] adj verleumderisch.

scurry ['skʌrɪ] vi huschen.

▶ **scurry off** *vi* forthasten.

scurvy ['skɜːvɪ] *n* Skorbut *m*.

scuttle ['skʌtl] *n* (*also:* **coal** ~) Kohleneimer *m* ♦ *vt* (*ship*) versenken ♦ *vi:* **to ~ away** *or* **off** verschwinden.

scythe [saɪð] *n* Sense *f*.

SD, S.Dak. (*US*) *abbr* (*POST:* = *South Dakota*).

SDI (*US*) *n abbr* (*MIL:* = *Strategic Defense Initiative*) SDI *f*.

SDLP (*BRIT*) *n abbr* (*POL:* = *Social Democratic and Labour Party*) sozialdemokratische Partei in Nordirland.

SDP (*BRIT*) *n abbr* (*POL: formerly:* = *Social Democratic Party*) sozialdemokratische Partei.

SE *abbr* (= *south-east*) SO.

sea [siː] *n* Meer *nt*, See *f*; (*fig*) Meer *nt* ♦ *cpd* See-; **by ~** (*travel*) mit dem Schiff; **beside** *or* **by the ~** (*holiday*) am Meer, an der See; (*village*) am Meer; **on the ~** (*boat*) auf See; **at ~** auf See; **to be all at ~** (*fig*) nicht durchblicken (*inf*); **out to ~** aufs Meer (hinaus); **to look out to ~** aufs Meer hinausblicken; **heavy/rough ~(s)** schwere/raue See *f*.

sea anemone *n* Seeanemone *f*.

sea bed *n* Meeresboden *m*.

seaboard ['siːbɔːd] *n* Küste *f*.

seafarer ['siːfɛərə*] *n* Seefahrer *m*.

seafaring ['siːfɛərɪŋ] *adj* (*life, nation*) Seefahrer-.

seafood ['siːfuːd] *n* Meeresfrüchte *pl*.

seafront ['siːfrʌnt] *n* Strandpromenade *f*.

seagoing ['siːgəuɪŋ] *adj* hochseetüchtig.

seagull ['siːgʌl] *n* Möwe *f*.

seal [siːl] *n* (*animal*) Seehund *m*; (*official stamp*) Siegel *nt*; (*in machine etc*) Dichtung *f*; (*on bottle etc*) Verschluss *m* ♦ *vt* (*envelope*) zukleben; (*crack, opening*) abdichten; (*with seal*) versiegeln; (*agreement, sb's fate*) besiegeln; **to give sth one's ~ of approval** einer Sache *dat* seine offizielle Zustimmung geben.

▶ **seal off** *vt* (*place*) abriegeln.

sea level *n* Meeresspiegel *m*; **2,000 ft above/below ~** 2000 Fuß über/unter dem Meeresspiegel.

sealing wax ['siːlɪŋ-] *n* Siegellack *nt*.

sea lion *n* Seelöwe *m*.

sealskin ['siːlskɪn] *n* Seehundfell *nt*.

seam [siːm] *n* Naht *f*; (*lit, fig: where edges join*) Übergang *m*; (*of coal etc*) Flöz *nt*; **the hall was bursting at the ~s** der Saal platzte aus allen Nähten.

seaman ['siːmən] (*irreg: like* **man**) *n* Seemann *m*.

seamanship ['siːmənʃɪp] *n* Seemannschaft *f*.

seamless ['siːmlɪs] *adj* (*lit, fig*) nahtlos.

seamy ['siːmɪ] *adj* zwielichtig; **the ~ side of life** die Schattenseite des Lebens.

séance ['seɪɔns] *n* spiritistische Sitzung *f*.

seaplane ['siːpleɪn] *n* Wasserflugzeug *nt*.

seaport ['siːpɔːt] *n* Seehafen *m*.

search [sɜːtʃ] *n* Suche *f*; (*inspection*) Durchsuchung *f*; (*COMPUT*) Suchlauf *m* ♦ *vt* durchsuchen; (*mind, memory*) durchforschen ♦ *vi:* **to ~ for** suchen nach; **"~ and replace"** (*COMPUT*) „suchen und ersetzen"; **in ~ of** auf der Suche nach.

▶ **search through** *vt fus* durchsuchen.

searcher ['sɜːtʃə*] *n* Suchende(r) *f(m)*.

searching ['sɜːtʃɪŋ] *adj* (*question*) bohrend; (*look*) prüfend; (*examination*) eingehend.

searchlight ['sɜːtʃlaɪt] *n* Suchscheinwerfer *m*.

search party *n* Suchtrupp *m*; **to send out a ~** einen Suchtrupp ausschicken.

search warrant *n* Durchsuchungsbefehl *m*.

searing ['sɪərɪŋ] *adj* (*heat*) glühend; (*pain*) scharf.

seashore ['siːʃɔː*] *n* Strand *m*; **on the ~** am Strand.

seasick ['siːsɪk] *adj* seekrank.

seasickness ['siːsɪknɪs] *n* Seekrankheit *f*.

seaside ['siːsaɪd] *n* Meer *nt*, See *f*; **to go to the ~** ans Meer *or* an die See fahren; **at the ~** am Meer, an der See.

seaside resort *n* Badeort *m*.

season ['siːzn] *n* Jahreszeit *f*; (*AGR*) Zeit *f*; (*SPORT, of films etc*) Saison *f*; (*THEAT*) Spielzeit *f* ♦ *vt* (*food*) würzen; **strawberries are in ~/out of ~** für Erdbeeren ist jetzt die richtige Zeit/nicht die richtige Zeit; **the busy ~** die Hochsaison *f*; **the open ~** (*HUNTING*) die Jagdzeit *f*.

seasonal ['siːznl] *adj* (*work*) Saison-.

seasoned ['siːznd] *adj* (*fig: traveller*) erfahren; (*wood*) abgelagert; **she's a ~ campaigner** sie ist eine alte Kämpferin.

seasoning ['siːznɪŋ] *n* Gewürz *nt*.

season ticket *n* (*RAIL*) Zeitkarte *f*; (*SPORT*) Dauerkarte *f*; (*THEAT*) Abonnement *nt*.

seat [siːt] *n* (*chair, of government, POL*) Sitz *m*; (*place*) Platz *m*; (*buttocks*) Gesäß *nt*; (*of trousers*) Hosenboden *m*; (*of learning*) Stätte *f* ♦ *vt* setzen; (*have room for*) Sitzplätze bieten für; **are there any ~s left?** sind noch Plätze frei?; **to take one's ~** sich setzen; **please be ~ed** bitte nehmen Sie Platz; **to be ~ed** sitzen.

seat belt *n* Sicherheitsgurt *m*.

seating arrangements ['siːtɪŋ-] *npl* Sitzordnung *f*.

seating capacity *n* Sitzplätze *pl*.

SEATO ['siːtəu] *n abbr* (= *Southeast Asia Treaty Organization*) SEATO *f*.

sea urchin *n* Seeigel *m*.

sea water *n* Meerwasser *nt*.

seaweed ['siːwiːd] *n* Seetang *m*.

seaworthy ['siːwɜːðɪ] *adj* seetüchtig.

SEC (*US*) *n abbr* (= *Securities and Exchange Commission*) amerikanische Börsenaufsichtsbehörde.

sec. *abbr* (= *second*) Sek.

secateurs [sɛkə'tɜːz] *npl* Gartenschere *f*.

secede [sɪ'siːd] vi (POL): **to** ~ **(from)** sich abspalten (von).

secluded [sɪ'kluːdɪd] adj (place) abgelegen; (life) zurückgezogen.

seclusion [sɪ'kluːʒən] n Abgeschiedenheit f; **in** ~ zurückgezogen.

second¹ [sɪ'kɔnd] (BRIT) vt (employee) abordnen.

second² ['sɛkənd] adj zweite(r, s) ♦ adv (come, be placed) Zweite(r, s); (when listing) zweitens ♦ n (time) Sekunde f; (AUT: also: ~ **gear**) der zweite Gang; (person) Zweite(r) f(m); (COMM: imperfect) zweite Wahl f ♦ vt (motion) unterstützen; **upper/lower** ~ (BRIT: UNIV) ≈ Zwei plus/minus; **Charles the S**~ Karl der Zweite; **just a** ~! einen Augenblick!; ~ **floor** (BRIT) zweiter Stock m; (US) erster Stock m; **to ask for a** ~ **opinion** ein zweites Gutachten einholen.

secondary ['sɛkəndərɪ] adj weniger wichtig.

secondary education n höhere Schulbildung f.

secondary picketing n Aufstellung von Streikposten bei nur indirekt beteiligten Firmen.

secondary school n höhere Schule f.

SECONDARY SCHOOL

Secondary school ist in Großbritannien eine weiterführende Schule für Kinder von 11 bis 18 Jahren. Manche Schüler gehen schon mit 16 Jahren, wenn die allgemeine Schulpflicht endet, von der Schule ab. Die meisten **secondary schools** sind heute Gesamtschulen, obwohl es auch noch selektive Schulen gibt. Siehe auch **comprehensive school, primary school.**

---

second-best [sɛkənd'bɛst] adj zweitbeste(r, s) ♦ n: **as a** ~ als Ausweichlösung; **don't settle for** ~ gib dich nur mit dem Besten zufrieden.

second-class ['sɛkənd'klɑːs] adj zweitklassig; (citizen) zweiter Klasse; (RAIL, POST) Zweite-Klasse- ♦ adv (RAIL, POST) zweiter Klasse; **to send sth** ~ etw zweiter Klasse schicken; **to travel** ~ zweiter Klasse reisen.

second cousin n Cousin m/Cousine f or Kusine f zweiten Grades.

seconder ['sɛkəndə*] n Befürworter(in) m(f).

second-guess ['sɛkənd'gɛs] vt vorhersagen; **to** ~ **sb** vorhersagen, was jd machen wird.

secondhand ['sɛkənd'hænd] adj gebraucht; (clothing) getragen ♦ adv (buy) gebraucht; **to hear sth** ~ etw aus zweiter Hand haben; ~ **car** Gebrauchtwagen m.

second hand n (on clock) Sekundenzeiger m.

second-in-command ['sɛkəndɪnkə'mɑːnd] n (MIL) stellvertretender Kommandeur m; (ADMIN) stellvertretender Leiter m.

secondly ['sɛkəndlɪ] adv zweitens.

secondment [sɪ'kɔndmənt] (BRIT) n Abordnung f; **to be on** ~ abgeordnet sein.

second-rate ['sɛkənd'reɪt] adj zweitklassig.

second thoughts npl: **on** ~ or (US) **thought** wenn ich es mir (recht) überlege; **to have** ~ **(about doing sth)** es sich dat anders überlegen (und etw doch nicht tun).

Second World War n: **the** ~ der Zweite Weltkrieg.

secrecy ['siːkrəsɪ] n Geheimhaltung f; (of person) Verschwiegenheit f; **in** ~ heimlich.

secret ['siːkrɪt] adj geheim; (admirer) heimlich ♦ n Geheimnis nt; **in** ~ heimlich; ~ **passage** Geheimgang m; **to keep sth** ~ **from sb** etw vor jdm geheim halten; **can you keep a** ~? kannst du schweigen?; **to make no** ~ **of sth** kein Geheimnis or keinen Hehl aus etw machen.

secret agent n Geheimagent(in) m(f).

secretarial [sɛkrɪ'tɛərɪəl] adj (work) Büro-; (course) Sekretärinnen-; (staff) Sekretariats-.

secretariat [sɛkrɪ'tɛərɪət] n (POL, ADMIN) Sekretariat nt.

secretary ['sɛkrətərɪ] n (COMM) Sekretär(in) m(f); (of club) Schriftführer(in) m(f); **S**~ **of State (for)** (BRIT: POL) Minister(in) m(f) (für); **S**~ **of State** (US: POL) Außenminister(in) m(f).

secretary-general ['sɛkrətərɪ'dʒɛnərl] (pl **secretaries-general**) n Generalsekretär(in) m(f).

secrete [sɪ'kriːt] vt (ANAT, BIOL, MED) absondern; (hide) verbergen.

secretion [sɪ'kriːʃən] n (substance) Sekret nt.

secretive ['siːkrətɪv] adj verschlossen; (pej) geheimnistuerisch.

secretly ['siːkrɪtlɪ] adv heimlich; (hope) insgeheim.

secret police n Geheimpolizei f.

secret service n Geheimdienst m.

sect [sɛkt] n Sekte f.

sectarian [sɛk'tɛərɪən] adj (killing etc) konfessionell motiviert; ~ **violence** gewalttätige Konfessionsstreitigkeiten pl.

section ['sɛkʃən] n (part) Teil m; (department) Abteilung f; (of document) Absatz m; (cross-section) Schnitt m ♦ vt (divide) teilen; **the business/sport** ~ (PRESS) der Wirtschafts-/Sportteil.

sectional ['sɛkʃənl] adj: ~ **drawing** Darstellung f im Schnitt.

sector ['sɛktə*] n Sektor m.

secular ['sɛkjulə*] adj weltlich.

secure [sɪ'kjuə*] adj sicher; (firmly fixed) fest ♦ vt (fix) festmachen; (votes etc) erhalten; (contract etc) (sich dat) sichern; (COMM: loan) (ab)sichern; **to make sth** ~ etw sichern; **to** ~ **sth for sb** jdm etw sichern.

secured creditor [sɪ'kjuəd-] n (COMM) abgesicherter Gläubiger m.

securely [sɪ'kjuəlɪ] adv (firmly) fest; (safely) sicher.

security [sɪ'kjʊərɪtɪ] n Sicherheit f; (*freedom from anxiety*) Geborgenheit f; **securities** npl (*STOCK EXCHANGE*) Effekten pl, Wertpapiere pl; **to increase/tighten** ~ die Sicherheitsvorkehrungen verschärfen; ~ **of tenure** Kündigungsschutz m.

Security Council n Sicherheitsrat m.

security forces npl Sicherheitskräfte pl.

security guard n Sicherheitsbeamte(r) m; (*transporting money*) Wachmann m.

security risk n Sicherheitsrisiko nt.

secy. abbr = **secretary**.

sedan [sə'dæn] (*US*) n (*AUT*) Limousine f.

sedate [sɪ'deɪt] adj (*person*) ruhig, gesetzt; (*life*) geruhsam; (*pace*) gemächlich ♦ vt (*MED*) Beruhigungsmittel geben +dat.

sedation [sɪ'deɪʃən] n (*MED*) Beruhigungsmittel pl; **to be under** ~ unter dem Einfluss von Beruhigungsmitteln stehen.

sedative ['sɛdɪtɪv] n (*MED*) Beruhigungsmittel nt.

sedentary ['sɛdntrɪ] adj (*occupation, work*) sitzend.

sediment ['sɛdɪmənt] n (*in bottle*) (Boden)satz m; (*in lake etc*) Ablagerung f.

sedimentary [sɛdɪ'mɛntərɪ] adj (*GEOG*) sedimentär; ~ **rock** Sedimentgestein nt.

sedition [sɪ'dɪʃən] n Aufwiegelung f.

seduce [sɪ'djuːs] vt verführen; **to** ~ **sb into doing sth** jdn dazu verleiten, etw zu tun.

seduction [sɪ'dʌkʃən] n (*attraction*) Verlockung f; (*act of seducing*) Verführung f.

seductive [sɪ'dʌktɪv] adj verführerisch; (*fig: offer*) verlockend.

see [siː] (*pt* **saw**, *pp* **seen**) vt sehen; (*look at*) sich dat ansehen; (*understand*) verstehen, (ein)sehen; (*doctor etc*) aufsuchen ♦ vi sehen ♦ n (*REL*) Bistum nt; **to** ~ **that** (*ensure*) dafür sorgen, dass; **to** ~ **sb to the door** jdn zur Tür bringen; **there was nobody to be** ~**n** es war niemand zu sehen; **to go and** ~ **sb** jdn besuchen (gehen); **to** ~ **a doctor** zum Arzt gehen; ~ **you!** tschüss! (*inf*); ~ **you soon!** bis bald!; **let me** ~ (*show me*) lass mich mal sehen; (*let me think*) lass mich mal überlegen; **I** ~ ich verstehe, aha; (*annoyed*) ach so; **you** ~ weißt du, siehst du; ~ **for yourself** überzeug dich doch selbst; **I don't know what she** ~**s in him** ich weiß nicht, was sie an ihm findet; **as far as I can** ~ so wie ich das sehe.
▶ **see about** vt fus sich kümmern um +acc.
▶ **see off** vt verabschieden.
▶ **see through** vt fus durchschauen ♦ vt: **to** ~ **sb through sth** jdm in etw dat beistehen; **to** ~ **sth through to the end** etw zu Ende bringen; **this should** ~ **you through** das müsste dir reichen.
▶ **see to** vt fus sich kümmern um +acc.

seed [siːd] n Samen m; (*of fruit*) Kern m; (*fig: usu pl*) Keim m; (*TENNIS*) gesetzter Spieler m, gesetzte Spielerin f; **to go to** ~ (*plant*) Samen bilden; (*lettuce etc*) schießen; (*fig: person*) herunterkommen.

seedless ['siːdlɪs] adj kernlos.

seedling ['siːdlɪŋ] n (*BOT*) Sämling m.

seedy ['siːdɪ] adj (*person, place*) zwielichtig, zweifelhaft.

seeing ['siːɪŋ] conj: ~ **as** or **that** da.

seek [siːk] (*pt, pp* **sought**) vt suchen; **to** ~ **advice from sb** jdn um Rat fragen; **to** ~ **help from sb** jdn um Hilfe bitten.
▶ **seek out** vt ausfindig machen.

seem [siːm] vi scheinen; **there** ~**s to be a mistake** da scheint ein Fehler zu sein; **it** ~**s (that)** es scheint(, dass); **it** ~**s to me that ...** mir scheint, dass ...; **what** ~**s to be the trouble?** worum geht es denn?; (*doctor*) was fehlt Ihnen denn?

seemingly ['siːmɪŋlɪ] adv anscheinend.

seemly ['siːmlɪ] adj schicklich.

seen [siːn] pp of **see**.

seep [siːp] vi sickern.

seersucker ['sɪəsʌkə*] n Krepp m, Seersucker m.

seesaw ['siːsɔː] n Wippe f.

seethe [siːð] vi: **to** ~ **with** (*place*) wimmeln von; **to** ~ **with anger** vor Wut kochen.

see-through ['siːθruː] adj durchsichtig.

segment ['sɛgmənt] n Teil m; (*of orange*) Stück nt.

segregate ['sɛgrɪgeɪt] vt trennen, absondern.

segregation [sɛgrɪ'geɪʃən] n Trennung f.

Seine [seɪn] n: **the** ~ die Seine f.

seismic shock n Erdstoß m.

seize [siːz] vt packen, ergreifen; (*fig: opportunity*) ergreifen; (*power, control*) an sich acc reißen; (*territory, airfield*) besetzen; (*hostage*) nehmen; (*LAW*) beschlagnahmen.
▶ **seize up** vi (*engine*) sich festfressen.
▶ **seize (up)on** vt fus sich stürzen auf +acc.

seizure ['siːʒə*] n (*MED*) Anfall m; (*of power*) Ergreifung f; (*LAW*) Beschlagnahmung f.

seldom ['sɛldəm] adv selten.

select [sɪ'lɛkt] adj exklusiv ♦ vt (aus)wählen; (*SPORT*) aufstellen; **a** ~ **few** wenige Auserwählte pl.

selection [sɪ'lɛkʃən] n (*being chosen*) Wahl f; (*range*) Auswahl f.

selection committee n Auswahlkomitee nt.

selective [sɪ'lɛktɪv] adj wählerisch; (*not general*) selektiv.

selector [sɪ'lɛktə*] n (*SPORT*) Mannschaftsaufsteller(in) m(f); (*TECH*) Wählschalter m; (: *button*) Taste f.

self [sɛlf] (*pl* **selves**) n Selbst nt, Ich nt; **she was her normal** ~ **again** sie war wieder ganz die Alte.

self... [sɛlf] pref selbst-, Selbst-.

self-addressed ['sɛlfə'drɛst] adj: ~ **envelope** addressierter Rückumschlag m.

self-adhesive [sɛlfəd'hiːzɪv] adj selbstklebend.

self-appointed [sɛlfə'pɔɪntɪd] *adj* selbst ernannt.

self-assertive [sɛlfə'səːtɪv] *adj* selbstbewusst.

self-assurance [sɛlfə'ʃuərəns] *n* Selbstsicherheit *f*.

self-assured [sɛlfə'ʃuəd] *adj* selbstsicher.

self-catering [sɛlf'keɪtərɪŋ] (*BRIT*) *adj* (*holiday, flat*) für Selbstversorger.

self-centred, (*US*) **self-centered** [sɛlf'sɛntəd] *adj* egozentrisch, ichbezogen.

self-cleaning [sɛlf'kliːnɪŋ] *adj* selbstreinigend.

self-confessed [sɛlfkən'fɛst] *adj* erklärt.

self-confidence [sɛlf'kɒnfɪdns] *n* Selbstbewusstsein *nt*, Selbstvertrauen *nt*.

self-confident [sɛlf'kɒnfɪdənt] *adj* selbstbewusst, selbstsicher.

self-conscious [sɛlf'kɒnʃəs] *adj* befangen, gehemmt.

self-contained [sɛlfkən'teɪnd] (*BRIT*) *adj* (*flat*) abgeschlossen; (*person*) selb(st)ständig.

self-control [sɛlfkən'trəul] *n* Selbstbeherrschung *f*.

self-defeating [sɛlfdɪ'fiːtɪŋ] *adj* unsinnig.

self-defence, (*US*) **self-defense** [sɛlfdɪ'fɛns] *n* Selbstverteidigung *f*; (*LAW*) Notwehr *f*; **in ~** zu seiner/ihrer *etc* Verteidigung; (*LAW*) in Notwehr.

self-discipline [sɛlf'dɪsɪplɪn] *n* Selbstdisziplin *f*.

self-employed [sɛlfɪm'plɔɪd] *adj* selbstständig.

self-esteem [sɛlfɪs'tiːm] *n* Selbstachtung *f*.

self-evident [sɛlf'ɛvɪdnt] *adj* offensichtlich.

self-explanatory [sɛlfɪks'plænətrɪ] *adj* unmittelbar verständlich.

self-financing [sɛlffaɪ'nænsɪŋ] *adj* selbstfinanzierend.

self-governing [sɛlf'gʌvənɪŋ] *adj* selbst verwaltet.

self-help [sɛlf'hɛlp] *n* Selbsthilfe *f*.

self-importance [sɛlfɪm'pɔːtns] *n* Aufgeblasenheit *f*.

self-indulgent [sɛlfɪn'dʌldʒənt] *adj* genießerisch; **to be ~** sich verwöhnen.

self-inflicted [sɛlfɪn'flɪktɪd] *adj* selbst zugefügt.

self-interest [sɛlf'ɪntrɪst] *n* Eigennutz *m*.

selfish [sɛlfɪʃ] *adj* egoistisch, selbstsüchtig.

selfishly [sɛlfɪʃlɪ] *adv* egoistisch, selbstsüchtig.

selfishness [sɛlfɪʃnɪs] *n* Egoismus *m*, Selbstsucht *f*.

selfless [sɛlflɪs] *adj* selbstlos.

selflessly [sɛlflɪslɪ] *adv* selbstlos.

selflessness [sɛlflɪsnɪs] *n* Selbstlosigkeit *f*.

self-made [sɛlfmeɪd] *adj*: **~ man** Selfmademan *m*.

self-pity [sɛlf'pɪtɪ] *n* Selbstmitleid *nt*.

self-portrait [sɛlf'pɔːtreɪt] *n* Selbstporträt *nt*, Selbstbildnis *nt*.

self-possessed [sɛlfpə'zɛst] *adj* selbstbeherrscht.

self-preservation [sɛlfprɛzə'veɪʃən] *n* Selbsterhaltung *f*.

self-raising [sɛlf'reɪzɪŋ], (*US*) **self-rising** [sɛlf'raɪzɪŋ] *adj*: **~ flour** Mehl mit bereits beigemischtem Backpulver.

self-reliant [sɛlfrɪ'laɪənt] *adj* selb(st)ständig.

self-respect [sɛlfrɪs'pɛkt] *n* Selbstachtung *f*.

self-respecting [sɛlfrɪs'pɛktɪŋ] *adj* mit Selbstachtung; (*genuine*) der/die/das etwas auf sich hält.

self-righteous [sɛlf'raɪtʃəs] *adj* selbstgerecht.

self-rising [sɛlf'raɪzɪŋ] (*US*) *adj* = **self-raising**.

self-sacrifice [sɛlf'sækrɪfaɪs] *n* Selbstaufopferung *f*.

self-same [sɛlfseɪm] *adj*: **the ~** genau derselbe/dieselbe/dasselbe.

self-satisfied [sɛlf'sætɪsfaɪd] *adj* selbstzufrieden.

self-sealing [sɛlf'siːlɪŋ] *adj* selbstklebend.

self-service [sɛlf'səːvɪs] *adj* (*shop, restaurant etc*) Selbstbedienungs-.

self-styled [sɛlfstaɪld] *adj* selbst ernannt.

self-sufficient [sɛlfsə'fɪʃənt] *adj* (*country*) autark; (*person*) selb(st)ständig, unabhängig; **to be ~ in coal** seinen Kohlebedarf selbst decken können.

self-supporting [sɛlfsə'pɔːtɪŋ] *adj* (*business*) sich selbst tragend.

self-taught [sɛlf'tɔːt] *adj*: **to be ~** Autodidakt sein; **he is a ~ pianist** er hat sich das Klavierspielen selbst beigebracht.

self-test [sɛlftɛst] *n* (*COMPUT*) Selbsttest *m*.

sell [sɛl] (*pt, pp* **sold**) *vt* verkaufen; (*shop: goods*) führen, haben (*inf*); (*fig: idea*) schmackhaft machen +*dat*, verkaufen (*inf*) ♦ *vi* sich verkaufen (lassen); **to ~ at** *or* **for 10 pounds** für 10 Pfund verkauft werden; **to ~ sb sth** jdm etw verkaufen; **to ~ o.s.** sich verkaufen.

▶ **sell off** *vt* verkaufen.

▶ **sell out** *vi*: **we/the tickets are sold out** wir/die Karten sind ausverkauft; **we have sold out of ...** wir haben kein ... mehr, ... ist ausverkauft.

▶ **sell up** *vi* sein Haus/seine Firma *etc* verkaufen.

sell-by date [sɛlbaɪ-] *n* ≈ Haltbarkeitsdatum *nt*.

seller [sɛlə*] *n* Verkäufer(in) *m(f)*; **~'s market** Verkäufermarkt *m*.

selling price [sɛlɪŋ-] *n* Verkaufspreis *m*.

sellotape ® [sɛləuteɪp] (*BRIT*) *n* Klebeband *nt*, ≈ Tesafilm ® *m*.

sellout [sɛlaut] *n* (*inf: betrayal*) Verrat *m*; **the match was a ~** das Spiel war ausverkauft.

selves [sɛlvz] *pl of* **self**.

semantic [sɪ'mæntɪk] *adj* semantisch.

semantics [sɪ'mæntɪks] *n* (*LING*) Semantik *f*.

semaphore [sɛməfɔː*] *n* Flaggenalphabet *nt*.

semblance [sɛmblns] *n* Anschein *m*.

semen [siːmən] *n* Samenflüssigkeit *f*, Sperma *nt*.

semester [sɪ'mɛstə*] (*esp US*) *n* Semester *nt*.

semi ['sɛmɪ] *n* = **semidetached (house)**.

semi... ['sɛmɪ] *pref* halb-, Halb-.

semibreve ['sɛmɪbriːv] (*BRIT*) *n* (*MUS*) ganze Note *f*.

semicircle ['sɛmɪsəːkl] *n* Halbkreis *m*.

semicircular ['sɛmɪ'səːkjuləʳ] *adj* halbkreisförmig.

semicolon [sɛmɪ'kəʊlən] *n* Strichpunkt *m*, Semikolon *nt*.

semiconductor [sɛmɪkən'dʌktəʳ] *n* Halbleiter *m*.

semiconscious [sɛmɪ'kɔnʃəs] *adj* halb bewusstlos.

semidetached (house) (*BRIT*) *n* Doppelhaushälfte *f*.

semifinal [sɛmɪ'faɪnl] *n* Halbfinale *nt*.

seminar ['sɛmɪnɑːʳ] *n* Seminar *nt*.

seminary ['sɛmɪnərɪ] *n* (*REL*) Priesterseminar *nt*.

semi-precious stone *n* Halbedelstein *m*.

semiquaver ['sɛmɪkweɪvəʳ] (*BRIT*) *n* (*MUS*) Sechzehntelnote *f*.

semiskilled [sɛmɪ'skɪld] *adj* (*work*) Anlern-; (*worker*) angelernt.

semi-skimmed [sɛmɪ'skɪmd] *adj* (*milk*) teilentrahmt, Halbfett-.

semitone ['sɛmɪtəʊn] *n* (*MUS*) Halbton *m*.

semolina [sɛmə'liːnə] *n* Grieß *m*.

SEN (*BRIT*) *n abbr* (*formerly*: = *State Enrolled Nurse*) staatlich anerkannte Krankenschwester *f*, staatlich anerkannter Krankenpfleger *m*.

Sen., sen. *abbr* (*US*) = **senator**; (*in names*: = *senior*) sen.

senate ['sɛnɪt] *n* Senat *m*.

SENATE

Senate *ist das Oberhaus des amerikanischen Kongresses (das Unterhaus ist das* **House of Representatives***). Der Senat besteht aus 100 Senatoren, zwei für jeden Bundesstaat, die für sechs Jahre gewählt werden, wobei ein Drittel alle zwei Jahre neu gewählt wird. Die Senatoren werden in direkter Wahl vom Volk gewählt. Siehe auch* **congress***.

---

senator ['sɛnɪtəʳ] *n* Senator(in) *m(f)*.

send [sɛnd] (*pt, pp* **sent**) *vt* schicken; (*transmit*) senden; **to ~ sth by post** *or* (*US*) **mail** etw mit der Post schicken; **to ~ sb for sth** (*for check-up etc*) jdn zu etw schicken; **to ~ word that ...** Nachricht geben, dass ...; **she ~s (you) her love** sie lässt dich grüßen; **to ~ sb to Coventry** (*BRIT*) jdn schneiden (*inf*); **to ~ sb to sleep** jdn einschläfern; **to ~ sth flying** etw umwerfen.

▶ **send away** *vt* wegschicken.

▶ **send away for** *vt fus* (per Post) anfordern.

▶ **send back** *vt* zurückschicken.

▶ **send for** *vt fus* (per Post) anfordern; (*doctor, police*) rufen.

▶ **send in** *vt* einsenden, einschicken.

▶ **send off** *vt* abschicken; (*BRIT*: *player*) vom Platz weisen.

▶ **send on** *vt* (*BRIT*: *letter*) nachsenden; (*luggage etc*) vorausschicken.

▶ **send out** *vt* verschicken; (*light, heat*) abgeben; (*signal*) aussenden.

▶ **send round** *vt* schicken; (*circulate*) zirkulieren lassen.

▶ **send up** *vt* (*astronaut*) hochschießen; (*price, blood pressure*) hochtreiben; (*BRIT*: *parody*) verulken (*inf*).

sender ['sɛndəʳ] *n* Absender(in) *m(f)*.

sending-off ['sɛndɪŋɒf] *n* (*SPORT*) Platzverweis *m*.

send-off ['sɛndɒf] *n*: **a good ~** eine große Verabschiedung.

send-up ['sɛndʌp] *n* Verulkung *f* (*inf*).

Senegal [sɛnɪ'gɔːl] *n* Senegal *nt*.

Senegalese [sɛnɪgə'liːz] *adj* senegalesisch ♦ *n inv* Senegalese *m*, Senegalesin *f*.

senile ['siːnaɪl] *adj* senil.

senility [sɪ'nɪlɪtɪ] *n* Senilität *f*.

senior ['siːnɪəʳ] *adj* (*staff, manager*) leitend; (*officer*) höher; (*post, position*) leitend ♦ *n* (*SCOL*): **the ~s** die Oberstufenschüler *pl*; **to be ~ to sb** jdm übergeordnet sein; **she is 15 years his ~** sie ist 15 Jahre älter als er; **P. Jones ~** P. Jones senior.

senior citizen *n* Senior(in) *m(f)*.

senior high school (*US*) *n* Oberstufe *f*.

seniority [siːnɪ'ɒrɪtɪ] *n* (*in service*) (längere) Betriebszugehörigkeit *f*; (*in rank*) (höhere) Position *f*.

sensation [sɛn'seɪʃən] *n* (*feeling*) Gefühl *nt*; (*great success*) Sensation *f*; **to cause a ~** großes Aufsehen erregen.

sensational [sɛn'seɪʃənl] *adj* (*wonderful*) wunderbar; (*result*) sensationell; (*headlines etc*) reißerisch.

sense [sɛns] *n* Sinn *m*; (*feeling*) Gefühl *nt*; (*good sense*) Verstand *m*, gesunder Menschenverstand *m*; (*meaning*) Bedeutung *f*, Sinn *m* ♦ *vt* spüren; **~ of smell** Geruchssinn *m*; **it makes ~** (*can be understood*) es ergibt einen Sinn; (*is sensible*) es ist vernünftig *or* sinnvoll; **there's no ~ in that** das hat keinen Sinn; **there is no ~ in doing that** es hat keinen Sinn, das zu tun; **to come to one's ~s** Vernunft annehmen; **to take leave of one's ~s** den Verstand verlieren.

senseless ['sɛnslɪs] *adj* (*pointless*) sinnlos; (*unconscious*) besinnungslos, bewusstlos.

sense of humour *n* Sinn *m* für Humor.

sensibility [sɛnsɪ'bɪlɪtɪ] *n* Empfindsamkeit *f*; (*sensitivity*) Empfindlichkeit *f*; **to offend sb's sensibilities** jds Zartgefühl verletzen.

sensible ['sɛnsɪbl] *adj* vernünftig; (*shoes, clothes*) praktisch.

sensitive ['sɛnsɪtɪv] *adj* empfindlich; (*understanding*) einfühlsam; (*touchy: person*)

sensibel; (: *issue*) heikel; **to be ~ to sth in**
Bezug auf etw *acc* empfindlich sein; **he is
very ~ about it/to criticism** er reagiert sehr
empfindlich darauf/auf Kritik.

sensitivity [sɛnsɪ'tɪvɪtɪ] *n* Empfindlichkeit *f*;
(*understanding*) Einfühlungsvermögen *nt*; (*of
issue etc*) heikle Natur *f*; **an issue of great ~**
ein sehr heikles Thema.

sensual ['sɛnsjuəl] *adj* sinnlich; (*person, life*)
sinnenfroh.

sensuous ['sɛnsjuəs] *adj* sinnlich.

sent [sɛnt] *pt, pp of* send.

sentence ['sɛntns] *n* (*LING*) Satz *m*; (*LAW:
judgement*) Urteil *nt*; (: *punishment*) Strafe *f*
♦ *vt*: **to ~ sb to death/to 5 years in prison**
jdn zum Tode/zu 5 Jahren Haft verurteilen;
to pass ~ on sb das Urteil über jdn
verkünden; (*fig*) jdn verurteilen; **to serve a
life ~** eine lebenslängliche Freiheitsstrafe
verbüßen.

sentiment ['sɛntɪmənt] *n* Sentimentalität *f*;
(*also pl*: *opinion*) Ansicht *f*.

sentimental [sɛntɪ'mɛntl] *adj* sentimental.

sentimentality [sɛntɪmɛn'tælɪtɪ] *n*
Sentimentalität *f*.

sentry ['sɛntrɪ] *n* Wachtposten *m*.

sentry duty *n*: **to be on ~** auf Wache sein.

Seoul [səul] *n* Seoul *nt*.

separable ['sɛprəbl] *adj*: **to be ~ from**
trennbar sein von.

separate ['sɛprɪt] *adj* getrennt; (*occasions*)
verschieden; (*rooms*) separat ♦ *vt* trennen
♦ *vi* sich trennen; **~ from** getrennt von; **to
go ~ ways** getrennte Wege gehen; **under
~ cover** (*COMM*) mit getrennter Post; **to
~ into** aufteilen in +*acc*; *see also* **separates**.

separately ['sɛprɪtlɪ] *adv* getrennt.

separates ['sɛprɪts] *npl* (*clothes*)
kombinierbare Einzelteile *pl*.

separation [sɛpə'reɪʃən] *n* Trennung *f*.

sepia ['siːpjə] *adj* sepiafarben.

Sept. *abbr* (= *September*) Sept.

September [sɛp'tɛmbə*] *n* September *m*; *see
also* **July.**

septic ['sɛptɪk] *adj* vereitert, septisch; **to go ~**
eitern.

septicaemia, (*US*) **septicemia** [sɛptɪ'siːmɪə]
n Blutvergiftung *f*.

septic tank *n* Faulbehälter *m*.

sequel ['siːkwl] *n* (*follow-up*) Nachspiel *nt*; (*of
film, story*) Fortsetzung *f*.

sequence ['siːkwəns] *n* Folge *f*; (*dance/film
sequence*) Sequenz *f*; **in ~** der Reihe nach.

sequential [sɪ'kwɛnʃəl] *adj* aufeinander
folgend; **~ access** (*COMPUT*) sequenzieller
Zugriff *m*.

sequestrate [sɪ'kwɛstreɪt] *vt* (*LAW, COMM*)
sequestrieren, beschlagnahmen.

sequin ['siːkwɪn] *n* Paillette *f*.

Serbia ['səːbɪə] *n* Serbien *nt*.

Serbian ['səːbɪən] *adj* serbisch ♦ *n* Serbier(in)
m(f); (*LING*) Serbisch *nt*.

Serbo-Croat ['səːbəu'krəuæt] *n* (*LING*)
Serbokroatisch *nt*.

serenade [sɛrə'neɪd] *n* Serenade *f* ♦ *vt* ein
Ständchen *nt* bringen +*dat*.

serene [sɪ'riːn] *adj* (*landscape etc*) friedlich;
(*expression*) heiter; (*person*) gelassen.

serenity [sə'rɛnɪtɪ] *n* (*of landscape*)
Friedlichkeit *f*; (*of expression*) Gelassenheit
f.

sergeant ['saːdʒənt] *n* (*MIL etc*) Feldwebel *m*;
(*POLICE*) Polizeimeister *m*.

sergeant-major ['saːdʒənt'meɪdʒə*] *n*
Oberfeldwebel *m*.

serial ['sɪərɪəl] *n* (*TV*) Serie *f*; (*RADIO*)
Sendereihe *f*; (*in magazine*)
Fortsetzungsroman *m* ♦ *adj* (*COMPUT*)
seriell.

serialize ['sɪərɪəlaɪz] *vt* in Fortsetzungen
veröffentlichen; (*TV, RADIO*) in
Fortsetzungen senden.

serial killer *n* Serienmörder(in) *m(f)*.

serial number *n* Seriennummer *f*.

series ['sɪərɪz] *n inv* (*group*) Serie *f*, Reihe *f*; (*of
books*) Reihe *f*; (*TV*) Serie *f*.

serious ['sɪərɪəs] *adj* ernst; (*important*) wichtig;
(: *illness*) schwer; (: *condition*) bedenklich;
are you ~ (about it)? meinst du das ernst?

seriously ['sɪərɪəslɪ] *adv* ernst; (*talk, interested*)
ernsthaft; (*ill, hurt, damaged*) schwer; (*not
jokingly*) im Ernst; **to take sb/sth ~** jdn/etw
ernst nehmen; **do you ~ believe that ...**
glauben Sie ernsthaft *or* im Ernst, dass ...

seriousness ['sɪərɪəsnɪs] *n* Ernst *m*,
Ernsthaftigkeit *f*; (*of problem*)
Bedenklichkeit *f*.

sermon ['səːmən] *n* Predigt *f*; (*fig*)
Moralpredigt *f*.

serrated [sɪ'reɪtɪd] *adj* gezackt; **~ knife**
Sägemesser *nt*.

serum ['sɪərəm] *n* Serum *nt*.

servant ['səːvənt] *n* (*lit, fig*) Diener(in) *m(f)*;
(*domestic*) Hausangestellte(r) *f(m)*.

serve [səːv] *vt* dienen +*dat*; (*in shop, with food/
drink*) bedienen; (*food, meal*) servieren;
(*purpose*) haben; (*apprenticeship*)
durchmachen; (*prison term*) verbüßen ♦ *vi* (*at
table*) auftragen, servieren; (*TENNIS*)
aufschlagen; (*soldier*) dienen; (*be useful*): **to
~ as/for** dienen als ♦ *n* (*TENNIS*) Aufschlag
m; **are you being ~d?** werden Sie schon
bedient?; **to ~ its purpose** seinen Zweck
erfüllen; **to ~ sb's purpose** jds Zwecken
dienen; **it ~s him right** das geschieht ihm
recht; **to ~ on a committee** einem
Ausschuss angehören; **to ~ on a jury**
Geschworene(r) *f(m)* sein; **it's my turn to ~**
(*TENNIS*) ich habe Aufschlag; **it ~s to
show/explain ...** das zeigt/erklärt ...
► **serve out** *vt* (*food*) auftragen, servieren.
► **serve up** *vt* = serve out.

service ['səːvɪs] *n* Dienst *m*; (*commercial*)
Dienstleistung *f*; (*in hotel, restaurant*)

Bedienung *f*, Service *m*; (*also:* **train** ~)
Bahnverbindung *f*; (: *generally*) Zugverkehr
m; (*REL*) Gottesdienst *m*; (*AUT*) Inspektion *f*;
(*TENNIS*) Aufschlag *m*; (*plates etc*) Service *nt*
♦ *vt* (*car, machine*) warten; **the Services** *npl*
(*army, navy etc*) die Streitkräfte *pl*; **military/**
national ~ Militärdienst *m*; **to be of** ~ **to sb**
jdm nützen; **to do sb a** ~ jdm einen Dienst
erweisen; **to put one's car in for a** ~ sein
Auto zur Inspektion geben; **dinner** ~
Essservice *nt*, Ess-Service *nt*.

serviceable ['sɔːvɪsəbl] *adj* zweckmäßig.
service area *n* (*on motorway*) Raststätte *f*.
service charge (*BRIT*) *n* Bedienungsgeld *nt*.
service industry *n* Dienstleistungsbranche *f*.
serviceman ['sɔːvɪsmən] (*irreg: like* **man**) *n*
Militärangehörige(r) *m*.
service station *n* Tankstelle *f*.
serviette [sɔːvɪˈɛt] (*BRIT*) *n* Serviette *f*.
servile ['sɔːvaɪl] *adj* unterwürfig.
session ['sɛʃən] *n* Sitzung *f*; (*US, SCOT: SCOL*)
Studienjahr *nt*; (: *term*) Semester *nt*;
recording ~ Aufnahme *f*; **to be in** ~ tagen.
session musician *n* Session-Musiker(in) *m(f)*.
set [sɛt] (*pt, pp* **set**) *n* (*of saucepans, books, keys*
etc) Satz *m*; (*group*) Reihe *f*; (*of cutlery*)
Garnitur *f*; (*also:* **radio** ~) Radio(gerät) *nt*;
(*also:* **TV** ~) Fernsehgerät *nt*; (*TENNIS*) Satz
m; (*group of people*) Kreis *m*; (*MATH*) Menge
f; (*THEAT: stage*) Bühne *f*; (: *scenery*)
Bühnenbild *nt*; (*CINE*) Drehort *m*;
(*HAIRDRESSING*) (Ein)legen *nt* ♦ *adj* (*fixed*)
fest; (*ready*) fertig, bereit ♦ *vt* (*table*)
decken; (*place*) auflegen; (*time, price, rules*
etc) festsetzen; (*record*) aufstellen; (*alarm,*
watch, task) stellen; (*exam*)
zusammenstellen; (*TYP*) setzen ♦ *vi* (*sun*)
untergehen; (*jam, jelly, concrete*) fest
werden; (*bone*) zusammenwachsen; **a** ~ **of**
false teeth ein Gebiss *nt*; **a** ~ **of dining-room**
furniture eine Esszimmergarnitur; **a chess**
~ ein Schachspiel *nt*; **to be** ~ **on doing sth**
etw unbedingt tun wollen; **to be all** ~ **to do**
sth bereit sein, etw zu tun; **he's** ~ **in his**
ways er ist in seinen Gewohnheiten
festgefahren; **a** ~ **phrase** eine feste
Redewendung; **a novel** ~ **in Rome** ein
Roman, der in Rom spielt; **to** ~ **to music**
vertonen; **to** ~ **on fire** anstecken; **to** ~ **free**
freilassen; **to** ~ **sail** losfahren.
▶ **set about** *vt fus* (*task*) anpacken; **to** ~ **about**
doing sth sich daranmachen, etw zu tun.
▶ **set aside** *vt* (*money etc*) beiseite legen;
(*time*) einplanen.
▶ **set back** *vt*: **to** ~ **sb back 5 pounds** jdn 5
Pfund kosten; **to** ~ **sb back (by)** (*in time*) jdn
zurückwerfen (um); **a house** ~ **back from**
the road ein Haus, das etwas von der Straße
abliegt.
▶ **set in** *vi* (*bad weather*) einsetzen; (*infection*)
sich einstellen; **the rain has** ~ **in for the day**
es hat sich für heute eingeregnet.

▶ **set off** *vi* (*depart*) aufbrechen ♦ *vt* (*bomb*)
losgehen lassen; (*alarm, chain of events*)
auslösen; (*show up well*) hervorheben.
▶ **set out** *vi* (*depart*) aufbrechen ♦ *vt* (*goods*
etc) ausbreiten; (*chairs etc*) aufstellen;
(*arguments*) darlegen; **to** ~ **out to do sth**
sich *dat* vornehmen, etw zu tun; **to** ~ **out**
from home zu Hause aufbrechen.
▶ **set up** *vt* (*organization*) gründen;
(*monument*) errichten; (*shop*) ein
Geschäft eröffnen; (*fig*) sich selb(st)ständig
machen.
setback ['sɛtbæk] *n* Rückschlag *m*.
set menu *n* Menü *nt*.
set square *n* Zeichendreieck *nt*.
settee [sɛˈtiː] *n* Sofa *nt*.
setting ['sɛtɪŋ] *n* (*background*) Rahmen *m*;
(*position*) Einstellung *f*; (*of jewel*) Fassung *f*.
setting lotion *n* (Haar)festiger *m*.
settle ['sɛtl] *vt* (*matter*) regeln; (*argument*)
beilegen; (*accounts*) begleichen; (*affairs,*
business) in Ordnung bringen; (*colonize:*
land) besiedeln ♦ *vi* (*also:* ~ **down**) sich
niederlassen; (*sand, dust etc*) sich legen;
(*sediment*) sich setzen; (*calm down*) sich
beruhigen; **to** ~ **one's stomach** den Magen
beruhigen; **that's** ~**d then!** das ist also
abgemacht!; **to** ~ **down to work** sich an die
Arbeit setzen; **to** ~ **down to watch TV** es
sich *dat* vor dem Fernseher gemütlich
machen.
▶ **settle for** *vt fus* sich zufrieden geben mit.
▶ **settle in** *vi* sich einleben; (*in job etc*) sich
eingewöhnen.
▶ **settle on** *vt fus* sich entscheiden für.
▶ **settle up** *vi*: **to** ~ **up with sb** mit jdm
abrechnen.
settlement ['sɛtlmənt] *n* (*payment*)
Begleichung *f*; (*LAW*) Vergleich *m*;
(*agreement*) Übereinkunft *f*; (*of conflict*)
Beilegung *f*; (*village etc*) Siedlung *f*,
Niederlassung *f*; (*colonization*) Besiedelung *f*;
in ~ **of our account** (*COMM*) zum Ausgleich
unseres Kontos.
settler ['sɛtlə*] *n* Siedler(in) *m(f)*.
setup, set-up ['sɛtʌp] *n* (*organization*)
Organisation *f*; (*system*) System *nt*.
seven ['sɛvn] *num* sieben.
seventeen [sɛvnˈtiːn] *num* siebzehn.
seventh ['sɛvnθ] *num* siebte(r, s).
seventy ['sɛvntɪ] *num* siebzig.
sever ['sɛvə*] *vt* durchtrennen; (*fig: relations*)
abbrechen; (: *ties*) lösen.
several ['sɛvərl] *adj* einige, mehrere ♦ *pron*
einige; ~ **of us** einige von uns; ~ **times**
einige Male, mehrmals.
severance ['sɛvərəns] *n* (*of relations*) Abbruch
m.
severance pay *n* Abfindung *f*.
severe [sɪˈvɪə*] *adj* (*damage, shortage*) schwer;
(*pain*) stark; (*person, expression, dress, winter*)
streng; (*punishment*) hart; (*climate*) rauh.

severely [sɪ'vɪəlɪ] adv (damage) stark; (punish) hart; (wounded, ill) schwer.

severity [sɪ'vɛrɪtɪ] n (gravity: of punishment) Härte f; (: of manner, voice, winter) Strenge f; (: of weather) Rauheit f, (austerity) Strenge f.

sew [səu] (pt sewed, pp sewn) vt, vi nähen.
▶ **sew up** vt (zusammen)nähen; **it is all ~n up** (fig) es ist unter Dach und Fach.

sewage ['suːɪdʒ] n Abwasser nt.

sewage works n Kläranlage f.

sewer ['suːə*] n Abwasserkanal m.

sewing ['səuɪŋ] n Nähen nt; (items) Näharbeit f.

sewing machine n Nähmaschine f.

sewn [səun] pp of **sew**.

sex [sɛks] n (gender) Geschlecht nt; (lovemaking) Sex m; **to have ~ with sb** (Geschlechts)verkehr mit jdm haben.

sex act n Geschlechtsakt m.

sex appeal n Sexappeal m.

sex education n Sexualerziehung f.

sexism ['sɛksɪzəm] n Sexismus m.

sexist ['sɛksɪst] adj sexistisch.

sex life n Sexualleben nt.

sex object n Sexualobjekt nt.

sextet [sɛks'tɛt] n Sextett nt.

sexual ['sɛksjuəl] adj sexuell; (reproduction) geschlechtlich; (equality) der Geschlechter.

sexual assault n Vergewaltigung f.

sexual harassment n sexuelle Belästigung f.

sexual intercourse n Geschlechtsverkehr m.

sexually ['sɛksjuəlɪ] adv sexuell; (segregate) nach Geschlechtern; (discriminate) aufgrund or auf Grund des Geschlechts; (reproduce) geschlechtlich.

sexual orientation n sexuelle Orientierung f.

sexy ['sɛksɪ] adj sexy; (pictures, underwear) sexy, aufreizend.

Seychelles [seɪ'ʃɛl(z)] npl: **the ~** die Seychellen pl.

SF n abbr (= science fiction) SF.

SG (US) n abbr (MIL, MED) = **Surgeon General**.

Sgt abbr (POLICE, MIL) = **sergeant**.

shabbiness ['ʃæbɪnɪs] n Schäbigkeit f.

shabby ['ʃæbɪ] adj schäbig.

shack [ʃæk] n Hütte f.
▶ **shack up** (inf) vi: **to ~ up (with sb)** (mit jdm) zusammenziehen.

shackles ['ʃæklz] npl Ketten pl; (fig) Fesseln pl.

shade [ʃeɪd] n Schatten m; (for lamp) (Lampen)schirm m; (of colour) (Farb)ton m; (US: also: **window ~**) Jalousie f, Rollo nt ♦ vt beschatten; (eyes) abschirmen; **shades** npl (inf: sunglasses) Sonnenbrille f; **in the ~** im Schatten; **a ~ of blue** ein Blauton; **a ~ (more/too large)** (small quantity) etwas or eine Spur (mehr/zu groß).

shadow ['ʃædəu] n Schatten m ♦ vt (follow) beschatten; **without or beyond a ~ of a doubt** ohne den geringsten Zweifel.

shadow cabinet (BRIT) n Schattenkabinett nt.

shadowy ['ʃædəuɪ] adj schattig; (figure, shape) schattenhaft.

shady ['ʃeɪdɪ] adj schattig; (fig: dishonest) zwielichtig; **~ deals** dunkle Geschäfte.

shaft [ʃɑːft] n (of arrow, spear) Schaft m; (AUT, TECH) Welle f; (of mine, lift) Schacht m; (of light) Strahl m; **ventilation ~** Luftschacht m.

shaggy ['ʃægɪ] adj zottelig; (dog, sheep) struppig.

shake [ʃeɪk] (pt shook, pp shaken) vt schütteln; (weaken, upset, surprise) erschüttern; (weaken: resolve) ins Wanken bringen ♦ vi zittern, beben; (building, table) wackeln; (earth) beben ♦ n Schütteln nt; **to ~ one's head** den Kopf schütteln; **to ~ hands with sb** jdm die Hand schütteln; **to ~ one's fist (at sb)** (jdm) mit der Faust drohen; **give it a good ~** schütteln Sie es gut durch; **a ~ of the head** ein Kopfschütteln.
▶ **shake off** vt (lit, fig) abschütteln.
▶ **shake up** vt schütteln; (fig: upset) erschüttern.

shake-out ['ʃeɪkaut] n Freisetzung f von Arbeitskräften.

shake-up ['ʃeɪkʌp] n (radikale) Veränderung f.

shakily ['ʃeɪkɪlɪ] adv (reply) mit zittriger Stimme; (walk, stand) unsicher, wackelig.

shaky ['ʃeɪkɪ] adj (hand, voice) zittrig; (memory) schwach; (knowledge, prospects, future, start) unsicher.

shale [ʃeɪl] n Schiefer m.

shall [ʃæl] aux vb: **I ~ go** ich werde gehen; **~ I open the door?** soll ich die Tür öffnen?; **I'll go, ~ I?** soll ich gehen?

shallot [ʃə'lɔt] (BRIT) n Schalotte f.

shallow ['ʃæləu] adj flach; (fig) oberflächlich; **the shallows** npl die Untiefen pl.

sham [ʃæm] n Heuchelei f, (person) Heuchler(in) m(f); (object) Attrappe f ♦ adj unecht; (fight) Schein- ♦ vt vortäuschen.

shambles ['ʃæmblz] n heilloses Durcheinander nt; **the economy is (in) a complete ~** die Wirtschaft befindet sich in einem totalen Chaos.

shambolic [ʃæm'bɔlɪk] (inf) adj chaotisch.

shame [ʃeɪm] n Scham f; (disgrace) Schande f ♦ vt beschämen; **it is a ~ that ...** es ist eine Schande, dass ...; **what a ~!** wie schade!; **to bring ~ on** Schande bringen über +acc; **to put sb/sth to ~** jdn/etw in den Schatten stellen.

shamefaced ['ʃeɪmfeɪst] adj betreten.

shameful ['ʃeɪmful] adj schändlich.

shameless ['ʃeɪmlɪs] adj schamlos.

shampoo [ʃæm'puː] n Shampoo(n) nt ♦ vt waschen.

shampoo and set n Waschen und Legen nt.

shamrock ['ʃæmrɔk] n (plant) Klee m; (leaf) Kleeblatt nt.

shandy ['ʃændɪ] n Bier nt mit Limonade,

Radler *m*.
shan't [ʃɑːnt] = **shall not**.
shantytown ['ʃæntɪtaun] *n* Elendsviertel *nt*.
SHAPE [ʃeɪp] *n abbr* (*MIL*: = *Supreme Headquarters Allied Powers, Europe*) Hauptquartier der alliierten Streitkräfte in Europa während des 2. Weltkriegs.
shape [ʃeɪp] *n* Form *f* ♦ *vt* gestalten; (*form*) formen; (*sb's ideas*) prägen; (*sb's life*) bestimmen; **to take** ~ Gestalt annehmen; **in the** ~ **of a heart** in Herzform; **I can't bear gardening in any** ~ **or form** ich kann Gartenarbeit absolut nicht ausstehen; **to get (o.s.) into** ~ in Form kommen.
▶ **shape up** *vi* sich entwickeln.
-shaped [ʃeɪpt] *suff*: **heart-**~ herzförmig.
shapeless ['ʃeɪplɪs] *adj* formlos.
shapely ['ʃeɪplɪ] *adj* (*woman*) wohlproportioniert; (*legs*) wohlgeformt, wohl geformt.
share [ʃɛə*] *n* (*part*) Anteil *m*; (*contribution*) Teil *m*; (*COMM*) Aktie *f* ♦ *vt* teilen; (*room, bed, taxi*) sich *dat* teilen; (*have in common*) gemeinsam haben; **to** ~ **in** (*joy, sorrow*) teilen; (*profits*) beteiligt sein an +*dat*; (*work*) sich beteiligen an +*dat*.
▶ **share out** *vt* aufteilen.
share capital *n* Aktienkapital *nt*.
share certificate *n* Aktienurkunde *f*.
shareholder ['ʃɛəhəʊldə*] *n* Aktionär(in) *m(f)*.
share index *n* Aktienindex *m*; **the 100 Share Index** Aktienindex der *Financial Times*.
share issue *n* Aktienemission *f*.
shark [ʃɑːk] *n* Hai(fisch) *m*.
sharp [ʃɑːp] *adj* scharf; (*point, nose, chin*) spitz; (*pain*) heftig; (*cold*) schneidend; (*MUS*) zu hoch; (*increase*) stark; (*person: quick-witted*) clever; (: *dishonest*) gerissen ♦ *n* (*MUS*) Kreuz *nt* ♦ *adv*: **at 2 o'clock** ~ um Punkt 2 Uhr; **turn** ~ **left** biegen Sie scharf nach links ab; **to be** ~ **with sb** schroff mit jdm sein; ~ **practices** (*COMM*) unsaubere Geschäfte *pl*; **C** ~ (*MUS*) Cis *nt*; **look** ~! (ein bisschen) dalli! (*inf*).
sharpen ['ʃɑːpn] *vt* schleifen, schärfen; (*pencil, stick etc*) (an)spitzen; (*fig: appetite*) anregen.
sharpener ['ʃɑːpnə*] *n* (*also*: **pencil** ~) (Bleistift)spitzer *m*; (*also*: **knife** ~) Schleifgerät *nt*.
sharp-eyed [ʃɑːp'aɪd] *adj* scharfsichtig.
sharpish ['ʃɑːpɪʃ] (*inf*) *adj* (*instantly*) auf der Stelle.
sharply ['ʃɑːplɪ] *adv* scharf; (*stop*) plötzlich; (*retort*) schroff.
sharp-tempered [ʃɑːp'tempəd] *adj* jähzornig.
sharp-witted [ʃɑːp'wɪtɪd] *adj* scharfsinnig.
shatter ['ʃætə*] *vt* zertrümmern; (*fig: hopes, dreams*) zunichte machen; (: *confidence*) zerstören ♦ *vi* zerbrechen, zerspringen.
shattered ['ʃætəd] *adj* erschüttert; (*inf: exhausted*) fertig, kaputt.

shattering ['ʃætərɪŋ] *adj* erschütternd, niederschmetternd; (*exhausting*) äußerst anstrengend.
shatterproof ['ʃætəpruːf] *adj* splitterfest, splitterfrei.
shave [ʃeɪv] *vt* rasieren ♦ *vi* sich rasieren ♦ *n*: **to have a** ~ sich rasieren.
shaven ['ʃeɪvn] *adj* (*head*) kahl geschoren.
shaver ['ʃeɪvə*] *n* (*also*: **electric** ~) Rasierapparat *m*.
shaving ['ʃeɪvɪŋ] *n* Rasieren *nt*; **shavings** *npl* (*of wood etc*) Späne *pl*.
shaving brush *n* Rasierpinsel *m*.
shaving cream *n* Rasiercreme *f*.
shaving foam *n* Rasierschaum *m*.
shaving point *n* Steckdose *f* für Rasierapparate.
shaving soap *n* Rasierseife *f*.
shawl [ʃɔːl] *n* (Woll)tuch *nt*.
she [ʃiː] *pron* sie ♦ *pref* weiblich; ~**-bear** Bärin *f*; **there** ~ **is** da ist sie.
sheaf [ʃiːf] (*pl* **sheaves**) *n* (*of corn*) Garbe *f*; (*of papers*) Bündel *nt*.
shear [ʃɪə*] (*pt* **sheared**, *pp* **shorn**) *vt* scheren.
▶ **shear off** *vi* abbrechen.
shears ['ʃɪəz] *npl* (*for hedge*) Heckenschere *f*.
sheath [ʃiːθ] *n* (*of knife*) Scheide *f*; (*contraceptive*) Kondom *nt*.
sheathe [ʃiːð] *vt* ummanteln; (*sword*) in die Scheide stecken.
sheath knife *n* Fahrtenmesser *nt*.
sheaves [ʃiːvz] *npl of* **sheaf**.
shed [ʃed] (*pt*, *pp* **shed**) *n* Schuppen *m*; (*INDUSTRY, RAIL*) Halle *f* ♦ *vt* (*tears, blood*) vergießen; (*load*) verlieren; (*workers*) entlassen; **to** ~ **its skin** sich häuten; **to** ~ **light on** (*problem*) erhellen.
she'd [ʃiːd] = **she had, she would**.
sheen [ʃiːn] *n* Glanz *m*.
sheep [ʃiːp] *n inv* Schaf *nt*.
sheepdog ['ʃiːpdɒg] *n* Hütehund *m*.
sheep farmer *n* Schaffarmer *m*.
sheepish ['ʃiːpɪʃ] *adj* verlegen.
sheepskin ['ʃiːpskɪn] *n* Schaffell *nt* ♦ *cpd* Schaffell-.
sheer [ʃɪə*] *adj* (*utter*) rein; (*steep*) steil; (*almost transparent*) (hauch)dünn ♦ *adv* (*straight up*) senkrecht; **by** ~ **chance** rein zufällig.
sheet [ʃiːt] *n* (*on bed*) (Bett)laken *nt*; (*of paper*) Blatt *nt*; (*of glass, metal*) Platte *f*; (*of ice*) Fläche *f*.
sheet feed *n* (*on printer*) Papiereinzug *m*.
sheet lightning *n* Wetterleuchten *nt*.
sheet metal *n* Walzblech *nt*.
sheet music *n* Notenblätter *pl*.
sheik(h) [ʃeɪk] *n* Scheich *m*.
shelf [ʃelf] (*pl* **shelves**) *n* Brett *nt*, Bord *nt*; **set of shelves** Regal *nt*.
shelf life *n* Lagerfähigkeit *f*.
shell [ʃel] *n* (*on beach*) Muschel *f*; (*of egg, nut etc*) Schale *f*; (*explosive*) Granate *f*; (*of

building) Mauern *pl* ♦ *vt* (*peas*) enthülsen;
(*MIL: fire on*) (mit Granaten) beschießen.
► **shell out** (*inf*) *vt:* **to ~ out (for)** blechen
(für).

she'll [ʃiːl] = **she will; she shall.**

shellfish [ˈʃɛlfɪʃ] *n inv* Schalentier *nt;* (*scallop etc*) Muschel *f;* (*as food*) Meeresfrüchte *pl.*

shelter [ˈʃɛltə*] *n* (*building*) Unterstand *m;*
(*refuge*) Schutz *m;* (*also:* **bus ~**)
Wartehäuschen *nt;* (*also:* **night ~**)
Obdachlosenasyl *nt* ♦ *vt* (*protect*) schützen;
(*homeless, refugees*) aufnehmen; (*wanted man*) Unterschlupf gewähren +*dat* ♦ *vi* sich
unterstellen; (*from storm*) Schutz suchen; **to
take ~ (from)** (*from danger*) sich in
Sicherheit bringen (vor +*dat*); (*from storm
etc*) Schutz suchen (vor +*dat*).

sheltered [ˈʃɛltəd] *adj* (*life*) behütet; (*spot*)
geschützt; **~ housing** (*for old people*)
Altenwohnungen *pl;* (*for handicapped people*)
Behindertenwohnungen *pl.*

shelve [ʃɛlv] *vt* (*fig: plan*) ad acta legen.

shelves [ʃɛlvz] *npl of* **shelf.**

shelving [ˈʃɛlvɪŋ] *n* Regale *pl.*

shepherd [ˈʃɛpəd] *n* Schäfer *m* ♦ *vt* (*guide*)
führen.

shepherdess [ˈʃɛpədɪs] *n* Schäferin *f.*

shepherd's pie (*BRIT*) *n Auflauf aus
Hackfleisch und Kartoffelbrei.*

sherbet [ˈʃɔːbət] *n* (*BRIT: powder*)
Brausepulver *nt;* (*US: water ice*) Fruchteis *nt.*

sheriff [ˈʃɛrɪf] (*US*) *n* Sheriff *m.*

sherry [ˈʃɛrɪ] *n* Sherry *m.*

she's [ʃiːz] = **she is; she has.**

Shetland [ˈʃɛtlənd] *n* (*also:* **the ~ Islands**) die
Shetlandinseln *pl.*

Shetland pony *n* Shetlandpony *nt.*

shield [ʃiːld] *n* (*MIL*) Schild *m;* (*trophy*)
Trophäe *f;* (*fig: protection*) Schutz *m* ♦ *vt:* **to
~ (from)** schützen (vor +*dat*).

shift [ʃɪft] *n* (*change*) Änderung *f;* (*work-period,
workers*) Schicht *f* ♦ *vt* (*move*) bewegen;
(*furniture*) (ver)rücken; (*stain*)
herausbekommen ♦ *vi* (*move*) sich bewegen;
(*wind*) drehen; **a ~ in demand** (*COMM*) eine
Nachfrageverschiebung.

shift key *n* Umschalttaste *f.*

shiftless [ˈʃɪftlɪs] *adj* träge.

shift work *n* Schichtarbeit *f;* **to do ~** Schicht
arbeiten.

shifty [ˈʃɪftɪ] *adj* verschlagen.

Shiite [ˈʃiːaɪt] *adj* schiitisch ♦ *n* Schiit(in) *m(f).*

shilling [ˈʃɪlɪŋ] (*BRIT: old*) *n* Shilling *m.*

shilly-shally [ˈʃɪlɪʃælɪ] *vi* unschlüssig sein.

shimmer [ˈʃɪmə*] *vi* schimmern.

shimmering [ˈʃɪmərɪŋ] *adj* schimmernd.

shin [ʃɪn] *n* Schienbein *nt* ♦ *vi:* **to ~ up a tree**
einen Baum hinaufklettern.

shindig [ˈʃɪndɪg] (*inf*) *n* Remmidemmi *nt.*

shine [ʃaɪn] (*pt, pp* **shone**) *n* Glanz *m* ♦ *vi* (*sun,
light*) scheinen; (*eyes*) leuchten; (*hair, fig:
person*) glänzen ♦ *vt* (*polish: pt, pp* **shined**)

polieren; **to ~ a torch on sth** etw mit einer
Taschenlampe anleuchten.

shingle [ˈʃɪŋgl] *n* (*on beach*) Kiesel(steine) *pl;*
(*on roof*) Schindel *f.*

shingles [ˈʃɪŋglz] *npl* (*MED*) Gürtelrose *f.*

shining [ˈʃaɪnɪŋ] *adj* glänzend; (*example*)
leuchtend.

shiny [ˈʃaɪnɪ] *adj* glänzend.

ship [ʃɪp] *n* Schiff *nt* ♦ *vt* verschiffen; (*send*)
versenden; (*water*) übernehmen; **on board ~**
an Bord.

shipbuilder [ˈʃɪpbɪldə*] *n* Schiffbauer *m.*

shipbuilding [ˈʃɪpbɪldɪŋ] *n* Schiffbau *m.*

ship canal *n* Seekanal *m.*

ship chandler [-ˈtʃɑːndlə*] *n* Schiffsausrüster
m.

shipment [ˈʃɪpmənt] *n* (*of goods*) Versand *m;*
(*amount*) Sendung *f.*

shipowner [ˈʃɪpəʊnə*] *n* Schiffseigner *m;* (*of
many ships*) Reeder *m.*

shipper [ˈʃɪpə*] *n* (*person*) Spediteur *m;*
(*company*) Spedition *f.*

shipping [ˈʃɪpɪŋ] *n* (*transport*) Versand *m;*
(*ships*) Schiffe *pl.*

shipping agent *n* Reeder *m.*

shipping company *n* Schifffahrtslinie *f,*
Reederei *f.*

shipping lane *n* Schifffahrtsstraße *f.*

shipping line *n* = **shipping company.**

shipshape [ˈʃɪpʃeɪp] *adj* tipptopp (*inf*).

shipwreck [ˈʃɪprɛk] *n* Schiffbruch *m;* (*ship*)
Wrack *nt* ♦ *vt:* **to be ~ed** schiffbrüchig sein.

shipyard [ˈʃɪpjɑːd] *n* Werft *f.*

shire [ˈʃaɪə*] (*BRIT*) *n* Grafschaft *f.*

shirk [ʃɔːk] *vt* sich drücken vor +*dat.*

shirt [ʃɔːt] *n* (*Ober*)hemd *nt;* (*woman's*)
(Hemd)bluse *f;* **in (one's) ~ sleeves** in
Hemdsärmeln.

shirty [ˈʃɔːtɪ] (*BRIT: inf*) *adj* sauer (*inf*).

shit [ʃɪt] (*inf!*) *excl* Scheiße (!).

shiver [ˈʃɪvə*] *n* Schauer *m* ♦ *vi* zittern; **to
~ with cold** vor Kälte zittern.

shoal [ʃəʊl] *n* (*of fish*) Schwarm *m;* (*also:* **~s,**
fig) Scharen *pl.*

shock [ʃɔk] *n* Schock *m;* (*impact*)
Erschütterung *f;* (*also:* **electric ~**) Schlag *m*
♦ *vt* (*upset*) erschüttern; (*offend*)
schockieren; **to be suffering from ~** (*MED*)
einen Schock haben; **to be in ~** unter
Schock stehen; **it gave us a ~** es hat uns
erschreckt; **it came as a ~ to hear that …**
wir hörten mit Bestürzung, dass …

shock absorber *n* (*AUT*) Stoßdämpfer *m.*

shocker [ˈʃɔkə*] (*inf*) *n* (*film etc*) Schocker *m,*
Reißer *m;* **that's a real ~** (*event etc*) das haut
einen echt um.

shocking [ˈʃɔkɪŋ] *adj* schrecklich,
fürchterlich; (*outrageous*) schockierend.

shockproof [ˈʃɔkpruːf] *adj* stoßfest.

shock therapy *n* Schocktherapie *f.*

shock treatment *n* = **shock therapy.**

shock wave *n* (*lit*) Druckwelle *f;* (*fig*)

Schockwelle f.
shod [ʃɒd] pt, pp of **shoe**.
shoddy [ʃɒdɪ] adj minderwertig.
shoe [ʃuː] (pt, pp **shod**) n Schuh m; (for horse) Hufeisen nt; (also: **brake** ~) Bremsbacke f ♦ vt (horse) beschlagen.
shoebrush [ʃuːbrʌʃ] n Schuhbürste f.
shoehorn [ʃuːhɔːn] n Schuhanzieher m.
shoelace [ʃuːleɪs] n Schnürsenkel m.
shoemaker [ʃuːmeɪkə·] n Schuhmacher m, Schuster m.
shoe polish n Schuhcreme f.
shoe shop n Schuhgeschäft nt.
shoestring [ʃuːstrɪŋ] n (fig): **on a** ~ mit ganz wenig Geld.
shoetree [ʃuːtriː] n Schuhspanner m.
shone [ʃɒn] pt, pp of **shine**.
shoo [ʃuː] excl (to dog etc) pfui ♦ vt (also: ~ **away**, ~ **off**, etc) verscheuchen; (somewhere) scheuchen.
shook [ʃuk] pt of **shake**.
shoot [ʃuːt] (pt, pp **shot**) n (on branch) Trieb m; (seedling) Sämling m; (SPORT) Jagd f ♦ vt (gun) abfeuern; (arrow, goal) schießen; (kill, execute) erschießen; (wound) anschießen; (BRIT: game birds) schießen; (film) drehen ♦ vi: **to** ~ (**at**) schießen (auf +acc); **to** ~ **past (sb/sth)** (an jdm/etw) vorbeischießen.
▶ **shoot down** vt abschießen.
▶ **shoot in** vi hereingeschossen kommen.
▶ **shoot out (of)** vi herausgeschossen kommen (aus +dat).
▶ **shoot up** vi (fig: increase) in die Höhe schnellen.
shooting [ʃuːtɪŋ] n Schießen nt, Schüsse pl; (attack) Schießerei f; (murder) Erschießung f; (CINE) Drehen nt; (HUNTING) Jagen nt.
shooting range n Schießplatz m.
shooting star n Sternschnuppe f.
shop [ʃɒp] n Geschäft nt, Laden m; (workshop) Werkstatt f ♦ vi (also: **go** ~**ping**) einkaufen (gehen); **repair** ~ Reparaturwerkstatt f; **to talk** ~ (fig) über die Arbeit reden.
▶ **shop around** vi Preise vergleichen; (fig) sich umsehen.
shopaholic [ʃɒpəˈhɒlɪk] (inf) n: **to be a** ~ einen Einkaufsfimmel haben.
shop assistant (BRIT) n Verkäufer(in) m(f).
shop floor (BRIT) n (workers) Arbeiter pl; **on the** ~ bei or unter den Arbeitern.
shopkeeper [ʃɒpkiːpə·] n Geschäftsinhaber(in) m(f), Ladenbesitzer(in) m(f).
shoplifter [ʃɒplɪftə·] n Ladendieb(in) m(f).
shoplifting [ʃɒplɪftɪŋ] n Ladendiebstahl m.
shopper [ʃɒpə·] n Käufer(in) m(f).
shopping [ʃɒpɪŋ] n (goods) Einkäufe pl.
shopping bag n Einkaufstasche f.
shopping centre, (US) **shopping center** n Einkaufszentrum nt.
shopping mall n Shoppingcenter nt.
shop-soiled [ʃɒpsɔɪld] adj angeschmutzt.

shop steward (BRIT) n gewerkschaftlicher Vertrauensmann m.
shop window n Schaufenster nt.
shore [ʃɔː·] n Ufer nt; (beach) Strand m ♦ vt: **to** ~ (**up**) abstützen; **on** ~ an Land.
shore leave n (NAUT) Landurlaub m.
shorn [ʃɔːn] pp of **shear** **to be** ~ **of** (power etc) entkleidet sein +gen.
short [ʃɔːt] adj kurz; (person) klein; (curt) schroff, kurz angebunden (inf); (scarce) knapp ♦ n (also: ~ **film**) Kurzfilm m; **to be** ~ **of ...** zu wenig ... haben; **I'm 3** ~ ich habe 3 zu wenig, mir fehlen 3; **in** ~ kurz gesagt; **to be in** ~ **supply** knapp sein; **it is** ~ **for ...** es ist die Kurzform von ...; **a** ~ **time ago** vor kurzem; **in the** ~ **term** auf kurze Sicht; ~ **of doing sth** außer etw zu tun; **to cut** ~ abbrechen; **everything** ~ **of ...** alles außer ... +dat; **to fall** ~ **of sth** etw nicht erreichen; (expectations) etw nicht erfüllen; **to run** ~ **of ...** nicht mehr viel ... haben; **to stop** ~ plötzlich innehalten; **to stop** ~ **of** Halt machen vor +dat; see also **shorts**.
shortage [ʃɔːtɪdʒ] n: **a** ~ **of** ein Mangel m an +dat.
shortbread [ʃɔːtbrɛd] n Mürbegebäck nt.
short-change [ʃɔːtˈtʃeɪndʒ] vt: **to** ~ **sb** jdm zu wenig Wechselgeld geben.
short circuit n Kurzschluss m.
shortcoming [ʃɔːtkʌmɪŋ] n Fehler m, Mangel m.
shortcrust pastry (BRIT) n Mürbeteig m.
short cut n Abkürzung f; (fig) Schnellverfahren nt.
shorten [ʃɔːtn] vt verkürzen.
shortening [ʃɔːtnɪŋ] n (Back)fett nt.
shortfall [ʃɔːtfɔːl] n Defizit nt.
shorthand [ʃɔːthænd] n Kurzschrift f, Stenografie f; (fig) Kurzform f; **to take sth down in** ~ etw stenografieren.
shorthand notebook (BRIT) n Stenoblock m.
shorthand typist (BRIT) n Stenotypist(in) m(f).
short list (BRIT) n Auswahlliste f; **to be on the** ~ in der engeren Wahl sein.
short-list [ʃɔːtlɪst] (BRIT) vt in die engere Wahl ziehen; **to be** ~**ed** in die engere Wahl kommen.
short-lived [ʃɔːtˈlɪvd] adj kurzlebig; **to be** ~ nicht von Dauer sein.
shortly [ʃɔːtlɪ] adv bald.
shorts [ʃɔːts] npl: (**a pair of**) ~ Shorts pl.
short-sighted [ʃɔːtˈsaɪtɪd] (BRIT) adj (lit, fig) kurzsichtig.
short-sightedness [ʃɔːtˈsaɪtɪdnɪs] n Kurzsichtigkeit f.
short-staffed [ʃɔːtˈstɑːft] adj: **to be** ~ zu wenig Personal haben.
short story n Kurzgeschichte f.
short-tempered [ʃɔːtˈtɛmpəd] adj gereizt.
short-term [ʃɔːttɜːm] adj kurzfristig.
short time n: **to work** ~, **to be on** ~

kurzarbeiten, Kurzarbeit haben.
short-wave ['ʃɔːtweɪv] (*RADIO*) *adj* auf
Kurzwelle ♦ *n* Kurzwelle *f*.
shot [ʃɔt] *pt, pp of* **shoot** ♦ *n* Schuss *m*; (*shotgun
pellets*) Schrot *m*; (*injection*) Spritze *f*; (*PHOT*)
Aufnahme *f*; **to fire a ~ at sb/sth** einen
Schuss auf jdn/etw abgeben; **to have a ~ at
(doing) sth** etw mal versuchen; **to get ~ of
sb/sth** (*inf*) jdn/etw loswerden; **a big ~** (*inf*)
ein hohes Tier; **a good/poor ~** (*person*) ein
guter/schlechter Schütze; **like a ~** sofort.
shotgun ['ʃɔtgʌn] *n* Schrotflinte *f*.
should [ʃud] *aux vb*: **I ~ go now** ich sollte jetzt
gehen; **he ~ be there now** er müsste
eigentlich schon da sein; **I ~ go if I were you**
an deiner Stelle würde ich gehen; **I ~ like to**
ich möchte gerne, ich würde gerne; **~ he
phone ...** falls er anruft ...
shoulder ['ʃəuldə*] *n* Schulter *f* ♦ *vt* (*fig*) auf
sich *acc* nehmen; **to rub ~s with sb** (*fig*) mit
jdm in Berührung kommen; **to give sb the
cold ~** (*fig*) jdm die kalte Schulter zeigen.
shoulder bag *n* Umhängetasche *f*.
shoulder blade *n* Schulterblatt *nt*.
shoulder strap *n* (*on clothing*) Träger *m*; (*on
bag*) Schulterriemen *m*.
shouldn't ['ʃudnt] = **should not**.
shout [ʃaut] *n* Schrei *m*, Ruf *m* ♦ *vt* schreien,
rufen ♦ *vi* (*also*: **~ out**) aufschreien; **to give
sb a ~** jdn rufen.
▶ **shout down** *vt* niederbrüllen.
shouting ['ʃautɪŋ] *n* Geschrei *nt*.
shouting match (*inf*) *n*: **to have a ~** sich
gegenseitig anschreien.
shove [ʃʌv] *vt* schieben; (*with one push*)
stoßen, schubsen (*inf*) ♦ *n*: **to give sb a ~** jdn
stoßen *or* schubsen (*inf*); **to give sth a ~** etw
verrücken; (*door*) gegen etw stoßen; **to
~ sth in sth** (*inf*: *put*) etw in etw *acc* stecken;
he ~d me out of the way er stieß mich zur
Seite.
▶ **shove off** (*inf*) *vi* abschieben.
shovel ['ʃʌvl] *n* Schaufel *f*; (*mechanical*)
Bagger *m* ♦ *vt* schaufeln.
show [ʃəu] (*pt* **showed**, *pp* **shown**) *n*
(*exhibition*) Ausstellung *f*, Schau *f*; (*THEAT*)
Aufführung *f*; (*TV*) Show *f*; (*CINE*)
Vorstellung *f* ♦ *vt* zeigen; (*exhibit*) ausstellen
♦ *vi*: **it ~s** man sieht es; (*is evident*) man
merkt es; **to ask for a ~ of hands** um
Handzeichen bitten; **without any ~ of
emotion** ohne jede Gefühlsregung; **it's just
for ~** es ist nur zur Schau; **on ~** ausgestellt,
zu sehen; **who's running the ~ here?** (*inf*)
wer ist hier verantwortlich?; **to ~ sb to his
seat/to the door** jdn an seinen Platz/zur Tür
bringen; **to ~ a profit/loss** Gewinn/Verlust
aufweisen; **it just goes to ~ that ...** da sieht
mans mal wieder, dass.
▶ **show in** *vt* hereinführen.
▶ **show off** (*pej*) *vi* angeben ♦ *vt* vorführen.
▶ **show out** *vt* hinausbegleiten.

▶ **show up** *vi* (*stand out*) sich abheben; (*inf*:
turn up) auftauchen ♦ *vt* (*uncover*) deutlich
erkennen lassen; (*shame*) blamieren.
showbiz *n* = **show business**.
show business *n* Showgeschäft *nt*.
showcase ['ʃəukeɪs] *n* Schaukasten *m*; (*fig*)
Werbung *f*.
showdown ['ʃəudaun] *n* Kraftprobe *f*.
shower ['ʃauə*] *n* (*of rain*) Schauer *m*; (*of
stones etc*) Hagel *m*; (*for bathing in*) Dusche *f*;
(*US: party*) Party, bei der jeder ein
Geschenk für den Ehrengast mitbringt ♦ *vi*
duschen ♦ *vt*: **to ~ sb with** (*gifts etc*) jdn
überschütten mit; (*missiles, abuse etc*) auf
jdn niederhageln lassen; **to have** *or* **take a ~**
duschen; **a ~ of sparks** ein Funkenregen *m*.
showercap ['ʃauəkæp] *n* Duschhaube *f*.
showerproof ['ʃauəpruːf] *adj* regenfest.
showery ['ʃauərɪ] *adj* regnerisch.
showground ['ʃəugraund] *n*
Ausstellungsgelände *nt*.
showing ['ʃəuɪŋ] *n* (*of film*) Vorführung *f*.
show jumping *n* Springreiten *nt*.
showman ['ʃəumən] (*irreg: like* **man**) *n* (*at fair*)
Schausteller *m*; (*at circus*) Artist *m*; (*fig*)
Schauspieler *m*.
showmanship ['ʃəumənʃɪp] *n* Talent *nt* für
effektvolle Darbietung.
shown [ʃəun] *pp of* **show**.
show-off ['ʃəuɔf] (*inf*) *n* Angeber(in) *m(f)*.
showpiece ['ʃəupiːs] *n* (*of exhibition etc*)
Schaustück *nt*; (*best example*) Paradestück
nt; (*prime example*) Musterbeispiel *nt*.
showroom ['ʃəurum] *n* Ausstellungsraum *m*.
show trial *n* Schauprozess *m*.
showy ['ʃəuɪ] *adj* auffallend.
shrank [ʃræŋk] *pt of* **shrink**.
shrapnel ['ʃræpnl] *n* Schrapnell *nt*.
shred [ʃrɛd] *n* (*gen pl*) Fetzen *m*; (*fig*): **not a
~ of truth** kein Fünkchen Wahrheit; **not a
~ of evidence** keine Spur eines Beweises
♦ *vt* zerfetzen; (*CULIN*) raspeln.
shredder ['ʃrɛdə*] *n* (*vegetable shredder*)
Raspel *f*; (*document shredder*) Reißwolf *m*;
(*garden shredder*) Häcksler *m*.
shrew [ʃruː] *n* (*ZOOL*) Spitzmaus *f*; (*pej:
woman*) Xanthippe *f*.
shrewd [ʃruːd] *adj* klug.
shrewdness ['ʃruːdnɪs] *n* Klugheit *f*.
shriek [ʃriːk] *n* schriller Schrei *m* ♦ *vi*
schreien; **to ~ with laughter** vor Lachen
quietschen.
shrift [ʃrɪft] *n*: **to give sb short ~** jdn kurz
abfertigen.
shrill [ʃrɪl] *adj* schrill.
shrimp [ʃrɪmp] *n* Garnele *f*.
shrine [ʃraɪn] *n* Schrein *m*; (*fig*) Gedenkstätte *f*.
shrink [ʃrɪŋk] (*pt* **shrank**, *pp* **shrunk**) *vi* (*cloth*)
einlaufen; (*profits, audiences*) schrumpfen;
(*forests*) schwinden; (*also*: **~ away**)
zurückweichen ♦ *vt* (*cloth*) einlaufen lassen
♦ *n* (*inf: pej*) Klapsdoktor *m*; **to ~ from sth**

vor etw *dat* zurückschrecken; **to ~ from doing sth** davor zurückschrecken, etw zu tun.

shrinkage ['ʃrɪŋkɪdʒ] *n* (*of clothes*) Einlaufen *nt*.

shrink-wrap ['ʃrɪŋkræp] *vt* einschweißen.

shrivel ['ʃrɪvl] (*also*: ~ **up**) *vt* austrocknen ♦ *vi* austrocknen, verschrumpeln.

shroud [ʃraud] *n* Leichentuch *nt* ♦ *vt*: ~**ed in mystery** von einem Geheimnis umgeben.

Shrove Tuesday ['ʃrəuv-] *n* Fastnachtsdienstag *m*.

shrub [ʃrʌb] *n* Strauch *m*, Busch *m*.

shrubbery ['ʃrʌbərɪ] *n* Gebüsch *nt*.

shrug [ʃrʌg] *n*: ~ (**of the shoulders**) Achselzucken *nt* ♦ *vi, vt*: **to ~ (one's shoulders)** mit den Achseln zucken.

▶ **shrug off** *vt* (*criticism*) auf die leichte Schulter nehmen; (*illness*) abschütteln.

shrunk [ʃrʌŋk] *pp of* **shrink**.

shrunken ['ʃrʌŋkn] *adj* (ein)geschrumpft.

shudder ['ʃʌdə*] *n* Schauder *m* ♦ *vi* schaudern; **I ~ to think of it** (*fig*) mir graut, wenn ich nur daran denke.

shuffle ['ʃʌfl] *vt* (*cards*) mischen ♦ *vi* schlurfen; **to ~ (one's feet)** mit den Füßen scharren.

shun [ʃʌn] *vt* meiden; (*publicity*) scheuen.

shunt [ʃʌnt] *vt* rangieren.

shunting yard ['ʃʌntɪŋ-] *n* Rangierbahnhof *m*.

shush [ʃuʃ] *excl* pst!, sch!

shut [ʃʌt] (*pt, pp* **shut**) *vt* schließen, zumachen (*inf*) ♦ *vi* sich schließen, zugehen; (*shop*) schließen, zumachen (*inf*).

▶ **shut down** *vt* (*factory etc*) schließen; (*machine*) abschalten ♦ *vi* schließen, zumachen (*inf*).

▶ **shut off** *vt* (*gas, electricity*) abstellen; (*oil supplies etc*) abschneiden.

▶ **shut out** *vt* (*person*) aussperren; (*cold, noise*) nicht hereinlassen; (*view*) versperren; (*memory, thought*) verdrängen.

▶ **shut up** *vi* (*inf: keep quiet*) den Mund halten ♦ *vt* (*silence*) zum Schweigen bringen.

shutdown ['ʃʌtdaun] *n* Schließung *f*.

shutter ['ʃʌtə*] *n* Fensterladen *m*; (*PHOT*) Verschluss *m*.

shuttle ['ʃʌtl] *n* (*plane*) Pendelflugzeug *nt*; (*train*) Pendelzug *m*; (*space shuttle*) Raumtransporter *m*; (*also*: ~ **service**) Pendelverkehr *m*; (*for weaving*) Schiffchen *nt* ♦ *vi*: **to ~ to and fro** pendeln; **to ~ between** pendeln zwischen ♦ *vt* (*passengers*) transportieren.

shuttlecock ['ʃʌtlkɔk] *n* Federball *m*.

shuttle diplomacy *n* Reisediplomatie *f*.

shy [ʃaɪ] *adj* schüchtern; (*animal*) scheu ♦ *vi*: **to ~ away from doing sth** (*fig*) davor zurückschrecken, etw zu tun; **to fight ~ of** aus dem Weg gehen +*dat*; **to be ~ of doing sth** Hemmungen haben, etw zu tun.

shyly ['ʃaɪlɪ] *adv* schüchtern, scheu.

shyness ['ʃaɪnɪs] *n* Schüchternheit *f*, Scheu *f*.

Siam [saɪ'æm] *n* Siam *nt*.

Siamese [saɪə'miːz] *adj*: ~ **cat** Siamkatze *f*; ~ **twins** siamesische Zwillinge *pl*.

Siberia [saɪ'bɪərɪə] *n* Sibirien *nt*.

sibling ['sɪblɪŋ] *n* Geschwister *nt*.

Sicilian [sɪ'sɪlɪən] *adj* sizilianisch ♦ *n* Sizilianer(in) *m(f)*.

Sicily ['sɪsɪlɪ] *n* Sizilien *nt*.

sick [sɪk] *adj* krank; (*humour, joke*) makaber; **to be ~** (*vomit*) brechen, sich übergeben; **I feel ~** mir ist schlecht; **to fall ~** krank werden; **to be (off)** ~ wegen Krankheit fehlen; **a ~ person** ein Kranker, eine Kranke; **to be ~ of** (*fig*) satt haben +*acc*.

sickbag ['sɪkbæg] *n* Spucktüte *f*.

sickbay ['sɪkbeɪ] *n* Krankenrevier *nt*.

sickbed ['sɪkbed] *n* Krankenbett *nt*.

sick building syndrome *n* Kopfschmerzen, *Allergien etc, die in modernen, vollklimatisierten Bürogebäuden entstehen.*

sicken ['sɪkn] *vt* (*disgust*) anwidern ♦ *vi*: **to be ~ing for a cold/flu** eine Erkältung/Grippe bekommen.

sickening ['sɪknɪŋ] *adj* (*fig*) widerlich, ekelhaft.

sickle ['sɪkl] *n* Sichel *f*.

sick leave *n*: **to be on** ~ krankgeschrieben sein.

sickle-cell anaemia *n* Sichelzellenanämie *f*.

sick list *n*: **to be on the** ~ auf der Krankenliste stehen.

sickly ['sɪklɪ] *adj* kränklich; (*causing nausea*) widerlich, ekelhaft.

sickness ['sɪknɪs] *n* Krankheit *f*; (*vomiting*) Erbrechen *nt*.

sickness benefit *n* Krankengeld *nt*.

sick note *n* Krankmeldung *f*.

sick pay *n* Lohnfortzahlung *f* im Krankheitsfall; (*paid by insurance*) Krankengeld *nt*.

sickroom ['sɪkruːm] *n* Krankenzimmer *nt*.

side [saɪd] *n* Seite *f*; (*team*) Mannschaft *f*; (*in conflict etc*) Partei *f*, Seite *f*; (*of hill*) Hang *m* ♦ *adj* (*door, entrance*) Seiten-, Neben- ♦ *vi*: **to ~ with sb** jds Partei ergreifen; **by the ~ of** neben +*dat*; ~ **by** ~ Seite an Seite; **the right/wrong** ~ (*of cloth*) die rechte/linke Seite; **they are on our** ~ sie stehen auf unserer Seite; **she never left my** ~ sie wich mir nicht von der Seite; **to put sth to one** ~ etw beiseite legen; **from** ~ **to** ~ von einer Seite zur anderen; **to take ~s (with)** Partei ergreifen (für); **a** ~ **of beef** ein halbes Rind; **a** ~ **of bacon** eine Speckseite.

sideboard ['saɪdbɔːd] *n* Sideboard *nt*; **sideboards** (*BRIT*) *npl* = **sideburns**.

sideburns ['saɪdbəːnz] *npl* Koteletten *pl*.

sidecar ['saɪdkɑː*] *n* Beiwagen *m*.

side dish *n* Beilage *f*.

side drum *n* kleine Trommel *f*.

side effect *n* (*MED, fig*) Nebenwirkung *f*.

sidekick ['saɪdkɪk] (*inf*) *n* Handlanger *m*.

sidelight ['saɪdlaɪt] *n* (*AUT*) Begrenzungsleuchte *f*.

sideline ['saɪdlaɪn] *n* (*SPORT*) Seitenlinie *f*; (*fig: job*) Nebenerwerb *m*; **to stand on the ~s** (*fig*) unbeteiligter Zuschauer sein; **to wait on the ~s** (*fig*) in den Kulissen warten.

sidelong ['saɪdlɒŋ] *adj* (*glance*) Seiten-; (: *surreptitious*) verstohlen; **to give sb a ~ glance** jdn kurz aus den Augenwinkeln ansehen.

side plate *n* kleiner Teller *m*.

side road *n* Nebenstraße *f*.

side-saddle ['saɪdsædl] *adv* (*ride*) im Damensitz.

sideshow ['saɪdʃəu] *n* Nebenattraktion *f*.

sidestep ['saɪdstɛp] *vt* (*problem*) umgehen; (*question*) ausweichen +*dat* ♦ *vi* (*BOXING etc*) seitwärts ausweichen.

side street *n* Seitenstraße *f*.

sidetrack ['saɪdtræk] *vt* (*fig*) ablenken.

sidewalk ['saɪdwɔ:k] (*US*) *n* Bürgersteig *m*.

sideways ['saɪdweɪz] *adv* seitwärts; (*lean, look*) zur Seite.

siding ['saɪdɪŋ] *n* Abstellgleis *nt*.

sidle ['saɪdl] *vi*: **to ~ up (to)** sich heranschleichen (an +*acc*).

SIDS *n abbr* (*MED*: = *sudden infant death syndrome*) plötzlicher Kindstod *m*.

siege [si:dʒ] *n* Belagerung *f*; **to be under ~** belagert sein; **to lay ~ to** belagern.

siege economy *n* Belagerungswirtschaft *f*.

siege mentality *n* Belagerungsmentalität *f*.

Sierra Leone [sɪˈɛrəlɪˈəun] *n* Sierra Leone *f*.

siesta [sɪˈɛstə] *n* Siesta *f*.

sieve [sɪv] *n* Sieb *nt* ♦ *vt* sieben.

sift [sɪft] *vt* sieben; (*also*: **~ through**) durchgehen.

sigh [saɪ] *n* Seufzer *m* ♦ *vi* seufzen; **to breathe a ~ of relief** erleichtert aufseufzen.

sight [saɪt] *n* (*faculty*) Sehvermögen *nt*, Augenlicht *nt*; (*spectacle*) Anblick *m*; (*on gun*) Visier *nt* ♦ *vt* sichten; **in ~** in Sicht; **on ~** (*shoot*) sofort; **out of ~** außer Sicht; **at ~** (*COMM*) bei Sicht; **at first ~** auf den ersten Blick; **I know her by ~** ich kenne sie vom Sehen; **to catch ~ of sb/sth** jdn/etw sehen; **to lose ~ of sth** (*fig*) etw aus den Augen verlieren; **to set one's ~s on sth** ein Auge auf etw werfen.

sighted ['saɪtɪd] *adj* sehend; **partially ~** sehbehindert.

sightseeing ['saɪtsi:ɪŋ] *n* Besichtigungen *pl*; **to go ~** auf Besichtigungstour gehen.

sightseer ['saɪtsi:ə*] *n* Tourist(in) *m(f)*.

sign [saɪn] *n* Zeichen *nt*; (*notice*) Schild *nt*; (*evidence*) Anzeichen *nt*; (*also*: **road ~**) Verkehrsschild *nt* ♦ *vt* unterschreiben; (*player*) verpflichten; **a ~ of the times** ein Zeichen unserer Zeit; **it's a good/bad ~** es ist ein gutes/schlechtes Zeichen; **plus/ minus ~** Plus-/Minuszeichen *nt*; **there's no**

~ of her changing her mind nichts deutet darauf hin, dass sie es sich anders überlegen wird; **he was showing ~s of improvement** er ließ Anzeichen einer Verbesserung erkennen; **to ~ one's name** unterschreiben; **to ~ sth over to sb** jdm etw überschreiben.

▶ **sign away** *vt* (*rights etc*) verzichten auf +*acc*.

▶ **sign in** *vi* sich eintragen.

▶ **sign off** *vi* (*RADIO, TV*) sich verabschieden; (*in letter*) Schluss machen.

▶ **sign on** *vi* (*MIL*) sich verpflichten; (*BRIT: as unemployed*) sich arbeitslos melden; **to ~** (*for course*) sich einschreiben ♦ *vt* (*MIL*) verpflichten; (*employee*) anstellen.

▶ **sign out** *vi* (*from hotel etc*) sich (aus dem Hotelgästebuch etc) austragen.

▶ **sign up** *vi* (*MIL*) sich verpflichten; (*for course*) sich einschreiben ♦ *vt* (*player, recruit*) verpflichten.

signal ['sɪgnl] *n* Zeichen *nt*; (*RAIL*) Signal *nt* ♦ *vi* (*AUT*) Zeichen/ein Zeichen geben ♦ *vt* ein Zeichen geben +*dat*; **to ~ a right/left turn** (*AUT*) rechts/links blinken.

signal box *n* Stellwerk *nt*.

signalman ['sɪgnlmən] (*irreg: like* **man**) *n* Stellwerkswärter *m*.

signatory ['sɪgnətərɪ] *n* Unterzeichner *m*; (*state*) Signatarstaat *m*.

signature ['sɪgnətʃə*] *n* Unterschrift *f*; (*ZOOL, BIOL*) Kennzeichen *nt*.

signature tune *n* Erkennungsmelodie *f*.

signet ring ['sɪgnət-] *n* Siegelring *m*.

significance [sɪgˈnɪfɪkəns] *n* Bedeutung *f*; **that is of no ~** das ist belanglos *or* bedeutungslos.

significant [sɪgˈnɪfɪkənt] *adj* bedeutend, wichtig; (*look, smile*) viel sagend, bedeutsam; **it is ~ that ...** es ist bezeichnend, dass ...

significantly [sɪgˈnɪfɪkəntlɪ] *adv* bedeutend; (*smile*) viel sagend, bedeutsam.

signify ['sɪgnɪfaɪ] *vt* bedeuten; (*person*) zu erkennen geben.

sign language *n* Zeichensprache *f*.

signpost ['saɪnpəust] *n* (*lit, fig*) Wegweiser *m*.

Sikh [si:k] *n* Sikh *mf* ♦ *adj* (*province etc*) Sikh-.

silage ['saɪlɪdʒ] *n* Silage *f*, Silofutter *nt*.

silence ['saɪləns] *n* Stille *f*; (*of person*) Schweigen *nt* ♦ *vt* zum Schweigen bringen; **in ~** still; (*not talking*) schweigend.

silencer ['saɪlənsə*] *n* (*on gun*) Schalldämpfer *m*; (*BRIT: AUT*) Auspufftopf *m*.

silent ['saɪlənt] *adj* still; (*machine*) ruhig; **~ film** Stummfilm *m*; **to remain ~** still bleiben; (*about sth*) sich nicht äußern.

silently ['saɪləntlɪ] *adv* lautlos; (*not talking*) schweigend.

silent partner *n* stiller Teilhaber *m*.

silhouette [sɪluˈɛt] *n* Silhouette *f*, Umriss *m* ♦ *vt*: **to be ~d against sth** sich als Silhouette

gegen etw abheben.
silicon ['sɪlɪkən] *n* Silizium *nt.*
silicon chip *n* Silikonchip *m.*
silicone ['sɪlɪkəʊn] *n* Silikon *nt.*
Silicon Valley *n* Silicon Valley *nt.*
silk [sɪlk] *n* Seide *f* ♦ *adj* (*dress etc*) Seiden-.
silky ['sɪlkɪ] *adj* seidig.
sill [sɪl] *n* (*also:* **window ~**) (Fenster)sims *m or nt*; (*of door*) Schwelle *f*; (*AUT*) Türleiste *f.*
silly ['sɪlɪ] *adj* (*person*) dumm; **to do something ~** etwas Dummes tun.
silo ['saɪləʊ] *n* Silo *nt*; (*for missile*) Raketensilo *nt.*
silt [sɪlt] *n* Schlamm *m*, Schlick *m.*
▶ **silt up** *vi* verschlammen ♦ *vt* verschlämmen.
silver ['sɪlvəʳ] *n* Silber *nt*; (*coins*) Silbergeld *nt* ♦ *adj* silbern.
silver foil (*BRIT*) *n* Alufolie *f.*
silver paper (*BRIT*) *n* Silberpapier *nt.*
silver-plated [sɪlvə'pleɪtɪd] *adj* versilbert.
silversmith ['sɪlvəsmɪθ] *n* Silberschmied(in) *m(f).*
silverware ['sɪlvəwɛəʳ] *n* Silber *nt.*
silver wedding (anniversary) *n* Silberhochzeit *f.*
silvery ['sɪlvrɪ] *adj* silbern; (*sound*) silberhell.
similar ['sɪmɪləʳ] *adj*: ~ **(to)** ähnlich (wie *or* +*dat*).
similarity [sɪmɪ'lærɪtɪ] *n* Ähnlichkeit *f.*
similarly ['sɪmɪləlɪ] *adv* ähnlich; (*likewise*) genauso.
simile ['sɪmɪlɪ] *n* (*LING*) Vergleich *m.*
simmer ['sɪməʳ] *vi* auf kleiner Flamme kochen.
▶ **simmer down** (*inf*) *vi* (*fig*) sich abregen.
simper ['sɪmpəʳ] *vi* geziert lächeln.
simpering ['sɪmprɪŋ] *adj* geziert.
simple ['sɪmpl] *adj* einfach; (*dress*) einfach, schlicht; (*foolish*) einfältig; **the ~ truth is that ...** es ist einfach so, dass ...
simple interest *n* Kapitalzinsen *pl.*
simple-minded [sɪmpl'maɪndɪd] (*pej*) *adj* einfältig.
simpleton ['sɪmpltən] (*pej*) *n* Einfaltspinsel *m.*
simplicity [sɪm'plɪsɪtɪ] *n* Einfachheit *f*; (*of dress*) Schlichtheit *f.*
simplification [sɪmplɪfɪ'keɪʃən] *n* Vereinfachung *f.*
simplify ['sɪmplɪfaɪ] *vt* vereinfachen.
simply ['sɪmplɪ] *adv* (*just, merely*) nur, bloß; (*in a simple way*) einfach.
simulate ['sɪmjuleɪt] *vt* vortäuschen, spielen; (*illness*) simulieren.
simulated ['sɪmjuleɪtɪd] *adj* (*hair, fur*) imitiert; (*TECH*) simuliert.
simulation [sɪmju'leɪʃən] *n* Vortäuschung *f*; (*simulated object*) Imitation *f*; (*TECH*) Simulation *f.*
simultaneous [sɪməl'teɪnɪəs] *adj* gleichzeitig; (*translation, interpreting*) Simultan-.
simultaneously [sɪməl'teɪnɪəslɪ] *adv*

gleichzeitig.
sin [sɪn] *n* Sünde *f* ♦ *vi* sündigen.
Sinai ['saɪneɪaɪ] *n* Sinai *m.*
since [sɪns] *adv* inzwischen, seitdem ♦ *prep* seit ♦ *conj* (*time*) seit(dem); (*because*) da; ~ **then, ever** ~ seitdem.
sincere [sɪn'sɪəʳ] *adj* aufrichtig, offen; (*apology, belief*) aufrichtig.
sincerely [sɪn'sɪəlɪ] *adv* aufrichtig, offen; **yours ~** (*in letter*) mit freundlichen Grüßen.
sincerity [sɪn'sɛrɪtɪ] *n* Aufrichtigkeit *f.*
sine [saɪn] *n* Sinus *m.*
sine qua non [sɪnɪkwɑːˈnɔn] *n* unerlässliche Voraussetzung *f.*
sinew ['sɪnjuː] *n* Sehne *f.*
sinful ['sɪnful] *adj* sündig, sündhaft.
sing [sɪŋ] (*pt* **sang**, *pp* **sung**) *vt, vi* singen.
Singapore [sɪŋgə'pɔː*] *n* Singapur *nt.*
singe [sɪndʒ] *vt* versengen; (*lightly*) ansengen.
singer ['sɪŋəʳ] *n* Sänger(in) *m(f).*
Singhalese [sɪŋə'liːz] *adj* = **Sinhalese**.
singing ['sɪŋɪŋ] *n* Singen *nt*, Gesang *m*; **a ~ in the ears** ein Dröhnen in den Ohren.
single ['sɪŋgl] *adj* (*solitary*) einzige(r, s); (*individual*) einzeln; (*unmarried*) ledig, unverheiratet; (*not double*) einfach ♦ *n* (*BRIT*: *also*: ~ **ticket**) Einzelfahrschein *m*; (*record*) Single *f*; **not a ~ one was left** es war kein Einziges mehr übrig; **every ~ day** jeden Tag; ~ **spacing** einfacher Zeilenabstand *m.*
▶ **single out** *vt* auswählen; **to ~ out for praise** lobend erwähnen.
single bed *n* Einzelbett *nt.*
single-breasted ['sɪŋglbrestɪd] *adj* einreihig.
Single European Market *n*: **the ~** der Europäische Binnenmarkt.
single file *n*: **in ~** im Gänsemarsch.
single-handed [sɪŋgl'hændɪd] *adv* ganz allein.
single-minded [sɪŋgl'maɪndɪd] *adj* zielstrebig.
single parent *n* Alleinerziehende(r) *f(m)*, allein Erziehende(r) *f(m).*
single parent family *n* Einelternfamilie *f.*
single room *n* Einzelzimmer *nt.*
singles ['sɪŋglz] *npl* (*TENNIS*) Einzel *nt.*
singles bar *n* Singles-Bar *f.*
single-sex school *n* reine Jungen-/ Mädchenschule *f*; **education in ~s** nach Geschlechtern getrennte Schulerziehung *f.*
singly ['sɪŋglɪ] *adv* einzeln.
singsong ['sɪŋsɔŋ] *adj* (*tone*) singend ♦ *n*: **to have a ~** zusammen singen.
singular ['sɪŋgjʊləʳ] *adj* (*odd*) eigenartig; (*outstanding*) einzigartig; (*LING*: *form etc*) Singular- ♦ *n* (*LING*) Singular *m*, Einzahl *f*; **in the ~** im Singular.
singularly ['sɪŋgjʊləlɪ] *adv* außerordentlich.
Sinhalese [sɪnhə'liːz] *adj* singhalesisch.
sinister ['sɪnɪstəʳ] *adj* unheimlich.
sink [sɪŋk] (*pt* **sank**, *pp* **sunk**) *n* Spülbecken *nt* ♦ *vt* (*ship*) versenken; (*well*) bohren; (*foundations*) absenken ♦ *vi* (*ship*) sinken, untergehen; (*ground*) sich senken; (*person*)

sinken; **to ~ one's teeth/claws into sth** die Zähne/seine Klauen in etw *acc* schlagen; **his heart/spirits sank at the thought** bei dem Gedanken verließ ihn der Mut; **he sank into the mud/a chair** er sank in den Schlamm ein/in einen Sessel.

▸ **sink back** *vi* (zurück)sinken.

▸ **sink down** *vi* (nieder)sinken.

▸ **sink in** *vi* (*fig*) verstanden werden; **it's only just sunk in** ich begreife es erst jetzt.

sinking ['sɪŋkɪŋ] *n* (*of ship*) Untergang *m*; (: *deliberate*) Versenkung *f* ♦ *adj*: **~ feeling** flaues Gefühl *nt* (im Magen).

sinking fund *n* Tilgungsfonds *m*.

sink unit *n* Spüle *f*.

sinner ['sɪnə*] *n* Sünder(in) *m(f)*.

Sinn Féin [ʃɪn'feɪn] *n* republikanisch-nationalistische irische Partei.

Sino- ['saɪnəʊ] *pref* chinesisch-.

sinuous ['sɪnjʊəs] *adj* (*snake*) gewunden; (*dance*) geschmeidig.

sinus ['saɪnəs] *n* (Nasen)nebenhöhle *f*.

sip [sɪp] *n* Schlückchen *nt* ♦ *vt* nippen an +*dat*.

siphon ['saɪfən] *n* Heber *m*; (*also*: **soda ~**) Siphon *m*.

▸ **siphon off** *vt* absaugen; (*petrol*) abzapfen.

SIPS *n abbr* (= *side impact protection system*) Seitenaufprallschutz *m*.

sir [sɜː*] *n* mein Herr, Herr X; **S~ John Smith** Sir John Smith; **yes, ~** ja(, Herr X); **Dear S~ (or Madam)** (*in letter*) Sehr geehrte (Damen und) Herren!

siren ['saɪərn] *n* Sirene *f*.

sirloin ['sɜːlɔɪn] *n* (*also*: **~ steak**) Filetsteak *nt*.

sirocco [sɪ'rɒkəʊ] *n* Schirokko *m*.

sisal ['saɪsəl] *n* Sisal *m*.

sissy ['sɪsɪ] (*inf: pej*) *n* Waschlappen *m* ♦ *adj* weichlich.

sister ['sɪstə*] *n* Schwester *f*; (*nun*) (Ordens)schwester *f*; (*BRIT: nurse*) Oberschwester *f* ♦ *cpd*: **~ organization** Schwesterorganisation *f*; **~ ship** Schwesterschiff *nt*.

sister-in-law ['sɪstərɪnlɔː] *n* Schwägerin *f*.

sit [sɪt] (*pt, pp* **sat**) *vi* (*sit down*) sich setzen; (*be sitting*) sitzen; (*assembly*) tagen; (*for painter*) Modell sitzen ♦ *vt* (*exam*) machen; **to ~ on a committee** in einem Ausschuss sitzen; **to ~ tight** abwarten.

▸ **sit about** *vi* herumsitzen.

▸ **sit around** *vi* = **sit about**.

▸ **sit back** *vi* sich zurücklehnen.

▸ **sit down** *vi* sich (hin)setzen; **to be ~ting down** sitzen.

▸ **sit in on** *vt fus* dabei sein bei.

▸ **sit up** *vi* sich aufsetzen; (*straight*) sich gerade hinsetzen; (*not go to bed*) aufbleiben.

sitcom ['sɪtkɒm] *n abbr* (*TV*) = **situation comedy**.

sit-down ['sɪtdaʊn] *adj*: **a ~ strike** ein Sitzstreik *m*; **a ~ meal** eine richtige Mahlzeit.

site [saɪt] *n* (*place*) Platz *m*; (*of crime*) Ort *m*; (*also*: **building ~**) Baustelle *f* ♦ *vt* (*factory*) legen; (*missiles*) stationieren.

sit-in ['sɪtɪn] *n* Sit-in *nt*.

siting ['saɪtɪŋ] *n* (*location*) Lage *f*.

sitter ['sɪtə*] *n* (*for painter*) Modell *nt*; (*also*: **baby-~**) Babysitter *m*.

sitting ['sɪtɪŋ] *n* Sitzung *f*; **we have two ~s for lunch** bei uns wird das Mittagessen in zwei Schüben serviert; **at a single ~** auf einmal.

sitting member *n* (*POL*) (derzeitiger) Abgeordnete(r) *m*, (derzeitige) Abgeordnete *f*.

sitting room *n* Wohnzimmer *nt*.

sitting tenant (*BRIT*) *n* (derzeitiger) Mieter *m*.

situate ['sɪtjueɪt] *vt* legen.

situated ['sɪtjueɪtɪd] *adj* gelegen; **to be ~** liegen.

situation [sɪtju'eɪʃən] *n* Situation *f*, Lage *f*; (*job*) Stelle *f*; (*location*) Lage *f*; **"~s vacant"** (*BRIT*) „Stellenangebote".

situation comedy *n* (*TV*) Situationskomödie *f*.

six [sɪks] *num* sechs.

six-pack ['sɪkspæk] *n* Sechserpack *m*.

sixteen [sɪks'tiːn] *num* sechzehn.

sixth [sɪksθ] *num* sechste(r, s); **the upper/lower ~** (*BRIT: SCOL*) ≈ die Ober-/Unterprima.

sixty ['sɪkstɪ] *num* sechzig.

size [saɪz] *n* Größe *f*; (*extent*) Ausmaß *nt*; **I take ~ 14** ich habe Größe 14; **the small/large ~** (*of soap powder etc*) die kleine/große Packung; **it's the ~ of ...** es ist so groß wie ...; **cut to ~** auf die richtige Größe zurechtgeschnitten.

▸ **size up** *vt* einschätzen.

sizeable ['saɪzəbl] *adj* ziemlich groß; (*income etc*) ansehnlich.

sizzle ['sɪzl] *vi* brutzeln.

SK (*CANADA*) *abbr* (= *Saskatchewan*).

skate [skeɪt] *n* (*ice skate*) Schlittschuh *m*; (*roller skate*) Rollschuh *m*; (*fish: pl inv*) Rochen *m* ♦ *vi* Schlittschuh laufen.

▸ **skate around** *vt fus* (*problem, issue*) einfach übergehen.

▸ **skate over** *vt fus* = **skate around**.

skateboard ['skeɪtbɔːd] *n* Skateboard *nt*.

skater ['skeɪtə*] *n* Schlittschuhläufer(in) *m(f)*.

skating ['skeɪtɪŋ] *n* Eislauf *m*.

skating rink *n* Eisbahn *f*.

skeleton ['skelɪtn] *n* Skelett *nt* ♦ *attrib* (*plan, outline*) skizzenhaft.

skeleton key *n* Dietrich *m*; Nachschlüssel *m*.

skeleton staff *n* Minimalbesetzung *f*.

skeptic *etc* ['skeptɪk] (*US*) = **sceptic** *etc*.

sketch [sketʃ] *n* Skizze *f*; (*THEAT, TV*) Sketch *m* ♦ *vt* skizzieren; (*also*: **~ out**: *ideas*) umreißen.

sketchbook ['sketʃbʊk] *n* Skizzenbuch *nt*.

sketchpad ['sketʃpæd] *n* Skizzenblock *m*.

sketchy ['sketʃɪ] *adj* (*coverage*) oberflächlich;

(*notes etc*) bruchstückhaft.
skew [skju:] *adj* schief.
skewed [skju:d] *adj* (*distorted*) verzerrt.
skewer ['skju:ə°] *n* Spieß *m*.
ski [ski:] *n* Ski *m*, Schi *m* ♦ *vi* Ski laufen *or*
fahren.
ski boot *n* Skistiefel *m*.
skid [skɪd] *n* (*AUT*) Schleudern *nt* ♦ *vi*
rutschen; (*AUT*) schleudern; **to go into a** ~
ins Schleudern geraten *or* kommen.
skid marks *npl* Reifenspuren *pl*; (*from*
braking) Bremsspuren *pl*.
skier ['ski:ə°] *n* Skiläufer(in) *m(f)*,
Skifahrer(in) *m(f)*.
skiing ['ski:ɪŋ] *n* Skilaufen *nt*, Skifahren *nt*; **to**
go ~ Ski laufen *or* Ski fahren gehen.
ski instructor *n* Skilehrer(in) *m(f)*.
ski jump *n* (*event*) Skispringen *nt*; (*ramp*)
Sprungschanze *f*.
skilful, (*US*) **skillful** ['skɪlful] *adj* geschickt.
skilfully *adv* geschickt.
ski lift *n* Skilift *m*.
skill [skɪl] *n* (*ability*) Können *nt*; (*dexterity*)
Geschicklichkeit *f*; **skills** (*acquired abilities*)
Fähigkeiten *pl*; **computer/language** ~**s**
Computer-/Sprachkenntnisse *pl*; **to learn a**
new ~ etwas Neues lernen.
skilled [skɪld] *adj* (*skilful*) geschickt; (*trained*)
ausgebildet; (*work*) qualifiziert.
skillet ['skɪlɪt] *n* Bratpfanne *f*.
skillful *etc* ['skɪlful] (*US*) = **skilful** *etc*.
skim [skɪm] *vt* (*also:* ~ **off:** *cream, fat*)
abschöpfen; (*glide over*) gleiten über +*acc*
♦ *vi*: **to** ~ **through** (*book etc*) überfliegen.
skimmed milk [skɪmd-] *n* Magermilch *f*.
skimp [skɪmp] (*also:* ~ **on**) *vt* (*work etc*)
nachlässig machen; (*cloth etc*) sparen an
+*dat*.
skimpy ['skɪmpɪ] *adj* (*meagre*) dürftig; (*too*
small) knapp.
skin [skɪn] *n* Haut *f*; (*fur*) Fell *nt*; (*of fruit*)
Schale *f* ♦ *vt* (*animal*) häuten; **wet** *or* **soaked**
to the ~ nass bis auf die Haut.
skin cancer *n* Hautkrebs *m*.
skin-deep ['skɪn'di:p] *adj* oberflächlich.
skin diver *n* Sporttaucher(in) *m(f)*.
skin diving *n* Sporttauchen *nt*.
skinflint ['skɪnflɪnt] *n* Geizkragen *m*.
skin graft *n* Hautverpflanzung *f*.
skinhead ['skɪnhed] *n* Skinhead *m*.
skinny ['skɪnɪ] *adj* dünn.
skin test *n* Hauttest *m*.
skintight ['skɪntaɪt] *adj* hauteng.
skip [skɪp] *n* Sprung *m*, Hüpfer *m*; (*BRIT:*
container) (Müll)container *m* ♦ *vi* springen,
hüpfen; (*with rope*) seilspringen ♦ *vt*
überspringen; (*miss:* lunch, lecture) ausfallen
lassen; **to** ~ **school** (*esp US*) die Schule
schwänzen.
ski pants *npl* Skihose *f*.
ski pass *n* Skipass *nt*.
ski pole *n* Skistock *m*.

skipper ['skɪpə°] *n* (*NAUT*) Kapitän *m*; (*inf:*
SPORT) Mannschaftskapitän *m* ♦ *vt*: **to** ~ **a**
boat/team Kapitän eines Schiffes/einer
Mannschaft sein.
skipping rope ['skɪpɪŋ-] (*BRIT*) *n* Sprungseil
nt.
ski resort *n* Wintersportort *m*.
skirmish ['skə:mɪʃ] *n* (*MIL*) Geplänkel *nt*;
(*political etc*) Zusammenstoß *m*.
skirt [skə:t] *n* Rock *m* ♦ *vt* (*fig*) umgehen.
skirting board ['skə:tɪŋ-] (*BRIT*) *n* Fußleiste *f*.
ski run *n* Skipiste *f*.
ski slope *n* Skipiste *f*.
ski suit *n* Skianzug *m*.
skit [skɪt] *n* Parodie *f*.
ski tow *n* Schlepplift *m*.
skittle ['skɪtl] *n* Kegel *m*.
skittles ['skɪtlz] *n* (*game*) Kegeln *nt*.
skive [skaɪv] (*BRIT: inf*) *vi* blaumachen; (*from*
school) schwänzen.
skulk [skʌlk] *vi* sich herumdrücken.
skull [skʌl] *n* Schädel *m*.
skullcap ['skʌlkæp] *n* Scheitelkäppchen *nt*.
skunk [skʌŋk] *n* Skunk *m*, Stinktier *nt*; (*fur*)
Skunk *m*.
sky [skaɪ] *n* Himmel *m*; **to praise sb to the**
skies jdn in den Himmel heben.
sky-blue [skaɪ'blu:] *adj* himmelblau.
skydiving ['skaɪdaɪvɪŋ] *n* Fallschirmspringen
nt.
sky-high ['skaɪ'haɪ] *adj* (*prices, confidence*)
himmelhoch ♦ *adv*: **to blow a bridge** ~ eine
Brücke in die Luft sprengen.
skylark ['skaɪlɑ:k] *n* Feldlerche *f*.
skylight ['skaɪlaɪt] *n* Dachfenster *nt*.
skyline ['skaɪlaɪn] *n* (*horizon*) Horizont *m*; (*of*
city) Skyline *f*, Silhouette *f*.
skyscraper ['skaɪskreɪpə°] *n* Wolkenkratzer *m*.
slab [slæb] *n* (*stone*) Platte *f*; (*of wood*) Tafel *f*;
(*of cake, cheese*) großes Stück *nt*.
slack [slæk] *adj* (*loose*) locker; (*rope*)
durchhängend; (*skin*) schlaff; (*careless*)
nachlässig; (*COMM: market*) flau; (: *demand*)
schwach; (*period*) ruhig ♦ *n* (*in rope etc*)
durchhängendes Teil *nt*; **slacks** *npl* (*trousers*)
Hose *f*; **business is** ~ das Geschäft geht
schlecht.
slacken ['slækən] *vi* (*also:* ~ **off:** *speed, rain*)
nachlassen; (: *pace*) langsamer werden;
(: *demand*) zurückgehen ♦ *vt* (*grip*) lockern;
(*speed*) verringern; (*pace*) verlangsamen.
slag heap [slæg-] *n* Schlackenhalde *f*.
slag off (*BRIT: inf*) *vt* (*criticize*)
(he)runtermachen.
slain [sleɪn] *pp of* **slay**.
slake [sleɪk] *vt* (*thirst*) stillen.
slalom ['slɑ:ləm] *n* Slalom *m*.
slam [slæm] *vt* (*door*) zuschlagen, zuknallen
(*inf*); (*throw*) knallen (*inf*); (*criticize*) verreißen
♦ *vi* (*door*) zuschlagen, zuknallen (*inf*); **to**
~ **on the brakes** (*AUT*) auf die Bremse
steigen (*inf*).

slammer ['slæmə*] (inf) n (prison) Knast m.
slander ['slɑːndə*] n (LAW) Verleumdung f; (insult) Beleidigung f ♦ vt verleumden.
slanderous ['slɑːndrəs] adj verleumderisch.
slang [slæŋ] n Slang m; (jargon) Jargon m.
slanging match ['slæŋɪŋ-] n gegenseitige Beschimpfungen pl.
slant [slɑːnt] n Neigung f, Schräge f; (fig: approach) Perspektive f ♦ vi (floor) sich neigen; (ceiling) schräg sein.
slanted ['slɑːntɪd] adj (roof) schräg; (eyes) schräg gestellt.
slanting ['slɑːntɪŋ] adj = **slanted**.
slap [slæp] n Schlag m, Klaps m ♦ vt schlagen ♦ adv (inf: directly) direkt; **to ~ sth on sth** etw auf etw acc klatschen; **it fell ~(-bang) in the middle** es fiel genau in die Mitte.
slapdash ['slæpdæʃ] adj nachlässig, schludrig (inf).
slapstick ['slæpstɪk] n Klamauk m.
slap-up ['slæpʌp] adj: **a ~ meal** (BRIT) ein Essen mit allem Drum und Dran.
slash [slæʃ] vt aufschlitzen; (fig: prices) radikal senken; **to ~ one's wrists** sich dat die Pulsadern aufschneiden.
slat [slæt] n Leiste f, Latte f.
slate [sleɪt] n Schiefer m; (piece) Schieferplatte f ♦ vt (criticize) verreißen.
slaughter ['slɔːtə*] n (of animals) Schlachten nt; (of people) Gemetzel nt ♦ vt (animals) schlachten; (people) abschlachten.
slaughterhouse ['slɔːtəhaus] n Schlachthof m.
Slav [slɑːv] adj slawisch ♦ n Slawe m, Slawin f.
slave [sleɪv] n Sklave m, Sklavin f ♦ vi (also: ~ away) sich abplagen, schuften (inf); **to ~ (away) at sth** sich mit etw herumschlagen.
slave-driver ['sleɪvdraɪvə*] n Sklaventreiber(in) m(f).
slave labour n Sklavenarbeit f; **it's just ~** (fig) es ist die reinste Sklavenarbeit.
slaver ['slævə*] vi (dribble) geifern.
slavery ['sleɪvərɪ] n Sklaverei f.
Slavic ['slævɪk] adj slawisch.
slavish ['sleɪvɪʃ] adj sklavisch.
slavishly ['sleɪvɪʃlɪ] adv sklavisch.
Slavonic [slə'vɒnɪk] adj slawisch.
slay [sleɪ] (pt **slew**, pp **slain**) vt (liter) erschlagen.
SLD (BRIT) n abbr (POL: = Social and Liberal Democratic Party) sozialliberale Partei.
sleazy ['sliːzɪ] adj schäbig.
sledge [sledʒ] n Schlitten m.
sledgehammer ['sledʒhæmə*] n Vorschlaghammer m.
sleek [sliːk] adj glatt, glänzend; (car, boat etc) schnittig.
sleep [sliːp] (pt, pp **slept**) n Schlaf m ♦ vi schlafen ♦ vt: **we can ~ 4** bei uns können 4 Leute schlafen; **to go to ~** einschlafen; **to have a good night's ~** sich richtig

ausschlafen; **to put to ~** (euph: kill) einschläfern; **to ~ lightly** einen leichten Schlaf haben; **to ~ with sb** (euph: have sex) mit jdm schlafen.
▶ **sleep around** vi mit jedem/jeder schlafen.
▶ **sleep in** vi (oversleep) verschlafen; (rise late) lange schlafen.
sleeper ['sliːpə*] n (train) Schlafwagenzug m; (berth) Platz m im Schlafwagen; (BRIT: on track) Schwelle f; (person) Schläfer(in) m(f).
sleepily ['sliːpɪlɪ] adv müde, schläfrig.
sleeping accommodation n (beds etc) Schlafgelegenheiten pl.
sleeping arrangements npl Bettenverteilung f.
sleeping bag n Schlafsack m.
sleeping car n Schlafwagen m.
sleeping partner (BRIT) = **silent partner**.
sleeping pill n Schlaftablette f.
sleeping sickness n Schlafkrankheit f.
sleepless ['sliːplɪs] adj (night) schlaflos.
sleeplessness ['sliːplɪsnɪs] n Schlaflosigkeit f.
sleepwalk ['sliːpwɔːk] vi schlafwandeln.
sleepwalker ['sliːpwɔːkə*] n Schlafwandler(in) m(f).
sleepy ['sliːpɪ] adj müde, schläfrig; (fig: village etc) verschlafen; **to be** or **feel ~** müde sein.
sleet [sliːt] n Schneeregen m.
sleeve [sliːv] n Ärmel m; (of record) Hülle f; **to have sth up one's ~** (fig) etw in petto haben.
sleeveless ['sliːvlɪs] adj (garment) ärmellos.
sleigh [sleɪ] n (Pferde)schlitten m.
sleight [slaɪt] n: **~ of hand** Fingerfertigkeit f.
slender ['slendə*] adj schlank, schmal; (small) knapp.
slept [slept] pt, pp of **sleep**.
sleuth [sluːθ] n Detektiv m.
slew [sluː] vi (BRIT: also: **~ round**) herumschwenken; **the bus ~ed across the road** der Bus rutschte über die Straße ♦ pt of **slay**.
slice [slaɪs] n Scheibe f; (utensil) Wender m ♦ vt (in Scheiben) schneiden; **~d bread** aufgeschnittenes Brot nt; **the best thing since ~d bread** der/die/das Allerbeste.
slick [slɪk] adj professionell; (pej) glatt ♦ n (also: **oil ~**) Ölteppich m.
slid [slɪd] pt, pp of **slide**.
slide [slaɪd] (pt, pp **slid**) n (on ice etc) Rutschen nt; (fig: to ruin etc) Abgleiten nt; (in playground) Rutschbahn f; (PHOT) Dia nt; (BRIT: also: **hair ~**) Spange f; (microscope slide) Objektträger m; (in prices) Preisrutsch m ♦ vt schieben ♦ vi (slip) rutschen; (glide) gleiten; **to let things ~** (fig) die Dinge schleifen lassen.
slide projector n Diaprojektor m.
slide rule n Rechenschieber m.
sliding ['slaɪdɪŋ] adj (door, window etc) Schiebe-.
sliding roof n (AUT) Schiebedach nt.
sliding scale n gleitende Skala f.

slight [slaɪt] *adj* zierlich; (*small*) gering; (*error, accent, pain etc*) leicht; (*trivial*) leicht ♦ *n*: **a ~ (on sb/sth)** ein Affront *m* (gegen jdn/etw); **the ~est noise** der geringste Lärm; **the ~est problem** das kleinste Problem; **I haven't the ~est idea** ich habe nicht die geringste Ahnung; **not in the ~est** nicht im Geringsten.

slightly ['slaɪtlɪ] *adv* etwas, ein bisschen; **~ built** zierlich.

slim [slɪm] *adj* schlank; (*chance*) gering ♦ *vi* eine Schlankheitskur machen, abnehmen.

slime [slaɪm] *n* Schleim *m*.

slimming ['slɪmɪŋ] *n* Abnehmen *nt*.

slimy ['slaɪmɪ] *adj* (*lit, fig*) schleimig.

sling [slɪŋ] (*pt, pp* **slung**) *n* Schlinge *f*; (*for baby*) Tragetuch *nt*; (*weapon*) Schleuder *f* ♦ *vt* schleudern; **to have one's arm in a ~** den Arm in der Schlinge tragen.

slingshot ['slɪŋʃɒt] *n* Steinschleuder *f*.

slink [slɪŋk] (*pt, pp* **slunk**) *vi*: **to ~ away** *or* **off** sich davonschleichen.

slinky ['slɪŋkɪ] *adj* (*dress*) eng anliegend.

slip [slɪp] *n* (*fall*) Ausrutschen *nt*; (*mistake*) Fehler *m*, Schnitzer *m*; (*underskirt*) Unterrock *m*; (*also*: **~ of paper**) Zettel *m* ♦ *vt* (*slide*) stecken ♦ *vi* ausrutschen; (*decline*) fallen; **he had a nasty ~** er ist ausgerutscht und böse gefallen; **to give sb the ~** jdm entwischen; **a ~ of the tongue** ein Versprecher *m*; **to ~ into/out of sth, to ~ sth on/off** in etw *acc*/aus etw schlüpfen; **to let a chance ~ by** eine Gelegenheit ungenutzt lassen; **it ~ped from her hand** es rutschte ihr aus der Hand.

▶ **slip away** *vi* sich davonschleichen.

▶ **slip in** *vt* stecken in +*acc*.

▶ **slip out** *vi* kurz weggehen.

▶ **slip up** *vi* sich vertun (*inf*).

slip-on ['slɪpɒn] *adj* zum Überziehen; **~ shoes** Slipper *pl*.

slipped disc [slɪpt-] *n* Bandscheibenschaden *m*.

slipper ['slɪpə°] *n* Pantoffel *m*, Hausschuʰ *m*.

slippery ['slɪpərɪ] *adj* (*lit, fig*) glatt; (*fish etc*) schlüpfrig.

slippy ['slɪpɪ] *adj* (*slippery*) glatt.

slip road (*BRIT*) *n* (*to motorway etc*) Auffahrt *f*; (*from motorway etc*) Ausfahrt *f*.

slipshod ['slɪpʃɒd] *adj* schludrig (*inf*).

slipstream ['slɪpstriːm] *n* (*TECH*) Sog *m*; (*AUT*) Windschatten *m*.

slip-up ['slɪpʌp] *n* Fehler *m*, Schnitzer *m*.

slipway ['slɪpweɪ] *n* (*NAUT*) Ablaufbahn *f*.

slit [slɪt] (*pt, pp* **slit**) *n* Schlitz *m*; (*tear*) Riss *m* ♦ *vt* aufschlitzen; **to ~ sb's throat** jdm die Kehle aufschlitzen.

slither ['slɪðə°] *vi* rutschen; (*snake etc*) gleiten.

sliver ['slɪvə°] *n* (*of glass, wood*) Splitter *m*; (*of cheese etc*) Scheibchen *nt*.

slob [slɒb] (*inf*) *n* Drecksau *f* (!).

slog [slɒg] (*BRIT*) *vi* (*work hard*) schuften ♦ *n*: **it**

was a hard ~ es war eine ganz schöne Schufterei; **to ~ away at sth** sich mit etw abrackern.

slogan ['sləʊgən] *n* Slogan *m*.

slop [slɒp] *vi* schwappen ♦ *vt* verschütten.

▶ **slop out** *vi* (*in prison etc*) den Toiletteneimer ausleeren.

slope [sləʊp] *n* Hügel *m*; (*side of mountain*) Hang *m*; (*ski slope*) Piste *f*; (*slant*) Neigung *f* ♦ *vi*: **to ~ down** abfallen; **to ~ up** ansteigen.

sloping ['sləʊpɪŋ] *adj* (*upwards*) ansteigend; (*downwards*) abfallend; (*roof, handwriting*) schräg.

sloppy ['slɒpɪ] *adj* (*work*) nachlässig; (*appearance*) schlampig; (*sentimental*) rührselig.

slops [slɒps] *npl* Abfallbrühe *f*.

slosh [slɒʃ] (*inf*) *vi*: **to ~ around** *or* **about** (*person*) herumplan(t)schen; (*liquid*) herumschwappen.

sloshed [slɒʃt] (*inf*) *adj* (*drunk*) blau.

slot [slɒt] *n* Schlitz *m*; (*fig: in timetable*) Termin *m*; (: *RADIO, TV*) Sendezeit *f* ♦ *vt*: **to ~ sth in** etw hineinstecken ♦ *vi*: **to ~ into** sich einfügen lassen in +*acc*.

sloth [sləʊθ] *n* (*laziness*) Trägheit *f*, Faulheit *f*; (*ZOOL*) Faultier *nt*.

slot machine *n* (*BRIT*) Münzautomat *m*; (*for gambling*) Spielautomat *m*.

slot meter (*BRIT*) *n* Münzzähler *m*.

slouch [slaʊtʃ] *vi* eine krumme Haltung haben; (*when walking*) krumm gehen ♦ *n*: **he's no ~** er hat etwas los (*inf*); **she was ~ed in a chair** sie hing auf einem Stuhl.

Slovak ['sləʊvæk] *adj* slowakisch ♦ *n* Slowake *m*, Slowakin *f*; (*LING*) Slowakisch *nt*; **the ~ Republic** die Slowakische Republik.

Slovakia [sləʊ'vækɪə] *n* die Slowakei.

Slovakian [sləʊ'vækɪən] *adj, n* = **Slovak**.

Slovene ['sləʊviːn] *n* Slowene *m*, Slowenin *f*; (*LING*) Slowenisch *nt* ♦ *adj* slowenisch.

Slovenia [sləʊ'viːnɪə] *n* Slowenien *nt*.

Slovenian [sləʊ'viːnɪən] *adj, n* = **Slovene**.

slovenly ['slʌvənlɪ] *adj* schlampig; (*careless*) nachlässig, schludrig (*inf*).

slow [sləʊ] *adj* langsam; (*not clever*) langsam, begriffsstutzig ♦ *adv* langsam ♦ *vt* (*also*: **~ down, ~ up**) verlangsamen; (*business*) verschlechtern ♦ *vi* (*also*: **~ down, ~ up**) sich verlangsamen; (*business*) schlechter gehen; **to be ~** (*watch, clock*) nachgehen; **"~~"** „langsam fahren"; **at a ~ speed** langsam; **to be ~ to act** sich *dat* Zeit lassen; **to be ~ to decide** lange brauchen, um sich zu entscheiden; **my watch is 20 minutes ~** meine Uhr geht 20 Minuten nach; **business is ~** das Geschäft geht schlecht; **to go ~** (*driver*) langsam fahren; (*BRIT: in industrial dispute*) einen Bummelstreik machen.

slow-acting [sləʊ'æktɪŋ] *adj* mit Langzeitwirkung.

slowly ['sləʊlɪ] *adv* langsam.

slow motion n: in ~ in Zeitlupe.
slow-moving [sləu'muːvɪŋ] adj langsam;
(traffic) kriechend.
slowness ['sləunɪs] n Langsamkeit f.
sludge [slʌdʒ] n Schlamm m.
slue [sluː] (US) vi = slew.
slug [slʌg] n Nacktschnecke f; (US: inf: bullet)
Kugel f.
sluggish ['slʌgɪʃ] adj träge; (engine) lahm;
(COMM) flau.
sluice [sluːs] n Schleuse f; (channel)
(Wasch)rinne f ◆ vt: to ~ down or out
abspritzen.
slum [slʌm] n Slum m, Elendsviertel nt.
slumber ['slʌmbə*] n Schlaf m.
slump [slʌmp] n Rezession f ◆ vi fallen; ~ in
sales Absatzflaute f; ~ in prices Preissturz
m; he was ~ed over the wheel er war über
dem Steuer zusammengesackt.
slung [slʌŋ] pt, pp of **sling**.
slunk [slʌŋk] pt, pp of **slink**.
slur [sləː*] n (fig): ~ (on) Beleidigung f (für)
◆ vt (words) undeutlich aussprechen; to cast
a ~ on verunglimpfen.
slurp [sləːp] (inf) vt, vi schlürfen.
slurred [sləːd] adj (speech, voice) undeutlich.
slush [slʌʃ] n (melted snow) Schneematsch m.
slush fund n Schmiergelder pl,
Schmiergeldfonds m.
slushy ['slʌʃɪ] adj matschig; (BRIT, fig)
schmalzig.
slut [slʌt] (pej) n Schlampe f.
sly [slaɪ] adj (smile, expression) wissend;
(remark) viel sagend; (person) schlau,
gerissen; on the ~ heimlich.
S/M n abbr (= sadomasochism) S/M.
smack [smæk] n Klaps m; (on face) Ohrfeige f
◆ vt (hit) schlagen; (: child) einen Klaps
geben +dat; (: on face) ohrfeigen ◆ vi: to ~ of
riechen nach ◆ adv: it fell ~ in the middle
(inf) es fiel genau in die Mitte; to ~ one's
lips schmatzen.
smacker ['smækə*] (inf) n (kiss) Schmatzer m.
small [smɔːl] adj klein ◆ n: the ~ of the back
das Kreuz; to get or grow ~er (thing)
kleiner werden; (numbers) zurückgehen; to
make ~er (amount, income) kürzen; (object,
garment) kleiner machen; a ~ shopkeeper
der Inhaber eines kleinen Geschäfts; a
~ business ein Kleinunternehmen nt.
small ads (BRIT) npl Kleinanzeigen pl.
small arms n Handfeuerwaffen pl.
small business n Kleinunternehmen nt.
small change n Kleingeld nt.
small fry npl (unimportant people) kleine
Fische pl.
smallholder ['smɔːlhəuldə*] (BRIT) n
Kleinbauer m.
smallholding ['smɔːlhəuldɪŋ] (BRIT) n kleiner
Landbesitz m.
small hours npl: in the ~ in den frühen
Morgenstunden.

smallish ['smɔːlɪʃ] adj ziemlich klein.
small-minded [smɔːl'maɪndɪd] adj engstirnig.
smallpox ['smɔːlpɔks] n Pocken pl.
small print n: the ~ das Kleingedruckte or
klein Gedruckte.
small-scale ['smɔːlskeɪl] adj (map, model) in
verkleinertem Maßstab; (business, farming)
klein angelegt.
small talk n (oberflächliche) Konversation f.
small-time ['smɔːltaɪm] adj (farmer etc) klein; a
~ thief ein kleiner Ganove.
small-town ['smɔːltaun] adj kleinstädtisch.
smarmy ['smɑːmɪ] (BRIT: pej) adj schmierig.
smart [smɑːt] adj (neat) ordentlich, gepflegt;
(fashionable) schick, elegant; (clever)
intelligent, clever (inf); (quick) schnell ◆ vi
(sting) brennen; (suffer) leiden; the ~ set die
Schickeria (inf); and look ~ (about it)! und
zwar ein bisschen plötzlich! (inf).
smart card n Chipkarte f.
smarten up ['smɑːtn-] vi sich fein machen
◆ vt verschönern.
smash [smæʃ] n (also: ~-up) Unfall m; (sound)
Krachen nt; (song, play, film) Superhit m;
(TENNIS) Schmetterball m ◆ vt (break)
zerbrechen; (car etc) kaputtfahren; (hopes)
zerschlagen; (SPORT: record) haushoch
schlagen ◆ vi (break) zerbrechen; (against
wall, into sth etc) krachen.
► **smash up** vt (car) kaputtfahren; (room)
kurz und klein schlagen (inf).
smash hit n Superhit m.
smashing ['smæʃɪŋ] (inf) adj super, toll.
smattering ['smætərɪŋ] n: a ~ of Greek etc ein
paar Brocken Griechisch etc.
smear [smɪə*] n (trace) verschmierter Fleck
m; (insult) Verleumdung f; (MED) Abstrich m
◆ vt (spread) verschmieren; (make dirty)
beschmieren; his hands were ~ed with oil/
ink seine Hände waren mit Öl/Tinte
beschmiert.
smear campaign n Verleumdungskampagne
f.
smear test n Abstrich m.
smell [smel] (pt, pp smelt or smelled) n Geruch
m; (sense) Geruchssinn m ◆ vt riechen ◆ vi
riechen; (pej) stinken; (pleasantly) duften; to
~ of riechen nach.
smelly ['smelɪ] (pej) adj stinkend.
smelt [smelt] pt, pp of **smell** ◆ vt schmelzen.
smile [smaɪl] n Lächeln nt ◆ vi lächeln.
smiling ['smaɪlɪŋ] adj lächelnd.
smirk [sməːk] (pej) n Grinsen nt.
smithy ['smɪðɪ] n Schmiede f.
smitten ['smɪtn] adj: ~ with vernarrt in +acc.
smock [smɔk] n Kittel m; (US: overall) Overall
m.
smog [smɔg] n Smog m.
smoke [sməuk] n Rauch m ◆ vi rauchen; to
have a ~ eine rauchen; to go up in ~ in
Rauch (und Flammen) aufgehen; (fig) sich
in Rauch auflösen; do you ~? rauchen Sie?

smoked [sməukt] *adj* geräuchert, Räucher-;
~ **glass** Rauchglas *nt*.
smokeless fuel ['sməuklɪs-] *n* rauchlose
Kohle *f*.
smokeless zone (*BRIT*) *n* rauchfreie Zone *f*.
smoker ['sməukə*] *n* Raucher(in) *m(f)*; (*RAIL*)
Raucherabteil *nt*.
smoke screen *n* Rauchvorhang *m*; (*fig*)
Deckmantel *m*.
smoke shop (*US*) *n* Tabakladen *m*.
smoking ['sməukɪŋ] *n* Rauchen *nt*; "**no ~**"
„Rauchen verboten".
smoking compartment, (*US*) **smoking car**
n Raucherabteil *nt*.
smoking room *n* Raucherzimmer *nt*.
smoky ['sməukɪ] *adj* verraucht; (*taste*)
rauchig.
smolder ['sməuldə*] (*US*) *vi* = **smoulder**.
smoochy ['smu:tʃɪ] *adj* (*music, tape*) zum
Schmusen.
smooth [smu:ð] *adj* (*lit, fig: pej*) glatt; (*flavour,
whisky*) weich; (*movement*) geschmeidig;
(*flight*) ruhig.
▶ **smooth out** *vt* glätten; (*fig: difficulties*) aus
dem Weg räumen.
▶ **smooth over** *vt*: **to ~ things over** (*fig*) die
Sache bereinigen.
smoothly ['smu:ðlɪ] *adv* reibungslos, glatt;
everything went ~ alles ging glatt über die
Bühne.
smoothness ['smu:ðnɪs] *n* Glätte *f*; (*of flight*)
Ruhe *f*.
smother ['smʌðə*] *vt* (*fire, person*) ersticken;
(*repress*) unterdrücken.
smoulder, (*US*) **smolder** ['sməuldə*] *vi* (*lit, fig*)
glimmen, schwelen.
smudge [smʌdʒ] *n* Schmutzfleck *m* ♦ *vt*
verwischen.
smug [smʌg] (*pej*) *adj* selbstgefällig.
smuggle ['smʌgl] *vt* schmuggeln; **to ~ in/out**
einschmuggeln/herausschmuggeln.
smuggler ['smʌglə*] *n* Schmuggler(in) *m(f)*.
smuggling ['smʌglɪŋ] *n* Schmuggel *m*.
smut [smʌt] *n* (*grain of soot*) Rußflocke *f*; (*in
conversation etc*) Schmutz *m*.
smutty ['smʌtɪ] *adj* (*fig: joke, book*) schmutzig.
snack [snæk] *n* Kleinigkeit *f* (zu essen); **to
have a ~** eine Kleinigkeit essen.
snack bar *n* Imbissstube *f*.
snag [snæg] *n* Haken *m*, Schwierigkeit *f*.
snail [sneɪl] *n* Schnecke *f*.
snake [sneɪk] *n* Schlange *f*.
snap [snæp] *n* Knacken *nt*; (*photograph*)
Schnappschuss *m*; (*card game*) ≈
Schnippschnapp *nt* ♦ *adj* (*decision*) plötzlich,
spontan ♦ *vt* (*break*) (zer)brechen ♦ *vi* (*break*)
(zer)brechen; (*rope, thread etc*) reißen; **a cold
~** ein Kälteeinbruch *m*; **his patience ~ped**
ihm riss der Geduldsfaden; **his temper
~ped** er verlor die Beherrschung; **to
~ one's fingers** mit den Fingern schnipsen
or schnalzen; **to ~ open/shut** auf-/

zuschnappen.
▶ **snap at** *vt fus* (*dog*) schnappen nach; (*fig:
person*) anschnauzen (*inf*).
▶ **snap off** *vt* (*break*) abbrechen.
▶ **snap up** *vt* (*bargains*) wegschnappen.
snap fastener *n* Druckknopf *m*.
snappy ['snæpɪ] (*inf*) *adj* (*answer*) kurz und
treffend; (*slogan*) zündend; **make it ~** ein
bisschen dalli!; **he is a ~ dresser** er zieht
sich flott an.
snapshot ['snæpʃɔt] *n* Schnappschuss *m*.
snare [snɛə*] *n* Falle *f* ♦ *vt* (*lit, fig*) fangen.
snarl [snɑ:l] *vi* knurren ♦ *vt*: **to get ~ed up**
(*plans*) durcheinander kommen; (*traffic*)
stocken.
snarl-up ['snɑ:lʌp] *n* Verkehrschaos *nt*.
snatch [snætʃ] *n* (*of conversation*) Fetzen *m*; (*of
song*) paar Takte *pl* ♦ *vt* (*grab*) greifen; (*steal*)
stehlen, klauen (*inf*); (*child*) entführen; (*fig:
opportunity*) ergreifen; (: *look*) werfen ♦ *vi*:
don't ~! nicht grapschen!; **to ~ a sandwich**
schnell ein Butterbrot essen; **to ~ some
sleep** etwas Schlaf ergattern.
▶ **snatch up** *vt* schnappen.
snazzy ['snæzɪ] (*inf*) *adj* flott.
sneak [sni:k] (*pt* (*US*) *also* **snuck**) *vi*: **to ~ in/out**
sich einschleichen/sich hinausschleichen
♦ *vt*: **to ~ a look at sth** heimlich auf etw *acc*
schielen ♦ *n* (*inf: pej*) Petze *f*.
▶ **sneak up** *vi*: **to ~ up on sb** sich an jdn
heranschleichen.
sneakers ['sni:kəz] *npl* Freizeitschuhe *pl*.
sneaking ['sni:kɪŋ] *adj*: **to have a ~ feeling/
suspicion that ...** das ungute Gefühl/den
leisen Verdacht haben, dass ...
sneaky ['sni:kɪ] (*pej*) *adj* raffiniert.
sneer [snɪə*] *vi* (*smile nastily*) spöttisch
lächeln; (*mock*): **to ~ at** verspotten ♦ *n*
(*smile*) spöttisches Lächeln *nt*; (*remark*)
spöttische Bemerkung *f*.
sneeze [sni:z] *n* Niesen *nt* ♦ *vi* niesen.
▶ **sneeze at** *vt fus*: **it's not to be ~d at** es ist
nicht zu verachten.
snicker ['snɪkə*] *vi see* **snigger**.
snide [snaɪd] (*pej*) *adj* abfällig.
sniff [snɪf] *n* Schniefen *nt*; (*smell*) Schnüffeln
nt ♦ *vi* schniefen ♦ *vt* riechen, schnuppern an
+*dat*; (*glue*) schnüffeln.
sniffer dog ['snɪfə-] *n* Spürhund *m*.
snigger ['snɪgə*] *vi* kichern.
snip [snɪp] *n* Schnitt *m*; (*BRIT: inf: bargain*)
Schnäppchen *nt* ♦ *vt* schnippeln; **to ~ sth
off/through sth** etw abschnippeln/
durchschnippeln.
sniper ['snaɪpə*] *n* Heckenschütze *m*.
snippet ['snɪpɪt] *n* (*of information*) Bruchstück
nt; (*of conversation*) Fetzen *m*.
snivelling, (*US*) **sniveling** ['snɪvlɪŋ] *adj*
heulend.
snob [snɔb] *n* Snob *m*.
snobbery ['snɔbərɪ] *n* Snobismus *m*.
snobbish ['snɔbɪʃ] *adj* snobistisch, versnobt

(*inf*).

snog [snɔg] (*BRIT: inf*) *n* Knutscherei *f*; **to have a ~ with sb** mit jdm (rum)knutschen ♦ *vi* (rum)knutschen.

snooker ['snuːkə*] *n* Snooker *m* ♦ *vt* (*BRIT: inf*): **to be ~ed** festsitzen.

snoop [snuːp] *vi*: **to ~ about** herumschnüffeln; **to ~ on sb** jdm nachschnüffeln.

snooper ['snuːpə*] *n* Schnüffler(in) *m(f)*.

snooty ['snuːtɪ] *adj* hochnäsig.

snooze [snuːz] *n* Schläfchen *nt* ♦ *vi* ein Schläfchen machen.

snore [snɔː*] *n* Schnarchen *nt* ♦ *vi* schnarchen.

snoring ['snɔːrɪŋ] *n* Schnarchen *nt*.

snorkel ['snɔːkl] *n* Schnorchel *m*.

snort [snɔːt] *n* Schnauben *nt* ♦ *vi* (*animal*) schnauben; (*person*) prusten ♦ *vt* (*inf*: *cocaine*) schnüffeln.

snotty ['snɔtɪ] (*inf*) *adj* (*handkerchief, nose*) Rotz-; (*pej*: snobbish) hochnäsig.

snout [snaut] *n* Schnauze *f*.

snow [snəu] *n* Schnee *m* ♦ *vi* schneien ♦ *vt*: **to be ~ed under with work** mit Arbeit reichlich eingedeckt sein; **it's ~ing** es schneit.

snowball ['snəubɔːl] *n* Schneeball *m* ♦ *vi* (*fig*: problem) eskalieren; (: *campaign*) ins Rollen kommen.

snowbound ['snəubaund] *adj* eingeschneit.

snow-capped ['snəukæpt] *adj* schneebedeckt.

snowdrift ['snəudrɪft] *n* Schneewehe *f*.

snowdrop ['snəudrɔp] *n* Schneeglöckchen *nt*.

snowfall ['snəufɔːl] *n* Schneefall *m*.

snowflake ['snəufleɪk] *n* Schneeflocke *f*.

snowline ['snəulaɪn] *n* Schneegrenze *f*.

snowman ['snəumæn] (*irreg: like* **man**) *n* Schneemann *m*.

snowplough, (*US*) **snowplow** ['snəuplau] *n* Schneepflug *m*.

snowshoe ['snəuʃuː] *n* Schneeschuh *m*.

snowstorm ['snəustɔːm] *n* Schneesturm *m*.

snowy ['snəuɪ] *adj* schneeweiß; (*covered with snow*) verschneit.

SNP (*BRIT*) *n abbr* (*POL*) = **Scottish National Party**.

snub [snʌb] *vt* (*person*) vor den Kopf stoßen ♦ *n* Abfuhr *f*.

snub-nosed [snʌb'nəuzd] *adj* stupsnasig.

snuff [snʌf] *n* Schnupftabak *m* ♦ *vt* (*also*: ~ **out**: *candle*) auslöschen.

snuff movie *n* Pornofilm, in dem jemand *tatsächlich stirbt*.

snug [snʌg] *adj* behaglich, gemütlich; (*well-fitting*) gut sitzend; **it's a ~ fit** es passt genau.

snuggle ['snʌgl] *vi*: **to ~ up to sb** sich an jdn kuscheln; **to ~ down in bed** sich ins Bett kuscheln.

snugly ['snʌglɪ] *adv* behaglich; **it fits ~** (*object in pocket etc*) es passt genau hinein; (*garment*) es passt wie angegossen.

SO *n abbr* (*BANKING*) = **standing order**.

═══════════════════ *KEYWORD*

so [səu] *adv* **1** (*thus, likewise*) so; **~ saying he walked away** mit diesen Worten ging er weg; **if ~** falls ja; **I didn't do it - you did ~!** ich hab es nicht getan - hast du wohl!; **~ do I, ~ am I** *etc* ich auch; **it's 5 o'clock - ~ it is!** es ist 5 Uhr - tatsächlich!; **I hope/think ~** ich hoffe/glaube ja; **~ far** bis jetzt.

2 (*in comparisons etc: to such a degree*) so; **~ big/quickly (that)** so groß/schnell(, dass); **I'm ~ glad to see you** ich bin ja so froh, dich zu sehen.

3: **~ much** so viel; **I've got ~ much work** ich habe so viel Arbeit; **I love you ~ much** ich liebe dich so sehr; **~ many** so viele.

4 (*phrases*): **10 or ~** 10 oder so; **~ long!** (*inf*: goodbye) tschüss!

♦ *conj* **1** (*expressing purpose*): **~ as to do sth** um etw zu tun; **~ (that)** damit.

2 (*expressing result*) also; **~ I was right after all** ich hatte also doch Recht; **~ you see, I could have gone** wie Sie sehen, hätte ich gehen können; **~ (what)?** na und?

---

soak [səuk] *vt* (*drench*) durchnässen; (*steep*) einweichen ♦ *vi* einweichen; **to be ~ed through** völlig durchnässt sein.

▶ **soak in** *vi* einziehen.

▶ **soak up** *vt* aufsaugen.

soaking ['səukɪŋ] *adj* (*also*: ~ **wet**) patschnass.

so-and-so ['səuənsəu] *n* (*somebody*) Soundso *no art*; **Mr/Mrs ~** Herr/Frau Soundso; **the little ~!** (*pej*) das Biest!

soap [səup] *n* Seife *f*; (*TV: also*: ~ **opera**) Fernsehserie *f*, Seifenoper *f* (*inf*).

soapbox ['səupbɔks] *n* (*lit*) Seifenkiste *f*; (*fig*: platform) Apfelsinenkiste *f*.

soapflakes ['səupfleɪks] *npl* Seifenflocken *pl*.

soap opera *n* (*TV*) Fernsehserie *f*, Seifenoper *f* (*inf*).

soap powder *n* Seifenpulver *nt*.

soapsuds ['səupsʌds] *npl* Seifenschaum *m*.

soapy ['səupɪ] *adj* seifig; **~ water** Seifenwasser *nt*.

soar [sɔː*] *vi* aufsteigen; (*price, temperature*) hochschnellen; (*building etc*) aufragen.

soaring ['sɔːrɪŋ] *adj* (*prices*) in die Höhe schnellend; (*inflation*) unaufhaltsam.

sob [sɔb] *n* Schluchzer *m* ♦ *vi* schluchzen.

s.o.b. (*US: inf!*) *n abbr* (= *son of a bitch*) Scheißkerl *m*.

sober ['səubə*] *adj* nüchtern; (*serious*) ernst; (*colour*) gedeckt; (*style*) schlicht.

▶ **sober up** *vt* nüchtern machen ♦ *vi* nüchtern werden.

sobriety [sə'braɪətɪ] *n* Nüchternheit *f*; (*seriousness*) Ernst *m*.

sobriquet ['səubrɪkeɪ] *n* Spitzname *m*.

sob story *n* rührselige Geschichte *f*.

Soc. *abbr* (= *society*) Ges.

so-called ['səu'kɔːld] *adj* so genannt.

soccer ['sɔkə*] *n* Fußball *m*.

soccer pitch *n* Fußballplatz *m*.

soccer player *n* Fußballspieler(in) *m(f)*.

sociable ['səuʃəbl] *adj* gesellig.

social ['səuʃl] *adj* sozial; (*history*) Sozial-; (*structure*) Gesellschafts-; (*event, contact*) gesellschaftlich; (*person*) gesellig; (*animal*) gesellig lebend ♦ *n* (*party*) geselliger Abend *m*; ~ **life** gesellschaftliches Leben *nt*; **to have no** ~ **life** nicht mit anderen Leuten zusammenkommen.

social class *n* Gesellschaftsklasse *f*.

social climber (*pej*) *n* Emporkömmling *m*, sozialer Aufsteiger *m*.

social club *n* Klub *m* für geselliges Beisammensein.

Social Democrat *n* Sozialdemokrat(in) *m(f)*.

social insurance (*US*) *n* Sozialversicherung *f*.

socialism ['səuʃəlɪzəm] *n* Sozialismus *m*.

socialist ['səuʃəlɪst] *adj* sozialistisch ♦ *n* Sozialist(in) *m(f)*.

socialite ['səuʃəlaɪt] *n* Angehörige(r) *f(m)* der Schickeria.

socialize ['səuʃəlaɪz] *vi* unter die Leute kommen; **to** ~ **with** (*meet socially*) gesellschaftlich verkehren mit; (*chat to*) sich unterhalten mit.

socially ['səuʃəlɪ] *adv* (*visit*) privat; (*acceptable*) in Gesellschaft.

social science *n* Sozialwissenschaft *f*.

social security (*BRIT*) *n* Sozialhilfe *f*; **Department of Social Security** Ministerium *nt* für Soziales.

social services *npl* soziale Einrichtungen *pl*.

social welfare *n* soziales Wohl *nt*.

social work *n* Sozialarbeit *f*.

social worker *n* Sozialarbeiter(in) *m(f)*.

society [sə'saɪətɪ] *n* Gesellschaft *f*; (*people, their lifestyle*) die Gesellschaft; (*club*) Verein *m*; (*also:* **high** ~) Highsociety *f* ♦ *cpd* (*party, lady*) Gesellschafts-.

socioeconomic ['səusɪəuiːkə'nɔmɪk] *adj* sozioökonomisch.

sociological [səusɪə'lɔdʒɪkl] *adj* soziologisch.

sociologist [səusɪ'ɔlədʒɪst] *n* Soziologe *m*, Soziologin *f*.

sociology [səusɪ'ɔlədʒɪ] *n* Soziologie *f*.

sock [sɔk] *n* Socke *f* ♦ *vt* (*inf: hit*) hauen; **to pull one's** ~**s up** (*fig*) sich am Riemen reißen.

socket ['sɔkɪt] *n* (*of eye*) Augenhöhle *f*; (*of joint*) Gelenkpfanne *f*; (*BRIT: ELEC: wall socket*) Steckdose *f*; (*: for light bulb*) Fassung *f*.

sod [sɔd] *n* (*earth*) Sode *f*; (*BRIT: inf!*) Sau *f* (!); **the poor** ~ das arme Schwein.

▶ **sod off** (*BRIT: inf!*) *vi*: **sod off!** verpiss dich!

soda ['səudə] *n* Soda *nt*; (*also:* ~ **water**) Soda(wasser) *nt*; (*US: also:* ~ **pop**) Brause *f*.

sodden ['sɔdn] *adj* durchnässt.

sodium ['səudɪəm] *n* Natrium *nt*.

sodium chloride *n* Natriumchlorid *nt*, Kochsalz *nt*.

sofa ['səufə] *n* Sofa *nt*.

Sofia ['səufɪə] *n* Sofia *nt*.

soft [sɔft] *adj* weich; (*not rough*) zart; (*voice, music, light, colour*) gedämpft; (*lenient*) nachsichtig; ~ **in the head** (*inf*) nicht ganz richtig im Kopf.

soft-boiled ['sɔftbɔɪld] *adj* (*egg*) weich (gekocht).

soft drink *n* alkoholfreies Getränk *nt*.

soft drugs *npl* weiche Drogen *pl*.

soften ['sɔfn] *vt* weich machen; (*effect, blow*) mildern ♦ *vi* weich werden; (*voice, expression*) sanfter werden.

softener ['sɔfnə*] *n* (*water softener*) Enthärtungsmittel *nt*; (*fabric softener*) Weichspüler *m*.

soft fruit (*BRIT*) *n* Beerenobst *nt*.

soft furnishings *npl* Raumtextilien *pl*.

soft-hearted [sɔft'hɑːtɪd] *adj* weichherzig.

softly ['sɔftlɪ] *adv* (*gently*) sanft; (*quietly*) leise.

softness ['sɔftnɪs] *n* Weichheit *f*; (*gentleness*) Sanftheit *f*.

soft option *n* Weg *m* des geringsten Widerstandes.

soft sell *n* weiche Verkaufstaktik *f*.

soft spot *n*: **to have a** ~ **for sb** eine Schwäche für jdn haben.

soft target *n* leicht verwundbares Ziel *nt*.

soft toy *n* Stofftier *nt*.

software ['sɔftwɛə*] *n* (*COMPUT*) Software *f*.

software package *n* (*COMPUT*) Softwarepaket *nt*.

soft water *n* weiches Wasser *nt*.

soggy ['sɔgɪ] *adj* (*ground*) durchweicht; (*sandwiches etc*) matschig.

soil [sɔɪl] *n* Erde *f*, Boden *m* ♦ *vt* beschmutzen.

soiled [sɔɪld] *adj* schmutzig.

sojourn ['sɔdʒəːn] (*form*) *n* Aufenthalt *m*.

solace ['sɔlɪs] *n* Trost *m*.

solar ['səulə*] *adj* (*eclipse, power station etc*) Sonnen-.

solarium [sə'lɛərɪəm] (*pl* **solaria**) *n* Solarium *nt*.

solar panel *n* Sonnenkollektor *m*.

solar plexus [-'plɛksəs] *n* (*ANAT*) Solarplexus *m*, Magengrube *f*.

solar power *n* Sonnenenergie *f*.

solar system *n* Sonnensystem *nt*.

solar wind *n* Sonnenwind *m*.

sold [səuld] *pt, pp of* **sell**.

solder ['səuldə*] *vt* löten ♦ *n* Lötmittel *nt*.

soldier ['səuldʒə*] *n* Soldat *m* ♦ *vi*: **to** ~ **on** unermüdlich weitermachen; **toy** ~ Spielzeugsoldat *m*.

sold out *adj* ausverkauft.

sole [səul] *n* Sohle *f*; (*fish: pl inv*) Seezunge *f* ♦ *adj* einzig, Allein-; (*exclusive*) alleinig; **the** ~ **reason** der einzige Grund.

solely ['səullɪ] *adv* nur, ausschließlich; **I will hold you** ~ **responsible** ich mache Sie allein dafür verantwortlich.

solemn ['sɔləm] *adj* feierlich; (*person*) ernst.
sole trader *n* (*COMM*) Einzelunternehmer *m*.
solicit [sə'lɪsɪt] *vt* (*request*) erbitten, bitten um
♦ *vi* (*prostitute*) Kunden anwerben.
solicitor [sə'lɪsɪtə*] (*BRIT*) *n* Rechtsanwalt *m*,
Rechtsanwältin *f*.
solid ['sɔlɪd] *adj* (*not hollow, pure*) massiv; (*not
liquid*) fest; (*reliable*) zuverlässig; (*strong:
structure*) stabil; (: *foundations*) solide;
(*substantial: advice*) gut; (: *experience*) solide;
(*unbroken*) ununterbrochen ♦ *n* (*solid object*)
Festkörper *m*; **solids** *npl* (*food*) feste
Nahrung *f*; **to be on ~ ground** (*fig*) sich auf
festem Boden befinden; **I read for 2 hours ~**
ich habe 2 Stunden ununterbrochen
gelesen.
solidarity [sɔlɪ'dærɪtɪ] *n* Solidarität *f*.
solid fuel *n* fester Brennstoff *m*.
solidify [sə'lɪdɪfaɪ] *vi* fest werden ♦ *vt* fest
werden lassen.
solidity [sə'lɪdɪtɪ] *n* (*of structure*) Stabilität *f*;
(*of foundations*) Solidität *f*; (*of support*)
Geschlossenheit *f*.
solidly ['sɔlɪdlɪ] *adv* (*built*) solide; (*in favour*)
geschlossen, einmütig; **a ~ respectable
family** eine durch und durch respektable
Familie.
solid-state ['sɔlɪdsteɪt] *adj* (*ELEC: equipment*)
Halbleiter-.
soliloquy [sə'lɪləkwɪ] *n* Monolog *m*.
solitaire [sɔlɪ'tɛə*] *n* (*gem*) Solitär *m*; (*game*)
Patience *f*.
solitary ['sɔlɪtərɪ] *adj* einsam; (*single*)
einzeln.
solitary confinement *n* Einzelhaft *f*.
solitude ['sɔlɪtjuːd] *n* Einsamkeit *f*; **to live in ~**
einsam leben.
solo ['səuləu] *n* Solo *nt* ♦ *adv* (*fly*) allein; (*play,
perform*) solo; **~ flight** Alleinflug *m*.
soloist ['səuləuɪst] *n* Solist(in) *m(f)*.
Solomon ['sɔləmən] *n* Salomo(n) *m*.
Solomon Islands ['sɔləmən-] *npl*: **the ~** die
Salomoninseln *pl*.
solstice ['sɔlstɪs] *n* Sonnenwende *f*.
soluble ['sɔljubl] *adj* löslich.
solution [sə'luːʃən] *n* (*answer, liquid*) Lösung *f*;
(*to crossword*) Auflösung *f*; (*of crime*)
Aufklärung *f*.
solve [sɔlv] *vt* lösen; (*mystery*) enträtseln.
solvency ['sɔlvənsɪ] *n* (*COMM*)
Zahlungsfähigkeit *f*.
solvent ['sɔlvənt] *adj* (*COMM*) zahlungsfähig
♦ *n* (*CHEM*) Lösungsmittel *nt*.
solvent abuse *n* Lösungsmittelmissbrauch
m.
Som. (*BRIT*) *abbr* (*POST*: = *Somerset*).
Somali [sə'mɑːlɪ] *adj* somalisch ♦ *n*
Somalier(in) *m(f)*.
Somalia [sə'mɑːlɪə] *n* Somalia *nt*.
Somaliland *n* (*formerly*) Somaliland *nt*.
sombre, (*US*) **somber** ['sɔmbə*] *adj* (*dark*)
dunkel, düster; (*serious*) finster.

some [sʌm] *adj* **1** (*a certain amount or number
of*) einige; **~ tea/water/money** etwas Tee/
Wasser/Geld; **~ biscuits** ein paar Plätzchen;
~ children came einige Kinder kamen; **he
asked me ~ questions** er stellte mir ein
paar Fragen.
2 (*certain: in contrasts*) manche(r, s);
~ people say that ... manche Leute sagen,
dass ...; **~ films were excellent** einige *or*
manche Filme waren ausgezeichnet.
3 (*unspecified*) irgendein(e); **~ woman was
asking for you** eine Frau hat nach Ihnen
gefragt; **~ day** eines Tages; **~ day next
week** irgendwann nächste Woche; **that's
~ house!** das ist vielleicht ein Haus!
♦ *pron* **1** (*a certain number*) einige; **I've got ~**
(*books etc*) ich habe welche.
2 (*a certain amount*) etwas; **I've got ~** (*money,
milk*) ich habe welche(s); **I've read ~ of the
book** ich habe das Buch teilweise gelesen
♦ *adv*: **~ 10 people** etwa 10 Leute.

somebody ['sʌmbədɪ] *pron* = **someone**.
someday ['sʌmdeɪ] *adv* irgendwann.
somehow ['sʌmhau] *adv* irgendwie.
someone ['sʌmwʌn] *pron* (irgend)jemand;
there's ~ coming es kommt jemand; **I saw
~ in the garden** ich habe jemanden im
Garten gesehen.
someplace ['sʌmpleɪs] (*US*) *adv* = **somewhere**.
somersault ['sʌməsɔːlt] *n* Salto *m* ♦ *vi* einen
Salto machen; (*vehicle*) sich überschlagen.
something ['sʌmθɪŋ] *pron* etwas; **~ nice** etwas
Schönes; **there's ~ wrong** da stimmt etwas
nicht; **would you like ~ to eat/drink?**
möchten Sie etwas zu essen/trinken?
sometime ['sʌmtaɪm] *adv* irgendwann; **~ last
month** irgendwann letzten Monat; **I'll finish
it ~** ich werde es irgendwann fertig
machen.
sometimes ['sʌmtaɪmz] *adv* manchmal.
somewhat ['sʌmwɔt] *adv* etwas, ein wenig;
~ to my surprise ziemlich zu meiner
Überraschung.
somewhere ['sʌmwɛə*] *adv* (*be*) irgendwo;
(*go*) irgendwohin; **~ (or other) in Scotland**
irgendwo in Schottland; **~ else** (*be*)
woanders; (*go*) woandershin.
son [sʌn] *n* Sohn *m*.
sonar ['səunɑː*] *n* Sonar(gerät) *nt*, Echolot *nt*.
sonata [sə'nɑːtə] *n* Sonate *f*.
song [sɔŋ] *n* Lied *nt*; (*of bird*) Gesang *m*.
songbook ['sɔŋbuk] *n* Liederbuch *nt*.
songwriter ['sɔŋraɪtə*] *n* Liedermacher *m*.
sonic ['sɔnɪk] *adj* (*speed*) Schall-; **~ boom**
Überschallknall *m*.
son-in-law ['sʌnɪnlɔː] *n* Schwiegersohn *m*.
sonnet ['sɔnɪt] *n* Sonett *nt*.
sonny ['sʌnɪ] (*inf*) *n* Junge *m*.
soon [suːn] *adv* bald; (*a short time after*) bald,

schnell; (*early*) früh; ~ **afterwards** kurz *or* bald danach; **quite** ~ ziemlich bald; **how** ~ **can you finish it?** bis wann haben Sie es fertig?; **how** ~ **can you come back?** wann können Sie frühestens wiederkommen?; **see you** ~! bis bald!; *see also* **as**.

sooner ['suːnə*] *adv* (*time*) früher, eher; (*preference*) lieber; **I would** ~ **do that** das würde ich lieber tun; ~ **or later** früher oder später; **the** ~ **the better** je eher, desto besser; **no** ~ **said than done** gesagt, getan; **no** ~ **had we left than ...** wir waren gerade gegangen, da ...

soot [sut] *n* Ruß *m*.

soothe [suːð] *vt* beruhigen; (*pain*) lindern.

soothing ['suːðɪŋ] *adj* beruhigend; (*ointment etc*) schmerzlindernd; (*drink*) wohltuend; (*bath*) entspannend.

SOP *n abbr* (= *standard operating procedure*) normale Vorgehensweise *f*.

sop [sɔp] *n*: **that's only a** ~ das soll nur zur Beschwichtigung dienen.

sophisticated [sə'fɪstɪkeɪtɪd] *adj* (*woman, lifestyle*) kultiviert; (*audience*) anspruchsvoll; (*machinery*) hoch entwickelt; (*arguments*) differenziert.

sophistication [səfɪstɪ'keɪʃən] *n* (*of person*) Kultiviertheit *f*; (*of machine*) hoher Entwicklungsstand *m*; (*of argument etc*) Differenziertheit *f*.

sophomore ['sɔfəmɔː*] (*US*) *n* Student(in) im 2. Studienjahr.

soporific [sɔpə'rɪfɪk] *adj* einschläfernd ♦ *n* Schlafmittel *nt*.

sopping ['sɔpɪŋ] *adj*: ~ **(wet)** völlig durchnässt.

soppy ['sɔpɪ] (*pej*) *adj* (*person*) sentimental; (*film*) schmalzig.

soprano [sə'prɑːnəu] *n* Sopranist(in) *m(f)*.

sorbet ['sɔːbeɪ] *n* Sorbet *nt or m*, Fruchteis *nt*.

sorcerer ['sɔːsərə*] *n* Hexenmeister *m*.

sordid ['sɔːdɪd] *adj* (*dirty*) verkommen; (*wretched*) elend.

sore [sɔː*] *adj* wund; (*esp US: offended*) verärgert, sauer (*inf*) ♦ *n* wunde Stelle *f*; **to have a** ~ **throat** Halsschmerzen haben; **it's a** ~ **point** (*fig*) es ist ein wunder Punkt.

sorely ['sɔːlɪ] *adv*: **I am** ~ **tempted (to)** ich bin sehr in Versuchung(, zu).

soreness ['sɔːnɪs] *n* (*pain*) Schmerz *m*.

sorrel ['sɔrəl] *n* (*BOT*) (großer) Sauerampfer *m*.

sorrow ['sɔrəu] *n* Trauer *f*; **sorrows** *npl* (*troubles*) Sorgen und Nöte *pl*.

sorrowful ['sɔrəuful] *adj* traurig.

sorry ['sɔrɪ] *adj* traurig; (*excuse*) faul; (*sight*) jämmerlich; ~! Entschuldigung!, Verzeihung!; ~? wie bitte?; **I feel** ~ **for him** er tut mir Leid; **I'm** ~ **to hear that ...** es tut mir Leid, dass ...; **I'm** ~ **about ...** es tut mir Leid wegen ...

sort [sɔːt] *n* Sorte *f*; (*make: of car etc*) Marke *f*

♦ *vt* (*also:* ~ **out**) sortieren; (: *problems*) ins Reine bringen; (*COMPUT*) sortieren; **all** ~**s of reasons** alle möglichen Gründe; **what** ~ **do you want?** welche Sorte möchten Sie?; **what** ~ **of car?** was für ein Auto?; **I'll do nothing of the** ~! das kommt überhaupt nicht infrage *or* in Frage!; **it's** ~ **of awkward** (*inf*) es ist irgendwie schwierig; **to** ~ **sth out** etw in Ordnung bringen.

sort code *n* Bankleitzahl *f*.

sortie ['sɔːtɪ] *n* (*MIL*) Ausfall *m*; (*fig*) Ausflug *m*.

sorting office ['sɔːtɪŋ-] *n* Postverteilstelle *f*.

SOS *n abbr* (= *save our souls*) SOS *nt*.

so-so ['səusəu] *adv, adj* so lala.

soufflé ['suːfleɪ] *n* Soufflé *nt*, Soufflee *nt*.

sought [sɔːt] *pt, pp of* **seek**.

sought-after ['sɔːtɑːftə*] *adj* begehrt, gesucht; **a much** ~ **item** ein viel begehrtes Stück.

soul [səul] *n* Seele *f*; (*MUS*) Soul *m*; **the poor** ~ **had nowhere to sleep** der Ärmste hatte keine Unterkunft; **I didn't see a** ~ ich habe keine Menschenseele gesehen.

soul-destroying ['səuldɪstrɔɪɪŋ] *adj* geisttötend.

soulful ['səulful] *adj* (*eyes*) seelenvoll; (*music*) gefühlvoll.

soulless ['səullɪs] *adj* (*place*) seelenlos; (*job*) eintönig.

soul mate *n* Seelenfreund(in) *m(f)*.

soul-searching ['səulsəːtʃɪŋ] *n*: **after much** ~ nach reiflicher Überlegung.

sound [saund] *adj* (*healthy*) gesund; (*safe, secure*) sicher; (*not damaged*) einwandfrei; (*reliable*) solide; (*thorough*) gründlich; (*sensible, valid*) vernünftig ♦ *adv*: **to be** ~ **asleep** tief und fest schlafen ♦ *n* Geräusch *nt*; (*MUS*) Klang *m*; (*on TV etc*) Ton *m*; (*GEOG*) Meerenge *f*, Sund *m* ♦ *vt*: **to** ~ **the alarm** Alarm schlagen ♦ *vi* (*alarm, horn*) ertönen; (*fig: seem*) sich anhören, klingen; **to be of** ~ **mind** bei klarem Verstand sein; **I don't like the** ~ **of it** das klingt gar nicht gut; **to** ~ **one's horn** (*AUT*) hupen; **to** ~ **like** sich anhören wie; **that** ~**s like them arriving** das hört sich so an, als ob sie ankommen; **it** ~**s as if ...** es klingt *or* es hört sich so an, als ob ...

▶ **sound off** (*inf*) *vi*: **to** ~ **off (about)** sich auslassen (über +*acc*).

▶ **sound out** *vt* (*person*) aushorchen; (*opinion*) herausbekommen.

sound barrier *n* Schallmauer *f*.

sound bite *n* prägnantes Zitat *nt*.

sound effects *npl* Toneffekte *pl*.

sound engineer *n* Toningenieur(in) *m(f)*.

sounding ['saundɪŋ] *n* (*NAUT*) Loten *nt*, Peilung *f*.

sounding board *n* (*MUS*) Resonanzboden *m*; (*fig*): **to use sb as a** ~ **for one's ideas** seine Ideen an jdm testen.

soundly ['saundlɪ] *adv* (*sleep*) tief und fest;

(*beat*) tüchtig.

soundproof ['saundpru:f] *adj* schalldicht ♦ *vt* schalldicht machen.

sound system *n* Verstärkersystem *nt*.

soundtrack ['saundtræk] *n* Filmmusik *f*.

sound wave *n* Schallwelle *f*.

soup [su:p] *n* Suppe *f*; **to be in the ~** (*fig*) in der Tinte sitzen.

soup course *n* Vorsuppe *f*.

soup kitchen *n* Suppenküche *f*.

soup plate *n* Suppenteller *m*.

soupspoon ['su:pspu:n] *n* Suppenlöffel *m*.

sour ['sauə*] *adj* sauer; (*fig: bad-tempered*) säuerlich; **to go** *or* **turn ~** (*milk, wine*) sauer werden; (*fig: relationship*) sich trüben; **it's ~ grapes** (*fig*) die Trauben hängen zu hoch.

source [sɔ:s] *n* Quelle *f*; (*fig: of problem, anxiety*) Ursache *f*; **I have it from a reliable ~ that** ... ich habe es aus sicherer Quelle, dass ...

south [sauθ] *n* Süden *m* ♦ *adj* südlich, Süd- ♦ *adv* nach Süden; **(to the) ~ of** im Süden *or* südlich von; **to travel ~** nach Süden fahren; **the S~ of France** Südfrankreich *nt*.

South Africa *n* Südafrika *nt*.

South African *adj* südafrikanisch ♦ *n* Südafrikaner(in) *m(f)*.

South America *n* Südamerika *nt*.

South American *adj* südamerikanisch ♦ *n* Südamerikaner(in) *m(f)*.

southbound ['sauθbaund] *adj* in Richtung Süden; (*carriageway*) Richtung Süden.

south-east [sauθ'i:st] *n* Südosten *m*.

South-East Asia *n* Südostasien *nt*.

southerly ['sʌðəlɪ] *adj* südlich; (*wind*) aus südlicher Richtung.

southern ['sʌðən] *adj* südlich, Süd-; **the ~ hemisphere** die südliche Halbkugel *or* Hemisphäre.

South Korea *n* Südkorea *nt*.

South Pole *n* Südpol *m*.

South Sea Islands *npl* Südseeinseln *pl*.

South Seas *npl* Südsee *f*.

southward(s) ['sauθwəd(z)] *adv* nach Süden, in Richtung Süden.

south-west [sauθ'wɛst] *n* Südwesten *m*.

souvenir [su:və'nɪə*] *n* Andenken *nt*, Souvenir *nt*.

sovereign ['sɔvrɪn] *n* Herrscher(in) *m(f)*.

sovereignty ['sɔvrɪntɪ] *n* Oberhoheit *f*, Souveränität *f*.

soviet ['səuvɪət] (*formerly*) *adj* sowjetisch ♦ *n* Sowjetbürger(in) *m(f)*; **the S~ Union** die Sowjetunion *f*.

sow¹ [sau] *n* Sau *f*.

sow² [səu] (*pt* **sowed**, *pp* **sown**) *vt* (*lit, fig*) säen.

soya ['sɔɪə], **soy** [sɔɪ] (*US*) *n*: **~ bean** Sojabohne *f*; **~ sauce** Sojasoße *f*.

sozzled ['sɔzld] (*BRIT: inf*) *adj* besoffen.

spa [spɑ:] *n* (*town*) Heilbad *nt*; (*US: also:* **health ~**) Fitnesszentrum *nt*.

space [speɪs] *n* Platz *m*, Raum *m*; (*gap*) Lücke *f*; (*beyond Earth*) der Weltraum; (*interval, period*) Zeitraum *m* ♦ *cpd* Raum- ♦ *vt* (*also:* **~ out**) verteilen; **to clear a ~ for sth** für etw Platz schaffen; **in a confined ~** auf engem Raum; **in a short ~ of time** in kurzer Zeit; **(with)in the ~ of an hour** innerhalb einer Stunde.

space bar *n* (*on keyboard*) Leertaste *f*.

spacecraft ['speɪskrɑ:ft] *n* Raumfahrzeug *nt*.

spaceman ['speɪsmæn] (*irreg: like* **man**) *n* Raumfahrer *m*.

spaceship ['speɪsʃɪp] *n* Raumschiff *nt*.

space shuttle *n* Raumtransporter *m*.

spacesuit ['speɪssu:t] *n* Raumanzug *m*.

spacewoman ['speɪswumən] (*irreg: like* **woman**) *n* Raumfahrerin *f*.

spacing ['speɪsɪŋ] *n* Abstand *m*; **single/double ~** einfacher/doppelter Zeilenabstand.

spacious ['speɪʃəs] *adj* geräumig.

spade [speɪd] *n* Spaten *m*; (*child's*) Schaufel *f*; **spades** *npl* (*CARDS*) Pik *nt*.

spadework ['speɪdwɜ:k] *n* (*fig*) Vorarbeit *f*.

spaghetti [spə'gɛtɪ] *n* Spag(h)etti *pl*.

Spain [speɪn] *n* Spanien *nt*.

span [spæn] *n* (*of bird, plane, arch*) Spannweite *f*; (*in time*) Zeitspanne *f* ♦ *vt* überspannen; (*fig: time*) sich erstrecken über +*acc*.

Spaniard ['spænjəd] *n* Spanier(in) *m(f)*.

spaniel ['spænjəl] *n* Spaniel *m*.

Spanish ['spænɪʃ] *adj* spanisch ♦ *n* (*LING*) Spanisch *nt*; **the Spanish** *npl* die Spanier *pl*; **~ omelette** Omelett mit Paprikaschoten, Zwiebeln, Tomaten etc.

spank [spæŋk] *vt*: **to ~ sb's bottom** jdm den Hintern versohlen (*inf*).

spanner ['spænə*] (*BRIT*) *n* Schraubenschlüssel *m*.

spar [spɑ:*] *n* (*NAUT*) Sparren *m* ♦ *vi* (*BOXING*) ein Sparring *m* machen.

spare [spɛə*] *adj* (*free*) frei; (*extra: part, fuse etc*) Ersatz- ♦ *n* = **spare part** ♦ *vt* (*save: trouble etc*) (er)sparen; (*make available*) erübrigen; (*afford to give*) (übrig) haben; (*refrain from hurting*) verschonen; **these 2 are going ~** diese beiden sind noch übrig; **to ~** (*surplus*) übrig; **to ~ no expense** keine Kosten scheuen, an nichts sparen; **can you ~ the time?** haben Sie Zeit?; **I've a few minutes to ~** ich habe ein paar Minuten Zeit; **there is no time to ~** es ist keine Zeit; **~ me the details** verschone mich mit den Einzelheiten.

spare part *n* Ersatzteil *nt*.

spare room *n* Gästezimmer *nt*.

spare time *n* Freizeit *f*.

spare tyre *n* Reservereifen *m*.

spare wheel *n* Reserverad *nt*.

sparing ['spɛərɪŋ] *adj*: **to be ~ with** sparsam umgehen mit.

sparingly ['spɛərɪŋlɪ] *adv* sparsam.

spark [spɑ:k] *n* (*lit, fig*) Funke *m*.

spark(ing) plug ['spɑːk(ɪŋ)-] n Zündkerze f.
sparkle ['spɑːkl] n Funkeln nt, Glitzern nt ♦ vi funkeln, glitzern.
sparkler ['spɑːklə*] n (firework) Wunderkerze f.
sparkling ['spɑːklɪŋ] adj (water) mit Kohlensäure; (conversation) vor Geist sprühend; (performance) glänzend; ~ **wine** Schaumwein m.
sparring partner ['spɑːrɪŋ-] n (also fig) Sparringspartner m.
sparrow ['spærəu] n Spatz m.
sparse [spɑːs] adj spärlich; (population) dünn.
spartan ['spɑːtən] adj (fig) spartanisch.
spasm ['spæzəm] n (MED) Krampf m; (fig: of anger etc) Anfall m.
spasmodic [spæz'mɔdɪk] adj (fig) sporadisch.
spastic ['spæstɪk] (old) n Spastiker(in) m(f) ♦ adj spastisch.
spat [spæt] pt, pp of **spit** ♦ n (US: quarrel) Krach m.
spate [speɪt] n (fig): **a ~ of** eine Flut von; **to be in full ~** (river) Hochwasser führen.
spatial ['speɪʃl] adj räumlich.
spatter ['spætə*] vt (liquid) verspritzen; (surface) bespritzen ♦ vi spritzen.
spatula ['spætjulə] n (CULIN) Spachtel m; (MED) Spatel m.
spawn [spɔːn] vi laichen ♦ vt hervorbringen, erzeugen ♦ n Laich m.
SPCA (US) n abbr (= Society for the Prevention of Cruelty to Animals) Tierschutzverein m.
SPCC (US) n abbr (= Society for the Prevention of Cruelty to Children) Kinderschutzbund m.
speak [spiːk] (pt **spoke**, pp **spoken**) vt (say) sagen; (language) sprechen ♦ vi sprechen, reden; (make a speech) sprechen; **to ~ one's mind** seine Meinung sagen; **to ~ to sb/of or about sth** mit jdm/über etw acc sprechen or reden; **~ up!** sprich lauter!; **to ~ at a conference** in einer Tagung einen Vortrag halten; **to ~ in a debate** in einer Debatte sprechen; **he has no money to ~ of** er hat so gut wie kein Geld; **so to ~** sozusagen.
▶ **speak for** vt fus: **to ~ for sb** (on behalf of) in jds Namen dat or für jdn sprechen; **that picture is already spoken for** (in shop) das Bild ist schon verkauft or vergeben; **~ for yourself!** das meinst auch nur du!
speaker ['spiːkə*] n (in public) Redner(in) m(f); (also: **loudspeaker**) Lautsprecher m; (POL): **the S~** (BRIT, US) der Sprecher, die Sprecherin; **are you a Welsh ~?** sprechen Sie Walisisch?
speaking ['spiːkɪŋ] adj sprechend; **Italian-~ people** Italienisch Sprechende pl; **to be on ~ terms** miteinander reden or sprechen; **~ clock** telefonische Zeitansage.
spear [spɪə*] n Speer m ♦ vt aufspießen.
spearhead ['spɪəhɛd] vt (MIL, fig) anführen.
spearmint ['spɪəmɪnt] n Grüne Minze f.
spec [spɛk] (inf) n: **on ~** auf Verdacht, auf gut Glück; **to buy/go on ~** auf gut Glück

kaufen/hingehen.
spec. n abbr (TECH) = **specification.**
special ['spɛʃl] adj besondere(r, s); (service, performance, adviser, permission, school) Sonder- ♦ n (train) Sonderzug m; **take ~ care** pass besonders gut auf; **nothing ~** nichts Besonderes; **today's ~** (at restaurant) Tagesgericht nt.
special agent n Agent(in) m(f).
special correspondent n Sonderberichterstatter(in) m(f).
special delivery n (POST): **by ~** durch Eilzustellung.
special effects npl Spezialeffekte pl.
specialist ['spɛʃəlɪst] n Spezialist(in) m(f); (MED) Facharzt m, Fachärztin f; **heart ~** Facharzt m/Fachärztin f für Herzkrankheiten.
speciality [spɛʃɪ'ælɪtɪ] n Spezialität f; (study) Spezialgebiet nt.
specialize ['spɛʃəlaɪz] vi: **to ~ (in)** sich spezialisieren (auf +acc).
specially ['spɛʃlɪ] adv besonders, extra.
special offer n Sonderangebot nt.
specialty ['spɛʃəltɪ] (esp US) = **speciality.**
species ['spiːʃiːz] n inv Art f.
specific [spə'sɪfɪk] adj (fixed) bestimmt; (exact) genau; **to be ~** to eigentümlich sein für.
specifically [spə'sɪfɪklɪ] adv (specially) speziell; (exactly) genau; **more ~** und zwar.
specification [spɛsɪfɪ'keɪʃən] n genaue Angabe f; (requirement) Bedingung f; **specifications** npl (TECH) technische Daten pl.
specify ['spɛsɪfaɪ] vt angeben; **unless otherwise specified** wenn nicht anders angegeben.
specimen ['spɛsɪmən] n Exemplar nt; (MED) Probe f.
specimen copy n Belegexemplar nt, Probeexemplar nt.
specimen signature n Unterschriftsprobe f.
speck [spɛk] n Fleckchen nt; (of dust) Körnchen nt.
speckled ['spɛkld] adj gesprenkelt.
specs [spɛks] (inf) npl Brille f.
spectacle ['spɛktəkl] n (scene) Schauspiel nt; (sight) Anblick m; (grand event) Spektakel nt; **spectacles** npl (glasses) Brille f.
spectacle case (BRIT) n Brillenetui nt.
spectacular [spɛk'tækjulə*] adj sensationell; (success) spektakulär ♦ n (THEAT etc) Show f.
spectator [spɛk'teɪtə*] n Zuschauer(in) m(f); **~ sport** Publikumssport m.
spectra ['spɛktrə] npl of **spectrum.**
spectre, (US) **specter** ['spɛktə*] n Gespenst nt; (fig) (Schreck)gespenst nt.
spectrum ['spɛktrəm] (pl **spectra**) n (lit, fig) Spektrum nt.
speculate ['spɛkjuleɪt] vi (FIN) spekulieren; **to ~ about** spekulieren or Vermutungen anstellen über +acc.

speculation [spɛkju'leɪʃən] n Spekulation f.

speculative ['spɛkjulətɪv] adj spekulativ.

speculator ['spɛkjuleɪtə*] n Spekulant(in) m(f).

sped [spɛd] pt, pp of **speed**.

speech [spiːtʃ] n Sprache f; (manner of speaking) Sprechweise f; (enunciation) (Aus)sprache f; (formal talk: THEAT) Rede f.

speech day (BRIT) n (SCOL) ≈ Schulfeier f.

speech impediment n Sprachfehler m.

speechless ['spiːtʃlɪs] adj sprachlos.

speech therapist n Logopäde m, Logopädin f, Sprachtherapeut(in) m(f).

speech therapy n Logopädie f, Sprachtherapie f.

speed [spiːd] (pt, pp **sped**) n Geschwindigkeit f, Schnelligkeit f ♦ vi (exceed speed limit) zu schnell fahren; **to ~ along** dahinsausen; **to ~ by** (car etc) vorbeischießen; (years) verfliegen; **at ~** (BRIT) mit hoher Geschwindigkeit; **at full** or **top ~** mit Höchstgeschwindigkeit; **at a ~ of 70km/h** mit (einer Geschwindigkeit or einem Tempo von) 70 km/h; **shorthand/typing ~s** Silben/Anschläge pro Minute; **a five-~ gearbox** ein Fünfganggetriebe nt.

▶ **speed up** (pt, pp **speeded up**) vi beschleunigen; (fig) sich beschleunigen ♦ vt beschleunigen.

speedboat ['spiːdbəut] n Rennboot nt.

speedily ['spiːdɪlɪ] adv schnell.

speeding ['spiːdɪŋ] n Geschwindigkeitsüberschreitung f.

speed limit n Tempolimit nt, Geschwindigkeitsbegrenzung f.

speedometer [spɪ'dɔmɪtə*] n Tachometer m.

speed trap n Radarfalle f.

speedway ['spiːdweɪ] n (also: ~ **racing**) Speedwayrennen nt.

speedy ['spiːdɪ] adj schnell; (reply, settlement) prompt.

speleologist [spɛlɪ'ɔlədʒɪst] n Höhlenkundler(in) m(f).

spell [spɛl] (pt, pp **spelt** (BRIT) or **spelled**) n (also: **magic ~**) Zauber m; (incantation) Zauberspruch m; (period of time) Zeit f, Weile f ♦ vt schreiben; (also: ~ **out**: aloud) buchstabieren; (signify) bedeuten; **to cast a ~ on sb** jdn verzaubern; **cold ~** Kältewelle f; **how do you ~ your name?** wie schreibt sich Ihr Name?; **can you ~ it for me?** können Sie das bitte buchstabieren?; **he can't ~** er kann keine Rechtschreibung.

spellbound ['spɛlbaund] adj gebannt.

spelling ['spɛlɪŋ] n Schreibweise f; (ability) Rechtschreibung f; **~ mistake** Rechtschreibfehler m.

spelt [spɛlt] pt, pp of **spell**.

spend [spɛnd] (pt, pp **spent**) vt (money) ausgeben; (time, life) verbringen; **to ~ time/money/effort on sth** Zeit/Geld/Mühe für etw aufbringen.

spending ['spɛndɪŋ] n Ausgaben pl;

government ~ öffentliche Ausgaben pl.

spending money n Taschengeld nt.

spending power n Kaufkraft f.

spendthrift ['spɛndθrɪft] n Verschwender(in) m(f).

spent [spɛnt] pt, pp of **spend** ♦ adj (patience) erschöpft; (cartridge, bullets) verbraucht; (match) abgebrannt.

sperm [spəːm] n Samenzelle f, Spermium nt.

sperm bank n Samenbank f.

sperm whale n Pottwal m.

spew [spjuː] vt (also: ~ **up**) erbrechen; (fig) ausspucken.

sphere [sfɪə*] n Kugel f; (area) Gebiet nt, Bereich m.

spherical ['sfɛrɪkl] adj kugelförmig.

sphinx [sfɪŋks] n Sphinx f.

spice [spaɪs] n Gewürz nt ♦ vt würzen.

spick-and-span ['spɪkən'spæn] adj blitzsauber.

spicy ['spaɪsɪ] adj stark gewürzt.

spider ['spaɪdə*] n Spinne f; ~**'s web** Spinnengewebe nt, Spinnennetz nt.

spidery ['spaɪdərɪ] adj (handwriting) krakelig.

spiel [spiːl] (inf) n Sermon m.

spike [spaɪk] n (point) Spitze f; (BOT) Ähre f; (ELEC) Spannungsspitze f; **spikes** npl (SPORT) Spikes pl.

spike heel (US) n Pfennigabsatz m.

spiky ['spaɪkɪ] adj stachelig; (branch) dornig.

spill [spɪl] (pt, pp **spilt** or **spilled**) vt verschütten ♦ vi verschüttet werden; **to ~ the beans** (inf, fig) alles ausplaudern.

▶ **spill out** vi (people) herausströmen.

▶ **spill over** vi überlaufen; (fig: spread) sich ausbreiten; **to ~ over into** sich auswirken auf +acc.

spillage ['spɪlɪdʒ] n (act) Verschütten nt; (quantity) verschüttete Menge f.

spin [spɪn] (pt **spun**, **span**, pp **spun**) n (trip) Spritztour f; (revolution) Drehung f; (AVIAT) Trudeln nt; (on ball) Drall m ♦ vt (wool etc) spinnen; (ball, coin) (hoch)werfen; (wheel) drehen; (BRIT: also: ~-**dry**) schleudern ♦ vi (make thread) spinnen; (person) sich drehen; (car etc) schleudern; **to ~ a yarn** Seemannsgarn spinnen; **to ~ a coin** (BRIT) eine Münze werfen; **my head is ~ning** mir dreht sich alles.

▶ **spin out** vt (talk) ausspinnen; (job, holiday) in die Länge ziehen; (money) strecken.

spina bifida ['spaɪnə'bɪfɪdə] n offene Wirbelsäule f, Spina bifida f.

spinach ['spɪnɪtʃ] n Spinat m.

spinal ['spaɪnl] adj (injury etc) Rückgrat-.

spinal column n Wirbelsäule f.

spinal cord n Rückenmark nt.

spindly ['spɪndlɪ] adj spindeldürr.

spin doctor n PR-Fachmann m, PR-Fachfrau f.

spin-dry ['spɪn'draɪ] vt schleudern.

spin-dryer [spɪn'draɪə*] (BRIT) n

(Wäsche)schleuder *f*.

spine [spaɪn] *n* (*ANAT*) Rückgrat *nt*; (*thorn*) Stachel *m*.

spine-chilling ['spaɪntʃɪlɪŋ] *adj* schaurig, gruselig.

spineless ['spaɪnlɪs] *adj* (*fig*) rückgratlos.

spinner ['spɪnəʳ] *n* (*of thread*) Spinner(in) *m(f)*.

spinning ['spɪnɪŋ] *n* (*art*) Spinnen *nt*.

spinning top *n* Kreisel *m*.

spinning wheel *n* Spinnrad *nt*.

spin-off ['spɪnɔf] *n* (*fig*) Nebenprodukt *nt*.

spinster ['spɪnstəʳ] *n* unverheiratete Frau; (*pej*) alte Jungfer.

spiral ['spaɪərl] *n* Spirale *f* ♦ *vi* (*fig: prices etc*) in die Höhe klettern; **the inflationary ~** die Inflationsspirale.

spiral staircase *n* Wendeltreppe *f*.

spire ['spaɪəʳ] *n* Turmspitze *f*.

spirit ['spɪrɪt] *n* Geist *m*; (*soul*) Seele *f*; (*energy*) Elan *m*, Schwung *m*; (*courage*) Mut *m*; (*sense*) Geist *m*, Sinn *m*; (*frame of mind*) Stimmung *f*; **spirits** *npl* (*drink*) Spirituosen *pl*; **in good ~s** guter Laune; **community ~** Gemeinschaftssinn *m*.

spirited ['spɪrɪtɪd] *adj* (*resistance, defence*) mutig; (*performance*) lebendig.

spirit level *n* Wasserwaage *f*.

spiritual ['spɪrɪtjuəl] *adj* geistig, seelisch; (*religious*) geistlich ♦ *n* (*also:* **Negro ~**) Spiritual *nt*.

spiritualism ['spɪrɪtjuəlɪzəm] *n* Spiritismus *m*.

spit [spɪt] *n* (*pt, pp* **spat**) *n* (*for roasting*) Spieß *m*; (*saliva*) Spucke *f* ♦ *vi* spucken; (*fire*) Funken sprühen; (*cooking*) spritzen; (*inf: rain*) tröpfeln.

spite [spaɪt] *n* Boshaftigkeit *f* ♦ *vt* ärgern; **in ~ of** trotz +*gen*.

spiteful ['spaɪtful] *adj* boshaft, gemein.

spitroast ['spɪtrəust] *n* Spießbraten *m*.

spitting ['spɪtɪŋ] *n*: **"~ prohibited"** „Spucken verboten" ♦ *adj*: **to be the ~ image of sb** jdm wie aus dem Gesicht geschnitten sein.

spittle ['spɪtl] *n* Speichel *m*, Spucke *f*.

spiv [spɪv] (*BRIT: inf. pej*) *n* schmieriger Typ *m*.

splash [splæʃ] *n* (*sound*) Platschen *nt*; (*of colour*) Tupfer *m* ♦ *excl* platsch! ♦ *vt* bespritzen ♦ *vi* (*also:* **~ about**) herumplan(t)schen; (*water, rain*) spritzen; **to ~ paint on the floor** den Fußboden mit Farbe bespritzen.

splashdown ['splæʃdaun] *n* (*SPACE*) Wasserung *f*.

splayfooted ['spleɪfutɪd] *adj* mit nach außen gestellten Füßen.

spleen [spliːn] *n* Milz *f*.

splendid ['splendɪd] *adj* hervorragend, ausgezeichnet; (*impressive*) prächtig.

splendour, (*US*) **splendor** ['splendəʳ] *n* Pracht *f*; **splendours** *npl* Pracht *f*.

splice [splaɪs] *vt* spleißen, kleben.

splint [splɪnt] *n* Schiene *f*.

splinter ['splɪntəʳ] *n* Splitter *m* ♦ *vi* (zer)splittern.

splinter group *n* Splittergruppe *f*.

split [splɪt] (*pt, pp* **split**) *n* (*tear*) Riss *m*; (*fig: division*) Aufteilung *f*; (: *difference*) Kluft *f*; (*POL*) Spaltung *f* ♦ *vt* (*divide*) aufteilen; (*party*) spalten; (*share equally*) teilen ♦ *vi* (*divide*) sich aufteilen; (*tear*) reißen; **to do the ~s** (einen) Spagat machen; **let's ~ the difference** teilen wir uns die Differenz.

▶ **split up** *vi* sich trennen; (*meeting*) sich auflösen.

split-level ['splɪtlevl] *adj* mit versetzten Geschossen.

split peas *npl* getrocknete (halbe) Erbsen *pl*.

split personality *n* gespaltene Persönlichkeit *f*.

split second *n* Bruchteil *m* einer Sekunde.

splitting ['splɪtɪŋ] *adj*: **a ~ headache** rasende Kopfschmerzen *pl*.

splutter ['splʌtəʳ] *vi* (*engine etc*) stottern; (*person*) prusten.

spoil [spɔɪl] (*pt, pp* **spoilt** *or* **spoiled**) *vt* verderben; (*child*) verwöhnen; (*ballot paper, vote*) ungültig machen ♦ *vi*: **to be ~ing for a fight** Streit suchen.

spoils [spɔɪlz] *npl* Beute *f*; (*fig*) Gewinn *m*.

spoilsport ['spɔɪlspɔːt] (*pej*) *n* Spielverderber *m*.

spoilt [spɔɪlt] *pt, pp of* **spoil** ♦ *adj* (*child*) verwöhnt; (*ballot paper*) ungültig.

spoke [spəuk] *pt of* **speak** ♦ *n* Speiche *f*.

spoken ['spəukn] *pp of* **speak**.

spokesman ['spəuksmən] (*irreg: like* **man**) *n* Sprecher *m*.

spokesperson ['spəukspəːsn] *n* Sprecher(in) *m(f)*.

spokeswoman ['spəukswumən] (*irreg: like* **woman**) *n* Sprecherin *f*.

sponge [spʌndʒ] *n* Schwamm *m*; (*also:* **~ cake**) Biskuit(kuchen) *m* ♦ *vt* mit einem Schwamm waschen ♦ *vi*: **to ~ off** *or* **on sb** jdm auf der Tasche liegen.

sponge bag (*BRIT*) *n* Waschbeutel *m*, Kulturbeutel *m*.

sponger ['spʌndʒəʳ] (*pej*) *n* Schmarotzer *m*.

spongy ['spʌndʒɪ] *adj* schwammig.

sponsor ['spɔnsəʳ] *n* Sponsor(in) *m(f)*, Geldgeber(in) *m(f)*; (*BRIT: for charitable event*) Sponsor(in) *m(f)*; (*for application, bill etc*) Befürworter(in) *m(f)* ♦ *vt* sponsern, finanziell unterstützen; (*fund-raiser*) unterstützen; (*applicant*) unterstützen; (*proposal, bill etc*) befürworten; **I ~ed him at 3p a mile** (*in fund-raising race*) ich habe mich verpflichtet, ihm 3 Pence pro Meile zu geben.

sponsorship ['spɔnsəʃɪp] *n* finanzielle Unterstützung *f*.

spontaneity [spɔntə'neɪɪtɪ] *n* Spontaneität *f*.

spontaneous [spɔn'teɪnɪəs] *adj* spontan; **~ combustion** Selbstentzündung *f*.

spoof [spuːf] *n* (*parody*) Parodie *f*; (*hoax*) Ulk *m*.

spooky ['spuːkɪ] (*inf*) *adj* gruselig.

spool [spuːl] *n* Spule *f*.

spoon [spuːn] *n* Löffel *m*.

spoon-feed ['spuːnfiːd] *vt* (mit dem Löffel) füttern; (*fig*) gängeln.

spoonful ['spuːnful] *n* Löffel *m*.

sporadic [spə'rædɪk] *adj* sporadisch, vereinzelt.

sport [spɔːt] *n* Sport *m*; (*type*) Sportart *f*; (*also:* **good** ~: *person*) feiner Kerl *m* ♦ *vt* (*wear*) tragen; **indoor** ~s Hallensport *m*; **outdoor** ~s Sport *m* im Freien.

sporting ['spɔːtɪŋ] *adj* (*event etc*) Sport-; (*generous*) großzügig; **to give sb a ~ chance** jdm eine faire Chance geben.

sport jacket (*US*) *n* = **sports jacket**.

sports car *n* Sportwagen *m*.

sports centre *n* Sportzentrum *nt*.

sports ground *n* Sportplatz *m*.

sports jacket (*BRIT*) *n* Sakko *m*.

sportsman ['spɔːtsmən] (*irreg: like* **man**) *n* Sportler *m*.

sportsmanship ['spɔːtsmənʃɪp] *n* Sportlichkeit *f*.

sports page *n* Sportseite *f*.

sportswear ['spɔːtsweəʳ] *n* Sportkleidung *f*.

sportswoman ['spɔːtswumən] (*irreg: like* **woman**) *n* Sportlerin *f*.

sporty ['spɔːtɪ] *adj* sportlich.

spot [spot] *n* (*mark*) Fleck *m*; (*dot*) Punkt *m*; (*on skin*) Pickel *m*; (*place*) Stelle *f*, Platz *m*; (*RADIO, TV*) Nummer *f*, Auftritt *m*; (*also:* ~ **advertisement**) Werbespot *m*; (*small amount*): **a ~ of** ein bisschen ♦ *vt* entdecken; **on the ~** (*in that place*) an Ort und Stelle; (*immediately*) auf der Stelle; **to be in a ~** in der Klemme sitzen; **to put sb on the ~** jdn in Verlegenheit bringen; **to come out in ~s** Pickel bekommen.

spot check *n* Stichprobe *f*.

spotless ['spotlɪs] *adj* makellos sauber.

spotlight ['spotlaɪt] *n* Scheinwerfer *m*; (*in room*) Strahler *m*.

spot-on [spot'on] (*BRIT: inf*) *adj* genau richtig.

spot price *n* Kassapreis *m*.

spotted ['spotɪd] *adj* gepunktet.

spotty ['spotɪ] *adj* pickelig.

spouse [spaus] *n* (*male*) Gatte *m*; (*female*) Gattin *f*.

spout [spaut] *n* (*of jug, teapot*) Tülle *f*; (*of pipe*) Ausfluss *m*; (*of liquid*) Strahl *m* ♦ *vi* spritzen; (*flames*) sprühen.

sprain [spreɪn] *n* Verstauchung *f* ♦ *vt*: **to ~ one's ankle/wrist** sich *dat* den Knöchel/ das Handgelenk verstauchen.

sprang [spræŋ] *pt of* **spring**.

sprawl [sprɔːl] *vi* (*person*) sich ausstrecken; (*place*) wild wuchern ♦ *n*: **urban ~** wild wuchernde Ausbreitung des Stadtgebietes; **to send sb ~ing** jdn zu Boden werfen.

spray [spreɪ] *n* (*small drops*) Sprühnebel *m*; (*sea spray*) Gischt *m or f*; (*container*)

Sprühdose *f*; (*garden spray*) Sprühgerät *nt*; (*of flowers*) Strauß *m* ♦ *vt* sprühen, spritzen; (*crops*) spritzen ♦ *cpd* (*deodorant*) Sprüh-; ~ **can** Sprühdose *f*.

spread [spred] (*pt, pp* **spread**) *n* (*range*) Spektrum *nt*; (*selection*) Auswahl *f*; (*distribution*) Verteilung *f*; (*for bread*) (Brot)aufstrich *m*; (*inf: food*) Festessen *nt*; (*PRESS, TYP: two pages*) Doppelseite *f* ♦ *vt* ausbreiten; (*butter*) streichen; (*workload, wealth, repayments etc*) verteilen; (*scatter*) verstreuen; (*rumour, disease*) verbreiten ♦ *vi* (*disease, news*) sich verbreiten; (*also:* ~ **out**: *stain*) sich ausbreiten; **to get a middle-age ~** in den mittleren Jahren Speck ansetzen.

▶ **spread out** *vi* (*move apart*) sich verteilen.

spread-eagled ['spredːɡld] *adj* mit ausgestreckten Armen und Beinen; **to be** *or* **lie** ~ mit ausgestreckten Armen und Beinen daliegen.

spreadsheet ['spredʃiːt] *n* (*COMPUT*) Tabellenkalkulation *f*.

spree [spriː] *n*: **to go on a ~** (*drinking*) eine Zechtour machen; (*spending*) groß einkaufen gehen.

sprig [sprɪɡ] *n* Zweig *m*.

sprightly ['spraɪtlɪ] *adj* rüstig.

spring [sprɪŋ] (*pt* **sprang**, *pp* **sprung**) *n* (*coiled metal*) Sprungfeder *f*; (*season*) Frühling *m*, Frühjahr *nt*; (*of water*) Quelle *f* ♦ *vi* (*leap*) springen ♦ *vt*: **to ~ a leak** (*pipe etc*) undicht werden; **in ~** im Frühling *or* Frühjahr; **to walk with a ~ in one's step** mit federnden Schritten gehen; **to ~ from** (*result*) herrühren von; **to ~ into action** aktiv werden; **he sprang the news on me** er hat mich mit der Nachricht überrascht.

▶ **spring up** *vi* (*building, plant*) aus dem Boden schießen.

springboard ['sprɪŋbɔːd] *n* (*SPORT, fig*) Sprungbrett *nt*.

spring-clean(ing) [sprɪŋ'kliːn(ɪŋ)] *n* Frühjahrsputz *m*.

spring onion (*BRIT*) *n* Frühlingszwiebel *f*.

spring roll *n* Frühlingsrolle *f*.

springtime ['sprɪŋtaɪm] *n* Frühling *m*.

springy ['sprɪŋɪ] *adj* federnd; (*mattress*) weich gefedert.

sprinkle ['sprɪŋkl] *vt* (*liquid*) sprenkeln; (*salt, sugar*) streuen; **to ~ water on, ~ with water** mit Wasser besprengen; **to ~ sugar etc on, ~ with sugar etc** mit Zucker etc bestreuen.

sprinkler ['sprɪŋkləʳ] *n* (*for lawn*) Rasensprenger *m*; (*to put out fire*) Sprinkler *m*.

sprinkling ['sprɪŋklɪŋ] *n*: **a ~ of** (*water*) ein paar Tropfen; (*salt, sugar*) eine Prise; (*fig*) ein paar ...

sprint [sprɪnt] *n* Sprint *m* ♦ *vi* rennen; (*SPORT*) sprinten; **the 200 metres ~** der 200-Meter-Lauf.

sprinter ['sprɪntəʳ] *n* Sprinter(in) *m(f)*.

sprite [spraɪt] n Kobold m.

spritzer ['sprɪtsəʳ] n Schorle f.

sprocket ['sprɔkɪt] n Kettenzahnrad nt.

sprout [spraut] vi sprießen; (vegetable) keimen.

sprouts [sprauts] npl (also: **Brussels** ~) Rosenkohl m.

spruce [spruːs] n inv Fichte f ♦ adj gepflegt, adrett.

▶ **spruce up** vt auf Vordermann bringen (inf); **to** ~ **o.s. up** sein Äußeres pflegen.

sprung [sprʌŋ] pp of **spring**.

spry [spraɪ] adj rüstig.

SPUC n abbr (= Society for the Protection of the Unborn Child) Gesellschaft zum Schutz des ungeborenen Lebens.

spud [spʌd] (inf) n Kartoffel f.

spun [spʌn] pt, pp of **spin**.

spur [spəːʳ] n Sporn m; (fig) Ansporn m ♦ vt (also: ~ **on**, fig) ansporen; **on the** ~ **of the moment** ganz spontan.

spurious ['spjuərɪəs] adj falsch.

spurn [spəːn] vt verschmähen.

spurt [spəːt] n (of blood etc) Strahl m; (of energy) Anwandlung f ♦ vi (blood) (heraus)spritzen; **to put on a** ~ (lit, fig) einen Spurt einlegen.

sputter ['spʌtəʳ] vi = **splutter**.

spy [spaɪ] n Spion(in) m(f) ♦ vi: **to** ~ **on** nachspionieren +dat ♦ vt sehen ♦ cpd (film, story) Spionage-.

spying ['spaɪɪŋ] n Spionage f.

Sq. abbr (in address: = square) ≈ Pl.

sq. abbr = **square**.

squabble ['skwɔbl] vi (sich) zanken ♦ n Streit m.

squad [skwɔd] n (MIL) Trupp m; (POLICE) Kommando nt; (: drug/fraud squad) Dezernat nt; (SPORT) Mannschaft f; **flying** ~ (POLICE) Überfallkommando nt.

squad car (BRIT) n (POLICE) Streifenwagen m.

squaddie ['skwɔdɪ] (BRIT) n (private soldier) Gefreite(r) m.

squadron ['skwɔdrn] n (MIL) Schwadron f; (AVIAT) Staffel f; (NAUT) Geschwader nt.

squalid ['skwɔlɪd] adj verkommen; (conditions) elend; (sordid) erbärmlich.

squall [skwɔːl] n Bö(e) f.

squalor ['skwɔləʳ] n Elend nt.

squander ['skwɔndəʳ] vt verschwenden; (chances) vertun.

square [skwɛəʳ] n Quadrat nt; (in town) Platz m; (US: block of houses) Block m; (also: **set** ~) Zeichendreieck nt; (inf: person) Spießer m ♦ adj quadratisch; (inf: ideas, person) spießig ♦ vt (arrange) ausrichten; (MATH) quadrieren; (reconcile) in Einklang bringen ♦ vi (accord) übereinstimmen; **we're back to** ~ **one** jetzt sind wir wieder da, wo wir angefangen haben; **all** ~ (SPORT) unentschieden; (fig) quitt; **a** ~ **meal** eine ordentliche Mahlzeit; **2 metres** ~ 2 Meter

im Quadrat; **2** ~ **metres** 2 Quadratmeter; **I'll** ~ **it with him** (inf) ich mache das mit ihm ab; **can you** ~ **it with your conscience?** können Sie das mit Ihrem Gewissen vereinbaren?

▶ **square up** (BRIT) vi abrechnen.

square bracket n eckige Klammer f.

squarely ['skwɛəlɪ] adv (directly) direkt, genau; (firmly) fest; (honestly) ehrlich; (fairly) gerecht, fair.

square root n Quadratwurzel f.

squash [skwɔʃ] n (BRIT): **lemon/orange** ~ Zitronen-/Orangensaftgetränk nt; (US: marrow etc) Kürbis m; (SPORT) Squash nt ♦ vt zerquetschen.

squat [skwɔt] adj gedrungen ♦ vi (also: ~ **down**) sich (hin)hocken; (on property): **to** ~ **(in a house)** ein Haus besetzen.

squatter ['skwɔtəʳ] n Hausbesetzer(in) m(f).

squawk [skwɔːk] vi kreischen.

squeak [skwiːk] vi quietschen; (mouse etc) piepsen ♦ n Quietschen nt; (of mouse etc) Piepsen nt.

squeaky-clean [skwiːkɪ'kliːn] (inf) adj blitzsauber.

squeal [skwiːl] vi quietschen.

squeamish ['skwiːmɪʃ] adj empfindlich.

squeeze [skwiːz] n Drücken nt; (ECON) Beschränkung f; (also: **credit** ~) Kreditbeschränkung f ♦ vt drücken; (lemon etc) auspressen ♦ vi: **to** ~ **past sth** sich an etw dat vorbeidrücken; **to** ~ **under sth** sich unter etw dat durchzwängen; **to give sth a** ~ etw drücken; **a** ~ **of lemon** ein Spritzer m Zitronensaft.

▶ **squeeze out** vt (juice etc) (her)auspressen; (fig: exclude) hinausdrängen.

squelch [skwɛltʃ] vi (mud etc) quatschen.

squib [skwɪb] n Knallfrosch m.

squid [skwɪd] n Tintenfisch m.

squiggle ['skwɪgl] n Schnörkel m.

squint [skwɪnt] vi (in the sunlight) blinzeln ♦ n (MED) Schielen nt; **he has a** ~ er schielt.

squire ['skwaɪəʳ] (BRIT) n Gutsherr m; (inf) Chef m.

squirm [skwəːm] vi (lit, fig) sich winden.

squirrel ['skwɪrəl] n Eichhörnchen nt.

squirt [skwəːt] vi, vt spritzen.

Sr abbr (in names: = senior) sen.; (REL) = **sister**.

SRC (BRIT) n abbr (= Students' Representative Council) studentische Vertretung.

Sri Lanka [srɪ'læŋkə] n Sri Lanka nt.

SRN (BRIT) n abbr (formerly: = State Registered Nurse) staatlich geprüfte Krankenschwester f, staatlich geprüfter Krankenpfleger m.

SRO (US) abbr (= standing room only) nur Stehplätze.

SS abbr = **steamship**.

SSA (US) n abbr (= Social Security Administration) Sozialversicherungsbehörde f.

SST (US) n abbr (= supersonic transport)

staggering ['stægərɪŋ] adj (amazing) atemberaubend.

staging post ['steɪdʒɪŋ-] n Zwischenstation f.

stagnant ['stægnənt] adj (water) stehend; (economy etc) stagnierend.

stagnate [stæg'neɪt] vi (economy etc) stagnieren; (person) verdummen.

stagnation [stæg'neɪʃən] n Stagnation f.

stag night, stag party n Herrenabend m.

staid [steɪd] adj gesetzt.

stain [steɪn] n Fleck m; (colouring) Beize f ♦ vt beflecken; (wood) beizen.

stained glass window [steɪnd-] n buntes Glasfenster nt.

stainless steel ['steɪnlɪs-] n (rostfreier) Edelstahl m.

stain remover n Fleckentferner m.

stair [stɛə*] n (step) Stufe f; **stairs** npl (flight of steps) Treppe f; **on the ~s** auf der Treppe.

staircase ['stɛəkeɪs] n Treppe f.

stairway ['stɛəweɪ] n = staircase.

stairwell ['stɛəwɛl] n Treppenhaus nt.

stake [steɪk] n (post) Pfahl m, Pfosten m; (COMM) Anteil m; (BETTING: gen pl) Einsatz m ♦ vt (money) setzen; (also: ~ out: area) abstecken; **to be at ~** auf dem Spiel stehen; **to have a ~ in sth** einen Anteil an etw dat haben; **to ~ a claim (to sth)** sich dat ein Anrecht (auf etw acc) sichern; **to ~ one's life on sth** seinen Kopf auf etw acc wetten; **to ~ one's reputation on sth** sich für etw verbürgen.

stakeout ['steɪkaut] n (surveillance) Überwachung f.

stalactite ['stæləktaɪt] n Stalaktit m.

stalagmite ['stæləgmaɪt] n Stalagmit m.

stale [steɪl] adj (bread) altbacken; (food) alt; (smell) muffig; (air) verbraucht; (beer) schal.

stalemate ['steɪlmeɪt] n (CHESS) Patt nt; (fig) Sackgasse f.

stalk [stɔːk] n Stiel m ♦ vt sich heranpirschen an +acc ♦ vi: **to ~ out/off** hinaus-/davonstolzieren.

stall [stɔːl] n (BRIT: in market etc) Stand m; (in stable) Box f ♦ vt (engine, car) abwürgen; (fig: person) hinhalten; (: decision etc) hinauszögern ♦ vi (engine) absterben; (car) stehen bleiben; (fig: person) ausweichen; **stalls** npl (BRIT: in cinema, theatre) Parkett nt; **a seat in the ~s** ein Platz im Parkett; **a**

Überschallverkehr m.

ST (US) abbr = standard time.

St abbr (= saint) St.; (= street) Str.

stab [stæb] n Stich m, Stoß m; (inf: try): **to have a ~ at sth** etw probieren ♦ vt (person) niederstechen; (body) einstechen auf +acc; **a ~ of pain** ein stechender Schmerz; **to ~ sb to death** jdn erstechen.

stabbing ['stæbɪŋ] n Messerstecherei f ♦ adj (pain) stechend.

stability [stə'bɪlɪtɪ] n Stabilität f.

stabilization [steɪbəlaɪ'zeɪʃən] n Stabilisierung f.

stabilize ['steɪbɪlaɪz] vt stabilisieren ♦ vi sich stabilisieren.

stabilizer ['steɪbəlaɪzə*] n (AVIAT) Stabilisierungsfläche f; (NAUT, food additive) Stabilisator m.

stable ['steɪbl] adj stabil; (marriage) dauerhaft ♦ n Stall m; **riding ~s** Reitstall m.

staccato [stə'kɑːtəu] adv (MUS) stakkato ♦ adj abgehackt.

stack [stæk] n Stapel m; (of books etc) Stoß m ♦ vt (also: ~ up) aufstapeln; **~s of time** (BRIT: inf) jede Menge Zeit; **to ~ with** voll stapeln mit.

stadia ['steɪdɪə] npl of **stadium**.

stadium ['steɪdɪəm] (pl **stadia** or **~s**) n Stadion nt.

staff [stɑːf] n (workforce, servants) Personal nt; (BRIT: also: **teaching ~**) (Lehrer)kollegium nt; (stick: MIL) Stab m ♦ vt (mit Personal) besetzen; **one of his ~** einer seiner Mitarbeiter; **a member of ~** ein(e) Mitarbeiter(in) m(f); (SCOL) ein(e) Lehrer(in) m(f).

staffroom ['stɑːfruːm] n (SCOL) Lehrerzimmer nt.

Staffs (BRIT) abbr (POST: = Staffordshire).

stag [stæg] n Hirsch m; (BRIT: STOCK EXCHANGE) Spekulant m (der junge Aktien aufkauft); **~ market** (BRIT: STOCK EXCHANGE) Spekulantenmarkt m.

stage [steɪdʒ] n Bühne f; (platform) Podium nt; (point, period) Stadium nt ♦ vt (play) aufführen; (demonstration) organisieren; (perform: recovery etc) schaffen; **the ~** das Theater, die Bühne; **in ~s** etappenweise; **to go through a difficult ~** eine schwierige Phase durchmachen; **in the early/final ~s** im Anfangs-/Endstadium.

stagecoach ['steɪdʒkəutʃ] n Postkutsche f.

stage door n Bühneneingang m.

stage fright n Lampenfieber nt.

stagehand ['steɪdʒhænd] n Bühnenarbeiter(in) m(f).

stage-manage ['steɪdʒmænɪdʒ] vt (fig) inszenieren.

stage manager n Inspizient(in) m(f).

stagger ['stægə*] vi schwanken, taumeln ♦ vt (amaze) die Sprache verschlagen +dat; (hours, holidays) staffeln.

clothes/flower ~ ein Kleidungs-/ Blumenstand; **to** ~ **for time** versuchen, Zeit zu gewinnen.
stallholder ['stɔːlhəʊldə*] (*BRIT*) n Standbesitzer(in) m(f).
stallion ['stæljən] n Hengst m.
stalwart ['stɔːlwət] adj treu.
stamen ['steɪmɛn] n Staubgefäß nt.
stamina ['stæmɪnə] n Ausdauer f.
stammer ['stæmə*] n Stottern nt ♦ vi stottern; **to have a** ~ stottern.
stamp [stæmp] n (*lit, fig*) Stempel m; (*postage stamp*) Briefmarke f ♦ vi stampfen; (*also:* ~ **one's foot**) (mit dem Fuß) aufstampfen ♦ vt stempeln; (*with postage stamp*) frankieren; ~**ed addressed envelope** frankierter Rückumschlag.
▶ **stamp out** vt (*fire*) austreten; (*fig: crime*) ausrotten; (: *opposition*) unterdrücken.
stamp album n Briefmarkenalbum nt.
stamp collecting n Briefmarkensammeln nt.
stamp duty (*BRIT*) n (Stempel)gebühr f.
stampede [stæm'piːd] n (*of animals*) wilde Flucht f; (*fig*) Massenandrang m.
stamp machine n Briefmarkenautomat m.
stance [stæns] n Haltung f; (*fig*) Einstellung f.
stand [stænd] (*pt, pp* **stood**) n (*COMM*) Stand m; (*SPORT*) Tribüne f; (*piece of furniture*) Ständer m ♦ vi stehen; (*rise*) aufstehen; (*remain*) bestehen bleiben; (*in election etc*) kandidieren ♦ vt stellen; (*tolerate, withstand*) ertragen; **to make a** ~ **against sth** Widerstand gegen etw leisten; **to take a** ~ **on sth** einen Standpunkt zu etw vertreten; **to take the** ~ (*US: LAW*) in den Zeugenstand treten; **to** ~ **at** (*value, score etc*) betragen; (*level*) liegen bei; **to** ~ **for parliament** (*BRIT*) in den Parlamentswahlen kandidieren; **to** ~ **to gain/lose sth** etw gewinnen/verlieren können; **it** ~**s to reason** es ist einleuchtend; **as things** ~ nach Lage der Dinge; **to** ~ **sb a drink/meal** jdm einen Drink/ein Essen spendieren; **I can't** ~ **him** ich kann ihn nicht leiden *or* ausstehen; **we don't** ~ **a chance** wir haben keine Chance; **to** ~ **trial** vor Gericht stehen.
▶ **stand by** vi (*be ready*) sich bereithalten; (*fail to help*) (unbeteiligt) danebenstehen ♦ vt fus (*opinion, decision*) stehen zu; (*person*) halten zu.
▶ **stand down** vi zurücktreten.
▶ **stand for** vt fus (*signify*) bedeuten; (*represent*) stehen für; (*tolerate*) sich dat gefallen lassen.
▶ **stand in for** vt fus vertreten.
▶ **stand out** vi hervorstechen.
▶ **stand up** vi aufstehen.
▶ **stand up for** vt fus eintreten für.
▶ **stand up to** vt fus standhalten +dat; (*person*) sich behaupten gegenüber +dat.
stand-alone ['stændələʊn] adj (*COMPUT*) selb(st)ständig.

standard ['stændəd] n (*level*) Niveau nt; (*norm*) Norm f; (*criterion*) Maßstab m; (*flag*) Standarte f ♦ adj (*size, model, value etc*) Standard-; (*normal*) normal; **standards** npl (*morals*) (sittliche) Maßstäbe pl; **to be** *or* **to come up to** ~ den Anforderungen genügen; **to apply a double** ~ mit zweierlei Maß messen.
standardization [stændədaɪ'zeɪʃən] n Vereinheitlichung f.
standardize ['stændədaɪz] vt vereinheitlichen.
standard lamp (*BRIT*) n Stehlampe f.
standard of living n Lebensstandard m.
standard time n Normalzeit f.
stand-by, standby ['stændbaɪ] n Reserve f; (*also:* **standby ticket**) Stand-by-Ticket nt ♦ adj (*generator*) Reserve-, Ersatz-; **to be on** ~ (*doctor*) Bereitschaftsdienst haben; (*crew, firemen etc*) in Bereitschaft sein, einsatzbereit sein.
stand-by ticket n Stand-by-Ticket nt.
stand-in ['stændɪn] n Ersatz m.
standing ['stændɪŋ] adj (*permanent*) ständig; (*army*) stehend ♦ n (*status*) Rang m, Stellung f; **a** ~ **ovation** stürmischer Beifall; **of many years'** ~ von langjähriger Dauer; **a relationship of 6 months'** ~ eine seit 6 Monaten bestehende Beziehung; **a man of some** ~ ein angesehener Mann.
standing committee n ständiger Ausschuss m.
standing joke n Standardwitz m.
standing order (*BRIT*) n (*at bank*) Dauerauftrag m.
standing room n Stehplätze pl.
standoff n (*situation*) ausweglose *or* verfahrene Situation f.
stand-offish [stænd'ɔfɪʃ] adj distanziert.
standpat ['stændpæt] (*US*) adj konservativ.
standpipe ['stændpaɪp] n Steigrohr nt.
standpoint ['stændpɔɪnt] n Standpunkt m.
standstill ['stændstɪl] n: **to be at a** ~ stillstehen; (*fig: negotiations*) in eine Sackgasse geraten sein; **to come to a** ~ (*traffic*) zum Stillstand kommen.
stank [stæŋk] pt of **stink**.
stanza ['stænzə] n Strophe f.
staple ['steɪpl] n (*for papers*) Heftklammer f; (*chief product*) Hauptartikel m ♦ adj (*food, diet*) Grund-, Haupt- ♦ vt heften.
stapler ['steɪplə*] n Hefter m.
star [stɑː*] n Stern m; (*celebrity*) Star m ♦ vi (*THEAT, CINE*) in der Hauptrolle zeigen ♦ vi: **to** ~ **in** die Hauptrolle haben in; **the stars** npl (*horoscope*) das Horoskop; **4-**~ **hotel** 4-Sterne-Hotel nt; **2-**~ **petrol** (*BRIT*) Normal(benzin) nt; **4-**~ **petrol** (*BRIT*) Super(benzin) nt.
star attraction n Hauptattraktion f.
starboard ['stɑːbɔːd] adj (*side*) Steuerbord-; **to** ~ (nach) Steuerbord.
starch [stɑːtʃ] n Stärke f.

starched [stɑːtʃt] *adj* gestärkt.

starchy ['stɑːtʃɪ] *adj* (*food*) stärkehaltig; (*pej: person*) steif.

stardom ['stɑːdəm] *n* Berühmtheit *f*.

stare [stɛəʳ] *n* starrer Blick *m* ♦ *vi*: **to ~ at** anstarren.

starfish ['stɑːfɪʃ] *n* Seestern *m*.

stark [stɑːk] *adj* (*bleak*) kahl; (*simplicity*) schlicht; (*colour*) eintönig; (*reality, poverty*) nackt ♦ *adv*: **~ naked** splitternackt.

starkers ['stɑːkəz] (*inf*) *adj* splitter(faser)nackt.

starlet ['stɑːlɪt] *n* (Film)sternchen *nt*, Starlet *nt*.

starlight ['stɑːlaɪt] *n* Sternenlicht *nt*.

starling ['stɑːlɪŋ] *n* Star *m*.

starlit ['stɑːlɪt] *adj* sternklar.

starry ['stɑːrɪ] *adj* sternklar; **~ sky** Sternenhimmel *m*.

starry-eyed [stɑːrɪ'aɪd] *adj* (*innocent*) arglos, blauäugig; (*from wonder*) verzückt.

Stars and Stripes *n sing* Sternenbanner *nt*.

star sign *n* Sternzeichen *nt*.

star-studded ['stɑːstʌdɪd] *adj*: **a ~ cast** eine Starbesetzung *f*.

START *n abbr* (MIL: = Strategic Arms Reduction Talks) START.

start [stɑːt] *n* Beginn *m*, Anfang *m*; (*departure*) Aufbruch *m*; (*advantage*) Vorsprung *m* ♦ *vt* anfangen mit; (*panic*) auslösen; (*fire*) anzünden; (*found*) gründen; (: *restaurant etc*) eröffnen; (*engine*) anlassen; (*car*) starten ♦ *vi* anfangen; (*with fright*) zusammenfahren; (*engine etc*) anspringen; **at the ~** am Anfang, zu Beginn; **for a ~** erstens; **to make an early ~** frühzeitig aufbrechen; **to give a ~** zusammenfahren; **to wake up with a ~** aus dem Schlaf hochschrecken; **to ~ doing** *or* **to do sth** anfangen, etw zu tun; **to ~ (off) with ...** (*firstly*) erstens; (*at the beginning*) zunächst.

▶ **start off** *vi* (*begin*) anfangen; (*begin moving*) losgehen/-fahren.

▶ **start out** *vi* (*leave*) sich aufmachen.

▶ **start over** (US) *vi* noch einmal von vorn anfangen.

▶ **start up** *vt* (*business*) gründen; (*restaurant etc*) eröffnen; (*car*) starten; (*engine*) anlassen.

starter ['stɑːtəʳ] *n* (AUT) Anlasser *m*; (SPORT: official, runner, horse) Starter *m*; (BRIT: CULIN) Vorspeise *f*; **for ~s** (*inf*) für den Anfang.

starting point ['stɑːtɪŋ-] *n* (*lit, fig*) Ausgangspunkt *m*.

starting price *n* (*at auction*) Ausgangsangebot *nt*.

startle ['stɑːtl] *vt* erschrecken.

startling ['stɑːtlɪŋ] *adj* (*news etc*) überraschend.

star turn (BRIT) *n* Sensation *f*, Hauptattraktion *f*.

starvation [stɑː'veɪʃən] *n* Hunger *m*; **to die**

of/from **~** verhungern.

starve [stɑːv] *vi* hungern; (*to death*) verhungern ♦ *vt* hungern lassen; (*fig: deprive*): **to ~ sb of sth** jdm etw vorenthalten; **I'm starving** ich sterbe vor Hunger.

Star Wars *n* Krieg *m* der Sterne.

stash [stæʃ] *vi* (*also: ~ away*) beiseite schaffen ♦ *n* (*secret store*) geheimes Lager *nt*.

state [steɪt] *n* (*condition*) Zustand *m*; (POL) Staat *m* ♦ *vt* (*say*) feststellen; (*declare*) erklären; **the States** *npl* (GEOG) die (Vereinigten) Staaten *pl*; **to be in a ~** aufgeregt sein; (*on edge*) nervös sein; (*in a mess*) in einem schrecklichen Zustand sein; **to get into a ~** durchdrehen (*inf*); **in ~** feierlich; **to lie in ~** (feierlich) aufgebahrt sein; **~ of emergency** Notstand *m*; **~ of mind** Verfassung *f*.

state control *n* staatliche Kontrolle *f*.

stated ['steɪtɪd] *adj* erklärt.

State Department (US) *n* Außenministerium *nt*.

state education (BRIT) *n* staatliche Erziehung *f*; (*system*) staatliches Bildungswesen *nt*.

stateless ['steɪtlɪs] *adj* staatenlos.

stately ['steɪtlɪ] *adj* würdevoll; (*walk*) gemessen; **~ home** Schloss *nt*.

statement ['steɪtmənt] *n* (*thing said*) Feststellung *f*; (*declaration*) Erklärung *f*; (FIN) (Konto)auszug *m*; **official ~** (amtliche) Erklärung *f*; **bank ~** Kontoauszug *m*.

state of the art *n*: **the ~** der neueste Stand der Technik ♦ *adj*: **state-of-the-art** auf dem neuesten Stand der Technik; (*technology*) Spitzen-.

state-owned ['steɪtəund] *adj* staatseigen.

state school *n* öffentliche Schule *f*.

state secret *n* Staatsgeheimnis *nt*.

statesman ['steɪtsmən] (*irreg: like* **man**) *n* Staatsmann *m*.

statesmanship ['steɪtsmənʃɪp] *n* Staatskunst *f*.

static ['stætɪk] *n* (RADIO, TV) atmosphärische Störungen *pl* ♦ *adj* (*not moving*) konstant.

static electricity *n* Reibungselektrizität *f*.

station ['steɪʃən] *n* (RAIL) Bahnhof *m*; (*also: bus ~*) Busbahnhof *m*; (*also: police ~*) (Polizei)wache *f*; (RADIO) Sender *m* ♦ *vt* (*guards etc*) postieren; (*soldiers etc*) stationieren; **action ~s** (MIL) Stellung *f*; **above one's ~** über seinem Stand.

stationary ['steɪʃnərɪ] *adj* (*vehicle*) haltend; **to be ~** stehen.

stationer ['steɪʃənəʳ] *n* Schreibwarenhändler(in) *m(f)*.

stationer's (shop) *n* Schreibwarenhandlung *f*.

stationery ['steɪʃnərɪ] *n* Schreibwaren *pl*; (*writing paper*) Briefpapier *nt*.

stationmaster ['steɪʃənmɑːstə*] *n* Bahnhofsvorsteher *m*.

station wagon (*US*) *n* Kombi(wagen) *m*.

statistic [stə'tɪstɪk] *n* Statistik *f*.

statistical [stə'tɪstɪkl] *adj* statistisch.

statistics [stə'tɪstɪks] *n* (*science*) Statistik *f*.

statue ['stætjuː] *n* Statue *f*.

statuesque [stætju'esk] *adj* stattlich.

statuette [stætju'et] *n* Statuette *f*.

stature ['stætʃə*] *n* Wuchs *m*, Statur *f*; (*fig: reputation*) Format *nt*.

status ['steɪtəs] *n* Status *m*; (*position*) Stellung *f*; **the ~ quo** der Status quo.

status line *n* (*COMPUT*) Statuszeile *f*.

status symbol *n* Statussymbol *nt*.

statute ['stætjuːt] *n* Gesetz *nt*; **statutes** *npl* (*of club etc*) Satzung *f*.

statute book *n*: **to be on the ~** geltendes Recht sein.

statutory ['stætjutri] *adj* gesetzlich; **~ declaration** eidesstattliche Erklärung *f*.

staunch [stɔːntʃ] *adj* treu ♦ *vt* (*flow*) stauen; (*blood*) stillen.

stave [steɪv] *n* (*MUS*) Notensystem *nt*.

▶ **stave off** *vt* (*attack*) abwehren; (*threat*) abwenden.

stay [steɪ] *n* Aufenthalt *m* ♦ *vi* bleiben; (*with sb, as guest*) wohnen; (*in hotel*) übernachten; **~ of execution** (*LAW*) Aussetzung *f*; **to ~ put** bleiben; **to ~ with friends** bei Freunden untergebracht sein; **to ~ the night** übernachten.

▶ **stay behind** *vi* zurückbleiben.

▶ **stay in** *vi* (*at home*) zu Hause bleiben.

▶ **stay on** *vi* bleiben.

▶ **stay out** *vi* (*of house*) wegbleiben; (*remain on strike*) weiterstreiken.

▶ **stay up** *vi* (*at night*) aufbleiben.

staying power ['steɪɪŋ-] *n* Stehvermögen *nt*, Durchhaltevermögen *nt*.

STD *n abbr* (*BRIT: TEL:* = *subscriber trunk dialling*) Selbstwählferndienst *m*; (*MED:* = *sexually transmitted disease*) durch Geschlechtsverkehr übertragene Krankheit *f*.

stead [sted] *n*: **in sb's ~** an jds Stelle; **to stand sb in good ~** jdm zugute *or* zustatten kommen.

steadfast ['stedfɑːst] *adj* standhaft.

steadily ['stedɪlɪ] *adv* (*regularly*) regelmäßig; (*constantly*) stetig; (*fixedly*) fest, unverwandt.

steady ['stedɪ] *adj* (*job, boyfriend, girlfriend, look*) fest; (*income*) regelmäßig; (*speed*) gleichmäßig; (*rise*) stetig; (*person, character*) zuverlässig, solide; (*voice, hand etc*) ruhig ♦ *vt* (*stabilize*) ruhig halten; (*nerves*) beruhigen; **to ~ o.s. on sth** sich auf etw *acc* stützen; **to ~ o.s. against sth** sich an etw *dat* abstützen.

steak [steɪk] *n* Steak *nt*; (*fish*) Filet *nt*.

steakhouse ['steɪkhaus] *n* Steakrestaurant *nt*.

steal [stiːl] (*pt* **stole**, *pp* **stolen**) *vt* stehlen ♦ *vi* stehlen; (*move secretly*) sich stehlen, schleichen.

▶ **steal away** *vi* sich davonschleichen.

stealth [stelθ] *n*: **by ~** heimlich.

stealthy ['stelθɪ] *adj* heimlich, verstohlen.

steam [stiːm] *n* Dampf *m* ♦ *vt* (*CULIN*) dämpfen, dünsten ♦ *vi* dampfen; **covered with ~** (*window etc*) beschlagen; **under one's own ~** (*fig*) allein, ohne Hilfe; **to run out of ~** (*fig*) den Schwung verlieren; **to let off ~** (*inf, fig*) Dampf ablassen.

▶ **steam up** *vi* (*window*) beschlagen; **to get ~ed up about sth** (*inf, fig*) sich über etw *acc* aufregen.

steam engine *n* (*RAIL*) Dampflok(omotive) *f*.

steamer ['stiːmə*] *n* Dampfer *m*; (*CULIN*) Dämpfer *m*.

steam iron *n* Dampfbügeleisen *nt*.

steamroller ['stiːmrəʊlə*] *n* Dampfwalze *f*.

steamship ['stiːmʃɪp] *n* = **steamer**.

steamy ['stiːmɪ] *adj* (*room*) dampfig; (*window*) beschlagen; (*book, film*) heiß.

steed [stiːd] (*liter*) *n* Ross *nt*.

steel [stiːl] *n* Stahl *m* ♦ *adj* (*girder, wool etc*) Stahl-.

steel band *n* (*MUS*) Steelband *f*.

steel industry *n* Stahlindustrie *f*.

steel mill *n* Stahlwalzwerk *nt*.

steelworks ['stiːlwɜːks] *n* Stahlwerk *nt*.

steely ['stiːlɪ] *adj* (*determination*) eisern; (*eyes, gaze*) hart, stählern.

steep [stiːp] *adj* steil; (*increase, rise*) stark; (*price, fees*) gepfeffert ♦ *vt* einweichen; **to be ~ed in history** geschichtsträchtig sein.

steeple ['stiːpl] *n* Kirchturm *m*.

steeplechase ['stiːpltʃeɪs] *n* (*for horses*) Hindernisrennen *nt*; (*for runners*) Hindernislauf *m*.

steeplejack ['stiːpldʒæk] *n* Turmarbeiter *m*.

steeply ['stiːplɪ] *adv* steil.

steer [stɪə*] *vt* steuern; (*car etc*) lenken; (*person*) lotsen ♦ *vi* steuern; (*in car etc*) lenken; **to ~ for** zusteuern auf *+acc*; **to ~ clear of sb** (*fig*) jdm aus dem Weg gehen; **to ~ clear of sth** (*fig*) etw meiden.

steering ['stɪərɪŋ] *n* (*AUT*) Lenkung *f*.

steering column *n* (*AUT*) Lenksäule *f*.

steering committee *n* Lenkungsausschuss *m*.

steering wheel *n* (*AUT*) Lenkrad *nt*, Steuer *nt*.

stellar ['stelə*] *adj* stellar.

stem [stem] *n* Stiel *m*; (*of pipe*) Hals *m* ♦ *vt* aufhalten; (*flow*) eindämmen; (*bleeding*) zum Stillstand bringen.

▶ **stem from** *vt fus* zurückgehen auf *+acc*.

stench [stentʃ] (*pej*) *n* Gestank *m*.

stencil ['stensl] *n* Schablone *f* ♦ *vt* mit Schablone zeichnen.

stenographer [ste'nɒɡrəfə*] (*US*) *n* Stenograf(in) *m(f)*.

stenography [stɛ'nɔgrəfɪ] (US) n Stenografie
f.

step [stɛp] n (lit, fig) Schritt m; (of stairs) Stufe
f ♦ vi: **to ~ forward/back** vor-/zurücktreten;
steps npl (BRIT) = **stepladder ~ by ~** (fig)
Schritt für Schritt; **in/out of ~ (with)** im/
nicht im Tritt (mit); (fig) im/nicht im
Gleichklang (mit).
▶ **step down** vi (fig: resign) zurücktreten.
▶ **step in** vi (fig) eingreifen.
▶ **step off** vt fus aussteigen aus +dat.
▶ **step on** vt fus treten auf +acc.
▶ **step over** vt fus steigen über +acc.
▶ **step up** vt (efforts) steigern; (pace etc)
beschleunigen.
stepbrother ['stɛpbrʌðə*] n Stiefbruder m.
stepchild ['stɛptʃaɪld] n Stiefkind nt.
stepdaughter ['stɛpdɔːtə*] n Stieftochter f.
stepfather ['stɛpfɑːðə*] n Stiefvater m.
stepladder ['stɛplædə*] (BRIT) n Trittleiter f.
stepmother ['stɛpmʌðə*] n Stiefmutter f.
stepping stone ['stɛpɪŋ-] n Trittstein m; (fig)
Sprungbrett nt.
stepsister ['stɛpsɪstə*] n Stiefschwester f.
stepson ['stɛpsʌn] n Stiefsohn m.
stereo ['stɛrɪəʊ] n (system) Stereoanlage f ♦ adj
(sound etc) Stereo-; **in ~** in Stereo.
stereotype ['stɪərɪətaɪp] n Klischee nt,
Klischeevorstellung f ♦ vt in ein Klischee
zwängen; **~d** stereotyp.
sterile ['stɛraɪl] adj steril, keimfrei; (barren)
unfruchtbar; (fig: debate) fruchtlos.
sterility [stɛ'rɪlɪtɪ] n Unfruchtbarkeit f.
sterilization [stɛrɪlaɪ'zeɪʃən] n Sterilisation f,
Sterilisierung f.
sterilize ['stɛrɪlaɪz] vt sterilisieren.
sterling ['stəːlɪŋ] adj (silver) Sterling-; (fig)
gediegen ♦ n (ECON) das Pfund Sterling, das
englische Pfund; **one pound ~** ein Pfund
Sterling.
sterling area n (ECON) Sterlingländer pl.
stern [stəːn] adj streng ♦ n Heck nt.
sternum ['stəːnəm] n Brustbein nt.
steroid ['stɪərɔɪd] n Steroid nt.
stethoscope ['stɛθəskəʊp] n Stethoskop nt.
stevedore ['stiːvədɔː*] n Stauer m,
Schauermann m.
stew [stjuː] n Eintopf m ♦ vt schmoren; (fruit,
vegetables) dünsten ♦ vi schmoren; **~ed tea**
bitterer Tee m; **~ed fruit** (Obst)kompott nt.
steward ['stjuːəd] n Steward m; (at public
event) Ordner(in) m(f); (also: **shop ~**)
gewerkschaftliche Vertrauensperson f.
stewardess ['stjuːədɛs] n Stewardess f.
stewardship ['stjuːədʃɪp] n Verwaltung f.
stewing steak, (US) **stew meat** ['stjuːɪŋ-] n
(Rinder)schmorfleisch nt.
St. Ex. abbr = **stock exchange**.
stg abbr = **sterling**.
stick [stɪk] (pt, pp **stuck**) n Zweig m; (of
dynamite) Stange f; (of chalk etc) Stück nt; (as
weapon) Stock m; (also: **walking ~**)

(Spazier)stock m ♦ vt (with glue etc) kleben;
(inf: put) tun, stecken; (: tolerate) aushalten;
(thrust) stoßen ♦ vi: **to ~ (to)** kleben (an
+dat); (remain) (hängen) bleiben; (door etc)
klemmen; (lift) stecken bleiben; **to get hold
of the wrong end of the ~** (BRIT, fig) es
falsch verstehen; **to ~ in sb's mind** jdm im
Gedächtnis (haften) bleiben.
▶ **stick around** (inf) vi hier-/dableiben.
▶ **stick out** vi (ears etc) abstehen ♦ vt: **to ~ it
out** (inf) durchhalten.
▶ **stick to** vt fus (one's word, promise) halten;
(agreement, rules) sich halten an +acc; (the
truth, facts) bleiben bei.
▶ **stick up** vi hochstehen.
▶ **stick up for** vt fus eintreten für.
sticker ['stɪkə*] n Aufkleber m.
sticking plaster ['stɪkɪŋ-] n Heftpflaster nt.
sticking point n Hindernis nt; (in discussion
etc) strittiger Punkt m.
stickleback ['stɪklbæk] n Stichling m.
stickler ['stɪklə*] n: **to be a ~ for sth** es mit
etw peinlich genau nehmen.
stick shift (US) n Schaltknüppel m; (car)
Wagen m mit Handschaltung.
stick-up ['stɪkʌp] (inf) n Überfall m.
sticky ['stɪkɪ] adj klebrig; (label, tape) Klebe-;
(weather, day) schwül.
stiff [stɪf] adj steif; (hard, firm) hart; (paste,
egg-white) fest; (door, zip etc) schwer
gehend; (competition) hart; (sentence)
schwer; (drink) stark ♦ adv (bored, worried,
scared) zu Tode; **to be** or **feel ~** steif sein; **to
have a ~ neck** einen steifen Hals haben; **to
keep a ~ upper lip** (BRIT, fig) die Haltung
bewahren.
stiffen ['stɪfn] vi steif werden; (body)
erstarren.
stiffness ['stɪfnɪs] n Steifheit f.
stifle ['staɪfl] vt unterdrücken; (heat)
erdrücken.
stifling ['staɪflɪŋ] adj (heat) drückend.
stigma ['stɪgmə] n Stigma nt; (BOT) Narbe f,
Stigma nt; **stigmata** npl (MED) Wundmal nt.
stile [staɪl] n Zaunübertritt m.
stiletto [stɪ'lɛtəʊ] (BRIT) n (also: **~ heel**)
Bleistiftabsatz m.
still [stɪl] adj (motionless) bewegungslos;
(tranquil) ruhig; (air, water) still; (BRIT: drink)
ohne Kohlensäure ♦ adv (immer) noch; (yet,
even) noch; (nonetheless) trotzdem ♦ n (CINE)
Standfoto nt; **to stand ~** (machine, motor)
stillstehen; (motionless) still stehen; **keep ~!**
halte still!; **he ~ hasn't arrived** er ist immer
noch nicht angekommen.
stillborn ['stɪlbɔːn] adj tot geboren.
still life n Stilleben nt.
stilt [stɪlt] n (pile) Pfahl m; (for walking on)
Stelze f.
stilted ['stɪltɪd] adj gestelzt.
stimulant ['stɪmjʊlənt] n Anregungsmittel nt.
stimulate ['stɪmjʊleɪt] vt anregen,

stimulieren; (*demand*) ankurbeln.

stimulating ['stɪmjuleɪtɪŋ] *adj* anregend, stimulierend.

stimulation [stɪmju'leɪʃən] *n* Anregung *f*, Stimulation *f*.

stimuli ['stɪmjulaɪ] *npl of* **stimulus**.

stimulus ['stɪmjuləs] (*pl* **stimuli**) *n* (*incentive*) Anreiz *m*; (*BIOL*) Reiz *m*; (*PSYCH*) Stimulus *m*.

sting [stɪŋ] (*pt, pp* **stung**) *n* Stich *m*; (*pain*) Stechen *nt*; (*organ: of insect*) Stachel *m*; (*inf: confidence trick*) Ding *nt* ♦ *vt* stechen; (*fig*) treffen, verletzen ♦ *vi* stechen; (*eyes, ointment, plant etc*) brennen; **my eyes are ~ing** mir brennen die Augen.

stingy ['stɪndʒɪ] (*pej*) *adj* geizig, knauserig.

stink [stɪŋk] (*pt* **stank**, *pp* **stunk**) *n* Gestank *m* ♦ *vi* stinken.

stinker ['stɪŋkə*] (*inf*) *n* (*problem*) harter Brocken *m*; (*person*) Ekel *nt*.

stinking ['stɪŋkɪŋ] (*inf*) *adj* (*fig*) beschissen (!); **a ~ cold** eine scheußliche Erkältung; **~ rich** stinkreich.

stint [stɪnt] *n* (*period*) Zeit *f*; (*batch of work*) Pensum *nt*; (*share*) Teil *m* ♦ *vi*: **to ~ on** sparen mit.

stipend ['staɪpend] *n* Gehalt *nt*.

stipendiary [staɪ'pendɪərɪ] *adj*: **~ magistrate** bezahlter Friedensrichter *m*.

stipulate ['stɪpjuleɪt] *vt* festsetzen; (*condition*) stellen.

stipulation [stɪpju'leɪʃən] *n* Bedingung *f*, Auflage *f*.

stir [stə:*] *n* (*fig*) Aufsehen *nt* ♦ *vt* umrühren; (*fig: emotions*) aufwühlen; (: *person*) bewegen ♦ *vi* sich bewegen; **to give sth a ~** etw umrühren; **to cause a ~** Aufsehen erregen.

▶ **stir up** *vt*: **to ~ up trouble** Unruhe stiften; **to ~ things up** stänkern.

stir-fry ['stə:'fraɪ] *vt* unter Rühren kurz anbraten ♦ *n* Pfannengericht *nt* (*das unter Rühren kurz angebraten wurde*).

stirring ['stə:rɪŋ] *adj* bewegend.

stirrup ['stɪrəp] *n* Steigbügel *m*.

stitch [stɪtʃ] *n* (*SEWING*) Stich *m*; (*KNITTING*) Masche *f*; (*MED*) Faden *m*; (*pain*) Seitenstiche *pl* ♦ *vt* nähen; **he had to have ~es** er musste genäht werden.

stoat [stəut] *n* Wiesel *nt*.

stock [stɔk] *n* Vorrat *m*; (*COMM*) Bestand *m*; (*AGR*) Vieh *nt*; (*CULIN*) Brühe *f*; (*descent, origin*) Abstammung *f*, Herkunft *f*; (*FIN*) Wertpapiere *pl*; (*RAIL: also:* **rolling ~**) rollendes Material *nt* ♦ *adj* (*reply, excuse etc*) Standard- ♦ *vt* (*in shop*) führen; **in/out of ~** vorrätig/nicht vorrätig; **~s and shares** (Aktien und) Wertpapiere *pl*; **government ~** Staatsanleihe *f*; **to take ~ of** (*fig*) Bilanz ziehen über +*acc*; **well-~ed** (*shop*) mit gutem Sortiment.

▶ **stock up** *vi*: **to ~ up (with)** sich eindecken (mit).

stockade [stɔ'keɪd] *n* Palisade *f*.

stockbroker ['stɔkbrəukə*] *n* Börsenmakler *m*.

stock control *n* Bestandsüberwachung *f*.

stock cube (*BRIT*) *n* Brühwürfel *m*.

stock exchange *n* Börse *f*.

stockholder ['stɔkhəuldə*] (*esp US*) *n* Aktionär(in) *m(f)*.

Stockholm ['stɔkhəum] *n* Stockholm *nt*.

stocking ['stɔkɪŋ] *n* Strumpf *m*.

stock-in-trade ['stɔkɪn'treɪd] *n* (*fig*): **it's his ~** es gehört zu seinem festen Repertoire.

stockist ['stɔkɪst] (*BRIT*) *n* Händler *m*.

stock market (*BRIT*) *n* Börse *f*.

stock phrase *n* Standardsatz *m*.

stockpile ['stɔkpaɪl] *n* Vorrat *m*; (*of weapons*) Lager *nt* ♦ *vt* horten.

stockroom ['stɔkru:m] *n* Lager *nt*, Lagerraum *m*.

stocktaking ['stɔkteɪkɪŋ] (*BRIT*) *n* Inventur *f*.

stocky ['stɔkɪ] *adj* stämmig.

stodgy ['stɔdʒɪ] *adj* (*food*) pampig (*inf*), schwer.

stoic ['stəuɪk] *n* Stoiker(in) *m(f)*.

stoic(al) ['stəuɪk(l)] *adj* stoisch.

stoke [stəuk] *vt* (*fire*) schüren; (*furnace, boiler*) heizen.

stoker ['stəukə*] *n* Heizer *m*.

stole [stəul] *pt of* **steal** ♦ *n* Stola *f*.

stolen ['stəuln] *pp of* **steal**.

stolid ['stɔlɪd] *adj* phlegmatisch, stur (*inf*).

stomach ['stʌmək] *n* Magen *m*; (*belly*) Bauch *m* ♦ *vt* (*fig*) vertragen.

stomach ache *n* Magenschmerzen *pl*.

stomach pump *n* Magenpumpe *f*.

stomach ulcer *n* Magengeschwür *nt*.

stomp [stɔmp] *vi* stapfen.

stone [stəun] *n* Stein *m*; (*BRIT: weight*) Gewichtseinheit (*= 6,35 kg*) ♦ *adj* (*wall, jar etc*) Stein-, steinern ♦ *vt* (*person*) mit Steinen bewerfen; (*fruit*) entkernen, entsteinen; **within a ~'s throw of the station** nur einen Katzensprung vom Bahnhof entfernt.

Stone Age *n* Steinzeit *f*.

stone-cold ['stəun'kəuld] *adj* eiskalt.

stoned [stəund] (*inf*) *adj* (*on drugs*) stoned; (*drunk*) total zu.

stone-deaf ['stəun'def] *adj* stocktaub.

stonemason ['stəunmeɪsn] *n* Steinmetz *m*.

stonewall [stəun'wɔ:l] *vi* mauern; (*in answering questions*) ausweichen.

stonework ['stəunwə:k] *n* Mauerwerk *nt*.

stony ['stəunɪ] *adj* steinig; (*fig: silence etc*) steinern.

stood [stud] *pt, pp of* **stand**.

stooge [stu:dʒ] *n* (*inf*) Handlanger(in) *m(f)*; (*THEAT*) Stichwortgeber(in) *m(f)*.

stool [stu:l] *n* Hocker *m*.

stoop [stu:p] *vi* (*also:* **~ down**) sich bücken; (*walk*) gebeugt gehen; **to ~ to sth** (*fig*) sich zu etw herablassen; **to ~ to doing sth** sich dazu herablassen, etw zu tun.

stop [stɔp] *n* Halt *m*; (*short stay*) Aufenthalt *m*;

(*in punctuation*: *also*: **full** ~) Punkt *m*; (*bus stop etc*) Haltestelle *f* ♦ *vt* stoppen; (*car etc*) anhalten; (*block*) sperren; (*prevent*) verhindern ♦ *vi* (*car etc*) anhalten; (*train*) halten; (*pedestrian, watch, clock*) stehen bleiben; (*end*) aufhören; **to come to a** ~ anhalten; **to put a** ~ **to** einen Riegel vorschieben +*dat*; **to** ~ **doing sth** aufhören, etw zu tun; **to** ~ **sb (from) doing sth** jdn davon abhalten, etw zu tun; ~ **it!** lass das!, hör auf!

▶ **stop by** *vi* kurz vorbeikommen.

▶ **stop off** *vi* kurz Halt machen, Zwischenstation machen.

▶ **stop up** *vt* (*hole*) zustopfen.

stopcock ['stɔpkɔk] *n* Absperrhahn *m*.

stopgap ['stɔpgæp] *n* (*person*) Lückenbüßer *m*; (*thing*) Notbehelf *m*; ~ **measure** Überbrückungsmaßnahme *f*.

stop-go [stɔp'gəu] *adj* (*economic cycle etc*) mit ständigem Auf und Ab.

stoplights ['stɔplaɪts] *npl* (AUT) Bremslichter *pl*.

stopover ['stɔpəuvə*] *n* Zwischenaufenthalt *m*; (AVIAT) Zwischenlandung *f*.

stoppage ['stɔpɪdʒ] *n* (*strike*) Streik *m*; (*blockage*) Unterbrechung *f*, (*of pay, cheque*) Sperrung *f*; (*deduction*) Abzug *m*.

stopper ['stɔpə*] *n* Stöpsel *m*.

stop press *n* letzte Meldungen *pl*.

stopwatch ['stɔpwɔtʃ] *n* Stoppuhr *f*.

storage ['stɔ:rɪdʒ] *n* Lagerung *f*; (*also*: ~ **space**) Stauraum *m*; (COMPUT) Speicherung *f*.

storage capacity *n* (COMPUT) Speicherkapazität *f*.

storage heater (BRIT) *n* (Nacht)speicherofen *m*.

store [stɔ:*] *n* Vorrat *m*; (*depot*) Lager *nt*; (BRIT: *large shop*) Geschäft *nt*, Kaufhaus *nt*; (US: *shop*) Laden *m*; (*fig*): **a** ~ **of** eine Fülle an +*dat* ♦ *vt* lagern; (*information etc, COMPUT*) speichern; (*food, medicines etc*) aufbewahren; (*in filing system*) ablegen; **stores** *npl* (*provisions*) Vorräte *pl*; **in** ~ eingelagert; **who knows what's in** ~ **for us?** wer weiß, was uns bevorsteht?; **to set great/little** ~ **by sth** viel/wenig von etw halten.

▶ **store up** *vt* einen Vorrat anlegen von; (*memories*) im Gedächtnis bewahren.

storehouse ['stɔ:haus] *n* (US: COMM) Lager(haus) *nt*; (*fig*) Fundgrube *f*.

storekeeper ['stɔ:ki:pə*] (US) *n* Ladenbesitzer(in) *m(f)*.

storeroom ['stɔ:ru:m] *n* Lagerraum *m*.

storey, (US) **story** ['stɔ:rɪ] *n* Stock *m*, Stockwerk *nt*.

stork [stɔ:k] *n* Storch *m*.

storm [stɔ:m] *n* (*lit, fig*) Sturm *m*; (*bad weather*) Unwetter *nt*; (*also*: **electrical** ~) Gewitter *nt* ♦ *vi* (*fig*) toben ♦ *vt* (*attack*) stürmen.

storm cloud *n* Gewitterwolke *f*.

storm door *n* äußere Windfangtür *f*.

stormy ['stɔ:mɪ] *adj* (*lit, fig*) stürmisch.

story ['stɔ:rɪ] *n* Geschichte *f*; (PRESS) Artikel *m*; (*lie*) Märchen *nt*; (US) = **storey**.

storybook ['stɔ:rɪbuk] *n* Geschichtenbuch *nt*.

storyteller ['stɔ:rɪtelə*] *n* Geschichtenerzähler(in) *m(f)*.

stout [staut] *adj* (*strong*) stark; (*fat*) untersetzt; (*resolute*) energisch ♦ *n* Starkbier *nt*.

stove [stəuv] *n* Herd *m*; (*small*) Kocher *m*; (*for heating*) (Heiz)ofen *m*; **gas** ~ Gasherd *m*.

stow [stəu] *vt* (*also*: ~ **away**) verstauen.

stowaway ['stəuəweɪ] *n* blinder Passagier *m*.

straddle ['strædl] *vt* (*sitting*) rittlings sitzen auf +*dat*; (*standing*) breitbeinig stehen über +*dat*; (*jumping*) grätschen über +*acc*; (*fig*) überspannen.

strafe [strɑ:f] *vt* beschießen.

straggle ['strægl] *vi* (*houses etc*) verstreut liegen; (*people etc*) zurückbleiben.

straggler ['stræglə*] *n* Nachzügler *m*.

straggly ['stræglɪ] *adj* (*hair*) unordentlich.

straight [streɪt] *adj* gerade; (*hair*) glatt; (*honest*) offen, direkt; (*simple*) einfach; (: *fight*) direkt; (THEAT) ernst; (*inf*: *heterosexual*) hetero; (*whisky etc*) pur ♦ *adv* (*in time*) sofort; (*in direction*) direkt; (*drink*) pur ♦ *n* (SPORT) Gerade *f*; **to put** *or* **get sth** ~ (*make clear*) etw klären; (*make tidy*) etw in Ordnung bringen; **let's get this** ~ das wollen wir mal klarstellen; **10** ~ **wins** 10 Siege hintereinander; **to win in** ~ **sets** (TENNIS) ohne Satzverlust gewinnen; **to go** ~ **home** direkt nach Hause gehen; ~ **out** rundheraus; ~ **away**, ~ **off** sofort, gleich.

straighten ['streɪtn] *vt* (*skirt, sheet etc*) geradeziehen.

▶ **straighten out** *vt* (*fig*) klären.

straight-faced [streɪt'feɪst] *adj*: **to be/remain** ~ ernst bleiben ♦ *adv* ohne zu lachen.

straightforward [streɪt'fɔ:wəd] *adj* (*simple*) einfach; (*honest*) offen.

straight sets *npl* (TENNIS): **to win in** ~ ohne Satzverlust gewinnen.

strain [streɪn] *n* Belastung *f*; (MED: *also*: **back** ~) überanstrengter Rücken *m*; (: *tension*) Überlastung *f*; (*of virus*) Art *f*; (*breed*) Sorte *f* ♦ *vt* (*back etc*) überanstrengen; (*resources*) belasten; (CULIN) abgießen ♦ *vi*: **to** ~ **to do sth** sich anstrengen, etw zu tun; **strains** *npl* (MUS) Klänge *pl*; **he's been under a lot of** ~ er hat unter großem Stress gestanden.

strained [streɪnd] *adj* (*back*) überanstrengt; (*muscle*) gezerrt; (*forced*) gezwungen; (*relations*) gespannt.

strainer ['streɪnə*] *n* Sieb *nt*.

strait [streɪt] *n* Meerenge *f*, Straße *f*; **straits** *npl* (*fig*): **to be in dire** ~**s** in großen Nöten sein.

straitjacket ['streɪtdʒækɪt] *n* Zwangsjacke *f*.

strait-laced [streɪt'leɪst] *adj* prüde,

puritanisch.

strand [strænd] *n* (*lit, fig*) Faden *m*; (*of wire*) Litze *f*; (*of hair*) Strähne *f*.

stranded ['strændɪd] *adj*: **to be** ~ (*traveller*) festsitzen; (*ship, sea creature*) gestrandet.

strange [streɪndʒ] *adj* fremd; (*odd*) seltsam, merkwürdig.

strangely ['streɪndʒlɪ] *adv* seltsam, merkwürdig; *see also* **enough**.

stranger ['streɪndʒəʳ] *n* Fremde(r) *f(m)*; **I'm a** ~ **here** ich bin hier fremd.

strangle ['stræŋgl] *vt* erwürgen, erdrosseln; (*fig: economy etc*) ersticken.

stranglehold ['stræŋglhəʊld] *n* (*fig*) absolute Machtposition *f*.

strangulation [stræŋgju'leɪʃən] *n* Erwürgen *nt*, Erdrosseln *nt*.

strap [stræp] *n* Riemen *m*; (*of dress etc*) Träger *m* ♦ *vt* (*also*: ~ **in**) anschnallen; (*also*: ~ **on**) umschnallen.

straphanging ['stræphæŋɪŋ] *n* Pendeln *nt* (als stehender Fahrgast).

strapless ['stræplɪs] *adj* trägerlos, schulterfrei.

strapped [stræpt] (*inf*) *adj*: ~ (**for cash**) pleite.

strapping ['stræpɪŋ] *adj* stramm.

Strasbourg ['stræzbɔːg] *n* Straßburg *nt*.

strata ['strɑːtə] *npl of* **stratum**.

stratagem ['strætɪdʒəm] *n* List *f*.

strategic [strə'tiːdʒɪk] *adj* strategisch; (*error*) taktisch.

strategist ['strætɪdʒɪst] *n* Stratege *m*, Strategin *f*.

strategy ['strætɪdʒɪ] *n* Strategie *f*.

stratosphere ['strætəsfɪəʳ] *n* Stratosphäre *f*.

stratum ['strɑːtəm] (*pl* **strata**) *n* Schicht *f*.

straw [strɔː] *n* Stroh *nt*; (*drinking straw*) Strohhalm *m*; **that's the last** ~! das ist der Gipfel!

strawberry ['strɔːbərɪ] *n* Erdbeere *f*.

stray [streɪ] *adj* (*animal*) streunend; (*bullet*) verirrt; (*scattered*) einzeln, vereinzelt ♦ *vi* (*children*) sich verirren; (*animals*) streunen; (*thoughts*) abschweifen.

streak [striːk] *n* Streifen *m*; (*in hair*) Strähne *f*; (*fig: of madness etc*) Zug *m* ♦ *vt* streifen ♦ *vi*: **to** ~ **past** vorbeiflitzen; **a winning/losing** ~ eine Glücks-/Pechsträhne.

streaker ['striːkəʳ] (*inf*) *n* Blitzer(in) *m(f)*.

streaky ['striːkɪ] *adj* (*bacon*) durchwachsen.

stream [striːm] *n* (*small river*) Bach *m*; (*current*) Strömung *f*; (*of people, vehicles*) Strom *m*; (*of questions, insults etc*) Flut *f*, Schwall *m*; (*of smoke*) Schwaden *m*; (*SCOL*) Leistungsgruppe *f* ♦ *vt* (*SCOL*) in Leistungsgruppen einteilen ♦ *vi* strömen; **against the** ~ gegen den Strom; **to come on** ~ (*new power plant etc*) in Betrieb genommen werden.

streamer ['striːməʳ] *n* Luftschlange *f*.

stream feed *n* automatischer Papiereinzug *m*.

streamline ['striːmlaɪn] *vt* Stromlinienform geben +*dat*; (*fig*) rationalisieren.

streamlined ['striːmlaɪnd] *adj* stromlinienförmig; (*AVIAT, AUT*) windschlüpfrig; (*fig*) rationalisiert.

street [striːt] *n* Straße *f*; **the back** ~**s** die Seitensträßchen *pl*; **to be on the** ~**s** (*homeless*) obdachlos sein; (*as prostitute*) auf den Strich gehen.

streetcar ['striːtkɑːʳ] (*US*) *n* Straßenbahn *f*.

street cred [-kred] (*inf*) *n* Glaubwürdigkeit *f*.

street lamp *n* Straßenlaterne *f*.

street lighting *n* Straßenbeleuchtung *f*.

street map *n* Stadtplan *m*.

street market *n* Straßenmarkt *m*.

street plan *n* Stadtplan *m*.

streetwise ['striːtwaɪz] (*inf*) *adj*: **to be** ~ wissen, wos langgeht.

strength [streŋθ] *n* (*lit, fig*) Stärke *f*; (*physical*) Kraft *f*, Stärke *f*; (*of girder etc*) Stabilität *f*; (*of knot etc*) Festigkeit *f*; (*of chemical solution*) Konzentration *f*; (*of wine*) Schwere *f*; **on the** ~ **of** aufgrund *or* auf Grund +*gen*; **at full** ~ vollzählig; **to be below** ~ nicht die volle Stärke haben.

strengthen ['streŋθn] *vt* (*lit, fig*) verstärken; (*muscle*) kräftigen; (*economy, currency, relationship*) festigen.

strenuous ['strenjʊəs] *adj* anstrengend; (*determined*) unermüdlich.

strenuously ['strenjʊəslɪ] *adv* energisch; **she** ~ **denied the rumour** sie leugnete das Gerücht hartnäckig.

stress [stres] *n* Druck *m*; (*mental*) Belastung *f*, Stress *m*; (*LING*) Betonung *f*; (*emphasis*) Akzent *m*, Gewicht *nt* ♦ *vt* betonen; **to lay great** ~ **on sth** großen Wert auf etw *acc* legen; **to be under** ~ großen Belastungen ausgesetzt sein, unter Stress stehen.

stressful ['stresful] *adj* anstrengend, stressig; (*situation*) angespannt.

stretch [stretʃ] *n* (*of sand, water etc*) Stück *nt*; (*of time*) Zeit *f* ♦ *vi* (*person, animal*) sich strecken; (*land, area*) sich erstrecken ♦ *vt* (*pull*) spannen; (*fig: job, task*) fordern; **at a** ~ an einem Stück, ohne Unterbrechung; **by no** ~ **of the imagination** beim besten Willen nicht; **to** ~ **to** *or* **as far as the frontier** (*extend*) sich bis zur Grenze erstrecken; **to** ~ **one's legs** sich *dat* die Beine vertreten.

▶ **stretch out** *vi* sich ausstrecken ♦ *vt* ausstrecken.

▶ **stretch to** *vt fus* (*be enough*) reichen für.

stretcher ['stretʃəʳ] *n* (Trag)bahre *f*.

stretcher-bearer ['stretʃəbeərəʳ] *n* Krankenträger *m*.

stretch marks *npl* Dehnungsstreifen *pl*; (*through pregnancy*) Schwangerschaftsstreifen *pl*.

strewn [struːn] *adj*: ~ **with** übersät mit.

stricken ['strɪkən] *adj* (*person*) leidend; (*city, industry etc*) Not leidend; ~ **with** (*disease*) geschlagen mit; (*fear etc*) erfüllt von.

strict [strɪkt] *adj* streng; (*precise*) genau; **in the ~est confidence** streng vertraulich; **in the ~ sense of the word** streng genommen.

strictly ['strɪktlɪ] *adv* streng; (*exactly*) genau; (*solely*) ausschließlich; **~ confidential** streng vertraulich; **~ speaking** genau genommen; **not ~ true** nicht ganz richtig; **~ between ourselves** ganz unter uns.

strictness ['strɪktnɪs] *n* Strenge *f*.

stridden ['strɪdn] *pp of* **stride**.

stride [straɪd] (*pt* **strode**, *pp* **stridden**) *n* Schritt *m* ♦ *vi* schreiten; **to take sth in one's ~** (*fig*) mit etw spielend fertig werden.

strident ['straɪdnt] *adj* schrill, durchdringend; (*demands*) lautstark.

strife [straɪf] *n* Streit *m*, Zwietracht *f*.

strike [straɪk] (*pt*, *pp* **struck**) *n* Streik *m*, Ausstand *m*; (*MIL*) Angriff *m* ♦ *vt* (*hit*) schlagen; (*fig: idea, thought*) in den Sinn kommmen +*dat*; (*oil etc*) finden, stoßen auf +*acc*; (*bargain, deal*) aushandeln; (*coin, medal*) prägen ♦ *vi* streiken; (*illness, killer*) zuschlagen; (*disaster*) hereinbrechen; (*clock*) schlagen; **on ~** streikend; **to be on ~** streiken; **to ~ a balance** einen Mittelweg finden; **to be struck by lightning** vom Blitz getroffen werden; **to ~ a match** ein Streichholz anzünden.

▶ **strike back** *vi* (*MIL*) zurückschlagen; (*fig*) sich wehren.

▶ **strike down** *vt* niederschlagen.

▶ **strike off** *vt* (*from list*) (aus)streichen; (*doctor etc*) die Zulassung entziehen +*dat*.

▶ **strike out** *vi* losziehen, sich aufmachen ♦ *vt* (*word, sentence*) (aus)streichen.

▶ **strike up** *vt* (*MUS*) anstimmen; (*conversation*) anknüpfen; (*friendship*) schließen.

strikebreaker ['straɪkbreɪkə*] *n* Streikbrecher *m*.

strike pay *n* Streikgeld *nt*.

striker ['straɪkə*] *n* Streikende(r) *f(m)*; (*SPORT*) Stürmer *m*.

striking ['straɪkɪŋ] *adj* auffallend; (*attractive*) attraktiv.

strimmer ['strɪmə*] *n* Rasentrimmer *m*.

string [strɪŋ] (*pt*, *pp* **strung**) *n* Schnur *f*; (*of islands*) Kette *f*; (*of people, cars*) Schlange *f*; (*series*) Serie *f*; (*COMPUT*) Zeichenfolge *f*; (*MUS*) Saite *f* ♦ *vt*: **to ~ together** aneinander reihen; **the strings** *npl* (*MUS*) die Streichinstrumente *pl*; **to pull ~s** (*fig*) Beziehungen spielen lassen; **with no ~s attached** (*fig*) ohne Bedingungen; **to ~ sth out** etw verteilen.

string bean *n* grüne Bohne *f*.

stringed instrument *n* Saiteninstrument *nt*.

stringent ['strɪndʒənt] *adj* streng; (*measures*) drastisch.

string quartet *n* Streichquartett *nt*.

strip [strɪp] *n* Streifen *m*; (*of metal*) Band *nt*;

(*SPORT*) Trikot *nt*, Dress *m* ♦ *vt* (*undress*) ausziehen; (*paint*) abbeizen; (*also*: **~ down**: *machine etc*) auseinander nehmen ♦ *vi* (*undress*) sich ausziehen.

strip cartoon *n* Comic(strip) *m*.

stripe [straɪp] *n* Streifen *m*; **stripes** *npl* (*MIL, POLICE*) (Ärmel)streifen *pl*.

striped [straɪpt] *adj* gestreift.

strip lighting (*BRIT*) *n* Neonlicht *nt*.

stripper ['strɪpə*] *n* Stripper(in) *m(f)*, Stripteasetänzer(in) *m(f)*.

strip-search ['strɪpsɜːtʃ] *n* Leibesvisitation *f* (*bei der man sich ausziehen muss*) ♦ *vt*: **to be ~ed** sich ausziehen müssen und durchsucht werden.

striptease ['strɪptiːz] *n* Striptease *m or nt*.

strive [straɪv] (*pt* **strove**, *pp* **striven**) *vi*: **to ~ for sth** nach etw streben; **to ~ to do sth** danach streben, etw zu tun.

striven ['strɪvn] *pp of* **strive**.

strobe [strəub] *n* (*also*: **~ lights**) Stroboskoplicht *nt*.

strode [strəud] *pt of* **stride**.

stroke [strəuk] *n* Schlag *m*, Hieb *m*; (*SWIMMING: style*) Stil *m*; (*MED*) Schlaganfall *m*; (*of clock*) Schlag *m*; (*of paintbrush*) Strich *m* ♦ *vt* (*caress*) streicheln; **at a ~** mit einem Schlag; **on the ~ of 5** Punkt 5 (Uhr); **a ~ of luck** ein Glücksfall *m*; **a 2-~ engine** ein Zweitaktmotor *m*.

stroll [strəul] *n* Spaziergang *m* ♦ *vi* spazieren; **to go for a ~**, **have** *or* **take a ~** einen Spaziergang machen.

stroller ['strəulə*] (*US*) *n* (*pushchair*) Sportwagen *m*.

strong [strɔŋ] *adj* stark; (*person, arms, grip*) stark, kräftig; (*healthy*) kräftig; (*object, material*) solide, stabil; (*letter*) geharnischt; (*measure*) drastisch; (*language*) derb; (*nerves*) gut; (*taste, smell*) streng ♦ *adv*: **to be going ~** (*company*) sehr erfolgreich sein; (*person*) gut in Schuss sein; **I have no ~ feelings about it** es ist mir ziemlich egal; **they are 50 ~** sie sind insgesamt 50.

strong-arm ['strɔŋɑːm] *adj* brutal.

strongbox ['strɔŋbɔks] *n* (Geld)kassette *f*.

stronghold ['strɔŋhəuld] *n* Festung *f*; (*fig*) Hochburg *f*.

strongly ['strɔŋlɪ] *adv* (*solidly*) stabil; (*forcefully*) entschieden; (*deeply*) fest; **to feel ~ that ...** fest davon überzeugt sein, dass ...; **I feel ~ about it** mir liegt sehr viel daran; (*negatively*) ich bin sehr dagegen.

strongman ['strɔŋmæn] (*irreg: like* **man**) *n* (*lit, fig*) starker Mann *m*.

strongroom ['strɔŋruːm] *n* Tresorraum *m*.

stroppy ['strɔpɪ] (*BRIT: inf*) *adj* pampig; (*obstinate*) stur.

strove [strəuv] *pt of* **strive**.

struck [strʌk] *pt*, *pp of* **strike**.

structural ['strʌktʃrəl] *adj* strukturell; (*damage*) baulich; (*defect*) Konstruktions-.

structurally ['strʌktʃrəlɪ] *adv*: ~ **sound** mit guter Bausubstanz.

structure ['strʌktʃə*] *n* Struktur *f*, Aufbau *m*; (*building*) Gebäude *nt*.

struggle ['strʌgl] *n* Kampf *m*; (*difficulty*) Anstrengung *f* ♦ *vi* (*try hard*) sich abmühen; (*fight*) kämpfen; (*in self-defence*) sich wehren; **to have a** ~ **to do sth** Mühe haben, etw zu tun; **to be a** ~ **for sb** jdm große Schwierigkeiten bereiten.

strum [strʌm] *vt* (*guitar*) klimpern auf +*dat*.

strung [strʌŋ] *pt, pp of* **string**.

strut [strʌt] *n* Strebe *f*, Stütze *f* ♦ *vi* stolzieren.

strychnine ['strɪkniːn] *n* Strychnin *nt*.

stub [stʌb] *n* (*of cheque, ticket etc*) Abschnitt *m*; (*of cigarette*) Kippe *f* ♦ *vt*: **to** ~ **one's toe** sich *dat* den Zeh stoßen.

▶ **stub out** *vt* (*cigarette*) ausdrücken.

stubble ['stʌbl] *n* Stoppeln *pl*.

stubborn ['stʌbən] *adj* hartnäckig; (*child*) störrisch.

stubby ['stʌbɪ] *adj* kurz und dick.

stucco ['stʌkəu] *n* Stuck *m*.

stuck [stʌk] *pt, pp of* **stick** ♦ *adj*: **to be** ~ (*jammed*) klemmen; (*unable to answer*) nicht klarkommen; **to get** ~ stecken bleiben; (*fig*) nicht weiterkommen.

stuck-up [stʌk'ʌp] (*inf*) *adj* hochnäsig.

stud [stʌd] *n* (*on clothing etc*) Niete *f*; (*on collar*) Kragenknopf *m*; (*earring*) Ohrstecker *m*; (*on boot*) Stollen *m*; (*also*: ~ **farm**) Gestüt *nt*; (*also*: ~ **horse**) Zuchthengst *m* ♦ *vt* (*fig*): ~**ded with** übersät mit; (*with jewels*) dicht besetzt mit.

student ['stjuːdənt] *n* Student(in) *m(f)*; (*at school*) Schüler(in) *m(f)* ♦ *cpd* Studenten-; **law/medical** ~ Jura-/Medizinstudent(in) *m(f)*; ~ **nurse** Krankenpflegeschüler(in) *m(f)*; ~ **teacher** Referendar(in) *m(f)*.

student driver (*US*) *n* Fahrschüler(in) *m(f)*.

students' union ['stjuːdənts-] (*BRIT*) *n* Studentenvereinigung *f*, ≈ AStA *m*; (*building*) Gebäude *nt* der Studentenvereinigung.

studied ['stʌdɪd] *adj* (*expression*) einstudiert; (*attitude*) berechnet.

studio ['stjuːdɪəu] *n* Studio *nt*; (*sculptor's etc*) Atelier *nt*.

studio flat, (*US*) **studio apartment** *n* Einzimmerwohnung *f*.

studious ['stjuːdɪəs] *adj* lernbegierig.

studiously ['stjuːdɪəslɪ] *adv* (*carefully*) sorgsam.

study ['stʌdɪ] *n* Studium *nt*, Lernen *nt*; (*room*) Arbeitszimmer *nt* ♦ *vt* studieren; (*face*) prüfend ansehen; (*evidence*) prüfen ♦ *vi* studieren, lernen; **studies** *npl* (*studying*) Studien *pl*; **to make a** ~ **of sth** etw untersuchen; (*academic*) etw studieren; **to** ~ **for an exam** sich auf eine Prüfung vorbereiten.

stuff [stʌf] *n* Zeug *nt* ♦ *vt* ausstopfen; (*CULIN*) füllen; (*inf: push*) stopfen; **my nose is** ~**ed**

up ich habe eine verstopfte Nase; **get** ~**ed!** (*inf!*) du kannst mich mal!

stuffed toy [stʌft-] *n* Stofftier *nt*.

stuffing ['stʌfɪŋ] *n* Füllung *f*; (*in sofa etc*) Polstermaterial *nt*.

stuffy ['stʌfɪ] *adj* (*room*) stickig; (*person, ideas*) spießig.

stumble ['stʌmbl] *vi* stolpern; **to** ~ **across** *or* **on** (*fig*) (zufällig) stoßen auf +*acc*.

stumbling block ['stʌmblɪŋ-] *n* Hürde *f*, Hindernis *nt*.

stump [stʌmp] *n* Stumpf *m* ♦ *vt*: **to be** ~**ed** überfragt sein.

stun [stʌn] *vt* betäuben; (*news*) fassungslos machen.

stung [stʌŋ] *pt, pp of* **sting**.

stunk [stʌŋk] *pp of* **stink**.

stunning ['stʌnɪŋ] *adj* (*news, event*) sensationell; (*girl, dress*) hinreißend.

stunt [stʌnt] *n* (*in film*) Stunt *m*; (*publicity stunt*) (Werbe)gag *m*.

stunted ['stʌntɪd] *adj* verkümmert.

stuntman ['stʌntmæn] (*irreg: like* **man**) *n* Stuntman *m*.

stupefaction [stjuːpɪ'fækʃən] *n* Verblüffung *f*.

stupefy ['stjuːpɪfaɪ] *vt* benommen machen; (*fig*) verblüffen.

stupendous [stjuː'pɛndəs] *adj* enorm.

stupid ['stjuːpɪd] *adj* dumm.

stupidity [stjuː'pɪdɪtɪ] *n* Dummheit *f*.

stupidly ['stjuːpɪdlɪ] *adv* dumm.

stupor ['stjuːpə*] *n* Benommenheit *f*; **in a** ~ benommen.

sturdily ['stəːdɪlɪ] *adv*: ~ **built** (*person*) kräftig gebaut; (*thing*) stabil gebaut.

sturdy ['stəːdɪ] *adj* (*person*) kräftig; (*thing*) stabil.

sturgeon ['stəːdʒən] *n* Stör *m*.

stutter ['stʌtə*] *n* Stottern *nt* ♦ *vi* stottern; **to have a** ~ stottern.

Stuttgart ['stutgɑːt] *n* Stuttgart *nt*.

sty [staɪ] *n* Schweinestall *m*.

stye [staɪ] *n* Gerstenkorn *nt*.

style [staɪl] *n* Stil *m*; (*design*) Modell *nt*; **in the latest** ~ nach der neuesten Mode; **hair** ~ Frisur *f*.

styli ['staɪlaɪ] *npl of* **stylus**.

stylish ['staɪlɪʃ] *adj* elegant.

stylist ['staɪlɪst] *n* (*hair stylist*) Friseur *m*, Friseuse *f*, (*literary stylist*) Stilist(in) *m(f)*.

stylized ['staɪlaɪzd] *adj* stilisiert.

stylus ['staɪləs] (*pl* **styli** *or* ~**es**) *n* Nadel *f*.

Styrofoam ® ['staɪrəfəum] *n* ≈ Styropor *nt* ®.

suave [swɑːv] *adj* zuvorkommend.

sub [sʌb] *n abbr* (*NAUT*) = **submarine**; (*ADMIN*) = **subscription**; (*BRIT: PRESS*) = **subeditor**.

sub... [sʌb] *pref* Unter-, unter-.

subcommittee ['sʌbkəmɪtɪ] *n* Unterausschuss *m*.

subconscious [sʌb'kɒnʃəs] *adj* unterbewusst.

subcontinent [sʌb'kɒntɪnənt] *n*: **the (Indian)** ~ der (indische) Subkontinent.

subcontract [vt 'sʌbkən'trækt, n 'sʌb'kɒntrækt] vt (vertraglich) weitervergeben ♦ n Nebenvertrag m.

subcontractor ['sʌbkən'træktə*] n Subunternehmer m.

subdivide [sʌbdɪ'vaɪd] vt unterteilen.

subdivision ['sʌbdɪvɪʒən] n Unterteilung f.

subdue [səb'djuː] vt unterwerfen; (emotions) dämpfen.

subdued [səb'djuːd] adj (light) gedämpft; (person) bedrückt.

subeditor [sʌb'ɛdɪtə*] (BRIT) n Redakteur(in) m(f).

subject [n 'sʌbdʒɪkt, vt sʌb'dʒɛkt] n (matter) Thema nt; (SCOL) Fach nt; (of country) Staatsbürger(in) m(f); (GRAM) Subjekt nt ♦ vt: **to ~ sb to sth** jdn einer Sache dat unterziehen; (expose) jdn einer Sache dat aussetzen; **to change the ~** das Thema wechseln; **to be ~ to** (law, tax) unterworfen sein +dat; (heart attacks etc) anfällig sein für; **~ to confirmation in writing** vorausgesetzt, es wird schriftlich bestätigt.

subjection [səb'dʒɛkʃən] n Unterwerfung f.

subjective [səb'dʒɛktɪv] adj subjektiv.

subject matter n Stoff m; (content) Inhalt m.

sub judice [sʌb'djuːdɪsɪ] adj (LAW): **to be ~** verhandelt werden.

subjugate ['sʌbdʒugeɪt] vt unterwerfen.

subjunctive [səb'dʒʌŋktɪv] n Konjunktiv m; **in the ~** im Konjunktiv.

sublet [sʌb'lɛt] vt untervermieten.

sublime [sə'blaɪm] adj erhaben, vollendet; **that's going from the ~ to the ridiculous** das ist ein Abstieg ins Profane.

subliminal [sʌb'lɪmɪnl] adj unterschwellig.

submachine gun ['sʌbmə'ʃiːn-] n Maschinenpistole f.

submarine [sʌbmə'riːn] n Unterseeboot nt, U-Boot nt.

submerge [səb'məːdʒ] vt untertauchen; (flood) überschwemmen ♦ vi tauchen; **~d** unter Wasser.

submersion [səb'məːʃən] n Untertauchen nt; (of submarine) Tauchen nt; (by flood) Überschwemmung f.

submission [səb'mɪʃən] n (subjection) Unterwerfung f; (of plan, application etc) Einreichung f; (proposal) Vorlage f.

submissive [səb'mɪsɪv] adj gehorsam; (gesture) demütig.

submit [səb'mɪt] vt (proposal) vorlegen; (application etc) einreichen ♦ vi: **to ~ to sth** sich einer Sache dat unterwerfen.

subnormal [sʌb'nɔːml] adj (below average) unterdurchschnittlich; (old: child etc) minderbegabt; **educationally ~** lernbehindert.

subordinate [sə'bɔːdɪnət] n Untergebene(r) f(m); (LING): **~ clause** Nebensatz m ♦ adj untergeordnet; **to be ~ to sb** jdm untergeordnet sein.

subpoena [səb'piːnə] n (LAW) Vorladung f ♦ vt vorladen.

subroutine [sʌbruː'tiːn] n (COMPUT) Unterprogramm nt.

subscribe [səb'skraɪb] vi spenden; **to ~ to** (opinion, theory) sich anschließen +dat; (fund, charity) regelmäßig spenden an +acc; (magazine etc) abonnieren.

subscriber [səb'skraɪbə*] n (to magazine) Abonnent(in) m(f); (TEL) Teilnehmer(in) m(f).

subscript ['sʌbskrɪpt] n tiefgestelltes Zeichen nt.

subscription [səb'skrɪpʃən] n (to magazine etc) Abonnement nt; (membership dues) (Mitglieds)beitrag m; **to take out a ~ to** (magazine etc) abonnieren.

subsequent ['sʌbsɪkwənt] adj später, nachfolgend; (further) weiter; **~ to** im Anschluss an +acc.

subsequently ['sʌbsɪkwəntlɪ] adv später.

subservient [səb'səːvɪənt] adj unterwürfig; (less important) untergeordnet; **to be ~ to** untergeordnet sein +dat.

subside [səb'saɪd] vi (feeling, pain) nachlassen; (flood) sinken; (earth) sich senken.

subsidence [səb'saɪdns] n Senkung f.

subsidiary [səb'sɪdɪərɪ] adj (question, role, BRIT: SCOL: subject) Neben- ♦ n (also: ~ company) Tochtergesellschaft f.

subsidize ['sʌbsɪdaɪz] vt subventionieren.

subsidy ['sʌbsɪdɪ] n Subvention f.

subsist [səb'sɪst] vi: **to ~ on sth** sich von etw ernähren.

subsistence [səb'sɪstəns] n Existenz f; **enough for ~** genug zum (Über)leben.

subsistence allowance n Unterhaltszuschuss m.

subsistence level n Existenzminimum nt.

substance ['sʌbstəns] n Substanz f, Stoff m; (fig: essence) Kern m; **a man of ~** ein vermögender Mann; **to lack ~** (book) keine Substanz haben; (argument) keine Durchschlagskraft haben.

substance abuse n Missbrauch von Alkohol, Drogen, Arzneimitteln etc.

substandard [sʌb'stændəd] adj minderwertig; (housing) unzulänglich.

substantial [səb'stænʃl] adj (solid) solide; (considerable) beträchtlich, größere(r, s); (meal) kräftig.

substantially [səb'stænʃəlɪ] adv erheblich; (in essence) im Wesentlichen.

substantiate [səb'stænʃɪeɪt] vt erhärten, untermauern.

substitute ['sʌbstɪtjuːt] n Ersatz m ♦ vt: **to ~ A for B** B durch A ersetzen.

substitute teacher (US) n Vertretung f.

substitution [sʌbstɪ'tjuːʃən] n Ersetzen nt; (FOOTBALL) Auswechseln nt.

subterfuge ['sʌbtəfjuːdʒ] n Tricks pl; (trickery) Täuschung f.

subterranean [sʌbtəˈreɪnɪən] *adj* unterirdisch.
subtitle [ˈsʌbtaɪtl] *n* Untertitel *m*.
subtle [ˈsʌtl] *adj* fein; (*indirect*) raffiniert.
subtlety [ˈsʌtltɪ] *n* Feinheit *f*; (*art of being subtle*) Finesse *f*.
subtly [ˈsʌtlɪ] *adv* (*change, vary*) leicht; (*different*) auf subtile Weise; (*persuade*) raffiniert.
subtotal [sʌbˈtəutl] *n* Zwischensumme *f*.
subtract [səbˈtrækt] *vt* abziehen, subtrahieren.
subtraction [səbˈtrækʃən] *n* Abziehen *nt*, Subtraktion *f*.
subtropical [sʌbˈtrɒpɪkl] *adj* subtropisch.
suburb [ˈsʌbɜːb] *n* Vorort *m*.
suburban [səˈbɜːbən] *adj* (*train etc*) Vorort-; (*lifestyle etc*) spießig, kleinbürgerlich.
suburbia [səˈbɜːbɪə] *n* die Vororte *pl*.
subvention [səbˈvɛnʃən] *n* Subvention *f*.
subversion [səbˈvɜːʃən] *n* Subversion *f*.
subversive [səbˈvɜːsɪv] *adj* subversiv.
subway [ˈsʌbweɪ] *n* (*US*) Untergrundbahn *f*, U-Bahn *f*; (*BRIT: underpass*) Unterführung *f*.
sub-zero [sʌbˈzɪərəu] *adj*: ~ **temperatures** Temperaturen unter null.
succeed [səkˈsiːd] *vi* (*plan etc*) gelingen, erfolgreich sein; (*person*) erfolgreich sein, Erfolg haben ♦ *vt* (*in job*) Nachfolger werden +*gen*; (*in order*) folgen +*dat*; **sb ~s in doing sth** es gelingt jdm, etw zu tun.
succeeding [səkˈsiːdɪŋ] *adj* folgend; ~ **generations** spätere *or* nachfolgende Generationen *pl*.
success [səkˈsɛs] *n* Erfolg *m*; **without** ~ ohne Erfolg, erfolglos.
successful [səkˈsɛsful] *adj* erfolgreich; **to be** ~ erfolgreich sein, Erfolg haben; **sb is** ~ **in doing sth** es gelingt jdm, etw zu tun.
successfully [səkˈsɛsfəlɪ] *adv* erfolgreich, mit Erfolg.
succession [səkˈsɛʃən] *n* Folge *f*, Serie *f*; (*to throne etc*) Nachfolge *f*; **3 years in** ~ 3 Jahre nacheinander *or* hintereinander.
successive [səkˈsɛsɪv] *adj* aufeinander folgend; **on 3** ~ **days** 3 Tage nacheinander *or* hintereinander.
successor [səkˈsɛsə*] *n* Nachfolger(in) *m(f)*.
succinct [səkˈsɪŋkt] *adj* knapp, prägnant.
succulent [ˈsʌkjulənt] *adj* saftig ♦ *n* Fettpflanze *f*, Sukkulente *f*.
succumb [səˈkʌm] *vi*: **to** ~ **to** (*temptation*) erliegen +*dat*; (*illness: become affected by*) bekommen; (: *die of*) erliegen +*dat*.
such [sʌtʃ] *adj* (*of that kind*): ~ **a book** so ein Buch; (*so much*): ~ **courage** so viel Mut; (*emphasizing similarity*): **or some** ~ **place/name** *etc* oder so ähnlich ♦ *adv* so; ~ **books** solche Bücher; ~ **a lot of** so viel; **she made** ~ **a noise that** ... sie machte so einen Lärm, dass ...; ~ **books as I have** was ich an Büchern habe; **I said no** ~ **thing** das habe ich nie gesagt; ~ **a long trip** so eine lange Reise; ~ **as** wie (zum Beispiel); **as** ~ **an sich**.
such-and-such [ˈsʌtʃənsʌtʃ] *adj* die und die, der und der, das und das.
suchlike [ˈsʌtʃlaɪk] (*inf*) *pron*: **and** ~ **und dergleichen**.
suck [sʌk] *vt* (*sweet etc*) lutschen; (*ice-lolly*) lutschen an +*dat*; (*baby*) saugen an +*dat*; (*pump, machine*) saugen.
sucker [ˈsʌkə*] *n* (*ZOOL*) Saugnapf *m*; (*TECH*) Saugfuß *m*; (*BOT*) unterirdischer Ausläufer *m*; (*inf*) Dummkopf *m*.
suckle [ˈsʌkl] *vt* (*baby*) stillen; (*animal*) säugen.
sucrose [ˈsuːkrəuz] *n* (pflanzlicher) Zucker *m*.
suction [ˈsʌkʃən] *n* Saugwirkung *f*.
suction pump *n* Saugpumpe *f*.
Sudan [suˈdɑːn] *n* der Sudan.
Sudanese [suːdəˈniːz] *adj* sudanesisch ♦ *n* Sudanese *m*, Sudanesin *f*.
sudden [ˈsʌdn] *adj* plötzlich; **all of a** ~ ganz plötzlich.
sudden death *n* (*also*: **sudden-death play-off**) Stichkampf *m*.
suddenly [ˈsʌdnlɪ] *adv* plötzlich.
suds [sʌdz] *npl* Seifenschaum *m*.
sue [suː] *vt* verklagen ♦ *vi* klagen, vor Gericht gehen; **to** ~ **sb for damages** jdn auf Schadenersatz verklagen; **to** ~ **for divorce** die Scheidung einreichen.
suede [sweɪd] *n* Wildleder *nt* ♦ *cpd* Wildleder-.
suet [ˈsuɪt] *n* Nierenfett *nt*.
Suez [ˈsuːɪz] *n*: **the** ~ **Canal** der Suezkanal.
Suff. (*BRIT*) *abbr* (*POST*: = **Suffolk**).
suffer [ˈsʌfə*] *vt* erleiden; (*rudeness etc*) ertragen ♦ *vi* leiden; **to** ~ **from** leiden an +*dat*; **to** ~ **the effects of sth** an den Folgen von etw leiden.
sufferance [ˈsʌfərns] *n*: **he was only there on** ~ er wurde dort nur geduldet.
sufferer [ˈsʌfərə*] *n* Leidende(r) *f(m)*.
suffering [ˈsʌfərɪŋ] *n* Leid *nt*.
suffice [səˈfaɪs] *vi* genügen.
sufficient [səˈfɪʃənt] *adj* ausreichend; ~ **money** genug Geld.
sufficiently [səˈfɪʃəntlɪ] *adv* genug, ausreichend; ~ **powerful/enthusiastic** mächtig/begeistert genug.
suffix [ˈsʌfɪks] *n* Suffix *nt*, Nachsilbe *f*.
suffocate [ˈsʌfəkeɪt] *vi* (*lit, fig*) ersticken.
suffocation [sʌfəˈkeɪʃən] *n* Ersticken *nt*.
suffrage [ˈsʌfrɪdʒ] *n* Wahlrecht *nt*.
suffragette [sʌfrəˈdʒɛt] *n* Suffragette *f*.
suffused [səˈfjuːzd] *adj*: ~ **with** erfüllt von; ~ **with light** lichtdurchflutet.
sugar [ˈʃugə*] *n* Zucker *m* ♦ *vt* zuckern.
sugar beet *n* Zuckerrübe *f*.
sugar bowl *n* Zuckerdose *f*.
sugar cane *n* Zuckerrohr *nt*.
sugar-coated [ˈʃugəˈkəutɪd] *adj* mit Zucker überzogen.
sugar lump *n* Zuckerstück *nt*.

sugar refinery n Zuckerraffinerie f.
sugary ['ʃugərɪ] adj süß; (fig: smile, phrase) süßlich.
suggest [sə'dʒɛst] vt vorschlagen; (indicate) andeuten, hindeuten auf +acc; **what do you ~ I do?** was schlagen Sie vor?
suggestion [sə'dʒɛstʃən] n Vorschlag m; (indication) Anflug m; (trace) Spur f.
suggestive [sə'dʒɛstɪv] (pej) adj anzüglich.
suicidal [suɪ'saɪdl] adj selbstmörderisch; (person) selbstmordgefährdet; **to be or feel ~** Selbstmordgedanken haben.
suicide ['suɪsaɪd] n (lit, fig) Selbstmord m; (person) Selbstmörder(in) m(f); see also **commit**.
suicide attempt, suicide bid n Selbstmordversuch m.
suit [suːt] n (man's) Anzug m; (woman's) Kostüm nt; (LAW) Prozess m, Verfahren nt; (CARDS) Farbe f ♦ vt passen +dat; (colour, clothes) stehen +dat; **to bring a ~ against sb** (LAW) gegen jdn Klage erheben or (in Prozess anstrengen; **to follow ~** (fig) das Gleiche tun; **to ~ sth to** etw anpassen an +acc; **to be ~ed to do sth** sich dafür eignen, etw zu tun; **~ yourself!** wie du willst!; **well ~ed** (couple) gut zusammenpassend.
suitability [suːtə'bɪlɪtɪ] n Eignung f.
suitable ['suːtəbl] adj (convenient) passend; (appropriate) geeignet; **would tomorrow be ~?** würde Ihnen morgen passen?; **Monday isn't ~** Montag passt nicht; **we found somebody ~** wir haben jemand Passenden gefunden.
suitably ['suːtəblɪ] adv passend; (impressed) gebührend.
suitcase ['suːtkeɪs] n Koffer m.
suite [swiːt] n (of rooms) Suite f, Zimmerflucht f; (MUS) Suite f; **bedroom/dining room ~** Schlafzimmer-/Esszimmereinrichtung f; **a three-piece ~** eine dreiteilige Polstergarnitur.
suitor ['suːtə*] n Kläger(in) m(f).
sulfate ['sʌlfeɪt] (US) n = **sulphate**.
sulfur ['sʌlfə*] (US) n = **sulphur**.
sulfuric [sʌl'fjuərɪk] (US) adj = **sulphuric**.
sulk [sʌlk] vi schmollen.
sulky ['sʌlkɪ] adj schmollend.
sullen ['sʌlən] adj mürrisch, verdrossen.
sulphate, (US) **sulfate** ['sʌlfeɪt] n Sulfat nt, schwefelsaures Salz nt.
sulphur, (US) **sulfur** ['sʌlfə*] n Schwefel m.
sulphur dioxide n Schwefeldioxid nt.
sulphuric, (US) **sulfuric** [sʌl'fjuərɪk] adj: **~ acid** Schwefelsäure f.
sultan ['sʌltən] n Sultan m.
sultana [sʌl'tɑːnə] n Sultanine f.
sultry ['sʌltrɪ] adj schwül.
sum [sʌm] n (calculation) Rechenaufgabe f; (amount) Summe f, Betrag m.
▶ **sum up** vt zusammenfassen; (evaluate rapidly) einschätzen ♦ vi zusammenfassen.

Sumatra [su'mɑːtrə] n Sumatra nt.
summarize ['sʌməraɪz] vt zusammenfassen.
summary ['sʌmərɪ] n Zusammenfassung f ♦ adj (justice, executions) im Schnellverfahren.
summer ['sʌmə*] n Sommer m ♦ cpd Sommer-; **in ~** im Sommer.
summer camp (US) n Ferienlager nt.
summer holidays npl Sommerferien pl.
summerhouse ['sʌməhaus] n (in garden) Gartenhaus nt, Gartenlaube f.
summertime ['sʌmətaɪm] n Sommer m, Sommerszeit f.
summer time n Sommerzeit f.
summery ['sʌmərɪ] adj sommerlich.
summing-up [sʌmɪŋ'ʌp] n (LAW) Resümee nt.
summit ['sʌmɪt] n Gipfel m; (also: **~ conference/meeting**) Gipfelkonferenz f/-treffen nt.
summon ['sʌmən] vt rufen, kommen lassen; (help) holen; (meeting) einberufen; (LAW: witness) vorladen.
▶ **summon up** vt aufbringen.
summons ['sʌmənz] n (LAW) Vorladung f; (fig) Aufruf m ♦ vt (LAW) vorladen; **to serve a ~ on sb** jdn vor Gericht laden.
sumo (wrestling) ['suːməu] n Sumo(-Ringen) nt.
sump [sʌmp] (BRIT) n Ölwanne f.
sumptuous ['sʌmptjuəs] adj (meal) üppig; (costume) aufwändig, aufwendig.
Sun. abbr (= Sunday) So.
sun [sʌn] n Sonne f; **to catch the ~** einen Sonnenbrand bekommen; **everything under the ~** alles Mögliche.
sunbathe ['sʌnbeɪð] vi sich sonnen.
sunbeam ['sʌnbiːm] n Sonnenstrahl m.
sunbed ['sʌnbɛd] n (with sun lamp) Sonnenbank f.
sunblock n Sonnenschutzcreme f.
sunburn ['sʌnbəːn] n Sonnenbrand m.
sunburned ['sʌnbəːnd] adj = **sunburnt**.
sunburnt ['sʌnbəːnt] adj sonnenverbrannt, sonnengebräunt; **to be ~** (painfully) einen Sonnenbrand haben.
sun-cream ['sʌnkriːm] n Sonnencreme f.
sundae ['sʌndeɪ] n Eisbecher m.
Sunday ['sʌndɪ] n Sonntag m; see also **Tuesday**.
Sunday paper n Sonntagszeitung f.

SUNDAY PAPERS

*Die **Sunday papers** umfassen sowohl Massenblätter als auch seriöse Zeitungen. „The Observer" ist die älteste überregionale Sonntagszeitung der Welt. Die Sonntagszeitungen sind alle sehr umfangreich mit vielen Farb- und Sonderbeilagen. Zu den meisten Tageszeitungen gibt es parallele Sonntagsblätter, die aber separate Redaktionen haben.*

Sunday school n Sonntagsschule f.

sundial ['sʌndaɪəl] *n* Sonnenuhr *f*.
sundown ['sʌndaun] (*esp US*) *n* Sonnenuntergang *m*.
sundries ['sʌndrɪz] *npl* Verschiedenes *nt*.
sundry ['sʌndrɪ] *adj* verschiedene; **all and ~** jedermann.
sunflower ['sʌnflauə*] *n* Sonnenblume *f*.
sunflower oil *n* Sonnenblumenöl *nt*.
sung [sʌŋ] *pp of* **sing**.
sunglasses ['sʌnglɑːsɪz] *npl* Sonnenbrille *f*.
sunk [sʌŋk] *pp of* **sink**.
sunken ['sʌŋkn] *adj* versunken; (*eyes*) tief liegend; (*cheeks*) eingefallen; (*bath*) eingelassen.
sunlamp ['sʌnlæmp] *n* Höhensonne *f*.
sunlight ['sʌnlaɪt] *n* Sonnenlicht *nt*.
sunlit ['sʌnlɪt] *adj* sonnig, sonnenbeschienen.
sunny ['sʌnɪ] *adj* sonnig; (*fig*) heiter.
sunrise ['sʌnraɪz] *n* Sonnenaufgang *m*.
sun roof *n* (*AUT*) Schiebedach *nt*; (*on building*) Sonnenterrasse *f*.
sun screen *n* Sonnenschutzmittel *nt*.
sunset ['sʌnset] *n* Sonnenuntergang *m*.
sunshade ['sʌnʃeɪd] *n* Sonnenschirm *m*.
sunshine ['sʌnʃaɪn] *n* Sonnenschein *m*.
sunspot ['sʌnspɔt] *n* Sonnenfleck *m*.
sunstroke ['sʌnstrəuk] *n* Sonnenstich *m*.
suntan ['sʌntæn] *n* (Sonnen)bräune *f*; **to get a ~** braun werden.
suntan lotion *n* Sonnenmilch *f*.
suntanned ['sʌntænd] *adj* braun (gebrannt).
suntan oil *n* Sonnenöl *nt*.
suntrap ['sʌntræp] *n* sonniges Eckchen *nt*.
super ['suːpə*] (*inf*) *adj* fantastisch, toll.
superannuation [suːpərænjuˈeɪʃən] *n* Beitrag *m* zur Rentenversicherung.
superb [suːˈpəːb] *adj* ausgezeichnet, großartig; (*meal*) vorzüglich.
Super Bowl *n* Superbowl *m*, Super Bowl *m*, *American-Football-Turnier zwischen den Spitzenreitern der Nationalligen.*
supercilious [suːpəˈsɪlɪəs] *adj* herablassend.
superconductor [suːpəkənˈdʌktə*] *n* (*PHYS*) Superleiter *m*.
superficial [suːpəˈfɪʃəl] *adj* oberflächlich.
superficially [suːpəˈfɪʃəlɪ] *adv* oberflächlich; (*from a superficial point of view*) oberflächlich gesehen.
superfluous [suːˈpəːfluəs] *adj* überflüssig.
superglue ['suːpəgluː] *n* Sekundenkleber *m*.
superhighway (*US*) *n* ≈ Autobahn *f*; **information ~** Datenautobahn *f*.
superhuman [suːpəˈhjuːmən] *adj* übermenschlich.
superimpose ['suːpərɪmˈpəuz] *vt* (*two things*) übereinander legen; **to ~ on** legen auf +*acc*; **to ~ with** überlagern mit.
superintend [suːpərɪnˈtɛnd] *vt* beaufsichtigen, überwachen.
superintendent [suːpərɪnˈtɛndənt] *n* Aufseher(in) *m(f)*; (*POLICE*) Kommissar(in) *m(f)*.

superior [suːˈpɪərɪə*] *adj* besser, überlegen +*dat*; (*more senior*) höher gestellt; (*smug*) überheblich; (: *smile*) überlegen ♦ *n* Vorgesetzte(r) *f(m)*; **Mother S~** (*REL*) Mutter Oberin.
superiority [supɪərɪˈɔrɪtɪ] *n* Überlegenheit *f*.
superlative [suːˈpəːlətɪv] *n* Superlativ *m* ♦ *adj* überragend.
superman ['suːpəmæn] (*irreg: like* **man**) *n* Übermensch *m*.
supermarket ['suːpəmɑːkɪt] *n* Supermarkt *m*.
supermodel ['suːpəmɔdl] *n* Supermodell *nt*.
supernatural [suːpəˈnætʃərəl] *adj* übernatürlich ♦ *n*: **the ~** das Übernatürliche.
supernova [suːpəˈnəuvə] *n* Supernova *f*.
superpower ['suːpəpauə*] *n* Supermacht *f*.
superscript ['suːpəskrɪpt] *n* hochgestelltes Zeichen *nt*.
supersede [suːpəˈsiːd] *vt* ablösen, ersetzen.
supersonic ['suːpəˈsɔnɪk] *adj* (*aircraft etc*) Überschall-.
superstar ['suːpəstɑː*] *n* Superstar *m*.
superstition [suːpəˈstɪʃən] *n* Aberglaube *m*.
superstitious [suːpəˈstɪʃəs] *adj* abergläubisch.
superstore ['suːpəstɔː*] (*BRIT*) *n* Großmarkt *m*.
supertanker ['suːpətæŋkə*] *n* Supertanker *m*.
supertax ['suːpətæks] *n* Höchststeuer *f*.
supervise ['suːpəvaɪz] *vt* beaufsichtigen.
supervision [suːpəˈvɪʒən] *n* Beaufsichtigung *f*; **under medical ~** unter ärztlicher Aufsicht.
supervisor ['suːpəvaɪzə*] *n* Aufseher(in) *m(f)*; (*of students*) Tutor(in) *m(f)*.
supervisory ['suːpəvaɪzərɪ] *adj* beaufsichtigend, Aufsichts-.
supine ['suːpaɪn] *adj*: **to be ~** auf dem Rücken liegen ♦ *adv* auf dem Rücken.
supper ['sʌpə*] *n* Abendessen *nt*; **to have ~** zu Abend essen.
supplant [səˈplɑːnt] *vt* ablösen, ersetzen.
supple ['sʌpl] *adj* geschmeidig; (*person*) gelenkig.
supplement ['sʌplɪmənt] *n* Zusatz *m*; (*of book*) Ergänzungsband *m*; (*of newspaper etc*) Beilage *f* ♦ *vt* ergänzen.
supplementary [sʌplɪˈmɛntərɪ] *adj* zusätzlich, ergänzend.
supplementary benefit (*BRIT: old*) *n* ≈ Sozialhilfe *f*.
supplier [səˈplaɪə*] *n* Lieferant(in) *m(f)*.
supply [səˈplaɪ] *vt* liefern; (*provide*) sorgen für; (*a need*) befriedigen ♦ *n* Vorrat *m*; (*supplying*) Lieferung *f*; **supplies** *npl* (*food*) Vorräte *pl*; (*MIL*) Nachschub *m*; **to ~ sth to sb** jdm etw liefern; **to ~ sth with sth** etw mit etw versorgen; **it comes supplied with an adaptor** es wird mit einem Adapter geliefert; **office supplies** Bürobedarf *m*; **to be in short ~** knapp sein; **the electricity/ water/gas ~** die Strom-/Wasser-/ Gasversorgung *f*; **~ and demand** Angebot *nt*

und Nachfrage.

supply teacher (*BRIT*) *n* Vertretung *f.*

support [sə'pɔːt] *n* Unterstützung *f*; (*TECH*) Stütze *f* ♦ *vt* unterstützen, eintreten für; (*financially: family etc*) unterhalten; (: *party etc*) finanziell unterstützen; (*TECH*) (ab)stützen; (*theory etc*) untermauern; **they stopped work in ~ of** ... sie sind in den Streik getreten, um für ... einzutreten; **to ~ o.s.** (*financially*) finanziell unabhängig sein; **to ~ Arsenal** Arsenal-Fan sein.

supporter [sə'pɔːtə*] *n* (*POL etc*) Anhänger(in) *m(f)*; (*SPORT*) Fan *m.*

supporting [sə'pɔːtɪŋ] *adj*: **~ role** Nebenrolle *f*; **~ actor** Schauspieler *m* in einer Nebenrolle; **~ film** Vorfilm *m.*

supportive [sə'pɔːtɪv] *adj* hilfreich; **to be ~ of sb/sth** jdn/etw unterstützen.

suppose [sə'pəuz] *vt* annehmen, glauben; (*imagine*) sich *dat* vorstellen; **to be ~d to do sth** etw tun sollen; **it was worse than she'd ~d** es war schlimmer, als sie es sich vorgestellt hatte; **I don't ~ she'll come** ich glaube kaum, dass sie kommt; **he's about sixty, I ~** er muss wohl so um die Sechzig sein; **he's ~d to be an expert** er ist angeblich ein Experte; **I ~ so/not** ich glaube schon/nicht.

supposedly [sə'pəuzɪdlɪ] *adv* angeblich.

supposing [sə'pəuzɪŋ] *conj* angenommen.

supposition [sʌpə'zɪʃən] *n* Annahme *f.*

suppository [sə'pɒzɪtrɪ] *n* Zäpfchen *nt.*

suppress [sə'prɛs] *vt* unterdrücken; (*publication*) verbieten.

suppression [sə'prɛʃən] *n* Unterdrückung *f.*

suppressor [sə'prɛsə*] *n* (*ELEC etc*) Entstörungselement *nt.*

supremacy [su'prɛməsɪ] *n* Vormachtstellung *f.*

supreme [su'priːm] *adj* Ober-, oberste(r, s); (*effort*) äußerste(r, s); (*achievement*) höchste(r, s).

Supreme Court (*US*) *n* Oberster Gerichtshof *m.*

supremo [su'priːməu] (*BRIT: inf*) *n* Boss *m.*

Supt *abbr* (*POLICE*) = **superintendent.**

surcharge ['sɜːtʃɑːdʒ] *n* Zuschlag *m.*

sure [ʃuə*] *adj* sicher; (*reliable*) zuverlässig, sicher ♦ *adv* (*inf: esp US*): **that ~ is pretty, that's ~ pretty** das ist aber schön; **to make ~ of sth** sich einer Sache *gen* vergewissern; **to make ~ that** sich vergewissern, dass; **I'm ~ of it** ich bin mir da sicher; **I'm not ~ how/why/when** ich bin mir nicht sicher *or* ich weiß nicht genau, wie/warum/wann; **to be ~ of o.s.** selbstsicher sein; **~! klar!; ~ enough** tatsächlich.

sure-fire ['ʃuəfaɪə*] (*inf*) *adj* todsicher.

sure-footed [ʃuə'futɪd] *adj* trittsicher.

surely ['ʃuəlɪ] *adv* sicherlich, bestimmt; **~ you don't mean that!** das meinen Sie doch bestimmt *or* sicher nicht (so)!

surety ['ʃuərətɪ] *n* Bürgschaft *f*, Sicherheit *f*; **to go *or* stand ~ for sb** für jdn bürgen.

surf [sɜːf] *n* Brandung *f.*

surface ['sɜːfɪs] *n* Oberfläche *f* ♦ *vt* (*road*) mit einem Belag versehen ♦ *vi* (*lit, fig*) auftauchen; (*feeling*) hochkommen; (*rise from bed*) hochkommen; **on the ~** (*fig*) oberflächlich betrachtet.

surface area *n* Fläche *f.*

surface mail *n* Post *f* auf dem Land-/Seeweg.

surface-to-surface ['sɜːfɪstə'sɜːfɪs] *adj* (*missile*) Boden-Boden-.

surfboard ['sɜːfbɔːd] *n* Surfbrett *nt.*

surfeit ['sɜːfɪt] *n*: **a ~ of** ein Übermaß an +*dat.*

surfer ['sɜːfə*] *n* Surfer(in) *m(f).*

surfing ['sɜːfɪŋ] *n* Surfen *nt*; **to go ~** surfen gehen.

surge [sɜːdʒ] *n* Anstieg *m*; (*fig: of emotion*) Woge *f*; (*ELEC*) Spannungsstoß *m* ♦ *vi* (*water*) branden; (*people*) sich drängen; (*vehicles*) sich wälzen; (*emotion*) aufwallen; (*ELEC: power*) ansteigen; **to ~ forward** nach vorne drängen.

surgeon ['sɜːdʒən] *n* Chirurg(in) *m(f).*

Surgeon General (*US*) *n* (*MED*) ≈ Gesundheitsminister(in) *m(f)*; (*MIL*) Sanitätsinspekteur(in) *m(f).*

surgery ['sɜːdʒərɪ] *n* Chirurgie *f*; (*BRIT: room*) Sprechzimmer *nt*; (: *building*) Praxis *f*; (*also: ~ hours: of doctor, MP etc*) Sprechstunde *f*; **to have ~** operiert werden; **to need ~** operiert werden müssen.

surgical ['sɜːdʒɪkl] *adj* chirurgisch; (*treatment*) operativ.

surgical spirit (*BRIT*) *n* Wundbenzin *nt.*

surly ['sɜːlɪ] *adj* verdrießlich, mürrisch.

surmise [sɜː'maɪz] *vt* vermuten, mutmaßen.

surmount [sə'maunt] *vt* (*fig*) überwinden.

surname ['sɜːneɪm] *n* Nachname *m.*

surpass [sɜː'pɑːs] *vt* übertreffen.

surplus ['sɜːpləs] *n* Überschuss *m* ♦ *adj* überschüssig; **it is ~ to our requirements** das benötigen wir nicht.

surprise [sə'praɪz] *n* Überraschung *f* ♦ *vt* überraschen; (*astonish*) erstaunen; (*army*) überrumpeln; (*thief*) ertappen; **to take sb by ~** jdn überraschen.

surprising [sə'praɪzɪŋ] *adj* überraschend; (*situation*) erstaunlich; **it is ~ how/that** es ist erstaunlich, wie/dass.

surprisingly [sə'praɪzɪŋlɪ] *adv* überraschend, erstaunlich; (*somewhat*) ~, **he agreed** erstaunlicherweise war er damit einverstanden.

surrealism [sə'rɪəlɪzəm] *n* Surrealismus *m.*

surrealist [sə'rɪəlɪst] *adj* surrealistisch.

surrender [sə'rɛndə*] *n* Kapitulation *f* ♦ *vi* sich ergeben ♦ *vt* aufgeben.

surrender value *n* Rückkaufswert *m.*

surreptitious [sʌrəp'tɪʃəs] *adj* heimlich, verstohlen.

surrogate ['sʌrəgɪt] *n* Ersatz *m* ♦ *adj* (*parents*)

Ersatz-.

surrogate mother *n* Leihmutter *f*.

surround [sə'raund] *vt* umgeben; (*MIL, POLICE etc*) umstellen.

surrounding [sə'raundıŋ] *adj* umliegend; **the ~ area** die Umgebung.

surroundings [sə'raundıŋz] *npl* Umgebung *f*.

surtax ['sɔːtæks] *n* Steuerzuschlag *m*.

surveillance [səː'veıləns] *n* Überwachung *f*; **to be under ~** überwacht werden.

survey ['sɔːveı] *n* (*of land*) Vermessung *f*; (*of house*) Begutachtung *f*; (*investigation*) Untersuchung *f*; (*report*) Gutachten *nt*; (*comprehensive view*) Überblick *m* ♦ *vt* (*land*) vermessen; (*house*) inspizieren; (*look at*) betrachten.

surveying [sə'veııŋ] *n* (*of land*) Vermessung *f*.

surveyor [sə'veıə*] *n* (*of land*) Landvermesser(in) *m(f)*; (*of house*) Baugutachter(in) *m(f)*.

survival [sə'vaıvl] *n* Überleben *nt*; (*relic*) Überbleibsel *nt*; **~ course/kit** Überlebenstraining *nt*/-ausrüstung *f*; **~ bag** Expeditionsschlafsack *m*.

survive [sə'vaıv] *vi* überleben; (*custom etc*) weiterbestehen ♦ *vt* überleben.

survivor [sə'vaıvə*] *n* Überlebende(r) *f(m)*.

susceptible [sə'sɛptəbl] *adj*: **~ (to)** anfällig (für); (*influenced by*) empfänglich (für).

suspect ['sʌspɛkt] *adj* verdächtig ♦ *n* Verdächtige(r) *f(m)* ♦ *vt*: **to ~ sb of** jdn verdächtigen +*gen*; (*think*) vermuten; (*doubt*) bezweifeln.

suspected [sə'spɛktıd] *adj* (*terrorist etc*) mutmaßlich; **he is a ~ member of this organization** er steht im Verdacht, Mitglied dieser Organisation zu sein.

suspend [sə'spɛnd] *vt* (*hang*) (auf)hängen; (*delay, stop*) einstellen; (*from employment*) suspendieren; **to be ~ed (from)** (*hang*) hängen (an +*dat*).

suspended animation [sə'spɛndıd-] *n* vorübergehender Stillstand aller Körperfunktionen.

suspended sentence *n* (*LAW*) zur Bewährung ausgesetzte Strafe *f*.

suspender belt [sə'spɛndə*-] *n* Strumpfhaltergürtel *m*.

suspenders [sə'spɛndəz] *npl* (*BRIT*) Strumpfhalter *pl*; (*US*) Hosenträger *pl*.

suspense [sə'spɛns] *n* Spannung *f*; (*uncertainty*) Ungewissheit *f*; **to keep sb in ~** jdn auf die Folter spannen.

suspension [sə'spɛnʃən] *n* (*from job*) Suspendierung *f*; (*from team*) Sperrung *f*; (*AUT*) Federung *f*; (*of driving licence*) zeitweiliger Entzug *m*; (*of payment*) zeitweilige Einstellung *f*.

suspension bridge *n* Hängebrücke *f*.

suspicion [sə'spıʃən] *n* Verdacht *m*; (*distrust*) Misstrauen *nt*; (*trace*) Spur *f*; **to be under ~** unter Verdacht stehen; **arrested on ~ of**

murder wegen Mordverdacht(s) festgenommen.

suspicious [sə'spıʃəs] *adj* (*suspecting*) misstrauisch; (*causing suspicion*) verdächtig; **to be ~ of** *or* **about sb/sth** jdn/etw mit Misstrauen betrachten.

suss out [sʌs-] (*BRIT: inf*) *vt* (*discover*) rauskriegen; (*understand*) durchschauen.

sustain [sə'steın] *vt* (*continue*) aufrechterhalten; (*food, drink*) bei Kräften halten; (*suffer: injury*) erleiden.

sustainable [sə'steınəbl] *adj*: **to be ~** aufrechtzuerhalten sein; **~ growth** stetiges Wachstum *nt*.

sustained [sə'steınd] *adj* (*effort*) ausdauernd; (*attack*) anhaltend.

sustenance ['sʌstınəns] *n* Nahrung *f*.

suture ['suːtʃə*] *n* Naht *f*.

SW *abbr* (= *south-west*) SW; (*RADIO:* = *short-wave*) KW.

swab [swɔb] *n* (*MED*) Tupfer *m* ♦ *vt* (*NAUT: also:* **~ down**) wischen.

swagger ['swægə*] *vi* stolzieren.

swallow ['swɔləu] *n* (*bird*) Schwalbe *f*; (*of food, drink etc*) Schluck *m* ♦ *vt* (herunter)schlucken; (*fig: story, insult, one's pride*) schlucken; **to ~ one's words** (*speak indistinctly*) seine Worte verschlucken; (*retract*) alles zurücknehmen.

▶ **swallow up** *vt* verschlingen.

swam [swæm] *pt of* **swim**.

swamp [swɔmp] *n* Sumpf *m* ♦ *vt* (*lit, fig*) überschwemmen.

swampy ['swɔmpı] *adj* sumpfig.

swan [swɔn] *n* Schwan *m*.

swank [swæŋk] (*inf*) *vi* angeben.

swan song *n* (*fig*) Schwanengesang *m*.

swap [swɔp] *n* Tausch *m* ♦ *vt*: **to ~ (for)** (ein)tauschen (gegen).

SWAPO ['swaːpəu] *n abbr* (= *South-West Africa People's Organization*) SWAPO *f*.

swarm [swɔːm] *n* Schwarm *m*; (*of people*) Schar *f* ♦ *vi* (*bees, people*) schwärmen; **to be ~ing with** wimmeln von.

swarthy ['swɔːðı] *adj* (*person, face*) dunkelhäutig; (*complexion*) dunkel.

swashbuckling ['swɔʃbʌklıŋ] *adj* draufgängerisch; (*hero*) verwegen.

swastika ['swɔstıkə] *n* Hakenkreuz *nt*.

SWAT (*US*) *n abbr* (= *Special Weapons and Tactics*): **~ team** ≈ schnelle Eingreiftruppe *f*.

swat [swɔt] *vt* totschlagen ♦ *n* (*BRIT: also:* **fly ~**) Fliegenklatsche *f*.

swathe [sweıð] *vt*: **to ~ in** wickeln in +*acc*.

swatter ['swɔtə*] *n* (*also:* **fly ~**) Fliegenklatsche *f*.

sway [sweı] *vi* schwanken ♦ *vt* (*influence*) beeinflussen ♦ *n*: **to hold ~** herrschen; **to hold ~ over sb** jdn beherrschen *or* in seiner Macht haben.

Swaziland ['swaːzılænd] *n* Swasiland *nt*.

swear [swɛəˀ] (*pt* **swore**, *pp* **sworn**) *vi* (*curse*) fluchen ♦ *vt* (*promise*) schwören; **to ~ an oath** einen Eid ablegen.

▶ **swear in** *vt* vereidigen.

swearword ['swɛəwɔːd] *n* Fluch *m*, Kraftausdruck *m*.

sweat [swɛt] *n* Schweiß *m* ♦ *vi* schwitzen; **to be in a ~** schwitzen.

sweatband ['swɛtbænd] *n* Schweißband *nt*.

sweater ['swɛtəˀ] *n* Pullover *m*.

sweatshirt ['swɛtʃəːt] *n* Sweatshirt *nt*.

sweatshop ['swɛtʃɔp] (*pej*) *n* Ausbeuterbetrieb *m*.

sweaty ['swɛtɪ] *adj* verschwitzt; (*hands*) schweißig.

Swede [swiːd] *n* Schwede *m*, Schwedin *f*.

swede [swiːd] (*BRIT*) *n* Steckrübe *f*.

Sweden ['swiːdn] *n* Schweden *nt*.

Swedish ['swiːdɪʃ] *adj* schwedisch ♦ *n* Schwedisch *nt*.

sweep [swiːp] (*pt, pp* **swept**) *n*: **to give sth a ~** etw fegen *or* kehren; (*curve*) Bogen *m*; (*range*) Bereich *m*; (*also:* **chimney ~**) Kaminkehrer *m*, Schornsteinfeger *m* ♦ *vt* fegen, kehren; (*current*) reißen ♦ *vi* (*through air*) gleiten; (*wind*) fegen.

▶ **sweep away** *vt* hinwegfegen.

▶ **sweep past** *vi* vorbeirauschen.

▶ **sweep up** *vi* zusammenfegen, zusammenkehren.

sweeper ['swiːpəˀ] *n* (*FOOTBALL*) Ausputzer *m*.

sweeping ['swiːpɪŋ] *adj* (*gesture*) weit ausholend; (*changes, reforms*) weitreichend, weit reichend; (*statement*) verallgemeinernd.

sweepstake ['swiːpsteɪk] *n* Pferdewette, bei der der Preis aus der Summe der Einsätze besteht.

sweet [swiːt] *n* (*candy*) Bonbon *nt or m*; (*BRIT: CULIN*) Nachtisch *m* ♦ *adj* süß; (*air, water*) frisch; (*kind*) lieb ♦ *adv*: **to smell/taste ~** süß duften/schmecken; **~ and sour** süß-sauer.

sweetbread ['swiːtbrɛd] *n* Bries *nt*.

sweetcorn ['swiːtkɔːn] *n* Mais *m*.

sweeten ['swiːtn] *vt* süßen; (*temper*) bessern; (*person*) gnädig stimmen.

sweetener ['swiːtnəˀ] *n* Süßstoff *m*; (*fig*) Anreiz *m*.

sweetheart ['swiːthɑːt] *n* Freund(in) *m(f)*; (*in speech, writing*) Schatz *m*, Liebling *m*.

sweetness ['swiːtnɪs] *n* Süße *f*; (*kindness*) Liebenswürdigkeit *f*.

sweet pea *n* (Garten)wicke *f*.

sweet potato *n* Süßkartoffel *f*, Batate *f*.

sweet shop (*BRIT*) *n* Süßwarengeschäft *nt*.

sweet tooth *n*: **to have a ~** gern Süßes essen.

swell [swɛl] (*pt* **swelled**, *pp* **swollen** *or* **swelled**) *n* Seegang *m* ♦ *adj* (*US: inf*) toll, prima ♦ *vi* (*increase*) anwachsen; (*sound*) anschwellen; (*feeling*) stärker werden; (*also:* **~ up**) anschwellen.

swelling ['swɛlɪŋ] *n* Schwellung *f*.

sweltering ['swɛltərɪŋ] *adj* (*heat*) glühend; (*weather, day*) glühend heiß.

swept [swɛpt] *pt, pp of* **sweep**.

swerve [swəːv] *vi* (*animal*) ausbrechen; (*driver, vehicle*) ausschwenken; **to ~ off the road** ausschwenken und von der Straße abkommen.

swift [swɪft] *n* Mauersegler *m* ♦ *adj* schnell.

swiftly ['swɪftlɪ] *adv* schnell.

swiftness ['swɪftnɪs] *n* Schnelligkeit *f*.

swig [swɪg] (*inf*) *n* Schluck *m* ♦ *vt* herunterkippen.

swill [swɪl] *vt* (*also:* **~ out**) ausspülen; (*also:* **~ down**) abspülen ♦ *n* (*for pigs*) Schweinefutter *nt*.

swim [swɪm] (*pt* **swam**, *pp* **swum**) *vi* schwimmen; (*before one's eyes*) verschwimmen ♦ *vt* (*the Channel etc*) durchschwimmen; (*a length*) schwimmen ♦ *n*: **to go for a ~** schwimmen gehen; **to go ~ming** schwimmen gehen; **my head is ~ming** mir dreht sich der Kopf.

swimmer ['swɪməˀ] *n* Schwimmer(in) *m(f)*.

swimming ['swɪmɪŋ] *n* Schwimmen *nt*.

swimming baths (*BRIT*) *npl* Schwimmbad *nt*.

swimming cap *n* Badekappe *f*, Bademütze *f*.

swimming costume (*BRIT*) *n* Badeanzug *m*.

swimmingly ['swɪmɪŋlɪ] (*inf*) *adv* glänzend.

swimming pool *n* Schwimmbad *nt*.

swimming trunks *npl* Badehose *f*.

swimsuit ['swɪmsuːt] *n* Badeanzug *m*.

swindle ['swɪndl] *n* Schwindel *m*, Betrug *m* ♦ *vt*: **to ~ sb (out of sth)** jdn (um etw) betrügen *or* beschwindeln.

swindler ['swɪndləˀ] *n* Schwindler(in) *m(f)*.

swine [swaɪn] (*inf!*) *n* Schwein *nt*.

swing [swɪŋ] (*pt, pp* **swung**) *n* (*in playground*) Schaukel *f*; (*movement*) Schwung *m*; (*change*) Umschwung *m*; (*MUS*) Swing *m* ♦ *vt* (*arms, legs*) schwingen (mit); (*also:* **~ round**) herumschwenken ♦ *vi* schwingen; (*also:* **~ round**) sich umdrehen; (*vehicle*) herumschwenken; **a ~ to the left** (*POL*) ein Linksruck *m*; **to get into the ~ of things** richtig reinkommen; **to be in full ~** (*party etc*) in vollem Gang sein.

swing bridge *n* Drehbrücke *f*.

swing door *n*, (*US*) **swinging door** *n* Pendeltür *f*.

swingeing ['swɪndʒɪŋ] (*BRIT*) *adj* (*blow*) hart; (*attack*) scharf; (*cuts, increases*) extrem.

swinging ['swɪŋɪŋ] *adj* (*music*) schwungvoll; (*movement*) schaukelnd.

swipe [swaɪp] *vt* (*also:* **~ at**) schlagen nach; (*inf: steal*) klauen ♦ *n* Schlag *m*.

swirl [swəːl] *vi* wirbeln ♦ *n* Wirbeln *nt*.

swish [swɪʃ] *vi* rauschen; (*tail*) schlagen ♦ *n* Rauschen *nt*; (*of tail*) Schlagen *nt* ♦ *adj* (*inf*) schick.

Swiss [swɪs] *adj* schweizerisch, Schweizer ♦ *n inv* Schweizer(in) *m(f)*.

Swiss French *adj* französischschweizerisch.
Swiss German *adj* deutschschweizerisch.
Swiss roll *n* Biskuitrolle *f*.
switch [swɪtʃ] *n* Schalter *m*; (*change*)
Änderung *f* ♦ *vt* (*change*) ändern; (*exchange*)
tauschen, wechseln; **to ~ (round** *or* **over)**
vertauschen.
▶ **switch off** *vt* abschalten; (*light*)
ausschalten ♦ *vi* (*fig*) abschalten.
▶ **switch on** *vt* einschalten; (*radio*) anstellen;
(*engine*) anlassen.
switchback ['swɪtʃbæk] (*BRIT*) *n* (*road*) auf
und ab führende Straße *f*; (*roller-coaster*)
Achterbahn *f*.
switchblade ['swɪtʃbleɪd] *n* Schnappmesser
nt.
switchboard ['swɪtʃbɔːd] *n* Vermittlung *f*,
Zentrale *f*.
switchboard operator *n* Telefonist(in) *m(f)*.
Switzerland ['swɪtsələnd] *n* die Schweiz *f*.
swivel ['swɪvl] *vi* (*also*: **~ round**) sich
(herum)drehen.
swollen ['swəulən] *pp of* **swell** ♦ *adj*
geschwollen; (*lake etc*) angeschwollen.
swoon [swuːn] *vi* beinahe ohnmächtig
werden ♦ *n* Ohnmacht *f*.
swoop [swuːp] *n* (*by police etc*) Razzia *f*; (*of
bird etc*) Sturzflug *m* ♦ *vi* (*also*: **~ down:** *bird*)
herabstoßen; (*plane*) einen Sturzflug
machen.
swop [swɔp] = **swap**.
sword [sɔːd] *n* Schwert *nt*.
swordfish ['sɔːdfɪʃ] *n* Schwertfisch *m*.
swore [swɔːˈ] *pt of* **swear**.
sworn [swɔːn] *pp of* **swear** ♦ *adj* (*statement*)
eidlich; (*evidence*) unter Eid; (*enemy*)
geschworen.
swot [swɔt] *vi* pauken ♦ *n* (*pej*) Streber(in)
m(f).
▶ **swot up** *vt*: **to ~ up (on)** pauken (+*acc*).
swum [swʌm] *pp of* **swim**.
swung [swʌŋ] *pt, pp of* **swing**.
sycamore ['sɪkəmɔːˈ] *n* Bergahorn *m*.
sycophant ['sɪkəfænt] *n* Kriecher *m*,
Speichellecker *m*.
sycophantic [sɪkə'fæntɪk] *adj* kriecherisch.
Sydney ['sɪdnɪ] *n* Sydney *nt*.
syllable ['sɪləbl] *n* Silbe *f*.
syllabus ['sɪləbəs] *n* Lehrplan *m*; **on the ~** im
Lehrplan.
symbol ['sɪmbl] *n* Symbol *nt*.
symbolic(al) [sɪm'bɔlɪk(l)] *adj* symbolisch; **to
be ~ of sth** etw symbolisieren, ein Symbol
für etw sein.
symbolism ['sɪmbəlɪzəm] *n* Symbolismus *m*.
symbolize ['sɪmbəlaɪz] *vt* symbolisieren.
symmetrical [sɪ'metrɪkl] *adj* symmetrisch.
symmetry ['sɪmɪtrɪ] *n* Symmetrie *f*.
sympathetic [sɪmpə'θetɪk] *adj* (*understanding*)
verständnisvoll; (*showing pity*) mitfühlend;
(*likeable*) sympathisch; (*supportive*)
wohlwollend; **to be ~ to a cause** (*well-*

disposed) einer Sache wohlwollend
gegenüberstehen.
sympathetically [sɪmpə'θetɪklɪ] *adv* (*showing
understanding*) verständnisvoll; (*showing
support*) wohlwollend.
sympathize ['sɪmpəθaɪz] *vi*: **to ~ with** (*person*)
Mitleid haben mit; (*feelings*) Verständnis
haben für; (*cause*) sympathisieren mit.
sympathizer ['sɪmpəθaɪzəˈ] *n* (*POL*)
Sympathisant(in) *m(f)*.
sympathy ['sɪmpəθɪ] *n* Mitgefühl *nt*;
sympathies *npl* (*support, tendencies*)
Sympathien *pl*; **with our deepest ~** mit
aufrichtigem *or* herzlichem Beileid; **to
come out in ~** (*workers*) in einen
Sympathiestreik treten.
symphonic [sɪm'fɔnɪk] *adj* sinfonisch.
symphony ['sɪmfənɪ] *n* Sinfonie *f*.
symphony orchestra *n* Sinfonieorchester
nt.
symposia [sɪm'pəuzɪə] *npl of* **symposium**.
symposium [sɪm'pəuzɪəm] (*pl* **~s** *or*
symposia) *n* Symposium *nt*.
symptom ['sɪmptəm] *n* (*MED, fig*) Symptom *nt*,
Anzeichen *nt*.
symptomatic [sɪmptə'mætɪk] *adj*: **~ of**
symptomatisch für.
synagogue ['sɪnəgɔg] *n* Synagoge *f*.
sync [sɪŋk] *n abbr* (= *synchronization*): **in ~**
synchron; **out of ~** nicht synchron.
synchromesh [sɪŋkrəu'meʃ] *n*
Synchrongetriebe *nt*.
synchronize ['sɪŋkrənaɪz] *vt* (*watches*)
gleichstellen; (*movements*) aufeinander
abstimmen; (*sound*) synchronisieren ♦ *vi*: **to
~ with** (*sound*) synchron sein mit.
synchronized swimming ['sɪŋkrənaɪzd-] *n*
Synchronschwimmen *nt*.
syncopated ['sɪŋkəpeɪtɪd] *adj* synkopiert.
syndicate ['sɪndɪkɪt] *n*
Interessengemeinschaft *f*; (*of businesses*)
Verband *m*; (*of newspapers*) Pressezentrale *f*.
syndrome ['sɪndrəum] *n* Syndrom *nt*; (*fig*)
Phänomen *nt*.
synonym ['sɪnənɪm] *n* Synonym *nt*.
synonymous [sɪ'nɔnɪməs] *adj* (*fig*): **~ (with)**
gleichbedeutend (mit).
synopses [sɪ'nɔpsiːz] *npl of* **synopsis**.
synopsis [sɪ'nɔpsɪs] (*pl* **synopses**) *n* Abriss *m*,
Zusammenfassung *f*.
syntactic [sɪn'tæktɪk] *adj* syntaktisch.
syntax ['sɪntæks] *n* Syntax *f*.
syntax error *n* (*COMPUT*) Syntaxfehler *m*.
syntheses ['sɪnθəsiːz] *npl of* **synthesis**.
synthesis ['sɪnθəsɪs] (*pl* **syntheses**) *n* Synthese
f.
synthesizer ['sɪnθəsaɪzəˈ] *n* Synthesizer *m*.
synthetic [sɪn'θetɪk] *adj* synthetisch; (*speech*)
künstlich; **synthetics** *npl* (*man-made fabrics*)
Synthetik *f*.
syphilis ['sɪfɪlɪs] *n* Syphilis *f*.
syphon ['saɪfən] = **siphon**.

Syria ['sɪrɪə] n Syrien nt.

Syrian ['sɪrɪən] adj syrisch ♦ n Syrer(in) m(f).

syringe [sɪ'rɪndʒ] n Spritze f.

syrup ['sɪrəp] n Sirup m; (also: **golden** ~)
(gelber) Sirup m.

syrupy ['sɪrəpɪ] adj sirupartig; (pej, fig:
sentimental) schmalzig.

system ['sɪstəm] n System nt; (body) Körper
m; (ANAT) Apparat m, System nt; **it was a
shock to his** ~ er hatte schwer damit zu
schaffen.

systematic [sɪstə'mætɪk] adj systematisch.

system disk n (COMPUT) Systemdiskette f.

systems analyst ['sɪstəmz-] n
Systemanalytiker(in) m(f).

T, t

T, t [tiː] n (letter) T nt, t nt; ~ **for Tommy** ≈ T
wie Theodor.

TA (BRIT) n abbr = **Territorial Army**.

ta [taː] (BRIT: inf) interj danke.

tab [tæb] n abbr = **tabulator** ♦ n (on drinks can)
Ring m; (on garment) Etikett nt; **to keep** ~**s
on sb/sth** (fig) jdn/etw im Auge behalten.

tabby ['tæbɪ] n (also: ~ **cat**) getigerte Katze f.

tabernacle ['tæbənækl] n Tabernakel nt.

table ['teɪbl] n Tisch m; (MATH, CHEM etc)
Tabelle f ♦ vt (BRIT: PARL: motion etc)
einbringen; **to lay** or **set the** ~ den Tisch
decken; **to clear the** ~ den Tisch abräumen;
league ~ (BRIT: SPORT) Tabelle f.

tablecloth ['teɪblklɔθ] n Tischdecke f.

table d'hôte [taːbl'dəut] adj (menu, meal)
Tagesmenü nt.

table lamp n Tischlampe f.

tablemat ['teɪblmæt] n (of cloth) Set nt or m; (for
hot dish) Untersatz m.

table of contents n Inhaltsverzeichnis nt.

table salt n Tafelsalz nt.

tablespoon ['teɪblspuːn] n Esslöffel m; (also:
~**ful**) Esslöffel m (voll).

tablet ['tæblɪt] n (MED) Tablette f; (HIST: for
writing) Tafel f; (plaque) Plakette f; ~ **of soap**
(BRIT) Stück nt Seife.

table tennis n Tischtennis nt.

table wine n Tafelwein m.

tabloid ['tæblɔɪd] n (newspaper)
Boulevardzeitung f; **the** ~**s** die
Boulevardpresse.

TABLOID PRESS

Des Ausdruck **tabloid press** bezieht sich auf
kleinformatige Zeitungen (ca 30 x 40cm); diese

---

sind in Großbritannien fast ausschließlich
Massenblätter. Im Gegensatz zur **quality press**
verwenden sie viele Fotos und einen knappen, oft
reißerischen Stil. Sie kommen denjenigen Lesern
entgegen, die mehr Wert auf Unterhaltung legen.

---

taboo [tə'buː] n Tabu nt ♦ adj tabu; **a**
~ **subject/word** ein Tabuthema/Tabuwort.

tabulate ['tæbjuleɪt] vt tabellarisieren.

tabulator ['tæbjuleɪtə*] n (on typewriter)
Tabulator m.

tachograph ['tækəgrɑːf] n Fahrtenschreiber
m.

tachometer [tæ'kɒmɪtə*] n Tachometer m.

tacit ['tæsɪt] adj stillschweigend.

taciturn ['tæsɪtəːn] adj schweigsam.

tack [tæk] n (nail) Stift m ♦ vt (nail) anheften;
(stitch) heften ♦ vi (NAUT) kreuzen; **to
change** ~ (fig) den Kurs ändern; **to** ~ **sth on
to (the end of) sth** etw (hinten) an etw acc
anheften.

tackle ['tækl] n (for fishing) Ausrüstung f; (for
lifting) Flaschenzug m; (FOOTBALL, RUGBY)
Angriff m ♦ vt (deal with: difficulty) in Angriff
nehmen; (challenge: person) zur Rede
stellen; (physically, also SPORT) angreifen.

tacky ['tækɪ] adj (sticky) klebrig; (pej: cheap-
looking) schäbig.

tact [tækt] n Takt m.

tactful ['tæktful] adj taktvoll; **to be** ~ taktvoll
sein.

tactfully ['tæktfəlɪ] adv taktvoll.

tactical ['tæktɪkl] adj taktisch; ~ **error**
taktischer Fehler; ~ **voting** taktische
Stimmabgabe.

tactician [tæk'tɪʃən] n Taktiker(in) m(f).

tactics ['tæktɪks] npl Taktik f.

tactless ['tæktlɪs] adj taktlos.

tactlessly ['tæktlɪslɪ] adv taktlos.

tadpole ['tædpəul] n Kaulquappe f.

taffy ['tæfɪ] (US) n (toffee) Toffee nt,
Sahnebonbon nt.

tag [tæg] n (label) Anhänger m; **price/name** ~
Preis-/Namensschild nt.

▶ **tag along** vi sich anschließen.

Tahiti [tɑː'hiːtɪ] n Tahiti nt.

tail [teɪl] n (of animal) Schwanz m; (of plane)
Heck nt; (of shirt, coat) Schoß m ♦ vt (follow)
folgen +dat; **tails** npl (formal suit) Frack m; **to
turn** ~ die Flucht ergreifen; see also **head**.

▶ **tail off** vi (in size etc) abnehmen; (voice)
schwächer werden.

tailback ['teɪlbæk] (BRIT) n (AUT) Stau m.

tail coat n = **tails**.

tail end n Ende nt.

tailgate ['teɪlgeɪt] n (AUT) Heckklappe f.

taillight ['teɪllaɪt] n (AUT) Rücklicht nt.

tailor ['teɪlə*] n Schneider(in) m(f) ♦ vt: **to**
~ **sth (to)** etw abstimmen (auf +acc); ~**'s
shop** Schneiderei f.

tailoring ['teɪlərɪŋ] n (craft) Schneiderei f; (cut)
Verarbeitung f.

tailor-made ['teɪlə'meɪd] *adj* (*also fig*)
maßgeschneidert.

tailwind ['teɪlwɪnd] *n* Rückenwind *m.*

taint [teɪnt] *vt* (*meat, food*) verderben; (*fig:
reputation etc*) beschmutzen.

tainted ['teɪntɪd] (*food, water, air*)
verdorben; (*fig: profits, reputation etc*): ~ **with**
behaftet mit.

Taiwan ['taɪ'wɑːn] *n* Taiwan *nt.*

Tajikistan [tɑːdʒɪkɪ'stɑːn] *n* Tadschikistan *nt.*

take [teɪk] (*pt* **took**, *pp* **taken**) *vt* nehmen;
(*photo, notes*) machen; (*decision*) fällen;
(*require: courage, time*) erfordern; (*tolerate:
pain etc*) ertragen; (*hold: passengers etc*)
fassen; (*accompany: person*) begleiten; (*carry,
bring*) mitnehmen; (*exam, test*) machen;
(*conduct: meeting*) leiten; (: *class*)
unterrichten ♦ *vi* (*have effect: drug*) wirken;
(: *dye*) angenommen werden ♦ *n* (*CINE*)
Aufnahme *f*; **to ~ sth from** (*drawer etc*) etw
nehmen aus +*dat*; **I ~ it (that)** ich nehme an(,
dass); **I took him for a doctor** (*mistake*) ich
hielt ihn für einen Arzt; **to ~ sb's hand** jds
Hand nehmen; **to ~ sb for a walk** mit jdm
spazieren gehen; **to be ~n ill** krank werden;
to ~ it upon o.s. to do sth es auf sich
nehmen, etw zu tun; ~ **the first (street) on
the left** nehmen Sie die erste Straße links;
to ~ Russian at university Russisch
studieren; **it won't ~ long** es dauert nicht
lange; **I was quite ~ with her/it** (*attracted
to*) ich war von ihr/davon recht angetan.

▶ **take after** *vt fus* (*resemble*) ähneln +*dat*,
ähnlich sein +*dat*.

▶ **take apart** *vt* auseinander nehmen.

▶ **take away** *vt* wegnehmen; (*carry off*)
wegbringen; (*MATH*) abziehen ♦ *vi*: **to
~ away from** (*detract from*) schmälern,
beeinträchtigen.

▶ **take back** *vt* (*return*) zurückbringen; (*one's
words*) zurücknehmen.

▶ **take down** *vt* (*write down*) aufschreiben;
(*dismantle*) abreißen.

▶ **take in** *vt* (*deceive: person*) hereinlegen,
täuschen; (*understand*) begreifen; (*include*)
einschließen; (*lodger*) aufnehmen; (*orphan,
stray dog*) zu sich nehmen; (*dress, waistband*)
enger machen.

▶ **take off** *vi* (*AVIAT*) starten; (*go away*) sich
absetzen ♦ *vt* (*clothes*) ausziehen; (*glasses*)
abnehmen; (*make-up*) entfernen; (*time*) frei
nehmen; (*imitate: person*) nachmachen.

▶ **take on** *vt* (*work, responsibility*)
übernehmen; (*employee*) einstellen;
(*compete against*) antreten gegen.

▶ **take out** *vt* (*invite*) ausgehen mit; (*remove:
tooth*) herausnehmen; (*licence*) erwerben; **to
~ sth out of sth** (*drawer, pocket etc*) etw aus
etw nehmen; **don't ~ it out on me!** lass es
nicht an mir aus!

▶ **take over** *vt* (*business*) übernehmen;
(*country*) Besitz ergreifen von ♦ *vi* (*replace*):

to ~ over from sb jdn ablösen.

▶ **take to** *vt fus* (*person, thing*) mögen; (*activity*)
Gefallen finden an +*dat*; (*form habit of*): **to
~ to doing sth** sich *dat* angewöhnen, etw zu
tun.

▶ **take up** *vt* (*hobby, sport*) anfangen mit; (*job*)
antreten; (*idea etc*) annehmen; (*time, space*)
beanspruchen; (*continue: task, story*)
fortfahren mit; (*shorten: hem, garment*)
kürzer machen ♦ *vi* (*befriend*): **to ~ up with
sb** sich mit jdm anfreunden; **to ~ sb up on
an offer/a suggestion** auf jds Angebot/
Vorschlag eingehen.

takeaway ['teɪkəweɪ] (*BRIT*) *n* (*shop,
restaurant*) ≈ Schnellimbiss *m*; (*food*) Imbiss
m (*zum Mitnehmen*).

take-home pay ['teɪkhəʊm-] *n* Nettolohn *m.*

taken ['teɪkən] *pp of* **take**.

takeoff ['teɪkɔf] *n* (*AVIAT*) Start *m.*

takeout ['teɪkaʊt] (*US*) *n* = **takeaway**.

takeover ['teɪkəʊvə*] *n* (*COMM*) Übernahme *f*;
(*of country*) Inbesitznahme *f.*

takeover bid *n* Übernahmeangebot *nt.*

takings ['teɪkɪŋz] *npl* Einnahmen *pl.*

talc [tælk] *n* (*also*: **talcum powder**)
Talkumpuder *nt.*

tale [teɪl] *n* Geschichte *f*; **to tell ~s (to sb)**
(*child*) (jdm) Geschichten erzählen.

talent ['tælnt] *n* Talent *nt.*

talented ['tæləntɪd] *adj* talentiert, begabt.

talent scout *n* Talentsucher(in) *m(f).*

talisman ['tælɪzmən] *n* Talisman *m.*

talk [tɔːk] *n* (*speech*) Vortrag *m*; (*conversation,
discussion*) Gespräch *nt*; (*gossip*) Gerede *nt*
♦ *vi* (*speak*) sprechen; (*chat*) reden; (*gossip*)
klatschen; **talks** *npl* (*POL etc*) Gespräche *pl*;
to give a ~ einen Vortrag halten; **to ~ about**
(*discuss*) sprechen *or* reden über; **~ing of
films, have you seen ...?** da wir gerade von
Filmen sprechen: hast du ... gesehen?; **to
~ sb into doing sth** jdn zu etw überreden;
to ~ sb out of doing sth jdm etw ausreden.

▶ **talk over** *vt* (*problem etc*) besprechen,
bereden.

talkative ['tɔːkətɪv] *adj* gesprächig.

talker ['tɔːkə*] *n*: **to be a good/entertaining/
fast** *etc* ~ gut/amüsant/schnell *etc* reden
können.

talking point ['tɔːkɪŋ-] *n* Gesprächsthema *nt.*

talking-to ['tɔːkɪŋtu] *n*: **to give sb a (good) ~**
jdm eine (ordentliche) Standpauke halten
(*inf*).

talk show *n* Talkshow *f.*

tall [tɔːl] *adj* (*person*) groß; (*glass, bookcase,
tree, building*) hoch; (*ladder*) lang; **to be 6 feet
~** (*person*) ≈ 1,80m groß sein; **how ~ are
you?** wie groß bist du?

tallboy ['tɔːlbɔɪ] (*BRIT*) *n* Kommode *f.*

tallness ['tɔːlnɪs] *n* (*of person*) Größe *f*; (*of tree,
building etc*) Höhe *f.*

tall story *n* unglaubliche Geschichte *f.*

tally ['tælɪ] *n* (*of marks, amounts etc*) aktueller

Stand am ♦ vi: **to ~ (with)** (figures, stories etc) übereinstimmen mit; **to keep a ~ of sth** über etw acc Buch führen.

talon ['tælən] n Kralle f.

tambourine [tæmbə'ri:n] n Tamburin nt.

tame [teɪm] adj (animal, bird) zahm; (fig: story, party, performance) lustlos, lahm (inf).

Tamil ['tæmɪl] adj tamilisch ♦ n Tamile m, Tamilin f; (LING) Tamil nt.

tamper ['tæmpə*] vi: **to ~ with sth** an etw dat herumpfuschen (inf).

tampon ['tæmpɔn] n Tampon m.

tan [tæn] n (also: **suntan**) (Sonnen)bräune f ♦ vi (person, skin) braun werden ♦ vt (hide) gerben; (skin) bräunen ♦ adj (colour) hellbraun; **to get a ~** braun werden.

tandem ['tændəm] n Tandem nt; (together): **in ~** (fig) zusammen.

tandoori [tæn'duərɪ] n: **~ oven** Tandoori-Ofen m; **~ chicken** im Tandoori-Ofen gebratenes Huhn.

tang [tæŋ] n (smell) Geruch m; (taste) Geschmack m.

tangent ['tændʒənt] n (MATH) Tangente f; **to go off at a ~** (fig) vom Thema abschweifen.

tangerine [tændʒə'ri:n] n (fruit) Mandarine f; (colour) Orangerot nt.

tangible ['tændʒəbl] adj greifbar; **~ assets** (COMM) Sachanlagevermögen nt.

Tangier [tæn'dʒɪə*] n Tanger nt.

tangle ['tæŋgl] n (of branches, wire etc) Gewirr nt; **to be in a ~** verheddert sein; (fig) durcheinander sein; **to get in a ~** sich verheddern; (fig) durcheinander geraten.

tango ['tæŋgəu] n Tango m.

tank [tæŋk] n Tank m; (for photographic processing) Wanne f; (also: **fish ~**) Aquarium nt; (MIL) Panzer m.

tankard ['tæŋkəd] n Bierkrug m.

tanker ['tæŋkə*] n (ship) Tanker m; (truck) Tankwagen m.

tanned [tænd] adj (person) braun gebrannt; (hide) gegerbt.

tannin ['tænɪn] n Tannin nt.

tanning ['tænɪŋ] n (of leather) Gerben nt.

Tannoy ® ['tænɔɪ] (BRIT) n Lautsprechersystem nt; **over the ~** über Lautsprecher.

tantalizing ['tæntəlaɪzɪŋ] adj (smell) verführerisch; (possibility) verlockend.

tantamount ['tæntəmaunt] adj: **~ to** gleichbedeutend mit.

tantrum ['tæntrəm] n Wutanfall m; **to throw a ~** einen Wutanfall bekommen.

Tanzania [tænzə'nɪə] n Tansania nt.

Tanzanian [tænzə'nɪən] adj tansanisch ♦ n (person) Tansanier(in) m(f).

tap [tæp] n (on sink, gas tap) Hahn m; (gentle blow) leichter Schlag m, Klaps m ♦ vt (hit gently) klopfen; (exploit: resources, energy) nutzen; (telephone) abhören, anzapfen; **on ~** (fig: resources, information) zur Verfügung;

(beer) vom Fass.

tap-dancing ['tæpdɑ:nsɪŋ] n Stepptanz m.

tape [teɪp] n (also: **magnetic ~**) Tonband nt; (cassette) Kassette f; (also: **sticky ~**) Klebeband nt; (for tying) Band n ♦ vt (record, conversation) aufnehmen, aufzeichnen; (stick with tape) mit Klebeband befestigen; **on ~** (song etc) auf Band.

tape deck n Tapedeck nt.

tape measure n Bandmaß nt.

taper ['teɪpə*] n (candle) lange, dünne Kerze ♦ vi sich verjüngen.

tape recorder n Tonband(gerät) nt.

tape recording n Tonbandaufnahme f.

tapered ['teɪpəd] adj (skirt, jacket) nach unten enger werdend.

tapering ['teɪpərɪŋ] adj spitz zulaufend.

tapestry ['tæpɪstrɪ] n (on wall) Wandteppich m; (fig) Kaleidoskop nt.

tapeworm ['teɪpwə:m] n Bandwurm m.

tapioca [tæpɪ'əukə] n Tapioka f.

tappet ['tæpɪt] n (AUT) Stößel m.

tar [tɑ:] n Teer m; **low/middle ~ cigarettes** Zigaretten mit niedrigem/mittlerem Teergehalt.

tarantula [tə'ræntjulə] n Tarantel f.

tardy ['tɑ:dɪ] adj (reply, letter) verspätet; (progress) langsam.

target ['tɑ:gɪt] n Ziel nt; (fig: of joke, criticism etc) Zielscheibe f; **to be on ~** (project, work) nach Plan verlaufen.

target practice n Zielschießen nt.

tariff ['tærɪf] n (tax on goods) Zoll m; (BRIT: in hotels etc) Preisliste f.

tariff barrier n Zollschranke f.

tarmac ® ['tɑ:mæk] n (BRIT: on road) Asphalt m; (AVIAT): **on the ~** auf dem Rollfeld ♦ vt (BRIT: road etc) asphaltieren.

tarn [tɑ:n] n Bergsee m.

tarnish ['tɑ:nɪʃ] vt (silver, brass etc) stumpf werden lassen; (fig: reputation etc) beflecken, in Mitleidenschaft ziehen.

tarot ['tærəu] n Tarot nt or m.

tarpaulin [tɑ:'pɔ:lɪn] n Plane f.

tarragon ['tærəgən] n Estragon m.

tart [tɑ:t] n (CULIN) Torte f; (: small) Törtchen nt; (BRIT: inf: prostitute) Nutte f ♦ adj (apple, grapefruit etc) säuerlich.

▶ **tart up** (BRIT: inf) vt (room, building) aufmotzen; **to ~ o.s. up** sich fein machen; (pej) sich auftakeln.

tartan ['tɑ:tn] n Tartan m, Schottenstoff m ♦ adj (scarf etc) mit Schottenmuster.

tartar ['tɑ:tə*] n (on teeth) Zahnstein m; (pej: person) Tyrann(in) m(f).

tartar(e) sauce ['tɑ:tə-] n Remouladensoße f.

task [tɑ:sk] n Aufgabe f; **to take sb to ~** jdn ins Gebet nehmen.

task force n (MIL) Sonderkommando nt; (POLICE) Spezialeinheit f.

taskmaster ['tɑ:skmɑ:stə*] n: **a hard ~** ein strenger Lehrmeister.

Tasmania [tæz'meɪnɪə] n Tasmanien nt.

tassel ['tæsl] n Quaste f.

taste [teɪst] n Geschmack m; (sample) Kostprobe f; (fig: of suffering, freedom etc) Vorgeschmack m ♦ vt (get flavour of) schmecken; (test) probieren, versuchen ♦ vi: **to ~ of/like sth** nach/wie etw schmecken; **sense of ~** Geschmackssinn m; **to have a ~ of sth** (sample) etw probieren; **to acquire a ~ for sth** (liking) Geschmack an etw dat finden; **to be in good/bad ~** (joke etc) geschmackvoll/geschmacklos sein; **you can ~ the garlic (in it)** (detect) man schmeckt den Knoblauch durch; **what does it ~ like?** wie schmeckt es?

taste buds npl Geschmacksknospen pl.

tasteful ['teɪstful] adj geschmackvoll.

tastefully ['teɪstfəlɪ] adv geschmackvoll.

tasteless ['teɪstlɪs] adj geschmacklos.

tasty ['teɪstɪ] adj schmackhaft.

tattered ['tætəd] adj (clothes, paper etc) zerrissen; (fig: hopes etc) angeschlagen.

tatters ['tætəz] npl: **to be in ~** (clothes) in Fetzen sein.

tattoo [tə'tuː] n (on skin) Tätowierung f; (spectacle) Zapfenstreich m ♦ vt: **to ~ sth on sth** etw auf etw acc tätowieren.

tatty ['tætɪ] (BRIT: inf) adj schäbig.

taught [tɔːt] pt, pp of **teach**.

taunt [tɔːnt] n höhnische Bemerkung f ♦ vt (person) verhöhnen.

Taurus ['tɔːrəs] n Stier m; **to be ~** (ein) Stier sein.

taut [tɔːt] adj (skin, thread etc) straff.

tavern ['tævən] n Taverne f.

tawdry ['tɔːdrɪ] adj (jewellery, clothes etc) billig.

tawny ['tɔːnɪ] adj gelbbraun.

tawny owl n Waldkauz m.

tax [tæks] n Steuer f ♦ vt (earnings, goods etc) besteuern; (fig: memory, knowledge) strapazieren; (: patience etc) auf die Probe stellen; **before/after ~** vor/nach Abzug der Steuern; **free of ~** steuerfrei.

taxable ['tæksəbl] adj steuerpflichtig; (income) steuerbar.

tax allowance n Steuerfreibetrag m.

taxation [tæk'seɪʃən] n (system) Besteuerung f; (money paid) Steuern pl.

tax avoidance n Steuerumgehung f.

tax collector n Steuerbeamte(r) m, Steuerbeamtin f.

tax disc (BRIT) n (AUT) Steuerplakette f.

tax evasion n Steuerhinterziehung f.

tax exemption n Steuerbefreiung f.

tax exile (person) n Steuerflüchtling m.

tax-free ['tæksfriː] adj steuerfrei.

tax haven n Steuerparadies nt.

taxi ['tæksɪ] n Taxi nt ♦ vi (AVIAT: plane) rollen.

taxidermist ['tæksɪdəːmɪst] n Taxidermist(in) m(f), Tierpräparator(in) m(f).

taxi driver n Taxifahrer(in) m(f).

tax inspector (BRIT) n Steuerinspektor(in) m(f).

taxi rank (BRIT) n Taxistand m.

taxi stand n = **taxi rank**.

taxpayer ['tækspeɪə*] n Steuerzahler(in) m(f).

tax rebate n Steuerrückvergütung f.

tax relief n Steuernachlass m.

tax return n Steuererklärung f.

tax shelter n (COMM) System zur Verhinderung von Steuerbelastung.

tax year n Steuerjahr nt.

TB n abbr (= tuberculosis) Tb f, Tbc f.

TD (US) n abbr = **Treasury Department**; (FOOTBALL) = **touchdown**.

tea [tiː] n (drink) Tee m; (BRIT: evening meal) Abendessen nt; **afternoon ~** (BRIT) Nachmittagstee m.

tea bag n Teebeutel m.

tea break (BRIT) n Teepause f.

teacake ['tiːkeɪk] (BRIT) n Rosinenbrötchen nt.

teach [tiːtʃ] (pt, pp taught) vt: **to ~ sb sth, ~ sth to sb** (instruct) jdm etw beibringen; (in school) jdn in etw dat unterrichten ♦ vi unterrichten; **it taught him a lesson** (fig) er hat seine Lektion gelernt.

teacher ['tiːtʃə*] n Lehrer(in) m(f); **German ~** Deutschlehrer(in) m(f).

teacher training college n (for primary schools) ≈ pädagogische Hochschule f; (for secondary schools) ≈ Studienseminar nt.

teaching ['tiːtʃɪŋ] n (work of teacher) Unterricht m.

teaching aids npl Lehrmittel pl.

teaching hospital (BRIT) n Ausbildungskrankenhaus nt.

teaching staff (BRIT) n Lehrerkollegium nt.

tea cosy n Teewärmer m.

teacup ['tiːkʌp] n Teetasse f.

teak [tiːk] n Teak nt.

tea leaves npl Teeblätter pl.

team [tiːm] n (of experts etc) Team nt; (SPORT) Mannschaft f, Team nt; (of horses, oxen) Gespann nt.

▶ **team up** vi: **to ~ up (with)** sich zusammentun (mit).

team game n Mannschaftsspiel nt.

team spirit n Teamgeist m.

teamwork ['tiːmwəːk] n Teamwork nt, Teamarbeit f.

tea party n Teegesellschaft f.

teapot ['tiːpɔt] n Teekanne f.

tear¹ [tɛə*] (pt tore, pp torn) n (hole) Riss m ♦ vt (rip) zerreißen ♦ vi (become torn) reißen; **to ~ sth to pieces or bits or shreds** (lit, fig) etw in Stücke reißen; **to ~ sb to pieces** jdn fertig machen.

▶ **tear along** vi (rush: driver, car) entlangrasen.

▶ **tear apart** vt (book, clothes, people) auseinander reißen; (upset: person) hin- und herreißen.

▶ **tear away** vt: **to ~ o.s. away (from sth)** (fig)

sich (von etw) losreißen.

▶ **tear out** vt (sheet of paper etc) herausreißen.

▶ **tear up** vt (sheet of paper etc) zerreißen.

tear² [tɪə*] n (in eye) Träne f; **in ~s** in Tränen; **to burst into ~s** in Tränen ausbrechen.

tearaway ['tɛərəweɪ] (BRIT: inf) n Rabauke m.

teardrop ['tɪədrɔp] n Träne f.

tearful ['tɪəful] adj (person) weinend; (face) tränenüberströmt.

tear gas n Tränengas nt.

tearing ['tɛərɪŋ] adj: **to be in a ~ hurry** es unheimlich eilig haben.

tearoom ['tiːruːm] n = **teashop**.

tease [tiːz] vt necken; (unkindly) aufziehen ♦ n: **she's a real ~** sie zieht einen ständig auf.

tea set n Teeservice nt.

teashop ['tiːʃɔp] (BRIT) n Teestube f.

Teasmade ® ['tiːzmeɪd] n Teemaschine f (mit Zeiteinstellung).

teaspoon ['tiːspuːn] n Teelöffel m; (also: **~ful**: measure) Teelöffel m (voll).

tea strainer n Teesieb nt.

teat [tiːt] n (on bottle) Sauger m.

teatime ['tiːtaɪm] n Teestunde f.

tea towel (BRIT) n Geschirrtuch nt.

tea urn n Teespender m.

tech [tɛk] (inf) n abbr = **technical college**, **technology**.

technical ['tɛknɪkl] adj technisch; (terms, language) Fach-.

technical college (BRIT) n technische Fachschule f.

technicality [tɛknɪ'kælɪtɪ] n (point of law) Formalität f; (detail) technische Einzelheit f; **on a (legal) ~** aufgrund or auf Grund einer (juristischen) Formalität.

technically ['tɛknɪklɪ] adv (strictly speaking) genau genommen; (regarding technique) technisch (gesehen).

technician [tɛk'nɪʃən] n Techniker(in) m(f).

technique [tɛk'niːk] n Technik f.

techno ['tɛknəu] n (MUS) Techno nt.

technocrat ['tɛknəkræt] n Technokrat(in) m(f).

technological [tɛknə'lɔdʒɪkl] adj technologisch.

technologist [tɛk'nɔlədʒɪst] n Technologe m, Technologin f.

technology [tɛk'nɔlədʒɪ] n Technologie f.

technology college n Oberstufenkolleg mit technischem Schwerpunkt.

teddy (bear) ['tɛdɪ(-)] n Teddy(bär) m.

tedious ['tiːdɪəs] adj langweilig.

tedium ['tiːdɪəm] n Langeweile f.

tee [tiː] n (GOLF) Tee nt.

▶ **tee off** vi (vom Tee) abschlagen.

teem [tiːm] vi: **to ~ with** (tourists etc) wimmeln von; **it is ~ing down** es gießt in Strömen.

teenage ['tiːneɪdʒ] adj (fashions etc) Jugend-; (children) im Teenageralter.

teenager ['tiːneɪdʒə*] n Teenager m,

Jugendliche(r) f(m).

teens [tiːnz] npl: **to be in one's ~** im Teenageralter sein.

tee shirt n = **T-shirt**.

teeter ['tiːtə*] vi (also fig) schwanken, taumeln.

teeth [tiːθ] npl of **tooth**.

teethe [tiːð] vi Zähne bekommen, zahnen.

teething ring ['tiːðɪŋ-] n Beißring m.

teething troubles npl (fig) Kinderkrankheiten pl.

teetotal ['tiː'təutl] adj (person) abstinent.

teetotaller, (US) **teetotaler** ['tiː'təutlə*] n Abstinenzler(in) m(f), Antialkoholiker(in) m(f).

TEFL ['tɛfl] n abbr (= Teaching of English as a Foreign Language) Unterricht in Englisch als Fremdsprache.

Teflon ® ['tɛflɔn] n Teflon ® nt.

Teheran [tɛə'rɑːn] n Teheran nt.

tel. abbr (= telephone) Tel.

Tel Aviv ['tɛlə'viːv] n Tel Aviv nt.

telecast ['tɛlɪkɑːst] n Fernsehsendung f.

telecommunications ['tɛlɪkəmjuːnɪ'keɪʃənz] n Nachrichtentechnik f.

teleconferencing [tɛlɪ'kɔnfərənsɪŋ] n Telekonferenzen pl.

telegram ['tɛlɪgræm] n Telegramm nt.

telegraph ['tɛlɪgrɑːf] n (system) Telegraf m.

telegraphic [tɛlɪ'græfɪk] adj (equipment) telegrafisch.

telegraph pole n Telegrafenmast m.

telegraph wire n Telegrafenleitung f.

telepathic [tɛlɪ'pæθɪk] adj telepathisch.

telepathy [tə'lɛpəθɪ] n Telepathie f.

telephone ['tɛlɪfəun] n Telefon nt ♦ vt (person) anrufen ♦ vi anrufen, telefonieren; **to be on the ~** (talking) telefonieren; (possessing phone) ein Telefon haben.

telephone box, (US) **telephone booth** n Telefonzelle f.

telephone call n Anruf m.

telephone directory n Telefonbuch nt.

telephone exchange n Telefonzentrale f.

telephone number n Telefonnummer f.

telephone operator n Telefonist(in) m(f).

telephone tapping n Abhören nt von Telefonleitungen.

telephonist [tə'lɛfənɪst] (BRIT) n Telefonist(in) m(f).

telephoto ['tɛlɪ'fəutəu] adj: **~ lens** Teleobjektiv nt.

teleprinter ['tɛlɪprɪntə*] n Fernschreiber m.

Teleprompter ® ['tɛlɪprɔmptə*] (US) n Teleprompter m.

telesales ['tɛlɪseɪlz] n Verkauf m per Telefon.

telescope ['tɛlɪskəup] n Teleskop nt ♦ vi (fig: bus, lorry) sich ineinander schieben ♦ vt (make shorter) zusammenschieben.

telescopic [tɛlɪ'skɔpɪk] adj (legs, aerial) ausziehbar; **~ lens** Fernrohrlinse f.

Teletext ® ['tɛlɪtɛkst] n Videotext m.

telethon ['tɛlɪθɔn] n Spendenaktion für

wohltätige Zwecke in Form einer vielstündigen Fernsehsendung.

televise ['tɛlɪvaɪz] *vt* (im Fernsehen) übertragen.

television ['tɛlɪvɪʒən] *n* Fernsehen *nt*; (*set*) Fernseher *m*, Fernsehapparat *m*; **to be on ~** im Fernsehen sein.

television licence (*BRIT*) *n* Fernsehgenehmigung *f*.

television programme *n* Fernsehprogramm *nt*.

television set *n* Fernseher *m*, Fernsehapparat *m*.

teleworking ['tɛlɪwɜːkɪŋ] *n* Telearbeit *f*.

telex ['tɛlɛks] *n* (*system, machine, message*) Telex *nt* ♦ *vt* (*message*) telexen; (*person*) ein Telex schicken +*dat* ♦ *vi* telexen.

tell [tɛl] (*pt, pp* **told**) *vt* (*say*) sagen; (*relate: story*) erzählen; (*distinguish*): **to ~ sth from** etw unterscheiden von; (*be sure*) wissen ♦ *vi* (*have an effect*) sich auswirken; **to ~ sb to do sth** jdm sagen, etw zu tun; **to ~ sb of** *or* **about sth** jdm von etw erzählen; **to be able to ~ the time** (*know how to*) die Uhr kennen; **can you ~ me the time?** können Sie mir sagen, wie spät es ist?; **(I) ~ you what, let's go to the cinema** weißt du was? Lass uns ins Kino gehen!; **I can't ~ them apart** ich kann sie nicht unterscheiden.

▶ **tell off** *vt*: **to ~ sb off** jdn ausschimpfen.

▶ **tell on** *vt fus* (*inform against*) verpetzen.

teller ['tɛlə*] *n* (*in bank*) Kassierer(in) *m(f)*.

telling ['tɛlɪŋ] *adj* (*remark etc*) verräterisch.

telltale ['tɛlteɪl] *adj* verräterisch ♦ *n* (*pej*) Petzer *m*, Petze *f*.

telly ['tɛlɪ] (*BRIT: inf*) *n abbr* = **television**.

temerity [tə'mɛrɪtɪ] *n* Unverschämtheit *f*.

temp [tɛmp] (*BRIT: inf*) *n abbr* (= *temporary office worker*) Zeitarbeitskraft *f* ♦ *vi* als Zeitarbeitskraft arbeiten.

temper ['tɛmpə*] *n* (*nature*) Naturell *nt*; (*mood*) Laune *f* ♦ *vt* (*moderate*) mildern; **a (fit of) ~** ein Wutanfall *m*; **to be in a ~** gereizt sein; **to lose one's ~** die Beherrschung verlieren.

temperament ['tɛmprəmənt] *n* Temperament *nt*.

temperamental [tɛmprə'mɛntl] *adj* (*person, car*) launisch.

temperate ['tɛmprət] *adj* gemäßigt.

temperature ['tɛmprətʃə*] *n* Temperatur *f*; **to have** *or* **run a ~** Fieber haben; **to take sb's ~** bei jdm Fieber messen.

temperature chart *n* (*MED*) Fiebertabelle *f*.

tempered ['tɛmpəd] *adj* (*steel*) gehärtet.

tempest ['tɛmpɪst] *n* Sturm *m*.

tempestuous [tɛm'pɛstjʊəs] *adj* (*also fig*) stürmisch; (*person*) leidenschaftlich.

tempi ['tɛmpiː] *npl of* **tempo**.

template ['tɛmplɪt] *n* Schablone *f*.

temple ['tɛmpl] *n* (*building*) Tempel *m*; (*ANAT*) Schläfe *f*.

tempo ['tɛmpəʊ] (*pl ~s or* **tempi**) *n* (*MUS, fig*)

Tempo *nt*.

temporal ['tɛmpərl] *adj* (*non-religious*) weltlich; (*relating to time*) zeitlich.

temporarily ['tɛmpərərɪlɪ] *adv* vorübergehend; (*unavailable, alone etc*) zeitweilig.

temporary ['tɛmpərərɪ] *adj* (*arrangement*) provisorisch; (*worker, job*) Aushilfs-; **~ secretary** Sekretärin zur Aushilfe; **~ teacher** Aushilfslehrer(in) *m(f)*.

temporize ['tɛmpəraɪz] *vi* ausweichen.

tempt [tɛmpt] *vt* in Versuchung führen; **to ~ sb into doing sth** jdn dazu verleiten, etw zu tun; **to be ~ed to do sth** versucht sein, etw zu tun.

temptation [tɛmp'teɪʃən] *n* Versuchung *f*.

tempting ['tɛmptɪŋ] *adj* (*offer*) verlockend; (*food*) verführerisch.

ten [tɛn] *num* zehn ♦ *n*: **~s of thousands** zehntausende *pl*, Zehntausende *pl*.

tenable ['tɛnəbl] *adj* (*argument, position*) haltbar.

tenacious [tə'neɪʃəs] *adj* zäh, hartnäckig.

tenacity [tə'næsɪtɪ] *n* Zähigkeit *f*, Hartnäckigkeit *f*.

tenancy ['tɛnənsɪ] *n* (*of room*) Mietverhältnis *nt*; (*of land*) Pachtverhältnis *nt*.

tenant ['tɛnənt] *n* (*of room*) Mieter(in) *m(f)*; (*of land*) Pächter(in) *m(f)*.

tend [tɛnd] *vt* (*crops, sick person*) sich kümmern um ♦ *vi*: **to ~ to do sth** dazu neigen *or* tendieren, etw zu tun.

tendency ['tɛndənsɪ] *n* (*of person*) Neigung *f*; (*of thing*) Tendenz *f*.

tender ['tɛndə*] *adj* (*person, care*) zärtlich; (*heart*) gut; (*sore*) empfindlich; (*meat, age*) zart ♦ *n* (*COMM*) Angebot *nt*; (*money*): **legal ~** gesetzliches Zahlungsmittel *nt* ♦ *vt* (*offer*) vorlegen; (*resignation*) einreichen; (*apology*) anbieten; **to put in a ~ (for)** ein Angebot vorlegen (für); **to put work out to ~** (*BRIT*) Arbeiten ausschreiben.

tenderize ['tɛndəraɪz] *vt* (*meat*) zart machen.

tenderly ['tɛndəlɪ] *adv* zärtlich, liebevoll.

tenderness ['tɛndənɪs] *n* (*affection*) Zärtlichkeit *f*; (*of meat*) Zartheit *f*.

tendon ['tɛndən] *n* Sehne *f*.

tendril ['tɛndrɪl] *n* (*BOT*) Ranke *f*; (*of hair etc*) Strähne *f*.

tenement ['tɛnəmənt] *n* Mietshaus *nt*.

Tenerife [tɛnə'riːf] *n* Teneriffa *nt*.

tenet ['tɛnət] *n* Prinzip *nt*.

Tenn. (*US*) *abbr* (*POST*: = *Tennessee*).

tenner ['tɛnə*] (*BRIT: inf*) *n* Zehner *m*.

tennis ['tɛnɪs] *n* Tennis *nt*.

tennis ball *n* Tennisball *m*.

tennis club *n* Tennisklub *m*.

tennis court *n* Tennisplatz *m*.

tennis elbow *n* (*MED*) Tennisell(en)bogen *m*.

tennis match *n* Tennismatch *nt*.

tennis player *n* Tennisspieler(in) *m(f)*.

tennis racket *n* Tennisschläger *m*.

tennis shoes *npl* Tennisschuhe *pl*.

tenor ['tɛnə*] n (MUS) Tenor m; (of speech etc) wesentlicher Gehalt m.

tenpin bowling ['tɛnpɪn-] (BRIT) n Bowling nt.

tense [tɛns] adj (person, muscle) angespannt; (smile) verkrampft; (period, situation) gespannt ♦ n (LING) Zeit f, Tempus nt ♦ vt (muscles) anspannen.

tenseness ['tɛnsnɪs] n Gespanntheit f.

tension ['tɛnʃən] n (nervousness) Angespanntheit f; (between ropes etc) Spannung f.

tent [tɛnt] n Zelt nt.

tentacle ['tɛntəkl] n (ZOOL) Fangarm m; (fig) Klaue f.

tentative ['tɛntətɪv] adj (person, smile) zögernd; (step) unsicher; (conclusion, plans) vorläufig.

tentatively ['tɛntətɪvlɪ] adv (suggest) versuchsweise; (wave etc) zögernd.

tenterhooks ['tɛntəhuks] npl: to be on ~ wie auf glühenden Kohlen sitzen.

tenth [tɛnθ] num zehnte(r, s) ♦ n Zehntel nt.

tent peg n Hering m.

tent pole n Zeltstange f.

tenuous ['tɛnjuəs] adj (hold, links etc) schwach.

tenure ['tɛnjuə*] n (of land etc) Nutzungsrecht nt; (of office) Amtszeit f; (UNIV): to have ~ eine Dauerstellung haben.

tepid ['tɛpɪd] adj (also fig) lauwarm.

Ter. abbr (in street names: = terrace) ≈ Str.

term [tə:m] n (word) Ausdruck m; (period in power etc) Amtszeit f; (SCOL: three per year) Trimester nt ♦ vt (call) nennen; **terms** npl (also COMM) Bedingungen pl; **in economic/ political ~s** wirtschaftlich/politisch gesehen; **in ~s of business** was das Geschäft angeht or betrifft; **~ of imprisonment** Gefängnisstrafe f; **"easy ~s"** (COMM) „günstige Bedingungen"; **in the short/long** ~ auf kurze/lange Sicht; **to be on good ~s with sb** sich mit jdm gut verstehen; **to come to ~s with** (problem) sich abfinden mit.

terminal ['tə:mɪnl] adj (disease, patient) unheilbar ♦ n (AVIAT, COMM, COMPUT) Terminal nt; (ELEC) Anschluss m; (BRIT: also: **bus** ~) Endstation f.

terminate ['tə:mɪneɪt] vt beenden ♦ vi: to ~ **in** enden in +dat.

termination [tə:mɪ'neɪʃən] n Beendigung f; (expiry: of contract) Ablauf m; (MED: of pregnancy) Abbruch m.

termini ['tə:mɪnaɪ] npl of **terminus**.

terminology [tə:mɪ'nɔlədʒɪ] n Terminologie f.

terminus ['tə:mɪnəs] (pl **termini**) n (for buses, trains) Endstation f.

termite ['tə:maɪt] n Termite f.

term paper (US) n (UNIV) ≈ Semesterarbeit f.

Terr. abbr (in street names: = terrace) ≈ Str.

terrace ['tɛrəs] n (BRIT: row of houses) Häuserreihe f; (AGR, patio) Terrasse f; **the**

terraces npl (BRIT: SPORT) die Ränge pl.

terraced ['tɛrəst] adj (house) Reihen-; (garden) terrassenförmig angelegt.

terracotta ['tɛrə'kɔtə] n (clay) Terrakotta f; (colour) Braunrot nt ♦ adj (pot, roof etc) Terrakotta-.

terrain [tɛ'reɪn] n Gelände nt, Terrain nt.

terrible ['tɛrɪbl] adj schrecklich, furchtbar.

terribly ['tɛrɪblɪ] adv (very) furchtbar; (very badly) entsetzlich.

terrier ['tɛrɪə*] n Terrier m.

terrific [tə'rɪfɪk] adj (very great: thunderstorm, speed) unheimlich; (time, party) sagenhaft.

terrify ['tɛrɪfaɪ] vt erschrecken; **to be terrified** schreckliche Angst haben.

terrifying ['tɛrɪfaɪɪŋ] adj entsetzlich, grauenvoll.

territorial [tɛrɪ'tɔ:rɪəl] adj (boundaries, dispute) territorial, Gebiets-; (waters) Hoheits- ♦ n (MIL) Soldat m der Territorialarmee.

Territorial Army (BRIT) n (MIL): **the** ~ die Territorialarmee.

territorial waters npl Hoheitsgewässer pl.

territory ['tɛrɪtərɪ] n (also fig) Gebiet nt.

terror ['tɛrə*] n (great fear) panische Angst f.

terrorism ['tɛrərɪzəm] n Terrorismus m.

terrorist ['tɛrərɪst] n Terrorist(in) m(f).

terrorize ['tɛrəraɪz] vt terrorisieren.

terse [tə:s] adj knapp.

tertiary ['tə:ʃərɪ] adj tertiär; ~ **education** (BRIT) Universitätsausbildung f.

Terylene ® ['tɛrɪli:n] n Terylen ® nt ♦ adj Terylen-.

TESL ['tɛsl] n abbr (= Teaching of English as a Second Language) Unterricht in Englisch als Zweitsprache.

TESSA ['tɛsə] (BRIT) n abbr (= Tax Exempt Special Savings Account) steuerfreies Sparsystem mit begrenzter Einlagehöhe.

test [tɛst] n Test m; (of courage etc) Probe f; (SCOL) Prüfung f; (also: **driving** ~) Fahrprüfung f ♦ vt testen; (check, SCOL) prüfen; **to put sth to the** ~ etw auf die Probe stellen; **to** ~ **sth for sth** etw auf etw acc prüfen.

testament ['tɛstəmənt] n Zeugnis nt; **the Old/ New T**~ das Alte/Neue Testament; **last will and** ~ Testament nt.

test ban n (also: **nuclear** ~) Teststopp m.

test card n (TV) Testbild nt.

test case n (LAW) Musterfall m; (fig) Musterbeispiel nt.

testes ['tɛsti:z] npl Testikel pl, Hoden pl.

test flight n Testflug m.

testicle ['tɛstɪkl] n Hoden m.

testify ['tɛstɪfaɪ] vi (LAW) aussagen; **to** ~ **to sth** (LAW, fig) etw bezeugen.

testimonial [tɛstɪ'məunɪəl] n (BRIT: reference) Referenz f; (SPORT: also: ~ **match**) Benefizspiel, dessen Erlös einem verdienten Spieler zugute kommt.

testimony ['tɛstɪmənɪ] n (statement) Aussage

f; (*clear proof*): **to be (a)** ~ **to** ein Zeugnis *nt* sein für.

testing ['tɛstɪŋ] *adj* schwierig.

test match *n* (*CRICKET, RUGBY*) Testmatch *nt*, Test Match *nt*, Länderspiel *nt*.

testosterone [tɛs'tɔstərəun] *n* Testosteron *nt*.

test paper *n* (*SCOL*) Klassenarbeit *f*.

test pilot *n* Testpilot(in) *m(f)*.

test tube *n* Reagenzglas *nt*.

test-tube baby ['tɛsttjuːb-] *n* Retortenbaby *nt*.

testy ['tɛstɪ] *adj* gereizt.

tetanus ['tɛtənəs] *n* Tetanus *m*, Wundstarrkrampf *m*.

tetchy ['tɛtʃɪ] *adj* gereizt.

tether ['tɛðə*] *vt* (*animal*) festbinden ♦ *n*: **to be at the end of one's** ~ völlig am Ende sein.

Tex. (*US*) *abbr* (*POST*: = *Texas*).

text [tɛkst] *n* Text *m*.

textbook ['tɛkstbuk] *n* Lehrbuch *nt*.

textiles ['tɛkstaɪlz] *npl* Textilien *pl*.

textual ['tɛkstjuəl] *adj* (*analysis* etc) Text-.

texture ['tɛkstʃə*] *n* Beschaffenheit *f*, Struktur *f*.

TGWU (*BRIT*) *n abbr* (= *Transport and General Workers' Union*) *Transportarbeitergewerkschaft.*

Thai [taɪ] *adj* thailändisch ♦ *n* Thailänder(in) *m(f)*.

Thailand ['taɪlænd] *n* Thailand *nt*.

thalidomide ® [θə'lɪdəmaɪd] *n* Contergan ® *nt*.

Thames [tɛmz] *n*: **the** ~ die Themse.

than [ðæn] *conj* (*in comparisons*) als; **more** ~ **10** mehr als 10; **she is older** ~ **you think** sie ist älter, als Sie denken; **more** ~ **once** mehr als einmal.

thank [θæŋk] *vt* danken +*dat*; ~ **you** danke; ~ **you very much** vielen Dank; ~ **God!** Gott sei Dank!

thankful ['θæŋkful] *adj*: ~ (**for/that**) dankbar (für/, dass).

thankfully ['θæŋkfəlɪ] *adv* dankbar; ~ **there were few victims** zum Glück gab es nur wenige Opfer.

thankless ['θæŋklɪs] *adj* undankbar.

thanks [θæŋks] *npl* Dank *m* ♦ *excl* (*also*: **many** ~, ~ **a lot**) danke, vielen Dank; ~ **to** dank +*gen*.

Thanksgiving (Day) ['θæŋksgɪvɪŋ(-)] (*US*) *n* Thanksgiving Day *m*.

THANKSGIVING (DAY)

Thanksgiving (Day) *ist ein Feiertag in den USA, der auf den vierten Donnerstag im November fällt. Er soll daran erinnern, wie die Pilgerväter die gute Ernte im Jahre 1621 feierten. In Kanada gibt es einen ähnlichen Erntedanktag (der aber nichts mit den Pilgervätern zu tun hat) am zweiten Montag im Oktober.*

---

that [ðæt, ðət] (*pl* **those**) *adj* (*demonstrative*) der/die/das; ~ **man** der Mann; ~ **woman** die Frau; ~ **book** das Buch; ~ **one** der/die/das da; **I want this one, not** ~ **one** ich will dieses (hier), nicht das (da)
♦ *pron* **1** (*demonstrative*) das; **who's/what's** ~? wer/was ist das?; **is** ~ **you?** bist du das?; **will you eat all** ~? isst du das alles?; **that's what he said** das hat er gesagt; **what happened after** ~? was geschah danach?; ~ **is (to say)** das heißt; **and that's that!** und damit Schluss!
2 (*relative: subject*) der/die/das; (: *pl*) die; (: *direct object*) den/die/das; (: *pl*) die; (: *indirect object*) dem/der/dem; (: *pl*) denen; **the man** ~ **I saw** der Mann, den ich gesehen habe; **all** ~ **I have** alles was ich habe; **the people** ~ **I spoke to** die Leute, mit denen ich geredet habe.
3 (*relative: of time*) **the day** ~ **he came** der Tag, an dem er kam; **the winter** ~ **he came to see us** der Winter, in dem er uns besuchte
♦ *conj* dass; **he thought** ~ **I was ill** er dachte, dass ich krank sei, er dachte, ich sei krank
♦ *adv* (*demonstrative*) so; **I can't work** ~ **much** ich kann nicht so viel arbeiten; ~ **high** so hoch.

thatched [θætʃt] *adj* (*roof, cottage*) strohgedeckt.

Thatcherism ['θætʃərɪzəm] *n* Thatcherismus *m*.

Thatcherite ['θætʃəraɪt] *adj* thatcheristisch ♦ *n* Thatcher-Anhänger(in) *m(f)*.

thaw [θɔː] *n* Tauwetter *nt* ♦ *vi* (*ice*) tauen; (*food*) auftauen ♦ *vt* (*also*: ~ **out**) auftauen; **it's** ~**ing** es taut.

the [ðiː, ðə] *def art* **1** (*before masculine noun*) der; (*before feminine noun*) die; (*before neuter noun*) das; (*before plural noun*) die; **to play** ~ **piano/violin** Klavier/Geige spielen; **I'm going to** ~ **butcher's/the cinema** ich gehe zum Metzger/ins Kino.
2 (+ *adj to form noun*): ~ **rich and** ~ **poor** die Reichen und die Armen; **to attempt** ~ **impossible** das Unmögliche versuchen.
3 (*in titles*): **Elizabeth** ~ **First** Elizabeth die Erste; **Peter** ~ **Great** Peter der Große.
4 (*in comparisons*): ~ **more he works** ~ **more he earns** je mehr er arbeitet, desto mehr verdient er; ~ **sooner** ~ **better** je eher, desto besser.

theatre, (*US*) **theater** ['θɪətə*] *n* Theater *nt*; (*also*: **lecture** ~) Hörsaal *m*; (*also*: **operating** ~) Operationsaal *m*.
theatre-goer ['θɪətəgəuə*] *n*

Theaterbesucher(in) m(f).
theatrical [θɪ'ætrɪkl] adj (event, production)
Theater-; (gestures etc) theatralisch.
theft [θɛft] n Diebstahl m.
their [ðɛəʳ] adj ihr.
theirs [ðɛəz] pron ihre(r, s); **it is ~** es gehört
ihnen; **a friend of ~** ein Freund/eine
Freundin von ihnen; see also **my, mine**[1].
them [ðɛm] pron (direct) sie; (indirect) ihnen; **I
see ~** ich sehe sie; **give ~ the book** gib
ihnen das Buch; **give me a few of ~** geben
Sie mir ein paar davon; **with ~** mit ihnen;
without ~ ohne sie; see also **me**.
theme [θiːm] n (also MUS) Thema nt.
theme park n Themenpark m.
theme song n Titelmusik f.
theme tune n Titelmelodie f.
themselves [ðəm'sɛlvz] pl pron (reflexive, after
prep) sich; (emphatic, alone) selbst; **between
~** unter sich.
then [ðɛn] adv (at that time) damals; (next, later)
dann ♦ conj (therefore) also ♦ adj: **the
~ president** der damalige Präsident; **by ~**
(past) bis dahin; (future) bis dann; **from ~ on**
von da an; **before ~** davor; **until ~** bis dann;
and ~ what? und was dann?; **what do you
want me to do ~?** was soll ich dann
machen?; **... but ~ (again) he's the boss ...**
aber er ist ja der Chef.
theologian [θɪə'ləudʒən] n Theologe m,
Theologin f.
theological [θɪə'lɔdʒɪkl] adj theologisch.
theology [θɪ'ɔlədʒɪ] n Theologie f.
theorem ['θɪərəm] n Lehrsatz m.
theoretical [θɪə'rɛtɪkl] adj theoretisch.
theorize ['θɪəraɪz] vi theoretisieren.
theory ['θɪərɪ] n Theorie f; **in ~** theoretisch.
therapeutic [θɛrə'pjuːtɪk] adj therapeutisch.
therapist ['θɛrəpɪst] n Therapeut(in) m(f).
therapy ['θɛrəpɪ] n Therapie f.

────────────────────────── KEYWORD

there [ðɛəʳ] adv **1**: **~ is/are** da ist/sind; (there
exist(s)) es gibt; **~ are 3 of them** es gibt 3
davon; **~ has been an accident** da war ein
Unfall; **~ will be a meeting tomorrow**
morgen findet ein Treffen statt.
2 (referring to place) da, dort; **down/over ~**
da unten/drüben; **put it in/on ~** leg es
dorthinein/-hinauf; **I want that book ~** ich
möchte das Buch da; **~ he is!** da ist er ja!
3: **~, ~** (esp to child) ist ja gut.

thereabouts ['ðɛərə'bauts] adv: **or ~** (place)
oder dortherum; (amount, time) oder so.
thereafter [ðɛər'ɑ:ftəʳ] adv danach.
thereby ['ðɛəbaɪ] adv dadurch.
therefore ['ðɛəfɔ:ʳ] adv daher, deshalb.
there's ['ðɛəz] = **there is; there has**.
thereupon [ðɛərə'pɔn] adv (at that point)
darauf(hin).
thermal ['θə:ml] adj (springs) Thermal-;

(underwear, paper, printer) Thermo-.
thermodynamics ['θə:mədaɪ'næmɪks] n
Thermodynamik f.
thermometer [θə'mɔmɪtəʳ] n Thermometer
nt.
thermonuclear ['θə:məu'nju:klɪəʳ] adj
thermonuklear.
Thermos ® ['θə:mɔs] n (also: **~ flask**)
Thermosflasche ® f.
thermostat ['θə:məustæt] n Thermostat m.
thesaurus [θɪ'sɔ:rəs] n Synonymwörterbuch
nt.
these [ði:z] pl adj, pl pron diese.
theses ['θi:si:z] npl of **thesis**.
thesis ['θi:sɪs] (pl **theses**) n These f; (for
doctorate etc) Dissertation f, Doktorarbeit
f.
they [[ðeɪ]] pl pron sie; **~ say that ...** (it is said
that) man sagt, dass ...
they'd [ðeɪd] = **they had; they would**.
they'll [ðeɪl] = **they shall; they will**.
they're [ðɛəʳ] = **they are**.
they've ['ðeɪv] = **they have**.
thick [θɪk] adj dick; (sauce etc) dickflüssig;
(fog, forest, hair etc) dicht; (inf: stupid) blöd
♦ n: **in the ~ of the battle** mitten im
Gefecht; **it's 20 cm ~** es ist 20 cm dick.
thicken ['θɪkn] vi (fog etc) sich verdichten ♦ vt
(sauce etc) eindicken; **the plot ~s** die Sache
wird immer verwickelter.
thicket ['θɪkɪt] n Dickicht nt.
thickly ['θɪklɪ] adv (spread, cut) dick;
~ populated dicht bevölkert.
thickness ['θɪknɪs] n (of rope, wire) Dicke f;
(layer) Lage f.
thickset [θɪk'sɛt] adj (person, body)
gedrungen.
thick-skinned [θɪk'skɪnd] adj (also fig)
dickhäutig.
thief [θi:f] (pl **thieves**) n Dieb(in) m(f).
thieves [θi:vz] npl of **thief**.
thieving ['θi:vɪŋ] n Stehlen nt.
thigh [θaɪ] n Oberschenkel m.
thighbone ['θaɪbəun] n Oberschenkelknochen
m.
thimble ['θɪmbl] n Fingerhut m.
thin [θɪn] adj dünn; (fog) leicht; (hair, crowd)
spärlich ♦ vt: **to ~ (down)** (sauce, paint)
verdünnen ♦ vi (fog, crowd) sich lichten; **his
hair is ~ning** sein Haar lichtet sich.
thing [θɪŋ] n Ding nt; (matter) Sache f; (inf): **to
have a ~ about sth** (be fascinated by) wie
besessen sein von etw; (hate) etw nicht
ausstehen können; **things** npl (belongings)
Sachen pl; **to do sth first ~** (every morning/
tomorrow morning) etw (morgens/morgen
früh) als Erstes tun; **I look awful first ~ in
the morning** ich sehe frühmorgens immer
furchtbar aus; **to do sth last ~** (at night) etw
als Letztes (am Abend) tun; **the ~ is ...** die
Sache ist die: ...; **for one ~** zunächst mal;
don't worry about a ~ du brauchst dir

überhaupt keine Sorgen zu machen; **you'll do no such** ~! das lässt du schön bleiben!; **poor** ~ armes Ding; **the best** ~ **would be to** ... das Beste wäre, zu ...; **how are** ~**s?** wie gehts?

think [θɪŋk] (*pt, pp* **thought**) *vi* (*reflect*) nachdenken; (*reason*) denken ♦ *vt* (*be of the opinion*) denken; (*believe*) glauben; **to** ~ **of** denken an +*acc*; (*recall*) sich erinnern an +*acc*; **what did you** ~ **of them?** was hielten Sie von ihnen?; **to** ~ **about sth/sb** (*ponder*) über etw/jdn nachdenken; **I'll** ~ **about it** ich werde es mir überlegen; **to** ~ **of doing sth** daran denken, etw zu tun; **to** ~ **highly of sb** viel von jdm halten; **to** ~ **aloud** laut nachdenken; ~ **again!** denk noch mal nach!; **I** ~ **so/not** ich glaube ja/nein.

▶ **think over** *vt* (*offer, suggestion*) überdenken; **I'd like to** ~ **things over** ich möchte mir die Sache noch einmal überlegen.

▶ **think through** *vt* durchdenken.

▶ **think up** *vt* sich *dat* ausdenken.

thinking ['θɪŋkɪŋ] *n* Denken *nt*; **to my (way of)** ~ meiner Meinung *or* Ansicht nach.

think-tank ['θɪŋktæŋk] *n* Expertengremium *nt*.

thinly ['θɪnlɪ] *adv* dünn; (*disguised, veiled*) kaum.

thinness ['θɪnnɪs] *n* Dünne *f*.

third [θɜːd] *num* dritte(r, s) ♦ *n* (*fraction*) Drittel *nt*; (*AUT: also:* ~ **gear**) dritter Gang *m*; (*BRIT: SCOL: degree*) ≈ Ausreichend *nt*; **a** ~ **of** ein Drittel +*gen*.

third-degree burns ['θɜːddɪgriː-] *npl* Verbrennungen *pl* dritten Grades.

thirdly ['θɜːdlɪ] *adv* drittens.

third party insurance (*BRIT*) *n* ≈ Haftpflichtversicherung *f*.

third-rate ['θɜːd'reɪt] (*pej*) *adj* drittklassig.

Third World *n*: **the** ~ die Dritte Welt ♦ *adj* der Dritten Welt.

thirst [θɜːst] *n* Durst *m*.

thirsty ['θɜːstɪ] *adj* durstig; **to be** ~ Durst haben; **gardening is** ~ **work** Gartenarbeit macht durstig.

thirteen [θɜː'tiːn] *num* dreizehn.

thirteenth ['θɜː'tiːnθ] *num* dreizehnte(r, s).

thirtieth ['θɜːtɪɪθ] *num* dreißigste(r, s).

thirty ['θɜːtɪ] *num* dreißig.

═══════════════════════ *KEYWORD*

this [ðɪs] (*pl* **these**) *adj* (*demonstrative*) diese(r, s); ~ **man** dieser Mann; ~ **woman** diese Frau; ~ **book** dieses Buch; ~ **one** diese(r, s) (hier)
♦ *pron* (*demonstrative*) dies, das; **who/what is** ~? wer/was ist das?; ~ **is where I live** hier wohne ich; ~ **is what he said** das hat er gesagt; ~ **is Mr Brown** (*in introductions, photo*) das ist Herr Brown; (*on telephone*) hier ist Herr Brown

♦ *adv* (*demonstrative*): ~ **high/long** *etc* so hoch/lang *etc*.

thistle ['θɪsl] *n* Distel *f*.

thong [θɒŋ] *n* Riemen *m*.

thorn [θɔːn] *n* Dorn *m*.

thorny ['θɔːnɪ] *adj* dornig; (*fig: problem*) heikel.

thorough ['θʌrə] *adj* gründlich.

thoroughbred ['θʌrəbrɛd] *n* Vollblüter *m*.

thoroughfare ['θʌrəfɛə*] *n* (*road*) Durchgangsstraße *f*; **"no** ~**"** (*BRIT*) „Durchfahrt verboten".

thoroughgoing ['θʌrəgəʊɪŋ] *adj* (*changes, reform*) grundlegend; (*investigation*) gründlich.

thoroughly ['θʌrəlɪ] *adv* gründlich; (*very*) äußerst; **I** ~ **agree** ich stimme vollkommen zu.

thoroughness ['θʌrənɪs] *n* Gründlichkeit *f*.

those [ðəʊz] *pl adj, pl pron* die (da); ~ (**of you**) **who** ... diejenigen (von Ihnen), die ...

though [ðəʊ] *conj* obwohl ♦ *adv* aber; **even** ~ obwohl; **it's not easy,** ~ es ist aber nicht einfach.

thought [θɔːt] *pt, pp of* **think** ♦ *n* Gedanke *m*; **thoughts** ~ *npl* (*opinion*) Gedanken *pl*; **after much** ~ nach langer Überlegung; **I've just had a** ~ mir ist gerade etwas eingefallen; **to give sth some** ~ sich *dat* Gedanken über etw *acc* machen.

thoughtful ['θɔːtful] *adj* (*deep in thought*) nachdenklich; (*considerate*) aufmerksam.

thoughtfully ['θɔːtfəlɪ] *adv* (*look etc*) nachdenklich; (*behave etc*) rücksichtsvoll; (*provide*) rücksichtsvollerweise.

thoughtless ['θɔːtlɪs] *adj* gedankenlos.

thoughtlessly ['θɔːtlɪslɪ] *adv* gedankenlos.

thoughtlessness ['θɔːtlɪsnɪs] *n* Gedankenlosigkeit *f*.

thought-out ['θɔːt'aut] *adj* durchdacht.

thought-provoking ['θɔːtprəvəʊkɪŋ] *adj*: **to be** ~ Denkanstöße geben.

thousand ['θaʊzənd] *num* (ein)tausend; **two** ~ zweitausend; ~**s of** tausende *or* Tausende von.

thousandth ['θaʊzəntθ] *num* tausendste(r, s).

thrash [θræʃ] *vt* (*beat*) verprügeln; (*defeat*) (vernichtend) schlagen.

▶ **thrash about** *vi* um sich schlagen.

▶ **thrash around** *vi* = **thrash about**.

▶ **thrash out** *vt* (*problem*) ausdiskutieren.

thrashing ['θræʃɪŋ] *n*: **to give sb a** ~ jdn verprügeln.

thread [θrɛd] *n* (*yarn*) Faden *m*; (*of screw*) Gewinde *nt* ♦ *vt* (*needle*) einfädeln; **to** ~ **one's way between** sich hindurchschlängeln zwischen.

threadbare ['θrɛdbɛə*] *adj* (*clothes*) abgetragen; (*carpet*) abgelaufen.

threat [θrɛt] *n* Drohung *f*; (*fig*): ~ (**to**) Gefahr *f* (für); **to be under** ~ **of** (*closure etc*) bedroht sein von.

threaten ['θrɛtn] vi bedrohen ♦ vt: **to ~ sb
with sth** jdm mit etw drohen; **to ~ to do sth**
(damit) drohen, etw zu tun.

threatening ['θrɛtnɪŋ] adj drohend,
bedrohlich.

three [θriː] num drei.

three-dimensional [θriːdɪ'mɛnʃənl] adj
dreidimensional.

threefold ['θriːfəuld] adv: **to increase ~**
dreifach or um das Dreifache ansteigen.

three-piece suit ['θriːpiːs-] n dreiteiliger
Anzug m.

three-piece suite n dreiteilige
Polstergarnitur f.

three-ply [θriː'plaɪ] adj (wool) dreifädig;
(wood) dreilagig.

three-quarters [θriː'kwɔːtəz] npl drei Viertel
pl; **~ full** drei viertel voll.

three-wheeler ['θriː'wiːlə*] n (car)
Dreiradwagen m.

thresh [θrɛʃ] vt dreschen.

threshing machine ['θrɛʃɪŋ-] n
Dreschmaschine f.

threshold ['θrɛʃhəuld] n Schwelle f; **to be on
the ~ of sth** (fig) an der Schwelle zu etw
sein or stehen.

threshold agreement n (ECON)
Tarifvereinbarung über die Inflationsrate
angeglichene Lohnerhöhungen.

threw [θruː] pt of **throw**.

thrift [θrɪft] n Sparsamkeit f.

thrifty ['θrɪftɪ] adj sparsam.

thrill [θrɪl] n (excitement) Aufregung f;
(shudder) Erregung f ♦ vi zittern ♦ vt (person,
audience) erregen; **to be ~ed** (with gift etc)
sich riesig freuen.

thriller ['θrɪlə*] n Thriller m.

thrilling ['θrɪlɪŋ] adj (ride, performance etc)
erregend; (news) aufregend.

thrive [θraɪv] (pt thrived or throve, pp thrived)
vi gedeihen; **to ~ on sth** von etw leben.

thriving ['θraɪvɪŋ] adj (business, community)
blühend, florierend.

throat [θrəut] n Kehle f; **to have a sore ~**
Halsschmerzen haben.

throb [θrɔb] n (of heart) Klopfen nt; (pain)
Pochen nt; (of engine) Dröhnen nt ♦ vi (heart)
klopfen; (pain) pochen; (machine) dröhnen;
my head is ~bing ich habe rasende
Kopfschmerzen.

throes [θrəuz] npl: **in the ~ of** (war, moving
house etc) mitten in +dat; **death ~**
Todeskampf m.

thrombosis [θrɔm'bəusɪs] n Thrombose f.

throne [θrəun] n Thron m; **on the ~** auf dem
Thron.

throng ['θrɔŋ] n Masse f ♦ vt (streets etc) sich
drängen in +dat ♦ vi: **to ~ to** strömen zu; **a
~ of people** eine Menschenmenge; **to be
~ed with** wimmeln von.

throttle ['θrɔtl] n (in car) Gaspedal nt; (on
motorcycle) Gashebel m ♦ vt (strangle)

erdrosseln.

through [θruː] prep durch; (time) während;
(owing to) infolge +gen ♦ adj (ticket, train)
durchgehend ♦ adv durch; **(from) Monday
~ Friday** (US) von Montag bis Freitag; **to be
~** (TEL) verbunden sein; **to be ~ with sb/sth**
mit jdm/etw fertig sein; **we're ~!** es ist aus
zwischen uns!; **"no ~ road** or (US) **traffic"**
„keine Durchfahrt"; **to let sb ~** jdn
durchlassen; **to put sb ~ to sb** (TEL) jdn mit
jdm verbinden.

throughout [θruː'aut] adv (everywhere)
überall; (the whole time) die ganze Zeit über
♦ prep (place) überall in +dat; (time): **~ the
morning/afternoon** während des ganzen
Morgens/Nachmittags; **~ her life** ihr ganzes
Leben lang.

throughput ['θruːput] n (also COMPUT)
Durchsatz m.

throve [θrəuv] pt of **thrive**.

throw [θrəu] (pt threw, pp thrown) n Wurf m
♦ vt werfen; (rider) abwerfen; (fig: confuse)
aus der Fassung bringen; (pottery) töpfern;
to ~ a party eine Party geben; **to ~ open**
(doors, windows) aufreißen; (debate) öffnen.

  ► **throw about** vt (money) herumwerfen mit.

  ► **throw around** vt = **throw about**.

  ► **throw away** vt wegwerfen; (waste)
    verschwenden.

  ► **throw off** vt (get rid of: burden) abwerfen.

  ► **throw out** vt (rubbish) wegwerfen; (idea)
    verwerfen; (person) hinauswerfen.

  ► **throw together** vt (meal) hinhauen;
    (clothes) zusammenpacken.

  ► **throw up** vi (vomit) sich übergeben.

throwaway ['θrəuəweɪ] adj (cutlery etc)
Einweg-; (line, remark) beiläufig.

throwback ['θrəubæk] n: **it's a ~ to** (reminder)
es erinnert an +acc.

throw-in ['θrəuɪn] n (FOOTBALL) Einwurf m.

thrown [θrəun] pp of **throw**.

thru [θruː] (US) prep, adj, adv = **through**.

thrush [θrʌʃ] n (bird) Drossel f; (MED: esp in
children) Soor m; (: BRIT: in women) vaginale
Pilzerkrankung f.

thrust [θrʌst] (pt, pp thrust) n (TECH)
Schubkraft f; (push) Stoß m; (fig: impetus)
Stoßkraft f ♦ vt stoßen.

thud [θʌd] n dumpfes Geräusch nt.

thug [θʌg] n Schlägertyp m.

thumb [θʌm] n Daumen m ♦ vt: **to ~ a lift** per
Anhalter fahren; **to give sb/sth the ~s up**
(approve) jdm/etw dat grünes Licht geben; **to
give sb/sth the ~s down** (disapprove) jdn/
etw ablehnen.

  ► **thumb through** vt fus (book)
    durchblättern.

thumb index n Daumenregister nt.

thumbnail ['θʌmneɪl] n Daumennagel m.

thumbnail sketch n kurze Darstellung f.

thumbtack ['θʌmtæk] (US) n Heftzwecke f.

thump [θʌmp] n (blow) Schlag m; (sound)

dumpfer Schlag *m* ♦ *vt* schlagen auf *+acc* ♦ *vi* (*heart etc*) heftig pochen.

thumping ['θʌmpɪŋ] *adj* (*majority, victory etc*) Riesen-; (*headache, cold*) fürchterlich.

thunder ['θʌndə*] *n* Donner *m* ♦ *vi* donnern; (*shout angrily*) brüllen; **to ~ past** (*train etc*) vorbeidonnern.

thunderbolt ['θʌndəbəult] *n* Blitzschlag *m*.

thunderclap ['θʌndəklæp] *n* Donnerschlag *m*.

thunderous ['θʌndrəs] *adj* donnernd.

thunderstorm ['θʌndəstɔːm] *n* Gewitter *nt*.

thunderstruck ['θʌndəstrʌk] *adj*: **to be ~** (*shocked*) wie von Donner gerührt sein.

thundery ['θʌndərɪ] *adj* (*weather*) gewitterig.

Thur(s). *abbr* (= *Thursday*) Do.

Thursday ['θɜːzdɪ] *n* Donnerstag *m*; *see also* **Tuesday**.

thus [ðʌs] *adv* (*in this way*) so; (*consequently*) somit.

thwart [θwɔːt] *vt* (*person*) einen Strich durch die Rechnung machen *+dat*; (*plans*) vereiteln.

thyme [taɪm] *n* Thymian *m*.

thyroid ['θaɪrɔɪd] *n* (*also*: **~ gland**) Schilddrüse *f*.

tiara [tɪ'ɑːrə] *n* Diadem *nt*.

Tiber ['taɪbə*] *n*: **the ~** der Tiber.

Tibet [tɪ'bɛt] *n* Tibet *nt*.

Tibetan [tɪ'bɛtən] *adj* tibetanisch ♦ *n* (*person*) Tibetaner(in) *m(f)*; (*LING*) Tibetisch *nt*.

tibia ['tɪbɪə] *n* Schienbein *nt*.

tic [tɪk] *n* nervöse Zuckung *f*, Tic *m*, Tick *m*.

tick [tɪk] *n* (*sound*) Ticken *nt*; (*mark*) Häkchen *nt*; (*ZOOL*) Zecke *f*; (*BRIT: inf: moment*) Augenblick *m*; (: *credit*): **to buy sth on ~** etw auf Pump kaufen ♦ *vi* (*clock, watch*) ticken ♦ *vt* (*item on list*) abhaken; **to put a ~ against sth** etw abhaken; **what makes him ~?** was ist er für ein Mensch?

▶ **tick off** *vt* (*item on list*) abhaken; (*person*) rüffeln.

▶ **tick over** *vi* (*engine*) im Leerlauf sein; (*fig: business etc*) sich über Wasser halten.

ticker tape ['tɪkəteɪp] *n* Lochstreifen *m*; (*US: in celebrations*) ≈ Luftschlangen *pl*.

ticket ['tɪkɪt] *n* (*for public transport*) Fahrkarte *f*; (*for theatre etc*) Eintrittskarte *f*; (*in shop: on goods*) Preisschild *nt*; (: *from cash register*) Kassenbon *m*; (*for raffle*) Los *nt*; (*for library*) Ausweis *m*; (*also*: **parking ~**: *fine*) Strafzettel *m*; (*US: POL*) Wahlliste *f*; **to get a (parking) ~** (*AUT*) einen Strafzettel bekommen.

ticket agency *n* (*THEAT*) Vorverkaufsstelle *f*.

ticket collector *n* (*RAIL: at station*) Fahrkartenkontrolleur(in) *m(f)*; (*on train*) Schaffner(in) *m(f)*.

ticket holder *n* Karteninhaber(in) *m(f)*.

ticket inspector *n* Fahrkartenkontrolleur(in) *m(f)*.

ticket office *n* (*RAIL*) Fahrkartenschalter *m*; (*THEAT*) Theaterkasse *f*.

tickle ['tɪkl] *vt* kitzeln; (*fig: amuse*) amüsieren

♦ *vi* kitzeln; **it ~s!** das kitzelt!

ticklish ['tɪklɪʃ] *adj* (*person, situation*) kitzlig.

tidal ['taɪdl] *adj* (*force*) Gezeiten-, der Gezeiten; (*river*) Tide-.

tidal wave *n* Flutwelle *f*.

tidbit ['tɪdbɪt] (*US*) *n* = **titbit**.

tiddlywinks ['tɪdlɪwɪŋks] *n* Flohhüpfen *nt*.

tide [taɪd] *n* (*in sea*) Gezeiten *pl*; (*fig: of events, opinion etc*) Trend *m*; **high ~** Flut *f*; **low ~** Ebbe *f*; **the ~ is in/out** es ist Flut/Ebbe; **the ~ is coming in** die Flut kommt.

▶ **tide over** *vt* über die Runden helfen *+dat*.

tidily ['taɪdɪlɪ] *adv* ordentlich.

tidiness ['taɪdɪnɪs] *n* Ordentlichkeit *f*.

tidy ['taɪdɪ] *adj* (*room, desk*) ordentlich, aufgeräumt; (*person*) ordnungsliebend; (*sum, income*) ordentlich ♦ *vt* (*also*: **~ up**) aufräumen.

tie [taɪ] *n* (*BRIT: also*: **necktie**) Krawatte *f*; (*string etc*) Band *nt*; (*fig: link*) Verbindung *f*; (*SPORT: match*) Spiel *nt*; (*in competition: draw*) Unentschieden *nt* ♦ *vt* (*parcel*) verschnüren; (*shoelaces*) zubinden; (*ribbon*) binden ♦ *vi* (*SPORT etc*): **to ~ with sb for first place** sich mit jdm den ersten Platz teilen; **"black ~"** „Abendanzug"; **"white ~"** „Frackzwang"; **family ~s** familiäre Bindungen; **to ~ sth in a bow** etw zu einer Schleife binden; **to ~ a knot in sth** einen Knoten in etw *acc* machen.

▶ **tie down** *vt* (*fig: restrict*) binden; (: *to date, price etc*) festlegen.

▶ **tie in** *vi*: **to ~ in with** zusammenpassen mit.

▶ **tie on** *vt* (*BRIT*) anbinden.

▶ **tie up** *vt* (*parcel*) verschnüren; (*dog*) anbinden; (*boat*) festmachen; (*person*) fesseln; (*arrangements*) unter Dach und Fach bringen; **to be ~d up** (*busy*) zu tun haben, beschäftigt sein.

tie-break(er) ['taɪbreɪk(ə*)] *n* (*TENNIS*) Tiebreak *m*, Tie-Break *m*; (*in quiz*) Entscheidungsfrage *f*.

tie-on ['taɪɔn] (*BRIT*) *adj* (*label*) Anhänge-.

tiepin ['taɪpɪn] (*BRIT*) *n* Krawattennadel *f*.

tier [tɪə*] *n* (*of stadium etc*) Rang *m*; (*of cake*) Lage *f*.

tie-tack ['taɪtæk] (*US*) *n* = **tiepin**.

tiff [tɪf] *n* Krach *m*.

tiger ['taɪɡə*] *n* Tiger *m*.

tight [taɪt] *adj* (*screw, knot, grip*) fest; (*shoes, clothes, bend*) eng; (*security*) streng; (*budget, money*) knapp; (*schedule*) gedrängt; (*inf: drunk*) voll; (: *stingy*) knickerig ♦ *adv* fest; **to be packed ~** (*suitcase*) prallvoll sein; (*room*) gerammelt voll sein; **everybody hold ~!** alle festhalten!

tighten ['taɪtn] *vt* (*rope, strap*) straffen; (*screw, bolt*) anziehen; (*grip*) festigen; (*security*) verschärfen ♦ *vi* (*grip*) sich festigen; (*rope etc*) sich spannen.

tightfisted [taɪt'fɪstɪd] *adj* knickerig (*inf*).

tight-lipped ['taɪt'lɪpt] *adj* (*fig: silence*) eisern; **to be ~ about sth** über etw *acc* schweigen.

tightly ['taɪtlɪ] *adv* fest.

tightrope ['taɪtrəʊp] *n* Seil *nt*; **to be on** *or* **walking a ~** (*fig*) einen Balanceakt vollführen.

tightrope walker *n* Seiltänzer(in) *m(f)*.

tights [taɪts] (*BRIT*) *npl* Strumpfhose *f*.

tigress ['taɪgrɪs] *n* Tigerin *f*.

tilde ['tɪldə] *n* Tilde *f*.

tile [taɪl] *n* (*on roof*) Ziegel *m*; (*on floor*) Fliese *f*; (*on wall*) Kachel *f* ♦ *vt* (*floor*) mit Fliesen auslegen; (*bathroom*) kacheln.

tiled [taɪld] *adj* (*floor*) mit Fliesen ausgelegt; (*wall*) gekachelt.

till [tɪl] *n* (*in shop etc*) Kasse *f* ♦ *vt* (*land*) bestellen ♦ *prep, conj* = **until**.

tiller ['tɪlə*] *n* (*NAUT*) Ruderpinne *f*.

tilt [tɪlt] *vt* neigen ♦ *vi* sich neigen ♦ *n* (*slope*) Neigung *f*; **to wear one's hat at a ~** den Hut schief aufhaben; **(at) full ~** mit Volldampf.

timber ['tɪmbə*] *n* (*material*) Holz *nt*; (*trees*) Nutzholz *nt*.

time [taɪm] *n* Zeit *f*; (*occasion*) Gelegenheit *f*, Mal *nt*; (*MUS*) Takt *m* ♦ *vt* (*measure time of*) die Zeit messen bei; (*runner*) stoppen; (*fix moment for: visit etc*) den Zeitpunkt festlegen für; **a long ~** eine lange Zeit; **for the ~ being** vorläufig; **4 at a ~** 4 auf einmal; **from ~ to ~** von Zeit zu Zeit; **~ after ~, ~ and again** immer (und immer) wieder; **at ~s** manchmal, zuweilen; **in ~** (*soon enough*) rechtzeitig; (*eventually*) mit der Zeit; (*MUS*) im Takt; **in a week's ~** in einer Woche; **in no ~** im Handumdrehen; **any ~** jederzeit; **on ~** rechtzeitig; **to be 30 minutes behind/ahead of ~** 30 Minuten zurück/voraus sein; **by the ~ he arrived** als er ankam; **5 ~s 5** 5 mal 5; **what ~ is it?** wie spät ist es?; **to have a good ~** sich amüsieren; **we/they** *etc* **had a hard ~** wir/sie *etc* hatten es schwer; **~'s up!** die Zeit ist um!; **I've no ~ for it** (*fig*) dafür habe ich nichts übrig; **he'll do it in his own (good) ~** (*without being hurried*) er macht es, ohne sich hetzen zu lassen; **he'll do it in** *or* (*US*) **on his own ~** (*out of working hours*) er macht es in seiner Freizeit; **to be behind the ~s** rückständig sein; **to ~ sth well/badly** den richtigen/falschen Zeitpunkt für etw wählen; **the bomb was ~d to go off 5 minutes later** die Bombe war so eingestellt, dass sie 5 Minuten später explodieren sollte.

time-and-motion study ['taɪmənd'məʊʃən-] *n* Arbeitsstudie *f*.

time bomb *n* (*also fig*) Zeitbombe *f*.

time card *n* Stechkarte *f*.

time clock *n* (*in factory etc*) Stechuhr *f*.

time-consuming ['taɪmkənsjuːmɪŋ] *adj* Zeit raubend.

time difference *n* Zeitunterschied *m*.

time frame *n* zeitlicher Rahmen *m*.

time-honoured, (*US*) **time-honored** ['taɪmɔnəd] *adj* althergebracht.

timekeeper ['taɪmkiːpə*] *n*: **she's a good ~** sie erfüllt ihr Zeitsoll.

time-lag ['taɪmlæg] *n* Verzögerung *f*.

timeless ['taɪmlɪs] *adj* zeitlos.

time limit *n* zeitliche Grenze *f*.

timely ['taɪmlɪ] *adj* (*arrival*) rechtzeitig; (*reminder*) zur rechten Zeit.

time off *n*: **to take ~** sich *dat* freinehmen.

timer ['taɪmə*] *n* (*time switch*) Schaltuhr *f*; (*on cooker*) Zeitmesser *m*; (*on video*) Timer *m*.

time-saving ['taɪmseɪvɪŋ] *adj* Zeit sparend.

timescale ['taɪmskeɪl] (*BRIT*) *n* Zeitspanne *f*.

time-share ['taɪmʃɛə*] *n* Ferienwohnung *f* auf Timesharingbasis.

time-sharing ['taɪmʃɛərɪŋ] *n* (*of property, COMPUT*) Timesharing *nt*.

time sheet *n* = **time card**.

time signal *n* (*RADIO*) Zeitzeichen *nt*.

time switch *n* Zeitschalter *m*.

timetable ['taɪmteɪbl] *n* (*RAIL etc*) Fahrplan *m*; (*SCOL*) Stundenplan *m*; (*programme of events*) Programm *nt*.

time zone *n* Zeitzone *f*.

timid ['tɪmɪd] *adj* (*person*) schüchtern; (*animal*) scheu.

timidity [tɪ'mɪdɪtɪ] *n* (*shyness*) Schüchternheit *f*.

timing ['taɪmɪŋ] *n* (*SPORT*) Timing *nt*; **the ~ of his resignation** der Zeitpunkt seines Rücktritts.

timing device *n* (*on bomb*) Zeitzünder *m*.

timpani ['tɪmpənɪ] *npl* Kesselpauken *pl*.

tin [tɪn] *n* (*metal*) Blech *nt*; (*container*) Dose *f*; (: *for baking*) Form *f*, (: *BRIT: can*) Büchse *f*, Dose *f*; **two ~s of paint** zwei Dosen Farbe.

tinfoil ['tɪnfɔɪl] *n* Alufolie *f*.

tinge [tɪndʒ] *n* (*of colour*) Färbung *f*; (*fig: of emotion etc*) Anflug *m*, Anstrich *m* ♦ *vt*: **~d with blue/red** leicht blau/rot gefärbt; **to be ~d with sth** (*fig: emotion etc*) einen Anstrich von etw haben.

tingle ['tɪŋgl] *vi* prickeln; (*from cold*) kribbeln; **I was tingling with excitement** ich zitterte vor Aufregung.

tinker ['tɪŋkə*] *n* (*gipsy*) Kesselflicker *m*.
▶ **tinker with** *vt fus* herumbasteln an +*dat*.

tinkle ['tɪŋkl] *vi* klingeln ♦ *n* (*inf*): **to give sb a ~** (*TEL*) bei jdm anklingeln.

tin mine *n* Zinnbergwerk *nt*.

tinned [tɪnd] (*BRIT*) *adj* (*food, peas*) Dosen-, in Dosen.

tinnitus ['tɪnɪtəs] *n* Tinnitus *m*, Ohrensummen *nt*.

tinny ['tɪnɪ] (*pej*) *adj* (*sound*) blechern; (*car etc*) Schrott-.

tin-opener ['tɪnəʊpnə*] (*BRIT*) *n* Dosenöffner *m*.

tinsel ['tɪnsl] *n* Rauschgoldgirlanden *pl*.

tint [tɪnt] *n* (*colour*) Ton *m*; (*for hair*) Tönung *f* ♦ *vt* (*hair*) tönen.

tinted ['tɪntɪd] *adj* getönt.

tiny ['taɪnɪ] *adj* winzig.

tip [tɪp] n (*end*) Spitze *f*; (*gratuity*) Trinkgeld *nt*; (*BRIT: for rubbish*) Müllkippe *f*; (: *for coal*) Halde *f*; (*advice*) Tipp *m*, Hinweis *m* ♦ vt (*waiter*) ein Trinkgeld geben +*dat*; (*tilt*) kippen; (*also:* ~ **over:** *overturn*) umkippen; (*also:* ~ **out:** *empty*) leeren; (*predict: winner etc*) tippen *or* setzen auf +*acc*; **he ~ped out the contents of the box** er kippte den Inhalt der Kiste aus.
▶ **tip off** vt einen Tipp *or* Hinweis geben +*dat*.
tip-off ['tɪpɔf] n Hinweis *m*.
tipped ['tɪpt] adj (*BRIT: cigarette*) Filter-; **steel- ~ mit** Stahlspitze.
Tipp-Ex ® ['tɪpɛks] n Tipp-Ex ® *nt*.
tipple ['tɪpl] (*BRIT*) vi picheln ♦ n: **to have a ~** einen trinken.
tipster ['tɪpstə*] n jd, der bei Pferderennen, Börsengeschäften etc Tipps gegen Bezahlung weitergibt.
tipsy ['tɪpsɪ] (*inf*) adj beschwipst.
tiptoe ['tɪptəu] n: **on ~** auf Zehenspitzen.
tip-top ['tɪp'tɔp] adj: **in ~ condition** tipptopp.
tirade [taɪ'reɪd] n Tirade *f*.
tire ['taɪə*] n (*US*) = **tyre** ♦ vt müde machen, ermüden ♦ vi (*become tired*) müde werden; **to ~ of sth** genug von etw haben.
▶ **tire out** vt erschöpfen.
tired ['taɪəd] adj müde; **to be/look ~** müde sein/aussehen; **to feel ~** sich müde fühlen; **to be ~ of sth** etw satt haben; **to be ~ of doing sth** es satt haben, etw zu tun.
tiredness ['taɪədnɪs] n Müdigkeit *f*.
tireless ['taɪəlɪs] adj unermüdlich.
tiresome ['taɪəsəm] adj lästig.
tiring ['taɪərɪŋ] adj ermüdend, anstrengend.
tissue ['tɪʃuː] n (*ANAT, BIOL*) Gewebe *nt*; (*paper handkerchief*) Papiertaschentuch *nt*.
tissue paper n Seidenpapier *nt*.
tit [tɪt] n (*bird*) Meise *f*; (*inf: breast*) Titte *f*; **~ for tat** wie du mir, so ich dir.
titanium [tɪ'teɪnɪəm] n Titan *nt*.
titbit, (*US*) **tidbit** ['tɪtbɪt] n (*food, news*) Leckerbissen *m*.
titillate ['tɪtɪleɪt] vt erregen, reizen.
titivate ['tɪtɪveɪt] vt fein machen.
title ['taɪtl] n Titel *m*; (*LAW*): ~ **to** Anspruch auf +*acc*.
title deed n Eigentumsurkunde *f*.
title page n Titelseite *f*.
title role n Titelrolle *f*.
title track n Titelstück *nt*.
titter ['tɪtə*] vi kichern.
tittle-tattle ['tɪtltætl] (*inf*) n Klatsch *m*, Gerede *nt*.
tizzy ['tɪzɪ] n: **to be in a ~** aufgeregt sein; **to get in a ~** sich aufregen.
T-junction ['tiː'dʒʌŋkʃən] n T-Kreuzung *f*.
TM abbr (= *trademark*) Wz; = **transcendental meditation**.
TN (*US*) abbr (*POST:* = *Tennessee*).
TNT n abbr (= *trinitrotoluene*) TNT *nt*.

to [tuː] prep **1** (*direction*) nach +*dat*, zu +*dat*; **to go ~ France/London/school/the station** nach Frankreich/nach London/zur Schule/ zum Bahnhof gehen; ~ **the left/right** nach links/rechts; **I have never been ~ Germany** ich war noch nie in Deutschland.
2 (*as far as*) bis; **to count ~ 10** bis 10 zählen.
3 (*with expressions of time*) vor +*dat*; **a quarter ~ 5** (*BRIT*) Viertel vor 5.
4 (*for, of*): **the key ~ the front door** der Schlüssel für die Haustür; **a letter ~ his wife** ein Brief an seine Frau.
5 (*expressing indirect object*): **to give sth ~ sb** jdm etw geben; **to talk ~ sb** mit jdm sprechen; **I sold it ~ a friend** ich habe es an einen Freund verkauft; **you've done something ~ your hair** du hast etwas mit deinem Haar gemacht.
6 (*in relation to*) zu; **A is ~ B as C is ~ D** A verhält sich zu B wie C zu D; **3 goals ~ 2** 3 zu 2 Tore; **40 miles ~ the gallon** 40 Meilen pro Gallone.
7 (*purpose, result*) zu; **to sentence sb ~ death** jdn zum Tode verurteilen; ~ **my surprise** zu meiner Überraschung
♦ with vb **1** (*simple infinitive*): ~ **go** gehen; ~ **eat** essen.
2 (*following another vb*): **to want ~ do sth** etw tun wollen; **to try/start ~ do sth** versuchen/anfangen, etw zu tun.
3 (*with vb omitted*): **I don't want ~** ich will nicht; **you ought ~** du solltest es tun.
4 (*purpose, result*) (um ...) zu; **I did it ~ help you** ich habe es getan, um dir zu helfen.
5 (*equivalent to relative clause*) zu; **he has a lot ~ lose** er hat viel zu verlieren; **the main thing is ~ try** die Hauptsache ist, es zu versuchen.
6 (*after adjective etc*): **ready ~ use** gebrauchsfertig; **too old/young ~** ... zu alt/ jung, um zu ...; **it's too heavy ~ lift** es ist zu schwer zu heben
♦ adv: **to push/pull the door ~** die Tür zudrücken/zuziehen; ~ **and fro** hin und her.

toad [təud] n Kröte *f*.
toadstool ['təudstuːl] n Giftpilz *m*.
toady ['təudɪ] (*pej*) vi: **to ~ to sb** vor jdm kriechen.
toast [təust] n (*CULIN, drink*) Toast *m* ♦ vt (*bread etc*) toasten; (*drink to*) einen Toast *or* Trinkspruch ausbringen auf +*acc*; **a piece** *or* **slice of ~** eine Scheibe Toast.
toaster ['təustə*] n Toaster *m*.
toastmaster ['təustmɑːstə*] n Zeremonienmeister *m*.
toast rack n Toastständer *m*.
tobacco [tə'bækəu] n Tabak *m*; **pipe ~** Pfeifentabak *m*.
tobacconist [tə'bækənɪst] n Tabakhändler(in)

m(f).

tobacconist's (shop) [tə'bækənɪsts-] *n* Tabakwarenladen *m.*

Tobago [tə'beɪɡəʊ] *n see* Trinidad.

toboggan [tə'bɒɡən] *n* Schlitten *m.*

today [tə'deɪ] *adv, n* heute; **what day is it ~?** welcher Tag ist heute?; **what date is it ~?** der Wievielte ist heute?; **~ is the 4th of March** heute ist der 4. März; **a week ago ~** heute vor einer Woche; **~'s paper** die Zeitung von heute.

toddle ['tɒdl] (*inf*) *vi*: **to ~ in/off/along** herein-/davon-/entlangwatscheln.

toddler ['tɒdlə*] *n* Kleinkind *nt.*

to-do [tə'duː] *n* Aufregung *f*, Theater *nt.*

toe [təʊ] *n* Zehe *f*, Zeh *m*; (*of shoe, sock*) Spitze *f*; **to ~ the line** (*fig*) auf Linie bleiben; **big/ little ~** großer/kleiner Zeh.

toehold ['təʊhəʊld] *n* (*in climbing*) Halt *m* für die Fußspitzen; (*fig*): **to get/gain a ~ (in)** einen Einstieg bekommen/sich *dat* einen Einstieg verschaffen (in +*dat*).

toenail ['təʊneɪl] *n* Zehennagel *m.*

toffee ['tɒfɪ] *n* Toffee *m.*

toffee apple (*BRIT*) *n* ≈ kandierter Apfel *m.*

tofu ['təʊfuː] *n* Tofu *m.*

toga ['təʊɡə] *n* Toga *f.*

together [tə'ɡeðə*] *adv* zusammen; (*at the same time*) gleichzeitig; **~ with** gemeinsam mit.

togetherness [tə'ɡeðənɪs] *n* Beisammensein *nt.*

toggle switch ['tɒɡl-] *n* (*COMPUT*) Toggle-Schalter *m.*

Togo ['təʊɡəʊ] *n* Togo *nt.*

togs [tɒɡz] (*inf*) *npl* Klamotten *pl.*

toil [tɔɪl] *n* Mühe *f* ♦ *vi* sich abmühen.

toilet ['tɔɪlət] *n* Toilette *f* ♦ *cpd* (*kit, accessories etc*) Toiletten-; **to go to the ~** auf die Toilette gehen.

toilet bag (*BRIT*) *n* Kulturbeutel *m.*

toilet bowl *n* Toilettenbecken *nt.*

toilet paper *n* Toilettenpapier *nt.*

toiletries ['tɔɪlətrɪz] *npl* Toilettenartikel *pl.*

toilet roll *n* Rolle *f* Toilettenpapier.

toilet soap *n* Toilettenseife *f.*

toilet water *n* Toilettenwasser *nt.*

to-ing and fro-ing ['tuːɪŋən'frəʊɪŋ] (*BRIT*) *n* Hin und Her *nt.*

token ['təʊkən] *n* (*sign, souvenir*) Zeichen *nt*; (*substitute coin*) Wertmarke *f* ♦ *adj* (*strike, payment etc*) symbolisch; **by the same ~** (*fig*) in gleicher Weise; **book/record/gift ~** (*BRIT*) Bücher-/Platten-/Geschenkgutschein *m.*

tokenism ['təʊkənɪzəm] *n*: **to be (pure) ~** (nur) eine Alibifunktion haben.

Tokyo ['təʊkjəʊ] *n* Tokio *nt.*

told [təʊld] *pt, pp of* **tell**.

tolerable ['tɒlərəbl] *adj* (*bearable*) erträglich; (*fairly good*) passabel.

tolerably ['tɒlərəblɪ] *adv*: **~ good** ganz annehmbar *or* passabel.

tolerance ['tɒlərns] *n* Toleranz *f.*

tolerant ['tɒlərnt] *adj* tolerant; **to be ~ of sth** tolerant gegenüber etw sein.

tolerate ['tɒləreɪt] *vt* (*pain, noise*) erdulden, ertragen; (*injustice*) tolerieren.

toleration [tɒlə'reɪʃən] *n* (*of person, pain etc*) Duldung *f*, (*REL, POL*) Toleranz *f.*

toll [təʊl] *n* (*of casualties, deaths*) (Gesamt)zahl *f*; (*tax, charge*) Gebühr *f* ♦ *vi* (*bell*) läuten; **the work took its ~ on us** die Arbeit blieb nicht ohne Auswirkungen auf uns.

tollbridge ['təʊlbrɪdʒ] *n* gebührenpflichtige Brücke *f*, Mautbrücke *f.*

toll call (*US*) *n* Ferngespräch *nt.*

toll-free ['təʊlfriː] (*US*) *adj* gebührenfrei.

toll road *n* gebührenpflichtige Straße *f*, Mautstraße *f.*

tomato [tə'mɑːtəʊ] (*pl* **~es**) *n* Tomate *f.*

tomato purée *n* Tomatenmark *nt.*

tomb [tuːm] *n* Grab *nt.*

tombola [tɒm'bəʊlə] *n* Tombola *f.*

tomboy ['tɒmbɔɪ] *n* Wildfang *m.*

tombstone ['tuːmstəʊn] *n* Grabstein *m.*

tomcat ['tɒmkæt] *n* Kater *m.*

tome [təʊm] (*form*) *n* Band *m.*

tomorrow [tə'mɒrəʊ] *adv* morgen ♦ *n* morgen; (*future*) Zukunft *f*; **the day after ~** übermorgen; **a week ~** morgen in einer Woche; **~ morning** morgen früh.

ton [tʌn] *n* (*BRIT*) (britische) Tonne *f*, (*US: also*: **short ~**) (US-)Tonne *f* (*ca. 907 kg*); (*metric ton*) (metrische) Tonne *f*; **~s of** (*inf*) Unmengen von.

tonal ['təʊnl] *adj* (*MUS*) klanglich, tonal.

tone [təʊn] *n* Ton *m* ♦ *vi* (*also*: **~ in**: *colours*) (farblich) passen.

▶ **tone down** *vt* (*also fig*) abschwächen.

▶ **tone up** *vt* (*muscles*) kräftigen.

tone-deaf [təʊn'dɛf] *adj* ohne Gefühl für Tonhöhen.

toner ['təʊnə*] *n* (*for photocopier*) Toner *m.*

Tonga [tɒŋə] *n* Tonga *nt.*

tongs [tɒŋz] *npl* Zange *f*, (*also*: **curling ~**) Lockenstab *m.*

tongue [tʌŋ] *n* Zunge *f*, (*form: language*) Sprache *f*; **~-in-cheek** (*speak, say*) ironisch.

tongue-tied ['tʌŋtaɪd] *adj* (*fig*) sprachlos.

tongue-twister ['tʌŋtwɪstə*] *n* Zungenbrecher *m.*

tonic ['tɒnɪk] *n* (*MED*) Tonikum *nt*; (*fig*) Wohltat *f*; (*also*: **~ water**) Tonic *nt*; (*MUS*) Tonika *f*, Grundton *m.*

tonight [tə'naɪt] *adv* (*this evening*) heute Abend; (*this night*) heute Nacht ♦ *n* (*this evening*) der heutige Abend; (*this night*) die kommende Nacht; (**I'll**) **see you ~!** bis heute Abend!

tonnage ['tʌnɪdʒ] *n* Tonnage *f.*

tonne [tʌn] (*BRIT*) *n* (*metric ton*) Tonne *f.*

tonsil ['tɒnsl] *n* Mandel *f*; **to have one's ~s out** sich *dat* die Mandeln herausnehmen lassen.

tonsillitis [tɒnsɪ'laɪtɪs] *n* Mandelentzündung *f.*

too [tuː] *adv* (*excessively*) zu; (*also*) auch; **it's ~ sweet** es ist zu süß; **I went ~** ich bin auch mitgegangen; **~ much** (*adj*) zu viel; (*adv*) zu sehr; **~ many** zu viele; **~ bad!** das ist eben Pech!

took [tuk] *pt of* **take**.

tool [tuːl] *n* (*also fig*) Werkzeug *nt*.

tool box *n* Werkzeugkasten *m*.

tool kit *n* Werkzeugsatz *m*.

toot [tuːt] *n* (*of horn*) Hupton *m*; (*of whistle*) Pfeifton *m* ♦ *vi* (*with car-horn*) hupen.

tooth [tuːθ] (*pl* **teeth**) *n* (*also TECH*) Zahn *m*; **to have a ~ out** *or* (*US*) **pulled** sich *dat* einen Zahn ziehen lassen; **to brush one's teeth** sich *dat* die Zähne putzen; **by the skin of one's teeth** (*fig*) mit knapper Not.

toothache ['tuːθeɪk] *n* Zahnschmerzen *pl*; **to have ~** Zahnschmerzen haben.

toothbrush ['tuːθbrʌʃ] *n* Zahnbürste *f*.

toothpaste ['tuːθpeɪst] *n* Zahnpasta *f*.

toothpick ['tuːθpɪk] *n* Zahnstocher *m*.

tooth powder *n* Zahnpulver *nt*.

top [tɒp] *n* (*of mountain, tree, ladder*) Spitze *f*; (*of cupboard, table, box*) Oberseite *f*; (*of street*) Ende *nt*; (*lid*) Verschluss *m*; (*AUT: also*: **~ gear**) höchster Gang *m*; (*also*: **spinning ~**: *toy*) Kreisel *m*; (*blouse etc*) Oberteil *nt*; (*of pyjamas*) Jacke *f* ♦ *adj* höchste(r, s); (*highest in rank*) oberste(r, s); (: *golfer etc*) Top- ♦ *vt* (*poll, vote, list*) anführen; (*estimate etc*) übersteigen; **at the ~ of the stairs/page** oben auf der Treppe/Seite; **at the ~ of the street** am Ende der Straße; **on ~ of** (*above*) auf +*dat*; (*in addition to*) zusätzlich zu; **from ~ to bottom** von oben bis unten; **from ~ to toe** (*BRIT*) von Kopf bis Fuß; **at the ~ of the list** oben auf der Liste; **at the ~ of his voice** so laut er konnte; **over the ~** (*inf: behaviour etc*) übertrieben; **to go over the ~** (*inf*) übertreiben; **at ~ speed** bei Höchstgeschwindigkeit.

▶ **top up**, (*US*) **top off** *vt* (*drink*) nachfüllen; (*salary*) aufbessern.

topaz ['təupæz] *n* Topas *m*.

top-class ['tɒp'klɑːs] *adj* erstklassig; (*hotel, player etc*) Spitzen-.

topcoat ['tɒpkəut] *n* (*overcoat*) Mantel *m*; (*of paint*) Deckanstrich *m*.

top floor *n* oberster Stock *m*.

top hat *n* Zylinder *m*.

top-heavy [tɒp'hɛvɪ] *adj* (*also fig*) kopflastig.

topic ['tɒpɪk] *n* Thema *nt*.

topical ['tɒpɪkl] *adj* (*issue etc*) aktuell.

topless ['tɒplɪs] *adj* (*waitress*) Oben-ohne-; (*bather*) barbusig ♦ *adv* oben ohne.

top-level ['tɒplɛvl] *adj* auf höchster Ebene.

topmost ['tɒpməust] *adj* oberste(r, s).

top-notch ['tɒp'nɒtʃ] *adj* erstklassig.

topography [tə'pɒgrəfɪ] *n* Topografie *f*.

topping ['tɒpɪŋ] *n* (*CULIN*) Überzug *m*.

topple ['tɒpl] *vt* (*government etc*) stürzen ♦ *vi* (*person*) stürzen; (*object*) fallen.

top-ranking ['tɒpræŋkɪŋ] *adj* (*official*) hoch gestellt.

top-secret ['tɒp'siːkrɪt] *adj* streng geheim.

top-security ['tɒpsə'kjuərɪtɪ] (*BRIT*) *adj* (*prison, wing*) Hochsicherheits-.

topsy-turvy ['tɒpsɪ'tɜːvɪ] *adj* auf den Kopf gestellt ♦ *adv* durcheinander; (*fall, land*) verkehrt herum.

top-up ['tɒpʌp] *n*: **would you like a ~?** darf ich Ihnen nachschenken?

top-up loan *n* Ergänzungsdarlehen *nt*.

torch [tɔːtʃ] *n* Fackel *f*; (*BRIT: electric*) Taschenlampe *f*.

tore [tɔːˑ] *pt of* **tear**.

torment [*n* 'tɔːmɛnt, *vt* tɔː'mɛnt] *n* Qual *f* ♦ *vt* quälen; (*annoy*) ärgern.

torn [tɔːn] *pp of* **tear[1]** ♦ *adj*: **~ between** (*fig*) hin- und hergerissen zwischen.

tornado [tɔː'neɪdəu] (*pl ~*es) *n* (*storm*) Tornado *m*.

torpedo [tɔː'piːdəu] (*pl ~*es) *n* Torpedo *m*.

torpedo boat *n* Torpedoboot *nt*.

torpor ['tɔːpəˑ] *n* Trägheit *f*.

torrent ['tɒrnt] *n* (*flood*) Strom *m*; (*fig*) Flut *f*.

torrential [tɔ'rɛnʃl] *adj* (*rain*) wolkenbruchartig.

torrid ['tɒrɪd] *adj* (*weather, love affair*) heiß.

torso ['tɔːsəu] *n* Torso *m*.

tortoise ['tɔːtəs] *n* Schildkröte *f*.

tortoiseshell ['tɔːtəʃɛl] *adj* (*jewellery, ornaments*) aus Schildpatt; (*cat*) braungelbschwarz, braun-gelb-schwarz.

tortuous ['tɔːtjuəs] *adj* (*path*) gewunden; (*argument, mind*) umständlich.

torture ['tɔːtʃəˑ] *n* Folter *f*; (*fig*) Qual *f* ♦ *vt* foltern; (*fig: torment*) quälen; **it was ~** (*fig*) es war eine Qual.

torturer ['tɔːtʃərəˑ] *n* Folterer *m*.

Tory ['tɔːrɪ] (*BRIT: POL*) *adj* konservativ ♦ *n* Tory *m*, Konservative(r) *f(m)*.

toss [tɒs] *vt* (*throw*) werfen; (*one's head*) zurückwerfen; (*salad*) anmachen; (*pancake*) wenden ♦ *n*: **with a ~ of her head** mit einer Kopfbewegung; **to ~ a coin** eine Münze werfen; **to win/lose the ~** die Entscheidung per Münzwurf gewinnen/verlieren; **to ~ up for sth** etw per Münzwurf entscheiden; **to ~ and turn** (*in bed*) sich hin und her wälzen.

tot [tɒt] *n* (*BRIT: drink*) Schluck *m*; (*child*) Knirps *m*.

▶ **tot up** (*BRIT*) *vt* (*figures*) zusammenzählen.

total ['təutl] *adj* (*number etc*) gesamt; (*failure, wreck etc*) völlig, total ♦ *n* Gesamtzahl *f* ♦ *vt* (*add up*) zusammenzählen; (*add up to*) sich belaufen auf; **in ~** insgesamt.

totalitarian [təutælɪ'tɛərɪən] *adj* totalitär.

totality [təu'tælɪtɪ] *n* Gesamtheit *f*.

totally ['təutəlɪ] *adv* völlig.

totem pole ['təutəm-] *n* Totempfahl *m*.

totter ['tɒtəˑ] *vi* (*person*) wanken, taumeln; (*fig: government*) im Wanken sein.

touch [tʌtʃ] *n* (*sense of touch*) Gefühl *nt*;

(*contact*) Berührung *f*; (*skill: of pianist etc*) Hand *f* ♦ *vt* berühren; (*tamper with*) anrühren; (*emotionally*) rühren ♦ *vi* (*make contact*) sich berühren; **the personal** ~ die persönliche Note; **to put the finishing** ~**es to sth** letzte Hand an etw *acc* legen; **a** ~ **of** (*fig: frost etc*) etwas, ein Hauch von; **in** ~ **with** (*person, group*) in Verbindung mit; **to get in** ~ **with sb** mit jdm in Verbindung treten; **I'll be in** ~ ich melde mich; **to lose** ~ (*friends*) den Kontakt verlieren; **to be out of** ~ **with sb** keine Verbindung mehr zu jdm haben; **to be out of** ~ **with events** nicht auf dem Laufenden sein; ~ **wood!** hoffen wir das Beste!

▶ **touch on** *vt fus* (*topic*) berühren.

▶ **touch up** *vt* (*car etc*) ausbessern.

touch-and-go ['tʌtʃən'gəu] *adj* (*situation*) auf der Kippe; **it was** ~ **whether we'd succeed** es war völlig offen, ob wir Erfolg haben würden.

touchdown ['tʌtʃdaun] *n* (*of rocket, plane*) Landung *f*; (*US: FOOTBALL*) Touch-down *m*, Touchdown *m*.

touched [tʌtʃt] *adj* (*moved*) gerührt; (*inf: mad*) plemplem.

touching ['tʌtʃɪŋ] *adj* rührend.

touchline ['tʌtʃlaɪn] *n* (*SPORT*) Seitenlinie *f*.

touch-sensitive ['tʌtʃ'sensɪtɪv] *adj* berührungsempfindlich; (*switch*) Kontakt-.

touch-type ['tʌtʃtaɪp] *vi* blind schreiben.

touchy ['tʌtʃɪ] *adj* (*person, subject*) empfindlich.

tough [tʌf] *adj* (*strong, firm, difficult*) hart; (*resistant*) widerstandsfähig; (*meat, animal, person*) zäh; (*rough*) rauh; ~ **luck!** Pech!

toughen ['tʌfn] *vt* (*sb's character*) hart machen; (*glass etc*) härten.

toughness ['tʌfnɪs] *n* Härte *f*.

toupee ['tuːpeɪ] *n* Toupet *nt*.

tour ['tuə*] *n* (*journey*) Reise *f*, Tour *f*; (*of factory, museum etc*) Rundgang *m*; () (*also*: **guided** ~) Führung *f*; (*by pop group etc*) Tournee *f* ♦ *vt* (*country, factory etc: on foot*) ziehen durch; (: *in car*) fahren durch; **to go on a** ~ **of a museum/castle** an einer Museums-/Schlossführung teilnehmen; **to go on a** ~ **of the Highlands** bereisen; **to go/be on** ~ (*pop group, theatre company etc*) auf Tournee gehen/sein.

tour guide *n* Reiseleiter(in) *m(f)*.

touring ['tuərɪŋ] *n* Umherreisen *nt*.

tourism ['tuərɪzm] *n* Tourismus *m*.

tourist ['tuərɪst] *n* Tourist(in) *m(f)* ♦ *cpd* (*attractions, season*) Touristen-; **the** ~ **trade** die Tourismusbranche.

tourist class *n* Touristenklasse *f*.

tourist information centre (*BRIT*) *n* Touristen-Informationszentrum *nt*.

tourist office *n* Verkehrsamt *nt*.

tournament ['tuənəmənt] *n* Turnier *nt*.

tourniquet ['tuənɪkeɪ] *n* Aderpresse *f*.

tour operator (*BRIT*) *n* Reiseveranstalter *m*.

tousled ['tauzld] *adj* (*hair*) zerzaust.

tout [taut] *vi*: **to** ~ **for business** die Reklametrommel schlagen; **to** ~ **for custom** auf Kundenfang gehen ♦ *n* (*also*: **ticket** ~) *Schwarzhändler, der Eintrittskarten zu überhöhten Preisen verkauft.*

tow [təu] *vt* (*vehicle*) abschleppen; (*caravan, trailer*) ziehen ♦ *n*: **to give sb a** ~ (*AUT*) jdn abschleppen; **"on** or (*US*) **in** ~**"** „Fahrzeug wird abgeschleppt".

▶ **tow away** *vt* (*vehicle*) abschleppen.

toward(s) [tə'wɔːd(z)] *prep* (*direction*) zu; (*attitude*) gegenüber +*dat*; (*purpose*) für; (*in time*) gegen; ~ **noon/the end of the year** gegen Mittag/Ende des Jahres; **to feel friendly** ~ **sb** jdm freundlich gesinnt sein.

towel ['tauəl] *n* Handtuch *nt*; **to throw in the** ~ (*fig*) das Handtuch werfen.

towelling ['tauəlɪŋ] *n* Frottee *nt or m*.

towel rail, (*US*) **towel rack** *n* Handtuchstange *f*.

tower ['tauə*] *n* Turm *m* ♦ *vi* aufragen; **to** ~ **above** or **over sb/sth** über jdm/etw aufragen.

tower block (*BRIT*) *n* Hochhaus *nt*.

towering ['tauərɪŋ] *adj* hoch aufragend.

towline ['təulaɪn] *n* Abschleppseil *nt*.

town [taun] *n* Stadt *f*; **to go (in)to** ~ in die Stadt gehen; **to go to** ~ **on sth** (*fig*) sich bei etw ins Zeug legen; **in** ~ in der Stadt; **to be out of** ~ (*person*) nicht in der Stadt sein.

town centre *n* Stadtzentrum *nt*.

town clerk *n* Stadtdirektor(in) *m(f)*.

town council *n* Stadtrat *m*.

town crier [-'kraɪə*] *n* Ausrufer *m*.

town hall *n* Rathaus *nt*.

town house *n* (*städtisches*) Wohnhaus *nt*; (*US: in a complex*) Reihenhaus *nt*.

townie ['taunɪ] (*inf*) *n* (*town-dweller*) Städter(in) *m(f)*.

town plan *n* Stadtplan *m*.

town planner *n* Stadtplaner(in) *m(f)*.

town planning *n* Stadtplanung *f*.

township ['taunʃɪp] *n* Stadt(gemeinde) *f*; (*formerly: in South Africa*) Township *f*.

townspeople ['taunzpiːpl] *npl* Stadtbewohner *pl*.

towpath ['təupɑːθ] *n* Leinpfad *m*.

towrope ['təurəup] *n* Abschleppseil *nt*.

tow truck (*US*) *n* Abschleppwagen *m*.

toxic ['tɒksɪk] *adj* giftig, toxisch.

toxin ['tɒksɪn] *n* Gift *nt*, Giftstoff *m*.

toy [tɔɪ] *n* Spielzeug *nt*.

▶ **toy with** *vt fus* (*object, idea*) spielen mit.

toyshop ['tɔɪʃɒp] *n* Spielzeugladen *m*.

trace [treɪs] *n* (*sign, small amount*) Spur *f* ♦ *vt* (*draw*) nachzeichnen; (*follow*) verfolgen; (*locate*) aufspüren; **without** ~ (*disappear*) spurlos; **there was no** ~ **of it** es war spurlos verschwunden.

trace element *n* Spurenelement *nt*.

tracer ['treɪsə'] n (MIL: also: ~ **bullet**) Leuchtspurgeschoss nt; (MED) Indikator m.

trachea [trə'kɪə] n Luftröhre f.

tracing paper ['treɪsɪŋ-] n Pauspapier nt.

track [træk] n Weg m; (of comet, SPORT) Bahn f; (of suspect, animal) Spur f; (RAIL) Gleis nt; (on tape, record) Stück nt, Track m ♦ vt (follow) verfolgen; **to keep** ~ **of sb/sth** (fig) jdn/etw im Auge behalten; **to be on the right** ~ (fig) auf der richtigen Spur sein.

▶ **track down** vt aufspüren.

tracker dog ['trækə-] (BRIT) n Spürhund m.

track events npl Laufwettbewerbe f.

tracking station ['trækɪŋ-] n Bodenstation f.

track meet (US) n (SPORT) Leichtathletikwettkampf m.

track record n: **to have a good** ~ (fig) gute Leistungen vorzuweisen haben.

tracksuit ['træksuːt] n Trainingsanzug m.

tract [trækt] n (GEOG) Gebiet nt; (pamphlet) Traktat m or nt; **respiratory** ~ Atemwege pl.

traction ['trækʃən] n (power) Zugkraft f; (AUT: grip) Bodenhaftung f; (MED): **in** ~ im Streckverband.

traction engine n Zugmaschine f.

tractor ['træktə'] n Traktor m.

trade [treɪd] n (activity) Handel m; (skill, job) Handwerk nt ♦ vi (do business) handeln ♦ vt: **to** ~ **sth (for sth)** etw (gegen etw) eintauschen; **foreign** ~ Außenhandel m; **Department of T~ and Industry** (BRIT) ≈ Wirtschaftsministerium nt; **to** ~ **with** Handel treiben mit; **to** ~ **in** (merchandise) handeln in +dat.

▶ **trade in** vt in Zahlung geben.

trade barrier n Handelsschranke f.

trade deficit n Handelsdefizit nt.

Trade Descriptions Act (BRIT) n Gesetz über korrekte Warenbeschreibungen.

trade discount n Händlerrabatt m.

trade fair n Handelsmesse f.

trade figures npl Handelsziffern pl.

trade-in ['treɪdɪn] n: **to take sth as a** ~ etw in Zahlung nehmen.

trade-in value n Gebrauchtwert m.

trademark ['treɪdmɑːk] n Warenzeichen nt.

trade mission n Handelsmission f.

trade name n Handelsname m.

trade-off ['treɪdɔf] n Handel m; **there's bound to be a** ~ **between speed and quality** es gibt entweder Einbußen bei der Schnelligkeit oder bei der Qualität.

trader ['treɪdə'] n Händler(in) m(f).

trade secret n (also fig) Betriebsgeheimnis nt.

tradesman ['treɪdzmən] (irreg: like **man**) n (shopkeeper) Händler m.

trade union n Gewerkschaft f.

trade unionist [-'juːnjənɪst] n Gewerkschaftler(in) m(f).

trade wind n Passat m.

trading ['treɪdɪŋ] n Handel m.

trading estate (BRIT) n Industriegelände nt.

trading stamp n Rabattmarke f.

tradition [trə'dɪʃən] n Tradition f.

traditional [trə'dɪʃənl] adj traditionell.

traditionally [trə'dɪʃənlɪ] adv traditionell.

traffic ['træfɪk] n Verkehr m; (in drugs etc) Handel m ♦ vi: **to** ~ **in** handeln mit.

traffic calming n Verkehrsberuhigung f.

traffic circle (US) n Kreisverkehr m.

traffic island n Verkehrsinsel f.

traffic jam n Verkehrsstauung f, Stau m.

trafficker ['træfɪkə'] n Händler(in) m(f).

traffic lights npl Ampel f.

traffic offence (BRIT) n Verkehrsdelikt nt.

traffic sign n Verkehrszeichen nt.

traffic violation (US) n = **traffic offence**.

traffic warden n Verkehrspolizist für Parkvergehen; (woman) ≈ Politesse f.

tragedy ['trædʒədɪ] n Tragödie f.

tragic ['trædʒɪk] adj tragisch.

tragically ['trædʒɪkəlɪ] adv tragisch.

trail [treɪl] n (path) Weg m; (track) Spur f; (of smoke, dust) Wolke f ♦ vt (drag) schleifen; (follow) folgen +dat ♦ vi (hang loosely) schleifen; (in game, contest) zurückliegen; **to be on sb's** ~ jdm auf der Spur sein.

▶ **trail away** vi (sound, voice) sich verlieren.

▶ **trail behind** vi hinterhertrotten.

▶ **trail off** vi = **trail away**.

trailer ['treɪlə'] n (AUT) Anhänger m; (US: caravan) Caravan m, Wohnwagen m; (CINE, TV) Trailer m.

trailer truck (US) n Sattelschlepper m.

train [treɪn] n (RAIL) Zug m; (of dress) Schleppe f ♦ vt (apprentice etc) ausbilden; (dog) abrichten; (athlete) trainieren; (mind) schulen; (plant) ziehen; (point: camera, gun etc): **to** ~ **on** richten auf +acc ♦ vi (learn a skill) ausgebildet werden; (SPORT) trainieren; ~ **of thought** Gedankengang m; **to go by** ~ mit dem Zug fahren; ~ **of events** Ereignisfolge f; **to** ~ **sb to do sth** jdn dazu ausbilden, etw zu tun.

train attendant (US) n Schlafwagenschaffner m.

trained [treɪnd] adj (worker) gelernt; (teacher) ausgebildet; (animal) dressiert; (eye) geschult.

trainee [treɪ'niː] n Auszubildende(r) f(m).

trainer ['treɪnə'] n (SPORT: coach) Trainer(in) m(f); (: shoe) Trainingsschuh m; (of animals) Dresseur(in) m(f).

training ['treɪnɪŋ] n (for occupation) Ausbildung f; (SPORT) Training nt; **in** ~ (SPORT) im Training.

training college n (for teachers) ≈ pädagogische Hochschule f.

training course n Ausbildungskurs m.

traipse [treɪps] vi: **to** ~ **in/out** hinein-/ herauslatschen.

trait [treɪt] n Zug m, Eigenschaft f.

traitor ['treɪtə'] n Verräter(in) m(f).

trajectory [trə'dʒɛktərɪ] n Flugbahn f.

tram [træm] (*BRIT*) n (*also:* ~**car**) Straßenbahn
f.

tramline ['træmlaɪn] n Straßenbahnschiene f.

tramp [træmp] n Landstreicher m; (*pej:
woman*) Flittchen nt ♦ vi stapfen ♦ vt (*walk
through: town, streets*) latschen durch.

trample ['træmpl] vt: **to** ~ (**underfoot**)
niedertrampeln ♦ vi (*also fig*): **to** ~ **on**
herumtrampeln auf +*dat.*

trampoline ['træmpəliːn] n Trampolin nt.

trance [trɑːns] n Trance f; **to go into a** ~ **in**
Trance verfallen.

tranquil ['træŋkwɪl] adj ruhig, friedlich.

tranquillity, (*US*) **tranquility** [træŋ'kwɪlɪtɪ] n
Ruhe f.

tranquillizer, (*US*) **tranquilizer**
['træŋkwɪlaɪzə'] n Beruhigungsmittel nt.

transact [træn'zækt] vt (*business*) abwickeln.

transaction [træn'zækʃən] n Geschäft nt; **cash**
~ Bargeldtransaktion f.

transatlantic ['trænzət'læntɪk] adj
transatlantisch; (*phone-call*) über den
Atlantik.

transcend [træn'sɛnd] vt überschreiten.

transcendental [trænsɛn'dɛntl] adj:
~ **meditation** transzendentale Meditation f.

transcribe [træn'skraɪb] vt transkribieren.

transcript ['trænskrɪpt] n Niederschrift f,
Transkription f.

transcription [træn'skrɪpʃən] n Transkription
f.

transept ['trænsɛpt] n Querschiff nt.

transfer ['trænsfə'] n (*of employees*)
Versetzung f; (*of money*) Überweisung f; (*of
power*) Übertragung f; (*SPORT*) Transfer m;
(*picture, design*) Abziehbild nt ♦ vt
(*employees*) versetzen; (*money*) überweisen;
(*power, ownership*) übertragen; **by bank** ~
per Banküberweisung; **to** ~ **the charges**
(*BRIT: TEL*) ein R-Gespräch führen.

transferable [træns'fəːrəbl] adj übertragbar;
"**not** ~" „nicht übertragbar".

transfix [træns'fɪks] vt aufspießen; ~**ed with
fear** (*fig*) starr vor Angst.

transform [træns'fɔːm] vt umwandeln.

transformation [trænsfə'meɪʃən] n
Umwandlung f.

transformer [træns'fɔːmə'] n (*ELEC*)
Transformator m.

transfusion [træns'fjuːʒən] n (*also:* **blood** ~)
Bluttransfusion f.

transgress [træns'grɛs] vt (*go beyond*)
überschreiten; (*violate: rules, law*) verletzen.

transient ['trænzɪənt] adj vorübergehend.

transistor [træn'zɪstə'] n (*ELEC*) Transistor m;
(*also:* ~ **radio**) Transistorradio nt.

transit ['trænzɪt] n: **in** ~ unterwegs.

transit camp n Durchgangslager nt.

transition [træn'zɪʃən] n Übergang m.

transitional [træn'zɪʃənl] adj (*period, stage*)
Übergangs-.

transitive ['trænzɪtɪv] adj (*verb*) transitiv.

transit lounge n Transithalle f.

transitory ['trænzɪtərɪ] adj (*emotion,
arrangement etc*) vorübergehend.

transit visa n Transitvisum nt.

translate [trænz'leɪt] vt übersetzen; **to**
~ (**from/into**) übersetzen (aus/in +*acc*).

translation [trænz'leɪʃən] n Übersetzung f; **in**
~ als Übersetzung.

translator [trænz'leɪtə'] n Übersetzer(in) m(f).

translucent [trænz'luːsnt] adj (*object*)
lichtdurchlässig.

transmission [trænz'mɪʃən] n (*also TV*)
Übertragung f; (*of information*)
Übermittlung f; (*AUT*) Getriebe nt.

transmit [trænz'mɪt] vt (*also TV*) übertragen;
(*message, signal*) übermitteln.

transmitter [trænz'mɪtə'] n (*TV, RADIO*)
Sender m.

transparency [træns'pɛərnsɪ] n (*of glass etc*)
Durchsichtigkeit f; (*BRIT: PHOT*) Dia nt.

transparent [træns'pærnt] adj durchsichtig;
(*fig: obvious*) offensichtlich.

transpire [træns'paɪə'] vi (*turn out*) bekannt
werden; (*happen*) passieren; **it finally** ~**d
that** ... schließlich sickerte durch, dass ...

transplant [vt træns'plɔːnt, n 'trɑːnsplɔːnt] vt
(*organ, seedlings*) verpflanzen ♦ n (*MED*)
Transplantation f; **to have a heart** ~ sich
einer Herztransplantation unterziehen.

transport ['trænspɔːt] n Transport m,
Beförderung f ♦ vt transportieren; **do you
have your own** ~? haben Sie ein Auto?;
public ~ öffentliche Verkehrsmittel pl;
Department of T~ (*BRIT*)
Verkehrsministerium nt.

transportation ['trænspɔː'teɪʃən] n Transport
m, Beförderung f; (*means of transport*)
Beförderungsmittel nt; **Department of T~**
(*US*) Verkehrsministerium nt.

transport café (*BRIT*) n Fernfahrerlokal nt.

transpose [træns'pəuz] vt versetzen.

transsexual [trænz'sɛksuəl] adj transsexuell
♦ n Transsexuelle(r) f(m).

transverse ['trænzvɜːs] adj (*beam etc*) Quer-.

transvestite [trænz'vɛstaɪt] n Transvestit m.

trap [træp] n (*also fig*) Falle f; (*carriage*)
zweirädriger Pferdewagen m ♦ vt (*animal*)
(mit einer Falle) fangen; (*person: trick*) in
die Falle locken; (: *confine*) gefangen halten;
(*immobilize*) festsetzen; (*capture: energy*)
stauen; **to set** *or* **lay a** ~ (**for sb**) (jdm) eine
Falle stellen; **to shut one's** ~ (*inf*) die
Klappe halten; **to** ~ **one's finger in the door**
sich *dat* den Finger in der Tür einklemmen.

trap door n Falltür f.

trapeze [trə'piːz] n Trapez nt.

trapper ['træpə'] n Fallensteller m, Trapper m.

trappings ['træpɪŋz] npl äußere Zeichen pl; (*of
power*) Insignien pl.

trash [træʃ] n (*rubbish*) Abfall m, Müll m; (*pej:
nonsense*) Schund m, Mist m.

trash can (*US*) n Mülleimer m.

trashy ['træʃɪ] *adj* (*goods*) minderwertig, wertlos; (*novel etc*) Schund-.

trauma ['trɔːmə] *n* Trauma *nt*.

traumatic [trɔː'mætɪk] *adj* traumatisch.

traumatize ['trɔːmətaɪz] *vt* traumatisieren.

travel ['trævl] *n* (*travelling*) Reisen *nt* ♦ *vi* reisen; (*short distance*) fahren; (*move: car, aeroplane*) sich bewegen; (*sound etc*) sich fortpflanzen; (*news*) sich verbreiten ♦ *vt* (*distance*) zurücklegen; **travels** *npl* (*journeys*) Reisen *pl*; **this wine doesn't ~ well** dieser Wein verträgt den Transport nicht.

travel agency *n* Reisebüro *nt*.

travel agent *n* Reisebürokaufmann *m*, Reisebürokauffrau *f*.

travel brochure *n* Reiseprospekt *m*.

traveling *etc* (*US*) = **travelling** *etc*.

traveller, (*US*) **traveler** ['trævlə*] *n* Reisende(r) *f(m)*; (*COMM*) Vertreter(in) *m(f)*.

traveller's cheque, (*US*) **traveler's check** *n* Reisescheck *m*.

travelling, (*US*) **traveling** ['trævlɪŋ] *n* Reisen *nt* ♦ *cpd* (*circus, exhibition*) Wander-; (*bag, clock*) Reise-; **~ expenses** Reisespesen *pl*.

travelling salesman *n* Vertreter *m*.

travelogue ['trævəlɔg] *n* Reisebericht *m*.

travel sickness *n* Reisekrankheit *f*.

traverse ['trævəs] *vt* durchqueren.

travesty ['trævɪstɪ] *n* Travestie *f*.

trawler ['trɔːlə*] *n* Fischdampfer *m*.

tray [treɪ] *n* (*for carrying*) Tablett *nt*; (*also: in-~/out-~: on desk*) Ablage *f* für Eingänge/Ausgänge.

treacherous ['trɛtʃərəs] *adj* (*person, look*) verräterisch; (*ground, tide*) tückisch; **road conditions are ~** die Straßen sind in gefährlichem Zustand.

treachery ['trɛtʃərɪ] *n* Verrat *m*.

treacle ['triːkl] *n* Sirup *m*.

tread [trɛd] (*pt* **trod**, *pp* **trodden**) *n* (*of tyre*) Profil *nt*; (*footstep*) Schritt *m*; (*of stair*) Stufe *f* ♦ *vi* gehen.

▶ **tread on** *vt fus* treten auf +*acc*.

treadle ['trɛdl] *n* Pedal *nt*.

treas. *abbr* = **treasurer**.

treason ['triːzn] *n* Verrat *m*.

treasure ['trɛʒə*] *n* (*also fig*) Schatz *m* ♦ *vt* schätzen; **treasures** *npl* (*art treasures etc*) Schätze *pl*, Kostbarkeiten *pl*.

treasure hunt *n* Schatzsuche *f*.

treasurer ['trɛʒərə*] *n* Schatzmeister(in) *m(f)*.

treasury ['trɛʒərɪ] *n*: **the T~,** (*US*) **the T~ Department** das Finanzministerium.

treasury bill *n* kurzfristiger Schatzwechsel *m*.

treat [triːt] *n* (*present*) (besonderes) Vergnügen *nt* ♦ *vt* (*also MED, TECH*) behandeln; **it came as a ~** es war eine besondere Freude; **to ~ sth as a joke** etw als Witz ansehen; **to ~ sb to sth** jdm etw spendieren.

treatment ['triːtmənt] *n* Behandlung *f*; **to have**

~ for sth wegen etw in Behandlung sein.

treaty ['triːtɪ] *n* Vertrag *m*.

treble ['trɛbl] *adj* (*triple*) dreifach; (*MUS: voice, part*) (Knaben)sopran-; (*instrument*) Diskant- ♦ *n* (*singer*) (Knaben)sopran *m*; (*on hi-fi, radio etc*) Höhen *pl* ♦ *vt* verdreifachen ♦ *vi* sich verdreifachen; **to be ~ the amount/size of sth** dreimal so viel/so groß wie etw sein.

treble clef *n* Violinschlüssel *m*.

tree [triː] *n* Baum *m*.

tree-lined ['triːlaɪnd] *adj* baumbestanden.

treetop ['triːtɔp] *n* Baumkrone *f*.

tree trunk *n* Baumstamm *m*.

trek [trɛk] *n* Treck *m*; (*tiring walk*) Marsch *m* ♦ *vi* trecken.

trellis ['trɛlɪs] *n* Gitter *nt*.

tremble ['trɛmbl] *vi* (*voice, body, trees*) zittern; (*ground*) beben.

trembling ['trɛmblɪŋ] *n* (*of ground*) Beben *nt*, Erschütterung *f*; (*of trees*) Zittern *nt* ♦ *adj* (*hand, voice etc*) zitternd.

tremendous [trɪ'mɛndəs] *adj* (*amount, success etc*) gewaltig, enorm; (*holiday, view etc*) fantastisch.

tremendously [trɪ'mɛndəslɪ] *adv* (*difficult, exciting*) ungeheuer; **he enjoyed it ~** es hat ihm ausgezeichnet gefallen.

tremor ['trɛmə*] *n* Zittern *nt*; (*also:* **earth ~**) Beben *nt*, Erschütterung *f*.

trench [trɛntʃ] *n* Graben *m*.

trench coat *n* Trenchcoat *m*.

trench warfare *n* Stellungskrieg *m*.

trend [trɛnd] *n* Tendenz *f*; (*fashion*) Trend *m*; **a ~ towards/away from sth** eine Tendenz zu/weg von etw; **to set a/the ~** richtungsweisend sein.

trendy ['trɛndɪ] *adj* modisch.

trepidation [trɛpɪ'deɪʃən] *n* (*apprehension*) Beklommenheit *f*; **in ~** beklommen.

trespass ['trɛspəs] *vi*: **to ~ on** (*private property*) unbefugt betreten; **"no ~ing"** „Betreten verboten".

trespasser ['trɛspəsə*] *n* Unbefugte(r) *f(m)*; **"~s will be prosecuted"** „widerrechtliches Betreten wird strafrechtlich verfolgt".

tress [trɛs] *n* (*of hair*) Locke *f*.

trestle ['trɛsl] *n* Bock *m*.

trestle table *n* Klapptisch *m*.

trial ['traɪəl] *n* (*LAW*) Prozess *m*; (*test: of machine, drug etc*) Versuch *m*; (*worry*) Plage *f*; **trials** *npl* (*unpleasant experiences*) Schwierigkeiten *pl*; **~ by jury** Schwurgerichtsverfahren *nt*; **to be sent for ~** vor Gericht gestellt werden; **to be/go on ~** (*LAW*) angeklagt sein/werden; **by ~ and error** durch Ausprobieren.

trial balance *n* Probebilanz *f*.

trial basis *n*: **on a ~** probeweise.

trial period *n* Probezeit *f*.

trial run *n* Versuch *m*.

triangle ['traɪæŋgl] *n* Dreieck *nt*; (*US: set square*) (Zeichen)dreieck *nt*; (*MUS*) Triangel *f.*

triangular [traɪˈæŋgjulə] *adj* dreieckig.

triathlon [traɪˈæθlən] *n* Triathlon *nt.*

tribal [ˈtraɪbl] *adj* (*warrior, warfare, dance*) Stammes-.

tribe [traɪb] *n* Stamm *m.*

tribesman [ˈtraɪbzmən] (*irreg: like* **man**) *n* Stammesangehörige(r) *m.*

tribulations [trɪbjuˈleɪʃənz] *npl* Kümmernisse *pl.*

tribunal [traɪˈbjuːnl] *n* Gericht *nt.*

tributary [ˈtrɪbjutərɪ] *n* (*of river*) Nebenfluss *m.*

tribute [ˈtrɪbjuːt] *n* Tribut *m*; **to pay ~ to** Tribut zollen +*dat.*

trice [traɪs] *n*: **in a ~** im Handumdrehen.

trick [trɪk] *n* Trick *m*; (*CARDS*) Stich *m* ♦ *vt* hereinlegen; **to play a ~ on sb** jdm einen Streich spielen; **it's a ~ of the light** das Licht täuscht; **that should do the ~** das müsste hinhauen; **to ~ sb into doing sth** jdn (mit einem Trick) dazu bringen, etw zu tun; **to ~ sb out of sth** jdn um etw prellen.

trickery [ˈtrɪkərɪ] *n* Tricks *pl*, Betrügerei *f.*

trickle [ˈtrɪkl] *n* (*of water etc*) Rinnsal *nt* ♦ *vi* (*water, rain etc*) rinnen; (*people*) sich langsam bewegen.

trick photography *n* Trickfotografie *f.*

trick question *n* Fangfrage *f.*

trickster [ˈtrɪkstə] *n* Betrüger(in) *m(f).*

tricky [ˈtrɪkɪ] *adj* (*job, problem*) schwierig.

tricycle [ˈtraɪsɪkl] *n* Dreirad *nt.*

trifle [ˈtraɪfl] *n* (*detail*) Kleinigkeit *f*; (*CULIN*) Trifle *nt* ♦ *adv*: **a ~ long** ein bisschen lang ♦ *vi*: **to ~ with sb/sth** jdn/etw nicht ernst nehmen; **he is not (someone) to be ~d with** mit ihm ist nicht zu spaßen.

trifling [ˈtraɪflɪŋ] *adj* (*detail*) unbedeutend.

trigger [ˈtrɪgə] *n* Abzug *m.*

▶ **trigger off** *vt fus* auslösen.

trigonometry [trɪgəˈnɒmətrɪ] *n* Trigonometrie *f.*

trilby [ˈtrɪlbɪ] (*BRIT*) *n* (*also:* **~ hat**) Filzhut *m.*

trill [trɪl] *n* (*MUS*) Triller *m*; (*of birds*) Trillern *nt.*

trilogy [ˈtrɪlədʒɪ] *n* Trilogie *f.*

trim [trɪm] *adj* (*house, garden*) gepflegt; (*figure, person*) schlank ♦ *n* (*haircut etc*): **to have a ~** sich *dat* die Haare nachschneiden lassen; (*on clothes, car*) Besatz *m* ♦ *vt* (*hair, beard*) nachschneiden; (*decorate*): **to ~ (with)** besetzen (mit); (*NAUT: a sail*) trimmen mit; **to keep o.s. in (good) ~** (gut) in Form bleiben.

trimmings [ˈtrɪmɪŋz] *npl* (*CULIN*): **with all the ~** mit allem Drum und Dran; (*cuttings: of pastry etc*) Reste *pl.*

Trinidad and Tobago [ˈtrɪnɪdæd-] *n* Trinidad und Tobago *nt.*

trinity [ˈtrɪnɪtɪ] *n* (*REL*) Dreieinigkeit *f.*

trinket [ˈtrɪŋkɪt] *n* (*ornament*) Schmuckgegenstand *m*; (*piece of jewellery*) Schmuckstück *nt.*

trio [ˈtriːəu] *n* Trio *nt.*

trip [trɪp] *n* (*journey*) Reise *f*; (*outing*) Ausflug *m* ♦ *vi* (*stumble*) stolpern; (*go lightly*) trippeln; **on a ~** auf Reisen.

▶ **trip over** *vt fus* stolpern über +*acc.*

▶ **trip up** *vi* stolpern ♦ *vt* (*person*) zu Fall bringen.

tripartite [traɪˈpɑːtaɪt] *adj* (*agreement, talks*) dreiseitig.

tripe [traɪp] *n* (*CULIN*) Kaldaunen *pl*; (*pej: rubbish*) Stuss *m.*

triple [ˈtrɪpl] *adj* dreifach ♦ *adv*: **~ the distance/the speed** dreimal so weit/schnell; **~ the amount** dreimal so viel.

triple jump *n* Dreisprung *m.*

triplets [ˈtrɪplɪts] *npl* Drillinge *pl.*

triplicate [ˈtrɪplɪkət] *n*: **in ~** in dreifacher Ausfertigung.

tripod [ˈtraɪpɒd] *n* (*PHOT*) Stativ *nt.*

Tripoli [ˈtrɪpəlɪ] *n* Tripolis *nt.*

tripper [ˈtrɪpə] (*BRIT*) *n* Ausflügler(in) *m(f).*

tripwire [ˈtrɪpwaɪə] *n* Stolperdraht *m.*

trite [traɪt] (*pej*) *adj* (*comment, idea etc*) banal.

triumph [ˈtraɪʌmf] *n* Triumph *m* ♦ *vi*: **to ~ (over)** triumphieren (über +*acc*).

triumphal [traɪˈʌmfl] *adj* (*return*) triumphal.

triumphant [traɪˈʌmfənt] *adj* triumphal; (*victorious*) siegreich.

triumphantly [traɪˈʌmfəntlɪ] *adv* triumphierend.

trivia [ˈtrɪvɪə] (*pej*) *npl* Trivialitäten *pl.*

trivial [ˈtrɪvɪəl] *adj* trivial.

triviality [trɪvɪˈælɪtɪ] *n* Trivialität *f.*

trivialize [ˈtrɪvɪəlaɪz] *vt* trivialisieren.

trod [trɒd] *pt of* **tread.**

trodden [ˈtrɒdn] *pp of* **tread.**

trolley [ˈtrɒlɪ] *n* (*for luggage*) Kofferkuli *m*; (*for shopping*) Einkaufswagen *m*; (*table on wheels*) Teewagen *m*; (*also:* **~ bus**) Oberleitungsomnibus *m*, Obus *m.*

trollop [ˈtrɒləp] (*pej*) *n* (*woman*) Schlampe *f.*

trombone [trɒmˈbəun] *n* Posaune *f.*

troop [truːp] *n* (*of people, monkeys etc*) Gruppe *f* ♦ *vi*: **to ~ in/out** hinein-/hinausströmen; **troops** *npl* (*MIL*) Truppen *pl.*

troop carrier *n* Truppentransporter *m*; (*NAUT: also:* **troopship**) Truppentransportschiff *nt.*

trooper [ˈtruːpə] *n* (*MIL*) Kavallerist *m*; (*US: policeman*) Polizist *m.*

trooping the colour [ˈtruːpɪŋ-] (*BRIT*) *n* (*ceremony*) Fahnenparade *f.*

troopship [ˈtruːpʃɪp] *n* Truppentransportschiff *nt.*

trophy [ˈtrəufɪ] *n* Trophäe *f.*

tropic [ˈtrɒpɪk] *n* Wendekreis *m*; **the tropics** *npl* die Tropen *pl*; **T~ of Cancer/Capricorn** Wendekreis des Krebses/Steinbocks.

tropical [ˈtrɒpɪkl] *adj* tropisch.

trot [trɒt] *n* (*fast pace*) Trott *m*; (*of horse*) Trab *m* ♦ *vi* (*horse*) traben; (*person*) trotten; **on the ~** (*BRIT, fig*) hintereinander.

▶ **trot out** *vt (facts, excuse etc)* vorbringen.

trouble ['trʌbl] *n* Schwierigkeiten *pl*; *(bother, effort)* Umstände *pl*; *(unrest)* Unruhen *pl* ♦ *vt (worry)* beunruhigen; *(disturb: person)* belästigen ♦ *vi:* **to ~ to do sth** sich *dat* die Mühe machen, etw zu tun; **troubles** *npl (personal)* Probleme *pl*; *(POL etc)* Unruhen *pl*; **to be in ~** in Schwierigkeiten sein; **to have ~ doing sth** Schwierigkeiten *or* Probleme haben, etw zu tun; **to go to the ~ of doing sth** sich *dat* die Mühe machen, etw zu tun; **it's no ~!** das macht mir nichts aus!; **the ~ is ...** das Problem ist ...; **what's the ~?** wo fehlts?; **stomach** *etc* **~** Probleme mit dem Magen *etc*; **please don't ~ yourself** bitte bemühen Sie sich nicht.

troubled ['trʌbld] *adj (person)* besorgt; *(country, life, era)* von Problemen geschüttelt.

trouble-free ['trʌblfriː] *adj* problemlos.

troublemaker ['trʌblmeɪkə*] *n* Unruhestifter(in) *m(f)*.

troubleshooter ['trʌblʃuːtə*] *n* Vermittler(in) *m(f)*.

troublesome ['trʌblsəm] *adj (child)* schwierig; *(cough etc)* lästig.

trouble spot *n (MIL)* Unruheherd *m*.

troubling ['trʌblɪŋ] *adj (question etc)* beunruhigend.

trough [trɔf] *n (also:* **drinking ~)** Wassertrog *m*; *(also:* **feeding ~)** Futtertrog *m*; *(channel)* Rinne *f*; *(low point)* Tief *nt*; **a ~ of low pressure** ein Tiefdruckkeil *m*.

trounce [trauns] *vt (defeat)* vernichtend schlagen.

troupe [truːp] *n* Truppe *f*.

trouser press ['trauzə-] *n* Hosenpresse *f*.

trousers ['trauzəz] *npl* Hose *f*; **short ~** kurze Hose; **a pair of ~** eine Hose.

trouser suit *(BRIT) n* Hosenanzug *m*.

trousseau ['truːsəu] *(pl ~x or ~s) n* Aussteuer *f*.

trout [traut] *n inv* Forelle *f*.

trowel ['trauəl] *n (garden tool)* Pflanzkelle *f*; *(builder's tool)* (Maurer)kelle *f*.

truant ['truːənt] *(BRIT) n:* **to play ~** die Schule schwänzen.

truce [truːs] *n* Waffenstillstand *m*.

truck [trʌk] *n (lorry)* Lastwagen *m*; *(RAIL)* Güterwagen *m*; *(for luggage)* Gepäckwagen *m*; **to have no ~ with sb** nichts mit jdm zu tun haben.

truck driver *n* Lkw-Fahrer(in) *m(f)*.

trucker ['trʌkə*] *(US) n* Lkw-Fahrer(in) *m(f)*.

truck farm *(US) n* Gemüsefarm *f*.

trucking ['trʌkɪŋ] *(US) n* Transport *m*.

trucking company *(US) n* Spedition *f*.

truculent ['trʌkjulənt] *adj* aufsässig.

trudge [trʌdʒ] *vi (also:* **~ along)** sich dahinschleppen.

true [truː] *adj* wahr; *(accurate)* genau; *(genuine)* echt; *(faithful: friend)* treu; *(wall, beam)*

gerade; *(circle)* rund; **to come ~** wahr werden; **~ to life** lebensecht.

truffle ['trʌfl] *n (fungus, sweet)* Trüffel *f*.

truly ['truːlɪ] *adv* wahrhaft, wirklich; *(truthfully)* wirklich; **yours ~** *(in letter)* mit freundlichen Grüßen.

trump [trʌmp] *n (also:* **~ card,** *also fig)* Trumpf *m*; **to turn up ~s** *(fig)* sich als Retter in der Not erweisen.

trumped-up *adj:* **a ~ charge** eine erfundene Anschuldigung.

trumpet ['trʌmpɪt] *n* Trompete *f*.

truncated [trʌŋ'keɪtɪd] *adj (message, object)* verstümmelt.

truncheon ['trʌntʃən] *(BRIT) n* Gummiknüppel *m*.

trundle ['trʌndl] *vt (trolley etc)* rollen ♦ *vi:* **to ~ along** *(person)* dahinschlendern; *(vehicle)* dahinrollen.

trunk [trʌŋk] *n (of tree)* Stamm *m*; *(of person)* Rumpf *m*; *(of elephant)* Rüssel *m*; *(case)* Schrankkoffer *m*; *(US: AUT)* Kofferraum *m*; **trunks** *npl (also:* **swimming ~s)** Badehose *f*.

trunk call *(BRIT) n* Ferngespräch *nt*.

trunk road *(BRIT) n* Fernstraße *f*.

truss [trʌs] *n (MED)* Bruchband *nt*.

▶ **truss (up)** *vt (CULIN)* dressieren; *(person)* fesseln.

trust [trʌst] *n* Vertrauen *nt*; *(COMM: for charity etc)* Stiftung *f* ♦ *vt* vertrauen +*dat*; **to take sth on ~** *(advice etc)* etw einfach glauben; **to be in ~** *(LAW)* treuhänderisch verwaltet werden; **to ~ (that)** *(hope)* hoffen(, dass).

trust company *n* Trust *m*.

trusted ['trʌstɪd] *adj (friend, servant)* treu.

trustee [trʌs'tiː] *n (LAW)* Treuhänder(in) *m(f)*; *(of school etc)* Aufsichtsratsmitglied *nt*.

trustful ['trʌstful] *adj* vertrauensvoll.

trust fund *n* Treuhandvermögen *nt*.

trusting ['trʌstɪŋ] *adj* vertrauensvoll.

trustworthy ['trʌstwəːðɪ] *adj (person)* vertrauenswürdig.

trusty ['trʌstɪ] *adj* getreu.

truth [truːθ] *(pl ~s) n:* **the ~** die Wahrheit *f*.

truthful ['truːθful] *adj (person)* ehrlich; *(answer etc)* wahrheitsgemäß.

truthfully ['truːθfəlɪ] *adv (answer)* wahrheitsgemäß.

truthfulness ['truːθfəlnɪs] *n* Ehrlichkeit *f*.

try [traɪ] *n (also RUGBY)* Versuch *m* ♦ *vt (attempt)* versuchen; *(test)* probieren; *(LAW)* vor Gericht stellen; *(strain: patience)* auf die Probe stellen ♦ *vi* es versuchen; **to have a ~** es versuchen, einen Versuch machen; **to ~ to do sth** versuchen, etw zu tun; **to ~ one's (very) best** *or* **hardest** sein Bestes versuchen *or* tun.

▶ **try on** *vt (clothes)* anprobieren; **she's ~ing it on** *(fig)* sie probiert, wie weit sie gehen kann.

▶ **try out** *vt* ausprobieren.

trying ['traɪɪŋ] *adj (person)* schwierig;

(*experience*) schwer.

tsar [zɑː] *n* Zar *m*.

T-shirt ['tiːʃət] *n* T-Shirt *nt*.

T-square ['tiːskweə] *n* (*TECH*) Reißschiene *f*.

TT *adj abbr* (*BRIT: inf*) = **teetotal** ♦ *abbr* (*US: POST*: = *Trust Territories*) *der US-Verwaltungshoheit unterstellte Gebiete*.

tub [tʌb] *n* (*container*) Kübel *m*; (*bath*) Wanne *f*.

tuba ['tjuːbə] *n* Tuba *f*.

tubby ['tʌbɪ] *adj* rundlich.

tube [tjuːb] *n* (*pipe*) Rohr *nt*; (*container*) Tube *f*; (*BRIT: underground*) U-Bahn *f*; (*US: inf*): **the ~** (*television*) die Röhre.

tubeless ['tjuːblɪs] *adj* (*tyre*) schlauchlos.

tuber ['tjuːbə] *n* (*BOT*) Knolle *f*.

tuberculosis [tjubəːkjuˈləʊsɪs] *n* Tuberkulose *f*.

tube station (*BRIT*) *n* U-Bahn-Station *f*.

tubing ['tjuːbɪŋ] *n* Schlauch *m*; **a piece of ~** ein Schlauch.

tubular ['tjuːbjʊlə] *adj* röhrenförmig.

TUC (*BRIT*) *n abbr* (= *Trades Union Congress*) britischer Gewerkschafts-Dachverband.

tuck [tʌk] *vt* (*put*) stecken ♦ *n* (*SEWING*) Biese *f*.

▶ **tuck away** *vt* (*money*) wegstecken; **to be ~ed away** (*building*) versteckt liegen.

▶ **tuck in** *vt* (*clothing*) feststecken; (*child*) zudecken ♦ *vi* (*eat*) zulangen.

▶ **tuck up** *vt* (*invalid, child*) zudecken.

tuck shop *n* Süßwarenladen *m*.

Tue(s). *abbr* (= *Tuesday*) Di.

Tuesday ['tjuːzdɪ] *n* Dienstag *m*; **it is ~ 23rd March** heute ist Dienstag, der 23. März; **on ~** am Dienstag; **on ~s** dienstags; **every ~** jeden Dienstag; **every other ~** jeden zweiten Dienstag; **last/next ~** letzten/nächsten Dienstag; **the following ~** am Dienstag darauf; **~'s newspaper** die Zeitung von Dienstag; **a week/fortnight on ~** Dienstag in einer Woche/in vierzehn Tagen; **the ~ before last** der vorletzte Dienstag; **the ~ after next** der übernächste Dienstag; **~ morning/lunchtime/afternoon/evening** Dienstag Morgen/Mittag/Nachmittag/Abend; **~ night** (*overnight*) Dienstag Nacht.

tuft [tʌft] *n* Büschel *nt*.

tug [tʌg] *n* (*ship*) Schlepper *m* ♦ *vt* zerren.

tug of love *n* Tauziehen *nt* (*um das Sorgerecht für Kinder*).

tug-of-war [tʌgəvˈwɔː] *n* (*also fig*) Tauziehen *nt*.

tuition [tjuːˈɪʃən] *n* (*BRIT*) Unterricht *m*; (*US: school fees*) Schulgeld *nt*.

tulip ['tjuːlɪp] *n* Tulpe *f*.

tumble ['tʌmbl] *n* (*fall*) Sturz *m* ♦ *vi* (*fall*) stürzen.

▶ **tumble to** (*inf*) *vt fus* kapieren.

tumbledown ['tʌmbldaun] *adj* (*building*) baufällig.

tumble dryer (*BRIT*) *n* Wäschetrockner *m*.

tumbler ['tʌmblə] *n* (*glass*) Trinkglas *nt*.

tummy ['tʌmɪ] (*inf*) *n* Bauch *m*.

tumour, (*US*) **tumor** ['tjuːmə] *n* (*MED*) Tumor *m*, Geschwulst *f*.

tumult ['tjuːmʌlt] *n* Tumult *m*.

tumultuous [tjuːˈmʌltjuəs] *adj* (*welcome, applause etc*) stürmisch.

tuna ['tjuːnə] *n inv* (*also*: ~ **fish**) T(h)unfisch *m*.

tune [tjuːn] *n* (*melody*) Melodie *f* ♦ *vt* (*MUS*) stimmen; (*RADIO, TV, AUT*) einstellen; **to be in/out of ~** (*instrument*) richtig gestimmt/verstimmt sein; (*singer*) richtig/falsch singen; **to be in/out of ~ with** (*fig*) in Einklang/nicht in Einklang stehen mit; **she was robbed to the ~ of 10,000 pounds** sie wurde um einen Betrag in Höhe von 10.000 Pfund beraubt.

▶ **tune in** *vi* (*RADIO, TV*) einschalten; **to ~ in to BBC1** BBC1 einschalten.

▶ **tune up** *vi* (*MUS*) (das Instrument/die Instrumente) stimmen.

tuneful ['tjuːnful] *adj* melodisch.

tuner ['tjuːnə] *n*: **piano ~** Klavierstimmer(in) *m(f)*; (*radio set*) Tuner *m*.

tuner amplifier *n* Steuergerät *nt*.

tungsten ['tʌŋstən] *n* Wolfram *nt*.

tunic ['tjuːnɪk] *n* Hemdbluse *f*.

tuning fork ['tjuːnɪŋ-] *n* Stimmgabel *f*.

Tunis ['tjuːnɪs] *n* Tunis *nt*.

Tunisia [tjuːˈnɪzɪə] *n* Tunesien *nt*.

Tunisian [tjuːˈnɪzɪən] *adj* tunesisch ♦ *n* (*person*) Tunesier(in) *m(f)*.

tunnel ['tʌnl] *n* Tunnel *m*; (*in mine*) Stollen *m* ♦ *vi* einen Tunnel bauen.

tunnel vision *n* (*MED*) Gesichtsfeldeinengung *f*; (*fig*) Engstirnigkeit *f*.

tunny ['tʌnɪ] *n* T(h)unfisch *m*.

turban ['təːbən] *n* Turban *m*.

turbid ['təːbɪd] *adj* (*water*) trüb; (*air*) schmutzig.

turbine ['təːbaɪn] *n* Turbine *f*.

turbo ['təːbəʊ] *n* Turbo *m*; **~ engine** Turbomotor *m*.

turbojet [təːbəʊˈdʒɛt] *n* Düsenflugzeug *nt*.

turboprop [təːbəʊˈprɒp] *n* (*engine*) Turbo-Prop-Turbine *f*.

turbot ['təːbət] *n inv* Steinbutt *m*.

turbulence ['təːbjʊləns] *n* (*AVIAT*) Turbulenz *f*.

turbulent ['təːbjʊlənt] *adj* (*water, seas*) stürmisch; (*fig: career, period*) turbulent.

tureen [təˈriːn] *n* Terrine *f*.

turf [təːf] *n* (*grass*) Rasen *m*; (*clod*) Sode *f* ♦ *vt* (*area*) mit Grassoden bedecken; **the T~** (*horse-racing*) der Pferderennsport.

▶ **turf out** (*inf*) *vt* (*person*) rausschmeißen.

turf accountant (*BRIT*) *n* Buchmacher *m*.

turgid ['təːdʒɪd] *adj* geschwollen.

Turin ['tjuəˈrɪn] *n* Turin *nt*.

Turk [təːk] *n* Türke *m*, Türkin *f*.

Turkey ['təːkɪ] *n* die Türkei *f*.

turkey ['təːkɪ] *n* (*bird*) Truthahn *m*, Truthenne

f; (*meat*) Puter *m*.

Turkish ['tə:kɪʃ] *adj* türkisch ♦ *n* (*LING*) Türkisch *nt*.

Turkish bath *n* türkisches Bad *nt*.

Turkish delight *n* geleeartige Süßigkeit, mit Puderzucker oder Schokolade überzogen.

turmeric ['tə:mərɪk] *n* Kurkuma *f*.

turmoil ['tə:mɔɪl] *n* Aufruhr *m*; **in ~** in Aufruhr.

turn [tə:n] *n* (*change*) Wende *f*; (*in road*) Kurve *f*; (*rotation*) Drehung *f*; (*performance*) Nummer *f*; (*inf: MED*) Anfall *m* ♦ *vt* (*handle, key*) drehen; (*collar, steak*) wenden; (*page*) umblättern; (*shape: wood*) drechseln; (: *metal*) drehen ♦ *vi* (*object*) sich drehen; (*person*) sich umdrehen; (*change direction*) abbiegen; (*milk*) sauer werden; **to do sb a good ~** jdm einen guten Dienst erweisen; **a ~ of events** eine Wendung der Dinge; **it gave me quite a ~** (*inf*) das hat mir einen schönen Schrecken eingejagt; **"no left ~"** (*AUT*) „Linksabbiegen verboten"; **it's your ~** du bist dran; **in ~** der Reihe nach; **to take ~s (at)** sich abwechseln (bei); **at the ~ of the century/year** zur Jahrhundertwende/ Jahreswende; **to take a ~ for the worse** (*events*) sich zum Schlechten wenden; **his health** *or* **he has taken a ~ for the worse** sein Befinden hat sich verschlechtert; **to ~ nasty/forty/grey** unangenehm/vierzig/ grau werden.

▶ **turn against** *vt fus* sich wenden gegen.

▶ **turn around** *vi* sich umdrehen; (*in car*) wenden.

▶ **turn away** *vi* sich abwenden ♦ *vt* (*applicants*) abweisen; (*business*) zurückweisen.

▶ **turn back** *vi* umkehren ♦ *vt* (*person, vehicle*) zurückweisen.

▶ **turn down** *vt* (*request*) ablehnen; (*heating*) kleiner stellen; (*radio etc*) leiser stellen; (*bedclothes*) aufschlagen.

▶ **turn in** *vi* (*inf: go to bed*) sich hinhauen ♦ *vt* (*to police*) anzeigen; **to ~ o.s. in** sich stellen.

▶ **turn into** *vt fus* (*change*) sich verwandeln in +*acc* ♦ *vt* machen zu.

▶ **turn off** *vi* (*from road*) abbiegen ♦ *vt* (*light, radio etc*) ausmachen; (*tap*) zudrehen; (*engine*) abstellen.

▶ **turn on** *vt* (*light, radio etc*) anmachen; (*tap*) aufdrehen; (*engine*) anstellen.

▶ **turn out** *vt* (*light*) ausmachen; (*gas*) abstellen ♦ *vi* (*appear, attend*) erscheinen; **to ~ out to be** (*prove to be*) sich erweisen als; **to ~ out well/badly** (*situation*) gut/schlecht enden.

▶ **turn over** *vi* (*person*) sich umdrehen ♦ *vt* (*object*) umdrehen, wenden; (*page*) umblättern; **to ~ sth over to** (*to sb*) etw übertragen +*dat*; (*to sth*) etw verlagern zu.

▶ **turn round** *vi* sich umdrehen; (*vehicle*) wenden.

▶ **turn up** *vi* (*person*) erscheinen; (*lost object*) wieder auftauchen ♦ *vt* (*collar*) hochklappen; (*heater*) höher stellen; (*radio etc*) lauter stellen.

turnabout ['tə:nəbaut] *n* (*fig*) Kehrtwendung *f*.

turnaround ['tə:nəraund] *n* = **turnabout**.

turncoat ['tə:nkəut] *n* Überläufer(in) *m(f)*.

turned-up ['tə:ndʌp] *adj*: **~ nose** Stupsnase *f*.

turning ['tə:nɪŋ] *n* (*in road*) Abzweigung *f*; **the first ~ on the right** die erste Straße rechts.

turning circle (*BRIT*) *n* (*AUT*) Wendekreis *m*.

turning point *n* (*fig*) Wendepunkt *m*.

turning radius (*US*) *n* = **turning circle**.

turnip ['tə:nɪp] *n* Rübe *f*.

turnout ['tə:naut] *n* (*of voters etc*) Beteiligung *f*.

turnover ['tə:nəuvə*] *n* (*COMM: amount of money*) Umsatz *m*; (: *of staff*) Fluktuation *f*; (*CULIN*) **apple ~** Apfeltasche *f*; **there is a rapid ~ in staff** der Personalbestand wechselt ständig.

turnpike ['tə:npaɪk] (*US*) *n* gebührenpflichtige Autobahn *f*.

turnstile ['tə:nstaɪl] *n* Drehkreuz *nt*.

turntable ['tə:nteɪbl] *n* (*on record player*) Plattenteller *m*.

turn-up ['tə:nʌp] (*BRIT*) *n* (*on trousers*) Aufschlag *m*; **that's a ~ for the books!** (*inf*) das ist eine echte Überraschung!

turpentine ['tə:pəntaɪn] *n* (*also*: **turps**) Terpentin *nt*.

turquoise ['tə:kwɔɪz] *n* (*stone*) Türkis *m* ♦ *adj* (*colour*) türkis.

turret ['tʌrɪt] *n* Turm *m*.

turtle ['tə:tl] *n* Schildkröte *f*.

turtleneck (sweater) ['tə:tlnɛk(-)] *n* Pullover *m* mit rundem Kragen.

Tuscan ['tʌskən] *adj* toskanisch ♦ *n* (*person*) Toskaner(in) *m(f)*.

Tuscany ['tʌskənɪ] *n* die Toskana.

tusk [tʌsk] *n* (*of elephant*) Stoßzahn *m*.

tussle ['tʌsl] *n* Gerangel *nt*.

tutor ['tju:tə*] *n* Tutor(in) *m(f)*; (*private tutor*) Privatlehrer(in) *m(f)*.

tutorial [tju:'tɔ:rɪəl] *n* Kolloquium *nt*.

tuxedo [tʌk'si:dəu] (*US*) *n* Smoking *m*.

TV [ti:'vi:] *n abbr* (= *television*) TV *nt*.

TV dinner *n* Fertiggericht *nt*.

twaddle ['twɔdl] (*inf*) *n* dummes Zeug *nt*.

twang [twæŋ] *n* (*of instrument*) singender Ton *m*; (*of voice*) näselnder Ton *m* ♦ *vi* einen singenden Ton von sich geben ♦ *vt* (*guitar*) zupfen.

tweak [twi:k] *vt* kneifen.

tweed [twi:d] *n* Tweed *m* ♦ *adj* (*jacket, skirt*) Tweed-.

tweezers ['twi:zəz] *npl* Pinzette *f*.

twelfth [twɛlfθ] *num* zwölfte(r, s) ♦ *n* Zwölftel *nt*.

Twelfth Night *n* ≈ Dreikönige *nt*.

twelve [twɛlv] *num* zwölf; **at ~ (o'clock)** (*midday*) um zwölf Uhr (mittags); (*midnight*) um zwölf Uhr nachts.

twentieth ['twentɪɪθ] num zwanzigste(r, s).

twenty ['twentɪ] num zwanzig.

twerp [twɔːp] (inf) n Schwachkopf m.

twice [twaɪs] adv zweimal; ~ **as much** zweimal so viel; ~ **a week** zweimal die Woche; **she is ~ your age** sie ist doppelt so alt wie du.

twiddle ['twɪdl] vt drehen an +dat ♦ vi: **to ~ (with)** herumdrehen (an +dat); **to ~ one's thumbs** (fig) Däumchen drehen.

twig [twɪg] n Zweig m ♦ vi, vt (BRIT: inf: realize) kapieren.

twilight ['twaɪlaɪt] n Dämmerung f; **in the ~** in der Dämmerung.

twill [twɪl] n (cloth) Köper m.

twin [twɪn] adj (sister, brother) Zwillings-; (towers) Doppel- ♦ n Zwilling m; (room in hotel etc) Zweibettzimmer nt ♦ vt (towns etc): **to be ~ned with ... ...** als Partnerstadt haben.

twin-bedded room ['twɪn'bedɪd-] n Zweibettzimmer nt.

twin beds npl zwei (gleiche) Einzelbetten pl.

twin-carburettor ['twɪnkɑːbju'retɔ*] adj Doppelvergaser-.

twine [twaɪn] n Bindfaden m ♦ vi sich winden.

twin-engined [twɪn'endʒɪnd] adj zweimotorig.

twinge [twɪndʒ] n (of pain) Stechen nt; **a ~ of conscience** Gewissensbisse pl; **a ~ of fear/ guilt** ein Angst-/Schuldgefühl nt.

twinkle ['twɪŋkl] vi funkeln ♦ n Funkeln nt.

twin town n Partnerstadt f.

twirl [twɔːl] vt herumwirbeln ♦ vi wirbeln ♦ n Wirbel m.

twist [twɪst] n (action) Drehung f; (in road) Kurve; (in coil, flex) Biegung f; (in story) Wendung f ♦ vt (turn) drehen; (injure: ankle etc) verrenken; (twine) wickeln; (fig: meaning etc) verdrehen ♦ vi (road, river) sich winden; ~ **my arm!** (inf) überreden Sie mich einfach!

twisted ['twɪstɪd] adj (wire, rope) gedreht; (ankle) verrenkt; (fig: logic, mind) verdreht.

twit [twɪt] (inf) n Trottel m.

twitch [twɪtʃ] n (jerky movement) Zucken nt ♦ vi zucken.

two [tuː] num zwei; ~ **by ~**, **in ~s** zu zweit; **to put ~ and ~ together** (fig) zwei und zwei zusammenzählen.

two-bit [tuː'bɪt] (inf) adj (worthless) mies.

two-door [tuː'dɔː*] adj zweitürig.

two-faced [tuː'feɪst] (pej) adj scheinheilig.

twofold ['tuːfəʊld] adv: **to increase ~** um das Doppelte ansteigen ♦ adj (increase) um das Doppelte; (aim, value etc) zweifach.

two-piece (suit) ['tuːpiːs-] n Zweiteiler m.

two-piece (swimsuit) n zweiteiliger Badeanzug m.

two-ply ['tuːplaɪ] adj (wool) zweifädig; (tissues) zweilagig.

two-seater ['tuː'siːtə*] n (car) Zweisitzer m.

twosome ['tuːsəm] n (people) Paar nt.

two-stroke ['tuːstrəʊk] n (also: ~ **engine**) Zweitakter m ♦ adj (engine) Zweitakt-.

two-tone ['tuː'təʊn] adj (in colour) zweifarbig.

two-way ['tuːweɪ] adj: ~ **traffic** Verkehr m in beiden Richtungen; ~ **radio** Funksprechgerät nt.

TX (US) abbr (POST: = Texas).

tycoon [taɪ'kuːn] n Magnat m.

type [taɪp] n (category, model, example) Typ m; (TYP) Schrift f ♦ vt (letter etc) tippen, (mit der) Maschine schreiben; **a ~ of** eine Art von; **what ~ do you want?** welche Sorte möchten Sie?; **in bold/italic ~** in Fett-/ Kursivdruck.

typecast ['taɪpkɑːst] (irreg: like **cast**) vt (actor) (auf eine Rolle) festlegen.

typeface ['taɪpfeɪs] n Schrift f, Schriftbild nt.

typescript ['taɪpskrɪpt] n (maschinengeschriebenes) Manuskript nt.

typeset ['taɪpset] (irreg: like **set**) vt setzen.

typesetter ['taɪpsetə*] n Setzer(in) m(f).

typewriter ['taɪpraɪtə*] n Schreibmaschine f.

typewritten ['taɪprɪtn] adj maschine(n)geschrieben.

typhoid ['taɪfɔɪd] n Typhus m.

typhoon [taɪ'fuːn] n Taifun m.

typhus ['taɪfəs] n Fleckfieber nt.

typical ['tɪpɪkl] adj typisch; ~ **(of)** typisch (für); **that's ~!** das ist typisch!

typify ['tɪpɪfaɪ] vt typisch sein für.

typing ['taɪpɪŋ] n Maschine(n)schreiben nt.

typing error n Tippfehler m.

typing pool n Schreibzentrale f.

typist ['taɪpɪst] n Schreibkraft f.

typo ['taɪpəʊ] (inf) n abbr (= typographical error) Druckfehler m.

typography [tɪ'pɒgrəfɪ] n Typografie f.

tyranny ['tɪrənɪ] n Tyrannei f.

tyrant ['taɪərnt] n Tyrann(in) m(f).

tyre, (US) **tire** ['taɪə*] n Reifen m.

tyre pressure n Reifendruck m.

Tyrol [tɪ'rəʊl] n Tirol nt.

Tyrolean [tɪrə'liːən] adj Tiroler ♦ n (person) Tiroler(in) m(f).

Tyrolese [tɪrə'liːz] = **Tyrolean**.

Tyrrhenian Sea [tɪ'riːnɪən-] n: **the ~** das Tyrrhenische Meer.

tzar [zɑː*] n = **tsar**.

U, u

U¹, u [juː] *n* (*letter*) U *nt*, u *nt*; ~ **for Uncle** ≈ U wie Ulrich.

U² [juː] (*BRIT*) *n abbr* (*CINE*: = *universal*) *Klassifikation für jugendfreie Filme.*

UAW (*US*) *n abbr* (= *United Automobile Workers*) *Automobilarbeitergewerkschaft.*

UB40 (*BRIT*) *n abbr* (= *unemployment benefit form 40*) Arbeitslosenausweis *m*.

U-bend ['juːbɛnd] *n* (*in pipe*) U-Krümmung *f*.

ubiquitous [juːˈbɪkwɪtəs] *adj* allgegenwärtig.

UCCA ['ʌkə] (*BRIT*) *n abbr* (= *Universities Central Council on Admissions*) *akademische Zulassungsstelle*, ≈ ZVS *f*.

UDA (*BRIT*) *n abbr* (= *Ulster Defence Association*) *paramilitärische protestantische Organisation in Nordirland.*

UDC (*BRIT*) *n abbr* (= *Urban District Council*) Stadtverwaltung *f*.

udder ['ʌdə*] *n* Euter *nt*.

UDI (*BRIT*) *n abbr* (*POL*: = *unilateral declaration of independence*) einseitige Unabhängigkeitserklärung *f*.

UDR (*BRIT*) *n abbr* (= *Ulster Defence Regiment*) *Regiment aus Teilzeitsoldaten zur Unterstützung der britischen Armee und Polizei in Nordirland.*

UEFA [juːˈeɪfə] *n abbr* (= *Union of European Football Associations*) UEFA *f*.

UFO ['juːfəu] *n abbr* (= *unidentified flying object*) Ufo *nt*.

Uganda [juːˈgændə] *n* Uganda *nt*.

Ugandan [juːˈgændən] *adj* ugandisch ♦ *n* Ugander(in) *m(f)*.

UGC (*BRIT*) *n abbr* (= *University Grants Committee*) *Ausschuss zur Verteilung von Geldern an Universitäten.*

ugh [əːh] *excl* igitt.

ugliness ['ʌglɪnɪs] *n* Hässlichkeit *f*.

ugly ['ʌglɪ] *adj* hässlich; (*nasty*) schlimm.

UHF *abbr* (= *ultrahigh frequency*) UHF.

UHT *abbr* (= *ultra heat treated*): ~ **milk** H-Milch *f*.

UK *n abbr* = **United Kingdom**.

Ukraine [juːˈkreɪn] *n* Ukraine *f*.

Ukrainian [juːˈkreɪnɪən] *adj* ukrainisch ♦ *n* Ukrainer(in) *m(f)*; (*LING*) Ukrainisch *nt*.

ulcer ['ʌlsə*] *n* (*stomach ulcer etc*) Geschwür *nt*; (*also:* **mouth** ~) Abszess *m* im Mund.

Ulster ['ʌlstə*] *n* Ulster *nt*.

ulterior [ʌlˈtɪərɪə*] *adj*: ~ **motive** Hintergedanke *m*.

ultimata [ʌltɪˈmeɪtə] *npl of* **ultimatum**.

ultimate ['ʌltɪmət] *adj* (*final*) letztendlich; (*greatest*) größte(r, s); (: *deterrent*) äußerste(r, s); (: *authority*) höchste(r, s) ♦ *n*: **the ~ in luxury** das Äußerste *or* Höchste an Luxus.

ultimately ['ʌltɪmətlɪ] *adv* (*in the end*) schließlich, letzten Endes; (*basically*) im Grunde (genommen).

ultimatum [ʌltɪˈmeɪtəm] (*pl* ~s *or* ultimata) *n* Ultimatum *nt*.

ultrasonic [ʌltrəˈsɒnɪk] *adj* (*sound*) Ultraschall-.

ultrasound ['ʌltrəsaund] *n* Ultraschall *m*.

ultraviolet ['ʌltrəˈvaɪəlɪt] *adj* ultraviolett.

umbilical cord [ʌmˈbɪlɪkl-] *n* Nabelschnur *f*.

umbrage ['ʌmbrɪdʒ] *n*: **to take ~ at** Anstoß nehmen an +*dat*.

umbrella [ʌmˈbrɛlə] *n* (*for rain*) (Regen)schirm *m*; (*for sun*) Sonnenschirm *m*; (*fig*): **under the ~ of** unter der Leitung von.

umlaut ['umlaut] *n* Umlaut *m*; (*mark*) Umlautzeichen *nt*.

umpire ['ʌmpaɪə*] *n* Schiedsrichter(in) *m(f)* ♦ *vt* (*game*) als Schiedsrichter leiten.

umpteen [ʌmpˈtiːn] *adj* zig.

umpteenth [ʌmpˈtiːnθ] *adj*: **for the ~ time** zum x-ten Mal.

UMWA *n abbr* (= *United Mineworkers of America*) *amerikanische Bergarbeitergewerkschaft.*

UN *n abbr* (= *United Nations*) UNO *f*.

unabashed [ʌnəˈbæʃt] *adj*: **to be/seem ~** unbeeindruckt sein/scheinen.

unabated [ʌnəˈbeɪtɪd] *adj* unvermindert ♦ *adv*: **to continue ~** nicht nachlassen.

unable [ʌnˈeɪbl] *adj*: **to be ~ to do sth** etw nicht tun können.

unabridged [ʌnəˈbrɪdʒd] *adj* ungekürzt.

unacceptable [ʌnəkˈsɛptəbl] *adj* unannehmbar, nicht akzeptabel.

unaccompanied [ʌnəˈkʌmpənɪd] *adj* (*child, song*) ohne Begleitung; (*luggage*) unbegleitet.

unaccountably [ʌnəˈkauntəblɪ] *adv* unerklärlich.

unaccounted [ʌnəˈkauntɪd] *adj*: **to be ~ for** (*passengers, money etc*) (noch) fehlen.

unaccustomed [ʌnəˈkʌstəmd] *adj*: **to be ~ to** nicht gewöhnt sein an +*acc*.

unacquainted [ʌnəˈkweɪntɪd] *adj*: **to be ~ with** nicht vertraut sein mit.

unadulterated [ʌnəˈdʌltəreɪtɪd] *adj* rein.

unaffected [ʌnəˈfɛktɪd] *adj* (*person, behaviour*) natürlich, ungekünstelt; **to be ~ by sth** von etw nicht berührt werden.

unafraid [ʌnəˈfreɪd] *adj*: **to be ~** keine Angst haben.

unaided [ʌnˈeɪdɪd] *adv* ohne fremde Hilfe.

unanimity [juːnəˈnɪmɪtɪ] *n* Einstimmigkeit *f*.

unanimous [juːˈnænɪməs] *adj* einstimmig.

unanimously [juːˈnænɪməslɪ] *adv* einstimmig.

unanswered [ʌnˈɑːnsəd] *adj* unbeantwortet.

unappetizing [ʌn'æpɪtaɪzɪŋ] *adj* (*food*) unappetitlich.

unappreciative [ʌnə'priːʃɪətɪv] *adj* (*person*) undankbar; (*audience*) verständnislos.

unarmed [ʌn'ɑːmd] *adj* unbewaffnet; ~ **combat** Nahkampf *m* ohne Waffen.

unashamed [ʌnə'ʃeɪmd] *adj* (*pleasure, greed etc*) unverhohlen.

unassisted [ʌnə'sɪstɪd] *adv* ohne fremde Hilfe.

unassuming [ʌnə'sjuːmɪŋ] *adj* bescheiden.

unattached [ʌnə'tætʃt] *adj* (*single: person*) ungebunden; (*unconnected*) ohne Verbindung.

unattended [ʌnə'tɛndɪd] *adj* (*car, luggage, child*) unbeaufsichtigt.

unattractive [ʌnə'træktɪv] *adj* unattraktiv.

unauthorized [ʌn'ɔːθəraɪzd] *adj* (*visit, use*) unbefugt; (*version*) nicht unautorisiert.

unavailable [ʌnə'veɪləbl] *adj* (*article, room*) nicht verfügbar; (*person*) nicht zu erreichen; ~ **for comment** nicht zu sprechen.

unavoidable [ʌnə'vɔɪdəbl] *adj* unvermeidlich.

unavoidably [ʌnə'vɔɪdəblɪ] *adv* (*delayed etc*) auf unvermeidliche Weise.

unaware [ʌnə'wɛəʳ] *adj*: **he was ~ of it** er war sich *dat* dessen nicht bewusst.

unawares [ʌnə'wɛəz] *adv* (*catch, take*) unerwartet.

unbalanced [ʌn'bælənst] *adj* (*report*) unausgewogen; (*mentally*) ~ geistig gestört.

unbearable [ʌn'bɛərəbl] *adj* unerträglich.

unbeatable [ʌn'biːtəbl] *adj* unschlagbar.

unbeaten [ʌn'biːtn] *adj* ungeschlagen.

unbecoming [ʌnbɪ'kʌmɪŋ] *adj* (*language, behaviour*) unpassend; (*garment*) unvorteilhaft.

unbeknown(st) [ʌnbɪ'nəun(st)] *adv*: ~ **to me/ Peter** ohne mein/Peters Wissen.

unbelief [ʌnbɪ'liːf] *n* Ungläubigkeit *f*.

unbelievable [ʌnbɪ'liːvəbl] *adj* unglaublich.

unbelievably [ʌnbɪ'liːvəblɪ] *adv* unglaublich.

unbend [ʌn'bɛnd] (*irreg: like* **bend**) *vi* (*relax*) aus sich herausgehen ♦ *vt* (*wire etc*) gerade biegen.

unbending [ʌn'bɛndɪŋ] *adj* (*person, attitude*) unnachgiebig.

unbias(s)ed [ʌn'baɪəst] *adj* unvoreingenommen.

unblemished [ʌn'blɛmɪʃt] *adj* (*also fig*) makellos.

unblock [ʌn'blɔk] *vt* (*pipe*) frei machen.

unborn [ʌn'bɔːn] *adj* ungeboren.

unbounded [ʌn'baundɪd] *adj* grenzenlos.

unbreakable [ʌn'breɪkəbl] *adj* (*object*) unzerbrechlich.

unbridled [ʌn'braɪdld] *adj* ungezügelt.

unbroken [ʌn'brəukən] *adj* (*seal*) unversehrt; (*silence*) ununterbrochen; (*record, series*) ungebrochen.

unbuckle [ʌn'bʌkl] *vt* aufschnallen.

unburden [ʌn'bəːdn] *vt*: **to ~ o.s. (to sb)** (jdm) sein Herz ausschütten.

unbusinesslike [ʌn'bɪznɪslaɪk] *adj* ungeschäftsmäßig.

unbutton [ʌn'bʌtn] *vt* aufknöpfen.

uncalled-for [ʌn'kɔːldfɔːʳ] *adj* (*remark etc*) unnötig.

uncanny [ʌn'kænɪ] *adj* unheimlich.

unceasing [ʌn'siːsɪŋ] *adj* (*search, flow etc*) unaufhörlich; (*loyalty*) unermüdlich.

unceremonious [ʌnsɛrɪ'məunɪəs] *adj* (*abrupt, rude*) brüsk, barsch.

uncertain [ʌn'səːtn] *adj* (*person*) unsicher; (*future, outcome*) ungewiss; **to be ~ about sth** unsicher über etw *acc* sein; **in no ~ terms** unzweideutig.

uncertainty [ʌn'səːtntɪ] *n* Ungewissheit *f*; **uncertainties** *npl* (*doubts*) Unsicherheiten *pl*.

unchallenged [ʌn'tʃælɪndʒd] *adj* unbestritten ♦ *adv* (*walk, enter*) ungehindert; **to go ~** unangefochten bleiben.

unchanged [ʌn'tʃeɪndʒd] *adj* unverändert.

uncharitable [ʌn'tʃærɪtəbl] *adj* (*remark, behaviour etc*) unfreundlich.

uncharted [ʌn'tʃɑːtɪd] *adj* (*land, sea*) unverzeichnet.

unchecked [ʌn'tʃɛkt] *adv* (*grow, continue*) ungehindert.

uncivil [ʌn'sɪvɪl] *adj* (*person*) grob.

uncivilized [ʌn'sɪvɪlaɪzd] *adj* unzivilisiert.

uncle ['ʌŋkl] *n* Onkel *m*.

unclear [ʌn'klɪəʳ] *adj* unklar; **I'm still ~ about what I'm supposed to do** mir ist immer noch nicht klar, was ich tun soll.

uncoil [ʌn'kɔɪl] *vt* (*rope, wire*) abwickeln ♦ *vi* (*snake*) sich strecken.

uncomfortable [ʌn'kʌmfətəbl] *adj* (*person, chair*) unbequem; (*room*) ungemütlich; (*nervous*) unbehaglich; (*unpleasant: situation, fact*) unerfreulich.

uncomfortably [ʌn'kʌmfətəblɪ] *adv* (*sit*) unbequem; (*smile*) unbehaglich.

uncommitted [ʌnkə'mɪtɪd] *adj* nicht engagiert; ~ **to sth** nicht festgelegt auf +*acc*.

uncommon [ʌn'kɔmən] *adj* ungewöhnlich.

uncommunicative [ʌnkə'mjuːnɪkətɪv] *adj* (*person*) schweigsam.

uncomplicated [ʌn'kɔmplɪkeɪtɪd] *adj* unkompliziert.

uncompromising [ʌn'kɔmprəmaɪzɪŋ] *adj* (*person, belief*) kompromisslos.

unconcerned [ʌnkən'səːnd] *adj* (*person*) unbekümmert; **to be ~ about sth** sich nicht um etw kümmern.

unconditional [ʌnkən'dɪʃənl] *adj* bedingungslos; (*acceptance*) vorbehaltlos.

uncongenial [ʌnkən'dʒiːnɪəl] *adj* (*surroundings*) unangenehm.

unconnected [ʌnkə'nɛktɪd] *adj* (*unrelated*) ohne Verbindung; **to be ~ with sth** nicht mit etw in Beziehung stehen.

unconscious [ʌn'kɔnʃəs] *adj* (*in faint*)

bewusstlos; (*unaware*): ~ **of** nicht bewusst
+gen ♦ *n*: **the ~** das Unbewusste; **to knock sb**
~ jdn bewusstlos schlagen.
unconsciously [ʌn'kɔnʃəslɪ] *adv* unbewusst.
unconsciousness [ʌn'kɔnʃəsnɪs] *n*
Bewusstlosigkeit *f*.
unconstitutional ['ʌnkɔnstɪ'tjuːʃənl] *adj*
verfassungswidrig.
uncontested [ʌnkən'tɛstɪd] *adj* (*POL: seat,
election*) ohne Gegenkandidat; (*divorce*) ohne
Einwände der Gegenseite.
uncontrollable [ʌnkən'trəʊləbl] *adj*
unkontrollierbar; (*laughter*) unbändig.
uncontrolled [ʌnkən'trəʊld] *adj* (*behaviour*)
ungezähmt; (*price rises etc*) ungehindert.
unconventional [ʌnkən'vɛnʃənl] *adj*
unkonventionell.
unconvinced [ʌnkən'vɪnst] *adj*: **to be/remain**
~ nicht überzeugt sein/bleiben.
unconvincing [ʌnkən'vɪnsɪŋ] *adj* nicht
überzeugend.
uncork [ʌn'kɔːk] *vt* (*bottle*) entkorken.
uncorroborated [ʌnkə'rɔbəreɪtɪd] *adj*
(*evidence*) unbestätigt.
uncouth [ʌn'kuːθ] *adj* (*person, behaviour*)
ungehobelt.
uncover [ʌn'kʌvə*] *vt* aufdecken.
unctuous ['ʌŋktjuəs] (*form*) *adj* (*person,
behaviour*) salbungsvoll.
undamaged [ʌn'dæmɪdʒd] *adj* unbeschädigt.
undaunted [ʌn'dɔːntɪd] *adj* (*person*)
unverzagt; ~, **she struggled on** sie kämpfte
unverzagt weiter.
undecided [ʌndɪ'saɪdɪd] *adj* (*person*)
unentschlossen; (*question*) unentschieden.
undelivered [ʌndɪ'lɪvəd] *adj* (*goods*) nicht
geliefert; (*letters*) nicht zugestellt; **if**
~ **return to sender** (*on envelope*) falls
unzustellbar, zurück an Absender.
undeniable [ʌndɪ'naɪəbl] *adj* unbestreitbar.
undeniably [ʌndɪ'naɪəblɪ] *adv* (*true*) zweifellos;
(*handsome*) unbestreitbar.
under ['ʌndə*] *prep* (*position*) unter +*dat*;
(*motion*) unter +*acc*; (*according to: law etc*)
nach, gemäß +*dat* ♦ *adv* (*go, fly etc*) darunter;
to come from ~ **sth** unter etw *dat*
hervorkommen; ~ **there** darunter; **in** ~ **2
hours** in weniger als 2 Stunden;
~ **anaesthetic** unter Narkose; **to be**
~ **discussion** diskutiert werden; ~ **repair** in
Reparatur; ~ **the circumstances** unter den
Umständen.
under... ['ʌndə*] *pref* Unter-, unter-.
underage [ʌndər'eɪdʒ] *adj* (*person*)
minderjährig; ~ **drinking** Alkoholgenuss *m*
von Minderjährigen.
underarm ['ʌndərɑːm] *adv* (*bowl, throw*) von
unten ♦ *adj* (*throw, shot*) von unten;
(*deodorant*) Achselhöhlen-.
undercapitalized ['ʌndə'kæpɪtəlaɪzd] *adj*
unterkapitalisiert.
undercarriage ['ʌndəkærɪdʒ] *n* (*AVIAT*)

Fahrgestell *nt*.
undercharge [ʌndə'tʃɑːdʒ] *vt* zu wenig
berechnen +*dat*.
underclass ['ʌndəklɑːs] *n* Unterklasse *f*.
underclothes ['ʌndəkləʊðz] *npl* Unterwäsche
f.
undercoat ['ʌndəkəʊt] *n* (*paint*) Grundierung
f.
undercover [ʌndə'kʌvə*] *adj* (*duty, agent*)
Geheim- ♦ *adv* (*work*) insgeheim.
undercurrent ['ʌndəkʌrnt] *n* (*also fig*)
Unterströmung *f*.
undercut [ʌndə'kʌt] (*irreg: like* cut) *vt* (*person,
prices*) unterbieten.
underdeveloped ['ʌndədɪ'vɛləpt] *adj*
unterentwickelt.
underdog ['ʌndədɔg] *n*: **the ~** der/die
Benachteiligte.
underdone [ʌndə'dʌn] *adj* (*food*) nicht gar;
(: *meat*) nicht durchgebraten.
underemployment ['ʌndərɪm'plɔɪmənt] *n*
Unterbeschäftigung *f*.
underestimate ['ʌndər'ɛstɪmeɪt] *vt*
unterschätzen.
underexposed ['ʌndərɪks'pəʊzd] *adj* (*PHOT*)
unterbelichtet.
underfed [ʌndə'fɛd] *adj* unterernährt.
underfoot [ʌndə'fʊt] *adv*: **to crush sth ~** etw
am Boden zerdrücken; **to trample sth ~** auf
etw *dat* herumtrampeln.
underfunded ['ʌndə'fʌndɪd] *adj*
unterfinanziert.
undergo [ʌndə'gəʊ] (*irreg: like* go) *vt* (*change*)
durchmachen; (*test, operation*) sich
unterziehen; **the car is ~ing repairs** das Auto
wird gerade repariert.
undergraduate [ʌndə'grædjuɪt] *n* Student(in)
m(f) ♦ *cpd*: ~ **courses** Kurse *pl* für
nichtgraduierte Studenten.
underground ['ʌndəgraund] *adj* unterirdisch;
(*POL: newspaper, activities*) Untergrund- ♦ *adv*
(*work*) unterirdisch; (: *miners*) unter Tage;
(*POL*): **to go** ~ untertauchen ♦ *n*: **the ~**
(*BRIT*) die U-Bahn; (*POL*) die
Untergrundbewegung; ~ **car park**
Tiefgarage *f*.
undergrowth ['ʌndəgrəʊθ] *n* Unterholz *nt*.
underhand(ed) [ʌndə'hænd(ɪd)] *adj* (*fig:
behaviour, person*) hinterhältig.
underinsured [ʌndərɪn'ʃuəd] *adj*
unterversichert.
underlay [ʌndə'leɪ] *n* Unterlage *f*.
underlie [ʌndə'laɪ] (*irreg: like* lie) *vt* (*fig: be basis
of*) zugrunde *or* zu Grunde liegen +*dat*; **the
underlying cause** der eigentliche Grund.
underline [ʌndə'laɪn] *vt* unterstreichen; (*fig:
emphasize*) betonen.
underling ['ʌndəlɪŋ] (*pej*) *n*
Befehlsempfänger(in) *m(f)*.
undermanning [ʌndə'mænɪŋ] *n*
Personalmangel *m*.
undermentioned [ʌndə'mɛnʃənd] *adj* unten

genannt.

undermine [ʌndə'maɪn] vt unterminieren, unterhöhlen.

underneath [ʌndə'niːθ] adv darunter ♦ prep (position) unter +dat; (motion) unter +acc.

undernourished [ʌndə'nʌrɪʃt] adj unterernährt.

underpaid [ʌndə'peɪd] adj unterbezahlt.

underpants ['ʌndəpænts] npl Unterhose f.

underpass ['ʌndəpɑːs] (BRIT) n Unterführung f.

underpin [ʌndə'pɪn] vt (argument) untermauern.

underplay [ʌndə'pleɪ] (BRIT) vt herunterspielen.

underpopulated [ʌndə'pɒpjuleɪtɪd] adj unterbevölkert.

underprice [ʌndə'praɪs] vt (goods) zu billig anbieten.

underprivileged [ʌndə'prɪvɪlɪdʒd] adj unterprivilegiert.

underrate [ʌndə'reɪt] vt unterschätzen.

underscore [ʌndə'skɔː'] vt unterstreichen.

underseal [ʌndə'siːl] (BRIT) vt (car) mit Unterbodenschutz versehen ♦ n (of car) Unterbodenschutz m.

undersecretary ['ʌndə'sɛkrətərɪ] n (POL) Staatssekretär(in) m(f).

undersell [ʌndə'sɛl] (irreg: like sell) vt (competitors) unterbieten.

undershirt ['ʌndəʃəːt] (US) n Unterhemd nt.

undershorts ['ʌndəʃɔːts] (US) npl Unterhose f.

underside ['ʌndəsaɪd] n Unterseite f.

undersigned ['ʌndə'saɪnd] adj unterzeichnet ♦ n: the ~ der/die Unterzeichnete; we the ~ agree that ... wir, die Unterzeichneten, kommen überein, dass ...

underskirt ['ʌndəskəːt] (BRIT) n Unterrock m.

understaffed [ʌndə'stɑːft] adj unterbesetzt.

understand [ʌndə'stænd] (irreg: like stand) vt, vi verstehen; I ~ (that) you have ... (believe) soweit ich weiß, haben Sie ...; to make o.s. understood sich verständlich machen.

understandable [ʌndə'stændəbl] adj verständlich.

understanding [ʌndə'stændɪŋ] adj verständnisvoll ♦ n Verständnis nt; to come to an ~ with sb mit jdm übereinkommen; on the ~ that ... unter der Voraussetzung, dass ...

understate [ʌndə'steɪt] vt herunterspielen.

understatement ['ʌndəsteɪtmənt] n Understatement nt, Untertreibung f; that's an ~! das ist untertrieben!

understood [ʌndə'stud] pt, pp of understand ♦ adj (agreed) abgemacht; (implied) impliziert.

understudy ['ʌndəstʌdɪ] n zweite Besetzung f.

undertake [ʌndə'teɪk] (irreg: like take) vt (task) übernehmen ♦ vi: to ~ to do sth es übernehmen, etw zu tun.

undertaker ['ʌndəteɪkə'] n (Leichen)bestatter m.

undertaking ['ʌndəteɪkɪŋ] n (job) Unternehmen nt; (promise) Zusicherung f.

undertone ['ʌndətəʊn] n (of criticism etc) Unterton m; in an ~ mit gedämpfter Stimme.

undervalue [ʌndə'væljuː] vt (person, work etc) unterbewerten.

underwater ['ʌndə'wɔːtə'] adv (swim etc) unter Wasser ♦ adj (exploration, camera etc) Unterwasser-.

underwear ['ʌndəwɛə'] n Unterwäsche f.

underweight [ʌndə'weɪt] adj: to be ~ Untergewicht haben.

underworld ['ʌndəwɔːld] n Unterwelt f.

underwrite [ʌndə'raɪt] vt (FIN) garantieren; (INSURANCE) versichern.

underwriter ['ʌndəraɪtə'] n (INSURANCE) Versicherer(in) m(f).

undeserved [ʌndɪ'zɜːvd] adj unverdient.

undesirable [ʌndɪ'zaɪərəbl] adj unerwünscht.

undeveloped [ʌndɪ'vɛləpt] adj (land) unentwickelt; (resources) ungenutzt.

undies ['ʌndɪz] (inf) npl Unterwäsche f.

undiluted ['ʌndaɪ'luːtɪd] adj (substance) unverdünnt; (emotion) unverfälscht.

undiplomatic ['ʌndɪplə'mætɪk] adj undiplomatisch.

undischarged ['ʌndɪs'tʃɑːdʒd] adj: ~ bankrupt nicht entlasteter Konkursschuldner m, nicht entlastete Konkursschuldnerin f.

undisciplined [ʌn'dɪsɪplɪnd] adj undiszipliniert.

undiscovered ['ʌndɪs'kʌvəd] adj unentdeckt.

undisguised ['ʌndɪs'gaɪzd] adj (dislike, amusement etc) unverhohlen.

undisputed ['ʌndɪs'pjuːtɪd] adj unbestritten.

undistinguished ['ʌndɪs'tɪŋgwɪʃt] adj (career, person) mittelmäßig; (appearance) durchschnittlich.

undisturbed [ʌndɪs'tɜːbd] adj ungestört; to leave sth ~ etw unberührt lassen.

undivided [ʌndɪ'vaɪdɪd] adj: you have my ~ attention Sie haben meine ungeteilte Aufmerksamkeit.

undo [ʌn'duː] (irreg: like do) vt (unfasten) aufmachen; (spoil) zunichte machen.

undoing [ʌn'duːɪŋ] n Verderben nt.

undone [ʌn'dʌn] pp of undo ♦ adj: to come ~ (shoelaces etc) aufgehen.

undoubted [ʌn'dautɪd] adj unzweifelhaft.

undoubtedly [ʌn'dautɪdlɪ] adv zweifellos.

undress [ʌn'drɛs] vi sich ausziehen ♦ vt ausziehen.

undrinkable [ʌn'drɪŋkəbl] adj (unpalatable) ungenießbar; (poisonous) nicht trinkbar.

undue [ʌn'djuː] adj (excessive) übertrieben.

undulating ['ʌndjuleɪtɪŋ] adj (movement) Wellen-; (hills) sanft.

unduly [ʌn'djuːlɪ] adv (excessively) übermäßig.

undying [ʌn'daɪɪŋ] adj (love, loyalty etc) ewig.

unearned [ʌn'ɜːnd] adj (praise) unverdient;

~ **income** Kapitaleinkommen *nt*.
unearth [ʌn'ɜːθ] *vt* (*skeleton etc*) ausgraben; (*fig: secrets etc*) ausfindig machen.
unearthly [ʌn'ɜːθlɪ] *adj* (*eerie*) unheimlich; **at some ~ hour** zu nachtschlafender Zeit.
unease [ʌn'iːz] *n* Unbehagen *nt*.
uneasy [ʌn'iːzɪ] *adj* (*person*) unruhig; (*feeling*) unbehaglich; (*peace, truce*) unsicher; **to feel ~ about doing sth** ein ungutes Gefühl dabei haben, etw zu tun.
uneconomic ['ʌniːkə'nɒmɪk] *adj* unwirtschaftlich.
uneconomical ['ʌniːkə'nɒmɪkl] *adj* unwirtschaftlich.
uneducated [ʌn'ɛdjukeɪtɪd] *adj* ungebildet.
unemployed [ʌnɪm'plɔɪd] *adj* arbeitslos ♦ *npl:* **the ~** die Arbeitslosen *pl*.
unemployment [ʌnɪm'plɔɪmənt] *n* Arbeitslosigkeit *f*.
unemployment benefit (*BRIT*) *n* Arbeitslosenunterstützung *f*.
unemployment compensation (*US*) *n* = **unemployment benefit.**
unending [ʌn'ɛndɪŋ] *adj* endlos.
unenviable [ʌn'ɛnvɪəbl] *adj* (*task, conditions etc*) wenig beneidenswert.
unequal [ʌn'iːkwəl] *adj* ungleich; **to feel ~ to** sich nicht gewachsen fühlen +*dat*.
unequalled, (*US*) **unequaled** [ʌn'iːkwəld] *adj* unübertroffen.
unequivocal [ʌnɪ'kwɪvəkl] *adj* (*answer*) unzweideutig; **to be ~ about sth** eine klare Haltung zu etw haben.
unerring [ʌn'ɜːrɪŋ] *adj* unfehlbar.
UNESCO [juː'nɛskəʊ] *n abbr* (= *United Nations Educational, Scientific and Cultural Organization*) UNESCO *f*.
unethical [ʌn'ɛθɪkl] *adj* (*methods*) unlauter; (*doctor's behaviour*) unethisch.
uneven [ʌn'iːvn] *adj* (*teeth, road etc*) uneben; (*performance*) ungleichmäßig.
uneventful [ʌnɪ'vɛntful] *adj* ereignislos.
unexceptional [ʌnɪk'sɛpʃənl] *adj* durchschnittlich.
unexciting [ʌnɪk'saɪtɪŋ] *adj* (*film, news*) wenig aufregend.
unexpected [ʌnɪks'pɛktɪd] *adj* unerwartet.
unexpectedly [ʌnɪks'pɛktɪdlɪ] *adv* unerwartet.
unexplained [ʌnɪks'pleɪnd] *adj* (*mystery, failure*) ungeklärt.
unexploded [ʌnɪks'pləʊdɪd] *adj* nicht explodiert.
unfailing [ʌn'feɪlɪŋ] *adj* (*support, energy*) unerschöpflich.
unfair [ʌn'fɛə*] *adj* unfair, ungerecht; (*advantage*) ungerechtfertigt; **~ to** unfair *or* ungerecht zu.
unfair dismissal *n* ungerechtfertigte Entlassung *f*.
unfairly [ʌn'fɛəlɪ] *adv* (*treat*) unfair, ungerecht; (*dismiss*) ungerechtfertigt.
unfaithful [ʌn'feɪθful] *adj* (*lover, spouse*)

untreu.
unfamiliar [ʌnfə'mɪlɪə*] *adj* ungewohnt; (*person*) fremd; **to be ~ with sth** mit etw nicht vertraut sein.
unfashionable [ʌn'fæʃnəbl] *adj* (*clothes, ideas*) unmodern; (*place*) unbeliebt.
unfasten [ʌn'fɑːsn] *vt* (*seat belt, strap*) lösen.
unfathomable [ʌn'fæðəməbl] *adj* unergründlich.
unfavourable, (*US*) **unfavorable** [ʌn'feɪvrəbl] *adj* (*circumstances, weather*) ungünstig; (*opinion, report*) negativ.
unfavourably, (*US*) **unfavorably** [ʌn'feɪvrəblɪ] *adv:* **to compare ~ (with sth)** im Vergleich (mit etw) ungünstig sein; **to compare ~ (with sb)** im Vergleich (mit jdm) schlechter abschneiden; **to look ~ on** (*suggestion etc*) ablehnend gegenüberstehen +*dat*.
unfeeling [ʌn'fiːlɪŋ] *adj* gefühllos.
unfinished [ʌn'fɪnɪʃt] *adj* unvollendet.
unfit [ʌn'fɪt] *adj* (*physically*) nicht fit; (*incompetent*) unfähig; **~ for work** arbeitsunfähig; **~ for human consumption** zum Verzehr ungeeignet.
unflagging [ʌn'flægɪŋ] *adj* (*attention, energy*) unermüdlich.
unflappable [ʌn'flæpəbl] *adj* unerschütterlich.
unflattering [ʌn'flætərɪŋ] *adj* (*dress, hairstyle*) unvorteilhaft; (*remark*) wenig schmeichelhaft.
unflinching [ʌn'flɪntʃɪŋ] *adj* unerschrocken.
unfold [ʌn'fəʊld] *vt* (*sheets, map*) auseinander falten ♦ *vi* (*situation, story*) sich entfalten.
unforeseeable [ʌnfɔː'siːəbl] *adj* unvorhersehbar.
unforeseen ['ʌnfɔː'siːn] *adj* unvorhergesehen.
unforgettable [ʌnfə'gɛtəbl] *adj* unvergesslich.
unforgivable [ʌnfə'gɪvəbl] *adj* unverzeihlich.
unformatted [ʌn'fɔːmætɪd] *adj* (*disk, text*) unformatiert.
unfortunate [ʌn'fɔːtʃənət] *adj* (*unlucky*) unglücklich; (*regrettable*) bedauerlich; **it is ~ that ...** es ist bedauerlich, dass ...
unfortunately [ʌn'fɔːtʃənətlɪ] *adv* leider.
unfounded [ʌn'faʊndɪd] *adj* (*allegations, fears*) unbegründet.
unfriendly [ʌn'frɛndlɪ] *adj* unfreundlich.
unfulfilled [ʌnful'fɪld] *adj* (*ambition, prophecy*) unerfüllt; (*person*) unausgefüllt.
unfurl [ʌn'fɜːl] *vt* (*flag etc*) entrollen.
unfurnished [ʌn'fɜːnɪʃt] *adj* unmöbliert.
ungainly [ʌn'geɪnlɪ] *adj* (*person*) unbeholfen.
ungodly [ʌn'gɒdlɪ] *adj* (*annoying*) heillos; **at some ~ hour** zu nachtschlafender Zeit.
ungrateful [ʌn'greɪtful] *adj* undankbar.
unguarded [ʌn'gɑːdɪd] *adj:* **in an ~ moment** in einem unbedachten Augenblick.
unhappily [ʌn'hæpɪlɪ] *adv* (*miserably*) unglücklich; (*unfortunately*) leider.
unhappiness [ʌn'hæpɪnɪs] *n* Traurigkeit *f*.

unhappy [ʌnˈhæpɪ] adj unglücklich; ~ **about/ with** (dissatisfied) unzufrieden über $/ mit;+acc.

unharmed [ʌnˈhɑːmd] adj (person, animal) unversehrt.

UNHCR n abbr (= United Nations High Commission for Refugees) Flüchtlingskommission der Vereinten Nationen.

unhealthy [ʌnˈhɛlθɪ] adj (person) nicht gesund; (place) ungesund; (fig: interest) krankhaft.

unheard-of [ʌnˈhɜːdɒv] adj (unknown) unbekannt; (outrageous) unerhört.

unhelpful [ʌnˈhɛlpful] adj (person) nicht hilfreich; (advice) nutzlos.

unhesitating [ʌnˈhɛzɪteɪtɪŋ] adj (loyalty) bereitwillig; (reply, offer) prompt.

unholy [ʌnˈhəʊlɪ] (inf) adj (fig: alliance) übel; (: mess) heillos; (: row) furchtbar.

unhook [ʌnˈhuk] vt (unfasten) losmachen.

unhurt [ʌnˈhɜːt] adj unverletzt.

unhygienic [ʌnhaɪˈdʒiːnɪk] adj unhygienisch.

UNICEF [ˈjuːnɪsɛf] n abbr (= United Nations International Children's Emergency Fund) UNICEF f.

unicorn [ˈjuːnɪkɔːn] n Einhorn nt.

unidentified [ʌnaɪˈdɛntɪfaɪd] adj (unknown) unbekannt; (unnamed) ungenannt; see also UFO.

unification [juːnɪfɪˈkeɪʃən] n Vereinigung f.

uniform [ˈjuːnɪfɔːm] n Uniform f ♦ adj (length, width etc) einheitlich.

uniformity [juːnɪˈfɔːmɪtɪ] n Einheitlichkeit f.

unify [ˈjuːnɪfaɪ] vt vereinigen.

unilateral [juːnɪˈlætərəl] adj einseitig.

unimaginable [ʌnɪˈmædʒɪnəbl] adj unvorstellbar.

unimaginative [ʌnɪˈmædʒɪnətɪv] adj fantasielos.

unimpaired [ʌnɪmˈpɛəd] adj unbeeinträchtigt.

unimportant [ʌnɪmˈpɔːtənt] adj unwichtig.

unimpressed [ʌnɪmˈprɛst] adj unbeeindruckt.

uninhabited [ʌnɪnˈhæbɪtɪd] adj unbewohnt.

uninhibited [ʌnɪnˈhɪbɪtɪd] adj (person) ohne Hemmungen; (behaviour) hemmungslos.

uninjured [ʌnˈɪndʒəd] adj unverletzt.

uninspiring [ʌnɪnˈspaɪərɪŋ] adj wenig aufregend; (person) trocken, nüchtern.

unintelligent [ʌnɪnˈtɛlɪdʒənt] adj unintelligent.

unintentional [ʌnɪnˈtɛnʃənəl] adj unbeabsichtigt.

unintentionally [ʌnɪnˈtɛnʃnəlɪ] adv unabsichtlich.

uninvited [ʌnɪnˈvaɪtɪd] adj (guest) ungeladen.

uninviting [ʌnɪnˈvaɪtɪŋ] adj (food) unappetitlich; (place) wenig einladend.

union [ˈjuːnjən] n (unification) Vereinigung f, (also: trade ~) Gewerkschaft f ♦ cpd (activities, leader etc) Gewerkschafts-; **the U~** (US) die Vereinigten Staaten.

unionize [ˈjuːnjənaɪz] vt (employees) gewerkschaftlich organisieren.

Union Jack n Union Jack m.

union shop n gewerkschaftspflichtiger Betrieb m.

unique [juːˈniːk] adj (object etc) einmalig; (ability, skill) einzigartig; **to be ~ to** charakteristisch sein für.

unisex [ˈjuːnɪsɛks] adj (clothes) Unisex-; (hairdresser) für Damen und Herren.

UNISON [ˈjuːnɪsn] n Gewerkschaft der Angestellten im öffentlichen Dienst.

unison [ˈjuːnɪsn] n: **in ~** (say, sing) einstimmig; (act) in Übereinstimmung.

unit [ˈjuːnɪt] n Einheit f; **production ~** Produktionsabteilung f; **kitchen ~** Küchen-Einbauelement nt.

unitary [ˈjuːnɪtrɪ] adj (state, system etc) einheitlich.

unit cost n (COMM) Stückkosten pl.

unite [juːˈnaɪt] vt vereinigen ♦ vi sich zusammenschließen.

united [juːˈnaɪtɪd] adj (agreed) einig; (country, party) vereinigt.

United Arab Emirates npl: **the ~** die Vereinigten Arabischen Emirate pl.

United Kingdom n: **the ~** das Vereinigte Königreich.

United Nations npl: **the ~** die Vereinten Nationen pl.

United States (of America) n: **the ~** die Vereinigten Staaten pl (von Amerika).

unit price n (COMM) Einzelpreis m.

unit trust (BRIT) n (COMM) Investmenttrust m.

unity [ˈjuːnɪtɪ] n Einheit f.

Univ. abbr = **university**.

universal [juːnɪˈvɜːsl] adj allgemein.

universe [ˈjuːnɪvɜːs] n Universum nt.

university [juːnɪˈvɜːsɪtɪ] n Universität f ♦ cpd (student, professor) Universitäts-; (education, year) akademisch.

university degree n Universitätsabschluss m.

unjust [ʌnˈdʒʌst] adj ungerecht; (society) unfair.

unjustifiable [ˈʌndʒʌstɪˈfaɪəbl] adj nicht zu rechtfertigen.

unjustified [ʌnˈdʒʌstɪfaɪd] adj (belief, action) ungerechtfertigt; (text) nicht bündig.

unkempt [ʌnˈkɛmpt] adj ungepflegt.

unkind [ʌnˈkaɪnd] adj (person, comment etc) unfreundlich.

unkindly [ʌnˈkaɪndlɪ] adv unfreundlich.

unknown [ʌnˈnəʊn] adj unbekannt; ~ **to me,** ... ohne dass ich es wusste, ...; ~ **quantity** (fig) unbekannte Größe.

unladen [ʌnˈleɪdn] adj (ship) ohne Ladung; (weight) Leer-.

unlawful [ʌnˈlɔːful] adj gesetzwidrig.

unleaded [ˈʌnˈlɛdɪd] adj (petrol) bleifrei, unverbleit; **I use ~** ich fahre bleifrei.

unleash [ʌn'liːʃ] *vt (fig: feeling, forces etc)* entfesseln.

unleavened [ʌn'lɛvnd] *adj (bread)* ungesäuert.

unless [ʌn'lɛs] *conj* es sei denn; ~ **he comes** wenn er nicht kommt; ~ **otherwise stated** wenn nicht anders angegeben; ~ **I am mistaken** wenn ich mich nicht irre; **there will be a strike** ~ **...** es wird zum Streik kommen, es sei denn, ...

unlicensed [ʌn'laɪsnst] *(BRIT) adj (restaurant)* ohne Schankkonzession.

unlike [ʌn'laɪk] *adj (not alike)* unähnlich ♦ *prep (different from)* verschieden von; ~ **me, she is very tidy** im Gegensatz zu mir ist sie sehr ordentlich.

unlikelihood [ʌn'laɪklɪhud] *n* Unwahrscheinlichkeit *f*.

unlikely [ʌn'laɪklɪ] *adj* unwahrscheinlich; *(combination etc)* merkwürdig; **in the** ~ **event of/that** ... im unwahrscheinlichen Fall *+gen*/dass ...

unlimited [ʌn'lɪmɪtɪd] *adj* unbeschränkt.

unlisted ['ʌn'lɪstɪd] *adj (STOCK EXCHANGE)* nicht notiert; *(US: TEL)* **to be** ~ nicht im Telefonbuch stehen.

unlit [ʌn'lɪt] *adj (room etc)* unbeleuchtet.

unload [ʌn'ləud] *vt (box etc)* ausladen; *(car etc)* entladen.

unlock [ʌn'lɒk] *vt* aufschließen.

unlucky [ʌn'lʌkɪ] *adj (object)* Unglück bringend; *(number)* Unglücks-; **to be** ~ *(person)* Pech haben.

unmanageable [ʌn'mænɪdʒəbl] *adj (tool, vehicle)* kaum zu handhaben; *(person, hair)* widerspenstig; *(situation)* unkontrollierbar.

unmanned [ʌn'mænd] *adj (station, spacecraft etc)* unbemannt.

unmarked [ʌn'mɑːkt] *adj (unstained)* fleckenlos; *(unscarred)* nicht gezeichnet; *(unblemished)* makellos; ~ **police car** nicht gekennzeichneter Streifenwagen *m*.

unmarried [ʌn'mærɪd] *adj* unverheiratet.

unmarried mother *n* ledige Mutter *f*.

unmask [ʌn'mɑːsk] *vt (reveal)* enthüllen.

unmatched [ʌn'mætʃt] *adj* unübertroffen.

unmentionable [ʌn'mɛnʃnəbl] *adj (topic, word)* Tabu-; **to be** ~ tabu sein.

unmerciful [ʌn'məːsɪful] *adj* erbarmungslos.

unmistak(e)able [ʌnmɪs'teɪkəbl] *adj* unverkennbar.

unmistak(e)ably [ʌnmɪs'teɪkəblɪ] *adv* unverkennbar.

unmitigated [ʌn'mɪtɪgeɪtɪd] *adj (disaster etc)* total.

unnamed [ʌn'neɪmd] *adj (nameless)* namenlos; *(anonymous)* ungenannt.

unnatural [ʌn'nætʃrəl] *adj* unnatürlich; *(against nature: habit)* widernatürlich.

unnecessarily [ʌn'nɛsəsərɪlɪ] *adv (worry etc)* unnötigerweise; *(severe etc)* übertrieben.

unnecessary [ʌn'nɛsəsərɪ] *adj* unnötig.

unnerve [ʌn'nəːv] *vt* entnerven.

unnoticed [ʌn'nəutɪst] *adj:* **to go** *or* **pass** ~ unbemerkt bleiben.

UNO ['juːnəu] *n abbr (= United Nations Organization)* UNO *f*.

unobservant [ʌnəb'zəːvənt] *adj* unaufmerksam.

unobtainable [ʌnəb'teɪnəbl] *adj (item)* nicht erhältlich; **this number is** ~ *(TEL)* kein Anschluss unter dieser Nummer.

unobtrusive [ʌnəb'truːsɪv] *adj* unauffällig.

unoccupied [ʌn'ɔkjupaɪd] *adj (seat)* frei; *(house)* leer (stehend).

unofficial [ʌnə'fɪʃl] *adj* inoffiziell.

unopened [ʌn'əupənd] *adj* ungeöffnet.

unopposed [ʌnə'pəuzd] *adj:* **to be** ~ *(suggestion)* nicht auf Widerstand treffen; *(motion, bill)* ohne Gegenstimmen angenommen werden.

unorthodox [ʌn'ɔːθədɔks] *adj (also REL)* unorthodox.

unpack [ʌn'pæk] *vt, vi* auspacken.

unpaid [ʌn'peɪd] *adj* unbezahlt.

unpalatable [ʌn'pælətəbl] *adj (meal)* ungenießbar; *(truth)* bitter.

unparalleled [ʌn'pærəlɛld] *adj* beispiellos.

unpatriotic ['ʌnpætrɪ'ɔtɪk] *adj* unpatriotisch.

unplanned [ʌn'plænd] *adj* ungeplant.

unpleasant [ʌn'plɛznt] *adj* unangenehm; *(person, manner)* unfreundlich.

unplug [ʌn'plʌg] *vt (iron, record player etc)* den Stecker herausziehen *+gen*.

unpolluted [ʌnpə'luːtɪd] *adj* unverschmutzt.

unpopular [ʌn'pɔpjulə•] *adj* unpopulär; **to make o.s.** ~ **(with)** sich unbeliebt machen (bei).

unprecedented [ʌn'prɛsɪdɛntɪd] *adj* noch nie da gewesen; *(decision)* einmalig.

unpredictable [ʌnprɪ'dɪktəbl] *adj (person, weather)* unberechenbar; *(reaction)* unvorhersehbar.

unprejudiced [ʌn'prɛdʒudɪst] *adj* unvoreingenommen.

unprepared [ʌnprɪ'pɛəd] *adj* unvorbereitet.

unprepossessing ['ʌnpriːpə'zɛsɪŋ] *adj (person, place)* unattraktiv.

unpretentious [ʌnprɪ'tɛnʃəs] *adj (building, person)* schlicht.

unprincipled [ʌn'prɪnsɪpld] *adj (person)* charakterlos.

unproductive [ʌnprə'dʌktɪv] *adj (land)* unfruchtbar, ertragsarm; *(discussion)* unproduktiv.

unprofessional [ʌnprə'fɛʃənl] *adj* unprofessionell.

unprofitable [ʌn'prɔfɪtəbl] *adj* nicht profitabel, unrentabel.

UNPROFOR *n abbr (= United Nations Protection Force)* UNPROFOR *f*; ~ **troops** UNPROFOR-Truppen, UNO-Schutztruppen.

unprotected ['ʌnprə'tɛktɪd] *adj* ungeschützt.

unprovoked [ʌnprə'vəukt] *adj (attack)* grundlos.

unpunished [ʌn'pʌnɪʃt] *adj*: to go ~ straflos
bleiben.

unqualified [ʌn'kwɒlɪfaɪd] *adj* unqualifiziert;
(*disaster, success*) vollkommen.

unquestionably [ʌn'kwɛstʃənəblɪ] *adv*
fraglos.

unquestioning [ʌn'kwɛstʃənɪŋ] *adj*
bedingungslos.

unravel [ʌn'rævl] *vt* (*also fig*) entwirren.

unreal [ʌn'rɪəl] *adj* (*artificial*) unecht; (*peculiar*)
unwirklich.

unrealistic ['ʌnrɪə'lɪstɪk] *adj* unrealistisch.

unreasonable [ʌn'riːznəbl] *adj* (*person,
attitude*) unvernünftig; (*demand, length of
time*) unzumutbar.

unrecognizable [ʌn'rɛkəgnaɪzəbl] *adj* nicht zu
erkennen.

unrecognized [ʌn'rɛkəgnaɪzd] *adj* (*talent etc*)
unerkannt; (*POL: regime*) nicht anerkannt.

unreconstructed ['ʌnriːkən'strʌktɪd] (*esp US*)
adj (*unwilling to accept change*)
unverbesserlich.

unrecorded [ʌnrə'kɔːdɪd] *adj* (*piece of music
etc*) nicht aufgenommen; (*incident,
statement*) nicht schriftlich festgehalten.

unrefined [ʌnrə'faɪnd] *adj* (*sugar, petroleum*)
nicht raffiniert.

unrehearsed [ʌnrɪ'hɜːst] *adj* (*THEAT etc*) nicht
geprobt; (*spontaneous*) spontan.

unrelated [ʌnrɪ'leɪtɪd] *adj* (*incidents*) ohne
Beziehung; (*people*) nicht verwandt.

unrelenting [ʌnrɪ'lɛntɪŋ] *adj* (*person, behaviour
etc*) unnachgiebig.

unreliable [ʌnrɪ'laɪəbl] *adj* unzuverlässig.

unrelieved [ʌnrɪ'liːvd] *adj* ungemindert.

unremitting [ʌnrɪ'mɪtɪŋ] *adj* (*efforts, attempts*)
unermüdlich.

unrepeatable [ʌnrɪ'piːtəbl] *adj* (*offer*)
einmalig; (*comment*) nicht wiederholbar.

unrepentant [ʌnrɪ'pɛntənt] *adj*: to be ~ about
sth etw nicht bereuen; he's an ~ Marxist er
bereut es nicht, nach wie vor Marxist zu
sein.

unrepresentative ['ʌnrɛprɪ'zɛntətɪv] *adj*:
~ (of) nicht repräsentativ (für).

unrepresented ['ʌnrɛprɪ'zɛntɪd] *adj* nicht
vertreten.

unreserved [ʌnrɪ'zɜːvd] *adj* (*seat*)
unreserviert; (*approval etc*)
uneingeschränkt, vorbehaltlos.

unreservedly [ʌnrɪ'zɜːvɪdlɪ] *adv* ohne
Vorbehalt.

unresponsive [ʌnrɪs'pɒnsɪv] *adj*
unempfänglich.

unrest [ʌn'rɛst] *n* Unruhen *pl*.

unrestricted [ʌnrɪ'strɪktɪd] *adj* unbeschränkt;
to have ~ access to ungehinderten Zugang
haben zu.

unrewarded [ʌnrɪ'wɔːdɪd] *adj* unbelohnt.

unripe [ʌn'raɪp] *adj* unreif.

unrivalled, (*US*) **unrivaled** [ʌn'raɪvəld] *adj*
unübertroffen.

unroll [ʌn'rəʊl] *vt* entrollen ♦ *vi* sich entrollen.

unruffled [ʌn'rʌfld] *adj* unbewegt; (*hair*)
unzerzaust.

unruly [ʌn'ruːlɪ] *adj* (*child, behaviour*)
ungebärdig; (*hair*) widerspenstig.

unsafe [ʌn'seɪf] *adj* unsicher; (*machine, bridge,
car etc*) gefährlich; ~ to eat/drink
ungenießbar.

unsaid [ʌn'sɛd] *adj*: to leave sth ~ etw
ungesagt lassen.

unsaleable, (*US*) **unsalable** [ʌn'seɪləbl] *adj*
unverkäuflich.

unsatisfactory ['ʌnsætɪs'fæktərɪ] *adj*
unbefriedigend.

unsatisfied [ʌn'sætɪsfaɪd] *adj* unzufrieden.

unsavoury, (*US*) **unsavory** [ʌn'seɪvərɪ] *adj*
(*fig: person, place*) widerwärtig.

unscathed [ʌn'skeɪðd] *adj* unversehrt.

unscientific ['ʌnsaɪən'tɪfɪk] *adj*
unwissenschaftlich.

unscrew [ʌn'skruː] *vt* losschrauben.

unscrupulous [ʌn'skruːpjuləs] *adj* skrupellos.

unseat [ʌn'siːt] *vt* (*rider*) abwerfen; (*from
office*) aus dem Amt drängen.

unsecured ['ʌnsɪ'kjuəd] *adj*: ~ creditor nicht
gesicherter Gläubiger *m*; ~ loan
Blankokredit *m*.

unseeded [ʌn'siːdɪd] *adj* (*player*) nicht gesetzt.

unseemly [ʌn'siːmlɪ] *adj* unschicklich.

unseen [ʌn'siːn] *adj* (*person, danger*)
unsichtbar.

unselfish [ʌn'sɛlfɪʃ] *adj* selbstlos.

unsettled [ʌn'sɛtld] *adj* (*person*) unruhig;
(*future*) unsicher; (*question*) ungeklärt;
(*weather*) unbeständig.

unsettling [ʌn'sɛtlɪŋ] *adj* beunruhigend.

unshak(e)able [ʌn'ʃeɪkəbl] *adj*
unerschütterlich.

unshaven [ʌn'ʃeɪvn] *adj* unrasiert.

unsightly [ʌn'saɪtlɪ] *adj* unansehnlich.

unskilled [ʌn'skɪld] *adj* (*work, worker*)
ungelernt.

unsociable [ʌn'səʊʃəbl] *adj* ungesellig.

unsocial [ʌn'səʊʃl] *adj*: to work ~ hours
außerhalb der normalen Arbeitszeit
arbeiten.

unsold [ʌn'səʊld] *adj* unverkauft.

unsolicited [ʌnsə'lɪsɪtɪd] *adj* unerbeten.

unsophisticated [ʌnsə'fɪstɪkeɪtɪd] *adj* (*person*)
anspruchslos; (*method, device*) simpel.

unsound [ʌn'saʊnd] *adj* (*floor, foundations*)
unsicher; (*policy, advice*) unklug; of ~ mind
unzurechnungsfähig.

unspeakable [ʌn'spiːkəbl] *adj* (*indescribable*)
unsagbar; (*awful*) abscheulich.

unspoken [ʌn'spəʊkn] *adj* (*word*)
unausgesprochen; (*agreement etc*)
stillschweigend.

unstable [ʌn'steɪbl] *adj* (*piece of furniture*)
nicht stabil; (*government*) instabil; (*person:
mentally*) labil.

unsteady [ʌn'stɛdɪ] *adj* (*step, voice, legs*)

unsicher; (*ladder*) wack(e)lig.

unstinting [ʌn'stɪntɪŋ] *adj* (*support*) vorbehaltlos; (*generosity*) unbegrenzt.

unstuck [ʌn'stʌk] *adj*: **to come** ~ (*label etc*) sich lösen; (*fig: plan, idea etc*) versagen.

unsubstantiated ['ʌnsəb'stænʃɪeɪtɪd] *adj* (*rumour*) unbestätigt; (*accusation*) unbegründet.

unsuccessful [ʌnsək'sɛsful] *adj* erfolglos; (*marriage*) gescheitert; **to be** ~ keinen Erfolg haben.

unsuccessfully [ʌnsək'sɛsfəlɪ] *adv* ohne Erfolg, vergeblich.

unsuitable [ʌn'suːtəbl] *adj* (*time*) unpassend; (*clothes, person*) ungeeignet.

unsuited [ʌn'suːtɪd] *adj*: **to be** ~ **for** *or* **to sth** für etw ungeeignet sein.

unsung ['ʌnsʌŋ] *adj*: **an** ~ **hero** ein unbesungener Held.

unsure [ʌn'ʃuə*] *adj* unsicher; **to be** ~ **of o.s.** unsicher sein.

unsuspecting [ʌnsəs'pɛktɪŋ] *adj* ahnungslos.

unsweetened [ʌn'swiːtnd] *adj* ungesüßt.

unswerving [ʌn'swəːvɪŋ] *adj* unerschütterlich.

unsympathetic ['ʌnsɪmpə'θɛtɪk] *adj* (*showing little understanding*) abweisend; (*unlikeable*) unsympathisch; **to be** ~ **to(wards) sth** einer Sache *dat* ablehnend gegenüberstehen.

untangle [ʌn'tæŋgl] *vt* entwirren.

untapped [ʌn'tæpt] *adj* (*resources*) ungenutzt.

untaxed [ʌn'tækst] *adj* (*goods, income*) steuerfrei.

unthinkable [ʌn'θɪŋkəbl] *adj* undenkbar.

unthinking [ʌn'θɪŋkɪŋ] *adj* (*uncritical*) bedenkenlos; (*thoughtless*) gedankenlos.

untidy [ʌn'taɪdɪ] *adj* unordentlich.

untie [ʌn'taɪ] *vt* (*knot, parcel*) aufschnüren; (*prisoner, dog*) losbinden.

until [ən'tɪl] *prep* bis +*acc*; (*after negative*) vor +*dat* ♦ *conj* bis; (*after negative*) bevor; ~ **now** bis jetzt; ~ **then** bis dann; **from morning** ~ **night** von morgens bis abends; ~ **he comes** bis er kommt.

untimely [ʌn'taɪmlɪ] *adj* (*moment*) unpassend; (*arrival*) ungelegen; (*death*) vorzeitig.

untold [ʌn'təʊld] *adj* (*joy, suffering, wealth*) unermesslich; **the** ~ **story** die Hintergründe.

untouched [ʌn'tʌtʃt] *adj* unberührt; (*undamaged*) unversehrt; ~ **by** (*unaffected*) unberührt von.

untoward [ʌntə'wɔːd] *adj* (*events, effects etc*) ungünstig.

untrained ['ʌn'treɪnd] *adj* unausgebildet; (*eye, hands*) ungeschult.

untrammelled [ʌn'træmld] *adj* (*person*) ungebunden; (*behaviour*) unbeschränkt.

untranslatable [ʌntrænz'leɪtəbl] *adj* unübersetzbar.

untried [ʌn'traɪd] *adj* (*policy, remedy*) unerprobt; (*prisoner*) noch nicht vor Gericht

gestellt.

untrue [ʌn'truː] *adj* unwahr.

untrustworthy [ʌn'trʌstwəːðɪ] *adj* unzuverlässig.

unusable [ʌn'juːzəbl] *adj* (*object*) unbrauchbar; (*room*) nicht benutzbar.

unused¹ [ʌn'juːzd] *adj* (*new*) unbenutzt.

unused² [ʌn'juːst] *adj*: **to be** ~ **to sth** an etw *acc* nicht gewöhnt sein; **to be** ~ **to doing sth** nicht daran gewöhnt sein, etw zu tun.

unusual [ʌn'juːʒʊəl] *adj* ungewöhnlich; (*exceptional*) außergewöhnlich.

unusually [ʌn'juːʒʊəlɪ] *adv* (*large, high etc*) ungewöhnlich.

unveil [ʌn'veɪl] *vt* (*also fig*) enthüllen.

unwanted [ʌn'wɒntɪd] *adj* unerwünscht.

unwarranted [ʌn'wɒrəntɪd] *adj* ungerechtfertigt.

unwary [ʌn'wɛərɪ] *adj* unachtsam.

unwavering [ʌn'weɪvərɪŋ] *adj* (*faith, support*) unerschütterlich; (*gaze*) fest.

unwelcome [ʌn'wɛlkəm] *adj* (*guest*) unwillkommen; (*news*) unerfreulich; **to feel** ~ sich nicht willkommen fühlen.

unwell [ʌn'wɛl] *adj*: **to be** ~, **to feel** ~ sich nicht wohl fühlen.

unwieldy [ʌn'wiːldɪ] *adj* (*object*) unhandlich; (*system*) schwerfällig.

unwilling [ʌn'wɪlɪŋ] *adj*: **to be** ~ **to do sth** etw nicht tun wollen.

unwillingly [ʌn'wɪlɪŋlɪ] *adv* widerwillig.

unwind [ʌn'waɪnd] (*irreg: like* **wind**) *vt* abwickeln ♦ *vi* sich abwickeln; (*relax*) sich entspannen.

unwise [ʌn'waɪz] *adj* unklug.

unwitting [ʌn'wɪtɪŋ] *adj* (*accomplice*) unwissentlich; (*victim*) ahnungslos.

unworkable [ʌn'wəːkəbl] *adj* (*plan*) undurchführbar.

unworthy [ʌn'wəːðɪ] *adj* unwürdig; **to be** ~ **of sth** einer Sache *gen* nicht wert *or* würdig sein; **to be** ~ **to do sth** es nicht wert sein, etw zu tun; **that remark is** ~ **of you** diese Bemerkung ist unter deiner Würde.

unwrap [ʌn'ræp] *vt* auspacken.

unwritten [ʌn'rɪtn] *adj* (*law*) ungeschrieben; (*agreement*) stillschweigend.

unzip [ʌn'zɪp] *vt* aufmachen.

══════════════════════ *KEYWORD*

up [ʌp] *prep*: **to be** ~ **sth** (oben) auf etw *dat* sein; **to go** ~ **sth** (auf) etw *acc* hinaufgehen; **go** ~ **that road and turn left** gehen Sie die Straße hinauf und biegen Sie links ab
♦ *adv* **1** (*upwards, higher*) oben; **put it a bit higher** ~ stelle es etwas höher; ~ **there** dort oben; ~ **above** hoch oben.

2: **to be** ~ (*out of bed*) auf sein; (*prices, level*) gestiegen sein; (*building, tent*) stehen; **time's** ~ die Zeit ist um *or* vorbei.

3: ~ **to** (*as far as*) bis; ~ **to now** bis jetzt.

4: **to be** ~ **to** (*depending on*) abhängen von;

it's ~ **to you** das hängt von dir ab; **it's not** ~ **to me to decide** es liegt nicht bei mir, das zu entscheiden.
5: to be ~ **to** (*equal to*) gewachsen sein +dat; **he's not** ~ **to it** (*job, task etc*) er ist dem nicht gewachsen; **his work is not** ~ **to the required standard** seine Arbeit entspricht nicht dem gewünschten Niveau.
6: to be ~ **to** (*inf: be doing*) vorhaben; **what is he** ~ **to?** (*showing disapproval, suspicion*) was führt er im Schilde?
♦ *n:* ~**s and downs** (*in life, career*) Höhen und Tiefen *pl*
♦ *vi* (*inf*): **she** ~**ped and left** sie sprang auf und rannte davon
♦ *vt* (*inf: price*) heraufsetzen.

up-and-coming [ʌpənd'kʌmɪŋ] *adj* (*actor, company etc*) kommend.
upbeat ['ʌpbiːt] *n* (*MUS*) Auftakt *m*; (*in economy etc*) Aufschwung *m* ♦ *adj* (*optimistic*) optimistisch.
upbraid [ʌp'breɪd] *vt* tadeln.
upbringing ['ʌpbrɪŋɪŋ] *n* Erziehung *f*.
upcoming ['ʌpkʌmɪŋ] (*esp US*) *adj* kommend.
update [ʌp'deɪt] *vt* aktualisieren.
upend [ʌp'ɛnd] *vt* auf den Kopf stellen.
upfront [ʌp'frʌnt] *adj* (*person*) offen ♦ *adv*: **20%** ~ 20% (als) Vorschuss, 20% im Voraus.
upgrade [ʌp'greɪd] *vt* (*house*) Verbesserungen durchführen in +dat; (*job*) verbessern; (*employee*) befördern; (*COMPUT*) nachrüsten.
upheaval [ʌp'hiːvl] *n* Unruhe *f*.
uphill ['ʌp'hɪl] *adj* bergaufwärts (führend); (*fig: task*) mühsam ♦ *adv* (*push, move*) bergaufwärts; (*go*) bergauf.
uphold [ʌp'həʊld] (*irreg: like* hold) *vt* (*law, principle*) wahren; (*decision*) unterstützen.
upholstery [ʌp'həʊlstərɪ] *n* Polsterung *f*.
upkeep ['ʌpkiːp] *n* (*maintenance*) Instandhaltung *f*.
up-market [ʌp'mɑːkɪt] *adj* anspruchsvoll.
upon [ə'pɔn] *prep* (*position*) auf +dat; (*motion*) auf +acc.
upper ['ʌpə'] *adj* obere(r, s) ♦ *n* (*of shoe*) Oberleder *nt*.
upper class *n*: **the** ~ die Oberschicht.
upper-class ['ʌpə'klɑːs] *adj* vornehm.
uppercut ['ʌpəkʌt] *n* Uppercut *m*.
upper hand *n*: **to have the** ~ die Oberhand haben.
Upper House *n* (*POL*) Oberhaus *nt*.
uppermost ['ʌpəməʊst] *adj* oberste(r, s); **what was** ~ **in my mind** woran ich in erster Linie dachte.
Upper Volta [-'vɔltə] *n* (*formerly*) Obervolta *nt*.
upright ['ʌpraɪt] *adj* (*vertical*) vertikal; (*fig: honest*) rechtschaffen ♦ *adv* (*sit, stand*) aufrecht ♦ *n* (*CONSTR*) Pfosten *m*.
uprising ['ʌpraɪzɪŋ] *n* Aufstand *m*.

uproar ['ʌprɔː'] *n* Aufruhr *m*.
uproarious [ʌp'rɔːrɪəs] *adj* (*laughter*) brüllend; (*joke*) brüllend komisch; (*mirth*) überwältigend.
uproot [ʌp'ruːt] *vt* (*tree*) entwurzeln; (*fig: people*) aus der gewohnten Umgebung reißen; (: *in war etc*) entwurzeln.
upset [*vt, adj* ʌp'sɛt, *n* 'ʌpsɛt] (*irreg: like* set) *vt* (*knock over*) umstoßen; (*person: offend, make unhappy*) verletzen; (*routine, plan*) durcheinander bringen ♦ *adj* (*unhappy*) aufgebracht; (*stomach*) verstimmt ♦ *n*: **to have/get a stomach** ~ (*BRIT*) eine Magenverstimmung haben/bekommen; **to get** ~ sich aufregen.
upset price ['ʌpsɛt-] (*US, SCOT*) *n* Mindestpreis *m*.
upsetting [ʌp'sɛtɪŋ] *adj* (*distressing*) erschütternd.
upshot ['ʌpʃɔt] *n* Ergebnis *nt*; **the** ~ **of it all was that ...** es lief schließlich darauf hinaus, dass ...
upside down ['ʌpsaɪd-] *adv* verkehrt herum; **to turn a room** ~ (*fig*) ein Zimmer auf den Kopf stellen.
upstage ['ʌp'steɪdʒ] *adv* (*THEAT*) im Bühnenhintergrund ♦ *vt*: **to** ~ **sb** (*fig*) jdn ausstechen; jdm die Schau stehlen (*inf*).
upstairs [ʌp'stɛəz] *adv* (*be*) oben; (*go*) nach oben ♦ *adj* (*room*) obere(r, s); (*window*) im oberen Stock ♦ *n* oberes Stockwerk *nt*; **there's no** ~ das Haus hat kein Obergeschoss.
upstart ['ʌpstɑːt] (*pej*) *n* Emporkömmling *m*.
upstream [ʌp'striːm] *adv, adj* flussaufwärts.
upsurge ['ʌpsəːdʒ] *n* (*of enthusiasm etc*) Schwall *m*.
uptake ['ʌpteɪk] *n*: **to be quick on the** ~ schnell kapieren; **to be slow on the** ~ schwer von Begriff sein.
uptight [ʌp'taɪt] (*inf*) *adj* nervös.
up-to-date ['ʌptə'deɪt] *adj* (*modern*) modern; (*person*) up to date.
upturn ['ʌptəːn] *n* (*in economy*) Aufschwung *m*.
upturned ['ʌptəːnd] *adj*: ~ **nose** Stupsnase *f*.
upward ['ʌpwəd] *adj* (*movement*) Aufwärts-; (*glance*) nach oben gerichtet.
upwardly mobile ['ʌpwədlɪ-] *adj*: **to be** ~ ein Aufsteigertyp *m* sein.
upwards ['ʌpwədz] *adv* (*move*) aufwärts; (*glance*) nach oben; **upward(s) of** (*more than*) über +acc.
URA (*US*) *n abbr* (= *Urban Renewal Administration*) Stadtsanierungsbehörde.
Ural Mountains ['jʊərəl-] *npl*: **the** ~ (*also:* **the Urals**) der Ural.
uranium [jʊə'reɪnɪəm] *n* Uran *nt*.
Uranus [jʊə'reɪnəs] *n* Uranus *m*.
urban ['əːbən] *adj* städtisch; (*unemployment*) in den Städten.
urbane [əː'beɪn] *adj* weltgewandt.

urbanization ['ɔːbənaɪ'zeɪʃən] *n*
Urbanisierung *f*, Verstädterung *f*.
urchin ['ɔːtʃɪn] (*pej*) *n* Gassenkind *nt*.
Urdu ['uədu:] *n* Urdu *nt*.
urge [ɔːdʒ] *n* (*need, desire*) Verlangen *nt* ♦ *vt*:
to ~ sb to do sth jdn eindringlich bitten,
etw zu tun; **to ~ caution** zur Vorsicht
mahnen.
▶ **urge on** *vt* antreiben.
urgency ['ɔːdʒənsɪ] *n* Dringlichkeit *f*.
urgent ['ɔːdʒənt] *adj* dringend; (*voice*)
eindringend.
urgently ['ɔːdʒəntlɪ] *adv* dringend.
urinal ['juərɪnl] *n* (*building*) Pissoir *nt*; (*vessel*)
Urinal *m*.
urinate ['juərɪneɪt] *vi* urinieren.
urine ['juərɪn] *n* Urin *m*.
urn [ɔːn] *n* Urne *f*; (*also*: **tea ~**) Teekessel *m*.
Uruguay ['juərəgwaɪ] *n* Uruguay *nt*.
Uruguayan [juərə'gwaɪən] *adj* uruguayisch
♦ *n* (*person*) Uruguayer(in) *m(f)*.
US *n abbr* (= *United States*) USA *pl*.
us [ʌs] *pl pron* uns; (*emphatic*) wir; *see also* **me**.
USA *n abbr* (= *United States of America*) USA *f*;
(*MIL*: = *United States Army*) US-Armee *f*.
usable ['juːzəbl] *adj* brauchbar.
USAF *n abbr* (= *United States Air Force*) US-
Luftwaffe *f*.
usage ['juːzɪdʒ] *n* (*LING*) (Sprach)gebrauch *m*.
USCG *n abbr* (= *United States Coast Guard*)
Küstenwache der USA.
USDA *n abbr* (= *United States Department of
Agriculture*) US-
Landwirtschaftsministerium.
USDAW ['ʌzdɔː] (*BRIT*) *n abbr* (= *Union of Shop,
Distributive and Allied Workers*)
Einzelhandelsgewerkschaft.
USDI *n abbr* (= *United States Department of the
Interior*) US-Innenministerium.
use [*n* juːs, *vt* juːz] *n* (*using*) Gebrauch *m*,
Verwendung *f*; (*usefulness, purpose*) Nutzen
m ♦ *vt* benutzen, gebrauchen; (*phrase*)
verwenden; **in ~** in Gebrauch; **out of ~**
außer Gebrauch; **to be of ~** nützlich *or* von
Nutzen sein; **to make ~ of sth** Gebrauch
von etw machen; **it's no ~** es hat keinen
Zweck; **to have the ~ of sth** über etw *acc*
verfügen können; **what's this ~d for?** wofür
wird das gebraucht?; **to be ~d to sth** etw
gewohnt sein; **to get ~d to sth** sich an etw
acc gewöhnen; **she ~d to do it** sie hat es
früher gemacht.
▶ **use up** *vt* (*food, leftovers*) aufbrauchen;
(*money*) verbrauchen.
used [juːzd] *adj* gebraucht; (*car*) Gebraucht-.
useful ['juːsful] *adj* nützlich; **to come in ~** sich
als nützlich erweisen.
usefulness ['juːsfəlnɪs] *n* Nützlichkeit *f*.
useless ['juːslɪs] *adj* nutzlos; (*person: hopeless*)
hoffnungslos.
user ['juːzə*] *n* Benutzer(in) *m(f)*; (*of petrol, gas
etc*) Verbraucher(in) *m(f)*.

user-friendly ['juːzə'frendlɪ] *adj*
benutzerfreundlich.
usher ['ʌʃə*] *n* (*at wedding*) Platzanweiser *m*
♦ *vt*: **to ~ sb in** jdn hineinführen.
usherette [ʌʃə'rɛt] *n* Platzanweiserin *f*.
USIA *n abbr* (= *United States Information
Agency*) US-Informations- und
Kulturinstitut.
USM *n abbr* (= *United States Mint*) US-
Münzanstalt; (= *United States Mail*) US-
Postbehörde.
USN *n abbr* (= *United States Navy*) US-Marine *f*.
USPHS *n abbr* (= *United States Public Health
Service*) US-Gesundheitsbehörde.
USPO *n abbr* (= *United States Post Office*) US-
Postbehörde.
USS *abbr* (= *United States Ship*) Namensteil
von Schiffen der Kriegsmarine.
USSR *n abbr* (*formerly*: = *Union of Soviet
Socialist Republics*) UdSSR *f*.
usu. *abbr* = **usually**.
usual ['juːʒuəl] *adj* üblich, gewöhnlich; **as ~**
wie gewöhnlich.
usually ['juːʒuəlɪ] *adv* gewöhnlich.
usurer ['juːʒərə*] *n* Wucherer *m*.
usurp [juː'zəːp] *vt* (*title, position*) an sich *acc*
reißen.
usury ['juːʒʊrɪ] *n* Wucher *m*.
UT (*US*) *abbr* (*POST*: = *Utah*).
utensil [juː'tɛnsl] *n* Gerät *nt*; **kitchen ~s**
Küchengeräte *pl*.
uterus ['juːtərəs] *n* Gebärmutter *f*, Uterus *m*.
utilitarian [juːtɪlɪ'tɛərɪən] *adj* (*building, object*)
praktisch; (*PHILOSOPHY*) utilitaristisch.
utility [juː'tɪlɪtɪ] *n* (*usefulness*) Nützlichkeit *f*;
(*public utility*) Versorgungsbetrieb *m*.
utility room *n* ≈ Hauswirtschaftsraum *m*.
utilization [juːtɪlaɪ'zeɪʃən] *n* Verwendung *f*.
utilize ['juːtɪlaɪz] *vt* verwenden.
utmost ['ʌtməust] *adj* äußerste(r, s) ♦ *n*: **to do
one's ~** sein Möglichstes tun; **of the
~ importance** von äußerster Wichtigkeit.
utter ['ʌtə*] *adj* (*amazement*) äußerste(r, s);
(*rubbish, fool*) total ♦ *vt* (*sounds, words*)
äußern.
utterance ['ʌtərəns] *n* Äußerung *f*.
utterly ['ʌtəlɪ] *adv* (*totally*) vollkommen.
U-turn ['juː'təːn] *n* (*also fig*) Kehrtwendung *f*.
Uzbekistan [ʌzbɛkɪ'stɑːn] *n* Usbekistan *nt*.

V, v

V¹, v [viː] n (letter) V nt, v nt; **~ for Victor** ≈ V wie Viktor.

V² abbr (= volt) V.

v. abbr = **verse** (= versus) vs.; (= vide) s.

VA (US) abbr (POST: = Virginia).

vac [væk] (BRIT: inf) n abbr = **vacation**.

vacancy ['veɪkənsɪ] n (BRIT: job) freie Stelle f; (room in hotel etc) freies Zimmer nt; **"no vacancies"** „belegt"; **have you any vacancies?** (hotel) haben Sie Zimmer frei?; (office) haben Sie freie Stellen?

vacant ['veɪkənt] adj (room, seat, job) frei; (look) leer.

vacant lot (US) n unbebautes Grundstück nt.

vacate [və'keɪt] vt (house) räumen; (one's seat) frei machen; (job) aufgeben.

vacation [və'keɪʃən] (esp US) n (holiday) Urlaub m; (SCOL) Ferien pl; **to take a ~** Urlaub machen; **on ~** im Urlaub.

vacation course n Ferienkurs m.

vaccinate ['væksɪneɪt] vt: **to ~ sb (against sth)** jdn (gegen etw) impfen.

vaccination [væksɪ'neɪʃən] n Impfung f.

vaccine ['væksiːn] n Impfstoff m.

vacuum ['vækjum] n (empty space) Vakuum nt.

vacuum cleaner n Staubsauger m.

vacuum flask (BRIT) n Thermosflasche ® f.

vacuum-packed ['vækjum'pækt] adj vakuumverpackt.

vagabond ['vægəbɒnd] n Vagabund m.

vagary ['veɪgərɪ] n: **the vagaries of** die Launen +gen.

vagina [və'dʒaɪnə] n Scheide f, Vagina f.

vagrancy ['veɪgrənsɪ] n Landstreicherei f; (in towns, cities) Stadtstreicherei f.

vagrant ['veɪgrənt] n Landstreicher(in) m(f); (in town, city) Stadtstreicher(in) m(f).

vague [veɪg] adj (memory) vage; (outline) undeutlich; (look, idea, instructions) unbestimmt; (person: not precise) unsicher; (: evasive) unbestimmt; **to look ~** (absent-minded) zerstreut aussehen; **I haven't the ~st idea** ich habe nicht die leiseste Ahnung.

vaguely ['veɪglɪ] adv (unclearly) vage, unbestimmt; (slightly) in etwa.

vagueness ['veɪgnɪs] n Unbestimmtheit f.

vain [veɪn] adj (person) eitel; (attempt, action) vergeblich; **in ~** vergebens; **to die in ~** umsonst sterben.

vainly ['veɪnlɪ] adv vergebens.

valance ['væləns] n (of bed) Volant m.

valedictorian [vælɪdɪk'tɔːrɪən] (US) n (SCOL)

Abschiedsredner(in) bei der Schulentlassungsfeier.

valedictory [vælɪ'dɪktərɪ] adj (speech) Abschieds-; (remarks) zum Abschied.

valentine ['væləntaɪn] n (also: ~ card) Valentinsgruß m; (person) Freund/Freundin, dem/der man am Valentinstag einen Gruß schickt.

valet ['vælɪt] n Kammerdiener m.

valet parking n Einparken nt (durch Hotelangestellte etc).

valet service n Reinigungsdienst m.

valiant ['væliənt] adj (effort) tapfer.

valid ['vælɪd] adj (ticket, document) gültig; (argument, reason) stichhaltig.

validate ['vælɪdeɪt] vt (contract, document) für gültig erklären; (argument, claim) bestätigen.

validity [və'lɪdɪtɪ] n (soundness) Gültigkeit f.

valise [və'liːz] n kleiner Koffer m.

valley ['vælɪ] n Tal nt.

valour, (US) **valor** ['vælə*] n Tapferkeit f.

valuable ['væljuəbl] adj wertvoll; (time) kostbar.

valuables ['væljuəblz] npl Wertsachen pl.

valuation [vælju'eɪʃən] n (of house etc) Schätzung f; (judgement of quality) Einschätzung f.

value ['væljuː] n Wert m; (usefulness) Nutzen m ♦ vt schätzen; **values** npl (principles, beliefs) Werte pl; **you get good ~ (for money) in that shop** in dem Laden bekommt man etwas für sein Geld; **to lose (in) ~** an Wert verlieren; **to gain (in) ~** im Wert steigen; **to be of great ~ (to sb)** (fig) von großem Wert (für jdn) sein.

value-added tax [vælju:'ædɪd-] (BRIT) n Mehrwertsteuer f.

valued ['vælju:d] adj (customer, advice) geschätzt.

valuer ['væljuə*] n Schätzer(in) m(f).

valve [vælv] n Ventil nt; (MED) Klappe f.

vampire ['væmpaɪə*] n Vampir m.

van [væn] n (AUT) Lieferwagen m; (BRIT: RAIL) Wa(g)gon m.

V and A (BRIT) n abbr (= Victoria and Albert Museum) Londoner Museum.

vandal ['vændl] n Rowdy m.

vandalism ['vændəlɪzəm] n Vandalismus m.

vandalize ['vændəlaɪz] vt mutwillig zerstören.

vanguard ['vænga:d] n (fig): **in the ~ of** an der Spitze +gen.

vanilla [və'nɪlə] n Vanille f.

vanilla ice cream n Vanilleeis nt.

vanish ['vænɪʃ] vi verschwinden.

vanity ['vænɪtɪ] n (of person) Eitelkeit f.

vanity case n Kosmetikkoffer m.

vantage point ['vɑ:ntɪdʒ-] n Aussichtspunkt m; (fig): **from our ~** aus unserer Sicht.

vaporize ['veɪpəraɪz] vt verdampfen ♦ vi verdunsten.

vapour, (US) **vapor** ['veɪpə*] n (gas, steam)

Dampf *m*; (*mist*) Dunst *m*.

vapour trail *n* (*AVIAT*) Kondensstreifen *m*.

variable ['vɛərɪəbl] *adj* (*likely to change: mood, quality, weather*) veränderlich, wechselhaft; (*able to be changed: temperature, height, speed*) variabel ♦ *n* veränderlicher Faktor *m*; (*MATH*) Variable *f*.

variance ['vɛərɪəns] *n*: **to be at ~ (with)** nicht übereinstimmen (mit).

variant ['vɛərɪənt] *n* Variante *f*.

variation [vɛərɪ'eɪʃən] *n* (*change*) Veränderung *f*; (*different form: of plot, theme etc*) Variation *f*.

varicose ['værɪkəus] *adj*: ~ **veins** Krampfadern *pl*.

varied ['vɛərɪd] *adj* (*diverse*) unterschiedlich; (*full of changes*) abwechslungsreich.

variety [və'raɪətɪ] *n* (*diversity*) Vielfalt *f*; (*varied collection*) Auswahl *f*; (*type*) Sorte *f*; **a wide ~ of** ... eine Vielfalt an *+acc* ...; **for a ~ of reasons** aus verschiedenen Gründen.

variety show *n* Varietee- *or* Varietévorführung *f*.

various ['vɛərɪəs] *adj* (*reasons, people*) verschiedene; **at ~ times** (*different*) zu verschiedenen Zeiten; (*several*) mehrmals, mehrfach.

varnish ['vɑːnɪʃ] *n* Lack *m* ♦ *vt* (*wood, one's nails*) lackieren.

vary ['vɛərɪ] *vt* verändern ♦ *vi* (*be different*) variieren; **to ~ with** (*weather, season etc*) sich ändern mit.

varying ['vɛərɪɪŋ] *adj* unterschiedlich.

vase [vɑːz] *n* Vase *f*.

vasectomy [væ'sektəmɪ] *n* Vasektomie *f*.

Vaseline ® ['væsɪliːn] *n* Vaseline *f*.

vast [vɑːst] *adj* (*knowledge*) enorm; (*expense, area*) riesig.

vastly ['vɑːstlɪ] *adv* (*superior, improved*) erheblich.

vastness ['vɑːstnɪs] *n* ungeheure Größe *f*.

VAT [væt] (*BRIT*) *n abbr* (= *value-added tax*) MWSt *f*.

vat [væt] *n* Fass *nt*.

Vatican ['vætɪkən] *n*: **the ~** der Vatikan.

vatman ['vætmæn] (*inf: irreg: like man*) *n* ≈ Fiskus *m* (*bezüglich Einbehaltung der Mehrwertsteuer*).

vaudeville ['vəudəvɪl] *n* Varietee *nt*, Varieté *nt*.

vault [vɔːlt] *n* (*of roof*) Gewölbe *nt*; (*tomb*) Gruft *f*; (*in bank*) Tresorraum *m*; (*jump*) Sprung *m* ♦ *vt* (*also*: ~ **over**) überspringen.

vaunted ['vɔːntɪd] *adj*: **much-~** viel gepriesen.

VC *n abbr* = **vice-chairman**; (*BRIT*: = *Victoria Cross*) Viktoriakreuz *nt*, *höchste britische Tapferkeitsauszeichnung*.

VCR *n abbr* = **video cassette recorder**.

VD *n abbr* = **venereal disease**.

VDU *n abbr* (*COMPUT*) = **visual display unit**.

veal [viːl] *n* Kalbfleisch *nt*.

veer [vɪə*] *vi* (*wind*) sich drehen; (*vehicle*) ausscheren.

veg (*BRIT: inf*) *n abbr* = **vegetable(s)**.

vegan ['viːgən] *n* Veganer(in) *m(f)* ♦ *adj* radikal vegetarisch.

vegeburger ['vedʒɪbəːgə*] *n* vegetarischer Hamburger *m*.

vegetable ['vedʒtəbl] *n* (*plant*) Gemüse *nt*; (*plant life*) Pflanzen *pl* ♦ *cpd* (*oil etc*) Pflanzen-; (*garden, plot*) Gemüse-.

vegetarian [vedʒɪ'tɛərɪən] *n* Vegetarier(in) *m(f)* ♦ *adj* vegetarisch.

vegetate ['vedʒɪteɪt] *vi* (*fig: person*) dahinvegetieren.

vegetation [vedʒɪ'teɪʃən] *n* (*plants*) Vegetation *f*.

vegetative ['vedʒɪtətɪv] *adj* vegetativ.

veggieburger ['vedʒɪbəːgə*] *n* = **vegeburger**.

vehemence ['viːɪməns] *n* Vehemenz *f*, Heftigkeit *f*.

vehement ['viːɪmənt] *adj* heftig.

vehicle ['viːɪkl] *n* (*machine*) Fahrzeug *nt*; (*fig: means*) Mittel *nt*.

vehicular [vɪ'hɪkjulə*] *adj*: **"no ~ traffic"** „kein Fahrzeugverkehr".

veil [veɪl] *n* Schleier *m* ♦ *vt* (*also fig*) verschleiern; **under a ~ of secrecy** unter einem Schleier von Geheimnissen.

veiled [veɪld] *adj* (*also fig: threat*) verschleiert.

vein [veɪn] *n* Ader *f*; (*fig: mood, style*) Stimmung *f*.

Velcro ® ['velkrəu] *n* (*also*: ~ **fastener** *or* **fastening**) Klettverschluss *m*.

vellum ['veləm] *n* (*writing paper*) Pergament *nt*.

velocity [vɪ'lɔsɪtɪ] *n* Geschwindigkeit *f*.

velours *n* Velours *m*.

velvet ['velvɪt] *n* Samt *m* ♦ *adj* (*skirt, jacket*) Samt-.

vendetta [ven'detə] *n* Vendetta *f*; (*between families*) Blutrache *f*.

vending machine ['vendɪŋ-] *n* Automat *m*.

vendor ['vendə*] *n* Verkäufer(in) *m(f)*; **street ~** Straßenhändler(in) *m(f)*.

veneer [və'nɪə*] *n* (*on furniture*) Furnier *nt*; (*fig*) Anstrich *m*.

venerable ['venərəbl] *adj* ehrwürdig; (*REL*) hochwürdig.

venereal [vɪ'nɪərɪəl] *adj*: ~ **disease** Geschlechtskrankheit *f*.

Venetian [vɪ'niːʃən] *adj* (*GEOG*) venezianisch ♦ *n* (*person*) Venezianer(in) *m(f)*.

Venetian blind *n* Jalousie *f*.

Venezuela [venɛ'zweɪlə] *n* Venezuela *nt*.

Venezuelan [venɛ'zweɪlən] *adj* venezolanisch ♦ *n* (*person*) Venezolaner(in) *m(f)*.

vengeance ['vendʒəns] *n* Rache *f*; **with a ~** (*fig: fiercely*) gewaltig; **he broke the rules with a ~** er verstieß die Regeln - und nicht zu knapp.

vengeful ['vendʒful] *adj* rachsüchtig.

Venice ['venɪs] *n* Venedig *nt*.

venison ['venɪsn] *n* Rehfleisch *nt*.

venom ['vɛnəm] n (poison) Gift nt; (bitterness, anger) Gehässigkeit f.

venomous ['vɛnəməs] adj (snake, insect) giftig; (look) gehässig.

vent [vɛnt] n (also: air ~) Abzug m; (in jacket) Schlitz m ♦ vt (fig: feelings) abreagieren.

ventilate ['vɛntɪleɪt] vt (building) belüften; (room) lüften.

ventilation [vɛntɪ'leɪʃən] n Belüftung f.

ventilation shaft n Luftschacht m.

ventilator ['vɛntɪleɪtə*] n (TECH) Ventilator m; (MED) Beatmungsgerät nt.

ventriloquist [vɛn'trɪləkwɪst] n Bauchredner(in) m(f).

venture ['vɛntʃə*] n Unternehmung f ♦ vt (opinion) zu äußern wagen ♦ vi (dare to go) sich wagen; **a business** ~ ein geschäftliches Unternehmen; **to** ~ **to do sth** es wagen, etw zu tun.

venture capital n Risikokapital nt.

venue ['vɛnjuː] n (for meeting) Treffpunkt m; (for big events) Austragungsort m.

Venus ['viːnəs] n Venus f.

veracity [və'ræsɪtɪ] n (of person) Aufrichtigkeit f; (of evidence etc) Richtigkeit f.

veranda(h) [və'rændə] n Veranda f.

verb [vɜːb] n Verb nt.

verbal ['vɜːbl] adj verbal; (skills) sprachlich; (translation) wörtlich.

verbally ['vɜːbəlɪ] adv (communicate etc) mündlich, verbal.

verbatim [vɜː'beɪtɪm] adj wörtlich ♦ adv Wort für Wort.

verbose [vɜː'bəus] adj (person) wortreich; (writing) weitschweifig.

verdict ['vɜːdɪkt] n (LAW, fig) Urteil nt; ~ **of guilty/not guilty** Schuld-/Freispruch m.

verge [vɜːdʒ] (BRIT) n (of road) Rand m, Bankett nt; "**soft ~s**" (BRIT: AUT) „Seitenstreifen nicht befahrbar"; **to be on the** ~ **of doing sth** im Begriff sein, etw zu tun.

▶ **verge on** vt fus grenzen an +acc.

verger ['vɜːdʒə*] n (REL) Küster m.

verification [vɛrɪfɪ'keɪʃən] n (see vt) Bestätigung f; Überprüfung f.

verify ['vɛrɪfaɪ] vt (confirm) bestätigen; (check) überprüfen.

veritable ['vɛrɪtəbl] adj (real) wahr.

vermin ['vɜːmɪn] npl Ungeziefer nt.

vermouth ['vɜːməθ] n Wermut m.

vernacular [və'nækjulə*] n (of country) Landessprache f; (of region) Dialekt m.

versatile ['vɜːsətaɪl] adj vielseitig.

versatility [vɜːsə'tɪlɪtɪ] n Vielseitigkeit f.

verse [vɜːs] n (poetry) Poesie f; (stanza) Strophe f; (in bible) Vers m; **in** ~ in Versform.

versed [vɜːst] adj: (**well-**)~ **in** (gut) bewandert in +dat.

version ['vɜːʃən] n Version f.

versus ['vɜːsəs] prep gegen.

vertebra ['vɜːtɪbrə] (pl ~e) n Rückenwirbel m.

vertebrae ['vɜːtɪbriː] npl of **vertebra**.

vertebrate ['vɜːtɪbrɪt] n Wirbeltier nt.

vertical ['vɜːtɪkl] adj vertikal, senkrecht ♦ n Vertikale f.

vertically ['vɜːtɪklɪ] adv vertikal.

vertigo ['vɜːtɪgəu] n Schwindelgefühle pl; **to suffer from** ~ leicht schwindlig werden.

verve [vɜːv] n Schwung m.

very ['vɛrɪ] adv sehr ♦ adj: **the** ~ **book which** ... genau das Buch, das ...; **the** ~ **last** der/die/ das Allerletzte; **at the** ~ **least** allerwenigstens; ~ **well/little** sehr gut/ wenig; ~ **much** sehr viel; (like, hope) sehr; **the** ~ **thought (of it) alarms me** der bloße Gedanke (daran) beunruhigt mich; **at the** ~ **end** ganz am Ende.

vespers ['vɛspəz] npl (REL) Vesper f.

vessel ['vɛsl] n Gefäß nt; (NAUT) Schiff nt; see **blood**.

vest [vɛst] n (BRIT: underwear) Unterhemd nt; (US: waistcoat) Weste f ♦ vt: **to** ~ **sb with sth**, ~ **sth in sb** jdm etw verleihen.

vested interest ['vɛstɪd-] n (COMM) finanzielles Interesse nt; **to have a** ~ **in doing sth** ein besonderes Interesse daran haben, etw zu tun.

vestibule ['vɛstɪbjuːl] n Vorhalle f.

vestige ['vɛstɪdʒ] n Spur f.

vestment ['vɛstmənt] n (REL) Ornat nt.

vestry ['vɛstrɪ] n Sakristei f.

Vesuvius [vɪ'suːvɪəs] n Vesuv m.

vet [vɛt] (BRIT) n abbr = **veterinary surgeon** ♦ vt (examine) überprüfen.

veteran ['vɛtərn] n Veteran(in) m(f) ♦ adj: **she's a** ~ **campaigner for** ... sie ist eine altgediente Kämpferin für ...

veteran car n Oldtimer m (vor 1919 gebaut).

veterinarian [vɛtrɪ'nɛərɪən] (US) n = **veterinary surgeon**.

veterinary ['vɛtrɪnərɪ] adj (practice, medicine) Veterinär-; (care, training) tierärztlich.

veterinary surgeon (BRIT) n Tierarzt m, Tierärztin f.

veto ['viːtəu] (pl ~**es**) n Veto nt ♦ vt ein Veto einlegen gegen; **to put a** ~ **on sth** gegen etw ein Veto einlegen.

vetting ['vɛtɪŋ] n Überprüfung f.

vex [vɛks] vt (irritate, upset) ärgern.

vexed [vɛkst] adj (upset) verärgert; (question) umstritten.

VFD (US) n abbr (= volunteer fire department) ≈ freiwillige Feuerwehr f.

VG (BRIT) n abbr (SCOL etc: = very good) ≈ „sehr gut".

VHF abbr (RADIO: = very high frequency) VHF.

VI (US) abbr (POST: = Virgin Islands).

via ['vaɪə] prep über +acc.

viability [vaɪə'bɪlɪtɪ] n (see adj) Durchführbarkeit f; Rentabilität f.

viable ['vaɪəbl] adj (project) durchführbar;

(_company_) rentabel.

viaduct ['vaɪədʌkt] _n_ Viadukt _m_.

vial ['vaɪəl] _n_ Fläschchen _nt_.

vibes [vaɪbz] _npl_ (_MUS_) _see_ **vibraphone** (_inf:_ _vibrations_): **I get good/bad ~ from it/him** das/er macht mich an/nicht an.

vibrant ['vaɪbrnt] _adj_ (_lively_) dynamisch; (_bright_) lebendig; (_full of emotion: voice_) volltönend.

vibraphone ['vaɪbrəfəʊn] _n_ Vibrafon _nt_, Vibraphon _nt_.

vibrate [vaɪ'breɪt] _vi_ (_house_) zittern, beben; (_machine, sound etc_) vibrieren.

vibration [vaɪ'breɪʃən] _n_ (_act of vibrating_) Vibrieren _nt_; (_instance_) Vibration _f_.

vibrator [vaɪ'breɪtə*] _n_ Vibrator _m_.

vicar ['vɪkə*] _n_ Pfarrer _m_.

vicarage ['vɪkərɪdʒ] _n_ Pfarrhaus _nt_.

vicarious [vɪ'kɛərɪəs] _adj_ (_pleasure, experience_) indirekt.

vice [vaɪs] _n_ (_moral fault_) Laster _nt_; (_TECH_) Schraubstock _m_.

vice- [vaɪs] _pref_ Vize-.

vice-chairman [vaɪs'tʃeəmən] _n_ stellvertretender Vorsitzender _m_.

vice chancellor (_BRIT_) _n_ (_of university_) ≈ Rektor _m_.

vice president _n_ Vizepräsident(in) _m(f)_.

viceroy ['vaɪsrɔɪ] _n_ Vizekönig _m_.

vice squad _n_ (_POLICE_) Sittendezernat _nt_.

vice versa ['vaɪsɪ'vɜːsə] _adv_ umgekehrt.

vicinity [vɪ'sɪnɪtɪ] _n:_ **in the ~ (of)** in der Nähe _or_ Umgebung (+_gen_).

vicious ['vɪʃəs] _adj_ (_attack, blow_) brutal; (_words, look_) gemein; (_horse, dog_) bösartig.

vicious circle _n_ Teufelskreis _m_.

viciousness ['vɪʃəsnɪs] _n_ Bösartigkeit _f_, Gemeinheit _f_.

vicissitudes [vɪ'sɪsɪtjuːdz] _npl_ Wechselfälle _pl_.

victim ['vɪktɪm] _n_ Opfer _nt_; **to be the ~ of an attack** einem Angriff zum Opfer fallen.

victimization ['vɪktɪmaɪ'zeɪʃən] _n_ Schikanierung _f_.

victimize ['vɪktɪmaɪz] _vt_ schikanieren.

victor ['vɪktə*] _n_ Sieger(in) _m(f)_.

Victorian [vɪk'tɔːrɪən] _adj_ viktorianisch.

victorious [vɪk'tɔːrɪəs] _adj_ (_team_) siegreich; (_shout_) triumphierend.

victory ['vɪktərɪ] _n_ Sieg _m_; **to win a ~ over sb** einen Sieg über jdn erringen.

video ['vɪdɪəʊ] _n_ (_film, cassette, recorder_) Video _nt_ ♦ _vt_ **auf Video aufnehmen** ♦ _cpd_ Video-.

video camera _n_ Videokamera _f_.

video cassette _n_ Videokassette _f_.

video cassette recorder _n_ Videorekorder _m_.

videodisc, videodisk ['vɪdɪəʊdɪsk] _n_ Bildplatte _f_.

video game _n_ Videospiel _nt_, Telespiel _nt_.

video nasty _n_ Video mit übertriebenen Gewaltszenen und/oder pornografischem Inhalt.

videophone ['vɪdɪəʊfəʊn] _n_ Bildtelefon _nt_.

video recorder _n_ Videorekorder _m_.

video recording _n_ Videoaufnahme _f_.

video tape _n_ Videoband _nt_.

vie [vaɪ] _vi:_ **to ~ with sb/for sth** mit jdm/um etw wetteifern.

Vienna [vɪ'enə] _n_ Wien _nt_.

Viennese [vɪə'niːz] _adj_ Wiener.

Vietnam ['vjet'næm] _n_ Vietnam _nt_.

Viet Nam ['vjet'næm] _n_ = **Vietnam**.

Vietnamese [vjetnə'miːz] _adj_ vietnamesisch ♦ _n inv_ (_person_) Vietnamese _m_, Vietnamesin _f_; (_LING_) Vietnamesisch _nt_.

view [vjuː] _n_ (_from window etc_) Aussicht _f_; (_sight_) Blick _m_; (_outlook_) Sicht _f_; (_opinion_) Ansicht _f_ ♦ _vt_ betrachten; (_house_) besichtigen; **to be on ~** (_in museum etc_) ausgestellt sein; **in full ~ of** vor den Augen +_gen_; **to take the ~ that** ... der Ansicht sein, dass ...; **in ~ of the weather/the fact that** in Anbetracht des Wetters/der Tatsache, dass ...; **in my ~** meiner Ansicht nach; **an overall ~ of the situation** ein allgemeiner Überblick über die Lage; **with a ~ to doing sth** mit der Absicht, etw zu tun.

viewdata ® ['vjuːdeɪtə] (_BRIT_) _n_ Bildschirmtext _m_.

viewer ['vjuːə*] _n_ (_person_) Zuschauer(in) _m(f)_; (_viewfinder_) Sucher _m_.

viewfinder ['vjuːfaɪndə*] _n_ Sucher _m_.

viewpoint ['vjuːpɔɪnt] _n_ (_attitude_) Standpunkt _m_; (_place_) Aussichtspunkt _m_.

vigil ['vɪdʒɪl] _n_ Wache _f_; **to keep ~** Wache halten.

vigilance ['vɪdʒɪləns] _n_ Wachsamkeit _f_.

vigilance committee (_US_) _n_ Bürgerwehr _f_.

vigilant ['vɪdʒɪlənt] _adj_ wachsam.

vigilante [vɪdʒɪ'læntɪ] _n_ Mitglied einer Selbstschutzorganisation oder Bürgerwehr ♦ _adj_ (_group, patrol_) Bürgerwehr-, Selbstschutz-.

vigorous ['vɪgərəs] _adj_ (_action, campaign_) energisch, dynamisch; (_plant_) kräftig.

vigour, (_US_) **vigor** ['vɪgə*] _n_ (_of person, campaign_) Energie _f_, Dynamik _f_.

vile [vaɪl] _adj_ abscheulich.

vilify ['vɪlɪfaɪ] _vt_ diffamieren.

villa ['vɪlə] _n_ Villa _f_.

village ['vɪlɪdʒ] _n_ Dorf _nt_.

villager ['vɪlɪdʒə*] _n_ Dorfbewohner(in) _m(f)_.

villain ['vɪlən] _n_ (_scoundrel_) Schurke _m_; (_in novel etc_) Bösewicht _m_; (_BRIT: criminal_) Verbrecher(in) _m(f)_.

VIN (_US_) _n abbr_ (= _vehicle identification number_) amtliches Kennzeichen _nt_.

vinaigrette [vɪneɪ'gret] _n_ Vinaigrette _f_.

vindicate ['vɪndɪkeɪt] _vt_ (_person_) rehabilitieren; (_action_) rechtfertigen.

vindication [vɪndɪ'keɪʃən] _n_ Rechtfertigung _f_.

vindictive [vɪn'dɪktɪv] _adj_ (_person_) nachtragend; (_action_) aus Rache.

vine [vaɪn] _n_ (_BOT: producing grapes_) Weinrebe _f_; (: _in jungle_) Rebengewächs _nt_.

vinegar ['vɪnɪgə*] n Essig m.

vine grower n Weinbauer m.

vine-growing ['vaɪngrəʊɪŋ] adj (region) Weinbau- ♦ n Weinbau m.

vineyard ['vɪnjɑːd] n Weinberg m.

vintage ['vɪntɪdʒ] n (of wine) Jahrgang m ♦ cpd (classic) klassisch; **the 1980 ~** (of wine) der Jahrgang 1980.

vintage car n Oldtimer m (zwischen 1919 und 1930 gebaut).

vintage wine n erlesener Wein m.

vinyl ['vaɪnl] n Vinyl nt; (records) Schallplatten pl.

viola [vɪ'əʊlə] n Bratsche f.

violate ['vaɪəleɪt] vt (agreement) verletzen; (peace) stören; (graveyard) schänden.

violation [vaɪə'leɪʃən] n (of agreement etc) Verletzung f; **in ~ of** (rule, law) unter Verletzung +gen.

violence ['vaɪələns] n Gewalt f; (strength) Heftigkeit f.

violent ['vaɪələnt] adj (behaviour) gewalttätig; (death) gewaltsam; (explosion, criticism, emotion) heftig; **a ~ dislike of sb/sth** eine heftige Abneigung gegen jdn/etw.

violently ['vaɪələntlɪ] adv heftig; (ill) schwer; (angry) äußerst.

violet ['vaɪələt] adj violett ♦ n (colour) Violett nt; (plant) Veilchen nt.

violin [vaɪə'lɪn] n Geige f, Violine f.

violinist [vaɪə'lɪnɪst] n Violinist(in) m(f), Geiger(in) m(f).

VIP n abbr (= very important person) VIP m.

viper ['vaɪpə*] n Viper f.

viral ['vaɪərəl] adj (disease, infection) Virus-.

virgin ['vɜːdʒɪn] n Jungfrau f ♦ adj (snow, forest etc) unberührt; **she is a ~** sie ist Jungfrau; **the Blessed V~** die Heilige Jungfrau.

virgin birth n unbefleckte Empfängnis f; (BIOL) Jungfernzeugung f.

virginity [vɜː'dʒɪnɪtɪ] n (of person) Jungfräulichkeit f.

Virgo ['vɜːgəʊ] n (sign) Jungfrau f; **to be ~** Jungfrau sein.

virile ['vɪraɪl] adj (person) männlich.

virility [vɪ'rɪlɪtɪ] n (masculine qualities) Männlichkeit f.

virtual ['vɜːtjʊəl] adj (COMPUT, PHYS) virtuell; **it's a ~ impossibility** es ist so gut wie unmöglich; **to be the ~ leader** eigentlich or praktisch der Führer sein.

virtually ['vɜːtjʊəlɪ] adv praktisch, nahezu; **it is ~ impossible** es ist so gut wie unmöglich.

virtual reality n virtuelle Realität f.

virtue ['vɜːtjuː] n Tugend f; (advantage) Vorzug m; **by ~ of** aufgrund or auf Grund +gen or von.

virtuosi [vɜːtjʊ'əʊzɪ] npl of **virtuoso**.

virtuosity [vɜːtjʊ'ɒsɪtɪ] n Virtuosität f.

virtuoso [vɜːtjʊ'əʊzəʊ] (pl ~s or virtuosi) n Virtuose m.

virtuous ['vɜːtjʊəs] adj tugendhaft.

virulence ['vɪrʊləns] n (of disease) Bösartigkeit f; (hatred) Feindseligkeit f.

virulent ['vɪrʊlənt] adj (disease) bösartig; (actions, feelings) feindselig.

virus ['vaɪərəs] n (MED, COMPUT) Virus m or nt.

visa ['viːzə] n Visum nt.

vis-à-vis [viːzə'viː] prep gegenüber.

viscose ['vɪskəʊs] n (also CHEM) Viskose f.

viscount ['vaɪkaʊnt] n Viscount m.

viscous ['vɪskəs] adj zähflüssig.

vise [vaɪs] (US) n (TECH) = **vice**.

visibility [vɪzɪ'bɪlɪtɪ] n (range of vision) Sicht(weite) f.

visible ['vɪzəbl] adj sichtbar; **~ exports/imports** sichtbare Ausfuhren/Einfuhren.

visibly ['vɪzəblɪ] adv sichtlich.

vision ['vɪʒən] n (sight) Sicht f; (foresight) Weitblick m; (in dream) Vision f.

visionary ['vɪʒənrɪ] adj (with foresight) vorausblickend.

visit ['vɪzɪt] n Besuch m ♦ vt besuchen; **a private/official ~** ein privater/offizieller Besuch.

visiting ['vɪzɪtɪŋ] adj (speaker, team) Gast-.

visiting card n Visitenkarte f.

visiting hours npl Besuchszeiten pl.

visiting professor n Gastprofessor(in) m(f).

visitor ['vɪzɪtə*] n Besucher(in) m(f).

visitors' book ['vɪzɪtəz-] n Gästebuch nt.

visor ['vaɪzə*] n (of helmet etc) Visier nt.

VISTA ['vɪstə] (US) n abbr (= Volunteers in Service to America) staatliches Förderprogramm für strukturschwache Gebiete.

vista ['vɪstə] n Aussicht f.

visual ['vɪzjʊəl] adj (image etc) visuell; **the ~ arts** die darstellenden Künste.

visual aid n Anschauungsmaterial nt.

visual display unit n (Daten)sichtgerät nt.

visualize ['vɪzjʊəlaɪz] vt sich dat vorstellen.

visually ['vɪzjʊəlɪ] adv visuell; **~ appealing** optisch ansprechend; **~ handicapped** sehbehindert.

vital ['vaɪtl] adj (essential) unerlässlich; (organ) lebenswichtig; (full of life) vital; **of ~ importance (to sb/sth)** von größter Wichtigkeit (für jdn/etw).

vitality [vaɪ'tælɪtɪ] n (liveliness) Vitalität f.

vitally ['vaɪtəlɪ] adv: **~ important** äußerst wichtig.

vital statistics npl (fig: of woman) Körpermaße pl; (of population) Bevölkerungsstatistik f.

vitamin ['vɪtəmɪn] n Vitamin nt ♦ cpd (pill, deficiencies) Vitamin-.

vitiate ['vɪʃɪeɪt] vt (spoil) verunreinigen.

vitreous ['vɪtrɪəs] adj: **~ china** Porzellanemail nt; **~ enamel** Glasemail nt.

vitriolic [vɪtrɪ'ɒlɪk] adj (fig: language, behaviour) hasserfüllt.

viva ['vaɪvə] n (SCOL: also: ~ **voce**) [-'vəʊtʃɪ] mündliche Prüfung f.

vivacious [vɪ'veɪʃəs] *adj* lebhaft.
vivacity [vɪ'væsɪtɪ] *n* Lebendigkeit *f*.
vivid ['vɪvɪd] *adj* (*description*) lebendig;
(*memory, imagination*) lebhaft; (*colour*)
leuchtend; (*light*) hell.
vividly ['vɪvɪdlɪ] *adv* (*describe*) lebendig;
(*remember*) lebhaft.
vivisection [vɪvɪ'sɛkʃən] *n* Vivisektion *f*.
vixen ['vɪksn] *n* (*ZOOL*) Füchsin *f*; (*pej: woman*)
Drachen *m*.
viz [vɪz] *abbr* (= *videlicet*) nämlich.
VLF *abbr* (*RADIO*: = *very low frequency*) VLF.
V-neck ['viːnɛk] *n* (*also*: ~ **jumper** *or* **pullover**)
Pullover *m* mit V-Ausschnitt.
VOA *n abbr* (= *Voice of America*) Stimme *f*
Amerikas.
vocabulary [vəu'kæbjulərɪ] *n* (*words known*)
Vokabular *nt*, Wortschatz *m*.
vocal ['vəukl] *adj* (*of the voice*) stimmlich;
(*articulate*) lautstark.
vocal cords *npl* Stimmbänder *pl*.
vocalist ['vəukəlɪst] *n* Sänger(in) *m(f)*.
vocals ['vəuklz] *npl* (*MUS*) Gesang *m*, Vocals
pl.
vocation [vəu'keɪʃən] *n* (*calling*) Berufung *f*;
(*profession*) Beruf *m*.
vocational [vəu'keɪʃənl] *adj* (*training, guidance*
etc) Berufs-.
vociferous [və'sɪfərəs] *adj* (*protesters,*
demands) lautstark.
vodka ['vɔdkə] *n* Wodka *m*.
vogue [vəug] *n* (*fashion*) Mode *f*; (*popularity*)
Popularität *f*; **in** ~ in Mode.
voice [vɔɪs] *n* (*also fig*) Stimme *f* ♦ *vt* (*opinion*)
zum Ausdruck bringen; **in a loud/soft** ~ mit
lauter/leiser Stimme; **to give** ~ **to** Ausdruck
verleihen +*dat*.
voice mail *n* (*COMPUT*) Voicemail *f*.
voice-over ['vɔɪsəuvə*] *n* (Film)kommentar *m*.
void [vɔɪd] *n* (*hole*) Loch *nt*; (*fig: emptiness*)
Leere *f* ♦ *adj* (*invalid*) ungültig; ~ **of** (*empty*)
ohne.
voile [vɔɪl] *n* Voile *m*.
vol. *abbr* (= *volume*) Bd.
volatile ['vɔlətaɪl] *adj* (*person*) impulsiv;
(*situation*) unsicher; (*liquid etc*) flüchtig.
volcanic [vɔl'kænɪk] *adj* (*rock, eruption*)
vulkanisch, Vulkan-.
volcano [vɔl'keɪnəu] (*pl* ~**es**) *n* Vulkan *m*.
volition [və'lɪʃən] *n*: **of one's own** ~ aus
freiem Willen.
volley ['vɔlɪ] *n* (*of gunfire*) Salve *f*; (*of stones,*
questions) Hagel *m*; (*TENNIS etc*) Volley *m*.
volleyball ['vɔlɪbɔːl] *n* Volleyball *m*.
volt [vəult] *n* Volt *nt*.
voltage ['vəultɪdʒ] *n* Spannung *f*; **high/low** ~
Hoch-/Niederspannung *f*.
volte-face ['vɔlt'fɑːs] *n* Kehrtwendung *f*.
voluble ['vɔljubl] *adj* (*person*) redselig;
(*speech*) wortreich.
volume ['vɔljuːm] *n* (*space*) Volumen *nt*;
(*amount*) Umfang *m*, Ausmaß *nt*; (*book*) Band

m; (*sound level*) Lautstärke *f*; ~ **one/two** (*of*
book) Band eins/zwei; **his expression spoke**
~**s** sein Gesichtsausdruck sprach Bände.
volume control *n* (*RADIO, TV*)
Lautstärkeregler *m*.
volume discount *n* (*COMM*) Mengenrabatt
m.
voluminous [və'luːmɪnəs] *adj* (*clothes*) sehr
weit; (*correspondence, notes*) umfangreich.
voluntarily ['vɔləntrɪlɪ] *adv* freiwillig.
voluntary ['vɔləntərɪ] *adj* freiwillig.
voluntary liquidation *n* freiwillige
Liquidation *f*.
volunteer [vɔlən'tɪə*] *n* Freiwillige(r) *f(m)* ♦ *vt*
(*information*) vorbringen ♦ *vi* (*for army etc*)
sich freiwillig melden; **to** ~ **to do sth** sich
anbieten, etw zu tun.
voluptuous [və'lʌptjuəs] *adj* sinnlich,
wollüstig.
vomit ['vɔmɪt] *n* Erbrochene(s) *nt* ♦ *vt*
erbrechen ♦ *vi* sich übergeben.
voracious [və'reɪʃəs] *adj* (*person*) gefräßig;
~ **appetite** Riesenappetit *m*.
vote [vəut] *n* Stimme *f*; (*votes cast*) Stimmen
pl; (*right to vote*) Wahlrecht *nt*; (*ballot*)
Abstimmung *f* ♦ *vt* (*elect*): **to be** ~**d chairman**
etc zum Vorsitzenden *etc* gewählt werden;
(*propose*): **to** ~ **that** vorschlagen, dass ♦ *vi*
(*in election etc*) wählen; **to put sth to the** ~,
(take a) ~ **on sth** über etw *acc* abstimmen;
~ **of censure** Tadelsantrag *m*; **to pass a** ~ **of**
confidence/no confidence ein Vertrauens-/
Misstrauensvotum annehmen; **to** ~ **to do**
sth dafür stimmen, etw zu tun; **to** ~ **yes/no**
mit Ja/Nein stimmen; **to** ~ **Labour/Green** *etc*
Labour/die Grünen *etc* wählen; **to** ~ **for** *or* **in**
favour of sth/against sth für/gegen etw
stimmen.
vote of thanks *n* Danksagung *f*.
voter ['vəutə*] *n* Wähler(in) *m(f)*.
voting ['vəutɪŋ] *n* Wahl *f*.
voting paper (*BRIT*) *n* Stimmzettel *m*.
voting right *n* Stimmrecht *nt*.
vouch [vautʃ]: ~ **for** *vt fus* bürgen für.
voucher ['vautʃə*] *n* (*receipt*)
Beleg *m*; **gift** ~ Geschenkgutschein *m*;
luncheon ~ Essensmarke *f*; **travel** ~
Reisegutschein *m*.
vow [vau] *n* Versprechen *nt* ♦ *vt*: **to** ~ **to do**
sth/that geloben, etw zu tun/dass; **to take** *or*
make a ~ **to do sth** geloben, etw zu tun.
vowel ['vauəl] *n* Vokal *m*.
voyage ['vɔɪɪdʒ] *n* Reise *f*.
voyeur [vwaː'jəː*] *n* Voyeur(in) *m(f)*.
voyeurism [vwaː'jəːrɪzəm] *n* Voyeurismus *m*.
VP *n abbr* = **vice president**.
vs *abbr* (= *versus*) vs.
V-sign ['viːsaɪn] (*BRIT*) *n*: **to give sb the** ~ ≈
jdm den Vogel zeigen.
VSO (*BRIT*) *n abbr* (= *Voluntary Service*
Overseas) britischer Entwicklungsdienst.
VT (*US*) *abbr* (*POST*: = *Vermont*).

vulgar ['vʌlgə*] adj (remarks, gestures) vulgär; (decor, ostentation) geschmacklos.

vulgarity [vʌl'gærɪtɪ] n (see adj) Vulgarität f; Geschmacklosigkeit f.

vulnerability [vʌlnərə'bɪlɪtɪ] n Verletzlichkeit f.

vulnerable ['vʌlnərəbl] adj (person, position) verletzlich.

vulture ['vʌltʃə*] n (also fig) Geier m.

vulva ['vʌlvə] n Vulva f.

W, w

W¹, w ['dʌblju:] n (letter) W nt, w nt; ~ **for William** ≈ W wie Wilhelm.

W² ['dʌblju:] abbr (ELEC: = watt) W; (= west) W.

WA abbr (US: POST: = Washington) (AUSTRALIA: = Western Australia).

wad [wɔd] n (of cotton wool) Bausch m; (of paper, banknotes) Bündel nt.

wadding ['wɔdɪŋ] n Füllmaterial nt.

waddle ['wɔdl] vi watscheln.

wade [weɪd] vi: **to ~ across** (a river, stream) waten durch; **to ~ through** (fig: a book) sich durchkämpfen durch.

wafer ['weɪfə*] n (biscuit) Waffel f.

wafer-thin ['weɪfə'θɪn] adj hauchdünn.

waffle ['wɔfl] n (CULIN) Waffel f; (inf: empty talk) Geschwafel nt ♦ vi (in speech etc) schwafeln.

waffle iron n Waffeleisen nt.

waft [wɔft] vt, vi wehen.

wag [wæg] vt (tail) wedeln mit; (finger) drohen mit ♦ vi (tail) wedeln; **the dog ~ged its tail** der Hund wedelte mit dem Schwanz.

wage [weɪdʒ] n (also: ~s) Lohn m ♦ vt: **to ~ war** Krieg führen; **a day's ~s** ein Tageslohn.

wage claim n Lohnforderung f.

wage differential n Lohnunterschied m.

wage earner [-ɔ:nə*] n Lohnempfänger(in) m(f).

wage freeze n Lohnstopp m.

wage packet n Lohntüte f.

wager ['weɪdʒə*] n Wette f ♦ vt wetten.

waggle ['wægl] vt (ears etc) wackeln mit ♦ vi wackeln.

wag(g)on ['wægən] n (horse-drawn) Fuhrwerk nt; (BRIT: RAIL) Wa(g)gon m.

wail [weɪl] n (of person) Jammern nt; (of siren) Heulen nt ♦ vi (person) jammern; (siren) heulen.

waist [weɪst] n (ANAT, of clothing) Taille f.

waistcoat ['weɪskəut] (BRIT) n Weste f.

waistline ['weɪstlaɪn] n Taille f.

wait [weɪt] n Wartezeit f ♦ vi warten; **to lie in**

~ **for sb** jdm auflauern; **to keep sb ~ing** jdn warten lassen; **I can't ~ to ...** (fig) ich kann es kaum erwarten, zu ...; **to ~ for sb/sth** auf jdn/etw warten; ~ **a minute!** Moment mal!; **"repairs while you ~"** „Reparaturen sofort".

▶ **wait behind** vi zurückbleiben.

▶ **wait on** vt fus (serve) bedienen.

▶ **wait up** vi aufbleiben; **don't ~ up for me** warte nicht auf mich.

waiter ['weɪtə*] n Kellner m.

waiting ['weɪtɪŋ] n: **"no ~"** (BRIT: AUT) „Halten verboten".

waiting list n Warteliste f.

waiting room n (in surgery) Wartezimmer nt; (in railway station) Wartesaal m.

waitress ['weɪtrɪs] n Kellnerin f.

waive [weɪv] vt (rule) verzichten auf +acc.

waiver ['weɪvə*] n Verzicht m.

wake [weɪk] (pt **woke**, **waked**, pp **woken**, **waked**) vt (also: ~ **up**) wecken ♦ vi (also: ~ **up**) aufwachen ♦ n (for dead person) Totenwache f; (NAUT) Kielwasser nt; **to ~ up to** (fig) sich dat bewusst werden +gen; **in the ~ of** (fig) unmittelbar nach, im Gefolge +gen; **to follow in sb's ~** (fig) hinter jdm herziehen.

waken ['weɪkn] vt = **wake**.

Wales [weɪlz] n Wales nt; **the Prince of ~** der Prinz von Wales.

walk [wɔ:k] n (hike) Wanderung f; (shorter) Spaziergang m; (gait) Gang m; (path) Weg m; (in park, along coast etc) (Spazier)weg m ♦ vi gehen; (instead of driving) zu Fuß gehen; (for pleasure, exercise) spazieren gehen ♦ vt (distance) gehen, laufen; (dog) ausführen; **it's 10 minutes' ~ from here** es ist 10 Minuten zu Fuß von hier; **to go for a ~** spazieren gehen; **to slow to a ~** im Schritttempo weitergehen; **people from all ~s of life** Leute aus allen Gesellschaftsschichten; **to ~ in one's sleep** schlafwandeln; **I'd rather ~ than take the bus** ich gehe lieber zu Fuß als mit dem Bus zu fahren; **I'll ~ you home** ich bringe dich nach Hause.

▶ **walk out** vi (audience) den Saal verlassen; (workers) in Streik treten.

▶ **walk out on** (inf) vt fus (family etc) verlassen.

walkabout ['wɔ:kəbaut] n: **the Queen/president went on a ~** die Königin/der Präsident mischte sich unters Volk or nahm ein Bad in der Menge.

walker ['wɔ:kə*] n (person) Spaziergänger(in) m(f).

walkie-talkie ['wɔ:kɪ'tɔ:kɪ] n Walkie-Talkie nt.

walking ['wɔ:kɪŋ] n Wandern nt; **it's within ~ distance** es ist zu Fuß erreichbar.

walking holiday n Wanderurlaub m.

walking shoes npl Wanderschuhe pl.

walking stick n Spazierstock m.

Walkman ® ['wɔːkmən] *n* Walkman ® *m*.
walk-on ['wɔːkɔn] *adj* (*THEAT*): ~ **part**
Statistenrolle *f*.
walkout ['wɔːkaut] *n* (*of workers*) Streik *m*.
walkover ['wɔːkəuvəˈ] (*inf*) *n* (*competition*,
exam etc) Kinderspiel *nt*.
walkway ['wɔːkweɪ] *n* Fußweg *m*.
wall [wɔːl] *n* Wand *f*; (*exterior, city wall etc*)
Mauer *f*; **to go to the** ~ (*fig: firm etc*)
kaputtgehen.
▶ **wall in** *vt* (*enclose*) ummauern.
wall cupboard *n* Wandschrank *m*.
walled [wɔːld] *adj* von Mauern umgeben.
wallet ['wɔlɪt] *n* Brieftasche *f*.
wallflower ['wɔːlflauəˈ] *n* (*BOT*) Goldlack *m*;
to be a ~ (*fig*) ein Mauerblümchen sein.
wall hanging *n* Wandbehang *m*.
wallop ['wɔləp] (*BRIT: inf*) *vt* verprügeln.
wallow ['wɔləu] *vi* (*in mud, water*) sich wälzen;
(*in guilt, grief*) schwelgen.
wallpaper ['wɔːlpeɪpəˈ] *n* Tapete *f* ▶ *vt*
tapezieren.
wall-to-wall ['wɔːltəˈwɔːl] *adj*: ~ **carpeting**
Teppichboden *m*.
wally [wɔlɪ] (*inf*) *n* Trottel *m*.
walnut ['wɔːlnʌt] *n* (*nut*) Walnuss *f*; (*tree*)
Walnussbaum *m*; (*wood*) Nussbaumholz *nt*.
walrus ['wɔːlrəs] (*pl* ~ *or* ~**es**) *n* Walross *nt*.
waltz [wɔːlts] *n* Walzer *m* ▶ *vi* Walzer tanzen.
wan [wɔn] *adj* bleich; (*smile*) matt.
wand [wɔnd] *n* (*also*: **magic** ~) Zauberstab *m*.
wander ['wɔndəˈ] *vi* (*person*) herumlaufen;
(*mind, thoughts*) wandern ▶ *vt* (*the streets, the*
hills etc) durchstreifen.
wanderer ['wɔndərəˈ] *n* Wandervogel *m*.
wandering ['wɔndrɪŋ] *adj* (*tribe*)
umherziehend; (*minstrel, actor*) fahrend.
wane [weɪn] *vi* (*moon*) abnehmen; (*influence*
etc) schwinden.
wangle ['wæŋgl] (*BRIT: inf*) *vt* sich *dat*
verschaffen.
wanker ['wæŋkəˈ] (*inf!*) *n* Wichser *m*.
wannabe(e) ['wɔnəbiː] (*inf*) *n* Möchtegern *m*;
James Bond ~ Möchtegern-James-Bond *m*.
want [wɔnt] *vt* (*wish for*) wollen; (*need*)
brauchen ▶ *n* (*lack*): **for** ~ **of** aus Mangel an
+*dat*; **wants** *npl* (*needs*) Bedürfnisse *pl*; **to**
~ **to do sth** etw tun wollen; **to** ~ **sb to do**
sth wollen, dass jd etw tut; **to** ~ **in/out**
herein-/hinauswollen; **you're** ~**ed on the**
phone Sie werden am Telefon verlangt; **he**
is ~**ed by the police** er wird von der Polizei
gesucht; **a** ~ **of foresight** ein Mangel *m* an
Voraussicht.
want ads (*US*) *npl* Kaufgesuche *pl*.
wanted ['wɔntɪd] *adj* (*criminal etc*) gesucht;
"cook ~**"** „Koch/Köchin gesucht".
wanting ['wɔntɪŋ] *adj*: **to be found** ~ sich als
unzulänglich erweisen.
wanton ['wɔntn] *adj* (*violence*) mutwillig;
(*promiscuous: woman*) schamlos.
war [wɔːˈ] *n* Krieg *m*; **to go to** ~ (*start*) einen

Krieg anfangen; **to be at** ~ (**with**) sich im
Kriegszustand befinden (mit); **to make**
~ (**on**) Krieg führen (gegen); **a** ~ **on drugs/**
crime ein Feldzug gegen Drogen/das
Verbrechen.
warble ['wɔːbl] *n* Trällern *nt* ▶ *vi* trällern.
war cry *n* Kriegsruf *m*; (*fig: slogan*)
Schlachtruf *m*.
ward [wɔːd] *n* (*in hospital*) Station *f*; (*POL*)
Wahlbezirk *m*; (*LAW: also*: ~ **of court**)
Mündel *nt* unter Amtsvormundschaft.
▶ **ward off** *vt* (*attack, enemy, illness*)
abwehren.
warden ['wɔːdn] *n* (*of park etc*) Aufseher(in)
m(f); (*of jail*) Wärter(in) *m(f)*; (*BRIT: of youth*
hostel) Herbergsvater *m*, Herbergsmutter *f*;
(: *in university*) Wohnheimleiter(in) *m(f)*;
(: *also*: **traffic** ~) Verkehrspolizist(in) *m(f)*.
warder ['wɔːdəˈ] (*BRIT*) *n*
Gefängniswärter(in) *m(f)*.
wardrobe ['wɔːdrəub] *n* (*for clothes*)
Kleiderschrank *m*; (*collection of clothes*)
Garderobe *f*; (*CINE, THEAT*) Kostüme *pl*.
warehouse ['wɛəhaus] *n* Lager *nt*.
wares [wɛəz] *npl* Waren *pl*.
warfare ['wɔːfɛəˈ] *n* Krieg *m*.
war game *n* Kriegsspiel *nt*.
warhead ['wɔːhɛd] *n* Sprengkopf *m*.
warily ['wɛərɪlɪ] *adv* vorsichtig.
Warks (*BRIT*) *abbr* (*POST*: = *Warwickshire*).
warlike ['wɔːlaɪk] *adj* kriegerisch.
warm [wɔːm] *adj* warm; (*thanks, applause,*
welcome, person) herzlich; **it's** ~ es ist
warm; **I'm** ~ mir ist warm; **to keep sth** ~
etw warm halten; **with my** ~**est thanks/**
congratulations mit meinem herzlichsten
Dank/meinen herzlichsten Glückwünschen.
▶ **warm up** *vi* warm werden; (*athlete*) sich
aufwärmen ▶ *vt* aufwärmen.
warm-blooded ['wɔːm'blʌdɪd] *adj*
warmblütig.
war memorial *n* Kriegerdenkmal *nt*.
warm-hearted [wɔːm'hɑːtɪd] *adj* warmherzig.
warmly ['wɔːmlɪ] *adv* (*applaud, welcome*)
herzlich; (*dress*) warm.
warmonger ['wɔːmʌŋgəˈ] (*pej*) *n*
Kriegshetzer *m*.
warmongering ['wɔːmʌŋgrɪŋ] (*pej*) *n*
Kriegshetze *f*.
warmth [wɔːmθ] *n* Wärme *f*; (*friendliness*)
Herzlichkeit *f*.
warm-up ['wɔːmʌp] *n* Aufwärmen *nt*;
~ **exercise** Aufwärmübung *f*.
warn [wɔːn] *vt*: **to** ~ **sb that** ... jdn warnen,
dass ...; **to** ~ **sb of sth** jdn vor etw *dat*
warnen; **to** ~ **sb not to do sth** *or* **against**
doing sth jdn davor warnen, etw zu tun.
warning ['wɔːnɪŋ] *n* Warnung *f*; **without (any)**
~ (*suddenly*) unerwartet; (*without notifying*)
ohne Vorwarnung; **gale** ~ Sturmwarnung *f*.
warning light *n* Warnlicht *nt*.
warning triangle *n* (*AUT*) Warndreieck *nt*.

warp [wɔːp] vi (wood etc) sich verziehen ♦ vt (fig: character) entstellen ♦ n (TEXTILES) Kette f.

warpath ['wɔːpɑːθ] n: **to be on the ~** auf dem Kriegspfad sein.

warped [wɔːpt] adj (wood) verzogen; (fig: character, sense of humour etc) abartig.

warrant ['wɔrnt] n (LAW: for arrest) Haftbefehl m; (: also: **search ~**) Durchsuchungsbefehl m ♦ vt (justify, merit) rechtfertigen.

warrant officer n (MIL) Dienstgrad zwischen Offizier und Unteroffizier.

warranty ['wɔrəntɪ] n Garantie f; **under ~** (COMM) unter Garantie.

warren ['wɔrən] n (of rabbits) Bau m; (fig: of passages, streets) Labyrinth nt.

warring ['wɔːrɪŋ] adj (nations) Krieg führend; (interests) gegensätzlich; (factions) verfeindet.

warrior ['wɔrɪə*] n Krieger m.

Warsaw ['wɔːsɔː] n Warschau nt.

warship ['wɔːʃɪp] n Kriegsschiff nt.

wart [wɔːt] n Warze f.

wartime ['wɔːtaɪm] n: **in ~** im Krieg.

wary ['wɛərɪ] adj (person) vorsichtig; **to be ~ about** or **of doing sth** Bedenken haben, etw zu tun.

was [wɔz] pt of **be**.

wash [wɔʃ] vt waschen; (dishes) spülen, abwaschen; (remove grease, paint etc) ausspülen ♦ vi (person) sich waschen ♦ n (clothes etc) Wäsche f; (washing programme) Waschgang m; (of ship) Kielwasser nt; **he was ~ed overboard** er wurde über Bord gespült; **to ~ over/against sth** (sea etc) über/gegen etw acc spülen; **to have a ~** sich waschen; **to give sth a ~** etw waschen.

▶ **wash away** vt wegspülen.

▶ **wash down** vt (wall, car) abwaschen; (food: with wine etc) hinunterspülen.

▶ **wash off** vi sich herauswaschen ♦ vt abwaschen.

▶ **wash out** vt (stain) herauswaschen.

▶ **wash up** vi (BRIT: wash dishes) spülen, abwaschen; (US: have a wash) sich waschen.

Wash. (US) abbr (POST: = Washington).

washable ['wɔʃəbl] adj (fabric) waschbar; (wallpaper) abwaschbar.

washbasin ['wɔʃbeɪsn], (US) **washbowl** ['wɔʃbəʊl] n Waschbecken nt.

washcloth ['wɔʃklɔθ] (US) n Waschlappen m.

washer ['wɔʃə*] n (on tap etc) Dichtungsring m.

washing ['wɔʃɪŋ] n Wäsche f.

washing line (BRIT) n Wäscheleine f.

washing machine n Waschmaschine f.

washing powder (BRIT) n Waschpulver nt.

Washington ['wɔʃɪŋtən] n Washington nt.

washing-up [wɔʃɪŋ'ʌp] n Abwasch m; **to do the ~** spülen, abwaschen.

washing-up liquid (BRIT) n (Geschirr)spülmittel nt.

wash-out ['wɔʃaut] (inf) n (failed event) Reinfall m.

washroom ['wɔʃrum] (US) n Waschraum m.

wasn't ['wɔznt] = **was not**.

WASP, Wasp [wɔsp] (US: inf) n abbr (= White Anglo-Saxon Protestant) weißer angelsächsischer Protestant m.

wasp [wɔsp] n Wespe f.

waspish ['wɔspɪʃ] adj giftig.

wastage ['weɪstɪdʒ] n Verlust m; **natural ~** natürliche Personalreduzierung.

waste [weɪst] n Verschwendung f; (rubbish) Abfall m ♦ adj (material) Abfall-; (left over: paper etc) ungenutzt ♦ vt verschwenden; (opportunity) vertun; **wastes** npl (area of land) Wildnis f; **it's a ~ of money** das ist Geldverschwendung; **to go to ~** umkommen; **to lay ~** (area, town) verwüsten.

▶ **waste away** vi verkümmern.

wastebasket ['weɪstbɑːskɪt] (US) n = **wastepaper basket**.

waste disposal unit (BRIT) n Müllschlucker m.

wasteful ['weɪstful] adj (person) verschwenderisch; (process) aufwändig, aufwendig.

waste ground (BRIT) n unbebautes Grundstück nt.

wasteland ['weɪstlənd] n Ödland nt; (in town) ödes Gebiet nt; (fig) Einöde f.

wastepaper basket ['weɪstpeɪpə-] (BRIT) n Papierkorb m.

waste pipe n Abflussrohr nt.

waste products npl Abfallprodukte pl.

waster ['weɪstə*] n Verschwender(in) m(f); (good-for-nothing) Taugenichts m.

watch [wɔtʃ] n (also: **wristwatch**) (Armband)uhr f; (surveillance) Bewachung f; (MIL, NAUT: group of guards) Wachmannschaft f; (NAUT: spell of duty) Wache f ♦ vt (look at) betrachten; (: match, programme) sich dat ansehen; (spy on, guard) beobachten; (be careful of) aufpassen auf +acc ♦ vi (look) zusehen; **to be on ~** Wache halten; **to keep a close ~ on sb/sth** jdn/etw genau im Auge behalten; **to ~ TV** fernsehen; **~ what you're doing!** pass auf!; **~ how you drive!** fahr vorsichtig!

▶ **watch out** vi aufpassen; **~ out!** Vorsicht!

watchband ['wɔtʃbænd] (US) n = **watchstrap**.

watchdog ['wɔtʃdɔg] n (dog) Wachhund m; (fig) Aufpasser(in) m(f).

watchful ['wɔtʃful] adj wachsam.

watchmaker ['wɔtʃmeɪkə*] n Uhrmacher(in) m(f).

watchman ['wɔtʃmən] (irreg: like **man**) n see **night watchman**.

watch stem (US) n (winder) Krone f, Aufziehrädchen nt.

watchstrap ['wɔtʃstræp] n Uhrarmband nt.

watchword ['wɔtʃwɜːd] n Parole f.

water ['wɔːtə'] n Wasser nt ♦ vt (plant) gießen; (garden) bewässern ♦ vi (eyes) tränen; **a drink of** ~ ein Schluck Wasser; **in British** ~s in britischen (Hoheits)gewässern; **to pass** ~ (urinate) Wasser lassen; **my mouth is** ~ing mir läuft das Wasser im Mund zusammen; **to make sb's mouth** ~ jdm den Mund wässrig machen.
▶ **water down** vt (also fig) verwässern.
water biscuit n Kräcker m.
water cannon n Wasserwerfer m.
water closet (BRIT: old) n Wasserklosett nt.
watercolour, (US) **watercolor** ['wɔːtəkʌlə'] n (picture) Aquarell nt; **watercolours** npl (paints) Wasserfarben pl.
water-cooled ['wɔːtəkuːld] adj wassergekühlt.
watercress ['wɔːtəkrɛs] n Brunnenkresse f.
waterfall ['wɔːtəfɔːl] n Wasserfall m.
waterfront ['wɔːtəfrʌnt] n (at seaside) Ufer nt; (at docks) Hafengegend f.
water heater n Heißwassergerät nt.
water hole n Wasserloch nt.
water ice n Fruchteis nt (auf Wasserbasis).
watering can ['wɔːtərɪŋ-] n Gießkanne f.
water level n Wasserstand m; (of flood) Pegelstand m.
water lily n Seerose f.
water line n Wasserlinie f.
waterlogged ['wɔːtəlɒgd] adj (ground) unter Wasser.
water main n Hauptwasserleitung f.
watermark ['wɔːtəmɑːk] n (on paper) Wasserzeichen nt.
watermelon ['wɔːtəmɛlən] n Wassermelone f.
waterproof ['wɔːtəpruːf] adj (trousers, jacket etc) wasserdicht.
water-repellent ['wɔːtərɪˈpɛlnt] adj Wasser abstoßend.
watershed ['wɔːtəʃɛd] n (GEOG) Wasserscheide f; (fig) Wendepunkt m.
water-skiing ['wɔːtəskiːɪŋ] n Wasserski nt.
water softener n Wasserenthärter m.
water tank n Wassertank m.
watertight ['wɔːtətaɪt] adj wasserdicht; (fig: excuse, case, agreement etc) hieb- und stichfest.
water vapour n Wasserdampf m.
waterway ['wɔːtəweɪ] n Wasserstraße f.
waterworks ['wɔːtəwɜːks] n Wasserwerk nt; (inf, fig: bladder) Blase f.
watery ['wɔːtərɪ] adj (coffee, soup etc) wässrig; (eyes) tränend.
watt [wɒt] n Watt nt.
wattage ['wɒtɪdʒ] n Wattleistung f.
wattle ['wɒtl] n Flechtwerk nt.
wattle and daub n Lehmgeflecht nt.
wave [weɪv] n (also fig) Welle f; (of hand) Winken nt ♦ vi (signal) winken; (branches) sich hin und her bewegen; (grass) wogen; (flag) wehen ♦ vt (hand, flag etc) winken mit; (gun, stick) schwenken; (hair) wellen; **short/**

medium/long ~ (RADIO) Kurz-/Mittel-/Langwelle f; **the new** ~ (CINE, MUS) die neue Welle f; **he** ~d **us over to his table** er winkte uns zu seinem Tisch hinüber; **to** ~ **goodbye to sb** jdm zum Abschied winken.
▶ **wave aside** vt (fig: suggestion etc) zurückweisen.
waveband ['weɪvbænd] n (RADIO) Wellenbereich m.
wavelength ['weɪvlɛŋθ] n (RADIO) Wellenlänge f; **on the same** ~ (fig) auf derselben Wellenlänge.
waver ['weɪvə'] vi (voice) schwanken; (eyes) zucken; (love, person) wanken.
wavy ['weɪvɪ] adj (line) wellenförmig; (hair) wellig.
wax [wæks] n Wachs nt; (for sealing) Siegellack m; (in ear) Ohrenschmalz nt ♦ vt (floor) bohnern; (car, skis) wachsen ♦ vi (moon) zunehmen.
waxed [wækst] adj (jacket) gewachst.
waxen [wæksn] adj (face) wachsbleich.
waxworks ['wækswɜːks] npl (models) Wachsfiguren pl ♦ n (place) Wachsfigurenkabinett nt.
way [weɪ] n Weg m; (distance) Strecke f; (direction) Richtung f; (manner) Art f; (method) Art und Weise f; (habit) Gewohnheit f; **which** ~ **to ...?** wo geht es zu ...?; **this** ~, **please** hier entlang, bitte; **on the** ~ (en route) auf dem Weg, unterwegs; **to be on one's** ~ auf dem Weg sein; **to fight one's** ~ **through a crowd** sich acc durch die Menge kämpfen; **to lie one's** ~ **out of sth** sich aus etw herauslügen; **to keep out of sb's** ~ jdm aus dem Weg gehen; **it's a long** ~ **away** es ist weit entfernt; (event) das ist noch lange hin; **the village is rather out of the** ~ das Dorf ist recht abgelegen; **to go out of one's** ~ **to do sth** sich sehr bemühen, etw zu tun; **to be in the** ~ im Weg sein; **to lose one's** ~ sich verirren; **under** ~ (project etc) im Gang; **the** ~ **back** der Rückweg; **to make** ~ **(for sb/sth)** (für jdn/etw) Platz machen; **to get one's own** ~ seinen Willen bekommen; **put it the right** ~ **up** (BRIT) stell es richtig herum hin; **to be the wrong** ~ **round** verkehrt herum sein; **he's in a bad** ~ ihm geht es schlecht; **in a** ~ in gewisser Weise; **in some** ~s in mancher Hinsicht; **no** ~! (inf) kommt nicht infrage or in Frage!; **by the** ~ ... übrigens ...; "~ **in**" (BRIT) „Eingang"; "~ **out**" (BRIT) „Ausgang"; "**give** ~" (BRIT: AUT) „Vorfahrt beachten"; ~ **of life** Lebensstil m.
waybill ['weɪbɪl] n Frachtbrief m.
waylay ['weɪleɪ] (irreg: like lay) vt auflauern +dat; **to get waylaid** (fig) abgefangen werden.
wayside ['weɪsaɪd] adj am Straßenrand ♦ n Straßenrand m; **to fall by the** ~ (fig) auf der Strecke bleiben.

way station (*US*) *n* (*RAIL*) kleiner Bahnhof *m*; (*fig*) Zwischenstation *f*.

wayward ['weɪwəd] *adj* (*behaviour*) eigenwillig; (*child*) eigensinnig.

WC (*BRIT*) *n abbr* (= *water closet*) WC *nt*.

WCC *n abbr* (= *World Council of Churches*) Weltkirchenrat *m*.

we [wiː] *pl pron* wir; **here** ~ **are** (*arriving*) da sind wir; (*finding sth*) na bitte.

weak [wiːk] *adj* schwach; (*tea, coffee*) dünn; **to grow** ~(**er**) schwächer werden.

weaken ['wiːkn] *vi* (*resolve, person*) schwächer werden; (*influence, power*) nachlassen ♦ *vt* schwächen.

weak-kneed ['wiːk'niːd] *adj* (*fig*) schwächlich.

weakling ['wiːklɪŋ] *n* Schwächling *m*.

weakly ['wiːklɪ] *adv* schwach.

weakness ['wiːknɪs] *n* Schwäche *f*; **to have a** ~ **for** eine Schwäche haben für.

wealth [welθ] *n* Reichtum *m*; (*of details, knowledge etc*) Fülle *f*.

wealth tax *n* Vermögenssteuer *f*.

wealthy ['welθɪ] *adj* wohlhabend, reich.

wean [wiːn] *vt* (*also fig*) entwöhnen.

weapon ['wepən] *n* Waffe *f*.

wear [wɛə*] (*pt* wore, *pp* worn) *vt* (*clothes, shoes, beard*) tragen; (*put on*) anziehen ♦ *vi* (*last*) halten; (*become old: carpet, jeans*) sich abnutzen ♦ *n* (*damage*) Verschleiß *m*; (*use*): **I got a lot of/very little** ~ **out of the coat** der Mantel hat lange/nicht sehr lange gehalten; **baby**~ Babykleidung *f*; **sports**~ Sportkleidung *f*; **town/evening** ~ Kleidung für die Stadt/den Abend; **to** ~ **a hole in sth** (*coat etc*) etw durchwetzen.

► **wear away** *vt* verschleißen ♦ *vi* (*inscription etc*) verwittern.

► **wear down** *vt* (*heels*) abnutzen; (*person, strength*) zermürben.

► **wear off** *vi* (*pain etc*) nachlassen.

► **wear on** *vi* sich hinziehen.

► **wear out** *vt* (*shoes, clothing*) verschleißen; (*person, strength*) erschöpfen.

wearable ['wɛərəbl] *adj* tragbar.

wear and tear [-tɛə*] *n* Verschleiß *m*.

wearer ['wɛərə*] *n* Träger(in) *m(f)*.

wearily ['wɪərɪlɪ] *adv* (*say, sit*) lustlos, müde.

weariness ['wɪərɪnɪs] *n* (*tiredness*) Müdigkeit *f*.

wearisome ['wɪərɪsəm] *adj* (*boring*) langweilig; (*tiring*) ermüdend.

weary ['wɪərɪ] *adj* (*tired*) müde; (*dispirited*) lustlos ♦ *vi*: **to** ~ **of sb/sth** jds/etw *gen* überdrüssig werden.

weasel ['wiːzl] *n* Wiesel *nt*.

weather ['wɛðə*] *n* Wetter *nt* ♦ *vt* (*storm, crisis*) überstehen; (*rock, wood*) verwittern; **what's the** ~ **like?** wie ist das Wetter?; **under the** ~ (*fig: ill*) angeschlagen.

weather-beaten ['wɛðəbiːtn] *adj* (*face*) vom Wetter gegerbt; (*building, stone*) verwittert.

weathercock ['wɛðəkɒk] *n* Wetterhahn *m*.

weather forecast *n* Wettervorhersage *f*.

weatherman ['wɛðəmæn] (*irreg: like* **man**) *n* Mann *m* vom Wetteramt, Wetterfrosch *m* (*hum inf*).

weatherproof ['wɛðəpruːf] *adj* wetterfest.

weather report *n* Wetterbericht *m*.

weather vane [-veɪn] *n* = **weathercock**.

weave [wiːv] (*pt* wove, *pp* woven) *vt* (*cloth*) weben; (*basket*) flechten ♦ *vi* (*fig: pt, pp weaved: move in and out*) sich schlängeln.

weaver ['wiːvə*] *n* Weber(in) *m(f)*.

weaving ['wiːvɪŋ] *n* Weberei *f*.

web [web] *n* (*also fig*) Netz *nt*; (*on duck's foot*) Schwimmhaut *f*.

webbed ['webd] *adj* (*foot*) Schwimm-.

webbing ['webɪŋ] *n* (*on chair*) Gewebe *nt*.

website ['websaɪt] *n* (*COMPUT*) Website *f*, Webseite *f*.

wed [wed] (*pt, pp* wedded) *vt, vi* heiraten ♦ *n*: **the newly-**~**s** die Jungvermählten *pl*.

Wed. *abbr* (= *Wednesday*) Mi.

we'd [wiːd] = **we had**; = **we would**.

wedded ['wedɪd] *pt, pp of* **wed** ♦ *adj*: **to be** ~ **to sth** (*idea etc*) mit etw eng verbunden sein.

wedding [wedɪŋ] *n* Hochzeit *f*; **silver/golden** ~ silberne/goldene Hochzeit.

wedding day *n* Hochzeitstag *m*.

wedding dress *n* Hochzeitskleid *nt*.

wedding present *n* Hochzeitsgeschenk *nt*.

wedding ring *n* Trauring *m*.

wedge [wedʒ] *n* Keil *m*; (*of cake*) Stück *nt* ♦ *vt* (*fasten*) festklemmen; (*pack tightly*) einkeilen.

wedge-heeled shoes ['wedʒhiːld-] *npl* Schuhe *pl* mit Keilabsätzen.

wedlock ['wedlɒk] *n* Ehe *f*.

Wednesday ['wednzdɪ] *n* Mittwoch *m*; *see also* **Tuesday**.

wee [wiː] (*SCOT*) *adj* klein.

weed [wiːd] *n* (*BOT*) Unkraut *nt*; (*pej: person*) Schwächling *m* ♦ *vt* (*garden*) jäten.

► **weed out** *vt* (*fig*) aussondern.

weedkiller ['wiːdkɪlə*] *n* Unkrautvertilger *m*.

weedy ['wiːdɪ] *adj* (*person*) schwächlich.

week [wiːk] *n* Woche *f*; **once/twice a** ~ einmal/zweimal die Woche; **in two** ~**s' time** in zwei Wochen; **a** ~ **today/on Friday** heute/ Freitag in einer Woche.

weekday ['wiːkdeɪ] *n* Wochentag *m*; (*COMM: Monday to Saturday*) Werktag *m*; **on** ~**s** an Wochentagen/Werktagen.

weekend [wiːk'end] *n* Wochenende *nt*; **this/ next/last** ~ an diesem/am nächsten/am letzten Wochenende; **what are you doing at the** ~? was machen Sie am Wochenende?; **open at** ~**s** an Wochenenden geöffnet.

weekly ['wiːklɪ] *adv* wöchentlich ♦ *adj* (*newspaper*) Wochen- ♦ *n* (*newspaper*) Wochenzeitung *f*; (*magazine*) Wochenschrift *f*.

weep [wiːp] (*pt, pp* wept) *vi* (*person*) weinen; (*wound*) nässen.

weeping willow ['wiːpɪŋ-] *n* (*tree*)
Trauerweide *f*.
weepy ['wiːpɪ] *adj* (*person*) weinerlich; (*film*)
rührselig ♦ *n* (*film etc*) Schmachtfetzen *m*.
weft [wɛft] *n* Schussfaden *m*.
weigh [weɪ] *vt* wiegen; (*fig: evidence, risks*)
abwägen ♦ *vi* wiegen; **to ~ anchor** den
Anker lichten.
▶ **weigh down** *vt* niederdrücken.
▶ **weigh out** *vt* (*goods*) auswiegen.
▶ **weigh up** *vt* (*person, offer, risk*) abschätzen.
weighbridge ['weɪbrɪdʒ] *n* Brückenwaage *f*.
weighing machine ['weɪɪŋ-] *n* Waage *f*.
weight [weɪt] *n* Gewicht *nt* ♦ *vt* (*fig*): **to be ~ed
in favour of sb/sth** jdn/etw begünstigen; **to
be sold by ~** nach Gewicht verkauft
werden; **to lose ~** abnehmen; **to put on ~**
zunehmen; **~s and measures** Maße und
Gewichte.
weighting ['weɪtɪŋ] *n* (*allowance*) Zulage *f*.
weightlessness ['weɪtlɪsnɪs] *n*
Schwerelosigkeit *f*.
weightlifter ['weɪtlɪftə*] *n* Gewichtheber *m*.
weight limit *n* Gewichtsbeschränkung *f*.
weight training *n* Krafttraining *nt*.
weighty ['weɪtɪ] *adj* schwer; (*fig: important*)
gewichtig.
weir [wɪə*] *n* (*in river*) Wehr *nt*.
weird [wɪəd] *adj* (*object, situation, effect*)
komisch; (*person*) seltsam.
weirdo ['wɪədəʊ] (*inf*) *n* verrückter Typ *m*.
welcome ['wɛlkəm] *adj* willkommen ♦ *n*
Willkommen *nt* ♦ *vt* begrüßen, willkommen
heißen; **~ to London!** willkommen in
London!; **to make sb ~** jdn freundlich
aufnehmen; **you're ~ to try** du kannst es
gern versuchen; **thank you - you're ~!**
danke - nichts zu danken!
welcoming ['wɛlkəmɪŋ] *adj* (*smile, room*)
einladend; (*person*) freundlich.
weld [wɛld] *n* Schweißnaht *f* ♦ *vt* schweißen.
welder ['wɛldə*] *n* (*person*) Schweißer(in) *m(f)*.
welding ['wɛldɪŋ] *n* Schweißen *nt*.
welfare ['wɛlfɛə*] *n* (*well-being*) Wohl *nt*; (*social
aid*) Sozialhilfe *f*.
welfare state *n* Wohlfahrtsstaat *m*.
welfare work *n* Fürsorgearbeit *f*.
well [wɛl] *n* (*for water*) Brunnen *m*; (*oil well*)
Quelle *f* ♦ *adv* gut; (*for emphasis with adj*)
durchaus ♦ *adj*: **to be ~** (*person*) gesund sein
♦ *excl* nun!, na!; **as ~** (*in addition*) ebenfalls;
you might as ~ tell me sag es mir ruhig; **he
did as ~ as he could** er machte es so gut er
konnte; **pretty as ~ as rich** sowohl hübsch
als auch reich; **~ done!** gut gemacht!; **to do
~** (*person*) gut vorankommen; (*business*) gut
gehen; **~ before dawn** lange vor
Tagesanbruch; **~ over 40** weit über 40; **I
don't feel ~** ich fühle mich nicht gut *or*
wohl; **get ~ soon!** gute Besserung!; **~, as I
was saying ...** also, wie ich bereits sagte, ...
▶ **well up** *vi* (*tears, emotions*) aufsteigen.

we'll [wiːl] = **we will**, **we shall**.
well-behaved ['wɛlbɪ'heɪvd] *adj* wohlerzogen,
wohl erzogen.
well-being ['wɛl'biːɪŋ] *n* Wohl(ergehen) *nt*.
well-bred ['wɛl'brɛd] *adj* (*person*) gut erzogen.
well-built ['wɛl'bɪlt] *adj* gut gebaut.
well-chosen ['wɛl'tʃəʊzn] *adj* gut gewählt.
well-deserved ['wɛldɪ'zɜːvd] *adj*
wohlverdient.
well-developed ['wɛldɪ'vɛləpt] *adj* gut
entwickelt.
well-disposed ['wɛl'dɪspəʊzd] *adj*:
~ to(wards) freundlich gesonnen +*dat*.
well-dressed ['wɛl'drɛst] *adj* gut gekleidet.
well-earned ['wɛl'ɜːnd] *adj* (*rest*)
wohlverdient.
well-groomed ['wɛl'gruːmd] *adj* gepflegt.
well-heeled ['wɛl'hiːld] (*inf*) *adj* betucht.
well-informed ['wɛlɪn'fɔːmd] *adj* gut
informiert.
Wellington ['wɛlɪŋtən] *n* (*GEOG*) Wellington
nt.
wellingtons ['wɛlɪŋtənz] *npl* (*also:* **wellington
boots**) Gummistiefel *pl*.
well-kept ['wɛl'kɛpt] *adj* (*house, grounds*)
gepflegt; (*secret*) gut gehütet.
well-known ['wɛl'nəʊn] *adj* wohlbekannt,
wohl bekannt.
well-mannered ['wɛl'mænəd] *adj*
wohlerzogen, wohl erzogen.
well-meaning ['wɛl'miːnɪŋ] *adj* (*person*)
wohlmeinend; (*offer etc*) gut gemeint.
well-nigh ['wɛl'naɪ] *adv*: **~ impossible**
geradezu unmöglich.
well-off ['wɛl'ɔf] *adj* (*rich*) begütert.
well-read ['wɛl'rɛd] *adj* belesen.
well-spoken ['wɛl'spəʊkn] *adj*: **to be ~** sich
gut *or* gewandt ausdrücken.
well-stocked ['wɛl'stɔkt] *adj* gut bestückt.
well-timed ['wɛl'taɪmd] *adj* gut abgepasst.
well-to-do ['wɛltə'duː] *adj* wohlhabend.
well-wisher ['wɛlwɪʃə*] *n* (*friend, admirer*)
wohlmeinender Mensch *m*; **scores of ~s had
gathered** eine große Gefolgschaft hatte sich
versammelt; **letters from ~s** Briefe von
Leuten, die es gut meinen.
well-woman clinic ['wɛlwumən-] *n* ≈
Frauensprechstunde *f*.
Welsh [wɛlʃ] *adj* walisisch ♦ *n* (*LING*)
Walisisch *nt*; **the Welsh** *npl* die Waliser *pl*.
Welshman ['wɛlʃmən] (*irreg: like* **man**) *n*
Waliser *m*.
Welsh rarebit *n* überbackenes Käsebrot *nt*.
Welshwoman ['wɛlʃwumən] (*irreg: like*
woman) *n* Waliserin *f*.
welter ['wɛltə*] *n*: **a ~ of** eine Flut von.
went [wɛnt] *pt of* **go**.
wept [wɛpt] *pt, pp of* **weep**.
were [wɜː*] *pt of* **be**.
we're [wɪə*] = **we are**.
weren't [wɜːnt] = **were not**.
werewolf ['wɪəwulf] (*pl* **werewolves**) *n*

Werwolf m.

werewolves ['wɪəwulvz] npl of **werewolf**.

west [wɛst] n Westen m ♦ adj (wind, side, coast) West-, westlich ♦ adv (to or towards the west) westwärts; **the W~** (POL) der Westen.

westbound ['wɛstbaund] adj (traffic, carriageway) in Richtung Westen.

West Country (BRIT) n: **the ~** Südwestengland nt.

westerly ['wɛstəlɪ] adj westlich.

western ['wɛstən] adj westlich ♦ n (CINE) Western m.

westerner ['wɛstənə'] n Abendländer(in) m(f).

westernized ['wɛstənaɪzd] adj (society etc) verwestlicht.

West German adj westdeutsch ♦ n (person) Westdeutsche(r) f(m).

West Germany n (formerly) Bundesrepublik f Deutschland.

West Indian adj westindisch ♦ n (person) Westinder(in) m(f).

West Indies [-'ɪndɪz] npl: **the ~** Westindien nt.

Westminster ['wɛstmɪnstə'] n Westminster nt; (parliament) das britische Parlament.

westward(s) ['wɛstwəd(z)] adv westwärts.

wet [wɛt] adj nass ♦ n (BRIT: POL) Gemäßigte(r) f(m), Waschlappen m (pej); **to get ~** nass werden; "**~ paint**" „frisch gestrichen"; **to be a ~ blanket** (fig: pej: person) ein(e) Spielverderber(in) m(f) sein; **to ~ one's pants/o.s.** sich dat in die Hosen machen.

wetness ['wɛtnɪs] n Nässe f; (of climate) Feuchtigkeit f.

wet suit n Taucheranzug m.

we've [wi:v] = **we have**.

whack [wæk] vt schlagen.

whacked [wækt] (BRIT: inf) adj (exhausted) erschlagen.

whale [weɪl] n Wal m.

whaler ['weɪlə'] n Walfänger m.

whaling ['weɪlɪŋ] n Walfang m.

wharf [wɔːf] (pl **wharves**) n Kai m.

wharves [wɔːvz] npl of **wharf**.

══════════ KEYWORD

what [wɔt] adj **1** (in direct/indirect questions) welche(r, s); **~ colour/shape is it?** welche Farbe/Form hat es?; **for ~ reason?** aus welchem Grund?
2 (in exclamations) was für ein(e); **~ a mess!** was für ein Durcheinander!; **~ a fool I am!** was bin ich doch (für) ein Idiot!
♦ pron (interrogative, relative) was; **~ are you doing?** was machst du?; **~ are you talking about?** wovon redest du?; **~ is it called?** wie heißt das?; **~ about me?** und ich?; **~ about a cup of tea?** wie wärs mit einer Tasse Tee?; **~ about going to the cinema?** sollen wir ins Kino gehen?; **I saw ~ you did/what was on the table** ich habe gesehen, was du getan hast/was auf dem Tisch war; **tell me**

~ you're thinking about sag mir, woran du denkst
♦ excl (disbelieving) was, wie; **~, no coffee!** was or wie, kein Kaffee?

whatever [wɔt'ɛvə'] adj: **~ book** welches Buch auch immer ♦ pron: **do ~ is necessary/ you want** tun Sie, was nötig ist/was immer Sie wollen; **~ happens** was auch passiert; **no reason ~** or **whatsoever** überhaupt kein Grund; **nothing ~** or **whatsoever** überhaupt nichts.

whatsoever [wɔtsəu'ɛvə'] adj = **whatever**.

wheat [wiːt] n Weizen m.

wheatgerm ['wiːtdʒəːm] n Weizenkeim m.

wheatmeal ['wiːtmiːl] n Weizenmehl nt.

wheedle ['wiːdl] vt: **to ~ sb into doing sth** jdn beschwatzen, etw zu tun; **to ~ sth out of sb** jdm etw abluchsen.

wheel [wiːl] n Rad nt; (also: **steering ~**) Lenkrad nt; (NAUT) Steuer nt ♦ vt (pram etc) schieben ♦ vi (birds) kreisen; (also: **~ round**: person) sich herumdrehen.

wheelbarrow ['wiːlbærəu] n Schubkarre f.

wheelbase ['wiːlbeɪs] n Radstand m.

wheelchair ['wiːltʃeə'] n Rollstuhl m.

wheel clamp n Parkkralle f.

wheeler-dealer ['wiːlə'diːlə'] (pej) n Geschäftemacher(in) m(f).

wheelie-bin ['wiːlɪbɪn] n Mülltonne f auf Rädern.

wheeling ['wiːlɪŋ] n: **~ and dealing** (pej) Geschäftemacherei f.

wheeze [wiːz] vi (person) keuchen ♦ n (idea, joke etc) Scherz m.

wheezy ['wiːzɪ] adj (person) mit pfeifendem Atem; (cough) keuchend; (breath) pfeifend; (laugh) asthmatisch.

══════════ KEYWORD

when [wɛn] adv wann
♦ conj **1** (at, during, after the time that) wenn; **she was reading ~ I came in** als ich hereinkam, las sie gerade; **be careful ~ you cross the road** sei vorsichtig, wenn du die Straße überquerst
2 (on, at which) als; **on the day ~ I met him** am Tag, als ich ihn traf
3 (whereas) wo ... doch, obwohl; **why did you buy that ~ you can't afford it?** warum hast du das gekauft, obwohl du es dir nicht leisten kannst?

whenever [wɛn'ɛvə'] adv, conj (any time that) wann immer; (every time that) (jedes Mal,) wenn; **I go ~ I can** ich gehe, wann immer ich kann.

where [wɛə'] adv, conj wo; **this is ~ ...** hier ...; **~ possible** so weit möglich; **~ are you from?** woher kommen Sie?

whereabouts [wɛərə'bauts] adv wo ♦ n: **nobody knows his ~** keiner weiß, wo er ist.

whereas [wɛər'æz] *conj* während.

whereby [wɛə'baɪ] *(form) adv* wonach.

whereupon [wɛərə'pɔn] *conj* worauf.

wherever [wɛər'ɛvə*] *conj (position)* wo (auch) immer; *(motion)* wohin (auch) immer ♦ *adv (surprise)* wo (um alles in der Welt); **sit ~ you like** nehmen Sie Platz, wo immer Sie wollen.

wherewithal [wɛəwɪðɔːl] *n*: **the ~ (to do sth)** *(money)* das nötige Kleingeld(, um etw zu tun).

whet [wɛt] *vt (appetite)* anregen; *(tool)* schleifen.

whether [wɛðə*] *conj* ob; **I don't know ~ to accept or not** ich weiß nicht, ob ich annehmen soll oder nicht; **~ you go or not** ob du gehst oder nicht; **it's doubtful ~ ...** es ist zweifelhaft, ob ...

whey [weɪ] *n* Molke *f*.

================ KEYWORD

which [wɪtʃ] *adj* **1** *(interrogative: direct, indirect)* welche(r, s); **~ picture?** welches Bild?; **~ books?** welche Bücher?; **~ one?** welche(r, s)?

2: in ~ case in diesem Fall; **by ~ time** zu dieser Zeit

♦ *pron* **1** *(interrogative)* welche(r, s); **~ of you are coming?** wer von Ihnen kommt?; **I don't mind ~** mir ist gleich, welche(r, s).

2 *(relative)* der/die/das; **the apple ~ you ate/ which is on the table** der Apfel, den du gegessen hast/der auf dem Tisch liegt; **the chair on ~ you are sitting** der Stuhl, auf dem Sie sitzen; **the book of ~ you spoke** das Buch, wovon *or* von dem Sie sprachen; **he said he saw her, ~ is true** er sagte, er habe sie gesehen, was auch stimmt; **after ~** wonach.

whichever [wɪtʃ'ɛvə*] *adj*: **take ~ book you want** nehmen Sie irgendein *or* ein beliebiges Buch; **~ book you take** welches Buch Sie auch nehmen.

whiff [wɪf] *n (of perfume)* Hauch *m*; *(of petrol, smoke)* Geruch *m*; **to catch a ~ of sth** den Geruch von etw wahrnehmen.

while [waɪl] *n* Weile *f* ♦ *conj* während; **for a ~** eine Weile (lang); **in a ~** gleich; **all the ~** die ganze Zeit (über); **I'll/we'll** *etc* **make it worth your ~** es wird sich für Sie lohnen.

▶ **while away** *vt (time)* sich *dat* vertreiben.

whilst [waɪlst] *conj* = **while**.

whim [wɪm] *n* Laune *f*.

whimper [wɪmpə*] *n (cry, moan)* Wimmern *nt* ♦ *vi* wimmern.

whimsical [wɪmzɪkəl] *adj* wunderlich, seltsam; *(story)* kurios.

whine [waɪn] *n (of pain)* Jammern *nt*; *(of engine, siren)* Heulen *nt* ♦ *vi (person)* jammern; *(dog)* jaulen; *(engine, siren)* heulen.

whip [wɪp] *n* Peitsche *f*; *(POL)* ≈

Fraktionsführer *m* ♦ *vt (person, animal)* peitschen; *(cream, eggs)* schlagen; *(move quickly)*: **to ~ sth out/off** etw blitzschnell hervorholen/wegbringen.

┌─────────────────────────────┐
│ **WHIP** │
└─────────────────────────────┘

Der Ausdruck **whip** *bezieht sich in der Politik auf einen Abgeordneten, der für die Einhaltung der Parteidisziplin zuständig ist, besonders für die Anwesenheit und das Wahlverhalten der Abgeordneten im Unterhaus. Die* **whips** *fordern die Abgeordneten ihrer Partei schriftlich zur Anwesenheit auf und deuten die Wichtigkeit der Abstimmungen durch ein-, zwei-, oder dreimaliges Unterstreichen an, wobei dreimaliges Unterstreichen (3-line whip) strengsten Fraktionszwang bedeutet.*

▶ **whip up** *vt (cream)* schlagen; *(inf: meal)* hinzaubern; *(arouse: support)* anheizen; *(: people)* mitreißen.

whiplash [wɪplæʃ] *n* Peitschenhieb *m*; *(MED: also:* **~ injury**) Schleudertrauma *nt*.

whipped cream [wɪpt-] *n* Schlagsahne *f*.

whipping boy [wɪpɪŋ-] *n (fig)* Prügelknabe *m*.

whip-round [wɪpraund] *(BRIT: inf)* n (Geld)sammlung *f*.

whirl [wɜːl] *vt (arms, sword etc)* herumwirbeln ♦ *vi* wirbeln ♦ *n (of activity, pleasure)* Wirbel *m*; **to be in a ~** *(mind, person)* völlig verwirrt sein.

whirlpool [wɜːlpuːl] *n (lit)* Strudel *m*.

whirlwind [wɜːlwɪnd] *n (lit)* Wirbelwind *m*.

whirr [wɜː*] *vi (motor etc)* surren.

whisk [wɪsk] *n (CULIN)* Schneebesen *m* ♦ *vt (cream, eggs)* schlagen; **to ~ sb away** *or* **off** jdn in Windeseile wegbringen.

whiskers [wɪskəz] *npl (of animal)* Barthaare *pl*; *(of man)* Backenbart *m*.

whisky *(US, Ireland)* **whiskey** [wɪskɪ] *n* Whisky *m*.

whisper [wɪspə*] *n* Flüstern *nt*; *(fig: of wind)* Wispern *nt* ♦ *vt, vi* flüstern; **to ~ sth to sb** jdm etw zuflüstern.

whispering [wɪspərɪŋ] *n* Geflüster *nt*.

whist [wɪst] *(BRIT) n* Whist *nt*.

whistle [wɪsl] *n (sound)* Pfiff *m*; *(object)* Pfeife *f* ♦ *vi* pfeifen ♦ *vt* **to ~ a tune** eine Melodie pfeifen.

whistle-stop [wɪslstɔp] *adj*: **to make a ~ tour of** *(fig)* eine Rundreise machen durch; *(POL)* eine Wahlkampfreise machen durch.

Whit [wɪt] *n* = **Whitsun**.

white [waɪt] *adj* weiß ♦ *n (colour)* Weiß *nt*; *(person)* Weiße(r) *f(m)*; *(of egg, eye)* Weiße(s) *nt*; **to turn** *or* **go ~** *(person: with fear)* weiß *or* bleich werden; *(: with age)* weiße Haare bekommen; *(hair)* weiß werden; **the ~s** *(washing)* die Weißwäsche *f*; **tennis/cricket ~s** weiße Tennis-/Krickettrikots.

whitebait [waɪtbeɪt] *n* essbare *Jungfische*

(Heringe, Sprotten etc).

white coffee (BRIT) n Kaffee m mit Milch.

white-collar worker ['waɪtkɔlə-] n
Schreibtischarbeiter(in) m(f).

white elephant n (fig: venture)
Fehlinvestition f.

white goods npl (appliances) große
Haushaltsgeräte pl; (linen etc) Weißwaren pl.

white-hot [waɪt'hɔt] adj (metal) weiß glühend.

WHITE HOUSE

White House, eine weiß gestrichene Villa in
Washington, ist der offizielle Wohnsitz des
amerikanischen Präsidenten. Im weiteren Sinne
bezieht sich dieser Begriff auf die Exekutive der
amerikanischen Regierung.

---

white lie n Notlüge f.

whiteness ['waɪtnɪs] n Weiß nt.

white noise n weißes Rauschen nt.

whiteout ['waɪtaut] n starkes Schneegestöber
nt.

white paper n (POL) Weißbuch nt.

whitewash ['waɪtwɔʃ] n (paint) Tünche f; (inf:
SPORT) totale Niederlage f ♦ vt (building)
tünchen; (fig: incident, reputation)
reinwaschen.

white water n: **white-water rafting**
Wildwasserflößen nt.

whiting ['waɪtɪŋ] n inv (fish) Weißling m.

Whit Monday n Pfingstmontag m.

Whitsun ['wɪtsn] n Pfingsten nt.

whittle ['wɪtl] vt: **to ~ away** or **down** (costs
etc) verringern.

whizz [wɪz] vi: **to ~ past** or **by** vorbeisausen.

whizz kid (inf) n Senkrechtstarter(in) m(f).

WHO n abbr (= World Health Organization)
Weltgesundheitsorganisation f, WHO f.

========================= KEYWORD

who [hu:] pron **1** (interrogative) wer; (: acc)
wen; (: dat) wem; **~ is it?, who's there?** wer
ist da?; **~ did you give it to?** wem hast du es
gegeben?
2 (relative) der/die/das; **the man/woman
~ spoke to me** der Mann, der/die Frau, die
mit mir gesprochen hat.

---

whodunit, whodunnit [hu:'dʌnɪt] (inf) n
Krimi m.

whoever [hu:'ɛvə•] pron: **~ finds it** wer (auch
immer) es findet; **ask ~ you like** fragen Sie,
wen Sie wollen; **~ he marries** ganz gleich or
egal, wen er heiratet; **~ told you that?** wer
um alles in der Welt hat dir das erzählt?

whole [həul] adj (entire) ganz; (not broken) heil
♦ n Ganze(s) nt; **the ~ lot (of it)** alles; **the
~ lot (of them)** alle; **the ~ (of the) time** die
ganze Zeit; **~ villages were destroyed** ganze
Dörfer wurden zerstört; **the ~** of der/die/
das ganze; **the ~ of Glasgow/Europe** ganz

Glasgow/Europa; **the ~ of the town** die
ganze Stadt; **on the ~** im Ganzen (gesehen).

wholefood(s) ['həulfu:d(z)] n(pl) Vollwertkost
f.

wholefood shop n ≈ Reformhaus nt.

wholehearted [həul'hɑ:tɪd] adj (agreement etc)
rückhaltlos.

wholeheartedly [həul'hɑ:tɪdlɪ] adv (agree etc)
rückhaltlos.

wholemeal ['həulmi:l] (BRIT) adj (bread, flour)
Vollkorn-.

whole note (US) n ganze Note f.

wholesale ['həulseɪl] n (business) Großhandel
m ♦ adj (price) Großhandels-; (destruction etc)
umfassend ♦ adv (buy, sell) im Großhandel.

wholesaler ['həulseɪlə•] n Großhändler m.

wholesome ['həulsəm] adj (food) gesund;
(effect) zuträglich; (attitude) positiv.

wholewheat ['həulwi:t] adj = **wholemeal**.

wholly ['həulɪ] adv ganz und gar.

========================= KEYWORD

whom [hu:m] pron **1** (interrogative: acc) wen;
(: dat) wem; **~ did you see?** wen hast du
gesehen?; **to ~ did you give it?** wem hast du
es gegeben?
2 (relative: acc) den/die/das; (: dat) dem/der/
dem; **the man ~ I saw/to ~ I spoke** der
Mann, den ich gesehen habe/mit dem ich
gesprochen habe.

---

whooping cough ['hu:pɪŋ-] n Keuchhusten
m.

whoosh [wuʃ] vi: **to ~ along/past/down**
entlang-/vorbei-/hinuntersausen ♦ n Sausen
nt; **the skiers ~ed past, skiers came by with
a ~** die Skifahrer sausten vorbei.

whopper ['wɔpə•] (inf) n (lie) faustdicke Lüge
f; (large thing) Mordsding nt.

whopping ['wɔpɪŋ] (inf) adj Riesen-, riesig.

whore [hɔ:•] (inf: pej) n Hure f.

========================= KEYWORD

whose [hu:z] adj **1** (possessive: interrogative)
wessen; **~ book is this?, ~ is this book?**
wessen Buch ist das?, wem gehört das
Buch?; **I don't know ~ it is** ich weiß nicht,
wem es gehört.
2 (possessive: relative) dessen/deren/dessen;
the man ~ son you rescued der Mann,
dessen Sohn du gerettet hast; **the woman
~ car was stolen** die Frau, deren Auto
gestohlen worden war
♦ pron **~ is this?** wem gehört das?; **I know
~ it is** ich weiß, wem es gehört.

Who's Who ['hu:z'hu:] n (book) Who's who nt.

========================= KEYWORD

why [waɪ] adv warum; **~ not?** warum nicht?
♦ conj warum; **I wonder ~ he said that** ich
frage mich, warum er das gesagt hat; **that's**

not ~ **I'm here** ich bin nicht deswegen hier;
the reason ~ der Grund, warum *or* weshalb
♦ *excl* (*expressing surprise, shock*) na so was;
(*expressing annoyance*) ach; ~, **yes** (*of
course*) aber ja doch; ~, **it's you!** na so was,
du bists!

WI *n abbr* (*BRIT:* = *Women's Institute*) britischer
Frauenverband ♦ *abbr* = **West Indies**; (*US:
POST:* = *Wisconsin*).

wick [wɪk] *n* Docht *m*; **he gets on my** ~ (*BRIT:
inf*) er geht mir auf den Geist.

wicked ['wɪkɪd] *adj* (*crime, person*) böse; (*smile,
wit*) frech; (*inf: prices*) unverschämt;
(*: weather*) schrecklich.

wicker ['wɪkə*] *adj* (*chair etc*) Korb-; (*basket*)
Weiden-.

wickerwork ['wɪkə*wə:k] *adj* (*chair etc*) Korb-;
(*basket*) Weiden- ♦ *n* (*objects*) Korbwaren *pl*.

wicket ['wɪkɪt] *n* (*CRICKET: stumps*) Tor *nt*,
Wicket *nt*; (*: grass area*) Spielbahn *f*.

wicket-keeper ['wɪkɪtki:pə*] *n* Torwächter *m*.

wide [waɪd] *adj* breit; (*area*) weit; (*publicity*)
umfassend ♦ *adv*: **to open sth** ~ etw weit
öffnen; **it is 3 metres** ~ es ist 3 Meter breit;
to go ~ vorbeigehen.

wide-angle lens ['waɪdæŋgl-] *n*
Weitwinkelobjektiv *nt*.

wide-awake [waɪdə'weɪk] *adj* hellwach.

wide-eyed [waɪd'aɪd] *adj* mit großen Augen;
(*fig*) unschuldig, naiv.

widely ['waɪdlɪ] *adv* (*differ, vary*) erheblich;
(*travel*) ausgiebig, viel; (*spaced*) weit;
(*believed, known*) allgemein; **to be** ~ **read**
(*reader*) sehr belesen sein.

widen ['waɪdn] *vt* (*road, river*) verbreitern;
(*one's experience*) erweitern ♦ *vi* sich
verbreitern.

wideness ['waɪdnɪs] *n* (*of road, river, gap*)
Breite *f*.

wide open *adj* (*window, eyes, mouth*) weit
geöffnet.

wide-ranging [waɪd'reɪndʒɪŋ] *adj* (*effects*)
weitreichend, weit reichend; (*interview,
survey*) umfassend.

widespread ['waɪdspred] *adj* weitverbreitet,
weit verbreitet.

widow ['wɪdəu] *n* Witwe *f*.

widowed ['wɪdəud] *adj* verwitwet.

widower ['wɪdəuə*] *n* Witwer *m*.

width [wɪdθ] *n* Breite *f*; (*in swimming pool*)
(Quer)bahn *f*; **it's 7 metres in** ~ es ist 7
Meter breit.

widthways ['wɪdθweɪz] *adv* der Breite nach.

wield [wi:ld] *vt* (*sword*) schwingen; (*power*)
ausüben.

wife [waɪf] (*pl* **wives**) *n* Frau *f*.

wig [wɪg] *n* Perücke *f*.

wigging ['wɪgɪŋ] (*BRIT: inf*) *n* Standpauke *f*.

wiggle ['wɪgl] *vt* wackeln mit.

wiggly ['wɪglɪ] *adj*: ~ **line** Schlangenlinie *f*.

wigwam ['wɪgwæm] *n* Wigwam *m*.

wild [waɪld] *adj* wild; (*weather*) rau, stürmisch;
(*person, behaviour*) ungestüm; (*idea*) weit
hergeholt; (*applause*) stürmisch ♦ *n*: **the** ~
(*natural surroundings*) die freie Natur *f*; **the
wilds** *npl* die Wildnis; **I'm not** ~ **about it** ich
bin nicht versessen *or* scharf darauf.

wild card *n* (*COMPUT*) Wildcard *f*,
Ersatzzeichen *nt*.

wildcat ['waɪldkæt] *n* Wildkatze *f*.

wildcat strike *n* wilder Streik *m*.

wilderness ['wɪldənɪs] *n* Wildnis *f*.

wildfire ['waɪldfaɪə*] *n*: **to spread like** ~ sich
wie ein Lauffeuer ausbreiten.

wild-goose chase [waɪld'gu:s-] *n*
aussichtslose Suche *f*.

wildlife ['waɪldlaɪf] *n* (*animals*) die Tierwelt *f*.

wildly ['waɪldlɪ] *adv* wild; (*very: romantic*)
wild-; (*: inefficient*) furchtbar.

wiles [waɪlz] *npl* List *f*.

wilful, (*US*) **willful** ['wɪlful] *adj* (*obstinate*)
eigensinnig; (*deliberate*) vorsätzlich.

═══════════════════════════════ *KEYWORD*

will [wɪl] (*vt: pt, pp* **willed**) *aux vb* **1** (*forming
future tense*): **I** ~ **finish it tomorrow** ich
werde es morgen fertig machen, ich mache
es morgen fertig; ~ **you do it? - yes I** ~/**no I
won't** machst du es? - ja/nein.
2 (*in conjectures, predictions*): **that** ~ **be the
postman** das ist bestimmt der Briefträger.
3 (*in commands, requests, offers*): ~ **you sit
down** (*politely*) bitte nehmen Sie Platz;
(*angrily*) nun setz dich doch; ~ **you be quiet!**
seid jetzt still!; ~ **you help me?** hilfst du
mir?; ~ **you have a cup of tea?** möchten Sie
eine Tasse Tee?; **I won't put up with it!** das
lasse ich mir nicht gefallen!
♦ *vt*: **to** ~ **sb to do sth** jdn durch
Willenskraft dazu bewegen, etw zu tun; **he
~ed himself to go on** er zwang sich dazu,
weiterzumachen
♦ *n* (*volition*) Wille *m*; (*testament*) Testament
nt; **he did it against his** ~ er tat es gegen
seinen Willen.

willful ['wɪlful] (*US*) *adj* = **wilful**.

willing ['wɪlɪŋ] *adj* (*having no objection*)
gewillt; (*enthusiastic*) bereitwillig; **he's** ~ **to
do it** er ist bereit, es zu tun; **to show** ~
guten Willen zeigen.

willingly ['wɪlɪŋlɪ] *adv* bereitwillig.

willingness ['wɪlɪŋnɪs] *n* (*readiness*)
Bereitschaft *f*; (*enthusiasm*) Bereitwilligkeit
f.

will-o'-the-wisp ['wɪləðə'wɪsp] *n* Irrlicht *nt*;
(*fig*) Trugbild *nt*.

willow ['wɪləu] *n* (*tree*) Weide *f*; (*wood*)
Weidenholz *nt*.

willpower ['wɪl'pauə*] *n* Willenskraft *f*.

willy-nilly ['wɪlɪ'nɪlɪ] *adv* (*willingly or not*) wohl
oder übel.

wilt [wɪlt] *vi* (*plant*) welken.

Wilts [wɪlts] (*BRIT*) *abbr* (*POST:* = *Wiltshire*).
wily ['waɪlɪ] *adj* listig, raffiniert.
wimp [wɪmp] (*inf. pej*) *n* Waschlappen *m.*
wimpish ['wɪmpɪʃ] (*inf*) *adj* weichlich.
win [wɪn] (*pt, pp* **won**) *n* Sieg *m* ♦ *vt* gewinnen
   ♦ *vi* siegen, gewinnen.
▶ **win over** *vt* (*persuade*) gewinnen.
▶ **win round** (*BRIT*) *vt* = **win over.**
wince [wɪns] *vi* zusammenzucken.
winch [wɪntʃ] *n* Winde *f.*
Winchester disk ['wɪntʃɪstə-] *n*
   Winchesterplatte *f.*
wind[1] [wɪnd] *n* (*air*) Wind *m*; (*MED*)
   Blähungen *pl*; (*breath*) Atem *m* ♦ *vt* (*take
   breath away from*) den Atem nehmen +*dat*;
   the winds *npl* (*MUS*) die Bläser *pl*; **into** *or*
   against the ~ gegen den Wind; **to get** ~ **of**
   sth (*fig*) von etw Wind bekommen; **to break**
   ~ Darmwind entweichen lassen.
wind[2] [waɪnd] (*pt, pp* **wound**) *vt* (*thread, rope,
   bandage*) wickeln; (*clock, toy*) aufziehen ♦ *vi*
   (*road, river*) sich winden.
▶ **wind down** *vt* (*car window*)
   herunterdrehen; (*fig: production*)
   zurückschrauben.
▶ **wind up** *vt* (*clock, toy*) aufziehen; (*debate*)
   abschließen.
windbreak ['wɪndbreɪk] *n* Windschutz *m.*
windbreaker ['wɪndbreɪkə•] (*US*) *n*
   = **windcheater.**
windcheater ['wɪndtʃiːtə•] *n* Windjacke *f.*
winder ['waɪndə•] (*BRIT*) *n* (*on watch*) Krone *f*,
   Aufziehrädchen *nt.*
windfall ['wɪndfɔːl] *n* (*money*) unverhoffter
   Glücksfall *m*; (*apple*) Fallobst *nt.*
winding ['waɪndɪŋ] *adj* gewunden.
wind instrument [wɪnd-] *n* Blasinstrument
   nt.
windmill ['wɪndmɪl] *n* Windmühle *f.*
window ['wɪndəu] *n* (*also COMPUT*) Fenster *nt*;
   (*in shop*) Schaufenster *nt.*
window box *n* Blumenkasten *m.*
window cleaner *n* Fensterputzer(in) *m(f).*
window dresser *n*
   Schaufensterdekorateur(in) *m(f).*
window envelope *n* Fensterumschlag *m.*
window frame *n* Fensterrahmen *m.*
window ledge *n* Fenstersims *m.*
window pane *n* Fensterscheibe *f.*
window-shopping ['wɪndəuʃɔpɪŋ] *n*
   Schaufensterbummel *m*; **to go** ~ einen
   Schaufensterbummel machen.
windowsill ['wɪndəusɪl] *n* Fensterbank *f.*
windpipe ['wɪndpaɪp] *n* Luftröhre *f.*
wind power [wɪnd-] *n* Windkraft *f*,
   Windenergie *f.*
windscreen ['wɪndskriːn] *n*
   Windschutzscheibe *f.*
windscreen washer *n*
   Scheibenwaschanlage *f.*
windscreen wiper [-waɪpə•] *n*
   Scheibenwischer *m.*

windshield ['wɪndʃiːld] (*US*) *n* = **windscreen.**
windsurfing ['wɪndsəːfɪŋ] *n* Windsurfen *nt.*
windswept ['wɪndswɛpt] *adj* (*place*) vom Wind
   gepeitscht; (*person*) vom Wind zerzaust.
wind tunnel [wɪnd-] *n* Windkanal *m.*
windy ['wɪndɪ] *adj* windig; **it's** ~ es ist windig.
wine [waɪn] *n* Wein *m* ♦ *vt:* **to** ~ **and dine sb**
   jdm zu einem guten Essen ausführen.
wine bar *n* Weinlokal *nt.*
wine cellar *n* Weinkeller *m.*
wine glass *n* Weinglas *nt.*
wine list *n* Weinkarte *f.*
wine merchant *n* Weinhändler(in) *m(f).*
wine tasting [-teɪstɪŋ] *n* Weinprobe *f.*
wine waiter *n* Weinkellner *m.*
wing [wɪŋ] *n* (*of bird, insect, plane*) Flügel *m*; (*of
   building*) Trakt *m*; (*of car*) Kotflügel *m*; **the
   wings** *npl* (*THEAT*) die Kulissen *pl.*
winger ['wɪŋə•] *n* (*SPORT*) Flügelspieler(in)
   m(f).
wing mirror (*BRIT*) *n* Seitenspiegel *m.*
wing nut *n* Flügelmutter *f.*
wingspan ['wɪŋspæn] *n* Flügelspannweite *f.*
wingspread ['wɪŋsprɛd] *n* = **wingspan.**
wink [wɪŋk] *n* (*of eye*) Zwinkern *m* ♦ *vi* (*with
   eye*) zwinkern; (*light etc*) blinken.
winkle [wɪŋkl] *n* Strandschnecke *f.*
winner ['wɪnə•] *n* (*of race, competition*)
   Sieger(in) *m(f)*; (*of prize*) Gewinner(in) *m(f).*
winning ['wɪnɪŋ] *adj* (*team, entry*) siegreich;
   (*shot, goal*) entscheidend; (*smile*)
   einnehmend; *see also* **winnings.**
winning post *n* (*lit*) Zielpfosten *m*; (*fig*) Ziel
   nt.
winnings ['wɪnɪŋz] *npl* Gewinn *m.*
winsome ['wɪnsəm] *adj* (*expression*)
   gewinnend; (*person*) reizend.
winter ['wɪntə•] *n* Winter *m* ♦ *vi* (*birds*)
   überwintern; **in** ~ im Winter.
winter sports *npl* Wintersport *m.*
wintry ['wɪntrɪ] *adj* (*weather, day*) winterlich,
   Winter-.
wipe [waɪp] *vt* wischen; (*dry*) abtrocknen;
   (*clean*) abwischen; (*erase: tape*) löschen; **to**
   ~ **one's nose** sich *dat* die Nase putzen ♦ *n:* **to
   give sth a** ~ etw abwischen.
▶ **wipe off** *vt* abwischen.
▶ **wipe out** *vt* (*destroy: city etc*) auslöschen.
▶ **wipe up** *vt* (*mess*) aufwischen.
wire ['waɪə•] *n* Draht *m*; (*US: telegram*)
   Telegramm *nt* ♦ *vt* (*US*): **to** ~ **sb** jdm
   telegrafieren; (*also:* ~ **up**: *electrical fitting*)
   anschließen.
wire brush *n* Drahtbürste *f.*
wire cutters *npl* Drahtschere *f.*
wireless ['waɪəlɪs] (*BRIT: old*) *n* Funk *m*; (*set*)
   Rundfunkgerät *nt.*
wire netting *n* Maschendraht *m.*
wire service (*US*) *n* Nachrichtenagentur *f.*
wire-tapping ['waɪə'tæpɪŋ] *n* Anzapfen *nt* von
   Leitungen.
wiring ['waɪərɪŋ] *n* elektrische Leitungen *pl.*

wiry ['waɪərɪ] *adj* (*person*) drahtig; (*hair*) borstig.

Wis. (*US*) *abbr* (*POST*: = Wisconsin).

wisdom ['wɪzdəm] *n* (*of person*) Weisheit *f*; (*of action, remark*) Klugheit *f*.

wisdom tooth *n* Weisheitszahn *m*.

wise *adj* (*person*) weise; (*action, remark*) klug; **I'm none the ~r** ich bin genauso klug wie vorher.

▶ **wise up** (*inf*) *vi*: **to ~ up to sth** hinter etw *acc* kommen.

...wise [waɪz] *suff*: **timewise/moneywise** *etc* zeitmäßig/geldmäßig *etc*.

wisecrack ['waɪzkræk] *n* Witzelei *f*.

wisely ['waɪzlɪ] *adv* klug, weise.

wish [wɪʃ] *n* Wunsch *m* ♦ *vt* wünschen; **best ~es** (*for birthday etc*) herzliche Grüße, alle guten Wünsche; **with best ~es** (*in letter*) mit den besten Wünschen *or* Grüßen; **give her my best ~es** grüßen Sie sie herzlich von mir; **to make a ~** sich *dat* etw wünschen; **to ~ sb goodbye** jdm auf *or* Auf Wiedersehen sagen; **he ~ed me well** er wünschte mir alles Gute; **to ~ to do sth** etw tun wollen; **to ~ sth on sb** jdm etw wünschen; **to ~ for sth** sich *dat* etw wünschen.

wishbone ['wɪʃbəun] *n* Gabelbein *nt*.

wishful ['wɪʃful] *adj*: **it's ~ thinking** das ist reines Wunschdenken.

wishy-washy ['wɪʃɪ'wɔʃɪ] (*inf*) *adj* (*colour*) verwaschen; (*person*) farblos; (*ideas*) nichts sagend.

wisp [wɪsp] *n* (*of grass*) Büschel *nt*; (*of hair*) Strähne *f*; (*of smoke*) Fahne *f*.

wistful ['wɪstful] *adj* wehmütig.

wit [wɪt] *n* (*wittiness*) geistreiche Art *f*; (*person*) geistreicher Mensch *m*; (*presence of mind*) Verstand *m*; **wits** *npl* (*intelligence*) Verstand *m*; **to be at one's ~s' end** mit seinem Latein am Ende sein; **to have one's ~s about one** einen klaren Kopf haben; **to ~** (*namely*) und zwar.

witch [wɪtʃ] *n* Hexe *f*.

witchcraft ['wɪtʃkrɑːft] *n* Hexerei *f*.

witch doctor *n* Medizinmann *m*.

witch-hunt ['wɪtʃhʌnt] *n* (*fig*) Hexenjagd *f*.

═══════════════════════ KEYWORD

with [wɪð] *prep* **1** (*accompanying, in the company of*) mit; **we stayed ~ friends** wir wohnten bei Freunden; **I'll be ~ you in a minute** einen Augenblick, ich bin sofort da; **I'm ~ you** (*I understand*) ich verstehe; **to be ~ it** (*inf*: *up-to-date*) auf dem Laufenden sein; (: *alert*) da sein.

2 (*descriptive, indicating manner*) mit; **the man ~ the grey hat/blue eyes** der Mann mit dem grauen Hut/den blauen Augen; **~ tears in her eyes** mit Tränen in den Augen; **red ~ anger** rot vor Wut.

withdraw [wɪθ'drɔː] (*irreg*: *like* **draw**) *vt* (*object,*

offer) zurückziehen; (*remark*) zurücknehmen ♦ *vi* (*troops*) abziehen; (*person*) sich zurückziehen; **to ~ money** (*from bank*) Geld abheben; **to ~ into o.s.** sich in sich *acc* selbst zurückziehen.

withdrawal [wɪθ'drɔːəl] *n* (*of offer, remark*) Zurücknahme *f*; (*of troops*) Abzug *m*; (*of participation*) Ausstieg *m*; (*of services*) Streichung *f*; (*of money*) Abhebung *f*.

withdrawal symptoms *npl* Entzugserscheinungen *pl*.

withdrawn [wɪθ'drɔːn] *pp of* **withdraw** ♦ *adj* (*person*) verschlossen.

wither ['wɪðəʳ] *vi* (*plant*) verwelken.

withered ['wɪðəd] *adj* (*plant*) verwelkt; (*limb*) verkümmert.

withhold [wɪθ'həuld] (*irreg*: *like* **hold**) *vt* vorenthalten.

within [wɪð'ɪn] *prep* (*place*) innerhalb +*gen*; (*time, distance*) innerhalb von ♦ *adv* innen; **~ reach** in Reichweite; **~ sight (of)** in Sichtweite (+*gen*); **~ the week** vor Ende der Woche; **~ a mile of** weniger als eine Meile entfernt von; **~ an hour** innerhalb einer Stunde; **~ the law** im Rahmen des Gesetzes.

without [wɪð'aut] *prep* ohne; **~ a coat** ohne Mantel; **~ speaking** ohne zu sprechen; **it goes ~ saying** das versteht sich von selbst; **~ anyone knowing** ohne dass jemand davon wusste.

withstand [wɪθ'stænd] (*irreg*: *like* **stand**) *vt* widerstehen +*dat*.

witness ['wɪtnɪs] *n* Zeuge *m*, Zeugin *f* ♦ *vt* (*event*) sehen, Zeuge/Zeugin sein +*gen*; (*fig*) miterleben; **to bear ~ to sth** Zeugnis für etw ablegen; **~ for the prosecution/defence** Zeuge/Zeugin der Anklage/Verteidigung; **to ~ to sth** etw bezeugen; **to ~ having seen sth** bezeugen, etw gesehen zu haben.

witness box *n* Zeugenstand *m*.

witness stand (*US*) *n* = **witness box**.

witticism ['wɪtɪsɪzəm] *n* geistreiche Bemerkung *f*.

witty ['wɪtɪ] *adj* geistreich.

wives [waɪvz] *npl of* **wife**.

wizard ['wɪzəd] *n* Zauberer *m*.

wizened ['wɪznd] *adj* (*person*) verhutzelt; (*fruit, vegetable*) verschrumpelt.

wk *abbr* = **week**.

Wm. *abbr* (= William).

WO *n abbr* (*MIL*) = **warrant officer**.

wobble ['wɔbl] *vi* wackeln; (*legs*) zittern.

wobbly ['wɔblɪ] *adj* (*hand, voice*) zitt(e)rig; (*table, chair*) wack(e)lig; **to feel ~** sich wack(e)lig fühlen.

woe [wəu] *n* (*sorrow*) Jammer *m*; (*misfortune*) Kummer *m*.

woeful ['wəuful] *adj* traurig.

wok [wɔk] *n* Wok *m*.

woke [wəuk] *pt of* **wake**.

woken ['wəukn] *pp of* **wake**.

wolf [wulf] (*pl* **wolves**) *n* Wolf *m*.

wolves [wulvz] npl of **wolf**.
woman ['wumən] (pl **women**) n Frau f;
~ **friend** Freundin f; ~ **teacher** Lehrerin f;
young ~ junge Frau; **women's page**
Frauenseite f.
woman doctor n Ärztin f.
womanize ['wumənaɪz] (pej) vi hinter Frauen
her sein.
womanly ['wumənlɪ] adj (virtues etc) weiblich.
womb [wu:m] n Mutterleib m; (MED)
Gebärmutter f.
women ['wɪmɪn] npl of **woman**.
women's lib ['wɪmɪnz-] (inf) n
Frauenbefreiung f.
Women's (Liberation) Movement n
Frauenbewegung f.
won [wʌn] pt, pp of **win**.
wonder ['wʌndə*] n (miracle) Wunder nt; (awe)
Verwunderung f ♦ vi: **to** ~ **whether/why** etc
sich fragen, ob/warum etc; **it's no** ~ **(that)** es
ist kein Wunder(, dass); **to** ~ **at** (marvel at)
staunen über +acc; **to** ~ **about** sich dat
Gedanken machen über +acc; **I** ~ **if you
could help me** könnten Sie mir vielleicht
helfen.
wonderful ['wʌndəful] adj wunderbar.
wonderfully ['wʌndəfəlɪ] adv wunderbar.
wonky ['wɒŋkɪ] (BRIT: inf) adj wack(e)lig.
wont [wəunt] n: **as is his** ~ wie er zu tun
pflegt.
won't [wəunt] = **will not**.
woo [wu:] vt (woman, audience) umwerben.
wood [wud] n (timber) Holz nt; (forest) Wald m
♦ cpd Holz-.
woodcarving ['wudkɑ:vɪŋ] n (act, object)
Holzschnitzerei f.
wooded ['wudɪd] adj bewaldet.
wooden ['wudn] adj (also fig) hölzern.
woodland ['wudlənd] n Waldland nt.
woodpecker ['wudpɛkə*] n Specht m.
wood pigeon n Ringeltaube f.
woodwind ['wudwɪnd] adj (instrument)
Holzblasinstrument nt; **the** ~ die Holzbläser
pl.
woodwork ['wudwə:k] n (skill) Holzarbeiten
pl.
woodworm ['wudwə:m] n Holzwurm m.
woof [wuf] n (of dog) Wau nt ♦ vi kläffen; ~,
~! wau, wau!
wool [wul] n Wolle f; **to pull the** ~ **over sb's
eyes** (fig) jdn hinters Licht führen.
woollen, (US) **woolen** ['wulən] adj (hat)
Woll-, wollen.
woollens ['wulənz] npl Wollsachen pl.
woolly, (US) **wooly** ['wulɪ] adj (socks, hat etc)
Woll-; (fig: ideas) schwammig; (person)
verworren ♦ n (pullover) Wollpullover m.
woozy ['wu:zɪ] (inf) adj duselig.
Worcs (BRIT) abbr (POST: = Worcestershire).
word [wə:d] n Wort nt; (news) Nachricht f ♦ vt
(letter, message) formulieren; ~ **for** ~ Wort
für Wort, (wort)wörtlich; **what's the** ~ **for**

"**pen**" **in German?** was heißt „pen" auf
Deutsch?; **to put sth into** ~**s** etw in Worte
fassen; **in other** ~**s** mit anderen Worten; **to
break/keep one's** ~ sein Wort brechen/
halten; **to have** ~**s with sb** eine
Auseinandersetzung mit jdm haben; **to
have a** ~ **with sb** mit jdm sprechen; **I'll take
your** ~ **for it** ich verlasse mich auf Sie; **to
send** ~ **of sth** etw verlauten lassen; **to leave**
~ **(with sb/for sb) that** ... (bei jdm/für jdn)
die Nachricht hinterlassen, dass ...; **by** ~ **of
mouth** durch mündliche Überlieferung.
wording ['wə:dɪŋ] n (of message, contract etc)
Wortlaut m, Formulierung f.
word-perfect ['wə:d'pə:fɪkt] adj: **to be** ~ den
Text perfekt beherrschen.
word processing n Textverarbeitung f.
word processor [-prəusɛsə*] n
Textverarbeitungssystem nt.
wordwrap ['wə:dræp] n (COMPUT)
(automatischer) Zeilenumbruch m.
wordy ['wə:dɪ] adj (book) langatmig; (person)
wortreich.
wore [wɔ:*] pt of **wear**.
work [wə:k] n Arbeit f; (ART, LITER) Werk nt
♦ vi arbeiten; (mechanism) funktionieren; (be
successful: medicine etc) wirken ♦ vt (clay,
wood, land) bearbeiten; (mine) arbeiten in;
(machine) bedienen; (create: effect, miracle)
bewirken; **to go to** ~ zur Arbeit gehen; **to
set to** ~, **to start** ~ sich an die Arbeit
machen; **to be at** ~ **(on sth)** (an etw dat)
arbeiten; **to be out of** ~ arbeitslos sein; **to
be in** ~ eine Stelle haben; **to** ~ **hard** hart
arbeiten; **to** ~ **loose** (part, knot) sich lösen;
to ~ **on the assumption that** ... von der
Annahme ausgehen, dass ...
▶ **work on** vt fus (task) arbeiten an +dat;
(person: influence) bearbeiten; **he's** ~**ing on
his car** er arbeitet an seinem Auto.
▶ **work out** vi (plans etc) klappen; (SPORT)
trainieren ♦ vt (problem) lösen; (plan)
ausarbeiten; **it** ~**s out at 100 pounds** es
ergibt 100 Pfund.
▶ **work up** vt: **to get** ~**ed up** sich aufregen.
workable ['wə:kəbl] adj (system)
durchführbar; (solution) brauchbar.
workaholic [wə:kə'hɒlɪk] n Arbeitstier nt.
workbench ['wə:kbɛntʃ] n Werkbank f.
worker ['wə:kə*] n Arbeiter(in) m(f); **office** ~
Büroarbeiter(in) m(f).
workforce ['wə:kfɔ:s] n Arbeiterschaft f.
work-in ['wə:kɪn] (BRIT) n Fabrikbesetzung f.
working ['wə:kɪŋ] adj (day, conditions)
Arbeits-; (population) arbeitend; (mother)
berufstätig; **a** ~ **knowledge of English**
(adequate) Grundkenntnisse in Englisch.
working capital n Betriebskapital nt.
working class n Arbeiterklasse f.
working-class ['wə:kɪŋ'klɑ:s] adj (family, town)
Arbeiter-.
working man n Arbeiter m.

working order *n*: in ~ in betriebsfähigem Zustand.
working party (*BRIT*) *n* Ausschuss *m*.
working relationship *n* Arbeitsbeziehung *f*.
working week *n* Arbeitswoche *f*.
work-in-progress ['wə:kɪn'prəugres] *n* laufende Arbeiten *pl*.
workload ['wə:kləud] *n* Arbeitsbelastung *f*.
workman ['wə:kmən] (*irreg*: *like* **man**) *n* Arbeiter *m*.
workmanship ['wə:kmənʃɪp] *n* Arbeitsqualität *f*.
workmate ['wə:kmeɪt] *n* Arbeitskollege *m*, Arbeitskollegin *f*.
workout ['wə:kaut] *n* Fitnesstraining *nt*.
work permit *n* Arbeitserlaubnis *f*.
works [wə:ks] (*BRIT*) *n* (*factory*) Fabrik *f*, Werk *nt* ♦ *npl* (*of clock*) Uhrwerk *nt*; (*of machine*) Getriebe *nt*.
work sheet *n* Arbeitsblatt *nt*.
workshop ['wə:kʃɔp] *n* (*building*) Werkstatt *f*; (*practical session*) Workshop *nt*.
work station *n* Arbeitsplatz *m*; (*COMPUT*) Workstation *f*.
work-study ['wə:kstʌdɪ] *n* Arbeitsstudie *f*.
worktop ['wə:ktɔp] *n* Arbeitsfläche *f*.
work-to-rule ['wə:ktə'ru:l] (*BRIT*) *n* Dienst *m* nach Vorschrift.
world [wə:ld] *n* Welt *f* ♦ *cpd* (*champion, power, war*) Welt-; **all over the** ~ auf der ganzen Welt; **to think the** ~ **of sb** große Stücke auf jdn halten; **what in the** ~ **is he doing?** was um alles in der Welt macht er?; **to do sb a** *or* **the** ~ **of good** jdm unwahrscheinlich gut tun; **W**~ **War One/Two** der Erste/Zweite Weltkrieg; **out of this** ~ fantastisch.
World Cup *n*: **the** ~ (*FOOTBALL*) die Fußballweltmeisterschaft *f*.
world-famous [wə:ld'feɪməs] *adj* weltberühmt.
worldly ['wə:ldlɪ] *adj* weltlich; (*knowledgeable*) weltgewandt.
world music *n* World Music *f*, Richtung der Popmusik, die musikalische Stilelemente der Dritten Welt verwendet.
World Series (*US*) *n* Endrunde der Baseball-Weltmeisterschaft *zwischen den Tabellenführern der Spitzenligen.*
worldwide ['wə:ld'waɪd] *adj, adv* weltweit.
worm [wə:m] *n* Wurm *m*.
▶ **worm out** *vt*: **to** ~ **sth out of sb** jdm etw entlocken.
worn [wɔːn] *pp of* **wear** ♦ *adj* (*carpet*) abgenutzt; (*shoe*) abgetragen.
worn-out ['wɔːnaut] *adj* (*object*) abgenutzt; (*person*) erschöpft.
worried ['wʌrɪd] *adj* besorgt; **to be** ~ **about sth** sich wegen etw Sorgen machen.
worrier ['wʌrɪə'] *n*: **to be a** ~ sich ständig Sorgen machen.
worrisome ['wʌrɪsəm] *adj* Besorgnis erregend.

worry ['wʌrɪ] *n* Sorge *f* ♦ *vt* beunruhigen ♦ *vi* sich *dat* Sorgen machen; **to** ~ **about** *or* **over sth/sb** sich um etw/jdn Sorgen machen.
worrying ['wʌrɪɪŋ] *adj* beunruhigend.
worse [wə:s] *adj* schlechter, schlimmer ♦ *adv* schlechter ♦ *n* Schlechtere(s) *nt*, Schlimmere(s) *nt*; **to get** ~ (*situation etc*) sich verschlechtern *or* verschlimmern; **he is none the** ~ **for it** er hat keinen Schaden dabei erlitten; **so much the** ~ **for you!** um so schlimmer für dich!; **a change for the** ~ eine Wendung zum Schlechten.
worsen ['wə:sn] *vt* verschlimmern ♦ *vi* sich verschlechtern.
worse off *adj* (*also fig*) schlechter dran; **he is now** ~ **than before** er ist jetzt schlechter dran als zuvor.
worship ['wə:ʃɪp] *n* (*act*) Verehrung *f* ♦ *vt* (*god*) anbeten; (*person, thing*) verehren; **Your W**~ (*BRIT*: *to mayor*) verehrter Herr Bürgermeister; (: *to judge*) Euer Ehren.
worshipper ['wə:ʃɪpə'] *n* (*in church etc*) Kirchgänger(in) *m(f)*; (*fig*) Anbeter(in) *m(f)*, Verehrer(in) *m(f)*.
worst [wə:st] *adj* schlechteste(r, s), schlimmste(r, s) ♦ *adv* am schlimmsten ♦ *n* Schlimmste(s) *nt*; **at** ~ schlimmstenfalls; **if the** ~ **comes to the** ~ wenn alle Stricke reißen.
worst-case scenario ['wə:stkeɪs-] *n* Schlimmstfallszenario *nt*.
worsted ['wustɪd] *n* Kammgarn *nt*.
worth [wə:θ] *n* Wert *m* ♦ *adj*: **to be** ~ wert sein; **£2** ~ **of apples** Äpfel für £ 2; **how much is it** ~? was *or* wie viel ist es wert?; **it's** ~ **it** (*effort, time*) es lohnt sich; **it's** ~ **every penny** es ist sein Geld wert.
worthless ['wə:θlɪs] *adj* wertlos.
worthwhile ['wə:θ'waɪl] *adj* lohnend.
worthy ['wə:ðɪ] *adj* (*person*) würdig; (*motive*) ehrenwert; ~ **of** wert +*gen*.

===================== *KEYWORD*

would [wud] *aux vb* **1** (*conditional tense*): **if you asked him he** ~ **do it** wenn du ihn fragtest, würde er es tun; **if you had asked him he** ~ **have done it** wenn du ihn gefragt hättest, hätte er es getan.
2 (*in offers, invitations, requests*): ~ **you like a biscuit?** möchten Sie ein Plätzchen?; ~ **you ask him to come in?** würden Sie ihn bitten hereinzukommen?
3 (*in indirect speech*): **I said I** ~ **do it** ich sagte, ich würde es tun.
4 (*emphatic*): **it WOULD have to snow today!** ausgerechnet heute musste es schneien!
5 (*insistence*): **she** ~**n't behave** sie wollte sich partout nicht benehmen.
6 (*conjecture*): **it** ~ **have been midnight** es mochte etwa Mitternacht gewesen sein; **it** ~ **seem so** so scheint es wohl.
7 (*indicating habit*): **he** ~ **go there on**

Mondays er ging montags immer dorthin;
he ~ spend every day on the beach er
verbrachte jeden Tag am Strand.

would-be ['wʊdbiː] adj (singer, writer)
Möchtegern-.

wouldn't ['wʊdnt] = would not.

wound¹ [waʊnd] pt, pp of wind².

wound² [wuːnd] n Wunde f ♦ vt verwunden;
~ed in the leg am Bein verletzt.

wove [wəʊv] pt of weave.

woven ['wəʊvn] pp of weave.

WP n abbr = word processing, word processor
♦ abbr (BRIT: inf: = weather permitting) bei
günstiger Witterung.

WPC (BRIT) n abbr (= woman police constable)
Polizistin f.

wpm abbr (= words per minute) Worte pro
Minute (beim Maschineschreiben).

WRAC (BRIT) n abbr (= Women's Royal Army
Corps) Frauenkorps der Armee.

WRAF (BRIT) n abbr (= Women's Royal Air
Force) Frauenkorps der Luftwaffe.

wrangle ['ræŋgl] n Gerangel nt ♦ vi: to ~ with
sb over sth sich mit jdm um etw zanken.

wrap [ræp] n (shawl) Umhang m; (cape) Cape
nt ♦ vt einwickeln; (also: ~ up: pack)
einpacken; (wind: tape etc) wickeln; under
~s (fig: plan) geheim.

wrapper ['ræpə*] n (on chocolate) Papier nt;
(BRIT: of book) Umschlag m.

wrapping paper ['ræpɪŋ-] n (brown)
Packpapier nt; (fancy) Geschenkpapier nt.

wrath [rɒθ] n Zorn m.

wreak [riːk] vt: to ~ havoc (on) verheerenden
Schaden anrichten (bei); to ~ vengeance or
revenge on sb Rache an jdm üben.

wreath [riːθ] (pl ~s) n Kranz m.

wreck [rɛk] n Wrack nt; (vehicle)
Schrotthaufen m ♦ vt kaputtmachen; (car) zu
Schrott fahren; (chances) zerstören.

wreckage ['rɛkɪdʒ] n (of car, plane, building)
Trümmer pl; (of ship) Wrackteile pl.

wrecker ['rɛkə*] (US) n (breakdown van)
Abschleppwagen m.

Wren (BRIT) n abbr weibliches Mitglied der
britischen Marine.

wren [rɛn] n (ZOOL) Zaunkönig m.

wrench [rɛntʃ] n (TECH) Schraubenschlüssel
m; (tug) Ruck m; (fig) schmerzhaftes
Erlebnis nt ♦ vt (pull) reißen; (injure: arm,
back) verrenken; to ~ sth from sb jdm etw
entreißen.

wrest [rɛst] vt: to ~ sth from sb jdm etw
abringen.

wrestle ['rɛsl] vi: to ~ (with sb) (mit jdm)
ringen; to ~ with a problem mit einem
Problem kämpfen.

wrestler ['rɛslə*] n Ringer(in) m(f).

wrestling ['rɛslɪŋ] n Ringen nt; (also: all-in ~)
Freistilringen nt.

wrestling match n Ringkampf m.

wretch [rɛtʃ] n: poor ~ (man) armer
Schlucker m; (woman) armes Ding nt; little
~! (often humorous) kleiner Schlingel!

wretched ['rɛtʃɪd] adj (poor) erbärmlich;
(unhappy) unglücklich; (inf: damned) elend.

wriggle ['rɪgl] vi (also: ~ about: person)
zappeln; (fish) sich winden; (snake etc) sich
schlängeln ♦ n Zappeln nt.

wring [rɪŋ] (pt, pp wrung) vt (wet clothes)
auswringen; (hands) wringen; (neck)
umdrehen; to ~ sth out of sth/sb (fig) etw/
jdm etw abringen.

wringer ['rɪŋə*] n Mangel f.

wringing ['rɪŋɪŋ] adj (also: ~ wet) tropfnass.

wrinkle ['rɪŋkl] n Falte f ♦ vt (nose, forehead
etc) runzeln ♦ vi (skin, paint etc) sich runzeln.

wrinkled ['rɪŋkld] adj (fabric, paper)
zerknittert; (surface) gekräuselt; (skin)
runzlig.

wrinkly ['rɪŋklɪ] adj = wrinkled.

wrist [rɪst] n Handgelenk nt.

wristband ['rɪstbænd] (BRIT) n (of shirt)
Manschette f; (of watch) Armband nt.

wristwatch ['rɪstwɒtʃ] n Armbanduhr f.

writ [rɪt] n (LAW) (gerichtliche) Verfügung f;
to issue a ~ against sb, serve a ~ on sb eine
Verfügung gegen jdn erlassen.

write [raɪt] (pt wrote, pp written) vt schreiben;
(cheque) ausstellen ♦ vi schreiben; to ~ to
sb jdm schreiben.

▶ **write away** vi: to ~ away for sth etw
anfordern.

▶ **write down** vt aufschreiben.

▶ **write off** vt (debt, project) abschreiben;
(wreck: car etc) zu Schrott fahren ♦ vi = write
away.

▶ **write out** vt (put in writing) schreiben;
(cheque, receipt etc) ausstellen.

▶ **write up** vt (report etc) schreiben.

write-off ['raɪtɒf] n (AUT) Totalschaden m.

write-protected ['raɪtprə'tɛktɪd] adj
(COMPUT) schreibgeschützt.

writer ['raɪtə*] n (author) Schriftsteller(in)
m(f); (of report, document etc) Verfasser(in)
m(f).

write-up ['raɪtʌp] n (review) Kritik f.

writhe [raɪð] vi sich krümmen.

writing ['raɪtɪŋ] n Schrift f; (of author)
Arbeiten pl; (activity) Schreiben nt; in ~
schriftlich; in my own ~ in meiner eigenen
Handschrift.

writing case n Schreibmappe f.

writing desk n Schreibtisch m.

writing paper n Schreibpapier nt.

written ['rɪtn] pp of write.

WRNS (BRIT) n abbr (= Women's Royal Naval
Service) Frauenkorps der Marine.

wrong [rɒŋ] adj falsch; (morally bad) unrecht;
(unfair) ungerecht ♦ adv falsch ♦ n (injustice)
Unrecht nt; (evil): right and ~ Gut und Böse
♦ vt (treat unfairly) unrecht or (ein) Unrecht
tun +dat; to be ~ (answer) falsch sein; (in

doing, saying sth) Unrecht haben; **you are**
~ **to do it** es ist ein Fehler von dir, das zu
tun; **it's** ~ **to steal, stealing is** ~ Stehlen ist
unrecht; **you are** ~ **about that, you've got it**
~ da hast du Unrecht; **what's** ~? wo fehlts?;
there's nothing ~ es ist alles in Ordnung; **to
go** ~ (*person*) einen Fehler machen; (*plan*)
schief gehen; (*machine*) versagen; **to be in
the** ~ im Unrecht sein.
wrongdoer ['rɔŋduːə*] *n* Übeltäter(in) *m(f)*.
wrong-foot [rɔŋ'fut] *vt*: **to** ~ **sb** (*SPORT*) jdn
auf dem falschen Fuß erwischen; (*fig*) jdn
im falschen Moment erwischen.
wrongful ['rɔŋful] *adj* unrechtmäßig.
wrongly ['rɔŋlɪ] *adv* falsch; (*unjustly*) zu
Unrecht.
wrong number *n* (*TEL*): **you've got the** ~ Sie
sind falsch verbunden.
wrong side *n*: **the** ~ (*of material*) die linke
Seite.
wrote [rəut] *pt of* write.
wrought [rɔːt] *adj*: ~ **iron** Schmiedeeisen *nt*.
wrung [rʌŋ] *pt, pp of* wring.
WRVS (*BRIT*) *n abbr* (= *Women's Royal
Voluntary Service*) karitativer
Frauenverband.
wry [raɪ] *adj* (*smile, humour*) trocken.
wt. *abbr* = **weight**.
WV (*US*) *abbr* (*POST*: = *West Virginia*).
W.Va. (*US*) *abbr* (*POST*: = *West Virginia*).
WWW *n abbr* (= *World Wide Web*) WWW *nt*.
WY, Wyo. (*US*) *abbr* (*POST*: = *Wyoming*).
WYSIWYG ['wɪzɪwɪg] *abbr* (*COMPUT*: = *what
you see is what you get*) WYSIWYG *nt*.

X, x

X, x [ɛks] *n* (*letter*) X *nt*, x *nt*; (*BRIT: CINE:
formerly*) Klassifikation für nicht jugendfreie
Filme; ~ **for Xmas** ≈ X wie Xanthippe.
Xerox ® ['zɪərɔks] *n* (*also*: ~ **machine**)
Xerokopierer *m*; (*photocopy*) Xerokopie *f*
♦ *vt* xerokopieren.
XL *abbr* (= *extra large*) XL.
Xmas ['ɛksməs] *n abbr* = **Christmas**.
X-rated ['ɛks'reɪtɪd] (*US*) *adj* (*film*) nicht
jugendfrei.
X-ray ['ɛksreɪ] *n* Röntgenstrahl *m*; (*photo*)
Röntgenbild *nt* ♦ *vt* röntgen; **to have an** ~
sich röntgen lassen.
xylophone ['zaɪləfəun] *n* Xylofon *nt*,
Xylophon *nt*.

Y, y

Y, y [waɪ] *n* (*letter*) Y *nt*, y *nt*; ~ **for Yellow,** (*US*)
~ **for Yoke** ≈ Y wie Ypsilon.
yacht [jɔt] *n* Jacht *f*.
yachting ['jɔtɪŋ] *n* Segeln *nt*.
yachtsman ['jɔtsmən] (*irreg: like* man) *n* Segler
m.
yam [jæm] *n* Jamswurzel *f*, Yamswurzel *f*.
Yank [jæŋk] (*pej*) *n* Ami *m*.
yank [jæŋk] *vt* reißen ♦ *n* Ruck *m*; **to give sth a**
~ mit einem Ruck an etw *dat* ziehen.
Yankee ['jæŋkɪ] (*pej*) *n* = **Yank**.
yap [jæp] *vi* (*dog*) kläffen.
yard [jɑːd] *n* (*of house etc*) Hof *m*; (*US: garden*)
Garten *m*; (*measure*) Yard *nt* (= 0,91 m);
builder's ~ Bauhof *m*.
yardstick ['jɑːdstɪk] *n* (*fig*) Maßstab *m*.
yarn [jɑːn] *n* (*thread*) Garn *nt*; (*tale*)
Geschichte *f*.
yawn [jɔːn] *n* Gähnen *nt* ♦ *vi* gähnen.
yawning ['jɔːnɪŋ] *adj* (*gap*) gähnend.
yd *abbr* = **yard**.
yeah [jɛə] (*inf*) *adv* ja.
year [jɪə*] *n* Jahr *nt*; (*referring to wine*)
Jahrgang *m*; **every** ~ jedes Jahr; **this** ~
dieses Jahr; **a** *or* **per** ~ pro Jahr; ~ **in,** ~ **out**
jahrein, jahraus; **to be 8** ~**s old** 8 Jahre alt
sein; **an eight-**~**-old child** ein achtjähriges
Kind.
yearbook ['jɪəbuk] *n* Jahrbuch *nt*.
yearling ['jɪəlɪŋ] *n* (*horse*) Jährling *m*.
yearly ['jɪəlɪ] *adj, adv* (*once a year*) jährlich;
twice ~ zweimal jährlich *or* im Jahr.
yearn [jɜːn] *vi*: **to** ~ **for sth** sich nach etwas
sehnen; **to** ~ **to do sth** sich danach sehnen,
etw zu tun.
yearning ['jɜːnɪŋ] *n*: **to have a** ~ **for sth** ein
Verlangen nach etw haben; **to have a** ~ **to
do sth** ein Verlangen danach haben, etw zu
tun.
yeast [jiːst] *n* Hefe *f*.
yell [jɛl] *n* Schrei *m* ♦ *vi* schreien.
yellow ['jɛləu] *adj* gelb ♦ *n* Gelb *nt*.
yellow fever *n* Gelbfieber *nt*.
yellowish ['jɛləuɪʃ] *adj* gelblich.
Yellow Pages ® *npl*: **the** ~ die gelben Seiten
pl, das Branchenverzeichnis.
Yellow Sea *n*: **the** ~ das Gelbe Meer.
yelp [jɛlp] *n* Jaulen *nt* ♦ *vi* jaulen.
Yemen ['jɛmən] *n*: (**the**) ~ (der) Jemen.
Yemeni ['jɛmənɪ] *adj* jemenitisch ♦ *n*
Jemenit(in) *m(f)*.
yen [jɛn] *n* (*currency*) Yen *m*; (*craving*): **to have**

a ~ **for** Lust auf etw haben; **to have a ~ to do sth** Lust darauf haben, etw zu tun.

yeoman ['jəumən] (*irreg: like* man) *n*: **Y~ of the Guard** (königlicher) Leibgardist *m*.

yes [jɛs] *adv* ja; (*in reply to negative*) doch ♦ *n* Ja *nt*; **to say ~** ja *or* Ja sagen; **to answer ~** mit Ja antworten.

yes-man ['jɛsmæn] (*irreg: like* man) (*pej*) *n* Jasager *m*.

yesterday ['jɛstədɪ] *adv* gestern ♦ *n* Gestern *nt*; **~ morning/evening** gestern Morgen/ Abend; **~'s paper** die Zeitung von gestern; **the day before ~** vorgestern; **all day ~** gestern den ganzen Tag (lang).

yet [jɛt] *adv* noch ♦ *conj* jedoch; **it is not finished ~** es ist noch nicht fertig; **must you go just ~?** musst du schon gehen?; **the best ~** der/die/das bisher Beste; **as ~** bisher; **it'll be a few days ~** es wird noch ein paar Tage dauern; **not for a few days ~** nicht in den nächsten paar Tagen; **~ again** wiederum.

yew [ju:] *n* (*tree*) Eibe *f*; (*wood*) Eibenholz *nt*.

Y-fronts ® ['waɪfrʌnts] *npl* (Herren-)Slip *m* (*mit Y-förmiger Vorderseite*).

YHA (*BRIT*) *n abbr* (= Youth Hostels Association) britischer Jugendherbergsverband.

Yiddish ['jɪdɪʃ] *n* Jiddisch *nt*.

yield [ji:ld] *n* (*AGR*) Ertrag *m*; (*COMM*) Gewinn *m* ♦ *vt* (*surrender: control etc*) abtreten; (*produce: results, profit*) hervorbringen ♦ *vi* (*surrender, give way*) nachgeben; (*US: AUT*) die Vorfahrt achten; **a ~ of 5%** ein Ertrag *or* Gewinn von 5%.

YMCA *n abbr* (*organization: =* Young Men's Christian Association) CVJM *m*.

yob(bo) ['jɔb(əu)] (*BRIT: inf: pej*) *n* Rowdy *m*.

yodel ['jəudl] *vi* jodeln.

yoga ['jəugə] *n* Yoga *m or nt*.

yog(h)ourt ['jəugət] *n* Jog(h)urt *m or nt*.

yog(h)urt ['jəugət] *n* = yog(h)ourt.

yoke [jəuk] *n* (*also fig*) Joch *nt* ♦ *vt* (*also:* **~ together**: oxen) einspannen.

yolk [jəuk] *n* (*of egg*) Dotter *m*, Eigelb *nt*.

yonder ['jɔndə*] *adv*: (**over**) ~ dort drüben ♦ *adj*: **from ~ house** von dem Haus dort drüben.

yonks [jɔŋks] (*inf*) *n*: **for ~** seit einer Ewigkeit.

Yorks [jɔ:ks] (*BRIT*) *abbr* (*POST*: = Yorkshire).

===================== **KEYWORD**

you [ju:] *pron* **1** (*subject: familiar: singular*) du; (*: plural*) ihr; (*: polite*) Sie; **~ Germans enjoy your food** ihr Deutschen esst gern gut.
2 (*object: direct: familiar: singular*) dich; (*: plural*) euch; (*: polite*) Sie; (*: indirect: familiar: singular*) dir; (*: plural*) euch; (*: polite*) Ihnen; **I know ~** ich kenne dich/euch/Sie; **I gave it to ~** ich habe es dir/euch/Ihnen gegeben; **if I were ~** I would ... an deiner/ eurer/Ihrer Stelle würde ich ...

3 (*after prep, in comparisons*): **it's for ~** es ist für dich/euch/Sie; **she's younger than ~** sie ist jünger als du/ihr/Sie.
4 (*impersonal: one*) man; **never know man** weiß nie.

you'd [ju:d] = you had; you would.

you'll [ju:l] = you will; you shall.

young [jʌŋ] *adj* jung; **the young** *npl* (*of animal*) die Jungen *pl*; (*people*) die jungen Leute *pl*; **a ~ man** ein junger Mann; **a ~ lady** eine junge Dame.

younger [jʌŋgə*] *adj* jünger; **the ~ generation** die jüngere Generation.

youngish ['jʌŋɪʃ] *adj* recht jung.

youngster ['jʌŋstə*] *n* Kind *nt*.

your [jɔ:*] *adj* (*familiar: sing*) dein/deine/dein; (*: pl*) euer/eure/euer; (*polite*) Ihr/Ihre/Ihr; (*one's*) sein; **you mustn't eat with ~ fingers** man darf nicht mit den Fingern essen; *see also* **my**.

you're [juə*] = you are.

yours [jɔ:z] *pron* (*familiar: sing*) deiner/deine/ dein(e)s; (*: pl*) eurer/eure/eures; (*polite*) Ihrer/Ihre/Ihres; **a friend of ~** ein Freund von dir/Ihnen; **is it ~?** gehört es dir/Ihnen?; **~ sincerely/faithfully** mit freundlichen Grüßen; *see also* **mine[1]**.

yourself [jɔ:'sɛlf] *pron* (*reflexive: familiar: sing: acc*) dich; (*: dat*) dir; (*: pl*) euch; (*: polite*) sich; (*emphatic*) selbst; **you ~ told me** das haben Sie mir selbst gesagt.

yourselves [jɔ:'sɛlvz] *pl pron* (*reflexive: familiar*) euch; (*: polite*) sich; (*emphatic*) selbst; *see also* **oneself**.

youth [ju:θ] *n* Jugend *f*; (*young man: pl* youths) Jugendliche(r) *m*; **in my ~** in meiner Jugend.

youth club *n* Jugendklub *m*.

youthful ['ju:θful] *adj* jugendlich.

youthfulness ['ju:θfəlnɪs] *n* Jugendlichkeit *f*.

youth hostel *n* Jugendherberge *f*.

youth movement *n* Jugendbewegung *f*.

you've [ju:v] = you have.

yowl [jaul] *n* (*of animal*) Jaulen *nt*; (*of person*) Heulen *nt*.

yr *abbr* (= year) J.

YT (*CANADA*) *abbr* (= Yukon Territory).

Yugoslav ['ju:gəuslɑ:v] (*formerly*) *adj* jugoslawisch ♦ *n* Jugoslawe *m*, Jugoslawin *f*.

Yugoslavia ['ju:gəu'slɑ:vɪə] (*formerly*) *n* Jugoslawien *nt*.

Yugoslavian ['ju:gəu'slɑ:vɪən] (*formerly*) *adj* jugoslawisch.

Yule log [ju:l-] *n* Biskuitrolle mit Überzug, die zu Weihnachten gegessen wird.

yuppie ['jʌpɪ] (*inf*) *n* Yuppie *m* ♦ *adj* yuppiehaft; (*job, car*) Yuppie-.

YWCA *n abbr* (*organization: =* Young Women's Christian Association) CVJF *m*.

Z, z

Z, z [zɛdɡ, ɡ(USG) ziː] n (letter) Z nt, z nt; ~ **for Zebra** ≈ Z wie Zacharias.
Zaire [zɑːˈiːəˈ] n Zaire nt.
Zambia [ˈzæmbɪə] n Sambia nt.
Zambian [ˈzæmbɪən] adj sambisch ♦ n Sambier(in) m(f).
zany [ˈzeɪnɪ] adj verrückt.
zap [zæp] vt (COMPUT: delete) löschen.
zeal [ziːl] n Eifer m.
zealot [ˈzɛlət] n Fanatiker(in) m(f).
zealous [ˈzɛləs] adj eifrig.
zebra [ˈziːbrə] n Zebra nt.
zebra crossing (BRIT) n Zebrastreifen m.
zenith [ˈzɛnɪθ] n (also fig) Zenit m.
zero [ˈzɪərəʊ] n (number) Null f ♦ vi: **to ~ in on sth** (target) etw einkreisen; **5 degrees below ~** 5 Grad unter null.
zero hour n die Stunde X.
zero option n (esp POL) Nulllösung f.
zero-rated [ˈziːrəʊreɪtɪd] (BRIT) adj (TAX) mehrwertsteuerfrei.
zest [zɛst] n (for life) Begeisterung f; (of orange) Orangenschale f.
zigzag [ˈzɪɡzæɡ] n Zickzack m ♦ vi sich im Zickzack bewegen.
Zimbabwe [zɪmˈbɑːbwɪ] n Zimbabwe nt.
Zimbabwean [zɪmˈbɑːbwɪən] adj zimbabwisch.
zimmer ® [ˈzɪməˈ] n (also: ~ **frame**) Laufgestell nt.
zinc [zɪŋk] n Zink nt.
Zionism [ˈzaɪənɪzəm] n Zionismus m.
Zionist [ˈzaɪənɪst] adj zionistisch ♦ n Zionist(in) m(f).
zip [zɪp] n (also: ~ **fastener**) Reißverschluss m ♦ vt (also: ~ **up**: dress etc) den Reißverschluss zumachen an +dat.
zip code (US) n Postleitzahl f.
zipper [ˈzɪpəˈ] (US) n = **zip**.
zither [ˈzɪðəˈ] n Zither f.
zodiac [ˈzəʊdɪæk] n Tierkreis m.
zombie [ˈzɒmbɪ] n (fig) Schwachkopf m.
zone [zəʊn] n (also MIL) Zone f, Gebiet nt; (in town) Bezirk m.
zonked [zɒŋkt] (inf) adj (tired) total geschafft; (high on drugs) high; (drunk) voll.
zoo [zuː] n Zoo m.
zoological [zuəˈlɒdʒɪkl] adj zoologisch.
zoologist [zuˈɒlədʒɪst] n Zoologe m, Zoologin f.
zoology [zuːˈɒlədʒɪ] n Zoologie f.
zoom [zuːm] vi: **to ~ past** vorbeisausen; **to ~ in (on sth/sb)** (PHOT, CINE) (etw/jdn) näher heranholen.
zoom lens n Zoomobjektiv nt.
zucchini [zuːˈkiːnɪ] (US) n(pl) Zucchini pl.
Zulu [ˈzuːluː] adj (tribe, culture) Zulu- ♦ n (person) Zulu m/f; (LING) Zulu nt.
Zürich [ˈzjuərɪk] n Zürich nt.

Grammar

Grammatik

USING THE GRAMMAR

The Grammar section deals systematically and comprehensively with all the information you will need in order to communicate accurately in German. The user-friendly layout explains the grammar point on a left-hand page, leaving the facing page free for illustrative examples. The boxed numbers (→ ☐1) direct you to the relevant example in every case.

The Grammar section also provides invaluable guidance on the dangers of translating English structures by identical structures in German. Important sections, explaining the use of Numbers and Punctuation are covered towards the end of this section. Finally, the index lists the main words and grammatical terms in both English and German.

ABBREVIATIONS

acc	accusative	**gen**	genitive
ctd	continued	**masc**	masculine
dat	dative	**neut**	neuter
fem	feminine	**nom**	nominative
ff	and following pages	**p(p)**	page(s)

CONTENTS 4

5 CONTENTS

❏ Tense Formation

Tenses are either **simple** or **compound**. Once you know how to form the past participle, compound tenses are similar for all verbs (see pp 22 to 29). To form simple tenses you need to know whether a verb is **weak**, **strong** or **mixed**.

Simple tenses

In German these are:

> Present indicative → ☐1
> Imperfect indicative → ☐2
> Present subjunctive → ☐3
> Imperfect subjunctive → ☐4

Subjunctive forms are widely used in German, especially for indirect or reported speech (see pp 66 and 67).

The simple tenses are formed by adding endings to a verb **stem**. The endings show the number, person and tense of the subject of the verb → ☐5

The types of verb you need to know to form simple tenses are:

- **Strong verbs** (pp 12 to 15), those whose vowel usually changes in forming the imperfect indicative → ☐6

- **Weak verbs** (pp 8 to 11), which are usually completely regular and have no vowel changes. Their endings differ from those of strong verbs → ☐7

- **Mixed verbs** (pp 16 and 17), which have a vowel change like strong verbs, but the endings of weak verbs → ☐8

1	**ich hole**	I fetch
		I am fetching
		I do fetch
2	**ich holte**	I fetched
		I was fetching
		I used to fetch
3	**(dass) ich hole**	(that) I fetch/I fetched
4	**(dass) ich holte**	(that) I fetched
5	**ich hole**	I fetch
	wir holen	we fetch
	du holtest	you fetched
6	**singen**	to sing
	er singt	he sings
	er sang	he sang
7	**holen**	to fetch
	er holt	he fetches
	er holte	he fetched
8	**nennen**	to name
	er nennt	he names
	er nannte	he named

❐ Weak Verbs

Weak verbs are usually **regular** in conjugation. Their simple tenses are formed as follows:

- **Present** and **imperfect** tenses are formed by adding the endings shown below to the verb **stem**. This stem is formed by removing the **–en** ending of the infinitive (the form found in the dictionary) ➡ **1**

- Where the infinitive of a weak verb ends in **–eln** or **–ern**, only the **–n** is removed to form the verb stem ➡ **2**

- The endings are as follows:

	PRESENT INDICATIVE	PRESENT SUBJUNCTIVE	
1st singular	-e	-e	
2nd	-st	-est	
3rd	-t	-e	➡ **3**
1st plural	-en	-en	
2nd	-t	-et	
3rd	-en	-en	

	IMPERFECT INDICATIVE	IMPERFECT SUBJUNCTIVE	
1st singular	-te	-te	
2nd	-test	-test	
3rd	-te	-te	➡ **3**
1st plural	-ten	-ten	
2nd	-tet	-tet	
3rd	-ten	-ten	

Examples

1

INFINITIVE		STEM
holen	*to fetch*	**hol-**
machen	*to make*	**mach-**
kauen	*to chew*	**kau-**

2

INFINITIVE		STEM
wandern	*to roam*	**wander-**
handeln	*to trade,* *to act*	**handel-**

3

holen   *to fetch*

PRESENT INDICATIVE	PRESENT SUBJUNCTIVE	
ich hol**e**	ich hol**e**	I fetch
du hol**st**	du hol**est**	you fetch
er/sie/es hol**t**	er/sie/es hol**e**	he/she/it fetches
wir hol**en**	wir hol**en**	we fetch
ihr hol**t**	ihr hol**et**	you (*plural*) fetch
sie/Sie hol**en**	sie/Sie hol**en**	they/you (*polite*) fetch

IMPERFECT INDICATIVE AND SUBJUNCTIVE
(*These tenses are identical for weak verbs*)

ich hol**te**	I fetched
du hol**test**	you fetched
er/sie/es hol**te**	he/she/it fetched
wir hol**ten**	we fetched
ihr hol**tet**	you (*plural*) fetched
sie/Sie hol**ten**	they/you (*polite*) fetched

❒ **Weak Verbs** (Continued)

◆ Where the stem of a weak verb ends in **-d** or **-t**, an extra **-e-** is inserted before those endings where this will ease pronunciation → ☐1

◆ Weak verbs whose stems end in **-m** or **-n** may take this extra **-e-**, or not, depending on whether its addition is necessary for pronunciation. If the **-m** or **-n** is preceded by a consonant *other than* **l, r** or **h**, the **-e-** is inserted → ☐2

◆ Weak (and strong) verbs whose stem ends in a sibilant sound (**-s, -z, -ss, -ß**) normally lose the **-s-** of the second person singular ending (the **du** form) in the present indicative → ☐3

⚠ NOTE: When this sibilant is **-sch**, the **-s-** of the ending remains → ☐4

Examples

---

1   **reden** *to speak*   **arbeiten** *to work*

PRESENT	IMPERFECT	PRESENT	IMPERFECT
ich rede	ich redete	ich arbeite	ich arbeitete
du red**e**st	du redetest	du arbeit**e**st	du arbeitetest
er red**et**	er red**e**te	er arbeit**et**	er arbeit**e**te
wir reden	wir red**e**ten	wir arbeiten	wir arbeit**e**ten
ihr red**et**	ihr redetet	ihr arbeit**et**	ihr arbeit**e**tet
sie reden	sie red**e**ten	sie arbeiten	sie arbeit**e**ten

2   **atmen** *to breathe*   **segnen** *to bless*

PRESENT	IMPERFECT	PRESENT	IMPERFECT
ich atme	ich atm**e**te	ich segne	ich segn**e**te
du atm**e**st	du atm**e**test	du segn**e**st	du segn**e**test
er atm**et**	er atm**e**te	er segn**et**	er segn**e**te
wir atmen	wir atm**e**ten	wir segnen	wir segn**e**ten
ihr atm**et**	ihr atm**e**tet	ihr segn**et**	ihr segn**e**tet
sie atmen	sie atm**e**ten	sie segnen	sie segn**e**ten

⚠ **BUT:**

umarmen *to embrace*   **lernen** *to learn*

PRESENT	IMPERFECT	PRESENT	IMPERFECT
ich umarme	ich umarmte	ich lerne	ich lernte
du umarmst	du umarmtest	du lernst	du lerntest
er umarmt	er umarmte	er lernt	er lernte
wir umarmen	wir umarmten	wir lernen	wir lernten
ihr umarmt	ihr umarmtet	ihr lernt	ihr lerntet
sie umarmen	sie umarmten	sie lernen	sie lernten

3   **grüßen** *to greet*   **4**   **löschen** *to extinguish*

PRESENT	PRESENT
ich grüße	ich lösche
du **grüßt**	du lösch**st**
er grüßt	er löscht
wir grüßen	wir löschen
ihr grüßt	ihr löscht
sie grüßen	sie löschen

☐ Strong Verbs

A table of the most useful strong verbs is given on pp 86 to 97.

- What differentiates strong verbs from weak ones is that when forming their **imperfect indicative** tense, strong verbs undergo a vowel change and have a different set of endings → ☐1

  Their past participles are also formed differently (see p 24).

- To form the **imperfect subjunctive** of strong verbs, the endings from the appropriate table below are added to the stem of the imperfect indicative, but the vowel is modified by an umlaut where this is possible, i.e. **a** ➝ **ä**, **o** ➝ **ö**, **u** ➝ **ü**. Exceptions to this are clearly shown in the table of strong verbs → ☐2

- The endings for the simple tenses of strong verbs are as follows:

	PRESENT INDICATIVE	PRESENT SUBJUNCTIVE	
1st singular	-e	-e	
2nd	-st	-est	
3rd	-t	-e	→ ③
1st plural	-en	-en	
2nd	-t	-et	
3rd	-en	-en	

	IMPERFECT INDICATIVE	IMPERFECT SUBJUNCTIVE	
1st singular	—	-e	
2nd	-st	-(e)st	
3rd	—	-e	→ ③
1st plural	-en	-en	
2nd	-t	-(e)t	
3rd	-en	-en	

Examples

---

1 Compare:

	INFINITIVE	PRESENT	IMPERFECT
WEAK	**sagen** to say	**er sagt**	**er sagte**
STRONG	**rufen** to shout	**er ruft**	**er rief**

2

	IMPERFECT INDICATIVE	IMPERFECT SUBJUNCTIVE
⚠ BUT:	**er gab** he gave	**er gäbe** (umlaut added)
	er rief he shouted	**er riefe** (no umlaut possible)

---

3 **singen** to sing

PRESENT INDICATIVE | PRESENT SUBJUNCTIVE

ich sing**e**
du sing**st**
er sing**t**
wir sing**en**
ihr sing**t**
sie sing**en**
Sie sing**en**

ich sing**e**
du sing**est**
er sing**e**
wir sing**en**
ihr sing**et**
sie sing**en**
Sie sing**en**

IMPERFECT INDICATIVE | IMPERFECT SUBJUNCTIVE

ich sang
du sang**st**
er sang
wir sang**en**
ihr sang**t**
sie sang**en**
Sie sang**en**

ich säng**e**
du säng**(e)st**
er säng**e**
wir säng**en**
ihr säng**(e)t**
sie säng**en**
Sie säng**en**

☐ **Strong Verbs** (Continued)

* In the present tense of strong verbs, the vowel also often changes for the second and third persons singular (the **du** and **er/sie/es** forms). The pattern of possible changes is as follows:

long **e**	➜	**ie**
short **e**	➜	**i**
a	➜	**ä**
au	➜	**äu**
o	➜	**ö**

Verbs which undergo these changes are clearly shown in the table on p 86 ➜ ①

* Strong (and weak) verbs whose stem ends with a sibilant sound (-**s**, -**z**, -**ss**, -**ß**) normally lose the -**s**- of the second person singular ending (the **du** form) in the *present indicative*, unless the sibilant is -**sch**, when it remains ➜ ②

* In the second person singular of the *imperfect* tense of strong verbs whose stem ends in a sibilant sound (including -**sch**) the sibilant remains, and an -**e**- is inserted between it and the appropriate ending ➜ ③

Examples

1

sehen *to see*	**helfen** *to help*	**fahren** *to drive*
ich sehe	ich helfe	ich fahre
du s**ie**hst	du h**i**lfst	du f**ä**hrst
er/sie/es s**ie**ht	er/sie/es h**i**lft	er f**ä**hrt
wir sehen	wir helfen	wir fahren
ihr seht	ihr helft	ihr fahrt
sie sehen	sie helfen	sie fahren

saufen *to booze*	**stoßen** *to push*
ich saufe	ich stoße
du s**äu**fst	du st**ö**ßt
er s**äu**ft	er st**ö**ßt
wir saufen	wir stoßen
ihr sauft	ihr stoßt
sie saufen	sie stoßen

2

wachsen *to grow*	**waschen** *to wash*
ich wachse	ich wasche
du w**ä**chst	du w**ä**sch**s**t
er w**ä**chst	er w**ä**scht
wir wachsen	wir waschen
ihr wachst	ihr wascht
sie wachsen	sie waschen

3

lesen *to read*	**schließen** *to close*	**waschen** *to wash*
ich las	ich schloss	ich wusch
du las**est**	du schloss**est**	du wusch**est**
er las	er schloss	er wusch
wir lasen	wir schlossen	wir wuschen
ihr last	ihr schlosst	ihr wuscht
sie lasen	sie schlossen	sie wuschen

☐ Mixed Verbs

There are nine **mixed** verbs in German, and, as their name implies, they are formed according to a mixture of the rules already outlined for weak and strong verbs.

The mixed verbs are:

brennen *to burn*	**kennen** *to know*	**senden** *to send*
bringen *to bring*	**nennen** *to name*	**wenden** *to turn*
denken *to think*	**rennen** *to run*	**wissen** *to know*

Full details of their principal parts are given in the verb table beginning on p 86.

♦   Mixed verbs form their **imperfect** tense by adding the weak verb endings to a stem whose vowel has been changed as for a strong verb ➞ ①

    ⚠ NOTE: **Bringen** and **denken** have a consonant change too in their imperfect forms ➞ ②

♦   The **imperfect subjunctive** forms of mixed verbs are unusual and should be noted ➞ ③

♦   Other tenses of mixed verbs are formed as for strong verbs.

♦   The past participle of mixed verbs has characteristics of both weak and strong verbs, as shown on p 24.

Examples

---

1 IMPERFECT INDICATIVE

kennen *to know*	**senden** *to send*	**wissen** *to know*
ich ka**nnte**	ich sa**ndte**	ich wu**sste**
du ka**nntest**	du sa**ndtest**	du wu**sstest**
er ka**nnte**	er sa**ndte**	er wu**sste**
wir ka**nnten**	wir sa**ndten**	wir wu**ssten**
ihr ka**nntet**	ihr sa**ndtet**	ihr wu**sstet**
sie ka**nnten**	sie sa**ndten**	sie wu**ssten**

---

2 IMPERFECT INDICATIVE

bringen *to bring*	**denken** *to think*
ich **brachte**	ich **dachte**
du **brachtest**	du **dachtest**
er **brachte**	er **dachte**
wir **brachten**	wir **dachten**
ihr **brachtet**	ihr **dachtet**
sie **brachten**	sie **dachten**

---

3 IMPERFECT SUBJUNCTIVE

brennen	**kennen**	**senden**
ich brennte	ich kennte	ich sendete
du brenntest	du kenntest	du sendetest
er brennte *etc*	er kennte *etc*	er sendete *etc*

bringen	**nennen**	**wenden**
ich brächte	ich nennte	ich wendete
du brächtest	du nenntest	du wendetest
er brächte *etc*	er nennte *etc*	er wendete *etc*

denken	**rennen**	**wissen**
ich dächte	ich rennte	ich wüsste
du dächtest	du renntest	du wüsstest
er dächte *etc*	er rennte *etc*	er wüsste *etc*

❏ **The Imperative**

Ths is the form of a verb used to give an order or a command, or to make a request:

Come here/stand up/please bring me a beer ➞ **1**

♦ German has three main imperative forms. These go with the three ways of addressing people - **Sie**, **du** and **ihr** (see p 160)

	FORMATION	EXAMPLES	
SINGULAR	stem (+ **e**)	**hol(e)!**	*fetch!*
PLURAL	stem + **t**	**holt**	*fetch!*
POLITE (*sing* and *pl*)	stem + **en Sie**	**holen Sie!**	*fetch!*

♦ The **-e** of the singular form is often dropped, ⚠ BUT not where the verb stem ends in **-chn**, **-ckn**, **-dn**, **-fn**, **-gn** or **-tm** ➞ **2**

♦ **Weak verbs** ending in **-eln** or **-ern** take the **-e** ending in the singular form, but the additional **-e-** within the stem may be dropped ➞ **3**

♦ Any vowel change in the present tense of a **strong verb** (see p 14) occurs also in its singular imperative form and no **-e** is added ➞ **4**

⚠ BUT: If the vowel modification in the present tense of a **strong verb** is the addition of an umlaut, this is not added in the singular form of the imperative ➞ **5**

♦ In the imperative form of a **reflexive verb** (see p 30) the pronoun is placed immediately after the verb ➞ **6**

♦ **Separable prefixes** (see p 72) are placed at the end of an imperative statement ➞ **7**

1	SINGULAR	**Komm mal her!**	Come here!
	PLURAL	**Steht auf!**	Stand up!
	POLITE	**Kommen Sie herein!**	Do come in

2   **Hör zu!**   Listen!
     Hol es!   Fetch it!

⚠ BUT:
Öffne die Tür!   Open the door!

3   <u>**wandern**</u>   to walk   <u>**handeln**</u>   to act
     wand(e)re!   walk!   **hand(e)le!**   act!

4   <u>**nehmen**</u>   to take   <u>**helfen**</u>   to help
     du nimmst   you take   **du hilfst**   you help
     nimm!   take!   **hilf!**   help!

⚠ BUT:
<u>**sehen**</u>   to see
sieh(e)!   see!

5   <u>**laufen**</u>   to run   <u>**stoßen**</u>   to push
     du läufst   you run   **du stößt**   you push
     lauf(e)!   run!   **stoß(e)!**   push!

6   <u>**sich setzen**</u>   to sit down
     Setz dich!   Sit down!
     Setzt euch!   Sit down!
     Setzen Sie sich!   Do sit down!

7   <u>**zumachen**</u>   to close   <u>**aufhören**</u>   to stop
     Mach die Tür zu!   **Hör aber endlich auf!**
     Close the door!   Do stop it!

☐ **The Imperative** (Continued)

◆ Imperatives are followed in German by an exclamation mark, unless the imperative is not intended as a command → 1

◆ **Du** and **ihr**, though not normally present in imperative forms, may be included for emphasis → 2

◆ An imperative form also exists for the **wir** form of the verb. It consists of the normal present tense form, but with the pronoun **wir** *following* the verb. It is used for making suggestions → 3

◆ The imperative forms of **sein** (*to be*) are irregular → 4

◆ The particles **auch**, **nur**, **mal**, **doch** are frequently used with imperatives. They heighten or soften the imperative effect, or add a note of encouragement to a request or command. Often they have no direct equivalent in English and are therefore not always translated → 5

Some alternatives to the imperative in German

◆ Infinitives are often used instead of the imperative in written instructions or public announcements → 6

◆ The impersonal passive (see p 34) may be used → 7

◆ Nouns, adjectives or adverbs can also be used with imperative effect → 8

Some of these have become set expressions → 9

1   **Lass ihn in Ruhe!**
Leave him alone
Sagen Sie mir bitte, wie spät es ist
What's the time please?

2   **Geht ihr voran!**   You go on ahead
Sag du ihm, was los ist   You tell him what's wrong

3   **Nehmen wir an, dass ...**
Let's assume that ...
Sagen wir mal, es habe 4.000 DM gekostet
Let's just say it cost 4,000 marks

4   <u>**sein**</u>   to be
sei!
seid!
seien wir!
Seien Sie!

5   **Geh doch!**   Go on!/Get going!
Sag mal, ...   Tell me ...
Versuchen Sie es mal!   Do give it a try!
Komm schon!   Do come/Please come
Mach es auch richtig!   Be sure to do it properly

6   **Einsteigen!**
All aboard!
Zwiebeln abziehen und in Ringe schneiden
Peel the onions and slice them

7   **Jetzt wird aufgeräumt!**
You're going to clear up now!

8   **Ruhe!**   Be quiet!/Silence!
Vorsicht!   Careful!/Look out!

9   **Achtung!**   Listen!/Attention!
Rauchen verboten!   No smoking

☐ Compound Tenses

The present and imperfect tenses in German are **simple** tenses, as described on pp 6 to 17.

All other tenses, called **compound tenses**, are formed for all types of verb by using the appropriate tense of an **auxiliary verb** plus a part of the main verb.

There are three auxiliary verbs:

haben	for past tenses
sein	also for past tenses
werden	for future and conditional tenses

The **compound past tenses** in German are:

Perfect indicative → 1
Perfect subjunctive → 2
Pluperfect indicative → 3
Pluperfect subjunctive → 4

These are dealt with on p 26 ff.

The **future** and **conditional tenses** in German are all compound tenses. They are:

Future indicative → 5
Future subjunctive → 6
Future perfect → 7
Conditional → 8
Conditional perfect → 9

These are dealt with on p 28 ff.

	WITH **haben**	WITH **sein**

1   **er hat geholt**
he (has) fetched

er ist gereist
he (has) travelled

2   **er habe geholt**
he (has) fetched

er sei gereist
he (has) travelled

3   **er hatte geholt**
he had fetched

er war gereist
he had travelled

4   **er hätte geholt**
he had fetched

er wäre gereist
he had travelled

5   **er wird holen**
he will fetch

er wird reisen
he will travel

6   **er werde holen**
he will fetch

er werde reisen
he will travel

7   **er wird geholt haben**
he will have fetched

er wird gereist sein
he will have travelled

8   **er würde holen**
he would fetch

er würde reisen
he would travel

9   **er würde geholt haben**
he would have fetched

er würde gereist sein
he would have travelled

❑ Compound Past Tenses: Formation

◆ Compound past tenses are normally formed by using the auxiliary verb **haben**, plus the past participle of the main verb (see below) → 1

◆ Certain types of verb take **sein** instead of **haben**, and this is clearly indicated in the verb table starting on p 86. They fall into three main types:

    1   intransitive verbs (those that take no direct object, often showing a change of state or place) → 2

    2   certain verbs meaning "to happen" → 3

    3   miscellaneous others, including:
        begegnen to meet, **bleiben** to remain,
        gelingen to succeed, **sein** to be, **werden** to become → 4

◆ In some cases the verb can be conjugated with either **haben** or **sein**, depending on whether it is used transitively (with a direct object) or intransitively (where no direct object is possible) → 5

The past participle: formation (see also p 50)

◆ **Weak** verbs add the prefix **ge-** and suffix **-t** to the verb stem → 6
Verbs ending in **-ieren** or **-eien** omit the **ge-** → 7

◆ **Strong** verbs add the prefix **ge-** and the suffix **-en** to the verb stem → 8
The vowel of the stem may be modified (see verb table, p 86) → 9

◆ **Mixed** verbs add the prefix **ge-** and the "weak" suffix **-t** to the stem. The stem vowel is modified as for many strong verbs → 10

1 **Haben Sie gut geschlafen?**
Did you sleep well?
Die Kinder hatten fleißig gearbeitet
The children had worked hard

2 **Wir sind nach Bonn gefahren**
We went to Bonn
Er ist schnell eingeschlafen
He quickly fell asleep

3 **Was ist geschehen?**
What happened?

4 **Er ist zu Hause geblieben**   **Er ist krank gewesen**
He stayed at home   He has been ill
Es ist uns nicht gelungen   **Sie ist krank geworden**
We did not succeed   She became ill
Er ist einem Freund begegnet
He met a friend

5 **Er hat den Wagen nach Köln gefahren**
He drove the car to Cologne
Er ist nach Köln gefahren
He went to Cologne

6 **holen** to fetch   **9** **singen** to sing
geholt fetched   **gesungen** sung

7 **studieren** to study   **10** **senden** to send
studiert studied   **gesandt** sent
prophezeien to prophesy   **bringen** to bring
prophezeit prophesied   **gebracht** brought

8 **laufen** to run
gelaufen run

For a full list of strong and mixed verbs see p 86.

☐ Compound Past Tenses: Formation (Continued)

The formation of past participles for weak, strong and mixed verbs is described on p 24, and a comprehensive list of the principal parts of the most commonly used strong and mixed verbs is provided for reference on pp 86 to 97.

How to form the compound past tenses:

Perfect indicative	the present tense of **haben** or **sein** plus the past participle of the verb → ①
Perfect subjunctive	(used in indirect or reported speech) the present subjunctive of **haben** or **sein** plus the past participle → ②
Pluperfect indicative	imperfect indicative of **haben** or **sein** plus the past participle → ③
Pluperfect subjunctive	(for indirect or reported speech) imperfect subjunctive of **haben** or **sein** plus the past participle → ④

⚠ NOTE: The pluperfect subjunctive is a frequently used tense in German, since it can replace the much clumsier conditional perfect tense shown on p 28

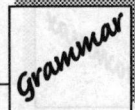

WITH **haben**	WITH **sein**

1   PERFECT INDICATIVE

ich habe geholt	ich bin gereist
du hast geholt	du bist gereist
er/sie/es hat geholt	er/sie/es ist gereist
wir haben geholt	wir sind gereist
ihr habt geholt	ihr seid gereist
sie/Sie haben geholt	sie/Sie sind gereist

2   PERFECT SUBJUNCTIVE

ich habe geholt	ich sei gereist
du habest geholt	du sei(e)st gereist
er/sie/es habe geholt	er/sie/es sei gereist
wir haben geholt	wir seien gereist
ihr habet geholt	ihr seiet gereist
sie/Sie haben geholt	sie/Sie seien gereist

3   PLUPERFECT INDICATIVE

ich hatte geholt	ich war gereist
du hattest geholt	du warst gereist
er/sie/es hatte geholt	er/sie/es war gereist
wir hatten geholt	wir waren gereist
ihr hattet geholt	ihr wart gereist
sie/Sie hatten geholt	sie/Sie waren gereist

4   PLUPERFECT SUBJUNCTIVE

ich hätte geholt	ich wäre gereist
du hättest geholt	du wär(e)st gereist
er/sie/es hätte geholt	er/sie/es wäre gereist
wir hätten geholt	wir wären gereist
ihr hättet geholt	ihr wär(e)t gereist
sie/Sie hätten geholt	sie/Sie wären gereist

❑ Future and Conditional Tenses: Formation

◆ The **future** and **conditional** tenses are formed in the same way for all verbs, whether weak, strong or mixed.

◆ The auxiliary **werden** is used for all verbs together with the infinitive of the main verb.

◆ The infinitive is usually placed at the end of the clause (see p 224).

How to form the future and conditional tenses:

Future indicative	present tense of **werden** plus the infinitive of the verb → ①
Future subjunctive	present subjunctive of **werden** plus the infinitive → ②
Future perfect	present indicative of **werden** plus the **perfect infinitive** (see below) → ③
Conditional imperfect	subjunctive of **werden** plus the infinitive → ④
Conditional perfect	imperfect subjunctive of **werden** plus the **perfect infinitive** (see below) → ⑤

⚠ NOTE: The conditional perfect is often replaced by the pluperfect subjunctive.

◆ The **perfect infinitive** consists of the infinitive of **haben/sein** plus the past participle of the verb.

1 FUTURE INDICATIVE

ich werde holen	**wir werden holen**
du wirst holen	**ihr werdet holen**
er/sie/es wird holen	**sie/Sie werden holen**

2 FUTURE SUBJUNCTIVE

ich werde holen	**wir werden holen**
du werdest holen	**ihr werdet holen**
er/sie/es werde holen	**sie/Sie werden holen**

3 FUTURE PERFECT

ich werde geholt haben	**wir werden geholt haben**
du wirst geholt haben	**ihr werdet geholt haben**
er wird geholt haben	**sie/Sie werden geholt haben**

4 CONDITIONAL IMPERFECT

ich würde holen	**wir würden holen**
du würdest holen	**ihr würdet holen**
er/sie/es würde holen	**sie/Sie würden holen**

5 CONDITIONAL PERFECT [1]

ich würde geholt haben	**wir würden geholt haben**
du würdest geholt haben	**ihr würdet geholt haben**
er würde geholt haben	**sie/Sie würden geholt haben**

---

[1] ⚠ NOTE: The conditional perfect is often replaced by the pluperfect subjunctive (see p 26).

◻ **Reflexive Verbs**

A verb whose action is reflected back to its subject may be termed reflexive:

she washes *herself*

Reflexive verbs in German are recognized in the infinitive by the preceding reflexive pronoun **sich** → 1

German has many reflexive verbs, a great number of which are not reflexive in English → 1

◆ Reflexive verbs are composed of the verb and a reflexive pronoun (see p 170). This pronoun may be either the direct object (and therefore in the accusative case) or the indirect object (and therefore in the dative case) → 2

◆ Many verbs in German which are not essentially reflexive may become reflexive by the addition of a reflexive pronoun → 3
When a verb with an indirect object is made reflexive (see p 170) the pronoun is usually dative → 4

◆ A direct object reflexive pronoun changes to the dative if another direct object is present → 5

◆ In a main clause the reflexive pronoun follows the verb → 6
After inversion (see p 226), or in a subordinate clause, the reflexive pronoun must come after the subject if the subject is a personal pronoun → 7
It may precede or follow a noun subject → 8

◆ Reflexive verbs are always conjugated with **haben** *except* where the pronoun is used to mean *each other*. Then the verb is normally conjugated with **sein**.

◆ The imperative forms are shown on p 19.

Examples

1 **sich beeilen**
to hurry

wir beeilen uns
we are hurrying

2 <u>**sich** (*accusative*) **erinnern**</u>   to remember
ich erinnere mich
du erinnerst dich
er/sie/es erinnert sich

wir erinnern uns
ihr erinnert euch
sie/Sie erinnern sich

<u>**sich** (*dative*) **erlauben**</u>   to allow oneself
ich erlaube mir
du erlaubst dir
er/sie/es erlaubt sich

wir erlauben uns
ihr erlaubt euch
sie/Sie erlauben sich

3 <u>**etwas melden**</u>   to report something
sich melden
to report/to volunteer

Ich habe mich gemeldet
I volunteered

4 <u>**wehtun**</u>   to hurt
sich wehtun
to get hurt

Hast du dir wehgetan?
Have you hurt yourself?

<u>**kaufen**</u>   to buy
Er kaufte ihr einen Mantel
He bought her a coat

Er kaufte sich (*dative*)
einen neuen Mantel
He bought himself a new coat

5 **Ich wasche mich**
I am having a wash

Ich wasche mir die Hände
I am washing my hands

6 **Er wird sich darüber freuen**
He'll be pleased about that

7 **Darüber wird er sich freuen**
He'll be pleased about that
Ich frage mich, ob er sich darüber freuen wird
I wonder if he'll be pleased about that

8 **Langsam drehten sich die Kinder um** OR:
Langsam drehten die Kinder sich um
The children slowly turned round

☐ **Reflexive Verbs** (Continued)

Some examples of verbs which can be used with a reflexive pronoun in the accusative case:

> **sich anziehen** to get dressed → ☐1
> **sich aufregen** to get excited → ☐2
> **sich beeilen** to hurry → ☐3
> **sich beschäftigen mit**[1] to be occupied with → ☐4
> **sich bewerben um**[1] to apply for → ☐5
> **sich erinnern an**[1] to remember → ☐6
> **sich freuen auf**[1] to look forward to → ☐7
> **sich interessieren für**[1] to be interested in → ☐8
> **sich irren** to be wrong → ☐9
> **sich melden** to report (for duty *etc*)/to volunteer
> **sich rasieren** to shave
> **sich (hin)setzen** to sit down → ☐10
> **sich trauen**[2] to trust oneself
> **sich umsehen** to look around → ☐11

Some examples of verbs which can be used with a reflexive pronoun in the dative case:

> **sich abgewöhnen** to give up (something) → ☐12
> **sich aneignen** to appropriate
> **sich ansehen** to have a look at
> **sich einbilden** to imagine (wrongly) → ☐13
> **sich erlauben** to allow oneself → ☐14
> **sich leisten** to treat oneself → ☐15
> **sich nähern** to get close to
> **sich vornehmen** to plan to do → ☐16
> **sich vorstellen** to imagine → ☐17
> **sich wünschen** to want → ☐18

[1] For verbs normally followed by a preposition, see p 76 ff.
[2] **trauen** when non-reflexive takes the dative case.

1. **Du sollst dich sofort anziehen**
   You are to get dressed immediately
2. **Reg dich doch nicht so auf!**
   Calm down!
3. **Wir müssen uns beeilen**
   We must hurry
4. **Sie beschäftigen sich sehr mit den Kindern**
   They spend a lot of time with the children
5. **Hast du dich um diese Stelle beworben?**
   Have you applied for this post?
6. **Ich erinnere mich nicht daran**
   I can't remember it
7. **Ich freue mich auf die Fahrt**
   I am looking forward to the journey
8. **Interessierst du dich für Musik?**
   Are you interested in music?
9. **Er hat sich geirrt**
   He was wrong
10. **Bitte, setzt euch hin!**
    Please sit down
11. **Die Kinder sahen sich erstaunt um**
    The children looked around in amazement
12. **Eigentlich müsste man sich das Rauchen abgewöhnen**
    One really ought to give up smoking
13. **Bilde dir doch nichts ein!**
    Don't kid yourself!
14. **Eins könntest du dir doch erlauben**
    You could surely allow yourself one
15. **Wenn ich mir nur einen Mercedes leisten könnte!**
    If only I could afford a Mercedes!
16. **Du hast dir wieder zu viel vorgenommen!**
    You've taken on too much again!
17. **So hatte ich es mir oft vorgestellt**
    I had often imagined it like this
18. **Was wünscht ihr euch zu Weihnachten?**
    What do you want for Christmas?

❐ The Passive

In active tenses, the subject of a verb carries out the action of the verb, but in passive tenses the subject of the verb has something done to it.

Compare the following:

> *Peter kicked the cat* (subject: *Peter*)
> *The cat was kicked by Peter* (subject: *the cat*)

◆ English uses the verb "to be" to form its passive tenses. German uses **werden** → 1

A sample verb is conjugated in the passive on pp 39 to 41.

◆ In English, the word "by" usually introduces the agent through which the action of a passive tense is performed. In German this agent is introduced by:

> **von** for the performer of the action
> **durch** for an inanimate cause → 2

◆ The passive can be used to add impersonality or distance to an event → 3

It may also be used where the identity of the cause of the deed is unknown or not important → 4

◆ In general, however, the passive is used less in German than in English. The following are common replacements for the passive:

> 1 an active tense with the impersonal pronoun **man** as subject (meaning *they/one*). This resembles the use of *on* in French, and **man** is not always translated as *one* or *they* → 5
>
> 2 **sich lassen** plus a verb in the infinitive → 6

1   **Das Auto wurde gekauft**
The car was bought

2   **Das ist von seinem Onkel geschickt worden**
It was sent by his uncle

      Das Kind wurde von einem Hund gebissen
The child was bitten by a dog

      Seine Bewerbung ist von der Firma abgelehnt worden
(the firm is viewed as a human agent)
His application was turned down by the firm

      Die Tür wurde durch den Wind geöffnet
The door was opened by the wind

      Das Getreide wurde durch den Sturm niedergeschlagen
The crop was flattened by the storm

3   **Die Praxis ist von Dr. Disselkamp übernommen worden**
The practice has been taken over by Dr Disselkamp

      Anfang 1993 wurde ein weiterer Anschlag auf sein Leben verübt
Another attempt was made on his life early in 1993

4   **In letzter Zeit sind neue Gesetze eingeführt worden**
New laws have recently been introduced

5   **Man hatte es schon verkauft**
It had already been sold

      Man wird es verkauft haben
It will have been sold

6   **Das lässt sich schnell herausfinden**
We'll/You'll/One will be able to find that out quickly

❏ **The Passive** (Continued)

◆ In English the indirect object of an active tense can become the subject of a passive statement e.g.

> Peter gave *him* a car (*him* = to him)
> *He* was given a car by Peter

This is not possible in German, where the indirect object (*him*) must remain in the dative case (see p 110). There are two ways of handling this in German:

> 1 with the direct object (*car*) as the subject of a passive verb → 1
>
> 2 by means of an impersonal passive construction, with or without the impersonal subject **es** → 1

These constructions would however normally be avoided in favour of an active tense, when the agent of the action is known → 2

◆ Verbs which are normally followed by the dative case in German and so have only an indirect object (see p 80) should therefore be especially noted, as they can only adopt the impersonal or **man**-forms of the passive → 3

◆ Some passive tenses are avoided in German, as they are inelegant (and difficult to use!). For instance, the future perfect passives should be replaced by an active tense or a construction using **man** → 4

The conditional perfect passives are also rarely used, past conditional being shown by the pluperfect subjunctives, either passive or active → 5

◆ English passive constructions such as

> *he was heard whistling/they were thought to be dying*

are not possible in German → 6

---

1 **Ein Auto wurde ihm von Peter geschenkt**
OR:
Es wurde ihm von Peter ein Auto geschenkt
OR:
Ihm wurde von Peter ein Auto geschenkt
He was given a car by Peter

2 **Peter schenkte ihm ein Auto**
Peter gave him a car

3 <u>**helfen**</u> (+ *dative*) to help
Sie half mir   **Mir wurde von ihr geholfen**
She helped me   OR:
                         Es wurde mir von ihr geholfen
                         I was helped by her

4 **Er meint, es werde schon gesehen worden sein**
He thinks that it will already have been seen

✔ BETTER: **Er meint, man werde es schon gesehen haben**

5 **Es würde geholt worden sein / Man würde es geholt haben**
It would have been fetched

✔ BETTER: **Es wäre geholt worden / Man hätte es geholt**

6 **Man hörte ihn singen**
He was heard singing
Man sah sie ankommen
She was seen arriving
Man glaubte, er sei betrunken
He was thought to be drunk

☐ Passive Tenses: Conjugation

Simple tenses

Present passive indicative e.g. *it is seen*	present indicative of **werden** + past participle of the verb → 1
Present passive subjunctive	present subjunctive of **werden** + past participle of the verb → 2
Imperfect passive indicative e.g. *it was seen*	imperfect indicative of **werden** + past participle of the verb → 3
Imperfect passive subjunctive	imperfect subjunctive of **werden** + past participle of the verb → 4

Compound tenses

Perfect passive indicative e.g. *it has been seen*	present indicative of **sein** + past participle of the verb + **worden** → 5
Perfect passive subjunctive	present subjunctive of **sein** + past participle of the verb + **worden** → 6
Pluperfect passive indicative e.g. *it had been seen*	imperfect indicative of **sein** + past participle of the verb + **worden** → 7

1   PRESENT PASSIVE INDICATIVE

ich werde gesehen	**wir werden gesehen**
du wirst gesehen	**ihr werdet gesehen**
er/sie/es wird gesehen	**sie/Sie werden gesehen**

OR: **man sieht mich/man sieht dich** *etc*

2   PRESENT PASSIVE SUBJUNCTIVE

ich werde gesehen	**wir werden gesehen**
du werdest gesehen	**ihr werdet gesehen**
er/sie/es werde gesehen	**sie/Sie werden gesehen**

OR: **man sehe mich/man sehe dich** *etc*

3   IMPERFECT PASSIVE INDICATIVE

ich wurde gesehen/wir wurden gesehen *etc*
OR: **man sah mich/man sah uns** *etc*

4   IMPERFECT PASSIVE SUBJUNCTIVE

ich würde gesehen/wir würden gesehen *etc*
OR: **man sähe mich/man sähe uns** *etc*

5   PERFECT PASSIVE INDICATIVE

ich bin gesehen worden/wir sind gesehen worden *etc*
OR: **man hat mich/uns gesehen** *etc*

6   PERFECT PASSIVE SUBJUNCTIVE

ich sei gesehen worden/wir seien gesehen worden *etc*
OR: **man habe mich/uns gesehen** *etc*

7   PLUPERFECT PASSIVE INDICATIVE

ich war gesehen worden/wir waren gesehen worden *etc*
OR: **man hatte mich/uns gesehen** *etc*

☐ Passive Tenses: Conjugation (Continued)

Pluperfect passive subjunctive
imperfect subjunctive of **sein** + past participle of the verb + **worden** → 1

Present passive infinitive
e.g. *to be seen*
infinitive of **werden** + past participle of the verb → 2

Future passive indicative
e.g. *it will be seen*
present indicative of **werden** + present passive infinitive of the verb → 3

Future passive subjunctive
present subjunctive of **werden** + present passive infinitive of the verb → 4

Perfect passive infinitive
e.g. *to have been seen*
past participle of the verb + **worden sein** → 5

Future perfect passive
e.g. *it will have been seen*
present indicative of **werden** + perfect passive infinitive of the verb → 6

Conditional passive
e.g. *it would be seen*
imperfect subjunctive of **werden** + present passive infinitive of the verb → 7

Conditional perfect passive
e.g. *it would have been seen*
imperfect subjunctive of **werden** + perfect passive infinitive of the verb → 8

Examples

---

1 PLUPERFECT PASSIVE SUBJUNCTIVE

ich wäre gesehen worden/wir wären gesehen worden *etc*
OR: **man hätte mich/uns gesehen** *etc*

2 PRESENT PASSIVE INFINITIVE

gesehen werden

3 FUTURE PASSIVE INDICATIVE

ich werde gesehen werden/wir werden gesehen werden *etc*
OR: **man wird mich/uns sehen** *etc*

4 FUTURE PASSIVE SUBJUNCTIVE

ich werde gesehen werden/wir werden gesehen werden *etc*
OR: **man werde mich/uns sehen** *etc*

5 PERFECT PASSIVE INFINITIVE

gesehen worden sein

6 FUTURE PERFECT PASSIVE

ich werde/wir werden gesehen worden sein *etc*
OR: **man wird mich/uns gesehen haben** *etc*

7 CONDITIONAL PASSIVE

ich würde gesehen werden/wir würden gesehen werden
OR: **man würde mich/uns sehen** *etc*

8 CONDITIONAL PERFECT PASSIVE

ich würde/wir würden gesehen worden sein *etc*
OR: **man würde mich/uns gesehen haben** *etc*
OR: pluperfect subjunctive: **man hätte mich/uns gesehen** *etc*

❏ Impersonal Verbs

These verbs are used only in the third person singular, usually with the subject **es** meaning *it* ➞ 1

♦ Intransitive verbs (verbs with no direct object) are often made impersonal in the passive to describe activity of a general nature ➞ 2

When the verb and subject are inverted (see p 226), the **es** is omitted ➞ 3

Impersonal verbs in the passive can also be used as an imperative form (see p 20) ➞ 4

♦ In certain expressions in the active, the impersonal pronoun **es** can be omitted. In this case, a personal pronoun object begins the clause ➞ 5

In the following lists * indicates that **es** may be omitted in this way:

Some common impersonal verbs and expressions

es donnert	it's thundering
es fällt mir ein, dass/zu*	it occurs to me that/to ➞ 6
es fragt sich, ob	one wonders whether ➞ 7
es freut mich, dass/zu	I am glad that/to ➞ 8
es friert	it is freezing ➞ 9
es gefällt mir	I like it ➞ 10
es geht mir gut/schlecht	I'm fine/not too good
es geht nicht	it's not possible
es geht um	it's about
es gelingt mir (zu)	I succeed (in) ➞ 11
es geschieht	it happens ➞ 12
es gießt	it's pouring
es handelt sich um	it's a question of

1　**Es regnet**　　　　　　　It's raining

2　**Es wurde viel gegessen und getrunken**
There was a lot of eating and drinking

3　**Auf der Hochzeit wurde viel gegessen und getrunken**
There was a lot of eating and drinking at the wedding

4　**Jetzt wird gearbeitet!**　Now you're/we're going to work

5　**Mir ist warm**　　　　　I'm warm

6　**Nachher fiel (es) mir ein, dass der Mann ziemlich komisch angezogen war**
Afterwards it occurred to me that the man was rather oddly dressed

7　**Es fragt sich, ob es sich lohnt, das zu machen**
One wonders if that's worth doing

8　**Es freut mich sehr, dass du gekommen bist**
I'm so pleased that you have come

9　**Heute Nacht hat es gefroren**
It was below freezing last night

10　**Ihm hat es gar nicht gefallen**
He didn't like it at all

11　**Es war ihnen gelungen, die letzten Karten zu kriegen**
They had succeeded in getting the last tickets

12　**Und so geschah es, dass ...**
And so it came about that ...

☐ Impersonal Verbs and Expressions (Continued)

es hängt davon ab	it depends
es hat keinen Zweck (zu)	there's no point (in) → 1
es interessiert mich, dass/zu*	I am interested that/to
es ist mir egal (ob)*	it's all the same to me (if) → 2
es ist möglich(, dass)	it's possible (that) → 3
es ist nötig	it's necessary → 4
es ist mir, als ob*	I feel as if
es ist mir gut/schlecht etc zumute or zu Mute*	I feel good/bad etc → 5
es ist schade(, dass)	it's a pity (that)
es ist (mir) wichtig*	it's important (to me)
es ist mir warm/kalt*	I'm warm/cold
es ist warm/kalt	it's or the weather is warm/cold
es ist zu hoffen/bedauern etc*	it is to be hoped/regretted etc
es klingelt	someone's ringing the bell → 6
es klopft	someone's knocking
es kommt darauf an(, ob)	it all depends (whether)
es kommt mir vor(, als ob)	it seems to me (as if)
es läutet	the bell is ringing → 7
es liegt an	it is because of → 8
es lohnt sich (nicht)	it's (not) worth it → 9
es macht nichts	it doesn't matter
es macht nichts aus	it makes no difference → 10
es macht mir (keinen) Spaß(, zu)	it's (no) fun (to) → 11
es passiert	it happens → 12
es regnet	it's raining → 13
es scheint mir, dass/als ob*	it seems to me that/as if
es schneit	it's snowing
es stellt sich heraus, dass	it turns out that
es stimmt (nicht), dass	it's (not) true that
es tut mir Leid(, dass)	I'm sorry (that)
wie geht es (dir)?	how are you? → 14
mir wird schlecht	I feel sick

1. **Es hat keinen Zweck, weiter darüber zu diskutieren**
There's no point in discussing this any further

2. **Es ist mir egal, ob du kommst oder nicht**
I don't care if you come or not

3. **Es ist doch möglich, dass der Zug Verspätung hat**
It's always possible the train has been delayed

4. **Es wird nicht nötig sein, uns darüber zu informieren**
It won't be necessary to inform us of it

5. **Mir ist heute seltsam zumute** *or* **zu Mute**
I feel strange today

6. **Es hat gerade geklingelt**
The bell just went/The phone just rang

7. **Es hat schon geläutet**
The bell has gone

8. **Woran liegt es?**
Why is that?

9. **Ich weiß nicht, ob es sich lohnt oder nicht**
I don't know if it's worth it or not

10. **Mir macht es nichts aus**
It makes no difference to me
Macht es Ihnen etwas aus, wenn ...
Would you mind if ...

11. **Hauptsache, es macht Spaß**
The main thing is to enjoy yourself

12. **Ihm ist bestimmt etwas passiert**
Something must have happened to him

13. **Es hat den ganzen Tag geregnet**
It rained the whole day

14. **Wie gehts denn? — Danke, es geht**
How are things? — All right, thank you

☐ The Infinitive

Forms

There are four forms of the infinitive → 1. These forms are used in certain compound tenses (see p 28). The present active infinitive is the most widely used and is the form found in dictionaries.

Uses

◆ Preceded by **zu** (*to*)

1 as in English, after other verbs ("I tried *to come*") → 2
2 as in English, after adjectives ("it was easy *to see*") → 3
3 where the English equivalent is not always an infinitive:
  - after nouns, where English may use an "-ing" form → 4
  - after **sein**, where the English equivalent may be a passive tense → 5

◆ Without **zu**, the infinitive is used after the following:

modal verbs → 6
lassen → 7
heißen → 8
bleiben → 9
gehen → 10
verbs of perception → 11

⚠ NOTE: Verbs of perception can also be followed by a subordinate clause beginning with **wie** or **dass**, especially if the sentence is long or involved → 12

---

1.   INFINITIVES:

   PRESENT ACTIVE   PERFECT ACTIVE
   holen   **geholt haben**
   to fetch   to have fetched

   PRESENT PASSIVE   PERFECT PASSIVE
   geholt werden   **geholt worden sein**
   to be fetched   to have been fetched

2.   **Ich versuchte zu kommen**   I tried to come

3.   **Es war leicht zu sehen**   It was easy to see

4.   **Ich habe nur wenig Gelegenheit, Musik zu hören**
   I have little opportunity to listen to music

5.   **Er ist zu bedauern**   He is to be pitied

6.   **Er kann schwimmen**   He can swim

7.   **Sie ließen uns warten**   They kept us waiting

8.   **Er hieß ihn kommen**   He bade him come

9.   **Er blieb sitzen**   He remained seated

10.   **Sie ging einkaufen**   She went shopping

11.   **Ich sah ihn kommen**   I saw him coming
   Er hörte sie singen   He heard her singing

12.   **Er sah, wie sie langsam auf und ab schlenderte**
   He watched her strolling slowly up and down

☐ **The Infinitive** (Continued)

Used as an imperative

◆ The infinitive can be used as an imperative (see p 20) → **1**

Used as a noun

◆ The infinitive can be made into a noun by giving it a capital letter. Its gender is always neuter → **2**

Used with modal verbs (see p 52)

◆ An infinitive used with a modal verb is always placed at the end of a clause (see p 56) → **3**

◆ If the modal verb is in a compound tense, its auxiliary will follow the subject in a main clause in the normal way, and the modal participle comes after the infinitive.

  ⚠ BUT: In a subordinate clause, the auxiliary immediately precedes the infinitive and the modal participle, instead of coming at the end → **4**

◆ An infinitive expressing change of place may be omitted entirely after a modal verb (see p 56) → **5**

Used in infinitive phrases

Infinitive phrases can be formed with:

zu	**ohne ... zu**	→ **6**
um ... zu	**anstatt ... zu**	

◆ The infinitive comes at the end of its phrase → **7**

◆ In separable verbs, **zu** is inserted *between* the verb and its prefix in the present infinitive → **8**

◆ A reflexive pronoun comes first, immediately following an introductory word if there is one → **9**

1 **Einsteigen und Türen schließen!**
All aboard! Close the doors!

2 <u>rauchen</u>   to smoke
Er hat das Rauchen aufgegeben
He's given up smoking

3 **Wir müssen morgen einkaufen gehen**
We have to go shopping tomorrow

4 **Sie haben gestern aufräumen müssen**
They had to tidy up yesterday
⚠ BUT:
Da sie gestern haben aufräumen müssen, durften sie nicht kommen
They couldn't come as they had to tidy up yesterday

5 **Er will jetzt nach Hause**
He wants to go home now

6 <u>es zu tun</u>   to do it
es getan zu haben   to have done it
um es zu tun   in order to do it
um es getan zu haben   in order to have done it
ohne es zu tun   without doing it
ohne es getan zu haben   without having done it
anstatt es zu tun   instead of doing it
anstatt es getan zu haben instead of having done it

7 **Ohne ein Wort zu sagen, verließ er das Haus**
He left the house without saying a word
Er ging nach Hause, ohne mit ihr gesprochen zu haben
He went home without having spoken to her

8 <u>aufgeben</u>   to give up
um es aufzugeben   in order to give it up

9 **Sie gingen weg, ohne sich zu verabschieden**
They left without saying goodbye

❏ The Present Participle

◆ The present participle for all verbs is formed by adding **-d** to the infinitive form → 1

◆ The present participle may be used as an adjective. As with all adjectives, it is declined if used attributively (see p 140) → 2

◆ The present participle may also be used as an adjectival noun (see p 148) → 3

The past participle

◆ For weak verbs, the past participle is formed by prefixing **ge-** and adding **-t** to the verb stem → 4

◆ For strong verbs, the past participle is formed by adding the prefix **ge-** and the ending **-en** to the verb stem → 5
The vowel is often modified too → 6
(See table of strong and mixed verbs beginning on p 86)

◆ Mixed verbs form their past participle by adding the **ge-** and **-t** of weak verbs, but they change their vowel as for strong verbs. (See table on p 86) → 7

◆ The past participles of *separable* verbs are formed according to the above rules and are joined on to the separable prefix → 8

◆ For *inseparable* verbs, past participles are formed without the **ge-** prefix → 9

◆ Many past participles can also be used as adjectives and adjectival nouns → 10

1   **lachen**   to laugh   **singen**   to sing
     lachend   laughing   **singend**   singing

2   **ein lachendes Kind**   a laughing child
     mit klopfendem Herzen   with beating heart

3   **der Vorsitzende/ein Vorsitzender**   the/a chairman

4   **machen**   to do/make
     gemacht   done/made

5   **sehen**   to see
     gesehen   seen

6   **singen**   to sing
     gesungen   sung

7   **wissen**   to know
     gewusst   known

8   **aufstehen**   to get up   **nachmachen**   to copy/imitate
     aufgestanden   got up   **nachgemacht**   copied/imitated

9   **bestellen**   to order   **entscheiden**   to decide
     bestellt   ordered   **entschieden**   decided

10   **seine verlorene Brille**   his lost spectacles
     Wir aßen Gebratenes   We ate fried food

☐ Modal Auxiliary Verbs

Modal verbs, sometimes called modal auxiliaries, are used to *modify* other verbs (to show e.g. possibility, ability, willingness, permission, necessity) much as in English:

> he *can* swim
> *may* I come?
> we *shouldn't* go

♦ In German the modal auxiliary verbs are: **dürfen**, **können**, **mögen**, **müssen**, **sollen** and **wollen**.

♦ Modal verbs have some important differences in their uses and in their conjugation from other verbs, and these are clearly shown in the verb tables on pp 86 to 97.

♦ Modal verbs have the following meanings:

dürfen	*to be allowed to/may* → 1
	used negatively: *must not/may not* → 2
	to show probability → 3
	also used in some polite expressions → 4
können	*to be able to/can* → 5
	in its subjunctive forms:
	would be able to/could → 6
	as an informal alternative to **dürfen** with the meaning: *to be allowed to/can* → 7
	to show possibility → 8
mögen	*to like/to like to* → 9
	most common in its imperfect subjunctive form which expresses polite inquiry or request: *should like to/would like to* → 10
	to show possibility or probability → 11

1   **Darfst du mit ins Kino kommen?**
Are you allowed to/can you come with us to the cinema?
Darf ich bitte mitkommen?
May I come with you please?
Ich dürfte schon, aber ich will nicht
I could/would be allowed to, but I don't want to

2   **Hier darf man nicht rauchen**
Smoking is prohibited here

3   **Das dürfte wohl das Beste sein**
That's probably the best thing

4   **Was darf es sein?**
Can I help you?/What would you like?

5   **Wir konnten es nicht schaffen**
We couldn't/weren't able to do it

6   **Er könnte noch früher kommen**
He could/would be able to come even earlier
Er meinte, er könne noch früher kommen
He though he could come earlier
Wir könnten vielleicht morgen hinfahren?
Perhaps we could go there tomorrow?

7   **Kann ich/darf ich ein Eis haben?**
Can I/may I have an ice cream?

8   **Wer könnte es gewesen sein?**   **Das kann sein**
Who could it have been?   That may be so

                                ⚠ BUT: **Das kann nicht sein**
                                            That cannot be so

9   **Magst du Butter?**
Do you like butter?

10   **Wir möchten bitte etwas trinken**
We should like something to drink
Möchtest du sie besuchen?
Would you like to visit her?

11   **Wie alt mag sie sein?**
How old might she be?

☐ **Modal Auxiliary Verbs** (Continued)

müssen   *to have to/must/need to* → 1

certain idiomatic uses → 2

⚠ NOTE: For *must have ....,* use the relevant tense of **müssen** + past participle of main verb + the auxiliary **haben** or **sein** → 3

For *don't have to/need not,* a negative form of **brauchen** (*to need*) may be used instead of **müssen** → 4

sollen   *ought to/should* → 5

to be (supposed) to where the demand is not self-imposed → 6

to be said to be → 7

as a command, either direct or indirect → 8

wollen   *to want/want to* → 9

used as a less formal version of **mögen** to mean: *to want/wish* → 10

to be willing to → 11

to show previous intention → 12

to claim or pretend → 13

Examples

Grammar

1 **Er hatte jeden Tag um sechs aufstehen müssen**
He had to get up at six o'clock every day
Man musste lachen
One had to laugh/One couldn't help laughing

2 **Muss das sein?** Is that really necessary?
Ein Millionär müsste man sein! Oh to be a millionaire!
Den Film muss man gesehen haben
That film is worth seeing

3 **Es muss geregnet haben** It must have been raining
Er meinte, es müsse am vorigen Abend passiert sein
He thought it must have happened the previous evening

4 **Das brauchtest du nicht zu sagen**
You didn't have to say that

5 **Man sollte immer die Wahrheit sagen**
One should always tell the truth
Er wusste nicht, was er tun sollte
He didn't know what to do (*what he should do*)

6 **Ich soll dir helfen**
I am to help you (*I have been told to help you*)
Du sollst sofort deine Frau anrufen
You are to phone your wife at once (*She has left a message asking you to ring*)

7 **Er soll sehr reich sein**
I've heard he's very rich/He is said to be very rich

8 **Es soll niemand sagen, dass die Schotten geizig sind!**
Let no-one say the Scots are mean!
Sie sagte mir, ich solle damit aufhören
She told me to stop it

9 **Das Kind will LKW-Fahrer werden**
The child wants to become a lorry driver

10 **Willst du eins?** Do you want one?
Willst du/möchtest du etwas trinken?
Do you want/would you like something to drink?

11 **Er wollte nichts sagen** He refused to say anything

12 **Ich wollte gerade anrufen** I was just about to phone

13 **Keiner will es gewesen sein** No-one admits to doing it

☐ Modal Auxiliary Verbs (Continued)

Conjugation and use

- Modal verbs have unusual present tenses → **1**

  Their principal parts are given in the verb tables on pp 86 to 97.

- Each modal verb has two past participles.

  The first, which is the more common, is the same as the infinitive form and is used where the modal is modifying a verb → **2**

  The second resembles a normal weak past participle and is used only where no verb is being modified (see the verb tables on p 86) → **3**

- The verb modified by the modal is placed in its infinitive form at the end of a clause → **4**

- Where the modal is used in a compound tense, its past participle in the form of the infinitive is also placed at the end of a clause, immediately after the modified verb → **5**

- If the modal verb is modifying a verb, and if the modal is used in a compound tense in a subordinate clause, then the normal word order for subordinate clauses (see p 228) does not apply. The auxiliary used to form the compound tense of the modal is not placed right at the end of the subordinate clause, but instead comes before both infinitives → **6**

  Such constructions are usually avoided in German, by using a simple tense in place of a compound. (For notes on the use of tenses in German, see p 58 ff) → **7**

- A modified verb which expresses motion may be omitted entirely if an adverb or adverbial phrase is present to indicate the movement or destination → **8**

1	**dürfen**	**können**
	ich/er/sie/es darf	ich/er/sie/es kann
	du darfst	du kannst
	wir/sie/Sie dürfen	wir/sie/Sie können
	ihr dürft	ihr könnt
	mögen	**müssen**
	ich/er/sie/es mag	ich/er/sie/es muss
	du magst	du musst
	wir/sie/Sie mögen	wir/sie/Sie müssen
	ihr mögt	ihr müsst
	sollen	**wollen**
	ich/er/sie/es soll	ich/er/sie/es will
	du sollst	du willst
	wir/sie/Sie sollen	wir/sie/Sie wollen
	ihr sollt	ihr wollt

2 **wollen**: Past participle **wollen**
   Er hat kommen wollen
   He wanted to come

3 **wollen**: Past participle **gewollt**
   Hast du es gewollt?
   Did you want it?

4 **Er kann gut schwimmen**
   He can swim well

5 **Wir haben das Haus nicht kaufen wollen**
   We didn't want to buy the house
   Sie wird dich bald sehen wollen
   She will want to see you soon

6 COMPARE:
   Obwohl wir das Haus gekauft haben, ...
   Although we bought the house ...
   Obwohl wir das Haus haben kaufen wollen, ...
   Although we wanted to buy the house ...

7 **Obwohl wir das Haus kaufen wollten ...**
   Although we wanted to buy the house ...

8 **Ich muss nach Hause**
   I must go home
   Die Kinder sollen jetzt ins Bett
   The children have to go to bed now

❏ Use of Tenses

Continuous forms

- Unlike English, the German verb does not distinguish between its simple and continuous forms → ①
- To emphasize continuity, the following may be used:
  simple tense plus an adverb or adverbial phrase → ②
  am or **beim** plus an infinitive used as a noun → ③
  eben/gerade dabei sein zu plus an infinitive → ④

The present

- The present tense is used in German with **seit** or **seitdem** where English uses a past tense to show an action which began in the past and still continues → ⑤
  If the action is finished, or does not continue, a past tense is used → ⑥
- The present is commonly used with future meaning → ⑦

The future

- The present is often used as a future tense → ⑦
- The future tense is used however to:
  emphasize the future → ⑧
  express doubt or supposition about the future → ⑨
  express future intention → ⑩

The future perfect

- The future perfect is used as in English to mean *shall/will have done* → ⑪
- It is used in German to express a supposition → ⑫
- In conversation it is replaced by the perfect → ⑬

The conditional

- The conditional may be used in place of the imperfect subjunctive to express improbable condition (see p 62) → ⑭
- It is used in indirect statements or questions to replace the future subjunctive in conversation or where the subjunctive form is not distinctive → ⑮

Examples

Grammar

---

1. **ich tue** I do (*simple form*) OR: I am doing (*continuous*)
   er rauchte he smoked OR: he was smoking
   sie hat gelesen she has read OR: she has been reading
   es ist geschickt worden it is sent OR: it is being sent

2. **Er kochte gerade das Abendessen**
   He was cooking the supper
   Nun spricht sie mit ihm Now she's talking to him

3. **Ich bin am Bügeln** I am ironing

4. **Wir waren eben dabei, einige Briefe zu schreiben**
   We were just writing a few letters

5. **Ich wohne seit drei Jahren hier**
   I have been living here for three years

6. **Seit er krank ist, hat er uns nicht besucht**
   He hasn't visited us since he's been ill
   Seit seiner Verlobung habe ich ihn nicht geshen
   I haven't seen him since his engagement

7. **Wir fahren nächstes Jahr nach Griechenland**
   We're going to Greece next year

8. **Das werde ich erst nächstes Jahr machen können**
   I won't be able to do that until next year

9. **Wenn er zurückkommt, wird er mir bestimmt helfen**
   He's sure to help me when he returns

10. **Ich werde ihm helfen**
    I'm going to help him

11. **Bis Sonntag wird er es gelesen haben**
    He will have read it by Sunday

12. **Das wird Herr Keute gewesen sein**
    That must have been Herr Keute

13. **Bis du zurückkommst, haben wir alles aufgeräumt**
    We'll have tidied up by the time you get back

14. **Wenn ich eins hätte, würde ich es dir geben**
    If I had one I would give it to you
    Wenn er jetzt bloß kommen würde!
    If only he would get here!

15. **Er fragte, ob wir fahren würden**
    He asked if we were going to go

❏ Use of Tenses (Continued)

The conditional perfect

- ◆ May be used in place of the pluperfect subjunctive in a sentence containing a **wenn**-clause → 1
- ◆ But the pluperfect subjunctive is preferred → 2

The imperfect

- ◆ Is used in German with **seit** or **seitdem** where the pluperfect is used in English to show an action which began in the remote past and continued to a point in the more recent past → 3
  For discontinued actions the pluperfect is used → 4
- ◆ Is used to describe past actions which have no link with the present as far as the speaker is concerned → 5
  Is used for narrative purposes → 6
  Is used for repeated, habitual or prolonged past action → 7
  See also the ⚠ NOTE on **The Perfect** (below).

The perfect

- ◆ Is used to translate the English perfect tense, eg:
  I have spoken, he has been reading → 8
- ◆ Describes past actions or events which still have a link with the present or the speaker → 9
- ◆ Is used in conversation and similar communication → 10

  ⚠ NOTE: In practice however the perfect and imperfect are often interchangeable in German usage, and in spoken German a mixture of both is common.

The pluperfect

- ◆ Is used to translate *had done/had been doing*, except in conjunction with **seit/seitdem** (see **The Imperfect**) → 11

The subjunctive

- ◆ For uses of the subjunctive tenses, see pp 62 to 67.

1 **Wenn du es gesehen hättest, würdest dus geglaubt haben**
You would have believed it if you'd seen it

2 **Hättest du es gesehen, so hättest du es geglaubt**
If you had seen it, you'd have believed it
Wenn ich das nur nicht gemacht hätte!
If only I hadn't done it!
Wäre ich nur da gewesen!
If I'd only been there

3 **Sie war seit ihrer Heirat als Lehrerin beschäftigt**
She had been working as a teacher since her marriage

4 **Ihren Sohn hatten sie seit zwölf Jahren nicht gesehen**
They hadn't seen their son for twelve years

5 **Er kam zu spät, um teilnehmen zu können**
He arrived too late to take part

6 **Das Mädchen stand auf, wusch sich das Gesicht und verließ das Haus**
The girl got up, washed her face and went out

7 **Wir machten jeden Tag einen kleinen Spaziergang**
We went/We used to go for a little walk every day

8 **Ich habe ihn heute nicht gesehen**
I haven't seen him today

9 **Ich habe ihr nichts davon erzählt**
I didn't tell her anything about it
Gestern sind wir in die Stadt gefahren und haben uns ein paar Sachen gekauft
Yesterday we went into town and bought ourselves a few things

10 **Hast du den Krimi gestern Abend im Fernsehen gesehen?**
Did you see the thriller on television last night?

11 **Sie waren schon weggefahren**
They had already left
Diese Bücher hatten sie schon gelesen
They had already read these books

☐ The Subjunctive: when to use it

The subjunctive form in English has almost died out, leaving only a few examples such as:

> if I *were* rich
> if only he *were* to come
> so *be* it

German however makes much wider use of subjunctive forms, especially in formal, educated or literary contexts. Although there is a growing tendency to use indicatives in spoken German, subjunctives are still very common.

◆ The indicative tenses in German display fact or certainty. The subjunctives show unreality, uncertainty, speculation about a situation or any doubt in the speaker's mind → **1**

Subjunctives are also used in indirect speech, as shown on pp 66 and 67.

◆ For how to form all tenses of the subjunctive, the reader is referred to the relevant sections on Simple Tenses (pp 6 to 17) and Compound Tenses (pp 22 to 29). See also the Subjunctive in Reported Speech (p 66).

◆ The **imperfect subjunctive** is very common. It is important to note that the imperfect subjunctive form does not always represent actions performed in the past → **2**

Uses of the subjunctive in German

◆ To show improbable condition (e.g. if he *came*, he would ...).
The *if*-clause (**wenn** in German) has a verb in the imperfect subjunctive and the main clause can have either an imperfect subjunctive or a conditional → **3**

1 INDICATIVE

Das stimmt
That's true
Es ist eine Unverschämtheit
It's a scandal

SUBJUNCTIVE

Es könnte doch war sein
It could well be true
Sie meint, es sei eine Unverschämtheit
She thinks it's a scandal
(*speaker not necessarily in agreement with her*)

2 *imperfect subjunctive expressing the future:*
Wenn ich morgen nur da sein könnte!
If only I could be there tomorrow!

expressing the present/immediate future:
Wenn er jetzt nur käme!
If only he would come now!

speaker's opinion, referring to present or future:
Sie wäre die Beste
She's the best

3 **Wenn du kämest, wäre ich froh**

OR:

Wenn du kämest, würde ich froh sein
I should be happy if you came

Wenn es mir nicht gefiele, würde ich es nicht bezahlen

OR:

Wenn es mir nicht gefiele, bezahlte ich es nicht
If I wasn't happy with it, I wouldn't pay for it
(*The second form is less likely, as the imperfect subjunctive and
imperfect indicative forms of **bezahlen** are identical*)

☐ **The Subjunctive: when to use it** (Continued)

- The imperfect of **sollen** or **wollen**, or a conditional tense might be used in the **wenn**-clause to replace an uncommon imperfect subjunctive, or a subjunctive which is not distinct from the same tense of the indicative → 1

- To show unfulfilled condition (if he *had come*, he would have ...)

  The **wenn**-clause requires a pluperfect subjunctive, the main clause a pluperfect subjunctive or conditional perfect → 2

  ⚠ NOTE: The indicative is used to express a *probable* condition, as in English → 3

- **Wenn** can be omitted from conditional clauses. The verb must then follow the subject and **dann** or **so** usually begins the main clause → 4

- With **selbst wenn** (*even if/even though*) → 5

- With **wenn ... nur** (*if only ...*) → 6

- To speculate or make assumptions → 7

- After **als** (*as if/as though*) → 8

- Where there is uncertainty or doubt → 9

- To make a polite enquiry → 10

- To indicate theoretical possibility or unreality → 11

- As an alternative to the conditional perfect → 12

---

1 **Wenn er mich so sehen würde, würde er mich für verrückt halten!** OR:
Wenn er mich so sehen würde, hielte er mich für verrückt! OR:
Wenn er mich so sehen sollte, würde er mich für verrückt halten!
If he saw me like this, he would think I was mad!
(Wenn er mich so sähe *would sound rather stilted*)

2 **Wenn du pünktlich gekommen wärest, hättest du ihn gesehen** OR:
Wenn du pünktlich gekommen wärest, würdest du ihn gesehen haben
If you had been on time, you would have seen him

3 **Wenn ich ihn sehe, gebe ich es ihm**
If I see him I'll give him it

4 **Hättest du mich nicht gesehen, so wäre ich schon weg**
If you hadn't seen me, I would have been gone by now

5 **Selbst wenn er etwas wüsste, würde er nichts sagen**
Even if he knew about it, he wouldn't say anything

6 **Wenn wir nur erfolgreich wären!**
If only we were successful!

7 **Und wenn er Recht hätte?** What if he were right?
Eine Frau, die das sagen würde (OR: die das sagte), müsste Feministin sein!
Any woman who would say that must be a feminist!

8 **Er sah aus, als sei er krank**
He looked as if he were ill

9 **Er wusste nicht, wie es ihr jetzt ginge**
He didn't know how she was

10 **Wäre da sonst noch etwas?** Will there be anything else?

11 **Er stellte sich vor, wie gut er in dem Anzug aussähe**
He imagined how good he would look in the suit

12 **Ich hätte ihn gesehen** OR: **Ich würde ihn gesehen haben**
I would have seen him

❏ The Subjunctive in Indirect Speech

What a person asks or thinks can be reported in one of two ways, either **directly**:

> *Tom said, "I have been on holiday"*

OR **indirectly**:

> *Tom said (that) he had been on holiday*

◆ In English, indirect (or reported) speech can be indicated by a change in tense of what has been reported:

> He said, *"I know your sister"*
> He said (that) *he knew* my sister

In German the change is not in tense, but from indicative to subjunctive → 1

◆ There are two ways of introducing indirect speech in German, similar to the parallel English constructions:

1 The clause which reports what is said may be introduced by **dass** (*that*). The finite verb or auxiliary comes at the end of the clause → 2

2 **dass** may be omitted. The verb in this case must stand in second position in the clause, instead of being placed at the end → 3

Forms of the subjunctive in indirect speech

For conjugation of verbs in the subjunctive, see pp 8 to 15 and 26 to 31. In indirect (or reported) speech, wherever the present subjunctive is identical to the present indicative form, the imperfect subjunctive is used instead → 4

1. **Er sagte: „Sie kennt deine Schwester"**
   He said, "She knows your sister"

   Er sagte, sie kenne meine Schwester
   He said she knew my sister

   „Habe ich zu viel gesagt?", fragte er
   "Have I said too much?", he asked

   Er fragte, ob er zu viel gesagt habe
   He asked if he had said too much

2. **Er hat uns gesagt, dass er Italienisch spreche**
   He told us that he spoke Italian

3. **Er hat uns gesagt, er spreche Italienisch**
   He told us he spoke Italian

4. PRESENT SUBJUNCTIVE IN INDIRECT SPEECH

   WEAK VERBS

   holen to fetch

ich holte	wir holten
du holest	ihr holet
er hole	sie holten

   STRONG VERBS

   singen to sing

ich sänge	wir sängen
du singest	ihr singet
er singe	sie sängen

❑ Verbs with Prefixes

Many verbs in German begin with a prefix. A prefix is a word or part of a word which precedes the verb stem → 1

- Often the addition of a prefix changes the meaning of the basic verb → 2

- Prefixes may be found in strong, weak or mixed verbs. Adding a prefix may occasionally change the verb conjugation → 3

There are four kinds of prefix and each behaves in a slightly different way, as shown on the following pages. Prefixes may be inseparable, separable, double or variable (i.e. either separable or inseparable depending on the verb).

Inseparable prefixes

- The eight inseparable prefixes are:

be-	ent-	ge-	ver-	→ 4
emp-	er-	miss-	zer-	

- These exist only as prefixes, and cannot be words in their own right.

- They are never separated from the verb stem, whatever tense of the verb is used → 5

- Inseparable prefixes are always unstressed → 6

1

| zu + geben | = **zugeben** |
| an + ziehen | = **anziehen** |

2

nehmen	to take
zunehmen	to put on weight/to increase
sich benehmen	to behave

3

WEAK		STRONG	
suchen	to look for	**stehen**	to stand
versuchen	to try	**verstehen**	to understand
besuchen	to visit	**aufstehen**	to get up

| WEAK | | WEAK | |
| **löschen** | to extinguish | **fehlen** | to be missing |

| STRONG | | STRONG | |
| **erlöschen** | to go out | **empfehlen** | to recommend |

4

beschreiben	to describe
empfangen	to receive
enttäuschen	to disappoint
erhalten	to contain
gehören	to belong
misstrauen	to mistrust
verlieren	to lose
zerlegen	to dismantle

5 <u>**besuchen**</u>   to visit

Er besucht uns regelmäßig	He visits us regularly
Er besuchte uns jeden Tag	He used to visit us every day
Er hat uns jeden Tag besucht	He visited us every day
Er wird uns morgen besuchen	He will visit us tomorrow
Besuche sofort deine Tante!	Visit your aunt at once

6 er**lau**ben, ver**steh**en, emp**fang**en, ver**gess**en

☐ Verbs with Prefixes (Continued)

Separable prefixes

Some common examples are:

ab	**fest**	**herunter**	**mit**
an	**frei**	**hervor**	**nach**
auf	**her**	**hin**	**nieder**
aus	**herab**	**hinab**	**vor**
bei	**heran**	**hinauf**	**vorbei**
da(r)	**herauf**	**hinaus**	**vorüber**
davon	**heraus**	**hindurch**	**weg**
dazu	**herbei**	**hinein**	**zu**
ein	**herein**	**hinüber**	**zurecht**
empor	**herüber**	**hinunter**	**zurück**
entgegen	**herum**	**los**	**zusammen**

♦ Unlike inseparable prefixes, separable prefixes may be words in their own right. Indeed, nouns, adjectives and adverbs are often used as separable prefixes → **1**

♦ The past participle of a verb with a separable prefix is formed with **ge-**. It comes between the verb and the prefix → **2**

♦ In main clauses, the prefix is placed at the end of the clause if the verb is in a simple tense (i.e. present, imperfect or imperative form) → **3**

♦ In subordinate clauses, whatever the tense of the verb, the prefix is attached to the verb and the resulting whole placed at the end of the clause → **4**

♦ Where an infinitive construction requiring **zu** is used (see p 48), the **zu** is placed between the infinitive and prefix to form one word → **5**

---

1   *noun + verb*:   **teilnehmen**   to take part
     adjective + verb: **loswerden**   to get free of
     adverb + verb: **niederlegen**   to lay down

2   **Er hat nicht teilgenommen**
     He did not participate
     Wir sind an der Grenze zurückgewiesen worden
     We were turned back at the border

3   <u>**wegbringen**</u>   to take for repair/to take away

     PRESENT
     Wir bringen das Auto weg
     IMPERFECT
     Wir brachten das Auto weg
     IMPERATIVE
     Bringt das Auto weg!
     FUTURE
     Wir werden das Auto wegbringen
     CONDITIONAL
     Wir würden das Auto wegbringen
     PERFECT
     Wir haben das Auto weggebracht
     PERFECT PASSIVE
     Das Auto ist weggebracht worden
     PLUPERFECT SUBJUNCTIVE
     Wir hätten das Auto weggebracht

4   PRESENT
     Weil wir das Auto wegbringen, ...
     IMPERFECT
     Dass wir das Auto wegbrachten, ...
     PERFECT
     Nachdem wir das Auto weggebracht haben, ...
     PLUPERFECT SUBJUNCTIVE
     Wenn wir das Auto weggebracht hätten, ...
     FUTURE
     Obwohl wir das Auto wegbringen werden, ...

5   **Um das Auto rechtzeitig wegzubringen, müssen wir**
     morgen früh aufstehen
     In order to take the car in on time we shall have to get up early
     tomorrow

❑ Verbs with Prefixes (Continued)

Variable prefixes

These are:

durch	**über**	**unter**	**wider**
hinter	**um**	**voll**	**wieder**

♦ These can be separable or inseparable → **1**

♦ Often they are used separably and inseparably with the same verb. In such cases the verb and prefix will tend to retain their basic meanings if the prefix is used separably, but adopt figurative meanings when the prefix is used inseparably → **2**

♦ Variable prefixes behave as separable prefixes when used separably, and as inseparable prefixes when used inseparably → **3**

Double prefixes

These occur where a verb with an inseparable prefix is preceded by a separable prefix → **4**

♦ The separable prefix behaves as described on p 70, the verb plus inseparable prefix representing the basic verb to which the separable prefix is attached → **5**

♦ Unlike other separable verbs, however, verbs with double prefixes have no **ge-** in their past participles → **6**

1 <u>**unternehmen**</u> (*inseparable*) to undertake, take on
Wir haben in den Ferien vieles unternommen
We did a great deal in the holidays
Du unternimmst zu viel
You take on too much

<u>**untergehen**</u> (*separable*) to sink, go down
Die Sonne geht unter
The sun is going down/is setting
Die Sonne ist untergangen
The sun has gone down/has set

2 **etwas wiederholen** (*separable*) to retrieve something
etwas wiederholen (*inseparable*) to repeat something

3 **Er holte ihr die Tasche wieder**
He brought her back her bag
Er wiederholte den Satz
He repeated the sentence

4 **ausverkaufen** to sell off

5 **Er verkauft alles aus**
He's selling everything off
Um alles auszuverkaufen ...
In order to sell everything off ...
Er wird alles ausverkaufen
He'll be selling everything off

6 **Aber er hat doch alles ausverkauft**
But he's sold everything off

❏ Verb Combinations

◆ *Noun + verb* combinations are written separately ➞ $\boxed{1}$

⚠ BUT: Compound verbs which are almost exclusively used in the infinitive or as participles are written as one word ➞ $\boxed{2}$

◆ *Infinitive + verb* combinations are written separately ➞ $\boxed{3}$

◆ *Participle + verb* combinations are written separately ➞ $\boxed{4}$

◆ *Adjective/adverb + verb* combinations are written as one word if the first component of the compound is not a word in its own right ➞ $\boxed{5}$

Or if the first component of the compound cannot be qualified or compared ➞ $\boxed{6}$

◆ *Adjective + verb* combinations are written separately if the adjective can be qualified or compared (in this case, negation counts as a qualification) ➞ $\boxed{7}$

◆ *Adverb + verb* combinations are written separately if the adverb is a compound word ➞ $\boxed{8}$

◆ Verb combinations with **-ander** are written separately ➞ $\boxed{9}$

◆ Verb combinations with **-seits** and **-wärts** are written separately ➞ $\boxed{10}$

◆ Verb combinations with **sein** are written separately ➞ $\boxed{11}$

Examples

1. **Ski fahren, Eis laufen, Halt machen**

2. **bergsteigen, brustschwimmen, kopfrechnen, sonnenbaden**

3. **kennen lernen, sitzen bleiben, spazieren gehen**

4. **gefangen nehmen, verloren gehen**

5. **fehlschlagen, kundgeben, weismachen**

6. **bereithalten, fernsehen, totschlagen**

7. **bekannt machen, genau nehmen, kurz treten, nahe bringen**

8. **abhanden kommen, beiseite legen, überhand nehmen, zunichte machen**

9. **aneinander legen, auseinander laufen, durcheinander reden**

10. **abseits stehen, abwärts gehen**

11. **auf sein, zu sein**

❏ **Verbs followed by Prepositions**

+ Some verbs in English usage require a preposition (*for/with/by* etc) for their completion.
  This also happens in German, though the prepositions used with German verbs may not be those expected from their English counterparts → **1**

+ The preposition used may significantly alter the meaning of a verb in German → **2**

+ Occasionally German verbs use a preposition where their English equivalents do not → **3**

+ Prepositions used with verbs behave as normal prepositions and affect the *case* of the following noun (see p198).

+ A verb plus preposition may be followed by a clause containing another verb rather than by a noun or pronoun. This often corresponds to an *-ing* construction in English:

  Thank you for *coming*

  In German, this is dealt with in two ways:

  1 Where the "verb-plus-preposition" construction has the same subject as the following verb, the preposition is preceded by **da-** or **dar-** and the following verb becomes an infinitive used with **zu** → **4**

  2 Where the subject of the "verb-plus-preposition" is not the same as for the following verb, a **dass** clause is used → **5**

+ Following clauses may also be introduced by interrogatives (**ob**, **wie** etc) if the meaning demands them → **6**

Grammar

---

1 COMPARE:

sich sehnen *nach*	to long *for*
warten *auf*	to wait *for*
bitten *um*	to ask *for*

2

bestehen	to pass (an examination/a test *etc*)
bestehen aus	to consist of
bestehen auf	to insist on
sich freuen auf	to look forward to
sich freuen über	to be pleased about

3 **diskutieren über**   to discuss

4 **Ich freue mich sehr darauf, mal wieder mit ihm zu arbeiten**

I am looking forward to working with him again

5 **Ich freue mich sehr darauf, dass du morgen kommst**

I am looking forward to your coming tomorrow

Er sorgte dafür, dass die Kinder immer gut gepflegt waren

He saw to it that the children were always well cared for

6 **Er dachte lange darüber nach, ob er es wirklich kaufen wollte**

He thought for ages about whether he really wanted to buy it

Sie freut sich darüber, wie schnell ihre Schüler gelernt haben

She is pleased at how quickly her students have learned

☐ Verbs followed by Prepositions (Continued)

COMMON VERBS FOLLOWED BY PREPOSITION <u>PLUS ACCUSATIVE CASE</u>:

achten auf	to pay attention to, keep an eye on → ①
sich amüsieren über	to laugh at, smile about
sich ärgern über	to get annoyed about/with
sich bewerben um	to apply for → ②
bitten um	to ask for → ③
denken an	to be thinking of → ④
denken über	to hold an opinion of, think about → ⑤
sich erinnern an	to remember
sich freuen auf	to look forward to
sich freuen über	to be pleased about → ⑥
sich gewöhnen an	to get used to → ⑦
sich interessieren für	to be interested in → ⑧
kämpfen um	to fight for
sich kümmern um	to take care of, see to
nachdenken über	to ponder, reflect on → ⑨
sich unterhalten über	to talk about
sich verlassen auf	to rely on, depend on → ⑩
warten auf	to wait for

COMMON VERBS FOLLOWED BY PREPOSITION <u>PLUS DATIVE CASE</u>:

abhängen von	to be dependent on → ⑪
sich beschäftigen mit	to occupy oneself with → ⑫
bestehen aus	to consist of → ⑬
leiden an/unter	to suffer from → ⑭
neigen zu	to be inclined to
riechen nach	to smell of → ⑮
schmecken nach	to taste of
sich sehnen nach	to long for
sterben an	to die of
teilnehmen an	to take part in → ⑯
träumen von	to dream of → ⑰
sich verabschieden von	to say goodbye to
sich verstehen mit	to get along with, get on with
zittern vor	to tremble with → ⑱

1	**Er musste auf die Kinder achten**
	He had to keep an eye on the children
2	**Sie hat sich um die Stelle als Sekretärin beworben**
	She applied for the post of secretary
3	**Die Kinder baten ihre Mutter um Plätzchen**
	The children asked their mother for some biscuits
4	**Woran denkst du?** What are you thinking about?
	Daran habe ich gar nicht mehr gedacht
	I'd forgotten about that
5	**Wie denkt ihr darüber?** What do you think about it?
6	**Ich freute mich sehr darüber, Johannes besucht zu haben**
	I was very glad I had visited Johannes
7	**Man gewöhnt sich an alles** One gets used to anything
8	**Sie interessiert sich sehr für Politik**
	She is very interested in politics
9	**Er hatte schon lange darüber nachgedacht**
	He had been thinking about it for a long time
10	**Er verlässt sich darauf, dass seine Frau alles tut**
	He relies on his wife to do everything
11	**Das hängt davon ab** It all depends
12	**Sie sind im Moment sehr damit beschäftigt, ihr neues**
	Haus in Ordnung zu bringen
	They are very busy sorting out their new house at the moment
13	**Dieser Kuchen besteht aus Eiern, Mehl und Zucker**
	This cake consists of eggs, flour and sugar
14	**Sie hat lange an dieser Krankheit gelitten**
	She suffered from this illness for a long time
	Alte Leute können sehr unter der Einsomkeit leiden
	Old people can suffer dreadful loneliness
15	**Der Kuchen roch nach Zimt**
	The cake smelled of cinnamon
16	**Sie hat an der Bonner Tagung teilnehmen müssen**
	She had to attend the Bonn conference
17	**Er hat von seinem Urlaub geträumt**
	He dreamt of his holiday
18	**Er zitterte vor Freude** He was trembling with joy

☐ Verbs followed by the Dative

Some verbs have a direct object and an indirect object. In the English sentence "*He gave me a book*", *a book* is the direct object of *gave* and would be in the accusative and *me* (= *to me*) is the indirect object and would appear in the dative case in German → **1**

◆ In German, as in English, this type of verb is usually concerned with giving or telling something to someone, or with performing an action for someone → **2**

◆ The normal word order after such verbs is for the direct object to follow the indirect, *except* where the direct object is a personal pronoun (see p 224) → **2**
This order may be reversed for emphasis → **3**

◆ Some examples of verbs followed by the dative in this way:

anbieten	gönnen	schicken
bringen	kaufen	schreiben
beweisen	leihen	schulden → **4**
erzählen	mitteilen	verkaufen
geben	schenken	zeigen

◆ Certain verbs in German however can be followed *only* by an indirect object in the dative case. These should be noted especially, since most of them are quite different from their English equivalents:

begegnen	gratulieren	schmeicheln
danken	helfen	trauen
fehlen	imponieren	trotzen
gefallen	misstrauen	vorangehen → **5**
gehören	nachgehen	wehtun
gelingen	schaden	widersprechen
gleichen	schmecken	widerstehen

◆ For how to form the passive of such verbs, see p 36.

---

1 | **Er gab mir ein Buch** | He gave me a book

2 | **Er wusch dem Kind** (*indirect*) **das Gesicht** (*direct*)
He washed the child's face
Er erzählte ihm (*indirect*) **eine Geschichte** (*direct*)
He told him a story
⚠ BUT:
Er hat sie (*direct*) **meiner Mutter** (*indirect*) **gezeigt**
He showed it to my mother
Kaufst du es (*direct*) **mir** (*indirect*)?
Will you buy it for me?

3 | **Er wollte das Buch** (*direct*) **seiner Mutter** (*indirect*) **geben**
(*This emphasises **seiner Mutter***)
He wanted to give the book to his mother

4 | **Er bot ihr die Arbeitsstelle an** | He offered her the job
Bringst du mir eins? | Will you bring me one?
Ich gönne dir das neue Kleid
I want you to have the new dress
Er hat ihr mitgeteilt, dass ... | He told her that ...
Ich schenke meiner Mutter Parfüm zum Geburtstag
I am giving my mother perfume for her birthday
Das schulde ich ihm | I owe him that
Zeig es mir! | Show me it!

5 | **Er ist seinem Freund in der Stadt begegnet**
He bumped into his friend in town
Mir fehlt der Mut dazu | I don't have the courage
Es ist ihnen gelungen | They succeeded
Wem gehört dieses Buch? | Whose book is this?
Er wollte ihr nicht helfen | He refused to help her
Ich gratuliere dir! | Congratulations!
Rauchen schadet der Gesundheit
Smoking is bad for your health
Das Essen hat ihnen gut geschmeckt
They enjoyed the meal

☐ There is/There are

There are three ways of expressing this in German:

Es gibt

♦ This is always used in the singular form, and is followed by an accusative object which may be either singular or plural → ☐1

♦ **Es gibt** is used to refer to things of a general nature or location → ☐2

♦ It also has some idiomatic usages → ☐3

Es ist/es sind

♦ The **es** here merely introduces the real subject. The verb therefore becomes plural where the real subject is plural. The real subject is in the nominative case → ☐4

♦ The **es** is not required and is therefore omitted when the verb and real subject come together. This happens when inversion of subject and verb occurs (see p 226) and in subordinate clauses → ☐5

♦ **Es ist** or **es sind** are used to refer to:
   1 subjects with a specific and confined location.
     This location must always be mentioned either by name or by **da, darauf, darin** etc → ☐6
   2 temporary existence → ☐7
   3 as a beginning to a story → ☐8

The passive voice

Often *there is/there are* in English will be rendered by a verb in the passive voice in German → ☐9

Examples

1 **Es gibt zu viele Probleme dabei**
There are too many problems involved
Es gibt kein besseres Bier
There's no better beer

2 **Es gibt bestimmt Regen**
It's definitely going to rain
Ruhe hat es bei uns nie gegeben
There has never been any peace here

3 **Was gibts (= gibt es) zum Essen?** What is there to eat?
Was gibts?   What's wrong?, What's up?
So was gibts doch nicht!   That's impossible!

4 **Es waren zwei ältere Leute unten im Hof**
There were two elderly people down in the yard
Es sind so viele Touristen da
There are so many tourists there

5 **Unten im Hof waren zwei ältere Leute**
Down in the yard were two elderly people
Wenn so viele Touristen da sind, ...
If there are so many tourists there, ...

6 **Es waren viele Flaschen Sekt im Keller**
There were a lot of bottles of champagne in the cellar
**Ein Brief lag auf dem Tisch. Es waren auch zwei
Bücher darauf**
A letter lay on the table. There were also two books on it

7 **Es war niemand da**
There was no-one there

8 **Es war einmal ein König ...**
Once upon a time there was a king ...

9 **Es wurde auf der Party viel getrunken**
There was a lot of drinking at the party

☐ Use of "es" as an Anticipatory Object

Many verbs can have as their object a **dass** clause or an infinitive with **zu**
→ 1

- With some verbs **es** is used as an object to anticipate this clause or infinitive phrase → 2

- When the clause or infinitive phrase begins the sentence, **es** is not used in the main clause but its place may be taken by an optional **das** → 3

COMMON VERBS WHICH <u>USUALLY HAVE THE "ES" OBJECT</u>:

es ablehnen, zu	to refuse to
es aushalten, zu tun/dass	to stand doing → 4
es ertragen, zu tun/dass	to endure doing
es leicht haben, zu	to find it easy to → 5
es nötig haben, zu	to need to → 6
es satt haben, zu	to have had enough of (doing)
es verstehen, zu	to know how to → 7

COMMON VERBS WHICH <u>OFTEN HAVE THE "ES" OBJECT</u>:

es jemandem anhören/ansehen, dass	to tell by listening to/looking at someone that → 8
es begreifen, dass/warum/wie	to understand that/why/how
es bereuen, zu tun/dass	to regret having done/that
es leugnen, dass	to deny that → 9
es unternehmen, zu	to undertake to
es jemandem verbieten, zu	to forbid someone to
es jemandem vergeben, dass	to forgive someone for (doing)
es jemandem verschweigen, dass	not to tell someone that
es jemandem verzeihen, dass	to forgive someone for (doing)
es wagen zu	to dare to

Examples

1 **Er wusste, dass wir pünktlich kommen würden**
He knew that we would come on time
Sie fing an zu lachen
She began to laugh

2 **Er hatte es abgelehnt mitzufahren**
He had refused to come

3 **Dass es Wolfgang war, das haben wir ihr verschwiegen**
OR:
Dass es Wolfgang war, haben wir ihr verschwiegen
We didn't tell her that it was Wolfgang

4 **Ich halte es nicht mehr aus, bei ihnen zu arbeiten**
I can't stand working for them any longer

5 **Er hatte es nicht leicht, sie zu überreden**
He didn't have an easy job persuading them

6 **Ich habe es nicht nötig, mit dir darüber zu reden**
I don't have to talk to you about it

7 **Er versteht es, Autos zu reparieren**
He knows about repairing cars

8 **Man hörte es ihm sofort an, dass er kein Deutscher war**
OR:
Dass er kein Deutscher war, (das) hörte man ihm sofort an
One could tell immediately (from the way he spoke) that he wasn't German

Man sieht es ihm sofort an, dass er dein Bruder ist
OR:
Dass er dein Bruder ist, (das) sieht man ihm sofort an
One can tell at a glance that he's your brother

9 **Er hat es nie geleugnet, das Geld genommen zu haben**
He has never denied taking the money

☐ Strong and Mixed Verbs - Principal Parts

INFINITIVE	TRANSLATION	3RD PERSON PRESENT
backen	to bake	**er bäckt**
befehlen	to command	**er befiehlt**
beginnen	to begin	**er beginnt**
beißen	to bite	**er beißt**
bergen	to rescue	**er birgt**
bersten	to burst *intr*	**er birst**
betrügen	to deceive	**er betrügt**
biegen	to bend *tr*/to turn *intr*	**er biegt**
bieten	to offer	**er bietet**
binden	to tie	**er bindet**
bitten	to ask for	**er bittet**
blasen	to blow	**er bläst**
bleiben	to remain	**er bleibt**
braten	to fry	**er brät**
brechen	to break	**er bricht**
brennen	to burn	**er brennt**
bringen	to bring	**er bringt**
denken	to think	**er denkt**
dreschen	to thresh	**er drischt**
dringen	to penetrate	**er dringt**
dürfen	to be allowed to	**er darf**
empfehlen	to recommend	**er empfiehlt**
erlöschen	to go out (*fire, light*)	**er erlischt**
erschallen	to resound	**er erschallt**
erschrecken[1]	to be startled	**er erschrickt**
erwägen	to weigh up	**er erwägt**
essen	to eat	**er isst**
fahren	to travel	**er fährt**

[1]**erschrecken** meaning "to frighten" is weak:
erschrecken, erschreckt, erschreckte, hat erschreckt

3RD PERSON IMPERFECT	PERFECT	IMPERFECT SUBJUNCTIVE
er backte	er hat gebacken	er backte
er befahl	er hat befohlen	er befähle
er begann	er hat begonnen	er begänne
er biss	er hat gebissen	er bisse
er barg	er hat geborgen	er bärge
er barst	er ist geborsten	er bärste
er betrog	er hat betrogen	er betröge
er bog	er hat/ist gebogen	er böge
er bot	er hat geboten	er böte
er band	er hat gebunden	er bände
er bat	er hat gebeten	er bäte
er blies	er hat geblasen	er bliese
er blieb	er ist geblieben	er bliebe
er briet	er hat gebraten	er briete
er brach	er hat/ist gebrochen	er bräche
er brannte	er hat gebrannt	er brennte
er brachte	er hat gebracht	er brächte
er dachte	er hat gedacht	er dächte
er drosch	er hat gedroschen	er drösche
er drang	er ist gedrungen	er dränge
er durfte	er hat gedurft/dürfen[1]	er dürfte
er empfahl	er hat empfohlen	er empfähle
er erlosch	er ist erloschen	er erlösche
er erschallte	er ist erschollen	er erschölle
er erschrak	er ist erschrocken	er erschräke
er erwog	er hat erwogen	er erwöge
er aß	er hat gegessen	er äße
er fuhr	er ist gefahren	er führe

[1] The second (infinitive) form is used when combined with an infinitive construction (see p 56).

☐ **Strong and Mixed Verbs** (Continued)

INFINITIVE	TRANSLATION	3RD PERSON PRESENT
fallen	to fall	er fällt
fangen	to catch	er fängt
fechten	to fight	er ficht
finden	to find	er findet
fliegen	to fly	er fliegt
fliehen	to flee *tr/intr*	er flieht
fließen	to flow	er fließt
fressen	to eat (*of animals*)	er frisst
frieren	to be cold/to freeze over	er friert
gebären	to give birth to	sie gebärt
geben	to give	er gibt
gedeihen	to thrive	er gedeiht
gehen	to go	er geht
gelingen	to succeed	es gelingt
gelten	to be valid	er gilt
genesen	to get well	er genest
genießen	to enjoy	er genießt
geraten	to get into (*a state etc*)	er gerät
geschehen	to happen	es geschieht
gewinnen	to win	er gewinnt
gießen	to pour	er gießt
gleichen	to resemble/to equal	er gleicht
gleiten	to glide	er gleitet
glimmen	to glimmer	er glimmt
graben	to dig	er gräbt
greifen	to grip	er greift
haben	to have	er hat
halten	to hold/to stop	er hält
hängen[1]	to hang *intr*	er hängt
heben	to lift	er hebt
heißen	to be called	er heißt

[1] **hängen** is weak when used transitively.

3RD PERSON IMPERFECT	PERFECT	IMPERFECT SUBJUNCTIVE
er fiel	er ist gefallen	er fiele
er fing	er hat gefangen	er finge
er focht	er hat gefochten	er föchte
er fand	er hat gefunden	er fände
er flog	er hat/ist geflogen	er flöge
er floh	er hat/ist geflohen	er flöhe
er floss	er ist geflossen	er flösse
er fraß	er hat gefressen	er fräße
er fror	er hat/ist gefroren	er fröre
sie gebar	sie hat geboren	sie gebäre
er gab	er hat gegeben	er gäbe
er gedieh	er ist gediehen	er gediehe
er ging	er ist gegangen	er ginge
es gelang	es ist gelungen	es gelänge
er galt	er hat gegolten	er gälte
er genas	er ist genesen	er genäse
er genoss	er hat genossen	er genösse
er geriet	er ist geraten	er geriete
es geschah	es ist geschehen	es geschähe
er gewann	er hat gewonnen	er gewönne
er goss	er hat gegossen	er gösse
er glich	er hat geglichen	er gliche
er glitt	er ist geglitten	er glitte
er glomm	er hat geglommen	er glömme
er grub	er hat gegraben	er grübe
er griff	er hat gegriffen	er griffe
er hatte	er hat gehabt	er hätte
er hielt	er hat gehalten	er hielte
er hing	er hat gehangen	er hinge
er hob	er hat gehoben	er höbe
er hieß	er hat geheißen	er hieße

☐ **Strong and Mixed Verbs** (Continued)

INFINITIVE	TRANSLATION	3RD PERSON PRESENT ⟶
helfen	to help	**er hilft**
kennen	to know (*someone etc*)	**er kennt**
klingen	to sound	**er klingt**
kommen	to come	**er kommt**
kneifen	to pinch	**er kneift**
können	to be able to	**er kann**
kriechen	to crawl	**er kriecht**
laden	to load	**er lädt**
lassen	to allow	**er lässt**
laufen	to walk/to run	**er läuft**
leiden	to suffer	**er leidet**
leihen	to lend	**er leiht**
lesen	to read	**er liest**
liegen	to lie	**er liegt**
lügen	to tell a lie	**er lügt**
mahlen	to grind	**er mahlt**
messen	to measure	**er misst**
misslingen	to fail	**es misslingt**
mögen	to like to	**er mag**
müssen	to have to	**er muss**
nehmen	to take	**er nimmt**
nennen	to call	**er nennt**
pfeifen	to whistle	**er pfeift**
preisen	to praise	**er preist**
quellen	to gush	**er quillt**
raten	to advise/to guess	**er rät**
reiben	to rub	**er reibt**
reißen	to tear *tr/intr*	**er reißt**
reiten	to ride *tr/intr*	**er reitet**

3RD PERSON IMPERFECT	PERFECT	IMPERFECT SUBJUNCTIVE
er half	er hat geholfen	er hülfe
er kannte	er hat gekannt	er kennte
er klang	er hat geklungen	er klänge
er kam	er ist gekommen	er käme
er kniff	er hat gekniffen	er kniffe
er konnte	er hat gekonnt/können[1]	er könnte
er kroch	er ist gekrochen	er kröche
er lud	er hat geladen	er lüde
er ließ	er hat gelassen	er ließe
er lief	er ist gelaufen	er liefe
er litt	er hat gelitten	er litte
er lieh	er hat geliehen	er liehe
er las	er hat gelesen	er läse
er lag	er hat gelegen	er läge
er log	er hat gelogen	er löge
er mahlte	er hat gemahlen	er mahlte
er maß	er hat gemessen	er mäße
es misslang	es ist misslungen	es misslänge
er mochte	er hat gemocht/mögen[1]	er möchte
er musste	er hat gemusst/müssen[1]	er müsste
er nahm	er hat genommen	er nähme
er nannte	er hat genannt	er nennte
er pfiff	er hat gepfiffen	er pfiffe
er pries	er hat gepriesen	er priese
er quoll	er ist gequollen	er quölle
er riet	er hat geraten	er riete
er rieb	er hat gerieben	er riebe
er riss	er hat/ist gerissen	er risse
er ritt	er hat/ist geritten	er ritte

[1] The second (infinitive) form is used when combined with an infinitive construction (see p 56).

❑ Strong and Mixed Verbs (Continued)

INFINITIVE	TRANSLATION	3RD PERSON PRESENT ➠
rennen	to run	**er rennt**
riechen	to smell	**er riecht**
ringen	to wrestle	**er ringt**
rinnen	to flow	**er rinnt**
rufen	to shout	**er ruft**
salzen	to salt	**er salzt**
saufen	to booze/to drink	**er säuft**
saugen	to suck	**er saugt**
schaffen[1]	to create	**er schafft**
scheiden	to separate *tr/intr*	**er scheidet**
scheinen	to seem/to shine	**er scheint**
schelten	to scold	**er schilt**
scheren	to shear	**er schert**
schieben	to shove	**er schiebt**
schießen	to shoot	**er schießt**
schlafen	to sleep	**er schläft**
schlagen	to hit	**er schlägt**
schleichen	to creep	**er schleicht**
schleifen	to grind	**er schleift**
schließen	to close	**er schließt**
schlingen	to wind	**er schlingt**
schmeißen	to fling	**er schmeißt**
schmelzen	to melt *tr/intr*	**er schmilzt**
schneiden	to cut	**er schneidet**
schreiben	to write	**er schreibt**
schreien	to shout	**er schreit**
schreiten	to stride	**er schreitet**
schweigen	to be silent	**er schweigt**

[1]**schaffen** meaning "to work hard/to manage" is weak:
schaffen, schafft, schaffte, hat geschafft

VERB TABLE

3RD PERSON IMPERFECT	PERFECT	IMPERFECT SUBJUNCTIVE
er rannte	er ist gerannt	er rennte
er roch	er hat gerochen	er röche
er rang	er hat gerungen	er ränge
er rann	er ist geronnen	er ränne
er rief	er hat gerufen	er riefe
er salzte	er hat gesalzen	er salzte
er soff	er hat gesoffen	er söffe
er sog	er hat gesogen	er söge
er schuf	er hat geschaffen	er schüfe
er schied	er hat/ist geschieden	er schiede
er schien	er hat geschienen	er schiene
er schalt	er hat gescholten	er schölte
er schor	er hat geschoren	er schöre
er schob	er hat geschoben	er schöbe
er schoss	er hat geschossen	er schösse
er schlief	er hat geschlafen	er schliefe
er schlug	er hat geschlagen	er schlüge
er schlich	er ist geschlichen	er schliche
er schliff	er hat geschliffen	er schliffe
er schloss	er hat geschlossen	er schlösse
er schlang	er hat geschlungen	er schlänge
er schmiss	er hat geschmissen	er schmisse
er schmolz	er hat/ist geschmolzen	er schmölze
er schnitt	er hat geschnitten	er schnitte
er schrieb	er hat geschrieben	er schriebe
er schrie	er hat geschrie(e)n	er schriee
er schritt	er ist geschritten	er schritte
er schwieg	er hat geschwiegen	er schwiege

❐ Strong and Mixed Verbs (Continued)

INFINITIVE	TRANSLATION	3RD PERSON PRESENT
schwellen[1]	to swell *intr*	**er schwillt**
schwimmen	to swim	**er schwimmt**
schwingen	to swing	**er schwingt**
schwören	to vow	**er schwört**
sehen	to see	**er sieht**
sein	to be	**er ist**
senden[2]	to send	**er sendet**
singen	to sing	**er singt**
sinken	to sink	**er sinkt**
sinnen	to ponder	**er sinnt**
sitzen	to sit	**er sitzt**
sollen	to be supposed to be	**er soll**
spalten	to split *tr/intr*	**er spaltet**
speien	to spew	**er speit**
spinnen	to spin	**er spinnt**
sprechen	to speak	**er spricht**
sprießen	to sprout	**er sprießt**
springen	to jump	**er springt**
stechen	to sting/to prick	**er sticht**
stehen	to stand	**er steht**
stehlen	to steal	**er stiehlt**
steigen	to climb	**er steigt**
sterben	to die	**er stirbt**
stinken	to stink	**er stinkt**
stoßen	to push	**er stößt**
streichen	to stroke/to wander	**er streicht**
streiten	to quarrel	**er streitet**

[1] **schwellen** is weak when used transitively:
schwellen, schwellt, schwellte, hat geschwellt

[2] **senden** meaning "to broadcast" is weak:
senden, sendet, sendete, hat gesendet

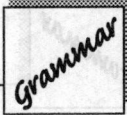

3RD PERSON IMPERFECT	PERFECT	IMPERFECT SUBJUNCTIVE
er schwoll	er ist geschwollen	er schwölle
er schwamm	er ist geschwommen	er schwömme
er schwang	er hat geschwungen	er schwänge
er schwor	er hat geschworen	er schwüre
er sah	er hat gesehen	er sähe
er war	er ist gewesen	er wäre
er sandte	er hat gesandt	er sendete
er sang	er hat gesungen	er sänge
er sank	er ist gesunken	er sänke
er sann	er hat gesonnen	er sänne
er saß	er hat gesessen	er säße
er sollte	er hat gesollt/sollen[1]	er sollte
er spaltete	er hat/ist gespalten	er spaltete
er spie	er hat gespie(e)n	er spiee
er spann	er hat gesponnen	er spönne
er sprach	er hat gesprochen	er spräche
er spross	er ist gesprossen	er sprösse
er sprang	er ist gesprungen	er spränge
er stach	er hat gestochen	er stäche
er stand	er hat gestanden	er stünde
er stahl	er hat gestohlen	er stähle
er stieg	er ist gestiegen	er stiege
er starb	er ist gestorben	er stürbe
er stank	er hat gestunken	er stänke
er stieß	er hat/ist gestoßen	er stieße
er strich	er hat/ist gestrichen	er striche
er stritt	er hat gestritten	er stritte

[1] The second (infinitive) form is used when combined with an infinitive construction (see p 56).

❑ Strong and Mixed Verbs (Continued)

INFINITIVE	TRANSLATION	3RD PERSON PRESENT ➡
tragen	to carry/to wear	**er trägt**
treffen	to meet	**er trifft**
treiben	to drive/to engage in	**er treibt**
treten	to kick/step	**er tritt**
trinken	to drink	**er trinkt**
tun	to do	**er tut**
verderben	to spoil/to go bad	**er verdirbt**
verdrießen	to irritate	**er verdrießt**
vergessen	to forget	**er vergisst**
verlieren	to lose	**er verliert**
vermeiden	to avoid	**er vermeidet**
verschwinden	to disappear	**er verschwindet**
verzeihen	to pardon	**er verzeiht**
wachsen	to grow	**er wächst**
waschen	to wash	**er wäscht**
weichen	to yield	**er weicht**
weisen	to point	**er weist**
wenden	to turn	**er wendet**
werben	to recruit	**er wirbt**
werden	to become	**er wird**
werfen	to throw	**er wirft**
wiegen[1]	to weigh	**er wiegt**
winden	to wind	**er windet**
wissen	to know	**er weiß**
wollen	to want to	**er will**
ziehen	to pull	**er zieht**
zwingen	to force	**er zwingt**

[1]**wiegen** meaning "to rock" is weak.

3RD PERSON IMPERFECT	PERFECT	IMPERFECT SUBJUNCTIVE
er trug	er hat getragen	er trüge
er traf	er hat getroffen	er träfe
er trieb	er hat getrieben	er triebe
er trat	er hat/ist getreten	er träte
er trank	er hat getrunken	er tränke
er tat	er hat getan	er täte
er verdarb	er hat/ist verdorben	er verdürbe
er verdross	er hat verdrossen	er verdrösse
er vergaß	er hat vergessen	er vergäße
er verlor	er hat verloren	er verlöre
er vermied	er hat vermieden	er vermiede
er verschwand	er ist verschwunden	er verschwände
er verzieh	er hat verziehen	er verziehe
er wuchs	er ist gewachsen	er wüchse
er wusch	er hat gewaschen	er wüsche
er wich	er ist gewichen	er wiche
er wies	er hat gewiesen	er wiese
er wandte	er hat gewandt	er wendete
er warb	er hat geworben	er würbe
er wurde	er ist geworden	er würde
er warf	er hat geworfen	er würfe
er wog	er hat gewogen	er wöge
er wand	er hat gewunden	er wände
er wusste	er hat gewusst	er wüsste
er wollte	er hat gewollt/wollen[1]	er wollte
er zog	er hat gezogen	er zöge
er zwang	er hat gezwungen	er zwänge

[1] The second (infinitive) form is used when combined with an infinitive construction (see p 56).

❑ The Declension of Nouns

In German, all nouns may be declined. This means that they may change their form according to their:

> *gender* (i.e. masculine, feminine or neuter) → 1

> *case* (i.e. their function in the sentence) → 2

> *number* (i.e. singular or plural) → 3

◆ Nearly all *feminine* nouns change in the *plural* form by adding **-n** or **-en**. Many *masculine* and *neuter* nouns also change → 4

◆ *Masculine* and *neuter* nouns, with a few exceptions, add **-s** (**-s** or **-es** for nouns of one syllable) in the *genitive singular* (but see p 110) → 5

◆ All nouns end in **-n** or **-en** in the *dative plural*. This is added to the nominative plural form, where this does not already end in **-n** → 6

◆ A good dictionary will provide guidance on how to decline a noun:

The nominative singular form is given in full, followed by the gender of the noun, then the genitive singular and nominative plural endings are shown where appropriate → 7

◆ Adjectives used as nouns are declined as adjectives rather than nouns. Their declension endings are therefore dictated by the preceding article, as well as by number, case and gender (see p 140) → 8

Examples

1	**der Tisch** (*masculine*)	the table
	die Gabel (*feminine*)	the fork
	das Mädchen (*neuter*)	the girl
2	**des Tisches**	of the table
	auf den Tischen	on the tables
3	**die Tische**	the tables
	die Gabeln	the forks
	die Mädchen	the girls

4

	NOM SING	NOM PLURAL
MASC	**der Apfel**	**die Äpfel**
FEM	**die Schule**	**die Schulen**
NEUT	**das Kind**	**die Kinder**

5

	NOM SING	GEN SING
MASC	**der Apfel**	**des Apfels**
FEM	**die Schule**	**der Schule**
NEUT	**das Kind**	**des Kind(e)s**

6

	DAT PLURAL
MASC	**den Äpfeln**
FEM	**den Schulen**
NEUT	**den Kindern**

7 <u>**Tiger** *m* **-s, -**</u>

NOM SING	**der Tiger**	the tiger
GEN SING	**des Tigers**	of the tiger, the tiger's
NOM PLURAL	**die Tiger**	the tigers

8	**der Angestellte**	the employee
	ein Angestellter	an employee
	(die) Angestellten	(the) employees

NOUNS

☐ The Gender of Nouns

In German a noun may be masculine, feminine or neuter. Gender is relatively unpredictable and has to be learned for each noun. This is best done by learning each noun with its definite article, i.e.

der Teppich
die Zeit
das Bild

The following are intended therefore only as guidelines in helping decide the gender of a word:

◆ Nouns denoting male people and animals are masculine → ①

◆ Nouns denoting the female of the species, as shown on p 104, are feminine → ②

◆ But nouns denoting an entire species can be of any gender → ③

◆ Makes of cars identify with **der Wagen** and so are usually masculine → ④

◆ Makes of aeroplane identify with **die Maschine** and so are usually feminine → ⑤

◆ Seasons, months, days of the week, weather features and points of the compass are masculine → ⑥

◆ Names of objects that perform an action are usually masculine → ⑦

◆ Foreign nouns ending in **-ant**, **-ast**, **-ismus**, **-or** are masculine → ⑧

◆ Nouns ending in **-ich**, **-ig**, **-ing**, **-ling** are masculine → ⑨

Examples

1	der Hörer	(male) listener
	der Löwe	(male) lion
	der Onkel	uncle
	der Vetter	(male) cousin
2	die Hörerin	(female) listener
	die Löwin	lioness
	die Tante	aunt
	die Kusine	(female) cousin
3	der Hund	dog
	die Schlange	snake
	das Vieh	cattle
4	der Mercedes	Mercedes
	der VW	VW, Volkswagen
5	die Boeing	Boeing
	die Concorde	Concorde
6	der Sommer	summer
	der Winter	winter
	der August	August
	der Freitag	Friday
	der Wind	wind
	der Schnee	snow
	der Norden	north
	der Osten	east
7	der Wecker	alarm clock
	der Computer	computer
8	der Ballast	ballast
	der Chauvinismus	chauvinism
9	der Essig	vinegar
	der Schmetterling	butterfly

☐ The Gender of Nouns (Continued)

◆ Cardinal numbers are mostly feminine, but fractions are neuter → ⓵

◆ Most nouns ending in -**e** are feminine → ⓶

⚠ BUT: Male people or animals are masculine → ⓷
Nouns beginning with **Ge**- are normally neuter (*see below*)

◆ Nouns ending in -**heit**, -**keit**, -**schaft**, -**ung**, -**ei** are feminine → ⓸

◆ Foreign nouns ending in -**anz**, -**enz**, -**ie**, -**ik**, -**ion**, -**tät**, -**ur** are generally feminine → ⓹

◆ Nouns denoting the young of a species are neuter → ⓺

◆ Infinitives used as nouns are neuter → ⓻

◆ Most nouns beginning with **Ge**- are neuter → ⓼

◆ -**chen** or -**lein** may be added to many words to give a diminutive form. These words are then neuter → ⓽

⚠ NOTE: The vowel adds an umlaut where possible (i.e. on **a**, **o**, **u** or **au**) and a final -**e** is dropped before these endings → ⑩

◆ Nouns ending in -**nis** or -**tum** are neuter → ⑪

◆ Foreign nouns ending in -**at**, -**ett**, -**fon**, -**ma**, -**ment**, -**um**, -**ium** are mainly neuter → ⑫

◆ Adjectives and participles may be used as masculine, feminine or neuter nouns (see p 148) → ⑬

Examples

1	**Er hat eine Drei gekriegt**	He got a three (*mark*)
	ein Drittel davon	a third of it
2	**die Falte**	crease, wrinkle
	die Brücke	bridge
3	**der Löwe**	lion
	der Matrose	sailor
4	**die Eitelkeit**	vanity
	die Gewerkschaft	trade union
	die Scheidung	divorce
	die Druckerei	printing works
5	**die Distanz**	distance
	die Konkurrenz	rivalry
	die Theorie	theory
	die Panik	panic
	die Union	union
	die Elektrizität	electricity
	die Partitur	score (*musical*)
6	**das Baby**	baby
	das Kind	child
7	**das Schwimmen**	swimming
8	**das Geschirr**	crockery, dishes
	das Geschöpf	creature
	das Getreide	crop
9	**das Kindlein**	child
10	**das Bächlein** (*from* **der Bach**)	(small) stream
	das Kätzchen (*from* **die Katze**)	kitten
11	**das Ereignis**	event
	das Altertum	antiquity
12	**das Tablett**	tray
	das Telefon	telephone
	das Testament	will
	das Podium	platform, podium
13	**der Verwandte**	(male) relative
	die Verwandte	(female) relative
	das Gehackte	minced meat

☐ The Gender of Nouns (Continued)

The following are some common exceptions to the gender guidelines shown on pp 100 to 103:

das Weib	woman, wife
die Person	person
die Waise	orphan
das Mitglied	member
das Genie	genius
die Wache	sentry, guard
das Restaurant	restaurant

The formation of feminine nouns

As in English, male and female forms are sometimes shown by two completely different words e.g.

mother/father
uncle/aunt etc → **1**

Where such separate forms do not exist, however, German often differentiates between male and female forms in one of two ways:

♦ The masculine form may sometimes be made feminine by the addition of **-in** in the singular and **-innen** in the plural → **2**

♦ An adjective may be used as a feminine noun (see p 148). It has feminine adjective endings which change according to the article which precedes it (see p 140) → **3**

Grammar

1	**der Vater** father	**die Mutter** mother
	der Bulle bull	**die Kuh** cow
	der Mann man	**die Frau** woman
2	**der Lehrer** (male) teacher	**die Lehrerin** (female) teacher
	der König king	**die Königin** queen
	der Hörer (male) listener	**die Hörerin** (female) listener

Liebe Hörer und Hörerinnen!
Dear listeners!

unsere Leser und Leserinnen
our readers

3   **eine Deutsche**
a German woman
Er ist mit einer Deutschen verheiratet
He is married to a German

die Abgeordnete
the female MP
Nur Abgeordnete durften dabei sein
Only MPs were allowed in

☐ The Gender of Nouns: Miscellaneous Points

Compound nouns

Compound nouns, i.e. nouns composed of two or more nouns put together, are a regular feature of German.

- They normally take their gender and declension from the last noun of the compound word ➞ **1**

- Exceptions to this are compounds ending in **-mut**, **-scheu** and **-wort**, which do not always have the same gender as the last word when it stands alone ➞ **2**

Nouns with more than one gender

- A few nouns have two genders, one of which may only be used in certain regions ➞ **3**

- Other nouns have two genders, each of which gives the noun a different meaning ➞ **4**

Abbreviations

- These take the gender of their principal noun ➞ **5**

Examples

1	**die Armbanduhr** (*from* **die Uhr**)	wristwatch
	der Tomatensalat (*from* **der Salat**)	tomato salad
	der Fußballspieler (*from* **der Spieler**)	footballer
2	**der Mut**	courage
	die Armut	poverty
	die Demut	humility
	die Scheu	fear, shyness, timidity
	der Abscheu	repugnance, abhorrence
	das Wort	word
	die Antwort	reply
3	**das/der Marzipan**	marzipan
	das/der Keks	biscuit
4	**der Band**	volume, book
	das Band	ribbon, band, tape, bond
	der See	lake
	die See	sea
	der Leiter	leader, manager
	die Leiter	ladder
	der Tau	dew
	das Tau	rope, hawser
5	**der DGB** (*from* **der Deutsche Gewerkschaftsbund**)	the Federation of German Trade Unions
	die EG (*from* **die Europäische Gemeinschaft**)	the EC
	das AKW (*from* **das Atomkraftwerk**)	nuclear power station

☐ The Cases

There are four grammatical *cases* - nominative, accusative, genitive and dative - which are generally shown by the form of the article used before the noun (see p 118).

The nominative case

- The nominative singular is the form shown in full in dictionary entries.

  The nominative plural is formed as described on p 98.

- The nominative case is used for:

  - the subject of a verb → **1**

  - the complement of **sein** or **werden** → **2**

The accusative case

- The noun in the accusative case usually has the same form as in the nominative → **3**

  Exceptions to this are "weak" masculine nouns (see p 115) and adjectives used as nouns (see p 148).

- It is used:

  - for the direct object of the verb → **4**

  - after those prepositions which always take the accusative case (see p 206 ff) → **5**

  - to show change of location after prepositions of place (see p 210) → **6**

  - in many expressions of time and place which do not contain a preposition → **7**

  - in certain fixed expressions → **8**

Examples

---

1. **Das Mädchen singt** — The girl is singing

2. **Er ist ein guter Lehrer** — He's a good teacher
   Das wird ein Pullover — It's going to be a jumper

3. **das Lied** the song (*nominative*)
   das Lied the song (*accusative*)

   der Wagen the car (*nominative*)
   den Wagen the car (*accusative*)

   die Dose the tin (*nominative*)
   die Dose the tin (*accusative*)

4. **Er hat ein Lied gesungen** — He sang a song

5. **für seine Freundin** — for his girlfriend
   ohne diesen Wagen — without this car
   durch das Rauchen — through smoking

6. **in die Stadt** (*accusative*) — into town
   ⚠ BUT:
   in der Stadt (*dative*) — in town

7. **Das macht sie jeden Donnerstag**
   She does that every Thursday
   Die Schule ist einen Kilometer entfernt
   The school is a kilometre away

8. **Guten Abend!** Good evening!
   Vielen Dank! Thank you very much!

❑ **The Cases** (Continued)

The genitive case

- In the genitive singular, *masculine* and *neuter* nouns take endings as follows:
    1 -**s** is added to nouns ending in -**en**, -**el**, -**er** → ①
    2 -**es** is added to nouns ending in -**tz**, -**sch**, -**st**, -**ss** or -**ß** → ②
    3 For nouns of one syllable, either -**s** or -**es** may be added → ③
- *Feminine singular* and all *plural* nouns have the same form as their nominative.
- The genitive is used:
    - to show possession → ③
    - after prepositions taking the genitive (see p 212) → ④
    - in expressions of time when the exact occasion is not specified → ⑤

The dative case

- Singular nouns in the dative have the same form as in the nominative → ⑥
- -**e** may be added to the dative singular of *masculine* and *neuter* nouns if the sentence rhythm needs it → ⑦
  This -**e** is always used in certain set phrases → ⑧
- Dative plural forms for all genders end in -**n** → ⑨
  The only exceptions to this are some nouns of foreign origin that end in -**s** in all plural forms, including the dative plural (see p 114) → ⑩
- The dative is used:
    - as the indirect object → ⑪
    - after verbs taking the dative (see p 80) → ⑫
    - after prepositions taking the dative (see p 202) → ⑬
    - in certain idiomatic expressions → ⑭
    - instead of the possessive adjective to refer to parts of the body and items of clothing (see p 122) → ⑮

1	der **Wagen** car	→	des **Wagens** of the car
	das **Rauchen** smoking	→	des **Rauchens** of smoking
	der **Computer** computer	→	des **Computers** of the computer
	der **Reiter** rider	→	des **Reiters** of the rider
2	der **Sitz** seat; residence	→	des **Sitzes** of the seat/residence
	der **Arzt** doctor	→	des **Arztes** of the doctor
	das **Schloss** castle	→	des **Schlosses** of the castle

3 **das Kind** the child

Die Zähne des Kindes waren faul geworden
The child's teeth had decayed

Der Name des Kinds war ihm unbekannt
The child's name was not known to him

4	**wegen seiner Krankheit**	because of his illness
	trotz ihrer Bemühungen	despite her efforts
5	**eines Tages**	one day
6	**dem Wagen**	to the car
	der Frau	to the woman
	dem Mädchen	to the girl
7	**zu welchem Zwecke?**	to what purpose?
8	**nach Hause**	home

sich zu Tode trinken/arbeiten
to drink/work oneself to death

9	**mit den Anwälten**	with the lawyers
	nach den Kindern	after the children

10

SINGULAR	PLURAL
das Auto	die Autos
das Auto	die Autos
des Autos	der Autos
dem Auto	den Autos

11 **Er gab dem Mann das Buch**
He gave the man the book

12	**Sie half ihrer Mutter**	She helped her mother
13	**Nach dem Essen ...**	After eating ...
14	**Mir ist kalt**	I'm cold

15 **Ich habe mir die Hände gewaschen**
I've washed my hands

☐ The Formation of Plurals

The following pages show full noun declensions in all their singular and plural forms.

Those nouns shown represent the most common types of plural.

♦ Most feminine nouns add **-n**, **-en** or **-nen** to form their plurals:

	SINGULAR	PLURAL
NOM	die Frau	die Frauen
ACC	die Frau	die Frauen
GEN	der Frau	der Frauen
DAT	der Frau	den Frauen

♦ Many nouns have no plural ending.

These are mainly masculine or neuter nouns ending in **-en**, **-er**, **-el**.
An umlaut is sometimes added to the vowel in the plural forms:

	SINGULAR	PLURAL
NOM	der Onkel	die Onkel
ACC	den Onkel	die Onkel
GEN	des Onkels	der Onkel
DAT	dem Onkel	den Onkeln

	SINGULAR	PLURAL
NOM	der Apfel	die Äpfel
ACC	den Apfel	die Äpfel
GEN	des Apfels	der Äpfel
DAT	dem Apfel	den Äpfeln

☐ **The Formation of Plurals** (Continued)

◆ Many nouns form their plurals by adding **¨e** :

	SINGULAR	PLURAL
NOM	der Stuhl	die Stühle
ACC	den Stuhl	die Stühle
GEN	des Stuhl(e)s	der Stühle
DAT	dem Stuhl	den Stühlen

	SINGULAR	PLURAL
NOM	die Angst	die Ängste
ACC	die Angst	die Ängste
GEN	der Angst	der Ängste
DAT	der Angst	den Ängsten

◆ Masculine and neuter nouns often add **-e** in the plural:

	SINGULAR	PLURAL
NOM	das Schicksal	die Schicksale
ACC	das Schicksal	die Schicksale
GEN	des Schicksals	der Schicksale
DAT	dem Schicksal	den Schicksalen

◆ Masculine and neuter nouns sometimes add **¨er** or **-er**:

	SINGULAR	PLURAL
NOM	das Dach	die Dächer
ACC	das Dach	die Dächer
GEN	des Dach(e)s	der Dächer
DAT	dem Dach	den Dächern

❑ The Formation of Plurals (Continued)

Some unusual plurals

SINGULAR	TRANSLATION	PLURAL
das Ministerium	department	**die Ministerien**
das Prinzip	principle	**die Prinzipien**
das Thema	theme, topic, subject	**die Themen**
das Drama	drama	**die Dramen**
der Firma	firm	**die Firmen**
das Konto	bank account	**die Konten**
das Risiko	risk	**die Risiken**
das Komma	comma/decimal point	**die Kommas**
		or **Kommata**
das Baby	baby	**die Babys**
der Klub	club	**die Klubs**
der Streik	strike	**die Streiks**
der Park	park	**die Parks**
der Chef	boss, chief, head	**die Chefs**
der Israeli	Israeli	**die Israelis**
das Restaurant	restaurant	**die Restaurants**
das Bonbon	sweet	**die Bonbons**
das Hotel	hotel	**die Hotels**
das Niveau	standard, level	**die Niveaus**

German singular/English plural nouns

Some nouns are always plural in English, but singular in German.

◆ Some of the most common examples are:

eine Brille	glasses, spectacles
eine Schere	scissors
eine Hose	trousers

◆ They are only used in the plural in German to mean more than one pair, e.g. **zwei Hosen** *two pairs of trousers*

NOUNS

☐ The Declension of Nouns

"Weak" masculine nouns

Some masculine nouns have a weak declension, which means that in all cases apart from the nominative singular, they end in **-en** or, if the word ends in a vowel, in **-n**.

◆ The dictionary will often show such nouns as:
>   **Junge** *m* **-n, -n** boy
>   **Held** *m* **-en, -en** hero

◆ Weak masculine nouns are declined as follows:

	SINGULAR	PLURAL
NOM	der Junge	die Jungen
ACC	den Jungen	die Jungen
GEN	des Jungen	der Jungen
DAT	dem Jungen	den Jungen

◆ Masculine nouns falling into this category include:
- those ending in **-og(e)** referring to males:
     der Psychologe, der Geologe, der Astrologe
- those ending in **-aph** (*in many cases now spelt* **-af**) or **-oph**:
     der Graph, der Paragraf, der Philosoph
- those ending in **-nom** referring to males:
     der Astronom, der Gastronom
- those ending in **-ant**:
     der Elefant, der Diamant
- those ending in **-t** referring to males:
     der Astronaut, der Komponist, der Architekt
- miscellaneous others:
     der Bauer, der Chirurg, der Franzose, der Katholik, der Kollege, der Mensch, der Ochse, der Spatz

◆ **der Name** (*name*) has a different ending in the genitive singular, **-ns**: **des Namens**. Otherwise it is the same as **der Junge** shown above. Others in this category are: **der Buchstabe, der Funke, der Gedanke, der Glaube, der Haufe**.

❏ The Declension of Proper Nouns

- ◆ Names of people and places add **-s** in the genitive singular unless they are preceded by the definite article or a demonstrative → ① 1

- ◆ Where proper names end in a sibilant (**-s**, **-sch**, **-ss**, **-ß**, **-x**, **-z**, **-tz**) and this makes the genitive form with **-s** almost impossible to pronounce, they are best avoided altogether by using **von** followed by the dative case → ② 2

- ◆ Personal names can be given diminutive forms if desired. These may be used as a sign of affection as well as with diminutive meaning → ③ 3

- ◆ **Herr** (*Mr*) is always declined where it occurs as part of a proper name → ④ 4

- ◆ When articles or adjectives form part of a proper name (e.g. in the names of books, plays, hotels, restaurants etc), these are declined in the normal way (see p 118 and 140) → ⑤ 5

- ◆ Surnames usually form their plurals by adding **-s**, unless they end in a sibilant, in which case they sometimes add **-ens**. They are often preceded by the definite article → ⑥ 6

Nouns of measurement and quantity

- ◆ These usually remain singular, even if preceded by a plural number → ⑦ 7

- ◆ The substance which they measure follows in the same case as the noun of quantity, and not in the genitive case as in English → ⑧ 8

---

1   **Annas Buch**   Anna's book

      Klaras Mantel   Klara's coat

      die Werke Goethes   Goethe's works

      ⚠ BUT: **die Versenkung der Bismarck**

           the sinking of the Bismarck

2   **das Buch von Hans**   Hans' book

      die Werke von Marx   the works of Marx

      die Freundin von Klaus   Klaus's girlfriend

3   **von deinem Sabinchen**   from your Sabine

      Das kleine Kläuschen hat uns dann ein Lied gesungen

      Then little Klaus sang us a song

4   **an Herrn Schmidt**   to Mr Schmidt

      Sehr geehrte Herren   Dear Sirs

5   **im Weißen Schwan**   in the White Swan

      Er hat den „Zauberberg" schon gelesen

      He has already read "The Magic Mountain"

      nach Karl dem Großen   after Charlemagne

6   **Die Schmidts haben uns eingeladen**

      The Schmidts have invited us

      Die Zeißens haben uns eingeladen

      Mr and Mrs Zeiß have invited us

7   **Möchten Sie zwei Stück?**

      Would you like two?

8   **Er wollte zwei Kilo Kartoffeln**

      He wanted two kilos of potatoes

      Sie hat drei Tassen Kaffee getrunken

      She drank three cups of coffee

      Drei Glas Weißwein, bitte!

      Three glasses of white wine please

⬚ **The Definite Article**

In English the definite article *the* always keeps the same form:

> *the* book
> *the* books
> with *the* books

In German, however, the definite article has many forms:

- In its singular form it changes for masculine, feminine and neuter nouns → **1**

- In its plural forms it is the same for all genders → **2**

- The definite article is also used to show the function of the noun in the sentence by showing which case it is.

  There are four cases, as explained more fully on p 108:

  1 *nominative* for the subject or complement of the verb → **3**
  2 *accusative* for the object of the verb and after some prepositions → **4**
  3 *genitive* to show possession and after some prepositions → **5**
  4 *dative* for an indirect object (*to* or *for*) and after some prepositions and certain verbs → **6**

- The forms of the definite article are as follows:

| | SINGULAR | | | PLURAL |
	MASC	FEM	NEUT	ALL GENDERS
NOM	**der**	**die**	**das**	**die**
ACC	**den**	**die**	**das**	**die** → **7**
GEN	**des**	**der**	**des**	**der**
DAT	**dem**	**der**	**dem**	**den**

Grammar

1	MASCULINE:	**der Mann**	the man
		der Wagen	the car
	FEMININE:	**die Frau**	the wife/woman
		die Blume	the flower
	NEUTER:	**das Ding**	the thing
		das Mädchen	the girl

2	**die Männer**	the men
	die Frauen	the women
	die Dinge	the things

3 **Der Mann ist jung** The man is young
Die Frau/das Kind ist jung The woman/the child is young

4 **Ich kenne den Mann/die Frau/das Kind**
I know the man/the woman/the child

5 **der Kopf des Mannes/der Frau/des Kindes**
the man's/woman's/child's head
wegen des Mannes/der Frau/des Kindes
because of the man/the woman/the child

6 **Ich gab es dem Mann/der Frau/dem Kind**
I gave it to the man/to the woman/to the child

7

SINGULAR

	MASC	FEM	NEUT
NOM	**der Mann**	**die Frau**	**das Kind**
ACC	**den Mann**	**die Frau**	**das Kind**
GEN	**des Mann(e)s**	**der Frau**	**des Kind(e)s**
DAT	**dem Mann**	**der Frau**	**dem Kind**

PLURAL

	MASC	FEM	NEUT
NOM	**die Männer**	**die Frauen**	**die Kinder**
ACC	**die Männer**	**die Frauen**	**die Kinder**
GEN	**der Männer**	**der Frauen**	**der Kinder**
DAT	**den Männern**	**den Frauen**	**den Kindern**

☐ Uses of the Definite Article

When to use and when not to use the definite article in German is one of the most difficult areas for the learner. The following guidelines show where German practice varies from English.

The definite article is used with:

- abstract and other nouns where something is being referred to as a whole or as a general idea → 1

  Where these nouns are quantified or modified, the article is not used → 2

- the genitive, unless the noun is a proper name or is acting as a proper name → 3

- occasionally with proper names to make the sex or case clearer → 4

- always with proper names preceded by an adjective → 5

- sometimes with proper names in familiar contexts or for slight emphasis → 6

- with masculine and feminine countries and districts → 7

- with geographical names preceded by an adjective → 8

- with names of seasons → 9

- often with meals → 10

- with the names of roads → 11

1	**Das Leben ist schön**	Life is wonderful
2	**Es braucht Mut**	It needs (some) courage
	Gibt es dort Leben?	Is there (any) life there?
3	**das Auto des Lehrers**	the teacher's car
	Günters Auto	Günter's car
	Muttis Auto	Mummy's car
4	**Er hat es Frau Lehmann gegeben**	
	Er hat es der Frau Lehmann gegeben	
	He gave it to Frau Lehmann	
5	**Der alte Herr Brockhaus ist gestorben**	
	Old Mr Brockhaus has died	
6	**Ich habe heute den Christoph gesehen**	
	I saw Christoph today	
	Du hast es aber nicht der Petra geschenkt!	
	You haven't given it to *Petra*!	
7	**Deutschland is sehr schön**	Germany is very beautiful
	Die Schweiz ist auch schön	Switzerland is also lovely
8	**im (= in dem) heutigen Deutschland**	
	in today's Germany	
9	**Im (= in dem) Sommer gehen wir schwimmen**	
	We go swimming in summer	
	Der Winter kommt bald	
	Soon it will be winter	
10	**Das Abendessen wird ab acht Uhr serviert**	
	Dinner is served from eight o'clock	
	Was gibts zum (= zu dem) Mittagessen?	
	What's for lunch?	
	⚠ BUT:	
	Um acht Uhr ist Frühstück	
	Breakfast is at eight o'clock	
11	**Sie wohnt jetzt in der Geisener Straße**	
	She lives in Geisener Road now	

☐ Uses of the Definite Article (Continued)

◆ with months of the year except after **seit/nach/vor** → ①

◆ instead of the possessive adjective to refer to parts of the body and items of clothing → ②
A reflexive pronoun or noun in the dative case is used if it is necessary to clarify to whom the parts of the body belong → ③

◆ in expressions of price, to mean *each/per/a* → ④

◆ with certain common expressions → ⑤

Other uses

◆ The definite article can be used with demonstrative meaning → ⑥

◆ After certain prepositions, forms of the definite article can be shortened (see p 198 ff).
Some of these forms are best used in informal situations → ⑦
Others are commonly and correctly used in formal contexts → ①
→ ⑤
→ ⑧

Omitting the definite article

The definite article may be omitted in German:

◆ in certain set expressions → ⑨

◆ in *preposition + adjective + noun* combinations → ⑩
For the declension of adjectives without the article see p 142.

1 **Wir fahren im (= in dem) September weg**
We are going away in September
Wir sind seit September hier
We have been here since September

2 **Er legte den Hut auf den Tisch**
He laid his hat on the table
Ich drücke Ihnen die Daumen
I'm keeping my fingers crossed for you

3 **Er hat sich die Hände schon gewaschen**
He has already washed his hands
Er hat dem Kind schon die Hände gewaschen
He has already washed the child's hands

4 **Die kosten ...** They cost ...
... fünf Mark das Pfund ... five marks a pound
... sechs Mark das Stück ... six marks each

5 **in die Stadt fahren** to go into town
zur (= zu der) Schule gehen to go to school
mit der Post by post
mit dem Zug/Bus/Auto by train/bus/car
im (= in dem) Gefängnis in prison

6 **Du willst *das* Buch lesen!**
You want to read *that* book!

7 **für das → fürs   vor dem → vorm   um das → ums** *etc*

8 **an dem → am   zu dem → zum   zu der → zur** *etc*

9 **von Beruf** by profession
nach Wunsch as desired
Nachrichten hören to listen to the news

10 **Mit gebeugtem Rücken ...** Bending his back, ...

❐ The Indefinite Article

Like the definite article, the form of the indefinite article varies depending on the gender and case of the noun ➔ 1

It has no plural forms ➔ 2

The indefinite article is declined as follows:

	MASC	FEM	NEUT
NOM	**ein**	**eine**	**ein**
ACC	**einen**	**eine**	**ein**	➔ 3
GEN	**eines**	**einer**	**eines**
DAT	**einem**	**einer**	**einem**

• The indefinite article is omitted in the following:

- descriptions of people by profession, religion, nationality etc ➔ 4

- ⚠ BUT: Note that the article is included when an adjective precedes the noun ➔ 5

- in certain fixed expressions ➔ 6

- after **als** (*as a*) ➔ 7

Examples

Grammar

1

Da ist ein Auto	There's a car
Er hat eine Wohnung	He has a flat
Sie gab es einem Kind	She gave it to a child

2

Autos sind in letzter Zeit teurer geworden
Cars have become more expensive recently

3

	SINGULAR		
	MASC	**FEM**	**NEUT**
NOM	**ein Mann**	**eine Frau**	**ein Kind**
ACC	**einen Mann**	**eine Frau**	**ein Kind**
GEN	**eines Mann(e)s**	**einer Frau**	**eines Kind(e)s**
DAT	**einem Mann**	**einer Frau**	**einem Kind**

4

Sie ist Kinderärztin	She's a paediatrician
Sie ist Deutsche	She's (a) German

5

Sie ist eine sehr geschickte Kinderärztin
She's a very clever paediatrician

6

Es ist Geschmacksache	It's a question of taste
Tatsache ist ...	It's a fact ...

7

Als Ausländer ist er hier nicht wahlberechtigt
As a foreigner he doesn't have the vote here

... und ich rede nun als Vater von vier Kindern
... and I'm talking now as a father of four

☐ **The Indefinite Article** (Continued)

In German, a separate negative form of the indefinite article exists. It is declined exactly like **ein** in the singular, and also has plural forms:

	SINGULAR			PLURAL
	MASC	FEM	NEUT	ALL GENDERS
NOM	**kein**	**keine**	**kein**	**keine**
ACC	**keinen**	**keine**	**kein**	**keine** → 1
GEN	**keines**	**keiner**	**keines**	**keiner**
DAT	**keinem**	**keiner**	**keinem**	**keinen**

◆ It has the meaning *no/not a/not one/not any* → 2

◆ It is used even where the equivalent *positive* phrase has no article → 3

◆ It is also used in many idiomatic expressions → 4

◆ **Nicht ein** may be used instead of **kein** where the **ein** is to be emphasized → 5

1

	SINGULAR		
	MASC	FEM	NEUT
NOM	**kein Mann**	**keine Frau**	**kein Kind**
ACC	**keinen Mann**	**keine Frau**	**kein Kind**
GEN	**keines Mann(e)s**	**keiner Frau**	**keines Kind(e)s**
DAT	**keinem Mann**	**keiner Frau**	**keinem Kind**

	PLURAL		
	MASC	FEM	NEUT
NOM	**keine Männer**	**keine Frauen**	**keine Kinder**
ACC	**keine Männer**	**keine Frauen**	**keine Kinder**
GEN	**keiner Männer**	**keiner Frauen**	**keiner Kinder**
DAT	**keinen Männern**	**keinen Frauen**	**keinen Kindern**

2

Er hatte keine Geschwister	He had no brothers or sisters
Ich sehe keinen Unterschied	I don't see any difference
Das ist keine richtige Antwort	That's no answer
Kein Mensch hat es gesehen	Not one person has seen it

3

Er hatte Angst davor	He was frightened
Er hatte keine Angst davor	He wasn't frightened

4

Er hatte kein Geld mehr   All his money was gone
Es waren keine drei Monate vergangen, als ...
It was less than three months later that ...
Es hat mich keine zehn Mark gekostet
It cost me less than ten marks

5

Nicht ein Kind hat es singen können
Not *one* child could sing it

☐ Words declined like the Definite Article

The following have endings similar to those of the definite article shown on p 118:

aller, alle, alles	all, all of them
beide	both (*plural only*)
dieser, diese, dieses	this, this one, these
einiger, einige, einiges	some, a few, a little
irgendwelcher, -e, -es	some or other
jeder, jede, jedes	each, each one, every
jener, jene, jenes	that, that one, those
mancher, manche, manches	many a/some
sämtliche	all, entire (*usually plural*)
solcher, solche, solches	such/such a
welcher, welche, welches	which, which one

♦ These words can be used as:
  - articles → ①
  - pronouns → ②

♦ They have the following endings:

	SINGULAR			PLURAL
	MASC	**FEM**	**NEUT**	**ALL GENDERS**
NOM	-er	-e	-es	-e
ACC	-en	-e	-es	-e
GEN	-es/-en	-er	-es/-en	-er
DAT	-em	-er	-em	-en

Example declensions are shown on p 134 ff.

♦ **einiger** and **irgendwelcher** use the **-en** genitive ending before masculine or neuter nouns ending in **-s** → ③
  jeder, **welcher**, **mancher** and **solcher** may also do so → ④

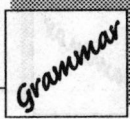

1 **Dieser Mann kommt aus Südamerika**
This man comes from South America

Er geht jeden Tag ins Büro
He goes to the office every day

Manche Leute können das nicht
A good many people can't do it

2 **Willst du diesen?**
Do you want this one?

In manchem hat er Recht
He's right about some things

Man kann ja nicht alles wissen
You can't know everything

Es gibt manche, die keinen Alkohol mögen
There are some people who don't like alcohol

3 **wegen irgendwelchen Geredes**
on account of some gossip

4 **der Besitz solchen Reichtums**
the possession of such wealth

trotz jeden Versuchs
despite all attempts

☐ **Words declined like the Definite Article** (Continued)

- Adjectives following these words have the weak declension (see p 140) → 1

  Exceptions are the plural forms of **einige**, which are followed by the strong declension (see p 142) → 2

Further points

- **Solcher, beide, sämtliche** may be used after another article or possessive adjective. They then take weak (see p 140) or mixed (see p 142) adjectival endings, as appropriate → 3

- Although **beide** generally has plural forms only, one singular form does exist. This is in the neuter nominative and accusative: **beides** → 4

- **Dies** often replaces the nominative and accusative **dieses** and **diese** when used as a pronoun → 5

- A fixed form **all** exists which is used together with other articles or possessive pronouns → 6

- **Ganz** can also be used to replace both the inflected form **aller/alle/alles** and the uninflected **all das/dieses/sein** *etc*.

  It is declined as a normal adjective (see p 140) → 7

  It must be used with collective nouns, in time phrases and geographical references → 8

1 **dieses alte Auto**
this old car
aus irgendwelchem dummen Grund
for some stupid reason or other
welche neuen Waren?
which new goods?

2 **Dies sind einige gute Freunde von mir**
These are some good friends of mine

3 **Ein solches Kleid habe ich früher auch getragen**
I used to wear a dress like that too
Diese beiden Männer haben es gesehen
Both of these men have seen it

4 **Beides ist richtig**
Both are right
Sie hat beides genommen
She took both

5 **Hast du dies schon gelesen?**
Have you already read this?
Dies sind meine neuen Sachen
These are my new things

6 **All sein Mut war verschwunden**
All his courage had vanished
mit all diesem Geld
with all this money

7 **mit dem ganzen Geld**
with all the money

8 **die ganze Gesellschaft**
the entire company
Es hat den ganzen Tag geschneit
It snowed the whole day long
Im ganzen Land gab es keinen besseren Wein
There wasn't a better wine in the whole country

☐ **Words declined like the Definite Article** (Continued)

◆ **derjenige/diejenige/dasjenige** (*the one, those*) is declined exactly as the definite article plus an adjective in the weak declension (see p 140) → **1**

◆ **derselbe/dieselbe/dasselbe** (*the same, the same one*) is declined in the same way as **derjenige** → **2**

After prepositions, however, the normal contracted forms of the definite article are used for the appropriate parts of **derselbe** → **3**

Examples

① SINGULAR

MASC	FEM	NEUT
derjenige Mann	**die**jenige Frau	**das**jenige Kind
denjenigen Mann	**die**jenige Frau	**das**jenige Kind
desjenigen Mann(e)s	**der**jenigen Frau	**des**jenigen Kind(e)s
demjenigen Mann	**der**jenigen Frau	**dem**jenigen Kind

PLURAL

MASC	FEM	NEUT
diejenigen Männer	**die**jenigen Frauen	**die**jenigen Kinder
diejenigen Männer	**die**jenigen Frauen	**die**jenigen Kinder
derjenigen Männer	**der**jenigen Frauen	**der**jenigen Kinder
denjenigen Männern	**den**jenigen Frauen	**den**jenigen Kindern

② SINGULAR

MASC	FEM	NEUT
derselbe Mann	**die**selbe Frau	**das**selbe Kind
denselben Mann	**die**selbe Frau	**das**selbe Kind
desselben Mann(e)s	**der**selben Frau	**des**selben Kind(e)s
demselben Mann	**der**selben Frau	**dem**selben Kind

PLURAL

MASC	FEM	NEUT
dieselben Männer	**die**selben Frauen	**die**selben Kinder
dieselben Männer	**die**selben Frauen	**die**selben Kinder
derselben Männer	**der**selben Frauen	**der**selben Kinder
denselben Männern	**den**selben Frauen	**den**selben Kindern

③

zur selben (= zu derselben) Zeit   at the same time
im selben (= in demselben) Zimmer   in the same room

Grammar

❏ **Words declined like the Definite Article** (Continued)

Sample declensions in full

◆ **dieser, diese, dieses** this, this one:

		SINGULAR	
	MASC	FEM	NEUT
NOM	dieser Mann	diese Frau	dieses Kind
ACC	diesen Mann	diese Frau	dieses Kind
GEN	dieses Mann(e)s	dieser Frau	dieses Kind(e)s
DAT	diesem Mann	dieser Frau	diesem Kind

		PLURAL	
	MASC	FEM	NEUT
NOM	diese Männer	diese Frauen	diese Kinder
ACC	diese Männer	diese Frauen	diese Kinder
GEN	dieser Männer	dieser Frauen	dieser Kinder
DAT	diesen Männern	diesen Frauen	diesen Kindern

◆ **jener, jene, jenes** that, that one:

		SINGULAR	
	MASC	FEM	NEUT
NOM	jener Mann	jene Frau	jenes Kind
ACC	jenen Mann	jene Frau	jenes Kind
GEN	jenes Mann(e)s	jener Frau	jenes Kind(e)s
DAT	jenem Mann	jener Frau	jenem Kind

		PLURAL	
	MASC	FEM	NEUT
NOM	jene Männer	jene Frauen	jene Kinder
ACC	jene Männer	jene Frauen	jene Kinder
GEN	jener Männer	jener Frauen	jener Kinder
DAT	jenen Männern	jenen Frauen	jenen Kindern

◆ **jeder, jede, jedes** each, every, everybody:

	SINGULAR		
	MASC	FEM	NEUT
NOM	jed**er** Wagen	jed**e** Minute	jed**es** Bild
ACC	jed**en** Wagen	jed**e** Minute	jed**es** Bild
GEN	jed**es** Wagens	jed**er** Minute	jed**es** Bild(e)s
	(jed**en** Wagens)		(jed**en** Bild(e)s)
DAT	jed**em** Wagen	jed**er** Minute	jed**em** Bild

◆ **welcher, welche, welches** which?, which:

	SINGULAR		
	MASC	FEM	NEUT
NOM	welch**er** Preis	welch**e** Sorte	welch**es** Mädchen
ACC	welch**en** Preis	welch**e** Sorte	welch**es** Mädchen
GEN	welch**es** Preises	welch**er** Sorte	welch**es** Mädchens
	(welch**en** Preises)		(welch**en** Mädchens)
DAT	welch**em** Preis	welch**er** Sorte	welch**em** Mädchen

	PLURAL		
	MASC	FEM	NEUT
NOM	welch**e** Preise	welch**e** Sorten	welch**e** Mädchen
ACC	welch**e** Preise	welch**e** Sorten	welch**e** Mädchen
GEN	welch**er** Preise	welch**er** Sorten	welch**er** Mädchen
DAT	welch**en** Preisen	welch**en** Sorten	welch**en** Mädchen

☐ Words declined like the Indefinite Article

The following have the same declension pattern as the indefinite articles **ein** and **kein** (see pp 124 and 126):

The possessive adjectives

mein	my →	1
dein	your (*singular familiar*)	
sein	his/its	
ihr	her/its →	2
unser	our	
euer	your (*plural familiar*)	
ihr	their →	2
Ihr	your (*polite singular and plural*)	

These words are declined as follows:

	SINGULAR			PLURAL
	MASC	FEM	NEUT	ALL GENDERS
NOM	—	-e	—	-e
ACC	-en	-e	—	-e
GEN	-es	-er	-es	-er
DAT	-em	-er	-em	-en

♦ Adjectives following these determiners have the mixed declension forms (see p 142), e.g.

sein altes Auto his old car

♦ **irgendein** (*some ... or other*) also follows this declension pattern in the singular.

Its plural form is **irgendwelche** (see p 128).

Examples

1 mein, meine, mein my:

	SINGULAR		
	MASC	**FEM**	**NEUT**
NOM	mein Bruder	mein**e** Schwester	mein Kind
ACC	mein**en** Bruder	mein**e** Schwester	mein Kind
GEN	mein**es** Bruders	mein**er** Schwester	mein**es** Kind(e)s
DAT	mein**em** Bruder	mein**er** Schwester	mein**em** Kind

	PLURAL		
	MASC	**FEM**	**NEUT**
NOM	mein**e** Brüder	mein**e** Schwestern	mein**e** Kinder
ACC	mein**e** Brüder	mein**e** Schwestern	mein**e** Kinder
GEN	mein**er** Brüder	mein**er** Schwestern	mein**er** Kinder
DAT	mein**en** Brüdern	mein**en** Schwestern	mein**en** Kindern

2 ihr, ihre, ihr her/its/their:

	SINGULAR		
	MASC	**FEM**	**NEUT**
NOM	ihr Bruder	ihr**e** Schwester	ihr Kind
ACC	ihr**en** Bruder	ihr**e** Schwester	ihr Kind
GEN	ihr**es** Bruders	ihr**er** Schwester	ihr**es** Kind(e)s
DAT	ihr**em** Bruder	ihr**er** Schwester	ihr**em** Kind

	PLURAL		
	MASC	**FEM**	**NEUT**
NOM	ihr**e** Brüder	ihr**e** Schwestern	ihr**e** Kinder
ACC	ihr**e** Brüder	ihr**e** Schwestern	ihr**e** Kinder
GEN	ihr**er** Brüder	ihr**er** Schwestern	ihr**er** Kinder
DAT	ihr**en** Brüdern	ihr**en** Schwestern	ihr**en** Kindern

☐ Indefinite Adjectives

These are adjectives used in place of, or together with, an article:

ander	other, different
mehrere (*plural only*)	several
viel	much, a lot, many
wenig	little, a little, few

- After the definite article and words declined like it (see p 128) these adjectives have weak declension endings → **1**
  Adjectives following the indefinite adjectives are also weak → **2**

- After **ein**, **kein**, **irgendein** or the possessive adjectives they have mixed declension endings → **3**
  Adjectives following the indefinite adjectives are also mixed in declension → **4**

- When used without a preceding article, **ander** and **mehrere** have strong declension endings → **5**

- When used without a preceding article, **viel** and **wenig** may be declined as follows, though in the singular they are usually undeclined → **6**

	SINGULAR			PLURAL
	MASC	FEM	NEUT	ALL GENDERS
NOM	**viel**	**viel**	**viel**	**viele**
ACC	**viel**	**viel**	**viel**	**viele**
GEN	**vielen**	**vieler**	**vielen**	**vieler**
DAT	**viel(em)**	**vieler**	**viel(em)**	**vielen**

- Any adjective following **viel** or **wenig** has strong endings → **7**

1 **Die wenigen Kuchen, die übrig geblieben waren ...**
The few cakes which were left over ...

2 **Die vielen interessanten Ideen, die ans Licht kamen**
The many interesting ideas which came to light

3 **Ihr anderes Auto ist in der Werkstatt**
Their other car is in for repair

4 **Mehrere gute Freunde waren gekommen**
Several good friends had come

5 **Mehrere prominente Gäste sind eingeladen**
Various prominent guests are invited

Er war anderer Meinung
He was of a different opinion

6 **Es wurde viel Bier getrunken**
They drank a lot of beer

Sie essen nur wenig Obst
They don't eat a lot of fruit

7 **Er kaufte viele billige Sachen**
He bought a lot of cheap things

Es wurde viel gutes Bier getrunken
They drank a lot of good beer

Sie essen wenig frisches Obst
They don't eat a lot of fresh fruit

☐ The Declension of Adjectives

There are two ways of using adjectives:

1 They can be used **attributively**, where the adjective comes before the noun: *the new book*

2 They can be used **non-attributively**, where the adjective comes after the verb: *the book is new*

◆ In English the adjective does not change its form no matter how it is used.

In German, however, adjectives remain unchanged only when used non-attributively → ⃞1

Used attributively, adjectives change to show the number, gender and case of the noun they precede → ⃞2

The endings also depend on the nature of the article which precedes them → ⃞3

There are three sets of endings:

1) The weak declension

These are the endings used after **der** and those words declined like it as shown on p 128 → ⃞4

	SINGULAR			PLURAL
	MASC	FEM	NEUT	ALL GENDERS
NOM	-e	-e	-e	-en
ACC	-en	-e	-e	-en
GEN	-en	-en	-en	-en
DAT	-en	-en	-en	-en

1 **Das Buch ist neu**
The book is new
Der Vortrag war sehr langweilig
The lecture was very boring

2 **Das neue Buch ist da**
The new book has arrived
Während des langweiligen Vortrags sind wir alle eingeschlafen
We all fell asleep during the boring lecture

3 **der junge Rechtsanwalt**
the young lawyer
ein junger Rechtsanwalt
a young lawyer
manch junger Rechtsanwalt
many a young lawyer

4

SINGULAR		
MASC	**FEM**	**NEUT**
NOM der alt**e** Mann	die alt**e** Frau	das alt**e** Haus
ACC den alt**en** Mann	die alt**e** Frau	das alt**e** Haus
GEN des alt**en** Mann(e)s	der alt**en** Frau	des alt**en** Hauses
DAT dem alt**en** Mann	der alt**en** Frau	dem alt**en** Haus

PLURAL		
MASC	**FEM**	**NEUT**
NOM die alt**en** Männer	die alt**en** Frauen	die alt**en** Häuser
ACC die alt**en** Männer	die alt**en** Frauen	die alt**en** Häuser
GEN der alt**en** Männer	der alt**en** Frauen	der alt**en** Häuser
DAT den alt**en** Männern	den alt**en** Frauen	den alt**en** Häusern

☐ The Declension of Adjectives (Continued)

2) The mixed declension

These are the endings used after **ein**, **kein**, **irgendein** and the possessive adjectives (see p 136) → ①

	SINGULAR			PLURAL
	MASC	FEM	NEUT	ALL GENDERS
NOM	-er	-e	-es	-en
ACC	-en	-e	-es	-en → ②
GEN	-en	-en	-en	-en
DAT	-en	-en	-en	-en

3) The strong declension

Strong declension endings:

	SINGULAR			PLURAL
	MASC	FEM	NEUT	ALL GENDERS
NOM	-er	-e	-es	-e
ACC	-en	-e	-es	-e → ③
GEN	-en	-er	-en	-er
DAT	-em	-er	-em	-en

These endings are used where there is no preceding article. The article is omitted more frequently in German than in English, especially in *preposition + adjective + noun* combinations (see p 122).

These endings enable the adjective to do the work of the missing article by showing case, number and gender → ④

Examples

---

1 **Meine neue Stelle ist bei einer großen Druckerei**
My new job is with a large printing works
Ihre frühere Theorie ist jetzt bestätigt worden
Her earlier theory has now been proved true

2   SINGULAR

	MASC	FEM	NEUT
NOM	ein lang**er** Weg	eine lang**e** Reise	ein lang**es** Spiel
ACC	einen lang**en** Weg	eine lang**e** Reise	ein lang**es** Spiel
GEN	eines lang**en** Weg(e)s	einer lang**en** Reise	eines lang**en** Spiel(e)s
DAT	einem lang**en** Weg	einer lang**en** Reise	einem lang**en** Spiel

PLURAL

ALL GENDERS

NOM ihre lang**en** Wege/Reisen/Spiele
ACC ihre lang**en** Wege/Reisen/Spiele
GEN ihrer lang**en** Wege/Reisen/Spiele
DAT ihren lang**en** Wegen/Reisen/Spielen

3   SINGULAR

	MASC	FEM	NEUT
NOM	gut**er** Käse	gut**e** Marmelade	gut**es** Bier
ACC	gut**en** Käse	gut**e** Marmelade	gut**es** Bier
GEN	gut**en** Käses	gut**er** Marmelade	gut**en** Biers
DAT	gut**em** Käse	gut**er** Marmelade	gut**em** Bier

PLURAL

ALL GENDERS

NOM gut**e** Käse/Marmeladen/Biere
ACC gut**e** Käse/Marmeladen/Biere
GEN gut**er** Käse/Marmeladen/Biere
DAT gut**en** Käsen/Marmeladen/Bieren

4 **nach kurzer Fahrt**   after a short journey
   mit gleichem Gehalt   with the same salary

☐ The Declension of Adjectives (Continued)

◆ Strong declension endings are also used after any of the following where they are not preceded by an article or other determiner:

ein bisschen	a little, a bit of
ein wenig	a little
ein paar	a few, a couple → **1**
weniger	fewer, less
einige (*plural forms only*)	some
allerlei/allerhand	all kinds of, all sorts of
keinerlei	no ... whatsoever, no ... at all
mancherlei	various, a number of
etwas	some, any (*singular*) → **2**
mehr	more
lauter	nothing but, sheer, pure
solch	such
vielerlei	various, all sorts of, many different
mehrerlei	several kinds of
was für	what, what kind of

(⚠ NOTE: **Was für ein** takes the mixed declension)

welcherlei	what kind of, what sort of
viel	much, many, a lot of
wievielerlei	how many kinds of
welch ...!	what ...! what a ...! → **3**
manch	many a
wenig	little, few, not much → **4**
zweierlei/dreierlei *etc*	two/three *etc* kinds of
zwei, drei *etc*	two, three *etc* → **5**

(⚠ NOTE: The mixed declension is used after **ein**)

◆ The strong declension is also required after possessives where no other word indicates the case, gender and number → **6**

Examples

---

1. **ein paar gute Tipps** (*strong declension*)
   a couple of good tips

2. **Etwas starken Pfeffer zugeben** (*strong*)
   Add a little strong pepper

3. **Welch herrliches Wetter!** (*strong*)
   What splendid weather!

4. **Es gab damals nur wenig frisches Obst** (*strong*)
   At that time there was little fresh fruit

   ⚠ BUT:

   Das wenige frische Obst, das es damals gab ... (*weak*)
   The little fresh fruit that was then available ...

5. **Zwei große Jungen waren gekommen** (*strong*)
   Two big boys had come along

   ⚠ BUT:

   Die zwei großen Jungen, die gekommen waren (*weak*)
   The two big boys who had come along

   meine zwei großen Jungen (*mixed*)
   my two big sons

6. **Herberts altes Buch** (*strong*)
   Herbert's old book

   Muttis neues Auto (*strong*)
   Mum's new car

☐ The Declension of Adjectives (Continued)

Some spelling changes when adjectives are declined

♦ When the adjective **hoch** (*high*) is declined, its stem changes to **hoh-** → ①

♦ Adjectives ending in **-el** lose the **-e-** when inflected, i.e. when endings are added → ②

♦ Adjectives with an **-er** ending often lose the **-e-** when inflected → ③

The participles as adjectives

♦ The present participle can be used as an adjective with normal adjectival endings (pp 140 to 143) → ④

The present participles of **sein** and **haben** cannot be used in this way.

♦ The past participle can also be used as an adjective → ⑤

Adjectives followed by the dative case

The *dative case* is required after many adjectives e.g.

ähnlich	similar to
bekannt	familiar to
dankbar	grateful to
fremd	alien to
gleich	all the same to/like → ⑥
leicht	easy for
nah	close to
peinlich	painful for
unbekannt	unknown to

Examples

Grammar

1 **Das Gebäude ist hoch** ⚠ BUT: **ein hohes Gebäude**
The building is high   a high building

2 **Das Zimmer ist dunkel** ⚠ BUT: **in dem dunklen Zimmer**
The room is dark   in the dark room

3 **Das Auto war teuer** ⚠ BUT: **Er kaufte ein teures Auto**
The car was expensive   He bought an expensive car

4 **die werdende Mutter**
the mother-to-be

ein lachendes Kind
a laughing child

5 **meine verlorene Sachen**
my lost things

die ausgebeuteten Arbeiter
the exploited workers

6 **Ist dir das bekannt?**
Do you know about it?

Ich wäre Ihnen dankbar, wenn …
I should be grateful to you if …

Diese Sache ist mir etwas peinlich
This matter is somewhat embarrassing for me

Solche Gedanken waren ihm fremd
Such thoughts were alien to him

☐ Adjectives used as Nouns

All adjectives in German, and those participles used as adjectives, can also be used as nouns. These are often called **adjectival nouns**.

◆ Adjectives and participles used as nouns have:

- a capital letter like other nouns → 1

- declension endings like other adjectives, depending on the preceding article, if any (see below) → 2

Declension endings for adjectives used as nouns

◆ After **der, dieser** and words like it shown on p 128, the normal *weak* adjective endings apply (see p 140) → 3
Der Junge (*the boy*) is an exception, and is declined like a weak masculine noun, as shown on p 115.

◆ After **ein, kein, irgendein** and the possessive adjectives shown on p 136, the *mixed* adjective endings apply (see p 142) → 4

◆ Where no article is present, or after those words shown on p 144, the *strong* adjective endings are used (see p 142) → 5

When another adjective precedes the adjectival noun, the *strong* endings become *weak* in two instances:

- in the *dative singular* → 6

- in the *nominative and accusative plural* after a possessive, where the strong endings might cause confusion with the singular feminine form → 7

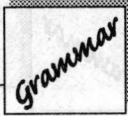

1 **der Angestellte**
the employee

2 **die Angestellte**
the (female) employee
das Neue daran ist …
the new thing about it is …
Es bleibt beim Alten
Things remain as they were
Er hat den ersten Besten genommen
He took the first that came to hand

3 **für den Angeklagten**
for the accused
mit dieser Bekannten
with this (*female*) friend

4 **Kein Angestellter darf hier rauchen**
No employee may smoke here
Sie machten einen Ausflug mit ihren Bekannten zusammen
They went on a trip with their friends

5 **Etwas Besonderes ist geschehen**
Something special has happened

6 **Ich hatte es Rudis jüngerem Verwandten versprochen**
I had promised it to Rudi's young relative

7 **Rudis jüngere Verwandten wollten es haben**
Rudi's young relatives wanted to have it

☐ Miscellaneous Points

Adjectives of nationality

◆ These are not spelt with a capital letter in German except in public or official names → 1

◆ However, when used as a noun to refer to the language, a capital letter is used → 2

◆ In German, for expressions like *he is English/he is German etc* a noun or adjectival noun is used instead of an adjective → 3

Adjectives derived from place names

◆ These are formed by adding **-er** to names of towns → 4

◆ They are never inflected → 5

◆ Adjectives from **die Schweiz** and from certain regions can also be formed in this way → 6

◆ Such adjectives may be used as nouns denoting the inhabitants of a town.
They are then declined as normal nouns (see p 98 ff) → 7
The feminine form is made by adding **-in** in the singular and **-innen** in the plural → 8

◆ Certain names ending in **-en** drop the **-e-** or the **-en** of their ending before adding **-er** → 9

◆ A second type of adjective formed from place names exists, ending in **-isch** and spelt with a small letter. It is inflected as a normal adjective (see p 140).
It is used mainly where the speaker is referring to the mood of, or something typical of, that place → 10

Grammar

---

1   **die deutsche Sprache**   **das französische Volk**
the German language   the French people
⚠ BUT:
die Deutsche Bahn
the German railways

2   **Sie sprechen kein Englisch**
They don't speak English

3   **Er ist Deutscher**   **Sie ist Deutsche**
He is German   She is German

4   **Kölner, Frankfurter, Leipziger** etc

5   **der Kölner Dom**   **ein Frankfurter Würstchen**
Cologne cathedral   a frankfurter sausage

6   **Schweizer Käse**
Swiss cheese

7   **Die Sprache des Kölners heißt Kölsch**
von den Frankfurtern

8   **die Kölnerin, die Kölnerinnen**
die Londonerin, die Londonerinnen

9   **München → der Münchner**
Bremen → der Bremer
Göttingen → der Göttinger

10   **ein echt frankfurterischer Ausdruck**
a real Frankfurt expression
Er spricht etwas münchnerisch
He has something of a Munich accent

☐ The Comparison of Adjectives

Adjectives have three basic forms of comparison:

1) A simple form used to describe something or someone

> e.g. a *little* house
>   the house is *little*

- This form is fully dealt with on pp 140 to 147.

- Simple forms are used in *as ... as / not as ... as* comparisons → **1**

2) A comparative form used to compare two things or persons

> e.g. he is *bigger* than his brother

- In German, comparatives are formed by adding **-er** to the simple form → **2**

- *Than* in comparative statements is translated by **als** → **3**

- Unlike English, the vast majority of German adjectives, including those of several syllables, form their comparatives in this way → **4**

- Many adjectives modify the stem vowel when forming their comparatives → **5**

Grammar

1 <u>so ... wie</u> as ... as
Er ist so gut wie sein Bruder
He is as good as his brother

<u>ebenso ... wie</u> just as ... as
Er war ebenso glücklich wie ich
He was just as happy as I was

<u>zwei-/dreimal</u> _etc_ twice/three times etc
<u>so ... wie</u> as ... as

Er war zweimal so groß wie sein Bruder
He was twice as big as his brother

<u>nicht so ... wie</u> not as ... as
Er ist nicht so alt wie du
He is not as old as you

2 **klein/kleiner**   small/smaller
schön/schöner   lovely/lovelier

3 **Er ist kleiner als seine Schwester**
He is smaller than his sister

4 **bequem/bequemer**   comfortable/more comfortable
gebildet/gebildeter   educated/more educated
effektiv/effektiver   effective/more effective

5 **alt/älter**   old/older
stark/stärker   strong/stronger
schwach/schwächer   weak/weaker
scharf/schärfer   sharp/sharper
lang/länger   long/longer
kurz/kürzer   short/shorter
warm/wärmer   warm/warmer
kalt/kälter   cold/colder
hart/härter   hard/harder
groß/größer   big/bigger

☐ **The Comparison of Adjectives** (Continued)

◆ Adjectives whose simple form ends in **-el** lose the **-e-** before adding the comparative ending **-er** → **1**

◆ Adjectives with a diphthong followed by **-er** in their simple forms also drop the **-e-** before adding **-er** → **2**

◆ Adjectives whose simple form ends in **-en** or **-er** may drop the **-e-** of the simple form when adjectival endings are added to their comparative forms → **3**

◆ With a few adjectives, comparative forms may be used not only for comparison, but also to render the idea of "-ish" or "rather ..." Some common examples are:

älter	elderly	**jünger**	youngish
dünner	thinnish	**kleiner**	smallish
dicker	fattish	**kürzer**	shortish
größer	largish	**neuer**	newish

→ **4**

◆ When used attributively (*before* the noun), comparative forms are declined in exactly the same way as simple adjectives (see pp 140 to 147)

→ **4**
→ **5**

3) A superlative form used to compare three or more persons or things

e.g. he is *the biggest/the best*

◆ Superlatives are formed by adding **-st** to the simple adjective. The vowel is modified, as for comparative forms, where applicable. Superlative forms are generally used with an article and take endings accordingly (see p 140) → **6**

Examples

1. **eitel/eitler**   vain/vainer
   dunkel/dunkler   dark/darker

2. **sauer/saurer**   sour/more sour
   die saurere Zitrone
   the sourer lemon
   Der Wein ist saurer geworden
   The wine has grown more sour

   teuer/teurer   expensive/more expensive
   Das ist eine teurere Sorte
   That is a more expensive kind
   Die Neuen sind teurer
   The new ones are more expensive

3. **finster/finsterer**   dark/darker
   ein finstreres Gesicht
   OR:
   ein finstereres Gesicht
   a grimmer face

4. **ein älterer Herr**
   an elderly gentleman
   eine größere Summe
   a rather large sum
   von jüngerem Aussehen
   of youngish appearance

5. **Die jüngere Schwester ist größer als die ältere**
   The younger sister is bigger than the older one
   Mein kleinerer Bruder geht jetzt zur Schule
   My younger brother goes to school now

6. **Er ist der Jüngste**
   He is the youngest
   Ihr erfolgreichster Versuch war im Herbst 1998
   Her most successful attempt was in the autumn of 1998

☐ **The Comparison of Adjectives** (Continued)

◆ Many adjectives form their superlative forms by adding **-est** instead of **-st** where pronunciation would otherwise be difficult or unaesthetic → 1

◆ The English superlative "*most*" meaning "*very*" can be shown in German by any of the following → 2

> **äußerst**
>
> **sehr**
>
> **besonders**
>
> **außerordentlich**
>
> **höchst** (*not with monosyllabic words*)
>
> **furchtbar** (*conversational only*)
>
> **richtig** (*conversational only*)

Some irregular comparative and superlative forms

SIMPLE FORM	COMPARATIVE	SUPERLATIVE
gut	besser	der beste
hoch	höher	der höchste
viel	mehr	der meiste
nah	näher	der nächste

1 **der/die/das schlechteste**
the worst

der/die/das schmerzhafteste
the most painful

der/die/das süßeste
the sweetest

der/die/das neueste
the newest

der/die/das stolzeste
the proudest

der/die/das frischeste
the freshest

2 **Er ist ein äußerst begabter Mensch**
He is a most gifted person

Das Essen war besonders schlecht
The food was really/most dreadful

Der Wein war furchtbar teuer!
The wine was dreadfully/most expensive!

Das sieht richtig komisch aus
That looks really/most funny

☐ Personal Pronouns

As in English, personal pronouns change their form depending on their function in the sentence:

> *I* saw *him*
> *He* saw *me*   → 1
> *We* saw *her*

The personal pronouns are declined as follows:

NOMINATIVE		ACCUSATIVE		DATIVE	
ich	I	**mich**	me	**mir**	to/for me
du	you (*familiar*)	**dich**	you	**dir**	to/for you
er	he/it	**ihn**	him/it	**ihm**	to/for him/it
sie	she/it	**sie**	her/it	**ihr**	to/for her/it
es	it/he/she	**es**	it/him/her	**ihm**	to/for it/him/her
wir	we	**uns**	us	**uns**	to/for us
ihr	you (*plural*)	**euch**	you	**euch**	to/for you
sie	they	**sie**	them	**ihnen**	to/for them
Sie	you (*polite*)	**Sie**	you	**Ihnen**	to/for you
man	one	**einen**	one	**einem**	to/for one

→ 2

- ◆ As can be seen from the above table, there are three ways of addressing people in German, by **du**, **ihr** or **Sie**.

  All three forms are illustrated on p 160.

- ◆ Personal pronouns in the dative require no preposition when acting as indirect object, i.e. *to* me, *to* him *etc* → 3

1 **Ich sah ihn**
I saw him

Er sah mich
He saw me

Wir sahen sie
We saw her

2 **Wir sind mit ihnen spazieren gegangen**
We went for a walk with them

Sie haben uns eine tolle Geschichte erzählt
They told us a great story

Soll ich Ihnen etwas mitbringen?
Shall I bring something back for you?

3 **Er hat es ihr gegeben**
He gave it to her

Ich habe ihm ein neues Buch gekauft
I bought a new book for him

OR:

I bought him a new book

☐ **Personal Pronouns** (Continued)

◆ **Du** is a singular form, used only when speaking to one person. It is used to talk to children, close friends and relatives, animals and objects of affection such as a toy, one's car etc.

When in doubt it is always best to use the more formal **Sie** form.

◆ **Ihr** is simply the plural form of **du** and is used in exactly the same situations wherever more than one person is to be addressed → 1

◆ The familiar forms and their possessives are written with a small letter → 2

◆ **Sie** is the polite, or formal, way of addressing people. It is written in all its declined forms with a capital letter, including the possessive → 3

Sie is used:

1 by children talking to adults outside their immediate family.

2 by adults talking to older children from mid-teens onwards. Teachers use it to their senior classes and bosses to their trainees etc.

3 among adult strangers meeting for the first time.

4 among colleagues, friends and acquaintances unless a suggestion has been formally made by one party and accepted by the other that the familiar forms should be used. Familiar forms must then continue to be used at all times, as a reversion to the formal might be considered insulting.

---

1 **Kinder, was wollt ihr essen?**
Children, what do you want to eat?

2 **Er hat mir gesagt, du sollst deine Frau mitbringen**

He told me you were to bring your wife

Gestern bin ich deinem Bruder begegnet

I met your brother yesterday

3 **Was haben Sie gesagt?**

What did you say?

Ich habe es Ihnen schon gegeben
I have already given it to you

Ja, Ihre Sachen sind jetzt fertig

Yes, your things are ready now

☐ **Personal Pronouns** (Continued)

Er/sie/es

◆ All German nouns are masculine, feminine or neuter → 1

◆ The personal pronoun must agree in number and in gender with the noun which it represents.

Es is used only for neuter nouns, and not for all inanimate objects → 2

Inanimate objects which are masculine use the pronoun **er** → 3

Feminine inanimate objects use the pronoun **sie** → 4

Neuter nouns referring to people have the neuter pronoun **es** → 5

⚠ NOTE: A common error for English speakers is to call all objects **es**.

Man

◆ This is used in much the same way as the pronoun **one** in English, but it is much more commonly used in German → 6

◆ It is also used to make an alternative passive form (see p 34) → 7

The genitive personal pronoun

◆ Genitive forms of the personal pronouns do exist → 8

◆ In practice, however, these are rarely used. Wherever possible, alternative expressions are found which do not require the genitive personal pronoun.

◆ Special genitive forms exist for use with the prepositions **wegen** and **willen** → 9

1	**der Tisch**	the table (*masculine*)
	die Gardine	the curtain (*feminine*)
	das Baby	the baby (*neuter*)

| 2 | **Das Bild ist schön** → | **Es ist schön** |
| | The picture is beautiful → | It is beautiful |

| 3 | **Der Tisch ist groß** → | **Er ist groß** |
| | The table is large → | It is large |

| 4 | **Die Gardine ist weiß** → | **Sie ist weiß** |
| | The curtain is white → | It is white |

| 5 | **Das Kind stand auf** → | **Es stand auf** |
| | The child stood up → | He/she stood up |

| 6 | **Es tut einem gut** |
| | It does one good |

| 7 | **Man holt mich um sieben ab** |
| | I am being picked up at seven |

8	**meiner**	of me	**unser**	of us
	deiner	of you	**euer**	of you (*plural*)
	seiner	of him/it	**ihrer**	of them
	ihrer	of her/it	**Ihrer**	of you (*polite*)

9	**meinetwegen**	because of me, on my account
	deinetwegen	because of you, on your account *etc*
	seinetwegen	
	ihretwegen	
	unsertwegen	
	euretwegen	
	Ihretwegen	
	meinetwillen	for my sake, for me *etc*
	deinetwillen	
	ihretwillen *etc*	

☐ **Personal Pronouns** (Continued)

The use of pronouns after prepositions

◆ Personal pronouns used after prepositions and referring to a person are in the *case* required by the preposition in question (see p 198 ff) ➙ ①

◆ When, however, a *thing* rather than a person is referred to, the construction

> *preposition + pronoun*

becomes

> **da**- + *preposition* ➙ ②

Before a preposition beginning with a vowel, the form **dar**- + *preposition* is used ➙ ③

This affects the following prepositions:

an	bei	in	neben	
auf	durch	mit	über	zwischen
aus	für	nach	unter	

◆ These contracted forms are used after verbs followed by a preposition (see p 76 ff) ➙ ④

◆ After prepositions used to express motion the form with **da(r)**- is not felt to be sufficiently strong. Forms with **hin** and **her** are used as follows:

> **aus:** heraus/hinaus
> **auf:** herauf/hinauf ➙ ⑤
> **in:** herein/hinein

1 **Ich bin mit ihm spazieren gegangen**
I went for a walk with him

2 **Klaus hatte ein Messer geholt und wollte damit den Kuchen schneiden**
Klaus had brought a knife and was about to cut the cake with it

3 **Lege es bitte darauf**
Put it there please

4 **Der Unterschied liegt darin, dass ...**
The difference is that ...

Ich erinnere mich nicht daran
I don't remember (it)

5 **Er sah eine Treppe und ging leise hinauf**
He saw some stairs and went up them quietly

Endlich fand er unser Zelt und kam herein
He finally found our tent and came in

Er öffnete den Koffer und legte das Hemd hinein
He opened his suitcase and put in his shirt

☐ **Possessive Pronouns**

meiner	mine
deiner	yours (*familiar*)
seiner	his/its
ihrer	hers/its
uns(e)rer	ours
eu(e)rer	yours (*plural*)
ihrer	theirs
Ihrer	yours (*polite*)

These have the same endings as **dieser**. Their declension is therefore the same as for possessive adjectives (see p 136) except in the masculine nominative singular and the neuter nominative and accusative singular:

		SINGULAR		PLURAL
	MASC	FEM	NEUT	ALL GENDERS
NOM	-er	-e	-(e)s	-e
ACC	-en	-e	-(e)s	-e
GEN	-es	-er	-es	-er
DAT	-em	-er	-em	-en

◆ The bracketed **(e)** is often omitted, especially in spoken German.

◆ Possessive pronouns must agree in number, gender and case with the noun they replace → **1**

◆ Note the translation of *of mine, of yours* etc → **2**

◆ **meiner** is declined in full opposite → **3**
  Deiner, **seiner** and **ihrer** are declined like **meiner**.
  Unserer and **euerer** are shown in full, since they have slightly different forms with an optional -e- → **4**

Examples

Grammar

Possessive Pronouns (continued)

1 **Der Wagen da drüben ist meiner. Er ist kleiner als deiner**
The car over there is mine. It is smaller than yours

2 **Er ist ein Bekannter von mir**
He is an acquaintance of mine

3 **meiner** mine

		SINGULAR		PLURAL
	MASC	FEM	NEUT	ALL GENDERS
NOM	meiner	meine	mein(e)s	meine
ACC	meinen	meine	mein(e)s	meine
GEN	meines	meiner	meines	meiner
DAT	meinem	meiner	meinem	meinen

4 **uns(e)rer** ours

		SINGULAR		PLURAL
	MASC	FEM	NEUT	ALL GENDERS
NOM	uns(e)rer	uns(e)re	uns(e)res	uns(e)re
ACC	uns(e)ren	uns(e)re	uns(e)res	uns(e)re
GEN	uns(e)res	uns(e)rer	uns(e)res	uns(e)rer
DAT	uns(e)rem	uns(e)rer	uns(e)rem	uns(e)ren

eu(e)rer yours *(plural)*

		SINGULAR		PLURAL
	MASC	FEM	NEUT	ALL GENDERS
NOM	eu(e)rer	eu(e)re	eu(e)res	eu(e)re
ACC	eu(e)ren	eu(e)re	eu(e)res	eu(e)re
GEN	eu(e)res	eu(e)rer	eu(e)res	eu(e)rer
DAT	eu(e)rem	eu(e)rer	eu(e)rem	eu(e)ren

❑ **Possessive Pronouns** (Continued)

Alternative forms

There are two alternatives to the **meiner/deiner** etc forms shown on p 167:

der, die, das meinige or **Meinige**	mine
der, die, das deinige or **Deinige**	yours (familiar)
der, die, das seinige or **Seinige**	his/its
der, die, das ihrige or **Ihrige**	hers/its
der, die, das uns(e)rige or **Uns(e)rige**	ours
der, die, das eu(e)rige or **Eu(e)rige**	yours (plural)
der, die, das ihrige or **Ihrige**	theirs
der, die, das Ihrige	yours (polite)

◆ These are not as common as the **meiner/deiner** etc forms → [1]

◆ These forms are declined as the definite article followed by a weak adjective (see p 140) → [2]

◆ The bracketed **(e)** of the first and second person plural is often omitted in spoken German.

der, die, das meine or **Meine**	mine
der, die, das deine or **Deine**	yours (familiar)
der, die, das seine or **Seine**	his/its
der, die, das ihre or **Ihre**	hers/its
der, die, das uns(e)re or **Uns(e)re**	ours
der, die, das eu(e)re or **Eu(e)re**	yours (plural)
der, die, das ihre or **Ihre**	theirs
der, die, das Ihre	yours (polite)

◆ These forms are also less common than the **meiner/deiner** etc forms. They are declined as the definite article followed by a weak adjective (see p 140) → [3]

---

1   **Ihr Auto ist aber neuer als das meinige** *or* **Meinige**
Your car is newer than mine
Paul hat seiner Freundin Blumen gekauft. Ich habe der meinigen *or* **Meinigen Parfüm geschenkt**
Paul bought his girlfriend some flowers. I bought mine perfume

2
	SINGULAR		
	MASC	FEM	NEUT
NOM	**der meinige**	**die meinige**	**das meinige**
ACC	**den meinigen**	**die meinige**	**das meinige**
GEN	**des meinigen**	**der meinigen**	**des meinigen**
DAT	**dem meinigen**	**der meinigen**	**dem meinigen**

	PLURAL
	ALL GENDERS
NOM	**die meinigen**
ACC	**die meinigen**
GEN	**der meinigen**
DAT	**den meinigen**

3
	SINGULAR		
	MASC	FEM	NEUT
NOM	**der meine**	**die meine**	**das meine**
ACC	**den meinen**	**die meine**	**das meine**
GEN	**des meinen**	**der meinen**	**des meinen**
DAT	**dem meinen**	**der meinen**	**dem meinen**

	PLURAL
	ALL GENDERS
NOM	**die meinen**
ACC	**die meinen**
GEN	**der meinen**
DAT	**den meinen**

⚠ NOTE: **Der/die/das meinige** *etc* can also be spelt
der/die/das Meinige *etc* and **der/die/das meine** *etc* can also
be spelt **der/die/das Meine** *etc*

☐ Reflexive Pronouns

Reflexive pronouns, used to form reflexive verbs, have two forms, accusative and dative, as follows → 1

ACCUSATIVE	DATIVE	
mich	mir	myself
dich	dir	yourself (*familiar*)
sich	sich	himself/herself/itself/themselves
uns	uns	ourselves
euch	euch	yourselves (*plural*)
sich	sich	yourself/yourselves (*polite*)

♦ Unlike personal pronouns and possessives, the polite forms have no capital letter → 2

♦ For the position of reflexive pronouns within a sentence see p 30 (reflexive verbs) and pp 224 to 235 (sentence structure).

♦ Reflexive pronouns are also used after prepositions when the pronoun has the function of "reflecting back" to the subject of the sentence → 3

♦ A further use of reflexive pronouns in German is with transitive verbs where the action is performed for the benefit of the subject, as in the English phrase:

I bought *myself* a new hat

The pronoun is not always translated in English → 4

Examples

1 **Er hat sich rasiert**

He had a shave

Du hast dich gebadet

You had a bath

Ich will es mir zuerst überlegen

I'll have to think about it first

2 **Setzen Sie sich bitte**

Please take a seat

3 **Er hatte nicht genug Geld bei sich (⚠ NOT: bei ihm)**

He didn't have enough money on him

4 **Ich hole mir ein Bier**

I'm going to get a beer (for myself)

Er hat sich einen neuen Anzug gekauft

He bought (himself) a new suit

☐ Reflexive Pronouns (Continued)

♦ Reflexive pronouns may be used for *reciprocal* actions, usually rendered by "each other" in English ➜ ①

Reciprocal actions may also be expressed by **einander**. This does not change in form ➜ ②

Einander is always used in place of the reflexive pronoun after prepositions. Note that the preposition and **einander** come together to form one word ➜ ③

Emphatic reflexive pronouns

In English, these have the same forms as the normal reflexive pronouns:

The queen *herself* had given the order

I haven't read it *myself*, but ...

In German, this idea is expressed not by the reflexive pronouns, but by **selbst** or (in colloquial speech) **selber** placed at some point in the sentence after the noun or pronoun to which they refer ➜ ④

♦ **selbst/selber** do not change their form, regardless of number and gender of the noun to which they refer ➜ ④

♦ They are always stressed, regardless of their position in the sentence.

1 **Wir sind uns letzte Woche begegnet**

We met (each other) last week

Sie hatten sich auf einer Tagung kennen gelernt

They had got to know each other at a conference

2 **Wir kennen uns schon**

OR:

Wir kennen einander schon

We already know each other

Sie kennen sich schon

OR:

Sie kennen einander schon

They already know each other

3 **Sie redeten miteinander**

They were talking to each other

4 **Die Königin selbst hat es befohlen**

The queen herself has given the order

Ich selbst habe es nicht gelesen, aber ...

I haven't read it myself, but ...

☐ Relative Pronouns

These have the same forms as the definite article, except in the dative plural and genitive cases.

They are declined as follows:

	SINGULAR			PLURAL
	MASC	FEM	NEUT	ALL GENDERS
NOM	der	die	das	die
ACC	den	die	das	die
GEN	dessen	deren	dessen	deren
DAT	dem	der	dem	denen

● Relative pronouns must agree in gender and number with the noun to which they refer. They take their case however from the function they have in their own relative clause → ☐1

● The relative pronoun cannot be omitted in German as it sometimes is in English → ☐2

● The genitive forms are used in relative clauses in much the same way as in English → ☐3

⚠ NOTE, however, the translation of certain phrases → ☐4

● When a preposition introduces the relative clause, the relative pronoun may be replaced by **wo-** or **wor-** if the noun or pronoun it stands for refers to an inanimate object or abstract concept → ☐5
The full form of relative pronoun plus preposition is however stylistically better.

● Relative clauses are always divided off by commas from the rest of the sentence → ☐1 - ☐5

Examples

1 **Der Mann, den ich gestern gesehen habe, kommt aus Hamburg**

The man whom I saw yesterday comes from Hamburg

2 **Die Frau, mit der ich gestern gesprochen habe, kennt deine Mutter**

The woman I spoke to yesterday knows your mother

3 **Das Kind, dessen Fahrrad gestohlen worden war, ...**

The child whose bicycle had been stolen ...

4 **Die Kinder, von denen einige schon lesen konnten, ...**

The children, some of whom could read, ...

Meine Freunde, von denen einer ...

My friends, one of whom ...

5 **Das Buch, woraus ich vorgelesen habe, ...**

OR:

Das Buch, aus dem ich vorgelesen habe, ...

The book I read aloud from ...

☐ **Relative Pronouns** (Continued)

Welcher

A second relative pronoun exists. This has the same forms as the interrogative adjective **welcher** without the genitive forms:

	SINGULAR			PLURAL
	MASC	FEM	NEUT	ALL GENDERS
NOM	**welcher**	**welche**	**welches**	**welche**
ACC	**welchen**	**welche**	**welches**	**welche**
GEN	—	—	—	—
DAT	**welchem**	**welcher**	**welchem**	**welchen**

- These forms are used only infrequently as relative pronouns, where sentence rhythm might benefit.

- They are also useful used as articles or adjectives to connect a noun in the relative clause with the contents of the main clause → 1

Wer, was

These are normally used as interrogative pronouns meaning *who?*, *what?* and are declined as such on p 178.

- They may, however, also be used without interrogative meaning to replace both subject and relative pronoun in English:

  he who
  a woman who → 2
  anyone who
  those who etc

- **Was** is the relative pronoun used in set expressions with certain neuter forms → 3

1 **Er glaubte, mit der Hausarbeit nicht helfen zu brauchen, mit welcher Idee seine Mutter nicht einverstanden war!**
He thought he didn't have to help in the house, an idea with which his mother was not in agreement!

2 **Wer das glaubt, ist verrückt**
Anyone who believes that is mad

Was mich angeht, ...
For my part, ...

Was du gestern gekauft hast, steht dir ganz gut
The things you bought yesterday suit you very well

3 | | |
|---|---|
| **alles, was ...** | everything which |
| **allerlei, was ...** | all kinds of things that |
| **das, was ...** | that which |
| **dasjenige, was ...** | that which |
| **dasselbe, was ...** | the same one that |
| **einiges, was ...** | some that |
| **Folgendes, was ...** | the following which |
| **manches, was ...** | some which |
| **nichts, was ...** | nothing that |
| **vieles, was ...** | a lot that |
| **wenig, was ...** | little that |

Nichts, was er sagte, hat gestimmt
Nothing that he said was right

Das, was du jetzt machst, ist reiner Unsinn!
What you are doing now is sheer nonsense!

Mit allem, was du gesagt hast, sind wir einverstanden
We agree with everything you said

☐ Interrogative Pronouns

These are the pronouns used to ask questions.

As in English, they have few forms, singular and plural being the same.

They are declined as follows:

	PERSONS	THINGS
NOM	**wer?**	**was?**
ACC	**wen?**	**was?**
GEN	**wessen?**	**wessen?**
DAT	**wem?**	—

◆ They are used in direct questions → **1**

  or in indirect questions → **2**

◆ When used as the subject of a sentence, they are always followed by a singular verb → **3**

  ⚠ BUT: When followed by a verb and taking a noun complement, the verb may be plural if the sense demands it → **4**

◆ The interrogative pronouns can be used in rhetorical questions or in exclamations → **5**

1 **Wer hat es gemacht?**

Who did it?

Mit wem bist du gekommen?

Who did you come with?

2 **Ich weiß nicht, wer es gemacht hat**

I don't know who did it

Er wollte wissen, mit wem er fahren sollte

He wanted to know who he was to travel with

3 **Wer kommt heute?**

Who's coming today?

4 **Wer sind diese Leute?**

Who are these people?

5 **Was haben wir gelacht!**

How we laughed!

☐ Interrogative Pronouns (Continued)

- When used with prepositions, **was** usually becomes **wo-** and is placed in front of the preposition to form one word → ①

  Where the preposition begins with a vowel, **wor-** is used instead → ②

  This construction is similar to **da(r)-** + *preposition* shown on p 164.

  As with **da(r)-** + *preposition*, this construction is not used when the preposition is intended to convey movement.

  Wohin (*where to*) and **woher** (*where from*) are used instead → ③

Was für ein?, welcher?

- These are used to mean *what kind of one*? and *which one*?

- They are declined as shown on pp 124 and 128.

- They are used to form either direct or indirect questions → ④

- They may refer either to persons or to things with the appropriate declension endings → ⑤

1 **Wonach sehnst du dich?**

What do you long for?

Wodurch ist es zerstört worden?

How was it destroyed?

2 **Worauf kann man sich heutzutage noch verlassen?**

What is there left to rely on these days?

3 **Wohin fährst du?**

Where are you going?

Woher kommt das?

Where has this come from?/How has this come about?

4 **Was für eins hat er?**

What kind (of one) does he have?

Welches hast du gewollt?

Which one did you want?

5 **Für welchen hat sie sich entschieden?**

Which one (_man/hat etc_) did she choose?

☐ Indefinite Pronouns

(Irgend)jemand someone, somebody

NOM	**(irgend)jemand**
ACC	**(irgend)jemanden, (irgend)jemand**
GEN	**(irgend)jemand(e)s**
DAT	**(irgend)jemandem, (irgend)jemand**

→ 1

Niemand no-one, nobody

NOM	**niemand**
ACC	**niemanden, niemand**
GEN	**niemand(e)s**
DAT	**niemandem, niemand**

→ 2

◆ The forms without endings are used in conversational German, but the inflected forms are preferred in literary and written styles.

◆ When **niemand** and **(irgend)jemand** are used with a following adjective, they are usually not declined, but the adjective takes a capital letter and is declined as follows:

NOM	**(irgend)jemand/niemand Neues**
ACC	**(irgend)jemand/niemand Neues**
GEN	**—**
DAT	**(irgend)jemand/niemand Neuem**

→ 3

◆ When **(irgend)jemand** and **niemand** are followed by **ander(e)s**, this is written with a small letter, e.g. **(irgend)jemand/niemand ander(e)s**.

1 **Ich habe es (irgend)jemandem** (*dat*) **gegeben**

I gave it to someone

(Irgend)jemand (*nom*) **hat es genommen**

Someone has stolen it

2 **Er hat niemanden** (*acc*) **gesehen**
He didn't see anyone

Er ist unterwegs niemandem (*dat*) **begegnet**

He encountered no-one on the way

3 **Diese Aufgabe erfordert (irgend)jemand Intelligentes**

Someone intelligent is needed for this task

☐ **Indefinite Pronouns** (Continued)

Keiner none

		SINGULAR		PLURAL
	MASC	FEM	NEUT	ALL GENDERS
NOM	**keiner**	**keine**	**keins**	**keine**
ACC	**keinen**	**keine**	**keins**	**keine**
GEN	**keines**	**keiner**	**keines**	**keiner**
DAT	**keinem**	**keiner**	**keinem**	**keinen**

◆ It is declined like the article **kein, keine, kein** (see p 126) except in the nominative masculine and nominative and accusative neuter forms → 1

◆ It may be used to refer to people or things → 1

Einer one

		SINGULAR	
	MASC	FEM	NEUT
NOM	**einer**	**eine**	**ein(e)s**
ACC	**einen**	**eine**	**ein(e)s**
GEN	**eines**	**einer**	**eines**
DAT	**einem**	**einer**	**einem**

◆ This pronoun may be used to refer to either people or things → 2

◆ It exists only in the singular forms.

1 **Keiner von ihnen hat es tun können**

Not one of them was able to do it

Gibst du mir eine Zigarette? — Tut mir Leid, ich habe keine

Will you give me a cigarette? — Sorry, I haven't got any

2 **Sie ist mit einem meiner Verwandten verlobt**

She is engaged to one of my relatives

Wo sind die anderen Kinder? Ich sehe hier nur eins

Where are the rest of the children? I can only see one here

Gibst du mir einen? (e.g. *einen Whisky, einen Zehner* etc) OR:
Gibst du mir eine? (e.g. *eine Zigarette, eine Blume* etc) OR:
Gibst du mir eins? (e.g. *ein Buch, ein Butterbrot* etc)

Will you give me one?

❑ **Indefinite Pronouns** (Continued)

◆ Certain adjectives and articles can be used as pronouns.

◆ The following are all declined to agree in gender and number with the noun or pronoun they represent → **1**

aller	all
ander	other
beide	both
derjenige	that one
derselbe	the same one
dieser	this one
einiger	some
irgendwelcher	someone or other/something or other
jeder	each (one), every one
jener	that one
mancher	some, quite a few
mehrere	several
sämtliche	all, the lot
solcher	such as that, such a one
welcher	which one

◆ The following do not change whatever the gender or number of the noun or pronoun they represent → **2**

ein bisschen	a bit, a little
ein paar	a few
ein wenig	a little, a few
(irgend)etwas	some, something
mehr	more
nichts	nothing, none

◆ When an adjective follows **etwas** or **nichts**, it takes a capital letter and declension endings, e.g. **etwas/nichts Gutes**

1 **Andere machen es besser** (e.g. *Leute, Waschmaschinen* etc)
Others do it better

Mit einem solchen kommst du nicht bis nach Hause
(e.g. *Wagen* etc)
You won't make it home in one like that

Alles, was er ihr schenkte, schickte sie sofort zurück
Everything that he gave her she sent back at once

Er war mit beiden zufrieden (e.g. *Computern, Autos* etc)
He was satisfied with both

2 **Ich muss dir etwas sagen**
I must tell you something

(Irgend)etwas ist herausgefallen
Something fell out

Nichts ist geschehen
Nothing happened

Er ist mit nichts zufrieden
Nothing ever satisfies him

Gibst du mir bitte ein paar?
Will you give me a few?

Er hatte ein wenig bei sich
He had a little with him

Er braucht immer mehr um zu überleben
He needs more and more to survive

❏ **Use of Adverbs**

● Adverbs, or phrases which are used as adverbs, may:

1 modify a verb → ☐1

2 modify an adjective → ☐2

3 modify another adverb → ☐3

4 modify a conjunction → ☐4

5 ask a question → ☐5

6 form verb prefixes (see p 72) → ☐6

● Adverbs are also used, in much the same way as in English, to make the meaning of certain tenses more precise e.g.

1 with continuous tenses → ☐7

2 to show a future meaning where the tense used is not future → ☐8

Examples

1 **Er ging langsam über die Brücke**
He walked slowly over the bridge

2 **Er ist ein ziemlich großer Kerl**
He's quite a big chap

3 **Sie arbeitet heute besonders tüchtig**
She's working exceptionally well today

4 **Wenn er es nur aufgeben wollte!**
If only he would give it up!

5 **Wann kommt er an?**
When does he arrive?

6 **falsch spielen**
to cheat (*at cards*)

hintragen
to carry (*to a place*)

7 **Er liest gerade die Zeitung**
He's just reading the paper

8 **Er wollte gerade aufstehen, als ...**
He was just about to get up when ...

Wir fahren morgen nach Köln
We're driving to Cologne tomorrow

☐ The Formation of Adverbs

◆ Many German adverbs are simply adjectives used as adverbs. Used in this way, unlike adjectives, they are not declined → **1**

◆ Some adverbs are formed by adding **-weise** or **-sweise** to a noun → **2**

◆ Some adverbs are also formed by adding **-erweise** to an uninflected adjective.

Such adverbs are used mainly to show the speaker's opinion → **3**

◆ There is also a class of adverbs which are not formed from other parts of speech e.g. **unten, oben, leider** → **4**

and those shown in the paragraphs below.

◆ For the position of adverbs within a clause or sentence, see the section on sentence structure, pp 224 to 235.

◆ The following are some common adverbs of time:

endlich	finally
heute	today
immer	always
morgen	tomorrow
morgens	in the mornings
sofort	at once

→ **5**

◆ The following are some common adverbs of degree:

äußerst	extremely
besonders	especially
beträchtlich	considerably
ziemlich	fairly

→ **6**

Examples

Grammar

1   **Habe ich das richtig gehört?**
Is it true what I've heard?

     Sie war modern angezogen
She was fashionably dressed

2   **beispielsweise**   for example
       beziehungsweise   or/or rather/that is to say
       schrittweise   step by step
       zeitweise   at times
       zwangsweise   compulsorily

3   **erstaunlicherweise**   astonishingly enough
       glücklicherweise   fortunately
       komischerweise   strangely enough

4   **Unten wohnte Frau Schmidt**
Mrs Schmidt lived downstairs

     Leider können wir nicht kommen
Unfortunately we cannot come

5   **Ich kann erst morgen kommen**
I can't come till tomorrow

     Das Kind hat immer Hunger
The child is always hungry

6   **Das Paket war besonders schwer**
The parcel was unusually heavy

     Diese Übung ist ziemlich leicht
This exercise is quite easy

☐ Adverbs of place

In certain respects German adverbs of place behave very differently from their English counterparts:

- Where no movement, or merely a movement within the same place, is involved, the adverb is used in its simple dictionary form → **1**

- Movement *away from the speaker* is shown by the presence of **hin** → **2**

  The following compound adverbs are therefore often used when movement away from the original position is concerned, even though a simple adverb would be used in English:

dahin	(to) there	
dorthin	there	
hierhin	here	
irgendwohin	(to) somewhere or other	→ **3**
überallhin	everywhere	
wohin?	where (to)?	

- Movement *towards the speaker* or central person is shown by the presence of **her**.

  The following compound adverbs are therefore often used to show movement towards a person:

daher	from there	
hierher	here	
irgendwoher	from somewhere or other	→ **4**
überallher	from all over	
woher?	where from?	

---

1   **Wo ist er?**

Where is he?

Er ist nicht da

He isn't there

Hier darf man nicht parken

You can't park here

2   **Klaus und Ulli geben heute eine Party. Gehen wir hin?**

Klaus and Ulli are having a party today. Shall we go?

3   **Wohin fährst du?**

Where are you going?

Sie liefen überallhin

They ran everywhere

4   **Woher kommst du?**

Where do you come from?

Woher hast du das?

Where did you get that from?

Das habe ich irgendwoher gekriegt

I got that from somewhere or other

☐ **Comparison of Adverbs**

- The **comparative** form of the adverb is obtained in exactly the same way as that of adjectives, i.e. by adding **-er** → 1

- The **superlative** form is produced as follows:

    am + *adverb* + **-sten/-esten**

    It is not declined → 2

- Note the use of the comparative adverb with **immer** to show progression → 3

- *the more ... the more ...* is expressed in German by:

    je ... desto ... or **je ... umso ...** → 4

- Some adverbial superlatives are used to show the extent of a quality rather than a comparison with others. These are as follows:

bestens	very well/very warmly	
höchstens	at the most/at best	
meistens	mostly/most often	→ 5
spätestens	at the latest	
strengstens	strictly, absolutely	
wenigstens	at least	

- Two irregular comparatives and superlatives:

    gern → lieber → am liebsten (used with **haben**)
    well → better → best

    → 6

    bald → eher → am ehesten
    soon → sooner → soonest

Examples

Grammar

1 **Er läuft schneller als seine Schwester**
He runs faster than his sister

Ich sehe ihn seltener als früher
I see him less often than before

2 **Wer von ihnen arbeitet am schnellsten?**
Which of them works fastest?

Er isst am meisten
He eats most

3 **Die Mädchen sprachen immer lauter**
The girls were talking more and more loudly

Er fuhr immer langsamer
He drove more and more slowly

4 **Je eher, desto besser**
The sooner the better

5 **Er kommt meistens zu spät an**
He usually arrives late

Rauchen strengstens verboten!
Smoking strictly prohibited

6 **Welches hast du am liebsten?**
Which do you like best?

☐ Emphasizers

These are words commonly used in German, as indeed in English, especially in the spoken language, to emphasize or modify in some way the meaning of the sentence. The following are some of the most common:

Aber

Used to lend emphasis to a statement → 1

Denn

As well as its uses as a conjunction (see p 214), **denn** is widely used to emphasize the meaning. It often cannot be directly translated → 2

Doch

Used as a positive reply in order to correct negative assumptions or impressions → 3

It can strengthen an imperative → 4

It can make a question out of a statement → 5

Mal

May be used with imperatives → 6

It also has several idiomatic uses → 7

Ja

Strengthens a statement → 8

It also has several idiomatic uses → 9

Schon

Is used familiarly with an imperative → 10

It is also used in various idiomatic ways → 11

1	**Das ist aber schön!** Oh that's pretty!	**Aber ja!** Yes indeed!
2	**Was ist denn hier los?** What's going on here then?	**Wo denn?** Where?
3	**Hat es dir nicht gefallen? — Doch!** Didn't you like it? — Oh yes, I did!	
4	**Lass ihn doch!** Just leave him	
5	**Das schaffst du doch?** You'll manage it, won't you?	
6	**Komm mal her!** Come here!	**Moment mal!** Just a minute!
7	**Mal sehen** We'll see **Er soll es nur mal versuchen!** Just let him try it!	**Hören Sie mal ...** Look here now ...
8	**Er sieht ja wie seine Mutter aus** He looks like his mother **Das kann ja sein** That may well be	
9	**Ja und?** So what?/What then? **Das ist es ja** That's just it	**Das ist ja lächerlich** That's ridiculous
10	**Mach schon!** Get on with it!	
11	**schon wieder** again	**Schon gut** Okay/Very well

In English, a preposition does not affect the word or phrase which it introduces, e.g.

the women	a large meal	these events
with the women	*after* a large meal	*before* these events

In German, however, the noun following a preposition must be put in a certain *case*:

accusative	➞	1
dative	➞	2
genitive	➞	3

It is therefore important to learn each preposition with the case, or cases, it governs.

The following guidelines will help you:

◆ Prepositions which take the accusative or dative cases are much more common than those taking the genitive case.

◆ Certain prepositions may take a dative or accusative case, depending on whether *movement* is involved or not. This is explained further on p 202 ff ➞ 4

◆ Prepositions are often used to complete the sense of certain verbs, as shown on p 76 ff ➞ 5

◆ After many prepositions, a shortened or *contracted* form of the definite article may be merged with the preposition to form one word, e.g.

auf + das	➞	**aufs**
bei + dem	➞	**beim**
zu + der	➞	**zur**

1 **Es ist für dich**

It's for you

Wir sind durch die ganze Welt gereist

We travelled all over the world

2 **Er ist mit seiner Frau gekommen**

He came with his wife

3 **Es ist ihm trotz seiner Bemühungen nicht gelungen**

Despite his efforts, he still didn't succeed

4 **Es liegt auf dem Tisch**

It's on the table

(*dative*: no movement implied)

Lege es bitte auf den Tisch

Please put it on the table

(*accusative*: movement *onto* the table)

5 **Ich warte auf meinen Mann**

I'm waiting for my husband

☐ Contracted forms

Contractions are possible with the following prepositions:

PREPOSITION	+ **das**	+ **den**	+ **dem**	+ **der**
an	ans		am	
auf	aufs*			
bei			beim	
durch	durchs*			
für	fürs*			
hinter	hinters*	hintern*	hinterm*	
in	ins		im	
über	übers*	übern*	überm*	
um	ums*			
unter	unters*	untern*	unterm*	
vor	vors*		vorm*	
von			vom	
zu			zum	zur

> * ⚠ NOTE: Those forms marked with an asterisk are suitable only for use in colloquial, spoken German.
> All other forms (not marked with an asterisk) may be safely used in any context, formal or informal → 1

◆ Contracted forms are not used where the article is to be stressed → 2

◆ Other contracted forms involving prepositions, as shown on pp 164 and 174, occur:

1 in the introduction to relative clauses → 3

2 with personal pronouns representing inanimate objects → 4

---

1 **Wir gehen heute Abend ins Theater**

We are going to the theatre this evening

Er geht zur Schule

He goes to school

Das kommt vom Trinken

That comes from drinking

2 **In dem Anzug kann ich mich nicht sehen lassen!**

I can't go out in that suit!

3 **Die Bank, worauf wir saßen, war etwas wackelig**

The bench we were sitting on was rather wobbly

4 **Er war damit zufrieden**

He was satisfied with that

Er hat es darauf gesetzt

He put it on it

☐ Prepositions followed by the Dative Case

Some of the most common prepositions taking the dative case are:

aus	gegenüber	seit
außer	mit	von
bei	nach	zu

Aus

- as a preposition meaning: *out of/from* → **1**
- as a separable verbal prefix (see p 72) → **2**

Außer

- as a preposition meaning: *out of* → **3**
                              except → **4**

Bei

- as a preposition meaning: *at the home/shop/work etc of* → **5**
                              near → **6**
                              in the course of/during → **7**
- as a separable verbal prefix (see p 72) → **8**

Gegenüber

- as a preposition meaning: *opposite* → **9**
                              to(wards) → **10**

  ⚠ NOTE: When used as a preposition, **gegenüber** is placed *after a pronoun*, but may be placed *before or after a noun*.

- as a separable verbal prefix → **11**

① **Er trinkt aus der Flasche**
He is drinking out of the bottle
Er kommt aus Essen
He comes from Essen

② **aushalten** to endure
Ich halte es nicht mehr aus
I can't stand it any longer

③ **außer Gefahr/Betrieb**
out of danger/order

④ **alle außer mir**
all except me

⑤ **bei uns in Schottland**
at home in Scotland
Er wohnt immer noch bei seinen Eltern
He still lives with his parents

⑥ **Er saß bei mir**
He was sitting next to me

⑦ **Ich singe immer beim Arbeiten**
I always sing when I'm working
Bei unserer Ankunft ...
On our arrival ...

⑧ **Er stand seinem Freund bei**
He stood by his friend

⑨ **Er wohnt uns gegenüber**
He lives opposite us

⑩ **Er ist mir gegenüber immer sehr freundlich gewesen**
He has always been very friendly towards me

⑪ **gegenüberstehen** to face/to have an attitude towards
Er steht ihnen kritisch gegenüber
He takes a critical view of them

☐ Prepositions followed by the Dative Case (Continued)

Mit

- as a preposition meaning: *with* → ☐ **1**

- as a separable verbal prefix (see p 72) → ☐ **2**

Nach

- as a preposition meaning: *after* → ☐ **3**
  to → ☐ **4**
  according to (it can be placed after the noun with this meaning) → ☐ **5**

- as a separable verbal prefix (see p 72) → ☐ **6**

Seit

- as a preposition meaning: *since* → ☐ **7**
  for (of time) → ☐ **8**
  ⚠ NOTE: Beware of the tense!

Von

- as a preposition meaning: *from* → ☐ **9**
  about → ☐ **10**

- as an alternative, often preferred, to the genitive case → ☐ **11**

- as a preposition meaning: *by* (to introduce the agent of a passive action, see p 34) → ☐ **12**

Zu

- as a preposition meaning: *to* → ☐ **13**
  for → ☐ **14**

- as a separable verbal prefix (see p 72) → ☐ **15**

Examples

Grammar

1 **Er ging mit seinen Freunden spazieren**
He went walking with his friends

2 <u>**jemanden mitnehmen**</u>   to give someone a lift
Nimmst du mich bitte mit?
Will you give me a lift please?

3 **Nach zwei Stunden kam er wieder**
He returned two hours later

4 **Er ist nach London gereist**
He went to London

5 **Ihrer Sprache nach ist sie Süddeutsche**
From the way she spoke I would say she is from southern Germany

6 <u>**nachmachen**</u>   to copy
Sie macht mir alles nach
She copies everything I do

7 **Seit der Zeit ...**
Since then ...

8 **Ich wohne seit zwei Jahren in Frankfurt**
I've been living in Frankfurt for two years

9 **Von Frankfurt sind wir weiter nach München gefahren**
From Frankfurt we went on to Munich

10 **Ich weiß nichts von ihm**
I know nothing about him

11 **Die Mutter von diesen Mädchen ...**
The mother of these girls ...
Sie ist eine Freundin von Horst
She is a friend of Horst's

12 **Er ist von unseren Argumenten überzeugt worden**
He was convinced by our arguments

13 **Er ging zum Arzt**
He went to the doctor's

14 **Wir sind zum Essen eingeladen**
We're invited for dinner

15 <u>**zumachen**</u>   to shut
Mach die Tür zu!
Shut the door!

☐ Prepositions followed by the Accusative Case

The most common of these are:

durch	**für**	**ohne**	**wider**
entlang	**gegen**	**um**	

Durch

- as a preposition meaning: *through* → **1**

- preceding the inanimate agent of a passive action (see p 34) → **2**

- as a separable verbal prefix

Entlang

- as a preposition meaning: *along* (it follows the noun with this meaning) → **3**

- as a separable verbal prefix → **4**

Für

- as a preposition meaning: *for* → **5**
  to → **6**

- in **was für/was für ein** *what kind of/what* (see p 144 and p 180) → **7**

Gegen

- as a preposition meaning: *against* → **8**
  towards/getting on for → **9**

- as a separable verbal prefix

Examples

Grammar

---

1 **durch das Fenster blicken**
to look through the window

2 **Durch seine Bemühungen wurden alle gerettet**
Everyone was saved through his efforts

3 **die Straße entlang**
along the street

4 **Wir gingen die Straße entlang**
We went along the street

5 **Ich habe es für dich getan**
I did it for you

6 **Das ist für ihn sehr wichtig**
That is very important to him

7 **Was für Äpfel sind das?**
What kind of apples are they?

8 **Stelle es gegen die Mauer**
Put it against the wall

Haben Sie ein Mittel gegen Schnupfen?
Have you something for colds?

Ich habe nichts dagegen
I've got nothing against it

9 **Wir sind gegen vier angekommen**
We arrived at getting on for/around four o'clock

☐ **Prepositions followed by the Accusative Case**
(Continued)

Ohne

◆   as a preposition meaning: *without* → **1**

Um

◆   as a preposition meaning: *(a)round/round about* → **2**

                                     at (in time expressions) → **3**

                                       for (after certain verbs) → **4**

                                       about (after certain verbs) → **5**

                                       by (in expressions of quantity) → **6**

◆   as a variable verbal prefix (see p 74) → **7**

Wider

◆   as a preposition meaning: *contrary to/against* → **8**

◆   as a variable verbal prefix (see p 74) → **9**

Grammar

1 **Ohne ihn gehts nicht**
It won't work without him

2 **um die Ecke**
(a)round the corner

3 **Es fängt um neun Uhr an**
It begins at nine

4 **Sie baten ihre Mutter um Kekse**
They asked their mother for some biscuits

5 **Es handelt sich um dein Benehmen**
It's a question of your behaviour

6 **Es ist um zehn Mark billiger**
It is cheaper by ten marks

7 <u>umarmen</u>   to embrace (*inseparable*)
Er hat sie umarmt
He gave her a hug

<u>umfallen</u>   to fall over (*separable*)
Er ist umgefallen
He fell over

8 **Das geht mir wider die Natur**
That's against my nature

9 <u>widersprechen</u>   to go against (*inseparable*)
Das hat meinen Wünschen widersprochen
That went against my wishes

<u>(sich) widerspiegeln</u>   to reflect (*separable*)
Der Baum spiegelt sich im Wasser wider
The tree is reflected in the water

❐ Prepositions followed by the Accusative or the Dative Case

These prepositions are followed by:

1 the **accusative** when *movement towards* a different place is involved.

2 the **dative** when *position* is described as opposed to movement, or when the movement is *within* the same place.

◆ The most common prepositions in this category are:

an	*on/at/to*
auf	*on/in/to/at*
hinter	*behind*
in	*in/into/to* → **1**
neben	*next to/beside*
über	*over/across/above*
unter	*under/among* → **2**
vor	*in front of/before*
zwischen	*between* → **3**

◆ These prepositions may also be used with figurative meanings as part of a *verb + preposition* construction (see p 76).

The case following **auf** or **an** is then not the same after all verbs → **4**

It is therefore best to learn such constructions together with the case which follows them.

◆ Many of these prepositions are also used as verbal prefixes in the same way as the prepositions described on pp 202 to 209 → **5**

1 **Er ging ins Zimmer** (*acc*)
He entered the room

Im Zimmer (*dat*) **warteten viele Leute auf ihn**
A lot of people were waiting for him in the room

2 **Er stellte sich unter den Baum** (*acc*)
He (came and) stood under the tree

Er lebte dort unter Freunden (*dat*)
There he lived among friends

3 **Er legte es zwischen die beiden Teller** (*acc*)
He put it between the two plates

Das Dorf liegt zwischen den Bergen (*dat*)
The village lies between the mountains

4 **sich verlassen auf** (+*acc*)   to depend on
bestehen auf (+*dat*)   to insist on

glauben an (+*acc*)   to believe in
leiden an (+*dat*)   to suffer from

5 <u>anrechnen</u>   to charge for (*separable*)
Das wird Ihnen später angerechnet
You'll be charged for that later

<u>aufsetzen</u>   to put on (*separable*)
Sie setzte sich den Hut auf
She put her hat on

<u>überqueren</u>   to cross (*inseparable*)
Sie hat die Straße überquert
She crossed the street

☐ Prepositions followed by the Genitive Case

The following are some of the more common prepositions which take the genitive case:

außerhalb	outside
beiderseits	on both sides of
diesseits	on this side of
... halber	for ... sake/because of ...
hinsichtlich	with regard to
infolge	as a result of
innerhalb	within/inside → 1
jenseits	on the other side of → 2
statt*	instead of
trotz*	in spite of → 3
um ... willen	for ... sake/because of ...
während*	during → 4
wegen*	on account of → 5

* ⚠ NOTE: Those prepositions marked with an asterisk may also be followed by the dative case → 6

⚠ NOTE: Special forms of the possessive and relative pronouns are used with **wegen, halber** and **willen** → 7

Grammar

---

1 **innerhalb dieses Zeitraums**
within this period of time

2 **jenseits der Grenze**
on the other side of the frontier

3 **trotz seiner Befürchtungen**
despite his fears

4 **während der Vorstellung**
during the performance

5 **wegen der neuen Stelle**
because of the new job

6 **trotz allem**
in spite of everything

wegen mir
because of me

7 **meinetwegen** — on my account, because of me
deinetwegen — on your account, because of you *(familiar)*
seinetwegen — on his account, because of him
ihretwegen — on her/their account, because of her/them
unsertwegen — on our account, because of us
euertwegen — on your account, because of you *(plural)*
Ihretwegen — on your account, because of you *(polite)*
derentwegen — for whose sake, for her/their/its sake
dessentwegen — for whose sake, for his/its sake

meinethalben *etc* — on my *etc* account
derenthalben — on whose account, on her/their/its account
dessenthalben — on whose account, on his/its account

meinetwillen *etc* — for my *etc* sake
derentwillen — for whose sake, for her/its/their sake
dessentwillen — for whose sake, for his/its sake

☐ Co-ordinating Conjunctions

These are used to link words, phrases or clauses.

◆ These are the main co-ordinating conjunctions:

aber	*but* →	1
	however (with this meaning, **aber** is placed within the clause) →	2
denn	*for* →	3
oder	*or* →	4
sondern	*but* (after a negative construction) →	5
und	*and* →	6

◆ These do not cause the inversion of subject and verb, i.e. the verb follows the subject in the normal way (see p 224) → 1 - 6

◆ Inversion may however be caused by something other than the co-ordinating conjunction, e.g. **dann**, **trotzdem**, **montags** in the examples opposite → 7

Examples

Grammar

1   **Wir wollten ins Kino, aber wir hatten kein Geld**
We wanted to go to the cinema but we had no money

2   **Ich wollte ins Theater; er aber wollte nicht mit**
I wanted to go to the theatre; however he wouldn't come

3   **Wir wollten heute fahren, denn montags ist weniger Verkehr**
We wanted to travel today because the traffic is lighter on Mondays

4   **Er hatte noch nie Whisky oder Schnaps getrunken**
He had never drunk whisky or schnapps

     Willst du eins oder hast du vielleicht keinen Hunger?
Do you want one or aren't you hungry?

5   **Er ist nicht alt, sondern jung**
He isn't old, but young

6   **Horst und Veronika**
Horst und Veronika

     Er ging in die Stadt und kaufte sich ein neues Hemd
He went into town and bought himself a new shirt

7   **Er hat sie besucht und dann ist er wieder nach Hause gegangen**
He paid her a visit and then went home again

     Wir wollten doch ins Kino, aber trotzdem sind wir zu Hause geblieben
We wanted to go to the cinema, but even so we stayed at home

     Wir wollten heute fahren, denn montags ist der Verkehr geringer
We wanted to travel today because there is less traffic on Mondays

❑ Double Co-ordinating Conjunctions

These conjunctions consist of two separate elements, like their English counterparts, e.g.

> *not only ... but also ...*

The following are widely used:

> **sowohl .. als (auch)**
> *both ... and*

- This may link words or phrases → **1**

- The verb is usually plural, whether the subjects are singular or plural → **1**

> **weder ... noch**
> *neither ... nor*

- This may link words or phrases → **2**

- It may also link clauses, and inversion of subject and verb then takes place in both clauses → **3**

- The verb is plural unless both subjects are singular → **4**

Examples

1 **Sowohl sein Vater als auch seine Mutter haben sich darüber gefreut**

Both his father and his mother were pleased about it

Sowohl unser Lehrkörper also auch unsere Schüler haben teilgenommen

Both our staff and our pupils took part

2 **Weder Georg noch sein Bruder kannte das Mädchen**

Neither Georg nor his brother knew the girl

3 **Weder mag ich ihn noch respektiere ich ihn**

I neither like nor respect him

4 **Weder die Befürworter noch die Gegner haben Recht**

Neither the supporters nor the opponents are right

Weder du noch ich würde es schaffen

Neither you nor I would be able to do it

☐ Double Co-ordinating Conjunctions (Continued)

> **nicht nur ... sondern auch**
> *not only ... but also*

◆ This is used to link clauses as well as words and phrases → 1

◆ The word order is: inversion of subject and verb in the first clause, and normal order in the second → 2

   However, if **nicht nur** does not begin the clause, normal order prevails → 3

◆ The verb agrees in number with the subject nearest to it → 4

> **entweder ... oder**
> *either ... or*

◆ The verb agrees with the subject nearest it → 5

◆ The normal word order is: inversion in the first clause, and normal order in the second → 6

   However, it is possible to use normal order in the first clause, and this may lend a more threatening tone to the statement → 7

> **teils ... teils**
> *partly ... partly*

◆ The verb is normally plural unless both subjects are singular → 8

◆ Inversion of subject and verb takes place in both clauses → 9

Examples

---

1   **Er ist nicht nur geschickt, sondern auch intelligent** OR:
Nicht nur ist er geschickt, sondern er ist auch intelligent
He is not only skilful but also intelligent

2   **Nicht nur hat es die ganze Zeit geregnet, sondern ich habe mir auch noch das Bein gebrochen**
Not only did it rain the whole time, but I also broke my leg

3   **Es hat nicht nur die ganze Zeit geregnet, sondern ich habe mir auch noch das Bein gebrochen**
Not only did it rain the whole time, but I also broke my leg

4   **Nicht nur ich, sondern auch die Mädchen sind dafür verantwortlich**
Not just me, but the girls are also responsible

    Nicht nur sie, sondern auch ich habe es gehört
They weren't the only ones to hear it — I heard it too

5   **Entweder du oder Georg muss es getan haben**
It must have been either you or Georg who did it

6   **Entweder komme ich morgen vorbei, oder ich rufe dich an**
I'll either drop in tomorrow or I'll give you a ring

7   **Entweder du gibst das sofort auf, oder du kriegst kein Taschengeld mehr**
Either you stop that immediately, or you get no more pocket money

8   **Die Studenten waren teils Deutsche, teils Ausländer**
The students were partly German and partly from abroad

9   **Teils bin ich überzeugt, teils bleibe ich skeptisch**
Part of me is convinced, and part remains sceptical

❑ Subordinating Conjunctions

These are used to link clauses in such a way as to make one clause dependent on another for its meaning. The dependent clause is called a **subordinate clause** and the other a **main clause**.

◆ The subordinate clause is always separated from the rest of the sentence by commas → **1**

◆ The subordinate clause may precede the main clause. When this happens, the verb and subject of the main clause are inverted, i.e. they swap places, as shown on p 226 → **2**

◆ The finite part of the verb (i.e. the conjugated part) is always at the end of a subordinate clause (see p 228) → **3**

◆ For compound tenses in subordinate clauses, it is the **auxiliary** (the main part of the verb) which comes last, after the participle or infinitive used to form the compound tense (see p 22 ff) → **4**

◆ Any **modal verb** (**mögen**, **können** etc, see p 52 ff) used in a subordinate clause is placed last in the clause → **5**

⚠ BUT: When the modal verb is in a compound tense, the order is as shown → **6**

Examples

1 MAIN CLAUSE   SUBORDINATE CLAUSE

Er ist zu Fuß gekommen, weil der Bus zu teuer ist
He came on foot because the bus is too dear

Ich trinke viel Bier, obwohl es nicht gesund ist
I drink a lot of beer although it isn't good for me

Wir haben weitergefeiert, nachdem sie gegangen waren
We carried on with the party after they went

2 SUBORDINATE CLAUSE   MAIN CLAUSE

Weil der Bus zu teuer ist, ist er zu Fuß gekommen

Obwohl es nicht gesund ist, trinke ich viel Bier

Nachdem sie gegangen waren, haben wir weitergefeiert

3 **Als er uns sah, ist er davongelaufen** OR:
Er ist davongelaufen, als er uns sah
He ran away when he saw us

4 **Nachdem er gegessen hatte, ging er hinaus**
He went out after he had eaten

5 **Da er nicht mit uns sprechen wollte, ist er davongelaufen**
Since he didn't want to speak to us he ran away

6 **Da er nicht mit uns hat sprechen wollen, ist er davongelaufen**
Since he didn't want to speak to us he ran away

☐ Subordinating conjunctions (Continued)

◆ Here are some common examples of subordinating conjunctions and their uses:

als	when → 1
als ob	as if, as though
bevor	before
bis	until → 2
da	as, since → 3
damit	so (that)
indem	while
inwiefern	to what extent
nachdem	after → 4
ob	whether, if
obwohl	although
wann	when (*interrogative*) → 5
während	while → 6
weil	because → 7
wenn	when, whenever/if → 8
wie	as, like
wo	where
wohin	to where
worauf	whereupon/on which
worin	in which
seitdem	since
so dass, sodass	such that, so that
sobald	as soon as
soweit	as far as

---

1   **Es regnete, als ich in Köln ankam** OR:

Als ich in Köln ankam, regnete es

It was raining when I arrived in Cologne

2   **Ich warte, bis du zurückkommst**

I'll wait till you get back

3   **Da er nicht kommen wollte, ...**

Since he didn't want to come ...

4   **Er wird uns Bescheid sagen können, nachdem er angerufen hat** OR:

Nachdem er angerufen hat, wird er uns Bescheid sagen können

He will be able to let us know for certain once he has phoned

5   **Er möchte wissen, wann der Zug ankommt**

He would like to know when the train is due to arrive

6   **Während seine Frau die Koffer auspackte, machte er das Abendessen** OR:

Er machte das Abendessen, während seine Frau die Koffer auspackte

He made the supper while his wife unpacked the cases

7   **Wir haben den Hund nicht mitgenommen, weil im Auto nicht genug Platz war** OR:

Weil im Auto nicht genug Platz war, haben wir den Hund nicht mitgenommen

We didn't take the dog because there wasn't enough room in the car

8   **Wenn ich ins Kino gehe ...**

When(ever) I go to the cinema ...

Ich komme, wenn du willst

I'll come if you like

❏ **Word Order: Main Clauses**

◆ In a main clause the subject comes first and is followed by the verb, as in English:

His mother (*subject*) drinks (*verb*) whisky ➞ **1**

◆ If the verb is in a compound or passive tense, the auxiliary follows the subject and the past participle or infinitive goes to the end of the clause ➞ **2**

◆ The verb is the second concept in a main clause. The first concept may be a word, phrase or clause (see p 226) ➞ **3**

◆ Any reflexive pronoun follows the main verb in simple tenses and the auxiliary in compound tenses ➞ **4**

◆ The order for articles, adjectives and nouns is as in English: *article + adjective(s) + noun* ➞ **5**

◆ A direct object usually follows an indirect, except where the direct object is a personal pronoun.

⚠ BUT: The indirect object can be placed last for emphasis, providing it is not a pronoun ➞ **6**

◆ The position of adverbial expressions (see p 188) is not fixed. As a general rule they are placed close to the words to which they refer.

Adverbial items of *time* often come first in the clause, but this is flexible ➞ **7**

Adverbial items of *place* can be placed at the beginning of a clause when emphasis is required ➞ **8**

Adverbial items of *manner* are more likely to be within the clause, close to the word to which they refer ➞ **9**

◆ Where there is more than one adverb, a useful rule of thumb is: "time, manner, place" ➞ **10**

Examples

1   **Seine Mutter trinkt Whisky**
His mother drinks whisky

2   **Sie wird dir etwas sagen**   **Sie hat mir nichts gesagt**
She will tell you something   She told me nothing
Es ist für ihn gekauft worden
It was bought for him

3

1ST CONCEPT	2ND CONCEPT	
Die neuen Waren	**kommen**	**morgen**
(The new goods are coming tomorrow)		
Was du gesagt hast,	**stimmt**	**nicht**
(What you said isn't true)		

4   **Er rasierte sich**   **Er hat sich rasiert**
He shaved   He (has) shaved

5   **ein alter Mann**   **diese alten Sachen**
an old man   these old things

6   **Ich gab dem Mann das Geld**
I gave the man the money
Ich gab ihm das Geld   **Ich gab es ihm**
I gave him the money   I gave him it/I gave it to him
Er gab das Geld seiner Schwester
He gave the money to his sister (*not his brother*)

7   **Gestern gingen wir ins Theater** OR:
Wir gingen gestern ins Theater
We went to the theatre yesterday

8   **Dort haben sie Fußball gespielt** OR:
Sie haben dort Fußball gespielt
They played football there

9   **Sie spielen gut Fußball**
They play football well
Das war furchtbar teuer
It was terribly expensive

10   **Wir haben gestern gut hierhin gefunden**
We found our way here all right yesterday

☐ **Word Order: Main Clauses** (Continued)

◆ A pronoun object precedes all adverbs → ☐1

◆ While the main verb must normally remain the second concept, the first concept need not always be the subject. Main clauses can begin with many things, including:

> an adverb → ☐2
> a direct or indirect object → ☐3
> an infinitive phrase → ☐4
> a complement → ☐5
> a past participle → ☐6
> a prepositional phrase → ☐7
> a clause acting as the object of the verb → ☐8
> a subordinate clause → ☐9

◆ If the subject does not begin a main clause, the verb and subject must be turned around or "inverted" → ☐2 - ☐9

◆ Beginning a sentence with something other than the subject is frequent in German.
It may however also be used for special effect to:

> *highlight* whatever is placed first in the clause → ☐10
> *emphasize* the subject of the clause by forcing it from its initial position to the end of the clause → ☐11

◆ After inversion, any reflexive pronoun precedes the subject, unless the subject is a pronoun → ☐12

◆ The following do not cause inversion when placed at the beginning of a main clause, although inversion may be caused by something else placed after them:

> **allein, denn, oder, sondern, und** → ☐13
> **ja** and **nein** → ☐14
> certain exclamations: **ach, also, nun** *etc* → ☐15
> words or phrases qualifying the subject: **auch, nur, sogar**, *etc*
> → ☐16

Examples

1	**Sie haben es gestern sehr billig gekauft**
	They bought it very cheaply yesterday
2	**Gestern sind wir ins Theater gegangen**
	We went to the theatre yesterday
3	**So ein Kind habe ich noch nie gesehen!**
	I've never seen such a child!
	Seinen Freunden wollte er es nicht zeigen
	He wouldn't show it to his friends
4	**Seinen Freunden zu helfen, hat er nicht versucht**
	He didn't try to help his friends
5	**Deine Schwester war es** It was your sister
6	**Geraucht hatte er nie** He had never smoked
7	**In diesem Haus ist Mozart auf die Welt gekommen**
	Mozart was born in this house
8	**Was mit ihm los war, haben wir nicht herausgefunden**
	We never discovered what was wrong with him
9	**Nachdem ich ihn gesehen hatte, ging ich nach Hause**
	I went home after seeing him
10	**Dem würde ich nichts sagen!**
	I wouldn't tell *him* anything!
11	**An der Ecke stand eine riesengroße Fabrik**
	A huge factory stood on the corner
12	**Daran erinnerten sich die Zeugen nicht**
	The witnesses didn't remember that
	Daran erinnerten sie sich nicht
	They didn't remember that
13	**Peter ging nach Hause und Elsa blieb auf der Party**
	Peter went home and Elsa stayed at the party
	⚠ BUT: **Peter ging nach Hause und unterwegs sah er Kurt**
	Peter went home and on the way he saw Kurt
14	**Nein, ich will nicht** No, I don't want to
	⚠ BUT: **Nein, das tue ich nicht** No, I won't do that
15	**Also, wir fahren nach Hamburg**
	So we'll go to Hamburg
	⚠ BUT: **Also, nach Hamburg wollt ihr fahren**
	So you want to go to Hamburg
16	**Sogar seine Mutter wollte es ihm nicht glauben**
	Even his mother wouldn't believe him
	⚠ BUT: **Sogar mit dem Zug ginge es nicht schneller**
	It would be no faster even by train

❑ **Word Order: Subordinate Clauses**

◆ A subordinate clause may be introduced by:

1 a relative pronoun (see p 174) → ⓵

2 a subordinating conjunction (see p 222) → ⓶ - ⓷

◆ The subject follows the opening conjunction or relative pronoun - see
wir and **er** → ⓵ - ⓷

◆ The main verb almost always goes to the end of a subordinate clause
→ ⓵ - ⓷

The exceptions to this are:

1 in a **wenn** clause where **wenn** is omitted (see p 64) → ⓸

2 in an indirect statement without **dass** (see p 64) → ⓹

◆ The order for articles, nouns, adjectives, adverbs, direct and indirect
objects is the same as for main clauses (see p 224), but they are all
placed between the subject of the clause and the verb → ⓺

◆ If the subject of a reflexive verb in a subordinate clause is a pronoun,
the order is *subject pronoun + reflexive pronoun* → ⓻

If the subject is a noun, the reflexive pronoun may follow or precede
it → ⓼

◆ Where one subordinate clause lies inside another, both still obey the
order rule for subordinate clauses → ⓽

1. **Die Kinder, die wir gesehen haben ...**
   The children whom we saw ...

2. **Da er nicht schwimmen wollte, ist er nicht mitgekommen**
   As he didn't want to swim he didn't come

3. **Ich weiß, dass er zur Zeit in London wohnt**
   I know he's living in London at the moment
   Ich weiß nicht, ob er kommt
   I don't know if he's coming

4. **Findest du meine Uhr, so ruf mich bitte an**
   (= Wenn du meine Uhr findest, ruf mich bitte an)
   If you find my watch, please give me a ring

5. **Er meint, er werde es innerhalb einer Stunde schaffen**
   (= Er meint, dass er es innerhalb einer Stunde schaffen werde)
   He thinks (that) he will manage it inside an hour

6. MAIN CLAUSE
   Er ist gestern mit seiner Mutter in die Stadt gefahren
   He went to town with his mother yesterday
   SUBORDINATE CLAUSES
   Da er gestern mit seiner Mutter in die Stadt gefahren ist, ...
   Since he went to town with his mother yesterday ...
   Der Junge, der gestern mit seiner Mutter in die Stadt gefahren ist, ...
   The boy who went to town with his mother yesterday ...
   Ich weiß, dass er gestern mit seiner Mutter in die Stadt gefahren ist
   I know that he went to town with his mother yesterday

7. **Weil er sich nicht setzen wollte, ...**
   Because he wouldn't sit down ...

8. **Weil das Kind sich nicht setzen wollte, ...** OR:
   Weil sich das Kind nicht setzen wollte, ...
   Because the child wouldn't sit down ...

9. **Er wusste, dass der Mann, mit dem er gesprochen hatte, bei einer Baufirma arbeitete**
   He knew that the man he had been speaking to worked for a construction company

❐ Word Order

In the imperative

1   normal order → **1**

2   with reflexive verbs → **2**

3   with separable verbs → **3**

4   with separable reflexive verbs → **4**

In direct and indirect speech

◆   the verb of saying ("he replied/he said") must be inverted if it is placed within a quotation → **5**

◆   the position of the verb in indirect speech depends on whether or not **dass** (see p 66) is used → **6**

Verbs with separable prefixes (see pp 72 to 75)

◆   in main clauses the verb and prefix are separated in simple tenses and imperative forms → **7**

◆   for compound tenses of main clauses and all tenses of subordinate clauses, the verb and its prefix are united at the end of the clause → **8**

◆   in a present infinitive phrase (see p 46), the verb and prefix are joined together by **zu** and placed at the end of the phrase → **9**

Examples

1. **Hol mir das Buch!** (*singular*)
   Holt mir das Buch! (*plural*) Fetch me that book!
   Holen Sie mir das Buch! (*polite*)

2. **Wasch dich sofort!** (*singular*)
   Wascht euch sofort! (*plural*) Wash yourself/yourselves
   Waschen Sie sich sofort! (*polite*) at once!

3. **Hör jetzt auf!** (*singular*)
   Hört jetzt auf! (*plural*) Stop it!
   Hören Sie jetzt auf! (*polite*)

4. **Dreh dich um!** (*singular*)
   Dreht euch um! (*plural*) Turn round!
   Drehen Sie sich um! (*polite*)

5. „**Meine Mutter**" sagte er, „**kommt erst morgen an**"
   "My mother", he said, "won't arrive till tomorrow"

6. **Er sagte, dass sie erst am nächsten Tag ankomme**
   He said that she would not arrive until the next day
   Er sagte, sie komme erst am nächsten Tag an
   He said she would not arrive until the next day

7. **Er machte die Tür zu**
   He closed the door
   Ich räume zuerst auf
   I'll clean up first
   Hol mich um 7 ab!
   Pick me up at 7!

8. **Er hat die Tür zugemacht**
   He closed the door
   Ich werde zuerst aufräumen
   I'll clean up first
   Er wurde um 7 abgeholt
   He was picked up at 7
   Wenn du mich um 7 abholst, ...
   If you pick me up at 7 ...
   Nachdem du mich abgeholt hast, ...
   After you've picked me up ...

9. **Um frühzeitig anzukommen, fuhren wir sofort ab**
   In order to arrive early we left immediately

❑ Question Forms

Direct questions

◆ In German, a direct question is formed by simply inverting the verb and subject → **1**

◆ In compound tenses (see p 22 ff) the past participle or infinitive goes to the end of the clause → **2**

◆ A statement can be made into a question by the addition of **nicht**, **nicht wahr** or **doch**, as with "isn't it" in English → **3**

Questions formed in this way normally expect the answer to be "yes".

◆ When a question is put in the negative, **doch** can be used to answer it more positively than **ja** → **4**

Questions formed using interrogative words

◆ When questions are formed with **interrogative adverbs**, the subject and verb are inverted → **5**

◆ When questions are formed with **interrogative pronouns** and **adjectives** (see pp 144 and 176 to 178), the word order is that of direct statements:

1 as the subject of the verb at the beginning of the clause they do not cause inversion → **6**
2 if *not* the subject of the verb *and* at the beginning of the clause they do cause inversion → **7**

Indirect questions

These are questions following verbs of asking and wondering etc. The verb comes at the end of an indirect question → **8**

Examples

Grammar

---

1 Magst du ihn?
Do you like him?

Gehst du ins Kino?
Do you go to the cinema? OR: Are you going to the cinema?

2 Hast du ihn gesehen?
Did you see him? OR: Have you seen him?

Wird sie mit ihm kommen?
Will she come with him?

3 Das stimmt, nicht (wahr)?
That's true, isn't it?

Das schaffst du doch?
You'll manage, won't you?

4 Glaubst du mir nicht? — Doch!
Don't you believe me? — Yes I do!

5 Wann ist er gekommen?
When did he come?

Wo willst du hin?
Where are you off to?

6 Wer hat das gemacht?
Who did this?

7 Wem hast du es geschenkt?
Who did you give it to?

8 Er fragte, ob du mitkommen wolltest
He asked if you wanted to come

Er möchte wissen, warum du nicht gekommen bist
He would like to know why you didn't come

❏ Negatives

A statement or question is made negative by adding:

nicht (*not*) or **nie** (*never*)

- The negative may be placed next to the phrase or word to which it refers. The negative meaning can be shifted from one element of the sentence to another in this way → **1**

- **nie** can be placed at the beginning of a sentence for added emphasis, in which case the subject and verb are inverted → **2**

- **nicht** comes at the end of a negative imperative, except when the verb is separable, in which case **nicht** *precedes* the separable prefix → **3**

- The combination **nicht ein** is usually replaced by forms of **kein** (see p 126) → **4**

- **doch** (see p 196) is used in place of **ja** to contradict a negative statement → **5**

- Negative comparison is made with **nicht ... sondern** (*not ... but*).

  This construction is used to correct a previous false impression or idea → **6**

1 **Mit ihr wollte er nicht sprechen**
He didn't want to speak to *her*
Er wollte nicht mit ihr sprechen
He didn't *want* to speak to her

Er will nicht morgen nach Hause
OR: **Morgen will er nicht nach Hause**
He doesn't want to go home *tomorrow*
Er will morgen nicht nach Hause
He doesn't want to go *home* tomorrow

Wohnen Sie nicht in Dortmund?
Don't you live in Dortmund?
Warum ist er nicht mitgekommen?
Why didn't he come with you?
Waren Sie nie in Dortmund?
Have you never been to Dortmund?

2 **Nie war sie glücklicher gewesen**
She had never been happier

3 **Iss das nicht!**
Don't eat that!
Beeilen Sie sich nicht!
Don't hurry!
⚠ BUT: **Geh nicht weg!**
Don't go away!

4 **Gibt es keine Plätzchen?**
Aren't there any biscuits?
Kein einziges Kind hatte die Arbeit geschrieben
Not a single child had done the work

5 **Du kommst nicht mit — Doch, ich komme mit**
You're not coming — Yes I am

6 **Nicht Joachim, sondern sein Bruder war es**
It wasn't Joachim, but his brother

Cardinal		**Ordinal**	
(one, two etc)		*(first, second etc)*	
null	0		
eins	1	der erste [2]	1.
zwei [1]	2	der zweite [1]	2.
drei	3	der dritte	3.
vier	4	der vierte	4.
fünf	5	der fünfte	5.
sechs	6	der sechste	6.
sieben	7	der siebte	7.
acht	8	der achte	8.
neun	9	der neunte	9.
zehn	10	der zehnte	10.
elf	11	der elfte	11.
zwölf	12	der zwölfte	12.
dreizehn	13	der dreizehnte	13.
vierzehn	14	der vierzehnte	14.
fünfzehn	15	der fünfzehnte	15.
sechzehn	16	der sechzehnte	16.
siebzehn	17	der siebzehnte	17.
achtzehn	18	der achtzehnte	18.
neunzehn	19	der neunzehnte	19.
zwanzig	20	der zwanzigste	20.
einundzwanzig	21	der einundzwanzigste	21.
zweiundzwanzig [1]	22	der zweiundzwanzigste [1]	22.
dreißig	30	der dreißigste	30.
vierzig	40	der vierzigste	40.
fünfzig	50	der fünfzigste	50.
sechzig	60	der sechzigste	60.

[1] **zwo** often replaces **zwei** in speech, to distinguish it clearly from **drei**: **zwo, zwoundzwanzig** *etc.*

[2] The ordinal number and the preceding definite article (and adjective if there is one) are declined, e.g.:

   bei seinem dritten Versuch *at his third attempt*

NUMBERS

siebzig	70	der siebzigste	70.
achtzig	80	der achtzigste	80.
neunzig	90	der neunzigste	90.
hundert	*a hundred*	der hundertste	100.
einhundert	*one hundred*		
hunderteins	101	der hunderterste	101.
hundertzwei	102	der hundertzweite	102.
hunderteinundzwanzig	121	der hunderteinundzwanzigste	121.
zweihundert	200	der zweihundertste	200.
tausend	*a thousand*	der tausendste	1000.
eintausend	*one thousand*		
tausendeins	1001	der tausenderste	1001.
zweitausend	2000	der zweitausendste	2000.
hunderttausend	100 000	der hunderttausendste	100 000.
eine Million	1 000 000	der millionste	1 000 000.

◆ With large numbers, spaces or full stops are used where English uses a comma, e.g.:
  1.000.000 or 1 000 000 for 1,000,000 (*a million*)

◆ Decimals are written with a comma instead of a full stop, e.g.:
  7,5 (**sieben Komma fünf**) for 7.5 (*seven point five*)

◆ When ordinal numbers are used as nouns, they are written with a capital letter, e.g.:
  sie ist die Zehnte *she's the tenth*

Fractions

halb	**die Hälfte**	**eine halbe Stunde**
half (a)	half (the)	half an hour
das Drittel	**zwei Drittel**	**das Viertel**
third	two thirds	quarter
drei Viertel	**anderthalb, eineinhalb**	**zweieinhalb**
three quarters	one and a half	two and a half

Wie spät ist es? / Wie viel Uhr ist es?
What time is it?

Es ist ...
It's ...

00.00	**Mitternacht / null Uhr / vierundzwanzig Uhr / zwölf Uhr**
00.10	**zehn (Minuten) nach zwölf / null Uhr zehn**
00.15	**Viertel nach zwölf / null Uhr fünfzehn**
00.30	**halb eins / null Uhr dreißig**
00.40	**zwanzig (Minuten) vor eins / null Uhr vierzig**
00.45	**Viertel vor eins / drei viertel eins /**
	null Uhr fünfundvierzig
01.00	**ein Uhr**
01.10	**zehn (Minuten) nach eins / ein Uhr zehn**
01.15	**Viertel nach eins / ein Uhr fünfzehn**
01.30	**halb zwei /ein Uhr dreißig**
01.40	**zwanzig (Minuten) vor zwei / ein Uhr vierzig**
01.45	**Viertel vor zwei / drei viertel zwei /**
	ein Uhr fünfundvierzig
01.50	**zehn (Minuten) vor zwei / ein Uhr fünfzig**
12.00	**zwölf Uhr**
12.30	**halb eins / zwölf Uhr dreißig**
13.00	**ein Uhr / dreizehn Uhr**
16.30	**halb fünf / sechzehn Uhr dreißig**
22.00	**zehn Uhr / zweiundzwanzig Uhr / zwoundzwanzig Uhr**

morgen um halb drei
at half past two tomorrow

um drei Uhr (nachmittags)
at three (pm)

kurz vor zehn Uhr
just before ten o'clock

gegen vier Uhr (nachmittags)
towards four o'clock (in the afternoon)

erst um halb neun
not until half past eight

ab neun Uhr
from nine o'clock onwards

morgen früh/Abend
tomorrow morning/evening

Dates

Der Wievielte ist heute? / Welches Datum haben wir heute?
What's the date today?

Heute ist ...	It's ...
der zwanzigste März	the twentieth of March
der Zwanzigste	the twentieth

Heute haben wir ...	It's ...
den zwanzigsten März	the twentieth of March
den Zwanzigsten	the twentieth

Am Wievielten findet es statt?   When does it take place?

Es findet am ersten April statt ...   ... on the first of April

Es findet am Ersten statt   ... on the first

Es findet (am) Montag, den ersten April statt   OR:
Es findet Montag, den 1. April statt
It takes place on Monday, the first of April / April 1st

Years

Er wurde 1970 geboren	**(im Jahre) 1994**
He was born in 1970	in 1994

Other expressions

im Dezember/Januar *etc*	**im Winter/Sommer/Herbst/Frühling**
in December/January *etc*	in winter/summer/autumn/spring
nächstes Jahr	**Anfang September**
next year	at the beginning of September

❑ Punctuation

German punctuation differs from English in the following cases:

Commas

- ◆ Decimal places are always shown by a comma ➜ 1

- ◆ Large numbers are separated off by means of a space or a full stop ➜ 2

- ◆ Subordinate clauses are always marked off from the rest of the sentence by a comma ➜ 3

  This applies to all types of subordinate clause, e.g.:

  1 clauses with an adverbial function ➜ 3

  2 relative clauses ➜ 4

  3 clauses containing indirect speech ➜ 5

- ◆ A comma is not required between two main clauses linked by **und** or **oder** ➜ 6

Exclamation marks

- ◆ Exclamation marks are used after imperative forms unless these are not intended as commands ➜ 7

- ◆ An exclamation mark is occasionally used after the name at the beginning of a letter, but this tends to be rather old-fashioned ➜ 8

1. **3,4 (drei Komma vier)**
   3.4 (three point four)

2. **20 000**
   OR: **20.000 (zwanzigtausend)**
   20,000 (twenty thousand)

3. **Als er nach Hause kam, war sie schon weg**
   She had already gone when he came home

   Er bleibt gesund, obwohl er zu viel trinkt
   He stays healthy, even though he drinks too much

4. **Der Mann, mit dem sie verheiratet ist, soll sehr reich sein**
   The man she is married to is said to be very rich

5. **Er sagt, es gefällt ihm nicht**
   He says he doesn't like it

6. **Wir gehen ins Kino oder wir bleiben zu Hause**
   We'll go to the cinema or stay at home

7. **Steh auf!**
   Get up!

   Bitte nehmen Sie doch Platz
   Do please sit down

8. **Liebe Elke! ...**
   Dear Elke, ...

   Sehr geehrter Herr Braun!...
   Dear Mr Braun, ...

The following index lists comprehensively both grammatical terms and *key words* in **German** and English contained in this book.

INDEX